Photoshop CS3

Kompendium

Kompetent aufbereitetes PC-Know-how für alle

Die KOMPENDIEN aus dem Markt+Technik Verlag stehen seit mehr als 20 Jahren für anerkanntes Expertenwissen und bieten wertvolle Praxistipps in allen Fragen rund um den PC. Das Portfolio der Handbücher reicht von der übersichtlichen Vorstellung diverser Programmiersprachen bis hin zur umfangreichen Beschreibung kompletter Betriebssysteme: Mit mehr als 500 Titeln seit Bestehen der Reihe wurde nahezu jede Fragestellung der Computerpraxis abgedeckt.

Ob als Lehrbuch für den ambitionierten Einsteiger oder Nachschlagewerk für den erfahrenen Anwender: Die übersichtlichen, klar strukturierten KOMPENDIEN helfen jedem schnell weiter und auch komplexe Sachverhalte werden mit praxisnahen Beispielen übersichtlich illustriert und verständlich gemacht. Ein detailliertes Inhaltsverzeichnis und ein umfangreicher Index ermöglichen dem Leser außerdem schnellen Zugriff auf die gesuchten Informationen.

Technisch anspruchsvoll und präzise, dabei jedoch immer praxisbezogen und klar verständlich: Das sind die KOMPENDIEN, die mit mehr als 6 Millionen Lesern zu den erfolgreichsten Computerfachbüchern auf dem deutschsprachigen Markt gehören.

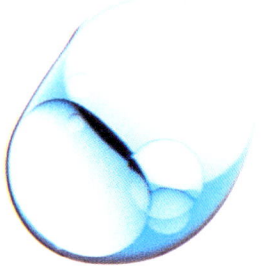

Heico Neumeyer   Eva Ruhland

Adobe
Photoshop CS3

Pixelperfektion von Retusche bis Montage

{ **KOMPENDIUM**
Einführung | Arbeitsbuch | Nachschlagewerk }

Markt+Technik

Bibliografische Information Der Deutschen Bibliothek

Die Deutsche Bibliothek verzeichnet diese Publikation in der Deutschen Nationalbibliografie; detaillierte bibliografische Daten sind im Internet über <http://dnb.ddb.de> abrufbar.

Die Informationen in diesem Buch werden ohne Rücksicht auf einen eventuellen Patentschutz veröffentlicht. Warennamen werden ohne Gewährleistung der freien Verwendbarkeit benutzt. Bei der Zusammenstellung von Texten und Abbildungen wurde mit größter Sorgfalt vorgegangen. Trotzdem können Fehler nicht vollständig ausgeschlossen werden. Verlag, Herausgeber und Autoren können für fehlerhafte Angaben und deren Folgen weder eine juristische Verantwortung noch irgendeine Haftung übernehmen. Für Verbesserungsvorschläge und Hinweise auf Fehler sind Verlag und Herausgeber dankbar.

Alle Rechte vorbehalten, auch die der fotomechanischen Wiedergabe und der Speicherung in elektronischen Medien. Die gewerbliche Nutzung der in diesem Produkt gezeigten Modelle und Arbeiten ist nicht zulässig.

Fast alle Hardware- und Softwarebezeichnungen und weitere Stichworte und sonstige Angaben, die in diesem Buch verwendet werden, sind als eingetragene Marken geschützt. Da es nicht möglich ist, in allen Fällen zeitnah zu ermitteln, ob ein Markenschutz besteht, wird das ® Symbol in diesem Buch nicht verwendet.

Umwelthinweis:
Dieses Buch wurde auf chlorfrei gebleichtem Papier gedruckt.
Um Rohstoffe zu sparen, haben wir auf Folienverpackung verzichtet.

10 9 8 7 6 5 4 3 2 1

09 08 07

ISBN 978-3-8272-4252-5

© 2007 by Markt+Technik Verlag,
ein Imprint der Pearson Education Deutschland GmbH,
Martin-Kollar-Straße 10-12, D-81829 München/Germany
Alle Rechte vorbehalten
Umschlaggestaltung: Marco Lindenbeck, mlindenbeck@webwo.de
Lektorat: Cornelia Karl, ckarl@pearson.de
Korrektorat: Petra Kienle, Fürstenfeldbruck
Herstellung: Claudia Bäurle, cbaeurle@pearson.de
Satz: text&form GbR, Fürstenfeldbruck
Druck und Verarbeitung: Kösel, Krugzell (www.KoeselBuch.de)
Printed in Germany

Im Überblick

Teil 1   Grundlagen   25

     Kapitel 1:   Das Wichtigste zuerst   26
     Kapitel 2:   Bilddateien darstellen, messen & drucken   44
     Kapitel 3:   Befehle widerrufen, aufzeichnen und abspielen   64
     Kapitel 4:   Farbmodus & Farbtiefe   88

Teil 2   Basisaufgaben   99

     Kapitel 5:   Bildverwaltung mit Bridge   100
     Kapitel 6:   Metadaten (IPTC & Exif)   130
     Kapitel 7:   Der Camera-Raw-Dialog   143
     Kapitel 8:   Öffnen & Speichern   163

Teil 3   Korrektur   179

     Kapitel 9:   Auflösung, Bildgröße, Ausschnitt   180
     Kapitel 10:   Kontrast & Farbstimmung   208
     Kapitel 11:   Aufnahmefehler korrigieren   267

Teil 4   Verfremdung   307

     Kapitel 12:   Füllen & Malen   308
     Kapitel 13:   Umfärben, Schwarzweiß, Grafisches   336
     Kapitel 14:   Verfremdung mit Filtern   365

Teil 5   Auswahl   417

     Kapitel 15:   Auswählen   418
     Kapitel 16:   Kanäle & Masken   454
     Kapitel 17:   Pfade & Formen   469

Teil 6	**Ebenen**		497
	Kapitel 18:	Ebenen organisieren	498
	Kapitel 19:	Ebenen retuschieren & transformieren	534
	Kapitel 20:	Ebenen überblenden	573
	Kapitel 21:	Verlustfrei korrigieren	603
	Kapitel 22:	Text	635
Teil 7	**Online-Auftritt**		663
	Kapitel 23:	Elektronisch präsentieren	664
	Kapitel 24:	Speichern für Internetseiten und Mobilgeräte	718
	Kapitel 25:	Elemente für Internetseiten	735
Service	Anhang A:	Photoshop CS3 – neu, geändert, kommentiert	752
	Anhang B:	Photoshop auf Leistung trimmen	761
	Anhang C:	Photoshop bedienen	765
	Anhang D:	Informationen am Bildschirm	780
	Anhang E:	Dateiformate	783
	Anhang F:	Übersicht: Alle Werkzeuge	797
	Anhang G:	Lexikon	808
Stichwortverzeichnis			823

Inhaltsverzeichnis

Guten Tag 19

Über die Autoren 23

Teil 1
Grundlagen 25

1	**Das Wichtigste zuerst** 26	
1.1	Bevor Sie einen älteren Photoshop deinstallieren 26	
	Sichern Sie Ihre Vorgaben aus älteren Versionen 26	
	Geldprobleme 27	
1.2	Stressfrei loslegen 27	
	Schneller Einstieg mit Photoshop 27	
	Schneller Einstieg mit Bridge 28	
1.3	Troubleshooting Photoshop: Ich klicke und nichts passiert 28	
1.4	Troubleshooting: Betriebssystem 30	
	Windows-Probleme 30	
	Mac-Probleme 31	
	Ein optimales Betriebssystem 31	
1.5	Schnelle Bedienung 31	
	Aufgeräumte Arbeitsfläche 31	
	Schnelle Tastenbefehle 31	
	Schnell die Bilddarstellung wechseln 31	
	Dialogfelder und Optionsleisten schnell bedienen 32	
	Übersicht: die zehn wichtigsten Tastenbefehle 32	
1.6	Verlustfrei arbeiten 34	
1.7	Pixel nur einmal neu berechnen 35	

1.8	Nur Bildteile korrigieren 36	
	Teilkorrektur mit Ebenen 36	
	Teilkorrektur mit Protokollpinsel 37	
1.9	Richtig fotografieren 38	
	Dateiformat & Farbraum 38	
	Kontrast & Farbton 38	
	Tiefenschärfe 39	
	Schiefer Horizont & Bildausschnitt 40	
	Verzerrungen 40	
	Bildrauschen & Randabschattung 41	
	Rotgeblitzte Augen 41	
	Deckungsgleich & Panorama 41	
2	**Bilddateien darstellen, messen & drucken** 44	
2.1	Bilddateien optimal darstellen 44	
	Der Abbildungsmaßstab 44	
	Lupe 46	
	Handwerkzeug 47	
	Navigatorpalette 47	
	»Neues Fenster« 48	
	Befehle im Überblick: Bilddateien darstellen 48	

Inhaltsverzeichnis

2.2	Bilddaten messen	49
	Die Infopalette	49
	Farbaufnahmewerkzeug	50
	Linealwerkzeug	51
2.3	»Farbeinstellungen«	51
	Vorbedingungen	52
	Vordefinierte Einstellungen für das Farbmanagement	52
	Eigene Einstellungen	53
2.4	Drucken	54
	Druckdienste als Alternative	54
	Bedingt bargeldlos	54
	»Drucken«	55
	»Ausgabe«-Optionen	56
	»Kontaktabzug II«	57
	»Bildpaket«	61
3	**Befehle widerrufen, aufzeichnen und abspielen**	64
3.1	Eingaben zurücknehmen	64
	Einfache Rücknahme	64
	Rücknahme im Dialogfeld	65
	Protokollfunktionen	65
3.2	Befehlsfolgen protokollieren & aufzeichnen	70
	Verlaufsprotokoll	71
	Die Aktionenpalette im Überblick	72
	Befehle im Überblick: Aktionenpalette	74
	Eine Aktion erstellen und aufzeichnen	74
	Wichtig beim Abspielen	75
	Maßeinheiten berücksichtigen	76

	»Pfad einfügen«	77
	Befehle und Unterbrechungen nachträglich einfügen	78
	Aktionenverwaltung	79
	Aktionen ausführen	80
3.3	Befehle automatisch abspielen	81
	»Stapelverarbeitung«	81
	Droplets speichern und anwenden	83
	»Bildprozessor«	84
	»Skriptereignis-Manager«	86
	Variablen	87
4	**Farbmodus & Farbtiefe**	88
4.1	Welcher Farbmodus für welchen Zweck?	88
	Wann welcher Farbmodus?	88
	Farbwerte und Dateigrößen erkennen	90
4.2	Farbtiefe	90
	Unterschiedliche Farbmodelle	90
	16-Bit-Farbtiefe	91
	32-Bit-Farbtiefe	91
4.3	Die wichtigsten Farbmodi: RGB und CMYK	92
	RGB-Modus	92
	CMYK-Modus	93
4.4	Weitere Farbmodi	96
	Graustufen	96
	Lab-Modus	96
	Bitmap-Modus	97
	Indizierte Farben	97
	Duplex	97

Teil 2
Basisaufgaben ... 99

5	**Bildverwaltung mit Bridge**	100
5.1	Oberfläche	102
	Teile von Bridge ausblenden	102
	Kompaktmodus und Ultrakompaktmodus	102
	Mehrere Bridge-Fenster	103
	Befehle im Überblick: Bridge-Oberfläche	103

		Miniaturen und Vorschau	104
		Vorschaupalette und Lupe	105
		Sortieren	105
		»Arbeitsbereich speichern«	107
		Die Filterpalette	107
	5.2	Markieren & Verwalten	110
		»Beschriftung« und »Wertung«	110
		»Löschen« versus »Zurückweisen«	112
		Favoriten	113
		Stapel	114
		Kopieren, Duplizieren, Verschieben	116
		Drehen	117
	5.3	Umbenennen	118
		Einzelbilder umbenennen	118
		Stapel-Umbenennung	118
		Elemente für den Dateinamen	119
		Alte Dateinamen wiederherstellen	120
	5.4	Suchen	121
		Ein Beispiel	121
		Optionen im »Suchen«-Dialog	121
		Suchergebnisse anzeigen	123
		»Als Kollektion speichern«	124
		Befehle im Überblick: Auswählen und Bearbeiten mit Bridge	125
	5.5	Präsentation	125
		»Präsentationsoptionen«	125
		Abspielen	127
		Präsentation aus Photoshop heraus	128
	5.6	Speichertechnik (Cache)	128
		Wo wird gespeichert?	128
		Cache-Dateien direkt im Bilderordner	129
6	**Metadaten (IPTC & Exif)**		130
	6.1	Übersicht	130
		Anwendungsbeispiele	130
		Exif- und IPTC-Daten entfernen	131
	6.2	IPTC-Daten	132
		Übersicht	132
		Dateiinformationen	133
		Metadatenvorlagen	134
		IPTC-Einträge entfernen, aber Exif erhalten	135
		IPTC-Daten in Bridge	135
		Stichwörter Übersicht	137
		Stichwörter hierarchisch anzeigen und anwenden	138
		Stichwörter hierarchisch speichern und exportieren	139
		Metadatenpalette	141
	6.3	Exif-Daten	142
		Exif-Daten betrachten	142
7	**Der Camera-Raw-Dialog**		143
	7.1	Einstieg	143
		Digitale Rohdiamanten	143
		Welche Kameras werden unterstützt?	144
	7.2	Arbeitsablauf & Automatisierung	144
		Dateien per Camera-Raw-Dialog öffnen	144
		Änderungen aus dem Camera-Raw-Dialog heraus sichern	145
		Einzelbild bearbeiten	145
		Camera Raw als Teil von Photoshop oder Bridge	146
		Serienverarbeitung im Camera-Raw-Dialog	146
		Einzelbild neu speichern	149
		»Speicheroptionen«	149
		Speichern und Übertragen der Korrektureinstellungen	150
		Camera-Raw-Dateien und Filialdokumente	152
		Raw-Dateien verlustfrei weiter korrigieren	153
	7.3	Bildbearbeitung im Camera-Raw-Dialog	153
		Farbtiefe & Pixelzahl	153
		Freistellen und drehen	155
		Weißabgleich	156
		Kontrast & Farbton	157
		Graustufenumsetzung und Tonung	160
		Aufnahmefehler korrigieren	160
		Scharfzeichnung	160
		Fehlerretusche	161
		Rotgeblitzte Augen	162
8	**Öffnen & Speichern**		163
	8.1	Bilder laden und neu anlegen	163
		Bilddateimaße übernehmen	164
		»Duplizieren«	164
		Der Foto-Downloader	164
		»Fotos freistellen und gerade ausrichten«	166
	8.2	Bilddateien öffnen	167
		»Öffnen«	167
		Schnell öffnen mit Bridge, Explorer oder Bilddatenbank	168

Inhaltsverzeichnis

	Unbekannte Dateiformate öffnen	168
8.3	**Speichern**	168
	»Bildvorschau«	168
	Befehle im Überblick: Dateiverwaltung in Photoshop	169
	»Speichern« und »Speichern unter«	169
8.4	**Dateiformate allgemein**	170
	Überblick: die wichtigsten Dateiformate	172
8.5	**Das JPEG-Dateiformat**	173
	Übersicht	173
	Bildqualität	174
	Weitere JPEG-Optionen	176
	»Für Web und Geräte speichern«	177

Teil 3
Korrektur ... 179

9	**Auflösung, Bildgröße, Ausschnitt**	180
9.1	**Auflösung, Druckmaße und Dateigröße**	180
	Nur die Pixelzahl ist wichtig	181
	Datenmengen	181
	Welche Auflösung für welches Druckgerät?	181
	Druckgerät und Auflösung	182
	Der Qualitätsfaktor	182
	Druckmaß anzeigen	182
	Der Befehl »Bildgröße«	184
	Größenänderung mit Neuberechnung der Pixelzahl	184
	Neue Druckgröße ohne Neuberechnung der Pixelzahl	187
	Druckmaße im Layoutprogramm	188
	»Auto-Auflösung«	188
	Übersicht: Wie rechnen andere Funktionen die Auflösung um?	189
	Bildgröße für Internetseiten einstellen	189
	Übersicht: Welche Methode für welchen Zweck?	190
	Richtig hochrechnen	191
9.2	**Bildrand entfernen**	192
	Abschneiden ohne Trennungsschmerz	192
	Freistellen mit dem Freistellwerkzeug	193
	Den Freistellrahmen formen und verschieben	194
	Pixelzahl und Druckmaß mit dem Freistellwerkzeug ändern	195
	Zügig arbeiten	196
	Auswahlfunktionen und »Freistellen«	198
	»Zuschneiden«	198
	Befehle im Überblick: Bild zuschneiden	200
	Pixelgenau abschneiden	200
	Goldener Schnitt oder Drittelregel	201
	Übersicht: welche Freistellmethode für welchen Zweck	201
	Maßstabsgerecht formatieren	203
9.3	**Die Arbeitsfläche erweitern**	205
	»Arbeitsfläche«	205
	Mehr Arbeitsfläche mit dem Freistellwerkzeug	206
	Mehr Arbeitsfläche mit dem Befehl »Alles einblenden«	207
10	**Kontrast & Farbstimmung**	208
10.1	**Grundlagen**	208
	Übersicht: Befehle für Kontrast, Tonwertumfang und Farbton	208
	Korrekturen schnell wiederholen	210
	Bei geöffnetem Dialogfeld	211

	Übersicht: Arbeitsfolge bei Kontrastkorrektur	211
	Histogramm & Histogrammpalette	212
10.2	»Gradationskurven«	218
	Darstellung	219
	Drei Anwendungsbeispiele	220
	Ankerpunkte und Zahleneingabe	222
	Gradationskorrektur für einzelne Farbkanäle	225
	Der Befehl »Helligkeit/Kontrast«	226
10.3	Automatikkorrekturen	228
	»Auto«-Korrekturen	228
	Schwarz, Weiß und Neutralgrau per Pipette	229
	»Zielfarben«	233
	»Beschneiden«	234
	Beschneidung anzeigen	235
	»Tonwertangleichung«	236
10.4	»Tonwertkorrektur«	238
	Tonwertumfang erweitern	238
	Mitteltonkorrektur	239
	Tonwertumfang begrenzen	240
	Hintergrundflächen erzeugen	241
	Befehle im Überblick: Gradationskurven, Tonwertkorrektur	242
10.5	»Tiefen/Lichter«	243
	Beispiele	243
	Der Bereich »Tiefen«	244
	Der Bereich »Korrekturen«	245
	Vorgaben speichern	245
10.6	Kontrastkorrektur per Ebenentechnik	246
	Kontrastkorrektur per Füllmethode	246
	Unterschiedliche Belichtungen mischen	248
	»Zu HDR zusammenfügen«	251
10.7	Farbstimmung	253
	Übersicht	253
	Farbsättigung per »Farbton/Sättigung«	255
	Farbstiche mit der »Farbbalance«	257
	»Fotofilter«	259
	»Variationen«	260
	»Kanalmixer«	261
	»Selektive Farbkorrektur«	263
	»Gleiche Farbe«	264

11	**Aufnahmefehler korrigieren**	267
11.1	»Objektivkorrektur« allgemein	267
	Möglichkeiten in der Übersicht	268
	Bedienung	268
	Bildränder anpassen	270
11.2	Schiefer Horizont	270
	Bildrotation mit dem »Drehen«-Befehl	271
	Drehen per Freistellwerkzeug	271
	Drehen per Transformieren	272
11.3	Stürzende Linien	274
11.4	Vignettierung und chromatische Aberration	275
	Vignettierung	275
	Chromatische Aberration (Farblängsfehler)	275
11.5	Retuschewerkzeuge	276
	Anwendung allgemein	277
	Wischfinger	277
	Weichzeichner, Scharfzeichner	277
	Abwedler, Nachbelichter, Schwamm	278
11.6	Details entfernen	280
	Verfahren im Überblick	280
	Kopierstempel, Reparaturpinsel & Bereichsreparaturpinsel	282
	Die Kopierquellenpalette	286
	Auswahlbereiche mit Auswahlwerkzeugen duplizieren	288
	Das Ausbessernwerkzeug	288
	»Staub und Kratzer«	290
11.7	Bildrauschen	291
	»Rauschen reduzieren«	292
	Weitere Funktionen gegen Bildrauschen	294
	Scans von gerasterten Bildern	296
11.8	Rotgeblitzte Augen	296
	Das Rote-Augen-Werkzeug	296
	Weitere Methoden	297
11.9	Scharfzeichnen	299
	»Unscharf maskieren«	301
	Selektiver Scharfzeichner	302
	Scharfzeichnen im Camera-Raw-Dialog	303
	Weitere Scharfzeichnungsfilter	304
	Scharfzeichnen spezial	305

Inhaltsverzeichnis

Teil 4
Verfremdung 307

12	**Füllen & Malen**	308
	Verlustfrei füllen und malen	308
12.1	Farbe und Muster wählen	309
	Vordergrund- und Hintergrundfarbe	309
	Pipette	310
	Der Farbwähler	310
	Warnungen bei Farbwähler, Farbbibliothek und Farbregler	311
	Farbreglerpalette	311
	Die Farbfelderpalette	311
	Muster	312
12.2	Flächen und Konturen füllen	314
	Einstieg	314
	Füllwerkzeug	315
	»Fläche füllen«	317
	»Kontur füllen«	317
12.3	Verläufe	318
	Verlaufswerkzeug	318
	Optionen für Verläufe	319
	Farbmarken im Verlauf bearbeiten	320
	Transparenz bearbeiten	322
12.4	Pinselvorgaben	323
	Pinselvorgaben auswählen	323
	Eigene Pinselvorgaben aufnehmen	324
	Pinselvorgaben verwalten	324
	Befehle im Überblick: Malen und Farben	325
	Anwendung der Pinselpalette	325
12.5	Malwerkzeuge	331
	Optionen für Retusche- und Malwerkzeuge	331
	Pinsel und Buntstift	332
	Übersicht: Welcher Malmodus für welchen Zweck?	333
	Musterstempel	333
	Farbe-ersetzen-Werkzeug	334

13	**Umfärben, Schwarzweiß, Grafisches**	336
13.1	Umfärben mit »Farbton/Sättigung«	336
	Das HSB-Farbmodell	336
	Gezielt umfärben	338
	Mit einer Einzelfarbe umfärben	338
13.2	Tonung	339
	Tonen mit dem »Schwarzweiß«-Befehl	340
	Tonen mit dem Camera-Raw-Dialog	342
	Duplexmodus	343
13.3	Farbe in Graustufen umsetzen	344
	Wege zu Graustufen	345
	Graustufen mit dem »Schwarzweiß«-Befehl	347
	Der Graustufen-Modus	349
	Graustufen mit Farbtupfer	349
13.4	Farbverfremdung	350
	Verfremdungen mit den »Gradationskurven«	351
	»Verlaufsumsetzung«	353
13.5	Strichgrafik	355
	Strichgrafik mit »Selektivem Weichzeichner«	355
	Strichgrafik mit »Hochpass« und »Schwellenwert«	355
	Weitere Schritte mit der Strichgrafik	356
	Plakative Farben & schwarze Kontur (Cartooneffekt)	357
	Grobe Schwarzweißflächen	360
13.6	Plakative Farben	361
	»Tontrennung«	362
	»Selektiver Weichzeichner« und »Matter machen«	364
14	**Verfremdung mit Filtern**	365
14.1	Grundlagen	365
	Flexible Smartfilter	365
	Filter testen & beurteilen	366
	Filter schnell wiederholen und übertragen	369
	Troubleshooting: Filter	370

		Zusatzmodule (Plug-Ins)	371
		Befehle im Überblick: Filter	373
	14.2	»Struktur«	373
		Struktur laden	374
		Alternativen zu »Mit Struktur versehen«	374
		Struktur auf eigener Ebene	375
	14.3	Weichzeichnungsfilter	377
		Schnelle Weichzeichner	377
		Gaußscher Weichzeichner	378
		»Tiefenschärfe abmildern«	379
		Sanfte Überstrahlung	382
		»Bewegungsunschärfe«	382
		»Radialer Weichzeichner«	385
	14.4	Beleuchtungseffekte	386
		Stil und Lichtquellenarten	386
		Lichtart	387
		Eigenschaften	387
		Vorschaufeld	388
		Relief-Kanal	389
		Beleuchtungseffekte verschieben und animieren	390
	14.5	Künstlerische Filter	391
		Filter verändern und nachbearbeiten	392
		Filtergalerie	392
		Künstlerische Filter im Vergleich	394
		Stilisierungsfilter	395
		Kunstfilter	396
		Malfilter	396
		Zeichenfilter	396
	14.6	Vergrößerung und Strukturierung	397
		Strukturierungsfilter	397
		Vergrößerungsfilter	398
		Gerasterter Rand	399
	14.7	Verzerrungsfilter	401
		Grundlagen	401
		Polarkoordinaten	403
		Versetzen	404
		Schwingungen	405
		Weitere Verzerrungsfilter	405
		Verflüssigen	407
	14.8	Weitere »Filter«-Befehle	412

Teil 5
Auswahl ... 417

15	Auswählen	418
15.1	Die Auswahlwerkzeuge	418
	Auswahlen mit Werkzeugfunktionen erweitern oder verkleinern	419
	»Glätten«	421
	»Weiche Kante«	422
	Schnellauswahl-Werkzeug	423
	Zauberstab	425
	Magischer Radiergummi	428
	Hintergrund-Radiergummi	429
	Lasso und Polygon-Lasso	431
	Magnetisches Lasso	432
	Auswahlrechteck und Auswahlellipse	433
15.2	Auswahlbefehle und -optionen	434
	Auswahlen erkennen	434
	Auswahlen ausblenden, aufheben, wiederholen	434
	Auswahlen um farbähnliche Bereiche erweitern	435
	Auswahl aus Ebenen ableiten	436
15.3	Auswahlen verfeinern	436
	Übersicht: So verfeinern Sie Auswahlränder	436
	»Kante verbessern« allgemein	437
	Auswahl gleichmäßig verkleinern oder erweitern	438

Inhaltsverzeichnis

	Das Untermenü »Ebene: Basis«	438
	Auswahlen örtlich verkleinern oder erweitern	439
	Auswahlsprünge glätten	440
	Weitere Regler	441
	Der »Rand«-Befehl	441
	Befehle im Überblick: Auswahl	442
15.4	**»Farbbereich«**	443
	Alternative: Helle Bildbereiche auswählen	443
	»Aufgenommene Farben«	444
	Vorschau im Dialogfeld	444
	Toleranz und Pipetten	446
	Farbe ersetzen	446
15.5	**»Extrahieren«**	447
	Der Ablauf	447
	Kontur im Alphakanal anlegen	448
	Korrekturen im Dialogfeld	451
	Korrekturen am Bildergebnis	451

16 Kanäle & Masken 454

16.1	**Einführung**	454
	Eigenschaften im Detail	455
16.2	**Auswahlen als Alphakanal speichern**	457
	»Auswahl speichern«	457
	»Auswahl laden«	458
	Auswahlen von Hand verrechnen	458
16.3	**Die Kanälepalette**	459
	Kanäle anzeigen und aktivieren	459
	Kanäle verwalten	459
	Kanäle duplizieren	460
	Befehle im Überblick: Kanälepalette	460
	Optionen für Alphakanäle	460
16.4	**Retuschen in Alphakanal oder Ebenenmaske**	461
	Übersicht	462
	Der bequemste Weg?	463
	Pinsel- und Füllfunktionen bei der Alphakanalretusche	465
	Bereiche von Alphakanal oder Maske bewegen	466
16.5	**Motivteile in Alphakanal oder Ebenenmaske**	466
	Durchscheinendes Glas	467
	Pinselstrich in der Ebenenmaske	467
	Teiltransparente Auswahlen	467

17 Pfade & Formen 469

17.1	**Einstieg**	469
	Dateiformate	470
17.2	**Pfade oder Formen beginnen**	470
	Verschiedene Pfadergebnisse	470
	Einen Pfad oder eine Form beginnen	471
	Formebenen rastern	472
	Gemeinsame Optionen der Zeichenstiftwerkzeuge	472
	Der Zeichenstift	473
	Der Freiform-Zeichenstift	474
	Beispiel: einen Pfad zeichnen und korrigieren	475
17.3	**Pfade korrigieren**	475
	Schritte rückgängig machen und speichern	475
	Ankerpunkt hinzufügen	475
	Ankerpunkt löschen	475
	Das Werkzeug »Punkt umwandeln«	476
	Transformieren (Skalieren, Drehen, Verzerren)	476
	Pfadoperationen	477
17.4	**Pfade und Pfadteile auswählen**	478
	Das Werkzeug »Direktauswahl«	478
	Das Pfadauswahl-Werkzeug	478
17.5	**Formfunktionen**	479
	Übersicht: Formwerkzeuge	480
	Die Werkzeuge für Ellipsen, Rechtecke und abgerundete Rechtecke	480
	Polygon	481
	Linienzeichner	482
	Das Werkzeug »Eigene Form«	482
17.6	**Pfade verwalten**	484
	Pfade umbenennen, duplizieren und löschen	484
	Pfade anzeigen und aktivieren	484
17.7	**Verschiedene Pfadtypen**	485
	Arbeitspfade und Pfade	485
	Pfade und Pfadsegmente	485
	Vektormasken	486
	Beschneidungspfad	486
17.8	**Auswahlen und Pfade**	488
	Auswahl in Pfad verwandeln	488
	Pfad in Auswahl verwandeln	490
	Befehle im Überblick: Pfade	491
17.9	**Malen nach Pfaden**	492
	Pfadkontur füllen	492
	Pfadfläche füllen	495

Teil 6
Ebenen 497

18 Ebenen organisieren 498
18.1 Ebenentechnik im Überblick 498
Dateiformate für Ebenenbilder 499
Pixelmaße und Dateigröße 503
18.2 Bildteile einsetzen 503
Auswahlbereiche und Ebenen in ein anderes Bild einsetzen 503
Einen ausgewählten Bildbereich im selben Bild verschieben 506
Objekte außerhalb des Bildrands 508
»In die Auswahl einfügen« 509
Vektorgrafiken einfügen 510
Befehle im Überblick: Bildteile bewegen und einsetzen ... 511
18.3 Ebenen organisieren 512
Ebenenpalette 512
Ebenen verlagern 513
Ebenen aktivieren 515
Ebenen und transparente Bereiche anzeigen 516
Ebenen auswählen und verbinden 516
Gruppen für Ebenen 518
Ebenenkompositionen 519
Ebene und Hintergrundebene 523
Befehle im Überblick: Ebenen verwalten 524
Ebenen verschmelzen und löschen 525
18.4 Ebenen bewegen und anordnen 526
Hilfslinien 526
Raster 528
Bewegen mit den Pfeiltasten 528
Bewegen per »Transformieren« 529
Bewegen per »Verschiebungseffekt« 531
Ebenen gleichmäßig anordnen 531

19 Ebenen retuschieren & transformieren 534
19.1 Transparenz erkennen 534
19.2 Ebenen fixieren 535
Fixierbare Ebeneneigenschaften 535
Automatisch fixiert 535
Ausgewählte Ebenen oder Gruppen fixieren 535
19.3 Werkzeugeinstellungen für die Ebenenretusche 536
Füllmethoden für die Ebenenretusche 536
Optionen für die Ebenendarstellung 537
19.4 Teile einer Ebene löschen 537
Radiergummi 537
19.5 Transformieren 538
Ablauf im Überblick 539
Transformierenfunktionen im Einzelnen 541
Drehen, Neigen, Skalieren, Verzerren 542
Verkrümmen 543
Auswahlbereiche oder Ebenen spiegeln und drehen ... 544
19.6 Der »Fluchtpunkt«-Filter 545
Übersicht 545
Vorbereitungen 545
Bedienung 546
Objekte einfügen 548
Objekt an Hintergrund angleichen 551
Stempelwerkzeug 551
Pinsel 552
Bemaßung in Photoshop CS3 Extended 552
19.7 Deckungsgleich ausrichten 553
Übersicht 554
»Ebenen automatisch ausrichten« 555
»Ebenen automatisch füllen« 557
»Dr. Brown's Services« 558
Stapelmodus (CS3 Extended) 559

Inhaltsverzeichnis

19.8	Panorama	563
	Der Ablauf	563
	»Photomerge« mit »Interaktivem Layout«	566
	Korrekturen	568

20 Ebenen überblenden … 573

20.1	Deckkraft, Fläche und Füllmethode	573
	Deckkraft	573
	Fläche	574
	Füllmethoden	575
	Füllmethoden im Einzelnen	575
	Helligkeitsbereiche ausblenden	584
	Neutrale Farbe	587
20.2	Ebenenstil und Ebeneneffekte	587
	Ebenenstil	587
	Effekte anlegen, verbergen und löschen	588
	Effekte übertragen	590
	Effekte in Einzelebenen verwandeln	591
	Konturoptionen	594
	Optionen für »Muster«	594
	Weitere gemeinsame Aspekte	595
	»Schlagschatten«	596
	»Schein nach außen«	597
	»Schein nach innen«	597
	»Abgeflachte Kante und Relief«	597
	»Kontur«	599
	»Glanz«	601
	Weitere Ebeneneffekte	601

21 Verlustfrei korrigieren … 603

21.1	Ebenenbereiche verbergen	603
	Übersicht	603
	Ebenenmasken	604
	Vektormasken	609
	OOB: Den Rahmen sprengen	611
	Schnittmaske	612
21.2	Einstellungsebenen	615
	Einführung Einstellungsebenen	615
	Einstellungsebenen anlegen	617
	Einstellungsebenen bearbeiten	617
	Einstellungsebenen gruppieren	618
	Einstellungsebene dauerhaft anwenden	618
21.3	Füllebenen	618
21.4	Smart Objekte	619
	Übersicht	619
	Einzelne Pixelebene als Smart Objekt	622
	»Platzieren« Sie Photoshop-Montagen, PDFs, Camera-Raw-Dateien und Vektordateien	624
	Wie viel Speicherplatz kostet das?	625
	Camera-Raw-Dateien als Smart Objekt	626
	Vektorgrafikdateien als Smart Objekt	626
	Smart Objekte »ersetzen« & »exportieren«	628
	Änderungen auf Duplikate übertragen	629
	Smart Objekte rastern	630
	Smart Objekte und Ebenenmasken	630
21.5	Smartfilter	631
	Möglichkeiten	632
	Smartfilter verwalten	632
	Filtermaske	634

22 Text … 635

22.1	Textmodus und Pixelebenen	636
	Der Textmodus	636
22.2	Text anlegen und markieren	637
	Punkttext anlegen	638
	Absatztext mit Rechteckrahmen anlegen	639
	Absatztext innerhalb einer Form	640
	Das Textmaskierungswerkzeug	641
	Vorhandenen Text aktivieren	641
22.3	Text formatieren	643
	Schriftgrad	643
	Horizontal und vertikal	644
	Weitere Zeichenformatierung	645
	Absatzformatierung	647
	Silbentrennung	648
	Rechtschreibprüfung	649
	Text suchen und ersetzen	650
22.4	Text färben und glätten	650
	Textfarbe	650
	Buchstaben glätten	651
22.5	Text verzerren	651
	Text auf Pfaden und in Formen	651
	Text »verkrümmen«	654
	Text »transformieren«	655
	Verzerren per Filter	656
22.6	Schriftzüge weiter verändern	656
	Schriftzüge mit einem Bild füllen	656
	Text und Ebeneneffekte	657
	Korrekturen nach dem Rastern	658

Teil 7
Online-Auftritt... 663

23	Elektronisch präsentieren	664
23.1	»Web-Fotogalerie«	664
	Online-Alben als Alternative	665
	Verzeichnisse und Dateien	666
	Stile	667
	»Feedback«	667
	»Optionen« im Fenster »Allgemein«	668
	Titelangaben im Optionsfeld »Banner«	669
	Vorgaben für »Große Bilder«	671
	Darstellung der »Miniaturen«	672
	»Eigene Farben« definieren	674
	Optionen zur »Sicherheit«	674
	Randgröße und Schriftformat	674
	So speichert Photoshop die Fotogalerie	675
	Eigene Stile definieren	676
	Besonderheiten bei Flash-Galerien	678
	Änderungen an HTML-Code und Bilddateien	680
23.2	Zoomify	682
23.3	PDF-Präsentation	683
	Bilder organisieren und aufbereiten	685
	Zusammenstellung und Reihenfolge	688
	Verwendung mit Adobe Reader 8	690
23.4	Animationen	691
	Übersicht	692
	Animationen aus mehreren Einzelebenen ableiten	693
	Animation aus einer einzigen Ebene ableiten	696
	Automatische Übergänge mit »Dazwischen einfügen«	697
	Einzelbilder auswählen, verschieben, kopieren und löschen	702
	Animation abspielen	704
	Animation speichern	705
	Externe Filme öffnen	707

23.5	Videobearbeitung	707
	Videos in Photoshop Extended	707
24	Speichern für Internetseiten und Mobilgeräte	718
24.1	Die Wahl des Dateiformats	718
	GIF-Dateiformat	719
	PNG-Dateiformat	721
24.2	Farbtabelle und Farbwahl	722
	Übersicht: Möglichkeiten mit der Farbtabelle	722
	Wahl der Farbtabelle	723
	Dithering (Farbrasterung)	725
24.3	Transparenz	728
	Transparenz mit harten Kanten	728
24.4	Speichern für Webseiten	730
24.5	Mobil mit der »Device Central«	732
25	Elemente für Internetseiten	735
25.1	Seitenhintergrund	735
	Einführung: nahtlose Hintergrundkacheln	735
	»Mustergenerator«	736
25.2	Endlose Kacheln erzeugen	738
	Aktives Bild als Seitenhintergrund speichern und darstellen	739
	Vielfachhintergrund direkt testen	739
	Nahtlose Hintergrundkacheln erzeugen	740
	Hauptmotiv mit Hintergrundmuster kombinieren	742
25.3	Rollover-Schaltflächen anlegen	742
25.4	Slices	745
	Slices in der Übersicht	745
	Slice-Typen neu anlegen	746
	Slices auswählen und verwalten	747
	Slice-Optionen und Navigation	747
	Slices »Für Web und Geräte speichern«	748

Inhaltsverzeichnis

Service   751

Anhang A: Photoshop CS3 – neu, geändert, kommentiert.   752
Anhang B: Photoshop auf Leistung trimmen   761
Anhang C: Photoshop bedienen   765
Anhang D: Informationen am Bildschirm   780
Anhang E: Dateiformate   783
Anhang F: Übersicht: Alle Werkzeuge   797
Anhang G: Lexikon   808

Stichwortverzeichnis   823

Guten Tag

Willkommen beim Kompendium zu Photoshop CS3! Dieser Vorspann gibt Ihnen kurz einen Überblick über das Buch und die beiliegende DVD.

Rundgang durch das Buch

Vermutlich arbeiten Sie dieses Kompendium nicht am Stück durch, sondern Sie greifen sich Abschnitte heraus, die Sie gerade benötigen. Darum lesen Sie manches vielleicht doppelt – ein paar wichtige Sätze erscheinen an mehreren Stellen. In anderen Fällen gibt es Querverweise. Bei der schnellen Orientierung helfen das Inhaltsverzeichnis zu Beginn des Buchs und das sehr umfassende Stichwortverzeichnis am Buchende.

Zum Aufbau

Dieses Buch gliedert sich nicht in komplexe Einzelprojekte, sondern in Hauptfunktionen, die sich über Teile und Kapitel erstrecken: also etwa der Teil »Korrektur« mit Kapiteln wie »Kontrast & Farbton« oder »Füllen, Malen & Retuschieren«. Weitere wichtige Teile behandeln »Auswahl«-Technik oder »Ebenen«. So lernen Sie jedes Werkzeug und jeden Befehl in vollem Umfang kennen. Sie können die Funktion optimal nutzen und beherrschen alle Alternativen.

Zusätzlich gibt es immer wieder kleine Workshops oder Schritt-für-Schritt-Beispiele: Dort verbinden wir Techniken aus verschiedenen Bereichen des Buchs.

Die Themen im Überblick

Sie wollen nicht lange lesen, sondern gleich nach der Installation mit Photoshop und Co. loslegen? Werfen Sie zumindest einen Blick in das Kapitel 1: »Das Wichtigste zuerst«. Dort erfahren Sie kurz und prägnant, wie Sie die **Voreinstellungen** mit wenigen Klicks für entspanntes Photoshopping einrichten, wie Sie Photoshop optimal nutzen und was Sie schon beim Fotografieren beachten könnten.

Danach geht es im ersten Teil weiter mit der »Grundlagen«-Forschung. Lesen Sie, wie Sie »Bilddateien darstellen, messen & drucken«. »Befehle widerrufen, aufzeichnen & abspielen« heißt es danach, hier besprechen wir mit Ihnen Protokollpalette, Aktionen, Droplets und **Bildprozessor**. Sie erfahren, wie Sie Routinejobs automatisieren und virtuos mit verschiedenen Arbeitsstufen Ihres Bilds jonglieren. Das Kapitel »Farbmodus & Farbtiefe« klärt auf über RGB, CMYK, HDR und Farbtiefen von 8 bis 32 Bit pro Grundfarbe.

Der zweite Teil behandelt »Basisaufgaben«: Richten Sie »Bridge« für die Bildverwaltung ein. Lernen Sie Stichwörter, Copyrighthinweise und andere »Metadaten« kennen; Sie lesen auch, wo Photoshop die Exif-Informationen Ihrer Digitalkamera über Aufnahmezeitpunkt oder Blendenwert enthüllt und wie Sie diese Werte bei Bedarf entfernen. Wir besprechen den vielseitigen »Camera-Raw-Dialog« – alles über die Weiterverarbeitung Ihrer wertvollen »digitalen Negative« mit Photoshop und Bridge – und separat das »Öffnen & Speichern«.

Von der Korrektur bis zum Zoomeffekt

Der »Korrektur«-Teil beginnt mit dem Kapitel »Auflösung, Bildgröße, Ausschnitt«; hier geht es um Pixelzahl, Speicherbedarf und Druckmaße. Lesen Sie, welche Auflösung für welchen Zweck gut ist, wie Sie Pixelzahl und Dateigröße sinnvoll herunterrechnen und ganz bestimmte Seitenverhältnisse aus einem Bild heraustrennen.

Das Kapitel »Kontrast & Farbton« behandelt Butter-und-Brot-Funktionen wie den komplexen **Tiefen/Lichter**-Befehl bis hin zu Vollautomatiken à la **Auto-Tonwertkorrektur**. Ganz ausführlich gehen wir auf die wichtigsten

Einleitung

Korrekturwerkzeuge ein – **Gradationskurven** und **Tonwertkorrektur**.

Danach besprechen wir, wie Sie typische »Aufnahmefehler korrigieren« – schiefe Horizonte, kissenförmige Verzeichnung oder stürzende Linien. Das Kapitel zeigt auch Mittel gegen Flusen, rotgeblitzte Augen, Bildrauschen und Unschärfe; Kopierstempel 🖌 oder Reparatur-Pinsel 🩹 zählen zu den wichtigsten Werkzeugen hier.

Im Teil »Verfremdung« geht es dann bunter zu. Pinselvorgaben und Farbwähler haben ihren Auftritt im Kapitel »Füllen & Malen«.

Das Kapitel »Umfärben, Schwarzweiß, Grafisches« zeigt maßgeschneiderte Wege zu umgefärbten Produkten, zu Strichgrafiken oder Cartooneffekten. Das »Filter«-Kapitel behandelt **Beleuchtungseffekte**, **Verwackelte Striche** oder Zoomeffekte. Sie lernen dort auch interessante Filterkombinationen und unerwartete Fallstricke kennen.

Sauber auswählen, online präsentieren

Bildteile sauber markieren – damit befasst sich der »Auswahl«-Teil: Das »Auswählen«-Kapitel stellt die Schnellauswahl 🖌 und viele weitere Techniken vor. Wie Sie Auswahlen speichern und verfeinern, zeigen die Kapitel »Kanäle & Masken« sowie »Pfade & Formen«.

Der »Ebenen«-Teil erklärt in mehreren Kapiteln, wie Sie die verschiedenen Bildausschnitte in einer Montage zusammenfügen und mischen, wie Sie einzelne Bildbereiche durch Masken verbergen und mit Effekten Schatten oder plastische Kanten ins Motiv zaubern. Im »Text«-Kapitel setzen wir außerdem Schriftzüge aussagekräftig ins Bild.

Der Teil »Online-Auftritt« behandelt Vorführungen per Monitor oder Beamer sowie die Internetgestaltung. Im Kapitel »Elektronische Präsentation« lesen Sie, wie Sie Ihre Bilder mit Internetgalerien, PDF-Diaschauen, Filmdateien und **Zoomify**-Technik vorführen. In den Kapiteln danach erfahren Sie, wie Sie »Elemente für Internetseiten« entwerfen, also etwa Schaltflächen und Hintergrundmuster, und Sie lernen die Besonderheiten beim »Speichern für Internetseiten« kennen.

Der blaue Service-Teil mit Hintergrundinformationen

Der »Service«-Teil bietet weitere Grundlagen und Informationen, darunter »Photoshop auf Leistung trimmen«, »Photoshop bedienen«, alles über »Dateiformate« und den Abschnitt »Photoshop CS3 – neu, geändert, kommentiert«.

Hinzu kommen wertvolle Übersichten quer durchs Kompendium: Infografiken und viele Tabellen zu Werkzeugen, Paletten, Vorgaben und Bibliotheken. Was Ihnen Englisch vorkommt, schlagen Sie im Glossar nach, zu finden ganz hinten auf den blau markierten Seiten – ebenso wie das sehr ausführliche Stichwortverzeichnis.

Mac und Windows

Dieses Buch richtet sich sowohl an Mac- als auch an Windows-Nutzer. Sie erhalten separate Hinweise zur Einrichtung des Betriebssystems. Auch an anderen Stellen im Buch weise ich auf Unterschiede hin. Im Übrigen gleichen sich die Versionen für Mac und Windows weitestgehend, kleine Detailunterschiede listen wir ab Seite 775 auf.

Um Sie nicht unentwegt mit Wiederholungen zu nerven, sprechen wir im Buch meist nur von der »Strg-Taste« aus der Windows-Welt – um aber gelegentlich hinzuzufügen, dass Macianer hier die ⌘-Taste verwenden. Ähnlich schreiben wir ab und zu auch, dass Sie als Mac-Anwender statt der rechten Maustaste zusätzlich zur Mac-Maustaste die Ctrl-Taste drücken. Die im Buch häufig erwähnte Alt-Taste kennen viele Mac-Nutzer auch unter den Bezeichnungen Wahltaste oder Badewannen-Taste (⌥).

Photoshop CS3 versus Photoshop CS3 Extended

Erstmals gibt es Photoshop in zwei Versionen parallel: Die normale Fassung heißt »Photoshop CS3« oder auch »Photoshop CS3 Standard«. Die Variante »Photoshop CS3 Extended« kostet deutlich mehr und bietet zusätzliche Funktionen vor allem für Video- und Produktgestalter (Seite 755).

Dieses Kompendium behandelt fast alles aus Photoshop CS3 Standard – und das, was die Extended-Version zusätzlich für Bildbearbeitung und -präsentation hergibt.

Sofern wir eine Funktion untersuchen, die es nur in der Extended-Fassung gibt, lesen Sie das klar und deutlich in der Überschrift und im Lauftext. Wenn wir die Programmversion dagegen nicht weiter erwähnen, funktioniert es auch mit dem günstigeren Photoshop CS3 Standard – und das ist fast immer der Fall.

Internetadressen

Interessante Internetadressen mit weiterführenden Informationen und Bildern finden Sie überall im Buch. Manchmal nennen wir auch kostenlose Programme – sie sind jedoch vielleicht nur unter bestimmten Bedingungen gratis, zum Beispiel ausschließlich für Privatanwender, und wir geben manchmal nur die Angaben der Hersteller weiter, ohne die Funktion selbst getestet zu haben.

Die Internetadressen selbst wurden Mitte 2007 überprüft. Bitte beachten Sie jedoch: Diese Adressen können kurzfristig verschwinden oder das Angebot unter einer bestimmten Adresse ändert sich dramatisch. Verlag und Autor übernehmen keine Verantwortung für Inhalt und Verfügbarkeit der genannten Seiten. Wir können Sie auch nicht zum Inhalt der im Buch genannten Webseiten beraten.

Auf der DVD

Die DVD zum Kompendium enthält im »Praxis«-Verzeichnis über 600 Bilddateien für Sie – alle Motive aus dem Buch. Spielen Sie also die Tipps und Vorschläge sofort mit den Originalbildern aus dem Buch nach und entwickeln Sie eigene Varianten und Lösungen! Ebenfalls auf der DVD: eine Sammlung mit rund 30 für dieses Buch entwickelten Aktionen, also mit gespeicherten Befehlsfolgen. Dazu kommen Videolehrgänge von video2brain.

Achtung
Einige Aktionen und Bilddateien lassen sich nur in Photoshop CS3 nutzen. Ältere Programmfassungen liefern Fehlermeldungen.

Bilder für Sie

Das »Praxis«-Verzeichnis von der Buch-DVD liefert Ihnen die Bilder aus dem Buch. Der Dateiname steht jeweils in der Bildunterschrift. Öffnen Sie also zu jedem Thema im Buch das passende Foto und probieren Sie die Beispiele auf dem eigenen Rechner aus.

Außerdem finden Sie Ordner wie »03 Vorlagen«, »10 Vorlagen«, »50 Vorlagen«. Die Fotosammlungen dort eignen sich gut für Probeläufe mit **PDF-Präsentation**, **Web-Fotogalerie**, Aktionenpalette, Bridge und so weiter.

Prüfen Sie, ob ein Bild Pfade oder Alphakanäle enthält, aus denen Sie Auswahlen laden können, oder ob eine Photoshop-PSD-Datei aus mehreren Ebenen besteht; Ebenenmasken und Vektormasken können Bildbereiche verbergen.

Für den privaten Gebrauch

Viele Bilder stammen von der Agentur Getty Images, weiteres Material von den Verfassern. Manche Originalmotive wurden zu didaktischen Zwecken verändert, bevor sie als »Vorlage« ins Buch gelangten.

Die Bilddateien sind ausschließlich für Ihren privaten Gebrauch gedacht. Eine Veröffentlichung oder Weitergabe ist nicht zulässig. Wenn Sie die Bilder veröffentlichen möchten, prüfen Sie bitte die Quelle und kontaktieren Sie die jeweilige Agentur.

Die Metadaten innerhalb der Bilddateien informieren Sie, wer die Rechte an einem Bild hält:

- » Laden Sie das Bild in Photoshop oder markieren Sie es in Bridge, dann wählen Sie **Datei: Dateiinformationen** (Seite 132). Oder:

- » Öffnen Sie Bridge, klicken Sie das gewünschte Motiv einmal an und prüfen Sie innerhalb der Metadatenpalette in Bridge den Bereich IPTC-Kern.

Einleitung

Aktionen für Sie (Befehlsfolgen)

Ebenfalls im »Praxis«-Verzeichnis befindet sich die Datei »Photoshop CS3 Kompendium.atn«. Sie enthält rund 30 Aktionen (gespeicherte Befehlsfolgen), passend zu den Anleitungen aus diesem Buch.

Sie müssen sich also nicht mehr selbst durch die Untermenüs klicken, um die Funktionsreihen nachzuvollziehen: Wir haben die Schritte bereits für Sie als Aktion konserviert und auf DVD mitgeliefert. Wenden Sie die Aktionen auf viele Bilddateien en bloc an, variieren Sie die Befehlsfolgen und entwickeln Sie eigene Versionen.

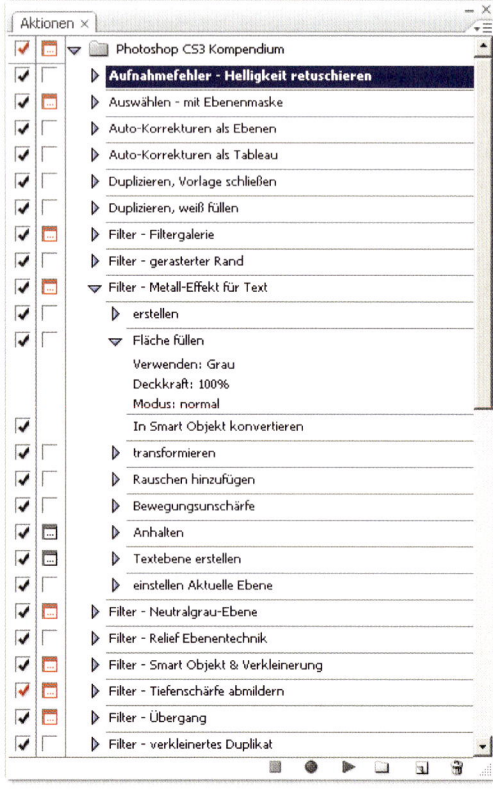

Die Aktionen laden Sie ganz einfach in Photoshop:

1. Sie öffnen die Aktionenpalette mit dem Befehl **Fenster: Aktionen**.

2. Sie öffnen das Menü der Aktionenpalette mit der Schaltfläche ▼≡.

3. Sie gehen auf **Aktionen laden** und öffnen das »Praxis«-Verzeichnis der Buch-DVD.

4. Sie klicken doppelt auf »Photoshop CS3 Kompendium.atn«. Ihre Aktionenpalette zeigt jetzt das neue Aktionsset »Photoshop CS3 Kompendium« in der Aktionenpalette.

So bearbeiten Sie das erste Bild mit einer Aktion:

1. Laden Sie ein Bild, das Sie bearbeiten möchten.

2. Öffnen Sie in der Aktionenpalette das Aktionsset »Photoshop CS3 Kompendium« mit der Schaltfläche ▷.

3. Klicken Sie einmal auf den Namen der gewünschten Aktion, zum Beispiel auf »Strichgrafik«.

4. Klicken Sie unten in der Aktionenpalette auf die Schaltfläche AKTION AUSFÜHREN ▶; Photoshop arbeitet die Befehlsfolge jetzt an der aktuellen Bilddatei ab.

Die Webseite zum Buch

Auf der Website *www.mut.de/photoshop-kompendium* können Sie sich die Beispiele zum Webkapitel live ansehen, Ihre Photoshop-Ergebnisse uns und anderen Lesern in der Lesergalerie vorstellen und tolle Preise gewinnen. Außerdem haben wir die komplexesten Bedienfelder mit interaktiven Erklärungen versehen und vieles andere mehr. Surfen Sie mal vorbei!

Über die Autoren

Heico Neumeyer

schreibt seit 15 Jahren über Photoshop, über Bildbearbeitung und Fotografie allgemein. Sein Photoshop-Kompendium im Verlag Markt+Technik gilt seit vielen Jahren als Standardwerk. In diesem Kompendium stammen alle Teile außer dem »Online-Auftritt« von ihm. Neumeyer veröffentlicht auch Testberichte und Praxistipps für PC- und Fotozeitschriften und gibt Schulungen.

Der Autor experimentierte schon als Youngster in der Dunkelkammer, mit Diaprojektoren und Farbfolien und schleppte zu schwere Spiegelreflexausrüstungen über zu hohe Bergpässe. Neumeyer studierte Deutsch, Pädagogik und Politik und war Redakteur bei einer Fotozeitschrift. Er ist bekannt für praxisnahe, gut lesbare Texte und maßgeschneiderte Trainings. Er lebt in Oberbayern.

Eva Ruhland

steuerte zu diesem Kompendium den Teil »Elektronisch präsentieren« bei. Ruhland lebt als Grafikdesignerin, Medienkünstlerin und Fachjournalistin in München, dazu kommen Lehraufträge. Ruhland liefert auch Übersetzungen, Fachartikel und Multimedia-Design.

Eva Ruhland bearbeitet schon seit Mitte der achtziger Jahre Fotos und Videos analog und digital – angefangen hat sie mit dem legendären Commodore Amiga. Ab Mitte der Neunziger kam Webdesign hinzu. Ruhland studierte in München an der Akademie der Bildenden Künste, außerdem Germanistik und Pädagogik. Sie formuliert auch komplexe Zusammenhänge mit einfachen und klaren Worten.

Danke

Die Autoren bedanken sich bei allen, die bei diesem Wälzer für den Verlag mit dabei waren: unter anderem Cornelia Karl, Claudia Bäurle, Petra Kienle, Carsten Kienle, Peter Knoll und Mike Schelhorn.

Wertvoll für Heico Neumeyer war die Hilfe von Fotografin Gabi Sieg-Ewe. Außerdem Danke an Willi Gerlach, die Damis und Familie Gimpl-von Eichmann.

Eva Ruhland sagt Danke an Michael Schmithäuser, Silvia Kirchhof, Robby Gentilini und Uschi Quack.

Feedback

Haben Sie Fragen oder Anmerkungen zu diesem Kompendium? Dann schreiben Sie uns. Bitte sagen Sie gleich zu Beginn so detailliert wie möglich, welche Photoshop-Version, welche Kompendium-Version und welches Betriebssystem in welcher Version Sie verwenden.

Allerdings: Allgemeine Fragen zu Photoshop, die nichts mit dem Buch zu tun haben, können wir nicht beantworten. Bitte wenden Sie sich in solchen Fällen an den Photoshop-Hersteller Adobe. Gibt es Probleme mit Digitalkamera, Drucker oder Arbeitsspeicher, so sind wir ebenfalls ratlos.

Tipps zur Photoshop-Hilfe und zu Photoshop-Foren im Internet mit vielen hilfsbereiten Anwendern finden Sie ab Seite 781. Für Kommentare und Fragen direkt zum Buch gilt: Bitte schreiben Sie an info@pearson.de und geben Sie Buchtitel, Photoshop-Version und ISBN-Nummer an, wir freuen uns auf Ihre Rückmeldung!

Teil 1
Grundlagen

Kapitel 1:
Das Wichtigste zuerst   26

Kapitel 2:
Bilddateien darstellen, messen & drucken   44

Kapitel 3:
Befehle widerrufen, aufzeichnen und abspielen   64

Kapitel 4:
Farbmodus & Farbtiefe   88

Kapitel 1
Das Wichtigste zuerst

Sie wollen nicht viel lesen, Photoshop soll sofort auf Hochtouren laufen?

Werfen Sie zumindest einen Blick auf die folgenden Seiten: Sie erfahren, wie Sie die **Voreinstellungen** so ändern, dass die Programme zügiger laufen, und warum Photoshop in Streik treten könnte. Dazu das Wichtigste zur Bedienung: die Top Ten der Tastenbefehle, wichtige Tipps zu Dialogfeldern sowie flexible Formen der Bildkorrektur, bei denen Sie nicht das Original verlieren – nützlich für alle Verfahren quer durch den Photoshop. Am Schluss dieses Kapitels liefern wir Ihnen noch ein paar Hinweise zum Fotografieren, die Ihnen viel Arbeit in Photoshop ersparen.

Sie kennen ältere Fassungen und sind ganz neu bei Photoshop CS3? Dann lesen Sie am besten unsere Umsteigerberatung ab Seite 757.

1.1 Bevor Sie einen älteren Photoshop deinstallieren

Sie können problemlos alte und neue Photoshop-Versionen auf einem Rechner betreiben – allerdings läuft nur ein Programm auf einmal. Werfen Sie eine Photoshop-Vorgängerversion nicht vorzeitig von der Festplatte.

Weil das separate Programm ImageReady nicht mehr zu Photoshop gehört, fehlen in CS3 ein paar ImageReady-spezifische Talente, so etwa Vierfach-Livevorschau oder bedingte Aktionen. Wenn Ihnen daran liegt, lassen Sie die Versionen CS oder CS2 installiert.

Sichern Sie Ihre Vorgaben aus älteren Versionen

Ob eigene Aktionen, eigene Werkzeugspitzen, eigene Farbsets oder eigene Verläufe aus Photoshop CS2 oder einer früheren Version – Photoshop CS3 holt sich Ihre mühsam aufgebauten Bibliotheken und Sammlungen nicht herüber. Ihre Aktionen und Bibliotheken speichern Sie also in der alten Photoshop-Version als separate Dateien, die laden Sie dann in CS3. Öffnen Sie das Palettenmenü ▼≡ und wählen Sie einen Befehl wie etwa **Verläufe speichern** (Seite 771).

Geldprobleme

Photoshop CS3 und Photoshop CS2 drucken keine Geldscheine und produzieren inkriminierende Fehlermeldungen, wenn Sie eine Datei mit Barschaft auch nur öffnen wollen (Seite 54). Drucken Sie gern Ihr eigenes Geld und haben Sie noch einen älteren Photoshop da, bieten sich zwei Wege an:

» Lassen Sie Photoshop 7 oder Vorgänger installiert. Dort gibt es keine Geldprobleme.

» Oder nehmen Sie Photoshop CS (nach alter Zählung Photoshop 8): Laden Sie Ihre Barschaft zunächst im separaten Programm ImageReady und reichen Sie es von dort an Photoshop CS durch.

Achtung
Zahlreiche Anwender berichten von Problemen beim Drucken mit CS3 (Seite 54). Auch wenn wir selbst keine schlechten Erfahrungen gemacht haben: Lassen Sie eventuell als alternatives Druckprogramm einen älteren Photoshop installiert, bis Sie wissen, dass Ihre Drucke auch mit CS3 gelingen.

1.2 Stressfrei loslegen

Sie wollen gleich mit voller Kraft loslegen? Lesen Sie zumindest die folgenden kurzen Tipps für Photoshop und separat für Bridge. Sie sparen Nerven und Zeit. Alle Themen besprechen wir noch sehr ausführlich im Buch.

Schneller Einstieg mit Photoshop

So machen Sie Photoshop fit für den Pixeljob:

1. Prüfen Sie zuerst per **Hilfe: Aktualisierungen**, ob der Hersteller im Internet schon Nachbesserungen für Ihre Photoshop-Version bereithält. Die Chancen dafür stehen nicht schlecht. Installieren Sie die Nachlieferung direkt aus dem Dialogfeld heraus, erst dann folgen Sie den weiteren Schritten hier.

2. Wählen Sie **Bearbeiten: Voreinstellungen: Leistung**. Im Bereich SPEICHERNUTZUNG teilen Sie Photoshop 75 Prozent Arbeitsspeicher zu, mindestens 190 Mbyte, besser noch mehr (Seite 761). Stellen Sie die Zahl der PROTOKOLLOBJEKTE von 20 auf 100 oder auch auf 1000 hoch –

Abbildung 1.1 Schneller Einstieg: Zum Einlesen Ihrer Fotosammlung nimmt sich Bridge viel Zeit. Das Programm sollte Ihre Festplatte bereits vor dem ersten Einsatz gründlich durchsuchen.

das ist die Zahl der Arbeitsschritte, die Sie widerrufen können. Im Bereich ARBEITSVOLUMES nennen Sie mehrere freie Festplatten als Reserve-Arbeitsspeicher; 500 Mbyte auf zwei Laufwerken sollten es sein – mindestens (Details Seite 761).

3. Klicken Sie links auf DATEIHANDHABUNG. Im Bereich DATEIEN VERARBEITEN verhindern Sie das Mitspeichern einer zeit- und platzraubenden »flachen« Bildversion bei PSD-Montage-Dateien – wählen Sie im Bereich KOMPATIBILITÄT VON PSD- UND PSB-DATEIEN die Vorgaben FRAGEN oder noch besser NIE (Seite 785). Klicken Sie auf OK.

4. Solange Sie sich mit dem Farbmanagement nicht befasst haben, setzen Sie nach dem Befehl **Bearbeiten: Farbeinstellungen** die FARBMANAGEMENT-RICHTLINIEN FÜR RGB, CMYK UND GRAU auf AUS. Schalten Sie für PROFILABWEICHUNG die Option BEIM ÖFFNEN WÄHLEN ab.

5. Schließen Sie Photoshop und starten Sie neu.

Schneller Einstieg mit Bridge

Ein paar Handgriffe in Bridge und die Arbeit mit dieser Bilddatenbank geht schneller und angenehmer von der Hand. Die Themen aus diesem Abschnitt besprechen wir im »Bridge«-Kapitel noch ausführlich.

» Ist die Festplatte mit dem Betriebssystem (unter Windows meist Laufwerk C) schon fast voll? Dann öffnen Sie Bridge, laden Sie die **Voreinstellungen** mit Strg+K, öffnen Sie links den Bereich CACHE und geben Sie unter CACHE-SPEICHERORT ein anderes Laufwerk an, in dem Bridge seine Miniaturen sichert.

» Wenn Sie mit Camera-Raw-Dateien arbeiten, bestimmen Sie noch einen Platz für die Camera-Raw-Datenbank; die landet sonst auch im Systemverzeichnis und kostet schnell mehr als 100 Mbyte: Klicken Sie ein Bild in Bridge an, wählen Sie in Bridge **Bearbeiten: Camera Raw-Voreinstellungen**, dann klicken Sie auf SPEICHERORT AUSWÄHLEN.

» Möchten Sie demnächst größere Bilderverzeichnisse in Bridge sichten? Öffnen Sie Bridge und klicken Sie in der Ordnerpalette ein übergeordnetes Verzeichnis an, zum Beispiel direkt den Namen eines Laufwerks wie C. Dann wählen Sie **Werkzeuge: Cache: Cache generieren und exportieren**. Im Dialogfeld wählen Sie die Vorgabe CACHE AUCH IN ORDNER EXPORTIEREN ab, dann klicken Sie auf OK. Bridge liest jetzt die Miniaturen von allen Unterordnern ein.

1.3 Troubleshooting Photoshop: Ich klicke und nichts passiert

Mitunter steht man in Photoshop vor dem Problem: Ich klicke – und nichts passiert. Solche Unbill droht in Situationen wie diesen:

» Sie bearbeiten eine Datei im Modus BITMAP, LAB oder INDIZIERTE FARBEN, mit 16 oder 32 Bit Farbtiefe pro Grundfarbe; in diesen Modi stehen jedoch nur wenige Funktionen zur Verfügung. Wechseln Sie mit dem Untermenü **Bild: Modus** zu **Graustufen** oder zu **RGB-Farbe** und ebendort auch zu **8-Bit-Kanal**.

» Sie versuchen, eine Ebene zu bearbeiten, die zwar gut sichtbar, aber nicht aktiviert ist. Aktivieren Sie die Ebene durch einen Mausklick in der Ebenenpalette.

» Sie haben beim Malen oder bei der Ebenentechnik die Deckkraft heruntergesetzt oder eine Füllmethode eingestellt, die von der aktiven Ebene oder vom Pinselstrich nichts erkennen lässt (Seite 575). Wechseln Sie in den Werkzeugoptionen oder in der Ebenenpalette zurück zu NORMAL.

» Sie haben die Ebene »fixiert«, so dass sie sich nicht vollständig oder überhaupt nicht mehr bearbeiten lässt, etwa mit der Option TRANSPARENTE PIXEL FIXIEREN (Seite 535). Schalten Sie die »Fixierung« oben in der Ebenenpalette ab.

» Sie haben in der Kanälepalette nicht den Gesamtkanal aktiviert, zum Beispiel »CMYK« oder »RGB«, sondern eine einzelne Grundfarbe oder einen Alphakanal.

» Sie arbeiten in einer Ebenenmaske, Vektormaske oder Einstellungsebene statt auf den Bildpunkten der Ebene selbst. Klicken Sie die Miniatur der gewünschten Bildebene an, damit diese Ebene wieder aktiviert wird. Beachten Sie auch die Informationen in der Titelzeile des Dateifensters oder des Programmfensters.

» Werkzeuge oder Befehle versagen? Womöglich haben Sie eine Auswahl in der Datei, die verborgen ist oder außerhalb des aktuellen Bildfensters liegt. Drücken Sie Strg+H, um eine verborgene Auswahl wieder anzuzeigen, sichten Sie das Gesamtbild per Strg+0 oder entfernen Sie die Auswahl mit Strg+D.

Troubleshooting Photoshop: Ich klicke und nichts passiert

» Sie haben in den **Voreinstellungen** die PIXELWIEDERHOLUNG eingerichtet und erhalten deshalb grobe Ergebnisse beim Rotieren und Skalieren. Wechseln Sie zu BIKUBISCH (Strg+K, Seite 184).

» Sie arbeiten auf einer Textebene, die Tonwertkorrekturen und Werkzeugretuschen nicht zulässt. Verwenden Sie den Befehl **Ebene: Rastern: Text**, um den Text in eine übliche Bildpunktebene zu verwandeln.

» Sie sind mitten in der Arbeit an einer Textebene oder beim **Transformieren** – dann können Sie keine anderen Dateien oder Dialogfelder öffnen. Brechen Sie die Bearbeitung mit der Esc-Taste folgenlos ab oder bestätigen Sie Ihre Änderungen per Klick auf das Häkchen ✔ oben.

» Sie arbeiten auf einer Ebene mit Smart Objekt, zu erkennen am Symbol in der Ebenenpalette. Auch hier stehen einige Funktionen nicht zur Verfügung.

» Sie bearbeiten eine Ebene und haben einen Befehl wie **Bearbeiten: Frei Transformieren** gewählt (Seite 538). Photoshop umgibt die Ebene mit einem Begrenzungsrahmen. In dieser Situation können Sie kaum andere Befehle nutzen. Brechen Sie die Arbeit mit der Esc-Taste ab oder bestätigen Sie die Änderung mit ↵.

» Der Pinsel arbeitet wunderlich bis gar nicht. Sie haben vielleicht beim Malen oder Retuschieren in der Pinselpalette Vorgaben gemacht, die den Pinselstrich sehr schnell zu einem Nichts schrumpfen oder verblassen lassen. Öffnen Sie das Palettenmenü und setzen Sie mit dem Befehl **Pinsel-Steuerungen löschen** alle Vorgaben zurück.

» Kopierstempel und Reparaturpinsel beißen sich an einem hartnäckigen Staubfleck im Scan vergebens die Zähne aus. Der Staub residiert physikalisch auf dem Monitor.

Abbildung 1.2 Troubleshooting: Bei komplexen Montagen entsteht manchmal Verwirrung.

Teil 1 • Grundlagen

1.4 Troubleshooting: Betriebssystem

Wenn Photoshop streikt oder kriecht, kann es an Problemen im Betriebssystem oder in den **Voreinstellungen** liegen:

» Entfernen Sie neu installierte Programme und Zusatzmodule, nach deren Installation erstmals Probleme auftraten, und installieren Sie Photoshop eventuell neu.

» Trennen Sie externe SCSI-, USB- und Firewire-Laufwerke vom System.

» Teilen Sie Photoshop mehr Arbeitsspeicher und freie Auslagerungsbereiche auf der Festplatte zu; dazu verwenden Sie den Befehl **Bearbeiten: Voreinstellungen: Leistung** (Seite 761).

» In Einzelfällen blockiert auch eine zu hohe Speicherzuteilung nicht nur das System, sondern ebenso Photoshop. Haben Sie mit 100 Prozent Speicherzuteilung Probleme, setzen Sie das Programm mit Vorgaben wie 50 oder 60 Prozent testweise auf Diät.

Windows-Probleme

Die folgenden Lösungen eignen sich für Windows-Rechner.

» Bei größeren Problemen sollten Sie eventuell die Photoshop-Voreinstellungen zurücksetzen. Drücken Sie [Strg]+[Alt]+[⇧], während Photoshop startet.

» Benennen Sie einzelne Voreinstellungsdateien um, etwa für »Werkzeugvoreinstellungen« oder »Muster«. Diese Dateien lagern zum Beispiel im (eventuell versteckten) Ordner »C:\Dokumente und Einstellungen\<benutzername>\Anwendungsdaten\Adobe\Adobe Photoshop CS3\Adobe Photoshop CS3 Settings«.

» Überprüfen Sie den Ordner »C:\Dokumente und Einstellungen\<benutzername>\Lokale Einstellungen\Temp«. Dort legen Adobe und andere Softwarehersteller tonnenweise Datenmüll ab; er kann häufig gelöscht werden.

» Starten Sie unter Windows XP mit einem anderen Benutzernamen.

Abbildung 1.3 Schnelle Bedienung: Machen Sie sich mit Tastaturbefehlen und Anwendung der Dialogfelder vertraut. Die »Gradationskurven« rufen Sie zum Beispiel mit [Strg]+[M] auf. Die Ebenenpalette erscheint per [F7], die Infopalette mit [F8] – auch bei geöffnetem Korrekturdialog.

Mac-Probleme

Bei Problemen setzen Sie eventuell die Voreinstellungen von Photoshop zurück: Drücken Sie gleich nach Programmstart ⌘+Alt+⇧. Photoshop erzeugt beim nächsten Start neue Voreinstellungsdateien. Alternative: Öffnen Sie den Ordner »Library«, dort gehen Sie in den Ordner »Preferences« und ziehen »Adobe Photoshop CS3 Settings« in den Papierkorb.

Ein optimales Betriebssystem

Richten Sie MacOS oder Windows so ein, dass mit weniger Arbeitsspeicher mehr geht:

» Schalten Sie visuellen Schnickschnack ab – plastische, halbtransparente Titelleisten, Schatten unter Dateifenstern oder Mauszeigern, Farbverläufe in Titelleisten.

» Defragmentieren oder formatieren Sie Festplatten, auf die Photoshop auslagert, so dass große, zusammenhängende freie Bereiche entstehen.

» Geben Sie dem Betriebssystem genug eigenen Auslagerungsspeicher unabhängig von Photoshop – am besten auf einem Laufwerk, das nicht auch Photoshop verwendet. Die Größe dieser Auslagerungdatei muss fixiert, nicht flexibel sein.

» Lassen Sie nur einen, nicht zwei Virenscanner laufen. Verwenden Sie aktuelle Treiber und installieren Sie eher weniger als mehr Programme.

1.5 Schnelle Bedienung

Nutzen Sie Tastenbefehle statt Mausgeschiebe und räumen Sie die Oberfläche mit wenigen Klicks auf.

Aufgeräumte Arbeitsfläche

So räumen Sie den Bildschirm auf und verschaffen sich mehr Übersicht:

» Die ⇥-Taste verbannt auf einen Schlag alle Paletten vom Schirm.

» Auch gut: Die F-Taste wechselt ruckzuck zum aufgeräumten Vollschirmmodus und wieder zurück.

» Apropos Arbeitsfläche: Hauen Sie überflüssige Paletten weg, bringen Sie die Überlebenden in eine optimale Position, justieren Sie die Miniaturengrößen in den Paletten al gusto, dann **Fenster: Arbeitsbereich: Arbeitsbereich speichern**; diese persönliche Palettenanordnung stellen Sie im selben Untermenü jederzeit schnell wieder her.

Diese flotten, Ordnung schaffenden Funktionen sollte Adobe auch für nichtdigitale Arbeitsbereiche anbieten.

Schnelle Tastenbefehle

Routinierte Photoshopper bedienen ihr Programm besonders flott mittels gezielter Tastendrucke – viel schneller als mit der Maus. Vielen Befehlen und allen Werkzeugen haben die Programmierer bereits Tastaturkürzel zugeteilt: Für die Funktionen der Werkzeugleiste reicht dabei grundsätzlich ein einzelner Buchstabe ohne jede weitere Strg-, Alt- oder ⇧-Taste: Mit einem C (für Crop Tool) rufen Sie zum Beispiel das Freistellwerkzeug auf.

Beim Experimentieren wühlen Sie oft in Untermenüs immer wieder nach ein und derselben Funktion, zum Beispiel **Datei: Skripten: Bildprozessor**; teilen Sie dieser Funktion einen bequemen Tastenbefehl wie F4 zu.

Die Übersicht auf Seite 32 zeigt die wichtigsten Tastaturbefehle. Am Mac gilt generell die Ctrl- statt der Strg-Taste. Wie Sie sich die Tasten einfacher merken und komplett eigene Tastaturgriffe für beliebige Befehle einrichten, steht ausführlich im »Service«-Teil ab Seite 777. Dort finden Sie auch eine Liste, die alle voreingestellten Kurztasten für sämtliche Werkzeuge nennt.

Schnell die Bilddarstellung wechseln

So flott ändern Sie die Bilddarstellung:

» Mit der Taste H schalten Sie dauerhaft die Verschiebe-Hand ein, die Leertaste wechselt nur vorübergehend zu diesem Werkzeug.

» Die Taste Z schaltet die Lupe ein; per Strg+Leertaste erhalten Sie die Vergrößerungslupe vorübergehend – rahmen Sie den gewünschten Bereich ein oder klicken Sie einfach.

» Die Verkleinerungslupe erscheint per Alt+Leertaste. Wechseln Sie die Zoomstufe per Strg++ und Strg+-.

Teil 1 • Grundlagen

Übersicht: die zehn wichtigsten Tastenbefehle

Taste	Ergebnis	Anmerkung
⇥	Alle Paletten ein-/ausblenden	⇧+⇥, wenn Werkzeugleiste und Werkzeugoptionen sichtbar bleiben sollen; Strg+⇥ bringt ein Bild nach dem anderen in den Vordergrund.
F	Vollschirmmodus	Mehrfach drücken
Leertaste	Vorübergehender Wechsel zu Handwerkzeug	Leertaste+Strg für vorübergehende Vergrößerungslupe, Leertaste+Alt für vorübergehende Verkleinerungslupe; auch bei geöffnetem Dialogfeld im Originalbild und in vielen Dialogfeld-Vorschauen
Strg	Vorübergehender Wechsel zum Verschiebenwerkzeug	Mit wenigen Ausnahmen, etwa bei aktivierten Pfadwerkzeugen
D	Vordergrundfarbe auf Schwarz, Hintergrundfarbe auf Weiß setzen	Umgekehrt, wenn Alphakanal oder Ebenenmaske aktiviert sind; mit X Vorder- und Hintergrundfarbe tauschen
1 … 0	Deckkraft ändern	Bei Verschiebenwerkzeug Ebenen-Deckkraft, bei Mal- oder Retuschewerkzeug Pinsel-Deckkraft; 0 steht für 100 Prozent
Pfeiltasten	Ebene/Auswahl in Pixelschritten bewegen	Bei aktiviertem Verschiebenwerkzeug bzw. Auswahlwerkzeug; ⇧+Pfeiltaste für Zehn-Pixel-Schritte
Ö	Pinseldurchmesser in Zehn-Pixel-Schritten vergrößern	#-Taste zum Verkleinern
Strg+F	Letzten Filterbefehl erneut ablaufen lassen	Strg+Alt+F ruft letzten Filter-Dialog erneut auf
Strg++	Abbildungsmaßstab schrittweise vergrößern	Strg+- zum Verkleinern der Zoomstufe

Dialogfelder und Optionsleisten schnell bedienen

Auch für Dialogfelder und Optionsleisten gibt es Tastenbefehle und andere Tricks, die Ihnen viele Mausmeilen sparen:

» Mit der ⇥-Taste springen Sie von einem Eingabefeld zum nächsten. Mit ⇧+⇥ wechseln Sie wieder zu weiter oben liegenden Eingabefeldern.

» Vertikale Pfeiltasten erhöhen oder senken die Werte in den Eingabefeldern; Sie müssen also nicht die Schieberegler verwenden oder Zahlen eintippen. ⇧+Pfeiltaste sorgt für höhere Sprünge.

» Statt den winzigen Knopf am Schieberegler zu bewegen, ziehen Sie direkt über dem Wort zu diesem Schieberegler. Ein Beispiel: Sie arbeiten im Dialog **Farbton/Sättigung**; ziehen Sie nicht am Farbtonregler, sondern direkt über dem (leichter zu treffenden) Wort Farbton; dabei ändert sich der Cursor.

» Auch so können Sie die Werte für eine Reglerstellung ändern: Drücken Sie die Strg-Taste, halten Sie den Mauszeiger in ein Eingabefeld und ziehen Sie nach links oder rechts; dabei ändert sich wieder der Cursor, das Verfahren erlaubt sehr feine Änderungen.

» Bei gedrückter Alt-Taste zeigt die Abbrechen-Schaltfläche die Funktion Zurück; damit setzen Sie alle Werte auf den ursprünglichen Stand, das Bild erscheint oft wieder wie unverändert. Sie müssen also nicht erst die Funktion abbrechen und neu aufrufen.

» Nennen Dialogfeld oder Optionsleiste eine Maßeinheit wie »px« für Pixel, können Sie sofort eine andere Einheit eintragen, zum Beispiel »cm«. Photoshop bietet die Maßeinheiten auch per Rechtsklickmenü an. Sie müssen dazu nicht erst in die **Voreinstellungen** wechseln.

Übersicht: die zehn wichtigsten Tastenbefehle

» Optionen mit unterstrichenem Buchstaben schalten Sie ein oder aus, indem Sie diesen Buchstaben bei gedrückter Alt-Taste eintippen, zum Beispiel Alt+P für Proportionen erhalten im Bildgrösse-Dialog.

» In vielen, aber nicht allen Dialogen machen Sie per Strg+Z die letzte Änderung ungeschehen; per Strg+Alt+Z gehen Sie sogar noch mehr Schritte zurück.

Schnell in der Dialogfeld-Vorschau

Viele Dialogfelder haben große Vorschaufenster, darunter **Extrahieren**, **Verflüssigen**, **Fluchtpunkte**, **Objektivkorrektur**, **Tiefenschärfe abmildern**, **Photomerge** und die **Filtergalerie**; teils funktionieren die Befehle auch mit mittelgroßen Vorschaufenstern etwa bei **Rauschen reduzieren** und **Selektiver Weichzeichner**.

Diese Vorschaufenster bieten oft ähnliche Tastenbefehle wie die Photoshop-Arbeitsfläche:

» Die Verschiebe-Hand erhalten Sie mit der Taste H oder per Leertaste; so ändern Sie den Bildausschnitt.

» Zur Lupe kommen Sie dauerhaft mit der Taste Z. Per Strg-Taste oder Strg+Leertaste gelangen Sie vorübergehend an die Vergrößerungslupe; rahmen Sie den gewünschten Bereich ein oder klicken Sie einfach. Alt-Taste oder Alt+Leertaste bescheren Ihnen die Verkleinerungslupe.

» Wechseln Sie die Zoomstufe per Strg++ und Strg+-.

» Strg+0 zeigt Ihr Gesamtbild bildschirmfüllend. Strg+Alt+0 richtet die wichtige 100-Prozent-Zoomstufe ein.

Abbildung 1.4 Schnelle Bedienung: Mit Aktionenpalette, Protokoll und Navigator nutzen Sie Photoshop zügiger.

Teil 1 • Grundlagen

1.6 Verlustfrei arbeiten

Springen Sie nicht aufwändig mit der Protokollpalette zwischen verschiedenen Stufen Ihres Bilds hin und her. Legen Sie Ihre Arbeit direkt so an, dass nichts dauerhaft verloren geht und die Originalinformationen stets erhalten bleiben. Ich nenne Ihnen hier die wichtigsten Tricks in der Übersicht, innen im Buch besprechen wir alles ausführlich:

» Statt Bildpunkte einer Ebene dauerhaft zu löschen, verstecken Sie diese Bereiche bloß mit Ebenenmaske, Vektormaske oder Schnittmaske. Überflüssige Randbereiche schneiden Sie mit dem Freistellwerkzeug nicht auf Nimmerwiedersehen weg, sie werden mit der Ausblenden-Option nur verborgen. Verborgene Pixel lassen sich jederzeit wieder darstellen.

» Speichern Sie frische Ebenen als Smart Objekt: Größenänderungen und andere Verzerrungen per **Transformieren** können Sie verlustfrei zurücksetzen und Sie applizieren alle wichtigen **Filter**-Befehle plus **Tiefen/Lichter** verlustfrei. Camera-Raw-Daten, platziert als Smart Objekt, bleiben mit sämtlichen Einstellmöglichkeiten für Weißabgleich und Tonwertumfang erhalten; eingefügte Vektordaten können Sie wieder im Vektorgrafikprogramm bearbeiten.

» Retuschieren Sie mit Kopierstempel, Reparaturpinsel oder Bereichsreparaturpinsel nicht auf der Originalebene. Legen Sie über dieser Ebene eine neue, leere Ebene an, die auch aktiviert bleibt, und verwenden Sie beim Retuschieren die Optionen Alle Ebenen oder Aktuelle und darunter. Die neu gemalten Pixel landen zunächst auf der neuen Leerebene; die korrigierte Bildebene bleibt unverändert, das Gesamtbild zeigt Ihre Bearbeitung.

» Statt Bilddateien mit einer Kontrastkorrektur ein für alle Mal zu verändern, blenden Sie die Korrektur nur als Einstellungsebene ein. Für **Tiefen/Lichter** legen Sie zunächst ein Smart Objekt an.

Abbildung 1.5 Verlustfrei arbeiten: Der Vordergrund ist zu dunkel und zu gelblich. Maskierte Einstellungsebenen ändern Helligkeit und Farbstimmung nur im Vordergrund, die Korrektur lässt sich jederzeit umstellen. Dateien: Kontrast_f etc.

» Auch die Änderungen aus dem Camera-Raw-Dialog deponiert man verlustfrei im Bild: hochwertige Kontrastkorrektur, Schärfe- und Rauschfilter, Fehlerretusche, Drehung und Randzuschnitt – verlustfrei speicherbar in den Formaten DNG, TIFF und JPEG.

» Farbfüllungen, Verläufe oder Muster rechnen Sie nicht dauerhaft ins Bild, stattdessen legen Sie diese Deko als flexibel änderbare Füllebene oder Ebeneneffekt an.

» Vor beliebigen Veränderungen duplizieren Sie die aktuelle Ebene und halten diese Reservefassung ausgeblendet zurück.

» Legen Sie ein Duplikat des Bilds an, zum Beispiel per **Bild: Duplizieren** oder mit der Schaltfläche ERSTELLT EIN NEUES DOKUMENT in der Protokollpalette.

» Merken Sie sich den aktuellen Bildzustand als »Schnappschuss« mit der Schaltfläche SCHNAPPSCHUSS ERSTELLEN in der Protokollpalette.

1.7 Pixel nur einmal neu berechnen

Wenn Sie die Pixel neu berechnen, sinkt die Bildqualität, Sie müssen vielleicht mit einem Scharfzeichner nacharbeiten. Pixelneuberechnung gibt es in vielen Situationen: Sie senken die Pixelzahl mit dem **Bildgröße**-Befehl, Sie verzerren Ihr Motiv per **Transformieren** oder mit einem **Verzerrungsfilter** oder Sie drehen den Horizont gerade.

Wenden Sie nicht jede Verzerrung einzeln an, sondern packen Sie möglichst viele Verzerrungen in einen einzigen Befehl. Beispiele:

» Sie wollen den Horizont geradedrehen und die Pixelzahl herunterrechnen: Nehmen Sie das Freistellwerkzeug.

» Sie wollen stürzende Linien und schiefen Horizont zurechtbiegen – ein Fall für die **Objektivkorrektur**.

Abbildung 1.6 Pixel nur einmal neu berechnen: Das Freistellwerkzeug ändert Bildausschnitt, Bildwinkel und Auflösung in einem Arbeitsgang.

Teil 1 • Grundlagen

Viele Photoshop-Funktionen erledigen gleich mehrere Aufträge in einem Aufwasch – Sie bearbeiten verschiedene Probleme, doch es bleibt bei insgesamt einer Verzerrung.

Unsere Tabelle zeigt, welche Funktion welche Jobs in einem Zug erledigt.

	Freistellwerkzeug	Frei transformieren	Objektivkorrektur	Camera-Raw-Dialog
siehe Seite	193	538	267	153
Pixelzahl verkleinern	✔	✔	✗	✔
Drehen	✔	✔	✔	✔
Stürzende Linien (Perspektive) korrigieren	✔	✔	✔	✗
Kissen- und tonnenförmige Verzeichnung ausgleichen	✗	✗	✔	✗

1.8 Nur Bildteile korrigieren

Oft genug braucht man einen Korrekturbefehl nur im Teil eines Bilds; andere Zonen sollen dagegen unverändert bleiben: Ob Scharfzeichner, Rauschminderung, Änderungen bei Kontrast oder Farbsättigung – der Vordergrund soll sich getrennt vom Hintergrund ändern, Gesichter behandeln Sie anders als das unscharfe Laubwerk dahinter.

Um nur Bildteile per Filter oder Kontrastbefehl zu korrigieren, sollten Sie keine Auswahl im Bild anlegen – oder jedenfalls nicht nur. Es gibt bessere Wege, einen Bildteil individuell zu korrigieren. Ich skizziere die Verfahren hier kurz, innen im Buch erscheinen die Techniken ausführlich.

Teilkorrektur mit Ebenen

Legen Sie die Korrektur auf eine separate Ebene, dann mischen Sie veränderte und altbekannte Fassung. Ein mögliches Verfahren:

1. Duplizieren Sie die korrekturbedürftige Ebene (auch eine HINTERGRUND-Ebene) mit [Strg]+[J].

2. Bearbeiten Sie die komplette Duplikatebene mit Filter oder Korrekturbefehl. Das Gesamtbild wirkt verändert.

Abbildung 1.7 Nur Bildteile korrigieren: Der Vordergrund wurde ausgewählt, auf eine eigene Ebene gehoben und unabhängig vom Himmel korrigiert. Datei: Tiefen_c

3. Klicken Sie unten in der Ebenenpalette auf das Symbol EBENENMASKE HINZUFÜGEN ; dabei entsteht eine weiße Ebenenmaske (Seite 604).

4. Schalten Sie den Pinsel mit der Taste B ein. Richten Sie Schwarz als Vordergrundfarbe ein, falls Photoshop das nicht schon für Sie erledigt hat.

5. Malen Sie dort im Bild, wo die korrigierte Version verschwinden und die ursprüngliche Fassung wieder durchscheinen soll.

6. Haben Sie zu viel verborgen, malen Sie mit Weiß – die obere, veränderte Fassung setzt sich wieder durch.

7. Stimmt die Mischung aus Alt und Neu, verschmelzen Sie die beiden Ebenen wieder – Strg+E macht's möglich.

Varianten

Zu diesem Verfahren gibt es viele Varianten, unter anderem:

» Klicken Sie in Schritt 3 das Symbol EBENENMASKE HINZUFÜGEN mit gedrückter Alt-Taste an. So entsteht eine schwarze Ebenenmaske – sie verbirgt das korrigierte Duplikat zunächst komplett. Malen Sie mit Weiß, um nur kleinere Stellen der veränderten Variante sichtbar zu machen.

» Legen Sie überhaupt keine Ebenenmaske an. Löschen Sie direkt Teile der oberen, veränderten Ebene mit dem Radiergummi .

Teilkorrektur mit Protokollpinsel

Auch der Protokollpinsel mischt geänderte und naturbelassene Bildbereiche. Ein mögliches Verfahren:

1. Verändern Sie die komplette Ebene (auch eine »Hintergrund«-Ebene) mit **Filter**- oder **Anpassungen**-Befehl.

2. Klicken Sie in der Protokollpalette in das leere Kästchen neben dem vorhergehenden Arbeitsschritt; dort erscheint also der Protokollpinsel .

3. Aktivieren Sie den Protokollpinsel mit der Taste Y. Nun malen Sie dort in der Datei, wo die alte Bildfassung wieder erscheinen soll.

Varianten

Zu diesem Verfahren gibt es eine schlichte Variante:

1. Verändern Sie wieder die komplette Ebene.

2. Klicken Sie in der Protokollpalette auf den Namen des vorhergehenden Befehls; das Bild erscheint jetzt wieder so wie vor der letzten Korrektur. Der Name der letzten Korrektur steht noch in der Protokollpalette ganz unten.

3. Sie klicken in der Protokollpalette in das leere Kästchen neben diesem letzten Arbeitsschritt, so dass dort der Protokollpinsel erscheint.

4. Aktivieren Sie den Protokollpinsel mit der Taste Y. Nun malen Sie dort in der Datei, wo Sie die korrigierte Bildversion sehen wollen.

Abbildung 1.8

Nur Bildteile korrigieren: Wir haben das Gesamtbild scharfgezeichnet und dann in der Protokollpalette wieder den ursprünglichen Zustand ohne Schärfung eingestellt. Als Quelle für den Protokollpinsel wird aber die bereits verworfene Scharfzeichnung angegeben. Wir malen mit dem Protokollpinsel nur über dem Hauptmotiv, so dass die Scharfzeichnung nur hier wirksam wird.

Teil 1 • Grundlagen

1.9 Richtig fotografieren

Denken Sie beim Fotografieren schon an die Bildbearbeitung, dann sparen Sie viel Geklicke in Photoshop.

Dateiformat & Farbraum

Stellen Sie bei Ihrer Digitalkamera den Farbraum ADOBE RGB ein, der mehr hergibt als das früher übliche sRGB (es lässt sich freilich auch in Photoshop noch umstellen). Schalten Sie alle Korrekturen durch die Kamerasoftware ab, etwa Nachhilfe bei Sättigung, Schärfe und Kontrast oder den eingebauten »digitalen Aufhellblitz« – all das erledigen Sie in Photoshop.

Soll Ihr Bild gänzlich naturbelassen direkt vom Kamerachip kommen, ohne jeden Eingriff der Kamerasoftware, dann bannen Sie Camera-Raw-Bilder auf die Speicherkarte (Seite 143). Diese Dateien kosten jedoch meist mehr Speicherplatz und erfordern in Photoshop mehr Arbeitsschritte als vergleichbare JPEG-Aufnahmen.

Kontrast & Farbton

Den fotografierten Tonwertumfang kontrollieren Sie mit dem Histogramm auf dem Kameramonitor. Einige Geräte zeigen Histogramme schon vor der Aufnahme – aber nicht unbedingt zuverlässig. Nehmen Sie eventuell Belichtungsreihen auf, um gleich mehrere Varianten mit unterschiedlichen Lichtwerten zu erhalten. In der Regel sollte Ihr Bild einen möglichst hohen Tonwertumfang haben, also ein weit ausgedehntes Histogramm von Schwarz bis Weiß.

Die zuverlässigste Belichtung erhalten Sie oft mit einer Spotmessung. Sie erfasst nur einen ganz geringen Teil des Motivs und ignoriert alles drum herum. Messen Sie einen mittelhellen Tonwert an, zum Beispiel Ihre Hand, Gras oder eine Neutralgraukarte – natürlich mit dem Lichteinfall, der auch Ihr Hauptmotiv prägt. Stimmt der Lichtwert, schalten Sie alle Automatiken ab.

Graukarte

Graustufentafeln helfen beim Weißabgleich einer Digitalkamera, aber auch bei der Arbeit mit Schwarz- und Weißpipette 🖋 🖋, mehr noch mit der Neutralgraupipette 🖋 in Photoshop: Sie fotografieren die Tafel mit, um tatsächlich ein neutrales Grau im Bild zu haben; auch reines Weiß und Schwarz auf der Tafel schaden nicht.

In Photoshops **Gradationskurven** oder **Tonwertkorrektur** oder im Raw-Dialog klicken Sie dann mit der Neutralgraupipette 🖋 auf das neutralgraue Feld – und Ihr Bild könnte frei von Farbstichen sein; oder Sie verwenden das gleichartige Weißabgleichwerkzeug 🖋 im Camera-Raw-Dialog. Die Korrektur lässt sich dann leicht auf andere Bilder übertragen – harte Neutralstellung erzeugt freilich nicht immer die beabsichtigte Bildwirkung.

Abbildung 1.9 Richtig fotografieren: Die Einzelbilder wurden vage deckungsgleich aufgenommen. Photoshop CS3 Extended legt sie passgenau übereinander, der Stapelmodus »Maximum« überlagert die Lichter (Seite 559). Dateien: Stapelmodus_4 etc.

Gute Grautafeln kommen zum Beispiel von Fotowand.com. Sehr robust, reflexionsfrei, waschecht und lichtfest, überdauern diese Tafeln viele Jahre und Transporte. Zum Ausprobieren liegt diesem Buch eine etwas einfachere, dafür kostenlose Graukarte bei.

Satte Farben

Ein Polarisationsfilter auf dem Objektiv (kein Zusammenhang mit Photoshops **Polarkoordinaten**) sorgt für deutlich sattere Farben und kontrastreichere Wolken am Himmel, sofern die Sonne schräg von hinten scheint; reflektierende Glas- und Wasserflächen werden teils durchsichtig. Dieses kurz Polfilter genannte Zubehör eignet sich eher für Spiegelreflex- als für Kompaktkameras; die eindrucksvolle Wirkung lässt sich mit Photoshop nicht vollständig nachbauen. Für die meisten Kameras brauchen Sie einen zirkularen Polfilter, nicht die günstigere lineare Variante.

Streulicht im Objektiv, etwa eine schräg stehende Sonne, dämpft Kontraste und Farbsättigung. Wenn Sie keine Gegenlichtblende dabeihaben, schatten Sie das Objektiv einfach mit der Hand ab oder bitten Sie einen netten Menschen um diesen Gefallen. Wenn Sie die bunten Streulicht-Gegenlichtreflexe mögen, die zaubern Sie auch nachträglich mit Photoshops **Blendenflecken** ins Bild.

Weißabgleich

Liefert die Digitalkamera permanent unschöne Farben, verzichtet man auf den automatischen Weißabgleich und legt das Gerät ausdrücklich zum Beispiel auf »Tageslicht« oder »Neonlicht« fest. Noch genauer ist der manuelle Weißabgleich: Der Gestalter fotografiert eine weiße oder graue Fläche, die Kamera korrigiert diesen Wert in späteren Bildern auf Weiß oder Neutralgrau. Wer lediglich Rohdaten aufzeichnet, bestimmt die Farbstimmung ohnehin erst im Camera-Raw-Dialog endgültig (Seite 143).

Graustufen nach Maß

Sie wollen »Schwarzweißfotos« aufnehmen, also im Bildbearbeiter-Deutsch »Graustufen«-Bilder? Stellen Sie die Kamera bloß nicht auf »Graustufen« oder »Schwarzweiß« um. Zeichnen Sie Farbdateien auf; daraus bastelt Ihnen Photoshop sehr vielseitig eine Graustufenumsetzung nach Maß (Seite 96).

Tiefenschärfe

Hat Ihr Bild viel Tiefenschärfe, können Sie jederzeit Partien weichzeichnen – zum Beispiel den Hintergrund eines Porträts. Bildteile, die Sie unscharf aufnehmen, lassen sich dagegen in Photoshop nicht mehr schärfen.

Daraus folgt: Zur Weiterbearbeitung in Photoshop eignen sich am besten Bilder, die von vorn bis hinten scharf sind. Für hohe Tiefenschärfe verwenden Sie hohe Blendenwerte wie f8, f11 oder f16 – nicht f1,8, f2,8 oder f4,0. Für Motivprogramme gilt: »Landschaft« oder »Nahaufnahme« erzeugen viel Tiefenschärfe im Rahmen des Möglichen. Dagegen zeigen Vorwahlen wie »Sport« oder »Portrait« eventuell nur Ihr Hauptmotiv scharf, das Drumherum verschwimmt.

Allerdings: Hohe Blenden bringen zwar mehr Tiefenschärfe; sie führen aber auch zu längerer Belichtungszeit (Verwacklungsgefahr) oder höherer Empfindlichkeit (Bildrauschen). Mehr Tiefenschärfe wird möglich, wenn das Umgebungslicht zunimmt – dann kann die Kamera weiter abblenden, zum Beispiel von f5,6 auf f11.

Abbildung 1.10   Richtig fotografieren: Bei beiden Bildern hat der Sand im Vordergrund denselben Helligkeitswert. Beim rechten Bild befand sich jedoch ein Polfilter vor dem Kameraobjektiv: Reflektionen im Wasser verschwinden, der Himmel wirkt dunkler, die Farben erscheinen satter.

Schiefer Horizont & Bildausschnitt

Achten Sie auf einen geraden Horizont. Das spätere Ausrichten in Photoshop kostet nicht nur Zeit, sondern auch Qualität (wenn auch meist nicht viel). Manche Digitalkameras blenden Gitterlinien im Monitor ein – ideal zur Ausrichtung des Horizonts; oder nutzen Sie Fokussierfeld und Monitorrahmen zum Ausrichten.

Einige herkömmliche Spiegelreflexkameras zeigen ebenfalls elektronisch oder durch Austausch der Mattscheibe Hilfslinien im Sucher. Tüftler justieren die Bildlage per Wasserwaage.

Die meisten Kompakt-Digitalkameras nehmen mit dem Seitenverhältnis 4:3 auf, Spiegelreflexgeräte meist mit 3:2. Vielleicht brauchen Sie auf jeden Fall 3:2 (für typische Papierabzüge) oder 16:9 (für TV-Präsentation). Sie können diese Seitenverhältnisse leicht in Photoshop einrichten; manche Digitalkameras zeichnen aber auf Wunsch direkt auch Bilder mit unterschiedlichen Höhe-Breite-Proportionen wie 3:2 auf.

Verzerrungen

Vermeiden Sie Verzerrungen bereits bei der Aufnahme:

» Kissen- und tonnenförmige Verzeichnungen treten besonders bei billigeren Weitwinkelobjektiven, bei Zoomobjektiven mit hohem Brennweitenumfang und am Bildrand auf. Wechseln Sie zu einer Normalbrennweite und wählen Sie den Bildausschnitt so, dass markante Ränder Ihres Hauptmotivs – zum Beispiel eine Hauskante – nicht eng am Bildrand entlang laufen; nehmen Sie links und rechts reichlich Rand mit auf, der später während der Korrektur leicht wegfallen darf.

» Stürzende Linien lassen sich meist nicht vermeiden, sofern Sie den Kamerastandort nicht wechseln können. Es gibt allerdings spezielle Shift-Objektive gegen stürzende Linien. Verkanten Sie zumindest die Perspektive nur auf einer und nicht auf zwei Achsen. Platzieren Sie das Hauptmotiv nicht zu nah am Bildrand; um das Hauptmotiv herum sollte homogener Hintergrund zu sehen sein, das erleichtert die spätere Bearbeitung mit **Objektivkorrektur**, **Transformieren** oder Freistellwerkzeug ⌗.

Abbildung 1.11 Bildrauschen entsteht zum Beispiel, wenn Sie bei knappem Licht mit einer hohen Empfindlichkeit wie ISO 1600 fotografieren. Photoshop reduziert die lästige Körnung zwar mit verschiedenen Funktionen, hier im Raw-Dialog. Dadurch verlieren Sie jedoch auch Detailzeichnung.

Bildrauschen & Randabschattung

Schon beim Fotografieren mit der Digitalkamera verhindern Sie Bildrauschen:

» Hohe Empfindlichkeiten wie ISO 800 oder 1600 ISO erzeugen deutlich mehr Rauschen. Verwenden Sie bei digitalen Kompaktkameras ISO 100 oder noch besser ISO 50, bei Spiegelreflexgeräten nicht mehr als ISO 400. Das führt freilich zu längeren Belichtungszeiten und/oder weiter geöffneten Blenden: Die Verwackelungsgefahr steigt, die Tiefenschärfe sinkt.

» Lange Belichtungszeiten wie 1 Sekunde verstärken das Rauschen; belichten Sie kürzer und dafür mit weiter geöffneter Blende.

Bildrauschen und Sensorgröße

Je größer die Fotozellen, desto weniger Bildrauschen. Daraus folgt: Eine Kompaktkamera mit zehn Megapixel erzeugt mehr Rauschen als ein Spiegelreflexgerät mit ebenfalls zehn Megapixel. Der Hintergrund: Die Kompaktkameras packen dieselbe Menge an lichtempfindlichen Zellen auf viel kleinere Chips, die einzelnen Pixel sind also kleiner. Damit steigt oft das Rauschen. Ein Beispiel des Herstellers Canon von Mitte 2005:

» Die digitale Kompaktkamera Powershot G7 löst acht Megapixel auf (3648 x 2736 Bildpunkte); der Chip misst rund 7,18 mal 5,32 Millimeter (1/1,8 Zoll).

» Die digitale Spiegelreflexkamera EOS 350D bietet ebenfalls rund zehn Megapixel, wenn auch anders verteilt (3888 x 2592 Bildpunkte); der Chip ist jedoch weitaus größer als bei der Kompaktkamera und damit weniger rauschverdächtig: 22,2 mal 14,8 Millimeter (das sogenannte Halbformat gegenüber dem Kleinbildstandard, Cropfaktor 1,5).

Gerade bei Kompaktkameras mit zweistelligen Megapixelwerten wenden einige Hersteller automatisch Rauschfilter auf die Bilder an. Das Bild wirkt dann weniger körnig, aber auch unschärfer als ein Ergebnis ohne Rauschfilter.

Prüfen Sie, ob Sie diese Glättung abschalten können, oder zeichnen Sie Camera-Raw-Dateien auf – hier mischt sich die Kameraelektronik generell nicht ein, Sie korrigieren nach Maß in Photoshop.

Randabschattung

Störende Randabschattung (Vignettierung) ist typisch für Weitwinkelaufnahmen, billigere Objektive oder Zoomobjektive mit starkem Brennweitenumfang und für offene Blenden wie 2,8 oder 4,0. Probieren Sie, ob Blenden wie 8,0 oder 11,0 und Normalbrennweiten bessere Ergebnisse bringen. Das Problem lässt sich gut in der **Objektivkorrektur** und im Raw-Dialog beheben.

Rotgeblitzte Augen

Vermeiden Sie die roten Augen schon beim Fotografieren: Verzichten Sie auf den Blitz. Alternativ öffnen Sie die Blende, verlängern die Belichtungszeit oder erhöhen die Empfindlichkeit, so dass kürzere, weniger durchschlagende Blitzzeiten entstehen.

Noch eine Möglichkeit: mehr Umgebungshelligkeit durch zusätzliche Lampen. Viele Kameras zünden zudem auf Wunsch einen Vorblitz. Dann zieht sich die Pupille zusammen, beim Auslösen wenige Sekunden später entstehen keine roten Augen mehr – der Blitz dringt nicht mehr bis zu den Blutgefäßen in der Netzhaut vor. Oder blitzen Sie indirekt, zum Beispiel über Eck gegen die Wand in Richtung Modell.

Frontal- und Telefotos bergen mehr Rote-Augen-Gefahr als Weitwinkelaufnahmen und seitliche Perspektiven. Wer ein externes Blitzgerät einsetzt, hält es mindestens in einem Winkel von 5 Grad zum Modell. Blitzreflektoren (oder dünnes Papier) dämpfen die Blitzwirkung.

Deckungsgleich & Panorama

Oft brauchen Sie deckungsgleiche Bilder oder zumindest deckungsgleiche Bildteile – auch wenn die Optionen **Ebenen automatisch ausrichten** und **Ebenen automatisch füllen** Bildteile nachträglich noch gut angleichen. Ganz oder teilweise sollten sich Bilder nicht nur für Panoramen überlappen, sondern auch für Gruppenfotos, digitale Doppelbelichtungen und Arbeiten mit dem **Stapelmodus** aus Photoshop CS3 Extended.

Die richtige Überlappung

Die Bilder für eine Panoramamontage sollten zu 15 bis 40 Prozent übereinanderliegen. So findet Photoshop schnell identische Umrisse, die sich perfekt übereinanderlegen lassen. Faustregel: Das letzte Drittel des aktuellen Bildfelds wird das erste Drittel des nächsten Bilds. Vermeiden Sie sehr große Überlappungen wie etwa 65 oder mehr Prozent.

Teil 1 • Grundlagen

Markante Konturen im Überlappungsbereich helfen sehr beim passgenauen Ausrichten – platzieren Sie darum im Überlappungsbereich lieber einen Baum als nur Wasser und Himmel.

Konstante Kameraperspektive

Bei Panoramen kommt es auf eine durchgehaltene Perspektive an – Sie sollten also die Kamera bei den einzelnen Aufnahmen nicht verschieben oder unterschiedlich neigen. Kontrollieren Sie die Lage eventuell mit einer Wasserwaage.

Drehen Sie die Kamera von einem einzigen Punkt aus um die eigene Achse. Also nicht Sie selbst sollten sich bewegen. Drehen Sie das Gerät nicht um Ihren Körper, sondern um die Objektivachse.

Ideale Panoramasegmente entstehen auf Stativen mit drehbarem Kopf. Besonders eignen sich Panoramaköpfe mit Wasserwaage und Gradeinteilung. Kein Stativ zur Hand? Dann setzen Sie Ihre Kamera auf eine Tasse oder Mauer. Besonders wichtig ist das Stativ für Innenaufnahmen und andere Situationen, wenn das Motiv nahe an der Kamera ist.

Fotografie
Stative sind gut für Panoramabilder. Sitzt das Stativgewinde der Kamera jedoch nicht direkt unter dem Objektiv, entstehen Verzerrungen.

Alle Automatiken aus

Selbstverständlich sollten alle Kameraeinstellungen über alle Bilder hinweg gleich sein: Ändern Sie die Brennweite (Zoomstufe) nicht, schalten Sie am besten bei allen Aufnahmen den Blitz ab.

Schalten Sie die unberechenbare Belichtungsautomatik ab, sie kann Helligkeitssprünge verursachen. Stellen Sie stattdessen den Belichtungswert (also Zeit, Blende, Empfindlichkeit) vor der ersten Aufnahme manuell ein und ändern Sie nichts mehr an dieser Vorgabe. So bleibt die Belichtung über alle Bilder hinweg konstant. Fixieren Sie auch den Weißabgleich; Raw-Fotos legen Sie auch später im Camera-Raw-Dialog noch auf einheitlichen Weißabgleich fest.

Bei Belichtungsreihen: Steuern Sie den Lichtwert durch unterschiedliche Belichtungszeiten – nicht durch unterschiedli-

Abbildung 1.12 Photoshop setzt Panoramaaufnahmen so zusammen, dass sie nahtlos erscheinen. Verfeinern Sie das Ergebnis mit Maskenretusche. Dateien: Panorama_03 etc.

che Blenden oder ISO-Empfindlichkeiten. (Bei Blendenvarianten erhalten Sie Bilder mit wechselnder Tiefenschärfe, Randabschattung und Randverzerrung. Ändern Sie die ISO-Empfindlichkeit, entstehen Unterschiede beim Bildrauschen und weitere Abweichungen.)

Weitere Kameravorgaben

Verwenden Sie durchgehend nur eine einzige Brennweite (Zoomstufe). Vermeiden Sie Brennweiten mit starker Randverzerrung, speziell Fisheye-Objektive und Superweitwinkel. Verzichten Sie auf starke verlustreiche Datenkomprimierung beim Fotografieren, geben Sie der Kamera also nicht gerade das JPEG-Dateiformat mit niedriger Qualität vor.

Geeignete Motive

Achten Sie darauf, dass sich das Umgebungslicht nicht bereits nach der zweiten von fünf Aufnahmen ändert – bei Wind und Wolken oder bei Sonnenuntergängen in Äquatornähe ein Thema. Bewegtes im Bild erschwert die Montage massiv, egal ob Auto, Meereswoge oder Kornfeld.

Fotografie

Viele Kompaktkameras haben einen speziellen Panoramamodus: Sie zeigen die Überlappung zwischen zwei Einzelbildern direkt auf dem Monitor, die Belichtung wird konstant gehalten, die Dateinamen deuten auf eine geschlossene Bildreihe hin. Manche Kameras schreiben sogar ein fertig montiertes Panorama auf die Speicherkarte.

Kapitel 2
Bilddateien darstellen, messen & drucken

Wie zeigen Sie eine Bilddatei optimal am Monitor, wie zoomen und verschieben Sie das Werk effizient im Dateifenster, wie richten Sie die Farbwiedergabe ein, um das Bild schließlich perfekt zu drucken? Lesen Sie weiter.

2.1 Bilddateien optimal darstellen

Zum flotten Vorankommen müssen Sie die Bilddarstellung immer wieder rasch ändern. Die erforderlichen Befehle finden Sie im Menü **Ansicht**, schneller geht es per Tastendruck. Zuvor müssen Sie sich darüber im Klaren sein, was es mit Abbildungsmaßstäben wie »100%« auf sich hat.

Der Abbildungsmaßstab

Der Abbildungsmaßstab erscheint in der Titelleiste des Bilds, aber auch unten links in der Statusleiste. Ein Wert wie »100%« hat dabei nichts mit der späteren Druckgröße zu tun. Bei dieser Größenangabe orientiert sich Photoshop

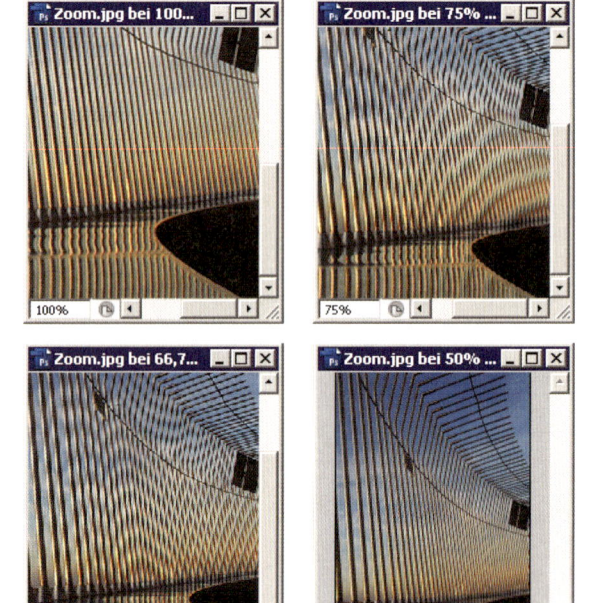

Abbildung 2.1 **Oben links:** Nur im Abbildungsmaßstab 100 Prozent lässt sich eine Bilddatei exakt beurteilen. **Oben rechts und unten links:** Verkleinernde Maßstäbe wie 75 oder 66,7 Prozent zeigen zwar mehr vom Foto – doch feine Linien erscheinen verzerrt. **Unten rechts:** Zoomstufen wie 50 oder 25 Prozent verfälschen nicht so stark wie zum Beispiel 66,7 Prozent. Datei: Zoom

Der Abbildungsmaßstab

allein an den Bildpunkten, aus denen Ihr Werk besteht – nicht an Druckmaßen.

»100%« bedeutet: Jeder Bildpunkt (Pixel) erscheint exakt auf einem Monitorpunkt. Passt also Ihr Bild in der 100-Prozent-Ansicht gänzlich auf den Schirm, kann es nicht mehr als ungefähr 2500 Bildpunkte breit sein – es sei denn, Ihr Monitor zeigt in der Breite mehr als 2500 Pixel. In der Zoomstufe 100% belegt Ihr Bild auf dem Monitor meist viel mehr Fläche als später auf Papier.

Betrachten Sie vor Fotomontagen die Objekte in einer einheitlichen Zoomstufe, zum Beispiel per **Fenster: Anordnen: Gleiche Zoomstufe**. Nun erkennen Sie die Größenverhältnisse, in denen die Elemente nach dem Einfügen aufeinandertreffen. Natürlich haben Sie immer noch die Möglichkeit, einzelne Objekte später zu vergrößern oder zu verkleinern.

Der Abbildungsmaßstab »100%«

Dieses Wissen ist wichtig: Nur in der 100-Prozent-Darstellung sehen Sie Ihre Bilddatei naturbelassen – mit allen Pixeln so, wie sie tatsächlich vorliegen; und damit auch so, wie sie im Internet auf dem Schirm erscheinen. In allen anderen Darstellungsweisen rechnet das Programm die Originalpixel erst für die Wiedergabe am Schirm um. In der Zoomstufe 63 Prozent muss das Programm zum Beispiel 1,59 Bildpixel auf einem Monitorpixel anbieten; dazu wirft es einzelne Bildpunktreihen Ihres Fotos heraus, feine Details werden verschluckt.

Besonders ungenau gerät die Darstellung bei krummen Maßstäben wie 53,94 Prozent. Die 50-Prozent-Ansicht zeigt glatter an als die 67-Prozent-Ansicht, die 25-Prozent-Darstellung verzerrt weniger als die 33-Prozent-Darstellung. Vergrößerungen wirken weniger problematisch, aber auch hier gilt: Die 200-Prozent-Zoomstufe sieht besser aus als 180 Prozent.

Wann ist die 100-Prozent-Zoomstufe wichtig?

Insbesondere nach Interpolationen sollten Sie in die Zoomstufe 100 Prozent wechseln – zum Beispiel, wenn Sie den **Bildgröße**-Befehl oder das **Transformieren** genutzt haben. 100 Prozent ist die angesagte Zoomstufe auch nach allen Filtern, die das Bild auf kleinem Raum subtil verändern, zum Beispiel Scharfzeichnungs- oder Störungsfilter und alles, was eine STRUKTUR einwebt. Wichtig ist die 100-Prozent-Sichtweise überdies bei Dateien von Textilien, Haaren, Architektur und bei anderen Motiven mit feinen Gitterlinien: Hier entsteht unterhalb von 100 Prozent leicht Moiré, ein unerwünschter Schillereffekt. Bestehen Sie auch in der Filtergalerie oder in den Vorschaufenstern der Filterdialoge auf 100 Prozent.

Tipp

*Schließen Sie von einer herauf- oder heruntergezoomten Ansicht nicht darauf, wie das Bild wirkt, wenn Sie es mit dem Befehl **Bild: Bildgröße** herauf- oder herunterrechnen (Seite 184). Bei diesem Befehl nimmt sich Photoshop viel mehr Zeit für genaueres Interpolieren.*

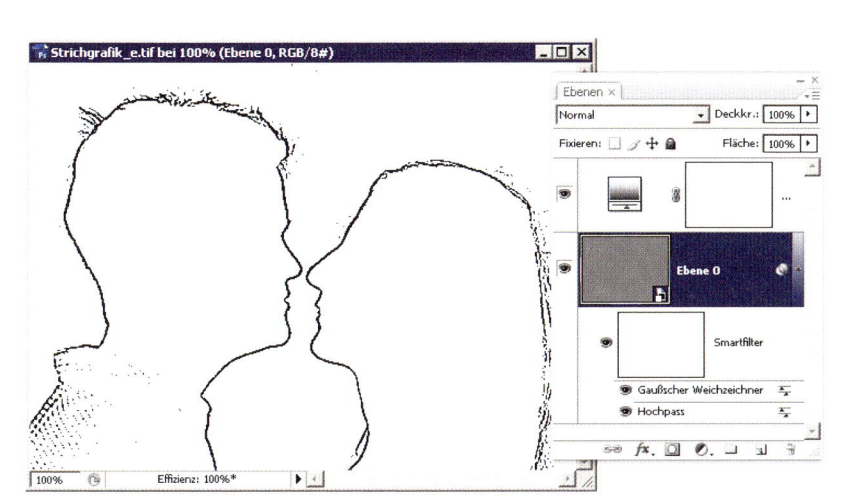

Abbildung 2.2
Auch grafische Bilder sollten Sie unbedingt im Abbildungsmaßstab 100 Prozent prüfen, zum Beispiel Strichgrafiken, Screenshots (Bildschirmfotos), GIF-Dateien speziell mit Dithering oder andere Bilder mit ungeglätteten Konturen.

Wechsel zum Abbildungsmaßstab 100,00 Prozent

Und weil er so wichtig ist, wechselt Photoshop zum Abbildungsmaßstab 100,00 Prozent besonders vielseitig:

» per Doppelklick auf die Lupe 🔍 in der Werkzeugleiste

» per **Ansicht: Tatsächliche Pixel** und per Rechtsklickmenü zur Lupe 🔍 und Hand ✋

» mit der Schaltfläche TATSÄCHLICHE PIXEL in den Optionen zu Lupe 🔍 und Hand ✋

» mit dem Griff [Alt]+[Strg]+[0]

Lupe 🔍

Unabhängig von der Zentimeter- oder Pixelgröße, in der Sie Ihre Bilder gespeichert haben, lassen sich die Dateien in fast jeder beliebigen Größe anzeigen. Schalten Sie die Lupe 🔍 in der Werkzeugleiste oder mit der Taste [Z] ein. So vergrößern Sie den Abbildungsmaßstab:

» Klicken Sie ins Bild. Wollen Sie Details links unten vergrößert sehen, klicken Sie gleich in diese Region.

» Ziehen Sie mit der Lupe einen Rahmen um den Bildteil herum, den Sie vergrößert sehen möchten. Um diesen Rahmen zu verschieben, erzeugen Sie zunächst einen Rahmen und nehmen dann – bei noch gedrückter Maustaste – die Leertaste dazu.

Die Vorgabe ALLE FENSTER oben in den Werkzeugoptionen ändert die Zoomstufe in allen offenen Fenstern gleichzeitig. Der Befehl **Fenster: Anordnen: Gleiche Zoomstufe** bringt alle Motive auf denselben Abbildungsmaßstab.

Allerdings: Oft werden Sie die Lupe nicht als eigenes Werkzeug dauerhaft einschalten – es reicht der vorübergehende Wechsel zur Lupe per Tastendruck, danach geht es sofort zurück zu anderen Werkzeugen wie Kopierstempel, Zauberstab oder Verschiebenwerkzeug.

Abbildungsmaßstab verändern

So ändern Sie den Abbildungsmaßstab:

» Drücken Sie zur Lupe 🔍 die [Alt]-Taste, verkleinern Sie das Bild schrittweise. Sie sehen dann ein Minuszeichen im Lupenzeiger 🔍; ist der Tiefstpunkt erreicht, zeigt sich die Lupe innen leer. Den Wechsel der Zoomstufe erlauben auch das Kontextmenü zur Lupe 🔍 und die **Ansicht**-Befehle **Einzoomen** (vergrößerte Darstellung) und **Auszoomen**.

» Zügige Maßstabsveränderung bieten zudem die Griffe [Strg]+[+] bzw. [Strg]+[-] (nächster Abschnitt).

» Tippen Sie bei Photoshop eine neue Zoomstufe unten links in die Statusleiste am Bildfenster ein.

» Ändern Sie die Zoomstufe im Navigator (Seite 47).

» Nutzen Sie in den **Voreinstellungen** die Option MIT BILDLAUFRAD ZOOMEN, dann ändern Sie den Abbildungsmaßstab auch per Mausrad.

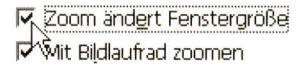

Abbildung 2.3 In den »Voreinstellungen« legen Sie fest, ob sich die Fenstergröße beim Zoomen ändern soll.

Schneller Wechsel zu Zoomfunktionen

Die Zoomfunktion erreichen Sie auch, wenn Sie andere Werkzeuge in Gebrauch haben. Sie müssen nicht erst die Lupe einschalten. Springen Sie vorübergehend zu den Zoomtechniken, Photoshop wechselt dann automatisch zum ursprünglichen Werkzeug zurück:

» [Strg]+Leertaste beschert Ihnen bei jedem beliebigen Werkzeug die Vergrößerungslupe 🔍, [Alt]+Leertaste aktiviert die Verkleinerungslupe 🔍 – die schnellste Art zu zoomen. Die Leertaste allein ist für die Verschiebehand ✋ gut. Diese Griffe funktionieren manchmal sogar bei geöffnetem Dialogfeld.

» [Strg]+[+] und [Strg]+[-] ändern die Zoomstufe schrittweise. Nehmen Sie die [Alt]-Taste hinzu, um die Option FENSTERGRÖSSE ANPASSEN vorübergehend umzuschalten.

» [Strg]+[0] zoomt das Gesamtbild auf maximale Monitorfläche hoch.

» [Strg]+[Alt]+[0] erzeugt sofort eine 100-Prozent-Ansicht.

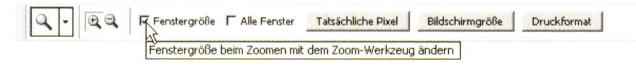

Abbildung 2.4 Mit den Optionen zur Lupe regeln Sie die Bilddarstellung.

»Ganzes Bild«

So zoomen Sie das Gesamtbild schnell größtmöglich auf den Schirm – Photoshop ermittelt automatisch die passende Zoomstufe:

» Klicken Sie doppelt auf das Handwerkzeug ✋ in der Werkzeugleiste.

» Drücken Sie [Strg]+[0].

» Verwenden Sie den Befehl **Ganzes Bild** aus dem **Ansicht**-Menü oder aus dem Kontextmenü von Lupe und Hand oder die gleichnamige Schaltfläche in den Werkzeugoptionen.

Handwerkzeug

Mit dem Handwerkzeug (Kurztaste H, für Hand) verschieben Sie den sichtbaren Bildbereich innerhalb des Dateirahmens. Ein Doppelklick auf das Handwerkzeug in der Werkzeugleiste zeigt das Gesamtbild in maximaler Zoomstufe.

Egal, welches Werkzeug gerade aktiviert ist – mit der Leertaste erhalten Sie jederzeit die Hand. Schieben Sie Ihr Bild zurecht und lassen Sie die Leertaste wieder los, um zum vorherigen Werkzeug zurückzukehren. Sogar bei geöffnetem Dialogfeld funktioniert das. Eine Alternative bietet die Navigator-Palette (nächster Abschnitt).

»Bildlauf in allen Fenstern durchführen«

Mit der Vorgabe BILDLAUF IN ALLEN FENSTERN DURCHFÜHREN oben in den Optionen zum Handwerkzeug schieben Sie sämtliche geöffneten Fotos simultan durch Ihr jeweiliges Bildfenster. Um alle Motive auf die gleiche Position innerhalb des Bildfensters zu bringen, nehmen Sie **Fenster: Anordnen: Gleiche Position**.

Auch Bewegungen in den Vorschaufenstern einiger **Filter**-Befehle wie **Selektiv scharfzeichnen** führen zu Verschiebungen in sämtlichen Bildfenstern, sofern Sie den BILDLAUF IN ALLEN FENSTERN verwenden – ein verblüffender Synchrontanz. Verschieben Sie das Motiv indes in den großen Dialogen wie **Filtergalerie**, ändert sich der Bildausschnitt im Dateifenster nicht.

Verschieben per Tasten

Unabhängig vom aktuellen Werkzeug bewegt sich Ihr Foto auch per Tastendruck durchs Fenster: Die Tasten Bild↑ und Bild↓ bzw. Seite↑ und Seite↓ bewegen um je eine Fensterfüllung; die ⇧-Taste sorgt ausnahmsweise für kleinere und nicht für größere Schritte. Drücken Sie Strg, wenn es nach links oder rechts gehen soll. Mit Pos1 (Home) erscheint die linke obere Ecke; nach rechts unten geht es per Ende-Taste.

Navigatorpalette

Die Navigatorpalette lässt Lupe und Hand oft überflüssig werden. Groß hochgezoomte Bilddetails bewegen Sie hier besonders einfach durchs Dateifenster. Die Navigatorpalette zeigt Ihnen stets das Gesamtbild. Ein Rahmen innerhalb der Navigatoranzeige kennzeichnet den Bildteil aus dem Dateifenster.

Abbildung 2.5 Zoom nach Maß: Bequem passt der Navigator Ausschnitt und Vergrößerungsmaßstab einer Bilddatei Ihren Wünschen an.

Durch Ziehen rechts unten vergrößern Sie die Navigatorpalette nach Bedarf. Verschieben Sie den Navigatorrahmen oder klicken Sie an eine andere Stelle in der Navigatorvorschau; Sie erhalten einen anderen Bildausschnitt im bisherigen Abbildungsmaßstab. Bei gedrückter Strg-Taste erscheint eine Lupe über dem Navigator; damit ziehen Sie einen neuen Rahmen beliebiger Größe auf. So ändern Sie gleichzeitig Bildausschnitt und Abbildungsmaßstab – flexibler als mit der üblichen Lupe.

Im unteren Bereich des Navigators tippen Sie einen beliebigen Vergrößerungsfaktor ein und bestätigen mit der Eingabetaste. Sie verschieben durch Klicken auf die Symbole EINZOOMEN (Vergrößert anzeigen) und AUSZOOMEN den Vergrößerungsmaßstab in vorgegebenen Schritten; oder zoomen Sie al gusto durch Bewegen des Schiebereglers. Der Strg-Klick ins Navigatorfenster erzeugt eine 1600-Prozent-Ansicht des angeklickten Bilddetails.

Abbildung 2.6 Doppelte Aussicht: Der »Ansicht«-Befehl »Neues Fenster« zeigt eine Datei in verschiedenen Zoomstufen nebeneinander, nützlich bei Detailretuschen.

»Neues Fenster«

Sie können ein Bild gleich mehrfach auf dem Schirm abbilden, der Befehl heißt **Fenster: Anordnen: Neues Fenster für**.

Beide Bildfenster zeigen dieselben Daten – ein Pinselstrich, den Sie in der linken Ansicht tun, erscheint sofort auch im rechten Bild. Oft macht diese Doppeldarstellung Sinn:

» Sie retuschieren an einem hochgezoomten Bildausschnitt und verfolgen nebenan in einer zweiten, normalgroßen Ansicht, wie Ihre Bemühungen in der Gesamtansicht wirken.

» Sie verdoppeln die Ansicht eines RGB-Bilds und stellen die zweite Fassung mit **Ansicht: CMYK-Arbeitsfarbraum** zum Vergleich daneben. Jetzt arbeiten Sie im RGB-Bild und verfolgen die Auswirkungen auch auf CMYK-Ebene.

» Sie bearbeiten eine Ebenenmaske; dabei stellen Sie die Ebene und die bearbeitete Maske nebeneinander.

Verwechseln Sie dieses Kommando nicht mit dem **Bild**-Befehl **Duplizieren**; der erzeugt eine neue, unabhängige Kopie Ihres Bilds, die Sie unabhängig vom Ursprung weiterbearbeiten. Der Befehl **Neues Fenster** zeigt dagegen ein und dieselbe Datei in mehreren Fenstern.

Weitere Möglichkeiten

Verschieben Sie die eine Ansicht Ihrer Datei mit dem Handwerkzeug im Bildfenster, bewegt Photoshop wahlweise die andere Ansicht im gleichen Maße mit – dazu klicken Sie in den Handoptionen auf BILDLAUF IN ALLEN FENSTERN. Der Befehl

Fenster: Anordnen: Nebeneinander stellt die verschiedenen Ansichten Ihrer Datei übersichtlich nebeneinander.

Befehle im Überblick: Bilddateien darstellen

Taste/Feld	Zusatz-tasten	Aktion	Ergebnis
🔍		🖱	Abbildungsmaßstab vergrößern
🔍	Alt	🖱	Abbildungsmaßstab verkleinern
Z			Lupe einschalten
Strg + +			Abbildungsmaßstab vergrößern
Strg + +	Alt		Abbildungsmaßstab vergrößern
Strg + -			Abbildungsmaßstab verkleinern
Strg + -	Alt		Abbildungsmaßstab verkleinern
Strg +Leertaste			Vorübergehend Vergrößerungslupe
Alt +Leertaste			Vorübergehend Verkleinerungslupe
Strg + 0			Vergrößerungsmaßstab an Programmfenstergröße anpassen
Strg + 0	Alt		Vergrößerungsmaßstab 100%
Strg		⇥	Ein offenes Bild nach dem anderen aktivieren
F			Bildschirmmodus wechseln
✋		🖱	Bild im Fenster verschieben
✋		🖱🖱	Größtmögliche Gesamtdarstellung
Leertaste			Vorübergehend Hand
Strg + H			»Extras« wie Hilfslinien, Auswahlrahmen etc. ein-/ausblenden
Strg + R			Lineale ein-/ausblenden

Bilddaten messen

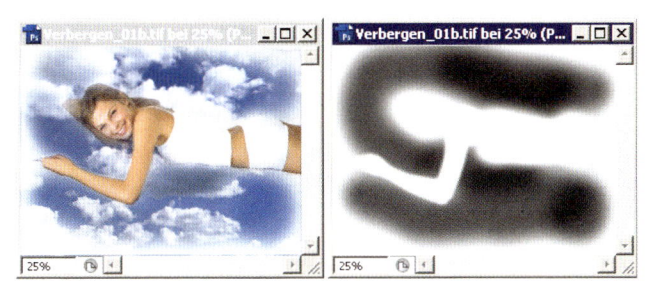

Abbildung 2.7 Hinter der Maske: Bei der Arbeit an einer Ebenenmaske zeigt der Befehl »Neues Fenster« auf Wunsch nebeneinander die Auswirkung auf das Bild und die Maske allein. Datei: Verbergen_01b

2.2 Bilddaten messen

Photoshop bieten umfangreiche Anzeigen über die technischen Eigenschaften des Bilds, über die aktuelle Auswahl wie auch über Ihren Rechner. Bereits die Titelzeile des Fotos verrät Zoomstufe, Farbmodus, Farbtiefe, Copyright und die aktuelle Ebene oder Maske.

Die Infopalette

Der Befehl **Fenster: Informationen** und meist auch die Taste F8 fördern die Infopalette auf den Schirm. Sie nennt die Farbwerte des Bildpunkts unter dem Mauszeiger in zwei verschiedenen Farbmodellen – welche Farbmodelle, das bestimmen Sie im Palettenmenü oder über den pipettenförmigen Schnellschalter in der Palette selbst.

Außerdem sehen Sie die Koordinaten der Cursorposition in Pixel, Zentimeter oder Inch, dazu die aktuelle Farbtiefe und die Systembeanspruchung. Sofern Sie in den Optionen die QUICKINFOS nicht abschalten, lesen Sie hier in der Infopalette auch noch Tipps zum aktuellen Werkzeug (die gelben Einblendmeldungen über Werkzeugen und anderen Symbolen heißen auch »Quickinfos«, werden aber nur via **Voreinstellungen** abgeschaltet).

Abbildung 2.8
Die Infopalette nennt alle Daten für Bild und Auswahl.

Optionen

Zeigerposition und Auswahlgröße erscheinen zum Beispiel in Pixel- oder Zentimetereinheiten. Welche Einheiten Photoshop verwendet, steuern Sie per **Bearbeiten: Voreinstellungen: Maßeinheiten & Lineale** oder klicken Sie direkt auf das Kreuz.

Arbeiten Sie mit der Auswahlellipse oder dem Auswahlrechteck, zeigt die Infopalette Höhe (H) und Breite (B) des ausgewählten Bereichs an.

Beim Arbeiten mit Buntstift, Linienzeichner oder Verlaufswerkzeug sehen Sie die Koordinaten der Anfangs- und Endpunkte, den Winkel (W), die Distanz (D), die Veränderungen auf der X-Achse (ΔX) und auf der Y-Achse (ΔY) beim Ziehen sowie die Höhe (H) und Breite (B) des ausgewählten Bereichs. Beim Vergrößern oder Verkleinern einer Ebene per **Transformieren** lesen Sie Höhe und Breite (H, B) der skalierten Auswahl sowie die prozentualen Veränderungen.

Bei Drehmanövern meldet die Infopalette den Drehwinkel.

Bei einer Farbkorrektur zeigt die Infopalette nebeneinander die Werte vor und nach der Korrektur an, solange das entsprechende Dialogfeld, etwa **Gradationskurven**, noch offen ist. Ein Ausrufezeichen neben einem CMYK-Farbwert signalisiert, dass er außerhalb des druckbaren Bereichs liegt.

Die Maßeinheiten und Farbsysteme ändern Sie nicht nur über die Palettenoptionen. Nutzen Sie auch die Minischalter in der Palette selbst.

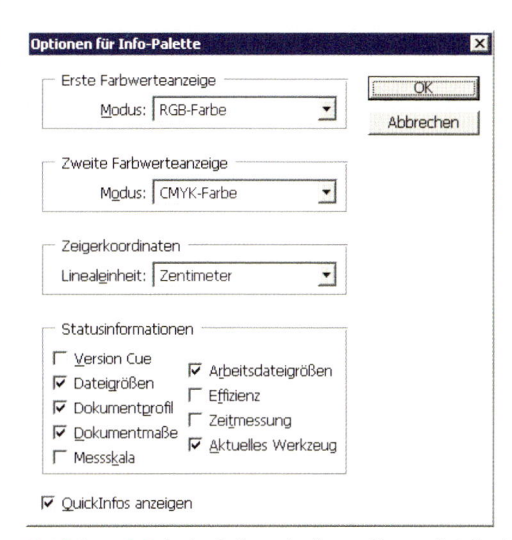

Abbildung 2.9 In den Optionen bestimmen Sie, was die Infopalette anzeigt.

Teil 1 • Grundlagen

Farbaufnahmewerkzeug

Das Farbaufnahmewerkzeug finden Sie im selben Fach der Werkzeugleiste wie Pipette oder Linealwerkzeug und Sie rufen es mit derselben Kurztaste [I] auf. Das Farbaufnahmewerkzeug verteilt bis zu vier Messpunkte über die Datei. Photoshop nummeriert diese Messstationen durch und nennt in der Infopalette für jeden Punkt separat den genauen Farbwert.

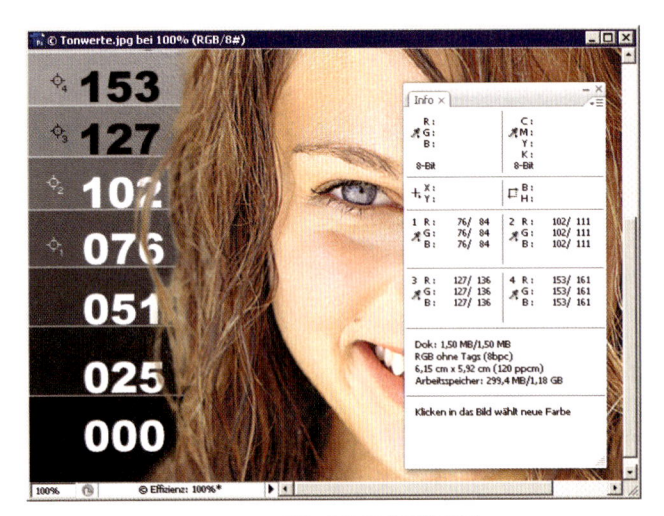

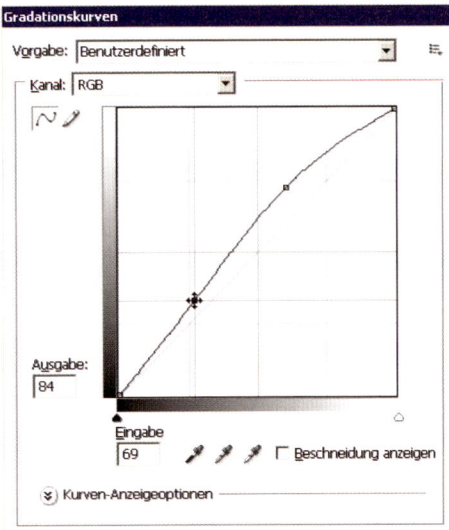

Abbildung 2.10 Links oben in der Bilddatei sehen Sie die vier Messpunkte des Farbaufnehmers. Wir korrigieren das Bild mit der »Gradationskurve«: Die Infopalette meldet im unteren Bereich Vorher- und Nachherwerte für jeden einzelnen Messpunkt. Datei: Tonwerte

Wenn Sie das Werkzeug wechseln, blendet Photoshop je nach Werkzeug die Punkte aus. Auch der Befehl **Ansicht: Extras** verbannt die Messpunkte. Sie erscheinen aber unverändert, sobald Sie das Farbaufnahmewerkzeug wieder aufrufen. Starten Sie einen Tonwertbefehl wie **Farbton/Sättigung**, zeigt die Infopalette bei geöffnetem Dialogfeld für jeden einzelnen Messpunkt gleich zwei Werte – vorher und nachher.

Es ist egal, welche Montageebene Sie aktivieren: Das Farbaufnahmewerkzeug misst immer den Tonwert des sichtbaren Gesamtbilds. Blenden Sie eine Ebene aus, kann sie auch nicht mehr mit gemessen werden. Sie können mit dem Farbaufnahmewerkzeug den Farbwert eines einzelnen Bildpunkts messen oder den Durchschnitt aus 3x3 oder 5x5 Pixeln; Sie regeln das per Kontextmenü oder in den Werkzeugoptionen.

Messpunkte verschieben und übertragen

Führen Sie das Farbaufnahmewerkzeug über einen Messpunkt, um diesen zu bewegen. Wenn Sie dabei zur [⇧]-Taste greifen, bleiben wie üblich nur Bewegungen auf Geraden übrig. Umgekehrt ziehen Sie mit dem Verschiebenwerkzeug Ebenen unter den Messpunkten her, die dabei auf ihrer Position beharren.

Messpunkte speichern und entfernen

In einigen wichtigen Dateiformaten speichert Photoshop Messpunkte automatisch mit; man trifft sie also nach erneutem Öffnen wieder an. Dazu zählen die Dokumenttypen TIFF, Photoshop und JPEG, während GIF sich sperrt.

Um einen Messpunkt zu entfernen, rücken Sie ihm mit dem Farbaufnahmewerkzeug bei gedrückter [Alt]-Taste zu Leibe. Der Cursor erscheint dann als Schere, der Punkt lässt sich wegschneiden. Alternative: Schieben Sie den Messpunkt aus dem Bild.

Sie blenden die Punkte aus, indem Sie die Option **Extras einblenden** im **Ansicht**-Menü abwählen ([Strg]+[H]); teils reicht der Wechsel zu einem anderen Werkzeug. Einen entsprechenden Befehl bietet zudem das Menü zur Infopalette.

Bei geöffnetem Dialogfeld

Auch wenn die Korrekturdialoge aus dem Untermenü **Bild: Anpassungen** geöffnet sind, etwa **Tonwertkorrektur** oder **Farbton/Sättigung**, können Sie Messpunkte setzen. Dazu klicken Sie bei gedrückter [⇧]-Taste ins Bild. Um einen

50

Messpunkt noch bei offenem Dialogfeld wieder zu entfernen, drücken Sie ⇧+Alt und klicken. Zum Verschieben reicht die ⇧-Taste. Ebenfalls bei geöffnetem Dialog blenden Sie per **Fenster: Informationen** die Infopalette ein.

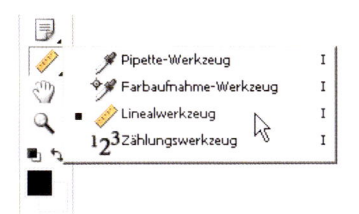

Abbildung 2.11 Pipette, Farbaufnahmewerkzeug, Linealwerkzeug und bei Photoshop CS3 Extended auch das Zählungswerkzeug belegen ein Fach in der Werkzeugleiste.

Linealwerkzeug

Das Linealwerkzeug ermittelt Distanzen und Winkel. In der Werkzeugleiste belegt es ein gemeinsames Fach mit Pipette und Farbaufnahmewerkzeug; Photoshop CS3 Extended verstaut hier auch noch das Zählungswerkzeug 1²³. Alle diese Werkzeuge rufen Sie mit der Taste I auf; mit ⇧+I schalten Sie der Reihe nach durch diese Geräte.

Das Linealwerkzeug ist nicht direkt involviert mit den Linealen, die Photoshop um die Bilder herum anzeigt (**Ansicht: Lineale**). Bei Photoshop CS3 Extended hat es einen Kollegen, das Messwerkzeug des **Fluchtpunkt**-Filters.

Klicken Sie ins Bild und ziehen Sie den Zeiger bei gedrückter Maustaste bis zum zweiten Punkt. Das Werkzeug hinterlässt eine graue, nicht druckbare Linie mit zwei deutlich markierten Enden in der Datei. Klicken Sie bei gedrückter Alt-Taste auf einen Endpunkt, dann ziehen Sie eine zweite Strecke in einem beliebigen Winkel. Die ⇧-Taste tut, was sie meist tut, sie beschränkt Ihre Manöver auf 45-Grad-Linien.

Die Infopalette und die Optionenleiste melden jetzt den Winkel, die Länge und die Position des Maßbands, das Sie ins Bild gesetzt haben. Sie können das Band verschieben oder eine neue Messstrecke ins Bild klicken. Durch Ziehen an den Enden drehen Sie die Messstrecke, mit der ⇧-Taste erzwingen Sie wie immer 45-Grad-Winkel.

Die Infopalette präsentiert die Werte für das Linealwerkzeug so lange, wie das Werkzeug aktiviert ist. Greifen Sie zu einem anderen Tool, blendet Photoshop Messlinien und Messlinienwerte in der Palette aus. Das Maßband bleibt versteckt am Platz. Klicken Sie lediglich das Messgerät erneut an.

Tipp
*Photoshop übernimmt die Winkelangabe des Linealwerkzeugs in das Datenfeld des Befehls **Bild: Arbeitsfläche drehen: Per Eingabe**. Damit lässt sich ein Horizont sauber ausrichten (Seite 271).*

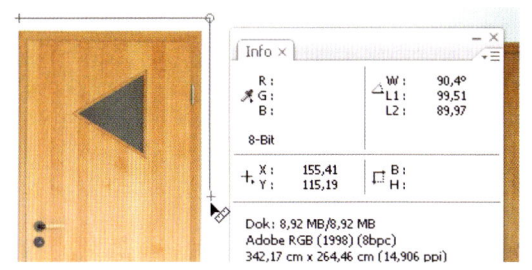

Abbildung 2.12 **Links:** Mit dem Linealwerkzeug wurde eine Strecke ins Bild geklickt. Winkel und Position der Linien nennt Photoshop in der Infopalette rechts oben, die Längen der Linien im Bereich darunter links. Datei: Maßstab

Entfernen und Speichern

Ein nicht mehr benötigtes Maßband schieben Sie einfach aus dem Bild, alternativ LÖSCHEN Sie es per Werkzeugoptionen. Das Maßband lässt sich nicht speichern: Nach Schließen des Bilds ist es auf jeden Fall weg. Sie können das Maßband weder in eine andere Datei ziehen noch mit der Aktionenpalette verewigen.

Achtung
*Wenn Sie ein nützliches Maßband aus Versehen entfernen, lässt sich der Verlust nicht **Rückgängig** machen.*

2.3 »Farbeinstellungen«

Mit dem Befehl **Bearbeiten: Farbeinstellungen** (Strg+⇧+K) sorgen Sie dafür, dass Photoshop Bilddateien so am Monitor zeigt, wie sie auch im Druck aussehen (am Mac finden Sie **Farbeinstellungen** und **Voreinstellungen** im **Photoshop**-Menü).

Um die Farbdarstellung zu vereinheitlichen, verknüpfen Sie Ihr Dokument mit einem sogenannten Farbprofil; dieses Profil definiert das tatsächliche Aussehen der Farbe. Eine Änderung des Profils ändert die Farbwiedergabe, aber nicht die Farbwerte in der Datei. Das Gesamtverfahren heißt auch »Farbmanagement« oder »Farbverwaltung«. Sie nutzen vordefinierte Einstellungen oder legen eigene Einstellungen fest. Mit dem Befehl **Ansicht: Farb-Proof** (Strg+Y) simulieren Sie die Druckwiedergabe bereits am Monitor.

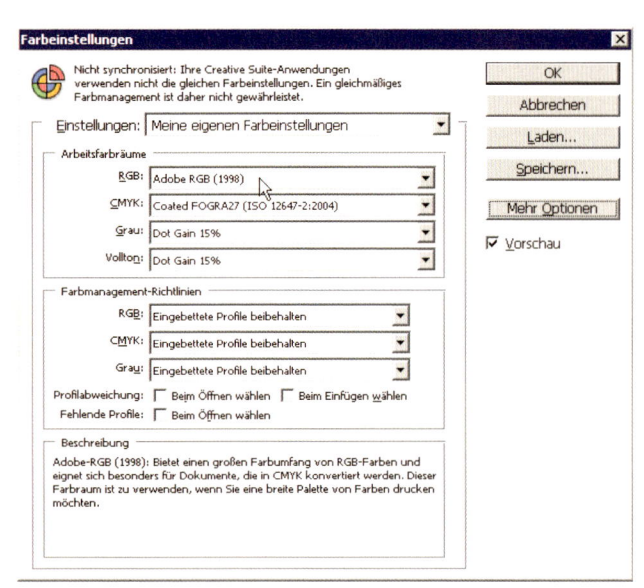

Abbildung 2.13 Der Befehl »Bearbeiten: Farbeinstellungen« steuert die Farbverwaltung. Hier haben wir noch nicht die Zusatzoptionen eingeschaltet. Sobald Sie den Mauszeiger über eine Option halten (hier über »Adobe RGB«), erscheint unten im Dialogfeld eine »Beschreibung«.

Vorbedingungen

Sie benötigen Farbmanagement vor allem, wenn Sie mit unterschiedlichen Dienstleistern zusammenarbeiten oder auch nur wechselnde Geräte verwenden. Arbeiten Sie dagegen in einer geschlossenen, vereinheitlichten Umgebung, brauchen Sie eventuell kein Farbmanagement. Webdesigner benötigen Farbmanagement kaum, denn sie haben keine Kontrolle über die Monitore, auf denen ihre Bilder erscheinen; allerdings bieten die Farbeinstellungen mit der Vorgabe Europa Web/Internet eine nützliche Möglichkeit, die typische Wiedergabe von Farbmonitoren zu simulieren.

Monitorkalibration

Wenn Sie die konkreten Monitorfarben nicht mit einem Messgerät kalibrieren, nehmen Sie Photoshops kostenlose Softwarelösung. Sie sollten dafür mit der Bedienung Ihres Monitors vertraut sein.

Windows-Nutzer wählen **Start: Einstellungen: Systemsteuerung: Adobe Gamma**. Steigen Sie mit der Option Step By Step (Wizard) ein und arbeiten Sie sich durch die Tests. Falls Sie über ein ICC-Farbprofil zu Ihrem Monitor verfügen, können Sie es aus dem Dialogfeld heraus installieren – es erleichtert die Arbeit geringfügig.

Mac-Nutzer gehen im Apple-Menü auf die **Systemeinstellungen**, dort auf Monitore und dann auf Farben. Klicken Sie auf Kalibrieren und im nächsten Fenster auf Experten-Modus. Im Fenster Gamma-Korrektur sollten Sie den Wert 2,2, also PC-Standard, verwenden.

Arbeitsbedingungen

Denken Sie bei der Prüfung der Farbdarstellung an Folgendes:

» Die Raumbeleuchtung sollte nach der Kalibrierung konstant gehalten werden, die Helligkeits- und Kontrastregler am Monitor sollten unberührt bleiben.

» Achten Sie auf neutrale Wandfarben.

» Verwenden Sie einen neutralgrauen Programmarbeitsbereich.

» Prüfen Sie Ihre Drucke unter Normlicht.

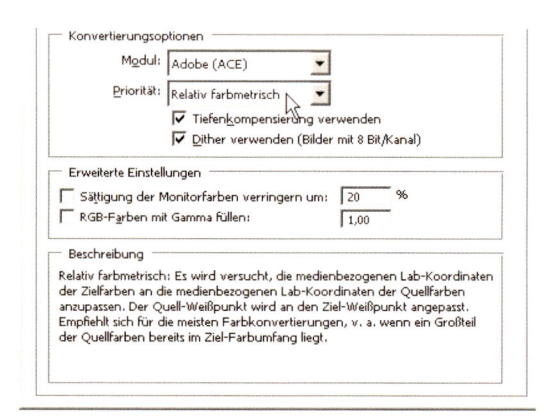

Abbildung 2.14 Die zuschaltbaren Optionen der »Farbeinstellungen«: Steuern Sie Konvertierung und Tiefenkompensierung.

Vordefinierte Einstellungen für das Farbmanagement

Für die Farbverwaltung bietet Photoshop eine Reihe von vordefinierten Einstellungen, die Sie ganz oben in den **Farbeinstellungen** wählen. Die wichtigsten:

» Europa, Druckvorstufe 2: Diese Einstellung ist auf die übliche europäische Druckvorstufe ausgerichtet. Sie erhalten Warnungen bei Profilfehlern, können also Bilder mit falschen Profilen schnell ändern. Diese Vorgabe eignet sich zudem gut für hochwertige Farbtintenstrahldrucker, weil sie den Farbraum Adobe RGB verwendet. Nur wenn Sie Ihre Bilder im CMYK-Modus bearbeiten, stellen Sie als RGB-Arbeitsfarbraum ColorMatch RGB ein.

» Europa Web/Internet: Die Dateien erhalten das eher für die WWW-Darstellung sinnvolle sRGB-Farbprofil mit geringem Farbumfang.

» MONITORFARBEN: Gut geeignet für Videos und Bildschirmpräsentationen. Farbprofile werden nicht geändert.

Wollen Sie die Farbeinstellungen für alle Programme einer Creative Suite vereinheitlichen, gehen Sie in Bridge auf den Befehl **Bearbeiten: Creative-Suite-Farbeinstellungen**. Die wichtigsten Einstellungen einschließlich der selbst angelegten sollten sofort in der Liste erscheinen – anklicken und dann auf ANWENDEN klicken. Die ERWEITERTE LISTE MIT FARBEINSTELLUNGEN verlängert das Angebot erheblich.

Eventuell haben Sie Farbeinstellungen auf Datenträger, aber nicht im vorgesehenen Verzeichnis. Dann klicken Sie auf GESPEICHERTE FARBEINSTELLUNGSDATEIEN ANZEIGEN.

Abbildung 2.15 In Bridge vereinheitlichen Sie die »Farbeinstellungen« für alle Programme einer Creative-Suite-Installation.

Eigene Einstellungen

Sie können Photoshops Vorgaben zum Farbmanagement vielseitig anpassen. Wir besprechen hier die wichtigsten Möglichkeiten.

»Speichern« und »Laden«

Sobald Sie ein Detail einer vordefinierten Einstellung ändern, steht oben im EINSTELLUNGEN-Klappmenü BENUTZERDEFINIERT. Eine solche eigene Einstellung können Sie SPEICHERN und LADEN. Die Vorgabe erscheint überdies als Angebot im Klappmenü EINSTELLUNGEN und lässt sich via Bridge auch anderen Creative-Suite-Programmen verpassen (siehe oben). Speichern Sie im Verzeichnis, das Photoshop vorschlägt.

»Arbeitsfarbräume« und »Farbmanagement-Richtlinien«

Die vordefinierten Einstellungen legen einen sogenannten »Arbeitsfarbraum« fest. Photoshop verwendet den Arbeitsfarbraum als Profil für Dokumente ohne eigene Farbprofilinformation. Zu Konflikten kommt es in folgenden Situationen:

» Sie öffnen eine Datei, deren Farbprofil vom aktuellen Arbeitsfarbraum abweicht.

» Sie öffnen Dateien ohne Farbprofil.

Das Verhalten in solchen Konflikten legen Sie in den FARBMANAGEMENT-RICHTLINIEN fest. Meist sollten Sie das Dokument IN ARBEITSFARBRAUM KONVERTIEREN – eine Datei mit sRGB-Profil erhält also automatisch den Farbraum ADOBE RGB, sofern der oben unter ARBEITSFARBRÄUME festgelegt ist. Im Bereich PROFILFEHLER bestimmen Sie, wann Photoshop Meldung machen und Ihnen Optionen anbieten soll – zum Beispiel BEIM ÖFFNEN oder BEIM EINFÜGEN, oder Sie verzichten ganz auf die Warnung und klicken keine Vorgabe an.

Abbildung 2.16 Was passiert, wenn eine Bilddatei nicht das vorgesehene Farbprofil hat? Das entscheiden Sie im Bereich »Farbmanagement«.

Profil von Hand ändern

Sie können das Profil der aktuellen Datei von Hand ändern. Folgende Möglichkeiten stehen Ihnen zur Verfügung:

» Der Befehl **Bearbeiten: Profil zuweisen** kann das vorhandene Profil löschen, gegen den aktuellen Arbeitsfarbraum austauschen oder die Monitordarstellung auf ein neues Profil ausrichten. Es wird jedoch kein neues Profil dauerhaft in die Datei gerechnet.

» Mit dem Befehl **Datei: Speichern unter** (Seite 169) legen Sie fest, ob Sie das aktuelle ICC-PROFIL (Windows) oder FARBPROFIL (Mac) einbetten möchten; dies gilt für die Dateiformate PSD, JPEG, TIFF, EPS, DCS und Pict. Sie können auch die aktuellen PROOF-EINSTELLUNGEN VERWENDEN, die Sie mit dem Befehl **Ansicht: Proof einrichten** machen, allerdings nur bei PDF, EPS, DCS 1.0 und 2.0.

» Der Befehl **Bearbeiten: In Profil konvertieren** konvertiert die Farben der Datei in ein anderes Profil.

Geräteprofile hinzufügen

Sie können Profile für Ihre Geräte dem System hinzufügen und im Dialogfeld FARBEINSTELLUNGEN verwenden. Die erforderlichen Dateien werden für Scanner, Monitore oder Drucker meist auf Datenträger mitgeliefert. Sofern es keine automatische Installation gibt, kopieren Sie die Dateien unter Windows XP in das Verzeichnis »System32/Spool/Drivers/Color«, am Mac heißt es »Library/ColorSync/Profiles«.

Sie können für Ihren Monitor überdies ein eigenes ICC-Profil erstellen. Unter Windows wählen Sie **Start: Einstellungen: Systemsteuerung**, dann klicken Sie doppelt auf ADOBE GAMMA; am Mac gehen Sie im Apfelmenü auf die **Systemeinstellungen** für MONITORE und dort auf den Reiter FARBEN.

Verwenden Sie hier das SCHRITTWEISE Vorgehen, bei dem Sie zu jedem Aspekt eine genaue Erklärung erhalten.

Am Mac nutzt Photoshop generell das Monitorprofil, das Sie in den **Systemeinstellungen** unter MONITORFARBEN einschalten können.

2.4 Drucken

Photoshop bietet einen ausgefeilten Einzelbilddruck, während der Druck von Bildkatalogen bei diesem teuren Programm mühselig wirkt. Wer hochwertige Abzüge braucht, spart mit Druckdiensten Geld, aber nicht Zeit.

Achtung
Bei Redaktionsschluss im Sommer 2007 gab es zahlreiche Klagen über Druckprobleme mit Photoshop CS3 für Windows: Teils arbeitete die Option BILD ZENTRIEREN nicht richtig, Netzwerkdrucker wurden nicht richtig angesprochen, sehr große Druckmaße wurden – unabhängig von Drucker oder Druckertreiber – abgeschnitten oder gestaucht. Manche Anwender wechseln nur fürs Drucken zurück zu einem anderen Programm, zum Beispiel zu einer Vorgängerversion.

Druckdienste als Alternative

In der Regel billiger und in respektabler Qualität bringen Druckdienste Ihre Bilder auf Papier, aber auch auf Tassen und Bettwäsche und in Fotobücher, die Sie mit einer gelieferten Software selbst gestalten.

Wesentlich für den Komfort ist die Art der Bildübertragung an den Dienstleister; bei großen Datenmengen können Sie teilweise eine CD oder DVD abliefern, die jedoch manchmal mit einer umständlichen Spezialsoftware geschrieben werden muss.

Was kosten zehn Hochglanz-Postkartenprints und zwei Abzüge 30x20 Zentimeter inklusive Versand bei welchem Anbieter? Die Druckdienstübersichten *www.bilder-dienste.de* und *www.bessere-bilder.de* bieten Übersichten und Preisrechner für viele Dutzend Druckdienste. Weitere Anbietervergleiche liefern *www.image-service.de* und *www.ciao.de* mit dem Suchwort »Foto-Service«. Teilweise finden Sie auch Kundenkommentare zu Druckqualität, Verpackung und Tempo. Viele Dienste empfangen Neukunden mit ein paar Gratisabzügen.

Bedingt bargeldlos

Bilddateien von Geldscheinen öffnet Photoshop erst nach einer Warnung: DAS DRUCKEN VON GELDSCHEINEN WIRD VON DIESER ANWENDUNG NICHT UNTERSTÜTZT. Und in der Tat, selbst das Szenenfoto mit Geld in der Hand lässt sich nicht **Drucken** – das Gerät rattert zwar los, spuckt aber nur ein leeres Blatt Papier aus. Bearbeiten können Sie die Datei indes.

Die Bargeldwarnung führt Sie auch ins Internet und, bei Interesse an Euros, zur Seite der Europäischen Zentralbank; die verspricht, dass professionelle Anwender druckbare, hoch auflösende Dateien von Euro-Noten erhalten. Dort stehen auch niedrig aufgelöste Geldscheine und höher aufgelöste Repros von Euro-Münzen parat.

Abbildung 2.17 Bargeldlos: Geldscheine druckt Photoshop CS3 nicht. Im Test sperrte sich das Programm sogar gegen dieses Foto – engere Zuschnitte wurden dagegen nicht moniert. Datei: Geldscheine

Geldscheine drucken mit anderen Versionen und Programmen

Sie wollen schnell ein paar Blüten fürs Wochenende drucken? Haben Sie noch Photoshop CS (nach alter Zählweise Photoshop 8)? Dort laden Sie das Bild im mitgelieferten Programm ImageReady CS und wählen **Datei: In Photoshop bearbeiten**: Photoshop CS öffnet und druckt Ihre Barschaft jetzt ohne Bedenken. Photoshop 7, der Vorvorgänger von Photoshop CS2, öffnet und druckt Banknoten gänzlich skrupellos.

Bargeld angenommen und gedruckt wird auch bei Photoshop Elements 5 (mit Grummeln) oder auch bei dem kleinen Bildprogramm PhotoLine 32 12.5 (schnelle Testversion für Win und Mac unter *www.pl32.de*).

»Drucken«

Der Befehl **Datei: Drucken** ([Strg]+[P]) druckt wahlweise nur den Bildteil, den Sie ausgewählt haben, dazu schalten Sie den AUSWAHLBEREICH ein. Die Vorschau präsentiert Ihr Werk zunächst in der eingespeicherten Druckgröße. Die wollen Sie ändern? Schalten Sie zunächst BILD ZENTRIEREN und AUF MEDIENGRÖSSE SKALIEREN ab. Weiter unten schalten Sie dann den BEGRENZUNGSRAHMEN zu – so erhalten Sie Anfasspunkte rings ums Bild.

Schieben Sie das Bild frei über der Seitenvorschau und ziehen Sie an den Rändern, um die Größe zu ändern. Alternativ tippen Sie neue Koordinaten und Maße unter POSITION und SKALIERTE AUSGABEGRÖSSE. Wählen Sie AUF MEDIENGRÖSSE SKALIEREN, um Ihr Material flächendeckend zu füllen.

Dabei ändert sich der Wert DRUCKAUFLÖSUNG, ganz unten im Bereich SKALIERTE AUSGABEGRÖSSE: Je größer Sie das Bild printen, desto niedriger die DRUCKAUFLÖSUNG, also die Zahl der Bildpunkte pro Zentimeter. Bleiben Sie möglichst über 200 dpi.

Bei diesem Vorgang ändern Sie nur das Druckmaß für den aktuellen Print – die ursprünglichen, in der Datei gespeicherten Druckmaße bleiben erhalten, auch die Zahl der Bildpunkte ändert sich nicht.

Tipp
*Wollen Sie ein Bild mehrfach in derselben Größe drucken, speichern Sie das gewünschte Druckmaß direkt in der Datei; dann müssen Sie nicht jedes Mal von Hand neue Maße im Dialog **Drucken** einrichten. Wählen Sie **Bild: Bildgröße**, schalten Sie dort NEUBERECHNEN ab und tippen Sie neue Zentimetermaße ein (Seite 184).*

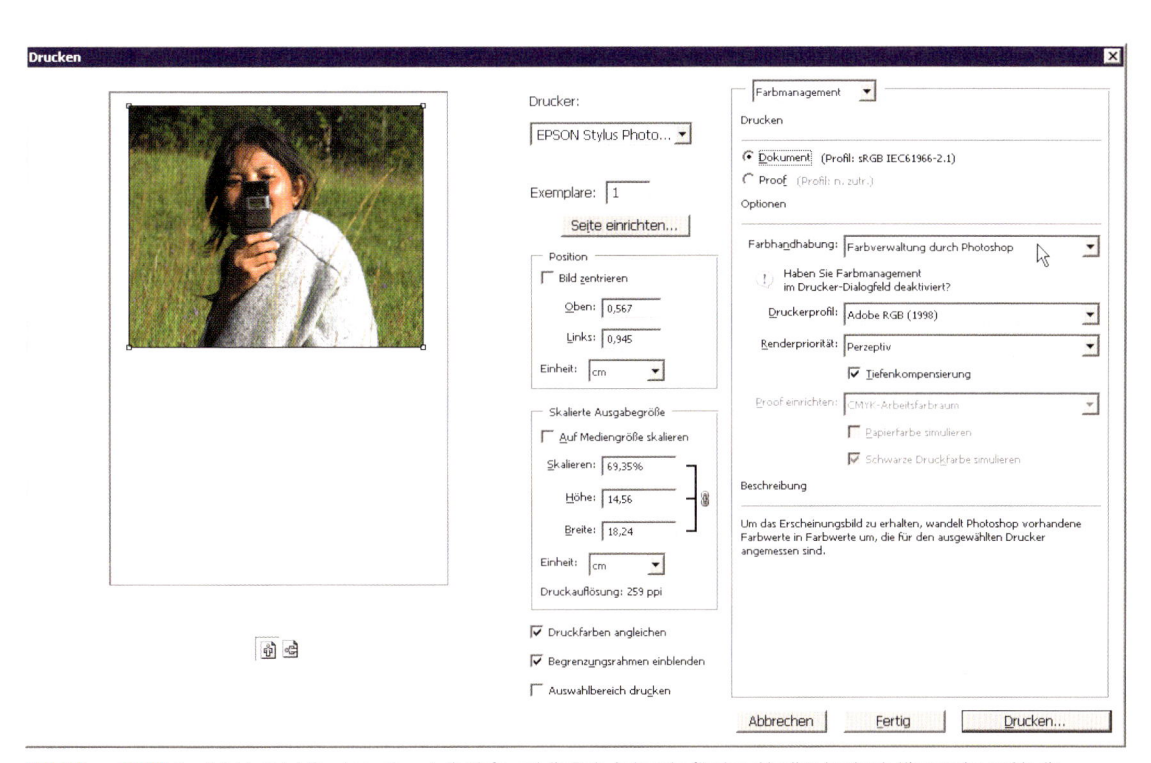

Abbildung 2.18 Der Befehl »Datei: Drucken« steuert die Maße und die Farbwiedergabe für den aktuellen Ausdruck. Hier werden rechts die »Farbmanagement«-Einstellungen gezeigt.

»Farbmanagement«-Optionen

Schalten Sie rechts das FARBMANAGEMENT ein, um die Farben zu steuern. Wollen Sie die folgenden Einstellungen nur anpassen, aber kein Bild drucken, klicken Sie zum Abschluss auf FERTIG.

Tintenstrahlerausdrucke mit Farbprofil

So erhalten Sie gute Ausdrucke mit Ihrem Farbtintenstrahldrucker:

1. Bearbeiten Sie ein RGB-Bild mit einem sinnvollen Farbprofil, zum Beispiel ADOBE RGB, und lassen Sie es im RGB-Modus. Wechseln Sie nicht nach CMYK.

2. Kalibrieren Sie den Monitor, besorgen und installieren Sie Farbprofile für Drucker, Papier und Druckfarben.

3. Wählen Sie **Datei: Drucken** und richten Sie die Größe ein (siehe oben).

4. Wählen Sie das FARBMANAGEMENT.

5. Im Bereich DRUCKEN schalten Sie auf DOKUMENT; so printen Sie das aktuelle Bild mit dem zugehörigen Profil.

6. Sie haben ein eigenes Profil für Ihre Kombination aus Drucker, Druckfarben und Papier? Wählen Sie unter FARBHANDHABUNG die Vorgabe FARBVERWALTUNG DURCH PHOTOSHOP (diese Option ist fast identisch mit dem Befehl **Bearbeiten: In Profil konvertieren**).

7. Dann geben Sie das DRUCKERPROFIL für Ihr Gerät an.

8. Verwenden Sie für RENDERPRIORITÄT die Vorgabe PERZEPTIV, darunter die TIEFENKOMPENSIERUNG.

9. Klicken Sie auf DRUCKEN. In den Druckeroptionen wählen Sie das Profil für die Papiersorte und schalten das Farbmanagement des Druckers wieder ab. Geben Sie in den Druckeroptionen die richtige Papiersorte an.

Drucken ohne Farbprofile

Sofern Sie ohne eigene Profile arbeiten: Verwenden Sie die DOKUMENT-Option, in der FARBHANDHABUNG gehen Sie auf DRUCKER BESTIMMT FARBEN, als RENDERPRIORITÄT wählen Sie PERZEPTIV oder RELATIV FARBMETRISCH. (Jedoch verwenden nur wenige RIPs und PostScript-Drucker diese Information, die meisten Drucker und alle Geräte ohne PostScript arbeiten automatisch mit der Vorgabe PERZEPTIV.) Das Farbmanagement des Druckers schalten Sie ab (also zum Beispiel ICM unter Windows oder COLORSYNC am Mac).

»Proof«

Per PROOF simulieren Sie einen anderen Drucker (»Proof« bedeutet hier Andruck oder Probedruck); verwenden Sie Ihren Tintenstrahler und prüfen Sie dabei die Wirkung im Magazindruck. Zunächst stellen Sie mit dem Befehl **Ansicht: Proof einrichten** alles entsprechend dem geplanten Ausgabegerät ein. Photoshop nennt neben der Option PROOF den Namen des Druckers oder Belichters, den Sie in den Farbeinstellungen (Strg+⇧+K, siehe oben) festgelegt haben.

Sie nehmen die Vorgabe FARBVERWALTUNG DURCH PHOTOSHOP und wählen das Profil für Ihren Drucker. Besonders präzise Probedrucke erhalten Sie mit den Optionen PAPIERFARBE SIMULIEREN und SCHWARZE DRUCKFARBE SIMULIEREN – falls sie für Ihr Profil angeboten werden. Das Farbmanagement des Druckers schalten Sie ab.

»Ausgabe«-Optionen

Wechseln Sie im Klappmenü direkt unter der Vorschau von FARBMANAGEMENT zu AUSGABE. Ihre Möglichkeiten hier hängen auch vom aktuellen Drucker ab. Freilich: Häufig verzichtet man ganz auf DRUCKKENNLINIE und RASTER von Hand und überlässt die Aufgabe dem Druckertreiber oder dem Belichtungsdienst.

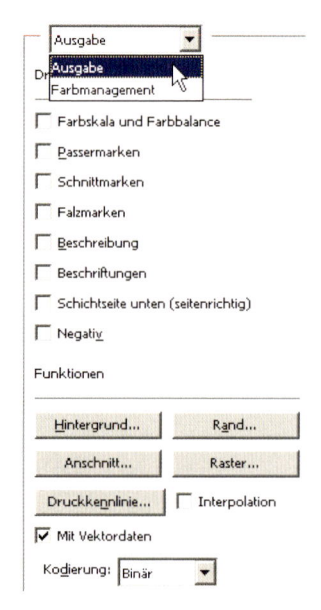

Abbildung 2.19
Im »Ausgabe«-Bereich des »Drucken«-Dialogs entscheiden Sie über Kontraststeuerung, Rasterung und Passermarken.

»Druckkennlinie«

Sie wollen nur für den Ausdruck die Kontraste ändern, ohne der Bilddatei selbst mit **Gradationskurve** und Co. zu Leibe zu rücken? Die Schaltfläche Druckkennlinie bietet eine Gradationskurve nur für das Druckbild.

Stellen Sie zum Beispiel fest, dass ein Drucker oder Belichter den Tonwert 60 Prozent stets mit 65 Prozent ausgibt, dann ziehen Sie im Dialog Druckkennlinie für den Eingabewert 60 fünf Prozent ab, notieren also 55 Prozent.

»Raster«

Für den Druck oder für die Belichtung wird das Bild immer in ein spezielles Druckraster umgerechnet. Beim Raster stellen Sie ein, wie viele Bildpunkte pro Zentimeter oder Inch Sie ausgeben wollen (Rasterweite). Die Datei hat idealerweise die doppelte oder wenigstens eineinhalbfache Auflösung gegenüber der Halbtonauflösung des Druckers, um Detailverluste beim Rastern auszugleichen. Reden Sie am besten mit Ihrem Dienstleister.

Mit der richtigen Rasterwinkelung sorgen Sie für weniger aufdringliche Rasterwirkung; testen Sie zunächst die vorgeschlagenen Werte. Die hier verwendeten Werte werden innerhalb von EPS-Dateien mitgesichert und kommen beim Ausdruck in der Regel auch zum Tragen.

»Mit Vektordaten«

Einige Bildelemente basieren nicht auf einzelnen Bildpunkten, sondern auf Pfaden und Vektoren – zum Beispiel Textebenen oder Formebenen. Die Option Mit Vektordaten verhindert bei PostScript-Druckern, dass dieses Material bereits beim Aufbau des Druckbilds in Druckpunkte gerastert wird. Stattdessen gelangt es unabhängig von der Auflösung als Vektormaterial zum Ausgabegerät und wird über das Rasterbild gedruckt. So erhalten Sie eventuell schärfere Konturen.

»Kodierung«

In der Regel schicken Sie Druckdaten mit der Speicher, Zeit und Geld sparenden binären Kodierung zum Gerät. Nur für einige sehr alte Geräte oder für einige Netzwerke schalten Sie auf das ausladendere ASCII um. Vorteil allerdings: Kommt es zu PostScript-Fehlern, können Sie die PostScript-Befehle einer ASCII-Datei in jedem Textprogramm überprüfen. Noch kleiner und schneller werden JPEG-kodierte Druckdateien – für Drucker ab PostScript Level 2.

Weitere Optionen

Auszugsbeschriftung, Schnittmarken oder Farbskala druckt Photoshop nur mit, wenn das Papier dazu noch Platz lässt. Einige Möglichkeiten:

» Die Option Auszugsbeschriftungen verewigt den Namen des Dokuments und des Farbkanals auf dem Papier.

» Die Option Schnittmarken platziert Schnittmarken an den Ecken des Bilds, die anzeigen, wo das Bild beschnitten werden soll. Falzmarken sind zusätzliche Markierungen in der Mitte jedes Bildrands. Im CMYK-Modus bekommen Sie außerdem Farbskala & Farbbalance.

» Passermarken sind Markierungen, mit denen die Filme für die einzelnen Farbauszüge passgenau übereinandergelegt werden, sowie Marken für die Detailauflösung, mit denen der Laserstrahl des Druckfilmbelichters geprüft werden kann.

» Per Interpolation verlangen Sie, dass das pixelige Aussehen von Bildern mit geringer Auflösung geglättet wird; dies geht jedoch nur bei einigen PostScript-Level-II-Druckern, ansonsten wird der Befehl ignoriert.

» Erreichbar über die Schaltfläche Rand, verpassen Sie dem Bild ein schwarzes Rähmchen; Sie geben die Maßeinheit und einen Wert (auch dezimal) vor. Häufig wirkt es bequemer und vielseitiger, den Rand in Photoshop selbst anzubringen – entweder dauerhaft (`Strg`+`A`, dann **Bearbeiten: Kontur füllen**, Seite 317) oder als korrigierbaren Ebeneneffekt (Seite 587).

» Als Beschreibung druckt Photoshop auf Wunsch den Beschreibungs-Text aus den IPTC-Informationen (Seite 132), und zwar in 9 Punkt Helvetica.

» Auf Wunsch füllt Ihr Bildprogramm die Seite mit einer Hintergrund-Farbe um das Bild herum.

»Kontaktabzug II«

Der Befehl **Datei: Automatisieren: Kontaktabzug II** legt in einer neuen Bilddatei eine Reihe von Fotominiaturen an; alternativ markieren Sie Fotos in Bridge und wählen dort **Werkzeuge: Photoshop: Kontaktabzug II**. Der Befehl verschafft Auftraggebern oder Kunstschaffenden einen Überblick über die Produktion. Sie können den fertigen Katalog zum Beispiel drucken oder als PDF- oder JPG-Datei weitergeben. Wollen Sie den Bilderreigen dagegen ins Internet stellen, nehmen Sie den Befehl **Datei: Automatisieren: Web-Fotogalerie** (Seite 664).

DVD

In der Aktionensammlung im »Praxis«-Verzeichnis finden Sie die Aktion »Kontaktabzug 28x19 cm«. Damit entsteht ein »Kontaktabzug« ohne Verschmelzung der Einzelminiaturen zu einer Gesamtebene.

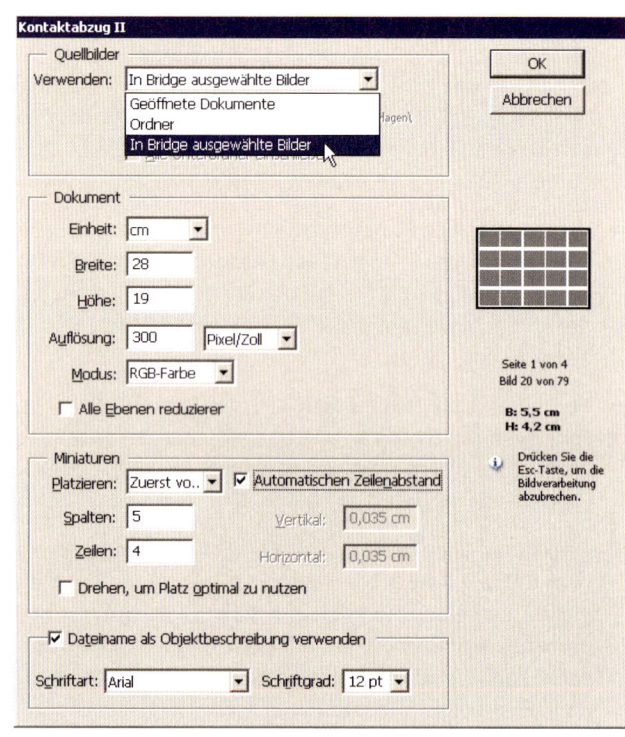

Abbildung 2.20 Per »Kontaktabzug« montieren Sie Bildsammlungen als Miniaturen in eine Datei.

Alternativen

Der **Kontaktabzug II** sollte bald mit der Nummer III erscheinen, denn es gibt viele interessante Alternativen:

» Für einen Ausdruck mit Bildunterschriften nach Maß ist es eventuell am besten, eine **Web-Fotogalerie** anzulegen, zum Beispiel mit dem vielseitigen gestaltbaren Stil Einfach.

» Besitzen Sie auch das Layoutprogramm InDesign CS3, drucken Sie aus Bridge heraus eine Bildübersicht per InDesign; der Befehl in Bridge heißt **Werkzeuge: InDesign: InDesign-Kontaktabzug erstellen**.

» Jede Bilddatenbank ab 30 Euro druckt vielseitige Bildkataloge und auch Gratisprogramme wie XnView für Windows und Mac zeigen sich vielseitig (*www.xnview.de*).

» Windows XP und Windows Vista drucken ebenfalls Bildkataloge.

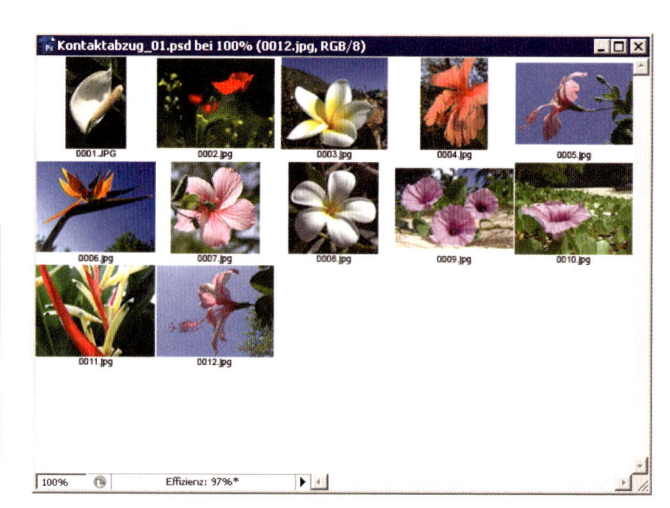

Abbildung 2.21 Dieser »Kontaktabzug« entstand mit »automatischem Zeilenabstand«, aber ohne »Drehen für optimale Größe«. Die Vorgabe »Zuerst von links nach rechts« füllt zuerst den oberen Teil des Bilds. Vorlagen: Ordner 12_Vorlagen; Datei: Kontaktabzug_01

Gestaltung

Im Bereich Dokument legen Sie die Maße der Seite fest, zum Beispiel in cm-Werten. Die Auflösung entscheidet wesentlich über die entstehende Dateigröße.

Für die Miniaturen bestimmen Sie die Zahl pro Zeile und pro Spalte. Die dabei entstehende Miniaturengröße in Pixel oder Zentimeter meldet das Dialogfeld rechts. Wenn der entstehende Miniaturenplatz sich optimal für ein Querformat eignet, können Sie hochformatige Bilder Drehen für optimale Grösse: Hochformate drehen sich zum Beispiel um 90 Grad, so dass sie auf einem in die Breite gehenden Feld größer erscheinen.

Ich empfehle, dass Sie den Automatischen Zeilenabstand verwenden. Wenn Sie die Vorgabe abschalten, um den Abstand um eine Miniatur herum selbst zu steuern, hat dies eventuell verrutschte Bildunterschriften bei Hochformaten zur Folge.

Abbildung 2.22 Wir verwenden die Vorgaben aus dem vorherigen Ergebnis, verzichten aber auf den »Automatischen Zeilenabstand« – Photoshop ordnet die Hochformate nun innerhalb ihres Bereichs links an, während die Bildunterschriften mittig ausgerichtet bleiben. Vorlagen: Ordner 12_Vorlagen; Datei: Kontaktabzug_03

Photoshop sortiert Ihre Exponate alphabetisch, wahlweise ZUERST VON OBEN NACH UNTEN oder ZUERST VON LINKS NACH RECHTS. Auch wenn Sie ALLE UNTERVERZEICHNISSE EINSCHLIESSEN, reiht die Software Ihre Werke insgesamt streng alphabetisch auf.

»Bildunterschrift«

Photoshop klemmt wahlweise den DATEINAMEN ALS OBJEKTBESCHREIBUNG unter die Miniaturen und stellt dabei generös drei Schriftarten zur Wahl. Die Dateiendung wie ».JPG« erscheint dabei mit in der Bildunterschrift.

Sofern Sie nicht ALLE EBENEN REDUZIEREN, legt Photoshop für jede Bildunterschrift eine eigene Textebene an, die Sie später mit dem Textwerkzeug T frei verändern: Der Befehl **Bearbeiten: Text suchen und ersetzen** entfernt auf Wunsch zügig sämtliche Dateiendungen wie ».JPG« aus den Bildunterschriften; die gekürzten BUs ordnen sich wieder mittig unter den Miniaturen an; verwenden Sie die Vorgabe ALLE EBENEN DURCHSUCHEN.

Achtung

Am Monitor wirken die Schriften oft verzerrt, wenn das Bild nicht exakt in der Zoomstufe 100,0 Prozent erscheint.

Abbildung 2.23 Die Vorgabe »Zuerst von oben nach unten« füllt hier zuerst den linken Teil des Bilds. Wir »drehen, um Platz optimal zu nutzen«. Weil das Layout querformatige Miniaturen vorsieht, dreht Photoshop die Hochformate. Vorlagen: Ordner 12_Vorlagen; Datei: Kontaktabzug_02

»Alle Ebenen reduzieren«

Nach Bedarf erzeugen Sie eine »flache« Gesamtdarstellung oder einen Kontaktbogen voller Einzelebenen. Schalten Sie ALLE EBENEN REDUZIEREN ein, landen alle Miniaturen und Texte auf einer gemeinsamen Ebene. Die HINTERGRUND-Ebene darunter ist weiß. Diese Vorgabe erleichtert die Orientierung. Sie empfiehlt sich zudem, wenn Sie die Bildchen gemeinsam weiterbearbeiten wollen.

Ebenen nicht reduzieren

Verzichten Sie auf die Option ALLE EBENEN REDUZIEREN, landet jede Bildminiatur auf einer eigenen Ebene. Jede einzelne Bildunterschrift legt Photoshop als separate Textebene an, Sie können also umformulieren und umformatieren. Sie können einzelne Miniaturen in Smart Objekte verwandeln und leicht **ersetzen. Platzieren** Sie den Kontaktabzug einschließlich aller Einzelebenen als kompaktes Smart Objekt in einer neuen Montage (Seite 624); so schneidern Sie zum Beispiel CD-Einlegeblätter nach Maß. Das **Ebene**-Menü lässt bei Bedarf ausgewählte oder alle Ebenen zu einer Einzelebene verschmelzen (Seite 525).

DVD

Die Aktion »Kontaktabzug verändern« von der Buch-DVD entfernt die ».jpg«-Endung der Bilder, legt einen Metallic-Rahmen an und lädt ein aufgehelltes Hintergrundbild. Legen Sie dafür einen Kontaktabzug ohne ALLE EBENEN REDUZIEREN an. Testen Sie diese Aktion auch mit der Datei »Kontaktabzug_04a.psd«.

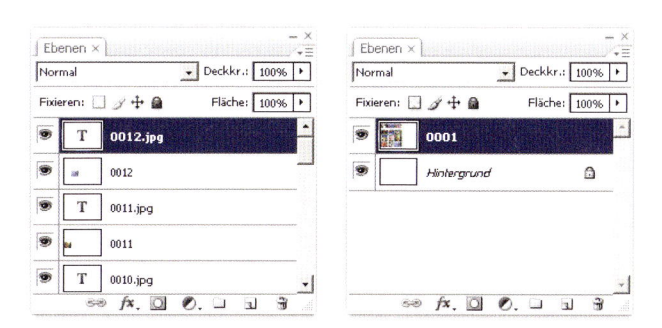

Abbildung 2.24 **Links:** Beim »Kontaktabzug_01« verzichten wir auf die Vorgabe »Alle Ebenen reduzieren«. So legt Photoshop jedes Bildchen und jede Unterschrift auf separate Ebenen. **Rechts:** Der »Kontaktabzug_02« entstand mit der Option »Alle Ebenen reduzieren«. Sämtliche Miniaturen und Bildunterschriften landen auf einer einzigen Ebene.

Die Verarbeitung

Nach dem OK-Klick rattert Photoshop los, verkleinert jede Datei, kopiert sie in neue Dateien und überschreibt nebenbei permanent die Zwischenablage. Die Protokollpalette verrät, was Ihre Software da im Einzelnen treibt; unterbrechen Sie die Betriebsamkeit mit der [Esc]-Taste. Passen nicht alle Miniaturen auf einen Kontaktbogen, entstehen mehrere Kontaktabzüge in separaten Dateien.

Abbildung 2.25
Bei diesem »Kontaktabzug« behalten wir die Einzelebenen bei. Per »Text suchen und ersetzen« löschen wir die Endung ».JPG« aus allen Bildunterschriften. Eine Miniatur wird mit Effekten wie »Abgeflachte Kante und Relief«, »Kontur« und »Schlagschatten« bearbeitet. Wir kopieren diesen neuen Ebenenstil und übertragen ihn auf die weiteren Bildebenen. Zum Schluss schieben wir den Miniaturen noch ein aufgehelltes Einzelbild unter. Dateien: Kontaktabzug_04a etc.; Aktion: Kontaktabzug verändern

Weitere Bearbeitung

Mit üblicher Bildbearbeitung gestalten Sie Ihren »Kontaktabzug« weiter:

» Sie möchten drucken, Sie möchten eine Überschrift oder andere Elemente hinzufügen, dann bauen Sie weißen Rand mit dem Befehl **Bild: Arbeitsfläche** an.

» Die Ebeneneffekte legen einen Schlagschatten um Ihre Miniaturen. Der Effekt Abgeflachte Kante und Relief modelliert die Bildchen plastisch heraus (Seite 587). Vorsicht jedoch, einige Effekte vergrößern die Miniaturen, so dass sie eventuell über die Bildunterschrift oder über den sichtbaren Bildrand hinausragen.

» Der Ebeneneffekt Kontur erzeugt ein Rähmchen. Beachten Sie die Wirkung unterschiedlicher Positionen wie Innen oder Aussen.

» Sie können eine andere Hintergrundfarbe oder ein Hintergrundmuster einziehen. Alternativ heben Sie ein komplettes Bild unter die Miniaturen. Dämpfen Sie das Hintergrundmotiv eventuell mit Kontrastkorrekturbefehlen oder Weichzeichner (Seite 241).

» Prüfen Sie in der Zoomstufe 100,0 Prozent, ob eine Scharfzeichnung die Miniaturen verbessert.

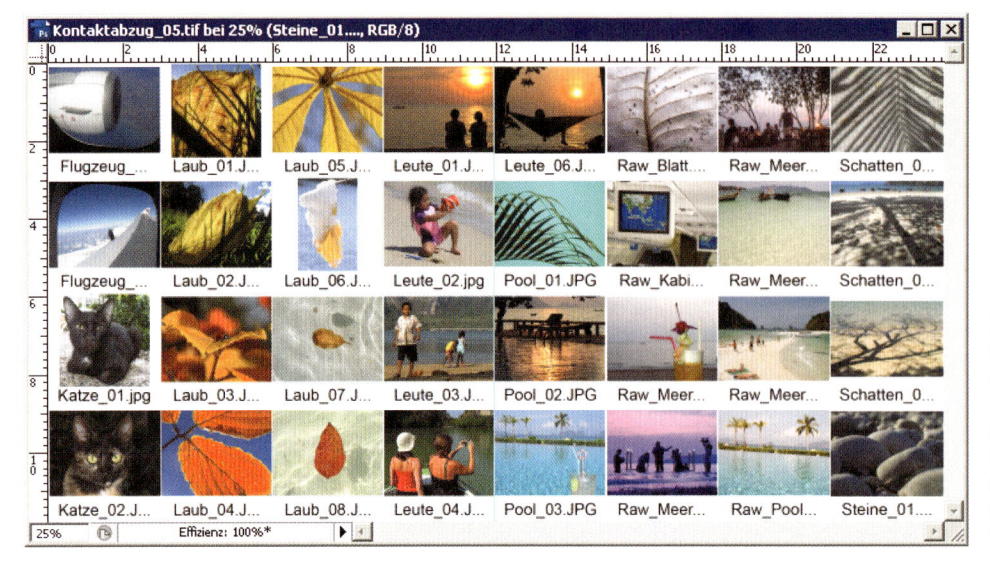

Abbildung 2.26
Um einen faltbaren CD-Einleger zu drucken, haben wir als Maß 23,9 mal 11,8 Zentimeter angegeben, eine gerade Spaltenzahl und die Vorgabe »Zuerst von oben nach unten«. Weißen Rand bauen Sie bei Bedarf mit dem »Arbeitsfläche«-Befehl oder Freistellwerkzeug an.
Datei: Kontaktabzug_05

» Möchten Sie den Kontaktabzug so knapp wie möglich zuschneiden? Dann achten Sie darauf, dass die unterste Ebene komplett einfarbig ist (zum Beispiel durch den Effekt FARBÜBERLAGERUNG), und verwenden Sie **Bild: Zuschneiden** (Seite 198).

» Auch Kontaktabzüge mit tausend Einzelebenen lassen sich kompakt weiterverarbeiten: Markieren Sie alle Ebenen in der Ebenenpalette, dann wählen Sie **Filter: Für Smartfilter konvertieren**; alle Ebenen fasst Photoshop zu einem Smart Objekt zusammen – nützlich zum Beispiel, wenn Sie mehrere Kontaktbögen zu einem faltbaren, mehrseitigen CD-Einleger kombinieren wollen. Die Einzelebenen bleiben erhalten.

Bild und Text trennen

Oft möchte man Bildunterschriften und Miniaturbild im Kontaktabzug separat bearbeiten. Ein denkbares Verfahren: Verwenden Sie im Dialogfeld KONTAKTABZUG II die Vorgabe ALLE EBENEN REDUZIEREN, so dass zunächst alle Bilder und Schriften auf einer Ebene landen. Anschließend markieren Sie die Bildunterschriften mit dem Auswahlrechteck bei gedrückter ⇧-Taste und wählen **Ebene: Neu: Ebene durch Ausschneiden** (Strg+⇧+J). Damit heben Sie die Texte auf eine neue Ebene.

Alternative: Verzichten Sie auf ALLE EBENEN REDUZIEREN und arbeiten Sie mit Einzelebenen: Um alle Bildebenen auszuwählen, klicken Sie eine Bildebene an, dann nehmen Sie **Auswahl: Ähnliche Ebenen** – alle Bild-, aber nicht Textebenen sind damit ausgewählt. Klicken Sie unten in der Palette auf EBENEN VERBINDEN. Damit sind alle Bildebenen verbunden und können bewegt, skaliert, mit Effekten ausgestattet oder in ein Smart Objekt verpackt werden.

DVD
Die Aktionensammlung von der Buch-DVD liefert die Aktion »Kontaktabzug verändern«. Diese Aktion eignet sich für alle Kontaktabzug-Ergebnisse, die ohne die Option ALLE EBENEN REDUZIEREN entstanden sind; sie entfernt die ».jpg«-Endung der Bilder, legt einen Bildrahmen an und lädt ein aufgehelltes Hintergrundbild – jeweils wie unten zu sehen. Für diese Aktion klicken Sie zunächst einmal auf eine Bild-, nicht Textebene in der Datei mit dem Kontaktabzug. Testen Sie diese Aktion auch mit dem »Kontaktabzug unverändert.psd« von der Buch-DVD.

»Bildpaket«

Damit Sie teures Druckpapier optimal ausnutzen, packt der Befehl **Datei: Automatisieren: Bildpaket** Bilder eng nebeneinander auf eine Seite. Sie erreichen die Funktion auch in Bridge im Untermenü **Werkzeuge: Photoshop**.

Photoshops **Bildpaket** produziert eine neue Datei im Photoshop-Fenster, die Sie bei Bedarf noch speichern. Mit der Vorgabe ALLE EBENEN REDUZIEREN verschmilzt Photoshop alle Einzelansichten zu einer neuen Ebene BILD 1 über einer weißen HINTERGRUND-Ebene. Ohne diese Option erhalten Sie jede Einzelansicht des Bilds als separate Ebene.

Ähnlich wie einen »Kontaktabzug« (siehe oben) können Sie auch das »Bildpaket« weiterbearbeiten: Ändern Sie die Texte, bauen Sie ein Hintergrundbild ein oder fügen Sie Rähmchen hinzu.

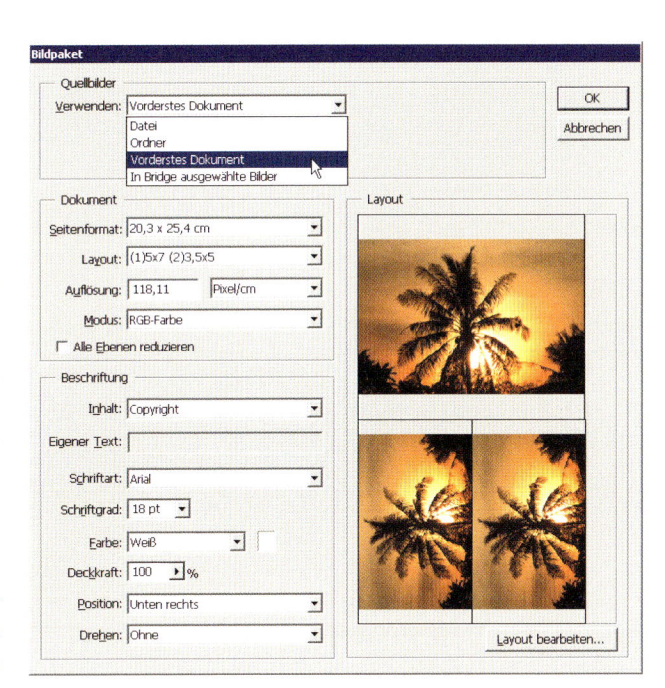

Abbildung 2.27 Der Befehl »Datei: Automatisieren: Bildpaket« packt Bilder mehrfach auf eine Seite. In einem separaten Dialog verfeinern Sie den Seitenaufbau.

Zusammenstellung der Bilder

Wahlweise VERWENDEN Sie eine einzelne DATEI, das momentan aktivierte VORDERSTE DOKUMENT, einen kompletten ORDNER oder IN BRIDGE AUSGEWÄHLTE BILDER. Wenn Sie mehrere Fotos angeben, entsteht für jedes Einzelbild eine neue »Bildpaket«-Datei – Sie erhalten also zunächst nicht mehrere Motive auf einem Druckblatt.

Die Fotos im Vorschau-»Layout« tauschen Sie leicht aus:

» Klicken Sie auf ein Bild und finden Sie im **Öffnen**-Dialog ein Ersatzbild.

» Ziehen Sie aus Bridge, aus einer anderen Bilddatenbank oder aus einer Dateiverwaltung Fotos direkt in den Layoutbereich.

Diesen Bildtausch machen Sie nach einem Druck auf die Alt-Taste wieder rückgängig: Die Schaltfläche ABBRECHEN heißt nun ZURÜCK; ein Klick stellt das Layout wieder her, wie Sie es nach Öffnen des Dialogfelds gesehen hatten.

Oder tauschen Sie Einzelmotive erst in der fertigen Datei aus – besonders einfach, wenn Sie einzelne Ebenen in Smart Objekte verwandeln. Verzichten Sie auf ALLE EBENEN REDUZIEREN, so dass die Elemente eines Bildpakets einzeln greifbar bleiben.

Achtung
Sie wollen Bilder austauschen und das Layout ändern? Halten Sie diese Reihenfolge ein: Justieren Sie zuerst das Layout, danach ersetzen Sie Motive. Tauschen Sie zuerst die Bilder aus und klicken Sie danach auf LAYOUT BEARBEITEN, setzt Photoshop Ihre Bildauswahl schnöd zurück.

»Beschriftung«

Im Bereich BESCHRIFTUNG wählen Sie im Klappmenü INHALT, ob Sie Text direkt über Ihr Bild legen wollen:

» Verzichten Sie auf einen Wortbeitrag mit der Vorgabe OHNE.

» Einen EIGENEN TEXT tippen Sie ad hoc in das Feld unter dem Klappmenü.

» Oder nutzen Sie IPTC-Informationen innerhalb der Bilddatei wie BESCHREIBUNG, TITEL oder BILDRECHTE (Seite 132). Noch einmal: Alle Worte erscheinen direkt innerhalb der Bildfläche und nicht auf dem weißen Rand.

Wird ein Bild platzsparend rotiert, dann dreht sich der Text mit, er verläuft also von unten nach oben. Sie können zwar für alle Schriftzüge gemeinsam einen Drehwinkel im Klappmenü DREHEN angeben. Sie können jedoch nicht pauschal verhindern, dass gedrehte Bilder auch mit gedrehten Lettern erscheinen. Die Vorschau im Dialogfeld unterschlägt die Beschriftung.

Verzichten Sie auf die Vorgabe ALLE EBENEN REDUZIEREN, dann legt Photoshop jeden Bildtext auf eine eigene Textebene – die Lettern lassen sich anschließend ausblenden, löschen oder frei im Textmodus formatieren. Der Schriftzug ist mit dem zugehörigen Bild verbunden, Bild und Text lassen sich also gemeinsam verschieben oder skalieren.

Der Grundaufbau

Im Bereich DOKUMENT bestimmen Sie Papiergrößen und Seitenaufteilungen. Wählen Sie zum Beispiel vier oder acht gleich große Bilder oder nutzen Sie ein Layout, das wenige große und viele kleine Ansichten kombiniert. Zum Beispiel steht (1)5x7 (2)3,5x5 für drei Bilder pro Seite: einmal fünf mal sieben Zoll groß, zweimal dreieinhalb mal fünf Zoll (ein Zoll oder Inch entspricht 2,54 Zentimeter).

Bei sehr schmalen oder fast quadratischen Bildern bleibt eventuell mehr Papierweiß sichtbar. Die Bilder werden generell nicht unproportional verzerrt. Photoshop dreht Ihre Aufnahmen allerdings bei Bedarf um 90 Grad, damit zum Beispiel ein Hochformat besser auf einen Querformatplatz passt; dabei dreht sich auch der Text mit.

Abbildung 2.28
Vorsicht: Photoshop überschreibt vorhandene Layoutvorgaben allzu schnell.

»Layout bearbeiten«

Nach einem Klick auf LAYOUT BEARBEITEN verfeinern Sie Ihren Entwurf und speichern neue Vorlagen im Dialogfeld BILDPAKET-LAYOUT BEARBEITEN:

Im Bereich LAYOUT steuern Sie die Maße der Gesamtseite.

Ebenfalls im Bereich LAYOUT wählen Sie eine EINHEIT wie ZENTIMETER oder PIXEL. Sie können auch die voreingestellte ZOLL-Einheit verwenden und trotzdem zum Beispiel »10 cm« eintippen – Photoshop rechnet den Größenwunsch in Zoll um.

Unter BILDBEREICHE steuern Sie die Größe für einen einzelnen Bildplatzhalter. Und zwar so:

1. Klicken Sie zunächst ein einzelnes Bild an.

2. Die Größe einzelner Bilder ändern Sie durch Ziehen an den Anfasspunkten am Bildrand. Alternativ tippen Sie neue Werte für GRÖSSE ein.

3. Die Position des Fotos auf der Seite steuern Sie durch Ziehen im Bildinnern oder durch neue Werte im Bereich POSITION. Sie können generell nur ein Bild gleichzeitig bewegen.

»Bildpaket«

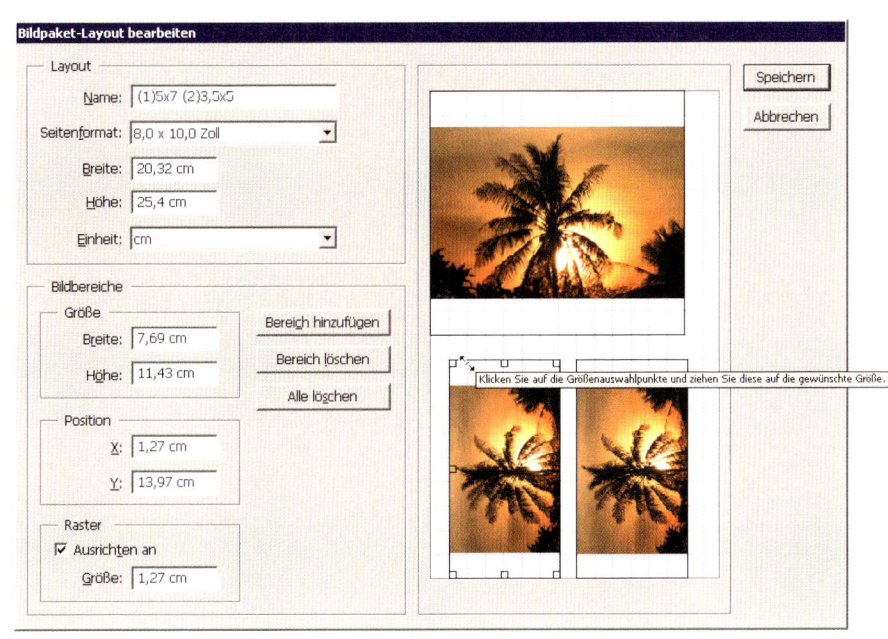

Abbildung 2.29
Entwürfe nach Maß: Im Dialogfeld »Bildpaket-Layout bearbeiten« arrangieren Sie Ihre »Bildpakete«. Blenden Sie ein Raster ein und justieren Sie die Größe der Duplikate nach Bedarf.

4. Legen Sie mit der Schaltfläche BEREICH HINZUFÜGEN einen neuen Platzhalter an – Ihr Motiv erscheint also ein weiteres Mal auf der Seite.

5. Entfernen Sie Platzhalter mit den Schaltflächen BEREICH LÖSCHEN oder ALLE LÖSCHEN.

Orientierung beim Verschieben ermöglicht ein magnetisches RASTER. Die Größe der Maschen lässt sich einstellen.

Entwürfe speichern

Typischer Ablauf:

1. Sie arbeiten im Layout (1)5x7 (2)3,5x5.

2. Sie klicken auf LAYOUT BEARBEITEN und ändern die Seitengestalt.

3. Sie klicken auf SPEICHERN, um mit dem verfeinerten Aufbau wieder ins Grunddialogfeld zurückzukehren.

Jetzt meldet sich Photoshop mit einer Zwischenfrage: LAYOUT (1)5x7 (2)3,5x5 IST BEREITS VORHANDEN....MÖCHTEN SIE ES ERSETZEN?

Wollen Sie das geänderte Layout tatsächlich verwenden, müssen Sie hier auf JA klicken. Allerdings: Das ursprüngliche Layout (1)5x7 (2)3,5x5 wird nun überschrieben, Sie können es in der vom Hersteller gelieferten Form nicht mehr aufrufen.

Sie möchten die ursprüngliche Bildaufteilung aber sicher noch verwenden. Darum: Nachdem Sie auf LAYOUT BEARBEITEN geklickt und die Bildchen neu arrangiert haben, schließen Sie folgende Maßnahmen in dieser Reihenfolge an:

1. Tippen Sie einen einen neuen Titel ins Feld NAME.

2. Klicken Sie auf SPEICHERN. Ändern Sie das vorgeschlagene Verzeichnis nicht.

Das Dialogfeld **Bildpaket** listet den neuen Entwurf fortan oben im Klappmenü VERWENDEN auf. Sie können also jederzeit andere Fotos mit dieser Seitenaufteilung drucken und den Entwurf weiter bearbeiten.

Kapitel 3
Befehle widerrufen, aufzeichnen und abspielen

In diesem Kapitel erfahren Sie, wie Sie Befehle widerrufen und aufzeichnen. Unter anderem geht es um Protokollpalette und Aktionenpalette. Arbeiten Sie am besten so, dass Sie Bildpunkte nicht dauerhaft verändern; die Pixel werden nur korrigiert angezeigt, doch lässt sich diese Korrektur jederzeit zurücknehmen oder verfeinern. Tipps zum »Arbeiten mit Rücknahmemöglichkeit« liefert dieses Kompendium ab Seite 34.

3.1 Eingaben zurücknehmen

Auf viele Arten widerrufen Sie Arbeitsschritte. Selbst nach dem Speichern kehren Sie zu früheren Fassungen zurück oder Sie mischen verschiedene Zustände des Bilds. Wir beleuchten hier unter anderem die Protokollpalette. Lesen Sie aber auch, wie Sie von vornherein die Bilddatei so aufbauen, dass Sie flexibel bleiben und gar nichts widerrufen müssen.

Einfache Rücknahme

Verschiedene Funktionen machen einen einzelnen Befehl ganz oder teilweise rückgängig.

»Rückgängig«

Wollen Sie nur den allerletzten Eingriff ungeschehen machen, wählen Sie **Bearbeiten: Rückgängig** oder Strg+Z. Beachten Sie: Wenn Sie mehrfach kurz mit dem Pinsel oder Kopierstempel ins Bild klicken, erkennt Photoshop verschiedene Einzelaktionen. Nur der allerletzte Teilstrich ist per Strg+Z annullierbar.

Alternativ wählen Sie **Bearbeiten: Schritt zurück** (Strg+Alt+Z). Mit diesem Befehl gehen Sie schrittweise mehrere Arbeitsstufen zurück. Einfacher haben Sie es meist, wenn Sie stattdessen gleich den gewünschten Bildzustand auf der Protokollpalette anklicken (Seite 65).

Nach dem **Speichern** bietet Photoshop den **Rückgängig**-Befehl nicht mehr an. Gleichwohl setzen Sie Ihr Bild mit **Schritt zurück** oder mit der Protokollpalette zurück.

Tipp

*Der **Rückgängig**-Befehl hat ein besonderes Talent, das Ihnen die ansonsten bequemere Protokollpalette nicht bietet: Haben Sie die Liste der Protokollpalette gelöscht, können Sie die Aufzählung wiederherstellen – aber nur per **Bearbeiten: Rückgängig Protokoll löschen**; in der Protokollpalette selbst lässt sich das Löschen nicht rückgängig machen.*

»Wiederherstellen«

Nach dem Klick auf **Rückgängig** zeigt das **Bearbeiten**-Menü den Befehl **Wiederherstellen**; er stellt einen bereits aufgehobenen Arbeitsschritt wieder her. Für **Rückgängig** und **Wiederherstellen** verwenden Sie gleichermaßen [Strg]+[Z] – so wechseln Sie bequem zwischen vorher und nachher.

»Zurück zur letzten Version«

Ist alles danebengeraten, bleibt vielleicht nur der **Datei**-Befehl **Zurück zur letzten Version** ([F12]). Er schließt die Datei ohne Speichern – und ohne Rückfrage – und öffnet die zuletzt gesicherte Fassung.

Gut zu wissen: Der Inhalt der Protokollpalette bleibt erhalten, Sie können also einige Änderungen wieder zurückholen. Die Protokollpalette zeigt auch das Objekt ZURÜCK ZUR LETZTEN VERSION; Sie stornieren bei Bedarf also das komplette Wendemanöver.

Alternative: Klicken Sie in der Protokollpalette auf den ersten Schnappschuss des unveränderten Bilds; diesen Schnappschuss erstellt die Protokollpalette meist automatisch (Seite 68). Haben Sie freilich bei laufender Bearbeitung zwischengespeichert, sind erster Schnappschuss und Festplattenversion Ihres Bilds nicht mehr identisch.

»Verblassen«

Photoshop nimmt die letzte Änderung auch stufenlos zurück – zum Beispiel **Filter**- oder **Anpassungen**-Befehle oder einen Pinselstrich. Diesen Eingriff nennt das **Bearbeiten**-Menü neben dem Wort **Verblassen** ([Strg]+[⇧]+[F]). Das Prinzip: Photoshop legt das aktuelle Ergebnis wie eine Ebene über die vorherige Version. Je niedriger Sie die Deckkraft einstellen, desto stärker scheint wieder die Vorherfassung durch. Zudem können Sie mit Füllmethoden experimentieren (Seite 575). Die Mischfassung des **Verblassen**-Befehls heben Sie bei Bedarf per **Rückgängig** immer noch gänzlich auf. Der Befehl **Verblassen** erscheint auch im Kontextmenü der Auswahlwerkzeuge, sofern bereits eine Auswahl im Bild ist.

Der **Verblassen**-Befehl ist jedoch unflexibel. Bearbeiten Sie lieber getrennte Ebenen, die Sie beliebig mischen und wieder korrigieren (mehr unter »Verlustfrei arbeiten«, Seite 34).

Rücknahme im Dialogfeld

Haben Sie in einem Dialog oder in einer Palette an mehreren Reglern gedreht und möchten zu einer früheren Reglerstellung zurückkehren, bietet Photoshop meist zwei Möglichkeiten:

» Drücken Sie den Standard-Rücknahmebefehl [Strg]+[Z], um die allerletzte Veränderung zu annullieren ([Strg]+[Z] hebt auch die letzte Veränderung an einem **Transformieren**-Rahmen auf).

» Drücken Sie in Dialogfeldern die [Alt]-Taste; sie verwandelt die Schaltfläche ABBRECHEN in die Schaltfläche ZURÜCK. Diese klicken Sie an, um alle Änderungen aufzuheben, ohne das Dialogfeld zu schließen.

Abbildung 3.1 Die Protokollpalette stellt frühere Fassungen Ihres Bilds wieder her.

Protokollfunktionen

Mit den Protokollfunktionen widerrufen Sie bis zu 1000 Arbeitsschritte. Solange das Bild geöffnet ist, zeichnet die Protokollpalette alle Bildzustände im gewünschten Umfang auf. Sie können also zwischenzeitlich speichern und danach einen Zustand herstellen, der vor dem Speichern herrschte.

Jeder Arbeitsschritt, jeder Pinselklick erscheint in der Palette. Photoshop zeigt stets zu jedem geöffneten Bild eine aktuelle Palette. Beim Schließen des Bilds ist das »Protokoll« mit Rückrufmöglichkeit ein für alle Mal verloren. Um Schritt für Schritt durchs Protokoll zu wandern, drücken Sie [⇧]+[Strg]+[Z] für Vorwärts- und [Alt]+[Strg]+[Z] für Rückwärtsbewegung. Änderungen an Paletten, Aktionen oder Voreinstellungen zeichnet die Protokollpalette nicht auf.

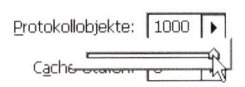

Abbildung 3.2 Die Zahl der »Protokollobjekte«, also der möglichen Rücknahmestufen, regeln Sie in den »Voreinstellungen« ([Strg]+[K]) im Bereich »Leistung«.

Abbildung 3.3 Links: Das Bild braucht Nachbesserung. 2. Bild: Die Gradationskurve schießt übers Ziel hinaus. 3. Bild: Der Verblassen-Befehl senkt die Wirkung auf 80 Prozent. 4. Bild: Im Verblassen-Dialog ändern wir die Füllmethode auf »Hartes Licht«. Datei: Befehl_01

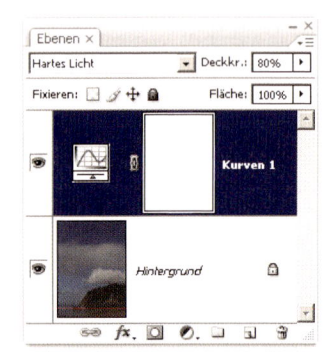

Abbildung 3.4
Das Ergebnis wie in der vorherigen Bildreihe erzielen Sie auch so: Sie legen eine Gradationskurve als Einstellungsebene an, senken die Deckkraft auf 80 Prozent und stellen die Füllmethode »Hartes Licht« ein. So ändern Sie die Korrektur später jederzeit.

Möglichkeiten

Diese Möglichkeiten bietet der protokollarische Dienst:

» Sie kehren zu beliebigen Arbeitsstufen zurück.

» Per Mausklick erzeugen Sie »Schnappschüsse« oder neue Dateien von beliebigen Zwischenergebnissen.

» Der Protokollpinsel malt beliebige Zwischenstufen Ihres Werks in die aktuelle Fassung.

» Der Befehl **Bearbeiten: Fläche füllen** kippt auf Wunsch Teile einer früheren Bildfassung zurück in Ihre Datei.

» Um Speicher zu sparen, löschen Sie Schritte und grenzen die Zahl der aufzuzeichnenden Schritte ein.

» Wichtige Zwischenergebnisse merkt sich Photoshop dauerhaft als Schnappschuss.

Rückgängigspeicher

Sie können bis zu 1000 Arbeitsschritte aufzeichnen, die Sie mit der Protokollpalette wiederherstellen. Photoshop widerruft ab Werk zunächst nur 20 Schritte – viel zu wenig, löst doch jeder kleine Klecks mit dem Kopierstempel einen eigenen Eintrag aus.

Natürlich braucht Photoshop Arbeitsspeicher, um nach einem Befehl die Rücknahmeversion einer bearbeiteten Datei paratzuhalten. Je länger Sie arbeiten und je mehr Schritte Sie bereithalten wollen, desto mehr Arbeitsspeicher kostet das. Den wachsenden Speicherbedarf erkennen Sie in den **Arbeitsdateigrößen** in der Statusleiste (Seite 762). Löschen Sie den Rücknahmespeicher mit dem Befehl **Bearbeiten: Entleeren: Rückgängig**.

Tipp

*Der Befehl **Bearbeiten: Entleeren: Rückgängig** entfernt nicht die Schnappschüsse aus der Protokollpalette – Sie schonen also den Arbeitsspeicher, dennoch behalten Sie die wichtigsten Zwischenergebnisse. Auch die letzte Auswahl, die Sie mit dem Befehl **Auswahl: Erneut wählen** noch einmal ins Bild bringen, geht durch Leeren des Rückgängigspeichers nicht verloren.*

Abbildung 3.5 Links: Die Person ist zu dunkel, der Hintergrund zu detailreich. Beide Mängel beheben wir durch globale Korrekturen, die der Protokollpinsel anschließend örtlich eingrenzt. **Mitte:** Wir hellen das Gesamtbild per »Helligkeit/Kontrast« auf – passend fürs Modell, aber zu stark für den Hintergrund. **Rechts:** Wir setzen das Bild mit einem Klick auf »Öffnen« auf den dunklen Zustand zurück, definieren aber den Schritt »Helligkeit/Kontrast« als »Quelle für den Protokoll-Pinsel«. Dann malen wir mit Protokoll-Pinsel und halbierter Deckkraft über der Person – sie hellt auf, der Hintergrund bleibt dunkel. Vorlage: Befehle_02a

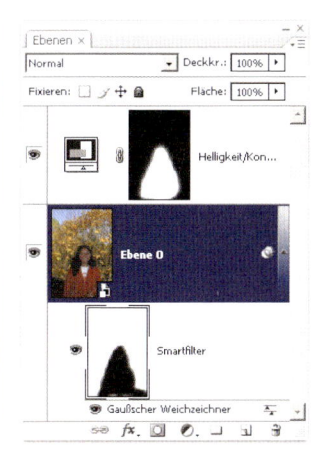

Abbildung 3.6 Links: Der Befehl »Tiefenschärfe abmildern« zeichnet das Gesamtbild weich. **Mitte:** In der Protokollpalette definieren wir den letzten Schritt vor dem Weichzeichnen als »Quelle für den Protokoll-Pinsel«. Dann malen wir mit dieser nicht abgesofteten Version über der Person und dem vorderen Geländer – das Hauptmotiv erscheint wieder scharf. **Rechts:** Diese Konstruktion bringt fast das gleiche Ergebnis, alles lässt sich noch umstellen: »Helligkeit/Kontrast« als Einstellungsebene, »Gaußscher Weichzeichner« als Smartfilter. Beide Korrekturebenen werden durch Masken örtlich gebremst (»Tiefenschärfe abmildern« läuft nicht als Smartfilter). Datei: Befehle_02b

Schnappschuss erstellen

Ein sogenannter »Schnappschuss« speichert ein Zwischenstadium Ihrer Arbeit im Arbeitsspeicher – und zwar so lange, wie das Bild geöffnet ist. Der Schnappschuss geht unabhängig von der weiteren Zahl der Arbeitsschritte nicht verloren, auch das **Löschen** des Protokollspeichers übersteht er unbeschadet. Klicken Sie auf das Symbol SCHNAPPSCHUSS ERSTELLEN unten in der Protokollpalette.

Die Schnappschussabbildungen erscheinen en miniature ganz oben in der Protokollpalette. So greifen Sie auf ausgewählte frühere Varianten Ihrer Bildbearbeitung zurück; das ist oft sinnvoller, als endlos Einzelschritte in der Protokollpalette anzuhäufen.

Klicken Sie zum Umbenennen eines Schnappschusses doppelt auf den Namen des Schnappschusses. Das Kontextmenü zum Schnappschuss bietet Befehle wie **Löschen** und **Protokoll löschen**. Der Schnappschuss lässt sich ebenso wie jeder andere Eintrag in der Protokollpalette als Quelle für den Protokollpinsel verwenden (Seite 69); außerdem eignet er sich für die PROTOKOLL-Option beim **Füllen** einer Auswahl oder eines Pfads.

Achtung
Beim Rückgriff auf einen Schnappschuss löscht Photoshop jüngere Bildvarianten aus dem Protokollspeicher, sofern Sie auf die Option NICHT-LINEARE PROTOKOLLE SIND ZULÄSSIG verzichten.

Einzelschritte durch Löschen verwerfen

So löschen Sie einzelne Schritte aus der Protokollpalette, um den Speicher zu entlasten und für mehr Übersicht zu sorgen:

1. Markieren Sie beispielsweise Schritt 3 von sechs, so dass die nachfolgenden Ereignisse grau erblassen.
2. Dann klicken Sie auf das Mülleimersymbol unten rechts in der Protokollpalette. Photoshop fragt zurück: OBJEKT LÖSCHEN?
3. Sie antworten mit JA.
4. Die jüngeren Schritte verschwinden aus der Palette.

Bei Bedarf hieven Sie die entfernten Befehle unmittelbar anschließend per **Bearbeiten: Rückgängig: Status löschen** wieder in die Palette. Wie auch bei anderen Paletten klicken Sie den Mülleimer bei gedrückter Alt -Taste an, um gleich ohne Rückfrage zu löschen.

Tipp
Wollen Sie einige Zwischenstufen aus der Protokollpalette als separate Datei erhalten? Ziehen Sie den Arbeitsschritt oder den Schnappschuss auf die Schaltfläche ERSTELLT EIN NEUES DOKUMENT in der Protokollpalette.

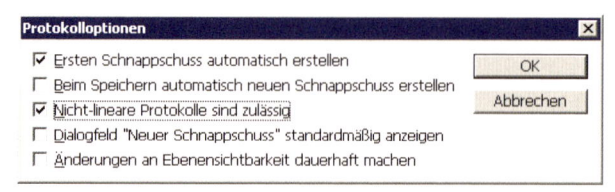

Abbildung 3.7 In den Optionen zur Protokollpalette legen Sie mit der Option »Nicht-lineare Protokolle« fest, ob bereits widerrufene Arbeitsschritte erhalten bleiben sollen.

Protokolle löschen

So löschen Sie das Protokoll für ein Einzelbild oder für alle Bilder, um Speicher freizugeben:

» Wählen Sie **Protokoll löschen** im Paletten- oder Kontextmenü. Damit verschwinden alle Aufzeichnungen für das aktive Bild. Schnappschüsse bleiben jedoch erhalten. Unmittelbar im Anschluss machen Sie bei Bedarf das Löschen **Rückgängig**.

» Photoshops Befehl **Bearbeiten: Entleeren: Protokolle** löscht die Protokollinformationen für sämtliche geöffneten Bilder, nicht nur für das aktive Bild. Schnappschüsse überdauern den Vorgang jedoch. Photoshop blendet eine wichtige Warnung ein: DIES KANN NICHT RÜCKGÄNGIG GEMACHT WERDEN.

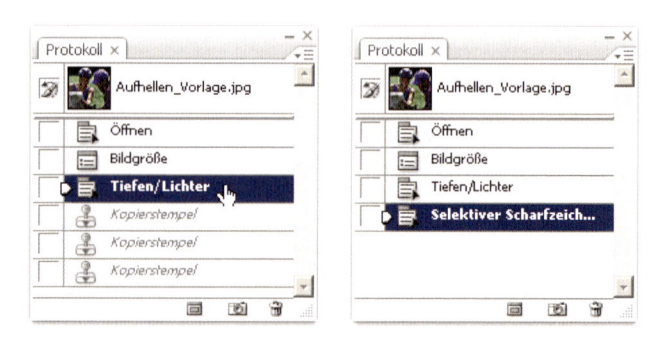

Abbildung 3.8 Diese Beispiele entstanden ohne die Option »Nicht-lineare Protokolle sind zulässig«. **Links:** Inklusive »Öffnen« verzeichnet die Protokollpalette sechs Arbeitsschritte. Die Retusche mit dem Kopierstempel wird jedoch verworfen. Wir kehren zu Schritt 3 zurück, zu »Tiefen/Lichter«. Die anderen Schritte erscheinen blassgrau. **Rechts:** Sobald wir den »Selektiven Scharfzeichner« verwenden, entfernt Photoshop die bisherigen Schritte 4 bis 6. Die »Kopierstempel«-Versionen lassen sich nicht mehr aufrufen.

Protokollfunktionen

»Nichtlineare Protokolle sind zulässig«

Sie erreichen diese wichtig Einstellmöglichkeit wie üblich mit dem Befehl **Optionen** im Menü der Protokollpalette. Die Option NICHT-LINEARE PROTOKOLLE SIND ZULÄSSIG ist hier zunächst deaktiviert. Lassen Sie die Option ausgeschaltet, gilt folgendes Standardverhalten:

» Sobald Sie Schritt 3 von 6 löschen, gehen auch die Schritte 4 bis 6 über die Wupper.

» Wenn Sie Schritt 3 von 6 markieren und neu mit der Bearbeitung beginnen, gehen die Schritte 4 bis 6 ebenfalls verloren.

Die Protokollpalette verhält sich anders, sobald Sie NICHT-LINEARE PROTOKOLLE zulassen. Nun können Sie Einzelschritte löschen – aber Varianten, mit denen Sie nicht weiterarbeiten, bleiben erhalten. Ihnen gehen also keinerlei Arbeitsstufen verloren. Nun verhält sich das Programm wie folgt:

» Löschen Sie Schritt 3 von 6, bleiben die nachfolgenden Schritte alle erhalten und können aufgerufen werden. Sie erscheinen nicht abgedimmt in der Protokollpalette.

» Wenn Sie Schritt 3 von 6 markieren und neu mit der Bearbeitung ansetzen, listet die Protokollpalette die neuen Schritte hinter den bisherigen Schritten 4 bis 6 auf. Alte und neue Schritte bleiben zur Hand.

Die NICHT-LINEAREN PROTOKOLLE kosten viel Arbeitsspeicher und verwirren manchmal. Ich benutze sie trotzdem – so geht nichts verloren.

Abbildung 3.9 Hier nutzen wir die Option »Nicht-lineare Protokolle sind zulässig«. **Links:** Wir haben das Bild in sechs Schritten bearbeitet und sind dann zu Schritt 3 zurückgekehrt. Diesmal erscheinen die Schritte 4 bis 6 nicht abgedimmt. **Rechts:** Wir haben den »Selektiven Scharfzeichner« angewendet. Er erscheint als Schritt 7 in der Protokollpalette. Die verworfenen Schritte 4 bis 6 bleiben weiterhin verfügbar.

Tipp
Statt die speicherfressenden NICHT-LINEAREN PROTOKOLLE zu verwenden, können Sie für interessante Zwischenstufen auch einen Schnappschuss anlegen.

Protokollpinsel

Der Protokollpinsel pinselt Teile einer beliebigen Bildfassung in die aktuelle Version der Datei; ebenso wirkt der Radiergummi mit der Option BASIEREND AUF PROTOKOLL LÖSCHEN. So säubern Sie Übergänge zwischen veränderten und ursprünglichen Bildteilen oder schichten allgemein verschiedene Zustände einer Datei ineinander. Niedrige Werte im FLUSS-Regler lassen den Strich an den Rändern ausbleichen, auch das Zentrum erreicht nicht sofort volle Deckkraft. Malen Sie mehrfach übereinander, wird der Farbauftrag kräftiger, ohne dass Sie zwischenzeitlich die Taste an Maus oder Grafikstift loslassen müssten. Sie haben die Wahl:

» Malen Sie Teile älterer Varianten in ein neues Stadium hinein.

» Übertragen Sie umgekehrt Bildpunkte aus einer neueren Fassung in eine davor erzeugte Variante.

» Statt mit dem Protokollpinsel bringen Sie andere Bildzustände auch mit dem Befehl **Bearbeiten: Füllen** neu ins Spiel.

Wie bei anderen Pinselwerkzeugen gilt für den Protokollpinsel : Sie haben alle Überblendverfahren und Pinselvorgaben zur Verfügung, mit den Zifferntasten steuern Sie die Deckkraft besonders bequem. Haben Sie sich schon am Bild abgearbeitet, geht es so weiter:

1. In der Protokollpalette klicken Sie in die Leiste für den Protokollpinsel direkt links neben einem Arbeitsschritt mit der Einblenderklärung WÄHLT DIE QUELLE FÜR DEN PROTOKOLLPINSEL oder Sie klicken neben einem Schnappschuss oben in der Protokollleiste. Im Kästchen erscheint das Symbol für den Protokollpinsel . Das bedeutet: Auf diese Fassung greift der Protokollpinsel beim Farbauftrag zurück. (Aktivieren Sie dieses Objekt jedoch nicht durch einen Klick auf den Namen.)

2. Aktivieren Sie in der Protokollpalette diejenige Bildfassung, die Sie bearbeiten möchten. Häufig ist dies die neueste Fassung, sie ist ohnehin aktiviert.

3. Schalten Sie den Protokollpinsel in der Werkzeugleiste ein (Kurztaste Y).

4. Tragen Sie mit dem Protokollpinsel Bildpunkte auf.

69

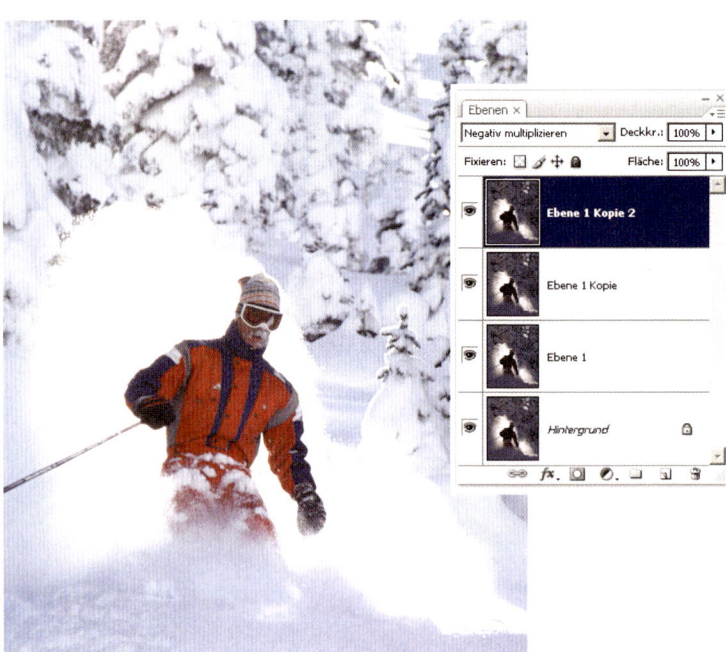

Abbildung 3.10 Links: Die Vorlage wirkt zu dunkel. Mitte, rechts: Über die »Hintergrund«-Ebene legen wir per ⌘+J mehrere Duplikate im Modus »Negativ multiplizieren«. Das Bild erscheint deutlich heller (Seite 246). Vorlage: Kontrast_a

Diese Aktivitäten werden wiederum in der Protokollpalette vermerkt; Sie können also jeden Strich mit dem Protokollpinsel einzeln widerrufen oder als Basis für neue Protokollretuschen verwenden.

»Füllen« mit Protokoll

Füllen Sie eine Auswahl oder einen Pfad mit einem Protokollzustand. Dazu verwenden Sie die Befehle **Bearbeiten: Füllen** (⇧+⌫, Seite 317) oder aus dem Menü der Pfadpalette **Pfad füllen**. Im Klappmenü FÜLLEN MIT geben Sie das PROTOKOLL an. Zum Füllen verwendet Photoshop diejenige Bildversion, die in der Protokollpalette mit dem Pinselsymbol markiert ist. Fehlt diese Kennzeichnung, wird die Option PROTOKOLL nicht angeboten. Beim Füllwerkzeug genießen Sie dieses Angebot nicht.

Einschränkungen

Mit dem **Füllen**-Befehl und dem Protokollpinsel bringen Sie ältere Bildzustände in eine neuere Variante Ihrer Vorlage oder umgekehrt. Hinter einige Schritte können Sie jedoch nicht mehr zurückkehren:

» Wenn Sie die Bildfläche mit Befehlen wie **Bildgröße, Arbeitsfläche** oder mit dem Freistellwerkzeug verändert haben

» Wenn Sie den Farbmodus gewechselt haben

3.2 Befehlsfolgen protokollieren & aufzeichnen

Auf verschiedene Arten protokollieren und automatisieren Sie Befehle und Befehlsfolgen:

» Das Programm merkt sich alle Ihre Arbeitsschritte und schreibt sie mit der gewählten Genauigkeit in ein Verlaufsprotokoll. Diese Liste können Sie studieren, aber nicht auf andere Dateien anwenden.

» Wollen Sie einzelne Befehle mit einer individuellen Taste aufrufen, verwenden Sie **Bearbeiten: Tastaturbefehle** (Seite 777).

» Sie starten die Befehlsaufzeichnung mit der Aktionenpalette und wenden die aufgezeichneten Funktionen auf eine einzelne andere Datei an.

» Sie wenden die aufgezeichnete Aktion auf ganze Bildreihen an, das erledigen die Befehle **Datei: Automatisieren: Stapelverarbeitung** und **Datei: Skripten: Bildprozessor**.

» Der Befehl **Datei: Skripten: Skriptereignis-Manager** führt Skripten oder Aktionen aus, sobald in Photoshop etwas Bestimmtes passiert. Ein Beispiel: Sobald Sie eine Datei öffnen, läuft eine Aktion zur Kontrastkorrektur ab.

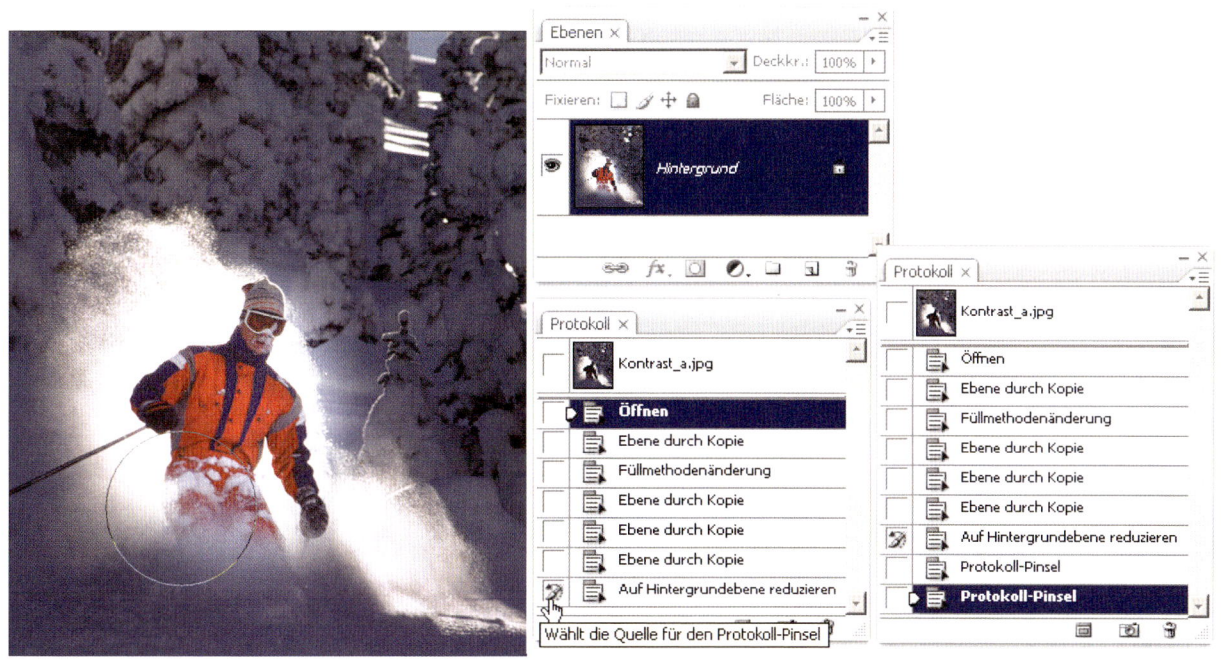

Abbildung 3.11 Diese Retusche funktioniert nur, wenn Sie in den Protokolloptionen »nichtlineare« Schnappschüsse zulassen: Wir wählen »Ebene: Auf Hintergrundebene reduzieren«, so dass nur noch eine aufgehellte »Hintergrund«-Ebene existiert. In der Protokollpalette klicken wir auf den ersten Arbeitsschritt »Öffnen«; damit erscheint das ursprüngliche, dunkle Bild wieder. Wir definieren den letzten Arbeitsschritt »Auf Hintergrundebene reduzieren« mit der viel helleren Version als Protokollquelle. Mit dem Protokollpinsel bei reduzierter »Deckkraft« malen wir über dem Skifahrer, so dass hier wieder eine hellere Version erscheint.

» Sie erstellen Befehlsfolgen als Skript, die als Menübefehl in Photoshop erscheinen. Die Möglichkeiten dieser Technik gehen weit über Aktionen hinaus, Sie verwenden beispielsweise VisualBasic, JavaScript oder AppleScript. Deutschsprachige Informationen und Beispiele finden Sie im Photoshop-Unterverzeichnis »Skript Handbuch«. Erleichterung bei der Skript-Arbeit verspricht der kostenlose, englischsprachige Photoshop Commander (http://ps-scripts.com). Dort gibt es auch Einführungsvideos.

» Die **Variablen**-Technik setzt wechselnde Texte oder Bildteile in ein Grundlayout.

» Legen Sie eine Bildebene als Smart Objekt an, das Sie transformieren und mit **Filter**-Befehlen verändern. Wenn Sie die Bildebene **ersetzen**, übernimmt das neu eingesetzte Motiv automatisch Transformierung und **Filter**-Veränderungen.

Verlaufsprotokoll

Das Verlaufsprotokoll führt Buch über Ihre Zeit und Ihre Aktivitäten im Photoshop. Wahlweise listen Sie nur Arbeitszeiten pro Datei (NUR SITZUNGEN), die verwendeten Befehle (KURZ) oder Befehle und Einstellungen dieser Befehle auf.

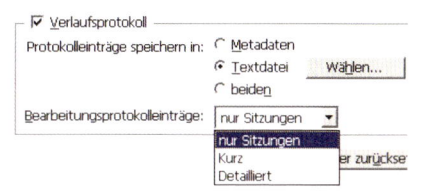

Abbildung 3.12 In den »Voreinstellungen« (Strg + K) steuern Sie, ob und wie genau Photoshop Ihre Arbeit mitprotokolliert.

Sichern Sie die Litanei in einer TEXTDATEI für alle Fotos gemeinsam. Alternative: Photoshop führt das Verlaufsprotokoll direkt in den METADATEN der einzelnen Textdateien. Dann lesen Sie die Aufzeichnungen mit dem Befehl **Datei: Dateiinformationen** (Strg + Alt + ⇧ + I, auch in Bridge).

Wohlgemerkt: Das Verlaufsprotokoll dient nur der Rückschau – Sie können die aufgelisteten Funktionen nicht auf andere Dateien anwenden.

Die Aktionenpalette im Überblick

Schon vor Jahrzehnten schlossen sich manche Leute am liebsten mit ihrer Bildbearbeitung weg und frönten der Einsamkeit: Sie entwickelten und vergrößerten ihre Bilder in der Dunkelkammer – und das tagelang nonstop. Ein Vorteil beim Umgang mit lichtempfindlichen Filmen und Papieren: Niemand durfte reinkommen und lästig werden. Endlich Ruhe und Konzentration!

Diese einsamen Laborkünstler erinnern mich an manche Photoshopper aus neuerer Zeit. Sie verbringen mehr Zeit mit Photoshop als mit Menschen oder an der frischen Luft. Doch, ich habe es gesehen: Sie korrigieren oft weit umständlicher als nötig – aus Freude an der Bildbearbeitung sitzen sie extralange am PC.

Ich freue mich auch über eine gelungene Retusche oder Montage. Und mein Bildarchiv halte ich immer auf dem neuesten Stand. Aber genauso gern höre ich den Jingle, wenn der Rechner herunterfährt.

Ich klicke lieber weniger als mehr. Sie vielleicht auch? Dann lesen Sie hier, wie Sie Befehlsreihen mit der Aktionenpalette aufzeichnen und automatisch abspielen. Testen Sie das nur zehn Minuten lang, anschließend klicken Sie weniger, aber Sie erhalten schneller Ergebnisse. Sie haben mehr Zeit zum Leben.

Immer wieder hat man dieselben Aufgaben in der Bildbearbeitung: Drehen-Zuschneiden-Kontrastkorrektur-Schärfen-Schließen ist so ein Fall. Eine andere Situation: Sie experimentieren mit einer Kombination von Filtern. Sie finden nicht auf Anhieb die richtigen Werte und müssen immer wieder dieselben Befehle laden.

Setzen Sie dem monotonen Geklicke ein Ende. Zeichnen Sie die komplette Befehlsfolge als sogenannte Aktion auf, die Sie dann immer wieder abspielen. Den Ablauf dieser Aktion steuern Sie nach Belieben: Ganz nach Wunsch zeigt Photoshop die Dialogfelder oder rattert alles ohne Ihr Zutun herunter; bei Bedarf überspringen oder verschieben Sie einzelne Befehle. Und während Photoshop sich abarbeitet, lauschen Sie der Espressomaschine.

Der Befehl **Fenster: Aktionen** (gern auch F9) fördert die Aktionenpalette zutage. Diese Palette spart enorm Zeit, auch wenn die Einarbeitung zehn Minuten kostet. Einige Aktionen liefert die Aktionenpalette bereits mit, weitere Aktionensammlungen laden Sie über das Palettenmenü. (Am Mac blenden Sie mit F9 auch alle Fenster auf Systemebene ein, Sie können dieses Tastenkürzel in den Systemeinstellungen abschalten.)

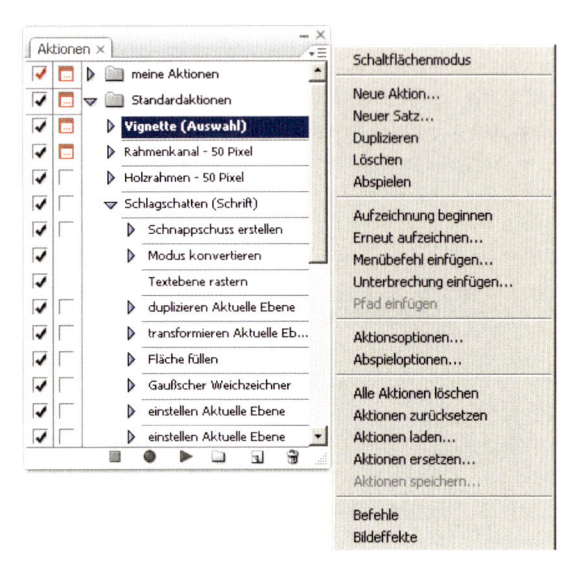

Abbildung 3.13
Mit der Aktionenpalette zeichnen Sie Befehlsfolgen auf, die Sie auf Dateien anwenden.
Links: Der übliche Listenmodus zeigt auf die Einstellungen der Einzelbefehle. **Rechts:** Der Schaltflächenmodus bietet ausschließlich die Aktion ohne Zugriff auf Einzelbefehle an.

So nutzen Sie die Aktionenpalette

❶ Ein-/Ausschalten für Dialogfelder
Symbol schwarz: Alle modalen Befehle in Aktion warten Eingabe ab.
Symbol rot: Einige modale Befehle warten Eingabe ab.
Klick: Status aller Befehle umkehren

❷ Ein-/Ausschalten für Aktion
Symbol schwarz: alle Befehle verwendet
Symbol rot: einige Befehle verwendet
Klick: Status aller Befehle umkehren

❸ Dialogfeld zeigen für Einzelbefehl:
Klick: Dialogfeldeinblendung ein-/ausschalten
Alt-Klick: nur dieses Dialogfeld einblenden, alle anderen aus

❹ Ein-/Ausschalten für Einzelbefehl:
Klick: Einzelbefehl verwenden/abschalten
Alt-Klick: Befehl einschalten, alle anderen aus/alle einschalten

❺ Befehl abgeschaltet, wird nicht ausgeführt

❻ Optionen für Einzelbefehl in Palette anzeigen

❼ Aufzeichnung beenden

❽ Aufzeichnung beginnen (Rot signalisiert laufende Aufzeichnung)

❾ Ausführen der markierten Aktion oder Aktion ab markiertem Befehl ausführen

❿ Aktionssatz neu anlegen

⓫ Neue Aktion. Klick: neue Aktion anlegen mit Anzeige der Optionen
Alt-Klick: neue Aktion anlegen ohne Optionen
Objekt auf Symbol ziehen: Aktion oder Befehl duplizieren

⓬ Löschen. Objekt auf Symbol ziehen oder Alt-Klick:
Markierten Befehl oder markierte Aktion sofort löschen
Klick: markierten Befehl oder markierte Aktion nach Rückfrage löschen

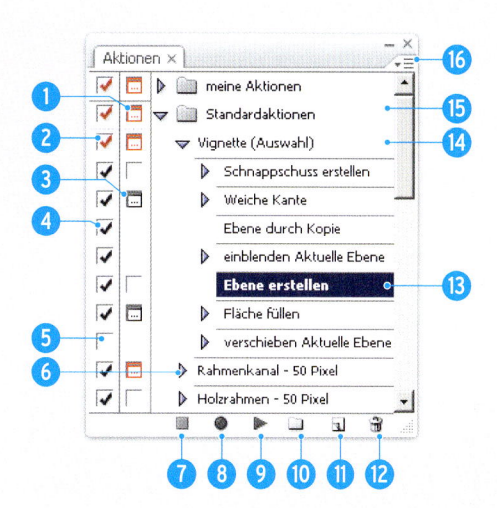

⓭ Einzelbefehl. Klick: Befehl markieren
Doppelklick: Einzelbefehl neu aufzeichnen
Feld vertikal ziehen: Rangfolge von Befehl oder Aktion ändern

⓮ Aktion per Klick markieren
Doppelklick auf Namen: Aktion umbenennen
Doppelklick neben Namen: Eigenschaften ändern

⓯ Aktionssatz: einmal anklicken vor dem Speichern eines Sets als Datei

⓰ Palettenmenü öffnen. U.a. zum Speichern als Datei und zum Einfügen von Unterbrechungen (Meldungen)

Grafik interaktiv auch im Web unter *www.mut.de/photoshop-kompendium*.

Möglichkeiten

Die Aktionenpalette bietet starke Möglichkeiten:

» Die Aktionen lassen sich auf Einzeldateien oder auf ganze Verzeichnisse anwenden.

» Sie können das Dialogfeld zu einem Einzelbefehl einblenden und korrigieren oder automatisch mit den bisherigen Werten arbeiten.

» Sie können einzelne Befehle einer »Aktion« verschieben, abschalten oder endgültig löschen.

» Fügen Sie nachträglich Befehle hinzu.

» Planen Sie Stopps und Bildschirmmeldungen ein.

» Sie können Aktionen speichern und weitergeben und auch Aktionen von anderen Anwendern übernehmen, zum Beispiel über Tauschseiten im Internet.

» Bearbeiten Sie Bildreihen, ohne dass Photoshop geöffnet ist, indem Sie die Fotos auf ein Droplet ziehen.

» Starten Sie Aktionen über Tastaturkürzel.

Einige wenige Einzelbefehle oder Einstellungen nimmt die Aktionenpalette sofort nicht an, darunter Vorgaben beim Drucken, **Einzoomen** und **Auszoomen** aus dem **Ansicht**-Menü. Sie lassen sich aber teilweise mit der Funktion **Menübefehl einfügen** nachtragen.

Teil 1 • Grundlagen

Befehle im Überblick: Aktionenpalette

Taste/Feld	Zusatztasten	Aktion	Ergebnis
▼≡		🖱	Palettenmenü
🗑		🖱	Markierte Aktion löschen
🗑	Alt	🖱	Aktion löschen ohne Rückfrage
🗒		🖱	Aktion neu erstellen
🗒	Alt	🖱	Aktion neu erstellen ohne Dialogfeld
●		🖱	Befehle aufzeichnen
■		🖱	Aufzeichnung oder Abspielen anhalten
▶		🖱	Markierte Aktion ausführen oder ab markiertem Befehl ausführen
📁		🖱	Neuen Aktionssatz anlegen, Optionen einblenden
📁	Alt	🖱	Neuen Aktionssatz anlegen, Optionen nicht einblenden
[Name der Aktion]		🖱🖱	Aktion umbenennen
▭		🖱	Bei Aktion: bei allen Befehlen mit Dialogfeldunterbrechung diese abschalten und umgekehrt Bei Einzelbefehl: Unterbrechung durch Dialogfeld zulassen/Dialogfeldeinstellungen ohne Unterbrechung verwenden
▭	Alt	🖱	Angeklickten Dialog zulassen, alle anderen aus/alle Dialoge zulassen
✓		🖱	Bei Aktion: alle abgeschalteten Befehle einschalten, alle eingeschalteten Befehle ausschalten Bei Befehl: verwenden/nicht verwenden
✓	Alt	🖱	Bei Befehl: angeklickten Befehl verwenden, alle anderen aus/alle Befehle verwenden
▷		🖱	Bei Aktion: Einzelbefehle anzeigen Bei Einzelbefehl: Einstellungen anzeigen Bei Sätzen: Aktionssatz öffnen
▽		🖱	Bei Aktion: Einzelbefehle ausblenden Bei Einzelbefehl: Einstellungen ausblenden Bei Sätzen: Aktionssatz schließen

Eine Aktion erstellen und aufzeichnen

Nach dem Start zeichnet Photoshop die Befehle in der von Ihnen verwendeten Reihenfolge auf. Später können Sie jederzeit Befehle entfernen, vorübergehend ausschalten, nachtragen, nach vorn oder hinten schieben – die Aufzeichnung muss also nicht perfekt laufen.

Das Verfahren in der Kurzübersicht:

1. Laden Sie eine Datei, die alle Schritte der geplanten Aktion mitmacht.
2. Klicken Sie den Aktionssatz an, also den grau unterlegten Balken mit dem Satznamen, in dem Sie die Aktion speichern wollen.

3. Klicken Sie auf die Schaltfläche NEUE AKTION und geben Sie der Aktion einen Namen.

4. Klicken Sie im Dialog NEUE AKTION auf AUFZEICHNEN.

5. Wählen Sie sich durch Ihre Befehle.

6. Klicken Sie zum Abschluss auf das Symbol AUSFÜHREN/AUFZEICHNUNG BEENDEN.

Aktionsset erstellen und umbenennen

Photoshop fasst Aktionen in unterschiedlichen »Aktionssätzen« wie in Ordnern zusammen. Die einzelnen Sätze – sie heißen im Programm teils auch »Set« – können Sie aufklappen oder schließen. Die neu erstellte Aktion packt Photoshop in den aktuell aktivierten Aktionssatz.

Ein neuer Aktionssatz entsteht mit der Schaltfläche NEUES AKTIONSSET. Speichern Sie Aktionen in einer separaten Datei, landet stets ein kompletter Satz in einer Datei.

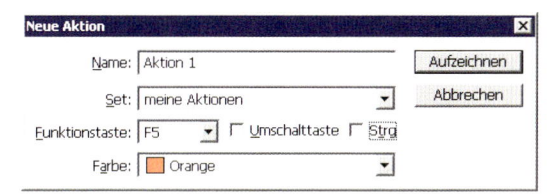

Abbildung 3.14 Beim Anlegen einer neuen Aktion bestimmen Sie Name, Set, Tastaturbefehl und Kennfarbe. Diese Vorgaben lassen sich jederzeit ändern.

Aktion erstellen

So erstellen Sie die Aktion:

1. Klicken Sie auf das Symbol NEUE AKTION.

2. Im Dialogfeld weisen Sie der Aktion Name, Anschrift, Farbe und Tastaturkürzel zu (die Farbe zeigt sich jedoch nur im wenig gebräuchlichen Schaltflächenmodus).

Achtung
Einige Photoshop-Funktionen sind bereits mit Kurztasten belegt: So ruft F6 den Farbregler auf, F7 zaubert die Ebenenpalette her. Eine vollständige Liste finden Sie auf Seite 775. Photoshop lässt es ungerührt zu, dass Sie diese Kürzel für eine neue Aktion vergeben – die ursprüngliche Tastenbelegung geht natürlich verloren. Wollen Sie nur einzelne Photoshop-Befehle mit einem bestimmten Tastaturkürzel starten, nehmen Sie Bearbeiten: Tastaturbefehle.

Befehle aufzeichnen

Dann beginnt die eigentliche Aufzeichnung:

1. Aktivieren Sie eine geeignete Bilddatei, besonders universell sind RGB-Dateien mit acht Bit Farbtiefe pro Grundfarbe.

2. Klicken Sie auf das runde AUFZEICHNEN-Symbol AUFZEICHNUNG BEGINNEN.

3. Während das AUFZEICHNEN-Symbol (die »Record-Lampe«) rot leuchtet, rufen Sie die Befehle auf. Verbannen Sie ein Dialogfeld mit ABBRECHEN wieder vom Schirm, wird es nicht in die Aktion aufgenommen.

4. Klicken Sie auf das quadratische Stoppsymbol AUSFÜHREN/AUFZEICHNUNG BEENDEN in der Aktionenpalette oder drücken Sie die Esc-Taste – die Aufzeichnung ist beendet.

Tipp
Für Speichern-Befehle oder die Neuberechnung mit dem Bildgröße-Dialog müssen Sie nicht unbedingt eine Aktion aufzeichnen: Die Umwandlung in andere Dateiformate und Pixelzahlen erledigt bequem auch der Befehl Datei: Skripten: Bildprozessor, mit oder ohne zusätzliche Aktion (Seite 84).

Wichtig beim Abspielen

Das Aufzeichnen einer Aktion bereitet keine Mühe. Doch ein paar Kniffe und Fallstricke gibt es.

»Ebene 1« und »Alpha 1«

Hat die Datei, mit der Sie die Aktion aufnehmen, Elemente wie EBENE 1, EBENE 1 KOPIE oder ALPHA 1? Vergeben Sie hier besser völlig individuelle Namen (Doppelklick auf den Ebenen- oder Alphakanalnamen). Sonst zeichnet die Aktion womöglich das Entstehen einer EBENE 2 auf, auf die zurückgegriffen wird – doch beim Abspielen mit einer anderen Datei entsteht eine EBENE 1 und die aufgezeichnete Rückkehr zu EBENE 2 scheitert.

Sie können dieses und andere Probleme auch so umgehen: Geben Sie neuen oder duplizierten Ebenen während der Aufzeichnung völlig neue Namen. Sie vermeiden dann Verwechslungen und überdies ist die Wahrscheinlichkeit größer, dass die Aktion auch in anderen Sprachversionen von Photoshop besser läuft.

Teil 1 • Grundlagen

Achtung

Vermeiden Sie auch doppelte Ebenennamen beim Aufzeichnen – zum Beispiel die Ebene PROJEKT als Bildebene und als Textebene. Die Aktion läuft dann vielleicht nicht mehr wie geplant.

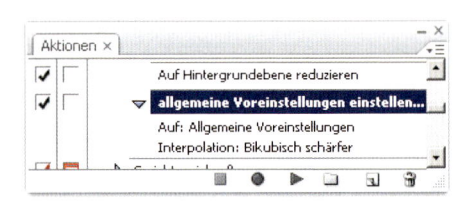

Abbildung 3.15 Wenn Sie die »Voreinstellungen« aufrufen, zeichnet Photoshop nur die geänderten Werte auf – aber nicht den kompletten Zustand des Dialogfelds.

Änderungen bei Voreinstellungen oder Ebenenstil

Sie wollen Änderungen bei **Voreinstellungen**, **Farbeinstellungen** oder Ebenenstil aufzeichnen. Dazu müssen Sie wissen: Photoshop zeichnet hier nur das auf, was Sie ändern – nicht den kompletten Zustand des Dialogfelds. Ergo: Das Dialogfeld muss zu Beginn der Aufzeichnung einen ungewollten Zustand anzeigen.

Ein Beispiel: Sie wollen den Wechsel zur Interpolationsmethode BIKUBISCH SCHÄRFER in den **Voreinstellungen** aufzeichnen. So geht's:

1. Zeichnen Sie die Aktion nicht sofort auf. Öffnen Sie vielmehr die Voreinstellungen mit Strg+K und stellen Sie eine andere BILDINTERPOLATION ein, zum Beispiel die PIXELWIEDERHOLUNG. Klicken Sie auf OK.

2. Nun beginnen Sie die Aufzeichnung. Rufen Sie die **Voreinstellungen** auf und wechseln Sie zu BIKUBISCH SCHÄRFER.

Bedingte Farbmodusänderung

Für manche Funktionen brauchen Sie einen bestimmten Farbmodus: für **Beleuchtungseffekte** zum Beispiel auf RGB, zum FÄRBEN per **Schwarzweiß**-Befehl auf einen Farbmodus wie RGB oder CMYK. Richten Sie die Aktion so ein, dass zum Beispiel Graustufendateien automatisch in Farbdateien verwandelt werden.

Zeichnen Sie also diesen Befehl mit auf: **Datei: Automatisieren: Bedingte Modusänderung** und richten Sie das Dialogfeld wie folgt ein:

1. Als Quellmodus nennen Sie mögliche, unbrauchbare Farbmodi wie GRAUSTUFEN und INDIZIERTE FARBE.

2. Wenn die Aktion auf einen dieser Modi stößt, verwandelt sie das Bild automatisch in den von Ihnen genannten Zielmodus – zum Beispiel RGB-FARBE.

Konkret: Sie nennen alle Farbmodi, die verändert werden sollen, damit die Aktion korrekt abläuft. Zum Beispiel wünschen Sie RGB-FARBE als Zielformat. Im Anschluss aktivieren Sie als QUELLMODUS etwa GRAUSTUFEN, INDIZIERTE FARBEN und andere Modi, die sich in Ihrem Verzeichnis befinden könnten. Alle Bilder in den Modi GRAUSTUFEN oder INDIZIERTE FARBEN werden bei Anwendung des Befehls in den Zielmodus verwandelt, in diesem Beispiel ist das RGB-FARBE.

Änderung der Farbtiefe

Die BEDINGTE MODUSÄNDERUNG passt nicht die Farbtiefe an – zum Beispiel von 16 Bit oder 32 Bit pro Grundfarbe auf 8 Bit pro Grundfarbe, so dass alle **Filter**-Befehle funktionieren. Wollen Sie zum Beispiel die Effekte der **Filtergalerie** automatisiert auf 16-Bit-Bilder anwenden, dann nehmen Sie den Befehl **Datei: Modus: 8-Bit-Kanal** mit in die Aktion auf – aufzuzeichnen mit einer 16-Bit-Datei. Diese vorprogrammierte Umwandlung in acht Bit stört auch dann nicht weiter, wenn Sie bereits 8-Bit-Bilder anliefern.

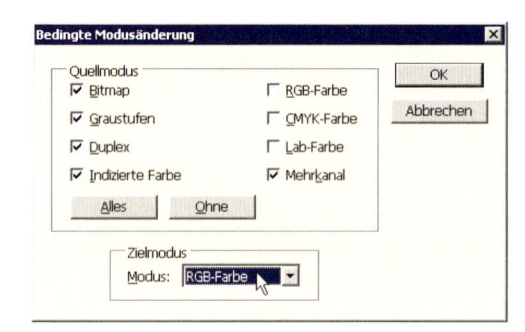

Abbildung 3.16 Die »Bedingte Modusänderung« ist hier so eingerichtet, dass u.a. »Graustufen«- und »Bitmap«-Dateien in RGB verwandelt werden, CMYK- und Lab-Dateien dagegen nicht.

Maßeinheiten berücksichtigen

Einige Befehle und Operationen arbeiten mit bestimmten Positionen innerhalb des Bilds. Dies gilt z.B. für Arbeiten mit dem Freistellwerkzeug. An Maßeinheiten orientieren sich auch **Transformieren**-Funktion, Polygon-Lasso, Linienzeichner, Verschiebenwerkzeug und Füllwerkzeug, Zauberstab, Auswahlrechteck und Pfadfunktion.

»Pfad einfügen«

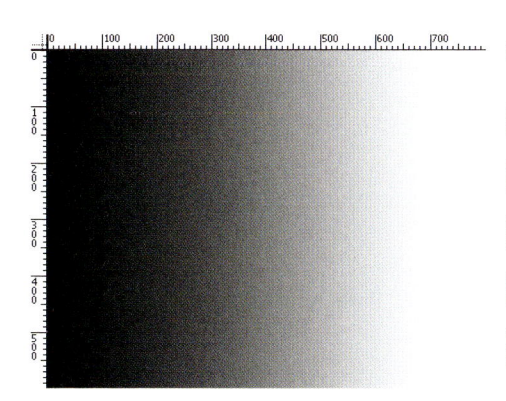

Abbildung 3.17
Links: Dieser Verlauf wurde mit einer 800 Pixel breiten Datei als Aktion aufgezeichnet, die Maßeinheiten standen auf »Pixel«.
Rechts: Bei Anwendung der Aktion auf eine 1600-Pixel-Datei erzeugt Photoshop den Übergang nur im ersten Teil der Datei, denn nach 800 Pixel wird schon das Ende des Verlaufs erreicht. Zeichnen Sie den Verlauf stattdessen mit »Prozent«-Vorgaben auf, füllt Photoshop jeweils einen gleichbleibenden Anteil des Bilds, unabhängig von Pixelzahlen oder Druckmaßen. Aktionen: Verlauf 800 Pixel, Verlauf 100 Prozent

Zentimeter-, Pixel- oder Prozentwerte?

Oft hat man jedoch nicht feste Zentimeter- oder Pixelwerte im Blick. Der Befehl soll stattdessen immer eine bestimmte Veränderung relativ zum Gesamtbild bewirken. Beispiele:

» Das Freistellwerkzeug soll immer zehn Prozent Randfläche abkappen, unabhängig von der Druck- oder Pixelgröße. Zeichnen Sie das Freistellen mit Zentimeter- oder Pixelvorgaben auf, dann erhalten Sie völlig unterschiedliche Bildausschnitte, kleinere Bilder werden sogar vergrößert.

» Der Farbverlauf soll sich immer exakt vom einen Bildrand zum anderen erstrecken – unabhängig davon, wie viele Pixel die Datei hat oder wie breit sie gedruckt wird.

Darum: Wählen Sie bei der Aufzeichnung als Maßeinheit PROZENT. Dazu blenden Sie die Lineale mit [Strg]+[R] ein, ein Rechtsklick bietet die Maßeinheiten an.

Tipp
Beim Textwerkzeug T müssen Sie nicht auf die Maßeinheit achten – Photoshop notiert die Position eines Schriftzugs automatisch in Prozentwerten und nicht mit Pixel- oder Zentimeterangaben. Ein Schriftzug rechts unten landet also auch in Bildern mit unterschiedlichsten Größen immer rechts unten.

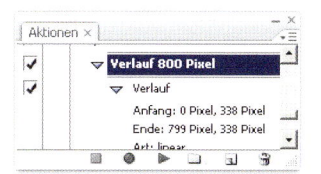

Abbildung 3.18 **Links:** Hier wurde der Verlauf mit Zentimetermaßeinheiten aufgenommen, er geht also immer horizontal über 9,96 Zentimeter; ist das Bild auf kleinere Druckmaße formatiert, wird der Verlauf abgeschnitten; bei größeren Druckmaßen endet der Verlauf mit einer einheitlichen Farbzone – unabhängig von der Pixelzahl. **Rechts:** Dieser Verlauf wurde mit Prozentmaßeinheiten aufgezeichnet. Er erstreckt sich immer über 99,9 Prozent der Breite einer Datei – unabhängig von Pixelzahl oder Druckmaßen.

»Pfad einfügen«

Sie können Pfade aus der Pfadpalette des aktiven Bilds sowie Pfadbefehle in die Aktionenpalette einfügen. Dies funktioniert sowohl bei der ersten Aufzeichnung der Aktion als auch nachträglich.

Die Daten des Pfads speichert Photoshop in der Aktion. Die Aktionenpalette bewahrt selbst die vorübergehenden »Arbeitspfade« auf und überträgt sie in andere Bilder. Sie können den Pfad in eine Auswahl oder Vektormaske verwandeln oder nachmalen lassen. Die entsprechenden Befehle aus der Pfadpalette, etwa **Pfad füllen** oder **Auswahl erstellen**, zeichnet die Aktionenpalette getreulich auf.

So gehen Sie vor:

1. Erstellen Sie noch vor Aufzeichnung der Aktion den Pfad, den Sie in der Aktion verwenden möchten. Er muss sich in der Datei befinden, die Sie bearbeiten.
2. Aktivieren Sie diesen Pfad in der Pfadpalette.
3. Beginnen Sie die Aufzeichnung.
4. Um den Pfad aufzunehmen, wählen Sie im Menü der Aktionenpalette **Pfad einfügen**.

Positionierung abhängig von Maßeinheiten

Die Pfade lassen sich in Bilder unterschiedlichster Größe einsetzen. Entscheidend ist, welche Maßeinheiten Sie voreingestellt hatten, als Sie den Pfad in die Aktion eingesetzt haben:

» Arbeiten Sie mit der Maßeinheit ZENTIMETER, wird der Pfad immer die gleichen Zentimeterwerte haben, bezogen auf die einprogrammierten Druckmaße der aktuellen Datei. In kleiner zu druckenden Dateien ragt der Pfad vielleicht über den Bildrand hinaus. Die Zahl der Bildpunkte spielt keine Rolle.

» Setzen Sie die Maßeinheiten auf PIXEL, erstreckt sich der Pfad über eine feste Anzahl von Bildpunkten – unabhängig von der Gesamtpixelzahl oder den Druckmaßen.

» Arbeiten Sie dagegen mit PROZENT, bewahrt der Pfad stets die Relation zu den Gesamtmaßen. Ob das Bild 2 oder 20 Zentimeter, 200 oder 2000 Pixel breit ist, spielt keine Rolle – der Pfad belegt immer einen bestimmten Flächenanteil des Gesamtwerks.

Befehle und Unterbrechungen nachträglich einfügen

Sie können nachträglich Befehle einfügen. Treffen Sie zunächst Ihre Vorbereitungen:

» Markieren Sie die Aktion in der Palette per Einzelklick, wenn Sie den neuen Befehl ganz am Ende anhängen wollen.

» Markieren Sie einen Einzelbefehl per Einzelklick, um den neuen Befehl direkt dahinter anzuhängen.

Anschließend klicken Sie auf das runde Symbol AUFZEICHNUNG BEGINNEN ● und führen die nachzutragenden Befehle aus; dabei färbt sich die Aufzeichnungslampe ● rot. Zum Abschluss klicken Sie auf das Stoppsymbol ■. Natürlich können Sie jeden Befehl nachträglich in der Palette nach oben oder unten schieben.

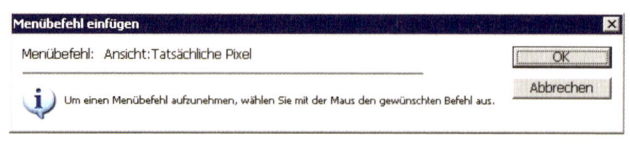

Abbildung 3.19 Mit der Funktion »Menübefehl einfügen« nehmen Sie auch Funktionen auf, die Photoshop zunächst nicht aufzeichnet.

Nicht aufnehmbare Befehle

Einige Befehle nimmt die Palette bei der normalen Aufzeichnung nicht auf – zum Beispiel Werkzeugoptionen und **Ansicht**-Befehle wie **CMYK-Arbeitsfarbraum** oder **Tatsächliche Pixel**. So geht es trotzdem:

1. Öffnen Sie das Menü zur Aktionenpalette und klicken Sie auf **Menübefehl einfügen**. Jetzt steht das breite Dialogfeld **Menübefehl einfügen** auf dem Schirm.

2. Während Sie noch das Dialogfeld sehen, klicken Sie auf den gewünschten Befehl, zum Beispiel auf **Ansicht: Tatsächliche Pixel**. Das Dialogfeld **Menübefehl einfügen** nennt jetzt den gewählten **Ansicht**-Befehl.

3. Klicken Sie auf OK – der Befehl erscheint in der Aktionenpalette.

Achtung
Einige Befehle wirken wie Wechselschalter – sie schalten einen Zustand abwechselnd ein und aus. Das gilt etwa für **Ansicht: Ausrichten**. *Nehmen Sie diese Funktion in die Aktion auf, wird sie beim Abspielen den Zustand jeweils ändern – aber ob nach Ablauf der Aktion das* **Ausrichten** *aktiviert ist oder nicht, hängt nur davon ab, wie der Zustand vorher war.*

»Unterbrechung einfügen«

Fügen Sie Unterbrechungen ein und machen Sie eine Textmeldung. Möglicher Sinn des Stopps:

» Sie erläutern anderen oder sich selbst den Sinn der aktuellen Aktion oder Sie erinnern zum Beispiel daran, dass eine Auswahl erstellt werden muss.

» Jetzt sind Schritte fällig, die Photoshop partout nicht aufzeichnet, zum Beispiel Bewegungen mit Pinsel 🖌 oder Kopierstempel.

Sie verwenden dazu den Palettenmenü-Befehl **Unterbrechung einfügen**. Dabei gilt wieder:

» Haben Sie in der Aktionenpalette eine Aktion markiert, landet die Unterbrechung am Ende der Aktion.

» Haben Sie einen Einzelbefehl markiert, platziert Photoshop die Unterbrechung unmittelbar hinter dem angewählten Befehl.

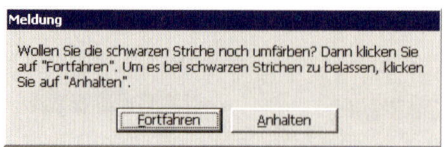

Abbildung 3.20 Oben: Mit dem Befehl »Unterbrechung einfügen« aus dem Menü zur Aktionenpalette erzeugen Sie eine Meldung, die im Ablauf der Befehlsfolge am Bildschirm erscheint. Unten: Wenn Sie die Option »Fortfahren zulassen« verwenden, dann bietet die Bildschirmmeldung die Schaltflächen »Fortfahren« und »Anhalten«. Verzichten Sie auf die Option »Fortfahren zulassen«, zeigt die Bildschirmmeldung nur die Schaltfläche »Anhalten«.

Aktionenverwaltung

»Fortfahren zulassen«

Der Befehl **Unterbrechung einfügen** bietet die Option FORTFAHREN ZULASSEN für die Meldung an. Das heißt: Klicken Sie FORTFAHREN ZULASSEN an, zeigt die von Ihnen produzierte Meldung die Schaltfläche FORTFAHREN. Der Nutzer kann die Aktion also weiterlaufen lassen, nachdem er Ihren Text studiert hat.

Alternativ klickt er auf ANHALTEN; die Aktion stoppt und der Nutzer kann Dinge von Hand erledigen, etwa individuelle Auswahlen oder Pinselstriche. Die Schaltfläche AKTION AUSFÜHREN unten in der Aktionenpalette lässt die Aktion jederzeit weiterlaufen.

Ohne »Fortfahren«

Schalten Sie FORTFAHREN ZULASSEN ab. Damit hält die Aktion an dieser Stelle an. Der Nutzer bestätigt Ihre Bildschirmmeldung mit ANHALTEN – und Schluss.

Er kann die Aktion nicht sofort weiterrattern lassen. Er kann jedoch ab dieser Stelle fortfahren, wenn er in der Aktionenpalette wieder auf die AKTION AUSFÜHREN klickt.

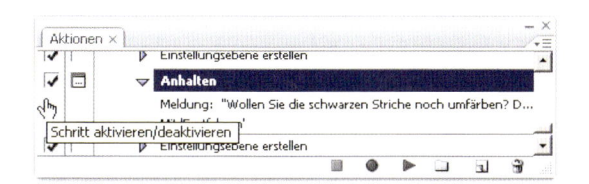

Abbildung 3.21 Die Unterbrechung mit Bildschirmmeldung erscheint als ANHALTEN in der Aktionenpalette. Lästige Einblendungen schalten Sie ab.

Aktionenverwaltung

Die Funktionen zur Aktionenverwaltung lassen sich häufig gleichermaßen auf Aktionen wie auf aufgezeichnete Einzelbefehle anwenden.

»Aktion erneut aufzeichnen«

Zeichnen Sie eine komplette, fertige Aktion mit neuen Werten auf. Der Palettenbefehl heißt **Aktion … erneut aufzeichnen**. Bei jedem Dialogfeld haben Sie die Möglichkeit, neue Werte einzutippen. Klicken Sie auf ABBRECHEN, bleiben die bisherigen Werte erhalten.

Tipp
Um einen einzelnen Befehl erneut aufzuzeichnen, klicken Sie doppelt auf diesen Befehl im Listenmodus; damit ändern Sie die Werte in der Aktion dauerhaft; dabei leuchtet das Aufzeichnungslämpchen.

»Aktions-Optionen«

Nach einem Doppelklick direkt auf den Namen benennen Sie die Aktion um. Wollen Sie Tastaturbefehl oder Farbe ändern, klicken Sie doppelt neben den Namen der Aktion. Photoshop zeigt dann das Dialogfeld, das Sie schon beim Neuerstellen der Aktion zu Gesicht bekamen.

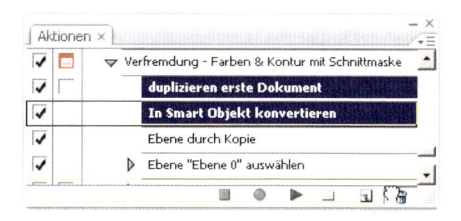

Abbildung 3.22 Markieren Sie mehrere Aktionen oder Befehle mit gedrückter Strg- oder ⇧-Taste, um sie gemeinsam zu verschieben oder zu löschen.

Aktionen duplizieren und verschieben

Nützlich ist das Duplizieren von Sätzen, Aktionen oder Befehlen. Damit verwenden Sie testweise weitere Varianten, ohne das Vorhandene zu ruinieren.

Drücken Sie zum Duplizieren erst die Alt-Taste, dann ziehen Sie Aktion oder Befehl an eine neue Position. Alternativ ziehen Sie die Aktion auf das Symbol NEUE AKTION. Die kopierte Aktion erscheint am Ende der Aktionenpalette.

Befehle verschieben Sie durch Ziehen mit der Maus – auch in eine andere Aktion. Überflüssige Aktionen oder Befehle ziehen Sie kurzerhand in den Mülleimer.

Abbildung 3.23 Nur das letzte Löschen eines Befehls oder einer Aktion können Sie im »Bearbeiten«-Menü widerrufen.

Aktionen als Datei speichern

Die Aktionen speichert Photoshop zunächst in seinem Grundeinstellungsdokument »Aktionen-Palette.psp«. Unter Windows XP finden Sie diese Datei im Verzeichnis »Dokumente und Einstellungen/<benutzername>/Anwendungsdaten/Adobe/Photoshop/Photoshop CS3/Adobe Photoshop CS3 Settings«.

Am Mac nehmen Sie »<benutzername>/library/Preferences/Adobe Photoshop CS3 Settings«. Das heißt: Ohne weiteres Zutun bleibt Ihnen jegliche neue Aktion erhalten, auch geladene oder frisch aufgezeichnete Aktionen. Stürzt Photoshop jedoch ab, gehen ganz neue Aktionen verloren.

Sie können die Aktionen in normale Dateien schreiben und an andere Rechner weitergeben. Dabei speichert Photoshop jeweils den kompletten Inhalt eines Aktionensatzes; markieren Sie einen solchen Satz per Klick in der Aktionenpalette, dann nutzen Sie den Befehl **Aktionen speichern** im Palettenmenü.

DVD
Im »Praxis«-Verzeichnis der Buch-DVD finden Sie den Aktionensatz »Photoshop CS3 Kompendium.atn«, den Sie wie beschrieben laden können. Er enthält Befehlsfolgen zu zahlreichen Tipps aus diesem Buch.

Aktionen laden und ersetzen
Wählen Sie aus dem Palettenmenü **Aktionen laden**, hängt Photoshop die Aktionen aus der neuen Datei an die bereits vorhandenen Aktionen an. Wenn Sie **Aktionen ersetzen**, verschwinden die bisherigen Aktionen aus der Palette.

Aktionen aus dem Photoshop-Verzeichnis »Vorgaben/Photoshop-Aktionen« erscheinen direkt unten im Menü der Aktionenpalette, Sie sparen sich also den Befehl **Aktionen laden**. Adobe liefert in diesem Unterverzeichnis bereits mehrere Aktionssets mit, die Sie bequem über das Palettenmenü nachladen.

Aktionen über Internetseiten austauschen
Per Internet tauschen Sie Aktionen mit Anwendern weltweit aus. Eine große englischsprachige Aktionensammlung findet sich direkt beim Photoshop-Hersteller; gehen Sie auf *www.adobe.com/cfusion/exchange*, dann klicken Sie auf PHOTOSHOP und nehmen die Kategorie ACTIONS. Dort gibt es auch Sternebewertungen und Anwenderkommentare.

Generell laufen auch englische Aktionen im deutschen Photoshop, Mac-Aktionen können Sie unter Windows benutzen und umgekehrt. Allerdings: Bei vielen Aktionen entstehen neue Ebenen oder Kopien von Ebenen und Alphakanälen.

Diese neuen Objekte benennt der deutsche Photoshop zum Beispiel EBENE 1 oder ALPHA 1 KOPIE. Will die englische Aktion jedoch erneut auf die Objekte zugreifen, erwartet sie Bezeichnungen wie LAYER 1 oder ALPHA 1 COPY – die Verarbeitung bleibt stehen.

Sie können die Aktion oder die einzelne Datei natürlich von Hand nachbearbeiten. Wollen Sie eigene Aktionen für andere Sprachversionen fit machen, benennen Sie neue oder duplizierte Ebenen noch während der Aufzeichnung um.

Aktionen ausführen
Photoshop arbeitet die Aktionen in der angezeigten Reihenfolge ab. Soll die ganze Aktion ablaufen, klicken Sie einmal auf den Namen der Befehlsfolge, dann auf das Symbol AKTION AUSFÜHREN. Markieren Sie einen Einzelbefehl, damit Photoshop ab hier in Aktion tritt – nach dem Klicken auf das Ausführensymbol.

Befehle verwenden
Durch das Symbol SCHRITT AKTIVIEREN/DEAKTIVIEREN geben Sie an, ob ein Einzelbefehl überhaupt verwendet werden soll. Sie können also auch Befehle in eine Aktion aufnehmen, die Sie nur gelegentlich benötigen; diese Funktionen ruhen bedarfsweise per ✔-Klick.

Sobald ein Einzelbefehl ausgeschaltet wurde, erscheint das Häkchen neben der Aktion rot: Photoshop signalisiert, dass die Aktion einzelne Befehle überspringt. Klicken mit der [Alt]-Taste aktiviert einen Befehl und schaltet alle anderen aus. Ein neuerlicher [Alt]-Klick schaltet sämtliche Befehle ein.

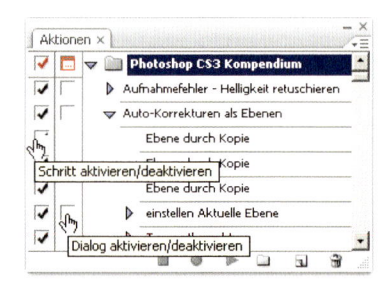

Abbildung 3.24 Das Symbol »Dialog aktivieren/deaktivieren« zeigt, ob das Dialogfeld zu einem aufgezeichneten Befehl eingeblendet wird. Mit der Funktion »Schritt aktivieren/deaktivieren« überspringen Sie Befehle.

Dialogfeld anzeigen
Ihre Möglichkeiten mit dem Symbol DIALOG AKTIVIEREN/DEAKTIVIEREN:

» Schalten Sie die Funktion ab, wird der Befehl mit den Werten ausgeführt, die Sie beim Aufzeichnen verwendet haben. Sie sehen das Dialogfeld nicht und können die aufgezeichneten Werte beim Abspielen der Aktion nicht ändern.

» Schalten Sie das Dialogfeldsymbol ein, präsentiert Photoshop das Dialogfeld während der Aktion; Sie können also die Einstellungen ändern, die Aktion hält an dieser Stelle an. Erst nach Klicken auf OK im Dialogfeld läuft die Aktion dann weiter. Klicken Sie im Dialogfeld auf AB-

BRECHEN, bleibt die Aktion stehen. Wohlgemerkt, geänderte Werte werden nicht dauerhaft in der Aktion gespeichert.

Sobald Sie ein einzelnes Dialogfeld ausschalten, erscheint das Dialogfeldsymbol neben der Aktion rot. Klicken mit der Alt -Taste schaltet ein Dialogfeld ein und alle anderen aus.

3.3 Befehle automatisch abspielen

Mit mehreren Befehlen bearbeiten Sie ganze Bildreihen, ohne einen Finger zu rühren: Nutzen Sie **Stapelverarbeitung**, **Bildprozessor**, Droplets und die **Variablen**.

»Stapelverarbeitung«

Bequem bearbeiten Sie komplette Bildreihen mit einer Aktion, ohne dass Sie zwischendurch den Finger rühren müssen. Der Befehl heißt **Datei: Automatisieren: Stapelverarbeitung** oder markieren Sie Bilder in Bridge und wählen Sie dort **Werkzeuge: Photoshop: Stapelverarbeitung**. Eine Alternative bietet der übersichtlichere **Bildprozessor** (Seite 84).

Dateien auswählen

Im Klappmenü QUELLE geben Sie an, woher die Bilder für die Stapelverarbeitung stammen – Sie nehmen alle Bilder aus einem ORDNER, Sie wählen GEÖFFNETE DATEIEN oder was Sie in BRIDGE markiert haben. Die Option IMPORT verarbeitet Bilder, die direkt von SCANNERN oder Digitalkameras eintreffen.

Besonderheiten bei der Quelle »Ordner«

Falls Sie Bilder aus einem ORDNER laden:

» Nutzen Sie die Option »ÖFFNEN« IN AKTIONEN ÜBERSCHREIBEN. So gelangen nur Dateien aus dem gewählten Quellverzeichnis zur Stapelverarbeitung – und keine Dokumente, deren Öffnen Sie mit der Aktion aufgezeichnet haben.

» Sie sollten FARBPROFIL-WARNUNGEN UNTERDRÜCKEN. Fehlermeldungen über unpassende Farbmanagement-Einstellungen bringen die Stapelverarbeitung dann nicht zum Erliegen.

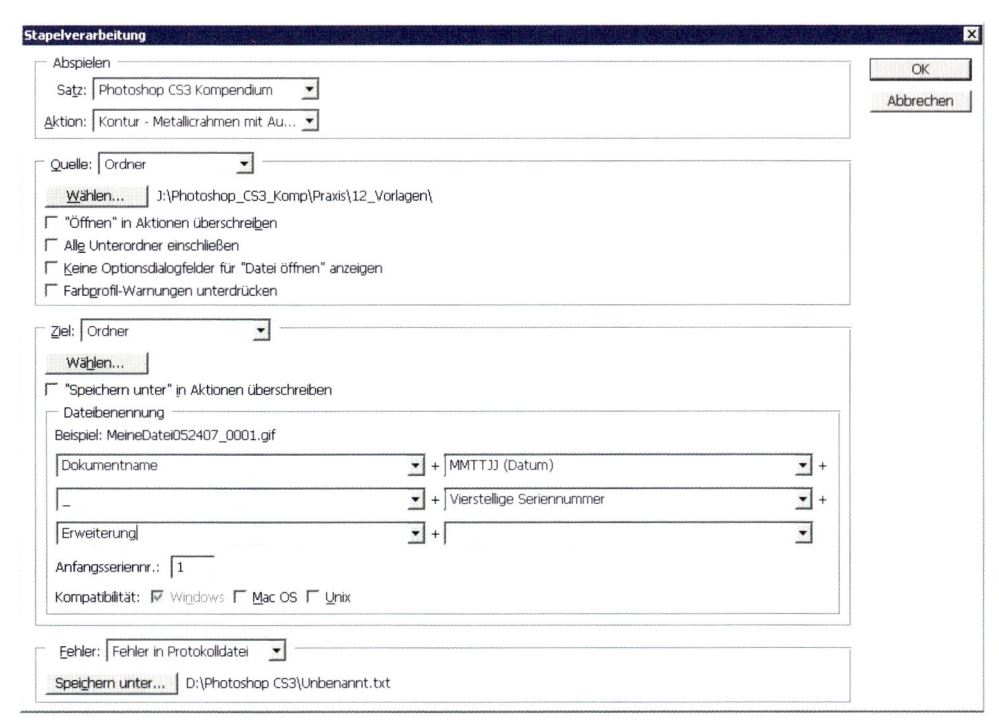

Abbildung 3.25
Der Befehl »Stapelverarbeitung« wendet eine Befehlsfolge auf ganze Bildsammlungen an und speichert die Ergebnisse zum Beispiel in einem anderen Ordner.

Vorgaben für das »Ziel«

Im Bereich ZIEL geben Sie an, wie Photoshop mit den bearbeiteten Dateien verfährt:

» Sie können die Ergebnisse SPEICHERN UND SCHLIESSEN. Damit überschreiben Sie die ursprünglichen Dateien.

» Die Vorgabe ORDNER schreibt alle Ergebnisse in einen neuen Ordner. Damit bleiben die ursprünglichen Dateien unverändert. (Haben Sie Befehle wie **Speichern unter** aufgezeichnet, dann verwenden Sie »SPEICHERN UNTER« IN AKTIONEN ÜBERSCHREIBEN. Photoshop speichert damit alle Dateien im gewünschten Zielordner für die Stapelverarbeitung; das Programm ignoriert Zielordner, die im SPEICHERN UNTER-Dialog aufgezeichnet wurden.)

» OHNE Ziel heißt, Sie sammeln die Ergebnisse ungesichert im Programmfenster.

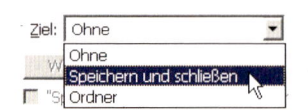

Abbildung 3.26
Bei der Stapelverarbeitung können Sie die vorhandenen Dateien überschreiben oder neue korrigierte Versionen anlegen.

Besonderheiten beim Ziel »Ohne«

Mit der Option OHNE bleiben die Bilder ungesichert auf der Programmfläche liegen, das kostet erheblich Arbeitsspeicher. So schonen Sie die Ressourcen:

» Zeichnen Sie am Ende einer Aktion den Befehl **Bearbeiten: Entleeren: Alles** auf; so befreit Photoshop den Arbeitsspeicher vom Datenballast aus Rückgängig-Speicher und Zwischenablage.

» Oder: Verringern Sie bei Rechnern mit weniger Arbeitsspeicher in den **Voreinstellungen** die Zahl der PROTOKOLLOBJEKTE.

Beachten Sie auch:

» Die auf dem Schirm gesammelten Bilder lassen sich mit dem Befehl **Fenster: Anordnen: Nebeneinander** gleichmäßig auf der Programmfläche anordnen und begutachten.

» Statt jedes Bild von Hand zu speichern, verwenden Sie den Befehl **Datei: Alle schließen**. Damit schließt Photoshop alle Bilder, bietet aber brav das Speichern an.

»Dateibenennung« bei Verwendung eines »Ordners« als Ziel

Wenn Sie die Bilder in einen neuen ORDNER schreiben, können Sie die DATEIBENENNUNG genau steuern. Sie komponieren die neuen Namen aus bis zu sechs Elementen, darunter DOKUMENTNAME, ERWEITERUNG, SERIENNUMMER oder DATUM.

Als DATUM bietet Photoshop nur das Datum der Stapelverarbeitung an und nicht etwa das Aufnahmedatum. Ähnlich, aber flexibler ist Bridge. Wir besprechen das Umbenennen darum ausführlich im Bridge-Kapitel ab Seite 120.

Soll sich der Name im neuen Ordner nicht verändern, nehmen Sie nur die zwei Felder DOKUMENTNAME und ERWEITERUNG.

Achtung

Auch wenn Sie generell WINDOWS-KOMPATIBILITÄT nutzen, geben Sie explizit die ERWEITERUNG als letzten Namensbestandteil an. Sonst entstehen eventuell Dateien ohne Endungen wie ».tif« oder ».jpg«, die häufig unbrauchbar sind.

Ablauf der Stapelverarbeitung

Im Dialogfeld geben Sie eine Aktion und ein Set an. Photoshop präsentiert hier zunächst die Aktion, die in der Aktionenpalette markiert ist. Befehle, die Sie in der Aktionenpalette ausgeschaltet haben, werden nicht ausgeführt. Haben Sie in der Aktionenpalette die Anzeige von Dialogfeldern vorgesehen, werden Sie auch bei der Stapelbearbeitung damit behelligt.

Die [Esc]-Taste beendet die Stapelbearbeitung vorzeitig. Das Programm fragt, ob Sie die verbleibenden Dateien noch abarbeiten wollen.

Fehlermeldungen

Bei Problemen blendet Photoshop eine Meldung ein und wartet auf Ihre Anweisungen – es kann schadhafte Dateien oder unpassende Farbmodi geben oder eine erforderliche Auswahl fehlt. Dann bleibt die Stapelverarbeitung stehen. Dies entspricht der Vorgabe BEI FEHLERN ANHALTEN im Bereich FEHLER.

Unterbinden Sie die Fehlermeldungen mit der Option FEHLER IN PROTOKOLLDATEI. In diesem Fall schreibt Photoshop seine Mitteilungen in eine Textdatei und arbeitet über Probleme ungerührt hinweg. Klicken Sie noch auf SPEICHERN UNTER, um ein Plätzchen für das Fehlerprotokoll anzugeben. Photoshop meldet anschließend, dass eine Textdatei für Sie auf der Platte liegt.

Tipp

Soll die Aktion wirklich ohne jede Unterbrechung durchlaufen, unterbinden Sie auch alle Dialogfelder. Schalten Sie das Einblenden der Dialoge in der Aktionenpalette ab. Neben dem Namen der Aktion – nicht neben einem Einzelbefehl – verwenden Sie das Symbol DIALOG AKTIVIEREN/DEAKTIVIEREN.

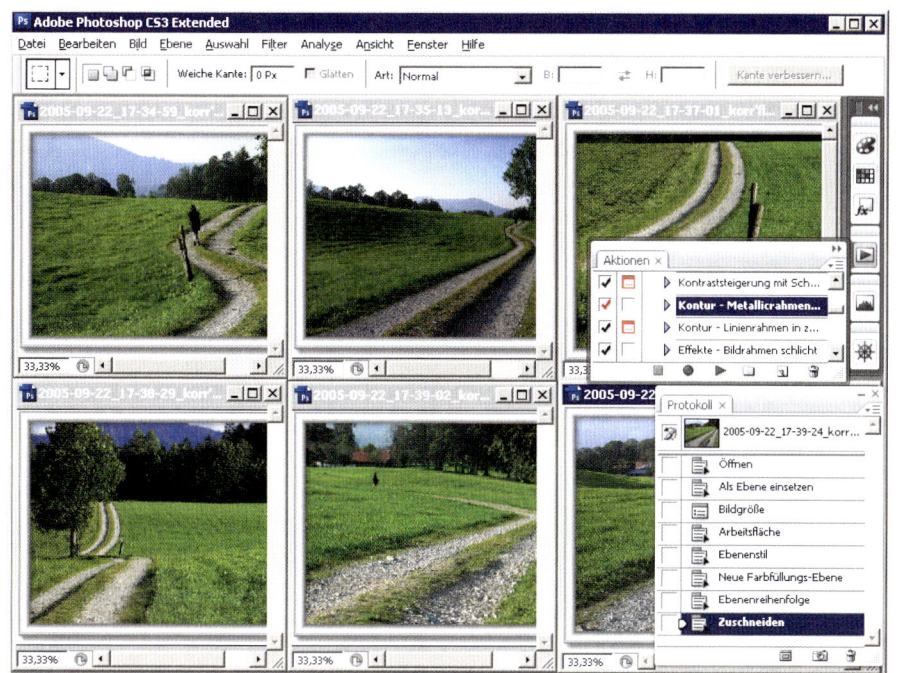

Abbildung 3.27
Wenn Sie die Bilder nach der Stapelverarbeitung ungesichert auf der Programmoberfläche sammeln, können Sie bei jeder Datei noch Änderungen per Protokollpalette zurücknehmen.

Droplets speichern und anwenden

Ein »Droplet« ist eine kleine Datei mit einer gespeicherten Befehlsfolge, die Sie auf dem Windows-Desktop oder Mac-Schreibtisch oder in einem beliebigen Verzeichnis ablegen. Das Praktische: Ziehen Sie Bilder oder komplette Ordner auf diese Datei mit dem Symbol, startet Photoshop und bearbeitet die Fotos. Das Programm muss also zunächst nicht geöffnet sein.

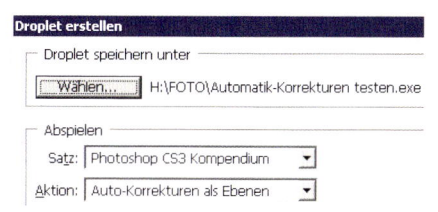

Abbildung 3.28 Speichern Sie einzelne Aktionen als Droplets.

Droplets aufzeichnen

Zuerst brauchen Sie eine fertige Aktion, dann legen Sie das Droplet an:

1. Markieren Sie den Namen der Aktion in der Aktionenpalette.
2. Klicken Sie auf **Datei: Automatisieren: Droplet erstellen**.
3. Klicken Sie oben im Dialogfeld auf WÄHLEN, um einen Dateinamen und ein Verzeichnis festzulegen.
4. Machen Sie weitere Vorgaben zum Beispiel für Zielordner oder Umbenennung (wie bei der **Stapelverarbeitung**).
5. Sobald Sie auf OK klicken, entsteht die Droplet-Datei, die unter Windows die Endung ».exe« erhält. Ziehen Sie die Datei zum Beispiel auf Desktop oder Schreibtisch.

Abbildung 3.29
Ziehen Sie Bilder oder komplette Ordner über ein Droplet, um Photoshop und die Stapelverarbeitung zu starten.

Droplets auf unterschiedlichen Betriebssystemen anwenden

So wechselt ein Droplet die Rechnerwelten:

» Wenn Sie ein Droplet aus Windows auf einem Mac-Rechner weiterverwenden, ziehen Sie das Droplet dort auf das Photoshop-Symbol – so wird es an die neue Umgebung gewöhnt.

» Bringen Sie das Droplet vom Mac zu Windows, hängen Sie einfach die Endung ».exe« an den Dateinamen an, zum Beispiel »Droplet.exe«.

»Bildprozessor«

Sie brauchen für Ihre Bildserie keine komplizierte Bildbearbeitung, sondern wollen nur schnell Dateiformat, Pixelzahl und/oder Farbprofil ändern? Dann wählen Sie **Datei: Skripten: Bildprozessor**. Der Befehl ist einfacher als die aufwändige **Stapelverarbeitung** (siehe oben).

Besonders bequem: Markieren Sie Bilder für die Umwandlung in Bridge, dann wählen Sie dort **Werkzeuge: Photoshop: Bildverarbeitung**. Nützlich auch: Sie können eine Aktion (Befehlsfolge) einbinden und Ihre gesammelten Einstellungen im **Bildprozessor** SPEICHERN und LADEN.

»Zu verarbeitende Bilder«

Verarbeiten Sie wahlweise geöffnete Bilder oder alle Dateien eines Verzeichnisses. Sie können auch ein ERSTES BILD ÖFFNEN, UM EINSTELLUNGEN ANZUWENDEN. Dann wird nicht sofort die gesamte Bildserie durchgenudelt, stattdessen bietet Photoshop zunächst ein Bild zur manuellen Bearbeitung an – aus einem beliebigen Ordner. Ihre Möglichkeiten:

» Bearbeiten Sie eine Serie von gleichartigen Camera-Raw-Bildern; justieren Sie den Camera-Raw-Dialog beim ersten Foto, Photoshop übernimmt die Einstellungen für die weiteren Dateien. Ansonsten verwendet Photoshop die vorhandenen Camera-Raw-Einstellungen.

» Öffnen Sie eine JPEG- oder Photoshop-PSD-Datei und ändern Sie in Photoshop das Farbprofil.

»Speicherort für verarbeitete Bilder«

Wo soll Photoshop die verarbeiteten Bilder speichern?

» Die Option GLEICHER SPEICHERORT erzeugt die Dateien nicht exakt im selben Ordner, sondern in einem neu entstehenden Unterordner wie »JPEG« oder »TIFF«. Schreiben Sie mehrere Dateiformate in einem Durchgang, entsteht pro Dateiformat ein eigener Ordner.

» Mit der Schaltfläche ORDNER AUSWÄHLEN geben Sie einen beliebigen Ordner an. Auch hier verwendet das Programm nicht den Ordner selbst, sondern es erzeugt neue Unterordner wie »JPEG« und »TIFF«.

Die Originaldateien bleiben unter allen Umständen erhalten, nie überschreibt der **Bildprozessor** vorhandene Dateien, auch keine Resultate: Läuft eine Konvertierung zweimal hintereinander mit demselben Zielverzeichnis durch, dann ergänzt Photoshop die bereits vorhandenen Resultate durch weitere Dateien mit einer zusätzlichen Nummer im Dateinamen.

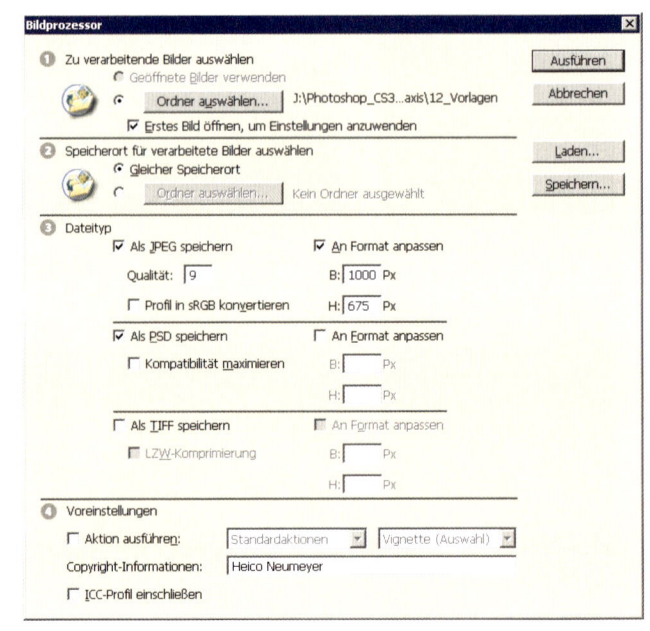

Abbildung 3.30 Der Befehl »Datei: Skripten: Bildprozessor« erzeugt unkompliziert Duplikate mit anderen Dateiformaten und Pixelzahlen.

»An Format anpassen«

Mit der Option AN FORMAT ANPASSEN rechnet Photoshop die Pixelzahl der Ergebnisbilder um. Das Höhe-Breite-Verhältnis bleibt gewahrt. Die Angaben für Breite (W) und Höhe (H) sind Maximalwerte, über die Photoshop nicht hinausgeht. Ein Beispiel: Als Breite geben Sie 1000 Pixel vor, als Höhe 675 Pixel. Kein Ergebnisbild gerät dann höher als 675 Pixel – auch Hochformate nicht.

Farbprofile anhängen

Ändern Sie Farbprofile zum Beispiel mit der Option ERSTES BILD ÖFFNEN, UM EINSTELLUNGEN ANZUWENDEN (siehe oben). Wenn Ihre Bilder im Web erscheinen sollen: Bei JPEG-Ergebnissen kann Photoshop wahlweise das PROFIL IN SRGB KONVERTIEREN. Dann verwenden Sie auch die Option ICC-PROFIL EINSCHLIESSEN.

Aktionen

Auf Wunsch wendet Photoshop eine gespeicherte Aktion (Befehlsfolge, Seite 72) auf die Ergebnisdateien an. Wählen Sie im linken Klappmenü das Aktionsset, rechts daneben die Aktion selbst aus.

Falls Sie auch die Option An Format anpassen nutzen: Die Aktion läuft ab, bevor Photoshop die Datei auf die neue Pixelzahl umrechnet. Die Aktion sollte also zur Pixelzahl ihrer ursprünglichen Datei passen.

Copyright-Hinweis

Schreiben Sie bei Bedarf einen Text ins Feld Copyright-Informationen. Ihre Worte landen im Feld Copyright-Infomationen innerhalb der **IPTC-Dateiinformationen** (Seite 130). In diesem Feld bereits vorhandene Texte werden überschrieben. Zusätzlich setzt der Bildprozessor das Feld Copyright-Status auf Durch Copyright geschützt – in Photoshop zeigen die Bilder also ein Copyright-Zeichen © in Titel- und Statusleiste.

»Dr. Brown's 1-2-3 Process«

Der **Bildprozessor** stammt von Adobes Kreativtrompeter Russell Brown. Der brachte das Dialogfeld einst als kostenloses Zusatzskript in Umlauf, mittlerweile gehört es fest zum Programm.

Als Teil seiner kostenlosen »Dr. Brown's Services« (Seite 558) hält Russell Brown jetzt eine weit ausgebaute, englische Version des **Bildprozessors** bereit, aufzurufen in Bridge unter **Werkzeuge: Dr. Brown's Services: Dr. Brown's 1-2-3 Process**. Verwenden Sie die Funktion aber nicht mit exotischen Dateinamen, die zum Beispiel Dollar- oder Ausrufezeichen enthalten.

Einige Vorteile gegenüber dem **Bildprozessor**:

» Sie können das Interpolationsverfahren, den Zeitpunkt der Aktion, das Farbprofil, die Bildauflösung und die Namen der entstehenden Unterverzeichnisse vielseitig festlegen.

» Für jeden der drei Dateitypen geben Sie eine eigene Aktion an.

» Bei Umwandlung nach JPEG lassen sich sämtliche Exif- und IPTC-Daten entfernen (Remove ... metadata).

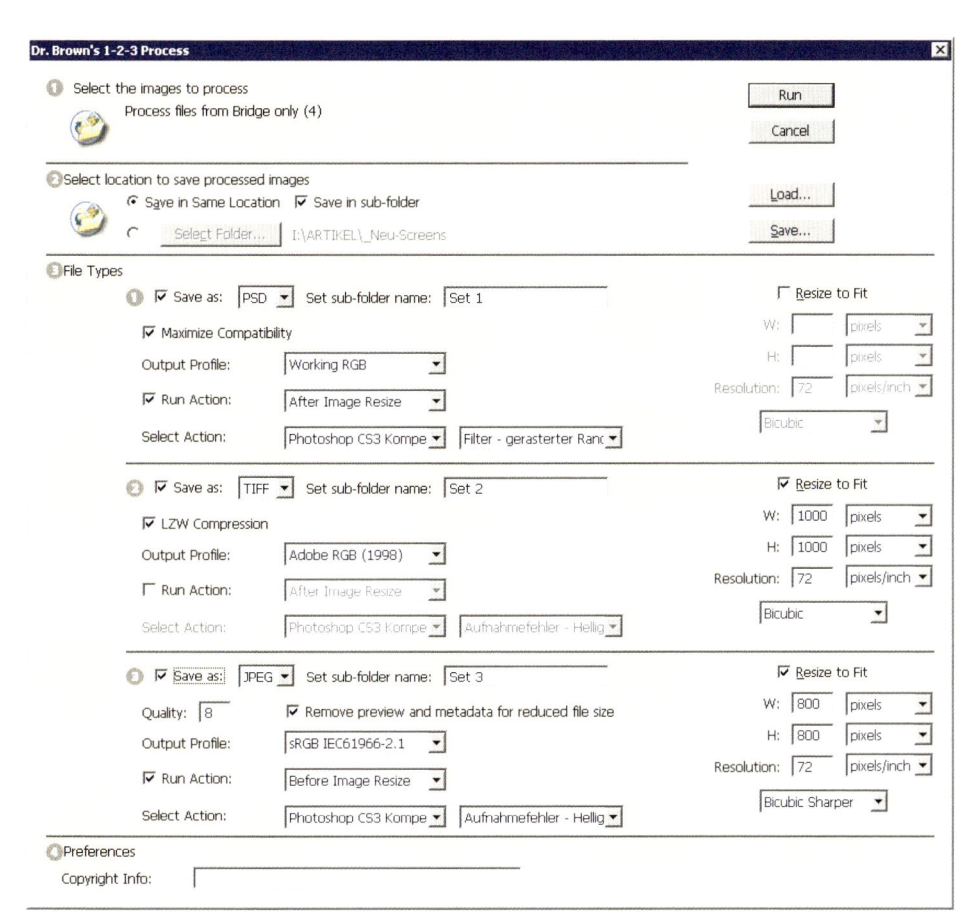

Abbildung 3.31
Die kostenlose Funktion »Dr. Brown's 1-2-3 Process« bietet mehr Möglichkeiten als der »Bildprozessor«.

»Skriptereignis-Manager«

Der unkomplizierte Befehl **Datei: Skripten: Skriptereignis-Manager** verknüpft Ereignisse in Photoshop mit Skripten oder Aktionen. So kann automatisch, wenn Sie ein Bild öffnen oder schließen, eine bestimmte Aktion ablaufen.

Denkbare Anwendungen:

» Sobald Sie eine Datei öffnen, startet automatisch eine Aktion (Befehlsfolge), die ein Duplikat des neuen Bilds anlegt und das Original schließt.

» Sobald Sie Photoshop starten, setzt ein Skript oder eine Aktion alle **Voreinstellungen** auf Ihre persönlichen Vorgaben.

» Sie legen mit dem **Neu**-Befehl eine neue Datei an und das Dialogfeld wartet wie von Zauberhand mit den von Ihnen gewünschten Werten auf.

Photoshop bietet im Klappmenü PHOTOSHOP-EREIGNIS unter anderem die folgenden Ereignisse an: ANWENDUNG STARTEN, DOKUMENT ÖFFNEN, DOKUMENT DRUCKEN; unten im Klappmenü heißt es EREIGNIS HINZUFÜGEN. Weitere Informationen über Skripten und skriptfähige Photoshop-Befehle liefert die deutschsprachige Datei »Photoshop Scripting Guide.pdf« aus dem Photoshop-Verzeichnis »Skript Handbuch«.

Ereignisse verknüpfen

Wir testen die Funktion an einem Beispiel: Jedes Mal, wenn eine neue Datei geöffnet wird, soll die Aktion »Datei duplizieren« ablaufen. Sie stammt aus dem Aktionensatz »Photoshop CS3 Kompendium« von der Buch-DVD. So geht's:

1. Zuerst müssen Sie EREIGNISSE ZUM AUSFÜHREN VON SKRIPTEN/AKTIONEN AKTIVIEREN.

2. Als PHOTOSHOP-EREIGNIS wählen Sie DOKUMENT ÖFFNEN.

3. Aktivieren Sie unten den Bereich AKTION.

4. Wählen Sie im linken Klappmenü einen Aktionssatz, in unserem Beispiel das Set »Photoshop CS3 Kompendium«. Im rechten Klappmenü wählen Sie die Aktion »Datei duplizieren«.

5. Klicken Sie auf HINZUFÜGEN. Damit erscheint oben die Zusammenfassung: DOKUMENT ÖFFNEN: DUPLIZIEREN AKTION (PHOTOSHOP CS3 KOMPENDIUM).

6. Klicken Sie auf FERTIG.

Sobald Sie die nächste Datei öffnen, läuft automatisch die Aktion »Duplizieren« ab, Sie erhalten also ein Duplikat des neuen Bilds, das Original wird sofort wieder geschlossen.

Der **Skriptereignis-Manager** bietet bereits einige Skripten an. Weitere Skripten laden Sie mit dem Befehl DURCHSUCHEN aus dem Klappmenü SKRIPT; testen Sie die Skripten aus dem Photoshop-Unterverzeichnis »Skript Handbuch/Beispielskripten«.

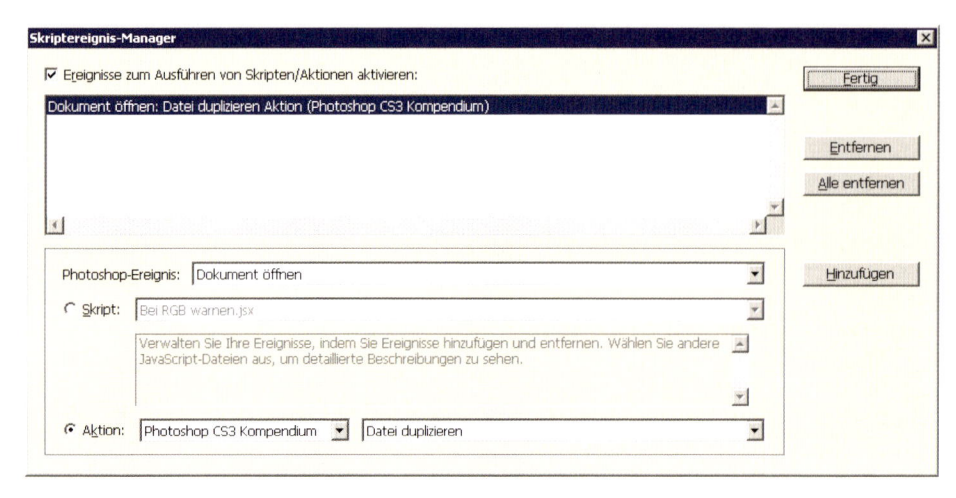

Abbildung 3.32
Der Befehl »Datei: Skripten: Skriptereignis-Manager« startet Aktionen oder Skripten, sobald Sie zum Beispiel eine Datei öffnen oder drucken.

Skriptereignis-Manager abschalten

Sie brauchen die Aktion nicht mehr bei jedem Programmstart? Öffnen Sie den **Skriptereignis-Manager**. Diese Möglichkeiten stehen Ihnen zur Verfügung:

» Verzichten Sie auf die Option Ereignisse zum Ausführen von Skripten/Aktionen aktivieren. Die Verbindungen von Ereignissen mit Skripten oder Aktionen bleiben in der Liste, sie sind nur momentan abgeschaltet. Sie lassen sich jederzeit wieder einschalten.

» Klicken Sie oben auf Dokument öffnen: Datei duplizieren Aktion (Photoshop CS3 Kompendium) und anschließend auf Entfernen. Diese eine Verbindung von Photoshop-Ereignis mit einer Aktion ist damit dauerhaft gelöscht. Sie kann natürlich wieder wie oben beschrieben eingerichtet werden.

Variablen

Der Befehl **Bild: Variablen** legt automatisch viele Varianten eines Grundlayouts an, bei jeder Version werden von Ihnen definierte Pixelebenen oder Texte ausgetauscht. So entstehen zum Beispiel Werbebilder (»Banner«) oder Visitenkarten. Zugrunde liegt eine Datenbank, die Sie selbst gestalten.

Damit das **Variablen**-Untermenü zur Verfügung steht, muss das aktive Bild zusätzlich zur Hintergrund-Ebene mindestens eine weitere Ebene haben. Eine weitere Textebene bietet zusätzliche Testmöglichkeiten.

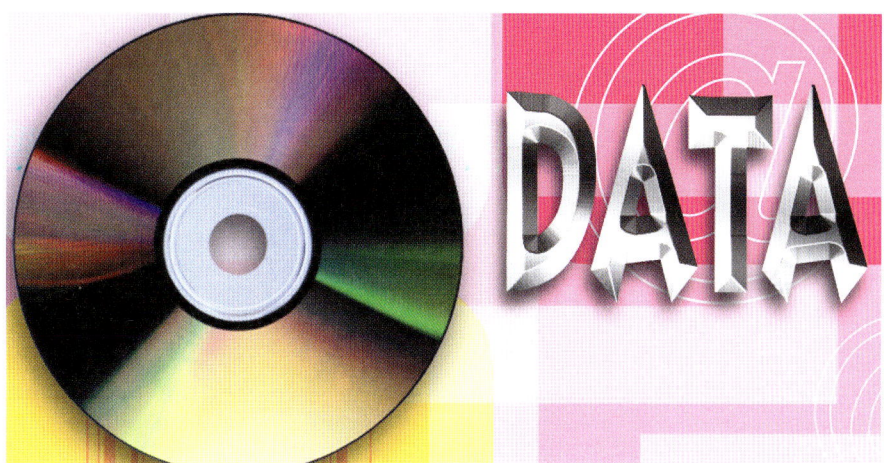

Abbildung 3.33
Mit der Variablenfunktion tauschen Sie Bilder und Texte innerhalb eines Grundlayouts automatisiert aus. Datei: Variablen; Objekte zum Austauschen: V_CD, V_Handy, V_Pass

Kapitel 4
Farbmodus & Farbtiefe

Im Untermenü **Bild: Modus** steuern Sie den Farbmodus. Der Farbmodus entscheidet über Bildqualität, Datenmenge und Verwendbarkeit. Sie sollten sich die verschiedenen Farbmodelle anschauen, um Photoshop optimal zu nutzen und nicht an Qualität zu verlieren. Besonders universell und im Zweifel die richtige Wahl: **RGB-Farbe** mit acht Bit Farbtiefe pro Grundfarbe. Photoshop meldet Farbmodus und Farbtiefe oben in der Titelleiste des Bilds.

4.1 Welcher Farbmodus für welchen Zweck?

Wechseln Sie den Modus möglichst selten. Mehrmaliges Konvertieren bedeutet oft Qualitätseinbußen; so gehen auf dem Weg von RGB nach CMYK Informationen verloren, die Sie später nicht zurückerhalten.

Wann welcher Farbmodus?
So entscheiden Sie sich für den richtigen Farbmodus:

RGB
RGB-Farbe ist besonders vielseitig und funktioniert fast immer – verwandeln Sie bei Problemen Ihr Bild in **RGB-Farbe** mit 8-Bit-Farbtiefe. RGB benötigt mit seinen drei Farbkanälen ein Viertel weniger Speicherplatz als CMYK mit vier Druckfarben.

Digitalkameras zeichnen RGB-Daten auf, Monitore arbeiten physikalisch mit RGB. Bilder fürs Internet und sonstige Monitor- oder Videodarstellung brauchen nur RGB (Graustufen sind technisch auch möglich). Arbeitsplatzdrucker wie Tintenstrahler, Laserdrucker oder Farbsublimationsdrucker arbeiten zwar intern mit CMYK, dennoch sollten Sie RGB anliefern – und den Geräten die Umrechnung in CMYK überlassen.

CMYK
Der Befehl **Bild: Modus: CMYK-Farbe** trennt Ihr Bild in die vier Grundfarben der klassischen Druckvorstufe auf. Sofern Ihnen ein RGB-Bild vorliegt, machen Sie die groben Korrekturen in RGB und wechseln erst für die Feinheiten nach CMYK, wo Sie Lichter und Tiefen neu überprüfen. Nur zur Ansicht bringt Sie der **Ansicht**-Befehl **Farb-Proof** in den CMYK-Farbraum – das Bild bleibt technisch im RGB-Modus.

Wann welcher Farbmodus?

RGB oder Lab
3x8 Bit
1,21 Mbyte

CMYK
4x8 Bit
1,61 Mbyte

Indizierte Farbe
1x8 Bit
0,42 Mbyte

Duplex
1x8 Bit
0,58 Mbyte

Graustufen
1x8 Bit
0,42 Mbyte

Bitmap
1x1 Bit
0,05 Mbyte

Abbildung 4.1 Farbmodi im Vergleich: Je nach Farbmodus erhalten Sie unterschiedliche Farbdifferenzierungen und Dateigrößen. Wir nennen den Arbeitsspeicherbedarf für eine Bilddatei mit 650x650 Pixeln bei acht Bit pro Grundfarbe (5,5 Zentimeter Druckmaß bei 300 dpi). Vorlage: Farbmodus_1

Lab

Erhalten Sie ein Bild im CMYK-Modus, das zu viel Arbeitsspeicher frisst, dann verwandeln Sie es nicht nach RGB, sondern wählen Sie **Bild: Modus: Lab-Farbe** – die Dateigröße sinkt um ein Drittel. Interessant ist der Lab-Modus, wenn Sie die Helligkeit eines Bilds (den L-Kanal) unabhängig von den Farbwerten verändern wollen, zum Beispiel beim Schärfen.

Farbmodus beim Einfügen

Tauschen Sie Bildteile zwischen Dateien aus, dann nehmen die eingefügten Elemente den Farbmodus des Zielbilds an. Das bedeutet: Fügen Sie einen RGB-Farb-Kopf in ein Graustufenwerk ein, dann ergraut das Haupt im Zielbild. Damit Haut- und Haarfarbe erhalten bleiben, verwandeln Sie das Graustufen-Zielbild vor dem Einfügen in einen Farbmodus. In einem Bild mit »Indizierten Farben« kommt das Objekt ebenfalls nur mit indizierten Farben an, also mit deutlich verminderter Farbqualität.

Teil 1 • Grundlagen

Aufgabe	Geeigneter Modus
Alle Photoshop-Funktionen frei nutzen	RGB-Modus, 8-Bit-Farbtiefe
Speicher sparen bei RGB-Bildern, die später in CMYK separiert werden	RGB-Modus beibehalten, vor Scharfzeichen nach CMYK konvertieren
Speicher sparen bei CMYK-Bildern	Konvertieren in Lab-Modus
Bildbearbeitung für Internet, Video- oder PC-Präsentationen	RGB-Modus
Ausdruck mit Farbtintenstrahldrucker	RGB-Modus
Farbflächen anlegen für Vierfarb-Massendruck	CMYK-Modus

Farbwerte und Dateigrößen erkennen

Je nach Farbmodus und Farbtiefe ändern sich Dateigrößen und die Farbwerte der Bildpunkte. Aber Photoshop hält Sie auf dem Laufenden:

» In der Titelliste des Bilds erkennen Sie Farbmodus und Farbtiefe; auch die Häkchen im Untermenü **Bild: Modus** geben Aufschluss.

» Die Statusleiste verrät die DATEIGRÖSSE im Arbeitsspeicher (Seite 762) oder das DOKUMENTPROFIL.

» Die Infopalette zeigt die Farbwerte des Bildpunkts unter dem Mauszeiger nach verschiedenen Farbmodellen. Zeigen Sie auch Werte aus Farbmodi an, die Sie aktuell nicht verwenden.

4.2 Farbtiefe

Die Informationsdichte pro Bildpunkt wird »Farbtiefe« genannt – wie viele Nullen und Einsen pro Bildpunkt verwendet werden. Je höher die Farbtiefe, desto mehr unterschiedliche Farbabstufungen in einem Bild sind möglich, desto mehr steigt aber auch die Dateigröße.

Unterschiedliche Farbmodelle

Die niedrigste Farbtiefe ist ein Bit – nur eine Null oder Eins pro Bildpunkt. Das reicht für 2^1, also zwei Farbtöne, in der Regel für Schwarz und Weiß. Übliche Graustufenbilder bieten für jeden Bildpunkt acht Nullen oder Einsen auf. Diese 8-Bit-Kodierung erlaubt 2^8, also 256 unterschiedliche Graustufen – genug für ein fein differenziertes Graustufenbild.

Farbdateien bestehen im Grunde aus mehreren Graustufenbildern: für jede Grundfarbe ein sogenannter Farbauszug oder Farbkanal. Bei RGB-Dateien liegen die drei Farbauszüge Rot, Grün und Blau übereinander. Jeder Farbauszug hat in der Grundausführung acht Bit pro Pixel, insgesamt dreimal acht Bit, also 24-Bit-Farbtiefe. Das macht 2^{24}, also rund 16,8 Millionen unterschiedliche Farben, das sogenannte »Truecolor«. Auch das Lab-Farbmodell basiert auf drei Auszügen, ergibt also die gleiche Farbtiefe.

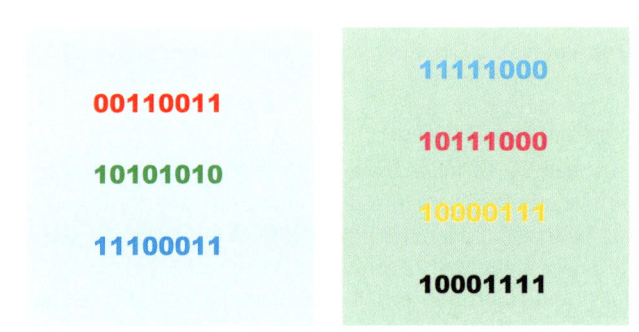

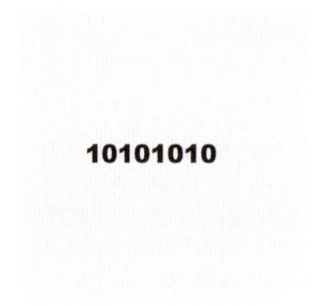

Abbildung 4.2 **Links:** Dieser Bildpunkt stammt aus einer Datei im Modus RGB-Farbe mit dreimal acht Bit Farbtiefe pro Bildpunkt. Jeder Bildpunkt besteht aus den separaten Grundfarben Rot, Grün und Blau. Jede Grundfarbe wird mit acht Nullen oder Einsen kodiert, also mit jeweils acht Bit bzw. einem Byte. Jeder Bildpunkt belegt 3x8 Bit, also 24 Bit bzw. drei Byte. **Mitte:** Dieser Bildpunkt stammt aus einer CMYK-Datei. Er besteht aus den vier Grundfarben Gelb, Cyan, Magenta und Schwarz. Jede Grundfarbe ist mit acht Nullen oder Einsen, also mit acht Bit kodiert. Jeder Bildpunkt belegt entsprechend 4x8 Bit, d.h. 32 Bit oder 4 Byte. **Rechts:** Dieser Bildpunkt aus einem Graustufenbild besitzt nur die Grundfarbe Schwarz. Sie wird mit acht Nullen oder Einsen, also mit 8 Bit kodiert. Das ermöglicht 2^8 bzw. 256 unterschiedliche Abstufungen von Weiß über Mittelgrau bis Schwarz. Dateigröße pro Pixel: ein Byte.

Dagegen setzt sich das CMYK-Modell der Druckvorstufe aus vier Kanälen zusammen – Cyan (Grünblau), Magenta (Purpur), Gelb und Schwarz. Das ergibt eine Farbtiefe von vier mal acht bzw. 32 Bit.

Dateigrößen

Die Dateigröße im Arbeitsspeicher hängt unmittelbar von der Farbtiefe ab. Acht Bit sind ein Byte; also beansprucht ein Graustufenbild mit 8-Bit-Farbtiefe ein Byte pro Bildpunkt. Eine Graustufendatei mit 640x480 Punkten à ein Byte benötigt folglich 307 Kbyte Arbeitsspeicher. Dreimal mehr fordert die RGB-Datei mit ihren drei Kanälen zu je acht Bit, sie kommt auf 921 Kbyte. Eine entsprechende CMYK-Datei genehmigt sich 1228 Kbyte.

Sämtliche Werte verdoppeln sich, wenn Sie 16 statt 8 Bit pro Grundfarbe verwenden. Damit belegt ein Bildpunkt pro Einzelfarbe zwei Byte. Das Graustufenbild misst 614 Kbyte, RGB ist mit 1843 Kbyte zu veranschlagen und das CMYK-Exemplar schwillt auf 2457 Kbyte an.

Abbildung 4.3 **Links:** Der Bildpunkt stammt aus einem RGB-Bild mit einer erhöhten Farbtiefe von 16 Bit pro Grundfarbe. Jeder Bildpunkt besteht aus den separaten Grundfarben Rot, Grün und Blau, kodiert mit jeweils 16 Nullen oder Einsen. Dadurch steigt die Dateigröße auf 3x16 Bit, also 48 Bit oder 6 Byte pro Bildpunkt – eine Verdoppelung gegenüber dem üblichen RGB mit acht Bit. **Rechts:** Der Bildpunkt aus diesem Bild im Modus »Indizierte Farben« benötigt statt 24 Bit nur acht Bit, also nur acht statt 24 Nullen oder Einsen. Damit belegt das Bild ebenso wenig Arbeitsspeicher wie ein Graustufenbild – zwei Drittel weniger als ein RGB-Farbbild. Allerdings sind auch nur 2^8 bzw. 256 unterschiedliche Farbtöne möglich.

16-Bit-Farbtiefe

Hochwertige Scanner liefern statt 8 auch 16 Bit pro Grundfarbe. Auch Kamera-Rohdateien können Sie mit 16-Bit-Farbtiefe laden. Das heißt, statt 24-Bit-RGB erhalten Sie 48-Bit-RGB; statt 32-Bit-CMYK erhalten Sie 64-Bit-CMYK.

Manche Scanner oder Kameras produzieren auch 10 oder 12 Bit pro Grundfarbe. Solche Dateien werden entweder schon vom Gerät selbst auf acht Bit gestaucht oder von Photoshop auf 16 Bit angehoben.

Sie erhalten mit 16-Bit-Scans vor allem feiner differenzierte Schatten. Selbst aus völlig »abgesoffenen« 16-Bit-Vorlagen destillieren Photoshopper noch brauchbare Bilder. Wenn möglich, nehmen Sie wegen der besseren Detailtiefe Tonwertkorrekturen zunächst im 16-Bit-Modus vor, dann erst senken Sie mit **Bild: Modus: 8-Bit-Kanal** die Farbtiefe auf den üblichen Wert. Auch Camera-Raw-Bilder, die Sie im Camera-Raw-Dialog noch nicht endgültig auskorrigieren, sollten Sie als 16-Bit-Exemplare behalten.

Einschränkungen

Nicht im ganzen Photoshop sind 16-Bit-Dateien willkommen, doch die Einschränkungen wiegen nicht schwer: Der Kunstprotokollpinsel verweigert sich ebenso wie der Befehl **Bild: Anpassungen: Variationen**. Die komplette »kreative« **Filtergalerie**, aber auch **Extrahieren** und **Beleuchtungseffekte**, verkraften nur 8-Bit-Vorlagen.

Die wichtigsten Alltagsfilter wie auch die meisten Kontrast- und Farbkorrekturen kommen indes auch mit 16 Bit zurecht. Wechseln Sie im Zweifelsfall zum **8-Bit-Kanal**.

Achtung

Viele andere Bild-, Grafik- und Internetprogramme beherrschen 16 oder 32 Bit pro Grundfarbe nicht. Solche Dateien werden nicht geöffnet oder aber kommentarlos auf acht Bit pro Kanal zurückgesetzt und dann mit reduzierten acht Bit gespeichert.

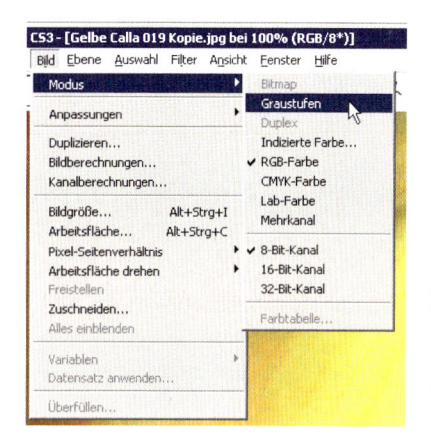

Abbildung 4.4
Im Untermenü »Bild: Modus« steuern Sie Farbmodus und Farbtiefe. Auch die Titelleiste meldet diese Werte (hier 8-Bit-RGB).

32-Bit-Farbtiefe

Sie können auch mit fulminanten 32 Bit pro Grundfarbe arbeiten. Die Farbtiefe ist vor allem in Verbindung mit dem Befehl **Zu HDR zusammenfügen** wichtig (Seite 251). Sie können Ebenenmontagen anlegen und in den Formaten Photoshop-PSD oder TIFF speichern. Nur in der teureren Version Photoshop CS3 Extended können Sie auf 32-Bit-Bildern auch malen.

Einschränkungen

Wenn Sie ein 32-Bit-HDR-Bild bearbeiten, erscheint ein Großteil der Photoshop-Befehle blassgrau – die Funktionen stehen nicht zur Verfügung, darunter auch das **Drucken**. Nur wenig geht, darunter **Tonwertkorrektur**, die **Auto**-Verbesserungen, **Farbton/Sättigung**, **Kanalmixer**, **Fotofilter** und **Belichtung**. Sämtliche »kreativen« Verfremdungsfilter bleiben außen vor, verwenden können Sie jedoch neben einigen Weichzeichnern vor allem **Unscharf maskieren** und den **Selektiven Scharfzeichner**.

Von den wichtigeren Werkzeugen steht einzig der Kopierstempel bereit und das nicht mit allen Füllmethoden. Auch der Protokollpinsel verweigert den Dienst. Sie können zwar Bildteile einfügen, aber sie verschmelzen mit dem Hintergrund – Ebenenmontagen sind ausgeschlossen.

32 Bit mit Photoshop CS3 Extended

Die teure »Extended«-Ausgabe von Photoshop CS3 bietet indes mehr: Hier können Sie auch Pinsel anwenden und Ebenen stapeln; dabei stehen aber nicht alle Füllmethoden zur Verfügung, möglich sind jedoch NORMAL, SPRENKELN, ABDUNKELN, MULTIPLIZIEREN, LINEAR ABWEDELN, DIFFERENZ, FARBTON, SÄTTIGUNG, FARBE und LUMINANZ.

Speichern Sie HDR-Dateien in den Formaten TIFF, Photoshop-PSD oder Photoshop-PSB. Photoshop bietet zusätzlich andere, für die übliche Bildbearbeitung wenig verbreitete Formate wie OpenEXR, PFM oder das im 3D-Bereich populäre HDR-Format.

4.3 Die wichtigsten Farbmodi: RGB und CMYK

In den meisten Fällen sind nur zwei Farbmodi wirklich wichtig: RGB als »natürlicher« Modus von Digikams und Monitoren und CMYK für die Druckvorstufe.

RGB-Modus

RGB ist der Naturzustand von Bilddateien, denn Scanner und Digitalkameras funktionieren im RGB-Modus. Ein Bild kann nur in RGB gescannt und fotografiert werden – auch wenn Scanner schon intern in CMYK umrechnen. Ebenso setzt ein Monitor seine Farben immer aus Anteilen von Rot, Grün und Blau zusammen – auch wenn er eine CMYK-Datei zeigt. Während die meisten Farbdrucker mit CMYK arbeiten, funktionieren Dia- oder Fotopapierbelichter nach dem RGB-Schema.

Abbildung 4.5 Das RGB-Farbmodell arbeitet mit der additiven Farbmischung: Übereinander strahlende Farben hellen sich auf – Rot Rot, Grün und Blau bei voller Intensität mischen sich zu Weiß. Zwei RGB-Farben mischen sich zu den Sekundärfarben des subtraktiven Farbmodells: Blau und Grün mischen sich zu Cyan, Grün und Rot zu Gelb, Rot und Blau zu Magenta.

RGB können Sie fast immer verwenden: Für Monitorpräsentation und Diabelichter sowieso, aber auch für den Druck. Farbtintenstrahler sollten Sie in der Regel mit RGB beschicken, auch wenn die Geräte nach dem CMYK-Schema arbeiten.

Auch einige Filter verlangen exklusiv nach RGB – so die **Beleuchtungseffekte**. Läuft mit Zusatzfiltern von Drittanbietern etwas schief oder zeigt sich Photoshop unverhofft sperrig, probieren Sie RGB mit acht Bit Farbtiefe pro Grundfarbe.

Additive Farbmischung (RGB)

Der RGB-Modus funktioniert nach der additiven Farbmischung der Leuchtfarben: Die primären Grundfarben Rot, Grün und Blau strahlen übereinander. Leuchten alle mit gleicher Kraft, ergibt sich Grau. Je stärker sie leuchten, desto heller das Ergebnis. Leuchten alle mit voller Kraft, ergibt sich Weiß.

CMYK-Modus

Gründen mit den leuchtenden RGB-Farben funktioniert. Das heißt, Photoshop rechnet ein CMYK-Bild für den Monitor intern nach RGB um.

Tipp
Behalten Sie von wichtigen Vorlagen eine RGB-Version zurück – sozusagen das naturbelassene Bild. So wechseln Sie notfalls neu vom Original zu CMYK.

Verwendung

Wollen Sie Ihre Bilder am Monitor oder als Dia zeigen, haben Sie mit CMYK nichts zu tun. Soll das Foto dagegen gedruckt werden, muss man es irgendwann nach CMYK konvertieren – oder dies geschieht automatisch irgendwo zwischen Photoshop und dem Ausgabegerät.

Fragt sich nur, ob und wann man nach CMYK umwandelt: Einerseits sagt die Monitorvorschau im CMYK-Modus mehr über das spätere Druckergebnis aus als die RGB-Version, auch bestimmte Filteroperationen wie das Schärfen sollte man erst am CMYK-Bild anwenden. Wollen Sie Schatten einsetzen, dann macht das im CMYK-Modell oft am meisten Sinn, weil Sie hier den separaten Schwarzkanal verwenden können. Erzeugen Sie komplette Farbflächen für den Vierfarbdruck, etwa mit dem Verlaufswerkzeug und bunten Pinseln, dann arbeiten Sie unbedingt in CMYK mit korrekten Separationsvoreinstellungen.

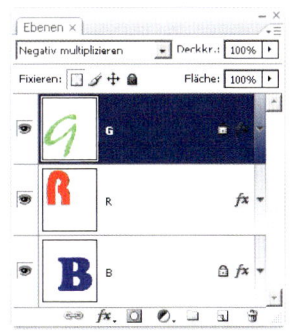

Abbildung 4.6 Mit der Füllmethode »Negativ multiplizieren« in der Ebenenpalette vollziehen Sie die additive Farbmischung nach: Rot, Grün und Blau mischen sich zu Cyan, Gelb und Magenta. Datei: Farbmodus_2

Probieren Sie die Farbmischung aus, indem Sie Photoshops Farbregler im **Fenster**-Menü aufrufen und über den Menüschalter ▼≡ das **RGB**-Modell anwählen. Steuern Sie mit den Reglern für R, G und B jeweils den Höchstwert 255 an, erhalten Sie Weiß. Eine Nulldichte von Rot, Grün und Blau führt zu Schwarz; jeder Gleichstand der drei Grundfarben erzeugt rechnerisch einen reinen Grauwert.

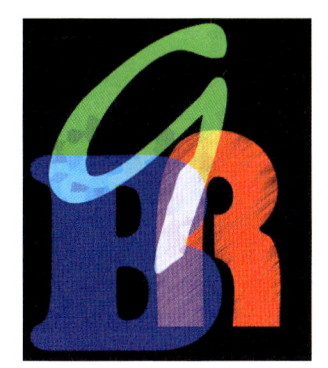

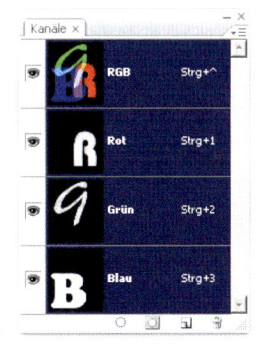

Abbildung 4.7 Wie die additive Farbmischung wirkt, erkennen Sie auch durch separate Bearbeitung der Grundfarben: Füllen Sie die Farbkanäle einzeln und betrachten Sie dann das Gesamtergebnis. Datei: RGB_b

CMYK-Modus

Beim Druck funktionieren die Dinge anders: Hier leuchten keine RGB-Lichtfarben, hier klatschen deckende Farben aufs Papier. Je mehr davon, desto dunkler sieht's aus. Beim Wechsel von RGB nach CMYK beachtet Photoshop Ihre Vorgaben aus den FARBEINSTELLUNGEN. In einem Farbwählfeld mit CMYK führen hohe Werte zu dunklen Tönen: 0 Prozent heißt keine Deckung, 100 Prozent steht für volle Deckung.

Photoshop zeigt CMYK-Bilder nur im Rahmen seiner Möglichkeiten – also auf einem Monitor, der aus physikalischen

Abbildung 4.8 Subtraktive Farben ergeben übereinandergelegt Schwarz. Gelb und Magenta übereinander mischen sich zur Primärfarbe Rot, Gelb und Cyan zur Primärfarbe Grün, Cyan und Magenta zur Primärfarbe Blau.

Für längeres Verweilen im RGB-Modus spricht andererseits, dass der Arbeitsspeicher nur mit drei statt vier Bildkanälen strapaziert wird und dass mehr Funktionen zur Verfügung stehen. Aus dem RGB-Modus heraus haben Sie eine CMYK-

Vorschau zur Verfügung – gemeint ist der Befehl **Ansicht: Farb-Proof** (Strg+Y), den Sie mit **Ansicht: Proof einrichten** näher definieren. Farbtintenstrahldrucker erwarten meist RGB-Bilder, auch wenn sie in CMYK-Varianten drucken; also liefert man RGB.

Subtraktive Farbmischung (CMY)

Alle CMYK-Farben in voller Intensität übereinander ergeben Schwarz. Diese Farben sind Cyan (Grünblau), Gelb und Magenta (Purpur). Gelb, Grünblau und Magenta entstehen, indem man jeweils zwei der additiven Primärfarben Rot, Grün und Blau zu gleichen Teilen mischt.

Grünblau, Gelb und Purpur volle Kraft übereinander gedruckt ergeben theoretisch Schwarz, aus drucktechnischen Gründen jedoch Dunkelgrau oder Braun. Die eigene Druckfarbe Schwarz verstärkt deshalb den Tiefeneindruck und führt zum üblichen Vierfarbdruck. Außerdem spart es Druckfarbe, schont das Papier und stabilisiert den Druckprozess, wenn statt der drei Druckfarben Cyan, Yellow und Magenta übereinander lediglich ein gleichwertiger Schwarzanteil gedruckt wird.

Tipp

Sie können die subtraktive Mischung des CMYK-Farbmodells nachvollziehen, indem Sie in einer Photoshop-Datei verschiedene Ebenen übereinanderlegen und mit dem Mischmodus MULTIPLIZIEREN ausstatten. Sie erkennen dann, wie sich zum Beispiel Magenta und Gelb zu Rot überlagern, Cyan und Gelb zu Grün und wie alle drei CMY-Farben übereinander Schwarz ergeben.

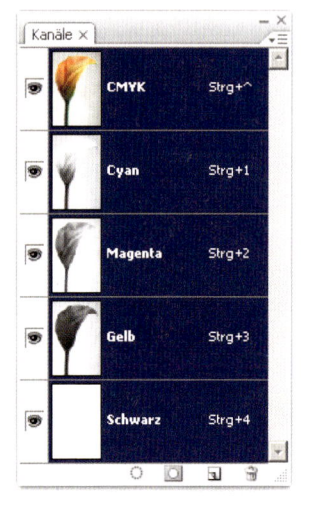

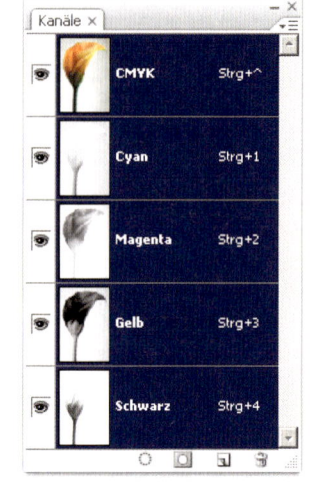

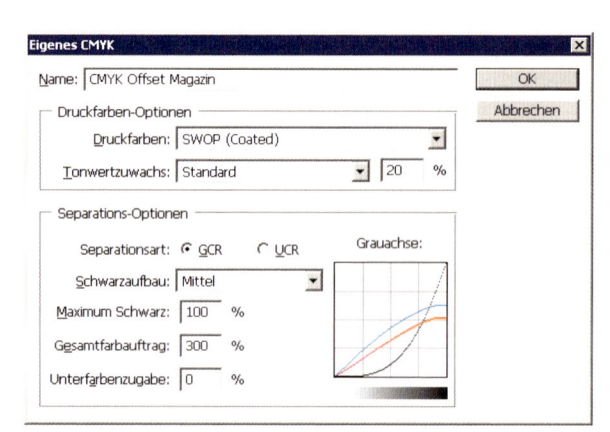

Abbildung 4.9 Wählen Sie in den Farbeinstellungen »Eigenes CMYK«, dann steuern Sie den Aufbau Ihrer CMYK-Bilder.

Umwandlung nach CMYK

Die Umwandlung eines RGB-Bilds nach CMYK bezeichnet man als Farbseparation. Wandeln Sie ein Bild nur einmal von RGB nach CMYK um, und zwar erst dann, wenn die **Farbeinstellungen** stimmen. Nehmen Sie erst alle Farbkorrekturen im RGB-Modus vor, konvertieren Sie dann das Bild und überprüfen Sie in CMYK erneut Lichter und Tiefen. Auf Wunsch separiert auch Ihr Belichtungsstudio.

Die **Farbeinstellungen** für CMYK, erreichbar im **Bearbeiten**-Menü, beeinflussen die Art, wie Photoshop zwischen RGB und CMYK umwandelt. Betroffen ist aber auch die Darstellung von CMYK-Bildern auf einem RGB-Monitor.

Zunächst sollten die Monitorvoreinstellungen und die Vorgaben für die Druckfarben stimmen. Im Anschluss drucken Sie ein Testbild aus und passen Ihren Monitor entsprechend an (Seite 51).

*Abbildung 4.10
Je nach CMYK-Vorgabe werden die Farben unterschiedlich umgewandelt. Die Variante der rechten Palette verwendet weit mehr Schwarz.
Vorlage: Farbmodus_4*

Mit dem Befehl **Bearbeiten: Farbeinstellungen** bietet Photoshop Voreinstellungen für typische Drucksituationen. Wollen Sie die Umwandlung von RGB nach CMYK selbst steuern, wählen Sie in diesem Dialogfeld im Bereich Arbeitsfarbräume im Klappmenü CMYK die Option Eigenes CMYK.

CMYK-Warnungen in Dialogfeldern

Sie können schon bei RGB- oder Lab-Dateien zu gesättigte, in CMYK nicht druckbare Farben aufzeigen und entfernen. Photoshop kennzeichnet diese Farben so:

» Farbwähler und Farbregler zeigen das Warndreieck ⚠, wenn Sie eine nicht druckbare Farbe markieren; ein Klick auf das Dreieck beschert Ihnen die nächstgelegene druckbare Farbe.

» Die Infopalette präsentiert ein Ausrufezeichen neben Tonwerten, die nach der Korrektur aus dem druckbaren Rahmen herausfallen.

»Farbumfang-Warnung«

Photoshop bietet im **Ansicht**-Menü spezielle Darstellungsweisen, mit denen Sie ein anderes Farbmodell oder einen anderen Rechner simulieren. Ein Beispiel: Sie benötigen ein RGB-Bild letztlich im CMYK-Modus der Druckvorstufe; Sie wollen es aber zunächst im vielseitigeren RGB-Modus bearbeiten. Sie bleiben auch bei RGB, zeigen das Foto aber trotzdem bereits mit CMYK-Vorschau an.

Der Befehl **Ansicht: Farbumfang-Warnung** (Strg+⇧+Y) hebt alle Pixel eines RGB-Bilds durch Alarmfarben hervor, die im aktuell gewählten CMYK-Farbraum der druckbaren Farben (dem sogenannten Gamut) nicht vorkommen. Sie können die entsprechenden Farben zum Beispiel mit dem Schwamm ⬭ abschwächen, bis die Sättigung in den druckbaren Bereich sinkt. Mit welcher Farbe und Deckkraft die Farbumfang-Warnung zuschlägt, regeln Sie per **Bearbeiten: Voreinstellungen: Transparenz & Farbumfang-Warnung** (am Mac im **Photoshop**-Hauptmenü).

Tipp
Wollen Sie nicht druckbare Farben nicht nur hervorheben, sondern auswählen? Dies erledigt der Befehl **Auswahl: Farbbereich** *mit der Vorgabe* Ausserhalb des Farbumfangs *(Seite 443).*

»Farb-Proof« für den Druck

Der Befehl **Ansicht: Farb-Proof** (Strg+Y) zeigt eine RGB-Datei in verschiedenen CMYK-Varianten, ohne das Bild endgültig in CMYK zu verwandeln. Hier wie auch bei der **Farbumfang-Warnung** verwendet Photoshop Ihre aktuellen **Farbeinstellungen** für CMYK (Seite 51).

Welche CMYK-Vorgabe Sie mit dem **Farb-Proof**-Befehl darstellen, entscheiden Sie im Untermenü **Ansicht: Proof einrichten**. Sie erkennen also mögliche Farbänderungen durch die Konvertierung nach CMYK und durch die Ausgabe auf bestimmten Geräten schon vorab. Zeigen Sie das Bild mit dem Befehl **Ansicht: Neues Fenster** eventuell doppelt an, RGB und CMYK nebeneinander.

Zeigen Sie Ihr Bild vorübergehend im **CMYK-Arbeitsfarbraum**, ohne es bereits in CMYK umzurechnen. **Papierweiß simulieren** stellt den speziellen Weißton dar, den Sie in den CMYK-Vorgaben zur aktuellen Datei gemacht haben. Unabhängig vom definierten CMYK-Arbeitsfarbraum machen Sie **Eigene** Proof-Vorgaben mit Vorgaben für spezielle Ausgabegeräte.

Abbildung 4.11
Alarmfarben: Die »Farbumfang-Warnung« hebt nicht druckbare Tonwerte in der Bildanzeige hervor, hier durch graue Abdeckung. Datei: Farbmodus_5

Teil 1 • Grundlagen

Abbildung 4.12 Sie erkennen hier schon in der Titelleiste des Bilds, dass wir ein RGB-Bild mit CMYK-Darstellung bearbeiten. Im Untermenü »Ansicht: Proof einrichten« steuern Sie die Wiedergabe.

4.4 Weitere Farbmodi

Photoshop bietet weitere Farbmodi an.

Graustufen

Wählen Sie **Bild: Modus: Graustufen**, kann Ihre Datei nur noch Graustufen und keine Farben mehr anzeigen. Ein Graustufenbild hat nur eine Grundfarbe und belegt damit zwei Drittel weniger Arbeitsspeicher als ein RGB-Farbbild mit gleicher Farbtiefe.

Soll das Graustufenbild nachträglich Farbe annehmen, nehmen Sie im Untermenü **Bild: Modus** eine Vorgabe wie **RGB-Farbe**. Danach erscheint Ihr Graubild immer noch grau – aber im Druck kann es zu Abweichungen kommen.

Wollen Sie ein Farbmotiv in schmucke Grautöne umsetzen, klicken Sie nicht einfach auf den **Graustufen**-Befehl. Erzeugen Sie zunächst Graustufen nach Maß mit dem **Schwarzweiß**-Befehl oder einem der anderen, interessanten Verfahren, die wir ab Seite 344 ausführlich besprechen.

Lab-Modus

Die RGB-Daten rechnet Photoshop stets auf dem Umweg über das Lab-Farbmodell nach CMYK um. Lab ist eine geräteunabhängige Farbraumbeschreibung, deren Farbraum RGB und CMYK einschließt; Lab hat also ein weiteres Farbspektrum als RGB und CMYK.

Lab ist aufgeteilt in einen Helligkeitskanal (L, für Luminanz oder Lab-Helligkeit) – eine Art Graustufenversion des Bilds – und zwei Kanäle für die Farbe: a von Grün bis Magenta, b von Blau bis Gelb. Lab ist auch das interne Farbmodell von PostScript Level II und III. Speichern Sie Lab-Bilder in den Formaten TIFF, Photoshop-PSD oder Photoshop-PDF – JPEG und viele weitere Dateitypen eignen sich nicht.

Manchmal lohnt es sich, unmittelbar den **Modus: Lab-Farbe** anzuwählen:

» Etwa wenn Sie die Helligkeitswerte eines Bilds unabhängig von den Farbtönen bearbeiten wollen – zum Beispiel beim Schärfen oder Stören.

» CMYK-Bilder lassen sich speicherschonend und ohne Verlust nach Lab konvertieren, das mit seinen drei Kanälen weniger Arbeitsspeicher beansprucht.

» Theoretisch können Sie ein Bild im Lab-Modus unmittelbar an einen PostScript-Drucker schicken, ohne es überhaupt erst nach CMYK zu konvertieren.

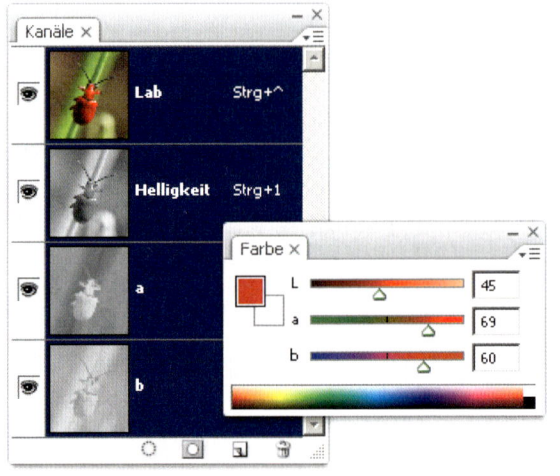

Abbildung 4.13
Das Lab-Farbmodell unterscheidet einen Helligkeitskanal und die zwei Farbkanäle a und b.
Datei: Farbmodus_6

Bitmap-Modus

Achtung
Andere Programme, etwa Bildbearbeiter oder Archivierungen, zeigen Lab-Dateien vielleicht nicht korrekt an.

Bitmap-Modus

Der **Modus: Bitmap** reduziert das Bild auf zwei Tonwerte – Schwarz und Weiß. Die Datei muss vorab im GRAUSTUFEN-Modus vorliegen, die Druckmaße müssen exakt stimmen und sollten später nicht geändert werden, auch nicht im Layoutprogramm; einzig die ungerasterte Bitmap-Version mit der SCHWELLENWERT-Methode dürfen Sie nachträglich skalieren.

Allerdings lässt sich ein BITMAP-Bild kaum bearbeiten, Sie müssen wieder zurück in den Graustufenmodus wechseln. Geht es Ihnen nur um einen grafischen Rastereffekt, verwenden Sie **Filter: Vergrößerungsfilter: Farbraster** (Seite 399).

Tipp
Prüfen Sie gerasterte BITMAP-Bilder in der Zoomstufe 100,00 Prozent (Strg + Alt + 0), sonst erscheinen sie verzerrt.

Wann Bitmap-Modus?

Der Bitmap-Modus empfiehlt sich, wenn Sie Dateien für Drucker aufbereiten, die ohnehin nur zwei Farben kennen und Zwischentöne durch Rastern vortäuschen – also etwa Laserdrucker oder Laserbelichter. In der Regel überlassen Sie diesen Schritt dem Drucker oder dem Raster Image Processor (RIP) beim Belichter; aber das Vorabrastern in Photoshop bietet zusätzliche Kontrollmöglichkeiten, spart eventuell Zeit und ist auch nützlich, wenn Sie das Bild vielfach durch Laserdrucker, Fotokopierer oder Faxkanäle laufen lassen.

Tipp
Auch im Drucken-Dialog können Sie individuell rastern; dort verändern Sie nicht die Bilddatei, sondern nur den aktuellen Ausdruck. Allerdings fehlt das interessante DIFFUSION DITHERING. Eventuell bietet jedoch Ihr Druckertreiber eine vergleichbare Option an, auch unter Bezeichnungen wie »Error Diffusion«, »Fehlerstreuung« oder »Streuraster«.

Indizierte Farben

Bilder mit indizierten Farben können nur maximal 256 unterschiedliche Farben anzeigen. Wichtig ist die »Indizierte Farbe« für GIF-Dateien, die auf WWW-Seiten Animationen und Freisteller ermöglichen: GIF akzeptiert keine andere Farbtiefe. Um übliche Halbtonfotos platzsparend zu speichern, nimmt man eher das JPEG-Dateiformat. Details finden Sie in den Abschnitten zu GIF (Seite 719) und zur Farbtabelle (Seite 722).

Duplex

Bilder im **Duplex**-Modus wirken wie Tonungen: Sie erzeugen getonte Graustufenwerke mit einer bis vier Grundfarben – und entsprechend einer bis vier Druckfarben. Wir diskutieren das Verfahren ab Seite 343.

Abbildung 4.14 **1. Bild:** Die Schwellenwertmethode des »Bitmap«-Befehls sorgt für harte Schwarzweißgegensätze und erzeugt keinen Graustufeneindruck.
2. Bild: Mit Weichzeichner, Hochpass-Filter und Schwellenwertregler lässt sich der Effekt besser steuern (Seite 355), erst danach wechseln Sie zu »Bitmap«.
3. Bild: »Diffusion Dithering« erzeugt ein körniges Streuraster. **4. Bild:** Punktraster mit 45 Grad Rasterwinkelung ist eine verbreitete Rasterform.
Die Bilder wurden für niedrige Druckerauflösungen berechnet, so dass die Rasterwirkung hier stark hervortritt. Vorlage: Farbmodus_7

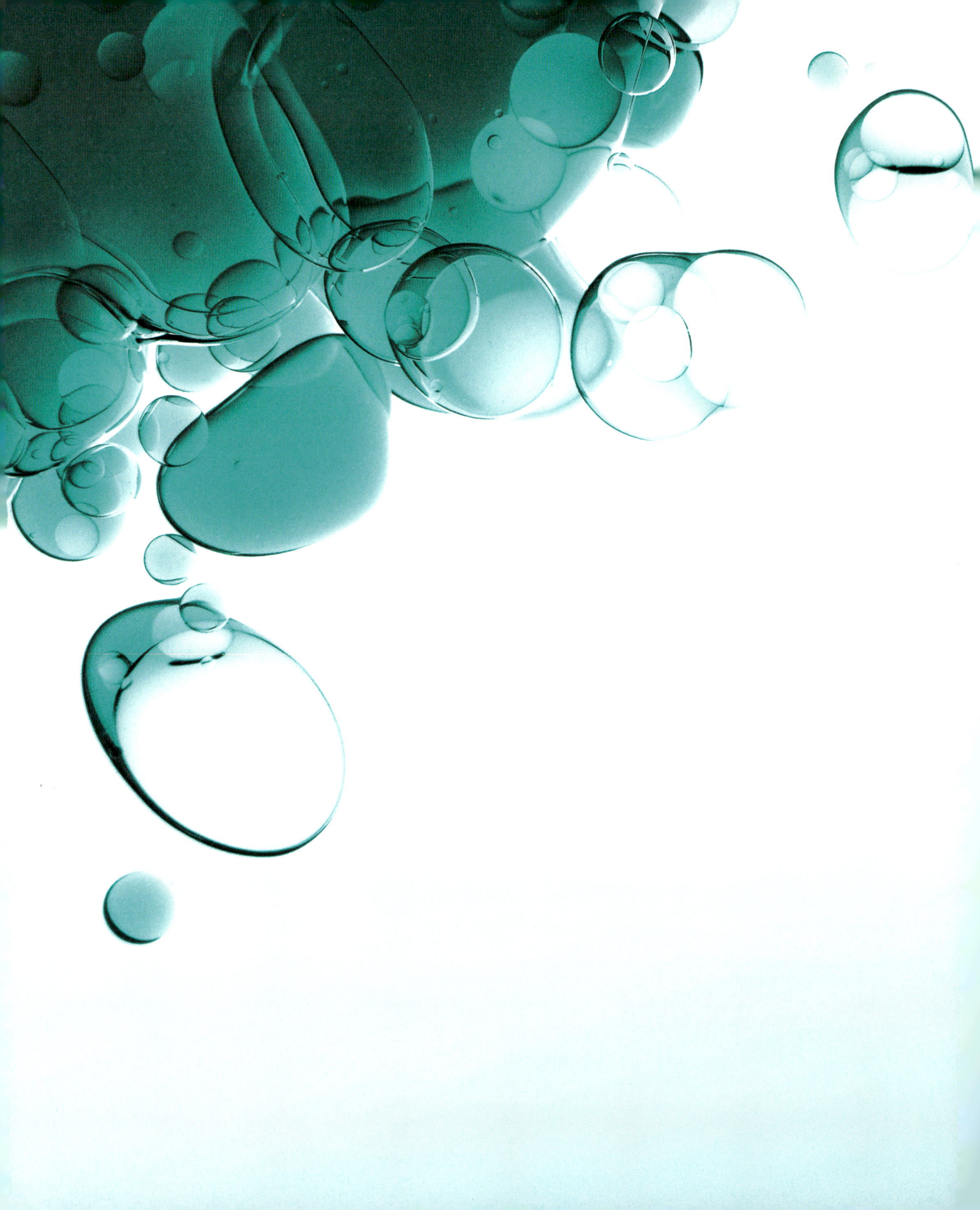

Teil 2
Basisaufgaben

Kapitel 5:
Bildverwaltung mit Bridge 100

Kapitel 6:
Metadaten (IPTC & Exif) 130

Kapitel 7:
Der Camera-Raw-Dialog 143

Kapitel 8:
Öffnen & Speichern 163

Kapitel 5
Bildverwaltung mit Bridge

Wie ein digitales Leuchtpult reiht die Bilddatenbank Bridge Ihre Fotos auf. Starten Sie Bridge wie ein unabhängiges Programm oder öffnen Sie es mit der Schaltfläche GEHE ZU BRIDGE, oben rechts neben den Werkzeugoptionen, direkt aus Photoshop heraus. Auch der Befehl **Datei: Durchsuchen** (Strg+⇧+O) tut's.

Abbildung 5.1 Steuern Sie in den Photoshop-»Voreinstellungen«, ob Bridge automatisch mit Photoshop startet.

Diese Möglichkeiten bietet Bridge:

» Miniaturendarstellung in verschiedenen Größen und Sortierungen, mit Textinformation nach Maß

» Vielseitig änderbare und speicherbare Oberfläche

» Schnelles Auffinden von wichtigen oder zuletzt genutzten Ordnern und Dateien

» Anzeigen von technischen Daten und Exif-Kameradaten

» Anzeigen und Ändern von IPTC-Einträgen wie BESCHREIBUNG oder STICHWÖRTER

» »Beschriften« und Auswählen von Miniaturen mit WERTUNG (Sterne) und Farbbalken

» Suchen und selektives Anzeigen von Dateien mit bestimmten Eigenschaften, Speicherung der Abfragekriterien und der Fundliste

» Für gewählte Bilder: Vorbereitung zum Drehen, Reihenumbenennung und weitere Veränderung mit Skripten aus Photoshop, InDesign und anderen Programmen

» Diaschau aus dem Programm heraus, dabei wahlweise Anzeige und Änderung von WERTUNG und BESCHRIFTUNG

In diesem Kapitel behandeln wir viele, aber nicht alle Funktionen von Bridge: Den kompletten Umgang mit IPTC-BESCHREIBUNGEN und STICHWÖRTERN stelle ich im »Metadaten«-Kapitel vor (Seite 130); Camera-Raw-Dateien behandelt en bloc das Kapitel ab Seite 143.

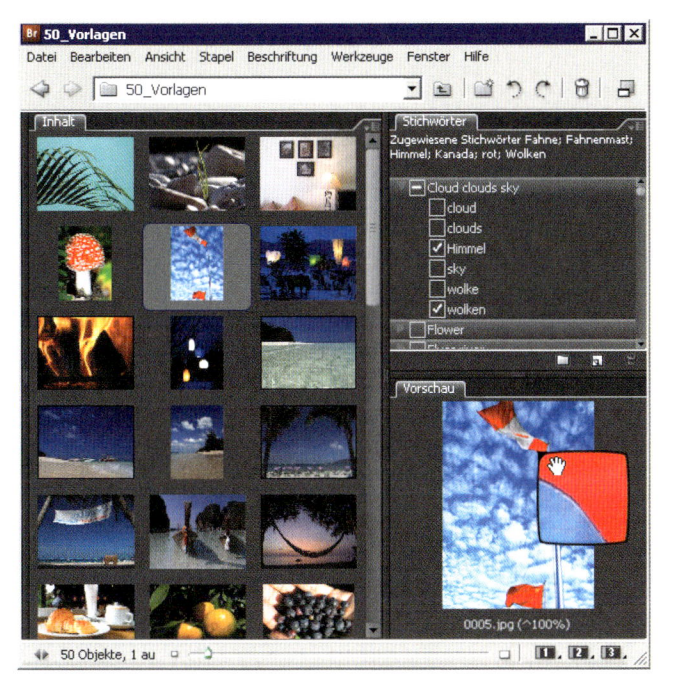

Abbildung 5.2 Links: Wir haben die Vorschau- und die Stichwörterpalette rechts im Bridge-Fenster angeordnet, die Vorschaupalette zeigt hier die 100-Prozent-Lupe. Die Textzeilen unter den Miniaturen verschwanden per Strg+T. **Rechts:** Im Bridge-Fenster sehen Sie links die Ordnerpalette und die Metadatenpalette mit dem IPTC-Bereich. Unter den Miniaturen zeigt Bridge auf Wunsch Farbcodes, Sternewerte und technische Daten oder Stichwörter an. Die gelbe »QuickInfo« lässt sich abschalten. Verzeichnis: 50_Vorlagen

Beispielbilder

Die Illustrationen für diesen Abschnitt entstanden mit den Bildern aus dem Verzeichnis »Praxis/Sammlungen/50_Vorlagen« von der Buch-DVD. Dieser Ordner enthält JPEG- und Camera-Raw-Dateien sowie einzelne PDF-, InDesign- und Illustrator-Dateien. Die meisten Bilddateien in den Formaten JPEG und Camera Raw enthalten Texte nach IPTC-Standard – BESCHREIBUNG, Ortsangaben und Stichwörter –, Exif-Belichtungsdaten der Digitalkamera sowie teils BESCHRIFTUNG und WERTUNG.

Macken

Nach dem Marktstart zeigten frühe Bridge-Versionen unter Windows XP und Vista gelegentlich Macken – so produzierte das Programm beim Schließen Fehlermeldungen und bot den Befehl **Datei: In Camera Raw öffnen** nicht an. Mögliche Lösungen:

» Starten Sie Bridge neu und drücken Sie sofort Strg+Alt+⇧. So setzen Sie alles auf die Grundeinstellungen zurück. Dabei könnten Beschriftungen und Wertungen abhanden kommen.

» Öffnen Sie die **Voreinstellungen** und stellen Sie im Bereich STARTSKRIPTE sicher, dass die PHOTOSHOP SERVICES eingeschaltet sind.

» Das bringt nichts? Schalten Sie umgekehrt alle Skripte ab.

Bridge greift intensiv auf die Festplatte zu. Photoshop-Hersteller Adobe rät darum auf seiner Internetseite, Programme mit viel Festplattenaktivität abzuschalten, darunter Virenschutzsoftware, Firewalls und Dateiverwaltungen. In dem Zusammenhang: Verbannen Sie die Ordnerpalette in Bridge mit dem Befehl **Ansicht: Ordner**, vielleicht führt sich das Programm beim Schließen und Öffnen jetzt geschmeidiger auf.

Will Bridge unter Windows XP gar nicht erst starten? Öffnen Sie mit Strg+Alt+Entf den Windows Task-Manager. Prüfen Sie, ob der Bereich PROZESSE noch BRIDGE.EXE anzeigt, obwohl das Programm nicht läuft. Wenn ja, klicken Sie BRIDGE.EXE einmal an und dann auf PROZESS BEENDEN.

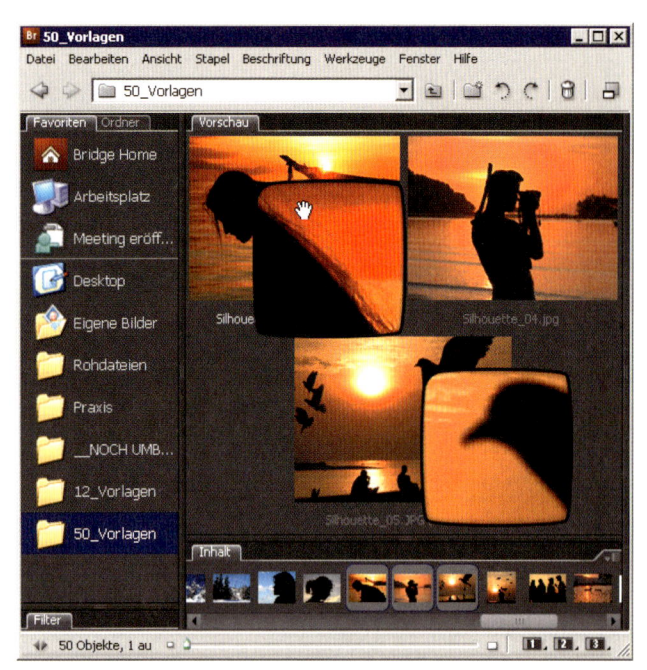

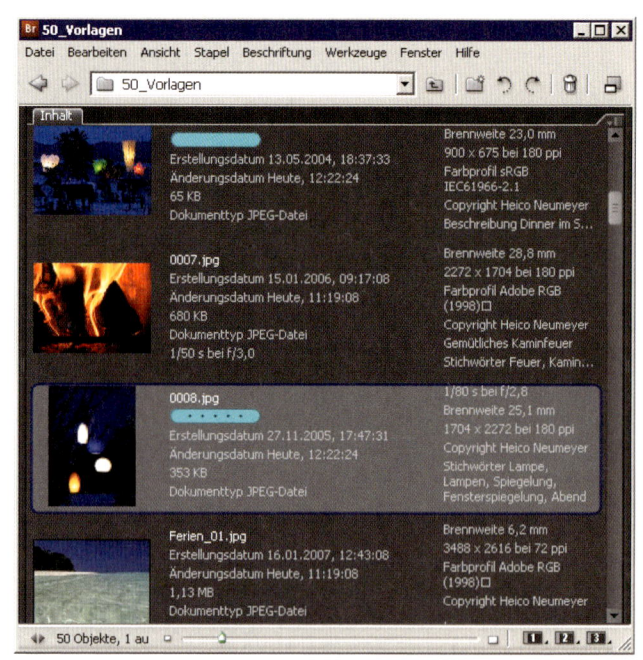

Abbildung 5.3 **Links:** Die Favoritenpalette bietet die wichtigsten Ordner an. Im Filmstreifenmodus haben wir drei Dateien markiert, die zum Vergleich vergrößert in der Vorschau erscheinen, zwei davon mit Lupe. **Rechts:** Wir wählen »Ansicht: Als Details« und blenden alle Paletten mit der ⇥-Taste aus.

5.1 Oberfläche

Die Bridge-Oberfläche lässt sich vielseitig gestalten, verschiedene Anordnungen können Sie zudem speichern.

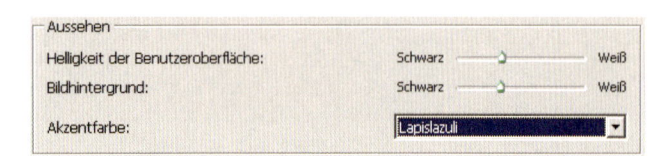

Abbildung 5.4 Die Farben der Benutzeroberfläche steuern Sie in den Voreinstellungen von Bridge (Strg + K).

Teile von Bridge ausblenden

In Bridge blenden Sie Paletten so ähnlich aus wie in Photoshop:

» Klicken Sie doppelt auf den Namen einer Palette wie Vorschau, Ordner, Metadaten – sie schließt oder öffnet sich.

» Ziehen Sie die Paletten zu Gruppen zusammen.

» Per ⇥-Taste oder mit der Schaltfläche Erweiterte Ansicht ⬥ unten links klappen sämtliche Paletten weg – und kommen bei Wiederholung des Befehls schnurstracks zurück.

» Soll nur die rechte oder nur die linke Palettenspalte abtauchen, klicken Sie doppelt auf die senkrechte Trennleiste zum Mittelbereich.

» Sie wollen einzelne Paletten hervorholen oder verbannen? Ein passendes Kontextmenü liefert der Rechtsklick auf einen Palettentitel wie Filter oder Favoriten; Alternative: das **Fenster**-Hauptmenü.

Kompaktmodus und Ultrakompaktmodus

So belegt Bridge noch weniger Monitor:

» Beim Wechsel in den Kompaktmodus mutiert Bridge zum schmalen Programmfenster ohne Paletten oder Hauptmenü; es lässt sich zunächst von anderen Programmen nicht überdecken. Klicken Sie auf In Kompaktmodus wechseln.

» Im Ultrakompaktmodus bleibt von Bridge nur die Menüleiste übrig. Sie klicken auf die Schaltfläche, nur aus dem Kompaktmodus heraus. Zurück in den Vollmodus geht's mit einer eigenen Schaltfläche.

Im Kompaktmodus funktioniert Bridge fast wie eine Photoshop-Palette: Bridge bleibt jederzeit sichtbar. Ziehen Sie Bilder aus Bridge in Photoshop oder auch in beliebige andere Programme.

Mehrere Bridge-Fenster

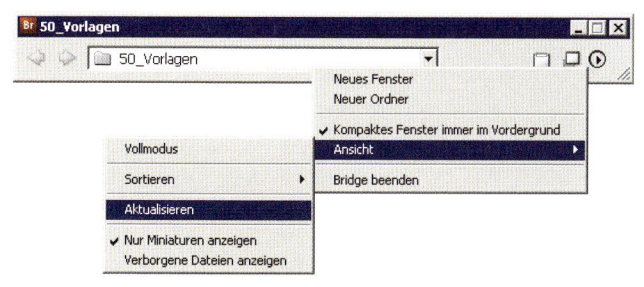

Abbildung 5.5 So sieht Bridge im Ultrakompaktmodus aus. Über den Menüschalter lässt sich das Programm weiterhin steuern.

Immer im Vordergrund

Im Kompaktmodus bleibt Bridge zunächst immer im Vordergrund, es wird nicht von anderen Programmen überdeckt. Öffnen Sie das Menü mit dem Schalter ⊙, dann sehen Sie ein Häkchen ✓ neben **Kompaktes Fenster im Vordergrund**. Klicken Sie diese Vorgabe einmal an, damit sich andere Programme vor Bridge drängen können. Beim nächsten Wechsel in den Kompaktmodus bleibt die Option dann ausgeschaltet.

Mehrere Bridge-Fenster

Sie wollen nicht weniger, sondern mehr von Bridge sehen? Dann stellen Sie mehrere Bridge-Fenster nebeneinander. So vergleichen Sie verschiedene Verzeichnisse und kopieren bequem hin und her; übersichtlich sehen Sie Suchergebnisse und Gesamtverzeichnis nebeneinander. So geht's:

» Wählen Sie **Datei: Neues Fenster** (Strg+N).

» Klicken Sie im **Suchen**-Dialog auf SUCHERGEBNISSE IN NEUEM BROWSERFENSTER ANZEIGEN.

»Neues synchronisiertes Fenster«

Der Befehl **Fenster: Neues synchronisiertes Fenster** (Strg+Alt+N) erzeugt ein zweites Bridge-Fenster, das inhaltliche Änderungen im ersten Fenster mitvollzieht – verwendetes Verzeichnis und aktivierte Datei(en). Zeigen Sie zum Beispiel im ersten Fenster Hunderte kleiner Miniaturen ohne jede Information; im synchronisierten Fenster sichten Sie nach Bedarf

» die aktivierten Bilder im Metadaten-Modus mit ausführlichen Informationen oder

» nur die Vorschaupalette; sie zeigt die im ersten Fenster markierten Dateien deutlich größer.

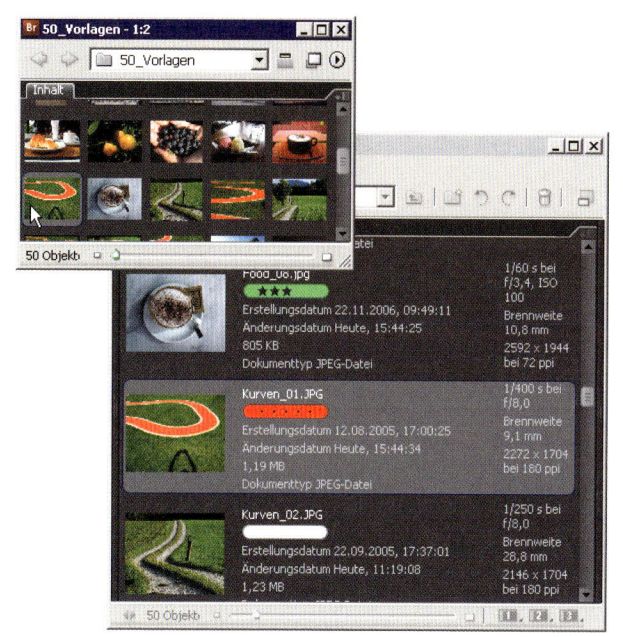

Abbildung 5.6 Das obere Fenster ist im Kompaktmodus – ohne Paletten und Menü – zunächst immer im Vordergrund. Das untere Fenster ist »synchronisiert«: Es zeigt immer den gleichen Inhalt wie das erste Fenster, aber in einer anderen Ansicht.

Befehle im Überblick: Bridge-Oberfläche

Taste/Feld	Zusatz-tasten	Aktion	Ergebnis
(Br)		🖱	In Photoshop und anderen Programmen: Bridge starten
F5			Ansicht aktualisieren
◀▮▶		🖱	Palettenbereich ein-/ausblenden
Strg+↵			Wechsel Kompaktmodus/Vollmodus
▯		🖱	Kompaktmodus
▭		🖱	Ultrakompaktmodus
Strg	+		Miniaturen vergrößern
Strg	-		Miniaturen verkleinern
F2			Einzelne Datei umbenennen
Strg+R			Im Camera-Raw-Dialog öffnen
Strg+R	⇧		Stapel-Umbennung

Taste/Feld	Zusatz-tasten	Aktion	Ergebnis
Pos 1			Zum ersten Objekt
Ende			Zum letzten Objekt
Strg+G			Markierte Dateien **Als Stapel gruppieren**
Strg+F2			Gespeicherter Arbeitsbereich LEUCHTTISCH
Strg+F3 bis Strg+F6			Weitere gespeicherte Arbeitsbereiche
Strg+F6 bis Strg+F9, Strg+F11, Strg+F12			(mögliche Kurztasten für eigene gespeicherte Arbeitsbereiche)
Strg+F			Suchdialog
Strg+K			Voreinstellungen
Strg+L			Präsentation starten
Strg+N			Neues Bridge-Fenster
Strg+N	Alt		Neues synchronisiertes Bridge-Fenster
Strg+T			Textzeilen unter den Miniaturen ein-/ausblenden

Miniaturen und Vorschau

Mit dem Schieberegler unten rechts im Bridge-Programmfenster ändern Sie die Miniaturengröße. Das **Ansicht**-Menü steuert, ob Sie Ordner als Symbol anzeigen und ob **Verborgene Dateien** in Erscheinung treten dürfen – alles, was nicht Grafik ist und Bridge nicht richtig anzeigen kann, etwa externe XML-Dateien, Datenbankdateien von Bridge, Word-Dateien etc.

Technische Daten unter den Miniaturen

Unter jeder Miniatur verrät Bridge zunächst nur den Dateinamen. Blenden Sie weitere Eigenschaften mit ein: Wählen Sie **Bearbeiten: Voreinstellungen** oder Strg+K (am Mac wie immer die ⌘+K oder **Bridge: Voreinstellungen**); dort bietet Bridge WEITERE ZEILEN FÜR MINIATUR-METADATEN an. Zeigen Sie etwa (Datei-)GRÖSSE, STICHWÖRTER, BESCHREIBUNG oder BRENNWEITE an.

Abbildung 5.7
In den »Voreinstellungen« steuern Sie, welche Dateieigenschaften Bridge direkt unter den Bildminiaturen anzeigt.

Zeigen Sie auch diese Eigenschaften unter den Miniaturen an:

ERSTELLUNGSDATUM	Bei Digitalfotos mit Exif-Informationen das Aufnahmedatum
ÄNDERUNGSDATUM DER DATEI	Datum des letzten Speicherns
ABMESSUNGEN	Pixelzahl quer mal hoch und Zahl der Pixel pro Zoll im Druck (ppi)
ABMESSUNGEN (IN CM)	Gespeicherte Druckgröße und Zahl der Pixel pro Zoll im Druck (ppi)
TIEFE	Farbtiefe pro Grundfarbe
ANWENDUNG	Welches Programm wird nach Doppelklick geöffnet, zum Beispiel »Photoshop CS3«
BELICHTUNG	Belichtungszeit, Blende, Empfindlichkeit der Digitalkamera

Alle diese Zeilen verbannen Sie auf einen Schlag per Strg+T. So entsteht mehr Platz für die Bildminiaturen. Noch einmal Strg+T und Sie sehen wieder die gewählten Eigenschaften.

Achtung

VORSCHAU-Fenster und Diaschau funktionieren nicht? Drücken Sie in Bridge Strg+K, gehen Sie in den Bereich ERWEITERT und schalten Sie das SOFTWARE-RENDERING ein. Schließen Sie Bridge und öffnen Sie das Programm wieder.

Symbole

Bridge schmückt die Miniaturen mit diesen Symbolen:

🔒	Die Datei ist schreibgeschützt und kann unter diesem Namen nicht neu gespeichert werden.
⊜	Tonwerte wurden im Camera-Raw-Dialog eingestellt.
⬚	Das Bild wurde im Camera-Raw-Dialog gedreht oder zugeschnitten (verlustfrei).

Vorschaupalette und Lupe

Die Vorschaupalette zeigt bis zu neun Bilder gleichzeitig an, sofern Sie mehrere Bilder auswählen. Klicken Sie in eine Vorschau – sofort erscheint die Lupe mit einem Bilddetail in der wichtigen 100-Prozent-Ansicht (Seite 44). So arbeiten Sie mit der Lupe:

» Klicken Sie weitere Bilder innerhalb der Vorschaupalette an, um zusätzliche Lupen zu öffnen.

» Sie wollen zwei Lupen parallel bewegen, das geht bei gedrückter Strg-Taste.

» Ziehen Sie die Lupe an andere Bildstellen – vergrößert sehen Sie jeweils die Bildstelle an der »angespitzten« Ecke; die befindet sich zunächst links oben an der Lupe.

» Ziehen Sie die Lupe an den untersten Rand der Bildvorschau und wieder zurück, um die spitze Ecke von links oben nach links unten zu verlagern. Ebenso ziehen Sie die Lupe an den äußersten rechten Rand der Bildvorschau und wieder zurück, damit die hervorgehobene Ecke rechts oben ist.

» Mit dem Mausrad ändern Sie die Zoomstufe in der Lupe. Auch + und - ändern den Abbildungsmaßstab. Nehmen Sie die Strg-Taste dazu, um in mehreren Lupen gleichzeitig zu zoomen.

Abbildung 5.8 Sie können die Lupen in der Vorschaupalette auch parallel bewegen und zoomen, um die beste Aufnahme einer Serie zu finden.

Sortieren

Sortieren Sie Ihre Bilder mit dem Untermenü **Ansicht: Sortieren**, mit dem Angebot oben in der Filterpalette oder per Rechtsklick über einem Ordnersymbol. Bridge ordnet Ihre Bilder nach unterschiedlichsten Kriterien an – neben dem **Dateinamen** auch das **Erstellungsdatum** (Aufnahmedatum) oder **Änderungsdatum**, **Copyright** oder **Wertung** (Sterne).

Die Vorgabe **Abmessungen** sortiert nach der Pixelzahl – kleine Dateien mit wenig Bildpunkten erscheinen zuerst, Megapixel-Boliden erscheinen später. Hoch- und Querformate mischt Bridge dabei. Eine Sortierung nach Seitenverhältnis oder Kantenlänge fehlt, aber Sie können per Filterpalette Dateien nur mit bestimmten Seitenverhältnissen anzeigen.

Abbildung 5.9
Am bequemsten erreichen Sie die Sortierfunktion über die Filterpalette. Das Dreieck unter dem Mauszeiger wechselt zwischen aufsteigender und absteigender Sortierung.

Sortierung von Hand

Ziehen Sie Ihre Werke von Hand in jede beliebige Reihenfolge – auch mehrere am Stück. So erhalten Sie die gewünschte Anordnung für **Stapel-Umbenennung**, **Präsentation**, **PDF-Präsentation** oder **Web-Fotogalerie**. Auch wenn Sie zwischendurch eine andere Sortierung wählen, das Verzeichnis wechseln oder das Programm schließen: Photoshop merkt sich die manuelle Anordnung und stellt sie auf Anfrage getreulich wieder her; wählen Sie dazu **Ansicht: Sortieren: Manuell**.

Die Datei ».BridgeSort«

Sobald Sie von Hand sortieren, legt Bridge im aktuellen Verzeichnis die neue Datei ».BridgeSort« an; sie listet die Reihenfolge der Bilder auf. Bridge erzeugt diese Datei auch dann im aktuell geöffneten Verzeichnis, wenn Sie in den **Voreinstellungen** eine ZENTRALE CACHEDATEI VERWENDEN. Um die Datei in Brigde zu sehen, ziehen Sie ein Bild an eine neue Position. Anschließend wählen Sie **Ansicht: Verborgene Dateien anzeigen**.

Im Test habe ich Dateisammlungen einschließlich ».BridgeSort« in andere Ordner geschoben – Brigde hat die manuelle Sortierung dort nicht wiederhergestellt. Und wenn Bridge Bildverzeichnisse von CD einliest, geht es bei mitgelieferter Cache-Datei zwar schneller – doch die manuelle Reihenfolge stellt das Programm nicht wieder her.

Tipp
Speichern Sie verschiedene Varianten von ».BridgeSort«, um so mehrere manuelle Sortierungen in einem Verzeichnis schnell parat zu haben. Verschieben Sie nicht benötigte Varianten in ein anderes Verzeichnis oder benennen Sie diese Dateien um.

So nutzen Sie Miniaturen in Bridge

1. **Ordnerwechsel:** Zuletzt oder vorher geöffnete Ordner oder Kollektionen wieder anzeigen

2. **Markierung:** Datei wurde per Einzelklick markiert, kann jetzt kopiert, gelöscht oder per Eingabetaste in Photoshop geöffnet werden

3. **»Wertung«:** Sterne zuteilen durch Anklicken von Sternen oder Punkten

4. **Bilddaten:** Auswahl der angezeigten Bilddaten in den »Voreinstellungen« ([Strg]+[K]); Verbergen/Einblenden aller Zeilen mit [Strg]+[T] bzw. [ctrl]+[T]

5. **Stapel** mit acht Miniaturen; Klick zum Öffnen des Stapels

6. **Linke Palettenleiste ein-/ausblenden:** Doppelklick auf vertikale Leiste

7. **Paletten:** anzeigen/verbergen (hier wurden Paletten für Ordner, Favoriten, Vorschau, Stichwörter und Metadaten ausgeblendet)

8. **Miniaturen kleinstmöglich:** anzeigen

9. **Miniaturengröße:** stufenlos mit Schieberegler ändern

10. **Miniaturen größtmöglich:** per Mausklick auf 512 Pixel Breite vergrößern

11. **Arbeitsbereiche abrufen** wie »Leuchttisch« oder »Horizontaler Filmstreifen«

12. **Camera-Raw-Einstellungen:** Datei wurde im Camera-Raw-Dialog verlustfrei für Kontrast-, Farb- und Schärfekorrektur vorgemerkt, Miniatur gibt Änderungen wieder

13. **Schreibschutz:** Bild kann nicht unter demselben Namen neu gespeichert werden; nimmt keine Wertung oder Beschriftung an

14. **»Beschriftung«:** Farbbalken zuteilen per [Strg]+[6] bis [Strg]+[9] oder Menü **Beschriftung**

15. **Camera-Raw-Einstellungen:** Datei wurde im Camera-Raw-Dialog verlustfrei für Drehung und/oder Zuschneiden vorgemerkt, Miniatur gibt Änderungen wieder

16. **Kompaktmodus:** Bridge besonders platzsparend und ohne Paletten anzeigen; wird wahlweise nicht von anderen Programmen überdeckt

17. **Löschen:** markierte Bilder ohne Rückfrage in Mülleimer verschieben (Alternative: [Entf]-Taste zum Löschen oder Zurückweisen)

18. **Drehen:** Bild zum Drehen vormerken (Drehung erst nach Öffnen und Speichern in Photoshop angewendet, Bridge dreht nur die Miniatur)

19. **Neue Ordner:** erstellen per Mausklick

21. **Übergeordnete Ordner** öffnen

22. **Wichtige Ordner:** Schnellzugriff auf »Favoriten«-Ordner und -Dateien sowie auf zuletzt genutzte Ordner

Infografik »So nutzen Sie IPTC-Daten in Bridge« auf Seite 136

Grafik interaktiv auch im Web unter *www.mut.de/photoshop-kompendium*.

»Arbeitsbereich speichern«

Wahrscheinlich ändern Sie die vielseitige Bridge-Oberfläche immer wieder – Größe und Texte der Miniaturen ebenso wie Ausdehnung und Verteilung der Paletten. Gut zu wissen: Sie können verschiedene Entwürfe der Bridge-Oberfläche speichern und per Menübefehl, Klick oder Tastendruck wieder abrufen. Dazu verwenden Sie das Untermenü **Fenster: Arbeitsbereich** oder die Arbeitsbereich-Schaltflächen 1 unten rechts.

Bridge liefert bereits einige vorgefertigte Arbeitsbereiche wie **Dateinavigation** oder **Metadaten-Fokus** mit.

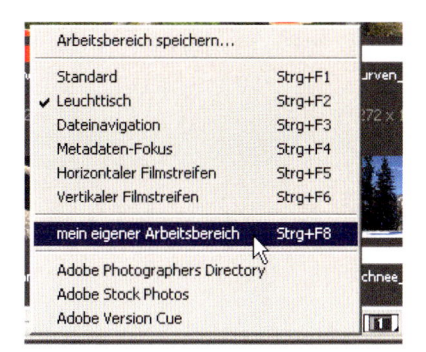

Abbildung 5.10 Über die drei Schaltflächen für Arbeitsbereiche laden und speichern Sie einzelne Programmfensterlayouts.

Eigenen Programmfensteraufbau speichern

Das Verfahren erinnert an Photoshops Befehl **Arbeitsbereich speichern**. So sichern Sie Ihren persönlichen Arbeitsbereich:

1. Richten Sie Bridge genau so ein, wie Sie es öfter brauchen.
2. Wählen Sie **Fenster: Arbeitsbereich: Arbeitsbereich speichern**.
3. Im Dialogfeld tippen Sie einen Namen für Ihren Arbeitsbereich ein, zum Beispiel »mein eigener Arbeitsbereich«.
4. Klicken Sie auf SPEICHERN.
5. Verändern Sie das Bridge-Fenster beliebig.
6. Kehren Sie zum eingespeicherten Aufbau zurück; wählen Sie **Fenster: Arbeitsbereich: mein eigener Arbeitsbereich**.

Alternative: Sie richten Bridge wie gewünscht ein, klicken unten rechts auf einen der drei Arbeitsbereich-Buttons 1 und dann auf **Arbeitsbereich speichern**.

Optionen

Im Dialogfeld **Arbeitsbereich speichern** finden Sie interessante Optionen:

» Sie können die aktuelle FENSTERPOSITION ALS TEIL DES ARBEITSBEREICHS SPEICHERN. Gemeint sind die Größe und die Position des Bridge-Fensters: Das Programm springt also mit dieser Vorgabe wieder in die altgewohnte Monitorposition und -größe zurück.

» Fixieren Sie auf Wunsch auch die SORTIERREIHENFOLGE als Eigenschaft Ihres Arbeitsbereichs.

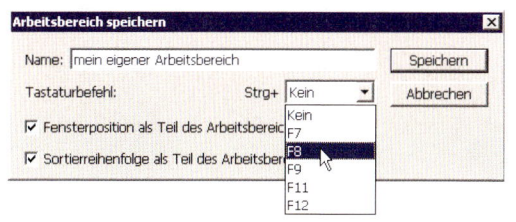

Abbildung 5.11 Teilen Sie Ihrem Arbeitsbereich einen Tastaturbefehl wie [Strg]+[F8] zu, er lässt sich dann schneller aufrufen.

Arbeitsbereiche per Schaltfläche aufrufen

Belegen Sie die Arbeitsbereich-Schaltflächen 1 mit Ihren drei wichtigsten Arbeitsbereichen:

» Klicken Sie diese Schaltflächen nur kurz an, schaltet Bridge sofort den Arbeitsbereich ein, den Sie mit dieser Schaltfläche zuletzt aufgerufen haben.

» Klicken Sie die Schaltfläche länger an, sehen Sie das Menü zum Speichern und Aufrufen einzelner Arbeitsbereiche. Stellen Sie den gewünschten Arbeitsbereich ein. Fortan ist er immer per Kurzklick auf dieser Schaltfläche erreichbar.

Die Filterpalette

Mit der Filterpalette grenzen Sie die Zahl der angezeigten Miniaturen ein – nur Dateien, welche die Kriterien aus der Filterpalette erfüllen, erscheinen im Inhaltfenster. Die Kriterien werden flexibel je nach Art der Dateien angeboten.

Bei unserem Testordner »50_Vorlagen« gibt es natürlich WERTUNG, BESCHRIFTUNG, alle STICHWÖRTER, Dateitypen, Seitenverhältnis, Hoch- versus Querformat, Änderungs- und Erstellungsdatum. Die Filterpalette verrät unter anderem, dass der Ordner »50_Vorlagen« sechs Zwei-Sterne- und zwölf Drei-Sterne-Bilder beherbergt, fünf Aufnahmen tragen das Stichwort BAUM, zwei Fotos entstanden am 30. Januar 2003, das SEITENVERHÄLTNIS 2:3 taucht dreimal auf (Hoch- oder Querformat), insgesamt gibt es 42 Querformate.

Je nach Inhalt des Ordners gibt es auch Kriterien wie ALBUM oder GENRE. Die Filterpalette führt oft schneller zum gesuchten Bild als der aufwändige **Suchen**-Dialog.

Abbildung 5.12 Zeigen Sie nur die Miniaturen aus dem aktuellen Ordner – oder aus dem aktuellen Ordner und allen Unterordnern. Das entscheiden Sie mit der Schaltfläche links oben in der Filterpalette.

Übergeordnete Befehle

Mit den Schaltflächen unten in der Palette können Sie die Filtereinstellungen konservieren oder aufheben:

» FILTER BEIM DURCHSUCHEN BEIBEHALTEN: Wenn Sie hier klicken, merkt sich Bridge die Filtervorgaben beim Wechsel zu einem anderen Ordner.

» FILTER LÖSCHEN: Zeigen Sie wieder uneingeschränkt den Inhalt des kompletten Ordners an (Strg+Alt+A).

Abbildung 5.13 Insgesamt sieben Bilder haben die Stichwörter »Auto« oder »Boot«. Ordner: 50_Vorlagen

Abbildung 5.14 Klicken Sie bei gedrückter ⇧-Taste auf die Wertungszeile für zwei Sterne; so zeigt Bridge alle Bilder mit zwei oder mehr Sternen. Ordner: 50_Vorlagen

Nur eine Kategorie verwenden

Testen Sie die Filterpalette zuerst, indem Sie nur eine Kategorie abfragen, zum Beispiel nur die STICHWÖRTER oder nur die BESCHRIFFTUNGEN. Die folgenden Beispiele können Sie mit dem Verzeichnis »50_Vorlagen« von der Buch-DVD durchspielen:

1. Öffnen Sie in der Palette die Kategorie STICHWÖRTER.

2. Klicken Sie auf die Zeile AUTO. Jetzt sehen Sie nur noch die drei Bilder, die das Stichwort AUTO enthalten.

3. Wollten Sie wieder alle Bilder sehen, hätten Sie es leicht: Einfach ein zweiter Klick auf die Zeile AUTO – der Ordner erscheint wieder komplett. Wir machen aber etwas anderes:

4. Klicken Sie auf die Zeile BOOT mit dem grünen Farbfeld: Sie sehen Bilder, die entweder BOOT oder AUTO enthalten – insgesamt sieben Fundstücke. Sie erhalten also eine ODER-Verbindung.

5. Sie wollen alle Bilder sehen, die genau nicht das Stichwort AUTO enthalten? Dazu drücken Sie die Alt-Taste und klicken auf diesen Begriff in der Filterpalette – so wählen Sie das Gegenteil von dem aus, was Sie anklicken.

Die Filterpalette

Wollen Sie alle Bilder ab drei Sternen aufwärts sehen? Halten Sie die ⇧-Taste gedrückt und klicken Sie auf die Zeile mit drei Sternen – nun reiht Bridge Drei-, Vier- und Fünf-Sterne-Motive auf. Sie können zusätzlich nach **Wertung** sortieren.

Achtung
*Klappen Sie Stapel auf, wenn sie komplett durchsucht werden sollen (**Stapel: Alle Stapel auffalten**, Strg + Alt + →). Bei geschlossenen Stapeln berücksichtigt die Filterpalette nur das oberste (generell sichtbare) Bild.*

Abbildung 5.15 Vorsicht: Die Filterpalette unterscheidet Groß- und Kleinschreibung, anders als Stichwörterpalette und Stichwörteranzeige unter den Miniaturen. Ein Beispiel: »fluss« und »Fluss« stellen in der Filterpalette zwei getrennte Kriterien dar – in der Stichwörterpalette aber nur ein einziges Stichwort.

Nach Wertungen filtern
So filtern Sie nach Wertungen:

1. Klicken Sie auf die Zeile mit drei Sternen, sehen Sie in unserem Testordner nur noch die zwölf Bilder mit drei Sternen (sofern Sie vorher alle Bilder und nicht nur eine Auswahl angezeigt hatten).
2. Klicken Sie auf die Zeile mit vier Sternen, sehen Sie zusätzlich Vier-Sterne-Exemplare, insgesamt 14 Exponate.
3. Klicken Sie erneut auf die Zeile mit drei Sternen, verschwinden die Drei-Sterne-Motive, Bridge zeigt nur noch die zwei Vier-Sterne-Fotos.

Mehrere Kategorien kombinieren
Fragen Sie Kriterien aus mehreren Kategorien ab, entsteht eine UND-Verbindung: Ein Bild muss beide Eigenschaften erfüllen, um es in die Anzeige zu schaffen. Ein Beispiel:

1. In der Kategorie STICHWÖRTER klicken Sie auf BAUM – die Inhaltpalette meldet fünf BAUM-Fotos.
2. Schränken Sie die Auswahl ein: In der Kategorie WERTUNGEN klicken Sie bei gedrückter ⇧-Taste auf die Zeile mit drei Sternen – Bridge zeigt nur noch BAUM-Fotos mit drei oder mehr Sternen, insgesamt nur zwei.
3. Sie wollen mehr Auswahl an BAUM-Fotos und geben sich auch mit Zwei-Sterne-Motiven zufrieden. Klicken Sie im Bereich WERTUNGEN auf die Zeile mit zwei Sternen. Bridge zeigt jetzt alle Bilder mit Stichwort BAUM, die zwei oder mehr Sterne haben, vier Exemplare insgesamt.

Abbildung 5.16 Links: Vier Bilder haben das Stichwort »Baum« und mindestens zwei Sterne. **Rechts:** Vom 30.1. und 1.2. 2003 gibt es genau zwei Querformate im Testverzeichnis. Ordner: 50_Vorlagen

Ein anderes Beispiel:

1. In der Kategorie ERSTELLUNGSDATUM klicken Sie auf den 30.1.2003. Bridge zeigt die zwei Fotos, die an dem Tag entstanden sind.

2. Sie brauchen aber nur die Querformate von diesem Tag. Ergo klicken Sie in der Kategorie AUSRICHTUNG auf QUERFORMAT – ein Bild bleibt übrig.

3. Zu wenig Auswahl? Nehmen Sie auch noch den 1. Februar hinzu: Laut Bridge entstanden an diesen zwei Tagen zwei Querformate.

5.2 Markieren & Verwalten

So markieren Sie Bilder, um sie anschließend gemeinsam weiterzuverwenden:

» Verschiedene, über das Programmfenster verstreute Fotos wählen Sie bei gedrückter Strg-Taste aus.

» Eine geschlossene Bildreihe erwischen Sie so: Klicken Sie auf das erste Bild und dann bei gedrückter ⇧-Taste auf das letzte Bild. (Ein gewähltes Foto verschwindet per Strg-Klick wieder aus der Auswahl.)

» Wenn Sie **Beschriftung** und **Wertung** verwenden (also Farbbalken und Sterne, siehe oben), gibt es nützliche Befehle im **Bearbeiten**-Menü: Sie können **Beschriftete auswählen** oder **Unbeschriftete auswählen**.

» Strg+A wählt alle angezeigten Bilder aus.

» Der nützliche Befehl **Bearbeiten: Auswahl umkehren** (Strg+⇧+I) wählt nur bisher nicht markierte Bilder aus.

» Ebendort finden Sie den Befehl **Bearbeiten: Auswahl aufheben** (Strg+⇧+A); alternativ reicht ein Klick in die leere graue Fläche ganz außen im Miniaturenbereich.

Tipp
Tippen Sie ein S, springt Bridge sofort zum ersten Foto in der Anzeige, das mit diesem Buchstaben beginnt, und markiert es – im Testordner die Datei »Schnee_01«. Tippen Sie zügig S i, springt Bridge im Testordner zur Datei »Silhouette_01«.

»Beschriftung« und »Wertung«

Kennzeichnen Sie einzelne Dateien mit BESCHRIFTUNG (Farbbalken) und WERTUNG (Sternenleiste). So finden Sie später schnell genau die richtigen Bilder für ein Projekt.

Tipp
BESCHRIFTUNG und WERTUNG eignen sich vor allem für Ihre interne Bildverwaltung. Weitergeben können Sie BESCHRIFTUNG und WERTUNG fast nur an Anwender, die ebenfalls neuere Programme des Photoshop-Herstellers Adobe verwenden, vor allem Bridge und Lightroom. Speichern Sie dagegen BESCHREIBUNG oder STICHWÖRTER nach IPTC-Standard in den Bildern, lassen sich die Angaben mit vielen anderen Programmen und auf Webseiten nutzen (Seite 130).

Zwei Wege zu »Wertung« und »Beschriftung«

So bringen Sie wahlweise Wertung oder Beschriftung an:

» Verwenden Sie das Menü **Beschriftung**, es verteilt Sterne und Farbbalken.

» Lassen Sie die Bilder als Präsentation durchlaufen (Strg+L, Seite 125); während des Fotoreigens drücken Sie die Tasten von 0 bis 5 für die gewünschte Sternezahl, Tasten von 6 bis 9 teilen Farbbalken zu und entfernen sie wieder.

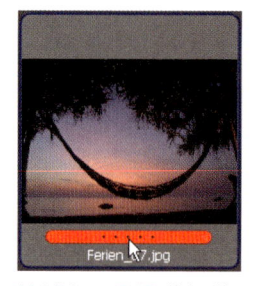

Abbildung 5.17 **Links:** Diese Bilddatei hat zunächst keine Wertung. Nach dem Anklicken erscheint eine Reihe von Punkten. Klicken Sie den dritten Punkt an, um drei Sterne zuzuteilen. **Rechts:** So ändern Sie die Wertung: Ein Klick auf den zweiten Stern senkt die Wertung auf zwei Sterne ab. Ein Klick links neben den ersten Stern entfernt die Wertung ganz.

Weitere Funktionen für die »Wertung«

Speziell für die Sternewertung bietet Bridge noch mehr Verfahren:

» Strg+1 setzt einen Stern, Strg+2 setzt zwei Sterne, Strg+0 entfernt die Sterne.

» Strg+. erhöht die Wertung schrittweise, mit Strg+, senken Sie den Daumen peu à peu wieder.

» Direkt unter markierten Bildern zeigt Photoshop eine Reihe von fünf Punkten an (sofern Sie die Miniaturen nicht sehr klein zeigen und nicht jegliche Bildunterschrift mit Strg+T unterdrücken). Klicken Sie auf den dritten Punkt, um drei Sterne zu vergeben; klicken Sie dann auf den zweiten Punkt, um das Urteil auf zwei Sterne abzusenken. Ist eine Wertung vorhanden, klicken Sie links neben den ersten Stern, um jede Wertung zu entfernen.

Tipp
Wählen Sie Strg+K *und dann* BESCHRIFTUNGEN*. Dort verzichten Sie auf die Vorgabe* BESCHRIFTUNGEN UND WERTUNGEN ÜBER DIE STRG-TASTE ANWENDEN*. Wertungen tippen Sie dann bequem mit den Tasten* 1 *bis* 5 *ein, Farbbalken mit* 6 *bis* 9*. Sie können dann allerdings nicht mehr mit Tastengriffen* 2 *oder* 0 *zu Dateien springen, die mit »2« oder »0« anfangen.*

Funktionen speziell für die »Beschriftung«

Nur die Farbcodierung bearbeiten Sie in Bridge wie folgt:

» Strg+6 bis Strg+9 sind für die Farbbalken Rot, Gelb, Grün und Blau reserviert. Wiederholen Sie den Tastengriff, um die Farbe wieder zu entfernen.

» Klicken Sie mit rechts in die gewählte Miniatur. Im Kontextmenü erscheint das Untermenü **Beschriftung** für die Farbbalken, aber ohne Sterneangebot.

Einschränkungen 🔒

Sie können Beschriftung und Wertung nicht für Bilder zuteilen, die auf der Festplatte schreibgeschützt sind. Diese Fotos zeigt Bridge mit dem Schreibschutzsymbol 🔒. Für solche Dateien bleibt das Menü **Beschriftung** blass, Bridge zeigt die Punktreihe zum Anklicken der Sterne nicht an.

Motive von CD oder DVD präsentieren das Schreibschutzzeichen 🔒 ebenfalls, ließen sich im Test aber vorübergehend mit Wertungen und Beschriftung dekorieren; die Informationen vergaß Bridge allerdings nach einem Ordnerwechsel und beim Kopieren.

Achtung
Ändern Sie Beschriftung und Wertung auch während die Datei in Photoshop geöffnet ist. Vorsicht allerdings: Photoshop bietet Ihnen das AKTUALISIEREN *an, sofern Sie per* Voreinstellungen *nicht ohnehin* GEÖFFNETE DATEIEN AUTOMATISCH AKTUALISIEREN*. Das bedeutet: Haben Sie zuletzt in Bridge die Sterne geändert, dann verfällt eine noch nicht gespeicherte Bildbearbeitung aus Photoshop.*

Farben mit Begriffen verbinden

In den Menüs erscheint der rote Farbbalken zunächst als **Rot**, der gelbe Balken heißt ausgerechnet **Gelb** und so weiter. Verkuppeln Sie die Farben in den **Voreinstellungen**, Bereich BESCHRIFTUNGEN (Strg+K), mit anderen Begriffen: Teilen Sie roter Farbe zum Beispiel den Begriff »Sonnenuntergang« zu, gelbe Balken könnten für »Kunstlicht« stehen und so weiter. Die neuen Ausdrücke für die Farben erscheinen dann im Menü **Beschriftung**, im Kontextmenü zu den Miniaturen wie auch im Menü zum Filtern. Die Bezeichnung wird auch innerhalb der Dateien gespeichert und taucht ebenso in anderen Programmen oder nach dem Verschieben wieder auf.

In der Suchfunktion fahnden Sie nach Bildern mit dem Begriff einer BESCHRIFTUNG, also zum Beispiel nach KUNSTLICHT. Auch die Filterpalette greift natürlich auf die Farbcodes zu.

Achtung
Ändern Sie zum Beispiel die Begriffe für die Farbcodes Rot, Gelb und Grün, erscheinen diese Farbbalken bei allen Bildern unterschiedslos weiß, Sie müssen die Farbcodes neu zuteilen – und das in sämtlichen Ordnern. Schon eine kleine Umbenennung ist fatal. Planen Sie frühzeitig sinnvolle Namen. Und bleiben Sie dabei.

Beschriftungen	
☐ Beschriftungen und Wertungen über die Strg-Taste anwenden	
● Sonnenuntergang	6
● Kunstlicht	7
● Natur	8
● Kundenfotos	9
● schlechte Fotos	

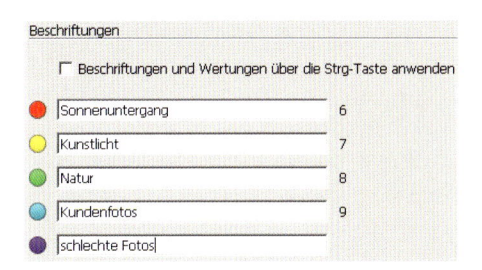

Abbildung 5.18 Verwenden Sie die Beschriftung als Sortierkriterium, werden die Farbcodes unabhängig von der Farbe alphabetisch angeordnet – »Kunstlicht« kommt also vor »Sonnenuntergang«.

Beschriftung und Wertung in der Datei gespeichert

Bei den wichtigsten Dateitypen speichert Bridge Informationen über Sterne und Farbbalken direkt in der Bilddatei, im XMP-Bereich – so etwa bei JPEG-, DNG-, PDF-, PCD-, TIF- und PSD-Dateien. Falls Sie also einer Datei Sterne oder Farbcode zuteilen, bedeutet das:

» Das Änderungsdatum wechselt – und damit die Reihenfolge beim Sortieren nach ÄNDERUNGSDATUM DER DATEI.

» Verschieben Sie die Datei in einen anderen Ordner, bleibt die Beschriftung erhalten – Sie sehen die bekannten Sterne und Farben.

Für Camera-Raw-Dateien außer DNG speichert Bridge die Angaben in einer separaten ».xmp«-Datei (Seite 152). Diese Datei wird innerhalb von Bridge nicht unbedingt angezeigt, aber automatisch mit verschoben oder kopiert; Wertung und Beschriftung bleiben also erhalten.

Bei GIFs, AI-, BMP- und EPS-Dateien bunkert Bridge die Angaben zu Sternen und Farbbalken nicht in der Datei, sondern in der hauseigenen Datenbank (»Cache«, Seite 128). Die Konsequenz: Das Änderungsdatum der Bilddatei bleibt konstant, aber die Informationen lassen sich nicht innerhalb der Datei an neue Verzeichnisse oder Datenträger weitergeben.

Austausch mit anderen Programmen

Bearbeiten und speichern Sie eine Bilddatei in einem Programm, das nicht von Adobe stammt, verschwinden Sterne und Farbbalken eventuell.

Sternewertungen lassen sich zwischen den drei Programmen Bridge CS3, Bridge CS2 und der Adobe-Bilddatenbank Lightroom problemlos austauschen. Den Farbcode aus Bridge CS3 zeigt Lightroom nur als Textzeile unter der Miniatur an. Ein neuer Farbcode aus Lightroom erscheint in Bridge CS3 weiß – »ich weiß auch nicht« heißt das. Dateien mit dem ZURÜCKWEISEN-Stigma aus Bridge CS3 zeigt Lightroom beherzt an.

Zwischen Bridge CS2 und Bridge CS3 können Sie Farbbalken unter einer Bedingung austauschen: Beide Programme verwenden für eine Farbe exakt denselben Begriff – zum Beispiel »Sonnenuntergang« für die Farbe Rot. Hat Rot dagegen hier den Begriff »Sonnenaufgang« und dort »Sonnenuntergang«, zeigt die jeweils andere Bridge-Version einen weißen Ich-weiß-nicht-genau-Farbbalken.

Photoshop Elements zeigt die Sterne, aber nicht die Farbbalken aus Bridge CS3. Bridge CS3 seinerseits ignoriert die Sternewertung aus Elements 5.

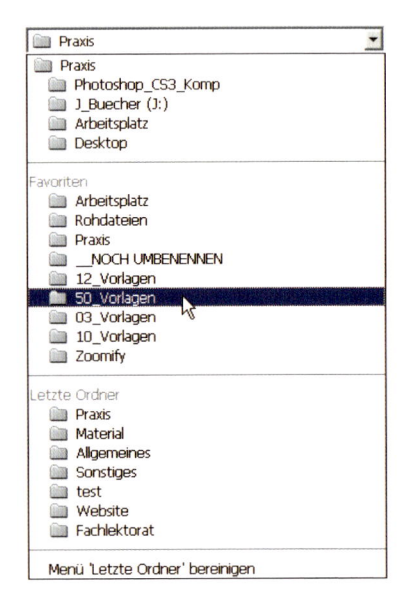

Abbildung 5.19
Die als Favoriten gespeicherten Ordner und Dateien listet Bridge im Ordner-Klappmenü auf.

»Löschen« versus »Zurückweisen«

Das **Zurückweisen** ist eine Sonderform der Sternewertung: Sie vergeben sozusagen ein schwarzes Loch, einen negativen Stern.

Zurückgewiesene Dateien zeigt Bridge zunächst an. Der Befehl **Ansicht: Zurückgewiesene Dateien anzeigen** verbannt die verpönten Motive vom Schirm – sie bleiben aber im Verzeichnis erhalten.

Sie zeigen dann die rote Zeile ZURÜCKWEISEN dort, wo sonst die Sternewertung erscheint. (Eine Beschriftung, sprich der Farbbalken, bleibt erhalten und lässt sich weiter ändern.)

So verpassen Sie einem gewählten Foto das Prädikat ZURÜCKWEISEN:

» Sie wählen **Beschriftung: Zurückweisen** oder [Alt]+[Entf].

» Oder Sie drücken die [Entf]-Taste und klicken dann im Dialogfeld auf ZURÜCKWEISEN.

So heben Sie die »Zurückweisung« auf

Das »zurückgewiesene« Foto hat Ihre Gunst wiedererlangt? Machen Sie verstoßene Aufnahmen zunächst in Bridge sichtbar, wählen Sie also bei Bedarf **Ansicht: Zurückgewiesene Dateien anzeigen**, und markieren Sie die Kandidaten. Danach

» öffnen Sie das Menü **Beschriftung** und klicken auf **Keine Wertung** oder auf einen Befehl wie *** (drei Sterne zuteilen). Oder

» drücken Sie zum Beispiel [Strg]+[3], um drei Sterne zuzuteilen; eine Sternewertung hebt die Zurückweisung auf.

Dateien sofort löschen

So werfen Sie ausgewählte Dateien ohne viel Federlesens in den Mülleimer Ihres Betriebssystems:

» Sie klicken oben rechts in Bridge auf OBJEKT LÖSCHEN.

» Sie klicken mit rechts und wählen im Kontextmenü das **Löschen** (am Mac **In Papierkorb verschieben**).

» Sie drücken [Strg]+[Entf].

Favoriten

Abbildung 5.20 Nach einem Druck auf die [Entf]-Taste können Sie die gewählten Dateien nach Wahl »zurückweisen« (ausblenden) oder löschen.

Löschen oder Zurückweisen per Entf-Taste

Sie wählen ein paar Dateien aus und drücken dann nur die [Entf]-Taste. Da hat Bridge eine Gegenfrage: MÖCHTEN SIE DIESE DATEI ZURÜCKWEISEN ODER LÖSCHEN? Sie klicken also nach Bedarf auf die Schaltfläche ZURÜCKWEISEN oder auf LÖSCHEN.

Sie können die Rückfrage aber unterbinden – klicken Sie im Dialogfeld zusätzlich noch auf NICHT WIEDER ANZEIGEN. Danach verhält sich Bridge so:

» Sie drücken die [Entf]-Taste, klicken auf NICHT WIEDER ANZEIGEN und auf LÖSCHEN. Fortan reicht ein Hieb auf die [Entf]-Taste, um markierte Dateien ohne Rückfrage zu löschen.

» Sie drücken die [Entf]-Taste, klicken auf NICHT WIEDER ANZEIGEN und auf ZURÜCKWEISEN. Fortan wirkt die [Entf]-Taste ohne Rückfrage so wie der Befehl **Beschriftung: Zurückweisen**.

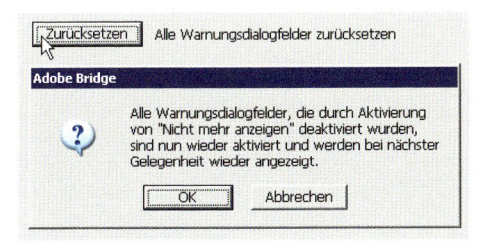

Abbildung 5.21 Haben Sie die Abfrage, ob Sie eine Datei »zurückweisen« oder »löschen« wollen, abgeschaltet? Die Schaltfläche »Zurücksetzen« in den »Voreinstellungen« sorgt dafür, dass Sie das Dialogfeld wieder sehen.

Favoriten

Kennzeichnen Sie Ihre wichtigsten Ordner – aber auch Dateien – als FAVORITEN. Sie lassen sich dann besonders schnell aufrufen.

Tipp
Die Favoriten-Informationen speichert Bridge in der eigenen Datenbank und nicht in den Dateien oder Ordnern; die Favoriten-Bilder sind also nach dem Kopieren in anderen Ordnern nicht mehr als »Favoriten« gekennzeichnet.

Objekte als Favoriten kennzeichnen

So nehmen Sie Dateien oder Ordner in den Kreis Ihrer Favoriten auf:

» Klicken Sie mit der rechten Maustaste (am Mac wie immer mit der [Ctrl]-Taste) auf einen Ordner in der Ordnerpalette; dann wählen Sie **Zu Favoriten hinzufügen**.

» Klicken Sie im Miniaturenbereich mit der rechten Maustaste auf Dateien oder Ordner, dann heißt es **Zu Favoriten hinzufügen**.

» Ziehen Sie Dateien oder Ordner in den leeren Bereich der Favoritenpalette – nicht in einen Ordner dort. Sie können auch Objekte aus einer Dateiverwaltung wie Explorer oder Finder in die Bridge-Favoritenpalette ziehen.

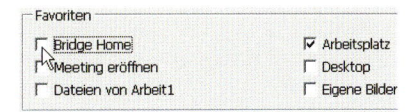

Abbildung 5.22 In den Bridge-»Voreinstellungen« richten Sie bestimmte Ordner besonders einfach als »Favoriten« ein, zum Beispiel »Eigene Bilder« oder »Arbeitsplatz«.

Favoriten aufrufen

So rufen Sie die Favoriten wieder auf:

» Öffnen Sie in Bridge die Favoritenpalette. Klicken Sie einen Ordner in der Favoritenpalette an; die Bilder aus dem Ordner zeigt Bridge im Miniaturenbereich.

» Klicken Sie in der Favoritenpalette einmal auf eine Bilddatei – sie erscheint stante pede in Photoshop.

» Öffnen Sie oben in Bridge das Klappmenü. Es listet gleich zu Anfang Ihre **Favoriten** auf.

Abbildung 5.23 Per Rechtsklick können Sie Dateien aus der Favoritenliste entfernen. Die Favoriteneinträge lassen sich innerhalb der Palette verschieben.

Objekte aus der Favoritenliste entfernen

Haben Dateien oder Ordner Ihre Gunst verloren? So kicken Sie die Bilder aus der Favoritenliste:

1. Verpassen Sie dem Objekt einen Rechtsklick in der Favoritenpalette, in der Ordnerpalette oder im Miniaturenbereich.

2. Wählen Sie **Aus Favoriten entfernen**. (Alternative: ein Mausklick und der Befehl **Datei: Aus Favoriten entfernen**)

Abbildung 5.24 Die zuletzt verwendeten Ordner finden Sie im unteren Bereich des Ordner-Klappmenüs von Bridge. Sie können diese Auflistung dort auch löschen. In den »Voreinstellungen« im Bereich »Allgemein« ([Strg]+[K]) steuern Sie die Zahl der angebotenen Ordner.

Stapel

Fassen Sie Miniaturenreihen zu »Stapeln« zusammen. Die komplette Serie belegt dann nur noch den Platz einer einzelnen Miniatur.

Sie können den Stapel jederzeit aufklappen und neu zusammenstellen. Die Funktion hat nichts mit dem **Stapelmodus** aus Photoshop CS3 Extended zu tun. Die Befehle finden Sie im **Stapel**-Menü und im Kontextmenü zu den Miniaturen.

Stapel anlegen

So entsteht ein Stapel:

1. Eventuell bringen Sie die Bilder erst in die gewünschte Reihenfolge, denn Bridge verwendet das erste aller markierten Fotos als Stapel-Titelbild (aber das lässt sich auch nachträglich ändern).
2. Markieren Sie die gewünschten Dateien.
3. Wählen Sie **Stapel: Als Stapel gruppieren** oder kurz [Strg]+[G]. Die markierte Bildreihe schnurrt zu einer einzigen Miniatur zusammen, durch den Doppelrahmen als Stapel kennzeichnet.

Oben links im Stapelsymbol sehen Sie eine Plakette mit der Zahl der gestapelten Bilder. Klicken Sie auf diese Plakette, um den Stapel auf- und zuzuklappen. Alternativen: die Tastaturbefehle [Strg]+[→] und [Strg]+[←]. Im **Stapel**-Menü gibt es noch die Befehle **Alle Stapel auffalten** ([Strg]+[Alt]+[→]) und **Alle Stapel zusammenfalten** ([Strg]+[Alt]+[←]).

Achtung
Es gibt kein schnelles Zurück: Der Befehl Bearbeiten: Rückgängig annulliert nicht Ihre Änderungen am Stapel.

Abbildung 5.25 Wir haben drei Miniaturen ausgewählt und drücken [Strg]+[G], um einen Stapel anzulegen.

Abbildung 5.26 Bridge fasst die drei Bilder zu einem Stapel zusammen, der als einzelne Miniatur erscheint. Die Zahl »3« signalisiert, dass der Stapel drei Bilder hat.

Abbildung 5.27 Wir haben auf die Zahl »3« geklickt, so dass Bridge den Stapel auffaltet, und dann ein Bild außerhalb des Stapels aktiviert. Bridge zeigt die gestapelten Bilder weiterhin hell umrandet.

Stapelinhalt ändern

So nehmen Sie Motive aus dem Stapel heraus, sie erscheinen dann wieder als Einzelkämpferminiaturen:

1. Klappen Sie den Stapel durch einen Klick auf die Plakette mit der Zahl links oben auf. Zunächst sind alle Bilder des Stapels ausgewählt.
2. Klicken Sie einmal auf das Bild, das aus dem Stapel heraus soll. Jetzt ist nur dieses Bild gewählt.
3. Falls Sie mehrere Fotos herausangeln möchten: Markieren Sie die gewünschten Dateien innerhalb des Stapels.
4. Ziehen Sie die Bilder aus dem Stapel heraus, auch in einen anderen Stapel hinein. Alternative: der Befehl **Stapel: Aus Stapel-Gruppierung lösen** ([Strg]+[⇧]+[G]).
5. Bei Bedarf ziehen Sie Bilder von außerhalb in den Stapel hinein.

Sie können auch Stapel in andere Stapel ziehen. Dabei entsteht aber kein Stapel im Stapel, sondern nur ein großer Stapel mit mehr Einzelbildern.

Sie wollen den Stapel ein für allemal auflösen? Klicken Sie einmal auf das Symbol des geschlossenen Stapels, dann nehmen Sie **Stapel: Aus Stapel-Gruppierung lösen**.

Ändern Sie das »Titelbild«

Welches Einzelfoto erscheint dauerhaft als Stapelminiatur, als Stapeltitelbild? Zuerst dasjenige Motiv, das beim Anlegen des Stapels ganz vorn in der Miniaturenreihe prangte. So ändern Sie das »Titelbild«:

1. Falten Sie den Stapel auf, zum Beispiel durch Anklicken und [Strg]+[→].
2. Zunächst sind alle Bilder ausgewählt. Klicken Sie einmal auf Ihren Titelanwärter und lassen Sie die Maustaste los.
3. Drücken Sie die Maustaste wieder und ziehen Sie das Foto nach links oben an die Pole Position; alternativ wählen Sie **Stapel: Ans obere Stapelende**.

Vorsicht, das Aufmacherbild für Ihren Stapel kann sich ungewollt ändern, wenn Sie den Stapel aufgeklappt lassen. Ein möglicher Ablauf:

1. Sie stellen die Sortierreihenfolge um, von alphabetisch aufsteigend zu alphabetisch absteigend. Dabei ändert sich auch die Reihenfolge in einem aufgefalteten Stapel. Ganz links erscheint ein anderes Motiv als vorher.
2. Klappen Sie den Stapel nun wieder zu, erhalten Sie als Aufmacherbild dasjenige Motiv, das zuletzt ganz links stand.

Stapelinhalt bei geschlossenem Stapel auswählen

Ist der Stapel geschlossen und nur als eine einzelne Miniatur sichtbar, wählen Sie entweder nur das oberste Bild oder sämtliche Stapelbilder aus. Das hat Auswirkungen darauf, was bei einer **Stapel-Umbenennung**, in der Vorschaupalette usw. passiert.

Klicken Sie in den äußeren Rahmen des Stapels, der rechts und unterhalb vom inneren Rahmen sichtbar ist; so wählen Sie abwechselnd nur das oberste Bild oder alle Bilder im Stapel aus. Alternativ klicken Sie die Stapelminiatur bei gedrückter [Alt]-Taste an. Beispiele:

1. Sie klicken einmal auf den äußeren Rahmen; nun sind alle Bilder im Stapel ausgewählt, auch wenn Sie nur das oberste Bild sehen. Die Motive erscheinen allesamt in der Vorschaupalette, ein Doppelklick öffnet alle Dateien, eine **Stapel-Umbenennung** ändert alle Dateinamen im Stapel, neue Beschreibungen und Stichwörter gehen auf alle Dateien über.
2. Klicken Sie den äußeren Rahmen noch einmal an, ist nur das oberste Bild, der Stapelstatthalter, ausgewählt. Nur dieses Motiv zeigt Bridge in der Vorschaupalette, die **Stapel-Umbenennung** bearbeitet nur diese eine Datei usw.

Abbildung 5.28 **Links:** Bei diesem Stapel ist nur das erste Bild ausgewählt, Sie erkennen es an dem dunklen äußeren Rahmen. **Rechts:** Wir haben auf den äußeren Rahmen geklickt, jetzt sind auch bei geschlossenem Rahmen alle gestapelten Bilder ausgewählt. Die Animationssteuerung erscheint bei Stapeln mit mindestens zehn Bidern.

Wie der Stapel als Animation abläuft

Zeigen Sie den Stapel als rasante Animation wie ein Daumenkino. So stellen Sie zum Beispiel fest, ob Ihre Bilder einen einheitlichen Hintergrund haben. Voraussetzungen für die Stapelshow: Ihr Stapel enthält mindestens zehn Exponate und Sie stellen die Miniaturen nicht allzu winzig, sondern mindestens 100 Pixel breit dar.

Die Voraussetzungen sind gegeben? Dann halten Sie den Mauszeiger über die Stapelminiatur, und Sie sehen oben in der Miniatur zwei Steuerelemente:

» Mit dem Dreieck ▶ läuft in der Stapelminiatur eine Animation der gestapelten Bilder ab.

» Durch Ziehen im Balken ändern Sie das Stapeltitelbild.

Das geänderte Titelbild bleibt dauerhaft eingestellt, auch wenn Sie bei geöffnetem Stapel die Reihenfolge mit dem Untermenü **Ansicht: Sortieren** ändern. Allerdings: Schieben Sie die Markierung im Balken nicht wieder ganz nach links, können Sie nicht mehr bei geschlossenem Stapel sämtliche Stapelteilnehmer auswählen.

Die Geschwindigkeit für die Stapelanimation steuern Sie im Untermenü **Stapel: Framerate**. Der Befehl steht nur zur Verfügung, wenn der Stapel geschlossen ist und sämtliche Stapelbilder ausgewählt wurden. Alternative: Die **Voreinstellungen** ([Strg]+[K]) mit dem Bereich Wiedergabe.

Bridge kann die Stapelbilder durchscheinend ineinanderblenden. So stellen Sie fest, ob sie deckungsgleich sind und eine gute Animation oder Montage ergeben. Klicken Sie mit rechts auf die Stapelminiatur, im Kontextmenü nehmen Sie den Befehl **Stapel: Onion Skin aktivieren**.

Kopieren, Duplizieren, Verschieben

Bridge bietet viele Wege, Dateien zu kopieren oder zu verschieben. Das Kopieren verändert die Zwischenablage Ihres Betriebssystems nicht. Eine Datei, die Sie in Bridge kopieren, können Sie nur in einem Bridge-Ordner wieder einfügen – aber nicht im Windows-Explorer, im Mac-Finder, in Photoshop oder einem anderen Programm. Umgekehrt können Sie nicht im Explorer oder Finder ein Bild kopieren und in Bridge wieder einfügen.

Tipp
Nutzen Sie Kopieren, Duplizieren oder Verschieben in Bridge, damit XMP-»Nebendateien« automatisch mitbewegt werden.

Kopieren und Verschieben

Wollen Sie Bilder kopieren, verschieben oder duplizieren, dann verwenden Sie Bridge so ähnlich wie den Datei-Explorer oder Finder Ihres Betriebssystems: Ziehen Sie die Dateien schlicht in einen geöffneten Ordner. Es reicht, wenn Sie die Datei auf den Namen des Ordners ziehen – zum Beispiel in der Ordner- oder Favoritenpalette.

Es spielt beim Ziehen keine Rolle, ob der Zielordner in Bridge oder in einem anderen Programm geöffnet ist. Ebenso gut ziehen Sie auch Bilder aus anderen Programmen in Ordner, die in Bridge erscheinen.

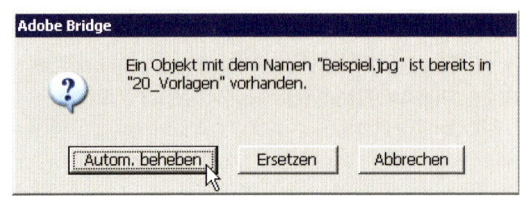

Abbildung 5.29 Fügen Sie kopierte Bilder mehrfach in ein Verzeichnis ein. Bridge meldet einen Namenskonflikt, dort klicken Sie auf Automatisch beheben. Beim Duplizieren per Strg+D wird ohne Rückfrage umbenannt.

Kopieren versus Verschieben

Achten Sie beim Verschieben oder Kopieren darauf, ob die Datei in ein anderes Laufwerk wechselt:

» Um die Datei in einen anderen Ordner desselben Laufwerks zu verschieben – zum Beispiel von »C:\Bilder« nach »C:\Auswahl« –, ziehen Sie das gute Stück einfach auf den Ordnernamen oder in einen geöffneten Ordner. Es verschwindet damit aus dem ursprünglichen Ordner.

» Wollen Sie die Datei in diesen Ordner desselben Laufwerks kopieren, ziehen Sie mit gedrückter Strg-Taste. Das Bild existiert anschließend in zwei Ausgaben.

» Sie kopieren die Datei in ein anderes Laufwerk, zum Beispiel von »C:\Bilder« nach »D:\Programme«, indem Sie einfach ohne Zusatztaste ziehen.

» Sie wollen das Foto auf ein anderes Laufwerk ziehen? Drücken Sie beim Ziehen wieder die Strg-Taste, dann bleibt keine Datei im ursprünglichen Verzeichnis zurück.

Abbildung 5.30 Im Kontextmenü über den Miniaturen finden Sie die nützlichen Untermenüs »Verschieben nach« und »Kopieren nach« – dort listet Bridge gleich die zuletzt genutzten Verzeichnisse auf.

Kopieren mit Tastaturbefehlen

So kopieren Sie Dateien per Menü- oder Tastenbefehl:

1. Markieren Sie die gewünschten Bilder.
2. Drücken Sie Strg+C oder wählen Sie **Bearbeiten: Kopieren**.
3. Öffnen Sie den gewünschten Zielordner in Bridge.
4. Drücken Sie Strg+V oder nehmen Sie **Bearbeiten: Einfügen** – die Bilder erscheinen als Duplikat im neuen Ordner.

Sie können die Bilder auch mehrfach einfügen; Bridge meldet einen Namenskonflikt, dort klicken Sie auf Automatisch beheben. Aus »Beispiel.jpg« wird dann »Beispiel (1).jpg« und so weiter.

Abbildung 5.31 Der Befehl »Bearbeiten: Rückgängig« hebt das Kopieren oder Verschieben wieder auf.

Neu entstehende Dateinamen

Egal, ob Sie mehrfach duplizieren oder kopieren und mehrfach einfügen – die automatischen Dateinamen von Bridge sehen immer gleich aus. Ein Beispiel: Sie duplizieren die

Datei »Beispiel.jpg«. Das erste Duplikat nennt Bridge »Beispiel (Kopie).jpg«. Das zweite Duplikat trägt den Namen »Beispiel (1).jpg«, es folgt »Beispiel (2).jpg« und so weiter.

Duplizieren

Sehr einfach duplizieren Sie Bilddateien in Bridge:

1. Markieren Sie die gewünschten Kunstwerke.
2. Drücken Sie [Strg]+[D] oder gehen Sie auf **Bearbeiten: Duplizieren**.

Bridge produziert ohne Rückfragen Dateien wie »Beispiel (Kopie).jpg«. Sie können auch mehrfach duplizieren.

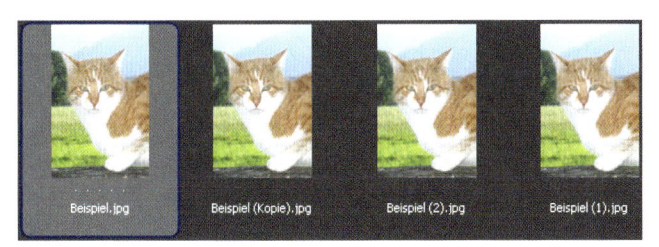

Abbildung 5.32 Die Datei »Beispiel.jpg« wurde mehrfach mit [Strg]+[D] dupliziert.

Weitere Möglichkeiten

Auch so duplizieren Sie Dateien in Bridge: Sie markieren die Bilder, kopieren sie mit [Strg]+[C] und fügen sie mit [Strg]+[V] gleich im selben Ordner wieder ein – auch mehrfach hintereinander.

Wollen Sie in der Photoshop-Arbeitsfläche eine geöffnete Datei duplizieren, wählen Sie dort **Bild: Duplizieren** oder klicken Sie unten in der Protokollpalette auf die Schaltfläche ERSTELLT EIN NEUES DOKUMENT. Das Duplikat müssen Sie jeweils noch speichern.

Ordner verwalten

Mit Einzelklick in der Ordnerpalette können Sie Ordner umbenennen. Im Kontextmenü finden Sie den Befehl **In Explorer anzeigen** (am Mac **Im Finder anzeigen**). Damit öffnet sich ein neues Explorer-Fenster des gewählten Ordners. Die [Entf]-Taste schickt den Ordner gen Mülleimer.

Die Ordner erscheinen nicht nur in der Ordnerpalette, sondern auch als Symbol im Miniaturenbereich – jedenfalls mit der Option **Ansicht: Ordner anzeigen**. Sind die Ordner im Miniaturenbereich zu sehen, können Sie markierte Ordner auch per Kontextmenü oder per Klick auf den Mülleimer löschen.

Drehen

Befehle zum **Drehen** um 90 oder 180 Grad liefert Bridge in seinem **Bearbeiten**-Menü und mit den DREHEN-Schaltflächen.

Allerdings: Bridge dreht zunächst nur die Miniatur und nicht die Datei selbst. Öffnen Sie das Bild in Photoshop oder anderen CS3-Programmen, erscheint es gedreht; auch die **Präsentation** zeigt Ihr Motiv gedreht. Aber Sie müssen die Datei noch in Photoshop speichern, um die Drehung endgültig anzuwenden.

Andere Programme öffnen Ihr Motiv dagegen in der ursprünglichen Seitenlage. Kein Symbol in Bridge signalisiert Ihnen, ob ein Bild bereits vorläufig gedreht wurde; Photoshop gibt beim Öffnen nicht zu erkennen, welche Bildlage tatsächlich auf Festplatte gespeichert ist.

Natürlich schwenken Sie im Datei-Browser auch mehrere markierte Dateien auf einmal – eine bequeme Alternative zu den Befehlen aus dem Photoshop-Untermenü **Bild: Arbeitsfläche drehen** (sofern Sie die Bilder ohnehin noch in Photoshop öffnen möchten). In den Exif-Daten tragen die meisten Bilddateien von Kameras den Hinweis, ob die Kamera hoch oder normal quer gehalten wurde; diese Information verwendet Bridge jedoch nicht zum automatischen Drehen.

Speichertechnik

Die Information über die vorgemerkte Drehung schreibt Bridge direkt ins Bild; das Änderungsdatum der Datei wechselt also. Photoshop öffnet das Motiv auch dann gedreht, wenn Sie es nicht aus Bridge, sondern aus dem Datei-Explorer oder einem anderen Programm heraus laden. Nach dem Speichern wird die Drehung endgültig angewendet. Öffnen und speichern Sie das Foto in anderen Programmen, verschwindet der Vormerker zum Drehen vielleicht; auch Bridge zeigt das Bild dann wieder in der ursprünglichen Seitenlage.

Tipp

*Die Rotationsmanöver in 90-Grad-Schritten schaden im Gegensatz zu den freien Drehwinkeln des Befehls **Arbeitsfläche drehen: Per Eingabe** nicht der Bildqualität durch Pixelneuberechnung; wiederholen Sie die 90- oder 180-Grad-Schwenks also beliebig oft.*

5.3 Umbenennen

Einzelne Bilder oder ganze Serien haben Sie schnell umbenannt.

Einzelbilder umbenennen

Ein einzelnes Foto in Bridge braucht einen neuen Namen? Klicken Sie direkt auf den vorhandenen Dateinamen und tippen Sie die neue Bezeichnung ein – fertig. Achten Sie darauf, dass die Dateiendung wie ».tif« oder ».psd« unverändert erhalten bleibt. Prüfen Sie auch rechtzeitig, ob Ihr Dienstleister lediglich Dateinamen mit acht Zeichen ohne Leerzeichen verarbeitet.

Einschränkungen

Generell sollten die Namen nie über 255 Zeichen hinausgehen, das CD-DVD-Joliet-System lässt nur 64 Zeichen zu und das ältere Mac-HFS-Dateisystem erlaubt nur 31 Zeichen. Umlaut, Punkt, Komma und Leerzeichen können Sie innerhalb Ihres eigenen Betriebssystems meist nutzen, aber nicht bei der Weitergabe an andere Betriebssysteme, etwa vom Mac an einen Windows-Rechner. Verwenden Sie jedoch Bindestrich und Unterstrich nach Belieben.

Stapel-Umbenennung

Die **Stapel-Umbenennung** tauft mehrere gewählte Motive oder einen kompletten Ordner blitzschnell auf einen neuen Namen. Der Vorgang lässt sich nicht **rückgängig** machen.

Tipp
Umbenennen können Sie auch bei der Stapelverarbeitung in Photoshop sowie im Foto-Downloader.

Umbenennung vorbereiten

Sie wollen mehrere ausgewählte Motive umtaufen? So geht's:

1. Schließen Sie möglichst die fraglichen Bilder, falls sie in irgendeinem Programm geöffnet sind.
2. Ziehen Sie die Dateien eventuell in Bridge in die gewünschte Reihenfolge oder sorgen Sie mit dem Untermenü **Ansicht: Sortieren** für die richtige Reihenfolge.
3. Markieren Sie die gewünschten Fotos.
4. Wählen Sie **Werkzeuge: Stapel-Umbenennung** (Strg + ⇧ + R).

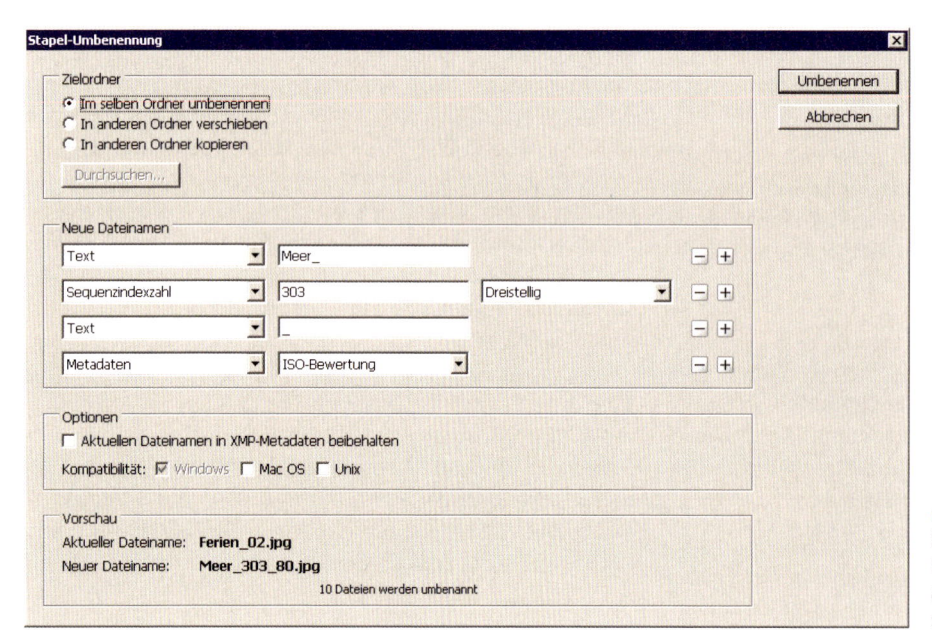

Abbildung 5.33
Stapel-Umbenennung: Photoshop benennt Bildreihen automatisch um, der Name besteht aus mehreren Elementen. Der alte Name lässt sich wiederherstellen.

Tipp
Markieren Sie einen Ordner in der Ordnerpalette – Bridge benennt den gesamten Inhalt um. Dabei beschränkt sich der Eifer nicht nur auf Bilddateien oder andere typische Grafikformate: auch vor Textdateien und anderem Material macht die Stapel-Umbenennung *nicht Halt.*

Wo wird gespeichert?

Im Dialogfeld **Stapel-Umbenennung** entscheiden Sie zunächst über den Ordner:

» Sie können Im selben Ordner umbenennen. So verschwinden die ursprünglichen Bezeichnungen, zurück bleiben nur umbenannte Bilder. Bridge verweigert diese Vorgabe für aktuell geöffnete Dateien, die Option ist dann abgeblendet.

» Wenn Sie die umbenannten Dateien In anderen Ordner verschieben, verschwinden die Bilder aus dem ursprünglichen Verzeichnis. Bridge schreibt die umgetauften Motive in ein neues Verzeichnis, das Sie nach einem Klick auf Durchsuchen festlegen. Das funktioniert nicht mit geöffneten Dateien.

» Wenn Sie In anderen Ordner kopieren, ändert sich im ursprünglichen Verzeichnis gar nichts – die umgetauften Exponate landen im neuen Ordner, den Sie per Klick auf Durchsuchen bestimmen. Nur diese Option besteht auch, wenn Sie geöffnete Dateien umbenennen wollen.

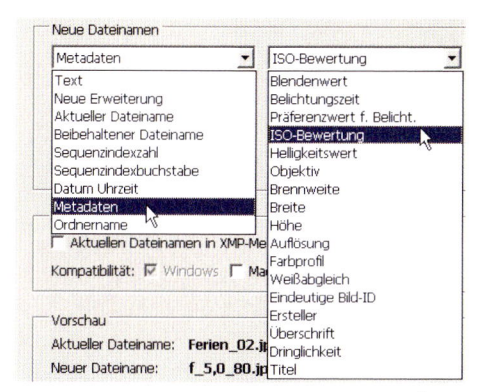

Abbildung 5.34 Informationen wie »Auflösung«, »Überschrift« oder »Brennweite« setzt Bridge in den Dateinamen ein.

Benennungskonflikte

Konflikte sind möglich: Vielleicht entsteht durch die Umbenennung ein Name, der bereits im Verzeichnis existiert. In diesem Fall hängt Bridge automatisch ohne Rückfrage eine Angabe wie »(1)« an den Dateinamen. Es wird also kein Bild überschrieben. Es gibt keine vergleichende Gegenüberstellung.

Andere Betriebssysteme

Setzen Sie Ihre Häkchen neben Unix, Windows oder Mac, wenn Sie eine Umbenennung so vornehmen wollen, dass der Dateiname auch in anderen Betriebssystemen korrekt erscheint – wichtig unter anderem bei der Weitergabe an Internetserver. Schrägstriche, Anführungszeichen oder Doppelpunkte werden ersetzt; bei zu langen Namen verweigert das Programm die Umbenennung mit einer unklaren Fehlermeldung.

Elemente für den Dateinamen

Bridge setzt den neuen Dateinamen aus bis zu zehn Bausteinen zusammen. Verändern Sie die Zahl der Namensbausteine mit den Plus- ⊞ und Minusschaltflächen ⊟. Es gibt keine Vorschau auf die entstehenden Namen. Einige Möglichkeiten:

» Verwenden Sie Aktueller Dateiname, wenn der alte Dateiname irgendwo im neuen Namen auftauchen soll. Entscheiden Sie, ob Sie nur den Namen oder Name + Erweiterung übernehmen. Die Erweiterung (etwa »*.jpg«) brauchen Sie meist nicht; sie soll ja nicht mitten im Dateinamen auftauchen.

» Mit der Vorgabe Text tippen Sie einen beliebigen Begriff wie »Kunde Hempel« ein; dieser Text erscheint unverändert in jeder umbenannten Datei.

» Die Sequenzindexzahlen könnte man auch Seriennummern nennen (wie in den **Speicheroptionen** im Camera-Raw-Dialog). Die erste Ziffer tippen Sie al gusto ein, die Nummerierung muss also nicht mit der 1 beginnen.

» Alternativ gibt es Sequenzindexbuchstaben (Folgebuchstaben) wie a, b, c in Groß- und Kleinschreibung.

Verwenden Sie am besten mindestens ein Element, das sich bei jeder Datei ändert, zum Beispiel eine Seriennummer oder den Aktuellen Dateinamen, eventuell auch Datum Uhrzeit mit mehreren Zeilen für Tag und Uhrzeit des Erstellungsdatums (hier setzt Bridge das Aufnahmedatum ein). Sollten sich Namensdoppler ergeben, hängt das Programm Zahlen wie »(01)« an.

Teil 2 • Basisaufgaben

Abbildung 5.35 Die Dateien wurden in Bridge unter Windows nur mit der Vorgabe »Metadaten/Objektiv« umbenannt; weil Bridge bei diesen Fotos die Objektivangabe nicht lesen kann, bleibt nur die Dateiendung zurück. Die Dateien lassen sich nicht mehr in allen Programmen verwenden.

»EXIF-Metadaten«

Der Bereich EXIF-METADATEN schreibt Belichtungsinformationen der Digitalkamera in den Dateinamen. Möglichkeiten:

» Mit der Vorgabe BELICHTUNGSZEIT entstehen Namensteile wie »1_125«.

» Die BRENNWEITE liefert Objektivwerte wie »7.2 mm« (Bridge rechnet nicht um auf das Kleinbildäquivalent).

» BREITE und HÖHE liefern nützliche Pixelangaben, müssen aber aus zwei getrennten Angeboten zusammengeklaubt werden.

Achtung
Das OBJEKTIV funktioniert je nach Aufnahmegerät gar nicht – der Name verschwindet eventuell ganz, zurück bleibt nur die Dateiendung ohne Punkt, sofern Sie keine anderen Namenselemente verwenden. Immerhin signalisiert Bridge dieses Ergebnis je nach Situation schon in der Dateinamensvorschau.

»Datum Uhrzeit«

Bringen Sie Datumsangaben im Dateinamen unter. Mit der Vorgabe DATUM UHRZEIT stanzen Sie wahlweise ERSTELLUNGSDATUM (bei Digikam-Fotos das Aufnahmedatum) und/oder ÄNDERUNGSDATUM in den Dateinamen. Um Tag wie auch Uhrzeit einzusetzen, brauchen Sie mindestens zwei Zeilen im Dialogfeld. Trennstriche oder die MILLISEKUNDEN beanspruchen weitere Zeilen.

Abbildung 5.36 Diese Vorgabe erzeugt Dateinamen wie 20070812_195859_Ibiza, basierend auf dem Aufnahmedatum. Steht die Jahreszahl vorn, gefolgt von Monat, Tag und weiteren Angaben, lassen sich die Bilder leicht chronologisch anordnen.

Alte Dateinamen wiederherstellen

Benennen Sie Ihre Schätze komplett um – aber stellen Sie den ersetzten Originaldateinamen später wieder her. Dazu achten Sie auf die passenden Optionen der **Stapel-Umbenennung**. So geht's:

1. Verwenden Sie in der **Stapel-Umbenennung** die Option AKTUELLEN DATEINAMEN IN XMP-METADATEN BEIBEHALTEN. Die Bilddatei »merkt« sich also den ursprünglichen Namen (auch der Foto-Downloader bietet diese Möglichkeit).

2. Benennen Sie die Bilder nun einmal nach Belieben um.

3. Falls Sie weitere Male umbenennen, verzichten Sie auf den AKTUELLEN DATEINAMEN IN XMP-METADATEN: Sonst ist der allererste Dateiname futsch.

4. So stellen Sie den ursprünglichen Namen wieder her: Markieren Sie die Bilder, wählen Sie **Bearbeiten: Stapel-Umbenennung** und nehmen Sie als einziges Namenselement BEIBEHALTENER DATEINAME.

Mit dem METADATEN-Feld der Suchfunktion können Sie auch nach dem »beibehaltenen Dateinamen« fahnden. Falls Sie die so umbenannte Datei in Programmen von anderen Herstellern neu speichern, verschwindet die Information über den alten Dateinamen womöglich. Der ursprüngliche Name lässt sich dann in Bridge nicht mehr herstellen.

Abbildung 5.37 Den »beibehaltenen Dateinamen« nennt Bridge auch in der Metadatenpalette im Bereich »Dateieigenschaften«.

Vorsicht mit der »Erweiterung«

Vielleicht haben Sie zwischendurch den Dateityp gewechselt. Ein Beispiel: Sie benennen TIFF-Dateien um, konvertieren diese Dateien dann jedoch zu JPEG. Sie können auch jetzt noch den ursprünglichen Namen wiederherstellen. Verwenden Sie jedoch die Option BEIBEHALTENER DATEINAME nun mit der Konkretisierung NAME. Nehmen Sie nicht NAME + ERWEITERUNG, denn dann bekommen Ihre JPEG-Dateien die ».tif«-Endung des ursprünglichen Namens; Photoshop und viele andere Programme öffnen die Bilder nicht mehr.

Ebenfalls nur den NAMEN, nicht aber die ERWEITERUNG verwenden Sie, wenn der neue Dateiname noch mehr Elemente wie etwa eine Seriennummer oder das Datum enthält. Denn falls

Sie hier NAME + ERWEITERUNG angeben, entstehen Ausdrücke wie ».JPG« eventuell mitten im Dateinamen – technisch oft unproblematisch, doch selten gewollt.

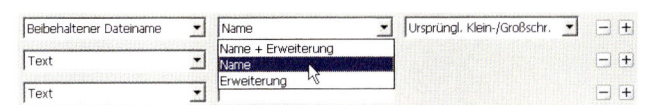

Abbildung 5.38 Schreiben Sie den »beibehaltenen Dateinamen« mit oder ohne Endung in die Datei zurück.

5.4 Suchen

Die Suchfunktion zeigt nur noch solche Bilder, die Ihren Kriterien entsprechen; alle anderen Motive blendet Bridge vorübergehend aus. Manchmal gelangen Sie allerdings mit der Filterpalette, die wir bereits besprochen haben, flotter zum Ziel.

Tipp
Möchten Sie Bilder mit einem bestimmten Stichwort aufspüren? Klicken Sie das Stichwort in der Stichwörterpalette mit rechts an und wählen Sie **Suchen**. *Bridge präsentiert den Suchdialog sofort passend ausgefüllt.*

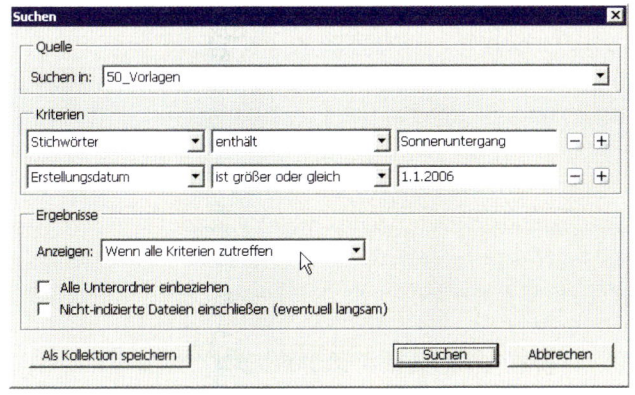

Abbildung 5.39 Pixelfahndung: Bridge sucht hier nach Bildern mit dem Stichwort »Sonnenuntergang«, die ab dem 1.1.2006 entstanden sind.

Ein Beispiel

Wir starten eine erste Abfrage; an diesem Beispiel testen wir anschließend die Details der Suchfunktion. Im Verzeichnis »50_Vorlagen« von der DVD zum Buch suchen Sie Bilder, die mehrere Kriterien gleichzeitig erfüllen: das Stichwort »Sonnenuntergang« und aufgenommen ab dem 1. Januar 2006.

So spüren Sie die Bilder auf:

1. Klicken Sie auf **Bearbeiten: Suchen** (Strg+F).

2. Richten Sie den Suchdialog wie folgt ein: Gehen Sie im Bereich KRITERIEN auf STICHWÖRTER, im Klappmenü daneben nehmen Sie ENTHÄLT. Ganz rechts geben Sie den Wert »Sonnenuntergang« an. (»Sonn« reicht im Grunde, wenn kein anderes Stichwort im Ordner so anfängt.)

3. Für die Datumseingrenzung fügen Sie ein Suchkriterium hinzu: Klicken Sie rechts auf das Pluszeichen.

4. Nehmen Sie beim zweiten Kriterium die Vorgabe ERSTELLUNGSDATUM. Rechts daneben geben Sie IST GRÖSSER ODER GLEICH an. Ganz rechts tippen Sie »1.1.2006« ein – Bridge sucht nach allen Bildern ab Neujahr 2006.

5. Im Klappmenü brauchen Sie die Vorgabe WENN ALLE KRITERIEN ZUTREFFEN. Die Datei muss also das Stichwort haben und zugleich aus dem gefragten Zeitraum stammen – sonst wird sie nicht berücksichtigt.

6. Klicken Sie auf SUCHEN.

Bridge zeigt anschließend alle Fotos mit Stichwort »Sonnenuntergang«, die ab dem 1. Januar 2006 entstanden sind – fünf Trouvaillen. Alle anderen Bilder verschwinden. Oben im Verzeichnis-Klappmenü steht nicht mehr der Name des Ordners, sondern SUCHERGEBNISSE.

Mit dem ZURÜCK-Pfeil oben links zeigen Sie wieder den Gesamtordner. Alternativ klicken Sie in den Paletten ORDNER oder FAVORITEN auf dieses Verzeichnis oder geben Sie es im Ordner-Klappmenü an.

Per Klick auf ERNEUT SUCHEN laden Sie den Suchdialog und gehen die Fahndung mit verfeinerten Vorgaben erneut an.

Optionen im »Suchen«-Dialog

Der **Suchen**-Dialog bietet interessante Optionen:

» Sie können ALLE UNTERORDNER EINBEZIEHEN.

» Wenn Sie NICHT-INDIZIERTE DATEIEN EINSCHLIESSEN, durchwühlt Bridge auch Unterverzeichnisse, die bisher noch nicht geöffnet wurden. Hier muss das Programm die Bilder und ihre Metadaten erst noch einlesen, das dauert.

Nach mehreren Kriterien suchen

Fahnden Sie nach Grafiken, die mehrere Kriterien gemeinsam oder eines von mehreren Kriterien erfüllen. Erweitern Sie die Zahl der Kriterien im **Suchen**-Dialog mit der Plus-Schaltfläche. Der Minus-Button reduziert die Zahl der Kriterien.

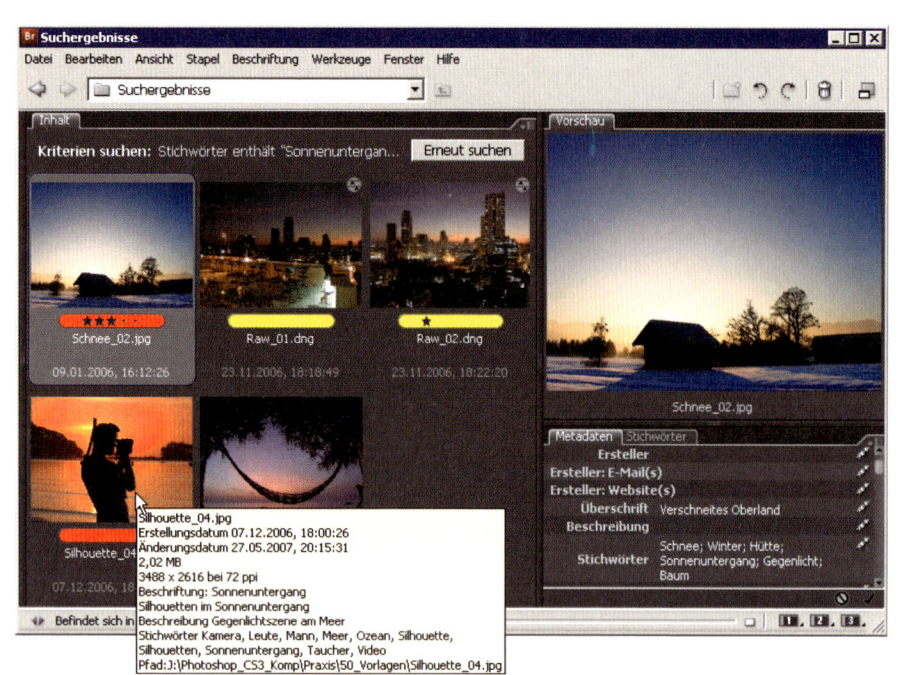

Abbildung 5.40
Fahndungserfolg: Bridge hat fünf Dateien aufgespürt, die beide Suchkriterien erfüllen – das Stichwort »Sonnenuntergang« und Entstehungsdatum ab 2006. Sie erscheinen im neuen Bereich »Suchergebnisse«.

Verknüpfen Sie die Vorgaben: Sie suchen Bilder, bei denen entweder ALLE KRITERIEN ZUTREFFEN – dann erhalten Sie eine relativ kleine Fundliste – oder Motive, bei denen nur EIN KRITERIUM ZUTRIFFT, also eine weit weniger strenge Auswahl.

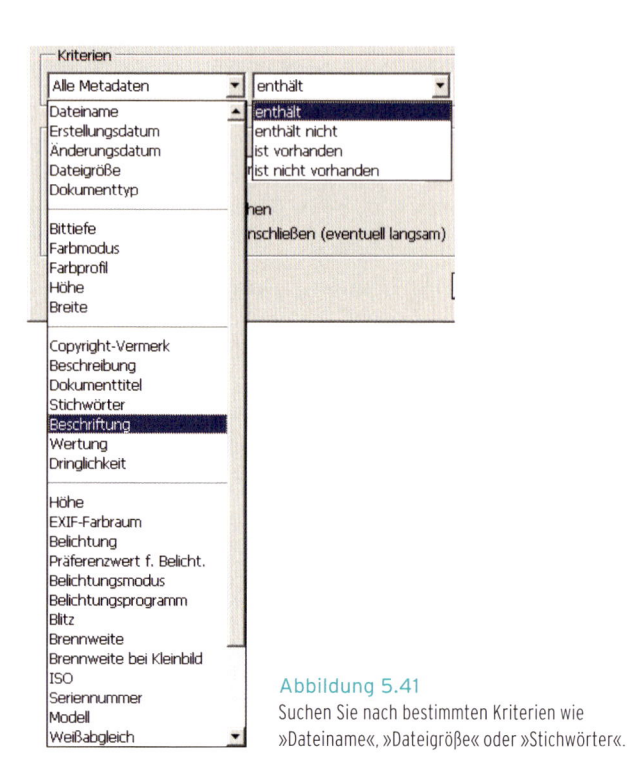

Abbildung 5.41
Suchen Sie nach bestimmten Kriterien wie »Dateiname«, »Dateigröße« oder »Stichwörter«.

Kriterien nutzen

Legen Sie die KRITERIEN fest, die ein Bild erfüllen muss: Suchen Sie etwa nach DATEINAME, DATEIGRÖSSE, ERSTELLUNGSDATUM (Aufnahmedatum), STICHWÖRTERN, BESCHREIBUNG oder ALLEN METADATEN.

Mit DOKUMENTART ist der Dateityp gemeint. Wollen Sie etwa alle Dateien mit der Endung ».jpg« finden, geben Sie »jpeg« vor; für InDesign-Dateien tippen Sie »indesign« ein; Camera-Raw-Dateien greift Bridge mit der Angabe »raw« heraus.

Beachten Sie dabei die unterschiedlichen Einschränkungen für Eigenschaften wie DOKUMENTART, DATEINAME oder STICHWÖRTER: Bridge bietet ENTHÄLT, ENTHÄLT NICHT, IST, BEGINNT MIT sowie ENDET MIT. Einige Möglichkeiten:

» Forschen Sie gezielt nach Teilen oder Anfängen von Dateinamen oder Stichwörtern (ENTHÄLT, BEGINNT MIT).

» Suchen Sie nach vollständigen Dateinamen oder Stichwörtern (IST).

» Verbannen Sie Dateien aus dem Suchergebnis, deren Name bestimmte Zeichen enthält (ENTHÄLT NICHT).

Tipp
Eine Suche in großen Verzeichnissen dauert und wirft das aktuelle Verzeichnis vom Schirm. Öffnen Sie erst ein neues Bridge-Fenster mit Strg+N *und starten Sie dort die Suche. Im ursprünglichen Fenster können Sie sofort weiterarbeiten, Ihr Verzeichnis dort bleibt sichtbar.*

»Alle Metadaten«

Sie wissen nicht so genau, wie das genaue Kriterium für einen Metadateneintrag heißt? Dann probieren Sie nicht nacheinander die Kriterien BESCHREIBUNG, DOKUMENTTITEL oder STICHWÖRTER, bis Bridge vielleicht ein Bild mit dem gesuchten Begriff im richtigen Feld entdeckt.

Nehmen Sie gleich das Kriterium METADATEN mit der Einschränkung ENTHÄLT. Dann spielt es keine Rolle, ob der gesuchte Begriff für »Kamerahersteller« oder »Copyright« steht. Sie durchsuchen hier technische Daten der Datei, die Exif-Einträge der Digitalkamera wie auch IPTC-Einträge. Mögliche Anwendungen:

» Finden Sie alle Dateien mit einer eingespeicherten Druckauflösung von exakt 300 dpi; dazu tippen Sie »300 dpi« ein.

» Finden Sie alle Digitalfotos, die mit Canon-Kameras entstanden sind.

» Verwenden Sie das Kriterium ALLE METADATEN gleich zweimal in einer Abfrage: Finden Sie alle Fotos, die »Wasser«, aber kein »Meer« zeigen; beachten Sie dabei die Groß- und Kleinschreibung.

Spielen Sie diese Abfragen mit dem Verzeichnis »50_Vorlagen« von der Buch-DVD durch.

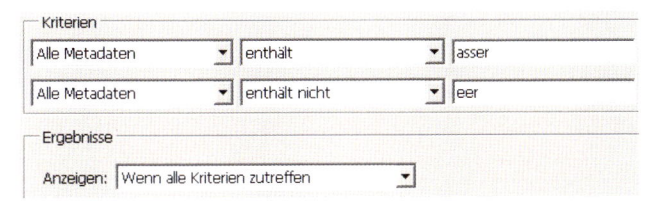

Abbildung 5.42 Wir suchen im Testverzeichnis nach Fotos mit Wasser, aber nicht Meerwasser ...

Abbildung 5.43 ... Bridge findet ein paar Bilder mit Fluss oder Swimmingpool.

Groß- und Kleinschreibung

Bei der Vorgabe ALLE METADATEN beachtet Bridge die Groß- und Kleinschreibung in Ihrer Abfrage: Eine Suche nach »meer« findet keine Dateien mit dem Stichwort »Meer«. Suchen Sie im Zweifelsfall nach »eer« – damit finden Sie Meer und meer. Oder suchen Sie mit dem Kriterium STICHWÖRTER, dort tippen Sie den Begriff in beliebiger Schreibweise ein.

Suchergebnisse anzeigen

Nach dem Klick auf SUCHEN präsentiert Bridge die Zusammenstellung der Trouvaillen. Per [Strg]+[A] markieren Sie nun alle Motive, um sie beispielsweise umzubenennen oder zu löschen; oder öffnen Sie einzelne Exemplare per Doppelklick. Die nicht sichtbaren Fotos bleiben voll erhalten und werden nicht verändert.

Sie befinden sich nun nicht mehr im Ordner »50_Vorlagen«. Laut Klappmenü oben heißt der Bereich SUCHERGEBNISSE.

Tipp
Wollen Sie verfeinernd direkt in den SUCHERGEBNISSEN weitersuchen? Das geht nur, wenn Sie das Ergebnis als KOLLEKTION SPEICHERN.

Wechsel zwischen Suchergebnissen und Ordner

Wollen Sie wieder den vollständigen Ordner sehen? Dann klicken Sie auf den Pfeil ZURÜCK (sofern Sie nicht ein neues Browser-Fenster verwendet haben). Der WEITER-Pfeil bringt Sie wieder zu den Suchergebnissen, auch das Ordner-Klappmenü oben listet Suchergebnisse auf.

Die Liste mit den Suchergebnissen erscheint jedoch nicht als »virtueller Ordner« in der Ordner- oder Favoritenpalette. Sie wird auch nicht gespeichert: Wenn Sie Bridge neu starten, ist sie nicht mehr aufzufinden. Abhilfe: Speichern Sie Suchergebnisse als »Kollektion«.

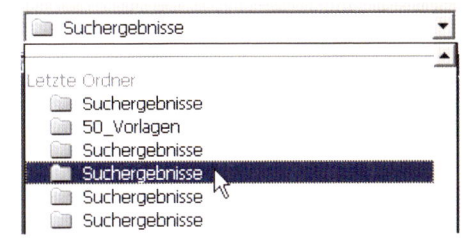

Abbildung 5.44 Im Ordner-Klappmenü bietet Bridge Suchergebnisse der aktuellen Sitzung an.

»Als Kollektion speichern«

Im **Suchen**-Dialog präsentiert Bridge die Schaltfläche ALS KOLLEKTION SPEICHERN. Eine Kollektion hat nützliche Eigenschaften:

» Sie speichern die Zusammenstellung der gefundenen Bilder dauerhaft; dabei bleiben die Dateien an ihrem ursprünglichen Ort, Bridge zeigt lediglich Verweise.

» Rufen Sie die Kollektion über die Liste der zuletzt genutzten Ordner oder über die Favoritenpalette auf.

» Verändern Sie die Kollektion jederzeit mit der Schaltfläche KOLLEKTION BEARBEITEN.

Wenn Sie Bilddateien verschieben, kann die Kollektion nicht mehr voll wiederhergestellt werden.

Kollektion neu anlegen

So legen Sie eine neue Kollektion an:

Sie starten die Suche mit [Strg]+[F]. Sie klicken im **Suchen**-Dialog nicht auf SUCHEN, sondern auf ALS KOLLEKTION SPEICHERN.

1. Im Dialog KOLLEKTION SPEICHERN vergeben Sie einen sinnvollen Namen und ein Verzeichnis für die entstehende Kollektionsdatei.

2. Verwenden Sie die Option ZU FAVORITEN HINZUFÜGEN. So finden Sie die Kollektion schnell wieder.

3. Klicken Sie auf SPEICHERN.

Bridge präsentiert jetzt wie üblich die Fundliste. Zugleich entdecken Sie einen Neuzugang in der Favoritenpalette – ein Symbol für Ihre Kollektion. Ein Klick und schon sehen Sie wieder die Fundliste. Mit der Schaltfläche ERNEUT SUCHEN sehen Sie Ihre Suchvorgaben und können sie verfeinern.

Abbildung 5.45
Die Kollektionen rufen Sie bequem über die Favoritenpalette ab. Sie lassen sich dort an die gewünschte Stelle schieben.

Auf welchem Ordner beruht die Kollektion?

Egal, welchen Ordner Sie gerade sichten – sobald Sie eine Kollektion in der Favoritenliste anklicken, analysiert die Abfrage wieder den ursprünglichen Ordner.

Richten Sie die Abfrage wahlweise so ein, dass Bridge nicht immer denselben Ordner abgrast, sondern vielmehr stets den momentan geöffneten Ordner untersucht. Dazu nutzen Sie im Fenster KOLLEKTION SPEICHERN die Option SUCHE IN AKTUELLEM ORDNER BEGINNEN. So speichern Sie eine Abfrage unabhängig von einem bestimmten Ordner.

Wie wird die Kollektion gespeichert?

Die Kollektionen sind nichts anderes als kleine XML-Dateien mit Bezeichnungen wie »Feuer oder Wasser.collection«, gespeichert im Verzeichnis Ihrer Wahl. Klicken Sie in der Favoritenpalette mit rechts auf die KOLLEKTIONEN und wählen Sie anschließend im Kontextmenü **Im Explorer anzeigen**, schon sehen Sie die Dateien.

Sie können eine Kollektionsdatei im Explorer oder einer anderen Dateiverwaltung umbenennen oder verschieben. Danach ist jedoch der ursprüngliche Eintrag in der Favoritenliste unbrauchbar. Ziehen Sie die veränderte ».collection«-Datei aus der Dateiverwaltung wieder über die Favoritenpalette von Bridge.

Abbildung 5.46 Klicken Sie im Explorer oder Finder doppelt auf eine ».collection«-Datei. Falls noch nicht geöffnet, startet Bridge jetzt und zeigt die Dateien, die zur gespeicherten Abfrage passen.

Einschränkungen

Die Kollektion ist keine freie Dateisammlung. Der Inhalt der Kollektion orientiert sich strikt an Dateien, die zur Abfrage passen. Darum gelten die folgenden Einschränkungen:

» Sie können keine Bilder aus der Kollektion entfernen, aber gleichwohl im ursprünglichen Verzeichnis behalten.

» Sie können keine weiteren Bilder in die Kollektion hineinziehen.

Befehle im Überblick: Auswählen und Bearbeiten mit Bridge

Taste/Feld	Zusatz-tasten	Aktion	Ergebnis
Strg+A			Alles markieren
Strg+A	⇧		Auswahl aufheben
Strg+C			Markierte Dateien kopieren
Strg+D			Markierte Dateien duplizieren
Strg+I	⇧		Auswahl umkehren
Strg+L	Alt+⇧		Unbeschriftete Dateien auswählen
Strg+N			Neues Fenster
Strg+N	Alt		Neues synchronisiertes Fenster
Strg+N	⇧		Neuer Ordner
📁			Neuer Ordner
Strg+R	⇧		Stapel-Umbenennung
Strg+V			Kopierte Dateien einfügen
Entf			Markierte Datei(en) löschen
🗑		🖱	Markierte Datei(en) löschen
↺ ↻		🖱	Markierte Dateien für Drehung vormerken (nur Vorschau wird gedreht)

5.5 Präsentation

Bridge schiebt Ihre Bilder als Diaschau über den Monitor. Während die Pracht vorüberzieht, können Sie Ihre Exponate mit Tastenbefehlen drehen, zoomen oder WERTUNG und BESCHRIFTUNG anbringen. Die Schau lässt sich jedoch nicht speichern und weitergeben. Wie Sie Bildfolgen speichern und zum Beispiel als **PDF-Präsentation** oder **Web-Fotogalerie** weiterreichen, besprechen wir ab Seite 664.

Der Befehl **Ansicht: Präsentation** (Strg+L) startet den Bilderreigen. Wählen Sie Bilder nach Bedarf aus:

» Sind zwei oder mehr Bilder ausgewählt, erscheinen auch nur diese Motive in der Schau.

» Ist nur ein Bild markiert, startet die Vorführung bei diesem Bild, aber danach präsentiert Bridge weitere Motive.

» Kein Bild ausgewählt? Dann führt Bridge das komplette Verzeichnis vor.

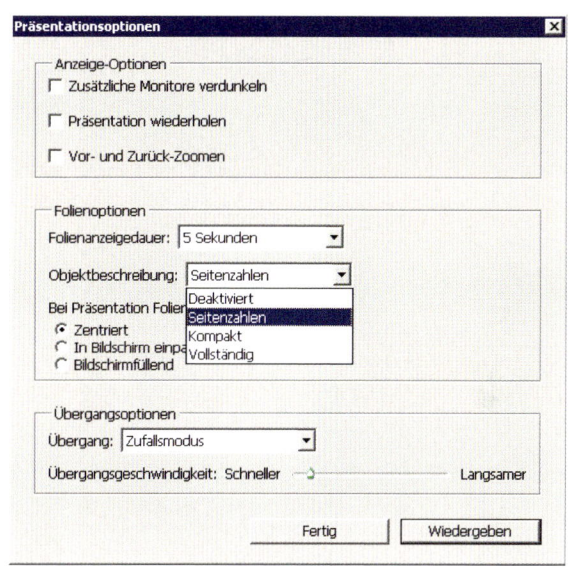

Abbildung 5.47 Legen Sie Tempo und Größe der Vorführung in den »Präsentationsoptionen« fest.

»Präsentationsoptionen«

Mit dem Befehl **Ansicht: Präsentationsoptionen** (Strg+⇧+L) steuern Sie die Art der Vorführung. Manche Eigenschaften lassen sich noch bei laufender Schau umstellen.

Effekte

Die **Präsentationsoptionen** peppen die Vorführung mit Effekten auf:

» VOR- UND ZURÜCK-ZOOMEN imitiert den Zoom einer Filmkamera. Bei jedem zweiten Bild – wenn die Kamera hinein- und nicht herauszoomt –, werden dann die Bildränder abgeschnitten.

» Im Klappmenü der ÜBERGANGSOPTIONEN wählen Sie Bildübergänge wie den FLIP'N'FADE-MODUS oder den NEWSPAPER-SPIN-MODUS. Der ZUFALLSMODUS greift mal diesen, mal jenen Übergang heraus.

Teil 2 • Basisaufgaben

Abbildung 5.48 **Links:** Per Präsentationsoptionen zeigen wir das Bild »zentriert« und die Textzeilen »vollständig«. **2. Bild:** Wir verwenden die Größe »In Bildschirm einpassen« und zeigen die Metadaten »kompakt«. **3. Bild:** Die »bildschirmfüllende« Anzeige, rechts und links fällt etwas weg, die Metadaten wieder »vollständig«. **4. Bild:** Nach einem Klick wechselt Bridge in die 100-Prozent-Zoomstufe, wir ändern den Bildausschnitt durch Ziehen.

Wirken die Kamerazooms und Übergänge ruckelig? Öffnen Sie die Voreinstellungen von Bridge mit [Strg]+[K] und gehen Sie in den Bereich ERWEITERT. Ohne die Option SOFTWARE-RENDERING VERWENDEN sollte es besser laufen – oder aber Präsentation und Vorschaupalette versagen nun gänzlich den Dienst. Dann brauchen Sie eventuell einen neuen Treiber für die Grafikkarte.

Wie groß erscheinen die Bilder?

Soll die Datei den Monitor generell komplett ausfüllen oder nicht? Sie können das während der Präsentation mit der Taste [D] steuern, aber eine erste Vorgabe machen Sie in den **Präsentationsoptionen**:

» Der Modus ZENTRIERT umgibt Ihre Bilder mit einem dunkelgrauen Rahmen. Kleinere Dateien erscheinen dabei in der zuverlässigen 100-Prozent-Zoomstufe (Seite 44).

» IN BILDSCHIRM EINPASSEN bedeutet, Bridge zeigt das vollständige Bild an – mindestens zwei Seiten erreichen die Grenze der möglichen Fläche. Kleinere Dateien werden dafür hochgezoomt und wirken durch die Vergrößerung pixelig.

» Mit der Vorgabe BILDSCHIRMFÜLLEND zoomt Bridge Ihr Bild so weit hoch, dass es die Monitorfläche vollständig bedeckt, grauen Rand gibt es nicht mehr. Deswegen sehen Sie in diesem Modus oft nur einen Teil des Motivs.

Tipp
Starten Sie die Präsentation und rufen Sie dann die Präsentationsoptionen mit der Taste [L] auf. Ihre Änderungen für Bildgröße und Metadatenanzeige setzt Bridge sofort um.

Welche Metadaten zeigen Sie an?

Im Klappmenü OBJEKTBESCHREIBUNG geben Sie an, welche Metadaten zum Bild erscheinen. Einige Möglichkeiten:

- » VOLLSTÄNDIG zeigt Stichwörter, Sternewertung, Farbcodebeschriftung und den Dateinamen in Zeilen untereinander. Überschrift, Beschreibung oder Copyright tauchen nicht auf.

- » KOMPAKT zeigt Dateinamen, Sternewertung und Farbcodebeschriftung in kleinerer Schrift in einer einzigen Zeile.

- » Oder zeigen Sie nur die SEITENZAHLEN, interessant bei PDF-Dateien.

Abspielen

Die Leertaste wechselt zwischen automatischem Abspielen und Pause. Mit den +- und -Tasten ändern Sie die Zoomstufe. Besonders praktisch: Ein Klick ins präsentierte Bild zoomt in die nützliche 100-Prozent-Stufe. Klicken Sie gleich in die Bildstelle, die Sie interessiert, Sie können den Bildausschnitt aber auch noch verschieben.

PDF-Dateien vorführen

Von PDF-Dateien zeigt Bridge im Vorschaufenster wie in der **Präsentation** alle Einzelseiten. Arbeiten Sie jedoch mit manueller Weiterschaltung, können Sie die Seiten 2ff in der **Präsentation** überspringen:

- » Drücken Sie die →, um die nächste Seite der PDF-Datei zu zeigen.

- » Drücken Sie Strg+→, springen Sie direkt zur nächsten Datei, die hinteren PDF-Seiten erscheinen also nicht mehr.

Die Standzeiten und Überblendeffekte einer **PDF-Präsentation** (Seite 683) berücksichtigt Bridge allerdings nicht.

Tipp

Legen Sie in Photoshop eine bildreiche PDF-Präsentation an, die Sie aus einer Bridge-Präsentation heraus als Schau in der Schau anbieten: Sie zeigen das erste Bild aus dem PDF und erklären, dass Sie dieses Thema vertiefen könnten. Je nach Wunsch der Betrachter steigen Sie per → tiefer in die PDF-Bilder ein oder Sie springen per Strg+→ gleich weiter zur nächsten Datei.

Tastaturbefehle während der Vorführung

Sie können das Bild in der Präsentation drehen, mit BESCHRIFTUNG oder WERTUNG ausstatten (also mit Farbbalken oder Sternen) und aus der Schau heraus öffnen. Einige Möglichkeiten:

Präsentation steuern	
+ -	Zoomen
→, ←	Zum nächsten bzw. vorherigen Bild, bei PDF-Dateien zur nächsten bzw. vorherigen Seite
Strg+→, Strg+←	Zum nächsten bzw. vorherigen Bild, bei PDF-Dateien zur nächsten bzw. vorherigen Datei
Leertaste	Automatische/manuelle Weiterschaltung
Esc	Präsentation beenden
L	Präsentationsoptionen
H	Tafel mit Tastaturbefehlen einblenden
B	Vorführung anhalten, Bild ausblenden
Doppelklick ins Bild/ Ziehen/Rechtsklick	Auf 100-Prozent-Maßstab zoomen/Ausschnitt verschieben/Zurück zur ursprünglichen Zoomstufe

Bearbeiten	
O	In Anwendungsprogramm öffnen
R	Im Camera-Raw-Dialog öffnen
U bzw. ⇧-U	90°-Drehung im bzw. gegen Uhrzeigersinn (nur vorgemerkt, noch in Photoshop öffnen und speichern)
1 - 5	Wertung (Sterne)
6 - 9	Beschriftung (Farbcode)
,	Wertung schrittweise senken
.	Wertung schrittweise erhöhen
0	Wertung entfernen

Weitere Dateiformate

Diese Erfahrungen haben wir beim Test unter Windows mit weiteren Dateiformaten gemacht:

» InDesign CS2: Bridge zeigt in der **Präsentation** nur die erste Seite.

» WMV-Filme: Laufen mit Ton in der Vorschau, die **Präsentation** zeigt nur die erste Seite.

» AVI-Filme: Laufen ohne Ton in der Vorschaupalette, die **Präsentation** zeigt nur das Startbild.

» Quicktime-Filme (Endung .mov): werden nicht angezeigt.

Tipp
Blenden Sie vor dem Start der Präsentation Nicht-Bilddateien aus, zum Beispiel XMP- oder Bridge-Cache-Dateien; sie erscheinen sonst als Dateisymbol in der Schau. Dazu entfernen Sie das Häkchen neben dem Befehl **Ansicht: Verborgene Dateien anzeigen**.

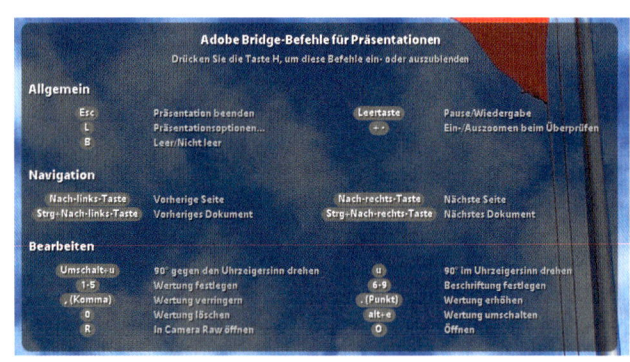

Abbildung 5.49 Während die »Präsentation« läuft, blenden Sie eine Übersicht der Tastenbefehle mit der Taste [H] ein.

Präsentation aus Photoshop heraus

Eventuell eine Alternative zur Bridge-Präsentation: Zeigen Sie alle Bilder, die aktuell in Photoshop geöffnet sind, als schlichte Diaschau innerhalb des Photoshop-Fensters. Der Tastenbefehl [Strg]+[Tab] holt ein Bild nach dem anderen in den Vordergrund. Das lässt sich noch verfeinern:

1. Blenden Sie alle Paletten mit der [Tab]-Taste aus.

2. Drücken Sie mehrfach die Taste [F], bis das Bild ganz allein auf dem Schirm steht, ohne jedes Photoshop-Drumherum, mit schwarzer Umgebung.

3. Drücken Sie [Strg]+[0]. Damit zoomt Photoshop das vordere Bild so groß, wie es gerade noch vollständig am Schirm angezeigt werden kann.

4. Falls die weiteren geöffneten Bilder die gleiche Pixelzahl haben, bringen Sie diese jetzt ebenfalls auf die gleiche schirmfüllende Zoomstufe. Dazu brauchen Sie noch mal die Menüleiste: Drücken Sie das [F], dann wählen Sie **Fenster: Anordnen: Gleiche Zoomstufe**.

5. Lassen Sie die Menüleiste wieder mit der Taste [F] verschwinden.

6. Holen Sie mit [Strg]+[Tab] ein Bild nach dem anderen in den Vordergrund. Zoomen Sie eventuell mit [Strg]+[+] oder [Strg]+[-].

Wohin anschließend mit den geöffneten Kunstwerken? Verwenden Sie **Datei: Alle schließen**.

Tipp
Im Vollschirmmodus färben Sie die Photoshop-Arbeitsfläche – den grauen Bereich um ein Bild herum – nach Ihren Wünschen. Klicken Sie mit rechts in die graue Hintergrundfläche.

5.6 Speichertechnik (Cache)

Bridge zeigt Ihre Bilder an und schreibt gleichzeitig verschiedene eigene Dateien auf die Festplatte:

» ».BridgeSort« für die Reihenfolge von manuell sortierten Bildern,

» Cache-Dateien mit den Bildminiaturen und anderen Informationen,

» eine XMP-Datei für jedes Bild, das Metadaten wie IPTC-Texte, aber auch eine WERTUNG nicht direkt in der Datei aufnehmen kann, etwa für Camera-Raw-Dateien außer DNG.

Wo wird gespeichert?

Bridge speichert die Bildminiaturen auf der Festplatte. Das Programm muss also nicht jedes Mal erst alle Originaldaten neu einlesen, um den Miniaturenreigen zu präsentieren. Dieser Speicher heißt auch »Cache«.

Die Dateien mit den Bildminiaturen und anderen Informationen speichert Bridge in einem zentralen Ordner. Wo, das steuern Sie in den **Voreinstellungen** ([Strg]+[K]) im Bereich CACHE. Dort legen Sie das Verzeichnis nach einem Klick auf WÄHLEN fest.

Cache zeitsparend vorab anlegen

Das erste Einlesen großer Verzeichnisse dauert. Bridge soll Ihre komplette Festplatte vorab erfassen, während Sie mal etwas anderes machen. So geht's:

1. Stellen Sie in der Ordnerpalette zum Beispiel das Laufwerk D ein, auch wenn sich dort im Stammverzeichnis selbst keine Bilder befinden.
2. Wählen Sie **Werkzeuge: Cache: Cache generieren und exportieren**. Die Option CACHE AUCH IN ORDNER EXPORTIEREN brauchen Sie nicht.

Bridge liest jetzt die Bilder aller Unterordner ein – die Miniaturen für das komplette Laufwerk D stehen sofort parat.

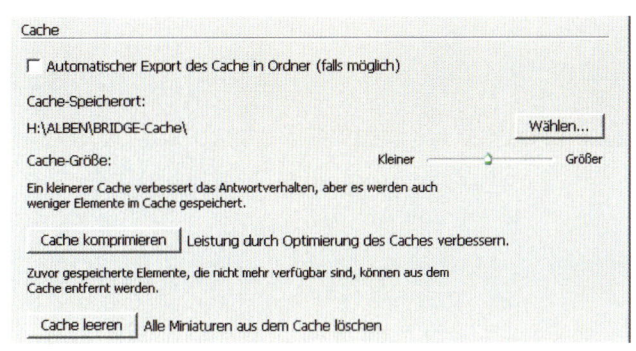

Abbildung 5.50 In den »Voreinstellungen« steuern Sie, wo die Cache-Datei für die Miniaturen gespeichert wird.

Cache-Dateien kleinhalten und löschen

Die Cache-Dateien belegen dauerhaft Platz auf Ihrer Festplatte. Kleiner werden die Cache-Dateien natürlich, wenn Sie Bilder aus Bridge heraus löschen. Ansonsten steuern Sie den Cache in den **Voreinstellungen** im Bereich CACHE:

» Grenzen Sie die CACHE-GRÖSSE generell ein. Ein kleiner Cache wird schneller angezeigt – sofern Daten vorhanden sind. Natürlich muss Bridge bei einem kleinen Cache öfter Bilder völlig neu wieder aufbauen und das kostet Zeit.

» Mit CACHE KOMPRIMIEREN löschen Sie gespeicherte Miniaturen, zu denen längst keine Originalbilder mehr existieren – sie wurden gelöscht, verschoben, existierten nur auf DVDs oder CDs. So geben Sie viel Festplatte frei.

» Sie können auch gleich den ganzen CACHE LEEREN. So sparen Sie massiv Speicherplatz im Laufwerk der zentralen Cache-Datenbank.

Cache-Dateien direkt im Bilderordner

Sie können Cache-Dateien zusätzlich direkt im Bilderordner anlegen. Das lohnt sich, wenn Sie diesen Ordner auf eine DVD, CD oder tragbare Festplatte übertragen – nach dem Öffnen stehen Miniaturen etc. flott zur Verfügung.

So erzeugen Sie Cache-Dateien im Bilderordner:

1. Rufen Sie in Bridge das Verzeichnis auf, das auch eine Cache-Datei aufnehmen soll.
2. Wählen Sie **Werkzeuge: Cache: Cache generieren und exportieren**.
3. Im nächsten Dialogfeld verwenden Sie CACHE AUCH IN ORDNER EXPORTIEREN, dann klicken Sie auf OK.

Die Dateien, die Bridge direkt im Bildverzeichnis anlegt, heißen pfiffig ».BridgeCache« und ».BridgeCacheT«. Um die Dateien direkt in Bridge zu sehen, wählen Sie **Ansicht: Verborgene Dateien anzeigen**.

Sie wollen generell und nicht nur im Einzelfall Cache-Dateien auch im betreffenden Ordner anlegen? Verwenden Sie in den **Voreinstellungen** im Bereich CACHE den AUTOMATISCHEN EXPORT DES CACHE IN ORDNER.

Abbildung 5.51 Die zwei exportierten Cache-Dateien für den Ordner »50_Vorlagen« von der Buch-DVD belegen zusammen rund zehn Megabyte. Die Datei ».BridgeSort« speichert Ihre manuelle Sortierung. Um diese Dateien in Bridge zu sehen, wählen Sie »Ansicht: Verborgene Dateien anzeigen«.

Kapitel 6
Metadaten (IPTC & Exif)

Bilddateien enthalten zum einen die Pixel, aus denen die Grafik aufgebaut ist, und zum anderen beschreibende Informationen über das Bild, die sogenannten Metadaten.

6.1 Übersicht

Besonders wichtig sind drei Arten von Metadaten:

» Technische Eigenschaften wie Dateigröße, eingespeicherte Druckmaße (dpi), Pixelzahl oder Änderungsdatum. Bridge zeigt diese Informationen in der Metadatenpalette im Bereich DATEIEIGENSCHAFTEN. Bridge blendet die Angaben außerdem für die Miniatur unter dem Mauszeiger ein, sofern Sie die QUICKINFOS nicht in den **Voreinstellungen**, Bereich MINIATUREN, abschalten.

» Anwendernotizen nach IPTC-Standard, etwa STICHWÖRTER, COPYRIGHT und vieles mehr; Sie sehen und ändern diese Informationen mit dem Befehl **Datei: Dateiinformationen** in Photoshop und Bridge sowie in Bridge mit der Stichwörterpalette und der Metadatenpalette, Bereich IPTC-KERN.

» Belichtungsdaten der Digitalkamera nach Exif-Standard wie Blende, Aufnahmezeitpunkt oder Kameramodell; Sie sehen diese Informationen mit dem Befehl **Datei: Dateiinformationen** in Photoshop und Bridge sowie in Bridge mit der Metadatenpalette, Bereich KAMERADATEN (EXIF).

Dieses Kapitel behandelt Fragen rund um IPTC und Exif.

Anwendungsbeispiele

Die Metadaten sind in vielen Bereichen nützlich:

» Notieren Sie wichtige Informationen zu Ihren Aufnahmen direkt in der Bilddatei, bevor Sie sie vergessen.

» In Bridge nutzen Sie Metadaten zum Suchen und Sortieren; starten Sie in Bridge beispielsweise eine Abfrage nach allen Fotos mit dem Stichwort »Hintergrund«, mit dem Wort »Meer« in der Beschreibung, die außerdem mit einer Nikon-Kamera entstanden und keinen Copyright-Vermerk enthalten (Seite 121).

» Setzen Sie mit Bridge Belichtungszeit, Brennweite oder Aufnahmedatum in den Dateinamen ein (Seite 118).

» Für als urheberrechtlich geschützt gekennzeichnete Bilder zeigt Photoshop das Copyright-Zeichen © in der Statuszeile und in der Titelleiste des Programmfensters.

» Nutzen Sie BESCHREIBUNG, TITEL oder andere IPTC-Einträge bei einer **Web-Fotogalerie** oder **PDF-Präsentation**.

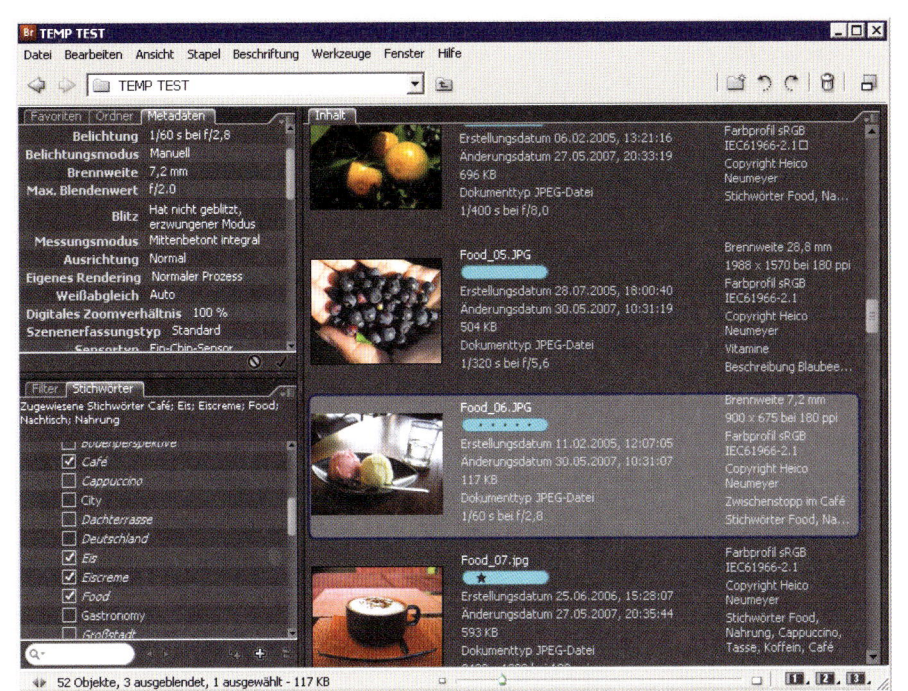

Exif- und IPTC-Daten entfernen

Abbildung 6.1
Metadaten sehen Sie hier in den Paletten von Bridge. Wir haben »Ansicht: Als Details« gewählt, so dass viele Informationen direkt neben dem Bild erscheinen.

DVD
Die meisten Illustrationen für dieses Kapitel entstanden mit den Bildern aus dem Verzeichnis »Praxis/Sammlungen/50_Vorlagen« von der Buch-DVD. Die Bilddateien in diesem Ordner enthalten Texte nach IPTC-Standard sowie Exif-Belichtungsdaten der Digitalkamera. Sie können die Bilder in Ihrem Programm prüfen und die IPTC-Einträge bearbeiten.

Exif- und IPTC-Daten entfernen

Photoshop bietet keine bequeme Lösung, Exif- oder IPTC-Informationen schnell aus der Datei herauszuwerfen. Es geht jedoch auf Umwegen.

Ebenentechnik

Einfacher haben Sie es, wenn Sie Exif- und IPTC-Werte aus einem Bild ohne Ebenen entfernen. Planen Sie eine Ebenenmontage ohne Exif- und IPTC-Werte, bereiten Sie sich so vor:

» Verwenden Sie als Hintergrundebene eine Datei ohne Exif- oder IPTC-Angaben, zum Beispiel auch eine neue, leere Datei.

» Wollen Sie Bildelemente in eine Datei mit Exif- oder IPTC-Daten einsetzen, werfen Sie zunächst die Metadaten wie unten beschrieben raus, schließen Sie die Datei und öffnen Sie sie neu. Dann erst fügen Sie neue Ebenen ein.

Metadaten per Dateiformat entfernen

Die Metadaten sollen aus dem Bild fliegen? Dann speichern Sie zum Beispiel zwischenzeitlich in einem anderen Dateiformat, das keine Metadaten aufnimmt: Speichern Sie etwa im TGA-Dateiformat – dabei verschwinden Exif- und auch IPTC-Daten. Schließen Sie die neue TGA-Datei, um die Daten auch aus dem Bild im Arbeitsspeicher zu verbannen. Öffnen Sie die TGA-Datei neu und speichern Sie sie mit beliebigen Dateitypen. Prüfen Sie, ob ein eventuelles Farbprofil noch vorhanden ist.

Metadaten durch »Kopieren« und »Einfügen« entfernen

Sofern Ihr Bild keine Ebenen hat, wählen Sie das Gesamtfoto mit Strg+A aus, kopieren es mit Strg+C in die Zwischenablage und legen mit Strg+N eine neue, leere Datei an – Photoshop schlägt oft automatisch die Pixelmaße der Kopie vor. Fügen Sie das Bild mit Strg+V ein und wählen Sie **Ebene: Auf Hintergrundebene reduzieren**; Exif- und IPTC-Werte bleiben außen vor.

Metadaten per »Web-Fotogalerie« entfernen

Wenn Sie viele Bilder verarbeiten und JPEG-Ergebnisse benötigen: Legen Sie eine **Web-Fotogalerie** an (im Untermenü **Datei: Automatisieren**). Schalten Sie im Bereich GROSSE BILDER die Vorgabe BILDER SKALIEREN ab, die Pixelzahl bleibt also unverändert. Im Bereich ALLGEMEIN verzichten Sie auf die

Option ALLE METADATEN BEIBEHALTEN. Die fertigen, Exif- und IPTC-freien Bilder landen dann im Unterverzeichnis »Images«.

Metadaten per »Dr. Brown's Services« entfernen

Wenn Sie die kostenlosen »Dr. Brown's Services« installiert haben (Seite 558), markieren Sie die Bilder in Bridge, dann wählen Sie dort **Werkzeuge: Dr. Brown's Services: Dr. Brown's 1-2-3 Process**, um neue Varianten Ihrer Datei in verschiedenen Dateiformaten zu schreiben. Wählen Sie JPEG vor und nutzen Sie die Option REMOVE PREVIEW AND METADATA FOR REDUCED FILE SIZE; sie schrubbt alle Exif- und IPTC-Angaben aus dem Bild.

Andere Programme

Auch andere Programme versprechen, Exif- und IPTC-Daten zu entfernen oder auch Exif-Daten zu schreiben – zum Beispiel in Scans und andere Bilddateien ohne Exif.

Möglicherweise tauchen vermeintlich gelöschte Werte dennoch in Bridge oder Photoshop wieder auf, weil zumindest IPTC-Werte mehrfach im Bild gespeichert werden. Testen Sie diese Programme:

» Mit der kleinen, kostenlosen Windows-Bilddatenbank Exifer lassen sich Exif- und IPTC-Daten bequem entfernen, ersetzen, extern speichern und austauschen (*www.exifer.friedemann.info*). Ähnlich liest sich die Beschreibung des kostenlosen MaPiVi, das für Windows, Mac und Unix angeboten wird (*http://mapivi.sourceforge.net/mapivi.shtml*)

» Das englische Gratis-Prögrämmchen Metastripper verspricht Windows-Nutzern, Exif- und IPTC-Daten aus Bilddateien herauszuputzen. Das Programm bearbeitet komplette Ordner und speichert in einem neuen Ordner, so dass die Originale erhalten bleiben (*http://photothumb.com/metastripper/index.shtml*).

» Der Ableger Photoshop Elements bietet im Fotobrowser den Befehl **Bearbeiten: Datum und Uhrzeit ändern**. Dort wählen Sie BEST. DATUM/UHRZEIT.

Tipp

Sie wollen Exif- und eventuell IPTC-Werte 1:1 von einer anderen Datei übernehmen? Fügen Sie die Exif-freie Datei in das »Vor-Bild« ein, schneiden Sie bei Bedarf zu oder dehnen Sie die Arbeitsfläche aus, dann speichern Sie unter neuem Namen.

6.2 IPTC-Daten

Mitentwickelt vom International Press Telecommunications Council (IPTC), speichern Sie nach IPTC-Standard Textinformationen direkt in der Bilddatei. Einige der interessantesten Felder des IPTC-Schemas sind die BESCHREIBUNG (bis 2000 Zeichen), SCHLÜSSELWÖRTER (beliebig viele bis 64 Zeichen lang), COPYRIGHT-STATUS und die Felder für ORT, STAAT/PROVINZ und LAND.

Bearbeiten Sie Schlüsselwörter oder andere IPTC-Felder, wechselt auch das Änderungsdatum Ihrer Datei; die Reihenfolge bei der Sortierung nach Änderungsdatum verschiebt sich.

Detaillierte englische Informationen finden Sie unter *www.iptc.org*, englische Einführungsvideos eventuell bei *www.stockartistsalliance.org/tutorials*.

Übersicht

Diese Dateiformate nehmen Ihre Informationen auf: Photoshop (PSD), TIFF, JPEG, EPS, DNG und PDF. Für Camera-Raw-Dateien und eventuell weitere Formate speichert Photoshop die Angaben in einer separaten XMP-Datei.

So schreiben Sie IPTC-Texte in die Bilddateien

Auf mehrere Arten verewigen Sie Ihre IPTC-konformen Texte direkt in der Bilddatei. In der Übersicht:

» Sie aktivieren die gewünschte Datei oder mehrere Dateien in Bridge und bearbeiten den IPTC-Bereich mit den Paletten für METADATEN und STICHWÖRTER. Dieses Verfahren eignet sich besonders, wenn Sie nur einzelne IPTC-Eigenschaften verändern wollen – für ein Bild oder ganze Serien.

» Sie wählen **Datei: Dateiinformationen** in Photoshop oder Bridge und füllen das Dialogfeld aus. Das Dialogfeld empfiehlt sich besonders, wenn Sie mehrere IPTC-Felder in der Übersicht bearbeiten und eventuell den kompletten Eintrag speichern wollen – anwendbar für Einzelbilder und in Bridge auch für Serien.

» Sie schreiben gleich einen kompletten gespeicherten Satz an Informationen ins Bild, eine sogenannte Metadatenvorlage – das geht in Bridge, aber auch mit dem Foto-Downloader (**Datei: Bilder von Kamera abrufen in Bridge**).

» Der **Bildprozessor** aus Photoshop schreibt zumindest einen Copyright-Hinweis ins Bild.

Dateiinformationen

Direkt unter seinen Miniaturen zeigt Bridge mehrere IPTC-Werte an; welche das sind, das bestimmen Sie in den **Voreinstellungen** [Strg]+[K] im Bereich MINIATUREN.

Tipp
Sichtet der Empfänger Ihre Bilder mit Photoshop oder einem Acrobat-PDF-Programm? Dann können Sie Ihre Kommentare auch mit dem Anmerkungenwerkzeug 🗒 wie einen Notizzettel auf das Bild kleben.

So nutzen Sie IPTC-Texte

So nutzen Sie die eingebauten Bildtexte:

» Zeigen Sie die Informationen in der Metadatenpalette von Bridge oder direkt unter den Bridge-Miniaturen an. Den Status DURCH COPYRIGHT GESCHÜTZT erkennen Sie bei Photoshop am ©-Zeichen im Bilddateirahmen oben und unten.

» Die Suchfunktion in Bridge verwendet STICHWÖRTER, BESCHREIBUNG oder mit der Vorgabe ALLE METADATEN auch andere IPTC-Texte als Suchkriterium. Spüren Sie zum Beispiel alle Dateien mit dem Stichwort »Hochformat« auf.

» Photoshop verwendet die BESCHREIBUNG und teils weitere Texte als Bildunterschrift in einer **Web-Fotogalerie**, bei **PDF-Präsentation**, **Bildpaket** und **Drucken mit Vorschau**.

» Viele andere Bilddatenbanken und Bildprogramme nutzen ebenfalls die IPTC-Einträge. Sie können in diesen Programmen zum Beispiel die Informationen unter den Miniaturen darstellen, mitdrucken, als Schriftzug ins Bild setzen und als Suchkriterium verwenden.

» Der kostenlose **Caption Maker** setzt den Dateinamen oder IPTC-Texte wie die ÜBERSCHRIFT als Schriftzug in eine erweiterte Arbeitsfläche unter dem bisherigen Bild (Seite 642).

» Bildagenturen und Fotoseiten im Internet zeigen Ihre Bilder in Verbindung mit den eingebauten Stichwörtern und Texten.

Dateiinformationen

Die **Dateiinformationen** bearbeiten wohlgemerkt nicht nur ein Einzelbild, Sie können die Einträge in Bridge auch auf ganze Bildserien anwenden.

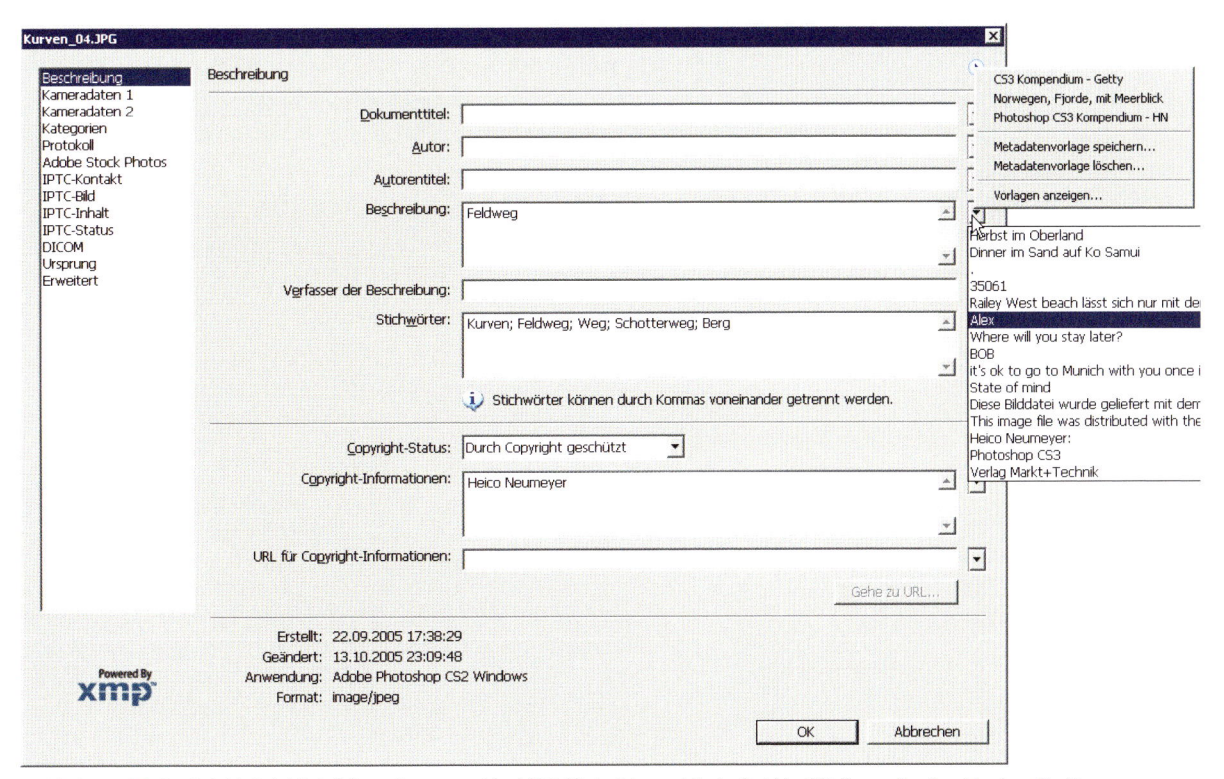

Abbildung 6.2 Der Befehl »Datei: Dateiinformationen« speichert IPTC-Stichwörter und -Texte direkt im Bild. **Graues Menü rechts oben:** Sie können vorhandene Zusammenstellungen von IPTC-Informationen als »Metadatenvorlage« speichern und auf Einzelbilder oder Serien übertragen. **Weißes Menü rechts Mitte:** Photoshop bietet frühere Einträge erneut an, auch wenn sie nicht ausdrücklich gespeichert wurden, hier Einträge im Feld »Beschreibung«.

Sie können in den **Dateiinformationen**

» IPTC-Einträge sichten und ändern,

» IPTC-Einträge als Metadatenvorlage speichern,

» Exif-Kameradaten sichten.

Verwenden Sie in Photoshop oder Bridge den Befehl **Datei: Dateiinformationen** oder greifen Sie behend zu `Strg`+`⇧`+`Alt`+`I`. In Photoshop für Windows geht es auch per Rechtsklick über der Titelleiste einer Bilddatei, in Bridge per Rechtsklick (am Mac `Ctrl`-Klick) über einer Miniatur.

Anwendung

Die vielen Eingabefelder des IPTC-Standards verteilt das Dialogfeld auf mehrere Seiten. Die erste Seite heißt Beschreibung. Sie liefert eine Zusammenfassung der wichtigsten Felder, die später noch mal in Detailseiten auftauchen:

» So finden Sie die Felder Beschreibung und Stichwörter auf der zusammenfassenden Startseite Beschreibung und zusätzlich auf der Detailseite IPTC-Inhalt. Es spielt keine Rolle, auf welcher Seite Sie Ihre Informationen eintragen.

» Der Copyright-Status erscheint ebenfalls auf der Seite Beschreibung und dann noch einmal im Bereich IPTC-Status, dort jedoch als Copyright-Vermerk – ist dasselbe Feld.

Widerrufen

So korrigieren Sie Ihre Eingriffe in den **Dateiinformationen**:

» Nur die allerletzte Änderung in den **Dateiinformationen** können Sie per `Strg`+`Z` zurücknehmen.

» So setzen Sie bei geöffnetem Dialogfeld alles zurück auf den letzten gespeicherten Stand: Drücken Sie die `Alt`-Taste, dann klicken Sie auf Zurücksetzen.

» Haben Sie nach der Änderung das Dialogfeld geschlossen, wählen Sie **Bearbeiten: Widerrufen** oder die Protokollpalette, um die IPTC-Werte zurückzusetzen.

Einzelne IPTC-Einträge wiederholen

Neben den Textfeldern erscheint das gekippte Dreieck ▽. Hier bietet Photoshop erneut ältere Einträge an, die Sie bereits einmal ins jeweilige Feld getippt haben.

Metadatenvorlagen

Speichern Sie die kompletten IPTC-Einträge mit Beschreibung, Stichwörtern und so weiter und übertragen Sie den Datensatz als sogenannte Metadatenvorlage auf andere Dateien.

Metadatenvorlage per »Dateiinformationen«

Sie speichern eine Metadatenvorlage in den **Dateiinformationen** oder über die Metadatenpalette von Bridge. So geht's mit den **Dateiinformationen**:

1. Öffnen Sie in Photoshop ein Bild oder markieren Sie in Bridge ein Bild, das eventuell schon geeignete IPTC-Einträge hat.

2. Wählen Sie **Datei: Dateiinformationen**.

3. Korrigieren Sie alle IPTC-Einträge so, dass sie sich für die Übertragung auf viele weitere Bilder eignen.

4. Öffnen Sie das Menü zum Dialogfeld mit der Schaltfläche ▶. Dort klicken Sie auf **Metadatenvorlage speichern**.

5. Teilen Sie dem Datensatz einen Namen zu, der vielleicht gleich einige Schlüsselwörter oder andere wichtige Einträge im Klartext enthält.

Metadatenvorlage per Metadatenpalette

In Bridge öffnen Sie das Klappmenü der Metadatenpalette, wählen **Metadatenvorlage erstellen**, tippen Ihre Texte ein und klicken auf Speichern. Ein Vorteil dieses Verfahrens: Sie riskieren nicht, ein vorhandenes Bild zu verändern.

Beachten Sie dabei, was mit Feldern passiert, in denen Sie nichts eintippen. Ein Beispiel: Sie tippen nichts ins Feld Ersteller: E-Mail(s), das für Ihre E-Mail-Adressen vorgesehen ist. Nun gilt:

» Klicken Sie nicht in die Checkbox links von der Bezeichnung Ersteller: E-Mail(s), dann bleiben bereits in den Bildern vorhandene E-Mail(s)-Einträge erhalten.

» Oder Sie klicken die Checkbox an, so dass dort ein Häkchen steht. Das heißt, Sie wollen bewusst ein leeres E-Mail(s)-Feld in jeder Datei erzeugen. Vorhandene E-Mail-Adressen werden gelöscht.

Ebenfalls im Werkzeuge-Menü von Bridge und im Menü zur Metadatenpalette finden Sie den Befehl **Metadatenvorlage bearbeiten**. Sie landen wieder in einem Dialogfeld wie **Metadatenvorlage erstellen** und können Details ändern, ohne dabei ein Bild zu bearbeiten.

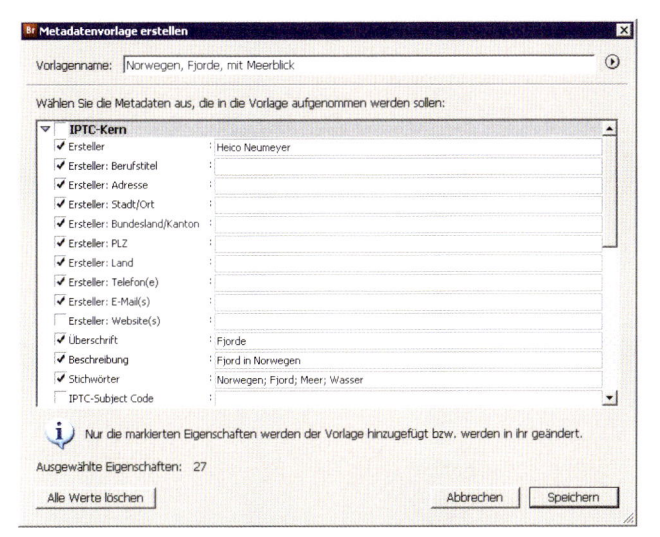

Abbildung 6.3 Mit dem Befehl »Metadatenvorlage erstellen« entstehen Vorlagen, bei denen einzelne Felder gezielt geleert werden können.

Metadatenvorlage auf andere Bilder übertragen

So übertragen Sie die gespeicherten Metadatenvorlagen mit Ihren IPTC-Texten auf andere Bilder:

» In Photoshop laden Sie ein Einzelbild, wählen **Datei: Dateiinformationen** und öffnen das Menü zum Dialogfeld. Dort erscheint direkt der Name des Datensatzes zum Anklicken. Alternative in diesem Dialogfeld: Öffnen Sie die Seite ERWEITERT und verwenden Sie die Schaltflächen ERSETZEN oder ANHÄNGEN.

» In Bridge markieren Sie ein oder mehrere Fotos und wählen Sie im **Werkzeuge**-Menü **Metadaten anhängen** oder **Metadaten ersetzen**. Die Befehle finden Sie auch im Menü zur Metadatenpalette.

»Metadaten anhängen« versus »Metadaten ersetzen«

Sie können vorhandene Metadaten komplett austauschen oder auch nur ergänzen.

» Mit dem Befehl **Metadaten ersetzen** verschwinden die Einträge in bereits gefüllten Feldern. Sie werden durch den aktuellen IPTC-Datensatz ersetzt. Hat die aktuelle Datei jedoch zum Beispiel einen Eintrag im Feld ÜBERSCHRIFT und die Metadatenvorlage enthält keine ÜBERSCHRIFT, dann bleibt die alte Überschrift erhalten. Sie können also mit leeren Feldern in der Metadatenvorlage keine vorhandenen IPTC-Einträge löschen.

» Wenn Sie **Metadaten anhängen**, bleiben bereits vorhandene Einträge erhalten – zum Beispiel STICHWÖRTER –, die

aktuellen IPTC-Werte kommen hinzu. BESCHREIBUNG oder ÜBERSCHRIFT werden jedoch generell komplett ausgetauscht und nicht durch den neuen Text nur erweitert.

IPTC-Einträge entfernen, aber Exif erhalten

Soll die Datei komplett IPTC-frei sein? Mit den Verfahren ab Seite 131 verschwinden Exif-Einträge einer Digitalkamera und IPTC-Kommentare gemeinsam.

Sie wollen nur die IPTC-Einträge entfernen, Exif-Kameradaten aber erhalten? So geht's:

1. Sie wählen in Bridge **Werkzeuge: Metadatenvorlage erstellen**.
2. Oben im Feld VORLAGENNAME tippen Sie zum Beispiel »IPTC entfernen« ein.
3. Löschen Sie jegliche Texteinträge aus allen Feldern heraus – keinerlei Text von Ihnen ist mehr zu sehen.
4. Ganz oben, neben dem fett gedruckten **IPTC-Kern**, klicken Sie in das leere Kästchen, so dass dort ein Haken erscheint. So erzeugt Bridge neben jedem einzelnen Feld wie ÜBERSCHRIFT, BESCHREIBUNG usw. einen Haken.
5. Klicken Sie auf SPEICHERN.

So befreien Sie Ihre Dateien vom IPTC-Ballast:

1. Markieren Sie Bilder in Bridge, deren IPTC-Einträge Sie löschen wollen.
2. Es folgt der Befehl **Werkzeuge, Metadatenvorlage, Metadaten ersetzen, IPTC entfernen** (sofern Ihre Vorlage »IPTC entfernen« heißt).

Damit verschwinden alle Einträge außer der COPYRIGHT-Kennzeichnung.

IPTC-Daten in Bridge

Auf zwei Paletten verteilt zeigt Bridge IPTC-Daten an:

» Die Stichwörterpalette listet IPTC-Stichwörter auf und bietet Änderungen an.

» Die Metadatenpalette zeigt in ihrem Bereich IPTC-KERN die von Ihnen gewählten IPTC-Einträge einschließlich der Stichwörter an; alle Einträge samt der Stichwörter lassen sich hier ändern.

Einige IPTC-Eigenschaften zeigen Sie in Bridge via **Voreinstellungen**, Bereich MINIATUREN, auch unter jeder einzelnen Miniatur an.

Teil 2 • Basisaufgaben

So nutzen Sie IPTC-Daten in Bridge

① **Paletten** öffnen/schließen per Doppelklick

② **Leeres Feld:** Keines der markierten Bilder hat einen Eintrag im Feld »Überschrift«

③ **Stichwörter:** kommagetrennt eintippen, gelten für alle markierten Dateien gemeinsam

④ **Feld nicht einheitlich genutzt:** Die markierten Bilder haben unterschiedliche Einträge im Feld »Speicherort«.

⑤ **Eintrag ändern:** Nach einem Klick in das Feld »Stadt/Ort« tippen Sie einen neuen Eintrag für alle markierten Bilder gemeinsam ein.

⑥ **Feld einheitlich genutzt:** Die markierten Bilder haben identische Einträge im Feld »Land«.

⑦ **IPTC-Eintrag verwerfen:** Änderung nicht übernehmen (oder [Esc]-Taste)

⑧ **IPTC-Eintrag bestätigen:** Änderung im Bild speichern

⑨ **Palettenmenü**

⑩ **Übergeordnetes Stichwort in Klammern:** wird wegen der Klammern bei [⇧]-Klick auf untergeordnetes Stichwort nicht mit in Datei geschrieben

⑪ **Übergeordnetes Stichwort ohne Klammern:** wird bei [⇧]-Klick auf untergeordnetes Stichwort mit in Datei geschrieben

⑫ Untergeordnete Stichwörter ein-/ausblenden

⑬ **Stichwörter:** Alle markierten Bilder enthalten dieses Stichwort. Klick: Stichwort aus den gewählten Bildern entfernen.

⑭ **Stichwörter:** Einige, aber nicht alle markierten Bilder enthalten dieses Stichwort. Klick: Stichwort in alle markierten Bilder schreiben; zweiter Klick: Stichwort überall entfernen

⑮ **Stichwörter:** Kein markiertes Bild enthält dieses Stichwort. [⇧]-Klick: Stichwort und übergeordnete Stichwörter in Datei schreiben

⑯ **»Andere Stichwörter«:** Unter diesem übergeordneten Stichwort erscheinen Stichwörter, die in Bildern des aktuellen Ordners vorhanden, aber keiner anderen Gruppe zugeordnet sind.

⑰ **»Festgelegt«:** Stichwort wurde nach Rechtsklick (am Mac [Ctrl]-Klick) »festgelegt«, erkennbar an nichtkursiver Schrift; es bleibt dauerhaft im Stichwortset »Andere Stichwörter« (bei Bedarf in andere Stichwortgruppe ziehen).

⑱ **»Nicht festgelegt«:** Stichwort wurde nicht »festgelegt« (erkennbar an kursiver Schrift); es verschwindet aus der Liste, wenn Sie Bridge neu starten und das aktuelle Verzeichnis kein Bild mit diesem Stichwort enthält.

⑲ **Paletten einblenden/ausblenden** (auch per [⇥]-Taste)

⑳ **Stichwörterpalette durchsuchen:** Suchbegriff eingrenzen (**E**nthält, **I**st gleich, **B**eginnt mit)

㉑ Suchbegriff eingeben

㉒ Hervorhebung aller Suchergebnisse aufheben

㉓ Suchergebnisse der Reihe nach hervorheben

㉔ Neues untergeordnetes Stichwort

㉕ Neues gleichrangiges Stichwort

㉖ **Markiertes Stichwort löschen** (auch per [Entf]-Taste)

㉗ **IPTC-Daten:** erscheinen wahlweise auch unter jeder Miniatur (**Voreinstellungen**, Bereich MINIATUREN)

㉘ **Schreibschutz:** Bilddatei nimmt keine IPTC-Daten auf

Infografik »So nutzen Sie Miniaturen in Bridge« auf Seite 106

Grafik interaktiv auch im Web unter *www.mut.de/photoshop-kompendium*.

Stichwörter Übersicht

Die Stichwörter helfen beim Suchen in großen Sammlungen. Sie sind Teil der IPTC-Daten und damit aller Metadaten.

Per Filterpalette zeigen Sie flott nur Bilder mit bestimmten Stichwörtern an, Bildagenturen und Fotoseiten bieten Ihre Stichwörter als Suchbegriffe an, Sie können auch in Bridge Stichwörter direkt unter den Miniaturen anzeigen.

Tippen Sie Stichwörter in den **Dateiinformationen** oder in der Metadatenpalette ein. Dabei trennen Sie die Stichwörter einfach per Komma oder Semikolon, auch ohne Leerstelle, zum Beispiel so:

```
Deutschland,Bayern,Lenggries,
Wandern im Herbst,Feldweg
```

Besonders vielseitig organisieren und vergeben Sie die Begriffe mit der Stichwörterpalette.

Tipp
Möchten Sie nach Bildern mit einem bestimmten Stichwort suchen? Klicken Sie das Stichwort in der Stichwörterpalette mit rechts an und wählen Sie Suchen. Bridge präsentiert den Suchdialog sofort mit der passenden Vorgabe.

Stichwörter in Bilddateien speichern und entfernen

So teilen Sie ein Stichwort mit der Stichwörterpalette in Bridge zu:

1. Falls noch nicht zu sehen, öffnen Sie die Stichwörterpalette per **Fenster: Stichwörter-Palette**. Oder klicken Sie einmal oder zweimal auf den STICHWÖRTER-Reiter.
2. Markieren Sie die gewünschten Bildminiaturen mit der Maus.
3. Klicken Sie links neben dem Stichwort in das leere Kästchen ■, so dass dort ein Haken ☑ erscheint.

Bridge schreibt die angeklickten Stichwörter fast sofort in die gewählten Bilddateien. Bei größeren Bildsammlungen ist das Programm ein paar Sekunden beschäftigt.

Sie möchten Stichwörter wieder aus einzelnen Motiven entfernen? Markieren Sie die gewünschten Aufnahmen und klicken Sie erneut in das Kästchen neben dem Stichwort – der Haken ☑ verschwindet, Sie sehen ein leeres Feld ■. Alternative für einzelne Bilder: Öffnen Sie die **Dateiinformationen** oder die Metadatenpalette, und löschen Sie die Stichwörter von Hand.

Stichwort per Stichwörterpalette anlegen

Legen Sie neue Stichwörter in der Stichwörterpalette an – egal, ob Sie später eine Hierarchie daraus bauen wollen. Ihre Möglichkeiten:

» Klicken Sie mit rechts auf ein bereits angezeigtes Stichwort und nehmen Sie im Kontextmenü **Neues Stichwort**.

» Klicken Sie auf die Schaltfläche NEUES STICHWORT ➕ unten. Drücken Sie die jeweilsEingabetaste, oder klicken Sie an eine andere Stelle im Programmfenster, um die Texteingabe zu beenden.

» Tippen Sie den kompletten Begriff ins Suchfeld unten in der Stichwörterpalette, dann klicken Sie rechts daneben auf die Schaltfläche NEUES STICHWORT ➕.

Stichwörter per »Dateiinformationen« anlegen

Auch so legen Sie Stichwörter an:

» Tippen Sie den Begriff in das STICHWÖRTER-Feld der **Dateiinformationen** oder Metadatenpalette. Er erscheint dann im Bereich [ANDERE STICHWÖRTER] der Stichwörterpalette. Nach einem Rechtsklick auf den Begriff wählen Sie **Festlegen**, damit das Stichwort dauerhaft angezeigt wird.

Mit der Taste F2 benennen Sie Stichwörter um, per Klick auf den Mülleimer 🗑 verschwinden sie aus der Stichwörterpalette (aber nicht aus Dateien). Sie werden es nicht glauben, aber diese Funktionen gibt es auch per Kontextmenü.

Abbildung 6.4 Tippen Sie einen Begriff ins Suchfeld und klicken Sie auf »Neues Stichwort«. So nimmt Bridge den Ausdruck in die Stichwörterpalette auf.

Stichwörter suchen

Welche Stichwörter haben Sie bereits in der Liste? Aufschluss gibt das Suchfeld unten in der Stichwörterpalette. Klicken Sie zuerst auf die Lupe 🔍 und legen Sie fest, ob Sie einen exakten Begriff oder nur einen Wortbestandteil suchen. Ein Beispiel, das mit der Fotosammlung »Praxis/50_Vorlagen« von der Buch-DVD funktioniert:

1. Stellen Sie den Suchmechanismus 🔍 auf **Beginnt mit**.
2. Tippen Sie ein »b« ein. Bridge hebt jetzt alle Stichwörter hervor, die mit B anfangen. Das erste Stichwort, BAYERN, erscheint grün hervorgehoben. Die weiteren Stichwörter mit »b« wie BAUM, BERG und so weiter sehen Sie zunächst gelb unterlegt.

3. Mit den Pfeiltasten ◄ ► springt die grüne Markierung auf den nächsten Begriff, hier BAUM, dann BERG. Den grünen Ausdruck können Sie zum Beispiel mit der [Entf]-Taste löschen oder mit [F2] umbenennen.

4. Klicken Sie auf die Schaltfläche mit dem X ⊗, um die gelben und grünen Markierungen zu entfernen.

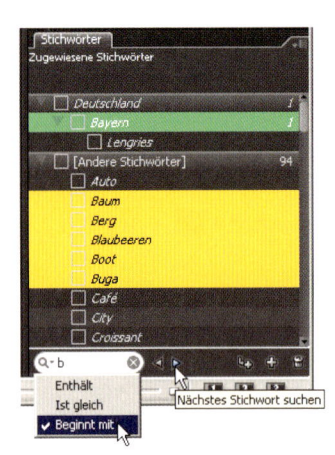

Abbildung 6.5 Die Suchfunktion hebt hier alle Stichwörter hervor, die mit »b« anfangen.

Stichwörter hierarchisch anzeigen und anwenden

Die Stichwörterpalette fasst zunächst alle vorhandenen Stichwörter in der Gruppe [ANDERE STICHWÖRTER] zusammen. Legen Sie eigene Hierarchien an, arbeiten Sie mit unter- und übergeordneten Stichwörtern, zum Beispiel Leute/Familie/Kinder/Michael oder Europa/Deutschland/Bayern/Lenggries.

Achtung
*Wir verwenden hier Bridge 2.1, das mit frühen CS3-Versionen noch nicht ausgeliefert wurde. Wählen Sie in Bridge oder Photoshop **Hilfe: Aktualisierungen**, um an die neueste Version zu kommen – nur sie enthält hierarchische Stichwörter.*

Abbildung 6.6
Bridge zeigt die Stichwörter hierarchisch gegliedert an. Sie können Unterkategorien anzeigen oder wegklappen.

Untergeordnete Stichwörter anlegen

In dieser Übung legen wir eine geografische Stichworthierarchie an:

1. Klicken Sie mit rechts auf ein vorhandenes Stichwort, nehmen Sie **Neues Stichwort** und tippen Sie »Europa«.

2. Sie müssen die »Europa«-Eingabe nicht einmal bestätigen, klicken Sie sofort unten rechts auf die Schaltfläche **Neues untergeordnetes Stichwort** .

3. In das neue, eingerückte Feld tippen Sie »Deutschland«.

4. Ohne die Texteingabe endgültig zu bestätigen, klicken Sie sofort unten rechts auf die Schaltfläche **Neues untergeordnetes Stichwort** und tippen »Bayern« ins neue Feld.

5. Abermals ein Klick auf **Neues untergeordnetes Stichwort** , nun bringen Sie »Lenggries«.

6. Bayern besteht nicht nur aus Lenggries. Klicken Sie das Stichwort BAYERN in der Palette an und erneut auf NEUES UNTERGEORDNETES STICHWORT . Nun tragen Sie »München« nach – eine zweite Unterkategorie von Bayern.

7. Noch ein anderes Bundesland? Klicken Sie DEUTSCHLAND an, dann NEUES UNTERGEORDNETES STICHWORT , tippen Sie »Hessen« ein.

Rechts meldet die Stichwortpalette die Zahl der untergeordneten Stichwörter. Zum Beispiel sehen Sie neben dem Eintrag DEUTSCHLAND eine 2, denn es gibt die zwei Unterkategorien BAYERN und HESSEN.

Abbildung 6.7
Mit dem Menü zur Stichwörterpalette können Sie die Stichwörtergruppen unter anderem öffnen und schließen.

Untergeordnete Stichwörter anwenden

Die Feldwege im Ordner »Praxis/50_Vorlagen« von der Buch-DVD stammen aus Lenggries. Sie erhalten also jetzt dieses Stichwort.

Markieren Sie zunächst die vier Bilder mit dem Feldweg. Ihre Möglichkeiten nun:

» Klicken Sie in der Stichwörterpalette in das Kästchen ■ neben LENGGRIES. Bridge schreibt das Stichwort »Lenggries« in die gewählten Fotos – und keine übergeordneten Begriffe wie BAYERN etc.

» Klicken Sie mit gedrückter ⇧-Taste in das Kästchen ■ neben dem untergeordneten Stichwort LENGGRIES. So erhalten die Bilder das Stichwort LENGGRIES – und zusätzlich die übergeordneten Stichwörter BAYERN, DEUTSCHLAND und EUROPA.

Klicken Sie nun erneut, ohne Zusatztaste, auf das Kästchen ☑ neben LENGGRIES, dann verschwindet das Stichwort wieder aus den markierten Dateien. Klicken Sie bei gedrückter ⇧-Taste auf LENGGRIES, dann entfernen Sie das Stichwort LENGGRIES, aber auch Übergeordnetes wie BAYERN etc.

Tipp
Die Voreinstellungen (Strg+K) bieten im Bereich STICHWÖRTER die Option AUTOMATISCH ÜBERGEORDNETE STICHWÖRTER ANWENDEN. Diese Einstellung kehrt die Wirkung der ⇧-Taste um: Ein Klick aufs Kästchen neben LENGGRIES schreibt übergeordnete Stichwörter mit ins Bild, nur ein ⇧-Klick schreibt sie nicht mit hinein.

Abbildung 6.8 Alle wichtigen Funktionen für Stichwörter bietet Bridge auch per Kontextmenü an.

»[Andere Stichwörter]«

Erhalten Sie Bilder mit IPTC-Stichwörtern von außen, zum Beispiel unsere »Praxis«-Bilder von der Buch-DVD, dann sind die Stichwörter vermutlich noch nicht in Ihren Stichwortgruppen erfasst. Die Stichwörterpalette zeigt die neuen Begriffe dann zunächst kursiv in der Rubrik [ANDERE STICHWÖRTER] ganz unten.

Ziehen Sie die Stichwörter in ein beliebiges anderes Stichwortset. Dieser Schritt ist aber nicht zwingend erforderlich. Alternative: Ein Rechtsklick über dem noch nicht eingeordneten Stichwort und **Festlegen**. Es bleibt dann dauerhaft in der Rubrik [ANDERE STICHWÖRTER] und erscheint nicht mehr kursiv. Nicht »festgelegte«, kursive Stichwörter verschwinden beim nächsten Programmstart aus der Palette, sofern kein Bild im geöffneten Ordner das Stichwort enthält.

Stichwörter verlagern

Ordnen Sie Stichwörter einfach in der Hierarchie um. Ein Beispiel:

Im Bereich [ANDERE STICHWÖRTER] orten Sie das Stichwort BRANDENBURG. Sie möchten es in die Unterkategorien von DEUTSCHLAND einordnen.

Ziehen Sie BRANDENBURG genau auf DEUTSCHLAND. Ziehen Sie BRANDENBURG nicht zwischen die anderen, aufgeklappten Bundesländer, denn dann wird es zur Unterkategorie eines anderen Bundeslands.

Stichwörter anzeigen, aber nicht automatisch mit anwenden

Zeigen Sie ein Stichwort in der Liste an, ohne dass es bei ⇧-Klicks angewendet wird.

Ein Beispiel: Wir haben die übergeordnete Kategorie EUROPA. Klicken Sie bei gedrückter ⇧-Taste auf das Kästchen ■ neben LENGGRIES, dann erhält Ihr Bild also die Stichwörter LENGGRIES, BAYERN, DEUTSCHLAND, EUROPA.

Sie wollen jedoch EUROPA gar nicht als Stichwort in die Datei schreiben. Sie wollen Europa nur als Überschrift anzeigen, aber nicht als IPTC-Stichwort vergeben.

Die Lösung: Fassen Sie das Wort in eckige Klammern, tippen Sie also »[Europa]«. Nun schreibt Bridge EUROPA nicht mehr – wie die anderen übergeordneten Kategorien – ins Bild, sofern Sie eine untergeordnete Kategorie bei gedrückter ⇧-Taste anklicken. Sie haben Europa ausgeschlossen.

Existiert der Begriff »Europa« schon ohne eckige Klammern, drücken Sie F2 zum Umbenennen, oder noch einfacher: Klicken Sie mit rechts, dann nehmen Sie **Ausschließen** – Bridge legt die eckigen Klammern an. Ein erneuter Rechtsklick ermöglicht das **Einschließen** – die Klammern verschwinden wieder.

Möchten Sie das ausgeschlossene Stichwort EUROPA in eine Datei schreiben, klicken Sie exakt neben [EUROPA] ins leere Kästchen ■. Bridge schreibt das Stichwort in markierte Dateien, und zwar ohne Klammern.

Stichwörter hierarchisch speichern und exportieren

Zwar zeigt die Stichwörterpalette ein ausgefeiltes hierarchisches Gerüst – aber zunächst nur Ihnen selbst: Innerhalb der

Bilddatei erscheinen alle Stichwörter gleichrangig. Auf anderen Computern wird die Gliederung nicht wieder aufgebaut, alle Stichwörter haben die gleiche Gewichtung. Auch die Bridge-eigene Filterpalette zeigt alle Stichwörter gleichrangig und nicht etwa nach Art eines Verzeichnisbaums.

Schreiben Sie die Stichwörter wahlweise so in die **Dateiinformationen** oder in die Metadatenpaella, dass Bridge sofort eine hierarchische Gliederung erkennt – auch auf anderen Rechnern. Dazu verbinden Sie Stichwörter einer hierarchischen Gruppe durch ein spezielles Zeichen, zum Beispiel so:

`Europa|Deutschland|Bayern|Lenggries`

Kommen weitere Stichwörter außerhalb der Hierarchie hinzu, zum Beispiel »Feldweg«, geht es so, mit oder ohne Leerzeichen nach dem Komma:

`Europa|Deutschland|Bayern|Lenggries,Feldweg`

Bringen Sie Bridge außerdem dazu, dieses spezielle Zeichen auch via Stichwörterpalette mit in die Datei zu schreiben.

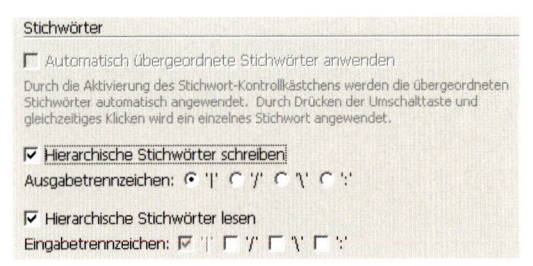

Abbildung 6.9 In den »Voreinstellungen« legen Sie fest, ob Bridge Stichwörter mit Sonderzeichen für die hierarchische Gliederung erkennen und schreiben soll.

»Hierarchische Stichwörter schreiben«

Öffnen Sie die **Voreinstellungen** (Strg+K) mit dem Bereich STICHWÖRTER. Die Option HIERARCHISCHE STICHWÖRTER SCHREIBEN ist zunächst ausgeschaltet. Darum schreibt Bridge Begriffe, die Sie in der Stichwörterpalette hierarchisch gliedern, tatsächlich gleichrangig in die Dateien. Sie erscheinen so in der Metadatenpalette:

`Europa; Deutschland; Bayern; Lenggries`

Alternativ verwenden Sie HIERARCHISCHE STICHWÖRTER SCHREIBEN. Wenn Sie nun LENGGRIES mit gedrückter ⇧-Taste anklicken, schreibt Bridge dies in die Bilder:

`Europa|Deutschland|Bayern|Lenggries`

Sofern Sie auch die Option HIERARCHISCHE STICHWÖRTER LESEN verwenden (sie ist nach der Installation eingeschaltet), erkennt Bridge sofort eine hierarchische Gliederung und zeigt die untergeordneten Stichwörter entsprechend eingerückt.

Getrennt fürs Schreiben und Lesen einer hierarchischen Stichwörtergruppe legen Sie ein EINGABETRENNZEICHEN bzw. AUSGABETRENNZEICHEN fest – wahlweise senkrechter Strich, Schrägstrich, umgekehrter Schrägstrich oder Doppelpunkt.

Achtung

Viele andere Programme erkennen hierarchische Stichwörter mit Trennzeichen nicht als separate Stichwörter. Stattdessen wird nur ein einziges langes Stichwort wie »Europa|Deutschland|Bayern|Lenggries« angezeigt. Geben Sie Ihre Bilder weiter, zum Beispiel auch an Agenturen oder Fototauschseiten im Internet, verzichten Sie besser auf die Option HIERARCHISCHE STICHWÖRTER SCHREIBEN und tippen Sie auch keine Trennzeichen von Hand ein. Innerhalb der Stichwörterpalette können Sie die Begriffe weiterhin hierarchisch staffeln.

Abbildung 6.10 **Oben rechts:** Wir haben »Nahrung|Getränk|Kaffee|Cappuccino« in das »Stichwörter«-Feld der Metadatenpalette getippt. **Unten rechts:** Die Stichwörterpalette zeigt die Begriffe sofort hierarchisch gegliedert an. Viele andere Programme erkennen jedoch bei dieser Schreibweise keine getrennten Stichwörter.

Import/Export

Schreiben Sie Ihre Stichwortsammlungen bequem in einem Textprogramm als unformatierte txt-Datei oder tauschen Sie Stichwortsammlungen mit anderen Photoshoppern und Lightroom-Anwendern aus. Stellen Sie die Hierarchie durch unterschiedlich tief gestaffelte Tabulatorzeichen her.

Die Befehle finden Sie im Menü ≡ zur Stichwörterpalette:

» **Importieren** Sie die Stichwörter, das heißt, laden Sie die Liste aus einer Textdatei, ohne bereits in der Stichwörterpalette vorhandene Begriffe zu verwerfen.

» **Importieren und Leeren**, das heißt, bereits vorhandene Begriffe fliegen aus der Stichwörterpalette heraus.

» **Exportieren** Sie eine bestehende Stichwörtersammlung; die Stichwörtersammlung aus Bridge wird mit Tabs getrennt in eine txt-Datei geschrieben.

Metadatenpalette

Eine importierte Liste sortiert Bridge in der Stichwörterpalette alphabetisch nach Oberbegriffen. So kommt zum Beispiel »Europa« samt Unterkategorien vor »Leute«, auch wenn in Ihrer Textdatei »Leute« zuerst erscheint. Eckige Klammern werden bei der Sortierung ignoriert.

IPTC-Werte wie BESCHREIBUNG, ORT oder AUTOR meldet Bridge in der Metadatenpalette im Bereich IPTC-KERN; Sie können die IPTC-Werte hier auch ändern, nur die Copyright-Vorgabe nicht.

Welche Metadatenfelder Bridge anzeigt, steuern Sie in den **Voreinstellungen** per Strg+K und dort auf der Seite METADATEN. Felder, die Sie abwählen, können Sie in der Metadatenpalette nicht mehr sichten oder korrigieren; die Einträge bleiben aber natürlich erhalten.

IPTC-Werte in der Metadatenpalette ändern

So ändern Sie IPTC-Einträge mithilfe der Metadatenpalette:

1. Markieren Sie die gewünschten Dateien.

2. Klicken Sie in der Metadatenpalette auf das gewünschte Eingabefeld oder rechts daneben auf den Schreibstift.

3. Tippen Sie ein, was zu sagen ist.

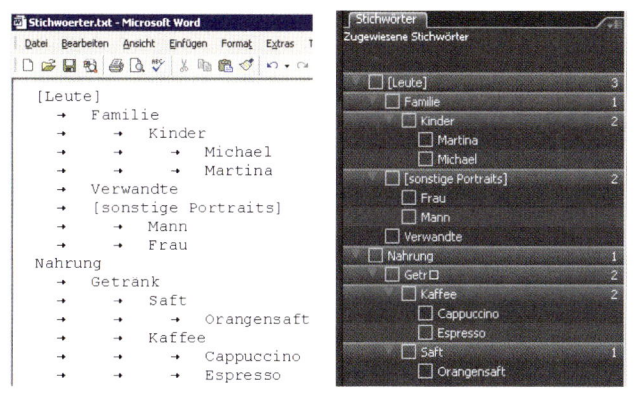

Abbildung 6.11 Links: Tippen Sie hierarchische Stichwortaufstellungen im Textprogramm. **Rechts:** Bridge übernimmt die Liste in die Stichwörterpalette, zeigt jedoch Wörter mit Umlaut nicht korrekt. Liste: Stichwoerter.txt

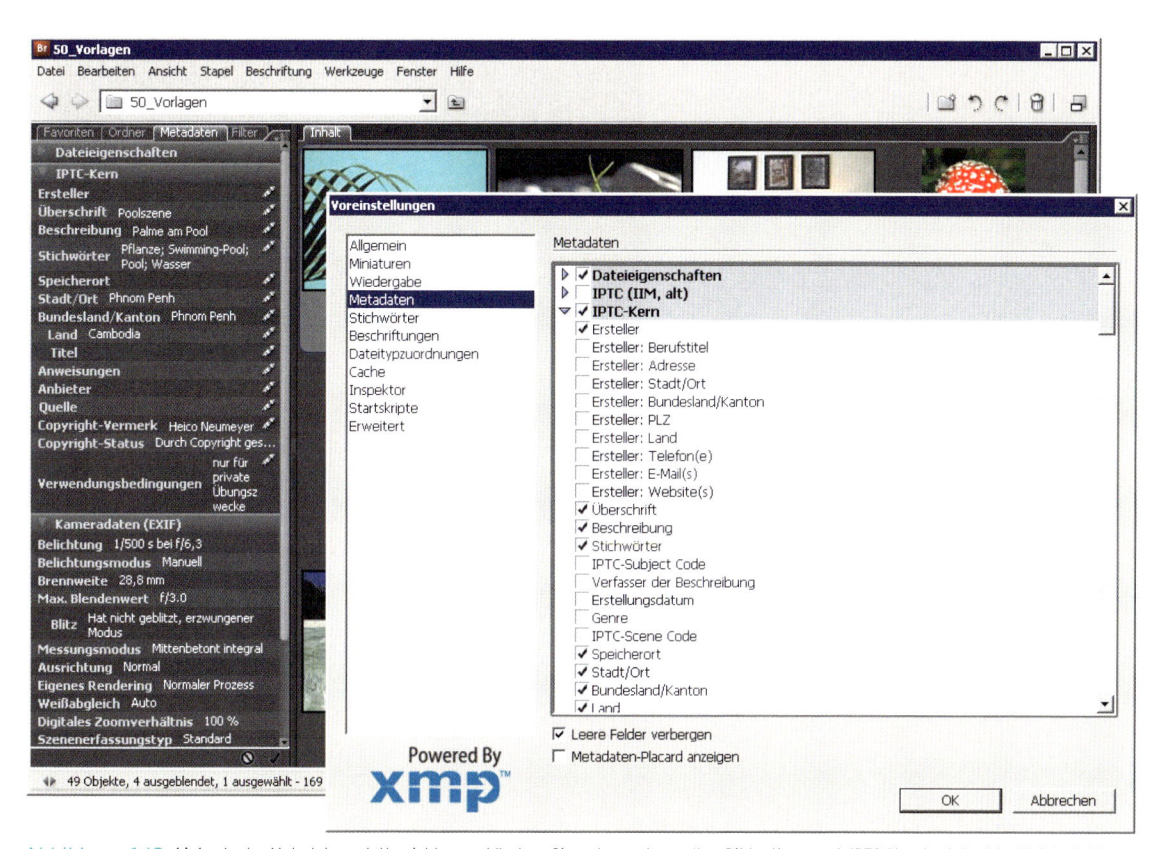

Abbildung 6.12 Links: In der Metadatenpalette sichten und ändern Sie unter anderem Ihre Bildnotizen nach IPTC-Standard. **Rechts:** Welche Felder Photoshop anzeigt, entscheiden Sie in den »Voreinstellungen«. Leere Felder können Sie verbergen, die Schriftgröße lässt sich ändern.

4. Um den Text endgültig in die Dateien zu schreiben, klicken Sie in eine Bildminiatur oder Sie klicken unten auf die OK-Schaltfläche ✔. Bridge schreibt die Änderungen fast sofort in die Bilddateien und ist je nach Auftragsumfang ein paar Sekunden ausgelastet.

Sie wollen Ihren Neueintrag oder Ihre Textänderung noch vor dem endgültigen Anwenden verwerfen? Verwenden Sie die Esc-Taste oder die Schaltfläche zum Abbrechen ⃠. Nach dem Bestätigen der IPTC-Änderung lässt sich der Vorgang nicht mehr annullieren.

Tipp
Verwenden Sie generell nur den Bereich IPTC-KERN. IPTC (IIM, ALT) brauchen Sie in der Regel nicht.

6.3 Exif-Daten

Im Exif-Bereich einer Bilddatei speichern Digitalkameras Belichtungsinformationen wie Blende, Belichtungszeit, Blitzverwendung, Aufnahmezeitpunkt, Farbraum, Kamerahersteller und -modell. Bilder von Scannern haben oft keine Exif-Daten, es sei denn, ein Scanprogramm wie Silverfast füllt einige Exif-Felder aus.

Die wichtigsten Dateitypen speichern Exif-Werte, darunter TIFF, PSD, JPEG und PDF. Photoshop bietet nur begrenzte Möglichkeiten für Exif-Daten: Sie können die Exif-Daten nicht bearbeiten und nur auf Umwegen löschen. Je nach Kameramodell zeigt Photoshop zudem nicht alle tatsächlich vorhandenen Werte an, zum Beispiel fehlt die Information über die Empfindlichkeit. Nicht auszuschließen, dass manche Exif-Werte nach dem Speichern in Photoshop verschwinden. Einige Exif-Informationen wie die Brennweite können Sie automatisch in den Dateinamen einsetzen (Seite 120).

Exif-Daten betrachten

So sichten Sie die Exif-Daten:

» Wählen Sie in Photoshop oder Bridge **Datei: Dateiinformationen** oder drücken Sie Strg+Alt+⇧+I; anschließend verwenden Sie die KAMERADATEN-Bereiche 1 und 2.

» In Bridge markieren Sie am besten nur eine einzelne Datei. Dann öffnen Sie die Metadatenpalette mit dem Bereich KAMERADATEN (EXIF). Sind mehrere Bilder markiert, werden nur noch völlig übereinstimmende Werte angezeigt. Welche Exif-Werte Bridge überhaupt anzeigt, entscheiden Sie per **Bearbeiten: Voreinstellungen** (Strg+K) im Abschnitt METADATEN und dort im Bereich KAMERADATEN (EXIF).

» Bridge zeigt einige Exif-Daten auch unter jeder einzelnen Miniatur an; welche Werte erscheinen, steuern Sie mit den **Voreinstellungen** im Bereich MINIATUREN; im Angebot sind ERSTELLUNGSDATUM, BELICHTUNG (Zeit und Blende) sowie BRENNWEITE (physikalischer Wert, nicht umgerechnet auf Kleinbildäquivalent).

Wie Sie Exif- und IPTC-Daten entfernen, besprechen wir ab Seite 131.

Abbildung 6.13 Bridge meldet Exif-Kameradaten wie Belichtungszeit und Blende in der Metadatenpalette und wahlweise unter jeder Miniatur.

Kapitel 7
Der Camera-Raw-Dialog

Wie ein Programm im Programm wirkt der Camera-Raw-Dialog. Er öffnet und speichert nicht nur Raw-Dateien, Sie können auch JPEG- und TIFF-Dateien verarbeiten.

7.1 Einstieg

Raw-Dateien von Digitalkameras sind anders: Sie haben noch nicht die Verfeinerung per Weißabgleich, Kontrast- und Schärfekorrektur genossen, die die Kamerasoftware JPEG-Bildern verpasst. Mehr noch, Camera-Raw-Dateien zeigen auch nicht die drei üblichen Farbschichten Rot, Grün und Blau.

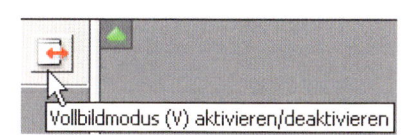

Abbildung 7.1 Mit der Schaltfläche »Vollbildmodus« zeigen Sie den Camera-Raw-Dialog bildschirmfüllend an.

Stattdessen schreibt die Kamera zunächst nur eine einzige Grundfarbe mit zum Beispiel zwölf Bit Farbtiefe. Darüber werden rot-, grün- und blauempfindliche Sensorelemente nach dem Bayer-Muster wechselweise angeordnet. So entsteht zunächst ein 12-Bit-Graustufenbild; erst komplizierte Rechenverfahren samt Interpolation produzieren übliche RGB-Dateien mit 3x8 oder 3x16 Bit Farbtiefe.

Digitale Rohdiamanten

Diese ganze Umwandlung von Roh zu JPEG können Sie der Kamera überlassen, indem Sie direkt JPEG-Dateien auf die Speicherkarte bannen. Die Alternative: Sie öffnen die Camera-Raw-Datei in Photoshops Camera-Raw-Dialog; dann steuern Sie die Berechnung des naturbelassenen Bilds frisch vom Chip nach eigenem Geschmack.

Raw-Dateien bieten meist mehr Feinzeichnung in Schatten und Lichtern als übliche JPEGs. Der Weg über den Raw-Dialog kostet aber auch mehr Arbeit.

Wir behandeln zunächst typische Arbeitsabläufe für Einzelbilder und ganze Serien. Dann sehen wir uns die Korrekturmöglichkeiten en detail an. Einen besonders gründlichen und sehr praxisorientierten Einblick bietet das Buch »Adobe Camera Raw« von Camera-Raw-Profi Mike Schelhorn (Verlag Addison-Wesley, ISBN 978-3-8273-2450-4).

Teil 2 • Basisaufgaben

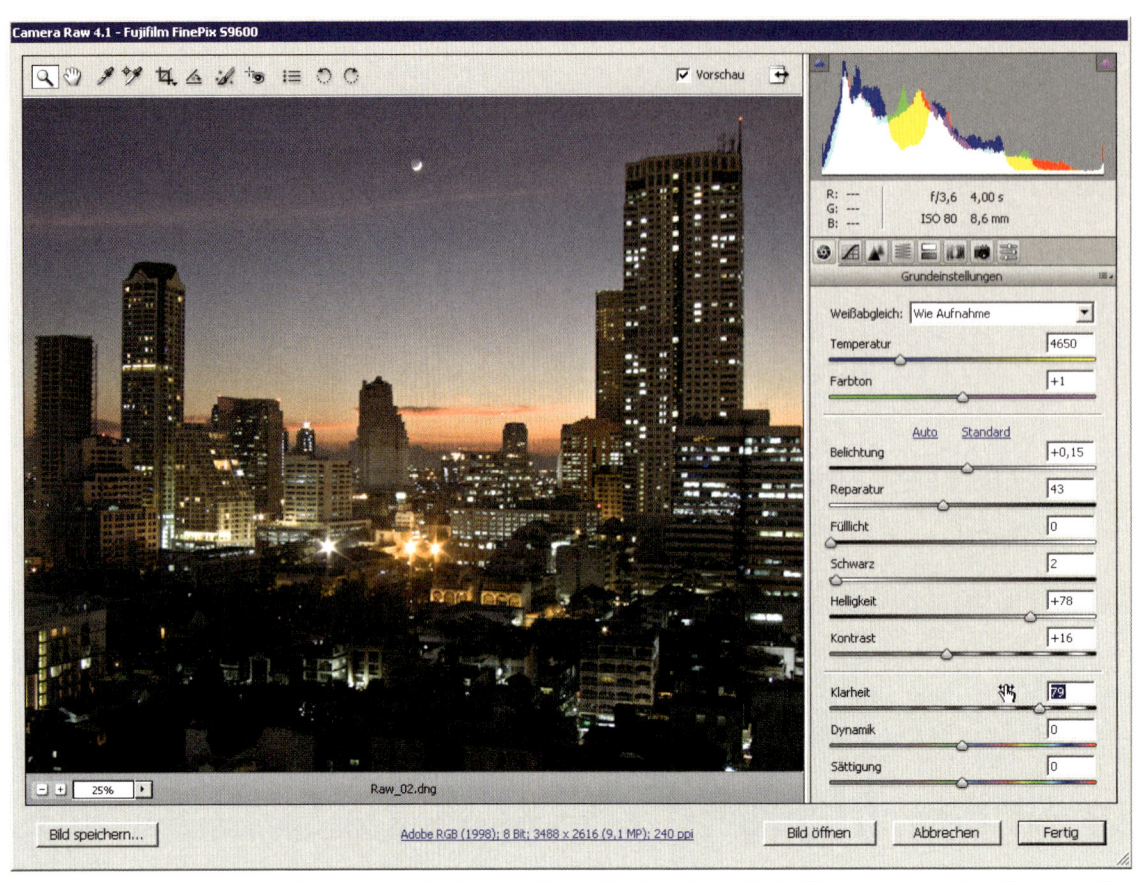

Abbildung 7.2 Haben Sie eine Raw-Datei im Camera-Raw-Format geöffnet und korrigiert, können Sie das Bild neu speichern oder in Photoshop öffnen. Die Schaltfläche »Fertig« schließt das Bild und sichert alle Korrekturen für die nächste Verwendung.

DVD
Camera-Raw-Dateien finden Sie auf der Buch-DVD im »Praxis«-Verzeichnis und im Unterverzeichnis »Praxis/50 Vorlagen«; die Namen beginnen jeweils mit »Raw«.

Welche Kameras werden unterstützt?

Fast jede Kamera schreibt ihr eigenes Rohformat, der Standard ändert sich laufend und für jedes neue Gerät separat. Manche Digikams schreiben ein Motiv bei Bedarf gleichzeitig »roh« und als JPEG. Photoshop öffnet Rohdateien der meisten Digitalkameras, eine Liste finden Sie unter *www.adobe.com/products/photoshop/cameraraw.html*.

Tipp
Wählen Sie in Photoshop Hilfe: Aktualisierungen, um Ihren Photoshop fit für Raw-Dateien von neuesten Kameramodellen zu machen. Dabei erhalten Sie manchmal auch neue Funktionen für den Raw-Dialog selbst.

7.2 Arbeitsablauf & Automatisierung

Wir besprechen hier, wie Sie Bilder in den Raw-Dialog bringen und wieder speichern. Um die Änderungen der Bildqualität geht es dann im nächsten Hauptabschnitt.

Dateien per Camera-Raw-Dialog öffnen

Wie kommen die verschiedenen Dateitypen in den Raw-Dialog? Für Raw- und DNG-Exemplare gilt:

» Klicken Sie in Bridge doppelt auf eine Raw- oder DNG-Datei.

» Ziehen Sie eine Raw- oder DNG-Datei über die Photoshop-Oberfläche.

JPEG- oder TIFF-Dateien in den Raw-Dialog laden

Sie wollen eine JPEG- oder TIFF-Datei in den Raw-Dialog hieven? So geht's:

» Markieren Sie die Dateien in Bridge und drücken Sie Strg+R oder nehmen Sie nach Rechtsklick **In Camera Raw öffnen**.

» Wählen Sie in Photoshop **Datei: Öffnen als** und nehmen Sie im Klappmenü den Typ CAMERA RAW.

Wollen Sie JPEGs und TIFFs generell im Raw-Dialog sehen? Öffnen Sie in Photoshop die **Voreinstellungen** mit Strg+K, gehen Sie in den Bereich DATEIHANDHABUNG und aktivieren Sie die Vorgabe BEI JPEG-DATEIEN PRÄFERENZ FÜR ADOBE CAMERA RAW. In den **Voreinstellungen** von Bridge (ebenfalls Strg+K, Bereich ALLGEMEIN) gibt es die Vorgabe CAMERA RAW-EINSTELLUNGEN IN BRIDGE PER DOPPELKLICK BEARBEITEN.

Änderungen aus dem Camera-Raw-Dialog heraus sichern

Sie haben Ihr Bild im Raw-Dialog kontrastkorrigiert und zugeschnitten. Ihre Speichermöglichkeiten in der Übersicht:

» Sie klicken auf BILD SPEICHERN und sichern im DNG-Dateiformat. Das Bild bleibt in der Urfassung erhalten, wird jedoch in Photoshop CS3, Bridge und Lightroom einschließlich der Eingriffe angezeigt. Sie können alles wieder zurücksetzen, Sie sehen sofort die veränderten Reglerstellungen in Gradationskurve und Co.

» Sie klicken auf BILD SPEICHERN und sichern als TIFF, Photoshop-PSD oder JPEG. Ihre Änderungen werden endgültig auf die neue Datei angewendet, vom Original bleibt nichts zurück (höchstens entfernter Bildrand im PSD-Format, siehe unten).

» Sie haben eine DNG-, TIFF- oder JPEG-Datei und klicken auf FERTIG. Die Änderungsinformationen werden »als Mathematik« im XMP-Bereich innerhalb der Datei gesichert. Das Bild bleibt in der Urfassung erhalten. Es wird jedoch in Photoshop CS3, Bridge und Lightroom einschließlich der Eingriffe angezeigt, Sie sehen sofort die veränderten Reglerstellungen. Andere Programme zeigen solche JPEG- und TIFF-Dateien dagegen meist ohne Änderungen aus dem Raw-Dialog, erneutes Speichern dort könnte die Bearbeitungsinformationen löschen.

» Sie haben eine Raw-Datei, zum Beispiel CR2, ORF oder NEF, jedenfalls nicht im DNG-Dateiformat, und klicken auf FERTIG. Photoshop sichert die Änderungen in einer separaten Datei (»Filialdokument«) oder in seiner Raw-Datenbank und zeigt das Bild fortan verändert an. Aber die Originalinformation bleibt erhalten, Sie können die Wiedergabe jederzeit ändern.

Weitergabe an ältere Programme

Sie wollen eine Bearbeitung aus Photoshop CS3 flexibel speichern, so dass man sie in Photoshop CS2 oder Photoshop Elements 4 und 5 weiter korrigieren kann? Dann sichern Sie auf jeden Fall im DNG-Format, denn die Korrekturwerte aus JPEG- oder TIFF-Dateien werden nicht übernommen.

Aktualisieren Sie diese älteren Programme mindestens auf die Camera-Raw-Version 3.7 (ACR 3.7) von Mitte Februar 2007. So lassen sich die Änderungen aus Photoshop CS3 zumindest darstellen, mit Ausnahme von Fleckenretusche und Korrektur in rotgeblitzten Augen. Allerdings können Photoshop CS2 und die Elements-Versionen manche Tonwertkorrekturen aus Lightroom oder CS3 nicht weiter feinsteuern – einige Regler fehlen schlicht. Mit den vorhandenen Einstellmöglichkeiten lässt sich das Bild jedoch weiterbearbeiten.

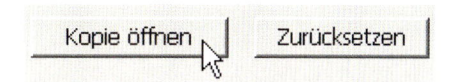

Abbildung 7.3 Wenn Sie die Alt-Taste drücken, können Sie das Bild als »Kopie öffnen«: Sie laden die Raw-Datei in Photoshop, doch die Raw-Datenbank merkt sich die letzten Einstellungen nicht; stattdessen erhalten Sie beim nächsten Laden im Raw-Dialog wieder die alten Werte. Die Alt-Taste beschert Ihnen zudem die »Zurücksetzen«-Schaltfläche, die alle Änderungen annulliert.

Einzelbild bearbeiten

Haben Sie die Tonwerte bereits im Camera-Raw-Dialog korrigiert, zeigen die Miniaturen in Bridge und im Raw-Dialog ein spezielles Symbol; sind Sie dem Foto im Raw-Dialog bereits mit Freistellwerkzeug oder Gerade-ausrichten-Werkzeug zu Leibe gerückt, gibt es ein weiteres Symbol.

Ich schildere hier zunächst in der Übersicht, wie Sie einzelne Dateien öffnen, speichern oder nur die Einstellungen ändern. Danach sehen Sie, wie Sie Einstellungen auf andere Fotos übertragen und ganze Fotoreihen am Stück bearbeiten.

Ein typischer Arbeitsablauf mit einer einzelnen Raw-Datei:

1. Klicken Sie doppelt auf eine Raw-Datei in Bridge. Alternativen: Markieren Sie ein Bild in Bridge, dann drücken Sie Strg+R oder Strg+O oder die ↵-Taste.

2. Das Bild erscheint im Camera-Raw-Dialog (ACR).

3. Korrigieren Sie die Bildqualität im Dialogfeld.

4. Ein Klick auf ÖFFNEN lädt das Bild in Photoshop.

5. Ab jetzt zeigt die Miniatur in Bridge Ihre Raw-Datei mit Ihren korrigierten Einstellungen für Kontrast, Farbton und Bildausschnitt. Die Bilddaten sind aber wohlgemerkt völlig unverändert – Sie sehen nur eine andere Ansicht.

6. In Photoshop selbst haben Sie keinen Zugriff mehr auf die speziellen Raw-Eigenschaften aus dem Raw-Dialog. Aber alle üblichen Menüfunktionen und Werkzeuge stehen parat. Sie können das Bild in vielen Formaten speichern – aber nicht im Raw-Format ihrer Kamera oder im DNG-Format. Die zugrunde liegende Camera-Raw-Datei bleibt völlig unverändert.

Schnelle Tastengriffe

Mit diesen Tastengriffen kommen Sie schneller vorwärts:

Doppelklick+⇧	Eine Ad-hoc-Umwandlung der Raw-Datei erscheint sofort in Photoshop, ohne Zwischenhalt im Camera-Raw-Dialog.
Doppelklick+⇧+Alt	Das Bild wandert stante pede von Bridge nach Photoshop und klappt das Bridge-Fenster herunter.
Doppelklick+Alt-Taste	Das Bild öffnet sich im Camera-Raw-Dialog, Bridge wird heruntergeklappt.

Statt des Doppelklicks können Sie auch eine Datei auswählen und zusätzlich zu ⇧- oder Alt- die ↵-Taste dazunehmen. Die Tastengriffe eignen sich auch für mehrere ausgewählte Fotos am Stück.

Camera Raw als Teil von Photoshop oder Bridge

Planen Sie eine längere Stapelverarbeitung im Raw-Dialog? Überlegen Sie vorab, welches Programm Sie mit der Prozedur auslasten und lahmlegen wollen – Bridge oder Photoshop. Öffnen Sie den Camera-Raw-Dialog wahlweise als Teil von Bridge oder als Teil von Photoshop.

Das eine Programm ist während der Stapelverarbeitung blockiert, das andere steht weiterhin für Sie bereit. Zunächst gilt Camera Raw als Teil von Photoshop.

Camera Raw als Teil von Photoshop

Direkt nach der Installation ist der Raw-Dialog ein Teil von Photoshop. In den Bridge-**Voreinstellungen** (Strg+K) im Bereich ALLGEMEIN gibt es die Option CAMERA RAW-EINSTELLUNGEN IN BRIDGE PER DOPPELKLICK BEARBEITEN. Diese Vorgabe ist zunächst abgewählt. Das heißt: Klicken Sie in Bridge eine Camera-Raw-Datei doppelt an oder öffnen Sie markierte Raw-Dateien per Strg+O, dann gilt der Camera-Raw-Dialog als Teil von Photoshop. Daraus folgt für Sie:

» Nach dem Doppelklick wird auf jeden Fall langwierig Photoshop gestartet (sofern nicht schon geöffnet); dann erst sehen Sie den Camera-Raw-Dialog.

» Photoshop ist blockiert, solange Sie in den Camera-Raw-Einstellungen arbeiten.

» Bei bestimmten Photoshop-Situationen startet der Camera-Raw-Dialog nicht per Doppelklick oder Strg+O in Bridge: zum Beispiel, wenn Sie in Photoshop ein Dialogfeld wie **Bildgröße** geöffnet oder das **Transformieren** gestartet haben (der Dialog taucht aber auf, sobald Sie das Dialogfeld schließen oder das **Transformieren** beenden).

» Sie können in Bridge sofort weiterarbeiten.

» Klicken Sie im Camera-Raw-Dialog auf BILD ÖFFNEN, haben Sie das Bild schnell in Photoshop, denn das Programm ist ja schon gestartet.

Camera Raw als Teil von Bridge

Sie können den Camera-Raw-Dialog auch so öffnen: als Teil von Bridge. Sie lassen Raw zum Beispiel eine Stapelbearbeitung bewältigen und erledigen derweil anderes in Photoshop. So starten Sie den Raw-Dialog als Teil von Bridge, nicht von Photoshop:

» Aktivieren Sie die Option CAMERA RAW-EINSTELLUNGEN IN BRIDGE PER DOPPELKLICK BEARBEITEN und klicken Sie doppelt auf die gewünschten Raw-Dateien. Alternative:

» Drücken Sie für markierte Dateien in Bridge Strg+R; dabei spielt es keine Rolle, wie Sie die Option CAMERA RAW-EINSTELLUNGEN IN BRIDGE... einrichten.

» Rechtsklick auf die Miniatur, dann **In Camera Raw öffnen**.

Photoshop steht nun bei geöffnetem Raw-Dialog weiter zu Diensten, Bridge schwitzt bei der Arbeit.

Serienverarbeitung im Camera-Raw-Dialog

Bearbeiten und speichern Sie Bildserien zeitsparend. Rechnen Sie ganze Camera-Raw-Serien in andere Dateiformate um und übertragen Sie die Einstellungen einer Datei auf andere Dateien – für Tonwertkorrektur, Bildausschnitt und Pixelzahl.

Markieren Sie zunächst mehrere Dateien in Bridge bei gedrückter ⇧- oder Strg-Taste, dann wählen Sie Strg+R. Das erste Bild erscheint groß im Camera-Raw-Dialog.

Serienverarbeitung im Camera-Raw-Dialog

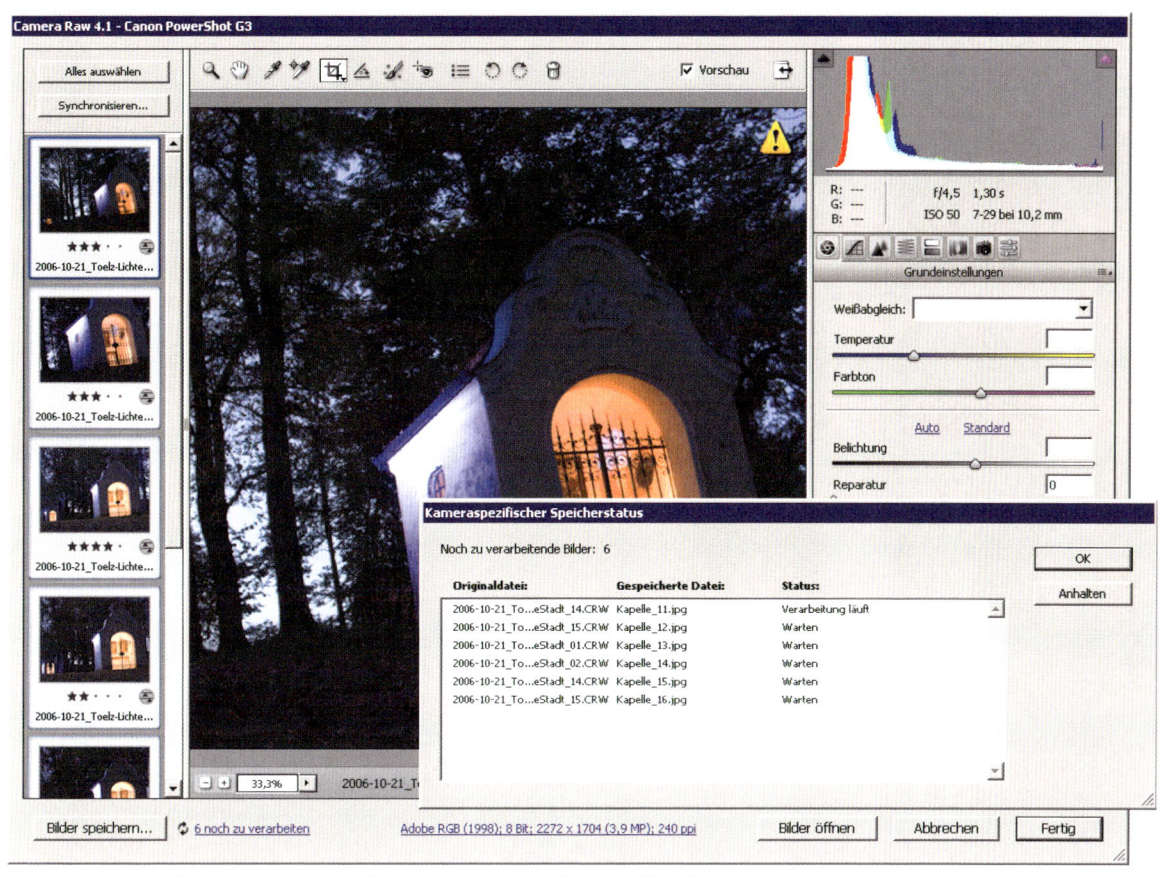

Abbildung 7.4 Der Camera-Raw-Dialog zeigt links mehrere Dateien an. Sie können Einstellungen auf andere Aufnahmen übertragen und alle Bilder gemeinsam öffnen oder in anderen Dateiformaten speichern. Bringen Sie Farbbalken und Sternewertungen an (Seite 106). Während der Verarbeitung erscheint links unten ein Hinweis wie »6 noch zu verarbeiten«. Nach Klick auf diese Zeile zeigt ein Dialogfeld den Fortschritt pro Bild an; dort brechen Sie die Stapelverarbeitung bei Bedarf ab.

Links im Dialogfenster sehen Sie die Miniaturen aller geladenen Raw-Dateien. Per Klick erscheint die gewählte Aufnahme in der Vorschau; alternativ blättern Sie mit den Pfeiltasten oder mit den Schaltflächen rechts unter der Vorschau durch die Sammlung. So bearbeiten Sie die Bildreihe, die Sie in den Camera-Raw-Dialog geladen haben:

» Stellen Sie nur ein Einzelbild ein. Dann wechseln Sie zum nächsten Einzelbild und justieren es mit anderen Vorgaben.

» Stellen Sie nur ein Einzelbild perfekt ein. Einige oder alle Änderungen übertragen Sie auf die weiteren Bilder.

» Wählen Sie in der Leiste links mehrere Bilder aus – die Einstellungen für das groß angezeigte Motiv werden sofort auf alle gewählten Dateien übertragen.

Tipp
*Sie wollen Raw-Sammlungen schnell in ein anderes Dateiformat umrechnen? Dazu eignet sich auch der **Bildprozessor** aus Photoshop (Seite 84); Sie können auch Aktionen einbinden und die Pixelzahl flexibel herunterrechnen. Markieren Sie die Kandidaten in Bridge, dann nehmen Sie Werkzeuge: Photoshop: Bildverarbeitung.*

Teil 2 • Basisaufgaben

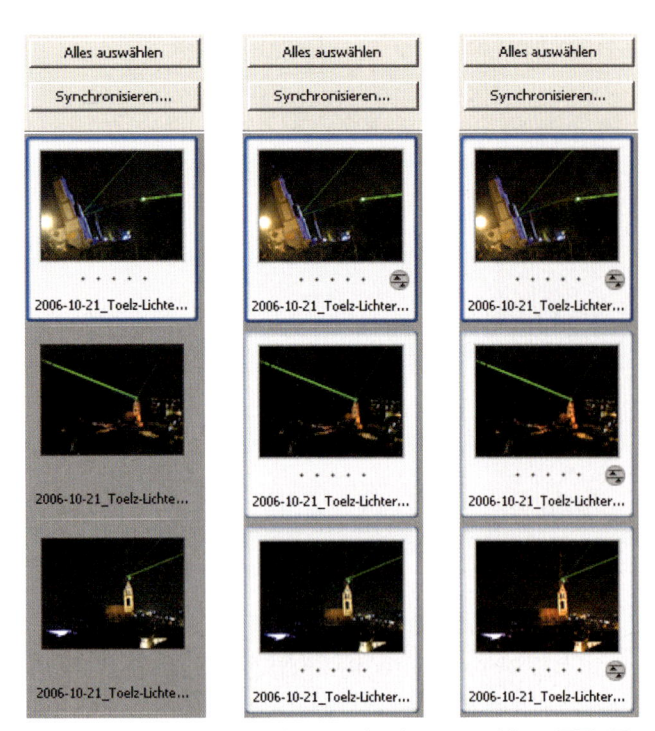

Abbildung 7.5 **Links:** Drei Dateien wurden in Bridge ausgewählt, per [Strg]+[R] erscheinen sie im Raw-Dialog. Die erste Datei ist sofort markiert und im Vorschaufenster sichtbar. **Mitte:** Wir haben die oberste Datei korrigiert, die Miniatur erhält deshalb das Symbol für geänderte Einstellungen. Danach markieren wir die weiteren Miniaturen mit gedrückter [Strg]-Taste und klicken auf »Synchronisieren«. **Rechts:** Wir haben die »Einstellungen« der ersten Datei auf die weiteren markierten Bilder angewendet.

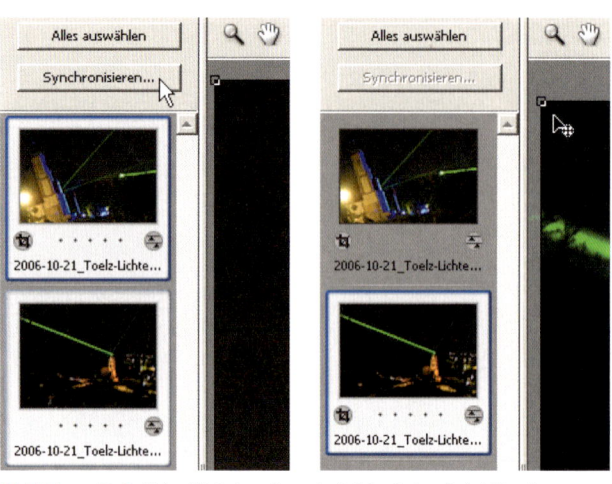

Abbildung 7.6 **Links:** Wir haben die erste Datei mit dem Freistellwerkzeug zugeschnitten; danach zeigt die Miniatur zusätzlich das Symbol für Bildausschnitte. Im Anschluss wählen wir die zweite Datei mit gedrückter [Strg]-Taste aus und klicken auf »Synchronisieren«; das »Freistellen« wird auf die zweite Datei übertragen.
Rechts: Jetzt erscheint die zweite Datei ebenfalls zugeschnitten. Der Bildausschnitt passt nicht ganz; Sie können die Miniatur jedoch anklicken und den Freistellrahmen verschieben – der Ausschnitt bleibt auf jeden Fall genauso groß wie beim oberen Bild. Wählen Sie das obere Bild ab, damit dort der Freistellrahmen nicht mitwandert.

Mehrere Bilder verarbeiten

Markieren Sie im Raw-Dialog weitere Bilder von Hand oder klicken Sie auf ALLES AUSWÄHLEN. (Alternative: [Alt]-Klick auf die Schaltfläche wählt alle Bilder mit Sternenwertung aus). Ihre Möglichkeiten jetzt:

» Klicken Sie auf die Schaltfläche BILDER SPEICHERN. Sie nutzen Dateiformate wie DIGITAL-NEGATIV (DN) oder JPEG in den **Speicheroptionen** und schreiben neue Dateien.

» Klicken Sie auf BILDER ÖFFNEN – die Werke landen in Photoshop.

» Klicken Sie auf SYNCHRONISIEREN. Danach steuern Sie im **Synchronisieren**-Dialog, welche Eigenschaften der blau eingerahmten Datei Sie auf die anderen Bilder übertragen. Blättern Sie mit den Pfeiltasten durch die Ergebnisse, um einzelne Bilder nachzuregeln.

Anschließend können Sie BILDER SPEICHERN, BILDER ÖFFNEN oder Sie klicken auf FERTIG – dann merkt sich das Camera-Raw-Programm Ihre Einstellungen, Bridge zeigt die Raw-Miniaturen mit den vereinheitlichten Einstellungen. [Alt]-Klick auf SYNCHRONISIEREN übergeht den **Synchronisieren**-Dialog, der Camera-Raw-Dialog verwendet sofort Ihre letzten Einstellungen.

Sterne und Farbcode

Die Bilder im Filmstreifen links können Sie mit Sternewertung und Farbcode versehen. Verwenden Sie Tastengriffe von [Strg]+[1] bis [Strg]+[9]. Die [Strg]-Taste brauchen Sie auch dann, wenn Sie eigentlich per Bridge-**Voreinstellungen** darauf verzichtet haben (Seite 110).

Zum Löschen vormerken

Haben Sie mehrere Bilder im Raw-Dialog geöffnet, merken Sie per [Entf]- oder [←]-Taste markierte Dateien zum Löschen vor – erkennbar an einem roten Kreuz oben links. Sobald Sie auf BILD ÖFFNEN, BILD SPEICHERN oder BILD FERTIG klicken, wandern die Motive in den Papierkorb Ihres Betriebssystems. Ein weiterer Druck auf die [Entf]-Taste hebt den Vormerker wieder auf.

Mit dem Papierkorbsymbol rechts oben im Raw-Dialog können Sie die Bilder ebenfalls zum Löschen vormerken oder die Löschmarkierung aufheben.

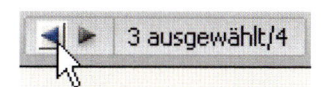

Abbildung 7.7 Vier Bilder wurden in den Raw-Dialog geladen, drei sind zur Korrektur ausgewählt. Mit den Pfeilschaltern rechts unter der Vorschau ändern Sie das aktive Bild, also das Foto in der Vorschau. Sie können auch die Pfeiltasten auf Ihrer Tastatur nehmen.

Position und Zoomstufe vereinheitlichen

Wollen Sie Zoomstufe und Betrachtungsausschnitt für alle Exponate vereinheitlichen, unternehmen Sie diese Schritte:

1. Sie klicken auf ALLES AUSWÄHLEN.
2. Zoomen Sie, verschieben Sie, die Darstellung aller markierten Bilder ändert sich gleichermaßen.

Abbildung 7.8 Die Bilder in der Leiste links merken Sie per [Entf]- oder [←]-Taste zum Löschen vor. Sie können Bilder hier auch mit Sternewertung und Farbbalken versehen.

Einzelbild neu speichern

Es gibt verschiedene Möglichkeiten, das Raw-Bild als »Entwicklung« zu speichern – entweder mit der Original-Raw-Qualität oder in einem üblichen Dateiformat wie TIFF oder JPEG, also eventuell mit weniger Tonwertreichtum. Wie immer im Raw-Dialog gilt: Die Originale bleiben völlig unverändert, sie legen quasi nur einen »Abzug« oder eine »Entwicklung« an.

Raw-Datei in Photoshop speichern

So speichern Sie die Raw-Datei in Photoshop:

» Öffnen Sie die Raw-Datei normal in Photoshop. Dort beim **Speichern** stehen viele Dateiformate zur Verfügung (bei 8 Bit Farbtiefe mehr als bei 16 Bit Farbtiefe). Sie können das Bild jedoch nicht mehr mit seinen ursprünglichen Raw-Eigenschaften speichern, also mit dem eventuell größeren Tonwertumfang.

» Betten Sie die Raw-Datei als Smart Objekt in eine Photoshop-PSD-, TIFF- oder PDF-Datei ein. Alle Raw-Eigenschaften bleiben erhalten, der Doppelklick auf die Ebenenminiatur zeigt das Original wieder korrigierbar im Raw-Dialog. Verwenden Sie das **Platzieren** oder drücken Sie im Raw-Dialog die [⇧]-Taste und klicken Sie auf OBJEKT ÖFFNEN; so entsteht sofort ein Smart Objekt (Seite 626).

» Der kostenlose Zusatzbefehl **Dr. Brown's Place-A-Matic** (Seite 558) erzeugt besonders flott Smart Objekte aus Bridge heraus, wahlweise in acht oder 16 Bit. Markieren Sie nur eine Raw-Datei, wird sie zweimal als rohes Smart Objekt in einer Photoshop-Montage übereinandergelegt. Anschließend mischen Sie unterschiedlich korrigierte Versionen oder löschen Sie eine Ebene flott wieder.

»Bild speichern« im Raw-Dialog

Innerhalb des Raw-Dialogs bietet die Schaltfläche BILD SPEICHERN diese Möglichkeiten:

» Als FORMAT nennen Sie unten das DIGITAL-NEGATIV mit der Endung ».dng« (Seite 791). So wahren Sie alle Raw-Eigenschaften und das Bild kann mit allen DNG-tauglichen Programmen bearbeitet werden. Ebenso wie Raw-Dateien werden auch JPEG- oder TIFF-Dateien innerhalb der DNG-Datei im Originalzustand konserviert. Die Änderungen aus dem Raw-Dialog werden lediglich rücksetzbar darübergelegt.

» Nennen Sie ein gängiges FORMAT wie PHOTOSHOP (PSD), TIFF oder JPEG. Sie erzeugen normale Bilddateien, die nicht mehr den ursprünglichen Tonwertumfang des Raw-Bilds haben.

»Speicheroptionen«

Klicken Sie im Raw-Dialog auf BILD SPEICHERN oder BILDER SPEICHERN, landen Sie in den **Speicheroptionen** – egal ob Sie ein Bild oder mehrere Bilder konvertieren. Wenn Ihnen die Umbenennungsmöglichkeiten nicht reichen, taufen Sie Ihre Werke vorab in der **Stapel-Umbenennung** von Bridge um (Seite 120).

Tipp

*Per [Alt]-Klick auf BILD SPEICHERN überspringen Sie die **Speicheroptionen**. Photoshop schreibt sofort neue Dateien und verwendet Ihre letzten Einstellungen.*

Teil 2 • Basisaufgaben

Als DNG speichern

Unten im Dialogfeld wählen Sie zuerst ein FORMAT, also einen Dateityp wie PHOTOSHOP-PSD, TIFF, JPEG oder DIGITAL-NEGATIV (also DNG, Seite 791).

Gegenüber einer üblichen Raw-Datei hat das DNG-Format wichtige Vorteile: Sie können IPTC-Texte und Photoshop-Änderungsinformationen direkt in der Datei sichern und mit der verlustfreien, problemlosen DNG-Komprimierung braucht die Raw-Datei oft deutlich weniger Speicherplatz als das Raw-Pendant direkt aus der Kamera. Nur wenige Digitalkameras schreiben das DNG-Format direkt und dann eventuell nur ohne Komprimierung.

Als PSD speichern

Vielleicht haben Sie im Raw-Dialog das Bild gedreht oder zugeschnitten. Wählen Sie in den **Speicheroptionen** den PHOTOSHOP-Dateityp, können Sie FREIGESTELLTE PIXEL ERHALTEN: Die Bildpunkte werden in der Photoshop-PSD-Datei nicht endgültig entfernt, sondern hinter dem Bildrand versteckt; machen Sie die eigentlich abgeschnittenen Teile in Photoshop mit dem Befehl **Bild: Alles einblenden** wieder sichtbar. Das Ergebnisbild hat keine »Hintergrund«-Ebene, sondern eine »Ebene 1«. (Photoshops Freistellwerkzeug bietet die vergleichbare Option AUSBLENDEN für Bilder mit Ebenen; Seite 192.)

Speichern und Übertragen der Korrektureinstellungen

Übertragen Sie ausgewählte Korrekturvorgaben von der BELICHTUNG bis zum Freistellrahmen auf ähnliche Fotos.

Einstellungen in der Camera-Raw-Serienverarbeitung übertragen

Wir hatten oben schon gesehen, wie Sie Einstellungen im Camera-Raw-Dialog übertragen, wenn Sie mehrere Bilder in den Dialog geladen haben:

» Wählen Sie in der Leiste links ein Einzelbild aus, korrigieren Sie es, dann markieren Sie weitere Bilder und klicken auf SYNCHRONISIEREN. Oder:

» Wählen Sie links im Raw-Dialog mehrere Bilder aus und ändern Sie die Einstellungen – alle Bilder erscheinen bearbeitet.

Einstellungen speichern und anwenden

Sie können die aktuellen Korrektureinstellungen speichern und später auf weitere Bilder übertragen:

1. Öffnen Sie das Klappmenü rechts oben im Camera-Raw-Dialog.

2. Klicken Sie auf **Einstellungen speichern**.

3. Wählen Sie die Eigenschaften aus, die Sie konservieren möchten.

4. Behalten Sie das vorgeschlagene Verzeichnis bei und geben Sie dem Kind einen Namen. (Alternative: Öffnen Sie das Vorgaben-Register und klicken Sie unten auf das Symbol für neue Vorgaben.)

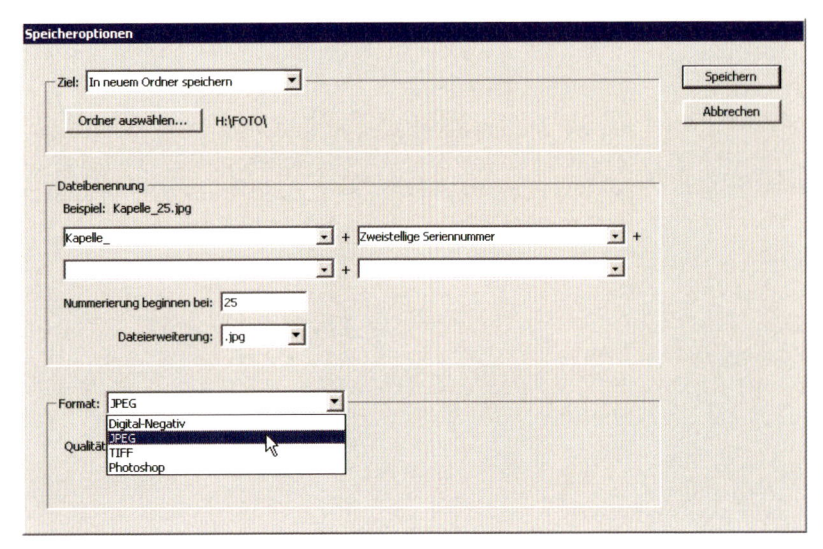

Abbildung 7.9
Die »Speicheroptionen« erscheinen, wenn Sie im Camera-Raw-Dialog auf »Speichern« klicken; Sie können ganze Bildreihen in andere Dateiformate übertragen und umbenennen.

Speichern und Übertragen der Korrektureinstellungen

So wenden Sie die Einstellungen auf andere Dateien an:

» Öffnen Sie im Raw-Dialog das Register VORGABEN und klicken Sie Ihre Vorgabe an. Oder:

» Markieren Sie mehrere Bilder in Bridge, dann heißt es dort **Bearbeiten: Einstellungen entwickeln**.

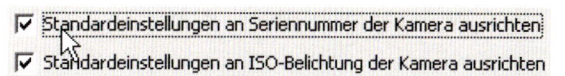

Abbildung 7.11 Legen Sie in den Camera-Raw-Voreinstellungen (Strg+K bei geöffnetem Raw-Dialog) fest, dass für unterschiedliche Iso-Werte und Seriennummern eines Kameramodells separate »Camera Raw-Standards« gespeichert werden.

Einstellungen für alle Bilder der gleichen Kamera

Sorgen Sie dafür, dass eine bestimmte Camera-Raw-Einstellung automatisch auf alle Bilder von derselben Kamera übertragen wird (wahlweise ausgehend von Kameramodell oder sogar Seriennummer). Definieren Sie einen »Camera Raw-Standard«:

1. Bringen Sie alle Regler in die richtige Position.

2. Öffnen Sie das Menü zum Dialogfeld mit der Schaltfläche ▼≡ rechts oben.

3. Klicken Sie auf **Camera Raw-Standards speichern**.

4. Sichern Sie die Vorgaben eventuell zusätzlich per **Einstellungen speichern** mit einem eigenen Namen: Denn wenn Sie die **Camera Raw-Standards zurücksetzen**, verlieren Sie auch Ihre Vorgaben für dieses Kameramodell; Sie bleiben aber per **Einstellungen speichern** als Punkt im **Einstellungen**-Klappmenü erhalten.

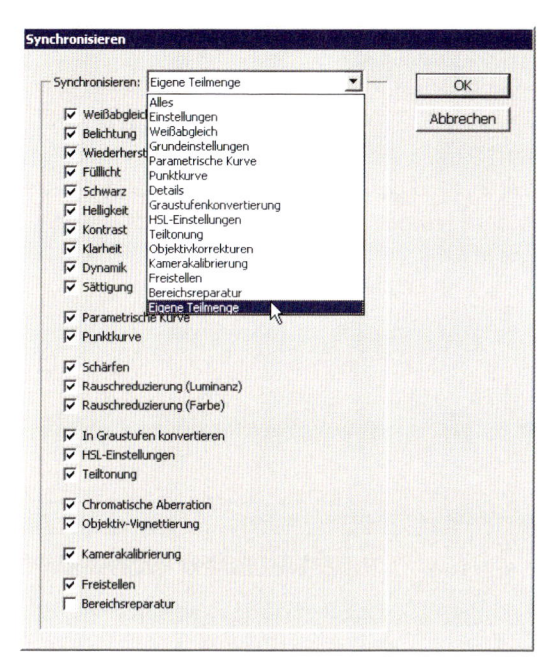

Abbildung 7.10 Übertragen Sie nur einzelne Eigenschaften einer Raw-Datei auf andere Aufnahmen.

Bridge zeigt – nach Bedenkzeit – alle Miniaturen mit den neuen Werten und so erscheinen die Bilder zunächst auch im Camera-Raw-Dialog. Wie immer bleiben die Bilddaten im Hintergrund unverändert, Sie verwenden nur eine andere Erscheinungsweise.

Einstellungen schnell übertragen

Übertragen Sie Camera-Raw-Vorgaben ruckzuck auf andere Dateien, ohne erst etwas zu speichern. Korrigieren Sie zunächst ein Bild im Raw-Dialog, dann kann es wie folgt weitergehen:

Konveniert der neue **Camera Raw-Standard** nicht mehr, können Sie im Menü ▼≡ die **Camera Raw-Standards zurücksetzen**. Um mehrere Dateien zurückzusetzen, markieren Sie die Kandidaten in Bridge und wählen **Bearbeiten: Einstellungen entwickeln: Einstellungen löschen**.

» Laden Sie ein weiteres Bild im Camera-Raw-Dialog, oben rechts im Klappmenü ▼≡ wählen Sie **Vorherige Konvertierung**.

» Markieren Sie weitere Korrekturfälle in Bridge, dann heißt es **Bearbeiten: Einstellungen entwickeln: Vorherige Konvertierung**.

» Klicken Sie eine Datei mit vorbildlicher Einstellung in Bridge an und gehen Sie auf **Bearbeiten: Einstellungen entwickeln: Camera Raw-Einstellungen kopieren** (Strg+Alt+C). Danach wählen Sie die Korrekturkandidaten in Bridge aus und nehmen im selben Untermenü **Camera Raw-Einstellungen einfügen** (Strg+Alt+V).

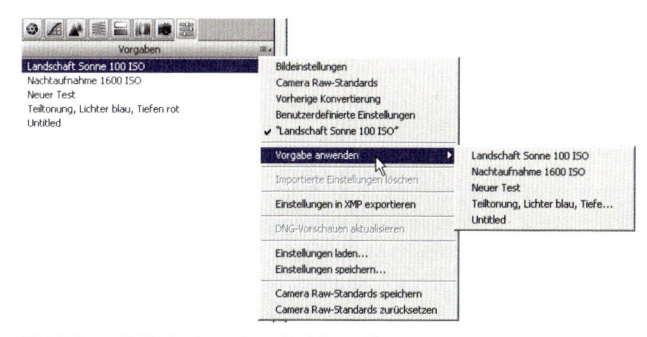

Abbildung 7.12 Im »Vorgaben«-Register und im Menü des Raw-Dialogs speichern und laden Sie Korrektureinstellungen.

151

Camera-Raw-Dateien und Filialdokumente

Manche Camera-Raw-Aufnahmen setzen sich aus bis zu drei Dateien zusammen: das Pixelbild, dazu eine separate Datei mit der Bildminiatur und den Aufnahmedaten der Kamera (oft nach Exif-Standard) und eine weitere XMP-Datei mit STICHWÖRTERN und BESCHREIBUNGEN aus Bridge sowie Korrekturangaben des Camera-Raw-Dialogs.

Bridge zeigt zunächst nur das Pixelbild, die anderen Dateien sehen Sie nicht. Doch wenn Sie eine Camera-Raw-Datei mithilfe von Bridge verschieben, kopieren, duplizieren oder umbenennen, sorgt Bridge dafür, dass auch die Nebendateien mit im Spiel bleiben: Sie markieren nur die Miniatur in Bridge; die ein oder zwei anderen, beschreibenden Dateien werden mit verändert, zum Beispiel mit umbenannt oder mit kopiert.

Nur wenn Sie auf **Ansicht: Verborgene Dateien anzeigen** klicken, präsentiert Bridge auch die »Nebendateien« eines Camera-Raw-Bilds. Um den gesamten Zweier- oder Dreierkomplex zu verarbeiten, markieren Sie die Bildminiatur und nicht die kleineren, beschreibenden Dateien – dann verändert Bridge klug den gesamten Block aus Pixeldatei plus Anhang.

Speichern Sie die Raw-Dateien im DNG-Format, landen sämtliche Informationen in einer einzigen Datei (Seite 791). Auch JPEG- oder TIFF-Bilder, die Sie im Raw-Dialog korrigieren, vereinen alles in einer Datei.

Abbildung 7.13 Zu einer Raw-Bilddatei gehören oft ein bis zwei weitere Dateien: hier noch eine THM-Datei mit technischen Informationen des Kameraherstellers und eine XMP-Datei, die in Photoshop entstand; sie enthält – je nach Voreinstellung – IPTC-Textinformationen und die Korrekturwerte aus dem Camera-Raw-Dialog.

Camera-Raw-Einstellungen speichern

Automatisch werden Ihre Einstellungen für jede einzelne Rohdatei gesichert. Wie und wo das geschieht, steuern Sie in Bridge mit dem Befehl **Bearbeiten: Camera Raw-Voreinstellungen** (oder [Strg]+[K] im Raw-Dialog). Sie sammeln die Camera-Raw-Informationen wahlweise in einer zentralen Datenbank oder in Einzeldateien pro Bild.

Speichern in der Camera-Raw-Datenbank

Setzen Sie das BILDEINSTELLUNGEN-Klappmenü auf CAMERA RAW-DATENBANK. Der Hersteller verspricht, dass die Einstellungen auch dann erhalten bleiben, wenn Sie die Datei verschieben und umbenennen. Diese Datenbank behält auch Informationen von Bildern, die Sie vor Dezennien gelöscht oder nur per DVD gesichtet haben.

Speichern in Filialdokumenten

Speichern Sie die Einstellungen in Filialdokumenten, dann erzeugt Photoshop im selben Ordner wie die Rohdatei eine separate XMP-Datei mit allen Korrekturvorgaben. Dieses Verfahren eignet sich besser, um Rohdateien samt Einstellungen an andere Anwender weiterzugeben oder um die Einstellungen später mit anderen Programmen zu nutzen. Die XMP-Dateien enthalten auch Ihre IPTC-Bildtexte.

Öffnen Sie Dateien von einer CD oder anderen schreibgeschützten Medien, kann Photoshop natürlich keine neuen XMP-Dateien im selben Verzeichnis anlegen. Stattdessen schreibt das Programm in die Camera-Raw-Datenbank.

Abbildung 7.14 In den Camera-Raw-Voreinstellungen legen Sie fest, wo die Informationen über Raw-Dateien gespeichert werden.

Camera-Raw-Datenbank exportieren

Wollen Sie die Dateien auf DVD archivieren oder weitergeben, exportieren Sie die Informationen aus der Camera-Raw-Datenbank in XMP-Dateien – diese XMP-Dateien schreiben Sie mit auf die DVD, sie lassen sich auch auf anderen Rechnern mit Photoshop wieder einlesen:

1. Wählen Sie in Bridge alle Raw-Dateien aus, deren Raw-Informationen Sie in XMP-Dateien exportieren wollen ([Strg]+[A] markiert alle).

2. Drücken Sie die Eingabetaste oder klicken Sie doppelt auf eine gewählte Datei – der Camera-Raw-Dialog erscheint und zeigt links alle gewählten Bilder.

3. Klicken Sie links oben im Camera-Raw-Dialog auf ALLES AUSWÄHLEN.

4. Ganz rechts außen im Dialog öffnen Sie das Menü mit dem Schalter ▼≡.

5. Klicken Sie auf **Einstellungen in XMP exportieren**.

Raw-Dateien verlustfrei weiter korrigieren

Einige Korrekturen bietet der Raw-Dialog nicht – dennoch können Sie diese Änderungen in Photoshop CS3 verlustfrei anbringen: Sie platzieren die Raw-Datei als Smart Objekt und wenden dann verlustfreie Kontrastkorrekturen oder Filtereffekte an, zum Beispiel **Objektivkorrektur** oder **Tiefen/Lichter**. So geht's:

1. Im Raw-Dialog richten Sie die Raw-Datei perfekt ein.
2. Sie drücken die ⇧-Taste und klicken auf OBJEKT ÖFFNEN.
3. Jetzt öffnet sich die Raw-Datei als Smart Objekt, also als Datei in der Datei. Egal, was Sie tun, die aktuelle Ansicht der Datei wird immer aus den Original-Raw-Daten berechnet.
4. Wenden Sie eine **Objektivkorrektur** an – die Befehle erscheinen als Objekte in der Ebenenpalette und können immer wieder neu eingestellt oder abgeschaltet werden.
5. **Speichern** Sie in den Formaten TIFF, Photoshop-PSD oder PDF.

Diese Datei kostet viel Speicherplatz, aber Sie haben weitere interessante Möglichkeiten:

» Klicken Sie doppelt auf die Miniatur der Ebene, dann ändern Sie Kontraste und Bildausschnitt im Raw-Dialog.

» Der Befehl **Inhalt ersetzen** tauscht das Motiv aus – der Neuankömmling übernimmt die Filterkorrekturen.

» Duplizieren Sie die Ebene, maskieren Sie einzelne Bereiche und mischen Sie so unterschiedliche »Entwicklungen« der Raw-Datei zu einer perfekten Gesamtmontage.

7.3 Bildbearbeitung im Camera-Raw-Dialog

Im Camera-Raw-Dialog stellen Sie Farbton, Kontrast und Bildausschnitt ein, Sie korrigieren rotgeblitzte Augen und kleine Flecken. Das Bild erscheint anschließend verändert in Bridge – aber Sie können alle Korrekturen an der Raw-Datei verlustfrei zurücksetzen, Sie produzieren quasi nur Abzüge eines digitalen Negativs. Sie steuern die Tonwerte fast so vielseitig wie in Photoshop selbst. Das Dialogfeld bietet die üblichen Werkzeuge und Tastenkürzel für Zoomstufe und Bildausschnitt (Seite 33).

Farbtiefe & Pixelzahl

Sofern Sie unten im Raw-Dialog auf eine Zeile wie ADOBE RGB (1998); 16 BIT;… klicken, zeigt Photoshop die ARBEITSABLAUF-OPTIONEN. Hier legen Sie Farbraum, Farbtiefe und Pixelzahl für den Fall fest, dass Sie die Datei zum Beispiel ins JPEG-, TIFF- oder PSD-Format konvertieren.

Alternative: Die Option IN PHOTOSHOP ALS SMART OBJEKT ÖFFNEN. Damit wird die vollständig erhaltene Raw-Datei in eine Photoshop-PSD-Datei eingebettet, alle Raw-Eigenschaften bleiben erhalten.

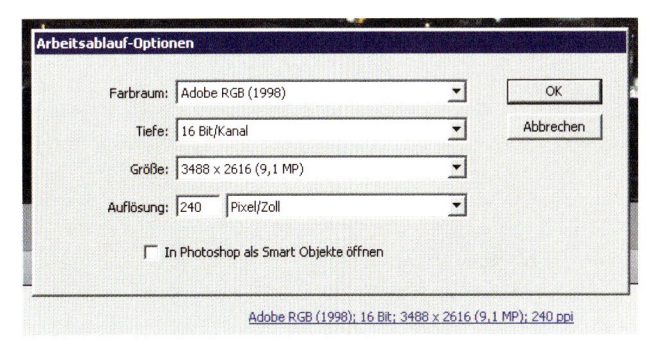

Abbildung 7.15 In den »Arbeitsablauf-Optionen« stellen Sie Farbtiefe und Pixelzahl ein.

Auflösung & Pixelzahl

Die AUFLÖSUNG entscheidet darüber, in welcher Größe das Bild gedruckt wird – das resultierende Druckmaß verschweigt Photoshop allerdings im Dialogfeld. Verwenden Sie zum Beispiel 300 dpi – in der Regel genug für Tintenstrahler und Offsetdruck (Seite 182).

Allerdings: Auf die Bildqualität selbst hat die Vorgabe keinerlei Einfluss – Sie können beliebige Werte eintragen und die Druckmaße jederzeit bequem und verlustfrei ändern (**Bild: Bildgröße**, ohne NEU BERECHNEN). Die AUFLÖSUNG steuert wohlgemerkt nicht die Zahl der entstehenden Bildpunkte – sondern nur die Verteilung dieser Bildpunkte über mehr oder weniger Druckfläche.

Als GRÖSSE schlägt Photoshop zuerst die Originalauflösung des Kamerasensors vor – bleiben Sie am besten dabei. Sie können das Bild aber auch herauf- und herunterrechnen.

Teil 2 • Basisaufgaben

Pixelzahl nach Maß

Sie wollen das Bild direkt im Camera-Raw-Dialog kleinrechnen – aber Sie brauchen eine Pixelzahl, die nicht direkt im GRÖSSE-Klappmenü erscheint. Kein Problem:

1. Laden Sie ein Bild in den Camera-Raw-Dialog und klicken Sie im Dialog auf das eingebaute Freistellwerkzeug.

2. Öffnen Sie das Klappmenü zum Freistellwerkzeug und klicken Sie auf **Benutzerdefiniert**.

3. Stellen Sie im Dialogfeld **Eigene Freistellung** das Klappmenü auf PIXEL.

4. Tragen Sie die gewünschten Pixelwerte ein, dann klicken Sie auf OK.

5. Wollen Sie das komplette Bild ohne speziellen Ausschnitt umrechnen, ziehen Sie den Rahmen bis zu den Rändern der Vorschau.

6. Klicken Sie auf BILD SPEICHERN oder BILD ÖFFNEN; das entstehende Bild hat die gewünschte Pixelzahl.

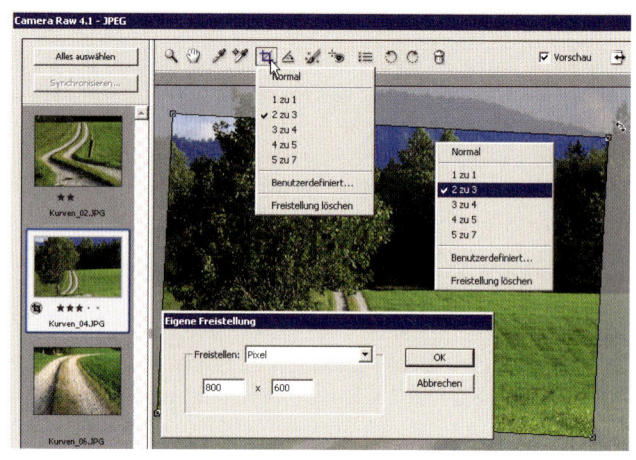

Abbildung 7.16 Das Menü zum Freistellwerkzeug erhalten Sie auch per Rechtsklick. In den Optionen geben Sie beliebige Pixel- oder Zentimeterzahlen an. Die Umrechnung lässt sich leicht auf ganze Bildserien übertragen (Seite 146).

Pixelzahl und Druckgröße

Die Tabelle zeigt, welches Druckmaß mit welcher Auflösung (dpi, also PIXEL/ZOLL) bei bestimmten Rohdateigrößen entsteht.

Megapixel-Klasse	Bildpunkte (zum Beispiel)	Druckmaß in cm bei 200 dpi	Druckmaß in cm bei 250 dpi	Druckmaß in cm bei 320 dpi
39	7212x5412	91,59x68,73	73,27x54,99	57,25x42,96
31	6496x4872	82,50x61,87	66,00x49,50	51,56x38,67
23	5440x4080	69,09x51,82	55,27x41,45	43,18x32,39
16	4992x3328	63,40x42,27	50,72x33,81	39,62x26,42
12	4368x2912	55,47x36,98	44,38x29,59	34,67x23,11
10	3888x2592	51,61x34,34	41,29x27,47	32,26x21,46
8	3264x2448	41,45x31,09	33,16x24,87	25,91x19,43
6	3072x2048	39,01x26,01	31,21x20,81	24,38x16,26
5	2560x1920	32,51x24,38	26,01x19,51	20,32x15,24
4	2272x1704	28,85x21,64	23,08x17,31	18,03x13,53
3	2048x1536	26,01x19,51	20,81x15,61	16,26x12,19
2	1600x1200	20,32x15,24	16,26x12,19	12,70x9,53

Farbraum & Farbtiefe

So steuern Sie die Farbwiedergabe:

» Im FARBRAUM-Klappmenü nennen Sie das Zielfarbprofil. Es sollte mit Photoshops RGB-Arbeitsfarbraum übereinstimmen (**Bearbeiten: Farbeinstellungen**, Bereich ARBEITSFARBRÄUME). Für Fotos eignet sich meist ADOBE RGB (1998). Alternative: der noch größere Farbraum PROPHOTO-RGB, dessen Farbumfang sich freilich so nicht drucken lässt.

» Das Klappmenü FARBTIEFE steuert die Differenzierung der Grundfarben. 8 BIT/KANAL reichen oft aus – vor allem, wenn Sie das Bild im Camera-Raw-Dialog auskorrigiert haben – und Ihnen stehen sämtliche Photoshop-Funktionen zur Verfügung. 16 Bit Farbtiefe nehmen Sie, wenn Sie das Bild in Photoshop überarbeiten; Sie haben mehr Korrekturspielraum vor allem bei Schattenzonen und anderen Problembelichtungen; die Dateigröße steigt massiv und ein paar weniger wichtige Funktionen stehen in Photoshop nicht zur Verfügung (Seite 91).

Tipp
*Um höchste Qualität, Flexibilität und Korrekturmöglichkeit zu erhalten, nehmen Sie 16 Bit FARBTIEFE und die Originalpixelzahl des Kamerasensors. Die Farbtiefe setzen Sie nach vollständiger Korrektur in Photoshop mit dem Befehl **Bild: Modus: 8-Bit-Kanal** auf acht Bit zurück. Die Pixelzahl reduzieren Sie später per **Bild: Bildgröße** bei eingeschaltetem NEUBERECHNEN.*

Freistellen und drehen

Sie können die Datei im Raw-Dialog drehen oder zuschneiden. Das Bild erscheint nach der Bearbeitung im Raw-Dialog freigestellt in Bridge. Die Raw-Korrektur selbst versteckt die weggeschnittenen Pixel jedoch nur, sie lassen sich jederzeit im Raw-Dialog wieder herholen.

Bridge zeigt die Miniaturen nur noch mit ihrem neuen Bildausschnitt. Gedrehte oder freigestellte Dateien dekoriert das Programm jedoch mit einem Freistellsymbol.

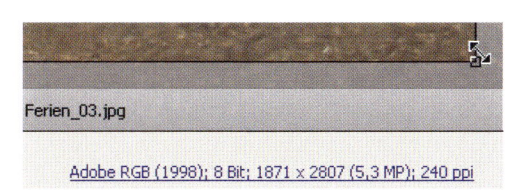

Abbildung 7.17 Während Sie freistellen, meldet der Raw-Dialog die entstehende Pixelzahl.

Freistellen

Das Freistellwerkzeug im Camera-Raw-Dialog funktioniert so ähnlich wie sein Pendant aus der Photoshop-Werkzeugleiste; Sie können den Freistellrahmen also auch drehen, um gleich einen schiefen Horizont zu korrigieren. Esc-Taste oder Entf-Taste entfernen den Freistellrahmen und zeigen wieder das Gesamtbild (das Freistellwerkzeug muss dabei aktiv sein). Die Strg-Taste wechselt zum Gerade-ausrichten-Werkzeug.

In seinem Klappmenü bietet das Freistellwerkzeug bereits verschiedene Seitenverhältnisse an, die im Kontextmenü wiederkehren. Eine Unterscheidung zwischen Hoch- und Querformat gibt es nicht – ziehen Sie für Querformate nach links oder rechts, für Hochformate nach unten oder oben; die Ausrichtung lässt sich zwischenzeitlich sogar wechseln. Die ⇧-Taste erzeugt Quadrate.

Der Befehl **Benutzerdefiniert** bietet noch mehr Flexibilität: Wählen Sie beliebige Seitenverhältnisse, Druckmaße oder Pixelzahlen. Für die Pixelzahl gilt: Sie wählen einen Bildausschnitt in den Proportionen Ihrer Pixelmaße an; der Bildausschnitt wird dann auf diesen Wert umgerechnet – herauf oder herunter. Diese Änderungen erledigen Sie alle auch bequem direkt in Photoshop.

Tipp
Klicken Sie doppelt auf das Freistellwerkzeug oben im Dialogfeld, dann füllt der freigestellte Bildbereich das komplette Vorschaufenster aus.

Mehrere Bilder freistellen

Bequem schneiden Sie ganze Bildserien zu oder Sie rücken reihenweise verrutschten Horizont gerade. Sie wählen zunächst mehrere Fotos in Bridge aus und laden sie per Strg+R in den Camera-Raw-Dialog. So kann es weitergehen:

» Keines der Bilder hat einen passenden Freistellrahmen? Klicken Sie links oben im Raw-Dialog auf ALLES AUSWÄHLEN (Seite 146) und greifen Sie zum Freistellwerkzeug – alle Bilder werden zugeschnitten.

» Oder ist bereits ein Raw-Bild freigestellt? Dann aktivieren Sie links im Raw-Dialog zunächst nur diese eine Aufnahme, danach klicken Sie auf ALLES AUSWÄHLEN. Verschieben Sie den vorhandenen Freistellrahmen minimal – jetzt übernehmen die anderen Dateien denselben Zuschnitt.

» Alternative, wenn bereits ein Bild freigestellt ist: Aktivieren Sie erst das Einzelbild, um anschließend auf ALLES AUSWÄHLEN und auf SYNCHRONISIEREN zu klicken. Im Dialogfeld SYNCHRONISIEREN stellen Sie das Klappmenü auf FREI-STELLEN; alle anderen Eigenschaften wie WEISSABGLEICH oder BELICHTUNG übertragen Sie also nicht auf die weiteren Bilder.

Zeigen nun alle Miniaturen das Symbol für die Drehung ? Klicken Sie sich mit den Pfeiltasten durch die Bilder, um jedes im Vorschaufenster zu prüfen.

Tipp
Wollen Sie die freigestellten Bilder im Photoshop-Dateiformat SPEICHERN? Dann wählen Sie in den Speicheroptionen FREIGESTELLTE PIXEL ERHALTEN: Die Bildpunkte werden in der Photoshop-PSD-Datei nicht endgültig entfernt, sondern nur hinter dem Bildrand versteckt. Mit dem Befehl Bild: Alles einblenden locken Sie die entfernten Partien wieder hervor.

Drehen

Zwei Schaltflächen ↺ ↻ drehen Ihr Bild in 90-Grad-Schritten. Oder drücken Sie einfach die Tasten [L] oder [R].

Den Horizont korrigieren Sie komfortabel mit dem Geradeausrichten-Werkzeug – ziehen Sie das Werkzeug an einer Geraden im Bild entlang. Dabei entsteht automatisch ein Auswahlrahmen wie beim Freistellwerkzeug (siehe oben) – und die [Esc]-Taste hebt alles wieder auf.

Tipp
Auch Bridge bietet bequemes Drehen um 90 oder 180 Grad an: Markieren Sie die Kandidaten, dann nehmen Sie Befehle wie Bearbeiten: 90° im Uhrzeigersinn drehen ([Strg]+[U]).

Weißabgleich

Der Weißabgleich soll weiße oder neutralgraue Motivteile weiß oder neutralgrau darstellen. Wenn Ihre Kamera JPEG- oder TIFF-Dateien schreibt, übernimmt das Gerät den Weißabgleich mit, nach Ihren Vorgaben im Kameramenü.

Bei Camera-Raw-Dateien erledigt erst Photoshop den Weißabgleich. Verwenden Sie das Klappmenü WEISSABGLEICH, alternativ oder zusätzlich den TEMPERATUR-Regler oder das Weißabgleich-Werkzeug.

Das Klappmenü »Weißabgleich«

Ihre Möglichkeiten:

» Stellen Sie das WEISSABGLEICH-Klappmenü auf WIE AUFNAHME: Photoshop greift auf die Weißabgleichinformationen der Digitalkamera zurück, die oft in der Datei vorhanden sind. Findet Photoshop jedoch keine Angaben zum Weißabgleich, weicht das Programm auf die Automatik (AUTO) aus.

» AUTO aus dem WEISSABGLEICH-Klappmenü zeigt, was Photoshop aus dem Bild machen würde – oft eine gute Einstellung.

» Ebenfalls im WEISSABGLEICH-Klappmenü finden Sie Vorgaben wie TAGESLICHT und BLITZ; sie gehen von relativ kühler Lichtstimmung (also hoher Farbtemperatur) aus und bringen entsprechend eher warme Farben ins Bild. Umgekehrt setzen KALTLICHT und KUNSTLICHT warme Farben bei der Aufnahme voraus und steuern gegen – mit einem bläulichen, kühlen Ergebnis.

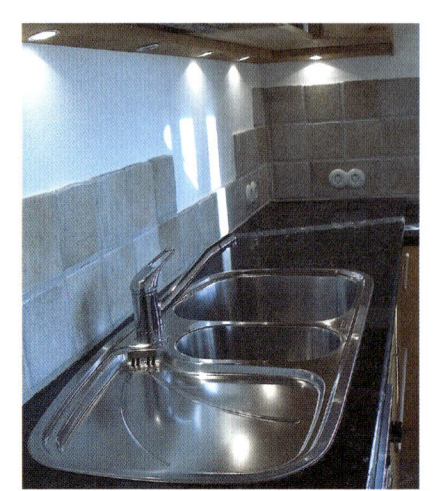

Abbildung 7.18 Von links nach rechts: Die Rohdatei wurde mit den »Weißbalance«-Vorgaben »Tageslicht«, »Wolfram« und »Kaltlicht« geöffnet. Vorlage: Raw_a

Kontrast & Farbton

»Temperatur« und »Farbton«

Sie sehen es schon: Eine Umstellung im Klappmenü WEISSAB-GLEICH ändert auch den Wert des TEMPERATUR-Reglers, geringfügig schwankt auch der FARBTON-Regler direkt darunter. Wenn die Vorgaben aus dem Klappmenü noch nicht zielführend sind, stellen Sie mit den Reglern Ihren Weißabgleich passgenau ein:

» Der Farb-TEMPERATUR-Regler erlaubt beliebige kalte bis warme Farbstimmungen..

» Der FARBTON-Regler bekämpft Grün- oder Magentastiche.

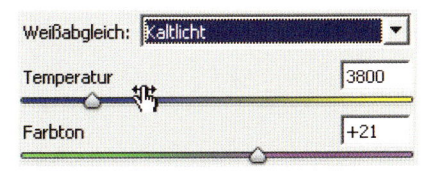

Abbildung 7.19 Der »Temperatur«-Regler steuert den Weißabgleich noch genauer als die Vorgaben im Klappmenü. Wie überall in Photoshop ändern Sie die Werte auch durch Ziehen über oder neben einem Begriff, Sie müssen also nicht den winzigen Regler treffen. Außerdem können Sie die vertikalen Pfeiltasten mit oder ohne ⇧-Taste verwenden (Seite 32).

Weißabgleich-Werkzeug

Ein anderer Weg zu neutralen Farbtönen: Klicken Sie mit dem Weißabgleich-Werkzeug einen Bildteil an, der neutralgrau erscheinen soll (fotografieren Sie bei Bildserien eine Graukarte mit). Gefällt Ihnen das Ergebnis nicht, probieren Sie eine andere Bildstelle. Dabei verändern sich rechts die Regler TEMPERATUR und FARBTON. Ziehen Sie für einen kurzen Test den SÄTTIGUNG-Regler auf den Höchstwert: Wirken graue Flächen jetzt noch grau?

So etwas wie das Weißabgleich-Werkzeug bietet außerhalb des Camera-Raw-Dialogs die Neutralgrau-Pipette aus **Gradationskurven** und **Tonwertkorrektur** (Seite 229).

Tipp

Besonders präzise platzieren Sie das Weißabgleich-Werkzeug , wenn Sie die ⇧-Taste drücken: Statt des Werkzeugsymbols sehen Sie ein Fadenkreuz. Das gilt auch für das Farbaufnahmewerkzeug , das Gerade-ausrichten-Werkzeug und das Freistellwerkzeug . Die ⇧-Taste wechselt von beliebigen Werkzeugen zum Farbaufnahmegerät .

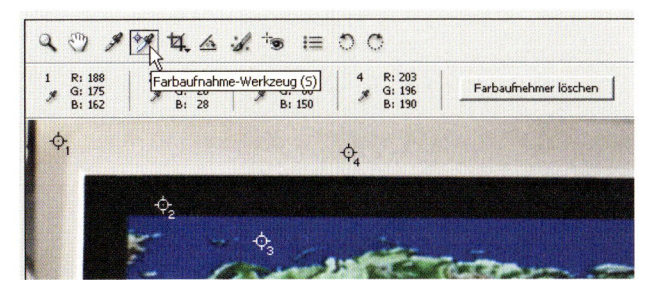

Abbildung 7.20 Der Camera-Raw-Dialog bietet ein ähnliches Farbaufnahmewerkzeug wie die Werkzeugleiste von Photoshop (Seite 50). Klicken Sie bis zu neun Messpunkte ins Bild, die RGB-Werte erscheinen oben im Dialogfeld. Schalten Sie die »Vorschau« ab, lesen Sie die ursprünglichen Werte. Per Alt-Klick löschen Sie einen Messpunkt. Mit diesen Werten und mit dem Histogramm prüfen Sie den Tonwertumfang.

Kontrast & Farbton

Zahlreiche Regler in mehreren Bereichen steuern Kontrast und Farbton – alles Wichtige finden Sie im ersten Register GRUNDEINSTELLUNGEN . Zeichnet die Digitalkamera keine Rohdateien, sondern übliche JPEG- oder TIFF-Dateien auf, dann können Sie meist die Korrektur von Kontrast, Farbsättigung und Schärfe durch die eingebaute Kamerasoftware abschalten.

Ein guter Ausgangspunkt für Korrekturen: Testen Sie zuerst, wie Photoshops Automatik das Bild bearbeiten würde, dann verfeinern Sie die Reglerstellungen. Bei Bedarf wechseln Sie zurück zum Kamera-«Standard«.

Abbildung 7.21 Wollen Sie ein Bild im Raw-Dialog sofort mit »Auto«-Korrektur sehen, entscheiden Sie in den Camera-Raw-Voreinstellungen auf »Automatische Farbtonkorrektur anwenden«.

Von »Belichtung« bis »Kontrast«

Die unteren Regler im Bereich GRUNDEINSTELLUNGEN steuern Helligkeit und Kontrast. Alternativ nehmen Sie die GRADATIONSKURVE . Wenden Sie die Regler von oben nach unten an:

» Der Schieber für die BELICHTUNG funktioniert wie eine Kamerablende und setzt einen neuen Weißpunkt. Der Wert +1,00 hellt das Bild so auf, als ob Sie um eine Blende heller belichtet hätten – zum Beispiel mit Blende 5,6 statt 8 oder mit 1/125 statt 1/250 Sekunde. Behalten Sie das Histogramm im Auge.

Abbildung 7.22 Die Einstellungen aus dem Camera-Raw-Dialog meldet auch der »Camera Raw«-Bereich der Metadatenpalette – wenn auch teils mit abweichenden Bezeichnungen. Welche Eigenschaften hier erscheinen, steuern Sie in den Bridge-»Voreinstellungen« unter »Metadaten«.

» Der REPARATUR-Regler repariert die Übertreibungen des BELICHTUNG-Schiebers: Ziehen Sie nach rechts, um ausgefressene Lichter wieder zurückzuholen. Ziehen Sie mit gedrückter Alt-Taste, um im Schwellenwertmodus zu sehen, wie viel Lichter Differenzierung in einer Grundfarbe verlieren (nächster Absatz und Seite 235).

» Das FÜLLLICHT sollte wohl »Aufhellblitz« heißen: Es hellt sehr dunkle Partien auf, ohne mittlere und helle Bereiche mit anzuheben – nützlich etwa für Gegenlichtporträts unter freiem Himmel. Mehr Steuerungsmöglichkeiten bietet freilich der Photoshop-Befehl **Bild: Anpassungen: Tiefen/Lichter** (Seite 243, auch verlustfrei als Smart Filter).

» Der SCHWARZ-Regler senkt dunkle Bildpunkte auf reines Schwarz ab, helle Bereiche ändern sich kaum, das Bild wirkt kontrastreicher. Beachten Sie das Histogramm oben und ziehen Sie mit gedrückter Alt-Taste: Sie erkennen dann im Schwellenwertmodus, in welchen Bildteilen einzelne Farbkanäle jede Schattendifferenzierung aufgeben.

» Der HELLIGKEIT-Schieber hebt oder senkt einen weiten Bereich von Mitteltönen. Wenn Sie nach Korrekturen von BELICHTUNG bis SCHWARZ noch weiter verfeinern möchten, arbeiten Sie besser in der Gradationskurve weiter. Das gilt auch für den KONTRAST-Regler, der meist nicht präzise genug wirkt.

»Klarheit«, »Dynamik«, »Sättigung«

KLARHEIT und DYNAMIK, diese Regler bräuchte man auch fürs richtige Leben. Und just KLARHEIT und DYNAMIK sind zwei der interessantesten Funktionen im Raw-Dialog, zumal es sie nicht direkt im Photoshop-Hauptprogramm gibt.

Der Regler KLARHEIT hieß bei den amerikanischen Entwicklern zunächst »Punch«, denn bereits niedrige Werte lassen Ihre Bildern knackiger wirken. Sie erhalten eine leichte Scharfzeichnung bzw. Kontraststeigerung nur in Mitteltönen – meist empfehlenswert. Die klarste KLARHEIT genießen Sie im 100-Prozent-Maßstab (Doppelklick auf die Lupe im Raw-Dialog).

Statt der üblichen Farb-SÄTTIGUNG sollten Sie zuerst den DYNAMIK-Regler testen, wenn Sie die Farben stärken wollen. Der DYNAMIK-Regler hebt die Farbsättigung nur in Bereichen, die nicht stark gesättigt sind, so vermeiden Sie Quietschtöne.

Abbildung 7.23 **Links:** Die Vorlage wirkt etwas flau. **Mitte:** Wir heben die »Klarheit« auf 100 Prozent an. **Rechts:** Wir ziehen den »Dynamik«-Regler auf plus 60. Datei: Raw_e

Kontrast & Farbton

Eingebaut ist ein Hauttonschutz, so dass Sie auch bei Porträts kraftvoll zugreifen können. Blautöne gewinnen per DYNAMIK dagegen massiv hinzu. Im Zweifel bietet das Register HSL/GRAUSTUFEN noch mehr Feinsteuerung.

Beschneidung anzeigen

Zeigen Sie Bildbereiche in Alarmfarben, die durch Ihre Korrektur an Differenzierung verlieren (also »beschnitten« werden). Ein Beispiel: Sie heben BELICHTUNG oder HELLIGKEIT deutlich an. Helle Tonwerte wie 210, 225 oder 240 steigen dann einheitlich auf reinweißes 255 – Sie verlieren Zeichnung und Details in den Lichtern, eventuell nur in einer einzigen Grundfarbe.

Auch **Gradationskurve** und **Tonwertkorrektur** können den Differenzierungsverlust durch Alarmfarben hervorheben, wir besprechen das Prinzip allgemein ab Seite 235. Aber so zeigen Sie die Beschneidung im Raw-Dialog an:

» Ziehen Sie bei gedrückter Alt-Taste an den Reglern für BELICHTUNG, REPARATUR oder SCHWARZ, um eine grafische »Landkarte« möglicher Differenzierungsverluste zu erhalten.

» Klicken Sie oben im Histogramm auf die Schaltflächen für Unter- und Überbelichtung oder drücken Sie die Tasten U (Tiefenbeschneidung) bzw. O. Alarmfarben werden über das normale Bild geblendet.

» Behalten Sie – auch wenn keine Alarmfarben eingeschaltet sind – die Schalter für Tiefen- und Lichterbeschneidung im Auge: Sobald die Schatten der Grundfarbe Rot komplett auf 0 gedrängt werden, leuchtet der linke Schalter rot auf. Er erscheint weiß, wenn alle drei Grundfarben beschnitten werden.

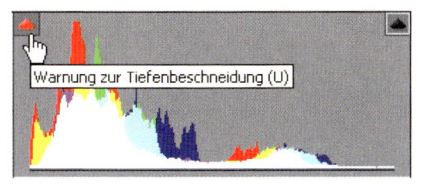

Abbildung 7.24 Die Warnung vor Tiefenbeschneidung links ist nicht eingeschaltet, sie zeigt kein weißes Rähmchen. An der momentan roten Farbe des Schalters erkennen Sie aber schon, dass die Grundfarbe Rot Schattendifferenzierung verliert. Die Warnung vor Lichterbeschneidung rechts oben ist eingeschaltet, wie das Rähmchen um das Dreieck herum signalisiert. Durch schwarze Farbe meldet Photoshop, dass derzeit keine Lichter ausfressen.

Gradationskurve

Im Bereich **Gradationskurve** justieren Sie den Kontrast durch Zupfen am Graphen – jedenfalls im Unterregister PUNKT funktioniert die Palette wie die normalen **Gradationskurven**. Per Strg-Klick ins Bild setzen Sie auch hier Anfasspunkte im gewünschten Helligkeitsbereich.

Im Unterregister PARAMETRISCH ziehen Sie dagegen an Schiebereglern für vier verschiedene Helligkeitsbereiche wie TIEFEN und DUNKLE FARBTÖNE. Passend zu Ihren Veränderungen wölbt sich die Kurve.

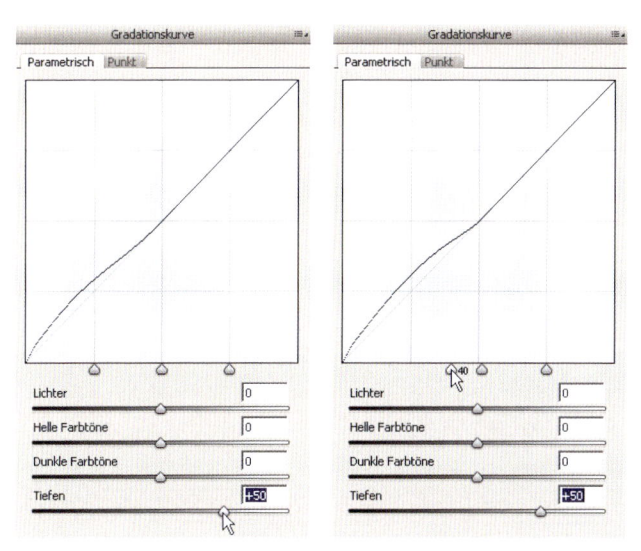

Abbildung 7.25 **Links:** Der »Tiefen«-Regler wirkt zunächst nahe der 25-Prozent-Marke am stärksten. **Rechts:** Wir verschieben die »Tiefen«-Markierung von 25 auf 40 Prozent, so dass der Tiefen-Regler auch etwas hellere Bildpunkte mit aufhellt.

Was jedoch versteht Photoshop genau unter TIEFEN? Das steuern Sie mit den Schiebern unmittelbar unter dem Diagramm. Ein Beispiel:

1. Sie bewegen den TIEFEN-Regler auf den Wert +50. Die Gradationskurve wölbt sich links unten und zwar mehr oder weniger um das linke der drei Dreiecke herum.

2. Sie wollen nicht nur die tiefsten Töne, sondern auch etwas weniger dunkle Bereiche anheben? Sie könnten natürlich zusätzlich die nächsthelleren DUNKLEN FARBTÖNE in die Höhe befördern. Ihre Alternative jedoch:

3. Ziehen Sie den linken Bereichstrenner unter dem Diagramm nach rechts, von 25 auf 40 Prozent. Jetzt dehnt sich der angehobene Helligkeitsbereich weiter aus, in einen helleren Bereich. Sie haben den Wirkungsbereich des TIEFEN-Reglers erweitert.

4. Oder soll es umgekehrt sein, Sie möchten nur die allertiefsten Tiefen beackern? Dann wandert das Dreieck halt nach links, von 25 auf 10 Prozent. Jetzt ändert der TIEFEN-Steller einen noch kleineren Helligkeitsbereich als vorher.

Ebenso legen Sie natürlich fest, wie groß der Wirkungsbereich des LICHTER-Reglers ist.

Graustufenumsetzung und Tonung

Im Register HSL/GRAUSTUFEN laborieren Sie weiter an der Farbstimmung. Vor allem starten Sie hier aber Tonungen und Graustufenumsetzungen.

Für Tonungen wie Graustufenvarianten klicken Sie auf IN GRAUSTUFEN KONVERTIEREN. Lassen Sie sich per Klick auf die AUTO-Schaltfläche ein erstes sinnvolles Ergebnis liefern, bevor Sie an den Reglern zupfen. Freilich wirkt die Graustufenumsetzung hier im Raw-Dialog umständlicher als direkt in Photoshop mit seinem vielseitigen, leicht und verlustfrei nutzbaren **Schwarzweiß**-Befehl, den wir ab Seite 347 ausführlich untersuchen.

Wie Sie im Bereich TEILTONUNG zweifarbige Tonungen anlegen, besprechen wir ausführlich im Kontext mit anderen Tonungsverfahren ab Seite 342.

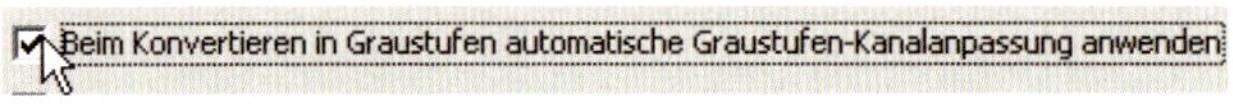

Abbildung 7.26 Mit dieser Vorgabe in den Camera-Raw-»Voreinstellungen« (Strg+K im Camera-Raw-Dialog) errechnet Photoshop sofort automatisch ein erstes Graustufenergebnis. Es sieht meist besser aus als die »Standard«-Variante. Sie müssen also nicht mehr auf die »Auto«-Schaltfläche klicken.

Aufnahmefehler korrigieren

Im Bereich DETAILS steuern Sie auch das Bildrauschen – in der Zoomstufe 100 Prozent:

» Günstigere Kameras und hohe Aufnahmeempfindlichkeiten wie 400 ASA verursachen Bildrauschen. Kamerainterne Scharfzeichnung verstärkt den Effekt womöglich. Bekämpfen Sie die unerwünschten Helligkeitsunterschiede mit einem höheren Wert für LUMINANZ.

» Störende Körnung, die in unterschiedlichen Farbtönen schillert, dämpfen Sie per FARBE-Regler.

Sie SCHÄRFEN das Bild auch im Raw-Dialog? Senken Sie den DETAIL-Wert und heben Sie die MASKIEREN-Einstellung, um die Körnung weniger stark aufblühen zu lassen.

Tipp

Differenzierter als im Camera-Raw-Dialog bearbeiten Sie das Bildrauschen nach dem Öffnen in Photoshop, auch verlustfrei: Lassen Sie die Regler auf 0 und wählen Sie in Photoshop **Filter: Rauschfilter: Rauschen reduzieren** *(Seite 292).*

»Objektivkorrekturen«

Gegen Randabschattung wirkt der Regler VIGNETTIERUNG. Diese Funktion bekommen Sie auch in der **Objektivkorrektur**, ebenso wie die Bearbeitung der chromatischen Aberration; wir besprechen sie zusammen mit den Photoshop-Alternativen im Kapitel »Aufnahmefehler« ab Seite 457.

Scharfzeichnung

Die Scharfzeichnung steuern Sie im DETAILS-Bereich. Einen gesteigerten Schärfeeindruck liefert auch der KLARHEIT-Regler aus dem ersten Register GRUNDEINSTELLUNGEN.

Die eigentliche Feinsteuerung der Schärfung besprechen wir im Scharfzeichner-Abschnitt ab den Seiten 299 und 303. Hier geht es nur um die Darstellung im Dialogfeld.

Achtung

Wir verwenden hier Camera Raw 4.1, das mit frühen CS3-Versionen noch nicht ausgeliefert wurde. Wählen Sie in Bridge oder Photoshop **Hilfe: Aktualisierungen***, um an die neueste Version zu kommen – nur sie enthält die vollständige Scharfzeichner-Funktion.*

Nur die Vorschau scharfzeichnen

In Photoshop selbst lässt sich das Bild immer noch vielseitig und verlustfrei scharfzeichnen (Seite 299). Darum können Sie das Bild im Raw-Dialog zwar scharfgezeichnet anzeigen – aber beim Speichern oder Öffnen in Photoshop wird die Scharfzeichnung nicht angewendet:

1. Drücken Sie bei geöffnetem Raw-Dialog Strg+K für die **Camera-Raw-Voreinstellungen**.

2. Im Klappmenü SCHARFZEICHNEN ANWENDEN AUF nehmen Sie NUR VORSCHAUDARSTELLUNGEN.

Der Camera-Raw-Dialog wendet also die Scharfstellung aus dem Detailsbereich nur auf die Vorschau im Dialogfeld an, aber nicht auf das endgültige Bild. Der SCHÄRFEN-Abschnitt heißt jetzt SCHÄRFEN (NUR VORSCHAU). Sie können auch den BETRAG auf null setzen und so jede Scharfzeichnung vermeiden.

Fehlerretusche

Abbildung 7.27 **Links:** Bei 400 ASA hat die Kompaktkamera Farbflecken und Bildrauschen in die Aufnahme gebracht. **Mitte:** Eine Schärfung betont das Bildrauschen. **Rechts:** Der Regler »Luminanzglättung« dämmt das Bildrauschen ein, verursacht jedoch wieder Unschärfe. Wir zeigen die Aufnahme mit groben 120 dpi, um die Bildfehler zu verdeutlichen. Datei: Raw_c

Tipp
Starkes Scharfzeichnen betont Bildrauschen. Steuern Sie eventuell mit dem Regler für LUMINANZGLÄTTUNG gegen.

Fehlerretusche

Das Retuschierwerkzeug (Schnelltaste B) korrigiert kleinere Flecken, zum Beispiel Sensorstaub. Vorteile gegenüber Kopierstempel, Reparaturpinsel und anderen Funktionen aus Photoshop (Seite 282):

» Die Änderungen lassen sich je nach Speicherverfahren später zurücksetzen und verfeinern.

» Schalten Sie nachträglich zwischen KOPIEREN und REPARIEREN um.

» Bequem wenden Sie eine Retusche auf mehrere Bilder gleichzeitig an – etwa bei Sensorstaub, der immer an der gleichen Stelle nervt; laden Sie wie beschrieben mehrere Bilder gemeinsam in den Raw-Dialog, dann SYNCHRONISIEREN Sie Ihre erste Retusche.

Nachteile allerdings: Es gibt nur runde Auswahlbereiche und die Weichheit der Auswahlkante können Sie nicht steuern – insgesamt also nichts für komplexere Aufgaben.

»Kopieren« versus »Reparieren«

Das Retuschierwerkzeug bietet per Klappmenü zwei ARTEN:

» Beim KOPIEREN überträgt Photoshop die Pixel 1:1 von der brauchbaren Bildstelle zum Fehlerbereich; so funktioniert auch der Kopierstempel. Das Verfahren ist berechenbar; doch entstehen oft unschöne Ränder, wenn Helligkeit oder Farbstimmung nicht ganz harmonieren.

» Beim REPARIEREN gleicht Photoshop Helligkeits- und Farbunterschiede zwischen dupliziertem und kaschiertem Bereich selbständig aus, so wie der Reparaturpinsel. Nicht immer lässt sich das Ergebnis vorhersehen, dennoch sollten Sie diese ART zuerst testen.

Anwendung

So nutzen Sie das Retuschierwerkzeug:

1. Ziehen Sie bei gedrückter Maustaste über der Fehlerstelle. Hier entsteht ein rotweißer Kreis.

2. Gleichzeitig produziert Photoshop noch einen grün-weißen Kreis. Er umgibt die »gute« Bildzone, die den Fehler übertünchen soll. Ziehen Sie diesen grünweißen Kreis an eine passende Bildstelle, die sich zum Drüberkopieren eignet; der rotweiß eingerahmte Fehler verschwindet.

3. Gehen Sie bei Bedarf weitere Problemstellen an. Die Kreise der nicht aktiven Retuschen erscheinen blasser, Sie wissen also immer genau, woran Sie arbeiten.

4. Fertig? Wechseln Sie das Werkzeug, schalten Sie zum Beispiel mit dem Z die Lupe ein. Die Kreise verschwinden jetzt, aber sie tauchen wieder auf, sobald Sie das Retuschierwerkzeug erneut in Aktion bringen.

Teil 2 • Basisaufgaben

Abbildung 7.28 Das Retuschierwerkzeug ist eingeschaltet. Pinselgröße und »Art« der Korrektur müssen Sie nicht endgültig festlegen. Datei: Raw_f

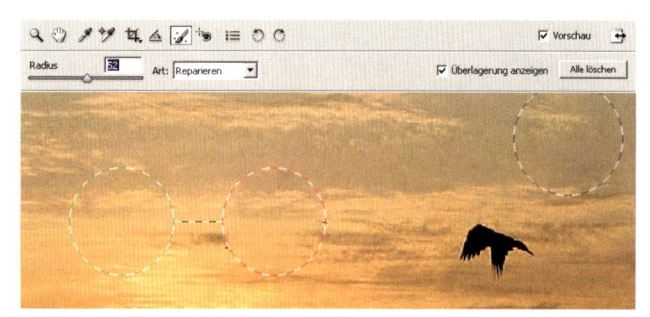

Abbildung 7.29 Links: Die Fehlerstelle kreist Photoshop rotweiß ein, den darüberkopierten Bereich grünweiß. **Rechts:** Nicht aktive Fehlerstellen werden grauweiß umrandet.

Verfeinerung

So verfeinern Sie Ihre Fehlerretusche:

1. Ist ein Kreis zu klein oder groß, ändern Sie den RADIUS.

2. Sitzt ein Kreis nicht genau, verschieben Sie ihn.

3. Immer noch unzufrieden? Vielleicht wechseln Sie einmal zwischen REPARIEREN und KOPIEREN?

4. Um das Ergebnis genau zu beurteilen, blenden Sie die Kreise aus: Verzichten Sie also auf die Option ÜBERLAGERUNG ANZEIGEN. Oder wechseln Sie das Werkzeug, später schalten Sie zum Retuschierwerkzeug zurück.

5. Sie wollen eine Retusche aufheben? Klicken Sie den Kreis bei gedrückter [Alt]-Taste an, weg ist er (oder Klick und [Entf]-Taste). Alle Retuschen auf einmal canceln Sie mit der Schaltfläche ALLE LÖSCHEN.

Rotgeblitzte Augen

Rotgeblitzte Augen entfernt das Rote-Augen-Werkzeug ähnlich komfortabel wie die vergleichbare Funktion (Seite 296) im Photoshop-Hauptprogramm:

1. Stellen Sie mindestens die Zoomstufe 100 Prozent ein, sonst klappt es unter Umständen nicht (Doppelklick auf die Lupe).

2. Mit dem Rote-Augen-Werkzeug rahmen Sie bei gedrückter Maustaste ein Auge ein – nicht zu eng, sonst meldet Photoshop per »Pling« sein Scheitern.

3. Je nach Motiv genehmigt sich Photoshop einige Sekunden Bedenkzeit, bevor das Auge rotweiß eingerahmt erscheint.

4. Rahmen Sie das zweite Auge und warten Sie das Ergebnis ab.

5. Passt alles? Schalten Sie die ÜBERLAGERUNG (also die rotweißen Rahmen) vorübergehend aus, um das Ergebnis besser zu beurteilen.

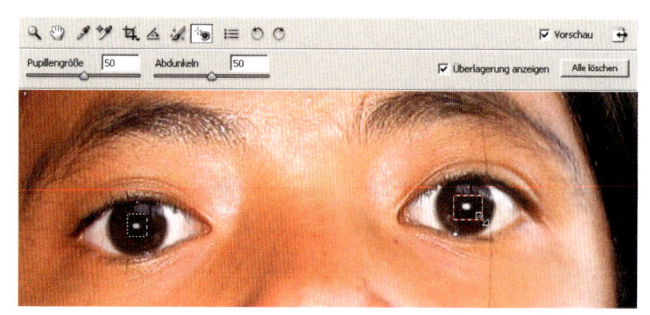

Abbildung 7.30 Die Rahmen des Rote-Augen-Werkzeugs können Sie verschieben, vergrößern und verkleinern. Datei: Rote_Augen_b

Verfeinerung

Es ist oft nicht nötig, aber das Ergebnis des Rote-Augen-Werkzeugs lässt sich verfeinern:

» Sitzt der rotweiße Rahmen nicht richtig? Sie können ihn verschieben und durch Ziehen an den Rändern vergrößern und verkleinern.

» Ändern Sie bei Bedarf die Werte für PUPILLENGRÖSSE und ABDUNKELN.

» Wollen Sie die Korrektur bei einem Auge aufheben, klicken Sie den Rahmen bei gedrückter [Alt]-Taste an.

Kapitel 8
Öffnen & Speichern

Photoshop und Bridge bieten vielfältige Möglichkeiten zum Neuanlegen, Öffnen und Speichern von Dateien.

8.1 Bilder laden und neu anlegen

Der Befehl **Datei: Neu** ([Strg]+[N], am Mac wie immer [⌘]+[N]) erzeugt eine leere Bilddatei, die Sie beliebig füllen. Als VORGABE stehen verschiedene Pixel- und Zentimetermaße bereit. Die Schaltfläche VORGABE SPEICHERN verewigt weitere Idealmaße im Klappmenü.

Im Bereich ERWEITERT nennen Sie bei Bedarf ein Farbprofil, das PIXEL-SEITENVERHÄLTNIS steht für übliche Bilddateien auf QUADRATISCH.

Tipp
Mit dem NEU-Dialog als Taschenrechner testen Sie leicht die Zusammenhänge von Auflösung, Druckmaßen und Dateigröße. Oder prüfen Sie die Leistungsfähigkeit Ihres Rechners ganz unkompliziert und erzeugen Sie eine extrem große Datei, die zum Beispiel den verfügbaren Arbeitsspeicher mehrfach überschreitet – 40.000 x 40.000 Pixel in Acht-Bit-RGB produzieren immerhin einen 4,5-Gbyte-Brocken.

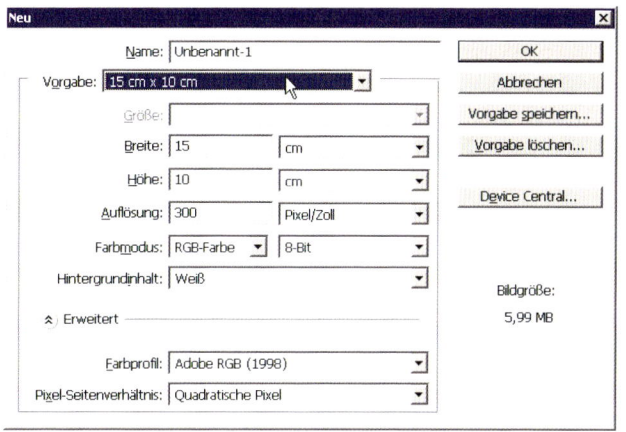

Abbildung 8.1 Beim Anlegen einer neuen, leeren Datei entscheiden Sie über Pixelzahl, Farbe und Farbmodus. Nützliche Einstellungen können Sie speichern und über das Klappmenü abrufen.

Bilddateimaße übernehmen

Legen Sie mit dem **Neu**-Dialog Dateien an, die exakt die Werte vorhandener Bilder oder der Zwischenablage übernehmen:

» Wählen Sie bei geöffnetem Neu-Dialog einen Dateinamen unten im Vorgabe-Klappmenü oder auch unten im **Fenster**-Menü. Photoshop übernimmt die Werte in den Neu-Dialog.

» Haben Sie einen Bildteil in die Zwischenablage kopiert, dann zeigt der Neu-Dialog die dazu passenden Größenmaße und den passenden Farbmodus. Das Vorgabe-Menü bietet sofort explizit die Daten der Zwischenablage an. Sie können die Pixel aus der Zwischenablage also ohne Randverlust in die neue Bilddatei einfügen.

Sie ignorieren die Werte aus der Zwischenablage, indem Sie den Befehl **Neu** bei gedrückter [Alt]-Taste anklicken. Photoshop greift nun auf die zuletzt verwendeten Werte zurück. Drücken Sie wie üblich die [Alt]-Taste, damit der Neu-Dialog die Schaltfläche Zurück zeigt; damit setzen Sie nach Änderungen das Dialogfeld auf den Wert direkt nach dem Aufruf des Befehls zurück.

Tipp

*Auch so gelangen Sie schnell zu einem neuen Bild auf Basis eines vorhandenen: Duplizieren Sie das geöffnete Foto per **Bild: Bild duplizieren** oder mit der Schaltfläche Erstellt ein neues Dokument aus der Protokollpalette. Die Tastenfolge [D], [Strg]+[←] füllt das duplizierte Foto mit Weiß. Eben dies erledigt auch unsere Aktion »Duplizieren, weiß füllen«; das Duplikat besteht aus einer weißen Hintergrund-Ebene.*

»Duplizieren«

Brauchen Sie mehrere Varianten einer Datei? So duplizieren Sie die aktive Datei im Programmfenster:

» Wählen Sie **Bild: Bild duplizieren** (unter Windows auch per Rechtsklick auf die Titelleiste des Bilds). Dabei können Sie Montagen wahlweise Auf eine Ebene reduzieren – nicht immer ist dies jedoch eine Hintergrund-Ebene.

» Klicken Sie auf die Schaltfläche Erstellt ein neues Dokument in der Photoshop-Protokollpalette.

Das duplizierte Bild müssen Sie noch von Hand auf die Festplatte schreiben. Verwechseln Sie **Bild duplizieren** nicht mit dem Befehl **Fenster: Anordnen: Neues Fenster**: Dieser erzeugt zwar eine weitere Ansicht der Datei, doch es bleibt ein und dieselbe Datei, die in zwei Fenstern gleichzeitig auftritt.

DVD

Das Aktionsset von der Buch-DVD enthält auch die Aktion »Duplizieren, Vorlage schließen«. Sie dupliziert die aktive Datei und schließt das Original.

Der Foto-Downloader

Der Foto-Downloader überträgt Bilder von der Speicherkarte auf die Festplatte. Sie können die Werke umbenennen, auf Unterverzeichnisse verteilen und mit IPTC-Daten spicken. Indes: Die Fotos dann auch von der Speicherkarte herunterlöschen, das schafft der Foto-Downloader nicht.

Sobald Sie unter Windows eine Speicherkarte mit dem Rechner verbinden, springt der Foto-Downlader an; oder Sie erhalten das AutoPlay-Fenster, dort nehmen Sie den Foto-Downloader. Am Mac, oder wenn das Dialogfeld nicht aus freien Stücken auftaucht, wählen Sie in Bridge **Datei: Bilder von Kamera abrufen**. Geben Sie eventuell noch im Klappmenü links oben den genauen Pfad zur Speicherkarte an.

Die Übertragung startet generell nicht automatisch, Sie klicken stets erst auf Fotos laden.

»Erweitertes Dialogfeld«

In der schmalen, hochformatigen Standard-Ausgabe des Foto-Downloaders überträgt Photoshop auf jeden Fall ausnahmslos sämtliche Bilder, dabei stehen die wichtigsten Optionen zur Verfügung. Klicken Sie auf Erweitertes Dialogfeld, sehen Sie Miniaturen für alle Fotos und zusätzliche Optionen.

Mit dem Kästchen ☑ unter jeder Datei wählen Sie es für die Übertragung aus – oder schließen es davon aus. Sie können auch Alle aktivieren ([Strg]+[A]) oder Alle deaktivieren ([Strg]+[⇧]+[A]).

Weitere Möglichkeit: Rahmen Sie mehrere Miniaturen mit gedrückter Maustaste oder per [⇧]+Pfeiltasten ein, so dass sie mit blauem Rahmen erscheinen. Dann klicken Sie das Kästchen ☑ unter einem Bild an – alle anderen blau gerahmten Fotos ändern sich mit.

Der Foto-Downloader

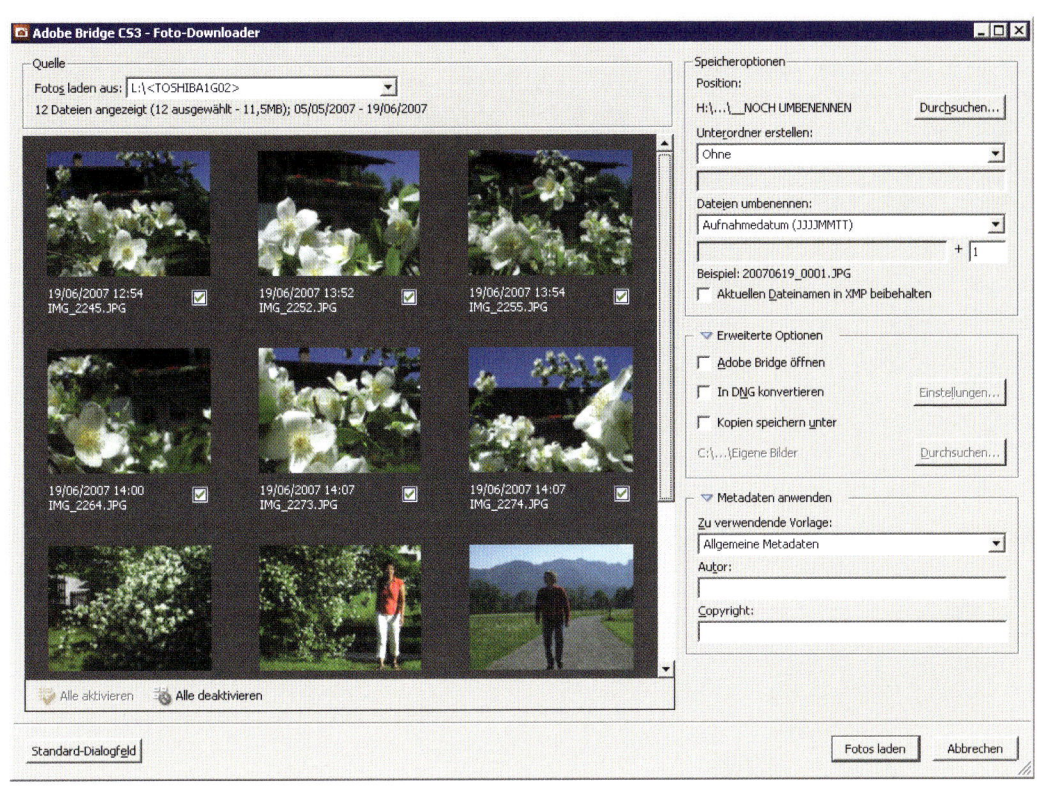

Abbildung 8.2 In der »erweiterten« Variante zeigt der Foto-Downloader Bildminiaturen und zusätzliche Optionen an.

Optionen

Die wichtigsten Optionen:

» Legen Sie einen Zielordner fest und lassen Sie wahlweise noch Unterordner nach Aufnahmedatum erstellen.

» Benennen Sie die Dateien um, zum Beispiel beginnend mit dem Aufnahmedatum. Reichen Ihnen die Möglichkeiten nicht, schicken Sie die aufwändigere **Stapel-Umbenennung** aus Bridge hinterher (Seite 120).

» Sofern Sie den AKTUELLEN DATEINAMEN IN XMP BEIBEHALTEN, lässt sich der ursprüngliche Dateiname in Bridge anzeigen und wiederherstellen (Seite 120).

» IN DNG KONVERTIEREN empfiehlt sich für Raw-Dateien, denn in der verlustfrei komprimierten Version sparen Sie oft deutlich Speicherplatz, außerdem sichern Sie anschließend Korrekturinformationen und IPTC-Texte verlustfrei innerhalb der Datei (Seite 152).

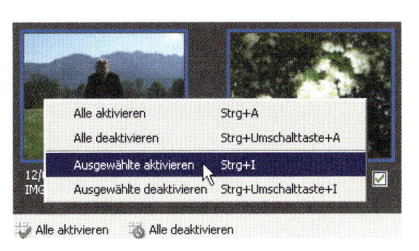

Abbildung 8.3
Zuvor ausgewählte Bilder können Sie auch per Kontextmenü oder Tastaturkürzel für die Übertragung festlegen (»aktivieren«) oder davon ausschließen.

Metadaten

Das Metadaten-Klappmenü bietet drei Möglichkeiten:

» Die Vorgabe OHNE schreibt keinerlei Metadaten ins Bild.

» Wählen Sie ALLGEMEINE METADATEN, füllen Sie die Felder für AUTOR und COPYRIGHT frei aus – jedes Bild enthält dieselbe Information in den entsprechenden IPTC-Feldern.

» Oder wählen Sie eine komplette, gespeicherte IPTC-Metadatenvorlage aus, die Sie in alle Bilder schreiben – also eine Zusammenstellung von Bildtext, Überschrift, Ortsangaben, Schlüsselwörtern, Copyright und so weiter (Seite 134).

»Fotos freistellen und gerade ausrichten«

Legen Sie mehrere Fotos gleichzeitig auf den Flachbettscanner, um sie zunächst in eine einzige große Datei einzuscannen. Der Befehl **Datei: Automatisieren: Fotos freistellen und gerade ausrichten** trennt Einzelbilder automatisch aus der Sammeldatei heraus und dreht schräg gescannte Motive gerade – und das ganz ohne Dialogfeld. Die neuen Bilddateien bleiben ungesichert auf der Arbeitsfläche, sie müssen also von Hand gespeichert werden, zum Beispiel en bloc per **Datei: Alle schließen** [Strg]+[Alt]+[W].

Weitere Verwendungsmöglichkeiten: Auch ein einzelnes schiefes Foto korrigiert der Befehl, oder gescannte Kreditkarten und Flugtickets, oder 200 Dateien mit schief gescannten Dokumenten.

Abbildung 8.4 Wir haben mehrere Papierbilder versetzt auf den Flachbettscanner gelegt und gemeinsam eingescannt. Datei: Fotosfreistellen

Auswahlfunktionen

Wollen Sie nur eines der gescannten Motive heraustrennen, ziehen Sie eine Auswahl um den kompletten Kandidaten herum, zum Beispiel mit Rechteck oder Polygon-Lasso.

Falls ein Einzelbild immer in zwei Teile zerlegt wird, legen Sie eine Auswahl außen um den Bereich des Einzelbilds herum. Danach drücken Sie die [Alt]-Taste und wählen dann erst **Fotos freistellen und gerade ausrichten** – so versteht Ihr Bildprogramm, dass nur ein Foto vorliegt.

Abbildung 8.5 Der Befehl »Fotos freistellen und gerade ausrichten« trennt die Einzelbilder aus dem Gesamtscan heraus und richtet sie gerade aus.

Scannen Sie richtig

Der Hintergrund muss sich deutlich von den gescannten Fotos abheben. Bei sehr hellen Zonen am Bildrand verwischt vielleicht der Übergang zur weißen Unterseite des Scannerdeckels: Dann erkennt Photoshop möglicherweise keine Einzelbilder mehr. Decken Sie also Fotos mit sehr hellen Randbereichen eventuell ab, zum Beispiel mit dunklem Fotokarton.

Die Fotos müssen zudem sehr glatt auf dem Scannerglas aufliegen. Sonst entstehen im Scan diffuse Bildränder, die Photoshop dem Bildinhalt zuschlägt. Sie müssen diese hauchdünnen Ränder ohne jede Bildinformation dann mit dem Freistellwerkzeug wegsäbeln.

Presst der Scannerdeckel die Bilder nicht plan aufs Scannerglas, nehmen Sie eine Glasscheibe oder eine andere robuste, einfarbige Platte. Damit werden Ihre Bilder eventuell besser angedrückt. Oder beschweren Sie einen schwarzen Fotokarton flächig mit Büchern (ohne den Scanner zu zerstören).

Allerdings: Auch in längeren Tests bekamen wir das Problem nicht vollends in den Griff. Photoshop trennt und dreht die Bilder zwar stets präzise. Unter Umständen bleibt jedoch ein hauchdünner heller Rand an einzelnen Bildkanten zurück, den Sie von Hand wegschneiden müssen.

Bilddateien öffnen

DVD
Im Aktionsset »Photoshop CS3 Kompendium« finden Sie die Befehlsreihen »Fotos zuschneiden und gerade ausrichten – speichern und schließen« sowie »Fotos zuschneiden und gerade ausrichten – speichern«. Die Aktionen speichern die neuen Dateien, die mit dem Befehl **Fotos zuschneiden und gerade ausrichten** *entstehen, sofort auf der Festplatte. Testen Sie die Aktionen zum Beispiel mit der Bilddatei »Fotosfreistellen« aus dem »Praxis«-Ordner.*

8.2 Bilddateien öffnen

Wenn Sie die Möglichkeiten zum schnellen Öffnen von Bildern beherrschen, lässt sich Photoshop weitaus zügiger bedienen. Bequem geht es per Bridge oder mit anderen Dateiverwaltern, unbequem wirkt der Befehl **Datei: Öffnen**.

»Öffnen«

Das Dialogfeld zum Befehl **Datei: Öffnen** (Strg+O) erhalten Sie unter Windows auch per Doppelklick auf die leere Photoshop-Arbeitsfläche. Markieren Sie im **Öffnen**-Dialog bei Bedarf mehrere Bilder mit gedrückter ⇧- oder Strg-Taste.

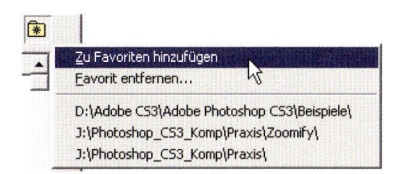

Abbildung 8.6 Speichern und laden Sie im **Öffnen**-Dialog spezielle Verzeichnisse als »Favoriten«. Diese Liste hat nichts mit den Favoriten von Bridge oder Windows zu tun.

»Adobe Dialog«

Sofern Sie in den **Voreinstellungen** (Strg+K) im Bereich DATEIHANDHABUNG auf VERSION CUE klicken, bieten die **Öffnen**- und **Speichern**-Dialoge die Schaltfläche ADOBE DIALOG. Nun ändert sich das Dialogfeld: Die FAVORITEN des ÖFFNEN-Dialogs sind weg, dafür gibt es andere. Sie können Metadaten anzeigen und Bridge oder die Dateiverwaltung aufrufen. Die Schaltfläche OS DIALOG führt wieder zum üblichen **Öffnen**- und **Speichern**-Dialog.

»Letzte Dateien öffnen«

Der Photoshop-Befehl **Datei: Letzte Dateien öffnen** listet bis zu 30 Bilder auf, die Sie zuletzt verwendet hatten. Wie viele Dateien Photoshop hier nennt, steuern Sie in den **Voreinstellungen** im Bereich DATEIHANDHABUNG.

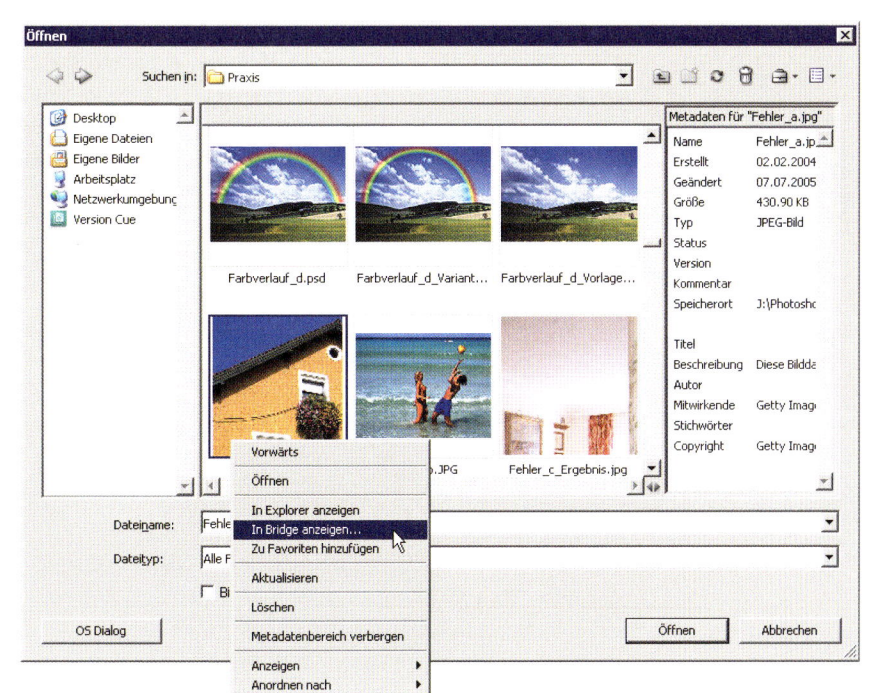

Abbildung 8.7 Im Modus »Adobe Dialog« bieten die »Öffnen«- und »Speichern«-Dialoge zusätzliche Möglichkeiten.

Schnell öffnen mit Bridge, Explorer oder Bilddatenbank

Bridge, der Windows-Explorer, der Mac-Finder oder andere gängige Bildverwalter öffnen Bilder in Photoshop besonders schnell:

» Markieren Sie ein Bild oder eine Bildreihe und ziehen Sie alles auf das Photoshop-Symbol – Photoshop startet mit den Bildern.

» Ziehen Sie markierte Bilder unter Windows direkt auf die Photoshop-Programmfläche. Ist ein Dialogfeld wie **Bildgröße** offen, erscheinen die Fotos erst nach Schließen des Dialogs.

» Ziehen Sie Bilder auf den Photoshop-Balken unten in der Windows-Task-Leiste, und warten Sie einen Moment: Das Photoshop-Fenster wird geöffnet, dann lassen Sie die Dateien über der Photoshop-Arbeitsfläche los.

» Sofern Sie Dateiformate mit Photoshop verknüpft haben, klicken Sie im Explorer doppelt auf eine solche Datei: Photoshop wird – falls noch nicht geschehen – starten und das entsprechende Bild öffnen. Verwenden Sie im Explorer auch das Rechtsklick-Untermenü **Öffnen mit**.

Prüfen Sie, ob Ihre Bilddatenbank Photoshop und Co. auch in Kontextmenüs oder als Schaltfläche anbieten kann.

Photoshop lädt die Datei auf jeden Fall als unabhängiges Bild und setzt sie nicht als Ebene in ein bereits aktives Bild ein – auch wenn Sie die neue Datei über dem vorhandenen Werk loslassen.

Abbildung 8.8 Welches Programm startet nach Doppelklick auf eine Bilddatei in Bridge? Das steuern Sie in den »Dateitypzuordnungen« in den »Voreinstellungen« (Strg+K) von Bridge. Ihre Doppelklicks im Windows-Explorer oder im Mac-Finder bleiben unverändert.

Besonderheiten beim Öffnen mit Bridge

Nach Doppelklick öffnet Bridge die meisten Bilddateien direkt in Photoshop. Andere Dateien – etwa Texte, Layouts oder Grafiken – leitet Bridge ebenfalls direkt an das passende Programm weiter. Um mehrere Bilder gleichzeitig zu öffnen, markieren Sie die Exponate, dann drücken Sie die ⏎ oder wählen **Datei: Öffnen**. Je nach Vorgabe (und mit Strg+R ganz bestimmt) landen die Dateien zunächst im Camera-Raw-Dialog (Seite 144).

Abbildung 8.9 Reichen Sie Ihre Aufnahmen aus Bridge heraus an andere Programme durch: Klicken Sie mit rechts auf die Bilddatei und dann auf **Öffnen mit**. Hier bietet Bridge Programme an, die sich für den Dateityp eignen – sie müssen nicht vom Photoshop-Hersteller Adobe stammen.

Unbekannte Dateiformate öffnen

Mitunter erhalten Sie Bilddateien in einem unbekannten Format oder ohne eindeutige Dateiendung wie ».tif«. In diesem Fall lässt sich das Bild nicht über den normalen **Öffnen**-Dialog laden.

Unter Windows nehmen Sie den Photoshop-Befehl **Datei: Öffnen als**. Im Feld Öffnen als Dateiformat klicken Sie einen möglichen Dateityp an. Am Mac nehmen Sie zunächst den **Öffnen**-Befehl, wählen **Alle Dokumente** aus dem Klappmenü Aktivieren und klicken einmal auf die fragliche Datei. Nun klicken Sie das mutmaßliche Dateiformat im Klappmenü Format an, falls es nicht automatisch erkannt wird, danach heißt es Öffnen.

8.3 Speichern

Beim Speichern wählen Sie nicht nur Dateiformat und Dateiname aus, Photoshop bietet zahlreiche weitere Optionen.

»Bildvorschau«

Innerhalb der Bilddatei können Sie eine kleine Vorschau speichern, die »Bildvorschau«. Nützlich ist diese Vorschau für einige Bilddatenbanken wie auch für den Datei-Explorer von Windows XP – dort erscheinen Photoshop-Montagedateien sonst nur als Symbol. Die eingebaute »Bildvorschau« vergrößert die Datei um vier Kbyte.

Mit dem Befehl **Bearbeiten: Voreinstellungen: Dateihandhabung** steuern Sie die Bildvorschau (am Mac wie stets **Photoshop: Voreinstellungen**). Im Klappmenü wählen Sie aus, ob ein Vorschaubild Nie, Immer oder nur auf Anfrage gespeichert werden soll.

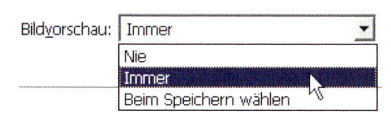

Abbildung 8.10 In den »Voreinstellungen« bestimmen Sie, ob Photoshop innerhalb der Dateien noch eine schnelle Vorschauversion des Gesamtbilds anlegt.

»Beim Speichern wählen«

Mit der Vorgabe Beim Speichern wählen zeigt Photoshop im Dialogfeld **Speichern unter** eine zusätzliche Option namens Miniatur an. Allerdings nehmen anders als am Mac unter Windows nicht alle Dateiformate eine solche Vorschau auf – so sperren sich etwa Scitex, PNG, RAW, Targa, Pixar, Pict, PCX und BMP. In Frage kommt die Miniatur aber für viel genutzte Formate wie Photoshop-PSD, PDF, TIFF und JPEG.

Tipp
Montagen im Photoshop-PSD-Format erscheinen trotz eingebauter »Bildvorschau« nicht in Ihrer Dateiverwaltung oder Bilddatenbank? Probieren Sie es mit »maximierter Kompatibilität« (Seite 785) oder speichern Sie das Ganze als TIFF mit Ebenen.

»Bildvorschauen« am Mac

Vier Arten von Übersichten sichern Sie wahlweise am Mac:

» Das Symbol erscheint als Miniatur auf dem Desktop.

» Die Macintosh-Miniatur sehen Sie als kleine Vorschau im Öffnen-Dialogfeld.

» Die Windows-Miniatur erscheint als kleine Vorschau auf Windows-Rechnern.

» Volle Grösse erstellt eine 72-dpi-Version Ihres Bilds für DTP-Programme, die Photoshop-Bilder öffnen können, aber eine 72-dpi-Vorschau benötigen. Dabei handelt es sich um eine Pict-Vorschau, außer bei EPS-Dateien.

Alle Optionen kosten Speicherplatz und Zeit.

Befehle im Überblick: Dateiverwaltung in Photoshop

Taste/Feld	Zusatztasten	Aktion	Ergebnis
Strg+N (für New)			Neue Datei anlegen, Werte aus Zwischenablage übernehmen
Strg+N	Alt		Neue Datei anlegen, Werte aus Zwischenablage ignorieren
Strg+O (für Open)			Datei: Öffnen
[leere Programmfläche]		🖱	Datei: Öffnen (nur Windows)
Strg+W			Datei: Schließen
Strg+S (für Save)			Datei: Speichern
Strg+S	⇧		Datei: Speichern unter
Strg+S	Alt+⇧		Datei: Für Web speichern

»Speichern« und »Speichern unter«

Haben Sie die aktuelle Datei so verändert, dass sich das zuletzt verwendete Dateiformat nicht mehr eignet, erlaubt Photoshop das schnelle **Speichern** per Strg+S nicht mehr. Ein Beispiel: Sie öffnen eine JPEG-Datei und fügen eine neue Ebene an. Weil JPEG keine Ebenen unterstützt, können Sie das Bild nicht einfach schnell **Speichern**.

Stattdessen öffnet der **Speichern**-Befehl hier das Dialogfeld des Befehls **Speichern unter** und schlägt das Photoshop-Dateiformat PSD vor, das auch Ebenen verkraftet. Alternativ können Sie jedoch von Hand wieder das JPEG-Format wählen.

Tipp
*Sie brauchen vorübergehend ein Duplikat der aktuellen Datei im Photoshop-Fenster, wollen die Kopie aber nicht auf Festplatte speichern? Klicken Sie auf **Bild: Bild duplizieren** oder auf die Schaltfläche Erstellt ein neues Dokument in der Protokollpalette.*

»Speichern unter«

Mit dem Befehl **Datei: Speichern unter** (Strg+⇧+S) ändern Sie viele Eigenschaften des Bilds, nicht nur Dateiname oder Dateiformat. Sie verbannen wahlweise auch EBENEN, FARBPROFILE oder ALPHAKANÄLE. Im Modus ADOBE DIALOG bietet **Speichern unter** zudem zusätzliche Informationen an (Seite 167).

Klicken Sie im Dialogfeld **Speichern unter** auf OK, dann erscheinen die Optionen zum gewählten Format, etwa die TIFF- oder JPEG-Optionen. So wechseln Sie mit dem Befehl **Speichern unter** nicht nur vom TIFF- zum Photoshop-Format, sondern auch von unkomprimiertem TIFF zu TIFF mit LZW-Verdichtung.

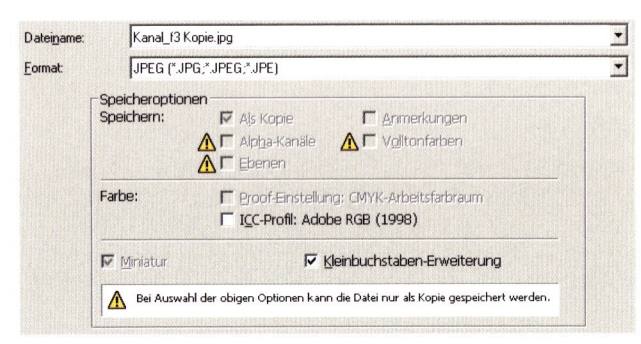

Abbildung 8.11 Die Datei »Kanal_f3.tif« aus dem »Praxis«-Verzeichnis der Buch-DVD hat einen Alphakanal, einen Volltonfarbkanal und Ebenen. Wir geben im Dialog »Speichern unter« das JPEG-Dateiformat vor, das solche Eigenschaften nicht aufnimmt. Photoshop signalisiert: Ebenen, Alphakanal und Volltonfarbenkanal werden hier nicht mit gespeichert. Sie müssen die Option »Als Kopie« verwenden.

Dateieigenschaften ausschließen

Sie können Dateieigenschaften wie ANMERKUNGEN, ICC-PROFIL oder SCHMUCKFARBEN mitspeichern oder bewusst verbannen. Aber wohlgemerkt: Sie schließen vielleicht EBENEN, ALPHAKANÄLE und ANMERKUNGEN aus – aber nur für die Datei, die Sie soeben auf die Festplatte schreiben. Die Datei, die auf dem Bildschirm bleibt, enthält weiterhin alle diese Ebenen und Alphakanäle. Sie können also die Grafik später immer noch mit diesen Bildeigenschaften speichern.

Die wichtigsten Möglichkeiten:

» Wenn Sie EBENEN abwählen, verschmilzt Photoshop alle sichtbaren Ebenen in der auf Platte gespeicherten Datei zu einer einzigen Pixelfläche.

» Entfernen Sie das Häkchen neben ALPHAKANÄLE, um Alphakanäle herauszulöschen. Das spart Speicherplatz und verhindert Probleme in anderen Programmen, zum Beispiel auch in Layoutprogrammen.

Unter Umständen zwingt Photoshop Sie, das Bild mit der Option ALS KOPIE (nächster Absatz) zu speichern:

» Sie wählen ein vorhandenes Merkmal ab, beispielsweise EBENEN oder ALPHAKANÄLE.

» Sie wählen ein Dateiformat, das bestimmte Eigenschaften nicht aufnehmen kann. Zum Beispiel wollen Sie eine Montage mit mehreren Ebenen und Alphakanälen im JPEG-Format sichern. JPEG unterstützt jedoch weder Ebenen noch Alphakanäle. Ebenen verschmelzen also in der entstehenden JPEG-Datei zu einer HINTERGRUND-Ebene, Alphakanäle fliegen ganz raus.

Tipp
Im Klappmenü FORMAT listet Photoshop zahllose Dateiformate auf. Um besonders schnell das gewünschte Format zu erhalten, klicken Sie in das Menü und tippen J ein, um zum »JPEG«-Eintrag zu gelangen. Tippen Sie mehrfach P, um hintereinander Angebote wie PHOTOSHOP, PICT und PCX zu erhalten.

Die Option »Als Kopie«

Der Standardbefehl **Speichern unter** funktioniert so: Sie speichern Datei A unter dem Namen B und fortan bearbeiten Sie Datei B, während Dokument A unberührt auf der Festplatte ruht.

Machen Sie allerdings Ihr Kreuz neben der Option ALS KOPIE, funktioniert Photoshop anders: Nun legen Sie die Datei A in einer Variation B ab – um dann weiter an Datei A zu arbeiten.

Mögliche Verwendung: Sie sitzen an einer Fotomontage »A« mit Ebenen und Alphakanälen im TIFF-Dateiformat. Den aktuellen Schaffensstand wollen Sie schnell als lesbare, kleine JPEG-Datei an Kollegen schicken. Speichern Sie ALS KOPIE mit dem JPEG-Dateiformat unter dem Namen »B« und verschicken Sie das Bild. Auf dem Monitor haben Sie aber immer noch die Datei »A«. Wenn Sie mit Strg+S zwischensichern, wird die PSD-Datei »A« aktualisiert.

Photoshop zwingt Sie zur Option ALS KOPIE, wenn das gewählte Dateiformat nicht alle Eigenschaften der aktuellen Datei unterstützt.

8.4 Dateiformate allgemein

Sie wechseln das Dateiformat in Photoshop per **Datei: Speichern unter** oder auch mit Stapelverarbeitungsbefehlen wie dem **Bildprozessor**. Die Ursprungsdatei wird dadurch nicht überschrieben, sondern Sie haben das Bild hinterher in zwei Dateiformaten vorliegen.

Welches Dateiformat ist ideal? Das hängt von Ihren Kriterien ab:

» Plattenspeicher und Übertragungszeit sparen

» Schnelles Öffnen und Speichern

» Verwendung im WWW des Internets

» Verwendung mit DTP-Programmen, anderen Betriebssystemen oder Dienstleistern

» Verwendung von Ebenen, Alphakanälen etc.

Besprechen wir hier die wichtigsten Eckpunkte zu Dateiformaten. Details zu allen wichtigen Dateiformaten finden Sie ab Seite 783.

Achtung
Photoshop reizt manche Dateiformate weit aus, andere Pixelprogramme können da nicht mithalten. Haben Sie also etwa eine TIFF-Datei mit mehreren Alphakanälen, Ebenen, Pfaden plus Dateiinformation und JPEG-Komprimierung, dann kann es nach dem Bearbeiten in einem anderen Programm passieren, dass nur ein Alphakanal übrig bleibt und gar kein Pfad. Eventuell wird so eine Datei von anderen Programmen falsch oder gar nicht angezeigt.

Dateigrößen
Wie viel Kbyte Arbeitsspeicher benötigt eine Bilddatei? Diese Antwort ist leicht: Pixel hoch mal Pixel quer mal Farbtiefe in Byte (Seite 180). Und wie viel Platz braucht dieselbe Datei auf der Festplatte und damit auch für den Weg durchs worldweite Web? Diese Antwort ist nicht so einfach. Der Festplattenbedarf hängt stark vom Dateiformat und von den jeweiligen Optionen ab – vor allem von den Vorgaben für die Komprimierung. Unabhängig davon, ob Sie ein komprimierendes Format verwenden oder nicht – zusätzliche Alphakanäle, Ebenen oder Ebenenmasken kosten stets viel Arbeitsspeicher und Festplatte.

Tipp
Wollen Sie ganze Bildreihen in die Formate TIFF, JPEG oder PSD umwandeln, nehmen Sie den Photoshop-Befehl Datei: Skripten: Bildprozessor (Seite 84).

Datenkomprimierung
Manche Dateitypen, wie TIFF unkomprimiert oder BMP, speichern die Bildpunkte einfach 1:1 ab und belegen damit auf der Festplatte etwa so viel Mbyte wie im Arbeitsspeicher. Andere Formate verwenden verschiedene Formen der Datenkomprimierung:

» TIFF-LZW, Photoshop, GIF und weitere Kandidaten zum Beispiel mit so genannter ZIP- oder RLE-Komprimierung verdichten verlustfrei. Sie benötigen auf Festplatte weniger Speicherplatz als im Arbeitsspeicher: Einheitliche Farbflächen werden zusammengefasst zu wenigen Bytes, welche die komplette Fläche repräsentieren. Dieses Verfahren spart bei üblichen Fotos rund 20 bis 40 Prozent Speicherplatz und damit Übertragungszeit; es kostet jedoch beim Öffnen und Sichern zusätzliche Zeit. Wohlgemerkt: Irgendein Qualitätsverlust entsteht dadurch nicht, Sie erhalten Ihr Bild Pixel für Pixel unverändert zurück. Auch DNG bietet verlustfreie Komprimierung an.

» Die stark komprimierende, meist nicht verlustfreie JPEG-Komprimierung entfernt Bilddetails zugunsten höchster Verdichtungsraten auf der Festplatte. Beim Öffnen werden die Verluste durch Mittelwertbildung wieder hereingerechnet. Photoshop bietet Datenverdichtung nach dem JPEG-Verfahren nicht nur für das JPEG-Dateiformat, sondern auch für TIFF, EPS, DCS und PDF. Auch JPEG 2000 speichert wahlweise mit Verlust.

Sie steuern die Komprimierung in den Optionen, die nach dem OK-Klick im Dialogfeld **Speichern unter** erscheinen. GIF und Photoshop komprimieren automatisch.

Nicht jedes Dateiformat für jeden Bildtyp
Photoshop bietet im Klappmenü des Dialogs **Speichern unter** nicht immer sofort alle Dateitypen an:

» Haben Sie ein 8-Bit-Bild im Modus INDIZIERTE FARBEN (also mit maximal 256 Farben), wird JPEG nicht angeboten. Verwenden Sie zunächst den Befehl **Bild: Modus: RGB-Farbe**.

» Fügen Sie in ein JPEG- oder BMP-Bild eine Ebene ein, so bietet Photoshop zuerst einmal das Photoshop-Dateiformat PSD an. Denn im Gegensatz zu JPEG oder BMP lässt das Photoshop-Format Ebenen zu. Sie können dann von Hand zu einem anderen Format wechseln – auch zu Formaten, die Ebenen nicht unterstützen. Photoshop zeigt eine Warnung, wenn Sie die Datei endgültig schließen, ohne sie mit einem ebenenverträglichen Format wie Photoshop-PSD oder TIFF zu sichern.

Überblick: die wichtigsten Dateiformate

Im normalen Gebrauch reichen meist wenige Dokumenttypen – Raw, JPEG, Photoshop und PDF, eventuell noch TIFF und EPS. Die folgende Zusammenfassung reicht für den Alltag. Mehr Details zu BMP, TGA, EPS und Co. finden Sie im »Service«-Teil, alle JPEG-Hintergründe ab Seite 173, eine Besprechung montage-tauglicher Formate ab Seite 501.

» Das JPEG-Dateiformat bietet hochwirksame Datenkomprimierung bei kalkulierbarem Detailverlust. Es wird von den meisten Digitalkameras geschrieben und lässt sich mit jedem Webbrowser und vielen DVD-Playern betrachten. Empfehlungen: Die Qualitätsstufe 9 spart kräftig Speicherplatz und reduziert die Bildqualität sehr maßvoll – es fällt am Monitor nur bei Zoomstufen über 100 Prozent und im Druck überhaupt nicht auf. Die Stufe 5 schrumpft JPEGs bei erträglichem Qualitätsverlust viel kraftvoller – nützlich für WWW-Veröffentlichungen.

» Raw-Dateiformate konservieren die Aufnahme Ihrer Digitalkamera naturbelassen wie vom Chip, sie bieten mehr Qualitätsreserven als übliche JPEG-Dateien.

» Das Photoshop-Dateiformat PSD verwenden Sie für Montagen, Spezialfälle und für den vielseitigen Export in andere Adobe-Programme, etwa Illustrator, InDesign oder GoLive; Photoshop-Ebenen, Effekte, Überblendtechniken und andere Spezialitäten werden teilweise übernommen. Alternativen: TIFF und PDF.

» TIFF erlaubt universelles Speichern, Austausch mit anderen Programmen und Rechnerwelten und verlustfreie Komprimierung; es eignet sich gut, um Freisteller in Office-Programmen wie Word oder PowerPoint zu platzieren. Zur BILDKOMPRIMIERUNG verwenden Sie nur das problemlose, verlustfreie LZW. Verzichten Sie auf BILDPYRAMIDE und Ebenen – nur so lässt sich die TIFF-Datei problemlos mit anderen Programmen und Betriebssystemen öffnen. Als PIXELANORDNUNG verwenden Sie INTERLEAVED.

» TIFF, PDF und EPS sind unerlässlich für die professionelle Druckvorstufe. Stimmen Sie die Optionen mit Ihrem Druckbetrieb ab.

Dateiformate für elektronische Präsentation

Diese Dateiformate verwenden Photoshopper, wenn sie ihre Bilder am Monitor und nicht auf Papier präsentieren:

» JPEG – eignet sich am besten für übliche Fotos bei starker Datenverdichtung.

» GIF – zeigt zwar nur 256 unterschiedliche Farben, kann jedoch Objekte in beliebiger Form freigestellt, also ohne umgebendes Rechteck abbilden (Transparenzfunktion). Man kann im GIF-Format auch Trickfilme, sogenannte Animationen, speichern (Seite 719).

» SWF (Flash) – sichert Animationen für Internetseiten speichersparend, vorteilhaft vor allem mit Text- oder Vektorebenen. Der Betrachter kann im Webbrowser zoomen, anhalten und verschiedene Qualitätsstufen wählen.

» PDF – erlaubt mehrseitige Dokumente, Diaschauen, Anmerkungen und Passwortschutz.

Eine Vorschau auf die Veränderungen in Internet-tauglichen Dateiformaten liefert der Befehl **Datei: Für Web und Geräte speichern**.

Tabelle: Dateiformate

Für die folgende Tabelle wird die Datei »Format-Test.tif« von der Buch-DVD mit 1536x1024 Punkten in den wichtigsten Dateiformaten gespeichert. Die Vorlage besteht aus einer reinen »Hintergrund«-Ebene ohne zusätzliche Montageebenen, Alphakanäle, Pfade oder andere Zutaten. Als RGB-Datei mit 3x8 Bit Farbtiefe beansprucht die Testdatei mit ihren 1,59 Megapixel rund 4,7 Mbyte Arbeitsspeicher; als Graustufendatei verlangt sie nur einen einzigen 8-Bit-Kanal, also 1,59 Mbyte Arbeitsspeicher. Druckgröße bei 300 dpi: 13x8,7 cm.

Dateiformat	Erweiterung	Komprimierung	Gesamtgröße in Mbyte	Anmerkung	Zweck
Photoshop	PSD	immer, ohne Verlust	4,61		Nutzung aller Funktionen
JPEG, Baseline Standard, Qualitätsstufen 9 bzw. 5	JPEG	immer, mit Verlust	0,52 bzw. 0,22	RGB, CMYK, Graustufen, keine Alphakanäle	Speicherplatz sparen, WWW-Design
Tagged Image File Format (TIFF) mit LZW-Komprimierung	TIF	wahlweise, LZW verlustfrei	3,683	Viele Farbmodi, Ebenen, Pfade, mehrere Alphakanäle in einer Datei	Kompatibilität mit anderen Programmen

8.5 Das JPEG-Dateiformat

JPEG ist das universelle Bilddateiformat. Es speichert platzsparend – zwar nicht verlustfrei, aber in kontrollierbar guter Qualität – Fotos im Computer und erscheint problemlos auf Internetseiten und in allen möglichen Programmen. JPEG lässt sich auch ohne Computer nutzen: Digitalkameras und Foto-Handys schreiben JPEG-Dateien, DVD-Player und Digitalkameras zeigen JPEGs am Fernseher. Der weniger wichtige Dateityp JPEG 2000 unterscheidet sich davon grundlegend, er ist mit JPEG nicht zu vergleichen (Seite 795).

Übersicht

Die Fotos mit der Endung .jpg verzichten auf perfekte Farbdifferenzierung des Bilds, um Speicherplatz zu sparen. Die visuell wichtigeren Helligkeitswerte bleiben voll erhalten. Die Bildprogramme rechnen die fehlenden Farbwerte beim Öffnen der JPEG-Datei per Mittelwertbildung so geschickt wieder ins Werk, dass man im Druck und am Schirm oft nichts von der Verdichtung bemerkt. JPEG reduziert ein 30-Mbyte-Titelbild ohne sichtbaren Qualitätsverlust auf 1 Mbyte.

Abbildung 8.12 **Links:** Die Vorlage hat 346x335 Bildpunkte und verwendet den RGB-Modus bei acht Bit Farbtiefe. Das Bild beansprucht rund 340 Kbyte Arbeitsspeicher, als unkomprimierte TIFF-Datei rund 360 Kbyte. Wir drucken es hier mit einer leicht vergröbernden Auflösung von 150 dpi (150 Pixel/Zoll). **Mitte:** Die Verkleinerung auf 10 Kilobyte (also drei Prozent des Arbeitsspeicherbedarfs) mit JPEG-Stufe 0 im Dialog »Für Web und Geräte speichern« führt zu kleineren Qualitätseinbußen; Photoshop verkleinert das Motiv in seiner nicht vergleichbaren Stufe 0 nur bis auf 22 Kbyte, bei ähnlicher Bildwirkung. **Rechts:** Die Verkleinerung auf 4,2 Kbyte (1,2 Prozent des Arbeitsspeicherbedarfs) entstellt das Foto; sie entsteht mit dem Programm PhotoImpact, weil Photoshop nicht so stark komprimiert. Vorlage: JPEG_a

Abbildung 8.13 Vergleich mit JPEG 2000: JPEG 2000 komprimiert nach einem anderen Verfahren als das übliche JPG. Die Datei »JPEG_a« wird auf die Dateigrößen der vorhergehenden Reihe komprimiert: 20 Kbyte, 10 Kbyte und 4,2 Kbyte. Weil JPEG 2000 keine Blöcke bildet, sondern eher weichzeichnet, eignet es sich für viele Fotos besser als JPEG (Seite 795). Es ist jedoch weniger verbreitet, die JPEG-2000-Unterstützung muss von Hand nachgerüstet werden.

Der Anwender selbst steuert Dateigröße und Qualität: Je kleiner die Datei, desto deutlicher treten Qualitätsverluste hervor. Dabei hängt der mögliche Komprimierungsfaktor nicht nur von der Pixelzahl ab, sondern auch vom Bildinhalt: Je härter die Kontraste, je schärfer die Details, desto mehr Speicherplatz braucht das Motiv; flächige Hintergründe, diffuse Hauttöne beanspruchen dagegen wenig Speicherplatz. Ein Wolkenhimmel kostet im JPEG-Format weit weniger Speicherplatz als eine gestochen scharfe Architekturaufnahme oder eine Montage mit Text.

Bilder im JPEG-Dateiformat sind problemlos austauschbar zwischen Mac, Windows und anderen Rechnerwelten. Sie lassen sich in der Zoomstufe 100 Prozent ohne weiteres auch mit Internetbrowsern betrachten, der Empfänger muss kein Bildprogramm haben. Verwenden Sie JPEG für übliche Fotos und Grafiken mit nuancierten Farbübergängen und geglätteten Kanten, nicht aber für Grafiken mit harten Konturen ohne Kantenglättung und mit großen einheitlichen Farbflächen – dort sieht man die Qualitätsverluste besonders deutlich. JPEG-Mängel glätten Sie mit dem Befehl **Rauschen reduzieren** (Seite 292).

Der JPEG-Dateityp macht viel mit, neben dem üblichen 8-Bit-RGB auch CMYK, Pfade, 16-Bit-Farbtiefen und IPTC-Texte. Damit eignet sich JPEG ebenso für den Profialltag – auch wenn das einige Redakteure nicht wahrhaben wollen. Die wichtigsten Einschränkungen: Alphakanäle, Montageebenen und mehrseitige Dokumente beherrscht JPEG nicht.

JPEGs speichern

Am vielseitigsten speichert man JPEG-Dateien mit dem Befehl **Datei: Für Web und Geräte speichern**, Sie sehen mehrere Varianten nebeneinander. Doch auch Photoshops üblicher Befehl **Datei: Speichern unter** zeigt die entstehende Qualität und Dateigröße noch vor dem endgültigen Sichern.

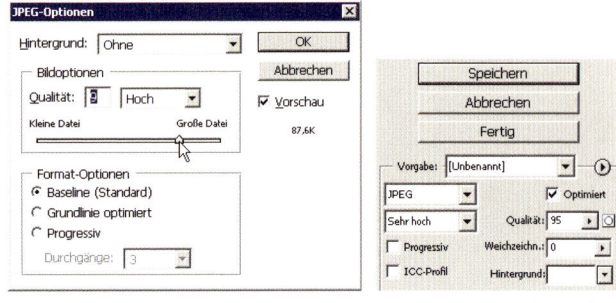

Abbildung 8.14 **Links:** Photoshops JPEG-Optionen bieten zwölf Qualitätsstufen an. **Rechts:** Der Dialog »Für Web und Geräte« speichern unterteilt dagegen in hundert Stufen.

JPEG und andere Dateitypen

Wohlgemerkt, wir besprechen JPEG hier als Dateiformat. Die JPEG-Komprimierungsmethode verwenden auch andere Dokumenttypen, zum Beispiel PDF, TIFF und EPS. Das Dateiformat JPEG 2000 wiederum komprimiert zwar auch mit Verlust, aber nach einem anderen Verfahren. Es ist nicht mit JPEG-Dateien kompatibel.

Bildqualität

Im JPEG-Dateiformat balancieren Sie das Verhältnis von Dateigröße und Bildqualität selbst aus. Je stärker Sie die Dateigröße herunterschrauben, desto deutlicher treten Bildfehler hervor.

Photoshop bietet in den JPEG-Optionen, die mit dem Befehl **Speichern unter** erscheinen, zwölf Qualitätsstufen an. Das ebenfalls interessante Kommando **Datei: Für Web und Geräte speichern** teilt die JPEG-Qualität ganz anders auf, nämlich in 100 Stufen. Die höchste Zahl steht jeweils für hohe Bildqualität und hohe Dateigröße.

Andere Hersteller wenden wiederum eigene Skalen an, teilweise stehen hohe JPEG-Werte dort für niedrigere Qualität. Sie können die JPEG-Einstellungen verschiedener Programme also nicht unmittelbar vergleichen – nicht einmal innerhalb von Photoshop geht es einheitlich zu.

Faustregeln:

» Eine Verkleinerung auf ein Fünftel des Arbeitsspeicherbedarfs erzeugt minimale Fehler, die Sie im Druck gar nicht und am Monitor nur in vergrößernden Zoomstufen über 100 Prozent erkennen. Diese Vorgabe eignet sich gut zum Drucken. Verwenden Sie also für hohe Bildqualität in den JPEG-Optionen die Stufen 10 bis 8, im Dialog **Für Web und Geräte speichern** die Stufen 80 bis 60.

» Die Verkleinerung auf ein Zehntel erzeugt kleinere sichtbare Fehler, die nicht wesentlich stören. Diese Vorgabe sehen Sie oft auf Webseiten. Verwenden Sie in den JPEG-Optionen zum Beispiel Stufe 5, in **Für Web und Geräte speichern** Stufe 54.

» Die Verkleinerung auf ein Fünfzehntel des Arbeitsspeicherbedarfs produziert deutliche, störende Fehler. Im Gegensatz zu anderen Programmen gelingt es mit Photoshop jedoch nicht, das Bild auf ein Hundertstel einzudampfen und komplett zu ruinieren.

» Höchste JPEG-Qualitätsstufen wie 12 in den JPEG-Optionen oder 100 in **Für Web und Geräte speichern** bringen nichts – nur Speicherplatzverbrauch.

Bildqualität

Abbildung 8.15 Alle drei Bilder haben 346x335 Bildpunkte und wurden mit JPEG-Qualitätsstufe 3 in Photoshop gespeichert. Im RGB-Modus bei acht Bit Farbtiefe beanspruchen diese Bilder rund 340 Kbyte Arbeitsspeicher, als unkomprimierte TIFF-Datei etwa 360 Kbyte. Wir drucken hier mit einer leicht vergröbernden Auflösung von 150 dpi (150 Pixel/Zoll). **Links:** In der JPEG-Qualitätsstufe 3 bei Photoshop benötigt das sehr flächige Motiv nur 13,7 Kbyte. **Mitte:** Dieses Motiv hat mehr Details auf gleicher Pixelfläche, es benötigt darum 18,7 Kbyte bei gleicher JPEG-Qualitätsstufe. **Rechts:** Die mittlere Datei wurde stark scharfgezeichnet. Bei gleichbleibender JPEG-Qualität 3 kostet das Motiv jetzt 31,9 Kbyte Speicherplatz. Vorlage: JPEG_b

JPEG-Fehler erkennen Sie besonders bei feinen Farbübergängen in Hauttönen oder Verläufen – hier erscheinen grobe Blöcke. Harte Linien, etwa Buchstaben, werfen plötzlich Schatten. Der Befehl **Rauschfilter: Rauschen reduzieren** (Seite 292) bietet die Option JPEG-ARTEFAKT ENTFERNEN; Photoshop will die JPEG-Störungen hier durch Weichzeichnung glätten.

Qualitätsstufen im Vergleich

Die folgende Tabelle vergleicht die Qualitätsfaktoren der JPEG-Optionen und des Dialogs **Für Web und Geräte speichern**. Wir verwenden die Datei »JPEG_c« aus dem »Praxis«-Verzeichnis der Buch-DVD mit 400x300 Pixel; sie beansprucht unkomprimiert 340 Kbyte. Wir verzichten sowohl auf MEHRERE DURCHGÄNGE als auch auf das OPTIMIEREN.

Qualitätsstufe in JPEG-Optionen	Qualitätsstufe in Für Web und Geräte speichern	Dateigröße in Kbyte (ca.)	Größe im Vergleich zum Arbeitsspeicherbedarf	Relative Verkleinerung gg. Arbeitsspeicherbedarf (ca.)
9	77	62,5	18,3%	1:5,5
5	54	35,9	10,5%	1:9,4
2	45	26,0	7,6%	1:13,9
0	36	22,9	6,7%	1:14,8
-	0	10,66	3,1%	1:31,9

Risiken und Nebenwirkungen

JPEG zeigt besonders auffällige Schwächen mit plakativen Grafiken, nicht geglätteten Konturen und harten Rastern. Testen Sie hier alternativ das GIF-Dateiformat. Generell gilt Vorsicht beim wiederholten Speichern im JPEG-Format: Bildteile, die Sie zuvor bearbeitet haben, verfallen eventuell weiter. Datenschwund entsteht auch in nicht manipulierten Zonen, wenn Sie die JPEG-Qualitätsstufe ändern.

Details gehen zudem verloren beim Sichern eines gekappten JPEG-Bilds; ebenso sollte man nicht die Pixelauflösung einer JPEG-Datei umrechnen. Damit eignet sich das JPEG-Format theoretisch nicht zum Zwischensichern während der laufenden Arbeit (für diesen Zweck bietet sich eher das verlustfreie TIFF an). In der Praxis verkraften viele Motive jedoch auch zwei- oder dreimaliges JPEG-Speichern mit zwischenzeitlicher Bearbeitung.

Weitere JPEG-Optionen

In den verschiedenen Dialogfeldern finden Sie weitere JPEG-Optionen:

» BASELINE (STANDARD) kann jedes Programm darstellen.

» BASELINE OPTIMIERT spart geringfügig Speicherplatz und bringt angeblich bessere Farben, lässt sich aber nicht unbedingt mit jedem Programm öffnen – verzichten Sie darauf.

» MEHRERE DURCHGÄNGE bringt das Bild nicht Zeile für Zeile auf den Schirm; stattdessen sehen Sie sofort stark verschwommen das Gesamtbild, schrittweise wird es klarer. Die Datenmenge ändert sich gegenüber dem konventionellen JPEG kaum, die Qualität nur unwesentlich. JPEG-Bilder mit dieser Option werden von älteren Programmen nicht geöffnet. Sie können den geänderten Bildaufbau nur bei Übertragung übers Netz testen, nicht auf einem lokalen Rechner.

» Die Option ICC-PROFIL schützt ein eventuell im Bild eingespeichertes ICC-Profil. Manche Browser verwenden es zur Farbkorrektur. Der Größenzuwachs liegt eventuell bei wenigen hundert Byte.

» WEICHZEICHNEN eignet sich eventuell für JPEGs mit harten Kanten oder für stark scharfgezeichnete Bilder: Hart konturierte Motive beanspruchen deutlich mehr Speicherplatz als diffusere Vorlagen. Die Werte von 0 bis 2 entsprechen genau den Resultaten des Befehls **Filter: Weichzeichnungsfilter: Gaußscher Weichzeichner**. Doch der Weichspülereffekt empfiehlt sich allenfalls für verschwommene Hintergrundmuster, nicht für gegenständliche Abbildungen. Verwenden Sie im Zweifel eher die JPEG-Fehlerkorrektur des Befehls **Rauschen reduzieren** (Seite 292).

» Hat die Vorlage transparente Bereiche, geben Sie eine Farbe für den HINTERGRUND an – also die Farbe, die in den transparenten Bereichen eingesetzt wird. (Durchsichtige Bereiche bleiben nie durchsichtig, weil JPEG keine Transparenz erlaubt.)

» Schalten Sie in Photoshops JPEG-Optionen die VORSCHAU vorübergehend aus – so erkennen Sie den Qualitätsunterschied zwischen aktueller Datei und speichersparender JPEG-Variante. Wählen Sie auch bei geöffnetem Dialogfeld **Ansicht: Tatsächliche Pixel**, um das Bild in der einzig verlässlichen Zoomstufe 100,0 Prozent zu beurteilen.

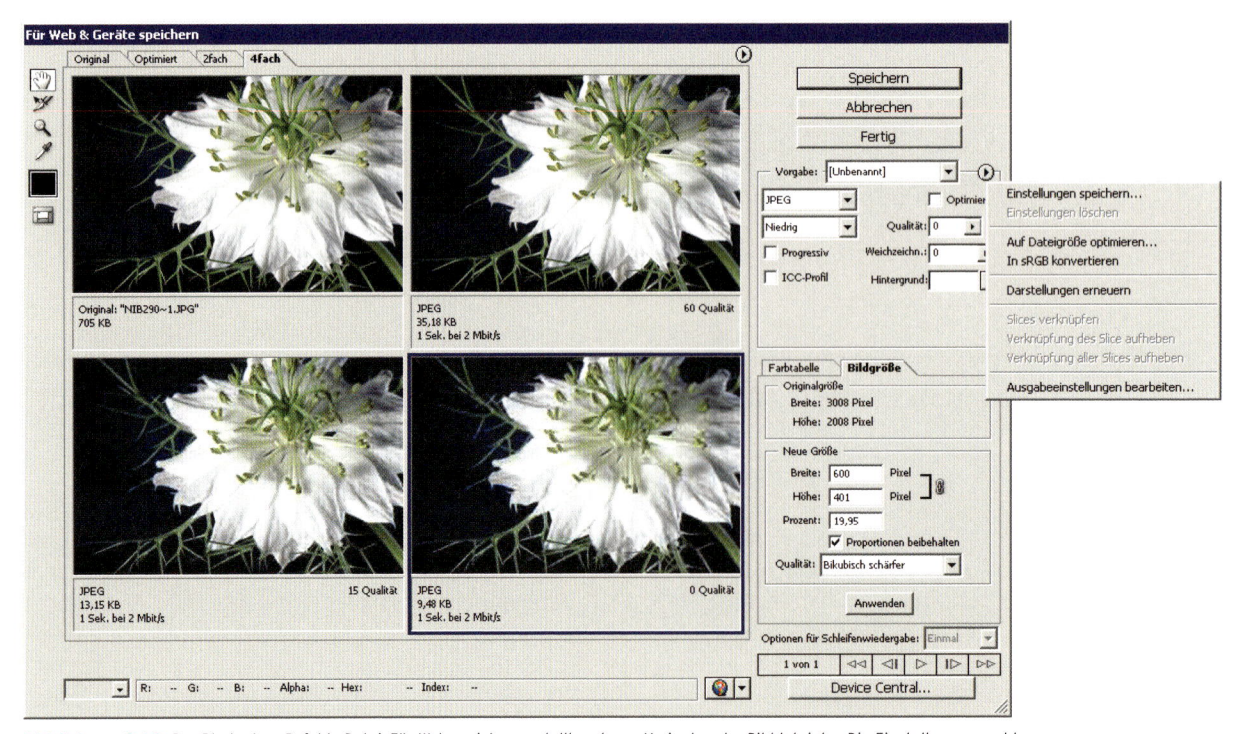

Abbildung 8.16 Der Photoshop-Befehl »Datei: Für Web speichern« stellt mehrere Varianten der Bilddatei dar. Die Einstellungen rechts oben gelten für die aktuell blau eingerahmte Variante, hier rechts unten.

Bearbeitete JPEG-Dateien in Digitalkameras

Die meisten Digicams führen JPEG-Dateien auch am Fernseher vor. Allerdings: Bereits mit Photoshop veränderte JPEG-Dateien zeigen dieselben Kameras oft nicht mehr an.

Sie möchten bearbeitete JPEGs per Digitalkamera vorführen? Die Software zu Ihrer Digicam schreibt eventuell passende JPEGs. Weitere Abhilfe: Das kleine, nicht kostenlose englische Programm TVWriter macht per Stapelverfahren ganze Bildreihen in einem Rutsch kameratauglich (*www.satsignal.net*, Bereich »Image Utilities/TVwriter«).

»Für Web und Geräte speichern«

Photoshop zeigt mit dem Befehl **Datei: Für Web und Geräte speichern** (Strg + Alt + ⇧ + S) ein Bild in bis zu vier Varianten. Klicken Sie eine Variante an, so dass sie blau eingerahmt wird, dann ändern Sie die Einstellungen rechts für diese Variante. Anschließend ändern Sie weitere Varianten. So zeigen Sie zum Beispiel eine JPEG-Datei im Original und drei verschiedenen Qualitätsstufen – in unserer Abbildung in den Stufen 60, 15 und Null.

Direkt unter den Vorschauen meldet das Programm die entstehende Dateigröße und Übertragungszeit. Von welcher Übertragungsgeschwindigkeit geht Photoshop dabei aus? Das steuern Sie nach einem Klick auf den Menüschalter ▶ über der rechten oberen Ecke des rechten oberen Bilds.

Im Register BILDGRÖSSE stellen Sie wahlweise eine andere Pixelzahl ein – erledigen Sie diesen Schritt zuerst, bevor Sie mit den Feineinstellungen experimentieren. Oder rechnen Sie Ihr Foto vorab mit dem Befehl **Bild: Bildgröße** herunter (Seite 184).

Zurücksetzen und merken

Drücken Sie bei geöffnetem Dialogfeld FÜR WEB SPEICHERN die Alt -Taste, ändern sich die zwei Schaltflächen oben rechts:

» Aus ABBRECHEN wird – wie immer – ZURÜCK. Per Anklicken setzen Sie die aktuelle Variante auf die Dateiformatvorgabe zurück, die bei Öffnen des Dialogfelds galt.

» Aus SPEICHERN wird MERKEN. Klicken Sie darauf, wenn in diesem Variationsfenster auch weiterhin die momentan sichtbaren Dateiformatvorgaben gemacht werden sollen. Beim nächsten Öffnen erscheint in diesem Fenster wieder eine Bildfassung mit den »gemerkten« Einstellungen. Die anderen Bildfassungen werden automatisch davon abgeleitet – es sind Varianten mit geringerer Dateigröße.

Wollen Sie bestimmte JPEG-Vorgaben wiederholen, lassen sie sich über den Menüschalter OPTIMIERT ▶ speichern und im Vorgabe-Klappmenü wiederholen.

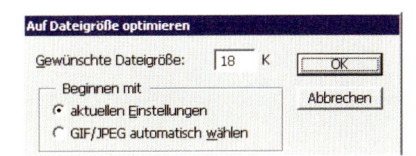

Abbildung 8.17 Der Befehl »Auf Dateigröße optimieren« setzt die aktivierte Bildvariante exakt auf die gewünschte Dateigröße. Sie finden die Funktion im »Optimiert«-Menü des Befehls »Für Web und Geräte speichern«.

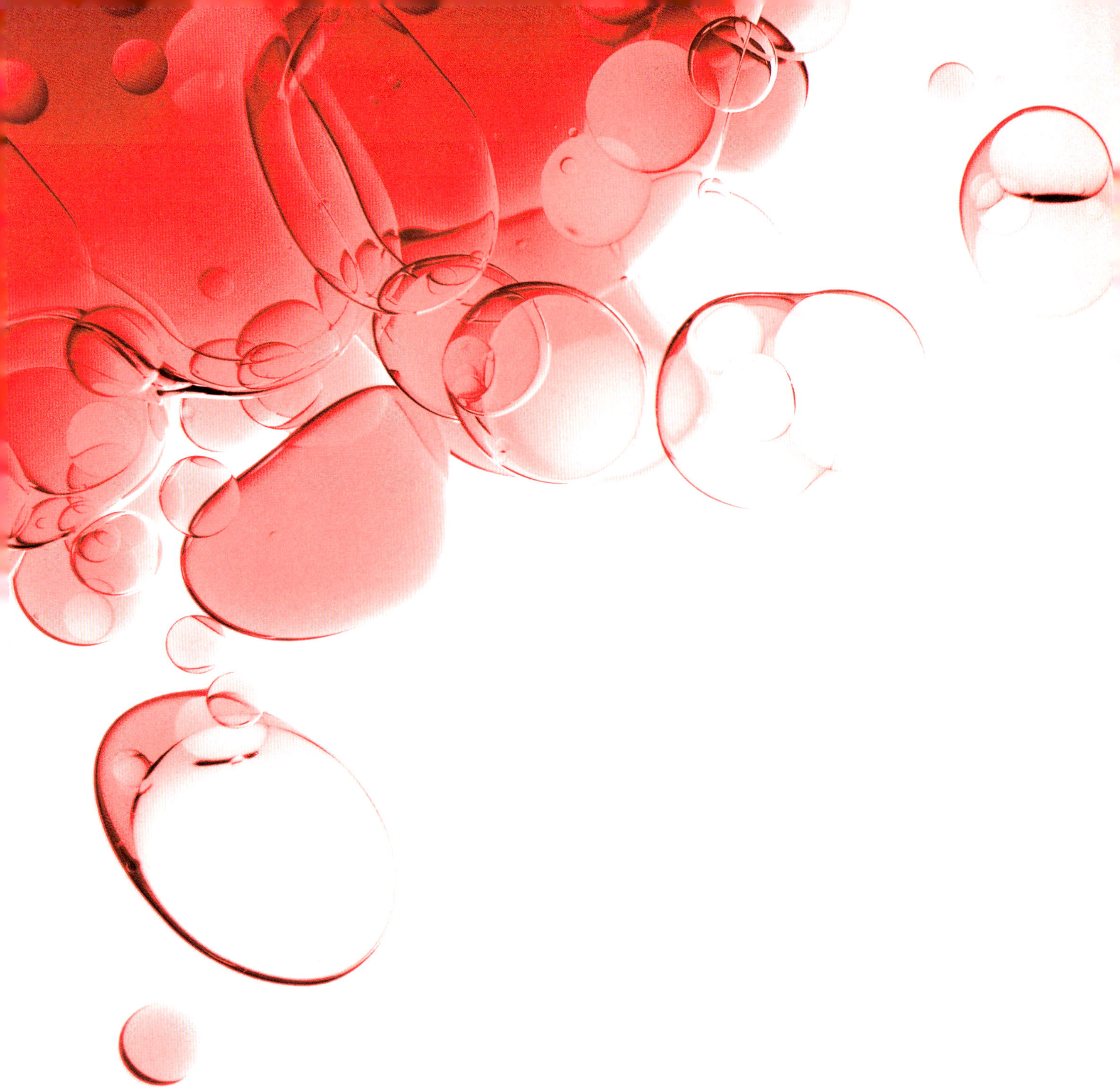

Teil 3
Korrektur

Kapitel 9:
Auflösung, Bildgröße, Ausschnitt 180

Kapitel 10:
Kontrast & Farbstimmung 208

Kapitel 11:
Aufnahmefehler korrigieren 267

Kapitel 9
Auflösung, Bildgröße, Ausschnitt

Korrigieren Sie Bildausschnitt, Dateigröße, Druckmaße und Zahl der Bildpunkte pro Flächeneinheit. Zunächst besprechen wir, wie Sie Pixelzahl und eingespeicherte Druckgröße ändern. Zum Schluss lesen Sie, wie Sie überflüssigen Rand entfernen und neue Bildfläche anbauen.

9.1 Auflösung, Druckmaße und Dateigröße

Übliche Fotos bestehen aus einem Schachbrettmuster an quadratischen Bildpunkten (Pixeln). Dabei braucht leeres Weiß genauso viel Speicherplatz wie eine Hochhauskulisse (im Arbeitsspeicher, nicht beim komprimierten Sichern auf Festplatte).

Die Zahl der Bildpunkte hoch und quer steht bei jeder Datei fest. In den meisten Dateiformaten – etwa TIFF, Photoshop und JPEG – ist auch schon die Druckauflösung gespeichert, also wie viele Bildpunkte beim Drucken auf einen Zentimeter kommen.

Um eine Datei mit anderen Maßen zu drucken, müssen Sie nicht zwangsläufig die Zahl der Bildpunkte ändern. Sie ändern nur die Druckauflösung, verteilen also mehr oder weniger Pixel auf einen Zentimeter. Beides erledigt der Befehl **Bild: Bildgröße** (Seite 184).

Es lohnt sich selten, die Pixelzahl eines Bilds hochzurechnen: Die vielen neuen Bildpunkte pro Zentimeter entstehen durch Mittelwertbildung (Interpolation) und bieten keine zusätzliche Detailinformation – im Gegenteil, das Umrechnen sorgt für eine leichte Weichspülung oder ausgezackte Kanten.

Sobald Sie Ihr Bild kleiner rechnen – also die Zahl der Pixel pro Längeneinheit verringern –, verlieren Sie Information; und der Weichspülereffekt kommt dazu. Natürlich rechnen Sie herunter, wenn die Datei viel zu viele Pixel hat; das spart Speicherplatz, Rechen-, Druck- und Übertragungszeit.

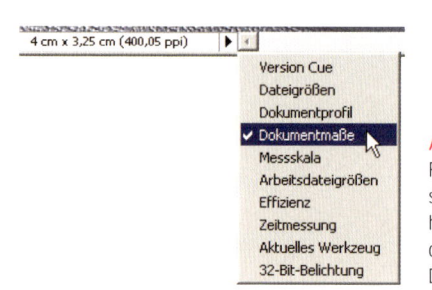

Abbildung 9.1
Richten Sie in den Voreinstellungen »cm« als Maßeinheit ein, dann können Sie in der Statusleiste das aktuelle Druckmaß anzeigen.

Nur die Pixelzahl ist wichtig

Man hört Sätze wie: »Bilder im Internet haben 96 dpi.« Oder: »Die Datei ist gut, die hat 400 dpi.« Oder: »Mit einer 72-dpi-Datei kann ich nichts anfangen.«

Solche Betrachtungen sind unvollständig. Die dpi-Zahl allein sagt gar nichts über die Qualität einer Fotodatei. Da muss man schon dpi sowie die mögliche Druckfläche kennen, also zum Beispiel 400 dpi bei 15 Zentimeter Breite. Hat eine Datei »gute« 400 dpi bei nur zwei Zentimeter Druckfläche, nützt das wenig.

Unmittelbar informativ wirkt die Zahl der Bildpunkte: 3888x 2592 Punkte, das ist eine absolute Angabe, nicht abhängig von Druckflächen. Und das gilt erst recht bei Online-Bildern – dort spielen dpi-Werte endgültig gar keine Rolle mehr, es kommt einzig und allein auf die Zahl der Bildpunkte an.

Bei Druckprojekten fragen Sie: Wie viele Pixel pro Druckzentimeter bzw. pro Druckzoll (Inch) enthält ein Bild? Allgemein gilt: Je mehr Pixel pro Zoll (also dots per inch, dpi), desto höher die Druckauflösung, desto feiner und detailreicher die Darstellung. Einschränkung am Rande: Manch hoch aufgelöste, aber unscharfe oder verrauschte Datei wirkt im Druck schlechter als eine gut digitalisierte Datei mit weniger Bildpunkten.

So berechnen Sie die Druckauflösung:

$$\frac{\text{Anzahl Pixel einer Seitenlänge}}{\text{Seitenlänge in Zoll (inch)}} = \text{dpi}$$

Ein Beispiel: Ihre Zehn-Megapixel-Kamera zeichnet 3888 Pixel in der Breite auf. Sie wollen 30 Zentimeter breit drucken, also 11,81 Zoll breit (ein Zoll, englisch Inch, hat 2,54 Zentimeter). So berechnen Sie die Druckauflösung des Beispielbilds bei 30 Zentimeter Breite:

$$\frac{3888}{11,81} = 329{,}21 \text{ dpi}$$

Mit rund 330 dpi stehen genug Bildpunkte zur Verfügung, Sie könnten auch noch etwas größer drucken.

Datenmengen

Gehen Sie mit Auflösung und Bildgröße sparsam um. Eine Verdoppelung der Auflösung – zum Beispiel von 100 auf 200 dpi – vervierfacht den Arbeitsspeicherbedarf. Genauso beansprucht eine Verdoppelung der Druckmaße bei gleich bleibender Auflösung viermal mehr Platz auf der Festplatte.

Graustufendateien brauchen allerdings nur ein Drittel des Platzes von RGB-Farbdateien mit ihren Rot-Grün-Blau-Anteilen und ein Viertel des Platzes im Vergleich zu einer CMYK-Datei, wie die folgende Tabelle zeigt.

Beschränken Sie also die Auflösung auf das, was Sie tatsächlich brauchen. Ein hoch aufgelöstes Bild lässt sich am Monitor viel schwerfälliger bearbeiten als eine schlankere Datei.

Druckmaße, Auflösung und Dateigröße

Druckmaße in cm	Farbmodus	Auflösung in dpi	Arbeitsspeicherbedarf in Kbyte
7x10	8-Bit-Graustufen	100	108,1
7x10	8-Bit-Graustufen	200	433,8
7x10	24-Bit-RGB-Farbe	200	1.301,4
7x10	48-Bit-RGB-Farbe	200	2.602,8
14x20	24-Bit-RGB-Farbe	200	5.203,6
7x10	32-Bit-CMYK-Farbe	200	1735,2
7x10	64-Bit-CMYK-Farbe (16 Bit pro Grundfarbe)	200	3470,4

1 inch = 2,54 cm; Angaben gerundet

Welche Auflösung für welches Druckgerät?

Letztlich ist alles eine Frage der Pixelzahl pro Kantenlänge; und Sie sollten den Verwendungszweck für Ihre Bilddatei kennen: Im Offsetdruck mit 60 Linien/Zentimeter reichen 200 bis 300 dpi; 70 Linien erfordern 300 dpi oder mehr, ein alter Laserdrucker ist mit weniger auch zufrieden. (Ob Sie dpi, lpi oder ppi sagen, macht nicht wirklich einen Unterschied.)

Für Fotopapierbelichter oder Thermosublimationsdrucker sollten es 300 dpi sein – vorausgesetzt, Sie speichern das Werk bereits in Druckgröße.

Für gute Tintenstrahler reichen oft 240 dpi Auflösung, darüber hinaus erhalten Sie keine sichtbar besseren Ausdrucke mehr. Addieren Sie zu den rechnerisch erforderlichen Bildauflösungen, wie sie die Tabelle zeigt, allerdings noch die Qualitätsreserve hinzu (Seite 182). Im Übrigen hängt das Ergebnis auch vom Rasterverfahren und anderen Faktoren ab.

Tipp

Pi mal Daumen kann man sagen: 100 Pixel pro Zentimeter reichen oft knapp für ordentlichen Druck. Dabei entsteht eine Auflösung von 254 dpi (100 mal 2,54). Die 3888-Pixel-Datei ließe sich demnach gut 38 Zentimeter breit aufs Papier printen. Noch etwas sicherer gehen Sie mit 120 Pixel pro Zentimeter (knapp 305 dpi) – aber das lässt sich nicht so leicht überschlagen.

Druckgerät und Auflösung

Ausgabemedium	Druckauflösung in dpi	Pixel pro Zentimeter	Pixelzahl für 15x10 cm Druckmaß (ca.)	Datenmenge für RGB-8-Bit-Bild in Mbyte (ca.)
8000-Linien-Kleinbild-Dia (Halbton)	5645	2222		
4000-Linien-Kleinbild-Dia (Halbton)	2884	1135		
Fotopapierbelichter	max. 400	157	2362x1575	11,16
Thermosublimationsdrucker (Halbton)	300	118	1772x1180	6,27
1440-dpi-Farbtintenstrahler	250	98	1476x984	4,36
Offsetdruck mit 60 Linien/cm	160	63	945x630	1,79
600-dpi-Laserdrucker	100	40	600x400	0,72
Tageszeitung	80	32	473x311	0,44

Neuberechnung durch das Ausgabegerät

Für den Ausdruck wird das Bild zumeist vollautomatisch vom Ausgabegerät – etwa Drucker, Belichter oder Filmrecorder – in ein völlig neues Pixelmuster umgerechnet. Liefern Sie also auf jeden Fall genug Pixel oder ein paar mehr. Es hat meist wenig Sinn, schon im Photoshop eine Bilddatei bis aufs Pixel genau herunter- oder gar hochzurechnen, das macht das Druckgerät schon allein – und besser.

Der Qualitätsfaktor

Eine Vermutung liegt nahe: Wenn die Halbtonauflösung des Belichters oder Druckers 159 Punkte beträgt, dann liefere ich ihm auch einen Scan mit 159 Bildpunkten pro Zoll.

Doch so einfach ist es nicht. Wird ein Halbtonbild – Graustufen, RGB oder CMYK – an Drucker oder Belichter geschickt, berechnet das Gerät das endgültige, fürs Papier gerasterte Bild nach eigenen Gesetzen. Dabei schlucken zum Beispiel schräge Rasterwinkel wie 45 Grad feine Informationen. Ausgleich schafft man, indem man mehr Bildpixel anliefert, als letztlich in gerasterter Form auf den Film gelangen. Dieser sogenannte Qualitätsfaktor liegt zwischen 1,4 und 2,0. Das heißt, bei einer Halbtonauflösung von 159 lpi liefert man tunlichst 159x1,4 = 223 ppi Bildauflösung; kritische Motive digitalisiert man vorsorglich mit 159x2 = 318 dpi.

In Zentimetern ausgedrückt: Wer mit dem 60er-Raster druckt, liefert mindestens 60x1,4 = 84 dpcm an, befindet sich jedoch erst mit 60x2 = 120 dpcm auf der sicheren Seite.

Ein hoher Qualitätsfaktor empfiehlt sich besonders bei Bildern mit Texturen, wiederkehrenden Mustern oder dünnen, diagonalen Linien und bei Strichzeichnungen – hier nutzt man oft die komplette Scannerauflösung. Freilich steigen durch den Qualitätsfaktor Dateigröße und Belichtungszeit. Auch die Auto-Schaltfläche im Bildgrösse-Dialog bietet verschiedene Qualitätsfaktoren (Seite 182).

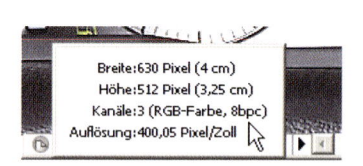

Abbildung 9.2 Sofern Sie »cm« als Maßeinheit verwenden, zeigen Sie die Druckmaße auch per Alt-Klick links unten in der Statusleiste an.

Druckmaß anzeigen

Wie finden Sie heraus, wie viele Pixel das Bild enthält und zu welchen Zentimetermaßen die Bildpunkte zusammengefasst werden? Sie wissen: Die Größe, mit der ein Bild am Schirm erscheint, erlaubt keinerlei Rückschluss auf die späteren Zentimetermaße im Ausdruck.

100 Prozent?

Angaben wie »100%« in der Titelzeile des Bildfensters verraten nichts über die Druckmaße. »100%«, das bedeutet vielmehr, ein Pixel des Bilds erscheint auf einem Punkt des Monitors. Aus der Größe der Monitordarstellung entnehmen Sie also nicht die aktuell gespeicherte Druckgröße, sondern

Pixel: 630x512
Bildauflösung: 400 dpi/157 dpcm
Größe als RGB-8-Bit: 945 Kbyte

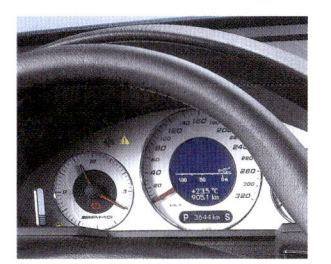

Pixel: 551x448
Bildauflösung: 350 dpi/138 dpcm
Größe als RGB-8-Bit: 723 Kbyte

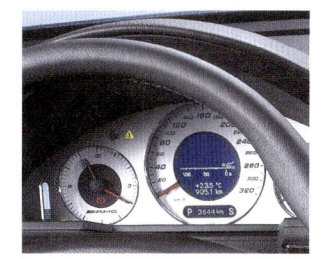

Pixel: 472x384
Bildauflösung: 300 dpi/118 dpcm
Größe als RGB-8-Bit: 530 Kbyte

Pixel: 394x320
Bildauflösung: 250 dpi/98 dpcm
Größe als RGB-8-Bit: 369 Kbyte

Pixel: 315x256
Bildauflösung: 200 dpi/78 dpcm
Größe als RGB-8-Bit: 237 Kbyte

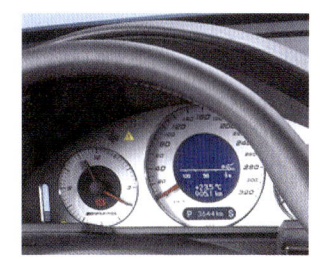

Pixel: 236x192
Bildauflösung: 150 dpi/60 dpcm
Größe als RGB-8-Bit: 133 Kbyte

Pixel: 151x123
Bildauflösung: 96 dpi/38 dpcm
Größe als RGB-8-Bit: 54 Kbyte

Pixel: 113x92
Bildauflösung: 72 dpi/28 dpcm
Größe als RGB-8-Bit: 31 Kbyte

Pixel: 83x68
Bildauflösung: 53 dpi/21 dpcm
Größe als RGB-8-Bit: 17 Kbyte

Abbildung 9.3 Diese Bilder haben alle dieselbe Druckgröße – 4x3,25 Zentimeter –, aber unterschiedliche Druckauflösungen, also unterschiedlich viele Bildpunkte pro Zentimeter. Damit zeigen sie bei identischem Druckmaß unterschiedlichen Arbeitsspeicherbedarf und unterschiedlichen Detailreichtum. Wir drucken hier mit einer Halbtonauflösung von 175 dpi (etwa 69 dpcm). Ob dabei 400, 300 oder 250 dpi angeliefert werden, macht kaum einen Unterschied. Erst ab 150 dpi Druckauflösung treten Schwächen hervor. Datei: Aufloesung

nur die Pixelzahl (und daraus erschließen Sie eventuell die mögliche Druckgröße).

Nur der Befehl **Ansicht: Ausgabegröße** zeigt die Datei womöglich in der späteren Druckgröße. Weil hierbei meist gebrochene Zoomstufen wie »24,22 Prozent« entstehen, wirkt die Vorschau eventuell unsauber (Seite 44).

Druckmaß erkennen

Unter anderem erkennen Sie das aktuell eingespeicherte Druckmaß wie folgt:

» Klicken Sie links unten im Bilddateirahmen auf das Feld, das etwa die Dateigröße in Mbyte verrät. Dann öffnet sich ein Druckseitenschema mit einem Bildrechteck.

» Der Befehl **Datei: Drucken** (Strg + P , am Mac ⌘ + P) zeigt ein Seitenschema mit dem Druckbild darin; Sie können die Druckmaße für den aktuellen Ausdruck korrigieren und gleich den je nach Größe entstehenden dpi-Wert ablesen.

» Wählen Sie **Bild: Bildgröße**.

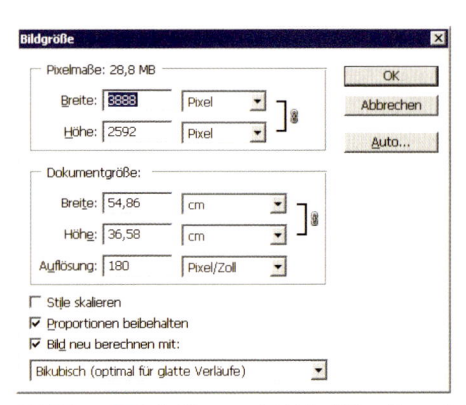

Abbildung 9.4 Auflösung und Zahl der Bildpunkte regeln Sie mit dem Befehl »Bild: Bildgröße«.

Der Befehl »Bildgröße«

Der Befehl **Bild: Bildgröße** ([Strg]+[Alt]+[I]) ändert Druckmaße und/oder Pixelzahl.

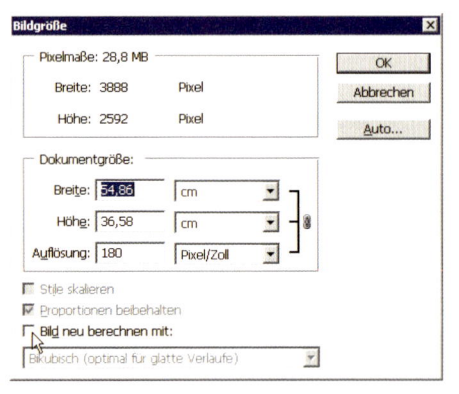

Abbildung 9.5 Wenn Sie im »Bildgröße«-Dialog die Option »Bild neu berechnen« abwählen, wird ein Teil der Optionen ausgeblendet.

Anwendung in der Übersicht

Diese Möglichkeiten bietet der **Bildgröße**-Befehl:

» Sie wollen nur die eingespeicherte Druckgröße ändern, aber nicht die Pixelzahl. Dann schalten Sie die Option BILD NEU BERECHNEN MIT ab und tippen neue Zentimeterwerte ein. Die Auflösung (Bildpunkte pro Zentimeter) ändert sich, die Bildpunktzahl und damit die absolute Qualität bleiben unverändert.

» Sie wollen die Druckauflösung ändern, dabei aber die vorhandenen Bildpunkte in keiner Weise reduzieren oder vermehren. Schalten Sie die Option BILD NEU BERECHNEN MIT ab und tippen Sie eine neue AUFLÖSUNG ein. Die Zentimetermaße ändern sich, die Bildpunktzahl und damit die absolute Qualität bleiben unverändert.

» Sie wollen die Zahl der Bildpunkte senken, weil die Vorlage zu groß ist. Dann verwenden Sie die Option BILD NEU BERECHNEN MIT.

Abbildung 9.6 Windows-Nutzer erhalten den »Bildgröße«-Befehl auch per Rechtsklickmenü über der Titelzeile einer Datei.

Alternativen

Photoshops **Bildgröße**-Befehl ist die erste Wahl beim Ändern von Dateigröße oder Druckmaß. In einzelnen Situationen nehmen Sie jedoch andere Funktionen, etwa die Neuberechnung per Freistellwerkzeug, den BILDGRÖSSE-Bereich des Photoshop-Befehls **Datei: Für Web und Geräte speichern**, den Befehl **Datei: Automatisieren: Bild einpassen**, bei der Stapelverarbeitung auch **Datei: Skripten: Bildprozessor**. Auch den Befehl **Web-Fotogalerie** können Sie zum Umrechnen verwenden. Alle Funktionen behandeln wir in diesem Buch.

Fotografie
Wenn Sie von vornherein eine niedrige Pixelzahl benötigen, setzen Sie die Auflösung an der Digitalkamera herunter, zum Beispiel auf 1024x768 Pixel.

Größenänderung mit Neuberechnung der Pixelzahl

Beim Umrechnen der Pixelzahl ändern Sie auf jeden Fall die Dateigröße, je nach Vorgabe außerdem Druckmaß und/oder Auflösung im Sinn von Pixel pro Zentimeter oder Zoll. Bevor Sie das Bild umrechnen, sollten Sie zusätzliche Optionen im **Bildgröße**-Dialog kennen:

Interpolationsmethoden allgemein

Beim Entfernen oder Hineinrechnen von Bildpunkten bietet Photoshop verschiedene Interpolationsmethoden an. Die gewünschte Methode wählen Sie unten im **Bildgröße**-Dialogfeld.

Aber auch in anderen Situationen werden Pixel neu berechnet, so beim **Transformieren**, also etwa beim Drehen, Verkleinern oder Verzerren. Für diese Aufgaben legen Sie das Interpolationsverfahren in den **Voreinstellungen** fest ([Strg]+[K]). Jedes Mal, wenn Sie die **Bildgröße** neu starten, zeigt Photoshop zunächst die Interpolationsmethode aus den **Voreinstellungen**.

Größenänderung mit Neuberechnung der Pixelzahl

Abbildung 9.7 Interpolationsverfahren: **Links:** Die Vorlage geben wir mit 400 dpi wieder, der Buchstabe wurde ohne Kantenglättung eingebaut. Die Ergebnisse werden auf grobe 100 dpi heruntergerechnet, so dass die Merkmale der Interpolationsverfahren hervortreten. **Mitte:** Die Pixelwiederholung empfiehlt sich nur bei plakativen Grafiken. **Rechts:** Bilineare Interpolation. Vorlage: Interpolation

Abbildung 9.8 Die bikubische Interpolation gilt als besonders schonend, bewirkt aber je nach Vorgabe eine leichte Weichzeichnung. **Von links nach rechts:** Bikubisch, Bikubisch glatter, Bikubisch schärfer

»Pixelwiederholung«

Das Verfahren PIXELWIEDERHOLUNG verdoppelt oder entfernt vorhandene Pixel ohne weitere Finesse; diese Methode spart Rechnerzeit, erzeugt aber schnell Treppen und Zacken im Bild. Sie eignet sich nur für harte Grafiken oder Schriften, die ohne Kantenglättung entstanden sind: Hier schafft die sonst bessere bikubische Interpolation unerwünscht weiche Übergänge. Glatte Neuberechnungsfaktoren wie 50 oder 200 Prozent entstellen Ihr Ergebnis weniger als eine Änderung auf beispielsweise 56,78 Prozent der ursprünglichen Pixelzahl.

»Bilinear«

BILINEAR, dieses Verfahren errechnet aus den Farbübergängen zwischen darüber und darunter liegenden Pixeln die neuen Bildpunkte; im Zweifelsfall ist auch hier noch ein leichter Wiederholungseffekt zu erkennen. Es wird selten verwendet.

»Bikubisch«

BIKUBISCH ist besser als BILINEAR, vor allem bei kleineren Dateien. Generell sollten Sie dieses Verfahren für übliche Farbbilder verwenden, auch wenn es eine leichte Weichzeichnung verursachen kann.

Dabei gilt: Wenn Sie eine Datei verkleinern, testen Sie zunächst BIKUBISCH SCHÄRFER. Wirkt die eingebaute Scharfzeichnung jedoch zu stark, nehmen Sie BIKUBISCH und verwenden anschließend zum Beispiel **Filter: Scharfzeichnungsfilter:**

Selektiver Scharfzeichner. Vergrößern Sie die Bildpunktzahl, testen Sie zuerst die Vorgabe BIKUBISCH GLATTER.

Fotografie

*Verwenden Sie das »Digitalzoom« Ihrer Kamera, dann vermehrt das Gerät die tatsächlich vorhandenen Pixel per Rechentrick – als ob Sie mit dem **Bildgröße**-Befehl die Bildpunktzahl hochrechnen. Dabei gewinnen Sie keine Qualität.*

Abbildung 9.9 Bei grafischen Bildern mit nur wenigen Tonwerten wirkt die bikubische Interpolation störend: Die Mittelwertberechnung fügt an den Tonwertkanten neue Zwischentöne ein, die das Bild aufweichen.

Weitere Optionen

Sofern Sie das NEUBERECHNEN einschalten, bietet der **Bildgröße**-Dialog noch weitere Optionen:

» In der Regel sollten Sie die PROPORTIONEN ERHALTEN. Damit wahrt Photoshop automatisch das Höhe-Breite-Seitenverhältnis: Sie geben eine neue Breite ein und der getreue Photoshop errechnet eiligst die passende Höhe dazu. Wolkenhimmel, Farbverläufe oder diffuse Hintergründe können Sie eventuell unproportional dehnen.

» Die sinnvolle Vorgabe STILE SKALIEREN verändert Ebeneneffekte wie etwa die KONTUR: Senken Sie die Pixelzahl des Bilds auf 50 Prozent, dann schrumpft die Breite der Kontur ebenfalls um 50 Prozent, zum Beispiel von zehn auf fünf Pixel. Ohne diese Vorgabe bleiben die Pixelwerte der Effekte dagegen erhalten. Beim Verkleinern der Pixelzahl wirken zum Beispiel plastische Kanten, Konturen oder Schatten im verkleinerten Ergebnisbild relativ größer (Seite 595).

Neuberechnen der Pixelzahl – ein Beispiel

Im folgenden Beispiel passen wir das Bild aus einer Zehn-Megapixel-Digitalkamera an.

DVD

Dieses Beispiel können Sie mit der Datei »Neuberechnen« aus dem »Praxis«-Verzeichnis der Buch-DVD nachvollziehen. Alternative zum Mitmachen: Mit dem Befehl **Datei: Neu** *legen Sie eine RGB-Datei mit dreimal 8-BIT-Farbtiefe und 2272x1704 Pixel bei 72 dpi Auflösung an.*

Abbildung 9.10 Die Zehn-Megapixel-Kamera hat hier 3888x2596 Bildpunkte geliefert und das Ergebnis mit einer Druckauflösung von 72 dpi (»Pixel/Zoll«) gespeichert. Der Befehl »Bild: Bildgröße« zeigt hier auch, wie groß man das Bild mit den vorhandenen Pixeln bei vorgegebener 72-dpi-Auflösung drucken könnte: 137,16x91,44 Zentimeter. Die Option »Neuberechnen« ist hier abgeschaltet. Das Photoshop-Lineal in unserer Abbildung zeigt die Pixelzahl. Datei: Neuberechnen

Abbildung 9.11 72 dpi eignen sich nicht für hochwertigen Fotodruck. Sie wollen erfahren, wie groß sich das Bild bei 300 dpi drucken lässt. Das »Neuberechnen« bleibt abgeschaltet, Sie tippen »300« ins Feld »Auflösung«. Photoshop meldet ein Druckmaß von 32,92x21,95 Zentimeter. Wenn Sie jetzt auf OK klicken, wird dieses Druckmaß im Bild verewigt – es öffnet sich 32,92 Zentimeter breit in einem Layoutprogramm. Die Zahl der Bildpunkte und die Bildqualität ändern sich dagegen nicht.

Neue Druckgröße ohne Neuberechnung der Pixelzahl

Abbildung 9.12 Sie wollen nur 15 Zentimeter breit drucken – tragen Sie »15« Zentimeter »Breite« ein. Sie packen also viel mehr Pixel auf einen Zentimeter, Photoshop kommt auf eine Auflösung von 658,368 dpi. Das ist unnötig viel, die Bildpunktzahl ändert sich weiterhin nicht.

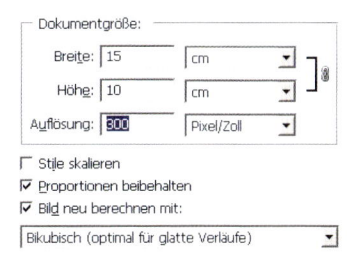

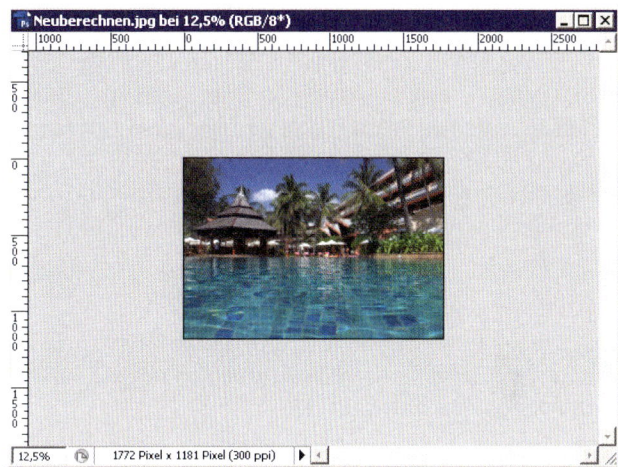

Abbildung 9.13 Für den 15-Zentimeter-Druck verkleinern Sie die Pixelzahl, um die Dateigröße zu senken. Sie schalten das »Neuberechnen« ein, lassen die »15« Zentimeter in der »Breite« stehen und nehmen »300« dpi (»Pixel/Zoll«) als »Auflösung«. Dadurch ändern sich Pixelzahl und Speicherbedarf, wie Sie oben im »Bildgröße«-Dialog erkennen: Das Foto enthält nur noch 1772x1181 Pixel. Der Arbeitsspeicherbedarf sinkt von 28,8 auf 5,99 Mbyte. Wenn Sie jetzt auf »OK« klicken, wirft Photoshop massiv Pixel heraus, darum erscheint die Datei deutlich verkleinert am Monitor.

Tipp
Der Befehl **Bild: Bildgröße** *mit der Option* BILD NEU BERECH-NEN *bearbeitet sämtliche Ebenen Ihres Bilds einzeln und benötigt bei komplexen Montagen entsprechend lang. Entfernen Sie vorab überflüssige Ebenen, Masken oder Alphakanäle.*

Neue Druckgröße ohne Neuberechnung der Pixelzahl

Ändern Sie die eingespeicherte Druckgröße, ohne irgendwelche Bildpunkte rauszuwerfen oder hineinzurechnen – also ohne Einfluss auf die Qualität Ihrer Datei. Nur die Zahl der Bildpunkte pro Zentimeter ändert sich.

Das Vorgehen lohnt sich, wenn Sie das Bild öfter in gleicher Größe drucken oder an ein Layoutprogramm weitergeben wollen – zwingend erforderlich ist es aber nicht.

Dazu schalten Sie das NEUBERECHNEN im **Bildgröße**-Dialog ab. Nun gilt: Korrigieren Sie die Druckmaße, dann ändert sich die Auflösung. Das Programm rechnet also bei einer Vergrößerung der Seitenlängen um 20 Prozent nicht gleich mehr Pixel dazu. Stattdessen verteilt Photoshop die vorhandenen Bildpunkte lockerer über die geänderte Breite und Höhe.

Zum Beispiel lässt sich unsere Datei »Neuberechnen« mit ihren 3888x2598 Pixeln je nach Auflösung in verschiedenen Größen drucken:

100 dpi	98,76x65,84 cm
150 dpi	65,84x43,89 cm
200 dpi	49,38x32,92 cm
250 dpi	39,50x26,33 cm
300 dpi	32,92x21,95 cm
350 dpi	28,22x18,81 cm
400 dpi	24,69x16,46 cm

Dabei bleiben Pixelzahl und Bildqualität ganz und gar unberührt – Sie ändern nur die Menge der Pixel pro Zentimeter.

Druckmaße im Layoutprogramm

Sie müssen die Druckmaße nicht in Photoshop umstellen. Verwenden Sie alternativ ein Seitengestaltungsprogramm wie XPress, Word oder CorelDRAW.

Verändern Sie dort die Bildmaße, dann passiert das Gleiche wie im Photoshop-Dialogfeld **Bildgröße** ohne Neuberechnen: Sie ändern die Auflösung, also die Packungsdichte der Pixel pro Zentimeter, und damit die Detailzeichnung. Sie ändern jedoch nichts am eigentlichen Bildpunktbestand: Das Layoutprogramm wird nicht – falls Sie größere Bildmaße vorgegeben haben – Pixel hinzurechnen oder – falls Sie kleinere Bildmaße eintippen – Pixel herausrechnen. Die Programme verteilen nur die vorhandenen Bildpunkte mehr oder weniger dicht. Einige Layoutprogramme rechnen zusätzlich auch die Pixelzahl um, zum Beispiel um die Gesamtdateigröße zu senken.

Bilddarstellung im Layoutprogramm

Die Layoutprogramme zeigen Ihre Bilddateien nicht pixelorientiert. Die Programme stellen sofort die im Bild gespeicherte Druckgröße dar. Das bedeutet:

» Haben Sie zufällig extreme Druckauflösungen eingespeichert, zum Beispiel 72 dpi oder 914 dpi, dann fällt das in Photoshop nicht weiter auf. Im Layoutprogramm erscheint das Werk dagegen absurd groß oder klein. Richten Sie also beizeiten eine nützliche Druckauflösung ein. Und:

» Das Layoutprogramm zeigt Ihr Bild selten in Photoshops 100-Prozent-Zoomstufe, Sie sehen also nicht einen Bildpixel auf einem Monitorpixel; das Layoutprogramm presst zur Bilddarstellung zum Beispiel 2,33 Bildpixel auf einen Monitorpixel. Darum wirkt das Bild am Schirm eventuell verzerrt – die Qualität im Druck leidet deswegen natürlich nicht.

»Auto-Auflösung«

Lassen Sie die Bildgröße von Photoshops Auto-Schaltfläche aus dem **Bildgröße**-Dialog berechnen und legen Sie dabei verschiedene Qualitätsfaktoren zugrunde (Seite 182).

Anwendung

So verwenden Sie die Auto-Auflösung:

1. Stellen Sie im **Bildgröße**-Dialog die Einheiten auf cm, aktivieren Sie Bild neu berechnen.

2. Tragen Sie bei Breite oder Höhe das gewünschte Maß ein.

3. Klicken Sie auf die Auto-Schaltfläche.

4. Tragen Sie den Rastertonwert Ihres Druckgeräts im Dialogfeld Auto-Auflösung ein. Gemeint ist das Halbtonraster, das Ihr Drucker oder Belichter bietet. Für Offsetbelichter tragen Sie zum Beispiel 160 Linien/Zoll (dpi) ein.

5. Wählen Sie Sehr gut, wenn das Bild optimal erscheinen soll und Speicherplatz oder Belichterzeit keine Rolle spielen.

6. Klicken Sie auf OK. Das Dialogfeld Bildgrösse zeigt jetzt in der Zeile Auflösung den per Automatik errechneten Wert. Auch die Angabe der Dateigröße (Neue Grösse) ändert sich.

7. Klicken Sie auf OK. Nach etwas Bedenkzeit erscheint das bearbeitete Bild größer oder kleiner auf dem Schirm.

Dasselbe erreichen Sie auch, wenn Sie die gewünschten Zentimetermaße eintippen und bei Auflösung einen Wert eingeben, der um das Doppelte oder Eineinhalbfache über der Halbton-Rasterweite Ihres Druckers liegt, Sie tippen also zum Beispiel 320 dpi ein; Bild neu berechnen ist eingeschaltet.

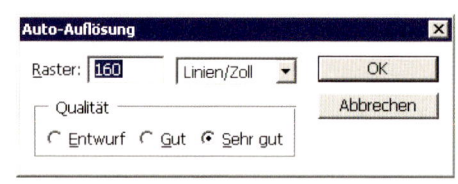

Abbildung 9.14 Das Dialogfeld »Auto-Auflösung« ändert die Pixelzahl im Bild passend zu Druckerauflösung und Druckmaß.

Im Dialogfeld Auto-Auflösung stehen Ihnen drei Qualitäten zur Wahl:

» Entwurf erzeugt maximal 72 Pixel pro Inch – ein schneller, grober Konzeptausdruck ohne Qualitätsanspruch.

» Die Wahl Gut beschert eine Auflösung, die eineinhalb Mal größer ist als das Halbton-Druckraster – also Qualitätsfaktor 1,5, normalerweise das Minimum für einen Druck ohne Verluste.

» Unter Sehr gut versteht Photoshop eine Auflösung, die doppelt so groß ist wie das Druckraster; das reicht immer.

Übersicht: Wie rechnen andere Funktionen die Auflösung um?

Photoshop hat neben der **Bildgröße** noch mehr Funktionen zur Änderung der Pixelzahl. Nicht immer bleibt die eingespeicherte Druckauflösung erhalten:

Befehl	
Für Web und Geräte speichern	Setzt Auflösung generell auf 72 dpi
Web-Fotogalerie mit Neuberechnung der großen Bilder (das übliche Verfahren)	Auflösungsinformation verschwindet, Programme gehen dann evtl. von 72 dpi aus
Bildprozessor	Eingespeicherte Auflösung bleibt erhalten
Bild einpassen	Eingespeicherte Auflösung bleibt erhalten

Bildgröße für Internetseiten einstellen

Noch einmal: Wenn Sie Bilder auf Webseiten stellen, spielt die dpi-Zahl (PIXEL/ZOLL) keinerlei Rolle. Einzig und allein die Zahl der Bildpunkte zählt. In vielen Fällen erscheint Ihr Foto in der 100-Prozent-Größe auf der Webseite – also ein Bildpixel auf einem Monitorpixel.

Darum sind viele Bilder fürs Web 200 oder 800 Pixel breit, denn das passt gut auf eine Monitorbreite. Dagegen sprengen 3888 Pixel so ziemlich jede Monitorbreite.

Aus dem Browser heraus drucken

Ich habe einen kleinen Versuch gemacht. Ich habe eine Bilddatei mit 500 Pixel Breite zweimal gespeichert und auf eine Webseite geladen: einmal mit 63 dpi, laut **Bildgröße**-Dialog 20 Druckzentimeter breit; und einmal mit 300 dpi, das ergibt laut Photoshop 4,23 Zentimeter Druckbreite. Dann habe ich die zwei unterschiedlichen Dateien online geöffnet und aus Firefox 1.5 und Internet Explorer 6 heraus gedruckt (Dateien auf der Buch-DVD: Neuberechnen_2a_63dpi, Neuberechnen_2b_300dpi).

Und was passierte? Die Internetbrowser kümmern sich beim Druck nicht um die eingespeicherte Druckgröße, der dpi-Wert wird ignoriert. Zu Papier gelangte das Bild – eingespeicherter dpi-Wert egal – jeweils 13 Zentimeter breit, sprich mit 96 dpi. Sie sehen es schon in der **Druckvorschau**.

Auch wenn Sie das Bild aus den Browsern in ein Layoutprogramm ziehen oder via Zwischenablage kopieren, wird es nichts mit der eingespeicherten Druckgröße – ich erhielt stets 96 oder 72 dpi. Speichern Sie die Datei dagegen aus dem Browser heraus, sehen Sie in einem Bild- oder Layoutprogramm wieder die ursprünglich eingebrannten Druckmaße.

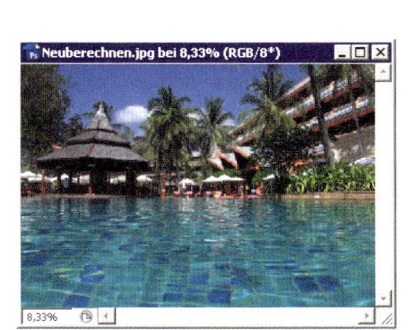

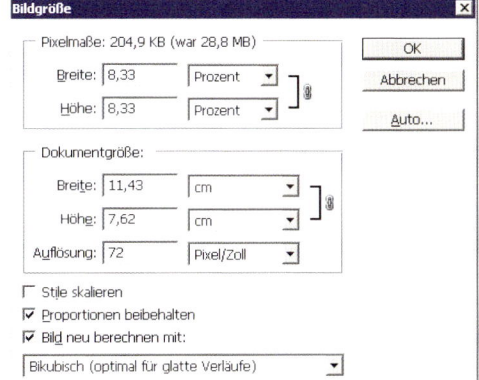

Abbildung 9.15 Links: In der Zoomstufe 8,33 erscheint unsere Zehn-Megapixel-Datei in einer Ausdehnung, die für die Webseite geeignet ist. **Mitte:** Mit dem Befehl **Bild: Bildgröße** senken wir die Pixelmaße auf 8,33 Prozent ab. **Rechts:** Jetzt zeigt die Datei in der 100-Prozent-Zoomstufe die richtige Ausdehnung, sie kann hochgeladen werden. Datei: Neuberechnen

Pixelmaße bestimmen

Unsere Datei »Neuberechnen« ist mit ihren 3888 Pixeln definitiv zu breit für eine Webseite. Wie groß soll sie denn bitte erscheinen? So testen und verwirklichen Sie die gewünschte Größe:

1. Ändern Sie die Zoomstufe mit [Strg]+[+] oder [Strg]+[-], bis das Bild in einer passenden Ausdehnung am Schirm erscheint. Bei uns ist es die Zoomstufe 8,33 Prozent.
2. Nehmen Sie **Bild: Bildgröße** und schalten Sie das NEUBERECHNEN ein.
3. Ganz oben im Bereich PIXELMASSE (nicht im Bereich DOKUMENTGRÖSSE) stellen Sie die Maßeinheit von PIXEL auf PROZENT.
4. Im selben Bereich tippen Sie als neue Breite 8,33 Prozent ein – die Zoomstufe, die Sie aus der Titelleiste des Bilds ablesen. Klicken Sie auf OK.
5. Photoshop rechnet das Bild dramatisch klein, auf 324x216 Pixel.
6. Drücken Sie [Strg]+[Alt]+[0] für die 100-Prozent-Zoomstufe – jetzt dehnt sich das Foto wieder wie zuvor aus. Allerdings sehen Sie diesmal die 100-Prozent-Zoomstufe, also so, wie das Bild auf der Webseite erscheint. Prüfen Sie eine behutsame Scharfzeichnung.

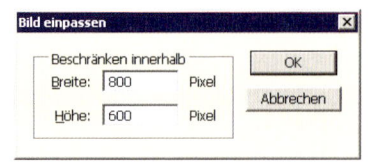

Abbildung 9.16 Der Befehl »Datei: Automatisieren: Bild einpassen« rechnet Ihr Bild auf die gewünschte Pixelzahl herunter, Seitenverhältnis und dpi-Auflösung bleiben erhalten. Berücksichtigt werden nur Pixel-, aber keine Zentimeter- oder Prozentangaben.

Tipp
*Auch beim **Transformieren** ([Strg]+[T], Seite 538) und im Dialogfeld **Datei: Für Web und Geräte speichern** experimentieren Sie bequem mit Größen.*

Übersicht: Welche Methode für welchen Zweck?

Je nach Aufgabe und Bilddatei wenden Sie unterschiedliche Techniken an:

Aufgabe	Lösung
Druckmaße korrigieren, ohne Originalpixel zu verändern	**Bild: Bildgröße**, BILD NEU BERECHNEN abschalten, neue Breite, Höhe oder Auflösung eintippen
Dateigröße reduzieren oder Druckmaße reduzieren	**Bild: Bildgröße**, BILD NEU BERECHNEN einschalten, neue BREITE oder HÖHE eintippen, eventuell CM-Maßeinheiten verwenden, danach eventuell scharfzeichnen
Druckmaße behalten, Auflösung kleinrechnen	**Bild: Bildgröße**, BILD NEU BERECHNEN einschalten, neue AUFLÖSUNG eintippen oder AUTO-Funktion verwenden
Dateigrößen für verschiedene Druckmaße und Auflösungen herausfinden	Bei geöffneter Bilddatei und mit NEUBERECHNEN interessierende Bildmaße und Auflösungen eintippen, Werte für NEUE GRÖSSE beobachten; funktioniert auch im Dialogfeld **Datei: Neu**
Gezielt neue Bildpunktzahl einrichten	**Bildgröße**-Befehl, BILD NEU BERECHNEN einschalten, als Maßeinheiten PIXEL vorgeben; Alternative: **Datei: Automatisieren: Bild einpassen**
Mehrere Dateien auf einheitliche Bildpunktwerte bringen	**Datei: Skripten: Bildprozessor**
Rand entfernen und gleichzeitig Auflösung, Druckmaße oder Pixelzahl festlegen	Freistellwerkzeug einschalten, Vorgaben in Optionenleiste nutzen

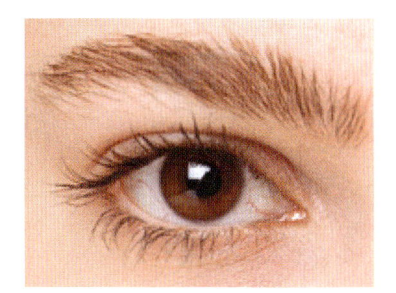

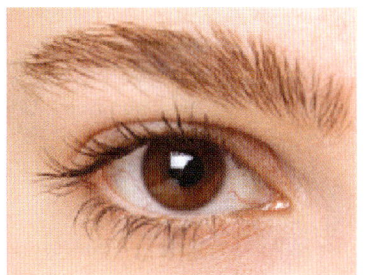

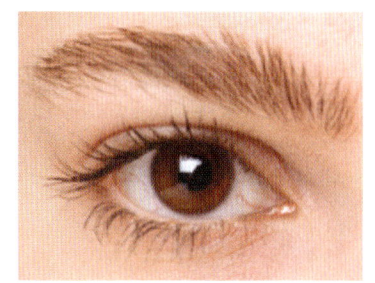

Abbildung 9.17 **Links:** Diese Vorlage wird mit nur 100 dpi gedruckt. **Mitte**: Die Vorlage wurde mit dem Verfahren »Pixelwiederholung« auf 255 dpi hochgerechnet, also von 189x142 auf 482x362 Pixel. Dabei entsteht kein zusätzlicher Detailreichtum. **Rechts:** Die Datei wurde mit bilinearer Interpolation auf 255 dpi hochgerechnet. Vorlage: Neuberechnen_3

Richtig hochrechnen

In aller Regel sollten Sie Dateien nicht größer rechnen. Ihr Bild hat zu wenig Pixel für die optimale Druckauflösung? Rechnen Sie nichts um, schicken Sie es einfach so, wie es ist, zum Drucker.

Doch manchmal ist ein Bild einfach zu klein – zum Beispiel, wenn es auf einer Webseite oder in einer Bildschirmpräsentation erscheinen soll oder wenn es bestimmte Pixelschwellen von Druckertreibern unterschreitet. Eventuell sind Sie auch unzufrieden mit dem, was Ihr Druckertreiber aus einer allzu pixelarmen Datei herausholt.

Dann rechnen Sie Ihre Datei größer.

Neue Pixelzahl

Sie verwenden den Befehl **Bild: Bildgröße** mit NEUBERECHNEN. Am besten eignet sich die Interpolationsmethode BIKUBISCH. Die Varianten BIKUBISCH SCHÄRFER und BIKUBISCH GLATTER weisen kaum Unterschiede auf. Die entstehende Weichzeichnung wirkt bei üblichen Halbtonfotos besser als die ausgezackten Stufen der PIXELWIEDERHOLUNG. Sie lässt sich zudem besser korrigieren.

Nachbearbeitung

Auf das Hochrechnen folgt **Filter: Scharfzeichnungsfilter: Selektiver Scharfzeichner**. Stellen Sie die STÄRKE auf 500 Prozent und experimentieren Sie mit RADIUS-Vorgaben zwischen 0,5 und 1. Die optimalen Werte hängen stark vom Charakter des Bilds und von der Pixelzahl ab. Wird das Ergebnis zu körnig, wählen Sie im selben Untermenü **Unscharf maskieren** und testen Sie einen SCHWELLENWERT von 4 oder höher.

Allgemein kursiert auch der Tipp ein Bild in mehreren kleinen Schrittchen größer zu rechnen und dabei die Interpolationsmethode BIKUBISCH (GLATTER) zu verwenden – das Verfahren also, das der Hersteller für Vergrößerungen vorsieht. Ich habe das Verfahren noch mal durchgespielt und keine Vorteile entdeckt.

Tipp

*Hat das Hochrechnen allzu glatte gleichförmige Flächen erzeugt, werden sie per **Filter: Rauschfilter: Rauschen hinzufügen** leicht aufgeraut – der subjektive Schärfeeindruck steigt, auch abhängig von Drucker und Druckraster. Die MONOCHROM-Vorgabe vermeidet Farbflecken.*

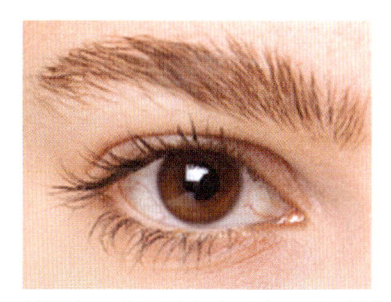

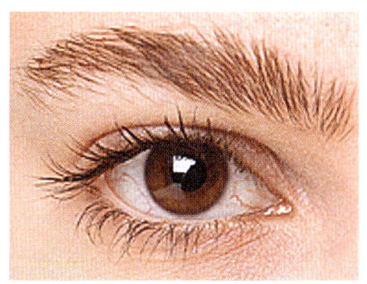

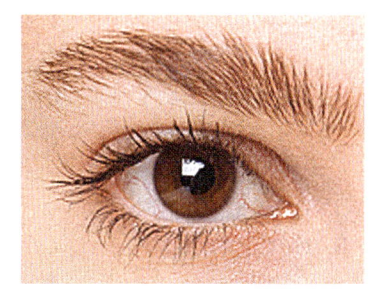

Abbildung 9.18 **Links:** Das Foto wurde mit bikubischer Interpolation von 100 auf 255 dpi hochgerechnet; die Varianten »Bikubisch schärfer« und »Bikubisch glatter« ergeben kaum Unterschiede. **Mitte:** Wir bearbeiten das Ergebnis mit dem Scharfzeichner »Unscharf maskieren«. **Rechts:** Der Befehl »Rauschen hinzufügen« raut das Bild auf.

9.2 Bildrand entfernen

Kappen Sie überflüssigen Bildrand schnellstmöglich. Sie sparen Speicherplatz und Rechenzeit. Auch Histogramm und **Auto**-Korrekturen würden verfälscht, wenn Photoshop überflüssiges Randgeschehen mit ins Kalkül einbezieht.

Photoshop schneidet Bildrand auf verschiedene Arten ab: Bekannt ist vor allem das Freistellwerkzeug. Aber verwenden Sie auch Auswahlwerkzeuge wie Lasso oder Auswahlrechteck und die Befehle **Bild: Freistellen** oder **Bild: Zuschneiden**. Sogar der Befehl **Bild: Arbeitsfläche** eignet sich, wenn Sie niedrige Werte eintippen – allerdings fehlt die Vorschau.

Abbildung 9.19 Was Sie mit dem Freistellwerkzeug treiben, meldet die Infopalette: Sie erfahren die Größe der Auswahl und den Drehwinkel einer rotierten Auswahl – je nach Vorgabe in Einheiten wie Zentimeter oder Pixel.

Abschneiden ohne Trennungsschmerz

Sie können Rand so abschneiden, dass er nicht endgültig verschwindet: Die verbannten Bildstreifen bleiben unsichtbar erhalten und lassen sich jederzeit wieder anzeigen.

Stellen Sie zum Beispiel andere Bildausschnitte und Seitenverhältnisse für eine Monitorpräsentation her. Später zeigen Sie Ihr Werk wieder in voller Pracht an.

Diese Möglichkeiten haben Sie:

» Nutzen Sie die rücksetzbare Freistellfunktion im Camera-Raw-Dialog, auch für TIFF- oder JPEG-Dateien (Seite 153).

» Verwandeln Sie vor dem Zuschneiden eine Ebene, die sich möglichst weit ausdehnt – auch die HINTERGRUND-Ebene – in ein Smart Objekt (Rechtsklick neben Name der Ebene, dann **In Smart Objekt konvertieren**). Nach beliebigem Zuschneiden stellt der Befehl **Bild: Alles einblenden** zumindest die volle Fläche des Smart Objekts wieder her.

» Klicken Sie in den Optionen zum Freistellwerkzeug auf AUSBLENDEN (nächster Abschnitt).

Löschen versus Ausblenden

Bei einigen Freistellverfahren bietet Photoshop die Optionen LÖSCHEN und AUSBLENDEN an. Der Unterschied:

» Die Vorgabe LÖSCHEN entfernt den Außenstand endgültig. Die Dateigröße sinkt.

» AUSBLENDEN versteckt die gekappten Bildpartien nur hinter dem neuen Bildrand. Unsichtbare Teile einer abgeschnittenen Bildebene können Sie immer noch in den sichtbaren Bereich ziehen. Die Dateigröße bleibt unverändert hoch.

Die Auswahl zwischen LÖSCHEN und AUSBLENDEN präsentiert Photoshop nur, wenn das Bild Ebenen hat und nicht ausschließlich aus einer Hintergrundebene besteht. Speichern Sie Bilder mit ausgeblendeten Randbereichen in den Formaten TIFF, PSD oder PDF und lassen Sie Ebenen zu.

Verborgene Bildbereiche wieder anzeigen

Haben Sie mit der Option AUSBLENDEN Randbereiche Ihrer Montage versteckt? Auf verschiedenen Wegen machen Sie das Material wieder sichtbar:

» Ziehen Sie verborgene Bildteile mit dem Verschiebenwerkzeug wieder ins Foto.

» Erweitern Sie die Arbeitsfläche nach Belieben mit **Bild: Arbeitsfläche** (Seite 205).

» Erweitern Sie die Arbeitsfläche exakt im erforderlichen Umfang per **Bild: Alles einblenden**.

Achtung

*Angesägte HINTERGRUND-Ebenen stellen Sie mit dem Befehl **Alles einblenden** nicht wieder her – auch wenn die Montage weitere Ebenen hat. Soll die HINTERGRUND-Ebene sich dereinst wieder zu voller Pracht ausdehnen, verwandeln Sie sie vor dem Freistellen in eine EBENE 0 (Alt-Doppelklick auf die Ebenenminiatur).*

Freistellen mit dem Freistellwerkzeug

Abbildung 9.20 Hier galt beim Freistellen die Option »Löschen« – nicht sichtbare Teile des Montageobjekts wurden endgültig entfernt. Zieht man die »Ebene 1« wieder ins Bild hinein, sind die Folgen des Freistellens erkennbar. Datei: Bildrand_01a

Verborgene Bildbereiche endgültig löschen

Sie möchten Bereiche, die Sie außerhalb der Bildkanten verborgen haben, endgültig löschen. Dadurch sparen Sie Speicherplatz. Wählen Sie das gesamte sichtbare Bild mit [Strg]+[A] aus, dann nehmen Sie **Bild: Freistellen**. Auch der Befehl **Ebene: Auf Hintergrundebene reduzieren** hilft.

Freistellen mit dem Freistellwerkzeug

In der Regel entfernt man überflüssige Bildränder mit dem Freistellwerkzeug (Kurztaste [C], für Crop Tool):

1. Ziehen Sie einen Rahmen um den gewünschten Bildausschnitt.
2. Ziehen Sie an Griffen des Rahmens, um Breite und/oder Höhe zu verändern.
3. Führen Sie den Mauszeiger ins Auswahlinnere – er erscheint dort als schwarzes Dreieck ▶. Verschieben Sie den Rahmen.
4. Und jetzt – weg mit dem Rand: per Doppelklick, Klick auf die OK-Schaltfläche ✓ oder mit der ↵-Taste. Der Außenbereich entfällt, das Bild nimmt weniger Platz auf dem Bildschirm ein.

Abbildung 9.21 Links: Dieses Bild wurde mit der »Ausblenden«-Option zugeschnitten. Bereiche außerhalb der Bildgrenzen bleiben unsichtbar erhalten und können wieder ins Bild gezogen werden. Datei: Bildrand_01b

Sie wollen gar nicht wirklich freistellen? Entfernen Sie den Freistellrahmen ohne weitere Konsequenzen mit der [Esc]-Taste.

Das Freistellwerkzeug ⌗ fühlt sich magnetisch angezogen von Hilfslinien, Grundrastern oder auch vom Bildrand (»Dokumentbegrenzung«). Sie können also den Freistellrahmen exakt an solchen Linien entlangführen. Diese Anziehungskraft beenden Sie bei Bedarf mit dem Untermenü Ansicht: Ausrichten an.

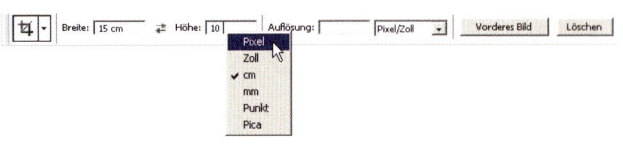

Abbildung 9.22 So beginnt die Arbeit mit dem Freistellwerkzeug: Wenn Sie das Werkzeug aktivieren, aber noch nicht ins Bild geklickt haben, können Sie oben in den Optionen Maße vorgeben. Die Maßeinheiten bietet Photoshop auch per Kontextmenü an. Klicken Sie auf »Löschen«, um alle Einträge wieder zu entfernen und beliebige Auswahlen zu erstellen.

Den Freistellrahmen formen und verschieben

Den Bereich außerhalb des Freistellrahmens zeigt Photoshop zunächst abgedunkelt. Deckkraft und Farbe dieser Abdeckung korrigieren Sie mit den Feldern Farbe und Deckkraft in den Freistelloptionen. Soll die Abdeckung schnell weichen? Drücken Sie [⇧]+[7] oder [⇧]+[/] auf dem Ziffernblock.

Formen Sie den Freistellrahmen bereits beim Aufziehen:

» Ziehen Sie wie immer mit gedrückter [⇧]-Taste, wenn Sie das Höhe-Breite-Seitenverhältnis des Freistellrahmens wahren möchten.

» Mit gedrückter [Alt]-Taste ziehen Sie einen Freistellrahmen von der Mitte her auf. Das macht Sinn, wenn ein bestimmter Bildteil exakt in der Mitte erscheinen soll.

» Mit der [⇧]-Taste wird der Freistellrahmen quadratisch. (Diese Tastengriffe gelten sinngemäß auch für Auswahlrechteck ⬚ und Auswahlellipse ○.)

» Drücken Sie beim Verschieben die [⇧]-Taste, um den Rahmen an rechten Winkeln entlangzubewegen. Wie üblich schieben Sie den Rahmen mit den Pfeiltasten in Pixelschritten durchs Bild; [⇧]+Pfeiltaste verhilft zu 10-Pixel-Weitsprüngen.

Tipp
Sie können den Freistellrahmen auch drehen und so den Horizont korrigieren; Details ab Seite 270.

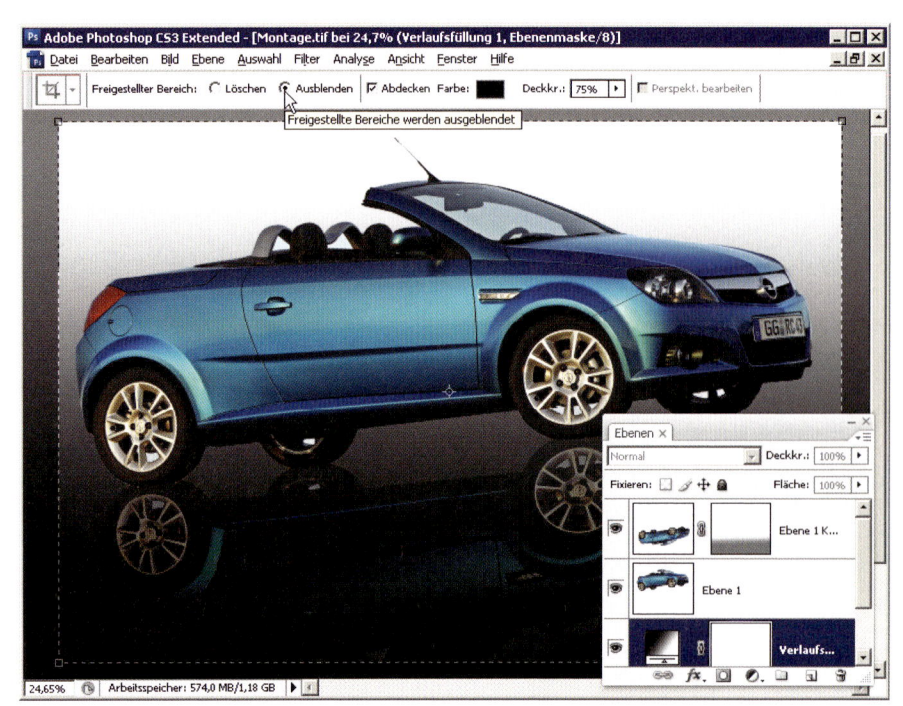

Abbildung 9.23
Sobald Sie einen Freistellrahmen aufgezogen haben, wandelt sich die Optionenleiste des Freistellwerkzeugs (ganz oben). Für Bilder, die nicht nur aus einer »Hintergrund«-Ebene bestehen, bietet Photoshop die Wahl zwischen »Löschen« und »Ausblenden«. Sie haben nun Angebote wie »Abdecken« oder »Perspektive bearbeiten«.

Pixelzahl und Druckmaß mit dem Freistellwerkzeug ändern

Abbildung 9.24 Das Bild entstand mit einer Spiegelreflexkamera und hat das typische 3:2-Seitenverhältnis. Für eine Monitor-Diaschau brauchen wir jedoch eine 4:3-Relation. Wir richten in den Optionen vier mal drei Zentimeter ein ...

Über die Arbeitsfläche hinaus

Sie können den Freistellrahmen über die aktuelle Arbeitsfläche hinausziehen. So erweitern Sie die Arbeitsfläche des Bilds an mindestens einer Seite. Ziehen Sie den Rahmen zunächst bis an den aktuellen Rand der Arbeitsfläche; dort scheint Schluss zu sein. In einem zweiten Schritt ziehen Sie den Rahmen über den Bildrand hinaus. Am übersichtlichsten geht das im Vollschirmmodus (Kurztaste F).

Pixelzahl und Druckmaß mit dem Freistellwerkzeug ändern

Mit den Optionen zum Freistellwerkzeug kann man nicht nur Rand kappen, sondern zugleich neue Auflösungen, Druckmaße, Seitenverhältnisse und Pixelzahlen herstellen; damit übernimmt das Werkzeug Aufgaben des Befehls **Bild: Bildgröße**. Die Reihenfolge:

1. Schalten Sie das Freistellwerkzeug mit der Taste C ein.
2. Ziehen Sie noch keinen Rahmen auf. Tippen Sie in den Optionen erst BREITE, HÖHE und/oder AUFLÖSUNG ein. Bei der GRÖSSE geben Sie Maßeinheiten mit an, zum Beispiel »15 cm« oder »800 px« für Pixel. Photoshop bietet die Maßeinheiten auch per Kontextmenü an.
3. Jetzt ziehen Sie den Freistellrahmen auf – je nach Vorgabe erlaubt Photoshop nur bestimmte Seitenverhältnisse – und schneiden den Rand weg.

Abbildung 9.25 ... und ziehen einen Freistellrahmen auf. Photoshop erlaubt nur noch 4:3-Proportionen. Bildrand_02

Wollen Sie mit dem Werkzeug einfach nur freihändig ausschneiden, LÖSCHEN Sie unbedingt jeden Inhalt aus den Datenfeldern der Optionenleiste.

Neues Seitenverhältnis, neue Druckmaße

Sie möchten eine 3:2-Vorlage für eine Monitorschau auf das Seitenverhältnis 4:3 zuschneiden. Oder Sie möchten ein 4:3-Foto aus einer Kompaktkamera auf 3:2 zuschneiden, damit es der Druckdienst ohne Überraschungen auf 15x10er-Papier belichten kann. So gehen Sie vor:

Tippen Sie zwei Zentimeterwerte ein, zum Beispiel »4 cm« mal »3 cm« für 4:3 oder »3 cm« mal »2 cm« für 3:2 – jeweils einschließlich der »cm«-Angabe. Sie könnten genauso gut auch 12x9 bzw. 9x6 Zentimeter angeben. Das Feld AUFLÖSUNG bleibt leer – so stellen Sie sicher, dass die im Bild verbleibenden Pixel nicht neu berechnet werden, die Bildqualität sich also nicht ändert. Beim Zuschneiden lässt Photoshop nur noch das gewählte Seitenverhältnis zu.

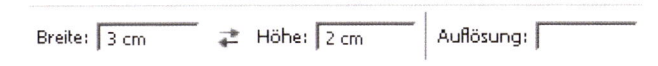

Abbildung 9.26 Mit dieser Vorgabe erhalten Sie ein 3:2-Seitenverhältnis ohne Neuberechnung der verbleibenden Bildpixel.

Sie speichern damit ein festes Druckmaß in die Datei ein. Bei Monitor-Diaschauen oder Weitergabe an Druckdienste spielen die Zentimeterangaben keine Rolle. Sie können die Funktion natürlich auch nutzen, um festzulegen, dass der verbleibende Bildteil immer in der gewünschten Größe gedruckt oder vom Layoutprogramm geöffnet wird – dann tippen Sie exakt das geplante Druckmaß ein.

In beiden Fällen ändert sich die Qualität der verbleibenden Bildinformation nicht. Sie erhalten aber eine andere gespeicherte Druckauflösung. Das entspricht in etwa dem **Bild**-Befehl **Bildgröße** ohne BILD NEU BERECHNEN.

Nach dem Freistellen verrät der Befehl **Bild: Bildgröße** die entstandene Auflösung, also wie viele der übrig gebliebenen Pixel sich auf einen Druckzentimeter verteilen. Daraus schließen Sie, ob der gewählte Ausschnitt genug Details für den Druck enthält.

Achtung
Schneiden Sie das Bild für einen Fotodruckdienst oder für die TV-Vorführung zu? Säbeln Sie den Rand nicht zu knapp ab. Die Labore kürzen Ihr Bild meist noch um ein paar Prozent – Bildtexte oder andere Randdetails bleiben auf der Strecke. Und manche Fernseher blasen Ihre Fotos auf (»Overscan«), der Bildrand gelangt nicht mehr auf den Schirm.

Neue Pixelzahl mit Neuberechnung

Tippen Sie in den Freistelloptionen eine Pixelgröße ohne jede Auflösung ein, rechnet Photoshop den markierten Bildausschnitt neu auf die gewünschte Pixelzahl hoch oder herunter: Tippen Sie zum Beispiel »800 px« mal »600 px« ein. Dann rahmen Sie beliebig große Bildbereiche ein – Photoshop erlaubt nur das passende Seitenverhältnis und rechnet den Ausschnitt so um, dass er 800x600 Pixel enthält.

Sie merken es nach dem Klicken in den Freistellrahmen: Hier kostet das Freistellen Wartezeit – Photoshop errechnet aus den Mittelwerten der vorhandenen Pixel neue Bildpunkte, um den Ausschnitt auf die verlangte Pixelzahl zu bringen. Dieses Prozedere macht Sinn, wenn Sie Dateien beschneiden und deutlich herunterrechnen wollen.

Tipp
Bei Freistellverfahren mit Pixelneuberechnung verwendet Photoshop das Interpolationsverfahren, das Sie in den Voreinstellungen ([Strg]+[K]) wählen; meist empfiehlt sich BIKUBISCH oder BIKUBISCH SCHÄRFER (Seite 184).

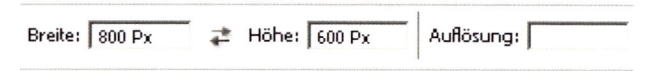

Abbildung 9.27 Diese Eingabe rechnet das verbleibende Bild auf 800 x 600 Pixel um.

Festes Druckmaß, feste Auflösung

Sie wollen einen größeren Ausschnitt aus einer großen 10-Megapixel-Datei zum Belichtungsdienst mailen und 15 Zentimeter breit drucken lassen. Wenn Sie einfach Ausschnitt und Seitenverhältnis zurechtschneiden, verbleiben immer noch sinnlos viele Pixel in der Datei. Rechnen Sie den Ausschnitt also gleich auf die erforderliche Pixelzahl herunter.

Tippen Sie zum Beispiel »15 cm« mal »10 cm« und im Feld AUFLÖSUNG hinterlassen Sie eine »300«. Hierbei werden Pixel neu berechnet, die Originalqualität bleibt also nicht erhalten.

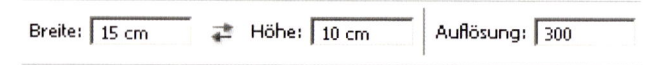

Abbildung 9.28 So stellen Sie die Optionen ein, wenn Sie Druckgröße und -auflösung genau kennen.

Nur einen Wert eintragen

Manchmal reicht nur ein Wert in den Freistelloptionen:

» Tippen Sie eine BREITE von »8 cm« ein. Das Bild erscheint dann auf jeden Fall acht Zentimeter breit in der Druckvorschau oder im Layoutprogramm, die Höhe bestimmen Sie mit dem Freistellwerkzeug. Photoshop berechnet die Bildpunkte nicht neu.

» Geben Sie »400 px« HÖHE vor: Das Ergebnis wird garantiert 400 Pixel hoch, die Breite steuern Sie mit dem Freistellgerät. Die Bildpunkte werden neu berechnet.

» Tippen Sie »320« dpi AUFLÖSUNG ein. Der Bildausschnitt wird mit hochwertigen 320 dpi gedruckt – in welcher Zentimetergröße auch immer. Keine Neuberechnung.

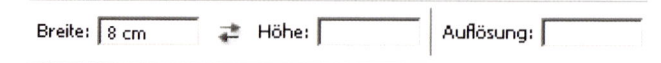

Abbildung 9.29 Tippen Sie nur »8 cm« ein, wenn der verbleibende Bildausschnitt acht Zentimeter breit erscheinen soll.

Zügig arbeiten

So geht die Arbeit mit dem Freistellwerkzeug schneller:

» Speichern Sie wichtige Maße wie zum Beispiel 15x10 cm zum schnellen Wiederaufruf: Stellen Sie nützliche Werte in der Optionenleiste ein, dann öffnen Sie das Menü für die Werkzeugvorgaben mit der Dreieck-Schaltfläche (Seite 771). Klicken Sie auf NEUE WERKZEUGVOREINSTELLUNG ERSTELLEN. Beim nächsten Mal rufen Sie diese Vorgabe einfach aus dem Klappmenü auf.

» Beim Wechsel zwischen Hoch- und Querformat tauschen Sie die HÖHE- und BREITE-Werte in der Optionenleiste durch einen Klick auf die zwei Pfeile.

» Übernehmen Sie Werte von anderen Bildern.

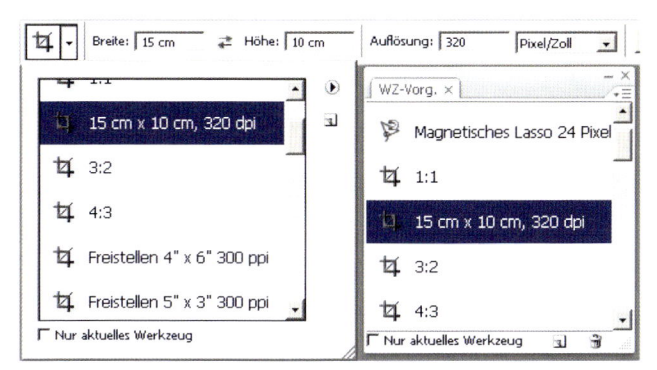

Abbildung 9.30 Rufen Sie wichtige Freistellvorgaben aus den Werkzeugoptionen oder aus der Werkzeugvorgabenpalette auf. Das Freistellwerkzeug muss nicht aktiviert sein.

Maße von vorhandenem Bild übernehmen

Schneiden Sie Ihr Bild bequem exakt auf die Pixelmaße oder das Seitenverhältnis einer anderen Datei zu. Dabei kommt es entscheidend darauf an, welche aktuelle Maßeinheit Sie verwenden – ZENTIMETER oder PIXEL. Sie ändern die Maßeinheit zum Beispiel per **Bearbeiten: Voreinstellungen: Maßeinheiten & Lineale**. So geht's:

1. Aktivieren Sie das Ausgangsbild, dessen Daten Sie übernehmen möchten.

2. Klicken Sie VORDERES BILD in den Werkzeugoptionen an. Sind ZENTIMETER die aktuelle Maßeinheit, trägt Photoshop die Zentimetermaße und die Auflösung der aktiven Datei in die Optionen ein.

3. Wechseln Sie zur Datei, die Sie zuschneiden wollen, und ziehen Sie den Freistellrahmen auf. Dabei ist nur das Seitenverhältnis des zuvor verwendeten Bilds möglich. Das verbleibende Bild wird in Pixelzahl und Druckmaßen exakt auf die Werte des Ausgangsbilds umgerechnet.

Bei diesem Manöver kommt es zur Interpolation, also zur Neuberechnung von Bildpunkten. Sie wollen nur Seitenverhältnis oder Druckmaß übernehmen, brauchen aber keine qualitätsmindernde Neuberechnung? Löschen Sie nach dem Klick auf VORDERES BILD das Feld AUFLÖSUNG leer. Dann erst ziehen Sie den Freistellrahmen auf. Innerhalb des freigestellten Ausschnitts bleiben die ursprünglichen Bildpunkte erhalten. Dieses Löschen im Feld AUFLÖSUNG eignet sich auch, um die ursprüngliche Datei zuzuschneiden und dabei das Original-Seitenverhältnis zu erhalten.

Achtung
*Verwenden Sie **Pixel** als Maßeinheit, dann trägt der Klick auf VORDERES BILD Pixelwerte (und nicht Zentimeterwerte) für BREITE und HÖHE ein. Das nächste Bild wird beim Freistellen auf andere Pixelmaße umgerechnet – das ist nicht immer erwünscht.*

Weitere Verfahren zur Übernahme der Bildmaße

Mit weiteren Verfahren stutzen Sie ein Foto auf die Seitenverhältnisse oder auf die exakten Pixelmaße eines anderen, kleineren Bilds zurecht:

» Wählen Sie das kleinere Bild mit Strg+A aus, schalten Sie ein Auswahlwerkzeug wie das Rechteck ein, ziehen Sie den Auswahlrahmen in das andere – größere – Bild und wählen Sie **Bild: Freistellen**. Sie erhalten zwei Dateien mit identischer Pixelzahl.

» Aktivieren Sie im Ausgangsbild eine Ebene, die die gesamte Bildfläche bedeckt, zum Beispiel die HINTERGRUND-Ebene. Ziehen Sie diese Ebene in das andere – größere – Bild. Klicken Sie bei gedrückter Strg-Taste die Miniatur dieser neuen Ebene in der Ebenenpalette an; so entsteht eine Auswahl in Größe dieser Ebene. Wählen Sie **Bild: Freistellen**, dann ziehen Sie die obere Ebene in den Mülleimer. So entstehen zwei Bilder mit identischer Pixelzahl.

» Ziehen Sie die Ebene wie im vorherigen Tipp ins Zielbild; dort verkleinern oder vergrößern Sie die Ebene per Strg+T (Seite 538). Drücken Sie dabei die ⇧-Taste, um das Seitenverhältnis zu wahren. Laden Sie die Auswahl durch Strg-Klick in der Ebenenpalette, dann nehmen Sie **Bild: Freistellen** – Sie erhalten zwei Bilder mit gleichem Seitenverhältnis, aber unterschiedlicher Pixelzahl.

» Fangen Sie mit einer Datei an, die bereits exakt die gewünschten Pixelmaße hat. Fügen Sie weitere Bilder als neue Ebenen ein; durch **Transformieren** und Verschieben erzeugen Sie genau die gewünschten Bildausschnitte. Dann heißt es **Datei: Skripten: Ebenen in Dateien exportieren**. Sie erhalten pro Ebene eine Datei, die nur aus einer HINTERGRUND-Ebene besteht und im zweiten Namensteil den Ebenennamen verwendet.

Abbildung 9.31
Links: Der Hintergrund wurde in mehreren Schritten mit dem Zauberstab ausgewählt; anschließend haben wir die Auswahl umgekehrt, so dass nur noch das Hauptmotiv markiert war. **Mitte:** Der Befehl »Bild: Freistellen« stutzt das Bild auf die Auswahlgrenzen zurecht. **Rechts:** Wir haben das ausgewählte Hauptmotiv mit Strg+C kopiert und »Datei: Neu« gewählt; für die neue Datei bietet Photoshop sofort die Größe des in die Zwischenablage kopierten Motivs an, wir können es passend einfügen. Datei: Bildrand_03

Auswahlfunktionen und »Freistellen«

Sie müssen nicht unbedingt das Freistellwerkzeug bemühen. Sie können auch eine beliebige Auswahl erzeugen und das Bild auf die Außengrenzen dieser Auswahl stutzen. Das funktioniert ebenso mit unregelmäßig geformten Auswahlen und weicher Kante. Wenn die Auswahl steht, wählen Sie **Bild: Freistellen**. Möglicher Verwendungszweck:

» Sie markieren ein Objekt mit der Schnellauswahl und schneiden das Foto per **Freistellen** auf die reine Größe dieses Hauptmotivs zurück.

» Sie markieren einen Bildbereich mit dem Auswahlrechteck und geben in den Optionen eine feste Pixelzahl vor. Einen entsprechend großen Bildteil trennen Sie nun per **Freistellen** heraus, ohne dass Photoshop Bildpunkte interpoliert – ein Service, den Sie beim Freistellwerkzeug nicht bekommen.

» Sie brauchen einen kleineren Bildausschnitt im Seitenverhältnis der Vorlage. Dann wählen Sie das Gesamtbild mit Strg+A aus, gehen auf **Auswahl: Auswahl transformieren** und verkleinern den Auswahlrahmen bei gedrückter ⇧-Taste; so bleibt die Höhe-Breite-Relation gewahrt. Danach klicken Sie doppelt in die Auswahl und nehmen wieder **Bild: Freistellen**.

Vorsicht: Der Befehl **Freistellen** entsorgt die Außenzonen endgültig. Sie können also nicht wie beim Freistellwerkzeug mit der Option AUSBLENDEN Gekapptes wieder in den sichtbaren Bereich ziehen.

»Zuschneiden«

Der Befehl **Bild: Zuschneiden** kürzt Motive, die von komplett einfarbigem oder transparentem Hintergrund umgeben sind. Dabei betrachtet Photoshop das Gesamtbild und nicht nur die aktuelle Ebene.

Möglicherweise liegen Objekte mit den Effekten SCHATTEN oder SCHEIN NACH AUSSEN über transparenter Fläche – die Vorgabe TRANSPARENTE PIXEL begrenzt Ihr Bild auf das Hauptobjekt und erhält den Schatten perfekt. Ebenen, die Photoshop nicht berücksichtigen soll, blenden Sie mit dem Augensymbol aus. Ihre Möglichkeiten:

» Mit der Vorgabe TRANSPARENTE PIXEL entfernt Photoshop den Bereich, der komplett transparent ist und keinerlei auch nur schwach deckende Bildpunkte zeigt (auch nicht einen SCHLAGSCHATTEN oder andere Effekte).

» Die Vorgabe PIXELFARBE OBEN LINKS kappt Bildteile, die exakt so gefärbt sind wie der äußerste Bildpunkt links oben. Kein einziger Pixel auf der Strecke darf farblich im geringsten abweichen.

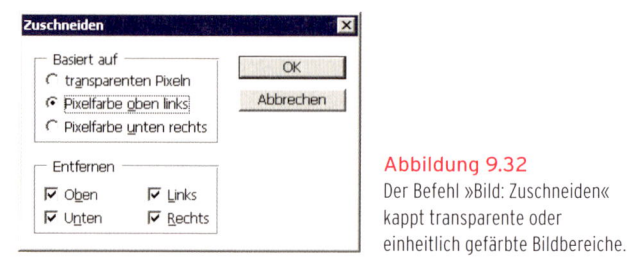

Abbildung 9.32
Der Befehl »Bild: Zuschneiden« kappt transparente oder einheitlich gefärbte Bildbereiche.

Neue Datei statt Randentfernung

Die **Bild**-Befehle **Zuschneiden** und **Freistellen** stutzen Ihr Werk akkurat um das Hauptmotiv herum, überflüssiger Hintergrund verschwindet. Sie möchten jedoch vielleicht das Originalbild gar nicht kappen – stattdessen brauchen Sie das Hauptmotiv in einer neuen, maßgeschneiderten Datei. Treffen Sie die folgenden Vorbereitungen:

» Wenn Sie auf einer reinen »Hintergrund«-Ebene arbeiten, markieren Sie Ihr Hauptmotiv mit Schnellauswahl und Co.

»Zuschneiden«

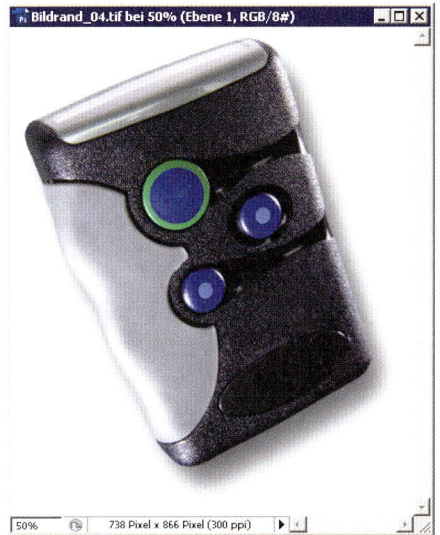

Abbildung 9.33 **Links:** Das Objekt wurde über weißem Bildbereich montiert und mit einem »Schatten«-Effekt unterlegt. **Rechts:** »Zuschneiden« mit der Vorgabe »Farbe Pixel oben links« schneidet den komplett weißen Rand weg. Der Schatten bleibt jedoch unangetastet. Falls Sie den »Schatten«-Effekt ausblenden oder löschen, schneidet Photoshop das Bild auf den reinen Pixelinhalt zu. Datei: Bildrand_04

» Befindet sich das Objekt Ihrer Begierde bereits sauber freigestellt auf einer eigenen Ebene, laden Sie die Konturen dieser Ebene als Auswahl; dazu klicken Sie die Miniatur in der Ebenenpalette bei gedrückter [Strg]-Taste an. Diese Ebene muss nun auch aktiviert sein.

So geht es weiter:

1. Kopieren Sie den Auswahlinhalt mit [Strg]+[C] in die Zwischenablage.

2. Rufen Sie den Befehl DATEI: NEU auf. Im Dialogfeld nehmen Sie die Vorgabe ZWISCHENABLAGE; sie passt exakt zu Ihrem kopierten Bildbereich.

3. Klicken Sie auf OK, so dass eine neue, leere Datei entsteht.

4. Fügen Sie den zuvor kopierten Bildteil mit [Strg]+[V] ein.

5. Wenn die neue Datei nur eine übliche »Hintergrund«-Ebene enthalten soll, so dass man sie leicht als JPEG oder TIFF weitergeben kann, wählen Sie noch den Befehl **Ebene: Auf Hintergrundebene reduzieren**.

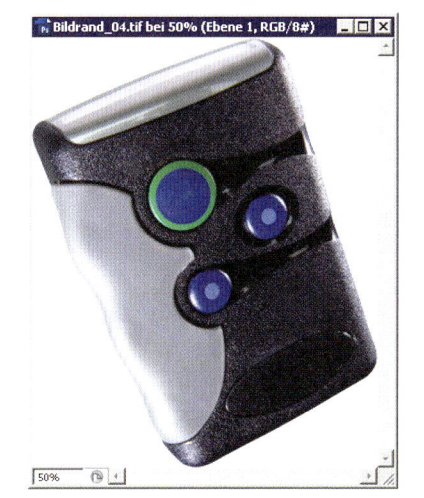

Abbildung 9.34 Wir haben den »Schlagschatten« ausgeblendet, dann folgte »Bild: Zuschneiden«. Nun schneidet Photoshop das Bild auf den reinen Pixelinhalt ohne Schatten zu.

Befehle im Überblick: Bild zuschneiden

Taste/Feld	Zusatztaste	Aktion	Ergebnis
C			⊞
Esc			Freistellrahmen entfernen
⊞	⇧	🖱 ziehen	Quadratischen Freistellrahmen aufziehen
⊞	Alt	🖱 ziehen	Freistellrahmen von Mitte aufziehen
⊡		🖱🖱 innen	Rand entfernen
⊡		🖱 innen ziehen	Auswahlrahmen verschieben
⊡	⇧	🖱 innen ziehen	Auswahlrahmen auf Geraden verschieben
⊡		🖱 außen ziehen	Auswahlrahmen drehen ↻
⊡	⇧	🖱 an Eckpunkt ziehen	Freistellrahmen bei gleich bleibendem Seitenverhältnis vergrößern oder verkleinern

Pixelgenau abschneiden

Manchmal will man nur ganz wenige Pixel wegschnipseln, zum Beispiel bei der Arbeit an Grafik, Schriftzügen oder Bildschirmfotos (Screenshots). Nicht immer lässt sich der Außenstand auswählen, so dass man ihn nach Auswahlumkehr leicht per **Freistellen** entsorgen könnte. Also muss das Freistellwerkzeug ⊞ ran – das jedoch macht ein paar Probleme:

» Der Freistellrahmen schnappt automatisch an den Bildrändern ein, genau das soll er aber nicht.

» Bewegt man den Freistellrahmen präzise per Pfeiltasten ins Bildinnere, rutscht er auf der anderen Seite leicht über die Bildränder nach außen. Dort baut Photoshop dann nach dem Doppelklick neue Pixelfläche an – nein danke.

Wir besprechen mögliche Abhilfen: Stellen Sie den Magnetismus des Freistellwerkzeugs ⊞ am Bildrand ab, zoomen Sie bei vorhandenem Freistellrahmen ins Bild hinein oder nutzen Sie alternativ das Auswahlrechteck ⬚.

Freistellrahmen ohne Magnetismus

Der Freistellrahmen soll nicht mehr automatisch am Bildrand andocken? Dieses Verhalten beenden Sie bei Bedarf komplett mit **Ansicht: Ausrichten**. Wollen Sie die Anziehungskräfte aber nur fallweise bannen, gibt es einen anderen Trick:

1. Führen Sie den Freistellrahmen in die Nähe des Bildrands.

2. Sie wollen den Rahmen leicht verändern, ohne dass er am Rand einrastet? Klicken Sie erst auf den Rahmen.

3. Drücken Sie die Strg-Taste und lassen Sie es dabei.

4. Ziehen Sie den Freistellrahmen – er wandert Pixel für Pixel, ohne zum Bildrand zu springen.

Freistellrahmen und Lupe

Zoomen Sie tief hinein ins freizustellende Bild, dann lässt sich der Freistellrahmen gut positionieren:

1. Ziehen Sie einen ersten Freistellrahmen bei normaler Zoomstufe auf.

2. Halten Sie Strg+Leertaste gedrückt. Das beschert Ihnen vorübergehend die Vergrößerungslupe 🔍. Rahmen Sie die linke obere Ecke Ihres Auswahlbereichs ein, so dass sie stark vergrößert erscheint.

3. Drücken Sie eventuell einmal Strg+ + oder Strg+ - , um eine glatte Zoomstufe wie 1200 Prozent zu erhalten. Sie erlaubt bessere Bildbeurteilung als 1234,56 Prozent.

4. Ziehen Sie den Freistelleckpunkt ⌐ exakt in die gewünschte Position, so dass linke und obere Begrenzung stimmen. Die »Produkthaftung« des Freistellwerkzeugs ⊞ wirkt sich in dieser Zoomstufe weniger aus.

5. Mit Strg+ 0 zeigen Sie wieder das Gesamtbild an.

6. Jetzt wieder Strg+Leertaste und rahmen Sie den rechten unteren Eckpunkt ⌐ ein.

7. Ziehen Sie auch diesen Eckpunkt ⌐ zurecht, bis rechte und untere Bildkante definiert sind.

8. Drücken Sie die ↵ – fertig.

Tipp
*Das erforderliche Zoomen und Verschieben rund um den Freistellrahmen erledigen Sie auch mit der **Navigatorpalette**.*

Präzise zuschneiden mit Auswahltechnik

Angenommen, Ihr Bild ist links zwei Pixel zu breit und oben drei Pixel zu hoch. So schneiden Sie die Streifen sauber weg:

1. Mit [Strg]+[A] wählen Sie das Gesamtbild aus.
2. Schalten Sie ein beliebiges Auswahlwerkzeug ein, zum Beispiel mit der Taste [M] das Rechteck.
3. Drücken Sie zweimal die [→]-Taste – die Auswahlmarkierung wandert zwei Pixel nach rechts, der äußerste linke Rand ist nicht mehr ausgewählt.
4. Drücken Sie dreimal die [↓]-Taste – die Auswahlmarkierung wandert drei Pixel nach unten, so dass der oberste Bildstreifen aus der Auswahl fällt.
5. Der Befehl **Bild: Freistellen** beseitigt den Rand. (Sie könnten den letztlich gewünschten Bereich auch bequem in die Zwischenablage kopieren.)

Goldener Schnitt oder Drittelregel

Bauen Sie Ihre Bilder nach dem Goldenen Schnitt auf, auch Drittelregel genannt; das soll gefälliger aussehen.

Übersicht: welche Freistellmethode für welchen Zweck

Es gibt viele Varianten, das Bild von überflüssigem Rand zu befreien. Je nach Aufgabe wählen Sie Ihre Strategie:

Aufgabe	Lösung
Beliebigen Bildteil heraustrennen	Freistellwerkzeug ⌿, keine Werte in Optionen
Bildteil mit festem Seitenverhältnis 4:3 heraustrennen	Freistellwerkzeug ⌿, »4 cm« mal »3 cm« eingeben, Feld Auflösung leer lassen
Wie groß kann ein herausgetrennter Bildteil bei 250 dpi gedruckt werden?	Freistellwerkzeug ⌿, »250« bei Auflösung angeben, keine »cm«-Werte eingeben, während des Freistellens Infopalette lesen oder nach Freistellen den **Bildgröße**-Dialog öffnen
Einen Ausschnitt mit festen Maßen und fester Auflösung erzeugen	Freistellwerkzeug ⌿, »cm«-Werte eingeben, Auflösung angeben, eventuell scharfzeichnen
Variable Teile herausschneiden und auf festgelegte Pixelzahl umrechnen	Freistellwerkzeug ⌿, Pixelmaße (»px«) angeben, Wert für Auflösung egal, eventuell scharfzeichnen
Auf vorgegebene Pixelzahl ohne Interpolation beschneiden	Auswahlrechteck ⌐⌐ mit Art Feste Grösse, dann **Bild: Freistellen**
Bildbereich außerhalb der Auswahl entfernen	Auswahlfunktion, dann **Bild: Freistellen**
Einfarbige oder transparente Umgebung entfernen	**Bild: Zuschneiden**

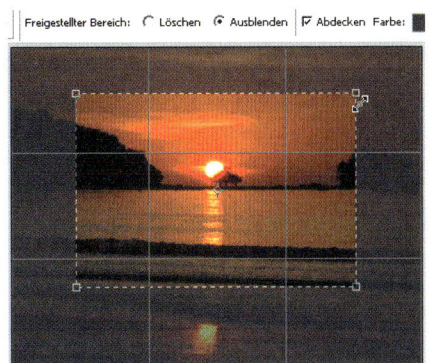

Abbildung 9.35
Links: Wir haben bereits die »Raster«-Linien und das Freistellwerkzeug eingeschaltet. Der Horizont läuft durch die Mitte, die Bildaufteilung zeigt keinen Goldenen Schnitt. **Rechts:** Wir ziehen einen engen Auswahlrahmen und verwenden die Option »Ausblenden«. Dateien: Goldener Schnitt etc.

Abbildung 9.36
Links: Nach dem Freistellen erscheint das Bild deutlich kleiner auf dem Monitor. **Rechts:** Mit dem Verschiebenwerkzeug ziehen wir das Hauptmotiv in den Schnittpunkt rechts unten.

Bereiten Sie das Bild vor

Wir zeigen ein sehr flexibles Verfahren für den Goldenen Schnitt:

1. Öffnen Sie die **Voreinstellungen** mit ⌈Strg⌉+⌈K⌉, klicken Sie links auf HILFSLINIEN, RASTER UND SLICES. Sie brauchen für RASTERLINIEN ALLE 33,33 Prozent, bei UNTERTEILUNGEN den Wert 1.

2. Jetzt heißt es **Ansicht: Einblenden: Raster**. Über dem Bild sehen Sie gleichmäßig verteilte Grundlinien – je zwei Linien horizontal und vertikal.

3. Falls das Bild aus einer HINTERGRUND-Ebene besteht: Halten Sie die ⌈Alt⌉-Taste gedrückt, dann klicken Sie in der Ebenenpalette doppelt auf die Miniatur der HINTERGRUND-Ebene; so wird sie zu einer EBENE 0.

4. Falls Sie besonders flexibel sein wollen, verwandeln Sie die Ebene in ein Smart Objekt – dann lässt sie sich noch verlustfrei verkleinern und wieder vergrößern. Oder verzichten Sie auf diesen Schritt.

5. Zücken Sie das Freistellwerkzeug. Sie können in den Optionen bestimmte Seitenverhältnisse oder Druckmaße vorgeben. (Wir nehmen hier 15x10 Zentimeter ohne AUFLÖSUNG, so dass ein 3:2-Seitenverhältnis entsteht.)

6. Ziehen Sie einen vorläufigen Freistellrahmen auf – je mehr Rand Sie jetzt wegschneiden, desto flexibler sind Sie anschließend bei der Gestaltung.

7. Halt – noch nicht doppelklicken. Schalten Sie erst oben in den Optionen von LÖSCHEN auf AUSBLENDEN um.

8. Jetzt ein Doppelklick ins Bild – der Rand fällt weg.

9. Greifen Sie zum Verschiebenwerkzeug und ziehen Sie den Bildinhalt in Position: den Horizont zum Beispiel auf die untere Horizontallinie, das Hauptmotiv auf die rechte senkrechte Linie.

Abbildung 9.37 Links: Wir starten das »Transformieren« und ziehen zuerst den Referenzpunkt über das Zentrum des Goldenen Schnitts. **Rechts:** Wir verwenden die Vorgabe »Seitenverhältnis erhalten« und ziehen horizontal über dem »B« in der Optionenleiste. So verkleinern oder vergrößern Sie den Bildinhalt innerhalb der Arbeitsfläche, das Zentrum bleibt an der gewünschten Stelle.

Maßstabsgerecht formatieren

Fotografie
Manche Digitalkameras blenden Hilfslinien für den Goldenen Schnitt direkt im LCD-Monitor ein. Für einige Spiegelreflexgeräte gibt es auch Sucherscheiben mit entsprechenden Kennzeichnungen.

Verkleinerung nach Maß

Sie wollen mehr oder weniger vom Bild innerhalb der gegebenen Arbeitsfläche zeigen, aber die Position von Horizont und Hauptmotiv möglichst erhalten? So geht's:

1. Starten Sie das Transformieren mit [Strg]+[T]. Falls Sie nicht alle Enden des Transformieren-Rahmens sehen, drücken Sie [Strg]+[0] – damit sorgen Sie für eine optimale Zoomstufe.

2. Ziehen Sie den Referenzpunkt (Seite 529) aus der Mitte der Ebene auf die Schnittpunkte der zwei Horizontal- und Vertikallinien, an denen Sie Ihr Bild ausrichten.

3. Oben in den Optionen klicken Sie auf SEITENVERHÄLTNIS ERHALTEN.

4. Halten Sie den Mauszeiger oben über das »B« mit der Einblendmeldung HORIZONTALE SKALIERUNG EINSTELLEN. Ziehen Sie nach links, um den Bildinhalt zu verkleinern. Durch Ziehen nach rechts vergrößern Sie das Bildinnere. Die Arbeitsfläche bleibt immer gleich.

5. Gut? Klicken Sie doppelt in den Rahmen.

Schließen Sie das Verfahren mit **Ebene: Auf Hintergrundebene reduzieren** ab.

Maßstabsgerecht formatieren

Formatieren Sie Ihre Datei so, dass Sie anschließend die tatsächlichen Zentimeter, Meter oder auch Kilometermaße von Lineal und Raster ablesen. Auch Ausdrucke exakt in Echtgröße oder in einem beliebigen Maßstab wie 1:20 können Sie erstellen.

So bearbeiten Sie die Datei

So bereiten Sie die Datei vor:

1. Fotografieren Sie die Szene möglichst frontal – ob Kreditkarte, Zimmerwand oder Häuserfront. Vermeiden Sie stürzende Linien oder andere Verkantungen. Fotografieren Sie eventuell einen Zollstock oder ein Lineal mit. Auf jeden Fall sollte sich etwas im Bild befinden, dessen Maße Sie genau kennen, zum Beispiel ein Türblatt, ein Goldring oder eine Hauskante.

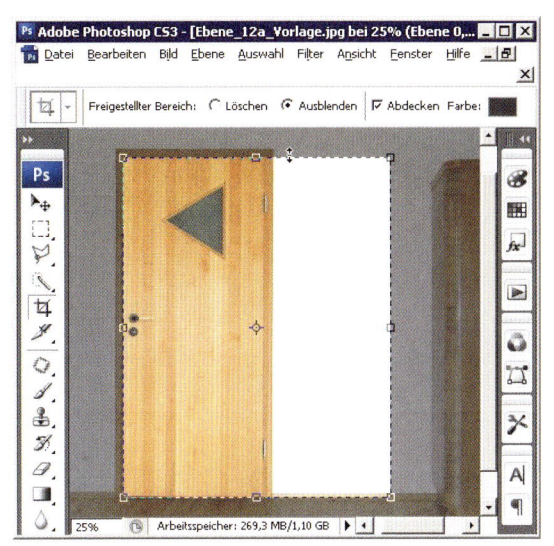

Abbildung 9.38 Mit dem Freistellwerkzeug und der Option »Ausblenden« rahmen wir exakt die Höhe des Türblatts ein. Dateien: Massstab etc.

2. Gibt es doch stürzende Linien? Halten Sie mit **Transformieren** oder **Objektivkorrektur** dagegen.

3. Falls das Bild noch aus einer HINTERGRUND-Ebene besteht: Halten Sie die [Alt]-Taste gedrückt, dann klicken Sie in der Ebenenpalette doppelt auf die Miniatur der HINTERGRUND-Ebene; sie mutiert zu einer EBENE 0.

4. Sie greifen zum Freistellwerkzeug. Die Eingabefelder oben in den Optionen müssen leer sein.

5. Rahmen Sie einen Bildbereich ein, dessen Maße Sie genau kennen. Es reicht, wenn Sie nur die Höhe oder nur die Breite exakt treffen, die andere Seite spielt keine Rolle. Rahmen Sie zum Beispiel die Höhe des Türblatts genau ein – exakt von der Bodenkante bis zur Oberkante. Der Freistellrahmen darf beliebig viel vom Motiv aussperren.

6. Schalten Sie oben in den Optionen das AUSBLENDEN ein.

7. Drücken Sie die [↵]-Taste – der Außenbereich verschwindet vorerst.

8. Wählen Sie **Bild: Bildgröße**. Schalten Sie BILD NEU BERECHNEN MIT aus. Jetzt tragen Sie die BREITE oder die HÖHE ein, die Sie aus dem Bild kennen. Falls Sie die Höhe des Türblatts eingerahmt haben, tragen Sie zum Beispiel als HÖHE 198 Zentimeter ein und klicken auf OK. Die BREITE spielt dann keine Rolle mehr.

9. Wählen Sie **Bild: Alles einblenden**. Sie sehen wieder das komplette Foto.

Teil 3 • Korrektur

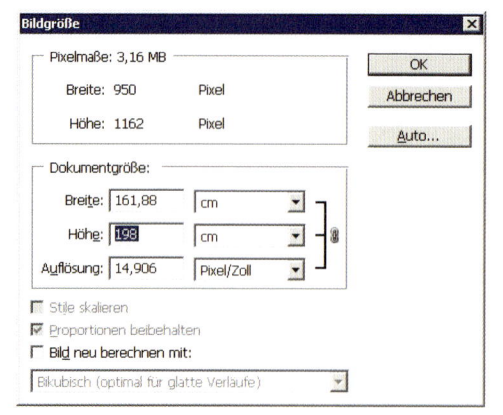

Abbildung 9.39
Der verbleibende Bildteil wird auf eine Höhe von 198 Zentimetern formatiert, dann holen Sie mit dem Befehl »Bild: Alles einblenden« die gekappten Außenbereiche zurück.

So zeigen Sie Maße an

Mit [Strg])+[R] blenden Sie die Lineale ein. Falls hier noch keine Zentimeterwerte erscheinen, stellen Sie diese Maßeinheit nach einem Rechtsklick ins Lineal ein. Jetzt lesen Sie hier die Echtmaße ab. Weitere Möglichkeiten:

» Rahmen Sie mit dem Rechteckwerkzeug oder Auswahlrechteck einen Bildbereich ein und lesen Sie die Maße in der Infopalette ab.

» Erzeugen Sie eine Formebene mit dem Rechteckwerkzeug und starten Sie das **Transformieren** mit [Strg]+[T] – jetzt tippen Sie die Wunschmaße für das Objekt oben in die Optionenleiste. So simulieren Sie zum Beispiel die Dimensionen eines neuen Schranks oder Fensters.

» Ziehen Sie den Nullpunkt der Lineale an die passende Stelle, zum Beispiel an die linke obere Ecke des Hauptmotivs. Klicken Sie in den Schnittpunkt der Lineale oben links und ziehen Sie.

» Brauchen Sie Millimeterpapier? Ein Beispiel für ein Zimmerfoto: Öffnen Sie mit [Strg]+[K] die **Voreinstellungen**, dann gehen Sie auf Hilfslinien, Raster und Slices. Stellen Sie die Rasterlinie auf alle 100 Zentimeter und sorgen

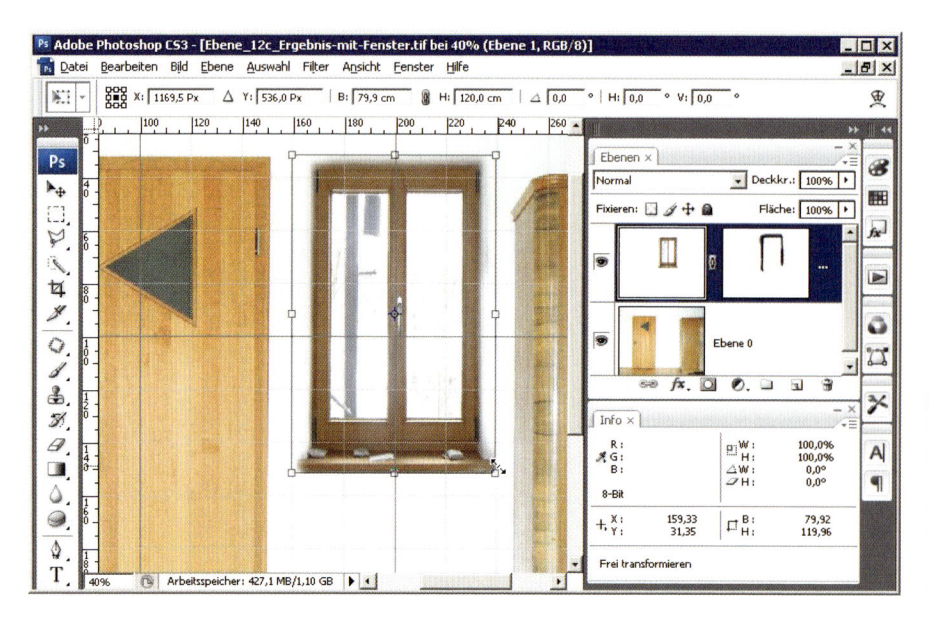

Abbildung 9.40
Die Lineale zeigen jetzt die tatsächlichen Raummaße an, das »Raster« ist in 20-Zentimeter-Abstände unterteilt. Wir experimentieren mit einer neuen Fensterebene und tippen Maße wie 80x120 cm direkt in die Transformieren-Optionen. Diese Maße (hier inklusive Fensterbank) zeigt auch die Infopalette rechts unten an.

Sie für fünf Unterteilungen. So haben Sie alle 20 cm eine Rasterlinie. Anschließend **Ansicht: Einblenden: Raster**.

Andere Maßstäbe einstellen

Ihr Zimmerfoto ist auf Echtmaße eingestellt, also womöglich fünf Meter breit formatiert. Drucken wollen Sie im üblichen Maßstab 1:20. Ihre Möglichkeiten:

» Sie wählen **Datei: Drucken** (Strg+T). Im Bereich SKALIERTE AUSGABEGRÖSSE tippen Sie »5%« ins Feld SKALIEREN.

» Sie brauchen dauerhaft einen anderen Maßstab? Dann heißt es **Bild: Bildgröße**. Schalten Sie BILD NEU BERECHNEN MIT ab und stellen Sie BREITE oder HÖHE auf fünf Prozent.

Tipp
*Mit dem **Fluchtpunkt**-Befehl in der Programmversion Photoshop CS3 Extended können Sie ebenfalls Entfernungen messen und Bemaßungslinien anbringen (Seite 545).*

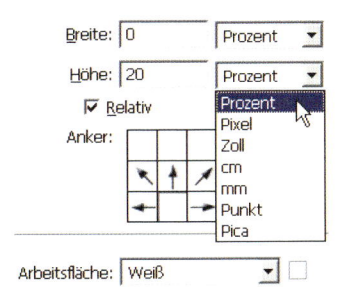

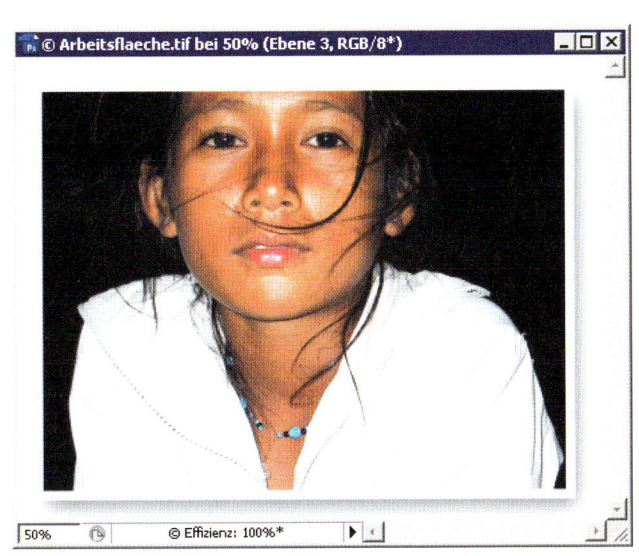

9.3 Die Arbeitsfläche erweitern

Erweitern Sie Ihre Grafik um leere Fläche mit den **Bild**-Befehlen **Arbeitsfläche** oder **Alles einblenden** oder mit dem Freistellwerkzeug. Die bereits vorhandenen Pixel werden nicht verändert. Sie dehnen Montagen weiter aus. Die eingespeicherte Druckauflösung bleibt erhalten, Pixelzahl und Druckgröße steigen.

»Arbeitsfläche«

Im Dialogfeld zum Befehl **Bild: Arbeitsfläche** (Tasten Strg+Alt+C) lesen Sie oben die aktuelle HÖHE und BREITE Ihres Werks. Darunter klicken Sie auf eine Größeneinheit Ihrer Wahl, etwa PIXEL, PROZENT oder ZENTIMETER. Sie können nur als BREITE auch SPALTEN angeben, das Maß für eine Spalte legen Sie in den **Voreinstellungen** (Strg+K) fest. Sofern Sie nichts weiter im Dialogfeld ändern, baut Photoshop so an:

» Enthält Ihr Bild eine HINTERGRUND-Ebene, fügt Photoshop weiße Fläche hinzu. Mit dem Klappmenü FARBE FÜR ERWEITERTE ARBEITSFLÄCHE oder mit dem Farbfeld rechts daneben geben Sie andere Farbtöne vor.

» In Montagedateien ohne HINTERGRUND-Ebene setzt Photoshop keine farbig gefüllte, sondern eine transparente Fläche an.

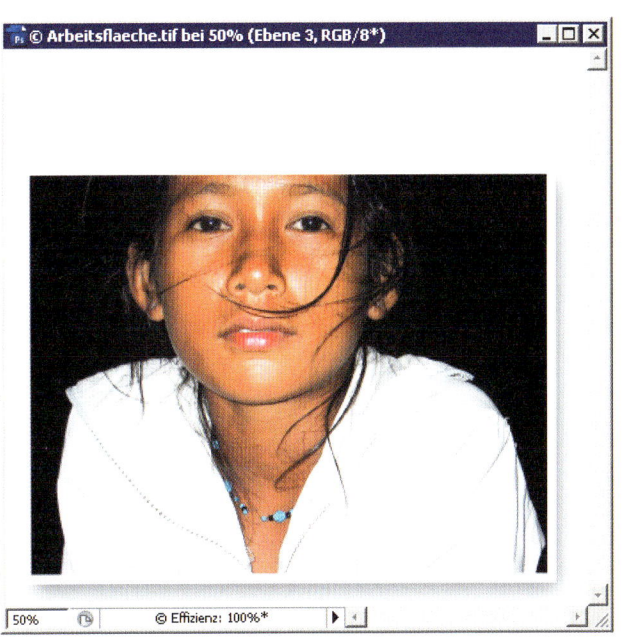

Abbildung 9.41 Anbaumaßnahme: Dieses Bild wird mit der »Relativ«-Option um 20 Prozent nach oben erweitert. Photoshop setzt hier Weiß ein, weil diese Farbe im Dialogfeld festgelegt wurde.

Abbildung 9.42 Auch das Freistellwerkzeug erweitert die Arbeitsfläche für Montagen oder Bilder mit »Rahmen«. Datei: Arbeitsfläche 02

Feinsteuerung

Diese Möglichkeiten haben Sie:

» Mit einem Klick in das Neuner-Feld geben Sie an, wo innerhalb der erweiterten Fläche das bisherige Bild stehen soll. Sie klicken zum Beispiel in das Rechteck unten Mitte; Photoshop platziert nun das ursprüngliche Foto mittig unten im vergrößerten Bild. Die neue Fläche entsteht oberhalb sowie gleichmäßig links und rechts – aber nicht unterhalb vom Kernbild.

» Wenn Sie RELATIV aktivieren, geben Sie nicht mehr die neue Gesamtzahl an Bildpunkten an. Stattdessen nennen Sie nur noch die Zahl derjenigen Punkte, die Sie zusätzlich an die bereits vorhandene Fläche anbauen.

Mehr Arbeitsfläche mit dem Freistellwerkzeug

Das Freistellwerkzeug eignet sich nicht nur zum Zuschneiden, sondern auch zum Erweitern der Arbeitsfläche. So geht's:

1. Stellen Sie das Foto im Vollschirmmodus dar; dafür gibt es die Taste [F].

2. Ziehen Sie einen Rahmen bis zum vorhandenen Bildrand auf.

3. Ziehen Sie den Rahmen in einem zweiten Anlauf über den bisherigen Bildrand hinaus.

4. Bietet der Bildschirm zu wenig Platz, drücken Sie [Strg]+[0].

5. Nach dem Druck auf die [↵]-Taste vergrößert Photoshop die Bildfläche. Das Neuland erscheint in der aktuellen Hintergrundfarbe oder transparent.

Mehr Arbeitsfläche mit dem Befehl »Alles einblenden«

Eventuell haben Sie Bildteile außerhalb des sichtbaren Bildbereichs verborgen: Sie haben zum Beispiel Objekte nach außen geschoben oder das Freistellwerkzeug mit der Option AUSBLENDEN verwendet. Ebeneneffekte wie SCHLAGSCHATTEN, KONTUR oder SCHEIN NACH AUSSEN ragen über den sichtbaren Bildbereich hinaus und werden an der Bildkante abgeschnitten.

Wenn Sie nun die Arbeitsfläche erweitern, kommen diese Bildteile wieder zum Vorschein. Maßgeschneidert erledigt das der Befehl **Bild: Alles einblenden**. Photoshop erweitert die Arbeitsfläche so, dass alle verborgenen Partien wieder vollständig im Bildfenster Platz finden.

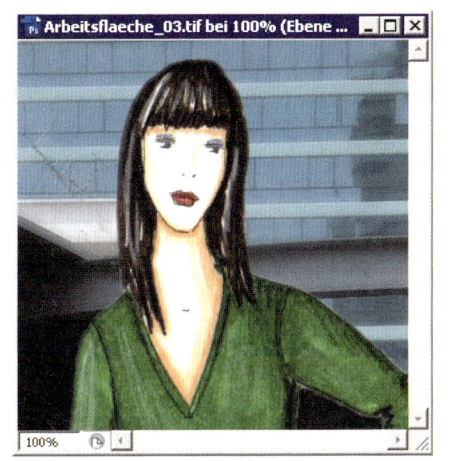

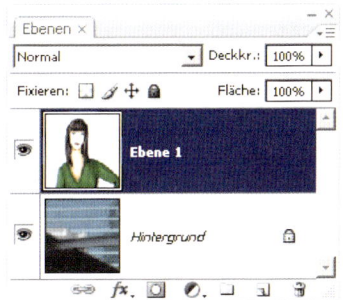

Abbildung 9.43 **Links:** Die »Ebene 1« ragt in dieser Montage über den unteren Bildrand hinaus. **Mitte:** In der Ebenenpalette erkennen Sie nicht, dass sich Montageobjekte über den Bildrand hinaus erstrecken. **Rechts:** Der Befehl »Bild: Alles einblenden« erweitert die Arbeitsfläche so, dass alle zuvor verborgenen Ebenenteile sichtbar werden. Vorlage: Arbeitsfläche_03

Kapitel 10
Kontrast & Farbstimmung

Farbe und Kontrast kann man fast immer noch verbessern. Für Digitalfotografen gilt: Stellen Sie die Kontrast- und Farbkorrekturen Ihrer Kamera ab, bearbeiten Sie Ihre Bilder in Photoshop; arbeiten Sie mit Spotmessung, fotografieren Sie Graukarten mit und verwenden Sie die Histogrammanzeige. Eine Graukarte liegt diesem Buch bei, mehr Fototipps ab Seite 38).

Aus Camera-Raw-Bildern sowie allgemeiner aus Dateien mit 16 oder 32 Bit pro Grundfarbe lässt sich im Zweifelsfall mehr herausholen als 8-Bit-Vorlagen. Der aufwändige Raw-Dialog beim Öffnen von Camera-Raw-Bildern bietet bereits zahlreiche Kontrastkorrekturen und erlaubt automatisiertes Öffnen durchkorrigierter Bildreihen (Seite 146). Sie können dort – auch mit JPEGs und TIFFs – verlustfreie Änderungen über das Bild legen und die Korrekturen bequem auf andere Dateien übertragen. Aber auch Einstellungsebenen erlauben verlustfreie Änderungen.

10.1 Grundlagen

Lesen Sie zunächst, welche Befehle insgesamt den Bildeindruck verbessern und in welcher Reihenfolge man sie anklickt.

Übersicht: Befehle für Kontrast, Tonwertumfang und Farbton

Die Befehle zur Kontrastkorrektur finden sich im Untermenü **Bild: Anpassungen**. War der Befehl zu stark in seiner Wirkung, dämpfen Sie ihn nachträglich stufenlos per **Bearbeiten: Verblassen**. Besser noch: Viele Funktionen können Sie auch als korrigierbare Einstellungsebene einrichten; damit zeigen Sie den Bereich unter der Einstellungsebene verändert, Sie wechseln aber jederzeit zurück zum Original oder zu einer anderen Korrektur (Seite 615).

Das Untermenü **Bild: Anpassungen** erlaubt vor allem subtile Korrekturen:

» Mit der **Tonwertkorrektur** erweitern oder begrenzen Sie den Tonwertumfang – ideal, um flauen Vorlagen mehr Brillanz zu verpassen. Dieses Dialogfeld enthält auch die Gammakorrektur, die vor allem mittlere Tonwerte anhebt oder absenkt. Auch als Einstellungsebene (Seite 615).

Übersicht: Befehle für Kontrast, Tonwertumfang und Farbton

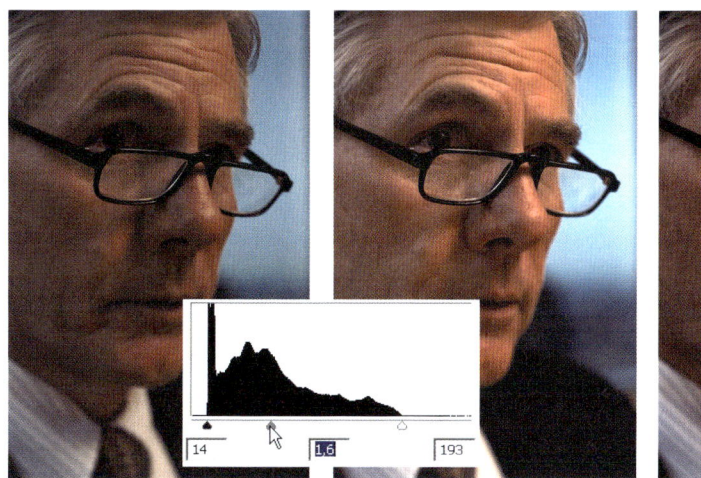

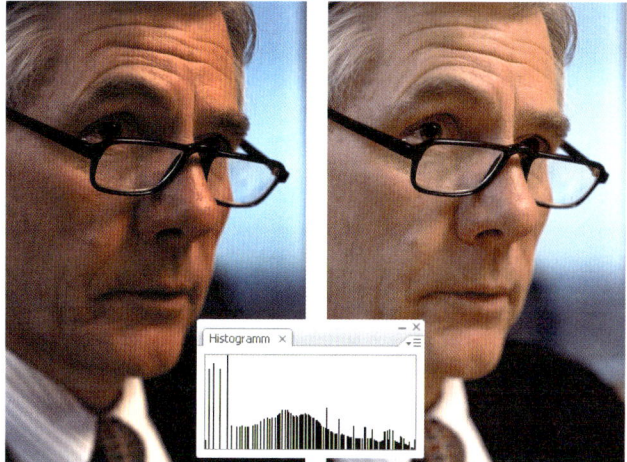

Abbildung 10.1 **1. Bild:** Die Vorlage wirkt dunkel und flau. **2. Bild:** Wir heben die vorhandenen helleren Tonwerte mit dem weißen Regler der »Tonwertkorrektur« an. **3. Bild:** Wir senken die vorhandenen dunkleren Pixel mit dem schwarzen Dreieck auf Schwarz ab, das Bild erhält mehr Tiefe. **4. Bild:** Eine Anhebung der Mitteltöne mit dem grauen Regler korrigiert den noch zu dunklen Gesamteindruck. Die »Tonwertkorrektur« zeigt stets nur das Vorher-Histogramm der noch unbearbeiteten Datei. Nur die Histogrammpalette zeigt Werte passend zur aktuellen Einstellung im Dialogfeld. Datei: Tonwertkorrektur_a

» Die **Auto-Tonwertkorrektur** erweitert ganz ohne Dialogfeld den Tonumfang automatisch, so dass Ihr Bild kontrastreicher und brillanter wirkt; die Farbstimmung kann sich ändern.

» Der Befehl **Auto-Kontrast** erweitert ebenfalls den Tonwertumfang automatisch, schützt aber die Farbstimmung.

» **Auto-Farbe** behebt Farbstiche, ohne den Kontrasteindruck zu verändern.

» Die **Gradationskurven** regeln die Kontraste neu nur für einzelne Helligkeitszonen, können aber auch den Tonwertumfang ausdehnen. Auch als Einstellungsebene.

» Die **Farbbalance** entfernt Farbstiche oder ändert die Farbstimmung. Auch als Einstellungsebene.

» Das kleine Dialogfeld **Helligkeit/Kontrast** eignet sich für schnelle Korrekturen. In der Grundstellung ändern sich vor allem mittlere Tonwerte, während Lichter und Schatten nicht ruiniert werden. Die Option FRÜHEREN WERT VERWENDEN korrigiert die Tonwerte dagegen weit stärker, da sie alle Helligkeitsbereiche einheitlich hebt oder senkt. Auch als Einstellungsebene.

» Der **Schwarzweiß**-Befehl setzt Farbbilder vielseitig in Graustufen um. Auch Tonungen sind möglich. Auch als Einstellungsebene.

» Das Dialogfeld **Farbton/Sättigung** ändert den Farbton oder die Farbsättigung. Auch als Einstellungsebene.

» **Sättigung verringern** zieht alle Farbe aus dem Bild und erzeugt eine meist kontrastarme Graustufenanmutung.

» **Gleiche Farbe** gleicht ein Bild oder eine Ebene an die Farbstimmung einer anderen Vorlage an.

» **Farbe ersetzen** fasst zwei Aufgaben zusammen: Auswählen gleichfarbiger Bildteile und Veränderung dieses Farbtons.

» Die **Selektive Farbkorrektur** verändert Farben, indem einzelne Grundfarben angehoben oder abgesenkt werden. Auch als Einstellungsebene.

» Der **Kanalmixer** verschiebt den Anteil der einzelnen Grundfarben am Gesamtbild. Auch als Einstellungsebene.

» Die **Verlaufsumsetzung** sorgt für Farbeffekte: Alle Helligkeitsstufen des Bilds werden in Tonwerte eines Farbverlaufs umgesetzt. Auch als Einstellungsebene.

Abbildung 10.2 **Links:** Bei Gegenlicht wurde der Vordergrund unterbelichtet. **Rechts:** Der Befehl »Tiefen/Lichter« hebt nur die sehr dunklen Tonwerte an, helle Bildpunkte bleiben fast unverändert. Vorlage: Tiefen_a

» Der **Fotofilter** rechnet zarte Farbtonungen ins Bild. Auch als Einstellungsebene.

» **Tiefen/Lichter** korrigiert nur besonders helle oder besonders dunkle Bereiche, zum Beispiel stark unterbelichtete Bildteile. Auch als Smart Filter (Seite 631).

» Die **Belichtung** korrigiert insbesondere HDR-Dateien mit 32 Bit Farbtiefe pro Grundfarbe. Auch als Einstellungsebene.

» **Umkehren** erzeugt ein Negativ – nützlich in Grafiken oder zum Umkehren der Auswahlwirkung in Ebenenmasken oder Alphakanälen. Auch als Einstellungsebene.

» Die **Tonwertangleichung** korrigiert das Gesamtbild auf Basis der Auswahl eines schlecht belichteten Bildteils.

» Der **Schwellenwert** erzeugt eine reine Schwarz-Weiß-Grafik. Sie entscheiden, welche Helligkeitsstufen schwarz oder weiß erscheinen sollen. Auch als Einstellungsebene.

» Die **Tontrennung** reduziert die Vorlage mit plakativer Wirkung auf wenige Tonwerte. Auch als Einstellungsebene.

» Die **Variationen** zeigen ein ganzes Tableau unterschiedlicher Farbstimmungen für ein Bild. Auch als Smart Filter.

Korrekturen schnell wiederholen

Eine gelungene Kontrastkorrektur passt auch zu anderen Bildern derselben Aufnahmereihe. So übertragen Sie eine gelungene **Gradationskurve** oder **Tonwertkorrektur** schnell und einfach auf weitere Bilder:

» Teilweise können Sie brauchbare Werte als Vorgabe direkt im Dialogfeld speichern.

» Legen Sie die erste Korrektur als Einstellungsebene an (Seite 615). Diese Ebene ziehen Sie aus der Ebenenpalette auf weitere geöffnete Bilder.

» **Tiefen/Lichter** und **Variationen** ziehen Sie nicht als Einstellungsebene, sondern als Smartfilter über andere Bilder. Die wandeln Sie zunächst in Smart Objekte um.

» Starten Sie die **Gradationskurven** nicht mit Strg+M, sondern mit Strg+Alt+M – dann bietet Photoshop sofort die Werte der letzten Korrektur an. Die Alt-Taste belebt das Gedächtnis auch bei anderen wichtigen Befehlen: Strg+Alt+L (statt Strg+L) öffnet die **Tonwertkorrektur** gleich mit der Reglerstellung vom letzten Bild, Strg+Alt+B beschert die **Farbbalance** mit den letzten Vorgaben und Strg+Alt+U den Befehl **Farbton/Sättigung**.

» Arbeiten Sie im Raw-Dialog. Dort können Sie Einstellungen (also Korrekturvorgaben) kopieren und einfügen.

» Zeichnen Sie eine Befehlsfolge (Aktion) auf.

Tipp
Dauert das Öffnen der Kontrastdialoge zu lange, sollten Sie eventuell die CACHE-STUFE erhöhen - dann hat Photoshop weniger Arbeit damit, das intern meist benötigte Histogramm zu berechnen (siehe Seite 215).

Bei geöffnetem Dialogfeld

Schalten Sie die VORSCHAU vorübergehend aus, um den Unterschied zur ursprünglichen Bildfassung zu erkennen. Bei geöffnetem Dialogfeld ist Photoshop nicht für alles andere blockiert, Ihnen stehen vielmehr immer noch wichtige Funktionen zur Verfügung:

Pipette bei geöffnetem Dialogfeld

Gut zu wissen: Auch bei geöffnetem Dialogfeld können Sie mit dem Mauszeiger jederzeit ins Bild fahren; der Cursor verwandelt sich dort in die Pipette, mit der Sie alte und neue Werte anmessen.

Die Infopalette (Seite 49) nennt dabei nebeneinander den zuletzt gültigen und den korrigierten Tonwert des Bildpunkts unter der Pipette. Die Infopalette lässt sich auch bei geöffnetem Dialogfeld per **Fenster**-Menü oder im Palettenbereich öffnen.

Per Rechtsklick ändern Sie den Aufnahmeradius der Pipette. Verwenden Sie in der Regel einen Durchschnitt von 5x5 oder mehr Bildpunkten, so dass nicht einzelne Ausreißertonwerte einen falschen Eindruck erwecken.

Tipp
Messen Sie bei geöffnetem Dialogfeld mit der Pipette auch ein nicht aktives Bild aus, um Vergleichswerte zu erhalten.

Farbaufnehmer bei geöffnetem Dialogfeld

Auch während **Gradationskurven**, **Farbton/Sättigung** und Co. geöffnet auf dem Schirm prangen, nutzen Sie Pipette und Farbaufnehmer:

» ⇧-Klicks erzeugen Messpunkte für das Farbaufnahme-Werkzeug (Seite 50).

» Um einen Messpunkt zu verschieben, bleiben Sie ebenfalls der ⇧-Taste treu.

» Mit ⇧-Alt-Klicks verschwinden die Punkte wieder.

Bildschirmdarstellung ändern

Ziehen Sie auch bei geöffnetem Dialogfeld an den Rollbalken am Bildfensterrand. Per Strg+Leertaste (am Mac ⌘+Leertaste) kommen Sie auch bei geöffnetem Dialogfeld zu einer Vergrößerungslupe, Alt+Leertaste zaubert eine Verkleinerungslupe her, die Leertaste allein sorgt für die Verschiebehand. Auch bei geöffnetem Dialogfeld können Sie mit dem **Ansicht**-Menü Hilfslinien oder Auswahlmarkierungen ausblenden, ohne sie zu löschen, zum Beispiel mit **Ansicht: Einblenden**.

Rücknahme von Eingaben bei geöffnetem Dialog

Haben Sie an mehreren Reglern gedreht und möchten zu einer früheren Reglerstellung zurückkehren, bietet Photoshop meist zwei Möglichkeiten:

» Drücken Sie Strg+Z, um die allerletzte Veränderung zu annullieren.

» Drücken Sie die Alt-Taste; sie verwandelt die Schaltfläche ABBRECHEN in die Schaltfläche ZURÜCK. Diese klicken Sie an, wenn Sie alle Werte wieder auf die ursprüngliche Einstellung setzen wollen, ohne dass sich das Fenster schließt.

Tipp
Oft soll die Kontrastkorrektur nicht das ganze Bild ändern, sondern nur einen Bildbereich. Mischen Sie also korrigierte und unveränderte Bildfassung. Verschiedene Verfahren zeigen wir ab Seite 36.

Übersicht: Arbeitsfolge bei Kontrastkorrektur

Korrigieren Sie Ihre Fotos in dieser Reihenfolge, natürlich sind nicht alle Schritte immer erforderlich:

1. Drehen Sie das Bild, falls erforderlich.
2. Schneiden Sie überflüssigen Rand ab, falls erforderlich – die Außenbereiche verfälschen sonst die Analyse der Tonwertverteilung, wenn sie ohnehin später wegfallen sollen.
3. Korrigieren Sie Bildrauschen, retuschieren Sie störende Details weg.
4. Sie setzen neue Schwarz- und Weißpunkte mit **Gradationskurven** oder **Tonwertkorrektur**.
5. Sie verteilen Lichter und Schatten neu mit den **Gradationskurven** oder mit dem Gammaregler in der **Tonwertkorrektur**.

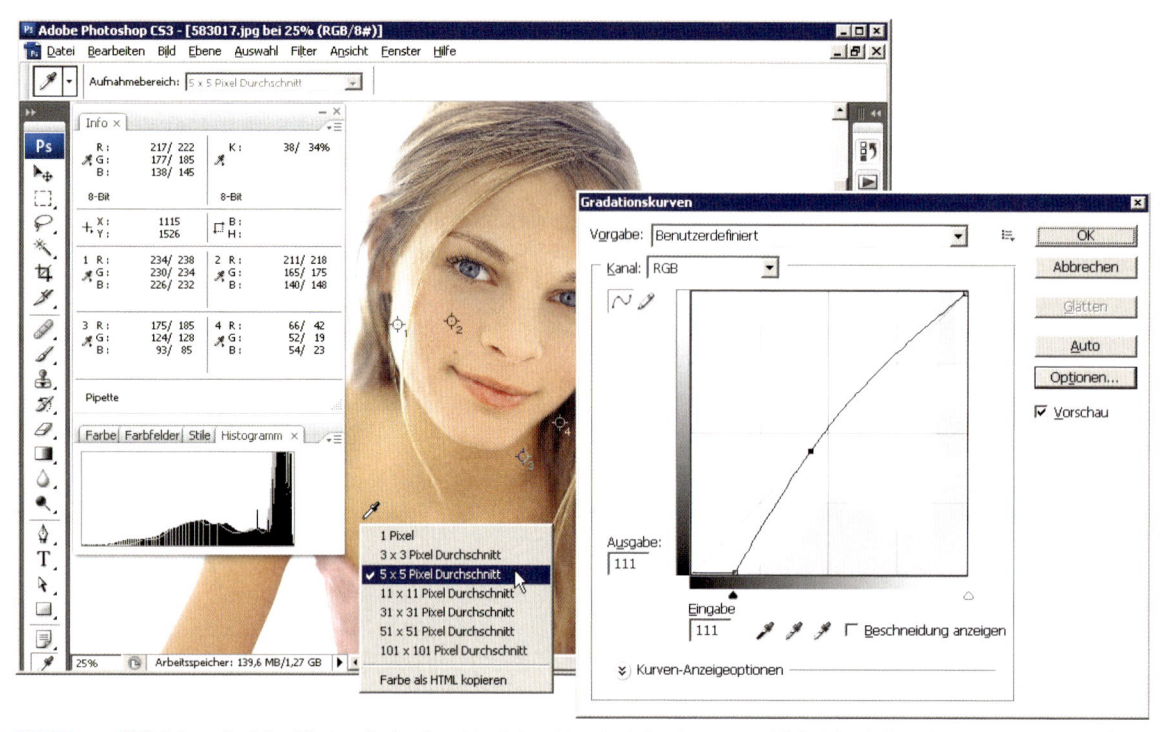

Abbildung 10.3 Informativ: Bei geöffnetem Kontrastkorrekturdialog – hier »Gradationskurven« – zeigt die Infopalette Vorher- und Nachherwerte für den Bildpunkt unter dem Zeiger (Seite 49). Der Zeiger erscheint meist als Pipette, per Rechtsklick definieren Sie den Aufnahmeradius. Die Infopalette nennt auch die Werte für die maximal vier Messpunkte des Farbaufnahmewerkzeugs. Auch die Histogrammpalette zeigt Vorher- und Nachherwerte übereinander.

6. Sie korrigieren Farbstiche entweder mit der Mitteltonpipette in den Dialogfeldern für **Tonwertkorrektur** oder **Gradationskurven** oder mit dem Befehl für **Farbbalance** oder **Selektive Farbkorrektur**.

7. Ändern Sie gezielt Farben, etwa in Himmelspartien oder Gebäuden, zum Beispiel mit dem Dialogfeld für **Farbton/Sättigung**.

8. Rechnen Sie nun in den CMYK-Modus um, falls das für Ihre Produktion erforderlich ist.

9. Erst dann schärfen Sie das Bild zum Beispiel mit dem **Selektiven Scharfzeichner**.

Histogramm & Histogrammpalette

Das FENSTER-Menü fördert die Histogrammpalette zutage. Diese zeigt, welche Helligkeitswerte in Ihrem Bild wie stark vertreten sind: Kommen zum Beispiel dunkle bis schwarze Tonwerte in der Datei vor? Wird das mögliche Helligkeitsspektrum nach Weiß hin ausgenutzt? Sie erkennen Fehlbelichtungen und Kontrastprobleme sofort.

Türmen sich ganz links die Balken besonders hoch, dann hat die Datei mehr dunkle als helle Bildpunkte. Möglicherweise erkennen Sie schon, dass ein bestimmter Tonwertbereich gar nicht ausgenutzt wird – orten Sie zum Beispiel ganz rechts keinen Ausschlag, dann fehlen Tiefen.

Ein Histogramm erscheint außer in der Histogrammpalette innerhalb der Dialogfelder **Gradationskurven**, **Tonwertkorrektur**, **Schwellenwert** und beim Öffnen von Raw-Dateien. Allerdings passt sich die Histogrammpalette am schnellsten an Änderungen an. Noch während der Kontrastkorrektur sehen Sie in der Histogrammpalette neue und alte Werte zusammen; das Histogramm in **Gradationskurven** oder **Tonwertkorrektur** tischt zunächst träge nur die alten Werte auf.

Fotografie
Einige Digitalkameras zeigen bereits ein Histogramm auf dem TFT-Monitor, vor oder nach dem Belichten. So kontrollieren Sie die Tonwertausnutzung direkt beim Fotografieren. Zwar können Sie das Histogramm später mit Photoshops **Tonwertkorrektur** *dehnen, besser jedoch fotografieren Sie von Anfang an einen hohen Tonwertumfang.*

Histogramm & Histogrammpalette

Abbildung 10.4   Flau oder freundlich: Mit der richtigen Reihenfolge bei der Kontrastkorrektur bessern Sie matte Bilddateien optimal auf. Vorlage: Tonwertkorrektur_a

So nutzen Sie die Histogramm-Palette

1. **Kanal:** Anzeige von Gesamthelligkeit oder Einzelfarben
2. **Quelle:** Histogramm für Gesamtansicht oder Einzelebene darstellen (nur bei Bildern mit Montageebenen)
3. **Statistik:** Bereich kann per Palettenmenü ausgeblendet werden
4. **Statistik:** rechte Spalte für Tonwert unter Mauszeiger über Palette oder für Tonwertbereich, den Sie per Mausbewegung auswählen
5. **Tonwertverteilung:** keine sehr hellen Bildpunkte vorhanden
6. **Tonwertverteilung:** einige mittelhelle Bildpunkte vorhanden
7. **Tonwertverteilung:** dunkle (aber nicht schwarze) Bildpunkte relativ stark vorhanden
8. **Aktualisieren:** Histogramm so aktualisieren, dass es auf allen vorhandenen Bildpunkten und nicht nur auf einer Hochrechnung basiert
9. **Palettenmenü:** Darstellung ändern

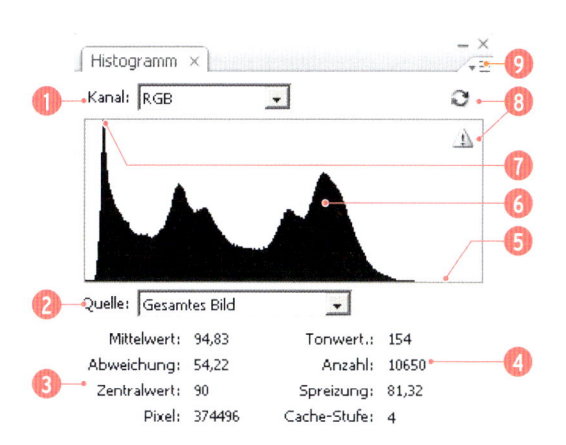

Grafik interaktiv auch im Web unter *www.mut.de/photoshop-kompendium*.

Kapitel 10 • Kontrast & Farbstimmung

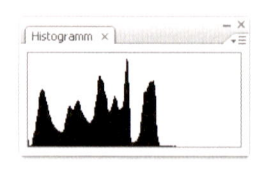

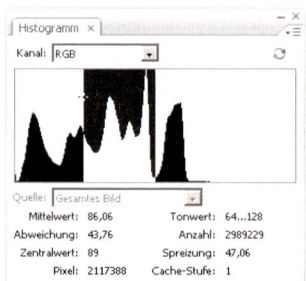

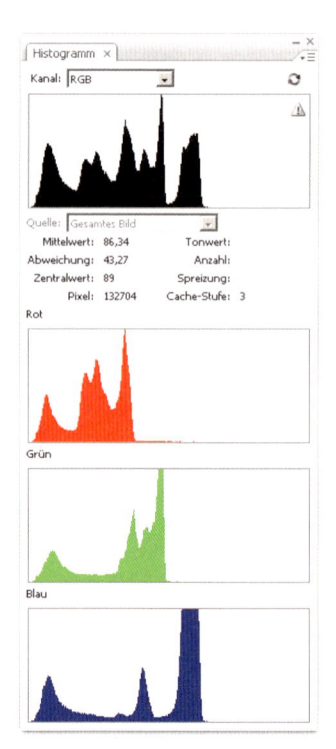

Abbildung 10.5 Die Histogrammpalette zeigt, dass dieses Foto keine helleren Pixel hat und darum dunkel wirken muss. **Mitte oben:** Die Histogrammpalette in der »Kompakten Ansicht« ohne »Statistik«. **Mitte unten:** Die Histogrammpalette in der »Erweiterten Ansicht« inklusive »Statistik« und markiertem Bereich innerhalb des Histogramms. Das Klappmenü »Quelle« steht nicht zur Verfügung, weil die bearbeitete Datei eine einzige »Hintergrund«-Ebene hat. **Rechts:** Wir haben »Alle Kanäle in Ansicht« ein- und die »Statistik« ausgeschaltet; für die drei Einzelkanäle verwenden wir »Kanäle in Farbe anzeigen«. Sie erkennen den Blauschwerpunkt. Datei: Histogramm_a

Darstellungsmöglichkeiten

Photoshop zeigt die Histogrammpalette in drei verschiedenen Darstellungsarten und Größen; wechseln Sie die Darstellung über das Palettenmenü:

» Die **Kompakte Ansicht** betrachtet generell das Gesamtbild und keine Einzelebene, Sie haben hier auch keine Klappmenüs für KANAL und QUELLE.

» Die **Erweiterte Ansicht** bietet die Klappmenüs für KANAL und QUELLE.

» Nur die Vorgabe **Alle Kanäle in Ansicht** zeigt zusätzlich zum Gesamtkanal noch einzelne Histogramme für jeden Grundfarbenkanal wie ROT, GRÜN, BLAU. Sie beansprucht weit mehr Monitorfläche. Im Palettenmenü entscheiden Sie, ob Photoshop die **Kanäle in Farbe anzeigen** soll.

Die STATISTIK – also das Zahlenwerk unter dem obersten Histogramm – erscheint nur bei den Vorgaben **Erweiterte Ansicht** und **Alle Kanäle in Ansicht**. Sie können die STATISTIK im Palettenmenü abwählen, um Platz zu sparen.

Das »Kanal«-Menü

Die Darstellung des obersten Histogramms steuern Sie mit dem KANAL-Klappmenü, sofern Sie **Erweiterte Ansicht** oder **Alle Kanäle in Ansicht** verwenden:

» Eine Vorgabe wie RGB (bei RGB-Bildern) zeigt das Gesamthistogramm des Bilds.

» Alternativ wählen Sie einen Einzelkanal wie ROT oder CYAN.

» Die FARBEN-Vorgabe zeigt jeden Farbkanal separat im gemeinsamen Fenster. Wo sich zwei Grundfarben mischen, entsteht eine weitere Farbe, zum Beispiel treffen sich Grün und Blau zu Cyan. Wo alle Grundfarben übereinanderliegen, sehen Sie Schwarz.

» LUMINANZ verrät die Helligkeit des Gesamtbilds, als ob alle Ebenen zu einer »Hintergrund«-Ebene verschmolzen wären.

Histogramm & Histogrammpalette

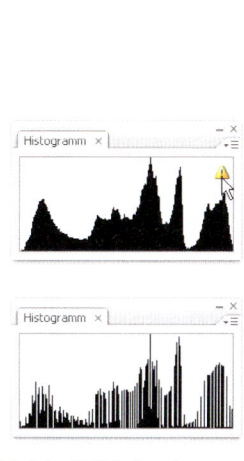

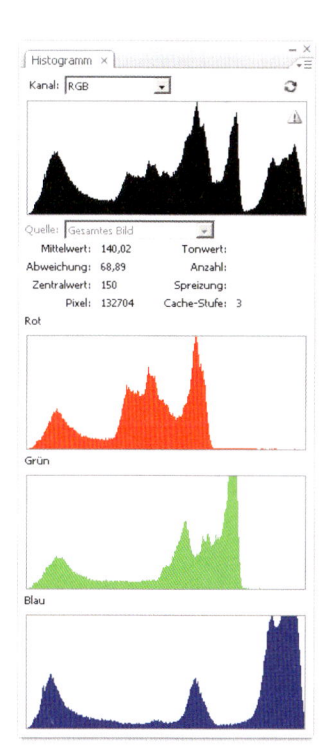

Abbildung 10.6 Links: Der Befehl »Bild: Anpassungen: Auto-Kontrast« dehnt den Helligkeitsumfang aus, wahrt aber die Farbstimmung. **Mitte oben:** Das Histogramm zeigt: Die Datei nutzt jetzt den ganzen verfügbaren Tonwertbereich. Das Warndreieck signalisiert, dass das Histogramm nur auf einer verkleinerten Vorschauversion basiert und nicht absolut genau ist (»Cache-Stufe« über 1). **Mitte unten:** Wir haben auf das Warndreieck geklickt, so dass Photoshop sämtliche vorhandenen Bildpixel berücksichtigt. Sie sehen die für eine Tonwertspreizung typischen Tonwertlücken; sie stören im Druck und am Monitor meist nicht. **Rechts:** Nur den Blaukanal hat Photoshop auf das komplette Tonwertspektrum ausgedehnt; die anderen Grundfarben bleiben passend zum ursprünglichen Kräfteverhältnis dahinter zurück. Deshalb bleibt die bläuliche Grundstimmung gewahrt.

Auswahl der »Quelle«

In der **Kompakten Ansicht** gilt das Histogramm stets für das Gesamtbild inklusive aller Ebenen. Besteht eine Auswahl, meldet das Histogramm die Helligkeitsverteilung innerhalb der Auswahl. Sofern Ihr Bild Ebenen hat und Sie nicht die **Kompakte Ansicht** verwenden, bietet das Quelle-Klappmenü neben dem Gesamten Bild weitere Darstellungen an:

» Werten Sie nur die **Ausgewählte Ebene** im Histogramm aus.

» Analysieren Sie das **Korrekturcomposite**. Sie sehen die Helligkeitsverteilung so, als ob eine zuvor aktivierte Einstellungsebene (also eine abschaltbare Kontrast- oder Farbtonkorrektur, Seite 615) dauerhaft auf die darunterliegende Ebenen angewendet worden wäre. Dazu aktivieren Sie eine Einstellungsebene, sonst bietet Photoshop das Korrekturcomposite nicht an.

»Cache-Stufe«

Sie können Photoshop so einrichten, dass für die Histogrammdarstellung nicht laufend sämtliche Originalpixel von riesigen Bildern analysiert werden müssen. Stattdessen kann Photoshop das Histogramm nur aus einer verkleinerten Bildversion herausziehen – eventuell nur aus der Bildgröße, die Sie gerade am Schirm sehen – zum Beispiel 16,7 Prozent. Das geht viel schneller als die Berechnung der Originalpixel.

Sie steuern dies mit dem Befehl **Bearbeiten: Voreinstellungen: Leistung** im Feld Verlauf und Cache:

» Stehen die Cache-Stufen dort auf 1, so heißt das: Photoshop baut das Histogramm immer aus sämtlichen Originalpixeln auf.

» Werte von 2 bis 8 bedeuten dagegen: Photoshop ermittelt das Histogramm nur noch aus einer verkleinerten Darstellung am Schirm, Sie sehen eine Hochrechnung und Sie sparen Zeit.

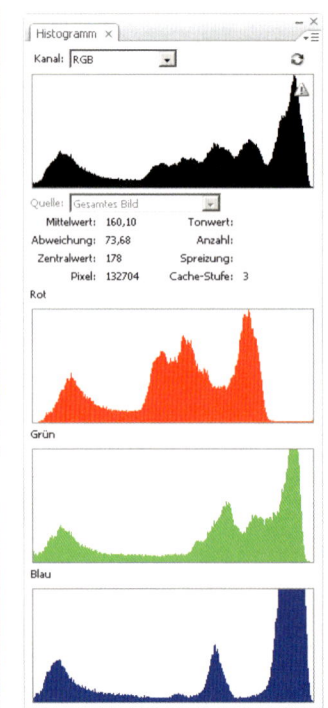

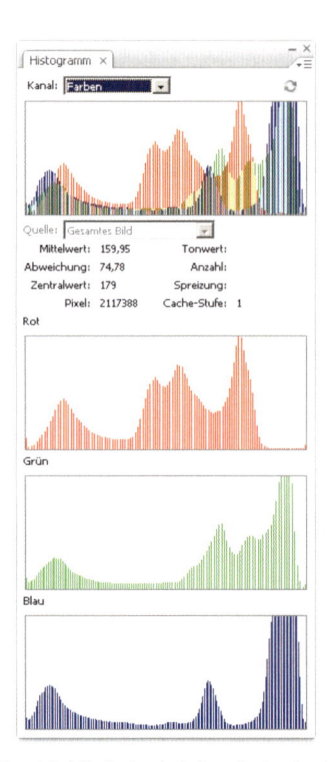

Abbildung 10.7 **Links:** Die »Auto-Tonwertkorrektur« hebt den Tonwertumfang und ändert die Farbstimmung. **Mitte:** Hier dehnt Photoshop jede Grundfarbe einzeln bis zum Maximum aus. Rot und und besonders deutlich Grün ändern sich stärker als Blau, die Farbstimmung geht von Blau weg. **Rechts:** Nach einem Klick auf das Warndreieck berechnet Photoshop das Histogramm aus den Originalpixeln. Das Histogramm oben haben wir von »RGB« auf »Farben« umgestellt.

Je mehr CACHE-STUFEN, desto kleiner die Zoomstufe, die Photoshop für das Histogramm verwendet. Die CACHE-STUFE 4 macht das Programm also schneller als die CACHE-STUFE 2. Allerdings ist das Histogramm mit CACHE-STUFE 7 auch noch etwas ungenauer, denn Photoshop errechnet die Darstellung aus noch weniger tatsächlich vorhandenen Pixeln.

Die Histogrammpalette meldet die aktuelle CACHE-STUFE (es sei denn, Sie haben die STATISTIK verbannt oder die **Kompakte Ansicht** eingeschaltet). Mit dem Warndreieck signalisiert die Histogrammpalette, dass Sie eine Cache-Fassung verwenden und nicht die Originalpixel.

Wollen Sie generell das unverfälschte Histogramm auf Basis aller Pixel sehen, stellen Sie die Cache-Stufe auf 1. Alternative: Sie bringen die Histogrammpalette nur bei Bedarf dazu, ihr schwarzes Gebirge auf Basis aller tatsächlich vorhandenen Bildpunkte zu berechnen: Dazu klicken Sie einmal auf das Dreieck, auf das Symbol NICHT GESPEICHERTE AKTUALISIEREN oder doppelt ins Histogrammfenster. Unmittelbar anschließend meldet die Histogrammpalette die CACHE-STUFE 1. Sobald Sie das Bild verändern, signalisiert die Palette eventuell wieder eine andere CACHE-STUFE.

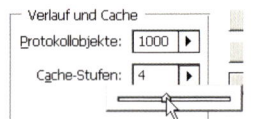

Abbildung 10.8 Auf starken Rechnern läuft Photoshop schneller mit »Cache-Stufen« über 1 – vor allem bei großen Dateien, die meist in Zoomstufen wie 25 Prozent oder noch kleiner erscheinen. Cache-Stufe 4 ist ein guter Mittelwert. Der Befehl heißt »Bearbeiten: Voreinstellungen: Leistung«.

»Statistik«

Sofern Sie die **Statistik** nicht per Palettenmenü ausgeschaltet haben, liefert das Datenfeld unter dem Histogramm sachdienliche Hinweise:

» Der MITTELWERT ist der durchschnittliche Helligkeitswert. Beobachten Sie bei Farbkorrekturen, ob sich der MITTELWERT und damit die Gesamthelligkeit ändert.

» Die ABWEICHUNG sagt, wie weit die Werte variieren.

» Der ZENTRALWERT zeigt den Mittelwert der Farbwerte an, so dass Sie zum Beispiel Rückschlüsse auf die durchschnittliche Helligkeit ziehen können.

» PIXEL nennt die Zahl der Bildpunkte, auf denen das Histogramm basiert.

Histogramm & Histogrammpalette

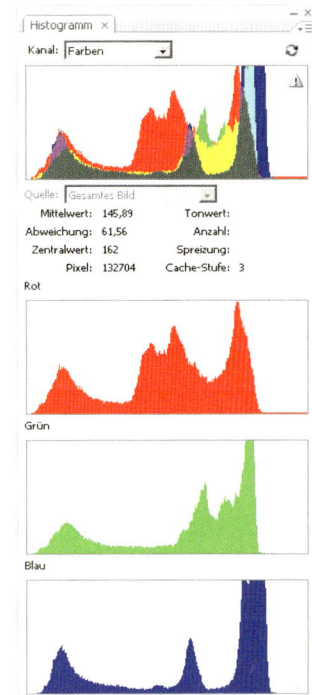

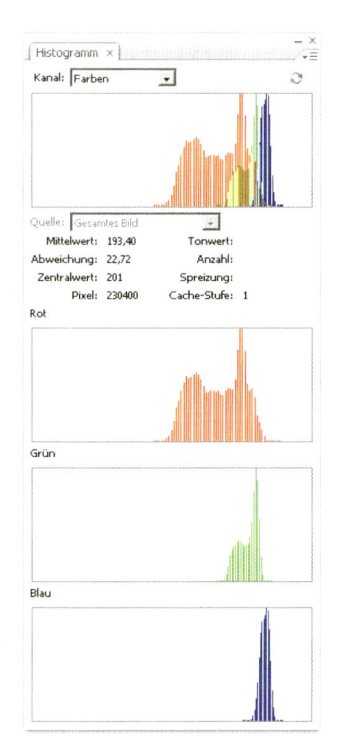

Abbildung 10.9 **Links:** Der Befehl »Auto-Farbe« korrigiert die Farbwirkung stärker als den Kontrast. **Mitte:** Das Histogramm für das Gesamtbild zeigt, dass der Befehl alle Farbwerte auf gleiche Augenhöhe bringt, er dehnt sie aber nicht bis zum Maximum aus. **Rechts:** Sobald eine Auswahl im Bild besteht – hier ein Stück Himmel –, zeigt das Histogramm die Werte nur für diesen Bereich.

Halten Sie den Mauszeiger über dem Histogramm oder markieren Sie einen Bereich durch Ziehen mit der Maus, dann informiert Sie der rechte Teil der »Statistik« speziell über den markierten Bereich.

» Der TONWERT verrät den Helligkeitswert oder den Bereich direkt unter dem Mauszeiger.

» Die ANZAHL besagt, wie oft dieser Wert auftaucht.

» Die SPREIZUNG nennt den prozentualen Anteil an Pixeln, die dunkler sind als dieser Wert.

» Die CACHE-STUFE enthüllt, ob Photoshop die Informationen aus sämtlichen Originalpixeln oder bequem aus einer verkleinerten Darstellung errechnet (siehe oben).

Bei geöffnetem Korrekturdialog

Auch wenn ein Dialogfeld wie **Gradationskurven** oder **Selektiver Scharfzeichner** geöffnet ist, können Sie die Histogrammpalette mit den Schaltflächen ⚠ oder ↻ aktualisieren. Das Histogramm zeigt dabei in einer überlagerten Darstellung die Vorher- und Nachherverteilung der Tonwerte an.

Bildbeurteilung mit Histogramm

Das Histogramm gibt häufig Aufschluss über Qualität und Brauchbarkeit einer Bilddatei:

» Finden Sie verteilt über das Tonwertspektrum immer wieder dünne Tonwertlöcher, wurde die Datei vermutlich schon einmal mit **Tonwertkorrektur**, **Gradationskurven** oder ähnlichen Funktionen bearbeitet oder schlecht gescannt; die Helligkeitssprünge stören die Bildwirkung meist nicht.

» Sehen Sie riesige Lücken und nur wenige Tonwertbalken, dann ist oder war die Datei vermutlich im Modus INDIZIERTE FARBEN und lässt eventuell nicht auf ein ausgewogenes Druckbild hoffen.

» Ist ein größerer Helligkeitsbereich links oder rechts gar nicht vertreten, haben Sie es mit einem schlechten Scan oder einer Fehlbelichtung zu tun. Das Druckbild gerät flau, wenn Tiefen fehlen. Und es wirkt düster und unbrillant, wenn es an Lichtern mangelt. Das lässt sich oft in Photoshop noch deutlich verbessern. Ein Tonwertumfang von 20 bis 240 sollte für einen sauberen Druck ausreichen.

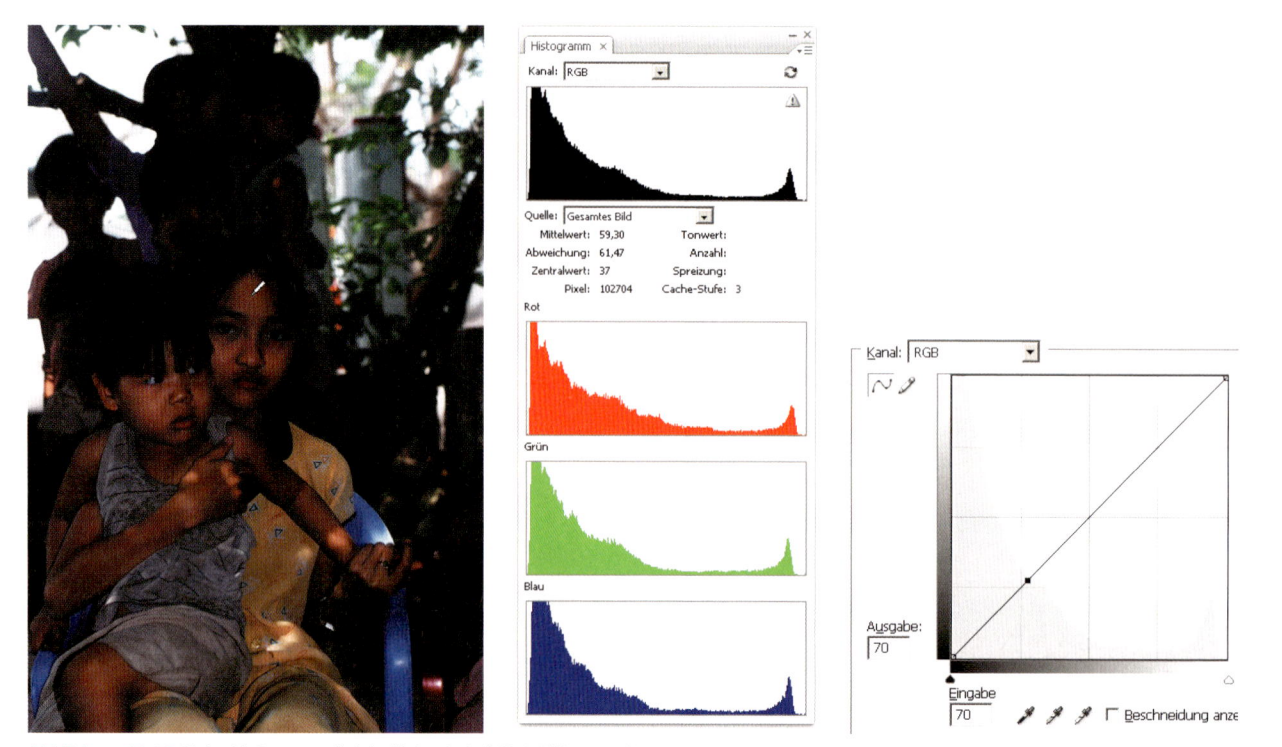

Abbildung 10.10 **Links:** Die Personen sind deutlich unterbelichtet. **Mitte:** Das Histogramm zeigt nicht nur einen leichten Rotstich. Sie erkennen auch, dass die Datei bereits Tonwerte fast aus dem gesamten Helligkeitsspektrum enthält. Eine übliche Tonwertausdehnung à la »Auto-Tonwertkorrektur« bringt darum wenig. **Rechts:** Wir öffnen die Gradationskurven mit Strg+M, halten die Strg-Taste gedrückt und klicken in einen zu dunklen Hautton. So entsteht ein Ankerpunkt auf der Kurve, hier beim Tonwert 70. Datei: Histogramm_c

10.2 »Gradationskurven«

Kein Kontrastbefehl ist wichtiger als **Bild: Anpassungen: Gradationskurven**. Wenn Sie die Funktion beherrschen, brauchen Sie **Helligkeit/Kontrast** oder **Tonwertkorrektur** nicht mehr. Nur für extreme Fehlbelichtungen nehmen Sie **Tiefen/Lichter** und wenn es besonders unkompliziert sein soll **Helligkeit/Kontrast**. Sie rufen die **Gradationskurven** auch mit der Kurztaste Strg+M auf. Strg+Alt+M bringt das Dialogfeld gleich mit den zuletzt verwendeten Werten her. Mit Photoshop CS3 baute Hersteller Adobe die **Gradationskurven** so deutlich aus, dass man die früher gleichfalls beliebte **Tonwertkorrektur** (Seite 238) eigentlich nicht mehr braucht.

Das Interessante an den **Gradationskurven**: Sie bearbeiten ganz gezielt nur einen bestimmten Helligkeitsbereich. Zum Beispiel heben Sie nur die Schatten an, ohne gleichzeitig Mitteltöne und Lichter mit zu verändern. So präzise schafft das keine andere Funktion.

Die Gradationskurve zeigt das Verhältnis zwischen den Helligkeitswerten vor und nach der Bearbeitung, also zwischen EINGABE und AUSGABE. Auf der Gradationskurve ordnen Sie notfalls jedem einzelnen Tonwert von 0 bis 255 seinen eigenen, neuen Tonwert zu.

Im Klappmenü oben bietet Photoshop nützliche Voreinstellungen an, mit denen Sie die Korrektur starten und dann von Hand weiter verfeinern könnten. Über den Schalter VORGABE-OPTIONEN speichern Sie gelungene Kurven, um sie per Klappmenü wieder zu laden; so wenden Sie die Einstellung auf Bilder mit ähnlichem Korrekturbedarf an.

Hier geht es um die Kontrastverbesserungen. Bizarre Effekte per **Gradationskurven** besprechen wir dann ab Seite 351 im Kapitel »Filter & Verfremdung«. Gradationskurven bietet Photoshop im Übrigen noch öfter: im DUPLEX-Dialog, als DRUCKKENNLINIE beim **Drucken**, beim Umwandeln von 32-Bit-HDR-Bildern und im Raw-Dialog.

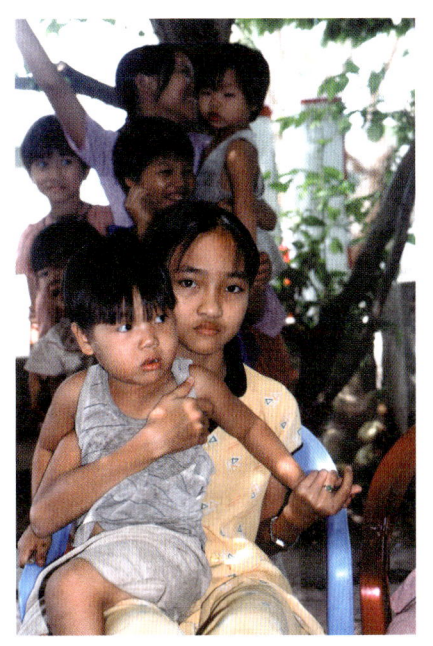

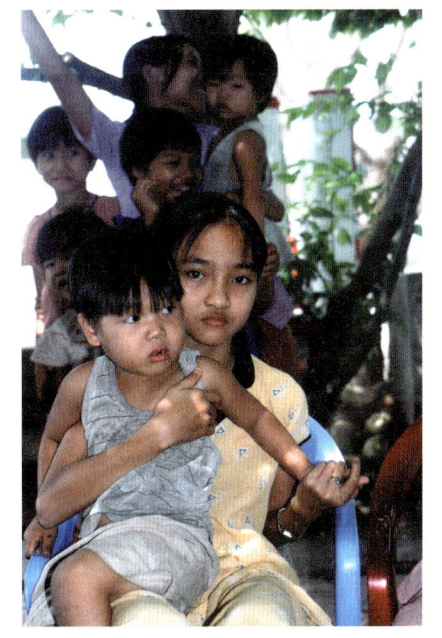

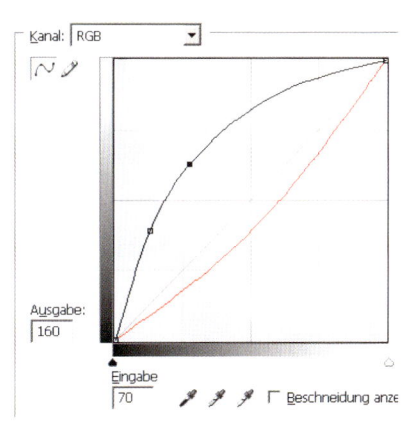

Abbildung 10.11 Mitte: Das Bild wirkt deutlich heller, allerdings etwas rötlich. **Mitte:** Im »Kanal«-Menü der Gradationskurve haben wir den »Rot«-Kanal gewählt und mittleres Rot durch Ziehen nach unten leicht gedämpft. **Rechts:** Der Tonwert 70 stieg bis auf 160 an. Hier ist wieder der »RGB«-Gesamtkanal eingeschaltet, unsere Rotkorrektur wird aber noch als »Kanalüberlagerung« angezeigt. Mit örtlichen Korrekturen in einzelnen Bildbereichen könnte man das Bild noch präziser verbessern.

Darstellung

In den KURVEN-ANZEIGEOPTIONEN steuern Sie das Erscheinungsbild: Wechseln Sie zwischen engen und weiter gefassten Koordinaten und blenden Sie die GRUNDLINIE ein – eine 45-Grad-Linie, die den Neutralzustand des Gradationsfelds anzeigt. Per SCHNITTLINIE zieht Photoshop Linien vom aktuellen Mauszeiger bis zum Rand des Diagramms.

Die engen Zehnerfelder stören eher, die Linien auch. Achten Sie vor allem auf diese Optionen:

» Per **Licht (0-255)** zeigt der linke Teil der Gradationskurve die dunkleren Bildpartien, mit den digitalen RGB-Tonwerten ab null. Die helleren Bildpartien mit den Dichtestufen bis hin zu 255 (reines Weiß) sehen Sie weiter rechts. Sie erkennen es auch an dem Grauverlauf unter der Gradationskurve. Dies ist die übliche Darstellung für Bilder im RGB-Farbraum, zum Beispiel für Digitalkameraaufnahmen. Wir verwenden diese Darstellung auch hier im Buch.

» **Pigment/Druckfarbe** kehrt die Darstellung um: Die hellen Werte liegen links, die dunklen rechts und die Zählung geht von 0 (Weiß) bis 100 Prozent Deckung (Schwarz) – so ist es in der Druckvorstufe und für Bilder im CMYK-Farbraum üblich.

» Mit den **Kanalüberlagerungen** legen Sie fest, dass mehrere Graphen gleichzeitig erscheinen – nicht für die Gesamthelligkeit, sondern auch für die einzelnen Grundfarben. Das ist auch interessant, wenn Sie via OPTIONEN eine Automatikkorrektur anwenden. Sie können jedoch nur denjenigen Farbkanal bearbeiten, der oben im Klappmenü erscheint.

» Das **Histogramm** innerhalb des Diagramms sollten Sie meist anzeigen – speziell wenn Sie den Tonwertumfang erweitern wollen, zum Beispiel auch mit den zwei Dreiecksreglern.

Teil 3 • Korrektur

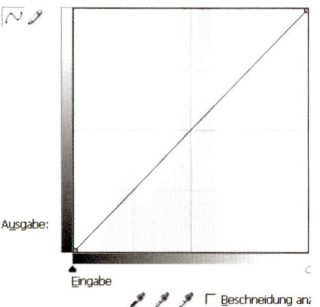

Abbildung 10.12 Das Histogramm im Dialogfeld »Gradationskurven« zeigt: Unsere Vorlage hat Mitteltöne bis zum Abwinken, aber weder tiefe Schatten noch hohe Lichter. Die Linie läuft exakt diagonal durchs Diagramm, es wurde noch nichts verändert. Datei: Gradation_a

Drei Anwendungsbeispiele

Rufen Sie das Dialogfeld neu auf, läuft die »Kurve« zunächst unelegant schnurgerade diagonal durchs Diagramm – von links unten nach rechts oben: Das Bild ist also noch unverändert. Sprechen wir die Wirkung zunächst in drei Beispielen durch.

Für die drei Beispiele nutze ich hier die gängige Vorgabe **Licht (0-255)**; dunkle Tonwerte sehen Sie also links im Diagramm. Achten Sie auch darauf, dass Sie links oben den üblichen Kurvenmodus ⁀ eingeschaltet haben. Nun drei typische Korrekturen:

Beispiel 1: Aufhellung

Ihr Foto soll allgemein heller erscheinen? Klicken Sie in die Mitte der Kurve und ziehen Sie nach oben. So heben Sie vor allem die Mitteltöne an. In unserem Beispiel steigt der Tonwert 95 auf hellere 130 an. Sie merken, dass dabei die Kurve in den Ecken unten links und oben rechts verankert bleibt.

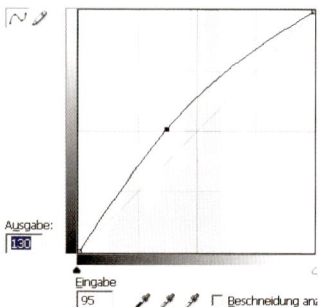

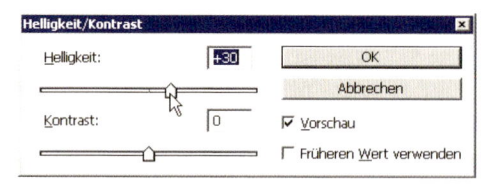

Abbildung 10.13 Wir ziehen die Gradationskurve nach oben, der mittlere Tonwert 95 steigt dabei auf 130 an; die anderen Helligkeitswerte ändern sich auch. Das Bild erscheint heller. Die »Grundlinie« zeigt zur Orientierung weiter den ursprünglichen, streng diagonalen Verlauf an. Eine ähnliche Wirkung erzielt auch der Befehl »Helligkeit/Kontrast«.

Das heißt, reines Schwarz und reines Weiß ändern sich gar nicht, tiefe Schatten und hohe Lichter bewegen sich ebenfalls kaum, weit schwächer als die Mitteltöne – und so soll es meist auch sein.

In etwa diese Änderung erhalten Sie auch mit einer VORGABE aus dem Klappmenü ganz oben im Dialog, sie heißt **Heller (RGB)**. Eine ähnliche Änderung, wenn auch etwas kontrastreicher, liefert bei Bedarf der HELLIGKEITS-Regler des Befehls **Bild: Anpassungen: Helligkeit/Kontrast**; verzichten Sie dort auf den FRÜHEREN WERT.

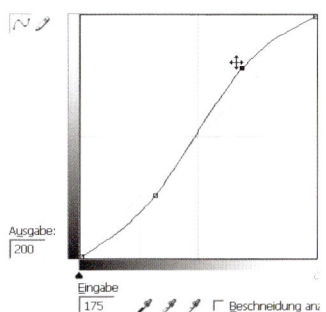

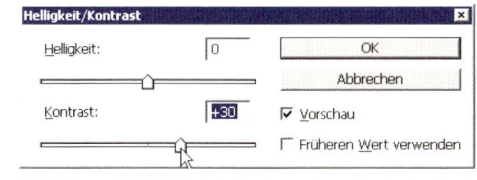

Abbildung 10.14 Die Schattenbereiche weiter in den Keller gezogen, die Lichter leicht angehoben – so verstärken Sie den Kontrast.

Beispiel 2: Mehr Kontrast

Oder möchten Sie eine allgemeine Kontraststärkung? Dunklere Tonwerte sinken also weiter ab, hellere Tonwerte steigen an. In der **Gradationskurven**-Praxis bedeutet das: Sie ziehen den linken unteren Teil der Kurve ein Stück nach unten; in unserem Beispiel sinkt der ursprüngliche, also der EINGABE-Tonwert 80 bis auf 65 ab. Anschließend klicken Sie in den oberen Bereich und ziehen nach oben; hier steigt der Tonwert 175 bis auf 200.

Diese Änderung erhalten Sie auch über das VORGABE-Klappmenü ganz oben im Dialog, probieren Sie **Starker Kontrast (RGB)**, **Linearer Kontrast** oder **Kontrastverstärkt**. Eine unkomplizierte, wenn auch nicht völlig identische Alternative bietet wieder der Befehl **Bild: Anpassungen: Helligkeit/Kontrast**: Ziehen Sie den KONTRAST-Steller nach rechts, auf positive Werte, und schalten Sie den FRÜHEREN WERT ab.

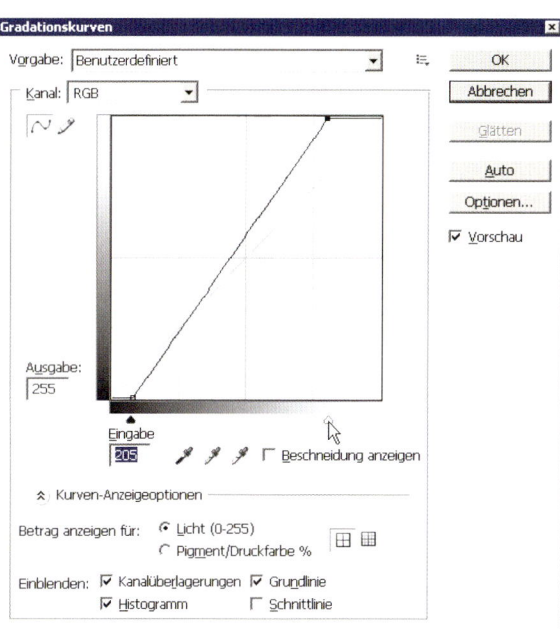

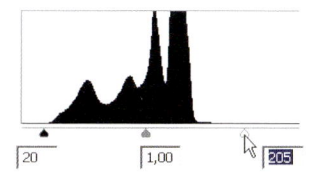

Abbildung 10.15 Diese Einstellung senkt vorhandene tiefe Schatten bis auf Schwarz ab und hebt vorhandene hohe Lichter auf reines Weiß an. Das geht genauso auch mit dem Befehl »Tonwertkorrektur«. Das Bild wirkt brillanter.

Teil 3 • Korrektur

Beispiel 3: Tonwerterweiterung

Ein letztes Beispiel: Das Histogramm unserer Vorlage zeigt weder ganz links noch ganz rechts Ausschläge – es gibt also weder sehr dunkle noch sehr helle Tonwerte. Ziehen Sie das schwarze Dreieck links bis zu den ersten Erhebungen des Histogramms. Sie sehen den EINGABE-Wert 20 und als AUSGABE schlicht 0: Sie drücken also alle Tonwerte von 20 bis 0 einheitlich auf 0 herunter, das Bild wird dunkler und kontrastreicher.

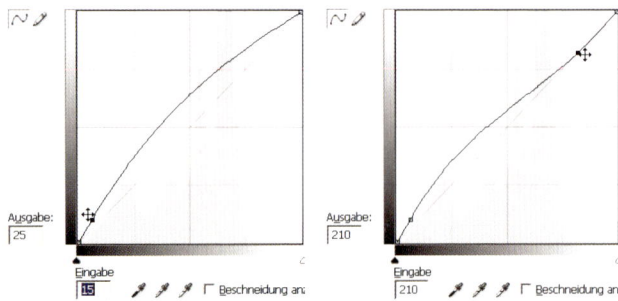

Abbildung 10.16 Um die Schatten aufzuhellen, ziehen wir zunächst die Gradationskurve ganz unten etwas nach oben. Das hebt jedoch auch hellere Töne an - zu sehr; also klicken wir weit oben in die Kurve und ziehen sie wieder zurück auf einen geraderen Verlauf.

Und nun der weiße Regler rechts außen: Ziehen Sie ihn nach innen bis zum tatsächlichen Beginn des Histogramms. Wir kommen hier auf die EINGABE 205 und eine AUSGABE von 255: Ab Tonwert 205 aufwärts wird alles zu reinem Weiß. Ihr Bild sieht nun heller und brillanter aus und es nutzt den kompletten möglichen Tonwertumfang von 0 bis 255 aus. Das Histogramm in der Gradationskurve hat sich zwar noch nicht verändert, aber in der Histogrammpalette sehen Sie die Tonwertausdehnung schon. Wirkt das Motiv jetzt noch etwas dunkel, ziehen Sie die Gradationskurve in der Mitte leicht nach oben.

Die Tonwerterweiterung bietet ganz genauso auch der Befehl **Bild: Anpassungen: Tonwertkorrektur** an. Zum späteren Aufhellen ziehen Sie dort den mittleren grauen Regler nach links.

Ankerpunkte und Zahleneingabe

Sie können direkt an der Kurve im Dialogfeld ziehen. Aber dann wissen Sie nicht so genau, welchen Helligkeitsbereich Sie nun verändern.

Ankerpunkte gezielt setzen

Übersichtlicher sind diese Möglichkeiten:

» Klicken Sie auf einen Tonwert, den Sie verändern wollen: Photoshop signalisiert die Lage dieses Tonwerts auf der Gradationskurve durch einen Kreis. In dieser Gegend der Gradationskurve könnten Sie also ziehen.

» Noch besser: Halten Sie die [Strg]-Taste gedrückt, dann klicken Sie einen Helligkeitsbereich im Bild an, den Sie gezielt verändern möchten. So entsteht ein erster Ankerpunkt auf der Gradationskurve, den Sie jetzt bewegen. Außerdem entsteht ein Zahlenpaar.

Erzeugen Sie bei Bedarf weitere Ankerpunkte. Entweder klicken Sie die Ankerpunkte direkt in die Kurve im Dialogfeld oder Sie klicken wieder mit [Strg]-Taste ins Bild – zum Beispiel einmal auf die Lichter, einmal auf die Schatten.

Tipp
Klicken Sie bei gedrückter [Strg]- und [⇧]-Taste in den Graphen, um Kontrollpunkte in allen Einzelkanälen, aber nicht im Gesamtkanal zu erzeugen.

Insgesamt stehen vierzehn Punkte zur Verfügung. Aktive Punkte erscheinen gefüllt, nicht aktive Punkte als Kontur. Die Tastenkombination [Strg]+[⇥] aktiviert einzelne Punkte der Reihe nach, die [⇧]-Taste dreht die Richtung des Durchlaufs um – vergleichen Sie nun die Werte in den Feldern EINGABE und AUSGABE. Punkte, die Sie nicht mehr brauchen, zerren Sie komplett aus dem Diagramm heraus. Alternative: Auch ein [Strg]-Klick löscht sie.

Ankerpunkte und Zahleneingabe

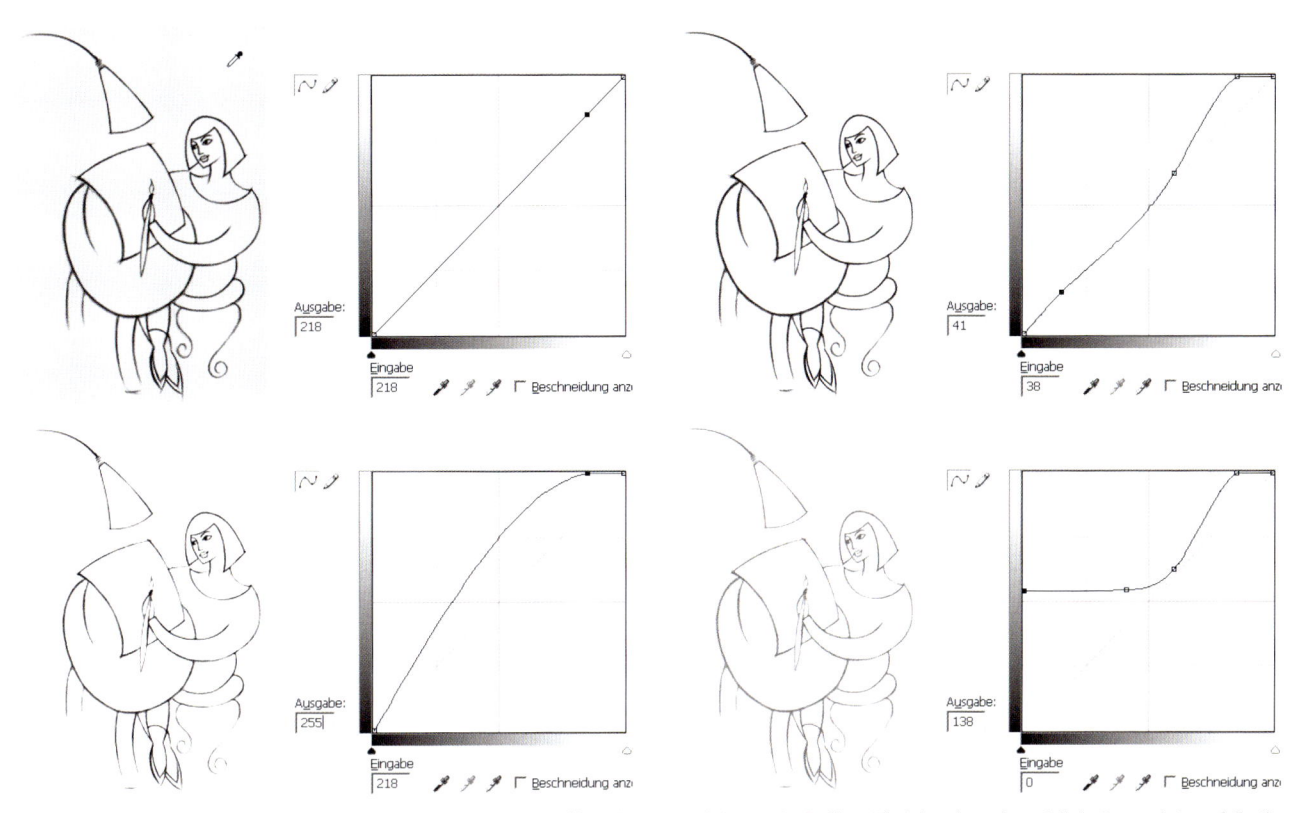

Abbildung 10.17 Oben: Um nur den hellgrauen Hintergrund zu ändern, öffnen Sie die »Gradationskurven« und klicken bei gedrückter [Strg]-Taste ins Bild. So entsteht ein Kontrollpunkt auf dem Graphen, Photoshop meldet Tonwert 218. **Unten:** Sie wollen das 218er-Hellgrau auf Weiß heben. Also tippen Sie als neuen »Ausgabe«-Wert 255 ein. Der Hintergrund ist nun weiß, doch die Kanten wirken etwas hart.

Abbildung 10.18 Oben: Wir ziehen den unteren Teil der Kurve wieder auf die diagonale »Grundlinie« zurück, also normaler Kontrast für mittlere und dunklere Töne. Das Grau an den Kanten der Grafik wirkt nun wieder kräftiger, der Hintergrund bleibt Weiß. **Unten:** Die Skizze soll grau erscheinen. Wir heben den gesamten dunkleren Bereich der Gradationskurve kräftig an - so schließen Sie Schwarz komplett aus, die Linien erscheinen nur noch grau. Sie könnten die Linien auch anders grau machen - mit dem Helligkeitsregler der Befehl »Helligkeit/Kontrast« (ohne »Früheren Wert«) und »Farbton/Sättigung«.

Soll die Gradationskurve über einen bestimmten Tonwertbereich hinweg linealgerade verlaufen, drücken Sie die [⇧]-Taste. Nun klicken Sie nur noch Anfangs- und Endpunkte des Kurvenabschnitts an.

Punkte verschieben

Verschieben Sie mehrere Punkte gleichzeitig. Dazu aktivieren Sie die gewünschten Punkte bei gedrückter [⇧]-Taste, so dass sie gefüllt und nicht als Kontur erscheinen. Nun ziehen Sie alle gemeinsam. Sie müssen einen Punkt dieser Gruppe erneut mit der [⇧]-Taste anklicken, um die Gemeinsamkeit aufzulösen. [Strg]+[D] entfernt jegliche Markierung. Aktivierte Kontrollpunkte bewegen sich auch per Pfeiltasten. Die [⇧]-Taste löst wie immer Zehnersprünge aus.

Zahleneingabe

Erst wenn Sie einen Punkt in die Kurve klicken, oder nach dem [Strg]-Klick ins Bild, erscheinen die Datenfelder für EINGABE und AUSGABE und Sie können neue Werte auch eintippen. Legen Sie zum Beispiel fest, dass der Tonwert 170 exakt auf 200 ansteigt. Brauchen Sie ein weiteres Vorher-Nachher-Wertepaar? Klicken Sie zunächst einen neuen Punkt in die Kurve; tippen Sie nicht einfach neue Werte in die Datenfelder, denn dann ist Ihr erstes Zahlenpaar gelöscht.

Teil 3 • Korrektur

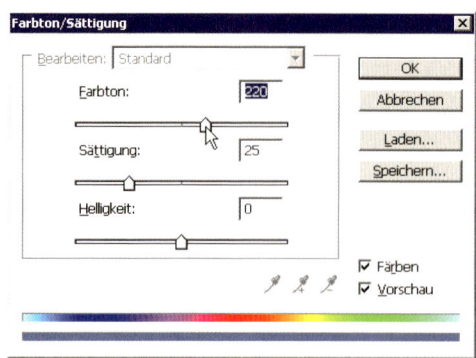

Abbildung 10.19
Wir wählen »Bild: Modus: RGB-Farbe«, danach »Bild: Anpassungen: Farbton/Sättigung«. Mit der Option »Färben« kolorieren wir die Zeichnung, der »Farbton«-Regler steuert die Farbe; experimentieren Sie auch mit der »Sättigung«. Voraussetzungen hier: Die Skizze muss grau, nicht schwarz sein und die Grafik muss sich jetzt in einem Farbmodus wie »RGB-Farbe« befinden. Sind die Linien zunächst noch schwarz, werden sie erst einmal mit der »Helligkeit« grau gemacht, danach funktioniert das Umfärben.

So nutzen Sie die Gradationskurve

❶ **Vorgabe:** auswählen (eigene und mitgelieferte)

❷ **Kanal:** Gesamtbild (RGB) oder einzelne Grundfarbe wählen

❸ **Standardmodus:** für normale Korrekturen, erzeugt Kurven mit weichen Übergängen, verhindert Tonwertsprünge; Bleistiftmodus für Kurven mit harten Sprüngen

❹ **Kanalüberlagerungen:** für einzelne Grundfarben, ausblendbar, hier nicht durch Ziehen änderbar

❺ **Grundlinie:** ausblendbar

❻ **Schnittlinie:** erscheint beim Ziehen, ausblendbar

❼ **Aktiver Kontrollpunkt:** Werte erscheinen beim Ziehen in Feldern unten; Löschen: per `Strg`-Klick oder aus Diagramm herausziehen

❽ Nicht aktiver Kontrollpunkt

❾ **Tonwert unter dem Mauszeiger:** Tonwert des Bildpunkts unter dem Mauszeiger bei gedrückter linker Maustaste; `Strg`-Klick erzeugt neuen Kontrollpunkt

❿ **Histogramm:** zeigt Ausgangswerte vor der Korrektur an; ausblendbar (Histogrammpalette oder Infopalette sind aktueller)

⓫ **Eingabe:** Tonwert (Helligkeitswert) vor der Korrektur, hier 90, neuen Wert eintippen

⓬ **Ausgabe:** Tonwert nach der Korrektur, hier starke Anhebung auf hellere 160, neuen Wert eintippen

⓭ **Schwarzpunktregler:** nach innen ziehen, um dunkle Töne auf Schwarz zu senken, Tonwertumfang steigt, Bild wird dunkler und brillanter

⓮ **Weißpunktregler:** nach innen ziehen, um helle Töne auf Weiß zu senken, Tonwertumfang steigt, Bild wird heller und brillanter

⓯ **Pipetten:** im Dialog anklicken, dann ins Bild klicken, um gewählten Tonwert auf Schwarz, Neutralgrau oder Weiß zu setzen (gemäß Optionen); Doppelklick: Zieltonwert definieren; durch weiteren Klick wieder ausschalten

⓰ **Beschneidung anzeigen:** signalisiert Differenzierungsverlust in Grundfarbkanälen durch Alarmfarben

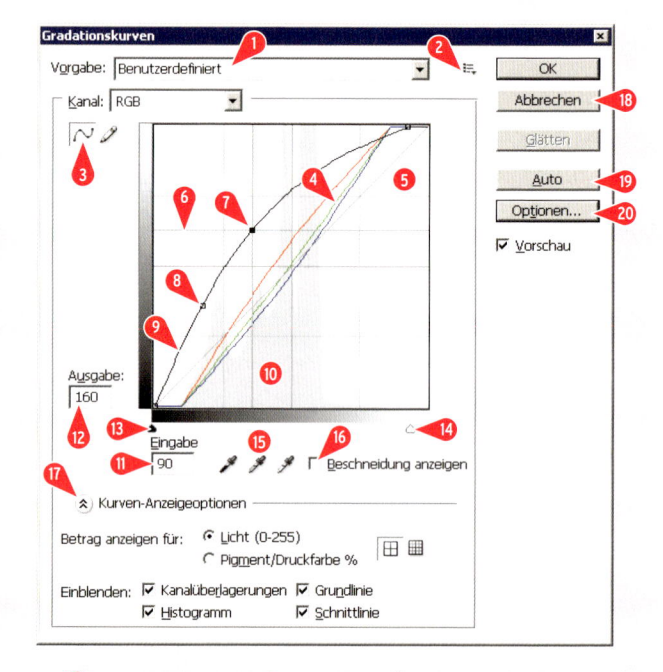

⓱ **Anzeige-Optionen ein-/ausblenden:** um Überlagerungen wie Grundlinie, Schnittlinie, Histogramm ein-/auszublenden

⓲ **Zurücksetzen:** `Alt`-Klick auf Abbrechen hebt alle Änderungen auf, ohne Dialog zu schließen

⓳ **Auto-Korrektur:** Kontrast und/oder Farbstimmung automatisch ändern (gemäß Optionen)

⓳ **Optionen:** Auto-Korrekturvarianten testen; Schwarz, Weiß und Neutralgrau definieren

Grafik interaktiv auch im Web unter *www.mut.de/photoshop-kompendium*.

Gradationskorrektur für einzelne Farbkanäle

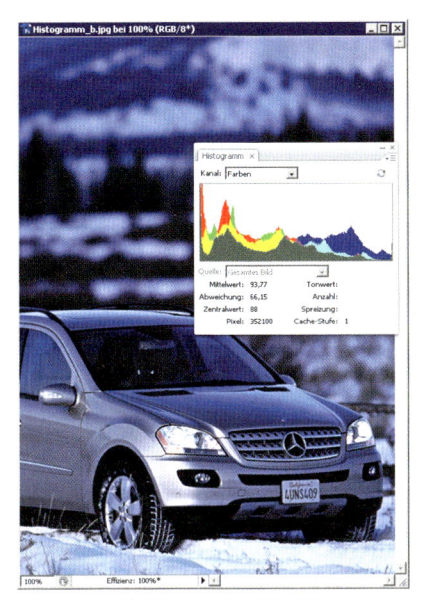

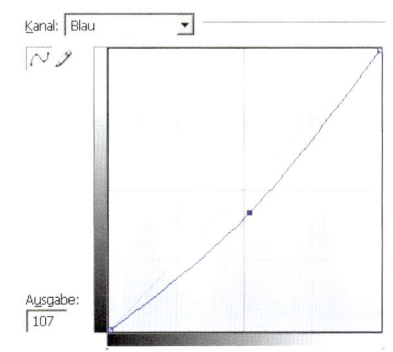

Abbildung 10.20 **Links:** Das Bild wirkt etwas bläulich. Wir wollen die Farbstimmung, aber nicht die Helligkeit ändern. **Mitte, rechts:** Wir schalten den »Blau«-Kanal in der Gradationskurve ein und ziehen nach unten. Das Bild wirkt nun etwas wärmer, allerdings auch dunkler: Die Statistik in der Histogrammpalette hatte vorher einen »Mittelwert« von gut 93 gemeldet, nun sank die durchschnittliche Helligkeit auf 88. Datei: Histogramm_b

Gradationskorrektur für einzelne Farbkanäle

Oben bietet die Gradationskurve ein Einblendmenü, mit dem Sie einzelne Farbauszüge eines RGB- oder CMYK-Bilds bearbeiten können, zum Beispiel nur den **Rot**-Kanal. Beim Lab-Farbmodell werden ohnehin nur Einzelkanäle angeboten. Damit lassen sich Farbstiche korrigieren – eine Alternative zu **Farbbalance** und Co.

Um eine Kombination aus zwei Einzelkanälen zu manipulieren, wählen Sie diese mit gedrückter ⇧-Taste in der Kanälepalette an, bevor Sie die **Gradationskurven** aufrufen. Schalten Sie unten im Dialogfeld die Kanalüberlagerungen ein, um die Kurven aller Grundfarben gleichzeitig zu sehen.

Klicken Sie bei gedrückter Strg-Taste ins Bild, erzeugen Sie einen Ankerpunkt auf der Gradationskurve des gewählten Kanals. Wenn Sie die ⇧-Taste dazunehmen, erhalten die Kurven aller Kanäle einen Ankerpunkt bei diesem Tonwert.

Anwendung

Bearbeiten Sie eine Einzelfarbe in einem RGB-Bild, stehen die hellen Bereiche der Gradationskurve (rechts oben) für einen hohen Anteil dieser Farbe; mit den dunklen Bereichen der Gradationskurve manipulieren Sie Pixel, die nur einen geringen Anteil des gewählten Farbauszugs bieten:

» Ziehen Sie rechts oben, wenn Sie die gewählte Farbe dort verändern wollen, wo sie ohnehin stark durchkommt (also auch in helleren Grauzonen). Soll etwa der Rotstich in gut ausgeleuchteten Gesichtern zurückgehen, ziehen Sie die Rotkurve im oberen Bereich nach unten.

» Ziehen Sie im unteren, dunklen Teil der Kurve, wenn Sie die gewählte Farbe dort verändern wollen, wo sie nur schwach erscheint. Stört eine Blautendenz in den Schatten, dann ziehen Sie die Blaukurve im linken, unteren Bereich weiter nach unten.

Überlegen Sie noch, in welche Farbrichtung die Korrektur gehen soll? So finden Sie einen Einstieg:

1. Stellen Sie sicher, dass die Kanalüberlagerungen eingeschaltet sind. Sie könnten auch die Histogrammpalette mit den Einzelfarben anzeigen.

2. Klicken Sie nun in den Gradationskurven auf die Optionen, im Dialog »Optionen« schließlich auf Kontrast kanalweise verbessern oder auf Dunkle und helle Farben suchen. Experimentieren Sie auch mit der Option Neutrale Mitteltöne ausrichten und verfolgen Sie, wie sich die Einzelfarben im Diagramm ändern.

3. Sobald Sie ein interessantes Zwischenergebnis sehen, bestätigen Sie die Optionen mit OK und arbeiten in der Gradationskurve an einer Einzelfarbe weiter.

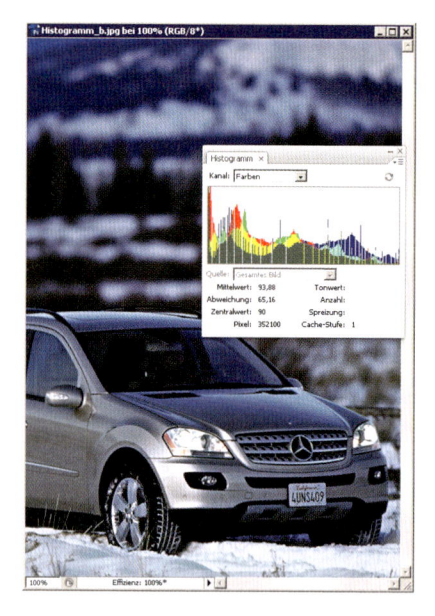

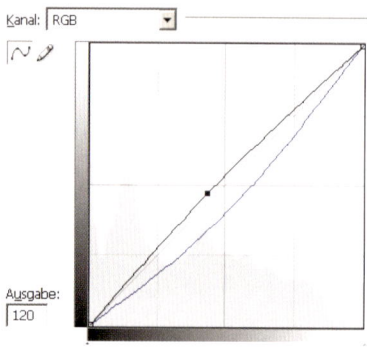

Abbildung 10.21
In der Gradationskurve schalten wir zurück auf den »RGB«-Gesamtkanal und heben die Kurve leicht an, bis die Histogrammstatistik wieder einen 93er-Mittelwert meldet. So ist die Helligkeit wiederhergestellt.

Alternative zu Schritt 2: Schalten Sie in den **Gradationskurven** die Neutralgrau-Pipette ein und klicken Sie einen Bildbereich an, der neutral erscheinen sollte. Auch so entstehen Veränderungen bei den einzelnen Grundfarben, sie geben Aufschluss über Korrekturmöglichkeiten.

Achtung
Bei der Korrektur einzelner Grundfarben verschiebt sich zunächst die Gesamthelligkeit. Beobachten Sie dazu die Veränderung des MITTELWERTS in der Histogrammpalette und gleichen Sie eventuell mit der Gradationskurve für die Gesamtfarben (zum Beispiel RGB) wieder aus. Helligkeitsänderungen verhindern Sie auch, wenn Sie statt der Gradationskurven den Befehl Bild: Anpassungen: Farbbalance mit seiner Option LUMINANZ ERHALTEN nehmen (Strg+B, Seite 257).

Der Befehl »Helligkeit/Kontrast«

Der Befehl **Bild: Anpassungen: Helligkeit/Kontrast** springt schnell und unkompliziert ein, wenn Sie keine Lust auf die komplexe Gradationskurve haben. **Helligkeit/Kontrast** war jahrzehntelang verpönt, weil die Funktion grob und gleichmacherisch hellste, mittlere und dunkle Bildpunkte einheitlich anhob oder senkte. Erst mit der Photoshop-Version CS3 stellte der Photoshop-Hersteller den Befehl um. Nur mit der Vorgabe FRÜHEREN WERT BEIBEHALTEN zeigt **Helligkeit/Kontrast** noch sein ursprüngliches, gröberes Verhalten.

Ohne diese Option – sie ist ab Werk nicht eingeschaltet – bearbeitet **Helligkeit/Kontrast** vor allem die Mitteltöne. Sie stoßen also seltener auf ausgefressene Lichter oder zulaufende Schatten. Wenn Sie die HELLIGKEIT anheben, wird das Histogramm vor allem zu den hellen Tönen hin ausgedehnt – und nicht gleichmäßig in Richtung hell und dunkel gespreizt, wie es nach alter Fasson geschah. Deutlicher als die dezente Ausdehnung des Tonwertumfangs ist aber die Verlagerung von Helligkeitswerten innerhalb der schon genutzten Bandbreite.

Helligkeit/Kontrast eignet sich damit vor allem für ordentlich durchgezeichnete Bilder, die den möglichen Tonwertumfang von null bis 255 schon weitgehend ausnutzen, aber noch innerhalb dieses Spektrums Verlagerungen brauchen, insbesondere bei den Mitteltönen. Sie wollen zum Beispiel in einem Bild mit vielen Lichtern die Mitteltöne und Lichter weiter aufhellen – das erledigt **Helligkeit/Kontrast**, ohne dass die hohen Lichter gleich ausfressen. Oder Sie brauchen in einem eher dunklen Bild die Mitteltöne dunkler; auch das geht mit **Helligkeit/Kontrast**, ohne dass die noch tieferen Werte gleich zahlreich ganz in Schwarz versinken.

Das Verhalten erinnert je nach Betrachtungsweise an den Befehl **Tiefen/Lichter**. Der arbeitet allerdings kraftvoller und konzentriert sich auf extrem helle bzw. dunkle Bildzonen.

Der Befehl »Helligkeit/Kontrast«

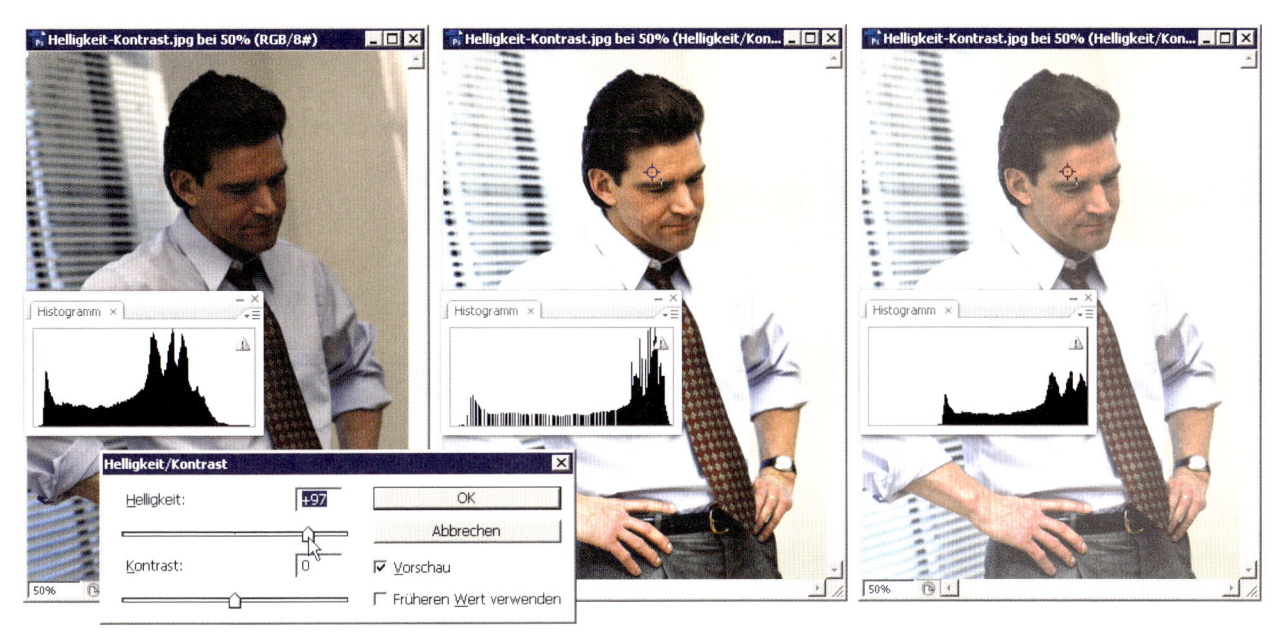

Abbildung 10.22 **Links:** Das Bild wirkt zu dunkel, nutzt aber bereits den größten Teil des Tonwertspektrums aus. Der Messpunkt des Farbaufnehmers kennzeichnet einen 55er-Helligkeitswert (HSB-Skala, 5 Pixel Radius). **Mitte:** Der Befehl »Helligkeit/Kontrast« mit dem Wert 97 hebt den Hautton bis auf 85 an. Alle Bildbereiche werden heller, ohne auszufressen; es gehen kaum Schatten verloren. Mit einem negativen »Kontrast«-Wert ließe sich das Ergebnis noch feiner abstimmen. **Rechts:** Auch hier wurde die Hautpartie auf 85 angehoben. Wir verwenden den »Früheren Wert«, der Helligkeitsregler steht bei 73. Das Bild wirkt flau, denn die Funktion hebt nicht nur Mitteltöne an, sondern schiebt einfach das Histogramm nach rechts; so fehlen tiefe Schatten, die Lichterpartien werden reihenweise auf reines Weiß gesetzt. Vorlage: Helligkeit-Kontrast

Der Helligkeitsregler verschiebt jetzt das Histogramm schlicht, ohne es zu erweitern oder umzuschichten. Der KONTRAST-Regler erweitert den Tonwertumfang dramatisch. Außer für grafische Aufgaben eignet sich diese gröbere Funktionsweise auch für Korrekturen in Alphakanälen oder Ebenenmasken.

Tipp
*Verwenden Sie **Helligkeit/Kontrast** in älteren Photoshop-Dateien als Einstellungsebene? Hier interpretiert Photoshop CS3 den Befehl automatisch samt der Option FRÜHEREN WERT; das Bild erscheint also mit der ursprünglich geplanten Wirkung auch in CS3.*

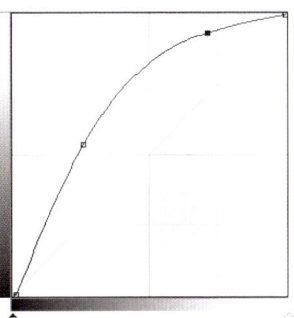

Abbildung 10.23
Wieder heben wir die Hauttöne im Bereich des Messpunkts auf 85. Diesmal öffnen wir die Gradationskurve, halten die Strg-Taste gedrückt und klicken in die Stirn. So entsteht ein erster Ankerpunkt für die Hauttöne, den wir deutlich anheben. Anschließend wird die Kurve weiter verfeinert.

10.3 Automatikkorrekturen

Die **Gradationskurve** liefert Möglichkeiten zur automatischen Kontrastkorrektur, die Sie identisch auch bei der **Tonwertkorrektur** finden:

» Mit der Auto- bzw. der OPTIONEN-Schaltfläche korrigieren Sie Bild oder Auswahl nach verschiedenen Kriterien. Diese Funktionen entsprechen 1:1 den **Auto**-Befehlen aus dem Untermenü **Bild: Anpassungen**.

» Mit den Pipetten 🖋 🖋 🖋 klicken Sie einen Bildpunkt an, um alle Pixel desselben Tonwerts auf Schwarz abzusenken, auf Weiß anzuheben oder neutralgrau zu stellen; diese Pipetten finden Sie auch beim Befehl **Belichtung**.

Wir besprechen alle Automatiken hier für **Gradationskurven**, **Tonwertkorrektur** und das Untermenü **Bild: Anpassungen** gemeinsam. Außerdem stelle ich Ihnen in diesem Abschnitt die **Tonwertangleichung** vor.

»Auto«-Korrekturen

Photoshop korrigiert die Kontraste auf Wunsch vollautomatisch. Dabei wird der Helligkeitsumfang mindestens einer Grundfarbe bis zum möglichen Maximum ausgedehnt. Nutzen Sie die drei Befehle **Auto-Tonwertkorrektur**, **Auto-Kontrast** und **Auto-Farbe** im Untermenü **Bild: Anpassungen** oder die entsprechenden Vorgaben in den OPTIONEN zu **Tonwertkorrektur** und **Gradationskurve**. Die Funktionen richten nichts mehr aus, wenn das Foto schon den kompletten Tonwertumfang ausnutzt.

Tipp
Haben Auto-Tonwertkorrektur, Auto-Kontrast oder Auto-Farbe das Bild etwas zu stark geändert? Rudern Sie via Bearbeiten: Verblassen schrittchenweise zurück.

»Optionen« steuern

Wahlweise einen der drei **Auto**-Befehle bietet Photoshop auch über die AUTO-Schaltfläche bei **Tonwertkorrektur** oder **Gradationskurven** an. Die anderen Funktionen sehen Sie nach einem Klick auf die OPTIONEN-Schaltfläche. Die Vorgaben in den OPTIONEN führt Photoshop sofort aus; sofern Sie die VORSCHAU eingeschaltet haben, erkennen Sie die Auswirkung im Original, an den Kanalüberlagerungen in der Gradationskurve und an der geänderten Histogrammpalette.

Zeigen Sie die KANALÜBERLAGERUNGEN in den **Gradationskurven** an, sehen Sie schon, wie sich die einzelnen Grundfarben verändern. Keine Reaktion zeigen allerdings die Histogramme der Dialoge **Gradationskurven** und **Tonwertkorrektur**. Drücken Sie die Alt-Taste und klicken Sie auf ZURÜCK, um die automatische Korrektur noch zu verwerfen, ohne gleich auf ABBRECHEN klicken zu müssen.

Tipp
Nutzen Ihre Bilder schon in allen Grundfarben das Tonwertspektrum aus, so verändern Sie mit diesen Auto-Befehlen nichts mehr. Sie müssen dann Tonwerte innerhalb des vorhandenen Spektrums umschichten, ohne noch – wie in den Beispielen hier – den Tonwertumfang erweitern zu können. Probieren Sie aus dem Untermenü Bild: Anpassungen die Tonwertangleichung, die Gradationskurven, Helligkeit/Kontrast, Tiefen/Lichter oder den grauen Gammaregler der Tonwertkorrektur.

Die »Auto«-Befehle und ihre Pendants

Die Tabelle zeigt, wie die **Auto**-Befehle aus **Bild: Anpassungen** mit den OPTIONEN von **Gradationskurven** und **Tonwertkorrektur** zusammenhängen:

Befehl im Untermenü Bild: Anpassungen	wirkt so wie Vorgabe in Optionen bei Tonwertkorrektur und Gradationskurve	Wirkung
Auto-Tonwertkorrektur	Kontrast kanalweise verbessern	Tonwertspektrum maximal erweitern, Farbveränderung möglich
Auto-Kontrast	Schwarzweiß-Kontrast verbessern	Tonwertspektrum erweitern ohne Farbveränderung; wirkt schwächer
Auto-Farbe	Dunkle und helle Farben suchen	Tonwertspektrum unverändert, nur Farbveränderung
	Neutrale Mitteltöne ausrichten	Zusatzoption gegen leichte Farbstiche

»Als Standard speichern«

Verwenden Sie in den OPTIONEN beim OK-Klick die Vorgabe ALS STANDARD SPEICHERN, bieten **Gradationskurve** und **Tonwertkorrektur** die eingestellte Korrektur fortan mit ihrer AUTO-Schaltfläche an. Ein Beispiel: Die Vorgabe KONTRAST KANALWEISE VERBESSERN entspricht dem Befehl **Bild: Anpassungen: Auto-Tonwertkorrektur**. Sie ändern bei Bedarf auch die BESCHNEIDEN-Werte, klicken auf ALS STANDARD SPEICHERN und dann auf OK.

Schwarz, Weiß und Neutralgrau per Pipette

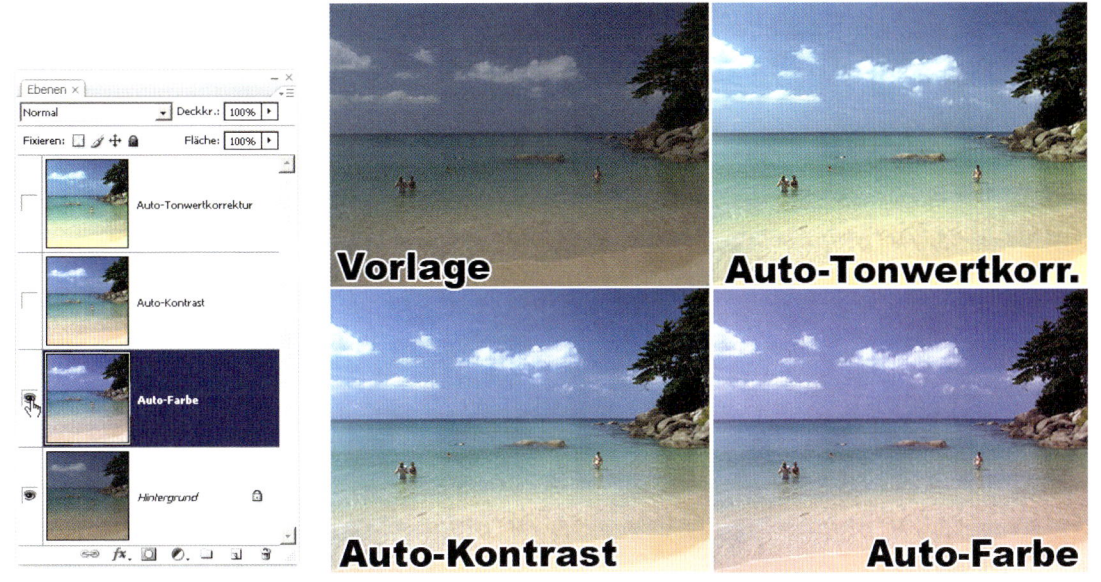

Abbildung 10.24 **Links:** Die mitgelieferte Aktion »Auto-Korrekturen als Ebenen« korrigiert Duplikatebenen mit den verschiedenen »Auto«-Korrekturen.
Rechts: Die Aktion »Auto-Korrekturen im Vergleich« stellt das duplizierte Original und drei »Auto«-Korrektur-Varianten nebeneinander.

Die Folgen:

» Die AUTO-Schaltfläche in **Gradationskurve** und **Tonwertkorrektur** verändert das Bild genau mit diesen Vorgaben.

» Auch der Befehl Bild: Anpassungen: Auto-Tonwertkorrektur nutzt die geänderten Einstellungen.

Wenn Sie nicht ALS STANDARD SPEICHERN, gilt die letzte Änderung nur für das aktuelle Bild, beim nächsten Versuch tischt Photoshop wieder die ursprüngliche Einstellung auf.

DVD
Die Aktionensammlung zu diesem Kompendium enthält die Aktion »Auto-Korrekturen als Ebenen«. Über der HINTERGRUND-Ebene entstehen drei Duplikatebenen, die mit **Auto-Tonwertkorrektur, Auto-Kontrast** *und* **Auto-Farbe** *bearbeitet werden. Mit dem Augensymbol können Sie einzelne Ebenen ausschalten. Falls die Wirkung zu stark war, senken Sie die DECKKRAFT und blenden so die unveränderte HINTERGRUND-Ebene wieder ein. Wenn das Bild gut aussieht, wählen Sie* **Ebenen: Auf Hintergrundebene reduzieren**. *– Eine weitere Aktion heißt »Auto-Korrekturen als Tableau«: Das Original wird zunächst dupliziert, dann entsteht ein übersichtliches Tableau mit der Vorlage und den drei* Auto-*Änderungen für* **Tonwertkorrektur, Kontrast** *und* **Farbe**.

Schwarz, Weiß und Neutralgrau per Pipette

Mit den Pipetten bei **Tonwertkorrektur** und **Gradationskurven** legen Sie Tiefen, Lichter und Neutralgrau manuell fest (die gleich aussehenden Pipetten in der **Belichtung** wirken anders). Wenn Ihnen das Ergebnis des ersten Klicks nicht gefällt, klicken Sie testweise eine andere Bildstelle an.

Schwarz und Weiß per Pipette

So legen Sie Schwarz und Weiß per Pipette fest:

» Sie klicken mit der Schwarzpipette SCHWARZPUNKT SETZEN auf einen sehr dunklen Bildpunkt. Diesen gewählten Helligkeitswert senkt Photoshop quer durchs Bild auf Schwarz ab; alle anderen Tonwerte korrigiert das Programm nach unten. Dadurch wird der Abstand vom hellsten zum dunkelsten Pixel im Bild größer, der Tonwertumfang steigt also. Ihr Bild erscheint dunkler, aber auch brillanter – so werten Sie flaue Scans oder bleiche Überbelichtungen schnell auf. Leicht Änderungen der Farbstimmung sind möglich, wenn Sie kein neutrales Schwarz anklicken.

» Aktivieren Sie die weiße, rechte Pipette WEISSPUNKT SETZEN, um einen Bildpunkt Ihrer Wahl per Klick als Weiß zu definieren. Alle Bildpunkte mit dieser Helligkeit wandelt Photoshop in Weiß um; die anderen Bildpunkte justiert Photoshop entsprechend nach. Dadurch wird das Bild heller und härter.

Teil 3 • Korrektur

»Auto«-Korrekturen im Vergleich

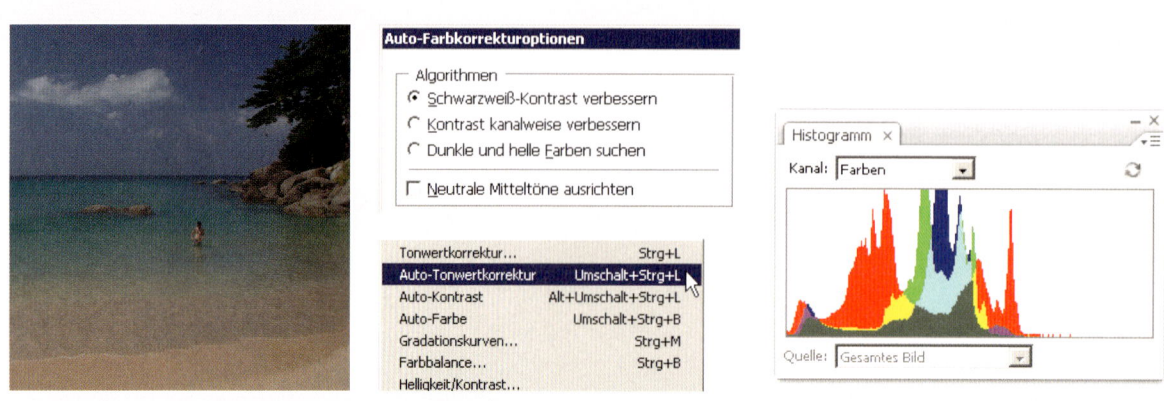

Abbildung 10.25 **Links:** Diese schlecht belichtete Vorlage korrigieren wir mit den »Auto«-Funktionen aus dem Untermenü »Bild: Anpassungen« bzw. mit den »Optionen« zu »Gradationskurven« und »Tonwertkorrektur«. **Rechts:** Das Histogramm zeigt, dass hier helle Tonwerte fehlen und Rot noch am stärksten vertreten ist. Jede Automatikkorrektur dürfte die Vorlage also aufhellen und eventuell bläulicher einstellen. Datei: Automatik

Abbildung 10.26
Auto-Tonwertkorrektur: Dieser Befehl aus dem Untermenü »Bild: Anpassungen« entspricht der Option »Kontrast kanalweise verbessern« in den Optionen zu »Gradationskurven« und »Tonwertkorrektur«, hier ohne Ausrichten der neutralen Mitteltöne. Die Funktion dehnt das Histogramm jeder Grundfarbe so weit aus, bis es den vollen Tonwertumfang von 0 bis 255 verwendet. Flaue Vorlagen wirken dadurch deutlich brillanter. Die Farbstimmung ändert sich eventuell: War der Grünkanal zunächst weniger weit ausgedehnt als der Blaukanal, dann wird er bei diesem Verfahren relativ stärker gespreizt als Blau – er tritt dann im Verhältnis kräftiger in Erscheinung. Diese Vorgabe kann Farbstiche korrigieren, aber auch gewünschte Farbstimmungen eliminieren, zum Beispiel bei Sonnenaufgängen oder Mischlicht. Vorlage für die Reihe: Automatik

Abbildung 10.27
Hier sehen Sie »Auto-Tonwertkorrektur« bzw. »Kontrast kanalweise verbessern« in Verbindung mit der Option »Neutrale Mitteltöne ausrichten«.

Schwarz, Weiß und Neutralgrau per Pipette

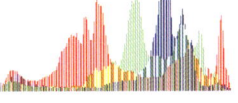

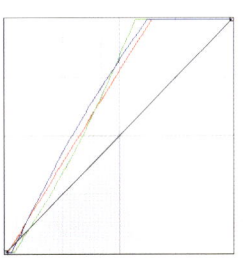

Abbildung 10.28
Auto-Kontrast: Der Befehl entspricht der Option »Schwarzweiß-Kontrast verbessern« in den Dialogfeldern. Photoshop dehnt die Histogramme der drei Grundfarben gleichmäßig so weit aus, bis die erste Grundfarbe den kompletten Tonwertbereich abdeckt. Die anderen Grundfarben werden dann nicht mehr bis zu ihrem individuellen Maximum gespreizt. Das Kräfteverhältnis der drei Grundfarben bleibt erhalten und damit auch die Farbstimmung. Die Korrektur wirkt eher schwächer als bei anderen Befehlen.

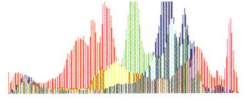

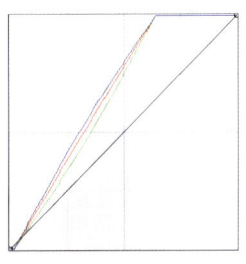

Abbildung 10.29
Die Bildreihe zeigt die Vorgabe »Schwarzweißkontrast verbessern« zusammen mit der Option »Neutrale Mitteltöne ausrichten«.

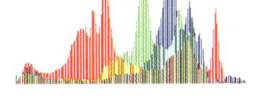

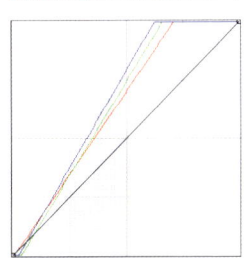

Abbildung 10.30
Auto-Farbe: Dieser Befehl entspricht der Vorgabe »Dunkle und helle Farben suchen«. Die Funktion arbeitet schwächer als die anderen »Auto«-Befehle und wahrt den Kontrast. Es gibt weniger »Beschneidung«, also weniger Informationsverlust durch starkes Anheben heller oder dunkler Pixel auf reines Weiß oder tiefstes Schwarz; deshalb wird eventuell auch der Farbstich nicht so stark korrigiert wie bei der **Auto-Tonwertkorrektur** (siehe oben). Alternative mit ähnlicher Wirkung: der Befehl **Bild: Anpassungen: Gleiche Farbe** mit der Option Ausgleichen; korrigieren Sie Feinheiten mit den anderen Reglern, das funktioniert auch, wenn Sie nur ein einziges Bild öffnen (Seite 264).

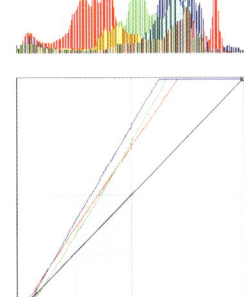

Abbildung 10.31
Die Vorgabe »Dunkle und helle Bereiche suchen« wurde hier zusammen mit der Option »Neutrale Mitteltöne ausrichten« verwendet.

Kapitel 10 • Kontrast & Farbstimmung

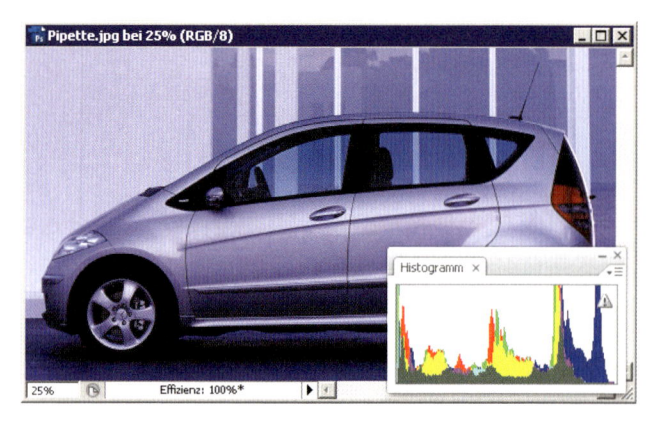

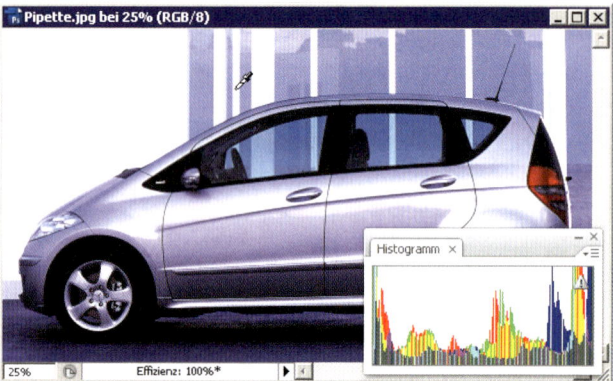

Abbildung 10.32 **Oben:** Die Vorlage ist zu dunkel und farbstichig. **Unten:** Wir haben die weiße »Weißpunkt«-Pipette aus den Dialogen für »Tonwertkorrektur« oder »Gradationskurven« genommen und auf eine Strebe im Hintergrund geklickt. Dieser Tonwert wird also auf reines Weiß gesetzt. Das Bild hellt auf, an der Farbstimmung arbeiten wir noch. Vorlage: Pipette_a

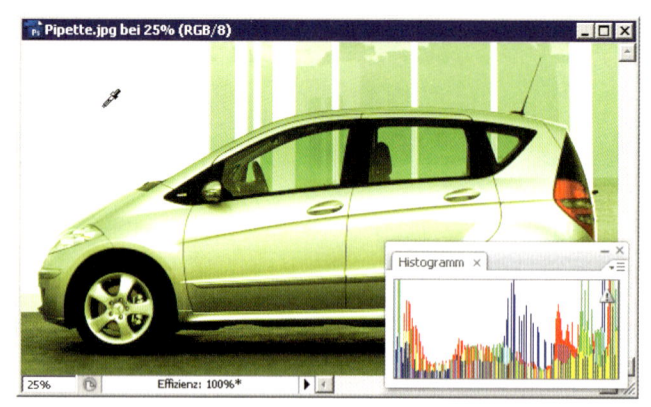

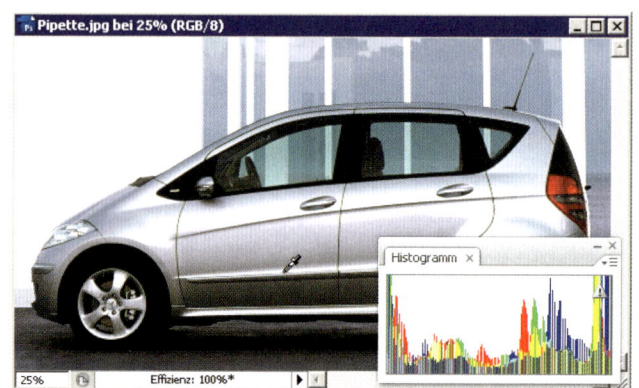

Abbildung 10.33 **Oben:** Im Dialogfeld nehmen wir die »Mitteltöne«-Palette. Um den Farbstich zu beseitigen, klicken wir auf die Mauer links oben; dieser angeklickte Farbton wird also quer durchs Bild neutral gestellt. Doch das ist hier nicht zielführend. **Unten:** Wir klicken eine andere Bildstelle an, die – auf neutral gesetzt – für eine brauchbare Farbstimmung sorgt. Sie müssen dazu nicht erst das letzte, grünliche Ergebnis widerrufen, Sie können sofort nach dem Fehlversuch weiterprobieren. Verfeinern Sie das Bild eventuell weiter mit dem Graphen in den »Gradationskurven«.

Gab es allerdings noch hellere Pixel als jenen, den Sie per Klick auf Weiß setzen, kommt es zu BESCHNEIDUNG: Verschiedene hellere Tonwerte werden einheitlich auf Weiß gezwungen. Sie verlieren also die Differenzierung zwischen diesen hellen Tonwerten und können hier auch nachträglich keine Zeichnung mehr ins reine Weiß (oder in reines Schwarz) hineinphotoshoppen. Also ein Informationsverlust. Eine Alternative bietet außerdem der Befehl **Bild: Anpassungen: Selektive Farbkorrektur**; dort steuern Sie über Regler den Druckfarbenanteil an WEISS, GRAUTÖNEN und SCHWARZ (Seite 263).

Tipp
Verwenden Sie möglichst neutralgraue Flächen als Schwarz- und Weißpunkte. Sonst führt der Gebrauch von Schwarz- und Weißpipette zu Farbstichen.

Mitteltöne per Pipette

Die mittlere, graue MITTELTÖNE-Pipette aus **Tonwertkorrektur** oder **Gradationskurven** entfernt Farbstiche in mittleren Grauflächen: Sie setzt den angewählten Tonwert auf Neutralgrau. Die gleiche Funktion innerhalb des Camera-Raw-Dialogs bietet das Weißabgleichwerkzeug. Scannen oder fotografieren Sie eine Graukarte als Neutralgrau-Referenz (Seite 38) mit.

Relativ neutrale Töne erkennen Sie an folgenden Merkmalen in der Infopalette oder im Farbwähler:

» Sie haben für die Grundfarben RGB oder CMY sehr ähnliche Werte.

» Nach dem HSB-Modell liegt die Sättigung (»S«) nahe Null.

Abbildung 10.34 Wir haben ein einziges Feld dieser Graukarte mit vier Messpunkten gepflastert; so kann die Infopalette Grauwerte in vier verschiedenen Farbmodellen anzeigen. Wir schalten in den Gradationskurven die »Mitteltöne«-Pipette ein und klicken auf das graue Farbfeld. Das Bild wird hier leicht wärmer, zu erkennen auch am erhöhten »R«- und am gesenkten »B«-Wert. Die neuen Farbwerte stehen in der Infopalette jeweils rechts vom Schrägstrich. Vorlage: Graukarte

Tipp
*Beachten Sie, während Sie die Pipetten über das Bild führen, die Farbwerte in der Infopalette (Seite 49). Auch mit dem **Schwellenwert**-Befehl können Sie hellste und dunkelste Bildpartien leicht aufspüren (Seite 355).*

»Zielfarben«

Oft erweitern Sie Ihr Bild automatisch so, dass der Tonwertumfang von schwärzestem Schwarz bis zum weißesten Weiß reicht. Allerdings soll Photoshop dabei nicht tatsächlich den möglichen Tonwertumfang von 0 bis 255 ausnutzen: Die dunklen Tonwerte von 0 bis 21 erscheinen sowieso im Druck einheitlich schwarz – natürlich je nach Ausgabegerät; jegliche Konturenzeichnung, die Photoshop in den Werten von 0 bis 20 belässt, geht also für den Betrachter verloren.

Es reicht darum, wenn die Kontrastautomatik den sogenannten Schwarzpunkt bei 21 ansetzt – darunter muss es nicht mehr gehen, so sichern Sie sich mehr Differenzierung und verhindern allzu starken Kontrast.

Umgekehrt sollte der sogenannte Weißpunkt, den Sie einrichten, nicht auf 255 landen, dem Maximalwert. Stellen Sie den Weißpunkt auf 244 – alles darüber erscheint auf Papier eh glattweiß; Sie verlieren nur Lichterzeichnung, wenn Photoshop die helleren Bildpartien bis auf 255 anhebt. Im gleichen Zusammenhang geben Sie Photoshop auch noch vor, welcher Tonwert tatsächlich als Neutralgrau einzurichten ist.

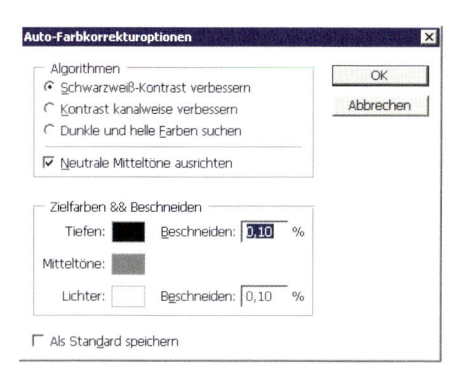

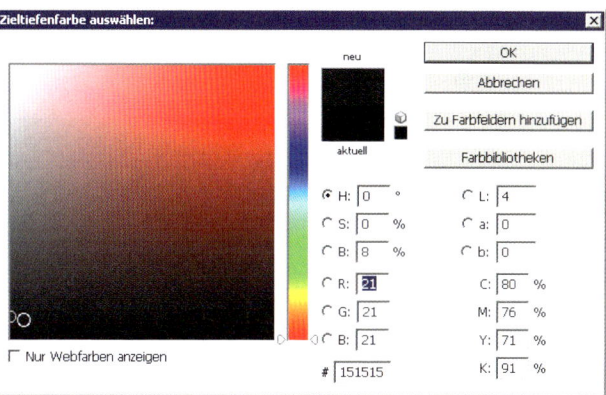

Abbildung 10.35 **Oben:** In den »Optionen« zu »Gradationskurven« oder »Tonwertkorrektur« steuern Sie die Automatikkorrektur, Zielfarben und Beschneiden. **Unten:** Klicken Sie doppelt auf das Zielfarbenfeld für »Tiefen«, um im Farbwähler die Zieltiefenfarbe zu definieren. Sie erhalten diese Auswahlmöglichkeit auch nach einem Doppelklick auf die Schwarzpunkt-Pipette.

Teil 3 • Korrektur

Die Funktionen für automatische Tonwerterweiterung von Schwarz bis Weiß haben wir oben bereits besprochen: die Pipetten 🖋 🖋 🖋 aus **Gradationskurven** und **Tonwertkorrektur**, die Auto-Funktionen aus diesen Dialogfeldern sowie die damit verbundenen **Auto**-Befehle à la **Auto**-Farbe aus dem Untermenü **Bild: Anpassungen**.

Wo werden die Zielfarben eingerichtet?

Sie richten die Zielfarben für Tiefen, Lichter und Neutralgrau an verschiedenen Stellen in den Dialogfeldern **Gradationskurven** oder **Tonwertkorrektur** ein – egal wo, die Werte gelten für alle hier besprochenen Automatiken, Sie müssen das nur einmal erledigen:

» Wählen Sie die Optionen und arbeiten Sie im Bereich Zielfarben & Beschneiden. Alternativer Weg:

» Klicken Sie doppelt auf die Schwarzpipette Schwarzpunkt setzen 🖋, um den gewünschten Tonwert für Schwarz im Farbwähler festzulegen; ebenso steuern Sie die Zielmitteltonfarbe nach Doppelklick auf die Pipette Mitteltöne setzen 🖋 und die Ziellichterfarbe nach wildem Einklicken auf die Pipette Weisspunkt setzen 🖋.

Testen Sie diese Werte:

	Rot	Grün	Blau
Zieltiefenfarbe	21	21	21
Zielmitteltonfarbe	132	132	132
Ziellichterfarbe	244	244	244

»Beschneiden«

Wenn Sie den Tonwertumfang per Auto-Schaltfläche ausdehnen, nimmt Photoshop den tiefsten Tonwert im Bild und senkt diesen auf reines Schwarz ab. Photoshop nimmt den hellsten Tonwert im Bild und hebt ihn auf Weiß an.

So weit das Prinzip. In der Praxis agiert das Programm etwas subtiler: Die allerhellsten und die allerdunkelsten Pixel ignoriert Photoshop eventuell bei einer Automatikkorrektur. Denn möglicherweise befinden sich im Bild einzelne versprengte Helligkeitswerte, die durch extrem hohe oder niedrige Tonwerte aus dem Rahmen fallen; zum Beispiel mit dem Tonwert 0 für schwärzestes Schwarz. Streng genommen bräuchte Photoshop jetzt den Tonwertumfang nicht mehr auszudehnen – schließlich gibt es ja schon ein paar schwarze und weiße Pixel hier und da. Doch oft zeigt die große Mehrheit der Bildpunkte ganz und gar nicht Schwarz oder Weiß, sondern siedelt mehr in der Mitte des Spektrums, etwa ab 20 aufwärts.

Weisen Sie Photoshop also an, sich an der Mehrheit der Pixel mit Tonwert 20 zu orientieren – die paar extrem dunklen, aber fürs Gesamtbild nicht ausschlaggebenden Pixel soll das Programm bitte ignorieren. Die wenigen schwarzen Pixel gaukeln zwar einen sehr ausgedehnten Tonwertbereich vor, richten durch ihre Minderzahl aber nichts für die Bildwirkung aus.

Klicken Sie bei **Gradationskurven** oder **Tonwertkurve** auf Optionen, um das Beschneiden zu regeln. Von Haus aus setzt Photoshop Schwarz- und Weißpunkt so, dass jeweils 0,1 Prozent der Bildpunkte noch dunkler bzw. noch heller sind.

Abbildung 10.36 Links: Die Pipetten für Schwarz- und Weißpunkt eignen sich auch dazu, einen Normalscan mit harten Kontrasten aufzupeppen. Mitte: Hier wird zunächst ein Hautton der Stirn auf Weiß angehoben, so dass das Bild viel heller wirkt. Rechts: Wir senken einen Tonwert aus den Augenbrauen auf Schwarz ab. Bewegen Sie die Pipetten mit gedrückter Maustaste über das Bild, um verschiedene Korrekturen auszuprobieren. Datei: Pipette_b

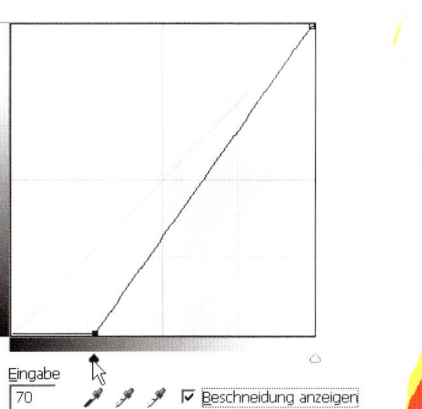

Abbildung 10.37 Links: Wir ziehen den Tiefenregler auf 70, so dass die dunkleren Tonwerte von 69 bis 0 auf 0 absinken. Das Bild wird dunkler und kontrastreicher. Mit der Option »Beschneidung anzeigen« erscheinen Bereiche, die noch Zeichnung enthalten, in Weiß. Zonen, in denen eine oder mehrere Grundfarben auf 0 sinken, werden farblich gekennzeichnet. Vorlage: Pipette_b

Damit basieren die neuen Schwarz- und Weißwerte nicht nur auf ganz wenigen Maximalwerten im extrem dunklen oder hellen Bereich, sondern auf einer etwas breiteren Basis. Wenn Sie hier höhere Werte wie etwa ein Prozent eintragen, beschneidet Photoshop das Bild noch stärker – es werden noch mehr unterschiedliche Tonwerte rigoros auf 0 bzw. 255 gesetzt. Die Korrektur wirkt also kräftiger, Sie erhalten härtere Kontraste. Sie verlieren aber auch noch mehr Detailzeichnung, weil alles auf einem einheitlichen Extremwert landet – das ist die genannte Beschneidung.

Beschneidung anzeigen

Verändern Sie verschiedene Helligkeitswerte auf reines Weiß oder Schwarz, durch Automatik oder Schieberegler, so redet man von »Beschneidung«: Durchzeichnung und damit Detailinformation geht verloren. Sie zwingen verschiedene Tonwerte auf einen einheitlichen Extremwert und geben Differenzierung preis.

Ein Beispiel: Der vorhandene Tonwertumfang reicht bis herunter zu 30. Wenn Sie jetzt den Schwarzregler ▲ in **Gradationskurven** oder **Tonwertkorrektur** bis »40« nach innen schieben, senken Sie in gleichem Maße die vorhandenen Tonwerte 30 bis 40 auf null ab. Sie verlieren die Differenzierung zwischen den Werten von 30 bis 40.

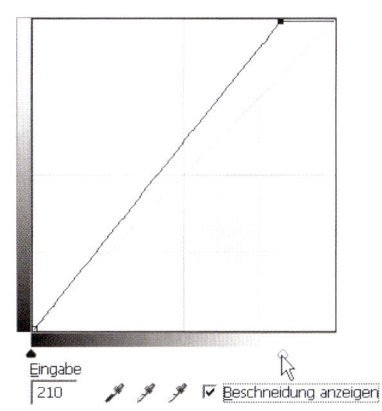

Abbildung 10.38 Wir ziehen den Höhenregler auf 210, so dass die helleren Tonwerte ab 211 auf reines Weiß (255) ansteigen. Das Bild wird heller und kontrastreicher. Die »Beschneidung anzeigen« stellt Bereiche, die noch Zeichnung enthalten, schwarz dar. Zonen, in denen eine oder mehrere Grundfarben jede Detailzeichnung verlieren, erhalten eine Signalfarbe. Vorlage: Pipette_b

Beschneidung entsteht auch bei anderen Kontrastkorrekturen. Bei den **Variationen** oder im Camera Raw-Dialog kann sie ebenfalls angezeigt werden.

Photoshop kann diese Beschneidung im Bild hervorheben – so wie die Überbelichtungswarnung auf dem Monitor Ihrer Digitalkamera, aber nach einem anderen Schema. Dabei warnt Photoshop nicht erst, wenn Rot, Grün und Blau gemeinsam auf den Extremwerten 0 oder 255 angekommen sind. Schon wenn eine einzige Grundfarbe Extremwerte erreicht, setzt die Warnung ein.

Bedienung

So machen Sie die Beschneidung sichtbar:

» In den **Gradationskurven** verwenden Sie die Option BESCHNEIDUNG ANZEIGEN.

» Alternative: Während Sie in **Gradationskurven** oder **Tonwertkorrektur** am schwarzen oder weißen Dreieck ziehen, drücken Sie die [Alt]-Taste. Solange Sie die Taste gedrückt halten, stellt Photoshop die Beschneidung grafisch dar.

Schattenbeschneidung anzeigen

Anwendungsbeispiel 1: Sie suchen Detailverlust in den Schatten. Mit der Option BESCHNEIDUNG ANZEIGEN erscheint das komplette Bild zunächst weiß. Ergo: Zu diesem Zeitpunkt hat kein Bildpunkt und keine Grundfarbe schon den Tiefstwert 0 erreicht, es gibt kein reines Schwarz.

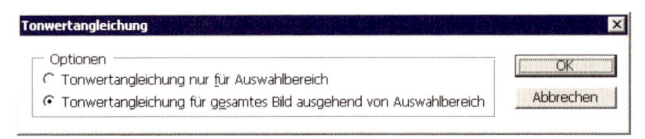

Abbildung 10.39 Die »Tonwertangleichung« korrigiert das Gesamtbild auf Basis der Helligkeit eines Auswahlbereichs.

Jetzt ziehen Sie zum Beispiel den Schwarzregler bei **Gradationskurven** oder **Tonwertkorrektur** nach rechts innen, bis »40«, so dass dunkle Tonwerte absinken. Im vormals reinen Weiß der Beschneidungsanzeige erscheinen jetzt rote, gelbe und schwarze Streifen. Das bedeutet:

» In den rot markierten Bereichen gibt es noch verschiedene Rottöne, Grün und Blau sind dort aber schon bei null angekommen.

» Im gelb markierten Bereich gibt es noch verschiedene Rot- und Grünabstufungen – macht zusammen Gelb; aber Blau ist ist bereits auf 0 abgesunken, also keine volle Differenzierung auch in dieser Zone.

» Schwarz heißt: Hier sieht es ganz finster aus – Rot, Grün und Blau sind auf 0, es gibt keinerlei Differenzierung mehr.

Lichterbeschneidung anzeigen

Umgekehrt loten Sie die Lichterbeschneidung aus. Sie wenden eine Automatikkorrektur an oder ziehen den weißen Regler unter **Gradationskurven** oder **Tonwertkorrektur** von rechts außen nach innen, so dass Ihr Bild heller erscheint. Zunächst ist alles schwarz, es gibt also nirgends im Bild den höchsten Tonwert 255. Hellen Sie den Tonwertumfang dann aber zu deutlich höheren Werten hin auf, sehen Sie vielleicht wieder rote, gelbe und weiße Zonen. Und das heißt:

» In den rot markierten Bereichen stieg Rot auf den Höchstwert 255 an. Blau und Grün sind noch abgestuft vorhanden.

» In gelben Gegenden hat nur Blau noch nicht den Höchstwert erreicht. Grün und Rot – zusammen Gelb – sind dagegen schon beim Maximum 255.

» Weiß heißt, hier wird das Bild tatsächlich weiß, alle drei Grundfarben sind bei 255 angekommen.

»Tonwertangleichung«

Per **Tonwertangleichung** verteilen Sie die Tonwerte im Bild neu. Photoshop sucht die hellsten und dunkelsten Werte des Bilds und ermittelt den Durchschnitt aller Helligkeitswerte, so dass der dunkelste Wert Schwarz, der hellste Wert Weiß darstellt – der MITTELWERT, also der Durchschnitt aller Helligkeitswerte, liegt nach der Korrektur um 128, also um Normal-Hell herum. Meist steigt so der Kontrast, da mittelhellen Pixeln hohe oder niedrige Tonwerte zugeteilt werden. Der Befehl eignet sich besonders, um ein abgesoffenes Bild aufzuhellen und gleichzeitig kontrastreicher zu machen.

Oft können Sie die **Tonwertangleichung** mit gutem Erfolg auf das Gesamtbild anwenden. Gibt es jedoch schon winzige helle oder dunkle Zonen, dann ändert sich nicht mehr viel, weil Photoshop das Bild bereits für gelungen hält. Oder die Tonwertangleichung haut voll daneben, wenn etwa viel heller Strand im Bild ist, Ihre Hauptperson aber dennoch unterbelichtet erscheint.

Abhilfe: Markieren Sie mit dem Auswahlrechteck oder Lasso einen wichtigen Bildteil. Dann wählen Sie die **Tonwertangleichung** an; es erscheint ein Dialogfeld, in dem Sie angeben, wo Sie die Korrektur wünschen – TONWERTANGLEICHUNG NUR FÜR AUSWAHLBEREICH oder TONWERTANGLEICHUNG FÜR GESAMTES BILD AUSGEHEND VON AUSWAHLBEREICH.

»Tonwertangleichung«

Abbildung 10.40 **1. Bild:** Das Hauptmotiv erscheint dunkel, doch wegen des hellen Sands im Vordergrund meldet die Histogrammpalette einen Mittelwert von 129,84 - also knapp über 128er-Normal-Hell. **2. Bild:** Die »Tonwertangleichung« macht das Foto zwangsläufig dunkler, der Mittelwert beträgt 127. **3. Bild:** Wir wählen die entscheidenden, dunklen Bildteile aus, der »Mittelwert« beträgt für die Auswahl nur 71. **4. Bild:** Es folgt die »Tonwertangleichung« mit der Vorgabe »für gesamtes Bild ausgehend von Auswahlbereich«. Das Gesamtbild hellt sich deutlich auf. Der Mittelwert innerhalb der Auswahl beträgt 126, doch ohne Auswahl würde die Palette 185 melden und höhere Werte bei hellen Tönen zeigen. Vorlage: Tonwertangleichung

Beachten Sie den MITTELWERT in der Histogrammpalette, die sich jetzt nur noch an der Auswahl orientiert. Ein MITTELWERT von 71, wie in unserem Beispiel, bringt eine deutliche Aufhellung, denn als Ziel peilt Photoshop grob 128 an. Erscheint das Ergebnis bei dieser Vorgabe schon zu hell und kontrastreich, dann werfen Sie ein paar besonders dunkle Zonen aus der Auswahl heraus (mit gedrückter [Alt]-Taste wechseln Lasso und Co. zum Modus VON AUSWAHL SUBTRAHIEREN). Der Mittelwert der Auswahl beträgt dann vielleicht nur noch 80, die Korrektur fällt danach nicht mehr so stark aus.

Tipp
*Hat die Tonwertangleichung zu stark gearbeitet, können Sie die Wirkung mit dem Befehl **Bearbeiten: Verblassen** fein abgestuft dämpfen. Verbergen Sie die Auswahllinie mit [Strg]+[H]. Heben Sie die Auswahl nicht endgültig auf, denn danach steht das **Verblassen** nicht mehr zur Verfügung.*

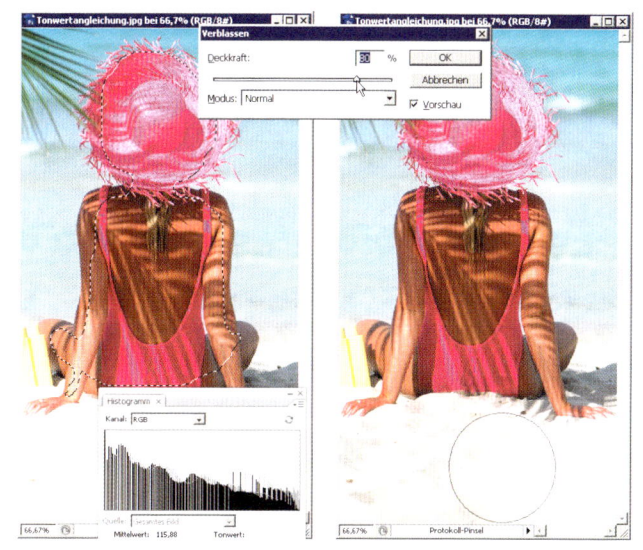

Abbildung 10.41 **Links:** Wir dämpfen die Wirkung der Tonwertangleichung mit dem Befehl »Bearbeiten: Verblassen«. **Rechts:** Der Sand ist immer noch zu hell. Der Protokollpinsel malt mit 50 Prozent Deckkraft wieder Spuren der ursprünglichen Helligkeit in diesen Bildbereich.

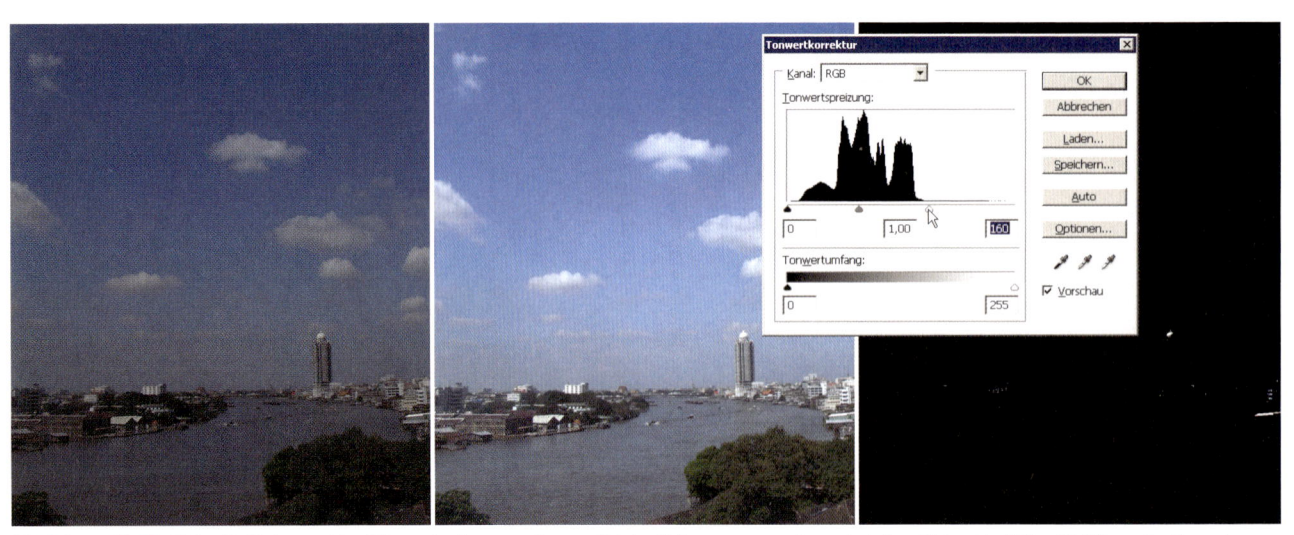

Abbildung 10.42 Links: Die Vorlage geizt mit Tonwertumfang, vor allem meldet das Histogramm nur sehr wenig hellere Bildpunkte. **Mitte:** Wir öffnen die »Tonwertkorrektur« und ziehen den Weißpunktregler auf 160. Alle Tonwerte zwischen 161 und 254 steigen so auf 255 an, auf reines Weiß – das Bild erhält viel mehr Dynamik und Kontrast. Allerdings, die paar vorhandenen Tonwerte zwischen 161 und 254 rutschen jetzt auf einheitliches Weiß, so dass etwas Differenzierung verlorengeht. Aber welche Bildbereiche werden gleichmacherisch auf Weiß gesetzt? Dazu klicken Sie bei gedrückter Alt-Taste auf den Weißpunktregler: Unser Bild bleibt weitgehend schwarz, es gibt kaum Farbwarnungen für die sogenannte »Beschneidung« (Seite 235). Vorlage: Tonwertkorrektur_c

10.4 »Tonwertkorrektur«

Nachdem Photoshop-Hersteller Adobe die **Gradationskurven** in Photoshop CS3 mit Histogrammanzeige und Schiebereglern für den Tonwertumfang ausstattete, verliert der Befehl **Bild: Anpassungen: Tonwertkorrektur** an Bedeutung (Strg+L, für Levels; Strg+Alt+L startet den Dialog mit den letzten Korrektureinstellungen). Die **Tonwertkorrektur** bietet nicht mehr als die **Gradationskurven** – und in den **Gradationskurven** genießen Sie mehr Feinsteuerung.

Traditionell unterscheiden sich die zwei Befehle so:

» Mit der **Gradationskurve** (Strg+M) korrigieren Sie oft nur das Verhältnis der Tonwerte untereinander, erweitern den Helligkeitsumfang aber nicht unbedingt (obwohl das schon immer ging).

» Die **Tonwertkorrektur** wird dagegen vor allem genutzt, um den vorhandenen Helligkeitsbereich weiter auszudehnen: Statt von Tonwert 50 bis 190 erstreckt sich das Bild vom schwärzesten 0 bis zum porentief reinen weißen 255. Bei Kontraständerungen innerhalb des vorhandenen Helligkeitsbereichs bietet die »Tonwertkorrektur« kaum Feinsteuerung.

Beide Dialoge bieten zudem völlig identische OPTIONEN für Automatikkorrekturen (Seite 228) wie auch die einheitlichen Pipetten für Schwarzpunkt, Neutralton und Weißpunkt (Seite 229).

Tonwertumfang erweitern

Führen Sie den linken, schwarzen Schieber direkt unter dem Histogramm nach rechts, bis Sie neben TONWERTSPREIZUNG statt der ursprünglichen 0 eine 20 lesen. Folge: Alle Tonwerte von 0 (Schwarz) bis 20 (sehr dunkel) werden auf 0 gesetzt, sind also pechschwarz. Die anderen Tonwerte im Bild werden daraufhin neu verteilt und nach unten gespreizt; denn statt bis 20 müssen sie sich jetzt bis 0 erstrecken. Das Bild sieht dunkler und kontrastreicher aus.

Umgekehrt wirkt der weiße Schieber ganz rechts unter der Balkengrafik: Ziehen Sie ihn nach links, zum Beispiel von 255 bis 160, wie das Zahlenfeld oben ganz rechts anzeigt; dann klettern alle Tonwerte zwischen 254 und 160 auf 255, also auf absolutes Weiß. Die anderen vorhandenen Tonwerte von 0 bis 160 werden neu nach oben hin angeglichen; das Bild gerät heller und kontrastreicher.

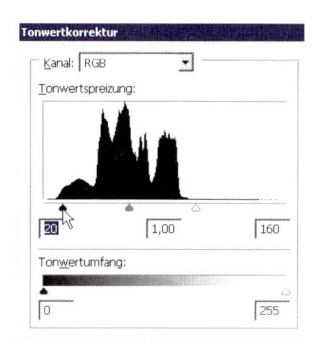

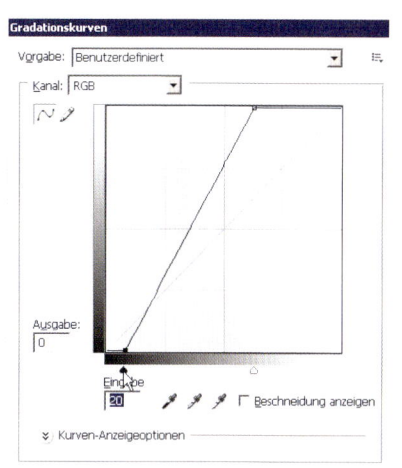

Abbildung 10.43 Tiefe Schatten gibt es auch kaum. Also ziehen wir den Schwarzpunktregler von links außen auf 20. Alle dunklen Farbwerte von 0 bis 19 sinken so auf tiefstes Schwarz (Wert 0) ab; ähnlich dunkle Bildpunkte zieht Photoshop mit nach unten. Die Vorlage wirkt dunkler, aber auch noch brillanter. **Rechts:** Exakt diese Änderung per »Tonwertkorrektur« lässt sich genauso auch mit der »Gradationskurve« erreichen, wie unsere Einstellung zeigt.

Mitteltonkorrektur

Nachdem Sie den Tonwertumfang nach oben und unten erweitert haben, wirkt das Bild vielleicht zu dunkel oder zu hell. Darum bietet die TONWERTKORREKTUR einen sogenannten Gammaregler 🔘. Er hebt oder senkt nur noch den Mitteltonbereich und tastet die neu definierten Eckwerte für Schwarz und Weiß weniger an – Sie ändern den Helligkeitseindruck deutlich, ohne dass ganz dunkle Zonen mit ansteigen und Ihr Foto flau aussieht:

» Ein Gamma unter 1 dunkelt die Mitteltöne ab, es lässt die Gradationskurve quasi durchhängen.

» Gammawerte über 1 hellen den Mittelbereich auf.

Allerdings: Ziehen in den **Gradationskurven** steuert die Mitteltöne allemal genauer als der Gammaregler, speziell wenn Sie vorab mit gedrückter Strg-Taste den gewünschten Tonwert im Bild anklicken und so einen passenden Kontrollpunkt auf dem Graphen anlegen.

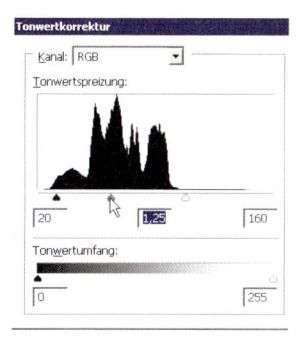

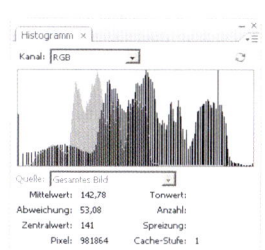

Abbildung 10.44 Wirkt das Bild noch etwas dunkel? Geben Sie die gefundenen Schwarz- und Weißpunkte nicht wieder auf. Ziehen Sie stattdessen den grauen Gammaregler nach links – Gammawerte über 1,00 hellen die Mitteltöne auf, ohne dass Sie die Schwarz- und Weißpunkte wieder verlieren. Das Histogramm im »Tonwertkorrektur«-Dialog wird während der Bearbeitung nicht aktualisiert. **Rechts:** Die Histogrammpalette zeigt permanent den aktuellen Zustand des Bilds an, dahinter erscheinen in Grau die ursprünglichen Tonwerte.

So nutzen Sie die Tonwertkorrektur

❶ **Histogramm:** die Häufigkeit verschiedener Helligkeitswerte von Schwarz bis Weiß.

❷ **Lichter heller:** nach innen schieben, um Lichtertonwerte rechts vom Dreieck auf Weiß zu setzen und den Rest passend aufzuhellen. Das Bild wird heller und brillanter. Hier werden alle Werte von 240 bis 252 auf den höchsten Wert 255 (reines Weiß) angehoben. Alt-Klick auf Schieberegler zeigt Lichterbeschneidung an.

❸ **Mitteltöne heller/dunkler:** nach links schieben, um Mitteltöne anzuheben (Gammawert über 1,0), nach rechts schieben zum Absenken der Mitteltöne (Gammawert unter 1,0).

❹ **Schatten dunkler:** nach innen schieben, um Tiefentonwerte links vom schwarzen Dreieck auf Schwarz zu setzen und den Rest passend abzudunkeln. Das Bild wird dunkler und brillanter. Alt-Klick auf Schieberegler zeigt Tiefenbeschneidung an.

❺ **Schatten heller:** nach innen schieben, um Tiefentonwerte links vom Dreieck auf den angezeigten helleren Tonwert anzuheben. Das Bild wird heller und flauer.

❻ **Lichter dunkler:** Nach innen schieben, um Lichtertonwerte rechts vom Dreieck auf den angezeigten dunkleren Tonwert abzusenken. Das Bild wird dunkler und flauer.

❼ **Schwarz- und Weißpunkt-Pipetten:** Anklicken, dann ins Bild klicken, um den gewählten Tonwert auf Schwarz bzw. Weiß zu setzen (gemäß OPTIONEN); Doppelklick: Tiefen bzw. Lichter definieren.

❽ **Neutralgrau-Pipette:** Anklicken, dann ins Bild klicken, um gewählten Tonwert auf Neutralgrau zu setzen (gemäß Optionen).

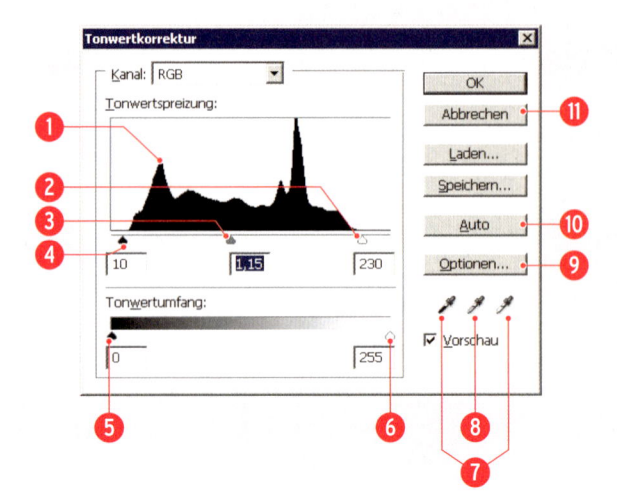

❾ **Optionen:** Vorgaben für definiertes Schwarz, Weiß und Neutralgrau und für AUTO-Korrektur.

❿ **Automatische Korrektur:** Kontrast und/oder Farbstimmung automatisch ändern (gemäß Vorgaben in den OPTIONEN).

⓫ **Zurück:** Alt-Klicken setzt Änderungen zurück, ohne das Dialogfeld schließen zu müssen.

Grafik interaktiv auch im Web unter *www.mut.de/photoshop-kompendium*.

Tonwertumfang begrenzen

Die Etage TONWERTUMFANG innerhalb der **Tonwertkorrektur** schränkt den genutzten Helligkeitsbereich des Bilds ein, macht es also flauer. Das geht mit den **Gradationskurven** genauso gut, aber die **Tonwertkorrektur** wirkt eventuell übersichtlicher. Beispiele:

» Schieben Sie den linken, schwarzen Regler ⬤ nach rechts, bis er, vom ursprünglichen Wert 0 aus, beim Tonwert 30 angekommen ist. Damit hebt Photoshop alle Bildpunkte mit den niedrigen Werten 0 bis 30 auf 30 an; die Werte darüber werden entsprechend erhöht. Ihr Bild enthält also die dunkelsten Tonwerte von 0 bis 30 nicht mehr, es wirkt flauer.

» Entsprechend lassen sich auch die Höhen kappen: Schieben Sie den rechten, weißen Regler △ für TONWERTUMFANG nach innen; etwa von 255 (wie im Datenfeld abzulesen) bis auf 235. Die hellsten Punkte – alle zwischen Tonwert 235 und 255 – werden jetzt mit dem Tonwert 235 wiedergegeben; das Bild wirkt stumpfer.

Warum Sie den Tonwertumfang einschränken könnten:

» Die Extremtonwerte 255 (absolutes Weiß) bzw. 0 (totales Schwarz) bewältigen Drucker und Druckmaschinen ohnehin nicht, mehr als zum Beispiel vier bis 96 Prozent sind nie gefragt (je nach Gerät). Was mehr drin ist in der Datei, steigert nur die Gefahr, dass das Bild im Druck zuläuft oder ausfrisst. Mit den Reglern für den TONWERTUMFANG nehmen Sie gleich die entsprechende Anpassung auf dem Monitor vor und können prüfen, ob dennoch genug Differenzierung übrig bleibt.

» Mit kräftigeren Schiebereien im Bereich TONWERTUMFANG hellen Sie einen Bildteil als Texthintergrund drastisch auf.

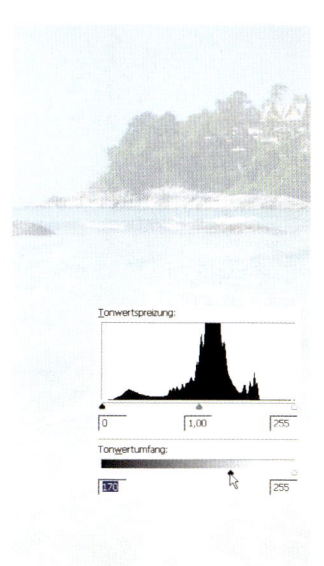

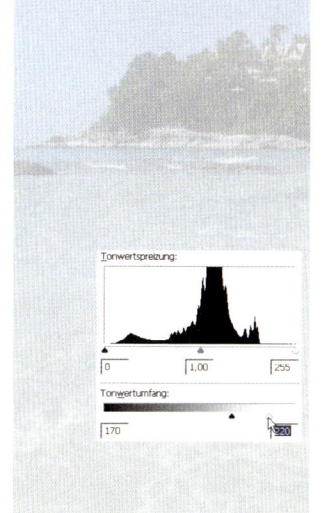

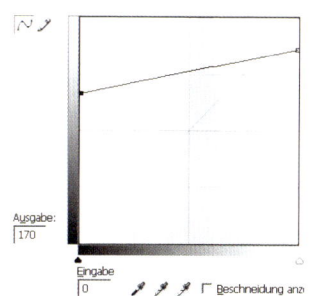

Abbildung 10.45 **1. Bild:** Dieses Motiv soll als Texthintergrund aufgehellt werden. **2. Bild:** Wir heben im Bereich »Tonwertumfang« innerhalb der »Tonwertkorrektur« alle dunkleren Tonwerte einheitlich auf 170, das Bild wird heller und kontrastärmer. **3. Bild:** Die hellsten Tonwerte senken wir auf 220 ab, um den Kontrast noch weiter zu dämpfen. Das Histogramm im Dialogfeld wird nicht aktualisiert. **Ganz rechts:** Die Einstellung aus dem dritten Bild, hier mit den Gradationskurven 1:1 nachvollzogen. Datei: Tonwertkorrektur_d

Hintergrundflächen erzeugen

Mit den Befehlen zur Kontrastkorrektur lässt sich ein Bild nicht nur feinkorrigieren, sondern auch drastisch aufhellen. So erhalten Sie dezente Hintergrundflächen für Textblöcke. Neben dem Aufhellen mit einem Kontrastbefehl bieten sich auch Weichzeichner an oder Effektfilter, die ein Bild flächiger machen (Seite 391). Unter anderem sind die folgenden Kontrastkorrekturen denkbar:

» Der mittlere, graue Gammaregler bei **Tonwertkorrektur** und **Belichtung** (Seite 238) verändert nur vor allem die Mitten, macht Ihr Foto aber auch blasser.

» Der TONWERTUMFANG-Regler des Befehls **Tonwertkorrektur** verbannt sehr helle und sehr dunkle Bildtöne, Ihr Motiv erscheint flauer. Schieben Sie den Schwarzregler nach innen, werden die Tiefen komplett entfernt. Dagegen bleibt in den Lichtern die Zeichnung halbwegs erhalten. Insgesamt wirkt das Bild vor allem grauer und flacher – wie für einen Hintergrund erwünscht. Sie könnten mit dem Gammaregler weiter aufhellen, ohne noch mehr extreme Tiefen und Lichter preiszugeben.

» Nehmen Sie beim Befehl **Helligkeit/Kontrast** die Option FRÜHEREN WERT VERWENDEN, dann ziehen Sie am HELLIGKEIT-Regler. So verschieben Sie Höhen und Tiefen gleichermaßen zum Beispiel nach oben und entfernen so deutlich Zeichnung; der Eingriff macht das Bild jedoch nicht sofort flacher, denn ein Teil der Kontraste bleibt erhalten – verschoben in einen helleren Tonwertbereich (Seite 226). Ein negativer KONTRAST-Wert allein führt zu einem flauen, grauen Ergebnis, das selbst als Hintergrund unattraktiv wirkt. Eher verwendet man den KONTRAST erst im Anschluss an eine vorhergehende Behandlung.

» Das Dialogfeld FARBTON/SÄTTIGUNG dimmt Hintergrundflächen attraktiv. Sie können einen Hintergrund nicht nur umfärben, sondern mit Rücknahme der SÄTTIGUNG auch für sanfte Pastelltöne sorgen; per LAB-HELLIGKEIT entfernen Sie zügig Tiefen. Auch das FÄRBEN (Tonen) eignet sich gut für Hintergründe; nehmen Sie die SÄTTIGUNG stark zurück und heben Sie die HELLIGKEIT deutlich an.

» Weitere Möglichkeiten bietet der **Kanalmixer**.

Teil 3 • Korrektur

Beim Befehl »Helligkeit/Kontrast« verwenden wir den »Früheren Wert«, ändern den »Kontrast« nicht und setzen die »Helligkeit« auf +100. Die Kontraste bleiben so zum Teil erhalten, jedoch in einem helleren Tonwertbereich.

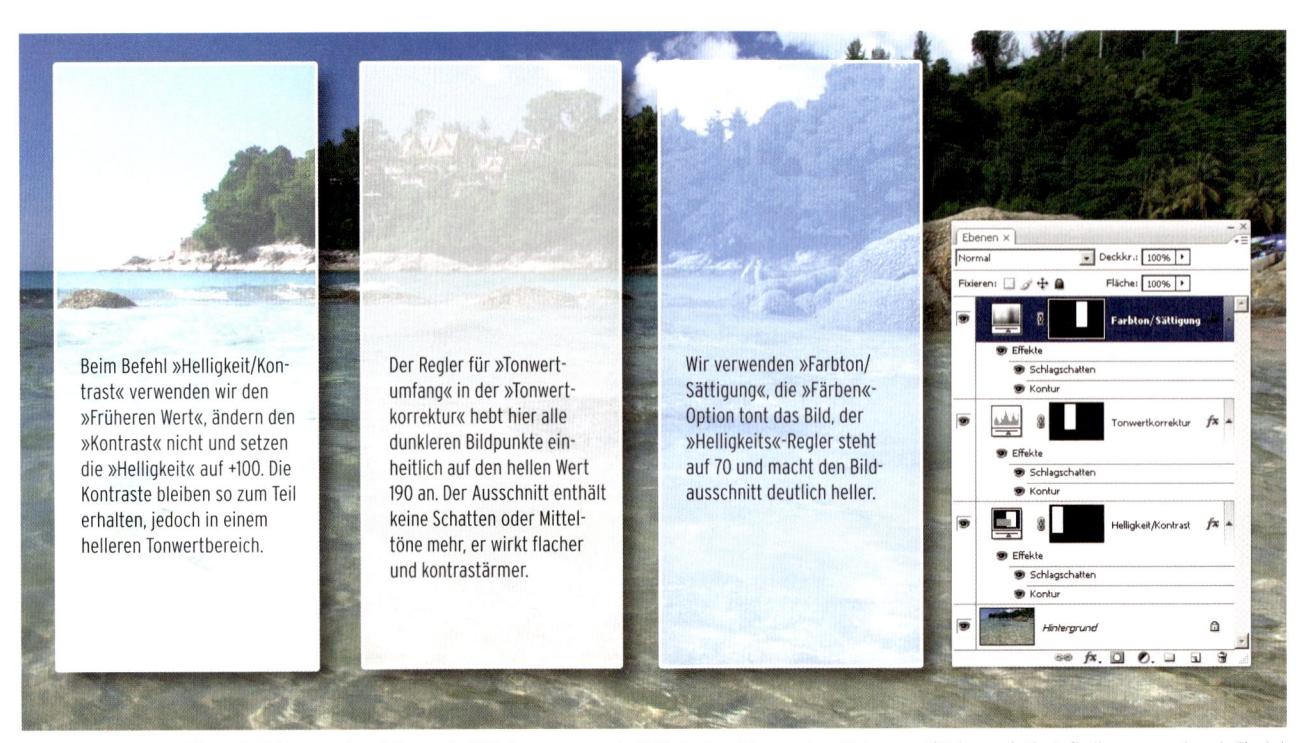

Der Regler für »Tonwertumfang« in der »Tonwertkorrektur« hebt hier alle dunkleren Bildpunkte einheitlich auf den hellen Wert 190 an. Der Ausschnitt enthält keine Schatten oder Mitteltöne mehr, er wirkt flacher und kontrastärmer.

Wir verwenden »Farbton/Sättigung«, die »Färben«-Option tont das Bild, der »Helligkeits«-Regler steht auf 70 und macht den Bildausschnitt deutlich heller.

Abbildung 10.46 Mit den Befehlen aus dem Untermenü »Bild: Anpassungen« hellt Photoshop Fotos auch zu Hintergrundflächen auf. Die Aufhellungen wurden als Einstellungsebenen angelegt, die Tonwertänderung lässt sich also jederzeit ändern. Ebenenmasken begrenzen die Wirkung auf einzelne Bildbereiche. Die Ebeneneffekte »Kontur« und »Schlagschatten« grenzen die korrigierten Flächen ab. Datei: Hintergrund

Befehle im Überblick: Gradationskurven, Tonwertkorrektur

Taste/Feld	Zusatztaste	Aktion	Ergebnis
〰		🖱	Weiche Gradationskurve ziehen
✏		🖱	Harte Gradationskurve ziehen
💧		🖱 (ins Bild)	Helligkeit des angeklickten Bildpunkts im ganzen Bild auf Schwarz setzen
💧		🖱 (ins Bild)	Helligkeit des angeklickten Bildpunkts im ganzen Bild auf Weiß setzen
💧		🖱 (ins Bild)	Farbton des angeklickten Bildpunkts im ganzen Bild auf Neutralgrau setzen
💧		🖱🖱	ZIELTIEFENFARBE (Schwarzton) definieren
💧		🖱🖱	ZIELLICHTERFARBE (Weiss) definieren
💧		🖱🖱	ZIELMITTELTONFARBE (Neutralton) definieren
Auto		🖱	Tonwertumfang automatisch erweitern gemäß Vorgabe in den OPTIONEN
Alt			ABBRECHEN wird zu ZURÜCK
● ○	Alt	🖱	Beschneidung (Differenzierungsverlust) anzeigen

10.5 »Tiefen/Lichter«

Der Befehl **Bild: Anpassungen: Tiefen/Lichter** hebt sehr dunkle Bildpunkte auf Mittelwerte an, zusätzlich oder alternativ werden sehr helle Pixel ebenfalls auf mittlere Werte gesenkt.

Das geht zwar auch mit der **Gradationskurve** (siehe oben). Doch wenn Sie tatsächlich nur sehr dunkle oder sehr helle Bereiche korrigieren, dann wirkt **Tiefen/Lichter** vielseitiger als die **Gradationskurve**. Im Camera-Raw-Dialog verwenden Sie für diese Aufgabe die Regler REPARATUR und FÜLLLICHT, sie lassen sich aber nicht so fein steuern.

Beispiele

In den TIEFEN heben Sie die dunklen Bildpunkte zum Beispiel bei folgenden Motiven an:

» Die Landschaft im Hintergrund kommt genau richtig, doch die Person im Vordergrund säuft dunkel ab. Fast wie ein Aufhellblitz an der Kamera zaubert **Tiefen/Lichter** mehr Zeichnung in dunkle Zonen.

» Die angeblitzte Person im Vordergrund kommt genau richtig, doch der Hintergrund versackt. **Tiefen/Lichter** bringt mehr Details in den Hintergrund.

Der Bereich LICHTER senkt umgekehrt die hellsten Lichter:

» Das Motiv im Vordergrund kommt klar heraus, doch die Landschaft dahinter ist hell ausgefressen. Dimmen Sie die Helligkeit des Hintergrunds auf erträgliche Maße.

» Die angeblitzte Person im Vordergrund ist viel zu hell.

Unmögliches schafft jedoch nicht mal Photoshop: Bildpartien aus reinem Schwarz oder Weiß ohne minimale Differenzierung wertet das Programm nicht mehr auf. Sparen Sie sich Fehlbelichtungen, indem Sie von vornherein mit Spotmessung und Messwertspeicher den richtigen Wert für wichtige Bildteile ermitteln (Fototipps und Beispielbilder ab Seite 38).

Tipp

*Sie müssen den Befehl **Tiefen/Lichter** nicht sofort dauerhaft auf das Bild anwenden. Legen Sie die Korrektur als »Smart Filter« über das Motiv und ändern Sie die Einstellungen bei Bedarf. Dazu erzeugen Sie zunächst ein Smart Objekt (**Filter: Für Smartfilter konvertieren**, Seite 631), dann wählen Sie **Tiefen/Lichter**.*

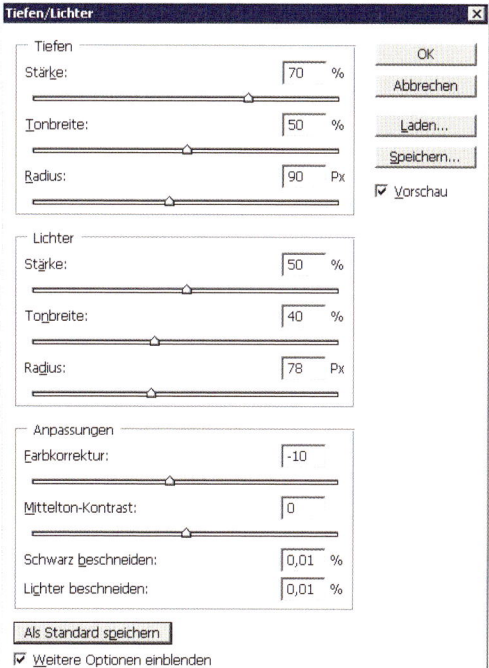

Abbildung 10.47
Links: Unser Testbild zeigt harte Schatten, die wir aufhellen wollen. **Rechts:** Der Befehl »Tiefen/Lichter« hebt stark unterbelichtete Bildbereiche an, ohne dass hellere Partien zu stark mit angehoben werden. Hier nutzen wir bereits die Vorgabe »Weitere Optionen einblenden«. Die Werte aus dieser Abbildung verwenden wir für die folgenden Ergebnisse. Vorlage: Tiefen_b

Abbildung 10.48
Links: Nur der »Tiefen«-Bereich wurde verändert. **Rechts:** Im Bereich »Lichter« senken wir die Lichter ab, um ein paar Spitzlichter zu kappen.

Der Bereich »Tiefen«

Klicken Sie zunächst auf WEITERE OPTIONEN EINBLENDEN, damit Photoshop den kompletten Dialog präsentiert. Wir bearbeiten im Folgenden die Bereiche TIEFEN und KORREKTUREN. Der Umgang mit LICHTERN ergibt sich daraus. Zu den drei Reglern:

» Stellen Sie vorläufig eine hohe STÄRKE wie 90 Prozent ein und korrigieren Sie den Wert eventuell nach Veränderungen an anderen Reglern.

» Experimentieren Sie mit der TONBREITE: Kleine Werte wie 10 oder 20 heben nur die allerdunkelsten Bildpunkte deutlich an. Höhere Vorgaben wie 30 oder 50 liften auch weniger dunkle Pixel und besonders dunkle Bildpunkte steigen stärker an. Hellere Bildbereiche bleiben weitgehend unverändert (siehe Tabelle unten).

» Der RADIUS-Regler bestimmt, in welchem Umkreis die Vorlage verändert wird. Experimentieren Sie mit verschiedenen Werten im unteren Bereich je nach Pixelzahl. Vorsicht: Falsche Vorgaben führen zu Lichthöfen in stark kontrastierenden Bildzonen oder sie bügeln die Differenzierung in fein abgestuften Hauttönen platt.

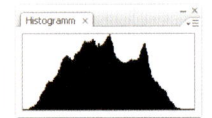

Abbildung 10.49 Links: Unsere Vorlage »Tiefen_b« nutzt den größten Teil des Tonwertspektrums aus, der Schwerpunkt liegt bei dunklen Tonwerten. **Mitte:** Die reine »Tiefen«-Korrektur dehnt den Tonwertumfang kaum aus, hievt aber dunkle Tonwerte massiv in den mittleren Bereich. **Rechts:** Die zusätzliche »Lichter«-Bearbeitung setzt Akzente in den oberen Mitteltönen.

Die »Tonbreite«

Geben Sie als TONBREITE einen niedrigen Wert wie 0 Prozent vor, hebt Photoshop nur dunkelste Tonwerte an, andere Helligkeitsbereiche bleiben unverändert oder sinken sogar leicht. Nehmen Sie dagegen eine größere TONBREITE wie 30 oder 50 Prozent, steigen auch mittlere Helligkeiten an.

Die folgende Tabelle zeigt, wie sich einzelne Helligkeitswerte bei einer TONBREITE von 0, 30 oder 50 Prozent verändern. Ein Beispiel: Der dunkle Tonwert 51 sinkt mit der TONBREITE-Vorgabe 0 noch minimal ab; die 30-Prozent-Vorgabe hebt den Tonwert 51 auf 94, die 50-Prozent-Vorgabe schafft sogar 139. Die STÄRKE stand jeweils bei 90 Prozent, der RADIUS bei 0 Pixel.

	Ursprünglicher Tonwert	0	25	51	76	102	127	153	178	204	229	255
Tonbreite	0%	0	51	50	69	96	127	159	186	209	230	255
	30%	0	88	94	94	106	131	160	186	209	230	255
	50%	0	105	139	140	141	151	169	189	210	230	255

Abbildung 10.50 **1. Bild:** Das Hauptmotiv ist zu dunkel. **2. Bild:** Eine »Tiefen«-Behandlung mit Stärke 70 und Tonbreite 50 hellt das Gesicht auf, aber auch den Hintergrund. **3. Bild:** Die zusätzliche »Lichter«-Korrektur mit 60er Stärke und Tonbreite 55 dunkelt den Hintergrund ab. **4. Bild:** Wir heben außerdem Farbkorrektur und Mitteltonkontrast jeweils von 0 auf plus 20 an. Vorlage: Tiefen_e

DVD
Verwenden Sie für eigene Tests auch die Datei »Tonwerte« aus dem »Praxis«-Verzeichnis der Buch-DVD. Sie zeigt eine Graustufenskala mit einer separaten Porträtebene und lässt sich leicht anpassen.

Der Bereich »Korrekturen«

Durch Anheben der TIEFEN oder Absenken der LICHTER zaubern Sie neue Mitteltöne ins Bild. Diese mittleren Helligkeiten verfeinern Sie im Bereich KORREKTUREN:

» Der Regler FARBKORREKTUR steuert die Farbsättigung. Vorsicht jedoch: Kleidungsstücke oder Geräte vertragen ein deutliches Plus bei der Farbsättigung, Hauttöne verlangen dagegen Zurückhaltung – sonst erstrahlen Gesichter so farbsatt wie eine Kreta-Orange.

» Der Regler MITTELTON-KONTRAST bringt mehr Kontrast in die neuen Mitteltöne. Bei Porträts empfehlen sich manchmal sogar Minuswerte.

» In den Feldern SCHWARZ BESCHNEIDEN und LICHTER BESCHNEIDEN steuern Sie, wie viele Schatten- und Hochlichttöne auf reines Schwarz oder Weiß gesetzt werden dürfen. Je höher der Wert, desto deftiger der Kontrast. Sie verlieren aber auch Differenzierung. Die werkseitigen Vorgaben mit jeweils 0,01 Prozent wirken sinnvoll.

Vorgaben speichern

Sie können sinnvolle Vorgaben speichern und auf andere Bilder übertragen:

» Sie können die aktuellen Einstellungen ALS STANDARD SPEICHERN. Nun öffnet sich das Dialogfeld stets mit diesen Vorgaben.

» Die SPEICHERN-Schaltfläche sichert weitere Einstellungen in einer Datei, die Sie später wieder LADEN.

» Noch einfacher: Zeichnen Sie die Korrektur mit der Aktionenpalette auf, um sie bequem auf ganze Bildreihen anzuwenden.

Wie immer zeigt die ABBRECHEN-Schaltfläche bei einem Druck auf die Alt-Taste den Text ZURÜCK – Sie setzen die STANDARD-Werte wieder ein, die beim Öffnen des Dialogfelds bestanden.

Haben Sie die Standardwerte dauerhaft geändert? Drücken Sie die ⇧-Taste, um unten links die Schaltfläche STANDARD-WERTE ZURÜCKSETZEN zu erhalten. Damit stellen Sie die Photoshop-Werksvorgaben wieder her.

Abbildung 10.51 Links: Im Gegenlicht erscheint das Hauptmotiv unterbelichtet. **Mitte:** Auch der Befehl »Tiefen/Lichter« rettet die Aufnahme nicht wirklich.
Rechts: Ein Aufhellblitz sorgt für die passende Vordergrundbeleuchtung.

10.6 Kontrastkorrektur per Ebenentechnik

Nicht nur **Gradationskurven**, **Tonwertkorrektur** und andere Verfahren aus dem Untermenü **Bild: Anpassungen** verbessern die Kontraste. Verblüffend wirksam frischen Sie Ihre Vorlagen auch durch geschicktes Montieren auf. Verschiedene Verfahren sind denkbar:

» Montieren Sie ein und dieselbe Ebene zwei- oder mehrfach übereinander und korrigieren Sie das Gesamtbild durch Wahl einer neuen Füllmethode wie NEGATIV MULTIPLIZIEREN.

» Montieren Sie unterschiedlich helle Belichtungen mehrfach übereinander und mischen Sie die Versionen durch Ebenenmasken oder durch Ausblenden von Helligkeitsbereichen.

Kontrastkorrektur per Füllmethode

Besprechen wir zuerst, wie Sie eine Einzelebene duplizieren und das Gesamtbild mit einer Füllmethode verbessern. Das Verfahren im Überblick:

1. Sie duplizieren die HINTERGRUND-Ebene mit [Strg]+[J],

2. Sie geben für die neu entstandene EBENE 1 eine neue Füllmethode (Seite 575) an und

3. Sie verfeinern die Kreation eventuell mit Deckkraftregler und Ebenenmaske.

Abbildung 10.52
Links: Die Vorlage wirkt zu dunkel.
Mitte, rechts: Wir duplizieren die »Hintergrund«-Ebene mit [Strg]+[J] und stellen oben in der Palette die Füllmethode »Negativ multiplizieren« ein. Das Bild wirkt deutlich heller. Vorlage: Kontrast_b

Kontrastkorrektur per Füllmethode

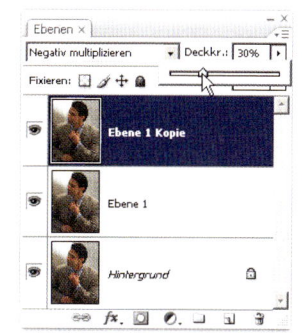

Abbildung 10.53
Links: Wir haben die obere Ebene erneut per [Strg]+[J] verdoppelt – jetzt wirkt das Bild bereits zu hell.
Mitte, rechts: Wir senken die Deckkraft der oberen Ebene auf 30 Prozent, jetzt stimmt die Helligkeit.

Geeignete Füllmethoden

Je nach Aussehen Ihrer Datei wenden Sie in der Ebenenpalette eines der folgenden Verfahren an:

» Negativ multiplizieren hellt zu dunkle Scans deutlich auf und eignet sich nicht zuletzt für unterbelichtete Gegenlichtporträts, wenn Sie nicht den Befehl **Tiefen/Lichter** verwenden wollen.

» Multiplizieren dunkelt überbelichtete und zu helle Scans ab.

» Weiches Licht frischt flaue Scans behutsam auf. Hartes Licht frischt flaue Scans stark auf und sorgt für Glanzlichter. Probieren Sie Ineinanderkopieren, sofern die Ebenen nicht mehr identisch sind. Für deutliche Verfremdung sorgen Strahlendes Licht und erst recht Hart mischen.

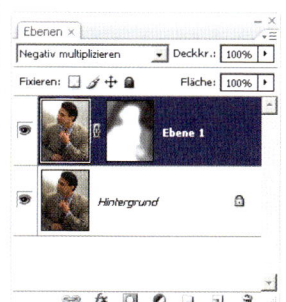

Abbildung 10.54 Hintergrund und ein Teil des Sakkos sollen dunkler werden. Wir verschmelzen zunächst die oberen Ebenen per [Strg]+[E]. Mit der Schaltfläche »Ebenenmaske hinzufügen« entsteht eine neue Maske für die »Ebene 1«. Schalten Sie den Pinsel und schwarze Vordergrundfarbe ein, senken Sie die Deckkraft des Pinsels auf 50 Prozent und malen Sie in den Zonen, die dunkler werden sollen. Ergebnis: Kontrast_b2

Verfeinerung

Die Überblendung wirkt häufig zu stark. So korrigieren Sie die Wirkung nach Maß:

» Reduzieren Sie die Deckkraft der oberen Ebene. Das geht besonders schnell mit den Zifferntasten, während ein Auswahl- oder das Verschiebenwerkzeug eingeschaltet ist.

» Bereiche der unteren Ebene, die weniger oder keine Korrektur benötigen, verbergen Sie durch eine Ebenenmaske für die obere Ebene (Seite 604). Graustufen oder weiche Übergängen in der Ebenenmaske sorgen für stufenlose Korrekturen.

» Testen Sie Helligkeits- und Kontraständerungen auf beiden Ebenen.

Reicht die Korrekturwirkung indes noch nicht, duplizieren Sie die obere Ebene mit dem bereits gewählten Überblendverfahren erneut ([Strg]+[J]); senken Sie eventuell beim nächsten Duplikat die Deckkraft.

Alternative per Einstellungsebene

Zum Duplizieren der Hintergrund-Ebene bietet Photoshop Alternativen, die Speicherplatz sparen, weil Sie keine Bildpunkte duplizieren. Sie können die duplizierte Ebene dann aber auch nicht weichzeichnen.

Eine Möglichkeit: Legen Sie mit dem Symbol Neue Füll- oder Einstellungsebene erstellen unten in der Ebenenpalette eine beliebige neue Einstellungsebene an (Seite 615), zum Beispiel **Gradationskurven**. Lassen Sie alle Einstellungen neutral, so dass die Bilddarstellung gleich bleibt. Richten Sie für die obere neue Einstellungsebene eine Füllmethode wie das Multiplizieren ein. Verfeinern Sie mit Ebenenmaske und

Teil 3 • Korrektur

Abbildung 10.55 Das Foto ist zu hell und wird mit einem Duplikat und Füllmethode »Multiplizieren« abgedunkelt – nach zwei verschiedenen Verfahren. **3. Bild:** Wir haben die »Hintergrund«-Ebene dupliziert und die Füllmethode auf »Multiplizieren« gestellt, so wird es meist gemacht. **4. Bild:** Diese Technik erzeugt die gleiche Wirkung: Wir legen eine beliebige Einstellungsebene über das blasse Original, lassen die Regler in Neutralstellung und verwenden auch hier die Füllmethode »Multiplizieren«. Vorlage: Kontrast_c

Deckkraft, experimentieren Sie bei Bedarf auch mit Kontraständerungen im Dialogfeld.

Vorteile hier:

» Bei Serien ziehen Sie die Einstellungsebene gleich mit angepasster Deckkraft auf zehn weitere Bilder.

» Durch Änderungen im Korrekturdialog – zum Beispiel in den Gradationskurven – justieren Sie das Ergebnis weiter.

Alternative per Korrekturbefehl

Wenden Sie einen beliebigen Kontrast- oder Effektbefehl auf das Bild an, der keinerlei Veränderung auslöst, zum Beispiel **Bild: Anpassungen: Helligkeit/Kontrast** mit allen Reglern in Neutralstellung. Anschließend bietet der Befehl **Bearbeiten: Verblassen** alle Mischverfahren wie das MULTIPLIZIEREN an – auch ohne duplizierte Ebene. Testen Sie auch gesenkte Deckkraft. Sie erhalten die gleichen Ergebnisse wie mit einer Duplikat- oder Einstellungsebene. Das Bild ist sofort dauerhaft verändert.

Unterschiedliche Belichtungen mischen

Viele kontrastreiche Motive lassen sich nicht mit dem »Dichteumfang« fotografieren, den das Auge wahrnimmt:

» Wenn Sie auf die Lichterpartien belichten, also knapp, dann sumpfen die Schatten ab.

» Sorgen Sie mit langer Belichtung und offener Blende für durchgezeichnete Schatten, fressen die hellen Partien aus.

Doch Sie können die Detailzeichnung Ihrer kontrastreichsten Aufnahmen verbessern: Fotografieren Sie ein und dasselbe Motiv zwei- oder mehrfach deckungsgleich – mit Belichtungen, die sich um mehrere Belichtungsstufen unterscheiden. Dann montieren Sie die beiden Aufnahmen übereinander und verhelfen der jeweils gut durchgezeichneten Bildpartie zum Durchbruch im Gesamtbild.

Unter dem Stichwort HDR (High Dynamik Range) wurde diese Technik Ende 2006 zwischenzeitlich sogar zum Hype, so wie davor Raw. So berichtete »Spiegel Online« und interviewte HDR-Profis. Die gaben zu Protokoll, keine speziellen HDR-Funktionen zu nutzen – sie mischen alles mit Ebenenmasken per Hand.

Verfahren im Überblick

Legen Sie mehrere unterschiedlich belichtete Einzelbilder übereinander, dann bietet Photoshop CS3 diese Mischmöglichkeiten:

» Zwei identische Szenen übereinanderlegen und überblenden, das erlaubt automatisch der Befehl **Datei: Automatisieren: Zu HDR zusammenfügen** (Seite 251). Diese Funktion ist jedoch unflexibel – testen Sie zunächst andere Verfahren.

» Verbergen Sie einzelne Bereiche der oberen Ebene durch eine Ebenenmaske.

» Verbergen Sie einzelne Helligkeitswerte einer Ebene durch die Regler DIESE EBENE und DARUNTER LIEGENDE EBENE im EBENENSTIL-Dialog.

Die letzten zwei Techniken lassen sich auch kombinieren.

Unterschiedliche Belichtungen mischen

Aufnahmetechnik

Beim Fotografieren der Belichtungsreihe variieren Sie nur die Zeit, nicht Blende oder ISO-Empfindlichkeit (mehr Fototipps, auch für deckungsgleiche Aufnahmen, ab Seite 38).

Für den Befehl **Zu HDR zusammenfügen** empfiehlt Photoshop-Hersteller Adobe mindestens drei Aufnahmen mit einem Unterschied von mindestens ein bis zwei Lichtwerten (auch Blendenwerte oder EV genannt). Falls Sie mit zwei Lichtwerten Unterschied fotografieren wollen, nehmen Sie zum Beispiel 1/15, 1/60, 1/250 und 1/1000 Sekunde bei gleichbleibender Blende und Empfindlichkeit. Prüfen Sie, ob Ihre Kamera Belichtungsreihen mit zumindest einem vollen Lichtwert Abstand aufzeichnet (zum Beispiel von 1/15 zu 1/30 Sekunde oder von 1/250 zu 1/500 Sekunde).

Die meisten Spiegelreflexkameras und einige Kompakte bieten Belichtungsreihen an (»Bracketing«); prüfen Sie, ob hier Blende oder Zeit wechseln. Oftmals reichen aber hier die Helligkeitsunterschiede zwischen der hellsten und dunkelsten Aufnahme nicht aus, so dass Sie besser Lichtwerte von Hand einstellen. Überprüfen Sie direkt nach dem Fotografieren die Durchzeichnung auf dem Histogramm im Kameramonitor.

Sie können nur ein einziges Bild aufnehmen, zum Beispiel bei bewegten Motiven? Dann verwenden Sie zwei Varianten ein und derselben Camera-Raw-Datei, die Sie zweimal mit unterschiedlichen Helligkeiten »entwickeln«. Aus Raw-Dateien holen Sie meist mehr Zeichnung heraus als aus JPEGs. Sie können diese Raw-Dateien auch zweimal hintereinander als Smart Objekt **platzieren** (Seite 624); alle Camera-Raw-Eigenschaften bleiben so korrigierbar erhalten.

Fotografie

Einige Kameramodelle wie die Fujifilm Finepix S5 Pro zeichnen ein Foto mit zwei unterschiedlich empfindlichen Sensorgruppen gleichzeitig auf. Sie fotografieren eine hellere und eine dunklere Szene und mischen das Ergebnis sofort zu einer reich durchgezeichneten Aufnahme. Zwölf Blendenstufen Dynamikumfang sollen laut Testberichten möglich sein, ein hervorragender Wert.

Deckungsgleiche Ebenen montieren

Eine komplette Übersicht, wie Sie Ebenen bequem stapeln und dabei automatisch Deckungsgleichheit herstellen, finden Sie ab Seite 553. Hier folgt eine Kurzanleitung für ein Verfahren von vielen, wie Sie zwei oder mehr Bilder gleicher Größe komplett übereinanderlegen.

Wir gehen bei den Beschreibungen immer davon aus, dass die dunklere Ebene (mit durchgezeichneten Lichtern) oben in der Montage angesiedelt ist. So stellen Sie zunächst eine Montage mit zwei deckungsgleichen Ebenen her:

1. Schalten Sie das Verschiebenwerkzeug ein und ziehen Sie das dunklere Bild bei gedrückter ⇧-Taste über die Datei mit der helleren Variante. Die ⇧-Taste sorgt dabei für den perfekten Sitz.

2. Schalten Sie oben in der Ebenenpalette die Füllmethode von NORMAL auf DIFFERENZ um. Erkennen Sie Versatz? Wenn das Verschiebenwerkzeug noch aktiv ist, bewegen Sie die obere Ebene mit den Pfeiltasten in Pixelschritten. Das Gesamtbild sollte möglichst dunkel wirken; sehr helle Konturen um dunkle Flächen herum signalisieren mangelhafte Überlappung. Bereiche mit völlig identischem Tonwert erscheinen schwarz.

3. Passt die Montage? Schalten Sie von DIFFERENZ zurück zu NORMAL.

Abbildung 10.56
Innenräume mit Blick nach draußen lassen sich oft nicht mit einer einzigen Aufnahme vollständig durchgezeichnet erfassen. Kombinieren Sie zwei unterschiedliche Belichtungen. Dateien: Kontrast_e etc.

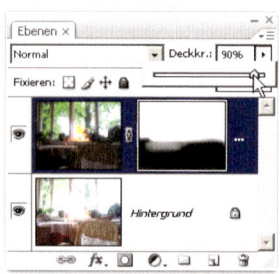

Abbildung 10.57
Die dunklere Belichtung wird über die hellere Variante montiert. Durch Retusche in der Ebenenmaske blenden wir die zu dunklen, unterbelichteten Partien der oberen Ebene aus. Zusätzlich senken wir die Deckkraft auf 90 Prozent.

Minimaler Versatz fällt eventuell im Endergebnis nicht auf, sofern Sie die Methode mit der Ebenenmaske verwenden (nächster Abschnitt).

Randbereiche entfernen

Wurde die EBENE 1 bewegt oder verzerrt, um Deckungsgleichheit herzustellen? Dann bedeckt die verrutschte EBENE 1 nicht mehr die komplette Arbeitsfläche Ihrer Datei; an ein oder zwei Bildrändern scheint die HINTERGRUND-Ebene durch, hier lässt sich keine Mischung mehr herstellen. Schneiden Sie die Datei bequem so zu, dass die unvollständigen Randstreifen wegfallen:

1. Klicken Sie bei gedrückter [Strg]-Taste auf die Miniatur der EBENE 1 in der Ebenenpalette. So laden Sie den Umriss der EBENE 1 als Auswahlmarkierung.
2. Wählen Sie **Bild: Freistellen**. Photoshop kappt den Bildrand außerhalb des sichtbaren Bereichs von EBENE 1 weg.

Mischen per Ebenenmaske

Klicken Sie unten in der Ebenenpalette auf EBENENMASKE HINZUFÜGEN. Meist reicht danach ein Druck auf die Taste [X], um schwarze Vordergrundfarbe einzurichten; dann malen Sie dort im Bild, wo Sie die obere, dunkle Ebene verbergen wollen – also dort, wo »Ebene 1« schwarz zuläuft und die hellere »Hintergrund«-Ebene hervortreten soll (Details zu dieser Technik ab Seite 604).

Alternative: Wählen Sie Bildbereiche mit Schnellauswahlwerkzeug oder Zauberstab aus, dann aktivieren Sie die Ebenenmaske, sagen **Bearbeiten: Fläche füllen** und kippen SCHWARZ in den Bereich.

Prüfen Sie bei diesem ebenso wie beim folgenden Verfahren zusätzlich, ob sich für die obere Ebene die Füllmethoden ABDUNKELN oder MULTIPLIZIEREN eignen oder ob Sie die DECKKRAFT senken sollten. Verfeinern Sie die Ebenen mit Kontrastkorrekturen.

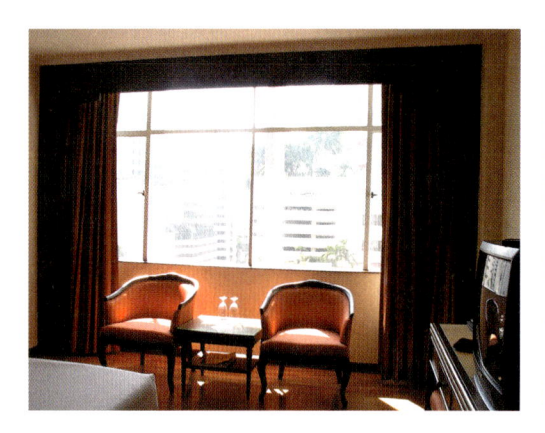

Abbildung 10.58
Diese zwei Belichtungen kombinieren wir durch Ausblenden von Tonwertbereichen. Dateien: Kontrast_d etc.

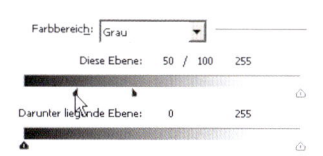

Abbildung 10.59 Von der oberen, dunkleren Ebene blenden wir mit dem »Ebenenstil«-Dialog die dunkelsten, unterbelichteten Bildbereiche aus. Dieses Ergebnis könnte mit einer Ebenenmaske noch verbessert werden.

Mischen per Ebenenstil

Zur Methode mit der Ebenenmaske gibt es eine Alternative oder Ergänzung. Diese zweite Methode eignet sich vor allem für Aufnahmen, die perfekt deckungsgleich übereinander sitzen:

1. Klicken Sie mit rechts auf die Miniatur der »Ebene 1« und wählen Sie **Fülloptionen**.

2. Unter dem Graubalken mit der Überschrift Diese Ebene ziehen Sie das schwarze Doppeldreieck nach rechts, zum Beispiel bis zum Wert 100.

3. Drücken Sie die Alt-Taste, dann ziehen Sie die linke Hälfte des Doppeldreiecks nach links, zum Beispiel bis zum Wert 50/100.

So verstecken Sie die dunkelsten Bildpunkte von 0 bis 50 der oberen Ebene komplett (Seite 584); mittelhelle Bildpunkte von 51 bis 100 erscheinen nur halbdeckend. Ausschließlich die helleren Bereiche – also die gut durchgezeichneten Lichter – setzen sich im Gesamtbild durch und verdrängen die ausgefressenen, zu hellen Lichter der unteren, helleren Ebene. In Bildpartien mit schlechter Mischung legen Sie vielleicht zusätzlich eine Ebenenmaske an.

»Zu HDR zusammenfügen«

Zwei Besonderheiten hat der Befehl **Datei: Automatisieren: Zu HDR zusammenfügen**:

» Er soll unterschiedliche Belichtungen einer Szene automatisch zu einer gut durchgezeichneten Gesamtansicht mischen und gleicht dabei auch Bildversatz aus.

» Die Funktion erzeugt Bilder mit 32 Bit pro Grundfarbe und kommt darum mit teils völlig neuen Techniken daher.

Der Modus **32-Bit-Kanal** erhöht die Helligkeitsnuancen pro Grundfarbe – und den Speicherbedarf der Datei – noch einmal. Dieser Modus heißt auch HDR, für »High Dynamic Range«. Wegen seines speziellen Fließkomma-Rechenverfahrens (»Floating Point«) können unbegrenzt viele Helligkeitsstufen gesichert werden. Monitore oder Druckpapiere zeigen davon freilich nur einen winzigen Bruchteil.

HDR-Dateien erkennen Sie am Hinweis »(RGB/32)« oben in der Titelzeile des Bilds. Vorhandene Fotos verwandeln Sie bei Bedarf mit dem Befehl **Bild: Modus: 32-Bit-Kanal** in 32-Bit-Dateien.

Tipp
Spezialisierte HDR-Programme, Vergleichsbilder und Hintergrundinformationen von anderen Anbietern finden Sie unter www.idruna.com/photogenicshdr.html, www.ict.usc.edu/graphics/HDRShop/ und www.traumflieger.de/dri.php. Bekannt ist das HDR-Programm Photomatix (www.franzis.de/photomatix).

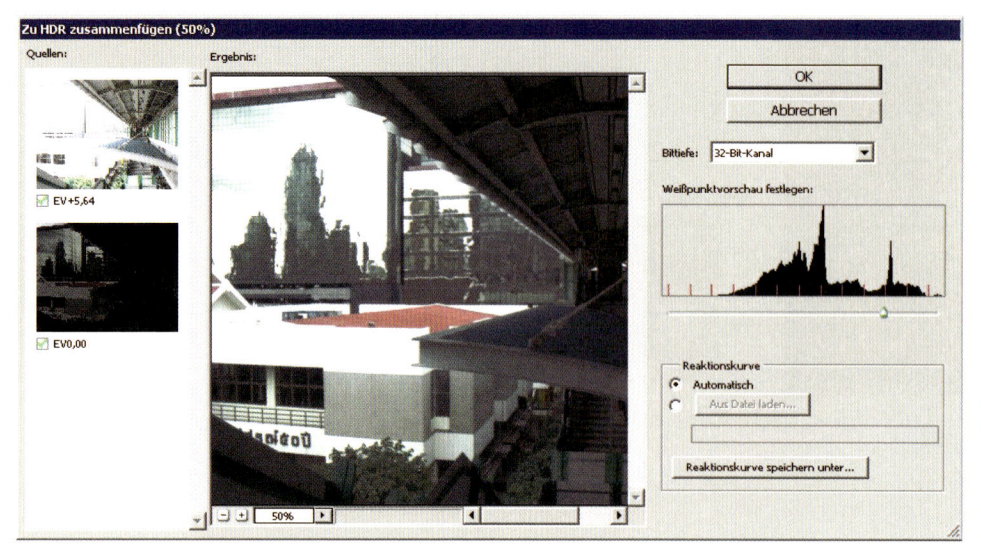

Abbildung 10.60
Der Befehl »Zu HDR zusammenfügen« setzt deckungsgleiche, aber unterschiedlich helle Bilder aus Belichtungsreihen zusammen. Vorlagen, Ergebnis: HDR etc.

»Zu HDR zusammenfügen«

Der Befehl **Datei: Automatisieren: Zu HDR zusammenfügen** legt annähernd deckungsgleiche, aber unterschiedliche belichtete Bilder übereinander und soll ein Ergebnis produzieren, das von den Lichtern bis zu den Schatten perfekt durchgezeichnet ist. Für markierte Bilder bietet Bridge die Funktion auch unter **Werkzeuge: Photoshop**.

Zunächst geben Sie an, welche Dateien verwendet werden sollen. Falls Ihnen keine perfekt deckungsgleichen Aufnahmen gelungen sind, kann Photoshop die QUELLBILDER NACH MÖGLICHKEIT AUTOMATISCH AUSRICHTEN, also passgenau übereinanderlegen und auch zurechtbiegen. Falls Ihre Bilder keine Exif-Belichtungsdaten enthalten, müssen Sie den Lichtwert (EV) von Hand eingeben.

Links im Dialogfeld entscheiden Sie, welche Dateien im Gesamtergebnis vertreten sind. Setzen Sie rechts die BITTIEFE auf 32-BIT-KANAL; so wahren Sie den vollen Kontrastumfang. Sofern Sie diese Vorgabe nutzen, steuert der Schieberegler unter dem Histogramm nur die Vorschau für das Bild – der komplette Tonwertumfang bleibt jedoch erhalten und kann später wieder angezeigt werden. Die roten Striche im Histogramm zeigen volle Lichtwerte (Blendenwerte) des Gesamtbilds. Sie finden Beispieldateien im Verzeichnis »Beispiele/Zu HDR zusammenfügen« innerhalb Ihres Photoshop-Programmordners.

»Belichtung«

Der Befehl **Bild: Anpassungen: Belichtung** wurde speziell für HDR-Bilder entwickelt, funktioniert aber auch mit anderen 16- und 8-Bit-Dateien. Auch im 32-Bit-Modus wird die Datei tatsächlich verändert, sie steuern nicht nur die Darstellung am Monitor.

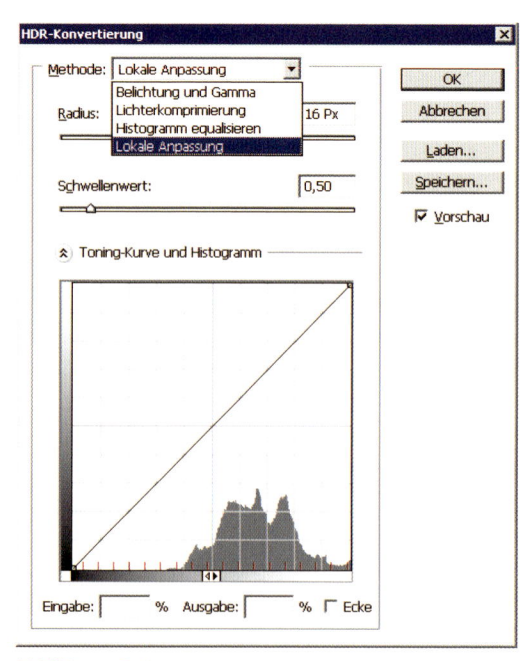

Abbildung 10.61 Die »HDR-Konvertierung« sehen Sie, wenn Sie mit dem Untermenü »Bild: Modus« von 32 Bit zu 16 oder 8 Bit wechseln; erst jetzt steuern Sie endgültig den Kontrast.

Die Regler:

» Der BELICHTUNGS-Regler verändert Ihr Bild in Lichtwerten (Blendenwerten) wie bei der Kamera. Ein Wechsel vom Wert 0 zu 1,0 hellt das Bild so auf, als ob Sie an der Kamera die Zeit von 1/250 auf 1/125 ändern oder die Blende von 8 auf 5,6 senken. Sie steuern diesen Wert auch mit den Pipetten WEISSPUNKT SETZEN und MITTELTÖNE SETZEN . Die Pipetten hier sind nicht direkt vergleichbar mit den Pipetten aus Gradationskurve und Tonwertkorrektur (Seite 229).

» Per VERSATZ ändern Sie die Schatten, während die Lichter eher erhalten bleiben. Sie steuern diesen Wert auch mit der Pipette SCHWARZPUNKT SETZEN .

» Der GAMMAKORREKTUR-Regler ändert die Mitteltöne, während extreme Lichter und Schatten unverändert bleiben.

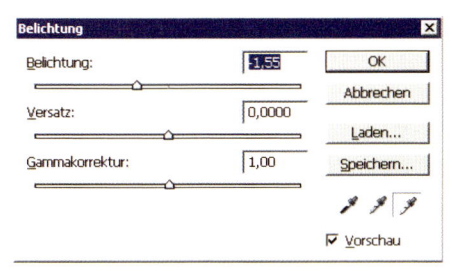

Abbildung 10.62 Der Befehl »Belichtung« eignet sich auch für 32-Bit-Bilder.

HDR-Dateien darstellen

Sie können HDR-Dateien am Bildschirm mit ganz unterschiedlichen Kontrasten und Helligkeiten darstellen, ohne dabei die Qualität der Datei im geringsten zu ändern – es geht nur darum, den riesigen Helligkeitsumfang irgendwie für den Monitor zu bändigen:

» Steuern Sie die Darstellung mit dem Befehl **Ansicht: 32-Bit-Vorschau-Optionen**.

» Verwenden Sie den Regler **Belichtung** direkt unten in der Statusleiste des Bilds. Wenn er fehlt, öffnen Sie das Menü in der Statusleiste des Bilds mit dem Dreieckschalter ▶ und wechseln zu **Belichtung**.

Sie ändern also wohlgemerkt nur die Aufbereitung für den Monitor. Selbst wenn Sie nur noch Schwarz oder Weiß sehen, bleibt der volle Tonwertumfang in der Datei erhalten.

Von 32-Bit-HDR zu 16 oder 8 Bit

Viele andere Programme können 32-Bit-HDR-Dateien nicht öffnen, selbst Photoshop CS3 unterstützt die Farbtiefe nicht voll. Gehen Sie also herunter mit der Farbtiefe, klicken Sie im Untermenü **Bild: Modus** auf **16-Bit-Kanal** oder auf die besonders vielseitig nutzbare Vorgabe **8-Bit-Kanal**. Dabei erscheint automatisch das Dialogfeld **HDR-Konvertierung** und hier legen Sie Kontraste und Helligkeit endgültig fest.

Oben im Klappmenü METHODE testen Sie zunächst eine der einfachen Automatiken wie LICHTERKOMPRIMIERUNG oder HISTOGRAMM EQUALISIEREN. Regler für BELICHTUNG und GAMMA – also für Gesamthelligkeit und die Helligkeit der mittleren Tonwerte – bietet die Variante BELICHTUNG UND GAMMA. Noch mehr Spielraum erlaubt die Variante LOKALE ANPASSUNG, hier können Sie auch eine Gradationskurve bearbeiten (Seite 218).

10.7 Farbstimmung

Die Kontraste passen, die Farbstimmung konveniert indes noch nicht? Dann ändern Sie die Farbtöne unabhängig von der Helligkeitsverteilung.

Übersicht

Mögliche Farbprobleme:

» Die Farbsättigung allgemein ist zu blass.

» Die Farbsättigung im Himmel ist zu blass, aber Gesichter sollen sich nicht ändern.

» Das Bild hat einen Farbstich.

Traditionell bearbeitet man die Gradationskurven einzelner CMYK-Druckfarben: So würden Sie etwa einen **Gelbauszug dämpfen** oder die **Gegenfarbe anheben**. Photoshop korrigiert die Farbstimmung jedoch auch mit bequemeren Werkzeugen. Für Ihre Farbkorrekturen verwenden Sie wie immer die Farbmodi CMYK, RGB oder Lab. Bei indizierten Farben, Graustufen oder Bitmap tut sich nichts.

Abbildung 10.63 **1. Bild:** Unbearbeitete Aufnahme. **2. Bild:** Unbearbeitete Aufnahme, diesmal mit Polfilter vor dem Objektiv. Beachten Sie auch die Farbe des Flusses. **3. Bild:** Bild 2 mit »Auto-Kontrast«. **4. Bild:** Bild 2 mit zusätzlich angehobener Farbsättigung in den Blautönen. Datei: Farbsättigung_b

Ändern Sie die Sättigung nicht pauschal

Bringen Sie zuerst die Kontraste in Ordnung, danach gehen Sie bei Bedarf Farbsättigung und Farbstiche an. Eine schlichte Art der Sättigungskorrektur bietet der Befehl **Bild: Anpassungen: Variationen** (Seite 260). Doch beim Anheben der Sättigung sollte man selten das ganze Bild über einen Kamm scheren: Zwar hebt man die Farbsättigung in Himmel oder Produktoberflächen oft problemlos an, das Bild lebt auf. Doch Hauttöne vertragen Sättigungsnachhilfe weit schlechter – Ihre Modelle erblühen dann in unzartem Schweinchenrosa.

Also lieber gezielt einzelne Bildbereiche ändern. Dazu könnten Sie mit Schnellauswahl und Co. einen Bildbereich auswählen, den Sie unabhängig von anderen Zonen verbessern.

Aber es geht meist bequemer:

» Beim Befehl **Bild: Anpassungen: Farbton/Sättigung** konzentrieren Sie die Änderung der SÄTTIGUNG auf einen einzigen Farbbereich, zum Beispiel Blautöne.

» Der Camera-Raw-Dialog hat im Bereich GRUNDEINSTELLUNGEN ebenfalls einen SÄTTIGUNG-Regler. Interessanter ist aber die DYNAMIK gleich darüber: Sie hebt die Sättigung vor allem in weniger gesättigten Bildteilen und hat einen speziellen Hauttonschutz (der Raw-Dialog eignet sich wohlgemerkt auch für TIFF- und JPEG-Dateien, Seite 144).

Bei Außenaufnahmen mit Sonnenschein verstärken Sie die Farbsättigung und die allgemeine Bildwirkung mit einem Polfilter (Beispiel ab Seite 38).

Abbildung 10.64 **Links:** Diese Vorlage wird mit verschiedenen Funktionen so bearbeitet, dass der »S«-Sättigungswert im Himmel von 38 auf 55 Prozent steigt. **Mitte:** Der »Sättigung«-Regler des Befehls »Farbton/Sättigung« hebt die Farbsättigung im kompletten Bild, die Hauttöne wirken übertrieben. **Rechts:** Der »Dynamik«-Regler im Camera-Raw-Dialog frischt die Farben dezenter auf. Vorlage: Farbsättigung_a

Farbsättigung per »Farbton/Sättigung«

Mit **Bild: Anpassungen: Farbton/Sättigung** heben Sie bequem die Sättigung nur in einem bestimmten Farbbereich an, zum Beispiel nur in den Blautönen. Alle anderen Werte bleiben unberührt. Dazu müssen Sie kein Auswahlwerkzeug bemühen. So geht's:

1. Wählen Sie **Farbton/Sättigung** ([Strg]+[U], das englisch gesprochene »U« steht für englisch »Hue«, Farbton; [Strg]+[Alt]+[U] lädt den Befehl mit den zuletzt genutzten Werten).

2. Oben im Klappmenü können Sie sofort den gewünschten Farbbereich einstellen, zum Beispiel die Blautöne. Genauer ist aber ein anderes Verfahren: Stellen Sie irgendeinen Farbbereich ein, etwa Gelbtöne.

3. Führen Sie den Mauszeiger über das Bild, er erscheint hier als 🖉. Klicken Sie mit rechts ins Bild und stellen Sie den Messbereich auf mindestens **5 x 5 Pixel Durchschnitt** oder mehr.

4. Klicken Sie mit der linken Maustaste in den gewünschten Farbton, zum Beispiel in den Himmel. Diesen Farbton übernimmt nun der Dialog, das Klappmenü zeigt zum Beispiel Blautöne oder Cyantöne an. Unten im Farbbalken des Dialogfelds ist der Blaubereich eingerahmt.

5. Experimentieren Sie mit dem Sättigung-Regler.

6. Testen Sie, ob dem Farbbereich noch eine leichte Farbton-Änderung bekommt. Erkennt Photoshop zum Beispiel den Farbwert im Himmel als Cyantöne, könnten Sie den Farbton-Regler leicht nach rechts bewegen, in Richtung reines Blau. (Reines Umfärben zum Beispiel von Autos oder Pullovern besprechen wir ab Seite 336.)

Sie können bis zu sechs unterschiedliche Farbbereiche in einem Durchgang herausgreifen. Bedenken Sie jedoch: Satte Farben beeindrucken oft am Monitor, auf Papier dagegen kommen sie quietschig heraus.

Gewählten Farbbereich präzise definieren

Im unteren Teil enthält das Dialogfeld **Farbton/Sättigung** zwei Farbskalen. Der obere Streifen zeigt unveränderlich das gesamte Farbspektrum; dies sind die Vorherwerte Ihres Bilds. Im Streifen darunter erkennen Sie, wie sich diese Töne durch die aktuelle Reglerstellung verändern. Sehen Sie oben Rot und genau darunter Blau, dann haben Sie den Farbton-Schieber so bewegt, dass sich rote Bildpunkte in Blau verwandeln. Auch Änderungen bei Sättigung oder Helligkeit drücken sich in veränderten Tonwerten auf dem unteren Streifen aus.

Achtung

Eine interessante Alternative bietet der Dynamik-Regler im Bereich Grundeinstellungen 🔘 des Camera-Raw-Dialogs. Sie können den Farbbereich zwar nicht exakt einschränken, doch Übertreibungen werden vermieden, Blau ändert sich stärker als Hauttöne.

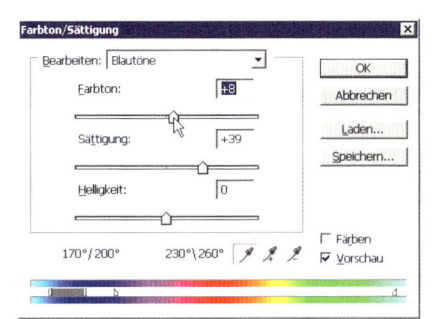

Abbildung 10.65 Links: Wir verwenden wieder den »Sättigung«-Regler bei »Farbton/Sättigung«, heben aber ausschließlich die »Blautöne« an. **Rechts:** Wir lassen den »Sättigung«-Wert unverändert, ändern aber zusätzlich den »Farbton«.

Teil 3 • Korrektur

So nutzen Sie den Befehl »Farbton/Sättigung«

❶ Farbbereich wählen, wenn nicht alle Farben (»Standard«) bearbeitet werden sollen, dann gegebenenfalls weiter verfeinern

❷ Korrigierbare Farbtöne v.l.n.r. *:
erster Wert, der ansatzweise verändert wird;
erster Wert, der zu 100 Prozent verändert wird;
letzter Wert, der zu 100 Prozent verändert wird;
letzter Wert, der noch ansatzweise verändert wird

❸ Pipetten: Farbbereich mit Pipette im Bild auswählen, erweitern, verkleinern*

❹ Standard-Farbspektrum, wird immer gleich dargestellt

❺ Verändertes Farbspektrum bei aktueller Reglerstellung

❻ Übergangszone um den Hauptfarbbereich herum, die nur schwach verändert wird. Ziehen: Hauptfarbbereich erweitern oder verkleinern*

❼ Hauptfarbbereich, der bearbeitet wird. Ziehen: Hauptfarbbereich verschieben*

❽ Übergangszone um den Hauptfarbbereich herum erweitern/verkleinern, gleichzeitig Hauptfarbbereich umgekehrt verkleinern/erweitern*

❾ Übergangszone um Hauptfarbbereich herum erweitern/verkleinern*

* *gilt nur, wenn zuvor im Klappmenü »Bearbeiten« ein einzelner Farbbereich angegeben wurde (also nicht »Standard«)*

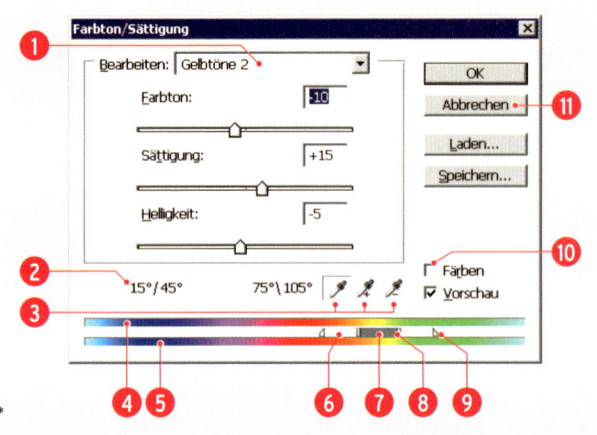

❿ Färben: Bildbereich einfarbig tonen, Steuerung v.a. über Farbtonregler

⓫ Zurücksetzen: ⟨Alt⟩-Klick setzt alle Einstellungen auf neutral, ohne Dialogfeld zu schließen

Grafik interaktiv auch im Web unter *www.mut.de/photoshop-kompendium.*

Um nur einen einzelnen Farbbereich zu bearbeiten, müssen Sie auf jeden Fall oben im Klappmenü von STANDARD zum Beispiel zu GELBTÖNE oder GRÜNTÖNE wechseln. Sie definieren den Farbbereich dann wahlweise noch genauer, indem Sie den gewünschten Farbton im Bild anklicken. Weitere Möglichkeiten: Wählen Sie die zu ändernden Farbtöne mit den Reglern unten zwischen den zwei Farbskalen aus oder nutzen Sie die Pipetten 🖉 🖉 🖉 im Dialogfeld.

Zuerst zu den Schiebereglern. In unserem Beispiel lautet die Anzeige über den zwei Farbskalen 15°/45°–75°/105°. Das heißt: Die Farbtöne, die auf dem Farbkreis zwischen 45 und 75 Grad liegen, sind vollständig ausgewählt, jede Regleränderung wirkt bei diesen Farbtönen zu hundert Prozent. Allerdings setzt die Änderungswirkung nicht abrupt bei 45 Grad ein. Schon ab 15 Grad werden Farbtöne leicht manipuliert. Und 75 Grad ist auch nicht wirklich das Ende des korrigierten Bereichs: Abgeschwächt verändert Photoshop auch noch die Farbtöne bis hin zum Wert 105 Grad.

Tipp
Einige Funktionen des Befehls FARBTON/SÄTTIGUNG bietet Photoshop auch in Pinselform: So können Sie mit dem Schwamm ⚪ (Kurztaste ⟨O⟩) über das Bild fahren, um pi-xelweise Sättigung zu entziehen oder hinzuzufügen; der Abwedler 🔍 hellt Bildteile unter der Pinselspitze auf, der Nachbelichter macht sie dunkler (Seite 278). Das Farbeersetzen-Werkzeug 🖉 tont ausgewählte Farbwerte einfarbig (Seite 334).

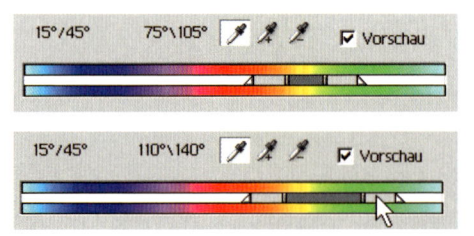

Abbildung 10.66 Oben: Den voll korrigierbaren Farbbereich signalisiert Photoshop im Dialogfeld »Farbton/Sättigung« durch einen dunkelgrauen Balken, den halb korrigierbaren Bereich durch hellgraue Balken. **Unten:** Ziehen Sie an einem der hellgrauen Balken, um den korrigierbaren Bereich zu vergrößern oder zu verkleinern, ohne dass sich die Breite der halb erfassten Zone verändert.

Farbbereich per Schieberegler ändern

Sie wollen den inneren Bereich der voll ausgewählten Farben verändern. Dazu klicken Sie in die hellgrau dargestellten Zonen zwischen den zwei Farbskalen und schieben sie nach innen oder außen. Sie erweitern zum Beispiel die voll erfassten Tonwerte auf den Bereich von 45 bis 110 Grad (zu erkennen an den jeweils innen genannten Zahlen).

Halb erfasste Farbbereiche ändern

Außerhalb dieses voll ausgewählten, nun weiter ausgedehnten Bereichs liegen weiterhin die Zonen abgeschwächt ausgewählter Farbwerte, diese Zonen links und rechts sind jeweils 30 Grad breit. Sie können die Ausdehnung der halb erfassten Farbwerte ändern. Rechnen Sie jedoch bei verkleinerten Zonen mit harten Tonwertsprüngen.

Schieben Sie die dreieckigen Regler, die den hellgrau unterlegten, halb ausgewählten Bereich begrenzen, nach innen. So verkleinern Sie den halb erfassten Bereich und sorgen für härtere Auswahlgrenzen. Schieben Sie die Regler nach außen, um die Zone der schwach mitkorrigierten Tonwerte noch zu vergrößern. Jeweils an den äußeren Zahlen neben den Schrägstrichen erkennen Sie die neuen Grenzen.

Sie können umgekehrt auch die Zone der voll erfassten Tonwerte bearbeiten. Dazu ziehen Sie an den stabförmigen Begrenzern, die das dunkelgraue Feld zwischen den Farbskalen einfassen.

Sie ziehen die Begrenzer auseinander, um einen größeren Farbbereich zu erfassen; dabei verkleinert sich die halb ausgewählte, hellgrau gezeigte Strecke. Bewegen Sie die Begrenzer nach innen, um weniger Farbwerte zu bearbeiten – und den Bereich der halb erfassten Töne zu vergrößern. Die jeweils inneren Zahlen neben den Schrägstrichen nennen die neuen Tonwertgrenzen.

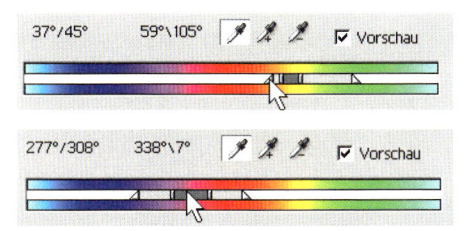

Abbildung 10.67 Oben: Ziehen Sie an einem der dreieckigen Begrenzer, um den halb erfassten Bereich unabhängig von der voll korrigierbaren Zone zu verkleinern oder zu vergrößern. Unten: Verschieben Sie den dunkelgrauen Block, wenn Sie einen anderen Farbbereich korrigieren möchten.

Gewählten Farbbereich verschieben

Ebenso einfach wählen Sie eine andere Zone korrigierbarer Farben, die gleich groß und gleich hart begrenzt ist wie der bisherige Bereich. Dazu ziehen Sie den dunkelgrauen Bereich. Wenn Sie ihn zum Beispiel weit genug nach links bewegen, erscheinen auch oben im Klappmenü neue Angaben, zum Beispiel statt bisher GELBTÖNE dann ROTTÖNE 2 oder MAGENTATÖNE. Alternativ klicken Sie einen gewünschten Farbton im Bild an.

Tipp
Wählen Sie Farbtöne aus, die genau am Rand der Skala liegen, dann wird es unübersichtlich: Die linke Grenze liegt schon am rechten Rand der Skala und die rechte Grenze rutscht herüber auf die äußerste linke Seite. In diesem Fall können Sie die Anzeige des Farbspektrums verschieben, so dass der ausgewählte Bereich wieder in der Mitte der Balken erscheint und nicht auf die Ränder umbrochen wird. Ziehen Sie den Farbbalken dazu mit gedrückter Strg*-Taste. Dabei verändern Sie wohlgemerkt nicht die Bildwirkung – nur die Anzeige wird angepasst.*

Korrigierbaren Farbbereich mit Pipetten auswählen

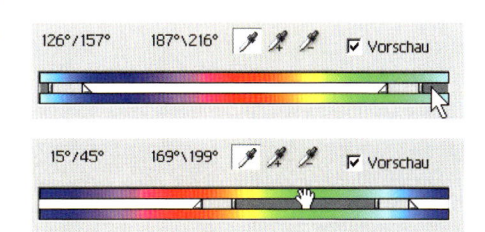

Sie können per **Farbton/Sättigung** einen Farbbereich auswählen wie beschrieben. Dann präzisieren Sie Ihre Wahl mit den Pipetten aus diesem Dialogfeld. Den ausgewählten Bereich können Sie nun verkleinern oder vergrößern, indem Sie mit der Pluspipette bzw. mit der Minuspipette weitere Tonwerte anklicken. Statt der Plus- und Minuspipetten stehen auch die üblichen Photoshop-Tasten parat: Die ⇧-Taste zur normalen Pipette fügt wie immer etwas hinzu, erweitert also die Auswahl; die Alt-Taste zur normalen Pipette verkleinert die Auswahl.

Abbildung 10.68 Oben: Durch eine Verschiebung rutscht die Darstellung des korrigierbaren Bereichs rechts aus der Anzeige heraus und wird links wieder fortgesetzt. Das ist unübersichtlich. Unten: Verschieben Sie die Anzeige der Farbwerte bei gedrückter Strg-Taste so weit, bis der erfasste Bildbereich bequem in der Mitte der Skala Platz hat.

Farbstiche mit der »Farbbalance«

Die wohl wichtigsten Mittel gegen Farbstiche sind die Befehle **Farbbalance** und **Variationen**, beide ressortieren wie alle Kontrast- und Farbfunktionen im Untermenü **Bild: Anpassungen**. Dort finden Sie auch noch Alternativen wie den **Kanalmixer**, **Fotofilter** und die **Selektive Farbkorrektur**. Am interessantesten wirkt freilich die **Farbbalance**. Kurztaste: Strg+B; Strg+Alt+B lädt den Befehl mit den zuletzt genutzten Werten.

Teil 3 • Korrektur

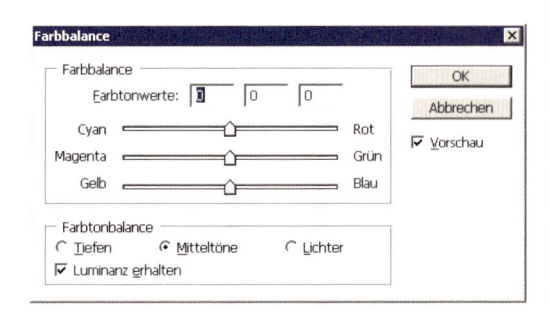

Abbildung 10.69
Links: Der Befehl »Farbbalance« korrigiert Farbstiche oder ändert die Bildwirkung.
Rechts: Mit dieser Vorlage testen wir die Funktion. Datei: Farbbalance

Die Farbbalance kappt unerwünscht dominante Töne, die einen Farbstich erzeugen; automatisch wertet die Funktion die auf dem Farbkreis gegenüberliegende Farbe auf. Dabei wirkt die **Farbbalance** jeweils nur auf Tiefen, Mitteltöne oder Lichter – entfernen Sie zum Beispiel gezielt Blaustiche aus den Schatten. Sie sollten die Luminanz erhalten; so bearbeiten Sie nur die Farben, die Helligkeit ändert sich nicht.

Aber nicht nur Farbstiche, auch den Charakter eines Bilds verändern Sie durch behutsames Neubalancieren der Farbwerte. So wirkt ein Motiv wärmer, wenn Sie das Farbgewicht nach Rot und Gelb verlagern. Cyan- und Blauschwerpunkte machen die Vorlage kälter.

Tipp
*Wollen Sie einen Farbstich auf die Schnelle ausmerzen, bieten sich **Auto-Tonwertkorrektur** sowie **Auto-Farbe** an (Seite 228). Nehmen Sie es umgekehrt besonders genau, bearbeiten Sie einzelne Grundfarben mit **Gradationskurve** oder **Tonwertkorrektur**.*

Abbildung 10.70 Links: Nur die »Mitteltöne« werden um 40 Einheiten von Gelb weg in Richtung Blau bewegt, das Bild wirkt kälter. **Mitte:** Wir bewegen nur die »Lichter« um 30 Ticks von Rot auf Cyan (Grünblau) zu. **Rechts:** Nur die Tiefen verändern sich um 30 Prozent von Magenta (Purpur) in Richtung Grün. In allen Fällen verwenden wir die Option »Luminanz erhalten«. Vorlage: Farbbalance

Abbildung 10.71 **Links:** 25 Prozent mehr Rot in den Mitteltönen und minus 25 für Blau (also plus 25 für Gelb) in den Lichtern, so wirkt das Bild wärmer. **Mitte:** 50 Prozent Zugabe für die Lichterbereiche von Grün und Blau. **Rechts:** Lichter und Mitteltöne auf Rot und Gelb, außerdem die Magenta-Mitteltöne maximal betont. Vorlage: Farbbalance

»Fotofilter«

Der Befehl **Bild: Anpassungen: Fotofilter** steuert die Farbstimmung subtil, zum Beispiel in Richtung wärmer oder kälter. Im Dialogfeld bietet Photoshop zwei Kategorien an:

» Die klassischen FILTER aus dem Fotoeinzelhandel wie WARMFILTER (85) oder KALTFILTER (82) justieren die Farbstimmung subtil. Sie simulieren jene optischen Vorsatzfilter, welche die Meister der klassischen Linse vor ihre Leica-Festbrennweiten schrauben.

» Alternativ legen Sie eine hauchdünne FARBE über das Bild, die Sie wie üblich per Klick auf das Farbfeld bestimmen. Auch das FILTER-Klappmenü bietet Farbnoten wie UNTERWASSER an.

Die von Ihnen im Farbwähler selbst bestimmte Farbe lässt sich nicht dauerhaft im Dialogfeld speichern. Photoshop macht diese Farbe jedoch nach dem OK-Klick zur neuen Vordergrundfarbe, so dass sie mit der Farbfelderpalette gespeichert werden kann.

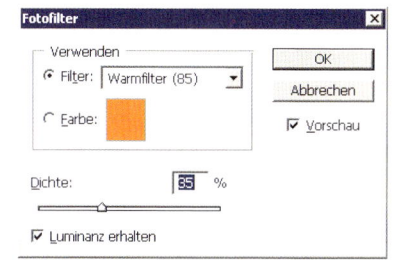

Abbildung 10.72 Die »Fotofilter« verändern die Farbstimmung. **Mitte:** Wir verwenden den »Warmfilter (85)« mit einem »Dichte«-Wert von 35. Vorlage: Fotofilter

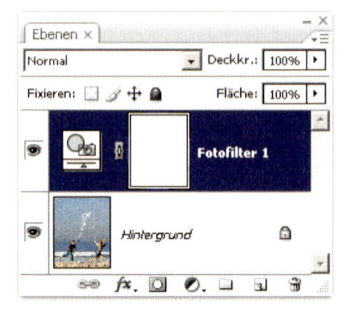

Abbildung 10.73 Links: Das Ergebnis entstand mit dem »Kaltfilter (80)« bei 25 Prozent »Dichte«. **Mitte:** Die Farbe »Violett« mit 30 Prozent Dichte. **Rechts:** Der Fotofilter liegt hier als Einstellungsebene über dem unveränderten Bild. Sie können die Wirkung also dämpfen oder abschalten; die Originalpixel bleiben erhalten. Vorlage: Fotofilter

Alternativ speichern Sie eine Datei mit **Fotofilter**-Einstellungsebene, diese Ebene ziehen Sie auf andere Dateien. Auch die Aktionenpalette sichert Ihren persönlichen Fotofilter.

Feinsteuerung

Der DICHTE-Regler steuert die Stärke des Effekts. Die Vorgabe LUMINANZ ERHALTEN wahrt die Helligkeit, verhindert also eine Abdunkelung.

»Variationen«

Besonders leicht regeln Sie die Farbstimmung mit dem Befehl **Bild: Anpassungen: Variationen**. Dieser Befehl versagt im Modus LAB.

Die Änderungen beziehen sich nach Wahl nur auf TIEFEN, MITTELTÖNE, LICHTER oder SÄTTIGUNG. Justieren Sie zuerst die wichtigen MITTELTÖNE, anschließend gehen Sie an LICHTER und TIEFEN; danach prüfen Sie die Mitteltöne erneut. Wie stark die Unterschiede zwischen der ursprünglichen Version und den Korrekturvorschlägen ausfallen, das stellen Sie mit dem FEIN...GROB-Regler ein.

Die Korrektur per VARIATIONEN ist allerdings eher grob: Die Bildchen erscheinen nur klein, eine Detailansicht in der 100-Prozent-Zoomstufe gibt es gar nicht, eine Vorschau am Original auch nicht, und die Histogrammpalette passt Photoshop erst an, nachdem Sie auf OK geklickt haben. Weit präziser als hier die Vorgaben für HELLER oder DUNKLER arbeiten zum Beispiel die **Gradationskurven**.

Vorgehen

Wollen Sie in Ihrem Bild MEHR GRÜN, dann klicken Sie auf das Bildchen mit der entsprechenden Unterschrift. Die korrigierte Variation erscheint jetzt auch in der Mitte und oben als AKTUELLE WAHL. Reicht der Effekt noch nicht aus, klicken Sie erneut auf MEHR GRÜN. Wollen Sie weniger Grün, klicken Sie auf das Farbfeld gegenüber, in diesem Fall MEHR MAGENTA. Sie entfernen wie immer eine Farbe durch Hinzufügen der Gegenfarbe. Mit den Bildchen rechts machen Sie Ihr Lichtbild auch HELLER oder DUNKLER.

Wollen Sie alles verwerfen und zurück zum Ursprung, dann klicken Sie auf das ORIGINAL. Oder Sie drücken wie üblich die Alt-Taste, um aus dem Schalter ABBRECHEN eine ZURÜCK-Fläche zu machen. Bestätigen Sie jedoch ruhig mit OK und begutachten Sie das Ergebnis am bildschirmgroßen Original. Mit Strg+Z schalten Sie hin und her zwischen vorher und nachher. Haben Sie ähnliche Bilder, die Sie mit den gleichen Einstellungen korrigieren wollen, nutzen Sie die Möglichkeiten für SPEICHERN und LADEN einer gelungenen Korrektur.

Tipp

*Wollen Sie die Variationen als änder- und abschaltbare Korrekturebene über das Bild legen? Dann wählen Sie zunächst **Filter: Für Smart Filter konvertieren**, danach **Bild: Anpassungen: Variationen**. Die Korrektur wird wieder als SMARTFILTER angelegt (Seite 631).*

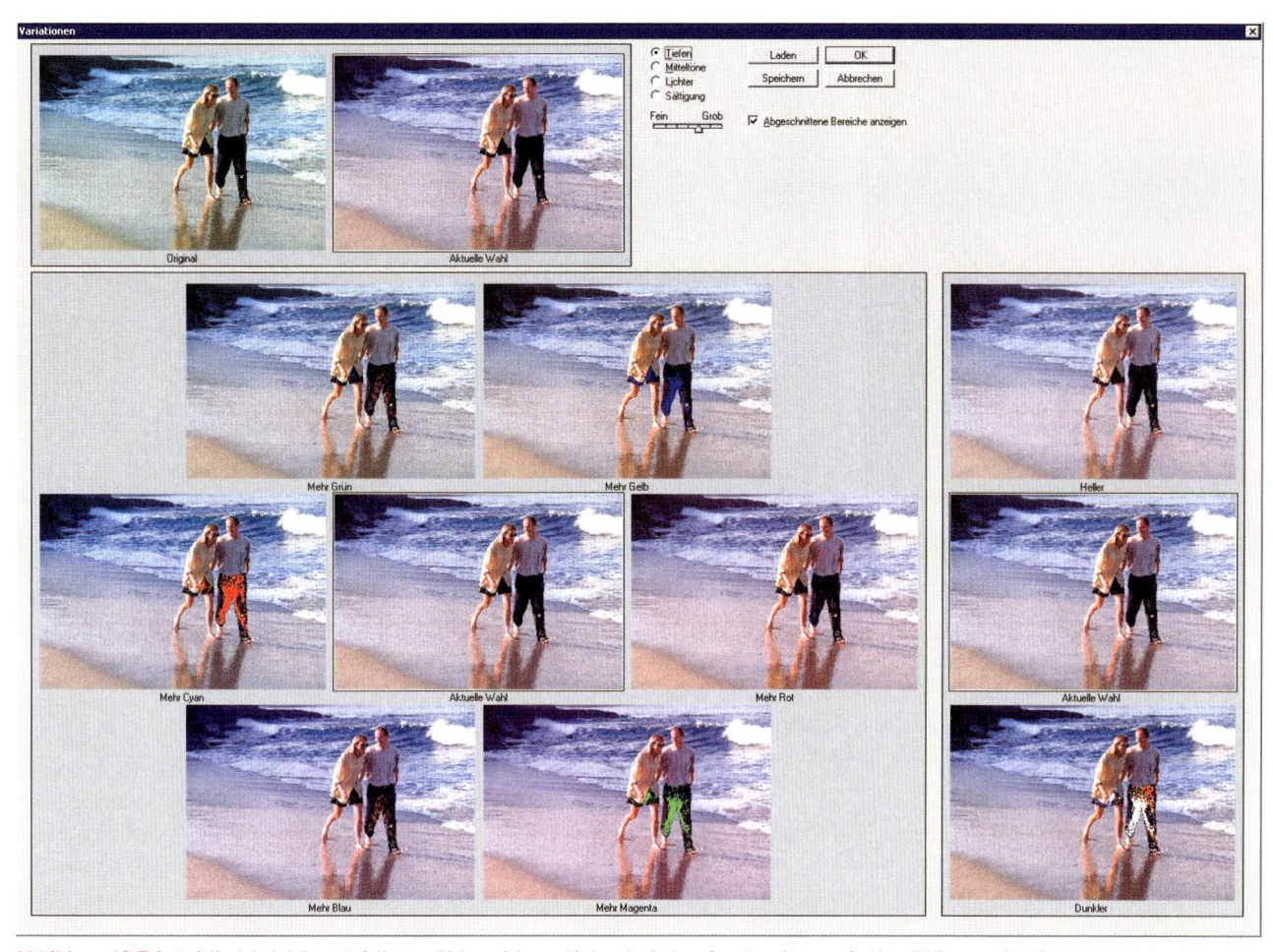

Abbildung 10.74 Variatio delectat: Der »Variationen«-Dialog zeigt verschiedene Varianten einer Korrektur von Farbton, Sättigung und Helligkeit. Alarmfarben kennzeichnen die »abgeschnittene Bereiche«, also Zonen, in denen Differenzierung verloren geht; hier sind es die »Tiefen« in den dunkelsten Bildstellen.

Alarmfarben für »abgeschnittene Bereiche«

Heben Sie ABGESCHNITTENE BEREICHE durch Alarmfarben hervor. Die schöne Formulierung meint eigentlich: Durch die Kontrastkorrektur werden mehrere unterschiedliche Helligkeits- oder Farbwerte auf einen identischen Extremwert gehoben; so verlieren Sie beispielsweise die Differenzierung zwischen den sehr dunklen Tonwerten 0 und 30, weil Ihre Korrektur alle Tonwerte unterhalb 30 gleich auf tiefstes Schwarz, also auf null, drückt. Diesen »abgeschnittenen« Bereich stellt Photoshop in Alarmfarben dar. Die Alarmfarben sehen Sie nur bei Bearbeitung der LICHTER und TIEFEN, nicht bei den MITTELTÖNEN.

»Kanalmixer«

Der **Kanalmixer** reguliert die Anteile der einzelnen Farbkanäle am Gesamtbild neu. Behalten Sie bei der Arbeit mit dem Kanalmixer die Kanälepalette mit den Miniaturen der Einzelkanäle im Auge. Wenn Sie die Veränderung der Einzelkanäle beobachten, erfassen Sie schneller die Funktion des Kanalmixers.

Vorgehen

Um den Rotanteil in einem RGB-Bild zu stärken, wählen Sie ROT als AUSGABEKANAL. Der Mixer beginnt mit einer Einstellung von 100 Prozent für ROT und 0 Prozent für BLAU und GRÜN. Sie können den ROT-Regler nun bis zu einem Wert von 200 Prozent nach rechts schieben. Dabei hellt Photoshop den Rotkanal auf, so dass Rötliches stärker hervorsticht. Die anderen Farbkanäle ändern sich dabei nicht.

Teil 3 • Korrektur

Abbildung 10.75 Der Kanalmixer reguliert die Anteile der einzelnen Grundfarben am Gesamtbild. Datei: Kanalmixer

GRÜN steht zunächst bei 0 Prozent. Erhöhen Sie diesen Wert bei weiter aktiviertem ROT-Ausgabekanal, werden die Helligkeitswerte des Grünkanals in den Rotkanal geblendet. Daraus folgt: Wo der Grünkanal hell (also stark) ist, wird nun auch der Rotkanal stark und überstrahlt den Grünkanal. Der Grünkanal selbst ändert sich nicht, er kommt aber im Gesamtbild weniger zur Geltung.

Durch die Änderung der Einzelfarben ändert sich meist die Gesamthelligkeit. Photoshop signalisiert die Änderung mit einem Alarmdreieck und einer Prozentangabe. Der KONSTANTE-Regler steuert die Gesamthelligkeit neu.

Gelungene Einstellungen sichern Sie nach einem Klick auf den Schalter VORGABEOPTIONEN. Sie stehen dann bequem im Klappmenü zur Verfügung.

Negative Werte

Ein negativer Wert kehrt den Quellkanal um, bevor Photoshop ihn mit dem Ausgabekanal verrechnet. Zum Beispiel: Sie ziehen den Grünregler auf −20; nun wird der immer noch aktivierte Rotkanal dort dunkler, wo der Grünkanal heller ist. Im Bild setzt sich Grünes gegenüber rötlichen Partien stärker durch.

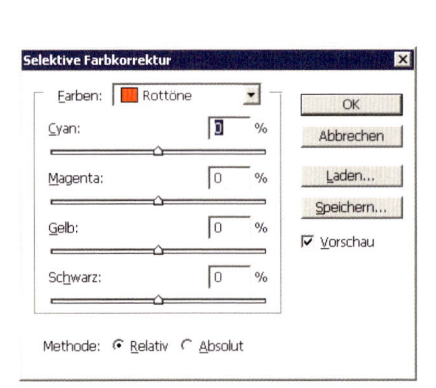

Abbildung 10.76
Links: Mit dem Befehl »Bild: Anpassungen: Selektive Farbkorrektur« verändern Sie die Farbanteile in den Druckfarben. **Rechts:** Mit diesem Bild testen wir die Funktion. Datei: Farbkorrektur

»Monochrom«

Zu Graustufen nach Maß verhilft die Option MONOCHROM. Sie fasst alle Kanalinformationen zu einem Graustufenergebnis zusammen. Sofern Sie ein RGB-Bild bearbeiten, beginnt das Dialogfeld mit 100 Prozent für Rot und je 0 Prozent für Blau und Grün. Das ist so, als ob Sie ein Graustufenbild lediglich aus dem Rotkanal erzeugen. Mischen Sie also nach Bedarf. Um Blaues hell hervorzuheben, liften Sie den Blaugehalt; Gesichter leuchten auf bei angehobenem Rotwert.

Vielseitiger wirkt freilich der **Schwarzweiß**-Befehl, den wir zusammen mit anderen Schwarzweißfunktionen ab Seite 96 besprechen.

»Selektive Farbkorrektur«

Noch genauer als mit der FARBBALANCE steuern Sie Tonwerte mit dem Befehl **Bild: Anpassungen: Selektive Farbkorrektur**. Sie greifen unmittelbar auf einen Druckfarbenanteil zu und verändern den Anteil der CMYK-Farben in jeder additiven und subtraktiven Grundfarbe. So meldet etwa die Infopalette, dass Sie in einer Gelbfläche etwas zu viel Cyan haben.

Wählen Sie im Einblendmenü FARBEN die Gelbtöne und ziehen Sie den CYAN-Regler nach links auf einen negativen Wert. Dabei muss der Gesamtkanal aktiv sein. Der Befehl eignet sich für CMYK- und RGB-Dateien, aber nicht für Lab.

Besonderheiten

Da dieses Dialogfeld nicht nach Höhen, Mitten und Tiefen unterscheidet, sondern die Grundfarbe insgesamt korrigiert, ist es mitunter bequemer als die **Farbbalance** (siehe oben). Auch Zugriff auf WEISS, neutrale GRAUTÖNE und SCHWARZ bietet nur dieses Dialogfeld. Es bietet sich also als Alternative zu den Weiß-, Schwarz- und Neutralpipetten der Befehle **Tonwertkorrektur** und **Gradationskurven** an.

»Absolut« und »Relativ«

Der Modus ABSOLUT verändert die Farben mit absoluten Werten: Heben Sie ein 40-prozentiges Cyan um zehn Prozent an, steigt der Anteil auf insgesamt 44 Prozent. RELATIV berücksichtigt die bereits vorhandenen Werte: Die zehnprozentige Anhebung eines 40-prozentigen Cyantons liftet diesen auf 42 Prozent.

So nutzen Sie den »Kanalmixer«

❶ **Vorgaben abrufen:** Photoshop liefert bereits interessante Vorgaben mit.

❷ **Ausgabekanal:** Wählen Sie den Grundfarbkanal, den Sie ändern wollen; hier wird der Rotkanal bearbeitet.

❸ **Rot-Kanal verändern:** Der Rot-Kanal wird auf 78 Prozent gesenkt, das Gesamtbild wird bläulicher.

❹ **Blau-Kanal verändern:** Der momentan aktivierte Rotkanal wird dort aufgehellt, wo der Blaukanal hell ist – Blaues wird rötlicher.

❺ **Gesamthelligkeit:** Änderung der Gesamthelligkeit durch Korrekturen der Einzelkanäle. Korrigierbar mit der Konstante.

❻ **Konstante:** Positive Werte für KONSTANTE überlagern den gewählten Kanal mit Weiß, negative Werte überlagern den Kanal mit Schwarz. Verstärkt oder schwächt die Wirkung des aktiven Kanals. Verändert im MONOCHROM-Modus die Gesamthelligkeit.

❼ **Monochrom:** Erzeugt ein Ergebnis mit Graustufenwirkung – die Bildwirkung hängt stark von den Reglern ab. Ein- und Wiederausschalten der Option MONOCHROM erzeugt die Wirkung eines getonten Graustufenbilds.

❽ **Zurücksetzen:** [Alt]-Klick setzt das Dialogfeld auf Grundeinstellungen zurück, ohne es zu schließen.

❾ **Speichern und Laden:** Nützliche Vorgaben können Sie speichern und wieder laden.

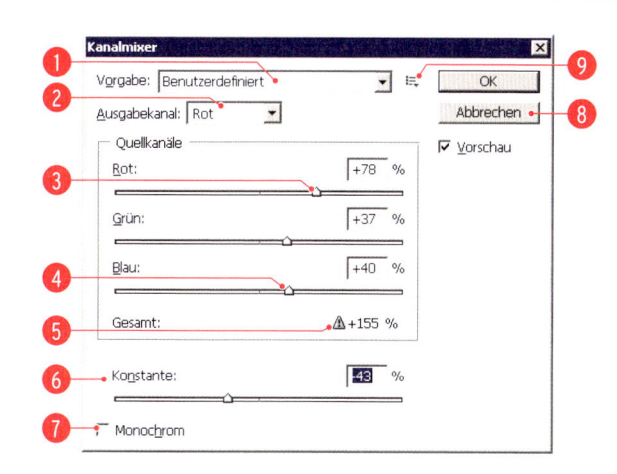

Grafik interaktiv auch im Web unter www.mut.de/photoshop-kompendium.

Teil 3 • Korrektur

Abbildung 10.77 **Links:** Wir steigern den Schwarzanteil in den Rottönen. **Mitte:** Wir heben Cyan in den Grautönen an. **Rechts:** Wir entfernen Magenta aus den Weißtönen. Vorlage: Farbkorrektur

»Gleiche Farbe«

Der Befehl **Bild: Anpassungen: Gleiche Farbe** verändert Farbstimmungen. Möglichkeiten unter anderem:

» Gleichen Sie die Farbstimmung in Zielbild 2 an die Farbstimmung in Quellbild 1 an; gehen Sie dabei wahlweise nicht vom Gesamtbild, sondern von einer Auswahl aus.

» Gleichen Sie die Farbstimmung zweier Ebenen einander an – auch in unterschiedlichen Bildern.

» Korrigieren Sie die Farbstimmung eines Bildteils auf Basis der Farbstimmung eines anderen Bereichs im selben Bild.

» Korrigieren Sie die Farbstimmung in einem Bild unabhängig von anderen Ebenen oder Bildern.

Zwei getrennte Bilder angleichen

Zielbild 2 hat eine unerwünschte Farbstimmung. Sie soll an die Atmosphäre in Quellbild 1 angepasst werden. So geht's:

1. Öffnen Sie die Vorlage 1 und das zu ändernde Zielbild 2.

2. Aktivieren Sie Zielbild 2 durch einen Klick auf die Titelleiste.

3. Wählen Sie **Bild: Anpassungen: Gleiche Farbe.**

4. Unten im Klappmenü QUELLE geben Sie das Quellbild 1 an. Zielbild 2 erscheint jetzt bereits verändert, sofern Sie nicht die VORSCHAU ausgeschaltet haben.

5. Hat das Quellbild Ebenen, so nennen Sie im Klappmenü EBENE die Ebene, an der die Angleichung orientiert ist. Mit der Vorgabe **Zusammengefügt** legt Photoshop eine Gesamtansicht des Bilds aus allen Ebenen zugrunde.

6. Steuern Sie die Bildwirkung mit den Reglern im Bereich BILDOPTIONEN.

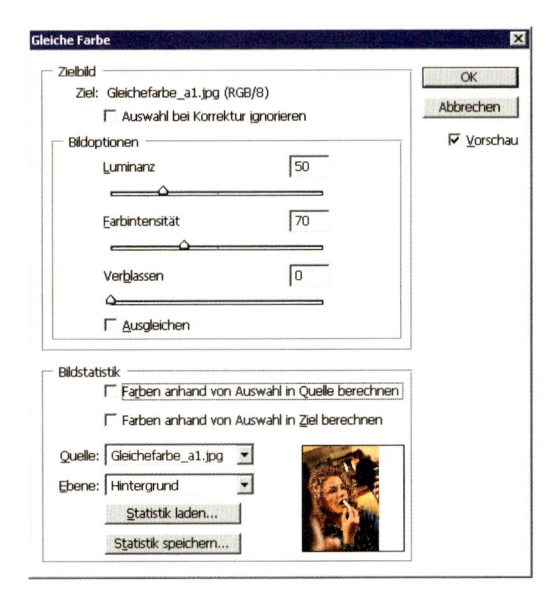

Abbildung 10.78 Der Befehl »Gleiche Farbe« passt die Farbstimmung zwischen zwei Bildern an.

»Gleiche Farbe«

Abbildung 10.79 **Links:** Das Quellbild 1 mit seinen warmen Farbtönen dient als Vorlage für die Farbstimmung; wir verwenden in dieser Bildreihe zunächst das Gesamtbild und nicht nur den Auswahlbereich. **Mitte:** In Zielbild 2 soll die Farbstimmung geändert werden – es soll so wirken wie Bild 1. **Rechts:** Der Befehl »Gleiche Farbe« ändert Bild 2; dieses erste Ergebnis, noch ohne Veränderung der »Bildoptionen«, überzeugt nicht. Dateien: Gleichefarbe_a1, Gleichefarbe_a2

Tipp
Hat das Quellbild Ebenen, dann verwenden Sie als QUELLE wahlweise eine Einzelebene oder eine Gesamtansicht des Bilds mit allen Ebenen.

Zwei Ebenen in einem Bild angleichen

Sie wollen nicht separate Bilder angleichen. Stattdessen möchten Sie die Ebene 2 an die Ebene 1 innerhalb derselben Datei angleichen. So geht's:

1. Aktivieren Sie die Ebene, die sich ändern soll. In diesem Beispiel aktivieren wir die Ebene 2 durch einen Klick auf den Ebenennamen in der Ebenenpalette.
2. Wählen Sie **Bild: Anpassungen: Gleiche Farbe**.
3. Im Klappmenü QUELLE geben Sie die Bilddatei an, die Sie gerade bearbeiten.
4. Im Klappmenü EBENE benennen Sie die Ebene, die als Vorbild gilt – hier also Ebene 1. Ebene 2 erscheint sofort verändert.
5. Verfeinern Sie die Korrektur mit den BILDOPTIONEN.

Einzelbildkorrektur

Der Befehl **Gleiche Farbe** korrigiert auch ein Einzelbild: Sie aktivieren das Bild und klicken unter QUELLE auf OHNE. Einen Farbstich korrigieren Sie auf die Schnelle mit AUSGLEICHEN. Passen Sie bei Bedarf LUMINANCE (Helligkeit) und FARBINTENSITÄT an. Der VERBLASSEN-Regler dämpft die Korrekturwirkung, das Original bleibt also stärker erhalten.

»Bildoptionen«

Nicht immer überzeugt die Änderung auf den ersten Blick. Im Bereich BILDOPTIONEN passen Sie das Bild an:

» Verändern Sie die LUMINANZ (Helligkeit). Der LUMINANZ-Regler tendiert nicht dazu, zahlreiche Bildpunkte auf reines Schwarz oder Weiß zu setzen, die Differenzierung in den hellen oder dunklen Bereichen bleibt weitgehend erhalten. Behalten Sie dennoch die Histogrammpalette im Blick.

» Steuern Sie die Farbwirkung mit dem Schieber FARBINTENSITÄT.

» Der VERBLASSEN-Regler blendet stufenlos das Original wieder ein, so dass die Korrektur schwächer ausfällt.

» Die Vorgabe AUSGLEICHEN beseitigt Farbstiche.

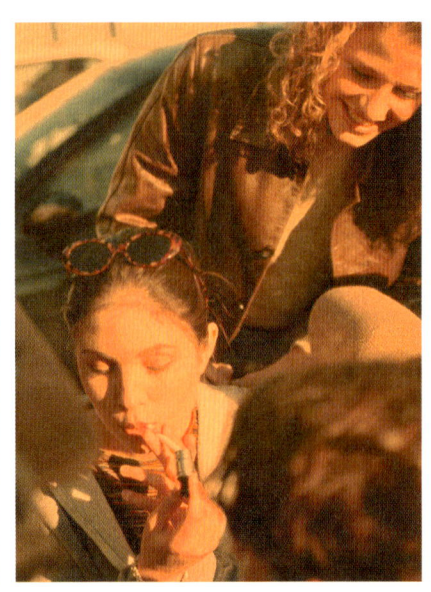

Abbildung 10.80 **Links:** Wir korrigieren Zielbild 2 auf Basis von Bild 1 und ändern diesmal die »Bildoptionen« wie im Dialogfeld oben zu sehen. **Mitte:** Bild 2 wurde nur auf Basis der Auswahl (siehe vorherige Reihe) korrigiert. **Rechts:** Wir verwenden beim Anpassen die Option »Ausgleichen«; »Farbintensität« und »Luminanz« bleiben in Neutralstellung. Weil die Vorlage 1 einen deutlichen Farbstich hat, während Bild 2 eher neutral ist, wirkt die Veränderung schwach; der Gelbzuwachs in den Lichtern fällt jedoch auf.

Soll nicht das Gesamtbild 1 oder eine Gesamtebene als Quelle dienen, sondern nur ein Bildbereich innerhalb einer bereits vorhandenen Auswahl? Dann schalten Sie auf FARBEN ANHAND VON AUSWAHL... BERECHNEN. Wählen Sie zum Beispiel Hauttöne aus.

»Ausgleichen«

Die Option AUSGLEICHEN korrigiert Farbstiche und wirkt ähnlich wie **Bild: Anpassungen: Auto-Farbe**. Damit erinnert sie auch an die OPTIONEN zu **Gradationskurve** oder **Tonwertkorrektur**, sofern Sie dort die Vorgaben DUNKLE UND HELLE FARBEN SUCHEN plus NEUTRALE MITTELTÖNE AUSRICHTEN verwenden (Seite 228).

Übertragung auf weitere Bilder

Sie können weitere Bilder an Quellbild 1 anpassen, ohne dieses Foto jedes Mal zu laden. Speichern Sie die Farbstimmung von Quellbild 1 einmal mit der Schaltfläche STATISTIK SPEICHERN. Öffnen Sie weitere Bilder, klicken Sie auf STATISTIK LADEN und öffnen Sie den »Statistik«-Datensatz von Datei 1.

Abbildung 10.81 **Links:** Das Quellbild 1 mit seinen kühlen Farbtönen dient als Vorlage für die Farbstimmung; **Mitte:** Zielbild 2 soll an die Vorlage 1 (links) angepasst werden. **Rechts:** Der Befehl »Gleiche Farbe« gleicht Bild 2 an. Dateien: Gleichefarbe_b1, Gleichefarbe_b2

Kapitel 11
Aufnahmefehler korrigieren

Beim Fotografieren tauchen immer wieder die gleichen Probleme auf, in diesem Kapitel beseitigen wir sie: schiefer Horizont, Abschattung und Verzerrung am Bildrand, Flecken, Bildrauschen, rotgeblitzte Augen und Unschärfe. Alle Fragen rund um Kontrast, Helligkeit und Farbstimmung haben wir bereits ab Seite 208 geklärt.

11.1 »Objektivkorrektur« allgemein

Der Befehl **Filter: Verzerrungsfilter: Objektivkorrektur** bekämpft unter anderem schiefe Horizonte und stürzende Linien. Wir besprechen dieses Dialogfeld hier zunächst allgemein, unabhängig von einzelnen Bildfehlern.

Wie Sie die Mängel mit verschiedenen Methoden einschließlich der **Objektivkorrektur** behandeln, davon handeln ausführlich die folgenden Hauptabschnitte. Viele Probleme, die Sie mit der **Objektivkorrektur** mühsam ausbügeln, lassen sich freilich schon beim Fotografieren vermeiden – Seite 38.

Abbildung 11.1 Ein typischer Fall für die Objektivkorrektur: Durchgebogene Ränder, stürzende Linien, und ein schiefer Horizont noch dazu. Datei: Objektiv_a

Tipp
Korrigieren Sie möglichst viele Verzerrungen gleichzeitig in einem Durchgang – dann entsteht nur einmal Qualitätsverlust durch Neuberechnen (Seite 35).

Abbildung 11.2
Die »Objektivkorrektur« gleicht Aufnahmefehler aus. Die leeren Bereiche korrigieren Sie anschließend durch Abschneiden oder Vergrößern des inneren Bilds.

Möglichkeiten in der Übersicht

Diese Korrekturmöglichkeiten finden Sie in der **Objektivkorrektur**:

» Bauchig ausgewölbte Bildränder bekämpfen Sie in der **Objektivkorrektur** mit dem Regler Verzerrung entfernen. Alternativ ziehen Sie mit dem Verzerrung-entfernen-Werkzeug im Vorschaufenster.

» Gegen stürzende Linien ziehen Sie die Vertikale Perspektive nach links. Laufen obere und untere Motivkante aufeinander zu, dann justieren Sie die Horizontale Perspektive (Seite 274).

» Schiefer Horizont? Ziehen Sie das Gerade-ausrichten-Werkzeug am vorhandenen Horizont entlang oder kurbeln Sie am Winkel-Drehrad unten rechts (Seite 270).

» Bearbeiten Sie außerdem Vignette (eigentlich Vignettierung, also Randabschattung) und Chromatische Aberration (unerwünschte Farbsäume, Seite 275).

Bedienung

Die Tastenbefehle zur **Objektivkorrektur** kennen Sie vielleicht schon aus anderen Dialogfeldern oder von der allgemeinen Photoshop-Oberfläche: Die Verschiebehand erhalten Sie per Leertaste oder [H]. Per [Alt]-Taste erscheint die Schaltfläche Zurück, die alle Änderungen aufhebt. Allerdings: Nur den allerletzten Reglereingriff per [Strg]+[Z] annullieren und dann mit dem Zwischenergebnis weiterarbeiten, das geht nicht (Tipps für den schnellen Umgang mit Dialogfeldern ab Seite 32).

Mit den Optionen unten rechts schalten Sie das Gitterraster ab oder ändern Sie Farbe und Maschenweite. Das Rasterverschieben-Werkzeug bewegt Ihr Gitternetz durchs Bild, bis es exakt über einer markanten Linie im Hauptmotiv entlangläuft.

Einstellungen speichern

Die **Objektivkorrektur** merkt sich die Verbesserung, die Sie für Aufnahmen einer bestimmten Kamera/Objektiv-Kombination mit einer bestimmten Brennweite angewandt haben – und zwar Ihre Vorgaben für Verzerrung, Vignette und Chromatische Aberration. So geht's:

1. Laden Sie ein Bild mit typischen Fehlern, die immer wieder auftauchen.

2. Wählen Sie **Filter: Verzerrungsfilter: Objektivkorrektur** und ändern Sie die Einstellungen nach Bedarf.

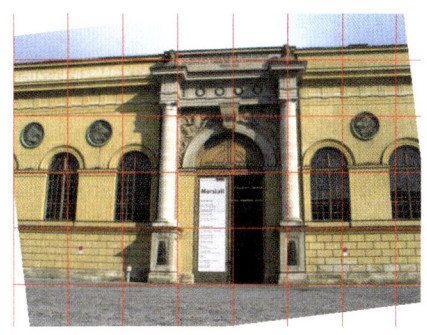

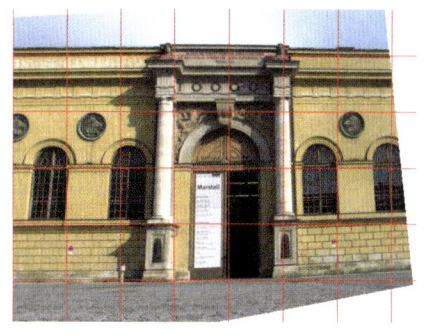

Abbildung 11.3 Stürzende Linien horizontal und vertikal, schiefer Horizont und durchgebogene Kanten – packen wir's an. **Links:** In der Objektivkorrektur ziehen wir das Gerade-ausrichten-Werkzeug an einer Gebäudelinie entlang. **Mitte:** Nach der Horizontkorrektur entstehen erste leere Ecken. Wir blenden das »Raster« ein, ändern dessen »Größe« und »Farbe« und bewegen es mit dem Raster-verschieben-Werkzeug. **Rechts:** Wir korrigieren die »horizontale Perspektive« auf minus 27 und beheben so die seitliche Verkantung. Datei: Objektiv_b

3. Öffnen Sie das Menü zu den EINSTELLUNGEN mit dem Schalter ▾≡, gehen Sie auf **Einstellungen speichern** und geben Sie der Vorgabe einen schönen Namen.

4. Beim nächsten Bild laden Sie Ihre Vorgaben über das Klappmenü EINSTELLUNGEN im Dialog **Objektivkorrektur**.

Falls Sie Vorgaben von einem anderen Rechner oder aus dem Internet erhalten haben, erscheinen sie vielleicht nicht im Klappmenü; dann gehen Sie über den Schalter ▾≡ zum Menüpunkt **Einstellungen laden**.

Tipp
Sie wollen die letzte Korrektur schnell auf ein anderes, vergleichbares Bild übertragen, haben aber die Reglerstellungen nicht gespeichert? Macht nichts: Das Klappmenü EINSTELLUNGEN bietet den nützlichen Punkt VORHERIGE KORREKTUR.

»Blendenstandard«

Photoshop speichert die Einstellungen eventuell auch so:

1. Passen Sie die Regler im Dialogfeld **Objektivkorrektur** nach Bedarf an, dann klicken Sie auf BLENDENSTANDARD EINSTELLEN. Photoshop merkt sich die aktuellen Einstellungen im Dialogfeld in Verbindung mit Kamera, Objektiv und Objektiveinstellungen, sofern die Bilddatei alle Kameradaten lesbar im Exif-Bereich anbietet.

2. Laden Sie ein Bild mit identischen Kameraeinstellungen, stehen die Korrekturen wieder zur Verfügung – das EINSTELLUNGEN-Klappmenü zeigt den Punkt BLENDENSTANDARD.

Allerdings: Nicht immer kann Photoshop die Exif-Kamerainformationen vollständig aus der Datei entnehmen. Darum wird der Blendenstandard eventuell nur bei einigen Dateien angeboten, eventuell eher bei Raw-Dateien als bei JPEGs.

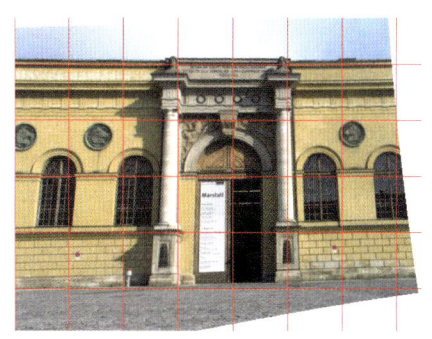

Abbildung 11.4 Links: Der Regler »Verzerrung entfernen« wandert auf plus 4,6, so dass die Kanten nicht mehr durchgebogen erscheinen. **Mitte:** Die »vertikale Perspektive« bekommt den Wert -23, so gleichen Sie die Verzerrung durch nach oben gekippte Kamera aus. **Rechts:** Wir testen hier die »Kantenerweiterung« aus dem »Kante«-Klappmenü, doch das hilft selten. Schneiden Sie leeren Rand nach dem OK-Klick weg. Oder vergrößern Sie das Bild mit dem »Skalieren«-Regler.

Abbildung 11.5 Links: Das Objektiv hat seinen Knick im Horizont hinterlassen. **Mitte:** Wir haben den Horizont mit dem Gerade-ausrichten-Werkzeug in der »Objektivkorrektur« gedreht. **Rechts:** Der Wert plus 4,8 beim Regler »Verzerrung entfernen« glättet den Buckel im Horizont. Datei: Objektiv_c

Bildränder anpassen

Die **Objektivkorrektur** erzeugt meist neue, leere Randbereiche. Unten im Klappmenü Kante haben Sie diese Möglichkeiten:

» Füllen Sie die leeren Zonen mit Transparenz oder Hintergrundfarbe. Die neuen Zonen sollten Sie später mit dem Freistellwerkzeug wegschneiden oder mit dem Kopierstempel auf einer neuen Ebene übertünchen.

» Ist der Bildrand sehr homogen, zum Beispiel ein glatter blauer Himmel? Dann testen Sie die Kantenerweiterung. Photoshop dupliziert die vorhandenen Randfarben nach außen und füllt den leeren Randbereich mit etwas Glück nahtlos auf. In der Praxis eignet sich die Funktion für übliche Fotos kaum.

Der Regler Skalierung bläst das zunächst verkleinerte Motiv so auf, dass es wieder das komplette Bildfenster ausfüllt; die leeren Bereiche verschwinden. Die Außenmaße der Bilddatei ändern sich nicht: Liefern Sie 3000x2000 Pixel an, erhalten Sie auch nach der Skalierung 3000x2000 Pixel.

Tipp
Falls Sie ein Bild nur mit Hintergrund-Ebene bearbeiten: Sie erhalten nach dem Klick auf OK stets eine »Ebene 0« oder ähnlich. Um das Bild schnell als JPEG-Datei ohne Ebenentechnik zu speichern, brauchen Sie also noch den Befehl Ebene: Auf Hintergrundebene reduzieren.

11.2 Schiefer Horizont

»Das Bild läuft aus« – so lästern Ihre Betrachter, wenn der Horizont seinem Namen keine Ehre macht und sich unhorizontal schräg durchs Motiv stiehlt. Photoshop begradigt solche Mängel ganz bequem.

In der Übersicht:

» Ziehen Sie mit dem Freistellwerkzeug einen Rahmen auf, den Sie genau passend zur Horizontlage drehen.

» Ziehen Sie mit dem Linealwerkzeug eine Linie am schiefen Horizont entlang, sofort danach folgt **Bild: Arbeitsfläche drehen: Per Eingabe**.

» Schalten Sie im Dialog **Filter: Verzerrungsfilter: Objektivkorrektur** das Gerade-ausrichten-Werkzeug ein und ziehen Sie eine Linie am schiefen Horizont entlang – schon richtet Photoshop das Bild in der Vorschau gerade. Alternativ ziehen Sie in diesem Dialogfeld am Winkel-Regler.

» Verwandeln Sie die Hintergrund-Ebene in eine Ebene 0, die Sie per **Transformieren** an Hilfslinien oder Bildrändern gerade ausrichten.

» Ähnliches bietet das Gerade-ausrichten-Werkzeug innerhalb des Camera-Raw-Dialogs – verlustfrei speicherbar.

Bei allen Bilddrehungen erzeugt Photoshop neue Bildpunkte nach dem Interpolationsverfahren, das Sie in den **Voreinstellungen** auswählen (Seite 184). Mitunter empfiehlt sich anschließendes Scharfzeichnen. Weil Weichzeichnung droht, sollten Sie Ihr Motiv nur ein einziges Mal drehen. Ausnahme: Drehungen um exakt 90, 180 und 270 Grad, wie etwa mit dem Untermenü **Bild: Arbeitsfläche drehen**; diese völlig verlustfreien Manöver können Sie beliebig wiederholen. Wiederholte Winkeländerungen bei Smart Objekten oder von Camera-Raw-Drehungen stören ebenfalls nicht.

Fotografie
Vermeiden Sie schon beim Fotografieren einen schiefen Horizont durch Gitterlinien im Sucher oder per Wasserwaage.

Bildrotation mit dem »Drehen«-Befehl

Abbildung 11.6 Links: Das Linealwerkzeug zieht eine Linie am schiefen Horizont entlang. Mitte: Verwenden Sie unmittelbar nach dem Linealwerkzeug den Befehl »Arbeitsfläche drehen: Per Eingabe«. Photoshop bietet sofort den erforderlichen Drehwinkel an, hier im Uhrzeigersinn. Rechts: Durch die Drehung entstehen neue leere Flächen in den Ecken. Sie können die Ecken mit dem Freistellwerkzeug entfernen oder mit Kopien aus Bildinnern füllen. Vorlage: Horizont_01

Bildrotation mit dem »Drehen«-Befehl

Der Befehl **Bild: Arbeitsfläche drehen: Per Eingabe** schwenkt das Gesamtbild (und nicht nur eine Ebene) in beliebigen Winkeln. Im Dialogfeld entscheiden Sie für oder gegen den Uhrzeigersinn (UZS).

Nach einem Klick auf OK dreht Photoshop das Foto und erweitert die Arbeitsfläche. Die leeren Bildstellen füllt das Programm mit der aktuellen Hintergrundfarbe, zum Beispiel Weiß. Drehen Sie mit dieser Funktion nur, wenn das Bild keine anderen Neuberechnungen braucht, etwa Größenänderungen oder Korrektur stürzender Linien.

Tipp
*Wollen Sie einen Auswahlbereich oder eine Einzelebene drehen, aber nicht das Gesamtbild? Verwenden Sie **Bearbeiten: Transformieren: Drehen** oder* Strg+T*.*

Schiefer Horizont via Linealwerkzeug
Auch so rücken Sie den schiefen Horizont zurecht.

1. Ziehen Sie das Linealwerkzeug (Kurztaste I, Seite 51) am schiefen Horizont entlang.
2. Wählen Sie unmittelbar danach **Arbeitsfläche drehen: Per Eingabe**.
3. Übernehmen Sie den Wert, den Photoshop im Eingabefeld präsentiert, und klicken Sie auf OK. Photoshop stellt das Bild gerade.

Eine solche Linie zur Bildbegradigung ziehen Sie per Geradeausrichten-Werkzeug auch im Dialogfeld **Filter: Verzerrungsfilter: Objektivkorrektur** sowie im Camera-Raw-Dialog.

Achtung
*Bedenken Sie, dass Photoshop beim Drehen und beim Zurechtbiegen stürzender Linien Bildpunkte neu berechnet. Dabei verwendet Photoshop die Interpolationsmethode, die Sie mit dem Befehl **Bearbeiten: Voreinstellungen** einrichten, am besten wirkt meist BIKUBISCH oder BIKUBISCH SCHÄRFER (Seite 184).*

Drehen per Freistellwerkzeug

Der Rahmen des Freistellwerkzeugs lässt sich drehen und erlaubt so vorzügliche Horizontkorrektur – gleichzeitig entfernen Sie überflüssigen Rand, justieren wahlweise Pixelzahl, Druckmaß oder Seitenverhältnis (Seite 193). Leere weiße Ecken entstehen nur, wenn Sie den Freistellrahmen über die Bildgrenzen hinausziehen:

1. Ziehen Sie mit dem Freistellwerkzeug einen Rahmen auf. Lassen Sie den Rahmen zunächst auf Höhe eines schiefen Horizonts enden.
2. Um den Freistellrahmen zu drehen, halten Sie den Mauszeiger außen neben den Rahmen; der Zeiger erscheint dort als gebogener Doppelpfeil. Mit gedrückter Maustaste drehen Sie den Rahmen exakt parallel zum aktuellen Horizont. Ziehen Sie bei Bedarf die Zentrierachse aus der Mitte an den gewünschten Punkt, zum Beispiel in eine Bildecke.

Abbildung 11.7
Links: Das Freistellwerkzeug entfernt die weißen Ränder, die durch das Drehen entstanden. Die Ecke links unten wird nicht gekappt. **Rechts:** Wir füllen die verbliebene Ecke mit dem Kopierstempel; dunkler Himmel wird über den weißen Streifen kopiert.

3. Verlaufen Rahmenkante und Horizont parallel? Dann bringen Sie den Rahmen auf die endgültig gewünschte Größe, indem Sie an den Anfasspunkten ziehen. Prüfen Sie, ob einzelne Ecken des Rahmens aus dem Bild herausragen.

4. Klicken Sie doppelt ins Bild – Photoshop kappt den Rand und dreht das Bild.

Drehen per Transformieren

Auch der **Transformieren**-Befehl korrigiert schiefe Horizonte. Vorteile: Sie korrigieren im selben Zug bei Bedarf noch stürzende Linien und Bildmaße und wahren – je nach Verfahren – die Originalpixelzahl und damit auch das Seitenverhältnis.

Also los:

1. Halten Sie die [Alt]-Taste gedrückt, dann klicken Sie in der Ebenenpalette doppelt auf die HINTERGRUND-Miniatur. Sie verwandelt sich in eine EBENE 0.

2. Blenden Sie die Lineale per [Strg]+[R] ein.

3. Ziehen Sie aus dem oberen Lineal eine Hilfslinie exakt über den schiefen Horizont.

4. Starten Sie das **Transformieren** per [Strg]+[T].

5. Ziehen Sie außen am Transformieren-Rahmen, bis das Bild exakt parallel zum Horizont sitzt.

6. Klicken Sie doppelt ins Foto, um die Drehung zu bestätigen.

Abbildung 11.8 **Links:** Der Rahmen des Freistellwerkzeugs wird zunächst parallel zum schiefen Horizont gedreht. **Mitte:** Wenn die Horizontausrichtung stimmt, dehnen Sie den Rahmen auf den endgültig gewünschten Ausschnitt aus. **Rechts:** Nach einem Doppelklick in den Auswahlrahmen stellt Photoshop das Bild gerade. Vorlage: Horizont_02

Drehen per Transformieren

Abbildung 11.9
Links: Die »Hintergrund«-Ebene wurde in eine »Ebene 0« verwandelt, dann haben wir Lineale eingeblendet und eine Hilfslinie über den schiefen Horizont gezogen. **Rechts:** Beim »Transformieren« schwenken wir das Bild parallel zur Hilfslinie. Vorlage: Horizont_03

7. Mit dem Freistellwerkzeug schneiden Sie leere Ecken weg oder füllen Sie diesen Bereich zum Beispiel per Kopierstempel.

8. Der Befehl **Ebene: Auf Hintergrundebene reduzieren** verhilft wieder zu einer üblichen HINTERGRUND-Ebene.

Orientierung am Dateifensterrahmen

Das Drehen per **Transformieren** lässt sich variieren. Eine Möglichkeit: Verzichten Sie auf Lineal und Hilfslinie. Stattdessen schieben Sie unmittelbar nach dem [Strg]+[T]-Griff das noch schiefe Bild so weit aus dem Dateifenster heraus, bis der Horizont am Dateifensterrand entlangläuft. Jetzt drehen Sie passend zum Dateirahmen, dann ziehen Sie das Foto wieder in die Mitte.

Vergrößern statt Rand abzuschneiden

Wenn die Drehung erst stimmt, müssen Sie nicht unbedingt Rand abschneiden. Ihre Alternative: Vergrößern Sie das Bild leicht, bis die Lücken wieder ausgefüllt sind. So behält die Datei ihre ursprüngliche Pixelzahl.

Bestätigen Sie also die Drehung nicht sofort per Doppelklick. Stattdessen drücken Sie die [⇧]-Taste, um das Seitenverhältnis zu schützen, dann ziehen Sie das Bild an den Eckanfassern größer. Erst danach folgt der Doppelklick in den Rahmen.

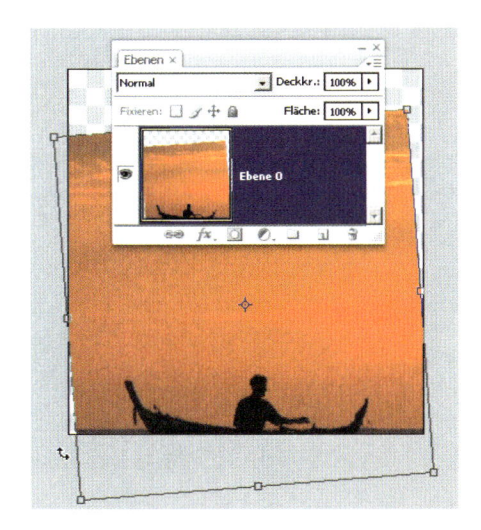

Abbildung 11.10
Links: Wir haben das schief fotografierte Bild wieder in eine »Ebene 0« verwandelt, das »Transformieren« gestartet und gedreht. Diesmal richten wir das Bild nicht an einer Hilfslinie aus: Wir haben den Motivhorizont zur Orientierung an den unteren Dateirand geschoben. **Rechts:** Das korrekt gedrehte Bild haben wir wieder nach innen gezogen. Leere Bildecken vermeiden wir hier, indem wir die Datei noch beim »Transformieren« etwas vergrößern. Vorlage: Horizont_04

Kapitel 11 • Aufnahmefehler korrigieren

Teil 3 • Korrektur

11.3 Stürzende Linien

Haben Sie die Kamera nach oben gekippt, um etwas allzu Nahes möglichst komplett auf den Sensor zu bekommen, zum Beispiel einen Dom? Dann verjüngt sich das Bauwerk nach oben hin – stürzende Linien, sagt der Fachmann. In anderen Fotos laufen obere und untere Kante eines Motivs aufeinander zu, weil die Kamera schräg seitlich auf die Szene gerichtet wurde.

Drei verschiedene Verfahren bekämpfen solche Übel. In der Übersicht:

» Im Dialog **Filter: Verzerrungsfilter: Objektivkorrektur** korrigieren Sie typische Stürzlinien mit dem Regler VERTIKALE PERSPEKTIVE, dann justieren Sie die HORIZONTALE PERSPEKTIVE.

» Verwenden Sie das Freistellwerkzeug mit der Option PERSPEKTIVE BEARBEITEN.

» Justieren Sie die Schieflage beim **Transformieren**.

Stürzende Linien mit dem Freistellwerkzeug

Sobald Sie mit dem Freistellwerkzeug einen Auswahlrahmen aufziehen, bietet die Optionenleiste den Punkt PERSPEKTIVE BEARBEITEN: Sie stellen gleichzeitig frei und korrigieren die Perspektive. Allerdings haben Sie beim **Transformieren** (nächster Abschnitt) eine bessere Vorschau als hier.

Ziehen Sie an einzelnen Eckanfassern und bringen Sie den Freistellrahmen auf Parallelkurs zu den Rändern des Hauptmotivs. Drücken Sie die ⇧-Taste für strikt horizontale oder vertikale Bewegungen. An den mittleren Anfassern verändern Sie die Gesamtgröße des Rahmens. Nach einem Klick in den Rahmen hinein entfernt Photoshop die Ränder und korrigiert die Perspektive.

Abbildung 11.11 Links: Wir nutzen das Freistellwerkzeug mit der Option »Perspektive bearbeiten«. Wir orientieren den Freistellrahmen an den Rändern des Hauptmotivs und korrigieren so stürzende Linien. Datei: Stuerzend_01

Stürzende Linien per »Transformieren«

So gehen Sie mit dem **Transformieren**-Befehl gegen stürzende Linien vor:

1. Halten Sie die Alt-Taste gedrückt, dann klicken Sie in der Ebenenpalette doppelt auf die HINTERGRUND-Miniatur. Sie verwandelt sich in eine EBENE 0.

2. Starten Sie das **Transformieren** per Strg+T.

3. Halten Sie gleichzeitig diese Tasten gedrückt: Strg+⇧+Alt. Dann ziehen Sie den Anfasspunkt in der rechten oberen Ecke nach rechts vom Bild weg. Damit ziehen Sie den oberen Bildteil in die Breite – die stürzenden Linien verschwinden.

4. Das Motiv wirkt jetzt etwas zu gedrungen. Lassen Sie alle Tasten fahren und ziehen Sie den oberen mittleren Anfasspunkt nach oben – so wirkt das Bild wieder länglicher.

5. Durch Ziehen außen am Rahmen drehen Sie das Bild bei Bedarf noch.

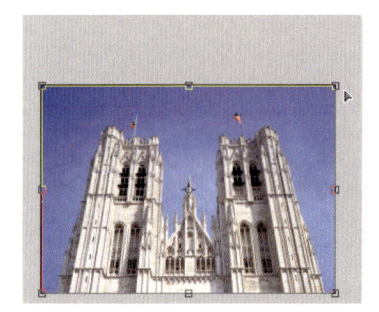

Abbildung 11.12 Links: Wir haben das Bild in eine »Ebene 0« verwandelt und starten das »Transformieren«. **Mitte:** Wir verzerren das Bauwerk perspektivisch, so dass die stürzenden Linien verschwinden. **Rechts:** Eine Dehnung stellt die ursprünglichen Proportionen wieder her, allerdings fällt oben der Himmel aus dem Bild. Vorlage: Horizont_02

274

Vignettierung und chromatische Aberration

6. Klicken Sie doppelt in die Auswahl, um die neue Perspektive zu bestätigen.

7. Sind Sie schon zufrieden, wählen Sie jetzt **Ebene: Auf Hintergrundebene reduzieren**. Das Bild hat dasselbe Seitenverhältnis wie zuvor.

Sie ziehen hier den obersten Bildstreifen aus dem Dateifenster heraus, er ist erst mal weg. Wollen Sie diesen Bereich wiedersehen, wählen Sie nach dem Doppelklick in den Rahmen **Bild: Alles einblenden**. Jetzt sehen Sie das nach oben verlängerte Foto, aber auch leere Ecken rechts und links – das Freistellwerkzeug räumt sie weg.

Abbildung 11.13 Der Befehl »Alles einblenden« zeigt Bereiche, die außerhalb der ursprünglichen Grenzen entstanden, vor allem den nach oben gewanderten Himmel. Die leeren Ecken schneiden wir hier mit dem Freistellwerkzeug weg.

11.4 Vignettierung und chromatische Aberration

An der Bildqualität nagen auch Vignettierung und chromatische Aberration. Sie vermeiden diese Probleme zum Teil, wenn Sie mit höherwertiger Ausrüstung fotografieren – oder lassen Sie Photoshop ran.

Vignettierung

Zeigt Ihr Bild abgeschattete Ränder? Hier ist der Befehl **Filter: Verzerrungsfilter: Objektivkorrektur** mit dem Bereich VIGNETTE zuständig: Der STÄRKE-Regler steuert, wie kräftig Sie die Bildränder aufhellen; der MITTELWERT-Schieber bestimmt die Breite des korrigierten Bereichs. Die gleiche Funktion finden Sie auch im Camera-Raw-Dialog unter OBJEKTIVKORREKTUREN.

Bei manchen Motiven dunkeln Sie aus gestalterischen Gründen die Bildränder gezielt ab. Dann wandert der STÄRKE-Regler nach links.

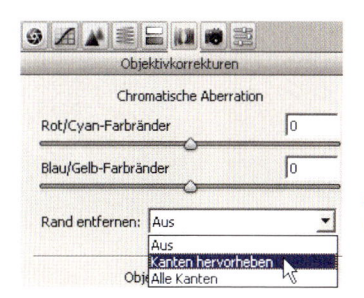

Abbildung 11.14 Im Camera-Raw-Dialog bearbeiten Sie chromatische Farbabweichungen besonders vielseitig.

Chromatische Aberration (Farblängsfehler)

Einige Kameras produzieren unschöne Farbsäume entlang starker Kontrastlinien, vor allem bei Gegenlicht – die sogenannte chromatische Aberration (kurz CA, auch Farblängsfehler genannt). Scharfzeichnen kann die Farbfehler noch einmal deutlich verstärken.

Auch hier bietet die **Objektivkorrektur** Remedur: Greifen Sie mit den Reglern ROT/CYAN-FARBRÄNDER und BLAU/GELB-FARBRÄNDER ein. Der Regler ROT/CYAN-FARBRÄNDER gleicht rottürkise Farbabweichungen aus – schieben Sie den Regler nach rechts, um rote Ränder zu bannen. Auf vergleichbare Art korrigieren Sie BLAU/GELB-FARBRÄNDER.

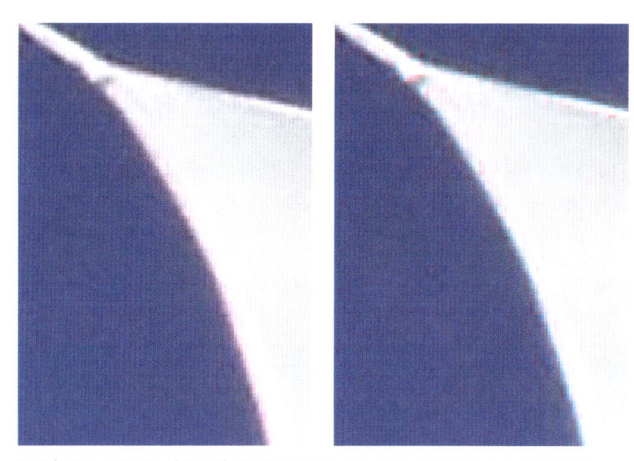

Abbildung 11.15 Links: Die Kontur des Segels zeigt chromatische Aberration. **Rechts:** Bewegen Sie den Regler »Rot/Cyan-Farbränder« nach links, um das Problem zu beheben. Vorlage: Chromatisch_01

Chromatische Aberration im Camera-Raw-Dialog

Auch der Camera-Raw-Dialog steuert den unbotmäßigen Farbsäumen entgegen, öffnen Sie das Register OBJEKTIVKORREKTUREN. Photoshop erlaubt hier mehr Feinsteuerung als bei der **Objektivkorrektur**, richten Sie jedoch mindestens die Zoomstufe 100 Prozent ein (Doppelklick auf die Lupe).

Abbildung 11.16 **Links:** Rötlich-violette Ränder erscheinen um die Lichtreflexe herum. **Mitte, rechts:** Die Vorgaben »Kanten hervorheben« und »Alle Ränder« beheben das Problem nicht vollständig. Vorlage: Chromatisch_02

Ziehen Sie bei gedrückter Alt-Taste am ROT/CYAN-Regler, um zwischenzeitlich blau-gelbe Farbränder zu bannen. Umgekehrt bewegen Sie den BLAU/GELB-Schieber mit gedrückter Alt-Taste, wenn Sie die Rot-Cyan-Konturen bearbeiten – so orten Sie die unterschiedlichen Fehler schneller.

Achtung
Setzen Sie hier einer CA-Korrektur im Raw-Dialog den SCHÄRFE-Betrag in den DETAILS auf null – denn eventuell verstärkt die Scharfzeichnung die Farbfehler deutlich.

Farbsäume um reflektierte Lichter im Camera-Raw-Dialog

Unabhängig von ROT/CYAN- und BLAU/GELB-FARBRÄNDERN bietet das Register OBJEKTIVKORREKTUREN noch ein Gegenmittel für rötlich-violette Säume, wie sie um Lichtreflexe zum Beispiel auf Wasser- oder Metallflächen entstehen – also eine andere Form der Farbabweichung als in den vorherigen Absätzen.

Nutzen Sie das Klappmenü RAND ENTFERNEN. Testen Sie zuerst die Vorgabe ALLE RÄNDER. Wirkt sie übertrieben, entstehen zum Beispiel unerwünschte graue Ränder oder sinkt die Farbsättigung allgemein zu stark, schalten Sie mit der Option KANTEN HERVORHEBEN einen Gang zurück.

Steht das Klappmenü auf AUS, werden die speziellen Farbfehler bei reflektierten Spitzlichtern nicht bearbeitet. Die Regler gegen ROT/CYAN- und BLAU/GELB-FARBRÄNDER bleiben aber wohlgemerkt wirksam.

Weitere Verfahren gegen chromatische Aberration

Die chromatische Verirrung bekämpfen Sie auch mit weiteren Photoshop-Funktionen: Wischen Sie mit dem Schwamm am Farbsaum entlang, natürlich oben mit der Vorgabe SÄTTIGUNG VERRINGERN.

Arbeiten Sie in hartnäckigen Fällen mit einer Auswahl. Erzeugen Sie eine Auswahl entlang der Farbverirrung, am besten mit der Schnellauswahl und der Vorgabe AUTOMATISCH VERBESSERN. Mögliche Anschlussmaßnahmen:

» Sie verwandeln die Auswahl in einen Pfad und lassen den Schwamm an diesem Pfad entlangackern.

» Sie nehmen **Auswahl: Auswahl verändern: Rand**, so dass nur noch die Kontur selbst von der Auswahl eingerahmt wird. In diesem Bereich testen Sie den Befehl **Farbton/Sättigung** (Strg+U).

Eventuell sollten Sie die Auswahl minimal mit den Pfeiltasten über den Farbsaum schieben, bevor Sie Pfad oder **Rand** anlegen.

11.5 Retuschewerkzeuge

Mit den Retuschewerkzeugen korrigieren Sie örtlich kleinere Fehler im Bild. Die Rede ist von Wischfinger, Radiergummi, Abwedler, Nachbelichter, Schwamm (also Aufheller, Abdunkler, Entsättiger), Scharfzeichner und Weichzeichner. Weichzeichner und Scharfzeichner sowie Aufheller und Abdunkler funktionieren nicht in Bildern mit indizierten Farben oder im schwarzweißen Bitmap-Modus.

Abbildung 11.17 Weichzeichner, Scharfzeichner und Wischfinger logieren in einem Fach in der Werkzeugleiste.

Die Mal- und Retuschewerkzeuge haben viele gemeinsame Optionen und Tastenbefehle; wir zeigen diese Möglichkeiten hier en bloc. Kopierstempel, Reparaturpinsel, Ausbesserungswerkzeug und Bereichsreparaturpinsel behandeln wir im nächsten Hauptabschnitt; ein weiterer Abschnitt zeigt Maßnahmen gegen rotgeblitzte Augen.

Anwendung allgemein

Bei vielen Werkzeugen malen Sie zunächst nur auf der aktiven Ebene. Klicken Sie oben in den Optionen an, dass Sie ALLE EBENEN AUFNEHMEN wollen – um etwa Pixel aus allen Ebenen unter dem Mauszeiger zu bearbeiten.

Denken Sie aber auch daran: Alle Retuschetools sind im Grunde nur bewegliche Filter oder Tonwertkorrekturen; der Pinselumriss dient als mausgeführter Auswahlbereich. Mehr Qualität und den Komfort verlustfreien Arbeitens bietet Photoshop, wenn Sie nicht direkt mit Scharfzeichner und Co. durchs Bild schrubben. Legen Sie stattdessen eine Einstellungsebene, einen Smartfilter oder eine duplizierte und korrigierte Ebene übers Bild – dann mischen Sie Original und korrigierte Fassung zum Beispiel via Pinselretusche in der Ebenenmaske (eine Zusammenfassung verlustfreier Korrekturmöglichkeiten ab Seite 34).

Wischfinger

Der Wischfinger siedelt im selben Fach der Werkzeugleiste wie Scharfzeichner und Weichzeichner und teilt sich mit diesen die Kurztaste [R] (für Blur). Er simuliert den Effekt eines Fingers, der durch nasse Farbe gezogen wird.

Der Wischfinger verschiebt die Farbe in Richtung der Mausbewegung. Photoshop bietet variablen DRUCK, wenn Sie ein druckempfindliches Grafiktablett einsetzen. Ohne diese Option eignet sich der Wischfinger etwa, um harte Kanten zwischen montierten Bildteilen zu verwischen – fangen Sie stets mit niedrigem Druck an. Natürlich eignet er sich auch für künstlerische Ambitionen, mit Füllmethoden wie ABDUNKELN ergeben sich bessere Mischungen.

Die Option FINGERFARBE lässt jedes Wischmanöver mit der Vordergrundfarbe beginnen. Damit kann man handgemalte Hintergründe erzeugen. Um nur vorübergehend mit FINGERFARBE zu malen, drücken Sie die [Alt]-Taste.

Weichzeichner, Scharfzeichner

Weichzeichner und Scharfzeichner verringern bzw. erhöhen den Kontrast zwischen Konturlinien und erzeugen so mehr oder weniger Schärfe im Bild (Kurztaste [R], für Blur). Die beiden Werkzeuge teilen sich mit dem Wischfinger ein Abteil der Werkzeugleiste; durch [Alt]-Klick auf dieses Fach oder durch längeren Klick auf das kleine Dreieck, das das horizontale Werkzeugmenü hervorbringt, wechseln Sie zwischen den Tools. Auch mit dem Weichzeichner lassen sich recht feinfühlig Übergänge nach Montagen glätten. Ist der Untergrund jedoch körnig oder rau, wird diese Struktur vom Weichzeichner schnell zerstört. Man arbeitet besser mit dem Kopierstempel. Wollen Sie die Übergänge zwischen zwei Ebenen absoften, denken Sie an die Option ALLE EBENEN AUFNEHMEN. Auch in Alphakanälen macht sich der Weichzeichner nützlich, wenn nur an bestimmten Abschnitten eines Schwarzweißübergangs Graustufen für weiche Auswahlränder sorgen sollen.

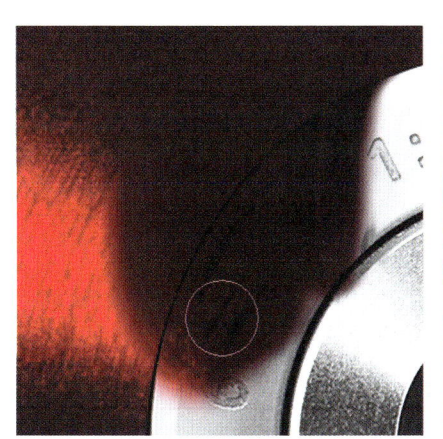

Abbildung 11.18 **Links:** Der Wischfinger zieht Farbe durchs Bild, hier im Modus »Abdunkeln«. **Mitte:** Weichzeichner (oben) und Scharfzeichner schwächen bzw. erhöhen den Kontrast an Konturen. **Rechts:** Der Abwedler (Aufheller, rechts) macht das Bild örtlich heller, der Schwamm senkt hier die Farbsättigung. Vorlage: Retusche_01

Teil 3 • Korrektur

Abbildung 11.19 **Links:** Die Personen wurden bei Gegenlicht unterbelichtet. **Mitte, rechts:** Wir haben eine neue, neutralgraue Ebene mit dem Modus »Ineinanderkopieren« angelegt; dort malen wir mit weißer Farbe und niedriger Deckkraft. Das Hauptmotiv hellt deutlich auf. Malen Sie mit Schwarz, um Überbelichtes abzudunkeln. Datei: Retusche_02

Drücken Sie die Alt-Taste, während der Scharfzeichner bereits in Gebrauch ist, wechselt Photoshop so lange zum Weichzeichner, bis Sie diese Taste wieder loslassen; umgekehrt können Sie auch vorübergehend das Weichzeichnen zugunsten des Scharfzeichnerpinsels unterbrechen.

Tipp
Praktischer als Weichzeichner- oder Scharfzeichnerwerkzeuge wirken oftmals die **Filter**-*Befehle für* **Scharfzeichnungsfilter** *(Seite 299) und* **Weichzeichnungsfilter** *(Seite 377).*

Abbildung 11.20 Ein Fach in der Werkzeugleiste teilen sich Abwedler, Nachbelichter und Schwamm. Durch Alt-Klick auf dieses Fach oder Alt+O wechseln Sie zwischen den Geräten.

Abwedler, Nachbelichter, Schwamm

Der Schwamm macht Farben örtlich gesättigter – also reiner, poppiger – oder blasser. In Graustufenbildern senkt oder erhöht der Schwamm den Kontrast.

Die Werkzeuge, mit denen Sie örtlich aufhellen oder abdunkeln, nennt Photoshop nach Techniken aus der traditionellen Dunkelkammer »Abwedler« (zum Aufhellen) und »Nachbelichter« (zum Nachdunkeln, jeweils Kurztaste O, für Dodge Tool).

Ist der Abwedler bereits aktiv, wechseln Sie bei gedrückter Alt-Taste vorübergehend zum Nachbelichter und umgekehrt. In der Optionenleiste entscheiden Sie, ob Sie die Lichter, Mitteltöne oder die Tiefen in Angriff nehmen.

Abwedler und Nachbelichter

Der Abwedler (Aufheller) hellt zum Beispiel im Augenweiß oder Zähne auf – vermeiden Sie jedoch übertriebene Zombie-Ergebnisse, halten Sie die Belichtung knapp.

Hellen Sie farbige Bildpartien bis hin zum Weiß auf, wenn Sie Glanzlichter setzen möchten. Der Abdunkler setzt oder verstärkt Schatten.

Alternative zu Abwedler und Nachbelichter

Pinseln Sie Aufhellung und Abdunkelung flexibler ins Bild als mit Abwedler und Nachbelichter. Dazu brauchen Sie eine neue, neutralgraue Ebene über der eigentlich korrekturbedürftigen Ebene; für diese Ebene verwenden Sie zum Beispiel Füllmethoden wie Weiches Licht oder Ineinanderkopieren.

Abwedler, Nachbelichter, Schwamm

Abbildung 11.21
Links: Wir senken die Deckkraft der grauen Ebene auf 60 Prozent, um weniger deutlich aufzuhellen.
Rechts: Die Grauebene hellt das Bild hier im Modus »Weiches Licht« mit 100 Prozent Deckkraft auf; die Farben bleiben blass.

Ein möglicher Weg:

1. Klicken Sie bei gedrückter [Alt]-Taste in der Ebenenpalette auf das Symbol NEUE EBENE ERSTELLEN.
2. Im Dialogfeld **Neue Ebene** nehmen Sie im MODUS-Menü INEINANDERKOPIEREN.
3. Bestätigen Sie, dass Photoshop die Ebene MIT DER NEUTRALEN FARBE FÜR DEN MODUS INEINANDERKOPIEREN FÜLLEN soll, also mit Neutralgrau.
4. Klicken Sie auf OK.

In der Ebenenpalette sehen Sie die neue graue Ebene; das Gesamtbild verändert sich einstweilen nicht, denn Grau bleibt in Verbindung mit INEINANDERKOPIEREN unsichtbar. Schalten Sie den Pinsel ein, senken Sie die DECKKRAFT auf etwa 40 Prozent und malen Sie mit Schwarz, um das Bild abzudunkeln; mit Weiß hellen Sie auf. Dabei kräftigen Sie auch die Farben.

Falls der Effekt zu stark ist, senken Sie die DECKKRAFT der grauen Ebene. Für eine Aufhellung ohne Auffrischen der Farben testen Sie die Füllmethode WEICHES LICHT.

Schwamm

Der Schwamm soll unter anderem übersättigte Bereiche so weit blasser machen, dass sie auch in den druckbaren Bereich des CMYK-Farbraums fallen (Seite 95). Er dämpft wirkungsvoll auch übertriebene Farben in Porträts. Umgekehrt bieten die Schwammoptionen aber auch eine Verstärkung der Sättigung – wenn Sie eine Farbe herausarbeiten wollen. Eventuell macht es mehr Sinn, den Bereich zu markieren und mit dem Befehl **Farbton/Sättigung** aufzufrischen; so erreichen Sie eine gleichmäßige Behandlung.

Abbildung 11.22
Der Abwedler hellt Zähne und Augenweiß auf, der Schwamm erhöht die Sättigung in der Iris. In den Haaren malen wir mit Pinsel, brauner Farbe und der Füllmethode »Farbe«. Dateien: Retusche_03a, b

Teil 3 • Korrektur

11.6 Details entfernen

Da hatte ich alte Fotos gescannt, die Scannerfläche aber nicht gründlich gereinigt. Prompt musste ich in Photoshop Flusen aus den Scans retuschieren.

Eine Fluse sperrte sich hartnäckig gegen meine Säuberungsaktion mit dem Bereichsreparaturpinsel . Also härteres Geschütz auffahren, her mit dem Kopierstempel – doch der dumme Staubfitzel hielt sich weiter im Bild. Reingezoomt auf 1600 Prozent – und das Ding veränderte sich kein bisschen.

Da merkte ich: Die Fluse befand sich nicht in der Datei. Sie klebte ganz physikalisch auf dem Monitor.

Dann arbeitete ich an Abbildungen für diesen Buchteil. Ich ließ dutzendweise Falten und Telefonmasten verschwinden, da hatte ich noch so ein Aha-Erlebnis. Ich sah eine andere Störstelle und dachte: Prima, diesen Bildmangel entfernst du bequem mit dem Bereichsreparaturpinsel : Homogene weiße Umgebung, wie praktisch. Dann wurde mir klar: Die Störstelle lässt sich so nicht beheben. Schließlich ist sie eine Spinne und die sitzt an der Wand hier in meinem Büro. Ganz real.

Bin ich damit allein, oder kennen Sie das auch? Dass man nach zu viel Photoshoppen das Gespür für die Realität verliert? Dass man Dinge mit einem Mausklick angehen will – statt mit einem Staubtuch?

Ich habe die Spinne auf eine ausgedruckte Rechnung gelockt und nach draußen getragen. Dort schien die Sonne – sehr real. Da habe ich die weitere Retusche vertagt und mich aufs Fahrrad gesetzt.

Hier entfernen wir störende Bilddetails – Farbsäume, Kratzer, Hautunreinheiten, Stirnfalten, Strommasten und unliebsames Personal. Um Bildrauschen und rotgeblitzte Augen geht es in weiteren Abschnitten. Aber gehen Sie zwischendurch mal an die frische Luft.

Verfahren im Überblick

Bei der Fehlerretusche nehmen Sie in der Regel brauchbare Bildpunkte aus dem Foto auf und kopieren sie über die Störstelle; zum Beispiel kopieren Sie glatte Haut über einen Pickel oder Meer und Himmel über lästiges Personal. Prinzipiell lassen sich diese Verfahren unterscheiden:

» Sie wählen einen brauchbaren Bildteil zum Beispiel mit dem Lasso bei weicher Auswahlkante aus und ziehen ein Duplikat über die Störstelle.

» Sie klicken eine brauchbare Motivpartie mit einem kopierenden Malwerkzeug wie dem Kopierstempel an und klicken dann in die reparaturbedürftige Zone; auch so überdecken Sie die fehlerhaften Pixel mit den zuerst gewählten Pixeln.

» Sie rahmen die Problemzone mit dem Lasso ein und wählen den **Filter**-Befehl **Staub und Kratzer**.

» Sie malen ohne weitere Vorbereitung mit dem Bereichsreparaturpinsel über die Störstelle und hoffen, dass Photoshop das Problem beseitigt und nicht verschärft.

» Wenn Sie den teureren Photoshop CS3 Extended nutzen: Sie nehmen ein Motiv mehrfach auf und lassen Photoshop im **Stapelmodus** alle Autos, Citytauben oder Menschen herausrechnen (Seite 559).

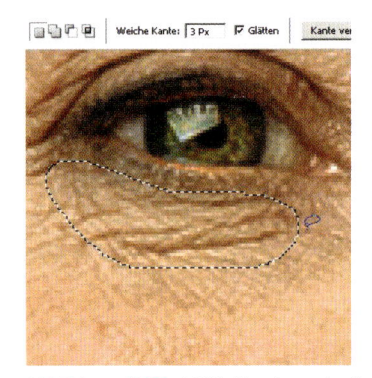

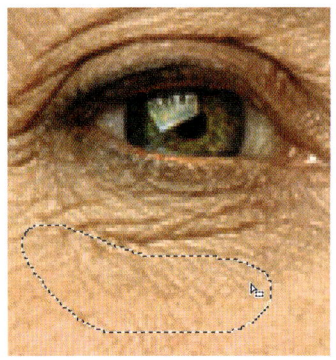

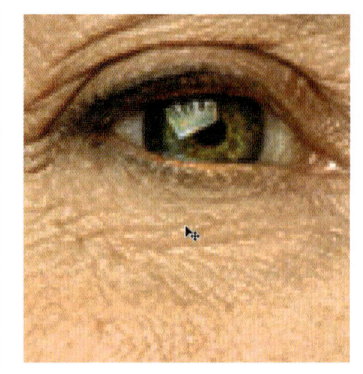

Abbildung 11.23 1. Bild: Wir rahmen den Korrekturbereich mit dem Lasso bei weicher Kante ein. **2. Bild:** Wir ziehen die Auswahlmarkierung mit dem Lasso nach unten und heben sie mit Strg+J auf eine eigene Ebene. **3. Bild:** Per Strg-Taste erscheint das Verschiebenwerkzeug, wir schieben die neue Reparaturebene nach oben. **4. Bild:** In der Ebenenpalette verbessern wir die Bildwirkung mit dem »Aufhellen«-Modus und reduzierter Deckkraft. Vorlage: Retusche_03b

Verfahren im Überblick

Abbildung 11.24
Zurück zur Natur: Die Telefonmasten rechts stehen in einheitlichem Umfeld, sie verschwinden leicht mit dem Bereichsreparaturpinsel. Der dünne Handymast in der Mitte lässt sich mit dem Kopierstempel entfernen. Für Häuser und Urlauber haben wir Bildbereiche dupliziert, transformiert und verschoben, die Ränder mit dem Kopierstempel gesäubert. Datei: Fehler_h

Kantenausgleich

Sollen Störstellen verschwinden, gibt es ein Problem: Die duplizierte, übertragene Bildzone fügt sich nicht optimal in den neuen, zu kaschierenden Bereich ein. Die Ränder der korrigierten Zone treten hart hervor und verlangen ihrerseits nach Retusche. Darum gibt es Funktionen, die an den Bildrändern für einen Ausgleich sorgen:

» Statt Lasso oder Auswahlrechteck verwenden Sie das Ausbessernwerkzeug; es gleicht Helligkeitsunterschiede an den Rändern der übertragenen Zone aus.

» Statt des Kopierstempels wählen Sie den Reparaturpinsel oder den Bereichsreparaturpinsel; auch hier gleicht Photoshop das Helligkeitsgefälle aus.

» Auch das Reparaturwerkzeug im Camera-Raw-Dialog bietet KOPIEREN und REPARIEREN (Seite 161).

Welches Verfahren für welchen Zweck?

Bei kleinen Mängeln in homogener Umgebung wirken die pinselartigen Werkzeuge Kopierstempel, Reparaturpinsel und Bereichsreparaturpinsel praktisch: klick, klack, Dreckfleck weg, war was? Das eignet sich für Staub von Sensoren oder Scannerflächen, Hautunreinheiten und andere Störungen in engen Zonen.

Größere, komplexe Fehler überfordern diese Werkzeuge jedoch. So korrigieren Sie größere Bildstörungen:

1. Sie wählen einen Bereich, der als Kopierquelle taugt, mit einem Auswahlwerkzeug wie dem Lasso aus.

2. Sie heben diesen Bereich mit Strg+J auf eine neue Ebene.

3. Sie ziehen den Bereich über die Störstelle.

4. Sie passen den »Flicken« mit Kontrast- und Größenänderungen, Füllmethode und Randretusche an, bis die Störung weg ist.

5. Sie verschmelzen die Reparaturebene per [Strg]+[E] wieder mit der Ebene darunter.

Ist der Korrekturbereich perspektivisch verzerrt, nehmen Sie den **Fluchtpunkt**-Filter und dort den Kopierstempel (Seite 545). Miese, kleine, immer wiederkehrende Flecken (Sensorstaub) korrigieren Sie eventuell im Camera-Raw-Dialog: Dort lässt sich die Retusche auf andere Bilder übertragen (Seite 161).

Kopierstempel, Reparaturpinsel & Bereichsreparaturpinsel

Kopierstempel (Kurztaste [S], für Stempel) und Reparaturpinsel (Kurztaste [J]) überdecken einen verunstalteten Bildteil mit benachbarten brauchbaren Bildpunkten.

Der Reparaturpinsel ist das intelligentere Werkzeug: Helligkeits- und Texturunterschiede zwischen dem duplizierten Bereich und dem Umfeld der Schadzone gleicht die Funktion nach Kräften aus. Dagegen erhalten Sie beim Kopierstempel schnell unschöne Kanten zwischen Umfeld und Reparaturzone. Der Bereichsreparaturpinsel arbeitet noch schneller, denn Sie müssen nicht erst eine Bildzone auswählen, aus der Sie Pixel aufnehmen. Ist der Korrekturbereich dagegen perspektivisch verzerrt, nehmen Sie den **Fluchtpunkt**-Filter und dort den Kopierstempel (Seite 545).

Anwendung

So nutzen Sie Kopierstempel oder Reparaturpinsel:

1. Aktivieren Sie das Werkzeug.

2. Klicken Sie mit rechts ins Bild und wählen Sie eine Pinselspitze aus, die zur Größe der Fehlerstelle passt.

3. Platzieren Sie das Werkzeug über einer gut erhaltenen Bildstelle, die sich zum Überdecken des Fehlers eignet – dies ist der Kopierursprung.

4. Klicken Sie bei gedrückter [Alt]-Taste. Photoshop zeigt ein Fadenkreuz, damit ist der Kopierursprung markiert.

5. Lassen Sie die Maustaste los und bewegen Sie den Kopierstempel oder Reparaturpinsel zu dem Bildstück, das Sie überdecken wollen.

6. Sobald Sie die Maustaste drücken, werden Pixel von dem zuvor definierten Ursprung zur jetzt angesteuerten Bildstelle kopiert. Den Kopierursprung zeigt Photoshop durch ein Kreuz an.

Tipp

Bei Detailretuschen arbeitet man meist mit hohen Zoomstufen. Wie das Ergebnis im Gesamtbild bei normaler Vergrößerung wirkt, ist nicht immer absehbar. Zeigen Sie jedoch dieselbe Datei in einem zweiten Fenster an – mit geänderter Zoomstufe. Der Befehl heißt **Fenster: Anordnen: Neues Fenster**.

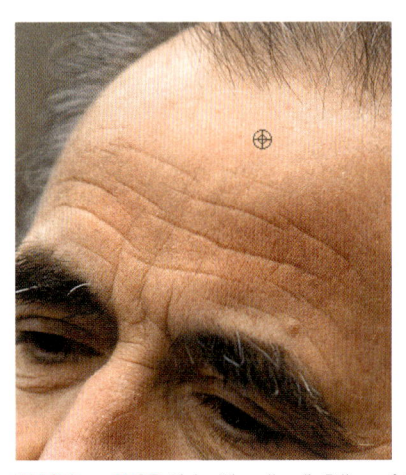

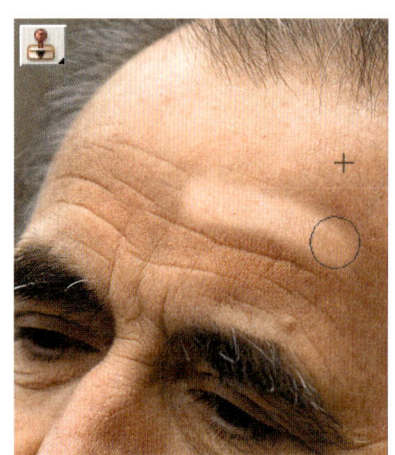

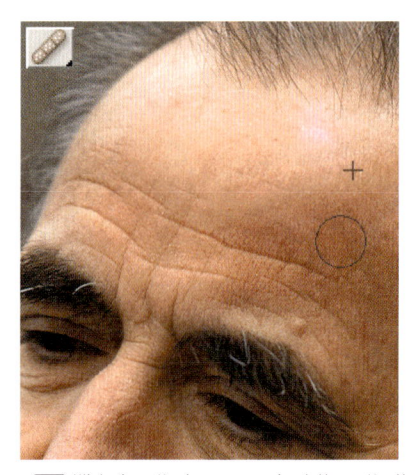

Abbildung 11.25 **Links:** Wir wollen die Falten auf der Stirn glätten. Mit dem Kopierstempel definieren wir per [Alt]-Klick einen Kopierursprung in glatteren Hautbereichen weiter oben; Photoshop zeigt beim Klick ein Fadenkreuz. **Mitte:** Wir klicken mit dem Kopierstempel in den Bildbereich, der bearbeitet werden soll. Oben auf der Stirn zeigt ein Kreuz laufend den aktuellen Kopierursprung an. Allerdings ist der kopierte Bereich zu hell, er sticht unschön hervor. **Rechts:** Statt des Kopierstempels verwenden wir den Reparaturpinsel mit einem ähnlichen Kopierursprung; Helligkeitsunterschiede gleicht dieses Werkzeug aus. Vorlage: Fehler_i

Kopierstempel, Reparaturpinsel & Bereichsreparaturpinsel

Abbildung 11.26 **1. Bild:** Die Szene ist zu detailreich für Reparatur- und Bereichsreparaturpinsel; diese Werkzeuge richten bei der Entfernung des Handymasten nur Schaden an. Schalten Sie den Kopierstempel mit weicher Werkzeugspitze ein und klicken Sie bei gedrückter [Alt]-Taste genau auf die Wald-Himmel-Grenze. **2. Bild:** Lassen Sie die [Alt]-Taste los und halten Sie den Zeiger dorthin, wo der Mast aus dem Wald herauswächst. Klicken Sie ein- oder zweimal. Jetzt liegt eine Schicht Himmel zwischen Wald und Mast, das Gestänge scheint in der Luft zu schweben. **3. Bild:** Für die weitere Retusche eignen sich unterschiedlichste Verfahren, wir bleiben beim Kopierstempel. Legen Sie per [Alt]-Klick eine neue Kopierquelle neben der Konstruktion fest. **4. Bild:** Geben Sie die [Alt]-Taste wieder frei und malen Sie über dem Masten – er verschwindet in den Wolken. Vorlage: Fehler_h1

Andere Ebenen und Bilder

Pixel übertragen Kopierstempel und Reparaturpinsel nicht nur innerhalb eines Bilds, sondern auch zwischen verschiedenen Bilddateien – sie ersparen sich so das Herüberkopieren.

Beide Werkzeuge bieten in den Optionen das AUFNEHMEN-Klappmenü: Sie können ALLE EBENEN AUFNEHMEN oder die AKTUELLE UND DARUNTER. Duplizieren Sie also Pixel von einer Ebene in die andere, vor allem: Retuschieren Sie zuächst in eine neue, leere Ebene hinein; die Originalebene bleibt unverändert. Wenn Sie nur eine Einzelebene innerhalb einer Montage retuschieren wollen, legen Sie die neue leere Sicherheitsebene darüber und klicken auf AKTUELLE UND DARUNTER.

Abbildung 11.27 Entscheiden Sie, ob die kopierten Pixel nur aus der aktuellen Ebene oder aus mehreren Ebenen aufgenommen werden.

Einstellungsebenen ignorieren

Die Option EINSTELLUNGSEBENEN IGNORIEREN bietet Photoshop gleich neben dem Klappmenü AUFNEHMEN, sofern Sie nicht nur die AKTUELLE EBENE retuschieren. Wir besprechen die Funktion an einem Beispiel: Per Einstellungsebene **Farbton/Sättigung** färben Sie ein rotes Auto blau ein. In welcher Farbe liefern Kopierstempel und Reparaturpinsel jetzt ihre Korrekturstriche ab – rot oder blau?

» Ist der Schalter zum Ignorieren der Einstellungsebenen nicht eingedrückt, werden Einstellungsebenen mitberücksichtigt: Die Korrekturstriche zeigen den Tonwert, der inklusive Einstellungsebene entsteht. Die ursprünglich roten, aber auf Blau gewandelten Bildpunkte erscheinen also in der Korrekturebene auch blau.

» Ist der Schalter IGNORIEREN VON EINSTELLUNGSEBENEN dagegen eingedrückt (»aktiviert«), spielen Einstellungsebenen keine Rolle: Die Korrekturstriche zeigen den Tonwert von der zugrundeliegenden Pixelebene – egal, was Einstellungsebenen noch daraus machen. Für unser auf Blau eingestelltes, eigentlich aber rotes Gefährt gilt: Die Retuschepixel werden rot.

Abbildung 11.28 Das rote Gefährt erscheint per Einstellungsebene blau. Bei dieser Stempelretusche wird die Einstellungsebene nicht ignoriert: Der Kopierstempel erzeugt blaue Striche. Datei: Fehler_k

Abbildung 11.29 Wir ignorieren die umfärbende Einstellungsebene: Obwohl der Wagen blau erscheint, zeigen die Korrekturpixel des Kopierstempels diesmal rote Farbe.

Mit Option »Ausgerichtet«

Je nach Aufgabe schalten Sie die Option AUSGERICHTET zu. Die Wirkung zeigt sich, sobald Sie die Maus einmal loslassen und neu ansetzen.

Die Option AUSGERICHTET bedeutet: Der Kopierursprung behält immer den gleichen Abstand zum Werkzeug. Sie können zwischendurch die Maustaste loslassen, über das Bild bewegen und andernorts neu anfangen – der Kopierursprung wird sich stets zum Beispiel 20 Pixel links vom Kopierstempel befinden. Dies ist die üblichere, näherliegende Vorgabe.

Mit dieser Einstellung tilgen Sie mitgescannte Staubfussel, indem Sie benachbarte Bildpunkte darüber kopieren – Sie bewegen sich allmählich am Fussel entlang und wenn Sie zwischendurch absetzen und an einer neuen Stelle des Flu-

sens wieder loslegen, wird der Ursprungszeiger doch wieder gleich neben dem Flusen und nahe dem Kopierstempel auftauchen und die unmittelbar benachbarten Pixel zur Kopie anbieten.

Abbildung 11.30 Mit Lasso und Kopierstempel wird die Fassade vom Kabel befreit. Vorlage: Fehler_a

Ohne Option »Ausgerichtet«

Sie können die Option AUSGERICHTET auch ausschalten. Das bedeutet: Nach jedem Loslassen der Maustaste springt der Kopierursprung zurück an die Stelle, die Sie zuerst angeklickt haben. Wann immer Sie Kopierstempel oder Reparaturpinsel absetzen und andernorts neu ins Bild tauchen – der Ursprungszeiger blinkt wieder dort auf, wo Sie ihn ursprünglich zuerst per Alt -Klick ansiedelten.

Kopierstempel, Reparaturpinsel & Bereichsreparaturpinsel

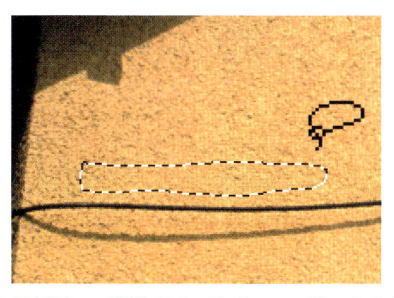

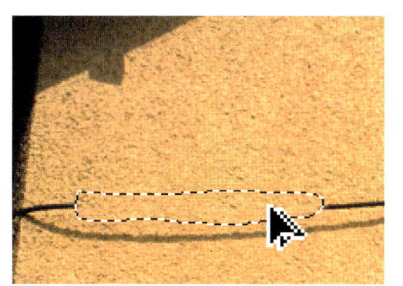

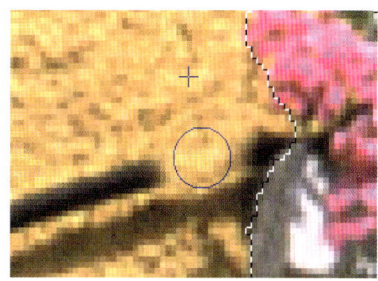

Abbildung 11.31 **Links:** Hier liegen größere freie Bildteile um den Bildfehler herum – ein leichtes Spiel: Das Lasso rahmte bei weicher Auswahlkante ein Mauerstück ein. **Mitte:** Wir halten die [Strg]+[⇧]-Taste gedrückt; so können wir mit dem Verschiebenwerkzeug ein Stück Fassade über das Kabel ziehen. Per Rechtsklick bekommen Sie bei Bedarf den »Verblassen«-Befehl, um Deckkraft und Füllmethode der schwebenden Auswahl zu ändern. **Rechts:** In unübersichtlichen Bereichen mit wenig freier Fläche wirkt der Kopierstempel praktischer als das Duplizieren einer Lassoauswahl; ein Kreuz signalisiert, an welcher Stelle Sie Bildpunkte aufnehmen. Wir haben Blumen und Mauersockel zuvor ausgewählt und dann die Auswahl umgekehrt, so dass der Kopierstempel nur die Mauer verändern kann. Verbergen Sie in allen Situationen die Auswahlmarkierung mit [Strg]+[H], um die Übergänge zu beurteilen.

Mit dieser Einstellung übertragen Sie zum Beispiel einen Bildteil mehrfach: Malen Sie ihn einmal, lassen Sie los und starten Sie an anderer Stelle im Bild neu – der Ursprung springt wieder auf das Original zurück, obwohl Sie den Kopierstempel jetzt in einem anderen Bereich der Datei ansetzen.

Sinnvoll ist der Verzicht auf die Option AUSGERICHTET auch, wenn Sie neben einem störenden Flusen nur sehr wenig brauchbare Pixel zum Darüberkopieren vorfinden. Bei der »ausgerichteten« Retusche passiert es leicht, dass der parallel zum Kopierstempel mitlaufende Ursprungszeiger in ganz unbrauchbare Pixelregionen gerät. Wählen Sie also AUSGERICHTET ab. Dann tasten Sie sich mit dem Kopierstempel so weit vor, bis der Kopierursprung ans Ende des brauchbaren Bereichs gelangt; danach lassen Sie die Maus los und drücken erneut – der Kopierursprung sitzt jetzt wieder ganz am Anfang der verwertbaren Zone, während Sie mit dem Werkzeug am anderen Ende des Bilds weitere Teile des Flusens entfernen.

Retusche auf eigener Ebene

Besonders komfortabel: Legen Sie Ihre Korrektur mit Kopierstempel, Reparaturpinsel oder Bereichsreparaturpinsel auf eine eigene Ebene. So ändern Sie die fehlerhafte Bildschicht zunächst gar nicht. So geht's:

1. Erzeugen Sie in der Ebenenpalette mit dem Symbol NEUE EBENE ERSTELLEN eine neue, transparente Ebene.

2. Nehmen Sie oben die Option ALLE EBENEN.

3. Während noch die neue Ebene aktiviert ist, setzen Sie im eigentlichen Bild per [Alt]-Klick einen Kopierursprung (überflüssig beim Bereichsreparaturpinsel) und tuschen brauchbare Pixel über schadhafte Stellen. Sie duplizieren dabei von der Hintergrundebene oder von mehreren Ebenen auf die neu angelegte Ebene.

4. Missglückte Retuschen in Ebene 1 nehmen Sie mit dem Radiergummi (Kurztaste [E]) pixelweise wieder zurück.

Der Bereichsreparaturpinsel

Noch einfacher als Kopierstempel oder Reparaturpinsel arbeitet der Bereichsreparaturpinsel: Sie klicken die Fehlerstelle an oder Sie ziehen die Maus darüber – fertig. Einen Quellbereich müssen Sie nicht erst auswählen. Nützlich ist die Option ALLE EBENEN AUFNEHMEN: Legen Sie eine neue leere Ebene an, dann erzeugen Sie Korrekturstriche zuerst in der leeren Ebene.

Der Bereichsreparaturpinsel eignet sich nicht für komplexe Fehler. Nutzen Sie das Gerät nur für kleinere Störbereiche mit sehr viel homogener Fläche drum herum: Kratzer, Flecken, einzelne Haare.

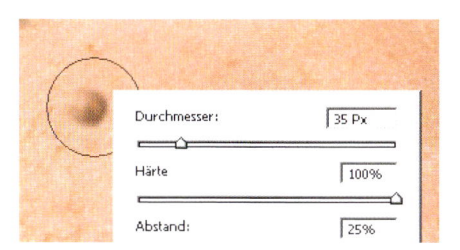

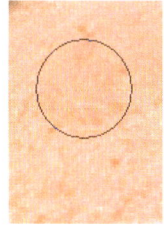

Abbildung 11.32 **Links:** Bei Kopierstempel, Reparaturpinsel oder Bereichsreparaturpinsel klicken Sie erst mit rechts ins Bild und stellen die Pinselgröße passend zur Fehlerstelle ein. Für den Bereichsreparaturpinsel gilt hier: Er muss die Fehlerstelle komplett einschließen. **Rechts:** Ein Klick und der Bereichsreparaturpinsel hat den Pickel spurenlos entfernt. Vorlage: Retusche_03b

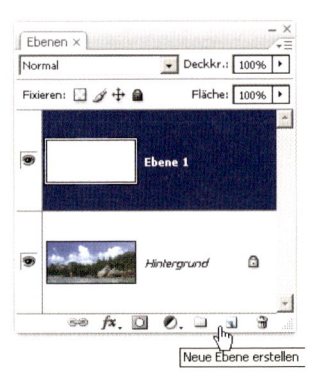

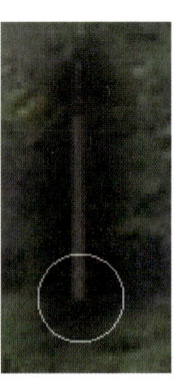

Abbildung 11.33 **1. Bild:** Vor der Retusche legen wir über dem Foto eine neue, leere Ebene an. **2. Bild:** Wir verwenden den Bereichsreparaturpinsel mit der Option »Alle Ebenen aufnehmen«. Das Motiv – ein kleiner Fehler innerhalb einheitlicher, diffuser Umgebung (Telefonmast an Waldhang) – eignet sich gut für dieses Werkzeug. Prüfen Sie aber zuerst, ob der Durchmesser passt, er sollte größer als die Störung sein. **3. Bild:** Wir malen mit dem Bereichsreparaturpinsel über die Störstelle, eine weiche Kante vermeidet Randbildung. **4. Bild:** Nach dem Loslassen der Maustaste ersetzt Photoshop den übermalten Bereich. **5. Bild:** Die Ebenenpalette zeigt den Korrekturstrich (hier im Palettenmodus »Ebenenbegrenzungen«). Die Retusche kann unabhängig vom Untergrund weiterbearbeitet oder gelöscht werden. Vorlage: Fehler_h1

Nehmen Sie zum Bereichsreparaturpinsel eine Pinselspitze mit weicher Kante; sie sollte etwas breiter sein als die Störstelle, einzurichten wie immer nach Rechtsklick ins Bild. Nur wenn es um die Störstelle herum sehr wenig Fläche gibt, die sich zum Kaschieren eignet, empfiehlt sich eine härtere Pinselspitze. Als MODUS eignet sich meist NORMAL. Ihre weiteren Optionen:

» Per NÄHERUNGSWERT kopiert der Bereichsreparaturpinsel umliegende Pixel von außen nach innen – testen Sie diese Vorgabe zuerst.

» Die weniger nützliche Option STRUKTUR ERSTELLEN mischt den gesamten Bereich, den Sie per Bereichsreparaturpinsel übermalen, zu einem Muster.

Die Kopierquellenpalette

You'll never clone alone: Die Kopierquellenpalette speichert bis zu fünf verschiedene Kopierquellen für Kopierstempel oder Reparaturstempel, ohne dass Sie diese Quellen jedes Mal per [Alt]-Klick neu definieren müssen. Falls noch nicht auf dem Schirm zu sehen: der Befehl **Fenster: Kopierquelle** holt die Palette her.

Die Kopierquellen bleiben gespeichert, bis Sie das Quellbild schließen – nicht darüber hinaus. Sie können die Pixel sofort verzerrt, skaliert und gedreht einsetzen. Damit eignet sich die Kopierquellenpalette eher für montage-artige Retusche von größeren Bildbereichen. Noch bequemer wirken für solche Aufgaben jedoch oft Bildbereiche, die Sie auf eine eigene Ebene duplizieren, verschieben und dann weiter verzerren, auch verlustfrei als Smart Objekt.

Kopierquellen definieren

Wie üblich definieren Sie die Kopierquelle per [Alt]-Klick mit Kopierstempel oder Reparaturstempel. Wollen Sie mehrere Kopierquellen anlegen, achten Sie am besten darauf, dass vor dem ersten [Alt]-Klick die Schaltfläche für die erste Kopierquelle aktiv ist.

Abbildung 11.34 Der Bereichsreparaturpinsel soll den Schriftzug entfernen. Doch um die Lettern existiert kaum freie Fläche, die Photoshop nach innen kopieren könnte. Wir verwenden darum eine harte Pinselspitze und stellen den Pinseldurchmesser kaum breiter als den Störbereich ein. Vorlage: Fehler_g

Die Kopierquellenpalette

Abbildung 11.35 **1. Bild:** Per ⟨Alt⟩-Klick setzen wir die Kopierquelle links vom Riss. **2. Bild:** Wir haben die »Überlagerung« eingeschaltet, also zeigt Photoshop das Quellbild blass über der zu retuschierenden Variante – Sie erkennen, dass hier keine Gefahr besteht, den Riss über sich selbst zu duplizieren. **3. Bild:** Die Kopierquellenpalette meldet den »Versatz«, den Abstand zwischen Quelle und zu retuschierender Zone: exakt 124 Pixel horizontal. Außerdem nutzen wir die Option »Automatisch ausblenden«, das heißt für das **4. Bild:** Sobald wir zum Retuschieren ins Bild klicken, verschwindet die Überlagerung, das Resultat ist vollständig erkennbar. Vorlage: Fehler_b

Der erste ⟨Alt⟩-Klick definiert dann die erste Quelle. Klicken Sie die zweite Schaltfläche 🗐 an, dann folgt der nächste ⟨Alt⟩-Klick ins Bild – schon steht die zweite Kopierquelle. Bis zu fünf unabhängige Quellen lassen sich festlegen.

Wollen Sie mit Kopierquelle 2 arbeiten, klicken Sie die Schaltfläche 🗐 an und retuschieren los. Vorsicht aber: Sobald Sie ⟨Alt⟩-klicken, ist die ursprüngliche Kopierquelle weg, Sie haben soeben eine neue Kopierquelle angelegt.

»Überlagerung anzeigen«

Mit der Option ÜBERLAGERUNG ANZEIGEN blendet Photoshop die Kopierquelle blass ein, sobald Sie den Mauszeiger übers Bild halten. Dieses Geisterbild lässt Sie schon vorab ahnen, wie Quelle und Ziel zusammenpassen. So steuern Sie die »Überlagerung«:

» Sie können das Geisterbild AUTOMATISCH AUSBLENDEN: Sobald Sie die Maustaste drücken, also Pixel auftragen, verschwindet die Überblendung – sie stört also nicht bei der Beurteilung Ihrer Retusche.

» Legen Sie im Bereich ÜBERLAGERUNG nicht nur eine DECKKRAFT, sondern auch eine FÜLLMETHODE fest: Per DIFFERENZ-Modus heben sich die eingeblendeten, einzufügenden Pixel in der Vorschau besser vom Zielbild ab. Sie können die Überlagerung auch UMKEHREN, also als Negativ zeigen.

Ihre Einstellungen für die Überlagerung inklusive DECKKRAFT und Füllmethode ändert nur die Anzeige – sie wirkt sich nicht aufs Bildergebnis aus!

Sie können die Überlagerung auch generell aus- und nur vorübergehend zuschalten: Dazu drücken Sie ⟨Alt⟩+⟨⇧⟩-Taste. In diesem Moment lässt sich die Überlagerung durch Ziehen oder mit den Pfeiltasten auch bewegen, bis sie an der gewünschten Position erscheint. So ändern Sie den Abstand zwischen Quelle und Ziel, eine Alternative zum ⟨Alt⟩-Klick.

Quellbereich transformieren

Sie können den Quellbereich transformieren, also drehen und in der Größe ändern. Tippen Sie neue Werte in die Felder für Breite, Höhe und Drehung oder ziehen Sie über B, H und dem Symbol △ für die Drehung.

Abbildung 11.36 Wir haben die Höhe in der Kopierquellenpalette auf minus 80 gesetzt und retuschieren so eine vertikal gespiegelte Version der Ebene ins Bild. Vorlage: Fehler_f

Kapitel 11 · Aufnahmefehler korrigieren

287

Abbildung 11.37 **Links:** Aus der historischen Postkarte soll die Beschriftung entfernt werden. Wir rahmen den Text mit dem Ausbesserungswerkzeug ein. **Mitte:** Wir ziehen die Auswahllinie über eine brauchbare Bildstelle, die sich zum Überdecken der Schrift eignet; Photoshop präsentiert eine Vorschau von der überdeckten Störung. **Rechts:** Sobald Sie die Maustaste loslassen, kaschiert Photoshop den Schriftbereich und gleicht Helligkeitsunterschiede aus; blenden Sie die Auswahlmarkierung mit Strg+H aus, um die Ränder der Korrekturzone genau zu beurteilen. Vorlage: Fehler_j

Für perspektivisch verzerrte Retuschen entriegeln Sie den Höhe-Breite-Zusammenhang 🔗 . Lassen Sie die Höhe unverändert, während Sie den BREITE-Wert auf minus 100 ziehen, erhalten Sie eine horizontal gespiegelte Retuschierquelle.

Sie drehen die Kopierquelle auch per Alt+⇧+7. Der Griff zu Alt+⇧+- macht die Kopierquelle in halben Prozentschritten größer.

Genug der Verfremdung, Sie brauchen wieder eine naturbelassene Kopierquelle ohne jede Verzerrung? Klicken Sie in der Palette auf TRANSFORMATION ZURÜCKSETZEN ↺.

Tipp
Während Sie Höhe, Breite und Drehung justieren, schalten Sie die ÜBERLAGERUNG ein – so erkennen Sie die Auswirkung sofort in der Bilddatei.

»Versatz«

In den Feldern für VERSATZ notiert Photoshop den Abstand zwischen Kopierquelle und Kopierziel - getrennt für horizontale und vertikale Distanz. Tippen Sie hier auch eigene Pixelwerte ein. Sie bleiben bis zum nächsten Alt-Klick gültig.

Auswahlbereiche mit Auswahlwerkzeugen duplizieren

Wenn Sie größere Flächen am Stück duplizieren können, um Bildfehler zu tilgen, dann arbeiten Sie nicht mit Kopierstempel 🖉 oder Reparaturpinsel 🖊. Stattdessen gehen Sie mit Auswahlwerkzeugen wie dem Lasso 🔾 vor oder Sie verwenden das Ausbesserungswerkzeug ⊙ mit seinem raffinierten Helligkeitsausgleich.

Wir besprechen hier zunächst die üblichen Auswahlwerkzeuge. Rahmen Sie einen brauchbaren Bildteil, der sich zum Überdecken eignet, mit Lasso 🔾 oder Auswahlrechteck ⬚ ein, um ihn zu duplizieren. Dabei sollten Sie meist auf eine weiche Auswahlkante achten (Seite 422). In beiden unten vorgestellten Varianten können Sie den duplizierten »Flicken« noch mit **Transformieren**, Helligkeits- oder Kontrastfunktionen an die neue Umgebung anpassen, bevor er endgültig verankert wird. Folgendes Verfahren bieten sich an:

» Schalten Sie das Verschiebenwerkzeug ▸⊕ ein und ziehen Sie ein Duplikat des zuvor gewählten Bereichs als schwebende Auswahl (Seite 507) bei gedrückter Alt-Taste über die Störstelle. Korrekturmöglichkeiten bietet der Befehl **Bearbeiten: Verblassen**, solange die Auswahl noch nicht verankert ist, danach der Protokollpinsel 🖉.

» Heben Sie die Auswahl mit Strg+J auf eine neue Ebene und ziehen Sie diese Ebene über die Störstelle. Experimentieren Sie in Ruhe mit Deckkraft, Ebenenmasken oder Radiergummi 🖉. Verschmelzen Sie die Ebene mit dem Hauptbild per Strg+E.

Das Ausbesserungswerkzeug ⊙

Das Ausbesserungswerkzeug ⊙ (Kurztaste J) gleicht die Schwächen des Überdeckens mit ausgewählten und duplizierten Bildbereichen aus. Helligkeitsunterschiede an den Bildrändern oder in der gesamten schadhaften Zone werden korrigiert. Dies ist das Standardverfahren:

1. Sie schalten das Ausbesserungswerkzeug ⊙ ein.
2. Achten Sie in der Optionenleiste auf die Vorgabe QUELLE.

Abbildung 11.38 Nicht immer garantiert das Ausbessernwerkzeug schattenfreie Fernsicht, wie dieses Beispiel zeigt. **Links:** Wir rahmen den störenden Bereich mit dem Ausbessernwerkzeug ein und lassen bereits großzügigen Rand. **Mitte:** Wir ziehen den Auswahlrahmen über freien Hintergrund; noch bei gedrückter Maustaste zeigt Photoshop, wie die Störung überdeckt wird. Nicht zu erkennen in dieser Vorschau ist allerdings das Endergebnis. **Rechts:** Das Ausbessernwerkzeug will zu stark zwischen innen und außen vermitteln; die Person wird nicht vollständig überdeckt. Vorlage: Fehler_d

Abbildung 11.39
Schöne Aussicht: Hier wurde die Störung mit einer Lassoauswahl überdeckt, die den gleichen Umriss hatte wie die vorhergehende Auswahl des Ausbessernwerkzeugs. Das Auswahlinnere wirkt nun komplett deckend, an den Rändern des kaschierten Bereichs muss minimal mit dem Kopierstempel nachgearbeitet werden.

3. Sie rahmen die fehlerhafte Bildstelle bei gedrückter Maustaste ein; dabei arbeitet das Ausbessernwerkzeug ⌾ wie ein Lasso, Sie erhalten also eine schillernde Fließmarkierung.

4. Ziehen Sie den Auswahlrahmen über eine brauchbare Motivpartie, die sich zum Überdecken eignet. Photoshop gibt bereits eine Vorschau, wie der gewählte Bereich den Fehler überdeckt.

5. Lassen Sie die Maustaste los – nun kopiert Photoshop den Bildteil automatisch über den Schadensbereich und gleicht Helligkeitsunterschiede aus. Bei erneuter Anwendung muss die Quelle neu definiert werden.

Tipp
Ziehen Sie die Auswahl mit großzügigem Abstand um den eigentlichen Bildfehler herum. Nur so erhalten Sie wirklich nahtlose Ergebnisse.

Das Ausbessernwerkzeug und die Auswahlwerkzeuge

Sie müssen die erste Auswahl nicht mit dem Ausbessernwerkzeug ⌾ selbst anlegen. Verwenden Sie jede beliebige Auswahlfunktion, zum Beispiel Lasso ⌒ oder Auswahlrechteck ⬚. Sie brauchen dabei keine weiche Auswahlkante einzurichten, das übernimmt Photoshop für Sie. Diese zwei Verfahren gibt es:

Abbildung 11.40 Links: Mit dem Lasso ziehen wir zunächst eine großzügige Auswahl um die unerwünschte Lüftungsklappe herum, dann wird diese Auswahlmarkierung verschoben. **Mitte:** Wir haben das Verschiebenwerkzeug eingeschaltet und bei gedrückter [Alt]-Taste ein Duplikat der Auswahl über die Störstelle gezogen; doch der überdeckende Bereich ist viel zu dunkel. **Rechts:** Wir gehen von derselben verschobenen Auswahl aus dem linken Bild aus, schalten aber das Ausbessernwerkzeug mit der Option »Ziel« ein. Wir ziehen den Bereich über die Lüftungsklappe, Photoshop dupliziert die gewählten Bildpunkte und gleicht das Helligkeitsgefälle perfekt aus. Vorlage: Fehler_c

» Wählen Sie mit dem Lasso oder einem anderen Auswahlwerkzeug die Störstelle selbst aus. Dann schalten Sie das Ausbessernwerkzeug ein, achten in der Optionenleiste auf die Vorgabe Quelle und schieben die Auswahl über die brauchbare Bildpartie, die sich als Abdeckung eignet. Sobald Sie die Maustaste loslassen, korrigiert Photoshop die Störstelle.

» Wählen Sie mit dem Lasso oder einem anderen Auswahlwerkzeug nicht die Störstelle aus, sondern den Bildbereich, der sich als Abdeckung für den Fehler eignet. Dann schalten Sie das Ausbessernwerkzeug ein, achten in der Optionenleiste auf die Vorgabe Ziel und ziehen den »Flicken« über die Störstelle. Sobald Sie die Maustaste loslassen, gleicht Photoshop das Helligkeitsgefälle aus.

Das Ausbessernwerkzeug bietet Ihnen Optionen wie andere Auswahlwerkzeuge auch: Bei gedrückter [Alt]-Taste verkleinern Sie eine vorhandene Auswahl, mit gedrückter [⇧]-Taste ergänzen Sie die vorhandene Auswahl. Mit [Alt]- und [⇧]-Taste gemeinsam bleibt nur die Schnittmenge ausgewählt. [Strg]+[H] blendet die Fließmarkierung aus, ohne sie zu löschen.

»Staub und Kratzer«

Als digitales Pixelstaubtuch fungiert der Befehl **Filter: Rauschfilter: Staub und Kratzer**. Innerhalb einer ausgewählten Fläche beseitigt er, was allzu sehr heraussticht. Freilich: Besser als jede Retusche wirkt die Vermeidung von Staub und Schlieren schon beim Scannen und Fotografieren.

So geht's:

1. Senken Sie den Schwellenwert im Dialogfeld auf 0. Der Schwellenwert-Regler definiert, wie groß der Unterschied zwischen Flusen und Umfeld sein muss, damit die Flusen getilgt werden. Bei 0 haben Sie noch den Überblick über das ganze Bild.

2. Stellen Sie den Radius ein. So bestimmen Sie, in welchem Umkreis Photoshop nach abweichenden Pixeln fahndet. Ziehen Sie ihn nur bis zum kleinsten Radius, der den Fehler noch ausmerzt.

3. Erhöhen Sie den Schwellenwert so weit es geht, ohne dass Fehler ins Bild kommen. In der Regel sollten Werte zwischen »60« und »140« ausreichen.

Ganz ohne Unschärfe geht das jedoch nicht immer; hilfreicher scheinen oft Kopierstempel und Kollegen.

Mehrere Kratzer bearbeiten

Hat ein Bild gleich mehrere Kratzer, gibt es ein verkürztes Verfahren. Sie brauchen nicht jeden Fleck einzeln mit dem Lasso zu umzingeln und zu filtern. So geht es schneller:

1. Heben Sie jede Auswahl im Bild mit [Strg]+[D] auf.

2. Wenden Sie den Filter **Staub und Kratzer** auf das Gesamtbild an.

3. Blenden Sie die Protokollpalette mit dem **Fenster**-Menü ein und klicken Sie auf das Symbol Neuer Schnappschuss (Seite 65); der Schnappschuss erscheint oben in der Protokollpalette.

Abbildung 11.41 Mitte: Wir haben die Vorlage mit dem »Gaußschen Weichzeichner« bei Radius 1,4 leicht weichgezeichnet und danach per »Bearbeiten: Verblassen« die Füllmethode »Aufhellen« eingestellt. So entsteht eine allgemeine Hautglättung, der Protokollpinsel radiert hier in detailreichen Partien wie Haare, Mund, Augen zurück zur ursprünglichen Schärfe. **Rechts:** Mit örtlichen Retuschen bearbeiten wir das Porträt weiter. Vorlage: Retusche_03b

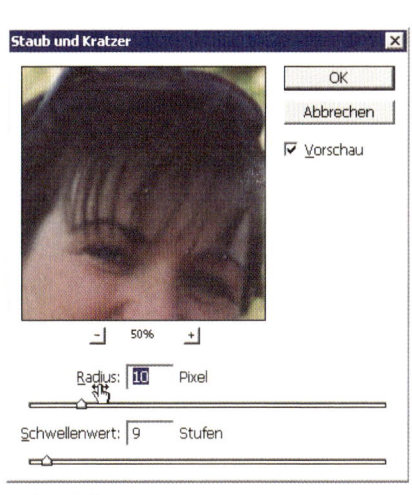

Abbildung 11.42 Der Filter »Staub und Kratzer« entfernt herausstechende Tonwerte in einem gewählten Bereich. Vorlage: Fehler_e

4. Heben Sie den gefilterten Zustand des Bilds mit der Protokollpalette wieder auf, indem Sie auf den Befehl klicken, den Photoshop dort noch vor Anwendung des Filters **Staub und Kratzer** auflistet. Verwenden Sie nicht [Strg]+[Z] oder **Bearbeiten: Rückgängig**.

5. Klicken Sie in der Protokollpalette neben dem Schnappschuss in die Pinselleiste ganz links, so dass Sie im Folgenden von diesem Schnappschuss aus weiterarbeiten.

6. Aktivieren Sie den Protokollpinsel und malen Sie die gefilterte Version dort ins Bild, wo es erforderlich ist.

11.7 Bildrauschen

Bildrauschen – also ein gleichmäßiges körniges Störmuster – entsteht zum Beispiel bei hohen ISO-Empfindlichkeiten von Digitalkamera oder Film. Photoshop kann das Problem in Grenzen ausbügeln, dabei droht allerdings Weichzeichnung.

Prüfen Sie die verrauschte Vorlage wie auch korrigierte Ergebnisse im Abbildungsmaßstab 100,00 Prozent (Seite 44) oder eventuell vergrößert. Vermeiden Sie Pixelschnee am besten schon beim Fotografieren, zum Beispiel durch niedrige Empfindlichkeit (Seite 38).

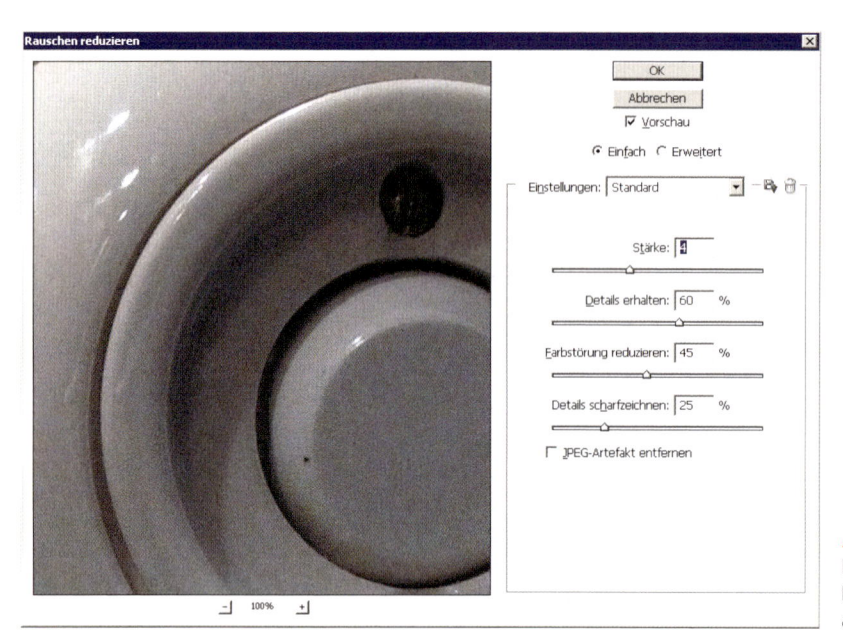

Abbildung 11.43
Der Befehl »Rauschen reduzieren« bekämpft Bildrauschen, führt aber auch zu Weichzeichnung.

Tipp

*Verstärken Sie das Bildrauschen nicht noch beim Scharfzeichnen. Nehmen Sie beim Befehl **Unscharf maskieren** einen hohen Schwellenwert: Gering kontrastierende Bildpartien wie etwa reines Bildrauschen stellt Photoshop dann gar nicht erst scharf, nur harte Konturen werden markanter.*

»Rauschen reduzieren«

Der Befehl **Filter: Rauschfilter: Rauschen reduzieren** ist Photoshops raffiniertestes Mittel gegen Rauschbelästigung (vormals **Störungsfilter: Störungen reduzieren**). Ihre Möglichkeiten:

» Der Stärke-Regler steuert die Gesamtwirksamkeit.

» Mit dem Regler Details erhalten bestimmen Sie, wie stark feine Strukturen gewahrt bleiben – zum Beispiel Strukturen oder Haare (Sie steuern hier das Helligkeits- oder Luminanzrauschen). Hohe Werte wie 80 erhalten viele Details – aber dann wirkt der Gesamtfilter kaum noch.

» Der Regler Farbstörung reduzieren bekämpft Pixel mit Farbausreißern, also das sogenannte Farbrauschen; hohe Werte verfälschen das Bild eher mit entsättigten Bereichen und Geisterschatten.

» Leidet die Bildschärfe sichtbar, kann man sie mit dem Schieber Details scharfzeichnen wieder anheben. Hohe Werte produzieren indes neue Störungen. Alternative: Schärfen Sie mit einem anderen Befehl aus dem Untermenü **Scharfzeichnungsfilter** (Seite 299).

Einzelne Kanäle korrigieren

Oftmals zeigt sich das Rauschen in einem Farbkanal stärker als bei anderen Farben, häufig im Blaukanal. Sie können darum die Grundfarben einzeln bearbeiten. Klicken Sie zunächst auf Erweitert, dann öffnen Sie den Bereich Pro Kanal.

Ein Beispiel: Sie wollen das Gesamtbild schwach glätten, dem Blaukanal aber eine extrastarke Behandlung verpassen. Stellen Sie im Gesamt-Bereich die Stärke auf 3, dann wechseln Sie zum Bereich Pro Kanal mit dem Blaukanal und heben nur dort die Stärke auf 8 oder 10. Auch hier gibt es den Regler Details erhalten – hohe Werte schwächen die Filterwirkung. Soll einzig und allein der Blaukanal glatter werden, stellen Sie die Gesamt-Stärke auf 0.

Tipp

*Es ist denkbar umständlich, die Kanäle einzeln im Dialogfeld **Rauschen reduzieren** zu inspizieren. Erledigen Sie das vorab im Hauptfenster: Klicken Sie die Grundfarben nacheinander in der Kanälepalette an. Dabei verwenden Sie die Zoomstufe 100,00 Prozent (Strg+Alt+0) und einen aussagekräftigen Bildausschnitt mit markanten Konturen und homogenen Flächen. Klicken Sie auf RGB, bevor Sie einen Filter laden.*

»Rauschen reduzieren«

Vorlage

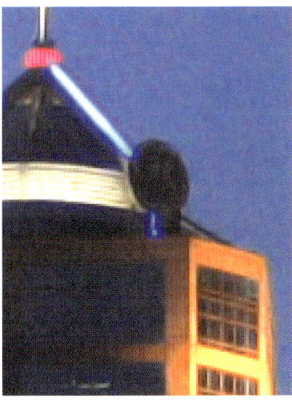

Stärke 8, andere Regler auf 0

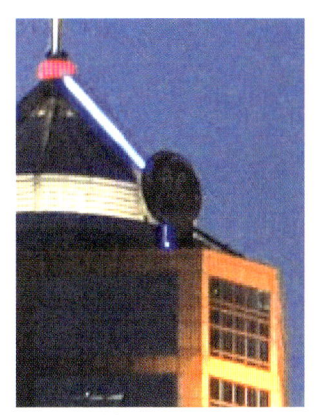

Stärke 8, Details erhalten 50

Stärke 8, Details erhalten 50, Details scharfzeichnen 60

Stärke 8, Details erhalten 50, Details scharfzeichnen 60, Farbstörung reduzieren 100

Stärke 8, Details erhalten 50, Details scharfzeichnen 60, Farbstörung reduzieren 0, JPEG-Artefakt entfernen ein

Abbildung 11.44
Die Vorlage zeigt deutliches Bildrauschen. Der Befehl »Rauschen reduzieren« begrenzt die Störungen, führt aber auch zu Weichzeichnung. Vorlage: Stoerungen_d

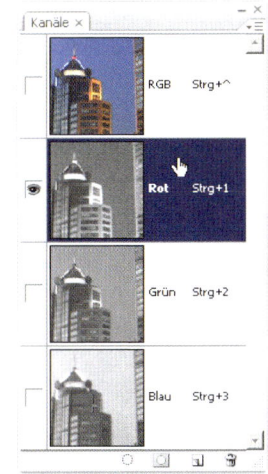

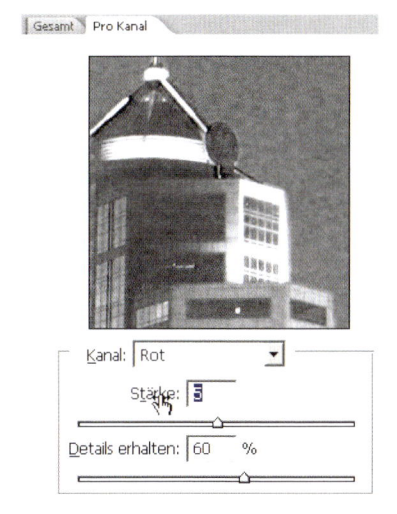

Abbildung 11.45 **Links:** Bildrauschen zeigt sich oft besonders stark in einer einzelnen Grundfarbe, hier im Rotkanal. Mitte: Sie prüfen Einzelkanäle durch Klicken in der Kanälepalette. **Rechts:** Der Befehl »Rauschen reduzieren« glättet Einzelkanäle, wenn Sie auf »Erweitert« schalten. Vorlage: Stoerungen_d

Abbildung 11.46 Links: Diese Bilddatei zeigt grobe Scannerfehler, die in der vergröbernden Druckauflösung noch deutlicher hervortreten. **Mitte:** Der Filter »Rauschen entfernen« behebt die Probleme teilweise, sorgt aber auch für eine leichte Weichzeichnung; ganz ähnlich wirkt der Filter »Helligkeit interpolieren« mit dem Wert »1«. **Rechts:** »Helligkeit interpolieren« mit dem Wert »2« zeichnet noch stärker weich. Vorlage: Stoerungen_a

»JPEG-Artefakt entfernen«

Sie können ein JPEG-ARTEFAKT ENTFERNEN. Photoshop versucht nun die typischen Kästchen, Farbblöcke und Geisterschatten zu tilgen, die bei zu starker JPEG-Komprimierung entstehen (Seite 173). Die Ergebnisse wirken oft weichgespült oder mumifiziert; experimentieren Sie mit den Reglern STÄRKE, DETAILS ERHALTEN und DETAILS SCHARFZEICHNEN. Nutzen Sie die Funktion eventuell auch gegen Bildstörungen, die durch reduzierte Farbtiefe beim GIF-Dateiformat entstanden sind.

Weitere Funktionen gegen Bildrauschen

Rauschen bekämpfen Sie auch direkt im Camera-Raw-Dialog im Bereich DETAILS – wenn auch nicht so differenziert wie per **Rauschen reduzieren**. Eine Alternative: Wechseln Sie im Untermenü **Bild: Modus** zum **Lab-Modus** und zeichnen Sie die Kanäle a und b weich. Das Verfahren eignet sich allenfalls für Farbrauschen und erfordert eventuell anschließende Korrekturen.

Abbildung 11.47 Links: Das Bildrauschen entstand durch hohe Aufnahmeempfindlichkeit und falsches Scharfzeichnen; es wird durch die niedrige Druckauflösung noch betont. **Mitte:** Der Filter »Helligkeit interpolieren« behebt das Problem teilweise, sorgt aber auch für eine leichte Weichzeichnung. **Rechts:** »Helligkeit interpolieren« mit dem Wert »2« zeichnet noch stärker weich. Vorlage: Stoerungen_b

Weitere Funktionen gegen Bildrauschen

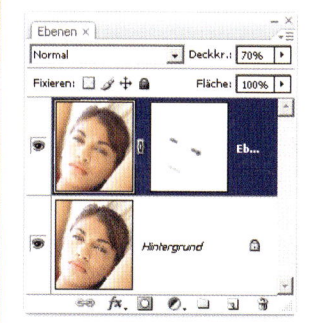

Abbildung 11.48 Links: Das Bild ist durch falsche Scharfzeichnung zu körnig. **Mitte, rechts:** Ein Duplikat der Hintergrundebene wird deutlich weichgezeichnet. Wir senken die Deckkraft auf 70 Prozent und malen in der Ebenenmaske mit grauer Farbe in Augen- und Mundpartie – in diesem Bereich setzt sich die weichgezeichnete Version noch schwächer durch, das Bild behält hier seine Details. Datei: Stoerungen_c

Die weiteren Funktionen gegen Bildrauschen erreichen nicht die Qualität des Befehls **Rauschen reduzieren** und helfen nur in Sonderfällen weiter:

» Der Befehl **Filter: Rauschfilter: Rauschen entfernen** zeichnet die gesamte Auswahl weich, indem er Farbkontraste mildert, aber Konturen nicht antastet. Die Funktion tilgt Scannerstreifen oder Bildrauschen – und stellt die Vorlage weicher. Wenden Sie die Funktion testweise auch mehrfach hintereinander an.

» Zu starke Helligkeitsunterschiede beseitigen Sie per **Filter: Rauschfilter: Helligkeit interpolieren**. In einem RADIUS, den Sie von 1 bis 100 definieren, werden Helligkeiten gemessen und stark abweichende Pixel, die als Störenfriede gelten, mit Mittelwerten übertüncht.

» Ist die Vorlage bereits stark verrauscht, bearbeitet man entstellte flächige Zonen mit dem Weichzeichnerpinsel bei gesenkter Deckkraft.

» Der **Weichzeichnungsfilter: Matter machen** bekämpft ebenfalls die Rauscherscheinungen und liefert nebenbei Softlinsen-Romantik, wahrt aber Bildkonturen; eine Alternative bietet der **Selektive Weichzeichner** mit der Option NORMAL.

Tipp
Oft braucht man die Rauschbekämpfung nicht im ganzen Bild, sondern nur in den diffuseren Zonen, die durch die Weichzeichnung nichts verlieren. Mischen Sie also korrigierte und unveränderte Bildfassungen. Verschiedene Verfahren dafür stellen wir ab Seite 36 vor.

Bildrauschen per Duplikat korrigieren

Auch Montagetechnik glättet Störungen begrenzt. So dupliziert man das Bild zunächst per [Strg]+[J] über sich selbst. Ihre Möglichkeiten anschließend: Zeichnen Sie die obere Ebene kräftig weich. Die Überblendverfahren ABDUNKELN, AUFHELLEN oder FARBE gleichen nun die lokalen Kontrastsprünge aus. Ändert sich die Gesamthelligkeit zu stark, senken Sie die Deckkraft oder verbergen Zonen der oberen Ebene per Ebenenmaske.

Deckungsgleiche Varianten mischen

Oder bekämpfen Sie das Rauschen, indem Sie mehrere deckungsgleiche Aufnahmen einer Szene mischen (Verfahren zum Zusammenpacken mehrerer Dateien in einer Ebenenmontage ab Seite 553). Deckungsgleichheit stellt der Befehl **Bearbeiten: Ebenen automatisch ausrichten** bei Bedarf schnell her, nachdem Sie die Ebenen zunächst alle in der Palette markiert haben.

So geht's weiter:

» Senken Sie bei der oberen Version die Deckkraft auf 50 Prozent (in der Hoffnung, dass Rauschpixel jeweils unterschiedlich angeordnet sind).

» Sofern Sie den teureren Photoshop CS3 Extended nutzen: Sie legen mehrere deckungsgleiche Ebenen übereinander, packen sie miteinander in ein Smart Objekt und lassen Photoshop den Durchschnitt aller Bilder errechnen (Untermenü **Ebene: Smart Objekte: Stapelmodus**, dann **Arithmetisches Mittel** oder eventuell **Median**, Seite 559).

Abbildung 11.49 Wir haben das Motiv fünfmal fotografiert, die Ebenen übereinander gelegt und in Photoshop CS3 Extended den Stapelmodus »Arithmetisches Mittel« eingerichtet. Dateien: Stoerungen_e etc.

Scans von gerasterten Bildern

Moiré und Falschbilder stören manche Scanergebnisse.

Moiré beseitigen

Moiré entsteht, wenn Sie eine gerastert gedruckte Vorlage erneut scannen – Sie scannen also aus einem Buch oder einer Zeitschrift. Im Bild zeigt sich ein unschönes Wellenmuster, das durch Überlagerungen verschiedener Raster entsteht. Perfekt herausrechnen lässt sich die Störung nicht, aber einige Gegenmaßnahmen wirken zumindest begrenzt:

» Scannen Sie die Vorlage leicht schief, dann drehen Sie das Bild in Photoshop.

» Scannen Sie vier- oder achtmal mehr Pixel als nötig, zeichnen Sie leicht weich, dann rechnen Sie auf die erforderliche Auflösung herunter.

Scans von Drucksachen auf dünnem Papier

Mitunter scheint die Rückseite einer Zeitschrift durch, wenn Sie von dünnem Papier scannen. Legen Sie dann schwarzen Karton zwischen Scanvorlage und Scannerdeckel. Weiße Bereiche wirken anschließend vielleicht grau – halten Sie mit **Gradationskurve** und Weißpunktpipette dagegen.

11.8 Rotgeblitzte Augen

Mit unterschiedlichsten Methoden retuschieren Sie rotgeblitzte Augen in Porträts:

» Testen Sie zuerst das Rote-Augen-Werkzeug in Photoshop oder ganz ähnlich im Camera-Raw-Dialog

» Schwingen Sie das **Farbe-ersetzen-Werkzeug** (Seite 334).

» Bekämpfen Sie das Phänomen mit dem **Schwamm** und der Vorgabe SÄTTIGUNG VERRINGERN.

Oder legen Sie eine Auswahl an und

» verwenden Sie **Farbton/Sättigung** oder **Farbe ersetzen**, schicken Sie dabei die LAB-HELLIGKEIT in den Keller.

» Dunkeln Sie den Bereich nur im Rotkanal ab.

» Kopieren Sie den Blaukanal über den Rotkanal.

» Wählen Sie die roten Pupillen aus und dämpfen Sie den Rotanteil mit dem ROT-Regler des Befehls **Bild: Anpassungen: Kanal-Mixer**.

Wie auch immer: Zoomen Sie weit in die Augenpartie hinein – dazu drücken Sie [Strg]+Leertaste, dann rahmen Sie die Augen bei gedrückter Maustaste ein. Prüfen Sie die Wirkung aber auch in der Gesamtansicht oder in der Zoomstufe 100,00 Prozent; der Befehl **Fenster: Anordnen: Neues Fenster** zeigt Ihnen ein- und dieselbe Datei in mehreren Fenstern, in mehreren Zoomstufen. Vermeiden Sie rote Augen am besten schon beim Fotografieren (Seite 38).

Das Rote-Augen-Werkzeug

Besonders unkompliziert verschwinden Kaninchenaugen mit dem Rote-Augen-Werkzeug, das ganz ähnlich auch im Camera-Raw-Dialog zur Verfügung steht (Seite 162). Ein Klick auf die rote Pupille – und das Problem ist in vielen Fällen erledigt. Nur selten müssen Sie die Optionen ändern:

» Je höher die PUPILLENGRÖSSE, desto mehr unterschiedliche Farben werden ausgewählt.

Weitere Methoden

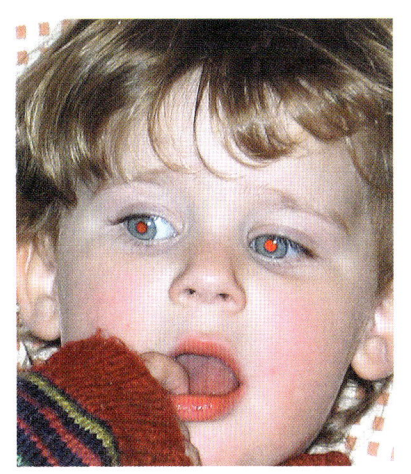

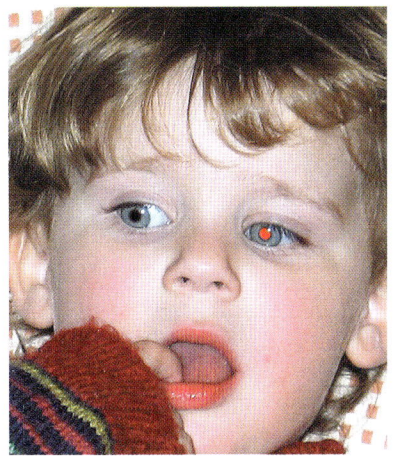

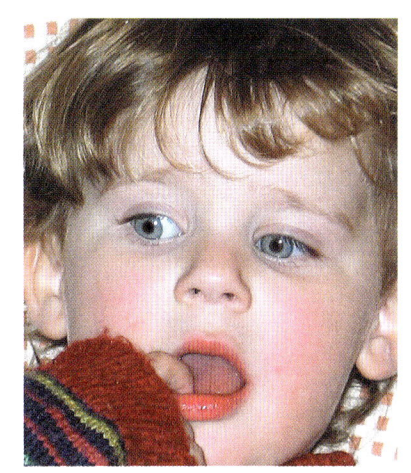

Abbildung 11.50 **Links:** Die Blutgefäße in der Netzhaut reflektieren das Blitzlicht der Kamera. **Mitte:** Wir haben mit dem Rote-Augen-Werkzeug ein erstes Mal geklickt. **Rechts:** Ein zweiter Klick mit dem Rote-Augen-Werkzeug beseitigt das Problem vollständig. Vorlage: Rote_Augen_a

» Der VERDUNKLUNGSBETRAG legt fest, wie dunkel die neue, vormals rote Pupille wird; hohe Werte führen zu schwarzen Pupillen.

Weitere Methoden

Führt das Rote-Augen-Werkzeug wider Erwarten nicht zum Ziel, probieren Sie weitere Methoden.

Das Farbe-ersetzen-Werkzeug

Das Farbe-ersetzen-Werkzeug bietet etwas mehr Feinsteuerung (Seite 334), allerdings wirken die Ergebnisse ohne Nachbearbeitung oft zu hell. Richten Sie zunächst mit der Taste D Schwarz als Vordergrundfarbe ein. In den Optionen klicken Sie bei MODUS auf FARBE, auf die Schaltfläche AUFNAHME: EINMAL. Im Klappmenü GRENZEN geben Sie NICHT AUFEINANDER FOLGEND an. Verwenden Sie das GLÄTTEN und eine niedrige TOLERANZ wie etwa 30 Prozent; so ändern Sie nicht mehrere Farben gleichzeitig.

Dann klicken Sie mit rechts ins Bild und prüfen die Pinselgröße – diese darf nicht größer sein als die Pupille selbst. Sie benötigen dazu eine weiche Werkzeugkante.

Klicken Sie auf einen roten Bereich – diese Farbe wird also ersetzt. Jetzt ziehen Sie bei gedrückter Maustaste. Bleiben einige rote Stellen hartnäckig sichtbar, werden sie erneut angeklickt. Erhöhen Sie eventuell die TOLERANZ.

Tipp
Das Ergebnis hat möglicherweise die falsche Helligkeit; dunkeln Sie mit dem Nachbelichter ab oder hellen Sie mit dem Abwedler auf.

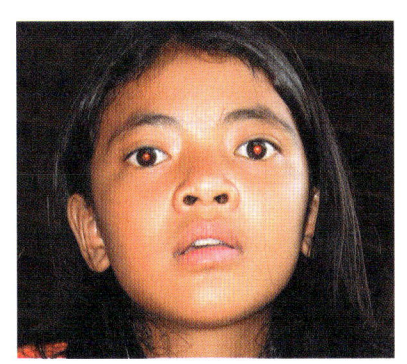

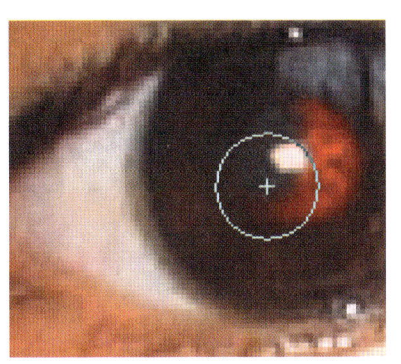

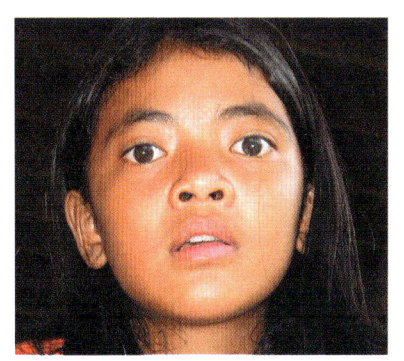

Abbildung 11.51 **Links:** Wir bearbeiten die Vorlage mit dem Farbe-ersetzen-Werkzeug bei schwarzer Vordergrundfarbe. **Mitte:** Zoomen Sie zur Korrektur weit ins Bild hinein, zum Beispiel mit Strg+Leertaste. **Rechts:** Beim Ergebnis haben wir zusätzlich die Iris mit dem Abwedler leicht aufgehellt. Vorlage: Rote_Augen_b

Den Rotkanal retuschieren

Die roten Pupillen treten besonders im Rotkanal hervor. Dunkeln Sie nur diesen Kanal ab:

1. Klicken Sie in der Kanälepalette einmal auf den Rotkanal. Das Bild erscheint jetzt als Rotauszug in Graustufen.

2. Klicken Sie oben in der Kanälepalette in das leere Kästchen EIN-/AUSBLENDEN EINES KANALS ☐ neben der RGB-Vorschau, so dass dort das Augensymbol 👁 erscheint. Jetzt zeigt Photoshop wieder das Farbbild an; in der Kanälepalette ist aber nur der Rotkanal aktiviert, nur dieser Kanal wird bearbeitet.

3. Schalten Sie in der Werkzeugleiste den Nachbelichter 🖐 ein und klicken Sie mit rechts ins Bild, um eine passende Pinselgröße und eine weiche Kante einzurichten.

4. Retuschieren Sie den Rotkanal und experimentieren Sie mit verschiedenen Vorgaben im Klappmenü BEREICH, von LICHTER bis TIEFEN.

5. Um wieder das Gesamtbild mit allen Grundfarben zu bearbeiten, klicken Sie in der Kanälepalette auf RGB.

Statt der Pinselretusche können Sie den Rotkanal natürlich auch auswählen und mit **Helligkeit/Kontrast** oder **Tonwertkorrektur** bearbeiten.

Den Blaukanal kopieren

Einige Porträtretuscheure legen die dunkle Pupille aus dem Blaukanal über den zu hellen Rotauszug:

1. Aktivieren Sie wie oben beschrieben den Blaukanal in der Kanälepalette und machen Sie das Gesamtfarbbild sichtbar: Sie sehen also das Augen-Symbol 👁 neben dem RGB-Kanal.

2. Wählen Sie die Pupille mit weicher Auswahlkante aus.

3. Mit [Strg]+[C] kopieren Sie den Blauauszug der Pupille in die Zwischenablage.

4. Aktivieren Sie durch einen Klick den Rotkanal.

5. Per [Strg]+[V] fügen Sie die Pupille ein. Sie erscheint nun wesentlich dunkler im Gesamtbild.

6. Blenden Sie die Auswahlmarkierung mit [Strg]+[H] aus, so dass Sie das Ergebnis genauer erkennen.

7. Wählen Sie eventuell **Bearbeiten: Verblassen**; hier können Sie die Deckkraft des eingefügten Bildteils senken oder mit Überblendverfahren wie HARTES LICHT experimentieren.

8. Drücken Sie [Strg]+[D], um den eingefügten Schnipsel endgültig mit dem Hintergrund zu verschmelzen, oder löschen Sie den eingefügten Bildteil mit der [Entf]-Taste.

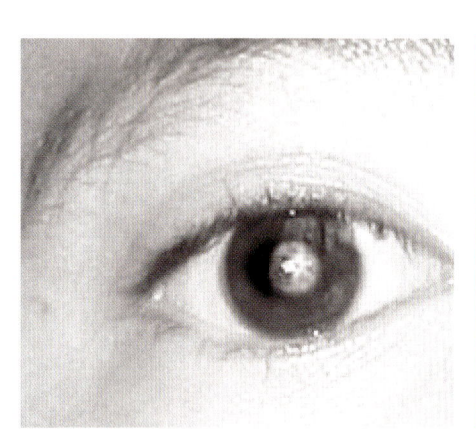

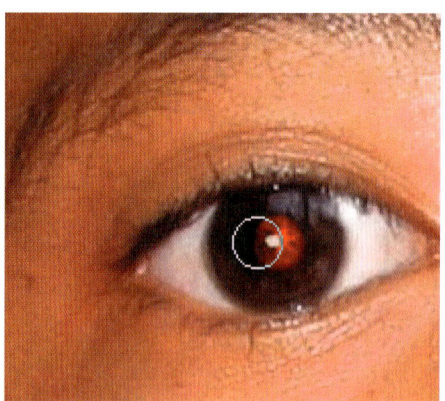

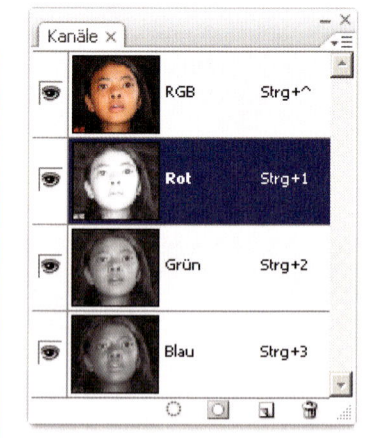

Abbildung 11.52 **Links:** Die rote Pupille sticht im Rotauszug des Bilds besonders hervor. **Mitte, rechts:** Der Rotauszug wird mit dem Nachbelichter abgedunkelt. Sie erkennen in der Kanälepalette, dass ausschließlich der Rotkanal zur Bearbeitung freigegeben ist; die anderen Kanäle werden nur zur Ansicht mit eingeblendet. Vorlage: Rote_Augen_b

Runde Bereiche auswählen

Bei der Retusche an den Pupillen muss man immer wieder kreisrunde Bereiche auswählen, meist mit weicher Auswahlkante. Verwenden Sie die Auswahlellipse ⬭ und richten Sie oben in den Optionen eine WEICHE KANTE von wenigen Pixeln ein. Existiert bereits eine Auswahl mit harter Kante, gehen Sie auf **Auswahl: Weiche Auswahlkante**. Damit die Auswahl kreisrund und nicht länglich gerät, drücken Sie beim Ziehen über der Pupille die ⇧-Taste.

Tipp

Die Pupille lässt sich oft einfacher erfassen, wenn man die Auswahlellipse ⬭ nicht vom Rand der Pupille, sondern von der Mitte aus zieht. Die Auswahl soll sich also in alle Richtungen gleichzeitig ausdehnen. Dieses Verhalten stellen Sie mit der Alt-Taste her. Drücken Sie bei Bedarf zusätzlich die ⇧-Taste für eine kreisrunde Auswahl.

11.9 Scharfzeichnen

Schalten Sie die Scharfzeichnung in Scandialogen und Kameramenüs ab, überlassen Sie Photoshop die heikle Aufgabe. Auch nach Befehlen wie **Bildgröße** oder **Transformieren** oder einem **Verzerrungsfilter** sollte ein Scharfzeichner folgen. Das gilt besonders, wenn Sie in den **Voreinstellungen** Interpolationsmethoden wie BIKUBISCH oder BILINEAR angeben, die beim Verzerren oder Drehen leicht weichzeichnen (Seite 184). Photoshop bietet für diese Aufgabe die Scharfzeichnung im Camera-Raw-Dialog und das Untermenü **Filter: Scharfzeichnungsfilter**; die typische Oberfläche aller **Filter**-Befehle besprechen wir ab Seite 365. Alle Scharfzeichner können Sie auch verlustfrei als Smartfilter anwenden und später ändern.

Der Scharfzeichnungseffekt entsteht durch Kontrastanhebung in Bildbereichen, die ohnehin stark kontrastieren. Dadurch wirken scharfgezeichnete Bilder nicht nur schärfer, sondern auch frischer oder greller als die Vorlage. Allerdings erscheint die Scharfzeichnung am Monitor mit seiner niedrigen Auflösung drastischer als im Druck, so dass eine überstarke Scharfzeichnung für Ihr Projekt genau das Richtige sein kann.

Vorlage  | Scharfzeichnen

Stärker scharfzeichnen  | Konturen scharfzeichnen

Abbildung 11.53 Die Scharfzeichnungsfilter erhöhen den Kontrast an ohnehin kontrastierenden Bildstellen. Das Bild wird mit 250 dpi gedruckt. Vorlage: Scharfzeichnen_01

Stärke 50  | Stärke 100

Stärke 200  | Stärke 200, Schwellenwert 7

Abbildung 11.54 Bei der Unschärfemaskierung reichen meist »Stärke«-Vorgaben zwischen 70 und 200 Prozent, darüber hinaus geraten Körnung und Farbsäumen außer Kontrolle. Erhöhter Schwellenwert senkt Körnung, die durch die Scharfzeichnung entsteht. Wir drucken mit 250 dpi. Der »Radius« liegt durchgängig bei 1,0, der »Schwellenwert« dreimal bei 0. Vorlage: Scharfzeichnen_01

Bevor wir in die Details gehen: Photoshop liefert eine verwirrende Zahl von Scharfzeichnern, deren Optionen sich teils, aber nicht vollständig immer überschneiden. Oftmals die beste Scharfzeichnung liefert der **Selektive Scharfzeichner** mit den Vorgaben Tiefenschärfe abmildern und Genauer. Er teilt sich viele Optionen mit **Unscharf maskieren** und mit dem Scharfzeichnen aus dem Camera-Raw-Dialog. Wir besprechen wiederkehrende Funktionen einmal beim Befehl **Unscharf maskieren** stellvertretend für weitere Dialoge.

Achtung
Zeichnen Sie nur einmal scharf und zwar ganz am Ende der Bildverbesserung, nach Retusche, Tonwert- und Farbkorrektur.

Die richtige Zoomstufe

Für Druckprojekte oder WWW-Präsentation prüfen Sie das Scharfzeichnen unbedingt in der Zoomstufe 100,00 Prozent (Strg+Alt+0, Seite 44). Andere Zoomstufen zeigen starke Scharfzeichnungen verfälscht; das gilt besonders für krumme Verkleinerungen wie 65,43 Prozent und für Motive mit feinen Strukturen und Diagonalen – etwa Stoffe, Netze oder Hochhausfassaden.

Bei anderen Bildschirmauftritten erscheint Ihr Motiv mit ganz unterschiedlichen Zoomstufen – etwa per **PDF-Präsentation** oder Photosharing-Seite im Netz, abhängig von Bildschirmgröße oder Vorgaben beim Betrachter. Dann sollten Sie die Scharfzeichnung in mehreren Zoomstufen prüfen, um eine Vorstellung davon zu bekommen, wie das Bild auf verschiedenen Systemen wirkt – denn starke Scharfzeichnung wirkt beim 100-Prozent-Zoom knackig, in der Verkleinerung entstellt sie jedoch. Nutzen Sie den Photoshop-Befehl **Fenster: Anordnen: Neues Fenster**; er zeigt mehrere Bildvarianten nebeneinander, auch in verschiedenen Zoomstufen.

Tipp
*Zeigt Ihre Vorlage starkes Rauschen, wird sie von den Scharfzeichnern weiter verunschönt. Testen Sie alternativ den Befehl **Rauschen reduzieren** mit seinem Regler* Details scharfzeichnen.

Alternativen zu Scharfzeichnerfiltern

Einen Scharfzeichner finden Sie auch als Werkzeug auf der Werkzeugpalette: Der Scharfzeichnerpinsel (Kurztaste R, Seite 277) teilt sich dort eine Schaltfläche mit Weichzeichner und Wischfinger – malen Sie die Schärfe also örtlich ins Bild, zum Beispiel in Augenpartien oder andere markante Details.

Alternativ zeichnen Sie das Original scharf, springen auf der Protokollpalette einen Schritt zurück und malen mit dem Protokollpinsel die geschärfte Fassung örtlich ins Bild; dazu wählen Sie die Protokollquelle richtig aus. Wie Sie korrigierte und unveränderte Bildfassung flexibel mischen, lesen Sie ab Seite 36.

Empfindliche Stellen schützen

Immer wieder will man konturreiche Bildpartien nachschärfen – und gleichzeitig Übertreibung in weicheren Zonen vermeiden, etwa in flächigen Hautpartien oder Hintergründen. Um solche empfindlichen Stellen zu schützen, ziehen Sie im Dialog **Unscharf maskieren** den Schwellenwert hoch, im Camera-Raw-Dialog den Maskieren-Regler nach rechts.

Aber Sie können noch mehr tun:

» Mischen Sie unterschiedlich stark scharfgezeichnete Bildvarianten zum Beispiel per Ebenenmaske oder Protokollpinsel.

» Legen Sie die Scharfzeichnung als Smartfilter an und dämpfen Sie die Wirkung örtlich per Filtermaske.

» Prüfen Sie, ob Sie bei Porträts nur den Rot-Kanal scharfstellen sollten.

» Ebenfalls bei Porträts: Halten Sie die Strg-Taste gedrückt, dann klicken Sie in der Kanälepalette auf die Miniatur des Rot-Kanals. So sind rötliche Bildpartien stärker ausgewählt – also die Hauttöne. Kehren Sie die Auswahl mit Strg+⇧+I um, dann schärfen Sie – Hauttöne sind jetzt weniger betroffen. Sie können die Auswahl auch als Schnellmaske oder Alphakanal speichern und dann weiter verfeinern.

»Unscharf maskieren«

Unscharf maskieren ist nach einer Dunkelkammertechnik benannt; wirkt der **Selektive Scharfzeichner** zu stark, nehmen Sie **Unscharf maskieren**. Starten Sie zum Beispiel mit diesen Werten: STÄRKE 120, RADIUS 1,2, SCHWELLENWERT 1.

Der »Stärke«-Regler steuert die Wirkung

Je höher die STÄRKE, desto deutlicher der Effekt – gemeint ist der erzeugte Kontrastunterschied. In der Regel reichen 80 bis 200 Prozent. Probieren Sie jedoch auch einmal 500 Prozent mit einem RADIUS um 0,8 und eventuell angehobenem Schwellenwert.

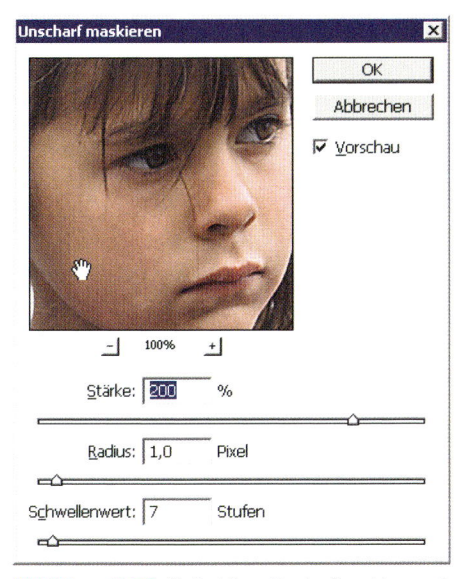

Abbildung 11.55 Die Funktion »Unscharf maskieren« steuern Sie mit drei Reglern.

Tipp
Wenden Sie die Unschärfemaskierung mit niedrigen Werten mehrfach hintereinander an ([Strg]+[F]). Während die anderen Schärfefilter hier schnell zu körnig werden, vermeiden Sie diesen Effekt beim unscharfen Maskieren durch angehobenen SCHWELLENWERT.

Der »Radius«-Regler kontrolliert Farbsäume

Der RADIUS-Regler steuert bei den Befehlen **Unscharf maskieren** und **Selektiver Scharfzeichner**, wie breit um eine Kontur herum scharfgestellt wird: Ein hoher RADIUS erfasst mehr Bildpunkte links und rechts von der Kontur – der Schärfeeindruck steigt und Sie erhalten deutliche Farbränder. Je kleiner die Bildauflösung, desto niedriger sollte der Radius sein. Generell reicht meist ein Wert unter 2,0, höhere Werte führen schnell zu plakativer Wirkung. Arbeiten Sie mit STÄRKE-Werten über 300 Prozent, testen Sie RADIUS-Vorgaben um 0,8. Die übersatten Farben bei hohem Radius dämpfen Sie, indem Sie nur den L-Kanal eines Lab-Bilds scharfstellen.

Einen deutlich weichgezeichneten Bildbereich in Alphakanälen oder Ebenenmasken stellen Sie mit hohem RADIUS teilweise wieder scharf.

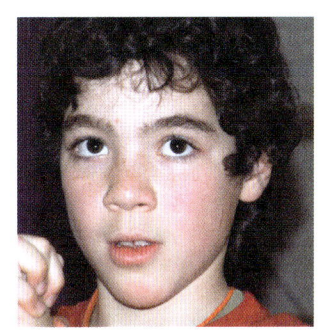

Vorlage

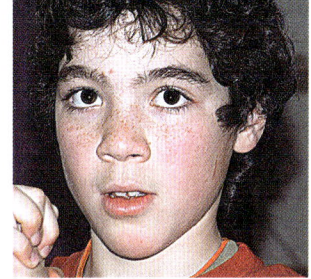

Radius 1,0, Schwellenwert 0

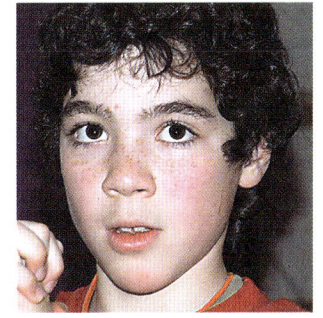

Radius 1,0, Schwellenwert 15

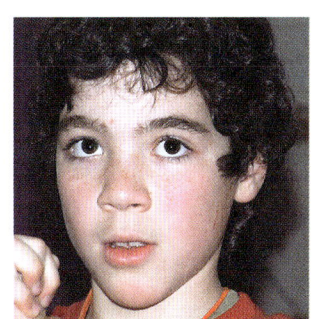

Radius 0,5, Schwellenwert 15

Abbildung 11.56 Wir testen »Unscharf maskieren« mit der Höchst-»Stärke« 500: Ein ohnehin knapper »Radius« wie 1,0 erzeugt deutliche Blitzkanten, der niedrige Schwellenwert 0 führt zu verrauschten Hautpartien und Sommersprossenblüte. Heben Sie den »Schwellenwert«, um das Rauschen einzugrenzen. Reduzierter »Radius« hält die Farbkanten im Zaum und lässt das Bild weniger flächig wirken. Wir drucken wieder mit 250 dpi. Vorlage: Scharfzeichnen_02

Teil 3 • Korrektur

Ein hoher »Schwellenwert« unterdrückt Körnung und Bildrauschen

Mit dem SCHWELLENWERT geben Sie an, wie viel Kontrastunterschied zwischen benachbarten Pixeln tatsächlich eine Scharfstellung auslöst. Ein niedriger Schwellenwert führt zu viel Scharfstellung, denn schon niedrige Kontrastunterschiede lassen den Filter anspringen. Dann geraten Photoshop allerdings auch Hautunreinheiten, Filmkorn oder Bildrauschen mit ins Visier – alles wird gnadenlos geschärft und tritt im Ergebnis sehr unschön hervor.

Setzen Sie also den Schwellenwert hoch, um Bildrauschen oder Akne nicht noch weiter zu betonen. Ein hoher SCHWELLENWERT begrenzt die Scharfstellung auf die ganz harten Kontrastlinien im Bild.

Fotografie

Setzen Sie Ihre Digitalkamera auf möglichst niedrige Empfindlichkeiten wie ISO 100 oder ISO 200. Dabei entsteht weniger Bildrauschen als bei ISO 800 oder 1600, das Ergebnis lässt sich besser scharfzeichnen. Schalten Sie den Scharfzeichner der Digicam ab (Seite 38).

Selektiver Scharfzeichner

Der **Selektive Scharfzeichner** eignet sich optimal für größere Bilder mit mehr als 1000 Pixel Breite, die nicht zu viel Bildrauschen enthalten. Bei diesen Motiven produziert der **Selektive Scharfzeichner** dezentere Lichtsäume als der Filter **Unscharf maskieren**. Kleinere Motive werden zu stark geschärft. So richten Sie die Funktion am Anfang ein: STÄRKE 90, RADIUS 0,8, TIEFENSCHÄRFE ABMILDERN, GENAUER.

STÄRKE und RADIUS haben Sie bereits oben bei **Unscharf maskieren** kennengelernt. Für übliche Fotos stellen Sie das ENTFERNEN-Klappmenü auf TIEFENSCHÄRFE ABMILDERN. Die Option GAUSSSCHER WEICHZEICHNER entstellt das Bild deutlicher.

Testen Sie die spezielle Vorgabe gegen BEWEGUNGSUNSCHÄRFE mit einem passenden WINKEL. Die Schaltfläche EINE KOPIE DER AKTUELLEN EINSTELLUNGEN SPEICHERN hält die aktuellen Werte fest, sie lassen sich dann bequem per Klappmenü abrufen.

»Genauer«

Die besten Ergebnisse liefert – meist – die zeitfressende Option GENAUER. Verzichten Sie eventuell darauf, während Sie mit Reglern experimentieren, vor dem OK-Klick sollten Sie aber dann GENAUER werden.

Abbildung 11.57
Der »Selektive Scharfzeichner« beseitigt Unschärfe besonders wirkungsvoll.

Scharfzeichnen im Camera-Raw-Dialog

Vorlage

Stärke 100, Radius 0,5

Stärke 100, Radius 1,0

Stärke 150, Radius 1,0

Abbildung 11.58 So arbeitet der »Selektive Scharfzeichner« bei einer niedrigen Druckauflösung von 250 dpi, jeweils mit den Einstellungen »Tiefenschärfe abmildern« und »Genauer«. Vorlage: Scharfzeichnen_03

Für einen Test habe ich das Zehn-Megapixel-Bild »Neuberechnen« aus dem »Praxis«-Verzeichnis der Buch-DVD geöffnet. Nach Photoshops eigener **Zeitmessung** braucht der **Selektive Scharfzeichner** mit Genauer hier rund sechs Sekunden; ohne diese Vorgabe ist das Programm in nur 0,7 Sekunden fertig. Der Filter **Unscharf maskieren** genehmigt sich 0,7 bis 1,2 Sekunden.

»Tiefen« und »Lichter« schwächer scharfzeichnen

Sie können die Filterwirkung für Tiefen oder Lichter einschränken; dazu klicken Sie auf Erweitert. So vermeiden Sie zum Beispiel schärfungsbedingte Störungen in hellen Gesichtspartien oder in dunklem Nachthimmel. Die Regler wirken ähnlich wie die gleichnamigen Funktionen beim Befehl **Tiefen/Lichter** (Seite 243).

Ein Beispiel für den Bereich Lichter:

» Heben Sie das Verblassen von 0 auf 60 Prozent. Dann werden die Lichter nur zu 40 Prozent scharfgestellt. Sie dämpfen zum Beispiel schärfungsbedingte Körnung in hellen Gesichtern wie auch Lichtsäume.

» Welche Helligkeitswerte meint Photoshop aber mit »Lichter«? Das regeln Sie per Tonbreite: Niedrige Vorgaben dämpfen die Scharfzeichnung nur in sehr hellen Partien; hohe Tonbreite-Werte wie 60 oder 80 entfernen auch solche Tonwerte aus der Scharfzeichnung, die nicht ganz so hell sind.

» Haben Sie Verblassen und Tonbreite eingerichtet, experimentieren Sie mit dem Radius-Regler. Sie steuern hier, wie breit der Bereich ausfällt, in dem Photoshop festlegt, ob ein Bildpunkt zu den Lichtern oder Schatten gehört.

Prüfen Sie umgekehrt auch den Schatten-Bereich: Macht die Scharfzeichnung zum Beispiel Schattenpartien körnig, soll die Wirkung des **Selektiven Scharfzeichners** in diesem Helligkeitsbereich Verblassen.

Tipp

Verblassen und Tonbreite müssen hohe Werte anzeigen, damit die Scharfzeichnung für Tiefen oder Lichter gedämpft wird. Um die Wirkung der Tiefen- oder Lichter-Beschränkung aufzuheben, senken Sie den Verblassen-Wert jeweils auf null – es reicht nicht, auf Standard zu klicken.

Scharfzeichnen im Camera-Raw-Dialog

Auch im Details-Bereich des Camera-Raw-Dialogs können Sie scharfzeichnen. Bei Bedarf richten Sie die Scharfzeichnung nur für die Vorschau ein. Das tatsächlich gespeicherte oder in Photoshop geöffnete Bild enthält die Scharfzeichnung dann aber nicht (Seite 160).

Achtung

Prüfen Sie die Raw-Vorschau in der Zoomstufe 100 Prozent (Doppelklick auf die Lupe oben links im Dialogfeld) – unterhalb von 100 Prozent wird die Veränderung eventuell nicht angezeigt.

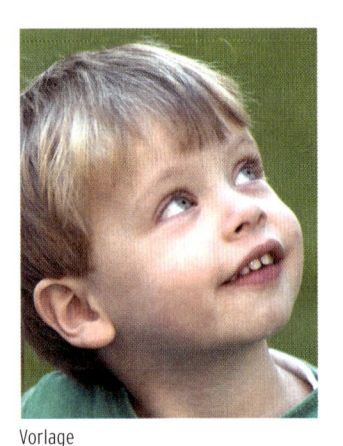

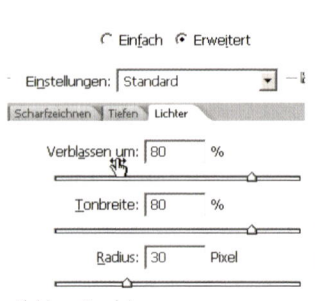

Vorlage   Stärke 150, Radius 1,5   »Lichter«-Bereich   Verblassen und Tonbreite im Lichterbereich mit Wert 80

Abbildung 11.59 Diese Bearbeitung mit dem »Selektive Scharfzeichner« erzeugt zu viel Körnung vor allem im Gesicht. Wir schließen die Lichter von der Scharfstellung weitgehend aus, so dass die Hautpartie weniger entstellt wirkt. Die Mitteltöne im Hintergrund zeigen weiterhin Körnung. Vorlage: Scharfzeichnen_04

Feinsteuerung

Die Scharfzeichnung im Camera-Raw-Dialog erlaubt gute Ergebnisse. Ihre Möglichkeiten:

» Der BETRAG entspricht der STÄRKE aus den anderen Befehlen (siehe oben), hier steuern Sie die Intensität. Ziehen mit gedrückter Alt-Taste zeigt eine reine Helligkeits- bzw. Graustufenversion des Bilds – die Kontraststruktur, die Sie letztlich nur scharfzeichnen. BETRAG-Werte von 100 bis zum Maximum 150 eignen sich nur, wenn Sie die Wirkung mit DETAILS- und MASKIEREN-Reglern wieder eingrenzen.

» Mit dem RADIUS legen Sie wieder fest, wie breit sich die Scharfstellung um eine Kontrastzone herum ausdehnt. Ziehen Sie mit gedrückter Alt-Taste, signalisiert der Raw-Dialog die Wirkungsbreite (den Radius) des Scharfzeichners in einer Grafik.

» Hohe DETAIL-Werte zeigen mehr Korn und auch mehr Lichthöfe (Halos) um harte Konturen herum, mikroskopische Strukturen werden besser bewahrt. Wenig DETAIL glättet Körnung und vermeidet Lichthöfe. Ziehen bei gedrückter Alt-Taste stellt die Änderungen grafisch dar.

» MASKIEREN Sie weniger kontrastreiche Bildpartien: Je höher der MASKIEREN-Wert, desto mehr beschränkt Photoshop die Scharfzeichnung auf harte Konturen und lässt den Rest völlig unversehrt. Wenn Sie mit gedrückter Alt-Taste ziehen, sehen Sie die Maske in Schwarzweiß; schwarz unterlegte Bereiche werden nicht scharfgestellt. Kostet eventuell spürbar Rechenzeit.

Abbildung 11.60 Auch der Camera-Raw-Dialog bietet eine vielseitige Scharfstellung.

Weitere Scharfzeichnungsfilter

Einige Scharfzeichnungsfilter kommen ganz ohne Dialogfeld aus und eignen sich für die schnelle Korrektur zwischendurch:

» **Scharfzeichnen** und **Stärker scharfzeichnen** erhöhen den Kontrast zwischen ohnehin kontrastierenden Pixeln und sorgen so für gesteigerten Schärfeeindruck.

» Genauso, nur weniger differenziert, funktioniert das **Konturen-Scharfzeichnen**. Dieser Filter lässt das Bild weich und bearbeitet nur harte Konturen. So könnten Sie die unerwünschte Körnung etwa in Hauttönen oder anderen unregelmäßigen Bereichen vermeiden – verstärken Sie die zunächst schwache Wirkung durch Wiederholung per Strg+F. Differenzierter geht das mit erhöhten Schwellenwerten des Filters **Unscharf maskieren** (siehe oben). Weitere Alternative: der **Rauschfilter: Rauschen reduzieren** mit seinem Regler DETAILS SCHARFZEICHNEN (Seite 292).

Scharfzeichnen spezial

Nicht immer gelingt es, das Bild knackig scharfzustellen und gleichzeitig unschönes Auskristallisieren, hässliche Kontrastsäume oder überzogene Steigerung des Gesamtkontrasts zu vermeiden. Linderung verschaffen eventuell diese Tricks:

» Geraten die Farben zu satt, wandeln Sie das Bild in den **Modus: Lab** um (Seite 96), klicken Sie in der Kanälepalette auf den Kanal LAB-HELLIGKEIT und wenden Sie die Scharfzeichnung nur hier an. Blenden Sie die anderen LAB-Kanäle mit dem Augensymbol 👁 ein, um die Gesamtwirkung zu kontrollieren.

» Prüfen Sie, ob das ursprüngliche Bild nur in einzelnen Grundfarbkanälen ausgeprägtes Rauschen zeigt, zum Beispiel im Blaukanal. Dazu klicken Sie die Kanäle einzeln in der Kanälepalette an. Anschließend zeichnen Sie die Kanäle einzeln scharf, den verrauschten Kanal filtern Sie schwächer oder gar nicht.

» In CMYK-Bildern könnten Sie nur den Schwarzkanal schärfen.

» Generell soll es helfen, die einzelnen Grundfarbkanäle mit unterschiedlichen Werten scharfzuzeichnen.

» Schärfen Sie sehr stark per **Selektiver Scharfzeichner** oder **Unscharf maskieren**, danach heißt es **Bearbeiten: Verblassen Unscharf maskieren**; dort ändern Sie den MODUS von NORMAL zu LUMINANZ.

» Sie könnten die zu schärfende Ebene duplizieren, so lautet eine andere Empfehlung, und die obere Ebene mit der Füllmethode HARTES LICHT ausstatten. Das Bild wirkt nun zunächst sehr kontrastreich. Es folgt **Filter: Sonstige Filter: Hochpass** mit RADIUS-Werten ab etwa 4. Um die Wirkung abzuschwächen, wechseln Sie zum WEICHEN LICHT.

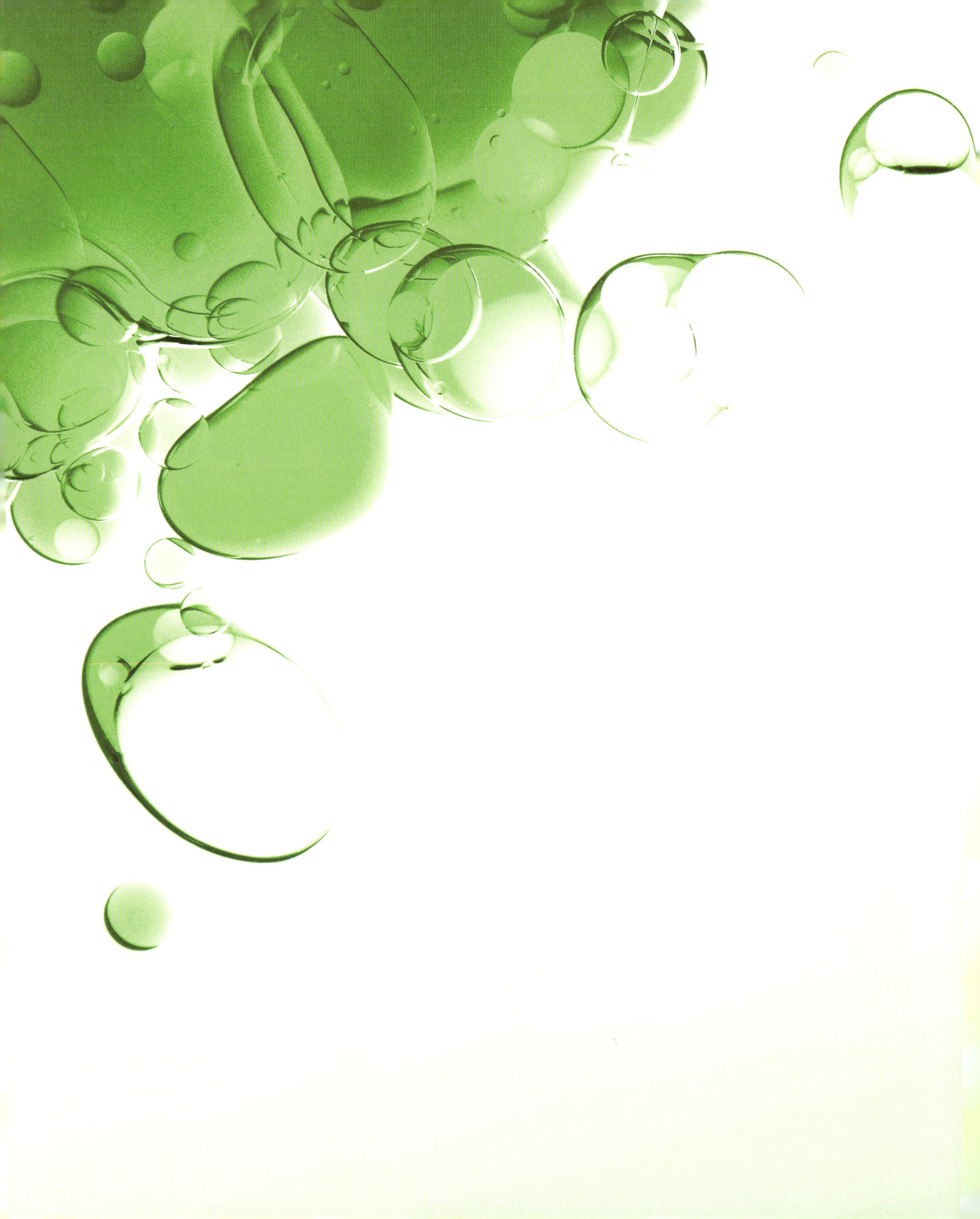

Teil 4
Verfremdung

Kapitel 12:
Füllen & Malen — 308

Kapitel 13:
Umfärben, Schwarzweiß, Grafisches — 336

Kapitel 14:
Verfremdung mit Filtern — 365

Kapitel 12
Füllen & Malen

In diesem Kapitel besprechen wir, wie Sie Farbe auftragen. Sie können zum einen

» mit dem Farbeimer ⌕, einer Verlaufsfunktion oder dem **Füllen**-Befehl ganze Bildbereiche einfärben oder aber

» per Pinsel ✎ und Co. mit Mausbewegungen einzelne Bildpunkte neu malen oder retuschieren.

Wollen Sie Farbe nur örtlich auftragen, sollten Sie Folgendes kennen:

» die Pipette ✐ und die Farbwahl-Dialoge,

» Malwerkzeuge wie Pinsel ✎, Farbe-ersetzen-Werkzeug ✐ und Buntstift ✐ sowie

» das Füllwerkzeug ⌕ und das Verlaufswerkzeug ▬.

Verlustfrei füllen und malen

Schneller Farbauftrag direkt auf der Hintergrundebene des Bilds ist aber selten die beste Lösung. Arbeiten Sie so, dass die Originalbildpunkte ganz und gar erhalten bleiben:

» Pinseln Sie die Farbe auf eine neue, transparente Ebene. Dort experimentieren Sie verlustfrei mit Deckkraft und Füllmethoden.

» Statt Muster, Farbe oder Verlauf dauerhaft anzuwenden, legen Sie diese Füllungen auf einer Ebene als korrigierbaren Ebeneneffekt an (Seite 587).

» Muster, Füllfarbe und Verlauf gibt es zudem als vielseitige Füllebene (Seite 618).

» Um neue Figuren zu zeichnen, müssen Sie nicht freihändig arbeiten. Lassen Sie Malwerkzeuge an Pfaden entlangarbeiten oder nutzen Sie die bequemen Formwerkzeuge (Seite 483).

Farbe und Muster wählen

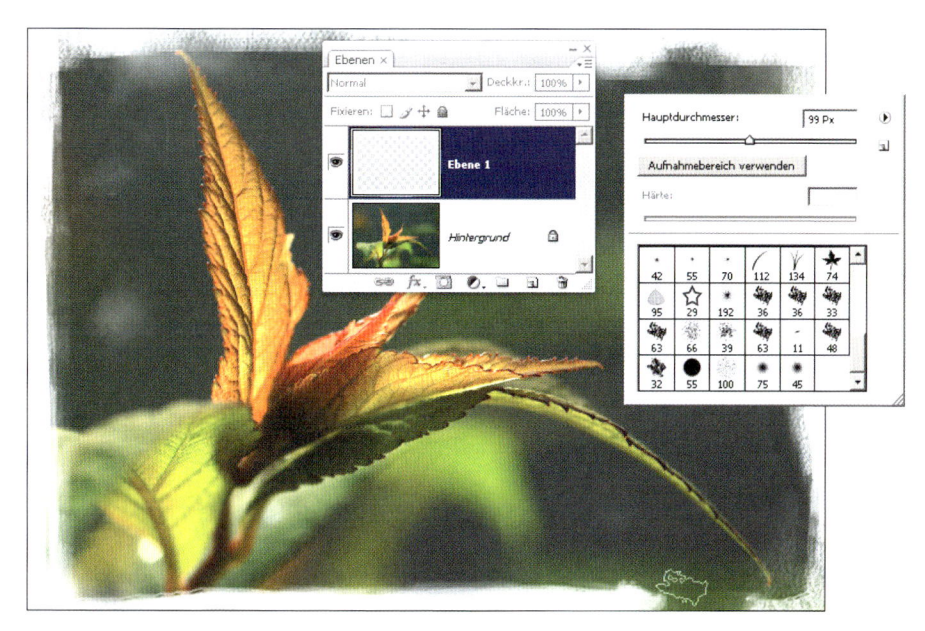

Abbildung 12.1
Pinsel und Pinselvorgaben eignen sich auch für scheinbar handgemalte Bildränder. Tragen Sie weißen Rand zum Beispiel in einer neuen, leeren Bildebene auf. Alternativen: Füllen Sie das Bild mit Weiß und malen Sie im Bildinneren mit dem Protokollpinsel zurück zum vorherigen Zustand, malen Sie in eine Ebenenmaske oder tuschen Sie das Bild mit dem Kopierstempel in eine neue, weiße Datei. Datei: Fuellen_01

12.1 Farbe und Muster wählen

Bevor Sie lospinseln oder -füllen, lernen Sie die Möglichkeiten der Farbwahl in Photoshop kennen. Viele Photoshopper hieven für jeden Farbwechsel den Farbwähler auf den Schirm. Es geht einfacher.

Vordergrund- und Hintergrundfarbe

Gemalt wird mit der Vordergrundfarbe – zu sehen auf der vorderen, oberen von zwei Farbflächen in der Werkzeugleiste. Sie steht zunächst auf Schwarz. Auch das Textwerkzeug T produziert Lettern in Vordergrundfarbe, ebenso wie die Befehle **Bearbeiten: Kontur füllen** und **Pfadkontur füllen** auf diesen Tonwert zugreifen. Die Hintergrundfarbe ist in der Werkzeugleiste als untere Farbe zunächst auf Weiß gestellt. Bei der Arbeit mit dem Verlaufswerkzeug können Sie diesen Tonwert einplanen. Ein Pinselstrich kann von der Vordergrund- in die Hintergrundfarbe übergehen.

Als »Standardfarben« gelten: Schwarz als Vordergrundfarbe, Weiß als Hintergrundfarbe. Schwarz und Weiß sind die am häufigsten benötigten Farben, vor allem, wenn Sie Korrekturen in Alphakanälen oder Ebenenmasken anbringen wollen.

So nutzen Sie den Farbwahlbereich

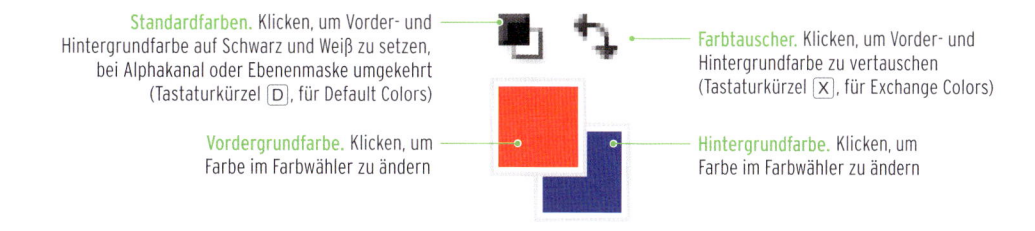

Standardfarben. Klicken, um Vorder- und Hintergrundfarbe auf Schwarz und Weiß zu setzen, bei Alphakanal oder Ebenenmaske umgekehrt (Tastaturkürzel D, für Default Colors)

Farbtauscher. Klicken, um Vorder- und Hintergrundfarbe zu vertauschen (Tastaturkürzel X, für Exchange Colors)

Vordergrundfarbe. Klicken, um Farbe im Farbwähler zu ändern

Hintergrundfarbe. Klicken, um Farbe im Farbwähler zu ändern

Kapitel 12 • Füllen & Malen

309

Kurztasten

Klicken Sie nicht in die Werkzeugleiste, schalten Sie mit der Tastatur um:

» Die Taste X (für Exchange) vertauscht Hintergrund- und Vordergrundfarbe. Alternative: ein Klick auf den Doppelpfeil.

» Die Taste D (für Default Colors) setzt die Vordergrundfarbe auf Schwarz und die Hintergrundfarbe auf Weiß – dies sind die sogenannten Standardfarben. Alternative: ein Klick auf die Standardfarbenschaltfläche.

Mit der Tastenfolge D X richten Sie folglich die Vordergrundfarbe Weiß ein.

Tipp
Bei Alphakanälen und Ebenenmasken ist Weiß die Standardvordergrundfarbe, Schwarz die Standardhintergrundfarbe – dies gilt unabhängig davon, ob Sie ausgewählte Bereiche gemäß Photoshop-Vorgabe weiß oder schwarz anzeigen.

Pipette

Die Pipette nimmt eine neue Vordergrundfarbe direkt aus dem Bild auf (Taste I, ausgesprochen engl. [Ai], für Eyedropper). Alt-Klick lädt den angepeilten Tonwert als Hintergrundfarbe. Die Infopalette zeigt die Farbwerte. Sind Sie mit dem Pinsel oder einem anderen Malwerkzeug beschäftigt, schaltet die Alt-Taste vorübergehend zur Pipette um.

Die Pipette nimmt Bildtöne auch außerhalb des aktuellen Bilds auf: zum Beispiel in einem nicht aktiven Bild, im Layout- oder Internetprogramm. Klicken Sie zunächst einen Farbton in Photoshop an; dann ziehen Sie das Werkzeug bei gedrückter Maustaste an eine andere Stelle auf dem Bildschirm. Beobachten Sie die Veränderungen im Vordergrundfarbfeld unten links in der Werkzeugleiste.

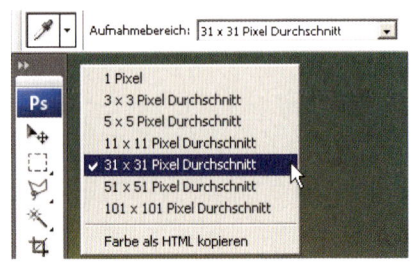

Abbildung 12.2 In den Werkzeugoptionen oder per Kontextmenü regeln Sie, ob die Pipette nur den Farbwert eines einzelnen Bildpunkts erfassen soll. Die Alternative: Die Pipette stellt den Farbwert zum Beispiel aus dem Durchschnitt eines 31x31 Pixel großen Felds her.

Der Farbwähler

Per Klick auf die Felder für Vorder- oder Hintergrundfarbe in der Werkzeugleiste öffnen Sie die Farbwähler. Die Farbwähler erscheinen in verschiedensten Dialogfeldern immer wieder: zum Beispiel, wenn Sie in den **Gradationskurven** den MITTELTON festlegen oder wenn Sie Lichtfarben bei **Beleuchtungseffekten** oder Effekten bestimmen.

Das Farbmusterfeld oben im Farbwähler zeigt die neue und die alte Farbe untereinander. Klicken Sie auf die Fläche der Vorherfarbe, um diese wieder im Farbwähler herzustellen. (Praktischer im Dauergebrauch wirken Photoshops Paletten mit Farbregler und Farbfeldern.)

Tipp
Wie bei der Pipette nehmen Sie mit dem Farbwähler Tonwerte von beliebigen Bildschirmbereichen auf: Klicken Sie erst in die aktive Bilddatei; dann ziehen Sie den Mauszeiger mit gedrückter linker Taste in andere Zonen des Monitors.

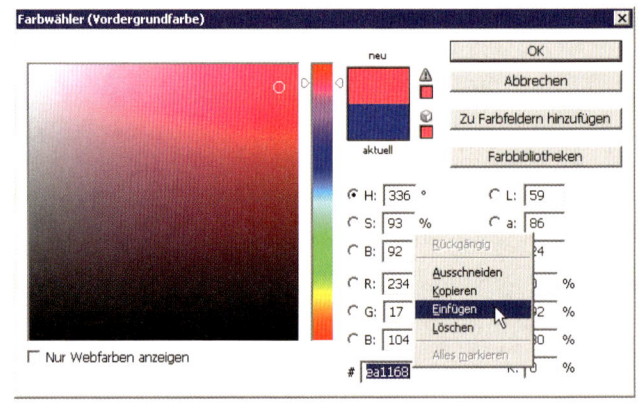

Abbildung 12.3 Im Farbwähler legen Sie eine Farbeigenschaft auf der schmalen Mittelleiste fest, das große Farbfeld links daneben zeigt Variationen der zwei weiteren Eigenschaften. Hier wurde der Farbton (H) festgelegt, das große Farbfeld zeigt Varianten des Farbtons bei unterschiedlichen Werten für Helligkeit (B) und Sättigung (S). Farbwerte ändern Sie durch Klicken in den Farbzonen oder durch Eingabe in den Datenfeldern.

Steuerung

Besonders übersichtlich wirkt im Farbwähler das HSB-Modell, das »Farbton«, »Sättigung« und »Helligkeit« differenziert (Seite 336). Möchten Sie zum Beispiel verschiedene Farbtöne und Helligkeiten auf Basis einer festgelegten Sättigung sehen, klicken Sie den »S«-Knopf an. Entsprechend läuft es auch beim RGB-Modell: Klicken Sie »R« an, um verschiedene Tonwerte bei festgelegtem Rotanteil zu sichten.

Warnungen bei Farbwähler, Farbbibliothek und Farbregler

Aktivieren Sie die Option NUR WEB-FARBEN ANZEIGEN unten im Farbwähler, damit Photoshop nur noch die 217 Tonwerte aus der Webpalette anbietet. Diese Farben erscheinen auch auf alten Rechnern und verschiedenen Betriebssystemen unverfälscht. Sie können den HTML-Code für diese Farben im Datenfeld rechts kopieren (Details ab Seite 722).

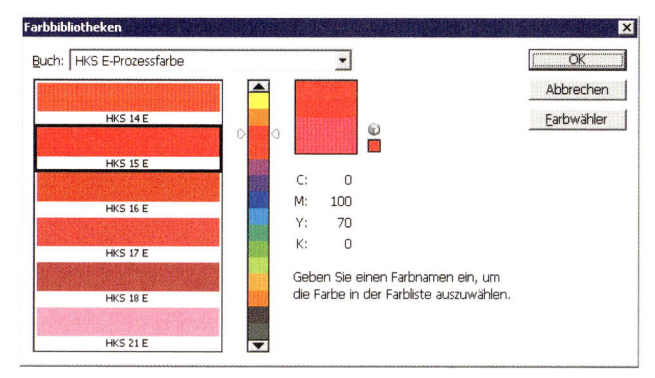

Abbildung 12.4 Im Vierfarbdruck arbeiten Sie eventuell nicht nur mit Cyan, Gelb, Magenta und Schwarz (CMYK). Sie verwenden vielleicht Sonderfarben (Spotfarben, Volltonfarben, Schmuckfarben) – etwa für Logos in den speziellen Tönen Ihres Kunden. Das Farbenangebot von Herstellern wie Pantone oder HKS öffnen Sie im Farbwähler mit der Schaltfläche »Farbbibliotheken«. Photoshop zeigt zuerst einen Farbton, der der zuvor aktiven Farbe ähnelt. Farbnummern nach Angaben des Herstellers tippen Sie einfach ein – ohne Eingabefeld. Die Schaltfläche »Farbwähler« bringt Sie zum vorherigen freien Farbenangebot. Die Farbtafeln der Druckfarbenhersteller finden Sie zudem übersichtlich in der Palette »Farbfelder«.

Warnungen bei Farbwähler, Farbbibliothek und Farbregler

Farbwähler und Farbregler (siehe nächster Abschnitt) zeigen Warnungen, wenn die gewählte Farbe nicht im druckbaren Bereich oder nicht garantiert internetsicher ist.

»Außerhalb des Farbumfangs«

Das Warndreieck erscheint, wenn Sie eine nicht druckbare Farbe gewählt haben (Seiten 51 und 95): Sie kommt im RGB- oder HSB-Modell vor, ist aber in Ihrem gewählten CMYK-Farbraum nicht druckbar. Die nächstliegende druckbare Farbe sehen Sie unterhalb des Warndreiecks. Klicken Sie auf das Warnschild oder auf die Vorschau der druckbaren Farbe, dann setzt Photoshop automatisch diese Farbe ein.

»Keine Web-sichere Farbe«

Klicken Sie eine Farbe ohne die Vorgabe NUR WEB-FARBEN an, dann zeigt der Farbwähler meist die würfelartige Webwarnung rechts oben; das heißt: Die aktuell gewählte Farbe erscheint auf älteren Rechnern mit acht Bit Farbtiefe eventuell verfälscht. Darunter sehen Sie bereits die nächstgelegene webkompatible Farbe. Klicken Sie den Würfel an – damit verschiebt sich der zuvor gewählte Tonwert auf den webkompatiblen Wert.

Farbreglerpalette

Die Palette FARBE rufen Sie mit dem Befehl **Fenster: Farbe** auf. Im Vergleich zum Farbwähler (oben) stellt sie auf weniger Fläche die wichtigen Informationen kompakt dar und bleibt bei Bedarf permanent auf dem Schirm. Ohne Umschalten kann man Hintergrund- und Vordergrundfarbe frei einstellen.

Im Farbregler-Menü – erreichbar durch Klick auf den Schalter rechts oben – wählen Sie ein Farbmodell. Anschließend bestimmen Sie neue Farbwerte. Zwischen Vorder- und Hintergrundfarbe entscheiden Sie, indem Sie in eines der beiden Farbfelder für Vorder- bzw. Hintergrund rechts oben in der Palette klicken, so dass es durch eine Umrandung hervorgehoben wird. Brauchen Sie mehr Übersicht, erhalten Sie den großen Farbwähler, indem Sie auf das bereits aktivierte Farbfeld klicken. Der Farbregler bietet die bekannten Warnungen für nicht druckbare Farben und nicht websichere Farben (siehe oben).

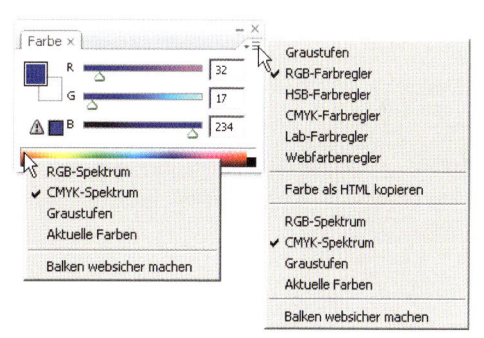

Abbildung 12.5 Der Farbregler bietet Vorder- und Hintergrundfarbe an; besonders schnelle Farbwahl ermöglicht der eingebaute Farbbalken, dessen Farbspektrum Sie per Kontextmenü wechseln.

Die Farbfelderpalette

Die Farbfelderpalette speichert beliebige Tonwerte, die Sie öfter benötigen; einzelne Farben lassen sich hinzufügen oder entfernen. Die Grundfunktionen: Ein einfacher Klick auf ein Farbfeld lädt diesen Tonwert als Vordergrundfarbe. [Alt]-Klick erklärt den gewählten Tonwert zur Hintergrundfarbe.

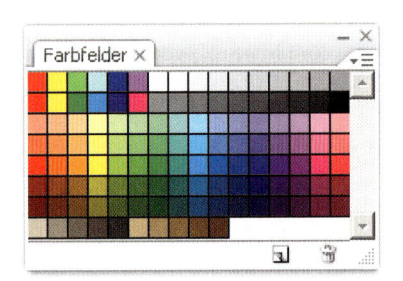

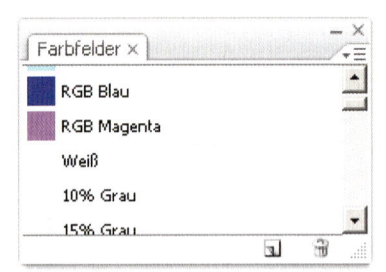

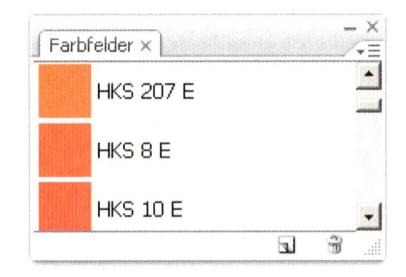

Abbildung 12.6 Die Farbfelderpalette bietet schnellen Zugriff auf wichtige Tonwerte, auch auf die Listen der Druckfarbenhersteller. Über das Palettenmenü ändern Sie die Farbzusammenstellung und die Darstellung.

Farbfelder verwalten

Mit weiteren Griffen gestalten Sie Ihre eigene Palette:

» Sie wollen die aktuelle Vordergrundfarbe zur bestehenden Palette hinzufügen. Klicken Sie auf das Symbol NEUES FARBFELD AUS DER VORDERGRUNDFARBE ERSTELLEN. Falls Sie KLEINE MINIATUREN oder GROSSE MINIATUREN anzeigen, geht es noch schneller: Halten Sie den Mauszeiger über den freien Bereich in der Palette rechts unten; er erscheint dort als Eimer. Ein Klick und der Tonwert sitzt in der Palette.

» Im Farbwähler (den hatten wir oben) klicken Sie auf ZU FARBFELDERN HINZUFÜGEN, um einen Farbton einzubauen.

» Um das Farbfeld zu duplizieren, ziehen Sie es auf das Symbol NEUES FARBFELD AUS DER VORDERGRUNDFARBE ERSTELLEN. Danach können Sie es umbenennen und verändern.

» Per Strg-Taste verwandelt sich der Cursor über den Farbfeldern zur Schere; so werfen Sie ein einzelnes Farbfeld ersatzlos raus.

» Die aktuelle Farbfeldersammlung (also »Bibliothek«) sichern Sie via Button im Palettenmenü; dort heißt es **Farbfelder speichern** (Bibliotheken und Vorgaben allgemein ab Seite 771).

Beim Beenden der Programme werden die aktuellen Paletten als Grundeinstellung gesichert.

Farbfelder aufrufen und speichern

Um wieder die Standardfarbfelder zu sehen, wählen Sie **Farbfelder zurückstellen** aus dem Menü der Farbfelderpalette. Dort können Sie auch die **Farbfelder speichern**. So verewigen Sie die aktuelle Palette in einer Datei, die Sie auch weitergeben können. Farbfelder, die Sie im Unterverzeichnis »Vorgaben/Farbfelder« speichern, bietet Photoshop direkt bequem unten im Palettenmenü an – so wie die bereits mitgelieferten Paletten der Druckfarbenhersteller.

Muster

Verstauen Sie einen Bildteil als »Muster« in der Musterbibliothek. Danach verwenden Sie das Muster vielfach mit dem Farbeimer, mit dem Musterstempel oder per **Füllen**-Befehl (Seite 315) oder tuschen Sie es ins Bild (Seite 333).

Abschaltbar und in verschiedenen Größen erhalten Sie Ihr Muster via Füllebene (Seite 618) und als Ebeneneffekt MUSTERÜBERLAGERUNG (Seite 602). Simulieren Sie raue Flächen, legen Sie Tapeten mit Logos oder Schriftzügen an.

So nehmen Sie neue Muster in die aktuelle Bibliothek auf:

1. Schalten Sie das Auswahlrechteck ein und – wichtig – stellen Sie oben die WEICHE KANTE auf 0.

2. Rahmen Sie den gewünschten Bildteil mit dem Auswahlrechteck ein. Falls Sie die Gesamtdatei verwenden, reicht **Auswahl: Alles auswählen**.

3. Wählen Sie **Bearbeiten: Muster festlegen**.

4. Geben Sie dem Muster im Photoshop-Dialogfeld MUSTERNAME einen Namen.

Tipp
Photoshop liefert Dateien mit, die Sie als MUSTER verwenden können. Testen Sie auf der Photoshop-DVD die Unterverzeichnisse »Beleuchtungseffekte-Strukturen« und »RGB-Strukturen mit hoher Auflösung«. Im Photoshop-Programmverzeichnis lohnt ein Blick in die Verzeichnisse »Zusatzmodule/Verschiebungsmatrizen« und »Vorgaben/Strukturen«. Laden Sie zudem komplette Musterbibliotheken wie GESTEINSMUSTER oder KÜNSTLERPAPIER, zum Beispiel auch via Bearbeiten: Vorgaben-Manager.

Muster

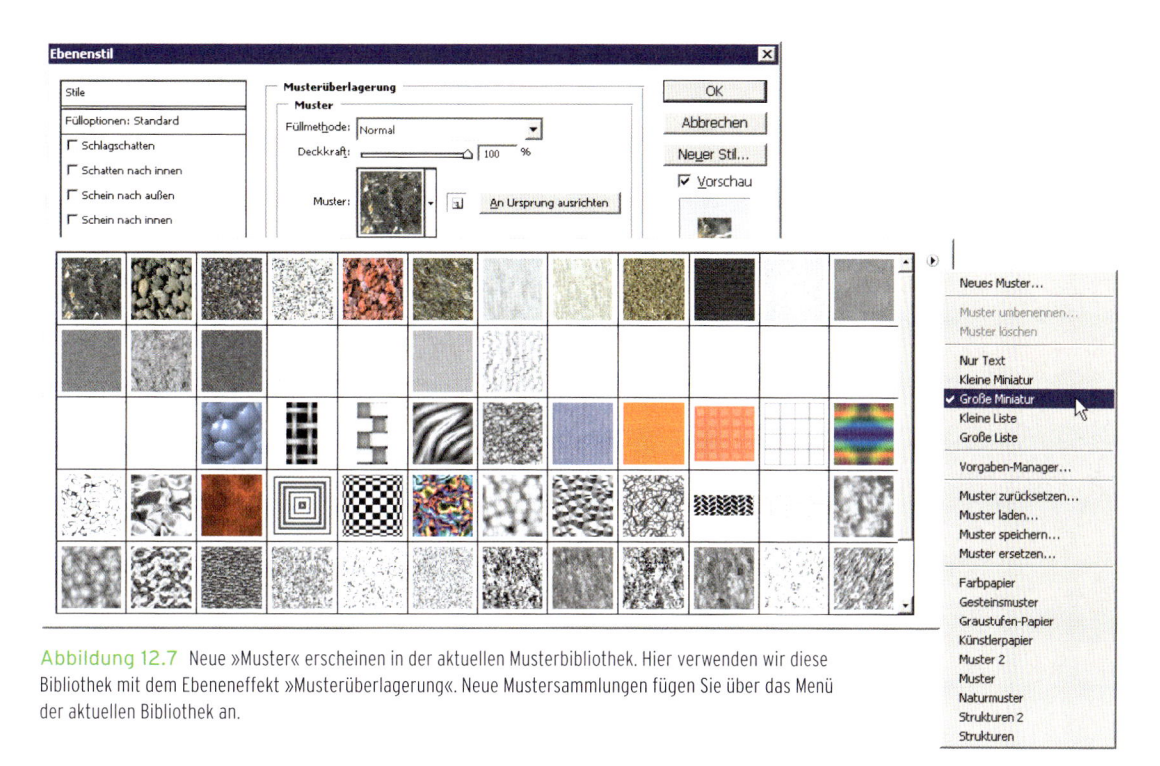

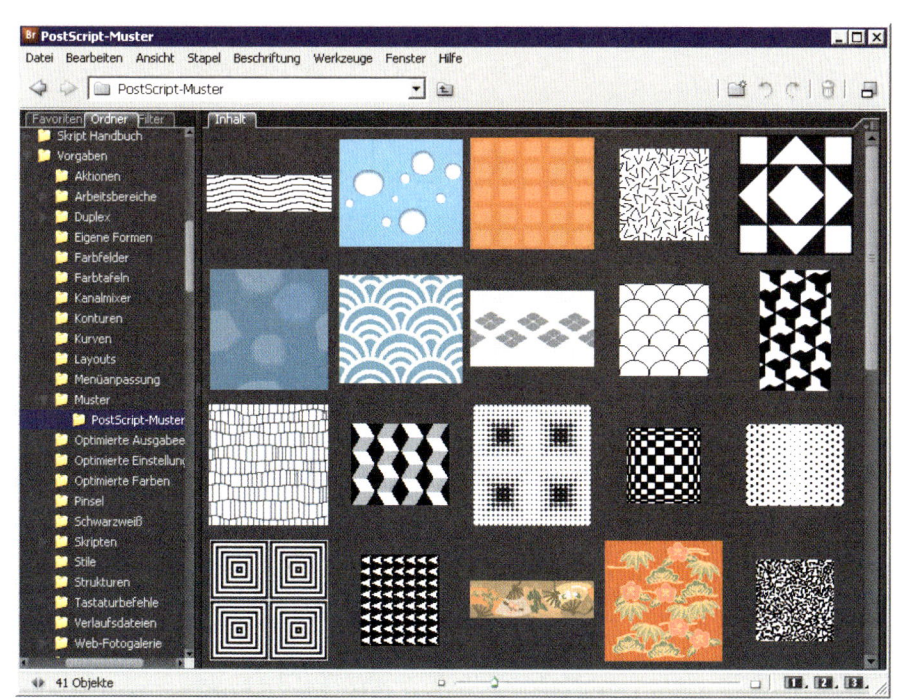

Abbildung 12.7 Neue »Muster« erscheinen in der aktuellen Musterbibliothek. Hier verwenden wir diese Bibliothek mit dem Ebeneneffekt »Musterüberlagerung«. Neue Mustersammlungen fügen Sie über das Menü der aktuellen Bibliothek an.

Abbildung 12.8
Schmücken Sie Ihre Werke auch mit den nahtlos kombinierbaren PostScript-Mustern aus dem Photoshop-Verzeichnis »Vorgaben/Muster/PostScript-Muster«. Diese Muster öffnen Sie als Einzeldatei, Sie geben zum Beispiel 128 Pixel als Breite vor und verwenden das »Glätten«, der Wert für die »Auflösung« spielt keine Rolle. Auch Transparenz ist möglich. Dann markieren Sie das Gesamtbild mit [Strg]+[A] und nehmen »Bearbeiten: Muster festlegen«.

Abbildung 12.9 Auch die nahtlosen PostScript-Muster aus Photoshop können Sie bequem als Füllebene anwenden, skalieren und austauschen.

Musterbibliothek

In der Musterbibliothek verwalten Sie Ihre Muster. Hier finden Sie auch Muster, die Photoshop von Haus aus mitbringt. Photoshop bietet die aktuelle Bibliothek bei allen Funktionen an, die auf Muster zurückgreifen. Oder klicken Sie auf **Bearbeiten: Vorgaben-Manager** und wählen Sie oben im Klappmenü VORGABE die Option MUSTER (»Vorgaben« und »Bibliotheken« besprechen wir allgemein ab Seite 771). Verfahren zur Produktion von eigenen, nahtlos kombinierbaren Mustern für WWW-Hintergründe finden Sie ab Seite 735.

12.2 Flächen und Konturen füllen

Auf den folgenden Seiten geht es um das Füllwerkzeug, das Verlaufswerkzeug und die Befehle **Fläche füllen** sowie **Kontur füllen**.

Einstieg

Bei allen Füllfunktionen haben Sie die Wahl:

» Sie füllen nur die Bereiche einer Ebene, die bereits Bildpunkte enthalten; transparente Bereiche bleiben also unberührt, halbtransparente Bereiche werden nur halbdeckend verändert. Dazu aktivieren Sie die betreffende Ebene in der Ebenenpalette und klicken auf TRANSPARENTE PIXEL FIXIEREN (Seite 536). Dialogfelder wie FLÄCHE FÜLLEN bieten zusätzlich die Option TRANSPARENTE BEREICHE SCHÜTZEN.

» Oder Sie füllen die Ebene über die gesamte, rechteckige Bildfläche und arbeiten dann ohne Transparenzschutz.

Einförmige Flächen auflockern

Die Ergebnisse der Füllfunktionen, also Verläufe, Farb- und Musterfüllungen, wirken oft glatt und erinnern an sterile Computergrafik. Photoshop bietet jedoch genug Computerkosmetik als Mittel gegen aalglatte Farbflächen:

» Der Befehl **Filter: Rauschfilter: Rauschen hinzufügen** raut das Bild auf (siehe Seite 415). Mehr Gestaltungsfreiraum geben **Strukturierungsfilter: Korneffekt** (Seite 397), **Stilisierungsfilter: Körnung** und vor allem **Kunstfilter: Körnung & Aufhellung**.

» Ein **Verzerrungsfilter** (Seite 401) versetzt Verläufe in Schwingungen.

» Der Filter **Beleuchtungseffekte** (Seite 386) mit oder ohne RELIEF-KANAL erzeugt magischen Realismus, testen Sie auch die **Blendenflecke** (Seite 412).

Abbildung 12.10 Oben: Ein schlichter Verlauf von Dunkelgrau zu Hellgrau wirkt hier zu glatt. **Mitte, unten:** Störungsfilter oder »Wolken«-Filter lockern die Oberfläche auf. Vorlage: Fuellen_03

» Der **Wolken**-Filter (Seite 413) streut eine luftig-leichte Mischung aus Vorder- und Hintergrundfarbe aus.

» Der **Strukturierungsfilter: Mit Struktur versehen** (Seite 373) webt ebenso eine Struktur in den Untergrund wie die anderen Filter aus diesem Untermenü, etwa **Risse**.

» Untermischen könnten Sie auch die Ergebnisse des Befehls **Renderfilter: Fasern**.

Testen Sie Kombinationen, zum Beispiel **Wolken** plus **Struktur** plus **Beleuchtungseffekte**, wobei man dort noch einen Farbkanal mit Textur als RELIEF-KANAL einrichten kann. Agieren Sie damit auf einer separaten Ebene und dämpfen Sie zu starke Eingriffe nachträglich mit dem **Bearbeiten**-Befehl **Verblassen**. **Einstellungsebene**n (Seite 615) halten Kontraste und Farben des Hintergrunds flexibel.

Alternativen zur dauerhaften Füllung

Eine elegante Alternative zur dauerhaften Farbfüllung bieten die Ebeneneffekte FARBÜBERLAGERUNG (siehe Seite 601), MUSTERÜBERLAGERUNG (Seite 602), VERLAUFSÜBERLAGERUNG (Seite 602) und KONTUR (Seite 599) sowie die Füllebenen (Seite 618).

Statt also dauerhaft Farbe auf die aktuelle Ebene zu kippen, prüfen Sie die folgenden Alternativen:

» Wählen Sie den gewünschten Bereich aus, heben Sie ihn mit [Strg]+[J] auf eine neue Ebene, klicken Sie doppelt auf die Ebenenminiatur, dann nutzen Sie Effekte wie FARBÜBERLAGERUNG, MUSTERÜBERLAGERUNG oder VERLAUFSÜBERLAGERUNG.

» Legen Sie mit der Schaltfläche NEUE FÜLL- ODER EINSTELLUNGSEBENE ERSTELLEN ● eine neue Füllebene an, zum Beispiel mit der Vorgabe MUSTER. Einzelne Bereiche machen Sie mit Ebenenmaske oder Vektormaske unsichtbar.

Tipp
*Verwandeln Sie die neue Ebene oder Füllebene in ein Smart Objekt (**Filter: Für Smartfilter konvertieren**). Dann können Sie abschaltbare Filter wie **Struktur** oder **Störungen** auf Farbe, Verlauf oder Muster anwenden und per Fülloptionen sogar mit Deckkraft und Füllmethode der Filter experimentieren. Farb- oder Musterfüllung lassen sich ebenfalls jederzeit umstellen.*

Füllwerkzeug

Das Füllwerkzeug ◊ (Kurztaste [G]), im Volksmund Farbeimer, schüttet Vordergrundfarbe oder ein »Muster« auf Bildpunkte mit einer von Ihnen definierten Ähnlichkeit – Sie regeln die Toleranz wie beim Zauberstab ✱ (Seite 425).

Das Füllwerkzeug ◊ färbt einzelne, abgegrenzte Teile einer Grafik um. Verwenden Sie die Mischmodi FARBTON oder FARBE, um die Untergrundstruktur zu erhalten; wollen Sie dagegen nur eine Struktur einflechten, nutzen Sie den Modus LUMINANZ. Der Modus LÖSCHEN macht eine Ebene transparent.

Tipp
Werkelt das Füllwerkzeug ◊ in kleinen Flächen, zeigen Sie statt des Eimersymbols ◊ übersichtlicher das Präzisionskreuz an; dazu drücken Sie freundschaftlich die [⇧]-Taste. Bevor Sie jedoch neue »Toleranz«-Werte eintippen, lösen Sie die [⇧]-Taste wieder.

Teil 4 • Verfremdung

Abbildung 12.11 **Oben:** Der »Struktur«-Filter raut das Ergebnis des »Wolken«-Filters auf. **Mitte, unten:** Hinzu kommen ein Objektschatten und die »Beleuchtungseffekte«. Vorlage: Fuellen_03

Abbildung 12.12 Füllwerkzeug und Verlaufswerkzeug belegen ein gemeinsames Fach in der Werkzeugleiste. Beide Werkzeuge lassen sich mit der Taste G aufrufen.

Alternativen

Photoshop bietet sehr attraktive Alternativen zum Füllwerkzeug:

» Sehr komplexe Motivpartien wählen Sie mit Schnellauswahl und Co. in aller Ruhe aus. Erst dann schütten Sie Farbe mit dem Befehl **Fläche füllen** aus (⇧+⌫); oder legen Sie mit dem Symbol Neue Füll- oder Einstellungsebene erstellen unten in der Ebenenpalette eine Farbfüllung an; die vorhandene Auswahl garantiert eine passende Ebenenmaske, die Sie immer noch verfeinern.

» Eine Auswahl auf einer Hintergrund-Ebene füllen Sie per Entf-Knopf leicht mit der Hintergrundfarbe. Alt+⌫ kippt Vordergrundfarbe aus.

» Wollen Sie eine Ebene einfärben, verwenden Sie den flexiblen Ebeneneffekt Farbüberlagerung.

» Um ein Objekt diskret umzufärben, empfehlen sich die Kommandos **Farbton/Sättigung** (Strg+U, Seite 336) oder **Farbe ersetzen** (Seite 446) aus dem **Bild**-Untermenü **Anpassungen**: Sie klatschen keinen Einheitsfarbton ins Bild, sondern verschieben die vorhandenen Farben gleichmäßig.

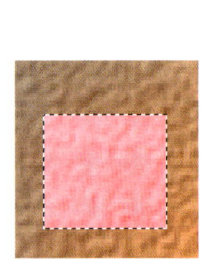

Abbildung 12.13
Das Füllwerkzeug schüttet Farbe oder ein Muster in abgegrenzte Flächen, sofern Sie die Vorgabe »Benachbart« verwenden.

Abbildung 12.14 Einstellungssache: In den Füllwerkzeugoptionen legen Sie »Toleranz«, Kantenglättung und die Art des Farbauftrags fest.

Füllwerkzeugoptionen

Diese Möglichkeiten räumt das Füllwerkzeug ein:

» Nach Art des Zauberstabs (Seite 425) regeln Sie, wie sehr die zu übertünchenden Bildpunkte jenem Pixel ähneln sollen, auf das Sie mit dem Füllwerkzeug klicken. Bei niedrigen Werten wie 30 werden nur Pixel gefüllt, deren Farbe der angeklickten Farbe stark ähnelt. Bei hohen Zahlen wie 120 füllt das Gerät größere Bildbereiche. Der Maximalwert 255 schüttet Farbe oder Muster ins gesamte Bild.

» Die Option BENACHBART sorgt dafür, dass beim ersten Klick nur benachbarte farbähnliche Bildpunkte gefärbt werden. Wählen Sie die Option ab, erfasst das Werkzeug alle Pixel des angeklickten Tonwerts – auch wenn sie sich abgelegen in einem anderen Bildteil befinden.

» Das GLÄTTEN erzeugt durch halbtransparente Randpixel einen geschmeidigeren Übergang zwischen gefärbtem und unberührtem Bildteil – zu empfehlen bei üblichen Fotos, nicht jedoch bei harten Grafiken ohne Kantenglättung (Seite 422).

» Bringen Sie VORDERGRUND-Farbe oder MUSTER an (Seite 312).

» Wenn Sie ALLE EBENEN einbeziehen, orientiert sich das Füllwerkzeug nicht nur an der aktiven Ebene, sondern es betrachtet den Gesamtfarbwert aller Ebenen unter dem Klickpunkt; gefüllt wird aber nur die aktive Ebene.

»Fläche füllen«

Der Befehl **Bearbeiten: Fläche füllen** ⇧+← kippt Farbe, ein Muster oder eine Zwischenfassung des Bilds in einen ausgewählten Bildbereich. Das Dialogfeld bietet alle Füllmethoden (Seite 575) und eine Deckkraftregelung; außerdem legen Sie fest, was eigentlich ins Bild hineinkommt – Vordergrund- oder Hintergrundfarbe, Schwarz, Weiß oder Grau, sonstige beliebige Farbe per Farbwähler oder ein Muster (Seite 312).

Alternativ füllen Sie mit einem früheren Bildzustand; er muss in der Protokollpalette per Symbol im Kästchen WÄHLT DIE QUELLE FÜR DEN PROTOKOLL-PINSEL gekennzeichnet sein (Seite 69). Schalten Sie in der Ebenenpalette die Vorgabe TRANSPARENTE PIXEL FIXIEREN ab, falls die Farbe nicht nur auf das Objekt innerhalb einer Ebene, sondern in die gesamte Fläche gegossen werden soll.

Tipp

Alt+Entf deckt die Auswahl ohne weitere Rückfrage mit 100 Prozent Vordergrundfarbe zu, Strg+Entf beschert die Hintergrundfarbe, auch wenn nichts ausgewählt ist (Seite 309). Drücken Sie zusätzlich die ⇧-Taste, um sofort die Option TRANSPARENTE BEREICHE SCHÜTZEN zu aktivieren.

»Kontur füllen«

Der Befehl **Bearbeiten: Kontur füllen** malt an einer Auswahllinie, aber auch an der Kante einer Ebene entlang. Sie geben eine Breite vor und legen die Position der Kontur fest: INNEN, MITTE oder AUSSEN. Das Dialogfeld bietet zunächst die aktuelle Vordergrundfarbe an, doch mit dem FARBE-Feld lässt sich ein anderer Tonwert einstellen.

Bessere Alternative: Heben Sie die Kontur per Strg+J auf eine eigene Ebene, klicken Sie doppelt auf die neue Miniatur in der Ebenenpalette, um anschließend den vielseitigen und abschaltbaren Effekt KONTUR zu verwenden. Wir untersuchen die Gestaltungsmöglichkeiten deshalb detailliert beim KONTUR-Effekt (Seite 315).

Beide Funktionen tragen indes nur gleichmäßig runde Striche auf; der Befehl **Pfadkontur füllen** (Seite 492) umrahmt ausgewählte Bereiche dagegen auch mit unregelmäßigen Pinselformen oder mit Retuschewerkzeugen.

Teil 4 • Verfremdung

Abbildung 12.15 **Links:** Der Befehl »Bearbeiten: Kontur füllen« umrahmt Auswahllinien und Ebenenkanten hier mit Weiß. **Rechts:** Vielseitiger ist der Ebeneneffekt »Kontur«, der hier mit der »Reliefkontur« des Effekts »Abgeflachte Kante und Relief« plastisch modelliert wird. Dateien: Fuellen_04a, b

12.3 Verläufe

Dieser Abschnitt behandelt das Verlaufswerkzeug und wichtiger noch, wir besprechen Farbverläufe allgemein. Die brauchen Sie auch für die Ebeneneffekte VERLAUFSÜBERLAGERUNG (Seite 602) und KONTUR (Seite 599) sowie bei **Verlauf-Füllebenen** (Seite 618).

Verlaufswerkzeug

Das Verlaufswerkzeug erzeugt dabei einen fließenden Übergang zwischen mehreren Farben oder von einer Farbe zu Transparenz. Es eignet sich zum Beispiel für Hintergründe oder Schriftzüge. Graustufenverläufe sind nützlich in Alphakanälen oder Ebenenmasken, um einen Bildteil stufenlos auszublenden; sie lassen sich dort durch Kontrast- und Helligkeitsregler oder Pinselretusche weiter anpassen.

Verläufe wirken leicht zu glatt, können jedoch aufgeraut werden (Seite 314). Interessante Mischungen entstehen, wenn Sie mehrere Farbverläufe übereinanderlegen und dabei mit Richtung und Füllmethode experimentieren.

Wie auch bei den anderen Füllfunktionen gilt: Das Verlaufswerkzeug verändert Bildpunkte endgültig. Alternativen: Der Ebeneneffekt VERLAUFSÜBERLAGERUNG (Seite 602) lässt sich beliebig ändern oder abschalten; auch Füllebenen mit Verlauf bieten jederzeit Gestaltungsfreiheit und wachsen bei geänderter **Bildgröße** flexibel mit (Seite 618). Wie Sie die Vorgaben für Verläufe in Bibliotheken verwalten, besprechen wir ab Seite 771.

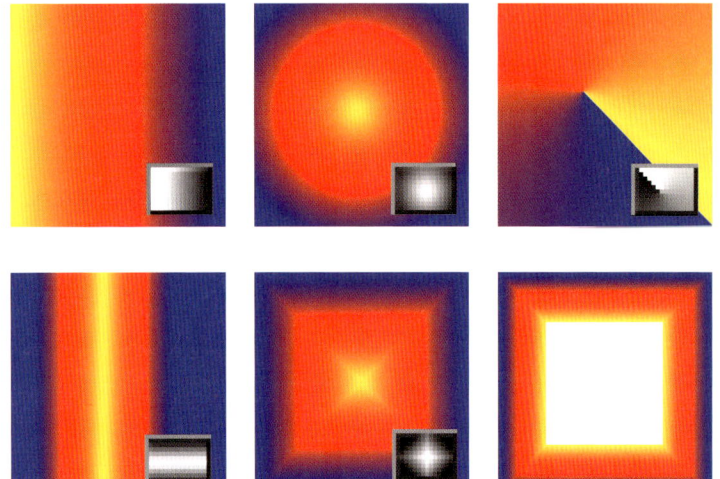

Abbildung 12.16
Verschiedene Verlaufsformen bietet Photoshop in den Optionen zum Verlaufswerkzeug an. Von links nach rechts: »Linear«, »Radial« und »Verlaufswinkel«

Abbildung 12.17
Weitere Verlaufsformen: »Reflektiert«, »Raute« und Ebeneneffekt »Kontur« mit Füllung »Verlauf« und Stil »Explosion«.

Optionen für Verläufe

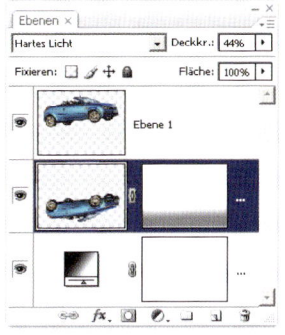

Abbildung 12.18
Im Bildhintergrund liegt eine Füllebene mit Schwarzweißverlauf. Die Spiegelung erhält einen weiteren Verlauf in der Ebenenmaske, der nach unten hin ausblendet.
Datei: Verlauf_05

Tipp
Soll der Verlauf nicht gleichmäßig über die Bildfläche gehen, sondern sich an die Konturen eines Ebenenobjekts anschmiegen? Verwenden Sie den Ebeneneffekt KONTUR mit der Füllung VERLAUF und dem Stil EXPLOSION (Seite 599).

Anwendung
So bringen Sie einen Verlauf ins Bild: Klicken Sie mit dem Verlaufswerkzeug dort ins Bild, wo der Verlauf beginnen soll. Ziehen Sie die Maus mit gedrückter Taste an die Stelle, wo der Verlauf enden soll. Nach Loslassen der Maustaste sehen Sie das Farbenspiel.

Drücken Sie die ⇧-Taste, um die Verlaufslinie auf 45-Grad-Winkel einzuschränken. Besonders schnell zeigen Sie die Verlaufsbibliothek per Rechtsklick oder ↵-Taste.

Optionen für Verläufe

Die folgenden Möglichkeiten finden Sie auf der Optionenleiste zum Verlaufswerkzeug wie auch beim Befehl **Verlaufsumsetzung** (Seite 353):

» Per UMKEHREN drehen Sie die Richtung des Verlaufs um.

» Die Option DITHER raut die Farbübergänge durch Streuraster leicht auf, Sie vermeiden Streifenbildung.

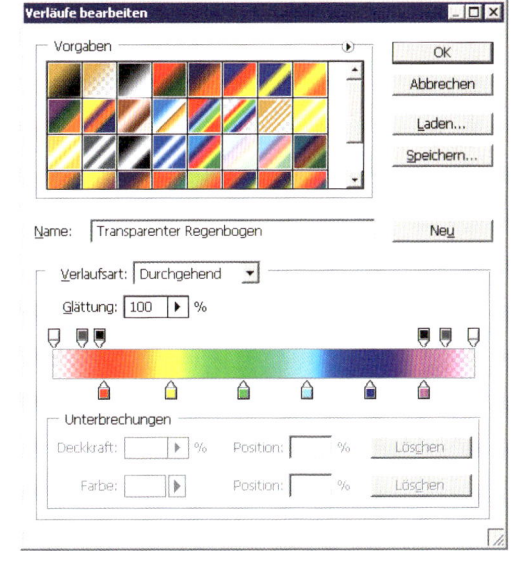

Abbildung 12.19 **Links:** In den Optionen zur Verlauf-Füllebene steuern Sie die Eigenschaften des Verlaufs. **Mitte:** Im Dialogfeld »Verläufe bearbeiten« steuern Sie die Farben und die transparenten Bereiche eines Verlaufs. **Rechts:** Wo immer Photoshop die Verlaufsbibliothek zeigt, können Sie per Menü die Darstellung ändern und weitere Verläufe nachladen.

Nur beim Verlaufswerkzeug ▭, nicht aber bei der **Verlaufsumsetzung** finden Sie folgende Vorgaben:

» Um die Transparenzmaske für den Verlauf auszuschalten und alle Farben mit gleicher, per Schieberegler angewählter Deckkraft aufzutragen, verzichten Sie auf die Transparenz.

» Sie wählen verschiedene Formen wie Radial oder Linear (Beispiele siehe oben).

Der Ebeneneffekt Verlaufsüberlagerung und die Füllebene Verlauf bieten ebenfalls das Umkehren und darüber hinaus die Funktion Skalierung; sie staucht oder dehnt den Verlauf:

» Eine Skalierung auf über 100 Prozent lässt die Anfangs- und Endfarben nicht mehr auf der Ebene erscheinen; die mittleren Tonwerte breiten sich weiter aus.

» Eine Skalierung auf unter 100 Prozent zieht den Verlauf zusammen, die Anfangs- und Endfarben nehmen an den Rändern der Ebene viel Platz ein, der Übergang zur nächsten Farbe beginnt nicht sofort am Startpunkt. Verläufe mit transparenten Bereichen wirken eventuell kleiner.

Tipp
Vor allem mehr als zehn Zentimeter lange Verläufe zeigen leicht Streifen – nicht im Druck, aber vielleicht am Monitor. So halten Sie dagegen: Verwenden Sie die Dither-Option und falls Sie in CMYK ausgeben, legen Sie den Verlauf erst im CMYK-Modus an.

Farbmarken im Verlauf bearbeiten

Gestalten Sie die mitgelieferten Verläufe vielseitig um. Klicken Sie zunächst auf den sichtbaren Verlauf zum Beispiel in der Optionenleiste zum Verlaufswerkzeug ▭, im Dialogfeld Ebenenstil mit der Abteilung Verlaufsüberlagerung, im Dialogfeld Verlaufsfüllung oder im Dialogfeld zum Befehl **Verlaufsumsetzung**. Sie bearbeiten zwei Haupteigenschaften des Verlaufs:

» Sie legen Farbmarken fest, zwischen denen Photoshop Farbübergänge erzeugt.

» Sie legen transparente, halbtransparente und voll deckende Abschnitte des Verlaufs fest.

Wie immer macht die [Alt]-Taste aus der Abbrechen-Schaltfläche ein Zurück, [Strg]+[Z] annulliert den allerletzten Eingriff.

Abbildung 12.20 Der blasse Himmel wurde durch einen kreisförmigen Verlauf zwischen zwei Blautönen ersetzt. Datei: Verlauf_01

Neue Farben

Im Dialogfeld Verläufe bearbeiten klicken Sie im Vorgaben-Bereich auf den Verlauf, den Sie weiterbearbeiten möchten. Um den ursprünglichen Verlauf beizubehalten, duplizieren Sie den aktivierten Verlauf mit der Schaltfläche Neu. Wählen Sie als Verlaufstyp zunächst Durchgehend, für die Glättung 100 Prozent.

Klicken Sie eines der Symbole für Farbunterbrechung unter dem Verlaufsbalken an. Das Dreieck über diesem Käst-

Farbmarken im Verlauf bearbeiten

chen füllt sich schwarz ⬛: Photoshop signalisiert, dass Sie diesen aktuellen Punkt im Verlauf bearbeiten. So ändern Sie die Farbe für den aktivierten Punkt im Verlauf:

» Klicken Sie doppelt auf eine verschiebbare Farbmarke ⬛ oder einmal auf das Farbe-Rechteck; nun bestimmen Sie im Farbwähler eine neue Farbe für die aktivierte Farbmarke.

» Öffnen Sie das Menü neben dem Farbe-Feld mit dem Dreieck ▶. Photoshop bietet hier für den aktivierten Punkt des Verlaufs die aktuelle Farbe für den Vordergrund und den Hintergrund an. Wenn Sie von Vordergrundfarbe oder Hintergrundfarbe wieder umschalten wollen zu einem dauerhaft fixierten Tonwert, entscheiden Sie sich im Menü des Farbe-Felds für die Angabe Benutzerdefinierte Farbe; sie wird sich bei Bearbeitung von Vorder- oder Hintergrundfarbe nicht mehr verändern.

» Bewegen Sie den Mauszeiger über die Verlaufsleiste oder über ein beliebiges, auch nicht aktives Bild; der Zeiger verwandelt sich in eine Pipette 🖉, mit der Sie einen Farbton aufnehmen.

Achtung
Haben Sie explizit Marken für Vorder- und Hintergrundfarben in den Verlauf eingesetzt? Dann wechselt der Verlauf im Dialogfeld jedes Mal sein Aussehen, sobald Sie Vordergrund- oder Hintergrundfarbe in der Werkzeugleiste ändern.

Farben hinzufügen, platzieren und kombinieren
So gestalten Sie den Verlauf weiter mit den Farbmarken ⬛:

» Verschieben Sie die Marken für die einzelnen Farben unter der Verlaufsleiste beliebig mit der Maus oder mit den Pfeiltasten.

» Neue Farbmarken ⬛ fügen Sie per Klick an der gewünschten Stelle unter der Verlaufsleiste hinzu. Unerwünschte Farbmarken ⬛ ziehen Sie aus dem Dialogfeld heraus. Auch die [Entf]-Taste entsorgt die aktive Farbmarke.

» Zunächst liegt der 50-Prozent-Übergang zwischen zwei Farben genau auf halber Strecke zwischen diesen beiden Tonwerten. Diese Mittelstellung ändern Sie jedoch mit dem Rautensymbol ◇; die Rauten ◇ erscheinen immer links und rechts der aktiven Farbmarke ⬛, eine aktivierte Raute stellt Photoshop schwarz gefüllt ◆ dar. Verschieben Sie die Raute ◆ mit der Maus oder tippen Sie eine neue Position ein.

» Hohe Werte bis hin zu 100 sorgen im Feld Glättung für weichere Übergänge über den Verlauf hinweg. Niedrige Werte führen zu geringfügig härteren Übergängen.

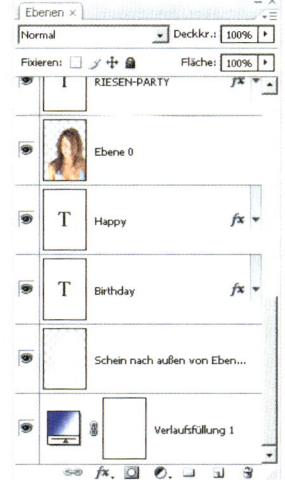

Abbildung 12.21 Im Bildhintergrund liegt ein kreisförmiger Weiß-Blau-Verlauf, ganz links noch ein Schwarz-Transparenz-Verlauf. Der Effekt »Schein nach außen« wurde in eine eigene Ebene umgewandelt, so dass die Zeile »Birthday« zwischen Person und Lichthof erscheint. Datei: Verlauf_02

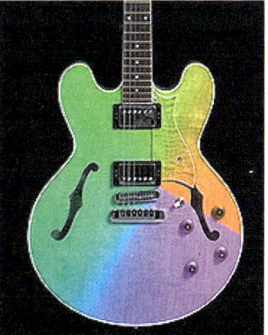

Abbildung 12.22 Von links oben nach rechts unten: ohne Farbverlauf, mit Verlauf und Füllmethoden Normal, Farbton, Farbe. Datei: Verlauf_04

Teil 4 • Verfremdung

Abbildung 12.23 **Links:** Der Verlauf basiert nur auf Vorder- und Hintergrundfarbe. **Mitte:** Wir haben den Verlauf auf 150 Prozent skaliert und nach unten gezogen, so dass sich die Blautöne weiter ausdehnen. **Rechts:** Wir schalten auf »Radial« um und verschieben den Verlauf erneut. Datei: Verlauf_03

Transparenz bearbeiten

Die Transparenzmaske bestimmt die Deckkraft des Verlaufs an verschiedenen Punkten. In einzelnen Teilen des Verlaufs scheint also das darunter liegende Foto mehr oder weniger stark durch. Die Transparenzmaske bearbeiten Sie mit den Marken oberhalb, nicht unterhalb des Verlaufsbalkens.

Eine schwarze Marke signalisiert: In diesem Bereich herrscht volle Deckkraft. Ein weißes Kästchen zeigt 0 Prozent Deckkraft an, in diesem Bereich ist der Verlauf komplett durchsichtig. Grautöne stehen für halbtransparente Zonen. Auch die Karos im Verlaufsbalken signalisieren durchsichtige Bereiche. Die aktive Transparenzmarke ist durch ein schwarz gefülltes Dreieck hervorgehoben.

Um die Deckkraft an der aktiven Transparenzmarke zu verändern, tragen Sie einen neuen Wert im Feld DECKKRAFT ein. Alternative: Führen Sie den Mauszeiger über den Verlauf oder über das Bild. Dort nehmen Sie eine neue Transparenz mit der Pipette auf.

Weitere Möglichkeiten

Per Klick über dem Balken setzen Sie neue Transparenzmarken. Verschieben Sie die Transparenzmarke nach Bedarf. Überflüssige Transparenzmarken ziehen Sie aus dem Dialogfeld heraus oder Sie löschen sie per ⌦-Taste. Mit der Raute ◇ platzieren Sie den 50-Prozent-Übergang zwischen zwei festgelegten Deckkraftvorgaben.

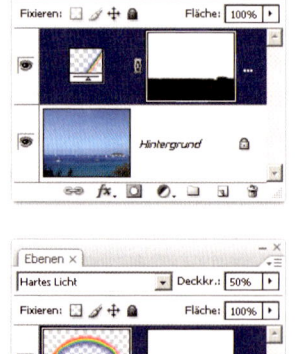

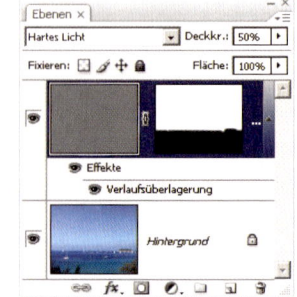

Abbildung 12.24 Unterschiedliche Wege zum Regenbogen – wir verwenden jeweils einen »radialen« Verlauf und die Vorgabe »Regenbogen« aus der Bibliothek »Spezialeffekte«. Reduzierte »Deckkraft« und die Überblendmethode »Hartes Licht« sorgen für die richtige Mischung mit der Landschaft, Ebenenmasken überdecken den Verlauf im unteren Bildteil. Sie können den Verlauf bequem in andere Bilder ziehen und dort anpassen. **Obere Palette:** Die Ebene »Verlaufsfüllung« sorgt hier für den Verlauf. **Untere Palette:** Der Regenbogen entstand mit dem Verlaufswerkzeug auf einer leeren Ebene. **Rechte Palette:** Wir wenden den Effekt »Verlaufsüberlagerung« auf eine grau gefüllte Ebene an. Datei: Verlauf_06

Um die Maske komplett auszuschalten und die Farben voll deckend aufzutragen, wählen Sie die Transparenz in den Optionen zum Verlaufswerkzeug ab. Statt lange Transparenzmarken zu verschieben, bringen Sie einen Verlauf ohne Transparenz auf eine eigene Ebene und steuern die Mischung mit dem Hintergrund per Ebenenmaske, Überblendmodus, Deckkraftregler oder Verbergen eines Tonwertbereichs.

12.4 Pinselvorgaben

Wie dick oder dünn malen Pinsel und Kopierstempel? Wie weich fällt der Rand aus? Solche Einstellungen regeln Sie mit den Pinselvorgaben.

Pinselvorgaben auswählen

Ist bereits ein Mal- oder Retuschewerkzeug aktiv, blenden Sie Pinselvorgaben so ein:

» Klicken Sie auf das Symbol für die aktuelle Pinselvorgabe oben links in der Optionenleiste; Sie erhalten eine abgespeckte Form der Pinselpalette.

» Klicken Sie bei eingeschaltetem Mal- oder Retuschewerkzeug mit rechts ins Bild (am Mac [Ctrl]-Klick), um dieselbe abgespeckte Pinselpalette zu sehen.

» Wählen Sie **Fenster: Pinsel**, klicken Sie in der Optionenleiste auf die Schaltfläche Pinsel-Palette ein-/ausblenden, oft hilft auch [F5]. Hier haben Sie volle Kontrolle.

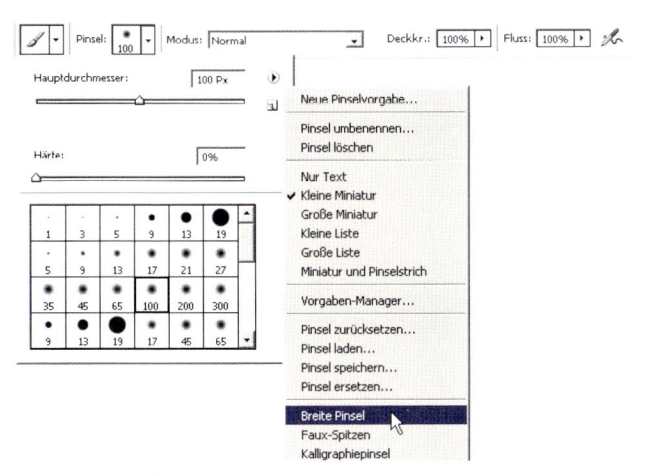

Abbildung 12.25 In den Optionen zum Pinsel und zu anderen Mal- und Retuschewerkzeugen wählen Sie eine Pinselvorgabe aus. Photoshop liefert diesen Dialog auch per Rechtsklick. Neue Pinselvorgaben wie die Bibliothek »Breite Pinsel« laden Sie über das Palettenmenü.

Die aktive Pinselvorgabe erscheint in der Bibliothek eingerahmt. Die kleineren Spitzen zeigt Photoshop in 100-Prozent-Größe. Extrabreite Spitzen erscheinen verkleinert; darunter schreibt Photoshop den Pixeldurchmesser. Wo die Spitzen nach Grau hin verblassen, tragen Sie Farbe nur noch mit verminderter Deckkraft auf.

»Standard-Pinselvorgaben« und »aufgenommene« Pinselvorgaben

Photoshop bietet zwei Typen von Pinselvorgaben an:

» Die Standard-Pinselvorgaben basieren auf einer geometrischen Kreisform. Diesen Kreis können Sie zu Ovalen und Ellipsen stauchen und fast beliebig vergrößern. Die Härte lässt sich regeln. Gemeint sind Pinselvorgaben mit Einblendnamen wie Rund hart oder Rund weich.

» Sogenannte »aufgenommene Pinselvorgaben« entstehen dagegen durch Aufnehmen eines konkreten, beliebig geformten Bildbereichs in die Pinselbibliothek. Die Härte lässt sich hier nicht steuern. Ich meine Pinselvorgaben mit Einblendnamen wie Verstreute Ahornblätter oder Sternenregen. Eigene Pinselvorgaben sind immer »aufgenommen«.

Für beide Typen stehen die weiteren Regler der Pinselpalette zur Verfügung, darunter Rundheit, Winkel, Durchmesser und sämtliche Bereiche wie Formeigenschaften etc.

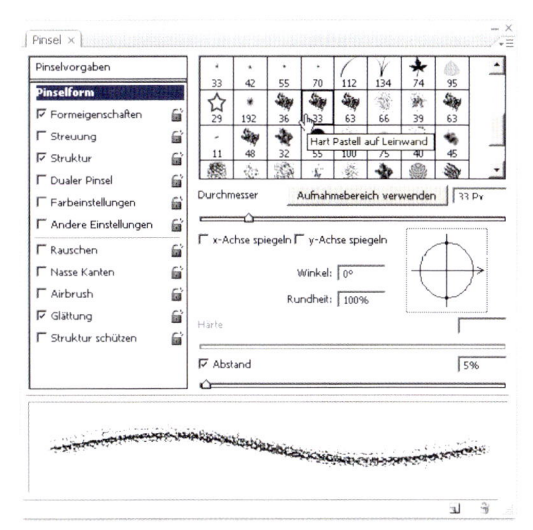

Abbildung 12.26 Die Pinselpalette zeigt hier unter anderem die »aufgenommene« Pinselvorgabe »Hart Pastell auf Leinwand«, die auf einem ausgewählten Bildbereich basiert. Sie erkennen an der Vorschau, dass wir im Bereich »Formeigenschaften« Zufallssteuerung (»Jitter«) für Größe und Winkel vorgegeben haben – diese Eigenschaften variieren also. Für die hier aktivierte »aufgenommene« Pinselvorgabe steht der Regler »Härte« nicht zur Verfügung. Um zur unverzerrten Originalfigur zurückzukehren, klicken Sie auf »Aufnahmebereich verwenden«.

Eigene Pinselvorgaben aufnehmen

Leicht leiten Sie eine eigene Pinselvorgabe von einer Bilddatei ab, etwa ein Piktogramm, ein Firmenlogo, eine Unterschrift oder auch eine Struktur. Je dunkler diese verwendeten Bildteile sind, umso stärker wird ihre Deckkraft als Pinselvorgabe. Ein grauer Bildteil trägt - als Pinselvorgabe - Farbe nur halbtransparent auf, weiße Pinselzonen verändern oder färben Ihr Bild gar nicht. So geht's:

1. Bearbeiten Sie den Bildteil, der zur Pinselvorgabe werden soll, zum Beispiel mit Kontrastkorrektur oder Größenänderung.
2. Wählen Sie den gewünschten Bildteil mit einem beliebigen Auswahlwerkzeug aus.
3. Klicken Sie auf **Bearbeiten: Pinselvorgabe festlegen**. Geben Sie einen Namen für die neue Pinselvorgabe an.

Die neue Pinselvorgabe erscheint in der aktuellen Bibliothek als Vorgabe - eventuell erst nach dem nächsten Programmstart.

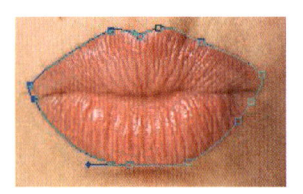

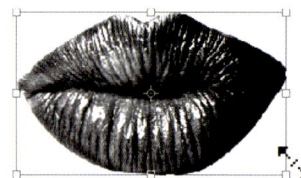

Abbildung 12.27 So entsteht die eigene Pinselvorgabe. **Links:** Der Mund wird mit Auswahl- und Zeichenstiftwerkzeugen ausgewählt und auf eine eigene Ebene gehoben. Wir verkleinern die freigestellte Form deutlich per »Transformieren«. Wir dunkeln das Motiv zudem ab, so dass später ein stark deckender Farbauftrag entsteht. Bevor wir den Bereich als Pinselvorgabe festlegen können, wählen wir ihn aus - hier per Strg-Klick auf die Miniatur der Ebene in der Ebenenpalette. Dateien: Pinsel_a1 etc.

Tipps für die eigene Pinselvorgabe

Werfen Sie einen Blick auf unsere Tipps für eigene Pinselvorgaben:

» Die meisten Bildelemente sollten Sie drastisch verkleinern - zum Beispiel per **Bild: Bildgröße** oder, wenn Sie eine Auswahl haben, per Strg+J, dann Strg+T. Testen Sie nach der Größenänderung einen Scharfzeichner.

» Nur schwarze Partien wirken später zu 100 Prozent. Wechseln Sie erst in den Graustufenmodus, dann schieben Sie in der **Tonwertkorrektur** (Strg+L, Seite 238) den Schwarzregler links weit nach innen rechts - das Bild dunkelt ab, doch Zeichnung bleibt erhalten. Wollen Sie dagegen einen komplett schwarzen Pinsel ohne jede Zeichnung, verwenden Sie **Bild: Anpassungen: Schwel-** lenwert; Sie vermeiden die krachharten Ränder, wenn Sie alternativ den Befehl **Helligkeit/Kontrast** mit der Vorgabe Früheren Wert verwenden öffnen und Höchstwerte wie »97« für Kontrast testen - aber nur im Graustufenmodus (Seite 355).

» Das Umfeld der Pinselspitze sollte auf Weiß stehen; so kommt die Kontur gut heraus, der Pinsel malt nicht ein komplettes Quadrat aus. Alternative: Sie wählen nur das Objekt selbst mit einer frei geformten Fließmarkierung.

» Legen Sie die Pinselvorgabe in der Größe an, die Sie besonders häufig verwenden möchten. Der Durchmesser-Regler ändert die Größe zwar frei, doch dann wirken die Umrisse eventuell leicht unscharf.

Tipp

Sie wollen ein Motiv aufpinseln, das unabhängig von der aktuellen Vordergrundfarbe immer in den gleichen Originalfarben erscheint? Das erledigt der Musterstempel, verwenden Sie ein Muster mit Transparenz (Seite 333).

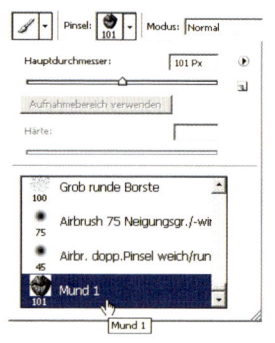

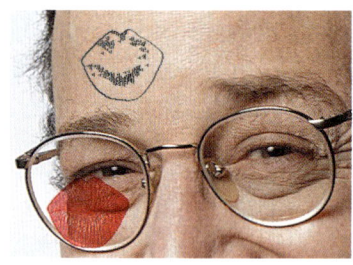

Abbildung 12.28 Der Befehl »Bearbeiten: Pinselvorgabe festlegen« erzeugt eine neue Vorgabe in der aktuellen Pinselbibliothek. Der Pinsel erscheint über der Bilddatei bereits in der tatsächlichen Größe und Form. Vorlage: Pinsel_b

Pinselvorgaben verwalten

Photoshop liefert attraktive »Vorgaben« für Pinselspitzen. Sie erscheinen wie immer zum bequemen Laden unten im Palettenmenü, das Sie per Schalter ▾≡ öffnen; Sie können die aktuelle Sammlung ergänzen oder ersetzen (Seite 771).

Haben Sie eine vorhandene Pinselvorgabe mit verschiedenen Reglern angepasst, können Sie diese individuelle Spitze dauerhaft als eigene neue Vorgabe in der aktuellen Bibliothek speichern: Dazu klicken Sie unten in der Pinselpalette auf die Schaltfläche Neuen Pinsel erstellen. Dabei verewigen Sie wohlgemerkt nicht nur die Form, sondern auch alle Vorgaben wie Nasse Kanten, Formeigenschaften oder Farbeinstellungen.

Befehle im Überblick: Malen und Farben

Taste/Feld	Zusatztasten	Aktion	Ergebnis
🔲		🖱	Farbwähler öffnen, Vordergrundfarbe wählen
↹		🖱	Vorder-/Hintergrundfarbe vertauschen
⬛		🖱	Vorder-/Hintergrundfarbe auf Schwarz und Weiß setzen
[D] (für Default)			Vorder-/Hintergrundfarbe auf Schwarz und Weiß setzen
[X] (für Exchange)			Vorder-/Hintergrundfarbe vertauschen
[B] (für Brush)			🖌 oder 🖌
[G] (für Gradient Tool)			▬ oder 🪣
[G]	[⇧]		Wechsel zwischen ▬ und 🪣
💧		🖱	Vordergrundfarbe wählen
💧	[Alt]	🖱	Hintergrundfarbe wählen
[←]-Taste	[⇧]		Dialogfeld FLÄCHE FÜLLEN
[←]-Taste	[Alt]		Auswahl mit Vordergrundfarbe füllen
[Entf]-Taste (am Mac [←])			Auswahl löschen (mit Hintergrundfarbe füllen bzw. transparent machen)
Jedes Mal-/Retuschewerkzeug	[⇧]	🖱 ziehen oder klicken	Bearbeitung in gerader Linie
Malwerkzeuge	[Alt]		💧
[Zifferntasten]			Deckkraft ändern
[-]	[⇧]		Füllmethode ändern
Jedes Mal-/Retuschewerkzeug	[⇧]	🖱 an verschiedenen Stellen klicken	Automatischer Farbauftrag in geraden Linien
[#] bzw. [Ö]			Durchmesser der Werkzeugspitze verkleinern bzw. vergrößern
[.] bzw. [,]			Vorherige Pinselspitze bzw. nächste Pinselspitze
[⇧]+[#]			Härte in 25-Prozent-Schritten erhöhen
🔲		🖱	Nächstmögliche websichere Farbe einsetzen
⚠		🖱	Nächstmögliche druckbare Farbe einsetzen

Anwendung der Pinselpalette

Sie können viele Eigenschaften des Pinselstrichs variieren, ohne eigens die Pinselvorgabe zu wechseln. Dazu öffnen Sie die Pinselpalette mit der Schaltfläche PINSEL-PALETTE EIN-/AUSBLENDEN in der Optionenleiste zum Mal- oder Retuschewerkzeug oder per **Fenster: Pinsel**. Grundsätzlich gilt für diese Palette:

» Wollen Sie die Einstellungen zum Beispiel aus dem Bereich FORMEIGENSCHAFTEN verwenden, muss dieser Bereich per Häkchen ☑ aktiviert sein. Ist der Bereich abgeschaltet, berücksichtig Photoshop die Einstellungen nicht.

» Mit den diversen JITTER-Vorgabe etwa für WINKEL oder GRÖSSE bringen Sie ein Zufallselement ins Spiel: Null JITTER verändert gar nichts, bei 100 wird die Stricheigenschaft völlig vom Zufall gesteuert und schwankt über die Strichlänge hin stark – zum Beispiel schwanken WINKEL oder GRÖSSE der Malpunkte. Das Ergebnis wirkt eventuell »natürlicher« oder »künstlerischer«.

Sie wollen alle Änderungen zurücksetzen und die Pinselpalette in Neutralstellung bringen? Öffnen Sie das Palettenmenü mit dem Schalter ▼≡ und wählen Sie **Pinsel-Steuerungen löschen**. Damit kehren Sie zurück zu einer besonders nachvollziehbaren Malweise.

Teil 4 • Verfremdung

Tipps zum Experimentieren

Sie machen sich gerade erst mit Malwerkzeugen, Pinselvorgaben und der Pinselpalette vertraut? Unsere Tipps schaffen Orientierung:

» Blenden Sie die Pinselpalette mit der Schaltfläche ein und verwenden Sie höchstens eine Kategorie – wenn Sie mit Formeigenschaften experimentieren, verzichten Sie auf Streuung oder Dualen Pinsel. Setzen Sie am besten alles auf null mit dem Befehl **Pinsel-Steuerungen löschen** aus dem Menü zur Pinselpalette und verzichten Sie zunächst auf Jitter oder Steuerung.

» Verwenden Sie für erste Versuche eine übliche runde Standard-Pinselvorgabe, keine freie Form.

» Legen Sie zum Experimentieren eine neue, weiße Datei an, wählen Sie die gesamte Arbeitsfläche mit [Strg]+[A] aus und pinseln Sie nach Bedarf; ist die Datei vollgestrichelt, löschen Sie mit der [Entf]-Taste alles auf einmal. Dabei sollte die Hintergrundfarbe Weiß sein (Kurztaste [D]).

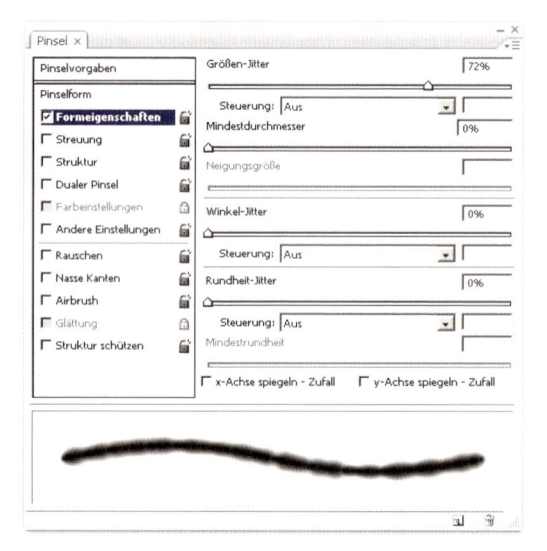

Abbildung 12.29 Die »Pinselform« steuern Sie in der Pinselpalette. Im Bereich »Formeigenschaften« regeln Sie die Variation von Größe, Winkel oder Rundheit.

Steuerung per »Verblassen«

Mit den zahlreichen Steuerung-Klappmenüs kontrollieren Sie Stricheigenschaften wie Durchmesser oder Deckkraft. Die Steuerung-Vorgabe Verblassen verändert den Strich über eine wählbare Zahl von Malpunkten hinweg.

Ein Beispiel: In den Formeigenschaften stellen Sie unter Grössen-Jitter die Steuerung auf Verblassen in 350 Schritten. Damit schrumpft der Pinselstrich innerhalb von 350 Malpunkten von der ursprünglichen Pinselbreite zur gewählten Mindestgröße.

Abbildung 12.30 Ganz links: Diesen Pfad verwenden wir für die folgenden Beispiele mit dem Befehl »Pfadkontur füllen«; **2**: elliptische Form ohne Größen-Jitter oder -Verblassen; **3**: freie Form mit Verblassen (also Senken) der Größe; **4**: freie Form mit Streuung und Größen-Jitter; **5**: freie Form mit Größen-Jitter, Streuung, Farbton-Jitter; **6**: Duale Spitze, 20-Pixel-Ellipse mit Variationen innerhalb eines 60-Pixel-Kreises; **7**: Deckkraft-Verblassen. Der Rand der Hintergrundfläche entstand ebenfalls mit einer freien Pinselform plus »Abgeflachte Kante«. Vorlage: Pinsel_c1

Anwendung der Pinselpalette

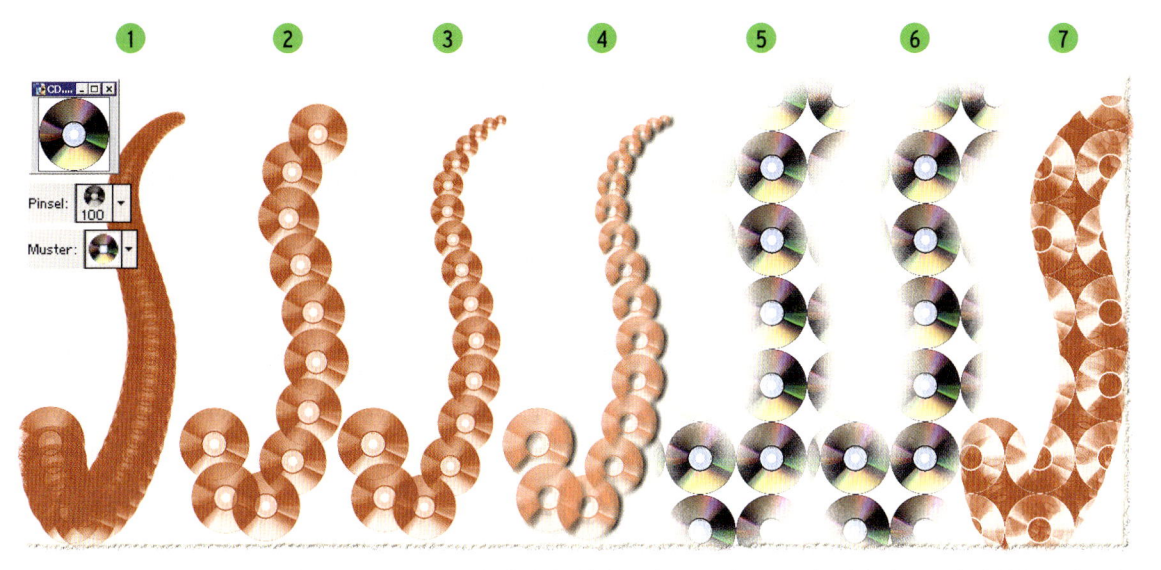

Abbildung 12.31 Eine CD wird als Pinselvorgabe und als Muster festgelegt; bei der Pinselvorgabe verwenden wir in der Auswahl nicht den weißen Hintergrund, das Muster entsteht dagegen zwangsläufig mit weißer Hintergrundfläche. Wir beginnen mit Pinselfunktionen. **1:** Geringer »Malabstand« mit einem »Verblassen«-Wert von 60 für die »Größe« führt zu einem kompletten Übergang zwischen den möglichen Extremwerten der Größe. **2:** Hoher »Malabstand«, wiederum mit einem »Verblassen«-Wert 60, erzeugt kaum eine Veränderung zum Ende des Strichs, da auf der verwendeten Malstrecke nur genau elf Malpunkte entstehen. **3:** Unverändert hoher »Malabstand«, jetzt aber mit einer »Verblassen«-Vorgabe von 19, lässt den Malpunkt zu einem Nichts schrumpfen. **4:** Mit Ebeneneffekten. **5:** Musterstempel. **6:** Musterstempel mit Ausblendung von Weiß in den Fülloptionen. **7:** Pinsel mit »Struktur«. Vorlagen: Pinsel_c1, _c2

Die Wirkung von VERBLASSEN hängt unmittelbar vom MALABSTAND ab, den Sie im Hauptbereich PINSELFORM einstellen. Ein Beispiel: Sie verwenden einen niedrigen Malabstand wie 5 Prozent; so entsteht ein durchgehender Strich, weil viele Malpunkte eng aufeinanderfolgen. Ein VERBLASSEN-Wert von 50 Malpunkten führt bei einer Strichlänge von 100 Pixeln eventuell zu einem vollständigen Übergang vom einen zum anderen Extremwert.

Erhöhen Sie allerdings den MALABSTAND beispielsweise auf 400 Prozent, dann besteht der Strich aus einzeln erkennbaren Malpunkten mit viel Hintergrundfläche dazwischen; nun führt die VERBLASSEN-Vorgabe von 50 auf einer kurzen 100-Pixel-Länge kaum einen erkennbaren Übergang herbei – und Sie erkennen auch in der Vorschau nichts von einer Schwankung; nur wenn Sie den VERBLASSEN-Wert stark heruntersetzen, zum Beispiel auf 3, dann wird der geplante Übergang schon auf einer kurzen Pixelstrecke deutlich.

Steuerung per Grafiktablett

Sofern Sie ein druckempfindliches Grafiktablett verwenden, zum Beispiel von Wacom, können Sie die Stricheigenschaften per STEUERUNG-Klappmenü auch von ZEICHENSTIFT-DRUCK, ZEICHENSTIFT-SCHRÄGSTELLUNG oder vom STYLUS-RAD des Zeichenstifts abhängig machen.

Wenn Sie mit dem Befehl **Pfadkontur füllen** einen Pfad nachmalen (Seite 492), können Sie den ZEICHENSTIFT-DRUCK SIMULIEREN: Photoshop variiert über die Pfadstrecke hin diejenigen Stricheigenschaften, die Sie in den STEUERUNG-Klappmenüs der Pinselpalette auf ZEICHENSTIFT-DRUCK gestellt haben – zum Beispiel Durchmesser, Farbe oder Strukturtiefe.

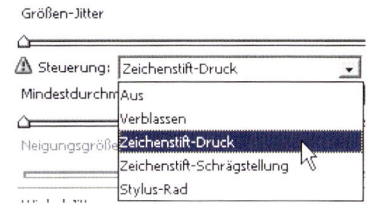

Abbildung 12.32 Photoshop bietet Grafiktablett-Optionen in der Pinselpalette auch, wenn gar kein Grafiktablett installiert ist. Sie sehen dann jedoch ein Warndreieck neben dem »Steuerung«-Klappmenü.

Deckkraft

Die DECKKRAFT des Malstrichs stellen Sie direkt in der Optionenleiste zum Mal- oder Retuschewerkzeug ein. Sofern ein solches Werkzeug aktiviert ist und der Mauszeiger nicht im Datenfeld einer Palette blinkt, tippen Sie eine einstellige »5« für 50 Prozent Deckkraft, »33« für ebendiese Deckkraft oder »0« für 100-Prozent-Deckung.

Im Bereich ANDERE EINSTELLUNGEN bietet die Pinselpalette STEUERUNG und JITTER für die DECKKRAFT. Per JITTER machen Sie die Deckkraft vom Zufall abhängig, per STEUERUNG ändert sich die Deckkraft zum Beispiel je nach Strichlänge oder abhängig vom Grafikstift.

Durchmesser

Den Durchmesser der Pinselvorgabe verändern Sie zum Teil einfach durch Wechsel zu einer anderen Spitze. Alternativ verschieben Sie den DURCHMESSER-Regler, den Sie auch in der vereinfachten Pinselpalette nach Rechtsklick mit einem Mal- oder Retuschewerkzeug erhalten.

Den DURCHMESSER steuern Sie direkt im Bereich PINSELFORM der Pinselpalette oder auch in der Sparpalette, die Sie per Kontextmenü erhalten. Diese zusätzlichen Möglichkeiten bieten sich im Bereich FORMEIGENSCHAFTEN:

» Sollen einzelne Malpunkte (Spuren) unterschiedlich groß ausfallen, heben Sie den Wert GRÖSSEN-JITTER an.

» Soll der Strich über die Länge hinweg gleichmäßig schrumpfen, stellen Sie die STEUERUNG unter dem GRÖSSEN-JITTER auf VERBLASSEN (siehe oben) und wählen Sie eine Pixeldistanz zwischen voller Größe und Mindestmaß. Die Größe, die nicht mehr unterschritten werden soll, bestimmt der Regler MINDESTDURCHMESSER. Sofern Sie die Größen-STEUERUNG per ZEICHENSTIFT-SCHRÄGSTELLUNG gewählt haben, steht zudem der Regler NEIGUNGSGRÖSSE zur Verfügung.

Frei geformte Pinselvorgaben – also auch die selbst definierten Spitzen – tragen nur perfekt auf, wenn Sie die Originalgröße verwenden und außerdem RUNDHEIT und WINKEL nicht verändern. Stellen Sie dagegen andere DURCHMESSER oder WINKEL ein, wirkt der Auftrag leicht unscharf.

Die ursprüngliche, unveränderte Größe richten Sie bequem mit einem Klick auf die Schaltfläche AUFNAHMEBEREICH VERWENDEN ein; allerdings werden Rundheit und Winkel nicht zurückgesetzt – dafür klicken Sie erst eine andere Spitze an, dann klicken Sie zur ursprünglichen Spitze zurück. Bei runden und elliptischen Standard-Pinselvorgaben fehlt diese Möglichkeit, weil sie in jeder beliebigen Größe volle Präzision bieten.

Härte

Die HÄRTE bestimmt, wie stark die Pinselspitze zu den Rändern hin aufweicht und dort nur noch schwache Wirkung zeigt. Je kleiner der Wert, desto diffuser der Rand. Photoshop bietet diese Option nur für runde oder elliptische Standardpinsel, nicht jedoch für freie (»aufgenommene«) Formen.

Selbst bei 100 Prozent Härte erhalten Sie mit üblichen runden Pinselvorgaben noch eine hauchdünne Kantenglättung – ideal zur Bearbeitung von Ebenenmasken, Schnellmasken oder Alphakanälen, die mit der GLÄTTEN-Option der Auswahlwerkzeuge entstanden sind. Knallharte Ränder ohne jeglichen halbtransparenten Übergang produziert Photoshop nur mit rechteckigen Pinselvorgaben oder mit dem Buntstift. Das Menü zur Pinselbibliothek bietet die **Quadratischen Spitzen** an.

Abbildung 12.33 Der Stift des Grafiktabletts steuert den Mauszeiger; Andruck oder Neigungswinkel beeinflussen Strichbreite oder Deckkraft.

Bearbeitung der Strichkanten

Einige Optionen der Pinselpalette verändern speziell die Kanten des Malstrichs:

» Die Option NASSE KANTEN simuliert Aquarellfarben – der Pinsel trägt innen leicht transparent auf und erreicht nur an den Rändern höhere Deckkraft.

» Die Photoshop-Option AIRBRUSH finden Sie auch als Schaltfläche in den Pinseloptionen: Wenn Sie die Maus- oder Grafikstifttaste permanent auf einem Punkt gedrückt halten, dehnt sich die Farbe immer breiter aus.

Anwendung der Pinselpalette

» Die Vorgabe RAUSCHEN bringt ein unregelmäßiges Streuselmuster in nur halb deckende Bereiche einer Pinselspitze mit Grautönen, also auch in Pinselvorgaben mit geringer HÄRTE.

» Die Option GLÄTTUNG soll glattere Kurven bei schnellen Malstrichen liefern.

Die Form der gerundeten Pinselvorgaben

Als RUNDHEIT tippen Sie ein, ob Sie einen Kreis (100%) oder eine schmale Ellipse wollen. Der WINKEL dreht die Spitze – eine schräge, elliptische Spitze eignet sich für kalligrafische Effekte. Korrigieren Sie die Form und Winkel direkt durch Ziehen in der Vorschau.

Für WINKEL wie auch RUNDHEIT bietet Photoshop im Bereich FORMEIGENSCHAFTEN den JITTER-Regler und STEUERUNG-Klappmenüs. Per JITTER machen Sie die Eigenschaften vom Zufall abhängig, per STEUERUNG variieren die Eigenschaften zum Beispiel je nach Strichlänge. Sie legen zusätzlich eine MINDESTRUNDHEIT fest, so dass die Pinselvorgabe nicht unbedingt extrem schmal ausfällt.

»Abstand«

Der ABSTAND reguliert die Dichte des Auftrags über die Länge des Pinselstrichs hinweg. Hohe Werte erzeugen einen gesprenkelten Strich; mit niedrigen Werten wird der Strich durchgehend. Pinseln Sie zum Beispiel mit einem Logo, ist ein hoher Abstand wichtig, damit die Einzelbilder nicht ineinander laufen.

Abbildung 12.34 Bei diesem Grafiktablett malt der Gestalter direkt auf dem integrierten Bildschirm.

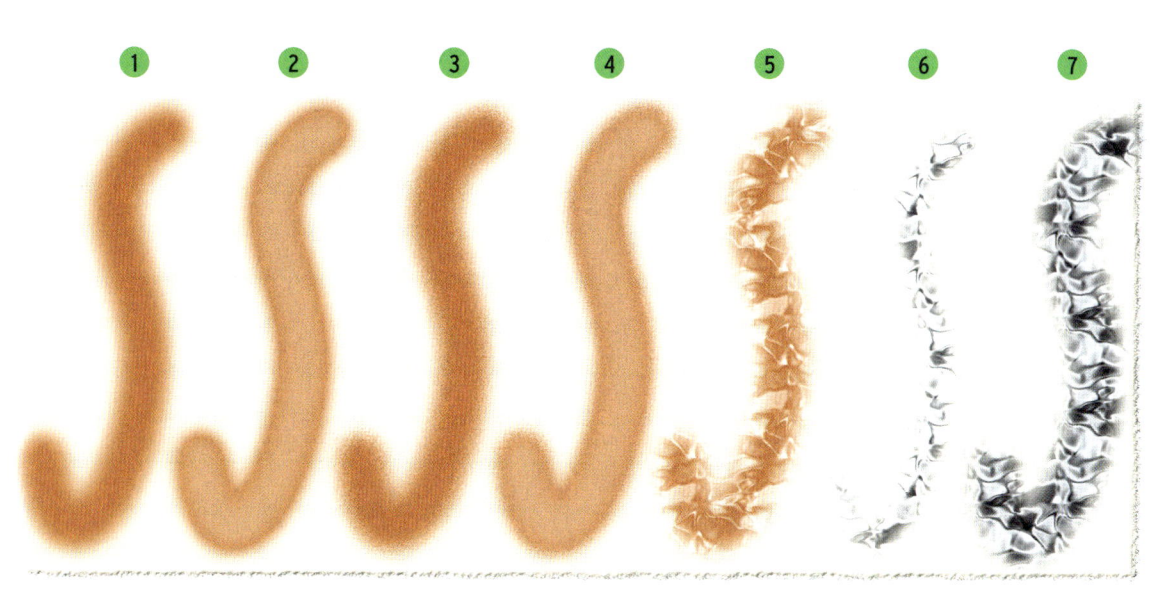

Abbildung 12.35 Ganz links: Der Strich entstand mit runder Pinselvorgabe und geringer Härte. Rechts davon sehen Sie Variationen. **2:** Nasse Kante; **3:** Störungen; **4:** Nasse Kante und Störungen; **5:** Struktur; **6:** Reparaturpinsel mit »Muster«-Option; **7:** Musterstempel. Vorlage: Pinsel_c1

Teil 4 • Verfremdung

»Struktur«

Per STRUKTUR-Bereich weben Sie eine Textur oder ein Oberflächenrelief in den Farbauftrag. Sie greifen dabei auf die übliche Musterbibliothek zurück. Sie können das Muster skalieren oder umkehren. Dazu bietet die Palette eine Reihe von meist abdunkelnden Füllmethoden (Seite 575), starten Sie mit MULTIPLIZIEREN; HART MISCHEN führt zu normalem, unstrukturiertem Farbauftrag.

Nur wenn Sie JEDE SPITZE MIT STRUKTUR VERSEHEN, stehen die TIEFE-Regler zur Verfügung. Hohe TIEFE-Werte arbeiten die Struktur besonders deutlich heraus. Der Regler TIEFEN-JITTER bestimmt, wie stark die Tiefe variieren darf. Wählen Sie in der STEUERUNG das VERBLASSEN, hängt die Tiefe von der Länge des Pinselstrichs ab.

Strukturen schützen und übertragen

Wollen Sie verschiedene Pinselvorgaben mit einheitlicher Struktur verwenden? Dann nutzen Sie die Option STRUKTUR SCHÜTZEN unten links in der Pinselpalette. Damit simulieren Sie trotz Wechsel der Pinselvorgabe eine einheitliche Materialstruktur.

Sie können das aktuelle Muster zudem auf alle anderen Werkzeuge übertragen, die Strukturen unterstützen, darunter Kopierstempel, Musterstempel oder Protokollpinsel. Dazu öffnen Sie das Menü zur Pinselpalette mit der Dreieck-Schaltfläche und wählen **Struktur in andere Werkzeuge kopieren**.

Farbeinstellungen

Im Bereich FARBEINSTELLUNGEN regeln Sie die gewünschte Schwankung des Tonwerts. Für einige Werkzeuge wie Musterstempel, Kopierstempel oder Protokollpinsel steht dieser Bereich nicht zur Verfügung. So verändert sich die Farbe:

» Ein hoher Wert für VORDERGRUND-/HINTERGRUND-JITTER lässt den Pinselstrich zwischen Vorder- und Hintergrundfarbe schwanken.

» Per STEUERUNG machen Sie die Entscheidung für Vorder- oder Hintergrundfarbe zum Beispiel von der Strichlänge (VERBLASSEN) oder vom Grafiktablett abhängig. Sie erhalten einen Farbverlauf.

» Ein hoher Wert für FARBTON-JITTER führt zu freien, bunten Farbschwankungen.

Weitere Möglichkeiten: Die Farbsättigung schwankt mit hohen Vorgaben für SÄTTIGUNGS-JITTER. Der Regler REINHEIT setzt die Farbsättigung dauerhaft hoch oder herunter – unabhängig von der aktuellen Vordergrundfarbe. HELLIGKEITS-JITTER bringt Zufälligkeit in die Helligkeit des Pinselstrichs.

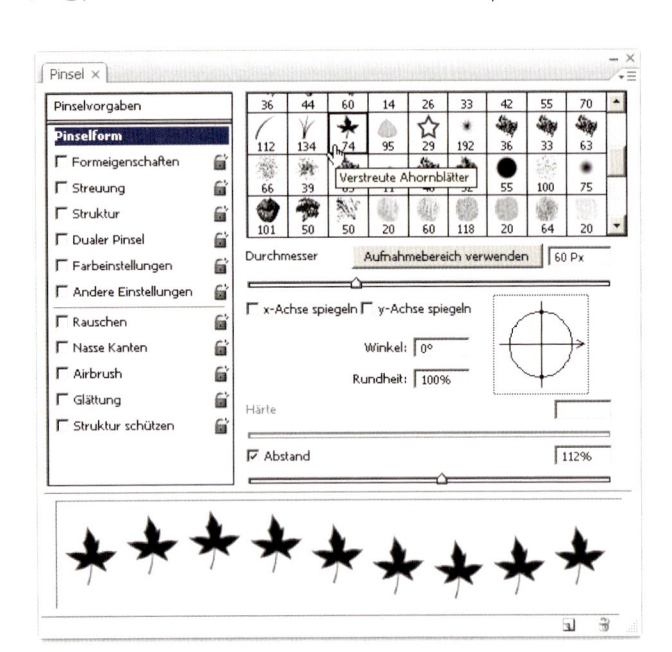

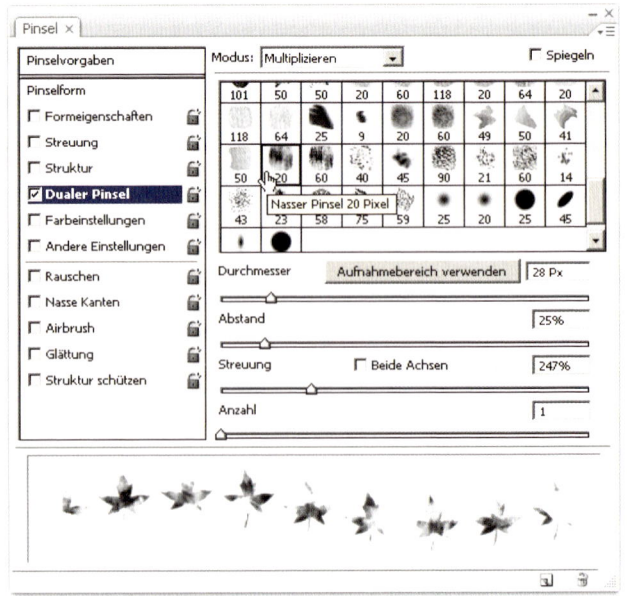

Abbildung 12.36 Die Vorgabe »Dualer Pinsel« zeigt eine zweite Pinselvorgabe in den Umrissen der ersten Vorgabe. **Links:** Wir wählen zunächst im Bereich »Pinselform« die »Verstreuten Ahornblätter« aus; »Durchmesser« und »Malabstand« werden so geändert, dass einzelne Pinselspuren groß erkennbar werden. **Rechts:** Erst jetzt schalten wir den Bereich »Dualer Pinsel« ein, nehmen den »Nassen Pinsel 20 Pixel« und erhöhen den »Durchmesser«. Die »Ahornblätter« tragen ihre Farbe jetzt mit der Textur des »Nassen Pinsels« auf. Ttesten Sie die Füllmethoden oben in der Palette.

Malwerkzeuge

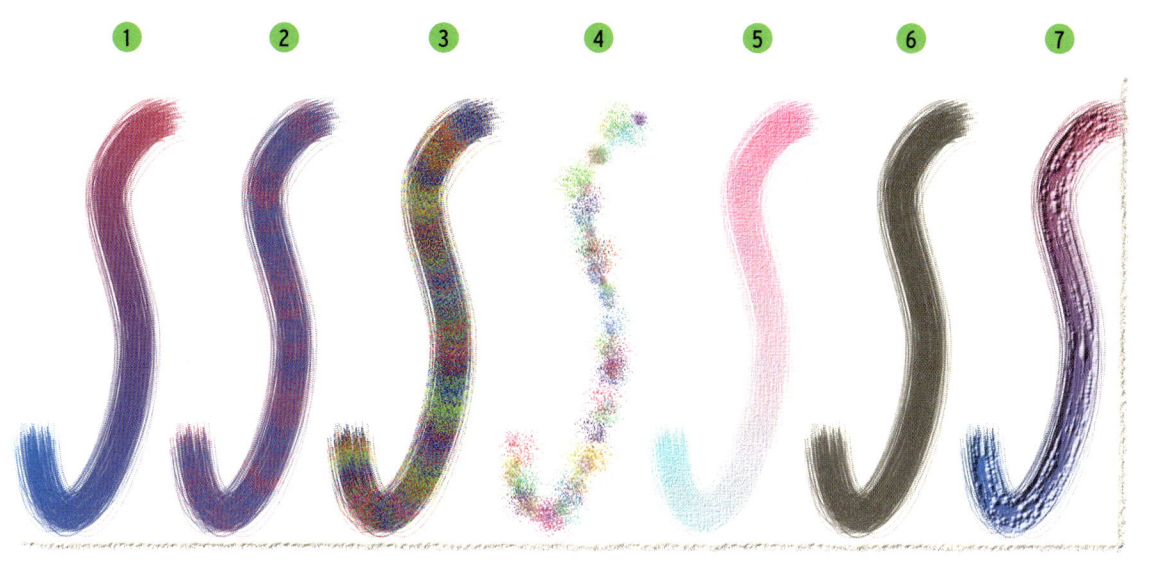

Abbildung 12.37 1: Verblassen mit Vordergrund-/Hintergrundfarbe, kein Jitter; 2: Jitter mit Vordergrund-/Hintergrundfarbe, kein Verblassen; 3: Farbton-Jitter; 4: hoher Malabstand, geringe Streuung, Größen-Jitter, Farbton-Jitter, keine Störung; 5: Variante 1 mit Füllmethode »Farbig nachbelichten«; 6: Variante 1 mit Füllmethode »Luminanz«; 7: Variante 1 mit Ebeneneffekt »Abgeflachte Kante« und den Vorgaben »Weich meißeln« und »Glanzkontur«. Vorlage: Pinsel_c1

12.5 Malwerkzeuge

Malwerkzeuge wie Pinsel oder Buntstift erzeugen in der Grundeinstellung Striche in der aktuellen Vordergrundfarbe. Selbst wenn Sie nicht »kreativ« Cartoons oder Schlipsmuster auf den Bildschirm stricheln – den Pinsel brauchen Sie für die Verfeinerung von Schnellmasken, Ebenenmasken und Alphakanälen.

Optionen für Retusche- und Malwerkzeuge

Zahlreiche Einstellungen und Kurztasten gleichen sich bei allen Mal- und Retuschewerkzeugen: Zum einen arbeiten alle Stifte & Co. mit den Vorgaben aus der Pinselpalette; zum anderen ähneln sich die Einstellmöglichkeiten in der Optionsleiste. Unsere Tipps erleichtern die Arbeit:

» Klicken Sie einen Farbtupfer ins Bild, lassen Sie die Maus los und klicken Sie andernorts erneut mit gedrückter ⇧-Taste – Photoshop wird die zwei Punkte mit einer geraden Linie verbinden. Klicken und ⇧-Ziehen führt zum gleichen Ziel.

» Eine Alt-Taste beim Malwerkzeug wechselt vorübergehend zur Pipette, mit der Sie eine neue Vordergrundfarbe aus dem Bild aufgreifen. Sobald Sie die Alt-Taste freigeben, malen Sie mit dem neuen Tonwert. Alt+⇧ verhilft zeitweilig zum Farbaufnahmewerkzeug (Seite 50).

» Ändern Sie die Deckkraft über die Zifferntasten: 1 steht für den niedrigen Wert »10«, 2 2 für 22, 0 für 100. Achtung: Diese Tastengriffe ändern nicht den Pinsel, sondern die Deckkraft der aktuellen Ebene, sofern Sie kein Mal- oder Retuschewerkzeug aktiviert haben und sofern der Cursor nicht im Dateneingabefeld einer Palette blinkt.

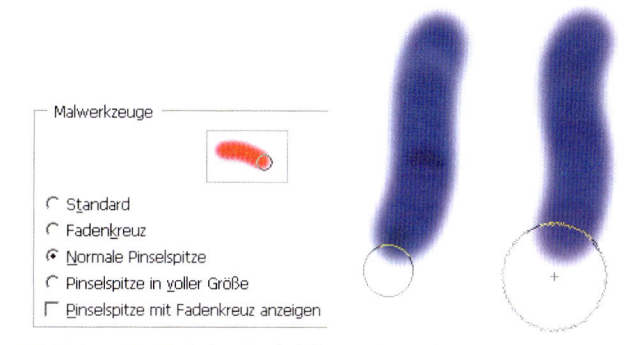

Abbildung 12.38 In den »Voreinstellungen« im Bereich »Zeigerdarstellung« regeln Sie die Anzeige der Pinselspitzen (Strg+K). Beispiel links: Die Vorgabe »Normale Pinselspitze« zeigt nur den Bereich einer Pinselspitze, der sofort mit mehr als 50 Prozent Deckkraft aufträgt. Beispiel rechts: Die Vorgabe »Pinselspitze in voller Größe« umfasst den gesamten Bereich der Pinselspitze, auch wenn sie außen nur blass wirkt; hier verwenden wir zusätzlich die Option »Pinselspitze mit Fadenkreuz anzeigen«. Die ⇧-Taste schaltet zum Fadenkreuz um.

Teil 4 • Verfremdung

Abbildung 12.39 Das Graustufenbild wurde in den RGB-Modus verwandelt, anschließend haben wir die Kolorierung auf neuen Ebenen aufgetragen; die Ebenen erhalten die Füllmethoden »Farbe« oder »Ineinanderkopieren«. Sie können jedes Element einzeln korrigieren oder umfärben, die Wirkung lässt sich mit »Deckkraft«-Regler, Einstellebenen oder Ebenenmasken weiter steuern, das Graustufenbild auf der Hintergrundebene bleibt unverändert. Datei: Malwerkzeuge_1

Tipp

Sie müssen sich nicht von vornherein mit Deckkraft und Überblendverfahren festlegen. Malen Sie stattdessen auf einer neuen, leeren Ebene mit voller Deckkraft und Normal-Modus. Anschließend testen Sie verschiedene Deckkraft- und Überblendeinstellungen für diese Ebene und verbergen Teile per Ebenenmaske. Das ursprüngliche Motiv bleibt voll erhalten.

Pinsel und Buntstift

Der Pinsel (Kurztaste B, für Brush) erzeugt Striche mit geglätteter oder weicher Kante – in der Regel das beste Malwerkzeug. Verwenden Sie 100 Prozent Härte, um eine geglättete Auswahlkontur in Alphakanal oder Ebenenmaske zu retuschieren. Soll der Pinsel mit krachharter Kante ohne jeden Übergang auftragen, nehmen Sie die rechteckigen Pinselvorgaben oder den Buntstift.

Tipp

Definieren Sie einen Pfad, an dem Mal- oder Retuschewerkzeuge mit beliebigen Einstellungen entlangarbeiten. So müssen Sie nicht bei jedem Versuch neu präzise malen (Pfadkontur füllen, Seite 492). Nutzen Sie im Dialogfeld zum Befehl Pfadkontur füllen auch die Option Druck simulieren. Photoshop variiert über die Pfadstrecke hin diejenigen Stricheigenschaften, die Sie in den Steuerung-Klappmenüs der Pinselpalette auf Zeichenstift-Druck gestellt haben – verändern Sie über die Pfadlänge hinweg Größe, Farbe oder Tiefe der Struktur.

Abbildung 12.40 Bei diesem Bild sind wir von einer schwarzen Hintergrundebene ausgegangen. Die kleinen Sterne wurden mit der Airbrush-Option ins Bild getupft und mit dem Befehl »Filter: Weichzeichnungsfilter: Radialer Weichzeichner« leicht verzerrt. Die geraden Kometenbahnen setzten wir mit dem Pinsel bei gedrückter ⇧-Taste ins Bild, so dass Anfangs- und Endpunkt automatisch verbunden wurden. Dabei haben wir in der Pinselpalette vorgegeben, dass der Farbauftrag schmaler und transparenter wird. Die gleichen Einstellungen galten auch für die gebogenen Leuchtspuren; sie entstanden jedoch mit dem Befehl »Pfadkontur füllen« (Seite 492) aus der Pfadpalette. Der Befehl »Filter: Rendering-Filter: Blendenflecke« (Seite 412) erzeugte das Gegenlicht. Datei: Malwerkzeuge_2

Übersicht: Welcher Malmodus für welchen Zweck?

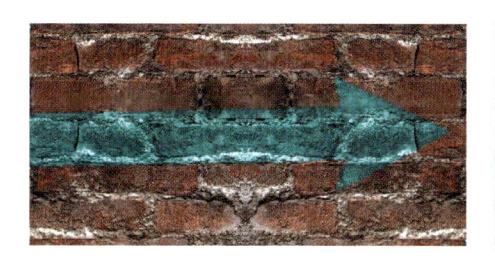

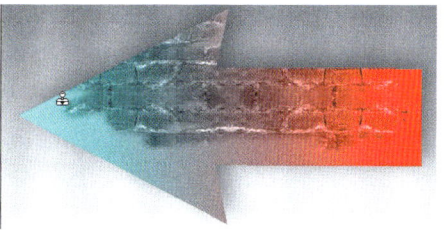

Abbildung 12.41
Links: Soll die Hell-Dunkel-Struktur unter dem Farbauftrag erhalten bleiben, arbeitet man mit den Füllmethoden »Farbe« oder »Farbton«.
Rechts: Wird dagegen eine Farbfläche mit einer Struktur aufgeraut, verwendet man »Luminanz«, hier mit Musterstempel.

Übersicht: Welcher Malmodus für welchen Zweck?

Einige Überblendverfahren werden bei der Arbeit mit Malwerkzeugen besonders häufig verwendet:

Aufgabe	Lösung
»Künstlerisch« malen	Unter anderem Füllmethode NORMAL, Deckkraft-Jitter, Größen-Jitter, NASSE KANTE, auch Füllmethoden MULTIPLIZIEREN oder HARTES LICHT; spezielle Pinselvorgaben laden, zum Beispiel »Pinsel für nasse Farben«
Einen Bildteil umfärben und die Struktur erhalten	Füllmethode FARBTON, FARBE oder FARBIG NACHBELICHTEN
Graustufenbild kolorieren	Füllmethode FARBE, für stärkere Wirkung eventuell INEINANDERKOPIEREN; vorher Vorlage in Farbmodus verwandeln
Einem Bildteil eine neue Struktur geben	Füllmethode LUMINANZ und Musterstempel, Pinsel mit STRUKTUR-Vorgabe in Pinselpalette oder Reparaturpinsel mit MUSTER-Option
»Kreativer«, lebendiger Farbauftrag mit interessanter Mischung	LICHT-, ABWEDELN- oder NACHBELICHTEN-Füllmethoden
Schatten- und Überdeckungseffekte	Füllmethode MULTIPLIZIEREN oder ABDUNKELN

Der Buntstift (Kurztaste B) teilt sich ein Fach der Werkzeugleiste mit dem Pinsel. Der Buntstift erzeugt scharfkantige, freie Linien oder Figuren ohne jeden geglätteten Rand. Mit ihm lässt sich AUTOMATISCH LÖSCHEN, also die Vordergrund- durch die Hintergrundfarbe austauschen. Kommt ihm jedoch keine Vordergrundfarbe unter, setzt der Buntstift die Vordergrundfarbe ein; ob Vordergrundfarbe vorhanden ist, überprüft Photoshop nur beim allerersten Klick ins Bild, dann nicht mehr – die Farbe des Strichs ändert sich also nicht, wenn die Farbe im Bild wechselt.

Der Buntstift wird vor allem bei Bitmap-Bildern verwendet, die per definitionem auf schwarze und weiße Bildpunkte beschränkt sind. Aber auch bei anderen hart konturierten Grafiken ohne Kantenglättung eignet er sich zur Retusche.

Musterstempel

Der Musterstempel – nicht zu verwechseln mit dem Kopierstempel – pinselt einen Bildteil auf, den Sie als »Muster« definiert haben: eine diffus strukturierte Oberfläche, ein Logo oder ein Schriftzug.

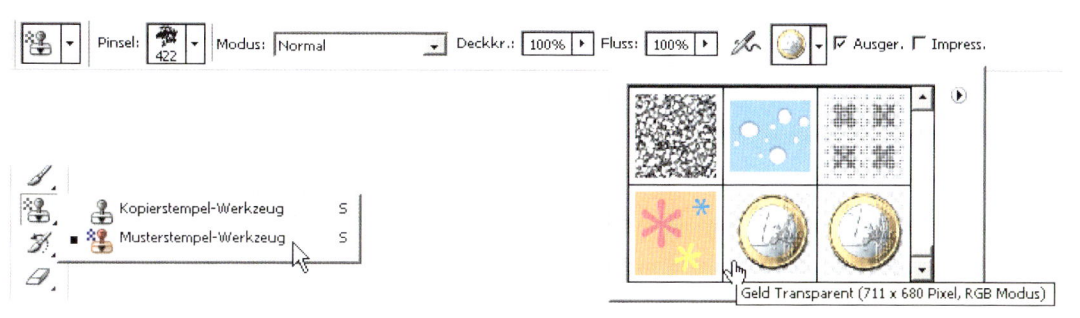

Abbildung 12.42 Mit dem Musterstempel malen Sie als »Muster« definierte Bildbereiche ins Bild.

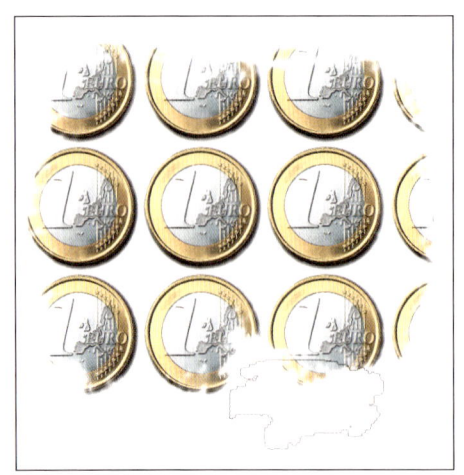

Abbildung 12.43 Linsk: Wir wählen die freigestellte Münze per [Strg]+[K] aus und gehen auf »Bearbeiten: Muster festlegen«. **Mitte:** Der Musterstempel mit der Option »ausgerichtet« setzt eine Musterkachel sauber neben die andere, auch nach Loslassen und Neuansetzen. Sie erhalten jedoch harte Übergänge an den Rändern der Musterbausteine, sofern Sie nicht ein nahtlos kombinierbares Motiv verwenden. **Rechts:** Ohne die Option »Ausgerichtet« überlagern sich die einzelnen Musterbausteine, sobald Sie absetzen und neu beginnen. Vorlage: Muster

»Ausgerichtet«

So nutzen Sie die Option »Ausgerichtet«:

» Mit der Vorgabe AUSGERICHTET pinseln Sie stets eine komplette Musterkachel neben die andere, nichts überlappt sich. Auch wenn Sie zwischendurch loslassen und neu ansetzen: Sie setzen die Musterkacheln immer ordentlich nebeneinander. Das eignet sich für Logos, Objekte oder Schriftzüge, die nicht überlappen sollen. Tragen Sie dagegen einen diffusen Hintergrund auf, erhalten Sie schnell unerwünschte harte Kanten zwischen den einzelnen Kacheln.

» Ohne die Option AUSGERICHTET geht es so: Sobald Sie den Musterstempel einmal loslassen und neu ansetzen, werden sich die zwei Kacheln überlagern. Bei diesem Verfahren ordnet Photoshop das Muster jedes Mal neu um die Mitte der Pinselvorgabe herum an. Stempeln Sie mit dieser Vorgabe eine Hintergrundstruktur ins Bild, die nicht regelmäßig aussehen soll, am besten mit weicher Pinselspitze.

Kontext

Beachten Sie im Zusammenhang mit dem Musterstempel auch folgende Passagen im Buch:

» Kopierstempel und Reparaturpinsel besprechen wir ab Seite 282.

» Um die Verwaltung Ihrer Muster als »Vorgaben« in der Musterbibliothek geht es ab Seite 312.

» Wie Sie eigene, nahtlos kombinierbare Muster-»Kacheln« entwerfen, erfahren Sie ab Seite 735.

» Alternative Funktionen: das Füllwerkzeug (Seite 315), der Befehl **Bearbeiten: Fläche füllen** (Seite 317), der Ebeneneffekt MUSTERÜBERLAGERUNG (Seite 602), Füllebenen mit MUSTER-Vorgabe (Seite 618).

Farbe-ersetzen-Werkzeug

Das Farbe-ersetzen-Werkzeug finden Sie im selben Werkzeugfach wie Pinsel und Buntstift. Es tauscht per Mausbewegung die Farbe unter dem Zeiger gegen die aktuelle Vordergrundfarbe aus.

Das Werkzeug tritt nicht direkt in Konkurrenz zu den Befehlen **Farbton/Sättigung** (Seite 336) und dem verwandten **Farbe ersetzen**; denn diese Funktionen verschieben ja mehrere Farbtöne gleichmäßig, so dass die Farbvielfalt erhalten bleibt. Das Farbe-ersetzen-Werkzeug konkurriert schon eher mit dem Füllwerkzeug, wenn es im Modus FARBE arbeitet.

Tipp
Behalten Sie den von Photoshop vorgeschlagenen Modus FARBE bei. So beschränken Sie die Korrektur tatsächlich auf den Farbton, während sich die Hell-Dunkel-Verteilung und damit die Struktur des Bilds nicht ändert.

Farbe-ersetzen-Werkzeug

Abbildung 12.44 Das Farbe-ersetzen-Werkzeug finden Sie im selben Werkzeugfach wie Pinsel und Buntstift.

Welche Farbtöne werden verändert?

So nutzen Sie die AUFNAHME-Schaltflächen:

» Mit der Vorgabe KONTINUIERLICH ändert Photoshop jeden Farbton, der dem Farbe-ersetzen-Werkzeug ins Fadenkreuz gerät. Deutlich abweichende Farbtöne innerhalb des Pinseldurchmessers, die nicht ins Fadenkreuz gelangen, bleiben unverändert.

» EINMAL, das heißt, Sie klicken einmal einen Farbton an und nur dieser wird fortan bearbeitet. Klicken Sie ruhig andersfarbige Pixel an – nur der zuerst geklickte Farbton wird verändert.

» Alternativ ändern Sie nur Farben, die dem HINTERGRUNDFARBFELD in der Werkzeugleiste entsprechen.

Tipp
Um einen Farbton aus dem Bild als Vordergrundfarbe zu nutzen, klicken Sie ihn mit der Pipette an. Die Hintergrundfarbe legen Sie mit Pipette und Alt *-Klick fest.*

Wie genau wirkt das Werkzeug?

Der TOLERANZ-Regler steuert, wie genau Photoshop nur die gewählte Farbe verändert. Bei hohen Werten wie 50 oder 70 Prozent färbt das Werkzeug auch deutlich abweichende Farben mit ein. Beginnen Sie bei normalen Fotos mit 25 oder 30 Prozent.

Diese Möglichkeiten bietet das Klappmenü GRENZEN:

» Die Vorgabe NICHT AUFEINANDER FOLGEND ersetzt den angeklickten Farbton überall im Bild.

» BENACHBART ersetzt nur Farbtöne, die an den gewählten Pixel direkt angrenzen. Ähnliche Farbwerte, die durch andere Farbzonen abgetrennt sind, verändern sich nicht.

» KONTUREN FINDEN ist die intelligentere Variante von BENACHBART; scharfe Ränder sollen besser gewahrt bleiben.

Für übliche Halbtonfotos nehmen Sie außerdem die Option GLÄTTEN dazu.

Abbildung 12.45 Links: Die Vorgabe »Aufeinander folgend« sorgt dafür, dass alle Farbwerte, die das Farbe-ersetzen-Werkzeug beim Ziehen mit dem Zielkreuz erfasst, umgefärbt werden. Als Vordergrundfarbe verwenden wir Rot. **Mitte:** Wir schalten zur Vorgabe »Aufnahme: Einmal« um; Photoshop färbt nur noch die Farbwerte um, die beim ersten Klick mit dem Werkzeug erfasst wurden, hier haben wir auf Gelb geklickt. **Rechts:** Im »Grenzen«-Klappmenü wechseln wir von »Nicht aufeinander folgend« zu »Aufeinander folgend«; Gelbtöne, die durch einen blauen Streifen abgetrennt sind, werden nicht mehr umgefärbt. Vorlage: Farbe ersetzen

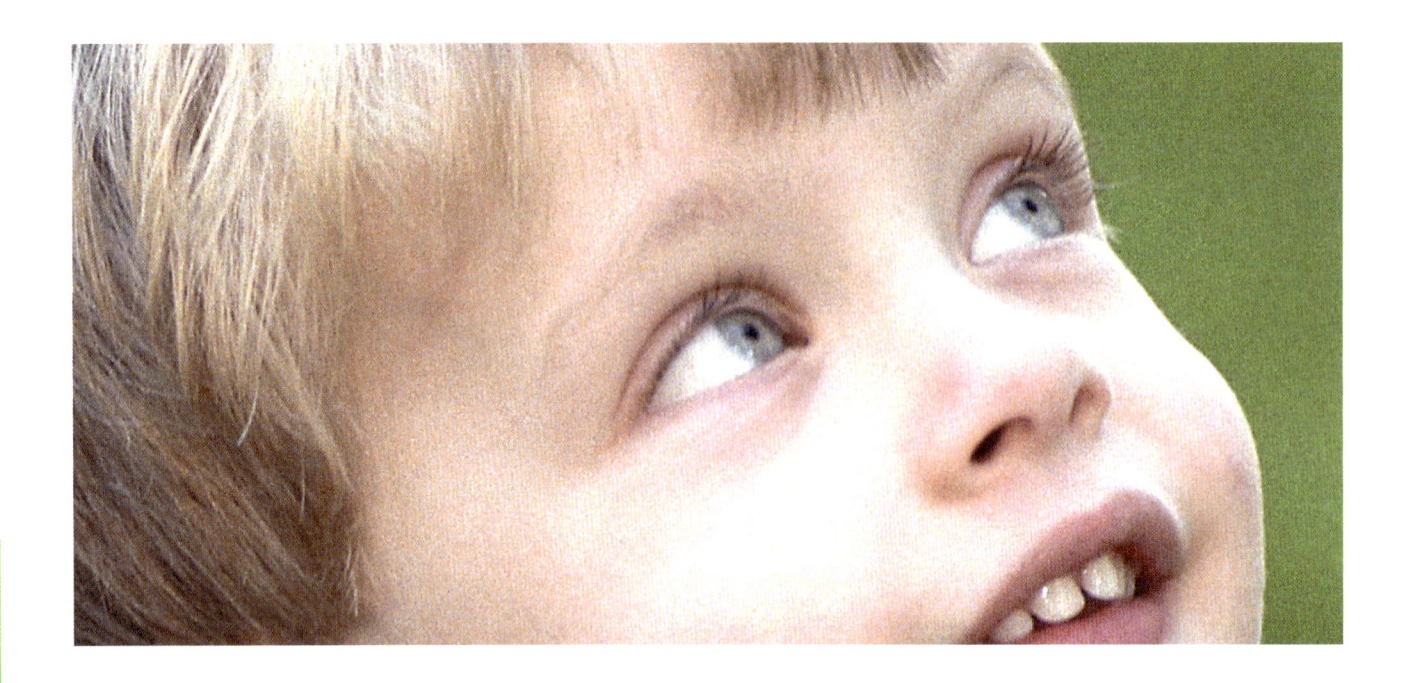

Kapitel 13
Umfärben, Schwarzweiß, Grafisches

Um starke farbliche und grafische Änderungen geht es in diesem Kapitel: Umfärben, Tonungen, Schwarzweißumsetzungen und Strichgrafiken.

13.1 Umfärben mit »Farbton/Sättigung«

Wollen Sie ein Auto, einen Pullover oder Ihre Augen umfärben, dann brauchen Sie den Befehl **Bild: Anpassungen: Farbton/Sättigung**. Dann gibt es noch **Bild: Anpassungen: Farbe ersetzen** (siehe Seite 446); dieser Kombi-Befehl enthält das komplette Dialogfeld FARBTON/SÄTTIGUNG zusammen mit dem Befehl **Auswahl: Farbbereich** (siehe Seite 443); Sie können also in einem einzigen Dialogfeld einen Bildteil erst auswählen und dann umfärben.

Anschließend besprechen wir noch die Möglichkeit, mit einer Einzelfarbe umzufärben, dabei bleiben die Eigenschaften Helligkeit und Grauanteil unverändert. Das erledigen Sie zum Beispiel mit Pinsel, Farbe-Ersetzen-Werkzeug, Farbeimer oder mit dem Befehl **Fläche füllen**, aber auch direkt mit dem Befehl **Farbton/Sättigung** und seiner FÄRBEN-Option.

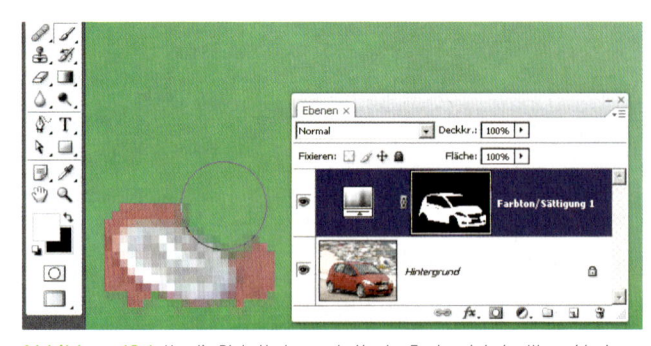

Abbildung 13.1 Um die Plakette herum hatte der Zauberstab das Wagenblech nicht vollständig ausgewählt, deshalb reicht die grüne Umfärbung nicht bis an die Plakette heran. Das Problem lässt sich per Maskenretusche leicht beheben: Mit dem Pinsel und weißer Vordergrundfarbe malen wir über dem Bereich, der noch umgefärbt werden muss. Dabei ist die Einstellungsebene »Farbton/Sättigung 1« aktiviert.

Das HSB-Farbmodell

Die Korrekturen des Befehls **Farbton/Sättigung** orientieren sich am HSB-Farbmodell, das Tonwerte nach Farbe (Hue), Sättigung (Saturation) und Helligkeit (Brightness) aufteilt; es wirkt oft übersichtlicher als RGB oder CMYK. Sie können nach diesem Schema auch Farben im Farbwähler oder Farb-

Das HSB-Farbmodell

Abbildung 13.2 **Links:** Das Wagenblech wird mit dem Zauberstab ausgewählt. **Mitte, rechts:** Wir klicken in der Ebenenpalette auf die Schaltfläche »Neue Füll- oder Einstellungsebene erstellen« und wählen »Farbton/Sättigung«. Im Dialogfeld »Farbton/Sättigung« testen wir verschiedene »Farbton«-Werte. Auch nach dem Speichern lässt sich die Färbung jederzeit ändern oder abschalten. Bei diesem Verfahren entstand automatisch eine Ebenenmaske, die die Wirkung auf das vorher ausgewählte Chassis beschränkt. Datei: Farbton_a

regler (ab Seite 310) mischen; zudem greifen einige Überblendverfahren auf einzelne Eigenschaften des HSB-Modells zurück.

Der »Farbton«-Regler

Besonders wichtig: Der FARBTON-Regler (englisch Hue). Der FARBTON-Regler verschiebt alle oder bestimmte Farben um eine bestimmte Gradzahl auf dem Farbkreis. Helligkeit und Sättigung – und damit das Relief des Motivs – bleiben erhalten. Sofern Sie STANDARD im Klappmenü verwenden, verschieben sich alle Farben gleichermaßen.

Mit dem FARBTON-Regler färben Sie ausgewählte Objekte um – besser als per Füllwerkzeug oder **Füllen**-Befehl, die ja das Objekt mit einer einheitlichen Farbe zuschütten. Beim Befehl **Farbton/Sättigung** wahrt der FARBTON-Regler die Bandbreite an unterschiedlichen Farben, sie werden nur verschoben. Mit dem FARBTON-Regler testen Sie leicht aus, wie Hintergründe oder Objekte in 360 verschiedenen Tonwerten aussehen.

Den FARBTON stellt man sich auf einem Kreis vor, der alle denkbaren Farbtöne enthält. Sie verschieben den aktuellen FARBTON mit dem Schieberegler um maximal 180 Grad im Uhrzeigersinn oder um maximal minus 180 Grad gegen den Uhrzeigersinn. Die beiden Extrempositionen plus 180 Grad und minus 180 Grad führen zum selben Ergebnis, der maximalen Umfärbung.

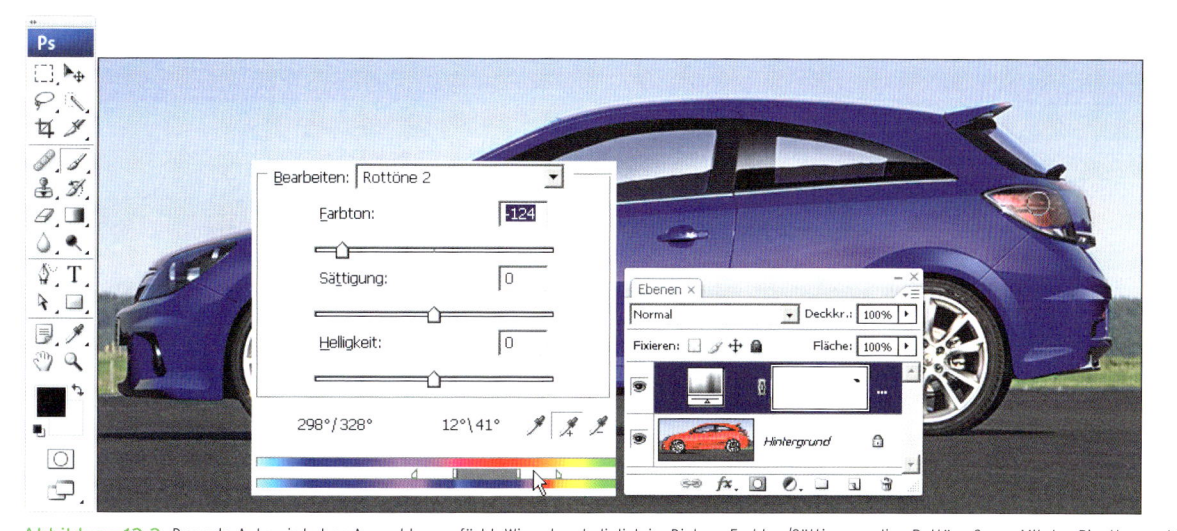

Abbildung 13.3 Das rote Auto wird ohne Auswahl umgefärbt. Wir geben lediglich im Dialog »Farbton/Sättigung« die »Rottöne 2« an. Mit den Pipetten und Schiebereglern unten im Dialogfeld verfeinern wir den Farbbereich so, dass nicht ungewollt Hintergrund mit umgefärbt wird. Das rote Bremslicht lässt sich so aber nicht retten. Wir malen mit Pinsel und schwarzer Vordergrundfarbe über dem Bremslicht, so dass die Einstellungsebene hier nicht wirksam wird. Datei: Farbton_b

Teil 4 • Verfremdung

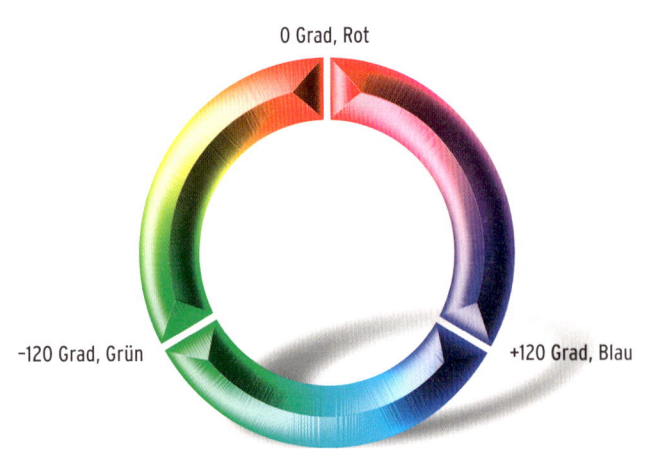

Abbildung 13.4 Die Farbwerte liegen im HSB-Modell auf einem Rad. Denkt man sich Rot bei 0 Grad, dann sind Grün und Blau jeweils 120 Grad weit entfernt.

Gezielt umfärben

Sie wollen ja nur einen klar abgegrenzten Bildteil umfärben, zum Beispiel nur ein Auto-Chassis – und nicht das Gesamtfoto. Um exklusiv nur den gewünschten Bildbereich zu verändern, gibt es zwei Möglichkeiten:

» Sie wählen erst einmal den Bildbereich mit Schnellauswahl und Konsorten aus. Gerät Weißes, Graues oder Schwarzes mit in die Auswahl, ist es oft nicht so tragisch: Reine Neutraltöne verändern sich durch den **Farbton**-Regler nicht. Generell können Sie viele Auswahlmängel leichter in der Ebenenmaske beheben als durch Auswahlkorrektur vorab; dazu legen Sie natürlich eine Einstellungsebene an, Sie arbeiten nicht direkt auf der Bildebene.

» Sie legen innerhalb des Dialogfelds **Farbton/Sättigung** einen Farbbereich fest, den Sie umfärben wollen, zum Beispiel nur die Rottöne.

Mit einer Einzelfarbe umfärben

Wenn Sie am Farbton-Regler zupfen, schieben Sie unterschiedliche Farbtöne gleichmäßig über den Farbkreis. Nach der Bearbeitung herrscht also im bearbeiteten Bildteil eine Farbenvielfalt wie zuvor – nur mit anderen Farbtönen.

Nicht immer ist das gewollt. Manchmal stört die Farbenvielfalt. Zum Beispiel verfärben Sie Schattenbereiche oder Reflexionen mit um, die gar keine neue Farbe benötigen. Dann zwingen Sie die Bildpartie auf eine Einzelfarbe.

Sie müssen den Bereich also tonen, auch »Färben« genannt. Sie brauchen das Verfahren auch, um Details in Graustufenbildern zu färben, von denen Sie keine Farbversion haben.

Die passenden Füllmethoden

Dazu gibt es viele Möglichkeiten. Egal, ob Sie malen oder mit Farbe füllen, meist sollten Sie nicht die Füllmethode Normal verwenden, die den Bildbereich komplett mit Farbe zuklatscht. Stattdessen wählen Sie oben links in der Ebenenpalette

» die Füllmethode Farbton, Sie ändert nur den Farbwert im Zielbereich, tastet aber Helligkeit und Sättigung nicht an; oder

» die Füllmethode Farbe, sie ändert Farbwert und Sättigung, wirkt also etwas stärker.

Beide Füllmethoden wahren Relief und Gerüst des Originalmotivs.

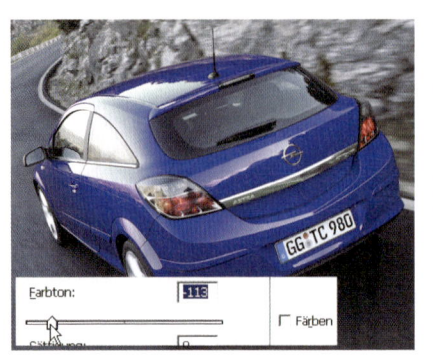

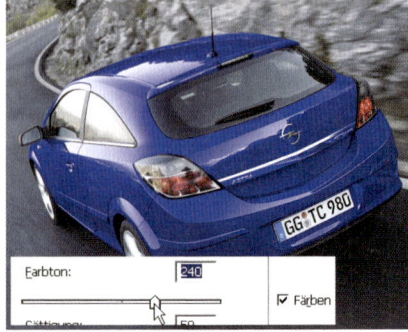

Abbildung 13.5 **Links:** Wir wählen die Karosserie mit Zauberstab und Schnellauswahl aus. **Mitte:** Ein »Farbton«-Wert von minus 113 führt zu einer Blaufärbung, allerdings stechen andersfarbige Reflexionen weiterhin heraus. **Rechts:** Wir schalten das Färben ein und müssen jetzt den »Farbton«-Regler auf 240 schieben. So tauchen Sie das Blech komplett einfarbig in Blau verschiedener Schattierungen, andere Farbtöne existieren innerhalb der Auswahl nicht mehr. Datei: Farbton_c

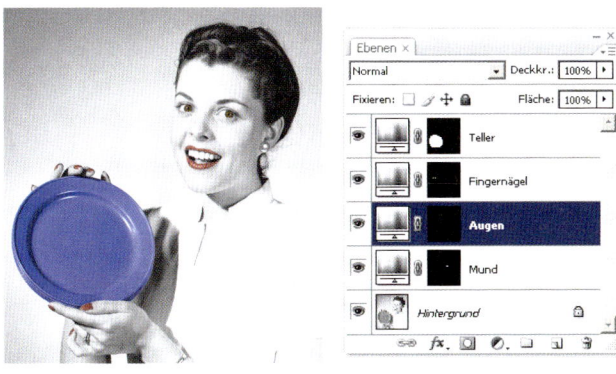

Abbildung 13.6 Wenn Bilddateien in Graustufen vorliegen, wandeln Sie zunächst nach RGB oder CMYK um. Um einzelne Zonen einzufärben, verwenden Sie zum Beispiel den Pinsel mit der passenden Vordergrundfarbe und der Füllmethode »Farbe«. Unsere Alternative hier: Der Befehl »Farbton/Sättigung« mit der Option »Färben« als Einstellungsebene mit Ebenenmaske. Datei: Farbton_d

Mögliche Verfahren

Wie Sie ein komplettes Bild tonen, besprechen wir weiter unten, hier geht es um Änderungen in einzelnen Zonen. Diese Möglichkeiten haben Sie, nur mit einer Einzelfarbe umzufärben:

» Die beste Kontraststeuerung für eine einfarbige, örtliche Tonung haben Sie mit dem Befehl **Bild: Anpassungen: Schwarzweiß** und seiner FARBTON-Option – sofern Sie eine Farbvorlage bearbeiten. Der Bereich muss aber ausgewählt oder mit einer Ebenenmaske abgegrenzt sein.

» Ebenfalls aus dem Untermenü **Anpassungen**: Stellen Sie im Dialog **Farbton/Sättigung** das FÄRBEN ein.

» Malen Sie mit dem Pinsel und der gewünschten Vordergrundfarbe, verwenden Sie dabei die Füllmethoden FARBTON oder FARBE.

» Mit dem Farbeimer oder mit dem Befehl **Bearbeiten: Fläche füllen** schütten Sie Farbe in abgegrenzte Zonen, dabei die richtige Füllmethode nicht vergessen.

» Unten in der Ebenenpalette klicken Sie auf NEUE FÜLL- ODER EINSTELLUNGSEBENE ERSTELLEN, nehmen die **Volltonfarbe**, stellen anschließend wieder die richtige Füllmethode ein und experimentieren eventuell mit der DECKKRAFT. Vorab Auswahl erstellen und/oder nachträglich mit Ebenenmaske arbeiten.

» Das Farbe-Ersetzen-Werkzeug tauscht per Mausbewegung die Farbe unter dem Zeiger gegen die aktuelle Vordergrundfarbe aus, der Modus FARBE ist schon voreingestellt.

13.2 Tonung

Sie wollen das komplette Bild einfarbig tonen? Eine kalte Blautonung, ein nostalgischer Sepiaeffekt, nichts ist unmöglich. Dazu bietet Photoshop reihenweise Verfahren, die wichtigsten besprechen wir nach der Übersicht genauer:

» Am übersichtlichsten und vielseitigsten: Sie wählen **Bild: Anpassungen: Schwarzweiß**, dort schalten Sie den FARBTON ein (auch verlustfrei als Einstellungsebene).

» Im selben Untermenü finden Sie **Farbton/Sättigung** und klicken auf FÄRBEN (auch verlustfrei als Einstellungsebene, aber anders als bei **Schwarzweiß** keine Kontraststeuerung).

» Oder nehmen Sie, ebenfalls unter **Bild: Anpassungen**, den **Kanalmixer**. Schalten Sie MONOCHROM ein und wieder aus, danach mixen Sie getonte Bilder (auch verlustfrei als Einstellungsebene).

» Im Camera-Raw-Dialog klicken Sie im Bereich HSL/GRAUSTUFEN auf IN GRAUSTUFEN KONVERTIEREN, danach gehen Sie ins Register TEILTONUNG, um mit ein bis zwei Farben zu tonen (auch verlustfrei, auch für TIFF und JPEG).

» Ihr Foto zeigt nur Graustufen, befindet sich aber in einem Farbmodus, dann gehen Sie auf **Bild: Anpassungen: Verlaufsumsetzung** (auch verlustfrei als Einstellungsebene).

» Sie verwenden **Bild: Anpassungen: Fotofilter** (auch verlustfrei als Einstellungsebene).

» Es geht auch per **Filter: Renderfilter: Beleuchtungseffekte**, im Klappmenü Lichtart schalten Sie DIFFUSES LICHT an (auch verlustfrei als Smart Filter).

» Ihr Foto befindet sich im **Graustufen**-Modus, dann gehen Sie auf **Bild: Modus: Duplex**. Dabei steuern Sie die Zahl der Druckfarben.

» Sie legen eine einfarbige Ebene über das Bild, zum Beispiel eine VOLLTONFARBE als Füllebene, dann verwenden Sie die Füllmethoden FARBE oder FARBTON und experimentieren mit der DECKKRAFT.

Reines Schwarz und Weiß werden nicht mitgetont. Wollen Sie Schwarz und Weiß mitbearbeiten, verändern Sie es vorab mit den **Gradationskurven** in Richtung Grau; oder probieren Sie es über die Helligkeitssteuerung im Dialogfeld, zum Beispiel mit dem Regler HELLIGKEIT im Dialog **Farbton/Sättigung**.

Abbildung 13.7
Alle Tonungen entstanden mit dem »Schwarzweiß«-Befehl. Wir haben zuerst die Vorgabe »Rotfilter« für dunkle Blautöne eingeschaltet und danach auf die Checkbox »Farbton« geklickt. **2. Abschnitt:** Farbton 40 Grad, Sättigung 25 Prozent. **3. Abschnitt:** Farbton 220 Grad, Sättigung 25 Prozent.
4. Abschnitt: Farbton 220 Grad, Sättigung 45 Prozent. Datei: Tonung_a

Befindet sich das Foto im Graustufenmodus, brauchen Sie zunächst einen Befehl wie **Bild: Modus: RGB-Farbe**, außer beim **Duplex**-Befehl. Ein einmal getontes Bild lässt sich später umtonen.

Tonen mit dem »Schwarzweiß«-Befehl

Der Befehl **Bild: Anpassungen: Schwarzweiß** (Strg + Alt + ⇧ + B) erzeugt nicht nur fein abgestimmte Schwarzweißumsetzungen, er produziert bestens auch einfarbige Tonungen; dazu schalten Sie unten den FARBTON ein. Anders als beim Befehl **Farbton/Sättigung** plus FÄRBEN-Option steuern Sie im **Schwarzweiß**-Dialog nicht nur die Färbung, sondern auch die Kontraste.

Ihr Bild erscheint wie ein Graustufenbild, das in der Dunkelkammer zum Beispiel mit einem Blau- oder Brauntoner behandelt wurde. Alle Farbtöne im Bild tauscht Photoshop gegen den gewählten Farbton aus; die unterschiedlichen Helligkeitswerte – verantwortlich für die Unterscheidung von Strukturen und Konturen – bleiben erhalten.

Steuern Sie die Farbstimmung

Die Färbung steuern Sie über den FARBTON-Regler. Rot liegt in diesem Fall ganz links auf dem FARBTON-Regler, bei 0 Grad; gehen Sie bis zur Mitte, auf 180 Grad, erhalten Sie ein cyan (blaugrün) getontes Bild. Danach geht es über Blau wieder zurück auf Rot zu. Sepia liegt bei etwa 27 Grad.

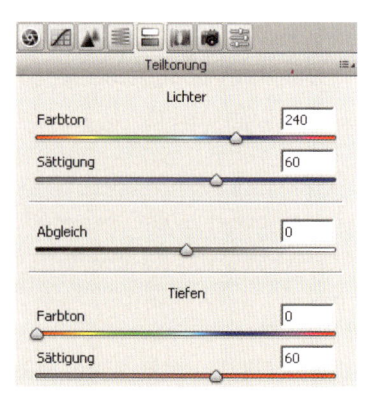

Abbildung 13.8 Die Vorlage wird im Camera-Raw-Dialog getont. Zunächst haben wir im Bereich HSL/GRAUSTUFEN die GRAUSTUFEN eingeschaltet und die Werte für Blautöne und Aquamarintöne gesenkt, so dass die blauen Partien des Originals in der getonten Version kräftiger herauskommen. Im Register TEILTONUNG tonen wir die LICHTER mit einem Blauton, die TIEFEN mit Rot. Datei: Tonung_b

Tonen mit dem »Schwarzweiß«-Befehl

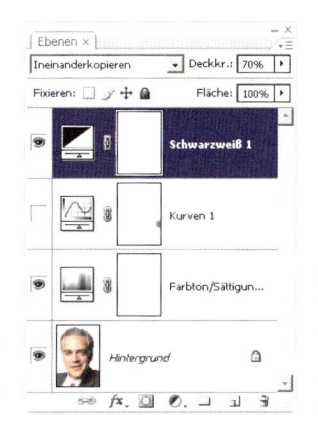

Abbildung 13.9
Die Einstellungsebene »Schwarzweiß« hat hier die Füllmethode »Ineinanderkopieren« mit 70 Prozent Deckkraft. So steigern Sie den Kontrast. Dateien: Tonung_d1 etc.

Der Regler SÄTTIGUNG bestimmt die Farbintensität. Meist reichen 20 bis 25 Prozent, darüber wird es grell.

Alternative: Klicken Sie auf das Farbfeld rechts neben den Reglern und bestimmen Sie Farbton und Sättigung direkt im Farbwähler.

Steuern Sie den Kontrast

Sofern Sie ein Farb- und kein Graustufenbild bearbeiten, regeln Sie die Kontraste nach Maß. Wir besprechen die Kontraststeuerung noch genauer im Abschnitt »Farbe in Graustufen umsetzen«, aber hier ein mögliches Procedere:

1. Wählen Sie oben in den Vorgaben zum Beispiel BLAUFILTER, dann erscheint Blaues dunkel und Rötliches hell; oder nehmen Sie ROTFILTER, damit Haut hell und Himmel dunkel herauskommt.
2. Jetzt erst schalten Sie die Checkbox FARBTON ein.
3. Steuern Sie FARBTON und SÄTTIGUNG nach Bedarf.
4. Soll ein bestimmter Farbton heller oder dunkler herauskommen? Klicken Sie bei geöffnetem Schwarzweißdialog auf den Bildbereich und ziehen Sie nach links oder rechts.

Andere Füllmethoden

Wenden Sie den **Schwarzweiß**-Befehl auch mit anderen Füllmethoden an; zum Beispiel, um Porträts mehr Kontrast und einen Hauch von Goldmetallic zu geben:

1. Halten Sie die Alt-Taste gedrückt und klicken Sie in der Ebenenpalette auf das Symbol NEUE FÜLL- ODER EINSTELLUNGSEBENE ERSTELLEN und dann auf **Schwarzweiß**.
2. Dank Alt-Taste sehen Sie das Dialogfeld NEUE EBENE. Stellen Sie den MODUS auf INEINANDERKOPIEREN. Sie erhalten ein kontrastreiches, farbiges Gesamtbild.
3. Klicken Sie im **Schwarzweiß**-Dialog testweise auf AUTO. Dieses Ergebnis hilft hier nicht immer weiter, also klicken Sie in einen Hautton und ziehen Sie nach links oder rechts. Oder ziehen Sie direkt an den Reglern für GELBTÖNE und ROTTÖNE.

Verfeinern Sie das Ergebnis durch Deckkraftänderungen oder Retuschen in der Ebenenmaske oder stellen Sie die Füllmethode der SCHWARZWEISS-Ebene auf HARTES LICHT um.

Behagt Ihnen die Färbung noch nicht, legen Sie auf dem Weg wie oben beschrieben noch eine Einstellungsebene **Farbton/Sättigung** dazu und ziehen Sie den FARBTON-Regler behutsam nach rechts oder links – so wechseln Sie zwischen rötlichem und gelblichem Schimmer. Eine Einstellungsebene **Gradationskurven** hilft bei der Kontraststeuerung.

DVD
Die Aktion »Kontraststeigerung mit Schwarzweiß-Befehl« von der Buch-DVD legt eine kontraststeigernde Schwarzweiß-Einstellungsebene an wie hier beschrieben. Zusätzlich entstehen Einstellungsebenen für GRADATIONSKURVEN und FARBTON/SÄTTIGUNG, jedoch zunächst ohne jede ändernde Wirkung.

Teil 4 • Verfremdung

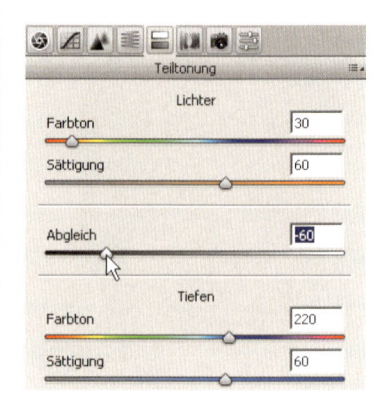

Abbildung 13.10 **Links:** Wir tonen im Raw-Dialog die Lichter mit einem Orangewert, die Tiefen mit Blau. **Mitte, rechts:** Wir ziehen den Abgleich auf minus 60. So setzt die Wirkung der Tiefen-Tonung schon bei helleren Tonwerten ein, das Bild bekommt mehr von der Tiefen-Farbe Blau.

Tonen mit dem Camera-Raw-Dialog

Mit dem Camera-Raw-Dialog stellen Sie ebenfalls Tonungen her, helle und dunkle Bereiche lassen sich sogar unterschiedlich einfärben. Der Camera-Raw-Dialog steht wohlgemerkt auch JPEG- und TIFF-Dateien offen; Sie können die Datei visuell unverändert, aber mit Ihren Korrekturanweisungen für die Tonung, weitergeben (Seite 144).

Zwei grundsätzliche Schritte sind erforderlich:

1. Zunächst öffnen Sie den Bereich HSL/Graustufen und klicken auf In Graustufen konvertieren. Sie erhalten als Zwischenergebnis eine Graustufenumsetzung, die Sie jetzt schon mit den Reglern nach Maß einstellen. Soll zum Beispiel eine sehr helle, blaue Planke in der Tonung kräftige Farben zeigen, ziehen Sie die Regler für Blautöne und Aquamarintöne nach links auf negative Werte. Die hellblaue Planke erscheint dann mit mittlerer Helligkeit, sie nimmt in der Tonung mehr Farbe an als sehr helle Bildteile. Testen Sie auch die Auto-Schaltfläche.

2. Gehen Sie ins Register Teiltonung , um mit ein bis zwei Farben zu tonen.

Tipp
Oft verwendet man nur eine sehr dezente Sättigung, die Färbung ist kaum zu erkennen. Um vorübergehend die Farben mit voller Kraft zu zeigen, ziehen Sie die Farbton-Regler mit gedrückter ⇧ -Taste.

Zweifarbige Tonung

Sie steuern Farbton und Sättigung separat für Lichter und Tiefen. Lassen Sie Photoshop zum Beispiel die helleren Bildpartien, also die Lichter, mit Rot einfärben. Die dunklen Passagen – die Tiefen – könnten Sie mit Blau färben. Über größere Helligkeitsbereiche hinweg mischen sich die zwei Farbtöne freilich, so dass die Rot-Blau-Kombination zu verschiedenen Lila-Schattierungen führt.

Tipp
Sie brauchen nur eine einfarbige Tonung im Raw-Dialog? Steuern Sie die Färbung zum Beispiel allein im Lichter-Bereich. Dazu setzen Sie den Abgleich auf plus 100 und die Sättigung bei den Tiefen auf 0.

Soll Photoshop genau bei mittleren Helligkeitswerten den Schwenk von Blaufärbung zu Rotfärbung vollziehen? Oder soll der Übergang schon früher einsetzen, bei Tönen, die etwas dunkler als der reine Durchschnitt sind? Das steuern Sie mit dem Abgleich-Regler. Ein negativer Wert wie minus 60 betont die Tiefen-Farbe, sie setzt sich dann stärker im Gesamtbild durch. Positive Zahlen dehnen die Lichter-Farbe auch auf dunklere Helligkeitswerte aus. Sind Sie mit dem Ergebnis noch nicht zufrieden, testen Sie immer auch eine andere Grauabmischung im Bereich HSL/Graustufen .

Duplexmodus

Duplexdateien erzeugen eine Farbwirkung mit ein bis vier Druckfilmen. Dabei übernehmen die einzelnen Farben nicht unterschiedliche Farbtöne, sondern unterschiedliche Helligkeitsstufen (vergleichbar der TEILTONUNG im Raw-Dialog). Kombinieren Sie etwa Schwarz und Magenta. So entsteht entweder eine flächige Tonung oder Sie heben nur ein Detail mit der Extrafarbe heraus, zum Beispiel ein Logo. Dagegen brauchen Sie für den üblichen CMYK-Druck vier Filme und Farben – das ist teurer.

Ein Beispiel: Sie drucken eine Datei im Duplexmodus mit Schwarz und Cyan; Schwarz gibt vor allem die dunklen Bildpartien wieder, um Tiefe zu erzeugen, Cyan die helleren Zonen. Sie erhalten einen blaugetonten Schwarzweißabzug.

Anwendung

Die Funktion in der Übersicht:

1. Wenn Sie eine Farbdatei haben, erzeugen Sie zunächst eine Graustufenabmischung nach Maß, zum Beispiel per **Bild: Anpassungen: Schwarzweiß** oder im Bereich HSL/GRAUSTUFEN des Raw-Dialogs.

2. Sie wählen **Bild: Modus: Graustufen** und gleich danach **Bild: Modus: Duplex**.

3. Sie geben oben im Klappmenü eine ART wie DUPLEX oder QUADRUPLEX vor.

4. Sie stellen die Farben ein, dann speichern Sie im Photoshop-PSD-Dateiformat, für die Weitergabe an Layoutprogramme auch als PDF oder EPS.

Ein Bild mit nur einer einzigen Farbe – die hier auch SONDERFARBE heißt – ist wie ein Graustufenbild, das statt mit schwarzer zum Beispiel mit blauer Farbe gedruckt wird. Duplex, Triplex und Quadruplex sind dagegen Graustufenbilder, die mit zwei, drei oder vier Druckfarben zu Papier gelangen, darunter meist Schwarz. Den Anteil der einzelnen Druckfarben steuern Sie über Gradationskurven. Als Extrafarbe verwenden Sie eine der üblichen Prozessfarben Magenta, Cyan oder Yellow oder auch eine spezielle Spotfarbe eines Druckfarbenherstellers. Photoshop schreibt eine Reihe von Voreinstellungen auf Ihre Festplatte; die LADEN Sie aus dem Photoshop-Verzeichnis »Vorgaben/Duplex«.

Tipp

Sie wollen die Farbwirkung des Duplex-Befehls beibehalten, die Bilddatei aber in anderen Programmen zeigen? Dann brauchen Sie einen gängigen Farbmodus, nicht ausgerechnet Duplex. Wählen Sie Bild: Modus: RGB-Farbe.

Abbildung 13.11 **Oben:** Um den Duplexmodus zu nutzen, legen Sie zunächst eine Graustufendatei an. **Mitte:** Die Druckfarben Cyan und Schwarz erzeugen eine Blautonung. **Unten:** Die Druckfarben Magenta und Schwarz färben das Bild rötlich. Vorlage: Tonung_c

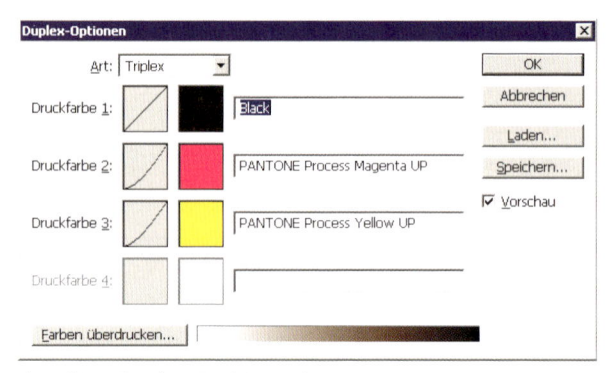

Abbildung 13.12 Mit Magenta und Gelb zusätzlich zu Schwarz entsteht ein Braunton. Klicken Sie auf das Farbfeld, um eine Farbe auszuwählen. Nach einem Klick auf die Gradationskurve steuern Sie, welchen Helligkeitsbereich die verwendete Farbe abdeckt.

13.3 Farbe in Graustufen umsetzen

»Schwarzweiß« ist en vogue. Auf Wohnzimmerwänden und in Galerien prangen die »Fine Prints« der neuen Art: »Entwickelt« in Photoshop, auf handgeschöpftem Edelpapier gedruckt von Printern, die drei verschiedene Schwarztinten goutieren – mindestens.

Aber wie soll das Grauergebnis herauskommen? Die Hauttöne extrahell oder mittel? Der Himmel so lala oder schwarz dräuend à la Altmeister Ansel Adams?

All das steuern Sie in Photoshop, sofern Sie ein Farbbild bearbeiten. Also: Fotografieren oder scannen Sie Ihre Motive zunächst stets farbig. Stellen Sie die Digitalkamera nicht auf GRAUSTUFEN. Aus der Farbvorlage kitzeln Sie erst in Photoshop Graustufenergebnisse heraus. Danach – und nicht früher – gehen Sie bei Bedarf in Photoshop auf den Befehl **Bild: Modus: Graustufen**, um Farbiges endgültig auszusperren und Arbeitsspeicher zu sparen.

Tipp
Wollen Sie reine Graustufen drucken, kann es sinnvoll sein, von RGB-Farbe zu den Farbmodi Graustufen oder CMYK-Farbe zu wechseln, beide zu finden im Untermenü Bild: Modus.

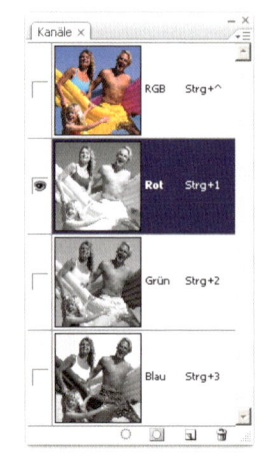

Abbildung 13.13
Links: Mit dem Schwarzweiß-Befehl steuern Sie die Umsetzung in Graustufen nach Maß. **Rechts:** Einen schnellen Überblick über die Wirkung der einzelnen Grundfarben liefert bereits die »Kanäle«-Palette, zu finden im »Fenster«-Menü. Klicken Sie eine Grundfarbe wie »Rot« einmal an, dann zeigt Photoshop im Bildfenster nur noch diesen Farbauszug.

Vorlage: Schwarzweiß_a    Sättigung 0 Prozent    Bild: Modus: Graustufen    Nur Rotkanal

Nur Grünkanal    Nur Blaukanal    Schwarzweiß-Befehl, alles 50 Prozent    Schwarzweiß-Befehl, Auto-Schaltfläche

Wege zu Graustufen

Unter anderem bietet Photoshop die folgenden Methoden von Farbe zu Graustufenwirkung:

» Am wichtigsten: Der Befehl **Bild: Anpassungen: Schwarzweiß** (Strg + Alt + ⇧ + B) erlaubt vielseitige Umwandlungen mit guter Kontraststeuerung. Wie stark die einzelnen Grundfarben im Gesamtergebnis durchschlagen, steuern Sie zum Beispiel über Schieberegler oder durch Ziehen in interessanten Farbbereichen. Wir besprechen den Befehl gleich ausführlich (auch verlustfrei als Einstellungsebene).

» Ähnlich zu geht es im Bereich HSL/GRAUSTUFEN des Camera-Raw-Dialogs. Dort sind die Farbbereiche allerdings etwas anders abgestimmt – Sie haben mehr Feinsteuerung für Hauttöne – und Sie können die Anteile eines Farbwerts nicht durch Ziehen im Bild verändern (auch verlustfrei, auch für TIFF und JPEG).

» Auch der Befehl **Bild: Anpassungen: Kanalmixer** erzeugt Graustufen, wenn Sie zuerst MONOCHROM einschalten; er ist jedoch unübersichtlicher als **Schwarzweiß**. Im Klappmenü bietet der **Kanalmixer** ein paar Vorgaben wie SCHWARZWEISS MIT BLAUFILTER (RGB); die kredenzt Ihnen auch der **Schwarzweiß**-Befehl – mit ähnlicher Bezeichnung, aber meist identischer Wirkung. Lediglich die **Kanalmixer**-Vorgaben SCHWARZWEISS-INFRAROT (RGB) und SCHWARZWEISS MIT ORANGEFILTER (RGB) liefern Ergebnisse ohne Pendant beim **Schwarzweiß**-Befehl (auch verlustfrei als Einstellungsebene).

Oder leiten Sie Graustufen unmittelbar aus einzelnen Grundfarben ab:

» Verwenden Sie eine einzelne Grundfarbe, bei RGB also Rot, Grün oder Blau. Klicken Sie in der Kanälepalette auf eine Einzelfarbe wie ROT, danach wählen Sie **Bild: Modus: Graustufen**. Sie erhalten nach Rückfragen eine speicherschonende Graustufendatei auf Basis des Einzelkanals.

» Sehen Sie sich alle einzelnen Grundfarben Ihres Bilds genauer an: Sie verwenden **Kanäle teilen** aus dem Menü der Kanälepalette; Photoshop erzeugt sofort ein separates Bildfenster für jeden Grundfarbenkanal in Graustufen (nur bei Dateien, die ausschließlich aus einer HINTERGRUND-Ebene bestehen, nicht bei Ebenenmontagen). Dabei bleibt allerdings kein unverändertes Originalbild zurück und Sie können den Befehl nicht widerrufen. Duplizieren Sie Ihr Farbbild also vorab per **Bild: Bild duplizieren**.

Teil 4 • Verfremdung

Schwarzweiß-Befehl, Blaufilter mit hohem Kontrast

Schwarzweiß-Befehl, Blaufilter

Schwarzweiß-Befehl, Gelbfilter

Schwarzweiß-Befehl, Grünfilter

Schwarzweiß-Befehl, Infrarot

Schwarzweiß-Befehl, Maximales Schwarz

Schwarzweiß-Befehl, Maximales Weiß

Schwarzweiß-Befehl, Neutrale Dichte

Schwarzweiß-Befehl, Rotfilter mit hohem Kontrast

Schwarzweiß-Befehl, Rotfilter

Kanalmixer, Schwarzweiß mit Orangefilter (RGB)

Kanalmixer, Schwarzweiß-Infrarot (RGB)

» Verschmelzen Sie mehrere Farbkanäle zu einem Graustufenergebnis. Aktivieren Sie in der Kanälepalette zwei Einzelkanäle mit gedrückter ⇧-Taste – dieses Zwei-Kanäle-Bild erscheint farbig auf dem Schirm. Dann gehen Sie auf **Bild: Modus: Graustufen**.

Nur in Sonderfällen nutzen Sie diese Verfahren, um von Farbe nach Graustufen zu wechseln:

» Im komplexen Befehl **Bild: Kanalberechnungen** wählen Sie als Quellen zwei einzelne Grundfarben wie Rot und Grün. Achten Sie zum Einstieg auf den überschaubaren Modus Normal und regulieren Sie mit der Deckkraft die Überblendung. Für helle Hauttöne empfiehlt sich eine Rot-Grün-Mischung. Als Ziel nehmen Sie eine Neue Datei; nach dem OK-Klick folgt noch der Befehl **Bild: Modus: Graustufen**.

» Legen Sie über Ihr Farbbild eine Ebene mit Neutralgrau und der Füllmethode Farbe; so entsteht bereits eine Graustufenwirkung. Zwischen diese beiden Ebenen klemmen Sie eine Einstellungsebene **Farbton/Sättigung**. Die Regler für Farbton und Sättigung erzeugen unterschiedliche Graustufenvarianten.

Graustufen mit dem »Schwarzweiß«-Befehl

Abbildung 13.14   2. Bild: Der »Schwarzweiß«-Befehl setzt die Farbvorlage zunächst nicht gut in Graustufen um. **3. Bild:** Bei geöffnetem »Schwarzweiß«-Dialog klicken wir in den rötlichen Fels und ziehen nach rechts. Der »Rottöne«-Wert im Dialogfeld steigt von 40 auf 140 Prozent, das Gestein ist deutlich heller. **4. Bild:** Bei weiterhin offenem »Schwarzweiß«-Dialog klicken wir in den Himmel und ziehen nach links; so wird dieser Farbbereich dunkler, »Cyantöne« sinken im Dialogfeld von 60 auf 20 Prozent. Datei: Schwarzweiss_b

» Mit dem Befehl **Bild: Anpassungen: Verlaufsumsetzung** wenden Sie einen Graustufenverlauf auf die Helligkeitswerte in Ihrem Bild an. Jeder Helligkeitswert erhält einen Tonwert aus dem Graustufenverlauf – eine eher experimentelle Lösung (auch verlustfrei als Einstellungsebene).

Oder testen Sie diese Vorgehensweisen:

» Senken Sie per **Farbton/Sättigung** (Strg + U) die SÄTTIGUNG auf null Prozent. Dasselbe bewirkt der **Bild**-Befehl **Sättigung verringern** (⇧ + Strg + U) oder Sie setzen im **Schwarzweiß**-Dialog alles auf 50 Prozent. Sie erhalten jeweils ein sehr kontrastarmes Ergebnis.

» Wenden Sie auf das Farbbild sofort den Befehl **Bild: Modus: Graustufen** an. Das Bild wird – nach Rückfragen – ohne jede Feinsteuerung in Graustufen umgewandelt. Die Funktion gewichtet die Bildfarben nach ihrer subjektiven Helligkeit: Blau mit 11, Grün mit 59 und Rot mit 30 Prozent. Das Ergebnis präsentiert sich kontrastreicher als reines Absenken der Farbsättigung und Sie sparen Arbeitsspeicher.

» Wählen Sie **Bild: Modus: Lab-Farbe** und klicken Sie in der Kanälepalette auf den Kanal LAB-HELLIGKEIT – Photoshop zeigt ein gut durchgezeichnetes Graustufenbild. Wollen Sie dabei bleiben, heißt es jetzt **Bild: Modus: Graustufen**.

Graustufen mit dem »Schwarzweiß«-Befehl

Der Befehl **Bild: Anpassungen: Schwarzweiß** (Strg + Alt + ⇧ + B) erste Wahl für den Weg von Farbe nach Graustufen ist. Welche Farbe wie hell im Graustufenergebnis hervortritt, das steuern Sie hier bequem:

» Schon beim Aufrufen schlägt die Funktion automatisch eine Grauabmischung vor, mit der Sie weiterarbeiten können. Wollen Sie zehn Regländerungen später zu dieser Einstiegsvariante zurückkehren, drücken Sie wie immer die Alt -Taste und klicken auf ZURÜCKSETZEN.

» Die AUTO-Schaltfläche sorgt stante pede für ein sehr kontrastreiches Ergebnis, das Sie bei Bedarf verfeinern.

» Klicken Sie bei geöffnetem Dialogfeld einen Farbton im Bildfenster an, der im Grauergebnis heller oder dunkler erscheinen soll. Ziehen Sie bei gedrückter Maustaste nach links, um den Farbton abzudunkeln. Ziehen nach rechts hellt den Farbton auf. Der Mauszeiger erscheint als Hand mit Doppelpfeil. Ein Beispiel: Klicken Sie auf blauen Himmel und ziehen Sie bei gedrückter Maustaste nach links. So wird der Himmel – nein, alles Blaue im Bild – dunkler. Ziehen Sie nach rechts, hellen Sie die Blautöne auf. Die Schieberegler für CYANTÖNE oder BLAUTÖNE ändern sich entsprechend mit.

» Verfeinern Sie das Ergebnis mit den Schiebereglern. Heben Sie den Wert für die ROTTÖNE an, wenn vormals Rotes im Grauergebnis heller erscheinen soll. Blauer Himmel soll dunkler wirken? Dann senken Sie BLAUTÖNE und CYANTÖNE ab. Am Grauverlauf über dem Regler erkennen Sie, wie hell oder dunkel der gewählte Farbbereich gerät. Auf diese Art entstehen auch Graustufen im Bereich HSL/GRAUSTUFEN des Camera-Raw-Dialogs.

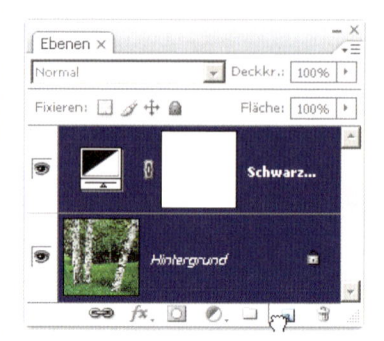

Abbildung 13.15 Wir legen eine »Schwarzweiß«-Einstellungsebene mit der »Infrarot«-Vorgabe an. Anschließend wählen wir per Umschalt-Klick beide Ebenen gemeinsam aus und ziehen sie auf das Symbol »Neue Ebene erstellen« unten in der Palette, um sie zu duplizieren. Datei: Schwarzweiß_c

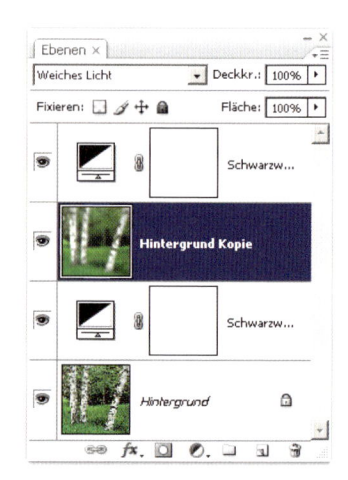

Abbildung 13.16 Wir klicken in der Palette auf die Ebene »Hintergrund Kopie«, so dass nur diese Ebene ausgewählt ist. Der Befehl »Filter: Weichzeichnungsfilter: Tiefenschärfe abmildern« zeichnet die Ebene kräftig weich. Oben stellen wir die Füllmethode von »Normal« auf »Weiches Licht« um.

Tipp

Sie wollen die GELBTÖNE wieder auf den Wert zurücksetzen, den Photoshop gleich beim Aufrufen des Schwarzweiß-Befehls vorgeschlagen hatte? Drücken Sie die Alt-Taste und klicken Sie auf das gelbe Kästchen rechts über dem Regler für die GELBTÖNE. Für andere Farbbereiche funktioniert das auch.

»Schwarzweiß« automatisieren

Sofern Sie die kostenlosen »Dr. Brown's Services« verwenden (Seite 558), starten Sie eine **Schwarzweiß**-Stapelumwandlung auch aus Bridge heraus: Markieren Sie die gewünschten Bilder in Bridge und wählen Sie dort **Werkzeuge: Dr. Brown's Services: Dr. Brown's Black-n-White**.

Beim ersten Foto richten Sie die **Schwarzweiß**-Werte nach Wunsch ein. Die weiteren Bilder erhalten die gleichen Vorgaben. Die Dateien landen im Unterverzeichnis »Black-n-White« innerhalb des verwendeten Verzeichnisses.

Abbildung 13.17 **1. Bild:** Wir stellen die Füllmethode für das obere, weichgezeichnete Bild auf »Ineinanderkopieren«. **2. Bild:** Füllmethode »Aufhellen«. **3. Bild:** Füllmethode »Negativ multiplizieren«.

Der Graustufen-Modus

Sie sind mit Ihrer Grauumsetzung endgültig zufrieden und wollen keinerlei Farbe mehr im Bild verwenden? Keine Tonung, kein buntes Detail? Dann können Sie **Bild: Modus: Graustufen** wählen. Je nach Situation bombardiert Photoshop Sie mit Zwischenfragen, ob Sie nicht erst etwas anderes erledigen möchten. Statt der drei Schichten für Rot, Grün und Blau hat Ihr Foto jetzt nur noch eine Grauschicht – zum Beispiel 1x8 Bit statt 3x8 Bit.

Sie sparen also zwei Drittel Arbeitsspeicher (auch wenn das bei modernen Rechnern nicht sehr ins Gewicht fällt). Bei Dateiformaten, die nicht komprimieren, sparen Sie auch zwei Drittel Festplattenplatz; die sind jedoch kaum en vogue. Bei komprimierenden Dateitypen wie JPEG oder TIFF mit LZW-Komprimierung bringt der Wechsel von Farbe zu Graustufen oft nur zehn bis 35 Prozent Gewinn auf der Festplatte, bei PSD-Dateien fällt der Unterschied auch mal größer aus.

Soll die Datei doch noch einmal Farbe aufnehmen, wechseln Sie zurück in einen Farbmodus, zum Beispiel mit dem Befehl **Bild: Modus: RGB-Farbe**.

Graustufen mit Farbtupfer

Sie wollen ein Graustufenbild zeigen, bei dem ein Detail farbig bleibt. Sofern Sie eine Farbvorlage verwenden und der bunte Bildausschnitt soll die Originalfarben behalten, bieten sich mehrere Verfahren an.

Abbildung 13.18 Über dem Farbbild liegt eine graue Farbfüllung im Modus »Farbe«, dazwischen befindet sich der Befehl »Farbton/Sättigung« als Einstellungsebene. Mit den Reglern für »Farbton« und »Sättigung« steuern Sie die Schwarzweißumsetzung. Datei: Schwarzweiss_d

Teil 4 • Verfremdung

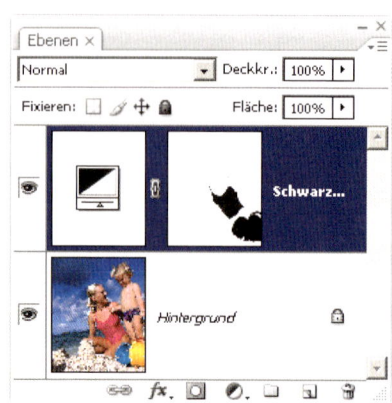

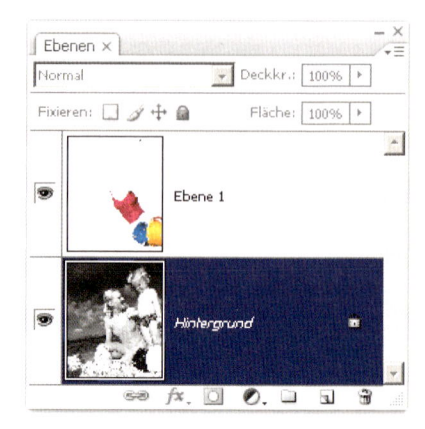

Abbildung 13.19 Für dieses Ergebnis bieten sich zwei zwei unterschiedliche Wege an. **Erste Ebenenpalette:** Die »Schwarzweiß«-Funktion liegt als Einstellungsebene über dem Bild, der bunte Bereich wird per Einstellungsebene vor Veränderung geschützt. **Zweite Ebenenpalette:** Bei diesem alternativen Verfahren haben wir aus der Farbvorlage heraus die bunten Details auf eine neue »Ebene 1« gehoben. Danach wurde die komplette »Hintergrund«-Ebene mit dem »Schwarzweiß«-Befehl auf Graustufen gesetzt.
Datei: Schwarzweiß_e

» Im farbigen Original wählen Sie den Bildteil aus, der Farbe behalten soll; Sie kehren die Auswahl mit Strg + ⇧ + I um; Sie klicken unten in der Ebenenpalette auf Neue Füll- oder Einstellungsebene erstellen, nehmen **Schwarzweiß** und steuern die Grauumsetzung nach Maß. Dabei entsteht automatisch eine Ebenenmaske, die Ihr Hauptmotiv farbig lässt.

» Im farbigen Original wählen Sie den Bildteil aus, der Farbe behalten soll; Sie heben den Bereich mit Strg + J auf eine neue Ebene; Sie klicken in der Ebenenpalette einmal auf die darunterliegende ursprüngliche Ebene, meist die Hintergrund-Ebene; wenden Sie den **Schwarzweiß**-Befehl an, entweder als Einstellungsebene oder direkt per **Bild: Anpassungen: Schwarzweiß**.

Egal, ob Sie zu großzügig oder zu eng ausgewählt haben: Beim ersten Verfahren können Sie die Auswahl in der Ebenenmaske bequem verkleinern oder vergrößern. Bei der zweiten Technik wählen Sie zunächst eher zu viel aus. Sobald der Bildausschnitt auf einer neuen Ebene liegt, können Sie ihn per Ebenenmaske oder Radiergummi immer noch verkleinern; erweitern um fehlende Bildpunkte lässt er sich dagegen nicht mehr.

Farbtupfer für Graustufenvorlagen

Anders ist die Situation, wenn Sie von einer Graustufenvorlage ausgehen oder der bunte Bildausschnitt soll nicht die Originalfarben zeigen. Dann müssen Sie den bunten Bereich umfärben oder tonen (Seite 336).

13.4 Farbverfremdung

Photoshop bietet viele Möglichkeiten für Falschfarbenspiele, zwei besprechen wir hier:

» Verzerren Sie die **Gradationskurve** (auch verlustfrei als Einstellungsebene).

» Per **Verlaufsumsetzung** tauschen Sie die Helligkeitsbereiche eines Bilds gegen die Farben auf einem Farbverlauf (auch verlustfrei als Einstellungsebene).

Tipp
Kehren Sie die Farbverfremdung in ihr Negativ um, vielleicht sieht das noch besser aus. Am bequemsten ist das als Einstellungsebene: Klicken Sie zunächst einmal auf die oberste Ebene in der Ebenenpalette, dann unten in der Palette auf Neue Füll- oder Einstellungsebene erstellen *und auf* **Umkehren**. *Oder testen Sie eine* Farbton-*Verschiebung; dazu nehmen Sie* **Farbton/Sättigung** *als Einstellungsebene (Seite 336).*

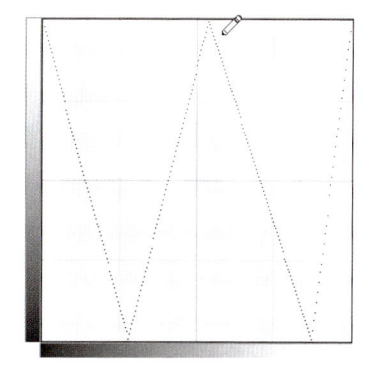

Abbildung 13.20 Starke Verzerrungen mit dem Bleistiftwerkzeug verfremden Farben und Kontraste. Um Geraden wie hier zu ziehen, halten Sie die ⇧-Taste gedrückt und klicken nur die Eckpunkte an. Damit der dunkle Felsvorsprung hell erscheint, beginnt die Kurve links – bei den Schatten – ganz oben. Um den hellen Sand dunkel zu zeigen, achten wir darauf, dass die Kurve rechts außen unten verläuft: Helles wird so dunkel gezeigt. Vorlage: Gradation_b

Verfremdungen mit den »Gradationskurven«

Der Befehl **Bild: Anpassungen: Gradationskurven** (Strg+M) liefert nicht nur feine Kontrastkorrekturen (Seite 218), sondern auch bizarre Solarisationseffekte. Dazu ziehen Sie die Kurve mit harten Ecken durchs Koordinatennetz; Sie verurteilen helle Bildpunkte zum Schattendasein und zerren dunkle Zonen ans Licht.

Ähnliches erledigt auch der **Stilisierungsfilter: Solarisation** im **Filter**-Menü, aber ohne jede Feinsteuerung. Noch stärkere Verfremdungen erzielen Sie, wenn Sie die Grundfarben wie Rot oder Grün separat verfremden – so bringen Sie auch Farbe in Graustufenvorlagen (die Sie zuvor in einen Farbmodus wie **RGB-Farbe** konvertieren).

Soll die Gradationskurve über einen bestimmten Tonwertbereich hinweg linealgerade verlaufen, drücken Sie die ⇧-Taste – dann klicken Sie nur noch Anfangs- und Endpunkte des Tonwertbereichs ins Diagramm – waagerecht, senkrecht oder diagonal. Eine Gradationskurve in Treppenform sorgt für plakative Tontrennung; die bietet handlicher, aber weniger frei auch der Befehl **Bild: Anpassungen: Tontrennung** an. Kehren Sie die Kurve komplett um, erhalten Sie ein Negativ nach Art des **Bild**-Befehls **Anpassungen: Umkehren**.

Tipp

Nehmen Sie ein paar extreme Lichter und Schatten mit herein, damit das Bild Tiefe und Durchzeichnung erhält. Führen Sie also die Gradationskurve mindestens je einmal an den oberen und unteren Rand des Gradationsdiagramms.

DVD

Im Aktionenset zu diesem Buch finden Sie die Aktion »Verfremdung – Gradationskurve«. Das aktive Bild wird dupliziert, in ein Smart Objekt verwandelt, dann mit einer verzerrten Gradationskurve und mit Weichzeichner ausgestattet. Sie können Weichzeichnung und Kurvenverlauf jederzeit ändern, das Original bleibt im Hintergrund erhalten.

Das Bleistiftwerkzeug

Klicken Sie im Gradationsdialog auf den Bleistift, biegt sich die Gradationskurve nicht mehr wie ein Gummiband; stattdessen lässt sie sich für jeden Tonwert einzeln umgestalten. Während Sie bei der Arbeit mit dem Kurvensymbol immer einen recht weiten Tonwertbereich erfassen, malen Sie mit dem Bleistift Ecken und verändern nur handverlesene, einzelne Tonwerte.

Klicken Sie auf Glätten, wenn die harten Sprünge im Gradationsverlauf allzu harte Kontrastsprünge im Bild erzeugen; diese Schaltfläche gibt es nur bei der Arbeit mit dem Bleistift. Auch ein Klick auf das Kurvensymbol glättet die Gradationsgebirge und versieht die Kurve mit Ankerpunkten, die zu weiteren Anpassungen einladen.

Wollen Sie eine stark veränderte Kurve Schritt für Schritt auf die Standarddiagonale zurückführen, dann klicken Sie im Dialogfeld zunächst das Bleistiftwerkzeug an. Jetzt steht die Schaltfläche Glätten zur Verfügung; mit jedem Klick rückt sie den Graphen wieder ein Stück weit in die ursprüngliche 45-Grad-Ausrichtung, das Bild nähert sich peu à peu seiner ursprünglichen Wirkung.

Teil 4 • Verfremdung

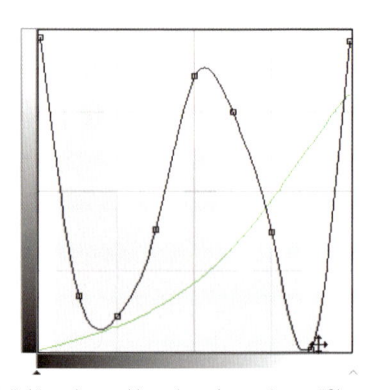

Abbildung 13.21 Links: Weichzeichnung der Vorlage führt zu Farbsäumen. **Mitte:** Wir haben in der Gradationskurve die Grüntöne abgesenkt, so dass sie aus dem größten Teil des Bilds verschwinden. **Rechts:** Beim Wechsel vom Bleistift- in den Kurvenmodus wird das Bild leicht geglättet. Außerdem enstehen Griffpunkte – überflüssige ziehen Sie einfach aus dem Diagramm heraus. Eine Alternative wäre die Schaltfläche »Glätten«.

3D-Effekt per Gradationskurve

Die Gradationskurve erzeugt auch 3D- und Rahmeneffekte. Zunächst erzeugen Sie ein weichgezeichnetes Objekt, zum Beispiel Schwarz auf Weiß.

Die Konturen des Objekts erstrecken sich durch die Weichzeichnung über alle Helligkeitsstufen. Per Gradationskurve greifen Sie dann einzelne Helligkeitsbereiche heraus, um sie drastisch anzuheben oder abzusenken. Setzen Sie Helligkeitsstufen auch in Farben um – dazu verformen Sie Gradationskurven für einzelne Farbkanäle.

Formen Sie die Gradationskurve erst grob im Bleistiftmodus ✏. Dann regeln Sie Feinheiten und Übergänge im Kurvenmodus ◠. Schon der reine Wechsel von Bleistift ✏ zu Kurven ◠ weicht Ecken in der Kurve und Kontrastsprünge im Bild auf. Überflüssige Griffpunkte ziehen Sie wie immer einfach aus der Gradationskurve heraus.

Tipp

*Sofern Sie für Farbverfremdungen ein Graustufenmotiv nach CMYK konvertieren, achten Sie darauf, dass nicht die gesamte Information in den Schwarzkanal geschrieben wird; dies passiert, wenn Sie per **Bearbeiten: Farbeinstellungen** das Eigene CMYK nehmen und bei GCR den Schwarzaufbau auf ein Maximum setzen. Verwenden Sie hier keine oder wenig Schwarzerzeugung, so dass die CMY-Farbkanäle gleichmäßig Farbe abbekommen.*

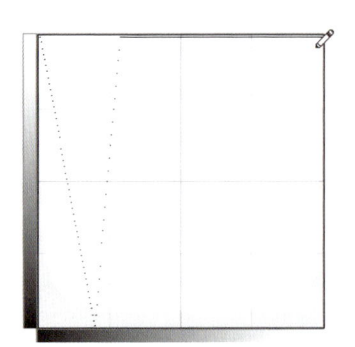

Abbildung 13.22 Die Textebene wird mit »Gaußscher Weichzeichner« abgesoftet und dabei gerastert. Die Gradationskurve verwandelt die dunkelsten, inneren Töne in Weiß. Der Zeiger wurde im Bleistiftmodus bei gedrückter ⇧-Taste links oben ins Diagramm gesetzt und nach unten geführt.

»Verlaufsumsetzung«

Ebenentechnik

Auf zwei unterschiedliche Arten schaffen Sie die Voraussetzungen für die Textverfremdung:

» Sie legen die Textebene über einer weißen Ebene an, dann verschmelzen Sie die Textebene mit der weißen Ebene (Strg + E) und beginnen mit der Verfremdung per **Gradationskurven**.

» Sie verwandeln die Textebene in ein Smart Objekt (**Filter: Für Smartfilter konvertieren**); dann wählen Sie **Filter: Weichzeichner: Gaußscher Weichzeichner**; der Weichzeichner erscheint als Smart Filter in der Ebenenpalette; unten in der Ebenenpalette klicken Sie auf den Button NEUE FÜLL- ODER EINSTELLUNGSEBENE ERSTELLEN und wählen die **Gradationskurven**. Weichzeichnung und Gradationskurven können Sie bei diesem Konglomerat jederzeit neu einstellen.

DVD
Die mitgelieferte Aktion »Verfremdung – Gradationskurve für Text« erzeugt den hier beschriebenen Effekt. Die Aktion legt eine neue weiße Ebene an und fordert dann zur Texteingabe auf. Weichzeichnung und Gradationskurven lassen sich anschließend über die Ebenenpalette neu einstellen.

»Verlaufsumsetzung«

Der Befehl **Bild: Anpassungen: Verlaufsumsetzung** wendet einen Verlauf auf die Helligkeitsstufen Ihres Bilds an: Die Farben links im Verlauf ersetzen die dunklen Tonwerte Ihrer Vorlage, die Farben rechts im Verlauf überlagern die hellen Tonwerte.

Durch einen Klick auf den Verlaufsbalken laden Sie das Dialogfeld VERLAUF BEARBEITEN (alle Details zu Farbverläufen ab Seite 320). Die Schaltfläche mit dem gekippten Dreieck zeigt die aktuelle Bibliothek mit Verläufen.

DVD
Die mitgelieferte Aktion »Verfremdung – Verlaufsumsetzung« legt die Verlaufsumsetzung als Einstellungsebene über das Bild. Zusätzlich entstehen die Einstellungsebenen Gradationskurven und Schwarzweiß, mit denen Sie das Ergebnis verfeinern. Weil Sie meist nur eine dieser zwei Einstellungsebenen brauchen, werden die Gradationskurven zunächst ausgeblendet.

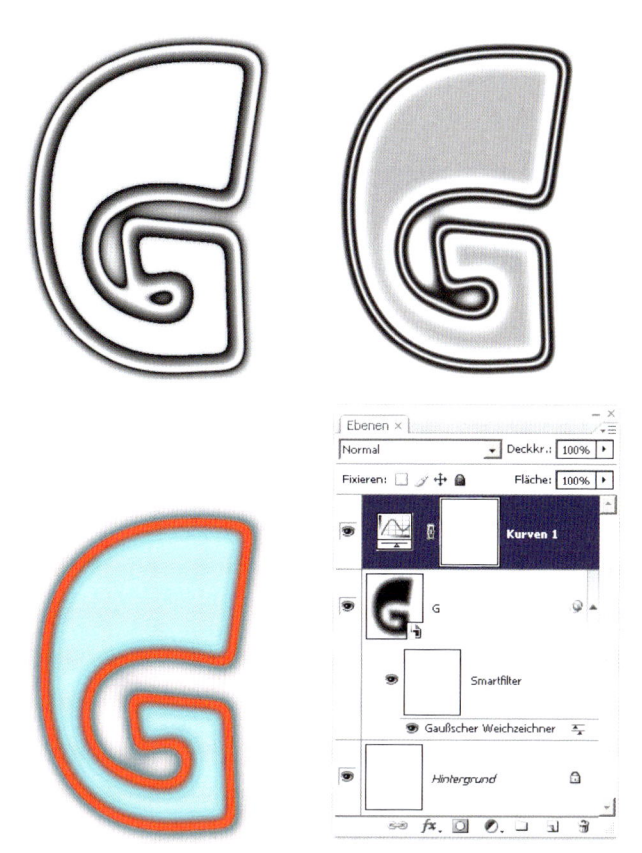

Abbildung 13.23 Wellenlinien in der Gradationskurve erzeugen Neoneffekte. Harte Knicke in der Gradationskurve, zum Beispiel per Bleistiftwerkzeug, sorgen für harte Kontraste im Ergebnis. Das farbige Bild entstand durch zusätzlich Verzerrungen in der »Rot«-Kurve. Die Textebene wurde in ein Smart Objekt verwandelt, Gradationskurven und Weichzeichner lassen sich jederzeit ändern. Datei: Gradation_c

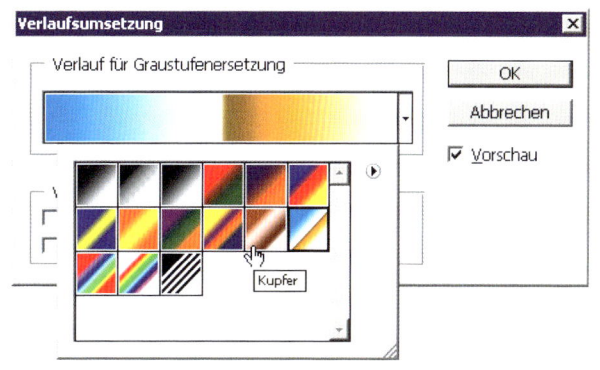

Abbildung 13.24 Die »Verlaufsumsetzung« garantiert verblüffende Farbeffekte in Farbbildern. Sie eignet sich zudem für effektvolles Einfärben oder behutsames Tonen von Graustufenbildern (die Sie mit **Bild: Modus: RGB-Farbe** präparieren).

Teil 4 • Verfremdung

Abbildung 13.25 Die »Verlaufsumsetzung« wendet Farbverläufe auf Helligkeitsunterschiede an. Vorlage: Verlaufsumsetzung_a

Variieren Sie die Ergebnisse

Schnelle Variationen schaffen Sie mit der Umkehren-Checkbox in der **Verlaufsumsetzung**. Die Ergebnisse lassen sich aber noch weiter verfeinern. Legen Sie die **Verlaufsumsetzung** zunächst als Einstellungsebene über der Hintergrund-Ebene an. Dann klicken Sie einmal auf die Hintergrund-Ebene in der Palette, so dass die nun folgenden Einstellungsebenen zwischen der Hintergrund-Ebene und der Einstellungsebene Verlaufsumsetzung entstehen. Klicken Sie unten in der Ebenenpalette auf Neue Füll- oder Einstellungsebene erstellen (Seite 615), um mit den folgenden Funktionen zu experimentieren:

» Nehmen Sie die **Gradationskurven** und dehnen Sie den Kontrastumfang des Bilds maximal aus. Nur so nutzen Sie auch den vollen Umfang des Farbverlaufs. Klicken Sie zum Beispiel in den **Gradationskurven** auf Optionen und dann auf Kontrast kanalweise verbessern (Seite 228). Oder:

» Nehmen Sie **Schwarzweiß** (Seite 347) und testen Sie verschiedene Umsetzungen wie Rotfilter – so erscheint rötliches heller – oder Blaufilter, um Blaues aufzuhellen. Die **Verlaufsumsetzung** auf der Einstellungsebene darüber reagiert ja ohnehin nur auf Helligkeitsunterschiede; Sie erhalten je nach Vorgabe im **Schwarzweiß**-Dialog ganz unterschiedliche Farbenspiele.

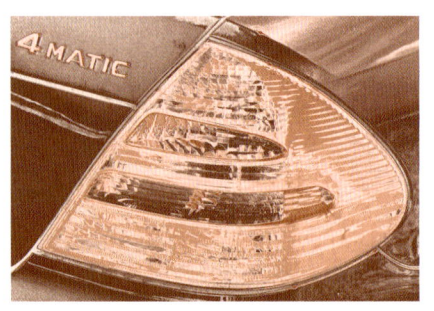

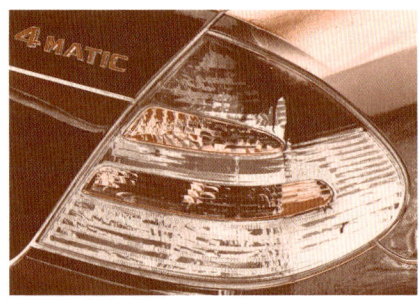

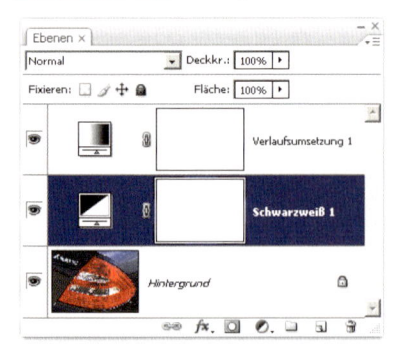

Abbildung 13.26 Zwischen der »Verlaufsumsetzung« und dem Foto liegt hier noch die Einstellungsebene »Schwarzweiß«. Die Unterschiede entstehen hier nur durch Änderungen im »Schwarzweiß«-Dialog. Datei: Verlaufsumsetzung_b

Strichgrafik

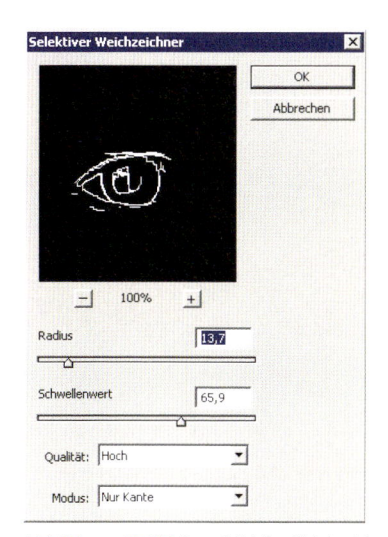

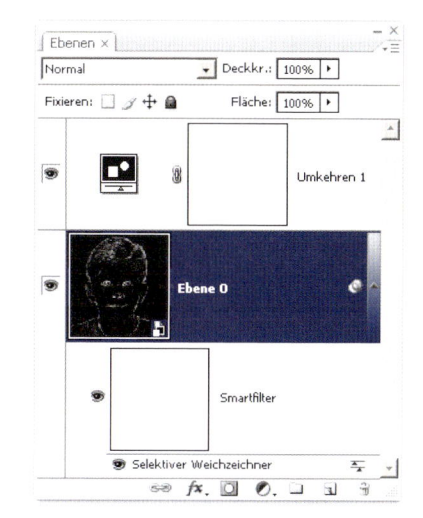

Abbildung 13.27 Der »Selektive Weichzeichner« erzeugt zunächst weiße Linien auf schwarzem Grund, die Sie mit dem Befehl »Umkehren« zu Schwarz auf Weiß verwandeln. **Rechts:** Hier liegen »Selektiver Weichzeichner« und »Umkehren« abschaltbar auf der Ebenenpalette: Datei: Strichgrafik_b1

13.5 Strichgrafik

Umgewandelt in Schwarzweißskizzen, zeigen Ihre Fotos einen ganz eigenen Charme: Strichgrafiken abstrahieren und reduzieren den Blick auf die wesentlichen Umrisse eines Motivs. Sie wirken wie Handskizze, technische Zeichnung oder alter Stich – einfach Hingucker, geeignet für Porträts, Architektur oder Sachaufnahmen. Verwenden Sie Strichgrafiken auch, wenn Sie Ihre Drucksachen mit Schwarzweißkopierern vervielfältigen oder faxen.

Allerdings: Wer in Photoshop eine Strichgrafik anlegen will, erhält oft nur grobe schwarze und weiße Flächen. Verfolgen Sie hier mit, wie eine Liniengrafik nach Maß entsteht.

Strichgrafik mit »Selektivem Weichzeichner«

Ein schneller möglicher Weg zur Strichgrafik führt über den **Selektiven Weichzeichner**. Die Ergebnisse wirken allerdings einen Tick zittrig:

1. Der Befehl heißt **Filter: Weichzeichnungsfilter: Selektiver Weichzeichner**.

2. Die Qualität stellen Sie auf Hoch, den Modus auf Nur Kante. Sie sehen in der Vorschau nur weiße Linien auf Schwarz. Experimentieren Sie mit Radius und Schwellenwert, bis Ihnen die Grafik grundsätzlich gefällt, dann klicken Sie auf OK.

3. Wählen Sie **Bild: Anpassungen: Umkehren** (Strg+I); damit erhalten Sie schwarze Linien auf weißem Grund.

Strichgrafik mit »Hochpass« und »Schwellenwert«

Dies ist der genaueste Weg zu einer Strichgrafik:

1. Wandeln Sie Ihr Bild in den Graustufenmodus um, zum Beispiel über die Befehle **Bild: Anpassungen: Schwarzweiß** (Seite 347) und **Bild: Modus: Graustufen**. Dieser Schritt ist nicht zwingend erforderlich.

2. Wählen Sie **Filter: Sonstige Filter: Hochpass**. Dieser Filter arbeitet helle Stellen und Konturen heraus und betont die Umrisse. Je kleiner der Radius-Wert, umso dünner wird die Kontur; testen Sie Vorgaben wie 1,0 oder 1,5 Pixel.

3. Wählen Sie **Filter: Weichzeichnungsfilter: Gaußscher Weichzeichner** mit einer deutlichen Absoftung, zum Beispiel dem Radius 5. Diese Funktion glättet das Ergebnis, tilgt aber auch Details.

4. Nun folgt **Bild: Anpassungen: Schwellenwert**. Diese Funktion reduziert die Vorlage auf reines Schwarz und Weiß. Testen Sie Werte von 127 bis 129.

Prüfen Sie das Ergebnis unbedingt in der Zoomstufe 100 Prozent (Doppelklick auf die Lupe 🔍).

Teil 4 • Verfremdung

Abbildung 13.28 **2. Bild:** 1,0 für den Gaußschen Weichzeichner, 2,0 für den »Hochpass«, so entstehen relativ dünne Linien mit viel Detailzeichnung. **3. Bild:** Wir verwenden hohe Werte: 3,5 für »Gaußschen Weichzeichner« und 5,0 für den »Hochpass«. Sie erhalten breite, relativ abgerundete Linien. Vorlage: Strichgrafik_a

DVD

Unsere mitgelieferte Aktionensammlung enthält die Aktion »Verfremdung – Strichgrafik sofort«. Sie erstellt ein Duplikat Ihrer Vorlage, verwandelt es bei Bedarf in Graustufen und erzeugt dann wie oben beschrieben eine Strichgrafik mit Hochpass, Gaußschem Weichzeichner und Schwellenwert direkt aus den Originalpixeln. Die Variante »Verfremdung – Strichgrafik mit Smartfiltern« legt alle Änderungen als Smart Filter oder Einstellungsebene an. Sie können also die Werte jederzeit ändern. In beiden Fällen können Sie die Linien nach einer Bildschirmmeldung noch einfärben.

Weitere Schritte mit der Strichgrafik

Fegen Sie schwarze Krümel weg, färben Sie Ihre Strichgrafik ein, legen Sie das Ergebnis über Farbgrafiken.

Schwarze Streusel wegretuschieren

Zeigt Ihre Strichgrafik um das Hauptmotiv herum noch störende schwarze Krümel? Die entfernen Sie leicht mit dem Pinsel (Kurztaste B) und weißer Vordergrundfarbe (Taste D, dann X). Laden Sie eventuell die Pinselvorgaben **Quadratische Spitzen**. Sie arbeiten mit harter Kante ohne jeden weichen Übergang; der würde im Bildergebnis stören.

Sind die Zonen größer, umfahren Sie die lästigen Punkte mit dem Lasso und nehmen **Bearbeiten: Fläche füllen** mit Weiss. Alternative: Senken Sie den Schwellenwert geringfügig, um Schwarz generell zurückzudrängen. Oder probieren Sie es mit dem Befehl **Filter: Sonstige Filter: Helle Bereiche vergrößern**.

Schwarze Streusel per Auswahl entfernen

Mit etwas Vorbereitung entfernen Sie die schwarzen Streusel besonders bequem. Beginnen Sie noch vor dem ersten Filter-Befehl:

1. Schalten Sie mit der Taste W den Zauberstab ein.
2. Oben in den Einstellungen nehmen Sie eine 20er-Toleranz ohne Glätten, aber mit der Option Benachbart.
3. Halten Sie die ⇧-Taste gedrückt und klicken Sie mehrfach in den Himmel, bis er grob ausgewählt ist – ganz genau kommt es nicht drauf an.
4. Speziell bei unserem Bild eignet sich nach dem ersten Zauberstabklick auch der Befehl Auswahl: Ähnliches auswählen.
5. Wählen Sie Auswahl: Auswahl speichern und geben Sie der Auswahl den Namen Umgebung.
6. Mit Strg+D entfernen Sie die vorhandene Auswahllinie.
7. Jetzt wenden Sie die Filter-Befehle und den Schwellenwert wie beschrieben an. Um die schwarzen Pünktchen wegzubekommen, geht es so weiter:
8. Klicken Sie in der Ebenenpalette einmal auf den Hintergrund.
9. Gehen Sie auf Auswahl: Auswahl laden.
10. Öffnen Sie die Auswahl Umgebung. Die Auswahl erscheint als schillernde Schwarzweißlinie im Bild.
11. Die Taste D sorgt für weiße Hintergrundfarbe.
12. Die Entf-Taste löscht die Krümel weg.

Plakative Farben & schwarze Kontur (Cartooneffekt)

Abbildung 13.29   Das zweite Bild haben wir per »Farbton/Sättigung« eingefärbt. Das Original wird zuerst mit »Filter: Für Smartfilter konvertieren« behandelt, danach wenden Sie alle Manipulationen als jederzeit änderbare Smart Filter oder Einstellungsebenen an. Vorlage: Strichgrafik_b2

Strichgrafik färben

Sollen die Linien nicht schwarz, sondern in einer Einzelfarbe erscheinen? Dann geht es so weiter:

1. Falls sich die Grafik im Graustufenmodus befindet, wählen Sie **Bild: Modus: RGB-Farbe**.
2. Es folgt **Bild: Anpassungen: Farbton/Sättigung** (Tasten Strg+U, Seite 336). Schalten Sie das Färben ein und heben Sie die Helligkeit zum Beispiel auf 50 Prozent. Der Farbton-Regler steuert nun die Färbung. Senken Sie die Helligkeit auf negative Werte, erhalten Sie eine Skizze in Schwarz auf farbig.

Tipp

Produzieren Sie Schwarzweißgrafiken im CYMK-Modus, achten Sie in den Farbeinstellungen unter Eigenes CMYK darauf, dass Schwarz nicht in erster Linie aus einer Mischung der Grundfarben Cyan, Magenta und Gelb entsteht. Bauen Sie bei Strichgrafiken die Bildfarbe Schwarz in erster Linie durch die Druckfarbe Schwarz auf – zum Beispiel mit den Vorgaben Stark oder Maximum für den Schwarzaufbau. Eine Schwarz-auf-Weiß-Skizze, deren Schwarz eher aus Cyan-Magenta-Gelb als aus reinem Schwarz gemixt wird, wirkt eventuell unsauber.

Plakative Farben & schwarze Kontur (Cartooneffekt)

Sie brauchen einen Cartooneffekt: plakative Farbflächen mit schwarzen Konturen. Nun, der schnellste Weg führt über **Filter: Kunstfilter: Tontrennung & Kantenbetonung** mit den Reglern für Kantenstärke, Kantendeckkraft und Tontrennung.

DVD

Die DVD zum Buch liefert die oben beschriebene Schrittfolge als Aktion: »Verfremdung – Farben & Kontur mit Selektivem Weichzeichner« produziert eine Farbgrafik.

Plakative Farben & schwarze Kontur mit dem »Selektiven Weichzeichner«

Eine Alternative zu **Tontrennung & Kantenbetonung**:

1. Kehren Sie das Bild mit Strg+I in ein Negativ um.
2. Wählen Sie **Filter: Weichzeichnungsfilter: Selektiver Weichzeichner**, unten mit der Option Ineinanderkopieren. Sie sehen cartoonartige Negativfarben mit weißen Konturlinien. Klicken Sie auf OK.
3. Kehren Sie erneut mit Strg+I um – Sie haben Ihr Farbbild mit schwarzen Linien.

Teil 4 • Verfremdung

Abbildung 13.30 **Links:** Der »Schwellenwert« ohne Zusatzbefehle erzeugt schwarze und weiße Flächen, deren Kanten hart abreißen. Der niedrige Wert 90 setzt alle Bildpunkte mit den Werten von 91 bis 255 auf reines Weiß, das Ergebnis wirkt hell. **Mitte:** Der Schwellenwert 150 setzt nur die Bildpunkte ab Tonwert 151 auf Weiß, das Ergebnis fällt dunkler aus. Vorlage: Strichgrafik_c

Plakative Farben & schwarze Kontur mit viel Feinsteuerung

Ein anderes Verfahren im Überblick:

1. Sie duplizieren die Hintergrundebene mit [Strg] + [J].
2. Die untere Ebene bekommt die plakativen Farben, etwa mit der **Tontrennung** (Seite 362) oder einem **Filter**.
3. Die obere Kopie verwandeln Sie in eine Strichgrafik.
4. Oben in der Ebenenpalette schalten Sie die Füllmethode für die obere Ebene von Normal auf Abdunkeln um. So setzt sich im Gesamtbild jeweils das Dunklere durch – also die schwarzen Linien der Strichgrafik, ansonsten aber das farbige Bild.

Jetzt ziehen sich die schwarzen Konturen um die Farbgrafik herum.

Abbildung 13.31 Farbgrafik und Strichgrafik werden zu einem Bild mit Cartooneffekt kombiniert: Die schwarzen Linien grenzen die Farbfelder ein. Vorlage: Strichgrafik_d1 etc.

Plakative Farben & schwarze Kontur (Cartooneffekt)

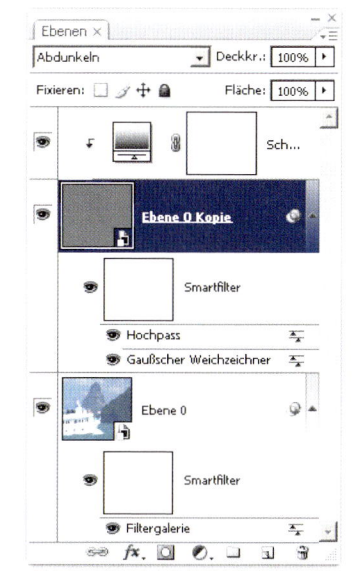

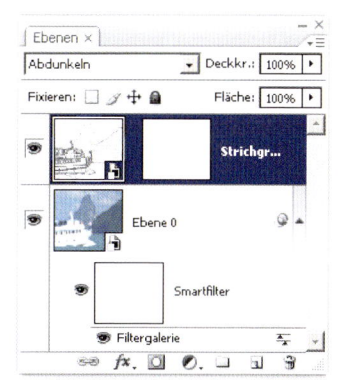

Abbildung 13.32 Drei Lösungen für die Aufgabe »Plakative Farben & schwarzer Umriss«: **Links:** Zwei konventionelle, »flache« Ebenen werden übereinandergelegt und mit der Füllmethode »Abdunkeln« überblendet. **Mitte:** Das Originalbild wurde dupliziert und zweimal separat behandelt, auf der unteren Ebene mit dem Filter »Ölfarbe getupft«, auf der oberen Ebene ein »Schwellenwert« mit Schnittmaske. **Rechts:** Die Datei enthält das untere Bild als Smart Objekt mit dem Effektfilter, auf der oberen Ebene befindet sich die Strichgrafik als Datei in der Datei.

Korrekturmöglichkeiten beibehalten mit Schnittmaske

Wenn Sie Farbgrafik und Strichgrafik übereinanderlegen, müssen Sie nicht unbedingt fertige Grafiken kombinieren, die man nicht mehr ändern kann. Arbeiten Sie mit Einstellungsebenen, Schnittmasken, Smart Objekten und Smart Filtern. Sie können dann im Ergebnis immer noch Strichstärken oder Farben ändern. Ein möglicher Weg:

1. Der Befehl **Filter: Für Smartfilter konvertieren** verwandelt die HINTERGRUND-Ebene in ein Smart Objekt namens EBENE 0.

2. Sie duplizieren die EBENE 0 mit [Strg]+[J], so entsteht zusätzlich die EBENE 0 KOPIE.

3. Sie klicken in der Palette einmal auf die untere EBENE 0 und wenden den Farbeffekt an, zum Beispiel **Filter: Kunstfilter: Ölfarbe getupft** oder **Tonwerttrennung** als Einstellungsebene.

4. Sie klicken in der Palette einmal auf die obere Ebene EBENE 0 KOPIE und stellen die Füllmethode oben von NORMAL auf ABDUNKELN um.

5. Sie wenden nacheinander die zwei **Filter**-Befehle an: **Sonstige Filter: Hochpass** und **Weichzeichnungsfilter: Gaußscher Weichzeichner**.

6. Unten in der Ebenenpalette klicken Sie auf NEUE FÜLL- ODER EINSTELLUNGSEBENE ERSTELLEN und dann auf **Schwellenwert**. Stellen Sie den Schwellenwert auf etwa 127 ein.

7. Nun wählen Sie **Ebene: Schnittmaske erstellen** ([Strg]+[Alt]+[G]).

Auch wenn der Blick in die Ebenenpalette vielleicht kein Vertrauen erweckt: Die Originaldatei ist immer noch in der Komposition vorhanden, sogar doppelt, und sämtliche Filter und Einstellungsebenen lassen sich noch anpassen.

Korrekturmöglichkeiten beibehalten mit Datei in der Datei

Sie können die Strichgrafik auch als Datei in der Datei über die Farbgrafik legen. Bei Bedarf kramen Sie die Einstellmöglichkeiten der Strichgrafik heraus. Das Prozedere:

1. Sie duplizieren Ihr Foto mit **Bearbeiten: Duplizieren**.

2. In der ersten Bildversion legen Sie die Strichzeichnung als separate Datei mit Smart Filtern und Einstellungsebene an (wie mit unserer Aktion »Verfremdung – Strichgrafik mit Smartfiltern«). Das speichern Sie mit allen Ebenen im TIFF- oder PSD-Dateiformat.

3. Mit der zweiten Bildfassung erstellen Sie die Farbgrafik zunächst als separates eigenes Bild (mit oder ohne Smart Filter).

4. Während die Farbgrafik aktiv ist, wählen Sie **Datei: Platzieren** und geben den Dateinamen der Strichgrafik an.

5. Klicken Sie doppelt ins Bild, um die Größe der eingefügten Strichgrafik zu bestätigen.

6. Oben in der Ebenenpalette stellen Sie die Füllmethode von Normal auf Abdunkeln um – Sie haben Ihre Strichgrafik.

Diese obere Ebene mit der Strichgrafik trägt den Namen Ihrer Strichgrafikdatei. Diese Datei ist – als Datei in der Datei – vollständig innerhalb der Montage mit der Farbgrafik gespeichert. Wollen Sie an der Strichstärke etwas ändern, klicken Sie doppelt auf Miniatur der Strichgrafik. Sie bearbeiten dann die einzelne Strichgrafikdatei, die innerhalb der Gesamtdatei gespeichert ist. Klicken Sie in der Ebenenpalette zum Beispiel doppelt auf Hochpass, um die Linien feinzusteuern. Dann schließen Sie die Datei in der Datei wieder – Photoshop zeigt Ihre Gesamtmontage aktualisiert.

DVD
Die DVD zum Buch enthält die beschriebenen Ergebnisvarianten mit Schnittmaske (»Strichgrafik_d4«) und mit der Datei in der Datei (»Strichgrafik_d5«). Die Aktion »Verfremdung – Farben & Kontur mit Schnittmaske« produziert eine Farbgrafik mit schwarzen Konturen nach dem Verfahren mit Schnittmaske.

Grobe Schwarzweißflächen

Ihr Bild soll sich in grobe Flächen aus Schwarz und Weiß auflösen? Verwenden Sie den **Schwellenwert**-Befehl oder auch **Helligkeit/Kontrast**.

Grobes Schwarzweiß per »Schwellenwert«

Erzeugen Sie zunächst perfekte Graustufen, zum Beispiel per **Bild: Anpassungen: Schwarzweiß** (Strg+Alt+⇧+B, Seite 347), dann folgt **Bild: Modus: Graustufen**. Diese Datei kann nur noch Graustufen zeigen und keine Farben mehr. Wählen Sie **Bild: Anpassungen: Schwellenwert** (auch verlustfrei als Einstellungsebene). Dieser Befehl hinterlässt in einer Graustufendatei nur noch reines Weiß und reines Schwarz. Auf einer Skala von 0 (Schwarz) bis 255 (Weiß) macht ein niedriger Schwellenwert wie 90 viele Bildpunkte weiß, nämlich alle Helligkeitsstufen von 91 bis 255. Siedeln Sie den Schwellenwert erst bei helleren 170 an, wird das Ergebnis dunkler – der größere Helligkeitsbereich von 0 bis 170 erscheint schwarz. Allerdings entstehen hier knochenharte Kanten, die schnell pixelig wirken.

Grobes Schwarzweiß mit »Helligkeit/Kontrast«

Der **Schwellenwert**-Befehl wirkt oft zu hart. Alternativ nehmen Sie – wieder nach Wechsel zu **Graustufen** – den Befehl **Bild: Anpassungen: Helligkeit/Kontrast** mit der Vorgabe Früheren Wert verwenden (auch als verlustfreie Einstellungsebene). Hier bleiben nach Wahl ein paar graue Zwischenstufen erhalten. Setzen Sie zunächst den Kontrast-Regler auf einen sehr hohen Wert wie +97. Mit dem Helligkeit-Regler steuern Sie jetzt das Verhältnis von schwarzen

Abbildung 13.33 Links, Mitte: Das Bild wurde in »Graustufen« umgesetzt, dann folgte »Bild: Anpassungen: Helligkeit/Kontrast« mit der Option »Früheren Wert verwenden«. »Kontrast«-Werte um 90 erzeugen Schwarzweißflächen wie der »Schwellenwert«, wirken aber mit ein paar Graustufen nicht so hart. **Rechts:** Zum Vergleich ein Ergebnis als Liniengrafik mit der Kette »Hochpass«, »Gaußscher Weichzeichner«, »Schwellenwert«.

zu weißen Bereichen, durch Nachjustieren des Kontrasts stellen Sie die Kantenglättung ein. Dieser Effekt lässt sich auch mit **Gradationskurven** und **Tonwertkorrektur** nachvollziehen.

Tipp

*Das Untermenü **Filter: Zeichenfilter** hält reihenweise »künstlerische« Schwarzweißmalerei für Sie parat; das Verhältnis von dunklen zu hellen Tönen lässt sich steuern. Oder nehmen Sie **Weichzeichnungsfilter: Selektiver Weichzeichner** mit dem Modus NUR KANTE und einem niedrigen RADIUS (Seite 364); der Filter erzeugt weiße Linien auf Schwarz, die der Befehl **Bild: Anpassungen: Umkehren** in schwarze Linien auf Weiß verwandelt.*

13.6 Plakative Farben

Für plakative, poppige Posterfarben – ohne die Farbmischung komplett zu verfremden – gibt es viele Verfahren:

» Der Befehl **Bild: Anpassungen: Tontrennung** reduziert das Bild auf nur wenige Tonwertstufen (auch verlustfrei als Einstellungsebene).

» Nehmen Sie den Befehl **Bild: Anpassungen: Kontrast** mit der Option FRÜHEREN WERT VERWENDEN und steigern Sie den KONTRAST auf 90 oder mehr Prozent (auch verlustfrei als Einstellungsebene).

» Klicken Sie bei gedrückter ⇧-Taste Treppenstufen in die **Gradationskurven** oder verwenden Sie dort den Bleistiftmodus (auch verlustfrei als Einstellungsebene, Seite 218).

» Wählen Sie **Datei: Für Web und Geräte speichern**, stellen Sie alle Vorschauen auf GIF, reduzieren Sie die FARBEN-Zahl auf zwei oder vier, tauschen Sie Farben im Bereich FARBTABELLE aus und testen Sie DITHER-Methoden. Dabei entstehen zunächst Bilder im GIF-Dateiformat, die Sie nur in der Zoomstufe 100 Prozent prüfen.

» Viele Befehle aus dem **Filter**-Menü erzeugen ebenfalls plakative Farbflächen, darunter **Weichzeichnungsfilter: Selektiver Weichzeichner** oder **Weichzeichnungsfilter: Matter machen** (hoher RADIUS, kleiner SCHWELLENWERT), **Malfilter: Kanten betonen**, **Kunstfilter: Farbpapier-Collage**, **Kunstfilter: Ölfarbe getupft**, **Strukturierungsfilter: Körnung** mit Körnungsart SPRENKEL oder der **Zeichenfilter: Feuchtes Papier** mit niedriger FASERLÄNGE.

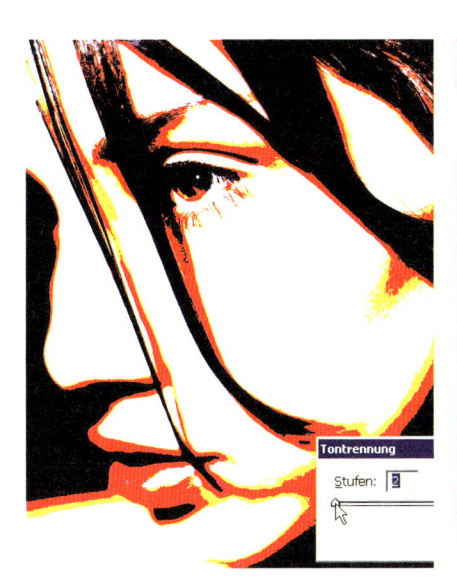

Abbildung 13.34 **Links:** Wir reduzieren das Bild mit der »Tontrennung« auf zwei Stufen, also auf nur zwei Werte pro Grundfarbe. So sind nur noch die reinen RGB- und CMY-Farbtöne zu sehen. **Mitte:** Drei Stufen. **Rechts:** Vier Stufen: Vorlage: Tontrennung_a

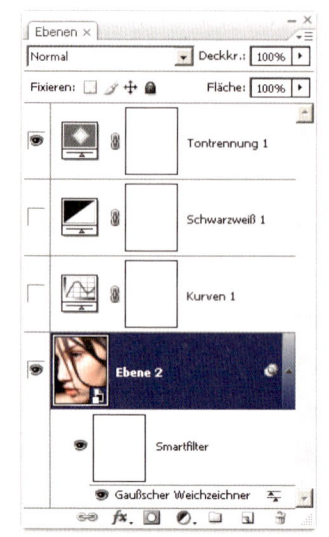

Abbildung 13.35 **Links:** Mit Weichzeichnung und vier Stufen in der »Tontrennung«. **Mitte:** Mit Weichzeichnung, »Schwarzweiß«-Befehl und fünf Stufen in der »Tontrennung«. **Rechts:** Das Bild wurde in ein Smart Objekt verwandelt, alle Effekte liegen jederzeit änderbar als Einstellungsebene oder Smart Filter vor. Sie können zum Beispiel »Schwarzweiß«-Umsetzung oder Weichzeichnung nach Bedarf anschalten und feinsteuern.

»Tontrennung«

Der Befehl **Bild: Anpassungen: Tontrennung** reduziert das Bild auf nur wenige Tonwertstufen. Das Ergebnis erinnert bei Farbbildern an poppige Plattencover aus den Siebzigern, bei Graustufenwerken an die aufwändige Isohelie-Technik in der traditionellen Dunkelkammer. Ohne die feinen Nuancen üblicher Fotos wirkt das neue Werk mit seinen harten Helligkeits- und Farbsprüngen plakativ und fallweise auch attraktiv. Der Effekt ist auch als »Posterisierung« oder »Posterization« bekannt.

Knappe Werte wie 4 oder 3 wirken besonders stark. Hohe Eingaben wie 60 steigern dagegen scheinbar nur Schärfe oder Brillanz. Photoshop erzeugt die Anzahl der eingetippten Tonwerte separat für jede Grundfarbe; tippen Sie also »3« für ein übliches RGB-Bild mit seinen drei mal drei Grundfarben, erhalten Sie bis zu dreimal drei unterschiedliche Farbtöne.

Verfeinerung

Die **Tontrennung** lässt sich auf verschiedene Arten variieren:

» Leichtes Weichzeichnen vorab erzeugt ein flächigeres und glatteres Ergebnis, das nach der **Tontrennung** nicht nach unangenehmer Unschärfe aussieht.

» Landen Tonwerte nach der Tontrennung auf einer falschen Stufe, sollten sie vorab per **Gradationskurven** gezielt korrigiert werden.

» Bringen Sie ein Farbbild zunächst in den **Modus: Graustufen**, wenn Sie eine Graustufen-Tontrennung wünschen, oder legen Sie den **Schwarzweiß**-Befehl als Einstellungsebene an.

DVD

Das Aktionsset zu diesem Buch enthält die Befehlsfolge »Verfremdung – Tontrennung«: Das Bild wird dupliziert, auf eine Hintergrund-*Ebene eingedampft, in ein Smart Objekt verwandelt, dann kommt die* **Tontrennung** *als Einstellungsebene. Zusätzlich entstehen die Einstellungsebenen* **Gradationskurven** *(zur Feinsteuerung der Kontraste im Originalbild) und* **Schwarzweiß** *(Graustufenumsetzung); sie sind zunächst ebenso mit dem Augensymbol abgeschaltet wie der Smartfilter für die Weichzeichnung. Schalten Sie die Zusatzeffekte nach Bedarf ein.*

»Tontrennung«

Abbildung 13.36
Auch so entstehen Tontrennungen: Der Befehl »Datei: Für Web & Geräte speichern« zeigt verschiedene Varianten für eine Umwandlung ins GIF-Dateiformat mit zwei oder nach Bedarf mehr Farbtönen. Testen Sie Dithering-Verfahren zur Farbrasterung und verschiedene Tonwerte, die Sie im Bereich »Farbtabelle« austauschen. Vorlage: Tontrennung_b

Graustufentreppe

Mit der **Tontrennung** erzeugen Sie auch eine Graustufentreppe, um Drucker und Monitor zu testen:

1. Klicken Sie das Werkzeug **Verlauf** an, oben in den Einstellungen nehmen Sie LINEARER VERLAUF (Seite 318) und wählen den Verlauf SCHWARZ, WEISS; schalten Sie DITHER ab.

2. Erstellen Sie mit ⌈Strg⌉+⌈N⌉ eine neue Datei; als MODUS wählen Sie GRAUSTUFEN, für BREITE und HÖHE reichen 600 x 200 Pixel.

3. Klicken Sie mit dem Verlaufswerkzeug ganz ans linke Ende des neuen Bilds und führen Sie es bei gedrückter Maustaste ans gegenüberliegende rechte Ende. Drücken Sie kurz vor dem Loslassen die ⌈⇧⌉-Taste, um das Verlaufswerkzeug auf eine exakt horizontale Linie zu zwingen. Sobald Sie die Maustaste freigeben, füllt sich das Bild mit einem stufenlosen Verlauf von Schwarz nach Weiß.

4. Mit dem **Bild**-Befehl **Anpassungen: Tontrennung** und einem STUFEN-Wert von »11« verwandeln Sie den Verlauf in eine Treppe mit Tonwertsprüngen in 10-Prozent-Schritten.

DVD

Zu den mitgelieferten Aktionen des Sets »Photoshop CS3 Kompendium« gehört auch die »Tontrennung – Graustufentreppe«. Die Befehlsfolge erzeugt wohlgemerkt zwei neue Dateien mit Graustufentreppen. Die erste Grauskala besteht aus einer Füllebene mit einem Verlauf, den eine »Tontrennung« auf einer Einstellungsebene in einzelne Graustufen umbricht. Variieren Sie dieses Ergebnis durch Bearbeitung der Einzelebenen. Die zweite Variante zeigt dasselbe Ergebnis auf einer reinen Hintergrundebene. Zum Start dieser Aktion müssen Sie nicht erst eine Datei öffnen.

Abbildung 13.37 Ein Verlauf wird mit dem Befehl »Tontrennung« zur Grautreppe in 10-Prozent-Stufen. Vorlage: Tontrennung_c1; Ergebnis: Tontrennung_c2

»Selektiver Weichzeichner« und »Matter machen«

Der **Selektive Weichzeichner** produziert je nach Vorgabe Tontrennungen oder Strichgrafik oder beides gleichzeitig. Mit der Option Normal erinnert er an den **Stilisierungsfilter: Facetteneffekt** (Seite 398): Photoshop schließt Pixelbereiche zu glatten Farbflächen zusammen, so dass eine plakative Grafik entsteht; sie wirkt aber weniger grob als der Befehl **Anpassungen: Tontrennung**, erhält die Farbstimmung besser und kaschiert auch mal ungewollte Körnung oder Hautunreinheiten. Hier ist auch der Weichzeichnungsfilter **Matter machen** eine Alternative; er wirkt aber nicht ganz so plakativ und erhält feine Details deutlich besser, zum Beispiel die Haarsträhnen aus unserem Beispiel.

Der Radius-Regler kontrolliert die Wirkung, niedrige Werte führen zu glatten Ergebnissen (und erinnern an den Filter **Matter machen** aus demselben Untermenü, eingesetzt mit hohem Radius und niedrigem Schwellenwert). Mit der Option Nur Kanten erhalten Sie eine Weiß-auf-Schwarz-Grafik; anders als beim **Schwellenwert**-Befehl entstehen jedoch keine groben Flächen, sondern fein gezeichnete Konturen.

Abbildung 13.38
Oben: Der Weichzeichner »Matter machen«, Radius 60 und Schwellenwert 40.
Mitte: Der »Selektive Weichzeichner« im Normal-Modus mit Radius 75 und Schwellenwert 80. **Unten:** Die Vorlage wurde in ein Negativ verwandelt, dann folgte der »Selektive Weichzeichner« mit dem Modus »Ineinanderkopieren«, dann wurde erneut umgekehrt. Datei: Tontrennung_d

Kapitel 14
Verfremdung mit Filtern

Ein Klick und schon mutiert Ihr Foto zum Gemälde, zur Statue, es sieht wie eine Kreidezeichnung oder wie eine schlechte Schwarzweißkopie aus. Diese Funktionen finden Sie im **Filter**-Menü, sie tragen Namen wie **Buntglas-Mosaik**, **Kunststoffverpackung**, **Schwingungen**, **Fotokopie** oder **Kreide & Kohle**.

In diesem Kapitel besprechen wir **Filter**-Befehle für Verfremdung und effektvolle Illustrationen. Weitere starke Effekte finden Sie auch im Kapitel »Umfärben, Schwarzweiß, Grafisches« ab Seite 336 – dort besprechen wir unter anderem Strichgrafik, Schwarzweißumsetzung und Cartooneffekte.

Die **Filter**-Befehle zur schlichten Bildverbesserung finden Sie in anderen Kapiteln, darunter sämtliche **Scharfzeichnungsfilter** (Seite 299), **Verflüssigen** (Seite 407), **Extrahieren** (Seite 447), **Helle Bereiche vergrößern** und **Dunkle Bereiche vergrößern** (Seite 438).

14.1 Grundlagen

Filter verändern einen Auswahlbereich oder – wenn nichts ausgewählt ist – das ganze Bild. Die Bildpunkte, die sich Photoshop dabei zum Teil neu ausdenkt, werden nach einer der Interpolationsmethoden ermittelt, die Sie in den **Voreinstellungen** anwählen; in der Regel entscheiden Sie auf Bikubisch oder Bikubisch schärfer – langsam, aber gut (Seite 184). Dies gilt insbesondere für die **Verzerrungsfilter**.

Wie Sie die Dialogfelder schnell bedienen und die Vorschau auf den gewünschten Bildbereich einstellen, besprechen wir ab Seite 32.

Flexible Smartfilter

Statt sofort das Originalbild zu verändern, bearbeiten Sie Ihr Bild zunächst wahlweise mit dem Befehl **Filter: Für Smartfilter konvertieren**. Das Foto mutiert so zum Smart Objekt (Seite 619) und alle folgenden Filter werden Smart Filter (Seite 631): Sie erscheinen als Balken in der Ebenenpalette, von dort aus können Sie die Filter wieder aufrufen oder löschen, das Original steht im Hintergrund zur Verfügung.

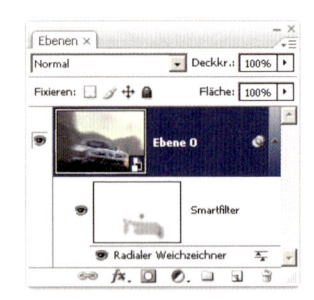

Abbildung 14.1 Der »Radiale Weichzeichner« verzerrt eigentlich das gesamte Motiv inklusive Fahrzeugfront. Wir haben hier jedoch die »Hintergrund«-Ebene in ein Smart Objekt verwandelt, so dass der »Radiale Weichzeichner« als Smart Filter in der Ebenenpalette erscheint und jederzeit verändert werden kann. Wir malen mit Grau in der »Smartfilter«-Ebenenmaske; die grau übermalten Bereiche werden so wieder deutlicher erkennbar. **Rechts:** Das gleiche Bildergebnis erhalten Sie, wenn Sie die »Hintergrund«-Ebene duplizieren, das Duplikat verzerren und dann Teile der oberen, verfremdeten Ebene mit einer Ebenenmaske verbergen. Dateien: Filter_a etc.

Filter testen & beurteilen

Wenn Sie mit unterschiedlichen Filtern oder Filtereinstellungen experimentieren, wählen Sie zuerst **Filter: Für Smartfilter konvertieren**. Ihre Hintergrund-Ebene wird so zum Smart Objekt (Seite 619). Alle **Filter**-Befehle werden dann als Smart Filter angelegt, das heißt als abschaltbare Objekte in der Ebenenpalette.

Sie können also die einzelnen Filter mit ihrer Wirkung aufs Bild jederzeit abschalten oder umstellen. Sie können sogar einen Filter zweimal hintereinander als Smart Filter anlegen, um zum Beispiel schnell zwei unterschiedliche Einstellungen zu vergleichen.

Alternatives Verfahren: Sie kopieren eine Datei vielfach über sich selbst und bearbeiten die einzelnen Ebenen mit unterschiedlichen Filtern. Drücken Sie mehrfach [Strg]+[J], um die Hintergrund-Ebene wiederholt auf neue Ebenen zu kopieren (am Mac wie immer die ⌘ statt der [Strg]-Taste).

Klicken Sie mit der [Alt]-Taste in die Augenleiste 👁 der Ebenenpalette, um nur eine Einzelebene zu betrachten. Ziehen in der Augenleiste macht ganze Ebenenreihen sichtbar oder unsichtbar.

DVD

Im »Praxis«-Verzeichnis auf der Buch-DVD finden Sie das Aktionsset »Photoshop CS3 Kompendium«; es enthält die Aktion »Filter - Versuche«. Sie erstellt eine Kopie des aktuellen Bilds und legt zehn Duplikatebenen an, mit denen Sie verschiedene Filter testen können.

Vorlage, mit hohem Blendenwert | Objektivunschärfe, offene Blende (hoher Blendenwert) | Objektivunschärfe, geschlossene Blende (niedriger Blendenwert) | Vorlage plus Befehl Tiefenschärfe abmildern

Abbildung 14.2 Im Bild ganz rechts wollten wir Objektivunschärfe aus dem zweiten oder dritten Foto mit dem Befehl »Tiefenschärfe abmildern« nachbauen. Eine viereckige Blendenform und null »Wölbung der Irisblende« zeichnen die vorhandene Blendenform am ehesten nach. Vorlage: Weichzeichnen_f

Filter testen & beurteilen

Abbildung 14.3
Das Foto wurde in ein Smart Objekt verwandelt, dann folgten die drei Befehle »Kunstfilter: Farbpapier-Collage«, »Kunstfilter: Ölfarbe getupft« und »Stilisierungsfilter: Leuchtende Konturen«. Ein Schwarzweißverlauf in der »Smartfilter«-Ebenenmaske lässt die Filterwirkung erst ab der Bildmitte einsetzen. Datei: Filter_b

Bildausschnitt oder verkleinertes Gesamtbild?

Manche Filter laufen so langsam ab, dass es Sinn macht, zunächst nur eine verkleinerte Version zu bearbeiten. Je nach Motiv und Filter verwenden Sie für erste Tests einen Ausschnitt des Bilds oder eine heruntergerechnete Gesamtansicht:

» Einige Filter wirken auf kleinstem Raum und verändern Mikrostrukturen gleichmäßig über die Aufnahme hinweg – so etwa die **Strukturierungsfilter**, die **Scharfzeichnungsfilter** oder die **Störungsfilter**. In diesem Fall zeigen Sie das Bild auf jeden Fall in der Zoomstufe 100,00 Prozent (Seite 44). Um bei Filtertests Zeit zu sparen, markieren Sie auf die Schnelle einen Bildbereich mit dem Auswahlrechteck [] (Tastenbefehl M).

» Manche Filter arbeiten mit Zentrum und Außenbereich – so **Blendenflecke**, **Beleuchtungseffekte** oder einige **Verzerrungsfilter**. Für diese Motive brauchen Sie eine verkleinerte Ansicht des Gesamtbilds, wenn das Original zu groß ist. Wechseln Sie dann zum größeren Original, müssen Sie im Filter eventuell andere Werte einstellen.

DVD

Sie brauchen ein paar verkleinerte Duplikate der aktuellen Datei, zum Beispiel für Filterexperimente? Die mitgelieferte Aktion »Filter – verkleinerte Duplikate« erledigt genau das: Sie erhalten drei Duplikate in einer Breite von 800 Pixel in der Zoomstufe 100 Prozent.

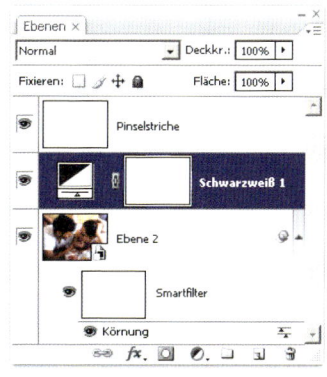

Abbildung 14.4
In dieser Montage liegt jeder Effekt auf einer eigenen Ebene, darunter bleibt das Originalfoto vollständig erhalten. Die obere Ebene »Pinselstriche« enthält den weißen Rand, Entwicklerschlieren und Kratzer. Die Einstellungsebene »Schwarzweiß 1« tont das Bild mit der »Farbton«-Option sepiabraun. Die »Ebene 2« enthält das Foto als Smart Objekt. So lässt sich die »Körnung« als abschaltbarer Smart Filter anwenden. Sie können jeden Effekt abschalten, ändern oder über andere Bilder ziehen. Datei: Filter_k

Schnelle Tests mit Smart Objekten

Nutzen Sie Smart Objekte für schnelle Tests: Sie rechnen das Bild zuerst klein und wenden den Filter blitzschnell an. Wenn Ihnen das Ergebnis gefällt, setzen Sie das Foto auf die Originalgröße zurück. Dann wird der Filter neu auf die Originalgröße berechnet:

1. Sie wählen **Filter: Für Smartfilter konvertieren**, so dass Ihre HINTERGRUND-Ebene zum Smart Objekt wird.

2. Mit **Bild: Bildgröße** rechnen Sie das Werk auf 800 Pixel Breite klein (die Option NEU BERECHNEN MIT ist eingeschaltet).

3. Wenden Sie den **Filter**-Befehl an. Er braucht wegen der niedrigen Dateigröße nicht viel Zeit und erscheint als Balken unten in der Ebenenpalette.

4. Wollen Sie den Filter beibehalten? Dann starten Sie mit [Strg]+[T] das Transformieren. Oben in den Einstellungen tippen Sie jeweils »100%« in die Felder für Breite und Höhe. Klicken Sie doppelt ins Bild, um den Schritt zurück zur Normalgröße zu bestätigen. Sie sehen allerdings momentan nur einen kleinen Bildausschnitt. Photoshop berechnet den Filter neu für das Gesamtbild, das kann dauern.

5. Der Befehl **Bild: Alles einblenden** zeigt wieder Ihr Gesamtbild in den ursprünglichen Bildgrenzen.

6. Müssen Sie die Werte des **Filter**-Befehls ändern? Dann klicken Sie diesen Befehl unten in der Ebenenpalette doppelt an.

7. Wählen Sie **Ebene: Auf Hintergrundebene reduzieren**, wenn Sie das Ergebnis als normale JPEG-Datei speichern wollen.

DVD

Unsere mitgelieferte Aktion »Filter – Smart Objekt & Verkleinerung« automatisiert das Verfahren aus dem Abschnitt »Schnelle Tests mit Smart Objekten«: Die Datei wird in ein Smart Objekt verwandelt und auf 800 Pixel kleingerechnet. Dann wenden Sie einen Filter Ihrer Wahl an, die Aktion rechnet das Ganze wieder um auf die Originaldatei.

Abbildung 14.5 **Oben:** In der Vorlage »Filter_k« (siehe oben) haben wir die Ebene »Körnung« ausgeblendet und in der Einstellungsebene »Farbton/Sättigung« einen anderen »Farbton« gewählt. **Unten:** Hier wurden in der »Pinselstrich«-Ebene Schlieren aus der Mitte mit dem Radiergummi entfernt, außerdem wurde diese Ebene um 180 Grad gedreht. Die Ebene »Farbton/Sättigung« haben wir ausgeschaltet, so dass das in der Ebenenpalette ganz unten liegende Farbbild deutlicher erkennbar wird. Vorlage: Filter_k

Rücknahme und Wiederholung

Wollen Sie eine oder mehrere Reglerveränderungen im Dialogfeld annullieren, dann drücken Sie die [Alt]-Taste: Die Schaltfläche ABBRECHEN erhält dann meist den Titel ZURÜCKSETZEN: Sie stellen die alten Filtereinstellungen wieder her, ohne das Dialogfeld schließen und neu starten zu müssen.

Der **Bearbeiten**-Befehl **Verblassen** ([Strg]+[⇧]+[F]) nimmt einen Filter stufenlos zurück, indem er die Vorherversion des Werks mit wählbarer Deckkraft darüber blendet (Seite 65). Damit fahren Sie wohlgemerkt nicht die Reglerwerte aus dem Filterdialog zurück – etwa die INTENSITÄT der **Beleuchtungseffekte** von 100 auf 35; Sie mixen vielmehr zwei Versionen des Werks wie in der Ebenenpalette.

Filter schnell wiederholen und übertragen

Auf mehrere Arten wiederholen oder übertragen Sie den letzten Filter blitzschnell:

» Sofern beide Bilder als Smart Objekt eingerichtet sind: Klicken Sie einmal auf die Titelleiste des Bilds, das bereits den passenden Filter hat. Öffnen Sie die Ebenenpalette und ziehen Sie den Balken mit dem Filternamen (nicht die Ebenenmaske names SMARTFILTER) über das Zielbild.

» Der Griff Strg+F wiederholt einen Filter mit den vorherigen Einstellungen, ohne das zugehörige Dialogfeld noch einmal zu zeigen; einen entsprechenden Menübefehl finden Sie auch im FILTER-Menü und im Kontextmenü der Auswahlwerkzeuge, sofern eine Auswahl im Bild aktiv ist.

» Mit Strg+Alt+F öffnen Sie erneut das letzte **Filter**-Dialogfeld, ändern Werte und filtern das Bild dann neu.

Werden unterschiedliche Pixelmaße berücksichtigt?

Manche Filter berücksichtigen die Bildgröße, andere nicht – sie wirken nur auf der Mikroebene und kümmern sich nicht um den Gesamteindruck. Zwei Beispiele:

» Sie wenden die **Beleuchtungseffekte** auf ein 4000 Pixel hohes Bild an. Das Spotlicht füllt die Bildfläche perfekt aus. Anschließend laden Sie ein nur 1000 Pixel hohes Bild. Sie wiederholen die Beleuchtungseffekte per Strg+F und siehe: Das Spotlicht füllt die Bildfläche genauso aus wie vorher. Dass drei Viertel weniger Pixel bearbeitet werden, spielt keine Rolle.

» Sie wenden die **Kohleumsetzung** auf ein 4000 Pixel hohes Bild an. Die Kohlestriche erzeugen eine perfekte Wirkung. Anschließend laden Sie ein nur 1000 Pixel hohes Bild. Sie wiederholen die Kohleumsetzung per Strg+F und siehe: Die Striche wirken viel dicker als vorher. Dieser Filter kümmert sich nicht weiter um die Gesamtgröße, er orientiert sich nur an Pixeln in der unmittelbaren Umgebung.

So wie die **Beleuchtungseffekte** wirken noch andere Filter: Wiederholen Sie den Effekt an anderen Dateien, wird er an die neue Gesamtgröße angepasst – etwa **Blendenflecke** oder **Verbiegen**.

Abbildung 14.6 Die Effektebenen aus der Datei »Filter_k« (siehe Abbildung 14.5) wurden in andere Bilder gezogen. Wenn Sie die »Körnung« mitbewegen, muss das Ziel auch ein Smart Objekt sein. Die Pinselstriche lassen sich meist ohne Probleme durch »Transformieren« an andere Bildgrößen und Seitenverhältnisse anpassen.

Tipp

Mit verschiedenen Verfahren mischen Sie gefilterte und ursprüngliche Bildversionen, einige Wege stellen wir ab Seite 36 vor. Die Aktionssammlung »Photoshop CS3 Kompendium« auf der Buch-DVD enthält die Aktion »Filter – Übergang«. Sie erzeugt ein Smart Objekt. Sie wenden einen Filter an, dann wird die Filterwirkung in der linken Hälfte per Ebenenmaske ausgeblendet. Um das gesamte Bild verfremdet zu sehen, klicken Sie in der Ebenenpalette die Ebenenmaske SMARTFILTER bei gedrückter ⇧-Taste an.

Abbildung 14.7
Links, Mitte: Die Datei ist 4000 Pixel hoch und wird mit den »Beleuchtungseffekten« bearbeitet. **Rechts:** Wir wiederholen die »Beleuchtungseffekte« per Strg+F an einer Datei mit nur 1000 Pixel Höhe. Der Effekt fällt - aufs Gesamtbild betrachtet - genauso aus.

Aber viele Filter wirken auch so wie die **Kohleumsetzung**: Die Gesamtgröße wird nicht berücksichtigt, das heißt bei gleichbleibenden Filterwerten erhalten Sie in großen Dateien einen anderen Effekt als in kleinen Dateien. Zum Beispiel sehen auch die **Ozeanwellen** im 4000-Pixel-Gesamtbild mickriger aus als im 1000-Pixel-Motiv. Das bedeutet auch: In einem Zehn-Zentimeter-Bild mit 300 dpi wirken **Ozeanwellen**, **Kohleumsetzung** oder auch Scharfzeichner schwächer als in einem Zehn-Zentimeter-Bild mit 200 dpi (das weniger Pixel hat).

tabu - die Filter werden gar nicht angeboten. Wechseln Sie per **Bild: Modus: RGB-Farbe** zum universellen RGB-Modus.

» Nur die wichtigsten Filter funktionieren in Bildern mit 16 oder gar 32 Bit Farbtiefe pro Grundfarbe (Seite 91); prüfen Sie im Untermenü **Bild: Modus**, welche Farbtiefe wirksam ist; dort wechseln Sie dann auch zum universell nutzbaren **8-Bit-Kanal**.

» Der Hauptteil des sichtbaren Bilds liegt nicht auf der aktiven Ebene. Klicken Sie in der Ebenenpalette auf die richtige Ebene.

» Die aktive Ebene ist durch das Augensymbol ausgeblendet oder sie ist überdeckt.

» Sie haben eine kleine oder eine verborgene Auswahl im Bild. Heben Sie jegliche Auswahl mit Strg+D auf.

» Statt einer Bildebene haben Sie Ebenenmaske, Schnellmaske, Alphakanal oder Vektormasken aktiviert. Klicken Sie einmal auf die Miniatur der Ebene selbst in der Ebenenpalette.

» Sie filtern ein freigestelltes Objekt auf einer sonst transparenten Ebene und haben in der Ebenenpalette die Option TRANSPARENTE PIXEL FIXIEREN angeklickt (Seite 536) - unter anderem bei Verzerrungsfiltern oder Weichzeichnungsfiltern beschneidet das den Effekt drastisch.

Abbildung 14.8 Links: Die 4000-Pixel-Datei wird mit der »Kohleumsetzung« bearbeitet. **Rechts:** Auf einer 1000-Pixel-Datei wirkt die Wiederholung der »Kohleumsetzung« deutlich stärker.

Troubleshooting: Filter

Der Filter richtet bei Ihnen nichts oder das Falsche aus oder er wird gar nicht erst angeboten? Mögliche Gründe:

» Bilder im Modus INDIZIERTE FARBEN und 1-Bit-Strichgrafiken (Bitmaps) werden nicht angenommen. Mitunter sind auch Lab, CMYK, Graustufen und erst recht 64-Bit-CMYK

Manchmal reicht schlicht der Arbeitsspeicher nicht, weil Photoshop keine Daten auf die Festplatte auslagern möchte. Entfernen Sie zunächst überflüssige Kanäle und Ebenen; geben Sie mit dem Untermenü **Bearbeiten: Entleeren** Arbeitsspeicher frei; notfalls bearbeiten Sie über die Kanälepalette nacheinander die Einzelkanäle; starten Sie das Programm neu.

Zusatzmodule (Plug-Ins)

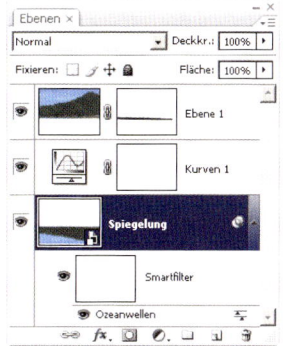

Abbildung 14.9
Die Landschaft oben wurde verdoppelt, in ein Smart Objekt verwandelt, vertikal gespiegelt, transformiert und mit dem Filter »Ozeanwellen« bearbeitet. Eine Gradationskurve über der Spiegelung sorgt für geänderten Kontrast, eine Ebenenmaske in der oberen Ebene für weichen Übergang. Datei: Verzerrung_h

Zusatzmodule (Plug-Ins)

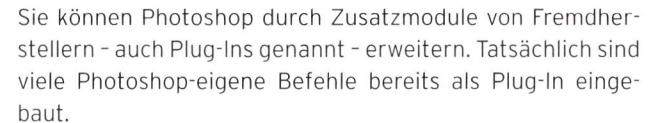

Sie können Photoshop durch Zusatzmodule von Fremdherstellern – auch Plug-Ins genannt – erweitern. Tatsächlich sind viele Photoshop-eigene Befehle bereits als Plug-In eingebaut.

Plug-Ins von Fremdherstellern bieten Ihnen neue Untermenüs und Befehle innerhalb von Photoshop. Die Funktionen erscheinen meist unten im **Filter**-Menü. Dateiformatfunktionen finden Sie in den Untermenüs **Datei: Importieren** oder **Datei: Exportieren** sowie unmittelbar in Dialogfeldern wie SPEICHERN UNTER oder ÖFFNEN. Zu den bekanntesten kommerziellen Plug-Ins gehören die Produkte von Nik Multimedia, Alien Skin und Andromeda. Dazu kommen zahllose Gratis-Plug-Ins (Seite 373).

Sollten Sie Probleme mit Photoshop haben, starten Sie das Programm versuchsweise ohne Fremdhersteller-Plug-Ins; entfernen Sie dubiose Module aus den verwendeten Ordnern. Generell lassen sich Zusatzmodule von Fremdherstellern zwar auch verlustfrei als Smart Filter (Seite 631) auf Smart Objekte anwenden – aber dafür brauchen Sie neuere Ausgaben dieser Zusatzmodule, am besten mit einer ausdrücklichen Erklärung zur Smart Filter-Tauglichkeit. Ältere Plug-Ins von anderen Herstellern eignen sich meist nicht zum smarten Filtern.

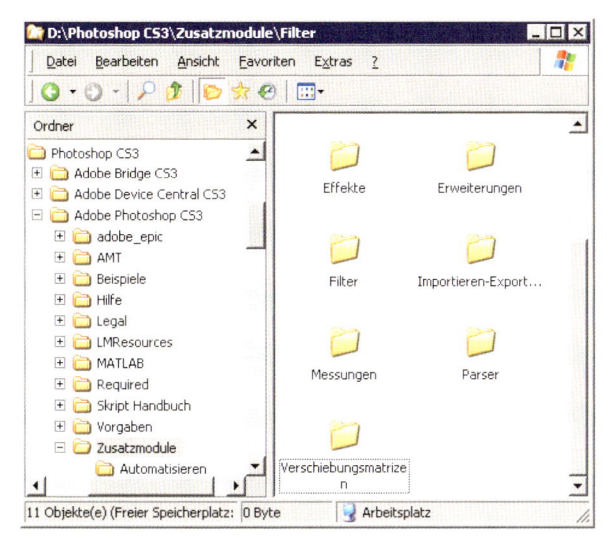

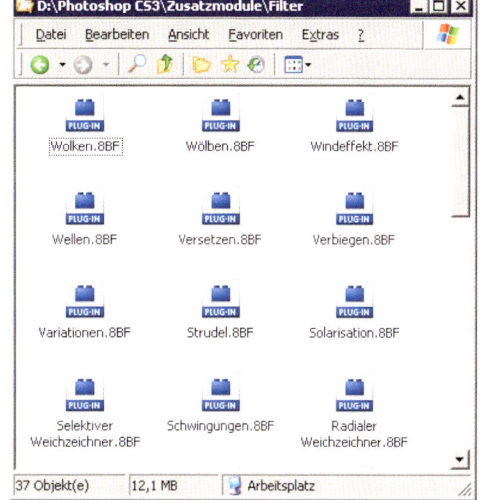

Abbildung 14.10 Links: Einige Photoshop-Funktionen sind als Plug-Ins angelegt. Diese hauseigenen Plug-Ins verstaut Photoshop in verschiedenen Unterverzeichnissen innerhalb des Verzeichnisses »Zusatzmodule«. **Rechts:** Das Unterverzeichnis »Zusatzmodule/Filter« enthält Funktionen aus dem »Filter«-Menü von Photoshop.

Teil 4 • Verfremdung

Plug-Ins installieren

Die Installation eines Plug-In ist denkbar einfach: Sie kopieren Plug-In-Dateien – oft mit einer Endung wie ».8bf« – in ein Verzeichnis, das Photoshop nach Plug-Ins absucht. Beim nächsten Programmstart stehen die Befehle zur Verfügung. Manche Plug-Ins kommen sogar mit einem eigenen Installationsprozess und suchen auf eigene Faust nach dem passenden Verzeichnis. Einige Plug-Ins verlangen eventuell eine ältere Photoshop-Seriennummer – einzutragen mit dem Befehl **Bearbeiten: Voreinstellungen: Zusatzmodule** im Feld LEGACY-SERIENNUMMER.

Tipp
Sie müssen nicht die Originaldateien der Plug-Ins kopieren: Es reicht, wenn Sie Verknüpfungen anlegen.

Verzeichnisse für Plug-Ins

Generell sucht Photoshop zwei Verzeichnisse nebst Unterverzeichnissen nach Plug-Ins ab:

» Das Standardverzeichnis »Photoshop/Zusatzmodule« enthält die bereits mitgelieferten Plug-In-Filter für Photoshop. Sie erkennen dort, dass einige Befehle aus dem **Filter**-Menü hier ihr Dasein als Plug-Ins fristen. Sie können hier auch weitere Plug-Ins oder Verknüpfungen zu Plug-Ins speichern – am besten in eigenen Unterverzeichnissen.

» Wählen Sie **Bearbeiten: Voreinstellungen: Zusatzmodule** und legen Sie ein weiteres, frei wählbares Plug-In-Verzeichnis fest. Es muss sich nicht innerhalb des »Photoshop«-Verzeichnisses befinden. Weitere Programme können auf dieselben Fremdanbieter-Plug-Ins zugreifen.

Tipp
Packen Sie neue Plug-Ins in jeweils eigene Unterverzeichnisse – so kann man sie bei Problemen unkompliziert aus dem Verkehr ziehen.

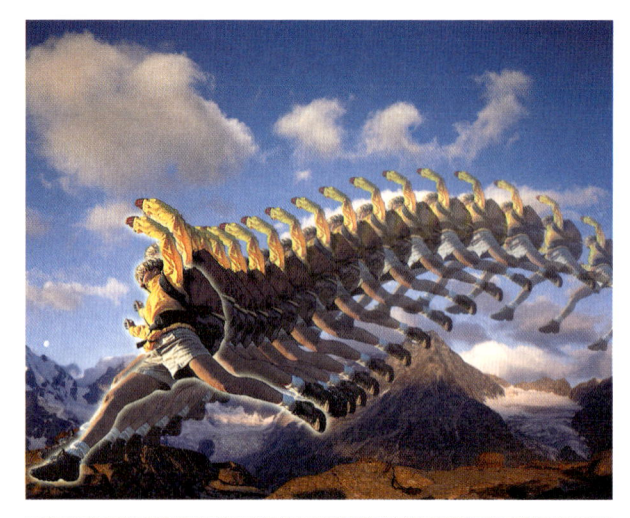

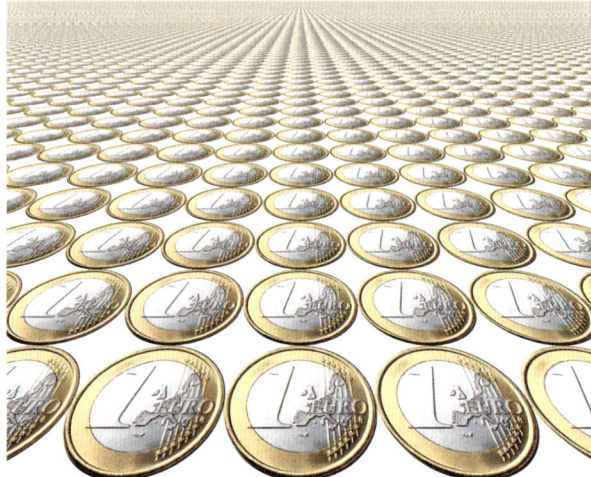

Abbildung 14.11 Oben, Mitte: Die kostenlosen Zusatzmodule von MuRa verteilen unter Windows Objekte vielfach, auch Zufallsverteilungen und nahtlose Muster sind möglich; die Adresse: www.geocities.com/murakuma/mmplugins. **Unten:** Verblüffende plastische Verzerrungen errechnet das kostenlose Windows-Plug-In »Jama 3D«; www.redfieldplugins.com/Download.htm

Plug-Ins aus dem Internet

Links zu meist englischsprachigen Plug-Ins, darunter auch viele kostenlose, finden Sie im Internet. Hier bieten Hobbyprogrammierer ihre Ergebnisse an, oft nur für Windows-Rechner; Sie finden aber auch Lockangebote von Plug-In-Herstellern, die Sie zum Kauf der ganzen Sammlung verlocken möchten. Prüfen Sie für Hinweise und Kommentare zu kostenlosen Plug-Ins diese Übersichten:

www.thepluginsite.com/resources/freeps.htm,
www.thepluginsite.com/resources/freeff.htm,
www.foto-freeware.de/filter.php und
www.freephotoshop.com/html/free_plugins.html.

Allerdings: Kostenlose Plug-Ins überzeugen und funktionieren mitunter nicht. Wie immer übernehmen Verlag und Autor keine Verantwortung und keine Beratung für Verfügbarkeit und Inhalt der in diesem Buch genannten Internetseiten. Explodiert jedes Mal die Festplatte, wenn Sie Gratisfilter X aus der Sammlung Y auf Bild Z anwenden? Wir wissen auch nicht, woran es liegen könnte. Führen die hier genannten Webadressen nicht zum Ziel, spüren Sie ihnen mit einem Suchdienst wie Google nach.

Befehle im Überblick: Filter

Taste/Feld	Zusatztasten	Aktion	Ergebnis
Esc (während Filter läuft)			Filter abbrechen
Strg + Z			Filter widerrufen
Strg + F			Letzten Filter wiederholen
Strg + F	Alt		Letzten Filterdialog aufrufen
Strg + F	⇧		**Verblassen** (letzte Bildfassung nachträglich stufenlos in Filterergebnis einblenden)

14.2 »Struktur«

Einige Filter arbeiten mit STRUKTUR, das heißt, Sie legen ein Relief zum Beispiel aus SANDSTEIN oder LEINEN zugrunde – so etwa bei den Befehlen **Conté-Stifte**, **Grobes Pastell**, **Glas** und **Malgrund**. Der **Strukturierungsfilter: Mit Struktur versehen** appliziert die Struktur ohne zusätzliche »künstlerische« Verfremdung. Damit rauen Sie glatte Flächen auf – etwa Verläufe oder Produkte des Wolkenfilters – oder Sie gestalten Hintergrundmuster. Viele Filter mit STRUKTUR-Option bietet Photoshop innerhalb der Filtergalerie an, die weiter unten noch ihren Auftritt haben wird. Ihre Optionen bei allen Filtern mit STRUKTUR:

» Vier STRUKTUREN sind in Photoshop eingebaut: ZIEGEL, SACKLEINEN, LEINWAND und SANDSTEIN.

» Sie können, über das Menüdreieck ▶, eine beliebige weitere **Struktur laden**.

» Über die SKALIERUNG verändern Sie die Ausdehnung des Reliefs.

» Die RELIEFHÖHE steuert die Intensität der Wirkung.

» Sie legen eine LICHT-Position fest – etwa OBEN LINKS oder UNTEN RECHTS, und Sie können das Relief UMKEHREN.

Für die **Beleuchtungseffekte** (Seite 386) gelten die Beschreibungen in diesem Abschnitt wohlgemerkt nicht.

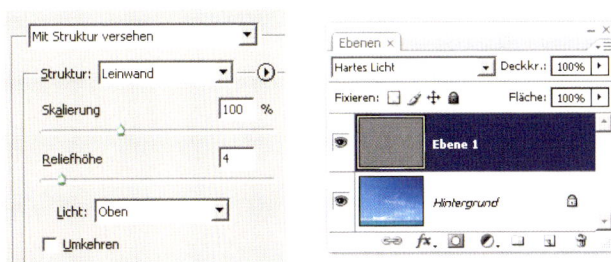

Abbildung 14.12 Die Strukturfunktion hat eine feine Textur ins Bild gewebt, hier »Sackleinen«. Der Filter »Mit Struktur versehen« wird innerhalb der »Filtergalerie« angeboten. Er leitet Strukturen aus beliebigen PSD-Dateien ab. Die Struktur wurde hier in eine neutralgraue Ebene gerechnet, die mit der Füllmethode »Hartes Licht« überblendet wird; so lässt sie sich leicht verschieben oder verzerren.
Datei: Struktur_a

Struktur laden

Alle Filter mit STRUKTUR-Option enthalten zugleich die Funktionen des Befehls **Mit Struktur versehen**. Sie müssen generell nicht die mitgelieferten Strukturen wie SACKLEINEN oder ZIEGELSTEIN verwenden: Öffnen Sie mit dem eingekreisten Dreieck ⏵ ein Menü, das einen einzigen Befehl kredenzt: **Struktur laden**. Hier wählen Sie eine beliebige Datei im Photoshop-Dateiformat, also mit der Endung ».psd«. Das Hell-Dunkel-Muster dieser Datei wird als Struktur ins Bild gerechnet. Beim nächsten Verwenden des Filters nennt Photoshop diese Datei auch direkt im Klappmenü für die Standardstrukturen, wie SANDSTEIN oder SACKLEINEN.

Auch Farbdateien eignen sich als Strukturdatei – die Helligkeitsinformationen werden als Struktur auf das Bild gelegt. Weben Sie Ihr Firmenlogo ein oder eine gescannte Textur. Kleine Motive werden vielfach wiederholt, zu große Motive lassen sich aber nicht zurechtschieben – zur besseren Platzierung legen Sie das Muster besser auf eine Neutralgrau-Ebene. Wie Sie nahtlos kombinierbare Muster selbst herstellen, lesen Sie ab Seite 735.

Tipp
Die PSD-Datei, die Sie als **Struktur laden** *möchten, hat mehrere Ebenen und die Verarbeitung klappt nicht? Dann speichern Sie die Datei mit »maximierter Kompatibilität« (Seite 785) oder dampfen Sie das Werk gleich auf eine reine* HINTERGRUND-*Ebene ein.*

Mitgelieferte Strukturen

Einige reizvolle Dateien, die Sie sofort mit dem Befehl **Struktur laden** aus den Filterdialogfeldern verwenden können, finden Sie auf der »Inhalte«-DVD im Unterverzeichnis »Adobe Photoshop CS3 [Extended]/Beleuchtungseffekte-Strukturen«, außerdem im Photoshop-Programmverzeichnis unter »Zusatzmodule/Verschiebungsmatrizen«.

Farbige Strukturdateien, darunter »Dornenbusch« oder »Gelbbraune Tapete«, liefert das Photoshop-Verzeichnis »Vorgaben/Strukturen«. Sie eignen sich zum Beispiel auch, um ein MUSTER zu definieren; einige der Dateien liegen im JPEG-Format vor; sie müssen also vor der Verwendung mit der STRUKTUR-Option erst als Photoshop-Dateien gesichert werden.

Alternativen zu »Mit Struktur versehen«

Sie können eine Struktur auf viele verschiedene Arten einweben; dabei sind unterschiedlichste Ergebnisse möglich.

Musterüberlagerung

Wenden Sie den Ebeneneffekt MUSTERÜBERLAGERUNG auf das Bild an. Sofern Ihr Bild nur eine Hintergrundebene zeigt, klicken Sie zunächst doppelt auf die Miniatur, um eine normale »Ebene 0« herzustellen. Anschließend klicken Sie erneut doppelt auf die Miniatur, damit Sie den EBENENSTIL-Dialog sehen. Wählen Sie im Bereich MUSTERÜBERLAGERUNG eine Füllmethode wie HARTES LICHT oder MULTIPLIZIEREN.

Einzelbild als Struktur

Sie müssen als Struktur nicht ein wiederkehrendes »Muster« verwenden, es reicht auch eine Einzeldatei, zum Beispiel ein größerer Stoff- oder Steinscan. Legen Sie das Bild auf eine Ebene über dem Foto, das Sie verändern wollen. Meist sollten Sie es auf eine Graustufenwirkung beschränken, zum Beispiel per **Bild: Anpassungen: Sättigung verringern** (⇧+Strg+U) oder flexibler mit einer **Schwarzweiß**-Einstellungsebene, deren Wirkung Sie per Schnittmaske (Strg+Alt+G) auf diese eine Ebene beschränken. Anschließend richten Sie die Füllmethode HARTES LICHT ein und experimentieren mit starken Kontraständerungen für die Strukturebene; der durchschnittliche Tonwert, der auf wenig Relief hindeutet, sollte um Neutralgrau herum liegen.

Abbildung 14.13
Die Filter mit »Struktur« gehören zur Gruppe der Filter, deren Wirkung von der Bildauflösung abhängt. **Links:** Sie sehen »Leinwand« mit 300 dpi. **Rechts:** Derselbe Filter mit den gleichen Einstellungen, auf eine 200-dpi-Datei angewendet. Bei geringerer Druckauflösung wirkt die »Struktur« größer, bei identischer Zoomstufe erscheint die 200-dpi-Datei dagegen in Photoshop kleiner. Dateien: Struktur_a2, Struktur_a3,

Struktur auf eigener Ebene

Abbildung 14.14
Links: Wir verwenden die Datei »Struktur_c2_Muster« als Muster für den Filter »Mit Struktur versehen«. Er wird wieder auf eine Neutralgrau-Ebene mit der Füllmethode »Hartes Licht« angewendet.
Rechts: Wir haben die Datei »Struktur_c2_Muster« mit dem Befehl »Bearbeiten: Muster festlegen« als Muster gespeichert, eine »Muster«-Füllebene angelegt und die Füllmethode »Weiches Licht« eingeschaltet. (Der Modus »Weiches Licht« unterdrückt Grau im Gesamtbild). Dateien: Struktur_c3, c4

Besonders flexibel bringen Sie die Kontrastkorrektur mit einer Einstellungsebene an (Seite 615). In komplexen Montagen beschränken Sie die Wirkung der Einstellungsebene per Schnittmaske allein auf die Strukturebene.

Struktur auf eigener Ebene

Wenden Sie **Mit Struktur versehen** nicht direkt auf die Bildebene an. Erzeugen Sie eine neue, leere Ebene, die Sie mit Neutralgrau füllen und mit der Füllmethode HARTES LICHT ausstatten. Zum Beispiel so:

1. Sie klicken mit gedrückter [Alt]-Taste unten in der Ebenenpalette auf das Symbol NEUE EBENE ERSTELLEN.

2. Im Dialogfeld nehmen Sie den Modus HARTES LICHT und die Option MIT NEUTRALER FARBE FÜR DEN MODUS ‚HARTES LICHT' FÜLLEN (50 % GRAU).

Nach dem Klick haben Sie Ihre Neutralgrau-Ebene, sie ist im Gesamtbild allerdings vorläufig nicht erkennbar. Diese Ebene muss aktiviert sein, wenn Sie den Filter aufrufen. Allerdings sehen Sie dann in der Vorschau nur eine graue Fläche, nicht das Foto.

Auf der neuen Neutralgrau-Ebene wenden Sie den Filter **Mit Struktur versehen** an. Das Gesamtbild sieht nun genauso aus, als ob Sie die Struktur direkt ins Foto gerechnet hätten. Doch Sie können nun mit Deckkraft oder anderen Füllmethoden wie INEINANDERKOPIEREN und WEICHES LICHT experimentieren oder die Struktur verzerren. Sie wechseln problemlos zwischen verschiedenen Strukturen auf verschiedenen Ebenen.

Soll diese Struktur nur eine einzelne Ebene Ihrer Montage zieren, fassen Sie beide Ebenen zu einer Schnittmaske zusammen (Seite 612). Oder verwandeln Sie die Ebene in ein Smart Objekt, so dass der nächste Filter als Smart Filter dieser Ebene zugeordnet wird. Gelungene Strukturen ziehen Sie in andere Bilder.

Verschiebbare Strukturen

Wollen Sie die Struktur über dem Gesamtbild verschieben, sollte die Strukturebene von vornherein größer sein als die sichtbare Bildfläche. Dazu schalten Sie den Vollschirmmodus ein (Tastaturbefehl [F], eventuell mehrfach), wählen **Bearbeiten: Frei transformieren** ([Strg]+[T], Seite 538) und ziehen die noch nicht gefilterte neutralgraue Fläche in die Höhe und in die Breite. Anschließend verwenden Sie **Mit Struktur versehen**. Der Filter beackert nun auch Ebenenbereiche außerhalb der Dokumentgrenzen. Sie können die Strukturebene also verschieben, ohne dass der Effekt abreißt.

Reliefwirkung

Machen Sie die Strukturebene noch lebendiger, zum Beispiel mit **Filter: Renderfilter: Beleuchtungseffekte** (Seite 386). Arbeiten Sie dort auch mit einem RELIEF-KANAL. Zeigen Sie zum Beispiel vorab die Strukturebene allein mit der Füllme-

Teil 4 • Verfremdung

thode Normal an. Laden Sie die Grauwerte als Auswahl durch einen Strg-Klick auf den RGB- oder CMYK-Gesamtkanal in der Kanälepalette und machen Sie daraus einen Alphakanal mit der Schaltfläche Auswahl als Kanal speichern unten in der Kanälepalette. Nun heben Sie die Auswahl mit Strg+D auf, stellen die Strukturebene zurück auf die Füllmethode Hartes Licht, rufen die **Beleuchtungseffekte** auf und experimentieren mit dem Relief-Kanal.

DVD
Zu den Aktionen der Sammlung »Photoshop CS3 Kompendium« gehört auch »Filter – Neutralgrau-Ebene«. Die Aktion erstellt ein Duplikat der aktuellen Datei, legt darüber eine neutralgraue Ebene im Modus Hartes Licht an und bietet dann die Filtergalerie an. Die neutralgraue Fläche wird auf 150 Prozent des sichtbaren Bereichs skaliert; die Filter wirken also über den sichtbaren Bereich der Datei hinaus, Sie können die Ebene über dem Bild verschieben.

Struktur mit Füllebene

Besonders flexibel sind Sie, wenn Sie die Struktur in einer Füllebene anlegen (Seite 618). Vorteile: Größe, Tiefe und Position des Musters lassen sich anschließend jederzeit frei ändern und bei einer Vergrößerung der Arbeitsfläche wächst die Musterebene mit. Freilich ist nur die Skalierung 100,0 Prozent so scharf wie das Original, in anderen Größen kann das Muster leichte Unschärfe zeigen. Die eigentliche Bildebene bleibt unberührt. So geht's:

1. Zunächst benötigen Sie eine Datei mit Struktur, deren Grundfarbe Neutralgrau sein sollte. Legen Sie entweder eine völlig neue Datei an, dabei starten Sie mit einer glatten grauen Fläche, in die Sie ein Muster einflechten. Oder Sie korrigieren ein vorhandenes Muster in Richtung Neutralgrau.

2. Verewigen Sie die Datei in der Musterbibliothek; das erledigt der Befehl **Bearbeiten: Muster festlegen** (Seite 312).

3. Öffnen Sie das Bild, das Ihr Muster zieren soll, und klicken Sie unten in der Ebenenpalette auf Neue Füll- oder Einstellungsebene erstellen. Wählen Sie **Muster**.

4. Im Dialogfeld Musterfüllung geben Sie das neue Muster an und klicken auf OK. Die Musterebene deckt das Bild zunächst völlig zu.

5. In der Ebenenpalette richten Sie für die neue Musterebene zum Beispiel die Füllmethoden Hartes Licht, Weiches Licht oder Ineinanderkopieren ein. Prüfen Sie eine Rücknahme der Deckkraft.

6. Klicken Sie doppelt auf die Miniatur der Musterebene, um zum Beispiel die Skalierung zu ändern.

Abbildung 14.15
Wir bearbeiten die Datei so wie im vorhergehenden Bild, diesmal verwenden wir jedoch die Datei »Struktur_d2_Muster«. **Links:** Wir laden das Muster in den Befehl »Mit Struktur versehen«. **Rechts:** Wir haben das Muster als Photoshop-»Muster« gespeichert, eine »Muster«-Füllebene angelegt und die Füllmethode »Hartes Licht« eingeschaltet. Dateien: Struktur_d3, d4

Weichzeichnungsfilter

Vorlage | Weichzeichnen | Stärker weichzeichnen | Stärker weichzeichnen, 200 dpi

Abbildung 14.16 Weichzeichner: Diese Filter glätten Konturen durch Kontrastausgleich. Die Vorlage hat 300 dpi, bei geringerer Druckauflösung wirkt der Filter stärker. Vorlage: Weichzeichnen_a

Tipp
*Legen Sie eine neue Musterdatei für eine Füllebene an, kann es sinnvoll sein, wenn Sie das Muster bereits in die neutralgraue Fläche per **Mit Struktur versehen** einstanzen. Es wirkt in der anschließenden Montage eventuell besonders »prägend«. Die neue Musterdatei sollte dabei möglichst dieselbe Pixelgröße haben wie das zugrunde liegende Muster. Probieren Sie zum Beispiel 128x128 Pixel.*

14.3 Weichzeichnungsfilter

Die Befehle aus dem Untermenü **Weichzeichnungsfilter** bügeln Bildteile glatt. Generell gibt es diese Anwendungen:

» Sie wollen Übergänge in Alphakanälen, Ebenenmasken oder Montageebenen glätten – meist nehmen Sie den **Gaußschen Weichzeichner**, **Weichzeichnen** oder **Stärker weichzeichnen**.

» Sie wollen fotografische Weichzeichnung in ein Foto zaubern, das unwichtige Partien zu scharf zeigt. Klicken Sie auf **Tiefenschärfe abmildern**, den fotografischen Weichzeichner, denn dieser Filter verschluckt keine Lichter.

» Sie brauchen Spezialeffekte – Wischer, Zoomeffekt oder Überstrahlung; hier nehmen Sie die passenden Filter wie **Bewegungsunschärfe**, **Radialer Weichzeichner** oder **Matter machen**.

Verwenden Sie einen schwachen Filter mehrfach hintereinander, ganz einfach per [Strg]+[F]. Einen Weichzeichnerpinsel 💧 finden Sie auf der Werkzeugpalette (Kurztaste [R], Seite 277). Allerdings gibt es zu diesem Werkzeug lohnende Alternativen.

Schnelle Weichzeichner

Einige Weichzeichnungsfilter arbeiten auf die Schnelle ganz ohne Dialogfeld:

» **Weichzeichnen** dämpft harte Farbübergänge; der Filter hellt Pixel auf, die neben den harten Kanten von vorhandenen Linien oder Schattenzonen liegen.

» **Stärker weichzeichnen** wirkt drei- bis viermal so stark.

» **Durchschnitt** reduziert Bild oder Auswahl auf einen einzigen Durchschnittstonwert.

Radius 1,2 | Radius 3 | Radius 8 | Tiefenschärfe abmildern, Radius 33

Abbildung 14.17 Bilder 1 bis 3: Der »Gaußsche Weichzeichner« löst scharf konturierte Motive mit regelbarer Stärke zu flächigen Fototapeten auf. **Bild 4:** »Tiefenschärfe abmildern« orientiert sich an der Weichzeichnung durch Kameraobjektive. Vorlage: Weichzeichnen_a

Teil 4 • Verfremdung

Abbildung 14.18
Über dem Bild wird eine weiße Füllebene mit »Volltonfarbe« angelegt, das geht über die Schaltfläche »Neue Füll- oder Einstellungsebene erstellen« in der Ebenenpalette. Dabei entsteht automatisch auch eine Ebenenmaske. Das Bild ist zunächst komplett weiß überdeckt. Der Pinsel malt mit schwarzer Farbe und harter Kante in die Ebenenmaske, so dass Teile des Bilds hervortreten. Datei: Weichzeichnen_b1

Gaußscher Weichzeichner

Der **Gaußsche Weichzeichner** zeichnet mit einem regelbaren Betrag weich; niedrige Werte ab 0,1 zeigen wenig Effekt, hohe Eingaben (bis 250) putzen alles weg. Vor allem weicht der **Gaußsche Weichzeichner** Auswahlen in Alphakanal, Schnellmaske oder Ebenenmaske auf und er gibt handgefertigten Schattenebenen den luftigen Look.

Alternativen

Brauchen Sie statt einer flockig weichen Fläche gleich eine komplett einfarbige Zone, nehmen Sie **Weichzeichnungsfilter: Durchschnitt**. Für fotografische Unschärfe empfehlen wir **Tiefenschärfe abmildern**, diese Funktion erhält die Lichter besser als der etwas abstumpfende Gaußsche Weichzeichner. Weitere Alternativen:

» Im Dialogfeld **Form weichzeichnen** geben Sie eine beliebige Vektorform an, zum Beispiel ein X, ein Pfeil oder ein Herz. Die Unschärfe geht von dieser Figur aus in alle Richtungen. Mit einem Radius von 40 oder 60 erkennen Sie die gewählte Figur eventuell vage.

» Das Dialogfeld zum Befehl **Feld weichzeichnen** sieht so aus wie beim **Gaußschen Weichzeichner** und das Ergebnis auf den ersten Blick auch. Aber **Feld weichzeichnen** arbeitet weitaus schneller als der **Gaußsche Weichzeichner** und es verwischt weniger. Speziell horizontale und senkrechte Linien bleiben besser erhalten. Letztlich arbeitet es so ähnlich wie **Form weichzeichnen**, zugrunde liegt hier ein Quadrat. Wollen Sie eine Grafik zwar ordentlich absoften, aber doch Grundstrukturen wahren, zum Beispiel für Hintergrundmuster, dann ist **Feld weichzeichnen** womöglich der Weichspüler Ihrer Wahl.

Abbildung 14.19
Wir wenden den Gaußschen Weichzeichner auf die Ebenenmaske der weißen Füllebene an. So entsteht ein weicher Rand. An den Kanten haben wir Messpunkte des Farbaufnahme-Werkzeugs gesetzt. So lässt sich unten in der Info-Palette prüfen, ob der Rand noch reinweiß ist oder ob durch die Weichzeichnung bereits Farbe bis an den äußersten Rand gelangt – das sieht im Druck abgerissen aus. RGB-Werte von 255 bei den Messpunkten stehen für reines Weiß, so soll es sein.

»Tiefenschärfe abmildern«

Abbildung 14.20
Wir klicken in der Palette einmal auf die »Hintergrund«-Ebene, wählen den linken Teil des Sonnenschirms mit dem Zauberstab aus, aktivieren wieder die Maske der Füllebene und füllen den ausgewählten Bereich mit Schwarz. Dadurch ragt der Sonnenschirm über die Grenze des weichen Rands hinaus. Datei: Weichzeichnen_b2

»Tiefenschärfe abmildern«

Unscharf finden sie scharf, jene Fotoenthusiasten, die im Internet Bilder mit sahneweicher Unschärfe herumzeigen – Bokeh heißt die schöne Unschärfe jetzt.

In Ihren Aufnahmen ist leider alles scharf? Kein Problem: Der Befehl **Tiefenschärfe abmildern** rechnet nachträglich Kameraunschärfe ins Foto und wahrt dabei eher als andere **Weichzeichnungsfilter** den fotografischen Charakter eines Bilds – je nach Reglerstellung behalten die Lichter ihren Glanz und Sie zaubern vage Blendenumrisse ins wohligweichgezeichnete Etwas.

Bei unseren Tests ließ sich **Tiefenschärfe abmildern** nicht als verlustfreier Smartfilter nutzen. Wirkt der Filter noch nicht stark genug, rechnen Sie Ihre Vorlage deutlich kleiner, zum Beispiel per **Bild: Bildgröße**; das ist günstiger, als den Befehl zweimal hintereinander anzuwenden.

Für **Tiefenschärfe abmildern** nehmen Sie am besten Bilder, die zunächst von vorn bis hinten scharf durchgezeichnet sind; fotografieren Sie also mit hohen Blendenwerten wie f8, f11 oder höher (Seite 38).

Schnelle Vorschau

Für erste Versuche mit dem sehr behäbigen Filter **Tiefenschärfe abmildern** nehmen Sie eine Datei von nur 800 Pixel Breite. Verwenden Sie zunächst den VORSCHAU-Modus SCHNELLER; stellen Sie die Vorschau erst später auf GENAUER um – Photoshop zeigt direkt das Endergebnis. Um die Feinheiten von STÖRUNG oder IRIS genau zu beurteilen, richten Sie unten links Zoomstufen wie 100 oder 200 Prozent ein.

Legen Sie einen Alphakanal an

Noch bevor Sie den Befehl aufrufen, legen Sie zunächst einen Alphakanal an, zum Beispiel so:

1. Öffnen Sie mit dem **Fenster**-Menü die **Kanäle**-Palette.

2. Klicken Sie unten in der Palette auf das Symbol NEUEN KANAL ERSTELLEN. Damit entsteht der neue, schwarze Alphakanal ALPHA 1.

3. Was Sie im Alphakanal schwarz unterlegen, hält der Filter für nah an der Kameralinse; Weißes gilt als weit entfernt. Letztlich kommt es hier nur auf deutlich unterschiedliche Zonen, aber nicht auf präzise Auswahl an – später verschieben Sie die Wirkung des Alphakanals fast nach Belieben. Legen Sie zum Beispiel mit dem Verlaufswerkzeug einen Graustufenverlauf an. Der Teil, der scharf bzw. unverändert bleiben soll, erhält Schwarz. Geriet der Verlauf genau verkehrt herum? Kehren Sie ihn mit [Strg]+[I] um. (Auch der Filterdialog ermöglicht das UMKEHREN.) Alternative zum Verlauf: Malen Sie mit schwarzer Farbe mit dem Pinsel und weicher Spitze in den Bereich des Alphakanals, der scharf bleiben soll.

4. Stimmt der Alphakanal? Klicken Sie oben in der Kanälepalette auf die Miniatur fürs Gesamtbild, zum Beispiel auf RGB oder CMYK, so dass der Alphakanal nicht mehr aktiviert ist.

Abbildung 14.21 Der Befehl »Filter: Weichzeichnungsfilter: Tiefenschärfe abmildern« rechnet Kameraunschärfe ins Bild. Die nahegelegenen bzw. entfernten Zonen legen Sie über Schwarz- und Weißtöne im Alphakanal fest. Hier wurde schlicht der Vordergrund ausgewählt und im Alphakanal (unten links im Bild) schwarz abgedeckt. Vorlage: Weichzeichnen_c

Nun steuern Sie den Schärfebereich im Dialogfeld genauer:

1. Wählen Sie **Filter: Weichzeichnungsfilter: Tiefenschärfe abmildern**.

2. Nennen Sie im Klappmenü QUELLE den Namen des Alphakanals, den Sie angelegt haben. (Alternativ verwenden Sie TRANSPARENZ oder EBENENMASKE.)

3. Richten Sie den genauen Schärfepunkt ein. Am einfachsten klicken Sie dazu auf den Punkt, der in voller Schärfe erscheinen soll – Photoshop präsentiert den Mauszeiger hier als Kreuz ✛. Dabei verändert sich die Stellung des Reglers WEICHZEICHNEN-BRENNWEITE. Sie können diesen Regler auch direkt verändern. Ohne Alphakanal steht WEICHZEICHNEN-BRENNWEITE nicht zur Verfügung.

DVD

In der Aktionensammlung auf der Buch-DVD finden Sie die Aktion »Filter – Tiefenschärfe abmildern«. Die Aktion erzeugt ein auf 800 Pixel verkleinertes Duplikat, legt auf gut Glück einen Alphakanal mit Verlauf an und ruft den Befehl **Tiefenschärfe abmildern** *mit Verwendung des Kanals »Alpha 1« auf. Sie können den Verlauf nach einer* ANHALTEN-*Meldung ändern.*

Die »Iris«

Im Bereich IRIS steuern Sie die virtuelle Blende des weichzeichnenden digitalen Photoshop-Objektivs:

» Der RADIUS-Regler steuert die Stärke der Weichzeichnung.

» Das Klappmenü FORM bietet verschiedene Bauarten für die Kamerablende an – also die Zahl der Lamellen. Die Form erkennen Sie eventuell nicht auf Anhieb im Bildergebnis. Die Blendenform schält sich am ehesten in weichgezeichneten Hochlichtern aus; die speziellen Kringel von Spiegel-Teles sind mir aber noch nicht gelungen.

» Der DREHUNG-Regler dreht die Blende – testen Sie Variationen vor allem bei niedriger WÖLBUNG DER IRISBLENDE.

» Hohe Werte bei WÖLBUNG DER IRISBLENDE glätten die Ecken der Lamellen, Sie erkennen die Iris-FORM nicht mehr – sie spielt praktisch keine Rolle mehr. Hohe Werte spülen zudem eventuell das Bild deutlicher weich. Niedrige Werte zeigen eine genauer konturierte Iris-FORM in den Lichtern, so wie eine Fotografie mit Unschärfe, aber geschlossener Blende (zum Beispiel Blende f11 oder f16). Hohe Werte mit schlicht rundlicher Lamellenform erinnern an fotografierte Unschärfe mit offener Blende (etwa Blende f4 oder f2,8).

»Tiefenschärfe abmildern«

Abbildung 14.22   Für diese Szene braucht man nur einen kreisförmigen Verlauf im Alphakanal. Wir wählen den Befehl »Tiefenschärfe abmildern« und geben den Namen des Alphakanals oben im »Quelle«-Menü an. Sitzt die Schärfe nicht perfekt, klicken Sie auf die Fahrzeugfront, damit Photoshop diese Zone als Zentrum ansieht. Kleinere Übertreibungen entfernen Sie anschließend mit dem Protokollpinsel. Vorlage: Weichzeichnen_d

Tipp
Zeigt das Ergebnis unrealistische Partien? Korrigieren Sie mit Protokollpinsel oder Weichzeichnerpinsel nach.

»Spiegelartige Lichter«

Im Bereich SPIEGELARTIGE LICHTER setzen Sie Glanzlichter – etwas, das mit dem **Gaußschen Weichzeichner** gar nicht geht. Sie möchten Spitzlichter setzen, unscharfe Bereiche nach Weiß ausbleichen lassen? Ziehen Sie den SCHWELLENWERT auf eine hohe Vorgabe wie 200. Jetzt hebt Photoshop helle Bildpunkte mit Werten von 200 bis 255 stark an – aber nur innerhalb des weichgezeichneten Bereichs. Die Vorgabe von 100 hellt noch mehr Tonwerte auf, nämlich alle Bildpunkte mit Werten von 100 bis 255. So entsteht mehr Glanz. Ein SCHWELLENWERT von 255 verändert nichts. Wie stark Photoshop den gewählten Helligkeitsbereich aufhellt, steuern Sie per HELLIGKEIT.

Tipp
Legen Sie deutlich auffallende SPIEGELARTIGE LICHTER an? Dann testen Sie die Auswirkung verschiedener Blendenformen mit dem Klappmenü FORM – am deutlichsten zu erkennen, wenn die WÖLBUNG DER IRISBLENDE auf 0 steht.

Abbildung 14.23   Im Kanal »Alpha 1« legen wir zunächst einen Verlauf von Grau nach Weiß an. Dann wählen wir das Mobiliar im Vordergrund aus und verewigen die Auswahl sicherheitshalber im separaten Kanal »Stuhl, Tisch, Säcke«. Wir aktivieren wieder den Kanal »Alpha 1« und füllen den ausgewählten Vordergrundbereich mit Schwarz – so wird der Vordergrund nicht weichgezeichnet. Dann wählen wir »Tiefenschärfe abmildern« und verwenden »Alpha 1« als Quelle. Vorlage: Weichzeichnen_e

Abbildung 14.24 Links: Der Vordergrund wird durch einen Alphakanal geschützt. **Mitte:** Radius 22, fünfeckige Iris und spiegelartige Lichter mit einer Helligkeit von 80 und Schwellenwert 245. **Rechts:** Radius 10, siebeneckige Iris, spiegelartige Lichter mit einer Helligkeit von 100 und Schwellenwert 245. Vorlage: Weichzeichnen_c

»Rauschen«

Per **Tiefenschärfe abmildern** verschwindet zunächst jegliches Filmkorn oder Bildrauschen. Das Ergebnis wirkt eventuell zu glatt, weichgezeichnete Bildteile harmonieren nicht mit naturbelassenen Partien. Der Bereich RAUSCHEN zaubert die erforderliche Unruhe wieder ins Bild, sofern Sie eine STÄRKE über 0 verwenden. Die RAUSCHEN-Optionen haben die Programmierer bei Photoshops Befehl **Rauschfilter: Rauschen hinzufügen** abgeguckt (Seite 415).

Sanfte Überstrahlung

Beliebt für Hochzeitsfotos und Co. ist ein sanft überstrahlender Weichzeichnereffekt. Früher hat man dafür eigene Objektive verwendet oder zumindest doch Vaseline auf einen Glasfilter geschmiert. Photoshop bietet mehrere Techniken, die nebenbei noch unruhige Haut glätten.

Um den Effekt zu verstärken, hellen Sie das Ergebnis eventuell auf. Dabei betonen Sie speziell die helleren Bereiche, zum Beispiel mit den Befehlen **Gradationskurven** (Strg+M) oder, eher grob, mit **Filter: Sonstige Filter: Helle Bereiche vergrößern**.

Überstrahlung mit Ebenentechnik

Duplizieren Sie die HINTERGRUND-Ebene mit Strg+J und zeichnen Sie die obere Ebene weich, zum Beispiel mit **Gaußschem Weichzeichner** oder **Tiefenschärfe abmildern**, aber durchaus auch mit **Bewegungsunschärfe** oder **Radialem Weichzeichner**. Danach verwenden Sie eine aufhellende Füllmethode wie NEGATIV MULTIPLIZIEREN oder schwächer AUFHELLEN. Alternativ blenden Sie nach einem Doppelklick auf die Ebenenminiatur nur die dunkleren Helligkeitsbereiche aus. Schwächen Sie die Gesamtwirkung mit dem DECKKRAFT-Regler oder rubbeln Sie lokal in der Ebenenmaske zurück zum schärfer gezeichneten Original.

»Filter«-Befehle für Überstrahlung

Testen Sie **Filter: Verzerrungsfilter: Weiches Licht** – eine leicht impressionistische Funktion mit Reglern für KÖRNUNG und Überstrahlung, die auch für Pastell- und Nostalgiewirkung gut ist. Eine Alternative bietet noch **Filter: Weichzeichnungsfilter: Matter machen** mit hohem RADIUS und niedrigem SCHWELLENWERT. Dieser Filter verwischt kontrastarme Flächen, tastet stärker Konturiertes aber kaum an.

Im Anschluss an die **Filter**-Befehle verwenden Sie **Bearbeiten: Verblassen** (Strg+⇧+F). Dort hellen Sie das Bild mit einer Füllmethode wie NEGATIV MULTIPLIZIEREN weiter auf. Testen Sie auch die DECKKRAFT, örtliche Übertreibungen regulieren Sie danach mit dem Protokollpinsel. Wenn Sie die Befehle als Smartfilter auf ein Smart Objekt anwenden, dämpfen Sie die Filterwirkung mit der SMARTFILTER-Ebenenmaske.

»Bewegungsunschärfe«

Ein paar Befehle aus dem Untermenü **Filter: Weichzeichnungsfilter** dramatisieren Ihre Fotos mit Gestaltungsmöglichkeiten, die Sie auch direkt an der Kamera haben: Imitieren Sie schnelle gerade oder rotierende Bewegungen durch Wischeffekte, simulieren Sie zoomende Objektive. Bei einem fahrenden Auto, das seitlich fotografiert wurde, kombinieren Sie sogar zwei Effekte: **Bewegungsunschärfe** für den Hintergrund und kreisförmigen **Radialen Weichzeichner** für die Räder.

»Bewegungsunschärfe«

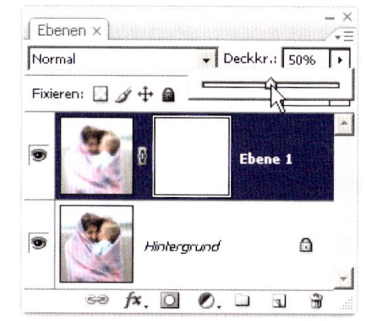

Abbildung 14.25 Die Vorlage wird auf eine neue »Ebene 1« dupliziert und mit »Tiefenschärfe abmildern« weichgezeichnet. Anschließend senken wir die »Deckkraft« der oberen Ebene auf 50 Prozent. Eine Ebenenmaske haben wir bereits angelegt, sie wird aber erst in der nächsten Bildreihe genutzt. Datei: Weichzeichnen_g1

Abbildung 14.26 Links: Die obere Ebene bekommt die Füllmethode »Aufhellen« und 80 Prozent Deckkraft. **Mitte:** Wie vorher, auf den Gesichtern wird der Effekt per Ebenenmaske abgeschwächt. **Rechts:** Füllmethode »Negativ multiplizieren«, 100 Prozent Deckkraft, keine Ebenenmaske.

Abbildung 14.27 Links: Filter »Weiches Licht«, relativ niedrige Werte für Körnung, Lichtmenge und Kontrast. **Mitte:** Wieder »Weiches Licht«, alle Werte wurden erhöht. **Rechts:** Filter »Matter machen«, Radius 100, Schwellenwert 60. Die Wirkung lässt sich durch Aufhellen noch verbessern. Datei: Weichzeichnen_g2

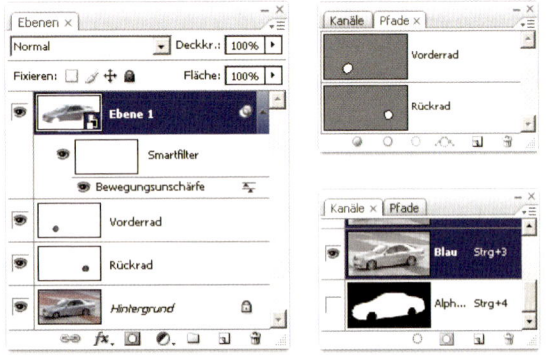

Abbildung 14.28 Hier wird ein Wischeffekt simuliert, bei dem sich Kamera nicht mit dem Fahrzeug bewegte. Die »Bewegungsunschärfe« ändert als Smartfilter die »Ebene 1«, die nur das Chassis ohne Räder enthält. Die Räder wurden auf eigene Ebenen geladen, dort ausgewählt und dann mit dem »Radialen Weichzeichner« bearbeitet. Auf der »Hintergrund«-Ebene liegt das unveränderte Originalbild; von dort lassen sich bei Bedarf Originalbildteile laden, die erforderlichen Auswahlen existieren als Alphakanal oder Pfad.

Die **Bewegungsunschärfe** ahmt ein Phänomen der Fotografie nach: Schnelle Bewegungen, die Sie mit langer Belichtungszeit aufnehmen, verwischen; nicht anders ergeht es statischen Motiven, wenn der Fotograf die Kamera verreißt. Dieser Filter bietet überdies eine interessante Alternative zum Gaußschen Weichzeichner, wenn Sie Schatten anlegen oder Hintergründe glätten: Die Ergebnisse wirken lebendiger. An Schriftzügen oder Objekten vor einfarbigem Hintergrund lässt sich sogar eine Art 3D-Effekt herausarbeiten.

Steuern Sie den Winkel, also die Bewegungsrichtung, durch Ziehen an der »Uhr«. Der Abstand-Regler bestimmt die Stärke des Wischeffekts.

Ebenentechnik

Die **Bewegungsunschärfe** soll oft nur am Rand eines Objekts wirken. Wählen Sie das Hauptmotiv zunächst aus und lupfen Sie es mit Strg + J auf eine neue Ebene. Jetzt haben Sie mehrere Möglichkeiten, die Option Transparente Pixel fixieren muss abgeschaltet sein.

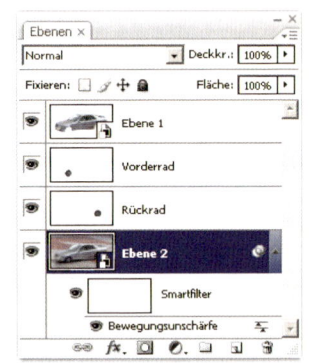

Abbildung 14.29 Wir haben die »Hintergrund«-Ebene in ein Smart Objekt verwandelt, sie heißt danach »Ebene 2«. Die »Bewegungsunschärfe« haben wir von der oberen »Ebene 1« nach unten auf die »Ebene 2« gezogen, so dass jetzt der Hintergrund verwischt wird, während das Fahrzeug scharfgezeichnet bleibt. So simulieren wir den Wischeffekt bei mitgezogener Kamera. Datei: Weichzeichnen_h

Wenden Sie die **Bewegungsunschärfe** auf der neuen Ebenen an, dann radieren Sie mit dem Protokollpinsel zurück zur unverfälschten Version. Oder, falls Sie nur wenig Wischeffekt zeigen wollen: Gehen Sie mit Strg+Z einen Arbeitsschritt zurück und definieren Sie die soebene widerrufene Bewegungsunschärfe als Protokollquelle; dann malen Sie mit dem Protokollpinsel dort, wo es verwischen soll.

Alternative: Klicken Sie die Miniatur des Objekts in der Ebenenpalette bei gedrückter Strg-Taste an, so dass eine Auswahl entsteht, dann folgt **Auswahl: Ändern: Rand** zum Beispiel mit 40 Pixel Breite. Nach dem OK-Klick ist nur noch die Objektkontur von einem Rahmen umgeben. Diesen Rahmen schieben Sie mit Lasso oder Pfeiltasten in die Richtung, in die die Bewegungsunschärfe laufen soll. Dann geben Sie ihm per **Auswahl: Kante verbessern** mit dem Regler Weiche Kante einen weichen Umriss und lassen den Filter los. Oder Sie kehren die Objektauswahl um (Strg+⇧+I) und verschieben sie leicht. Mitunter überblendet man auch zwei Objekte mit und ohne **Bewegungsunschärfe**, testen Sie auch Füllmethoden wie Aufhellen oder Negativ multiplizieren.

»Radialer Weichzeichner«

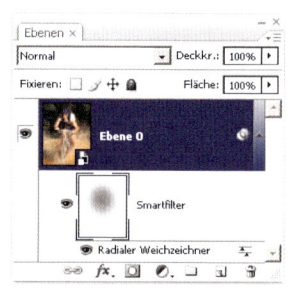

Abbildung 14.30   Das Bild wird mit dem »Radialen Weichzeichner«, Option »Strahlenförmig« bearbeitet. Wir legen den Weichzeichner als Smartfilter an, beim dritten Bild dämpfen wir die Verzerrung in der Mitte durch graue Farbe in der Ebenenmaske. Datei: Weichzeichnen_i

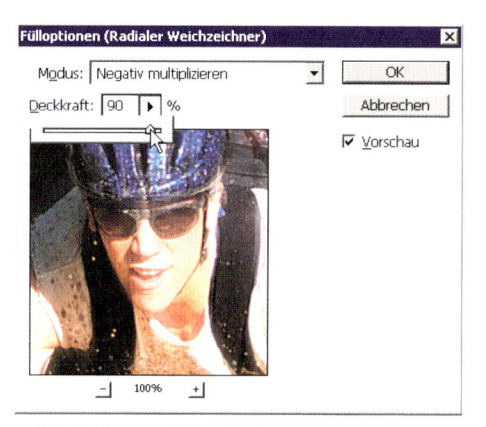

Abbildung 14.31   Wir ändern Füllmethode und Deckkraft des Smartfilters. Dazu klicken wir in der Ebenenpalette mit rechts auf den Balken »Radialer Weichzeichner« und dann auf »Smartfilter-Fülloptionen bearbeiten«. **1. Bild:** Der Smartfilter erhält die Füllmethode »Aufhellen«, die Ebenenmaske ist abgeschaltet. **2. Bild:** Smartfilter mit Füllmethode »Negativ multiplizieren«, Deckkraft 90 Prozent. Beide Füllmethoden lassen von der Verzerrung nur die helleren Bereiche sichtbar.

Für anspruchsvollere ballistischere Routen zaubern Sie Kurven in die Schleppen der **Bewegungsunschärfe**, zum Beispiel mit den Verzerrungsfiltern **Verbiegen** oder **Schwingungen** oder per Verkrümmen. Vorab dehnen Sie die weichgezeichnete Ebene eventuell (Strg+T).

»Radialer Weichzeichner«

Mit zwei unterschiedlichen Effekten bringt der **Radiale Weichzeichner** Dynamik in statische Fotos:

» Die Methode Kreisförmig simuliert rotierende Objekte, zum Beispiel Räder, Propeller oder Uhrzeiger.

» Die Methode Strahlenförmig erinnert an ein Zoomobjektiv, dessen Brennweite während der Belichtung verstellt wird, das Hauptmotiv scheint auf den Betrachter zuzurasen. Beide Funktionen beleben auch Hintergründe oder Schriftzüge.

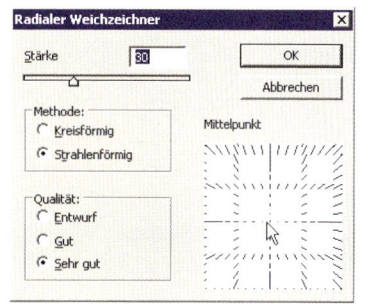

Abbildung 14.32
Beim »Radialen Weichzeichner« platzieren Sie das Zentrum des Effekts durch Ziehen im Vorschauschema. Sie können das Zentrum nicht durch Klicken im Bild festlegen und es gibt keine Sofortvorschau.

Sie erhalten grobkörnige Qualität, wenn Sie den schnellen Entwurf wählen. Verwenden Sie diese Vorgabe, solange Sie experimentieren, das Zentrum des Effekts nachjustieren und solange Photoshop den Effekt als Smartfilter bei jeder Bildänderung stets neu berechnet. Deutlich besser arbeiten Gut und Sehr gut, die nur in großen Auswahlen unterschiedliche Ergebnisse bringen – bei großen Bildern ein Geduldsspiel.

Das Zentrum platzieren

Das Zentrum des Effekts platzieren Sie durch Verschieben des Schemas im Dialogfeld. Wählen Sie den Bereich - zum Beispiel ein Rad oder ein Zifferblatt - am besten zunächst aus und heben Sie ihn auf eine eigene Ebene. Fassen Sie den Bereich bei der Anwendung des Filters in eine Auswahl, damit die komplette Kreisbewegung auch wirklich hier stattfindet und Photoshop nicht noch entlegene weitere Bildteile mit einkalkuliert.

Für die Auswahlellipse ○ gibt es ein paar nützliche Tastengriffe:

» Drücken Sie die ⇧-Taste, damit Sie eine kreisrunde Auswahl und kein Ei erhalten.

» Mit gedrückter Alt-Taste ziehen Sie die Auswahl von der Mitte des Objekts aus auf.

Drücken Sie also ⇧- und Alt-Taste gemeinsam, um einen perfekten Kreis von der Mitte aus aufzuziehen. Ist das Motiv allerdings oval, wird es schwieriger. Ziehen Sie zum Beispiel eine Kreisauswahl auf, dann korrigieren Sie per **Auswahl: Auswahl transformieren** oder verwandeln Sie die Auswahl in einen Pfad, den Sie über Ankerpunkte korrigieren.

14.4 Beleuchtungseffekte

Er ist der Solitär unter den Filtern: Der Befehl **Filter: Rendering-Filter: Beleuchtungseffekte** taucht flaue Motive in wohltuendes Licht, blendet visuellen Schrott gefällig aus, haucht flachen Hintergründen Leben ein, schafft digitales Drama und verleiht Pixelflächen Wärme und Ambiente. Die **Beleuchtungseffekte** harmonieren mit vielen anderen Filtern; oft reicht behutsame Anwendung.

Das Prinzip: Sie haben eine Lichtquelle - oder mehrere - und darum herum ein Umgebungslicht. Sie definieren die Farbe und die Intensität sowohl für Lichtquellen als auch für das Umgebungslicht. So kann es innen heller und außen herum dunkler werden - aber auch umgekehrt. Insgesamt stehen Ihnen maximal 16 Lichtquellen, drei Lichtarten und regelbare Eigenschaften wie GLANZ, MATERIAL und BELICHTUNG zur Verfügung. Zusätzlich können Sie Struktur per Alphakanal einflechten und mit Reliefwirkung ausleuchten lassen.

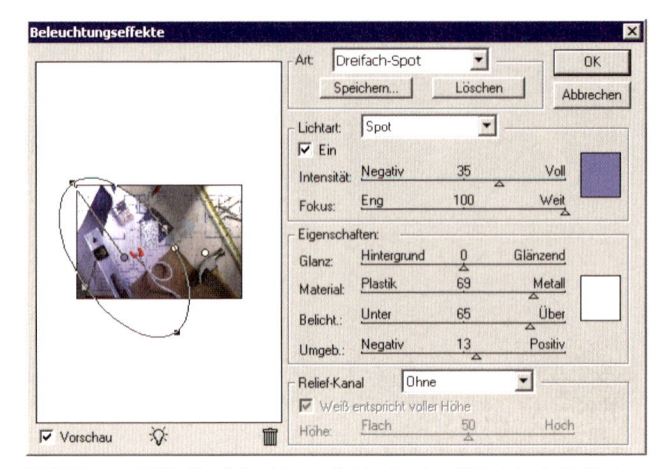

Abbildung 14.33 Die »Beleuchtungseffekte« tauchen Bilddateien in Flutlicht.

Achtung

*Die **Beleuchtungseffekte** funktionieren nur bei RGB-Bildern - so wie sich auch Licht nach dem RGB-Schema mischt. Richten Sie diesen Modus bei Bedarf mit dem Befehl **Bild: Modus: RGB-Farbe** ein, außerdem brauchen Sie den Modus **8-Bit-Kanal**.*

Stil und Lichtquellenarten

Im Einblendmenü STIL wählen Sie eine Beleuchtungsart. Der STIL speichert alle Einstellungen für alle Lichtquellen, die zur gleichen Zeit brennen. Adobe liefert schon eine Reihe Stile mit; Ihre eigenen Lichtkreationen lassen sich mit den entsprechenden Schaltflächen SPEICHERN und auch wieder LÖSCHEN; jede Komposition erscheint im Einblendmenü STIL.

Im Einblendmenü LICHTART haben Sie die Wahl:

» DIFFUSES LICHT ist am wenigsten regulierbar und scheint über die ganze Fläche gleichmäßig hell. Mit der Linie in der Vorschau bestimmen Sie Winkel, Richtung und Standort. Je mehr Sie die Linie verkürzen, umso heller scheint das diffuse Licht. Ziehen mit gedrückter ⇧-Taste hält den Winkel konstant und verändert nur die Länge der Linie. Umgekehrt korrigieren Sie den Winkel bei geschützter Länge mit gedrückter Strg-Taste.

» Ein STRAHLER leuchtet direkt von oben auf das Bild. Im Vorschaufeld erscheint deshalb stets ein konzentrischer Kreis. Sie können ihn durch Ziehen am mittleren Griff bewegen oder mit einem der vier äußeren Griffe vergrößern oder verkleinern.

Lichtart

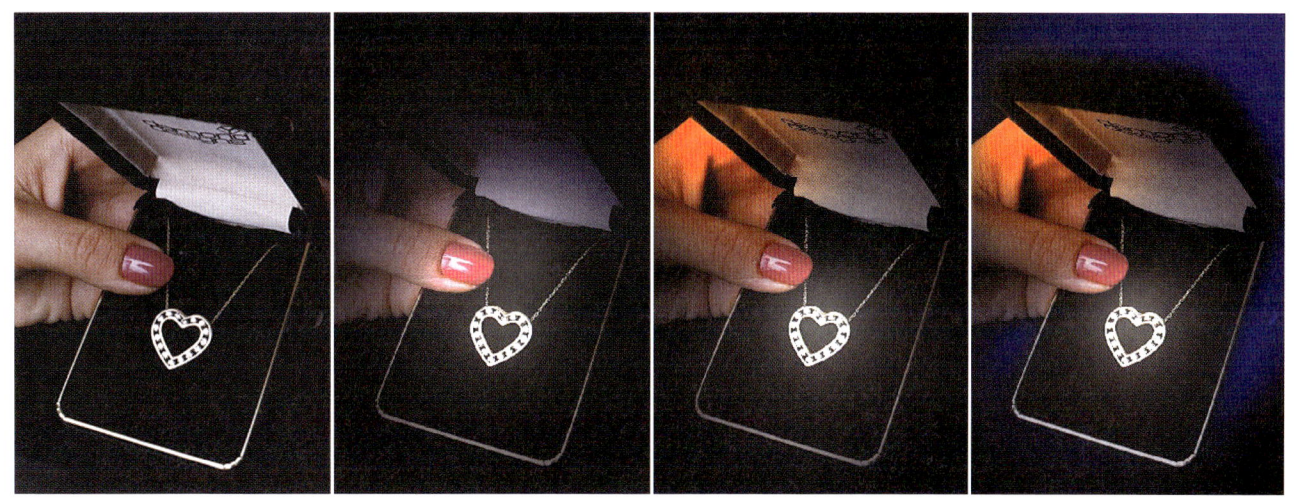

Abbildung 14.34 **1. Bild:** Diese Vorlage bearbeiten wir mit dem Befehl »Filter: Rendering-Filter: Beleuchtungseffekte«. **2. Bild:** Der erste Strahler betont das Hauptobjekt und blendet unerwünschte Bereiche aus. **3. Bild:** Ein zweiter Strahler setzt oranges Licht auf den Handrücken. **4. Bild:** Wir wählen den Hintergrund mit Lasso und Zauberstab aus, wenden anschließend den Befehl »Auswahl: Weiche Auswahlkante« an und setzen einen blauen »Spot«; dabei kommt es auf hohe Werte für »Radius« und »Intensität« an. Vorlage: Beleuchtung_a

» Ein SPOT erzeugt ellipsenförmiges Licht, das scheinbar schräg von einem definierbaren Strahlerstandpunkt ausgeht. Die Linie im Vorschaufeld legt Richtung und Winkel fest, die vier Griffpunkte zeigen die Begrenzung. Sie bewegen die Lichtquelle durch Ziehen des mittleren Griffpunkts in der Strahlerfarbe; an den äußeren Griffpunkten regulieren Sie Winkel und Länge des Lichtstrahls. Mit gedrückter ⇧-Taste halten Sie die Winkel konstant und verändern nur die Größe. Umgekehrt hält die gedrückte Strg-Taste die Größe konstant, so dass Sie nur die Richtung des Spots und den Winkel ändern können.

Lichtart

Im Feld LICHTART stellen Sie die Eigenschaften der markierten Lichtquelle ein.

» Im Einblendmenü wählen Sie einen Lichtquellentyp, also SPOT, STRAHLER oder DIFFUSES LICHT (siehe oben).

» Der Regler INTENSITÄT kontrolliert die Stärke des Effekts. Ziehen Sie den Regler nach rechts in Richtung auf AUFHELLEN, nimmt der Effekt zu.

» Der FOKUS-Regler bestimmt bei der Lichtquelle SPOT, wie weit sich das Licht innerhalb der Begrenzung ausbreiten kann. Nur wenn der Regler auf WEIT steht, füllt das Licht die ganze Begrenzung aus, ansonsten verteilt es sich schwächer nur im Bereich des Zentrums. So lässt sich ein helles, aber schwach ausstrahlendes Licht ebenso einstellen wie ein schwaches, aber über die gesamte Begrenzung verteiltes Licht. Ist bei WEIT der Anschlag erreicht, brennt das Licht mit einer unangenehm harten Kante.

» Klicken Sie in das Farbfeld, um im Farbwähler eine Lichtfarbe zu definieren. Informationen zum Farbwähler finden Sie ab Seite 310.

» Mit dem EIN-Schalter knipsen Sie das Licht vorübergehend aus, ohne es dauerhaft zu entfernen.

Eigenschaften

Mit vier Reglern definieren Sie die Lichteigenschaften näher:

» Der GLANZ-Regler stellt stufenlos Oberflächen von MATT bis GLÄNZEND her.

» Neben MATERIAL legen Sie fest, ob die Lichtquelle oder das Objekt stärker reflektiert: Bei PLASTIK wird stärker die Farbe der Lichtquelle gespiegelt, während METALL die Objektfarbe betont.

» Die BELICHTUNG hellt das Bild auf, wenn ein positiver Wert eingestellt ist; bei negativen Werten wird das Motiv abgedunkelt.

» Mit der UMGEBUNG legen Sie den Einfluss des Umgebungslichts fest. Ein positiver Wert macht die Lichtquelle allein wirksam, ein negativer Wert nimmt ihren Einfluss zurück.

» Nach einem Klick auf das Farbfeld im Abschnitt EIGENSCHAFTEN stellen Sie im Farbwähler die Farbe des Umgebungslichts ein.

Teil 4 • Verfremdung

Tipp
Stellen Sie die GRUNDHELLIGKEIT auf Pluswerte und INTENSITÄT auf einen Minusbetrag, um einen Schatten zu erzeugen oder um anderweitig abgedunkelte Bereiche zu definieren.

Vorschaufeld

Über dem Vorschaubild stellt Photoshop die Strahler dar. Die einzelnen Lichtquellen bewegt man durch Ziehen an den Mittelpunkten, die gleichzeitig die Lichtfarbe darstellen. Begrenzung und Winkel stellt man mit den Griffpunkten an den Begrenzungskreisen ein. Sie können nur einen Strahler gleichzeitig bearbeiten, nur bei ihm sind Griffpunkte und Begrenzung sichtbar. Den nächsten Strahler aktivieren Sie durch Klick auf einen Strahlermittelpunkt oder per ⇥-Taste. Dass man nicht einige oder alle Strahler zugleich verschieben kann, macht die Arbeit an komplexen Kreationen nicht leichter.

Ziehen Sie das Lichtquellensymbol 💡 auf die Vorschaufläche, um eine neue Lichtquelle einzubringen – maximal 16 dürfen strahlen. Mit gedrückter Alt-Taste duplizieren Sie eine vorhandene Lichtquelle. Überflüssige Lichtquellen entsorgen Sie in den Mülleimer 🗑 oder per Entf-Taste. Der EIN-Schalter im Abschnitt LICHTART knipst eine Lampe vorübergehend aus, ohne sie zu entfernen.

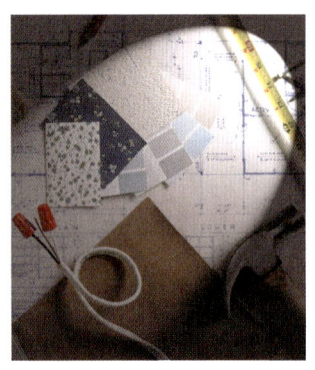

Abbildung 14.35 **1. Bild:** An dieser Aufnahme zeigen wir die verschiedenen Lichtarten. **2. Bild:** Das »diffuse Licht« scheint über die ganze Fläche gleichmäßig. **3. Bild:** Der »Strahler« leuchtet direkt von oben. **4. Bild:** Ein »Spot« leuchtet aus einer festgelegten Richtung. Vorlage: Beleuchtung_b

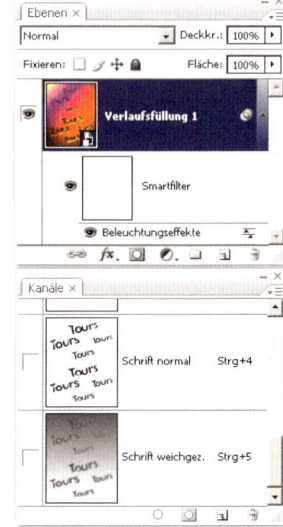

Abbildung 14.36 **1. Bild:** Die gerasterte Verlaufsfüllung entstand mit der »Dither«-Option, die für eine leichte Körnung sorgt. Wir wenden die Beleuchtungsfilter mit »Blau« als Relief-Kanal an, so dass die Körnung wie ein Relief ausgeleuchtet wird. **2. Bild:** Als Relief-Kanal dient hier ein Alphakanal mit schwarzer Schrift auf Weiß. **3. Bild:** Die Schrift im Alphakanal wurde weichgezeichnet und mit einem Verlauf überlagert. Datei: Beleuchtung_c

Abbildung 14.37 1. Bild: Diese schlichte Grafik verwenden wir für unseren Test. **2. Bild:** Wir nutzen die »RGB«-Voreinstellung aus den »Beleuchtungseffekten«. **3. Bild:** Hier wurde der Rotkanal als Relief-Kanal verwendet. **4. Bild:** Hier diente ein weichgezeichnetes Duplikat des Rotkanals als Relief-Kanal.

Relief-Kanal

Alphakanäle oder Grundfarbenkanäle weben Relief ins Werk. Photoshops Prinzip: Graustufen werden in Höhenwerte umgesetzt. So geht's:

» Als RELIEF-KANAL wählen Sie einen Alphakanal oder einen Grundfarbenkanal, der eine Struktur enthält, die Photoshop als Relief ausleuchten soll.

» Mit der Option WEISS ENTSPRICHT VOLLER HÖHE kehren Sie die Auswahlwirkung des Kanals um – statt der schwarzen Bereiche markieren jetzt die Weißzonen im Alphakanal die Bildteile, die Photoshop erhaben darstellen soll.

» Mit dem HÖHE-Regler bestimmen Sie, wie markant das Relief hervortritt.

Schade nur, dass hier ein Regler für SKALIERUNG fehlt, wie ihn viele andere Filter zu bieten haben. Als Füllung für die Relief-Kanäle kommen zum Beispiel Strukturen von Stoff, Papier, Holz, Stein oder Stoff in Frage. Photoshop liefert einige Strukturen mit, zu finden im Programmordner »Vorgaben/Strukturen«. Zahlreiche weitere Strukturen beherbergt das Verzeichnis »Zugaben/Strukturen für Beleuchtungseffekte« auf der Photoshop-CD.

Tipp

Packen Sie gleich diverse Alphakanäle mit unterschiedlichen Strukturen voll, so dass man sie im Dialogfeld hintereinander ausprobieren kann.

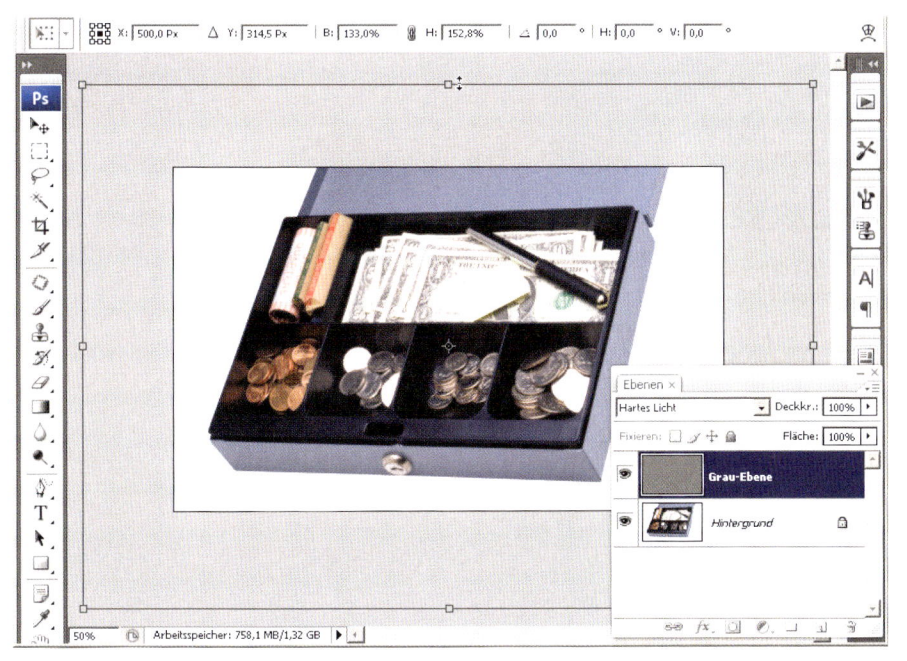

Abbildung 14.38
Wir bereiten einen verschiebbaren Beleuchtungseffekt vor: Wir legen eine neue, neutralgraue Ebene mit der Füllmethode »Hartes Licht« über dem Foto an. Mit der Taste F schalten wir in den »Vollbildmodus mit Menüleiste«, mit Strg + T zum »Transformieren« und ziehen die graue Ebene in die Höhe und in die Breite. Später wird der Beleuchtungseffekt auf dieser Ebene angelegt, er lässt sich dann über dem Bild verschieben.
Datei: Beleuchtung_e

Relief-Kanal variieren

Verwenden Sie auch einmal eine Objektkontur als Relief-Kanal. Damit umfließt das Licht Ihr Objekt nur an den Rändern – sollten Sie jedoch Schwarz sehen, schalten Sie die Option WEISS ENTSPRICHT VOLLER HÖHE um. Verkleinern Sie diese Alphakanalauswahl auch einmal mit dem Befehl **Dunkle Bereiche vergrößern** aus dem **Filter**-Untermenü **Sonstige Filter**. Zuvor duplizieren Sie aber den guten Auswahlkanal, indem Sie ihn in der Kanälepalette auf das Symbol NEUER KANAL ziehen. Zu harte Ränder zeichnen Sie weich.

Haben Sie keinen Maskenkanal für Ihr Objekt angelegt, tut es mitunter auch der Grundfarbenkanal – jedenfalls wenn sich das Objekt kontrastreich vom Hintergrund abhebt. Klicken Sie vor Aufruf des Filters die Einzelkanäle in der Kanälepalette an, um herauszufinden, welcher Kanal das Motiv am besten herausstellt.

Man kann sich jede beliebige Graustufendatei in ein Gebirge umrechnen lassen, zum Beispiel Buchstaben. Laden Sie den Text in den Alphakanal und zeichnen Sie ihn weich. Damit der volle Tonwertbereich ausgenutzt wird und große Höhenunterschiede zustande kommen, erweitern Sie mit dem Befehl **Tonwertkorrektur** aus dem **Bild**-Untermenü **Anpassen** das Tonwertspektrum – ein Klick auf die AUTO-Schaltfläche spreizt den Tonwertumfang weitgehend von Schwarz bis Weiß; Sie können dort noch mit dem grau dargestellten Gammaregler die mittleren Tonwerte zusätzlich aufhellen oder abdunkeln – je nachdem, ob das virtuelle Gebirge schnell oder langsam in die Höhe schießen soll. Sie können auch die Textauswahl in einen Kanal mit einer Struktur laden. Dunkeln Sie das Textinnere ab, hellen Sie die umgekehrte Auswahl auf. Eventuell sollten Sie weichzeichnen und Kontrast herausnehmen, wenn einerseits die Schrift hoch aufragen, aber die Struktur nicht zu stark hervortreten soll.

Beleuchtungseffekte verschieben und animieren

Sie können einen Beleuchtungseffekt (oder die **Blendenflecke**, Seite 412) flexibel über einer Datei verschieben, nachträglich umfärben oder abschwächen. Dazu wenden Sie den Filter auf eine separate, neutralgraue Ebene an:

1. Klicken Sie mit gedrückter [Alt]-Taste auf das Symbol NEUE EBENE ERSTELLEN in der Ebenenpalette.

2. Entscheiden Sie sich im Dialogfeld NEUE EBENE ERSTELLEN für den Modus HARTES LICHT und für die Füllung mit der NEUTRALEN FARBE, hier Grau (Seite 587).

3. Wenden Sie **Filter: Renderfilter: Beleuchtungseffekte** an.

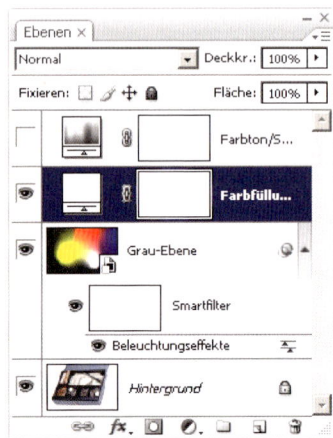

Abbildung 14.39 Wir wenden den Beleuchtungseffekt als Smartfilter auf die Neutralgrau-Ebene mit der Füllmethode »Hartes Licht« an. Der Effekt lässt sich jederzeit umstellen. Weil er auf eine separate Grauebene wirkt, kann man ihn auch verschieben oder verzerren. Oben zeigt die Palette noch eine hier abgeschaltete Einstellungsebene »Farbton/Sättigung« im Rahmen einer Schnittmaske; sie ermöglicht verlustfreies Umfärben.

Damit der Beleuchtungseffekt nicht gleich am aktuellen Bildrand abgeschnitten wird, vergrößern Sie diese Ebene mit der **Transformieren**-Funktion weit über den aktuellen Dateirand hinaus ([Strg]+[T], dann eventuell [Strg]+[0]). Die Isolierung auf einer separaten Ebene ermöglicht es auch, den Lichtschein in einer Animation über das Bild wandern und ausklingen zu lassen. Dazu verwenden Sie die Animationspalette mit dem Befehl **Dazwischen einfügen** (Seite 697).

Tipp

Wollen Sie den Filter mit veränderten Werten auf die Grauebene anwenden? Füllen Sie die Ebene kurzerhand mit Neutralgrau ([⇧]+[←], VERWENDEN 50% GRAU) und rufen Sie den Befehl erneut auf (oft reicht dazu ([Strg]+[Alt]+[F]).

Abbildung 14.40 Der Kunst-Protokollpinsel 🖌 malt einen Bildzustand, den Sie in der Protokollpalette markiert haben, »künstlerisch verfremdet« ins aktuelle Bild. Das Originalbild wurde zunächst mit weißer Farbe gefüllt (⇧+⌫) und anschließend haben wir das unveränderte Bild als Quelle angegeben.

Verschieben und Animieren mit Smartfilter

Teilweise noch flexibler sind Sie, wenn Sie den Effekt als Smartfilter auf die neue Ebene anwenden. Umfärben oder Pinselretusche erfordern dann zwar mehr Aufwand, aber Sie können den Filtereffekt immer wieder flugs neu berechnen.

Wenn Sie eine Grauebene als Smart Objekt anlegen und die **Beleuchtungseffekte** als Smartfilter, kommt es eventuell zu Verzögerungen: Wenn Sie die Grauebene verzerren oder verschieben oder auch einen Relief-Kanal bearbeiten, stellt Photoshop eventuell nicht sofort die aktuelle Bildfassung dar. Sie müssen eventuell erst in der Ebenenpalette auf Beleuchtungseffekte klicken und mit OK bestätigen.

14.5 Künstlerische Filter

Letzte Rettung für fade Pixelhaufen, Computerspiel für Grafikfexe oder ernsthafte Bildbearbeitung? Die zahllosen Effekte der **Filter**-Untermenüs **Kunstfilter**, **Malfilter**, **Stilisierungsfilter** und **Zeichenfilter** verfremden eine Datei mit künstlerischem oder grafischem Touch. Viele Effekte gestalten aalglatte Computergrafik »natürlicher«, »rauer« (oder fader).

Einzelne Filter verwenden ohnehin Strukturen (Seite 373): Sie enthalten den Befehl **Mit Struktur versehen** als Unterabteilung.

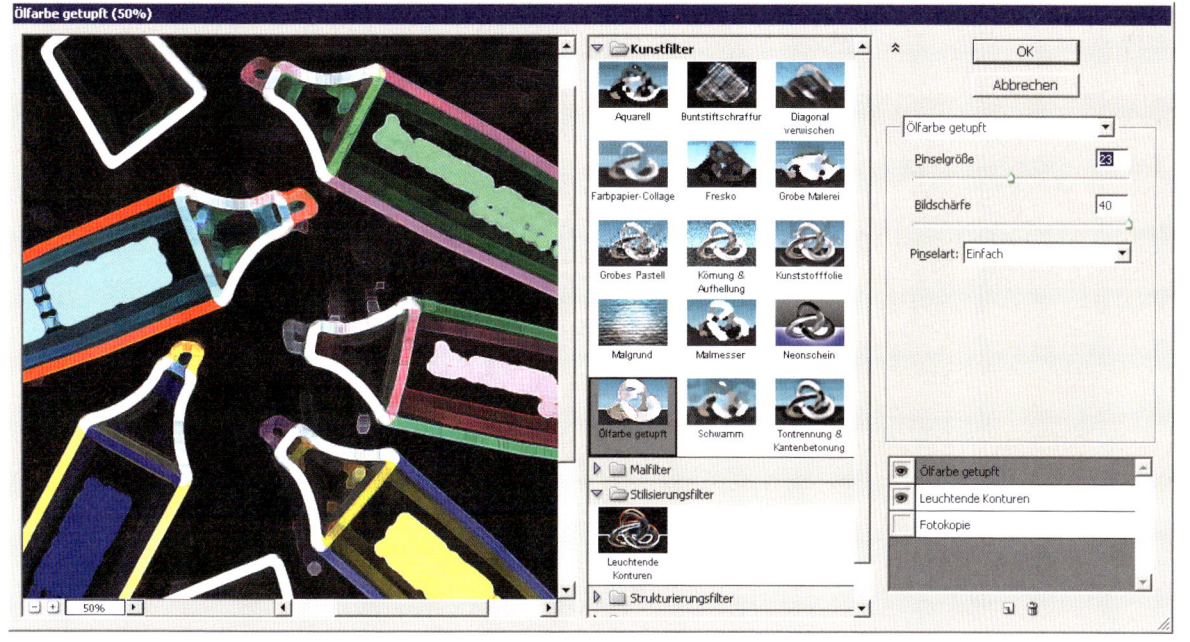

Abbildung 14.41 In der Filtergalerie kombinieren Sie verschiedene Verfremdungen in unterschiedlichen Reihenfolgen. Rechts oben erscheinen die Regler für den Befehl, der im Filterstapel rechts unten aktiviert ist. Aktion: Filtergalerie

Wollen Sie Motivteile aus einer Bildfassung, die in der Protokollpalette noch zugänglich ist, mit künstlerischem Touch aufs Bild malen, verwenden Sie den Kunst-Protokollpinsel (Seite 70).

Filter verändern und nachbearbeiten

Die Wirkung vieler drastischer Effektfilter lässt sich leicht verstärken und verändern. Typische Maßnahmen: Scharfzeichnen, Kontrasterhöhung mit **Helligkeit/Kontrast** (inklusive FRÜHEREN WERT VERWENDEN) oder **Tonwertkorrektur** (Strg+L), **Tontrennung**, **Umkehren** (Strg+I), nachträgliche Anwendung von **Strukturierungsfilter: Mit Struktur versehen** (Seite 373), einzelne Filter haben ohnehin eine eingebaute STRUKTUR-Option), **Renderfilter: Blendenflecke** (Seite 412) oder **Beleuchtungseffekte** (Seite 386) sowie Veränderung von FARBTON und SÄTTIGUNG (Strg+U, Seite 336).

Wenden Sie eventuell Filter nur auf Einzelkanäle an, experimentieren Sie mit Füllmethoden (Seite 575) und Tonwerteingrenzung (Seite 584). Die meisten Änderungen an der Filterwirkung bietet Photoshop als Smartfilter oder als Einstellungsebene an, sie bleiben also verlustfrei und jederzeit änderbar.

Filtergalerie

Die meisten Kreativverfremdungen präsentiert Photoshop in der **Filtergalerie**. Egal, ob Sie **Kunstfilter: Farbcollage** oder **Zeichenfilter: Kunststoffverpackung** wählen – Sie landen in der **Filtergalerie**, die zahlreiche Kreativverfremdungen einzeln oder als Kombipack anbietet. Wir besprechen hier den Umgang mit der Filtergalerie, danach einzelne Verfremdungen.

Auf zwei Arten starten Sie die **Filtergalerie**:

» Wählen Sie einen Einzelbefehl wie **Malfilter: Kreuzschraffur**, dann startet die Filtergalerie nur mit dieser einen Verfremdung. Weitere Funktionen aus der Filtergalerie fügen Sie al gusto hinzu. Falls Sie mit Smartfiltern arbeiten, erscheint in der Ebenenpalette der Name des gewählten Filters. Verwenden Sie indes nur einen einzigen Befehl innerhalb der Filter, sehen Sie in der Ebenenpalette direkt den Namen des **Filter**-Befehls.

» Der Befehl **Filter: Filtergalerie** lädt direkt die zuletzt verwendete Kombination aus mehreren Verfremdungen, außer beim ersten Aufruf. Egal, ob Sie nun nur einen oder mehrere Befehle anwenden, als Smartfilter erscheint immer allgemein die FILTERGALERIE in der Ebenenpalette, nicht der Name des Einzelbefehls.

Tipp

Nicht immer sind Filter-Befehle der beste Weg zu plakativen Farbverfremdungen. Andere Funktionen bieten bessere Steuerungsmöglichkeiten, so etwa stark verzerrte Gradationskurven oder die Tontrennung in Verbindung mit einem Weichzeichner (Beispiele ab Seite 351).

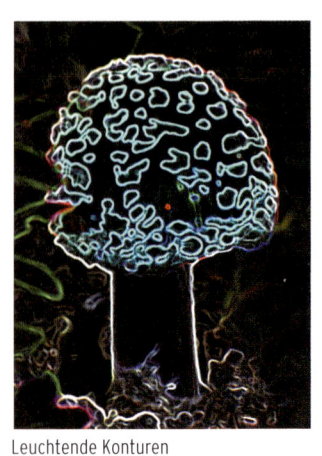

Vorlage — Ölfarbe getupft — Fotokopie — Leuchtende Konturen

Abbildung 14.42 Wir testen die Vorlage mit verschiedenen Einzelfiltern. In der nächsten Bildreihe sehen Sie Kombinationen dieser Filter. Die Grundeinstellung der Filtergalerie zeigt das Bildschirmfoto oben. Vorlage: Filter_c

Filtergalerie zurücksetzen

Haben Sie in der Filtergalerie nach Kräften experimentiert, setzen Sie das Dialogfeld wie folgt zurück, ohne es zu schließen:

» Drücken Sie die ⟨Alt⟩-Taste. Die Schaltfläche ABBRECHEN zeigt nun den Schriftzug ZURÜCK. Damit stellen Sie die Filterkombination auf den Zustand beim Öffnen des Dialogfelds zurück.

» Ein Druck auf die ⟨Strg⟩-Taste (am Mac die Befehlstaste) macht aus der ABBRECHEN-Schaltfläche einen STANDARD-Schalter. Falls Sie mit dem Befehl **Filter: Filtergalerie** von vornherein eine Filterkombination geladen haben, verwirft der STANDARD-Schalter alle Filter, Sie stehen vor einem unveränderten Original. Haben Sie indes mit einer Einzelverfremdung begonnen, stellt Photoshop das Dialogfeld auf den Zustand beim Laden dieses Befehls zurück; Reglerstellungen werden zurückgesetzt, hinzugefügte Filter fliegen raus. Bei ursprünglichem Aufruf eines Einzelbefehls unterscheiden sich ZURÜCK- und STANDARD-Funktion nicht.

Sie wollten Ihre aktuellen Einstellungen gar nicht per ZURÜCK oder STANDARD annullieren? Dann drücken Sie ⟨Strg⟩+⟨Z⟩.

Einzelfilter aufrufen

Auf zwei Arten wählen Sie Filter in der Filtergalerie an:

» Öffnen Sie Bereiche wie KUNSTFILTER oder ZEICHENFILTER mit dem Dreiecksschalter ▷ und klicken Sie eine Miniatur wie FRESKO oder RASTERUNGSEFFEKT an.

» Oder öffnen Sie das Klappmenü rechts oben. Hier erscheinen sämtliche Befehle der Filtergalerie in alphabetischer Reihenfolge.

In beiden Fällen wenden Sie stets nur einen Filter an. Sobald Sie von FRESKO zu RASTERUNGSEFFEKT wechseln, wird FRESKO nicht mehr verwendet. Um mehr Platz zu schaffen, klappen Sie die Miniaturengalerie weg; dazu klicken Sie auf die Schaltfläche ⟨≽⟩.

Mehrere Filter kombinieren

Ist bereits ein Filter eingeschaltet, können Sie weitere dazupacken:

» Klicken Sie den nächsten Filter mit gedrückter ⟨Alt⟩-Taste an.

» Oder klicken Sie unten rechts auf die Schaltfläche NEUE EFFEKTEBENE. Dabei wird zunächst der aktuelle Filter dupliziert, so dass sich das Gesamtbild eventuell ändert. Während noch der duplizierte Filter aktiviert ist, klicken Sie eine andere Funktion an – sie ersetzt die duplizierte Verfremdung.

Der Filterstapel erscheint rechts unten. Jeweils nur ein Filter ist aktiviert, er wird in der Liste farblich hervorgehoben. Die Regler für diesen einen Filter erscheinen oben rechts.

Tipp

Setzen Sie einen Filter versuchsweise doppelt in den Filterstapel ein. Um den aktivierten Filter zu duplizieren, klicken Sie einfach auf die Schaltfläche.

1. Leuchtende Konturen,
2. Fotokopie

1. Fotokopie,
2. Leuchtende Konturen

1. Leuchtende Konturen,
2. Fotokopie,
3. Ölfarbe getupft

1. Ölfarbe getupft,
2. Leuchtende Konturen

Abbildung 14.43 Die Wirkung der Filtergalerie ändert sich, wenn Sie die Reihenfolge der Filter ändern. Vorlage: Filter_c; Aktion: Filtergalerie

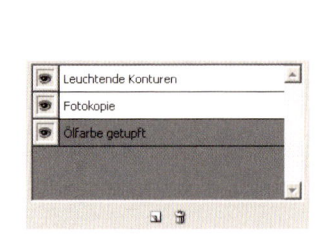

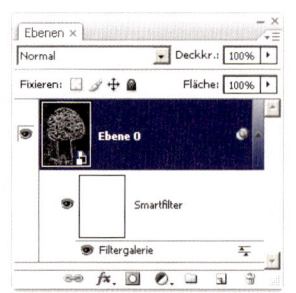

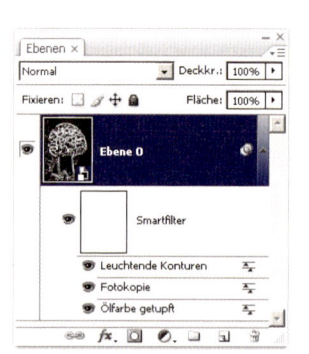

Abbildung 14.44
Links: In der Filtergalerie entsteht eine Kombination aus drei Filtern. Sie wird unmittelbar auf die Originalpixel angewendet. **Mitte:** Wir haben das Bild in ein Smart Objekt verwandelt, dann »Filter: Filtergalerie« gewählt und wieder drei Filter zusammengestellt; sie erscheinen als Einzelobjekt »Filtergalerie« in der Ebenenpalette. **Rechts:** Das Bild wurde in ein Smart Objekt verwandelt, dann haben wir nacheinander drei Einzelbefehle aufgerufen; sie erscheinen als separate Objekte in der Palette.

Filterkombinationen organisieren

Ändern Sie die Reihenfolge der Filter durch Ziehen nach unten oder oben – das Gesamtbild mutiert eventuell deutlich. Wollen Sie einzelne Filter ausblenden, ohne sie endgültig zu verlieren, klicken Sie in das Augenkästchen 👁.

Um einen Filter durch einen anderen zu ersetzen, aktivieren Sie ihn durch einen Klick im Filterstapel rechts unten. Anschließend wählen Sie den neuen Filter an. Achtung – leicht verliert man auf diesem Weg, über zu schnelles Klicken, auch sinnvolle Kombinationen. Nutzlose Filter aktivieren Sie durch einen Klick im Stapel rechts unten, dann folgt ein Klick auf den Mülleimer 🗑.

Filtergalerie versus Smartfilter

Sie können die aktuelle Befehlskombination in der **Filtergalerie** nicht SPEICHERN und LADEN. Möchten Sie eine Kombination öfter verwenden, zeichnen Sie das Ganze mit der Aktionenpalette auf oder speichern Sie eine Filtergalerie als Smartfilter, den Sie auf andere Bilder ziehen. Schade auch: Die einzelnen Filter eines Stapels können Sie nicht mit Deckkraft oder Füllmethoden feinsteuern.

Meist praktischer: Wählen Sie erst **Filter: Für Smartfilter konvertieren** und dann die Befehle einzeln im **Filter**-Menü. So entsteht für jeden Filter ein eigenes Smartfilter-Objekt in der Ebenenpalette. Sie können hier die Reihenfolge leicht ändern. Nach einem Rechtsklick auf ein einzelnes Filterobjekt in der Ebenenpalette und dem Befehl **Smartfilter-Fülloptionen bearbeiten** senken Sie auch die DECKRAFT eines Filters oder Sie ändern die Füllmethode.

Allerdings: Mischen Sie mehrere Filter per **Filtergalerie**, sehen Sie innerhalb der Dialogfeldvorschau stets die Auswirkung jeder Regleränderung. Rufen Sie dagegen einen einzelnen Filter in Smartfilter-Technik auf, wird das Gesamtbild eventuell erst neu berechnet, wenn Sie den Filterdialog wieder schließen.

Sie können auch eine **Filtergalerie** mit einer Kombination mehrerer Filter als einzelnes SMARTFILTER-Objekt in der Ebenenpalette verstauen.

Künstlerische Filter im Vergleich

Bei den kreativen Filtern gibt es verwirrende Überschneidungen. Freilich ist jeder Filter etwas anders – der eine verwendet STRUKTUR, der andere nimmt nur die Vordergrundfarbe, dieser erlaubt Skalierung, jener ändert nur die Intensität. Dennoch könnte man vieles zusammenfassen. Filter mit ähnlichen Wirkungen:

» **Relief**, **Basrelief** und **Stuck** konkurrieren offenbar.

» Groß ist das Angebot an leuchtenden Filtern, erhältlich in Variationen etwa bei **Kanten betonen**, **Konturen finden**, **Konturwerte**, **Leuchtende Konturen** und **Konturen nachzeichnen**.

» **Rasterungseffekt** und **Farbraster** wirken unterschiedlich; aber die Ähnlichkeit der Namen verwirrt, ein einzelnes Dialogfeld wäre besser.

» **Dunkle Malstriche**, **Fresko** und **Sumi-e** überziehen das Bild mit schwarzem Etwas.

» **Spritzer**, **Verwackelte Striche**, **Kreuzschraffur** und **Feuchtes Papier** wollen mit verzerrten Mikrostrukturen bezaubern, **Malgrund** packt noch STRUKTUR dazu.

» Der Stilisierungsfilter **Facetteneffekt** sorgt für plastikartige, glatte Flächen, die Sie mit mehr Feinsteuerung aber auch im Untermenü **Weichzeichnungsfilter** erhalten: Nehmen Sie **Matter machen** oder den **Selektiven Weichzeichner** mit der Option FLÄCHE.

» **Risse** und **Kacheln** tendieren in die gleiche Richtung und sind beide nur Ausschnitte dessen, was der universale Filter **Mit Struktur versehen** zu bieten hat.

» **Extrudieren** und **Patchwork** zerlegen das Bild in Bausteine.

» Die Verzerrungsfilter **Ozeanwellen**, **Kräuseln** und **Glas** ähneln sich, aber auch **Wellen** und **Strudel** sind so unterschiedlich nicht.

Stilisierungsfilter

Die Verfremdungen aus dem Untermenü **Filter: Stilisierungsfilter** verwandeln Ihre Fotos in poppige Grafiken. Sie arbeiten mit Pixelverschiebung und Kontrastmanipulation. Mit Verzerrungen arbeiten **Kacheleffekt**, **Extrudieren** und **Windeffekt**. Nur **Leuchtende Konturen** erscheint innerhalb der **Filtergalerie**.

Relief

Der **Relief**-Filter lässt eine Auswahl erhöht oder geprägt erscheinen. Dazu werden Konturen nachgezeichnet; dabei greift das Programm Farben aus der Datei auf. Geeignet sind homogene Flächen und markante Konturen. Benötigen Sie ein eher graues Bild, nehmen Sie die Sättigung mit dem Befehl **Bild: Anpassungen: Farbton/Sättigung** zurück. Für extrakräftige Reliefs steigern Sie vorab den Kontrast. Wiederholen Sie den **Relief**-Effekt ein zweites Mal mit sehr niedrigen Werten (Strg+Alt+F bringt den letzten Filterdialog zurück).

Alternativen zum **Relief** auf Basis von Vorder- und Hintergrundfarbe bieten die **Zeichenfilter: Stuck** und **Basrelief**.

DVD
Eine Befehlsfolge, mit der ein Relief auf Basis von Einzelebenen entsteht, finden Sie in der mitgelieferten Aktionssammlung unter »Filter – Relief Ebenentechnik«.

Konturenfilter

Drei Funktionen aus dem Untermenü STILISIERUNGSFILTER befassen sich mit Konturen: Photoshop kann – ganz ohne Dialogfeld – **Konturen finden** oder mit etwas Feinsteuerung des Filters **Konturen nachzeichnen** (genauere Konturverfahren mit anderen Befehlen ab Seite 355). Der Filter **Leuchtende Konturen** ist die Neonausgabe der anderen **Konturen**-Befehle.

Es kann sinnvoll sein, vorab weichzuzeichnen und/oder die Kontraste anzuheben. Auch der **Filter: Sonstige Filter: Hochpass** glättet die Konturen. Ändern Sie das Farbenspiel mit dem Befehl **Farbton/Sättigung** (Strg+U).

Tipp
*Alternativen zu den **Konturen**-Kommandos finden Sie im Untermenü **Malfilter**: Der Befehl **Kanten betonen** ist eine diskrete Fassung von **Konturen finden** oder **Leuchtende Konturen**; er verdrängt nicht die eigentliche Bildinformation. **Konturen nachzeichnen** wirft noch Farbspritzer ein.*

Weitere Funktionen

Ebenfalls im Untermenü **Stilisierungsfilter**: Der **Extrudieren**-Befehl verwandelt die Vorlage in ein Feld von dreidimensionalen QUADERN oder PYRAMIDEN. Der **Kacheleffekt** zerbricht das Bild in zahlreiche Platten. Der **Korneffekt**-Filter simuliert sehr unflexibel das Filmkorn eines hochempfindlichen Films, vielseitiger wirkt der **Strukturierungsfilter: Körnung**.

Die **Solarisation** erzeugt poppige Kontraste und Farbverfälschungen. Präziser basteln Sie eine Solarisation, indem Sie die Gradationskurve gegen den Strich verzerren (Seite 351).

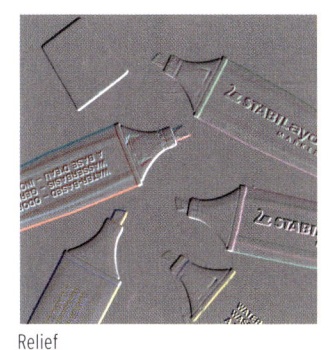

Relief | Extrudieren | Kacheleffekt | Konturen finden

Abbildung 14.45 »Stilisierungsfilter«: Diese Funktionen erzeugen grafische Verfremdungen und Pixelverschiebungen. Vorlage: Filter_d

Teil 4 • Verfremdung

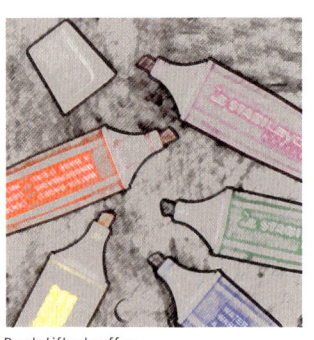

| Buntstiftschraffur | Neonschein | Kunststofffolie | Malmesser |

Abbildung 14.46 »Kunstfilter«: Flächige Farbverfremdungen entstehen mit den Filtern aus diesem Untermenü. Vorlage: Filter_d

Ebenfalls schillernde Verfremdungen erzeugt **Bild: Anpassungen: Verlaufsumsetzung** (Seite 353). Der grobgestrickte **Windeffekt** ahmt mit kleinen horizontalen Linien eine Luftbewegung nach; die Befehle **Bewegungsunschärfe** (Seite 382) oder **Verwackelungseffekt** (Seite 398) agieren weit differenzierter.

Kunstfilter

Mal flächig, mal körnig geraten die Ergebnisse mit den Filtern im Untermenü **Kunstfilter**, die Sie allesamt bequem in der **Filtergalerie** testen und kombinieren. Sie finden hier schöne Funktionen für flächige Hintergründe, so etwa **Grobes Pastell**, **Farbpapier-Collage**, **Malmesser** bei hoher Strichstärke oder **Ölfarbe getupft**. **Tontrennung & Kantenbetonung** liefert eine vielseitige Variante zu **Bild: Anpassungen: Tontrennung**. Zu den vielen Photoshop-Variationen des Themas »Korn und Kanten« gehören **Grobe Malerei** und **Fresko**.

Malfilter

Die **Malfilter** setzen den Trend der **Kunstfilter** fort: Verzerren und Farbe untermischen. Etwas schwarzen Farbauftrag bringen etwa **Dunkle Malstriche** und **Sumi-e** ins Spiel. **Kanten betonen** ist eine diskrete Fassung von **Konturen finden** oder **Leuchtende Konturen**, während **Konturen nachzeichnen** quasi ein **Kanten betonen** mit Farbspritzern ist. **Spritzer** und **Verwackelte Striche** wetteifern um die gleiche, kleinflächige Verzerrung, während die **Kreuzschraffur** kreuzförmig verzerrt.

Zeichenfilter

Die **Zeichenfilter** lassen sich bequem über die **Filtergalerie** sichten (siehe oben). Die meisten Zeichenfilter greifen auf Vorder- und Hintergrundfarbe zu. Denken Sie daran, dass Sie diese Tonwerte besonders einfach über die **Farbfelder** oder mit dem **Farbregler** einstellen können, erhältlich im **Fenster**-Menü. Oft empfiehlt sich als Hintergrundfarbe Weiß – schnell

| Sumi-e | Kreuzschraffur | Dunkle Malstriche | Verwackelte Striche |

Abbildung 14.47 »Malfilter«: Die Filter dieser Gruppe arbeiten mit feinen Verzerrungen und Farbspritzern. Vorlage: Filter_e

| Basrelief | Prägepapier | Rasterungseffekt | Conté-Stifte |

Abbildung 14.48 »Zeichenfilter« 1: Einige Befehle verwenden Vorder- und Hintergrundfarbe, hier Blau und Weiß. Vorlage: Filter_e

eingerichtet mit der Taste D. Die Resultate färben Sie per **Farbton/Sättigung** mühelos um (Strg + U).

Als **Alternativen** zum **Relief**-Filter fungieren **Basrelief** und **Stuck**, wenn man mit der Vordergrundfarbe arbeiten möchte. Eine Verstärkung der **Kunststoffverpackung** bietet der Materialwechsel zu **Chrom**. Der **Stempel**-Befehl mit seinen Strichgrafiken ist einmal mehr eine Alternative zu **Schwellenwert** plus **Hochpass** (Seite 355). Auch der **Rasterungseffekt** basiert auf Vorder- und Hintergrundfarbe und unterscheidet sich damit deutlich vom **Vergröberungsfilter: Farbraster**. Die **Fotokopie** macht perfekte, gelackte Grafiken wieder billiger, gröber und lebendiger. Das **Feuchte Papier** erinnert mit seinen Lichtsäumen und feinen Verzerrungen auf Mikroebene an **Kreuzschraffur** und andere.

14.6 Vergröberung und Strukturierung

Die zwei Untermenüs **Vergröberungsfilter** und **Strukturierungsfilter** bieten vor allem Funktionen, die Pixelflächen zusammenfassen oder aufrauen.

Strukturierungsfilter

Die **Strukturierungsfilter** finden Sie in der übersichtlichen **Filtergalerie**, sie rauen Bildoberflächen auf. Die Ergebnisse lassen sich teilweise auch mit anderen Filtern erzielen. Dieses Untermenü zielt eher auf malerische Ergebnisse und weniger auf Zwischenschritte für weitere Veränderungen.

Den Filter **Mit Struktur versehen** und die sonstigen STRUKTUR-Funktionen haben wir bereits ab Seite 373 besprochen. Grobe Mosaiksteinchen mit festgelegter Oberflächenstruktur erzeugt der Filter **Kacheln**. Die Tiefe der Fugen ist regelbar. Ähnlich den **Kacheln** fressen auch die **Risse** Gräben in ein Bild, freilich unregelmäßiger.

Ein sehr abstraktes »Kirchenfenster« produziert der Filter **Buntglas-Mosaik**. Die Größe der Fugen ist regelbar, als Fugenfarbe nimmt Photoshop die aktuelle Vordergrundfarbe. Hohe LICHTINTENSITÄT führt zu einer malerischen Überstrahlung im Bildzentrum. Statt **Rauschen hinzufügen** (Seite 415), können Sie auch eine **Körnung** anbringen. Testen Sie die Überblendung per **Bearbeiten: Verblassen**, zum Beispiel im

| Basrelief | Prägepapier | Rasterungseffekt | Conté-Stifte |

Abbildung 14.49 »Zeichenfilter« 2: Die Funktionen aus diesem Untermenü erzeugen Farbflächen und feine Strukturen. Vorlage: Filter_e

Teil 4 • Verfremdung

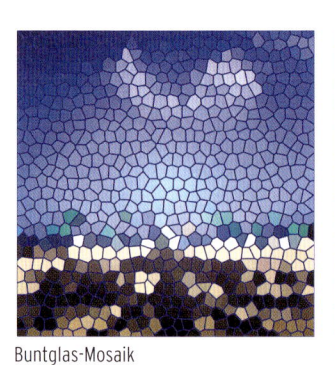

Buntglas-Mosaik   Kacheln   Körnung (klumpig)   Risse

Abbildung 14.50 »Strukturierungsfilter«: Diese Funktionen verändern die Oberfläche der abgebildeten Motive. Vorlage: Filter_f

Modus HARTES LICHT. **Patchwork** erinnert an Legobausteine; verwandte Verfremdungen liefern **Kacheleffekt** oder **Extrudieren**.

Vergröberungsfilter

Die **Vergröberungsfilter** fassen Bereiche unterschiedlicher Pixel zu geschlossenen Blöcken zusammen. So soll ein malerischer Effekt oder eine Struktur entstehen. Diese Möglichkeiten haben Sie:

» Der **Mosaikeffekt** fasst Bildpunkte zu quadratischen Blöcken zusammen. Das Bildergebnis mutet pixelig und »digital« an. Manche Zeitschriften anonymisieren Personen per **Mosaikeffekt** über den Augen. Spätere Kontrastanhebung verstärkt den Effekt.

» Der **Verwackelungseffekt** erzeugt – ohne Sie mit einem Dialogfeld zu behelligen – vier Kopien der Pixel und platziert sie versetzt zueinander. Das eignet sich manchmal auch für einen verwischten Hintergrund. Alternative: manuell mehrere Ebenen hintereinander setzen, mit abnehmender DECKKRAFT und Füllmethoden experimentieren.

» Der unauffällige **Facetteneffekt** ebnet feinere Kontrastlinien ein und lässt die Datei flächig wirken. Verstärken Sie die Wirkung durch mehrfache Anwendung. Alternativen mit Regelmöglichkeit finden Sie im Untermenü **Weichzeichnungsfilter: Selektiv weichzeichnen** (Seite 364) mit der Option FLÄCHE oder **Matter machen**.

Prüfen Sie das Ergebnis der **Vergröberungsfilter** in der 100,00-Prozent-Ansicht und beachten Sie die Druckauflösung: Eine bestimmte Filterstärke wirkt sich bei 150 oder 200 dpi deutlicher auf den Gesamteindruck aus als bei 300 dpi. Das gilt auch für die weiteren **Vergröberungsfilter**:

» Beim **Punktieren** bricht die Farbe in zufällig platzierte Punkte auf wie in einem pointilistischen Gemälde. Quasi als Leinwandfläche zwischen den Punkten dient die aktuelle Hintergrundfarbe, die einen hellen, wenig gesättigten Wert aufweisen sollte; Weiß richten Sie mit der Kurztaste D ein. Dieser Filter raut auch Farbflächen oder Übergänge in Alphakanälen und Ebenenmasken auf.

» Das **Kristallisieren** fasst Bildpunkte zu flächig eingefärbten »Kristallen« zusammen.

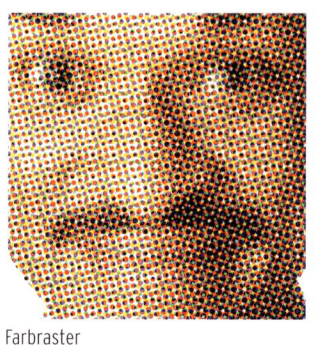

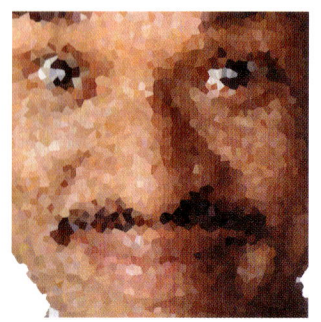

Vorlage   Facetteneffekt   Farbraster   Kristallisieren

Abbildung 14.51 »Vergröberungsfilter« 1: Diese Effekte erzeugen Farbflächen oder lösen sie in Muster auf. Vorlage: Filter_g

Mezzotint Mosaikeffekt Punktieren Verwackelungseffekt

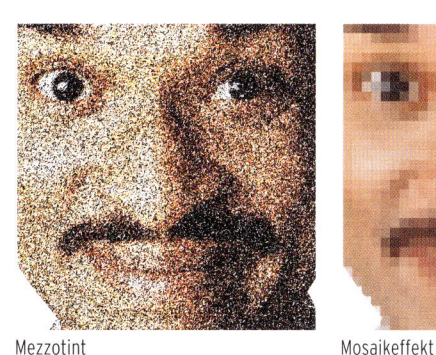

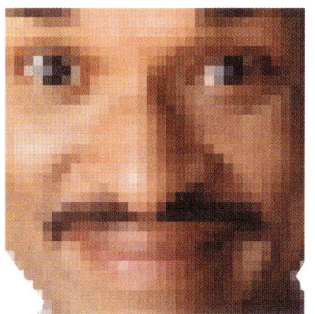

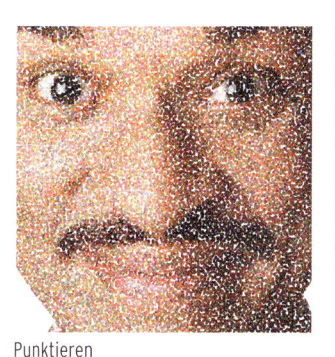

Abbildung 14.52 »Vergröberungsfilter« 2: Diese Funktionen werden nicht über die Filtergalerie angeboten. Vorlage: Filter_g

» Schraffurverfremdungen produziert der Befehl **Mezzotint**. Er hat verschiedene Parallelen in den **Zeichenfiltern**. Es kann sinnvoll sein, die Sättigung zurückzunehmen, zu kolorieren oder gleich ein Graustufenbild zu bearbeiten.

» Das **Farbraster** erzeugt in jedem Farbkanal ein grobes, stilisiertes Druckraster. Der Filter löst das Bild in Rechtecke auf, jedes Rechteck wird durch einen Kreis ersetzt, die Größe der Kreise verhält sich proportional zur Helligkeit des Rechtecks. Wir verwenden die Funktion im nachfolgenden Workshop.

Gerasterter Rand

Befehle wie **Kristallisieren** oder **Farbraster** rastern Auswahlränder auf. So schaffen Sie plakative Hingucker.

So legen Sie den Rastereffekt an:

1. Ziehen Sie mit dem Lasso oder auch mit der Auswahlellipse eine grobe Auswahl um Ihr Hauptmotiv.

2. Kehren Sie die Auswahl mit Strg+⇧+I um.

3. Klicken Sie unten in der Ebenenpalette auf die Schaltfläche NEUE FÜLL- ODER EINSTELLUNGSEBENE ERSTELLEN. Nehmen Sie **Volltonfarbe** und stellen Sie Weiß ein. Der äußere Bildbereich wird jetzt weiß abgedeckt.

4. Per **Filter: Weichzeichnungsfilter: Gaußscher Weichzeichner** sorgen Sie für einen sanften Übergang zwischen Weiß und Bildmotiv innen. Achten Sie im Folgenden darauf, dass weiterhin die Ebenenmaske der Ebene FARBFÜLLUNG aktiviert ist – zu erkennen in der Titelleiste des Bilds und an der eingerahmten Maskenminiatur in der Ebenenpalette.

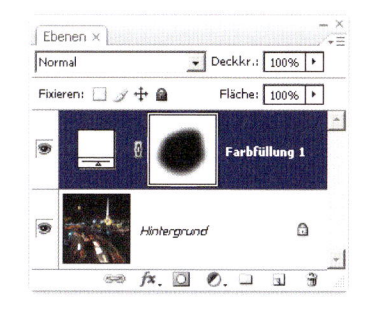

Abbildung 14.53 Photoshop setzt die Auswahl in eine Ebenenmaske um und blendet den Hintergrund aus. Datei: Filter_h1

Teil 4 • Verfremdung

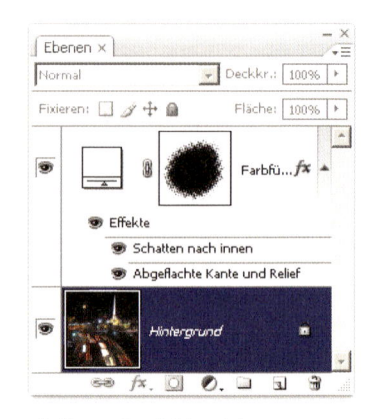

Abbildung 14.54 Ebeneneffekte wie »Schlagschatten« oder »Abgeflachte Kante« heben das Bild heraus, den Effekt können Sie über andere Dateien ziehen. Ergebnis: Filter_h2

5. Der Befehl **Filter: Vergröberungsfilter: Farbraster** rastert den Auswahlrand deutlich auf. Starten Sie mit Werten um »20«, bei größeren Dateien mit breitem Auswahlübergang erhöhen Sie diese Vorgabe.

6. Sie können das Ergebnis plastisch herausheben und mit einem Schatten unterlegen. Dazu klicken Sie in der Palette mit rechts auf den Schriftzug FARBFÜLLUNG und dann auf **Fülloptionen**.

Diese Farbfüllung mit ausfransendem Rand können Sie jetzt aus der Ebenenpalette heraus auch über andere Bilder ziehen.

DVD
Unsere Aktionensammlung enthält die Befehlsfolge »Filter – gerasterter Rand«. Sie erzeugt den hier beschriebenen, in Punkte ausfransenden Rand. Sie wurde für Bildgrößen um 1000 Pixel Breite ausgelegt. Verwenden Sie wesentlich größere Bilder, erhöhen Sie die Werte für **Gaußschen Weichzeichner** *und* **Farbraster**.

Abbildung 14.55 Auch »Mosaikeffekt« (links) und »Kristallisieren« aus dem Untermenü »Filter: Vergröberungsfilter« rastern den weichen Rand in der Ebenenmaske auf.

14.7 Verzerrungsfilter

Die **Verzerrungsfilter** erzeugen eine geometrische Verzerrung. Das Bild wirkt, als sei es über eine Kugel gespannt, zusammengeknüllt oder als spiegele es sich auf einer unruhigen Wasserfläche. Damit passen Sie Bildteile an, die Sie auf eine unregelmäßige Oberfläche montieren wollen, oder Sie bringen erfrischende Unruhe in allzu gleichförmige Flächen. Außerdem lassen sich verschiedene geometrische Figuren erzeugen.

Nicht alle Verzerrungsfunktionen erscheinen in diesem Abschnitt. So verzerren Sie Ebenen per **Transformieren** (Seite 538), dazu gehört das Verzerren per Verkrümmen (Seite 543). Der **Fluchtpunkt** sorgt für Perspektivkorrektur bei Duplizierstempel oder Ebenen (Seite 545). Die **Objektivkorrektur** gleicht speziell Objektivverzerrungen aus (Seite 267).

Grundlagen

Beachten Sie Folgendes bei der Arbeit mit **Verzerrungsfiltern**:

» Wenn Sie nur einen Teil eines Bilds verzerren, setzen Sie eine **Weiche Auswahlkante** ein (Seite 422), um den Übergang zwischen verzerrtem Bereich und Restbild fließend zu gestalten.

» Arbeiten Sie mit einer Auswahl, markieren Sie das Objekt großräumig, damit der Filter Platz zur Ausdehnung hat.

» Die Option TRANSPARENTE PIXEL FIXIEREN in der Ebenenpalette muss abgewählt sein.

» Stößt die Verzerrung an einen Bildrand, wird sie nicht über diese Grenze hinaus fortgesetzt; erweitern Sie also beizeiten die Datei mit dem Befehl **Bild: Arbeitsfläche** (Seite 205) oder mit dem Freistellwerkzeug. Bei manchen Filtern reißt der Effekt hart ab, bei anderen passt er sich an unterschiedliche Abstände und Größen an.

» Photoshop muss hier massiv Pixel neu erfinden (interpolieren), das kostet Qualität speziell bei kleinen Dateigrößen.

Tipp
Möglicherweise möchten Sie nur den Rand einer Ebene verzerren, nicht aber das Innere. Dann verzerren Sie zunächst doch das komplette Objekt, um anschließend mit Protokollpinsel oder Bearbeiten: Füllen das Innere wiederherzustellen. Alternative: Wählen Sie von vornherein nur den Rand aus; erstellen Sie zum Beispiel eine Auswahl für das Objekt, dann verwenden Sie Auswahl: Ändern: Rand.

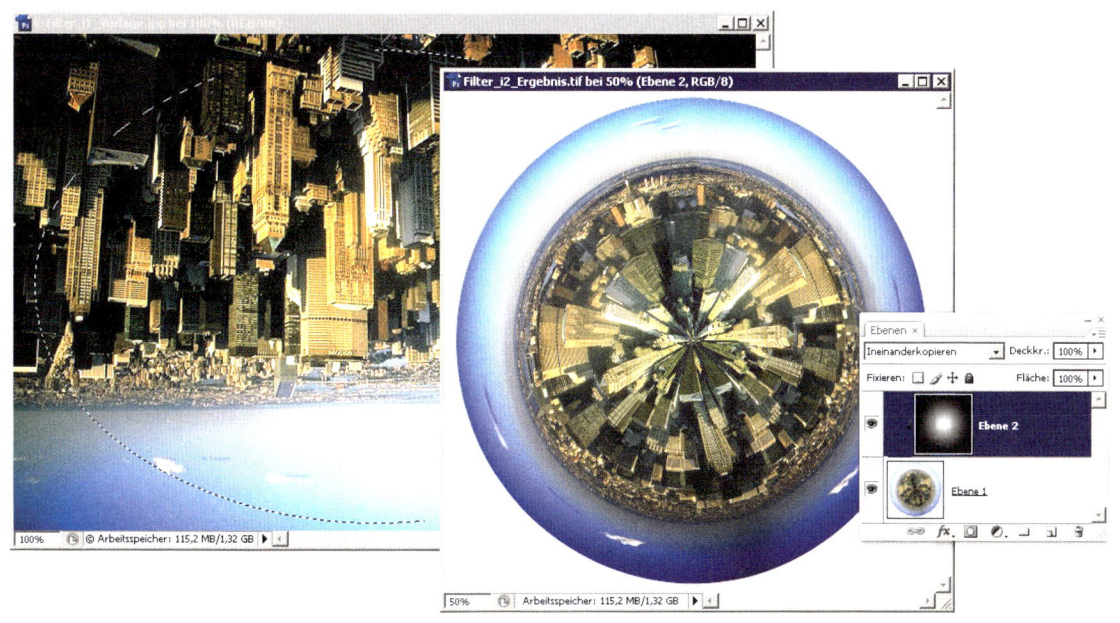

Abbildung 14.56 Das Foto wird zunächst exakt horizontal ausgerichtet, an den Rändern retuschiert und um 180 Grad gedreht. Mit der Auswahlellipse erzeugen wir eine Markierung, anschließend heißt es »Filter: Verzerrungsfilter: Polarkoordinaten« mit der Vorgabe »Rechteckig -> Polar«. Das Ergebnis heben wir mit Strg+J auf eine eigene Ebene, mit Strg+T schieben wir es zu einer Kugel zusammen. Die »Hintergrund«-Ebene wird gelöscht. Anschließend korrigieren wir mit dem Kopierstempel Nahtstellen. Ein Radialverlauf im Modus »Ineinanderkopieren« verstärkt im Rahmen einer Schnittmaske den Kontrast und die Tiefenwirkung. Verwenden Sie Bilder, deren linker und rechter Rand gut aneinander passen. Dateien: Verzerrung_a etc.

Teil 4 • Verfremdung

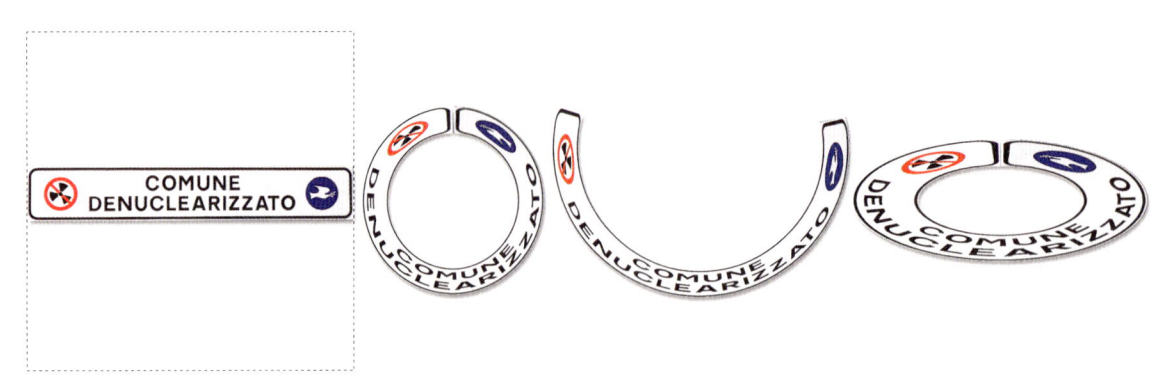

Abbildung 14.57 Wir testen die »Polarkoordinaten« mit der Vorgabe »Rechteckig->Polar«. **1. Bild:** Zuerst fassen wir das Motiv in eine eng anliegende quadratische Auswahl. **2. Bild:** Mit dieser Auswahl entsteht ein vollständiger Kreis. **3. Bild:** Wir haben links und rechts Platz gelassen, so produziert die Funktion einen Halbkreis. **4. Bild:** Fassen Sie das Objekt in eine enge Auswahl mit ungleichmäßigen Seitenverhältnissen, wenn Sie ein Oval erzeugen möchten. Vorlage: Verzerrung_b

Undefinierte Bereiche

Mit Bildteilen, die nicht verzerrt werden, passiert bei den Verzerrungsfiltern, aber auch beim Befehl **Filter: Sonstige Filter: Verschiebungseffekt** Folgendes:

» Die Option DURCH VERSCHOBENEN TEIL ERSETZEN füllt die undefinierten Bereiche durch den verschobenen Teil von der gegenüberliegenden Seite des Bilds.

» Die Option KANTENPIXEL WIEDERHOLEN verlängert die Farben der Pixel entlang der Kanten des Bilds. Unterschiedlich gefärbte Randpixel erzeugen einen Streifeneffekt.

Verzerrung und Effekte

Eventuell verzerren Sie Objekte oberhalb der Hintergrundebene, die sich mit Effekten wie SCHLAGSCHATTEN, KONTUR oder SCHEIN NACH AUSSEN weit ausdehnen. Möglicherweise reißen Schatten, Kontur oder Lichthof nach der Verzerrung hart am Bildrand ab. Erweitern Sie die Arbeitsfläche mit dem Befehl **Bild: Alles einblenden**; Photoshop dehnt die Bildfläche so weit aus, dass SCHLAGSCHATTEN oder SCHEIN NACH AUSSEN genug Platz finden, um voll auszuklingen. Allerdings: Die Bildobjekte selbst verzerrt Photoshop nicht über den Dokumentrand hinaus, sie reißen dort hart ab. Im Zweifel erweitern Sie also die **Arbeitsfläche** bereits vor dem Verzerrungsfilter.

Position und Größe innerhalb der Arbeitsfläche

Das Ergebnis einiger Verzerrungsfilter schwankt mit dem Abstand der korrigierten Ebene zum Bildrand wie auch mit dem Verhältnis zwischen Größe der Ebene und Gesamtgröße der Arbeitsfläche. Betroffen sind etwa **Wölben**, **Distorsion** und **Verbiegen**. Beispiele:

» Hat die Ebene links viel Platz bis zum Rand und rechts nur wenig, fällt das Ergebnis anders aus, als wenn rechts mehr Platz ist als links.

Abbildung 14.58 Links: Das Bitmapmuster korrigieren wir so, dass es quadratisch ist und linke und rechte Seite nahtlos aneinander anschließen. Dazu wird mit dem Rechteckwerkzeug ein Ausschnitt im Verhältnis 1:2 erzeugt und gespiegelt dupliziert. **Mitte:** Anschließend wird eine Kreisauswahl erzeugt, die bis an die Bildränder reicht; der Filter »Polarkoordinaten« mit der Option »Rechteckig->Polar« erzeugt die Spiegelung nach innen. Dateien: Verzerrung_c etc.

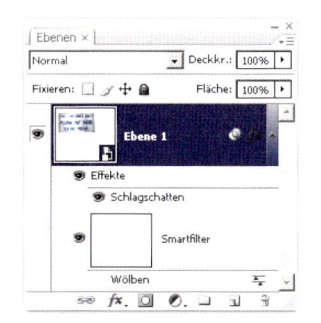

Abbildung 14.59 **1. Bild:** Der Befehl »Wölben« soll die Ebene als Smartfilter verfremden, hier ist er mit dem Augensymbol noch ausgeschaltet. **2. Bild:** Die Ebene befindet sich in der linken oberen Ecke der Datei. **3. Bild:** Wir schalten das Wölben mit dem Augensymbol ein – der Effekt geht nur nach rechts. **4. Bild:** Wir haben die verzerrte Ebene in die Bildmitte gezogen und das »Wölben« per Augensymbol aus- und wieder eingeschaltet. Photoshop berechnet den Effekt neu mit einem anderen Ergebnis. Datei: Verzerrung_g

» Steht die Ebene relativ klein in der Mitte einer großen Arbeitsfläche, fällt die Filterwirkung anders aus, als wenn Sie die Arbeitsfläche eng auf die unveränderte Ebene zuschneiden.

Photoshop orientiert sich strikt an den Dokumentgrenzen. Ob einige Ebenen hinter den Grenzen weiterlaufen, tut für die Berechnung des Verzerrungsfilters nichts zur Sache. Sie verwenden zum Beispiel das Freistellwerkzeug mit der Option AUSBLENDEN, so dass der entfernte Rand noch in der Datei verbleibt – aber er wird beim Verzerren nicht mit einkalkuliert.

Das wird lästig, wenn Sie die Verzerrungsfilter als Smartfilter einsetzen: Sie ändern die Bildmaße per **Bildgröße** oder **Arbeitsfläche**, schon berechnet Photoshop seine Verzerrungsfilter neu. Mögliche Abhilfen:

» Schieben Sie die Ebene in die Bildmitte, meist wirkt der Filter dort stärker als am Bildrand. Danach schieben Sie die Ebene wieder zurück an die geplante Position. (Bei Smartfiltern: jetzt nicht mehr neu berechnen oder besser jetzt rastern.)

» Die Datei ist zu eng, Sie brauchen mehr Bewegungsfreiraum für stärkere Effekte. Wählen Sie das Gesamtbild mit `Strg`+`A` aus, klicken Sie unten in der Kanälepalette auf die Schaltfläche AUSWAHL ALS KANAL SPEICHERN, erweitern Sie die **Arbeitsfläche**, verzerren Sie und klicken Sie bei gedrückter `Strg`-Taste auf die Miniatur des neu entstandenen Kanals ALPHA 1 oder ähnlich. Der Befehl **Bearbeiten: Freistellen** kürzt die Datei wieder auf ursprüngliche Maße (nicht mit Smartfiltern).

» Die Datei ist zu eng – ziehen Sie die Ebene in eine größere Datei, verzerren Sie dort, dann geht es zurück in die eigentliche Komposition.

» Die Datei ist zu groß. Schneiden Sie mit dem Freistellwerkzeug zu, dabei verwenden Sie unbedingt die Option AUSBLENDEN. Verzerren Sie und spätestens jetzt rastern Sie ein Smart Objekt. Der Befehl **Bild: Alles einblenden** bringt gekappte Außenbezirke wieder zurück.

» Sie haben eine Ebene als Smart Objekt per Smartfilter verzerrt. Bevor Sie die Datei kleiner oder größer rechnen, verwandeln Sie das Smart Objekt wieder in eine normale Pixelebene (**Ebene: Smart Objekte: Rastern**) – der Effekt wird dann nicht neu berechnet.

Polarkoordinaten

Der **Polarkoordinaten**-Filter verwandelt die Koordinaten einer rechteckigen Auswahl in Polarkoordinaten und umgekehrt. In der Einstellung RECHTECKIG->POLAR werden rechteckige Bildbereiche quasi in einem Metallzylinder gespiegelt. In der Praxis können Sie Linien, Text oder Flächen mit den Enden aufeinander zu drehen. Die Strategien:

» Fassen Sie die Auswahl eng und quadratisch, wenn Sie einen geschlossenen Kreis erhalten möchten.

» Fassen Sie die Auswahl weit, wenn nur ein Halbkreis entstehen soll.

» Erzeugen Sie eine Auswahl mit ungleichen Seitenverhältnissen, falls Sie ein Oval brauchen.

Bei geschlossenen Figuren sollten die Enden möglichst nahtlos aneinander anschließen. Dazu kopieren Sie beispielsweise eine weich ausgewählte, gespiegelte Version des linken Rands auf die rechte Seite. Der Modus POLAR->RECHTECKIG kann die Verzerrung genau rückgängig machen.

Teil 4 • Verfremdung

Tipp
Eine vielseitige Variante des Polarkoordinaten-Befehls finden Sie als kostenloses englisches Windows-Plug-In »Pole Transform« unter www.geocities.com/murakuma/mmplugins.html.

Abbildung 14.60 »Versetzen«: Dieser Filter verzerrt ein Motiv auf Basis von Tonwerten in einer zweiten Datei. Neutralgrau bewirkt keine Veränderung. Vorlage: Versetzen_b

Versetzen

Der **Versetzen**-Filter verwendet ein zweites Bild, um den Auswahlbereich zu verzerren. Sie projizieren das Bild auf eine dreidimensionale Fläche, lassen es zum Beispiel durchhängen, beulen es aus und modellieren es auf ungleichmäßige Flächen. Die Verzerrungen wirken plastisch.

Man definiert die Verschiebung nicht unmittelbar in Zahlen. Stattdessen orientiert sich der Filter an Tonwerten aus einem zweiten Bild. Wenden Sie zum Beispiel den **Wellen**-Filter auf eine strukturierte Graufläche an, heben Sie den Kontrast an und laden Sie das Bild als Matrix; damit wellt sich das Objekt.

Trifft der Filter im kontrollierenden Bild – der VERSCHIEBUNGS-MATRIX – auf ein weißes Pixel mit Tonwert 255, erhalten Sie die maximale positive Verschiebung; Schwarz mit Tonwert 0 führt zur maximalen negativen Verschiebung; mittleres Grau mit Tonwert 128 lässt das Bild unverändert.

Die Bildpunkte im Originalbild können vertikal, horizontal oder diagonal verschoben werden. Besteht die Verschiebungsmatrix nur aus einem Kanal, verschiebt Photoshop das Bild entlang einer Diagonalen, die durch Ihre Vorgaben für HORIZONTALE SKALIERUNG und VERTIKALE SKALIERUNG definiert ist. Ein Wert von 100 Prozent bewirkt eine Verschiebung um 128 Pixel, also die höchste Abweichung. Besteht die Matrix jedoch aus zwei Kanälen, kontrolliert der erste Kanal die horizontale, der zweite die vertikale Verschiebung.

Sie werden aufgefordert, das Bild für die Verschiebungsmatrix von der Festplatte zu laden. Sie können also nicht mit einer neu erstellten Datei, etwa einem ungespeicherten Duplikat, loslegen. Für kleinstrukturierte Verzerrungen eignen sich die PSD-Dateien aus dem Photoshop-Untermenü »Zusatzmodule/Verschiebungsmatrizen«.

Tipp
Farbvorlagen, die Sie als Verschiebungsmatrix nutzen, sollten Sie der Übersicht halber in Graustufen verwandeln und dabei alle Photoshop-Finessen nutzen (Seite 96). Legen Sie am besten gleich mehrere Varianten mit unterschiedlichen Kontrasten an.

Abbildung 14.61 **1. und 2. Bild:** Eine Mauer dient als Verschiebungsmatrix für diesen Schriftzug, der mit dem »Versetzen«-Filter bearbeitet wird. **3. Bild:** Die Verschiebungsmatrix wurde mit dem Befehl »Selektiver Weichzeichner« flächig weichgezeichnet, die Umrisse der Steine bleiben dabei erhalten. **4. Bild:** Wir haben die Verschiebungsmatrix vorab mit dem »Gaußschen Weichzeichner« gleichmäßig weichgezeichnet. Alle Dateien: Versetzen_a etc.

Abbildung 14.62 **Links:** Wir legen das Ergebnis mit der Füllmethode »Ineinanderkopieren« über die Mauer, die als Verschiebungsmatrix diente. **Mitte:** Wir nutzen die Füllmethode »Dunklere Farbe« mit 75 Prozent Deckkraft. Testen Sie auch Füllmethoden wie »Farbe«, »Hartes Licht« oder »Multiplizieren«. **Rechts:** Der »Versetzen«-Befehl liegt als Smartfilter auf der Ebene mit dem Schriftzug. Der Effekt lässt sich also jederzeit anpassen.

Matrix anpassen

Bei ersten Versuchen mit dem trickreichen **Versetzen**-Filter sollte die Verschiebungsmatrix exakt die gleiche Größe haben wie die Bildauswahl, die sie verzerren. Hat die Verschiebungsmatrix jedoch andere Maße als der Zielbereich im Foto, gibt es zwei Möglichkeiten:

» Nutzen Sie die Option Auf Auswahlgrösse skalieren, die die Matrix automatisch in der Größe anpasst.

» Dagegen füllt die Option Wiederholen den Auswahlbereich, indem die jeweilige Matrix wie Musterteile aneinandergesetzt wird.

Die Option Undefinierte Bereiche lernen Sie auf Seite 402 kennen.

Schwingungen

Der **Schwingungen**-Filter arbeitet ähnlich wie **Kräuseln**, **Glas** oder **Ozeanwellen**, bietet aber weit mehr Wirkung und Kontrollmöglichkeiten. Der Filter eignet sich, um einen Schriftzug oder ein Objekt in Schwingungen zu versetzen oder erzittern zu lassen. Er bringt Bewegung in glatte Flächen. Um nur ein sanftes Wogen zu erzeugen, hält man die Anzahl Generatoren klein, die Wellenlänge hoch, die Amplitude klein und die Skalierung ebenfalls klein. Per Skalierung können Sie vertikale und horizontale Veränderungen separat einstellen. Testen Sie mit dem Schalter Zufallsparameter verschiedene Varianten durch. Undefinierte Bereiche behandeln wir auf Seite 402.

Weitere Verzerrungsfilter

Zahlreiche **Verzerrungsfilter** werfen das Bild in Wellen. Dabei wirken die einen gleichmäßig über die Fläche hin – so etwa **Ozeanwellen**, **Kräuseln** und **Glas**; die Wirkung dieser Filter lässt sich in etwa auch mit dem Schwingungen-Dialog erzeugen. Andere Filter ziehen von der Mitte aus ihre Kreise – darunter **Wellen** und **Strudel**.

Die **Ozeanwellen** zeigen das Bild in kleineren oder größeren Wellen. Anders als die **Wellen** arbeiten die **Ozeanwellen** gleichmäßig übers Bild hin und nicht von einem Zentrum aus. Das **Kräuseln** ist ein verwandter Effekt, der Effekt simuliert Spiegelungen auf Wasserflächen. Der **Glas**-Filter zeigt die Datei durch verzerrtes Glas. Glassorten wie Blockglas oder Riffelung stehen parat, aber Sie können auch eine eigene Struktur laden (Seite 373). In homogenen Flächen ist von einer Filterwirkung nichts zu erkennen.

Abbildung 14.63 Der »Versetzen«-Filter verzerrt das Wolkenfoto nach dem Relief eines Porträts, das hier als Verschiebungsmatrix dient. Dateien: Versetzen_c etc.

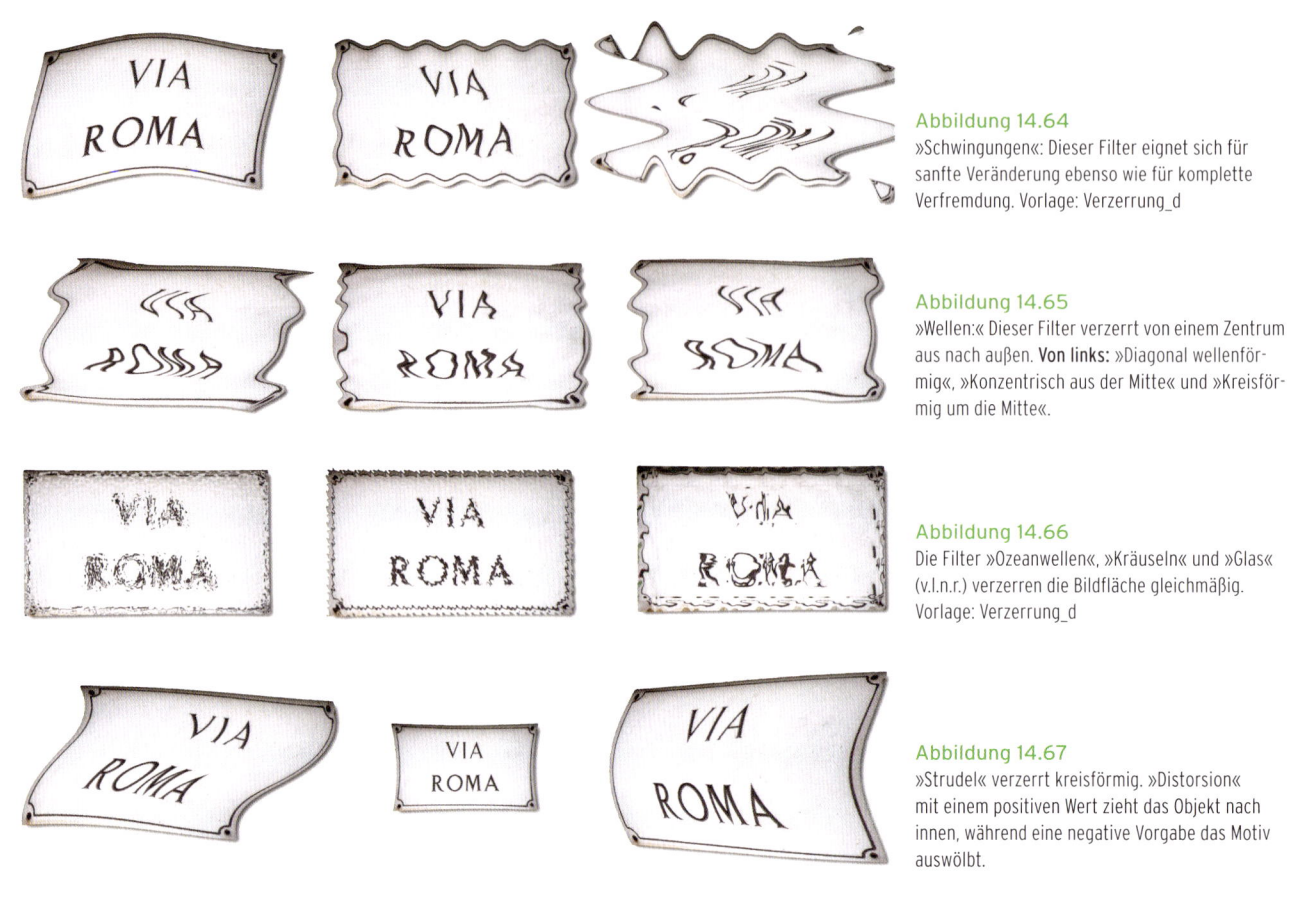

Abbildung 14.64
»Schwingungen«: Dieser Filter eignet sich für sanfte Veränderung ebenso wie für komplette Verfremdung. Vorlage: Verzerrung_d

Abbildung 14.65
»Wellen:« Dieser Filter verzerrt von einem Zentrum aus nach außen. **Von links:** »Diagonal wellenförmig«, »Konzentrisch aus der Mitte« und »Kreisförmig um die Mitte«.

Abbildung 14.66
Die Filter »Ozeanwellen«, »Kräuseln« und »Glas« (v.l.n.r.) verzerren die Bildfläche gleichmäßig. Vorlage: Verzerrung_d

Abbildung 14.67
»Strudel« verzerrt kreisförmig. »Distorsion« mit einem positiven Wert zieht das Objekt nach innen, während eine negative Vorgabe das Motiv auswölbt.

Der **Strudel**-Filter zieht eine Auswahl sogartig in die Mitte: Er dreht sie in der Mitte stärker als außen. Kreisförmige Verzerrungen produziert der **Wellen**-Filter. Das entspricht der Vorstellung von einem Stein, der ins Wasser geworfen wurde. Die Vorgabe DIAGONAL WELLENFÖRMIG verschiebt die Bildpunkte schräg, KONZENTRISCH AUS DER MITTE verschiebt die Pixel gleichmäßig vom Zentrum her, KREISFÖRMIG UM DIE MITTE erzeugt Wellenlinien, die sich vom Zentrum wegbewegen und um das Zentrum drehen.

Der Filter **Distorsion** verzerrt kreisförmig. Sie können die Auswahl bezogen auf die Mitte zusammenschieben oder auseinanderziehen. Bei einer Rechteckauswahl gehen manipulierter Bildteil und Umgebung fließend ineinander über. Bei einer freien Form verwenden Sie eine **Weiche Auswahlkante**, um den Filter zum Auswahlrand hin abzuschwächen und so einen glatteren Übergang zu schaffen.

Der **Wölben**-Filter spannt das Bild auf eine Kugel und lässt flächige Objekte dreidimensional aussehen – nützlich, wenn Sie auf Litfasssäulen, Flaschen oder Bälle montieren, etwas unter die Lupe nehmen oder nur Dramatik erzeugen wollen – auch bei Text. Die Optionen VERTIKAL und HORIZONTAL simulieren die Projektion auf einen Zylinder, etwa eine Flasche. Innerhalb einer Rechteckauswahl greift sich der Filter nur einen runden Bereich. Soll also wirklich die komplette Auswahl bis in die letzte Ecke verzerrt werden, vergrößern Sie die Auswahl entsprechend. Wiederholen steigert die Wirkung. Alternativen: die VERKRÜMMEN-Funktion (Seite 543) und die **Objektivkorrektur** (Seite 267).

Verflüssigen

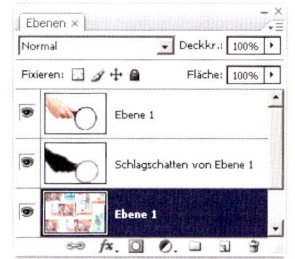

Abbildung 14.68
»Wölben«: Dieser Filter spannt die Auswahl auf eine Kugel. Hier arbeiten wir mit Auswahl und ohne Smartfilter, weil Photoshop die Wölbung sonst über die gesamte Arbeitsfläche und nicht nur über das Lupenglas berechnet.
Datei: Verzerrung_e

Der Filter **Verbiegen** verzerrt das Bild entlang einer Kurve, die Sie festlegen können. Im Dialogfeld ziehen Sie an der dargestellten Linie eine Kurve, nach der das Bild verzerrt werden soll. Per Mausklick setzen Sie Punkte, an denen sich die Kurvenrichtung ändert. Nicht benötigte Punkte ziehen Sie aus dem Diagramm heraus. **Verflüssigen** oder VERKRÜMMEN ♛ bieten jedoch mehr Steuermöglichkeit.

Verflüssigen

Mit dem Befehl **Filter: Verflüssigen** (Strg+⇧+X, nicht als Smartfilter) können Sie Bildteile per Mausbewegung gummiartig knautschen, dehnen oder eindrücken. Bearbeiten Sie nur einzelne Bereiche oder schützen Sie die Zonen stufenlos gegen Veränderung. Das entstandene Verformungsschema lässt sich für weitere Anwendungen speichern und wieder laden.

Tipp
*Das VERFLÜSSIGEN beansprucht viel Rechenzeit – in der Vorschau und bei der endgültigen Anwendung nach dem OK-Klick. Experimentieren Sie bei größeren Vorlagen zunächst mit Duplikaten, die Sie mit dem Befehl **Bild: Bildgröße** auf 600 Pixel Breite herunterrechnen.*

Die Funktion produziert grinsende Mundwinkel, korrigieren Sie aber auch Motorhauben, Schmerbäuche oder Schriftzüge. Per **Verflüssigen** gleichen Sie die Proportionen von montierten Ebenen aneinander an.

Der Befehl ergänzt oder ersetzt teilweise den **Versetzen**-Filter. Brauchen Sie indes nur eine allgemeine Verzerrung ohne pixelgenaue Feinsteuerung, sind andere Befehle übersichtlicher, so etwa **Schwingungen**, **Verbiegen** oder das **Transformieren** mit VERKRÜMMEN ♛. Textebenen, die im korrigierbaren Textmodus bleiben sollen, können Sie »verkrümmen«.

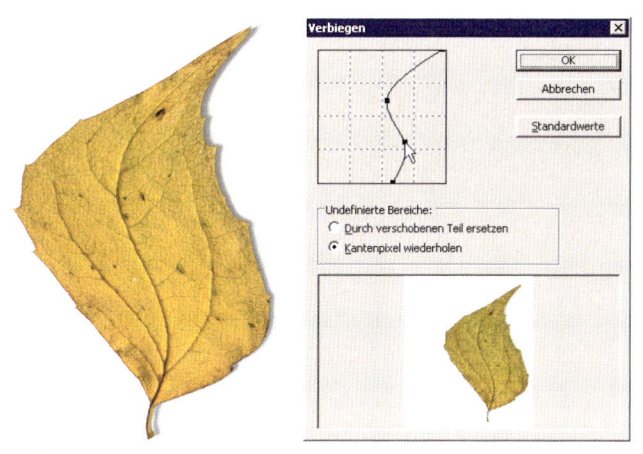

Abbildung 14.69 »Verbiegen«: Mit einer formbaren Linie steuern Sie die Verzerrung des Objekts. Datei: Verzerrung_f

Teil 4 • Verfremdung

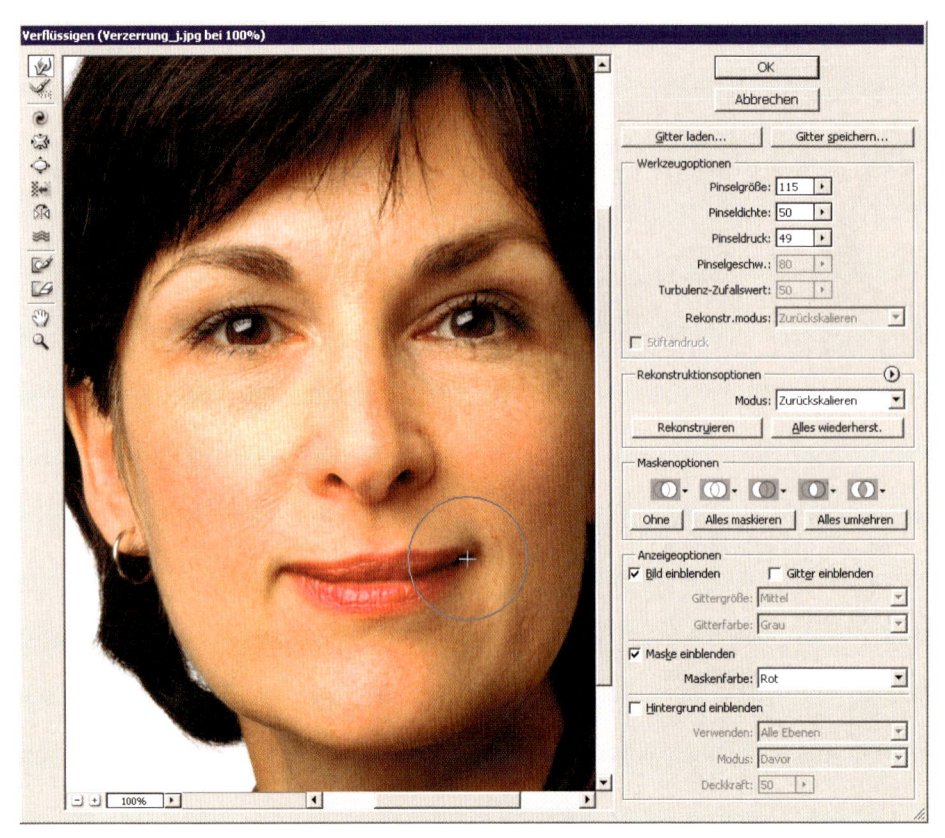

Abbildung 14.70
Der Befehl »Filter: Verflüssigen« dehnt Bildpartien gummiartig per Mausbewegung und zieht ein Lächeln in verkniffene Mundwinkel. Sie können Bildteile schützen und die Verzerrung gezielt zurückfahren. Vorlage: Verzerrung_j

Werkzeuge zum Umformen

Diese Werkzeuge zum Umformen bietet das Dialogfeld **Verflüssigen**:

	VORWÄRTS KRÜMMEN	Das Werkzeug schiebt die Bildpunkte vor sich her. Klicken Sie zweimal bei gedrückter ⇧-Taste, um die beiden Punkte durch eine Gerade zu verbinden.
	STRUDEL-WERKZEUG	Das STRUDEL-WERKZEUG verdreht Bildpunkte im Uhrzeigersinn; ein freundlicher Druck auf die Alt-Taste strudelt in Gegenrichtung.
	ZUSAMMENZIEHEN	Per ZUSAMMENZIEHEN scheint das Material unter dem Mauszeiger zu schrumpfen, Alt-Klick bläst es auf.
	AUFBLASEN	Das AUFBLASEN wölbt die Bildpunkte unter dem Mauszeiger, mit der Alt-Taste ziehen sie sich zusammen. Halten Sie den Zeiger bei gedrückter Maustaste länger auf einer Stelle.
	NACH LINKS SCHIEBEN	NACH LINKS SCHIEBEN heißt ein Werkzeug, das Bildpunkte senkrecht zur Werkzeugrichtung verschiebt. Die Alt-Taste kehrt die Richtung um. Klicken bei gedrückter ⇧-Taste verbindet die Punkte durch eine Gerade.
	SPIEGELN-WERKZEUG	Das SPIEGELN-WERKZEUG sorgt für reizvolle Spiegelungen. Ziehen bei gedrückter Alt-Taste variiert den Effekt, Klicken bei gedrückter ⇧-Taste verbindet die Punkte durch eine Gerade.
	TURBULENZ	Vage vergleichbare, aber stärkere, wellenartige Verzerrung schafft das TURBULENZ-Gerät. Per TURBULENZ-ZUFALLSWERT rechts in den WERKZEUGOPTIONEN steuern Sie den Grad der Verfremdung.

Abbildung 14.71
Photoshop zauberte ihr ein Lächeln ins Gesicht.
Vorlage: Verzerren_j

Werkzeugoptionen

Die Wirkung aller Werkzeuge im Dialogfeld steuern Sie im Bereich WERKZEUGOPTIONEN. Einige Möglichkeiten:

» Die PINSELGRÖSSE ändern Sie nicht nur mit dem Eingabefeld, sondern auch mit +- und #-Taste.

» Per PINSELDICHTE legen Sie fest, ob das aktuelle Werkzeug an den Rändern schwächer wirken soll als im Zentrum oder genauso stark.

» Je höher der PINSELDRUCK, desto drastischer wirkt die Funktion, desto härtere Kanten entstehen. Sofern Sie ein druckempfindliches Grafiktablett anschließen, verändern Sie den PINSELDRUCK auch über ein druckempfindliches Grafiktablett; schalten Sie zudem unten den STIFTANDRUCK ein.

» Die PINSELGESCHWINDIGKEIT steuert, wie schnell Photoshop eine Verzerrung anwendet, wenn Sie die Maustaste örtlich gedrückt halten – hohe Werte verändern sehr schnell sehr stark.

Achtung

*Die aktuelle PINSELGRÖSSE gilt für alle **Verflüssigen**-Werkzeuge gemeinsam. Ändern Sie für ein Werkzeug die Größe, behält Photoshop diesen Wert beim nächsten Werkzeug bei. Das Programm schaltet beim Werkzeugwechsel also nicht, wie von der Hauptwerkzeugleiste gewohnt, zu derjenigen Größe zurück, die Sie zuletzt mit diesem speziellen Werkzeug genutzt hatten.*

Bildbereiche vor Veränderung schützen

Einzelne Bildbereiche können Sie »maskieren«, also gegen Veränderungen schützen. Folgende Möglichkeiten haben Sie:

» Noch bevor Sie den Befehl aufrufen, wählen Sie die gewünschte Motivpartie zum Beispiel mit der Schnellauswahl aus. Im Dialogfeld sehen Sie nur noch den ausgewählten Bereich.

» Verwenden Sie Alphakanäle, Ebenenmasken oder die Umrisse von Montageobjekten. Die Maske oder den Kanal nennen Sie in den MASKENOPTIONEN; klicken Sie auf eine der Schaltflächen wie AUSWAHL ERSETZEN oder AUSWAHL ERWEITERN.

» Malen Sie mit dem FIXIERUNGSWERKZEUG über Zonen, die erhalten bleiben sollen. Haben Sie bei niedrigem PINSELDRUCK begonnen, erhöht mehrfaches Malen die Schutzwirkung. Stärkere Schutzwirkung erkennen Sie an einer stärkeren Maske.

Tipp

Legen Sie vor Aufruf des Dialogfelds gleich mehrere Alphakanäle an, so lässt sich bequemer im Dialogfeld experimentieren. Duplizieren Sie einen brauchbaren Alphakanal mehrfach, indem Sie ihn in der Kanälepalette auf das Symbol NEUER KANAL ziehen; testen Sie verschiedene Weichzeichnungen und Ausdehnungen.

Teil 4 • Verfremdung

Auswahlen verrechnen

Direkt im Dialogfeld **Verflüssigen** kombinieren oder verrechnen Sie mehrere Auswahlbereiche, die etwa per Lasso oder Fixierungswerkzeug entstanden sind oder auf Ebenenmasken, Alphakanälen oder Ebenenumrissen (TRANSPARENZ) basieren.

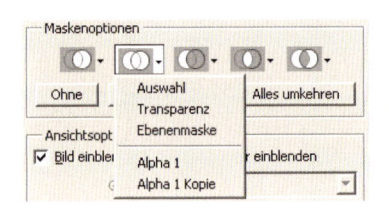

Abbildung 14.72
Im Bereich »Maskenoptionen« können Sie Auswahlen laden und miteinander verrechnen.

Wählen Sie zum Beispiel einen Bildbereich mit dem Lasso aus. Photoshop lässt Sie nun nur diese Bildzonen **verflüssigen**. Verkleinern Sie die im Dialogfeld gültige Auswahl weiter um den Bereich, den ein Alphakanal als ausgewählt kennzeichnet; dazu klicken Sie auf die Schaltfläche VON AUSWAHL SUBTRAHIEREN und geben im Menü zum Beispiel **Alpha 1** an, falls der Kanal so heißt. Nennen Sie auch Ebenenmasken oder Transparenz.

Haben Sie den VERFLÜSSIGEN-Dialog mit einer bereits vorhandenen Auswahl gestartet, können Sie im Dialogfeld keine Bereiche mehr zeigen, die deutlich außerhalb der Fließmarkierung liegen. Umgekehrt geht jedoch dies: Legen Sie eine Auswahl an, so dass nur dieser Bereich im Dialogfeld erscheint und Außenstände »fixiert«, also geschützt werden. Entfernen Sie die Auswahl mit der Schaltfläche OHNE. Möchten Sie auf die Auswahl zurückkommen, klicken Sie zum Beispiel auf AUSWAHL ERSETZEN und nehmen Sie im Menü die AUSWAHL.

Fixierten Bereich verkleinern

Malen Sie mit dem MASKE-LÖSEN-WERKZEUG über die gewünschte Partie, um die Fixierung aufzuheben, und prüfen Sie auch hier wieder den PINSELDRUCK. Die Schaltfläche OHNE macht das komplette Bild zugänglich. Die Schaltfläche ALLES UMKEHREN fixiert bis dato verfügbare Partien und gibt umgekehrt geschützte Zonen zur Bearbeitung frei.

Ziehen Sie zum Beispiel die aktuelle Lassoauswahl von der Schutzzone ab, die Sie mit dem Werkzeug FIXIERUNGSMASKE angelegt haben. Dazu klicken Sie auf AUSWAHL ERWEITERN und dann auf AUSWAHL.

Tipp
*Zum »Verflüssigen« benötigen Sie viel Bildfläche, die Sie mit dem Befehl **Bild: Arbeitsfläche** oder mit dem Freistellwerkzeug anlegen (Seite 205).*

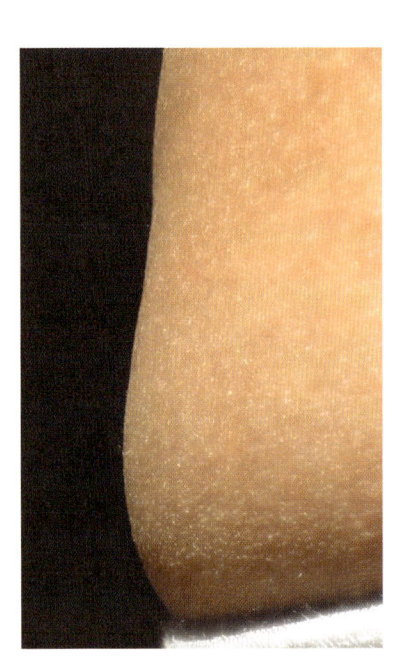

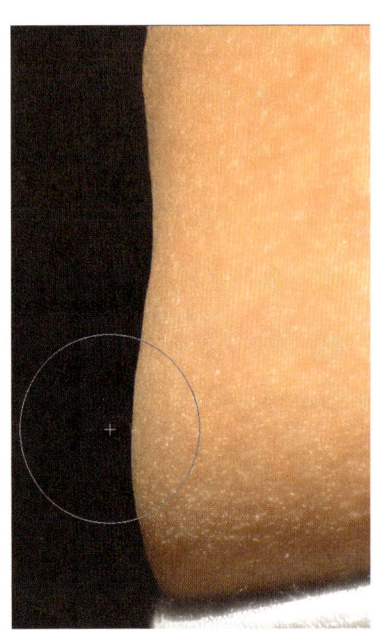

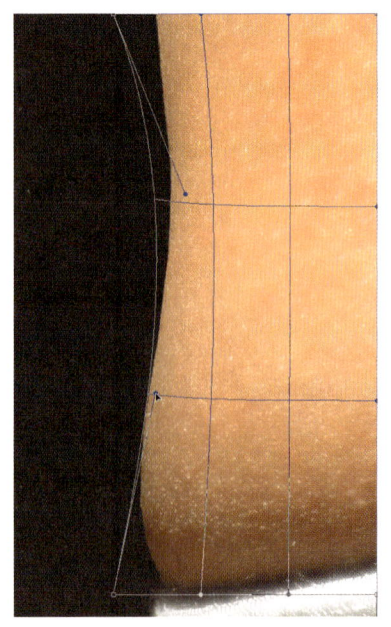

Abbildung 14.73 Mitte: Photoshop verflüssigt Figurprobleme. Rechts: Das »Verkrümmen« ist eine Alternative zum »Verflüssigen« (Seite 543). Vorlage: Verzerren_i

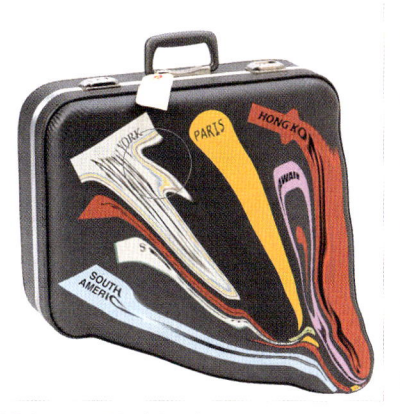

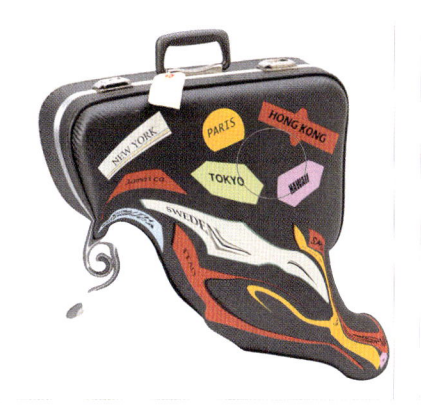

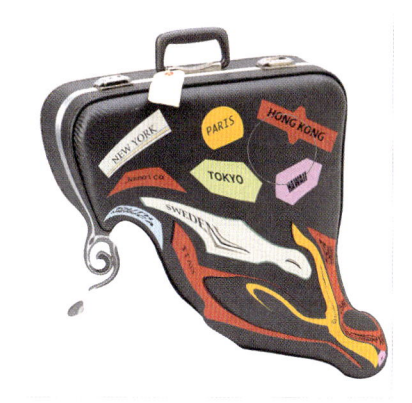

Abbildung 14.74 Links: Die Verzerrungen entstanden vor allem mit dem Werkzeug »Vorwärts krümmen«. **Mitte:** Weitere Verzerrungen mit Werkzeugen wie »Strudel« und »Pixel verschieben« kommen hinzu. **Rechts:** Wir glätten die Verzerrung mit dem Werkzeug »Rekonstruktion« im Modus »Steif«. Vorlage: Ebene_p

Verzerrung exakt zurücksetzen

So nehmen Sie Verzerrungen im Dialogfeld VERFLÜSSIGEN exakt wieder zurück:

» Mit [Strg]+[Z] widerrufen Sie den letzten Pinselstrich.

» Mit [Strg]+[Alt]+[Z] gehen Sie schrittweise zurück bis zum unverzerrten Zustand.

» Drücken Sie die [Alt]-Taste, damit die Schaltfläche ABBRECHEN wie fast immer die Beschriftung ZURÜCKSETZEN zeigt. Damit setzen Sie das Bild zurück – aber auch alle Werkzeugeinstellungen springen wieder auf die Vorgabe ab Werk.

» Die Schaltfläche REKONSTRUIEREN entfernt die Verzerrung aus nicht fixierten Bereichen schrittweise – mit jedem Klick nimmt die Entstellung etwas mehr ab. Dabei kehrt Photoshop nicht die Reihenfolge Ihrer Bearbeitung um, wie Sie es mit [Strg]+[Alt]+[Z] erreichen. Das Programm führt die Verzerrung gleichmäßig zurück. Beachten Sie jedoch die Einstellungen im MODUS-Klappmenü.

» Die Schaltfläche ALLES WIEDERHERST. setzt das gesamte Bild auf den Urzustand zurück.

» Malen Sie mit dem Werkzeug REKONSTRUKTION über Bereiche, die Sie zurücksetzen möchten. Für behutsame Anwendung nehmen Sie den WERKZEUGDRUCK zurück. Fixieren Sie Bereiche, die Sie nicht zurücksetzen möchten, und verwenden Sie im MODUS-Klappmenü das WIEDERHERSTELLEN.

Tipp

Der Befehl Verflüssigen erzeugt selten auf Anhieb ein perfektes Bild. Bei der Nachbearbeitung helfen vor allem Kopierstempel (Seite 282), Protokollpinsel (Seite 69) und Scharfzeichner-Befehle. Mit dem Wischfinger (Seite 277) verstärken Sie die Verzerrung nachträglich.

Verzerrung angepasst zurücksetzen

Beim VERFLÜSSIGEN empfiehlt sich oft folgendes Vorgehen:

1. Verzerren Sie das Bild stark.

2. Schützen Sie Bereiche, die voll verzerrt bleiben sollen, mit dem FIXIERUNGSMASKENWERKZEUG.

3. Stellen Sie die nicht fixierten Bereiche wieder her – mit dem Werkzeug REKONSTRUKTION oder mit der Schaltfläche REKONSTRUIEREN.

Dabei sollten Sie die ungeschützten Zonen nicht perfekt bis zum Originalzustand rekonstruieren: Der Gegensatz zu den verzerrten Partien wirkt krass und es entsteht ein harter Übergang.

Optionen beim Wiederherstellen

Nach welchem Verfahren das Bild wiederhergestellt wird, regeln Sie in zwei Bereichen:

» Oben im Bereich WERKZEUGOPTIONEN steuert das Klappmenü REKONSTRMODUS die Wirkung des Rekonstruktionswerkzeugs.

» Darunter im Bereich Rekonstruktionsoptionen legt das MODUS-Klappmenü das Verhalten des REKONSTRUIEREN-Buttons fest.

Sie haben diese Optionen:

» Nur das WIEDERHERSTELLEN ermöglicht die exakte Rekonstruktion.

» VERSCHIEBEN arbeitet auf Basis der bisherigen Verschiebung. Das rekonstruierte Bild erhält eine neue Position.

» DREHEN renoviert ungeschützte Zonen entsprechend der ursprünglichen Drehung oder Skalierung an dieser Bildstelle.

» ZUWEISEN stellt Bildpunkte auf Grundlage der früheren Verzerrung wieder her. In den drei letztgenannten Verfahren erlaubt Photoshop kein REKONSTRUIEREN per Schaltfläche, Sie müssen also zum Werkzeug greifen.

» STRENG wahrt rechte Winkel am Übergang zwischen fixierten und nicht fixierten Zonen.

» STEIF führt die Verzerrungen aus nicht geschützten Zonen in den fixierten Bereichen weiter, wird jedoch zunehmend schwächer. So entstehen gute Übergänge.

» Die Vorgabe WEICH erweitert die Verzerrungen der fixierten Bereiche gleichmäßig auf nicht fixierte Partien. Ähnlich arbeitet UNGENAU.

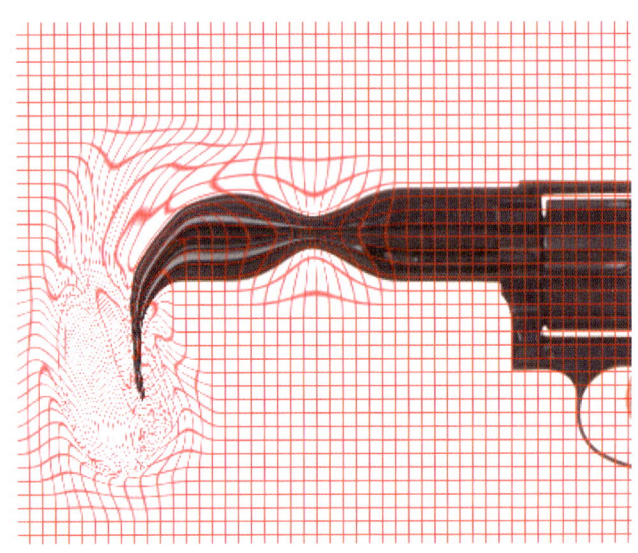

Abbildung 14.75 Die Verformung können Sie als Gitter mit und ohne Originalbild anzeigen. Das Gitter lässt sich speichern und auf andere Dateien übertragen.

Bilddarstellung im Dialogfeld

Wie üblich können Sie zoomen, zum Beispiel per [Strg]+[+], und das Bild durchs Vorschaufenster schieben. Im Abschnitt ANSICHTSOPTIONEN können Sie nach Bedarf die Deckfarbe für FIXIERTE BEREICHE einblenden oder verbergen. Sie können das BILD EINBLENDEN oder verbergen sowie zusätzlich oder allein ein GITTER EINBLENDEN, das die Verzerrung besonders anschaulich darstellt. Photoshop bietet verschiedene Optionen für GITTERGRÖSSE, GITTERFARBE und für die Abdeckung der geschützten Bildteile (FARBE FIXIEREN).

Im Bereich HINTERGRUND entscheiden Sie, ob weitere Ebenen der aktuellen Montage mit in der Vorschau erscheinen sollen. Zeigen Sie entweder nur einzelne andere Ebenen oder ALLE EBENEN und zeigen Sie diese weiteren Ebenen, die Sie ja nicht bearbeiten, in der Vorschau wahlweise mit reduzierter DECKKRAFT.

Tipp
Prüfen Sie das Ergebnis in der Zoomstufe 100,00 Prozent und lassen Sie eventuell einen Scharfzeichner folgen.

Verzerrung speichern und übertragen

Sie wollen die Verzerrung punktgenau auf andere Bilder oder auf dieselbe Datei übertragen? Speichern Sie die Verformung mit der Schaltfläche GITTER SPEICHERN.

Eines geht jedoch nicht: Sie können das **Verflüssigen** eines konkreten Bilds nicht auf der Aktionenpalette speichern. Photoshop ruft per Aktion zwar das Dialogfeld auf, doch die Verzerrung müssen Sie von Hand einrichten. Auch das LADEN eines GITTERS innerhalb des Dialogfelds **Verflüssigen** wird nicht aufgezeichnet.

14.8 Weitere »Filter«-Befehle

Schnelle Effekte haben Sie mit den **Rendering**-Filtern **Blendenflecke**, **Wolken**, **Differenz-Wolken** und **Fasern** zur Hand. **Rauschen hinzufügen** raut glatte Oberflächen auf.

Blendenflecke

Der Filter **Blendenflecke** ahmt die Gegenlichtreflexe nach, die beim Fotografieren in eine Lichtquelle hinein entstehen können. Allzu glatte Oberflächen, ob von Foto oder Photoshop, bekommen mit diesem Filter ein packendes Live-Element, ebenso fade Himmel. Auch für Blitzlichtgewitter und Nachtbilder eignet sich der Effekt. Ganze Bildbereiche können Sie im Gleißen auflösen.

Um die Lichtreflexe frei über dem Bild zu verschieben, zu skalieren und umzufärben, bringt man sie auf einer eigenen, neutralgrauen Ebene im Modus HARTES LICHT an (Seite 390). Nachträgliche Sonnen bauen Sie mit dem Pinsel ein, ebenfalls am besten auf einer separaten Ebene.

Abbildung 14.76
»Blendenflecke« rechnet Gegenlichtreflexe ins Bild. Sie lassen sich, auf einer separaten Ebene angelegt, auch spiegeln oder verschieben. Vorlage: Filter_i

Wolken

Per **Renderfilter: Wolken** entsteht ein luftiges Farbgemisch aus Vorder- und Hintergrundfarbe. Kein Schieberegler, kein Überblendmodus, gar nichts: Nur eine magere ⇧-Taste gibt es zur Feinsteuerung der **Wolken**-Filter. Drücken Sie diese bei Anwahl des Befehls, macht Photoshop das Muster kontrastreicher. Mit der gleichen Wirkung können Sie freilich nachträglich Sättigung oder Tiefen anheben oder eine solche Korrektur flexibel als Einstellungsebene über eine **Wolken**-Ebene legen. Verwenden Sie Seitenlängen von 128 Pixel oder Vielfache davon, um Muster mit einem nahtlos kombinierbaren Rand zu erhalten. Beide **Wolken**-Filter erzeugen bei jedem Anlauf ein neues Muster.

Nachbearbeiten lässt sich das Pixelgespinst mit Tonwert- und Farbreglern, etwa **Farbton/Sättigung** oder **Tonwertkorrektur**. Lösen Sie das Muster mit dem **Gaußschen Weichzeichner** noch auf oder konturieren Sie es mit einer starken Scharfzeichnung. Sie können das Gebilde mit den **Beleuchtungseffekten** beleben, **Mit Struktur versehen** oder mit einem der **Zeichenfilter** ein Gemälde daraus machen. Per **Transformieren** oder **Verzerrungsfilter** verändern Sie die Wolkenformationen.

Differenz-Wolken

Differenz-Wolken erzeugt ein den **Wolken** vergleichbares Muster, blendet dies aber nach dem DIFFERENZ-Modus in den Hintergrund; das erinnert an ein Negativ. Hell-Dunkel-Gegensätze, also Strukturen, bleiben dabei ansatzweise erhalten. So zaubert der Filter auch ein Licht-Schatten-Spiel auf einförmige Flächen. Blenden Sie den Filter mit Strg+F immer wieder neu ins Bild – das Ergebnis erinnert zunehmend an eine Marmorierung. Der Lab-Modus ist für diesen Filter tabu.

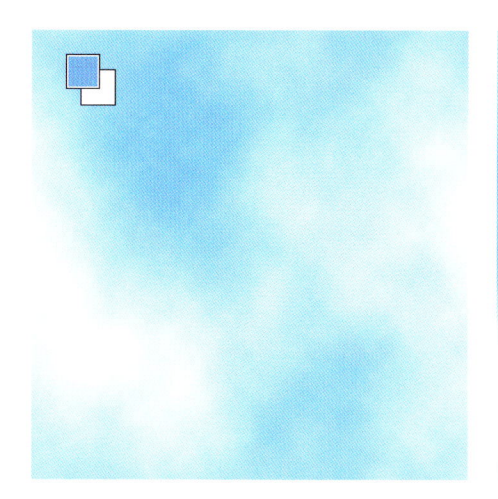

Abbildung 14.77
Der Filter »Wolken« erzeugt ein luftiges Muster aus Vorder- und Hintergrundfarbe; etwas kräftiger gerät das Bild, wenn Sie den Filter mit gedrückter ⇧-Taste anwählen.

Teil 4 • Verfremdung

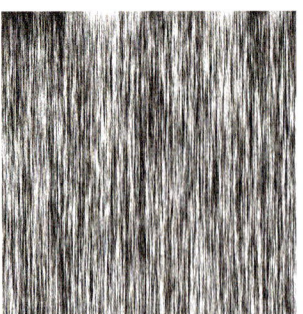

Abbildung 14.78 So wirkt der »Fasern«-Filter. **1. Bild:** Geringe »Varianz« erzeugt schwachen Kontrast, niedrige »Stärke« sorgt für flache Fasern. **2. Bild:** Wir erhöhen »Varianz« und »Stärke« deutlich. **3. Bild:** Wir bearbeiten das erste Bild mit der »Färben«-Option des Befehls »Farbton/Sättigung«. **4. Bild:** Wir nutzen den Befehl »Bild: Anpassungen: Verlaufsumsetzung«.

Alternative mit Bild-zurück-Garantie: Legen Sie den normalen **Wolken**-Filter auf eine Ebene über der Vorlage und richten Sie den Modus DIFFERENZ ein.

Um nur ein Licht-Schatten-Spiel zu erzeugen, bei dem der übrige Bildinhalt gut erkennbar bleibt, testen Sie auch Modi wie INEINANDERKOPIEREN, HARTES LICHT oder WEICHES **Licht** und gesenkte DECKKRAFT.

Eine Alternative zu solchen Mustern bildet der Ebeneneffekt GLANZ.

Fasern

Das Repertoire reicht von Kartoffelsack bis Bühnenvorhang: Das Kommando **Renderfilter: Fasern** erzeugt Gewebe, die sich als Hintergrundfläche eignen.

Das Gespinst basiert auf Vorder- und Hintergrundfarbe. Wie stark die zwei Farben kontrastieren, steuert der VARIANZ-Regler; niedrige Werte führen zu einem kontrastarmen Ergebnis. Der STÄRKE-Regler steuert Relief und Form der Fasern – von breit und flächig bis hin zu kurz und dick. Der Schalter ZUFALLSPARAMETER liefert Zufallsergebnisse.

Das Ergebnis lässt sich leicht einfärben: Verwenden Sie zum Beispiel **Bild: Anpassungen: Farbton/Sättigung** mit der Option FÄRBEN. Noch vielseitiger ist die **Verlaufsumsetzung** aus demselben Klappmenü, die Helligkeiten in Farbtöne aus Verläufen übersetzt. In beiden Fällen können Sie mit Einstellungsebenen arbeiten, so dass das Original erhalten bleibt. Für beide Veränderungen benötigen Sie einen Farbmodus wie **RGB-Farbe**. Das Muster kommt auch als Verschiebungsmatrix für den **Versetzen**-Filter in Frage.

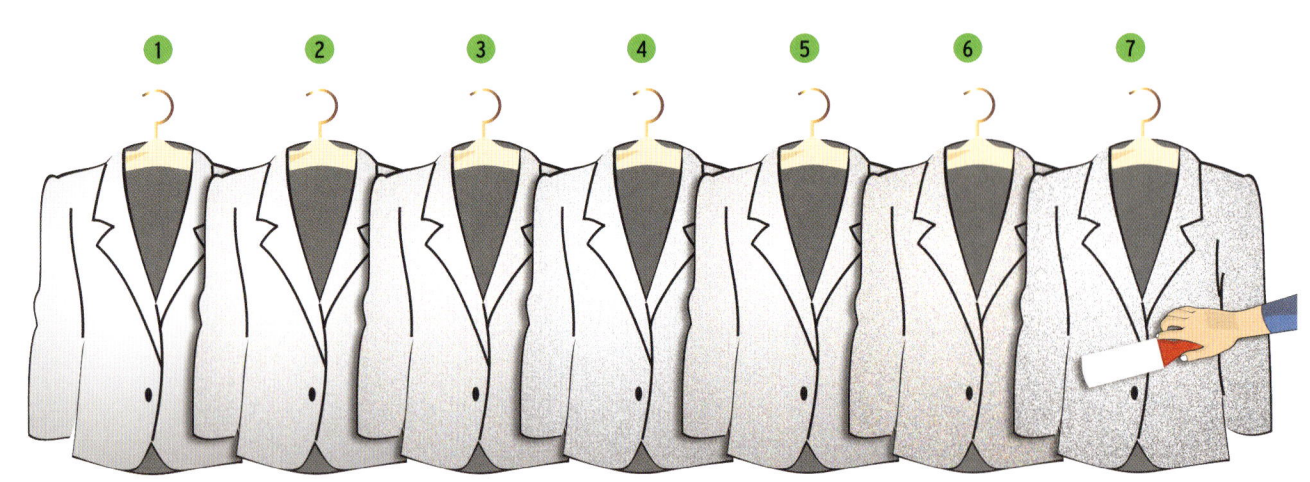

Abbildung 14.79 Wir drucken die Tests mit dem Filter »Rauschen hinzufügen« bei 300 dpi. **1:** Vorlage **2:** Stärke 8, gleichmäßig. **3:** Stärke 8, Gaußsche Normalverteilung. **4:** Stärke 8, Gauß, monochromatisch. **5:** Stärke 16, gleichmäßig. **6:** Stärke 16, Gauß. **7:** Stärke 16, Gauß, monochromatisch. Datei: Filter_j

Achtung
*Prüfen Sie das Ergebnis des **Fasern**-Filters unbedingt im Abbildungsmaßstab 100,00 Prozent. Die Helligkeitsverteilung über das Gesamtbild hinweg erkennen Sie dann jedoch in der kleinen Dialogfeldvorschau nicht mehr.*

»Rauschen hinzufügen«

Der Befehl **Rauschfilter: Rauschen hinzufügen** rechnet kontrastierende Pixel ins Bild und macht so glatte Flächen körniger und rauer. Damit rauhen Sie Vektorgrafiken, Gemaltes oder Verläufe auf, aber auch weichgezeichnete oder hochinterpolierte Bildbereiche. Auch wenn Sie einen der vielen »künstlerischen« Filter auf eine glatte Grafik anwenden wollen, empfiehlt sich vorab ein Störungsfilter; so kann sich der Filter kreativ an den Details reiben. Der Befehl **Tiefenschärfe abmildern** enthält alle Funktionen von **Rauschen hinzufügen** innerhalb einer Unterabteilung. Prüfen Sie die Ergebnisse unbedingt in der 100-Prozent-Zoomstufe. Ihre Optionen:

» Unter MENGE geben Sie an, wie stark die Störpixel von den bereits vorhandenen Farbwerten abweichen dürfen; von 1 bis 999 ist alles möglich.

» Dann wählen Sie, ob die Farbwerte GLEICHMÄSSIG abweichen sollen oder nach der GAUSSSCHEN NORMALVERTEILUNG – diese Variante bevorzugt kleine Abweichungen, lässt aber auch starke zu und wirkt auffälliger.

» Die Option MONOCHROM wendet den Filter nur auf den Grauanteil des Bilds an und wahrt so die Farbbalance.

Mit Scharfzeichnung oder Kontrastanhebung lässt sich die Wirkung verstärken. Vor **Bewegungsunschärfe** oder einem **Verzerrungsfilter** angewandt, eignet sich die Funktion auch, um Oberflächenstrukturen aus dem Nichts heraus zu schaffen – von Raufasertapete bis gebürstetes Metall. Eine Alternative mit künstlerischen Ambitionen ist der **Strukturierungsfilter: Körnung** (Seite 397), dessen Sparversion **Korneffekt** heißt. Weitere Alternative: der Mal- und Montagemodus SPRENKELN, zu finden in der Ebenenpalette bzw. bei den Werkzeugoptionen; testen Sie hier verschiedene Werte für DECKKRAFT.

Achtung
Die Wirkung des Störungsfilters hängt von der Druckauflösung ab: Ein bestimmter Filterwert wirkt bei 200 dpi stärker als bei 300 dpi. (Bei 300 dpi gibt es mehr Pixel pro Zentimeter, die Wirkung fällt weniger ins Gewicht.)

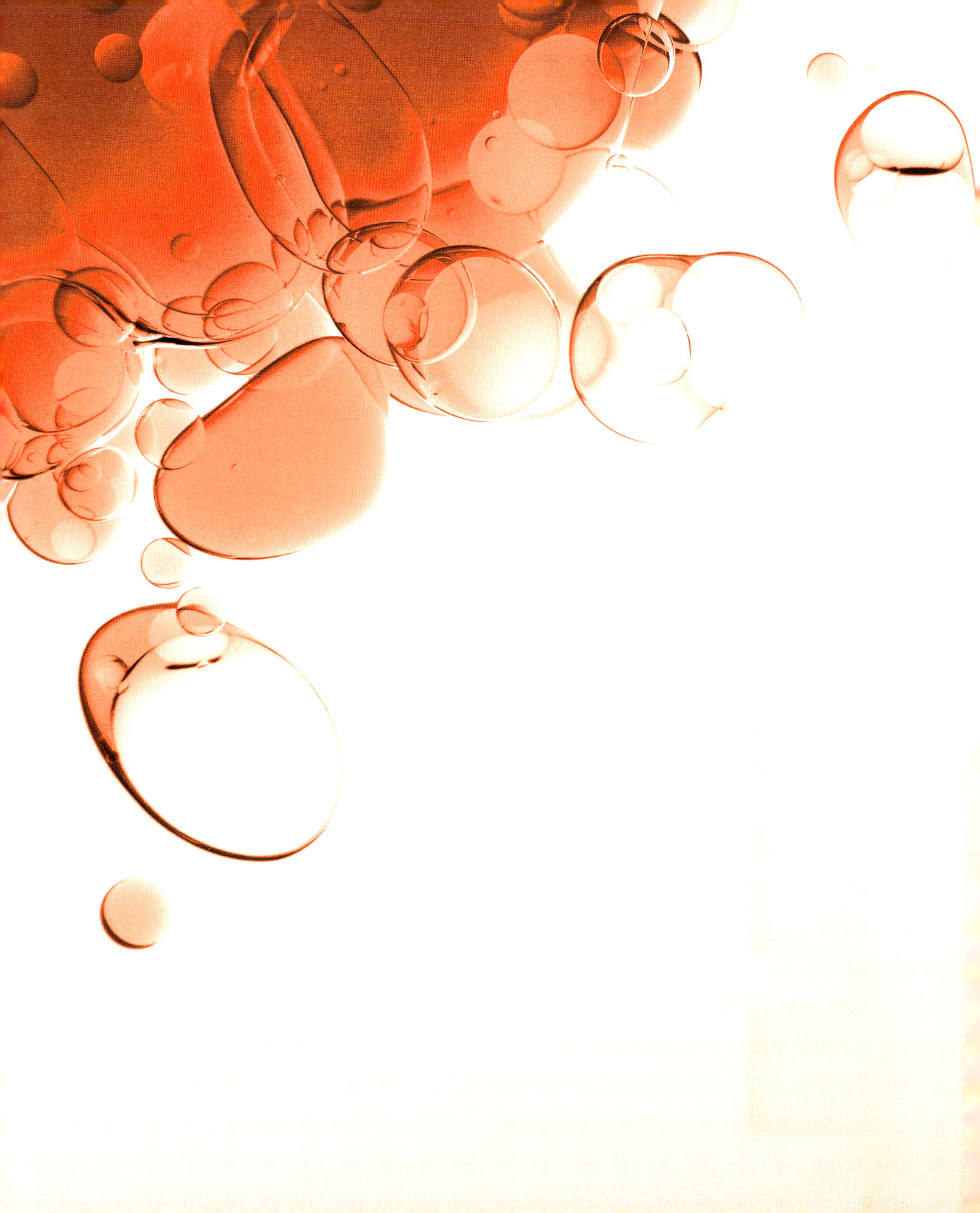

Teil 5
Auswahl

Kapitel 15:
Auswählen 418

Kapitel 16:
Kanäle & Masken 454

Kapitel 17:
Pfade & Formen 469

Kapitel 15
Auswählen

In diesem Kapitel lernen Sie Schnellauswahl, Zauberstab und Lasso kennen sowie die Befehle im **Auswahl**-Menü. Wir behandeln weitere Werkzeuge und Funktionen, die Bildteile aus ihrem Umfeld heraustrennen und gleich den Außenbereich transparent machen: den **Extrahieren**-Befehl, den Magischen Radiergummi und den Hintergrund-Radiergummi.

Bedenken Sie jedoch, dass man zur Feinkorrektur einer Auswahl häufig auch mit Alphakanälen oder Pfaden arbeitet – das ist oft bequemer und vielseitiger; diese Verfahren kommen in den anschließenden Abschnitten zu Ehren. Nutzen Sie Photoshops Möglichkeiten beim Auswählen konsequent und nehmen Sie sich Zeit dafür. Die Auswahl bereitet zunächst Mühe. Aber der Aufwand wird belohnt durch professionelle Freisteller ohne hässliche »Nähte« und »Klebekanten«.

15.1 Die Auswahlwerkzeuge

Häufig entsteht die erste, grobe Auswahl mit den Werkzeugen aus der Werkzeugpalette; als da wären:

» Die Schnellauswahl ist erste Wahl bei üblichen Foto-Jobs. Das Werkzeug fängt zusammenhängende Bildbereiche ein, glättet Auswahlränder und »merkt sich« unerwünschte Farbtöne.

» Der Zauberstab fängt farbähnliche Pixel ein.

» Auswahlrechteck und Auswahlellipse markieren Bildteile mit festgelegter Form.

» Das Lasso führen Sie mit der Maus auf beliebigen Wegen durchs Bild, es markiert freie Formen.

» Der Magische Radiergummi wählt ebenfalls farbähnliche Pixel aus und macht sie transparent.

» Der Hintergrund-Radiergummi macht die Umgebung eines gewählten Objekts im Bereich des Mauszeigers transparent.

Auswahlen mit Werkzeugfunktionen erweitern oder verkleinern

Abbildung 15.1
Das Kontextmenü zu den Auswahlwerkzeugen bietet nützliche Befehle. Sie erhalten dieses Menü unter Windows nach einem Rechtsklick in die Bilddatei, am Mac per Ctrl-Klick.

Einige Auswahlgeräte teilen sich auf der Werkzeugpalette eine einzige Schaltfläche; Werkzeuge, die in einer Zelle logieren, teilen sich auch denselben Tastenbefehl, zum Beispiel das M für Auswahlrechteck und Oval, das W für Schnellauswahl und Zauberstab.

Um das Werkzeug zu wechseln, klicken Sie die Schaltfläche bei gedrückter Alt-Taste an oder drücken zum Beispiel ⇧+M für den Wechsel von Rechteck zu Oval.

Auswahlen mit Werkzeugfunktionen erweitern oder verkleinern

Eine erste, frische Auswahl ist meist noch nicht perfekt. So verkleinern, vergrößern oder entfernen Sie die Auswahl:

» Um zusätzliche Bildteile in die Auswahl hereinzunehmen, drücken Sie die ⇧-Taste zusätzlich zum Auswahlwerkzeug oder klicken Sie auf die Schaltfläche DER AUSWAHL HINZUFÜGEN oben in den Werkzeugoptionen. Das Werkzeug zeigt dann über dem Bild ein Pluszeichen. Dieser Modus ist bei der Schnellauswahl bereits voreingestellt.

» Sie verkleinern eine im Bild bereits vorhandene Auswahl mit einem Auswahlwerkzeug, indem Sie die Alt-Taste zusätzlich zum Auswahlwerkzeug drücken; oder klicken Sie auf die Schaltfläche VON AUSWAHL SUBTRAHIEREN. Dabei ziert ein Minuszeichen das Auswahlwerkzeug.

» Entfernen Sie eine vorhandene Auswahl per Strg+D für Deselect, am Mac wie immer ⌘+D.

Auswahlmarkierung bewegen

Klicken Sie mit einem Auswahlwerkzeug wie Lasso oder Auswahlrechteck in die Auswahl hinein, können Sie den Auswahlrahmen im Bild verschieben; dabei muss die Schaltfläche NEUE AUSWAHL aktiviert sein. Nur die Auswahllinie bewegt sich dabei, nicht aber der ausgewählte Bildbereich.

Mit den Pfeil-Tasten schieben Sie die Auswahlkontur pixelweise durchs Bild, die ⇧-Taste dazu beschleunigt auf 10-Pixel-Etappen. Klicken Sie in die Auswahl hinein und drücken Sie erst danach auf die ⇧-Taste, um die Auswahlbewegung schienengleich auf Geraden oder auf 45-Grad-Winkel dazwischen zu beschränken.

Tipp
Ziehen Sie einen Auswahlrahmen mit Lasso oder Zauberstab auch in andere geöffnete Dateien. So entstehen gleich große Ausschnitte in verschiedenen Bildern, die Sie zum Beispiel **Freistellen***. Die Auswahl im ursprünglichen Bild bleibt erhalten.*

Auswahlinhalt bewegen

Um den Bildinhalt innerhalb der Auswahl zu bewegen – also nicht nur den Rahmen, sondern auch die Bildpunkte –, drücken Sie erst die Strg-Taste, die vorübergehend das Verschiebenwerkzeug einschaltet. Anschließend ziehen Sie im Auswahlinnern; dabei entsteht ein Loch in der aktuellen Hintergrundfarbe.

Um eine Kopie des Auswahlinhalts zu bewegen, drücken Sie Strg+Alt, der Hintergrund bleibt unverändert. Diese Funktionen besprechen wir ausführlich im »Ebenen«-Teil.

Tipp
Wollen Sie bei vorhandenem Auswahlrahmen eine komplette Ebene mit dem Verschiebenwerkzeug verschieben – und nicht nur den ausgewählten Bereich –, so klicken Sie mit dem Verschiebenwerkzeug außerhalb des Auswahlrahmens, nicht innerhalb. Dabei wandert die Auswahl mit.

Auswahlen übersichtlich darstellen

Die schillernde Fließmarkierung wirkt nicht immer übersichtlich. Stellen Sie die Auswahl zur Abwechslung so dar, dass nicht Gewähltes farblich abgedeckt wird, nur markierte Bildbereiche bleiben sichtbar:

» Diese Aufgabe erledigt der Befehl **Auswahl: Kante verbessern** (Strg+Alt+R). Mit der Taste F richten Sie verschiedene Hintergrundfarben ein.

» Oder wechseln Sie mit dem Q in den Maskierungsmodus. Deckkraft und Farbe der zunächst halbtransparenten Überlagerung können Sie ändern (Seite 455).

419

Teil 5 • Auswahl

Abbildung 15.2
Links: Das Polygon-Lasso erzeugt eine Auswahl außerhalb des sichtbaren Bildbereichs. Dabei haben wir den Vollschirmmodus mit der Taste F eingeschaltet. So setzen Sie Eckpunkte auch außerhalb des Bilds. **Rechts:** Die Auswahlellipse erzeugt eine halbkreisförmige Auswahl.

Auswahl außerhalb des sichtbaren Bildbereichs

Tummeln Sie sich mit dem Auswahlwerkzeug auch außerhalb der Bilddatei. So entstehen oft erst die gewünschten großen Auswahlrahmen. Ebenenbereiche, die Sie außerhalb des aktuellen Bildrands verstaut haben, lassen sich mit dieser Auswahl erfassen und ins Bild ziehen. Schalten Sie mit F in einen Vollschirmmodus.

Photoshop tut so, als setze er die Auswahl jenseits der Bildgrenzen fort. Sie können zum Beispiel eine Kreisauswahl aufziehen und dann zur Hälfte aus dem Bild herausschieben. Den verbleibenden Auswahlteil füllen, filtern oder kopieren Sie. Oder legen Sie die Auswahl gleich zum Teil außerhalb an, um zum Beispiel mit der Ellipse ⭘ einen Halbkreis auszuwählen.

Sinnvoll ist diese Funktion auch, wenn Sie mit dem Polygon-Lasso ⌇ Bildbereiche am Bildrand einfangen. Die Auswahl lässt sich oft am einfachsten schließen, wenn man das Werkzeug durch die Photoshop-Fläche außerhalb des Bilds zieht. Klicken Sie Eckpunkte auch außerhalb des Bilds in die graue Fläche.

Tipp
Liegen die Auswahlgrenzen außerhalb der Bilddatei, zeigt Photoshop keinen Auswahlrahmen entlang des Bildrands an. Sie können diese übergroße Auswahlkontur zudem nicht als Alphakanal speichern; dort werden nur Markierungen innerhalb der Bildfläche erfasst. Auch bei der Verwandlung in einen Pfad berücksichtigt das Programm nur Auswahlkonturen innerhalb des Bilds.

Tastaturkombinationen und Schaltflächen im Überblick

Die wichtigsten Schaltflächen und Tastengriffe für die Auswahlwerkzeuge im Überblick:

» Die ⇧-Taste zum Auswahlwerkzeug erhält die Auswahl und fügt die neu markierten Pixel zur bestehenden Auswahl hinzu. Alternative: die Schaltfläche DER AUSWAHL HINZUFÜGEN.

» Die Alt-Taste zum Auswahlwerkzeug zieht die neu markierten Pixel von der bestehenden Auswahl ab. Alternative: die Schaltfläche VON AUSWAHL SUBTRAHIEREN.

» Klicken und Ziehen mit dem Auswahlwerkzeug bewegt den Auswahlrahmen, sofern die Schaltfläche NEUE AUSWAHL aktiviert ist.

» Die Strg-Taste zum Auswahlwerkzeug aktiviert wie meist das Verschiebenwerkzeug.

» Strg+Ziehen verschiebt den ausgewählten Bildinhalt als schwebende Auswahl (Seite 507) und erzeugt ein Loch in der Hintergrundfarbe.

» Strg+Alt+ Ziehen verschiebt ein Duplikat des Auswahlinhalts als schwebende Auswahl.

» Die ⇧-Taste beschränkt die Bewegung auf 45-Grad-Winkel.

» Die Pfeil-Taste bei aktivem Auswahlwerkzeug bewegt den Auswahlrahmen in 1-Pixel-Schritten.

» Pfeil-Taste+⇧-Taste bewegen die Auswahl bei aktivem Auswahlwerkzeug in 10-Pixel-Schritten.

Was Sie außerdem bedenken sollten, wenn Sie zu den Auswahlwerkzeugen greifen:

» Ausgewählt wird zunächst nur auf der aktiven Ebene. Zauberstab (Seite 425) und Magischer Radiergummi (Seite 428) bieten jedoch die Option Alle Ebenen aufnehmen.

» Die Infopalette (F8) nennt Höhe und Breite einer Auswahl in Pixel oder Zentimeter.

»Glätten«

Glätten Sie den Übergang zwischen Auswahl und nicht markiertem Bildteil mit den Vorgaben Glätten oder Weiche Kante. Nur so erhalten Sie wirklich nahtlose, unauffällige Korrekturen, die nicht »ausgeschnitten« aussehen.

Verwenden Sie das Glätten bei allen Arbeiten in üblichen Fotos. Sie verzichten auf das Glätten bei plakativen Grafiken ohne Kantenglättung, bei Strichzeichnungen oder Bildschirmfotos (Screenshots).

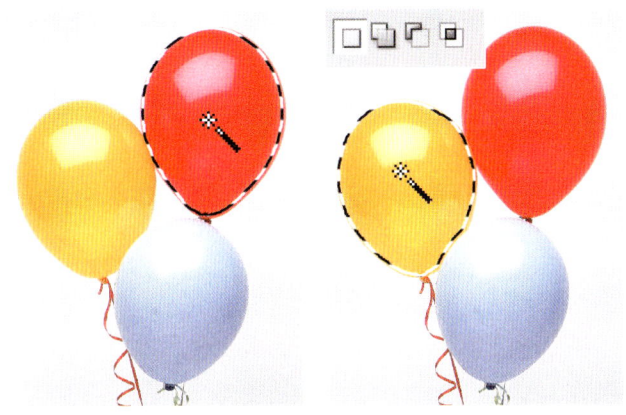

Abbildung 15.3 Links: Ein erster Klick mit dem Zauberstab markiert den ersten Ballon. **Rechts:** Um auch den zweiten Ballon zu erfassen, reicht ein weiterer Klick im oberen Bildteil nicht. Mit dem zweiten Klick ist zwar der gelbe Ballon gewählt, die zuerst erstellte Auswahl des ersten Ballons verschwindet jedoch. Wir arbeiten hier noch mit der Vorgabe »Neue Auswahl«. Datei: Auswahl_08

Abbildung 15.5 Harte Kante, geglättete Kante, weiche Kante: Eine nicht geglättete Auswahlkante erzeugt zu schroffe Übergänge. Die Option »Glätten« macht nur die äußersten Randpixel transparent, während sich die weiche Auswahlkante über bis zu 250 Pixel erstrecken kann.

Das Glätten finden Sie in den Dialogfeldern aller Auswahlwerkzeuge, aber auch beim Füllwerkzeug und bei der Verwandlung eines Pfads in eine Auswahl. Glätten, in anderen Programmen auch »Anti-Aliasing« genannt, macht nur die äußersten Randpixel innerhalb und außerhalb der Auswahl halbtransparent. Dieser hauchdünne Übergang sorgt für scheinbar nahtlose Verbindung zwischen innen und außen; das Ergebnis wirkt weder aufgeweicht noch unscharf.

Abbildung 15.4 Links: Um die vorhandene Auswahl des roten Ballons noch um den zweiten, gelben Ballon zu erweitern, schaltet man in den Optionen zum Zauberstab oder zu jedem anderen Auswahlwerkzeug die Vorgabe »Der Auswahl hinzufügen« ein. Alternative: Verwenden Sie das Auswahlwerkzeug bei gedrückter ⇧-Taste. Jetzt können Sie die vorhandene Auswahl beliebig ausdehnen. **Rechts:** Wenn die Auswahl steht, werden beide Ballons gemeinsam umgefärbt.

Achtung
Schalten Sie das GLÄTTEN *bereits vor Anwendung des Werkzeugs in der Optionenleiste ein. Es lässt sich nicht nachträglich einrichten.*

»Weiche Kante«

Die WEICHE KANTE erzeugt einen federweichen Übergang zwischen Auswahlbereich und Umgebung. Mögliche Verwendung:

» Kaschieren Sie unsaubere Auswahlränder.

» Korrigieren Sie einzelne Bildbereiche und erzeugen Sie einen sanften Übergang zum naturbelassenen Rest.

» Blenden Sie stimmungsvoll aus.

Die weiche Auswahlkante wirkt je nach Auflösung unterschiedlich. Drucken Sie mit 200 dpi, dann sieht eine WEICHE KANTE von 100 Pixel weicher aus als bei 300 dpi.

Anwenden

So bringen Sie eine weiche Kante an:

» Der Befehl **Auswahl: Kante verbessern** hat eine schöne Vorschau ([Strg]+[Alt]+[R], Seite 436), testen Sie hier die WEICHE KANTE wie auch den RADIUS.

» Nutzen Sie die Option WEICHE KANTE bei Lasso, Rechteck und Co.

» Der Befehl **Auswahl: Auswahl verändern: Weiche Auswahlkante** ([Strg]+[Alt]+[D]) kommt ohne Vorschau.

» Wenn Sie eine Ebenenmaske oder einen Alphakanal bearbeiten, zücken Sie den **Gaußschen Weichzeichner**.

Dabei gilt: Zehn Pixel WEICHE KANTE wirken jeweils zehn Pixel in das Auswahlinnere und weitere zehn Pixel nach außerhalb. Der weiche Übergang erstreckt sich also insgesamt über 20 Pixel.

Gut zu wissen: Auswahlen unmittelbar am Bildrand weichen nicht mit auf. Harte Bildränder bleiben hart. Nach dem Befehl **Alles auswählen** richtet die **Weiche Auswahlkante** nichts aus.

Weiche Auswahlkante oder Glättung zurücknehmen

Sie können eine weiche Auswahlkante härter oder auch hundertprozentig hart machen. Sie erhalten jedoch nicht mehr die exakte Kontur zurück, sondern eine geschwungene Form. Einige Möglichkeiten:

» Heben Sie im Dialogfeld **Kante verbessern** den KONTRAST ([Strg]+[Alt]+[R]).

» Stellen Sie die Auswahl im Maskierungsmodus (Seite 455), als Alphakanal oder als Ebenenmaske dar. Der Befehl **Bild: Anpassungen: Schwellenwert** erzeugt eine hundertprozentig krachharte Kante mit steuerbarer Ausdehnung. Eine feinere Kantenglättung erhalten Sie mit **Helligkeit/Kontrast** und der Option FRÜHEREN WERT VERWENDEN aus demselben Untermenü. Setzen Sie den KONTRAST auf rund 97 Prozent (Seite 355), regeln Sie die Ausdehnung mit der HELLIGKEIT.

» Verwandeln Sie die weiche Auswahl in einen Pfad, bearbeiten Sie diesen Pfad eventuell und rechnen Sie den Pfad wieder in eine Auswahl zurück (Seite 490). Dabei können Sie die Optionen GLÄTTEN oder WEICHE KANTE verwenden.

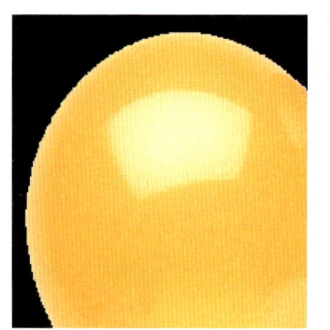

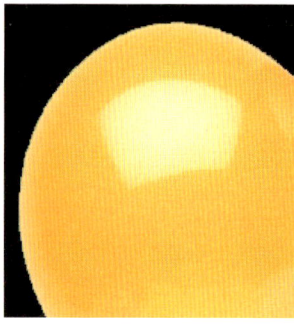

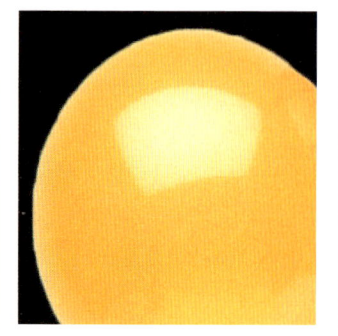

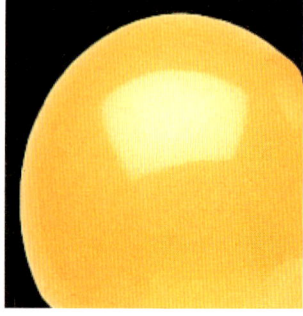

Abbildung 15.6 Die Kanten der Schnellauswahl wirken zunächst weicher als beim Zauberstab, lassen sich jedoch gut nachbearbeiten. **1. Bild:** Zauberstab ohne »Glätten«. **2. Bild:** Zauberstab mit »Glätten«. **3. Bild:** Schnellauswahl mit »Automatisch verbessern«. **4. Bild:** Ergebnis aus dem dritten Bild, aber Wert 50 für »Kontrast« und »Abrunden« im Dialogfeld »Kante verbessern«. Datei: Auswahl_08b

Abbildung 15.7 **Links:** Mit dem Polygon-Lasso klicken wir eine eckige Auswahl ins Bild. **Rechts:** Wir klicken auf die Schaltfläche »Kante verbessern« und wählen weißen Hintergrund. Datei: Auswahl_09

Abbildung 15.8 **Links:** Im Dialog »Kante verbessern« stellen wir die »Weiche Kante« auf 45 Pixel. **Rechts:** Wir heben zusätzlich den Kanten-»Kontrast« auf 100 Prozent.

Schnellauswahl-Werkzeug

Die zwei wichtigsten Auswahlfunktionen für übliche Fotos sind

- das Schnellauswahlwerkzeug für Motive mit klar abgegrenzten Konturen (nächster Abschnitt);
- der Befehl **Filter: Extrahieren** für Lockenschöpfe und andere komplizierte Umrisse (Seite 447).

Sie ziehen das Schnellauswahlwerkzeug einfach über die Bereiche, die Sie auswählen möchten – schon markiert Photoshop die Zonen mit verblüffender Präzision, anders als beim Zauberstab auch ganz unterschiedliche Farbbereiche in einem Zug. Die Funktion empfiehlt sich besonders für Sachaufnahmen ohne diffuse Übergänge mit Schatten oder Unschärfe.

Aufrufen

Das Schnellauswahl-Werkzeug belegt dasselbe Fach auf der Werkzeugleiste und dieselbe Kurztaste W wie der Zauberstab. Nach der Installation befindet sich das Schnellauswahl-Werkzeug zunächst im Vordergrund.

Drücken Sie also das W, schalten Sie die Schnellauswahl und nicht den Zauberstab ein. Per ⇧+W wechseln Sie wie üblich zwischen den beiden Werkzeugen hin und her.

Teil 5 • Auswahl

Abbildung 15.9
Das Schnellauswahl-Werkzeug belegt gemeinsam mit dem Zauberstab ein Fach der Werkzeugleiste. Ziehen Sie es über den gewünschten Auswahlbereich. Datei: Auswahl_01

Wichtige Einstellungen

Diese Optionen für das Schnellauswahl-Werkzeug nehmen Sie fast immer:

» Im PINSEL-Klappmenü stellen Sie die HÄRTE auf 100 Prozent, so lässt sich die Wirkung am besten planen.

» Verwenden Sie die Vorgabe AUTOMATISCH VERBESSERN. Sie kostet mehr Rechenzeit, sorgt aber meist für perfekt glatte Kanten.

Tipp
So überzeugend die Schnellauswahl zur Sache geht – komplexe Motive brauchen oft mehrere unterschiedliche Auswahltechniken. Verfeinern Sie das Ergebnis der Schnellauswahl zum Beispiel per Lasso, Maskenretusche, **Extrahieren** *oder* **Kante verbessern.**

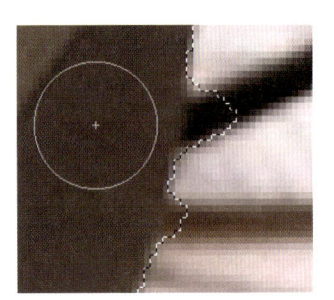

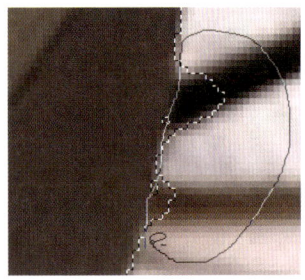

Anwendung

Der Schnellauswahlzeiger ⊕ darf nicht in Bildbereiche hineinragen, die Sie gar nicht auswählen wollen, auch nicht das kleinste Bisschen. Erscheint der Kreis in engen Bildzonen zu groß, verkleinern Sie den DURCHMESSER im PINSEL-Klappmenü – nur die tatsächlich auszuwählenden Bereiche sollen unter dem Kreis erscheinen.

Ziehen Sie das Werkzeug bei gedrückter Maustaste über Ihr Hauptmotiv, auch über ganz unterschiedlich gefärbte Bildteile. In kleinen, unübersichtlichen Zonen reichen einzelne Klicks – dann wählt das Werkzeug weniger aus.

Auswahlen erweitern und verkleinern

Nach dem ersten Klicken schaltet Photoshop das Schnellauswahlwerkzeug automatisch in den Modus DER AUSWAHL HINZUFÜGEN. Klicken Sie also mehrfach ins Bild, um eine vorhandene Auswahl peu à peu auszudehnen.

Abbildung 15.10
Links: Die Schnellauswahl erfasst ungewollt nicht nur das Druckergehäuse, sondern auch das Stromkabel und dessen Schatten. **Mitte:** Mit Lasso werden überflüssige Auswahlbereiche bei gedrückter [Alt]-Taste eingerahmt.
Rechts: Die Auswahl lässt sich mit dem Befehl »Kante verbessern« noch weiter verfeinern. Datei: Auswahl_01

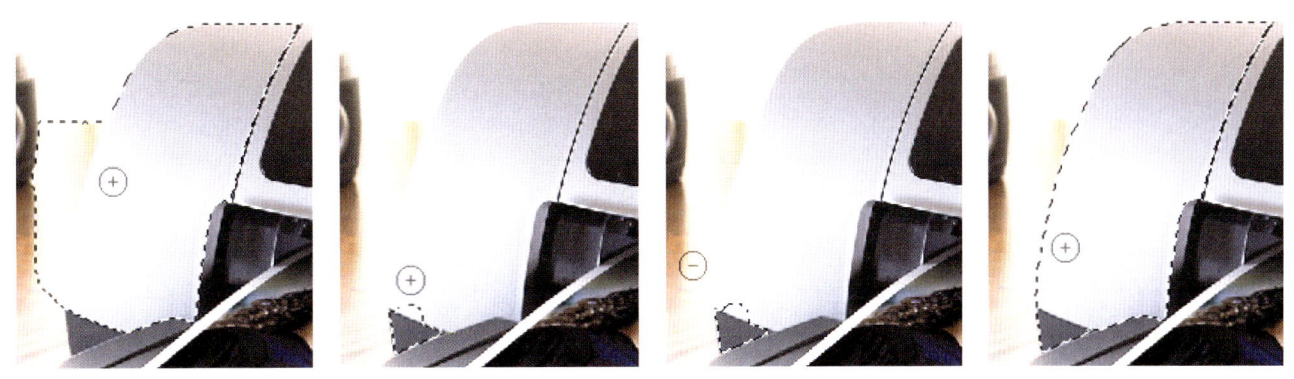

Abbildung 15.11 **1. Bild:** Eine Bewegung mit der Schnellauswahl über dem Druckergehäuse wählt ungewollt auch den Hintergrund aus. **2. Bild:** Wir haben die Auswahl aufgehoben und dann mit der Schnellauswahl einen sehr kleinen dunkleren Bereich ausgewählt. **3. Bild:** Bei gedrückter (Alt)-Taste ziehen wir über den hellen Hintergrund, um diesen Farbton als unerwünscht zu erfassen. **4. Bild:** Eine erneute Bewegung mit der Schnellauswahl erzeugt nun eine bessere Auswahl. Datei: Auswahl_01

Hat das Werkzeug zuviel erfasst, werfen Sie überflüssige Bereiche wieder aus der Auswahl heraus: Dazu halten Sie bei den nächsten Klicks die [Alt]-Taste gedrückt oder nehmen Sie die Schaltfläche VON AUSWAHL SUBTRAHIEREN. Der Zeiger erscheint jetzt mit einem Minuszeichen ⊖.

Abbildung 15.12 **Links:** Die Schnellauswahl markiert auch den Bildbereich hinter dem Hauptmotiv. **Rechts:** Wir drücken die [Alt]-Taste und ziehen über dem Hintergrund – er verschwindet aus der Auswahl. Datei: Auswahl_01

Schließen Sie Hintergrund bewusst aus

Zeigen Sie der Schnellauswahl möglichst früh während Ihrer Arbeit, welche Bildbereiche Sie bewusst nicht in der Auswahl sehen möchten – zum Beispiel den Hintergrund unmittelbar um Ihr Hauptmotiv herum. Wenn Sie nicht ohnehin eine Ausrutscher-Auswahl unter Zuhilfenahme der [Alt]-Taste korrigieren müssen, machen Sie's so:

1. Klicken Sie einmal mit der Schnellauswahl ins Hauptmotiv, so dass ein erster Bildbereich ausgewählt ist.

2. Stellen Sie im PINSEL-Klappmenü einen kleinen DURCHMESSER ein, zum Beispiel vier Pixel.

3. Halten Sie die [Alt]-Taste gedrückt, dann ziehen Sie einen engen Rahmen außen ums Hauptmotiv herum – aber streifen Sie Ihr Hauptmotiv nicht! Photoshop beansprucht eventuell Rechenzeit, doch die Auswahl im Bild ändert sich nicht. Das Werkzeug »merkt sich« jedoch, welche Farbtöne nicht in die Auswahl gehören.

4. Lassen Sie die [Alt]-Taste los und wählen Sie wieder innere Motivpartien aus.

Tipp

Die Schnellauswahl »merkt sich« Farbbereiche, die Sie in der Auswahl sehen oder nicht sehen wollen. Eventuell wollen Sie diese »Erinnerung« löschen. Schalten Sie dann kurz ein anderes Werkzeug oder einen anderen Modus ein, zum Beispiel zweimal die Taste [Q] für einen Wechsel in den Maskenmodus und zurück.

Zauberstab

Der Zauberstab (Kurztaste [W], für Magic Wand) wählt automatisch Bildteile auf der Basis von farbähnlichen Bildpunkten, zum Beispiel ein gelber Bereich mit schwarzer Umgebung. Anders als bei der oft besseren, aber nicht immer berechenbaren Schnellauswahl können Sie hier nur klicken, nicht ziehen, und die Kanten geraten im Zweifelsfalls ausgezackter. Bei üblichen Fotos verwenden Sie das GLÄTTEN (Seite 422). Weitere Optionen:

» Bei niedrigen TOLERANZ-Werten wie 5 oder 20 wählt der Zauberstab nur sehr wenige, farblich sehr ähnliche und eng benachbarte Pixel aus. Hohe Werte wie 80 oder 120 fangen einen größeren Bereich ein. (Die Schnellauswahl hat keine TOLERANZ-Steuerung.)

» Mit der Option BENACHBART erwischt der Zauberstab nur Bildpunkte, die in Nachbarschaft des angeklickten Pixels liegen und nicht durch abweichende Farbbereiche abgetrennt sind. Liegt also zwischen zwei gelben Stoffteilen ein schwarzer Streifen, wird zunächst nur ein Teil erfasst. Ohne BENACHBART wählt der Zauberstab sofort alle gelben Bildpunkte aus – überall im Bild.

» Der Zauberstab orientiert sich zunächst nur an den Farbwerten der aktiven Ebene. Sie können jedoch ALLE EBENEN AUFNEHMEN – dann zieht das Gerät das Gesamtbild aus allen Ebenen in Betracht.

Abbildung 15.13 **Links:** Der Himmel wurde mit der Zauberstaboption »Benachbart« ausgewählt. Vom Hintergrund abgetrennte blaue Bereiche wählt Photoshop darum nicht mit aus. **Rechts:** Wir haben die Option »Benachbart« abgeschaltet. Sämtliche Bildpunkte im ganzen Bild, die innerhalb der Farb-»Toleranz« liegen, werden erfasst – nicht nur die unmittelbar angrenzenden. Dabei geraten freilich leichter auch unerwünschte Bildteile mit in die Auswahl. Datei: Auswahl_11

Arbeitsweise

Testen Sie zunächst eine niedrige TOLERANZ wie 22. Wenn das nicht reicht, haben Sie mehrere Möglichkeiten:

» Steigern Sie im zweiten Anlauf Ihre TOLERANZ – allerdings gerät die Auswahl dann manchmal zu weit.

» Darum erweitern Sie die Auswahl eventuell besser mit gedrückter ⇧-Taste oder Sie verwenden einen **Auswahl**-Befehl.

» Oder prüfen Sie, ob Sie nur einen anderen Bildpunkt anklicken sollten – zum Beispiel weiter weg oder stärker abweichend von Bereichen, die Photoshop immer ungewollt mit einrahmt.

Zauberstabauswahl erweitern

Die Zauberstabauswahl muss oft noch erweitert oder verfeinert werden:

» Bei gedrückter ⇧-Taste oder bei gedrückter Schaltfläche DER AUSWAHL HINZUFÜGEN nehmen Sie weitere Bildteile mit in die Auswahl – mit allen Auswahlwerkzeugen (Seite 419).

» Der Befehl **Auswahl: Auswahl vergrößern** erweitert eine Auswahl um die angrenzenden Pixel; die Funktion **Auswahl: Ähnliches auswählen** fischt sogar nach farbähnlichen Pixeln im kompletten Bild (Seite 435).

» Der Befehl **Auswahl: Ändern: Abrunden** tilgt Auswahllücken (Seite 441).

Abbildung 15.14 **1.Bild:** Bei niedriger »Toleranz« 32 erfasst der Zauberstab nur einen Teil des schwarzen, unruhigen Hintergrunds, viele Lücken entstehen. **2. Bild:** Bei hoher Toleranz von 64 nimmt der Zauberstab größere Bereiche mit in die Auswahl. Allerdings wird leicht zu viel ausgewählt. **3. Bild:** Die bereits vorhandene Auswahl wird mit dem Zauberstab erweitert; dazu drücken Sie beim Klicken die ⇧-Taste. Neben dem Zauberstabsymbol erscheint ein Pluszeichen. **4. Bild:** Das »Abrunden« glättet Sprünge in der Auswahlkante und tilgt letzte Auswahllücken. Datei: Auswahl_10

Zauberstab

Abbildung 15.15
Schneller Freisteller für Produkte. **Links:** Ein Klick mit dem Zauberstab fängt einen ersten Teil des Hintergrunds ein. **Rechts:** Der Rest des Hintergrunds wird mit ⇧+Zauberstab sowie den »Auswahl«-Befehlen »Erweitern« und »Abrunden« bearbeitet. Datei: Auswahl_12a

Typischer Freistelljob

Für typische Freisteller verwenden Sie Bilder mit Hauptmotiv vor homogenem Hintergrund:

1. Sie klicken mehrfach bei gedrückter ⇧-Taste mit dem Zauberstab in den Hintergrund, bis der Hintergrund sauber ausgewählt ist. (Manchmal arbeitet das Schnellauswahl-Werkzeug besser als der Zauberstab.)

2. Der Befehl **Auswahl: Auswahl umkehren** dreht die Auswahlwirkung um – jetzt ist nur noch das Hauptmotiv gewählt.

So könnte es weitergehen:

» Kopieren Sie das Hauptmotiv in die Zwischenablage (Strg+C), um es andernorts neu einzufügen (Strg+V).

» Ziehen Sie das Hauptmotiv direkt mit dem Verschiebenwerkzeug in ein anderes Bild.

» Heben Sie das Hauptmotiv per Strg+J auf eine eigene Ebene und verändern Sie die »Hintergrund«-Ebene, zum Beispiel mit Verlauf oder starker Kontrast- und Farbänderung.

Fotografie

Denken Sie schon beim Fotografieren an das spätere Auswählen per Zauberstab oder Schnellauswahl: Achten Sie auf einen homogenen Hintergrund, der sich gut absetzt. Vermeiden Sie Schatten und Unschärfe im Übergang zwischen Hauptmotiv und Hintergrund.

Alternativen zu Zauberstab und Schnellauswahl

Auf verschiedene Arten lässt sich die Arbeit mit Zauberstab und Schnellauswahl erleichtern – oder vermeiden:

» Erhöhen Sie – nur für Auswahlzwecke – die Kontraste im Bild drastisch, zum Beispiel per **Bild: Anpassungen: Tonwertkorrektur**, per **Helligkeit/Kontrast** (mit FRÜHEREM WERT) oder in dunklen, wenig differenzierten Zonen mit der **Tonwertangleichung** (Seiten 238, 226 bzw. 236). Legen Sie zunächst die fragliche Ebene oder nur eine Auswahl daraus auf eine neue Ebene; sobald die Auswahl steht, wechseln Sie zurück zur ursprünglichen Ebene.

» In Fotos mit Farbdominanten zeigen Sie via Klick in der Kanälepalette nur einen Kanal mit besonders harten Kontrasten, treffen dort die Auswahl und wechseln dann zurück in den Gesamtkanal. So hebt sich zum Beispiel blauer Himmel im Blaukanal deutlich heraus, Hauttöne erwischen Sie gut im Rotkanal.

Abbildung 15.16
Links: Der Befehl »Auswahl umkehren« (Strg+⇧+I) dreht die Auswahlwirkung um. Jetzt ist nur noch das Hauptmotiv ausgewählt, die Schreibmaschine. **Rechts:** Das Motiv wird mit dem Verschiebenwerkzeug in eine neue Datei gezogen, in diesem Beispiel kommt noch der Ebeneneffekt »Schlagschatten« hinzu. Datei: Auswahl_12b

Abbildung 15.17 **Links:** Das Bild besteht zunächst aus einer üblichen Hintergrundebene. **Rechts:** Wir klicken mit dem Magischen Radiergummi in ein Fenstersegment. Weil wir mit der Vorgabe »Benachbart« arbeiten, entfernt Photoshop die Bildpunkte nur innerhalb der Farbgrenzen. Die Hintergrundebene wird in eine »Ebene 0« verwandelt. Dateien: Auswahl_15a etc.

» Befehle wie **Auswahl: Farbbereich** (Seite 443) und **Filter: Extrahieren** (Seite 447) ersparen viel Arbeit mit Zauberstab oder Schnellauswahl, ebenso **Bild: Anpassungen: Farbton/Sättigung**, wenn Sie dort einen Farbbereich auswählen. Auch Hintergrund-Radiergummi (Seite 429) und Magischer Radiergummi arbeiten auf Basis farbähnlicher Zonen.

Magischer Radiergummi

Die Werkzeugleiste lagert den Magischen Radiergummi in einem Fach mit anderen Radiergummivarianten; ⇧+E wechselt zwischen den Geräten. Der Magische Radiergummi wählt farbähnliche Bereiche aus und macht sie sofort transparent. Beachten Sie dabei:

» Bearbeiten Sie eine Ebene mit der Vorgabe Transparente Pixel fixieren (siehe Seite 536), setzt der Magische Radiergummi nicht Transparenz, sondern die aktuelle Hintergrundfarbe ein.

» Hintergrundebenen verwandelt der Magische Radiergummi in eine »Ebene 0«; so entsteht Transparenz in erfassten Bildbereichen.

Optionen

Die Möglichkeiten erinnern an den Zauberstab:

» In den Werkzeugoptionen definieren Sie eine Toleranz so wie beim Zauberstab (Seite 425): Je höher der Wert, desto mehr unterschiedlich gefärbte Bildpunkte werden erfasst.

» Verwenden Sie als Deckkraft 100 Prozent, damit die radierten Bildpunkte komplett transparent werden.

» Die Option Alle Ebenen aufnehmen betrachtet die Farbwerte des Gesamtbilds aus allen Ebenen, nicht nur die aktive Ebene.

» Erst das Glätten sorgt für wirklich nahtlose Retuschen (Seite 422).

» Die Vorgabe Benachbart entfernt nur farbähnliche Bildpunkte, die an den angeklickten Bildpunkt angrenzen. Schalten Sie diese Option aus, werden alle farbähnlichen Pixel im gesamten Bild radiert.

Tipp
*Ähnlich dem Zauberstab erledigt auch der Magische Radiergummi selten den ganzen Job beim ersten Klick. Beginnen Sie mit niedriger Toleranz, prüfen Sie, ob ein zweiter oder dritter Klick noch Verbesserungen bringt, und tilgen Sie notfalls weitere Bildteile von Hand: mit dem normalen Radiergummi oder durch Auswählen und **Löschen**.*

Hintergrund-Radiergummi

Abbildung 15.18 **Links:** Die Option »Benachbart« wurde abgeschaltet; mit einem einzigen Klick in den Himmel radiert das Programm alle farbähnlichen Bildpunkte in der gesamten Datei aus. **Rechts:** Wir legen einen neuen Hintergrund unter das freigeschnittene Motiv, der Protokollpinsel stopft das Loch im spiegelnden Boden rechts unten.

Hintergrund-Radiergummi

Der Hintergrund-Radiergummi radiert Bildpunkte entlang markanter Kanten aus und wandelt sie in Transparenz um. Sie regeln den Grad der Härte und der Transparenz. Der Hintergrund-Radiergummi teilt sich ein Fach mit Magischem Radiergummi und normalem Radiergummi in der Werkzeugleiste.

Richten Sie mit der Pinselbibliothek eine passende Größe ein (Seite 323). Der Zeiger des Hintergrund-Radiergummis erscheint als Pinsel mit einem Fadenkreuz, das den aktiven Punkt des Werkzeugs anzeigt. Wie der Magische Radiergummi, so verwandelt auch der Hintergrund-Radiergummi übliche Hintergrundebenen in eine »Ebene 0«.

Abbildung 15.19 **Links:** Hier verwenden wir den Hintergrund-Radiergummi mit der Option »Nicht aufeinander folgend«; Blau, der Farbton unter dem Zentrum des Mauszeigers, wird also aus verschiedenen, farblich voneinander getrennten Bildteilen entfernt – über und unter der Hürde, aber auch aus der Hose. **Mitte:** Die Option »Aufeinander folgend« erfasst keine farblich abgetrennten Bereiche mehr; der Himmel unter der Hürde wird nicht radiert, die Hose nur leicht. **Rechts:** Die Einstellung »Kanten suchen« wahrt die Objektkanten und radiert nicht mehr in die Hose hinein. Datei: Auswahl_16a

Teil 5 • Auswahl

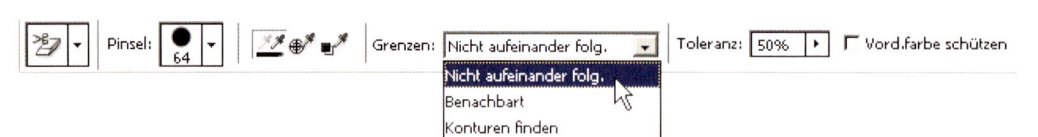

Abbildung 15.20 In den Optionen zum Hintergrund-Radiergummi legen Sie fest, welche Farben ausradiert werden sollen.

»Toleranz«

Wählen Sie in den Optionen zum Hintergrund-Radiergummi eine niedrige TOLERANZ, dann werden nur solche Bereiche radiert, die der angeklickten Farbe stark ähneln. Ist der Toleranzwert hoch, wird ein größerer Farbbereich radiert. Sie können die Toleranz über die Zifferntasten auf der Tastatur umstellen: Die »1« steht für zehn Prozent, die »2« für 20 Prozent« und die »0« für 100 Prozent.

Steuern Sie die TOLERANZ mit dem Grafiktablett. Dazu öffnen Sie in den Optionen zum Hintergrund-Radiergummi nach einem Klick auf die PINSEL-Schaltfläche die vereinfachte Pinselpalette und verwenden ganz unten das Klappmenü TOLERANZ. Die eigentliche große Pinselpalette (Seite 323) lässt sich dagegen nicht nutzen.

Tipp

Auch wenn Sie in der Ebenenpalette die Option TRANSPARENTE PIXEL FIXIEREN *verwenden (Seite 536), erzeugt der Hintergrund-Radiergummi Transparenz.*

Optionen für den Radierumfang

Im Klappmenü GRENZEN bestimmen Sie, in welchem Umfang der Hintergrund-Radiergummi wirksam sein soll:

» NICHT AUFEINANDERFOLGEND radiert Farbe überall in der Ebene – so weit der Pinseldurchmesser reicht.

» BENACHBART radiert nur benachbarte Bereiche, welche auch die aufgenommene Farbe enthalten. Angrenzende Bildteile ohne diese Farbe bleiben erhalten. Verwenden Sie diese Option vor allem in halbdurchsichtigen Motiven, etwa zum Entfernen der Umgebungsfarbe aus einem Glas.

» KONTUREN FINDEN radiert nur in benachbarten Bereichen, welche die aufgenommene Farbe enthalten, und wahrt gleichzeitig die Schärfe der Objektkanten. Sollen angrenzende Motivteile komplett erhalten bleiben, nehmen Sie diese Option.

»Grenzen«-Optionen

Steuern Sie, an welcher Farbe sich der Hintergrund-Radiergummi orientiert:

» Mit der Vorgabe AUFNAHME: KONTINUIERLICH nimmt das Werkzeug während des Ziehens fortlaufend Farbe auf. Nutzen Sie diese Option, wenn Sie mehrere farblich unterschiedliche Bereiche ausradieren wollen.

» Die Vorgabe AUFNAHME: EINMAL radiert nur Bereiche mit der Farbe, auf die zuerst geklickt wurde. Verwenden Sie diese Option, wenn ein Bereich mit einer einheitlichen Farbe radiert werden soll. Klicken Sie erneut, um an einem anderen Ort Farbe aufzunehmen.

» Mit der Option AUFNAHME: HINTERGRUND-FARBFELD radiert Photoshop nur Bereiche mit der aktuellen Hintergrundfarbe.

» Sie können die VORDERGRUNDFARBE SCHÜTZEN, damit Bereiche in der aktuellen Vordergrundfarbe nicht radiert werden.

Abbildung 15.21
Links: Wir verwenden den Hintergrund-Radiergummi mit der Option »Kontinuierlich«. Das Werkzeug radiert also permanent die Farbe aus, die unter dem Cursorzentrum liegt. Wir klicken in den grünen Hintergrund, doch auch die Hand verschwindet. **Rechts:** Besser geht es mit der Vorgabe »Einmal«. Nach einem Klick in den hellgrünen Hintergrund werden nur noch solche Bildpunkte entfernt. Beachten Sie, dass der Hintergrund-Radiergummi den grünen Hintergrund auch aus dem Glas entfernt, die Konturen des Glases jedoch erhält. Datei: Auswahl_I

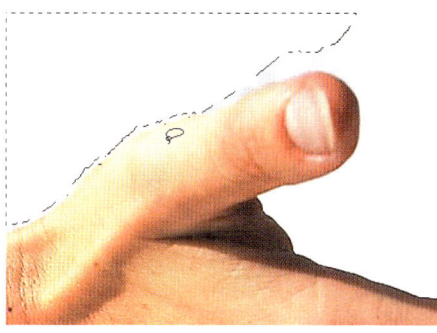

Abbildung 15.22
Links: Ein weiterer Klick in den Schattenbereich ermöglicht es, auch diese dunkleren Bildpartien zu löschen. **Rechts:** Hier wird eine Zone mit dem Lasso markiert und mit der ⟨Entf⟩-Taste gelöscht.

Deckkraft prüfen

Schnell radiert man mit dem Hintergrund-Radiergummi zumindest eine leichte Transparenz auch in erhaltenswerte Bereiche. Öffnen Sie die Informationenpalette mit dem **Fenster**-Menü, rufen Sie per Palettenmenü die **Paletten-Optionen** auf und stellen Sie **Deckkraft** als Kriterium für eine Farbwerteanzeige ein. Dann halten Sie den Mauszeiger über eine fragliche Bildstelle und prüfen, ob noch die volle Deckkraft erhalten ist (»Dk 100%«). Eventuell können Sie kleinere Löcher mit dem Protokollpinsel reparieren.

Halbtransparente Bereiche erzeugen

Anders als Radiergummi und Magischer Radiergummi bietet der Hintergrund-Radiergummi keinen Deckkraft-Regler. Letztlich entstehen immer voll transparente Bereiche; nur in den Rändern einer weichen Pinselvorgabe bleibt halb deckendes Material zurück. Sie können jedoch auch an beliebigen anderen Bildstellen Halbtransparenz herstellen:

» Verwenden Sie den Befehl **Bearbeiten: Verblassen: Hintergrund-Radiergummi** (⟨⇧⟩+⟨Strg⟩+⟨F⟩). Damit schwächen Sie den letzten Zug des Hintergrund-Radiergummis stufenlos ab.

» Malen Sie mit dem Protokollpinsel (Kurztaste ⟨Y⟩, Seite 69) deckende Pixel ins Bild zurück, nachdem Sie in der Protokollpalette eine frühere Bildversion als Quelle festgelegt haben. In den Optionen regeln Sie die Deckkraft nach Bedarf.

Lasso und Polygon-Lasso

Das Lasso erzeugt beliebige, frei geformte Auswahlbereiche. Hinzu kommen zwei Varianten:

» Das Polygon-Lasso produziert Auswahlen zwischen einzelnen Eckpunkten, die Sie durch Klicks setzen.

» Das Magnet-Lasso orientiert sich ebenfalls an einzelnen Klicks; es verbindet diese aber nicht unbedingt durch Geraden, sondern folgt Motivkonturen (Seite 432).

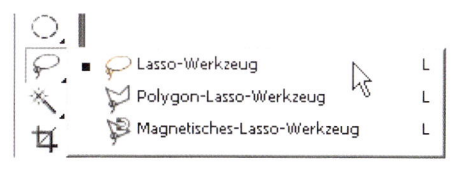

Abbildung 15.23 Drei verschiedene Lassowerkzeuge finden Sie in der Werkzeugleiste.

Abbildung 15.24
Links: Ist das Motiv sauber ausgeschnitten, kann es mit dem Verschiebenwerkzeug vor einen neuen Hintergrund gezogen werden. **Rechts:** Erst hier stellen wir mit Radiergummi, Magischem Radiergummi, Hintergrund-Radiergummi oder Ebenenmaske noch weitere Transparenz her.

Es ist indes nervenaufreibend, per Lasso ⌒ um eine komplexe Figur herumzumanövrieren: Viel zu schnell schließt Photoshop die Auswahl schon wieder ungewollt. Viel geruhsamer arbeiten Sie mit einer Kombination aus Zeichenstiftwerkzeug, Zauberstab, Alphakanal- oder Schnellmasken-Korrekturen und auch mal mit dem Lasso ⌒.

In der Regel setzt man das Lasso ⌒ nur in Kombination mit anderen Werkzeugen ein – zum Beispiel, um zunächst eine grobe Auswahl zu markieren, die dann noch verfeinert wird, oder um einzelne, unruhig gefärbte Bereiche auf einen Schlag zu erfassen, bei denen der Zauberstab keine Chance hat. Nicht zuletzt dient das Lasso ⌒ dazu, große Bereiche eines Alphakanals oder einer Ebenenmaske einzufangen und einzufärben.

Abbildung 15.25 Das Polygon-Lasso erzeugt mehreckige Auswahlbereiche. Sie klicken lediglich die Eckpunkte ins Bild. Die Auswahl wurde mit Zauberstab und normalem Lasso verfeinert. Vorlage: Auswahl_13

Polygon-Lasso

Das Polygon-Lasso erreichen Sie neben dem Lasso ⌒ im selben Fach der Werkzeugleiste. Mit dem Polygon-Lasso markieren Sie eckige Figuren. Klicken Sie den Umriss ins Bild; klicken Sie doppelt, wenn Sie den Auswahlumriss schließen wollen. Oder halten Sie die Taste über den Anfangseckpunkt; dann sehen Sie einen Kreis neben dem Polygon-Lasso – jetzt reicht ein Einzelklick, um die Auswahl zu schließen.

Schalten Sie per [Alt]-Taste flexibel zwischen den Lasso-Werkzeugen hin und her:

» Wenn Sie mit dem normalen Lasso ⌒ arbeiten, drücken Sie die [Alt]-Taste; anschließend setzen Sie im Stil des Polygon-Lassos nur noch Eckpunkte. Lassen Sie die [Alt]-Taste los, um wieder eine freie Lassokontur zu erzeugen.

» Setzen Sie mit dem Polygon-Lasso Eckpunkte ins Bild; dann drücken Sie die [Alt]-Taste, um zwischenzeitlich eine völlig freie Kontur nach Lassoart zu ziehen.

Magnetisches Lasso

Zauberstab und Lasso ⌒ treffen sich im magnetischen Lasso: Sie klicken Orientierungspunkte ins Bild, ganz wie beim Polygon-Lasso. Photoshop verbindet die Punkte aber nicht auf dem kürzestmöglichen Weg; stattdessen folgt die Linie den Bildkonturen. Alternativ führen Sie den Mauszeiger ganz ohne Klicken am Motiv entlang – Photoshop setzt sich seine Punkte auch selbst.

Photoshop enthält ja auch den Freiform-Zeichenstift mit der Option MAGNETISCH; der erzeugt – orientiert an Bildkonturen – sofort einen Pfad und bildet oft eine sinnvolle Alternative zum magnetischen Lasso. Magnetischer Zeichenstift und magnetisches Lasso haben die gleichen Optionen und die gleichen Tastaturbefehle. Die folgende Besprechung gilt für beide Werkzeuge.

Tipp
Das magnetische Lasso erwischt nicht immer die Ideallinie. Das gilt insbesondere für Objekte, die zum Beispiel durch Scharfzeichnen einen Lichtsaum erhielten und damit mehrere deutliche Konturen nebeneinander zeigen.

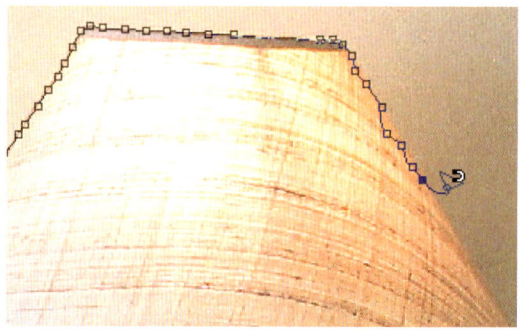

Abbildung 15.26 Oben: Die Auswahl mit dem magnetischen Lasso gerät in diesem Bereich mit schwachen Kontrasten sehr ungenau. Unten: Präziser wird die Auswahl, wenn man die Zahl der Punkte manuell oder automatisch erhöht und die »Breite« verkleinert. Datei: Auswahl_14

Punkte setzen

Klicken Sie mit dem Magnet-Lasso oder dem Magnet-Zeichenstift einen ersten Punkt direkt an der gewünschten Kontur. Nun bewegen Sie den Mauszeiger ohne Drücken der Maustaste weiter – die Auswahlvorschau folgt automatisch einer Kontur im Bild. Weitere Punkte setzen Sie per Klick – oder Photoshop setzt die Punkte auch ohne Sie.

Manchmal reißt die Markierungslinie in die falsche Richtung aus. Dann bewegen Sie den Zeiger ohne Drücken zurück bis zu einer Stelle mit korrekt sitzender Auswahl. Dort klicken Sie einen Punkt hin. Arbeiten Sie sich mit weiteren Klicks vor. Maßnahmen bei Fehltreffern: Sie erhöhen die FREQUENZ – also die Zahl der Punkte, die Photoshop automatisch setzt – oder Sie senken die BREITE, also die Bildbreite, die das magnetische Lasso nach Konturen absucht.

Klicken Sie doppelt oder klicken Sie bei gedrückter Strg-Taste, um die Auswahl zu schließen. Auch jetzt bewegt sich die Auswahllinie nicht auf kürzestem Weg zum Startpunkt, sondern folgt Bildkonturen. Halten Sie das Magnet-Werkzeug über den ersten Punkt oder drücken Sie die Strg-Taste, erscheint ein kleiner Kreis neben dem Werkzeugsymbol über der Datei. Nun können Sie die Auswahl mit Einzelklicks schließen.

Punkte zurücknehmen

Der jeweils neueste Punkt auf dem Monitor erscheint gefüllt, die anderen Punkte sehen Sie als lichtes Geviert. Auch wenn das magnetische Lasso schon wieder weitere Konturen verfolgt hat – bis zum letzten gefüllten Punkt kehren Sie jederzeit durch schlichtes Mausschieben zurück. Und die gefüllten Punkte löschen Sie einfach nach und nach mit der Entf-Taste. Verschieben können Sie die Punkte nur beim Magnet-Pfad, nicht beim Magnet-Lasso.

Optionen

Das Magnet-Lasso und den Magnet-Zeichenstift steuern Sie folgendermaßen:

» Legen Sie fest, auf welcher BREITE die Werkzeuge nach markanten Konturen fahnden. Niedrige Werte lotsen die Auswahl eng am Objekt entlang und verhindern Ausreißer; entferntere Kontraste lenken Ihr Werkzeug dann nicht mehr ab. Hat das Motiv aber kleinere Ecken und Kanten, erhöhen Sie die BREITE; dann müssen Sie mit dem Mauszeiger nicht jeder Motivkurve hinterherfahren. Drücken Sie die ↓, erscheinen die Werkzeuge als Kreis in der gewählten BREITE; nur innerhalb des Kreises fahndet Photoshop nach Kontrasten. Grafiktablett-Nutzer schalten die Option ZEICHENSTIFT-DRUCK ein; Steigerung des Andrucks erhöht die BREITE.

» Wenn Sie nicht selber klicken, erzeugt Photoshop seine eigenen Orientierungspunkte. Wie viele, das steuern Sie im Feld FREQUENZ von 1 bis 100, hohe Werte erzeugen mehr Punkte. Je mehr Punkte das Programm setzt, desto schwieriger wird es, Linien nachträglich durch Rückschritte wieder zu korrigieren. Allerdings haben Sie bei hoher Punktzahl die Einzelsegmente besser im Griff und müssen weniger fürchten, dass das Lasso ausreißt und unerwünschten Konturen hinterherhechelt.

» Je höher der KONTRAST, desto stärker müssen die Tonwertgegensätze sein, denen das magnetische Lasso noch folgt. Bei niedrigen Werten wie »5« findet es alle möglichen Bildteile anziehend. Die .-Taste hebt den KONTRAST an, mit der ,-Taste senken Sie den Wert.

Tipp
Der Maximalwert für die BREITE beträgt 256 Pixel. Wenn Sie das magnetische Lasso also durch eine sehr große, diffuse Zone führen, wird es dort verzweifelt Konturen ausmachen und nicht etwa eine 257 Pixel entfernte Objektkante aufspüren.

Auswahlrechteck und Auswahlellipse

Auswahlrechteck und Auswahlellipse (Kurztaste M) teilen sich zusammen mit der Auswahl von Einzelspalte und Einzelzeile ein Feld auf der Werkzeugleiste. Per Alt+M oder mit Alt-Klicks auf ein Werkzeugsymbol schalten Sie zwischen den Tools hin und her.

Die wichtigsten Tastaturbefehle:

» Ziehen Sie die Maus mit gedrückter Alt-Taste, vergrößert sich die Auswahl von der Mitte her in beide Richtungen. So zentrieren Sie die Auswahl rund um ein Hauptmotiv.

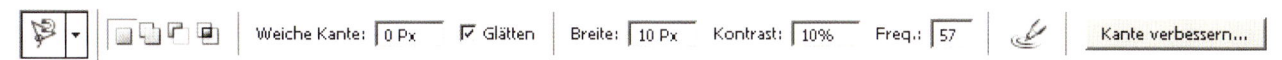

Abbildung 15.27 Wie genau das magnetische Lasso Mausklicks und Bildkonturen verfolgt, regeln Sie in den Optionen. Vergleichbare Einstellmöglichkeiten bietet auch der Freiform-Zeichenstift mit der Vorgabe »Magnetisch«.

Abbildung 15.28 Stellen Sie Auswahlrechteck oder Oval auch auf feste Seitenverhältnisse oder Pixelzahlen ein.

» Bei gedrückter ⇧-Taste gerät die Auswahl garantiert nicht länglich rechteckig oder oval, sondern quadratisch bzw. kreisrund.

» Mit Alt+⇧ ziehen Sie exakt Kreis oder Quadrat vom Mittelpunkt auf.

» Ziehen Sie Rechteck oder Kreis auf und drücken Sie unmittelbar danach die Leertaste, um die Auswahlkontur zu verschieben.

Optionen

Diese Möglichkeiten finden Sie in den Optionen:

» Geben Sie ein bestimmtes SEITENVERHÄLTNIS vor, Dezimalwerte sind erlaubt. Sie kopieren sehr einfach das Seitenverhältnis einer anderen Datei, wenn Sie deren Pixel- oder Zentimeterwerte in die Felder für BREITE und HÖHE eintragen (ohne Maßeinheit).

» FESTE GRÖSSE bei Auswahlrechteck oder Auswahlellipse diktiert feste Werte quer mal hoch – Maßeinheiten wie **Pixel**, **Zentimeter** oder **Prozent** bietet Photoshop wie immer per Kontextmenü an. Nützlich ist die feste Pixelgröße, wenn Sie Bilder für Multimediazwecke auswählen und dann **Kopieren** oder per **Bild: Freistellen** den Rand abschneiden; das Freistellwerkzeug trennt dagegen kaum fixe Pixelzahlen heraus, ohne dass es zu Interpolation kommt.

Die Auswahlen mit Rechteck oder Oval können »magnetisch« an Bildrändern, Hilfslinien, Ebenen und anderen »Extras« andocken. Die magnetischen »Extras« steuern Sie mit dem Untermenü **Ansicht: Ausrichten an** (Seite 527).

Tipp
Sie wollen genau ein Viertel des Bilds auswählen. Sie könnten nun Hilfslinien oder Raster mit 25-Prozent-Unterteilung anlegen, es geht aber auch mit dem Auswahlrechteck: Stellen Sie als ART die FESTE GRÖSSE ein, dann tippen Sie »25%« in das Feld BREITE und »100%« in das Feld HÖHE.

Einzelne Zeilen oder Spalten auswählen

Für die waagerechte Auswahl einer einzelnen Pixelzeile verwenden Sie das Werkzeug EINZELNE ZEILE, senkrechte einzelne Pixelbalken erfasst das Werkzeug EINZELNE SPALTE. Wählen Sie nun **Bearbeiten: Fläche füllen**, wird daraus eine Linie in der aktuellen Vordergrundfarbe. Das Werkzeug EINZELNE SPALTE hat nichts mit der Spaltenbreite zu tun, die Sie in den **Voreinstellungen** angeben.

Tipp
Wollen Sie eine Gerade ins Bild zeichnen, brauchen Sie nicht unbedingt die Werkzeuge für einzelne Zeilen oder einzelne Spalten. Sie können auch ein Malwerkzeug wie Pinsel oder Buntstift verwenden und zwei Punkte bei gedrückter ⇧-Taste verbinden. Wenn Sie ziehen statt klicken, sind nur rechte Winkel möglich. Noch flexibler sind Sie mit dem Linienzeichner (Seite 482).

15.2 Auswahlbefehle und -optionen

Drei Klicks mit Schnellauswahl oder Lasso reichen meist nicht – die Auswahl muss verfeinert werden. Im **Auswahl**-Menü beherbergt Photoshop nützliche Befehle.

Auswahlen erkennen

Zuerst aber: Wie erkennen Sie überhaupt, welche Bildteile ausgewählt sind? So wirkt eine Zauberstabauswahl über unruhiger Fläche oft unübersichtlich; vielleicht haben Sie die Auswahlbegrenzung auch mit Strg+H versteckt. So erkennen Sie schnell, ob und was ausgewählt ist:

» Ist nichts ausgewählt, bietet das **Auswahl**-Menü nur wenige Befehle an.

» Wechseln Sie vorübergehend in den Maskierungsmodus mit der Kurztaste Q; Photoshop deckt nicht ausgewählte Bereiche rötlich ab – sofern etwas ausgewählt ist.

Auswahlen ausblenden, aufheben, wiederholen

Sie können die Fließmarkierung entfernen oder verstecken.

Auswahlen verbergen

Verbergen Sie die Auswahlmarkierung, um Randübergänge beim Bearbeiten genau zu beurteilen. Die Auswahl-Fließmarkierung zählt – zusammen mit Hilfslinien, Grundraster und weiteren Elementen – zu den sogenannten »Extras« bei der Bilddarstellung.

Sie verbergen die Fließmarkierung mit dem Befehl **Ansicht: Extras** (Strg+H, Seite 767) oder mit dem Untermenü **Ansicht: Einblenden**, ohne sie zu entfernen. Der Befehl **Ansicht: Einblenden** und der Tastengriff Strg+H stehen selbst bei geöffnetem Korrekturdialog wie etwa FARBTON/SÄTTIGUNG zur Verfügung.

»Auswahl aufheben«

Der Befehl **Auswahl aufheben** (Strg+D, für Deselect) hebt jegliche Auswahl wieder auf. Rasch verschwindet die Auswahllinie auch durch Klick mit einem Auswahlwerkzeug wie dem Lasso außerhalb der Auswahl; dabei muss die Schaltfläche NEUE AUSWAHL gedrückt sein.

»Erneut auswählen«

Die letzte Auswahl, die Sie entfernt haben, merkt sich Photoshop. Er gibt sie Ihnen wieder mit dem Befehl **Auswahl: Erneut auswählen** (Strg+⇧+D). Dabei spielt es keine Rolle, wie viele Eingriffe Sie seither unternommen haben.

Der Befehl zieht seine Informationen aus dem Protokollspeicher und sucht sich dort die nächste zurückliegende Auswahl. Sind Sie in der Protokollpalette um viele Schritte zurückgesprungen – hinter Ihre letzte Auswahl –, dann lädt Photoshop per **Erneut wählen** nur eine noch davor erstellte Auswahl; oder das Programm bietet **Erneut wählen** gar nicht erst an, sofern Sie in der Protokollpalette auf ein Bildstadium zurückgegriffen haben, das noch gar keine Auswahl erlebt hatte.

»Auswahl umkehren«

Wenn Sie die **Auswahl umkehren** (Strg+⇧+I, für Invert), markiert Photoshop alle Bildpunkte, die zuvor nicht markiert waren. Dieser Befehl ermöglicht das typische Ausschneiden von Hauptmotiven vor homogenem Hintergrund:

1. Sie fotografieren ein Objekt vor einfarbiger Kulisse.
2. Sie wählen den einfarbigen Hintergrund mit Zauberstab oder Schnellauswahl aus.
3. Dann kehren Sie die Auswahl um – nur noch das Objekt ist ausgewählt.
4. Sie können das Objekt jetzt isoliert korrigieren oder mit dem Verschiebenwerkzeug in ein anderes Bild ziehen.

So fangen Sie Personen, Bauwerke und Landschaften vor blauem Himmel, Produkte vor einfarbiger Studiokulisse oder Lettern auf weißem Grund ein.

»Alles auswählen«

Der Menübefehl **Auswahl: Alles auswählen** (Strg+A) umgibt das komplette Bild mit der schillernden Begrenzung. Sie wählen etwa das Gesamtwerk aus, wenn Sie es via Zwischenablage in ein anderes Bild oder in ein anderes Programm kopieren wollen. Oder Sie wählen das ganze Bild aus, um es durch **Bearbeiten: Löschen** bzw. per Entf-Taste mit der Hintergrundfarbe zu füllen – eine komplett ausgewählte Ebene wird transparent gelöscht.

Vielleicht wollen Sie das komplette Werk filtern, kontrastkorrigieren, füllen oder in eine andere Datei ziehen – dann brauchen Sie die Gesamtauswahl wohlgemerkt nicht: Denn wurde gar nichts gewählt, wirken Filter und Tonwertbefehle automatisch auf das ganze Bild.

Pixelmaße auf andere Datei übertragen

Sinn macht **Alles auswählen** auch, wenn Sie die Pixelmaße einer kleineren Datei auf eine größere Datei übertragen wollen. Sie können diese größere Zieldatei dann ohne Pixelneuberechnung auf die Maße der kleineren zurechtstutzen oder einen entsprechenden Bildbereich kopieren. Das Procedere:

1. Markieren Sie die gesamte kleinere Datei mit Strg+A.
2. Ziehen Sie die Auswahl mit einem Auswahlwerkzeug wie dem Rechteck in die größere Datei.
3. Rücken Sie die Auswahl dort mit einem Auswahlwerkzeug über dem gewünschten Ausschnitt zurecht.
4. Schneiden Sie den Außenrand beispielsweise mit dem Befehl **Bild: Freistellen** weg.

Auswahlen um farbähnliche Bereiche erweitern

Zwei Menübefehle erweitern eine vorhandene Auswahl um farbähnliche Bildzonen. So wirken die Befehle:

» Der Befehl **Auswahl: Auswahl vergrößern** erweitert eine Auswahl nur um farbähnliche angrenzende Pixel; dies entspricht der Option BENACHBART von Zauberstab oder Magischem und Hintergrund-Radiergummi (Seite 425).

» Mit der Funktion **Auswahl: Ähnliches auswählen** fischen Sie dagegen nach farbähnlichen Pixeln im kompletten Bild. Eine Alternative ist oft der Befehl **Auswahl: Farbbereich** (Seite 443).

Abbildung 15.29 **1. Bild:** Wir rahmen bewusst eine gemischt hellere und dunklere Bildpartie mit dem Rechteckwerkzeug ein. **2. Bild:** Der Befehl »Auswahl: Auswahl vergrößern« wählt farbähnliche Bereiche, die unmittelbar angrenzen, hier bei einer engen Zauberstab-»Toleranz« von 20. **3. Bild:** Der Befehl »Auswahl: Ähnliches auswählen« erfasst den gesamten farbähnlichen Bereich im Bild. **4. Bild:** Wir erhöhen die Zauberstab-»Toleranz« auf 60 und nehmen erneut »Ähnliches Auswählen«. Datei: Auswahl_18

Für beide Befehle gilt:

» Sie müssen die vorhandene Auswahl nicht mit Zauberstab oder Schnellauswahl angelegt haben. Greifen Sie vorab genauso gut zu Auswahlrechteck oder Lasso.

» Bei der Ausdehnung der Auswahl orientiert sich Photoshop an der TOLERANZ aus den Zauberstaboptionen. Ändern Sie also diese Vorgabe, wenn die Befehle **Auswahl vergrößern** oder **Ähnliches auswählen** nicht wie gewünscht wirken.

Wollen Sie die Auswahl ohne Orientierung an Farbähnlichkeit einfach gleichmäßig ausdehnen oder schrumpfen lassen, verwenden Sie **Auswahl: Kante verbessern**.

Tipp
Auswahlen können Sie als Alphakanal oder als Pfad speichern. Dazu verwenden Sie Befehle aus dem Auswahl-Menü oder aus den Paletten für Kanäle und Pfade. Wir besprechen beides ausführlich ab Seite 457 und 488.

Auswahl aus Ebenen ableiten

Arbeiten Sie mit Ebenen, dann laden Sie unkompliziert den Umriss eines Objekts als Auswahl. Die Auswahl orientiert sich an den Deckkraftinformationen: Ausgewählt werden nur Bereiche mit Deckkraft, transparente Zonen umgibt Photoshop nicht mit einer Fließmarkierung. Geglättete oder weiche Kanten oder halbtransparente Partien haben nur geschwächte Auswahlwirkung. So geht's:

» Klicken Sie bei gedrückter Strg-Taste auf die Ebenenminiatur in der Ebenenpalette (nicht auf das Namensfeld neben der Miniatur); so laden Sie die Kontur des Objekts als Auswahl. Eine bereits im Bild vorhandene Auswahl wird dabei ersetzt.

» Wollen Sie eine im Bild vorhandene Auswahl um die Ebenenkontur erweitern, klicken Sie die Ebenenminiatur mit Strg + ⇧ -Taste an.

» Um von einer vorhandenen Auswahl die Ebenenkontur abzuziehen, reicht Strg + Alt -Klick auf die Miniatur.

» Um nur die Schnittmenge aus vorhandener Auswahl und Ebenenkontur als Auswahl zu erzeugen, drücken Sie Strg + ⇧ + Alt beim Klick auf die Miniatur.

Exakt dieselben Tastengriffe gelten auch beim Klick auf Miniaturen von Ebenenmasken, Grundfarbenkanälen und Alphakanälen. Ein Beispiel: Klicken Sie die Ebenenmasken-Miniatur mit gedrückter Strg -Taste an, wenn Sie die Ebenenmasken-Information als Auswahl laden wollen.

15.3 Auswahlen verfeinern

Sie wollen Auswahlen enger oder weiter fassen, eventuell nur örtlich? Bearbeiten Sie die schillernden Fließmarkierungen oder einen (auch vorübergehenden) Graustufenkanal. Wir besprechen hier das Dialogfeld **Kante verbessern** und zahlreiche Alternativen – alles, was Photoshop für nahtlos perfekte Auswahlen zu bieten hat.

Übersicht: So verfeinern Sie Auswahlränder

Photoshop lieferte unzählige Wege, Auswahlränder so zu verfeinern, dass sie wirklich nahtlos wirken:

» Besonders wichtig: der Befehl **Kante verbessern** (nächster Abschnitt).

» Bequemer ist oft die Arbeit in Ebenenmasken, Schnellmasken und Alphakanälen. Sollen Alphakanal oder Schnellmaske gleichmäßig schrumpfen, nehmen Sie die

»Kante verbessern« allgemein

Filter-Befehle **Helle Bereiche vergrößern** oder **Dunkle Bereiche vergrößern**, für Ebenenmasken wiederum **Kante verbessern**.

» Wandeln Sie Auswahlen in Pfade um, die Sie geschmeidig formen und wieder als Auswahl laden (Seite 488).

» Sie wollen nur einen Teil der Maske enger oder weiter fassen? Dann rahmen Sie den wichtigen Teil der Maske mit dem Lasso ein, stellen Sie eine WEICHE KANTE ein, danach folgen **Helle Bereiche vergrößern** oder **Dunkle Bereiche vergrößern**.

» Die Ebene ist bereits ausgeschnitten und von Transparenz umgeben, ein Spiel mit der Maske nicht mehr möglich? Wählen Sie nur den Ebenenrand aus, um ihn zu kürzen oder anzusoften.

» Umgeben dünne schwarze oder weiße Ränder Ihre montierte Ebene, so verschwinden sie eventuell mit Befehlen wie **Ebene: Basis: Weißen Rand entfernen**.

» Klicken Sie in der Ebenenpalette einmal auf eine Ebenenmaske, dann verändert **Kante verbessern** direkt die Ebenenmaske. Nehmen Sie **Auswahl: Kante verbessern**.

werkzeug wie Lasso oder Schnellauswahl aktiv ist, erreichen Sie das Dialogfeld über die Schaltfläche KANTE VERBESSERN oben oder per **Auswahl: Kante verbessern** (Strg+Alt+R).

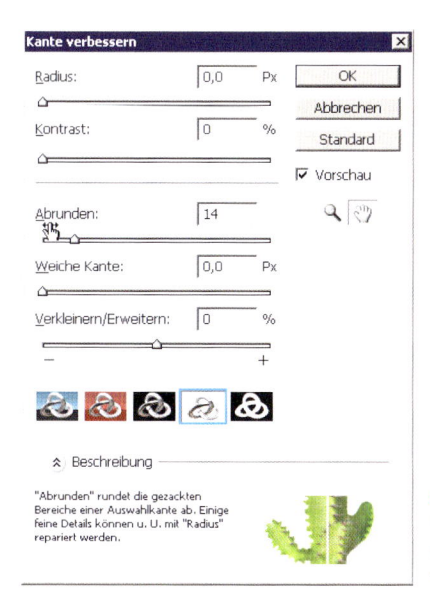

Abbildung 15.30 Das Dialogfeld »Kante verbessern« verfeinert Auswahlumrisse.

Abbildung 15.31 Auf fünf verschiedene Arten stellt der Dialog »Kante verbessern« die Auswahl dar. Datei: Auswahl_02

Darstellung

Die Symbole unten im Dialogfeld steuern die Darstellung der Auswahl: Zeigen Sie die normale Fließmarkierung oder, übersichtlicher, decken Sie den Hintergrund weiß oder schwarz ab. Die Schaltfläche MASKIERUNGSMODUS übernimmt Ihre Einstellungen für diesen Modus (Seite 455). Die Option MASKE zeigt die Auswahl als Schwarzweißsilhouette.

Abbildung 15.32 **Links:** Die Auswahl entstand mit dem Schnellauswahlwerkzeug. Der Befehl »Kante verbessern« deckt hier den Hintergrund weiß ab, alle Regler stehen auf 0. **Mitte:** Wir stellen den »Abrunden«-Wert auf 25, die Ecken und Sprünge verschwinden aus der Auswahl. **Rechts:** Der »Kontrast« steigt auf 40 Prozent, die Auswahlkante ist schärfer umrissen. Datei: Auswahl_03

Nützliche Tastaturbefehle

Mit diesen Tastenbefehlen ändern Sie die Darstellung besonders flott:

- F Mehrfaches Tippen durchläuft die verschiedenen Darstellungsweisen wie weißer Hintergrund, rötlicher Hintergrund oder schwarzer Hintergrund.

- X Wechselt zwischen aktueller Auswahldarstellung und reiner Bildanzeige ohne Auswahl hin und her.

Mit den üblichen Tastengriffen können Sie im Bild zoomen und den sichtbaren Ausschnitt verschieben (Seite 32). Überdies liefert das Dialogfeld Lupe 🔍 und Hand ✋ auch direkt zum Anklicken, die Optionenleiste präsentiert die Schaltflächen TATSÄCHLICHE PIXEL, BILDSCHIRMGRÖSSE und DRUCKFORMAT. Der STANDARD-Schalter setzt den Dialog auf die Vorgaben des Herstellers zurück, damit lassen sich leichte Auswahlfehler gut kaschieren.

Auswahl gleichmäßig verkleinern oder erweitern

Ziehen Sie die Auswahl enger, wenn noch störender Hintergrund um das Hauptmotiv herum erscheint oder Lichtsäume nicht anders zu verbannen sind. Photoshop bietet diese Möglichkeiten:

» Nehmen Sie **Auswahl: Kante verbessern** mit dem Regler VERKLEINERN/ERWEITERN.

» Bei Auswahlfließmarkierungen nehmen Sie alternativ das Untermenü **Auswahl: Auswahl verändern** mit den Befehlen **Erweitern** und **Verkleinern** (ohne die nützliche Vorschau).

» Drehen, stauchen oder dehnen Sie die Auswahlmarkierung – ohne Bildinhalt – per **Auswahl: Transformieren** nach Maß. Sie agieren genauso wie beim **Transformieren** von Ebenen (Seite 538). Die letzte Verzerrung annullieren Sie mit Strg+Z. Um die Veränderung gültig zu machen, klicken Sie doppelt in die Auswahl oder drücken die ↵-Taste. Die Esc-Taste bricht das **Transformieren** folgenlos ab.

Achtung
Beim Transformieren einer Auswahl weichen die Kanten eventuell übertrieben auf. Sie verhindern das, wenn Sie in den Voreinstellungen (Strg+K) vom üblichen Interpolationsverfahren BIKUBISCH zur PIXELWIEDERHOLUNG wechseln (Seite 184). Wollen Sie nachträglich jegliche Kantenglättung entfernen, heben Sie im Maskierungsmodus, im Alphakanal oder in der Ebenenmaske den Kontrast stark an.

Das Untermenü »Ebene: Basis«

Kleben überflüssige, gleichmäßige, zum Beispiel weiße Ränder an einem Montageobjekt, dann hilft womöglich das Untermenü **Ebene: Basis**. Sie erreichen das Untermenü nur unter diesen Bedingungen:

» Sie bearbeiten eine Ebene über der Hintergrundebene und haben keine Auswahl im Bild; oder

» Sie haben eine schwebende Auswahl erzeugt. (Blenden Sie in dieser Situation die störende Fließmarkierung mit Strg+H aus.)

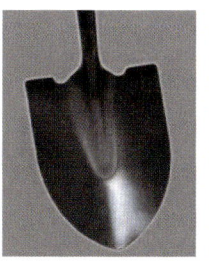

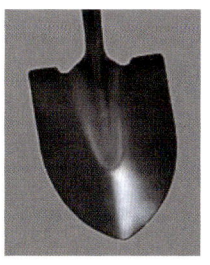

Abbildung 15.33 **Links:** Dieser Spaten wurde vor weißem Hintergrund fotografiert, in Photoshop mit geglätteter Kante ausgewählt und vor eine graue Fläche montiert. Dabei zeigt sich, dass ein weißer Rand um das Objekt herum verbleibt. **Mitte:** Etwas Abhilfe schafft der Befehl »Ebene: Hintergrund: Weiß entfernen«. Er entfernt die hellen Überreste. **Rechts:** Erneute Anwendung dieses Befehls tilgt weitere Spuren. Datei: Auswahl_s

Freilich tun Sie sich leichter, wenn Sie schon vorab eine saubere Auswahl anlegen; die korrigieren Sie vielseitig spätestens als Ebenenmaske, Schnellmaske oder Alphakanal vielseitig.

»Schwarz entfernen« und »Weiß entfernen«

Schwarz entfernen und **Weiß entfernen** Sie vor allem, wenn Sie mit einer geglätteten Auswahl markiert haben. Ein Beispiel: Stand das Motiv ursprünglich vor Weiß, zeigt es im neuen Milieu unschöne weiße Randspuren. Die tilgt man mit dem Befehl **Weiß entfernen**. Umgekehrt wirkt **Schwarz entfernen**.

Tipp
Wenden Sie **Weiß entfernen** *oder* **Schwarz entfernen** *mehrfach an, falls der erste Versuch nicht genug Wirkung zeigt.*

»Rand entfernen«

Der Befehl **Rand entfernen** ersetzt die Farbe aller Randpixel durch die Farbe der innen angrenzenden Bildpunkte, die keine Hintergrundfarbe enthalten; Sie geben einen Pixelradius vor. Das klingt schöner, als es ist: Leicht entstehen hier durch Wiederholungen erst recht unschöne Ränder – farblich nicht mehr so abweichend, aber dafür durch ihre streifige Gleichmäßigkeit genauso unangenehm. Dies gilt jedenfalls bei nicht völlig gleichmäßigen Rändern.

Auswahlen örtlich verkleinern oder erweitern

Nicht immer wollen Sie den kompletten Auswahlumriss verändern – Sie möchten zum Beispiel lediglich in Teiletappen den Umriss enger fassen. Hier scheidet der sonst so talentierte Dialog **Kante verbessern** aus. Denkbare Verfahren in der Übersicht:

» Greifen Sie zum Lasso ⌒ und rahmen Sie überflüssigen Auswahlinhalt bei gedrückter [Alt]-Taste und noch fehlende Auswahlteile bei gedrückter [⇧]-Taste ein.

» Bearbeiten Sie Schnellmaske, Ebenenmaske oder Alphakanal, dann malen Sie auf Bildpartien, die eigentlich nicht in die Auswahl gehören, mit schwarzer Vordergrundfarbe. Motivzonen, die Sie noch in der Auswahl brauchen, bekommen Weiß ab.

Auswahlkorrektur per »Filter«-Befehl

Der Befehl **Filter: Sonstige Filter: Dunkle Bereiche vergrößern** dehnt Dunkles aus und lässt helle Bereiche schrumpfen – ein Auswahlbereich in Schnellmaske, Ebenenmaske oder Alphakanal schrumpft also. Das Pendant **Helle Bereiche vergrößern** verschafft Hellem oder Weißem mehr Raum, die Auswahl wird also ausgedehnt.

Abbildung 15.34 **Links:** Die Zauberstabauswahl erfasst nicht das ganze Brillenglas, weil durch übertriebene Scharfzeichnung ein Farbsaum entstand. **Mitte:** Der Befehl »Auswahl: Ändern: Erweitern« dehnt die Auswahl gleichmäßig aus. **Rechts:** Per »Auswahl: Transformieren« stauchen oder dehnen Sie die Auswahlmarkierung nach Maß; dabei können allerdings die Auswahlkanten aufweichen. Datei: Auswahl_q

Abbildung 15.35
Links: Nach dem Schärfen wird die Figur von einem Kontrastsaum umgeben, der mit dem Zauberstab schwer auszuwählen ist. **Mitte:** Wir wechseln mit der Taste Q in den Maskierungsmodus und erkennen ebenfalls, dass die Auswahl noch nicht passt. **Rechts:** Wir fassen die Auswahl gleichmäßig um drei Pixel enger, doch sie gerät in einigen Bereichen zu groß. Datei: Auswahl_06

In diesen Situationen wirken die Befehle nützlich:

» Sie wollen eine komplette Auswahl in Schnellmaske oder Alphakanal gleichmäßig verkleinern oder ausdehnen (anders als bei Ebenenmaske oder Fließmarkierung verweigert der Dialog **Kante verbessern** mit seinem VERKLEINERN/ERWEITERN-Regler hier den Dienst).

» Sie wollen nur einen Ausschnitt der Auswahl gleichmäßig enger oder weiter fassen.

So verfeinern Sie nur einen Ausschnitt einer Auswahl:

1. Falls Sie an einer Fließmarkierung arbeiten: Wechseln Sie mit dem Q in die Schnellmaske; bei Ebenenmasken oder Alphakanälen ist der Schritt überflüssig.

2. Wählen Sie den Korrekturbereich zunächst mit dem Lasso aus; sorgen Sie am besten für eine **Weiche Auswahlkante**.

3. Wenden Sie **Dunkle Bereiche vergrößern** oder **Helle Bereiche vergrößern** an, bis die Maske in der gewählten Zone besser passt.

4. Hatten Sie eine Fließmarkierung in Arbeit? Dann wechseln Sie nach dem OK-Klick wieder in den Auswahl-Standardmodus (erneut Kurztaste Q). Sie sehen die verbesserte Fließmarkierung.

Auswahlsprünge glätten

Speziell die Umrisse von Zauberstabauswahlen zeigen oft ungewollte Ecken und Kanten sowie – auf unruhigen, körnigen Bildern – zahlreiche Auswahllücken. So entstehen flüssigere Konturen:

» Der ABRUNDEN-Regler des Befehls **Kante verbessern** glättet Ecken und Sprünge im Verlauf einer Auswahl, ein Versuch lohnt sich oft.

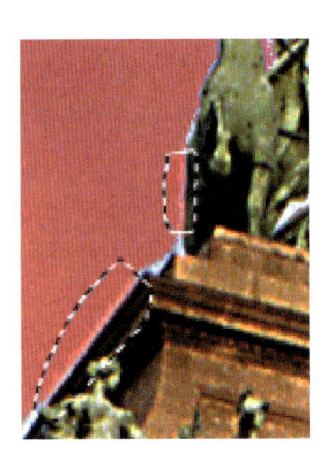

Abbildung 15.36
Wir widerrufen die vorherige Maskenausdehnung und wählen mit dem Lasso diejenigen Bereiche, die sich für eine Ausdehnung um 3 Pixel eignen. Dann verwenden wir »Dunkle Bereiche vergrößern«. In einigen Bereichen passt die Maske jetzt, andere müssen noch weiterbearbeitet werden.

Weitere Regler

Abbildung 15.37 **Links:** Die Zauberstabauswahl ist sehr unruhig. **Mitte:** Wir stellen das »Abrunden« beim Befehl »Kante verbessern« auf 80 . **Rechts:** Der Befehl »Auswahl: Auswahl verändern: Abrunden« mit einem Wert von 13. Datei: Auswahl_04

» Alternative: Der Befehl **Auswahl: Auswahl verändern: Abrunden** wirkt prinzipiell ähnlich, hat aber keine Vorschau und ändert die Auswahl bei gleichem Betrag deutlich stärker. Er tilgt dann Auswahlinseln in unruhigen, körnigen Flächen besser.

Allerdings: Spitze Auswahlecken werden beim Abrunden schnell zu rundlich.

Tipp
Der Abrunden-Regler korrigiert Auswahllücken und eckige Kanten – typische Probleme einer Zauberstabauswahl. Probieren Sie statt des Zauberstabs die Schnellauswahl mit der Option Automatisch verbessern, vielleicht müssen Sie weniger nacharbeiten. Bleiben Sie beim Zauberstab, verwenden Sie auf jeden Fall das Glätten.

Weitere Regler

Das Dialogfeld Kante verbessern bietet auch diese Regler:

» Per Kontrast sorgen Sie für härtere Auswahlkanten, denn manche Ergebnisse, etwa der Schnellauswahl, wirken zu weich. Testen Sie auch die Wechselwirkung mit der Weichen Kante.

» Der Radius-Regler soll komplexe Auswahlumrisse oder weiche Übergänge verfeinern. Mit seiner weichzeichnenden Wirkung erscheint er als Gegenstück zum Kontrast-Schieber.

Der »Rand«-Befehl

Eine Auswahllinie rechnet Photoshop auch in einen Rahmen um. Dazu dient der Befehl **Auswahl: Auswahl verändern: Rand**. Ausgewählt ist danach nur noch ein schmaler Bereich um die vormalige Auswahlkante herum. Verwenden Sie innerhalb des neuen Rahmens einen Filter oder einen Tonwertbefehl, wenn Sie nur eine Objektkontur bearbeiten möchten.

Abbildung 15.38
Es gibt weitere Möglichkeiten, Auswahllücken zu entfernen. **Links:** Wir schalten das Lasso ein, drücken die ⇧-Taste und rahmen ein, was zur Auswahl hinzukommen soll – hier auch am Bildrand entlang. Sobald Sie die Maustaste loslassen, erweitert Photoshop die Auswahl um den eingerahmten Bereich. **Rechts:** Nach einem Druck auf die Taste Q erscheint die Auswahl als rötliche Schnellmaske. Mit Pinsel und weißer Vordergrundfarbe tilgen Sie die roten Stellen, nach erneutem Druck aufs Q sehen Sie die erweiterte Auswahl.

Teil 5 • Auswahl

Befehle im Überblick: Auswahl

Taste/Feld	Zusatztasten	Aktion	Ergebnis
⬛		🖱	Arbeit im Maskierungsmodus
⬛	Alt	🖱	Geschützten/gewählten Bereich farblich abdecken
▭ ○	Alt	🖱	Auswahl von der Mitte aufziehen
▭ ○	⇧	🖱	Nur Quadrat-/Kreisauswahl möglich
▭ ○	Leertaste (beim Erstellen)	🖱 (ziehen)	Neuen Auswahlrahmen bewegen
⌒		🖱 (Bewegung im Bild)	Freiform-Auswahl
▭ ○ ⌒ ✶	⇧	🖱	Zu bestehender Auswahl hinzufügen
▭ ○ ⌒ ✶ ✎	Alt	🖱	Von bestehender Auswahl abziehen
▭ ○ ⌒ ✶ ✎	Strg+⇧	🖱 Ziehen im Bild	Schnittmenge von Auswahlbereichen wählen
◨			Zu bestehender Auswahl hinzufügen
◧			Von bestehender Auswahl abziehen
▭ ○ ⌒ ✶	⇧	🖱 Klicken, dann ziehen	Auswahlkontur in festen Winkeln bewegen
Pfeil-Taste			Auswahlkontur in 1-Pixel-Schritten bewegen (bei aktiviertem Auswahlwerkzeug)
Pfeil-Taste	⇧		Auswahlkontur in 10-Pixel-Schritten bewegen (bei aktiviertem Auswahlwerkzeug)
Strg+A (für All)			Alles auswählen
Strg+D (für Deselect)			Auswahl aufheben
Strg+D (nur Windows)	Alt		Weiche Auswahlkante
Strg+H			Auswahlbegrenzung (und andere »Extras«) ein-/ausblenden
Strg+I	⇧		Auswahl umkehren
Strg+J			Auswahlbereich als neue Ebene anlegen
[Ebenenminiatur]	Strg	🖱	Deckkraftinformation aus Ebene als Auswahl laden
[Ebenenminiatur]	Strg+Alt	🖱	Vorhandene Auswahl um Deckkraftinformation aus Ebene verkleinern
[Ebenenminiatur]	Strg+⇧	🖱	Vorhandene Auswahl um Deckkraftinformation aus Ebene erweitern

»Farbbereich«

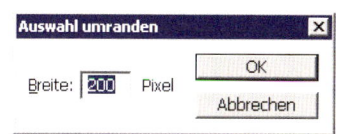

Abbildung 15.39 Der Befehl »Auswahl: Auswahl verändern: Rand« erzeugt eine Auswahl, die nur noch den bisherigen Auswahlumriss umfasst. Dieser Umriss kann 1 bis 200 Pixel breit sein. Datei: Auswahl_07

Interessante Alternativen:

» Schillert eine Auswahlmarkierung über Ihrer Bilddatei, dann verwenden Sie etwa **Bearbeiten: Kontur füllen** oder den Ebeneneffekt KONTUR, um mit Farbe, Muster oder Verlauf an einer Auswahlkante entlangzugehen (Seite 599, vorab [Strg]+[J]).

» Verwandeln Sie die Auswahl in einen Pfad; dann lässt der Pfad-Befehl **Pfadkontur füllen** Mal- und Retuschewerkzeug mit beliebigen Pinsel- und Überblendeinstellungen an der Auswahl entlang arbeiten (Seite 492).

15.4 »Farbbereich«

Der **Auswahl**-Befehl **Farbbereich** wählt bestimmte Farbtöne im ganzen Bild mit regelbarer Toleranz aus. Im AUSWAHL-Klappmenü bestimmen Sie, welche Tonwertbereiche Photoshop markieren soll – ROTTÖNE, LICHTER oder Bildpunkte AUSSERHALB DES FARBUMFANGS. Wählen Sie zum Beispiel die TIEFEN, um dunkle Bildpunkte unabhängig von anderen Helligkeitswerten zu verändern.

Alternative: Helle Bildbereiche auswählen

Sie wollen helle oder dunkle Bildbereiche auswählen, um sie separat von anderen Helligkeitsbereichen zu bearbeiten. Das kann der Befehl **Farbbereich**, aber so geht es noch differenzierter:

1. Halten Sie die [Strg]-Taste gedrückt und klicken Sie in der Kanälepalette auf die Miniatur des RGB-Kanals – alternativ auch auf Einzelkanäle wie ROT. So entsteht eine Fließmarkierung, bei der sehr Helles zu fast 100 Prozent ausgewählt ist, sehr Dunkles fast gar nicht und Mittelhelles mit 50 Prozent Intensität. Eventuell reicht diese Auswahl schon für Ihre Zwecke.

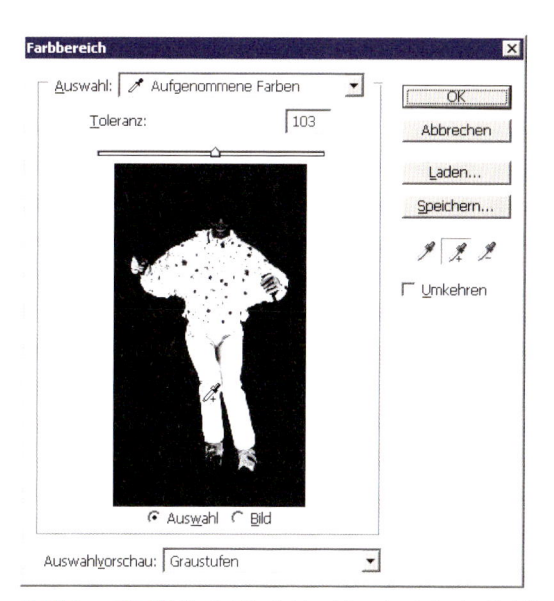

Abbildung 15.40 Der Befehl »Farbbereich« erfasst einzelne Farbtöne oder Helligkeitswerte im gesamten Bild. Die Auswahl wird in Graustufen dargestellt.

2. Wollen Sie die Auswahl konservieren oder verfeinern, wird sie noch in eine Ebenenmaske, Schnellmaske oder in einen Alphakanal verwandelt.

3. Heben Sie eine noch vorhandene Auswahl mit [Strg]+[D] auf.

4. Bearbeiten Sie Maske bzw. Kanal zum Beispiel mit **Gradationskurven** oder Weichzeichnern.

5. Wollen Sie letztlich die dunklen Tonwerte auswählen, kehren Sie den Kanal mit [Strg]+[I] um.

»Aufgenommene Farben«

Die Option AUFGENOMMENE FARBEN des Befehls **Auswählen: Farbbereich** funktioniert nach Art des Zauberstabs ohne die Option BENACHBART: Sie wählt alle Farben aus, die Sie im Bild oder in der Vorschau anklicken.

Dabei werden stets ähnliche Farbwerte im ganzen Bild erfasst, unabhängig von trennenden Bereichen dazwischen. Darum eignet sich **Farbbereich** vor allem für Motive, in denen der gesuchte Farbbereich sehr homogen und deutlich abgeschlossen ist. Teils abgeschattete Bereiche oder ähnliche Farben außerhalb der gewünschten Zone verhindern gute Ergebnisse. Häufig kommen Sie mit der Schnellauswahl plus Nachbearbeitung flotter zum Ziel.

Tipp

*Wollen Sie einen **Farbbereich auswählen**, um ihn mit dem Befehl **Farbton/Sättigung** zu verändern? Dazu brauchen Sie nicht diese zwei Funktionen hintereinander aufzurufen. Photoshop fasst die Funktionen unter dem Menüpunkt **Bild: Anpassungen: Farbe ersetzen** zusammen (Seite 446).*

Vorschau im Dialogfeld

Unter dem Vorschaubild im Dialogfeld haben Sie folgende Optionen:

» AUSWAHL: Photoshop hebt den markierten Bereich im Vorschaubild innerhalb des Dialogfelds bereits hervor.

» BILD: Photoshop bietet die unveränderte Datei auch in der Vorschaudarstellung an; das macht Sinn, wenn Sie von dem Dokument nur einen Ausschnitt auf dem Schirm sehen. Im Vorschaubild können Sie immer noch Pixel aus dem gesamten Werk anklicken.

Die [Strg]-Taste schaltet jederzeit klickfrei zwischen den beiden Darstellungsweisen hin und her.

Vorschau im Bild

Ganz unten neben AUSWAHLVORSCHAU geben Sie an, wie Photoshop die aktuelle Auswahl in der Bilddatei zeigt:

» Zum Beispiel kann eine WEISSE BASIS oder eine SCHWARZE BASIS die gewählten Bildpunkte umgeben – gemeint sind Schwarz oder Weiß als Umgebungsfarbe.

» Lassen Sie die Vorschau als GRAUSTUFEN zeigen, erscheinen markierte Pixel weiß, nicht markierte schwarz. Nur mehr oder weniger ausgewählte Bildpunkte sehen Sie mehr oder weniger hell.

» Entscheiden Sie sich für MASKIERUNGSMODUS, zeigt Photoshop die Auswahl mit den aktuellen Einstellungen für den Maskierungsmodus (Seite 455). Die Optionen für die Maskendarstellung erhalten Sie nach einem Doppelklick auf den Schalter für MASKIERUNGSMODUS in der Werkzeugleiste.

Abbildung 15.41 Links: Die Funktion »Farbbereich« liefert hier noch keine perfekte Auswahl ab, das Ergebnis lässt sich jedoch nachbearbeiten. **Rechts:** Sie können den gewählten Bereich zum Beispiel umfärben. Datei: Auswahl_19

Vorschau im Dialogfeld

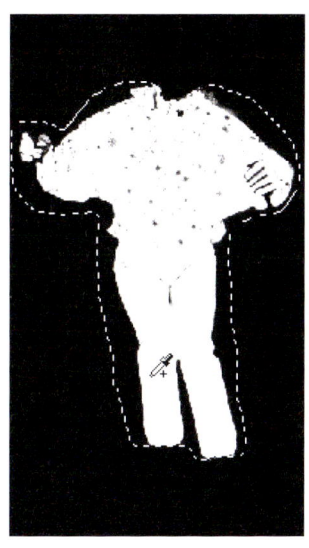

Abbildung 15.42 So zeigt Photoshop die Auswahl, wenn Sie unter »Auswahlvorschau« die »Graustufen« angeben. **1. Bild:** Die »Toleranz« von 40 wählt rote Bildteile nicht sauber aus. **2. Bild:** Eine 150er »Toleranz« erfasst immer noch nicht den gesamten Skianzug, wählt aber schon Hauttöne mit aus. **3. Bild:** Mit der Pipette »Hinzufügen« nehmen wir weitere Farbnuancen in die Auswahl auf. **4. Bild:** Wir haben vorab eine Auswahl angelegt, so dass der »Farbbereich«-Befehl Kopf und Stiefel nicht mehr berücksichtigt.

Abbildung 15.43 Links: Die Auswahlvorschau »Schwarzer Hintergrund« deckt nicht gewählte Bildbereiche schwarz ab. **2. Bild:** Die Option »Weißer Hintergrund« verbirgt nicht Gewähltes unter Weiß. **3. Bild:** Per »Maskierungsmodus« verwendet Photoshop die aktuelle Einstellung für den Maskierungsmodus – nicht Ausgewähltes wird hier rötlich abgedeckt, Sie können Farbe und Deckkraft ändern (Seite 455).

Toleranz und Pipetten

Der TOLERANZ-Regler bestimmt, wie weit die ausgewählten Farbtöne von dem angeklickten Pixel abweichen dürfen. Hohe Werte führen zu großen – vielleicht ungenauen – Auswahlen. So geht's:

» Mit der Pipette – quasi der Zauberstab – klicken Sie auf einen Bildpunkt mit einem Tonwert, den Photoshop markieren soll; erfasst werden farbähnliche Bildpunkte quer durch die Datei, also nicht nur benachbarte.

» Die Pluspipette HINZUFÜGEN ergänzt die Auswahl dagegen um neue Tonwerte.

» Die Minuspipette ENTFERNEN zieht Tonwerte von der Auswahl ab; sie funktioniert erst, wenn die Pluspipette einmal eingesetzt wurde.

Per ⇧-Taste wechseln Sie vorübergehend zur Pluspipette, die Alt-Taste verhilft zur Minuspipette. Lästig jedoch: Die eingestellte TOLERANZ gilt immer für alle mit den Pipetten angepeilten Punkte zugleich. Sie können also zu einer großzügigen Auswahl bei hoher Toleranz von 100 nicht noch eine Randfarbe mit niedriger Toleranz hinzufügen. Im Beispiel ist es schwierig, erst die roten Bereiche und dann auch noch das blaue Feld zu erfassen.

Achtung
Der Befehl Farbbereich wählt Farben teilweise fein abgestuft nur zu 90 oder 77 Prozent aus. Bei einer späteren Bearbeitung – etwa mit Farbton/Sättigung – wirkt sich der Befehl auf diese Pixel nur teilweise aus, die alte Fassung lugt unter der Bearbeitung hervor. Darum sollte man die Auswahl des FARBBEREICH-Befehls bei Bedarf nachbearbeiten.

Farbe ersetzen

Der Befehl **Bild: Anpassungen: Farbe ersetzen** fasst zwei Befehle aus unterschiedlichen Ressorts zusammen: Er vereint die Auswahltechnik von **Farbbereich** mit den Änderungsmöglichkeiten aus **Farbton/Sättigung**. So geht's:

1. Wählen Sie erst die Farbe mit Pipetten und TOLERANZ aus, so wie Sie es schon vom Befehl **Farbbereich** her kennen (Seite 443).

2. Dann verschieben Sie den FARBTON und manipulieren die SÄTTIGUNG, wie es beim Befehl **Farbton/Sättigung** Usus ist (Seite 336).

Tipp
In einfachen Fällen reicht es, wenn Sie direkt im Dialog Farbton/Sättigung einen Farbbereich auswählen und umfärben (Seite 255).

Abbildung 15.44 Der Befehl »Farbe ersetzen« wählt einen Farbbereich aus und ermöglicht danach die Änderung von Farbton, Sättigung und Helligkeit. Datei: Farbbereich_b

Einschränkungen und Alternativen

Der Befehl **Farbe ersetzen** liefert Ihnen keine Auswahlmarkierung. Sie verschieben die Farbe, sagen OK und das war's. Sie können den FARBTON-Regler nicht – wie beim Befehl **Farbton/Sättigung** – auf Farbtonbereiche wie etwa ROTTÖNE beschränken.

Wollen Sie den Auswahlbereich speichern oder verfeinern, dann wählen Sie den Bildteil nicht per **Farbe ersetzen** aus. So ist es sinnvoller:

1. Nehmen Sie zum Beispiel den Befehl **Farbbereich** (siehe oben) oder den Zauberstab ohne die Option BENACHBART.

2. Legen Sie sofort eine Einstellungsebene FARBTON/SÄTTIGUNG an; dazu klicken Sie unten in der Ebenenpalette auf die Schaltfläche NEUE FÜLL- ODER EINSTELLUNGSEBENE ERSTELLEN. Weil Sie schon eine Auswahl im Bild haben, entsteht die Einstellungsebene mit passgenauer Ebenenmaske, Photoshop färbt nur die zuvor ausgewählten Bereiche um.

Färbung und Wirkungsbereich der Umfärbung stellen Sie jederzeit bequem um.

15.5 »Extrahieren«

Wuschelköpfe, Plüschtiere, Buschwerk oder Federn schneidet man mit Schnellauswahl , Lasso und Co. kaum sauber aus. Gegenlicht erschwert das Umtopfen zusätzlich. Abhilfe schafft der wirklich starke Photoshop-Befehl **Filter: Extrahieren** (Alt+Strg+X).

Im Dialogfeld gelten die bekannten Tastengriffe – Strg+ Leertaste schaltet zur Vergrößerungslupe, die Alt-Taste allein beschert Ihnen die ZURÜCK-Schaltfläche (Seite 32).

Der Ablauf

Wir besprechen erst den generellen Ablauf. Anschließend sehen Sie, wie Sie das Bild ideal vorbereiten und mögliche Fehler nachbessern. So arbeiten Sie im Dialogfeld:

1. Sie rahmen die Kontur Ihres Hauptmotivs mit dem KANTENMARKER ein.

2. Sie füllen das Innere des Hauptmotivs mit dem Füllwerkzeug.

3. Sie verfeinern nach Bedarf.

4. Nach dem Klick auf OK erscheint der Hintergrund transparent, die »Hintergrund«-Ebene wird zur »Ebene 0«.

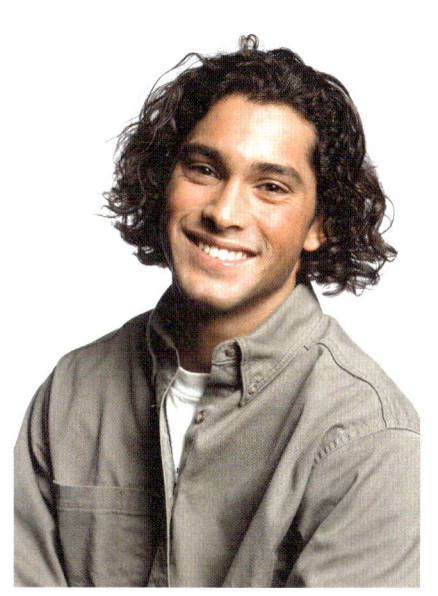

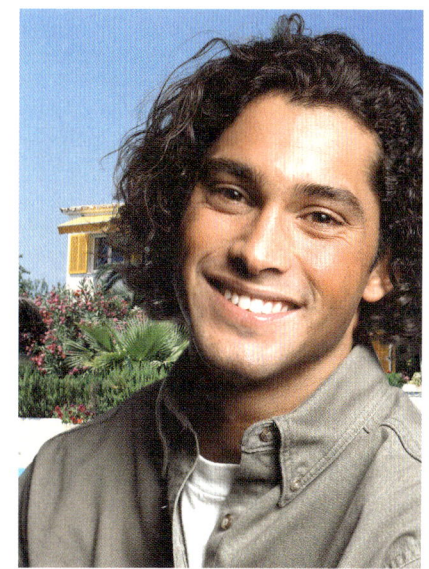

Abbildung 15.45 Der Befehl »Filter: Extrahieren« trennt auch komplexe Motive sauber aus dem Hintergrund. Vorlage: Extrahieren_a1

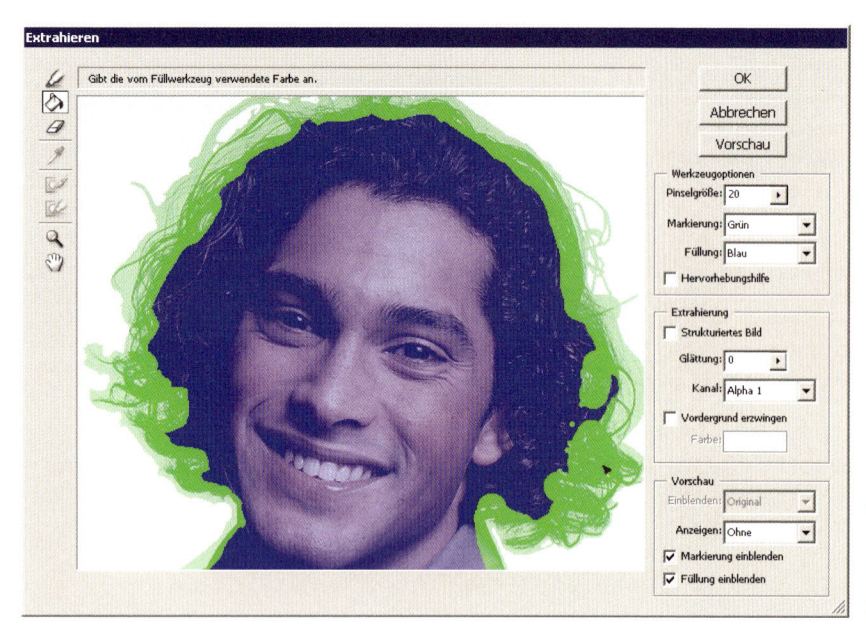

Abbildung 15.46
Im »Extrahieren«-Dialogfeld rahmen Sie den Umriss des Hauptmotivs mit dem »Kantenmarker« grün ein. Das Innere wird mit dem Füllwerkzeug blau überlagert. Datei: Extrahieren_a1

Vorbereitungen

Entfernen Sie jegliche Auswahl im Bild ([Strg]+[D]), sofern Sie nicht nur den ausgewählten Bereich bearbeiten möchten. Weitere Vorbereitungen im Alphakanal besprechen wir unten.

Kanten und Füllung

Mit dem KANTENMARKER (Kurztaste [B]) malen Sie eine Umrandung um Ihr Hauptmotiv – um den Bereich, den Photoshop nach Rändern absuchen soll. Wir tragen den grünen Strich also genau dort auf, wo einzelne Locken auf den Hintergrund treffen.

Bei unscharfen Kanten bedecken Sie die Bereiche komplett, in denen der Vordergrund sich mit dem Hintergrund mischt. Ist der Innenbereich des Objekts klar definiert, achten Sie darauf, dass die grüne Kontur des Kantenmarkers durchgängig verläuft. Bereiche, in denen das Objekt die Bildgrenzen erreicht, umranden Sie nicht. Bei unserem Oberkörperporträt malen wir also nicht am unteren Rand entlang.

Falls das gesamte Hauptmotiv diffus und unklar umrissen ist, übermalen Sie es komplett mit dem KANTENMARKER. Stellen Sie dabei eine hohe Pinselgröße ein.

Klar konturierte Kanten fahren Sie bei gedrückter Maustaste mit KANTENMARKER und der Option HERVORHEBUNGSHILFE ab. Die Funktion entspricht dem magnetischen Lasso (Seite 432) aus den üblichen Auswahlwerkzeugen: Sie erfasst Konturen in einer wählbar breiten Umgebung, zu regeln im Feld PINSELGRÖSSE. Mit dem Regler GLÄTTEN korrigieren Sie Unsauberkeiten.

Erfassen Sie wirklich nur die Grenze und nicht breite Teile von Hintergrund oder Hauptmotiv – dann wird die Auswahl unsauber. Testen Sie also verschiedene Werte im Feld PINSELGRÖSSE und korrigieren Sie eine erste Kontur des KANTENMARKERS sorgfältig, zum Beispiel mit dem Radiergummi.

Haben Sie das Hauptmotiv eingerahmt, klicken Sie mit dem Füllwerkzeug (Kurztaste [G]) in das Innere Ihrer Auswahl. Photoshop deckt das Hauptmotiv blau ab.

Vorschau

Kontur und Füllung müssen zu sehen sein, dann klicken Sie auf VORSCHAU. Nach etwas Bedenkzeit zeigt Photoshop Ihr ausgeschnittenes Hauptmotiv im Dialogfeld. Der Hintergrund, den Sie entfernen wollen, wird überdeckt: durch Schwarz, Weiß oder Grau, ganz nach Ihrer Wahl im Klappmenü ANZEIGEN. Die Vorgabe OHNE zeigt das ausgeschnittene Bild vor Karomuster und gibt die vielleicht verlässlichste Vorschau.

Kontur im Alphakanal anlegen

Sie müssen die grün dargestellte Kontur des Hauptmotivs nicht unbedingt mit dem Werkzeug KANTENLICHT direkt im **Extrahieren**-Dialogfeld anlegen. Legen Sie die Kontur vorab in einem Alphakanal an – Sie arbeiten bequemer, Sie können den Umriss speichern und weiterverwenden oder verfeinern.

Kontur im Alphakanal anlegen

Abbildung 15.47
Wir haben einen neuen schwarzen Alphakanal angelegt, mit [Strg]+[I] in sein weißes Negativ verkehrt und dann das Farbbild nur zur Ansicht mit eingeblendet. Mit Pinsel und schwarzer Vordergrundfarbe malen wir die Kontur in den Alphakanal. Photoshop stellt diesen Umriss im Gesamtbild rötlich dar.

Wir erklären zunächst die Grundlagen und zeigen dann detailliert verschiedene Wege.

Im **Extrahieren**-Dialog laden Sie den Alphakanalumriss über das Klappmenü KANAL, der Umriss erscheint als übliche grüne Kontur. Verfeinern Sie die Kontur bei Bedarf noch mit Kantenmarker und Radiergummi. Danach klicken Sie wie sonst auch mit dem Füllwerkzeug ins Auswahlinnere.

Sie können auf diese Weise sogar mehrere unterschiedliche Konturen – etwa mit verschiedenen Breiten oder Weichzeichnungen – schnell hintereinander durchtesten. Der Alphakanal muss die Kontur Ihres Hauptmotivs **Schwarz auf Weiß zeigen** enthalten – nicht etwa eine Silhouette des gesamten Motivs.

Kontur per Pinsel

Bei unübersichtlichem Hintergrund malen Sie die Kontur direkt mit dem Pinsel in den Alphakanal:

1. Öffnen Sie die Kanälepalette über das **Fenster**-Menü und klicken Sie unten auf NEUEN KANAL ERSTELLEN. Damit entsteht der neue, komplett schwarze Alphakanal »Alpha 1«. Er ist sofort aktiviert, erscheint im Bildfenster und kann bearbeitet werden.

2. Verwandeln Sie den Alphakanal in sein weißes Negativ per **Bild: Anpassungen: Umkehren** ([Strg]+[I], für Invertieren). Jetzt erscheint das Bild rein weiß.

3. Blenden Sie das Gesamtbild wieder ein. Dazu klicken Sie in der Kanälepalette auf das Augensymbol neben der RGB-Miniatur. Sie sehen nun das normale Bild, vom Alphakanal ist nichts zu erkennen. In der Kanälepalette ist aber weiterhin nur der Alphakanal zur Bearbeitung freigegeben (zu erkennen an der blauen Hervorhebung).

4. Schalten Sie den Pinsel ein, wählen Sie schwarze Vordergrundfarbe, achten Sie auch auf den Modus NORMAL und verwenden Sie zum Beispiel eine 20 Pixel breite Pinselvorgabe.

5. Malen Sie die Kontur des Darstellers nach; die Linie erscheint im Gesamtbild zunächst meist rötlich. Wo sich der Hintergrund sehr eindeutig abhebt, tragen Sie eine dünnere Kontur auf, in diffusen Bereichen auch breitere Farbe.

Sitzt die Kontur, klicken Sie oben in der Kanälepalette auf die RGB-Miniatur und neben der Alphakanal-Miniatur auf das Augensymbol. So sehen und bearbeiten Sie ausschließlich das normale Farbbild. Wählen Sie **Extrahieren** und im Dialogfeld den Alphakanal.

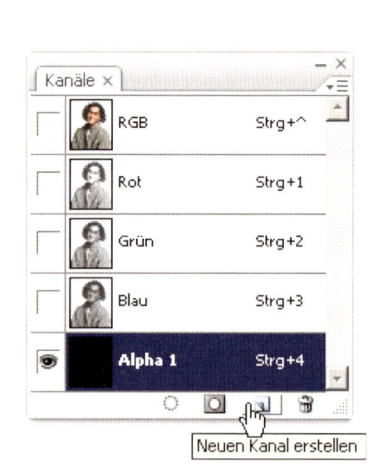

Abbildung 15.48 Wir haben den Hintergrund der Person ausgewählt und die Auswahl umgekehrt, so dass nur noch der Hauptdarsteller ausgewählt ist. **Links:** Mit der Schaltfläche »Neuen Kanal erstellen« entstand ein neuer, schwarzer Alphakanal. **Mitte:** Nach einem Klick auf die Miniatur des Alphakanals zeigt das Bildfenster den schwarzen Kanal, die Auswahlmarkierung ist noch zu sehen. **Rechts:** Wir wählen »Bearbeiten: Kontur füllen« mit weißer Farbe und der Vorgabe »Mitte«.

Kontur per »Kontur füllen«

Ist der Hintergrund sehr homogen, legen Sie die Kontur für den Alphakanal so an:

1. Wählen Sie den Hintergrund mit dem Zauberstab aus.

2. Klicken Sie auf **Auswahl: Auswahl umkehren**, so dass nur noch das Hauptmotiv gewählt ist.

3. Klicken Sie unten in der Kanälepalette auf NEUEN KANAL ERSTELLEN (nicht auf AUSWAHL ALS KANAL SPEICHERN). Damit entsteht der neue, komplett schwarze Alphakanal »Alpha 1«.

4. Klicken Sie einmal auf die Miniatur von »Alpha 1«, damit Sie diesen Kanal im Bildfenster sehen und bearbeiten können. Die Auswahlmarkierung schillert noch darüber.

5. Klicken Sie auf **Bearbeiten: Kontur füllen**. Geben Sie im Dialogfeld als BREITE zum Beispiel 20 Pixel vor, als FARBE nehmen Sie reinstes Weiß, dazu kommt die Vorgabe MITTE.

6. Klicken Sie auf OK. Eine weiße Linie zeigt nun die Kontur des Hauptdarstellers an.

7. Die Auswahlfließmarkierung schillert noch im Bild. Der Tastengriff [Strg]+[D] schafft sie weg.

8. Für den **Extrahieren**-Dialog brauchen Sie eine schwarze Konturlinie vor weißem Grund. Verwandeln Sie also den Alphakanal mit [Strg]+[I] in sein Negativ.

9. Unmittelbar am Bildrand soll keine Konturlinie entlanglaufen. Malen Sie dort mit Pinsel und weißer Vordergrundfarbe.

Tipp

*Alternativ zu dem Befehl **Kontur füllen** nehmen Sie **Auswahl: Verändern: Rand**, so dass nur noch der Umriss des Darstellers ausgewählt ist. Diese Zone füllen Sie dann bei aktiviertem Alphakanal.*

Bei diesem Verfahren entsteht eine gleichmäßig breite Kontur, die Sie manchmal verfeinern sollten: In Zonen mit sehr eindeutiger Kontur sollten Sie die Kontur verjüngen, dort malen Sie mit dem Pinsel und weißer Vordergrundfarbe. In unübersichtlichen Zonen und Lücken tragen Sie schwarze Farbe mit dem Pinsel noch breiter auf. Blenden Sie zur Orientierung das Gesamtbild durch einen Klick auf das Augensymbol in der Kanälepalette ein.

Passt der Alphakanal, klicken Sie oben in der Kanälepalette auf die RGB-Miniatur. Sie sehen und bearbeiten also nur noch das normale Farbbild; eventuell müssen Sie noch auf das Augensymbol neben der Miniatur ALPHA 1 klicken. Dann erst wählen Sie **Filter: Extrahieren**.

Im Dialogfeld öffnen Sie rechts das Klappmenü KANAL. Sie geben ALPHA 1 vor, erhalten die grüne Linie und arbeiten wie oben beschrieben weiter.

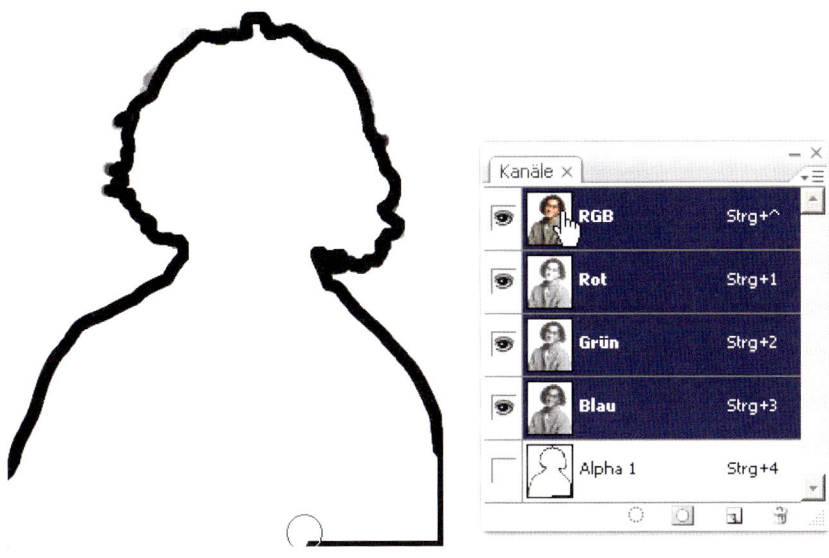

Abbildung 15.49 Links: Der Befehl »Bild: Anpassungen: Umkehren« verwandelt den Alphakanal wie für den »Extrahieren«-Befehl erforderlich in sein Negativ, so dass die Kontur Schwarz auf Weiß erschein.; Wir entfernen hier Randteile der Kontur mit Pinsel und weißer Vordergrundfarbe, aber dieser Schritt ist nicht immer erforderlich.
Rechts: Wenn Sie die Bearbeitung des Alphakanals abschließen und den »Extrahieren«-Befehl aufrufen wollen, klicken Sie einmal auf die »RGB«-Miniatur in der Kanälepalette. So können Sie wieder das Gesamtbild sehen und bearbeiten.

Korrekturen im Dialogfeld

Meist sollten Sie die erste Auswahl noch im **Extrahieren**-Dialog korrigieren. Wollen Sie die grüne Umrandung wieder im Bild sehen, nutzen Sie die Option MARKIERUNG EINBLENDEN. Oder aktivieren Sie erneut den KANTENLICHT-Pinsel und malen Sie ins Bild; dann erscheint die Umrandung wieder. Geben Sie oben rechts im Dialogfeld andere Farben für MARKIERUNG und FÜLLUNG an, wenn sich die voreingestellten Farben von Ihrem Bild nicht gut abheben.

Umrandung korrigieren

Teile der Umrandung entfernen Sie mit dem Radiergummi (Kurztaste E). Achten Sie auch hier auf die passende PINSELGRÖSSE. Die komplette Kontur verschwindet mit dem Tastengriff Alt - ←. Photoshop zeigt jetzt weiterhin das ausgeschnittene Hauptmotiv. Sie können aber auch wieder das Gesamtbild mit dem Originalhintergrund sehen: Dazu wechseln Sie im Klappmenü EINBLENDEN von EXTRAHIERT zu ORIGINAL.

Vordergrund erzwingen

Bei besonders komplexen Objekten oder wenn ein Innenbereich nicht klar abgegrenzt ist, übermalen Sie zunächst das gesamte Objekt mit dem KANTENLICHT-Pinsel. Dann wählen Sie VORDERGRUND ERZWINGEN und anschließend die Pipette oben links im Dialogfeld. Nun klicken Sie innerhalb des Objekts auf eine Farbe, die für das Hauptmotiv typisch ist. Danach klicken Sie auf VORSCHAU, um die Auswirkung zu erkennen. Diese Technik eignet sich für Objekte mit unterschiedlichen Tönen einer einzigen Farbe.

Kantenverfeinerer und »Bereinigen«

Nachdem Sie auf VORSCHAU geklickt haben, bietet das Dialogfeld zwei Werkzeuge zum Beheben von nun erkennbaren Mängeln:

» Das Werkzeug BEREINIGEN entfernt verbliebene Spuren des ursprünglichen Hintergrunds, indem es nach und nach Transparenz herstellt (Kurztaste C). Wenden Sie es bei Bedarf mehrfach hintereinander an.

» Der Kantenverfeinerer arbeitet Konturen in diffusen Bereichen heraus (Kurztaste T). Nutzen Sie ihn bei Bedarf mehrfach.

Einige Retuschen erledigt man freilich bequemer am fertigen Bild (nächste Abschnitte).

Korrekturen am Bildergebnis

Das Extrahieren fällt nicht immer perfekt aus. Nicht jedes hauchdünne Strähnchen lässt sich erfassen.

Abbildung 15.50 **Links:** Der »Extrahieren«-Dialog hat eine Haarsträhne zu viel gekappt. **Mitte:** Mit dem Protokollpinsel holen wir die vermissten Locken in das Ergebnisbild zurück. **Rechts:** In der Protokollpalette haben wir den Bildzustand aktiviert, aus dem der Protokollpinsel Pixel ins »extrahierte« Bild einsetzt – wir nehmen Bildpunkte aus dem unveränderten Original auf, so wie es direkt nach dem »Öffnen« aussah.

Wie für alle Auswahljobs gilt jedoch: Sie müssen nicht 100 Prozent des Hauptmotivs auswählen – es muss nur hundertprozentig so aussehen als ob. Und das fällt am leichtesten, wenn Sie einige komplizierte Details gleich außen vor lassen.

Bevor Sie zu lange am Freisteller tüfteln, testen Sie ihn in der geplanten neuen Datei: Vielleicht fällt der falsche Hintergrund, der sich so hartnäckig hält, vor der neuen Kulisse gar nicht auf? Es reicht, wenn Sie die Retuschen mit Hintergrund-Radiergummi oder Radiergummi erst in der neuen Umgebung vornehmen.

Betreiben Sie keine digitale Haarspalterei: Steht ein einzelnes Strähnchen unnatürlich heraus, schaffen Sie es mit dem Radiergummi endgültig aus der Welt. Fall erledigt. Allzu harte Kanten übermalen Sie testweise mit dem Weichzeichner-Werkzeug oder mit dem Radiergummi bei niedriger Deckkraft.

Überflüssigen Hintergrund entfernen

Klebt noch überflüssiger Hintergrund am Hauptmotiv? So beseitigen Sie die Rückstände:

» Schalten Sie in der Werkzeugleiste den Radiergummi (Seite 537), den Magischen Radiergummi oder den Hintergrund-Radiergummi (Seite 429) ein und rubbeln Sie verbliebene Umgebung weg.

» Wählen Sie den Bereich mit dem Lasso oder einem anderen Auswahlwerkzeug aus; die [Entf]-Taste entsorgt den Auswahlinhalt.

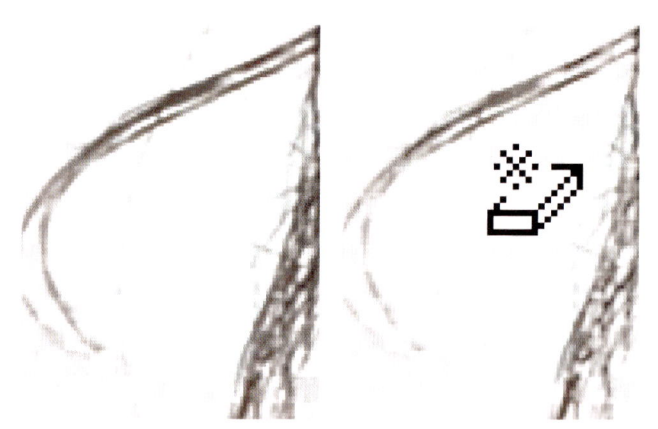

Abbildung 15.51 **Links:** Der »Extrahieren«-Befehl hat unerwünschten Hintergrund im Bild zurückgelassen. **Rechts:** Der Magische Radiergummi entfernt den Hintergrund. Verwenden Sie je nach Bild auch den normalen oder den Hintergrund-Radiergummi.

Löcher im Hauptmotiv

Oder gibt es Löcher im Hauptmotiv? Manchmal entfernt der **Extrahieren**-Befehl an einigen Stellen zu viele Bildpunkte. Sie können die Originalbildpunkte wiederherstellen und die Lücken schließen. Rufen Sie über das **Fenster**-Menü die Protokollpalette auf. Sie zeigt, dass **Extrahieren** Ihr letzter Befehl war. Klicken Sie neben den Befehl, der vor dem Extrahieren erscheint (zum Beispiel **Öffnen**) ganz links in das Feld mit der Einblenderklärung WÄHLT DIE QUELLE FÜR DEN PROTOKOLLPINSEL. Dort erscheint das Symbol für den Protokollpinsel.

Den Urzustand, wie er vor dem **Extrahieren** herrschte, stellen Sie nun punktuell wieder her – eben dort, wo Ihr Hauptmotiv unerwünschte Löcher zeigt. Schalten Sie den Protokollpinsel ein (Taste Y). Nun malen Sie an den löchrigen Stellen in Ihrem ausgeschnittenen Bild – sie werden mit den Originalbildpunkten gefüllt.

Manchmal geht es sogar noch einfacher: Duplizieren Sie die aktuelle Ebene per Strg+J über sich selbst – halbdurchsichtige Bereiche sind nun stärker abgedeckt. Mit Strg+E verschmelzen Sie die Ebene.

Wollen Sie später noch mehr korrigieren? Ziehen Sie das Motiv nicht in eine neue Hintergrundebene; bugsieren Sie vielmehr den Hintergrund in die Datei mit dem »extrahierten« Modell – so können Sie den Kopf weiterhin mit dem Protokollpinsel verfeinern.

DVD
*Eine Herausforderung für den Hintergrund-Radiergummi wie auch für den Befehl **Filter: Extrahieren** sind neben der hier verwendeten Datei »Extrahieren_a« noch weitere »Extrahieren«-Porträts im »Praxis«-Verzeichnis auf der Buch-DVD.*

Auswahlen speichern

In diesem Kapitel haben Sie gelernt, wie man Auswahlen erzeugt und wie man sofort unerwünschten Hintergrund wegschneidet. Sofern Sie mit Auswahlen arbeiten, können Sie diese speichern, um später darauf zurückzukommen. Dazu bietet Photoshop zwei Verfahren:

» Entweder Sie wandeln die Maske in einen Pfad um – dazu mehr im »Pfade«-Kapitel ab Seite 469.

» Oder Sie konservieren die Maske als Graustufenbild in einem zusätzlichen Alphakanal. Davon handelt das folgende Kapitel.

Kapitel 16
Kanäle & Masken

In verschiedenen Situationen arbeiten Sie mit Kanälen:

» Sie bearbeiten einzelne Grundfarbkanäle eines Bilds, zum Beispiel einen Kanal wie Cyan, Magenta, Gelb oder Schwarz in einem CMYK-Bild oder Rot, Grün, Blau in einem RGB-Bild.

» Sie speichern eine Auswahl als sogenannten Alphakanal, der Ausgewähltes weiß und nicht Gewähltes schwarz darstellt; diesen Alphakanal bearbeiten Sie mit Mal-, Retusche- und Füllfunktionen, mit Filtern und Kontrastkorrekturen, um die Auswahl zu verändern. Der Alphakanal lässt sich dann wieder in eine Auswahl-Fließmarkierung umsetzen.

» Sie stellen eine Auswahl im Maskierungsmodus ⬚ dar, also als vorübergehenden Alphakanal.

» Auch Ebenenmasken (Seite 604) funktionieren so: Weiß Unterlegtes erscheint voll deckend, schwarz Unterlegtes wird verborgen, Zwischentöne erzeugen Halbtransparenz.

Die Arbeit mit Kanälen – die Umsetzung von Schwarz, Weiß und der Grautöne dazwischen in Auswahlinformationen – ist also für verschiedene Bereiche von Bedeutung.

16.1 Einführung

Beachten Sie bei der Arbeit mit Grundfarbkanälen, Alphakanälen, Maskierungsmodus und Ebenenmasken die folgenden Aspekte:

» Der Alphakanal speichert Auswahlen in einem zusätzlichen Graustufenkanal innerhalb der Bilddatei.

» Auf dem Weg über den Alphakanal können Auswahlen mit Mal- und Retuschewerkzeugen bearbeitet und wieder als Auswahl geladen werden.

» Der Alphakanal erzeugt Auswahlen mit 256 unterschiedlichen Intensitäten.

» Ein Alphakanal kostet so viel Arbeitsspeicher wie eine Graustufenversion des Bilds.

» Eine spezielle Form, der Schmuckfarbenkanal, steuert die Verteilung zusätzlicher Druckfarben.

Eigenschaften im Detail

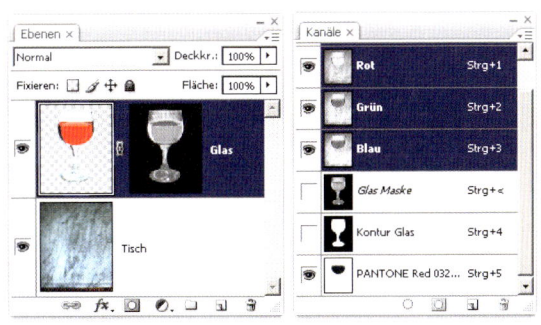

Abbildung 16.1
Die Kanälepalette (ganz rechts) zeigt, dass dieses Bild einen Alphakanal, eine Ebenenmaske und einen Schmuckfarbenkanal enthält. Die momentane Auswahl wurde im Alphakanal »Kontur Glas« gespeichert. Datei: Kanal_f3

Eigenschaften im Detail

Alphakanal oder Ebenenmaske können mit Mal- und Retuschewerkzeugen, mit Tonwertbefehlen oder Filtern bearbeitet und dann als korrigierte Fließmarkierung mit Auswahlwirkung neu geladen werden. Im Alphakanal lassen sich Auswahlen oft einfacher korrigieren als mit den Auswahlwerkzeugen selbst. Interessant ist auch die Möglichkeit, bereits eine Grundauswahl im Alphakanal zu speichern, dann mit Lasso ⌒ und Zauberstab ⚲ weitere, kleine Auswahlen zu erzeugen und diese vom Alphakanal abzuziehen oder hinzuzufügen.

Stufenlose Auswahlen

Das Besondere: Alphakanal oder Ebenenmasken unterscheiden mehr als nur »Ausgewählt« und »Nicht ausgewählt«. Alphakanäle und Ebenenmasken haben eine 8-Bit-Farbtiefe wie ein normales Graustufenbild, sie nehmen also 2^8 gleich 256 unterschiedliche Tonwerte auf.

Der Alphakanal kennt damit auch Stufen wie »ein bisschen ausgewählt«, »ein bisschen mehr ausgewählt« oder »ziemlich stark ausgewählt, aber noch nicht zu 100 Prozent«. Wollen Sie zum Beispiel ein Objekt von oben nach unten stufenlos einblenden, erzeugen Sie zunächst in Alphakanal oder Ebenenmaske einen Verlauf von Schwarz nach Weiß.

Arbeitsspeicherbedarf

Ein Alphakanal kostet so viel Arbeitsspeicher wie eine Graustufenversion des Bilds, wie ein Drittel einer 24-Bit-RGB-Datei oder wie ein Viertel einer 32-Bit-CMYK-Datei. Auf Festplatte kostet der Alphakanal deutlich weniger Speicher, wenn Sie ein komprimierendes Dateiformat wie TIFF-LZW oder PSD wählen: Die oft einheitlichen Farben im Alphakanal lassen sich bestens zu komprimierten Blöcken verdichten. (Noch speichersparender ist ein Pfad.)

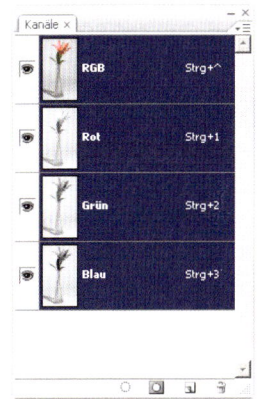

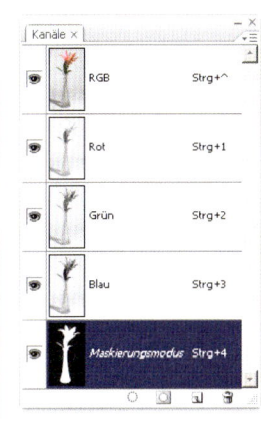

Abbildung 16.2 **Oben:** Auswahlen im Standardmodus ohne Alphakanal zeigt Photoshop als schwarzweiße Fließmarkierung an. In der Kanälepalette erscheinen nur die RGB-Grundfarben. **Unten:** Im Maskierungsmodus stellt Photoshop eine Auswahl vorübergehend als Alphakanal (Schnellmaske) dar, der hier rot halbdeckend über dem nicht ausgewählten Bereich liegt. Der Kanal erscheint als »Maskierungsmodus« in der Kanälepalette. Dateien: Kanal_a1, _a2

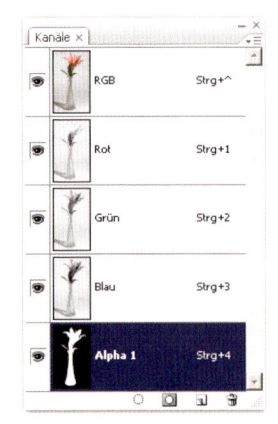

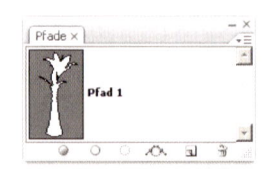

Abbildung 16.3 Links: Eine gespeicherte Auswahl erscheint als Alphakanal in der Kanälepalette. Der Alphakanal ist sichtbar geschaltet, er deckt nicht gewählte Bildbereiche rötlich ab; Farbe und Deckkraft können Sie ändern. Sie erkennen in der Palette, dass der Kanal zur Bearbeitung aktiviert ist. Die RGB-Grundfarbkanäle sind sichtbar, aber nicht aktiviert. Eine Retusche verändert also nur den Alphakanal, nicht das Bild selbst. **Rechts:** Alternative zum Alphakanal: Die Auswahl lässt sich auch als Pfad ablegen und über Ankerpunkte korrigieren. Das spart Speicherplatz, eignet sich aber nicht für halbtransparente oder sehr komplexe Auswahlbereiche. Datei: Kanal_a3, _a4

Ebenenmaske als Alternative

Wenn Sie ein Bild per Alphakanal teiltransparent auswählen und über einen neuen Hintergrund ziehen, transportieren Sie tatsächlich nur die markierten Pixel; was Sie teiltransparent übertragen haben, lässt sich nicht mehr voll deckend wiederherstellen. Praktische Alternative: die Ebenenmaske – ein Alphakanal für eine einzelne Ebene.

Die Ebenenmaske verbirgt beliebige Pixel mit beliebiger Deckkraft, ohne die Bildpunkte jedoch dauerhaft zu löschen. Durch die Korrektur der Ebenenmaske können Sie verborgene Bildpunkte wieder anzeigen – die gesamte Ebene bleibt unbeschädigt (Seite 604). Die Bearbeitung einer Ebenenmaske gleicht weitgehend der Korrektur eines Alphakanals.

Vektormaske als Alternative

Auch mit einer Vektormaske (Seite 609) machen Sie Teile einer Ebene unsichtbar. Gegenüber der Ebenenmaske sparen Sie Speicherplatz, allerdings sind keine halbtransparenten Bereiche möglich. Eine Vektormaske wird wie ein üblicher Pfad bearbeitet (Seite 469).

Probleme

Andere Programme zeigen vielleicht normale TIFF-Bilder an, wissen aber TIFFs mit Alphakanälen nicht zu deuten; mitunter werden RGB-TIFFs mit einem Alphakanal als CMYK-Bilder interpretiert und völlig falsch angezeigt. Weitere Möglichkeit: Der Alphakanal wird als Freistellpfad genutzt, Bereiche außerhalb der Auswahl erscheinen nicht mehr im Layout – zum Beispiel in CorelDraw oder in Microsoft-Office-Programmen wie Word oder PowerPoint (Seite 488).

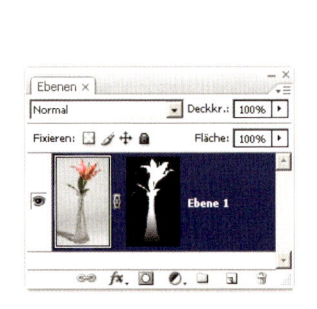

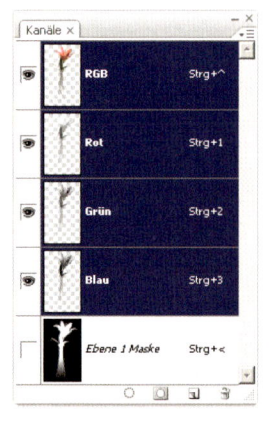

Abbildung 16.4
Wir machen den Außenbereich einer Montageebene per Ebenenmaske unsichtbar, das Karomuster signalisiert transparente Bereiche ohne Bildpunkte. **Mitte:** Schwarze Bereiche in der Maske verbergen die entsprechenden Bildpunkte, durch den Grauverlauf unten entsteht ein weicher Übergang von transparent zu deckend. **Rechts:** Die Ebenenmaske erscheint auch in der Kanälepalette, sofern die entsprechende Ebene aktiviert ist. Datei: Kanal_a5

Auswahlen als Alphakanal speichern

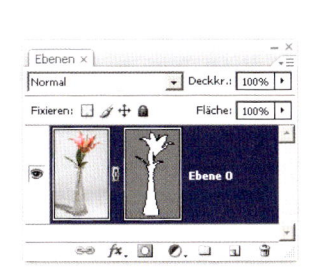

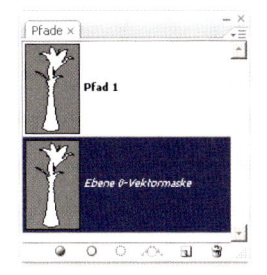

Abbildung 16.5
Das Bild befindet sich auf der Montage-»Ebene 0«, nicht auf einer »Hintergrund«-Ebene. Eine Vektormaske wurde aus dem Pfad abgeleitet und verbirgt den Außenbereich, so dass das Umfeld des Hauptmotivs transparent erscheint. Die Vektormaske lässt sich auch über die Pfadepalette aktivieren und einblenden, sofern die Ebene mit der Vektormaske aktiviert ist. Datei: Kanal_a6

Vor der Weitergabe an Layoutprogramme sollte also der Alphakanal verschwinden. Eine schnelle Kopie des Bilds ohne Alphakanäle entsteht per **Datei: Speichern unter**; hier wählen Sie beliebige Formate und schließen Alphakanäle aus.

Die Gesamtdateigröße steigt um den Betrag eines 8-Bit-Kanals, also um die Dateigröße einer Graustufenversion Ihres Bilds.

16.2 Auswahlen als Alphakanal speichern

Sie können Auswahlen speichern und wieder laden. In der Regel legen Sie die Auswahl in einem sogenannten Alphakanal ab: Diese zusätzliche Bildschicht unterlegt Ausgewähltes durch Weiß, nicht Ausgewähltes ist schwarz gekennzeichnet.

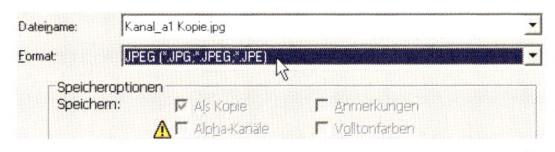

Abbildung 16.6 JPEG, EPS oder GIF nehmen keine Alphakanäle auf. Wollen Sie eine Datei mit Alphakanälen in diesen Dateitypen speichern, erscheint im Dialogfeld »Speichern unter« die Option ALPHA-KANÄLE automatisch blass – das Bild gelangt ohne Alphakanäle auf den Datenträger (Seite 169).

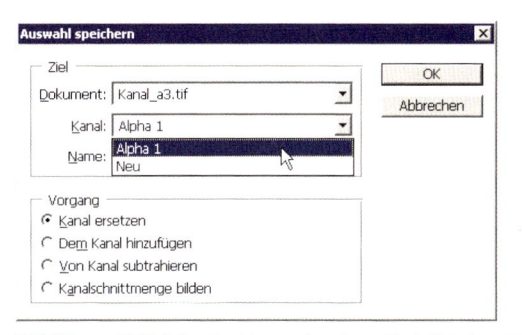

Abbildung 16.7 Beim »Speichern« einer Auswahl als Alphakanal bietet Photoshop verschiedene Verfahren an.

Wie werden Auswahlen beim Speichern verrechnet?

Das KANAL-Einblendmenü bietet die folgenden Optionen:

» Sie haben auf jeden Fall die Möglichkeit, einen Kanal NEU anzulegen. Damit erscheint die Auswahl in einem neuen Alphakanal, andere Kanäle werden nicht verändert.

» Haben Sie bereits Alphakanäle gespeichert, zum Beispiel unter dem Namen ALPHA 1, listet das Einblendmenü auch diese Kanäle auf. Die im Bild vorhandene Auswahl lässt sich mit diesen vorhandenen Kanälen verrechnen.

So schreiben Sie eine Auswahl in einen bereits vorhandenen Alphakanal:

» Klicken Sie auf KANAL ERSETZEN, dann überschreiben Sie den unter KANAL genannten Auswahlkanal komplett – er ist getilgt.

»Auswahl speichern«

Auf zwei Wegen speichern Sie eine vorhandene Auswahl-Fließmarkierung als Alphakanal:

» Blitzschnell: Sie klicken in der Kanälepalette auf das Symbol AUSWAHL ALS KANAL SPEICHERN. Damit entsteht sofort ein neuer Alphakanal, Sie sehen ihn unten in der Kanälepalette.

» Vielseitig: Wählen Sie bei vorhandener Markierung **Auswahl: Auswahl speichern.** Photoshop tischt ein Dialogfeld mit interessanten Optionen auf (nächster Abschnitt).

457

» Sie wählen DEM KANAL HINZUFÜGEN, wenn die im Bild schillernde Auswahl die bereits gespeicherte Auswahl noch erweitern soll. Sie dehnen also einen vorhandenen Auswahlbereich aus.

» VON KANAL SUBTRAHIEREN lässt sich eine Auswahl, wenn Sie Bildteile markiert haben, die im Alphakanal bereits ausgewählt sind. Sie verkleinern die vorhandene Auswahlinformation.

» Überkreuzen sich ein alter Alphakanal und eine frisch gezeichnete Auswahl, dann lässt sich auch eine KANAL-SCHNITTMENGE BILDEN.

Tipp

Brauchen Sie eine Auswahl nur vorübergehend als Alphakanal? Legen Sie die Auswahl an, dann richten Sie mit der Schaltfläche IM MASKIERUNGSMODUS BEARBEITEN oder per Q den Maskierungsmodus ein; nun erscheint die Auswahl als vorübergehender Alphakanal. Dieses Verfahren bietet exakt dieselben Möglichkeiten und Optionen zur Auswahlbearbeitung wie ein üblicher Alphakanal.

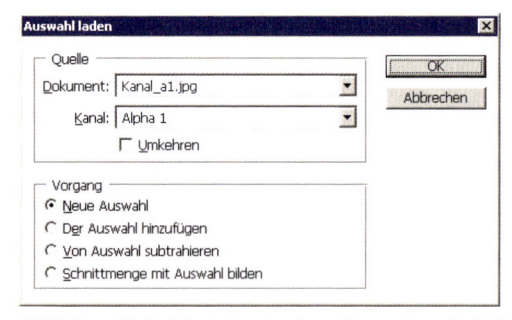

Abbildung 16.8 Beim Laden einer Auswahl verrechnen Sie die Informationen aus dem Alphakanal mit einer vorhandenen Auswahl.

»Auswahl laden«

Der Befehl **Auswahl: Auswahl laden** hievt die Alphakanalinformation als Fließmarkierung ins Bild. Sie können im Dialogfeld AUSWAHL LADEN vorhandene und neue Auswahlinformationen verrechnen – erweitern Sie zum Beispiel eine im Bild vorhandene Auswahl um die Informationen aus dem Alphakanal. Schneller geht das freilich mit Klicks in der Kanälepalette:

» Klicken Sie den Alphakanal in der Kanälepalette mit gedrückter Strg-Taste an, um diesen Kanal als neue Auswahl zu laden. Eine vorhandene Auswahl verfällt. Alternative: Ziehen Sie den Kanal auf das Symbol KANAL ALS AUSWAHL LADEN.

» Klicken Sie den Kanal mit Strg+⇧-Taste an, um eine bereits aktive Auswahl um diesen Kanal zu erweitern.

» Klicken Sie den Kanal mit Strg+Alt-Taste an, um die aktive Auswahl um diesen Kanal zu verkleinern.

» Klicken Sie den Kanal mit Strg+⇧+Alt-Taste an, wenn Sie als Auswahl die Schnittmenge aus aktiver Auswahl und Alphakanal benötigen.

Tipp

Mit den gleichen Griffen wie bei Alphakanälen mit der gespeicherten Auswahl laden Sie auch einen einzelnen Farbkanal oder den RGB-Gesamtkanal als Auswahl – bei grafischen Bildern eine nützliche Sache. Ebenso leiten Sie Auswahlmarkierungen auch aus der Ebenenpalette ab (Seite 436).

Auswahlen von Hand verrechnen

Sie können Auswahlen auch von Hand verrechnen:

1. Aktivieren Sie Kanal ALPHA 1.
2. Markieren Sie den Gesamtkanal mit Strg+A.
3. Kopieren Sie ihn mit Strg+C in die Zwischenablage.
4. Dann aktivieren Sie Kanal ALPHA 2 und fügen ALPHA 1 mit Strg+V ein.

Zunächst überdeckt der eingefügte Kanal ALPHA 1 den darunterliegenden Kanal. Wählen Sie **Bearbeiten: Verblassen**, auch via Kontextmenü. Im Dialogfeld stellen Sie die Füllmethode AUFHELLEN ein; damit bleiben bei beiden Kanälen die weißen Bereiche erhalten – so erweitern Sie die Auswahlinformation des unteren Kanals um die Auswahlinformation des oberen.

Wählen Sie die Füllmethode ABDUNKELN, wenn bei beiden Kanälen die schwarzen Bereiche erhalten bleiben sollen – so ziehen Sie die Auswahlinformation des einen Kanals von der Auswahlinformation des anderen Kanals ab. Testhalber senken Sie die Deckkraft, um zu sehen, wie sich die Kanäle überlagern. Danach verankern Sie den eingefügten Kanal mit Strg+D. Ähnliche Möglichkeiten bietet – über ein komplexes Dialogfeld – auch der Befehl **Bild: Kanalberechnungen**.

Alphakanal per Fließmarkierung verändern

Auch so verrechnen Sie zwei Alphakanäle:

1. Klicken Sie bei gedrückter Strg-Taste auf die Miniatur von Kanal ALPHA 1, so dass Sie diese Auswahl als Fließmarkierung erhalten.

2. Klicken Sie auf die Miniatur von ALPHA 2.

3. Die Auswahl-Fließmarkierung schillert noch im Bild. Füllen Sie den Auswahlbereich zum Beispiel per **Bearbeiten: Füllen** weiß, so dass Alpha 2 um den Inhalt von Alpha 1 erweitert wird.

Ein Kanal ALPHA 1 muss hier nicht unbedingt existieren: Erzeugen Sie eine Auswahl mit Lasso und Konsorten, aktivieren Sie ALPHA 2 und füllen Sie den Bereich weiß oder schwarz.

16.3 Die Kanälepalette

Die Kanälepalette rufen Sie über das **Fenster**-Menü auf. Dort regeln Sie, welche Kanäle angezeigt und welche Kanäle – angezeigt oder nicht – bearbeitet werden. Via Kanälepalette können Sie Auswahlen als Alphakanal ablegen oder Alphakanäle und Farbkanäle als Auswahl laden.

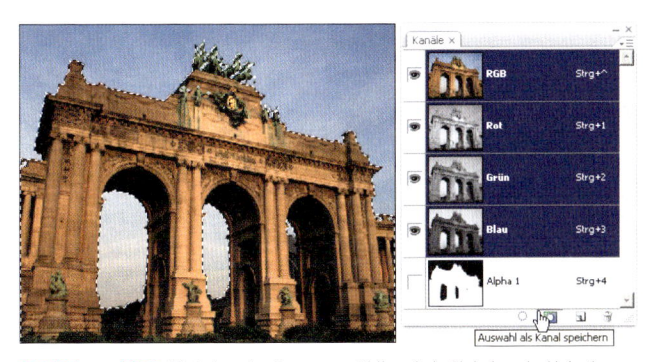

Abbildung 16.9 Wir haben das Tor ausgewählt und als Alphakanal »Alpha 1« gespeichert. Die Grundfarbenkanäle sind weiterhin zur Bearbeitung und zur Ansicht freigegeben, der Alphakanal wird momentan weder bearbeitet noch in der Bilddatei angezeigt. Datei: Kanal_b

Kanäle anzeigen und aktivieren

So lassen sich einzelne Kanäle anzeigen und aktivieren:

» Klicken Sie auf die Miniatur eines Kanals, um diesen Kanal anzuzeigen und zu aktivieren, so dass er bearbeitet werden kann. Alle weiteren Alphakanäle und Grundfarbkanäle werden ausgeblendet und deaktiviert. Das gewählte Feld in der Kanälepalette erscheint hervorgehoben.

» Klicken Sie auf das Augensymbol neben nicht aktiven Kanälen, um diese Kanäle anzuzeigen, ohne dass sie bearbeitet werden.

» Ziehen Sie in der Augenleiste, um mehrere Kanäle gleichzeitig auszublenden oder wieder hervorzuholen.

» Klicken Sie auf den Namen des Gesamtkanals – etwa RGB –, um das Gesamtbild anzuzeigen und alle Alphakanäle auszublenden und zu deaktivieren.

» Aktivieren Sie einen Einzelkanal und fügen Sie dieser Auswahl weitere Kanäle mit gedrückter ⇧-Taste hinzu.

» Klicken Sie doppelt auf den Namen des Kanals, wenn Sie ihn umbenennen wollen.

Klicken Sie einen Alpha- oder Farbkanal mit gedrückter Strg-Taste an, um ihn als Auswahl zu laden; nehmen Sie Strg+⇧-Taste, um ihn zur Auswahl hinzuzufügen, oder Strg+Alt-Taste, um ihn von der Auswahl abzuziehen. Ein Klick auf das Symbol AUSWAHL ALS KANAL SPEICHERN verewigt eine Auswahl als Alphakanal (siehe oben).

Abbildung 16.10 Ein Klick auf die Miniatur des Alphakanals (hier »Alpha 1«) zeigt und aktiviert ausschließlich diesen Auswahlkanal. Bearbeiten Sie den Auswahlkanal mit Mal- und Retuschewerkzeugen oder mit Korrekturbefehlen. Die Grundfarbkanäle werden hier nicht angezeigt und nicht verändert.

Kanäle verwalten

So organisieren Sie die Kanäle:

» Doppelklick auf die Miniatur eines Auswahlkanals öffnet die Kanaloptionen. Dort ändern Sie die Darstellung.

» Die Reihenfolge der Auswahlkanäle verändern Sie durch Verschieben innerhalb der Kanäleliste; die Grundfarbenkanäle stehen allerdings immer oben.

» Ziehen Sie einen Kanal auf den Mülleimer, um ihn ohne Rückfrage zu entsorgen.

» Klicken Sie einmal auf das Symbol NEUER KANAL, um ohne Rückfrage einen neuen, leeren Kanal zu erstellen. Ein Klick mit gedrückter Alt-Taste präsentiert vorab die Kanaloptionen.

» Klicken Sie bei gedrückter Strg-Taste auf das Symbol NEUER KANAL, um einen neuen Schmuckfarbenkanal zu erzeugen.

Teil 5 • Auswahl

» Ziehen Sie einen vorhandenen Kanal auf das Symbol NEUER KANAL, um diesen zu duplizieren. Das macht Sinn, wenn Sie den Kanal verändern, aber eine Sicherheitskopie zurückbehalten möchten.

Einige dieser Funktionen listet auch das Palettenmenü auf, das Photoshop wie üblich über die Schaltfläche ▼≡ anbietet. Sie sind überdies im Kontextmenü über den Kanalminiaturen zu finden.

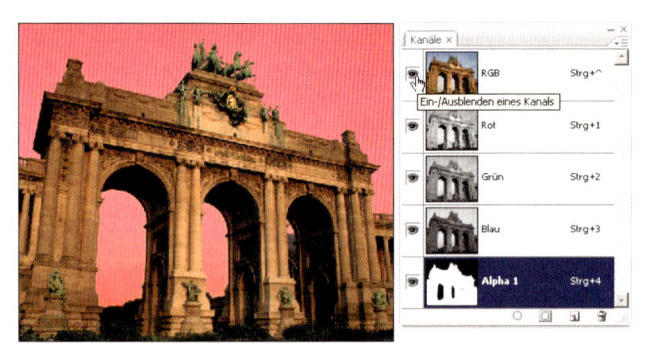

Abbildung 16.11 Ein Klick in die Augenleiste neben dem Gesamtkanal (hier »RGB«) blendet das Bild zur Orientierung mit ein. Der Alphakanal erscheint jetzt als Schutzlack in der Farbe, die Sie in den »Kanal-Optionen« wählen. Er kann weiterhin bearbeitet werden, das Grundbild ist weiterhin vor Bearbeitung geschützt. Hier erscheint der Alphakanal mit der voreingestellten Option »Farbe kennzeichnet: Maskierte Bereiche« – nicht ausgewählte Bereiche werden also abgedeckt. Datei: Kanal_b

Kanäle duplizieren

Vielleicht wollen Sie einen Alphakanal auch in einem anderen Bild verwenden. Nichts leichter als das:

» Verwenden Sie den Palettenbefehl **Kanal duplizieren**. Im Dialogfeld geben Sie neben DATEI den Namen der Zieldatei an. Achtung: Diese Datei muss hoch mal quer exakt die gleichen Pixelzahlen aufweisen wie das Ursprungsbild. Sie können als DATEI aber auch NEU angeben, um den Kanal in einer neuen Datei abzulegen.

» Einfacher: Ziehen Sie den Alphakanal aus der Kanälepalette auf ein neues Bild. Die Pixelmaße von Quelle und Zielbild müssen hier nicht übereinstimmen.

» So geht es auch: Laden Sie die Auswahl aus dem Alphakanal im aktuellen Bild per Strg-Klick auf die Kanalminiatur. Schalten Sie ein Auswahlwerkzeug wie das Lasso ein, achten Sie oben in den Optionen auf die NEUE AUSWAHL, dann ziehen Sie die Fließmarkierung einfach in die neue Datei.

Befehle im Überblick: Kanälepalette

Taste/Feld	Zusatztasten	Aktion	Ergebnis
⬜		🖱	Vorhandene Auswahl in neuem Alphakanal sichern
🗑		🖱	Aktiven Kanal mit Rückfrage löschen
🗑	Kanal auf Symbol ziehen	🖱	Kanal ohne Rückfrage löschen
🆕		🖱	Neuen, leeren Kanal ohne Rückfrage erstellen
🆕	Alt	🖱	Neuen, leeren Kanal erstellen, vorher Optionen sehen
🆕	Strg	🖱	Neuen Schmuckfarbenkanal erstellen
⭕		🖱	Aktiven Kanal als Auswahl laden
[Kanalminiatur]	Strg	🖱	Kanal als Auswahl laden
[Kanalminiatur]	Strg + ⇧	🖱	Vorhandene Auswahl um Kanalinformation erweitern
[Kanalminiatur]	Strg + Alt	🖱	Vorhandene Auswahl um Kanalinformation verkleinern
[Kanalminiatur]	Strg + ⇧ + Alt	🖱	Auswahlschnittmenge aus vorhandener Auswahl und Kanalinformation bilden

Optionen für Alphakanäle

Klicken Sie doppelt auf die Miniatur eines Alphakanals in der Palette, um an die KANALOPTIONEN zu gelangen. Die Vorgaben hier verändern in keiner Weise das Bild, den Inhalt oder das Verhalten des Alphakanals. Sie regeln hier lediglich, wie Photoshop den Kanal über der Bilddatei darstellt:

Retuschen in Alphakanal oder Ebenenmaske

» Nach einem Klick auf das FARBE-Feld bestimmen Sie im Farbwähler (Seite 310), in welcher Farbe der Alphakanal über die Bilddatei geblendet wird. Ändern Sie die Maskenfarbe, wenn sie sich nicht von wichtigen Farbtönen im Bild abhebt.

» Tippen Sie einen Wert für die Masken-DECKKRAFT ein. Damit bestimmen Sie, wie viel vom Originalbild die Maske noch durchblicken lässt. Wohlgemerkt: Die Schutzfunktion der Maske wird durch Änderungen in diesem Feld nicht beeinflusst. Eine hohe Deckkraft zeigt besonders übersichtlich, wie gut die Maske sitzt.

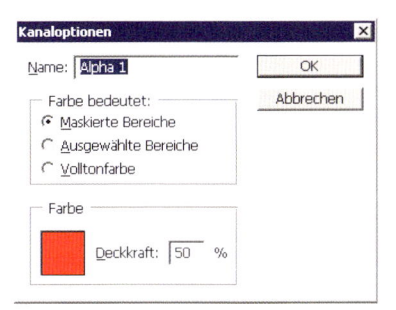

Abbildung 16.12
In den Kanaloptionen regeln Sie die Darstellung des Alphakanals. Hier sehen Sie die Grundeinstellung von Photoshop.

Fast die gleichen Optionen bietet auch der Maskierungsmodus (vergleiche Seite 455). Sie erreichen diese Optionen nach Doppelklick auf die Schaltfläche MASKIERUNGSMODUS in der Werkzeugleiste.

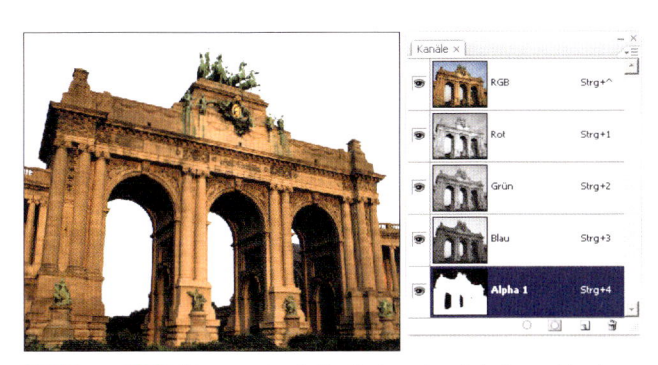

Abbildung 16.13 Wir verwenden die Standardvorgabe »Farbe kennzeichnet: Maskierte Bereiche« in den Kanaloptionen. Nicht Gewähltes erscheint abgedeckt. Die Maskenfarbe haben wir auf Weiß mit 90 Prozent Deckkraft umgestellt.

Farbe kennzeichnet

Besonders wichtig sind die Optionen unter FARBE KENNZEICHNET.

» MASKIERTE BEREICHE: Diese Vorgabe zeigt den ausgewählten Bildteil im Alphakanal weiß, nicht ausgewählte Partien sind schwarz. Blenden Sie den Alphakanal über das Grundbild, dann wird der nicht ausgewählte Bereich mit Farbe abgedeckt. Nur der Teil innerhalb der Auswahl ist voll sichtbar. Dies ist Photoshops Einstellung ab Werk; bei den eng verwandten Ebenenmasken gibt es keine andere Darstellung. Im Buch verwenden wir durchgängig die Darstellung MASKIERTE BEREICHE.

» AUSGEWÄHLTE BEREICHE: Diese Option zeigt den ausgewählten Bildteil im Alphakanal schwarz, nicht Gewähltes ist weiß. Blenden Sie den Alphakanal über das Grundbild, ist der ausgewählte Bildteil mit der Schutzfarbe abgedeckt.

Abbildung 16.14 Wir verwenden die Maskenfarbe Rot mit der Option »Farbe kennzeichnet: Ausgewählte Bereiche«. Die Auswahlinformation bleibt unverändert, doch diesmal wird der ausgewählte Teil abgedeckt. Manchmal findet man Auswahlfehler so besser.

16.4 Retuschen in Alphakanal oder Ebenenmaske

Um die Auswahl oder den sichtbaren Bereich zu korrigieren, können Sie in Alphakanal oder Maske malen, füllen, filtern und Kontraste verändern. Klicken Sie zuerst auf den Namen des Alphakanals oder der Maske. Je nach Situation stellen Sie den Alphakanal allein dar oder blenden ihn halbdeckend über das Bild.

Freilich ist Kanalretusche nur zweite Wahl – legen Sie am besten schon die Auswahl so an, dass Sie möglichst wenig Arbeit damit haben: Häufig liefert das Schnellauswahl-Werkzeug mit der Option AUTOMATISCH VERBESSERN exzellente Ergebnisse ab; ziehen Sie dieses Werkzeug auch bei gedrückter Alt-Taste über nicht gewünschte Bereiche. Diese Auswahl verfeinert man dann global per **Kante verbessern** (Seite 436, auch mit weiteren Tipps zur Auswahlveredlung).

Nur wenn es dann örtlich noch hapert, rücken Sie Alphakanal oder Ebenenmaske mit Pinsel und Co. auf den Pelz. Bei Wuschelköpfen und Buschwerk halten Sie sich nicht lange mit Schnellauswahl, Zauberstab und Co. auf, sondern starten schnurstracks das **Extrahieren**.

Teil 5 • Auswahl

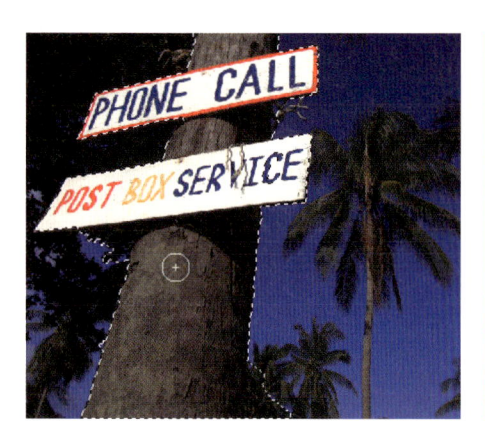

Abbildung 16.15
Links: Das Schnellauswahl-Werkzeug wählt das Hauptmotiv mit seinen abgeschatteten Übergängen nicht präzise aus. **Rechts:** Mit der Taste Q haben wir die Schnellmaske, mit dem B den Pinsel eingeschaltet. Per Rechtsklick liefert Photoshop die Pinseloptionen.

Übersicht

Bei allen folgenden Beispielen verwenden wir in den Kanaloptionen (siehe oben) Photoshops Standardeinstellung FARBE KENNZEICHNET: MASKIERTE BEREICHE. Das bedeutet:

» Nicht ausgewählte, also geschützte, »maskierte« Bildteile unterlegt Photoshop mit FARBE – im Alphakanal allein mit Schwarz, über das Bild geblendet mit 50 Prozent Rot.

» Ausgewählte Bildteile zeigt Photoshop weiß – sie sind auch dann voll zu erkennen, wenn der Alphakanal über das Bild geblendet wird.

Farben für die Maskenretusche

So retuschieren Sie im Alphakanal oder in der Ebenenmaske, wenn Sie die übliche Vorgabe FARBE KENNZEICHNET: MASKIERTE BEREICHE verwenden:

» Pinseln oder füllen Sie mit Schwarz: Die Auswahl wird kleiner oder der sichtbare Bereich der Ebene nimmt ab.

» Pinseln oder füllen Sie mit Weiß: Sie vergrößern die Auswahl, von der Ebene ist mehr zu sehen.

» Erstellen Sie im Auswahlkanal einen Verlauf von Schwarz nach Weiß, ist das Bild von Schwarz nach Weiß stärker ausgewählt oder sichtbar.

Gilt bei Ihnen umgekehrt FARBE KENNZEICHNET: AUSGEWÄHLTE BEREICHE, verkleinern Sie die Auswahl mit Weiß und vergrößern sie mit Schwarz.

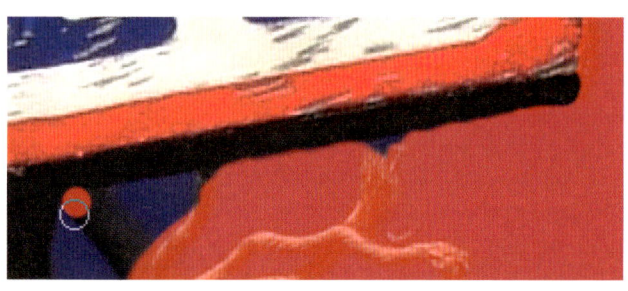

Abbildung 16.16 Die Außenkante des Schilds ist nicht sauber ausgewählt. Wir klicken einmal ganz links, bewegen den Mauszeiger nach rechts, drücken die ⇧-Taste und klicken ein zweites Mal. Photoshop verbindet die beiden Klickpunkte durch eine Gerade. So fassen Sie Strecken in Produkt- und Architekturfotos leicht ein.

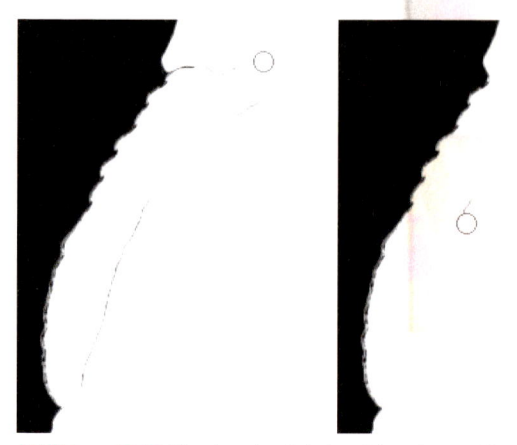

Abbildung 16.17 Wir zeigen den Alphakanal hier schwarzweiß an. Innerhalb des ausgewählten Bereichs blieben ein paar nicht ausgewählte Lücken zurück. Mit Pinsel und weißer Vordergrundfarbe verschwinden die Löcher. Sie könnten die schwarzen Linien auch mit dem Lasso einrahmen und mit Weiß füllen.

Tipp
Bevor Sie einen gelungenen Auswahlkanal weiter manipulieren, duplizieren Sie ihn und arbeiten Sie mit der Kopie weiter. Dazu ziehen Sie die Kanalminiatur auf das Symbol NEUER KANAL unten in der Kanälepalette.

Farbwahl
Sobald Alphakanal oder Ebenenmaske aktiviert sind, bietet Photoshop als Vorder- und Hintergrundfarbe für Ihre Retuschen nur noch Graustufen. Standard-Vordergrundfarbe ist in dieser Situation Weiß: Drücken Sie also das D (für Default Colors, Standardfarben), richtet Photoshop ausnahmsweise nicht Schwarz, sondern Weiß als Vordergrundfarbe ein.

Damit vergrößern Sie den ausgewählten Bereich in einem Alphakanal. Um Schwarz zu erhalten, drücken Sie X (für Exchange), die Kurztaste für den Austausch von Vorder- und Hintergrundfarbe.

Retusche bei eingeblendetem Originalbild
Wenn Sie den Alphakanal bei eingeblendetem Original bearbeiten, erscheint er rötlich über der Datei. Doch auch jetzt retuschieren Sie den Kanal mit Weiß und Schwarz.

Abbildung 16.18 Im der Ecke zwischen Schild und Baum wurde zu viel ausgewählt. Wir markieren den Bereich grob mit dem Polygon-Lasso und füllen ihn Schwarz. Sobald Sie die rote Schnellmaske wieder in eine normale Fließmarkierung verwandeln, ist die rot abgedeckte Ecke nicht mehr in der Auswahl.

Es gilt:

» Pinseln Sie mit Weiß ins Bild, um weitere Bereiche in die Auswahl hineinzunehmen – das Rot schwindet.

» Pinseln Sie mit Schwarz, um die ausgewählte Zone zu verkleinern. Sie sehen mehr Rot über der Datei, aber Kanal oder Maske erhalten tatsächlich schwarze Farbe.

Der bequemste Weg?
Wenn Sie an längeren Auswahlen tüfteln, sollten Sie bewusst ein Verfahren verwenden – Fließmarkierung, Schnellmaske, Alphakanal oder Ebenenmaske? Vielleicht der bequemste Weg: Legen Sie eine Ebenenmaske an, die sich etwas bequemer retuschieren lässt als Alphakanal oder Schnellmaske. In unserem Beispiel wollen wir in einem normalem Bild, das nur aus einer HINTERGRUND-Ebene besteht, einen komplexen Bereich auswählen.

1. Duplizieren Sie die HINTERGRUND-Ebene mit Strg+J, so dass die neue EBENE 1 entsteht.

2. Klicken Sie in der Ebenenpalette einmal auf die HINTERGRUND-Ebene.

3. Unten in der Ebenenpalette klicken Sie auf das Symbol NEUE FÜLL- ODER EINSTELLUNGSEBENE ERSTELLEN. Nehmen Sie die **Volltonfarbe** und legen Sie eine schneeweiße Füllebene an (je nach Motiv auch Schwarz oder eine andere Farbe). Die Füllebene landet zwischen den beiden Bildebenen.

4. Klicken Sie in der Palette einmal auf die obere Bild-EBENE 1.

5. Wählen Sie mit Schnellauswahl oder anderen Werkzeugen das Hauptmotiv aus.

6. Verfeinern Sie die Auswahl mit anderen Werkzeugen oder **Kante verbessern**.

7. Klicken Sie unten in der Ebenenpalette auf EBENENMASKE HINZUFÜGEN.

DVD
Die Aktion »Auswählen – mit Ebenenmaske« von der Buch-DVD nimmt Ihnen die Arbeit ab: Sie erzeugt die erforderlichen Ebenen und schaltet zum richtigen Zeitpunkt auch Schnellauswahl und Pinsel ein.

Teil 5 • Auswahl

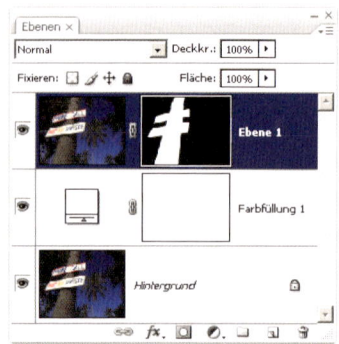

Abbildung 16.19
Wir haben die Originalebene dupliziert, mit einer Ebenenmaske ausgestattet und mit einer weißen Füllebene unterlegt. Jetzt bearbeiten Sie die Auswahl bequem per Maskenretusche. Datei: Kanal_i2

So arbeiten Sie weiter

Jetzt erscheint Ihr Hauptmotiv vor weißem Hintergrund, die Ebenenmaske ist aktiviert. So arbeiten Sie weiter:

Malen Sie mit Weiß, um mehr sichtbar zu machen, oder verbergen Sie mit Schwarz mehr vom Hauptmotiv. (Die Taste X wechselt zwischen den Farben.)

Wenden Sie alle anderen Methoden zur Auswahlverfeinerung in Kanälen und Masken an, auch den Befehl **Auswahl: Kante verbessern**.

Sie wollen etwas von der Umgebung sehen? Klicken Sie in der Palette einmal auf die FARBFÜLLUNG 1, dann senken Sie die Deckkraft auf 50 Prozent. Vor der Retusche klicken Sie wieder die Maskenminiatur der EBENE 1 an.

So nutzen Sie die fertige Auswahl

Die Auswahl passt, steht, wackelt und hat Luft? So könnten Sie weiterarbeiten:

1. Klicken Sie bei gedrückter Strg-Taste auf die Miniatur der Ebenenmaske, um sie als Auswahl zu laden.

2. Klicken Sie einmal links daneben auf die Miniatur der Bildebene selbst.

3. Ziehen oder kopieren Sie das freigestellte Motiv in ein anderes Bild.

Noch vielseitiger wirkt ein anderer Weg: Ziehen Sie die Miniatur der Bildebene über das geplante neue Hintergrundbild. So duplizieren Sie die komplette Bildebene samt frei-

Abbildung 16.20
Wollen Sie das Originalbild gedämpft sichtbar machen, senken Sie die »Deckkraft« der Farbfüllung. Danach aktivieren Sie wieder die Maske der »Ebene 1«. Datei: Kanal_i

stellen der Ebenenmaske in das Zielbild – wenn der Hintergrund noch nicht ganz passt, können Sie die Auswahl jederzeit verfeinern.

Tipp
Stellen Sie komplizierte Motive direkt über dem geplanten neuen Hintergrund frei. Sie erkennen so frühzeitig, was Sie noch verbessern müssen und wo sich weitere Arbeit nicht unbedingt lohnt.

Pinsel- und Füllfunktionen bei der Alphakanalretusche

Wollen Sie zusammengehörende Flächen in die Auswahl hineinnehmen, so markieren Sie diese rasch mit dem Auswahlrechteck [ ] oder mit dem Polygon-Lasso. So füllen Sie die Auswahl im Auswahlkanal besonders zügig:

» Die Entf-Taste setzt die Hintergrundfarbe ein, bei Masken- und Alphakanalarbeiten zunächst Schwarz, die Auswahl verkleinert sich.

» Alt-Taste+Entf setzt die Vordergrundfarbe ein, in Maske und Alphakanal zunächst Weiß, die Auswahl wird größer.

Geglättete und weiche Kanten retuschieren

Bei normalen Fotomontagen arbeiten Sie mit geglätteten Auswahlkanten (Seite 422); die erkennen Sie im Alphakanal an dem hauchdünnen grauen Übergang zwischen Schwarz und Weiß. Retuschieren Sie einen Auswahlrand in Kanal oder Ebenenmaske, müssen Sie die gleiche Glättung erreichen:

Zu harte Pinselvorgaben lassen die Auswahl an der retuschierten Stelle abrupt enden, zu weiche Spitzen stellen allzu sanfte Übergänge her.

So retuschieren Sie geglättete Konturen im Alphakanal oder in der Ebenenmaske besonders unauffällig:

» Entstand die Auswahl mit der GLÄTTEN-Funktion von Lasso oder Zauberstab? Dann verwenden Sie den Pinsel (Kurztaste B) mit 100 Prozent HÄRTE. Nur so entsteht der hauchdünne weiche Rand, der zur geglätteten Auswahl passt. Die Härte einer Pinselvorgabe stellen Sie nach Rechtsklick ins Bild ein (Seite 323). Die Kanten der Schnellauswahl wirken eventuell etwas weicher.

» Retuschieren Sie an einer harten Auswahl ohne jede glatte Kante, zum Beispiel bei Grafiken, Screenshots oder Strichzeichnungen, dann bearbeiten Sie die Maske mit dem Buntstift (Seite 333, Kurztaste B).

» Zu Auswahlen mit sehr weicher Kante: Hier probieren Sie es mit reduzierter HÄRTE in den Pinseloptionen; oder Sie malen erst mit harter Pinselvorgabe, markieren den noch aufzuweichenden Bereich mit dem Lasso und soften den Übergang später mit dem **Filter**-Befehl **Weichzeichnungsfilter: Gaußscher Weichzeichner** ab (Seite 378). Halten Sie allerdings auch den Übergang zwischen dem nachträglich weichgezeichneten Alphakanal und den bereits weich angelieferten Partien unauffällig. Dazu verwenden Sie in den Lassooptionen die WEICHE KANTE oder nach Anwendung des Lassos den **Auswahl**-Befehl Wei-

Abbildung 16.21 Um ein extrabreites Landschaftsfoto zu erhalten, wird die Hintergrundebene auf eine neue Ebene dupliziert, per »Bearbeiten: Transformieren« horizontal gespiegelt und nach außen geschoben. Der Befehl »Bild: Alles einblenden« verbreitert die Arbeitsfläche wie erforderlich. In der Ebenenmaske retuschieren wir mit weicher Werkzeugspitze, um einen nahtlosen Übergang zwischen den zwei Ebenen herzustellen. In einfachen Fällen hilft auch der Befehl »Bearbeiten: Ebenen automatisch füllen« bei der Überblendung (Seite 557). Dateien: Kanal_d1, _d2

che Auswahlkante. Alternative: Verlängern Sie eine weiche Auswahlkante im Alphakanal durch Pixelkopie per Kopierstempel (Seite 282) oder durch Duplizieren eines Auswahlbereichs, den Sie seinerseits mit weicher Kante erstellt haben.

Bereiche von Alphakanal oder Maske bewegen

Beim Bewegen eines ausgewählten Bereichs im Alphakanal per Verschiebenwerkzeug entsteht ein Loch am ursprünglichen Standort. Photoshop füllt dieses Loch mit der Hintergrundfarbe. Arbeiten Sie also im Alphakanal mit weißen Auswahlbereichen, dann achten Sie vor dem Bewegen auf Schwarz als Hintergrundfarbe.

Bei der Korrektur einer Alphakanalauswahl passiert leicht Folgendes: Sie haben um einen Auswahlbereich herum zu viel Schwarz mitmarkiert; dieses Schwarz überdeckt beim Verschieben schon wieder einen anderen, weißen Bereich. So verhindern Sie die Überdeckung:

1. Ist der Bereich verschoben und als schwebende Auswahl im Bild, wählen Sie **Bearbeiten: Verblassen**.
2. Im Dialogfeld nehmen Sie den Modus Aufhellen.

Damit setzen sich jeweils die helleren Bereiche durch, Weißes bleibt generell erhalten.

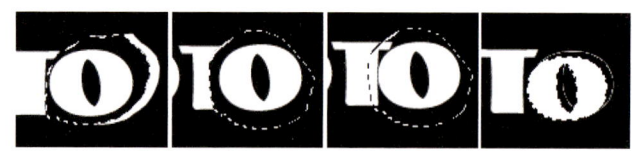

Abbildung 16.22 **1. Bild:** Beim Bewegen einer Auswahl im Alphakanal entsteht ein Loch in der Hintergrundfarbe; die Hintergrundfarbe sollte also auf Schwarz gestellt werden. **2. Bild:** Hier wird schwarze Hintergrundfarbe verwendet; allerdings überdeckt das schwarze Umfeld des Buchstabens beim Verschieben bereits den nächsten Buchstaben. **3. Bild:** Wählen Sie darum im Kontextmenü des Auswahlwerkzeugs den Befehl »Verblassen« und im Dialogfeld den Modus »Aufhellen«. Dann setzen sich jeweils die helleren Pixel durch, die weißen Lettern bleiben auf jeden Fall erhalten. **4. Bild:** Bereiche, die mit niedriger Zauberstab-»Toleranz« markiert werden, hinterlassen einen weißen Rand.

Auswählen innerhalb von Alphakanal oder Maske

Sie wollen innerhalb von Alphakanal oder Maske einen weißen Bereich auswählen – inklusive der Grautöne am Rand? Sie könnten die Zone außen mit dem Lasso umfahren.

Alternative: Klicken Sie mit dem Zauberstab in den weißen Bereich und verwenden Sie als Toleranz den zweithöchsten Wert »254«. Diese Auswahl lässt sich verschieben, ohne dass grauer Rand zurückbleibt.

Abbildung 16.23 Der Modus »Aufhellen« erlaubt hier passgenaues Verschieben; das schwarze Umfeld kann benachbarte weiße Zonen nicht überdecken. Wenn Sie in einem Alphakanal arbeiten, richtet man diesen Modus über den Befehl »Bearbeiten: Verblassen« ein; er findet sich auch im Kontextmenü eines Auswahlwerkzeugs über schwebenden Auswahlen.

16.5 Motivteile in Alphakanal oder Ebenenmaske

Mitunter ist es zu aufwändig, ein Objekt mit Zauberstab, Lasso und Alphakanalretusche zu markieren. Stattdessen überträgt man gleich das ganze Motiv in den Kanal, passt es dort an und lädt das Ergebnis als Auswahl. Auf verschiedene Arten bringen Sie den kompletten Bildinhalt in Alphakanal oder Ebenenmaske:

» Wählen Sie das Gesamtbild mit Strg+A aus, kopieren Sie es mit Strg+C in die Zwischenablage, legen Sie mit der Schaltfläche Neuen Kanal erstellen aus der Kanälepalette einen neuen, leeren Alphakanal an, aktivieren Sie diesen Kanal und fügen Sie das Bild aus der Zwischenablage mit Strg+V ein; es erscheint in Graustufen.

» Alternative: Laden Sie die Bildinformation als Auswahl, indem Sie bei gedrückter Strg-Taste auf die Miniatur des Gesamtkanals in der Kanälepalette klicken, zum Beispiel auf RGB. Mit einem Auswahlwerkzeug wie dem Lasso ziehen Sie diese Fließmarkierung über das Zielbild und klicken dort in der Kanälepalette auf Auswahl als Kanal speichern. So entsteht ein neuer Alphakanal.

» Handeln Sie wie zuvor, aber klicken Sie unten in der Ebenenpalette auf das Symbol Ebenenmaske hinzufügen. Voraussetzungen: Aktiviert ist eine Ebene 1 oder ähnlich, jedenfalls keine Hintergrund-Ebene; diese Ebene hat noch keine Ebenenmaske.

Setzen Sie zum Beispiel Wolken in den Alphakanal oder in die Ebenenmaske ein. Wo Weiß im Alphakanal ist, werden die Wolken ausgewählt bzw. sie sind sichtbar. Wo der Alphakanal dunkel ist, weil das Original dort blauen Himmel zeigte, wird wenig oder nichts ausgewählt oder angezeigt. Teilweise können Sie Wolken auch allein durch Verbergen von Helligkeitsbereichen überblenden.

Durchscheinendes Glas

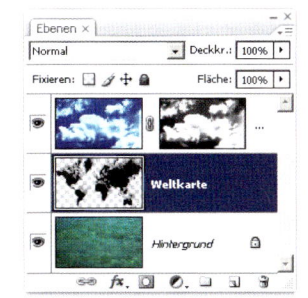

Abbildung 16.24 Das Wolkenfoto wurde über die Montage mit der Weltkarte gelegt, so dass es zunächst die gesamte Bildfläche überdeckte. In der Kanälepalette haben wir bei gedrückter [Strg]-Taste auf den Grünkanal geklickt, in dem Wolken und blauer Himmel besonders stark kontrastierten. Anschließend haben wir die Wolkenebene aktiviert und auf die Schaltfläche »Ebenenmaske hinzufügen« geklickt. Die Wolken erscheinen jetzt als Ebenenmaske. Weil der blaue Himmel in der Graustufen-Ebenenmaske dunkel ist, wird dieses Blau im Gesamtbild unterdrückt, während die helleren Wolken gut herauskommen – Karte und Wasser scheinen durch. Die Kontraste in der Ebenenmaske wurden noch mit der »Tonwertkorrektur« verstärkt, so dass die Maske tatsächlich reines Schwarz und Weiß enthält. Datei: Kanal_g

Durchscheinendes Glas

Wer ein Weinglas montiert und den Hintergrund sanft durchschimmern lassen möchte, kann nicht etwa die gesamte Bildebene des Behältnisses auf verminderte Deckkraft stellen, denn in der Realität schimmert der Hintergrund mal mehr, mal weniger durch. Teils wirkt das Glas fast durchsichtig; dunkel abgeschattete, aber auch hell reflektierende Stellen verbergen die Umgebung dahinter gänzlich. Auch hier hilft es, das Objekt mit einer Kopie seiner selbst im Alphakanal zu maskieren. Einzelne Helligkeitsbereiche lassen sich mit dem Befehl **Bild: Anpassungen: Gradationskurven** ([Strg]+[L], Seite 218) punktgenau auf die gewünschte Helligkeit bringen. Eine Alternative zu diesem Verfahren bietet allerdings der Hintergrund-Radiergummi (Details und Ergebnisbilder ab Seite 429).

Pinselstrich in der Ebenenmaske

Kopieren Sie Motive wie einen Pinselstrich, eine Briefmarke oder einen Papierschnipsel in die Ebenenmaske, um das dazugehörende Bild in diesen Konturen zu zeigen. Passen Sie Größe und Lage mit der **Transformieren**-Funktion an ([Strg]+[T]).

Teiltransparente Auswahlen

Graustufen in Alphakanälen oder Ebenenmasken sorgen für halbtransparente Bereiche. Sie helfen nicht nur bei geglätteten Kanten, sondern auch bei halbdurchsichtigem Glas, bei durchscheinendem Haar und wenn Sie etwas stufenlos ein- oder ausblenden möchten.

Abbildung 16.25
Links: Das Weinglas wurde ohne transparente Bereiche ausgewählt und montiert. **Mitte:** Wir kopieren das Glas in den Alphakanal und verwenden es als Auswahl; aber auch dieses Bild überzeugt nicht. **Rechts:** Wir haben einzelne Helligkeitsbereiche des Alphakanals mit Kontrastkorrekturen bearbeitet und den Alphakanal neu als Auswahl geladen. Datei: Kanal_f1

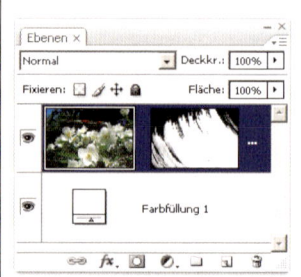

Abbildung 16.26 Wir kopieren den Graustufenscan eines Pinselstrichs in das Blumenfoto, laden die Auswahlinformation der Graustufen per Strg-Klick auf die Miniatur in der Kanälepalette und leiten daraus durch den Klick auf die Schaltfläche »Ebenenmaske hinzufügen« eine Ebenenmaske für die Blumenebene ab (die zunächst noch aktiviert wurde). Wir kehren den Scan ins Negativ um (Strg+I), heben den Kontrast und bringen mit Photoshop-Pinseln weitere Schwarz- und Weißbereiche an. Einige Bereiche werden dupliziert, vergrößert oder gedreht. Wenn Sie die Verbindung zwischen Maske und Ebene aufheben, können Sie die Blumen innerhalb der Maske verschieben. Dateien: Kanal_h1, _h2

Ist ein Bildteil mit einem grauen Bereich im Alphakanal unterlegt und laden Sie diesen Kanal als Auswahl, dann wirkt sich ein Filter oder eine Montage dort nur teilweise aus: Das Originalbild bleibt blass erhalten, die gefilterte Version liegt transparent darüber.

Weiche Auswahlen in Alphakanal oder Ebenenmaske korrigieren

Mit Verläufen von Schwarz nach Weiß in Alphakanal oder Ebenenmaske blenden Sie Motive stufenlos ein oder lassen einen Befehl stufenlos stärker wirken. So ändern Sie die Übergänge:

» Ideal: Ist eine Ebenenmaske aktiviert, nehmen Sie **Auswahl: Kante verbessern** (Strg+Alt+R, Seite 436). Sie können die Auswahl ERWEITERN/VERKLEINERN, der KONTRAST-Regler sorgt für härtere Übergänge.

» Verwenden Sie in Alphakanälen oder Ebenenmasken **Bild: Anpassungen: Tonwertkorrektur** (Seite 238, Strg+L) und ziehen Sie den Weißregler nach innen, um hellere Grauzonen auf Weiß zu setzen. Der ausgewählte bzw. sichtbare Bereich wird größer.

» Der Befehl **Helligkeit/Kontrast** aus demselben Untermenü hebt den Kontrast in einem Verlauf an und erzeugt so kürzere, härtere Übergänge. Dabei nehmen Sie die Vorgabe FRÜHEREN WERT VERWENDEN.

Abbildung 16.27
Links: Wir wählen die linke obere Ecke der Uhrenebene mit dem Zauberstab aus.
Mitte: Wir aktivieren die Ebenenmaske und füllen den zuvor ausgewählten Bereich mit Schwarz; so wird auch in diesen Ecken die Uhren-Ebene verborgen, der Hintergrund erscheint. Dateien: Kanal_e1 etc.

Kapitel 17
Pfade & Formen

Pfade liegen über dem eigentlichen Bild und werden unabhängig von den Pixeln selbst korrigiert. Pfade können Sie in Photoshop vielseitig verwenden:

» als Grundlage für das Auswählen eines Bildteils,

» als Kontur, die Photoshop mit einem beliebigen Mal- oder Retuschewerkzeug umrandet oder füllt,

» als Vektormaske, die einer Ebene zugeordnet ist und die Ebene außerhalb des Pfadumrisses verbirgt.

Dabei können Sie übliche Bildpunktbereiche eingrenzen oder – in »Formebenen« – Figuren nur aus Farbflächen und Ebeneneffekten aufbauen. Verwenden Sie einen offenen Pfad als Grundlinie für Punkttext, einen geschlossenen Pfad als Rahmen für Absatztext oder als Beschneidungspfad, der einem Layoutprogramm die Begrenzungen eines frei ausgeschnittenen Bildteils angibt – Objekte erscheinen freigestellt und ohne Rechteckkasten auf der Seite.

17.1 Einstieg

Pfade sind nur Hilfslinien, sie werden nicht gedruckt. Sie setzen sich vielmehr zusammen aus Ankerpunkten und den Linien dazwischen. Pfade entstehen auf verschiedene Arten:

» Sie erstellen einen Pfad mit Zeichenstift oder Freiform-Zeichenstift.

» Sie erstellen eine Form (also einen sofort geschlossenen Pfad) mit einem Formwerkzeug wie »Abgerundetes Rechteck« oder »Eigene Form«.

» Sie wandeln die aktive Auswahl in einen Pfad um.

» Sie verwandeln eine Textebene mit dem Untermenü **Ebene: Text** in einen **Arbeitspfad** oder in eine **Form**.

Mit Pfadtechniken erstellen Sie einfach fließende und präzise Formen, die sich gut nachbearbeiten lassen; diese Formen bekommen Sie mit pixelorientierten Werkzeugen wie Lasso oder Pinsel kaum hin. Auch Auswahlkanten, die unschön ausfransen, lassen sich mit einem Pfad elegant glätten. Besonders empfiehlt sich die Pfadtechnik für flüssige Umrisse, Geraden und harte Ecken. Keinesfalls eignen sich Pfadfunktionen für weiche Übergänge oder komplexe Umrisse, etwa einen Haarschopf.

Abbildung 17.1
Pfade eignen sich besonders für geschwungene Formen, für harte Ecken und Geraden. Der Pfad definiert hier die Konturen einer Formebene, er wird mit dem Direktauswahl-Werkzeug geformt. Sie erkennen in der Ebenenpalette, dass das Bild noch vollständig vorhanden ist und jederzeit komplett angezeigt werden kann. Datei: Pfad_a

Tipp
Die Figuren der Pfad- und Formwerkzeuge docken bei Bedarf magnetisch an Hilfslinien, Grundraster oder Bildgrenzen an. Die entsprechenden Vorgaben machen Sie im Untermenü **Ansicht: Ausrichten an** *und mit dem Befehl* **Ansicht: Ausrichten** *(Seite 527).*

Dateiformate

Am Mac können Sie Pfade in vielen Dateiformaten speichern, unter Windows sind Sie auf die Formate PSD, JPEG, EPS, DCS, PDF und TIFF beschränkt. Allerdings: Der Pfad kann verloren gehen, wenn Sie eine Datei mit Pfad in einem anderen Programm neu speichern. Gegenüber einem Alphakanal bietet ein Pfad die Möglichkeit, Auswahlen besonders speichersparend zu sichern.

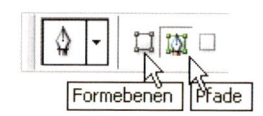

Abbildung 17.2 **Links:** So beginnt die Arbeit mit einem Pfad: Sie haben ein Pfad- oder Formwerkzeug gewählt, aber noch keine Figur ins Bild gesetzt. In der Optionenleiste wählen Sie, ob Sie einen »Pfad« oder eine »Formebene« erstellen. **Rechts:** So geht die Arbeit mit dem Pfad weiter, wenn eine erste Figur bereits im Bild ist. Photoshop bietet jetzt Optionen an, wie Sie neue Pfadteile mit dem vorhandenen Pfad verrechnen.

17.2 Pfade oder Formen beginnen

In diesem Abschnitt besprechen wir, wie Sie einen Pfad neu anlegen.

Verschiedene Pfadergebnisse

Schon bevor Sie den Pfad ins Bild klicken, bestimmen Sie in den Optionen zum Pfad- oder Formwerkzeug Ihr Ziel:

- Ein neuer Arbeitspfad: Sie verwenden die Schaltfläche PFADE in den Optionen zu Form- oder Pfadwerkzeugen. Die aktuelle Ebene bleibt unverändert.

- Eine neue Formebene, also eine neue Füllebene mit Vektormaske: Wählen Sie zunächst die Schaltfläche FORMEBENEN in den Optionen zu den Form- oder zu den Pfadwerkzeugen. Sie legen sofort einen EBENENSTIL fest (Seite 587), also eine Kombination aus verschiedenen Ebeneneffekten. Nennen Sie keinen Ebenenstil, produziert Photoshop eine Formebene mit einer Füllung in der aktuellen Vordergrundfarbe.

- Eine gerasterte, gefüllte Figur auf der aktuellen Ebene: Nutzen Sie die Schaltfläche PIXEL FÜLLEN in den Optionen zu den Formwerkzeugen. Die aktuelle Ebene wird verändert, Sie können das Ergebnis nicht mit Pfadtechnik umformen.

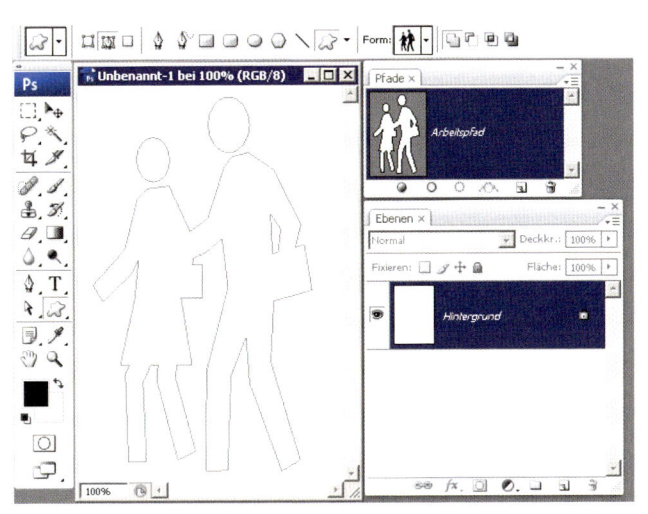

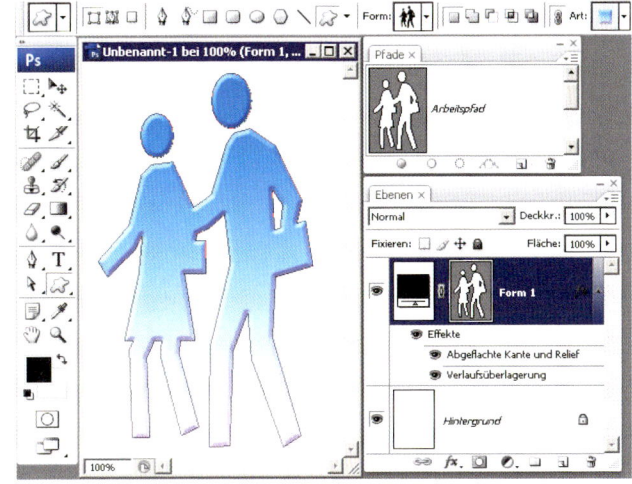

Abbildung 17.3 Links: Ausgangsbasis für dieses Bild war eine weiße Hintergrundebene. Wir haben das »Eigene-Form-Werkzeug« eingeschaltet. In der Optionenleiste wählten wir links die Vorgabe »Pfade«, im Klappmenü »Form« die Fußgänger. Die Pfadpalette zeigt einen neuen »Arbeitspfad«. Sie können den Arbeitspfad füllen, nachzeichnen, als Auswahl verwenden oder in eine Vektormaske umwandeln. Rechts: Dieses Bild entstand ebenfalls mit dem »Eigene-Form-Werkzeug«. Hier wurde die Vorgabe »Formebenen« gewählt, in den Klappmenüs »Form« und »Art« haben wir die Figur und den Ebenenstil angegeben. Die Ebenenpalette zeigt die neue Ebene »Form 1«. In der Pfadpalette erscheint der »Arbeitspfad« für die neue Formebene.

Tipp
Ein schlichter Pfad, den Sie noch nicht als Beschneidungspfad definiert haben, wird von Layoutprogrammen mitunter als Freistellpfad interpretiert (Seite 486); Bildteile außerhalb des Pfads erscheinen also nicht mehr auf der Seite. Löschen Sie den Pfad im Zweifelsfall.

Einen Pfad oder eine Form beginnen

Planen Sie einen neuen Pfad oder eine neue Form, rufen Sie zuerst mit dem **Fenster**-Menü die Pfadpalette auf. Vorhandene Pfade werden dort aufgelistet.

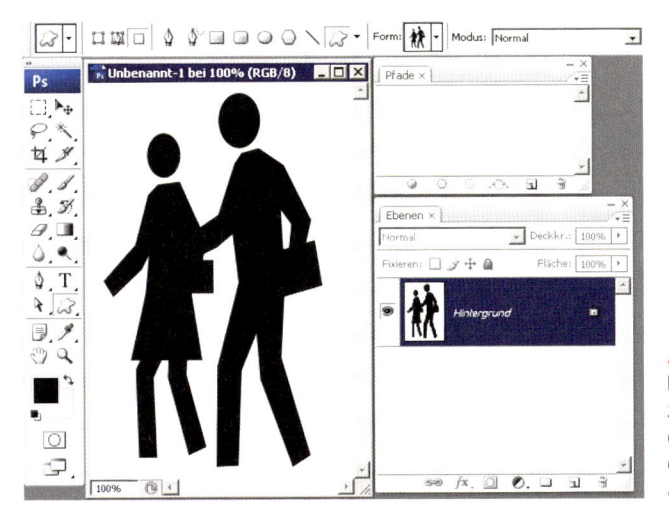

So zeichnen Sie einen Pfad oder eine Form:

1. Falls Sie soeben an einem Pfad gearbeitet haben, schließen Sie die Bearbeitung durch einen Klick auf die OK-Schaltfläche ✔ in den Werkzeugoptionen oder per ↵ ab.

2. Falls bereits ein Pfad aktiviert ist, heben Sie diese Auswahl auf, indem Sie in den Freiraum der Pfadpalette klicken; der Pfad verschwindet.

3. Entscheiden Sie mit den Schaltflächen in den Optionen, ob Sie einen Arbeitspfad oder eine Form auf neuer Ebene anlegen wollen (siehe vorhergehender Abschnitt).

Abbildung 17.4
Dieses Bild begann mit weißer Hintergrundebene und dem »Eigene-Form-Werkzeug«. In den Optionen klicken wir auf »Pixel füllen«, bevor wir den Mauszeiger diagonal über das Bild ziehen. Photoshop füllt die »Hintergrund«-Ebene sofort mit der aktuellen Vordergrundfarbe, hier mit Schwarz; die ursprünglichen Bildpunkte an dieser Stelle sind verloren. Es entsteht kein Pfad und keine neue Ebene.

4. Klicken Sie unten in der Pfadpalette auf das Symbol Neuen Pfad erstellen . In der Pfadpalette erscheint eine Miniatur für den neuen Pfad.

5. Wählen Sie eines der Pfad- oder Formwerkzeuge in der Werkzeugleiste, mit denen man einen Pfad beginnen kann (nächste Abschnitte).

6. Setzen Sie Punkte für den Pfad.

7. Falls Sie den Pfad schließen möchten, klicken Sie wieder auf den zuerst gesetzten Punkt; dabei erscheint ein Kreis neben dem Zeichenstift.

Beginnen ohne »Neuen Pfad«

Sie können auch mit einem Zeichenstift- oder Formwerkzeug loslegen, ohne zuerst einen neuen leeren Pfad zu erstellen. Es gilt:

» Wenn Sie den neuen Pfad erstellen, während ein anderer Pfad aktiv ist, ergänzt der neue Pfad den vorhandenen als Pfadsegment; bisheriger Pfad und neues Pfadsegment erscheinen in einer einzigen Miniatur in der Palette.

» Ist kein Pfad aktiv, entsteht beim ersten Klick ein »Arbeitspfad« (vergleiche Seite 485).

Achtung
Wenn Sie den »Arbeitspfad« abschalten, das Bild schließen und später zu einem neuen Arbeitspfad ansetzen, ist der bisherige Arbeitspfad verloren. Sie sollten ihn deshalb in einen üblichen Pfad verwandeln, durch Doppelklick auf die Miniatur des »Arbeitspfads« in der Palette.

Formebenen rastern

Wenn Sie Formebenen nicht mit den Zeichenstiften, sondern mit Pinseln, Füllfunktionen, mit den Korrekturbefehlen aus dem Untermenü **Bild: Anpassungen** oder mit **Filter**-Befehlen bearbeiten möchten, müssen Sie den Pfad in eine neue Pixelebene verwandeln. Photoshop bietet das Rastern automatisch an, wenn Sie bei aktivierter Form- oder Textebene einen **Filter**-Befehl wählen.

Im Zusammenhang mit Formebenen interessieren uns die folgenden Befehle aus dem Untermenü **Ebene: Rastern**:

» Der Befehl **Ebene: Rastern: Form** entfernt die Vektormaske und erzeugt eine dauerhafte Pixelfüllung. Sie können also die Umrisse nicht mehr mit dem Zeichenstift korrigieren.

Abbildung 17.5 Diese Figur besteht aus einer Formebene – also eine Füllebene plus Vektormaske (sie enthält den Pfad). Wir haben das Eigene-Form-Werkzeug mit der Vorgabe »Formebenen« benutzt, eine »Form« und eine »Art« festgelegt. Mit dem Direktauswahl-Werkzeug wurde ein Bildteil eingerahmt, so dass Photoshop die Ankerpunkte des Pfads aus der Vektormaske anzeigt. Datei: Pfad_b

» Der Befehl **Ebene: Rastern: Füllfläche** verwandelt die bisherige dynamische Füllebene in eine neue Bildpunktebene, die dauerhaft in voller Fläche mit Pixeln gefüllt wird – je nach bisheriger Füllebene mit einer Einzelfarbe, mit Verlauf oder Muster. Weil die Vektormaske erhalten bleibt, ist die bisherige Form sichtbar; Sie können die Farben aber jetzt mit Pixelfunktionen wie Pinsel , Kontrastkorrektur oder Filter bearbeiten.

» **Ebene: Rastern: Vektormaske** verwandelt die Vektormaske in eine Ebenenmaske. Diese steuert ebenso wie die Vektormaske die Sichtbarkeit einzelner Ebenenpartien; sie lässt sich jedoch mit Pinseln, Füllfunktionen, **Filter**- und Kontrastbefehlen verändern oder für sanftere Übergänge auch weichzeichnen (Seite 604).

Effekte rastern

In allen Fällen entsteht eine Ebene in der aktuellen Vordergrundfarbe. Die bisherigen Ebeneneffekte bleiben jedoch von den Befehlen aus dem Untermenü **Ebene: Rastern** völlig unberührt. Das heißt, eine Verlaufsüberlagerung, eine Farbüberlagerung oder eine Abgeflachte Kante befindet sich weiterhin als Ebeneneffekt im Bild und lässt sich nicht mit üblichen Werkzeugen oder Korrekturbefehlen verändern. Möchten Sie auch die Wirkung der Effekte in übliche, korrigierbare Pixelebenen umsetzen, verwenden Sie **Ebene: Ebenenstil: Ebene erstellen** (Seite 591).

Gemeinsame Optionen der Zeichenstiftwerkzeuge

Mit den Werkzeugen Zeichenstift und Freiform-Zeichenstift legen Sie Pfade an. Die Korrekturwerkzeuge wie Ankerpunkt hinzufügen eignen sich zur Bearbeitung von Pfaden und Formen (also geschlossenen Pfaden).

Der Zeichenstift

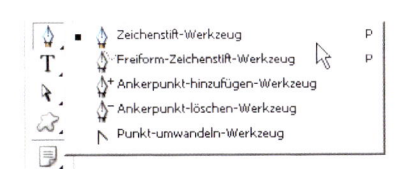

Abbildung 17.6
Mit Zeichenstift und Freiform-Zeichenstift erzeugen Sie Pfade. Die anderen Werkzeuge aus diesem Klappmenü korrigieren vorhandene Pfade.

Pfad beenden, ohne ihn zu schließen

Möchten Sie einen Pfad beenden, ohne ihn zu schließen, klicken Sie doppelt auf das Werkzeugsymbol in der Werkzeugleiste oder wechseln Sie das Werkzeug. Halten Sie das Zeichenstiftwerkzeug über den ersten Punkt, den Sie gesetzt haben, erscheint ein kleiner Kreis neben dem Werkzeugsymbol. Damit signalisiert Photoshop, dass die Auswahl geschlossen werden kann bzw. dass der Ausgangspunkt wieder erreicht ist.

Pfadkomponente fortsetzen

Halten Sie ein Werkzeug über den letzten Punkt eines nicht geschlossenen Unterpfads. Sofern Sie den Pfadabschnitt nicht unmittelbar zuvor erstellt haben, erscheint zunächst ein Kästchen mit zwei Strichen neben dem Werkzeug; Sie befinden sich also über dem Endpunkt eines Unterpfads. Klicken Sie den Ankerpunkt an, damit ein Schrägstrich neben dem Werkzeug erscheint. Sie können jetzt an den vorhandenen Pfad anknüpfen und diesen fortsetzen, bei Bedarf auch schließen.

Vorübergehender Werkzeugwechsel

So schalten Sie vorübergehend zu anderen Werkzeugen um:

» Halten Sie Zeichenstift oder Freiform-Zeichenstift über eine Stelle des Pfads, die keinen Ankerpunkt hat, erscheint ein kleines Pluszeichen neben dem Werkzeug. Sie können nun durch Klicken weitere Ankerpunkte einfügen. Sie können darauf verzichten, wenn Sie die Option AUTOMATISCH HINZUFÜGEN/LÖSCHEN abwählen.

» Halten Sie Zeichenstift oder Freiform-Zeichenstift über eine Stelle des Pfads, die bereits einen Ankerpunkt hat, erscheint ein kleines Minuszeichen neben dem Werkzeug. Sie können durch Klicken diesen Ankerpunkt entfernen. Die Automatik lässt sich mit der Option AUTOMATISCH HINZUFÜGEN/LÖSCHEN abschalten.

» Drücken Sie die [Strg]-Taste, um vorübergehend das Werkzeug DIREKT-AUSWAHL zu erhalten. Damit markieren Sie durch Einrahmen Pfadpunkte, die Sie bewegen oder löschen können.

» Die [Alt]-Taste liefert Ihnen vorübergehend das Werkzeug PUNKT UMWANDELN. Damit verwandeln Sie harte Eckpunkte in weiche Übergänge und umgekehrt.

Der Zeichenstift

Der Zeichenstift ist das traditionelle Pfadwerkzeug in Photoshop, mit dem Sie einen neuen, offenen Pfad beginnen. Es eignet sich für schnurgerade wie für geschwungene Pfade. So gestalten Sie die Linien:

» Klicken Sie nur Eckpunkte an, um diese durch Linien über harte Ecken zu verbinden.

» Um die Linie auf die nächste 45-Grad-Achse einzuschränken, drücken Sie beim nächsten Klick die [⇧]-Taste.

» Klicken Sie Eckpunkte an und ziehen Sie gleichzeitig auch zumindest kurz mit gedrückter Maustaste, um den nachfolgenden Punkt mit einer weichen Kurve anzuschließen.

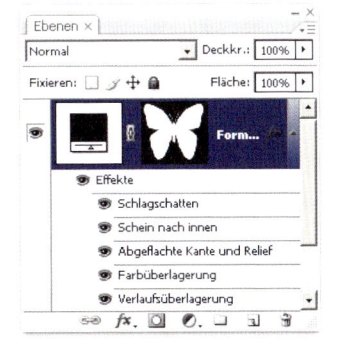

Abbildung 17.7 Wir verwandeln die Formebene aus der vorhergehenden Abbildung mit Funktionen aus dem Untermenü »Ebene: Rastern«. In allen Fällen sieht die Grafik unverändert aus. **Links:** Der Befehl »Form« entfernt die Vektormaske und erzeugt eine dauerhafte Pixelfüllung. **Mitte:** Per »Füllfläche« verwandeln Sie die bisherige dynamische Füllebene in eine normale Pixelebene, die hier mit Schwarz gefüllt wird und sich mit Pinseln, Filtern oder Verläufen bearbeiten lässt; die Vektormaske mit ihrer Pfadtechnik bleibt erhalten, Sie sehen also weiterhin die bisherige Figur. **Rechts:** Der Befehl »Vektormaske« verwandelt die Vektormaske in eine Ebenenmaske auf Pixelbasis. Vorlage: Pfad_b

Ankerpunkte löschen

Mit der ⌊Entf⌋-Taste löschen Sie den letzten aktiven Ankerpunkt; ⌊Entf⌋-Taste mal zwei löscht den zuletzt gezeichneten Pfad; ⌊Entf⌋-Taste mal drei löscht alle Pfadkomponenten im aktuellen Pfad.

Kurven zeichnen

Beim Zeichenstift wirkt es oft sinnvoll, zunächst Geraden ins Bild zu klicken und diese nachträglich in Kurvenform zu biegen. Wollen Sie jedoch von vornherein Kurven ins Bild setzen, ziehen Sie die Maus zumindest kurz in die geplante Richtung; dabei verwandelt sich der Zeiger in eine Pfeilspitze. Beim Ziehen erscheint außerdem eine Grifflinie, deren Griffpunkte sich um den feststehenden Ankerpunkt bewegen; Länge und Neigung der Linie bestimmen die Größe und Biegung der Kurve. Setzen Sie den zweiten Punkt, werden die Punkte mit einer geschwungenen Kurve verbunden. Sie können jederzeit auf das Ziehen verzichten und zwei Punkte mit einer schlichten Geraden verbinden. Alternative: Um sofort eine Vorschau auf die entstehende Kurve zu erhalten, öffnen Sie die Optionen mit dem gekippten Dreieck ▼ und wählen das GUMMI-BAND an. Hier erhalten Sie eine Vorschau auf das kommende Segment, noch bevor Sie den Punkt ins Bild klicken.

Wie besprochen, Sie müssen den Pfad noch abschließen, indem Sie zum Beispiel das OK-Symbol ✔ in den Optionen anklicken – sonst verbindet Photoshop den folgenden Ankerpunkt mit dem zuvor gesetzten durch eine Linie.

Der Freiform-Zeichenstift ✎

Der Freiform-Zeichenstift ✎ erinnert teilweise an das Auswahlwerkzeug **Lasso** ⌇ oder an ein Malwerkzeug. Die Optionen:

» Ziehen Sie bei gedrückter Maustaste beliebig geformte Pfade ins Bild.

» Wenn Sie die Maustaste loslassen und später wieder neu ansetzen, beginnt ein neues Pfadsegment; die Strecke, die Sie ohne Maustaste zurückgelegt haben, wird nicht verbunden.

» Drücken Sie bei gehaltener Maustaste auf ⌊Strg⌋, um den Pfad auf dem kürzestmöglichen Weg zu schließen.

» Drücken Sie die ⌊Entf⌋-Taste, um den bisherigen Pfad komplett zu löschen.

Kurvenanpassung

Die Vorgaben zum Freiform-Zeichenstift ✎ öffnen Sie durch einen Klick auf das Dreieck ▼ in der Optionenleiste. Als KURVENANPASSUNG stellen Sie ein, wie genau die Ankerpunkte gesetzt werden sollen. Photoshop produziert zunächst eine grobe Vorschau für den Kurvenverlauf und erzeugt den exakten Pfad erst zum Abschluss, etwa nach Doppelklick auf das Werkzeugsymbol in der Leiste. Eine niedrige KURVENANPASSUNG wie 0,5 (Mindestwert) oder 1,5 erzeugt viele Ankerpunkte; Sie haben so eine exakte Kontrolle bei der späteren Korrektur; aber die Änderung größerer Bereiche des Pfads ist mühsam, da der Pfad oft unterteilt ist. Der Höchstwert ist 10.

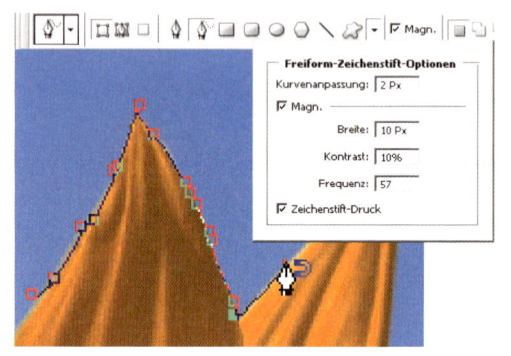

Abbildung 17.8 Mit der Vorgabe »Magnetisch« orientiert sich der Freiform-Zeichenstift an Bildkonturen. Die Empfindlichkeit und andere Eigenschaften des Freiform-Zeichenstifts regeln Sie in den Einblendoptionen; Sie gleichen dem magnetischen Lasso.

Tipp

Die Pfade heben sich oft nicht deutlich vom Bild ab. Um sie besser zu erkennen, erzeugen Sie eine neue, weiße Ebene als Hintergrund. Wollen Sie etwas vom Bild sehen, drosseln Sie die Deckkraft der weißen Ebene; später verbergen Sie die Ebene oder löschen sie.

Magnetisch ✎

Mit der Option MAGNETISCH verbindet das Freiform-Zeichenwerkzeug ✎ die Pfadpunkte entlang von markanten Bildkonturen. Setzen Sie per Mausklick einen ersten Punkt direkt an der gewünschten Kontur. Nun bewegen Sie den Mauszeiger ohne Drücken der Maustaste weiter – die Auswahlvorschau folgt automatisch der Kontur. Per ⌊↵⌋-Taste oder Doppelklick schließen Sie den Pfad.

Die Regelmöglichkeiten zu dieser speziellen Funktion erhalten Sie nach einem Klick auf das Dreieck ▼ in der Optionenleiste. Sie gleichen den Einstellungen für das magnetische Lasso ⌇; wir besprechen darum beide Werkzeuge gemeinsam ab Seite 432.

Mit der ⌊Alt⌋-Taste schalten Sie den Magnetismus vorübergehend aus und ziehen bei gedrückter Maustaste beliebig geformte Umrisse. Klicken Sie bei gedrückter ⌊Alt⌋-Taste, wenn Sie Geraden durch Eckpunkte verbinden wollen.

Beispiel: einen Pfad zeichnen und korrigieren

Die folgende Sequenz zeigt, wie Sie die Arbeit mit einem Pfad oder einer Form beginnen könnten.

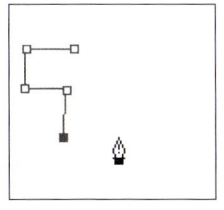

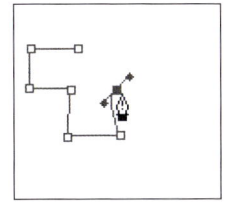

Abbildung 17.9 **Links:** Das Zeichenwerkzeug setzt beim Klicken Ankerpunkte, die Photoshop durch Geraden verbindet. **Rechts:** Ziehen des Zeichenwerkzeugs beim Klicken erzeugt einen Ankerpunkt mit Grifflinien, die das Formen von Kurven erlauben. Wir bearbeiten hier ein Pfadsegment, noch keinen geschlossenen Pfad oder eine geschlossene Pfadkomponente.

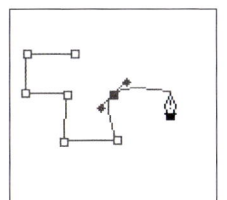

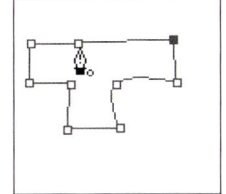

Abbildung 17.10 **Links:** Im »Gummiband«-Modus zeigt Photoshop den Weg des nächsten Pfadsegments schon an, bevor der Ankerpunkt durch Klicken gesetzt wurde. **Rechts:** Befindet sich das Zeichenwerkzeug wieder über dem ersten Ankerpunkt, signalisiert ein Kreis neben dem Zeiger, dass der Pfad geschlossen wird.

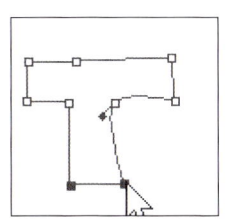

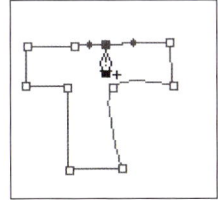

Abbildung 17.11 **Links:** Zwei Ankerpunkte wurden mit dem Direktauswahlwerkzeug durch Einrahmen markiert; jetzt kann der untere Teil des Pfads in die Länge gezogen werden. **Rechts:** Das Werkzeug »Ankerpunkt hinzufügen« mit dem Pluszeichen setzt einen weiteren Ankerpunkt ein.

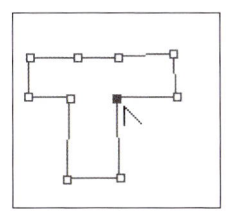

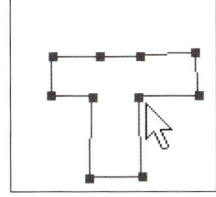

Abbildung 17.12 **Links:** Das Werkzeug »Punkt umwandeln« macht aus dem flüssigen Übergang wieder einen harten Eckpunkt; weiteres Ziehen würde wieder einen flüssigen Übergang erzeugen. **Rechts:** Um den Gesamtpfad zu verschieben, klickt man ihn mit dem Pfadauswahl-Werkzeug an oder rahmt ihn mit dem Werkzeug »Direktauswahl« komplett ein; dann lässt er sich bewegen.

17.3 Pfade korrigieren

Zu den Stärken der Pfadtechnik gehört es, dass man Pfade vielfältig und präzise umformen kann – ein völlig anderes Arbeiten als mit Auswahlen, Ebenenmasken oder Alphakanälen.

Schritte rückgängig machen und speichern

Mit [Strg]+[Z] machen Sie den letzten Schritt rückgängig, mit der [Entf]-Taste löschen Sie den letzten Punkt oder alle – annullierbar wiederum per [Strg]+[Z]. Die Protokollpalette (siehe Seite 65) notiert akribisch, was Sie mit den Zeichenstiftwerkzeugen anrichten: Hier können Sie die Entstehung des Pfads stufenweise nachvollziehen und zurücksetzen. Auf der Aktionenpalette können Sie ganze Pfade speichern.

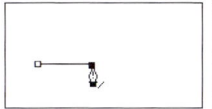

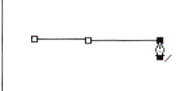

Abbildung 17.13 **Links:** Die Bearbeitung dieses Pfads wurde vorübergehend unterbrochen. Hält man danach den Zeiger des Zeichenstifts über einen äußeren Ankerpunkt, erscheint das Zeichen, dass es sich um einen Endpunkt handelt. Klicken Sie einmal darauf, um den Pfad fortzusetzen. **Mitte:** Nun erscheint neben dem Werkzeug der Schrägstrich; er signalisiert, dass Sie beim nächsten Klick den vorhandenen Pfad fortsetzen und nicht etwa einen neuen Pfad beginnen. **Rechts:** Hier wurde der Pfad bereits fortgesetzt. Er wird durch Klick auf das OK-Symbol in der Optionenleiste vorerst nicht weiter verlängert.

Ankerpunkt hinzufügen

Sie wollen weitere Ankerpunkte einfügen, wenn sich eine Kurve nicht genau kontrollieren lässt oder wenn Sie in einer Kurve oder Linie eine Ecke brauchen. Wählen Sie das Werkzeug »Ankerpunkt hinzufügen« und klicken Sie mit diesem Werkzeug an die gewünschte Stelle im Pfad. Photoshop baut sofort einen Ankerpunkt ein und stellt ihn mit den entsprechenden Grifflinien dar.

Ankerpunkt löschen

Umgekehrt geht es genauso – Sie können einzelne Ankerpunkte herausnehmen, um sich beispielsweise einer Ecke zu entledigen und fließendere Übergänge zu erstellen. Wählen Sie das Werkzeug »Ankerpunkt löschen«.

Tipp

Wollen Sie viele Ankerpunkte gleichmäßig entfernen, verwandeln Sie den Pfad in eine Auswahl (Seite 490) und die verwandeln Sie zurück in einen Pfad – mit höherer Toleranz (Seite 488).

Vorübergehend einblenden

Auch das Werkzeug »Ankerpunkt hinzufügen« lässt sich bequem nur vorübergehend einblenden: Halten Sie ein Zeichenwerkzeug wie Freiform-Zeichenstift oder Zeichenstift über den Ankerpunkt. Dann erscheint ein Minuszeichen neben dem Werkzeug; Sie können den Ankerpunkt nun entfernen. Wiederum bewahrt Sie die ⇧-Taste oder Abwahl der Option AUTOMATISCH HINZUFÜGEN/LÖSCHEN vor dem automatischen Wechsel zu diesem Werkzeug.

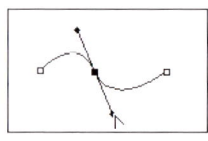

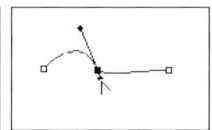

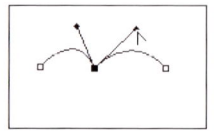

Abbildung 17.14 Links: Klicken Sie den mittleren Ankerpunkt mit dem Punktumwandeln-Werkzeug an und ziehen Sie, um die zwei Pfadabschnitte zu verformen. Dabei erscheinen zwei Griffpunkte. Mitte: Schieben Sie einen der Griffpunkte auf den Ankerpunkt zurück, damit das zweite Pfadsegment seine ursprüngliche Richtung wieder erhält. Rechts: Oder bewegen Sie den Griffpunkt in Gegenrichtung, um das zweite Pfadsegment so auszurichten wie das erste.

Das Werkzeug »Punkt umwandeln«

Das »Punkt umwandeln«-Werkzeug verwandelt harte, eckige Übergänge in weiche, geschwungene Übergänge und umgekehrt. Klicken Sie mit dem Werkzeug auf einen harten Eckpunkt und ziehen Sie: Jetzt erscheinen die Grifflinien, mit denen Sie die zwei umliegenden Kurventeile bauchig ausformen. Schieben Sie einen Griffpunkt ganz zurück auf den Eckpunkt, erhalten Sie ein gerades Teilstück. Noch ein Klick mit dem Umwandler macht den Übergangspunkt bei Bedarf wieder zum harten Eckpunkt.

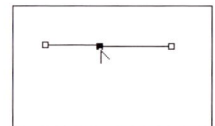

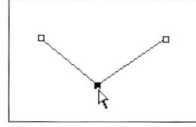

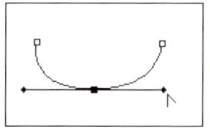

Abbildung 17.15 Links: Klicken Sie den mittleren Ankerpunkt mit dem Werkzeug »Punkt umwandeln« an, um wieder einen harten Eckpunkt herzustellen. Mitte: Ziehen Sie diesen Punkt mit dem Direktauswahl-Werkzeug, so dass ein Dreieck entsteht. Rechts: Wechseln Sie zum Werkzeug »Punkt umwandeln« zurück, um eine Rundung herzustellen.

Tipp
Ist das Direktauswahl-Werkzeug aktiviert, halten Sie es über einen Ankerpunkt und drücken Strg+⇧+Alt *– Photoshop bietet daraufhin das Werkzeug »Punkt umwandeln«.*

Transformieren (Skalieren, Drehen, Verzerren)

Sie können Pfade, Pfadkomponenten oder einzelne Pfadabschnitte mit den typischen **Transformieren**-Befehlen dehnen, stauchen oder verzerren. Ihre Möglichkeiten im Überblick:

» Das Untermenü **Bearbeiten: Pfad transformieren** bietet Befehle wie **Skalieren**, **Drehen** oder **Verzerren**. Wechseln Sie per Tastenbefehl immer noch zu einer anderen Art der Verformung. Sofern nur Pfadsegmente, also einzelne Punkte, aktiviert sind, heißt es **Punkte frei transformieren** und **Punkte transformieren**.

» Der Befehl **Bearbeiten: Pfad frei transformieren** (Strg+T) erlaubt über die entsprechende Kurztaste, den Pfad zu verzerren, zu skalieren oder zu drehen.

» Sobald Sie eine **Transformieren**-Funktion gestartet haben, erscheint auch die spezielle Bearbeitungsleiste. Hier können Sie neue Werte für Größen oder Drehwinkel eintragen, der Pfad verändert sich sofort mit.

Das **Transformieren** von Pfaden gleicht dem Transformieren von Ebenen und Auswahlen. Wir besprechen die Funktion einschließlich aller Tastenbefehle ab Seite 538.

Tipp
Die Befehle zum Transformieren von Pfaden stehen nur bereit, wenn ein Pfad existiert und aktiviert wurde. Sonst finden Sie an derselben Stelle im Menü Befehle zum Transformieren von Ebenen.

Um die Veränderung endgültig anzuwenden, klicken Sie doppelt in die Box, auf das OK-Häkchen ✓ oder drücken Sie ↵. Die Esc-Taste beendet die Bearbeitung, der Pfad bleibt der alte. Mit Strg+Z annullieren Sie nur Ihren letzten Zug an den Griffpunkten.

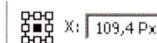

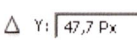

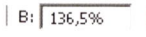

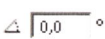

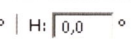

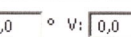

Abbildung 17.16 Mit den »Transformieren«-Optionen lässt sich der Pfad verkrümmen oder per Zahleneingabe drehen, vergrößern und neigen. Die Optionen erscheinen, sobald Sie die »Transformieren«-Funktion einschalten, zum Beispiel per Strg+T.

Pfadoperationen

Veränderungen der Bilddaten

Der Pfad wächst oder schrumpft mit, wenn Sie mit dem Befehl **Bild: Bildgröße** die Pixelgröße neu berechnen. Auch wenn Sie die Arbeitsfläche drehen oder spiegeln, hat das Konsequenzen für den Pfad. Vergleichbare Veränderungen einer einzelnen Ebene tangieren den Pfad indes nicht. Ein Pfad orientiert sich in keiner Weise an Einzelebenen.

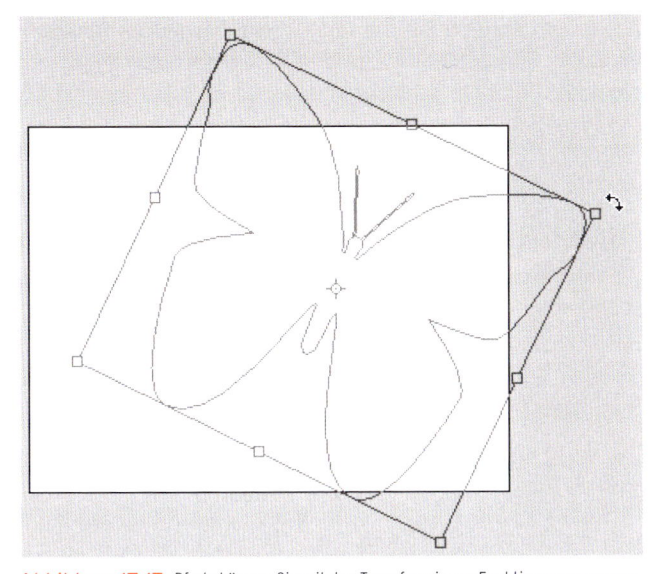

Abbildung 17.17 Pfade können Sie mit den Transformieren-Funktionen verzerren. Dabei lassen sich auch Bereiche außerhalb der Bilddatei nutzen. Schalten Sie dazu in einen Vollschirmmodus, zum Beispiel mit der Taste [F]. Auch Pfadteile, die außerhalb des sichtbaren Bereichs liegen, werden gespeichert und lassen sich später wieder ins Bild bewegen. Liegen Pfadteile außerhalb des Photoshop-Fensters, drücken Sie [Strg]+[Z] – Photoshop verkleinert den Maßstab so, dass alles angezeigt wird.

Pfadoperationen

Sie können Pfadsegmente bzw. Formen miteinander verrechnen – beispielsweise ziehen Sie die Fläche einer Pfadkomponente von der Fläche einer anderen Pfadkomponente ab oder zeigen nur die Schnittmenge beider Pfade. Die Vorgabe lässt sich bereits vor dem Erstellen der zweiten Pfadkomponente machen; alternativ schalten Sie die Verrechnung aber auch nachträglich um.

Abbildung 17.18
Legen Sie fest, welche Bereiche von zwei überlappenden Formen Sie zeigen möchten.

Markieren Sie eine oder mehrere Pfadkomponenten mit dem Pfadauswahl-Werkzeug, so dass die Ankerpunkte sichtbar werden. Zum Mischen von Pfaden bietet Photoshop nun folgende Möglichkeiten zum Gestalten von Formebenen:

» Die Option DEM FORMBEREICH HINZUFÜGEN baut die Fläche des zweiten Bereichs an die vorhandene Fläche an. Die Option lässt sich auch mit der [+]-Taste einschalten (PFADE ERWEITERN im Modus PFADE).

» VOM PFADBEREICH SUBTRAHIEREN zeigt nur den Bereich der ersten Fläche, in dem die zweite Fläche nicht zu sehen ist. Wählen Sie diesen Modus kurzerhand mit der [-]-Taste an.

» Die Vorgabe SCHNITTMENGE VON FORMBEREICHEN zeigt nur die Schnittmenge der zwei Pfade, jenen Bereich also, in dem sie sich überschneiden (SCHNITTMENGE AUS PFADBEREICHEN BILDEN im Modus PFADE).

» Wählen Sie ÜBERLAPPENDE FORMBEREICHE AUSSCHLIESSEN, um nur den Bereich anzuzeigen, in dem sich die Pfade nicht überlagern (ÜBERLAPPENDE PFADBEREICHE AUSSCHLIESSEN im Modus PFADE).

Abbildung 17.19 **1. Bild:** Mit der Option »Neue Formebene erstellen« erzeugt das Eigene-Form-Werkzeug eine neue Ebene, ohne Bezug zur vorhandenen Ebene. **2. Bild:** Die Option »Dem Formbereich hinzufügen« zeigt die Summe beider Pfadflächen. **3. Bild:** Die Vorgabe »Vom Pfadbereich subtrahieren« zeigt nur den Bereich der ursprünglichen Fläche, den der zweite Pfad nicht belegt. **4. Bild:** »Schnittmenge von Formbereichen« zeigt die Zone, in der sich die Pfade überlagern. **5. Bild:** »Überlappende Formbereiche ausschließen« zeigt nur die Zone, in der sich die Pfadsegmente nicht überlagern. Schalten Sie diese Pfadoperationen jederzeit um. Datei: Pfad_c

17.4 Pfade und Pfadteile auswählen

Mit zwei Werkzeugen wählen Sie Pfade, Pfadkomponenten oder einzelne Ankerpunkte eines Pfads aus. Die Werkzeuge dienen überdies dazu, die ausgewählten Pfade oder Pfadbereiche zu bewegen oder umzuformen.

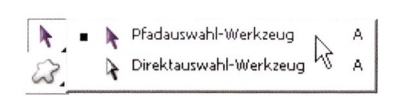

Abbildung 17.20
Photoshop bietet zwei Werkzeuge zur Auswahl von Pfadbereichen.

Das Werkzeug »Direktauswahl«

Markieren Sie mit dem Direktauswahl-Werkzeug beliebige Segmente eines Pfads, um sie zu löschen, zu duplizieren, umzuformen oder als »Unterpfad« nachmalen zu lassen. Klicken Sie den Ankerpunkt an oder rahmen Sie gleich eine Reihe von Punkten ein. Markierte Punkte zeigt Photoshop als gefülltes Quadrat, nicht markierte Punkte stellt das Programm als lichtes Geviert dar; orten Sie überhaupt keine Kästchen, ist der Pfadbereich nicht aktiv.

Tipp
Sind andere Zeichenstiftwerkzeuge aktiv, schalten Sie jederzeit mit der [Strg]-Taste zum Direktauswahl-Werkzeug um.

Pfadauswahl erweitern

Leicht erweitern Sie die Auswahl um zusätzliche Pfadsegmente:

» Klicken Sie benachbarte Segmente mit der [⇧]-Taste an, um sie in die Auswahl aufzunehmen.

» Mit gedrückter [Alt]-Taste markieren Sie ein komplettes Pfadsegment (alternativ verwenden Sie gleich das Pfadauswahl-Werkzeug). Dabei erscheint ein Pluszeichen neben dem Werkzeug.

» [⇧]-Taste+[Alt] markieren mehrere Pfadsegmente hintereinander.

» Wenn Sie mit dem Direktauswahl-Werkzeug ziehen, öffnet sich ein Rechteckrahmen, mit dem Sie beliebige Ankerpunkte einfangen.

Außerdem können Sie mit dem Direktauswahl-Werkzeug einzelne Punkte, markierte Pfadbereiche oder auch den gesamten Pfad verschieben – je nachdem, was markiert ist. In 1-Pixel-Schritten lassen Sie den Pfad oder markierte Pfadteile per Richtungstasten wandern, zehn Pixel bewegt sich der Pfadabschnitt bei zugleich gedrückter [⇧]-Taste weiter.

Pfadteile duplizieren

Ziehen Sie mit gedrückter [Alt]-Taste, um das markierte Pfadsegment zu duplizieren und zu bewegen. Dabei erscheint ein Pluszeichen neben dem Direktauswahl-Werkzeug .

Das Pfadauswahl-Werkzeug

Das Pfadauswahl-Werkzeug wählt per Anklicken sofort eine komplette Pfadkomponente aus, nicht nur einzelne Griffpunkte. Dieselbe Wirkung erzielen Sie, wenn Sie beim Direktauswahl-Werkzeug die [Alt]-Taste drücken (siehe oben). Anschließend lässt sich der markierte Bereich bewegen. Ihre Optionen:

» Wie auch beim Direktauswahl-Werkzeug erweitern Sie die Auswahl bei gedrückter [⇧]-Taste. Verwenden Sie die Schaltflächen in der Optionenleiste, um die Auswahl zu verkleinern oder auf Schnittmengen zu begrenzen.

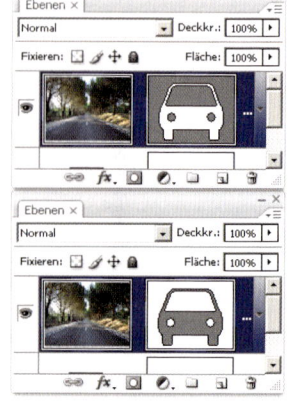

Abbildung 17.21 Die übliche Wirkung einer Vektormaske (linkes Bild, obere Palette) können Sie umkehren. Dazu klicken Sie einmal oder mehrfach auf die Miniatur der Vektormaske, bis sie einen weißen Rahmen zeigt. Klicken Sie mit dem Pfadauswahl-Werkzeug einmal ins Bild, so dass Sie die Ankerpunkte sehen, dann klicken Sie in der Optionenleiste auf »Vom Pfadbereich subtrahieren« (rechtes Bild, untere Palette). Datei: Pfad_I

Formfunktionen

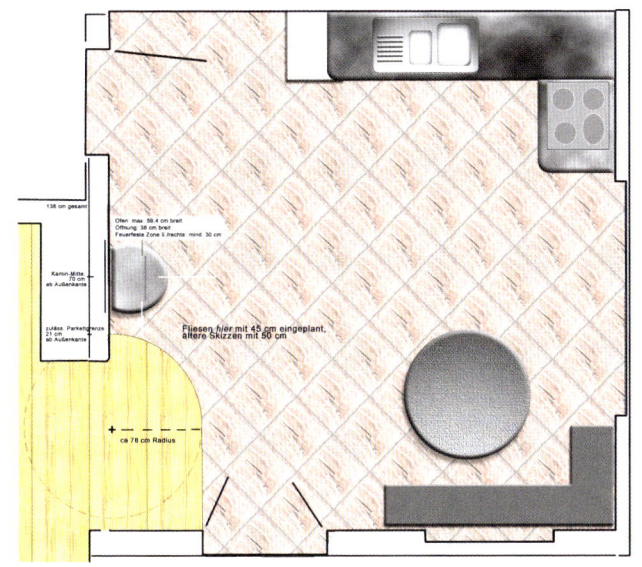

Abbildung 17.22
Wohnungsplanung mit Formebenen: Die Figuren wirken mit Effekten wie »Abgeflachte Kante & Relief« oder »Schlagschatten« plastisch. Parkett und Fliesen wurden als Muster angelegt und mit Ebenenmasken oder Vektormasken begrenzt. Die Granit-Arbeitsplatte »Labrador dunkel« wurde mit dem »Wolken«-Filter nachempfunden. Je nach Druckauflösung lässt sich das Bild zum Beispiel im Maßstab 1:20 printen oder Sie lesen die tatsächlichen Raummaße an Lineal und Grundraster ab (Seite 203). In den Optionen zur Ebenenpalette haben wir auf »Ebenenbegrenzungen« geklickt, so dass auch sehr kleine Ebenen die Ebenenminiatur voll ausfüllen.

» Die Schaltfläche KOMBINIEREN verschmilzt mehrere Pfadkomponenten zu einer einzigen Pfadkomponente.

» Mit den Schaltflächen rechts in der Optionenleiste zum Pfadauswahl-Werkzeug können Sie Unterpfade gleichmäßig verteilen oder ausrichten. Diese Funktion gibt es in der gleichen Art auch für Ebenen, wir besprechen sie ausführlich ab Seite 531.

Tipp
Sie können auch Vektordateien als Smart Objekt in einer Photoshop-Montage **Platzieren** *(Seite 624). Das Werk lässt sich in Photoshop transformieren oder mit Effekten ausstatten, aber Sie können es zwischenzeitlich auch im Vektorgrafikprogramm bearbeiten.*

17.5 Formfunktionen

Mit den Formwerkzeugen wie »Abgerundetes Rechteck« oder »Eigene Form« erzeugen Sie sofort einen fertigen, geschlossenen Pfad, zum Beispiel Rechtecke, Pfeile und andere Figuren. Anders als bei Zeichenstift oder Freiform-Zeichenstift schließen Sie den Umriss also nicht von Hand.

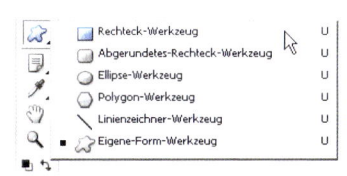

Abbildung 17.23
Mit Photoshops Formwerkzeugen entstehen sofort geschlossene Pfade oder Pfadkomponenten wie Rechtecke, Kreise, Pfeile oder andere Figuren.

Sie wählen das Werkzeug und eine Option wie FORMEBENEN und ziehen bei gedrückter Maustaste über die Bilddatei.

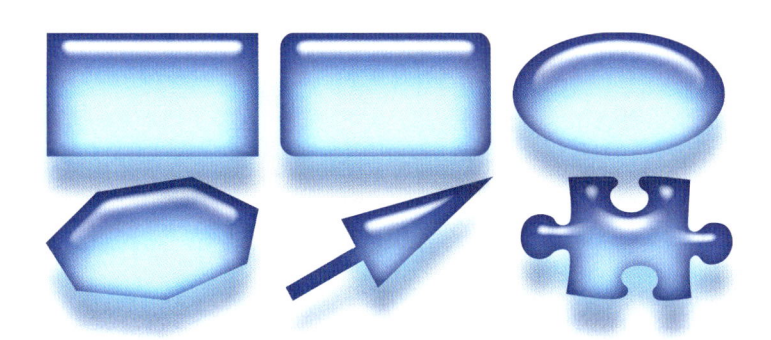

Abbildung 17.24
Oben: Die Formen entstanden von links nach rechts mit den Werkzeugen für Rechtecke, abgerundete Rechtecke und Ellipsen.
Unten: Polygonwerkzeug, Linienzeichner, Eigene-Form-Werkzeug.

Teil 5 • Auswahl

Im Bereich der Mausbewegung erhalten Sie anschließend die gewünschte Form – entweder einen Arbeitspfad, eine Formebene oder eine Farbfüllung auf der aktuellen Ebene (Seite 470). Bei der Option FORMEBENEN legen Sie sofort EBENENSTIL, Überblendmodus, Deckkraft und Kantenglättung fest (Seiten 587, 575 und 422).

Sie können die Formen jederzeit mit allen Pfadfunktionen korrigieren (Seite 475) – zum Beispiel einzelne Punkte bewegen oder mehrere Punkte oder den gesamten Pfad dehnen, drehen und verzerren. Neue Ergebnisse sichern Sie bei Bedarf dauerhaft als »Eigene Form« (Seite 483).

Übersicht: Formwerkzeuge

Die folgenden Formwerkzeuge bietet Photoshop:

» »Rechteck« und »Abgerundetes Rechteck« produzieren Rechtecke. Das Werkzeug für Registerkartenrechtecke existierte nur im separaten Programm ImageReady – und das gibt es seit Photoshop CS3 nicht mehr; Sie finden eine vergleichbare Form aber als Vorgabe für das Eigene-Form-Werkzeug, wenn Sie via Palettenmenü **Alle** Formen laden.

» Das Ellipsenwerkzeug produziert Ovale oder Kreise.

» Das Polygonwerkzeug setzt mehreckige Figuren in die Welt.

» Der Linienzeichner steuert Linien und Pfeile bei.

» Das Werkzeug »Eigene Form« übernimmt Formen aus der Formenbibliothek, darunter auch Pfeile.

Mit der dreieckigen Schaltfläche blenden Sie die Optionen für das aktuelle Werkzeug ein. Geben Sie einen Ebenenstil (eine ART) vor, sonst verwendet Photoshop die aktuelle Vordergrundfarbe.

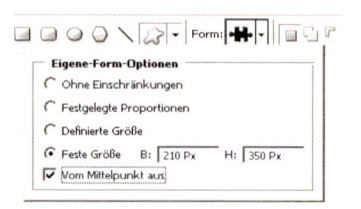

Abbildung 17.25
In den Optionen zu Rechteck, Abgerundetem Rechteck oder Ellipse bestimmen Sie das Seitenverhältnis oder eine feste Größe.

Die Werkzeuge für Ellipsen, Rechtecke und abgerundete Rechtecke

Photoshop bietet die Formwerkzeuge für Ellipsen, Rechtecke und abgerundete Rechtecke. Nicht jede Option finden Sie bei jedem Gerät:

» FESTGELEGTE PROPORTIONEN sichert das Seitenverhältnis der Figur, erlaubt aber alle Größen. Statt diese Option anzuwählen (und dann zu vergessen), ziehen Sie die Formebene bei gedrückter Alt-Taste auf: Auch so schützen Sie die Höhe-Breite-Relation.

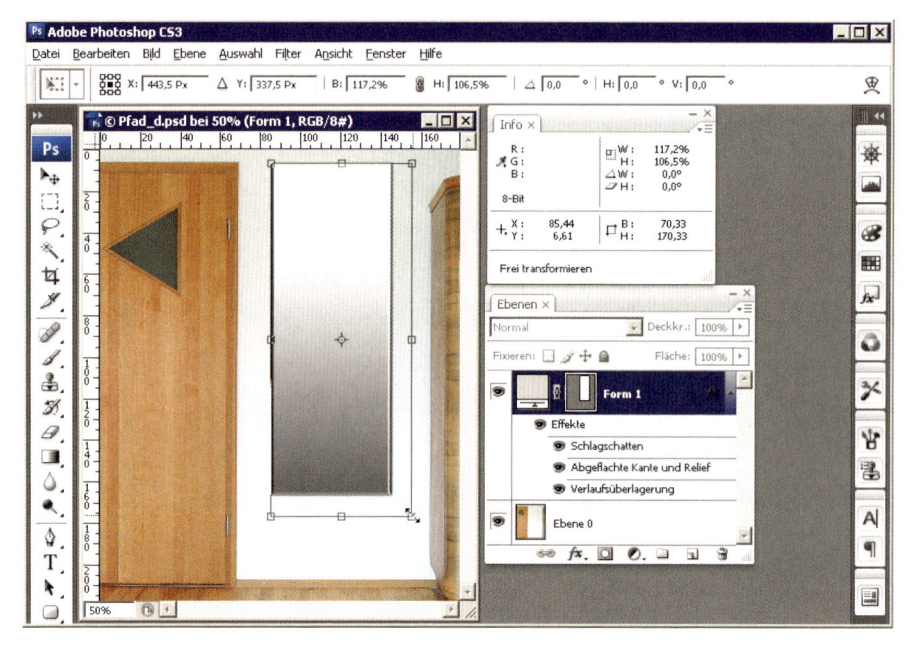

Abbildung 17.26
Der Spiegel entstand als Formebene mit dem Rechteckwerkzeug. Er wird per »Transformieren« in verschiedene Maße gebracht. Sie können die geplanten Werte auch oben in den Optionen eintippen. Infopalette und Lineal melden die tatsächlichen Zentimetermaße. Datei: Pfad_d

» Sie bestimmen eine FESTE GRÖSSE. Tippen Sie die gewünschte Maßeinheit wie »px« oder »cm« hinter den Zahlen ein.

» Die DEFINIERTE GRÖSSE wahrt nicht nur das ursprüngliche Seitenverhältnis, sondern auch die ursprünglichen Maße des Objekts; Sie haben also keinerlei Gestaltungsspielraum. Verwenden Sie die Option zum Beispiel, um unterschiedliche Objekte in festgelegten Größenverhältnissen anzulegen. Aber Sie wissen ja: Egal, in welcher Größe Sie arbeiten, dank Vektortechnik erhalten Sie immer perfekte Bildqualität.

» Mit der Vorgabe PROPORTIONAL legen Sie ein Seitenverhältnis nach Wahl fest.

» Zudem besteht die Möglichkeit, die Figur von der Mitte aufzuziehen.

» Die Option AN PIXELN AUSRICHTEN platziert die Figur glatt entlang von Bildpunkten. Beobachten lässt sich das nur bei sehr hohen Zoomstufen. Damit wird es leichter, die Figur später exakt auszuschneiden und passgenau mit anderen Ebenen zu kombinieren. Auch bei sehr kleinen Bilddateien ist die Option von Bedeutung.

» Beim Abgerundetes-Rechteck-Werkzeug steuern Sie zudem die Kantenrundung als RADIUS.

Polygon

Beim Polygonwerkzeug bestimmen Sie die Zahl der gewünschten Ecken direkt in den permanent sichtbaren Optionen. Weitere Einstellungen bieten die folgenden Optionen:

» Der RADIUS definiert in Pixel- oder Zentimeterwerten den Abstand von der Objektmitte bis zu einem Außenpunkt.

» ECKEN ABRUNDEN sorgt für weichere Außenecken.

» STERN mit SEITEN EINZIEHEN knickt die Außenecken nach innen, so dass ein Stern entsteht. Hier geben Sie einen Prozentwert vor. Je höher der Wert, desto spitzer geraten die Strahlen.

» EINZÜGE GLÄTTEN glättet die Innenecken, die mit der Vorgabe SEITEN EINZIEHEN entstanden sind.

Tipp
Nicht immer sind Linienzeichner und Polygonwerkzeug erste Wahl. Beachten Sie, dass auch die Formenbibliothek entsprechende Formen bereithält. Sie lassen sich mit dem Werkzeug »Eigene Form« ins Bild setzen.

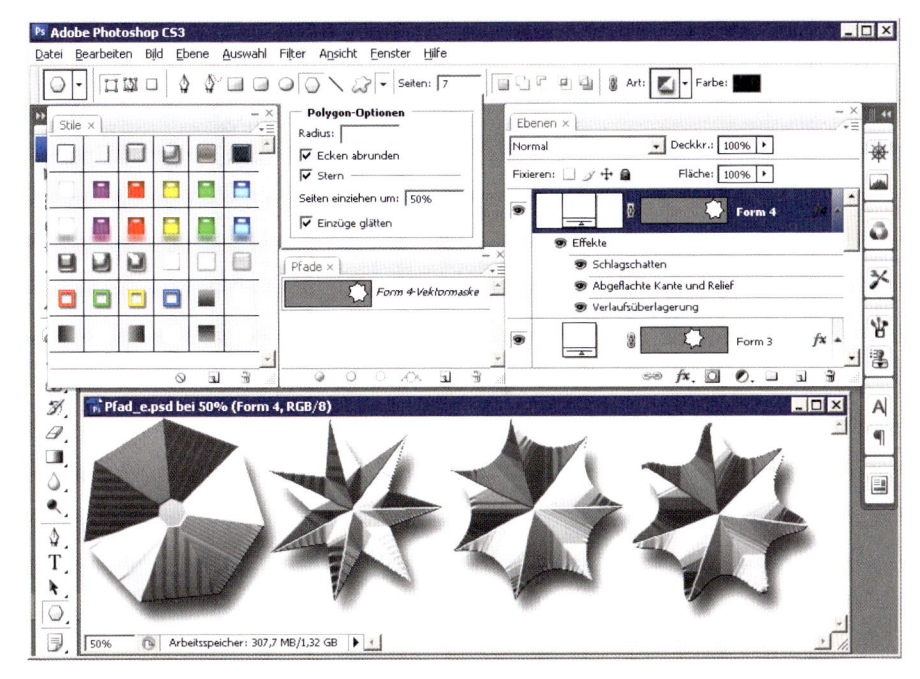

Abbildung 17.27
Die Figuren entstanden mit dem Polygonwerkzeug bei einheitlich fünf Ecken und zwei Zentimeter Radius. **2. Figur:** Die Vorgabe »Seiten einziehen« mit einem Wert von 50 Prozent erzeugt Strahlen. **3. Figur:** Die Option »Einzüge glätten« sorgt für gerundete Innenecken. **Rechts außen:** »Ecken abrunden« bewirkt gerundete Außenecken.
Datei: Pfad_e

Linienzeichner

Der Linienzeichner ❯ erzeugt gerade Linien sowie Pfeile. Die ⇧-Taste beschränkt den Winkel der Linie auf 45 Grad oder ein Vielfaches davon. Sie können die Linienbreite in Pixel- oder Zentimeterwerten einstellen – und Sie können Pfeilspitzen anbringen. Wenn Sie keinen EBENENSTIL festlegen, verwendet die Funktion die aktuelle Vordergrundfarbe. Wie bei allen Formebenen können Sie die Farbe per Ebenenstil und die Form mit den Zeichenstiften oder Transformieren-Funktionen verlustfrei weiter gestalten.

Tipp

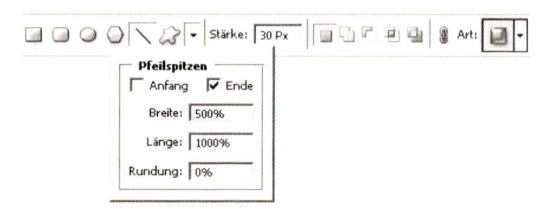

Eine schnelle Alternative zum Linienzeichner ❯ bilden der Pinsel oder andere Malwerkzeuge (Seite 332): Klicken Sie bei gedrückter ⇧-Taste Punkte ins Bild, die Photoshop durch Geraden verbindet. Legen Sie vorab eine neue, leere Ebene an. Das funktioniert auch mit Pfadwerkzeugen wie dem Zeichenstift.

Abbildung 17.28 Der Linienzeichner erzeugt Geraden und Pfeile.

Pfeilspitzen

Damit der Linienzeichner ❯ Pfeilspitzen produziert, öffnen Sie die Optionen mit dem gekippten Dreieck ▼. Der PFEILSPITZEN-Dialog bietet dann diese Möglichkeiten:

» Klicken Sie ANFANG, ENDE oder beides an – je nachdem, wo Sie den Pfeil sehen möchten.

» Geben Sie für die BREITE der Pfeilspitze Werte zwischen zehn und 1000 Prozent an. Dies ist die Relation zur BREITE der Linie. Verwenden Sie eine 20-Pixel-Linie und eine Vorgabe von 200 Prozent für die BREITE der Pfeilspitze, so wird die Spitze 40 Pixel breit.

» Benennen Sie auch die LÄNGE der Pfeilspitze mit einem Wert zwischen zehn und 5000 Prozent, bezogen auf die in der Optionsleiste genannte Breite.

» Bestimmen Sie einen Prozentwert zwischen +50 und –50 für die RUNDUNG. Damit nehmen Sie Einfluss auf jene Stelle, an der Spitze und Linie aufeinandertreffen. Je höher der Rundungswert, desto spitzer wird der innere Winkel zwischen Pfeilflanken und Linie.

Tipp

Weitere Pfeilformen liefert das Eigene-Form-Werkzeug: Öffnen Sie in der Optionsleiste zu diesem Werkzeug das Klappmenü FORM und laden Sie über das Palettenmenü die Bibliothek PFEILE. Die Ergebnisse modellieren Sie mit dem Zeichenstift und anderen Pfadfunktionen nach Bedarf weiter.

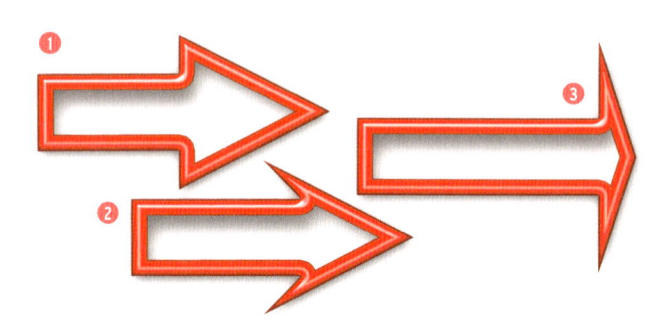

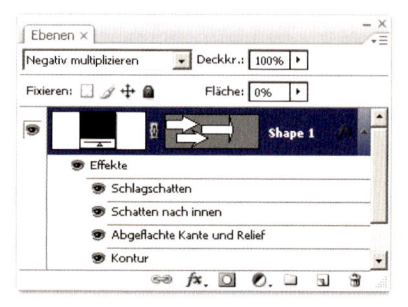

Abbildung 17.29 Alle Pfeile entstanden mit derselben Vorgabe für die Linienbreite und mit der Vorgabe »Ende«. **1:** Für die Pfeilspitze verwenden wir die Werte 200 Prozent bei »Breite« und »Länge«. Die Spitze wird also doppelt so breit und doppelt so lang wie die Grundlinie. **2:** Hier wurde zusätzlich die »Rundung« auf +50 Prozent gesetzt. **3:** Wir nutzen eine »Breite« von 300 Prozent und eine »Länge« von nur 50 Prozent. Sie können jederzeit Pfadpunkte mit dem Direktauswahl-Werkzeug einrahmen und die Ecken glätten oder umformen. Die Pfeile liegen als Pfadkomponenten innerhalb eines Pfads, einzelne Pfeile werden mit dem Pfadkomponenten-Werkzeug aktiviert. Datei: Pfad_f

Das Werkzeug »Eigene Form«

Das Werkzeug »Eigene Form« setzt Figuren aus der aktuellen Formenbibliothek als Pfad ins Bild. Die Optionen sind mit Rechteck, Abgerundetem Rechteck und Ellipse vergleichbar (siehe oben): Sie können also Außenmaße oder Seitenverhältnisse festlegen oder die Figur von der Mitte her aufziehen. Wie immer geben Sie separat einen EBENENSTIL vor, Sie können vorhandene Formen nach Belieben korrigieren (Seite 475) und neu in der Formenbibliothek verewigen.

Das Werkzeug »Eigene Form«

Eigene Formen anlegen und verwalten

So legen Sie in Photoshop eigene Formen an, die Sie später über die Formenbibliothek abrufen:

1. Erzeugen Sie einen Pfad mit beliebigen Werkzeugen, zum Beispiel mit »Eigene Form« oder mit Zeichenstift, oder aktivieren Sie einen in der Pfadpalette vorhandenen Pfad. Ob der Pfad als gefüllte Formebene erscheint oder ob Sie bloß die Pfadkonturen sehen, spielt keine Rolle.
2. Korrigieren Sie den Pfad nach Bedarf, zum Beispiel durch **Transformieren** oder Verändern einzelner Ankerpunkte.
3. Wählen Sie **Bearbeiten: Eigene Form festlegen**. Geben Sie einen Namen im Dialogfeld Name der Form an.

Damit lässt sich der Pfad über die Formenbibliothek abrufen; er erscheint in der Optionenleiste zum Werkzeug »Eigene Form« oder mit dem Befehl **Bearbeiten: Vorgaben-Manager**. Dort sichert Photoshop wohlgemerkt nur die Pfadkontur. Die eventuelle Füllung per Ebenenstil (Verlauf, 3D-Effekt, Schatten etc.) wird für eine »Eigene Form« nicht mitgesichert. Speichern Sie bei Bedarf einen separaten Ebenenstil oder speichern Sie Pfad samt Ebenenstilfüllung als Photoshop-Datei – Umriss wie Inhalt lassen sich jederzeit verlustfrei ändern.

Pfadkomponenten in der Formenbibliothek

Legen Sie eine Form in der Formenbibliothek ab, die aus mehreren Pfadkomponenten besteht (wie in der letzten Abbildung), so verschmelzen alle Pfadkomponenten zu einem Gesamtpfad. Sie können also nicht mehr eine einzelne Pfadkomponente durch Anklicken mit dem Pfadauswahl-Werkzeug aktivieren und verschieben. Abhilfe: Rahmen Sie den gewünschten Bereich des Pfads bzw. der Form mit dem Direktauswahl-Werkzeug ein, klicken Sie einen Ankerpunkt an und ziehen Sie. Dieses Verfahren können Sie auch verwenden, wenn Sie Pfadkomponenten mit der Kombinieren-Schaltfläche aus den Optionen zum Pfadauswahl-Werkzeug verschmolzen haben.

Die Formenbibliothek

Die Formenbibliothek listet Ihre »Eigenen Formen« auf. Mit der Schaltfläche erhalten Sie das Palettenmenü. Sie haben verschiedene Darstellungsmöglichkeiten für diese Galerie und Sie können neue »Bibliotheken« anlegen und laden. Die Bearbeitung ähnelt weitgehend dem Umgang mit »Vorgaben« für Verläufe oder Pinselvorgaben; Details lesen Sie ab Seite 771.

Tipp

Bei der Beurteilung einer Form in der Formebene stören oft die eingeblendeten Pfade. Blenden Sie die Pfade fix mit Strg+H *aus (Seite 767).*

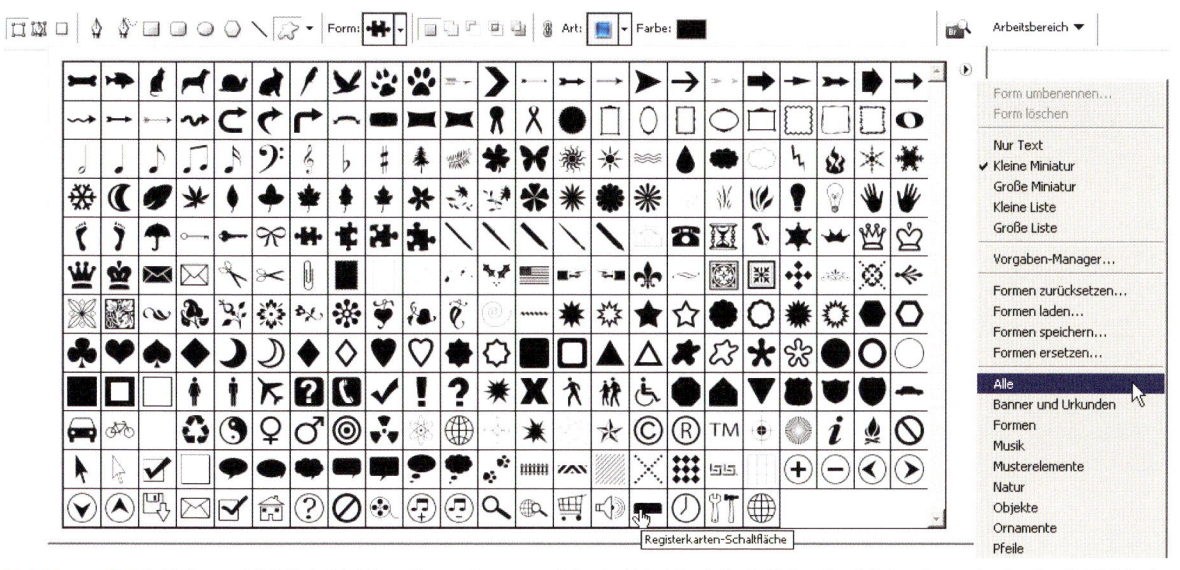

Abbildung 17.30 Die Formenbibliothek listet Ihre »Eigenen Formen« auf. Der Befehl »Alle« holt sämtliche mitgelieferten Formen in die aktuelle Bibliothek. Mit im Fundus steckt auch eine »Registerkarten-Schaltfläche«; das Formwerkzeug mit diesem Umriss gibt es in Photoshop CS3 nicht mehr.

17.6 Pfade verwalten

Via **Pfade**palette, zu finden im **Fenster**-Menü, können Sie Pfade speichern, neu erstellen, duplizieren, anzeigen, verbergen und löschen; außerdem werden hier Auswahlen in Pfade oder Pfade in Auswahlen verwandelt sowie Pfade und Pfadkonturen gefüllt. Das Palettenmenü erreichen Sie wie stets über die Schaltfläche ▼≡. Viele Befehle aus dem Palettenmenü handeln Sie schneller ab, wenn Sie die Symbole unten in der Palette verwenden. Die Reihenfolge der aufgelisteten Pfade ändern Sie durch Verschieben. Arbeitspfad und Vektormaske sind allerdings unverrückbar.

Paletten-Optionen

Nach dem Palettenbefehl **Paletten-Optionen** entscheiden Sie, ob Photoshop Pfade in der Palette nur namentlich auflisten oder auch in einer von drei Größen darstellen soll. Photoshop stellt Pfade in der Palettenminiatur immer relativ zur Gesamtdatei dar. Erstreckt sich der Pfad also nur über wenig Bildfläche, erscheint er in der Miniatur besonders klein.

Pfade umbenennen, duplizieren und löschen

Die Techniken zum Löschen, Duplizieren oder Umbenennen von Pfaden ähneln den Verfahren, die Sie auch für Ebenen, Alphakanäle oder Aktionen verwenden:

» Um einen Pfad umzubenennen, klicken Sie doppelt auf den Pfadnamen in der Palette.

» Um einen Pfad ohne weitere Rückfragen zu löschen, ziehen Sie ihn in den Mülleimer 🗑.

» Bevor Sie einen gelungenen Pfad weiterbearbeiten, bunkern Sie ein Duplikat – ziehen Sie den Pfad auf das Symbol Neuen Pfad erstellen 🔲.

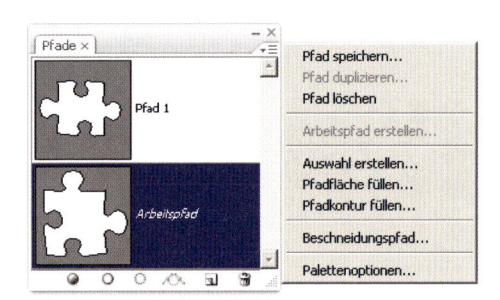

Abbildung 17.31 Die Palette verwaltet Ihre Pfade. Viele Befehle aus dem Palettenmenü erreichen Sie schneller über die Schaltflächen unten in der Palette oder im Kontextmenü über den Pfadminiaturen. In den Palettenoptionen regeln Sie die Darstellung der Pfadminiaturen.

» Ziehen Sie bei gedrückter [Alt]-Taste mit dem Pfadauswahl-Werkzeug ▶ oder mit dem Direktauswahl-Werkzeug ▶ an einem markierten Pfadbereich oder einem kompletten Pfadsegment – die Zone wird innerhalb des aktiven Pfads als neues Pfadsegment dupliziert und kann bewegt werden.

Ohne weiteres lassen sich Pfade oder Pfadbereiche in andere Dateien übertragen:

» Ziehen Sie den Pfad aus der Palette in das Fenster einer anderen Bilddatei. Damit wird der Pfad in dieses Dokument kopiert.

» Markierte Pfadteile lassen sich mit [Strg]+[C] in die Zwischenablage kopieren und in einer anderen Datei per [Strg]+[V] zutage fördern; sie erscheinen dort zunächst als »Arbeitspfad«.

Tipp
Ist beim Übertragen eines Pfads im Zielbild bereits ein Pfad aktiv, fügt Photoshop den Neuankömmling dem vorhandenen Pfad als neues Pfadsegment an. Schalten Sie im Zielbild zunächst alle Pfade aus – zum Beispiel durch Klick in den grauen Bereich der Pfadpalette. Oder legen Sie einen neuen, leeren Pfad 🔲 an. So entsteht beim Übertragen ein neuer, unabhängiger Pfad.

Pfade anzeigen und aktivieren

Der aktive Pfad ist in der Pfadpalette hervorgehoben. Klicken Sie einen anderen Pfad an, wenn Sie diesen bearbeiten wollen. Photoshop zeigt immer nur einen Pfad auf einmal. So werden Pfade ausgeschaltet oder verborgen:

» Um einen Pfad zugleich auszublenden und auszuschalten, ziehen Sie die Pfadpalette so weit auf, dass zwischen dem letzten Pfad und der Symbolleiste noch freier Raum ist, und klicken Sie in diesen leeren Raum. Klicken Sie wieder auf den Pfadnamen, um den entsprechenden Pfad erneut zu aktivieren.

» Sie können die Pfade ausblenden, ohne sie abzuschalten: Dies erledigt der Befehl **Ansicht: Einblenden: Zielpfad**. Alternativ wählen Sie **Ansicht: Extras** ab ([Strg]+[H], Seite 767). Bildergebnisse lassen sich ohne die Pfadlinien oft besser beurteilen.

Achtung
Drücken Sie bei aktiviertem Pfad die [Entf]-Taste, ist der Pfad gelöscht. Das passiert leicht ungewollt. Schalten Sie einen nicht benötigten Pfad zügig aus, zum Beispiel durch Klick in die graue Fläche unten in der Pfadpalette.

17.7 Verschiedene Pfadtypen

Photoshop erfreut Einsteiger mit einem vielseitigen Angebot aus Pfaden, Unterpfaden, Beschneidungspfaden, Arbeitspfaden, Pfadkomponenten und Vektormasken.

Arbeitspfade und Pfade

Wenn Sie einen neuen Pfad anlegen, müssen Sie den Unterschied zwischen »Pfad« und »Arbeitspfad« kennen.

Mit einem Arbeitspfad beginnen

Sobald Sie den ersten Klick mit einem Pfadwerkzeug tun und die Option PFADE verwenden, zeigt Photoshop in der Pfadpalette einen Arbeitspfad – dies ist ein vorübergehender, nicht gesicherter Pfad. Auch wenn Sie eine Auswahl in einen Pfad verwandeln, entsteht zunächst ein Arbeitspfad. Dieser Arbeitspfad wird zwar je nach Dateiformat mitgespeichert. Legen Sie jedoch einen weiteren Pfad an, ist er weg. Ein solcher Arbeitspfad lässt sich überdies nicht als Beschneidungspfad speichern. Dieser Arbeitspfad gilt außerdem immer als Pfadkomponente. Sie haben volle Kontrolle erst, wenn Sie das Ergebnis als normalen Pfad sichern.

Vom Arbeitspfad zum Pfad

Ist bereits ein Arbeitspfad in der Palette aktiviert, verwandeln Sie ihn in einen regulären Pfad: Klicken Sie doppelt auf den Arbeitspfad in der Pfadpalette. Jetzt können Sie das Kind beim Namen nennen. Oder ziehen Sie den Arbeitspfad auf das Symbol NEUEN PFAD ERSTELLEN unten in der Palette. Damit erhält der Pfad automatisch eine Nummer.

Ist der Pfad erst mal gesichert, wird Photoshop ihn immer wieder aktualisiert zusammen mit Ihrem Bild auf Festplatte verewigen; Windows-Nutzer müssen freilich auf das passende Dateiformat achten (Seite 470).

Mit einem regulären Pfad beginnen

Besser ist es, von vornherein mit einem Pfad und nicht mit einem Arbeitspfad zu hantieren. Dazu wählen Sie vor jedem neuen Pfad den Palettenbefehl **Neuer Pfad** oder klicken auf das Symbol NEUEN PFAD ERSTELLEN in der Pfadpalette. Diese Maßnahme verhindert auch, dass Sie eine neue Zeichnung nicht als separaten Pfad anlegen, sondern ungewollt als Pfadkomponente in einem größeren Pfadgebilde unterbringen. Beenden Sie die Arbeit an einem Pfad deshalb sicherheitshalber auch durch Wechsel des Werkzeugs.

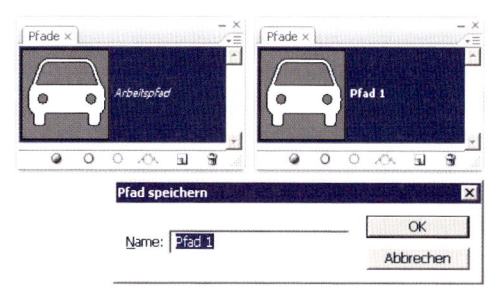

Abbildung 17.32 Links: Wenn Sie einen neuen Pfad anlegen, entsteht zunächst meist ein »Arbeitspfad«. **Rechts:** Sie sollten den Pfad schnellstmöglich sichern, indem Sie die Miniatur für den Arbeitspfad auf das Symbol »Neuen Pfad erstellen« ziehen oder doppelt auf die Pfadminiatur klicken. So erhält der Pfad einen Namen. Sie arbeiten an einem regulären Pfad.

Pfade und Pfadsegmente

Sie arbeiten zunächst immer am selben Pfad. Selbst wenn Sie zwischendurch doppelt auf das Zeichenwerkzeug klicken und zu einer ganz neuen Figur ansetzen, die mit der vorherigen nicht verbunden ist – Sie haben damit nicht zwei neue Pfade, sondern nur zwei neue Pfadkomponenten innerhalb eines Pfads. Wollen Sie nur eine dieser Pfadkomponenten separat bearbeiten, dann klicken Sie diese mit dem Pfadauswahl-Werkzeug an. Sie können die Gesamtfigur als Vektormaske mit Ebeneneffekten ausformen und die einzelnen Pfadkomponenten immer noch mit Operationen wie SCHNITTMENGE AUS PFADBEREICHEN neu verrechnen oder mit dem KOMBINIEREN-Button verschmelzen.

Pfadfiguren, die Sie getrennt verwenden, sollten Sie auch als getrennte Pfade anlegen und nicht als Sammlung von Pfadkomponenten in einem Pfad. Es passiert leicht, dass man zwei Figuren innerhalb eines Pfads übereinanderlegt und nur erschwert einzeln korrigieren kann. Um einen neuen Pfad anzulegen, klicken Sie auf das Symbol NEUEN PFAD ERSTELLEN in der Pfadpalette. Jetzt können Sie die ganze Bildfläche mit einem neuen, unabhängigen Pfad überziehen.

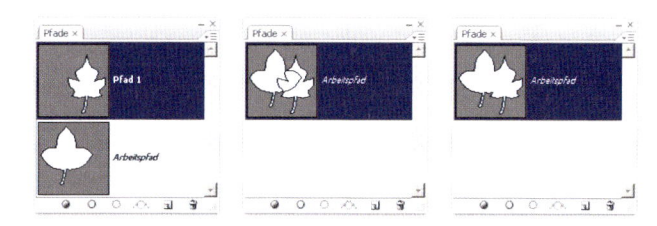

Abbildung 17.33 Links: In der Regel legen Sie getrennte Konturen auch als getrennte Pfade an; dazu klicken Sie vor dem Erstellen der zweiten Figur auf die Schaltfläche »Neuen Pfad erstellen« unten in der Palette. **Mitte:** Die beiden Figuren liegen als Pfadkomponenten innerhalb eines einzigen Pfads. **Rechts:** Die Pfadkomponenten wurden mit der Schaltfläche »Kombinieren« verschmolzen.

Vektormasken

Vektormasken besprechen wir ausführlich ab Seite 609, hier nur eine Zusammenfassung: Wie eine Ebenenmaske, so grenzt auch die Vektormaske die Sichtbarkeit einer Montageebene ein. Die Ebene ist nur innerhalb der Pfadumrisse sichtbar. Außenliegendes wird verborgen. Photoshop zeigt die Vektormaske neben der Ebene in der Ebenenpalette an. Ist diese Ebene aktiviert, erscheint die Vektormaske auch als aktiver Pfad in der Pfadpalette. Formebenen erhalten automatisch eine Vektormaske.

Sie können diese Vektormaske zusätzlich in einen üblichen Pfad verwandeln, der sich unabhängig von der betreffenden Ebene bearbeiten lässt. Dazu wählen Sie eines der folgenden Verfahren:

» Klicken Sie doppelt auf die Vektormaske in der Pfadpalette (nicht in der Ebenenpalette) oder

» ziehen Sie die Vektormaske in der Pfadpalette auf das Symbol NEUEN PFAD ERSTELLEN.

Beschneidungspfad

Eine Besonderheit ist der »Beschneidungspfad«, auch Clipping-Pfad oder Freistellpfad geheißen und nicht mit der Vektormaske zu verwechseln. Der Beschneidungspfad hilft bei der Weitergabe eines Motivs an ein Layoutprogramm. Die Umgebung eines ausgewählten Objekts wird hier ausgeblendet und transparent gemacht. So erscheint nur das freigestellte Objekt auf der Seite, direkt dahinter sehen Sie die sonstige Seite. Ansonsten wäre das Hauptmotiv mindestens von einem weißen Rechteck umgeben.

Dieser Freistellpfad hat nichts zu tun mit den Freistellern, die vor allem mit dem Dateiformat GIF auf Internetseiten möglich sind (Details zur Transparenz in WWW-Objekten ab Seite 728). Neuere Layoutprogramme brauchen den speziellen Beschneidungspfad allerdings nicht: Beliebige Pfade oder Alphakanäle lassen sich als Beschneidungspfad einsetzen, und das mit verschiedenen Bilddateiformaten wie PSD, TIFF oder JPEG. Das Layoutprogramm InDesign vom Photoshop-Hersteller Adobe übernimmt direkt die Transparenz von Photoshop-Ebenen.

Achtung
Einige Layoutprogramme interpretieren Pfade oder Alphakanäle in TIFF- und JPEG-Dateien als Beschneidungspfad. Wollen Sie das ganze Bild zeigen und auf Nummer Sicher gehen, löschen Sie alle Pfade und Alphakanäle vor der Weitergabe.

Vorgehen

So legen Sie einen speziellen Beschneidungspfad an:

1. Erzeugen Sie einen geschlossenen Pfad, der das gewünschte Objekt präzise umgibt.

2. Verwandeln Sie einen »Arbeitspfad« zunächst in einen regulären Pfad, indem Sie den »Arbeitspfad« auf das Symbol NEUEN PFAD ERSTELLEN in der Pfadpalette ziehen.

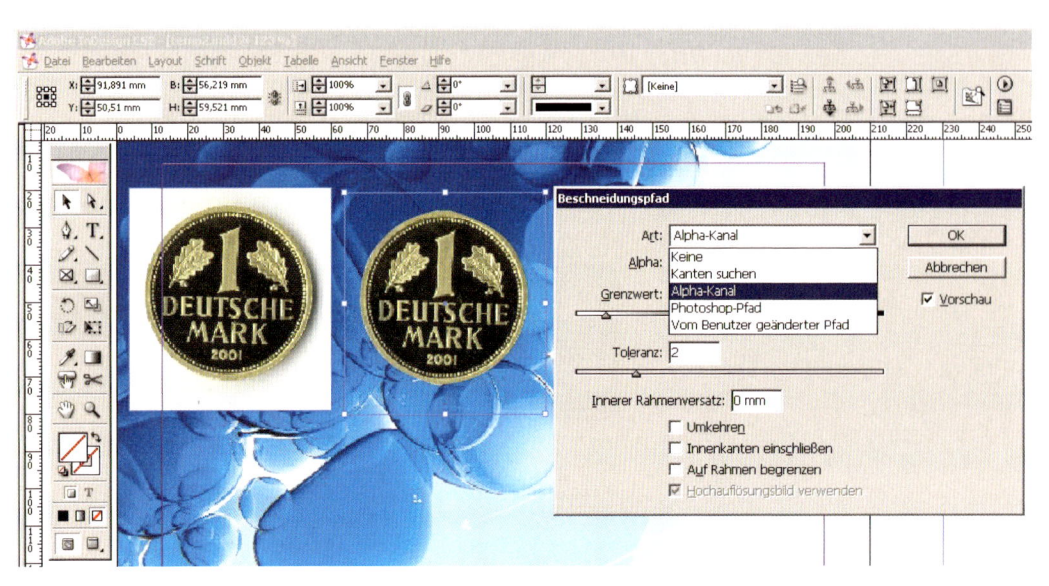

Abbildung 17.34
Die rechte Münze hat einen Pfad oder Alphakanal, die linke nicht. Das Beispiel stammt aus InDesign CS2. Bei diesem Programm leiten Sie die Freistellung zum Beispiel aus Pfaden, Alphakanälen oder direkt aus den Kontrasten im Bild ab. Der Pfad lässt sich innerhalb von InDesign bearbeiten. Dateien: Pfad_g1, Pfad_ g2

3. Wählen Sie im Palettenmenü **Beschneidungspfad**.

4. Wählen Sie im Dialogfeld BESCHNEIDUNGSPFAD den gewünschten Pfad und eine Kurvennäherung.

5. Klicken Sie auf OK. Nun erscheint der Pfadname in der Palette in Fettschrift, um ihn als Beschneidungspfad herauszustellen.

6. Speichern Sie das Bild im Dateiformat Photoshop EPS, DCS oder PDF. Der in der Pfadpalette benannte Beschneidungspfad wird dabei automatisch übernommen.

Halbautomatisch legen Sie einen Beschneidungspfad mit dem Befehl **Hilfe: Transparentes Bild exportieren** an. Dabei muss der gewünschte Freistellbereich entweder ausgewählt sein oder über transparentem Hintergrund liegen; geben Sie DRUCKEN-Verwendung an, nicht ONLINE. Alles weitere erledigt Photoshop.

Kurvennäherung

Für den Beschneidungspfad kann man eine KURVENNÄHERUNG vorgeben. Eine niedrigere Kurvennäherung führt zu etwas gröberen Freistellpfaden, vermeidet aber auch Belichtungsfehler. In der Regel verwendet man eine Kurvennäherung von acht bis zehn für hoch auflösende Belichter über 1200 dpi, Werte zwischen eins und fünf empfehlen sich zwischen 300 und 600 dpi. Häufig trägt man gar nichts ein; dann wird die Voreinstellung des Druckgeräts verwendet.

Probleme mit der Kurvennäherung

Es kann passieren, dass ein komplexer Freistellpfad auf einem niedrig auflösenden Drucker korrekt ausgegeben wird, weil der Drucker den Pfad automatisch vereinfacht hat; bei der endgültigen hoch auflösenden Wiedergabe erscheinen aber Fehlermeldungen. In diesem Fall erhöht man den Wert für KURVENNÄHERUNG (Flatness) im Dialogfeld für den Freistellpfad. Mit hohen Werten für die Kurvennäherung erzeugt der PostScript-Interpreter im Drucker eine flachere Kurve; für Drucker über 1200 dpi eignen sich Werte von 8 bis 10, 300 oder 600 dpi werden mit einer Kurvennäherung von 1 bis 3 angesteuert. Setzt man die Kurvennäherung auf hohe Werte wie 25, kann die freigestellte Kontur grob wirken. Geben Sie keinen Wert ein, erscheint das freigestellte Motiv nach Vorgabe des Druckers – meist die beste Wahl. Erhöhen Sie den Wert eventuell für sehr lange Kurven, um überhaupt einen Druck zu ermöglichen.

Tipp
Innerhalb der EPS-Datei wird eine eigene Bildversion nur für die Vorschau im Layoutprogramm angelegt (vergleiche Seite 793). Es kann sein, dass diese Vorschau keinen korrekten Aufschluss über die Wirkung des Freistellpfads gibt – bei hoch auflösendem Ausdruck erscheint das Bild gleichwohl trotzdem wie gewünscht, weil das druckende Programm nun auf die Feindaten zurückgreift.

Ankerpunkte verringern

Bringt der Pfad wegen zu zahlreicher Ankerpunkte den Belichter aus dem Takt, reduzieren Sie die Ankerpunkte eines Pfads nachträglich zum Beispiel wie folgt:

1. Mit dem Palettenbefehl **Auswahl erstellen** laden Sie den Beschneidungspfad noch einmal als Auswahl.

2. Rechnen Sie die Auswahl jetzt mit dem Palettenbefehl **Arbeitspfad erstellen** wieder in einen Pfad um – mit einer hohen Toleranz von zum Beispiel 6.

3. Definieren Sie diesen Pfad als **Beschneidungspfad**.

»Beschneidungspfade« für Word und PowerPoint

Sie können »Beschneidungspfade« auch für die Office-Programme Word und PowerPoint anlegen. Um die Freiform herum sieht man dann gleich den Hintergrund, der auch farbig oder gemustert sein kann. Mehrere Objekte lassen sich ohne Rechteckbox drumrum übereinander montieren und Word erlaubt Formsatz – Text fließt direkt an den Objektkonturen entlang. Kurz gesagt brauchen Sie die Auswahl als Alphakanal in einer TIFF-Datei ohne jede Komprimierung und ohne Farbprofil. So geht's:

1. Sie wählen den gewünschten Bildbereich zum Beispiel mit der Schnellauswahl aus.

2. Sie sichern die Auswahl als Alphakanal (**Auswahl: Auswahl speichern** oder die Schaltfläche AUSWAHL ALS KANAL SPEICHERN).

3. Sie sichern das Bild als TIFF-Datei.

Für Office XP (2002) und frühere Versionen gilt dabei:

» Nehmen Sie unbedingt TIFF ohne jede Komprimierung (auch nicht LZW).

» Entfernen Sie vor dem Speichern Farbprofile (per **Bearbeiten: Profil zuweisen** oder im Dialog **Speichern unter**).

Office 2003 ist weniger heikel.

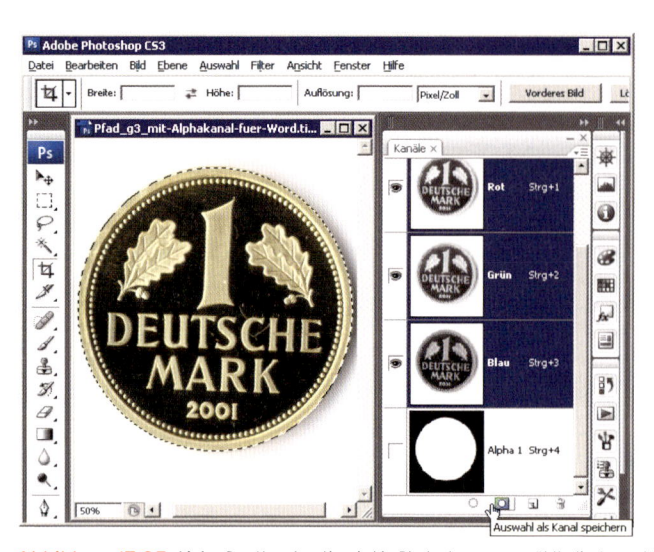

Abbildung 17.35 **Links:** Das Hauptmotiv wird in Photoshop ausgewählt, die Auswahl als Alphakanal wird angelegt, das Ergebnis als TIFF gespeichert. **Rechts:** In Word oder PowerPoint lässt sich der Alphakanal als Freistellpfad für Formsatz verwenden und weiterbearbeiten. Dateien: Pfad_g3, Office_Text

Ziehen Sie die TIFF-Datei in das Word-Fenster, klicken Sie doppelt darauf und klicken Sie im Bereich LAYOUT auf PASSEND.

17.8 Auswahlen und Pfade

Sie können Auswahlen in Pfade umrechnen und Pfade wieder in Auswahlen verwandeln. Dies ist oft eine elegante Möglichkeit, Auswahlen zu korrigieren, und es spart Platz gegenüber der Auswahlspeicherung im Alphakanal.

Auswahl in Pfad verwandeln

Sie wollen die aktuelle Auswahl in einen Pfad verwandeln, dann klicken Sie in der Pfadpalette unten auf das Symbol ARBEITSPFAD AUS AUSWAHL ERSTELLEN. Dabei verwendet Photoshop eine TOLERANZ:

» Niedrige Werte wie 0,5 oder 1 erzeugen einen genauen Pfad mit vielen Ankerpunkten.

» Hohe Werte bis hin zum Höchstwert 10 produzieren fließende, aber ungenauere Pfade mit wenig Ankerpunkten.

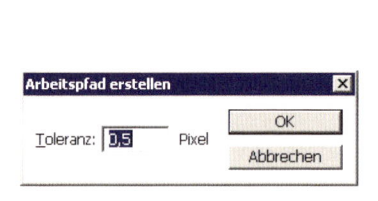

Abbildung 17.36 Photoshop rechnet Auswahlen mit unterschiedlicher »Toleranz« in Pfade um. Je höher die »Toleranz«, umso ungenauer, aber auch fließender gerät der Pfad; er hat dann weniger Ankerpunkte. Die Toleranz betrug links 2, rechts 10.

Auswahl in Pfad verwandeln

Abbildung 17.37 **Links:** Der Asphalt im Hintergrund ist etwas unruhig, das Auto lässt sich mit Schnellauswahl und Zauberstab nicht perfekt auswählen. **Rechts:** Der Befehl »Kante verbessern«, hier mit weißer Maskierung, glättet ein paar Auswahllücken, doch die Auswahl muss als Pfad verfeinert werden. Datei: Pfad_i

Abbildung 17.38 **Links:** Der »Toleranz«-Wert 1 erzeugt zu viele Ankerpunkte, das lässt sich nicht sinnvoll korrigieren. **Rechts:** Ein neuer Versuch mit einer 3er-»Toleranz« erzeugt nur noch wenige Ankerpunkte.

Der TOLERANZ-Pegel steht zunächst auf 2. Wollen Sie das ändern, klicken Sie ARBEITSPFAD AUS AUSWAHL ERSTELLEN mit gedrückter Alt-Taste an; Alternative: Sie öffnen das Menü der Pfadepalette und nehmen **Arbeitspfad erstellen**.

Auswahlen laufen grundsätzlich an Pixeln entlang; dagegen orientieren sich Pfade nicht an Pixeln, sondern an Kurven und Ankerpunkten. Daraus folgt: Eine als Pfad gespeicherte Auswahl, die Sie wieder in eine Auswahl zurückverwandeln, hat nicht unbedingt den exakt selben Verlauf wie zu Beginn. Arbeiten Sie indes mit niedriger Toleranz, kann man Pfade in der Regel problemlos als Auswahlen speichern und man spart eine Menge Speicherplatz gegenüber einem Alphakanal. Allerdings können Sie im Pfad keine weichen Übergänge speichern.

Achtung
Eine hohe Zahl von Ankerpunkten kann die Belichtung stören, wenn Sie den gespeicherten Pfad als Beschneidungspfad verwenden (siehe oben): Der Belichter braucht sehr lange, Sie erhalten PostScript-Fehlermeldungen. Versuchen Sie es dann mit einer höheren TOLERANZ.

Auswahlkorrektur per Pfad

Insbesondere wenn Sie eine Auswahl abschnittweise enger oder weiter fassen und dabei Befehle verwenden wie **Ändern: Erweitern** (Seite 419) oder **Sonstige Filter: Dunkle Bereiche vergrößern** (Seite 438), empfiehlt sich die Pfadtechnik als handliche Alternative:

1. Um eine Reserve der aktuellen Auswahl beizubehalten, sichern Sie diese in einem Alphakanal per **Auswahl: Auswahl speichern** (Seite 457).

2. Verwandeln Sie die Auswahl mit dem Befehl **Arbeitspfad erstellen** aus der Pfadpalette in einen Arbeitspfad. Dabei verwendet man in der Regel keine ganz niedrige Toleranz, da die entstehende Vielzahl von Ankerpunkten unübersichtlich wirkt. Testen Sie einen Wert wie 3,0.

3. Verwandeln Sie diesen Arbeitspfad in einen Pfad, indem Sie ihn in der Pfadpalette auf das Symbol NEUEN PFAD ERSTELLEN ziehen.

4. Markieren Sie den zu ändernden Pfadbereich mit dem Direktauswahl-Werkzeug (Seite 478).

5. Bewegen oder **transformieren** Sie den markierten Pfadbereich wie erforderlich.

6. Entfernen Sie eventuell einzelne Ankerpunkte oder fügen Sie einzelne Ankerpunkte hinzu und korrigieren Sie bei Bedarf Grifflinien. Wenn diese Korrektur aufwändig ausfällt, sollten Sie die Auswahl mit einer anderen Toleranz neu in einen Pfad verwandeln.

7. Verwandeln Sie den korrigierten Pfad zurück in eine Auswahl, indem Sie ihn auf das gepunktete Symbol PFAD ALS AUSWAHL LADEN ziehen.

Teil 5 • Auswahl

Abbildung 17.39 **Links:** Der Zoom zeigt, dass der Pfad ungenau sitzt. **Rechts:** Durch Verschieben der Ankerpunkte und Ziehen lässt sich das Chassis sauber einrahmen – die hier verwendete Technik der Bézier-Kurven wurde schließlich einst bei Renault zur Gestaltung von Karosserieformen verwendet. Der korrigierte Pfad wird per »Auswahl erstellen« in eine geglättete Auswahl verwandelt.

Tipp
Sie sollten ein Objekt nicht unbedingt präzise am vorhandenen Rand ausschneiden. Schneiden Sie eher etwas zu knapp ab, lassen Sie also ein oder zwei Pixel des äußersten Objektrands weg – schieben Sie zum Beispiel den Pfad nach innen. So bleibt unerwünschter Hintergrund garantiert draußen.

Unsaubere Ränder glätten per Pfad

Oft entstehen bei Auswahltechniken mittels Zauberstab oder Alphakanalretusche unsaubere, gezackte Ränder. Typische Beispiele:

» Der Übergang zwischen Hauptmotiv und Hintergrund ist abgeschattet und lässt sich weder mit Lasso noch mit Zauberstab präzise erfassen.

» Sie haben eine Auswahl im Alphakanal mit Tonwertbefehlen wie **Dunkle Bereiche vergrößern** oder **Helligkeit/Kontrast** verändert, dazu womöglich noch skaliert, rotiert, weichgezeichnet und den Kontrast wieder angehoben, zum Beispiel bei Text – eine elegante Randglättung gibt es dann nicht mehr.

In diesen Fällen verwandeln Sie die unschöne Auswahl bei niedriger bis mittlerer Toleranz von zum Beispiel »2« oder »3« in einen Pfad. Den konvertieren Sie zurück in eine Auswahl, wobei Sie das GLÄTTEN anwählen – Sie erhalten eine saubere Kante. Eine Auswahlverfeinerung per **Kante verbessern** (Seite 436) bringt oft ähnliche Ergebnisse, allerdings nicht so präzise steuerbar.

Abbildung 17.40 **1. Bild:** Die Kanten dieses Objekts wurden durch mehrfaches »Transformieren« entstellt, wie sich in der Vergrößerung deutlich zeigt. **2. Bild:** Das Objekt wurde als Auswahl geladen, die Auswahl wurde in einen Pfad verwandelt – doch bei nur 0,5 Pixel Toleranz gerät der Pfad zu unruhig. **3. Bild:** Bei 2,0 Pixel Toleranz lässt sich der Pfad besser korrigieren. **4. Bild:** Der Pfad wird gefüllt, dabei ist die Option »Glätten« aktiv; die Vergrößerung zeigt, dass ein sauber geglätteter Rand entstanden ist; ähnliche Ergebnisse ermöglicht der Befehl »Auswahl: Kante verbessern« auf Basis einer Auswahl. Datei: Pfad_h

Pfad in Auswahl verwandeln

Einen vorhandenen Pfad können Sie in eine Auswahl verwandeln. Dazu gibt es verschiedene Wege:

» Wählen Sie **Auswahl erstellen** im Palettenmenü oder im Kontextmenü über einer Pfadminiatur; dabei sehen Sie jeweils das Dialogfeld AUSWAHL ERSTELLEN.

» Möchten Sie die letzten Einstellungen aus dem Dialogfeld übernehmen, klicken Sie auf das gepunktete Symbol PFAD ALS AUSWAHL LADEN. ([Alt]-Klick zeigt wie immer die Optionen an.)

» Klicken Sie bei gedrückter [Strg]-Taste auf die Pfadminiatur in der Palette.

» Wenn der Pfad in der Pfadpalette aktiviert ist: Drücken Sie [Strg]+[↵]-Taste.

Offene Pfade schließt Photoshop auf direktem Weg zwischen den beiden Pfadenden.

Befehle im Überblick: Pfade

Taste/Feld	Zusatztasten	Aktion	Ergebnis
P (für Pen Tool)			Letztes Zeichenstiftwerkzeug
A			▸ ▸
🖉			PFADE erstellen, nicht Formebenen oder Pixelfüllung
▢			FORMEBENEN erstellen, nicht Pfade oder Pixelfüllung
▪			PIXEL FÜLLEN, nicht Pfade oder Formebenen
⬚			DEM FORMBEREICH HINZUFÜGEN (+)
⬚			VOM PFADBEREICH SUBTRAHIEREN (-)
⬚			SCHNITTMENGE VON FORMBEREICHEN
⬚			ÜBERLAPPENDE FORMBEREICHE AUSSCHLIESSEN
+-Taste			DEM FORMBEREICH HINZUFÜGEN (+) ⬚
--Taste			VOM PFADBEREICH SUBTRAHIEREN (-) ⬚
✎		🖱	Geraden Pfad zeichnen
✎	⇧	🖱	Geraden Pfad mit 45-Grad-Winkeln zeichnen
✎		🖱 ziehen	Kurvenpfad zeichnen
✎	Strg		▸
▸		🖱 auf markierten Ankerpunkt, Griffpunkt	Ankerpunkt, Griffpunkt bewegen
▸		🖱 ziehen	Pfadbereich markieren
▸	⇧	🖱	Zusätzliche Pfadsegmente/Ankerpunkte markieren
▸	Alt	🖱	Gesamte Pfadkomponente auswählen
▶		🖱	Gesamte Pfadkomponente auswählen
▸	Alt	🖱 ziehen	Duplikat des gewählten Bereichs bewegen
▶	Alt	🖱 ziehen	Duplikat des gewählten Bereichs bewegen
▸	Strg	🖱 über Ankerpunkt	⌐
⌐		🖱 auf Ankerpunkt	Kurven-Ankerpunkt in harten Eckpunkt umwandeln und umgekehrt
⌐		🖱 auf Ankerpunkt ziehen	Harten Eckpunkt in Kurven-Ankerpunkt umwandeln
✎⁺		🖱	Ankerpunkt hinzufügen
✎⁻		🖱	Ankerpunkt entfernen
🗋		🖱	Pfad neu erstellen
🗋		🖱 Pfad auf Symbol ziehen	Pfad duplizieren
⬡		🖱	Auswahl mit aktuellen Einstellungen in »Arbeitspfad« verwandeln
⬚		🖱	Pfad mit aktuellen Einstellungen in Auswahl verwandeln
[Pfadminiatur]	Strg	🖱	Pfad mit aktuellen Einstellungen in Auswahl verwandeln
Richtungstasten			Markierte Punkte in 1-Pixel-Schritten verschieben
Richtungstasten	⇧		Markierte Punkte in 10-Pixel-Schritten verschieben
○			Pfadkontur mit aktueller Einstellung füllen
○	Alt		Dialogfeld PFADKONTUR FÜLLEN
●			Pfadfläche mit aktuellen Einstellungen füllen
●	Alt		Dialogfeld PFADFLÄCHE FÜLLEN

Weiche Kante

Im Dialogfeld Auswahl erstellen machen Sie unter Berechnung folgende Angaben:

» Sie definieren eine Weiche Kante; damit blendet der Rand weich aus und geht, wenn Sie den Bildteil ausschneiden und andernorts einsetzen, fließend in den neuen Hintergrund über. Übersichtlicher weichen Sie die Auswahl jedoch nachträglich mit dem Befehl **Kante verbessern** auf.

» Die Option Glätten erstellt einen hauchdünnen weichen Übergang unmittelbar am Auswahlrand – meist die ideale Einstellung für übliche Montagen (Details zu Glätten und Weicher Kante ab Seite 422).

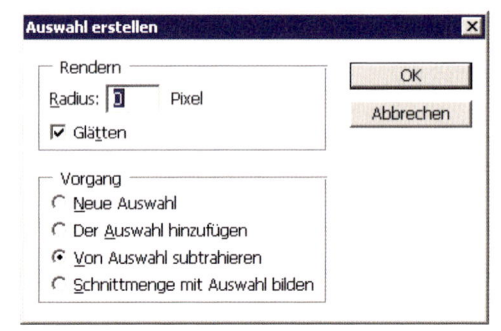

Abbildung 17.41 Sie können den Pfadumriss als Auswahl laden und dabei mit einer vorhandenen Auswahl verrechnen. Eine vergleichbare Funktion gibt es auch für Alphakanäle.

Auswahlen verrechnen

Im Bereich Vorgang des Dialogfelds Auswahl erstellen geben Sie an, ob Sie die neue Auswahl von einer bereits bestehenden Markierung abziehen oder die Auswahl vielmehr erweitern.

» Gibt es gar keine Auswahlbereiche im Bild, erstellen Sie beim Umwandeln des Pfads eine Neue Auswahl.

» Haben Sie dagegen bereits einen Bildteil markiert, können Sie die per Pfad erstellte weitere Markierung zur Auswahl hinzufügen. Damit wird ein weiterer, separater Bildteil für die kommende Bearbeitung herangezogen.

» Setzen Sie die neue Auswahl dagegen in eine schon bestehende Auswahl hinein, können Sie den neu markierten Bereich von der Auswahl abziehen.

» Überkreuzt sich eine vorhandene Auswahl mit dem aktiven Pfad, dann lässt sich beim Umwandeln auch die Schnittmenge bilden.

17.9 Malen nach Pfaden

Photoshops Mal- und Retuschewerkzeuge können sich an den Pfaden entlangarbeiten, um die Pfadkontur nachzumalen. Dazu wählen Sie den Palettenbefehl **Pfadkontur füllen**. Sie können auch nur einen Teil des Wegs gehen. Soll die Fläche innerhalb des Pfads komplett mit Farbe zugeschüttet werden, nehmen Sie **Pfadfläche füllen**. Haben Sie eine Pfadkomponente innerhalb eines Pfads mit dem Direktauswahl-Werkzeug markiert, heißen die Befehle **Unterpfadfläche füllen** und **Unterpfadkontur füllen**. Dann wird auch nur der ausgewählte Teil bearbeitet. Klatschen Sie die Farbe zunächst auf eine neue, leere Ebene. Zu diesen Befehlen nennen wir unten interessante Alternativen. Die Befehle **Pfadkontur füllen** und **Pfadfläche füllen** funktionieren nicht auf Textebenen und auf Formebenen.

Tipp
Legen Sie die Farbfüllungen zunächst auf einer neuen, leeren Ebene an, so dass das Originalbild unverändert bleibt.

Pfadkontur füllen

Sie können den Pfad mit einem beliebigen Mal- oder Retuschewerkzeug nachmalen lassen, etwa Pinsel oder Musterstempel (Seite 331). Sie geben ein Werkzeug vor und Photoshop führt es mit den aktuellen Optionen dieses Geräts am Pfad entlang. Statt also bestimmte Zeichnungen oder Retuschen immer wieder mit neuen Pinselvorgaben und Modi anzugehen, legen Sie nur einmal einen Pfad an und schicken dann die Werkzeuge mit unterschiedlichsten Einstellungen auf die Reise – bis der Pfad in gewünschter Weise abgearbeitet ist.

Pfadkontur füllen

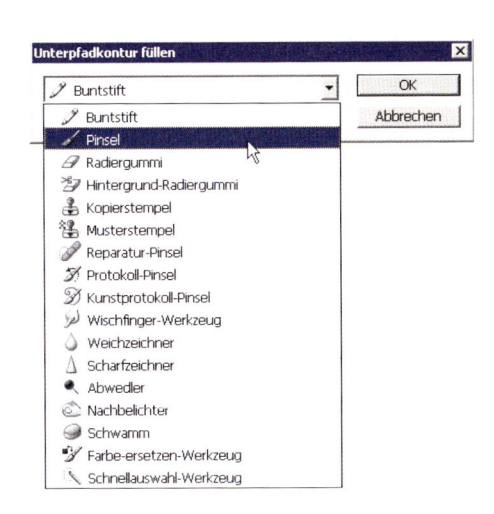

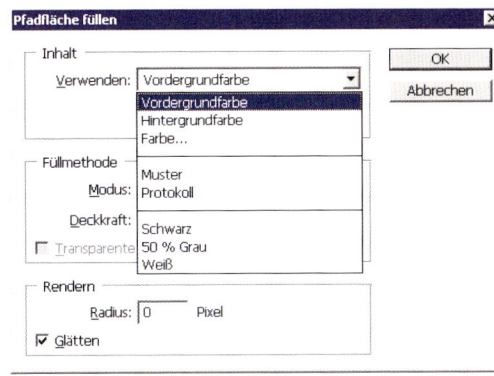

Abbildung 17.42
Links: Der Befehl »Pfadkontur füllen« aus der Pfadpalette lässt ein Mal- oder Retuschewerkzeug am Pfad entlangarbeiten. Rechts: Der Befehl »Pfadfläche füllen« füllt die Ebene innerhalb des Pfads mit Farbe, Muster oder einem Bildzustand aus der Protokollpalette.

Ist ein Pfad aktiviert? Dann startet das Geschehen mit einem Klick auf das Symbol PFADKONTUR FÜLLEN ○ unten in der Pfadpalette. Der Alt-Klick blendet wie immer die Optionen ein. Alternative: Der Befehl **Pfadkontur füllen** im Palettenmenü.

Vorteile

Der Befehl **Pfadkontur füllen** bietet mehrere Vorteile gegenüber dem **Bearbeiten**-Befehl **Kontur füllen** (Seite 317) wie auch gegenüber dem Ebeneneffekt KONTUR (Seite 599):

» Sie können Retuschewerkzeuge wie etwa den Abwedler (Aufheller) verwenden, mit denen Sie nicht Farbe auftragen, sondern vorhandene Tonwerte verändern.

» Verschiedenste Pinselvorgaben stehen zur Verfügung, etwa elliptische, sternförmige, weitere ungleichmäßige und halbdeckende Varianten (Seite 323).

» Sie können den Pinsel über die Strecke hin variieren, zum Beispiel lassen Sie »Spurtreue«, Abstand, Größe und Farbe der Malpunkte schwanken.

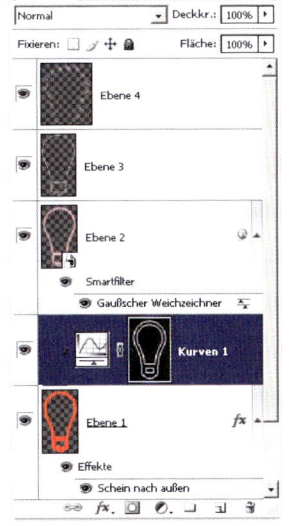

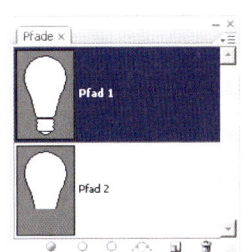

Abbildung 17.43 Der Pfad wurde auf mehreren Ebenen per »Pfadkontur füllen« nachgemalt. **Ebene 1:** Runde, harte Spitze, 45 Pixel Durchmesser, kräftiges Rot; Effekt »Schein nach außen« mit Rot. **Ebene 2:** Runde, weiche Spitze, 20 Pixel Durchmesser, Blassrot; als Smart Objekt weiter weichgezeichnet, Füllmethode »Linear abwedeln«. **Ebene 3:** Runde, weiche Spitze, 5 Pixel Durchmesser, Weiß, Deckkraft 50 Prozent. **Ebene 4:** Sternförmige Spitze, füllt Pfadkontur 2, mit »Streuung«. **Kurven 1:** Dunkelt Ränder nur von »Ebene 1« ab, abgeleitet aus Auswahl von »Ebene 1«, dann »Auswahl: Ändern: Rand«, dann abdunkelnde Einstellungsebene, Schnittmaske und leichter Versatz. Datei: Pfad_j

Nachteile und Alternativen

Bei den Funktionen **Bearbeiten: Kontur füllen** wie auch beim Ebeneneffekt KONTUR kommt dagegen zum Füllen einer Kontur ein harter Einheitspinsel zum Einsatz, nur die Breite ist wählbar. Vorteile dennoch:

» Sie lassen die Farbe gezielt nur INNEN oder AUSSEN laufen.

» Der Ebeneneffekt KONTUR passt sich sofort geänderten Umrissen zum Beispiel in der Vektormaske an. Sie können jederzeit Farbe, Breite und Position des Rahmens verändern und sogar Verläufe oder Muster einsetzen (Seite 599).

Gelegentlich bietet sich auch die Alternative an, eine Auswahl um eine Objektkontur herum mit dem Befehl **Ändern: Rand** in einen Rahmen zu verwandeln (Seite 441). Ausgewählt und zur Bearbeitung freigegeben ist nun nur noch eine schmale Zone um das Objekt herum. Jetzt bearbeiten Sie nur noch diesen ehemaligen Randbereich.

Nur Pfadkomponenten füllen

Oft will man nur einen Teil einer Pfadfläche oder einer Pfadkontur füllen, zum Beispiel soll nur die obere Wölbung einer Glühbirne Spitzlicher erhalten. Zwar kann man eine einzelne Pfadkomponente anwählen, doch die Figuren des Eigene-Form-Werkzeugs bestehen technisch nur aus einem einzigen Pfad. Es reicht nicht, ein paar Ankerpunkte mit dem Direktauswahl-Werkzeug zu aktivieren: Photoshop bearbeitet immer noch den kompletten Pfad.

So isolieren Sie nachträglich einen Teil eines geschlossenen Pfads:

1. Rahmen Sie den benötigten Pfadbereich mit dem Direktauswahl-Werkzeug ein.

2. Drücken Sie [Strg]+[C] zum Kopieren.

3. Klicken Sie unten in der Pfadpalette in den grauen Bereich unter der letzten Miniatur, so dass alle Pfade abgeschaltet sind.

4. Drücken Sie [Strg]+[V] zum Einfügen.

Der gewünschte Pfadbereich erscheint als neuer Pfad, Sie können ihn einzeln nachmalen.

Druck simulieren

Mit der Option DRUCK SIMULIEREN im Dialogfeld PFADKONTUR FÜLLEN bauen Sie reizvolle Schwankungen in den Farbauftrag ein. Photoshop variiert über die Pfadstrecke hin diejenigen Stricheigenschaften, die Sie in den STEUERUNG-Klappmenüs der Pinselpalette auf ZEICHENSTIFT-DRUCK gestellt haben – auch wenn Sie gar kein Grafiktablett verwenden (Seite 323).

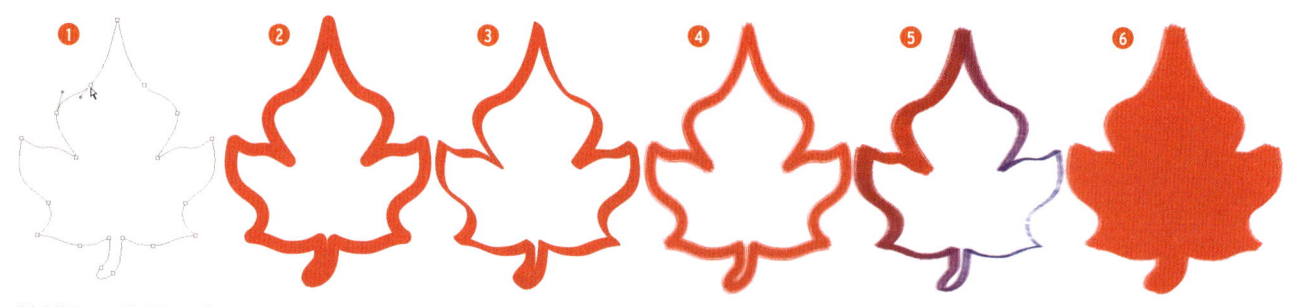

Abbildung 17.44 1: Pfad. 2: Runde Spitze. 3: Elliptische Spitze. 4: unregelmäßige »aufgenommene« Spitze. 5: mit »Druck simulieren«; stellen Sie in der Pinselpalette u.a. die Stricheigenschaften »Größen-Jitter«, und »Vordergrund-/Hintergrundfarbe« auf »Steuerung« per »Zeichenstift-Druck«. 6: Kontur und Fläche gefüllt. Datei: Pfade_k

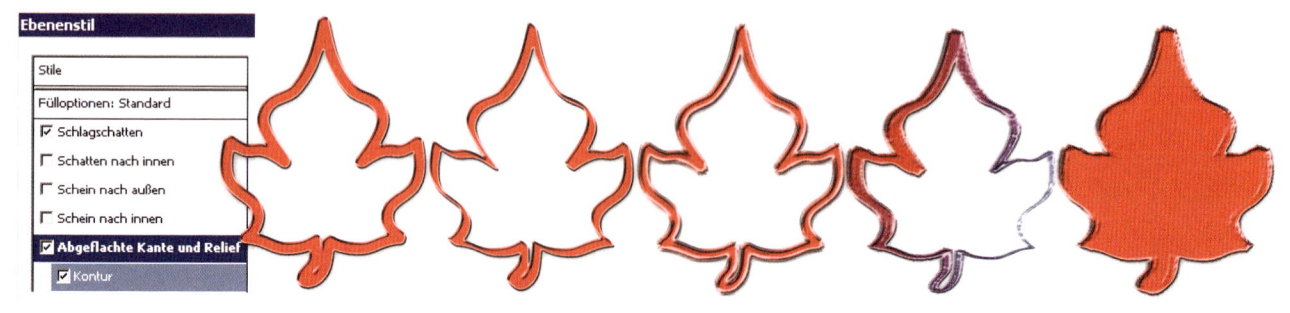

Abbildung 17.45 Die Ergebnisse wurden mit Ebeneneffekten bearbeitet.

Ein Beispiel: Sie stellen für GRÖSSEN-JITTER und für VORDER-GRUND-/HINTERGRUND-JITTER die STEUERUNG auf ZEICHENSTIFT-DRUCK. Nun wird der Strich über die Pfadstrecke hin schlank und geht von der Vorder- zur Hintergrundfarbe über. Wie stark der Strich tatsächlich schrumpft, regeln Sie per MINDESTDURCHMESSER.

Unabhängig von der Option DRUCK SIMULIEREN übernimmt Photoshop alle weiteren Vorgaben aus der Pinselpalette (F5), zum Beispiel auch Änderungen der Stricheigenschaften per JITTER oder VERBLASSEN.

Tipp
Experimentieren Sie mit dem MALABSTAND in der Pinselpalette, um deutliche Übergänge und Veränderungen zu erhalten; starten Sie mit niedrigen Werten wie fünf Prozent.

Pfadfläche füllen

Ähnlich läuft es, wenn Sie die ganze **Pfadfläche füllen**. Im Dialogfeld PFADFLÄCHE FÜLLEN machen Sie eine Reihe von Angaben, die Sie zum Teil beim Befehl **Bearbeiten: Fläche füllen** (Seite 317) wiederfinden, der zum Füllen von Auswahlbereichen dient:

» Zum Füllen stehen Vorder- und Hintergrundfarbe, Schwarz, Weiß und Grau, Muster (vergleiche Seite 312) und das aktuell vorgemerkte Stadium in der Protokollpalette bereit.

» Als FÜLLMETHODE geben Sie eine Deckkraft und einen Modus vor (vergleiche Seite 575).

» Wählen Sie TRANSPARENTE BEREICHE SCHÜTZEN, wenn Sie innerhalb einer Ebene nur das eigentliche Objekt, nicht aber die transparente Fläche drum herum füllen wollen (Seite 536).

» Schließlich können Sie den Rand durch RADIUS oder GLÄTTEN absoften (Seite 422).

Arbeit mit der Schaltfläche
Das Symbol PFADFLÄCHE FÜLLEN unten in der Werkzeugleiste erspart Ihnen den Weg ins Palettenmenü:

» Mit einem Klick auf das Symbol füllen Sie den Pfad. Photoshop orientiert sich an den zuletzt verwendeten Fülloptionen.

» Ziehen Sie einen Pfad auf das Symbol, um die Fläche automatisch füllen zu lassen.

» Klicken Sie das Symbol mit der Alt-Taste an, erhalten Sie das Dialogfeld PFADFLÄCHE FÜLLEN und verändern die Optionen.

Alternativen
Zum Befehl **Pfadfläche füllen** bietet Photoshop eine Reihe von Alternativen:

» Wenn Sie nicht eine Pfad-, sondern eine Auswahlfläche füllen möchten, verwenden Sie den Befehl **Bearbeiten: Auswahl füllen** (⇧+←, Seite 317).

» Das Füllwerkzeug füllt eine farblich abgegrenzte Fläche, ohne dass Sie vorab eine Auswahl erstellen müssten (Seite 315).

» Besonders attraktiv ist der Ebeneneffekt FARBÜBERLAGERUNG (Seite 601): Diese Farbe lässt sich jederzeit ändern, auch Deckkraft oder Überblendmodus bleiben variabel und Sie können auch Füllungen wie MUSTERÜBERLAGERUNG (Seite 602) oder VERLAUFSÜBERLAGERUNG (Seite 602) verwenden. Voraussetzung: Der gewählte Bereich befindet sich auf einer eigenen Ebene. Dazu wählen Sie den Bildteil aus und kopieren ihn mit Strg+J auf eine eigene Ebene. »Verbinden« Sie eventuell diese neue Ebene mit der darunterliegenden, so dass Sie beide gemeinsam bewegen können.

» Wenn die Ebene außer der einfarbig gefüllten Fläche keinerlei Bildpunkte enthält, können Sie gleich eine Formebene auf Basis eines Pfads anlegen (Seite 470). Er lässt sich jederzeit umformen und umfärben.

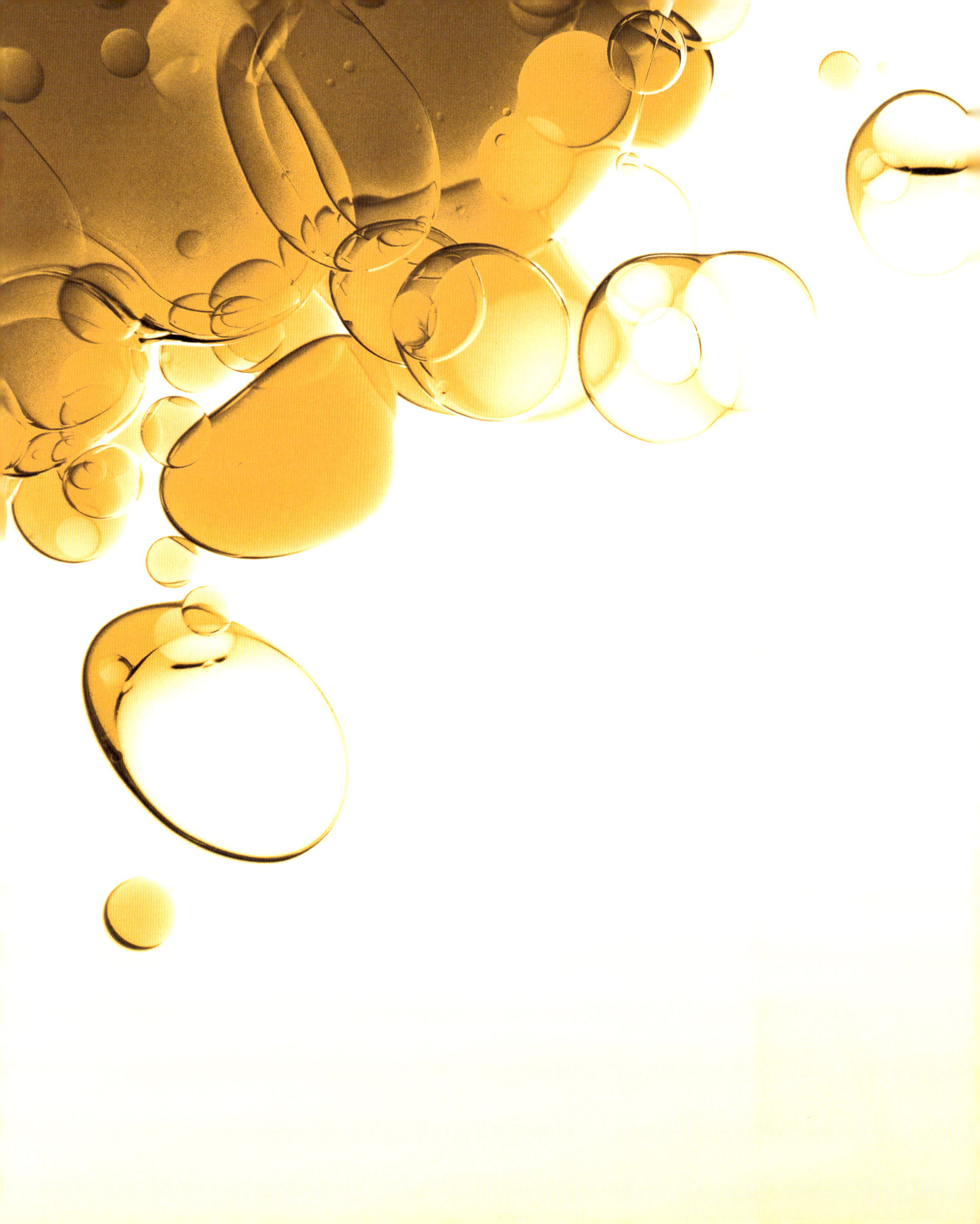

Teil 6
Ebenen

Kapitel 18:
Ebenen organisieren 498

Kapitel 19:
Ebenen retuschieren & transformieren 534

Kapitel 20:
Ebenen überblenden 573

Kapitel 21:
Verlustfrei korrigieren 603

Kapitel 22:
Text 635

Kapitel 18
Ebenen organisieren

Selbst wenn Sie mit Fotomontage nichts zu tun haben und Ihre Bilder in erster Linie nur auskorrigieren – die Ebenentechnik brauchen Sie auch in folgenden Fällen:

» Verlustfreie Kontrast-, Schärfe- und Fleckenkorrektur funktioniert fast nur mit Ebenen.

» In kontrastreichen Szenen korrigiert man dunkle Bildbereiche eventuell anders als helle Bildbereiche – auf getrennten Ebenen, die man später wieder verschmilzt.

Grund genug also, in diesem Buchteil die Ebenentechnik zu inspizieren. Dieses Kapitel schildert zunächst, wie Sie ausgewählte Ebenen in andere Motive einsetzen und so organisieren, dass Sie auch komplexe Montagen immer im Griff behalten.

Wie immer gilt: Klicken Sie unsere Beispiele mit den Dateien aus dem »Praxis«-Verzeichnis der Buch-DVD nach.

18.1 Ebenentechnik im Überblick

Mit Photoshops Ebenentechnik können Sie

» Bildteile zerstörungsfrei montieren und immer wieder neu arrangieren,

» Bildteile teilweise verbergen und jederzeit wieder komplett nach vorn holen,

» Bildbereiche kontrastkorrigiert oder mit **Filter**-Effekt anzeigen, ohne sie tatsächlich zu verändern,

» Ebenen mit korrigierbarem Schatten, Lichthof oder 3D-Effekt ausstatten,

» verschiedene Anordnungen Ihrer Montage innerhalb einer Datei speichern und bequem wieder abrufen,

» Objekte verkleinern und verzerren und jederzeit wieder in Originalqualität anzeigen,

» Camera-Raw-, Vektordateien oder Photoshop-Montagen in Originalqualität als Datei in der Datei speichern und zwischenzeitlich wieder mit dem Camera-Raw-Modul oder mit einem Vektorgrafikprogramm bearbeiten,

» Schriftzüge anlegen und jederzeit ändern.

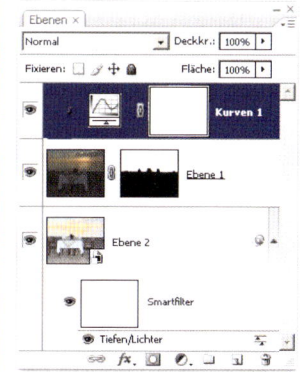

Abbildung 18.1 Ebenentechnik für die Kontrastkorrektur: Das Gesamtbild ist unterbelichtet, doch der Vordergrund braucht mehr Korrektur als Meer und Himmel dahinter. Wir duplizieren zunächst die »Hintergrund«-Ebene mit [Strg]+[J]. **Vordergrund:** Wir verwandeln die untere Ebene in ein Smart Objekt und wenden »Tiefen/Lichter« mit sehr hohen Werten an. **Hintergrund:** Auf der oberen Ebene wird zunächst der Vordergrundbereich durch eine Ebenenmaske verborgen. Eine Gradationskurve als Einstellungsebene hellt Meer und Himmel maßvoll auf. Durch die Anordnung als Schnittmaske verändert sie die untere Ebene nicht mit. Das unveränderte Originalbild steht immer noch zur Verfügung, sogar doppelt. Vorlage, Ergebnis: Ebene_01 etc.

Dateiformate für Ebenenbilder

Photoshop-PSD, TIFF und PDF sind die wichtigsten Dateitypen für Bilder mit Montageobjekten (»Ebenen«) über der HINTERGRUND-Ebene. Unsere Tabellen auf diesen Seiten nennen Vor- und Nachteile wie auch unterschiedliche Größen je nach Vorgabe und Dateiformat. Dabei geht es nur ums Speichern von Ebenen – weitere Eigenschaften dieser und anderer Dateitypen und zusätzliche Testergebnisse liefern wir ab Seite 783.

Photoshop-PSD für Ebenen

Photoshop-PSD-Dateien mit Montageebenen lassen sich mit einigen anderen Programmen öffnen und schreiben, darunter Paint Shop Pro, Corel PhotoPaint und PhotoLine und natürlich der Billig-Ableger Photoshop Elements. Allerdings werden nie alle möglichen Features einer Photoshop-Montage unterstützt. Speziell Ebeneneffekte, Textebenen, Vektormasken, Schnittmasken, Einstellungsebenen, Ebenenkompositionen und neu eingeführte Füllmethoden werden ignoriert; andere Elemente der Datei zeigen die Programme aber gleichwohl oft an.

Verwenden Sie in Photoshop die speicherfressende KOMPATIBILITÄT, damit die Datei in anderen Programmen einschließlich Lightroom zumindest korrekt angezeigt wird (Seite 785). Für Dateien über zwei Gigabyte Größe nehmen Sie die PSD-Weiterentwicklung PSB.

Tiff für Ebenen

Bei TIFF- und PDF-Dateien schalten Sie im **Speichern-unter**-Dialog explizit die EBENEN mit ein. Verwenden Sie für Ebenenmontagen TIFF mit zusätzlicher LZW-Komprimierung, sparen Sie gegenüber dem Photoshop-Dateiformat eventuell 10 oder 20 Prozent Speicherplatz auf der Festplatte; die mit TIFF angebotene JPEG-Komprimierung hilft bei Bildern mit Ebenen kaum weiter. Die meisten anderen Programme zeigen bei TIFFs mit Ebenen zwar das korrekte Gesamtbild an, geben aber keinen Zugriff auf die Einzelebenen – und verschmelzen alles dauerhaft, sobald Sie neu speichern.

PDF für Ebenen

Die PDF-Dateigrößen erinnern an TIFF und PSD; welche Acrobat-Kompatibilität Sie wählen, spielt für die Dateigröße kaum eine Rolle. Im PDF-Dialog verwenden Sie PHOTOSHOP-BEARBEITUNGSFUNKTIONEN ERHALTEN. Auch ohne diese Option – aber mit vorher angewählten Ebenen – erscheinen Text und Vektorgrafik auch im Adobe Reader als Text und Vektorgrafik in hoher Qualität.

Teil 6 • Ebenen

Abbildung 18.2 Ebenentechnik à la Photoshop CS3 Extended: Die Schnappschüsse werden als Ebenen übereinandergelegt, immer läuft jemand durchs Bild. Photoshop richtet die Bilder automatisch deckungsgleich aus. **Rechts unten:** Photoshop CS3 Extended fasst alle Ebenen zu einem Smart Objekt zusammen und wendet den Stapelmodus »Median« an – das störende Personal verschwindet, Sie müssen noch zuschneiden (Seite 559). Dateien: Stapelmodus_3 etc

Dateiformate für Ebenenbilder

Dateiformat	Vorteile	Nachteile
Photoshop-PSD	Schnelles Öffnen und Schreiben; Austausch von Ebenen mit anderen Programmen	Braucht viel Speicherplatz; erscheint in Bildverwaltungen nicht immer korrekt
TIFF	Spart je nach Vorgabe etwas Speicherplatz; Gesamtbild erscheint korrekt in vielen Bildprogrammen und Bilddatenbanken	Bei Komprimierung längeres Öffnen und Speichern; meist kein Zugriff auf Einzelebenen in anderen Programmen
PDF	Spart je nach Vorgabe Speicherplatz; Text und Vektorgrafik erscheinen im Programm Reader wahlweise im Text- bzw. Vektormodus, also hohe Qualität auch bei vergrößernden Zoomstufen	Bei Komprimierung längeres Öffnen und Speichern; kann in anderen Programmen kaum bearbeitet werden

Dateiformate für Ebenenbilder

Speichern »als Kopie«

Wenn Sie mit dem Befehl **Datei: Speichern unter** ein anderes Format vorwählen, etwa JPEG, verschmelzen sämtliche Montageebenen zu einer starren Hintergrundebene, die Komposition lässt sich nicht mehr umarrangieren. Das Dialogfeld **Speichern unter** zwingt Sie dann dazu, die flachgelegte Montage ALS KOPIE zu speichern. Sie arbeiten dann auf der Programmoberfläche weiterhin an der unveränderten Ebenenmontage unter dem ursprünglichen Namen; Sie können also die Datei immer noch samt Ebenen in einem passenden Format verewigen.

Dateigrößen im Vergleich

Welches Dateiformat frisst wie viel Speicherplatz? Die Empfehlungen sind klar:

» Sie wollen verlustfrei Speicherplatz sparen und relativ kompatibel sein. Dann nehmen Sie TIFF mit LZW-BILDKOMPRIMIERUNG und Zip-EBENENKOMPRIMIERUNG; das dauert auf dem Testrechner 3,7 Sekunden.

» Sie wollen flott speichern und nicht über Optionen nachdenken. Sie greifen zum PSD-Dateiformat, zeit- und platzsparend ohne KOMPATIBILITÄT; das hält den Testrechner nur 1,4 Sekunden lang beschäftigt.

In diesem Vergleich betrachten wir nur Dateiformate mit Ebenen und wir nehmen nur die interessantesten möglichen Kombinationen von Eigenschaften (nichts, was drei Zehntelsekunden spart, aber 20 Prozent mehr Festplatte verbraucht). Unsere Datei »Test« ist im 8-Bit-RGB-Modus gespeichert, sie hat 1772x1184 Pixel, also rund zwei Megapixel, sie lässt sich damit bei 300 dpi 15x10 Zentimeter groß drucken. Die Datei besteht aus zahlreichen Ebenen – darunter ein Smart Objekt, das eine weitere Datei voller Einzelebenen enthält und als TIFF mit Ebenen knapp 10 Mbyte belegt.

Welches Dateiformat bringt welche Dateigröße?

Dateiformat	Qualitätsverlust	Dateigröße auf Festplatte (Mbyte)
TIFF; Bk. ohne, Ek. ZIP [1]	nein	24,36
TIFF; Bk. LZW, Ek. ZIP [1]	nein	18,99
TIFF; Bk. ZIP, Ek. ZIP [1]	nein	18,94
TIFF; Bk. J-9, Ek. ZIP [1]	ja	17,96
TIFF; Bk. J-5, Ek. ZIP [1]	ja	17,88
PSD; mit »Kompatibilität«	ja	25,41
PSD; ohne »Kompatibilität«	ja	22,48
PDF; mit Zip-Komprimierung, Acrobat 4	nein	24,23
PDF; mit JPEG »Hoch«	ja	22,48
PDF; mit JPEG »Niedrig«	ja	20,78

[1] Bk. = Bildkomprimierung, Ek. – Ebenenkomprimierung, J – JPEG-Qualitätsstufe

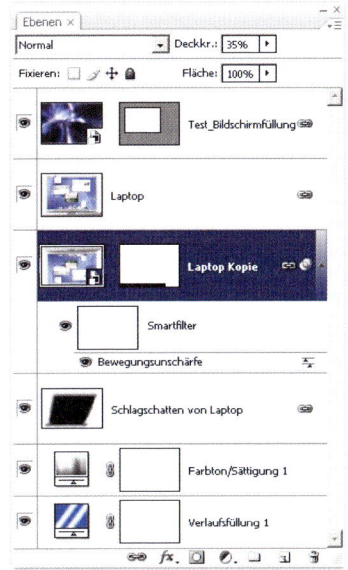

Abbildung 18.3 Als Hintergrund bei unserer Testdatei dient eine Verlaufsfüllung, die über eine »Farbton/Sättigung«-Einstellungsebene noch korrigiert wird. Der nach unten gespiegelte Laptop wurde in ein Smart Objekt verwandelt und dann verlustfrei transformiert und weichgezeichnet. Als Bildschirminhalt »platzieren« wir eine weitere PSD-Datei, die aus isoliert korrigierbaren Ebenen besteht und je nach Dateiformat mindestens neun Megabyte belegt. Dateien: Test etc.

»Platzierte« Ebenendatei

Sie können eine Ebenendatei **platzieren** – also innerhalb einer weiteren Datei als Smart Objekt speichern und alle Ebenen erhalten. Wer Speicherplatz sparen muss, sollte auch die zu platzierende Datei platzsparend sichern. Denn Photoshop speichert die platzierten Bits und Bytes 1:1 weg: **Platzieren** Sie ein speicherfressendes PSD mit Kompatibilität, wird die Gesamtmontage weit größer als beim **Platzieren** einer schlankeren, aber pixelidentischen TIFF-Datei.

Wir testen das **Platzieren** mit der Grafik, die in unserer Montage als Bildschirmfüllung dient: Diese Montage in der Montage braucht als TIFF-Datei einzeln 9,8 Mbyte, als PSD ohne Kompatibilität dagegen 24 Mbyte. Sie wird in die bekannte Laptop-Montage eingefügt. Wie immer finden Sie alle Dateien auch auf der DVD zum Buch. Die Gesamtmontage speichern wir in den zwei interessantesten Dateiformaten: als platzsparende TIFF- und als schnelle PSD-Datei.

Testdatei	PSD ohne KOMPATIBILITÄT (MB)	TIFF Bk. LZW, Ek. ZIP (MB) [1]
ohne platzierte Datei	9,44	8,33
platzierte PSD-Datei (24 Mbyte)	36,9	34,21
platzierte TIFF-Datei (9,8 Mbyte)	22,48	18,99

[1] Bk. = Bildkomprimierung, Ek. = Ebenenkomprimierung

Speicherplatz sparen

Die Tabelle zeigt, welche Sparmaßnahmen bei zu großen Ebenenmontagen etwas bringen: Rastern Sie Smart Objekte und verschmelzen Sie Ebenen. Entfernen Sie Ebenenmasken und Alphakanäle, die differenzierte Information enthalten. Dagegen schont das Löschen von rein-weißen Ebenenmasken die Festplatte nicht.

Wir testen die Speicherplatzersparnis bei unserer »Test«-Datei – in den bekannten TIFF- und PSD-Varianten. Wir ermitteln die neue Mbyte-Dateigröße für eine Einzelmaßnahme, dann setzen wir die Datei auf den ursprünglichen Zustand zurück und probieren etwas anderes.

Maßnahme	PSD-Datei ohne KOMPATIBILITÄT (MB)	TIFF-Datei Bk. LZW, Ek. ZIP (MB) [1]
Dateigröße vor der Bearbeitung	22,48	18,99
Ebene LAPTOP KOPIE rastern (war vorher Smart Objekt)	18,11	14,62
Ebene LAPTOP KOPIE rastern und überstehende Teile wegschneiden (Ebene Laptop ragt über Bildgrenzen hinaus nach unten)	16,94	14,18
Ebene TEST_BILDSCHIRMFÜLLUNG rastern (bestand aus mehreren Ebenen)	12,88	9,65
Ebene TEST_BILDSCHIRMFÜLLUNG rastern, Ebenenmaske löschen und anwenden (Bildbereiche außerhalb vom Monitorrahmen werden entfernt)	10,98	8,77
Ebenen LAPTOP und TEST_BILDSCHIRMFÜLLUNG dauerhaft verschmelzen (dabei wird TEST_BILDSCHIRMFÜLLUNG gerastert und überstehender Bildbereich gelöscht)	9,18	7,63
Die drei rein-weißen Ebenenmasken löschen	22,47	18,99
Ebenen FARBTON/SÄTTIGUNG 1 und VERLAUFSFÜLLUNG rastern und verschmelzen	22,62	19,01
Ebene: Auf Hintergrundebene verschmelzen	3,00	1,28

[1] Bk. = Bildkomprimierung, Ek. = Ebenenkomprimierung

Pixelmaße und Dateigröße

Erkennen Sie schon vorab die tatsächlichen Größenverhältnisse zwischen Bildteilen, die Sie zusammensetzen wollen, und halten Sie die Dateigröße in Schach.

Bei Montagen richtet sich Photoshop allein nach der Pixelzahl und nicht nach eingespeicherten Zentimetergrößen – dpi-Zahlen spielen hier keine Rolle. Um zu beurteilen, in welchen Größenverhältnissen sich zwei Bilder kombinieren lassen, stellen Sie Werke in derselben Zoomstufe nebeneinander, zum Beispiel per **Fenster: Anordnen: Gleiche Zoomstufe**. Sie können einzelne Elemente vor oder nach der Montage immer noch verändern.

Übernahme der Werte aus der Zieldatei

Nach der Montage gelten in der Zieldatei die Werte dieser Datei, zum Beispiel die Druckauflösung. Auch der Farbmodus der Zieldatei bleibt erhalten: Fügen Sie ein RGB-Objekt in ein Graustufenbild ein, wird es dort nur in Graustufen erscheinen. Um es farbig montieren zu können, bringen Sie das Graustufenbild zunächst in einen Echtfarbmodus (zum Beispiel **Bild: Modus: RGB-Farbe**).

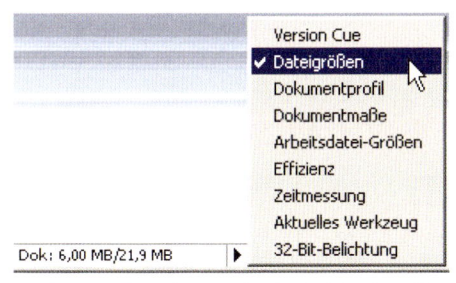

Abbildung 18.4 Diese Anzeige der »Dateigrößen« links unten im Dateirahmen gilt für die Datei »Test.tif« aus dem »Praxis«-Verzeichnis der Buch-DVD. Die Datei beansprucht mit allen Einzelebenen und Ebenenmasken 21,9 Mbyte Arbeitsspeicher. Der innerhalb der gespeicherten Bildränder sichtbare Bereich, auf eine Ebene reduziert, braucht dagegen nur sechs Mbyte Arbeitsspeicher (Seite 762).

18.2 Bildteile einsetzen

In diesem Abschnitt besprechen wir, wie Sie

» Bildteile und Ebenen in ein anderes Bild bringen

» Bildteile und Ebenen innerhalb eines Bilds verdoppeln

Auswahlbereiche und Ebenen in ein anderes Bild einsetzen

So bringen Sie meist Bildbereiche oder Ebenen von einer Datei in die andere:

» Sie wählen den Bildbereich aus, dann nehmen Sie **Bearbeiten: Kopieren** oder **Ausschneiden**, dann aktivieren Sie die Zieldatei und wählen **Einfügen**; oder

» Sie wählen den Bildbereich aus, wechseln mit der ⌈Strg⌉-Taste zum Verschieben-Werkzeug und ziehen den Bereich ins neue Bild; oder

» Sie ziehen eine Ebene aus der Ebenenpalette heraus oder – dies nur mit dem Verschiebenwerkzeug – aus der Bilddatei heraus ins neue Bild; oder

» Sie nehmen den Palettenbefehl **Ebene duplizieren**.

Einsetzen per »Kopieren« und »Einfügen«

Ein typischer Weg zur Montage:

1. Mit den **Bearbeiten**-Befehlen **Kopieren** (⌈Strg⌉+⌈C⌉ für Copy) oder **Ausschneiden** (⌈Strg⌉+⌈X⌉) bringen Sie den markierten Bildteil in die Zwischenablage.

2. Sie aktivieren das Zielbild durch einen Klick auf die Titelleiste.

3. Jetzt können Sie das Objekt **einfügen** (⌈Strg⌉+⌈V⌉).

Photoshop legt den Neuzugang sofort als eigene, nummerierte Ebene an. Haben Sie im Zielbild eine Auswahl, erscheint das neu eingesetzte Element mittig über der Auswahl; sonst platziert Photoshop es zentral im sichtbaren Bereich des Dateifensters. Nachteile beim **Kopieren**:

» **Kopieren** belastet die Zwischenablage und damit den Arbeitsspeicher, Photoshop kann langsamer werden. Der Befehl **Bearbeiten: Entleeren: Zwischenablage** gibt anschließend Arbeitsspeicher wieder frei.

» Wenn Sie eine Ebene mit Ebeneneffekt, also mit Schatten, Lichthof oder 3D-Kante kopieren und andernorts einfügen, erscheint im Zielbild nur die flache Ebene ohne Ebeneneffekt.

Abhilfe: Ziehen Sie das Objekt mit dem Verschiebenwerkzeug ans Ziel; der Arbeitsspeicher wird nicht belastet und die Effekte bleiben voll erhalten.

Tipp
Der Rand einer eingefügten Ebene ist oft noch nicht perfekt und zeigt unschöne Nähte. Wie Sie Randbereiche verfeinern, besprechen wir ab Seite 436.

Teil 6 • Ebenen

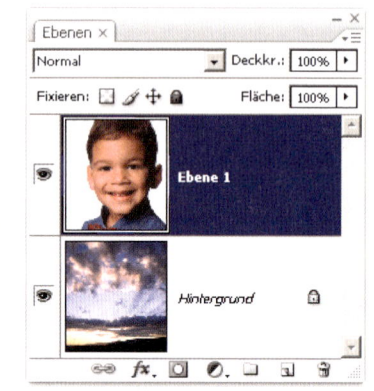

Abbildung 18.5 Links: Wir haben den Jungen mit Schnellauswahl und Maskenretusche ausgewählt. **Mitte:** Per Verschiebenwerkzeug ziehen wir den Auswahlbereich vor einen neuen Hintergrund. Der Junge wirkt hier scheinbar doppelt so groß: Photoshop zeigt das Zielbild in der Zoomstufe 100 Prozent, das Studioporträt aber nur im 50-Prozent-Maßstab. Tatsächlich hat also das Zielbild deutlich weniger Pixel als das Ursprungsbild. **Rechts:** Den eingesetzten Bildteil legt Photoshop sofort als neue »Ebene 1« an, der verdeckte Bilduntergrund bleibt vollständig erhalten. Dateien: Ebene_02 etc.

Abbildung 18.6 Wir haben die »Ebene 1« in ein Smart Objekt verwandelt, die Ebene kann jetzt verlustfrei per Transformieren verkleinert werden.

Auswahlbereiche und Ebenen in ein anderes Bild einsetzen

Auf eine Ebene reduziert kopieren

Beim Kopieren erfasst Photoshop nur die aktive Ebene: Pixel, die sichtbar sind, aber nicht auf der aktiven Ebene liegen, werden nicht mit kopiert.

Möchten Sie die Pixel von allen sichtbaren Ebenen innerhalb der Auswahl kopieren, nehmen Sie **Auf eine Ebene reduziert kopieren** (Strg+⇧+C). Dabei kopieren Sie quasi eine Bildschirmkopie, aber in voller Auflösung. Im Zielbild kommt nur eine Ebene an – die Gesamtansicht des markierten Bildbereichs aus der Vorlage; Effekte sind als Pixel dauerhaft eingerechnet.

Achtung
Kopierte Teile von Textebenen lassen sich nur in andere Textebenen einsetzen. Formebenen lassen sich gar nicht per Auswählen und Zwischenablage übertragen. Um die Text- oder Formeigenschaften voll zu erhalten, ziehen Sie das Gesamtobjekt mit dem Verschiebenwerkzeug in die Zieldatei.

Einsetzen per Ziehen und Ablegen

Meist verzichtet man auf das **Kopieren** und zieht das Objekt ans Ziel:

» Sie aktivieren das Verschiebenwerkzeug (Kurztaste V oder vorübergehend die Strg-Taste) und ziehen den Auswahlbereich oder die aktivierte Ebene aus dem Ursprungsbild in die neue Datei.

» Ziehen Sie eine Ebenenminiatur aus der Ebenenpalette über ein neues Bild, egal welches Werkzeug aktiviert ist.

Dieser Weg belastet die Zwischenablage nicht und die ursprüngliche Datei bleibt völlig unverändert. Ziehen Sie das Objekt direkt an die gewünschte Stelle im neuen Bild. Drücken Sie vor dem Loslassen die ⇧-Taste, damit es genau mittig platziert wird. Weitere Möglichkeiten:

» Ziehen Sie einen Zustand oder einen Schnappschuss aus der Protokollpalette in das Zielbild. Damit verwandelt sich das Zielbild in eine 1:1-Kopie der Vorlage; die ursprünglichen Ebenen sind fort.

» Das Menü der Ebenenpalette wie auch das **Ebene**-Menü bieten den Befehl **Ebene duplizieren**. Hier nennen Sie für die aktive Ebene als ZIEL eine geöffnete Datei oder eine neue Datei; der Befehl kann bei Aktionen (gespeicherten Befehlsfolgen) nützlich sein.

Tipp
Möchten Sie die Ebene freigestellt in Layoutprogrammen zeigen, so dass der Seitenhintergrund direkt um das Hauptmotiv herum erscheint? Im Layoutprogramm InDesign können Sie dafür eine Ebenenmontage aus Photoshop verwenden. Für andere Layoutprogramme brauchen Sie eventuell einen Beschneidungspfad (Seite 486) oder einen Alphakanal. Auch für Microsoft-Office-Programme speichern Sie die Auswahl als Alphakanal und das Bild im TIFF-Format (Seite 488).

Abbildung 18.7 **Links:** Die Kamera liegt auf der »Ebene 1«, mit einem Schatten als Ebeneneffekt; diese Ebene ist auch aktiviert. Mit dem Auswahlrechteck haben wir den größten Bildbereich ausgewählt. **3. Bild:** Wir haben die Auswahl mit Strg+C kopiert und in eine »neu« angelegte Datei eingefügt. Dabei kopiert Photoshop nur Pixel aus der aktiven Ebene; Hintergrund und Schatten wurden nicht mitkopiert. **Ganz rechts:** Wir verwenden »Bearbeiten: Auf eine Ebene reduziert kopieren«. Jetzt kopiert Photoshop auch Schatteneffekt und Hintergrundverlauf mit. Allerdings liegen die ursprünglich getrennten Ebenen und der Schatteneffekt auf einer einzigen Ebene. Vorlage: Ebene_03

Ebenen als Einzeldateien

Sie brauchen die Ebenen als Einzeldateien? Diese Wege gibt es:

» Sie wählen die Ebene oder einen Teil davon aus und **kopieren** sie in die Zwischenablage. Der Befehl **Datei: Neu** (Strg+N) schlägt anschließend exakt die passenden Pixelmaße vor, Sie können die kopierte Ebene exakt einfügen.

» Nehmen Sie **Ebene duplizieren** aus Ebene- oder Palettenmenü. Hier stellen Sie das Listenfeld DATEI auf NEU, um eine neue Datei zu erzeugen.

» Klicken Sie bei gedrückter Alt-Taste auf das Augensymbol 👁 der gewünschten Ebene. So wird nur diese Ebene angezeigt, alle anderen tauchen ab. Verwenden Sie **Bild: Bild duplizieren**, im Dialogfeld nehmen Sie AUF EINE EBENE REDUZIEREN. Wählen Sie noch **Bild: Zuschneiden** mit der Option **Transparente Pixel** (Seite 198); so stutzen Sie die Arbeitsfläche auf die Maße der verbliebenen Ebene.

» Der Befehl **Datei: Skripten: Ebenen in Dateien exportieren** setzt die Ebenen einer Montage in Einzeldateien um. Wählen Sie dabei ein ebenentaugliches Dateiformat wie PSD oder TIFF vor, bleiben freigestellte Ebenen erhalten und werden nicht mit einem Hintergrund verschmolzen – auch Ebenenmasken und Ebeneneffekte landen in der neuen Datei. Brauchen Sie eine reine Hintergrundebene, speichern Sie von vornherein in einem Format ohne Ebenen, etwa JPEG.

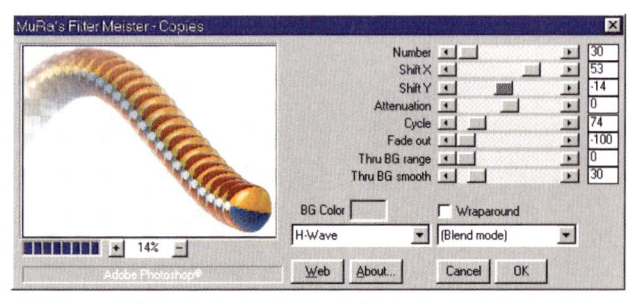

Abbildung 18.8 Das kostenlose Plug-In »MuRa's Copies« verteilt unter Windows eine Einzelebene mehrfach über das Bild und bietet dabei viele Varianten an – auch Nahtlosmuster. Alle Wiederholungen landen auf einer einzigen Ebene. Diese Anordnungen machen in Photoshop ohne »Copies«-Plug-In sehr viel Arbeit. Die Adresse: http://www.geocities.com/murakuma/mmplugins.html.

Einen ausgewählten Bildbereich im selben Bild verschieben

Sie können einen markierten Bildteil innerhalb eines Bilds verschieben, das ergibt sich zum Beispiel bei Fehlerretuschen. Haben Sie einen Bildbereich ausgewählt, gibt es diese Verfahren:

» Sie heben die Auswahl auf eine eigene Ebene. Das erledigt der Tastengriff Strg+J oder der Befehl **Ebene: Neu: Ebene durch Kopie** (auch im Kontextmenü zum Auswahlwerkzeug). Sie verschieben und verändern die Auswahl nach Bedarf. Sie verschmelzen die Auswahl per Strg+E wieder mit der darunterliegenden Ebene.

» Brauchen Sie den Bereich mehrfach, kopieren Sie die Auswahl mit Strg+V und fügen Sie mit Strg+V sofort wieder ein – beliebig oft.

Abbildung 18.9 Oben: Die Sonnenblume wird mit Schnellauswahl und anderen Werkzeugen ausgewählt. Dann drücken wir Strg- und Alt-Taste, um den Auswahlbereich zu duplizieren. **Unten:** Die ausgewählten Pixel lassen sich als schwebende Auswahl über die Arbeitsfläche ziehen. Es entsteht keine neue Ebene, die Bildpunkte verschmelzen bald mit dem Untergrund. Datei: Ebene_04

Einen ausgewählten Bildbereich im selben Bild verschieben

» Die Alternative: Sie arbeiten mit einer schwebenden Auswahl – einer Ebene auf Zeit, die nicht dauerhaft als eigene Ebene fortbestehen soll. Darum geht es in den nächsten Absätzen.

Schwebende Auswahl anlegen

So arbeiten Sie mit einer schwebenden Auswahl:

1. Markieren Sie einen Bildbereich mit Schnellauswahl, Lasso und Co.

2. Versuchen Sie nicht, den Bildteil mit einem Auswahlwerkzeug zu verschieben. Dabei bewegt sich nur der Auswahlrahmen, aber kein Bildinhalt. Wechseln Sie zum Verschiebenwerkzeug mit der Kurztaste [V] (für Move) oder indem Sie vorübergehend die [Strg]-Taste drücken.

3. Klicken Sie in die Auswahl und halten Sie die Maustaste gedrückt.

4. Halten Sie die [Alt]-Taste gedrückt und ziehen Sie den markierten Bildteil an die gewünschte Stelle im Bild. (Falls Sie die [Alt]-Taste nicht drücken, bleibt ein Loch in der aktuellen Hintergrundfarbe zurück, zum Beispiel in Weiß.)

5. Sie können nun die **Auswahl aufheben** – durch den Menübefehl oder durch die Kurztaste [Strg]+[D] (für Deselect). Damit ist der verschobene Bildteil im Untergrund verankert. Die vormals schwebende Auswahl ist in die Ebene eingedampft, der überdeckte Abschnitt gelöscht.

Diese schwebende Auswahl erscheint nicht als eigenes Objekt in der Ebenenpalette. Ziehen Sie mehrfach bei gedrückter [Alt]-Taste, um immer neue Kopien zu erstellen – zum Beispiel, um Bildfehler zu überdecken. Die ursprüngliche Kopie verschmilzt dann allerdings schon mit der darunterliegenden Ebene.

Wann treten schwebende Auswahlen auf

Mit »schwebenden Auswahlen« bekommen Sie es in den folgenden Situationen zu tun:

» Sie wählen einen Bildbereich aus und ziehen mit dem Verschiebenwerkzeug (wie oben beschrieben).

» Sie bearbeiten Bilder in einem Modus wie INDIZIERTE FARBEN, der keine Ebenen zulässt. Eingefügte Bildteile landen hier als schwebende Auswahlen, die Sie kurzum mit dem Hintergrund verschmelzen müssen.

» Keine Ebenen erlaubt Photoshop CS3 Standard auch bei 32-Bit-Farbtiefe pro Grundfarbe, auch hier müssen Sie schwebende Auswahlen sofort korrekt anordnen und verschmelzen. (Photoshop CS3 Extended erlaubt Montagen bei 32 Bit Farbtiefe.)

» Auch wenn Sie Bildteile in Alphakanäle oder Ebenenmasken einsetzen, schlagen Sie sich mit schwebenden Auswahlen herum.

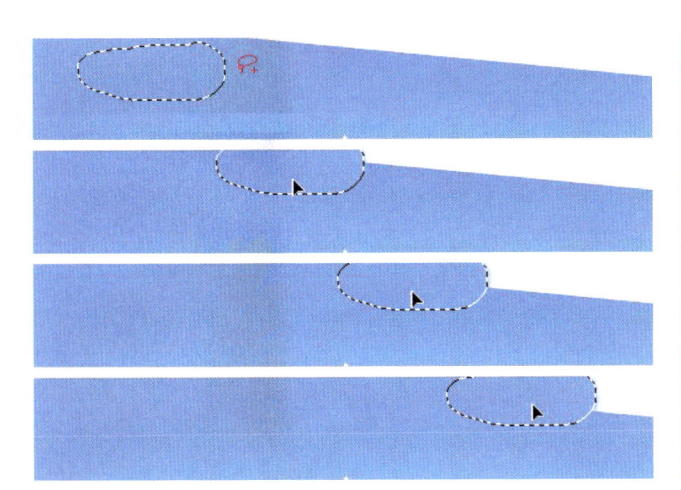

Abbildung 18.10 Nach einer Horizontbegradigung mit Ebenentechnik entstand rechts im Bild eine leere Zone. **Links oben:** Wir wählen ein Stück Himmel bei fünf Pixel weicher Kante aus. **Links folgende:** Wir drücken [Strg]- und [Alt]-Taste und ziehen ein erstes Duplikat als schwebende Auswahl über die Lücke. Wir lassen die Tasten kurz los und drücken sie dann erneut: Jetzt lässt sich ein weiteres Stück der Lücke mit einem neuen Duplikat füllen – und so weiter. Die duplizierten Bildstücke verschmelzen sofort mit der Bildebene. Vorlage: Ebene_06

Risiken und Nebenwirkungen

Eine schwebende Auswahl verschmilzt leicht ungewollt mit dem Hintergrund. Das passiert, wenn Sie mit einem Auswahlwerkzeug wie Lasso oder Zauberstab außerhalb der Auswahl ins Bild klicken und nicht gerade den Modus DER AUSWAHL HINZUFÜGEN verwenden. Auch der verlockende Befehl KANTE VERBESSERN dampft die schwebende Auswahl in den Untergrund ein und erzeugt eine neue schwebende Auswahl. Beim **Speichern** schreibt Photoshop in der Festplattenversion die Pixel aus der schwebenden Auswahl in die Ebene darunter; auf dem Bildschirm bleibt die Auswahl schwebend.

Darum sollten Sie meist mit einer eigenen Ebene arbeiten, nicht mit schwebenden Auswahlen.

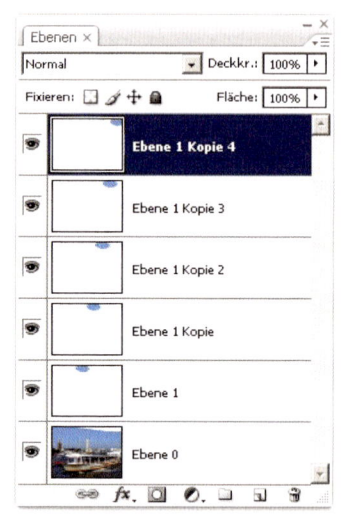

Abbildung 18.11 Die Ebenenpalette zeigt eine Alternative zur Randretusche mit schwebenden Auswahlen: Hier haben wir ebenfalls eine Auswahl mit weichem Rand erstellt. Sie wurde dann mit [Strg]+[J] auf eine neue Ebene gehoben und über den ersten Teil der Lücke gezogen. Dann haben wir bei gedrückter [Strg]- und [Alt]-Taste an diesem Duplikat gezogen. So entsteht ein weiteres Duplikat, das sich weiter nach rechts ziehen lässt – und so weiter. Der Befehl »Auf Hintergrundebene reduzieren« verschmilzt schließlich alles zu einer »Hintergrund«-Ebene.

Möglichkeiten bei schwebender Auswahl

Brauchen Sie eine Bildversion, welche die schwebende Auswahl am neuen Platz zeigt? Das geht per **Datei: Speichern unter** mit der Option ALS KOPIE – so schreiben Sie die aktuell sichtbare Version einschließlich verankerter schwebender Auswahl auf die Festplatte, das Bild auf dem Schirm bleibt dagegen flexibel.

Sie dürfen jederzeit die Auswahl eines schwebenden Bildteils in einem Alphakanal speichern; klicken Sie auf das Symbol AUSWAHL ALS KANAL SPEICHERN in der Kanälepalette. Die schwebende Auswahl wird dadurch nicht verankert. Solange die Auswahl schwebt, lässt sie sich auch per [Entf]-Taste aus dem Bild werfen. Eine schwebende Auswahl macht auch dies mit:

» Sie passen mit den **Transformieren**-Befehlen ([Strg]+[T], Seite 538) den ausgeschnittenen Bildteil in Größe und Perspektive an.

» Unschöne Schneidekanten zwischen dem Ausschnitt und dem Untergrund korrigieren Sie mit dem **Ebene**-Untermenü **Hintergrund** (Seite 438).

» Pinselretuschen, Kontrastkorrekturen, Filterbefehle etc. sind möglich.

» Ändern Sie Deckkraft und Überblendmodus per **Bearbeiten: Verblassen**.

Objekte außerhalb des Bildrands

Sie können Ebenen über den Bildrand hinausragen lassen; von diesen Ebenen sehen Sie nichts mehr, aber gelöscht werden die Außenposten auch nicht – sie lassen sich immer wieder ins Bild ziehen. Auch wenn Sie per Freistellwerkzeug Rand kappen und dabei die Option AUSBLENDEN nutzen (Seite 192), entsteht Bildfläche außerhalb der Dokumentbegrenzung. Speichern Sie in den Dateiformaten Photoshop-PSD, TIFF oder PDF.

Mehr Bildfläche anbauen

So sorgen Sie für eine größere Bildfläche, um Außenstände wieder sichtbar zu machen:

» Bauen Sie Bildfläche nach Belieben mit dem Freistellwerkzeug oder mit dem Befehl **Bild: Arbeitsfläche** an (Seite 205).

» Erweitern Sie die Bildfläche exakt passend zu den Außenseiten mit dem Befehl **Bild: Alles einblenden** (Seite 207).

Ausgeblendete Bildteile endgültig löschen

Die aus dem Bild herausragenden Pixel kosten Speicher. So entsorgen Sie die Außenstände ein für allemal:

» Wählen Sie **Auswahl: Alles auswählen** ([Strg]+[A]), anschließend **Bild: Freistellen**. Photoshop stutzt die Datei auf die Grenzen des aktiven Auswahlrahmens.

» Verwenden Sie das Freistellwerkzeug mit der Option LÖSCHEN, nicht mit AUSBLENDEN.

» Speichern Sie in einem Dateiformat, das keine Ebenen unterstützt, beispielsweise JPEG oder Targa; dabei fallen auch Bildpunkte außerhalb des sichtbaren Bereichs unter den Tisch.

Abbildung 18.12   Wir haben »Bild: Alles einblenden« gewählt. Photoshop vergrößert die Arbeitsfläche so, dass sämtliche noch verborgenen Bildteile sichtbar werden.

»In die Auswahl einfügen«

Sie können ein Objekt auswählen, in die Zwischenablage kopieren und im Zielbild In die Auswahl einfügen (Strg + ⇧ + V). Sie setzen das eingefügte Motiv in einen Rahmen. Typische Anwendungen:

» Ein Motiv soll nur innerhalb eines Fensters, Plakats, Bildrahmens oder Monitors zu sehen sein.

» Sie markieren den Himmel und tauschen ihn gegen einen anderen aus.

Erzeugen Sie im Zielbild zunächst eine Auswahl – zum Beispiel eine Monitorfläche oder den Himmel. Das eingefügte Objekt lässt sich nur innerhalb der Auswahlgrenzen bewegen – außerhalb der Grenzen erscheint es nicht.

Das neue Objekt landet als neue Ebene im Zielbild. Dazu erzeugt Photoshop automatisch eine Ebenenmaske (Seite 604); sie unterdrückt den Bereich der neuen Ebene außerhalb der Auswahl. Mit dem Verschiebenwerkzeug bewegen Sie den eingefügten Bildteil hin und her, mit Strg + T passen Sie die Größe an. Die Ebenenmaske ist nicht mit der Ebene verbunden, bewegt sich also nicht mit – so soll es sein.

Fügen Sie ruhig sehr große Bildbereiche ein, die deutlich über die Dokumentgrenzen des Zielbilds hinausgehen. In den Dateiformaten PSD, TIFF und PDF lässt sich dieser Überstand mitspeichern. Freilich kostet der Außenbereich auch Speicherplatz.

Falls der Transformationsrahmen über die Bild- oder Programmränder hinausragt – mit Strg + 0 sorgen Sie für eine praktischere Zoomstufe. Der Befehl Gleiche Farbe (Seite 264) passt unterschiedliche Farbstimmungen eventuell an.

Abbildung 18.13
So nutzen Sie den Befehl »Bearbeiten: In die Auswahl einfügen«. Links: Wir markieren zunächst das Motiv, das wir einsetzen wollen, mit dem Auswahlrechteck und kopieren es mit Strg + C. Rechts: Wir wählen die Fläche im Bildrahmen mit dem Polygon-Lasso aus. Vorlagen: Strichgrafik_c, Ebene_06 etc.

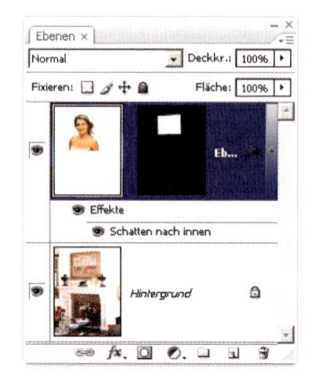

Abbildung 18.14 **Links:** Wir setzen das kopierte Motiv mit dem Befehl »Bearbeiten: In die Auswahl einfügen« ein (Strg+⇧+V). Hier hat der kopierte Bereich mehr Bildpunkte als die Auswahl im Zielbild; darum erscheint zunächst nur ein Ausschnitt. Per »Transformieren« wird das Porträt bei gedrückter ⇧-Taste verkleinert.
Mitte, rechts: Photoshop legt für das kopierte Objekt eine neue Ebene an und deckt Bereiche außerhalb der Auswahl durch eine Ebenenmaske ab. Wir verwenden zusätzlich den Effekt »Schatten nach innen«.

Tipp

Nach dem Einfügen ist die Auswahl im Zielbild weg. Sie können die Auswahlinformation jedoch aus der neu entstandenen Ebenenmaske ableiten: Klicken Sie die Miniatur der Ebenenmaske in der Ebenenpalette oder in der Kanälepalette bei gedrückter Strg-Taste an.

Außerhalb der Auswahl einfügen

Klicken Sie den Befehl **In die Auswahl einfügen** mit gedrückter Alt-Taste an. Sie fügen das Bild aus der Zwischenablage jetzt nicht innerhalb, sondern umgekehrt nur außerhalb der Auswahl ein. Dasselbe Ergebnis erhalten Sie auch nachträglich, wenn Sie zunächst den Befehl **In die Auswahl einfügen** normal verwendet haben: Aktivieren Sie die Ebenenmaske in der Ebenenpalette durch einen Klick und verwandeln Sie diese per (Strg+I) in ihr Negativ.

Vektorgrafiken einfügen

Auf verschiedene Arten setzen Sie Vektorgrafiken aus anderen Programmen wie CorelDRAW oder Illustrator in Ihre Montage ein:

» Der Befehl **Datei: Platzieren** setzt die Vektorgrafik als Smart Objekt ein; dabei bleibt die Grafik als Vektordatei erhalten – sie kann in Photoshop transformiert oder mit Ebeneneffekten ausgestattet und nach Doppelklick auf die Miniatur im Vektorprogramm bearbeitet werden.

» Auch durch Ziehen und Ablegen oder durch **Kopieren** und **Einfügen** zwischen Programmen können Sie Vektormaterial zumindest in gerasterter Form übertragen, zwischen Illustrator und Photoshop auch als Vektoren.

Details finden Sie ab Seite 626.

Abbildung 18.15 Der Befehl »In die Auswahl einfügen« eignet sich, um Himmel in Landschafts- und Immobilienfotos auszutauschen. **Links:** Der Himmel ist zu blass und der Bildausschnitt zu knapp. **Mitte:** Wir verlängern das Bild per »Arbeitsfläche« und wählen den Himmel sowie die neue Fläche aus. **Rechts:** Wir wählen ein Wolkenfoto grob aus und kopieren die Auswahl mit Strg+C in die Zwischenablage. Datei: Ebene_07a etc.

Befehle im Überblick: Bildteile bewegen und einsetzen

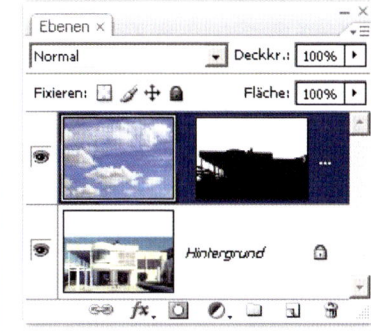

Abbildung 18.16 Im Zielbild wählen wir »Bearbeiten: In die Auswahl einfügen«. Der kopierte Himmel wird mit der »Transformieren«-Funktion angepasst. Auch horizontales Spiegeln und unproportionales Verzerren sind hier möglich. Die Ebenenpalette zeigt: Photoshop hat für den neuen Himmel eine Ebenenmaske angelegt. Sie verbirgt den Himmel im Bereich des Vordergrunds.

Befehle im Überblick: Bildteile bewegen und einsetzen

Taste/Feld	Zusatztasten	Aktion	Ergebnis
Strg+X			Ausgewählten Bildteil in die Zwischenablage ausschneiden, im Quellbild entsteht ein Loch in der Hintergrundfarbe oder Transparenz.
Strg+C (für Copy)			Markierten Bereich in die Zwischenablage kopieren
Strg+C	⇧		Markierten Bereich aus allen Ebenen auf Einzelebene reduziert in die Zwischenablage kopieren
Strg+V			Aus der Zwischenablage einfügen
Strg+V	⇧		Aus der Zwischenablage in ausgewählten Bereich einfügen
Strg+V	⇧+Alt		Aus der Zwischenablage außerhalb des gewählten Bereichs einfügen
Strg+J			Ohne Auswahl: Duplikat der Ebene; mit Auswahl: Duplikat des ausgewählten Bereichs auf neue Ebene
V (für Move Tool)			⊕
Fast jedes Werkzeug	Strg		Vorübergehend ⊕
⊕		ziehen	Auswahlinhalt/Ebene bewegen
⊕	Alt	ziehen	Duplikat des ausgewählten Bildteils oder der Ebene bewegen
⊕	⇧	ziehen	Auswahlbereich/Ebene in 45 Grad-Winkeln bewegen
⊕	⇧+Alt	ziehen	Duplikat des markierten Bildteils oder der Ebene in 45 Grad-Winkeln bewegen
Pfeil-Tasten		⊕ aktiviert	Ebene in 1-Pixel-Schritten bewegen
Pfeil-Tasten	⇧	⊕ aktiviert	Ebene in 10-Pixel-Schritten bewegen

18.3 Ebenen organisieren

Die Befehle zur Kontrolle des Ebenengestrüpps verteilen sich über mehrere Programmzonen: das Menü EBENE, das Menü der Ebenenpalette, die Symbole in der Ebenenpalette und die verschiedenen Kontextmenüs über einzelnen Bereichen der Ebenenpalette. Viele Funktionen werden an mehreren Stellen gleichzeitig angeboten.

Ebenenpalette

Die Ebenenpalette rufen Sie meist per F7 auf. Sie enthält:

» Eine Namens- und Miniaturenliste, die aktive Ebene ist hervorgehoben.

» Symbole unter anderem zum Löschen und Neuerstellen von Ebenen

» Ein Palettenmenü, das Sie über den Schalter ▼☰ rechts oben in der Titelleiste erreichen. Die Größe der Miniaturen kontrollieren Sie mit dem Befehl **Paletten-Optionen**; den Farbcode des Ebenenfelds und den Namen ändern Sie mit den **Ebeneneigenschaften**. Zur Umbenennung reicht jedoch auch ein Doppelklick auf den Ebenennamen in der Palette.

» DECKKRAFT-Regler, FLÄCHE-Regler und Modus-Einblendmenü im Ebenenkopf. Hier steuern Sie, wie Photoshop die aktive Ebene ins Gesamtbild einblendet.

» Schaltflächen zum »Fixieren« der Ebene. So schützen Sie bestimmte Ebeneneigenschaften gegen Bearbeitung.

» Schaltflächen (Seite 691) für Animationen, die Sie via Palettenmenü verbergen

Per Rechtsklick (am Mac Ctrl-Klick) sehen Sie weitere Befehle – je nachdem, ob Sie die Bildminiatur, eine Maskenminiatur, eine Effekt- oder Textminiatur oder den Ebenennamen anklicken.

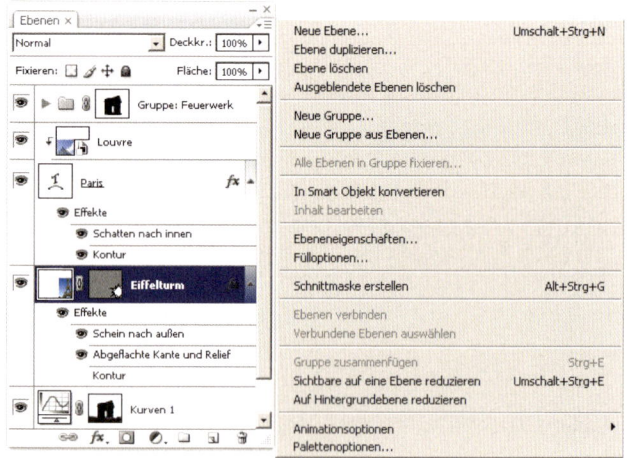

Abbildung 18.17 Mit der Ebenenpalette kontrollieren Sie Anordnung und Sichtbarkeit der einzelnen Ebenen. Nutzen Sie auch die Kontextmenüs, die Photoshop über verschiedenen Bereichen der Ebenenpalette anbietet. Datei: Ebene_08

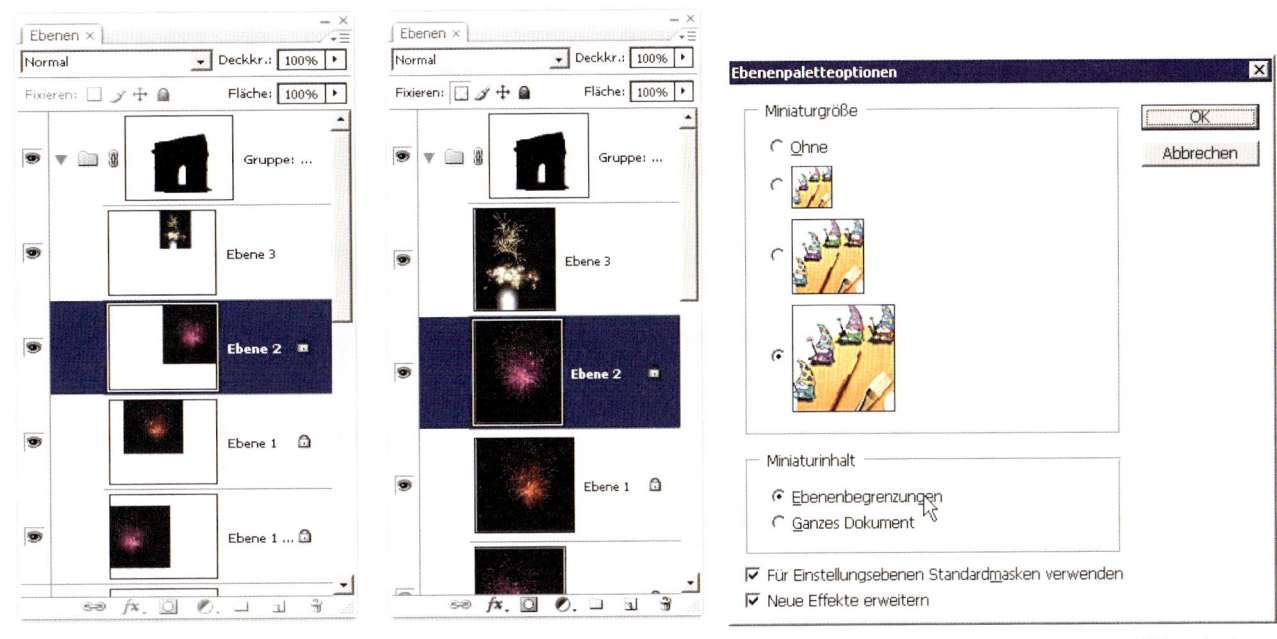

Abbildung 18.18 Links: Wir zeigen die Miniaturen mit der Palettenvorgabe »Ganzes Dokument«; weil sich diese Ebenen nur über einen Teil des Gesamtbilds erstrecken, erscheinen sie auch entsprechend klein innerhalb der Miniatur. **Mitte:** Mit der Vorgabe »Ebenenbegrenzungen« zeigt Photoshop jede Ebene in der vollen Miniaturbreite, sie wird größer dargestellt. Ebenen, die über den Objektrand hinausgehen, erscheinen mit diesem Modus kleiner. **Rechts:** In den »Ebenenpalettenoptionen« steuern Sie die Miniaturendarstellung. Datei: Ebene_08

»Ebenenbegrenzung« oder »Ganzes Dokument«?

Zunächst stellt jede Ebenenminiatur das Gesamtbild dar, denn Photoshops Ebenenpalette verwendet après Installation den Modus Ganzes Dokument. Das heißt:

» Montageobjekte, die nur einen geringen Teil des Gesamtbilds bedecken, erscheinen in der Miniatur winzig.

» Ragen Ebenenteile über die Bildgrenzen hinaus, verraten die Ebenenminiaturen nichts über diese versteckten Bildbereiche.

Wählen Sie in den **Paletten-Optionen** oder per Rechtsklick über einer Miniatur die Vorgabe Ebenenbegrenzungen, dann sieht die Ebenenpalette eventuell anders aus: Jedes Ebenenobjekt füllt die Ebenenminiatur komplett aus, also gilt:

» Auch kleinste Ebenenobjekte füllen die Miniatur komplett aus, sie wirken also nicht mehr winzig.

» Ebenenteile außerhalb der Bildgrenzen werden in der Miniatur angezeigt.

Ebenen verlagern

Welches Motiv in Ihrer Montage »ganz vorn« oder »ganz oben« rangiert, also voll sichtbar ist, und welches »ganz hinten« durch andere Ebenen überdeckt wird, das bestimmen Sie durch Ziehen der Ebenen in der Ebenenpalette; ziehen Sie die Felder bei gedrückter Maustaste nach oben oder nach unten.

Alternativ bemühen Sie das Untermenü **Ebene: Anordnen**: Hier können Sie unter anderem die aktive Ebene **In den Vordergrund** bringen (Strg+⇧+Ä), also ganz nach oben hieven, oder **Schrittweise nach vorn** (Strg+Ä) expedieren, um sie nur eine Ebene aufsteigen zu lassen. Oder wählen Sie mehrere Ebenen aus und vertauschen Sie die Positionen – per **Umkehren**.

Weitere Möglichkeit: Stufen Sie die Ebene per Strg+⇧+# herab. Neu erstellte oder eingefügte Ebenen siedelt Photoshop über der zuletzt aktiven Ebene an.

So nutzen Sie die Ebenenpalette

① **Füllmethode** (Überblendverfahren) der aktiven Ebene

② **Animationssteuerung:** Per Palettenmenü ein-/ausblenden

③ **Ebene fixieren:** Transparenzschutz, Pixelschutz, Bewegungsschutz und kompletter Schutz

④ **Gruppe:** weitere Palettenobjekte auf Gruppe ziehen, um sie aufzunehmen

⑤ **Einzelebenen der Gruppe** anzeigen oder ausblenden

⑥ **Schnittmaske:** Pfeil zeigt an, dass Ebene nur in den Umrissen der darunterliegenden Ebene sichtbar ist.

⑦ **Basisebene der Schnittmaske,** gekennzeichnet durch unterstrichenen Ebenennamen

⑧ **Text-Ebene:** hier mit Symbol »Verkrümmung«; Doppelklick: kompletten Text auswählen

⑨ **Objekt anzeigen/ausblenden:** auch für Effekte
Alt -Klick: diese Ebene allein anzeigen
2. Alt -Klick: wieder alle Ebenen anzeigen (auch per Rechtsklick)

⑩ **Farbkodierung:** Anlegen per Rechtsklick

⑪ **Transparenz:** Karierte Bereiche signalisieren Bereiche ohne Pixel.

⑫ **Verbindung Ebene/Maske:** Verbindung mit/Trennung von Ebene oder Ebenensatz mit Ebenenmaske oder Vektormaske (zum gemeinsamen Verschieben und Umformen)

⑬ **Effekte-Leiste:** Doppelklick für »Ebenenstil«-Dialog; alle Effekte mit Augensymbol ausblenden; wichtiges Kontextmenü

⑭ **Effekt** einzeln; Doppelklick für »Ebenenstil«-Bereich zu diesem Effekt; mit Augensymbol ausblenden

⑮ **Einstellungsebene:** zur Kontrastkorrektur (wahlweise automatisch mit Ebenenmaske); Doppelklick, um Einstellung zu bearbeiten

⑯ **Verbindung von Ebenen:** mehrere Ebenen auswählen, dann klicken (zum gemeinsamen Verschieben, Drehen, Skalieren, Verzerren)

⑰ **Ebeneneffekte** anlegen oder ändern

⑱ **Ebenenmaske** anlegen, nichts verborgen bzw. nicht Ausgewähltes verborgen;
Alt -Klick: Ebenenmaske anlegen, alles verborgen bzw. Ausgewähltes verborgen (wenn Ebenenmaske bereits vorhanden, entsteht Vektormaske)

⑲ **Einstellungsebene** oder Füllebene neu anlegen

⑳ **Gruppe** neu anlegen
Gruppe auf Symbol ziehen: Ebenensatz innerhalb der Datei duplizieren

㉑ **Neue Ebene** ohne Inhalt anlegen
Objekt auf Symbol ziehen: Ebene innerhalb der Datei duplizieren
Alt -Klick: Optionen zeigen

㉒ **Löschen:** Objekt auf Symbol ziehen

㉓ **Vektormaske** begrenzt Sichtbarkeit der Ebene
Strg -Klick: als Auswahl laden;
⇧ -Klick: abschalten

㉔ **Effekte-Symbol:** Effekte-Leisten per Klick einblenden/verberge

㉕ **Aktivierte Ebene,** darum hervorgehoben (nur diese Ebene kann voll bearbeitet werden); zum Duplizieren in andere Datei ziehen

㉖ **Trennlinie:** Schnittmaske einrichten/aufheben durch Alt -Klick auf Trennlinie

㉗ **Smartfilter,** hier »Selektiver Scharfzeichner«, Wirkung mit Augensymbol ausblenden, nach Doppelklick Einstellungen ändern

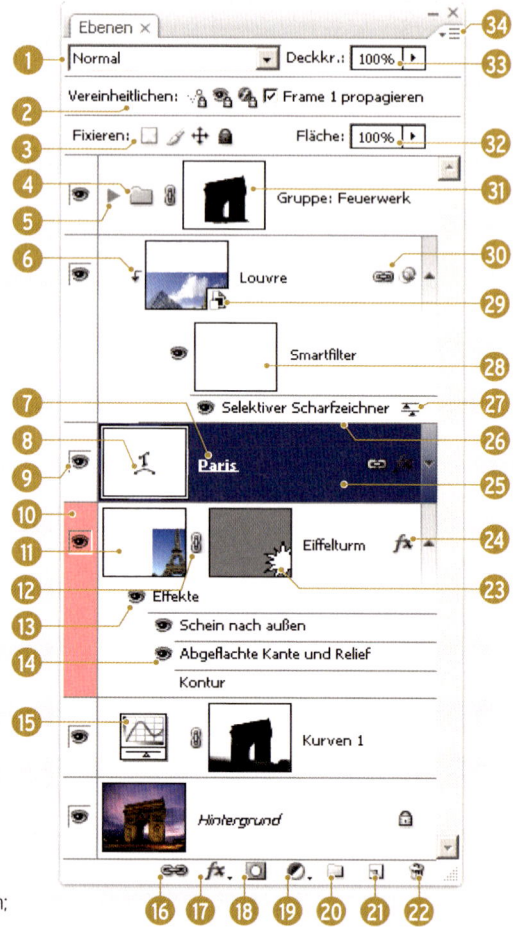

㉘ **Smartfilter-Ebenenmaske,** für alle Smartfilter gemeinsam

㉙ **Smart Objekt:** Doppelklick, um hier geänderte Ebene im ursprünglichen Originalzustand zu bearbeiten

㉚ **Verbindung:** Ebene ist mit einer anderen Ebene verbunden (s.a. 16)

㉛ **Ebenenmaske** begrenzt Sichtbarkeit von Ebene oder hier Gruppe (schwarz unterlegte Bereiche werden verborgen)
Klick: Ebenenmaske statt Ebene bearbeiten;
Strg -Klick: als Auswahl laden;
⇧ -Klick: abschalten
Alt -Klick: als Schwarzweißbild anzeigen
⇧ - Alt -Klick: halbdeckend über Bild blenden

㉜ **Fläche:** Deckkraft der aktiven Ebene (nur Füllung; Effekte bleiben voll sichtbar)

㉝ **Deckkraft** der aktiven Ebene (Füllung und Effekte); teilweise per Zifferntaste änderbar

㉞ **Palettenmenü**

Grafik interaktiv auch im Web unter www.mut.de/photoshop-kompendium.

Ebenen aktivieren

Abbildung 18.19 Nach einem Rechtsklick mit dem Verschiebenwerkzeug bietet Photoshop alle Ebenen unter dem Mauszeiger zum Aktivieren an; die vorderste Ebene erscheint dabei ganz oben. Ebenen, die in der Palette oben liegen, erscheinen im Bild vorne; die momentan aktivierte Ebene ist hervorgehoben. Durch Ziehen der Miniaturen nach oben oder unten ändern Sie die Rangfolge. Die Palette zeigt den Aufbau des rechten Bilds. Datei: Ebene_g

Ebenen aktivieren

Bevor Sie eine Ebene bearbeiten, aktivieren Sie diese, so dass sie in der Palette hervorgehoben wird. Die meisten Befehle etwa aus den Menüs **Filter** oder **Bild: Anpassungen** wirken sich nur auf eine einzelne Ebene aus. So aktivieren Sie die gewünschte Ebene:

» Klicken Sie einmal auf den Ebenennamen in der Ebenenpalette.

» In der Optionenleiste zum Verschiebenwerkzeug finden Sie das Angebot AUTOMATISCH AUSWÄHLEN: EBENE Wenn diese Option aktiviert ist, aktivieren Sie eine Ebene per Anklick mit dem Verschiebenwerkzeug im Bildfenster. Das funktioniert nicht, wenn die Ebene mit dem Augensymbol ausgeblendet ist.

» Klicken Sie bei aktiviertem Verschiebenwerkzeug mit der rechten Maustaste (am Mac Ctrl-Taste) in das Bild. Photoshop präsentiert ein Kontextmenü, das die unter dem Zeiger liegenden Ebenen auflistet. (Wechseln Sie von anderen Werkzeugen schnell per Strg-Taste zum Verschiebenwerkzeug.)

» Klicken Sie bei aktiviertem Verschiebenwerkzeug mit rechter Maus- und gedrückter Alt-Taste in einen Bildteil; Photoshop aktiviert die oberste Ebene unter dem Zeiger.

Photoshop bearbeitet meist nur die eine aktive Ebene. **Transformieren**-Befehle verändern jedoch alle ausgewählten oder »verbundenen« Ebenen. Auch wenn die aktive Ebene per DECKKRAFT ausgeblendet, mit dem Augensymbol vom Bildschirm verbannt, hinter einem anderen Objekt oder außerhalb der Dokumentgrenzen versteckt ist – bearbeitet wird diese aktivierte Ebene und keine andere. Kleines Rätsel: Sie haben »Ebene 1« aktiviert, aber mit dem Augensymbol ausgeblendet; »Ebene 2« indes sieht man im Bildfenster, sie ist allerdings nicht aktiviert. Was ändert sich, wenn Sie mit dem Verschiebenwerkzeug im Bild ziehen?

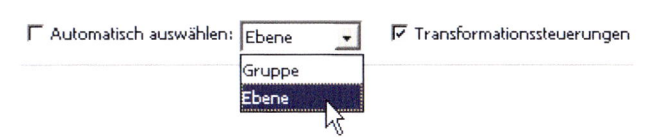

Abbildung 18.20 Mit den Optionen zum Verschiebenwerkzeug lassen sich Ebenen schneller erkennen und aktivieren.

Darstellung der aktiven Ebene

So erkennen Sie, welche Ebene aktiviert ist:

» Die aktive Ebene erscheint in der Palette farblich hervorgehoben und mit einem Pinselsymbol.

» Die Titelleiste im Dateirahmen nennt die aktive Ebene und Maske.

» Der Befehl **Ansicht: Einblenden: Ebenenkanten** umgibt die aktive Ebene mit einem blauen Rahmen.

» Bei eingeschaltetem Verschiebenwerkzeug blenden Sie die TRANSFORMATIONSSTEUERUNGEN ein, die nur für die aktive Ebene erscheinen (ja, sie eignen sich auch zum **Transformieren**; Seite 538).

Abbildung 18.21
Die Farbkodierung für einzelne Ebenen oder Gruppen legen Sie per Kontextmenü ganz links in der Ebenenpalette an. So erkennen Sie wichtige oder zusammengehörende Ebenen schneller. Wohlgemerkt: Ebenen mit gemeinsamer Farbkodierung sind in keiner Weise »verbunden« oder »gruppiert«.

Ebenen und transparente Bereiche anzeigen

Sie können eine einzelne Ebene zur Bearbeitung und unabhängig davon zur Ansicht freigeben. Schicken Sie zur leichteren Orientierung einige oder fast alle Ebenen auf Tauchstation:

» Klicken Sie auf das Augensymbol ganz links in der Ebenenpalette, um eine Ebene oder eine komplette Ebenengruppe aus- und beim nächsten Klick wieder einzublenden. Eventuell ist es aber übersichtlicher, nur Deckkraft oder Füllmethode mehrerer Ebenen zu bearbeiten.

» Um mehrere Ebenen gleichzeitig ein- und auszublenden, ziehen Sie die Maus in der Augenleiste.

» Klicken Sie bei gedrückter [Alt]-Taste in die Augenleiste, um nur diese eine Ebene zu sehen. Ein neuerlicher [Alt]-Klick zeigt wieder tutti frutti. Diese Funktionen bietet auch das Kontextmenü über dem Augensymbol.

Photoshop druckt nur Ebenen, die zur Ansicht eingeblendet sind. Bei den Befehlen **Bild: Bild duplizieren** sowie **Datei: Speichern unter** mit der Option ALS KOPIE gehen auch verborgene Ebenen nicht verloren. Wenn Sie allerdings alles zu einer Hintergrundebene verschmelzen, fallen verborgene Ebenen endgültig unter den Tisch.

Darstellung von Transparenz

Wenn Sie Bildteile montieren, müssen Sie zwischen transparenten, durchsichtigen Partien einerseits und Bildzonen mit Farbfüllung andererseits unterscheiden: Ist ein Objekt von weißer Farbe umgeben oder ist das Umfeld durchsichtig? Photoshop zeigt darum transparente Flächen nicht etwa weiß, sondern mit einem Karomuster an.

Im Dialogfeld **Bearbeiten: Voreinstellungen: Transparenz & Farbumfang-Warnung** bestimmen Sie Größe und Farbe dieser Karos. Durch Klicken auf die Farbfelder wählen Sie den Farbton für Ihr Karomuster frei aus. Klicken Sie OHNE an, erscheinen transparente Flächen ganz in Weiß – das ist nicht übersichtlich. Die Transparenz des Bildpunkts unter dem Mauszeiger meldet Photoshop auf Wunsch auch in der Infopalette als Wert »Dk« für DECKKRAFT.

Ebenen auswählen und verbinden

Wollen Sie mehrere Ebenen zusammenfassen, um sie gemeinsam zu bearbeiten oder um sie als zusammengehörend darzustellen? Ihre Möglichkeiten:

» Sie können Ebenen gemeinsam auswählen.

» Sie können Ebenen »verbinden« – praktischerweise auch Ebenen, die in der Palette nicht direkt aufeinanderfolgen.

» Sie können Ebenen in eine Gruppe stecken; diese Ebenen müssen aufeinanderfolgen.

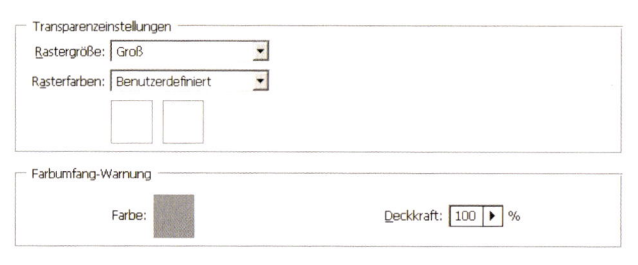

Abbildung 18.22
Links: Transparente Flächen ohne jeden Pixelinhalt kennzeichnet Photoshop durch ein Karomuster. Diese Ebene zeigt auch die »Transformationssteuerungen« aus den Optionen zum Verschiebenwerkzeug. **Rechts:** Größe und Farbe des Transparenzmusters regeln Sie mit dem Befehl »Bearbeiten: Voreinstellungen: Transparenz & Farbumfang-Warnung«.

Ebenen auswählen und verbinden

Zuerst geht es um gemeinsames Auswählen und Verbinden 🔗.

Wählen Sie mehrere Ebenen gemeinsam aus, um sie gemeinsam zu verändern. Soll der Verbund länger halten, »verbinden« 🔗 Sie die Ebenen zusätzlich; anschließend müssen sie meist nicht mehr gemeinsam ausgewählt werden. Mögliche Gründe für ein gemeinsames Auswählen:

» Die Verzerrungen beim **Transformieren** (Verkleinern, Drehen, Verzerren, aber nicht VERKRÜMMEN) werden auf alle verbundenen Ebenen übertragen.

» **Kopieren** Sie die Effekte einer Ebene, um sie auf andere, ausgewählte Ebenen zu übertragen.

» Wählen Sie zwei oder mehr Ebenen aus, um sie gleichmäßig anzuordnen (Seite 531), zu verschmelzen oder zu rastern.

» Die gemeinsame Auswahl bereitet Schnittmasken (Seite 612) und Gruppen (Seite 518) vor.

» Der Befehl **Ebene: Ebenen fixieren** schützt die ausgewählten Ebenen gegen verschiedene Eingriffe (Seite 535).

Achten Sie auf die Ebenenpalette: Ausgewählte Ebenen sind farblich hervorgehoben. Sind mehrere Ebenen ausgewählt, stehen übliche Korrekturbefehle etwa aus den Menüs **Filter** oder **Bild: Anpassungen** nicht mehr zur Verfügung.

Tipp
Eine Alternative zum Verbinden bieten Smart Objekte: Änderungen wie Pinselretusche oder Kontrastkorrektur überträgt Photoshop automatisch auch auf Duplikate (Seite 629).

Mehrere Ebenen mit dem Verschiebenwerkzeug auswählen

So wählen Sie mehrere Ebenen mit dem Verschiebenwerkzeug direkt in der Bilddatei aus:

» Verwenden Sie die Option AUTOMATISCH WÄHLEN, dann rahmen Sie mit dem Verschiebenwerkzeug die gewünschten Ebenen im Bild ein. Dabei muss der Auswahlvorgang über der HINTERGRUND-Ebene oder über dem Karomuster für Transparenz beginnen. Blenden Sie eventuell Ebenen, die die HINTERGRUND-Ebene verdecken, mit dem Augensymbol aus. Fügen Sie eine weitere Ebene bei gedrückter ⇧-Taste hinzu.

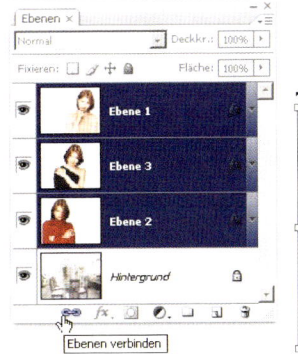

Abbildung 18.23 Die drei Ebenen werden gemeinsam ausgewählt, sie erscheinen in der Ebenenpalette farblich hervorgehoben. Nun können Sie die Ebenen gemeinsam bewegen, vergrößern oder drehen – Kontrastkorrektur oder Filterbefehle stehen jedoch nicht mehr zur Verfügung. Wollen Sie die Ebenen dauerhaft gemeinsam »transformieren«, werden sie verbunden; dann müssen nicht mehr alle Ebenen gemeinsam ausgewählt werden. Vorlage: Ebene_09

» Ebenfalls mit der Option AUTOMATISCH WÄHLEN klicken Sie die gewünschten Ebenen im Bild bei gedrückter ⇧-Taste an.

Mehrere Ebenen in der Ebenenpalette auswählen

Auch in der Ebenenpalette wählen Sie mehrere Ebenen gemeinsam aus:

» Mehrere in der Ebenenpalette benachbarte Ebenen wählen Sie aus, indem Sie zunächst die erste Ebene in der Palette anklicken und dann bei gedrückter ⇧-Taste auf die letzte Ebene klicken.

» Sollen weitere Ebenen mit ausgewählt werden? Klicken Sie den Namen der Ebene – nicht die Miniatur – bei gedrückter Strg-Taste an. Ebenso entfernen Sie mit gedrückter Strg-Taste einzelne Ebenen aus der Auswahl.

» Sind die Ebenen bereits verbunden (nächster Abschnitt), bietet das Menü der Ebenenpalette den Befehl **Verbundene Ebenen auswählen**.

So wählen Sie die Ebenen mit dem **Auswahl**-Menü aus:

» In einer komplexen Montage wollen Sie zum Beispiel sämtliche Textebenen auswählen, Pixelebenen und Formebenen jedoch nicht? Klicken Sie eine Textebene in der Palette einmal an, dann nehmen Sie **Auswahl: Ähnliche Ebenen**.

» Brauchen Sie alle Ebenen ohne die HINTERGRUND-Ebene heißt es **Auswahl: Alle Ebenen** (Strg+Alt+A).

Passt die Auswahl? Sie können die Ebenen jetzt gemeinsam bewegen, drehen, skalieren, verzerren oder in andere Dateien ziehen.

Ebenen verbinden ⛓

Das Auswählen allein reicht nicht immer – Sie haben die Kombination der Ebenen schnell verloren, wenn Sie zum Beispiel eine Einzelebene kontrastkorrigieren wollen. Darum können Sie die ausgewählten Ebenen verbinden; dann bleibt die Kombination dauerhaft erhalten. So geht's:

1. Wählen Sie mehrere Ebenen wie oben beschrieben aus.

2. Sie denken an eine dauerhafte Verbindung? Klicken Sie in der Ebenenpalette unten links auf EBENEN VERBINDEN ⛓. Jede verbundene Ebene zeigt in der Palette das Verbindensymbol ⛓.

Verbindung abschalten und aufheben

Wollen Sie eine einzelne Ebene vorübergehend aus der Verbindung herausnehmen? Klicken Sie bei gedrückter ⇧-Taste auf das Verbindensymbol ⛓ – es erscheint rot durchgestrichen.

Um eine Ebene aus der Verbindung herauszulösen, klicken Sie die verbundene Ebenen einmal in der Palette an; dann klicken Sie auf EBENEN VERBINDEN ⛓.

Achtung
Ziehen Sie verbundene Ebenen aus der Bilddatei heraus in ein neues Dateifenster, so kommen sämtliche verbundenen Ebenen in der Zieldatei an. Ziehen Sie dagegen aus der Ebenenpalette heraus, übertragen Sie nur die angeklickte Ebene; andere verbundene Ebenen bleiben zurück.

Gruppen für Ebenen 📁

Andere Möglichkeiten als beim Verbinden einer Ebene bieten sich, wenn Sie mehrere Ebenen durch eine sogenannte »Gruppe« zusammenfassen, quasi in einen Unterordner stecken:

» In der Ebenenpalette klicken Sie alle Miniaturen einer Gruppe mit dem Dreieck ▶ en bloc weg, um mehr Übersicht zu schaffen.

» Richten Sie für alle Ebenen eines Sets ein gemeinsames Überblendverfahren und gemeinsame Deckkraft ein.

» Mit einer Ebenenmaske (Seite 604) begrenzen Sie die Sichtbarkeit einer kompletten Gruppe auf eine beliebige Zone innerhalb der Dokumentgrenzen. Aktivieren Sie die Gruppe, dann klicken Sie in der Ebenenpalette auf das Symbol EBENENMASKE HINZUFÜGEN ⬛.

» Ebenen aus der Gruppe lassen sich bequem zu einer einzigen Ebene verschmelzen: **Gruppe zusammenfügen** heißt dieser Befehl aus dem Palettenmenü; dazu muss die Miniatur der Gruppe 📁 aktiviert sein.

» Sie können die komplette **Gruppe duplizieren** oder **löschen**; diese Möglichkeiten finden Sie im Menü zur Ebenenpalette und im Menü **Ebene**.

» Mit dem Befehl **Alle Ebenen in Gruppe fixieren** schützen Sie sämtliche Ebenen zum Beispiel gegen Verschieben oder gegen jegliche Veränderung (Seite 535).

» Verschachteln Sie Gruppen untereinander, indem Sie eine Gruppe auf das Gruppensymbol 📁 ziehen.

» Benennen Sie die Gruppe um, teilen Sie ihr eine Kennfarbe in der Ebenenpalette zu und zeigen Sie von allen Elementen der Gruppe nur einzelne Grundfarben an, beispielsweise nur den Rotkanal; diese Möglichkeiten bietet der Befehl **Gruppeneigenschaften** aus dem Menü der Ebenenpalette, sofern Sie eine Gruppe aktiviert haben.

Allerdings: Befehle wie **Transformieren** oder **Scharfzeichnen** oder auch Ebeneneffekte lassen sich nicht auf alle Ebenen einer Gruppe gemeinsam anwenden. Öffnen Sie die Gruppe, falls erforderlich, mit dem Dreieck ▶ und aktivieren Sie zur Bearbeitung eine Einzelebene.

Gruppen anlegen und ergänzen

Wollen Sie eine neue, leere Gruppe anlegen? Klicken Sie auf das Symbol NEUE GRUPPE ERSTELLEN 📁 in der Ebenenpalette. Alternatives Verfahren:

1. Wählen Sie mehrere Ebenen aus oder verbinden Sie mehrere Ebenen.

2. Ziehen Sie die ausgewählten oder »verbundene« Ebenen auf das Symbol NEUE GRUPPE ERSTELLEN 📁 (oder wählen Sie **Neue Gruppe aus Ebenen** im Palettenmenü).

Wollen Sie die Gruppe um neue Ebenen erweitern? Ziehen Sie den Kandidaten einfach innerhalb der Palette in eine geöffnete oder auf das Feld einer geschlossenen Gruppe. Auf umgekehrte Art entfernen Sie auch Ebenen aus einer Gruppe.

Ebenenkompositionen

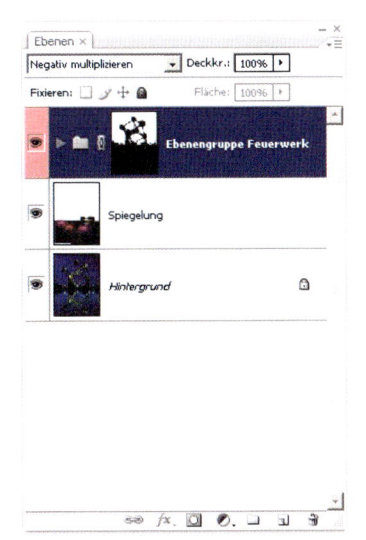

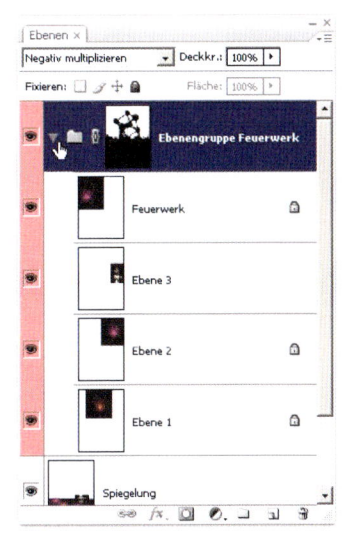

Abbildung 18.24 **Linke Palette:** Die Einzelebenen für das Feuerwerk wurden in einer Gruppe zusammengefasst und haben eine rote Farbkodierung erhalten. Für die Spiegelung unten haben wir die Gruppe dupliziert, auf eine Ebene reduziert und weiter verändert. Teile der Gruppe werden durch eine Ebenenmaske verborgen; diese Ebenen erscheinen damit nur hinter dem Atomium. **Rechte Palette:** Die Gruppe wurde aufgeklappt, Sie erkennen die Einzelebenen. Die Füllmethode »Negativ multiplizieren« für die gesamte Gruppe sorgt für nahtlose Überblendung. Datei: Ebene_10

Füllmethode bei Gruppen

Zunächst gilt für alle Ebenen einer Gruppe die Füllmethode HINDURCHWIRKEN. Das heißt: Jede Ebene behält Überblendmethode und Deckkraft wie zuvor (Füllmethoden ab Seite 575). Ändern Sie jedoch bei aktivierter Gruppe die Überblendmethode für die Gruppe, teilt Photoshop allen Ebenen diese eine gewählte Füllmethode zu. Ändern Sie die Deckkraft für die Gruppe, erhalten alle zusammengefassten Ebenen dieselbe Deckkraft. Sie können jedoch jederzeit die Gruppe in der Palette öffnen, eine Einzelebene aktivieren und hier spezielle Eigenschaften nur für eine Ebene wählen.

Besonderheiten dabei:

» Einstellungsebenen (Seite 615) innerhalb der Gruppe beeinflussen zunächst auch Ebenen außerhalb der Gruppe. Verlassen Sie mit der Gruppe jedoch den Modus HINDURCHWIRKEN, korrigiert die Einstellungsebene nur noch Ebenen innerhalb der Gruppe.

» Das Verhalten von Gruppen in Verbindung mit der AUSSPARUNG aus dem Dialogfeld EBENENSTIL ändert sich gleichfalls, wenn Sie die Füllmethode HINDURCHWIRKEN verlassen.

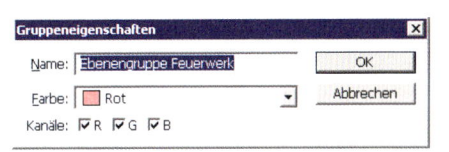

Abbildung 18.25 Haben Sie eine Ebenengruppe aktiviert, dann bietet Photoshop die »Gruppeneigenschaften« an.

Ebenenkompositionen

Sichern Sie verschiedene Arrangements einer Montage in einer einzigen Datei als Ebenenkompositionen (nicht zu verwechseln mit der KOMPOSITION eines **Photomerge**-Panoramas). Sie müssen also nicht drei Dateien speichern, um drei verschiedene Anordnungen Ihrer Ebenen zu sehen.

Möglichkeiten

Manche Änderungen einer Ebene, die sich verlustfrei zurücksetzen lassen, verewigt Photoshop in verschiedenen Ebenenkompositionen:

» Wechsel der Position

» Änderungen des Ebenenstils – also Deckkraft, Füllmethode, ausgeblendete Helligkeitsbereiche und Effekte wie GLÜHEN NACH AUSSEN oder SCHLAGSCHATTEN

» Abschalten der Ebenensichtbarkeit mit dem Augensymbol

» Ein- und Ausschalten von Ebenenmasken

Abbildung 18.26 Von dieser Montage gibt es verschiedene Varianten, die links in der Ebenenkomp.-Palette angeklickt werden. Hier zeigen wir den Entwurf »Hauptfassung«. Datei: Ebene_11

Abbildung 18.27 Wir ändern den Ebenenstil und blenden die Ösen aus. Das Symbol »Ebenenkomp.« erscheint jetzt neben der Zeile »Letzter Dokumentstatus«. Wollen Sie diesen Status als Ebenenkomposition sichern, klicken Sie auf »Neue Ebenenkomp. erstellen«. Aktivieren Sie dabei auch »Aussehen (Ebenenstil)«.

Durch Ein- und Ausblenden von Einstellungsebenen wie **Gradationskurven** oder **Farbton/Sättigung** variieren Sie auch Farbton oder Helligkeit per Ebenenkomposition.

Schwächen

Nicht alle Umbauten einer Montage sichert Photoshop als Ebenenkomposition. Einige Schwächen:

» Verkleinern oder drehen Sie eine Ebene mit der **Transformieren**-Funktion und rufen Sie dann ältere Ebenenkompositionen auf – die verkleinerte Ebene wird auch dort verkleinert erscheinen, das ursprüngliche Layout ist perdu. Dies gilt sogar für verlustfreie Drehungen und Spiegelungen in 90-Grad-Schritten und auch dann, wenn Sie die Ebene als verlustfrei rücksetzbares Smart Objekt speichern.

» »Verkrümmen« Sie einen Schriftzug, erscheint er auch in Ebenenkompositionen »verkrümmt«, die ursprünglich keine oder eine andere Textverzerrung gezeigt haben.

» Schieben Sie eine Ebene in der Ebenenpalette nach oben oder unten und wechseln Sie zu einer älteren Ebenenkomposition – die Ebene erscheint auch hier in der geänderten Rangfolge und nicht an der Stelle der Ebenenpalette, die eigentlich zu diesem Entwurf gehört.

Diese Probleme signalisiert Photoshop nicht durch ein Warndreieck ⚠.

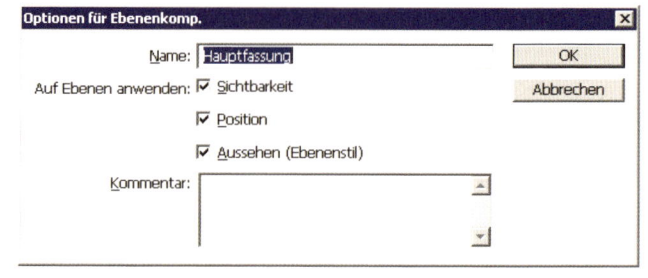

Abbildung 18.28 Legen Sie fest, ob Photoshop auch Änderungen bei Ebeneneffekten und Position als Eigenschaft einer Ebenenkomposition mitspeichern soll.

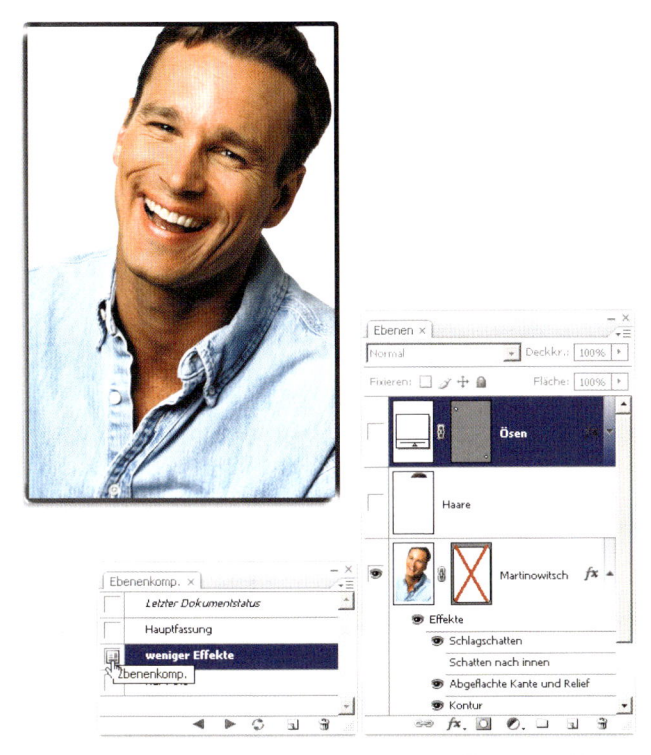

Abbildung 18.29 Hier sehen Sie den Entwurf »weniger Effekte«: Die Vektormaske ist weg, der graue Rahmen fehlt (er wurde als »Schatten nach innen« realisiert), Haarteil und Ösen wurden ausgeblendet. Sie können jederzeit zu einer anderen Komposition wechseln und später die hier gezeigte Montage wieder aufrufen.

Abbildung 18.30 Wir haben die Ebene mit dem separaten Haarteil gelöscht. Sofort zeigt die Ebenenkomp.-Palette eine Warnung für alle drei Entwürfe – obwohl die beiden Entwürfe »weniger Effekte« und »nur Foto« diese Ebene gar nicht benötigen. Hier schalten wir zusätzlich zurück zur »Hauptfassung«.

Ebenenkompositionen anlegen und löschen

So legen Sie eine neue Ebenenkomposition an:

1. Arrangieren Sie die Montage nach Bedarf.
2. Rufen Sie im FENSTER-Menü die Ebenenkomp.-Palette auf.
3. Klicken Sie in der Palette auf die Schaltfläche NEUE EBENENKOMP. ERSTELLEN.
4. Im Dialogfeld OPTIONEN FÜR EBENENKOMP. geben Sie der Ebenenkomposition einen schönen Namen. Vermeiden Sie eventuell Doppelpunkte, Kommata oder andere Zeichen, die unter Windows nicht in einen Dateinamen gehören – Sie können Ihre Ebenenkompositionen dann nicht mehr automatisch in Einzeldateien, Internetgalerien oder PDF-Diaschauen verwandeln.
5. Sollen Änderungen bei den Effekten – zum Beispiel Veränderung oder Abschalten des SCHLAGSCHATTENS – auch als Eigenschaft der Ebenenkomposition gemerkt werden? Dann aktivieren Sie auch die Option AUSSEHEN (EBENENSTIL).

Nun verändern Sie die Ebenen weiter. Verschieben Sie Elemente, experimentieren Sie mit Füllmethoden und Effekten, schalten Sie einzelne Ebenen ganz aus. Speichern Sie bei Bedarf eine weitere Komposition durch einen Klick auf NEUE EBENENKOMP. ERSTELLEN.

Überflüssige Ebenenkompositionen ziehen Sie in den Mülleimer unten in der Palette. Dabei verlieren Sie wohlgemerkt keine Ebenen oder sonstiges Bildmaterial – nur die gespeicherte Anordnung der Ebenen geht verloren.

Ebenenkompositionen anzeigen

Wollen Sie eine ältere Ebenenkomposition wieder sehen, klicken Sie in der Ebenenkomp.-Palette neben dem Namen des Entwurfs in das leere Kästchen EBENENKOMP. Dort erscheint dann das Symbol EBENENKOMP. Es reicht nicht, auf den Namen selbst zu klicken, es muss schon das winzig kleine Kästchen sein.

Mit den Dreieckschaltern ◀ ▶ klicken Sie sich der Reihe nach durch Ihre Layouts. Wollen Sie nur einige Entwürfe Revue passieren lassen, markieren Sie die gewünschten

Abbildung 18.31 Person und Haarteil wurden horizontal gespiegelt. Die Ebenenkomp.-Palette liefert jedoch keine Warnung, dass das ursprüngliche Layout nicht angezeigt wird.

Ebenenkompositionen mit gedrückter `Strg`- oder `⇧`-Taste; danach nehmen Sie die Dreieckschalter ◀ ▶.

So kehren Sie wieder zum neuesten, noch nicht als Komposition gesicherten Zustand Ihrer Montage zurück: Klicken Sie oben in der Palette in das leere Kästchen ☐ neben Letzter Dokumentstatus.

Ebenenkompositionen ändern

Ein Beispiel: Sie haben die Ebenenkomposition »Hauptfassung«. Dann bauen Sie die Montage um, der neueste Entwurf gefällt Ihnen noch besser, darum möchten Sie diese Anordnung jetzt als Entwurf »Hauptfassung« speichern. Die ursprüngliche Version brauchen Sie nicht mehr. So aktualisieren Sie die Ebenenkomposition »Hauptfassung«:

1. Bringen Sie Ihre Montage in den Zustand, den Sie als Ebenenkomposition »Hauptfassung« behalten wollen.
2. Klicken Sie in der Ebenenkomp.-Palette auf den Namen »Hauptfassung« – aber nicht auf das leere Kästchen ☐ daneben. Der Name erscheint farblich hervorgehoben.
3. Klicken Sie unten in der Palette auf die Schaltfläche Ebenenkomp. aktualisieren ⟳. Damit erscheint das Symbol Ebenenkomp. 🖼 neben dem Namen der Ebenenkomposition, der aktuelle Bildzustand ist also jetzt als »Hauptfassung« gesichert.

Klicken Sie doppelt auf den Namen einer Komposition, um den Entwurf umzutaufen.

Probleme ⚠

Mitunter lassen sich Ebenenkompositionen nicht wiederherstellen. Das gilt zum Beispiel, wenn Sie Ebenen löschen, verschmelzen oder in »Hintergrund«-Ebenen verwandeln, wenn Sie **Arbeitsfläche** hinzugeben oder entfernen – aber auch, wenn Sie den Farbmodus wechseln. Sobald Sie eine wichtige Ebene löschen, zeigt die Ebenenkomp.-Palette ein Warnsignal ⚠ neben allen Ebenenkompositionen, in denen diese Ebene verwendet wird. Im Test warnte Photoshop auch bei solchen Ebenenkompositionen, die eine gelöschte Ebene gar nicht verwenden.

Nun haben Sie folgende Möglichkeiten:

» Ignorieren Sie den Hinweis.

» Entfernen Sie das Warnsignal ⚠. Dann erwartet Photoshop für diese Ebenenkomposition die gelöschte Ebene nicht mehr.

So entfernen Sie das Warndreieck ⚠:

» Klicken Sie doppelt auf ein Warndreieck ⚠ und im anschließenden Dialogfeld auf Löschen.

» Klicken Sie mit rechts (am Mac bei gedrückter `Ctrl`-Taste) auf das Warndreieck ⚠ Per Kontextmenü können Sie nun die **Ebenenkomp.-Warnung löschen** oder **Alle Ebenenkomp.-Warnungen löschen**.

Wie oben schon erwähnt: Andere Manöver verhindern ebenfalls, dass Sie Ihre Ebenenkompositionen wieder wie geplant herstellen können, so etwa Änderungen bei der Ebenenrangfolge, Transformieren und (auch verlustfreies) Drehen oder Text-»Verkrümmungen«. Auf diese Veränderungen reagiert Photoshop nicht mit einem Warnsignal ⚠.

Ebenenkomposition als Einzeldatei oder Präsentation

Photoshop setzt einzelne Ebenenkompositionen in neue Dateien oder Präsentationen um, die Sie bequem weitergeben. Bei unseren Tests hat es diesmal nicht gestört, wenn die Namen von Ebenenkompositionen Doppelpunkte, Kommata oder Anführungsstriche enthalten. Ihre Möglichkeiten:

» Sie gehen auf **Datei: Skripten: Ebenenkomp. in Dateien**, legen Dateiformat und Grundname fest – Photoshop schreibt für jede Komposition eine neue Datei auf die

Festplatte. Hinter den Präfix des Dateinamens setzt Photoshop jeweils den Namen des Entwurfs. Verwenden Sie TIFF, PDF oder Photoshops PSD als Dateityp, bleiben die Ebenen Ihrer Montage erhalten. Wollen Sie die Ebenen auf eine »Hintergrund«-Ebene eindampfen, speichern Sie von vornherein in einem Format ohne Ebenen, etwa JPEG oder BMP.

» Der Befehl **Datei: Skripten: Ebenenkomp. in PDF** produziert eine PDF-Präsentation (Details ab Seite 683). Die Namen der einzelnen Entwürfe verschweigt die entstehende PDF-Datei jedoch. Wir entdecken die fertige PDF-Datei schließlich im Photoshop-Installationsverzeichnis.

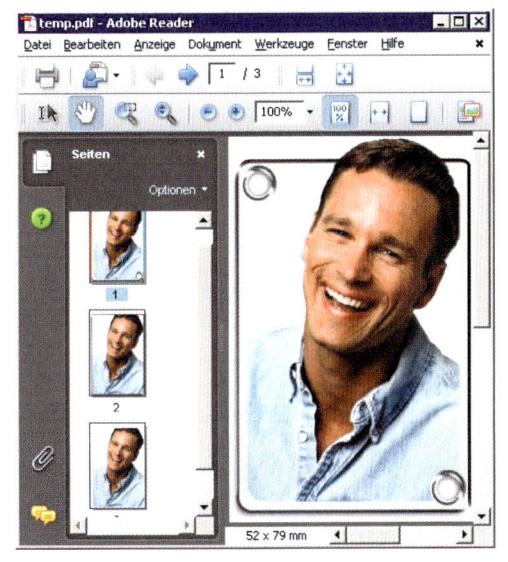

Abbildung 18.32 Photoshop schreibt Ebenenkompositionen als Einzelseiten in eine PDF-Datei.

» Der Befehl **Datei: Skripten: Ebenenkomp. in WPG** setzt Ihre Entwürfe in Internetgalerien um. Der Name des Entwurfs erscheint als Dateiname sowie als Bildunterschrift bei den Miniaturen (je nach Stil). In der Bildunterschrift steht jedoch vor dem Namen der Ebenenkomposition wiederkehrend für jedes Bild Ihre IPTC-Beschreibung. Löschen Sie die Notiz hier eventuell.

Tipp
*Der Befehl **Ebenenkomp. in WPG** wirkt spartanisch. Alternative: Setzen Sie die Entwürfe erst in Einzeldateien um (**Ebenenkomp. in Dateien**). Diese Bilddateien schreiben Sie dann mit dem übersichtlicheren Befehl **Datei: Automatisieren: Web-Fotogalerie** (Seite 664) in eine Webseite.*

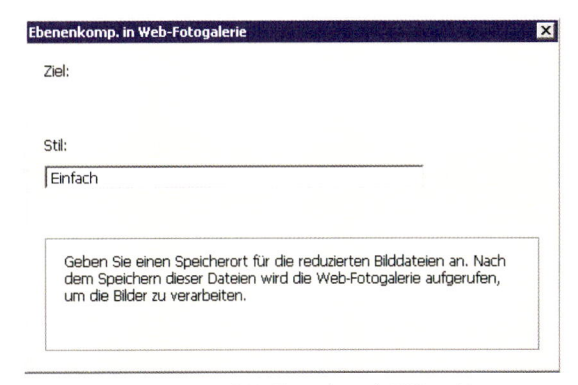

Abbildung 18.33 Der Befehl »Ebenenkomp. in WPG« setzt Ebenenkompositionen in Internetgalerien um.

Ebene und Hintergrundebene

Beginnen Sie mit einem üblichen Bild zum Beispiel im JPEG-Dateiformat, so besteht es nur aus einer Hintergrund-Ebene. Sie erkennen das an der Ebenenpalette (F7). Montieren Sie neue Objekte über die Hintergrund-Ebene, erscheinen diese als Ebene 1 oder ähnlich. Jedes Bild kann nur eine Hintergrundebene haben – quasi das Grundbrett für eine Montage, das ganz unten liegt. Im Vergleich zu normalen Ebenen gelten für die Hintergrundebene wesentliche Einschränkungen, die Photoshop in der Palette auch durch das Vorhängeschloss signalisiert:

» Sie können per Löschen oder Radiergummi keine »Löcher« erzeugen (stattdessen bringen diese Funktionen auf Hintergrundebenen die aktuelle Hintergrundfarbe ins Bild).

» Sie können die Hintergrundebene nicht in der Ebenenpalette nach oben schieben.

» Sie können keine Ebenenmaske anbringen.

» Modus- oder Deckkraftänderungen sind Ihnen ebenso verwehrt.

» Die **Transformieren**-Befehle bietet Photoshop gar nicht erst an.

» Fehlanzeige auch bei den Ebeneneffekten.

All dies ist erst möglich, wenn Sie die Hintergrundebene in eine normale Ebene verwandeln – am schnellsten per (Alt)-Klick auf die Miniatur der Hintergrundebene, so entsteht die Ebene 0. Oder klicken Sie doppelt auf die Miniatur Hintergrund, dann teilen Sie im Dialogfeld Neue Ebene einen Namen nach Wahl zu.

Tipp
Einige Photoshop-Funktionen verwandeln die Hintergrund-Ebene automatisch in eine normale Ebene 1 oder ähnlich – so der magische Radiergummi, der Hintergrund-Radiergummi und der Befehl Filter: Extrahieren.

»Hintergrund«-Ebene neu erstellen
Ihr Bild hat keine Hintergrund-Ebene, Sie hätten aber gern eine? Ihre Möglichkeiten:

» Wollen Sie sämtliche Ebenen zu einer Hintergrundebene zusammenfassen, wählen Sie **Ebene: Auf Hintergrundebene reduzieren**.

» Machen Sie die in der Palette aktivierte Einzelebene zur Hintergrundebene und behalten Sie die übrigen Ebenen wie gehabt bei. Dies erledigt der Befehl **Ebene: Neu: Hintergrund aus Ebene**.

Tipp
Eine spezielle Hintergrund-Ebene in der Montage wirkt eventuell übersichtlicher und sie lässt sich nicht irrtümlich verschieben oder transformieren. Einen wirklichen Vorteil gegenüber einer Ebene 0 oder ähnlich bringt die Hintergrund-Ebene jedoch nicht.

Befehle im Überblick: Ebenen verwalten

Taste/Feld	Zusatztasten	Aktion	Ergebnis
▼≡		🖱	Palettenmenü
🗑		🖱	Aktivierte Ebene nach Rückfrage löschen
🗑	Alt	🖱	Aktivierte Ebene ohne Rückfrage löschen
🗅		🖱	Neue, leere Ebene oberhalb aktiver Ebene erstellen
🗅	Alt	🖱	Neue, leere Ebene oberhalb aktiver Ebene erstellen mit Dialogfeld Neue Ebene
🗅	Strg	🖱	Neue, leere Ebene unterhalb aktiver Ebene erstellen
Strg+N	⇧		Neue, leere Ebene erstellen, Dialogfeld sehen
Strg+N	⇧+Alt		Neue, leere Ebene erstellen, kein Dialogfeld sehen
⬤		🖱	Ebenenmaske erstellen, nichts maskiert oder ausgewählter Bereich sichtbar
⬤	Alt	🖱	Ebenenmaske erstellen, alles maskiert oder ausgewählter Bereich nicht sichtbar
📁			Neue, leere Gruppe erstellen
📁	Alt		Neue, leere Gruppe erstellen mit Dialogfeld Neue Gruppe
fx			Dialogfeld Ebenenstil
◐			Einstellungsebene oder Füllebene hinzufügen
[Ebenenminiatur]	Strg	🖱	Ebenenkontur als Auswahl (Transparenzmaske)
[Ebenenminiatur]	Strg+⇧	🖱	Auswahl der Ebenenkontur zu vorhandener Auswahl hinzufügen
[Ebenenminiatur]	Strg+Alt	🖱	Auswahl der Ebenenkontur von vorhandener Auswahl abziehen
[Ebenenminiatur]		🖱 auf ⬤ Ziehen	Ebenendeckkraft als Ebenenmaske für aktive Ebene
[Ebenenmasken-Miniatur]	Strg	🖱	Ebenenmasken-Information als Auswahl
[Ebenenmasken-Miniatur]	Strg+⇧	🖱	Ebenenmasken-Information zu vorhandener Auswahl hinzufügen
[Ebenenmasken-Miniatur]	Strg+Alt	🖱	Ebenenmasken-Information von vorhandener Auswahl abziehen

Ebenen verschmelzen und löschen

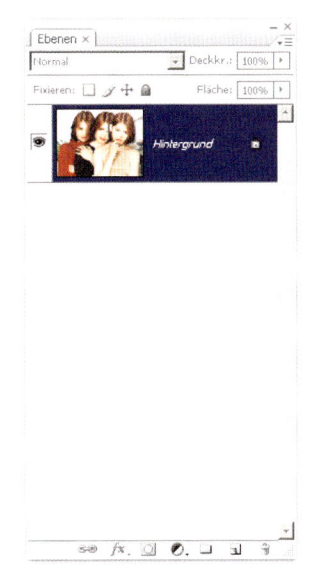

Abbildung 18.34
Links: Vier Ebenen kosten viel Speicherplatz. Die oberen Ebenen wurden hier bereits gemeinsam ausgewählt. **Mitte:** Per Strg+E werden die ausgewählten Ebenen verschmolzen; dabei werden Effekte in dauerhaft sichtbare Pixel verwandelt. **Rechts:** Der Befehl »Auf Hintergrundebene reduzieren« hinterlässt nur noch eine Hintergrundebene. Das Bild im Dateifenster sieht immer gleich aus, doch Dateigröße, Bearbeitungs- und Speichermöglichkeiten ändern sich. Vorlage: Ebene_09

Ebenen verschmelzen und löschen

Löschen Sie überflüssige Ebenen und verschmelzen Sie mehrere unabhängige Ebenen zu einer – so halten Sie die Dateigröße klein. Die untenliegenden Pixel sind danach fort und die verschmolzenen Bildteile lassen sich nicht mehr ohne Schaden auseinanderziehen. Ebenso zementieren Sie bei diesem Vorgang Füllmethode und Deckkraft: Haben Sie eine Ebene mit 50 Prozent Deckkraft halb durchscheinend gestaltet, so können Sie diese mit der darunterliegenden Ebene verschmelzen – dort kommt die Ebene aber nur blass an und die ursprüngliche, ganzheitliche Ebeneninformation ist perdu.

So reduzieren Sie die Zahl der Ebenen:

» Der Befehl **Ebene: Sichtbare auf eine Ebene reduzieren** (Strg+⇧+E) fasst zwei oder mehr Ebenen auf einer einzigen Bildschicht zusammen. Wählen Sie den Befehl mit gedrückter Alt-Taste, bleiben die Ebenen unabhängig voneinander erhalten und Photoshop produziert eine völlig neue Ebene mit der Gesamtansicht der sichtbaren Ebenen dazu. Verstecken Sie vorab mit dem Augensymbol 👁 alle Ebenen, die Sie nicht vereinigen wollen.

» Der Befehl **Ebene: Mit darunter liegender auf eine Ebene reduzieren** (Strg+E, für Merge down) verschmilzt die aktuelle Ebene mit der darunterliegenden. Photoshop verweigert diesen Befehl, wenn auf der unteren Ebene Text oder eine Formebene rangiert. Wenn Sie die Miniatur einer Gruppe 📁 angeklickt haben, wird mit Strg+E die komplette Gruppe verschmolzen.

» Wählen Sie zwei oder mehr Ebenen aus (Seite 516) und klicken Sie auf **Ebene: Auf eine Ebene reduzieren** (Strg+E).

» Nur noch eine Hintergrundebene hinterlässt der Befehl **Ebene: Auf Hintergrundebene reduzieren**. Damit sind alle Einzelebenen perdu, Sie haben ein »flaches« Pixelbild vor sich, wie es als GIF- oder JPEG-Datei leicht gespeichert und weitergegeben werden kann. Die Dateigröße sinkt. Löschen oder verbergen Sie zuvor nicht benötigte Ebenen. Vormals transparente Zonen füllt Photoshop mit der aktuellen Hintergrundfarbe aus.

Tipp
Es gibt noch eine schnelle Möglichkeit, ein flaches Bild zu erzeugen. Verwenden Sie den Bild-Befehl Bild duplizieren und die Option Auf eine Ebene reduzieren; dabei entsteht allerdings keine spezielle »Hintergrund«-Ebene. Wollen Sie eine Gesamtansicht aller Ebenen in die Zwischenablage kopieren, nutzen Sie den Befehl Bearbeiten: Auf eine Ebene reduziert kopieren (Strg+⇧+C).

Neue, leere Ebene erstellen

Sie erstellen eine neue, leere Ebene über dem Hintergrund zum Beispiel, um Bildretuschen zunächst auf einer separaten Schicht anzubringen, die man jederzeit verlustfrei löscht. Klicken Sie einfach unten in der Ebenenpalette auf das Symbol Neue Ebene erstellen. Die neue Ebene entsteht hier ohne Rückfrage. Ist jedoch das Dialogfeld Neue Ebene erwünscht, klicken Sie wie immer mit gedrückter

Alt-Taste; Sie können dann sofort Name, Füllmethode und »neutrale Farbe« bestimmen.

Die neue Ebene landet über der zuletzt aktiven Ebene. Drücken Sie indes beim Klick auf Neue Ebene erstellen zusätzlich die Strg-Taste, erscheint die neue leere Ebene unterhalb der zuvor aktiven Ebene.

Ebene löschen

Ziehen Sie überflüssige Ebenen auf den Mülleimer, sie verschwinden ohne Rückfrage. Das erledigt auch der Befehl **Ebene löschen** im **Ebene**-Menü und im Palettenmenü. Oder klicken Sie den Mülleimer an, um eine aktivierte Ebene nach artiger Rückfrage zu löschen.

18.4 Ebenen bewegen und anordnen

Bewegen Sie Ebenen mit dem Verschiebenwerkzeug (Kurztaste V). Bei den meisten anderen Werkzeugen drücken Sie einfach die Strg-Taste, schon haben Sie vorübergehend das Verschiebenwerkzeug. Um eine Ebene nur in 45-Grad-Winkeln zu bewegen, drücken Sie wie immer die ⇧-Taste. Es gibt viele Wege, ein Objekt besonders genau zu platzieren.

Für alle Erläuterungen in diesem Abschnitt gilt natürlich: Die Ebenen dürfen nicht »fixiert« sein, etwa mit der Option Position sperren aus der Ebenenpalette (Seite 535). Bevor wir das eigentliche Bewegen besprechen, behandeln wir wichtige Hilfsmittel zur präzisen Ausrichtung – Hilfslinien und Raster.

Achtung

Befindet sich eine Auswahl im Bild, bewegt sie sich mit der Ebene mit – auch wenn die Auswahl eigentlich auf einer anderen Ebene angewendet werden sollte. Sichern Sie die Auswahl vor dem Bewegen der Ebene als Alphakanal oder als Pfad.

Hilfslinien

Sie können Hilfslinien automatisch passend anzeigen lassen oder von Hand einrichten. Diese Linien, die nicht mitgedruckt werden, ziehen Objekte bei Bedarf magnetisch an. Sie klicken einfach in die Linealleiste (einzublenden mit Strg+R) und ziehen eine Hilfslinie ins Bild; ziehen Sie mit gedrückter ⇧-Taste, rastet die Hilfslinie an bestimmten Stellen im Lineal ein. Alternative: der Befehl **Ansicht: Neue Hilfslinie**.

Farbe und Stil der Hilfslinien bestimmen Sie per **Datei: Voreinstellungen: Hilfslinien, Raster und Slices** (Strg+K), dann Strg+8, in **Photoshop CS3 Extended Hilfslinien, Raster, Slices und Zählung**).

Der Befehl **Ansicht: Hilfslinien sperren** schützt die Linien gegen weitere Veränderung. Eine erneute Anwahl des Kommandos macht die Hilfslinien wieder beweglich.

Tipp

Horizontale, vertikale oder diagonale Hilfslinien produzieren Sie mit dem Linienzeichner auch als dauerhafte Ebene (Seite 482.)

Hilfslinien speichern

In vielen Dateiformaten, darunter TIFF, JPEG und PSD, werden Hilfslinien mitgespeichert – sie sitzen also beim nächsten Öffnen der Datei wieder an Ort und Stelle. Natürlich muss der **Ansicht**-Befehl **Einblenden: Hilfslinien** gewählt sein. Speichern Sie das Bild allerdings zwischendurch in einem anderen Programm, ist es mit der Linientreue vorbei: Beim späteren Öffnen in Photoshop fehlen die Hilfslinien.

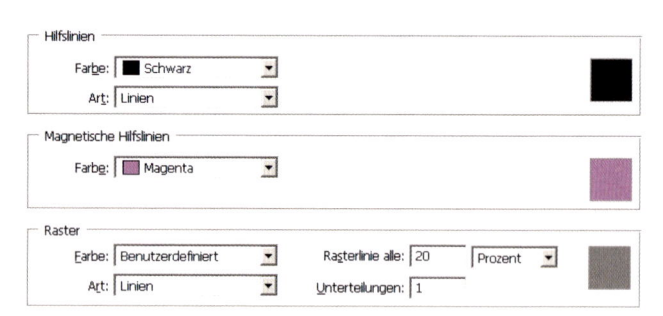

Abbildung 18.35 In den »Voreinstellungen« steuern Sie die Farben von Hilfslinien und Grundraster.

»Neue Hilfslinie«

Photoshop bietet den Befehl **Ansicht: Neue Hilfslinie**. Hier produzieren Sie Hilfslinien mit einem festen Abstand zum oberen oder linken Bildrand. Rufen Sie den Befehl mehrfach hintereinander auf, um mehrere Linien nacheinander ins Bild zu setzen – diese Funktion löscht vorhandene Linien nicht. Wählen Sie aus dem Kontextmenü die passende Maßeinheit oder tippen Sie das Kürzel einfach ein: Sollte Photoshop zunächst »cm« anbieten, wechseln Sie nach Bedarf zu »mm«, »%« oder zu »px« für »Pixel«.

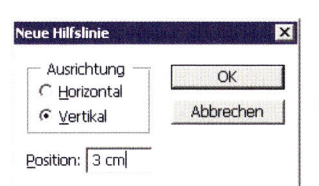

Abbildung 18.36
Der Befehl »Ansicht: Neue Hilfslinie« erzeugt bei mehrfacher Anwendung auch mehrere Hilfslinien nebeneinander.

Hilfslinien einrichten und bewegen

Die Hilfslinien haften an den magnetischen »Raster«-Linien, sofern diese angezeigt sind. Bei gedrückter ⇧-Taste docken die Hilfslinien auch an den Linealeinteilungen an. Sie können eine Hilfslinie verschieben, wenn Sie ihr mit dem Verschiebenwerkzeug acht Monitorpixel nah kommen; der Zeiger verwandelt sich dann in einen Hilfsliniencursor. Ein beherzter Alt-Klick verwandelt horizontale in vertikale Hilfslinien und umgekehrt.

Hilfslinien verbergen und löschen

Ausgediente Hilfslinien ziehen Sie mit dem Verschiebenwerkzeug aus dem Bild. Der Ansicht-Befehl Hilfslinien löschen macht tabula rasa.

Der Befehl Ansicht: Einblenden: Hilfslinien versteckt die Striche, schneller ist Ansicht: Extras (Strg+H).

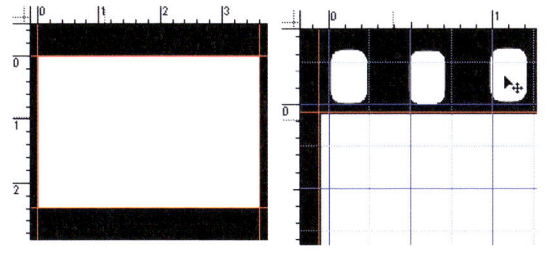

Abbildung 18.37 Links: Um einen Filmstreifen zu gestalten, werden zunächst Hilfslinien über das Bild gezogen. Rechts: Bei der Anlage der Perforation hilft das regelmäßige Raster in 0,5-Zentimeter-Abständen. Der Nullpunkt der Lineale wird jeweils passend verschoben; dazu klickt man in den Bildwinkel oben links und zieht den Nullpunkt auf die gewünschte Stelle. Datei: Ebene_23

Ausrichten an Hilfslinien

Auf Wunsch docken Ebenen, schwebende Auswahlen, aber auch Werkzeuge magnetisch an den Hilfslinien an. So eignen sich die Striche gut, um Slices, ImageMaps oder allgemein gleichmäßige Collagen vorzubereiten.

Die anziehende Wirkung erreichen Sie mit dem Befehl Ansicht: Ausrichten an: Hilfslinien. Gerät ein Objekt näher als acht Monitorpixel an die Hilfslinie heran, ordnet es sich dort automatisch an – und lässt sich nur mit einer gewissen Willenskraft darüber hinaus bewegen.

Auch weitere Bildschirm- und Bildelemente können anziehend wirken: Das Untermenü Ansicht: Ausrichten an bietet dafür neben den Hilfslinien auch Raster, Ebenen, Slices und Dokumentbegrenzungen (Bildränder) an. Eine gleichmäßige Verteilung von Montageobjekten erlauben außerdem die Befehle Ausrichten und Verteilen aus dem EBENE-Menü (Seite 531).

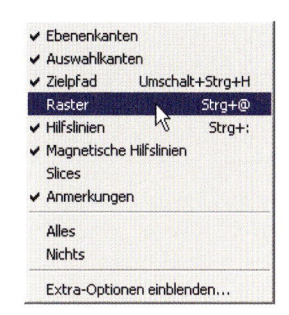

Abbildung 18.38
Mit dem Untermenü »Ansicht: Einblenden« entscheiden Sie, ob Photoshop Hilfslinien oder Raster anzeigt.

»Magnetische Hilfslinien«

Die Bezeichnung MAGNETISCHE HILFSLINIEN ist mal wieder nicht glücklich. Gemeint sind damit kräftig rosafarbene Linien, die Photoshop beim Verschieben nur vorübergehend einblendet. Die sogenannten MAGNETISCHEN HILFSLINIEN signalisieren, dass ein Objekt zum Beispiel exakt mittig oder parallel zur Oberkante einer anderen Ebene ausgerichtet ist. Der zuvor schwarz gefüllte Verschiebencursor erscheint weiß. Die Ebene rastet in dieser Position vorübergehend ein.

Sie wollen die Striche gar nicht sehen? Der Befehl Ansicht: Einblenden: Magnetische Hilfslinien verbannt sie.

Abbildung 18.39 Photoshop blendet automatisch »magnetische Hilfslinien« beim Verschieben und Platzieren ein. Sie signalisieren, dass ein Objekt zum Beispiel exakt mittig oder parallel zur Oberkante einer anderen Ebene ausgerichtet ist. Vorlage: Ebene_09

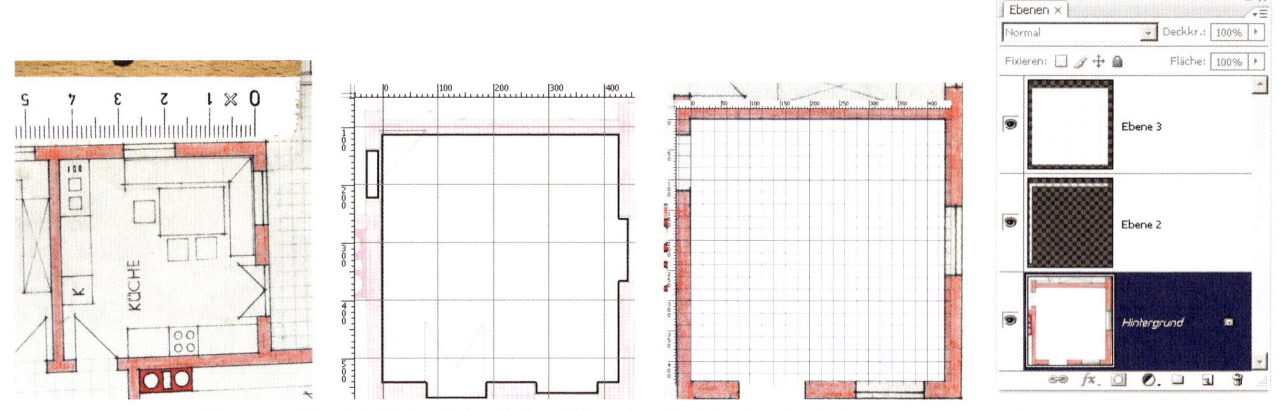

Abbildung 18.40 **1. Bild:** Der Grundriss wird mit Lineal fotografiert. **2. Bild:** Der Grundriss ist entkernt und mit Formebenen nachgezeichnet. Die Datei wurde auf Originalraummaße formatiert, darüber liegt ein Raster in Ein-Meter-Abständen, der Nullpunkt wurde verschoben. **3. Bild:** Wir haben Lineale und Raster als Bildschirmfoto aufgenommen und als Pixelebenen in die Datei eingebaut. Dateien: Grundriss etc.

Raster

Ein gleichmäßiges Gitternetz legt der Befehl **Ansicht: Einblenden: Raster** über das Bild, per **Ansicht: Ausrichten an** wirkt dieses »digitale Millimeterpapier« zudem magnetisch. Stil und Farbe steuern Sie mit dem Befehl **Bearbeiten: Voreinstellungen: Hilfslinien, Raster und Slices** im Bereich RASTER (in **Photoshop CS3 Extended Hilfslinien, Raster, Slices und Zählung**).

Richten Sie das Raster ein, bevor Sie den Dialog aufrufen – Sie sehen dann jede Änderung des Rasters sofort in der Datei. Wir verwenden das Raster auch in den Anleitungen zum Goldenen Schnitt (Seite 201) und für maßstabsgerechtes Formatieren (Seite 203).

Sie definieren, in welchem Abstand die Linien aufeinanderfolgen sollen. Als Einheit stehen etwa Pixel, Zentimeter oder Prozentwerte zur Verfügung. Wenn Sie den Nullpunkt der Lineale verschieben, wandern zentimeterorientierte Rasterlinien mit.

Zu den Hauptrasterlinien bietet Photoshop UNTERTEILUNGEN an; sie zerlegen die Quadrate des Grundrasters noch einmal in kleinere Felder. Die Häufigkeit der UNTERTEILUNGEN bestimmen Sie mit einer ganzen Zahl zwischen 1 und 100. »1« bedeutet, dass Photoshop die Quadrate des Grundrasters gar nicht unterteilt; »2« heißt, dass zu den vorhandenen Hoch- und Querlinien noch mal jeweils auf halber Strecke Unterlinien hinzukommen; »3« drittelt die Abstände.

Tipp
Mit Prozentwerten verteilen Sie die Gitterlinien gleichmäßig über das Bild. Der Wert 20 Prozent erzeugt je vier Linien horizontal und vertikal; das Bild wird also in 5 x 5 gleich große Felder zerlegt. Ebenfalls gleich große Segmente erzeugen Sie zum Beispiel mit Vorgaben wie 5, 10 oder 25 Prozent.

Bewegen mit den Pfeiltasten

Bewegen Sie schwebende Auswahlen und Ebenen mit den Pfeiltasten der Tastatur – um einen Pixel je Tastendruck. Vorab schalten Sie das Verschiebenwerkzeug ein (Kurztaste [V]). Nehmen Sie die [⇧]-Taste dazu, um das Objekt in 10-Pixel-Etappen durchs Bild zu schubsen.

Abbildung 18.41 Bewegen Sie eine Ebene mit den Pfeiltasten bei gedrückter [Alt]-Taste, entstehen vielfache Kopien. Hier haben wir vorab den Bildrand mit »Rauschen hinzufügen« aufgeraut, um die Kanten zu betonen. Auch schwebende Auswahlen lassen sich auf diese Art vervielfältigen.

Bewegen per »Transformieren«

Abbildung 18.42 Mit der Optionenleiste zum Befehl »Bearbeiten: Frei transformieren« platzieren Sie Ebenen exakt im Bild. Die Felder links steuern die Position des Referenzpunkts.

Bewegen per »Transformieren«

Sie können die Ebene auch durch Eintippen von Zahlen verschieben. Dazu verwenden Sie den Befehl **Bearbeiten: Frei transformieren** (Strg+T) und achten auf die Optionenleiste oben. Hier interessiert uns nur der Bereich links mit den Angaben für die Position auf der X- und Y-Achse (weiteres ab Seite 538). Geben Sie in den X- und Y-Feldern eine neue Position in »px«- oder »cm«-Einheiten an. Weitere Maßeinheiten bietet das Kontextmenü über dem Eingabefeld.

Referenzpunkt

Sobald Sie den Befehl **Frei transformieren** wählen, erscheint die aktuelle Ebene in einem Begrenzungsrahmen. Besonders wichtig ist hier der Referenzpunkt, den Sie zunächst in der Mitte der Ebene sehen.

Beim Positionieren nach Zahlenvorgabe orientiert sich Photoshop an diesem Referenzpunkt. Ein Beispiel: Sie haben die Option Relative Positionierung ausgeschaltet und wollen das Objekt in die linke obere Ecke verschieben: Dazu tippen Sie eine »0« in das X- und Y-Feld. Tatsächlich platziert Photoshop den Referenzpunkt auf der Nullposition; damit rutscht der linke obere Bereich Ihrer Ebene aus dem Bild heraus. Auch wenn Sie drehen oder skalieren, ist der Referenzpunkt der Mittelpunkt aller Dinge.

Darum können Sie den Referenzpunkt verschieben. Ziehen Sie das Ding an eine beliebige Stelle, auch außerhalb des Rahmens, oder verwenden Sie die Eingabefelder für die Position des Referenzpunktes. Häufig benötigt man den Referenzpunkt in den äußersten Bildecken – er dockt dort magnetisch an. Besonders bequem platzieren Sie den Referenzpunkt durch Klicken in die entsprechenden Kästchen des Symbols Lage des Referenzpunktes links oben in der Optionenleiste.

Tipp
Sie können die Ebene auch bei sichtbarem Begrenzungsrahmen jederzeit mit Pfeiltasten oder Maus bewegen. Photoshop meldet die neue Position sofort in den X- und Y-Feldern.

Relative Positionierung

Wollen Sie per **Transformieren** das Objekt präzise bewegen, klicken Sie in der Optionenleiste eventuell auf den Schalter Relative Positionierung; er erscheint dann eingedrückt. Nun geht Photoshop von der aktuellen Position des Objekts aus. Tippen Sie zum Beispiel für die X-Achse einen Wert von plus 150 Pixel ein, für die Y-Achse den Wert 0, dann rutscht das Objekt 150 Pixel nach rechts – ganz unabhängig von Bildrändern oder Linealen. Verwenden Sie dagegen für X- und Y-Achse den Wert 0, bewegt sich das Objekt horizontal und vertikal um 0 Pixel, also gar nicht. Mit Minuswerten bringen Sie das Objekt nach links bzw. nach unten.

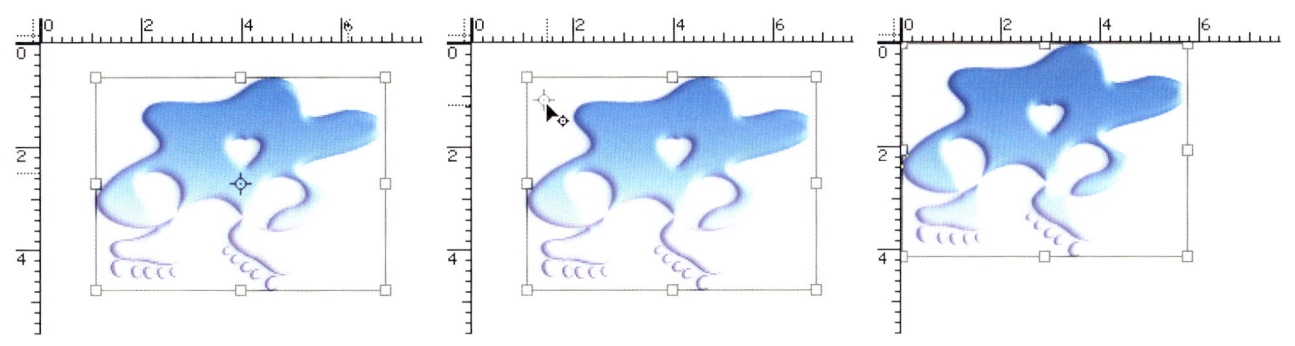

Abbildung 18.43 **Links:** Wir wollen die Figur exakt in die linke obere Ecke des Bilds setzen und drücken (Strg+T) zum Transformieren. Photoshop umgibt die Ebene mit einem Begrenzungsrahmen und mit einem Referenzpunkt in der Mitte. **Mitte:** Wir schieben den Referenzpunkt in die linke obere Ecke (alternativ klicken Sie auf das linke obere Kästchen des Symbols »Lage des Referenzpunktes«). **Rechts:** Wir schalten in der Optionenleiste die »Relative Positionierung« aus und tippen eine Null für X- und Y-Position ein. Die Figur landet exakt in der Ecke links oben. Säße der Referenzpunkt in der Mitte, würden Teile links und oben in der Figur abgeschnitten. Datei: Ebene_12

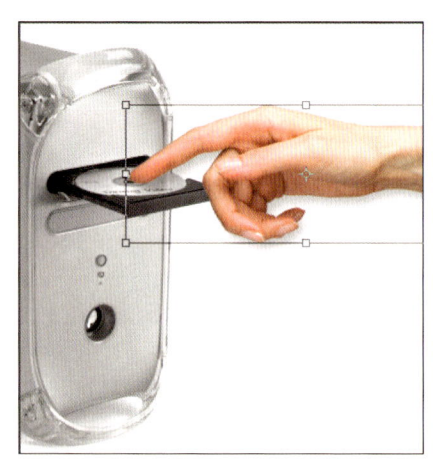

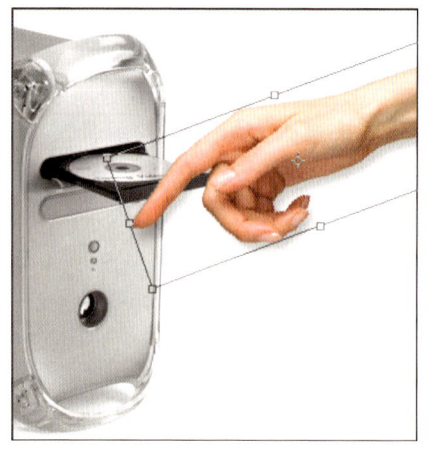

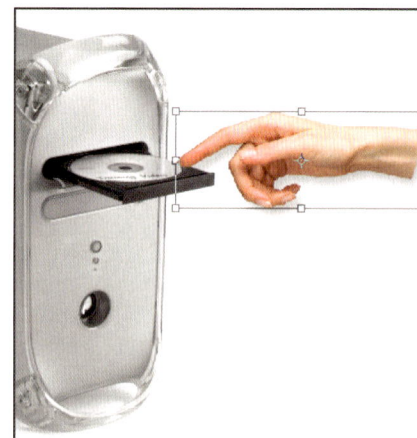

Abbildung 18.44 **Links:** Der Referenzpunkt erscheint wie üblich in der Mitte. **Mitte:** In der Optionenleiste geben wir eine 20-Grad-Drehung vor. Die Ebene dreht sich um den Mittelpunkt, die Hand zeigt nicht mehr auf die CD. **Rechts:** Beim Verkleinern per Optionenleiste schrumpft die Ebene von allen Seiten her auf den Mittelpunkt zu, die Fingerspitze bleibt nicht am Platz. Datei: Ebene_13

Orientierung am Gesamtbild

Schalten Sie die RELATIVE POSITIONIERUNG aus; die Schaltfläche in der Leiste erscheint also nicht eingedrückt. Nun orientiert sich Photoshop an den Nullpunkten der Lineale, in der Regel also an der linken oberen Bildecke. Verwenden Sie zum Beispiel für die X- und für die Y-Achse den Wert 0, setzt Photoshop das Objekt mit seinem Referenzpunkt in die linke obere Ecke der aktuellen Nullpunkte. Verwenden Sie für die X-Achse den Wert 100, dann landet der Referenzpunkt der Ebene 100 Pixel unter der Oberkante der Datei (sofern dies die Nullposition des Lineals ist). Minuswerte bringen das Objekt zwangsläufig zumindest teilweise aus dem sichtbaren Bereich heraus, es wird freilich nicht gelöscht.

So beenden Sie die Arbeit, wenn Sie per **Transformieren** eine Ebene bewegt haben:

» Drücken Sie die Esc-Taste, um die Korrektur aufzuheben; alles bleibt beim Alten.

» Oder bestätigen Sie die Verschiebung mit der ↵-Taste.

Wenn Sie die Ebene nur bewegen und keine anderen TRANSFORMIEREN-Funktion nutzen, verändern Sie die Bildpunkte nicht, es entsteht keinerlei Qualitätsverlust.

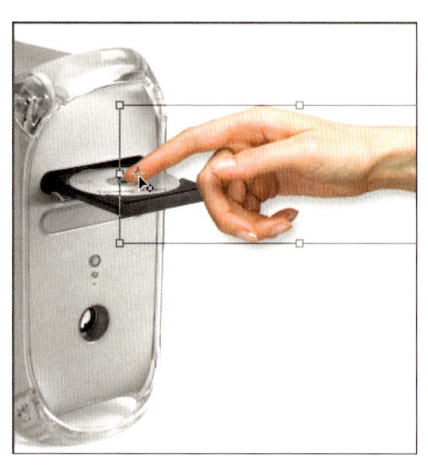

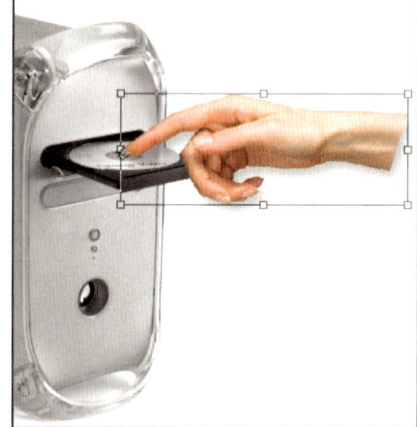

Abbildung 18.45 **Links:** Wir schieben den Referenzpunkt nach links, auf die Fingerspitze. **Mitte:** In den Optionen tippen wir eine Drehung um 20 Grad ein. Die Ebene dreht sich um die Fingerspitze, die weiterhin auf die CD zeigt. **Rechts:** Auch beim Verkleinern bleibt die Fingerspitze am Platz.

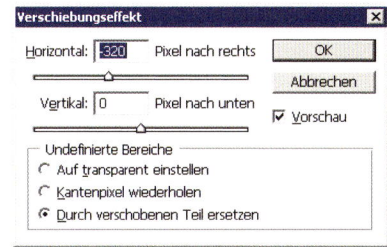

Abbildung 18.46 Die gerasterte Textebene wird mit dem Verschiebungseffekt versetzt. Wir verwenden hier die Option »Durch verschobenen Teil ersetzen«, so dass Photoshop das Motiv wiederholt. Datei: Ebene_14

Tipp

Den Nullpunkt der Lineale können Sie verschieben; klicken Sie in die linke obere Ecke, wo sich die Lineale treffen, dann ziehen Sie nach rechts und/oder unten. Photoshop orientiert sich nun im nicht-relativen Modus nicht mehr an der linken oberen Bildecke, sondern am von Ihnen verschobenen, aktuellen Nullpunkt. Um die Lineale wieder auf den Standardnullpunkt ganz links oben zurückzusetzen, klicken Sie doppelt in den Dateifenster-Eckpunkt links oben.

Bewegen per »Verschiebungseffekt«

Eine Alternative zum Bewegen per **Transformieren** bietet der Befehl **Filter: Sonstige Filter: Verschiebungseffekt**. Text- und Formebenen werden dabei gerastert. Sie können die Ebene hier quasi auf einer Seite aus dem Bild schieben und auf der anderen Seite wieder hereinwandern lassen. Die Bewegung lässt sich nur in Pixeln, nicht in Zentimeterwerten vorgeben.

Der Verschiebungseffekt arbeitet nur im Modus »Relative Positionierung«: Die eingetippten Werte steuern die Veränderung gegenüber der bisherigen Position und haben keinen Bezug zu den Gesamtmaßen des Bilds. Ziehen Sie bei geöffnetem Dialogfeld auch im Bild.

Tipp

Wollen Sie die Positionierung von Textebenen auch nach Änderungen exakt steuern, dann verwenden Sie Schaltflächen wie Text links ausrichten *oder* Text rechts ausrichten *aus der Absatzpalette. Damit legen Sie fest, ob sich die Wörter nach einer Kürzung oder Verlängerung der Textebene am Anfang oder Ende der ursprünglichen Ebene orientieren.*

Je nachdem, ob Sie eine Hintergrundebene oder eine frei schwebende Ebene verwenden, bietet Photoshop für den nach der Verschiebung frei werdenden Bereich die Optionen Mit Hintergrundfarbe füllen bzw. Auf transparent einstellen. Weitere Optionen dieses Befehls ab Seite 402.

Ebenen gleichmäßig anordnen

Photoshop verteilt ausgewählte Pfadkomponenten, Ebenen oder die Ebenen einer Gruppe gleichmäßig über das Bild. Das ist meist leichter, als sich an einem gleichmäßigen Raster zu orientieren.

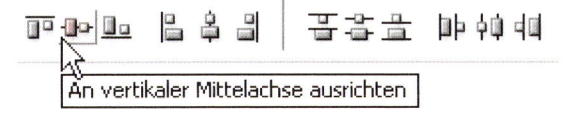

Abbildung 18.47 Die Funktionen zum gleichmäßigen Anordnen von verbundenen Ebenen finden Sie in den Untermenüs »Ebene: Ausrichten« und »Ebene: Verteilen«. Photoshop bietet die Befehle außerdem in der Optionsleiste zum Verschiebenwerkzeug an. Zwei oder drei Ebenen müssen mindestens ausgewählt sein.

Übersicht

Diese Verfahren zur gleichmäßigen Anordnung finden Sie vor:

» Der Befehl **Ebene: Ausrichten** platziert Ebenen und orientiert sich dabei am Inhalt der aktiven Ebene oder an einer Auswahlbegrenzung; am besten gruppieren Sie die Ebenen zunächst.

» Befindet sich eine Auswahl im Bild, erhalten Sie den Befehl **An Auswahl ausrichten**; er orientiert sich an der Auswahlmarkierung.

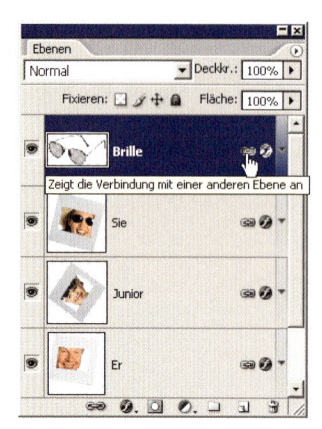

Abbildung 18.48 **Links:** Wir haben mehrere Ebenen in ein neues Dateifenster gezogen. **Mitte:** Die drei Ebenen werden gemeinsam ausgewählt. **Rechts:** Das Verschiebenwerkzeug ist eingeschaltet, der Befehl »Obere Kanten ausrichten« bringt die Objekte auf eine Höhe. Vorlage: Ebene_15

» Der Befehl **Ebene: Verbundene verteilen** platziert verbundene oder ausgewählte Ebenen in gleichmäßigen Abständen.

Die entsprechenden Funktionen finden Sie auch in der Optionenleiste zum Verschiebenwerkzeug, sofern Ebenen verbunden oder ausgewählt wurden. Vergleichbare Verfahren hält Photoshop auch für Slices, ImageMaps und Pfadkomponenten parat.

»Ausrichten«

Mit dem Befehl **Ausrichten** orientieren sich die verbundenen Ebenen an einer Seite der aktivierten Ebene. Einige Beispiele:

» Der Befehl **Obere Kanten** platziert die Oberkante aller verbundenen Ebenen an der Oberkante der aktivierten Ebene.

» Der Befehl **Linke Kanten** bringt die Linksaußenseite der verbundenen Ebenen auf eine Flucht mit der linken Kante der aktivierten Ebene.

» Der Befehl **Vertikale Mitte** holt die verbundenen Ebenen vom oberen und unteren Bildrand auf eine Höhe mit der aktivierten Ebene, der Abstand zum linken und rechten Bildrand ändert sich nicht.

» Der Befehl **Horizontale Mitte** holt die verbundenen Ebenen vom linken und rechten Bildrand auf eine Linie mit der aktivierten Ebene, der Abstand zum oberen und unteren Bildrand ändert sich nicht.

Sofern eine Auswahl im Bild existiert, heißt das Untermenü **Ebene: An Auswahl ausrichten**. Die Ebenen orientieren sich bei der Neuausrichtung an den Auswahlkanten, nicht an der aktivierten Ebene.

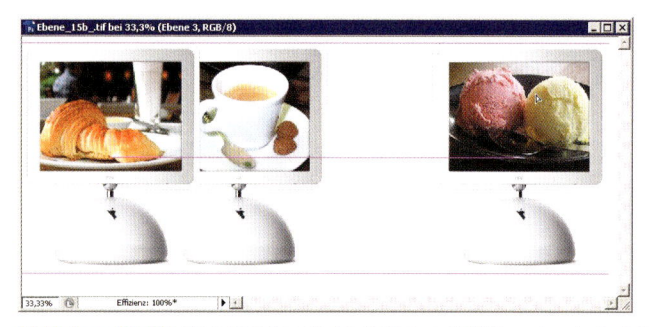

Abbildung 18.49 **Oben:** Wir haben die Arbeitsfläche auf 250 Prozent verbreitert. Wir ziehen eine Ebene an den linken Rand. Die andere Ebene wird bei gedrückter ⇧-Taste an den rechten Rand gezogen, so dass die Bewegung exakt horizontal bleibt. »Magnetische Hilfslinien« signalisieren hier übereinstimmende Ober- und Unterkanten sowie Mittelachsen. **Unten:** Wir wählen alle drei Ebenen in der Palette aus, schalten das Verschiebenwerkzeug ein und klicken oben auf »Um horizontale Mittelachse verteilen«. Photoshop verteilt die Ebenen gleichmäßig. Vorlage: Ebene_15b

Ebenen gleichmäßig anordnen

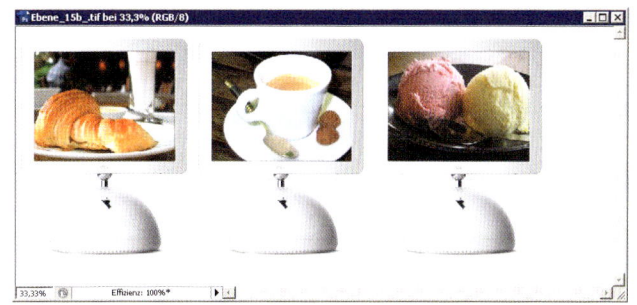

Abbildung 18.50 **Oben:** Der Abstand zwischen den einzelnen Ebenen war zu groß. Wir aktivieren nur die rechte Ebene und ziehen sie nach links. **Unten:** Wir wählen wieder alle drei Ebenen aus und klicken erneut auf »Um horizontale Mittelachse verteilen«. Jetzt passt der Abstand besser. Die leere Bildfläche rechts oder rechts und unten entfernen Sie bequem mit dem Befehl »Bild: Zuschneiden«.

»Verteilen«

Der Befehl **Ebene: Verteilen** streut verbundene Ebenen in regelmäßigen Abständen über die Datei. Drei Ebenen müssen mindestens ausgewählt oder verbunden sein. Welche Ebene aktiviert ist, spielt keine Rolle. Einige Beispiele:

- **Obere Kanten** verteilt verbundene Ebenen gleichmäßig ab dem obersten Pixel auf jeder Ebene.

- **Vertikale Mitte** verteilt verbundene Ebenen gleichmäßig ab dem vertikal mittleren Pixel auf jeder Ebene.

- **Linke Kanten** verteilt die verbundenen Ebenen gleichmäßig ab dem äußersten linken Pixel auf jeder Ebene.

- **Horizontale Mitte** streut die verbundenen Ebenen gleichmäßig ab dem horizontal mittleren Pixel auf jeder Ebene über das Bild.

Abbildung 18.51 **Links:** Die drei Münzen sind »verbunden«, die 1-Euro-Münze ist aktiviert – auch zu erkennen an der hier eingeblendeten blauen »Ebenenkante«. Das 1-Euro-Stück gilt damit als Orientierung für das »Ausrichten«. **3. Abbildung:** Wir schalten das Verschiebenwerkzeug ein und klicken in den Optionen auf »Untere Kanten ausrichten«; Photoshop reiht die drei Ebenen an der Unterkanter der markierten 1-Euro-Münze auf. **4. Abbildung:** Wir widerrufen den letzten Klick und nehmen »an horizontaler Mittelachse ausrichten«; die kleineren Münzen landen mittig unter dem 1-Euro-Stück. Vorlagen: *ecb.int/bc/html/hires.de.html* oder Ebene_16.

Kapitel 19
Ebenen retuschieren & transformieren

Ebenen passen Sie auf vielfältige Art ans Bild an, zum Beispiel durch Retuschieren, Löschen von Bereichen, Verkleinern oder Verzerren. Zunächst zeige ich, wie Sie transparente Bereiche einer Ebene erkennen und wie Sie bestimmte Teile einer Ebene gegen Veränderungen schützen. Wir besprechen anschließend die **Transformieren**-Befehle einschließlich Verkrümmen und danach komplexe Funktionen wie das **Verflüssigen**.

19.1 Transparenz erkennen

Wenn Sie auf Ebenen malen, montieren und retuschieren, müssen Sie das Konzept der Transparenz kennen. So erkennen Sie, welche Teile einer Ebene durchsichtig sind und welche deckend:

» Klicken Sie mit der Alt-Taste neben der gewünschten Ebene in die Augenleiste, um nur diese Ebene allein anzuzeigen und alle anderen auszublenden. Das Karomuster signalisiert, welche Bereiche transparent sind. Ein neuerlicher Alt-Klick zeigt wieder die Gesamtkomposition. Das Aussehen des Karomusters steuern Sie mit dem Befehl **Bearbeiten: Voreinstellungen: Transparenz & Farbumfang-Warnung**.

» Die Infopalette (Seite 49) nennt die Deckkraft (»Dk«) des Pixels unter dem Zeiger, sofern Sie diesen Parameter im Palettenmenü anwählen. Die Palette addiert freilich alle Ebenen und kommt so schnell auf 100 Prozent, wenn mehrere Ebenen übereinanderliegen. Sind Ebenenbereiche per Deckkraft-Regler oder Ebenenmaske verborgen, erkennt die Infopalette auf verminderte Deckkraft; solche Ebenen lassen sich natürlich jederzeit wieder auf 100 Prozent bringen.

Eine Ebene kann im Gesamtbild transparent erscheinen, weil Sie das mit Deckkraft, Füllmethode, Ebenenmaske, Schnittmaske oder Vektormaske so eingerichtet haben. Dennoch muss die Ebene nicht transparent sein; im Dateifenster erkennen Sie das höchstens, wenn Sie Deckkraft, Füllmethode usw. auf Normalwerte stellen.

19.2 Ebenen fixieren

Sie können bestimmte Eigenschaften einer Ebene oder einer Gruppe gegen weitere Bearbeitung schützen. Die Schaltflächen finden Sie oben in der Ebenenpalette im Bereich FIXIEREN. Wollen Sie ein Werkzeug auf eine fixierte Eigenschaft anwenden, erscheint statt des üblichen Werkzeugsymbols ein Parkverbot ⊘ über dem Dateifenster.

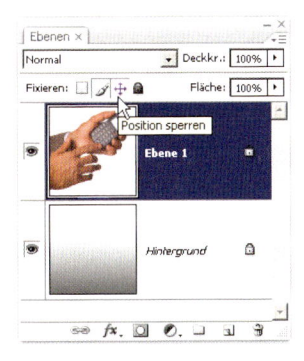

Abbildung 19.1 Sperren Sie bestimmte Eigenschaften der aktivierten Ebene gegen weitere Bearbeitung. Am Symbol rechts neben dem Ebenennamen erkennen Sie, ob die Ebene bereits »fixiert« wurde.

Fixierbare Ebeneneigenschaften

Unsere Tabelle zeigt, welche Eigenschaften Sie fixieren können und welche Schaltflächen und Symbole Photoshop dafür bereithält.

Schaltfläche oben in Palette	Bezeichnung und Funktion	Symbol neben Name der Ebene
☐	TRANSPARENTE PIXEL FIXIEREN: Transparente Bereiche können nicht mehr verändert werden.	🔒
🖌	BILDPIXEL FIXIEREN: Die Ebenenfüllung kann nicht bearbeitet oder verschoben werden. Ebenenmasken oder Vektormasken bleiben im Zugriff.	🔒
✥	POSITION SPERREN: Die Ebene lässt sich nicht verschieben, andere Retuschen sind möglich.	🔒
🔒	ALLE SPERREN: Auf dieser Ebene geht gar nichts mehr. Auch Überblendmodus, Deckkraft oder Ebenenstil behält die Ebene hartnäckig bei.	🔒

Automatisch fixiert

Bestimmte Ebenentypen fixiert Photoshop automatisch:

» HINTERGRUND-Ebenen (Seite 523) sind von Haus aus mit POSITION ✥ und TRANSPARENZ ☐ fixiert. Verwandeln Sie die HINTERGRUND-Ebenen bei Bedarf durch [Alt]-Doppelklick in eine normale Ebene.

» Bei Textebenen (Seite 636) schaltet Photoshop automatisch auf TRANSPARENTE PIXEL FIXIEREN ☐ und BILDPIXEL FIXIEREN 🖌.

» Füllebenen und damit auch Formebenen bieten keinen Zugriff auf die Eigenschaften TRANSPARENZ ☐ und BILDPIXEL 🖌.

Möchten Sie Textebenen oder Formebenen frei bearbeiten, verwandeln Sie diese zunächst mit dem Untermenü **Ebene: Rastern** in normale Bildpunktebenen. Spezielle Text- oder Pfadfunktionen lassen sich dann nicht mehr nutzen.

Ausgewählte Ebenen oder Gruppen fixieren

Für ausgewählte Ebenen (Seite 516) und für Gruppen (Seite 518) gilt zunächst: Alle Ebenen behalten ihre speziellen FIXIEREN-Vorgaben. Sie können jedoch die Gruppe in der Palette aktivieren und mit der Vorwahl ALLES 🔒 fixieren.

Wollen Sie nur einige Eigenschaften der ausgewählten oder zur Gruppe vereinten Ebenen sperren? Wählen Sie aus dem Menü der Ebenenpalette den Befehl **Alle Ebenen in Gruppe fixieren** bzw. **Ebenen fixieren**. Nun sperren Sie gezielt bestimmte Eigenschaften wie die POSITION ✥ – gemeinsam für alle betreffenden Ebenen.

Abbildung 19.2 Wir arbeiten mit der Vorgabe »Transparente Pixel fixieren«. Änderungen wirken sich nur auf gefüllte Bildpunkte aus, nicht auf die transparenten Bereich drum herum. **Links:** Bei der Pinselretusche gelangt Farbe nur auf das Objekt, nicht in die Umgebung. **Rechts:** Die Wirkung von Unschärfe- oder Verzerrungsbefehlen wird am Objektrand abgeschnitten, hier »Bewegungsunschärfe«. Datei: Ebene_I

Wann Sie die Transparenz fixieren sollten

Besonders wichtig ist das Fixieren – oder Freigeben – der Transparenz. In den folgenden Situationen sollten Sie Transparente Pixel fixieren:

» Sie retuschieren eine Einzelebene mit einem Mal- oder Retuschewerkzeug wie Pinsel oder Kopierstempel und wollen nicht über den Rand des Objekts hinaus stricheln; die ursprüngliche Form soll also erhalten bleiben.

» Sie wollen eine Ebene mit Farbe, Muster oder Bild füllen und dabei die Konturen des Objekts auf dieser Ebene erhalten. Sie können dazu jedoch auch in den Füllen-Dialogen die Option Transparente Pixel schützen wählen; Sie müssen die Ebene also nicht unbedingt vorab in der Palette fixieren.

Tipp
Auch wenn Sie die Transparenz fixieren, können Sie die Ebene per Transformieren wie üblich ausdehnen. Und auch das geht: Sie aktivieren die Ebene über einer transparenzgeschützten Ebene und wählen Ebene: Mit darunter liegender auf eine Ebene reduzieren – Photoshop brennt die obere Ebene in die untere Ebene ein, auch in transparente Pixel dort.

Wann Sie die Transparenz nicht fixieren

Manchmal fixieren Sie die Transparenz bewusst nicht:

» Sie verwenden einen Filter, der die Kontur des Objekts verändert – zum Beispiel Weichzeichner- oder Verzerrungsfilter. Der Filtereffekt würde sonst an den Rändern der bisherigen Kontur abgeschnitten.

» Sie wollen auf der Ebene in der gesamten Fläche des Bilds frei malen oder Bildpunkte einfügen.

Abbildung 19.3 Hier haben wir die Transparenz nicht fixiert. Nun wirken sich alle Befehle und Werkzeuge auf die gesamte Ebene aus, auch in den transparenten Bereichen. **Links:** Der Pinsel trägt jetzt auch in den transparenten Zonen auf. **Rechts:** Die »Bewegungsunschärfe« kann das Objekt über die bisherigen Grenzen des Objekts hinaus verzerren. Datei: Ebene_I

Wenn Sie ein Objekt per **Transformieren** verzerren (siehe Seite 538), funktioniert Photoshop unabhängig von Ihrer Vorgabe so, als ob Sie die Transparenz freigegeben hätten.

19.3 Werkzeugeinstellungen für die Ebenenretusche

Eine Reihe von Werkzeugoptionen und -modi beziehen sich speziell auf die Arbeit mit Ebenen und haben in Bildern ohne Ebene keine Bedeutung.

Füllmethoden für die Ebenenretusche

Folgende Füllmethoden bietet Photoshop speziell in Verbindung mit Ebenentechnik an:

Dahinter auftragen

Dahinter auftragen (Kurztaste ⇧+Alt+Q) für Mal- und Retuschewerkzeuge malt gezielt nur hinter dem Objekt auf der Ebene, also nur im transparenten Bereich; das erledigen Sie freilich auch mit der Option Bildpixel fixieren in der Ebenenpalette. Bringen Sie zum Beispiel einen Schatten an. Dahinter auftragen steht nicht zur Verfügung, wenn Sie die Transparenz fixieren.

Malen Sie besser gleich auf einer neuen, leeren Ebene unter dem Hauptmotiv. Denn wenn Sie dahinter auftragen, ist die Transparenz im übermalten Bereich fort, der Schatten klebt jetzt dauerhaft am Objekt, auch wenn Sie es verschieben. Sie können das ursprüngliche Objekt und den nachträglich in die Transparenz gemalten Bereich nicht mehr unabhängig voneinander korrigieren.

Löschen

Auch das Löschen funktioniert nur bei Mal- und Retuschewerkzeugen in Zusammenhang mit Ebenen – übermalte Pixel erscheinen transparent, die darunterliegende Ebene guckt hervor (Kurztaste ⇧+Alt+R). Angeboten wird das Löschen nur beim Füllwerkzeug (Seite 315) und den Befehlen **Kontur füllen** und **Fläche füllen** aus dem Bearbeiten-Menü (ab Seite 317). Die Option Transparenz fixieren in der Ebenenpalette muss ausgeschaltet sein. Verlockende Alternativen zum Löschen-Modus:

» Erstellen Sie eine Auswahl auf einer Ebene und löschen Sie diese mit der Entf-Taste.

» Rubbeln Sie Ebenenteile mit dem Radiergummi weg.

» Verbergen Sie Ebenenteile per Ebenenmaske (Seite 604) oder Vektormaske (Seite 609).

Optionen für die Ebenendarstellung

Einige Werkzeuge, Befehle oder Menüs bieten spezielle Optionen zur Ebenentechnik:

» So kennen für die Befehle **Fläche füllen** und **Kontur füllen** (Seite 317) oder auch **Pfadfläche füllen** die Option TRANSPARENTE PIXEL SCHÜTZEN. Wählen Sie diese Option ab, schüttet der Befehl die gesamte Fläche mit Vordergrundfarbe oder Muster zu, nicht nur das Objekt selbst. Haben Sie den transparenten Bereich aber bereits mit der Option TRANSPARENTE PIXEL FIXIEREN in der Ebenenpalette vor Attacken gesichert, bieten die Fülldialoge die Option gar nicht an.

» Sie können mit einigen Werkzeugen auch teiltransparent auftragen, so dass nicht die ganze Ebene zugedeckt wird: Der Pinsel geht mit der VERBLASSEN-Vorgabe im Bereich ANDERE EINSTELLUNGEN der Pinselpalette zu »transparent« über. Bei allen Werkzeugen können Sie natürlich die Deckkraft reduzieren.

» Mit den Verlauffunktionen definieren Sie bestimmte Bereiche eines Verlaufs als halb- oder ganz transparent; in diesem Abschnitt des Farbübergangs ist der Verlauf nicht voll deckend (Seite 322).

» Wischfinger, Weich- und Scharfzeichner wie auch der Kopierstempel bieten die Option ALLE EBENEN AUFNEHMEN. Damit kopieren Sie Pixel von einer Ebene in die andere. Sie arbeiten dann so, als würde das Bild nur aus einer Hintergrundebene bestehen.

» Sofern eine Auswahl vorhanden ist, können Sie **Auf eine Ebene reduziert kopieren** (Strg+⇧+C).

19.4 Teile einer Ebene löschen

Wollen Sie eine Lücke in die Ebene schneiden, bieten sich zwei Verfahren an:

» Markieren Sie den Bereich mit einem Auswahlwerkzeug und lassen sie ihn mit der Entf-Taste verschwinden. Wählen Sie **Auswahl: Alles auswählen** (Strg+A), wenn die gesamte Ebene durchsichtig werden soll.

» Rubbeln Sie alle unerwünschten Zonen mit dem Radiergummi weg.

Besonders wichtig ist das Löschen von Ebenenteilen beim Verfeinern unsauber ausgewählter Ebenen. Die verschiedenen Möglichkeiten bei dieser Aufgabe besprechen wir ab Seite 436.

Tipp

Sie müssen Ebenenbereiche nicht dauerhaft entfernen – mit Ebenenmasken (Seite 604), Vektormasken (Seite 609) oder Schnittmasken (Seite 612) lassen sich Objektteile auch vorübergehend verbergen und bei Bedarf wieder hervorholen.

Radiergummi

Der Radiergummi (Kurztaste E, für Eraser) macht Ebenen – nicht HINTERGRUND-Ebenen – transparent, die darunterliegende Ebene scheint durch. Dabei kann der Radiergummi unterschiedliche Gestalt annehmen: In den Werkzeugoptionen oder auch im Kontextmenü wählen Sie, ob der Radiergummi hart wie der BUNTSTIFT, wie ein starres QUADRAT oder flexibel wie der Pinsel wirken soll. Mit der Option BASIEREND AUF PROTOKOLL LÖSCHEN arbeitet der Radiergummi so wie der Protokollpinsel (Seite 69).

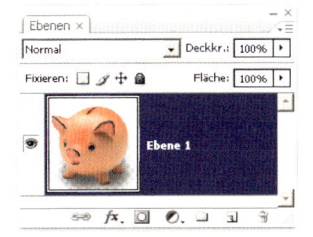

Abbildung 19.4
Links: Mit der Entf-Taste löschen Sie zuvor ausgewählte Teile einer Ebene leer.
Rechts: Um nur die transparenten Bereiche einer Ebene mit Mal- und Retuschewerkzeugen zu bearbeiten und gefüllte Flächen zu schützen, wählen Sie in den Werkzeugoptionen »Dahinter auftragen«.
Datei: Ebene_17

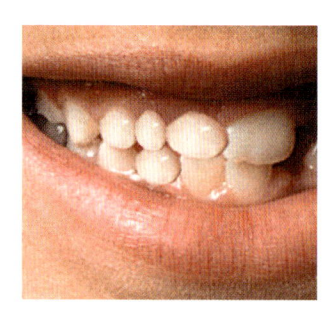

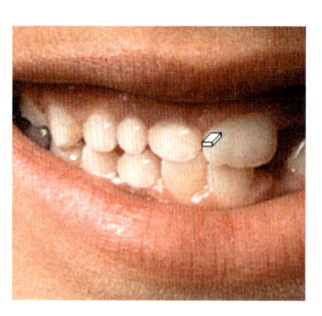

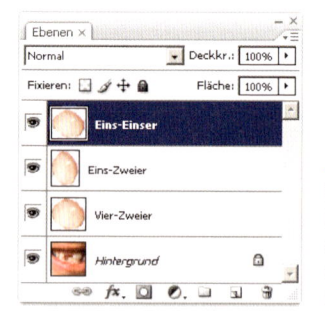

Abbildung 19.5
Der Radiergummi macht Objekte über der Hintergrundebene transparent. Hier wurden duplizierte Zähne eingesetzt; die unschönen Ränder feilte der Radiergummi ab. Datei: Ebene_m

Bei PINSEL- und BUNTSTIFT-Vorgabe wählen Sie eine Spitze aus der Pinselpalette (Seite 323), das QUADRAT steht nur in einer Einheitsgröße zur Verfügung. Brauchen Sie den QUADRAT-Modus in anderen Größen, schalten Sie den Radiergummi auf PINSEL und laden in der Pinselpalette die **quadratischen Spitzen**.

Tipp
Auch Magischer Radiergummi und Hintergrund-Radiergummi löschen Bildpunkte und tauschen sie gegen Transparenz aus – und das gleich auf HINTERGRUND-Ebenen (Seiten 428 und 429); dabei wählen diese Werkzeuge gleich bestimmte farbähnliche Bildpunkte aus.

19.5 Transformieren

Vergrößern und Verkleinern (Skalieren), gleichmäßiges Verzerren oder Drehen – diese Korrekturen bietet Photoshop mit dem Befehl **Bearbeiten: Frei Transformieren** (Strg+T) an. Sie können diese Befehle anwenden auf schwebende Auswahlen oder Auswahlumrisse, auf Smart Objekte, Pfade, Pixel-, Form- und Textebenen.

Die Veränderungen bei Smart Objekten (Seite 619) setzen Sie jederzeit verlustfrei zurück – ein wichtiger Vorteil gegenüber Verzerrungen, die Sie dauerhaft in eine Ebene rechnen. Von Haus aus verlustfrei sind auch Änderungen bei Form- und Textebenen. Bei Textebenen und Smart Objekten bietet Photoshop **Verzerren** und **Perspektivisch verzerren** allerdings nicht an. Gleichen Sie den Mangel eventuell durch das vielseitige **Verkrümmen** aus.

Aktivieren Sie zunächst die gewünschte Ebene und heben Sie eine vorhandene Auswahl auf. Ist ein Pfadwerkzeug wie Zeichenstift oder Eigene-Form-Werkzeug aktiv, beziehen sich die **Transformieren**-Funktionen aus dem **Bearbeiten**-Menü auf den Pfad und nicht mehr auf die aktuelle Ebene. Ist jedoch kein Pfad aktiviert, bietet Photoshop den Befehl nicht an. Wechseln Sie zu einem beliebigen anderen Werkzeug, wenn Sie die Pixelebene und nicht den Pfad verändern möchten.

Interessante Alternativen zu den **Transformieren**-Techniken bieten die Befehle **Verzerrungsfilter: Objektivkorrektur** (Seite 267) mit dem Bereich TRANSFORMIEREN und **Filter: Fluchtpunkt** (Seite 545). Der **Fluchtpunkt** eignet sich indes nicht für Smart Objekte.

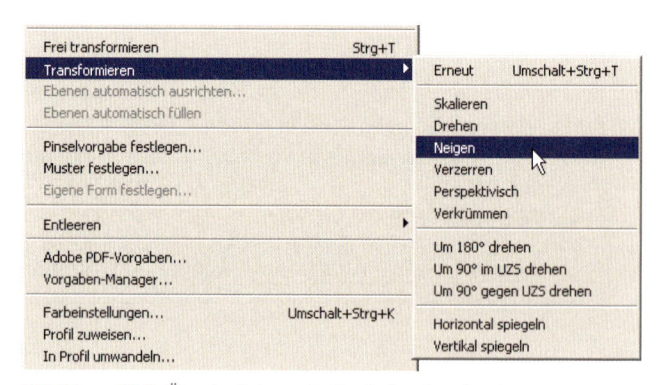

Abbildung 19.6 Über das Untermenü »Bearbeiten: Transformieren« verzerren, vergrößern und drehen Sie Ebenen. Das Menü bietet seine Funktionen auch dann noch an, wenn Sie bereits einen Transformieren-Rahmen mit Anfasspunkten sehen.

Auf verschiedene Arten nehmen Sie die Veränderungen in Angriff:

» Veränderung durch Eingabe von Zahlen oder Befehlen, geboten bei Ebenen, Auswahlbereichen, Pfaden und, eingeschränkt, bei Gesamtbildern;

» Veränderung durch Ziehen an Griffpunkten bei Ebenen und Auswahlinhalten sowie bei Pfaden und Auswahlkonturen.

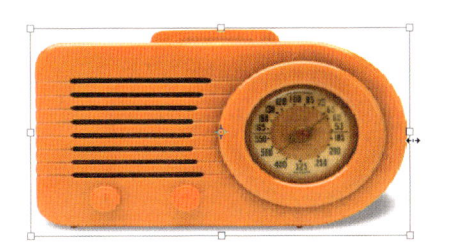

Abbildung 19.7 Links: Um eine Seite der Ebene, eines Pfads oder einer Auswahl zu vergrößern, ziehen Sie nach Anwahl des Befehls »Frei Transformieren« an einem der Griffpunkte. **Mitte:** Drücken Sie die ⇧-Taste, damit die Seitenverhältnisse gewahrt bleiben; alternativ klicken Sie auf die Schaltfläche »Seitenverhältnis wahren« in den Werkzeugoptionen. **Rechts:** Ziehen Sie außerhalb der Begrenzungsbox, wenn Sie das Objekt drehen möchten. Alternativ verwenden Sie die entsprechenden Schaltflächen in den Werkzeugoptionen. Datei: Ebene_19

Achtung
Das Transformieren von Einzelebenen, Auswahlinhalten und Pfaden geht stets vom BEARBEITEN-Menü aus. Oder wollen Sie das Gesamtbild mit allen Ebenen auf einmal korrigieren? Dann nehmen Sie das Bild-Untermenü Arbeitsfläche drehen. Möchten Sie nur die Konturen einer Auswahl-Fließmarkierung verändern, ohne die Bildpunkte selbst zu manipulieren, heißt es Auswahl: Auswahl Transformieren.

Ablauf im Überblick

So arbeiten Sie mit den **Transformieren**-Funktionen (hier am Beispiel einer Ebene):

1. Aktivieren Sie die gewünschte Ebene zum Beispiel durch einen Klick in der Ebenenpalette.

2. Wählen Sie **Bearbeiten: Frei transformieren** (Strg+T). Um die Ebene herum erscheint nun ein Rechteckrahmen mit Griffpunkten. Durch Ziehen verändern Sie die Proportionen. Gleichzeitig können Sie das Objekt durch Zahleneingabe in der Optionenleiste verändern. Photoshop stellt alle Veränderungen sofort in einer Grobvorschau dar. Strg+Z annulliert Ihren letzten Zug an den Griffpunkten. Solange die Begrenzungsbox erscheint, können Sie nichts anderes unternehmen, etwa eine neue Datei laden oder eine Kontrastkorrektur beginnen.

3. Um die Veränderung dauerhaft anzuwenden, klicken Sie entweder doppelt in die Rechteckbox, einmal auf die OK-Schaltfläche ✔ oder Sie drücken auf die ↵.

Oder soll alles beim Alten bleiben? Drücken Sie Esc – die Vorschau für die Veränderungen springt zurück, nichts ändert sich.

Tipp
Mit den Optionen zum Verschiebenwerkzeug blenden Sie die TRANSFORMATIONSSTEUERUNGEN ein. Dieser Rahmen bleibt dauerhaft sichtbar und gibt Ihnen jederzeit Zugriff auf die Transformieren-Funktionen, ohne dass Sie erst den Menübefehl wählen müssen.

Verzerrungen wiederholen

Eine gelungene Verzerrung lässt sich leicht auf andere Ebenen übertragen – und genauso gut auch von einer Ebene auf einen Pfad oder umgekehrt. Aktivieren Sie die gewünschte Ebene und wählen Sie **Bearbeiten: Transformieren: Erneut** (Strg+⇧+T).

Es ist in Ordnung, wenn Sie zwischenzeitlich andere Werkzeuge benutzt oder das erste Verzerren widerrufen haben. Sie können auch in andere Dateien wechseln und dort Ebenen oder Pfade »erneut« verzerren.

Abbildung 19.8 Links: Um Ebene, Auswahl oder Pfad frei zu verzerren, drücken Sie beim Ziehen eines Eckgriffs die Strg-Taste (nicht bei Textebenen und Smart Objekten). **Mitte:** Ziehen an einem Eckgriff mit Strg+Alt+⇧-Taste verzerrt das Element perspektivisch (nicht bei Textebenen und Smart Objekten). **Rechts:** Ziehen am Seitengriff mit Strg+⇧-Taste neigt die Ebene.

Teil 6 • Ebenen

Abbildung 19.9 **Links:** Mit dem Befehl »Bearbeiten: Frei transformieren« drehen wir die Ebene. In der Vorschau errechnet Photoshop eine schnelle Ansicht mit der Methode »Pixelwiederholung«; unsere Vergrößerung zeigt die Schwächen dieses Verfahrens besonders deutlich. **Mitte:** Wesentlich glatter werden die Kanten, nachdem die Drehung per Doppelklick bestätigt wurde; dann berechnet Photoshop die Ebene endgültig mit der Interpolationsmethode, die in den »Voreinstellungen« gewählt wurde, hier »Bikubisch«. **Rechts:** Meist kann ein Scharfzeichner das Ergebnis verbessern. Datei: Ebene_o

Klicken Sie **Erneut** mit gedrückter Alt-Taste an, transformiert Photoshop ein Duplikat des Objekts, die aktive Ebene selbst bleibt unverändert; dabei darf nur eine Ebene aktiviert sein, keine »Verbindung«. Alternativ Fingerakrobatik: Strg+Alt+⇧+T. Wollen Sie eine erfolgreiche Verzerrung auf Dauer behalten, speichern Sie den Vorgang mit der Aktionenpalette (Seite 72).

Tipp
Bei großen Ebenen verschwinden die Anfasspunkte manchmal hinter den Bildrändern. Abhilfe: Starten Sie das Transformieren per Strg+T, dann drücken Sie Strg+0 – Photoshop ändert die Bilddarstellung so, dass Sie alle Anfasspunkte sehen.

Qualitätsprobleme beim Drehen, Skalieren und Verzerren

Beim Drehen, Skalieren oder Verzerren muss Photoshop Bildpunkte hinzurechnen, neu berechnen oder rauswerfen – nicht ohne Qualitätsverlust. Daraus folgt: »Transformieren« Sie eine Ebene möglichst nur einmal. Erledigen Sie alle Veränderungen in einem Rutsch im Vorschaumodus – Drehen, Verzerren, Skalieren – und bestätigen Sie das erst zum Schluss. Beginnen Sie das **Transformieren** erneut, gerät das Bild noch unsauberer als nach der ersten Transformation. Darum macht es eher Sinn, eine bereits bestätigte Transformation schnell aufzuheben und die Ebene komplett neu zurechtzurücken. Verlustfrei sind nur reines Verschieben und Drehungen um exakt 90, 180 und 270°C.

Entscheidend ist das Verfahren für die INTERPOLATION, das Sie in den **Voreinstellungen** (Strg+K) festlegen. In der Regel sollte es BIKUBISCH sein, anschließend sollten Sie scharfzeichnen oder Sie verwenden gleich BIKUBISCH SCHÄRFER (Seite 184).

So vermeiden Sie Qualitätsverlust durch mehrfaches Transformieren:

» Duplizieren Sie die Ebene, so dass Sie eine Reserve zurückbehalten.

» Noch besser: Wählen Sie **Filter: Für Smartfilter konvertieren**. So verwandeln Sie die Ebene in ein Smart Objekt (Seite 619). Die **Transformieren**-Funktionen **Drehen**, **Skalieren** und **Verkrümmen** können Sie jetzt verlustfrei anbringen, die Umformung lässt sich jederzeit ändern.

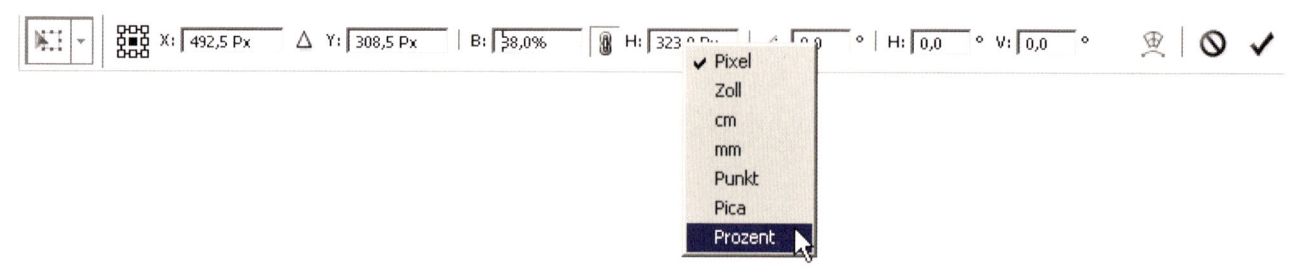

Abbildung 19.10 Während Sie mit der »Transformieren«-Funktion einen Bereich umformen, erscheinen die Werte in der Optionenleiste. Statt mit der Maus zu ziehen, können Sie hier auch direkt neue Werte vorgeben oder über Buchstaben wie »H« für »Höhe« ziehen. Verwenden Sie Maßeinheiten wie »Pixel«, »%« oder »cm«, die Photoshop auch per Kontextmenü anbietet.

Transformierenfunktionen im Einzelnen

Ich beschreibe die folgenden **Transformieren**-Funktionen am Beispiel von Ebenen; der Text gilt aber sinngemäß auch für die Umformung von Auswahlen mit dem Befehl **Auswahl: Auswahl transformieren**, für die Umformung von Pfaden mit dem Befehl **Bearbeiten: Pfad frei transformieren**, sofern ein Pfad aktiviert ist, sowie für den Einbau von Vektorgrafiken und anderen Objekten per **Datei: Platzieren**. Diese Möglichkeiten bieten Ihnen die **Transformieren**-Funktionen:

» Sie bewegen das Objekt, indem Sie innerhalb der Box mit dem Mauszeiger ziehen oder die Pfeiltasten nutzen. Alternative:

» Sie positionieren das Objekt neu durch Angaben für X- und Y-Achse (Details zum gezielten Positionieren ab Seite 529).

» Sie vergrößern oder verkleinern ein Element, indem Sie an einem Griffpunkt ziehen. Um bei diesem sogenannten Skalieren das Seitenverhältnis zu wahren und die Proportionen beizubehalten, drücken Sie erst die ⇧-Taste, dann ziehen Sie. Lassen Sie danach erst die Maustaste los, dann die ⇧-Taste. Alternativ klicken Sie auf die Schaltfläche SEITENVERHÄLTNIS ERHALTEN in der Optionenleiste.

» Um Auswahl oder Ebene zu drehen, setzen Sie den Zeiger außerhalb des Begrenzungsrechtecks an und ziehen. Mit der ⇧-Taste legen Sie die Umdrehung auf 15-Grad-Schritte fest. Verschieben Sie das Zentrierstück, das zunächst in der Mitte liegt, wenn Sie die Ebene um einen bestimmten Fleck in der Datei drehen möchten.

» Um nur an einer einzelnen Ecke zu verzerren, drücken Sie die Strg-Taste beim Ziehen eines Eckgriffs – also kein Griff in der Mitte einer Seite (nicht bei Textebenen oder Smart Objekten).

» Sie verzerren Auswahl oder Ebene symmetrisch von der Mitte ausgehend, wenn Sie die Alt-Taste drücken.

» Um eine Auswahl oder Ebene zu neigen, ziehen Sie an einem Seitengriff – nicht an einem Eckgriff – und drücken Strg+⇧-Taste. Dabei verzerrt Photoshop gegenüberliegende Seiten parallel.

» Um eine Auswahl oder Ebene perspektivisch zu verzerren, drücken Sie Strg+Alt+⇧ und ziehen an einem Eckgriff (nicht bei Textebenen oder Smart Objekten).

» Klicken Sie oben in den Optionen auf die Schaltfläche VERKRÜMMEN, um eine Verzerrung per Gitternetz herzustellen (Details unten).

Tipp
Die Daten in der Optionenleiste ändern Sie wie immer auch mit den Pfeiltasten – oder in Zehnerschritten mit ⇧-Taste plus Pfeiltaste. Photoshop wendet die Veränderung sofort an, die Ebene wandelt sich. Mit der ⇥-Taste springen Sie von einem Datenfeld zum nächsten und mit ⇧+⇥ wieder zurück. Mehr zur Bedienung von Optionsleisten ab Seite 32.

Abbildung 19.11
Links: Das einzusetzende Bild wird zunächst mit Freistellwerkzeug oder Auswahlrechteck auf das Monitorseitenverhältnis von 4:3 gestutzt. Dann skalieren wir es mit der »Transformieren«-Funktion ungefähr auf Monitormaße und schieben es in die linke untere Ecke. **Rechts:** Wir wählen »Frei Transformieren« und drücken die Strg-Taste, um einzelne Bildecken so zu verzerren, dass sie zur Perspektive der Mattscheibe passen. Dann bestätigen wir die Änderung mit der ⏎. Dateien: Ebene_20 etc.

Teil 6 • Ebenen

Abbildung 19.12
Bei aktiviertem Monitorbild wurde die Mattscheibe mit dem Zauberstab ausgewählt. Anschließend haben wir die Hafenebene aktiviert und in der Ebenenpalette auf die Schaltfläche »Ebenenmaske hinzufügen« geklickt. Dadurch erscheint das Motiv nur innerhalb der Mattscheibe. Ein leichter »Schatten nach innen« glättet den Übergang. Eine Alternative zu diesem Weg bietet der Befehl »Filter: Fluchtpunkt« (Seite 545).

Drehen, Neigen, Skalieren, Verzerren

Sie müssen die Tastaturkombinationen für den Befehl **Frei Transformieren** nicht im Kopf haben. Verwenden Sie das Untermenü **Ebene: Transformieren** und dort einen der Einzelbefehle wie **Drehen**, **Neigen**, **Skalieren** oder **Verzerren**. Photoshop zeigt die Begrenzungsbox, erlaubt Ihrer Maus aber zunächst nur die jeweils gewählte Veränderung sowie das Verschieben. Sie haben jedoch, noch bevor Sie mit der ⏎ bestätigen, die Möglichkeit, den Befehl **Frei Transformieren** zu wählen oder Strg+T zu drücken; dann sind alle anderen Veränderungen auch möglich. Oder schalten Sie einen anderen Einzelbefehl ein.

Tipp

Der Rahmen der Begrenzungsbox lässt sich auch über die Bildgrenzen hinausziehen. Am übersichtlichsten ist das im Vollschirmmodus (Kurztaste F, für Full screen). Auch Bildpunkte, die außerhalb des sichtbaren Bereichs liegen, werden in den Dateiformaten TIFF, PSD und PDF gespeichert und lassen sich wieder ins Bild ziehen.

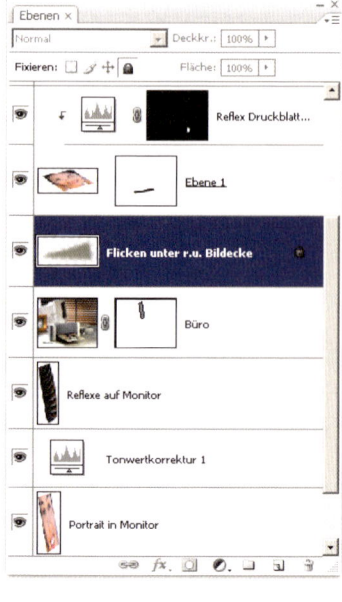

Abbildung 19.13
Die Porträts werden in die Rahmen mit unterschiedlichen Perspektiven hineintransformiert. Darüber liegen Ebenen oder Einstellebenen, die Reflexionen und Lichtspuren herstellen. Ebenen- oder Vektormasken begrenzen die Porträts in Monitor und Holzrahmen. Datei: Ebene_21

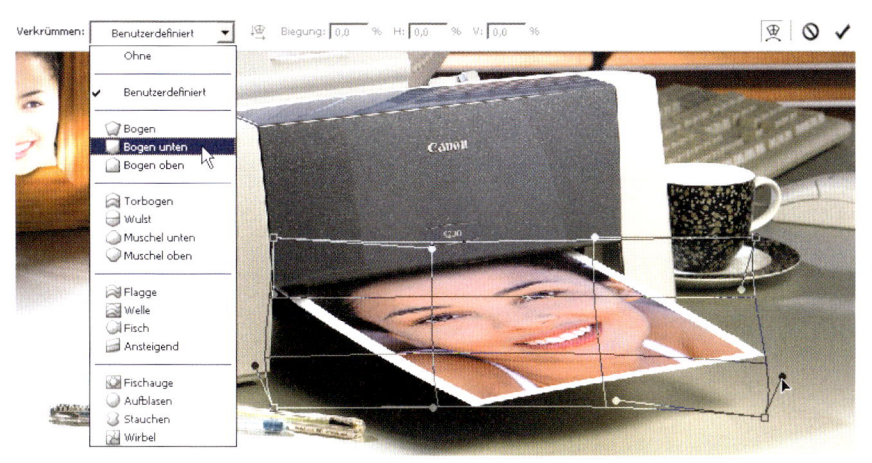

Verkrümmen

Abbildung 19.14
Beim »Verkrümmen« können Sie vorgegebene Formen wie »Bogen unten« verwenden und die Wirkung durch Ziehen am Anfasspunkt oder durch Zahleneingabe verfeinern. Hier steuern wir den Effekt jedoch individuell durch Ziehen im Gitterrahmen. So entsteht die leichte Wölbung des Druckblatts; der Befehl »Verflüssigen« wäre eine Alternative.

Verkrümmen

Legen Sie einen Gitterrahmen über eine Ebene und verzerren Sie das Motiv durch Ziehen an den Gitterlinien, Griffpunkten und Anfasspunkten. Sie verbiegen Ihr Objekt gummiartig, das Verfahren ist oft übersichtlicher als beim **Verflüssigen** (Seite 407). Biegen Sie Körper und Produkte in Idealform, passen Sie Ebenen an Litfasssäulen oder gewölbte Buchseiten an, lassen Sie rechteckige Motive als Fahne wehen oder eifern Sie Dalí nach.

Wählen Sie zunächst Strg+T, dann klicken Sie oben rechts auf die Schaltfläche Zwischen den Modi "Frei transformieren" und "Verkrümmen" wechseln. Wie auch für die anderen **Transformieren**-Funktionen gilt: Ändern Sie das Objekt nur einmal, weil mit jeder Bearbeitung die Schärfe leidet; verwenden Sie jedoch Smart Objekte, lässt sich die Verfremdung jederzeit verlustfrei zurücksetzen.

Tipp
Das eingeblendete Gitternetz stört bei der Bildbeurteilung. Mit Strg+H verstecken Sie es.

Verzerren mit Vorgaben

Wahlweise verwenden Sie beim Verzerren die Vorgaben wie Bogen, Welle oder Fisch. Zwischen horizontaler und vertikaler Ausrichtung wechselt danach die Schaltfläche Ausrichtung der Verkrümmung ändern.

Zur Feinsteuerung der Verkrümmung

» ziehen Sie in der Optionenleiste über den Feldbezeichnungen wie Biegung oder H oder

» ziehen Sie am Anfasspunkt des eingeblendeten Gitterrahmens.

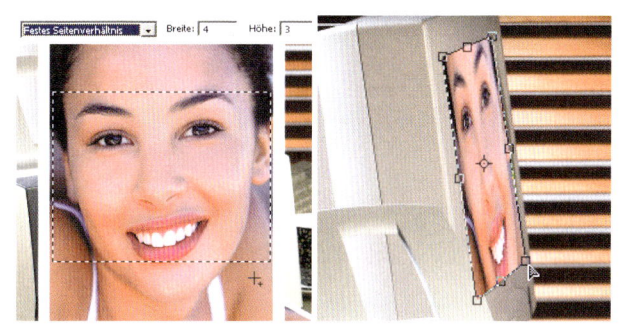

Abbildung 19.15 Links: Für das Einfügen in die Monitorfläche ist es hilfreich, wenn der Bildausschnitt schon das Seitenverhältnis 4:3 hat. Einen Bildbereich mit dieser Proportion wählen wir mit dem Auswahlrechteck aus der unverzerrten Druckblattebene aus. Rechts: Mit freiem Transformieren werden die Ecken an die Bildschirmumrisse angepasst und später durch eine Ebenenmaske genau eingegrenzt.

Freie Verformung

Gehen Sie im Verkrümmen-Menü auf Benutzerdefiniert, können Sie das Gitternetz frei formen. Ziehen Sie in beliebigen Bereichen innerhalb der Auswahl, an den Eckpunkten oder an den Griffpunkten, die aus den Eckpunkten herauswachsen. Möchten Sie die Ebene zwischendurch drehen oder verkleinern, schalten Sie Verkrümmen vorübergehend ab.

Tipp
Die genaue Anpassung an einen vorhandenen, ungleichmäßigen Untergrund fällt nicht immer leicht. Fotografieren Sie eventuell Orientierungslinien mit – zum Beispiel Objektkanten, die Sie eigentlich nicht im Bild brauchen. Alternativen: Zeichnen Sie eine dünne Linie auf einen Untergrund, den Sie fotografieren, oder legen Sie einen sauber ausgerichteten Faden aus. Später orientieren Sie eine Kante der »verkrümmten« Ebene an dieser Linie.

Teil 6 • Ebenen

Abbildung 19.16
Links: Die eingefügte Ebene wird im Modus »Frei transformieren« zunächst skaliert und gedreht; dabei setzen wir den Referenzpunkt (Seite 529) in die linke untere Ecke der Ebene und richten die Ebene genau an den senkrechten und horizontalen Linien des Papiers aus; das erleichtert die Anpassung im nächsten Schritt. **Rechts:** Wir klicken auf die Schaltfläche »Verkrümmen« und biegen das Motiv passend zur Wölbung des Papiers. Vorlage: Ebene_22

Photoshop bietet indes nicht mehr als je vier Linien hoch mal quer. Feine örtliche Korrekturen sind so kaum möglich. Abhilfe: Wählen Sie den Bereich, den Sie verzerren möchten, relativ eng aus und heben Sie ihn mit ⌈Strg⌉+⌈J⌉ auf eine neue Ebene; der verpassen Sie dann eine »Verkrümmung« .

Eventuell entstehen unschöne Kanten zwischen Korrekturbereich und Umgebung. Solche Übergänge glätten Sie mit verschiedenen Verfahren:

» Bearbeiten Sie den Objektrand mit dem Radiergummi bei weicher Kante.

» Alternative: eine Ebenenmaske, in der Sie mit Schwarz und ebenfalls weicher Pinselkante malen.

» Noch eine Möglichkeit: Verschmelzen Sie die Ebenen und wählen Sie ein Korrekturwerkzeug wie Duplizierstempel oder Reparaturpinsel .

Auswahlbereiche oder Ebenen spiegeln und drehen

Spiegeln oder drehen können Sie jeweils einen Auswahlbereich oder ein ganzes Bild. Für einzelne Ebenen verwenden Sie das Untermenü **Bearbeiten: Transformieren**; für das Gesamtbild, das dazu nicht ausgewählt sein muss, ist es das Untermenü **Bild: Arbeitsfläche drehen** (Seite 271). Bietet die aktuelle Datei nicht genug Raum zum Drehen, erweitern Sie das Foto per **Bild: Arbeitsfläche** oder mit dem Freistellwerkzeug (Seite 205).

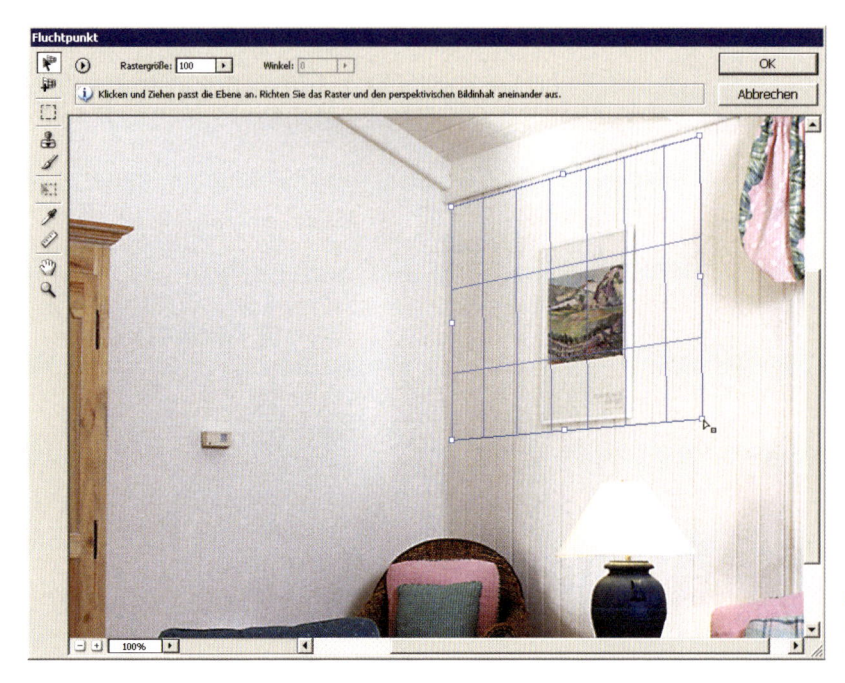

Abbildung 19.17
Beim Anlegen des Fluchtpunktgitters orientieren wir uns an den Linien im Foto. Datei: Fluchtpunkt_a1

19.6 Der »Fluchtpunkt«-Filter

Der Befehl **Filter: Fluchtpunkt** (Strg+Alt+V) blendet Ebenen, Pinselstriche oder Korrekturstriche des Kopierstempels perspektivisch korrekt in schräg fotografierte Motive ein. Die Funktion hilft bei Änderungen an rechteckigen, schräg fotografierten Flächen – Wände, Böden, Verpackungen, Schilder und Plakate.

Tauschen Sie die Oberflächen Ihrer Einbauküche aus oder testen Sie Beschriftungen auf Ihrem 40-Tonner. Gestalten Sie mehrere abknickende Flächen in einem Durchgang, Sie brauchen dabei keine rechten Winkel.

Der Befehl bietet eine gute Alternative zu den **Transformieren**-Funktionen **Verzerren** und **Frei verzerren**. Smart Objekte werden indes nicht bearbeitet. Wollen Sie eine Ebene auf einen ungleichmäßig gewölbten Untergrund modellieren, nehmen Sie das Verkrümmen (Seite 543).

In der teureren Version Photoshop CS3 Extended hat der **Fluchtpunkt**-Befehl ein paar Extratalente für Bemaßung und Datenexport; diese Spezialitäten der Extended-Version besprechen wir ganz am Ende dieses Abschnitts unter einer eigenen Überschrift. Sämtliche gestalterischen Möglichkeiten bietet auch die CS3-Normalausgabe und diese Funktionen folgen jetzt zuerst.

Übersicht

Im Dialogfeld legen Sie zuerst ein Gitternetz über eine oder mehrere Seiten eines Motivs – zum Beispiel über einen Karton. Ihre Möglichkeiten danach:

Fügen Sie ein Objekt ein; Photoshop passt es automatisch korrekt verzerrt an einen perspektivisch verkanteten Hintergrund an.

Duplizieren Sie einen Bildbereich mit dem Auswahlrechteck direkt im Dialogfeld und legen Sie ihn über eine störende Bildzone.

Retuschieren Sie mit dem Stempelwerkzeug direkt im Dialogfeld **Fluchtpunkt**; Bildpunkte, die das Werkzeug aufnimmt, erscheinen perspektivisch korrigiert im Zielbereich.

Der Pinsel malt einfarbig mit perspektivischer Korrektur.

Vorbereitungen

Bevor Sie den **Fluchtpunkt** aufrufen, treffen Sie Ihre Vorbereitungen:

» Das Hintergrundbild muss sich im Modus **RGB-Farbe** befinden. CMYK-Vorlagen verändern Sie im Untermenü **Bild: Modus**. (Die einzufügende neue Oberfläche kann in CMYK bleiben.)

» Legen Sie die Retusche auf eine neue Ebene; dann bleibt die Originalebene unverändert und Sie können Original und Korrekturbereich mit Füllmethoden, Deckkraft-Regler, Radiergummi oder Ebenenmasken vielseitig mischen. Klicken Sie also unten in der Ebenenpalette auf das Symbol NEUE EBENE ERSTELLEN. Die neue leere Ebene muss aktiviert sein, wenn Sie den **Fluchtpunkt** ergreifen.

» Eventuell wollen Sie eine vorhandene Szenerie verlängern, bauen Sie also Neuland per **Bild: Arbeitsfläche** oder mit dem Freistellwerkzeug an (Seite 205).

» Wollen Sie einen Bildausschnitt perspektivisch korrekt einsetzen, dann **kopieren** Sie ihn in die Zwischenablage, bevor Sie den **Fluchtpunkt** aufrufen.

» Sie wollen nur bestimmte Bildteile bearbeiten und andere verschonen? Legen Sie vor Gebrauch des Filters eine Auswahl an.

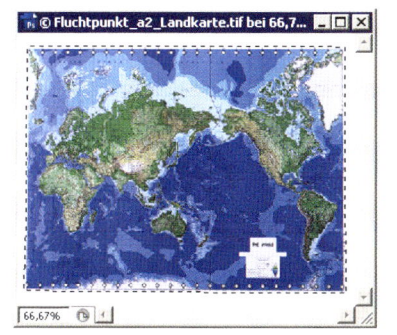

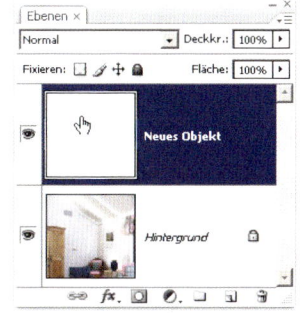

Abbildung 19.18 **Links:** Die Weltkarte soll auf eine schräg fotografierte Wand montiert werden. Wählen Sie das Objekt zunächst aus und kopieren Sie es in die Zwischenablage. **Mitte:** Im Zielbild legen wir eine neue, leere Ebene an; dort erscheint später die Karte. **Rechts:** Starten Sie den Fluchtpunkt-Befehl und legen Sie ein Raster an. Dateien: Fluchtpunkt_a1 etc.

Abbildung 19.19
Links: Wir haben die Weltkarte mit Strg+V in den »Fluchtpunkt«-Dialog eingefügt. Sobald man sie in den Bereich des Gitternetzes zieht, richtet Photoshop das Objekt perspektivisch aus. Die Karte ist zunächst zu groß. **Rechts:** Mit dem Transformieren-Werkzeug passen wir die Größe an. Die ⇧-Taste schützt wie immer das Seitenverhältnis, doch hier sind auch unproportionale Änderungen möglich.

Bedienung

Das Dialogfeld lässt sich bedienen wie der übrige Photoshop-Arbeitsbereich: Schalten Sie die Werkzeuge mit den üblichen Tasten ein – S für den Stempel oder Strg+Leertaste für die schnelle Vergrößerungslupe (Seite 32). Eine Besonderheit: Die Taste X zoomt vorübergehend ins Bild, so finden Sie den richtigen Platz für die Eckpunkte des Gitternetzes.

Raster anlegen

So entsteht das Raster:

1. Vier Klicks mit dem Ebene-erstellen-Werkzeug setzen ein Gitternetz auf die erste Ebene; ein falsch gesetzter Punkt verschwindet mit der ←-Taste. Orientieren Sie sich mit den ersten zwei Klicks an im Bild vorhandenen Geraden – zum Beispiel die Kanten eines Hauses. Falls Sie leere Arbeitsfläche angebaut haben, gehen Sie erst mit den weiteren Klicks in die leere Fläche.

2. Ziehen Sie an den Anfasspunkten, um das Gitternetz zu korrigieren, oder verschieben Sie es durch Ziehen in der Mitte.

3. Wollen Sie um die Ecke herum eine zweite Fläche anlegen, zum Beispiel die zweite Seite eines Kartons? Halten Sie Strg-Taste gedrückt, dann ziehen Sie über dem mittleren Anfasspunkt, der an die geplante zweite Seite angrenzt – so entsteht eine zweie Fläche.

4. Zunächst schließen die neuen Flächen immer im 90-Grad-Winkel an. Sie brauchen spitzere oder stumpfere Winkel? Ziehen Sie mit gedrückter Alt-Taste an der neuen Fläche oder melden Sie Ihren Wunsch im WINKEL-Eingabefeld.

Ändern Sie eventuell die Position des Gitters oder die RASTERGRÖSSE, damit die Linien exakt an Motivkanten entlanglaufen. Das entscheidet nicht über die Bildqualität, bietet aber mehr Orientierung für eine perfekte Ausrichtung.

Abbildung 19.20
Immer noch im Dialogfeld »Fluchtpunkt«: Wir verbergen zur genaueren Vorschau die Auswahllinien mit der Option »Ränder einblenden«. Wir testen verschiedene Vorgaben im Klappmenü »Reparieren« **von links nach rechts:** »Aus«, »Luminanz« und »Ein«. Zwar wirkt die »Ein«-Variante zu kontrastreich, sie gibt jedoch das Licht-Schatten-Spiel gut wieder; wir bleiben darum dabei und ändern die Helligkeit später. Das Objekt lässt sich weiterhin verschieben und transformieren.

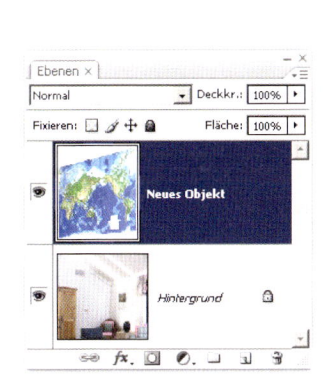

Abbildung 19.21 Links: Die Landkarte landet auf der vorbereiteten eigenen Ebene. Sie ist aber noch zu kontrastreich. **Mitte:** Eine Gradationskurve dunkelt die Landkarte als Einstellungsebene ab; weil wir sie mit der Landkartenebene »gruppieren«, wird nur diese eine Ebene verändert, nicht der Hintergrund. Datei: Fluchtpunkt_a3

An einem blauen Gitternetz erkennen Sie, dass alles passt. Erscheint der Maschendraht aber rot oder gelb, dann müssen Sie einzelne Eckpunkte korrigieren.

Tipp
Legen Sie die Flächen etwas zu groß an, damit die neue Oberfläche keinesfalls zu knapp ausfällt. Überschüssige Ränder schneiden Sie später in der Montage leicht weg: Sie laden die Auswahl der unteren Ebene per Strg*-Klick auf deren Ebenenminiatur, aktivieren die Ebene mit der neuen Oberfläche, kehren die Auswahl um und drücken die* Entf*-Taste.*

Gitternetz speichern
Das Gitternetz lässt sich nicht eigens speichern. Sie finden es aber bei der nächsten Photoshop-Session wieder vor, wenn Sie die Dateitypen PSD, TIFF oder JPEG nutzen.

Aber: Sichern Sie Ihr Motiv zwischenzeitlich mit einem anderen Programm als Photoshop, kann das Gitternetz verloren gehen. Gitternetze aus Photoshop CS2 werden in CS3 umgewandelt und lassen sich später nicht mehr in CS2 nutzen.

Achtung
Ändern Sie die Bildpunktzahl zum Beispiel durch NEUBERECHNEN mit dem Bildgröße*-Befehl oder durch Zuschneiden mit dem Freistellwerkzeug, ist das Gitternetz anschließend nicht mehr korrekt im Motiv platziert.*

Mehrere Gitternetze
Befindet sich das erste Gitternetz im Bild, schaltet Photoshop zum Ebene-bearbeiten-Werkzeug. Doch Sie können weitere Gitternetze anlegen; dazu schalten Sie erneut das Ebene-erstellen-Werkzeug ein (Tastenbefehl C):

1. Klicken Sie ein weiteres, unabhängiges Gitternetz ins Bild.
2. Ziehen Sie bei gedrückter Strg -Taste an einem mittleren Anfasspunkt (also nicht an einem Eckpunkt). So entsteht eine neue, abgeknickte Gitterebene. Per Strg -Taste bauen Sie sogar noch mehr Ebenen im rechten Winkel an.

Wirksam ist allerdings immer nur ein einziges Netz. Überflüssige Gittergebilde klicken Sie einmal an, sie verschwinden per ← -Taste. Überlappende Gitternetze aktivieren Sie nacheinander per Strg -Klick.

Tipp
Sie haben schon ein Gitternetz im Bild, doch dann müssen Sie das Dialogfeld noch einmal schließen, weil Sie zum Beispiel erst noch ein Objekt in die Zwischenablage kopieren wollen? Klicken Sie im Dialog **Fluchtpunkt** *nicht auf* ABBRECHEN*, sondern auf OK. So steht Ihnen das Gitternetz beim nächsten Mal sofort zur Verfügung – und wenn Sie speichern, sogar nach dem nächsten Programmstart.*

Abbildung 19.22
Klicken Sie zunächst vier Eckpunkte ins Bild. Sie können die Ecken noch korrigieren. Wollen Sie eine zweite Fläche anlegen, halten Sie den Mauszeiger über den angrenzenden mittleren Anfasspunkt. Datei: Fluchtpunkt_b1

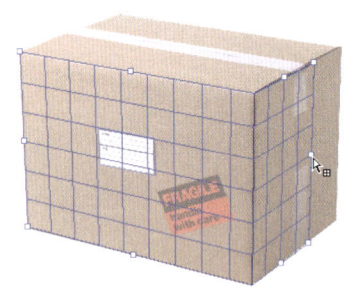

Abbildung 19.23
Ziehen Sie bei gedrückter [Strg]-Taste die zweite Fläche auf. Sie schließt zunächst im rechten Winkel an.

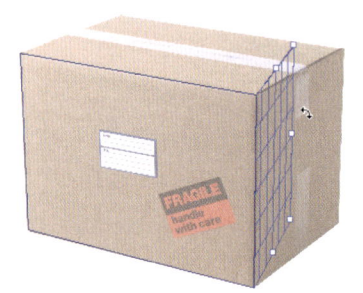

Abbildung 19.24
Wollen Sie den Winkel ändern, ziehen Sie mit gedrückter [Alt]-Taste.

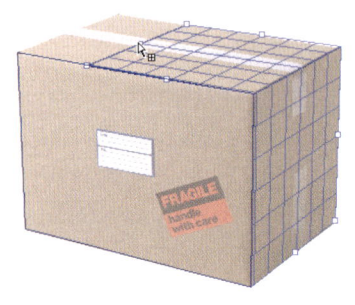

Abbildung 19.25
Vom mittleren oberen Anfasspunkt aus legen wir bei gedrückter [Strg]-Taste eine dritte Fläche an. Eine zuvor kopierte neue Oberfläche können Sie jetzt einfügen.

Sie wollen einen Teil aus dem Bild selbst perspektivisch korrigiert verschieben? Erzeugen Sie mit dem AUSWAHLRECHTECK eine Auswahl direkt innerhalb eines Gitternetzes; soll die Auswahl genauso groß wie das Gitternetz ausfallen, klicken Sie eine Außenkante des Netzes doppelt an. Dann ziehen Sie ein Duplikat dieser Auswahl bei gedrückter [Alt]-Taste ins Bild. Das gilt für die Vorgabe ZIEL rechts oben. Ziehen Sie dagegen mit der Vorgabe QUELLE (oder bei gedrückter [Strg]-Taste), bewegt sich die Auswahl nicht; stattdessen wandern Bildbereiche von außerhalb in die Auswahl hinein.

Ziehen Sie das duplizierte oder eingefügte Objekt ins Einzugsgebiet eines Maschendrahts – es schnappt auf die Perspektive ein. Verschieben Sie Ihr Objekt nach Bedarf, es schrumpft und dehnt sich perspektivisch korrekt. Ziehen Sie das Objekt bei Bedarf über weitere Gitternetze, es richtet sich dann neu aus.

Es nützt nichts, nach Verschieben des Objekts das Gitternetz zu verändern. Dadurch korrigieren Sie Ihr Objekt nicht, vielmehr verschmilzt es dauerhaft mit dem Hintergrund.

Abbildung 19.26 Wenn Sie die Maße des dreidimensionalen Objekts kennen, können Sie die neue Oberfläche zentimetergenau anlegen. Hier haben wir die Grafikdatei auf die Originalmaße der Box umformatiert; dazu nehmen Sie den »Bildgröße«-Befehl ohne »Neuberechnen« und orientieren sich an Hilfslinien und Lineal. Um diese Konstruktion aus mehreren Ebenen in die Zwischenablage zu bringen, wählen Sie [Strg]+[A], dann [Strg]+[⇧]+[C]. Bearbeiten Sie solche Grafiken nach dem Einfügen mit Störungs- und Weichzeichnungsfilter, um sie an das Bild im Hintergrund anzupassen. Datei: Fluchtpunkt_b2

Objekte einfügen

Auf zwei Arten verwenden Sie neue Objekte innerhalb des Dialogfelds:

Sie wollen Teile aus einem anderen Bild perspektivisch korrekt einfügen? Kopieren Sie den Bereich mit [Strg]+[C] in die Zwischenablage, aktivieren Sie das Zielbild, laden Sie den **Fluchtpunkt** und legen Sie ein Gitternetz an. Dann drücken Sie [Strg]+[V] – Sie sehen den kopierten Bildteil im Dialogfeld.

Objekte einfügen

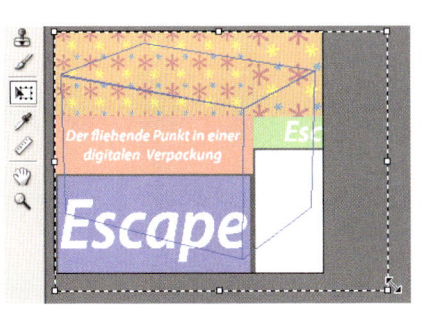

Abbildung 19.27 Links: Die Oberfläche erscheint zunächst viel zu groß in der Fluchtpunktvorschau. Wir wechseln zu einer kleinen Zoomstufe und schalten das Transformierenwerkzeug ein. **Mitte:** Wir verkleinern die Oberfläche zunächst deutlich, die ⇧-Taste wahrt das Seitenverhältnis; ein Endpunkt der eingefügten Ebene muss im Bild sein, sonst sehen Sie keine Anfasspunkte. **Rechts:** Die Oberfläche wird passend zum Hintergrund wieder vergrößert. Dateien: Fluchtpunkt_b1 etc.

Die »schwebende Auswahl«

Richten Sie das Objekt zügig perfekt aus, bevor Sie andere Dinge unternehmen: Der **Fluchtpunkt**-Dialog lädt das eingefügte oder duplizierte Objekt nicht als dauerhaft unabhängige Ebene, sondern als »schwebende Auswahl« – und die verschmilzt allzu schnell mit dem Hintergrund (Seite 507).

Sobald Sie das Objekt einfügen, wechselt das Dialogfeld zum AUSWAHLRECHTECK. Sie können das Objekt zwar verschieben. Klicken Sie jedoch nur einmal außerhalb des Objekts oder wechseln Sie das Werkzeug, ist es passiert: Photoshop verschmilzt die eingefügte Ebene dauerhaft mit dem Hintergrund. Sie müssen dann mit wiederholtem Strg+Z bis zu einem Arbeitsschritt zurückgehen, der das eingefügte Objekt separat anbietet.

Auch wenn Sie dasselbe Objekt erneut einfügen, verschmilzt die erste Variante mit dem Untergrund. Unabhängig davon landet jedoch der eingefügte und perspektivkorrigierte Bildteil auf einer neuen Ebene, sofern Sie diese zuvor in der Ebenenpalette angelegt haben.

Bei manchen Retuschen brauchen Sie immer wieder neue Duplikate der schwebenden Auswahl – dazu ziehen Sie mit gedrückter Alt-Taste.

Tipp
Während die Ebene noch schwebt, stören die Auswahllinien oft bei der Beurteilung. Verbergen Sie die Gebilde per Strg+H.

Das Transformierenwerkzeug

Sie können die schwebende Auswahl nicht nur durch Verschieben auf dem Gitternetz korrigieren. Schalten Sie bei Bedarf das TRANSFORMIEREN-Werkzeug des **Fluchtpunkt**-Dialogs ein (Tastenbefehl T); es bietet einige Funktionen des üblichen **Transformieren**-Befehls aus dem **Bearbeiten**-Menü:

» Ziehen an den Eckpunkten vergrößert das Objekt, die ⇧-Taste wahrt dabei das Höhe-Breite-Seitenverhältnis.

» Ziehen außerhalb der Auswahl dreht Ihr eingefügtes Motiv.

» Durch Ziehen innerhalb der Auswahl bewegen Sie Ihr Objekt.

Oben erlaubt das Dialogfeld zudem horizontales SPIEGELN und vertikales KIPPEN.

Text einfügen

Per **Fluchtpunkt** setzen Sie auch Schriftzüge passgenau auf schräge Wände, Plakate, Packungen und Produkte. Aktivieren Sie eine Textebene, wählen Sie mit Strg+A alles aus und kopieren Sie die Lettern mit Strg+C in die Zwischenablage. Anschließend fügen Sie den Schriftzug im Dialogfeld im **Fluchtpunkt**-Dialog mit Strg+V wieder ein.

Allerdings: Im Zielbild kommt der Text nicht mehr im Textmodus an, sondern wird in Pixel gerastert. Schriftart oder Wortlaut können Sie also nicht mehr ändern. Vergrößern oder verzerren Sie den Text, werden die Kanten unscharf oder pixelig. Da ist es eventuell sinnvoller, Lettern als Text oder Pfad zu behalten und dann zu verzerren (Seite 654).

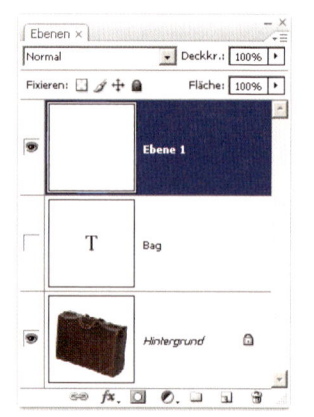

Abbildung 19.28 **Links:** Wir legen eine normale Textebene über das Foto des Koffers. Wir wählen das Gesamtbild mit [Strg]+[A] aus und kopieren den Schriftzug mit [Strg]+[C] in die Zwischenablage. **Mitte:** Bevor wir den Befehl »Fluchtpunkt« aufrufen, erzeugen wir über der Textebene eine weitere, leere Ebene, die aktiviert bleibt. Die Textebene blenden wir mit dem Augensymbol aus. **Rechts:** Im Dialogfeld »Fluchtpunkt« wird ein Raster angelegt, danach fügen wir die Lettern ein und ziehen sie in die richtige Perspektive. Dateien: Fluchtpunkt_c1 etc.

Tipp
Vergrößern Sie Ihre Textebene vor dem Kopieren; das ist verlustfrei. Müssen Sie den Schriftzug dagegen im Dialogfeld **Fluchtpunkt** *vergrößern, erhalten Sie schnell entstellte Kanten.*

Hat Ihre Textebene Effekte wie FARBFÜLLUNG oder ABGEFLACHTE KANTE UND RELIEF? Die Effekte werden nicht mit ins Dialogfeld kopiert, die Lettern erscheinen schlicht mit der ursprünglichen Textfarbe. Auf verschiedene Arten bringen Sie die Effekte mit ins Spiel:

» Schmelzen Sie die Effekte dauerhaft in die Textebene ein. Dazu legen Sie unter der Textebene eine neue, völlig leere Ebene an. Klicken Sie einmal auf die Miniatur der Textebene, dann drücken Sie [Strg]+[E]. Dabei geht der Textmodus verloren.

» Legen Sie im Zielbild auf jeden Fall eine neue Ebene an, so dass der verzerrte Text auf einer eigenen Ebene landet. Dort wenden Sie die Ebeneneffekte an. Entweder Sie nehmen völlig neue Effekte nach einem Doppelklick auf die Ebene mit dem Schriftzug oder Sie kopieren die Effekte aus der ursprünglichen Textebene herüber (Seite 590).

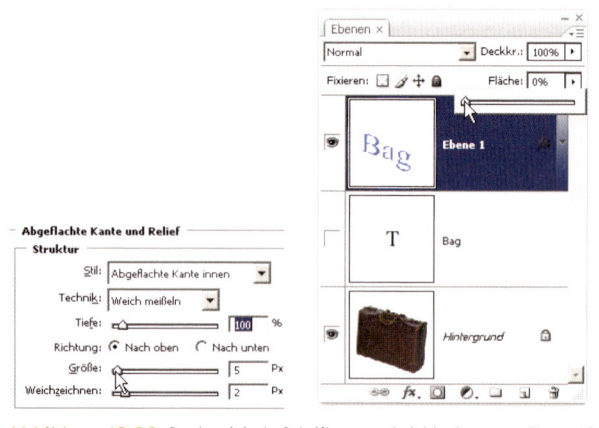

Abbildung 19.29 Der korrigierte Schriftzug erscheint in der neuen Ebene. **Links:** Wir haben doppelt auf die Miniatur der obersten Ebene geklickt und verwenden im »Ebenenstil«-Dialog den Effekt »Abgeflachte Kante und Relief«. **Mitte:** In der Ebenenpalette senken wir den »Fläche«-Wert auf 0. So entsteht der Prägeeffekt. Datei: Fluchtpunkt_c3

Objekt an Hintergrund angleichen

Mit verschiedenen Optionen oben im Dialogfeld passen Sie Ihre Bearbeitung an den Hintergrund an – also schwebende duplizierte oder eingefügte Objekte sowie die Ergebnisse von Kopierstempel 🖋 und Pinsel 🖌 (nächste Abschnitte):

» Die WEICHE KANTE sorgt für sanfte Übergänge – aber nur bei Auswahlen, die innerhalb des Dialogfelds entstanden sind. Sie können das ausgewählte, duplizierte Objekt auch verschieben und dann erst eine WEICHE KANTE einstellen. Wenn Sie dagegen neue Objekte nicht im Dialogfeld anlegen, sondern über die Zwischenablage per [Strg]+[V] ins Spiel bringen, funktioniert die WEICHE KANTE des **Fluchtpunkt**-Dialogs nicht; hier stellen Sie die **Weiche Auswahlkante** schon im Ausgangsbild her.

» Der DECKKRAFT-Regler lässt den Hintergrund nach Belieben durchscheinen.

» Das REPARIEREN-Klappmenü steht zunächst auf AUS, es gibt also keinen speziellen Überblendmodus; die LUMINANZ-Vorgabe mischt nur die Lichter; EIN mischt Lichter, Schatten und Farbtöne, das schwebende Objekt mischt sich noch realistischer mit einem schwebenden Untergrund.

Falls Sie eine neue Ebene angelegt haben, testen Sie geänderte Deckkraft, Füllmethoden wie INEINANDERKOPIEREN, HARTES LICHT, FARBE oder LUMINANZ sowie weiche Kanten bequem auch nachträglich per Ebenenpalette. Legen Sie im Dialogfeld neue Pixel über neu angebauter weißer oder transparenter Fläche an, muss das REPARIEREN-Menü AUS anzeigen.

Stempelwerkzeug 🖋

Der Stempel 🖋 im **Fluchtpunkt**-Dialog (Tastenbefehl [S]) funktioniert genauso wie der Kopierstempel 🖋 aus Photoshops Werkzeugleiste (Seite 282):

1. Sie klicken bei gedrückter [Alt]-Taste einen Bildbereich ohne Störung an, der sich zum Überdecken des Fehlers eignet.

2. Dann klicken Sie in den Bildteil, den Sie retuschieren wollen – Photoshop überträgt die Pixel, die Sie zuvor bei gedrückter [Alt]-Taste markiert haben.

Die kopierten Bildpunkte werden perspektivisch angepasst. Richten Sie DURCHMESSER, HÄRTE und DECKKRAFT nach Bedarf ein. Die Option AUSGERICHTET bringt den Ausgangspunkt Ihrer Kopie jederzeit an den Punkt zurück, den Sie zuerst mit der [Alt]-Taste angeklickt haben – auch wenn Sie zwischenzeitlich von der Maustaste lassen. Das REPARIEREN-Klappmenü haben wir bereits oben behandelt.

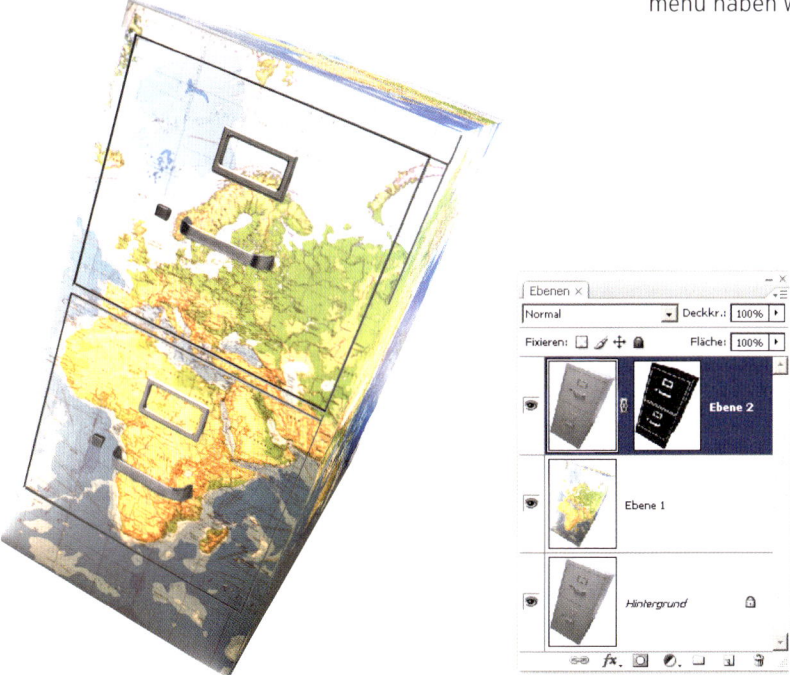

Abbildung 19.30
Die Weltkarte wurde im »Reparieren«-Modus auf den Aktenschrank drapiert. Dabei gehen jedoch zunächst Beschläge und Fugen unter. Auf der »Ebene 2« liegt darum ein unverändertes Duplikat des Originalbilds; per Ebenenmaske werden nur Griffe und Kanten angezeigt. Datei: Fluchtpunkt_e

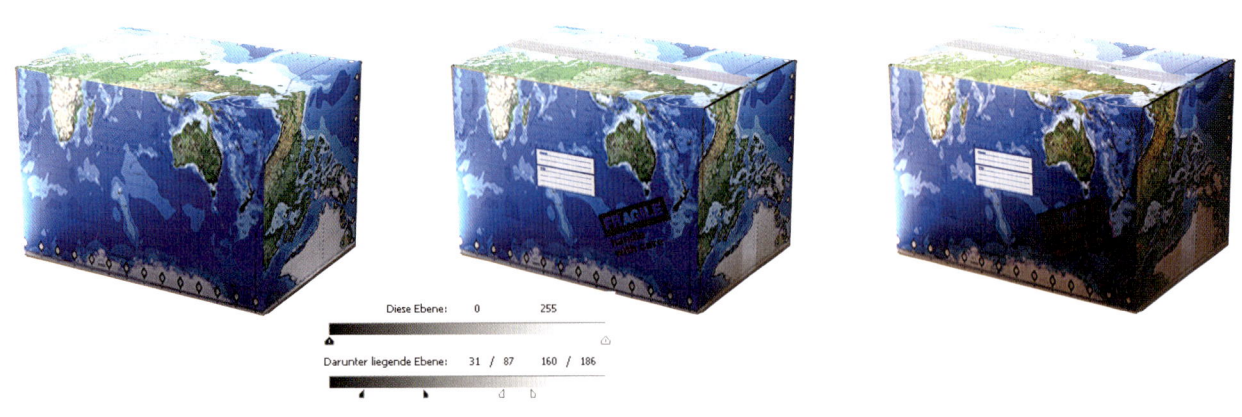

Abbildung 19.31 **1. Bild:** Die Weltkarte landet im »Reparieren«-Modus über dem Karton. **2. und 3. Bild:** Wir blenden die hellsten und dunkelsten Partien des Kartons per »Ebenenstil«-Dialog ein (Seite 584). **4. Bild:** Die Füllmethode »Hartes Licht« setzt das Licht-Schatten-Spiel auf dem Karton deutlicher um. Datei: Fluchtpunkt_b3

Pinsel

Der Pinsel (Tastenbefehl B) malt perspektivisch ausgerichtet mit einer beliebigen Farbe. Das eignet sich zum Beispiel für wegknickende Schatten oder Handschriftliches auf geknicktem Untergrund. Die Farbe legen Sie mit dem Feld PINSELFARBE oben rechts fest. Alternative: Greifen Sie mit der eingebauten Pipette einen Farbton aus der Vorschau auf.

Bemaßung in Photoshop CS3 Extended

Die teurere Ausgabe Photoshop CS3 Extended kann im **Fluchtpunkt**-Dialog zusätzlich Entfernungen messen. Dazu klicken Sie in CS3 Extended im Dialogfeld mit dem Messwerkzeug Anfangs- und Endpunkte einer Strecke ins Bild, deren Länge Sie kennen. Dann tragen Sie oben im Feld LÄNGE die Entfernung ein. Klicken Sie jetzt weitere Distanzen ab, blendet Photoshop automatisch Winkel und Längen ein.

Bequeme Alternative: Halten Sie das Messwerkzeug im **Fluchtpunkt**-Dialog über eine Fläche, so dass diese grün erscheint. Dann klicken Sie doppelt an dieser Stelle – Photoshop meldet die Außenmaße dieser Fläche. Klicken Sie mehrere Flächen an, um ein komplettes Messgerüst mit allen Kanten zu erhalten.

Die Option MESSUNGEN MIT RASTER VERKNÜPFEN erzeugt ein Raster, das sich an den Maßeinheiten orientiert – zum Beispiel ein Kästchen pro Längeneinheit. Überflüssige Messlinien klicken Sie mit dem Messwerkzeug an, dann folgt die ←-Taste.

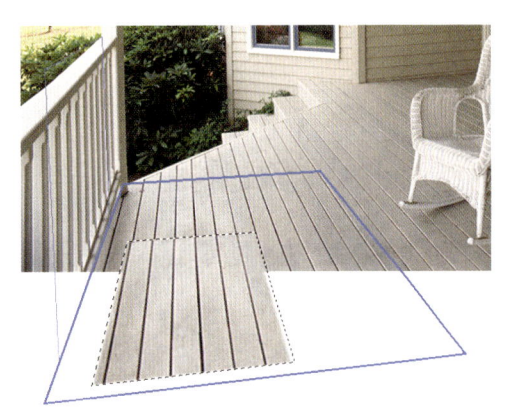

Abbildung 19.32
Links: Mit dem Auswahlrechteck entstand eine Auswahl innerhalb des Gitternetzes. Bei gedrückter Alt-Taste ziehen wir ein Duplikat in den freien Bereich. **Rechts:** Hier wird der freie Bereich mit dem Stempel gefüllt; zuerst klicken Sie mit gedrückter Alt-Taste in einen Bildteil, der sich zum Duplizieren eignet. Datei: Fluchtpunkt_d

Tipp
Fotografieren Sie je nach Motiv ein Lineal oder Maßband mit, um die Maße leichter in Photoshop übernehmen zu können.

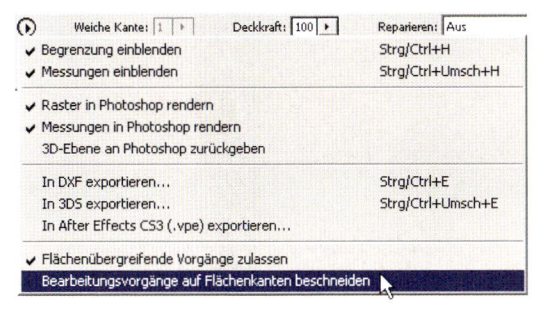

Abbildung 19.33 In der Ausgabe Photoshop CS3 Extended bietet der »Fluchtpunkt«-Befehl zusätzliche Möglichkeiten.

Ausgabemöglichkeiten

Das Menü zum Dialogfeld bietet weitere interessante Möglichkeiten: So können Sie festlegen, dass nur eine einzelne Fläche bearbeitet wird oder dass die Bearbeitung über die Grenzen des Gittermusters hinausgehen darf. Außerdem:

» Der Befehl **Raster in Photoshop rendern** rechnet das Gittermuster direkt ins Bild.

» **Messungen in Photoshop rendern** setzt die Linien und Ziffern der Bemaßung ins Bild – auch gemeinsam mit dem **Raster**.

Wählen Sie die Vorgaben jedes Mal neu an. Die Ergebnisse sehen genauso aus wie Raster und Messlinien im Dialogfeld. Legen Sie vorab eine neue leere Ebene an, sonst landen die Linien direkt auf der Bildebene.

Der Befehl **3D-Ebene an Photoshop zurückgeben** erzeugt dagegen aus freien Stücken eine neue, spezielle 3D-Ebene: Dort blenden Sie die Seiten eines dreidimensionalen Objekts einzeln ein und aus. Außerdem können Sie in die Formate DXF, 3DS und VPE für After Effects exportieren.

Tipp
Für Bemaßungen brauchen Sie nicht zwingend Photoshop CS3 Extended, auch die Standardversion bietet ein paar Möglichkeiten zum Messen und maßstabsgerechten Formatieren (Seite 203). Sie eignen sich aber eher für Objekte, die frontal und nicht schräg fotografiert wurden.

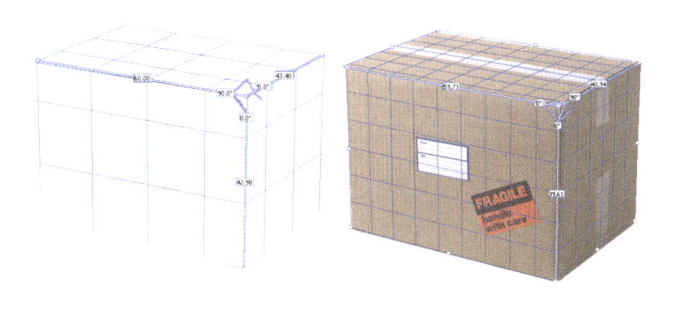

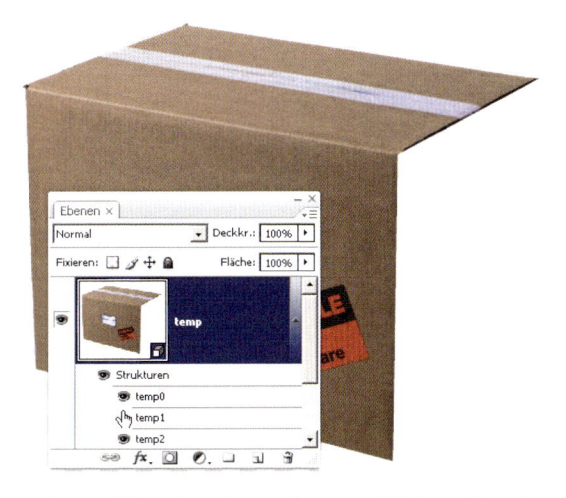

Abbildung 19.34 Das geht nur in Photoshop CS3 Extended: **Oben:** Der »Fluchtpunkt«-Filter zeigt eine Bemaßung an, Gitter und Messlinien lassen sich als Bildebene exportieren und nach Bedarf mit dem Foto mischen. **Unten:** Bei »3D-Ebenen« blenden Sie die Seiten eines Objekts einzeln aus. Dateien: Fluchtpunkt_b4, b5

19.7 Deckungsgleich ausrichten

In bestimmten Fällen sollen Bilder oder Bildabschnitte perfekt deckungsgleich in einer Montage übereinanderliegen:

» Die Einzelsegmente für Fotopanoramen müssen sauber überlappen;

» ist der Hintergrund von Fotoserien deckungsgleich, kann man Animationen daraus ableiten;

» überlappt der Hintergrund von mehreren Gruppenfotos perfekt, können Sie aus jeder Einzelaufnahmen die besten Gesichter im Gesamtbild zeigen;

» sitzt der Hintergrund von mehreren Einzelporträts mit unterschiedlichen Positionen perfekt deckungsgleich übereinander, können Sie Doppelgängerporträts anlegen.

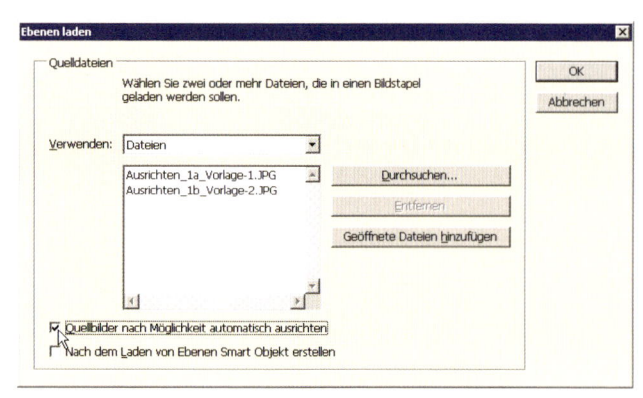

Abbildung 19.35 Der Befehl »Dateien in Stapel laden« setzt Aufnahmereihen in Ebenenstapel um und richtet sie wahlweise noch deckungsgleich aus.

Übersicht

Photoshop legt Ebenen mit einer Vielzahl von Funktionen registerhaltig übereinander. Sie verwenden zwei Verfahren einzeln oder gemeinsam. Dem Prinzip nach:

» Richten Sie zwei oder mehr Ebenen deckungsgleich aus. Verschieben Sie die Ebenen nicht nur: Gleichen Sie Bildbereiche auch durch automatisiertes Vergrößern, Verkleinern, Drehen oder Verzerren an (dies allein erledigt der Befehl **Bearbeiten: Ebenen automatisch ausrichten**). Dabei können immer noch Kontrast- oder Motivsprünge an den Ebenenübergängen sichtbar sein.

» Stellen Sie den nahtlosen Übergang nicht durch geänderte Position oder Proportion her, sondern durch punktgenaues Anzeigen oder Verbergen in überlappenden Bereichen (dies allein erledigt der Befehl **Bearbeiten: Ebenen automatisch füllen**).

Welche Funktionen gibt es?

In der Praxis stapeln und kombinieren Sie Ebenen mit unterschiedlichen Befehlen. Zum Teil ist die Technik der Funktionen **Ebenen automatisch ausrichten** und **Ebenen automatisch füllen** gleich mit eingebaut:

» Wollen Sie eine Ebene mit dem Verschiebenwerkzeug mittig in eine andere geöffnete Datei ziehen, halten Sie die ⇧-Taste gedrückt.

» Wollen Sie feststellen, wie präzise zwei Ebenen übereinanderliegen, schalten Sie für die obere Ebene in der Ebenenpalette den Modus Differenz ein.

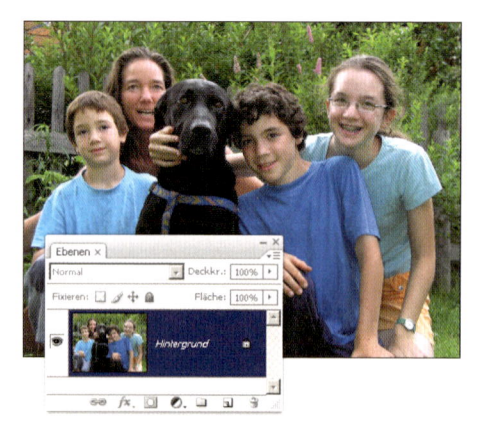

Abbildung 19.36 Von diesem Gruppenfoto nehmen wir nur den Jungen rechts. Datei: Ausrichten_1a

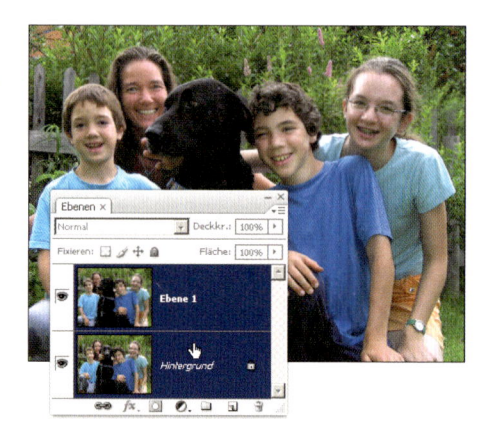

Abbildung 19.37 Wir haben die Variante »Ausrichten_1b« über das erste Bild kopiert. Hier gefallen uns alle Gesichter, Ausnahme: der Bub rechts. Wir wählen die zwei Ebenen gemeinsam aus und gehen auf »Bearbeiten: Ebenen automatisch ausrichten«.

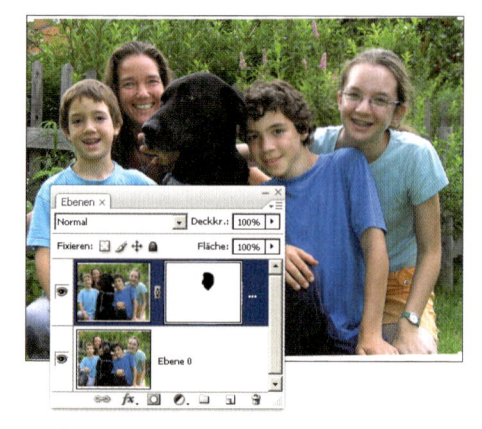

Abbildung 19.38 Die obere Ebene bekommt eine Ebenenmaske. Wir malen mit Schwarz über dem Gesicht des Jungen. In der Gesamtansicht erscheint hier wieder das Gesicht von der ersten Bildfassung. Ergebnis: Ausrichten_1c

» Der Befehl **Datei: Skripten: Dateien in Stapel laden** stapelt Dateien als Ebenen einer Datei, kann diese AUTOMATISCH AUSRICHTEN und in einem Smart Objekt zusammenfassen.

» Der Befehl **Bearbeiten: Ebenen automatisch ausrichten** verschiebt und verbiegt ausgewählte Ebenen so, bis zumindest einige Bildzonen nahtlos aufeinandersitzen. Kontrastsprünge können sichtbar bleiben.

» **Datei: Automatisieren: Photomerge** setzt Einzelbilder zu Panoramen zusammen und gleicht Konturen und Kontrastsprünge automatisch an. Das eignet sich nicht nur für Panoramen, sondern zum Beispiel auch für Gruppenfotos. Verzichten Sie bei weitgehend überlappenden Bildern, etwa Gruppenfotos, auf FÜLLBILDER ERGÄNZEN; so entstehen keine Ebenenmasken.

» Um Kontrast- oder Motivsprünge in überlappenden Bereichen zu glätten, ohne dass sich Position und Proportion der beteiligten Ebenen ändern, nehmen Sie **Bearbeiten: Ebenen automatisch füllen**.

Weitere Möglichkeiten

Die kostenlosen Zusatzbefehle aus »Dr. Brown's Services« (Seite 558) legen bequem mehrere Dateien als Smart Objekte einer Montage übereinander, wahlweise in acht oder 16 Bit. Wählen Sie die Bilder zunächst in Bridge aus, dann gehen Sie dort auf **Werkzeuge: Dr. Brown's Services: Dr. Brown's Place-A-Matic**.

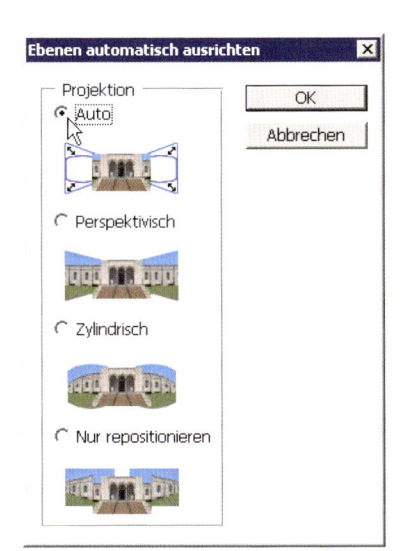

Abbildung 19.39
Der Befehl »Ebenen automatisch ausrichten« biegt ausgewählte Ebenen deckungsgleich zurecht. Die gleichen Optionen zur Perspektivkorrektur bietet auch der »Photomerge«-Befehl für Panoramen.

Sofern Sie den teureren Photoshop CS3 Extended nutzen, dort gibt es den Befehl **Datei: Skripten: Statistik**; der setzt Bilddateien schnurstracks zu Ebenen im **Stapelmodus** (Seite 559) zusammen. Und in der Verbindung von Photoshop CS3 Extended und »Dr. Brown's Services« nutzen Sie **Stack-A-Matic**. Dieser Befehl versetzt ausgewählte Fotos aus Bridge heraus sofort in Ebenen im **Stapelmodus**. Verzichten Sie hier auf die Option CREATE STACK, entstehen normale Bildebenen ohne **Stapelmodus**; aber Sie können dann auch nicht sofort deckungsgleich ausrichten, denn AUTO ALIGN (also das automatische Ausrichten) ist abgeblendet.

»Ebenen automatisch ausrichten«

Der Befehl **Bearbeiten: Ebenen automatisch ausrichten** ordnet zwei oder mehr Ebenen deckungsgleich übereinander an. Je nach Vorwahl werden die Ebenen nur verschoben, bis markante Strukturen glatt übereinanderliegen (NUR REPOSITIONIEREN). Die Vorgaben AUTO, PERSPEKTIVISCH und ZYLINDRISCH vergrößern, verkleinern, drehen und verzerren die beteiligten Ebenen dagegen auch (s.a. Seite 564). Testen Sie zuerst AUTO.

So geht's:

1. Sie legen zwei oder mehr Ebenen übereinander.
2. Sie wählen diejenigen Ebenen in der Palette aus, die Sie ausrichten wollen.
3. Dann folgt der Befehl **Ebenen automatisch ausrichten**.

Dabei ändern sich oft die Proportionen einzelner Ebenen, das Gesamtbild belegt mehr Arbeitsfläche. Die HINTERGRUND-Ebene, sofern mit ausgewählt, mutiert zur EBENE 0.

Andere Befehle

Die Funktion **Ebenen automatisch ausrichten** steckt in vielen anderen Befehlen. Sie können also häufig mehrere Einzelaufgaben mit einem einzigen Befehl erledigen und müssen das **automatische Ausrichten** nicht einzeln aufrufen. Allerdings können Sie bei den anderen Befehlen die Perspektive nicht selber festlegen.

Sie finden das **automatische Ausrichten** als Option in den Befehlen **Datei: Automatisieren: Photomerge**, **Datei: Skripten: Dateien in Stapel laden**, im teureren Photoshop CS3 Extended in **Datei: Skripten: Statistik** und in CS3 Extended in Verbindung mit den kostenlosen »Dr. Brown's Services« im Befehl **Dr. Brown's Stack-A-Matic**.

Abbildung 19.40
Diese zwei Fotos liegen uns vor. Will man einzelne Gesichter austauschen, hilft der Befehl »Ebenen automatisch ausrichten« hier nicht weiter. Dateien: Ausrichten_2 etc.

Gruppenfotos kombinieren

Legen Sie zwei (oder mehr) Gruppenfotos aus einer Serie übereinander, machen Sie die Bilder deckungsgleich und dann zeigen Sie aus jeder Aufnahme nur die nettesten Gesichter. Es gibt viele Wege, die erste Montage anzulegen (Seite 553), unsere Komplettanleitung nimmt einen davon:

1. Sie laden zwei Bilder aus einer Gruppenfotoserie.
2. Sie aktivieren die Datei, die Sie mit Ausnahme von ein oder zwei Gesichtern im Großen und Ganzen verwenden wollen.
3. Sie drücken Strg+A, dann Strg+C, so kopieren Sie die Datei in die Zwischenablage.
4. Aktivieren Sie die andere Datei – diejenige, die ein »Ersatzgesicht« enthält, von der Sie aber nicht den größeren Teil brauchen.
5. Fügen Sie die kopierte Datei ein. Sie erscheint in der Ebenenpalette als EBENE 1.
6. Halten Sie die Strg-Taste gedrückt, dann klicken Sie in der Ebenenpalette auf die HINTERGRUND-Ebene. So sind beide Ebenen ausgewählt.
7. Und jetzt: **Bearbeiten: Ebenen automatisch ausrichten**. Als PROJEKTION nehmen Sie im ersten Versuch AUTO.
8. Hat Photoshop sein Werk getan? Blenden Sie die EBENE 1 durch Klicken auf das Augensymbol in der Palette mehrfach ein und aus. So erkennen Sie, ob es keinen »Sprung« mehr zwischen den zwei Aufnahmen gibt.
9. Klicken Sie einmal auf die EBENE 1 in der Palette. So ist nur noch diese Ebene aktiviert.
10. Jetzt ein Klick auf EBENENMASKE HINZUFÜGEN unten in der Ebenenpalette.

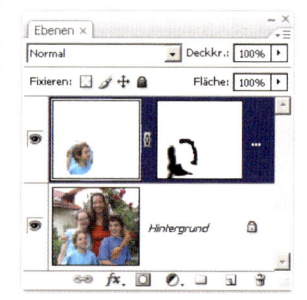

Abbildung 19.41 Um die Köpfe der Buben vorne zu mischen, haben wir die Häupter diesmal ausgeschnitten, sie werden durch Ebenenmasken und Transformieren angepasst.

»Ebenen automatisch füllen«

Abbildung 19.42 Ob zwei Ebenen deckungsgleich übereinanderliegen, zeigt die Füllmethode »Differenz« besonders deutlich. Sie gibt Orientierung beim Verschieben und Transformieren.

Weitere Maßnahmen

Erwarten Sie keine Wunder. Das **automatische Ausrichten** hilft nur bei kleinerem Versatz und sehr klaren Konturen. In schweren Fällen ergreifen Sie andere Maßnahmen:

» Legen Sie mit Lasso oder Rechteck ausgewählte Gesichter als neue Ebenen über ein Bild und passen Sie diese Ebenen mit **Transformieren**, Radiergummi oder Maskenretusche nahtlos ein.

» Verschieben und **transformieren** Sie die obere Ebene von Hand. Dabei stellen Sie die obere Ebene auf die Differenz-Füllmethode um, dieses Überblendverfahren zeigt übereinstimmende Strukturen schneller.

11. Schwarze Vordergrundfarbe müsste automatisch eingerichtet sein, sonst drücken Sie noch einmal X oder D X.

12. Schalten Sie mit der Taste B den Pinsel ein, richten Sie eine passende Werkzeuggröße und niedrige Kantenschärfe ein.

13. Malen Sie über Gesichtern, die Sie verbergen wollen – die darunterliegende Ebene kommt zum Vorschein.

14. Haben Sie zu viel entfernt, wechseln Sie mit der Taste X zu weißer Vordergrundfarbe; damit malen Sie wieder zurück.

»Ebenen automatisch füllen«

Die Funktion **Ebenen automatisch ausrichten** verschiebt und verbiegt Ebenen, um sie deckungsgleich zu machen (siehe oben). Der Befehl **Bearbeiten: Ebenen automatisch füllen** stellt nun fließende Übergänge her zwischen Ebenen, die sich teilweise, aber nicht ganz überlagern – zum Beispiel zwischen den Segmenten eines Panoramas. Wichtige Arbeit leistet der Befehl vor allem bei weniger homogenen Übergängen, die sich gar nicht erst deckungsgleich ausrichten lassen.

Abbildung 19.43 Wir haben die Hintergrundebene des Einzelbilds dupliziert, gespiegelt und nach außen geschoben. Der Befehl »Ebenen automatisch füllen« stellte dann einen weichen Übergang her. Dateien: Ausrichten_3 etc.

Teil 6 • Ebenen

Abbildung 19.44 Die »Hintergrund«-Ebene wurde in eine »Ebene 0« verwandelt, dupliziert, gespiegelt und nach außen verschoben. Die Ebenen liegen hart übereinander und werden für den nächsten Schritt gemeinsam ausgewählt.

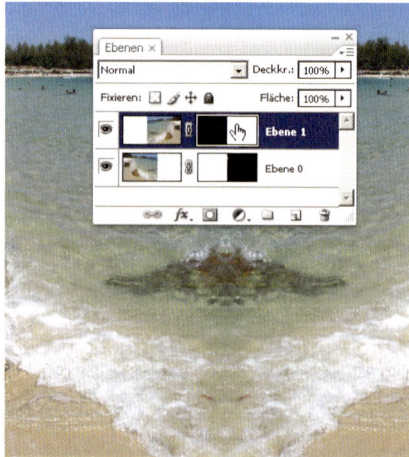

Abbildung 19.45 Der Befehl »Ebenen automatisch füllen« erzeugt per Ebenenmaske einen weichen Übergang zwischen den Ebenen, der hier aber zu gleichmäßig wirkt. Wir klicken auf eine Maskenminiatur, um die Maske zu retuschieren.

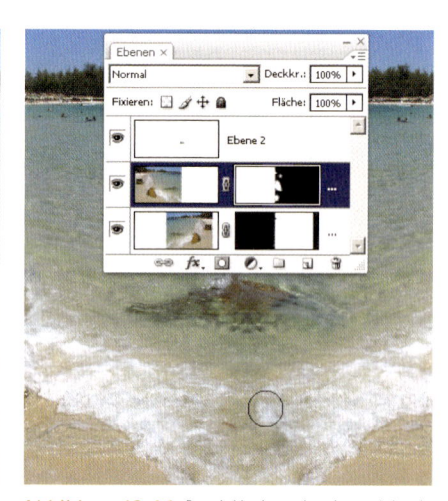

Abbildung 19.46 Durch Maskenretusche und durch Stempelretusche auf einer separaten Ebene ändern wir eine Bildhälfte so, dass sie weniger symmetrisch wirkt.

Wollen Sie eine HINTERGRUND-Ebene mit bearbeiten, verwandeln Sie die erst in eine EBENE 0 – also Alt-Taste drücken und dann ein Doppelklick auf die HINTERGRUND-Miniatur. Die Konturen sollten schon so deckungsgleich wie möglich übereinanderliegen, denn **Ebenen automatisch füllen** verschiebt und verbiegt nichts mehr. Auch der Horizont sollte schon bei den Einzelbildern stimmen.

Der Befehl **Ebenen automatisch füllen** versucht, die eine Ebene so aus- und die angrenzende Ebene so einzublenden, dass Sie ein nahtloses Gesamtbild sehen. Dazu legt Photoshop Ebenenmasken an, die Sie anschließend normal weiterbearbeiten.

Schalten Sie die obere Ebenenmaske aus, um wieder den harten Übergang zu sehen; das erledigt ein ⇧-Klick auf die Maskenminiatur. Die Funktion **Ebenen automatisch füllen** verbirgt sich auch hinter der Option FÜLLBILDER ERGÄNZEN beim Panorama-Dialog **Photomerge**.

Tipp
Der Befehl Ebenen automatisch füllen funktioniert nur mit Bildern in den Modi RGB-Farbe und Graustufen.

Wählen Sie den überlappenden Bereich aus

Es hilft bei der Orientierung wie auch bei der Retusche, wenn Sie den überlappenden Bereich von zwei Montageebenen hervorheben oder auswählen. In diesem Bereich haben Sie die meisten Retuschemöglichkeiten. Sie heben die Zone zum Beispiel per DIFFERENZ-Modus hervor, aber Sie können den Schnittbereich von zwei Ebenen auch leicht auswählen:

1. Halten Sie die Strg-Taste gedrückt und klicken Sie die Miniatur der oberen Ebene in der Ebenenpalette an. Photoshop umgibt die Ebene im Bildfenster mit einer Auswahl-Fließmarkierung.

2. Drücken Sie gleichzeitig Strg+⇧+Alt-Taste und klicken Sie die Miniatur der unteren Ebene an. Nur noch der überlappende Bereich ist ausgewählt.

»Dr. Brown's Services«

Adobes Kreativ-Clown Russell Brown verschenkt auf seiner englischen Webseite www.russellbrown.com/tips_tech.html englische Zusatzfunktionen für Mac und Windows. Diese Befehle beschleunigen manche Photoshop-Aufgaben sehr erfreulich – nicht zuletzt das Anlegen von Ebenenstapeln; außerdem gibt es einen ausgebauten **Bildprozessor** und Funktionen für Bildunterschriften aus Metadaten.

Die Verarbeitung startet in der Regel in Bridge. Dort wählen Sie zunächst Bilder aus. Danach öffnen Sie in Bridge das Untermenü **Werkzeuge: Dr. Brown's Services** und wählen den Befehl, der die markierten Dateien bearbeiten soll. Sie finden die Funktionen aber auch im Photoshop-Untermenü **Datei: Skripten**.

Stapelmodus (CS3 Extended)

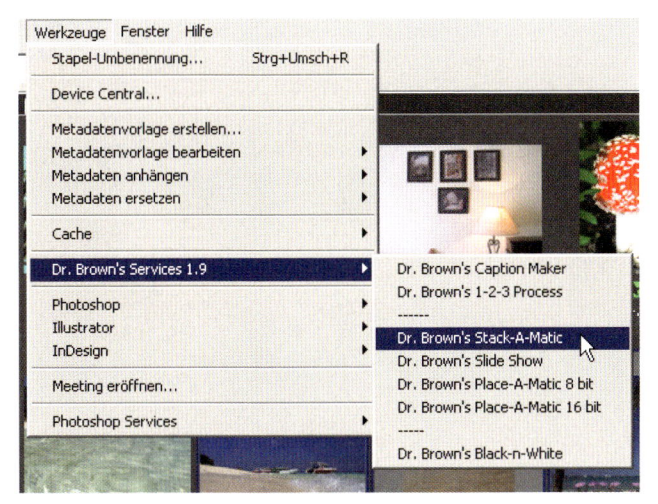

Abbildung 19.47 Die Befehle (Skripten) der Serie »Dr. Brown's Services« rufen Sie aus Bridge heraus auf.

Ich habe alle Skripte unter der Sammelbezeichnung »Dr. Brown's Services 1.9« im Sommer 2007 getestet. Die Mehrzahl funktionierte sofort, nur wenige setzten die englische Version oder den teureren Photoshop CS3 Extended voraus.

Die Installation lohnt sich oft auch, wenn Sie den deutschen Photoshop CS3 Standard nutzen. Vielleicht stoßen Sie bei Erscheinen dieses Buchs ja schon auf deutsche oder ausgebaute Fassungen von »Dr. Brown's Services«.

Installation

Wir besprechen hier nur die Installation. Die einzelnen Skripte stellen wir an den passenden Stellen im Buch vor, zum Beispiel die Bildunterschriften im »Text«-Kapitel.

Eventuell funktioniert bei Ihnen der »Easy Installer«, der die Skript-Dateien an die passenden Stellen kopiert. Wenn nicht: Wir erhielten bei unserem Test mit den Dateien aus der Rubrik »Manual Installation« eine Zip-Datei mit zwei Ordnern; jeder Ordner enthält ein paar Dateien für jeweils einen bestimmten Photoshop-Installationsordner auf Ihrer Festplatte.

Kopieren Sie die Dateien nach der Anleitung auf Browns Internetseite in Ihre Photoshop-Ordner und starten Sie Bridge und Photoshop neu. Das bereitet kaum Kopfzerbrechen.

Abbildung 19.48 Wir mussten erst einen neuen Unterordner »Scripts« anlegen, bevor der Befehl »Process 1-2-3« lief.

Achtung: Der »Scripts«-Ordner

Bei meinem Test mit den englischen »Dr. Brown's Services 1.9« galt allerdings: Nach der englischen Anleitung sollte man die Dateien aus dem Ordner »Set 1« in das Verzeichnis »Adobe Photoshop CS3\Presets\Scripts« kopieren. Hier brauchten wir für die deutsche Version also ein Verzeichnis namens »Adobe Photoshop CS3\Vorgaben\Scripts«.

Im Ordner »Vorgaben« existierte jedoch bei uns nur der Unterordner »Skripten«. Legen Sie parallel dazu den Unterordner »Vorgaben\Scripts« an, und kopieren Sie die Dateien und Unterverzeichnisse aus dem Ordner »Set 1« dort hinein. Fertig.

Stapelmodus (CS3 Extended)

Das Untermenü **Ebene: Smart Objekte: Stapelmodus** finden Sie nur in der Aufpreisversion Photoshop CS3 Extended. Sie legen mehrere möglichst deckungsgleiche Ebenen übereinander, die Sie zunächst zu einem Smart Objekt zusammenfassen. Dann verrechnet Photoshop diese Ebenen so, dass zum Beispiel bewegliche Objekte oder Bildrauschen verschwinden.

Tipp

Sie können die erforderliche Bildreihe auch aus einem Film entnehmen.

Übersicht

Der Ablauf lässt sich weitgehend automatisieren, aber en route spulen Sie oder Photoshop diese Schritte auf dem Weg zum fertigen **Stapelmodus** ab:

1. Sie legen mehrere Ebenen in einer Datei übereinander.

2. Sind die Ebenen noch nicht deckungsgleich, muss Photoshop die Strukturen in Übereinstimmung bringen. Nehmen Sie zum Beispiel erst **Ebenen: Alle auswählen**, dann **Bearbeiten: Ebenen automatisch ausrichten**, meist mit Auto-Vorgabe.

3. Sie wählen alle Ebenen aus und verwandeln sie in ein Smart Objekt, zum Beispiel per **Filter: Für Smartfilter konvertieren**. Die Ebenenreihe in der Palette schnurrt zu einem einzigen (smarten) Objekt zusammen.

4. Gehen Sie ins Untermenü **Ebene: Smart Objekte: Stapelmodus** und legen Sie ein Mischverfahren fest.

Abbildung 19.49 Links: Immer stapft jemand durchs Bild. **Rechts:** Der Stapelmodus »Median« sorgt für Menschenleere. Dateien: Stapelmodus_1 etc.

Das Smart Objekt mit dem Stapelmodus zeigt jetzt rechts in der Palette das Stapelmodus-Symbol. Wollen Sie ein anderes Mischverfahren testen, gehen Sie wieder ins Untermenü **Ebene: Smart Objekte: Stapelmodus**. Durch das Zurechtschieben nicht ganz deckungsgleicher Ebenen ist eventuell etwas einfarbiger Rand entstanden, den Sie wegschneiden oder retuschieren.

Tipp
Verwandeln Sie Hintergrund*-Ebenen in eine normale* Ebene 0. *Dazu reicht ein* Alt*-Doppelklick auf die Miniatur der* Hintergrund*-Ebene.*

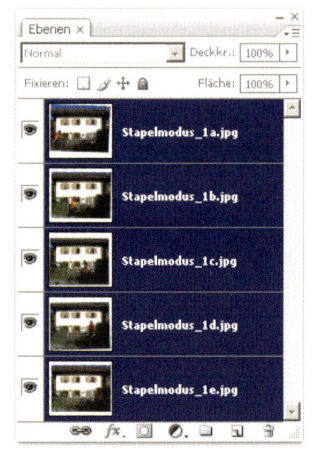

Abbildung 19.50 Links: Zuerst legen Sie die Einzelbilder deckungsgleich übereinander und wählen sämtliche Ebenen aus. **Rechts:** Die Ebenen werden zu einem Smart Objekt zusammengefasst. Jetzt wenden Sie den Stapelmodus »Median« an. Ein Doppelklick auf die verbleibende Smart-Objekt-Miniatur macht wieder die Einzelebenen zugänglich. Dateien: Stapelmodus_1 etc.

Wege zum Stapelmodus 1: per »Statistik«

In der Praxis haben Sie eine Montage mit Stapelmodus schnell beisammen:

1. Holen Sie die benötigten Bilder auf die Photoshop-Arbeitsfläche.

2. Sie wählen **Datei: Skripten: Statistik**.

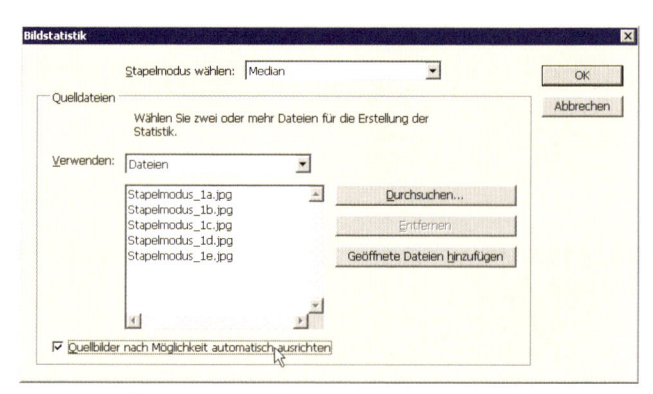

Abbildung 19.51 Der »Statistik«-Befehl erzeugt zügig Smart Objekte mit Stapelmodus.

3. Im Dialogfeld klicken Sie auf Geöffnete Dateien hinzufügen. Unnötige Bilder können Sie markieren und Entfernen.

4. Stellen Sie oben im Dialogfeld den Stapelmodus ein, zum Beispiel Arithmetisches Mittel gegen Rauschen (Seite 296) oder Median zum Entfernen bewegter Motive. Sind Ihre Bilder nicht ohnehin perfekt deckungsgleich, nehmen Sie noch Quellbilder nach Möglichkeit automatisch ausrichten (das entspricht dem Befehl **Ebenen automatisch ausrichten**).

5. Klicken Sie auf OK.

Wege zum Stapelmodus 2: per »Photomerge«

Es gibt viele weitere Wege zum Stapelmodus. Vielleicht gefällt Ihnen die Strecke über **Photomerge**, denn dieses Verfahren beginnt in Bridge. Sie stellen also leicht die gewünschten Bilder zusammen:

1. Markieren Sie die gewünschten Fotos in Bridge.
2. Sie wählen in Bridge **Werkzeuge: Photoshop: Photomerge**.
3. Im Dialogfeld nehmen Sie Auto, Sie wählen Füllbilder ergänzen ab und klicken auf OK.
4. Sie erhalten eine Datei, die alle Einzelbilder als Ebenen deckungsgleich untereinander zeigt. Die Ebenen sind bereits ausgewählt. Wenn nicht, brauchen Sie noch **Auswahl: Alle Ebenen**.
5. Es folgt **Filter: Für Smartfilter konvertieren**.
6. Öffnen Sie das Untermenü **Ebene: Smart Objekte: Stapelmodus** und wählen Sie einen Stapelmodus aus.

Abbildung 19.52
Wie deckungsgleich die Einzelbilder sind, überprüfen Sie auch mit einer Stapelanimation in Bridge (Seite 115). Falls Sie die dafür erforderlichen zehn Dateien nicht zusammenbekommen, duplizieren Sie die vorhandenen Fotos oder nehmen Sie x-beliebige andere Dateien mit in den Stapel auf.

Wege zum Stapelmodus 3: per »Stack-A-Matic«

Am schnellsten geht es mit den kostenlosen »Dr. Brown's Services«, sofern Sie die installiert haben (Seite 558). Wählen Sie die Bilder in Bridge aus, danach nutzen Sie in Bridge den Befehl **Werkzeuge: Dr. Brown's Services: Dr. Brown's Stack-A-Matic**. Verwenden Sie die Optionen Create Stack und Auto Align.

Der Stapelmodus Median zur Entfernung von Touristen heißt auch in diesem englischen Dialogfeld Median. Der Modus Arithmetisches Mittel erscheint hier als Mean.

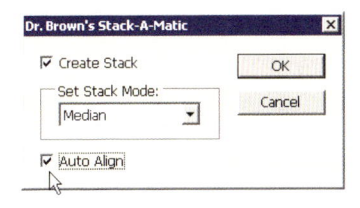

Abbildung 19.53
Mit »Dr. Brown's Services« kommen Sie besonders schnell zum Stapelmodus.

So verschwinden Personen

Für viele Fotografen ist der Stapelmodus **Median** besonders interessant, weil er Bewegliches aus Bildserien tilgt: Zeigen Sie Traumstrände und historische Brunnen ohne Touristenschwärme.

Sie sollten mindestens fünf oder sechs Einzelbilder anliefern, je mehr desto besser. Sie müssen nicht unbedingt perfekt deckungsgleich mit Stativ fotografieren, denn Photoshop schiebt und biegt die Bilder auch noch passend hin.

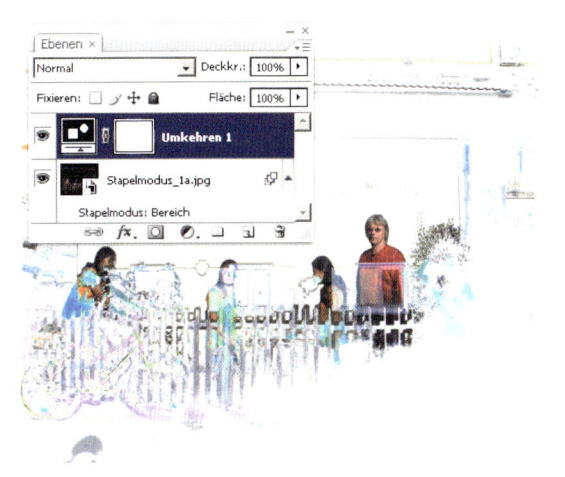

Abbildung 19.54 Oben: Der Stapelmodus »Minimum«. Unten: Wir haben den Stapelmodus »Bereich« eingestellt und eine Einstellungsebene »Umkehren« darübergelegt, sie zeigt das Bild negativ. Vorlage: Stapelmodus_1 Ergebnis

Abbildung 19.55 Bei dieser Serie entstehen per Stapelmodus »Median« Geisterschatten: Die »Störenfriede« konzentrieren sich in der Bildmitte; Photoshop Extended kann dort das Hintergrundmotiv nicht voll rekonstruieren. Das wogende Gras wirkt überdies im Stapelmodus unscharf. Mit Ebenenmasken und Stempelretusche wären hier bessere Ergebnisse möglich. Dateien: Stapelmodus_2 etc.

Das eigentliche Motiv hinter den Touristen muss möglichst oft frei erkennbar sein. Es nützt nichts, wenn das störende Personal auf vier von fünf Motiven den gleichen Hintergrund verdeckt. Stattdessen sollten die »Störenfriede« an immer wieder anderen Bildstellen auftauchen.

Verfeinern

Nicht immer liefert der Stapelmodus ein perfektes Ergebnis. Vielleicht spuken noch verwischte Geisterschatten durch die Szene. Sie können das Ergebnis sofort mit Stempel und Co. retuschieren – legen Sie aber unbedingt zuerst eine neue leere Ebene an und verwenden Sie in den Werkzeugoptionen die Vorgabe Alle Ebenen.

Testen Sie aber zunächst andere Verbesserungen am Stapel:

1. Klicken Sie in der Ebenenpalette doppelt auf das Smart Objekt mit dem Stapelmodussymbol. Jetzt öffnet sich eine neue Datei mit psb-Endung – der ursprüngliche Ebenenstapel, den Sie zuvor angelegt haben. Die komplette, weiterhin zugängliche Ebenenreihe steckt ja als Datei in der Datei innerhalb der smarten Stapelmodus-Ebene. Die Ebenenpalette zeigt die Einzelebenen.
2. Bearbeiten Sie diese psb-Datei (unten).
3. Schließen Sie die psb-Datei wieder. Photoshop berechnet die Darstellung der übergeordneten Stapelmodus-Datei neu.

So könnten Sie die Darstellung korrigieren, nachdem Sie die psb-Datei mit den Einzelebenen geöffnet haben:

» Blenden Sie einzelne Ebenen, die für Geisterschatten verantwortlich sind, per Augensymbol aus.

» Retuschieren Sie eine Einzelebene zum Beispiel mit dem Stempel.

» Fügen Sie neue Aufnahmen aus derselben Serie ein. Wählen Sie danach alle Ebenen in der Palette aus und gehen Sie auf **Bearbeiten: Ebenen automatisch ausrichten**.

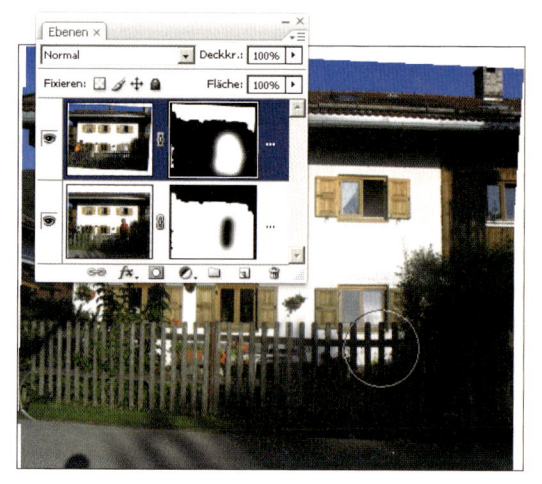

Abbildung 19.56 Auch ohne Stapelmodus lässt sich störendes Personal verbergen – per Maskenretusche.

Abbildung 19.57 Mehrere Einzelbilder setzt der »Photomerge«-Befehl passgenau zu einem Panorama zusammen. Per Ebenenmaske sorgt Photoshop automatisch für nahtlose Überblendung zwischen den Segmenten, hier wurde auch die Perspektive angepasst. Das Ergebnis schneiden Sie noch zu. Dateien: Panaroma_01 etc.

Oder kopieren Sie einen brauchbaren Teil aus einem Einzelbild und legen Sie ihn als »Flicken« über einen Problembereich der Stapelmodusebene.

Alternative ohne »Stapelmodus«

Der Stapelmodus wirkt besonders praktisch, wenn Sie viele Bilder zusammenfassen. Haben Sie dagegen nur zwei bis vier Einzelfotos, brauchen Sie den Stapelmodus nicht unbedingt: **Ebenen automatisch ausrichten** und Maskenretusche reicht, Sie sind also auch nicht auf den teureren Photoshop CS3 Extended angewiesen.

Wir verwenden für unser Beispiel zwei Aufnahmen aus unserer Reihe »Stapelmodus_1«. Sie müssen nicht perfekt deckungsgleich sein. Wichtig jedoch: Über die Einzelaufnahmen verteilt muss jeder Teil des gewünschten Motivs einmal erkennbar sein. Es darf also nicht jedes Mal die gleiche Motivpartie überdeckt sein (dann müssten Sie mit Stempel und Konsorten retuschieren).

Ein möglicher Weg zur Stempelretusche:

1. Markieren Sie die gewünschten Einzelbilder in der Bilddatenbank Bridge.
2. Wählen Sie **Werkzeuge: Photoshop: Photomerge**.
3. Nehmen Sie die Vorgaben AUTO und FÜLLBILDER ERGÄNZEN und klicken Sie auf OK. Photoshop produziert eine Ebenenmontage mit Ebenenmasken. Die Bilder werden deckungsgleich ausgerichtet.
4. Die Ebenenmasken retuschieren Sie mit dem Pinsel, bis alle Personen weg sind.

19.8 Panorama

Setzen Sie mehrere Teilbilder zu Nahtlospanoramen im Hoch- oder Querformat zusammen. Diese Technik heißt manchmal auch »Stitching«, also »Zusammennähen«.

Mit den meisten Fotos läuft alles vollautomatisch: Photoshop ordnet die Aufnahmen in der richtigen Reihenfolge an, setzt sie passgenau aneinander und überblendet butterweich. Eingebaut in einen Befehl, laufen hintereinander die **Bearbeiten**-Funktionen **Ebenen automatisch ausrichten** und **Ebenen automatisch füllen** ab. Nur selten müssen Sie dem Ergebnis von Hand nachhelfen. Tipps zur Panoramafotografie lesen Sie ab Seite 38.

Der Ablauf

So setzen Sie bequem eine Aufnahmereihe zum Panorama zusammen:

1. Sie markieren die gewünschten Bilddateien in Bridge.
2. Sie wählen in Bridge **Werkzeuge: Photoshop: Photomerge**.
3. Im **Photomerge**-Dialog nutzen Sie die Vorgaben AUTO und FÜLLBILDER ERGÄNZEN und klicken auf OK.
4. Sie erhalten sofort eine Bilddatei, die pro Bildsegment eine Ebene plus Ebenenmaske hat. Photoshop ordnet die Bilder dabei automatisch deckungsgleich an und gleicht Kontrastsprünge durch Ebenenmasken aus.

5. Sie drücken ⌃Strg⌄+⌃⇧⌄+⌃0⌄ für die Zoomstufe 100 Prozent, wechseln mit gedrückter Leertaste zur Verschiebehand 🖐 und ziehen zur Kontrolle das komplette Bild durchs Dateifenster.

6. Sie schneiden leeren Rand mit dem Freistellwerkzeug ⌷ weg.

7. Passt alles? Der Befehl **Ebene: Auf Hintergrundebene reduzieren** dampft alles zu einer normalen HINTERGRUND-Ebene ein, die Sie vielseitig speichern.

So beginnen Sie

Auf verschiedenen Wegen starten Sie die Panoramamontage. Beide führen zum ersten **Photomerge**-Dialog:

» Sie wählen in der Bilddatenbank Bridge die zusammengehörenden Bilder aus – die Reihenfolge spielt keine Rolle – und gehen auf **Werkzeuge: Photoshop: Photomerge**. Das ist das praktischere Verfahren, denn das Dialogfeld bietet sofort die gewünschten Bilder an. Alternative:

» Sie klicken in Photoshop auf **Datei: Automatisieren: Photomerge**.

Bildzusammenstellung im »Photomerge«-Dialog

Im Photomerge-Dialog ändern Sie die Bildzusammenstellung:

» Per DURCHSUCHEN laden Sie weitere einzelne Bilder eines Ordners, sofern das VERWENDEN-Klappmenü auf DATEIEN steht. Sie lassen sich gemeinsam per ⌃⇧⌄- oder ⌃Strg⌄-Taste auswählen.

» Sie können die aktuell GEÖFFNETEN DATEIEN HINZUFÜGEN. Noch nicht auf der Festplatte gespeicherte Bilder berücksichtigt Photoshop jedoch nicht.

» Der ENTFERNEN-Schalter wirft einzelne Dateien aus der Zusammenstellung heraus; markieren Sie mehrere Dateien gleichzeitig mit ⌃⇧⌄- oder ⌃Strg⌄-Taste.

Tipp
Die Photomerge-Funktion kostet Rechenpower, vor allem bei großen Bilddateien und Panoramen aus vielen Einzelbildern. Laden Sie bei Problemen zunächst nur einige Teilstücke, prüfen Sie das Ergebnis, dann bauen Sie weitere Segmente an.

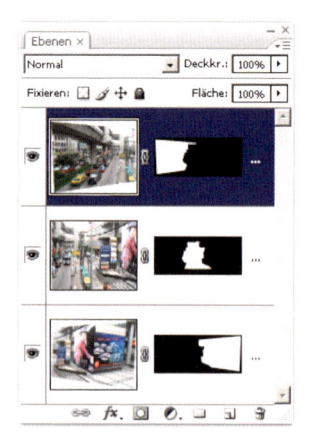

Abbildung 19.58
In den Optionen zur Ebenenpalette haben wir die »Ebenenbegrenzungen« genommen. Jedes Panoramasegment füllt jetzt die Miniatur vollständig aus, erscheint also deutlich größer als bei der üblichen Darstellung mit der Vorgabe »Ganzes Dokument«. Sie erkennen allerdings die Position der Ebene innerhalb des Gesamtbilds nicht mehr so schnell.
Datei: Panorama_01

Wahl der Perspektive

Wie soll Photoshop die Bilder dehnen oder neigen, damit ein möglichst realistischer Eindruck entsteht? Die Optionen kennen Sie auch vom Befehl **Bearbeiten: Ebenen automatisch ausrichten**. Mit AUTO entstehen fast immer gute Ergebnisse. Die anderen Varianten:

» PERSPEKTIVISCH legt ein Segment als Referenzbild fest – meist das mittlere –, die anderen Fotos werden durch Dehnen oder Neigen daran angepasst. Rechnen Sie mit Weichzeichnung an Bildrändern. (Im INTERAKTIVEN LAYOUT legen Sie nach Wahl mit dem Fluchtpunktwerkzeug ✳ andere Referenzbilder fest und ändern so die Perspektive.)

» ZYLINDRISCH verhindert die starke Verzerrung der äußeren Bildränder und ist gekennzeichnet durch abgerundete Konturen der Einzelbilder – testen Sie die Vorgabe vor allem bei sehr breiten Panoramen.

» Wenn Sie NUR REPOSITIONIEREN, schiebt Photoshop die Ebenen möglichst deckungsgleich zurecht, verzerrt aber nichts.

Kontrastsprünge ausgleichen (»Füllbilder ergänzen«)

Wie vermeiden Sie harte Kanten zwischen den einzelnen Segmenten? Nehmen Sie die hilflos betitelte Option FÜLLBILDER ERGÄNZEN, sie entspricht dem Einzelbefehl **Ebenen automatisch füllen**.

Diese Vorgabe kostet ordentlich Zeit: Photoshop legt eine Ebenenmaske für jede Bildebene an und sorgt durch passende Maskierung für meist nahtlose Übergänge zwischen den Segmenten.

Retuschieren Sie die Ebenenmasken bei Bedarf normal weiter.

Der Ablauf

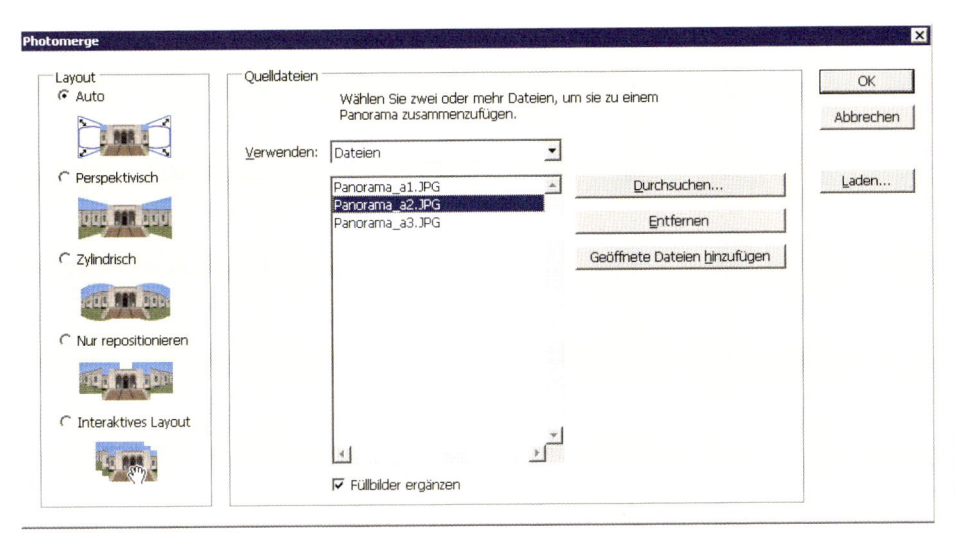

Abbildung 19.59
Im ersten Photomerge-Dialog entscheiden Sie über Dateiauswahl, Perspektive und Ebenenmasken.

Auch ohne die Vorgabe FÜLLBILDER ERGÄNZEN landet jedes Panoramasegment auf einer einzelnen Bildebene. Allerdings entstehen keine Ebenenmasken – das ergibt oft harte Sprünge im Bild.

Sie können die Ebenenmasken von Hand nachlegen, müssen dann aber auch von Hand retuschieren. Oder Sie wählen die Ebenen in der Palette aus und dann **Bearbeiten: Ebenen automatisch füllen**; so entstehen automatisch meist genau die richtigen Ebenenmasken.

Alternative: Panoramen manuell anlegen

Sie können Panoramen auch in Einzelschritten anlegen. Dabei verwenden Sie die Befehle, die der PhotoMerge-Befehl ohnehin hintereinander durchspielt:

1. Sammeln Sie alle Ihre Teilbilder in einer Montagedatei (auch automatisch per **Datei: Skripten: Dateien in Stapel laden**).

2. Markieren Sie die Ebenen dieser Datei in der Ebenenpalette durch [Strg]-Klicks auf die Felder rechts von der Ebenenminiatur.

3. Jetzt folgt **Bearbeiten: Ebenen automatisch ausrichten**. Im Dialogfeld nehmen Sie meist AUTO.

4. Sehen Sie Nähte und Kontrastsprünge im Bild? Schicken Sie den Befehl **Bearbeiten: Ebenen automatisch füllen** hinterher, so entstehen Ebenenmasken wie im **Photomerge**-Dialog auch.

Abbildung 19.60 **Links:** Die Darstellung in der Panoramavorschau verheißt nichts Gutes. **Mitte:** Das automatische Ergebnis sieht gleichwohl gut aus. **Rechts:** Per Maskenretusche zeigen Sie den Bus auch vorn und das Wechseldisplay mit einer alternativen Anzeige. Dateien: Panorama_01 etc.

Teil 6 • Ebenen

Abbildung 19.61 In der Photomerge-Vorschau kennzeichnet Photoshop das aktivierte Einzelbild durch ein rotes Rähmchen. Rahmen für weitere Segmente zeigt Photoshop, wenn Sie den Mauszeiger bei gedrückter [Alt]-Taste über das Element bewegen – so erkennen Sie die Grenzen der Teilbilder. Vorlagen: Panorama_02 etc.

»Photomerge« mit »Interaktivem Layout«

Bevor Photoshop die Ebenenmontage anlegt, können Sie die Bilder in einer Panoramavorschau zurechtschieben. Erforderlich ist das eher selten – zumal das Ergebnis nach dem OK-Klick mitunter anders ausfällt als in der Vorschau zu sehen.

Wählen Sie im ersten **Photomerge**-Dialog das INTERAKTIVE LAYOUT und klicken Sie auf OK. Nun landen Sie im zweiten **Photomerge**-Dialog.

Photoshop setzt die Bilder in der Vorschau sofort nahtlos zusammen. Im Streifen oben über der Gesamtvorschau landen Segmente, die das Programm nicht automatisch ins Panorama einzufügen vermag. Durch Ziehen verschieben Sie Bildsegmente zwischen der Vorschau und der Ablage oben.

Wenn Sie im ersten **Photomerge**-Dialog die FÜLLBILDER ERGÄNZEN, entsteht nach dem OK-Klick im zweiten »interaktiven« Dialog wieder eine Panoramamontage mit Ebenenmasken. Verzichten Sie auf die Option, produziert Photoshop nach dem OK-Klick im Vorschaudialog wieder Montageebenen, aber ohne Ebenenmasken.

Bedienung

Dieser zweite **Photomerge**-Dialog bietet die übliche Zoom-Lupe, die mit gedrückter [Alt]-Taste auch Verkleinerungen bewerkstelligt. Die Hand verschiebt die Montagevorschau im Dialogfenster, auch ein Druck auf die Leertaste schaltet vorübergehend diese Hand ein. Bequemer als diese beiden Werkzeuge wirkt jedoch der NAVIGATOR rechts – hier ändern Sie Bildausschnitt und Zoomstufe bequem.

Mit [Strg]+[Z] annullieren Sie schrittweise mehrere Änderungen, [Strg]+[⇧]+[Z] annulliert die Annullierung peu a peu wieder. Prüfen Sie die Vorschau in hoher Zoomstufe, bevor Sie auf OK klicken.

Platzierung der Einzelbilder

Ziehen Sie die oben abgelegten Fotos per Maus in den Montagebereich oder klicken Sie doppelt darauf – Photoshop versucht, sie automatisch einzupassen. Sie können nun verschieben und drehen, beides lässt sich freilich auch in der fertigen Montage erledigen.

Mit dem Bild-auswählen-Werkzeug (Kurztaste [A]) verschieben Sie einzelne Bilder passgenau. Die Vorgabe AN BILD AUSRICHTEN bringt dabei geeignete Konturen automatisch zur Deckung. Gelegentlich verhindert diese Vorgabe aber genau die richtige Verschiebung, schalten Sie AN BILD AUSRICHTEN also testweise ab. Unabhängig von dieser Vorgabe bugsieren Sie das aktive Bild auch mit den Pfeiltasten pixelweise durch die Komposition – das präziseste Verfahren.

»Photomerge« mit »Interaktivem Layout«

Abbildung 19.62 Dieses Bildergebnis erhalten Sie mit der »Layout«-Angabe »Zylindrisch«: Photoshop wölbt jedes Einzelbild. Dateien: Panorama_07 etc.

Abbildung 19.63 Die Vorwahl »Nur repositionieren« setzt die Bilder ohne jede Verzerrung aneinander. So erscheint die Montage auch zunächst in der Photomerge-Vorschau, wenn Sie vorher das »Interaktive Layout« wählen.

Abbildung 19.64 Dieses Bildergebnis erhalten Sie mit der »Layout«-Vorgabe »Perspektivisch« sowie in der Photomerge-Vorschau, wenn Sie auf »Perspektivisch« klicken. Bei dieser Bildreihe erzeugt die »Auto«-Vorgabe das gleiche Ergebnis.

Abbildung 19.65 Wir haben das »interaktive Layout« gewählt, in der Vorschau »Perspektivisch« ausgesucht und mit dem Fluchtpunktwerkzeug auf das rechte Einzelbild geklickt.

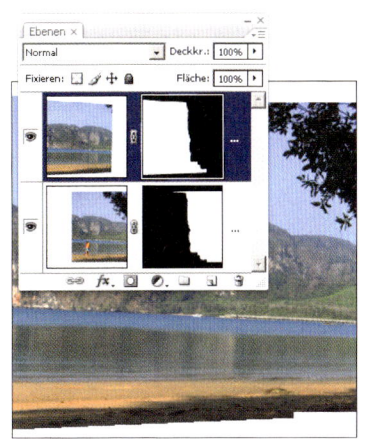

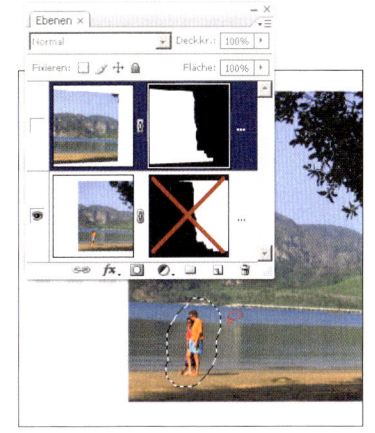

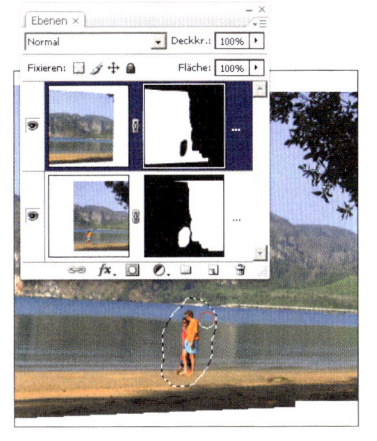

Abbildung 19.66 **Oben:** Photoshop hat das Panorama gut zusammengesetzt – eigentlich: Da war noch was. **Mitte:** Erst wenn Sie die obere Ebene mit dem Augensymbol verbergen und unten per ⇧-Klick die Maske abschalten, entdeckt man die Sommerfrischler im Bild. Um sie dauerhaft sichtbar zu machen, ziehen wir zur Orientierung eine Lasso-Auswahl mit weicher Kante um das Paar (diese Auswahl ist aber nicht zwingend erforderlich). **Unten:** Wir schalten alle Ebenen und Masken wieder ein und malen Weiß in die untere Maske sowie – enger – Schwarz in die obere Maske. So zeigen Sie die Urlauber in der Gesamtmontage an. Dateien: Panorama_03 etc.

Sie können einzelne Teilbilder drehen. Verpassen Sie dem Kandidaten zunächst einen Klick mit dem Bild-auswählen-Gerät, danach greifen Sie zum Werkzeug BILD DREHEN (Kurztaste R). Dieses Werkzeug berücksichtigt die Vorgabe AN BILD AUSRICHTEN nicht.

Komposition

Die handgefertigte Konstellation Ihrer Panoramaebenen können Sie in der **Photomerge**-Vorschau als KOMPOSITION SPEICHERN und so bequem wieder aufrufen (nicht zu verwechseln mit Ebenenkompositionen, Seite 519).

In einer kleinen Datei notiert Photoshop das genaue Arrangement Ihrer Bilder – aber nicht die Pixeldaten selbst. Bilder, die sich oben auf der Ablagefläche und nicht im Montagebereich befanden, werden ignoriert. Sie können die Bildanordnung jederzeit wiederherstellen, sofern Sie die zugrunde liegenden Bilddateien im ursprünglichen Ordner lassen.

So laden Sie eine gespeicherte Komposition wieder:

1. Wählen Sie in Photoshop **Datei: Automatisieren: Photomerge**.
2. Klicken Sie auf LADEN. Sie landen wieder im späteren **Photomerge**-Dialog mit Vorschau. Verfeinern Sie Ihr Panorama oder klicken Sie gleich auf OK.

Tipp
Öffnen Sie die Kompositionsdatei mit der Endung »pmg« in einem Textprogramm. Ändern Sie nicht die Koordinaten, aber tippen Sie bei Bedarf einen neuen Speicherort für die Dateien ein.

Korrekturen

Oft liefert der **Photomerge**-Dialog bestechende, nahtlose Panoramen ab, die Sie nur noch zuschneiden und zu einer HINTERGRUND-Ebene runterschmelzen. Wir sprechen hier kurz ein paar typische Verbesserungen an. Alle Verfahren erscheinen an anderer Stelle im Buch ausführlich.

Wiederholung mit anderen Vorgaben

Konveniert der erste Versuch wider Erwarten nicht, steigen Sie nicht sofort in die Detailretusche ein. Probieren Sie es mit geändertem Verfahren: Wählen Sie im ersten Photomerge-Dialog nicht AUTO, sondern legen Sie gezielt PERSPEKTIVISCH oder ZYLINDRISCH fest.

Noch eine Möglichkeit: Statt **Photomerge** zu wählen, können Sie ja auch

1. die Einzelbilder zu einem Ebenenstapel türmen, zum Beispiel per **Datei: Skripten: Dateien in Stapel laden**, Sie nehmen dann
2. **Bearbeiten: Ebenen automatisch ausrichten** (mit AUTO) und anschließend
3. **Bearbeiten: Ebenen automatisch füllen**.

Dieses Verfahren bringt zum Teil andere Ergebnisse als der Weg über **Photomerge**.

Hat Photoshop eine Ebene grob daneben gesetzt oder per schwarzer Ebenenmaske komplett aus dem Spiel gelassen? Ziehen Sie die Ebene ungefähr an die gewünschte Position, dann markieren Sie sämtliche Ebenen in der Palette (**Auswahl: Alle Ebenen**) und wählen **Bearbeiten: Ebenen auto-**

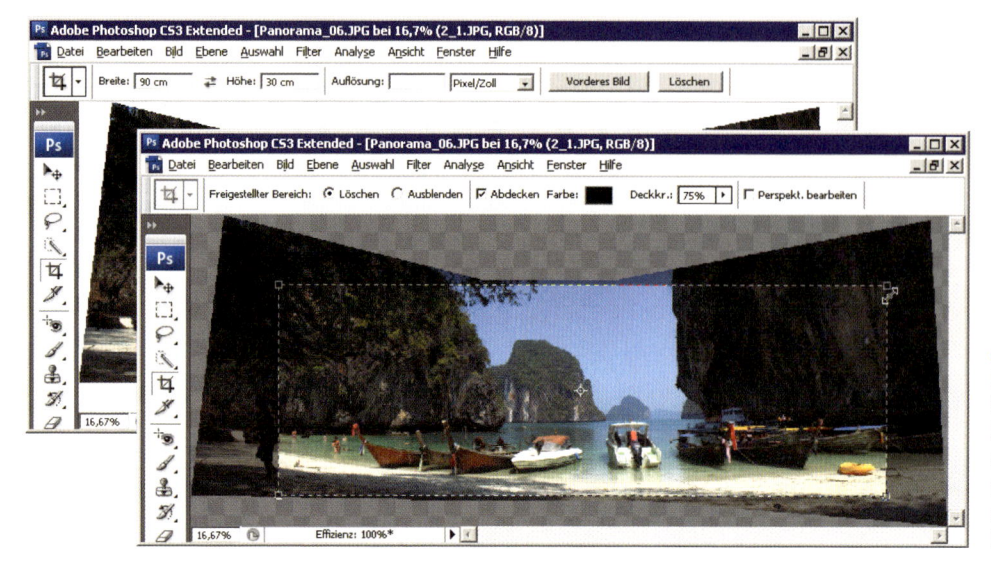

Abbildung 19.67
Hinten: Wollen Sie das Panorama 90x30 Zentimeter groß drucken, stellen Sie diese Werte gleich in den Freistelloptionen ein. **Vorne:** Wenn Sie den Freistellrahmen aufziehen, lässt Photoshop nur noch die passende 3:1-Proportion zu.
Datei: Panorama_06

matisch ausrichten. Dem folgt Bearbeiten: Ebenen automatisch füllen. Weitere Möglichkeit: Setzen Sie erst einige der Teile zusammen, später folgen die Problemkinder.

Wollen Sie nur zwei von mehreren Ebenen aneinander ausrichten, dann klicken Sie zunächst einmal auf die Ebene, die bereits passend im Panorama sitzt, und dann oben in der Palette auf ALLE SPERREN. Diese Ebene ist jetzt die Referenzebene, die andere Ebene muss sich ihr anpassen. Jetzt folgt Ebenen automatisch ausrichten.

Drehen

Bevor Sie die Panoramamontage zuschneiden, drehen Sie bei Bedarf einen schiefen Horizont gerade. Alle Methoden aus dem Hauptabschnitt »Schiefer Horizont« eignen sich (Seite 270). Bedenken Sie dabei:

» Drehen Sie per Transformieren, wählen Sie erst sämtliche Ebenen in der Ebenenpalette aus (Strg-Klicks in Felder rechts von der Miniatur). Sie können die verbleibende Bildfläche bei diesem Verfahren auch skalieren.

» Drehen per Freistellwerkzeug wirkt da deutlich bequemer, zumal Sie gezielt Seitenverhältnisse oder Pixelzahlen vorgeben können (unten). Außenstehendes müssen Sie nicht endgültig wegwerfen, Sie können es hinterm Bildrand verstecken und später wieder hervorholen.

Schneiden Sie das Panorama zu

Vermutlich hat Ihr Panorama ungleichmäßige Kanten und es passt nicht exakt auf die Panoramapapiere der Druckdienste. Sie müssen es also mit dem Freistellwerkzeug zuschneiden und eventuell formatieren.

Ein Fotolabor bietet das Format 90x30 Zentimeter günstig an. So korrigieren Sie die Bildmaße:

1. Schalten Sie das Freistellwerkzeug ein (Taste C).
2. Tragen Sie oben als BREITE »90 cm« ein, als HÖHE geben Sie »30 cm« vor. Das Feld AUFLÖSUNG bleibt leer – so wird die Bildqualität nicht umgerechnet (Seite 193).
3. Ziehen Sie einen Rahmen um den Bildbereich, den Sie drucken lassen wollen. Photoshop lässt nur das Seitenverhältnis eines 90x30-Zentimeter-Drucks zu, also 3:1.
4. Stimmt der Bildausschnitt, klicken Sie doppelt ins Motiv – Photoshop entfernt den Rest, Ihr Foto passt jetzt perfekt auf 90x30-Zentimeter-Papier.

Sie können die Datei immer noch beim Druckdienst in 150x50 Zentimeter bestellen, die eingespeicherten Maße spielen keine große Rolle – Hauptsache, das Seitenverhältnis stimmt. Nur wenn Sie ein viel zu großes Panorama deutlich herunterrechnen wollen, tippen Sie beim Freistellwerkzeug einen Wert wie 300 PIXEL/ZOLL (also dpi) in das Feld AUFLÖSUNG. Dann wird die Datei zugeschnitten und kleingerechnet.

Abbildung 19.68
Sehen Sie die »Risse« im Bild? Sie erscheinen nach den Befehlen »Photomerge« oder »Ebenen automatisch füllen« in manchen verkleinernden Zoomstufen – ein reines Anzeigeproblem. Wenn Sie das Bild in der Zoomstufe 100 Prozent zeigen, drucken oder zur Hintergrundebene verschmelzen, sind die Risse nicht zu sehen. Sie müssen also nichts retuschieren. Datei: Panorama_04

Rand füllen

Sie müssen nicht jegliche leere Fläche wegkappen. Homogene Bereiche am Bildrand – Himmel, Wasser, Mauerwerk – kopieren Sie einfach nach außen auf die leeren Stellen. Verwenden Sie den Kopierstempel (Seite 282).

Oder rahmen Sie Bildbereiche, die sich zum Überdecken eignen, mit Lasso oder Rechteck ein; verwenden Sie dabei eine weiche Auswahlkante. Mit Verschiebenwerkzeug und gedrückter Alt-Taste ziehen Sie immer neue Duplikate des Flickens über leere Bereiche (Seite 507). Dabei kopiert Photoshop jedoch nur aus einer Ebene.

Fehlerhafte Übergänge bei Panoramen mit nur einer Ebene

Haben Sie die Teilbilder bereits auf eine gemeinsame Ebene eingedampft, dann beheben Sie Fehler an den Übergängen der ehemaligen Einzelbilder mit dem Kopierstempel und anderen Retuschetechniken (Seite 282). Liegt das Problem jedoch nicht ganz am Rand des ehemaligen Einzelbilds, sondern etwas weiter in der Mitte, nehmen Sie den Originalbereich aus dem Einzelbild und kopieren ihn in das Panorama.

Abbildung 19.69
Die Füllmethode »Differenz« zeigt den Überlappungsbereich zwischen zwei Segmenten eines Panoramas. Klicken Sie einen Bildbereich mit Verschiebenwerkzeug und rechter Maustaste an, aktiviert Photoshop die Ebenen unter dem Mauszeiger per Kontextmenü. Wollen Sie die Ausdehnung einer Einzelebene erkennen, klicken Sie mit gedrückter Strg-Taste auf die Bildminiatur in der Ebenenpalette – Photoshop umgibt die Ebene mit einer Auswahllinie. Datei: Panorama_01

Einzelebenen erkennen

Oft wird in der Panoramamontage nicht klar, welcher Bildbereich zu welcher Ebene gehört. So gewinnen Sie Überblick:

» Stellen Sie einzelne Ebenen auf die DIFFERENZ-Füllmethode um. Überlappende Bereiche erscheinen nun weitgehend schwarz – schalten Sie aber vorab Ebenenmasken per ⇧-Klick auf die Maskenminiatur aus. Sie wechseln jederzeit wieder zur Füllmethode NORMAL.

» Klicken Sie mit Verschiebenwerkzeug und rechter Maustaste in die Montage. Photoshop nennt die Ebenen unter dem Mauszeiger in einem Menü. Die oberste Ebene erscheint auch im Menü ganz oben.

» Klicken Sie die Ebenenminiatur bei gedrückter Strg-Taste an. Photoshop umgibt die gewählte Ebene mit einer Auswahlmarkierung, so dass Sie ihre Ausdehnung genau erkennen. Strg+D lässt die Markierung wieder verschwinden.

» Mit der Option AUTOMATISCH WÄHLEN aktiviert das Verschiebenwerkzeug automatisch per Klick die oberste Ebene unter dem Mauszeiger. Wollen Sie perfekt platzierte Ebenen jedoch nicht mehr versehentlich verschieben, nutzen Sie die Option POSITION SPERREN oben in der Ebenenpalette.

Ebenenmasken retuschieren

In der Regel liefert Photoshop mit der Option FÜLLBILDER ERGÄNZEN exzellent passende Ebenenmasken ab. Wollen Sie jedoch in Ebenenmasken retuschieren, dann legen Sie den Übergang zwischen zwei Ebenen – also zwei Teilbildern – in diffuse, homogene Bereiche, zum Beispiel in den Himmel.

Übergänge in hart konturierten Partien fallen viel stärker auf. Ein detailreicher Bildteil sollte also möglichst komplett durch eine einzige Ebene dargestellt werden. Prüfen Sie jedoch, warum zum Beispiel bestimmte Teile einer Ebene nicht sichtbar sind: Vielleicht werden sie von der eigenen Ebenenmaske verborgen; aber auch Pixel aus einer darüberliegenden Ebene könnten den gewünschten Bereich unterdrücken – oder beides gemeinsam trifft zu.

Mitunter hilft das Spiel mit der Ebenenmaske nicht weiter, Sie müssen Übergänge im Panorama mit dem Kopierstempel glätten. Legen Sie dafür eine neue leere Ebene an und nutzen Sie den Kopierstempel mit der Option ALLE EBENEN.

Abbildung 19.70 Sie müssen ungleichförmigen Rand nicht immer abschneiden. Kopieren Sie Himmel und Wasser per Stempelretusche in leere Bereiche. Hier legen wir die Retuschepixel auf einer neuen, leeren Ebene an. Datei: Panorama_04

Korrekturen

Tipp

Alt-Klick auf die Maskenminiatur zeigt allein die Ebenenmaske in Graustufen. Alt+⇧-Klick blendet die Maske halbdeckend über die Ebene. ⇧-Klick auf die Miniatur der Ebenenmaske schaltet die Maske aus, ohne sie zu löschen (Seite 606).

Bereiche kopieren

Eventuell möchten Sie nicht den Kopierstempel verwenden, sondern Bildbereiche mit Lasso oder Auswahlrechteck einrahmen und duplizieren. Mitunter ist jedoch unklar, aus welchen Ebenen die Pixel im Auswahlbereich stammen. So geht's:

1. Kümmern Sie sich nicht darum, welche Ebene aktiviert ist; wählen Sie den gewünschten Bereich mit Lasso oder anderen Geräten aus.

2. Klicken Sie auf **Bearbeiten: Auf eine Ebene reduziert kopieren**. Damit fangen Sie das sichtbare Bild innerhalb der Auswahl ein – auch wenn es sich aus mehreren Ebenen zusammensetzt.

3. Klicken Sie in der Ebenenpalette einmal auf die oberste Ebene.

4. Fügen Sie das Bildstück mit Strg+V als Duplikat ein.

5. Platzieren Sie es mit Verschiebenwerkzeug und Pfeiltasten.

Abbildung 19.71 Die Panoramamontage braucht eine Kontrastkorrektur. In der Ebenenpalette klicken wir einmal auf die oberste Ebene und dann auf die Schaltfläche »Neue Füll- oder Einstellungsebene erstellen«. Datei: Panorama_05

Abbildung 19.72 Oben in der Palette sehen Sie die Einstellungsebenen »Gradationskurven« und »Farbton/Sättigung« – sie wirken auf alle Teile des Panoramas.

Überblenden durch Verschieben

Mitunter will man eine komplette Ebene verschieben. Präziser als das Verschiebenwerkzeug erledigen diesen Job die Pfeiltasten, sofern Sie zunächst das Verschiebenwerkzeug einschalten. Die ⇧-Taste verhilft zu größeren Sprüngen.

Verschieben Sie vorzugsweise Ebenen ganz außen, sonst verursacht die Korrektur auf der einen Seite einen ungewollten Versatz an der anderen Kante. Oder verschieben Sie mehrere gemeinsam ausgewählte Ebenen.

Schalten Sie die Ebene in den DIFFERENZ-Modus, so dass Sie die Deckungsgleichheit sofort erkennen: Reines Schwarz deutet auf perfekte Deckung hin, schillernde Konturen verraten Ungenauigkeiten. Alternativ senken Sie die Deckkraft vorübergehend auf 50 Prozent (Kurztaste 5).

Verschieben Sie die Ebene, noch bevor Sie die Ebenenmaske bearbeiten. Schützen Sie perfekt platzierte Ebenen mit der Option POSITION SPERREN oben in der Ebenenpalette. Soll die Ebenenmaske nicht mit der Ebene mitwandern, klicken Sie in der Ebenenpalette auf das Verbindungssymbol zwischen Ebenenminiatur und Maskenminiatur.

Kontrastkorrektur für die Panoramamontage

Sie brauchen eine Kontrastkorrektur für das gesamte Panorama. Klicken Sie einmal auf die oberste Ebene in der Palette und anschließend unten in der Palette auf NEUE FÜLL- ODER EINSTELLUNGSEBENE ERSTELLEN.

Wählen Sie zum Beispiel die **Gradationskurven**. Sie verändern die Gesamtansicht Ihres Bilds, die Korrektur kann immer wieder geändert oder abgeschaltet werden.

So kalkulieren Sie die mögliche Druckgröße

Wie groß lässt sich Ihr Panorama drucken? Das geschätzte Druckmaß kalkulieren Sie flott ohne Computer.

Ein Beispiel: Sie haben drei Teilbilder à acht Megapixel, jede Datei ist also rund 3500 Pixel breit. 3500 mal drei ergibt theoretisch 10.500 Pixel Breite. Wegen der Überlappungen ziehen Sie rund 30 Prozent ab, es bleiben Pi mal Daumen 6900 Pixel übrig. 100 Pixel reichen meist für einen Zentimeter Druckbreite (das entspricht 280 dpi Druckauflösung), also könnte man Ihr Panorama zirka 69 Zentimeter breit drucken. In der Praxis sehen oft auch gängige Werte wie 75 oder 80 Zentimeter gut aus.

Oder testen Sie das fertige Panorama. Wählen Sie **Bild: Bildgröße** und schalten Sie das NEUBERECHNEN aus. Tippen Sie als AUFLÖSUNG zum Beispiel 300 PIXEL/ZOLL ein, dann sehen Sie die möglichen Zentimeterwerte für 300 dpi Druckqualität. Oder tippen Sie eine BREITE ein und prüfen Sie, ob Photoshop eine druckreife AUFLÖSUNG errechnet.

Kapitel 20
Ebenen überblenden

Mischen und manipulieren Sie Ebenen vielseitig mit Füllmethoden (Überblendverfahren), DECKKRAFT-Regler, Effekten und Ebenenstilen.

20.1 Deckkraft, Fläche und Füllmethode

Oben in der Ebenenpalette finden Sie Möglichkeiten, um die Mischung der aktiven Ebene mit den darunterliegenden Ebenen zu steuern: die Regler für DECKKRAFT und FLÄCHE sowie das Einblendmenü für die Füllmethode, also für Überblend- oder Mischverfahren. Die Funktionen tauchen im Dialogfeld EBENENSTIL wieder auf. Alle drei Eigenschaften lassen sich gemeinsam als Ebenenstil speichern (Seite 587) und somit leicht auf andere Dateien übertragen.

Deckkraft

Per DECKKRAFT machen Sie eine Ebene mehr oder weniger blass, so dass der Untergrund durchscheint; niedrige Werte blenden eine Ebene nur blass in den Untergrund ein, 100 Prozent bedeutet volle Deckung. Beachten Sie jedoch, dass oft nicht der DECKKRAFT-Regler, sondern nur eine andere Füllmethode die gewünschte Wirkung bringt.

Wohlgemerkt: Die Pixel auf der Ebene ändern sich durch eine Deckkraftregulierung nicht dauerhaft; sie werden nur anders dargestellt. Sie können völlig verlustfrei eine Ebene auf 30 Prozent Deckkraft stellen, speichern und dann wieder zu 100 Prozent zurückkehren. Verschmelzen Sie allerdings eine erblasste Ebene mit einer anderen, übertragen Sie nur blasse Pixel; die bekommen Sie nicht hundertprozentig wieder.

Tipp
Den Übergang zwischen unterschiedlichen DECKKRAFT-Werten setzt Photoshop unkompliziert in einen Trickfilm um. Ebenen lassen sich also über einen Zeitabschnitt hinweg aus- oder einblenden (Seite 697).

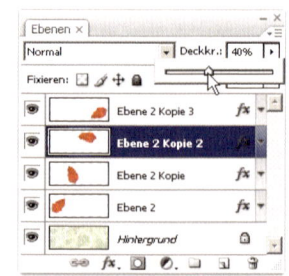

Abbildung 20.1 Sie sehen Beispiele für, von links, 100, 80, 40 und 50 Prozent Deckkraft; der Schatteneffekt deckt mit 50 Prozent der Hauptebene. Als Füllmethode gilt jeweils »Normal«. Die Ebenenpalette zeigt, dass die aktive Ebene 40 Prozent Deckkraft erhält. Datei: Deckkraft_01

Deckkraft ändern

Die Deckkraft für die aktivierte Ebene stellen Sie mit dem Deckkraft-Regler ganz oben in der Ebenenpalette ein. Alternative: der Deckkraft-Regler im Bereich Allgemeine Füllmethode ganz oben im Dialogfeld Ebenenstil.

Die Deckkraftwerte ändern Sie zudem bequem über die Zifferntasten, sofern das Verschiebenwerkzeug oder ein Auswahlwerkzeug wie das Lasso aktiv sind: Tippen Sie »1« für zehn Prozent Deckkraft, »2« für 20 Prozent, »0« sorgt für 100 Prozent Deckkraft; auch Zwischenwerte von 01 bis 100 sind möglich, wenn Sie die Tasten schnell hintereinander erwischen.

Arbeiten Sie allerdings mit einem Mal- oder Retuschewerkzeug – etwa Pinsel oder Kopierstempel –, dann korrigieren die Zifferntasten die Deckkraft dieser Geräte und wirken sich nicht auf die Ebenendeckkraft aus. Auch wenn der Mauszeiger noch in einem Eingabefeld blinkt, etwa oben in den Werkzeugoptionen, ändern Sie die Deckkraft nicht per Tastatur.

Fläche

Die Fläche-Funktion ist nur interessant, wenn Sie Ebeneneffekte wie Schlagschatten oder Abgeflachte Kante und Relief verwenden. So ändern Sie den Fläche-Wert:

» Ziehen Sie in der Ebenenpalette am Fläche-Regler unter dem Deckkraft-Regler.

» Im Ebenenstil-Dialog klicken Sie links auf Fülloptionen: Standard oder Fülloptionen: Eigene, dann nehmen Sie rechts im Bereich Erweiterte Füllmethode den Deckkraft-Regler (nicht ganz oben im Bereich Allgemeine Füllmethode).

Abbildung 20.2 Oben Die Deckkraft wurde auf 50 Prozent gesenkt, so dass die schwarze Ebene »Natur« nur blass erscheint. **Mitte, unten:** Die Deckkraft steht auf 100 Prozent, doch der »Fläche«-Regler zeigt 0 Prozent. Die schwarze Pixelfüllung verschwindet, hier zeigt sich der Hintergrund. Die Schattierungen durch die Ebeneneffekte »Abgeflachte Kante« und »Schein nach außen« bleiben voll sichtbar. Datei: Deckkraft_02 etc.

Füllmethoden

Oben links in der Ebenenpalette steuern Sie die Füllmethoden für die aktivierte Ebene, die Vorgabe lautet zunächst meist NORMAL. Mit den Füllmethoden blenden Sie Ebenen einer Montage raffiniert übereinander. So erscheinen nur bestimmte Aspekte der Ebeneninformation im Gesamtbild – zum Beispiel nur Hell-Dunkel-Strukturen oder nur Farbwerte unabhängig von der Helligkeit. Simulieren Sie Überbelichtung oder übermalte Farben, jegliche Mischung ist möglich.

Die meisten Modi sind auch beim Malen und Retuschieren von Bedeutung, da Sie auch dort Bildpunkte übereinanderlegen. Ausführlich stelle ich die Füllmethoden auf den folgenden Seiten vor. Spezielle Hinweise zum Malen finden Sie jedoch auf Seite 575. Weitere Aspekte speziell der Füllmethoden MULTIPLIZIEREN und NEGATIV MULTIPLIZIEREN zeigen unsere Tipps zur Kontrastkorrektur per Füllmethode ab Seite 246.

Tipp
Viele Programme können zwar Photoshop-Montagen anzeigen, versagen jedoch bei den Füllmethoden. Die Ebenen erscheinen dann oft mit der NORMAL-Überblendung. Auch ältere Photoshop-Versionen stellen später hinzugekommene Füllmethoden nicht korrekt dar (Seite 785).

Füllmethoden im Einzelnen

Photoshops Füllmethoden sind wichtig; sie gelten für Malwerkzeuge, Füllwerkzeuge und Füllbefehle und die meisten treffen Sie in der Ebenenpalette beim Montieren wieder.

Abbildung 20.3 Oben: Der Schriftzug entstand mit den Effekten »Farbüberlagerung« und »Schatten nach innen«. **Mitte, unten:** Wollen Sie den Hintergrund ausblenden und den Bildinhalt nur innerhalb der Schrift zeigen, legen Sie eine Schnittmaske an. Dateien: Deckkraft_02c, 02d

Die FLÄCHE-Funktion blendet allein die in der Ebene dauerhaft vorhandenen Bildpunkte aus. Nicht ausgeblendet werden dagegen die Schattierungen von Ebeneneffekten wie VERLAUFSÜBERLAGERUNG, KONTUR, SCHLAGSCHATTEN oder ABGEFLACHTE KANTE.

In unserem Beispiel verschwindet die schwarze Farbe des Textobjekts. Die Auswirkung der Ebeneneffekte bleibt dagegen voll erhalten: Sie sehen auch weiterhin die Schattierungen der plastischen Kanten, den SCHLAGSCHATTEN und die weiße KONTUR – eingeblendet in die darunterliegende Ebene.

Abbildung 20.4
Die Ebenenpalette bietet oben eine Gruppe von abdunkelnden Füllmethoden, darunter kommen die aufhellenden Gegenstücke, dann folgen kontraststeigernde Modi. Testen Sie mehrere Varianten einer Gruppe: Passt »Aufhellen« schon einigermaßen, wirkt »Negativ multiplizieren« oder »Farbig abwedeln« vielleicht noch besser.

Teil 6 • Ebenen

Füllmethoden auf einen Blick

Die Übersicht auf dieser Doppelseite zeigt Ihnen die Überblendmodi auf einen Blick. Wir verwenden die Datei »Fuellmethode_a« aus dem »Praxis«-Verzeichnis der Buch-DVD; wenn nicht anders erwähnt, beträgt die DECKKRAFT 100 Prozent.

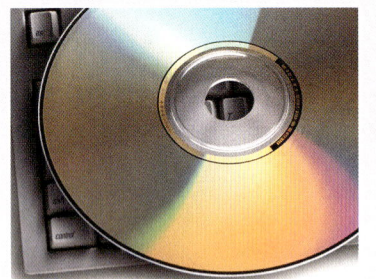

Normal

Normal, 50%

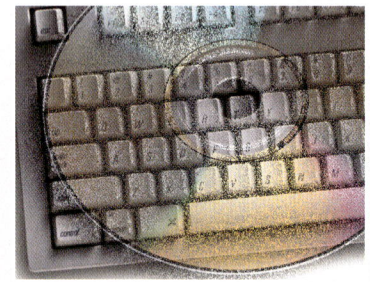

Sprenkeln, 50%

Abdunkeln

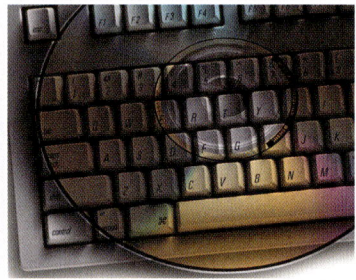

Multiplizieren

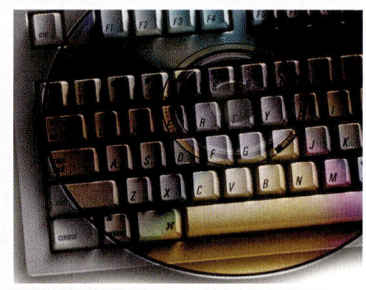

Farbig nachbelichten

Linear nachbelichten

Dunklere Farbe

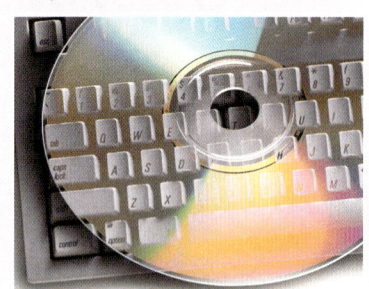

Aufhellen

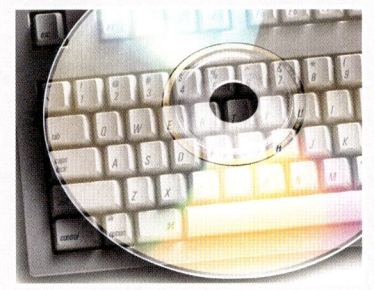

Negativ multiplizieren

Farbig abwedeln

Linear abwedeln

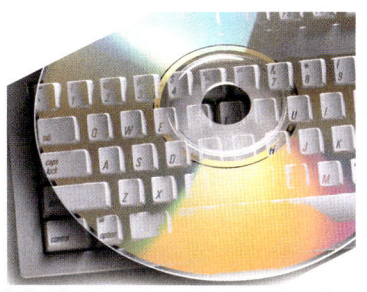

Füllmethoden im Einzelnen

Hellere Farbe	 Ineinanderkopieren	 Weiches Licht
 Hartes Licht	 Strahlendes Licht	 Lineares Licht
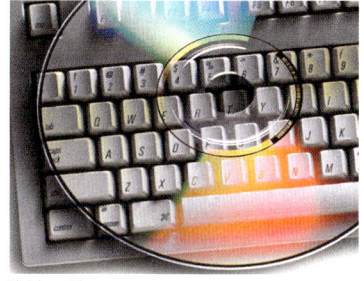 Lichtpunkt	 Hart mischen	 Differenz
 Ausschluss	 Farbton	 Sättigung
 Farbe	 Luminanz	

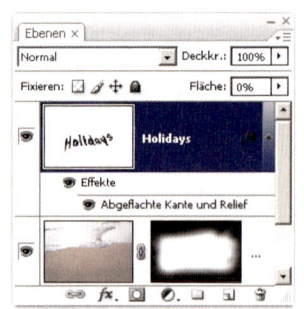

Abbildung 20.5
Die Sandebene wird durch eine weichgezeichnete Ebenenmaske zum Rand hin ausgeblendet. Weil wir den Modus auf »Sprenkeln« gesetzt haben, sorgt die Ebenenmaske hier nicht für weiche Ausblendung, sondern für den Streuseleffekt nach außen. Von der »verkrümmten« Textebene sind nur die per Ebeneneffekt gewölbten Kanten sichtbar; die eigentliche Textfarbe wird mit dem »Fläche«-Regler ausgeblendet. Datei: Fuellmethode_02

Kurztasten

Sie können Deckkraft und Überblendmodus beim Malen und für Ebenen über Kurztasten verändern. Zum Beispiel drücken Sie die Taste 5 für eine Deckkraft von 50 Prozent und ⇧+Alt+M für den Multiplizieren-Modus. Allerdings:

» Solange ein Werkzeug für Retusche oder Farbauftrag aktiviert ist – zum Beispiel Pinsel, Kopierstempel oder Füllwerkzeug –, verändern die Tastengriffe die Optionen zu diesem Werkzeug.

» Sind jedoch zum Beispiel Verschiebenwerkzeug oder Lasso eingeschaltet, verändern die Tastenkürzel die Deckkraft der aktiven Ebene.

Tipp
Praktisch: Mit den Tastengriffen ⇧+- oder ⇧+0 spielen Sie die Füllmethoden der Reihe nach durch.

Normal

Der Normal-Fall beim Malen und bei der Montage: Die unter dem Pinsel oder unter der Ebene liegenden Pixel nehmen komplett die neue Farbe an, von den Tonwerten darunter bleibt nichts zurück (Kurztaste ⇧+Alt+N).

Sprenkeln

Das Sprenkeln verteilt Farbe (oder Bildteile) pünktchenförmig über den Untergrund, abhängig von der Deckkraft (Kurztaste ⇧+Alt+I). Die Wirkung des Sprenkelns hängt stark von der Druckauflösung ab. Damit lässt sich etwa ein Hintergrund aufrauen oder die Wirkung eines alten Stempels oder einer billigen Fotokopie simulieren.

Die einzelnen Streusel fallen allerdings durch harten Rand unangenehm auf; da definiert man im Zweifelsfall lieber eine ausfransende Pinselvorgabe oder blendet mit einer aufgerauten Ebenenmaske über.

Tipp
Sie können eine Ebene mit Sprenkeln-Vorgabe nicht mit weiteren Füllmethoden wie Hartes Licht usw. kombinieren. Workaround: Richten Sie das Sprenkeln in der gewünschten Stärke ein; erzeugen Sie eine neue, leere Ebene direkt unter der Sprenkeln-Ebene und verschmelzen Sie beide Ebenen. Die Streusel lassen sich nun nicht mehr zurücksetzen, Sie können jedoch weitere Füllmethoden anwenden. Glätten Sie Sprenkel eventuell mit einem Weichzeichner, per Bildgröße oder Transformieren.

Abdunkeln und Aufhellen

Im Modus Abdunkeln setzt sich nur das Dunklere durch (Kurztaste ⇧+Alt+K). Damit montieren Sie mehrere Strichzeichnungen, die auf Weiß stehen, nebeneinander – der weiße Hintergrund wird die benachbarte Skizze nicht überdecken. Im Farbmodus Lab funktioniert der Modus nicht. Quasi eine Verstärkung von Abdunkeln ist der Modus Multiplizieren. Alternative bei Ebenentechnik: die maßgenaue Ausblendung von Helligkeitsbereichen (Seite 584). Genau umgekehrt wirkt das Aufhellen.

Beim Aufhellen setzt sich jeweils das Hellere durch; dort, wo die untere Ebene heller ist als die aktive Aufhellen-Ebene, ändert sich nichts (Kurztaste ⇧+Alt+G). Damit kann man etwa mehrere Alphakanäle übereinander legen, um Auswahlen zusammenzuführen – die weiß ausgesparten Auswahlbereiche bleiben allesamt erhalten. Der Modus Negativ multiplizieren bewerkstelligt das Aufhellen auf noch drastischere Art. Der Farbmodus Lab ist hier tabu; als Alternative bietet sich ein Ausblenden von Helligkeitsbereichen in Ebenentechnik an (Seite 584).

Füllmethoden im Einzelnen

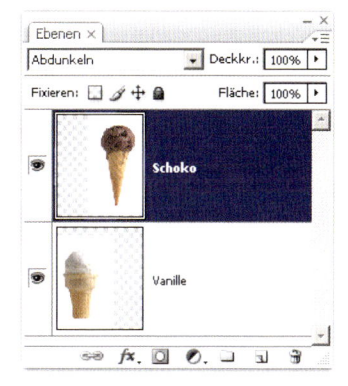

Abbildung 20.6 **Links:** Wir haben die zwei Objekte samt weißem Hintergrund übereinandergelegt; die untere Ebene wird so teilweise verdeckt. **Mitte, rechts:** Die rechte Ebene erhält die Füllmethode »Abdunkeln«. Photoshop zeigt diese Ebene also nur dann an, wenn sie dunkler ist als darunterliegende Pixel; der weiße Hintergrund kann sich also über dem linken Motiv nicht mehr durchsetzen. Datei: Füllmethode_03

Dunklere Farbe und Hellere Farbe

So ähnlich wie AUFHELLEN arbeitet HELLERE FARBE – nur die hellere Farbe setzt sich durch. Anders als beim AUFHELLEN entstehen jedoch keine weitere Farbtöne.

Ähnlich wie ABDUNKELN wirkt DUNKLERE FARBE; hier setzt sich nur die dunklere Farbe durch. Im Gegensatz zu ABDUNKELN entstehen keine neuen Farbtöne. Nutzen Sie DUNKLERE FARBE und HELLERE FARBE auch für Einstellungsebenen wie die **Gradationskurven**, wenn Sie tatsächlich nur einen Teil des Helligkeitsspektrums verändern wollen.

Multiplizieren

Beim MULTIPLIZIEREN werden die Farbwerte übereinanderliegender Bildpunkte multipliziert, das Bild dunkelt deutlich ab – als ob Sie mit Filzstiften mehrfach übereinander malen oder zwei Dias übereinander kleben (Taste ⇧+Alt+M). Je öfter Sie übermalen, desto dunkler wird es. Der Modus mischt Bildpunkte nach dem subtraktiven CMYK-Schema: Montieren Sie Cyan auf Gelb, erhalten Sie Grün; Magenta und Gelb vereinen sich zu Rot. Pinseln Sie indes Hell auf Dunkel, ändert sich gar nichts. Mit dieser Einstellung wird Schatten angelegt – selbst dunkler Untergrund sinkt im MULTIPLIZIEREN-Modus bei nur mittlerem Schattengrau noch mehr ab. Stark überbelichtete Fotos kopiert man per MULTIPLIZIEREN mehrfach übereinander, um mehr Zeichnung zu erhalten (Seite 246).

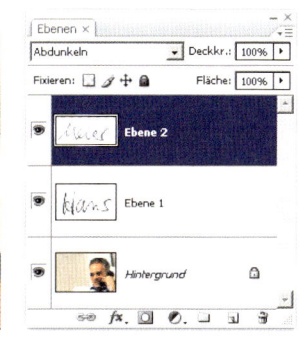

Abbildung 20.7 Dekorieren Sie Porträts, Image-Szenen und Kunstwerke mit einer Unterschrift – ohne kompliziertes Freistellen. **Links:** Wir fügen eine gescannte Unterschrift ein und wählen den rechten Teil aus. Der Befehl »Ebene, Neu, Ebene durch Ausschneiden« hebt den Nachnamen auf eine separate »Ebene 2«. **Mitte, rechts:** Beide Teile der Unterschrift erhalten den Modus »Abdunkeln«, so dass nur noch die dunkle Schrift über der »Hintergrund«-Ebene erscheint, und sie werden neu platziert. Datei: Füllmethode_05 etc.

Abbildung 20.8
Die Feuerwerkdetails wurden mit den Füllmethoden »Negativ multiplizieren« oder »Aufhellen« über den Nachthimmel gelegt. Nur das Hellere setzt sich durch. Datei: Füllmethode_d

Negativ multiplizieren

Der Modus NEGATIV MULTIPLIZIEREN hellt die Farben auf – wie zwei Spotlights oder Dias, die Sie übereinanderprojizieren (Kurztaste ⇧+Alt+S). Dies eignet sich zum Beispiel, um Spitzlichter zu setzen oder Feuerwerk in einen Nachthimmel zu montieren. Auch Überstrahlung simuliert man so, wenn man das oben liegende Duplikat einer Ebene mit Gaußschem oder Radialem Weichzeichner bearbeitet (Seite 382). Die Methode hieß bisher NEGATIV MULTIPLIZIEREN.

Ineinanderkopieren

Der Modus INEINANDERKOPIEREN hieß in einer früheren Version ÜBERLAGERN; er multipliziert, abhängig von der Originalfarbe, die normalen oder die umgekehrten Farbwerte (Kurztaste ⇧+Alt+O). Mittlere Farbtöne werden geändert, Lichter und Schatten des Originals bleiben jedoch erhalten. Photoshop ersetzt die Originalfarbe nicht, sondern mischt sie mit dem Farbauftrag, um helle und dunkle Zonen zu erhalten. In experimentellen Situationen macht der Modus das Gesamtbild oft frischer und lebhafter, teilweise dem HARTEN LICHT vergleichbar.

Die »Licht«-Methoden

Photoshop bietet eine Reihe von »Licht«-Methoden, die jeweils den Kontrast steigern:

» WEICHES LICHT simuliert das Beleuchten eines Bilds mit diffusem Licht: Ist die Malfarbe heller als 50 Prozent Grau, wird das Bild aufgehellt; ist die Malfarbe dunkler als 50 Prozent Grau, dunkelt Photoshop das Bild ab (Kurztaste ⇧+Alt+F). Am stärksten wirkt der Modus bei Schwarz und Weiß. Mehrfaches Auftragen verstärkt den Effekt.

» HARTES LICHT wirkt stärker als WEICHES LICHT: Ist die Malfarbe heller als 50-prozentiges Grau, hellt Photoshop das Bild auf, indem er es mit den umgekehrten Farbwerten multipliziert (Kurztaste ⇧+Alt+H). Dunklerer Farbauftrag jedoch sorgt für ein deutliches Abdunkeln nach dem Schema des Modus MULTIPLIZIEREN. Neutralgrau wird gar nicht übertragen. Mit diesem sehr lebhaften Modus pinseln Sie Glanzlichter oder Schatten und sorgen für frische Farben bei Überblendungen. HARTES LICHT und WEICHES LICHT eignen sich auch für Kontrastauffrischung (Seite 246).

» STRAHLENDES LICHT sorgt durch »Abwedeln« oder »Nachbelichten« des Kontrasts für kräftige Auffrischung (Kurztaste ⇧+Alt+V). Ist die Füllfarbe heller als Neutralgrau, wird das Bild durch Kontrastverringerung stark aufgehellt; ist sie dunkler, erfolgt durch Kontrastabsenkung eine starke Abdunkelung.

» LINEARES LICHT (Kurztaste ⇧+Alt+J) sorgt durch »Abwedeln« oder »Nachbelichten« der Helligkeit für Auffrischung. Ist die Füllfarbe heller als Neutralgrau, wird das Bild durch Steigerung der Helligkeit aufgehellt; ist sie dunkler, führt das zu einer Abdunkelung.

» LICHTPUNKT ersetzt Farben (Kurztaste ⇧+Alt+Z). Ist die Füllfarbe heller als Neutralgrau, werden Bildpunkte ersetzt, die dunkler als die Füllfarbe sind, während hellere Bildpunkte unverändert bleiben. Ist die Füllfarbe dunkler als Neutralgrau, werden hellere Bildpunkte ersetzt.

Füllmethoden im Einzelnen

Abbildung 20.9 **Ganz links**: Das Foto wirkt blass. **2. Bild**: Wir duplizieren die »Hintergrund«-Ebene mit Strg+J und stellen die Kopie-Ebene auf »Hartes Licht« um; das Bild wirkt zu hart. **3. Bild**: Wir senken die »Deckkraft« der oberen Ebene auf 50 Prozent. Datei: Fuellmethode_06

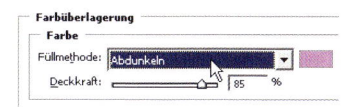

Abbildung 20.10 Wir malen die Striche mit Schwarz, die Leuchtfarbe entsteht durch den Ebeneneffekt »Farbüberlagerung«. Die »Fläche« der Ebene hat null Prozent Deckkraft, so dass die schwarzen Pixel nicht erscheinen, nur die Farbe des Effekts tritt in Erscheinung. Der Effekt »Farbüberlagerung« erhält im »Ebenenstil«-Dialog den Modus »Abdunkeln«, so dass die schwarzen Buchstaben nicht überdeckt werden. Datei: Füllmethode_07

Hart mischen

Hart mischen lässt nur noch reine subtraktive und additive Grundfarben zurück (Kurztaste ⇧+Alt+L) und erzeugt so ein sehr plakatives Ergebnis, das an die Wirkung des Befehls **Bild: Anpassungen: Tontrennung** erinnert (Seite 362).

Differenz

Der DIFFERENZ-Modus arbeitet Unterschiede zwischen zwei Ebenen heraus – nur komplett schwarze Resultate deuten auf identischen Pixelbestand (Kurztaste ⇧+Alt+E). Eventuell haben Sie zwei halbidentische Ebenen, die deckungsgleich übereinandergelegt werden sollen, zum Beispiel bei einem manuell eingerichteten Fotopanorama; der DIFFERENZ-Modus zeigt akkurat, wann es passt. Sie können auch großzügige und engere Masken vergleichen und den Unterschied aus beiden als neue Maske verwenden.

Ausschluss

Weicher als die DIFFERENZ arbeitet der AUSSCHLUSS (Kurztaste ⇧+Alt+X). Obenliegende weiße Pixel kehren die Werte der darunterliegenden Farbe um, Schwarz oben verändert nichts. Der Modus funktioniert nicht bei Lab-Vorlagen.

Teil 6 • Ebenen

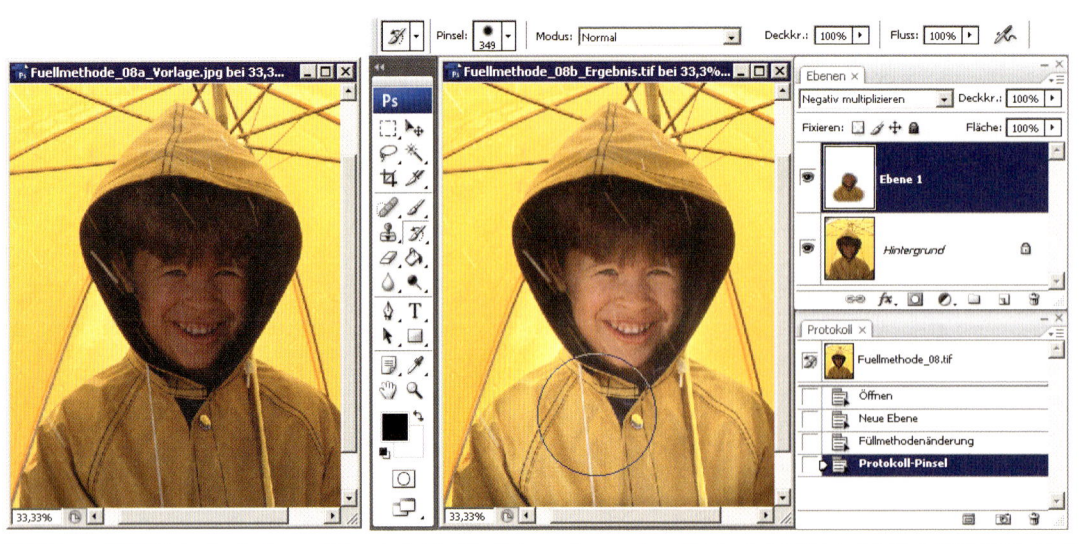

Abbildung 20.11 **Links:** Der Vordergrund ist zu dunkel. **Rechts:** Wir legen eine neue leere Ebene mit dem Modus »Negativ multiplizieren« an. Malen Sie mit dem Protokollpinsel über das Gesicht, schon wird es heller. Fällt die Wirkung zu stark aus, senken Sie die »Deckkraft« der neuen Ebene. Sie könnten auch den Protokollpinsel auf »Negativ multiplizieren« stellen und direkt in der »Hintergrund«-Ebene arbeiten. Dateien: Fuellmethode_08 etc.

Die »Abwedeln«-Methoden

Abwedeln, das bedeutet bei Photoshop, angelehnt an eine alte Dunkelkammertechnik, so viel wie Aufhellen. Beide Methoden zeigen keine Wirkung mit Schwarz:

» FARBIG ABWEDELN hellt die Untergrundfarbe auf, so dass die Malfarbe oder Ebene hell aufscheint (Kurztaste ⇧ + Alt + D). Der Modus eignet sich für Leuchteffekte.

» LINEAR ABWEDELN hellt die Ausgangsfarbe auf, um die Füllfarbe oder Ebene zu reflektieren (Kurztaste ⇧ + Alt + W).

Die »Nachbelichten«-Methoden

Mit NACHBELICHTEN, also dem Abdunkeln, bietet Photoshop die folgenden Füllmethoden, welche bei Weiß keine Wirkung zeigen:

» FARBIG NACHBELICHTEN dunkelt die Untergrundfarbe ab, so dass die Malfarbe oder Ebene sich dunkel darüber mischt (Kurztaste ⇧ + Alt + B). Das Mischverfahren eignet sich für lebendig leuchtenden Farbauftrag.

» LINEAR NACHBELICHTEN dunkelt die Ausgangsfarbe ab, um die Füllfarbe zu reflektieren (Kurztaste ⇧ + Alt + A).

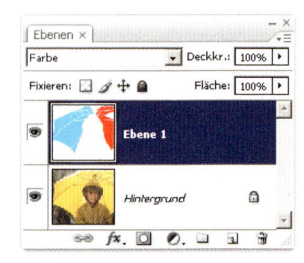

Abbildung 20.12 Der Farbeimer färbt farbähnliche Bereiche um, wir bearbeiten hier eine neue, leere Ebene. **Links:** Im Modus »Normal« wirkt der Farbauftrag zu hart. **Rechts:** Wir schalten die obere Ebene auf den Modus »Farbe« um. Sie könnten auch direkt auf der »Hintergrund«-Ebene arbeiten und den Farbeimer auf »Farbe« oder »Farbton« stellen. Datei: Fuellmethode_09

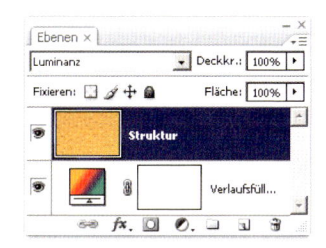

Abbildung 20.13 **Links:** Strukturen und Farben mischen Sie mit verschiedenen Verfahren. **Mitte:** Hier liegt der Verlauf über einer Struktur; im Modus »Farbe« wirkt der Verlauf als reine Färbung, die Textur des Untergrunds bleibt erhalten. **Rechts:** Dasselbe Bildergebnis erhalten Sie, wenn sich die Struktur oben befindet und im Modus »Luminanz« überblendet wird; so überträgt Photoshop nur die Helligkeitsunterschiede, behält aber die Farbinformation des darunterliegenden Verlaufs. Datei: Füllmethode_10

Farbton

Mit dem FARBTON-Modus ändern Sie nur den Farbwert (Kurztaste ⇧+Alt+U), Helligkeit und Farbsättigung bleiben erhalten. Er eignet sich zum Umfärben bei Erhalt der Strukturen. Vergleichbar ist der Effekt mit der Option FÄRBEN im Dialogfeld des **Bild**-Befehls **Farbton/Sättigung** (Seite 336). Falls dieser Modus noch zu schwach wirkt, verwenden Sie FARBE.

Tipp
Die Überblendverfahren FARBTON, FARBE sowie LUMINANZ basieren auf dem HSB-Farbmodell. Es wird ab Seite 336 erläutert.

Farbe

Die Füllmethode FARBE lässt nur die Helligkeit unverändert (Kurztaste ⇧+Alt+C). Sie wahrt Strukturen und Konturen des Untergrunds und eignet sich besonders zum Einfärben von Graustufenbildern (die Sie vorab in einen Farbmodus verwandeln). FARBE verfremdet stärker als der FARBTON-Modus.

Tipp
*Bei Graustufenbildern wird der Modus FARBE nicht angeboten. Wollen Sie Graustufenbilder umfärben, wandeln Sie diese zunächst in einen Farbmodus um, zum Beispiel per **Bild: Modus: RGB-Farbe**.*

Sättigung

Der Modus SÄTTIGUNG korrigiert nur das Verhältnis zwischen Grau- und Farbanteil in jedem Bildpunkt, Farbwert und Helligkeit bleiben unberührt (Kurztaste ⇧+Alt+T). Farbauftrag über völlig neutralen Bildbereichen verändert gar nichts. Ein graues Objekt entfärbt einen bunten Hintergrund.

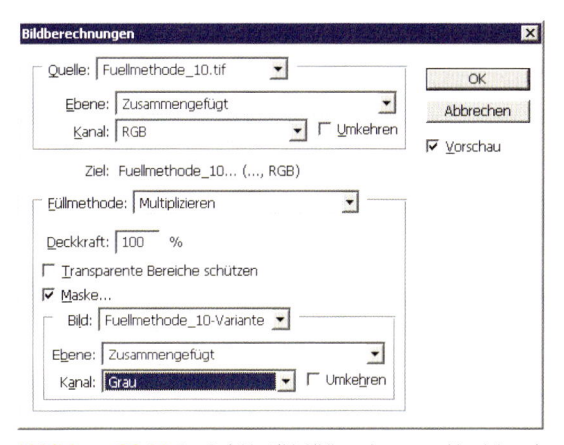

Abbildung 20.14 Der Befehl »Bild: Bildberechnungen« blendet zwei exakt gleich große Bilddateien oder zwei Ebenen ineinander. Allerdings wirkt es oft übersichtlicher, die Bilder in der Ebenenpalette übereinanderzulegen und den Effekt mit Füllmethoden und Deckkraft-Regler herzustellen.

Luminanz

Der LUMINANZ-Modus bearbeitet nur die Helligkeit der Bildpunkte und bildet damit den Gegenpol zum FARBTON-Modus: Hiermit übertragen Sie eine Struktur, also die Helligkeitswerte, ohne die Farbe zu ändern (Kurztaste ⇧+Alt+Y). Damit stanzen Sie Strukturen ins Bild.

Helligkeitsbereiche ausblenden

Eine Alternative zu Füllmethoden wie ABDUNKELN oder AUFHELLEN bietet Photoshop im EBENENSTIL-Dialog: Blenden Sie gezielt handverlesene Helligkeitswerte einer Ebene aus, zum Beispiel nur das Weiß eines Blatts Papier – was aber auf dem Papier geschrieben steht, bleibt weiterhin im Bild sichtbar. So holen Sie sich den EBENENSTIL-Dialog für die gewünschte Ebene: Klicken Sie in der Ebenenpalette doppelt auf die leere Fläche neben einer Ebenenminiatur (nicht auf den Ebenennamen; außer bei normalen Pixelebenen nicht auf die Ebenenminiatur).

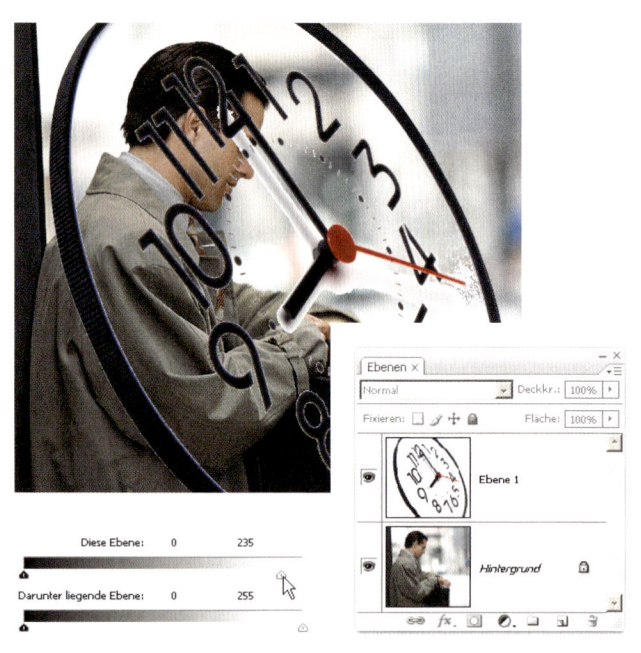

Abbildung 20.15 Die Ebene mit der Uhr lag zunächst voll deckend über dem Hintergrund. Im Dialogfeld »Ebenenstil« blendeten wir dann die hellsten Tonwerte von 255 bis 236 aus. Der Übergang zwischen den zwei Ebenen wirkt sehr grob, er wird im folgenden Bild geglättet. Datei: Effekte_k

Im EBENENSTIL-Dialog muss links der Balken FÜLLOPTIONEN aktiv sein. In der Mitte konzentrieren Sie sich auf die Zone Farbbereich ganz unten. Möglichkeiten im Überblick:

» Sie blenden mit dem Regler DIESE EBENE einzelne Helligkeitsbereiche aus, zum Beispiel nur die Lichter.

» Mit dem Regler DARUNTERLIEGENDE EBENE sorgen Sie dafür, dass sich bestimmte Helligkeitsbereiche der darunter liegenden Ebenen in der aktuellen Ebene auf jeden Fall durchsetzen, zum Beispiel nur die Schatten.

Alles lässt sich verlustfrei zurücksetzen.

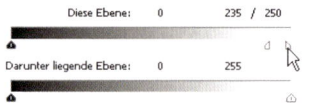

Abbildung 20.16 Wir ziehen bei gedrückter [Alt]-Taste am weißen äußeren Dreieck, so dass die Helligkeitswerte von 236 bis 250 halbdeckend im Gesamtbild erscheinen. Die Pixel der oberen Ebene gehen damit weicher in der darunterliegenden Ebene unter. Vorlage: Effekte_k

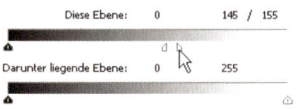

Abbildung 20.17 Um die helleren Partien des Uhrenbilds komplett zu verbergen, blenden wir alle Helligkeitswerte bis 155 komplett aus. Tonwerte von 146 bis 155 werden nur halbdeckend übertragen.

Helligkeitsbereiche ausblenden

»Diese Ebene«

Der Regler DIESE EBENE legt fest, welche Tonwerte sichtbar sind; nur Tonwerte innerhalb der beiden Regler erscheinen überhaupt in der Komposition. So blenden Sie zum Beispiel die hellen Bereiche aus: Ziehen Sie den rechten Regler für die hellen Tonwerte auf 200; damit werden nur die Tonwerte zwischen 0 und 200 übertragen, die Lichter zwischen 201 und 255 erscheinen nicht mehr in der Montage. So lässt sich schnell ein weißer Hintergrund ausblenden, etwa Papierweiß.

»Darunterliegende Ebene«

Der Regler DARUNTERLIEGENDE EBENE gibt an, welche Tonwerte der darunterliegenden Ebenen überdeckt werden – und zwar nur Tonwerte innerhalb der Reglerstellung. So schützen Sie zum Beispiel schwarze Schrift oder schwarze Konturen auf darunterliegenden Ebenen vor Überdecken: Beschränken Sie den Bereich DARUNTERLIEGENDE EBENE auf die Werte von 50 bis 255; damit zeigen sich die dunklen Tonwerte 0 bis 49 der tieferen Ebenen auf jeden Fall auch in der Ebene darüber.

Abbildung 20.18 In diesem Schritt werden dunkle Bereiche der »Hintergrund«-Ebene wieder ins Gesamtbild eingeblendet: Wir ziehen die schwarzen Regler des Bereichs »Darunter liegende Ebene« nach innen. Dunkle Tonwerte von 0 bis 60 (Haare und Tasche) setzen sich vollständig gegenüber der darüberliegenden Ebene durch; Pixel mit Werten von 61 bis 110 erscheinen halbtransparent. Vorlage: Effekte_k

Abbildung 20.19 Eine Alternative zum Ausblenden von Helligkeitsbereichen bieten Füllmethoden. Bei diesen Beispielen haben wir die Regler für die Helligkeitsbereiche nicht verwendet. **Links:** Die Füllmethode »Abdunkeln« verbannt helle Pixel aus der oberen Ebene. Ähnlich wirkt bei dieser Montage »Negativ multiplizieren«. **Rechts:** »Ineinanderkopieren« sorgt für eine interessante Mischung mit Kontraststeigerung. Vorlage: Effekte_k gen Sie die äußeren Hälften der Reglerdreiecke mit gedrückter Alt-Taste; wenn Sie jetzt ziehen, bewegt sich nur das halbe Dreieck mit. Der Bereich zwischen den beiden Dreiecken wird halbtransparent übertragen.

Beschränken Sie zum Beispiel die Lichter der aktuellen Ebene, um hellen Hintergrund auszublenden, dann lesen Sie jetzt etwa eine Anzeige wie »120/160«. Das bedeutet: Die helleren Tonwerte zwischen 161 und 255 werden überhaupt nicht übertragen; Tonwerte zwischen 120 und 160 erscheinen abgeschwächt im Bild. Erst Tonwerte unter 120, bis herunter zu Schwarz, werden voll ins Gesamtbild übertragen. So vermeiden Sie hart abgerissene Kanten und erzeugen luftige Überblendungen.

Tipp
Ausblenden der Helligkeitsbereiche hilft nicht immer allein zum Ziel. Blenden Sie bei Bedarf auch Bildbereiche per Ebenenmaske aus (Seite 604) oder testen Sie die Füllmethoden (Seite 575): Wollen Sie Helles ausblenden und nur Dunkles zeigen, nehmen Sie die Füllmethode ABDUNKELN. Soll Dunkles verborgen bleiben, prüfen Sie die Füllmethode AUFHELLEN.

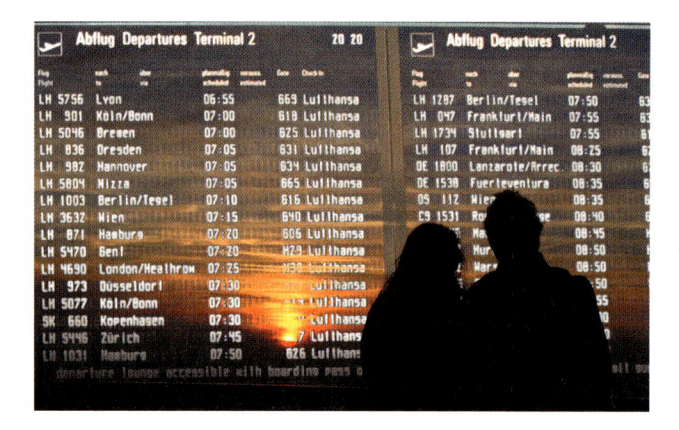

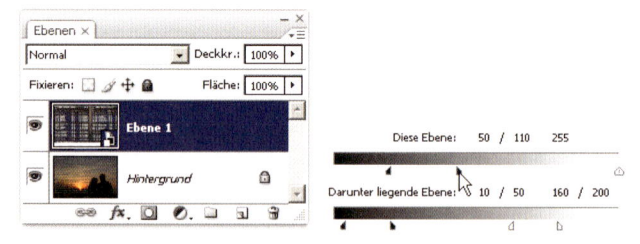

Abbildung 20.20 Die »Ebene 1« mit der Flugtafel büßt sämtliche Tiefen von 0 bis 50 ein – der schwarze Hintergrund wird ausgeblendet. Von der unteren Ebene zwingen wir die dunklen Werte bis 50 nach vorne – so erscheinen die Silhouetten vor der weißen Schrift. Mit von der Partie sind auch die Lichter bis zum Wert 160, also einige Sonnenstrahlen. Datei: Fuellmethode_13

Halbtransparente Bereiche

Die Überblendung lässt sich noch verfeinern. Denn Übergänge zwischen der aktuellen Ebene und dem Darunterliegenden geraten oft zu hart, wenn die Übertragung bei einem bestimmten Tonwert abrupt endet. Sie können darum einen Bereich von Tonwerten halbtransparent einrichten – hier nimmt die Deckkraft stufenlos ab oder zu. So geht's: Bewe-

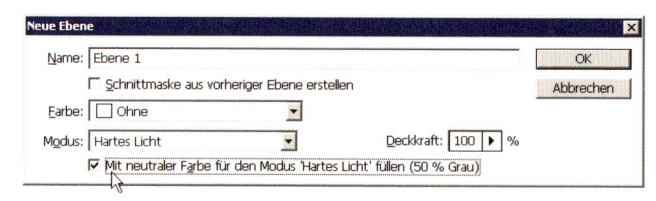

Abbildung 20.21 Schon wenn Sie eine neue Ebene anlegen, können Sie Füllmethode und eine Farbfüllung festlegen. Dazu klicken Sie die Schaltfläche »Neue Ebene erstellen« mit gedrückter Alt-Taste an. Hier nehmen wir die Füllmethode »Hartes Licht«; Photoshop bietet an, die Ebene sofort mit Neutralgrau zu füllen.

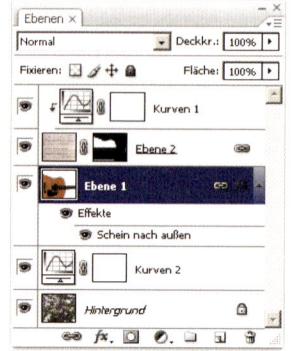

Abbildung 20.22
Wir blenden die dunkelsten Bildpunkte der Gitarre und die helleren Bereiche des Notenblatts aus. Einstellungsebenen passen die Kontraste auf einzelnen Ebenen so an, dass die beste Mischung entsteht. Datei: Fuellmethode_14

Neutrale Farbe

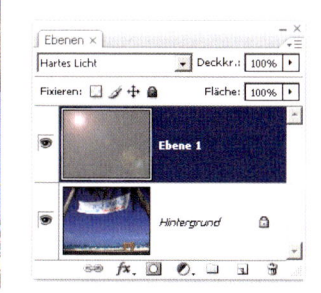

Abbildung 20.23 Die »Ebene 1« wurde mit der Füllmethode »Hartes Licht« ausgestattet und mit der »neutralen Farbe« Grau ausgestattet – reines Neutralgrau ist also im Bild nicht sichtbar. Dann wenden wir die »Blendenflecke« auf die »Ebene 1« an. Die Lichtreflexe lassen sich so umfärben, verschieben und skalieren. Datei: Fuellmethode_

Neutrale Farbe

Sie wollen **Körnung**, **Beleuchtungseffekte** oder **Blendenflecke** nicht direkt auf die Bilddatei, sondern auf eine geschützte Ebene darüber anwenden? Das geht nicht mit einer transparenten Ebene, aber: Legen Sie eine neue leere Ebene an, die Sie per **Bearbeiten: Flächen füllen** mit einer bestimmten Farbe füllen – der sogenannten NEUTRALEN FARBE für die verwendete Füllmethode; das ist meist Schwarz, Weiß oder Neutralgrau. Dieser Tonwert allein ist im Gesamtbild unsichtbar, der Filtereffekt verändert den Tonwert und lässt sich so ins Bild blenden.

Tipp
Noch flexibler lässt sich der Filtereffekt auf der neuen Ebene verschieben und drehen, wenn Sie die Ebene vor Anwendung des Filters weit über die Bildgrenzen hinaus ausdehnen (Seite 390).

20.2 Ebenenstil und Ebeneneffekte

Mit den Ebeneneffekten aus dem Dialogfeld EBENENSTIL stellen Sie Ebenenbereiche verändert dar – Sie wenden Konturen, Farb- oder Musterfüllungen, plastische Kanten oder Schatten auf die Ebenen an. Alle Veränderungen lassen sich jederzeit umgestalten, verbergen, abschaffen, auf andere Ebenen übertragen und en bloc als Stil speichern; die ursprüngliche Ebene bleibt voll erhalten. Effekte wie SCHLAGSCHATTEN oder ABGEFLACHTE KANTE sind nichts anderes als Rechentricks, die Photoshop nur vorübergehend über die unveränderte Datei blendet – genauso wie Sie die geänderte Bildwirkung durch Füllmethoden oder gesenkte DECKKRAFT verlustfrei zurücksetzen.

Ebenenstil

Eine Kombination mehrerer Ebeneneffekte zusammen mit den Vorgaben der FÜLLOPTIONEN für DECKKRAFT, Füllmethode oder AUSSPARUNG (ab Seite 574) bezeichnet man als »Stil« oder »Ebenenstil«. Sie können diesen Stil speichern und unkompliziert auf andere Ebenen in beliebigen Bildern übertragen. Der Hersteller liefert bereits fertige Stile mit.

Manche Stile blenden die »Fläche«, also die Pixelfüllung, aus, andere überlagern die »Fläche« mit Farbe oder Strukturen; genauso gut kann die »Fläche« – in der Abbildung eine CD –, mehr oder weniger sichtbar bleiben.

Abbildung 20.24 Die Ebene enthält als »Fläche« nur das freigestellte Foto einer CD. Sie wird aber durch Ebeneneffekte wie »Schatten nach innen«, »Schein nach innen« oder »Glanz« ausgestaltet; die Effekte sind in der Palette zu erkennen und bilden mit weiteren Merkmalen wie »Deckkraft« und Füllmethoden den sogenannten »Ebenenstil« oder »Stil«. Datei: Effekte_01

Ebenenstil anwenden

So wenden Sie einen gespeicherten Ebenenstil an:

» Aktivieren Sie die gewünschte Ebene in der Ebenenpalette und klicken Sie einen Stil in der Stilepalette an – die Ebene erscheint sofort verändert, in der Ebenenpalette sehen Sie eventuell veränderte Füllmethoden und neue Ebeneneffekte.

» Ziehen Sie die Stilminiatur auf eine Ebene in der Ebenenpalette. Ziehen Sie bei gedrückter ⇧-Taste, um bereits vorhandene Ebeneneffekte, die nicht im Stil enthalten sind, beizubehalten; aktuelle Effekte, die der Stil auch enthält, werden durch den Stil ersetzt.

» Ziehen Sie die Stilminiatur auf Bildpunkte in der Datei – die oberste Ebene erhält diesen Stil. Ziehen bei gedrückter ⇧-Taste wahrt auch hier bereits vorhandene Effekte.

» Klicken Sie die Ebenenminiatur mit rechts an (am Mac mit gedrückter ctrl-Taste) und gehen Sie auf **Fülloptionen**. Wählen Sie in der Leiste links die oberste Vorgabe STILE. Das Dialogfeld erhalten Sie bei normalen Pixelebenen auch nach Doppelklick auf die Miniatur (nicht bei Textebenen und Smart Objekten).

» Erstellen Sie eine Formebene mit einem Werkzeug wie Linienzeichner oder »Eigene Form«, verwenden Sie also in der Optionenleiste die Vorgabe NEUE FORM ERSTELLEN (Seite 480). Damit erscheint das Klappmenü STIL in der Optionenleiste.

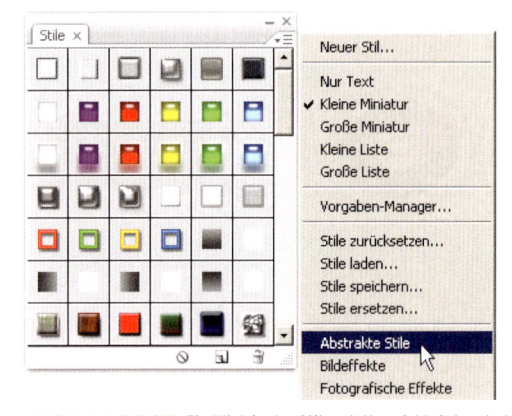

Abbildung 20.25 Ein Klick in der Stilepalette reicht: Schon hat die aktuelle Ebene einen neuen Stil. Neue Stilsammlungen laden Sie über das Palettenmenü nach.

Ebenenstil speichern

Eine gelungene Kombination von Effekten und Füllmethoden lässt sich leicht als eigener Stil speichern und immer wieder verwenden. Am einfachsten ist es, wenn Sie das Dialogfeld EBENENSTIL nicht mehr benötigen – dann klicken Sie einfach in der Stilepalette auf die Schaltfläche NEUER STIL; wollen Sie das Dialogfeld NEUER STIL sehen, drücken Sie wie immer zusätzlich die Alt-Taste.

Photoshop bietet einen weiteren Weg aus dem Dialogfeld EBENENSTIL heraus:

1. Klicken Sie doppelt auf eine der Miniaturen in der Ebenenpalette.

2. Stellen Sie im Dialogfeld EBENENSTIL die gewünschten Ebeneneffekte und Füllmethoden zusammen.

3. Klicken Sie auf die Schaltfläche NEUER STIL.

4. Geben Sie im Dialogfeld NEUER STIL einen Namen an und klicken Sie auf OK. Sie entscheiden hier separat, ob der Stil Informationen über EBENENEFFEKTE und über die EBENENFÜLLUNG enthalten soll.

Der neue Stil steht fortan dauerhaft in der aktuellen Stilebibliothek parat. Das Menü zur Stilepalette erreichen Sie wie immer über die Schaltfläche ▼≡ rechts oben. Hier bietet Photoshop auch viele weitere interessante Stilesammlungen an, die Sie in die aktuelle Bibliothek laden können. Details zur Verwaltung der Paletten für Stile, aber auch für andere Vorgaben wie Verläufe oder Pinselvorgaben finden Sie ab Seite 771.

Effekte anlegen, verbergen und löschen

Photoshop bietet viele Wege, um Effekte neu anzulegen:

» Der universelle Weg für alle Ebenentypen: Klicken Sie in der Ebenenpalette doppelt rechts in das leere Feld neben der Miniatur – aber nicht auf den Ebenennamen. Damit erscheint das Dialogfeld EBENENSTIL, in dem Sie Effekte oder komplette Stile auswählen.

» Ebenfalls für alle Ebenentypen gilt: Klicken Sie mit rechts in die Ebenenminiatur und wählen Sie **Fülloptionen** im Kontextmenü. Der Ertrag: das Dialogfeld EBENENSTIL.

» Übliche Pixelebenen, aber nicht Smart Objekte, Form- oder Textebenen: Klicken Sie doppelt direkt auf die Miniatur der gewünschten Ebene.

Effekte anlegen, verbergen und löschen

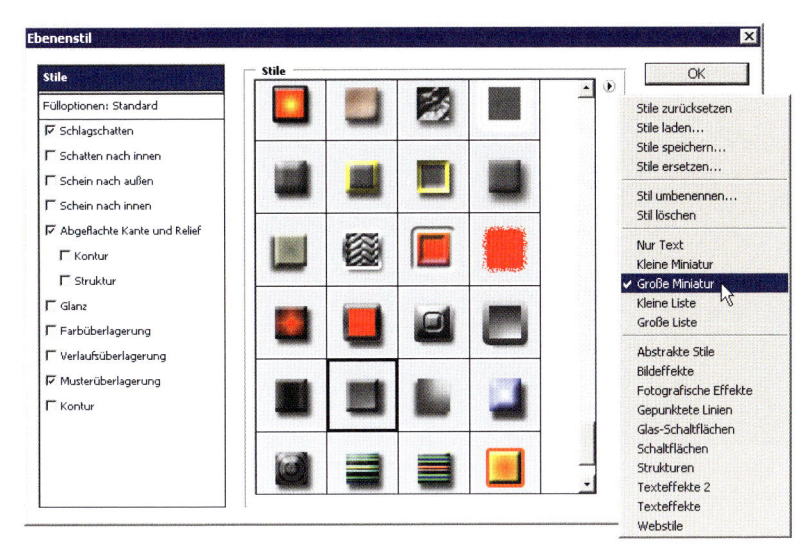

Abbildung 20.26
Klicken Sie im Ebenenstildialog links auf »Stile«, können Sie auch hier neue Stile zuteilen und nachladen. Praktisch hier: Mit den Optionen für einzelne Effekte wie »Schlagschatten« oder »Musterüberlagerung« verfeinern Sie die Wirkung gleich.

» Alle Ebenentypen außer Smart Objekte: Gibt es Ebenenmasken oder Vektormasken, klicken Sie doppelt rechts neben der Maskenminiatur, aber nicht auf den Ebenennamen.

» Wählen Sie mit der Schaltfläche EBENENSTIL HINZUFÜGEN *fx* unten in der Ebenenpalette einen Effekt aus.

» Klicken Sie auf einen Stil in der Stilepalette.

Die neuen Effekte werden in der Effekteleiste unter der jeweiligen Ebene genannt. Überdies erscheint neben dem Ebenennamen das Effektesymbol *fx*. Mit dem Dreieck ▷ neben dem Effektesymbol klappen Sie die Auflistung der Effekte auf oder zu.

Tipp
Sie wissen ja: Für Ebenenstile und Ebeneneffekte brauchen Sie normale Pixelebenen, Form- oder Textebenen – mit Auswahlbereichen oder Hintergrundebenen funktioniert es nicht. Schnellster Weg zu einer Ebene: Wählen Sie einen Bildbereich mit Auswahlrechteck oder Lasso aus und heben Sie ihn mit Strg+J *auf eine eigene Ebene.*

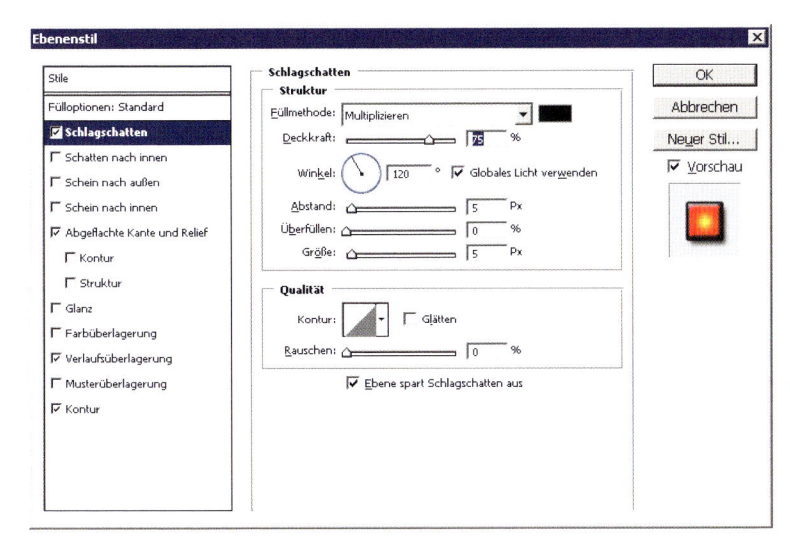

Abbildung 20.27
Photoshop zeigt die Einstellmöglichkeiten für Effekte im Dialogfeld »Ebenenstil«. Sie erkennen in der Leiste links, dass sich der aktuelle Ebenenstil aus den Effekten »Schlagschatten«, »Abgeflachte Kante«, »Verlaufsüberlagerung« und »Kontur« zusammensetzt. In der Mitte sehen Sie die Regelmöglichkeiten für den momentan geöffneten Effekt »Schlagschatten«.

Vorlage: Effekte_02   Farbüberlagerung, Schlagschatten   Verlaufsüberlagerung, Schein nach außen   Musterüberlagerung

Effekte bearbeiten

Wollen Sie einen vorhandenen Effekt bearbeiten? Unter anderem gibt es diese Wege:

» Klicken Sie doppelt auf den EFFEKTE-Schriftzug unter der Ebene oder auf den Balken für einen Einzeleffekt wie SCHLAGSCHATTEN.

» Bei normalen Pixelebenen, aber nicht bei Form- oder Textebenen oder Smart Objekten, klicken Sie doppelt auf die Miniatur.

» Klicken Sie mit rechts auf das Effektesymbol *fx* oder auf die Ebenenminiatur und wählen Sie **Fülloptionen**.

» Wählen Sie die EFFEKTE-Schaltfläche *fx* unten in der Ebenenpalette.

Effekte verbergen

So verbergen Sie Effekte, ohne sie zu löschen:

» Mit dem Augensymbol neben dem Effektnamen blenden Sie einen einzelnen Effekt aus, ohne ihn zu löschen.

» Klicken Sie wie üblich mit gedrückter [Alt]-Taste ins Auge, um nur diesen einen Effekt zu sehen und alle anderen auszublenden. Ein erneuter [Alt]-Klick zeigt wieder alle Effekte an.

» Klicken Sie in der Ebenenpalette auf das Augensymbol neben der Überschrift EFFEKTE, um alle Effekte mit einem Klick zu verbergen.

» Entfernen Sie das Häkchen neben dem Effekt im Dialogfeld EBENENSTIL. Stellen Sie den Effekt später in bekannter Form wieder her.

Effekte löschen

Wenn Sie endgültig genug von einem Effekt haben, ziehen Sie ihn in den Mülleimer. Sollen alle Effekte gleichzeitig verschwinden, ziehen Sie den EFFEKTE-Balken in den Mülleimer. Auch per Palettenmenü lassen sich **Alle Effekte löschen**. Weitere Möglichkeit: Klicken Sie in der Stilepalette auf das Symbol STIL ENTFERNEN. Das entsorgt ebenfalls alle Effekte der aktuellen Ebene; dabei verschwindet wohlgemerkt kein gespeicherter Stil aus der Palette.

Effekte übertragen

Gelungene Effekte lassen sich auf andere Ebenen übertragen – in derselben oder einer anderen Datei. Bei Bedarf gestalten Sie zudem mehrere »verbundene« Ebenen (Seite 516) mit einem einzigen Klick neu.

Effekte durch Kopieren übertragen

Kopieren Sie Effekte einer Ebene, um sie auf andere Ebenen zu übertragen. Suchen Sie in der Ebenenpalette die Miniatur derjenigen Ebene, die bereits geeignete Effekte besitzt. Dann klicken Sie mit der rechten Maustaste rechts neben der Miniatur auf das Effektesymbol *fx* und wählen **Ebenenstil kopieren**. Danach aktivieren Sie die Ebene, die Sie auf die gleiche Art verändern wollen, klicken mit rechts neben den Ebenennamen und verwenden **Ebenenstil einfügen**.

Bei Bedarf können Sie den **Ebenenstil in verbundene Ebenen einfügen**; diese und andere Befehle gibt es auch im Menü zur Ebenenpalette und im Untermenü **Ebene: Ebenenstil**. Bildteile, die Sie in die Zwischenablage kopiert haben, werden durch das Kopieren der Effekte nicht entfernt. Der Befehl **Bearbeiten: Entleeren: Alle** berührt den Speicher der Ebeneneffekte nicht.

Effekte in Einzelebenen verwandeln

| Schatten nach innen, Kontur | Schein nach innen (Mitte) | Schein nach innen (Kante) | Glanz |

Effekte durch Ziehen übertragen

Ziehen Sie die Effekte einfach durch den Photoshop:

» Einzeleffekt kopieren: Drücken Sie zuerst die Alt-Taste, dann ziehen Sie den Einzeleffekt über eine andere Ebenenminiatur – so kopieren Sie den Effekt, die ursprüngliche Ebene behält ihr Aussehen.

» Einzeleffekt verschieben: Ziehen Sie den Namen des Einzeleffekts in der Ebenenpalette über eine andere Ebenenminiatur. So verschieben Sie den Effekt auf diese Ebene, er verschwindet aus der ursprünglichen Ebene.

Diese zwei Möglichkeiten gibt es auch für den kompletten Ebenenstil, also die Zusammenstellung aller Effekte: Halten Sie die Alt-Taste gedrückt, dann ziehen Sie die Überschrift EFFEKTE in der Ebenenpalette über eine andere Ebenenminiatur. Die Ebene erhält sämtliche aufgelisteten Effekte, die Ursprungsebene bleibt, wie sie war.

Sie können die EFFEKTE-Überschrift oder einen Einzeleffekt aus der Ebenenpalette auch über ein anderes Bild ziehen; damit erhält die oberste Ebene an der Stelle, an der Sie loslassen, den Einzeleffekt oder den Ebenenstil. Die ursprüngliche Ebene bleibt ganz die alte.

Tipp
Wenn Sie ein Objekt mit Ebeneneffekten in die Zwischenablage kopieren und in einem neuen Bild einfügen, so erscheint es am Ziel ohne jeden Ebeneneffekt. Abhilfe: Ziehen Sie das Objekt mit dem Verschiebenwerkzeug, aber ohne jede Auswahl, in das neue Bild; so nehmen Sie die Ebeneneffekte mit. Alternative: Ziehen Sie die Ebenenminiatur aus der Palette über das Zielbild.

Abbildung 20.28 Die Reihe zeigt Vorgaben des Effekts »Abgeflachte Kante und Relief«, und zwar **von links nach rechts:** »Abgeflachte Kante innen«, »Abgeflachte Kante außen«, »Relief« und »Relief an allen Kanten«. Nur »Abgeflachte Kante innen« bezieht die darunterliegende Ebene nicht mit ein. Datei: Effekte_15

Effekte in Einzelebenen verwandeln

Die Schatten und Kanten sind zunächst nichts als ein Rechentrick; die vorhandenen Bildpunkte erscheinen zwar verändert – Sie können die Effekte selbst aber nicht mit Pinsel oder **Transformieren**-Befehlen bearbeiten.

Bei Bedarf verwandeln Sie die Effekte jedoch in normale, frei korrigierbare Pixelebenen; nutzen Sie den Befehl **Ebene: Ebenenstil: Ebenen erstellen**. Dabei entstehen neue, mit Pixeln gefüllte Ebenen; sie tragen poetische Namen wie SCHATTEN FÜR ABGEFLACHTE KANTEN VON INNEN VON EBENE 2; sie sind oft klein, halbtransparent, mit Überblendverfahren wie dem MULTIPLIZIEREN ausgestattet und in Schnittmasken organisiert. Allerdings erhalten Sie mitunter keine perfekte Nachbildung des ursprünglichen Effekts.

Teil 6 • Ebenen

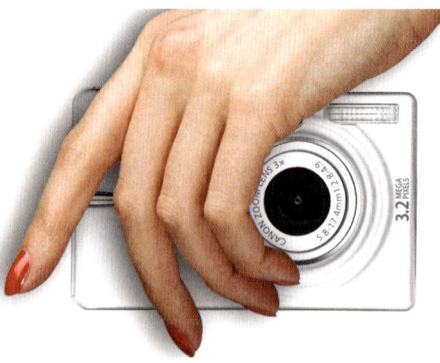

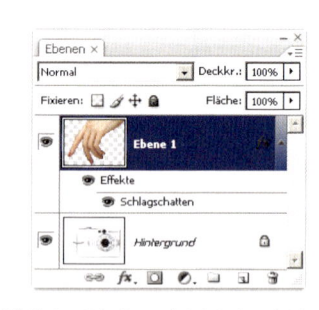

Abbildung 20.29 **Links:** Ohne Schatten wirkt die Montage unnatürlich. **Mitte, rechts:** Die Hand erhält einen »Schlagschatten«-Effekt. Der Schatten zeigt sich aber nicht nur auf der Kamera, sondern ungewollt auch auf dem weißen Hintergrund. Datei: Effekte_03a

Gründe für Einzelebenen

Es gibt Situationen, in denen man die Ebeneneffekte auf konventionellen, separaten Ebenen haben möchte. Zum Beispiel:

» Sie wollen die Montage mit getrennten Ebenen an ein Programm weitergeben, das zwar Photoshop-Ebenen anzeigt, aber nicht die Ebeneneffekte seit Version 5.0.

» Sie wollen die **Effekte** in einer Weise ändern, die mit dem Dialogfeld nicht möglich sind. Vielleicht möchten Sie den Schatten perspektivisch verzerren oder die Flutlichtstrahler der **Beleuchtungseffekte** über ein 3D-Objekt legen.

» Schlagschatten oder Schein nach aussen sollen nur einzelne Bereiche der darunterliegenden Ebenen abdecken, aber nicht überall gleichermaßen sichtbar sein.

Tipps zum Befehl »Ebenen erstellen«

Die Einzelebenen ragen unter Umständen aus dem sichtbaren Bildbereich heraus – zum Beispiel ein Schlagschatten oder ein Schein nach aussen, den Sie weit ausgedehnt haben. Doch selbst wenn die separate Schattenebene, die mit dem Befehl **Ebene erstellen** entsteht, nur zur Hälfte im Bild ist: Photoshop speichert im PSD-Dateiformat auch die unsichtbaren Teile mit. Erweitern Sie die Arbeitsfläche passgenau mit dem Befehl **Bild: Alles einblenden** (Seite 207).

Und Vorsicht: Die neuen Ebenen, die per **Ebenen erstellen** entstehen, sind mit der Ursprungsebene nicht verbunden (Seite 516). Das heißt: Bewegen oder skalieren Sie eine dieser Ebenen, verharren alle anderen, zugehörigen Ebenen an ihrem Platz. Sie verschieben ein Objekt, doch der Schatten klebt fest – die Bildwirkung bricht auseinander. Sie sollten also die Ebenen verbinden, indem Sie in die Verbindenleiste der Ebenenpalette klicken, so dass Sie das Verbindsymbol sehen.

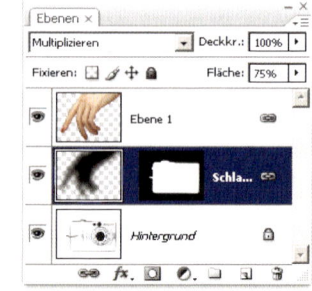

Abbildung 20.30 Der Befehl »Ebenen erstellen« hat den Schlagschatten in eine Einzelebene verwandelt. **Linke Palette:** Das weiße Umfeld der Kamera wurde entfernt. Eine Schnittmaske (Seite 612) zeigt den Schatten nur noch innerhalb der Kamera. **Rechte Palette:** Wir steuern die Sichtbarkeit der Schattenebene durch eine nicht verbundene Ebenenmaske. Beide Montagen liefern dasselbe Bildergebnis. In beiden Montagen wurden Hand und Schatten verbunden, man kann sie gemeinsam bewegen, drehen oder skalieren. Dateien: Effekte_03b, c

Ebeneneffekte mit aktueller Ebene verschmelzen

Sie können alle Ebeneneffekte auch dauerhaft in die aktuelle Ebene einbrennen – also nicht auf drumherum liegende Pixelebenen verteilen. Die Bildwirkung verändert sich fürs Auge nicht, doch technisch erhalten Sie eine Ebene ohne Effekte.

Effekte in Einzelebenen verwandeln

Abbildung 20.31 Möchten Sie einen Schatten unabhängig von der Ebene drehen oder verzerren, verwandeln Sie ihn mit dem Befehl »Ebene erstellen« in eine übliche Ebene. Hier starten wir das Transformieren mit [Strg]+[T] und neigen den Schatten durch Ziehen nach links unten bei gedrückter [Strg]-Taste. Datei: Effekte_04

Gehen Sie so vor:

1. Erzeugen Sie mit dem Symbol NEUE EBENE ERSTELLEN eine neue, leere Ebene. Sie wird unter die Ebene mit den Effekten gezogen.
2. Aktivieren Sie die Ebene mit den Ebeneneffekten.
3. Klicken Sie auf den Befehl **Ebene: Mit darunter liegender auf eine Ebene reduzieren** ([Strg]+[E]).

Die Bildwirkung des Ebeneneffekts bleibt erhalten, doch Sie haben technisch eine Ebene ohne Ebeneneffekte.

Andere Situation: Sie haben die »Effekte«-Ebene bereits per **Ebenen erstellen** in Einzelebenen zerlegt. Wählen Sie diese Ebenen gemeinsam in der Palette aus, dann nehmen Sie **Ebene: Auf eine Ebene reduzieren** (ebenfalls [Strg]+[E]).

Ebeneneffektebene als separate Datei exportieren

Sie können die Effekteebene allein oder verschmolzen mit anderen Ebenen als normale TIFF- oder JPEG-Datei exportieren; so lassen sich die Effekte separat – etwa der SCHLAGSCHATTEN – mit allen möglichen Programmen betrachten und weiterbearbeiten. Der Hergang:

1. Zerlegen Sie die Effekte mit dem Befehl **Ebenen erstellen** in Einzelebenen.
2. Blenden Sie mit dem Augensymbol alle Ebenen aus, die Sie nicht weiter benötigen.
3. Möchten Sie die Bildgrenzen auf das erforderliche Mindestmaß kappen? Nutzen Sie **Bild: Freistellen** mit der Option TRANSPARENTE PIXEL (Seite 198).
4. Wählen Sie **Datei: Speichern unter**. Je nach Dateiformat werden die Ebenen verschmolzen und transparente Bereiche mit Weiß gefüllt.

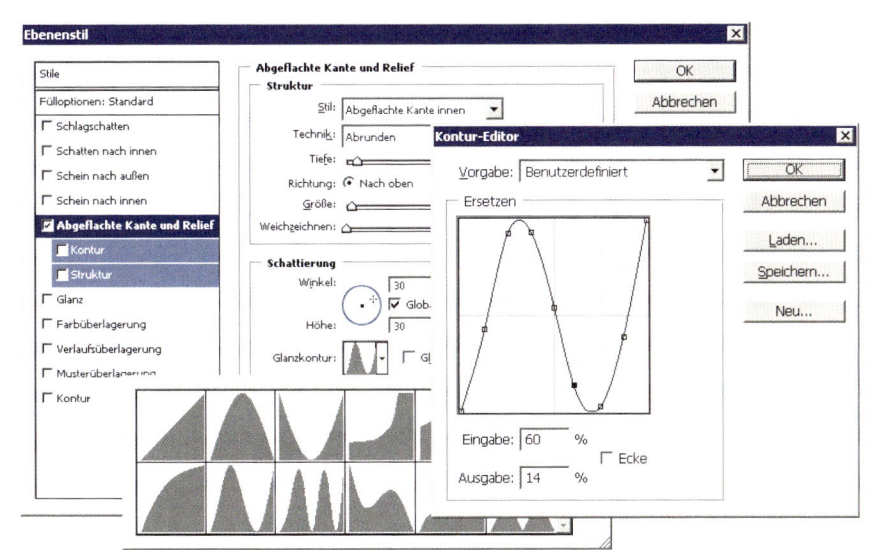

Abbildung 20.32
Mit den »Kontur«-Vorgaben bestimmen Sie, wie gleichmäßig sich ein Effekt verändert. Photoshop liefert verschiedene »Konturen« mit, im »Kontur«-Editor lässt sich die Kurve formen und abspeichern.

Weitere Alternativen, um nur die Effekte, nicht aber die eigentliche Pixelfüllung der Ebene zu sehen:

» Zerlegen Sie die Effekte mit dem Befehl **Ebenen erstellen** in Einzelebenen, blenden Sie die unerwünschten Ebenen aus und nutzen Sie die Funktion **Bild: Bild duplizieren** mit der Option Auf eine Ebene reduzieren.

» Senken Sie den Fläche-Wert in der Ebenenpalette auf 0 (Seite 574).

Konturoptionen

Die Ab- oder Zunahme eines Effekts steuern Sie über die Gradationskurven für Kontur oder Glanzkontur. Bei Schein oder Schlagschatten steuern Sie per Kontur-Option die Verteilung der Hell-Dunkel-Zonen – Sie legen zum Beispiel konzentrische Ringe oder harte Stufen an. Ähnlich verändern Sie auch beim Effekt Abgeflachte Kante und Relief die Lichter und Schatten auf den plastischen Kanten; im Unterbereich Kontur dieses Effekts regeln Sie die Berg- und Talverteilung per Kontur-Kurven. Der Schein nach aussen verteilt sich je nach Kontur-Variation auf mehrere Ringe.

»Kontur« verändern

Voreingestellt ist zunächst außer beim Glanz die lineare 45-Grad-Kurve – sie steht für gleichmäßige Veränderung. So tauschen Sie die Kontur aus:

» Klicken Sie auf das Dreieck, um andere Kontur-Kurven aus der Bibliothek zu laden (Details zu Bibliotheken ab Seite 771).

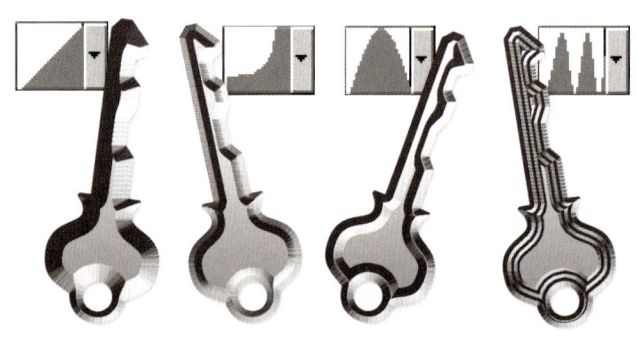

Abbildung 20.33 Die Reihe zeigt den Ebeneneffekt »Abgeflachte Kante und Relief« mit den Optionen »Abgeflachte Kante innen« und »Weich meißeln«. Im Unterbereich »Kontur« haben wir verschiedene »Kontur«-Kurven gewählt, **von links nach rechts:** »Linear«, »Einbuchtung - stark«, »Kegel« und »Doppelter Ring«. Vorlage: Effekte_06

» Klicken Sie auf die Gradationskurve – einmal reicht –, um im Kontur-Editor die Kurve von Hand zu formen. Starten Sie eventuell mit einer mitgelieferten Kurve im Klappmenü Vorgabe. Die Ecke verwandelt weiche in harte Übergänge. Die Bearbeitung erinnert sehr an die **Gradationskurven** (Seite 218).

Optionen für »Muster«

Nicht nur die Musterüberlagerung, auch Kontur sowie Abgeflachte Kante und Relief im Bereich Struktur bieten Muster an. Hier greifen Sie auf die aktuelle Musterbibliothek zu. Folgende Optionen haben Sie:

» Klicken Sie auf das Symbol Neue Vorgabe aus aktuellem Muster, um die aktuelle Mustereinstellung dauerhaft zu sichern.

» Ziehen Sie bei geöffnetem Dialogfeld über der Datei, um das Muster zu bewegen. Setzen Sie das Muster bei Bedarf mit der Schaltfläche An Ursprung ausrichten zurück.

» Bewegen Sie die Ebene, bewegt sich normalerweise die Musterfüllung mit. Wählen Sie die Option Mit Ebene verbinden jedoch ab, schieben Sie die Bildpunkte der Ebene quasi über das feststehende Muster; je nach Position der Bildpunktfüllung wechselt der sichtbare Musterinhalt. Die Option An Ursprung ausrichten lässt das Muster exakt in der linken oberen Bildecke beginnen, sofern Sie Mit Ebene verbinden abwählen. Dies ist vor allem interessant, wenn Sie keine diffusen Strukturen, sondern zum Beispiel Schriften oder Logos als »Muster« nutzen.

» Per Skalierung steuern Sie die Größe des Musters.

Die Verwaltung von Bibliotheken für Muster und andere Vorgaben behandeln wir ab Seite 771. Wie Sie eigene, nahtlos kombinierbare Muster produzieren, lesen Sie ab Seite 735.

Achtung

Ein »Muster« wirkt bei einer Skalierung von genau 100 Prozent gestochen scharf. In allen anderen Größen kommt es zu leichter Weichzeichnung, besonders entstellend wirken Werte deutlich über 100 Prozent. Der Effekt fällt bei diffusen Mustern weniger auf als bei Mustern mit klarer Detailzeichnung.

Weitere gemeinsame Aspekte

Die folgenden Aspekte gelten für mehrere oder alle Ebeneneffekte.

Globalen Lichteinfall verwenden

Zu vielen Effekten wählen Sie eine Lichtrichtung und Sie norden bei Bedarf alle Effekteebenen innerhalb einer Ebene und gleichzeitig innerhalb einer Datei auf die gleiche Lichtrichtung ein – dies besorgt die Option GLOBALEN LICHTEINFALL VERWENDEN. Allerdings stellen die Programmierer keinen Zusammenhang her zu Filtern wie **Beleuchtungseffekte** oder **Mit Struktur versehen**, die ebenfalls Licht und Schatten verteilen.

Bewegen Sie also bei einer Ebene den Schatten, wird er sich bei allen anderen Ebenen mitdrehen. Und auch die Licht- und Schattenseiten eines RELIEFS AN ALLEN KANTEN passen sich an. Ziehen Sie eine effektbeladene Ebene in eine andere Datei, die schon Ebeneneffekte enthält, verpasst Photoshop dem Neuankömmling den bereits herrschenden GLOBALEN LICHTEINFALL.

Alternativ nutzen Sie unabhängig vom Einzeleffekt den Befehl **Ebene: Ebenenstil: Globaler Lichteinfall**. Nicht nur der WINKEL steht hier zur Disposition, sondern auch die HÖHE. Je niedriger der Wert, desto härter die Übergänge zwischen Licht- und Schattenseiten.

Ebeneneffekte skalieren und verzerren

Beim Drehen oder Spiegeln einer Ebene voller Effekte bleiben Licht- und Schattenfall konstant: Ein Schatten rechts unten verharrt rechts unten – auch wenn Sie die Ebene um 180 Grad drehen oder horizontal spiegeln.

Wichtiger jedoch: Skalieren Sie das Objekt per **Transformieren**, so behalten Schatten- oder Kanteneffekte stur ihr definiertes Pixelmaß. Das heißt: Eine Kante, die fünf Pixel breit definiert wurde, misst auch nach einer 200-Prozent-Verkleinerung der Ebene fünf Pixel Breite. Das heißt weiter, die Wirkung des Effekts im Vergleich zum Objekt ändert sich: Eine vormals schmale Kante, ein bis dato dezenter Schatten stechen nach einer Verkleinerung der Ebene deutlicher hervor.

Beim Befehl **Bild: Bildgröße** mit der Option NEUBERECHNEN haben Sie dagegen die Wahl:

» Verzichten Sie auf die Vorgabe STILE SKALIEREN, geht es den Effekten wie beim **Transformieren**: Die absolute Größe wird nicht angetastet, die Ausdehnung relativ zu einer vergrößerten oder verkleinerten Ebene ändert sich dagegen.

» Schalten Sie STILE SKALIEREN ein, wird nicht nur die Pixelzahl verringert oder heraufgerechnet; gleichzeitig ändern sich auch die PIXEL-Vorgaben für SCHLAGSCHATTEN und Co. Der Effekt wirkt nach einer Verkleinerung oder Vergrößerung der Ebene nicht relativ größer oder kleiner als zuvor.

Wollen Sie alle Effekte auf einen Schlag verstärken oder verkleinern? Dies erledigt der Befehl **Ebene: Ebenenstil: Effekte skalieren**.

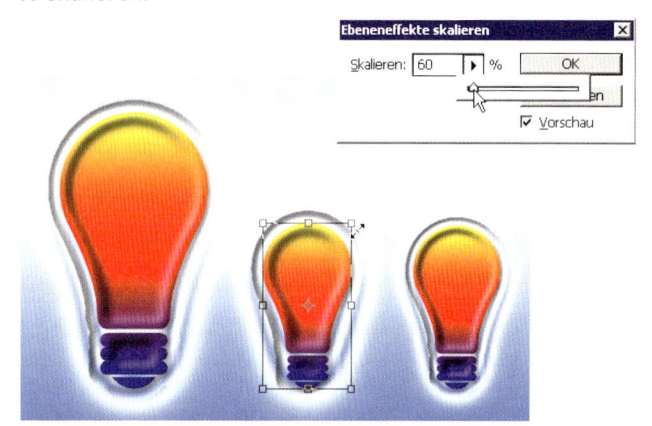

Abbildung 20.34 *Mittlere Figur:* Wir transformieren das Objekt auf 60 Prozent seiner Größe. Doch die Pixelwerte für Kantenerhöhung und Schein nach außen verringern sich nicht mit; darum wirken die Effekte im verkleinerten Objekt relativ größer als zuvor. *Rechte Figur:* Mit dem Befehl »Effekte skalieren« senken wir die Effektgröße auf 60 Prozent, so dass die Effekte nicht stärker durchschlagen als zuvor. Vorlage: Effekte_02c

Arbeitsgeschwindigkeit

Die Ebeneneffekte kosten Rechenpower. Bewegen Sie große Effekteebenen – zum Beispiel über 1000 Pixel breit – auf kleineren Rechnern, dann merken Sie eventuell, wie Photoshop ins Ruckeln gerät. Dies gilt jedenfalls, wenn Sie die Ebene in der 100-Prozent-Ansicht verschieben.

So geht es schneller: Setzen Sie in den **Voreinstellungen** die CACHE-STUFEN zum Beispiel auf den Wert 4 oder höher und zeigen Sie das Bild in einer Zoomstufe von 50 Prozent oder weniger – Photoshop verwendet dann für die Monitordarstellung nur die zur Ansicht verkleinerte Bildversion und tut sich damit sichtlich leichter. Alternative: Verbergen Sie die Effekte zwischenzeitlich mit dem Augensymbol.

Weitere wiederkehrende Optionen

Diese Möglichkeiten gibt es jeweils bei mehreren Ebeneneffekten:

» Für alle Effekte geben Sie eine FÜLLMETHODE an (Seite 575), teilweise sogar getrennt für Licht- und Schattenseiten. In aller Regel ändert man die Vorgabe des Herstellers nicht.

» Ein Klick auf das Farbfeld öffnet jeweils den Farbwähler, mit dem Sie eine neue Farbe etwa für SCHLAGSCHATTEN oder SCHEIN NACH AUSSEN heraussuchen; Sie können die Farbe bei geöffnetem Farbwähler auch aus der Bilddatei aufnehmen (Seite 310).

» Verschiedene Effekte bieten Farbverläufe an, neben der VERLAUFSÜBERLAGERUNG etwa auch KONTUR oder die SCHEIN-Funktionen. Das Dreieck ▼ ermöglicht den Zugriff auf die aktuelle Bibliothek mit Verläufen, ein Doppelklick auf den Verlaufsbalken öffnet das Dialogfeld VERLAUF BEARBEITEN (Seite 320). Per ZUFALLSWERT variieren Sie Farbe und Deckkraft des Verlaufs.

» Das GLÄTTEN sorgt nur bei komplexen Figuren für geringfügige Verbesserung.

» Die STÖRUNG bricht den Farbauftrag in weniger deckenden Bereichen von SCHEIN oder SCHLAGSCHATTEN nach Art der Füllmethode SPRENKELN streuselig auf und sorgt für eine rauere Wirkung.

» Die Vorgabe ÜBERFÜLLEN bestimmt, um wieviel größer ein SCHEIN oder ein SCHATTEN gegenüber dem eigentlichen Objekt ist, bevor der Effekt weichgezeichnet wird. UNTERFÜLLEN verkleinert SCHATTEN NACH INNEN oder SCHEIN NACH INNEN, bevor die Effektebene weichgezeichnet wird. Prüfen Sie jeweils die Wechselwirkung mit dem GRÖSSE-Regler.

» Eine Alternative zu den Effekten FARBÜBERLAGERUNG, MUSTERÜBERLAGERUNG oder VERLAUFSÜBERLAGERUNG könnte eine entsprechende Füllebene sein (Seite 618), eventuell in Verbindung mit Vektormaske oder Ebenenmaske; dies gilt, wenn Sie den Effekt mit 100 Prozent Deckkraft im Modus NORMAL zeigen wollen.

» Den Übergang zwischen zwei Vorgaben für einen Ebeneneffekt verwandeln Sie in einen Trickfilm – lassen Sie Verläufe schillern, Konturen und plastische Kanten anschwellen, Lichter und Schatten wandern (Seite 697).

»Schlagschatten«

Lernen Sie die Ebeneneffekte nun einzeln kennen. Ich bespreche hier nur noch Funktionen, die in den vorhergehenden Absätzen noch nicht vorkamen. Bildbeispiele für Ebeneneffekte finden Sie quer durchs Buch.

Zusammen mit ABGEFLACHTE KANTE UND RELIEF und SCHATTEN NACH INNEN gehört der SCHLAGSCHATTEN zu denjenigen Effekten, die den Eindruck von Dreidimensionalität hervorrufen. WINKEL und DISTANZ des Schattens regeln Sie nicht nur per Dialogfeld: Bei geöffnetem SCHLAGSCHATTEN-Bereich im EBENENSTIL-Dialog ziehen Sie den Schatten einfach in Position. Dämpfen Sie den Schatten mit dem DECKKRAFT-Regler und experimentieren Sie mit dem Verhältnis von ÜBERFÜLLEN zu GRÖSSE. Für eine lebhaftere Wirkung über farbigen Hintergründen probieren Sie die Füllmethoden INEINANDERKOPIEREN und FARBIG NACHBELICHTEN, jeweils bei deutlich reduzierter DECKKRAFT.

Abbildung 20.35
Der Schlagschatten wurde mit dem Befehl »Ebene erstellen« auf eine eigene Ebene gelegt. Eine Ebenenmaske sorgt jetzt dafür, dass der Schatten sich nur über Bildfläche und Goldrahmen ausbreitet, aber nicht auf dem weißen Hintergrund. Wir haben die Verbindung zwischen Maske und Schatten aufgehoben, so dass sich der Schatten verschieben lässt, die Maske aber wie erforderlich auf der Stelle verharrt. Datei: Effekte_05

»Schein nach außen«

In aller Regel nutzen Sie dabei die Option EBENE SPART SCHLAGSCHATTEN AUS. Denn manchmal ist das Hauptobjekt halb durchsichtig, etwa durch eine Füllmethode oder DECKKRAFT-Senkung; wenn Sie die Option EBENE SPART SCHLAGSCHATTEN AUS verwenden, zeigt sich dennoch keinerlei dunkler Schatten innerhalb der Bildpunktfüllung – Sie sehen die Verdunkelung nur außerhalb der Objektgrenzen, unabhängig von der Transparenz des Objekts. Der Schatten wird nicht durch die vorhandenen Bildpunkte hindurch sichtbar.

Achtung
Stellen Sie den SCHLAGSCHATTEN-Wirkung vor dem endgültigen Hintergrund ein. Je nachdem, ob darunterliegende Ebenen hell, dunkel, gemustert oder homogen sind, wirkt sich eine bestimmte SCHLAGSCHATTEN-Einstellung ganz unterschiedlich aus.

»Schein nach außen«

Der Effekt SCHEIN NACH AUSSEN umgibt Objekte oder Schriften mit einem Lichthof, der unter anderem Objekte über dunklem Hintergrund betont und oft dramatisch wirkt. Er kann auch Bestandteil einer Neonschrift sein – experimentieren Sie mit verschiedenen Farben, Verläufen und KONTUR-Vorgaben. Für harte Wirkung wechseln Sie zum Ebeneneffekt KONTUR.

Dunkeln Sie den Hintergrund eventuell mit einer Einstellungsebene (Seite 615) noch ab, so dass der SCHEIN stärker herauskommt. Verwenden Sie zum Beispiel die **Tonwertkorrektur** und ziehen Sie den grauen Regler nach rechts (Seite 238).

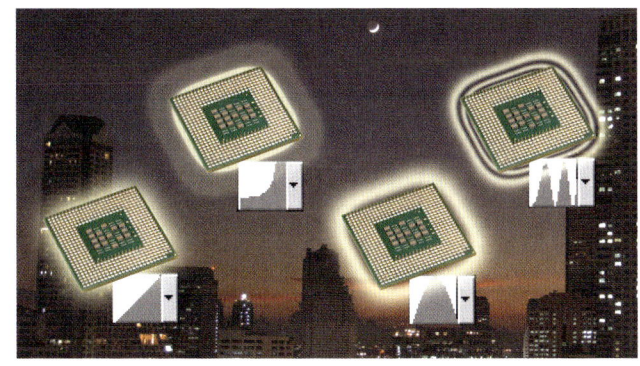

Abbildung 20.36 Das ist der »Schein nach außen« mit den »Kontur«-Vorgaben, **von links nach rechts**: »Linear«, »Einbuchtung - stark«, »Kegel« und »Doppelter Ring«. Datei: Effekte_07

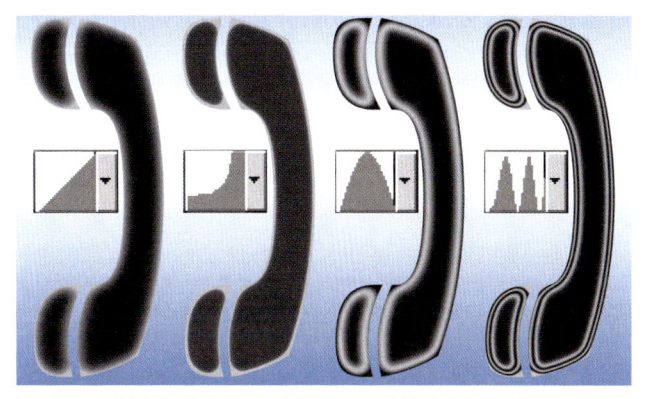

Abbildung 20.37 Die Reihe zeigt den Ebeneneffekt »Schein nach innen« mit der Option »Kante« und folgenden »Kontur«-Vorgaben, **von links nach rechts**: »Linear«, »Einbuchtung - stark«, »Kegel« und »Doppelter Ring«. Vorlage: Effekte_08

Tipp
Wenden Sie SCHEIN NACH AUSSEN und SCHEIN NACH INNEN nicht einfach mit dem vorgegebenen Gelb an. Klicken Sie im Ebenenstil-Dialog auf das Farbfeld und während der Farbwähler geöffnet ist, klicken Sie einen hellen Tonwert in der Bilddatei an – so nutzen Sie diese Farbe für den SCHEIN.

»Schein nach innen«

Der SCHEIN NACH INNEN leuchtet in zwei Varianten:

» MITTE lässt das Objekt von innen her warm erstrahlen.
» KANTE lässt zuerst die Ränder des Objekts leuchten und greift auf das Innere erst über, wenn Sie höhere Werte einstellen.

Mitunter peppt SCHEIN NACH INNEN den Effekt ABGEFLACHTE KANTE UND RELIEF zusätzlich auf. Testen Sie generell höhere Werte und auch andere Farben als vom Hersteller vorgegeben. Um die Wirkung deutlich zu verstärken, wechseln Sie zur Füllmethode FARBIG ABWEDELN. Zumeist verwenden Sie im Bereich TECHNIK die Vorgabe WEICHER, nur bei komplexen Figuren eventuell PRÄZISE.

»Abgeflachte Kante und Relief«

Der Ebeneneffekt ABGEFLACHTE KANTE UND RELIEF rechnet knackig-dreidimensionale Kanten an Pixelobjekte, Texte oder Formebenen. Dröge geometrische Flächen und abgehangene Schriften schießen hier so plastisch ins Kraut, dass sie fast aus dem Bild kullern: Lüftlmalerei digital und zeitgeistkompatibel.

Die ABGEFLACHTE KANTE produziert in Verbindung mit einem SCHLAGSCHATTEN gefällig rundliche, sinnliche Objekte in angenehm plastischer Tiefenwirkung – in der Anmutung vergleichbar dem künstlichen Hall von Pop- oder Jazzaufnahmen: Auch dort ist das Ergebnis keineswegs der Realität nachgebildet; doch die Räumlichkeitstricks befriedigen allemal. Bildbeispiele finden Sie quer durchs Buch.

Abbildung 20.38 Der Schriftzug verwendet die »Abgeflachte Kante außen«, dabei bezieht Photoshop die darunterliegende Ebene mit in den Effekt ein. Für die Schrauben haben wir das Polygonwerkzeug genutzt und den Stil »Eingedelltes dünnes Aluminium« leicht verändert. Datei: Effekte_09

Stile

Sie formen Ihre 3D-Gestalten mit unterschiedlichen STILEN:

» Die Vorgabe ABGEFLACHTE KANTE AUSSEN erzeugt einen 3D-Effekt, indem sie Teile der darunterliegenden Ebene so aufhellt und abdunkelt, als ob sie Kanten der darüberliegenden, aktiven Ebene bilden. Die Pixelfüllung der aktiven Ebene erscheint völlig unverändert. Damit kommt quasi ein fremdes Material von der darunterliegenden Ebene ins Spiel; zumeist erwartet man eher Kanten, die dem Inneren des Objekts ähneln. RELIEF steigert die Wirkung noch.

» Die Option ABGEFLACHTE KANTE INNEN formt typische 3D-Objekte, deren Kanten aus dem Objekt selbst, nicht aus der darunterliegenden Ebene geformt werden. Niedrige WEICHZEICHNEN-Werte erzeugen flache Objekte mit harten Kanten, hohe Zahlen in diesem Eingabefeld führen zu sanften Hügeln. ABGEFLACHTE KANTE INNEN lässt sich gut mit dem SCHLAGSCHATTEN-Effekt kombinieren. Allerdings wirkt der Übergang zwischen abgeschatteter Seite und Schatten bisweilen finster. Möglichkeiten der Abhilfe: Wählen Sie den GLOBALEN WINKEL ab und ziehen Sie den Schatten probehalber bei geöffnetem SCHLAGSCHATTEN-Dialog an andere Positionen; reduzieren Sie die Deckkraft für den Schatten oder nehmen Sie eine leichte KONTUR hinzu.

» Das RELIEF kombiniert ABGEFLACHTE KANTE INNEN und ABGEFLACHTE KANTE AUSSEN: Die Wölbung beginnt auf der darunterliegenden Ebene und setzt sich im eigentlichen Objekt fort. Der Übergang überzeugt nicht immer.

» Die Option RELIEF AN ALLEN KANTEN kerbt quasi einen Graben zwischen Objekt und darunterliegender Ebene ein: Der Hintergrund scheint sich zu vertiefen, dann wächst das Objekt heran, bis es dieselbe Höhe erreicht wie die darunterliegende Ebene. RELIEF AN ALLEN KANTEN eignet sich gut, um Figuren in Sand, Holz, Metall oder andere Untergründe zu stanzen.

» Die Vorgabe RELIEFKONTUR ist nur wirksam, wenn Sie auch den Ebeneneffekt KONTUR verwenden. Mit der RELIEFKONTUR formen Sie den KONTUR-Effekt plastisch aus, ohne den Rest der Ebene zu verändern.

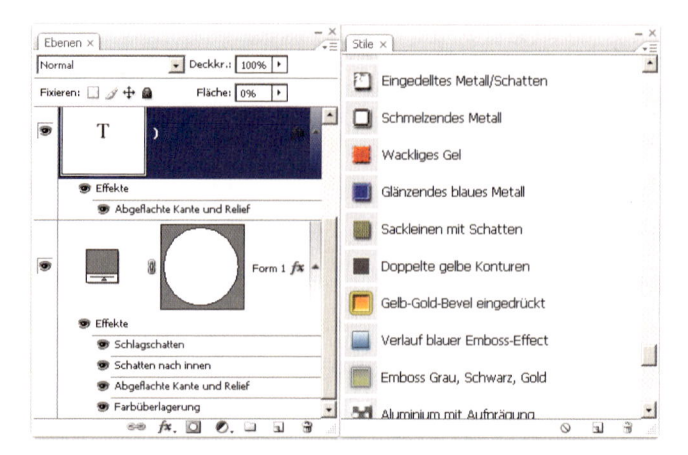

Abbildung 20.39 Wir hatten eine kreisrunde Formebene und haben in der »Stile«-Palette auf die Vorgabe »Schmelzendes Metall« geklickt. So erhält die Ebene Effekte wie »Schlagschatten« und »Abgeflachte Kante und Relief«. Die Satzzeichen darüber verwenden die »Abgeflachte Kante« mit dem Stil »Relief an allen Kanten«; die »Fläche«, also die Farbfüllung, wurde auf 0 Prozent gesenkt. Datei: Effekte_10

Licht und Schatten gestalten

Für die aufgehellten und für die abgedunkelten, gegenüberliegenden Kanten des Effekts ABGEFLACHTE KANTE UND RELIEF stellen Sie im Bereich SCHATTIERUNG Farben und Deckkraft separat ein, eventuell passend zur weiteren Umgebung. Der FARBTIEFE-Regler bestimmt den Kontrast zwischen aufgehellten und schattierten Zonen. Wenn der Effekt nicht stark genug herauskommt – zum Beispiel bei größeren Objekten oder ungünstigem Untergrund – erhöhen Sie die Deckkraft der beiden Farben. Testen Sie außerdem zusätzlich einen SCHEIN NACH INNEN.

Jedes Mal wählen Sie außerdem zwischen NACH OBEN und UNTEN. Damit kehren Sie die Lichtrichtung um. Dies ist eine Möglichkeit, zum Beispiel zwei verschiedene Zustände einer Schaltfläche darzustellen.

Weitere Optionen

Das Dialogfeld bietet weitere, starke Gestaltungsmöglichkeiten:

» Im Unterbereich KONTUR formen Sie das Berg-und-Tal-Relief des Effekts.

» Im Unterbereich STRUKTUR weben Sie ein Relief in Ihr Objekt (Details jeweils ab Seite 594).

» Das ABRUNDEN aus dem Klappmenü TECHNIK erzeugt besonders weiche Kanten, während WEICH MEISSELN und HART MEISSELN schärfere Konturen und sogar Relief in Diagonalen errechnen; mit dem Regler WEICHZEICHNEN dämpfen Sie diese Wirkung.

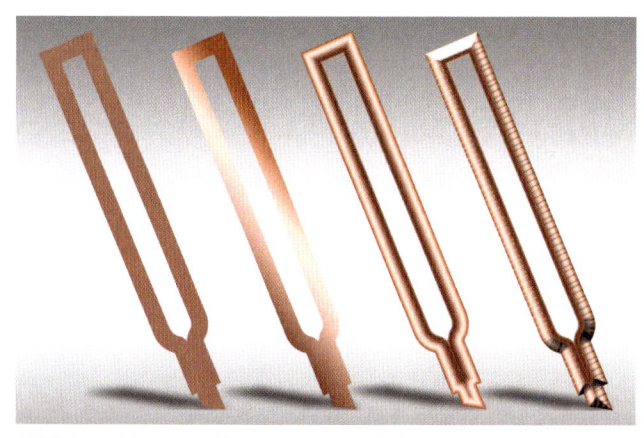

Abbildung 20.40 Der Ebeneninhalt wurde mit dem »Fläche-Regler« in der Ebenenpalette ausgeblendet, Sie sehen nur noch den Ebeneneffekt »Kontur« (und separate Schattenebenen). **1. Bild:** Wir verwenden für die »Kontur« die Füllung »Farbe«; **2. Bild:** Füllung »Verlauf«, »linear«; **3. Bild:** Füllung »Verlauf«, »Explosion«; **4. Bild:** zusätzlich Ebeneneffekt »Abgeflachte Kante und Relief« mit dem Stil »Reliefkontur«. Datei: Effekte_11

»Kontur«

Per Ebeneneffekt KONTUR fassen Sie Ihr Ebenenmotiv in ein Rähmchen, das wahlweise aus einer Einzelfarbe, einem Muster oder einem Verlauf besteht. Wichtig sind die Optionen zur Position:

» Lassen Sie die Konturlinie INNEN entlanglaufen, können Sie bisherige Auswahlen oder Masken weiterverwenden, denn die Farbe geht nur nach innen, nicht aber über den alten Maskenrand hinaus. Die ursprüngliche Größe des Objekts verändert sich nicht – auch Buchstaben gehen nicht unschön aus dem Leim. Allerdings überdecken sie den Rand der Ebenenfüllung. Harte Ecken bleiben hart.

» Die Option AUSSEN lässt dagegen den markierten Bildbereich gänzlich unberührt – die Kontur zieht sich nur außerhalb der Außenkante entlang. Die Objekte werden also größer, Buchstabenränder können überlappen. Harte Ecken werden rundlich.

» Die MITTE erstreckt sich halb aufs Innere, halb auf die Umgebung der Ebene.

DVD

Die mitgelieferte Aktionensammlung »Photoshop CS3 Kompendium« enthält die Befehlsfolge »Kontur – Linienrahmen in zwei Varianten«. Die Aktion legt Linien- und Schattenrahmen um ein Duplikat Ihres Bilds, fragt zweimal Bildunterschriften von Ihnen ab – und präsentiert zum Schluss zwei Varianten auf Schwarz und Weiß. Eine weitere Rahmenvariante bietet die Aktion »Kontur – Metallicrahmen«.

Harte oder abgerundete Ecken

Benötigen Sie ganz spitze Ecken, verwenden Sie die Vorgabe INNEN – das gilt für den KONTUR-Effekt und für den Befehl **Bearbeiten: Kontur füllen** gleichermaßen. Etwas weicher werden die Ecken, wenn Sie die MITTE füllen, noch minimal rundlicher mit der INNEN-Anwahl.

Der Ebeneneffekt KONTUR erzeugt geringfügig rundlichere Ecken als der Befehl **Bearbeiten: Kontur füllen**, sofern Sie die Vorgaben AUSSEN oder MITTE verwenden. Noch etwas rundlicher wird das Ergebnis mit der Funktion **Pfadkontur füllen**; legen Sie vorab eine Pinselspitze für den Pinsel in der gewünschten Breite fest. Die Unterschiede sind insgesamt gering.

Abbildung 20.41
Wir haben die Arbeitsfläche vergrößert und zwei Kopien des Fotos angelegt. Die mittlere Kopie LINIE dehnen wir zunächst gleichmäßig aus ([Strg]+[T], dann Ziehen mit [⇧]- und [Alt]-Taste); anschließend wird sie noch ein Stück nur nach unten verlängert. Wir senken den »Fläche«-Wert auf 0 und legen eine schwarze Kontur an – nur sie ist im Gesamtbild sichtbar. Die Ebene darunter, SCHATTEN AUSSEN dehnen wir noch weiter aus, sie erhält einen »Schatten nach innen«. Datei: Effekte_13a

Besonderheiten

Beachten Sie beim KONTUR-Effekt:

» Wenn Sie als FÜLLUNG den VERLAUF und anschließend den Stil EXPLOSION verwenden, geht der Verlauf nicht mehr wie üblich gleichmäßig über die Bildfläche. Stattdessen schmiegt er sich den Objektpixeln an. Vom Regenbogenrähmchen bis zur metallischen Einfassung ist alles möglich.

» Wollen Sie nur den KONTUR-Effekt einer Ebene mit einem Reliefeffekt und mit Struktur bearbeiten, dann wählen Sie den Ebeneneffekt ABGEFLACHTE KANTE UND RELIEF mit der Vorgabe RELIEFKONTUR. Die Bildfüllung selbst bleibt unverändert.

Alternativen

Eine reizvolle Alternative zum KONTUR-Effekt bilden die Befehle **Pfadkontur füllen** oder **Unterpfadkontur füllen** aus der Pfadpalette (Seite 492). Ihre Vorteile:

» Beim Füllen einer Pfadkontur wird das aktuelle Werkzeug mit den aktuellen Einstellungen aus der Pinselpalette angewandt – auch ungleichmäßige Spitzen und weiche Pinselkanten stehen zur Verfügung.

» Haben Sie nur Teile eines Pfads markiert und ausgewählt, werden auch nur diese Teile gefüllt.

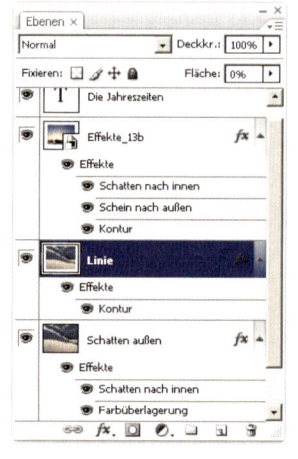

Abbildung 20.42
Das Foto selbst war als Smart Objekt angelegt, wir haben es hier durch die Datei »Effekte_13b« bequem ersetzt. Die Kontur auf der Ebene »Linie« haben wir weiß gefärbt, die Ebene »Schatten außen« erhält eine schwarze »Farbüberlagerung«.
Ergebnis: Effekte 13c

Abbildung 20.43 Von links nach rechts: Sie sehen den Effekt »Kontur« mit den Vorgaben »Innen«, »Mitte«, »Außen«. Die Außenecken werden bei der »Außen«-Vorwahl rundlicher, bei der »Innen«-Vorwahl erhalten Sie abgerundete Innenecken. **Ganz rechts:** Der Befehl »Bearbeiten: Kontur füllen«, ebenfalls mit »Außen«-Wirkung; die Ecken sind hier weniger abgerundet. Datei: Effekte_12

Weitere Alternativen:

- Der Befehl **Bearbeiten: Kontur füllen** (Seite 317) zeichnet eine Auswahl unmittelbar auf der aktuellen Ebene nach und verwendet nur runde Spitzen. Ein Vorteil des Befehls **Kontur füllen**: Statt Pixel können Sie auch Zentimeter- oder Millimeterwerte verwenden. Sie können die neue Kontur – wie auch beim Füllen einer Pfadkontur – sofort auf einer separaten Ebene erzeugen.

- Manchmal ist es besser, nur den Rand eines Objekts auszuwählen und mit einem **Filter**- oder **Anpassungen**-Befehl zu bearbeiten. Laden Sie den Ebenenumriss als Auswahl, indem Sie bei gedrückter Strg-Taste auf die Miniatur in der Ebenenpalette klicken, und verwenden Sie den Photoshop-Befehl **Auswahl: Ändern: Rand** (Seite 441).

»Glanz«

GLANZ zaubert dunkle Schattierungen auf die Ebene, die sich an den Umrissen der Ebene orientieren. Sie stellen eine GRÖSSE ein. Den ABSTAND zwischen Schattierung und Original legen Sie per Regler oder direkt durch Ziehen über der Datei fest. Der Effekt ergänzt nicht zuletzt texturierte Bilder, niedrige DECKKRAFT reicht oft aus. Variieren Sie das Schattenspiel mit den KONTUR-Vorgaben und dem ABSTAND- bzw. GRÖSSE-Regler.

Um einen hellen »Glanz« zu erzeugen, rufen Sie mit dem Farbfeld den Farbwähler auf, geben eine helle Farbe an und stellen die Füllmethode auf NEGATIV MULTIPLIZIEREN oder sogar FARBIG ABWEDELN. Für diffusen verteilten »Glanz« testen Sie den Ebeneneffekt SCHATTEN NACH INNEN bei sehr weicher Kante.

Weitere Alternative: Legen Sie eine neue Ebene im Modus HARTES LICHT über der Zielebene an, stellen Sie die Standardfarben Schwarz und Weiß mit der Taste D her, wenden Sie den Befehl **Filter: Rendering-Filter: Wolken** an (Seite 413) und klicken Sie bei gedrückter Alt-Taste auf die Trennlinie zwischen beiden Ebenen, um mit dem Doppelkreiszeiger eine Schnittmaske herzustellen (Seite 612). Der DECKKRAFT-Regler dämpft die Wirkung.

Weitere Ebeneneffekte

Photoshop bieten weitere Ebeneneffekte an – die meisten Optionen kennen Sie schon aus den vorhergehenden Abschnitten:

- Der SCHATTEN NACH INNEN legt einen Schatten von den Objektkanten aus nach innen. Die aktive Ebene wirkt dann eventuell selbst hohl, der SCHATTEN NACH INNEN erscheint auf einer darunterliegenden Ebene. Oder die Ebene wirkt wie versenkt, man blickt durch ein Loch auf den Ebeneninhalt. Arbeiten Sie hier mit geringer DECKKRAFT und weicher Kante, beleben Sie allzu einförmige Objekte unaufdringlich. Bei geöffnetem EBENENSTIL-Dialog ziehen Sie den Schatten mit der Maus direkt über der Datei. Bei schwarzen Objekten sehen Sie von diesem Effekt nichts.

- Die FARBÜBERLAGERUNG deckt eine Ebene komplett einfarbig ab. Sie können beliebige Ebenen also einfarbig anzei-

Abbildung 20.44 Der »Kontur«-Effekt dient oft für Bildrahmen, heben Sie jedoch zuvor »Hintergrund«-Ebenen auf eine neue »Ebene 0« oder ähnlich ([Strg]-Doppelklick auf HINTERGRUND-Miniatur). Eine breite »Kontur« modellieren Sie mit dem Effekt »Abgeflachte Kante und Relief« und dem Stil »Reliefkontur« aus. Dateien: Effekte_14a, b; Aktion: Kontur - Metallicrahmen

gen und diese Darstellung jederzeit ändern oder abschalten. Nutzen Sie eine weiße FARBÜBERLAGERUNG mit gesenkter Deckkraft, um zum Beispiel eine MUSTERÜBERLAGERUNG aufzuhellen.

» Der Ebeneneffekt MUSTERÜBERLAGERUNG ziert die Ebene mit einem Muster. Verwenden Sie die Füllmethode HARTES LICHT, um das Muster quasi in die Ebene einzustanzen. Beachten Sie die Hinweise zu den Musteroptionen allgemein ab Seite 594.

» Die VERLAUFSÜBERLAGERUNG überzieht Ihr Bild mit einem Farbverlauf. Das Dreieck bietet Zugriff auf die aktuelle Bibliothek mit Verläufen, ein Doppelklick auf den Verlaufsbalken öffnet das Dialogfeld VERLAUF BEARBEITEN (ausführlich ab Seite 320). Wenn Sie den Verlauf AN EBENE AUSRICHTEN, bewegt er sich beim Verschieben der Bildpunkte mit, sonst sehen Sie je nach Position der Ebenenbildpunkte unterschiedliche Teile des Verlaufs. Ziehen Sie über dem Bild, um Anfangs- oder Endpunkt des Verlaufs zu verschieben.

Kapitel 21
Verlustfrei korrigieren

Nutzen Sie Photoshops Angebote für verlustfreie Korrekturen – Sie zeigen einen Bildbereich verändert, doch im Hintergrund liegen immer noch die unveränderten Pixel. Ihre Möglichkeiten:

» Verbergen Sie einen Bildteil, ohne die Pixel gleich zu löschen – per Ebenenmaske, Vektormaske oder Schnittmaske.

» Zeigen Sie das Foto mit einer Kontrastkorrektur, die Sie jederzeit ändern, abschalten oder auf einzelne Zonen beschränken; ich rede von Einstellungsebenen.

» Skalieren oder drehen oder verzerren Sie eine Ebene, doch behalten Sie ein Duplikat der Ebene im Hintergrund; gemeint sind Smart Objekte.

» Auch **Filter**-Befehle wenden Sie auf Smart Objekte an, vom **Selektiven Scharfzeichner** bis **Sumi-e**; der Hersteller nannte es Smartfilter. Die Veränderung lässt sich nachjustieren, abschaffen oder mit Ebenenmasken auf Bildteile eingrenzen.

Kontraständerungen, kleine Fleckenkorrekturen, Drehungen und Bildausschnitte speichern Sie zudem verlustfrei mit dem Raw-Dialog in DNG-, TIFF- und JPEG-Dateien oder in der Raw-Datenbank (Seite 144).

21.1 Ebenenbereiche verbergen

Verbergen Sie Teile einer Ebene, ohne sie dauerhaft zu löschen. Bei Bedarf holen Sie die versteckten Motivpartien in alter Frische wieder hervor. Sie müssen die Bildpunkte also nicht mit Radiergummi oder Entf-Taste dauerhaft eliminieren.

Übersicht

Darum geht's in diesem Kapitel:

» Die Ebenenmaske versteckt Teile einer Einzelebene. Sie korrigieren die Maske mit Mal- und Retuschewerkzeugen, Füllfunktionen, Filter- oder Kontrastkorrekturbefehlen. Auch weiche Übergänge sind möglich.

» Die Vektormaske versteckt Teile einer Einzelebene per Pfadtechnik. Sie kostet im Vergleich zur Ebenenmaske weniger Speicherplatz und lässt sich mit Pfadwerkzeugen geschmeidig formen. Weiche Übergänge sind nicht möglich. Sie können Vektormaske und Ebenenmaske kombinieren. Beide haben einige gemeinsame Eigenschaften.

» Die Schnittmaske kontrolliert gleich mehrere Ebenen: Alle »gruppierten« Ebenen erscheinen nur noch innerhalb der Umrisse einer sogenannten Grundebene.

Ebenenmaske und Vektormaske lassen sich auch auf mehrere Ebenen in einer Gruppe (Seite 518) anwenden.

Tipp
Für Ebenenmasken oder Vektormaske benötigen Sie normale Ebenen, HINTERGRUND-Ebenen eignen sich nicht. Klicken Sie bei gedrückter Alt-Taste doppelt auf die HINTERGRUND-Miniatur in der Ebenenpalette.

Ebenenmasken

Sie können Teile einer Ebene mit einer Ebenenmaske abdecken. Sie liegt wie eine Schablone über der Ebene und blendet Ebenenbereiche pixelgenau aus; die Maske lässt sich jederzeit ohne Schaden für die ursprünglichen Bildebenen ändern oder entfernen. Sie eignet sich auch für weiche Übergänge: Weil die Maske wie ein üblicher Bildkanal 256 Graustufen aufnimmt, blendet sie Bildteile mit 256 Dichtestufen ein und aus.

Die Ebenenmasken-Miniatur erscheint in der Ebenenpalette neben der zugehörigen Ebenenminiatur. Schwarz in der Ebenenmaske verdeckt die dazugehörigen Bildpunkte, Weiß gibt die entsprechenden Pixel zur Ansicht frei, Grautöne blenden halbtransparent aus.

Möglichkeiten im Überblick

Sie korrigieren die Maske zum Beispiel mit Pinsel oder Verlaufswerkzeug, **Filter**- oder Kontrastkorrektur-Befehlen. Ebenenmaske und Alphakanäle haben weitgehend die gleichen Optionen und Bearbeitungsmöglichkeiten; wir besprechen die Retusche von Ebenenmasken und Alphakanälen darum gemeinsam ab Seite 461.

Die Maske lässt sich überdies ausschalten, löschen, dauerhaft anwenden und auf verschiedene Arten anzeigen. Die Ebenenmaske kostet so viel Arbeitsspeicher und eventuell auch so viel Festplattenplatz wie eine »flache« 8-Bit-GRAUSTUFEN-Version Ihrer Vorlage. Eine Alternative ist manchmal die Vektormaske mit ihrer Pfadtechnik.

Ebenenmaske anlegen

Eine Ebenenmaske entsteht mit dem Symbol EBENENMASKE HINZUFÜGEN in der Ebenenpalette oder mit dem Untermenü **Ebene: Ebenenmaske**. Aktivieren Sie die gewünschte Ebene, dann geht es wie folgt weiter:

» Der Befehl **Ebene: Ebenenmaske: Alle einblenden** lässt die komplette Ebene zur Ansicht frei, es entsteht also eine gänzlich weiße Ebenenmaske. (Dasselbe bewirkt ein Klick auf das Symbol EBENENMASKE HINZUFÜGEN, sofern keine Auswahllinie im Bild schillert.)

» Verwenden Sie **Alle ausblenden**, entsteht eine schwarze Ebenenmaske, die gar nichts durchscheinen lässt. Ebendies bewirkt auch ein Alt-Klick auf das Symbol EBENENMASKE HINZUFÜGEN, sofern keine Auswahl im Bild besteht.

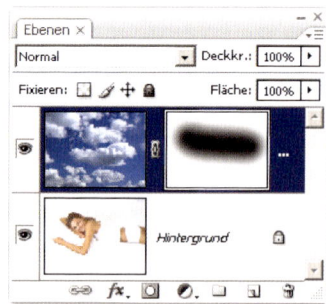

Abbildung 21.1 Wir malen mit Schwarz in der Ebenenmaske der Wolkenebene. So wird das Porträt auf der »Hintergrund«-Ebene wieder sichtbar. Wegen der weichen Pinselspitze liefert Photoshop in der Montage weiche Übergänge. Wichtig: Aktiviert ist die Ebenenmaske, zu erkennen an dem weißen Rähmchen um die Maskenminiatur. Datei: Verbergen_01a

Abbildung 21.2 Wir haben die »Hintergrund«-Ebene aktiviert, den Arm mit der Schnellauswahl ausgewählt und die Auswahl per Kante verbessern verfeinert. Dann haben wir wieder die Maske auf der Wolkenebene aktiviert. Wir malen innerhalb der Auswahl mit Schwarz. So blenden Sie die Wolken vollständig aus, der Arm wird komplett sichtbar. Datei: Verbergen_01b

» Besteht jedoch eine Auswahl, können Sie die **Auswahl einblenden**; sichtbar bleiben nur die Bildpunkte innerhalb der Auswahl. Die neue Ebenenmaske ist im Bereich der Auswahl weiß, drum herum schwarz. Dieselbe Wirkung hat – bei vorhandener Auswahl im Bild – ein Klick auf das Symbol Ebenenmaske hinzufügen.

» Umgekehrt lässt sich auch eine **Auswahl ausblenden**; Bildpunkte innerhalb einer Auswahl werden damit auf der aktiven Ebene verborgen, außen liegende Pixel bleiben sichtbar. Innerhalb der Auswahl trägt die Ebenenmaske Schwarz, außerhalb der Fließmarkierung zeigt sie Weiß. Alternative: Alt-Klick auf das Symbol Ebenenmaske hinzufügen.

Mit dem Befehl **Bearbeiten: In die Auswahl einfügen** (Strg + ⇧ + V, Seite 509) entsteht automatisch eine Ebenenmaske. In diesem Fall verbindet Photoshop Ebene und Maske klugerweise nicht. Auch bei **Photomerge**-Panoramen oder beim Befehl **Ebenen automatisch füllen** produziert Photoshop automatisch Ebenenmasken.

Ebene mit Maske verbinden

Zwischen den Miniaturen für Ebene und Ebenenmaske ist Platz für das Verbindungssymbol, das Sie durch einfachen Klick ein- und ausschalten. In der Regel sind neue Ebenenmasken mit der Ebene verbunden. Das Gleiche gilt auch für die Vektormaske (Seite 609). Sie entscheiden hier,

» ob sich die Ebenenmaske mit der Ebene bewegt, wenn Sie die Ebene verschieben oder

» ob die Ebenenmaske stur am angestammten Platz verharrt, so dass ein Verschieben der Ebene andere Ebenenbereiche ans Tageslicht holt.

Dies bedeutet konkret:

» Sie koppeln eine Ebenenmaske mit dem Verbindungssymbol an die Ebene, wenn sich die Maske nur an der Ebene selbst orientiert. Haben Sie störende Teile eines Objekts per Maske versteckt, dann muss die Ebenenmaske verbunden sein – damit beim Bewegen immer dieselben Motivteile versteckt bleiben. Umgekehrt bewegt sich auch die Ebene mit, wenn Sie die Ebenenmaske bewegen.

» Manchmal orientiert sich die Ebenenmaske am Inhalt der darunterliegenden Ebenen – zum Beispiel zeigt sich das aktive Objekt innerhalb eines Fensters oder eines anderen Rahmens. Hier verzichten Sie auf die Verbindung von Ebenenmaske und Ebene und klicken das Verbindungssymbol weg.

Bei Smart Objekten sind Masken generell nicht verbunden (Seite 630), einen Ausweg bieten Schnittmasken oder Gruppen.

Ebeneneffekte und Ebenenmasken

Beachten Sie die Wirkung von Ebenenmasken und Vektormasken auf Ebeneneffekte, die sich speziell am Rand der Ebenenfüllung auswirken, etwa die Kontur oder die Abgeflachte Kante:

» Verzichten Sie im Dialogfeld Ebenenstil auf die Option Ebenenmaske blendet Effekte aus. Nun orientiert sich der Ebeneneffekt an den tatsächlich sichtbaren Pixeln, die Ebenenmaske wird also berücksichtigt. In unserem Beispiel wird der Schriftzug durch die katzenförmige Ebenenmaske teilweise verdeckt. Die Effekte Abgeflachte Kante sowie Schein nach Aussen folgen also den Konturen der Ebenenmaske, nicht ausschließlich der Schriftkontur.

Teil 6 • Ebenen

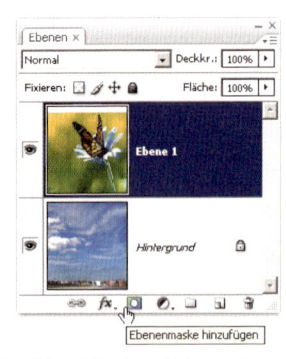

Abbildung 21.3 Wir haben das Schmetterlingsfoto mit dem Verschiebenwerkzeug über eine andere Datei gezogen und den Schmetterling mit Schnellauswahl, Zauberstab und Co. ausgewählt. In der Ebenenpalette klicken wir auf die Schaltfläche »Ebenenmaske hinzufügen«. Datei: Verbergen_02

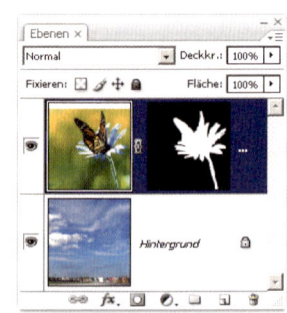

Abbildung 21.4 Photoshop legt eine neue Ebenenmaske an, der nicht ausgewählte Bereich aus dem Schmetterlingsfoto wird verborgen. Die Ebenenmaske erscheint als Miniatur neben der Ebene. Sie können den sichtbaren Ausschnitt jederzeit verfeinern.

» Aktivieren Sie die Option EBENENMASKE BLENDET EFFEKTE AUS. Nun laufen die Effekte nicht mehr an der Ebenenmaske entlang, sondern an den Außengrenzen der gesamten Ebenenfüllung – auch wenn diese zum Teil verborgen ist. Sie sehen im Bildbeispiel rechts, dass um die Katze und um die Felsen herum keine speziellen Randeffekte mehr zu beobachten sind. Die Ebenenmaske verbirgt die Ränder der Ebene; und auch die Effekte, die sich auf die Ränder auswirken, sind nicht mehr zu erkennen.

Diese Option gibt es separat auch für Vektormasken.

Ebenenmasken aktivieren

Sie wollen die Ebenenmaske – und nicht die Bildpunkte selbst – bearbeiten? Aktivieren Sie die Ebenenmaske per Klick auf die Ebenenmasken-Miniatur in der Palette. Photoshop stellt die Ebenenmaske zunächst nicht explizit über der Datei dar. So meldet Photoshop, dass Sie an der Maske und nicht an der Ebene selbst hantieren:

» Die Maskenminiatur neben der Ebenenminiatur ist durch ein weißes Rähmchen hervorgehoben.

» In der Titelzeile des Dateifensters finden Sie einen weiteren Hinweis auf die Maske.

Und Sie sehen es bei der Arbeit: Tragen Sie Schwarz auf, verschwindet die Ebene; tragen Sie Weiß auf, erscheint die Ebene wieder. Der Farbwähler bietet nur Graustufen an. Sie retuschieren an einer Maske, die Sie gar nicht sehen; Sie erkennen nur die Maskenwirkung auf das Gesamtbild.

Ebenenmaske darstellen

Machen Sie die Ebenenmaske sichtbar, um sie besser zu prüfen und zu bearbeiten:

» Alt-Klick auf die Miniatur der Ebenenmaske stellt allein die Maske in Graustufen dar – wie einen Alphakanal. Wiederholen Sie den Griff, um zur normalen Darstellung nur der Ebene zu gelangen.

» Alt+⇧-Klick blendet die Maske halbdeckend über die Ebene. Farbe und Deckkraft einer eingeblendeten Ebenenmaske legen Sie nach Doppelklick auf die Maskenminiatur fest (vergleiche Seite 460). In beiden Fällen können Sie die Maske weiterbearbeiten.

» ⇧-Klick auf die Miniatur der Ebenenmaske schaltet die Maske aus, ohne sie zu löschen; sie erscheint durchgestrichen in der Palette (alternativ nehmen Sie **Ebene: Ebenenmaske: Deaktivieren**).

» Mit einem beherzten Klick auf die Miniatur der Ebene selbst kehren Sie wieder zur üblichen Bilddarstellung zurück.

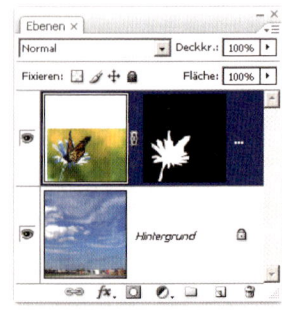

Abbildung 21.5 Die Ebenenmaske ist mit der Bildebene (dem Schmetterlingsfoto) verbunden. Darum gilt: Wenn Sie den Schmetterling spiegeln und verkleinern, ändert sich die Ebenenmaske mit.

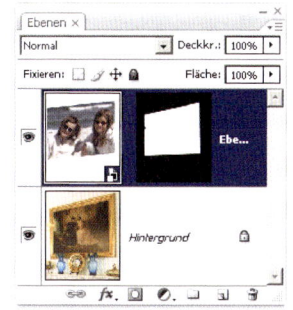

Abbildung 21.6 Die Porträtebene wird durch eine Ebenenmaske so begrenzt, dass man sie nur innerhalb des Bilderrahmens sieht. Die Ebenenmaske ist mit dem Bild nicht verbunden, darum lässt sich das Motiv innerhalb des Goldrahmens bewegen und skalieren. Das Porträt wurde sofort nach dem Einfügen in ein Smart Objekt verwandelt, so dass man es leicht austauschen und verlustfrei transformieren kann. Datei: Verbergen_03

Einige dieser Befehle enthält auch das Kontextmenü, das Sie mit einem Rechtsklick über der Ebenenmasken-Miniatur zum Vorschein bringen. Photoshop zeigt die Ebenenmaske der aktiven Ebene zudem in der Kanälepalette; dort lässt sie sich durch Anklicken aktivieren und per Augensymbol ein- und ausblenden.

Tipp
*Zeigen Sie zwei Darstellungen ein- und desselben Bilds nebeneinander mit dem Befehl **Fenster: Neues Fenster**. Sie können nun in einem Fenster die Ebenenmaske anzeigen, im Vollbild; nach Bedarf arbeiten Sie in beiden Fenstern. Sie können auch unterschiedliche Zoomstufen verwenden.*

Ebenenmasken innerhalb einer Datei verschieben & kopieren

So verschieben und kopieren Sie Ebenenmasken auf andere Ebenen innerhalb einer Datei:

» **Ebenenmaske verschieben:** In der Palette ziehen Sie die Maske auf die neue Ebene – dabei verschwindet sie aus der ursprünglichen Ebene.

» **Ebenenmaske kopieren:** Halten Sie erst die (Alt)-Taste gedrückt, dann ziehen Sie die Ebenenmaske in der Palette über die neue Ebene. Anschließend haben alte und neue Ebene die Maske.

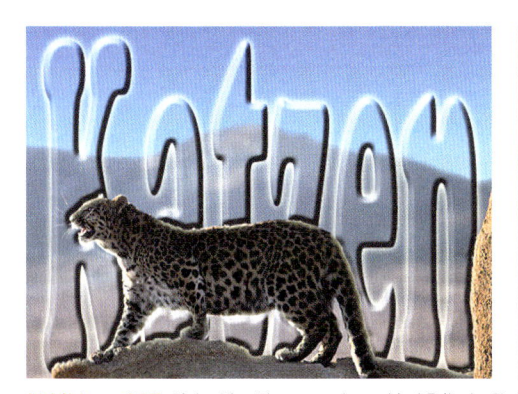

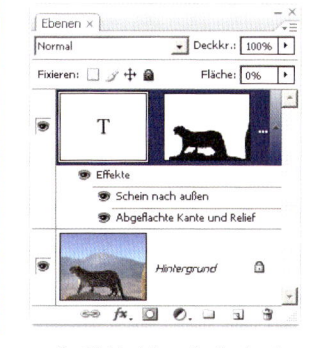

Abbildung 21.7 Links: Eine Ebenenmaske verbirgt Teile der Textebene. Wir verwenden die Option »Ebenenmaske blendet Effekte aus«; die Effekte folgen der Kontur der Ebenenmaske, nicht der Kontur der gesamten Textebene. **Rechts:** Wir schalten die Vorgabe »Ebenenmaske blendet Effekte aus« ab; die Ebenenmaske werden nicht mehr der Ebenenmaske folgend modelliert. Datei: Verbergen_b

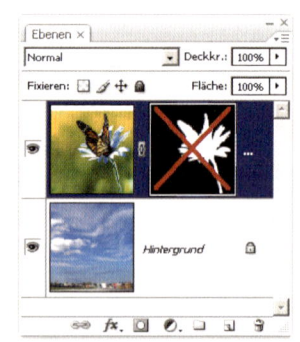

Abbildung 21.8 Links: Alt+⇧-Klick in die Maskenminiatur zeigt die Ebenenmaske als »Farblack«. Mitte: Alt+Klick zeigt allein die Graustufen der Maske. Rechts: ⇧+Klick auf die Miniatur der Ebenenmaske schaltet die Wirkung der Maske ab, ohne sie zu löschen. Datei: Verbergen_02

» Ebenenmaske kopieren: Klicken Sie die Maskenminiatur bei gedrückter Strg-Taste an, so dass Photoshop die Maskeninformation als Auswahl lädt. Klicken Sie einmal auf die Miniatur der Zielebene, dann klicken Sie auf die Schaltfläche EBENENMASKE HINZUFÜGEN.

Tipp
Drücken Sie zusätzlich die ⇧-Taste, um die Auswahlwirkung der kopierten oder verschobenen Ebenenmaske umzukehren. Sie können die Maske natürlich auch ohne diese Zusatztaste übertragen und dann die Wirkung per Strg+I umkehren.

Ebenenmasken in andere Dateien übertragen

Übertragen Sie Ebenenmasken auch auf Ebenen in anderen Dateien:

» Laden Sie die Ebenenmaske als Auswahl und ziehen Sie die Auswahl mit einem Auswahlwerkzeug wie dem Rechteck über eine andere Datei. Aktivieren Sie die gewünschte Ebene und klicken Sie auf das Symbol EBENENMASKE HINZUFÜGEN.

» Ziehen Sie die Miniatur der Ebenenmaske aus der Kanälepalette – also nicht aus der Ebenenpalette – über eine neue Datei; so etablieren Sie die Ebenenmaske zunächst als üblichen Alphakanal. Laden Sie die Auswahl per Strg-Klick auf die Kanalminiatur, aktivieren Sie die Zielebene, klicken Sie auf das Symbol EBENENMASKE HINZUFÜGEN und löschen Sie den Alphakanal.

» Ziehen Sie Ebene samt Ebenenmaske gemeinsam in die neue Datei. Die Ebenenmaske folgt der Ebene stets bedingungslos, auch wenn sie nicht verbunden ist.

Die Ebenenmaske lässt sich nicht durch Ziehen und Ablegen der Maskenminiatur über eine neue Datei duplizieren.

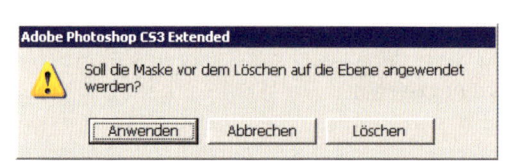

Abbildung 21.9 Wenn Sie die Ebenenmaske löschen und anwenden, entfernen Sie zuvor nur verborgene Bildpunkte endgültig.

Ebenenmasken löschen & anwenden

Sie können Ebenenmasken und Vektormasken jederzeit löschen, so sparen Sie Speicher und Rechenpower. Dazu wird die Maske auf den Mülleimer in der Ebenenpalette gezogen. Entfernen Sie die Ebenen- oder Vektormaske jedoch, schaltet sich Photoshop mit einer Frage dazwischen: SOLL DIE MASKE VOR DEM LÖSCHEN AUF DIE EBENE ANGEWENDET WERDEN? Es geht um Folgendes:

» LÖSCHEN der Ebenen- oder Vektormaske bedeutet: Die Maskierungswirkung entfällt; die ehedem maskierte Ebene zeigt sich wieder in voller Pracht – so, wie sie bereits ohne Ebenenmaske aussah.

» ANWENDEN der Maske bedeutet: Die Bildteile, die Sie zuvor mithilfe der Ebenenmasken verborgen haben, werden endgültig gelöscht – wie mit dem Radiergummi oder durch Auswahl und Entf-Taste. Halbtransparent eingeblendete Bildpunkte haben nach dem ANWENDEN der Ebenenmaske nur noch halbe Deckkraft; die ursprünglichen, voll deckenden Bildpunkte sind weg.

Vektormasken

Sie erhalten dasselbe Angebot auch über den Befehl **Auswahl: Auswahl laden**. Im Einblendmenü Kanal finden Sie Angebote wie Ebene 1 Maske und Ebene 1 Transparenz. Außerdem unterstützt Sie das Kontextmenü über der Ebenenmasken-Miniatur.

Vektormasken

Ähnlich wie die Ebenenmaske grenzt auch eine Vektormaske (früher »Ebenen-Beschneidungsmaske«) die Sichtbarkeit einer Montageebene ein: Die Bildpunkte der Ebene sind nur innerhalb der Pfadumrisse sichtbar. Außenliegendes wird verborgen. Durch Umformen des Pfads zeigen Sie andere Bereiche der Ebene an. Unterschiede zur Ebenenmaske: weniger Speicherbedarf, keine weichen Übergänge, elegantes Umformen mit Zeichenstift- oder Formwerkzeugen, aber keine Bearbeitung mit Filtern, Pinseln oder Kontrastkorrektur.

Die Vektormaske teilt sich viele Eigenschaften mit der Ebenenmaske. Beide Maskenarten können Sie mit dem Verbindungssymbol an die Ebene ankoppeln oder von ihr lösen (Seite 605).

Ebeneneffekte orientieren sich wahlweise an der Gesamtebene oder nur an dem Bildbereich, den die Vektormaske sichtbar lässt; das bestimmen Sie mit der Option Vektormaske verbirgt Effekte im Dialogfeld Ebenenstil (Seite 605). Die Vektormaske erscheint als Miniatur neben der Ebene in der Ebenenpalette, aber ebenso in der Pfadpalette; sie kann auch dort aktiviert werden.

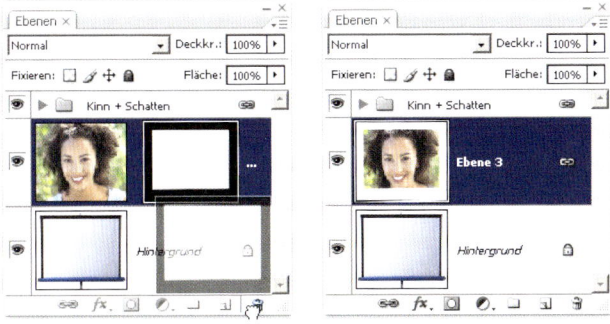

Abbildung 21.10 **Linke Palette:** Eine Ebenenmaske sorgt dafür, dass das Gesicht nur innerhalb der Leinwand erscheint. Das Porträt kann innerhalb der Leinwand verschoben werden. Wir ziehen die Ebenenmaske auf den Mülleimer und klicken auf »Anwenden«. **Rechte Palette:** Nach dem Klick auf »Anwenden« ändert sich die Bildwirkung nicht. Die Ebenenmaske ist weg und der zuvor nur verborgene Bildbereich mit ihr – wo die Ebenenmaske war, ist nun Transparenz. Vorlage: Verbergen_06

Für Smart Objekte gilt: Wandeln Sie eine Pixelebene mit Maske in ein Smart Objekt um, wird die Maske automatisch »angewendet« – die verborgenen Bildpunkte sind endgültig weg. Legen Sie eine Ebenenmaske für ein Smart Objekt an, lässt sich die Maske generell nicht anwenden, sondern nur löschen – anschließend sehen Sie wieder die gesamte Ebene.

Maskeninformation als Auswahl laden

Die Maskierungsinformation der Ebenen- und Vektormaske lässt sich als Auswahl laden, am schnellsten per Tastatur+ Klik:

- ⟩⟩ `Strg`+Klick auf die Ebenenmasken-Miniatur lädt die Ebenenmaskeninformation als Auswahl.
- ⟩⟩ Nehmen Sie die `⇧`-Taste hinzu, um eine bereits vorhandene Auswahl zu erweitern.
- ⟩⟩ `Strg`+`⇧`+`Alt` bildet die Schnittmenge aus vorhandener und neu geladener Auswahl.

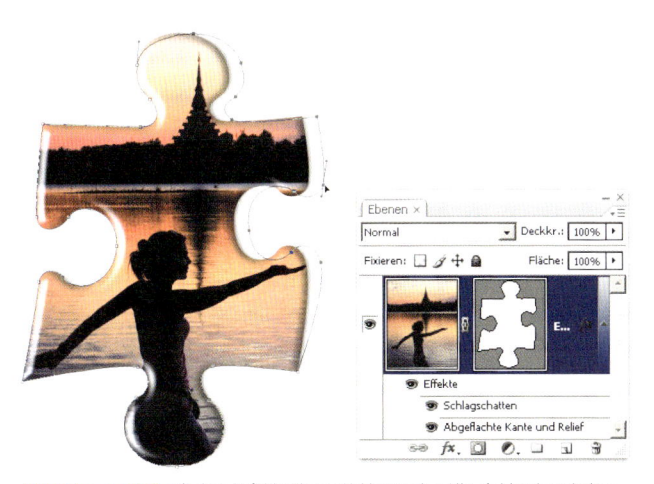

Abbildung 21.11 Mit dem Befehl »Ebene: Vektormaske: Alle einblenden« haben wir eine Blanko-Vektormaske über der »Ebene 0« angelegt. Bei aktivierter Vektormaske haben wir mit dem Werkzeug »Eigene Form« eine Figur erzeugt, die den sichtbaren Bereich der Ebene eingrenzt, und anschließend verschiedene Ebeneneffekte wie »Schlagschatten« und »Abgeflachte Kante« angewendet. Hier korrigieren wir die Vektormaske: Wir haben das rechte obere Viertel des Puzzlestücks mit dem Direktauswahl-Werkzeug eingerahmt und vergrößern diesen Teil. Datei: Verbergen_06

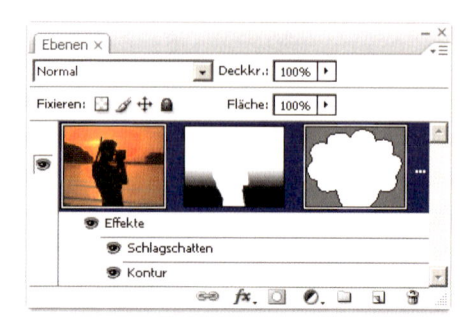

Abbildung 21.12 Die Vektormaske wurde durch eine Ebenenmaske ergänzt, die für die weiche Ausblendung sorgt und den Taucher nach unten einfasst. Damit die Effekte »Kontur« und »Schlagschatten« nicht an der weichen Ausblendung und am Taucher entlang wandern, verwenden wir die Option »Ebenenmaske blendet Effekte aus« im »Ebenenstil«-Dialog. Datei: Verbergen_07

Vektormaske anlegen

Eine Vektormaske entsteht auf verschiedene Arten:

» Sie aktivieren eine Ebene und wählen den Befehl **Ebene: Vektormaske: Alle einblenden**. Die Ebene bleibt zunächst voll sichtbar. Anschließend zeichnen Sie mit einem Werkzeug wie dem Zeichenstift ✒ oder »Eigene Form« ⌘ einen Pfad und verfolgen mit, wie Ebenenteile außerhalb des Pfads verschwinden; achten Sie jedoch oben in der Optionenleiste auf die Vorgabe PFADBEREICH ERWEITERN ▫.

» Sie erzeugen einen Pfad, aktivieren die gewünschte Ebene und wählen den Befehl **Ebene: Vektormaske: Aktueller Pfad**. Die Ebene ist nur noch innerhalb der Pfadgrenzen sichtbar.

» Sie verwenden für Pfad- oder Formwerkzeuge die Vorgabe FORMEBENEN ▫. Damit entsteht eine neue Ebene (Details zu dieser Option auf Seite 470).

» Die Schaltfläche ▫ in der Ebenenpalette, die sonst die Bezeichnung EBENENMASKE HINZUFÜGEN trägt, erzeugt eine Vektormaske, sofern sie bei gedrückter Strg-Taste angeklickt wird. Auch wenn bereits eine Ebenenmaske vorhanden ist, meldet sich die Schaltfläche ausnahmsweise mit der Bezeichnung VEKTORMASKE HINZUFÜGEN.

Vektormasken löschen, rastern und konvertieren

So wandeln Sie die Vektormaske um:

» Klicken Sie die Vektormaske bei gedrückter ⇧-Taste an, um sie vorübergehend abzuschalten, ohne sie zu löschen.

» Der Befehl **Ebene: Rastern: Vektormaske** verwandelt die Vektormaske in eine Ebenenmaske (Seite 604), der Sie mit Pinsel ✏ und Co. zusetzen.

» Der Befehl **Ebene: Rastern: Ebene** erzeugt eine Bildpunktebene, die nur in den bisher sichtbaren Bereichen mit Bildpunkten gefüllt ist. Bereiche, die Sie per Vektormaske ausgeblendet hatten, sind endgültig perdu. Sie können auch **Alle Ebenen** rastern.

» Ziehen Sie die Vektormaske in der Pfade- oder Ebenenpalette auf den Mülleimer 🗑; die Ebene ist nun wieder voll sichtbar.

Vektormasken duplizieren und übertragen

Wie bei der Ebenenmaske: Halten Sie zuerst die Alt-Taste fest gedrückt, dann ziehen Sie die Vektormaske in der Palette über eine andere Ebene – sie erhält prompt ein Duplikat der Vektormaske.

Wollen Sie Vektormasken auf andere Dateien übertragen?

Klicken Sie doppelt auf die Vektormaske in der Pfadpalette – also nicht in der Ebenenpalette – und tragen Sie im Dialog PFAD SPEICHERN einen Namen ein. Alternative: Ziehen Sie die

Vektormaske in der Pfadpalette auf das Symbol NEUEN PFAD ERSTELLEN . In beiden Fällen entsteht ein neuer, regulärer Pfad unabhängig von Ebene und Vektormaske.

1. Ziehen Sie den Pfad aus der Pfadepalette in die neue Datei.
2. Aktivieren Sie in der Zieldatei die gewünschte Ebene.
3. Klicken Sie auf **Ebene: Vektormaske: Aktueller Pfad**. Nun hat auch die Zielebene ihre Vektormaske.

Freilich erscheint ein anderer Weg für Vektormasken noch handlicher:

1. Ziehen Sie die Ebene samt Vektormaske aus der Palette ins Zielbild.
2. Dort ziehen Sie die Vektormaske auf die gewünschte Ebene.
3. Die herübergezogene Ebene, jetzt ohne Vektormaske, zurren Sie in den Papierkorb .

Kontext

Beachten Sie in Zusammenhang mit der Vektormaske auch folgende Passagen im Buch:

» Wie Sie Pfade mit den Zeichenstiftwerkzeugen bearbeiten, lesen Sie ab Seite 475.

» Die Auswahl von Pfadsegmenten, Pfadkomponenten und kompletten Pfaden mit Direktauswahl-Werkzeug und Pfadauswahl-Werkzeug behandeln wir ab Seite 478.

» Wie Sie Pfade und damit auch eine Vektormaske mit Formwerkzeugen gestalten, erfahren Sie ab Seite 480.

» Wollen Sie eine Auswahl in eine Vektormaske verwandeln, legen Sie zunächst einen üblichen Pfad an; Details zu diesem Verfahren finden Sie ab Seite 488.

» Der **Frei transformieren** dreht, vergrößert oder verzerrt eine aktivierte Vektormaske ohne Qualitätsverlust (Seite 538).

» Vektormasken eignen sich gut zur Verwendung mit Ebenenstilen und Ebeneneffekten (Seite 587).

OOB: Den Rahmen sprengen

Nach RAW, HDR, DRI und Bokeh-DOF ist OOB der nächste Hype unter Fotofexen weltweit: Gemeint sind Montagen, in denen das Hauptmotiv eingerahmt erscheint, diesen Rahmen jedoch teilweise verlässt.

OOB-Montagen (out of bounds) sehen Sie quer durchs Buch. Eine geplante Bildwirkung erhalten Sie oft mit ganz unterschiedlichen Montagekonzepten; bei unserem Beispiel führen nicht weniger als drei verschiedene Ebenenanordnungen zum selben Gesamtbild. So können Sie im Vordergrund störende Bildteile durch Masken verbergen, endgültig weglöschen oder ungewollt überdeckte Details darüber duplizieren. Der Rahmen kann in der Ebenenpalette über oder unter dem eingerahmten Hauptmotiv angeordnet sein.

Tipps für OOB-Montagen

Es gibt also keine spezielle Technik für OOB-Montagen – nutzen Sie Ebenenmasken, Vektormasken, Schnittmasken, Auswahltechnik, Entf -Taste und Radiergummi so, wie wir es in diesem Buch überall besprechen. Ein paar Aspekte tauchen immer wieder auf:

» Viele OOB-Montagen wirken etwas zusammengeklebt. Legen Sie Schatten zwischen Hauptmotiv und Rahmen, um die Plastizität zu steigern.

» Meist können Sie für Schatten nicht den SCHLAGSCHATTEN-Effekt verwenden, da sich dieser auf Teilstrecken nicht unterdrücken lässt; stattdessen brauchen Sie den Schatten auf einer separaten Ebene, dort steuern Sie die Sichtbarkeit mit Radiergummi oder Ebenenmaske.

» Löschen Sie nicht zu früh zu viel weg, vielleicht überlegen Sie es sich noch einmal anders. Eventuell stellen Sie erst in einer späteren Zoom- oder Bewusstseinsstufe fest, dass ein Objektrand noch Versäuberung braucht.

» Nutzen Sie beim Verschiebenwerkzeug eher nicht die Option AUTOMATISCH AUSWÄHLEN, zu oft wird dabei die falsche Ebene aktiviert.

» Behalten Sie von wichtigen Umrissen Alphakanäle, Pfade, Ebenenmasken oder Vektormasken innerhalb der Datei zurück – auch wenn das die Dateigröße hebt.

» Heben Sie bei Bedarf die Verbindung zwischen Motiv und Ebenenmaske auf. So bewegen Sie zum Beispiel das Motiv innerhalb eines Rahmens.

» Arbeiten Sie mit Smart Objekten, sie lassen sich verlustfrei skalieren und und bequem austauschen; Nachteil: Sie können Ebenenmasken nicht verbinden.

» Einzelne Bereiche des Motivs haben Sie eventuell auf eigene Ebenen gehoben. Sie lassen sich mit der Hauptebene verbinden , so dass man sie gemeinsam durch den Rahmen schiebt.

Schnittmaske

Die Schnittmaske (vormals »Beschnittgruppe«, davor »Maskierungsgruppe«) ist quasi die Steigerung der Ebenenmaske oder der Vektormaske – sie verbirgt gleich mehrere Ebenen. Die »gruppierten«, also die einer Schnittmaske zugeordneten Ebenen zeigen sich nur noch innerhalb der Umrisse der sogenannten Grundebene. Die Deckkraft, die Füllmethode und die Ebeneneffekte dieser Grundebene bestimmen meist, in welchen Bereichen die gruppierten Ebenen sichtbar sind:

» Wo die Grundebene volle Deckkraft hat, zeigen sich die gruppierten Ebenen darüber ebenfalls in voller Pracht.

Abbildung 21.13 **Oben:** Ohne Schatten. **Mitte:** Mit zwei Schattenebenen. **Unten:** Variante mit Schatten. Dateien: Verbergen_08a etc.

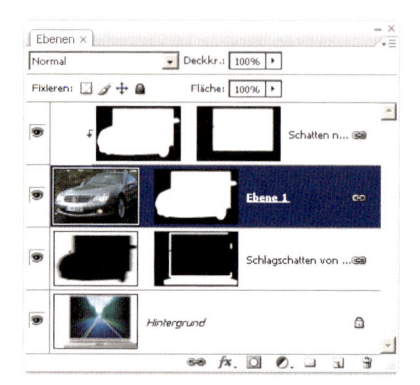

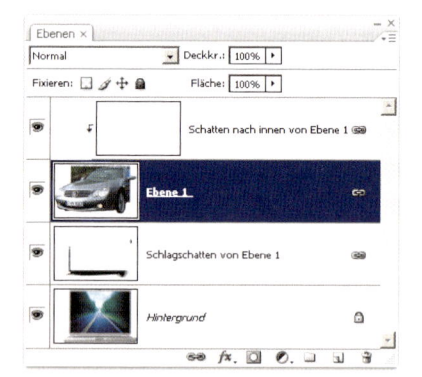

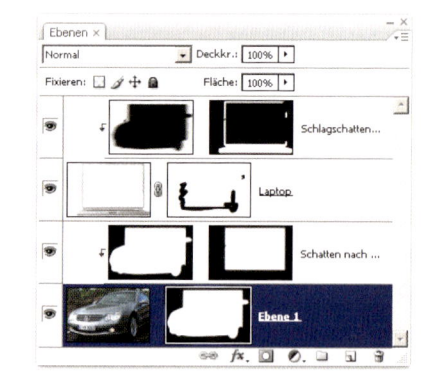

Abbildung 21.14 **Oben:** Diese Montage führt zu dem mittleren Ergebnis aus der Reihe im linken Bild. **Mitte:** Hier haben wir die Montage reduziert. **Unten:** Auch diese Montage bringt das mittlere Ergebnis. Wenn Sie die unterste Ebenenmaske per ⇧-Klick ausschalten, wird mehr von der Autoebene sichtbar und Sie erhalten das Bildergebnis rechts. Dateien: Verbergen_08a etc.

Schnittmaske

Abbildung 21.15 **Links:** Die CD bildet hier eine Schnittmaske mit den Gegenständen. **Mitte:** Die Schere wird aus der Schnittmaske herausgenommen und ist wieder vollständig sichtbar. **Rechts:** In einer Schnittmaske gruppierte Ebenen erscheinen in der Ebenenpalette eingerückt. Datei: Verbergen_09

» Wo die Grundebene halbtransparent ist, zeigen sich die zugeordneten Ebenen auch nur schwach.

» Wo die Grundebene keine Pixel aufweist, sehen Sie die gruppierten Ebenen nicht. Irgendwelche Tonwerte wie Schwarz oder Weiß spielen also keine Rolle, es geht allein um die Deckkraft.

» Die gruppierten Ebenen übernehmen die Ebeneneffekte der Grundebene, zum Beispiel die ABGEFLACHTE KANTE.

Als Alternative bietet sich eine Ebenenmaske (Seite 604) für eine Gruppe an (Seite 518).

Schnittmaske erstellen

So erstellen Sie eine Schnittmaske:

1. Richten Sie zunächst eine Ebene ein, die als »Grundebene« dienen soll. Ebenen, die die gesamte Bildfläche abdecken, eignen sich nicht, ebenso wenig wie Hintergrundebenen. Erzeugen Sie zum Beispiel eine neue Textebene mit dem Textwerkzeug T.

2. Legen Sie eine oder mehrere Ebenen oberhalb dieser geplanten »Grundebene« an.

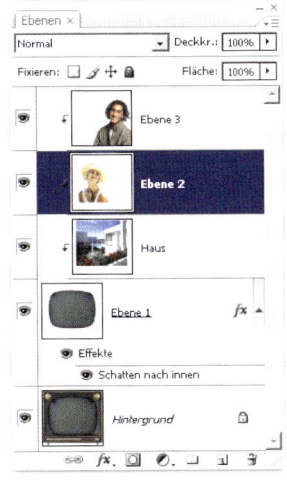

Abbildung 21.16
Linke Palette: Die Mattscheibe wurde dupliziert und dient als Grundebene einer Schnittmaske; Personen und Gebäude erscheinen nur innerhalb dieser Mattscheibe. **Rechte Palette:** Dasselbe Bildergebnis erhalten Sie auch anders; hier liegt der Fernseher ganz oben in der Palette, die Mattscheibe wurde weggeschnitten. Dateien: Verbergen_10a etc.

3. Um die oberen Ebenen mit der »Grundebene« zu gruppieren, klicken Sie bei gedrückter Alt-Taste auf die Trennlinie zwischen den beiden Ebenen in der Ebenenpalette. Dabei erscheint der Zeiger als Doppelkreis. Alternativ verwenden Sie den Befehl **Ebene: Schnittmaske erstellen**; dabei wählen Sie nur die obere Ebene aus, nicht die Grundebene (Strg+Alt+G).

4. Das Feld der oberen Ebene in der Palette erscheint nun eingerückt neben dem Schnittmaskensymbol, der Name der »Grundebene« ist unterstrichen.

5. Gruppieren Sie weitere Ebenen per Alt-Klick auf die Trennlinie. Alle Ebenen zusammen erhalten zunächst den Modus und die Deckkraft der Grundebene.

Entfernen Sie auf umgekehrtem Weg Ebenen aus der Schnittmaske, indem Sie erneut bei gedrückter Alt-Taste auf die gepunktete Trennlinie klicken. Um Ebenen außerhalb der Schnittmaske anzulegen, die voll sichtbar sind, ziehen Sie diese Ebenen unter die Grundebene oder über die Schnittmaske.

Grenzen Sie einzelne gruppierte Ebenen durch Ebenenmasken oder Vektormasken weiter ein.

Ebenenstiloptionen

Aktivieren Sie die Grundebene, klicken Sie auf die Schaltfläche EBENENEFFEKT *fx* und wählen Sie **Fülloptionen**. Damit erscheint das Dialogfeld EBENENSTIL mit der Kategorie FÜLLOPTIONEN. Im Bereich ERWEITERTE FÜLLMETHODE finden Sie hier wichtige Optionen für die Grundebene:

» Zunächst gilt die Füllmethode der Grundebene für alle gruppierten Ebenen, also ein Überblendverfahren wie HARTES LICHT oder NORMAL. Deaktivieren Sie jedoch die Option BESCHNITTENE EBENEN ALS GRUPPE FÜLLEN, behält jede eingerückte Ebene ihre ursprüngliche Füllmethode.

» Sofern Sie mit AUSSPARUNG arbeiten, endet die Aussparung üblicherweise auf der Grundebene, der Basis der Schnittmaske, wenn die Option BESCHNITTENE EBENEN ALS GRUPPE FÜLLEN nicht aktiviert ist. Verzichten Sie jedoch auf die Option BESCHNITTENE EBENEN ALS GRUPPE FÜLLEN, wird durch die Aussparung die Ebene unter der Grundebene sichtbar.

» Die Option INTERNE EFFEKTE ALS GRUPPE FÜLLEN bezieht sich auf Ebeneneffekte, die das Innere der Ebenenfüllung verändert darstellen – also GLANZ, SCHEIN NACH INNEN, FARBÜBERLAGERUNG, MUSTERÜBERLAGERUNG oder VERLAUFSÜBERLAGERUNG. Ist die Option aktiviert, wird die aktuelle Füllmethode auf alle Ebeneneffekte innerhalb der Ebenengrenzen angewandt.

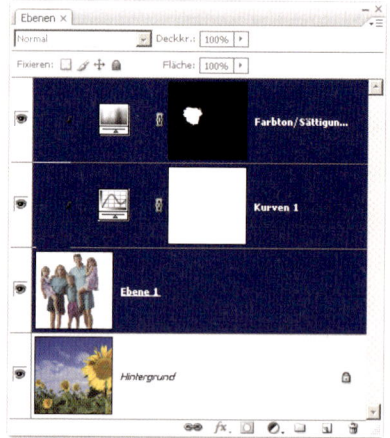

Abbildung 21.17 **Linke Palette:** Die zwei Einstellungsebenen sind hier mit der Ebene 1 zu einer Schnittmaske gruppiert. Gradationskurve und Farbtonänderung wirken sich darum nur auf die »Ebene 1« aus, nicht auf die darunterliegende »Hintergrund«-Ebene. Die »Farbton«-Ebene hat zusätzlich eine Ebenenmaske, so dass die Farbtonänderung nur im Bereich eines T-Shirts durchschlägt. **Rechte Palette:** Wir hatten die drei Ebenen bereits gemeinsam ausgewählt, jetzt wurden sie mit Strg+E verschmolzen; die »Ebene 1« erscheint dauerhaft verändert. Die Bildwirkung ändert sich nicht. Datei: Verbergen_11

Tipps

Beim Hantieren mit mehreren Ebenen kommt leicht die Übersicht abhanden, darum hier praktische Handgriffe in der Übersicht:

- » Rechts-Klick ins Bild bei aktiviertem Verschiebenwerkzeug zeigt ein Auswahlmenü mit den Ebenen unter dem Zeiger.

- » [Strg]-Klick ins Bild bei aktiviertem Verschiebenwerkzeug aktiviert die oberste Ebene unter dem Zeiger.

- » [Alt]-Klick auf ein Augensymbol in der Palette zeigt die Ebene daneben allein, alle anderen blendet Photoshop aus; neuerlicher [Alt]-Klick zeigt alle Ebenen. Bei einer gruppierten Ebene wird die Grundebene mit angezeigt.

- » Ziehen Sie über den Augensymbolen, um eine Reihe von Ebenen anzuzeigen oder auszublenden.

- » Um mehrere Ebenen gemeinsam zu bewegen, werden sie im Bild mit dem Verschiebenwerkzeug eingerahmt, die Option AUTOMATISCH WÄHLEN ist eingeschaltet. Alternative: Klicken Sie die Ebenen nacheinander in der Ebenenpalette an; dabei drücken Sie die [Strg]-Taste und zielen auf die Namen, nicht auf die Miniaturen der Ebenen.

- » Um die Fläche der Grundebene zu verkleinern, verwenden Sie zum Beispiel den Radiergummi oder Sie löschen einen markierten Bereich mit der [Entf]-Taste. Um die Grundebene zu vergrößern, verwenden Sie zum Beispiel den Pinsel. Natürlich eignet sich auch die **Transformieren**-Funktion ([Strg]+[T]).

21.2 Einstellungsebenen

Auf Einstellungsebenen speichern Sie keine Pixel, sondern eine Kontrast- oder Farbkorrektur. Sie zeigen die Ebenen darunter verändert, ohne die Bildpunkte selbst dauerhaft zu manipulieren. So präsentieren Sie einen Hintergrund mal mehr, mal weniger gedämpft oder ein Objekt in verschiedenen Farben. An den Pixeln ändert sich gar nichts, Sie verändern nur Werte in der Einstellungsebene. Anders ausgedrückt: Sie betrachten das Bild durch eine getönte Brille. Sie können jederzeit die Brille abnehmen oder anders getönte Gläser einsetzen.

Einführung Einstellungsebenen

Als Einstellungsebene lassen sich die Befehle zur Kontrast- und Tonwertkorrektur verwenden, die Sie aus dem Untermenü **Bild: Anpassungen** kennen, zum Beispiel **Farbton/Sättigung**, **Helligkeit/Kontrast**, **Gradationskurven**, **Kanalmixer** und **Tonwertkorrektur,** aber auch **Umkehren**, **Tontrennung** und **Schwellenwert**; wir besprechen diese Funktionen ab Seite 238.

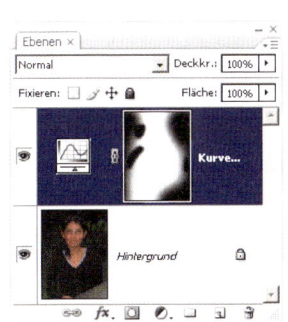

Abbildung 21.18 1. Bild: Das Foto ist zu dunkel. **2. Bild:** Eine Gradationskurve als Einstellungsebene hellt das Porträt auf, doch Gras und Brett wurden zu hell.
3. Bild: Schwarz in der Ebenenmaske dämpft die aufhellende Wirkung der Einstellungsebene im Außenbereich. Datei: Einstellung_01

Teil 6 • Ebenen

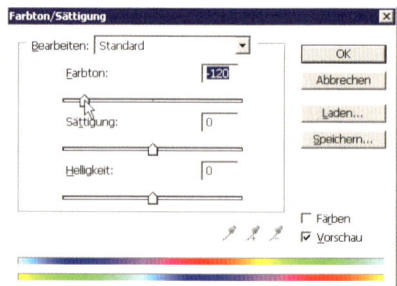

Abbildung 21.19 Einstellungsebenen Schritt für Schritt: Wir wollen den linken Pullover umfärben. Aktivieren Sie die gewünschte Ebene und klicken Sie unten in der Ebenenpalette auf das Symbol »Neue Füll- oder Einstellungsebene erstellen«. Im Menü nehmen Sie »Farbton/Sättigung«. Im Dialogfeld verschieben Sie den »Farbton«-Regler zum gewünschten Farbton. Datei: Einstellung_02

Tipp
Den wichtigen Befehl Tiefen/Lichter finden Sie nicht im Menü der Einstellungsebenen. Man kann ihn aber als Smartfilter anlegen: Sie wählen Filter: Für Smartfilter konvertieren, dann steht Tiefen/Lichter für eine verlustfreie, abschaltbare Kontrastkorrektur zur Verfügung.

Alle Ebenen unter der Einstellungsebene werden mit der Korrektur gezeigt. Diese Ebenen verändern sich aber nur in der Anzeige, die eigentlichen Daten bleiben unberührt. Im Übrigen ist die Einstellungsebene eine Ebene wie andere auch, die sich unter anderem gruppieren, verbinden und maskieren lässt.

Sie können:

» die Korrektur jederzeit verändern,

» die Korrektur vorübergehend ausschalten,

» die Korrektur per Deckkraft-Regler dämpfen oder per Füllmethode anders anwenden,

» die Wirkung per Ebenenmaske auf bestimmte Bildbereiche begrenzen,

» die Wirkung per Schnittmaske auf eine Einzelebene beschränken,

» die Einstellungsebene dauerhaft anwenden,

» die Einstellungsebene mit der darunterliegenden Ebene »verbinden«.

Abbildung 21.20
Die Einstellungsebene verfärbt zunächst das komplette Bild. Eine Schnittmaske löst das Problem hier nicht: Dann würde zwar der Wald nicht mehr umgefärbt, die Gesichter wären aber weiterhin betroffen.

Einstellungsebenen anlegen

Abbildung 21.21
Per Ebenenmaske grenzen wir die Umfärbung auf den linken Pullover ein. Dann werden beide Ebenen ausgewählt und wir klicken auf »Ebenen verbinden«. Jetzt können Sie die Porträts und die zugehörige Einstellungsebene gemeinsam verschieben oder skalieren.

Einstellungsebenen anlegen

Eine Einstellungsebene entsteht auf diesem Weg:

1. Klicken Sie in der Ebenenpalette auf das Symbol NEUE FÜLL- ODER EINSTELLUNGSEBENE ERSTELLEN ⬤; oder verwenden Sie **Ebene: Neue Einstellungsebene**. Ist eine Auswahl aktiv, während Sie die Einstellungsebene erzeugen, entsteht automatisch eine Ebenenmaske, die die Wirkung der Einstellungsebene auf den ausgewählten Bereich beschränkt.
2. Im Menü wählen Sie einen der angebotenen Befehle aus.
3. In den meisten Fällen gehört zum Befehl ein Dialogfeld, das Sie nun einrichten. Klicken Sie auf OK.
4. Die Einstellungsebene in der Palette erscheint über der zuletzt aktiven Ebene und verändert alle darunterliegenden Ebenen. Sie können die Einstellungsebene jetzt gruppieren oder maskieren.

Einstellungsebenen bearbeiten

Sie können die Einstellungsebene und unabhängig davon die Maske bearbeiten.

Einstellungen verändern

So arbeiten Sie mit der Einstellungsebene weiter:

» Um die Werte des Befehls auf der Einstellungsebene zu ändern, klicken Sie doppelt auf das grafische Symbol für diese Ebene (nicht auf das Maskensymbol): Photoshop zeigt das entsprechende Dialogfeld, zum Beispiel FARBTON/SÄTTIGUNG.

» Schalten Sie die Einstellungsebene mit dem Augensymbol ⬤ aus, um das Bild unverändert – also ohne Einwirkung der Einstellungsebene – zu betrachten.

» Verschieben Sie die Ebene in der Palette nach oben oder unten.

» Schwächen Sie die Wirkung mit dem Deckkraft-Regler oder wechseln Sie die Füllmethode.

Tipp
*Wollen Sie die Funktion auf der Einstellungsebene austauschen, zum Beispiel GRADATIONSKURVEN statt FARBTON/SÄTTIGUNG verwenden, wählen Sie **Ebene: Inhalt der Ebene ändern**.*

Die Maske der Einstellungsebene

Einstellungsebenen haben zunächst eine Ebenenmaske, wie Sie in der Ebenenpalette sehen: Zunächst ist diese Maske zur Einstellungsebene komplett weiß – das heißt, die Einstellungsebene wirkt auf die gesamte Arbeitsfläche für alle darunterliegenden Ebenen. Füllen Sie Bereiche der Ebenenmaske mit Schwarz; alle darunterliegenden Ebenen werden in diesen Zonen nicht mehr verändert. Insgesamt bietet die Maske zur Einstellungsebene die folgenden Möglichkeiten:

» Sie lässt sich ebenso vielseitig retuschieren (Seite 461) wie eine Ebenenmaske oder wie ein Alphakanal – zum Beispiel mit Pinseln, Gradationsfunktion, Filtern oder Befehlen aus dem Untermenü **Bild: Anpassungen**.

» Sie können die Maske in Graustufen oder als halbtransparenten »Schutzlack« einblenden; dazu gelten die gleichen Tastenkombinationen wie bei der Ebenenmaske (Seite 606).

» Die Optionen für die Maske der Einstellungsebene – Farbe und Deckkraft – erreichen Sie per Doppelklick auf die Maskenminiatur (Seite 460).

Abbildung 21.22 Sie brauchen die Ebenenmaske zur Einstellungsebene generell nicht? Nehmen Sie im Menü zur Ebenenpalette die »Paletten-Optionen« und verzichten Sie auf die Vorgabe »Für Einstellungsebenen Standardmasken verwenden«.

Einstellungsebenen gruppieren

Auf zwei Arten lässt sich die Wirkung der Einstellungsebene begrenzen:

» Die Gruppierung der Einstellungsebene mit der darunterliegenden Ebene reduziert die Wirkung auf die Pixel dieser einen Ebene. Weiter unten liegende Ebenen werden nicht mehr verändert, obwohl sie im Gesamtbild sichtbar sind. Aktivieren Sie die Ebene unter der Einstellungsebene und klicken Sie bei gedrückter [Alt]-Taste auf die Trennlinie zwischen beiden Ebenen, während der spezielle Cursor erscheint (Seite 612).

» Mit einer Ebenenmaske beschränken Sie die Wirkung auf bestimmte Zonen des Gesamtbilds – also nicht nur einer Einzelebene – unterhalb der Einstellungsebene.

Einstellungsebene dauerhaft anwenden

Wenden Sie Veränderungen durch die Einstellungsebene an – so als ob Sie direkt und dauerhaft die darunterliegende Ebene korrigiert hätten. Sie können die Einstellungsebene mit der darunterliegenden Bildebene verschmelzen. So geht's:

1. Aktivieren Sie die Einstellungsebene in der Ebenenpalette.
2. Nutzen Sie den Befehl **Ebene: Mit darunter liegender auf eine Ebene reduzieren** ([Strg]+[E]).

Sie haben die darunterliegende Ebene nun dauerhaft verändert. Alle weiteren, noch tiefer liegenden Ebenen nehmen dagegen wieder ihr unkorrigiertes Aussehen an – auch wenn sie zuvor durch die Einstellungsebene verändert wurden.

21.3 Füllebenen

Füllebenen erstellen Sie auf der Ebenenpalette mit derselben Schaltfläche ⬤ wie Einstellungsebenen. Auch hier entsteht eine neue Ebene. Sie ist randvoll gefüllt – mit Einzelfarbe, Verlauf oder Muster. Der Vorteil gegenüber einer sonstigen Füllung auf einer üblichen Ebene: Wenn Sie die Bildfläche vergrößern, wächst die Füllebene mit – auch bei Mustern und Verläufen. Sie können Farben, Verläufe und Muster jederzeit korrigieren oder austauschen. Sie testen hier unkompliziert die Wirkung von Nahtlosmustern; Verläufe, die nach transparent übergehen, blenden Bildebenen weich aus.

Füllebenen entstehen ähnlich wie Einstellungsebenen:

1. Klicken Sie in der Ebenenpalette auf das Symbol NEUE FÜLL- ODER EINSTELLUNGSEBENE ERSTELLEN ⬤.
2. Wählen Sie im Menü **Volltonfarbe**, **Verlauf** oder **Muster**.
3. Stellen Sie die Optionen ein.
4. Bearbeiten Sie bei Bedarf die Maske. Sofern sich eine Auswahl im Bild befindet, erscheint automatisch nur dieser Bereich gefüllt, der Rest ist per Ebenenmaske verborgen.
5. Um die Einstellungen für die Füllung zu korrigieren, klicken Sie doppelt auf das Symbol in der Ebenenminiatur.

Im Übrigen gelten unsere Hinweise zur Einstellungsebene weiter oben in diesem Abschnitt sinngemäß auch für die Füllebene.

Füllebenen maskieren

Photoshop liefert automatisch eine Ebenenmaske mit, so dass Sie die sichtbare Ausdehnung der Füllung begrenzen können (Seite 604). Verwenden Sie alternativ zur Ebenenmaske auch eine Vektormaske (Seite 609). Formebenen, wie sie mit den Formwerkzeugen entstehen, verwenden automatisch Füllebene plus Vektormasken (Seite 480).

Kontext

Beachten Sie in Zusammenhang mit Füllebenen auch folgende Passagen im Buch:

» Für Füllebenen mit der Vorgabe **Volltonfarbe** nutzen Sie den Farbwähler (Seite 310).

» Bei **Verlauf**-Füllebenen sollten Sie die Verlauffunktionen kennen (Seite 320).

» Die Füllebenen vom Typ **Verlauf** und **Muster** bieten ihre Vorgaben in Bibliotheken an, die wir ab Seite 771 besprechen.

» Möchten Sie eigene nahtlose Muster erstellen, finden Sie Hinweise ab Seite 735.

» Die Optionen im Dialogfeld MUSTERFÜLLUNG erklären wir in Zusammenhang mit Ebeneneffekten ab Seite 594. (Auch in Füllebenen können Sie das Muster mit dem Verschiebenwerkzeug bewegen.)

21.4 Smart Objekte

Der Hersteller redet von »Smart Objekten«. Das ist zwar kein Deutsch, aber eine hochinteressante Technik für Fotomonteure – eine Datei in der Datei: Photoshop legt eine Kopie des Originals innerhalb der Montage zurück und zeigt Ihnen zur Korrektur nur ein Duplikat, die Arbeitsversion dieser Ebene. Wie immer Sie das Duplikat verzerren oder filtern – das Original bleibt im Hintergrund verfügbar, es gibt keinen dauerhaften Qualitätsverlust.

Sie speichern wie bei allen Ebenentechniken in den Formaten TIFF, Photoshop-PSD oder PDF.

Übersicht

Wenn Sie eine Ebene als Smart Objekt anlegen, zeigt die Miniatur in der Ebenenpalette ein spezielles Symbol.

Diese Möglichkeiten haben Sie:

» Sie können Objekte **skalieren**, **drehen**, **neigen** und **verkrümmen** – aber auch nach einer starken Verkleinerung stehen immer noch die Originalpixel aus der ursprünglichen Ebene zur Verfügung. Die Varianten **Verzerren** und **Perspektivisch** bietet Photoshop allerdings nicht an.

» Wenden Sie Einstellungsebenen, Ebeneneffekte, Ebenenmasken und Vektormasken an.

» Wenden Sie **Filter**-Befehle und die **Tiefen/Lichter**-Korrektur als verlustfreie Smartfilter an.

» Über den Befehl **Datei: Platzieren** betten Sie Camera-Raw-Dateien, Vektorgrafiken, PDF-Seiten oder komplette Photoshop-Montagen. Alle Spezialeigenschaften bleiben weiter erhalten und können nach Doppelklick auf die Miniatur der smarten Ebene bearbeitet werden – zum Beispiel die Camera-Raw-Eigenschaften oder die Einzelebenen einer eingebetteten Montage. Sie können die Smart-Objekt-Abbildung dieser Montage zumindest **drehen**, **neigen** und **skalieren**, teilweise auch **verkrümmen**.

» Verändern Sie ein einzelnes Objekt und übertragen Sie die Korrektur automatisch auf weitere, verbundene »Smart Objekte«.

» Tauschen Sie Smart Objekte so aus, dass die neu eingesetzte Ebene sofort die Proportion der zuvor vorhandenen Ebene übernimmt.

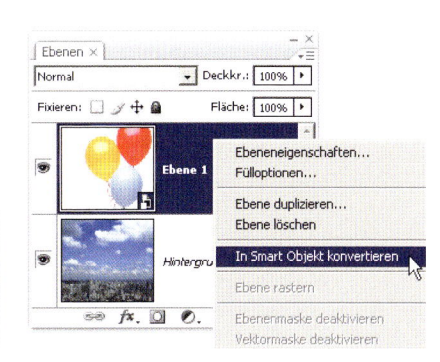

Abbildung 21.23 Die Luftballons werden für diese Übung ausgewählt und mit dem Verschiebenwerkzeug in die neue Datei gezogen. Dort erscheinen sie als »Ebene 1« – zu groß. Bevor Sie die Ebene verkleinern, konvertieren Sie die Ebene in ein Smart Objekt. Danach sehen Sie das Symbol für Smart Objekte rechts unten in der Ebenenminiatur. Dateien: Smart_01a – 01c

Abbildung 21.24 Links: Um die Größe zu ändern, starten wir das »Transformieren« mit `Strg`+`T`. Die Ebene wird verkleinert und leicht unproportional in die Breite gezogen. **Mitte:** Nach dem Doppelklick in den Transformierenrahmen berechnet Photoshop die Ebene endgültig neu – doch im Hintergrund steht noch das Original zur Verfügung. **Rechts:** Setzen Sie die Ebene jederzeit auf den ursprünglichen Zustand zurück: Starten Sie erneut das »Transformieren«. Photoshop nennt wieder die Maße vom letzten Skalieren. Klicken Sie auf »Seitenverhältnis erhalten«, um das Seitenverhältnis wiederherzustellen, setzen Sie eine Drehung eventuell auf 0 Grad. Tippen Sie »100%« in beide Größenfelder, um die Originalmaße wieder herzustellen.

Sie können Kontrastkorrekturen nicht direkt auf ein Smart Objekt anwenden, aber via Einstellungsebene ist es kein Problem.

Smart Objekte anlegen

Vorhandene Dateien oder Ebenen verwandeln Sie unkompliziert in Smart Objekte:

- In der Ebenenpalette klicken Sie mit rechts auf das leere Feld rechts von der Ebenenminiatur und nehmen **In Smart Objekt konvertieren**. Diesen Befehl finden Sie auch im Palettenmenü.

- Sie aktivieren die Ebene und klicken auf **Ebene: Smart Objekte: In Smart Objekt konvertieren** oder auf **Filter: Für Smartfilter konvertieren**.

- Die Datei ist noch nicht geöffnet und wird komplett als Smart Objekt benötigt? Da kommt der Befehl **Datei: Als Smart Objekt öffnen** gerade recht.

- Vektorgrafik, Camera-Raw-Material, PDF-Seiten oder komplette Photoshop-Montagen hieven Sie via **Datei: Platzieren** ins Bild.

- Ziehen Sie Ebenen aus Acrobat oder Illustrator in eine in Photoshop geöffnete Datei.

- In der Bilddatenbank Bridge wählen Sie eine einzelne Datei aus, dann heißt es dort **Datei: Platzieren: In Photoshop**. Sie landet als Smart Objekt in der aktuellen Datei. Ist dort keine Datei geöffnet, wird das Bild aus Bridge in eine eigene Datei als Smart Objekt eingesetzt.

- Drücken Sie im Raw-Dialog die `⇧`-Taste, sehen Sie die Schaltfläche OBJEKT ÖFFNEN; das Bild wird in Photoshop als Smart Objekt angelegt, per Doppelklick auf die Ebenenminiatur ändern Sie wieder alle Eigenschaften im Raw-Dialog.

- Falls Sie die kostenlosen »Dr. Brown's Services« installiert haben (Seite 558): Markieren Sie ein Bild in Bridge, dann wählen Sie **Werkzeuge: Dr. Brown's Services: Dr. Brown's Place-A-Matic 8 bit**. Die gewählte Datei erscheint zweimal als Smart Objekt in einer Ebenenmontage. Markieren Sie mehrere Dateien in Bridge, erscheint jede Datei nur einmal in der neu entstehenden Ebenendatei.

Tipp
Sie können mehrere Ebenen gemeinsam auswählen und in ein einzelnes Smart Objekt verwandeln. Dieses Smart Objekt wird dann eine Datei in der Datei mit mehreren, separat aktivierbaren Ebenen innerhalb einer übergeordneten Montage.

Der Ablauf

So arbeiten Sie mit Smart Objekten:

1. Sie verwandeln eine vorhandene Ebene in ein Smart Objekt oder öffnen ein Bild als Smart Objekt. Photoshop legt eine Kopie des Originals innerhalb der Datei zurück und gibt Ihnen zur Korrektur nur das Duplikat, die Arbeitsversion dieser Ebene.

Übersicht

2. Sie ändern das Objekt durch Skalieren, Drehen oder Neigen, mit **Filter**-Befehlen und Ebeneneffekten.

3. Per Doppelklick auf die Ebenenminiatur steht wieder das Original, die ursprünglich eingefügte Version, zur Verfügung. Sie haben durch die Änderungen in Schritt 2 nichts verloren, selbst wenn Sie die Ebene drastisch verkleinert haben.

Abbildung 21.25 Wir brauchen eine weitere Ballonebene. Wir ziehen mit dem Verschiebenwerkzeug bei gedrückter Alt-Taste an den Ballons der »Ebene 1«. So entsteht die »Ebene 1 Kopie«, abermals ein Smart Objekt. Diese beiden Ebenen gelten als »verbunden«. Wir ziehen die Kopieebene nach links, ändern Drehwinkel und Größe. Wir vergrößern die linke Ebene problemlos, obwohl sie von einer kleineren Ebene abstammt: Beide Ebenen sind Smart Objekte, die Daten des größeren Originals stehen noch zur Verfügung. Datei: Smart_01d

Ebenen mit Masken umwandeln

Beim Umwandeln in ein Smart Objekt wendet Photoshop vorhandene Ebenen- oder Vektormasken einfach an. Das heißt: Bildteile, die zuvor durch eine Ebenenmaske verdeckt waren, sind im Smart Objekt ein für alle Mal verschwunden. Ganz schön grob.

Sie wollen die Maske auch im Smart Objekt erhalten? Wir erklären das Verfahren am Beispiel einer EBENE 1, die eine Ebenenmaske hat:

1. Duplizieren Sie die EBENE 1 per Strg+J. So entsteht eine neue EBENE 1 KOPIE.

2. Ziehen Sie die Ebenenmaske der EBENE 1 in den Mülleimer der Palette. Wichtig: In der Rückfrage klicken Sie auf LÖSCHEN. Jetzt ist die gesamte unmaskierte Ebene sichtbar.

3. Wählen Sie **Filter: Für Smartfilter konvertieren**. Die EBENE 1 zeigt das Symbol für Smart Objekte.

4. Ziehen Sie die Maske von der EBENE 1 KOPIE über die EBENE 1 in der Palette. Jetzt ist das Smart Objekt maskiert.

5. Die EBENE 1 KOPIE verfrachten Sie in den Mülleimer.

Zurück zum Originalpixelmaß oder Originalseitenverhältnis

Nach langem **Transformieren** wollen Sie das Smart Objekt wieder im ursprünglichen Seitenverhältnis oder in der ursprünglichen Pixelgröße sehen. So kehren Sie zum Originalseitenverhältnis zurück:

1. Aktivieren Sie die Ebene durch einen Einzelklick in der Ebenenpalette.

2. Drücken Sie Strg+T.

3. Oben in der Optionenleiste tragen Sie für Breite und Höhe jeweils den gleichen Prozentwert ein – zum Beispiel zweimal »70,1%«. Sie sehen Ihr Motiv jetzt im Seitenverhältnis, wie es beim **Einfügen** oder **Platzieren** bestand.

4. Bestätigen Sie die Änderung mit ↵ oder brechen Sie mit der Esc-Taste ab.

Sie wollen komplett zu den ursprünglichen Maßen zurückkehren? Auch das geht:

1. Drücken Sie Strg+T.

2. Oben in der Optionenleiste tragen Sie für **B**reite und **H**öhe jeweils den neuen Wert »100%« ein – unabhängig davon, welche Maßeinheiten Photoshop dort zunächst nennt. Im Feld DREHEN geben Sie »0« Grad an. Die Ebene schnellt zurück auf die Pixelausdehnung und Bildlage, die sie beim Start ihrer Smart-Objekt-Karriere hatte.

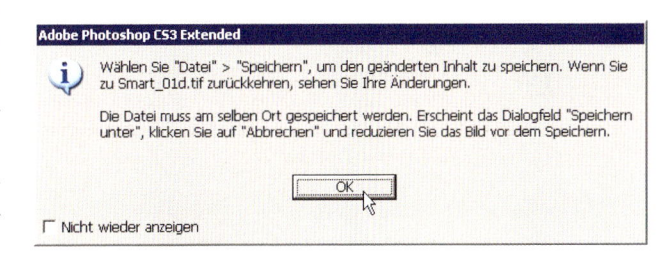

Abbildung 21.26
Wir wollen die Ballons umfärben. Kontrastkorrekturen oder Retuschewerkzeuge bietet Photoshop jedoch für ein Smart Objekt gar nicht an – ebenso wie alle anderen Kontrastbefehle und Retuschewerkzeuge. Wir klicken darum doppelt auf die Miniatur der Ebene »Ebene 1 Kopie«. **Links:** Photoshop meldet, dass die Ebene jetzt in einem separaten Dateifenster geöffnet wird. **Rechts:** Die Ebene erscheint als Datei »Ebene 1.psb«.

Kapitel 21 · Verlustfrei korrigieren

621

Teil 6 • Ebenen

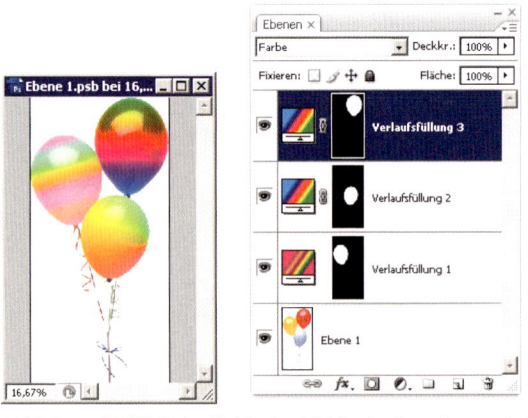

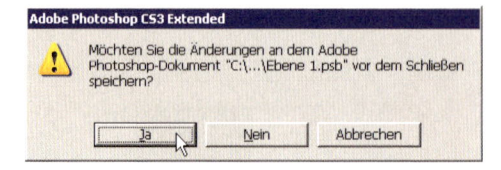

Abbildung 21.27 **Links:** Wir könnten jetzt Kontrastkorrekturen oder Pinsel nutzen oder Schriftzüge montieren. Wir legen hier Verlaufsfüllungen über die Ballons und schließen die Datei aus der Datei wieder. Dabei fragt Photoshop, ob die Datei gespeichert werden soll; klicken Sie auf »Ja«.

Einzelne Pixelebene als Smart Objekt

Sie wollen eine normale Pixelebene als Smart Objekt verwenden, also einen ganz üblichen Bildausschnitt? Klicken Sie die Ebenenminiatur mit rechts an, dann nehmen Sie **In Smart Objekt konvertieren**. Die Ebenenminiatur zeigt jetzt das Symbol für Smart Objekte.

Smart Objekt bearbeiten

So geht es weiter:

1. Mit Strg+T steigen Sie ins **Transformieren** ein (Seite 538); alternativ schalten Sie das Verschiebenwerkzeug ein und verwenden oben in den Optionen die Transformationssteuerungen. Sie drehen das Objekt und verkleinern es (in dieser Zeit zeigt die Ebenenminiatur kein Smart-Objekt-Symbol). Die »Transformierung« lässt sich jederzeit verlustfrei ändern oder zurücksetzen.

2. Jetzt braucht die smarte Ebene noch eine Retusche mit dem Kopierstempel. Sie schalten das Werkzeug ein, doch Photoshop blockiert Ihre Pläne mit einem Verbotsschild und einer Meldung: Der Vorgang kann erst fortgesetzt werden, nachdem dieses Smart Objekt gerastert wurde. Klicken Sie auf OK, ist die Ebene nicht mehr smart, es verliert die Verbindung zum unveränderten Original im Hintergrund. Klicken Sie also auf Abbrechen – so verwandelt Photoshop das Smart Objekt nicht in eine normale Pixelebene.

Tipp

Nach Bearbeiten eines einzelnen Smart Objekts bleiben eventuell große PSD- oder PSB-Dateien im Temporärverzeichnis Ihres Betriebssystems zurück. Windows-XP-Nutzer finden sie unter »C:\Dokumente und Einstellungen\\<benutzername>\Lokale Einstellungen\Temp«. Die Dateien können Sie löschen.

Abbildung 21.28
Nach dem Speichern der Smart-Objekt-Datei zeigt Photoshop die Montage aktualisiert – und beide Ebenen erscheinen mit Farbveränderung, denn sie sind ja verbunden. Nur das »Transformieren« wird auf jede verbundene Ebene einzeln angewendet. Klicken Sie doppelt auf die Miniatur einer Ebene, können Sie die Konstruktion mit den Verlaufsfüllungen weiter bearbeiten. Datei: Smart_01e

Einzelne Pixelebene als Smart Objekt

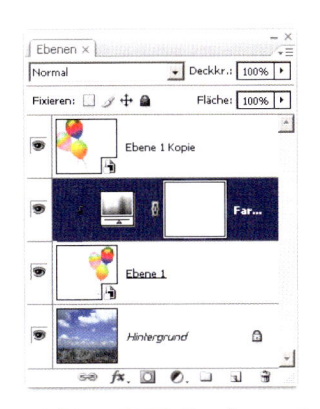

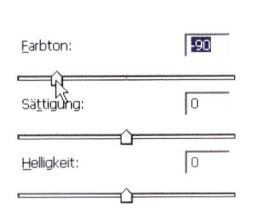

Abbildung 21.29 Sie wollen zum Abschluss dieser Reihe sicherlich die rechte Ebene unabhängig von der linken weiter umfärben. Wir nehmen hier die Funktion »Farbton/Sättigung« als Einstellungsebene. Die Einstellungsebene ist mit der darunterliegenden »Ebene 1« gruppiert (Strg+G); sie färbt also nur die Ballons um, aber nicht die »Hintergrund«-Ebene. Datei: Smart_01f

Pinselretuschen oder Kontrastkorrekturen für Smart Objekte

Retuschen oder **Korrektur**-Befehle nimmt das Smart Objekt nicht sofort an (siehe oben). Wollen Sie das Smart Objekt nicht in eine Normalebene zurückrastern, bearbeiten Sie die ursprünglich geladenen Originalpixel. So geht's:

1. Klicken Sie doppelt auf die Ebenenminiatur mit dem Smart Objekt.
2. Photoshop produziert eventuell erneut eine Meldung, die Sie mit OK bestätigen.
3. Nun erscheint die Ebene allein in einem neuen Dateifenster – und zwar in der ursprünglichen Proportion, also ohne Drehung und Skalierung. Sie erkennen auch einen neuen Dateinamen mit der Endung ».psb« – das Smart Objekt ist letztlich eine psb-Datei in der Datei.
4. Arbeiten Sie mit dem Kopierstempel oder mit beliebigen anderen Funktionen – auch mit Kontrastkorrekturen. Aber wohlgemerkt: Diese Änderungen verändern die Pixel dauerhaft, anders als die Transformierung lassen sie sich nicht zurücksetzen.
5. Zufrieden mit der Korrektur? Klicken Sie auf **Datei: Schließen** (Strg+W). Photoshop fragt: MÖCHTEN SIE DIE ÄNDERUNGEN...SPEICHERN? JA, Sie möchten.
6. Die Datei mit dem Einzelobjekt verschwindet. Sie sehen wieder die Montage: Die Smart-Objekt-Ebene zeigt sich wieder mit der Drehung und Verkleinerung von ganz zu Anfang. Außerdem sehen Sie die Stempelretusche und andere Eingriffe.

Tipp
Oder retuschieren Sie direkt auf dem Smart Objekt mit Stempel und Co. Dazu legen Sie aber erst eine neue leere Ebene an, und nutzen Sie die Werkzeugvorgabe ALLE EBENEN.

Schnelle Vorschau der Gesamtmontage

Wie wirkt die Retusche im Smart Objekt in der Gesamtmontage? Sie sehen die aktualisierte Gesamtansicht natürlich nach Schließen der Datei mit dem Smart Objekt. Noch schneller geht es so:

1. Wenn das Smart Objekt als separate Datei geöffnet ist, speichern Sie mit Strg+S.
2. Spätestens, wenn Sie das Dateifenster der Gesamtmontage durch einen Klick auf die Titelleiste aktivieren, zeigt Photoshop die aktualisierte Gesamtansicht.
3. Wechseln Sie wieder zum Smart Objekt in seinem separaten Fenster; widerrufen Sie bei Bedarf die letzte Änderung.

Verlustfreie Korrekturen

Sie müssen Kontrastkorrekturen oder Retuschen nicht dauerhaft in das Smart Objekt einrechnen:

» Für Kontrastkorrekturen aktivieren Sie zunächst die smarte Ebene durch einen Einzelklick. Unten in der Ebenenpalette klicken Sie auf NEUE FÜLL- ODER EINSTELLUNGSEBENE ERSTELLEN (Seite 615); wählen Sie zum Beispiel die **Tonwertkorrektur**. Jetzt erscheint zunächst das gesamte Bild verändert, nicht nur das Smart Objekt – drücken Sie die Alt-Taste, dann klicken Sie in der Ebenenpalette auf die Trennlinie zwischen Smart Objekt und darüberliegender Einstellungsebene. So entsteht eine Schnittmaske (Seite 609); Sie verändert nur noch das Smart Objekt.

» Brauchen Sie Retuschen mit Kopierstempel, Reparaturpinsel oder Bereichsreparaturpinsel? Bearbeiten Sie das Smart Objekt einzeln nach Doppelklick auf die Ebenenminiatur. In der PSB-Datei mit dem Smart-Objekt-Original legen Sie eine neue leere Ebene an. Verwenden Sie die Retuschewerkzeuge mit der Option ALLE EBENEN, so dass die Retusche in der neuen, leeren Ebene landet.

»Platzieren« Sie Photoshop-Montagen, PDFs, Camera-Raw-Dateien und Vektordateien

Für Ebenenmontagen, Camera-Raw-Dateien, PDFs und Vektorgrafikdateien brauchen Sie den Befehl **Datei: Platzieren**. Alternative: Markieren Sie eine einzelne Datei in Bridge, dann gehen Sie dort auf **Datei: Platzieren: In Photoshop**.

4. Die Datei erscheint als neue Ebene in Ihrer Montage, umgeben von Rahmen und Anfasspunkten. Richten Sie Größe, Drehung und Winkel mit den üblichen **Transformieren**-Techniken ein (Seite 538); die ⇧-Taste wahrt das Höhe-Breite-Verhältnis. Alle Änderungen lassen sich später verlustfrei korrigieren. (Camera-Raw-Dateien durchlaufen zuerst den Camera-Raw-Dialog.)

5. Klicken Sie zur Bestätigung doppelt in das platzierte Bild. Die Anfasspunkte verschwinden, die neue Ebenenminiatur in der Palette zeigt das Smart Objekte-Zeichen.

Web

Der kostenlose Zusatzbefehl **Place-A-Matic** *von »Dr. Brown's Services« (Seite 558) spart viele Klicks beim Platzieren.*

Größe beim Platzieren und Einfügen

Photoshop passt die Größe des platzierten Objekts an die Größe der Gesamtdatei an – das neue Element ragt nicht über die aktuellen Bildgrenzen hinaus. Wollen Sie das Objekt dagegen in seiner ursprünglichen Größe platzieren, öffnen Sie die **Voreinstellungen** mit Strg+K und verzichten auf die Option BILD BEIM EINFÜGEN/PLATZIEREN SKALIEREN. Egal, was Sie bevorzugen: Sie verlieren nie Qualität.

Photoshop-Montagen mit mehreren Ebenen

Setzen Sie Photoshop-Montagen mit mehreren Ebenen als Smart Objekt ein – Sie erhalten eine neue Ebene mit der Gesamtansicht der gewählten Montage. Sie haben zwei Möglichkeiten, wahlweise bleiben die Einzelebenen im Hintergrund erhalten:

1. Wählen Sie **Datei: Platzieren** (siehe oben). Das Zielbild zeigt eine Gesamtansicht der Montage als Einzelebene. Klicken Sie doppelt auf die Miniatur dieses Smart Objekts, steht die Originalmontage mit allen Einzelebenen zur Verfügung. Sie lässt sich bearbeiten und schließen – danach sehen Sie die korrigierte Montage im Zielbild. Sie können **skalieren**, **drehen**, **neigen** und **verkrümmen**. Dieses Verfahren bietet viel Flexibilität, kostet aber Speicherplatz – exakt so viel, wie die Montage auf der Festplatte benötigte. Die platzierte Montage kann ihrerseits Smart Objekte enthalten, so dass ein Smart Objekt andere Smart Objekte aufnimmt.

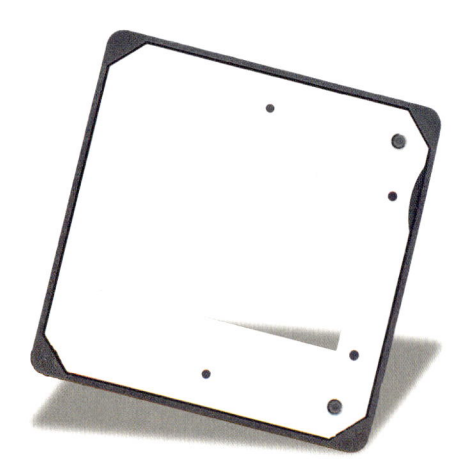

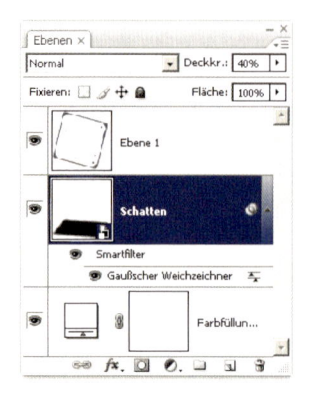

Abbildung 21.30
Zwischen Diarahmen und Schattenebene wollen wir eine Raw-Datei als Smart Objekt »platzieren«. Die Schattenebene ist bereits aktiviert, damit das später eingesetzte Foto unmittelbar darüber landet. Datei: Smart_02a

Wie viel Speicherplatz kostet das?

Abbildung 21.31 Links: In Bridge öffnen wir das »Praxis«-Verzeichnis von der Buch-DVD, klicken einmal auf die interessante Datei »Smart_02b« und dann auf »Datei: Platzieren: In Photoshop«. **Rechts:** Richten Sie die Datei im Raw-Dialog ein, dann klicken Sie auf »OK«.

2. Öffnen Sie die Montage, die Sie als Smart Objekt einfügen wollen. Wählen Sie `Strg`+`A`, dann **Bearbeiten: Auf eine Ebene reduziert kopieren**; danach klicken Sie auf das Zielbild, fügen mit `Strg`+`V` ein und wählen **In neuem Smart Objekt gruppieren** (siehe oben). Die Einzelebenen der eingefügten Montage stehen nicht mehr zur Verfügung; Sie sparen Speicherplatz.

Wie viel Speicherplatz kostet das?

Verwandeln Sie eine Pixelebene in ein Smart Objekt – die Montage braucht danach generell mehr Speicherplatz. Ein Smart Objekt, das Sie quer über die Bildfläche hin vergrößern, kostet etwas mehr Speicherplatz als ein sehr klein zusammengeschobenes Smart Objekt – obwohl im Hintergrund dieselben Pixelinformationen liegen (eine Tabelle zu Dateigrößen haben wir auf Seite 501).

Abbildung 21.32 Links: Die neue Ebene erscheint zunächst bildfüllend unterhalb des Diarahmens. **Mitte:** Mit den Anfasspunkten wird die Ebene gedreht und verkleinert. **Rechts:** Die neue Ebene heißt »Smart_02b«, die Miniatur zeigt das Symbol für Smart Objekte. Klicken Sie jederzeit doppelt auf die Miniatur, um die Camera-Raw-Einstellungen zu ändern – einschließlich Bildausschnitt, wenn nötig. Datei: Smart_02d

Verwandeln Sie ein Smart Objekt zurück in eine Rasterebene (**Ebene: Smart Objekte: In Ebene konvertieren**). So schonen Sie Festplatte, Backupmedien und Internetleitungen. Der Spareffekt ist besonders deutlich, wenn das Smart Objekt zuvor nur einen kleinen Teil der Bildfläche einnahm.

Montagen als Smart Objekt

Eine Montage mit Smart Objekten beansprucht mehr Speicher, wenn das Smart Objekt seinerseits aus einer mehrteiligen Photoshop-Montage und nicht aus einer Einzelebene besteht. Abhilfe:

1. Öffnen Sie das Smart Objekt per Doppelklick auf die Ebenenminiatur und wählen Sie **Ebene: Hintergrund auf Ebene reduzieren**; so verschmelzen die Einzelebenen zu einer Ebene.

2. Schließen Sie diese Smart-Objekt-Datei und klicken Sie bei der Speicherfrage auf JA – die Montage sieht so aus wie zuvor, doch sie kostet weniger Speicherplatz.

Camera-Raw-Dateien als Smart Objekt

Betten Sie eine Camera-Raw-Datei als Smart Objekt in eine Montage ein. Ändern Sie jederzeit verlustfrei alle Einstellungen aus dem Camera-Raw-Dialog – zum Beispiel Bildschärfe, Rauschverhinderung, Drehung, Ausschnitt und die komplette Farb- und Tonwertkorrektur.

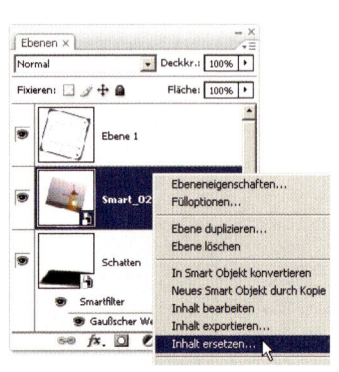

Abbildung 21.33 Wir tauschen den Cocktail gegen einen frisch gepressten Zitronensaft aus – abermals als Smart Objekt. Links: Öffnen Sie das Untermenü »Ebene: Smart Objekte« und klicken Sie auf »Inhalt ersetzen«. Rechts: Im Dialogfeld »Platzieren« nehmen Sie das »Praxis«-Verzeichnis von der Buch-DVD und klicken doppelt auf die Datei »Smart_02c.jpg«.

Die passende Zieldatei

Die Zieldatei zum **Platzieren** kann beliebig klein sein – Photoshop speichert auch eine Multimegapixel-Camera-Raw-Datei verlustfrei in einer sehr kleinen Montagedatei.

Sie wollen die Camera-Raw-Datei als Smart Objekt exakt in der Pixelgröße Ihrer Raw-Aufnahme anlegen? Dann nehmen Sie

» im Raw-Dialog die ⇧-Taste und klicken auf OBJEKT ÖFFNEN,

» in den ARBEITSABLAUF-OPTIONEN des Raw-Dialogs die Option ALS SMART OBJEKTE ÖFFNEN (das gilt dann dauerhaft, Sie sehen permanent die Schaltfläche OBJEKT ÖFFNEN statt BILD ÖFFNEN),

» in Photoshop den Befehl **Datei: Als Smart Objekt öffnen** oder

» in Bridge **Datei: Platzieren: In Photoshop**; bei diesem Weg darf in Photoshop keine einzige Datei geöffnet sein.

Camera-Raw-Datei platzieren und bearbeiten

Platzieren Sie eine Camera-Raw-Datei wie oben beschrieben, zum Beispiel per **Datei: Platzieren** in Photoshop. Das Bild erscheint im Camera-Raw-Dialog (Seite 153). Nehmen Sie alle Einstellungen vor und klicken Sie auf ÖFFNEN – nicht auf FERTIG oder SPEICHERN.

Skalieren Sie die platzierte Datei ruhig zunächst sehr klein, auch auf mikroskopische 100x100 Pixel. Speichern Sie die neue Montage auch so klein. Sie arbeiten ja mit einem Smart Objekt, die volle Größe steht jederzeit im Hintergrund parat.

Sie wollen die Camera-Raw-Einstellungen ändern? Klicken Sie doppelt auf die Miniatur des Smart Objekts, hantieren Sie mit den Reglern und klicken Sie im Camera-Raw-Dialog auf OK.

Vektorgrafikdateien als Smart Objekt

Setzen Sie Vektordateien als Smart Objekt ein – zum Beispiel ein Firmenlogo oder einen Schriftzug in Formaten wie AI, EPS oder PDF. Die Datei muss nicht unbedingt mit dem Adobe-Programm Illustrator entstanden sein und Sie brauchen Illustrator nicht zwingend auf der Festplatte – ein anderes Vektorgrafikprogramm wie Canvas oder CorelDraw tut es eventuell auch. Ebenso können Sie auch eine Seite oder ein Bild eines PDF-Dokuments anwählen.

Ändern Sie Winkel und Proportion in Photoshop, dekorieren Sie die Grafik mit Ebeneneffekten wie SCHLAGSCHATTEN oder ABGEFLACHTE KANTE UND RELIEF und testen Sie Füllmethoden. Nach einem Doppelklick auf die Ebenenminiatur startet das Grafikprogramm; dort bearbeiten Sie die Kurven und Füllflächen der Vektorgrafik. Testen Sie das Verfahren zum Beispiel mit den Vektorgrafiken vom Typ ».ai« aus dem Praxis-Verzeichnis der Buch-DVD.

Vektorgrafikdateien als Smart Objekt

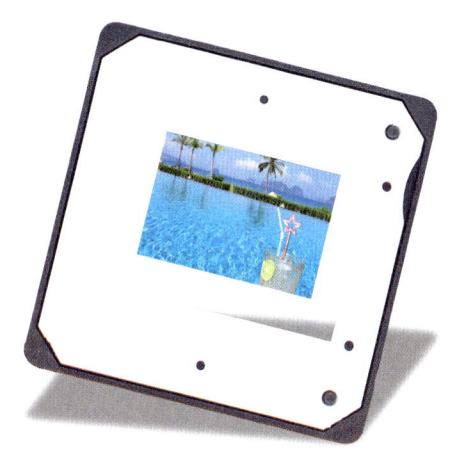

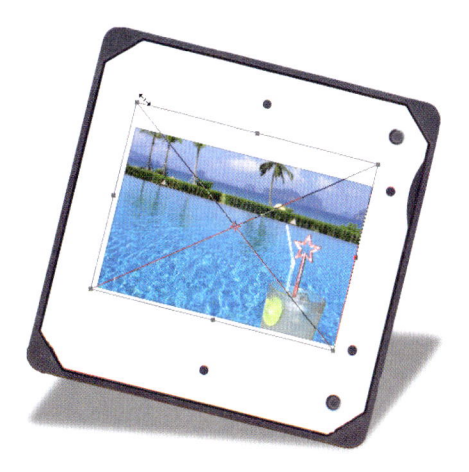

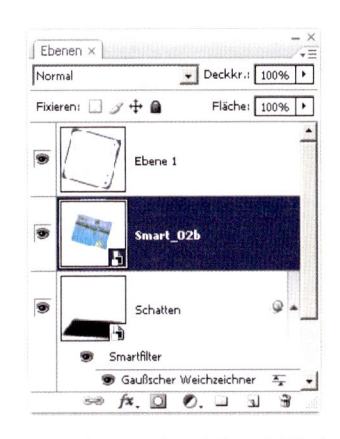

Abbildung 21.34 Links: Photoshop setzt das neue Bild ein – sofort mit Prozentgröße und Drehwinkel der vorherigen Datei. Die neue Datei hat jedoch nur halb so viel Pixel wie die vorherige, darum erscheint sie hier zunächst zu klein. **Mitte:** Wir drücken `Strg`+`T` und bringen die Ersatzebene auf eine passende Größe. **Rechts:** Die ausgetauschte Bildebene hat den alten Namen behalten. Am Symbol in der Miniatur erkennen Sie, dass es sich wieder um ein Smart Objekt handelt. Die Originalpixel stehen im Hintergrund bereit. Datei: Smart_02e

Vektorgrafik platzieren und bearbeiten

In Photoshop öffnen oder erzeugen Sie zunächst eine Datei, die das smarte Vektorobjekt aufnehmen soll. Dann **platzieren** Sie via Photoshop oder Bridge (siehe oben).

Tipp
Sie können die Vektorgrafik auch im Grafikprogramm Illustrator kopieren (`Strg`+`C`) und in Photoshop als Smart Objekt einfügen. Wichtig dabei: In den Voreinstellungen von Illustrator im Bereich DATEIEN VERARBEITEN & ZWISCHENABLAGE *aktivieren Sie vorab die Optionen* AICB (KEINE TRANSPARENZ-UNTERSTÜTZUNG) *und* PFADE BEIBEHALTEN. *Beim Einfügen in Photoshop wählen Sie aus, ob das Objekt als* SMART OBJEKT, PFAD, PIXEL *oder* FORMEBENE *erscheinen soll.*

So kann es weitergehen:

1. Starten Sie das **Transformieren** mit `Strg`+`T`, ändern Sie Größe, Drehung, Perspektive verlustfrei.
2. Brauchen Sie Effekte wie SCHLAGSCHATTEN oder SCHEIN NACH AUSSEN? Klicken Sie in der Ebenenpalette mit rechts in die Miniatur der Vektorebene und gehen Sie auf **Fülloptionen**.
3. Im Dialogfeld **Ebenenstil** stellen Sie die Effekte zusammen und klicken auf OK.
4. Wie wäre es mit dem **Filter: Weichzeichnungsfilter: Bewegungsunschärfe**? Vorsicht, Photoshop produziert eine Warnung, die Vektorgrafik müsste in eine übliche Pixelebene gerastert werden. Damit warten wir noch.

So weit, so einfach. Doch was passiert, wenn Sie die Grafik wieder im Vektorprogramm bearbeiten wollen? Spielen wir es durch:

1. In der Ebenenpalette klicken Sie doppelt auf die Miniatur der Vektordatei.
2. Photoshop produziert eine Meldung, klicken Sie auf OK.
3. Sie landen nun im Vektorprogramm, das dem platzierten Dateityp zugeordnet ist. Es zeigt die positionierte Vektorgrafik als eigene Datei. (Haben Sie eine AI-Datei platziert, öffnet sich das Standardprogramm Ihres Rechners für AI-Dateien – zum Beispiel Illustrator, CorelDraw oder Canvas.) Ändern Sie Umrisse oder Füllung.
4. Sind Sie mit den Korrekturen zufrieden? Dann schließen Sie die Vektorgrafik im Vektorgrafikprogramm. Bei der Speicheraufforderung klicken Sie auf JA, Name und Verzeichnis ändern Sie wohlweislich nicht.
5. Wechseln Sie wieder zu Photoshop – Sie sehen Ihr korrigiertes smartes Vektorobjekt in der Montage, und zwar mit den Proportionen, Drehungen und Effekten, die Sie bereits in Photoshop eingerichtet haben.

Abbildung 21.35
Wir haben die Montage »Verbergen_02« aus dem »Praxis«-Verzeichnis als Smart Objekt platziert. Wir »verkrümmen« die Perspektive (Seite 543). Um die platzierte Montage umzubauen, klicken wir doppelt auf die Miniatur »Verbergen_02«. Datei: Smart_03

Smart Objekte »ersetzen« & »exportieren«

Sie haben ein Smart Objekt per **Transformieren** gedreht und gestaucht, es passt optimal zum Hintergrund. Nun wollen Sie an dieser Stelle ein anderes Bild sehen – mit der gleichen, maßgeschneiderten Umformung. Nichts leichter als das:

1. Klicken Sie in der Ebenenpalette einmal auf das Smart Objekt.
2. Öffnen Sie das Untermenü **Ebene: Smart Objekte**, dort nehmen Sie **Inhalt ersetzen**.
3. Im Dialogfeld wählen Sie eine neue Datei aus und klicken auf PLATZIEREN.
4. Das neue Motiv erscheint in Ihrer Montage – mit Position und Größe des zuvor gewählten Smart Objekts. Das ursprüngliche, ersetzte Motiv ist von der Bildfläche verschwunden.

Es spielt keine Rolle, ob Sie ein übliches Pixelbild, eine Photoshop-Montage, eine Vektorgrafik oder eine Camera-Raw-Datei nachladen.

Hinweis
Das neu eingesetzte Smart Objekt übernimmt genau die Drehung und Höhe-Breite-Skalierung des ersetzten Objekts. Wollen Sie etwas ändern, drücken Sie [Strg]+[C] *und bearbeiten Sie die Einstellungen oben zum Beispiel mit der Option* SEITENVERHÄLTNIS ERHALTEN *oder mit den Feldern für Höhe, Breite und Drehung.*

Smart Objekte exportieren

Speichern Sie Smart Objekte als Einzeldatei. Sie erhalten jeweils Kopien des platzierten oder eingefügten Originals: Photoshop sichert die ursprüngliche, unverzerrte Form des Objekts, das **Transformieren** als Smart Objekt wird nicht berücksichtigt.

Abbildung 21.36 Die platzierte Montage lässt sich wie eine eigene Datei bearbeiten, wir spiegeln hier den Schmetterling. Sobald wir diese »Datei in der Datei« wieder speichern, erscheint der Schmetterling auch in der ursprünglichen Montage gespiegelt. Die »verkrümmte« Perspektive wird übernommen.

Abbildung 21.37
Wir »ersetzen« das platzierte Bild durch die Datei »Schwarzweiß_e« aus dem »Praxis«-Verzeichnis. Diese Datei wird hier noch auf die passende Größe »transformiert«. Den Transformationsrahmen samt Innenkreuz und Anfasspunkten haben wir mit Strg+H ausgeblendet.

Aktivieren Sie die Ebene mit dem Smart Objekt und klicken Sie auf **Ebene: Smart Objekte: Inhalt exportieren**. Dabei entstehen folgende Dateitypen:

» Für einfache Pixelobjekte PSB-Dateien, die sich fast nur mit Photoshop CS, CS2 und CS3 lesen lassen.

» Hatten Sie eine Montage mit mehreren Ebenen platziert, produziert Photoshop wieder eine PSD-Montagedatei mit allen Ebenen.

» Vektorgrafiken werden als PDF gesichert.

» Camera-Raw-Dateien erscheinen im Originaldateityp und mit allen Camera-Raw-Möglichkeiten.

Änderungen auf Duplikate übertragen

Duplizieren Sie Smart Objekte und übertragen Sie Änderungen an einer Ebene auf die Duplikate. Auf verschiedene Arten entstehen die Duplikate:

» Klicken Sie einmal auf die Miniatur des Smart Objekts, zum Beispiel von »Ebene 1«. Dann drücken Sie Strg+J zum Duplizieren.

» Klicken Sie einmal auf die Miniatur des Smart Objekts, schalten Sie das Verschiebenwerkzeug ein, drücken Sie die Alt-Taste und ziehen Sie an der Ebene im Bildfenster.

Die Ebenenpalette zeigt danach eine neue EBENE 1 KOPIE oder ähnlich, wieder mit dem Symbol für Smart Objekte.

»Verbundene« Ebenen bearbeiten

Diese beiden smarten Ebenen sind nun »verbunden« (dieser Ausdruck hat nichts mit dem Verbindensymbol zu tun). Ein möglicher Ablauf:

1. Klicken Sie doppelt auf eine der Smart-Objekt-Ebenen, zum Beispiel auf »Ebene 1«. (Es spielt keine Rolle, welche der »verbundenen« Ebenen Sie bearbeiten.) Die Ebene öffnet sich als separate Datei in einem eigenen Fenster.

2. Retuschieren Sie mit Kopierstempel und anderen Geräten, bearbeiten Sie die Kontraste mit **Gradationskurven** und Co. oder lassen Sie einen **Filter** vom Stapel.

3. Schließen Sie die Datei mit der Einzelebene (Strg+W). Bestätigen Sie die Speicheraufforderung mit JA.

4. In der Montage sehen Sie die »Ebene 1« nun verändert – und dieselben Korrekturen sehen Sie ebenfalls auf der separaten »Ebene 1 Kopie«. Sie haben eine Ebene bearbeitet, doch Photoshop zeigt auch die duplizierten Ebenen verändert an.

Tipp
Sie können ein Smart Objekt auch so duplizieren, dass es keine Verbindung zwischen Original und Duplikat gibt. Aktivieren Sie die Ebene, dann heißt es **Ebene: Smart Objekte: Neues Smart Objekt durch Kopie.**

Teil 6 • Ebenen

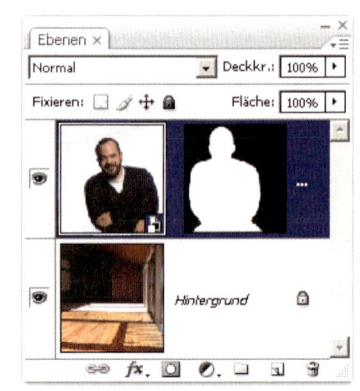

Abbildung 21.38 Das Porträt ist als Smart Objekt angelegt, der graue Studiohintergrund des Porträtfotos wird mit einer Ebenenmaske ausgeblendet. Doch die Ebenenmaske lässt sich nicht mit der Smart-Objekt-Ebene verbinden. Die Folge: Wenn Sie die Ebene verschieben oder drehen, ändert sich die Maske nicht mit, die Bildwirkung ist zerstört. Datei: Smart_04a

Wichtig beim Duplizieren

Beachten Sie beim Duplizieren von verbundenen Smart Objekten:

» In der Ebenenpalette signalisiert kein Symbol, ob »Ebene 1« und »Ebene 1 Kopie« verbunden sind oder nicht. Auch der Name sagt nichts aus, es kann sich um verbundene oder nicht verbundene Smart Objekte handeln.

» Auch für zwei verbundene Smart Objekte gilt: Verzerrungen per **Transformieren** wirken weiterhin nur auf eine einzige Ebene; um mehrere Ebenen gemeinsam zu **transformieren**, wählen Sie diese Ebenen erst zusammen aus (Strg-Klick auf die Namen der Ebenen, Seite 516).

Smart Objekte rastern

Verwandeln Sie das Smart Objekt also bei Bedarf in eine normale Ebene – die bearbeiten Sie so ohne lästige Einschränkungen. Stellen Sie zunächst die endgültige Proportion und Drehung her und aktivieren Sie die Ebene durch einen Klick in die Palette. Dann haben Sie diese Möglichkeiten:

» Klicken Sie das Smart Objekt mit dem geplanten Retuschewerkzeug an oder wählen Sie den geplanten Befehl wie **Gradationskurven** oder **Selektiver Scharfzeichner**. Photoshop meldet: DER VORGANG KANN ERST FORTGESETZT WERDEN, NACHDEM DIESES SMART OBJEKT GERASTERT WURDE… MÖCHTEN SIE DAS SMART OBJEKT RASTERN? Da sagen Sie JA.

» Wählen Sie **Ebene: Smart Objekte: In Ebene konvertieren** oder **Ebene: Rastern: Smart Objekt**.

Smart Objekte und Ebenenmasken

Ebenenmasken und Vektormasken verstecken Bildteile, ohne dass Sie die Bereiche endgültig löschen müssen (Seite 604). Klingt praktisch, allerdings gibt es Probleme in Verbindung mit Smart Objekten:

» Hat die Ebene schon eine Maske, lässt sich die Ebene zwar in ein Smart Objekt verwandeln; dabei verschwindet jedoch die Ebenenmaske und von der Ebene bleibt nur das übrig, was die Ebenenmaske zuvor sichtbar gelassen hatte (so als ob Sie die Maske ANWENDEN).

» Legen Sie die Ebenenmaske neu für eine Smart-Objekt-Ebene an, so können Sie Ebene und Maske nicht verbinden. Das heißt: Vergrößern oder verschieben Sie das Smart Objekt, verändert sich die Ebenenmaske nicht mit. Sie sehen also nach der Änderung einen anderen Bildausschnitt als vorher und müssten die Maske neu anpassen.

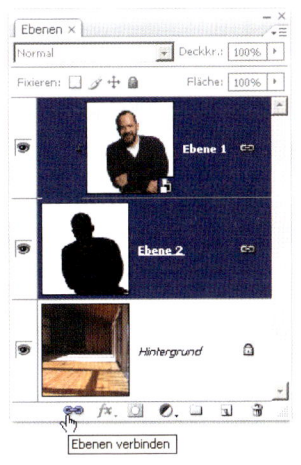

Abbildung 21.39
Wir haben eine Schnittmaske angelegt, die Pixel auf der »Ebene 2« steuern, welche Bereiche der »Ebene 1« sichtbar sind; beide Ebenen wurden verbunden – so geht es. Datei: Smart_04b

Schnittmaske statt verbundener Ebenenmaske

Sie wollen die Sichtbarkeit der Smart-Objekt-Ebene nach Art einer verbundenen Ebenenmaske steuern? Statt der Ebenenmaske verwenden Sie eine Schnittmaske (Seite 609). So geht's:

1. Verwandeln Sie die fragliche Ebene in ein Smart Objekt.
2. Wählen Sie mit Schnellauswahl und Co. den Bereich aus, den Sie tatsächlich im Bild zeigen möchten, in unserem Beispiel die Person.
3. Halten Sie die [Strg]-Taste gedrückt und klicken Sie in der Ebenenpalette auf **Neue Ebene erstellen**. So entsteht eine neue, leere Ebene unter dem Smart Objekt.
4. Wählen Sie **Bearbeiten: Fläche füllen**. Kippen Sie eine beliebige Farbe in den ausgewählten Bereich.
5. Klicken Sie einmal auf die Smart-Objekt-Ebene im Stockwerk darüber.
6. Drücken Sie [Strg]+[Alt]+[G]. So entsteht eine Schnittmaske, das Smart Objekt zeigt sich nur noch im Bereich der Farbfüllung von der darunterliegenden Ebene.
7. Halten Sie die [⇧]-Taste gedrückt und klicken Sie rechts neben die Ebenenminiatur der neuen Ebene. Damit sind beide Ebenen gemeinsam ausgewählt.
8. Unten in der Palette klicken Sie auf Ebenen verbinden.

Jetzt können Sie Smart Objekt und Maske gemeinsam bewegen, drehen und skalieren. So soll es – oft – sein.

Wollen Sie weniger vom Smart Objekt zeigen, radieren oder löschen Sie in der unteren Ebene. Soll mehr von der Ebene auftauchen, malen Sie beliebig gefärbte Pixel in die untere Ebene. Und statt der Pixelfüllung können Sie auch eine Formebene (Seite 470) unter das Smart Objekt legen – erzeugen Sie eine Schnittmaske, dann formen Sie die Umrisse mit Pfadtechnik.

Tipp
Bei längeren Montagen mit zahlreichen Größenänderungen und Drehungen verwandeln Sie die untere Ebene ebenfalls in ein Smart Objekt. Tun Sie das, bevor Sie die Ebenen verbinden – denn die Umwandlung in ein Smart Objekt entfernt eine vorhandene Bindung zunächst (die Liaison lässt sich aber wiederherstellen).

21.5 Smartfilter

Einmal **Buntglas-Mosaik** und zurück – Sie brauchen zuerst ein Smart Objekt (Seite 619), dann können Sie auch Smartfilter nutzen: Die Smart-Objekt-Ebene erscheint mit der Filterverfremdung. Doch Sie können die Filterwirkung jederzeit ändern, dämpfen, abschalten und auf andere Ebenen übertragen. Ein paar interessante Anwendungen:

» Legen Sie einen Scharfzeichner an, ohne die Werte endgültig ins Bild zu rechnen – nach dem Skalieren oder nach enttäuschenden Testdrucken ändern Sie die Werte einfach.

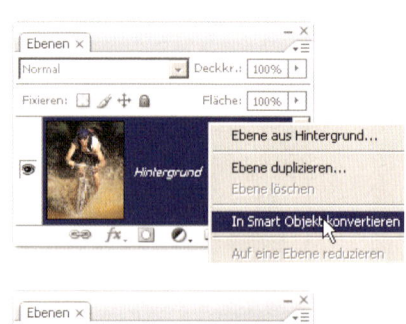

Abbildung 21.40
Obere Palette: Das Foto liegt als übliche »Hintergrund«-Ebene vor. Wir verwandeln diese Ebene in ein Smart Objekt. **Untere Palette:** Filter, die Sie auf dieses Smart Objekt anwenden, legt Photoshop automatisch als Smartfilter an. Vorlage: Smart_05a

» Verzaubern Sie Ihr Motiv mit **Struktur** und **Beleuchtungseffekten** – und ändern Sie alles jederzeit.

» Kombinieren Sie mehrere künstlerische Effektfilter, testen Sie die Bildwirkung bei geänderter Reihenfolge und Füllmethode, verbergen Sie die Filterwirkung durch Bearbeiten der Filtermaske.

Beispiele für Smartfilter sehen Sie auch im »Filter«-Kapitel ab Seite 365.

Möglichkeiten

Sobald Sie ein Smart Objekt angelegt haben, stehen viele Menübefehle gar nicht mehr zur Verfügung. Die folgenden Funktionen bietet Photoshop jedoch wie üblich an. Wählen Sie einen Befehl aus dieser Liste und ist ein Smart Objekt aktiv, dann entsteht ein neuer Smartfilter:

» Nutzen Sie alle **Filter**-Befehle außer **Extrahieren, Verflüssigen, Mustergenerator, Fluchtpunkt** und **Tiefenschärfe abmildern**.

» Aus dem Untermenü **Bild: Anpassungen** stehen die wichtigen **Tiefen/Lichter** sowie die **Variationen** parat.

Der Smartfilter ändert generell nur die aktive Ebene – anders als Einstellungsebenen wirkt er nicht auf darunterliegende Ebenen durch.

Smartfilter verwalten

Smartfilter erinnern in der Anwendung an Ebeneneffekte. Der Filterbefehl erscheint als Balken in der Ebenenpalette, unter der zugehörigen Ebene. Ihre Möglichkeiten:

» Mit dem Augensymbol 👁 schalten Sie die Filterwirkung ein oder aus.

» Wollen Sie alle Effekte einer Ebene gemeinsam abschalten, klicken Sie auf das Auge 👁 neben SMARTFILTER.

» Sie möchten die Einstellungen ändern? Klicken Sie doppelt auf einen Filternamen in der Palette.

» Ändern Sie Deckkraft und Füllmethode eines Smartfilters: Dazu klicken Sie rechts neben dem Filternamen doppelt auf die Schaltfläche OPTIONEN FÜR DIE FILTER-FÜLLMETHODE.

» Schieben Sie die Filter innerhalb des Stapels nach oben oder unten, um unterschiedliche Wirkungen zu testen.

» Überflüssige Filter bugsieren Sie schnurstracks in den Mülleimer 🗑.

Diese Funktionen finden Sie nach Rechtsklick auch im Kontextmenü zu den Filternamen in der Palette.

Nicht immer zeigt Photoshop das Bild auf dem allerneuesten Stand: Während Sie einen einzelnen Smartfilter einstellen oder auch die Ebene transformieren, sehen Sie eventuell nur einen Filtereffekt oder gar keine Filterverfremdung. Erst wenn Sie die Änderungen bestätigen, liefert Photoshop wieder das Gesamtbild.

Smartfilter verwalten

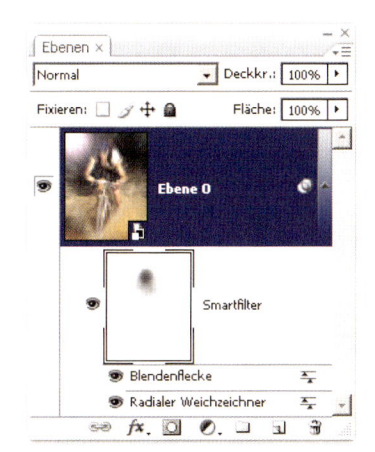

Abbildung 21.41 **Links:** Im »Filter«-Menü wählen wir den »Radialen Weichzeichner« und die »Blendenflecke«. **Mitte:** Wir malen mit Schwarz in der Filtermaske, um das verwischte Gesicht freizulegen. **Rechts:** Photoshop hat die Effekte automatisch als korrigierbare Smartfilter mit einer gemeinsamen Filtermaske angelegt. Per Doppelklick ändern Sie die Einstellungen.

Abbildung 21.42 Rechts im Balken »Radialer Weichzeichner« klicken wir auf die Schaltfläche »Optionen für Filter-Füllmethode«. Wir stellen den »Radialen Weichzeichner« auf die Füllmethode »Negativ multiplizieren« und 70 Prozent Deckkraft um. Diese geänderten Vorgaben erkennen Sie an der Ebenenpalette nicht. Die Ebenenmaske schalten wir per ⇧-Klick vorübergehend aus. Datei: Smart_05b

Filtermaske

Sobald Sie einen Smartfilter anlegen, entsteht automatisch eine weiße Filtermaske – sie funktioniert genauso wie Ebenenmasken (Seite 604). Klicken Sie die Miniatur der Maske einmal in der Ebenenpalette an, dann bringen Sie schwarze Farbe ins Bild – in diesen Bereichen wird die Filterwirkung unterdrückt. Mit Verläufen erzeugen Sie weiche Übergänge. Die Maske gilt für alle Smartfilter einer Ebene gemeinsam.

Anders als bei Einstellungsebenen können Sie die Entstehung einer Maske bei Smartfiltern nicht verhindern. Die Maske lässt sich jedoch jederzeit in den Mülleimer der Ebenenpalette ziehen – so schaffen Sie mehr Platz im Ebenengestrüpp komplexer Montagen.

Nutzen Sie die Filtermaske jedoch, gelten die gleichen Tastengriffe wie bei Ebenenmasken: [Alt]-Klick auf die Miniatur der Filtermaske stellt allein die Maske in Graustufen dar; [Alt]+[⇧]-Klick blendet die Maske halbdeckend über das Bild; [⇧]-Klick auf die Maskenminiatur schaltet die Maske aus, ohne sie zu löschen

Verbindung

Die Smartfilter-Maske und die Smart-Objekt-Ebene sind teilweise verbunden: Bewegen Sie die aktivierte Ebene, folgt ihr die Maske auf dem Fuß. Sie filtern also immer den gleiche Bildausschnitt.

Wenn Sie die Ebene jedoch drehen oder verkleinern, vollzieht die Filtermaske diese Änderung nicht mit – nach diesem Transformieren ist meist nicht mehr derselbe Bildausschnitt wie zuvor gefiltert.

Alternative: Klicken Sie einmal auf die Miniatur der Smartfilter-Maske in der Ebenenpalette. Jetzt bewegen Sie die Maske mit dem Verschiebenwerkzeug unabhängig von der Bildebene.

Kapitel 22
Text

Erzeugen Sie spezielle »Text«-Ebenen, die sich jederzeit wieder als »Text« wie in einem Textprogramm bearbeiten lassen – Sie können die Schriftzüge also umformulieren oder umformatieren, beispielsweise die Schriftart oder die Schriftgröße ändern. Verwenden Sie mehrere Formatierungen in einem Textobjekt.

Benutzen Sie alle installierten Type-1-, OpenType- oder True-Type-Schriftarten. Gleichzeitig kann man den Text mit Ebeneneffekten oder Maskentechnik raffiniert und eindrucksvoll ins Bild einbinden.

Allerdings sind im speziellen »Text«-Modus andere Dinge unmöglich, zum Beispiel Filter oder Pinsel. Das erlaubt Photoshop erst, wenn Sie die Textebene mit dem Befehl **Ebene: Rastern: Text** in eine ganz normale Bildpunktebene verwandelt haben.

Damit gerinnen die Buchstaben zu üblichen Pixeln unter Pixeln. Ihre wohlgesetzten Lettern lassen sich nicht mehr als Text verändern.

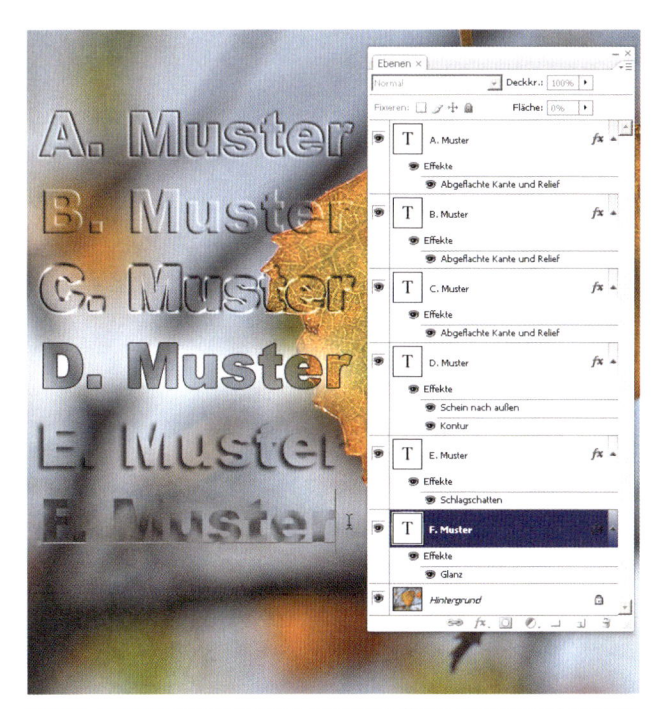

Abbildung 22.1 Das Textwerkzeug stanzt halbauffällige Urheberhinweise ins Bild. In allen Zeilen haben wir die Textfarbe mit dem »Fläche«-Regler ausgeblendet. Nur Ebeneneffekte machen den Text sichtbar. Datei: Text_01

22.1 Textmodus und Pixelebenen

Einfacher, schwarzer Text über einem Bild wird besser, wenn man das Bild in ein Zeichen- oder Layoutprogramm lädt und dort den Text über das Foto legt; in diesen Programmen werden Buchstaben aus Kurven abgeleitet, die Sie ohne Qualitätsverlust vergrößern und drucken. Zu Papier oder auf den Monitor gelangen sie mit der Höchstauflösung des Druckers, Belichters oder Schirms. Schwarze Headlines in einer Illustrierten erscheinen also zum Beispiel mit 2540 dpi und wirken deshalb so gestochen scharf. Die Stärke von Konturen lässt sich viel präziser definieren.

Verwischen Sie in Ihren Entwürfen die Grenzen von Zeichen und Gegenständen; Wörter wirken wie Dinge, die Sie mit Schatten und dreidimensionaler Wirkung in den Raum stellen. Photoshop erlaubt einen Umgang mit textförmigen Pixelbereichen, den Illustrations- oder Layoutprogramme nicht bieten: Sie blenden Text stufenlos ein und aus, versehen Lettern mit plastischen Materialstrukturen und stanzen die Buchstaben in den Untergrund. Sie können den Text verzerren, skalieren und auf andere Motive aufprägen, als hätte er sich schon immer dort befunden.

Wann Textüberlagerung, wann Pixelebene?

Entscheiden Sie sich für oder gegen die Textfunktion je nach Aufgabe:

» Einfarbige, unverzerrte und vor allem auch kleine, filigrane Lettern in Massentext beherrscht ein Layout-, Illustrations- oder Webdesignprogramm eindeutig besser.

» Wann immer sich Text und Bild raffiniert mischen sollen, schlägt Photoshops Stunde als Texter. Je weicher die Übergänge zwischen Text und Bild, desto weniger fällt die nicht so hohe Auflösung ins Gewicht.

Der Textmodus

Photoshop legt den Schriftzug automatisch auf eine neue Ebene. Dies ist eine spezielle »Text«-Ebene, kenntlich am Zeichen T in der Ebenenminiatur. Speichern Sie Dateien mit Textebenen in den Formaten TIFF, Photoshop-PSD, Photoshop-PSB oder PDF.

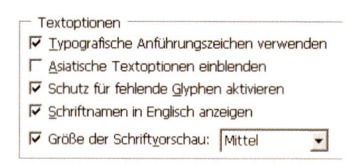

Abbildung 22.2 Mit dem Befehl »Bearbeiten: Voreinstellungen: Text« steuern Sie Photoshops Textfunktionen – unter anderem Größe und Sprache des Schriftartmenüs und die Umwandlung von Anführungszeichen.

Möglichkeiten im Textmodus

Im Textmodus haben Sie unter anderem diese Möglichkeiten:

» Sie können den Text mit der VERKRÜMMEN-Funktion verbiegen.

» Der Schriftzug bewegt sich an Pfaden entlang.

» Verwandeln Sie die Textebene in ein Smart Objekt, können Sie fast beliebige **Filter**-Befehle anwenden – der Text bleibt im Textmodus korrigierbar.

» Sie können zwischen Absatztext und Punkttext wechseln.

» Ändern Sie alle Texteigenschaften, etwa Wortlaut, Schriftart, Buchstabenabstand und Grundfarbe.

» Wandeln Sie die Lettern in Pfade, Formebenen oder Pixelbereiche um.

» Die Ebeneneffekte statten Ihren Text mit Schatten, Lichthof, 3D-Kanten, Farbfüllung, Muster oder Verlauf aus.

» Die **Transformieren**-Funktionen **Drehen**, **Neigen** oder VERKRÜMMEN passen die Lettern an das Gelände an.

» Die Textebene lässt sich in Photoshop als Grundebene einer Schnittmaske einsetzen (für Bild im Text).

» Der Kurzbefehl [Alt]+[Entf] setzt wie üblich die Vordergrundfarbe ein, [Strg]+[Entf] (am Mac ⌘+←) appliziert die Hintergrundnote.

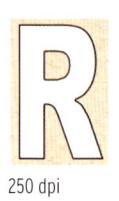

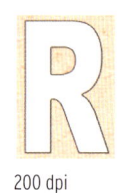

| 400 dpi | 300 dpi | 250 dpi | 200 dpi | 150 dpi | 96 dpi | 72 dpi |

Abbildung 22.3 Text wirkt nur bei hohen Auflösungen perfekt. Wir haben die Beispiele mit der Methode »Abrunden« geglättet. Vorlage: Text_02

Abbildung 22.4 Oben: So sehen die Textwerkzeug-Optionen aus, wenn Sie das Textwerkzeug aktiviert, mit der Texteingabe aber noch nicht begonnen haben: Mit der Schaltfläche ganz links speichern Sie Werkzeugvorgaben, daneben wählen Sie zwischen horizontalem und vertikalem Verlauf. Nur in diesem Zustand können Sie ohne Markieren die gesamte Textebene umformatieren oder Befehle wie »Zeichen zurücksetzen« anwenden.
Unten: Die Textoptionen, nachdem Sie mit dem Textwerkzeug erstmals ins Bild geklickt und die Texteingabe begonnen haben. Die Schaltfläche zum Speichern der Textvorgaben steht nicht mehr zur Verfügung, Sie können für die kommenden Buchstaben aber immer noch Schriftart oder Größe verändern, die Schaltflächen ganz rechts bestätigen oder die Bearbeitung annullieren.

Nicht möglich im Textmodus

Solange Sie eine spezielle Textebene bearbeiten, müssen Sie auf andere Photoshop-Funktionen verzichten:

» Die **Transformieren**-Funktionen **Verzerren** und **Perspektivisch verzerren** bietet Photoshop für »Text« nicht an.

» Kein einziges Mal- oder Retuschewerkzeug funktioniert auf der Textebene, etwa Pinsel, Verlauf, Musterstempel oder Füllwerkzeug. (Machen Sie die Einschränkung durch teilmaskierte Einstellungsebenen, Ebenenmasken, Ebeneneffekte oder Schnittmasken mehr als wett.)

» Die Tonwertveränderungen des Untermenüs **Bild: Anpassungen** stehen nicht zur Verfügung.

» Sämtliche **Filter** laufen auf Textebenen nicht. Photoshop bietet die Filter zwar an; hier verwandelt das Programm jedoch die Textebene nach Warnung in eine übliche Rasterebene ohne »Text«-Eigenschaften.

Diese Einschränkungen stören uns allerdings nicht, denn mit Schnittmasken und Smart Objekten gestalten Sie die Lettern auch im Textmodus fast beliebig.

Textebene umwandeln

Wenn Sie Funktionen wie **Filter** oder **Anpassen** benötigen, verwandeln Sie den Text erst in eine ganz normale Pixelebene. Dazu dient der Befehl **Ebene: Rastern: Text**. Anschließend haben Sie keine speziellen Textmöglichkeiten mehr. Alternativ legen Sie ein Smart Objekt an, dann bleibt das Textobjekt im Hintergrund erhalten.

Mit weiteren Befehlen aus dem Untermenü **Ebene: Text** mutiert die Textebene zum Arbeitspfad oder zur Formebene. Das Kontextmenü zum Textwerkzeug bietet ebenfalls diese Befehle zum Umwandeln von Textebenen.

22.2 Text anlegen und markieren T

Zunächst klären wir kurz die Begriffe Punkttext, Absatztext, Textebene und Textmaskierung.

Punkttext versus Absatztext

Je nach Vorgabe erzeugt Photoshop automatisch Zeilenschaltungen oder überlässt diese Aufgabe Ihnen.

» Punkttext ist die üblichere Textvariante. Sämtliche Worte erscheinen in einer Zeile. Nur wenn Sie der ⏎ eine verpassen, umbricht Photoshop den Textfluss in eine neue Zeile.

» Bei Absatztext geben Sie einen Rahmen vor, in dem sich der Text ausbreitet. Hier sorgt Photoshop selbst für automatischen Zeilenumbruch und auf Wunsch für Trennungen. Ändern Sie Länge oder Breite des Rahmens, verteilt sich der Text neu. Klicken Sie mit dem Textwerkzeug T in einen geschlossenen Pfad – eine Form –, entsteht automatisch Absatztext, der sich nur innerhalb der Form erstreckt.

Textebenen versus Textmaskierung

Beide Textwerkzeuge legen sowohl Absatztext als auch Punkttext an:

» Zumeist werden Sie mit Textebenen arbeiten, die das übliche Textwerkzeug T erzeugt – also das schwarz gefüllte »T« mit der Einblenderklärung HORIZONTALES TEXTWERKZEUG (und nicht das gestrichelte Symbol für Textauswahlbegrenzung rechts daneben). Hierbei entsteht ein Text in der aktuellen Vordergrundfarbe als neue Ebene; diese ist in der Ebenenpalette klar als spezielle Textebene gekennzeichnet. Sie können den Text jederzeit nach Belieben im Textmodus bearbeiten.

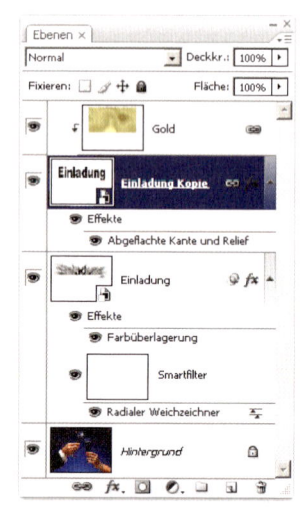

Abbildung 22.5 Die Textebene »Einladung« wurde in ein Smart Objekt verwandelt, das Smart Objekt wurde mit Strg+J kopiert. Die beiden Smart Objekte sind damit »verbunden« (Seite 629) und weiterhin im Textmodus korrigierbar. Die obere Ebene »Einladung Kopie« bildet eine Schnittmaske für eine Goldfläche. Die untere Ebene verzerren wir mit dem »Radialen Weichzeichner«. Beide Ebenen bleiben im Textmodus bearbeitbar, eine übernimmt die Änderungen der anderen. Sie sehen die Textebene, die beiden Smart Objekten zugrunde liegt. Datei: Text_03

» Das Textmaskierungswerkzeug legt dagegen textförmige Auswahlbereiche an, mit denen sie einen vorhandenen, textförmigen Bildbereich kopieren oder verändern. Es entsteht keine neue Ebene.

Tipp
Möchten Sie Texte aus den Metadaten direkt ins Bild einsetzen, zum Beispiel Datum *und* Uhrzeit *der Aufnahme,* Kamera-Modell, Titel, Beschreibung *oder* Copyright-Informationen? *In Photoshop erfordert das viel Handarbeit. Zwei Gratisprogramme für Windows helfen weiter. Automatisch erledigt den Job Bildschutz pro (www.bildschutz.de). Noch vielseitiger ist Exifer (www.exifer.friedemann.info).*

Punkttext anlegen

So entsteht Punkttext:

1. Klicken Sie in der Werkzeugleiste auf das Textwerkzeug T oder drücken Sie die Taste T.
2. Klicken Sie an die gewünschte Bildstelle.
3. Tippen Sie Ihre Wörter ein.
4. Markieren Sie einzelne Buchstaben per Mausbewegung. Anschließend können Sie diese Lettern umformatieren oder löschen.
5. Solange der Textcursor blinkt, schaltet die Strg-Taste vorübergehend den Transformieren-Rahmen ein. Verschieben, dehnen und stauchen Sie Ihren Wortbeitrag; nehmen Sie noch die ⇧-Taste dazu, um die Höhe-Breite-Relation zu erhalten.

Texteingabe beenden

Während der Texteingabe stehen wenig Menübefehle zur Verfügung. Photoshop bietet verschiedene Möglichkeiten, vom Texteingabemodus wieder zur üblichen Bildbearbeitung zurückzukehren. So schließen Sie die Textbearbeitung vorerst ab:

» Klicken Sie auf ein anderes Werkzeug in der Werkzeugleiste, zum Beispiel auf das Verschiebenwerkzeug.

» Klicken Sie auf das OK-Häkchen ✓ oben in den Werkzeugoptionen.

» Drücken Sie Strg+↵.

Möchten Sie die Textproduktion abbrechen und alle Änderungen verwerfen, dann greifen Sie zur Esc-Taste oder zur Abbruch-Schaltfläche ⊘.

Absatztext mit Rechteckrahmen anlegen

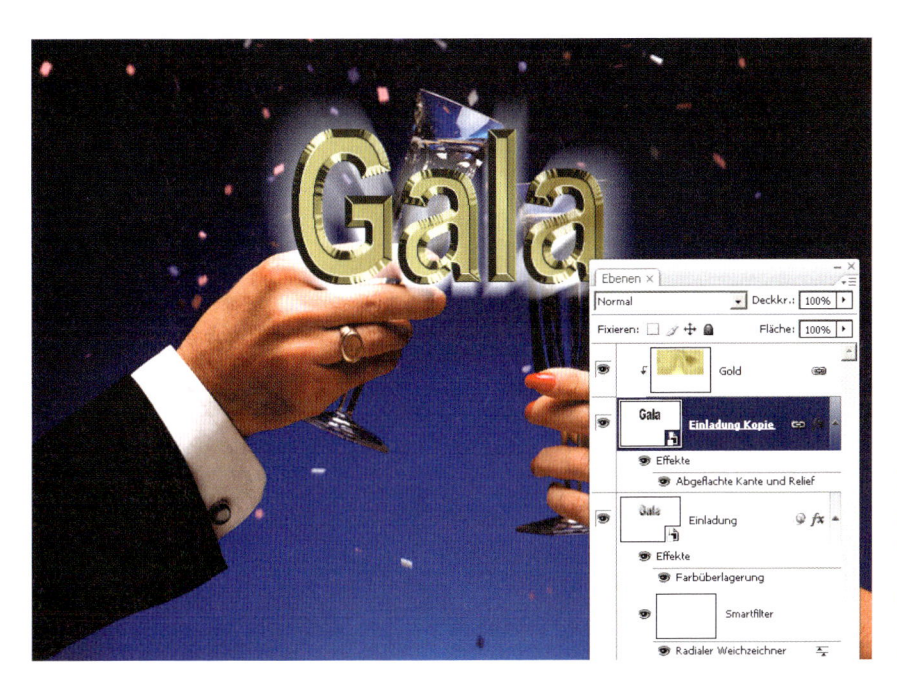

Abbildung 22.6
Wir haben eine Textebene nach Doppelklick auf die Miniatur umformuliert. Die andere Textebene übernimmt den Wortlaut automatisch, da es sich um ein »verbundenes« Duplikat eines Smart Objekts handelt. Beide Schriftzüge ordnen sich wieder in der Bildmitte an, da die ursprüngliche Textebene mit »Text zentrieren« und einem Klick auf die Bildmitte angelegt wurde.

Absatztext mit Rechteckrahmen anlegen

Bei Absatztext erzeugt Photoshop die Zeilenumbrüche automatisch. So geht's:

1. Aktivieren Sie das Textwerkzeug T. Der Mauszeiger erscheint als Textcursor.
2. Klicken Sie ins Bild und ziehen Sie bei gedrückter Maustaste einen Begrenzungsrahmen in der gewünschten Größe auf.
3. Tippen Sie Ihre Wörter in den Textrahmen ein. Photoshop erzeugt sofort Zeilenumbrüche; diese können Sie später beliebig korrigieren.
4. Drücken Sie die Strg-Taste, um zwischenzeitlich zum Verschiebenwerkzeug zu wechseln; Sie können den Text samt Rahmen nun über dem Bild bewegen.
5. Wechseln Sie per Mausklick in der Werkzeugleiste zu einem anderen Werkzeug, wenn Sie die Bearbeitung vorerst abschließen möchten, oder klicken Sie auf das OK-Häkchen ✓ in den Werkzeugoptionen.

Sie können den Text auch in einem anderen Programm kopieren und in Photoshop per Strg+V einfügen. Von Ihren schönen Formatierungen sehen Sie in Photoshop nicht mehr viel.

Abbildung 22.7 **Links:** Bei diesem Punkttext entstanden die Zeilenumbrüche von Hand mit der ⏎, jede Texteingabe bleibt zunächst auf der aktuellen Zeile. **Mitte:** Hier sehen Sie Absatztext – er wird innerhalb des Rahmens automatisch umbrochen. **Rechts:** Wir ändern den Absatztextrahmen, Photoshop passt den Zeilenfall automatisch an die neuen Umrisse an. Die »Silbentrennung« in der Absatzpalette ist eingeschaltet, aber hier nicht wirklich hilfreich. Datei: Text_04

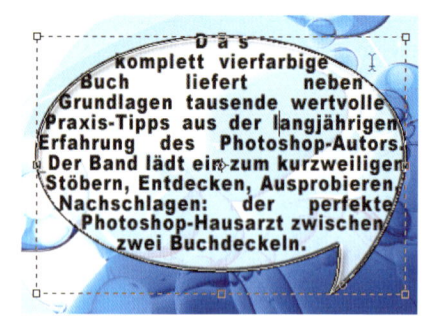

Abbildung 22.8 Links: Wir haben mit dem Werkzeug »Eigene Form« einen geschlossenen Pfad angelegt, mit dem Textwerkzeug hineingeklickt und einen Text hineinkopiert. Dabei entsteht automatisch Absatztext, der sich an den Pfad anpasst. **Mitte:** Den Pfad, der den Absatztext umbricht, legt Photoshop als Duplikat des ursprünglichen Pfads an, Sie können diesen Textpfad unabhängig vom Text oder vom ursprünglichen Pfad bearbeiten, der Text fügt sich neu ein. Der Pfad erscheint nur in der Pfadpalette, wenn die zugehörige Textebene aktiviert ist. **Rechts:** Statt des Pfads haben wir eine Formebene angelegt und eine weitere Ebene eingebaut. Datei: Text_05

Tipp

Tippen Sie bei Bedarf den Text über die aktuellen Bildgrenzen oder über den Textrahmen hinaus ein. Sie können den Text auch nach Schließen und erneutem Öffnen noch vollständig ins Bild ziehen oder durch eine Erweiterung des Bildbereichs sichtbar machen (Bild: Alles einblenden).

Überschüssiger Absatztext

Eventuell ist der Textrahmen zu klein, so dass die letzten Stücke Absatztext jenseits des Rahmens unsichtbar vor sich hin vegetieren. In diesem Fall zeigt Photoshop am rechten unteren Anfasser des Textrahmens ein Kreuz. So holen Sie den herausgefallenen Absatztext ins Bild:

» Vergrößern Sie den Textrahmen.

» Markieren Sie den Gesamttext mit Strg+A – dabei erfassen Sie auch nicht sichtbare Textpartien – und verringern Sie die Buchstabengröße.

Diese Vorschläge gelten auch für Absatztext innerhalb einer Form.

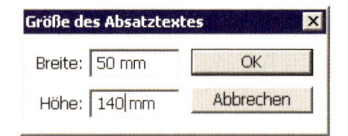

Abbildung 22.9 Klicken Sie mit dem Textwerkzeug bei gedrückter Alt-Taste ins Bild, legen Sie die Größe des Absatztextrahmens fest. Verwenden Sie Maßeinheiten wie »mm«, »cm« oder »pt«. Photoshop rechnet sie in diejenige Maßeinheit um, die Sie mit dem Befehl »Bearbeiten: Voreinstellungen: Maßeinheiten und Lineale« im Klappmenü »Text« vorgeben.

Absatztext innerhalb einer Form

Legen Sie Absatztext so an, dass er innerhalb einer »Form« – also innerhalb eines geschlossenen Pfads – umbrochen wird. So entsteht eine entsprechende Form:

» Legen Sie eine Auswahl an, die Sie in einen Pfad umwandeln.

» Erstellen Sie einen Pfad mit ZEICHENSTIFT oder FREIFORM-ZEICHENSTIFT, den Sie schließen, indem Sie zuletzt auf den zuerst gesetzten Punkt klicken.

» Nehmen Sie ein Formwerkzeug wie Ellipsenwerkzeug, Polygonwerkzeug oder »Eigene Form«. Dabei machen Sie oben in den Optionen die Vorgabe PFADE, damit nicht zusätzlich noch eine Formebene entsteht.

Verwenden Sie wahlweise einen »Arbeitspfad« oder einen gespeicherten »Pfad 1« oder ähnlich. Ist der Pfad noch aktiviert? So geht es weiter:

1. Schalten Sie das Textwerkzeug T ein und führen Sie den Textcursor in die Form hinein – Sie erhalten den speziellen Textcursor für Text in Formen.

2. Klicken Sie und tippen Sie Ihre Wörter ein. Sie werden automatisch innerhalb der Form umbrochen.

Korrekturen

So korrigieren Sie den Zeilenfall von Absatztext innerhalb einer Form:

» Photoshop zeigt um die Form herum einen rechteckigen Rahmen. Ziehen Sie an den Ecken des Rahmens, um die Ausdehnung des Textes gleichmäßig zu verändern.

» Bei aktivierter Textebene bearbeiten Sie die Form zum Beispiel mit dem Direktauswahl-Werkzeug, so dass der Text in neue Umrisse einfließt.

Ebenso wie bei Text auf Pfaden entsteht auch bei Absatztext innerhalb einer Form nur für die Textbegrenzung ein neuer TEXTPFAD. Es handelt sich zunächst um ein Duplikat des ursprünglichen »Pfad 1«; es erscheint nur in der Pfadpalette, wenn Sie die passende Textebene aktivieren. Wenn Sie den TEXTPFAD bearbeiten, bleibt der zugrunde liegende Ausgangspfad unverändert erhalten.

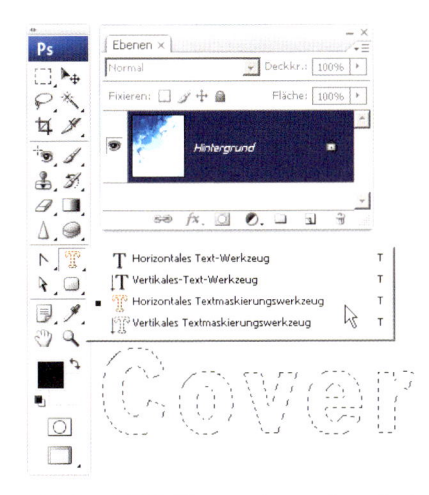

Abbildung 22.10 Wir verwenden ausnahmsweise das Textmaskierungswerkzeug: Es erzeugt keine neue Textebene, sondern nur eine textförmige Auswahl.

Das Textmaskierungswerkzeug

Mit dem Textmaskierungswerkzeug entsteht keine neue Textebene. Stattdessen erhalten Sie nur einen buchstabenförmigen Auswahlbereich. Nur in wenigen Fällen benötigt man tatsächlich eine solche Textauswahl:

» wenn Sie in den Umrissen des Textes die zugrunde liegende Ebene verändern, zum Beispiel aufhellen oder umfärben wollen;

» wenn Sie eine textförmige Kopie des Untergrunds benötigen;

» wenn Sie Textumrisse in Ebenenmasken oder Alphakanälen anlegen möchten.

Arbeiten Sie in den Farbmodi MEHRKANAL, BITMAP oder INDIZIERTE FARBEN, wechselt Photoshop automatisch zur Textmaskierung.

Auswahl aus Textebene ableiten

Brauchen Sie einen textförmigen Auswahlbereich, nehmen Sie lieber nicht die Textmaskierung: Legen Sie zunächst eine normale Textebene an, die Sie bequem bearbeiten, daraus leiten Sie unkompliziert eine Auswahl ab. So geht's:

1. Erzeugen Sie wie oben beschrieben eine Textebene; achten Sie also in den Werkzeugoptionen darauf, dass links das gefüllte Symbol T mit der Einblenderklärung TEXTEBENE ERSTELLEN gewählt ist (und nicht das gestrichelte Symbol).

2. Bearbeiten Sie den Schriftzug, bis er genau die von Ihnen gewünschte Form hat.

3. Erzeugen Sie eine Auswahlmarkierung auf Basis der neuen Textebene; dazu klicken Sie bei gedrückter [Strg]-Taste auf die Textminiatur in der Palette.

4. Bei Bedarf verbergen Sie die Textebene mit dem Augensymbol in der Ebenenpalette.

5. Aktivieren Sie die Ebene, die Sie verändern wollen, durch einen Klick auf ihre Miniatur in der Ebenenpalette.

6. Arbeiten Sie weiter mit der Auswahlmarkierung; Sie können diese auch als Alphakanal oder Pfad speichern.

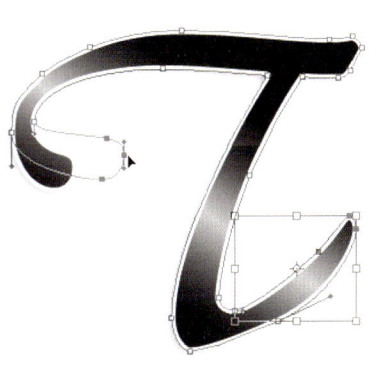

Abbildung 22.11 Die Umrisse einzelner Buchstaben lassen sich im Textmodus nicht gezielt verändern. Verwandeln Sie den Text jedoch in eine Formebene, können Sie einzelne Bereiche eines Buchstabens verschieben, vergrößern oder verzerren.

Vorhandenen Text aktivieren

Text, der sich noch im Textmodus auf einer eigenen Textebene befindet, können Sie jederzeit korrigieren. So greifen Sie die gewünschten Teile heraus:

1. Aktivieren Sie die Textebene durch einen Mausklick in der Ebenenpalette oder durch Rechtsklick bei aktiviertem Verschiebenwerkzeug.

2. Aktivieren Sie das Textwerkzeug T durch einen Mausklick oder mit der Taste [T].

3. Markieren Sie die Buchstaben, die Sie verändern möchten, durch Ziehen mit gedrückter linker Maustaste.
4. Bearbeiten Sie die Buchstaben.

Schließen Sie die Bearbeitung ab, indem Sie zu einem anderen Werkzeug wechseln.

Abbildung 22.12 So probieren Sie Schriftarten im Bild durch: Legen Sie eine Textebene an, dann klicken Sie in das Schriften-Klappmenü. Tippen Sie »My«, um schnell zur Schriftart »Myriad« zu springen, oder »A« für die erste Schriftart, die mit »A« beginnt. Sollte Photoshop die Schriftart im Bild nicht sofort wechseln, hämmern Sie auf die Eingabe-Taste. Mit den Pfeiltasten aufwärts und abwärts spielen Sie alle Schriften durch. Ziehen Sie horizontal über dem »Schriftgrad«-Symbol, um die Größe zu ändern.

Text markieren

Ganz wie in einem Textprogramm markieren Sie Textteile. Folgende Möglichkeiten bietet Photoshop:

» Markieren Sie die Textteile bei aktiviertem Textwerkzeug T und aktivierter Textebene durch Ziehen mit der Maus.

» Den Gesamttext markieren Sie am schnellsten mit Strg+A oder durch Doppelklick auf die Textminiatur in der Ebenenpalette.

» Ein komplettes Wort markieren Sie durch Doppelklick.

» Mit ⇧-Taste und Pfeiltaste links oder rechts markieren Sie Buchstaben links oder rechts vom Textcursor.

» Mit Strg+⇧-Taste und horizontalen Pfeiltasten markieren Sie ganze Wörter links oder rechts vom Textcursor.

» Mit ⇧-Taste und Pfeiltasten nach oben oder unten markieren Sie komplette Zeilen.

Mehrere Textebenen markieren

Sie können mehrere Textebenen markieren. Danach ändern Sie in allen Textebenen gemeinsam die Schrift. So markieren Sie:

» Klicken Sie einmal auf eine Textebene in der Ebenenpalette; dann nehmen Sie **Auswahl: Ähnliche Ebenen**.

» Klicken Sie mehrere Textebenen bei gedrückter Strg-Taste an; zielen Sie auf die leere Palettenfläche rechts vom »Textsymbol«.

Schriftart nicht vorhanden ⚠

Sie können Dateien mit Textebenen auch auf Computern öffnen, auf denen diese Schriftart gar nicht installiert ist: Photoshop zeigt das Schriftbild dennoch zunächst korrekt, denn intern ist auch ein Pixelbild der Schrift abgelegt.

Fehlt die Schrift, zeigt die Miniatur der Textebene in der Palette ein Warndreieck ⚠. Per Doppelklick auf dieses Symbol ⚠ ersetzen Sie die Schriftart; dabei ändert sich womöglich das Gesamtbild Ihrer Montage.

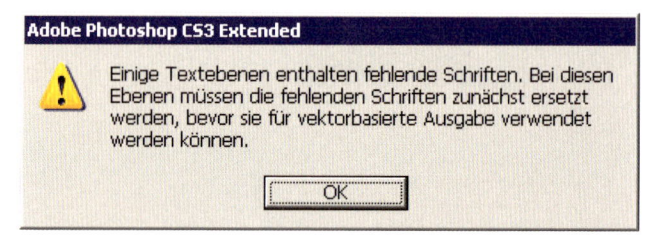

Abbildung 22.13 Wenn die für die Datei erforderliche Schriftart nicht auf dem Computer vorhanden ist, zeigt Photoshop eine Warnung. Nach dem Klick auf OK ...

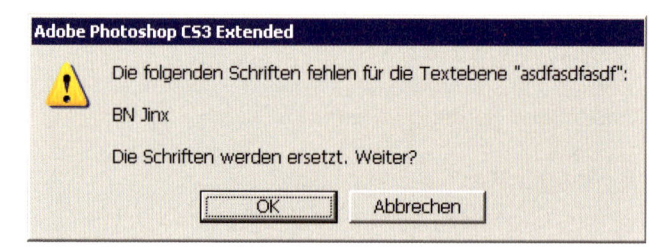

Abbildung 22.14 ... entscheiden Sie gleich im nächsten Dialogfeld, ob Sie die Schriftart ersetzen lassen oder nicht.

Dateiname und IPTC-Text als Bildunterschrift

Setzen Sie den Dateinamen oder IPTC-Texte wie Beschreibung und Copyright automatisch als Bildunterschrift unter Ihr Foto. **Caption Maker**, Teil der kostenlosen **Dr. Brown's Services** (Seite 558), platziert die Texte in einer neuen Fläche unter dem Bild; Sie können mehrere Bilder am Stück verarbeiten, unterschiedliche Größen und eine PDF-Präsentation anlegen.

Markieren Sie die Bilder, die eine Unterschrift erhalten sollen, in Bridge und klicken Sie auf **Werkzeuge: Dr. Brown's Services 1.9: Dr. Brown's Caption Maker**. Sie wählen aus verschiedensten Metadaten, allerdings gibt es für Stile und Schriftarten wenig Gestaltungsmöglichkeiten. Im Test mit »Dr. Brown's Services 1.9« landeten die Ergebnisse in neu entstandenen Unterverzeichnissen wie »JPEG« oder »TIFF«, die Texte ließen sich nicht mehr in Photoshop verfeinern.

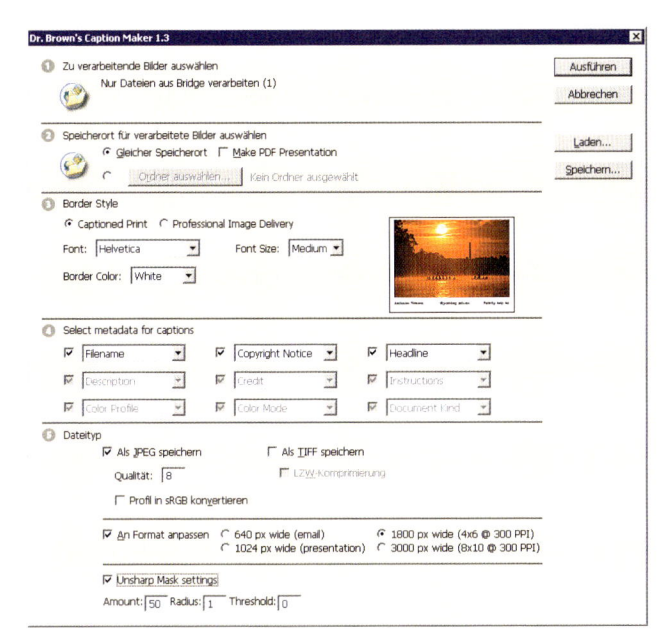

Abbildung 22.15 Der »Caption Maker« setzt Dateiname, »Beschreibung« und viele andere Metadaten als Bildunterschrift in neu angebaute Bildfläche. Verwenden Sie auch IPTC-Werte, die zunächst nicht im Menü erscheinen, etwa »Land« und »Ort«, oder tippen Sie neue Kommentare ein.

22.3 Text formatieren

Generell gilt: Wenn Sie Text nachbearbeiten, also zum Beispiel noch die Schriftart ändern, müssen Sie den Text zumeist durch Ziehen mit der Maus markieren (siehe vorhergehende Absätze). Den Text formatieren Sie mit Zeichenpalette oder Absatzpalette. Dazu kommen die Textwerkzeugoptionen, die einige Funktionen aus beiden Paletten bieten.

Die Paletten

Rufen Sie die Paletten zur Textformatierung mit der Schaltfläche ZEICHEN-/ABSATZPALETTE in den Textwerkzeugoptionen auf. Sofern bereits ein Textteil markiert ist, holen Sie mit Strg+T die Zeichenpalette (ansonsten startet so das **Transformieren**).

Die meisten Optionen finden Sie auf der Palettenoberfläche. Ziehen Sie einfach über einem Symbol wie LAUFWEITE, um die Werte zu verändern – Photoshop passt den Text sofort an. Weitere Funktionen liefert das Palettenmenü, zu erreichen wie immer nach einem Klick auf die Schaltfläche rechts oben. Die Menüoptionen, die für die aktuell markierten Lettern zutreffen, zeigen ein Häkchen. Ein Strich bedeutet dagegen: Diese Eigenschaft trifft nur für einige, aber nicht für alle markierten Buchstaben zu.

Im Folgenden behandeln wir die zwei Photoshop-Paletten für Zeichen und Absatz; die gängigsten Funktionen finden Sie auch in den Textwerkzeugoptionen. Die ASIATISCHEN TEXTOPTIONEN haben wir dabei in den **Voreinstellungen** abgewählt.

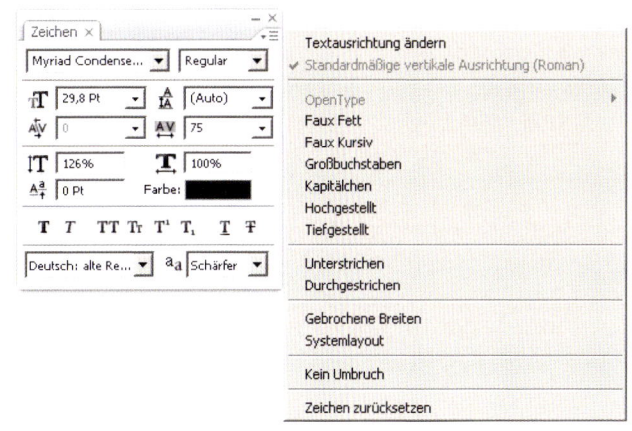

Abbildung 22.16 Mit der Zeichenpalette legen Sie die Eigenschaften für einzelne Buchstaben fest. Klicken und ziehen Sie über einzelnen Symbolen wie »Laufweite«, um die Einstellungen zu verändern. Viele dieser Funktionen finden Sie auch oben im Programmfenster in den Werkzeugeinstellungen.

Texteinstellungen wiederholen

Benötigen Sie oft dieselben Textvorgaben, zum Beispiel eine bestimmte Schriftart in einer bestimmten Größe bei erweitertem Buchstabenabstand? Sie haben diese Möglichkeiten:

» Speichern Sie die Einstellung als Werkzeugvorgabe. Dazu richten Sie die Paletten wie gewünscht ein, starten aber die Texteingabe noch nicht. Klicken Sie vielmehr links oben in den Optionen auf das Dreieck neben dem Textsymbol T, öffnen Sie das Palettenmenü mit dem Button und wählen Sie den Befehl **Neue Werkzeugvoreinstellung** (Seite 771).

» Kombinierte Ebeneneffekte für Ihren Text speichern Sie als STIL (Seite 587).

» Legen Sie eine Sammlung unterschiedlich formatierter Buchstaben in einer Photoshop-Datei an, die Sie für neue Textobjekte duplizieren und bearbeiten. Sie können in einem Buchstaben Text- und Stilvorgaben speichern.

Schriftgrad

Als Maßeinheit für den SCHRIFTGRAD, also für die Größe, tippen Sie zum Beispiel »px« für Pixel, »mm« oder »Pt« für Punkt in das SCHRIFTGRAD-Feld der Optionsleiste oder in der Zeichenpalette; ziehen Sie einfach über dem Symbol SCHRIFTGRAD.

643

Die Standardmaßeinheit steuern Sie unter **Bearbeiten: Voreinstellungen: Maßeinheiten & Lineale** im Klappmenü TEXT. Haben Sie »Punkt« als Maßeinheit vorgegeben, können Sie trotzdem »10 mm« eintippen; Photoshop ersetzt die Angabe automatisch durch »28,35 Pt«. Die Kantenschärfe bleibt jederzeit tiptop. So ändern Sie die Buchstabengröße:

» Wechseln Sie zum Textwerkzeug T, aktivieren Sie die Textebene und noch bevor Sie einen Textcursor I im Bild sehen, nennen Sie eine neue Größe in der Zeichenpalette oder in den Textwerkzeug-Optionen. Dadurch verändern Sie den gesamten Schriftzug.

» Wie immer ändern Sie die Werte auch per Pfeiltasten in einstelligen Schritten. Die ⇧-Taste sorgt für Zehnersprünge; klicken Sie zuvor ins Feld für die Textgröße und markieren Sie den Text – sonst zeigt Photoshop die Änderung erst nach dem Drücken der ↵ an.

» Markieren Sie die gewünschten Lettern, wenn Sie nur einige Buchstaben vergrößern oder verkleinern möchten.

» Während der Cursor in der Textebene blinkt, drücken Sie die Strg-Taste – Photoshop präsentiert einen Transformieren-Rahmen (Seite 538) für beliebige Größenänderungen; die ⇧-Taste wahrt das Seitenverhältnis.

» Aktivieren Sie die Textebene durch einen Klick in der Ebenenpalette und starten Sie das Transformieren per Strg+T.

Abbildung 22.17 Auf der neutralgrauen Ebene 1 liegt hier die »Bewegungsunschärfe« als Smartfilter über »Rauschen hinzufügen«. Die Körnung des Störungsfilters wird also durch die »Bewegungsunschärfe« in Strähnen gezogen. Die »Ebene 1« wurde über die Bildgrenzen hinaus vergrößert, weil die »Bewegungsunschärfe« sonst unschöne Randeffekte verursacht. Vertauschen Sie die Reihenfolge der zwei Filterbefehle, ändert sich die Wirkung. Ganz unten liegt eine Füllebene mit Verlaufsfüllung als Hintergrund. Der Text wird mit dem Effekt »Abgeflachte Kante und Relief« ins Bild gestanzt. Alle Merkmale lassen sich frei ändern. Datei: Text_06; Aktion: Filter – Metalleffekt für Text

Einzelne Buchstaben unproportional verändern IT T

Mit der **Transformieren**-Funktion verzerren Sie den Gesamtschriftzug in die Breite oder in die Höhe. Photoshop bietet zusätzlich die Möglichkeit, auch einzelne Buchstaben innerhalb eines größeren Textobjekts zu bearbeiten. Dazu dienen die Eingabefelder VERTIKAL SKALIEREN und HORIZONTAL SKALIEREN in der Zeichenpalette. Markieren Sie zunächst Lettern, die Sie dehnen oder stauchen möchten; anschließend nennen Sie für Höhe oder Breite eine prozentuale Veränderung.

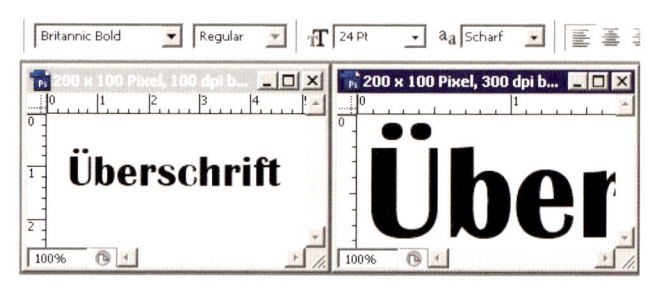

Abbildung 22.18 Beide Dateien haben 200x100 Pixel, beide Schriftzüge 24 Punkt. Der Unterschied: Die linke Datei wurde mit 100 dpi gespeichert (5,08x2,54 cm), die rechte Datei mit 300 dpi (1,69x0,85 cm).

Orientierung an Druckauflösung

Beachten Sie, dass sich PUNKT- und MILLIMETER-Werte an den gespeicherten Druckmaßen des Bilds orientieren. Daraus folgt: In einem 300-dpi-Bild erfordert ein Schriftzug mit 24 Punkt Größe mehr Pixelfläche als in einem 100-dpi-Bild. Denn die 24-Punkt-Größe erfordert in 300 dpi mehr Pixel. Ändern Sie die Druckauflösung mit dem Befehl **Bild: Bildgröße**, ohne die Pixelzahl zu ändern – die Option BILD NEU BERECHNEN ist also abgeschaltet –, so zeigt Photoshop nach dem Eingriff andere Millimeter- und Punktwerte für Ihre Lettern auf der Textebene an.

Oft am übersichtlichsten: Schalten Sie in den **Voreinstellungen** oder direkt im SCHRIFTGRAD-Feld T die Textmaßeinheit auf PIXEL – unabhängig von der dpi-Druckauflösung erscheint Text dann bei gleicher Zoomstufe gleich groß auf dem Schirm.

Horizontal und vertikal

Sie können horizontal, aber auch vertikal schreiben. Sie müssen sich damit nicht schon bei der Texteingabe festlegen. Diese Möglichkeiten haben Sie:

» Wissen Sie schon bei der Texteingabe, wie es laufen soll, so wählen Sie bewusst das horizontale oder das vertikale Textwerkzeug.

Weitere Zeichenformatierung

» Möchten Sie den Text erst nachträglich umstellen, ändern Sie die Richtung mit der Schaltfläche TEXTAUSRICHTUNG ÄNDERN in der Optionenleiste – auch bei laufender Texteingabe. Alternativen bieten das Kontextmenü und das Untermenü **Ebene: Text** mit den Befehlen **Horizontal** oder **Vertikal**.

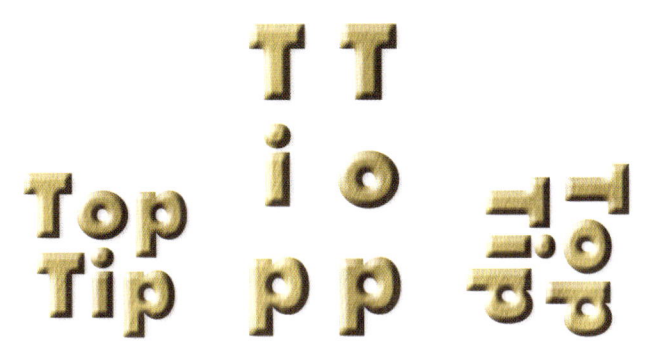

Abbildung 22.19 **Links:** In diesem Schriftzug haben wir bereits den »Zeilenabstand« verändert. **Mitte:** Mit dem Befehl »Ebene: Text: Vertikal« ordnen wir den Schriftzug vertikal an. **Rechts:** Hier wurde der ursprüngliche, horizontale Schriftzug mit dem Befehl »Bearbeiten: Transformieren: 90° im UZS drehen« verändert. Datei: lext_21

Weitere Zeichenformatierung

Photoshop bietet weitere Einstellmöglichkeiten für Ihren Text:

Schriftart

Als Schriftart wählen Sie jede installierte Schrift, egal ob Druckerschrift, TrueType, OpenType oder Adobe Type 1. In der Regel eignen sich zum Füllen und Montieren breit laufende Headline-Schriften am besten. Tipps, wie Sie vorhandene Schriftzüge »aufblasen«, folgen unten. Beachten Sie, dass besonders schlanke Schriften in Bildern oft zu mager wirken und bei starker JPEG-Komprimierung unleserlich werden.

Kursiv und fett

Sind zusätzlich zur normalen Schriftart gefettete oder kursive Schriftvarianten auf Ihrem Rechner installiert, so rufen Sie diese aus dem SCHRIFTSCHNITT-Klappmenü neben dem Schriftartnamen auf.

Sie können Schriftarten jedoch auch dann fett und kursiv darstellen, wenn eine entsprechende Schriftartinformation nicht auf Ihrem Rechner gespeichert ist. Photoshop errechnet dann den geänderten Schriftschnitt auf eigene Faust. Die entsprechenden Optionen heißen **Faux Kursiv** und **Faux Fett**, zu erreichen in der Zeichenpalette per Menü oder Schaltfläche, außerdem per Kontextmenü zum Textwerkzeug T, sofern Sie bereits einen Textteil markiert haben.

Die NORMAL-Darstellung erscheint bei englischen Schriftarten oft als REGULAR oder PLAIN. FETT läuft als BOLD, KURSIV heißt ITALIC.

Großbuchstaben und Kapitälchen

Benötigen Sie einen Text in Großbuchstaben, müssen Sie Ihre Wörter nicht gleich bei gedrückter ⇧-Taste eintippen. Stattdessen lässt sich der Text auch für Großbuchstaben formatieren – so wechseln Sie durch einen einfachen Menübefehl bei Bedarf wieder zurück zur üblichen gemischten Schreibweise. Weitere Alternative wäre eine Schriftart, die nur Großbuchstaben liefert.

Großbuchstaben stellt alle markierten Zeichen in Großbuchstaben dar. **Kapitälchen** belässt die markierten Großbuchstaben in der üblichen Größe; die Kleinbuchstaben erscheinen als verkleinerte Großbuchstaben.

Achtung
Die Breite des Gesamttextes kann sich ändern, wenn Sie zu Großbuchstaben oder Kapitälchen wechseln.

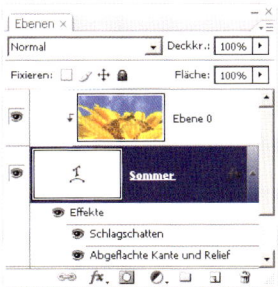

Abbildung 22.20
Die Textebene erhielt eine »Verkrümmung«, der erste Buchstabe wurde separat mit der Zeichenpalette »vertikal skaliert«. Ein verkleinerter Zeichenabstand und unproportionale Ausdehnung in die Breite schaffen mehr Platz für die Bildfüllung.

Laufweite

Die LAUFWEITE – der allgemeine Abstand zwischen den Buchstaben – erzeugt eine gleichmäßige Distanz zwischen mehr als zwei Zeichen eines markierten Textteils. Maßeinheit ist wieder Pixel oder Punkt. Der Wert Null bedeutet Standardlaufweite. Negative Werte rücken die Buchstaben enger zusammen, positive Eingaben machen den Schriftzug luftiger. Die Möglichkeiten reichen von -1000 bis + 1000. Zum Beispiel:

» Tippen Sie »-5« ein, wenn die Buchstaben enger zusammenrücken sollen.

» Tippen Sie »-10«, wenn die Buchstaben noch enger zusammenrücken sollen.

» Tippen Sie »10« ein, wenn die Buchstaben weiter als normal auseinanderstehen sollen.

Sofern Sie keinen Textteil markieren, verändert Ihre Eingabe die gesamte Textebene.

Abstand zwischen zwei Zeichen (Kerning)

Den individuellen Abstand zwischen zwei Buchstaben übernimmt Photoshop aus der Information, die im Schriftsatz gespeichert ist. Dies gilt, solange Sie in der Zeichenpalette im Datenfeld ABSTAND ZWISCHEN ZWEI ZEICHEN die METRIK-Anzeige oder eine Null sehen.

Sie verändern den Abstand zwischen zwei Zeichen – oft auch »Kerning« genannt – nach eigenem Belieben. Der Textcursor muss zwischen den beiden Buchstaben blinken, es darf also kein Text markiert sein. Es gilt wie schon bei der LAUFWEITE: Negative Werte verringern die Distanz, positive Werte schaffen Freiraum.

Tipp

Sie verändern das Kerning auch um 20/1000 Geviert mit den ←- und →-Pfeiltasten bei gedrückter Alt-Taste. Nehmen Sie Strg dazu, wenn Sie den Zwischenraum in Schritten von 100/1000 Geviert verändern wollen.

Zeilenabstand

Den ZEILENABSTAND regeln Sie mit der gleichen Maßeinheit wie die Schriftgröße, also meist Punkt, Pixel oder Millimeter. Das Verfahren funktioniert gleichermaßen bei Punkttext wie bei Absatztext. Zunächst verwendet Photoshop den zur Schriftart gehörigen Zeilenabstand – solange Sie als Eintrag AUTO oder ein leeres Feld vorfinden. Arbeiten Sie mit umbrochener 80-Punkt-Schrift, dann

» geben Sie einen ZEILENABSTAND von »60« vor, wenn die Zeilen besonders eng zusammenrücken sollen;

» geben Sie »120« vor, wenn die Zeilen besonders weit auseinanderliegen sollen;

» lassen Sie das Feld leer oder klicken Sie auf AUTO, wenn Sie den Standardabstand nutzen möchten.

Sie verändern den Zeilenabstand, wenn Sie die Alt-Taste zusammen mit den Pfeiltasten nach oben und unten benutzen. Für größere Verschiebungen nehmen Sie die Strg-Taste hinzu. Dabei muss das Textwerkzeug aktiviert und der Text markiert sein. Bei Mengentext berücksichtigt Photoshop nur solche Zeilen, die Sie vollständig markieren.

Grundlinie

Sie können einzelne Buchstaben über oder unter die Grundlinie stellen, so dass sie tiefer sinken oder höher rücken.

Abbildung 22.21 **Links:** Wir verwenden die Standardvorgaben für Laufweite und Zeilenabstand. **Mitte:** Für den »Zeilenabstand« setzen wir einen kleineren Wert ein als im Feld »Schriftgrad«; so rücken die Zeilen enger zusammen. **Rechts:** Wir geben zusätzlich eine negative »Laufweite« an, um den Buchstabenabstand zu verkleinern.

Markieren Sie die Buchstaben, dann tippen Sie einen Wert neben GRUNDLINIE ein oder drücken Sie ⇧+Alt-Taste zusammen mit aufwärts oder abwärts weisenden Pfeiltasten. Ein positiver Wert bugsiert horizontalen Text nach oben, vertikalen Text nach rechts. Negativeingaben schieben die Lettern nach unten bzw. nach links. Dabei verändert sich die Buchstabengröße nicht.

Tiefgestellt und Hochgestellt T₁ T¹

Für wissenschaftliche Formeln können Sie den Text auch hoch- oder tiefstellen und dabei die Zeichen verkleinern. Die Befehle **Hochgestellt** und **Tiefgestellt** bietet Photoshop im Menü zur Zeichenpalette an und natürlich auch als Schaltflächen T₁ T¹ in der Zeichenpalette.

Tipp
Mit dem Befehl Zeichen zurücksetzen aus dem Menü zur Zeichenpalette setzen Sie sämtliche Einstellungen wieder auf Null und machen entstellte Schriftzüge wieder lesbar. Dabei darf der Textcursor I nicht im Schriftzug blinken – wechseln Sie bei Bedarf zu einem anderen Werkzeug, schalten Sie das Textwerkzeug T wieder ein und wählen Sie unmittelbar danach den Befehl Zeichen zurücksetzen.

Weitere Optionen zur Zeichenformatierung

Photoshop bietet weitere Vorgaben bei der Zeichenformatierung als Menübefehl oder Schaltfläche in der Zeichenpalette:

» Die Optionen **Unterstrichen** und **Durchgestrichen** gelten wie üblich nur für den markierten Textteil; befindet sich kein Textcursor I zwischen den Buchstaben, ändert Photoshop jedoch das ganze Textobjekt.

» Die Vorgabe **Systemlayout** richtet die Buchstaben so ein, wie sie von Ihrem Betriebssystem dargestellt werden. Photoshop entfernt zum Beispiel ungewöhnliche Laufweiten oder die Kantenglättung – eine nützliche Funktion bei der Gestaltung von Online-Texten, Schaltflächen oder Menüs.

» Ab Werk verwendet Photoshop GEBROCHENE BREITEN. Die Abstände zwischen den einzelnen Textzeichen sind also unterschiedlich groß und betragen zwischen einigen Zeichen auch den Bruchteil eines Pixels. Dies ist meist die optimale Vorgabe. Kleine Schriftgrößen, die am Monitor dargestellt werden, können jedoch ineinander laufen. Sie können darum die **Gebrochenen Breiten** abschalten und damit Buchstabenabstände von ganzen Pixeln erzwingen; dies erledigen Sie im Menü zur Zeichenpalette.

» Wählen Sie unten links in der Zeichenpalette die richtige Spracheinstellung für Silbentrennung und Rechtschreibkorrektur, zum Beispiel DEUTSCH: REFORMIERTE RECHTSCHREIBUNG (1996) oder DEUTSCH: REFORMIERTE RECHTSCHREIBUNG (2006).

Seitenausrichtung

In der Absatzpalette und oben in den Werkzeugoptionen finden Sie die Schaltflächen TEXT LINKS AUSRICHTEN, TEXT ZENTRIEREN und TEXT RECHTS AUSRICHTEN. Diese Vorgaben sind auch interessant, wenn Sie nur ein einzelnes Wort als »Punkttext« statt als »Absatztext« bearbeiten. Sie legen fest, ob sich die Wörter nach einer Kürzung oder Verlängerung der Textebene am Anfang oder Ende der ursprünglichen Textebene orientieren, zum Beispiel auch bei einer automatisierten Texteingabe per Aktionspalette:

» Kürzen Sie ein Wort, das mit der Vorgabe TEXT LINKS AUSRICHTEN formatiert ist, so beginnt es nach der Umformulierung auf der Anfangsposition des ursprünglichen Textes; das Ende des neuen Worts liegt also weiter links als bei dem früheren, längeren Begriff.

» Hatten Sie dagegen TEXT RECHTS AUSRICHTEN vorgewählt, so platziert Photoshop das Ende des neuen Worts an die Stelle des bisherigen Endes – der erste Buchstabe des gekürzten Begriffs rückt also weiter nach rechts.

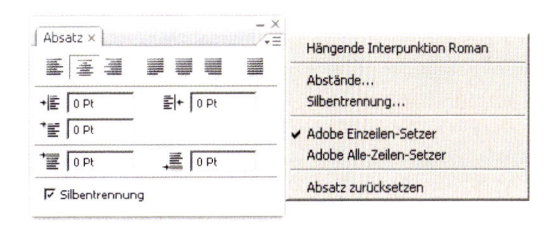

Abbildung 22.22 Mit der Absatzpalette ändern Sie den Zeilenfall. Einige Funktionen eignen sich gleichermaßen für Absatztext wie für Punkttext.

Absatzformatierung

Photoshop bietet verschiedene Optionen, wie Sie den Zeilenfluss innerhalb eines Absatzes regeln. Wenn Sie keinen Text markieren, verändert sich per Eingabe die gesamte Ebene. Setzen Sie den Textcursor I in einen Absatz, um nur diesen zu formatieren. (Und nur noch mal am Rande: Schlichten einfarbigen Text legen Sie eventuell besser im Layout- oder Webprogramm über das Bild, nicht in Photoshop.)

Abbildung 22.23 Links: Dieser Absatztext wurde in der Absatzpalette mit Blocksatz und erhöhtem Abstand zwischen den Absätzen formatiert. Die Option »Silbentrennung« sorgt für automatische Worttrennungen am Rand des Textrahmens. **Rechts:** Hier wurde die »Silbentrennung« ausgeschaltet; Photoshop umbricht Wörter nur noch an Bindestrichen. Die teils auffällig hohen Buchstabenabstände reduzieren Sie bei Bedarf mit dem Dialogfeld »Abstände« aus dem Menü der Absatzpalette. Datei: Text_09

Ausrichtung Blocksatz

Photoshop bietet auch Blocksatz an, so dass linker und rechter Textrand gleichermaßen glatt und bündig verlaufen. Sie haben verschiedene Möglichkeiten, die Textausrichtung für Blocksatz festzulegen: Mit den Schaltflächen in der Absatzpalette wählen Sie, ob die letzte Zeile eines jeden Absatzes linksbündig, rechtsbündig oder mittig gesetzt werden soll. Weitere Alternative: Photoshop spreizt durch übergroße Wortabstände auch die letzte Zeile auf volle Spaltenbreite.

»Alle-Zeilen-Setzer« und »Einzeilen-Setzer«

Den Textumbruch über die gesamte Absatzlänge hin steuern Sie so:

» Wählen Sie **Adobe Alle-Zeilen-Setzer**, um beim Umbruch den gesamten Absatz zu berücksichtigen. Diese Vorgabe erzeugt meist gleichmäßigere Ergebnisse; vor allem Zeichen- und Wortabstände fallen besser aus.

» Der **Einzeilen-Setzer** betrachtet nur Einzelzeilen. Hier kommt es eher zu gedehnten oder komprimierten Wortabständen.

Silbentrennung

Mit der Option Silbentrennung in der Absatzpalette entscheiden Sie, ob Photoshop bei Absatztext lange Wörter automatisch trennen soll. Wirksam ist die Option nur, wenn Sie für die entsprechenden Abschnitte den Befehl **Kein Umbruch** aus der Zeichenpalette ausgeschaltet haben. Photoshop verwendet dabei ein deutsches Wörterbuch, das sich nicht ändern lässt.

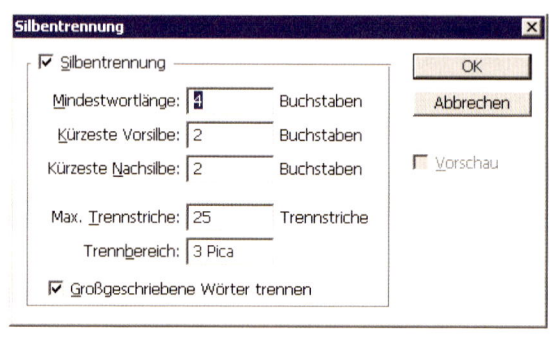

Abbildung 22.24 Das Dialogfeld »Silbentrennung« rufen Sie mit dem Menü der Absatzpalette auf. Sie steuern hier, wie Photoshop Wörter trennt.

Optionen für die Silbentrennung

Rufen Sie im Menü der Absatzpalette die **Silbentrennung** auf. Hier haben Sie folgende Optionen:

» Sie bestimmen eine Mindestwortlänge von x Buchstaben – kürzere Wörter trennt Photoshop gar nicht.

» Sie bestimmen eine Zahl von Buchstaben, die in der oberen Zeile mindestens erscheinen sollen, bevor getrennt werden darf – die Kürzeste Vorsilbe.

» Sie definieren eine Zahl von Lettern, die in der unteren Zeile mindestens erscheinen sollen, nachdem getrennt wurde, die Kürzeste Nachsilbe.

» Sie legen die maximale Zahl von Trennstrichen in aufeinanderfolgenden Zeilen fest (Maximum Trennstriche).

» Der Trennbereich definiert den Abstand vom Ende einer Zeile, ab dem ein Wort in Text ohne Blocksatz umbrochen wird. Diese Vorgabe gilt nur für den **Einzeilen-Setzer** (siehe oben).

Tipp

*Erzwungene Trennung: Tippen Sie einen normalen Trennstrich ein. Photoshop umbricht den Text an dieser Stelle, sofern sich der Trennstrich am Rand des Textrahmens befindet und Sie die Option **Kein Umbruch** ausgeschaltet haben.*

Zeilenumbruch und Trennung verhindern

Den Befehl **Kein Umbruch** aus dem Menü der Zeichenpalette verwenden Sie in folgenden Situationen:

» Mehrere benachbarte Wörter sollen zwingend in einer einzigen Zeile erscheinen und nicht auf mehrere Zeilen umbrochen werden. Diese Option heißt in Textprogrammen »Geschütztes Leerzeichen«.

» Sie haben mit dem Befehl **Silbentrennung** aus dem Menü der Absatzpalette die Trennfunktion eingeschaltet, möchten aber bei einzelnen Wörtern am Zeilenrand die Trennung untersagen.

» Photoshop umbricht ein Koppelwort mit Bindestrich in die nächste Zeile. Sie möchten das Wort jedoch en bloc in einer einzigen Zeile sehen.

In allen Fällen markieren Sie zunächst den fraglichen Text und verwenden dann die Vorgabe **Kein Umbruch** im Menü der Zeichenpalette (das Häkchen muss anschließend dort sichtbar sein).

Vielleicht markieren Sie so viele Wörter, dass diese gar nicht in eine einzige Zeile passen. Dann füllt Photoshop die Zeile bis zum Rand mit Buchstaben und umbricht ohne Trennstrich und ohne Trennregeln in die nächste Zeile. Dabei erscheinen Leerzeichen auch am Beginn einer Zeile.

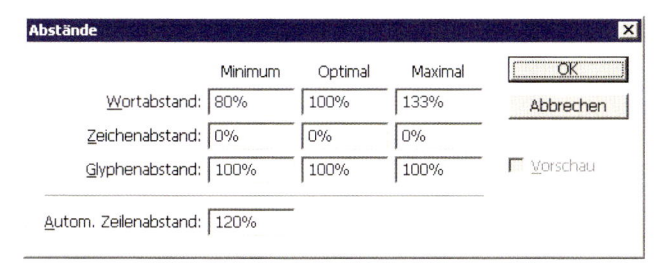

Abbildung 22.25 Im Dialogfeld »Abstände«, erreichbar über das Menü der Absatzpalette, steuern Sie Wort-, Zeichen- und Zeilenabstände für Absatztext.

Zeileneinzug

Regeln Sie mit der Absatzpalette, ob und wie weit Photoshop Zeilen eines Absatzes einzieht, vom Textrahmen aus gesehen. So steuern Sie den Einzug am linken Rand, den Einzug am rechten Rand oder den Einzug erste Zeile. Photoshop bietet außerdem einen regelbaren Abstand vor Absatz und Abstand nach Absatz an.

Tipp
*Sie kennen Vergleichbares schon von der Zeichenpalette: Der Befehl **Absatz zurücksetzen** aus dem Menü zur Absatzpalette macht auch komplett entstellte Absätze wieder leserlich. Dabei darf der Textcursor nicht im Schriftzug blinken – beenden Sie das per* Strg + ↵.

Rechtschreibprüfung

Die Rechtschreibprüfung erfolgt nur auf ausdrücklichen Wunsch. Legen Sie unten in der Zeichenpalette zunächst die gewünschte Sprache fest – zum Beispiel Deutsch: reformierte Rechtschreibung (1996) oder Deutsch: reformierte Rechtschreibung (2006) – und aktivieren Sie die gewünschte Ebene. Wollen Sie nur bestimmte Textbereiche untersuchen, markieren Sie diese. Setzen Sie den Cursor in ein Wort, wenn Sie nur dieses Wort prüfen wollen. Dann heißt es **Bearbeiten: Rechtschreibung prüfen**.

Abbildung 22.26 Links: Das »Slice-Werkzeug« fehlt im Deutschwörterbuch für die Rechtschreibprüfung. Als Ersatz schlägt Photoshop unter anderem »seltsamerweise« vor.

Stößt Photoshop auf Wörter, die nicht in seinem Wörterbuch enthalten sind, erscheint das Dialogfeld Rechtschreibungprüfung. Ihre Möglichkeiten:

» Mit der Schaltfläche Ignorieren ändert sich nichts, Photoshop springt zur nächsten Fehlerstelle. Wenn Sie Alle Ignorieren, spricht Sie Photoshop auch später nicht mehr auf das Wort an.

» Die Schaltfläche Ändern tauscht das Fehlerwort gegen diejenige Vokabel aus, die unten im Bereich Vorschläge markiert erscheint. Kommt der Fehler möglicherweise öfter vor, klicken Sie auf Alle ändern.

» Wenn Sie das Wort dagegen öfter in der von Photoshop monierten Schreibung nutzen möchten, können Sie es dem Photoshop-Wörterbuch HINZUFÜGEN. Die Rechtschreibprüfung springt dann nicht mehr auf den Ausdruck an.

Von Haus aus untersucht Photoshop nur die aktivierte Textebene. Die Vorgabe ALLE EBENEN PRÜFEN unterzieht aber auch weitere Textebenen einem Orthografie-Check.

Text suchen und ersetzen

Der Befehl **Bearbeiten: Text suchen und ersetzen** spürt Wortteile auf und tauscht sie gegen einen anderen Ausdruck. Tippen Sie den Suchbegriff in das Feld SUCHEN NACH und – eventuell – eine gewünschte Änderung in den Bereich ÄNDERN IN. Mit WEITERSUCHEN startet die Fahndung.

Beim ersten Treffer entscheiden Sie auf ÄNDERN oder ALLE ÄNDERN. Nur mit ÄNDERN/SUCHEN bemüht sich Photoshop nach einem Austausch gleich zur nächsten Fundstelle.

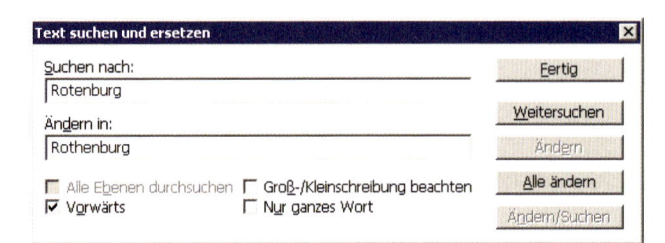

Abbildung 22.27 Tauschen Sie einzelne Wörter per »Text suchen und ersetzen« aus.

22.4 Text färben und glätten

Photoshop bietet ausgefeilte Möglichkeiten, um Schriftzüge umzufärben und die Kanten zu glätten.

Textfarbe

So färben Sie eine Textebene – oder nur ein paar Buchstaben darin – um:

» Markieren Sie einen Textteil oder den Gesamttext mit dem Textwerkzeug T und wechseln Sie die Vordergrundfarbe zum Beispiel mit dem Farbwähler oder mit den Farbfeldern – die markierten Lettern färben sich entsprechend mit.

Abbildung 22.28 Sie sehen verschiedene Punktgrößen für die Schriftart Arial mit unterschiedlichen Glättungsmethoden: »Ohne«, »Scharf«, »Schärfer« und »Abrunden«. Wir drucken die Schrift hier in einer typischen Bildschirmauflösung von 72 dpi, deshalb wirkt es grob. Datei: Text_10_072dpi

» Klicken Sie auf das TEXTFARBE-Feld in den Textwerkzeug-Optionen oder in der Zeichenpalette und legen Sie im Farbwähler einen neuen Tonwert fest. Auch hier müssen Sie zunächst eine Auswahl treffen. Die aktuelle Vordergrundfarbe ändert sich dabei nicht.

» Der Kurzbefehl [Alt]+[Entf] setzt ohne weitere Rückfrage die Vordergrundfarbe in markierte Textteile ein. [Strg]+[Entf] führt schnurstracks zur Hintergrundfarbe.

Markieren Sie Buchstaben mit mehreren, unterschiedlichen Farben, zeigt das Farbfeld in den Textwerkzeug-Optionen und in der Zeichenpalette ein Fragezeichen.

Tipp

Sie müssen die Textfarbe nicht dauerhaft ändern. Sie können auch die Ebeneneffekte FARBÜBERLAGERUNG (Seite 601) oder VERLAUFSÜBERLAGERUNG (Seite 602 verwenden. Alternativ legen Sie eine Einstellungsebene über die Textebene (Seite 615).

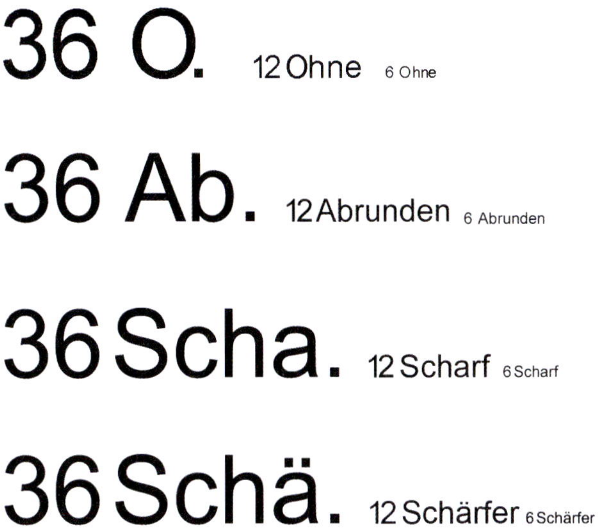

36 O.   12 Ohne   6 Ohne

36 Ab.   12 Abrunden   6 Abrunden

36 Scha.   12 Scharf   6 Scharf

36 Schä.   12 Schärfer   6 Schärfer

Abbildung 22.29   Diese Textebenen haben die typische Druckauflösung von 300 dpi, wieder unterschiedliche Glättungsmethoden. Die Schrift belegt hier weitaus mehr Pixel pro Zentimeter zusammen als bei der 72-dpi-Variante. Datei: Text_10_300dpi

Buchstaben glätten

Verschiedene Vorgaben wie SCHARF oder ABRUNDEN machen die äußersten Randpixel der Buchstaben halbtransparent und sorgen so für einen geschmeidigen – aber nicht aufgeweichten – Übergang zwischen Schrift und umgebendem Bild. Sie vermeiden allzu harte Kanten, die unschön aufgeklebt und ausgezackt aussehen.

Nur bei sehr kleinen Schriftgrößen können feine Konturen gänzlich untergehen, dann verzichten Sie ganz auf eine Glättungsmethode. Wollen Sie den Text ohnehin weichzeichnen, verzichten Sie ebenfalls auf die Option, die etwas Zeit kostet. Das GLÄTTEN erhöht überdies die Zahl der Farbtöne im Bild, so dass die Dateigröße je nach Speicherverfahren steigen kann.

Tipp
Speichern Sie Bilddateien mit Textebene als PDF, erscheint der Text im Programm Reader oder auch in Webbrowsern mit Reader-Funktion gestochen scharf, selbst wenn das Bild in hohen Zoomstufen pixelig wirkt.

Photoshop bietet die verschiedenen Glättungsvorgaben in der Zeichenpalette, außerdem in der Optionenleiste und im Kontextmenü zum Textwerkzeug. Die Glättung gilt generell für die gesamte Textebene und nicht nur für markierte Buchstaben. Sie finden das »Glätten«-Klappmenü nur vor, wenn noch kein Textcursor im Buchstabenfeld blinkt.

Die vier unterschiedlichen Glättungsverfahren sollen die Buchstabenränder optimal an verschiedene Größen und Auflösungen anpassen. Im Test verursachte die Option SCHARF manchmal die deutlichste Kantenaufweichung bei niedrigem Schriftgrad, manchmal erhielt sie aber auch einen harten Kern der Schrift besser als die anderen Varianten. SCHARF soll den Text besonders gestochen herausbringen.

Tipp
Beurteilen Sie die Kantenglättung in der Zoomstufe 100 Prozent (Strg + Alt + 0) über dem geplanten Texthintergrund. In sehr hohen Zoomstufen können Sie die Unterschiede bei der Kantenglättung gut erkennen. Ungerade Vergrößerungsmaßstäbe wie 123,4 Prozent verfälschen deutlich – sind aber realistisch für die Wiedergabe in Monitorpräsentationen mit wechselnden Auflösungen für die Bildwiedergabe.

22.5   Text verzerren

Sie können Text durch ungewöhnliche Verzerrungen reizvoller machen oder an Pfaden und Formen anschmiegen. Nur manchmal müssen Sie dabei die Textebene **rastern**, so dass weitere Korrekturen im Textmodus ausscheiden.

Text auf Pfaden und in Formen

Text fließt auf frei geformten Pfaden durchs Bild. Die Lettern schmiegen sich zum Beispiel an Motivumrisse an, wenn Sie zunächst den Pfad entsprechend formen. Ihre Möglichkeiten unter anderem:

» Sie können den Text auf dem Pfad weiterhin mit Textfunktionen korrigieren. Ändern Sie Buchstabenabstand, Schriftart oder Wortlaut.

» Der Pfad lässt sich weiterhin mit Pfadfunktionen umformen, der Text passt sich automatisch dem neuen Pfad an.

» Der Text startet an beliebigen Punkten auf dem Pfad und lässt sich auf die andere Seite des Pfads umklappen.

Wenn Sie nur allgemein eine geschwungene Form brauchen, die sich nicht an einer exakten Form orientiert, haben Sie es mit der Funktion TEXT VERKRÜMMEN ⌁ leichter.

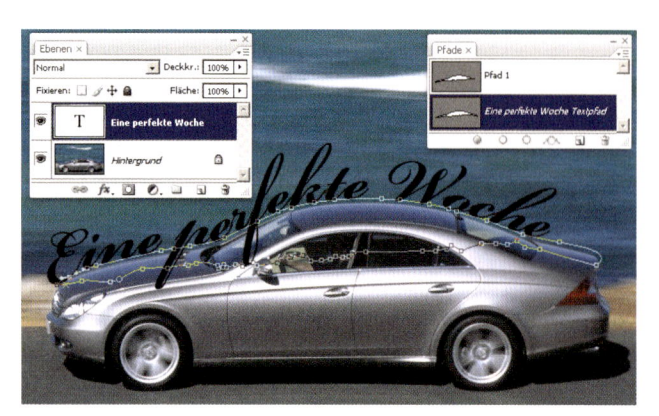

Abbildung 22.30 Der Pfad entstand mit dem magnetischen Zeichenstift und wurde dann leicht nach oben bewegt. Dann haben wir mit dem Textwerkzeug auf den Pfad geklickt und getippt. Einzelne Buchstaben wurden mit der Funktion »Vertikal skalieren« aus der Zeichenpalette nach oben verlängert. Sofern die Textebene in der Ebenenpalette aktiviert ist, erkennen Sie in der Pfadpalette den neuen Textpfad; er lässt sich unabhängig vom ursprünglichen »Pfad 1« verändern. Datei: Text_11

Text auf Pfad anlegen

So legen Sie Text auf einen Pfad:

1. Falls noch nicht vorhanden, erzeugen Sie zunächst einen neuen Pfad etwa mit ZEICHENSTIFT ⌁ oder FREIFORM-ZEICHENSTIFT ⌁ (Seite 472). Nehmen Sie oben in den Optionen die Vorgabe PFADE ⌁, damit nicht zusätzlich noch eine Formebene entsteht (Seite 470).

2. Schalten Sie das Textwerkzeug T ein und führen Sie den Textcursor ⌁ dorthin über den Pfad, wo der Schriftzug beginnen soll. Photoshop zeigt den speziellen Cursor für Text auf Pfaden ⌁.

3. Klicken Sie und tippen Sie Ihre Wörter ein.

Es spielt keine Rolle, ob Sie einen »Arbeitspfad« oder einen gespeicherten »Pfad 1« oder ähnlich verwenden (Seite 485).

Achtung
Bei geschlossenen Pfaden, die zum Beispiel mit einem Formwerkzeug entstanden sind: Klicken Sie nicht in die Form hinein, sonst entsteht Absatztext innerhalb der Form – Sie sehen dann den Text-in-Form-Cursor ⌁. Klicken Sie leicht außerhalb der Form, dort, wo Photoshop den Text-auf-Pfad-Cursor ⌁ präsentiert.

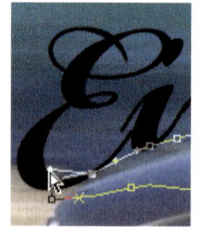

Abbildung 22.31 Mit dem Direktauswahl-Werkzeug ändern Sie Ankerpunkte und Griffpunkte, bis die Buchstaben perfekt sitzen. Passt der Abstand an einer Stelle nicht exakt, klicken Sie mit dem Textwerkzeug zwischen zwei Lettern und ändern Sie mit der Zeichenpalette den »Abstand zwischen zwei Zeichen«.

Wenn Sie den Pfad anlegen

Beachten Sie beim Anlegen des Pfads:

» Gut brauchbare Pfade ohne harte Ecken entstehen vor allem mit dem Zeichenstift ⌁, wenn Sie bei jedem Einzelpunkt nicht nur klicken, sondern auch ziehen. Je weicher die Übergänge, desto flüssiger wirkt später der Schriftzug. Leiten Sie den Pfad aus einer Auswahl ab, nehmen Sie eine höhere TOLERANZ, zum Beispiel 5 statt 2.

» Nützliche Pfade produziert auch der Freiform-Zeichenstift ⌁ mit der Option MAGNETISCH ⌁ (Seite 432); verwenden Sie eine relativ kleine FREQUENZ, so dass nicht zu viele Ankerpunkte entstehen.

» Setzen Sie die Punkte von links nach rechts ins Bild, damit der Text in diese Richtung läuft. Bei Pfaden, die von rechts nach links entstanden sind, verläuft der Text kopfstehend entlang der Unterseite. Ein solcher Schriftzug lässt sich jedoch immer noch hochklappen.

» Formen Sie den Pfad schon beim Erstellen so genau wie möglich. Sitzt der Text erst auf dem Pfad, ist die Pfadkorrektur umständlicher.

Tipp
Wörter, die über das Ende des Pfads hinausragen, zeigt Photoshop nicht an, sie bleiben jedoch erhalten. Bringen Sie die Lettern nachträglich ins Bild, indem Sie die Schriftgröße verkleinern, den Pfad verlängern oder den Text auf dem Pfad verschieben.

Text auf Pfaden und in Formen

Der neue »Textpfad«

In der Pfadpalette entsteht ein neuer »Textpfad«. Er ist nur sichtbar, wenn Sie die zugehörige Textebene in der Ebenenpalette aktivieren. Sie können den ursprünglichen »Pfad 1« in der Pfadpalette aktivieren und löschen oder beliebig verändern – der Pfad für Ihren Text bleibt erhalten. Umgekehrt ändert sich der ursprüngliche »Pfad 1« nicht, wenn Sie den Textpfad umformen.

Abbildung 22.32 Wir haben die Schriftart geändert und in der Zeichenpalette die »Laufweite« verringert, so dass die Buchstaben enger stehen. Mit dem Direktauswahl-Werkzeug (das hier wie ein Textcursor aussieht) ziehen wir den Schriftzug an eine neue Position.

Text auf Pfad verschieben und kippen

Um den Schriftzug auf dem Pfad zu verschieben, aktivieren Sie zunächst das Direktauswahl-Werkzeug oder das Pfadauswahl-Werkzeug. Sobald Sie es über den Text halten, erscheint der spezielle Zeiger zum Verschieben des Textes. Ziehen Sie den Text an einen neuen Startpunkt.

Ziehen Sie den Text mit derselben Funktion auf die Unterseite des Pfads, so dass er über Kopf von rechts nach links verläuft. Genau das passiert leicht auch unbeabsichtigt.

Abbildung 22.33 Wir haben einen Teil des Fensters ausgewählt, mit dem Textwerkzeug in den geschlossenen Pfad geklickt und Prosa aus der Zwischenablage eingefügt. Dabei entsteht Absatztext, den Photoshop an der Pfadkontur umbricht. Beim Anlegen dieses Textes blenden Sie eventuell andere, überlagernde Pfade und Textebenen mit dem Augensymbol aus.

Tipp

Der eingeblendete Pfad stört die Bildbeurteilung. Mit Strg+H *verstecken Sie die Linie, ohne den Pfad zu löschen.*

Text wieder gerade ausrichten

Sie wollen den Text vom Pfad abkoppeln und wieder schnurgerade durchs Bild führen? So geht's:

1. Klicken Sie mit dem Textwerkzeug T in den Pfadtext.
2. Wählen Sie mit Strg+A den kompletten Text aus.
3. Kopieren Sie Ihre Wörter mit Strg+C in die Zwischenablage.
4. Ziehen Sie die Textebene in der Ebenenpalette in den Mülleimer.
5. Klicken Sie mit dem Textwerkzeug T ins Bild.
6. Fügen Sie den Text mit Strg+V ein. Er läuft jetzt wieder gerade durchs Foto.

Weitere Textkorrekturen

Einige Textkorrekturen sind besonders nützlich für Text auf Pfaden, wir haben sie detailliert bereits weiter oben besprochen:

» Ändern Sie die LAUFWEITE – also den allgemeinen Buchstabenabstand. Klicken und ziehen Sie einfach über der Schaltfläche in der Zeichenpalette. Zuvor markieren Sie den Text.

» Möchten Sie nur den Abstand zwischen zwei Lettern verändern, setzen Sie den Cursor zwischen die zwei Buchstaben und klicken und ziehen Sie über dem Feld ABSTAND ZWISCHEN ZWEI ZEICHEN in der Zeichenpalette.

» Das Feld GRUNDLINIE in der Zeichenpalette verschiebt den Text oder einzelne markierte Lettern über oder unter den Pfad.

» Schalten Sie das Textwerkzeug T ein, dann markieren Sie einzelne Buchstaben, um sie mit den Funktionen VERTIKAL SKALIEREN und HORIZONTAL SKALIEREN in der Zeichenpalette zu dehnen oder zu verlängern.

» Funktionen wie TEXT VERKRÜMMEN oder **Transformieren** (Strg+V) stehen weiterhin zur Verfügung.

Abbildung 22.34
Die »Verkrümmungen« in diesem Beispiel wurden mit der Funktion »Frei Transformieren« weiter verzerrt. Datei: Text_12

Text »verkrümmen«

WÖLBUNG oder WULST? BOGEN OBEN oder MUSCHEL UNTEN? Wenn Sie einen VERKRÜMMTEN TEXT ERSTELLEN, biegen sich Textebenen vielseitig durch. Der Schriftzug bleibt im Textmodus erhalten, er lässt sich also weiterhin mit Zeichen- und Absatzpalette korrigieren. Sämtliche Dehnübungen, die Sie mit der Funktion TEXT VERKRÜMMEN durchführen, beschädigen nicht den empfindlichen Rand der Buchstaben. »Verkrümmte« Textebenen erscheinen in der Ebenenpalette mit einem speziellen Symbol. (Ähnlich biegsam werden auch übliche Bildebenen, wenn Sie beim **Transformieren** das VERKRÜMMEN einschalten, Seite 543.)

Verkrümmung beginnen und abschalten

Klicken Sie auf das Symbol VERKRÜMMTEN TEXT ERSTELLEN in der Optionsleiste zum Textwerkzeug. Alternativ verwenden Sie **Ebene: Text: Text verkrümmen**. Textebenen mit Verkrümmung kennzeichnet Photoshop durch ein spezielles, verzerrtes »T«-Symbol in der Ebenenpalette.

Möchten Sie den Text wieder entkrümmen? Wählen Sie erneut den Dialog TEXT VERKRÜMMEN und klicken Sie im STIL-Menü auf **Ohne**.

Tipp

Auch bei geöffnetem Dialogfeld TEXT VERKRÜMMEN können Sie den Schriftzug mit der Maus im Bild verschieben.

Optionen im Dialogfeld »Text verkrümmen«

Diese Optionen bietet das Dialogfeld:

» Als STIL suchen Sie eine Form wie BOGEN oder MUSCHEL UNTEN heraus. Beliebige freie Formen bietet Photoshop nicht an, ebenso wenig wie Text auf Pfaden.

» Mehrere Stile bieten die Checkboxen HORIZONTAL oder VERTIKAL für die generelle Richtung der Veränderung.

» Der Regler BIEGUNG bestimmt den Grad der Verzerrung. Je weiter nach außen Sie den Regler schieben, umso stärker ist die VERKRÜMMUNG – prüfen Sie in der Zoomstufe 100 Prozent, ob die Lettern überhaupt noch zu entziffern sind. Negative Werte kehren den Effekt um: Ein ursprünglich nach oben gewölbter BOGEN biegt sich nun nach unten durch.

Abbildung 22.35 **Links:** Die Vorgabe »Flagge« des Dialogfelds »Text verkrümmen« wirft den Text in Wellen. **Rechts:** »Flagge« mit positiver horizontaler Verzerrung. Datei: Text_13

Text »transformieren«

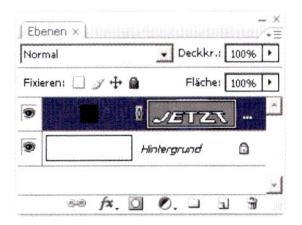

Abbildung 22.36 Der Schriftzug wurde mit dem Befehl »Ebene: Text: In Form konvertieren« in eine Formebene verwandelt. Schalten Sie das Direktauswahl-Werkzeug ein, dann erst ist die »Perspektivische Verzerrung« mit dem Untermenü »Bearbeiten: Pfad transformieren« möglich. Sie können allerdings Texteigenschaften wie Schriftart oder Buchstabenabstand nicht mehr ändern. Ähnliche Ergebnisse erlaubt das Dialogfeld »Text verkrümmen«, hier bleibt der Textmodus erhalten (siehe oben).

» Ziehen Sie den Regler für HORIZONTALE VERZERRUNG nach rechts, auf positive Werte, so erscheint der Schriftzug links schlanker und rechts fetter als zuvor. Bei negativen Werten, also Reglerposition links, beginnt der Slogan extradick und wird von links nach rechts schwindsüchtig.

» Die VERTIKALE VERZERRUNG bestimmt, ob Ihr Schriftzug oben oder unten breiter erscheinen soll. Ein positiver Wert erzeugt einen breiten Textsockel, der sich nach oben verjüngt.

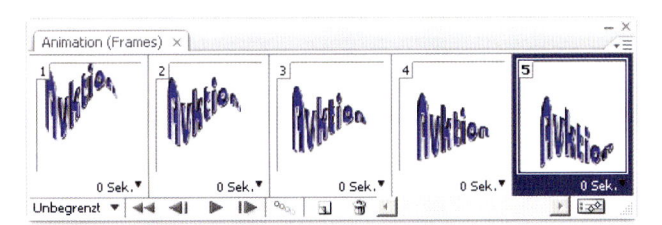

Abbildung 22.37 Setzen Sie Veränderungen innerhalb einer »Verkrümmen«-Vorgabe in einen Trickfilm um. Um gleichzeitig eine Verschiebung und die Verformung zu erreichen, legen wir in der Animationspalette zunächst zwei Frames an, die auf einer einzigen Textebene mit unterschiedlichen Werten für Position und Verkrümmung basieren. Im Dialogfeld »Dazwischen einfügen« wurden die Vorgaben »Position« und »Effekte« verwendet. Datei: Text_14

Text »transformieren«

Weitere Verzerrungsmöglichkeiten für Textebenen bietet der Befehl **Bearbeiten: Frei transformieren** (Strg+T, Details ab Seite 538). Hier ziehen Sie – teils mit Zusatztasten – an den Anfasspunkten um die Rechteckbox herum oder Sie tippen Werte in die Eingabefelder der Optionenleiste oben. Sie können dabei die Schrift skalieren (auch unproportional), drehen oder neigen, allerdings nicht perspektivisch verzerren (nächster Abschnitt). Wollen Sie die Höhe-Breite-Proportion wahren, drücken Sie beim Skalieren die ⇧-Taste oder zuvor die Schaltfläche SEITENVERHÄLTNIS ERHALTEN. Diese Funktionen lassen sich zusätzlich zum VERKRÜMMEN oder stattdessen verwenden. Ihr Slogan bleibt im praktischen Textmodus.

»Verzerren« und »Perspektivisch verzerren«

Allerdings: Die reizvollen **Transformieren**-Varianten **Verzerren** und **Perspektivisch verzerren** bietet Photoshop für Textebenen gar nicht an. So erzeugen Sie dennoch eine vergleichbare Verzerrung:

» Wenden Sie mit der Schaltfläche eine »Verkrümmung« an (siehe oben), senken Sie die BIEGUNG auf 0 und heben Sie die VERTIKALE VERZERRUNG an – so entsteht die gewünschte Verfremdung. Der Text bleibt im Textmodus korrigierbar.

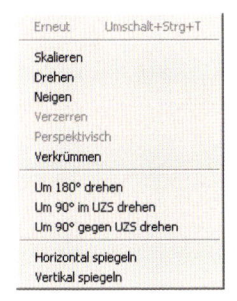

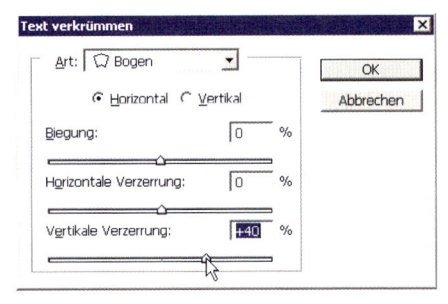

Abbildung 22.38
Links: »Transformieren«-Befehle wie »Verzerren« oder »Perspektivisch verzerren« bietet Photoshop für Textebenen und Smart Objekte nicht an. **Rechts:** Das Dialogfeld »Text verkrümmen« erzeugt perspektivische Verzerrung, wenn Sie die »Biegung« auf 0 stellen und die »Vertikale Verzerrung« ändern; der »Stil« spielt keine Rolle.

Teil 6 • Ebenen

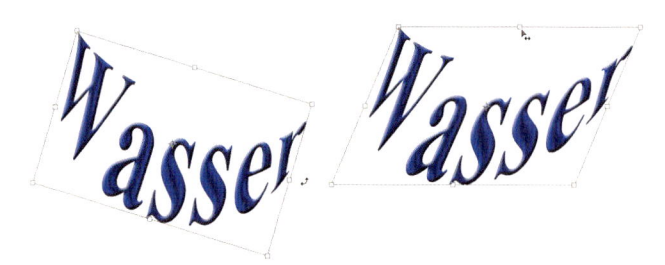

Abbildung 22.39 Verwenden Sie die Funktion »Bearbeiten: Frei Transformieren« (`Strg`+`T`) auch bei Textebenen, die Sie bereits verkrümmt haben.

» Wandeln Sie den Text in eine Formebene um; dazu wählen Sie **Ebene: Text: In Form konvertieren**. Schalten Sie das Direktauswahl-Werkzeug ein, dann wählen Sie `Strg`+`T` oder das Untermenü **Bearbeiten: Pfad transformieren** und verzerren nach Maß. Sie verlieren den Textmodus; wegen der Pfadtechnik bleibt aber die Kantenschärfe über alle Verzerrungen hinweg erhalten.

Verzerren per Filter

Weitere attraktive Verzerrungsmöglichkeiten für Text finden Sie im Filter-Menü:

» Das Untermenü **Verzerrungsfilter** enthält starke Befehle wie **Schwingungen**, **Kräuseln**, **Strudel** oder **Verbiegen** (Seite 401). Wahren Sie den Textmodus, indem Sie die Textebene in ein Smart Objekt verwandeln (**Filter: Für Smartfilter konvertieren**).

» Gummiartig dehnen Sie die Wörter mit dem Befehl **Filter: Verflüssigen** (Seite 407). Dieser Befehl eignet sich nicht für Smart Objekte – Sie können den Schriftzug also nicht mehr im Textmodus bearbeiten und sollten auch auf beschädigte Kanten achten.

Beim Verzerren schalten Sie die Ebenenoption Transparente Pixel fixieren oben in der Ebenenpalette aus (Seite 536).

22.6 Schriftzüge weiter verändern

Die Schriftzüge lassen sich vielfältig anpassen – die Fantasie setzt eher Grenzen als Photoshop. Sie können einzelne Buchstaben oder den ganzen Schriftzug verformen und Bilder einsetzen.

Abbildung 22.40 Links: Diese Verfremdungen entstanden mit Befehlen aus dem Untermenü »Filter: Verzerrungsfilter«: »Schwingungen«, »Wölben« und »Polarkoordinaten«. Nach Wahl wenden Sie die Verzerrung endgültig an oder Sie lassen den Schriftzug im Textmodus. **Mitte:** Die Textebene wurde endgültig gerastert und lässt sich nicht mehr im Textmodus bearbeiten. **Rechts:** Die Palette zeigt das gleiche Bildergebnis, aber flexibler. Die Textebene wurde erst in ein Smart Objekt verwandelt und dann mit dem »Schwingungen«-Filter bearbeitet. Text wie auch Filterverfremdung bleiben änderbar. Dateien: Text_15a, b

Schriftzüge mit einem Bild füllen

So erscheint Bildmaterial in einem Textumriss:

» Verwenden Sie die Textebene als Grundebene einer Schnittmaske; die darüberliegenden Ebenen füllen den Schriftzug aus, ragen aber nicht über die Schriftkonturen hinaus (Seite 612).

» Teilen Sie dem Text einen Effekt wie Kontur oder Abgeflachte Kante und Relief zu. Senken Sie die Deckkraft der Ebenenfüllung mit dem Fläche-Regler oben in der Ebenenpalette (Seite 574).

Text und Ebeneneffekte

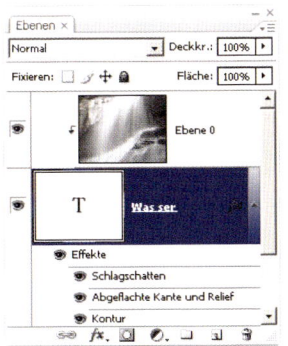

Abbildung 22.41
So füllen Sie die Textebene mit einem Foto: Bringen Sie das Bild auf eine Ebene über dem Text. Klicken Sie mit gedrückter [Alt]-Taste auf den Begrenzungsstrich zwischen den Ebenen. Damit wird der Schriftzug zur »Grundebene«, die Struktur erscheint nur innerhalb der Lettern. Wir verwenden zusätzlich Ebeneneffekte, der Text bleibt korrigierbar und bewegbar. Datei: Text_16a

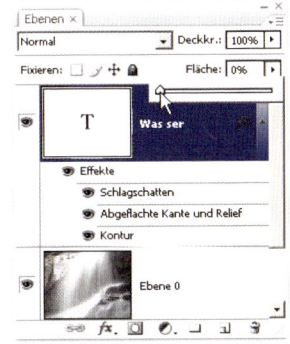

Abbildung 22.42
Wir haben den Text über das Foto gezogen und den »Fläche«-Wert auf null gesenkt. Statt der ursprünglichen Textfarbe wirken sich nur noch die Ebeneneffekte wie die »Abgeflachte Kante« aus. Datei: Text_16b

» Verwandeln Sie den Textumriss in eine Vektormaske. Sie wählen bei aktivierter Textebene den Befehl **Ebene: Text: Arbeitspfad erstellen**; dann aktivieren Sie die gewünschte Ebene und klicken auf **Ebene: Vektormasken hinzufügen: Aktueller Pfad** (Seite 609). Wenn Sie nun die Vektormaske aktivieren und alle Buchstaben mit dem Pfadauswahl-Werkzeug oder mit dem Direktauswahl-Werkzeug auswählen, können Sie die Buchstaben über dem Bild verschieben und neu bestimmen, welche Bildteile sichtbar sind.

» Füllen Sie den Schriftzug per Ebenenstil mit einer MUSTERÜBERLAGERUNG (Seite 602). Hier können Sie eine beliebige, auch sehr große Datei verwenden, die dann nur einmal innerhalb der Lettern erscheint.

Text und Ebeneneffekte

Die Ebeneneffekte (Seite 587) eignen sich bestens für Textveränderungen. Dabei bleibt der Text voll korrigierbar. Ändern Sie die Textform, passen sich die Effekte unverzüglich an. Beispiele für Text mit Ebeneneffekten finden Sie im ganzen Buch. Einige Möglichkeiten:

» Die KONTUR umgibt den Text mit einer Randlinie – die Textkontur tritt besser hervor, hebt sich deutlicher vom Hintergrund ab. Beachten Sie die Unterschiede zwischen Kontur INNEN und AUSSEN.

» ABGEFLACHTE KANTE UND RELIEF sorgt für knackig-plastische 3D-Textobjekte.

» Der SCHLAGSCHATTEN unterlegt Ihre Wörter mit einem Schatten – gut geeignet, um Schriftzüge besser vom Hintergrund abzuheben. SCHEIN NACH AUSSEN appliziert einen Lichthof – Ihre Message hebt sich so besser von dunklen Hintergründen ab.

Teil 6 • Ebenen

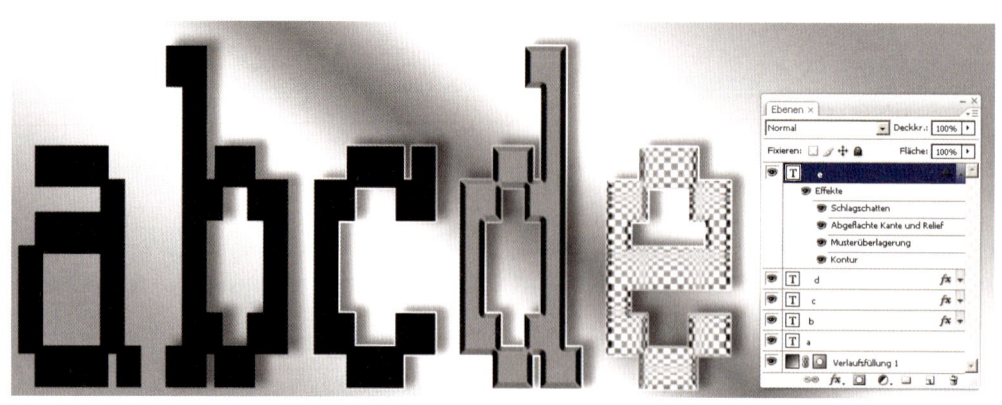

Abbildung 22.43 Erkennen Sie's? Bei jedem Buchstaben – ab dem »b« – kam ein Ebeneneffekt hinzu. Datei: Text_18

» Mit Verlaufsüberlagerung, Farbüberlagerung oder Musterüberlagerung verändern Sie die Textfüllung – und können jederzeit wechseln.

Senken Sie den Fläche-Wert in der Ebenenpalette, so dass die Originaltextfarbe verschwindet und nur noch die Ebeneneffekte Ihre Botschaft vertreten, etwa als Kontur oder durchscheinende 3D-Plastik.

Korrekturen nach dem Rastern

Für stärkere Änderungen am Schriftbild müssen Sie den Textmodus verlassen – entweder Sie rastern endgültig (**Ebene: Rastern: Text**) oder Sie verwandeln Ihren Slogan in ein Smart Objekt (**Filter: Für Smartfilter konvertieren**). Alle folgenden Korrekturen erfordern eine gerasterte Ebene.

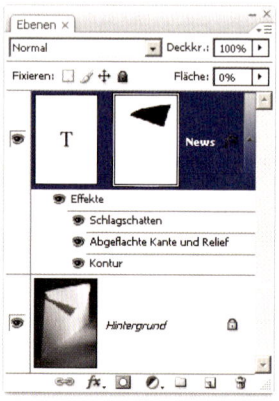

Abbildung 22.44
Für die Textebene verwenden wir die Ebeneneffekte »Schlagschatten«, »Abgeflachte Kante« und »Kontur«. Die eigentliche Textfarbe wurde mit dem »Fläche«-Regler ausgeblendet, die Textform wurde mit der »Transformieren«-Funktion verzerrt. Eine Ebenenmaske verbirgt die Textbereiche unter der Umschlagklappe. Die Ebenenmaske ist mit der Bildebene nicht verbunden, der Text kann also unter der Umschlagklappe verschoben werden, verdeckt wird immer der richtige Bereich. Datei: Text_n

Korrekturen nach dem Rastern

Tipps für die Arbeit mit gerastertem Text

Wenn Sie nicht mit Smart Objekt arbeiten, sondern ein für allemal zu Pixeln umrastern, legen Sie ein Duplikat der Textebene an, ganz fix mit Strg+J; das Duplikat machen Sie mit dem Augensymbol 👁 unsichtbar. Auch den gerasterten Text lassen Sie auf einer eigenen Ebene, umgeben von Transparenz, und verschmelzen ihn nicht mit darunterliegenden Ebenen. Sind die Lettern von Transparenz umgeben, lassen sie sich wesentlich sauberer auswählen und bewegen als buchstabenförmige Bereiche, die zum Beispiel von weißen Pixeln eingefasst werden.

Korrektur des Buchstabenabstands

Sie können die Buchstabenposition zum Teil einfacher verändern, wenn Sie den Text erst gerastert haben. Wollen Sie einzelne Lettern bewegen, werden diese nach dem Rendern zunächst mit Zauberstab ✱ oder Lasso ⌒ markiert und dann mit dem Verschiebenwerkzeug ✥ oder per Pfeiltasten verschoben.

Tipp
Buchstaben lassen sich besonders leicht verschieben, wenn Sie den Text in eine Formebene verwandeln (Ebene: Text: In Form konvertieren). Jeden einzelnen Buchstaben aktivieren Sie bequem mit dem Pfadauswahl-Werkzeug ▸.

Abbildung 22.45 **Links:** Diese Schrift soll breiteren Raum einnehmen, damit sie deutlicher mit Bildmaterial gefüllt werden kann. **Mitte, rechts:** Diese Aufgabe übernimmt der Befehl »Filter: Sonstige: Dunkle Bereiche vergrößern« mit unterschiedlichen Intensitäten. Datei: Text_19

Erweiterte Textumrisse mit »Dunkle Bereiche vergrößern«

Möchten Sie Bildteile innerhalb eines Schriftzugs zeigen, kommt es auf möglichst breit laufende Schriften an. Doch sogar Posterschriften zuzüglich FAUX FETT kann man (nach dem Rastern) mit verschiedenen Funktionen noch weiter aufpumpen – dann passt noch mehr Bild hinein.

Abbildung 22.46 **Links:** Die Schrift wurde zunächst deutlich weichgezeichnet und dann mit dem »Schwellenwert«-Befehl bearbeitet. Dabei kommt es aber zu harten Rändern. **Mitte:** Glattere Ränder entstehen, wenn man statt des »Schwellenwerts« den Befehl »Helligkeit/Kontrast« verwendet, den Kontrast auf etwa 98 Prozent stellt und mit der Helligkeit die Schriftstärke reguliert (dabei brauchen Sie die Option »Früheren Wert verwenden«). **Rechts:** Auch schlankere Lettern sind möglich, dieses Beispiel entstand mit der »Tonwertkorrektur« auf Basis des weichgezeichneten Schriftzugs.

Verwenden Sie zum Beispiel den **Filter**-Befehl **Sonstige: Dunkle Bereiche vergrößern** (vergleiche Seite 438). Er wirkt auch bei hellen Schriftfarben, sofern die Lettern von Transparenz umgeben sind. Sie erzeugen hier sehr wuchtige, wenn auch sicher nicht typografisch wertvolle Lettern. Harte Ecken in den Umrissen bleiben in etwa erhalten, aber auch die Randglättung überlebt.

Erweiterte Textumrisse durch Weichzeichnen und Kontraststeigerung

Ein weiterer Weg zu fetteren (aber auch schlankeren) Typen: Soften Sie zunächst die Lettern mit dem Befehl **Weichzeichnungsfilter: Gaußscher Weichzeichner** deutlich ab – die Umrisse müssen aber erhalten bleiben.

Anschließend machen Sie die Kontur wieder hart. Dazu verwenden Sie **Bild: Anpassungen: Helligkeit/Kontrast**; stellen Sie den Kontrast etwa auf 98 Prozent, schalten Sie FRÜHERE WERTE VERWENDEN ein und nehmen Sie die HELLIGKEIT so weit zurück, dass sich die Schriftumrisse ausweiten.

Auf diesem Weg entstehen umgekehrt auch schlankere Schriftschnitte; probieren Sie auch andere Tonwertbefehle wie die **Tonwertkorrektur**. In jedem Fall erhalten Sie durch das vorherige Weichzeichnen gerundete Umrisse ohne Ecken und Kanten.

Achtung
Bei diesem Verfahren darf sich die Schrift nicht in einer transparenten Ebene befinden; am besten verschmilzt man sie mit einer neuen, weiß gefüllten Ebene.

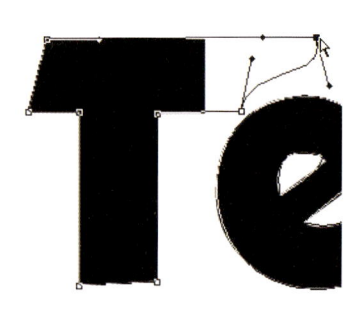

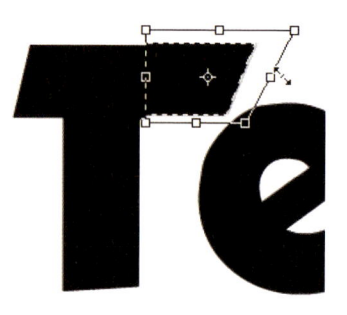

Abbildung 22.47
Links: Der Zeichenstift gestaltet die Textkontur.
Rechts: Ein Teil des Buchstabens wurde markiert und mit der »Transformieren«-Funktion gedehnt und geneigt.

Buchstaben mit dem Zeichenstiftwerkzeug umformen

Mitunter möchte man einzelne Buchstaben umformen – damit sie besser aussehen oder sich exakt Motivteilen anpassen. Pfadfunktionen eignen sich am besten dafür. Aktivieren Sie die Textebene und verwenden Sie den Befehl **Ebene: Text: In Form konvertieren**. Photoshop erstellt eine Form mit einem Pfad. Direktauswahl-Werkzeug (Kurztaste A) und andere Pfadwerkzeuge modellieren den Pfad.

Buchstabenteile transformieren

Mitunter möchte man nur einzelne Buchstabenteile in die Länge ziehen, stauchen oder verzerren. Markieren Sie den gewünschten Bereich der (bereits gerasterten) Lettern und wählen Sie **Bearbeiten: Transformieren** (Strg+T). In der Regel sollte in den **Voreinstellungen** die Interpolationsmethode BIKUBISCH eingerichtet sein. Prüfen Sie jedoch, ob es zu Randunschärfen kommt.

Text füllen und verzerren

Füllen Sie gerenderten Text auf einer Ebene mit Muster oder Motiv, sollten Sie die Option TRANSPARENTE PIXEL FIXIEREN in der Ebenenpalette einschalten. Sonst wird die gesamte Bildfläche zugeschüttet. Wollen Sie dagegen den Text verzerren oder weichzeichnen, schalten Sie die Option aus – die Wirkung der Filter wird sonst an den vorhandenen Texträndern abgeschnitten.

Skalieren und Transformieren

Sie können auch gerenderte, ehemalige Textebenen skalieren und mit den **Transformieren**-Funktionen verbiegen. Aber belassen Sie es bei ein, zwei Durchgängen, weil die Randschärfe sonst leiden könnte (es sei denn, Sie arbeiten mit einem Smart Objekt). In der Regel nehmen Sie als INTERPOLATIONSMETHODE in den **Voreinstellungen** BIKUBISCH. Mit kleinsten, einfarbigen Lettern hilft, wenn überhaupt, eher die PIXELWIEDERHOLUNG (Seite 184).

Abbildung 22.48 **Oben:** Diese Lettern wurden mit einer weißen Hintergrundebene verschmolzen und mit dem »Gaußschen Weichzeichner« abgesoftet.
Mitte: Eine stark verzerrte »Gradationskurve« verteilte die Tonwerte neu.
Unten: Der Befehl »Helligkeit/Kontrast« mit der Option »Früheren Wert verwenden« sorgte für flächigere Töne.

Abbildung 22.49
Um Text und Person mit dem blümeranten Hintergrund mischen zu können, haben wir einzelne Blumen und Extremitäten der Plüschtiere auf separate Ebenen gehoben. Datei: Text_17

Randfehler beheben

Beim Verzerren gerenderter Textebenen entstehen leicht unschön ausgefranste Ränder. Sie lassen sich oft wieder glätten, zumindest wenn die Buchstaben eine gewisse Breite nicht unterschreiten:

» Verzerren Sie den Text auf transparentem Grund, laden Sie dann die Auswahlinformation per [Strg]-Klick auf die Miniatur. Kehren Sie die Auswahl um und weiten Sie dann diese Auswahl um wenige Pixel aus mit **Auswahl: Auswahl verändern: Erweitern** oder mit dem **Auswahl**-Befehl **Auswahl transformieren**. Nun löschen Sie das Schriftumfeld mit der [Esc]-Taste, um die ausgefransten Randpixel zu eliminieren.

» Erzeugen Sie von der gerasterten Textebene eine Auswahl, indem Sie bei gedrückter [Strg]-Taste auf die Miniatur in der Ebenenpalette klicken; die Auswahl verwandeln Sie in einen Pfad bei mittlerer oder niedriger Toleranz von zum Beispiel »2« (vergleiche Seite 490); den Pfad füllen Sie mit aktivierter Option GLÄTTEN auf einer neuen Ebene.

» Zeichnen Sie den Text geringfügig weich; anschließend sorgen Sie mit **Helligkeit/Kontrast** aus dem Untermenü **Bild: Anpassungen** wieder für harte Konturen; nutzen Sie dabei die Option FRÜHEREN WERT VERWENDEN.

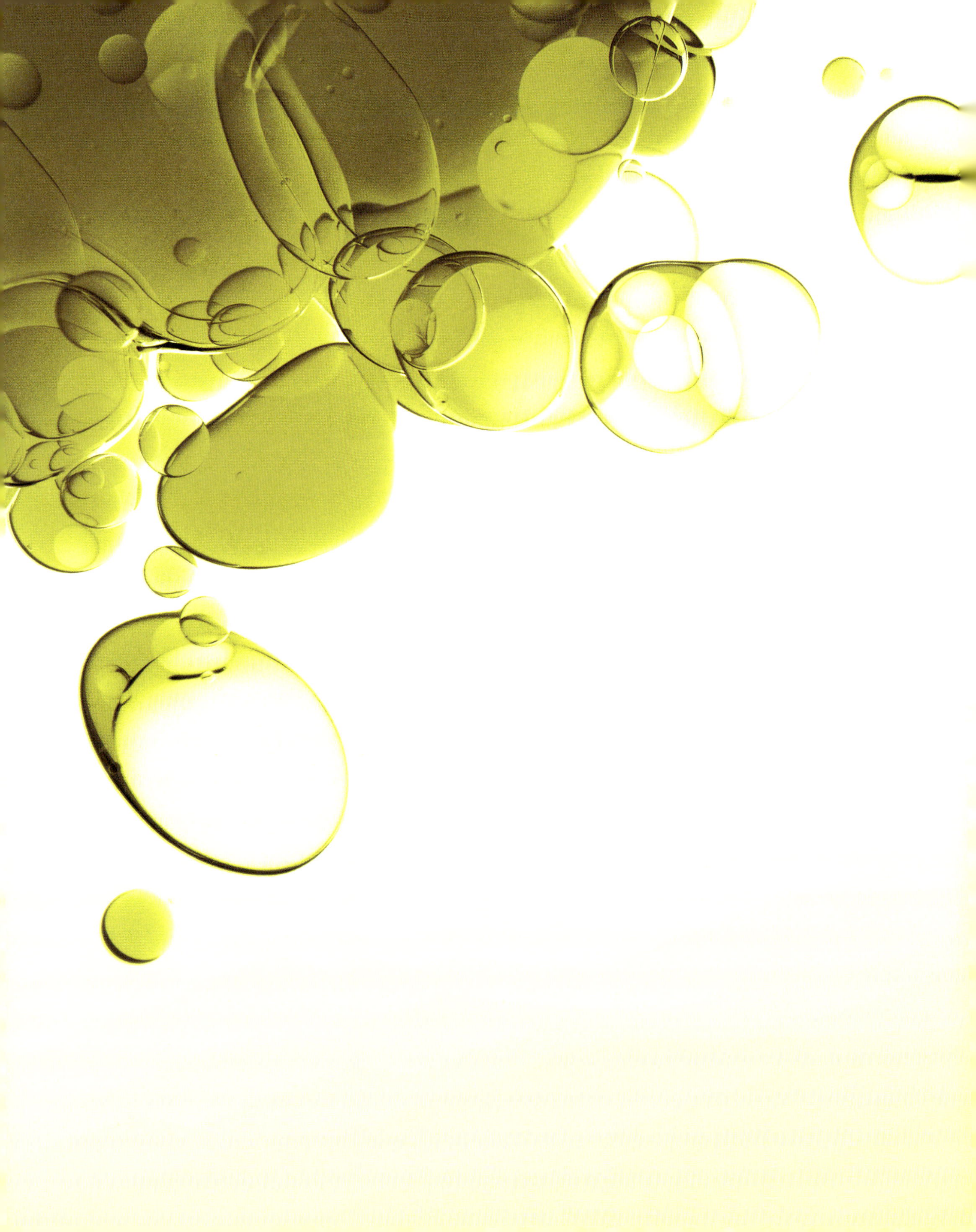

Teil 7
Online-Auftritt

Kapitel 23:
Elektronisch präsentieren

Kapitel 24:
Speichern für Internetseiten und Mobilgeräte

Kapitel 25:
Elemente für Internetseiten

Kapitel 23
Elektronisch präsentieren

In diesem Kapitel lernen Sie diverse Möglichkeiten der Präsentation Ihrer Bilder kennen. Der Schwerpunkt liegt dabei auf der Gestaltung für das Internet.

23.1 »Web-Fotogalerie«

Mit der Web-Fotogalerie gestalten Sie Bildkataloge und Bildsequenzen fürs Internet. Damit präsentieren Sie Ihre Bilder als Galerie im World Wide Web – aber auch auf Festplatte, CD oder DVD. Per Web-Fotogalerie erzeugen Sie eine Homepage mit Miniaturbildern sowie verlinkte Galerieseiten mit den vergrößerten Einzelbildern. Klickt der Betrachter auf eines der aufgereihten Minifotos in der Homepage, erscheint das jeweilige Bild groß auf einer eigenen Seite. Auch automatisch ablaufende Diashows sind mit bestimmten Galerievarianten möglich.

Web
Beispiele zu Stilen der Web-Fotogalerie finden Sie nicht nur auf der DVD, sondern auch im Internet unter http://www.mut.de/photoshop-kompendium.

DVD
*Im Verzeichnis »Praxis« auf der Buch-DVD finden Sie den Ordner »25_Vorlagen«. Diese Bildsammlung können Sie für Ihre Tests mit der **Web-Fotogalerie** nutzen. Die Dateien enthalten IPTC-Texte, wie Sie mit dem Befehl **Datei: Datei-Information** oder mit Bridge entstehen, nämlich BESCHREIBUNG, BILDRECHTE und TITEL. Im Verzeichnis »Praxis/Web-Fotogalerie« können Sie direkt die hier gezeigten Galeriebeispiele mit den verschiedenen Stilen öffnen; dazu klicken Sie doppelt auf »Index.htm«.*

Photoshop bietet noch weitere Funktionen, die mehrere Bilder als Übersicht anzeigen:

» Der Befehl **Datei: Automatisieren: Kontaktabzug II** erzeugt eine Bilddatei mit allen Bildern eines Verzeichnisses en miniature, die Sie drucken und speichern können; dabei wird wahlweise auch der Dateiname genannt (Seite 57).

» Der Befehl **Datei: Automatisieren: Bildpaket** packt ein Bild oder mehrere Bilder wiederholt in eine Datei, um es auf einer Druckseite mehrfach mit optimaler Papierausnutzung zu drucken (Seite 61).

» Der Befehl **Datei: Automatisieren: PDF-Präsentation** erzeugt eine Diaschau, die im Programm Adobe Reader läuft (Seite 683).

Online-Alben als Alternative

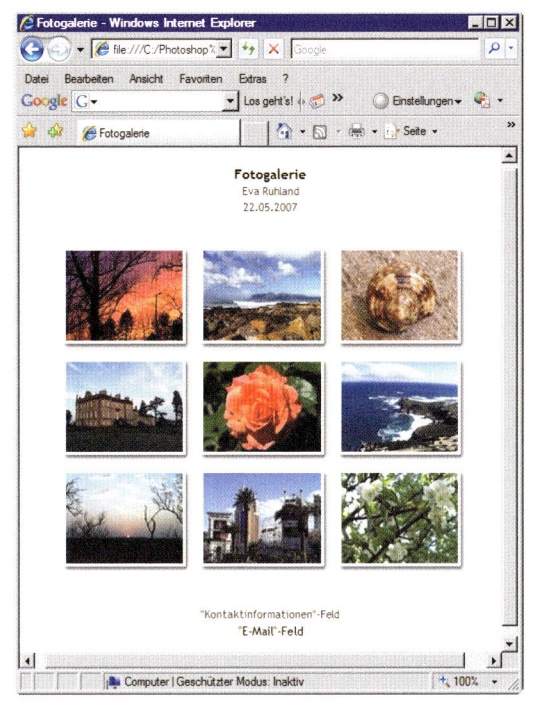

Abbildung 23.1 Links: Die Galerie entstand mit dem Stil »Einfach - Miniaturentabelle«. Sie enthält neun ausgewählte Bilder aus der Bridge. Im Bereich »Miniaturen« haben wir drei »Spalten« und drei »Reihen« vorgegeben, 120 Pixel Breite und die »Randgröße« 2. Die Texte über und unter den Bildern legen Sie im Bereich »Banner« fest; Schaltflächen führen zu weiteren Miniaturenübersichten. Die Schriftgröße der Bildunterschrift lässt sich im Internetbrowser umstellen. **Rechts:** Klickt der Betrachter auf eine Miniatur, erscheint eine separate Seite mit dem vergrößerten Einzelbild. IPTC-Texte wie »Beschreibung« oder »Copyright« erscheinen hier als Textinformation. Verzeichnis: Praxis/Web-Fotogalerie/Einfach_Miniaturentabelle

» Sie können eine Reihe von Einzelbildern zur Diaschau animieren und als Filmdatei sichern (Seite 700 und für Photoshop Extended auch Seite 712).

» Bridge zeigt die Fotos eines Verzeichnisses auf einem »digitalen Leuchtpult« und bietet per [Strg]+[L] eine schlichte Diaschau an (Seite 125).

» Ebenfalls in Bridge bündeln Sie einzelne, ausgewählte Bilder als Stapel und starten eine Vorschauanimation von Stapelminiaturen, bei Bedarf im Zwiebelschalen-Modus (siehe Seite 115).

Online-Alben als Alternative

Vielleicht möchten Sie Bildsammlungen ins Netz stellen, ohne auch nur eine Photoshop-Galerie anzulegen. Dann nutzen Sie die kostenlosen Galerieangebote von E-Mail-Diensten, Druckdiensten und sogenannten Photosharing-Seiten. Mitte 2007 fanden wir unter anderem diese Angebote, um eigene Bilder zu verwalten und zu präsentieren: http://www.flickr.com/ oder http://www.pikeo.com/. Hier können Sie auch fündig werden, wenn Sie bestimmte Fotos suchen.

Ob ein Foto dabei lizenzfrei verwendet oder gedruckt werden darf, entscheidet jedes Mitglied individuell. Wollen Sie Ihre Fotos hingegen mit Copyright in professionellem Umfeld präsentieren, empfiehlt sich die Adresse http://www.photoclub.eu/.

Viele Anbieter drucken Ihre Motive gegen Bares auch auf Fotopapier, Tassen oder Regenschirme. Druckdienstleister mit angeschlossenem Online-Album finden Sie beispielsweise unter www.pixum.de oder www.pixelnet.de.

Eine Fotosammlung können Sie nach Registrierung auch online sichern, etwa unter fotos.yahoo.de oder fotocenter.aol.de.

Tipp
Schöne Diaschauen von Foto-Webseiten erhalten Sie mit dem Browser-Plug-In PicLens unter www.piclens.com/firefox. Die PC-Version funktioniert mit Firefox, die Mac-Version mit Safari. Das Plug-In unterstützt diverse Foto-Webseiten wie Flickr, Google Images, Friendster oder Picasia Web Albums.

Online-Album mit Bridge

Ein digitales Bilderalbum beim Dienstleister Kodak legen Sie direkt aus Bridge heraus an: Markieren Sie JPEG-Dateien, die Sie online präsentieren wollen, dann heißt es **Werkzeuge: Photoshop-Services: Fotoversand** (fast ebenso gut können Sie in diesem Untermenü auch die **Fotoabzüge** wählen). Beim ersten Mal müssen Sie sich für die Kodak EasyShare Gallery mit einer E-Mail-Adresse registrieren, die als »Konto« gilt; Ihre Firewall muss die Verbindung zulassen und Sie müssen die Optionen für Sonderangebote per E-Mail wegklicken. Verarbeitet wird in jedem Fall nur, was Sie vorab im JPEG-Dateiformat gespeichert haben.

Die hochgeladenen Fotos landen in einem Online-Album, das auch eine Diaschau erlaubt; von der Webseite aus können Sie Freunde per E-Mail zu einem Blick in Ihr Album einladen. Die Adressaten erhielten im Test eine bebilderte HTML-Mail und mussten sich zum Betrachten Ihrer Exponate ihrerseits bei der Kodak EasyShare Gallery anmelden.

Tipp
Gestalten Sie eine Webgalerie mit der Adobe Media Gallery in Bridge 2.1. Sie können alle Dateien integrieren, zu denen Bridge eine Vorschau anzeigt und Ihre gespeicherte Galerie entweder direkt in Bridge betrachten oder per FTP ins Netz stellen. Der Download erfolgt unter http://labs.adobe.com/wiki/index.php/Adobe_Media_Gallery.

Verzeichnisse und Dateien

Nehmen Sie für erste Tests auf jeden Fall nur wenige, kleinere Bilder, sonst müssen Sie zu lange auf Ergebnisse warten. Verwenden Sie ein Farbprofil mit kleinerem Farbraum wie sRGB – Bilder mit umfassenderem Farbprofil wie Adobe RGB wirken im Webbrowser eventuell blass. Einzelne Bilder korrigieren Sie dazu mit dem Befehl **Bearbeiten: Profil zuweisen**. Ganzen Bildreihen verpassen Sie das sRGB-Profil mit dem **Bildprozessor** (Seite 84). Vermeiden Sie bei der Benennung Ihrer Dateien Umlaute oder Sonderzeichen, da die Web-Fotogalerie diese nicht HTML-gemäß interpretieren kann und das Bild gar nicht erst anzeigt.

»Farb-Proof« für Online-Darstellung

Testen Sie die Wirkung Ihrer Bilder auf simulierten Windows- oder Mac-Rechnern: Im Untermenü **Ansicht: Proof einrichten** finden Sie die Befehle **Windows-RGB** und **Macintosh-RGB**. Die Windows-Darstellung wirkt dunkler. Solange die Darstellungsmodi eingeschaltet sind, erscheint ein Hinweis in der Titelzeile des Bilds. Der Befehl **Monitor-RGB** hebt alle Angleichungen wieder auf. Für CMYK- oder Lab-Bilder bietet Photoshop die Befehle nicht an.

Web-Fotogalerie starten

So bereiten Sie die Verzeichnisse und Dateien vor:

» In Photoshop wählen Sie **Datei: Automatisieren: Web-Fotogalerie**, im Verwenden-Klappmenü gehen Sie auf Ordner. Jetzt nutzt Photoshop einen kompletten Ordner, den Sie nach einem Klick auf die Schaltfläche Durchsuchen festlegen. In der Galerie erscheinen die Bilder in alphabetischer Reihenfolge.

» In Bridge ziehen Sie Ihre Werke in die gewünschte Reihenfolge oder stellen Sie die gewünschte Reihenfolge mit dem Befehl **Ansicht: Sortieren** her. Dann markieren Sie die geplanten Exponate und wählen **Werkzeuge: Photoshop: Web-Fotogalerie**. Photoshop packt nur diejenigen Bilder in die Galerie, die Sie ausgewählt hatten, und das in der Reihenfolge aus dem Bridge-Fenster.

» Der kryptische Befehl **Datei: Skripten: Ebenenkomp. in WPG** (WPG = Web-Fotogalerie) setzt die verschiedenen Ebenenkompositionen einer Montage in Galeriebilder um (Seite 519).

Zielverzeichnis

Legen Sie außerdem ein völlig neues, leeres Verzeichnis an. Es nimmt die unterschiedlichen Dateien und Unterverzeichnisse auf, die Photoshop für Ihre Internetgalerie erzeugt. Dieses Verzeichnis legen Sie nach einem Klick auf die Ziel-Schaltfläche fest.

Tipp
Unter Windows gilt: Das Zielverzeichnis für Ihre Fotogalerie darf sich nicht innerhalb des Quellverzeichnisses mit den Vorlagen befinden.

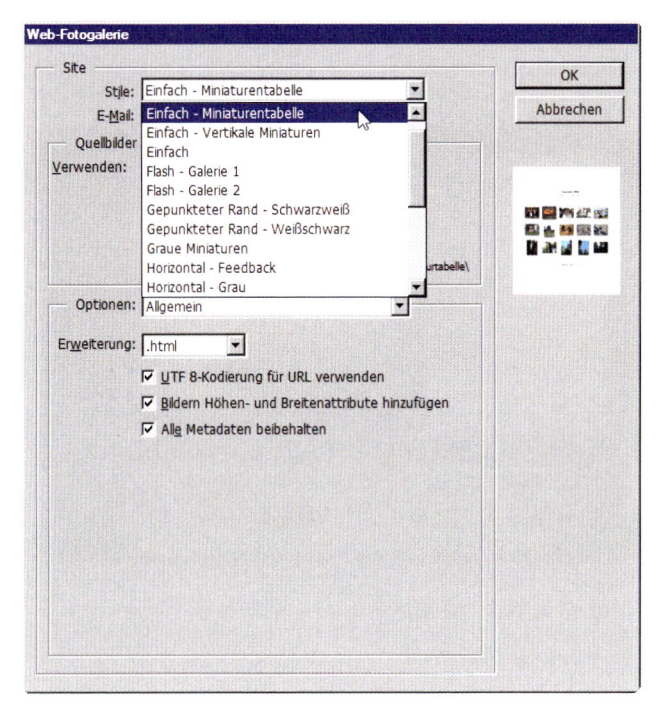

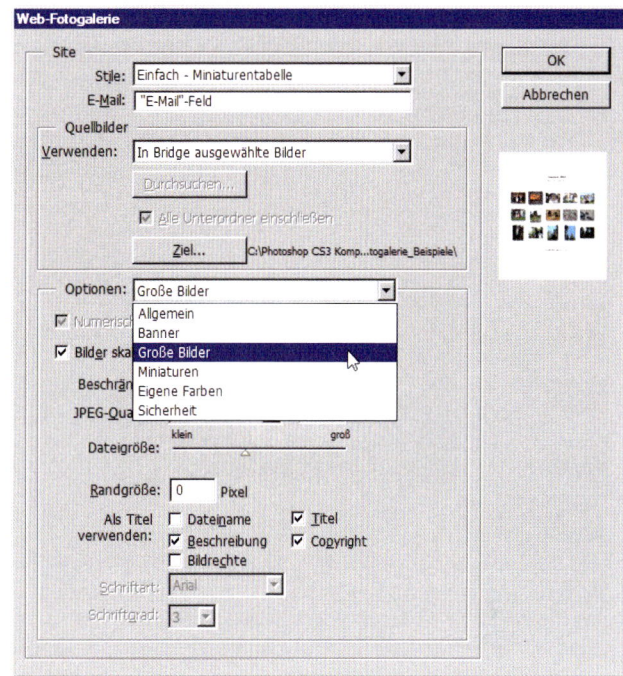

Abbildung 23.2 Der Befehl »Datei: Automatisieren: Web-Fotogalerie« produziert Bildkataloge fürs Internet. **Links:** Im Bereich »Stile« legen Sie das Grundlayout fest. **Rechts:** Im Bereich »Optionen« bestimmen Sie die Vorgaben für Miniaturen, Bilder, Texte und Farben.

Stile

Im Menü STILE bietet Photoshop verschiedene Layouts für die Bildkataloge an. In Ansätzen erkennen Sie das Ergebnis schon an der winzigen Vorschaugrafik im Dialogfeld zur Web-Fotogalerie:

» Einige Stile zeigen Ihre Bilder en miniature in einer Tabelle, per Anklicken erscheint das große Einzelbild als separater Bildschirm. Verwenden Sie die Vorgaben EINFACH oder TABELLE 1 und TABELLE 2.

» Viele Stile zeigen Einzelbilder und Miniaturen gemeinsam auf dem Bildschirm – sehr übersichtlich. Dabei sehen Sie die Miniaturen in einer Leiste am linken oder unteren Bildrand, zusätzlich erscheint ein größeres Motiv. Verwenden Sie die HORIZONTAL- und ZENTRIERT-Vorgaben.

» Die HORIZONTALE DIASHOW spult die Einzelbilder automatisch ab. Gleichzeitig gibt es aber auch eine Miniaturenleiste für individuelle Bildauswahl, die Möglichkeit zum manuellen Bildwechsel und einen Stopp-Schalter.

» Bei einigen Stilen kann der Betrachter mit einer E-Mail oder mit dem FEEDBACK-Formular auf einzelne Bilder reagieren.

Bei manchen Stilen regeln Sie Textgröße, Textfarbe, Hintergrundfarbe oder -muster, Größe und Rahmen der Bilder selbst. Allerdings bieten die wenigsten Stile alle Änderungsmöglichkeiten. Besonders viele Gestaltungsmöglichkeiten haben Sie bei den schlichteren Entwürfen EINFACH, TABELLE 1 und TABELLE 2. Wie Sie weitere, eigene STILE definieren, erfahren Sie am Ende dieses Abschnitts.

»Feedback«

Auf zwei Arten kann der Betrachter auf Ihre Ausstellung reagieren:

» Ihr Publikum klickt auf die E-Mail-Adresse in der Galerie. Damit startet das Standard-Mailprogramm des Betrachters. Tippen Sie dazu Ihre Mail-Adresse ins E-MAIL-Feld des Dialogs **Web-Fotogalerie**.

» Verwenden Sie einen Galerie-STIL, dessen Bezeichnung auf FEEDBACK endet. Der Betrachter kann nun das eingebaute Feedback-Formular ausfüllen, das als E-Mail an Sie zurückgeht. Der Stil HORIZONTAL – FEEDBACK zeigt den FEEDBACK-Bereich auf der Internetseite sofort geöffnet. Andere Stile wie ZENTRIERTER FRAME 1 – FEEDBACK präsentieren zunächst nur eine FEEDBACK-Schaltfläche, das Eingabefenster erscheint nach einem Klick.

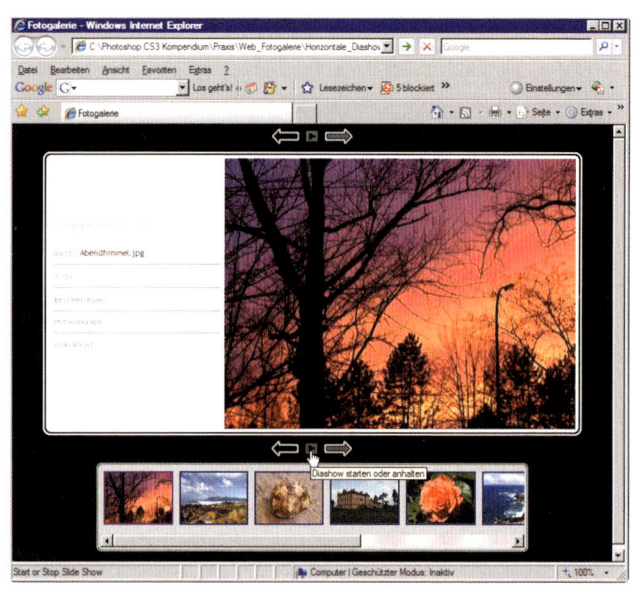

Abbildung 23.3 Links: Ein Beispiel für den Stil »Einfach – Vertikale Miniaturen«. Miniaturen und Einzelbilder erscheinen nebeneinander. **Rechts:** Für die »Horizontale Diashow« bestimmen Sie Hintergrund-, Text- und Linkfarben selbst und wählen mit Pause- bzw. Play-Taste im Browser zwischen automatischem oder manuellem Abspielen. Verzeichnis: Praxis/Web-Fotogalerie/Einfach_ VertikaleMiniaturen, Horizontale_Diashow

»Feedback« schreiben

So geht ein Betrachter mit dem FEEDBACK-Eingabebereich um:

1. Er klickt auf GENEHMIGT, wenn in der Antwort-Mail das englische Wort »~~Approved~~« (Genehmigt) erscheinen soll. Beim Klick auf ANDERE taucht in der Antwort-Mail das englische Wort »~~Other~~« (Andere) auf. Anschließend tippt er seine Botschaft ein und sendet diese per Tastendruck auf FEEDBACK PER E-MAIL.

2. Im folgenden Dialogfeld EXPLORER-BENUTZEREINGABE kann der Betrachter die gewünschte Betreffzeile für die entstehende E-Mail eingeben, zum Beispiel seinen Namen.

3. Nach Klick auf OK öffnet sich sein Standard-Mail-Programm mit der erstellten E-Mail-Nachricht. Empfänger ist die E-Mail-Adresse, die Sie als »Webmaster« im Dialog **Web-Fotogalerie** ins E-MAIL-Feld eingetragen haben.

»Optionen« im Fenster »Allgemein«

Kodierung, Höhen- und Breitenattribute

Im Bereich ALLGEMEIN bietet Photoshop Optionen zur Steuerung der Dateigröße und Übertragung:

» Die UTF 8-KODIERUNG bringt eventuell kleinere Dateigrößen.

» Wenn Sie den BILDERN HÖHEN- UND BREITENATTRIBUTE HINZUFÜGEN, wird die Seite im Webbrowser eventuell schneller aufgebaut, weil die Bildmaße nicht erst aus den Originaldateien errechnet werden müssen.

Bei unseren Tests änderten Variationen bei UTF 8-KODIERUNG und HÖHEN- UND BREITENATTRIBUTEN die Gesamtdatenmenge kaum.

»Alle Metadaten beibehalten«

Wenn Sie ALLE METADATEN BEIBEHALTEN, enthalten Miniaturen und große Bilder weiterhin IPTC-Texte wie BESCHREIBUNG oder TITEL, auch Exif-Kameradaten wie Belichtungszeit und Typ. Verzichten Sie auf die Option, fliegen solche Metadaten aus den Bilddateien raus; auch COPYRIGHT-Hinweise sind perdu.

Titelangaben im Optionsfeld »Banner«

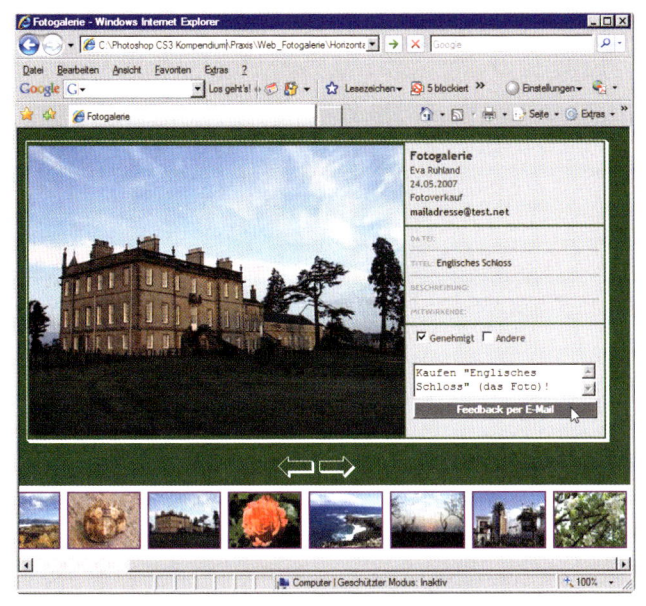

Abbildung 23.4 Mit dem »Feedback«-Bereich der Fotogalerie-Stile können Besucher Ihrer Website per E-Mail reagieren. Im Stil »Horizontal - Feedback« ist das Eingabefenster im Browser automatisch geöffnet. Die Hintergrundfarbe ist bei diesem Stil frei wählbar. Verzeichnis: Praxis/Web-Fotogalerie/Horizontal_Feedback

Die entsprechenden Texte erscheinen aber immer noch als Bildunterschrift, sofern Sie das in den Bereichen MINIATUREN und GROSSE BILDER vorgeben. Enthalten zahlreiche Fotos IPTC-Texte wie auch Exif-Kameradaten, dann steigt mit der Option ALLE METADATEN BEIBEHALTEN die Gesamtdateigröße Ihrer Galerie wesentlich. Achtung: Unterscheidet sich die Anzahl der Texteinträge zu den einzelnen Bildern, ergeben sich bei manchen Stilvorlagen Sprünge in der Position von Bildern und Navigationspfeilen.

Titelangaben im Optionsfeld »Banner«

Im BANNER-Bereich legen Sie Überschrift und Texteinträge für Ihre Galerie fest. Die Einträge erscheinen je nach Stilvorlage teils sowohl über dem Miniaturkatalog als auch über jedem Einzelbild.

» Unter NAME DER SITE tippen Sie eine Überschrift Ihrer Wahl ein. Dieser Texteintrag erscheint auch in der Titelzeile des Internetbrowsers.

» Bei Bedarf machen Sie Eingaben in den Zeilen FOTOGRAF und KONTAKTINFORMATIONEN, wo Sie einen Betreff vermerken können. Natürlich können Sie diese Zeilen auch leer lassen.

» Als DATUM bietet Photoshop zunächst den aktuellen Tag an. Auch hier gilt: Ändern Sie bei Bedarf das Datum oder tragen Sie einen ganz anderen Text ein. Alternativ lassen Sie die Zeile leer. Achtung: Bei jedem neuen Aufruf des Dialogs vermerkt Photoshop hier wieder das aktuelle Datum.

» Sofern Sie oben im **Web-Fotogalerie**-Dialog eine E-MAIL-Adresse nennen, zeigt Ihre Webseite auch die E-Mail-Adresse zum raschen Feedback.

Tipp
Auch wenn Sie gar keine KONTAKTINFORMATIONEN oder E-MAIL-Adresse angeben oder wenn Sie die DATUM-Zeile leer lassen – im Überschriftenbereich für die Miniaturenseite verbleiben auf jeden Fall leere Zeilen für diese Angaben. Sie sparen also keinen Platz durch Freilassen dieser Zeilen. Löschen Sie die Platzhalter (»Tokens«) für unbenötigte Angaben aus den HTML-Vorlagen heraus (Seite 676).

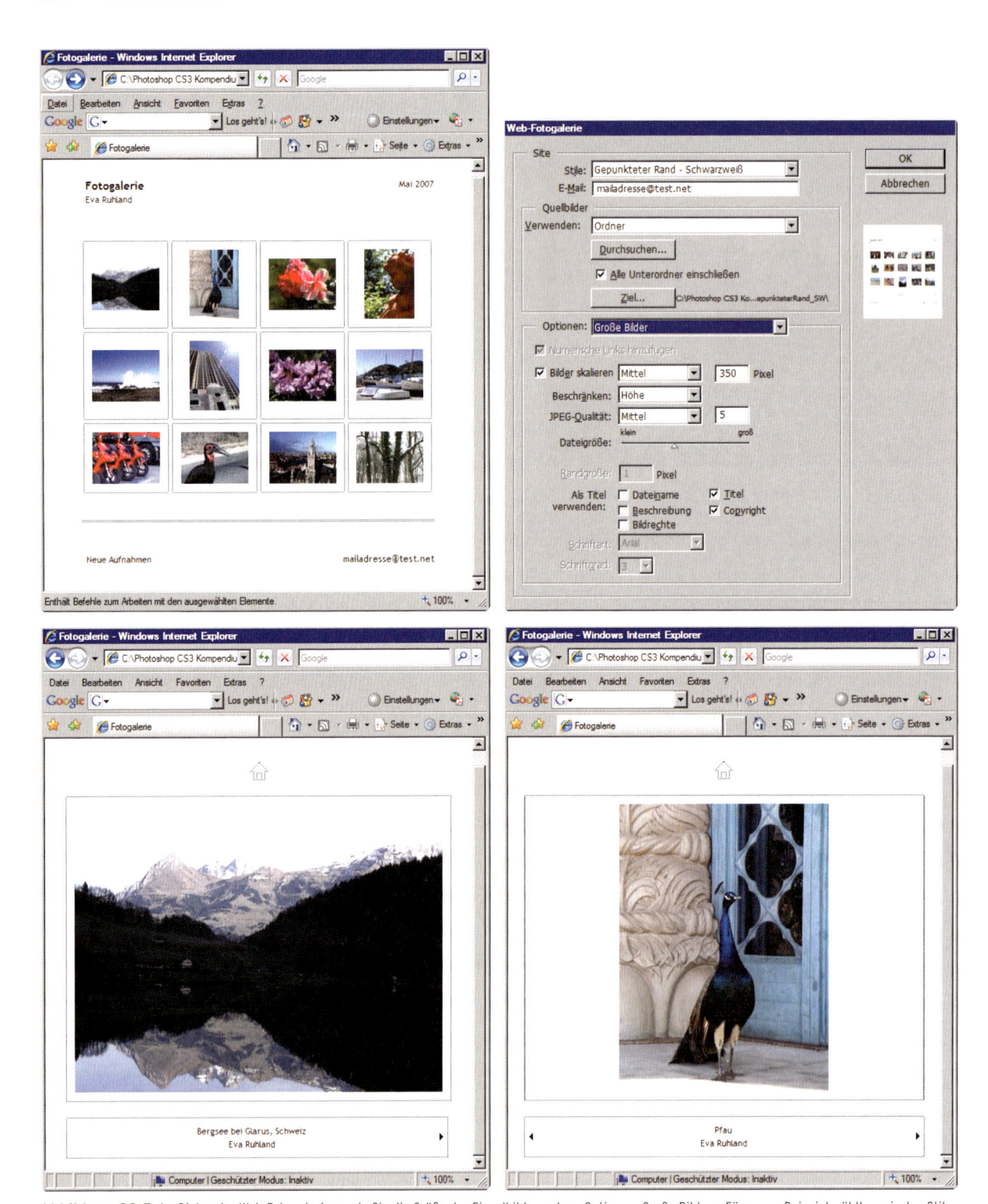

Abbildung 23.5 Im Dialog der Web-Fotogalerie regeln Sie die Größe der Einzelbilder unter »Optionen: Große Bilder«. Für unser Beispiel wählten wir den Stil »Gepunkteter Rand – Schwarzweiß«. Da unsere Galerie Hoch- und Querformate enthält, beschränkten wir die »Höhe« auf 350 Pixel und erhielten so eine einheitliche Darstellung. Verzeichnis: Praxis/Web-Fotogalerie/GepunkteterRand_SW

Vorgaben für »Große Bilder«

Klickt ein Betrachter in Ihrer Internetgalerie auf eine Miniatur oder auf eine vorhandene Bildunterschrift, erscheint das zugehörige Einzelbild im Internetbrowser. Dabei tischt Photoshop teilweise auch noch einmal die Seitenüberschrift auf, die Sie im Bereich BANNER eingetippt haben.

Wie die Einzelbilder aussehen, das regeln Sie im Bereich GROSSE BILDER. Photoshop produziert generell auf Basis Ihrer Wünsche neue JPEG-Bilddateien, Ihre Vorlagen bleiben unverändert. Sie haben folgende Möglichkeiten:

Ohne »Bilder skalieren«

Deaktivieren Sie die Option BILDER SKALIEREN, dann erscheinen alle Ihre Einzelbilder mit der Originalbildpunktzahl auf der Internetseite. Die Bilder können natürlich viel zu groß sein, wenn sie zum Beispiel über eine Auflösung von 3000x2000 Bildpunkten verfügen, oder viel zu winzig, wenn die Größe nur 30x50 Pixel beträgt. In jedem Fall werden gleichwohl neue Einzelbilder erzeugt und zwar im internettauglichen JPEG-Dateiformat und im RGB-Farbmodus.

Mit welcher Qualität errechnet Photoshop die neuen JPEGs hier? Liefern Sie dem Programm JPEG-Dateien an, bleibt die vorhandene JPEG-Qualitätsstufe erhalten. Füttern Sie Photoshop mit TIFF-, Camera-Raw- oder anderen Dateiformaten, werden JPEGs der Qualitätsstufe 5 produziert – damit entsteht eine brauchbare Bildqualität mit nur leichten Fehlern, die Datei schnurrt auf ein Fünfzigstel des Arbeitsspeicherbedarfs zusammen. Ändern können Sie die entstehenden Qualitätsstufen nicht, wenn die Option BILDER SKALIEREN abgewählt ist. Abhilfe: Speichern Sie die Bilder schon vorab mit der gewünschten JPEG-Vorgabe.

»Bilder skalieren«

Schalten Sie BILDER SKALIEREN ein. Nun geben Sie vor, wie die Originalbildpunktzahl für den Internetauftritt heruntergerechnet werden soll; Photoshop bietet mit KLEIN, MITTEL und GROSS die Maße 250, 350 und 450 Pixel an - oder tragen Sie eine beliebige andere Zahl bis maximal 1600 Pixel ein. Wichtig sind hier die Vorgaben im Klappmenü BESCHRÄNKEN. Beim Kleinrechnen verwendet Photoshop die Interpolationsmethode aus den **Voreinstellungen**, am besten nehmen Sie BIKUBISCH SCHÄRFER (Seite 184).

Angenommen, Sie geben im Bereich BILDER SKALIEREN zunächst 350 Pixel vor. Dann wirken die Optionen wie folgt:

» BEIDE sorgt bei einer 350-Pixel-Vorgabe dafür, dass die jeweils längere Seite Ihres Bilds 350 Pixel misst. Ein Hochformat wird 350 Pixel hoch, in der Breite hat es weniger Bildpunkte. Ein Querformat wird 350 Pixel breit, zeigt jedoch weniger Bildpunkte in der Höhe. Kein Bild wird in irgendeine Richtung größer als 350 Pixel; Breite und Höhe der Ergebnisse schwanken jedoch, wenn Sie Hoch- und Querformate mischen.

» Die Option HÖHE bringt die Höhenkante des Bilds auf 350 Pixel: Hochformate werden 350 Pixel hoch und weniger breit. Querformate werden auch 350 Pixel hoch, jedoch mehr als 350 Pixel breit.

» Mit der Vorgabe BREITE bringen Sie alle Ergebnisse auf eine einheitliche Breite.

Außerdem geben Sie die JPEG-QUALITÄT vor. Meist nimmt man Werte zwischen 5 und 7; damit erhalten Sie sehr kleine Dateien bei brauchbarer Qualität. Die JPEG-Qualitätsstufe verändert nie die Bildschirmmaße Ihres Fotos (JPEG-Details ab Seite 173).

Tipp
Bei einigen Galeriestilen könnten Sie die fertigen Einzelbilder im Verzeichnis »Images« noch ändern – zum Beispiel mit Schatten, Rahmen oder Text versehen. Hier ist es auch nicht schädlich, wenn sich die Bildpunktmaße etwas ändern. Wichtig dabei: Dateiname, Dateityp und Verzeichnis müssen erhalten bleiben.

Bildtexte

Die Großbilder stattet Photoshop auf Wunsch mit zahlreichen Textinformationen aus – so etwa mit dem DATEINAMEN oder verschiedenen IPTC-Metadaten wie BESCHREIBUNG, TITEL und COPYRIGHT. Diese Angaben tragen Sie mit dem Befehl **Datei: Datei-Information** oder mit Bridge ein (Seite 132). Diese Bildunterschrift erscheint auch als gelb unterlegter Einblendtext, wenn der Betrachter den Mauszeiger über das entsprechende Bild hält.

Abbildung 23.6 Bildtexte können Sie auch abwählen, wodurch allerdings bei einigen Stilen fast leere Zeilen zurückbleiben, die lediglich mit Wörtern wie »Datei:« oder »Beschreibung:« anfangen. Unser Beispiel entstand mit dem Stil »Horizontal - Grau«. Verändern Sie bei Bedarf einfach die Galerievorlage.

Tabelle: Größen der Einzelbilder

Die folgende Tabelle zeigt Ihnen, wie groß die Einzelbilder abhängig von der Pixelzahl und der Qualitätsstufe werden. Für den Test verwendeten wir ein durchschnittliches Halbtonfoto. Wir rechnen das Bild mit bikubischer Interpolation auf die jeweilige Pixelzahl herunter, verwenden keinen weiteren Scharfzeichner und verzichten auf die JPEG-Optionen BASELINE OPTIMIERT sowie MEHRERE DURCHGÄNGE (Seite 173). Die hier verwendete JPEG-Qualitätsstufe 8 liefert zumeist exzellente Bildergebnisse ohne jeden sichtbaren Mangel; die Stufe 5 zeigt nur kleinere Mängel bei deutlicher Platzersparnis.

Pixelmaße	Größe im Arbeitsspeicher	Dateigröße bei JPEG-Qualität 5	Dateigröße bei JPEG-Qualität 8
450 x 293	387 Kbyte	29 Kbyte	55 Kbyte
350 x 228	234 Kbyte	18 Kbyte	27 Kbyte
250 x 163	120 Kbyte	10 Kbyte	15 Kbyte

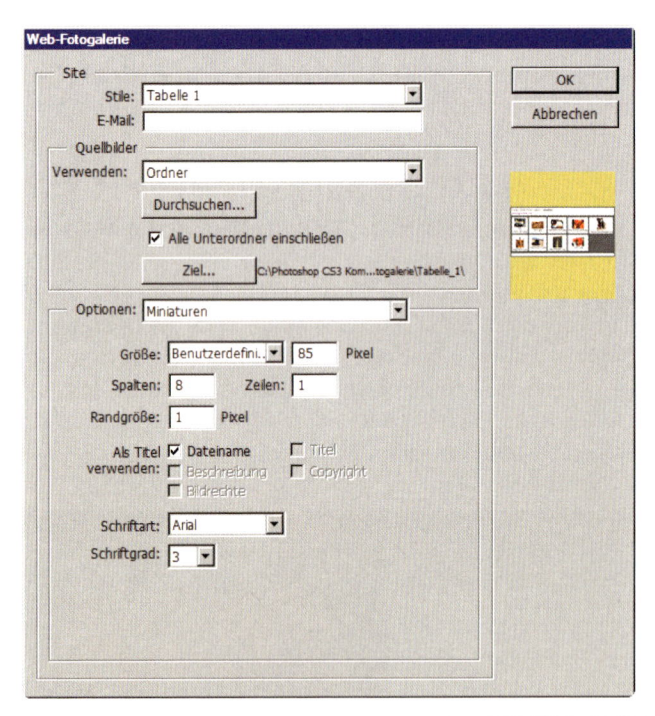

Darstellung der »Miniaturen«

Wählen Sie im Klappmenü OPTIONEN die MINIATUREN, um die Darstellung der Miniaturen zu regeln.

Größe

Sie können die Miniaturengröße aus dem standardisierten Fotogalerie-Angebot GROSS, MITTEL und KLEIN wählen oder Sie tippen – je nach Auswahl STILE – eine benutzerdefinierte Größe ein. Alle Standardpixelmaße beziehen sich bei Querformaten auf die Bildbreite und bei Hochformaten auf die Bildhöhe: Die Vorgabe GROSS zeigt eine GRÖSSE von 100 Pixel an, MITTEL eine GRÖSSE von 75 Pixel und KLEIN nur 50 Pixel.

Tipp

Nehmen Sie die Größe MITTEL oder sogar GROSS. Übliche Bildschirme stellen meist 1024 oder sogar 1280 Bildpunkte in der Breite dar, hochwertige Schirme kommen auf 1600 oder mehr Pixel Breite. Dort wirken Miniaturen der Kategorie KLEIN verloren.

Abbildung 23.7
Die Miniaturen im Diarahmen erstellten wir mit dem Stil »Tabelle 1« bei der benutzerdefinierten Größe von 85 Pixeln. Für die acht querformatigen, gerahmten Bildchen entsteht damit eine Zeilenlänge von 897 Pixeln Breite.
Verzeichnis: Praxis/Web-Fotogalerie/Tabelle_1

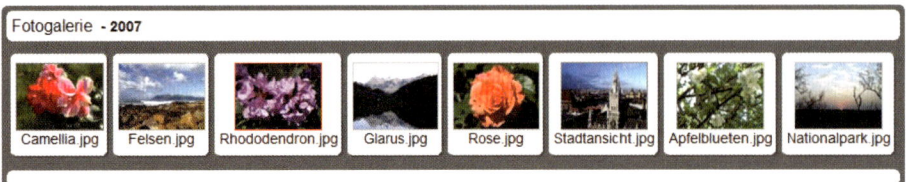

Darstellung der »Miniaturen«

Spalten und Zeilen

In den Feldern für SPALTEN und ZEILEN legen Sie bei einigen Stilen fest, wie breit und wie hoch die Tabelle werden soll. Photoshop verteilt lange Galerien in den Stilen EINFACH und TABELLE auf mehrere Seiten (und auf mehrere HTML-Dateien). Darum sind nicht unbedingt alle Miniaturen gleichzeitig im Zugriff. Der Betrachter klickt sich mit automatisch angelegten Schaltflächen zu den weiteren Seiten.

Ein Beispiel: Sie legen eine WEB-FOTOGALERIE mit vier Zeilen und vier Spalten an. Damit erzeugt Photoshop eine Miniaturentabelle für genau 16 Ansichten. Dies bedeutet:

» Wenn Sie mehr als 16 Bilder verarbeiten, setzt Photoshop die Galerie auf einer zweiten Seite fort. Dabei entsteht eine zweite Datei, zum Beispiel »index_2.htm«. Sie erhalten automatisch Schaltflächen auf jeder Katalogseite, mit denen Sie zu den anderen Seiten wechseln.

» Zeigen Sie weniger als 16 Bilder, bleiben Lücken in der Galerie.

Testen Sie die Wirkung der Galerie bei einer Bildschirmauflösung, die auch Ihre Betrachter verwenden, also vielleicht 1280x1024 Monitorbildpunkte. Wenn Sie die Tabelle zu breit anlegen – also mit einem hohen Wert für Spalten – fallen auf kleineren Monitoren oder verkleinerten Programmflächen links oder rechts Miniaturen aus der Ansicht heraus.

Tipp

Möchten Sie alle Miniaturen auf einer einzigen, langen Seite zeigen, die der Betrachter nach und nach über den Schirm laufen lässt? Dann geben Sie bei vertikaler Miniaturanordnung eine hohe Zahl für ZEILEN ein, doch nur eine SPALTE. Für eine horizontale Miniaturreihe kehren Sie das Verhältnis von ZEILEN und SPALTEN einfach um, d.h. eine einzige ZEILE, viele SPALTEN.

»Titel«

Sie können die Miniaturen bei manchen Stilen wahlweise mit einer Bildunterschrift garnieren. Bei den Stilen TABELLE 1, TABELLE 2 und bei den Versionen ZENTRIERTER FRAME bietet Photoshop den Dateinamen an. Unter der Miniatur erscheint wohlgemerkt der Name der für die Galerie umgewandelten JPEG-Datei samt Namenserweiterung. Vielleicht präsentieren Sie die Datei »Beispiel.psd«, doch in der Galerie erscheint die Bildunterschrift »Beispiel.jpg«. Nur bei den Stilen EINFACH und HORIZONTALE DIASHOW können Sie alle Optionen anwählen, also DATEINAME, BESCHREIBUNG, BILDRECHTE, TITEL und COPYRIGHT.

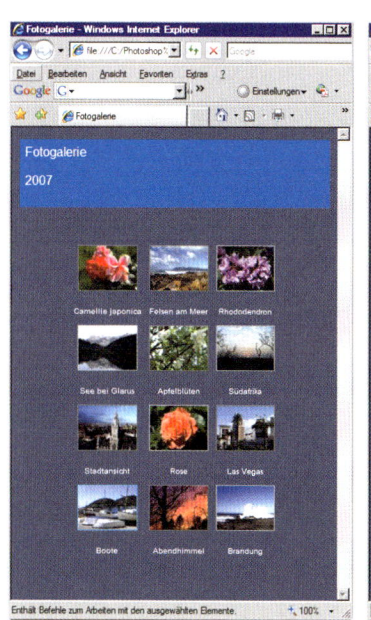

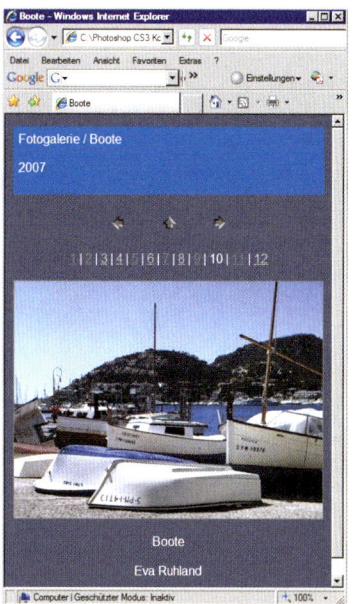

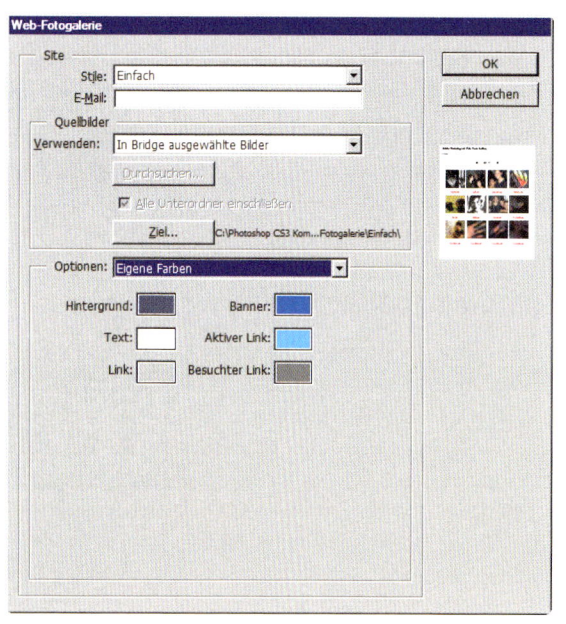

Abbildung 23.8 Der Stil »Einfach« bietet besonders viele Gestaltungsmöglichkeiten. Wir veränderten die Farben von »Hintergrund«, »Text«, »Banner« und »Aktiver Link«. Die Bildrahmen tragen die Farbe des Links bzw. des aktiven Links nach Anwahl. Unter den Miniaturen zeigen wir den Bildtitel bei »Schriftgrad 1«, unter den Einzelbildern Bildtitel und Copyright aus den IPTC-Daten. Verzeichnis: Praxis/Web-Fotogalerie/Einfach

»Eigene Farben« definieren

Im OPTIONEN-Klappmenü wählen Sie EIGENE FARBEN, um Farbtöne unter anderem für HINTERGRUND, TEXT, BANNER (den Überschriftenbereich) und verschiedene LINKS festzulegen. Die Auswahl steht aber nicht für alle Stile zur Verfügung. Klicken Sie auf ein Farbfeld, um den Farbwähler zu öffnen.

Tipp
Beachten Sie, dass bei geänderter HINTERGRUND-Farbe Schriften oder Schaltflächen eventuell nicht mehr zu erkennen sind; einige Bereiche der blauen Schaltflächen in den Flash-Galerien sind transparent, dort scheint die Hintergrundfarbe durch.

Steuern Sie bei einigen Stilen wie EINFACH oder den TABELLE-Varianten auch die Farben der Bildränder für Miniaturen und Einzelbilder. Diese Ränder werden nicht in die Bilddatei eingerechnet, sondern vom Internetbrowser um das Foto herumgelegt. Die Bildrandfarbe ändert sich passend zu den Aktivitäten des Betrachters:

» Ein noch nicht angeklicktes Bild zeigt Rahmen und Textunterschrift in der Farbe, die Sie für LINK wählen. Bei den Flash-Varianten erscheinen auch die Schaltflächen in der LINK-Farbe.

» Ein bereits angeklicktes Foto zeigt Rahmen und Text in den Farben für AKTIVER LINK (soeben angeklickt) oder BESUCHTER LINK.

Diese Vorgaben wirken natürlich nur, wenn Sie in den Bereichen MINIATUREN und GROSSE BILDER eine RANDGRÖSSE von 1 oder höher vorgeben. Sie können auch Farben aus anderen geöffneten Bilddateien aufgreifen.

Optionen zur »Sicherheit«

Im Bereich SCHUTZ legen Sie einen Schriftzug fest, den Photoshop in das Einzelbild Ihrer Galerie einsetzt – zum Beispiel EIGENEN TEXT, der dann in allen Bildern gleich ist, aber auch DATEINAME, COPYRIGHT oder BESCHREIBUNG aus den IPTC-Informationen (Seite 132). Für die gewählte Schriftgröße in Punkt spielen die ursprünglich gespeicherten Druckmaße des Bilds keine Rolle. Machen Sie einen Testlauf, bevor Sie eine größere Bildreihe endgültig mit dem SCHUTZ-Schriftzug verzieren.

Achtung
Längere SCHUTZ-Texte werden nicht in mehreren Zeilen umbrochen, sie reichen also oft über Bildränder hinaus.

Mehr Möglichkeiten haben Sie allerdings, wenn Sie zunächst Einzelbilder ohne SCHUTZ-Stempel anlegen und dann Schriftzug oder Logos im Nachhinein einsetzen – per Aktionenpalette lässt sich das leicht automatisieren (Seite 81). Arbeiten Sie zum Beispiel mit Füllmethoden, Ebeneneffekten und der Text-VERKRÜMMUNG (Seite 654); auf diese Art bringen Sie Schriftzüge ebenso raffiniert wie unauffällig ins Bild.

Randgröße und Schriftformat

Für die Miniaturen und Einzelbilder einiger Stile geben Sie eine RANDGRÖSSE an. Damit entscheiden Sie, ob die Fotos im Browser mit einer Konturlinie erscheinen sollen, und Sie nennen die Breite in Pixeln. Diesen Rand rechnet Photoshop nicht in die Bilddateien ein: Es handelt sich um eine HTML-Funktion, Photoshop schreibt den entsprechenden »border«-Befehl in den HTML-Code zu jeder Seite. Die Bilddatei selbst zeigt den Rand also nicht, er entsteht erst im Internetbrowser. Sie können die Rahmengröße auch noch innerhalb der HTML-Datei mit dem »border«-Eintrag korrigieren; border=»3« bedeutet eine Rahmenbreite von 3 Pixeln.

Für diesen Bildrahmen verwendet Photoshop die Farben aus dem Bereich EIGENE FARBEN (siehe oben). Der Rahmen von bereits angeklickten Miniaturen und Bildern erscheint also mit der Farbe für den besuchten Link.

Schriftformat

Per SCHRIFTGRAD legen Sie Schriftgrößen für GROSSE BILDER, MINIATUREN und BANNER fest – sofern der verwendete Stil Ihnen diese Freiheit gibt. Die Vorgabe »7« führt zu großer 36-Punkt-Schrift, »4« erzeugt 14-Punkt-Lettern, 9-Punkt-Buchstaben erhalten Sie mit dem Wert »1«. Sie können die Formatierung im HTML-Code ändern. Als SCHRIFTART stehen nur einige browserkompatible Systemschriftarten zur Verfügung, so etwa ARIAL oder TIMES NEW ROMAN.

Tipp
Der Betrachter kann die im Browser dargestellten Schriftgrößen teilweise noch mit einem Befehl wie **Ansicht: Schriftgrad** *verändern.*

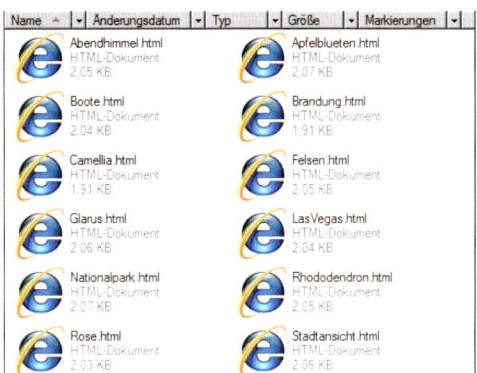

Abbildung 23.9
Links: Die Miniaturen, Einzelbilder und Seitendateien für Ihren Internetkatalog speichert Photoshop in separaten Verzeichnissen; hier die Ordner und Dateien für den Stil »Einfach«. **Rechts:** Das Verzeichnis »Pages« enthält die HTM-Dateien mit dem Aufbau der Einzelbildseiten.

So speichert Photoshop die Fotogalerie

Sobald Sie auf OK klicken, erzeugt Photoshop die erforderlichen Dateien mit neuen Unterverzeichnissen. Die Originale bleiben völlig unverändert. Dabei entstehen die folgenden Verzeichnisse und Dateien. Außerdem steuern Sie mit einigen Vorgaben die Dateigröße und den Informationsgehalt.

Im Zielverzeichnis

Unmittelbar im Zielverzeichnis finden Sie die Dateien wie »Index.html«, »Index_2.htm« oder »Thumbnailframe.htm«. Diese Dateien im HTML-Format enthalten die Struktur der Internetseite – die Überschriften, das Layout, die Aufteilung der Miniaturen in einer Tabelle. Es beginnt mit »Index.html«, die weiteren »Index_n«-Dateien enthalten die anschließenden Seiten. Klicken Sie »Index.html« doppelt an oder ziehen Sie die Datei über einen Internetbrowser – dann erscheint der Web-Bildkatalog. Die Bilddaten selbst befinden sich wohlgemerkt nicht innerhalb dieser HTML-Dateien, da es sich um Verknüpfungen handelt.

Hinzu kommen je nach Stil weitere Dateien mit JavaScript-Code und XML-Textdateien, bei den FLASH-Stilen gehört noch eine SWF-Datei dazu. Außerdem erzeugt Photoshop die kleine Textdatei »UserSelections.txt«. Der Inhalt lautet zum Beispiel »75 1 450 8 0 0 36 0 100 0 0 0 0 0«; das sind in Kurzform Ihre Einstellungen für die Größe von Miniaturen und Einzelbildern und weitere Vorgaben. Sie müssen die Datei nicht auf Ihren Internetserver hochladen.

Tipp

Möchten Sie nachträglich in mehreren HTML-Dateien Code, Dateinamen oder Text ändern, etwa den Verweis auf »Index.htm«? Das kostenlose Windows-Programm »Suchen und Ersetzen für HTML« erledigt dies für mehrere HTML-Dateien auf einmal – zum Beispiel für sämtliche Einzelseiten einer Galerie. Sie finden es unter www.toolsandmore.de.

Unterverzeichnisse

Diese Unterverzeichnisse produziert die Web-Fotogalerie:

» Das neue Verzeichnis »thumbnails« enthält die Miniaturbilder für die Internetseite mit dem Katalog – in den meisten Fällen sind es JPEG-Dateien, sonst GIF-Dateien. Sie können diese Bilder bei Bedarf nachbearbeiten.

» Das neue Verzeichnis »pages« beherbergt die HTML-Dateien für die Einzelseiten, die jeweils ein Einzelbild präsentieren. Die HTML-Datei enthält Text, Formatierung und die Verweise auf die Einzelbilddateien. Das Einzelbild selbst befindet sich nicht innerhalb der HTML-Datei.

» Das neue Verzeichnis »images« speichert die nach Ihren Vorgaben neu errechneten Einzelbilder im JPEG-Format. Diese Bilder erscheinen im Browser-Fenster, sobald man im Bildkatalog auf eine Miniatur klickt. Auch diese Bilder lassen sich natürlich noch verändern.

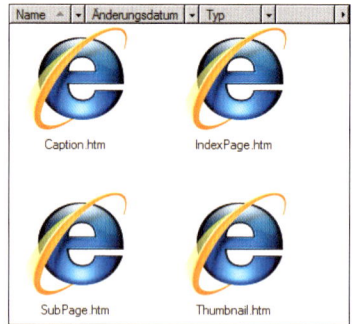

Abbildung 23.10
Links: Die Vorlagen für die »Stile« der Web-Fotogalerie finden Sie unter Windows im Verzeichnis »Vorgaben/Web-Fotogalerie« innerhalb Ihres Photoshop-Ordners. **Rechts:** Jedes Unterverzeichnis enthält separate Vorlagen für Überschriften, Miniaturenanordnung und Einzelbildseiten.

Eigene Stile definieren

Sie können eigene STILE definieren. Zu jedem Stil gehört ein gleichnamiges Unterverzeichnis im Photoshop-Programmverzeichnis »Vorgaben/Web-Fotogalerie«, beispielsweise »Vorgaben/Web-Fotogalerie/Tabelle 1«. Dieser Verzeichnisname erscheint als TABELLE 1 im STILE-Klappmenü des Dialogfelds WEB-FOTOGALERIE.

Dateien im Verzeichnis »Web-Fotogalerie«

In den Unterverzeichnissen des Ordners »Web-Fotogalerie« finden Sie für jeden einzelnen Stil wie EINFACH - MINIATURENTABELLE die folgenden Dateien:

» »IndexPage.htm« bestimmt das Aussehen der eigentlichen Katalogseite.

» »Thumbnail.htm« definiert das Miniaturenarrangement auf der Katalogseite.

» »Caption.htm« regelt das Layout der Bildunterschrift unter der Miniatur.

» »SubPage.htm« legt fest, wie die Seite mit dem Einzelbild aussieht.

» »FrameSet.htm« kann noch dazukommen: Die Datei beschreibt das Frame-Arrangement.

»Token« (Platzhalter)

Neben dem üblichen HTML-Code enthalten die Dateien sogenannte »Token«, die von Prozentzeichen eingerahmt werden – Platzhalter, die Photoshop durch Ihre konkreten Angaben für die aktuelle Webgalerie ersetzt. Ein Beispiel: Die Zeile

```
<BODY bgcolor=%BGCOLOR% text=%TEXT% link=%LINK% vlink=%VLINK%>
```

enthält Platzhalter für die gewählte Hintergrundfarbe, für den Bildtext und für den Link von der Miniatur zur größeren Einzeldatei.

Bedingungen

Bei der Arbeit an eigenen Webgalerie-Vorlagen gilt:

» Die genannten Dateien sind – bis auf »FrameSet.htm« – zwingend erforderlich und dürfen nicht umbenannt werden.

» Bei Bedarf lassen Sie »Caption.htm« komplett leer und definieren die Bildunterschrift innerhalb von »Thumbnail.htm«.

» Sie können einen Platzhalter durch eine konkrete Angabe ersetzen. Die Angaben im Dialogfeld WEB-FOTOGALERIE haben dann keine Wirkung mehr. Beispielsweise tragen Sie eine feste Hintergrundfarbe ein.

» Sie können zusätzlichen HTML-Code und zusätzliche »Token« verwenden. Eine Liste aller Token finden Sie in der Photoshop-Hilfe-Datei unter der Überschrift »Token für Web-Fotogaleriestile«. Beachten Sie auch die weiteren Hinweise dort.

Erste Schritte

So könnten Sie die Arbeit an eigenen Stilen beginnen:

1. Legen Sie ein neues Unterverzeichnis »Eigener Stil« innerhalb von Photoshops »Vorgaben/Web-Fotogalerie« an (der Name dieses Verzeichnisses erscheint später im »Stile«-Menü der **Web-Fotogalerie**).

2. Kopieren Sie die erforderlichen Dateien aus einem bereits vorhandenen mitgelieferten Verzeichnis wie »Horizontaler Frame« in das neue Verzeichnis.

3. Bearbeiten Sie die HTML-Dateien im neuen Verzeichnis »Mein Stil« mit einem HTML- oder bloßem Texteditor, um eigene Galerievorlagen zu entwerfen.

4. Starten Sie den Befehl **Datei: Automatisieren: Web-Fotogalerie** und wählen Sie im Klappmenü STILE die Vorgabe EIGENER STIL.

Eigene Stile definieren

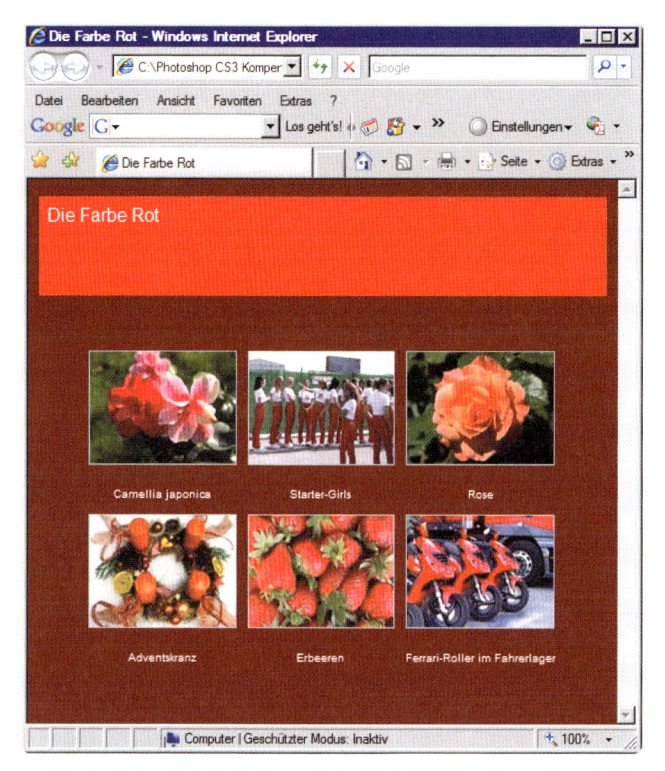

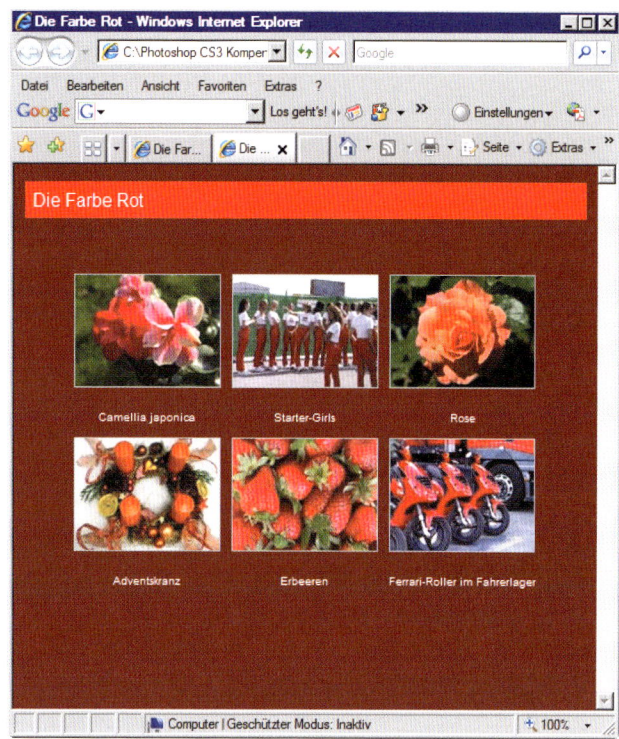

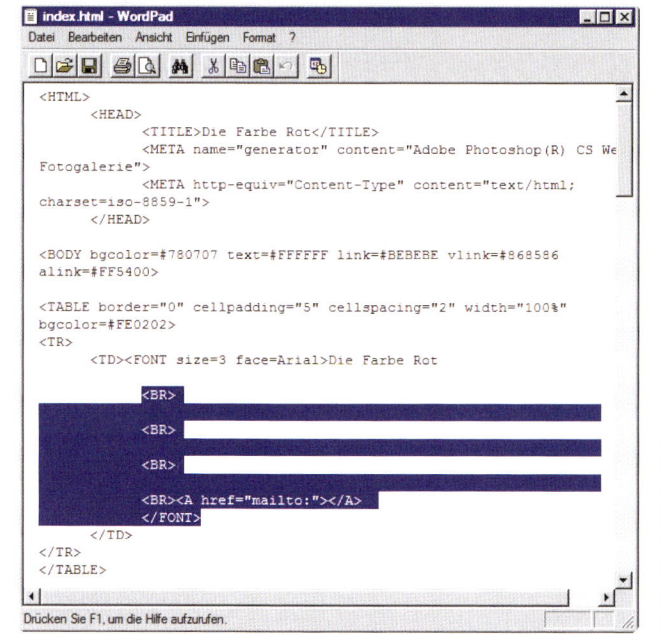

Abbildung 23.11
Links oben: Diese Galerie entstand mit der Vorgabe »Einfach«. Wir haben die »Banner«-Felder für Fotograf, Datum etc. freigelassen – dennoch erscheinen leere, überflüssige Zeilen im Überschriftenbereich. **Links unten:** In der Vorlage »Indexpage.htm« für die Galerieseite markieren und löschen wir die »Token« für Fotografen- und weitere Zeilen. **Rechts oben:** Die Galerienüberschrift zeigt nun nur noch den Eintrag für das Feld »Name der Site«, für den in der Vorlage das Token »Title« steht.
Verzeichnis: Praxis/Web-Fotogalerie/Einfach_Rot

Denkbare Änderungen an den Vorlagen

Zahlreiche Änderungen sind denkbar:

» Sorgen Sie zum Beispiel dafür, dass die lästige Datumszeile verschwindet – löschen Sie `<BR>%DATE%` aus der Vorlagedatei »Indexpage.htm«.

» Verbannen Sie ein für allemal weitere Elemente aus dem Überschriftenbereich der Galerieseite, etwa FOTOGRAF oder KONTAKTINFORMATIONEN. Dazu löschen Sie Zeilen wie `<BR>%PHOTOGRAPHER%` oder `<BR>%CONTACTINFO%`.

» Wenn Sie auch den Überschriftenbereich der Seiten mit den Großbildern straffen wollen, entfernen Sie die genannten Token ebenso aus der Datei »SubPage.htm«.

» Fixieren Sie die Farben für den Überschriftenbereich (BANNER), Texte und Tabellen, so dass Sie individuelle Farben nicht immer im Dialogfeld einstellen müssen. Tauschen Sie die Platzhalter wie `%BANNERCOLOR%` gegen feste Farbangaben wie `FFFFFF` aus.

» Kürzen Sie die Bildtexte bei den Einzelbildern, indem Zeilen wie die »Beschreibung« verschwinden. Dazu löschen Sie die Zeile mit `%FILEINFO%` aus der Vorlagendatei »SubPage.htm«.

Tipp
Löschen Sie bei Korrekturen im Überschriftenbereich eventuell auch Leerzeilen und Zeilenumbrüche, die Sie an dem Tag `<BR>` erkennen.

Besonderheiten bei Flash-Galerien

Die FLASH-Galerien stellen unter den Stilen der Web-Fotogalerie eine eigene Kategorie mit so manchen Besonderheiten dar. Flash-Galerien verfügen über ein Java-Script, das Sie zum Betrachten im Browser, je nach Sicherheitseinstellungen, eventuell erst aktivieren müssen. Die Maßgaben für die Galerie sind in einer Shockwave-Flash-Datei (SWF) festgelegt, die Photoshop automatisch erzeugt. Installieren Sie zum Betrachten den kostenlosen Flash-Player von der Adobe-Website.

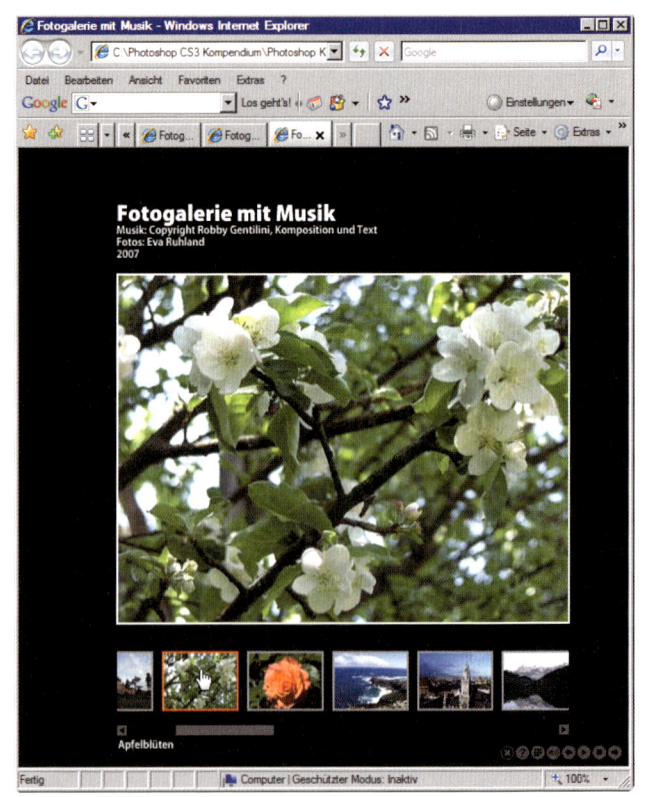

Abbildung 23.12 Links: Die Miniaturen beim Stil »Flash – Galerie 1« vergrößern sich bei Mauskontakt. IPTC-Texte erscheinen ebenfalls bei Mauskontakt über dem Einzelbild nach Wahl vorübergehend oder dauerhaft über dem Foto. Die Schaltflächen wurden hier in der Datei »galleryconfig.xml« auf 140 Prozent vergrößert und ein fetter schwarzer Rahmen um das Foto von 16 auf 4 Pixel verkleinert. **Rechts:** Die Farben für Hintergrund, Bildzone, Links und Schaltflächen wurden beim Stil »Flash – Galerie 2« gezielt im Bereich »Eigene Farben« eingerichtet. Verzeichnisse: Praxis/Web-Fotogalerie/Flash_Galerie1, Flash_Galerie2

Besonderheiten: Im Stil FLASH – GALERIE 1 vergrößern sich die Miniaturen der Katalogseite bei Maus-Rollover im Browser, ähnlich der Benutzeroberfläche des Apple-Docks. Der Stil FLASH – GALERIE 2 bietet eine Scrollleiste für die Miniaturen. Unterlegen Sie Musik im MP3-Format mit ein paar recht einfachen Kniffen; sie wird in Endlosschleife abgespielt. Natürlich können Sie auch bei diesen Stilen die Ergebnisse auf Wunsch noch verfeinern, indem sie HTML-Dateien verändern und damit eigene Stile schaffen.

Klangdateien (MP3)
Damit Ihre Fotogalerie mit Musik untermalt wird, kopieren Sie eine MP3-Datei in den Ordner mit dem Galeriestil, also zum Beispiel in den Photoshop-Ordner »Vorgaben/Flash – Galerie 1«; dort benennen Sie die Musik in »useraudio.mp3« um. Sobald Sie die Index.html aufrufen, erklingt die Musik.

Tipp
Konvertieren Sie diverse Audioformate wie WAV, AIF oder Sounddateien von CD in das MP3-Format mit einem Freeware-Programm wie »Switch Audio File Conversion Software« von www.nch.com.au/switch.

Flash-Galerie betrachten
Beim Aufruf der Seite sieht der Betrachter zunächst nur das erste Motiv, der Bildwechsel startet nicht automatisch, die Musik läuft aber bereits. Per Rechtsklick kann man zoomen oder Qualitätsstufen wechseln. So nutzen Sie die Schaltflächen der Galerie:

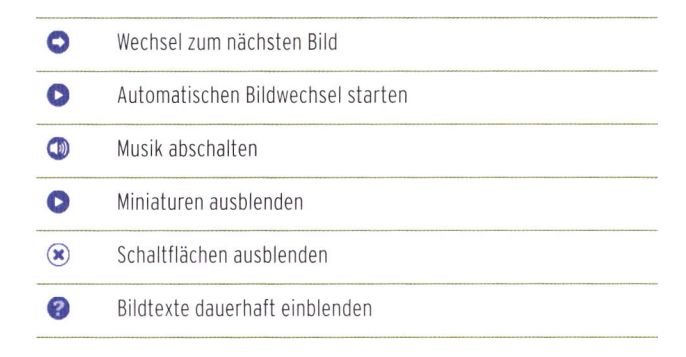

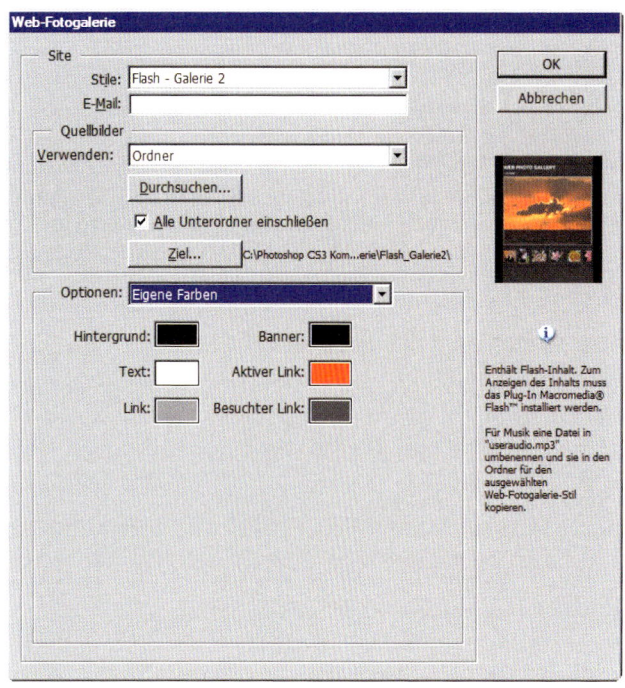

- Wechsel zum nächsten Bild
- Automatischen Bildwechsel starten
- Musik abschalten
- Miniaturen ausblenden
- Schaltflächen ausblenden
- Bildtexte dauerhaft einblenden

Abbildung 23.13 Der Stil FLASH – GALERIE 2 zeigt nicht auf Anhieb die Farben aus der Vorschau im Dialogfeld. Um das Hintergrundschwarz im Browser-Fenster zu erhalten, klicken Sie im Bereich EIGENE FARBEN auf das HINTERGRUND-Farbfeld; die graue Fläche rund um die Bilderzone entsteht mit dem BANNER-Farbfeld. Nun brauchen Sie eine helle Farbe für die Schaltflächen, damit sie noch auffallen; dazu klicken Sie auf das LINK-Farbfeld. Hier verändern Sie zugleich die Farbe der Schaltflächen.

Einstellungen in XML-Dateien
Im Verzeichnis der fertigen FLASH-Galerie finden Sie die Datei »galleryconfig.xml«, die Sie mit einem Textprogramm bearbeiten können. Einige Möglichkeiten:

» Der Wert hinter `showTime` steht zunächst auf »4« Sekunden (auch wenn das Bild etwas länger zu sehen ist). Erhöhen Sie die Standzeit im Diaschau-Modus zum Beispiel auf »10« oder »20« Sekunden.

» Die großen Bilder haben einen breiten Rand. Die Breite steuern Sie mit dem Wert `bordersize`, er steht zunächst auf 16 Pixel.

» Die mikroskopisch kleinen Schaltflächen für Bildtransport oder Textinformationen unten rechts lassen sich verlustfrei vergrößern. Erhöhen Sie den Wert hinter `controlscale` von 100 zum Beispiel auf 160 oder 200.

» Weitere Änderungen erlaubt die Datei »photos.xml«. Korrigieren Sie zum Beispiel Überschrift oder Einblendtexte.

```
<!-- IMAGE DISPLAY -->
<!-- width and height (in pixels) of border around main image -->
<var symboltype="number" name="bordersize" value="16" />

<var symboltype="number" name="showTime" value="4" />
<!--controller Scale (in percentage)-->
<var symboltype="number" name="controlScale" value="100" />
```

Abbildung 23.14 In der Datei »galleryconfig.xml« ändern Sie Bilddarstellung, Miniaturen, Kontrollleiste und Musik. **Oben:** Reduzieren Sie den dicken Bildrahmen beim Stil »Flash - Galerie 1«. **Unten:** Ändern Sie die Standzeit der Bilder mit dem Wert für »showTime« und die Größe der Schaltflächen per »controlScale«.

Änderungen an HTML-Code und Bilddateien

Im Folgenden besprechen wir denkbare Anpassungen am HTML-Code und an den Galeriebilddateien, die das Aussehen Ihrer Webgalerie beeinflussen. Dabei haben Sie zwei Möglichkeiten:

» Sie ändern eine STIL-Vorlage und korrigieren dort die »Token« (siehe oben) oder Sie tragen einen festen HTML-Code ein.

» Sie ändern eine fertige Einzelgalerie und zwar bei HTML-Code oder bei Bilddateien.

Änderungen an den Miniaturen

Sie können die Bildminiaturen für die Katalogseiten – zu finden im Verzeichnis »thumbnails« – nachträglich bearbeiten. Mögliche Korrekturen: Sie ändern die Bildgröße, bringen einen weichen Rand oder einen 3D-Rand an oder Sie legen einen Schatten unter die Miniatur. Wichtig: Dateiname, Verzeichnis und das Dateiformat müssen erhalten bleiben. Wenn Sie eine Miniatur vergrößern, verändert sich eventuell der Spalten- oder Zeilenabstand an dieser Stelle; die Bild-Text-Tabelle wirkt nicht mehr gleichmäßig, zu Überlappungen kommt es meist nicht.

Gehen Miniaturen weich oder nicht rechteckig in den Seitenhintergrund über, sollten Sie bei der Bildbearbeitung die geplante Seitenfarbe oder das Hintergrundmuster mit in die Miniatur einbauen.

Tipp

Hätten Sie gerne eine Gif-Animation als Miniatur? Speichern Sie die GIF-Animation im Thumbnail-Ordner Ihrer Fotogalerie. Öffnen Sie im Text- oder HTML-Editor die zugehörige Datei »index.html« und ändern Sie Dateinamen und -endung in der Zeile »src="thumbnails/Klippen.gif"src= "thumbnails/Dateiname.jpg"«: Tragen Sie den Dateinamen Ihrer Animation ein, z.B. »src="thumbnails/Animation.gif"«. Passen Sie gegebenenfalls Höhe und Breite der Miniatur an die Proportionen Ihrer Animation an.

Abbildung 23.15
Die Web-Fotogalerie speichert alle Miniaturen als JPEG-Dateien im Ordner »thumbnails«. Ändern Sie dort die Bildinhalte nach Belieben. Bei frei geformten Umrissen flechten Sie Hintergrundfarbe oder -bild in die neue Miniatur mit ein.

Änderungen an HTML-Code und Bilddateien

```
<A name=3 href="pages/Rose.html"><IMG src="thumbnails/Rose.jpg" height="240" width="233" border=0 alt="Rose"></A>
```

Abbildung 23.16 Eine GIF-Animation anstelle der üblichen JPG-Miniatur zeigt der Browser, wenn Sie in der Datei »index.html« den Namen und die Dateiendung des betreffenden Thumbnail mit der Bezeichnung Ihrer Animation ersetzen; beispielsweise schreiben Sie statt »Rose.jpg« dann »Animaton.gif«. Wie Sie Gif-Animationen erstellen, erfahren Sie ab Seite 691.

Hintergrundmuster und Hintergrundfarbe

Hintergrundmuster oder Hintergrundfarbe von Galerien, Einzelbildseiten oder einzelnen Bereichen dieser Seiten lassen sich leicht anpassen. Am einfachsten korrigieren Sie das Hintergrundmuster in Programmen zur Internetgestaltung. Notfalls reicht aber ein Textprogramm. Wenn Sie ein Hintergrundmuster einsetzen, wird der Abschnitt zur Hintergrundfarbe im HTML-Code überflüssig. Es geht um diese Zeilen im HTML-Code:

» `bgcolor="#CCCCFF"` bestimmt beispielsweise eine hellblaue Hintergrundfarbe.

» `background="MUSTERDATEI.jpg"` benennt ein Hintergrundmuster.

Tauschen Sie die beiden sogenannten Tags einfach nach Bedarf aus. Kopieren Sie das Hintergrundmotiv (in unserem Beispiel »Musterdatei.jpg«) ins selbe Verzeichnis wie die Datei »index.htm«.

Tipp
Fehlt Ihnen der Code für die gewünschte Hintergrund- oder auch Textfarbe? Öffnen Sie zum Beispiel den Farbwähler, aktivieren Sie eventuell die Option NUR WEB-FARBEN, stellen Sie den gewünschten Farbton her und kopieren Sie den Code aus dem Datenfeld unten rechts. Oder verwenden Sie per »Fenster« die »Farbfelder«, öffnen Sie per Menü eine Webpalette, wählen Sie nach Rechtsklick auf einen Farbton FARBTON UMBENENNEN und kopieren Sie den Tonwert.

Geänderte Einblenderklärungen

Hält man im Internet Explorer 7 den Mauszeiger über ein Miniaturbild, erscheint der Dateiname (ohne Dateiendung) als gelb unterlegter Einblendtext; Firefox 2.0 zeigte die Meldung bei Standardeinstellungen nicht. Dieser Text erscheint auch statt des Bilds, wenn die Bilddatei selbst nicht geladen werden kann. Sie können den Text für die Einblenderklärung frei ändern. Laden Sie dazu die Seite »Index.htm« oder »Thumbnailframe.htm« in ein Textprogramm. Spüren Sie den Bereich mit den Bilddateinamen auf. Der Einblendtext steht jeweils in Anführungszeichen hinter dem Hinweis »alt=«. Dort tippen Sie den neuen Text ein und speichern wieder. Achten Sie darauf, nur den Einblendtext und keinen Link zur Bilddatei zu löschen.

Tabelle formatieren

Die Tabellenstruktur innerhalb der Galerien können Sie ebenfalls frei bearbeiten. Der HTML-Code zeigt im Bereich `<TR>` (table row) Angaben zur gesamten Tabelle, der Bereich `<TD>` (table data) definiert eine einzelne Tabellenzelle. Detailangaben haben Vorrang vor allgemeineren Festlegungen. Unter anderem haben Sie diese Möglichkeiten:

» `width=100` ohne Prozentangabe erzwingt eine Spaltenbreite von 100 Pixel, mit `width=100%` Prozentwert definieren Sie eine Größe relativ zu den Maßen des Programmfensters.

» `border` sorgt für einen Tabellenrand; ohne diesen Hinweis erscheint keine Tabelle; `border=3` erzeugt einen 3 Pixel starken Rand.

Abbildung 23.17 Die Miniaturenreihe entstand mit dem Stil »Horizontal - Neutral«. Für die Miniatur links zeigt der Browser wie üblich den Dateinamen ohne Endung als Einblendmeldung. Rechts haben wir in der fertigen Datei »Index.html« den Einblendtext geändert. Verzeichnis: Praxis/Web-Fotogalerie/Horizontal-Neutral_bearbeitet

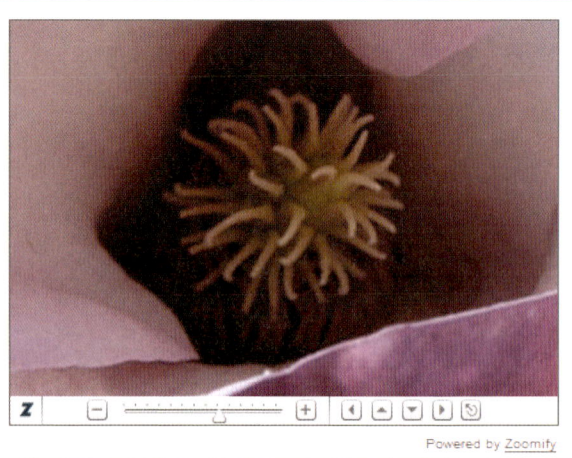

Abbildung 23.18 **Links:** Ein hochauflösendes Digitalfoto mit 10 Megapixel Auflösung dient als Vorlage. **Rechts:** Mit der Funktion »Zoomify« navigieren Internetbetrachter ohne Verlust an Bildqualität bis in die Details Ihrer Bilder. Im Ordner »Praxis/Zoomify« der Buch-DVD befinden sich die Dateien Magnolie.tif, Magnolie.html sowie der Ordner Magnolie_img.

» `cellspacing` kontrolliert die Breite der Ränder um die Zellen bzw. den Abstand zwischen den Zellen.

» `cellpadding` definiert den Abstand der Zelleninhalte zum Rand der Zelle.

23.2 Zoomify

Präsentieren Sie dem Betrachter rasch Ihre hochauflösenden Bilder im Internet. Dabei können die gewünschten Bildausschnitte vergrößert und verschoben werden, ohne die Qualität des Originalbilds zu verlieren. Die Basis der Webansicht besteht aus JPEG-Kacheln, einer HTML-Datei sowie einem winzigen Flash-Film. So bleiben auch die Bildinformationen eines Digitalfotos mit 10 Megapixel Auflösung erhalten, ohne den Browser mit Datenmengen zu überschwemmen.

In wenigen Arbeitsschritten erstellen Sie ein **Zoomify**-Bild:

1. Öffnen Sie ein hochauflösendes Digitalfoto in Photoshop.

2. Wählen Sie den Befehl **Datei: Exportieren: Zoomify**.

3. Im Fenster **Zoomify-Export** legen Sie folgende Exporteinstellungen fest: VORLAGE bestimmt die Farbe des Browser-Hintergrunds sowie die Navigation. Mit AUSGABEORT legen Sie den Pfad zum Speichern der Datei fest. HAUPTNAME betitelt die entstehende Dateienkombination. In den BILDANORDNUNGSOPTIONEN regeln Sie die Bildqualität der JPEG-Bildkacheln. Je höher die Qualitätsstufe ist, desto länger dauert der Bildaufbau im Browser-Fenster. Ähnliches gilt für die BROWSEROPTIONEN, wo Sie die Pixelmaße der Bilddarstellung für das Browser-Fenster des Betrachters einstellen. Bleiben Sie dabei besser bei einer browsergerechten Größe von ca. 400 Pixel und bedenken Sie bei den Eingaben für Bildbreite und -höhe die Proportionen Ihres Bilds, wenn es nicht abgeschnitten erscheinen soll. Aktivieren Sie die Option IN WEBBROWSER ÖFFNEN, erscheint Ihr Zoomify-Bild sogleich als Vorschau.

Abbildung 23.19 Ein Bild mit dem Seitenverhältnis 3:2 erscheint im Zoomify-Fenster abgeschnitten, wenn die Pixelmaße der »Browseroptionen« falsche Proportionen haben. Das Navigatorfenster links oben im Bild zeigt den aktuellen Bildausschnitt.

PDF-Präsentation

Abbildung 23.21 Per »Zoomify-Viewer mit Navigator« in der Browser-Darstellung orientieren Sie sich rasch und navigieren gezielt in komplexeren Bildern. Dateien im Ordner »Praxis/Zoomify« der Buch-DVD: »Fussballstadion.tif«, »Fussballstadion.html« sowie der Ordner »Fussballstadion _img«.

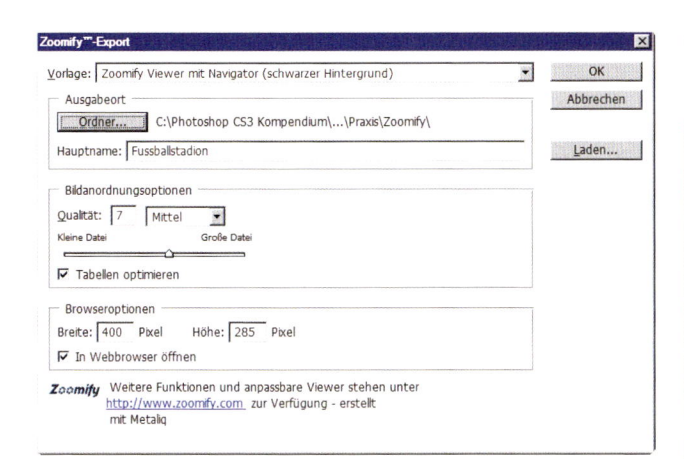

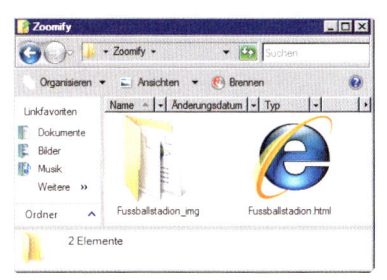

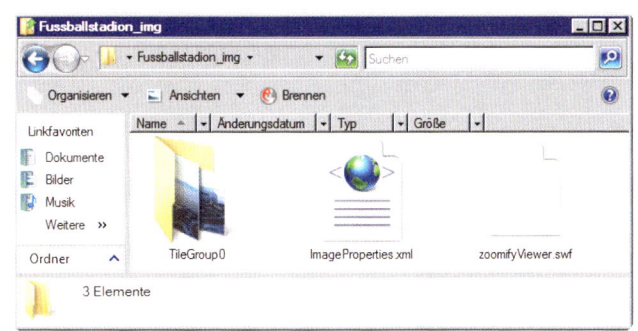

Abbildung 23.20 Oben: Im Fenster »Zoomify-Export« regeln Sie die Vorgaben Ihres Zoomify-Bilds und legen Sie den Hauptnamen Ihrer Dateien fest. **Mitte:** »Zoomify« erzeugt ein Paket aus IMG-Dateien sowie einer HTML-Datei. **Unten:** Im IMG-Ordner liegen eine XML-Datei, der Flash-Zoomify-Viewer und der Ordner mit JPEG-Kacheln. Für unser aktuelles Bild erzeugte »Zoomify« automatisch 241 Bildkacheln mit einer Gesamtgröße von nur 1,46 MB.

4. Laden Sie die HTML- und Bilddateien auf Ihren Webserver. Der Betrachter muss je nach Sicherheitseinstellungen für Scripts bzw. AktiveX-Steuerelemente eventuell GEBLOCKTE INHALTE ZULASSEN wählen. In der Navigationsleiste des Zoomify-Viewer befinden sich der Regler für die Vergrößerung sowie die Pfeiltasten nach links, oben, unten und rechts. Per Klick auf die Rückspultaste springt das Bild zurück in die Ausgangsansicht. Wenn im Zoomify-Fenster nur ein Ausschnitt des Bilds angezeigt wird, können Sie diesen auch mit gedrückter Maustaste verschieben. Sobald Sie die Taste loslassen, wird der Bildbereich scharf. Haben Sie im Fenster **Zoomify-Export** den ZOOMIFY-VIEWER MIT NAVIGATOR ausgewählt, erscheint bei aktiver Vergrößerungsstufe eine Miniatur des gesamten Bilds mit frei verschiebbarem Ausschnittrahmen.

23.3 PDF-Präsentation

Per **PDF-Präsentation** schreiben Sie eine Bildreihe in eine PDF-Datei. Dieses »Portable Document Format« lässt sich mit dem weit verbreiteten, kostenlosen Programm Adobe Reader oder Acrobat Reader vorführen – plattformübergreifend unter Windows, Mac OS, Unix und Linux sowie unter mobilen Betriebssystemen wie Palm OS oder Windows Mobile. In der VORSCHAU-Palette von Bridge blättern Sie durch die einzelnen Bilder der Präsentation oder animieren dort die Stapelminiaturen.

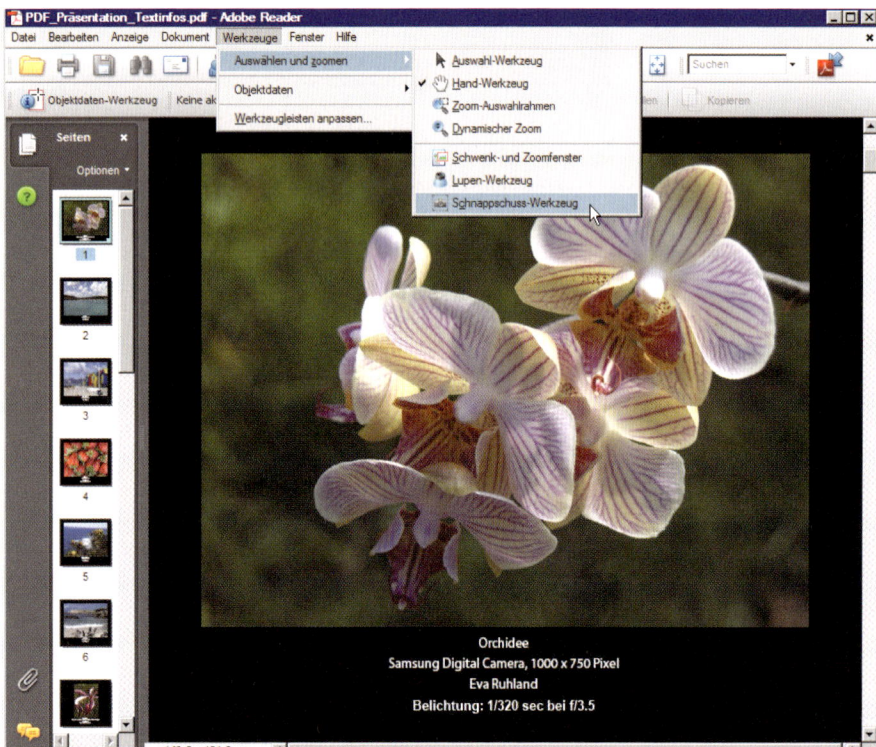

Abbildung 23.22
Oben: Die Miniaturansicht des Acrobat Reader ermöglicht die gezielte Anzeige des gewählten Bilds. Per Vollbildmodus oder Strg+L läuft die Präsentation gemäß den Vorgaben in Photoshop ab. **Unten:** Diese PDF-Präsentation zeigt im Reader Texte zu IPTC- und Exif-Informationen an. Entsprechend kleiner werden die Bilder dargestellt. Mit dem Schnappschusswerkzeug lassen sich Bilder oder Bildausschnitte kopieren und auch drucken.

Diese Möglichkeiten bietet die PDF-Präsentation:

» Jedes Einzelbild belegt eine Seite in der PDF-Datei.

» Die Reihenfolge der Bilder legen Sie vorab fest.

» Mögliche Untertitel zeigen je nach Auswahl IPTC-Texte (Seite 132) und knappe Exif-Daten, sofern die Informationen in der jeweiligen Bilddatei vorhanden sind.

» PDF-Varianten einer Präsentation sind für Monitordarstellung und Druck bei hochauflösenden Vorlagen rasch erstellt.

» Als Diaschau startet die PDF-Datei auf Wunsch sofort im Vollbildmodus mit automatischem Bildwechsel und Übergangseffekten und läuft bei Bedarf endlos durch. Alternativ erstellen Sie ein normales mehrseitiges Dokument.

» Im Programm Adobe Reader 8 kann der Betrachter die Präsentation abspielen und bei Bedarf einzelne Bilder kopieren, drucken oder als E-Mail versenden.

DVD
Im »Praxis«-Verzeichnis auf der Buch-DVD finden Sie die beiden Dateien »PDF-Praesentation_Vollbild.pdf« und »PDF-Praesentation_Textinfos.pdf«. Sie enthalten je 20 Bilder aus dem Verzeichnis »Praxis/20_Vorlagen« von der Buch-DVD; die Vorlagen sind 1000 bis 750 Pixel breit und wirken darum auf hoch auflösenden Monitoren leicht unscharf. Die Bildfolge entstand mit den Vorgaben PRÄSENTATION, WEITER ALLE 5 SEKUNDEN, SCHLEIFE NACH LETZTER SEITE und dem Übergang NACH UNTEN WISCHEN. Im Dialog ADOBE PDF SPEICHERN wählten wir die Option KEIN DOWNSAMPLING und bei KOMPRIMIERUNG JPEG die BILDQUALITÄT HOCH.

Einschränkungen
Viele interessante Funktionen von anderen Diaschauprogrammen fehlen bei der **PDF-Präsentation**:

» Die Gestaltungsmöglichkeiten von Hintergrund und Texteinblendungen sind sehr eingeschränkt.

» Sind Bildgröße und Auflösung aller Bilder nicht identisch, »springt« die Textgröße.

» IPTC- oder Exif-Texte, Standzeit und Übergangseffekte lassen sich nur für alle Bilder gemeinsam einrichten, nicht separat für einzelne Motive.

» Die Bilder werden vom Reader-Programm zunächst stets auf Vollschirmgröße gezoomt. Kleinere Dateien wirken deshalb auf großen Monitoren pixelig, sofern sie nicht auf einer größeren ARBEITSFLÄCHE angelegt sind.

» Eventuell im Bild vorhandene Informationen wie IPTC-Texte und Exif-Aufnahmedaten der Digitalkamera, Anmerkungen oder eingespeicherte Druckauflösung fehlen, wenn das Bild aus Acrobat Reader kopiert wird.

» Sie können im Reader 8 keine Tonspur hinzufügen.

Tipp
Eine PDF-Präsentation ist nicht immer die optimale Art der Vorführung. Starten Sie zum Beispiel eine schnelle **Präsentation** *direkt aus Bridge heraus* Strg+L, *verwenden Sie Photoshops* **Web-Fotogalerie** *auch für Präsentationen per CD oder legen Sie mit einem anderen Programm eine komplexe Schau mit animierten Schriftzügen und Musik an.*

Bilder organisieren und aufbereiten

Die ersten Vorbereitungen für Ihre PDF-Präsentation treffen Sie üblicherweise in Bridge. Dort sammeln Sie die nötigen Bilder in einem Ordner, lassen sich Details zu Dateieigenschaften anzeigen, überprüfen die vorhandenen Metadaten und ergänzen diese bei Bedarf. Sortieren Sie die Bilder zum Beispiel mit der Anordnung **Manuell** aus dem Untermenü **Ansicht: Sortieren**, um deren Reihenfolge in der Schau festzulegen. Einen Eindruck Ihrer späteren Präsentation verschaffen Sie sich mit der **Präsentation** Strg+L.

Wenn Sie nur »quick and dirty« eine Art PDF-Skizze zusammenstellen wollen, können Sie ohne Rücksicht Bilder verschiedener Größen, Auflösungen oder Dateiformate mischen und die Dateien mit dem Dialogfeld **PDF-Präsentation** komprimieren. Da der Reader jedoch alle Bilder auf Monitorgröße hochzoomt und kleine Dateien dadurch pixelig wirken, zahlt sich die Vorbereitung homogener Bilddateien aus. Sie können die Bilder in den PDF-Optionen (Seite 787) hoch- oder herunterrechnen, wenn Sie im Dialog ADOBE PDF SPEICHERN im Bereich KOMPRIMIERUNG eine NEUBERECHNUNG verwenden. Übersichtlicher wirkt es aber, wenn Sie die Bilder vorab auf die richtige Pixelzahl bringen.

Abbildung 23.23 Unterschiedliche Bildgrößen und -formate innerhalb einer Schau erzeugen Sprünge in Textgrößen und Bildrahmen. Der schwarze Hintergrund des Reader verstärkt die Uneinheitlichkeit.

Abbildung 23.24 In Photoshop ergänzen Sie die Bildinfos und setzen alle Bilder auf eine Arbeitsfläche mit gleichen Pixelmaßen. So bereiten Sie die Bilder für eine stimmige Präsentation mit Texten vor.

Abbildung 23.25 Das Ergebnis im Vollbildmodus des Reader zeigt gleiche Bild- und Textgrößen. Sowohl die in Photoshop erzeugten Bildrahmen wie auch der Reader-Hintergrund sind Weiß, damit ein einheitliches Gesamtbild entsteht.

Bilder organisieren und aufbereiten

Pixelzahl erhöhen

Was der Reader als reines Anzeigeprogramm beim künstlichen Aufblasen zur Darstellung kleiner Dateien verschlechtert, macht die bikubische Interpolation des Photoshop besser (Seite 181). Beispielsweise wirkt eine 640x480-Pixel-Datei verschwommen, wenn diese auf einem 1600x1200-Pixel-Monitor in Vollschirmgröße dargestellt wird. Aus diesem Grund sollten Sie entsprechend kleine Bilder vorab mit dem **Bildgröße**-Befehl von Photoshop hochrechnen.

Bilder herunterrechnen

Wenn Sie beabsichtigen, Ihr PDF per E-Mail zu versenden oder am Monitor bzw. per Videoprojektor zu präsentieren, blähen Sechs-Megapixel-Dateien mit ca. 3000x2000 Pixeln die PDF-Datei nur unnötig auf. Zudem möchten Sie unter Umständen vermeiden, dass der Empfänger die Bilddaten in dieser hohen Auflösung entnimmt (sofern Sie das EXTRAHIEREN nicht ohnehin per SICHERHEITS-Option unterbinden). Als Maßgabe dient die Darstellung auf einem üblichen Monitor mit etwa 1600x1200 Bildpunkten oder per Projektor mit 1024x768 Pixel. Rechnen Sie also eventuell große Ausgangsdateien herunter, zum Beispiel mit dem Befehl **Bild: Bildgröße** und der Interpolationsmethode BIKUBISCH SCHÄRFER oder mit dem Befehl **Datei: Skripten: Bildprozessor**.

Bildunterschriften mit Metadaten ergänzen

Die PDF-Präsentation zeigt Metadaten wahlweise als Texte an. Voraussetzung ist, dass Sie unter **Datei: Bildinformation** die gewünschten Einträge bei jedem Bild vornehmen. Als Faustregel gilt: je mehr Text, desto kleiner das Bild. Der größte Texteintrag bestimmt die Darstellung aller Bilder einer Präsentation. Also macht es Sinn, die Zeileneinträge zu Ihren Bildern auf gleichem Stand zu halten. Sollte Ihr Monitor dem Seitenverhältnis 16:9 entsprechen, während die klassischen Fotoformate bei 4:3 oder 3:2 liegen, können unschöne Rahmen rund um die PDF-Präsentation entstehen. Umgehen Sie dieses Problem, indem Sie im Reader dieselbe Hintergrundfarbe wählen, die auch Ihre Schau hat.

Tipp

Eine PDF-Präsentation, die Metadaten in Textform enthält, wirkt nur dann homogen, wenn alle Bilder einem strengen Schema entsprechen: Die Pixelzahl hoch mal quer sollte bei allen Bildern identisch sein. Ein gleiches Seitenverhältnis allein genügt nicht.

Obwohl Sie in der **PDF-Präsentation** die SCHRIFTGRÖSSE festlegen können, verhält sie sich auf jeder Seite des Reader im Präsentationsmodus proportional zur Bildgröße und verändert sich bei der geringsten Abweichung. Am besten entsprechen also alle Bilder z.B. den Maßen: BREITE = 1000 Pixel = 12,7 cm und HÖHE = 750 Pixel = 9,53 cm bei einer AUFLÖSUNG von 200 dpi – die absolute Pixelzahl allein genügt nicht. Die Lösung für einzubindende Hochformate und Bilder, die von einem etwa vorherrschenden Standard 3:4 abweichen: Rechnen Sie die Bilder nach Breite bzw. Höhe herunter und setzen Sie diese auf eine **Arbeitsfläche** mit den oben genannten Pixelmaßen. Wählen Sie als Hintergrundfarbe Schwarz, Weiß oder Grau (die verfügbaren Farben in der **PDF-Präsentation**). Auf einer Arbeitsfläche lassen sich überdies auch mehrere Bilder kombinieren.

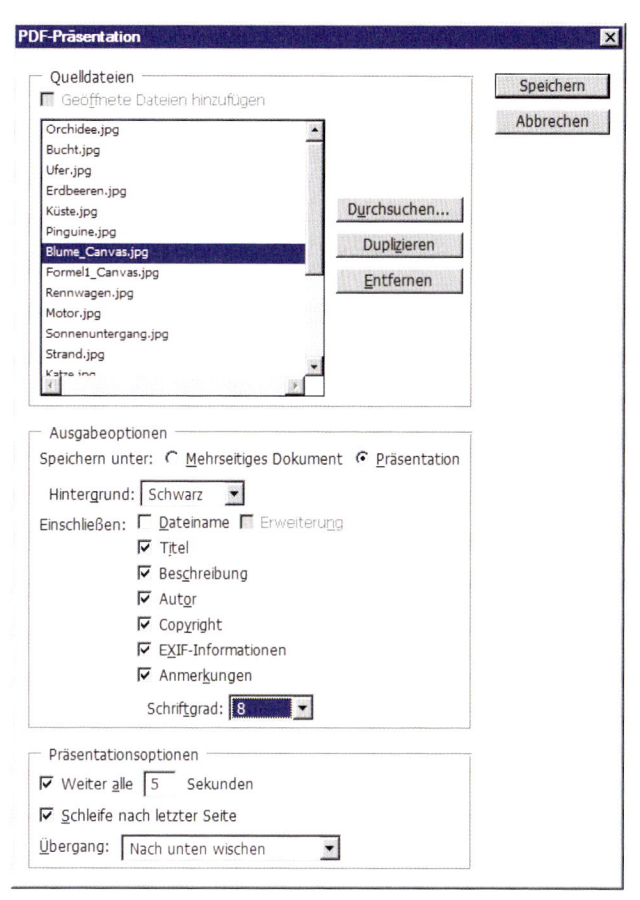

Abbildung 23.26 Ziehen Sie bei Bedarf die Bilder vertikal in die gewünschte Reihenfolge und binden Sie nach Wunsch Bildtitel und Beschreibungen in Ihre PDF-Präsentation ein.

Zusammenstellung und Reihenfolge

Sie können die Präsentation auf verschiedene Arten zusammenstellen:

» In Photoshop wählen Sie **Datei: Automatisieren: PDF-Präsentation**. Nach einem Klick auf den Durchsuchen-Schalter geben Sie einzelne Dateien - nicht nur ein Verzeichnis - für die Schau an. Alternativ oder zusätzlich klicken Sie auf Geöffnete Dateien hinzufügen. Ziehen Sie die Bilder vertikal in die gewünschte Reihenfolge. Überflüssige Exemplare klicken Sie einmal an, dann verschwinden sie nach einem Klick auf Entfernen. Benötigen Sie ein Bild doppelt, klicken Sie es einmal an und wählen Sie anschließend Duplizieren.

» Wenn Sie alle Vorbereitungen bereits in Bridge getroffen haben, markieren Sie die gewünschten Exponate und starten von dort direkt über **Werkzeuge: Photoshop: PDF-Präsentation**.

» Legen Sie in Photoshop Ebenenkompositionen an, also verschiedene Varianten einer Montage (Seite 519); anschließend wählen Sie **Datei: Skripten: Ebenenkomp. in PDF**. Dieser Dialog gestattet nur einen automatisierten Bildwechsel und die Möglichkeit der Schleife.

» Alternativ finden Sie in der Aktionspalette die Standardaktion **Speichern als Photoshop PDF**. Damit lassen sich die Ebenen einer Bilddatei rasch als PDF schreiben. Übergänge, Schleifen und Texteinblendungen sind hier allerdings nicht verfügbar, doch die Optionen zur Komprimierung, Sicherheit etc. entsprechen der **PDF-Präsentation**. Gestalten Sie das PDF.

Mit den Optionen in den Dialogfeldern PDF-Präsentation und Adobe PDF speichern gestalten Sie Ihre Präsentation individuell.

»Präsentation« oder »Mehrseitiges Dokument«

Photoshop erzeugt eine mehrseitige PDF-Datei - diese kann pro Seite nur ein formatfüllendes Bild enthalten oder auch Bilder mit Texten darstellen. Diese Datei lässt sich auf unterschiedliche Arten vorführen, die Sie im Dialogfeld PDF-Präsentation steuern - wahlweise startet Ihre Vorführung als Diaschau oder als übliche PDF-Datei zum Durchblättern.

» Mit der Präsentation öffnet sich nach Aufruf der Datei der Acrobat Reader und stellt den Betrachter vor die Wahl, die Diaschau im Vollbildmodus abzuspielen (Abbruch per [Esc]-Taste) oder einzelne Seiten mit je einem Bild in der üblichen Reader-Oberfläche zu betrachten - das entspricht dem Modus Mehrseitiges Dokument.

» Die Vorgabe Mehrseitiges Dokument produziert eine PDF-Datei, die man mit den üblichen Funktionen zum Blättern durchforstet. Sie sehen sofort nach dem Start die Menüs und Schaltflächen des Reader-Programms. Natürlich kann auch dieses Dokument mit [Strg]+[L] in Form von Einzelseiten im Vollbildmodus vorgeführt werden.

Tipp

*Sie verfeinern das Verhalten der PDF-Datei zum Beispiel mit dem Programm Acrobat von Photoshop-Hersteller Adobe. In Acrobat 7 und 8 Professional verwenden Sie den Befehl **Datei: Dokumenteigenschaften** mit dem Bereich Ansicht beim Öffnen. Dort gibt es unter anderem Optionen wie Seitenlayout und Vorgaben für die Vergrösserung.*

Metadaten umsetzen

Im Dialogfeld **PDF-Präsentation** markieren Sie per Mausklick die gewünschten Texteinträge zu Titel, Autor, Exif-Info usw. Sie gelten pauschal für alle Bilder im PDF und können für einzelne Bilder nur dadurch variiert werden, dass Sie bei Ihren Vorbereitungen bestimmte Bildinformationen ergänzen oder weglassen. Die gewählte Hintergrundfarbe bestimmt automatisch die Textfarbe, etwa Schwarz auf Weiß, Weiß auf Schwarz oder Weiß auf Grau. Alle Texte erscheinen mittig unterhalb des zugehörigen Bilds. Außer der Einstellung der Schriftgröße gibt es keine weiteren Gestaltungsmöglichkeiten, auch die Schriftart lässt sich nicht verändern.

Vorgaben für ein »mehrseitiges Dokument«

Genau wie die Präsentation, kann auch ein Mehrseitiges Dokument die verfügbaren Informationen in Textform enthalten, wenn sie in den Bilddateien enthalten sind. Animationseffekte wie Übergang und Schleife funktionieren in diesem Modus nicht. Die Speicher- und Komprimierungsoptionen entsprechen ebenfalls der Präsentation.

Vorgaben für eine »Präsentation«

Falls Sie die Präsentation verwenden, bietet das Dialogfeld weitere Möglichkeiten. Wechseln Sie die Exponate einer Präsentation im Reader-Programm wahlweise automatisch oder von Hand:

» Automatisieren Sie den Bildwechsel mit der Vorgabe WEITER ALLE X SEKUNDEN. Im gewählten Intervall präsentiert der Reader dann ein neues Motiv. Um schneller vorwärts zu springen, nutzen Sie die Pfeiltasten der Tastatur oder klicken ins Vollbild des Readers.

» Eine PRÄSENTATION ohne die WEITER-Option zeigt das erste Bild dauerhaft im Vollbildmodus auf dem Schirm. Der Betrachter gelangt mit Pfeiltasten, Leertaste oder Mausklick zum nächsten Motiv.

» Diese weiteren Möglichkeiten haben Sie:

» Mit der Vorgabe SCHLEIFE NACH LETZTER SEITE läuft die Schau endlos durch, ansonsten bleibt sie nach dem letzten Bild stehen.

» Wählen Sie bei Bedarf einen ÜBERGANG zwischen den Fotos, etwa HORIZONTALE JALOUSIE oder NACH LINKS WISCHEN; was allerdings auf sehr alten Rechnern ruckelig wirken kann. Per ZUFALLSÜBERGANG sehen Sie bei jedem Bildwechsel einen anderen Effekt. Alternativ spulen Sie den Bildreigen OHNE Übergänge ab.

PDF-Optionen zum Speichern

Klicken Sie im Dialogfeld **PDF-Präsentation** auf SPEICHERN, dann geben Sie einen Dateinamen an und landen im Dialogfeld ADOBE PDF SPEICHERN. Details dazu finden Sie auf Seite 787. Die wichtigsten Möglichkeiten im Überblick:

» In der ADOBE PDF-VORGABE legen Sie Bildschirm- oder Druckqualität Ihres Dokuments fest. Die gewählten Optionen zur KOMPRIMIERUNG variieren unter Umständen die PDF-VORGABE.

» Setzen Sie die KOMPATIBILITÄT auf ACROBAT 8, sofern Sie Metadaten als Texte integrieren, damit die Präsentation ordnungsgemäß angezeigt wird. Wenn Sie die Schau im Bereich ALLGEMEIN nicht browsergerecht FÜR SCHNELLE WEBANSICHT OPTIMIEREN, erhalten Sie beim Kopieren von Einzelbildern im Reader eventuell verfälschte Ergebnisse. Die Datei wird dann minimal größer. Klicken Sie auf PDF SPEICHERN UND ANZEIGEN, damit die Schau sofort nach dem Speichern im Adobe Reader aufgerufen wird.

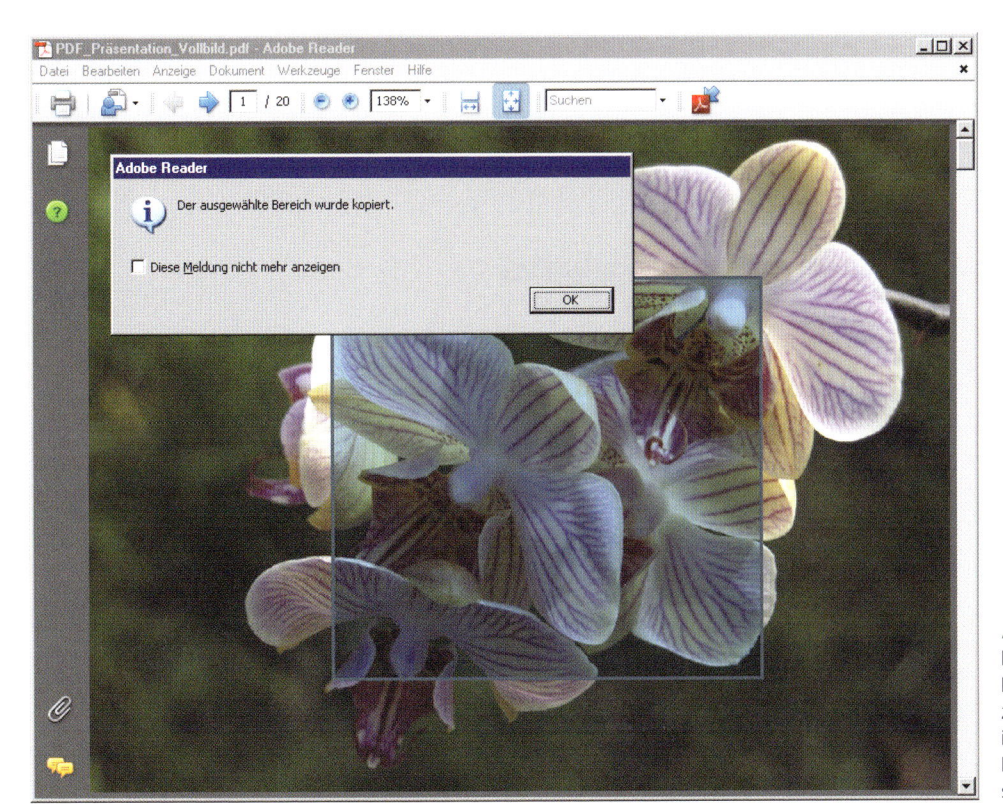

Abbildung 23.27
Im Programm Adobe Reader kopiert der Betrachter mit dem Schnappschusswerkzeug ein Bild oder einen Bildausschnitt in die Zwischenablage. Drucken im Reader oder Speichern in Photoshop steht zur Wahl.

» Im Bereich Komprimierung entscheiden Sie auf Kein Downsampling, um die Originalqualität der Bilder zu erhalten und die Umrechnung der Pixelzahl zu unterbinden. Ohne Komprimierung wird bei JPEGs die PDF-Datei wesentlich größer als die Summe ihrer Einzelbilder; wählen Sie daher beispielsweise JPEG mit Bildqualität Hoch an.

» Im Bereich Sicherheit können Sie ein Kennwort zum Öffnen des Dokuments im Adobe Reader vergeben. Für Drucken oder Kopieren lässt sich ebenfalls ein Kennwort verwenden; wechseln Sie eventuell oben im Standard-Menü zu Ohne, um Sicherheits-Optionen zu erhalten. Alle anderen Funktionen, die Sie per Kennwort gestatten, sind im Adobe Reader 8 nicht verfügbar, weil Sie selbst als Erzeuger des eigenen Photoshop-PDF nicht über eine Dokumentberechtigung verfügen.

Verwendung mit Adobe Reader 8

Wir haben die PDF-Präsentationen mit dem Reader 8 getestet. Folgendes lässt sich im Reader-Programm bewerkstelligen:

Die Schau steuern

Per Mausklick, Pfeiltaste oder Leertaste wechseln Sie zum nächsten Bild, sofern Sie nicht die automatische Weiterschaltung verwenden. Mit der ← oder → springen Sie ein Bild weiter. Die Esc-Taste bricht die Präsentation ab, Sie sehen die normale Reader-Oberfläche.

Die Reader-Oberfläche

Blenden Sie links im Reader mit dem Symbol die Seiten-Übersicht ein, pro Bild erhalten Sie eine Miniatur. In diesen Miniaturen finden Sie einen Rahmen zur Wahl des Bildausschnitts nach Art des Photoshop-Navigators. Mit gedrückter ⇧-Taste (am Mac ⌘) wählen Sie mehrere Dateien gleichzeitig aus. Mit den Optionen oben in der Seiten-Leiste können Sie die Miniaturen vergrößern oder gewählte Bilder drucken.

Mit verschiedenen Schaltflächen blättern Sie durch einzelne Seiten und wechseln die Zoomstufe. Das **Anzeige**-Menü bietet viele Darstellungsmöglichkeiten, die Motive lassen sich hier auch drehen. Im Menü **Werkzeuge: Auswählen und zoomen** finden Sie die wichtigsten Tools. Das Auswahlwerkzeug markiert nach Art des Photoshop-Auswahlrechtecks einzelne Bildzonen, die Sie mit Strg+C oder per Rechtsklick in die Zwischenablage kopieren. Noch bequemer geht es mit dem Schnappschusswerkzeug.

Im Menü **Bearbeiten: Grundeinstellungen** nehmen Sie individuelle Einstellungen vor, um Ihre Präsentation zu verfeinern. In der Kategorie Vollbild passen Sie Hintergrundfarbe oder Maus-Cursor an. Im Dialogfeld Warnen, wenn Dokument automatisch im Vollbildmodus geöffnet werden soll klicken Sie das Häkchen weg, damit Ihre Präsentation ab sofort bildschirmfüllend geöffnet wird. Andere Optionen wie Standardübergang oder Seitenanzeige funktionierten in unseren Tests nicht, da die PDF-Vorgaben für die Präsentation bereits in Photoshop definiert wurden.

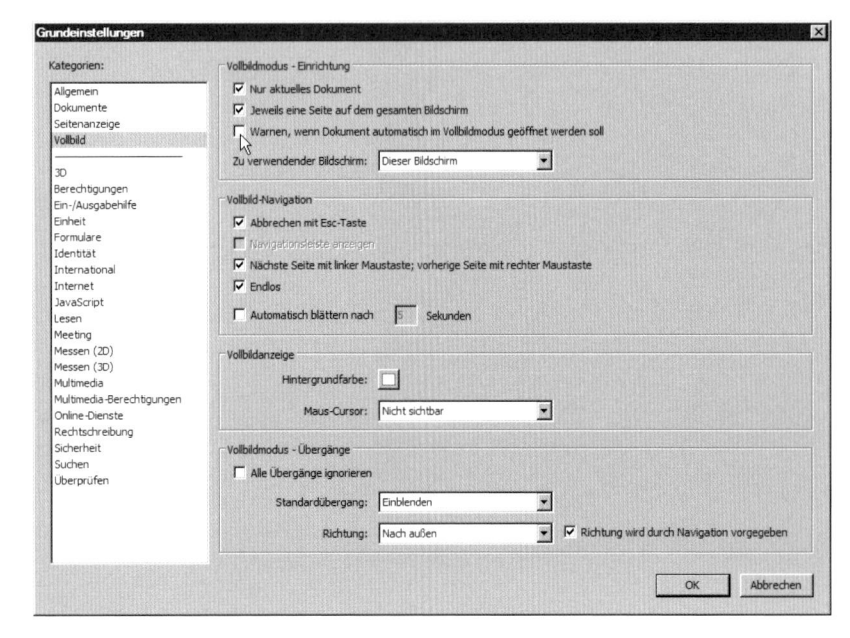

Abbildung 23.28
Die »Grundeinstellungen« des Reader geben Ihrer Präsentation den letzten Schliff. Vollbildmodus, Hintergrundfarbe, Navigation usw. bestimmen Sie in den Dialogfeldern.

Die Funktionen zur BILDVERARBEITUNG wie im Acrobat Reader 7 stehen in der Version 8 nicht mehr zur Verfügung. So lässt sich z.B. auch keine Datei als Diaschau mit Ton exportieren. Im Anzeige-Menü können Sie sich unter Werkzeugleisten zwar Weitere Werkzeuge anzeigen lassen, doch der Blick darauf mag frustrieren, da Ihnen die »aktivierten Dokumentberechtigungen« fehlen.

Achtung
Haben Sie schon überlegt, ob Adobes neuer PDF-Online Service noch mehr bieten könnte? Dem war bei Redaktionsschluss im Frühsommer 2007 nicht so: Man kann nur eine einzige, simple PDF-Seite aus einem anderen Format wie TIFF oder JPEG erzeugen, die einem dann mit »Congratulations!« zugemailt wird. PDF-Formate werden gar nicht erst bearbeitet, so dass Bildexport oder Musikuntermalung nicht möglich sind. Dieser Service kostete bei Redaktionsschluss happige 9,99 US-Dollar monatlich.

Bilder entnehmen und drucken

Sofern die Möglichkeiten zur Verwendung nicht durch die PDF-Sicherheitseinstellungen eingeschränkt wurden, lassen sich Bilder auf folgende Weise kopieren oder drucken:

» Wollen Sie aus einem PDF-Dokument Bilder exportieren bzw. kopieren, so bleibt nur der Weg über die Zwischenablage: Das Auswahlwerkzeug markiert nach Art des Photoshop-Auswahlrechtecks einzelne Bildzonen, die Sie mit Strg+C in die Zwischenablage kopieren. Noch bequemer geht es mit dem Schnappschusswerkzeug. In Photoshop wählen Sie dann **Datei: Neu** und fügen das Bild mit Originalpixelzahlen per Strg+C ein. Die ursprüngliche Druckauflösung des Bilds wird dabei nicht übernommen und vorhandene Metadaten gehen verloren. Diese bleiben jedoch erhalten, wenn Sie die Bildseite eines PDF im Photoshop öffnen (siehe Seite 790).

» Auf verschiedenen Wegen drucken Sie Bilder oder Bildausschnitte. Ziehen Sie mit dem Schnappschusswerkzeug einen Auswahlrahmen um den gewünschten Druckbereich oder markieren Sie die entsprechenden Miniaturen im Navigationsfenster und wählen Sie bei gedrückter rechter Maustaste DRUCKEN. Alternativ rufen Sie das Druckfenster mit Strg+P auf. Nach Eingabe der gewünschten Seiten im DRUCKBEREICH haben Sie die Wahl der SEITENANPASSUNG. Mit der Vorgabe MEHRERE SEITEN PRO BLATT drucken Sie katalogartig mehrere Bilder auf ein Blatt, der Reader bietet verschiedene Layouts an.

Den gewünschten Seitenbereich stellen Sie mit dem Regler ein. Der BROSCHÜRENDRUCK bereitet mögliche Vorder- und Rückseiten auf eine Bindung zur linken oder rechten Seite vor.

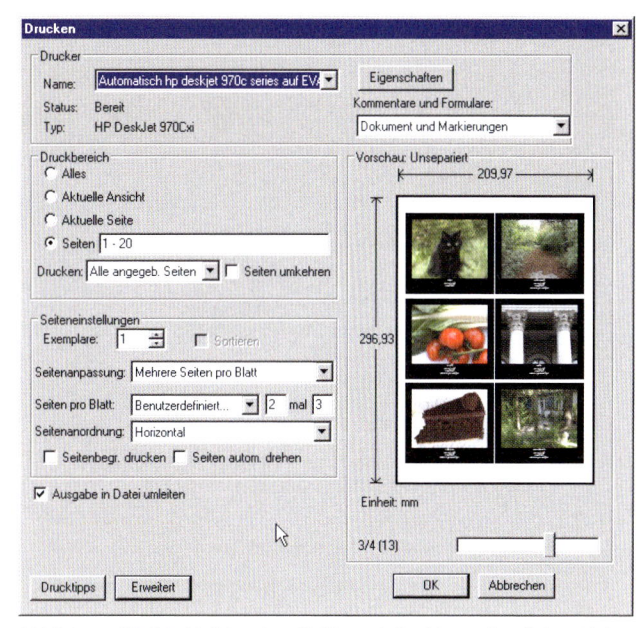

Abbildung 23.29 Die Fotos einer PDF-Präsentation können Sie mit dem Adobe Reader bequem katalogartig ausdrucken.

23.4 Animationen

Animationen sind kleine Trickfilme, die meist für den Einsatz im Internet konzipiert werden – z.B. Laufschriften, wackelnde Logos, blinkende Lampen und ähnliche Elemente, die die Aufmerksamkeit des Betrachters auf sich lenken sollen (jedoch oftmals lediglich dessen Nerven strapazieren).

Jedes Bild unterscheidet sich geringfügig vom vorherigen. Wenn die Bilder in raschem Tempo abgespielt werden, entsteht der Eindruck von Bewegung. Animationen werden als GIF-Datei gespeichert oder als Quick-Time-Video im MOV-, AVI- oder MPEG-Format ausgegeben; das Flash-Format steht leider nicht zur Verfügung. Diese eine Datei enthält mehrere Bilder – eben die Einzelbilder des Trickfilms – mit Informationen über Anzeigedauer und mögliche Wiederholungen.

Web
Animationen und Videos zu diesem Kapitel finden Sie auch im Internet unter http://www.mut.de/photoshop-kompendium.

So nutzen Sie die Animationspalette

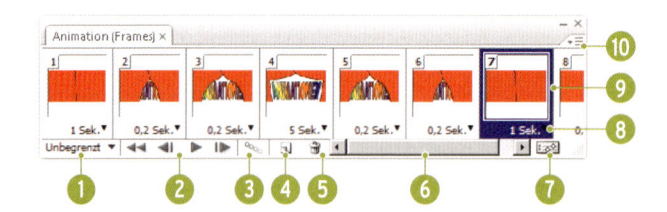

1 Zahl der Durchläufe: Einmal oder nonstop Unbegrenzt. Andere regelt eine fixe Zahl von Durchgängen (»Schleifen«).

2 Kontrollfeld für die Wiedergabe:
Doppelpfeil links ◄◄: zum Anfang der Präsentation;
Pfeil/Linien-Kombinationen ◄I I►: Vor- und Zurückspulen (Bild für Bild);
Pfeil nach rechts ►: Animation starten und stoppen.

3 Animationsframes einfügen (Tweening): neue Einzelbilder als Übergang zwischen zwei Frames erstellen.

4 Duplikat von aktiven Frames erzeugen; erscheint rechts neben ursprünglichem Frame.

5 Löschen von Frames; Einzelbild anwählen und auf den Papierkorb klicken.

6 Navigieren durch größere Animationssequenzen per gedrückter Maustaste.

7 Nur Photoshop CS3 Extended: Wechseln zur Ansicht der zeitleistenbasierten Animation.

8 Standzeit des Einzelbilds: gibt eine vordefinierte Anzeigedauer oder eigene Zeiten für Einzelbilder an. Mehrere Bilder wählen Sie mit gedrückter ⇧-Taste an und klicken auf die Zeitangabe.

9 Aktiver Frame (blauer Rahmen): Wird bei gedrückt gehaltener, linker Maustaste an eine andere Position innerhalb des Arbeitsbereichs verschoben.

10 Weiterführenden Funktionen wie z.B. Ebenenoperationen befinden sich in der Registerzunge.

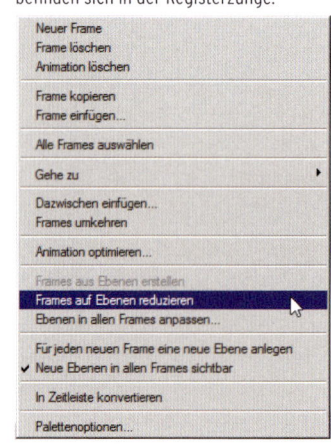

Grafik interaktiv auch im Web unter *www.mut.de/photoshop-kompendium*.

Tipp

*Bereiten Sie zuerst Ihren Photoshop-Arbeitsbereich auf die Animation vor: Im Menü **Fenster** klicken Sie auf **Animation** und sofort erscheint die Animationspalette. Dies genügt für den Anfang. Wollen Sie jedoch eine Übersicht über weitere Animationsfunktionen gewinnen, so stellen Sie den Standardarbeitsbereich per Menü **Fenster: Arbeitsbereich** auf **Video und Film**. Neben der Animationspalette erscheint u.a. auch die Palette der **Kopierquelle**.*

Übersicht

Diese Möglichkeiten bieten Ihnen die Animationsfunktionen:

» Verwandeln Sie die Einzelebenen einer Photoshop-Montage in Einzelbilder (»Frames«) einer Animation.

» Bestimmte Veränderungen einer Ebene lassen sich animieren (also in Einzelbilder der Animation verwandeln), ohne dass dafür neue Ebenen erforderlich sind: Position, Deckkraft, Text-»Verkrümmung« und sämtliche Ebeneneffekte.

Animationen aus mehreren Einzelebenen ableiten

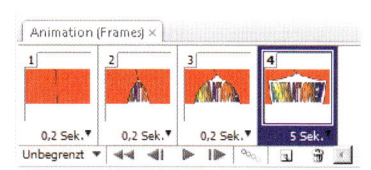

Abbildung 23.30 Vier Einzelbilder einer Animation auf einer konstanten Bildebene: In diesem Trickfilm basiert jedes Einzelbild auf einer eigenen Ebene. Für jedes der vier animierten Einzelbilder des Vorhangs wird eine andere Ebene mit dem Augensymbol sichtbar geschaltet. Bei Anzeige des letzten Einzelbilds ist die Animationsebene »Vorhang auf« sichtbar. Unter allen Einzelbildern liegt immer sichtbar die Ebene mit Text und Hintergrund. Dateien: Animationen_a.psd, Animationen_a.gif

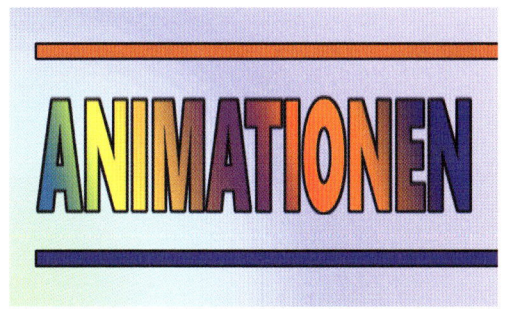

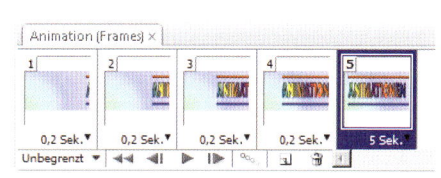

Abbildung 23.31 Fünf Einzelbilder eines Trickfilms, doch nur eine Montageebene: Die Ebene wird lediglich bewegt, verändert sich aber sonst nicht – der Text wandert ins Bild, der Hintergrund bleibt konstant. Solche Veränderungen der Ebeneneigenschaft erfordern keine neue Ebene. Sie entstehen mit dem Befehl »Dazwischen einfügen« aus dem Menü zur Animationspalette (Seite 697). Die Miniatur in der Animationspalette zeigt die Position des Objekts im momentan aktivierten Einzelbild. Dateien: Animationen_b.psd, Animationen_b.gif

» Sie können jederzeit Einzelbilder korrigieren (durch Korrektur der jeweiligen Ebene).

» Wie auch bei nicht animierten Bildern gestalten Sie eine Animation per »Transparenz«-Funktion mehr oder weniger durchsichtig.

» Sie können Animationen mit allen Eigenschaften nicht nur im GIF-Format für die Internetseite speichern, sondern auch im Photoshop-Dateiformat. So bewahren Sie volle Farbtiefe und separat korrigierbare Montageebenen. (GIF unterstützt nur 256-Farben-Bilder und verschmilzt alle Montageebenen zu einem flachen Hintergrund, Seite 719.)

» Oder Sie exportieren Ihre Animation als Video und wählen zwischen unterschiedlichen Quick-Time-Ausgabeformaten wie MOV, AVI, MPEG etc. Je nach Bedarf stellen Sie Kompression sowie Pixelseitenverhältnis ein. In Photoshop CS3 Extended können Sie zusätzlich Tonspuren unterlegen.

Im Folgenden klären wir diesen Unterschied:

» Wie Sie Animationen aus mehreren Montageebenen erstellen bzw.

» wie Sie Animationen aus einer einzigen Einzelebene erstellen, aber die Ebeneneigenschaften variieren.

Animationen aus mehreren Einzelebenen ableiten

Sie können mehrere Ebenen einer Montage in Einzelbilder der Animation verwandeln. Auch wenn die Animation bereits vollendet ist, lassen sich Einzelbilder durch Bearbeitung der Ebenen nachträglich korrigieren. Überdies lassen sich Ebenen – und damit Einzelbilder – beliebig hinzufügen, löschen oder verbergen.

Arbeitsschritte in der Übersicht

So erstellen Sie eine Animation aus mehreren Ebenen:

1. Erzeugen Sie eine Montage aus mindestens zwei unterschiedlichen Ebenen. Jede Ebene wird später als ein Einzelbild verwendet.

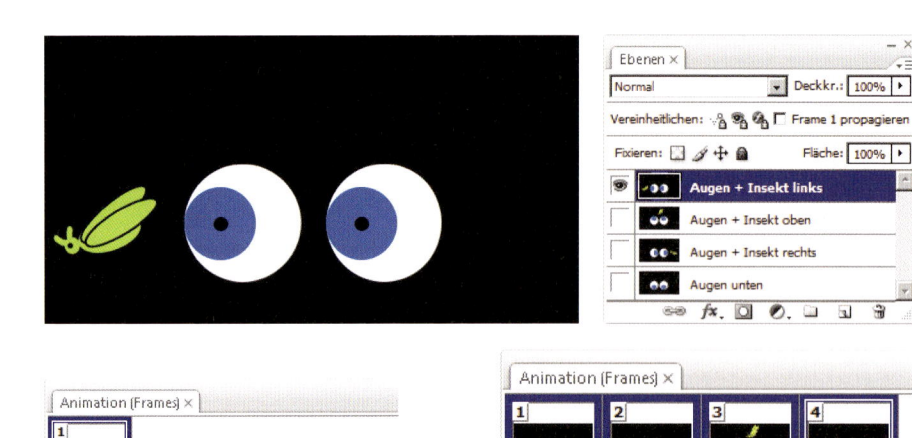

Abbildung 23.32
Links: Die Animationspalette zeigte für diese Montage zunächst nur ein einziges Einzelbild. Erst nachdem wir den Befehl »Frames aus Ebenen erstellen« verwenden, erscheint jede Montageebene als eigenes Bild in der Animationspalette. **Rechts:** Das Montageobjekt besteht nun aus vier Einzelbildern in vier Ebenen. Die Ebenen werden automatisch von unten nach oben in die Animationspalette überführt, sodass das erste Bild der untersten Ebene entspricht. Allen Bildern wiesen wir eine identische Anzeigedauer zu. Vorlage: Animation_Insekt_1a.psd, Ergebnis: Animation_Insekt_1b.psd, Animation_Insekt_1b.gif

2. Rufen Sie mit dem Befehl **Fenster: Animation** die Animationspalette auf. Zunächst sehen Sie in der Animationspalette nur ein einziges Einzelbild.

3. Öffnen Sie das Menü der Animationspalette durch einen Klick auf die Schaltfläche ▼≡ rechts oben in der Palette. Klicken Sie auf **Frames aus Ebenen erstellen**. Nun werden alle Ebenen der Montage als Einzelbilder in der Animationspalette angezeigt.

4. Mit der Schaltfläche Spielt Animation ab ▶ unten in der Ebenenpalette lassen Sie die Animation ablaufen. Legen Sie zuvor die Anzeigedauer der Einzelbilder fest.

In der Regel erscheint das erste Bild einer Ebenenmontage als gesperrtes Hintergrundbild. Wandeln Sie die Hintergrundebene um, damit sie für die Animation bearbeitbar wird: Alt-Klick auf den Ebenennamen genügt, um bereits mit dem vorweg eingetragenen Namen Ebene 0 die Ebene editierbar zu machen.

Sobald Sie die Animation abspielen, rasen die Bilder mit der voreingestellten Anzeigedauer von 0 Sekunden durch. Bestimmen Sie das Timing der Einzelbilder mit einem Klick auf die Zeitangabe. Um allen Frames dieselbe Zeit zuzuweisen, klicken Sie auf das erste Einzelbild, dann mit gedrückter ⇧-Taste auf das letzte und geben für alle gewählten Bilder eine identische Anzeigedauer vor.

»Ebene in allen Frames anpassen«

Oft zeigt eine Ebene in verschiedenen Einzelbildern ungewollt unterschiedliche Merkmale: Zum Beispiel unterscheiden sich Deckkraft, Position oder Effekte; oder die Ebene ist zeitweise verborgen, zeitweise eingeblendet. Bringen Sie die Ebene in allen Einzelbildern auf einen einheitlichen Stand: Zunächst aktivieren Sie in der Animationspalette ein Einzelbild, das die betreffende Montageebene im gewünschten Zustand zeigt. Dann wählen Sie im Menü zur Animationspalette ▼≡ **Ebene in allen Frames anpassen**.

Nun erscheint das Objekt dieser Ebene in allen Frames auf derselben Position; auch Ebeneneffekte, Deckkraft und Ebeneneinblendung werden vereinheitlicht.

Tipp
*Der Befehl **Ebene in allen Frames anpassen** eignet sich zum Beispiel, um eine Ebene über alle Einzelbilder einer Animation hinweg sichtbar oder unsichtbar zu machen. Bei Animationen mit vielen Einzelbildern lässt sich auf diesem Weg rasch eine Ebene als einheitlicher Hintergrund definieren. Anschließend können Sie immer noch ein Einzelbild in der Animationspalette anklicken und für dieses eine Bild die Ebenensichtbarkeit mit dem Augensymbol 👁 in der Ebenenpalette ändern.*

Bearbeiten Sie Ebenen und Einzelbilder

Wenn Sie eine Ebene bearbeiten, verändert sich entweder nur das Einzelbild – oder die Ebene erscheint in allen Einzelbildern verändert. Dabei gilt:

» Korrigieren Sie Deckkraft, Ebeneneffekte, Ebenensichtbarkeit, die Objektposition oder eine vorhandene Text-»Verkrümmung«, verändert sich nur ein einziges Einzelbild.

Animationen aus mehreren Einzelebenen ableiten

» Wenn Sie die Ebene dagegen skalieren, drehen, verzerren, mit Filter, Kontrastkorrektur oder Pinselwerkzeug bearbeiten, so erscheint die Ebene in sämtlichen Einzelbildern verändert.

Damit Sie möglichst viel Spielraum beim Bearbeiten der einzelnen Ebenen haben, sollten Sie die Ebenen geschickt anlegen: Jedes Element, das verändert und animiert werden soll, erhält eine eigene Ebene mit transparentem Hintergrund. Kontrollieren Sie per Klick auf jeden Frame der Animationspalette, ob die richtigen Ebenen aktiv sind. Dabei erscheint das Symbol Zeigt an, ob eine Ebene sichtbar ist 👁 in der Ebenenpalette.

Tipp
Angezeigte Ebenen können Sie über das Augensymbol 👁 jederzeit ändern, doch achten Sie unbedingt darauf, dass Sie dabei im richtigen Frame und der korrespondierenden aktiven Ebene arbeiten.

Sie können auch Ebenenmasken in der Animation verwenden und so beliebige Teile einer Ebene verbergen (Seite 604). Wenn Sie die Ebene mit oder ohne Maske bewegen, steuern Sie die Verbindung mit dem Verknüpfungssymbol 🔗 in der Ebenenpalette.

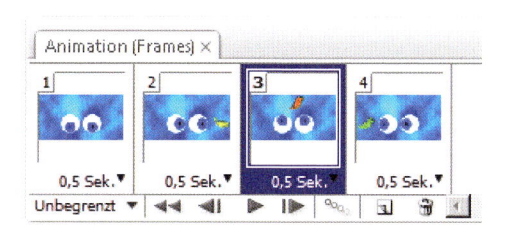

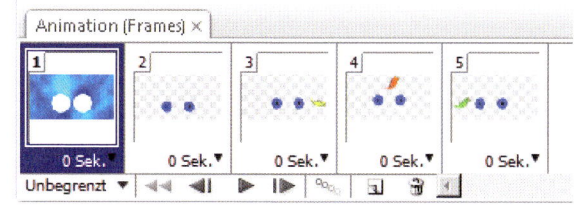

Abbildung 23.33 Die Animationspalette enthält alle Bilder der Ebenen mit dem Befehl »Frames aus Ebenen erstellen«. Das Hintergrundbild ist ausgewählt. Mit dem Befehl »Ebene in allen Frames anpassen« wiesen wir den Hintergrund jedem Einzelbild zu. Danach löschten wir das Hintergrundbild aus der Animationspalette. Datei: Animation_Insekt_2a.psd

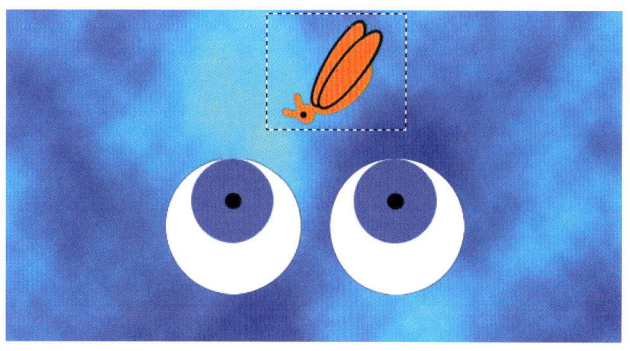

Abbildung 23.34 Der ausgewählte Frame der Animationspalette zeigt die sichtbaren Ebenen mit dem Augensymbol an. In den animierten Ebenen änderten wir die Farbe des gewählten Insekts. Die Veränderung betrifft nur dieses eine Einzelbild (frame-spezifische Änderung). Dateien: Animation_Insekt_2b.psd, Animation_Insekt_2b.gif

Weitere Einzelbilder hinzufügen

Möchten Sie der Animation weitere Einzelbilder von Hand hinzufügen? So geht's:

1. Aktivieren Sie in der Animationspalette das Einzelbild, hinter dem Sie das neue Einzelbild einfügen möchten.

2. Klicken Sie in der Animationspalette auf das Symbol Dupliziert aktuellen Frame. Dadurch entsteht ein Duplikat des zuvor markierten Einzelbilds, das als nachfolgender Frame eingefügt wird.

Ebenen komponieren

Je mehr Ebenen Sie pro Einzelbild kombinieren, desto unübersichtlicher wird Ihre Montage. Um die Übersichtlichkeit wiederherzustellen, verschmelzen Sie mit dem Befehl Frames auf Ebene reduzieren im Menü der Animationspalette die aktiven Ebenen jedes Frame miteinander. Sie erhalten jeweils ein kompaktes Einzelbild mit allen Ebeneninformationen, Transparenzen und Effekten als einzelne Ebene. Ihre zuvor angelegten Einzelebenen bleiben erhalten und sollten erst gelöscht werden, wenn Sie die Bilder nicht weiter bearbeiten müssen.

Abbildung 23.35 *Links:* Jedes Foto liegt auf einer eigenen Ebene. Über jedem Frame liegt derselbe Schriftzug. *Rechts:* Wir haben den Befehl »Frames auf Ebenen reduzieren« angewendet. So sind die drei obersten Ebenen inklusive Schrift entstanden. Vorlage: Animation_Architektur_1a.psd, Ergebnis: Animation_Architektur_1b.psd

Animation aus einer einzigen Ebene ableiten

Sie haben nun erfahren, wie man Animationen aus mehreren Montageebenen erstellt. Doch nicht immer müssen Sie mehrere Ebenen anlegen. Es geht auch mit nur einer Ebene, deren Eigenschaften Sie über mehrere Einzelbilder hinweg verändern.

Veränderbare Eigenschaften bei Animation aus Einzelebene

Wollen Sie Frames innerhalb einer einzigen Ebene verändern, können sich diese in Position des Objekts und Ebeneneffekten unterscheiden. Verändern Sie also diese Eigenschaften, so korrigieren Sie nur ein einziges Einzelbild – es handelt sich um eine sogenannte frame-spezifische Änderung. Alle anderen Einzelbilder, die auf derselben Ebene beruhen, mutieren nicht mit. Die gesamte Veränderung speichert das Programm innerhalb einer PSD-Datei mit, sie lässt sich also am nächsten Arbeitstag weiterbearbeiten.

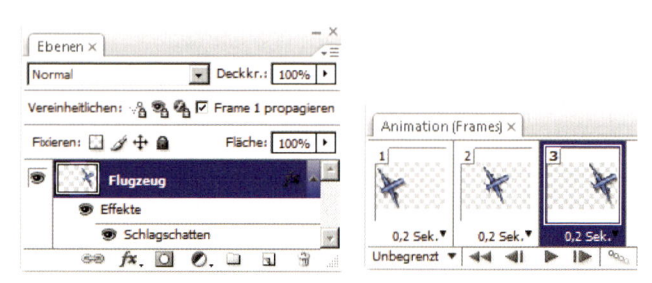

Abbildung 23.37 Mit der Schaltfläche »Dupliziert aktuellen Frame« entstehen hier zwei weitere Einzelbilder. Sie basieren jedoch, wie die Ebenenpalette zeigt, weiterhin auf einer einzigen Ebene. Man kann die Einzelbilder im »Original«-Fenster mit dem Verschiebenwerkzeug an unterschiedliche Positionen ziehen – es bleibt bei einer einzigen Montageebene, da wir nur die Objektposition verändern (frame-spezifischen Änderung). Datei: Animation_Flugzeug_2.psd

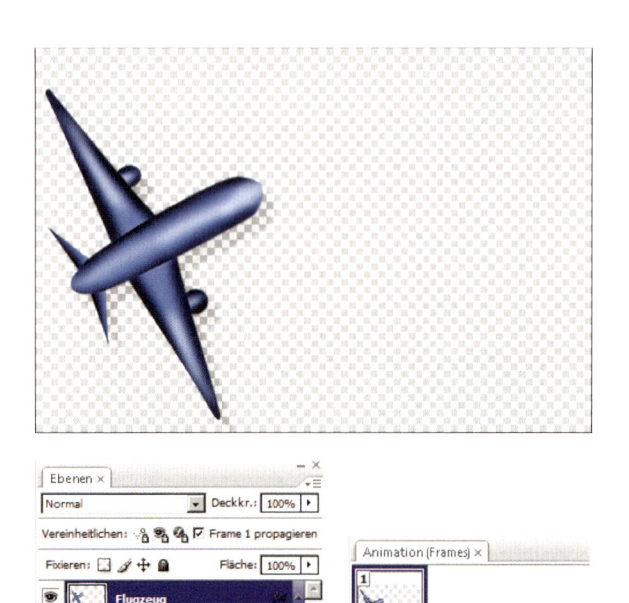

Abbildung 23.36 *Links:* Die Ebenenpalette zeigt, dass dieses Bild aus einer einzigen Ebene (mit Effekt) besteht. *Rechts:* Die Animationspalette präsentiert zunächst nur ein einziges Einzelbild. Datei: Animation_Flugzeug_1.psd

Automatische Übergänge mit »Dazwischen einfügen«

Bildfolgen mit frame-spezifischen Änderungen erzeugen

Wollen Sie frame-spezifische Änderungen über mehrere Einzelbilder einer Ebene hinweg erzeugen, gibt es generell zwei Wege:

» Machen Sie's von Hand: Duplizieren Sie ein vorhandenes Einzelbild mehrfach mit der Schaltfläche DUPLIZIERT AKTUELLEN FRAME und korrigieren Sie bei jedem Einzelbild zum Beispiel Position oder Ebeneneffekt.

» Erzeugen Sie automatisch einen gleichmäßigen Übergang: Erstellen Sie zwei unterschiedliche Schlüsselbilder und lassen Sie Photoshop einen Übergang zwischen diesen Einzelbildern berechnen; dies erledigt der Befehl **Dazwischen einfügen**.

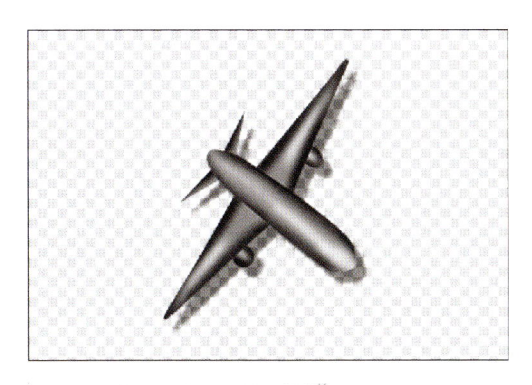

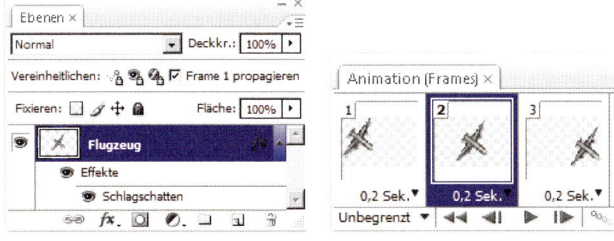

Abbildung 23.38 Allgemeine Änderungen der Ebene, die nicht nur framespezifisch sind, zeigt diese Variante der Animation. Das Objekt wurde gedreht und farblich verändert. Solche Korrekturen verändern alle Einzelbilder. Datei: Animation_Flugzeug_3.psd

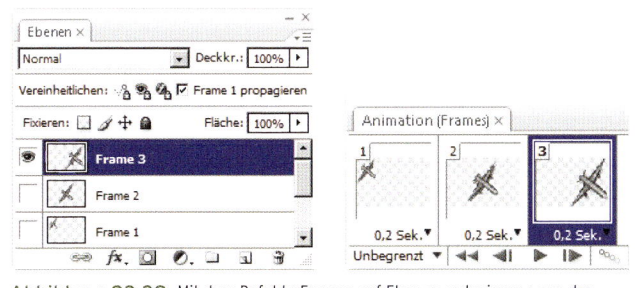

Abbildung 23.39 Mit dem Befehl »Frames auf Ebenen reduzieren« aus der Animationspalette verwandelten wir die Einzelbilder in Einzelebenen. Jedes Einzelbild kann nun unabhängig von den anderen beliebig verändert werden – etwas skaliert, gedreht oder retuschiert. Pro Einzelbild ist nur die jeweilige Ebene mit dem Augensymbol eingeblendet, alle anderen Ebenen werden ausgeblendet. Datei: Animation_Flugzeug_4.psd

Automatische Übergänge mit »Dazwischen einfügen«

Sie erreichen den Befehl **Dazwischen einfügen** mit der Schaltfläche DAZWISCHEN EINFÜGEN unten in der Animationspalette. Die Funktion erzeugt automatisch Übergänge zwischen zwei Einzelbildern, die sich in einem oder mehreren Merkmalen wie Deckkraft, Ebeneneffekt oder Position unterscheiden. Dabei entstehen neue Einzelbilder, die Sie später bearbeiten können wie andere Einzelbilder auch.

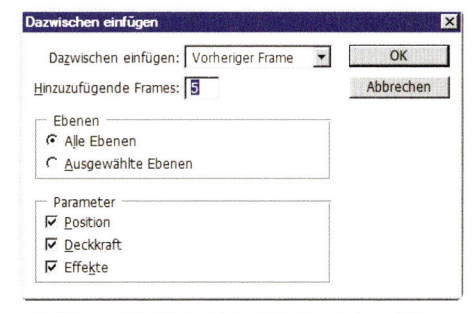

Abbildung 23.40 Im Dialogfeld »Dazwischen einfügen« legen Sie fest, wie sich die neu erzeugten Einzelbilder vom Ausgangsbild unterscheiden und wie viele neue Bilder entstehen sollen.

Je nach Bildvorlagen können Sie bei dem Befehl **Dazwischen einfügen** unterschiedliche Verfahren anwenden sowie entweder mit Einzelbildern einer einzigen Ebene arbeiten oder mehrere Ebenen verwenden. Dabei müssen sich die Einzelbilder oder Ebenen zudem in einer oder mehreren Eigenschaften unterscheiden, die der Befehl **Dazwischen einfügen** abwandeln kann – zum Beispiel Deckkraft, Ebeneneffekt oder Position.

Tipp
Wollen Sie mehrere Ebenen gemeinsam bewegen, müssen Sie diese verbinden. Dazu aktivieren Sie eine Ebene in der Ebenenpalette, dann klicken Sie in die Verbindenleiste unmittelbar neben den gewünschten anderen Miniaturen, so dass dort das Verbindensymbol zu sehen ist.

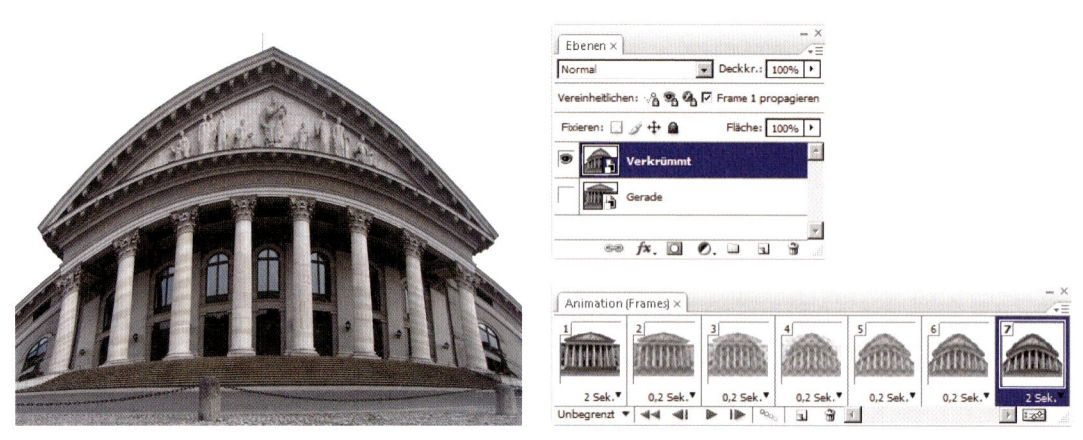

Abbildung 23.41 Für diese Animation setzen wir mit dem Befehl »Dazwischen einfügen« fünf Einzelbilder ein. Die Verkrümmung des Gebäudes erfolgt damit in Zwischenstufen. Ausgangspunkt sind zwei Smart Objekte, wobei das zweite per »Bearbeiten: Transformieren: Verkrümmen« verändert wurde. Dateien: Animation_Architektur_Warp.psd, Animation_Architektur_Warp.gif

Einzelbilder für den automatischen Übergang

So erzeugen Sie zwei Frames für eine nachfolgende automatische Animationsberechnung:

1. Erzeugen Sie eine Einzelebene, eventuell mit einem Ebeneneffekt.
2. Öffnen Sie die Animationspalette und duplizieren Sie das vorhandene Einzelbild mit der Schaltfläche DUPLIZIERT AKTUELLEN FRAME.
3. Verändern Sie das erste oder das zweite Einzelbild – bearbeiten Sie Deckkraft, Ebeneneffekte und/oder Position.
4. Klicken Sie eines der zwei Einzelbilder in der Animationspalette einmal an.

Funktionen im Dialogfeld »Dazwischen einfügen«

Im Feld HINZUZUFÜGENDE FRAMES geben Sie die Zahl der neu entstehenden Einzelbilder vor. Wählen Sie STELLE, sofern sich die Ebene bewegen soll. Mit DECKKRAFT blenden Sie eine Ebene stufenweise ein oder aus (die Füllmethode SPRENKELN erzeugt jedoch eher einen Auflösungseffekt). Die Vorgabe EFFEKTE erzeugt eine schrittweise Veränderung der vorhandenen Ebeneneffekte, etwa 3D-Effekt, Schatten oder Verlauf. Mit der EFFEKTE-Vorgabe lässt sich auch Text-**Verkrümmung** animieren (Seite 654).

Sie können mehr als eine Eigenschaft gleichzeitig verändern. Beispielsweise lässt sich ein Objekt gleichzeitig bewegen und ausblenden. Allerdings wandert der Text nicht auf einem frei geformten Pfad entlang. Die gewählte Eigenschaft muss sich bei den beiden verwendeten Einzelbildern natürlich unterscheiden – zum Beispiel sollten sich die Ebe-

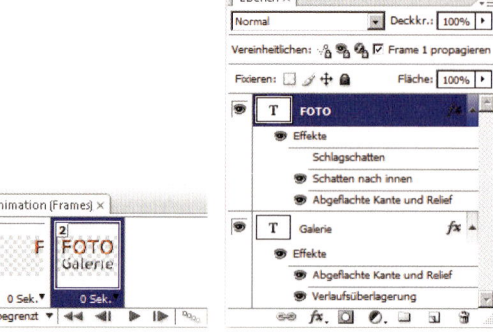

Abbildung 23.42 Im ersten Einzelbild schoben wir das obere Wort nach links außen, das untere Wort nach rechts außen. Anschließend erstellten wir einen zweiten Frame. Dort wählten wir die Objekte gemeinsam aus, der Befehl »Ebene: Ausrichten: Horizontale Mitten« stellte die Worte exakt mittig übereinander. Die Wörter des zweiten Frame wurden mit Effekten versehen. Dies ist die Ausgangsposition für eine Animation mit zwei entgegengesetzten Bewegungen und Bildveränderung. Datei: Animation_FotoGalerie_1.psd

Automatische Übergänge mit »Dazwischen einfügen«

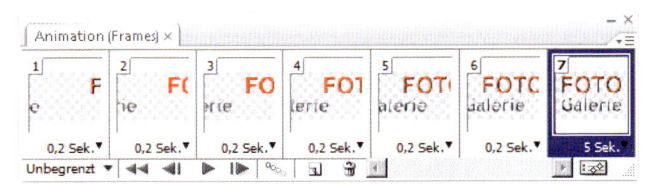

Abbildung 23.43 Wir verwendeten den Befehl »Dazwischen einfügen« mit den Vorgaben »5 Frames«, »Alle Ebenen« und »Stelle« – die zwei Worte rücken aufeinander zu und werden immer plastischer, da das Endbild mit Effekten belegt ist. Dateien: Animation_FotoGalerie_2.psd, Animation_FotoGalerie_2.gif

nenobjekte an unterschiedlichen Positionen befinden, sofern Sie die Vorgabe STELLE nutzen. Einen EFFEKT-Übergang können Sie auch einzelnen Elementen eines Einzelbilds zuweisen.

Möglichkeiten mit dem Befehl »Dazwischen einfügen«

Mit dem Befehl Dazwischen einfügen erzielen Sie interessante Effekte:

» Per DECKKRAFT-Variation blenden Sie ein Objekt ein oder aus. Verwenden Sie z.B. die Füllmethode SPRENKELN und schrauben Sie die DECKKRAFT zurück – die Ebene löst sich in Streusel auf.

» Der Effekt ABGEFLACHTE KANTE UND RELIEF lässt das Objekt plastisch heranwachsen. Fügen Sie eventuell einen SCHLAGSCHATTEN hinzu, der sich in ABSTAND und DECKKRAFT ebenfalls verändert (Seite 587).

» FARBÜBERLAGERUNG oder VERLAUFSÜBERLAGERUNG sorgen für fließende Farbübergänge.

» Der Effekt GLANZ produziert ein flackerndes Schattenspiel; er eignet sich auch zur Kombination mit FARBÜBERLAGERUNG oder ABGEFLACHTE KANTE UND RELIEF.

» Der KONTUR-Effekt lässt einen Rahmen um ein Objekt herum wachsen.

» Versetzen Sie den Text mit einer animierten »Verkrümmung« in Schwingungen (Seite 654).

Tipp
Soll sich ein Objekt erst aus dem Nichts heraus ins Bild schieben oder aus dem Bild herauswandern? Sie können dazu Ebenen jederzeit halb oder komplett aus dem sichtbaren Bereich herausbewegen. Oder entfernen Sie den Rand mit dem Freistellungswerkzeug und der Option AUSBLENDEN; dabei bleiben Objekte im abgetrennten Randbereich voll erhalten. Diese Objekte wandern bei Bedarf mit der Funktion Dazwischen einfügen wieder voll ins Bild.

Einige Anwendungsbeispiele zeigen, wie vielfältig die Möglichkeiten sind, Animationen mit Effekten, frame-spezifischen Veränderungen und dem Befehl Dazwischen einfügen zu gestalten.

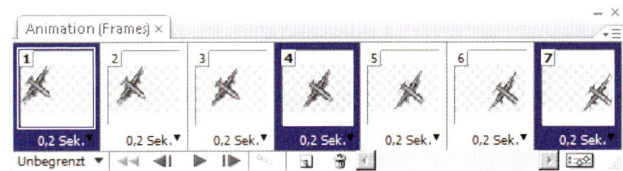

Abbildung 23.44 Die drei bisher verwendeten Einzelbilder (im Bild markiert) zeigten eine ruckelnde Bewegung des Objekts. Mit »Dazwischen einfügen« erzeugten wir je zwei Zwischenbilder nach dem ersten und vormals zweiten Einzelbild. Ergebnis: Die Zwischenschritte wurden berechnet und das Flugzeug fliegt nun flüssig animiert durchs Bild. Dateien: Flugzeug_5.psd, Flugzeug_5.gif

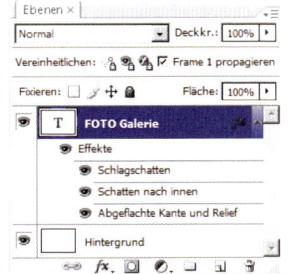

Abbildung 23.45 Bei dieser Animation wandert der Schatten im Uhrzeigersinn um den Schriftzug, der auf einer einzigen Ebene liegt. Die Basis besteht aus zwei Frames, deren Position des Schlagschattens im ersten Bild bei 180° liegt. Den ersten Frame haben wir dupliziert und die Position des Schlagschattens auf 0° gesetzt. Das dritte Bild ist eine Kopie des ersten. »Dazwischen einfügen« erzeugte je zwei Zwischenbilder. Damit laufen die Schatten im Uhrzeigersinn um die Schrift. Dateien: Animation_FotoGalerie_3.psd, Animation_FotoGalerie_3.gif

Diaschau mit Bildübergängen per »Dazwischen einfügen«

Mit dem Befehl **Dazwischen einfügen** erstellen Sie eine Diaschau mit Überblendungen – ganz leicht von Bild zu Bild oder ein wenig kniffliger, doch sehr wirkungsvoll, per Farbflächen. Natürlich können Sie jedem Einzelbild nach Belieben auch noch Text oder Effekte zuweisen.

Arbeitsschritte im Einzelnen:

1. Laden Sie alle Bilder Ihrer Präsentation in aufsteigender Reihenfolge als einzelne Ebenen einer Datei.

2. Fügen Sie über jeder Bildebene eine Ebene mit Farbfläche ein, die der gewünschten Überblendungsfarbe entspricht.

3. Mit dem Menübefehl der Animationspalette FRAMES AUS EBENEN ERSTELLEN erscheinen alle Ebenen als Einzelbilder in der Animationspalette.

Abbildung 23.46 Eine Diaschau mit Überblendungen von Foto zu Foto legen Sie auf Einzelebenen an. Die Aus- und Einblendungen zum nächsten Bild sollen hier über Schwarz erfolgen, daher fügten wir über jeder Bildebene eine schwarze Farbfläche ein. Datei: Animation_Architektur_3a.psd

4. Nun wählen Sie die erste Farbfläche in der Animationspalette. Sie stellt den ersten Zielframe der Überblendung dar. In der Ebenenpalette aktivieren Sie dazu die erste, also unterste Bildebene mit dem Augensymbol. Nur wenn Ausgangs- und Zielebene angewählt sind, funktioniert der Übergang zur Farbfläche.

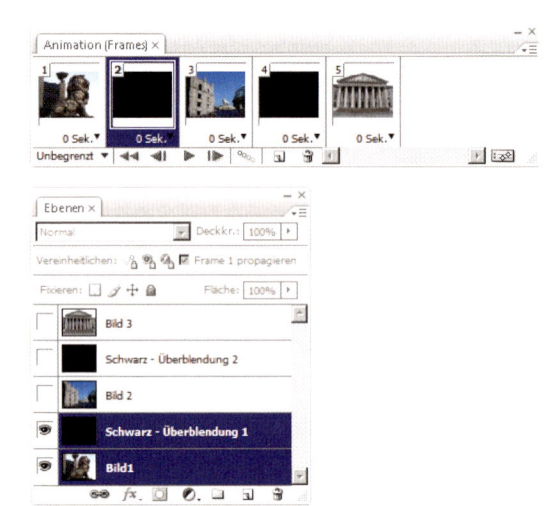

Abbildung 23.47 Für eine Überblendung müssen Ausgangs- und Zielebene in der Ebenenpalette sichtbar geschaltet werden.

5. Erstellen Sie nun den Bildübergang vom ersten Bild zur ersten Farbfläche, indem Sie in der Animationspalette das erste Bild anwählen und den Befehl **Dazwischen einfügen** verwenden. Ein bis zwei HINZUZUFÜGENDE FRAMES genügen bereits.

Abbildung 23.48 Mit dem Befehl »Dazwischen einfügen« fügten wir nach dem ersten Frame zwei Zwischenbilder ein. Die Überblendung nach Schwarz erfolgt damit fließend.

6. Nun bearbeiten Sie den nächsten, also zweiten Zielframe nach dem gleichen Prinzip: Wählen Sie in der Animationspalette den Zielframe. Schalten Sie in der Ebenenpalette Ausgangs- und Zielebene sichtbar. Dann wählen Sie in der Animationspalette den Ausgangsframe und geben den Befehl **Dazwischen einfügen**.

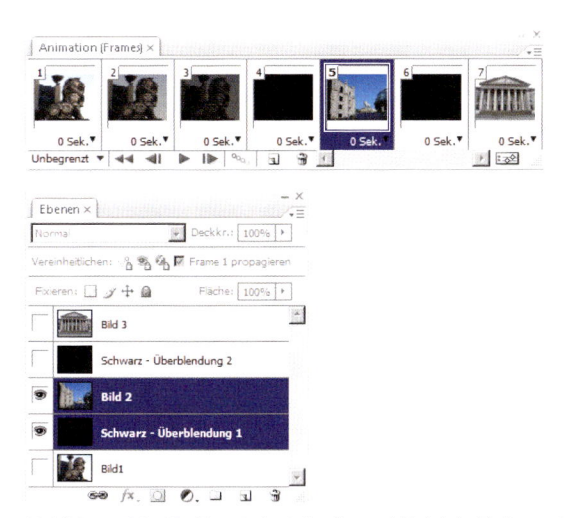

Automatische Übergänge mit »Dazwischen einfügen«

Abbildung 23.49 Oben: In der Animationspalette ist der Zielframe der Überblendung selektiert. Unten: In der Ebenenpalette sind Ausgangs- und Zielebene sichtbar geschaltet.

Abbildung 23.50 Oben: Nun wird der Ausgangsframe in der Animationspalette angewählt. Unten: Nach dem Ausgangsframe fügten wir mit dem Befehl »Dazwischen einfügen« zwei Zwischenbilder ein.

7. Haben Sie die Bildübergänge fertig gestaltet, so macht nun ein gutes Timing Ihre Schau perfekt: Wählen Sie eine längere Anzeigedauer für Ihre Bilder (mindestens fünf Sekunden) und knappe Zeiten für die Zwischenblenden (z.B. 0,1 Sekunden).

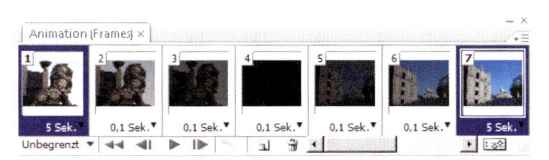

Abbildung 23.51 Ein gutes Timing für Ihre Diaschau: Die Fotos erhalten genügend lange Standzeiten zur genaueren Betrachtung, die Übergangsbilder laufen schnell. Dateien: Animation_Architektur_3b.psd, Animation_Architektur_3b.mov

8. Speichern Sie Ihre Diaschau am besten nicht als GIF-Datei, sondern als Video mit dem Befehl **Datei: Exportieren: Video rendern** (siehe Seite 715), um die maximale Bildqualität zu bewahren.

Mehrere Dateien als Ebenen laden

Ein komfortables Skript erleichtert Ihnen den gleichzeitigen Import mehrerer Dateien als Ebenen. Damit produzieren Sie beispielsweise rasch eine Diaschau.

1. Kopieren Sie die Dokumente in einen gemeinsamen Ordner.

2. Wählen Sie **Datei: Skripten: Dateien in Stapel laden**. Die selektierten Bilder des Ordners werden in alphabetischer Reihenfolge aufgelistet und öffnen sich als neue, ungespeicherte Photoshop-Datei mit einer Ebene pro Einzelbild.

3. In der Ebenenpalette erscheint das erste Bild der Animation ganz oben. Mit dem Befehl **Frames aus Ebenen erstellen** der Animationspalette wird pro Frame ein Bild dargestellt. Natürlich können Sie die Reihenfolge der Einzelbilder durch Ziehen in der Animationspalette noch verändern, die Sichtbarkeit kontrollieren Sie mit dem Augensymbol in der Ebenenpalette.

Abbildung 23.52 Diese Montage entstand mit dem Befehl »Datei: Skripten: Dateien in Stapel laden«. Wir haben die Bilder aus dem Ordner »Praxis/03_Vorlagen« von der Buch-DVD als Einzelbilder für eine Animation geladen. Das Programm legt eine neue Ebenendatei an und baut die Bilder alphabetisch von oben nach unten auf; pro Einzelbild ist jeweils nur eine Ebene sichtbar. Die Bildmaße werden an das größte Bild angepasst. Weil die oberen Bilder etwas kleiner sind, zeigen sie transparente Bereiche am Bildrand. Vorlagen-Ordner: Praxis/03_Vorlagen; Ergebnis: Architektur_a.psd

Die Pixelmaße der Animation

Die Einzelbilder sollten – müssen aber nicht – identische Bildpunktabmessungen aufweisen. Verwenden Sie unterschiedliche Pixelmaße, zeigen kleinere Ebenen transparente Bereiche, während größere Ebenen teils hinter den Bildrändern verschwinden. So ändern Sie die Anordnung:

» Ziehen Sie halb verborgene Ebenen mit dem Verschiebenwerkzeug ins Bild.

» Um die Datei so auszudehnen, dass alle aus dem Bild ragenden Ebenen voll sichtbar werden, verwenden Sie **Bild: Alles einblenden** in Photoshop.

» Wollen Sie eine Datei auf die Maße einer kleineren Ebene zuschneiden? Klicken Sie bei gedrückter [Strg]-Taste auf die Ebenenminiatur in der Ebenenpalette; dabei entsteht eine schwarzweiße Fließmarkierung. Der Befehl **Bild: Freistellen** kappt den transparenten Bereich. Vorsicht: Äußere Bereiche anderer Ebenen werden dabei dauerhaft entfernt, sie lassen sich nicht mehr ins Bild ziehen.

Abbildung 23.53 Wir fügten eine zweite Ebene mit einem kleineren Bild bei gedrückter [⇧]-Taste in das Dateifenster ein; durch die [⇧]-Taste wurde die Ebene sofort mittig positioniert. Dann schnitten wir die Animation mit dem Freistellwerkzeug auf das kleinere Bildmaß zu, wobei wir in der Optionsleiste »Ausblenden«, nicht »Löschen« einstellten. Dadurch wurden die Ränder der unteren Bildebene zwar außerhalb des Bildrands verborgen, aber nicht dauerhaft gelöscht. Datei: Architektur_b.psd

Abbildung 23.54 Mit dem Verschiebenwerkzeug klickten wir in die Bildmitte, aktivierten nach einem Rechtsklick mit dem Kontextmenü die gewünschte Ebene und zogen den gewünschten Bildteil in den sichtbaren Bereich. – Natürlich können Sie die Ebene auch anders bearbeiten, zum Beispiel verkleinern. Datei: Architektur_c.psd

Einzelbilder auswählen, verschieben, kopieren und löschen

Mit der Animationspalette arrangieren Sie den Trickfilm bequem um. Einen Überblick über die Funktionen der Animationspalette haben Sie am Anfang des Kapitels gewonnen. Im Folgenden werden die grundlegenden Arbeitsgänge einzeln vorgestellt.

Einzelbilder auswählen

Durch Klicken markieren Sie ein Einzelbild, das dann auch im Dateifenster erscheint. Mit den Schaltflächen WÄHLT DEN NÄCHSTEN FRAME AUS oder WÄHLT DEN VORIGEN FRAME AUS , die Sie auch auf der Ebenenpalette finden, springen Sie ein Einzelbild weiter.

Hinweis
*Soll Photoshops Ebenenpalette die Schaltflächen für Animationen immer, nie oder nur bei Bedarf zeigen? Öffnen Sie das Palettenmenü mit dem Schalter und entscheiden Sie sich im Untermenü **Animationsoptionen**.*

Einzelbilder auswählen, verschieben, kopieren und löschen

Per ⟨Strg⟩-Klick markieren Sie mehrere Einzelbilder. Um eine Sequenz zu markieren, klicken Sie zunächst das erste Einzelbild an; dann wählen Sie bei gedrückter ⟨⇧⟩-Taste das letzte Einzelbild an. Wählen Sie ein markiertes Einzelbild erneut mit gedrückter ⟨Strg⟩-Taste an, um es aus der Auswahl zu entfernen. Die Animationspalette bietet in ihrem Menü den Befehl **Alle Frames auswählen**.

Die markierten Einzelbilder sind durch einen Rahmen deutlich hervorgehoben. Zusätzlich gibt es noch den »aktuellen Frame«, der im Bildfenster erscheint; es ist derjenige Frame, den Sie innerhalb der Gruppe zuerst gewählt haben, er verfügt innen über ein zusätzliches Rähmchen und die Frame-Nummer ist hervorgehoben. Nur dieses eine Einzelbild können Sie bearbeiten.

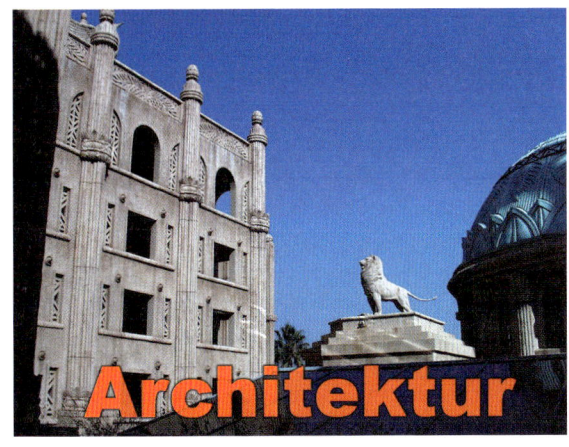

Abbildung 23.55 Oben: Markierte und nicht markierte Einzelbilder - der »aktuelle Frame«, hier mit der Nummer 2, zeigt ein zusätzliches weißes Rähmchen. Unten: Nur dieser »aktuelle Frame« erscheint im Bildfenster und kann bearbeitet werden. Datei: Architektur_Auswahl

Einzelbilder kopieren und einfügen

Sie können Einzelbilder kopieren und an anderer Stelle wieder einfügen – in dieselbe Animation oder in eine andere. Dabei bleibt die Transparenz erhalten. Das Vorgehen im Überblick:

1. Markieren Sie die Einzelbilder, die Sie kopieren wollen, wie oben beschrieben.

2. Öffnen Sie das Palettenmenü und wählen Sie **Frames kopieren**.

3. Klicken Sie ein anderes Einzelbild oder eine Bildreihe an – auch in einer anderen Animation –, wo Sie die kopierten Einzelbilder einsetzen möchten.

4. Wenn die Zielanimation aktiv ist, verwenden Sie den Paletten-Befehl **Frames einfügen**.

Bestanden die kopierten Einzelbilder aus mehreren Ebenen, so entstehen auch in der Zielanimation mehrere Ebenen.

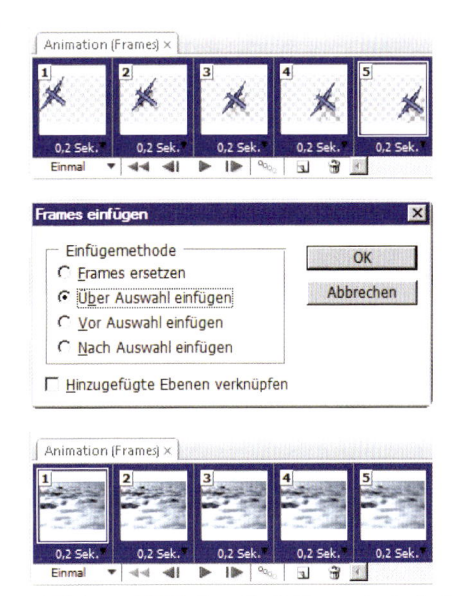

Abbildung 23.56 Oben: Die fünf Frames der Quellanimation werden kopiert. Mitte, unten: In der Zielanimation setzen wir sie mit »Über Auswahl einfügen« ein.

Optionen beim »Einfügen« von Frames

Nachdem Sie **Frame einfügen** gewählt haben, erscheint ein Dialogfeld. Hier können Sie die zunächst vorhandenen Frames der Animation ersetzen, ergänzen oder überlagern:

» FRAMES ERSETZEN überschreibt diejenigen Bilder im Zielbild, die markiert waren.

» ÜBER AUSWAHL EINFÜGEN überlagert das Zielbild mit den eingefügten Einzelbildern - wie zum Beispiel das Flugzeug aus der Bildserie. Am übersichtlichsten ist es, beim Kopieren und Einfügen gleich viele Einzelbilder zu markieren.

» VOR AUSWAHL EINFÜGEN und NACH AUSWAHL EINFÜGEN erzeugen neue Einzelbilder in der Zielanimation. Die Bilder erscheinen vor oder hinter der markierten Stelle.

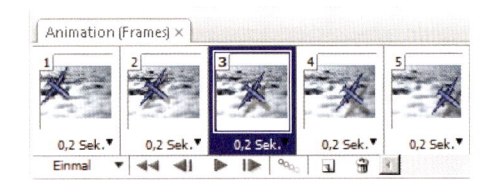

Abbildung 23.57 Das Einzelobjekt aus der Quellanimation mit dem Flugzeug wird mit der Option »Über Auswahl einfügen« über die vorhandenen Wolkenbilder in der Zielanimation gelegt; so mischen sich zwei Veränderungen: die ursprüngliche Bildfolge und die Bewegung des Flugzeugs. Quell- und Zielanimation verfügen über die gleiche Anzahl an Einzelbildern. Dateien: Animation_Flugzeug_6.psd, Animation_Flugzeug_6.gif

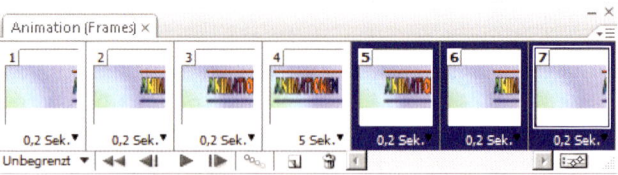

Abbildung 23.58 Diese Animation entstand auf einfache Art durch Bewegen der Schrift in vier Frames. Sie enthält nur eine einzige Ebene. Wir kopierten die ersten drei Einzelbilder, setzten sie nach der Auswahl der Viererreihe ein und wählten »Frames umkehren«. Effekt: Die Schrift wandert ins Bild und wieder hinaus. Datei: Animationen_umkehren.psd

Einzelbilder verschieben

So bringen Sie ein Einzelbild oder mehrere Einzelbilder an eine andere Position im Ablauf des Trickfilms: Markieren Sie die Bilder wie oben beschrieben und ziehen Sie die Frames an die gewünschte Stelle. Verschieben Sie mehrere nicht nebeneinanderliegende Frames, erscheinen sie an der neuen Position nebeneinander. Der Befehl **Frames umkehren** aus dem Menü zur Animationspalette kehrt die Reihenfolge der gesamten Animationssequenz um.

Einzelbilder löschen

Um ein oder mehrere Einzelbilder zu löschen, markieren Sie diese Frames und klicken auf den Mülleimer – oder ziehen sie mit gedrückter Maustaste hinein. Die Animationspalette enthält zudem den Menübefehl **Animation löschen**; dieser Befehl lässt lediglich das erste Einzelbild in der Animationspalette zurück – als ob Sie nie mit einer Animation begonnen hätten.

Animation abspielen

Sie können die Animation in Bildprogrammen oder direkt im Internetbrowser abspielen. Innerhalb von Photoshop klicken Sie in der Animationspalette auf die Schaltfläche SPIELT ANIMATION AB. Damit läuft die Animation im Bildfenster durch. Mit der Esc-Taste oder mit der Schaltfläche BEENDET ANIMATION stoppen Sie die Vorführung.

Die Schaltfläche WÄHLT DEN NÄCHSTEN FRAME AUS führt Sie Einzelbild für Einzelbild durch den Film. Diese Schaltfläche finden Sie auch unten links in der Ebenenpalette.

Tipp

Photoshop spielt Ihre Animation in der Vorschau nicht zuverlässig ab. Auch wenn Sie die Standzeit jedes Einzelbilds individuell einstellen, unterscheidet sich eventuell die Abspielzeit der gespeicherten GIF-Datei. Das Ergebnis des Trickfilms kontrollieren Sie besser im Browser-Fenster.

Das richtige Timing

Um die Vorschau Ihrer Animation in Photoshop richtig begutachten zu können, stellen Sie die Anzeigedauer jedes Einzelbilds auf die gewünschte Zeit ein. Standardmäßig steht die vorgegebene Zeit für jedes Einzelbild auf 0 Sekunden – kein Genuss beim Anblick.

Rufen Sie per Klick auf die Zeitangabe eines Frame das Pulldown-Menü auf, in dem Sie vordefinierte Anzeigedauern oder auch eigene Zeiten für die Einzelbilder wählen. Mehreren Bildern weisen Sie dieselbe Zeit zu, indem Sie alle mit gedrückter ⇧-Taste selektieren und dann auf die Zeitangabe klicken. Bedenken Sie dabei ein paar simple Faustregeln:

» Wenn die Abspielzeit mindestens zwölf Einzelbilder pro Sekunde beträgt, nimmt der Betrachter Ihre Animation als flüssige Bewegung wahr.

» Bei Animationen, deren Hauptinformation im Endbild liegt, sollte dieses letzte Frame wesentlich länger als andere stehen bleiben.

» Regelmäßige Bewegungsabläufe entstehen, indem Sie allen Einzelbildern dieselbe (kurze) Standzeit zuweisen.

» Soll die Animation in einer Endlosschleife abgespielt werden, eignet sich oft ein harmonischer Übergang vom letzten auf das erste Einzelbild. Beispielsweise können Sie alle Frames vor dem Endbild kopieren, nach dem Endbild wieder einfügen und diese mit dem Befehl **Frames umkehren** versehen. So entsteht ein Trickfilm ohne Anfang und Ende.

Animation in einem Internetbrowser betrachten

Durch Abspielen in einem Internetbrowser kontrollieren Sie den Ablauf einer Animation verlässlicher als in Photoshop. Rufen Sie mit dem Befehl **Datei: Für Web und Geräte speichern** die Webpalette auf und klicken Sie dort auf die Schaltfläche Vorschau in Standardbrowser rechts unten.

Tipp

Sie können die Animation im Browser unterbrechen und dauerhaft ein Einzelbild anzeigen; dazu klicken Sie im Browser auf die Schaltflächen Stop oder Abbrechen oder drücken die Esc-Taste. Die Schaltfläche Aktualisieren oder Neu laden bringt den Trickfilm wieder auf Touren.

Animation speichern

Sichern Sie wichtige Animationen mehrfach:

» als Photoshop-PSD-Datei, um das Werk jederzeit mit allen Möglichkeiten von Photoshop zu korrigieren;

» im GIF- oder Quicktime-Format, um die Datei auf eine Internetseite zu stellen oder außerhalb von Photoshop abzuspielen.

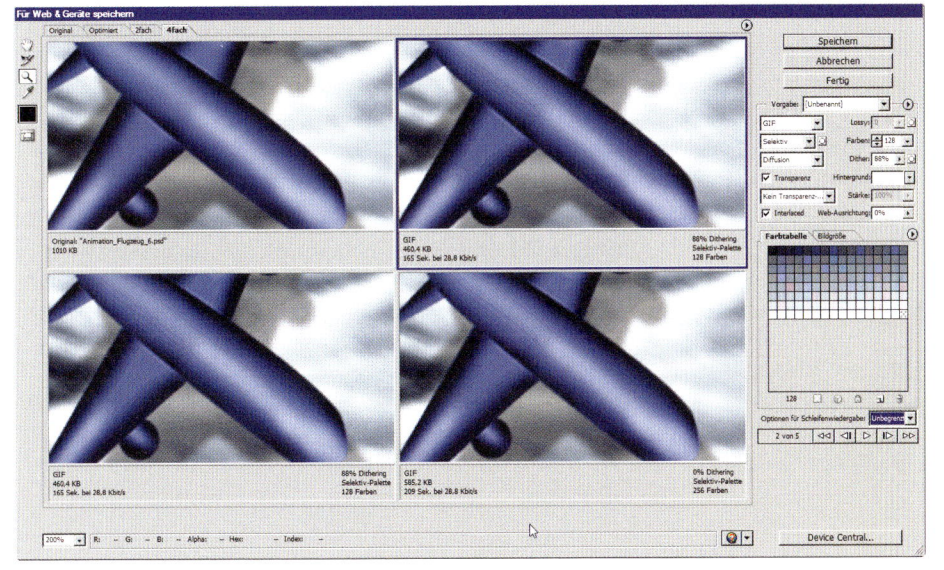

Abbildung 23.59
In der Vierfachvorschau des Dialogs »Für Web und Geräte speichern« sehen Sie, wie die Animation mit unterschiedlichen Vorgaben wirkt. Die Eigenschaften für die aktuelle, durch einen Rahmen hervorgehobene Vorschauvariante regeln Sie im Dialogfeld. Hier ist die Version rechts oben aktiviert.

Animation als Photoshop-Datei speichern

Für das Photoshop-Dateiformat wählen Sie **Datei: Speichern** oder **Speichern unter** mit dem Dateityp PHOTOSHOP (*.PSD). Dabei bleiben alle Einzelbilder und alle Abspielinformationen über Anzeigedauer und Wiederholungen erhalten. Sie können das Ganze wieder als Animation öffnen und bei Bedarf verändern.

Animation als GIF-Datei speichern

Details zur Dateivorschau wie auch zum GIF-Speichern finden Sie ab Seite 718. Hier das Wichtigste in Kürze:

Wählen Sie **Datei: Für Web und Geräte speichern**. Der Befehl **Datei: Speichern unter** mit dem GIF-Format speichert nur das erste Einzelbild statt der gesamten Animation. In der Vierfachvorschau vergleichen Sie die Varianten der GIF-Eigenschaften bei unterschiedlichen Einstellungen. Schalten Sie im Dialogfeld die TRANSPARENZ ein, wenn der Seitenhintergrund durchscheinen soll.

Besonderheiten einer animierten GIF-Datei

Diese Vorgaben zum Speichern machen Sie per **Animation optimieren** aus dem Menü zur Animationspalette:

» Wählen Sie BEGRENZUNGSRAHMEN, um jedes neue Einzelbild auf den Bereich zu beschränken, der sich gegenüber dem Vor-Bild verändert hat. Diese Option empfiehlt sich, da sie die Dateigröße spürbar reduziert. Allerdings kommen andere Programme zur GIF-Animation eventuell nicht damit zurecht.

» Die Option ENTFERNEN REDUNDANTER PIXEL schaltet alle Bildpunkte, die gegenüber dem vorherigen Einzelbild unverändert blieben, auf transparent. Bei Verwendung dieser Option sollten Sie nach einem Rechtsklick auf die Miniaturen den Entfernen-Befehl **Automatisch** einstellen. Die Option steht nur zur Verfügung, wenn Sie in der Optimierungspalette die TRANSPARENZ eingeschaltet haben.

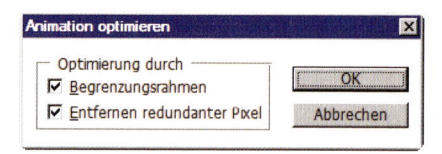

Abbildung 23.60 Der Palettenbefehl »Animation optimieren« senkt die Dateigröße Ihrer GIF-Animationen.

Tipp

Viele GIF-Trickfilme, weitere Informationen auf Deutsch und Verknüpfungen zu verschiedenen, auch kostenlosen Animationsprogrammen und Animationen finden Sie unter http://www.gifanimations.com/ und http://www.animationer.dk/. Interessant sind auch die 3D-Animationen in http://www.prodraw.net/animation/.

Animation mit dem Befehl »Video rendern« speichern

Sie können Ihre Animation als QUICK TIME MOVIE in verschiedenen Videoformaten exportieren, etwa als MOV, AVI oder MPEG-4. Weitere Möglichkeiten bieten z.B. DV-STREAM für den webgerechten Film, FLC, IPOD oder BILDSEQUENZ. Verwenden Sie den Befehl **Datei: Exportieren: Video rendern**. Nähere Informationen zu den Speicheroptionen finden Sie auf Seite 715.

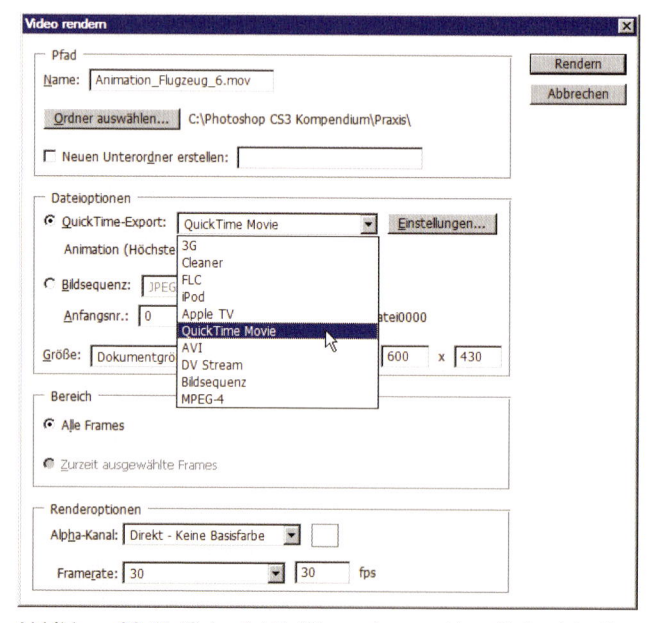

Abbildung 23.61 Mit dem Befehl »Video rendern« speichern Sie Ihre Animation als Video mit oder ohne Alphakanäle. So steuern Sie auch eine Übertragung für das Internet.

Achtung

Die Videoexportvorgaben können Sie erst anwählen, wenn Sie zuvor den kostenlosen Quick Time Player aus dem Internet heruntergeladen haben: http://www.apple.com/quicktime/download/win.html

Eine Folge von beliebig vielen Einzelbildern Ihrer Animation entsteht mit der Option BILDSEQUENZ. Unabhängig von der realen Anzahl der Frames Ihrer Animation exportiert Photoshop die voreingestellte Menge an FPS (frames per second); standardmäßig steht die FRAMERATE bei 30 FPS. Auch Ihre Einstellungen zu Komprimierung und Bildformat werden auf alle exportierten Bilder übertragen. Beispielsweise erzeugen Sie aus einer Animation mit vier Frames eine Bildsequenz mit 30 JPEG-Bildern. Zwischenschritte der Animation wie Bewegung und Bildveränderung werden mitberechnet. Als Dateiformate stehen Ihnen unter anderem Photoshop-PSD, TIFF, JPEG, oder PNG zur Verfügung.

Externe Filme öffnen

Öffnen Sie eine GIF-Animation in Photoshop, so bleibt nur der allererste Frame erhalten. Speichern Sie die Datei erneut, führt dies zum Datenverlust (der gesamten Animation). Bei selbst erstellten Trickfilmen bewahren Sie deshalb unbedingt die PSD-Datei als Original auf.

Photoshop CS3 Extended ermöglicht es darüber hinaus, Videodateien im Format MOV, AVI oder MPEG zu öffnen und zu bearbeiten.

23.5 Videobearbeitung

In der Standardversion von Photoshop CS3 beschränken sich die Möglichkeiten der Videobearbeitung auf einige wenige Optionen. Entweder Sie exportieren Ebenendateien als Video per **Datei: Exportieren: Video rendern** oder Sie öffnen FLM-Dateien, also Filmstreifen, die aus Adobe Premiere Pro exportiert wurden, und bearbeiten diese in Einzelbildmanier.

Videos in Photoshop Extended

Im vorherigen Abschnitt haben Sie erfahren, wie Sie eine FRAME-ANIMATION erstellen. Photoshop CS3 Extended bietet eine weitere Möglichkeit, Trickfilme oder Videos zu entwerfen: die ZEITLEISTENBASIERTE ANIMATION. Sie können Videos mit Ton in den Formaten Quick Time, AVI oder MPEG importieren, um daraus Animationen und Filme zu erzeugen.

Diese Möglichkeiten haben Sie:

» Sie erstellen frame- oder zeitleistenbasierte Animationen.

» Malen Sie mit verschiedenen Werkzeugen auf Videoebenen.

» Bearbeiten und retuschieren Sie Videos oder Videosequenzen.

» Erstellen Sie eine Diaschau mit Ton.

» Arbeiten Sie mit Keyframes und Effekten.

Mit dem Befehl **Fenster: Animation** öffnen Sie die Animationspalette. Wahlweise schalten Sie mit dem Symbol unten rechts von FRAME-ANIMATION auf ZEITLEISTENBASIERTE ANIMATION um. Beim Öffnen von Videos mit dem Befehl **Datei: Öffnen** erscheint die Zeitleistendarstellung. Mit **Datei: Importieren: Videoframes in Ebenen** erzeugen Sie eine Ebenenmontage aus allen Einzelbildern des Videos für die Weiterbearbeitung in der Animationspalette.

Importformate und Farbtiefe

Photoshop Extended erlaubt es Ihnen, folgende Formate zu öffnen: MPEG-1, MPEG-4, MOV und AVI. FLV wird nur unterstützt, wenn Sie Flash installiert haben. Für MPEG-2 benötigen Sie einen MPEG-Encoder auf Ihrem Rechner. Natürlich können Sie auch Bildsequenzen importieren, um daraus Animationen zu erzeugen, die Sie als Video exportieren, u.a. TIFF, DICOM, JPG, PNG oder PSD.

Die Arbeit auf Videoebenen wird in den Farbmodi Graustufen und RGB mit 8, 16 oder 32 Bit pro Kanal unterstützt. Bei CMYK und Lab bietet Photoshop Extended 8 oder 16 Bit/Kanal an.

Pixel-Seitenverhältnis und Videogröße

Photoshop Extended öffnet ein Video immer in seiner ursprünglichen Größe. Je nach Präsentationszweck und Ausgabegerät wählen Sie die Bildgröße per **Bild: Bildgröße** sowie das Pixel-Seitenverhältnis mit dem Befehl **Bild: Pixel-Seitenverhältnis**. So nutzen Sie beispielsweise eine geringe Bildgröße für Webvideos oder die ganze Bildgröße mit dem richtigen Pixel-Seitenverhältnis für eine Vollbildpräsentation an einem Bildschirm im 16:9-Format.

Tipp

*Häufig stellen Sie nach dem Öffnen eines Videos Interferenzen der Halbbilder fest. Glätten Sie die Bilder mit dem Befehl **Ebene: Videoebenen: Footage interpretieren** und wählen Sie DE-INTERLACE. Legen Sie die Reihenfolge der Halbbilder, eventuelle Alphakanäle und die Framerate fest.*

Teil 7 • Online-Auftritt

So nutzen Sie die Zeitleiste in der Animationspalette

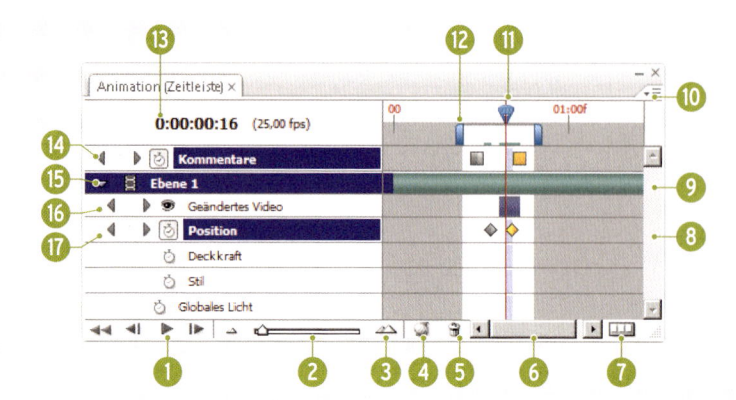

❶ Kontrollfeld für die Wiedergabe:
Doppelpfeil links ◀◀: zum Anfang der Präsentation;
Pfeil/Linien-Kombinationen ◀❘ ❘▶: Vor- und Zurückspulen (Bild für Bild);
Pfeil nach rechts ▶: Animation starten und stoppen.
Tonwiedergabe erfolgt per Klick bei gedrückter [Alt]-Taste.

❷ Zoomen: mit dem Regler in der Zeitleiste reicht stufenlos bis hin zur Einzelframe-Anzeige.

❸ Zoomen in Stufen führt mit jedem Klick weiter in die Zeitleiste. Der Regler links daneben springt mit.

❹ Zwiebelschichten-Modus: Zeigt den Inhalt des aktuellen Frames sowie Einzelbilder davor und/oder danach (Hilfe bei Bild-für-Bild-Animationen). Mit Zwiebelschichteneinstellungen im Menü der Animationspalette regeln Sie Anzahl anzuzeigender Frames, Frame-Abstand der Anzeige (je ein oder mehr Frames zurück oder vor) sowie Deckkraft und Füllmethode der Bildschirmdarstellung.

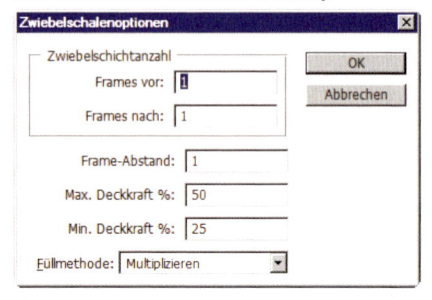

❺ Löschen: von Frames; Einzelbild anwählen und auf den Papierkorb klicken.

❻ Navigieren: per Fensterleiste durch größere Videosequenzen bewegen

❼ Konvertieren: Inhalt der Zeitleiste in Frame-Animation umwandeln

❽ Keyframe: Die gelbe Raute zeigt einen gesetzten Keyframe an. Ein neuer Keyframe entsteht durch Verschieben des Markers und Ändern der Ebeneneigenschaften. Änderungen der Ebeneneigenschaften benötigen mindestens zwei Keyframes.

❾ Belegte Videoebene: Wird signalisiert durch türkisfarbenen Balken und parallel im Ebenenfenster angezeigt.

❿ Zeitleisten-Menü:
Die Registerzunge mit vielfältigen Funktionen erscheint per Klick.

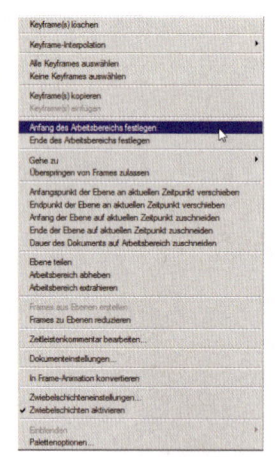

⓫ Marker für das aktuelle Frame; er wird in der Zeitachse oben per gedrückter Maustaste verschoben.

⓬ Arbeitsbereich wird markiert durch die blauen Regler links und rechts. Sie können nach Bedarf verschoben werden.

⓭ Dauer des Videos, zu ändern per Doppelklick. Per Dokumenteinstellungen (Menü der Animationspalette) wird die Framerate eingegeben.

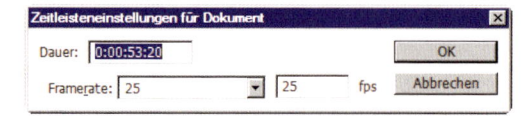

⓮ Kommentarfenster: Für Vermerke zu Bildattributen, generiert Keyframes: Marker in der Zeitleiste an die gewünschte Stelle setzen und auf das Stoppuhrsymbol ⏱ links neben Kommentare klicken, dann Text eingeben. Weitere Kommentare/Keyframes erzeugt der Klick auf das Rautensymbol ◆ links zwischen den Vor- und Zurück-Pfeilen.

⓯ Aktuelle Videoebene ist angewählt. Klick auf das Dreieck links zeigt oder verbirgt die Ebeneneigenschaften.

⓰ Bearbeitetes Frame wird durch den blauen Balken in der Zeitleiste angezeigt, der mit jedem veränderten Frame wächst. Per Pfeiltasten links springen Sie zu bearbeiteten Einzelbildern.

⓱ Ebeneneigenschaften für einzelne Bildfolgen oder das gesamte Video: Position, Deckkraft, Stil und Globales Licht. Änderungen erfolgen mit Keyframes.

Videos in Photoshop Extended

gabegerät wählen Sie die Bildgröße per **Bild: Bildgröße** sowie das Pixel-Seitenverhältnis mit dem Befehl **Bild: Pixel-Seitenverhältnis**. So nutzen Sie beispielsweise eine geringe Bildgröße für Webvideos oder die ganze Bildgröße mit dem richtigen Pixel-Seitenverhältnis für eine Vollbildpräsentation an einem Bildschirm im 16:9-Format.

Tipp
Häufig stellen Sie nach dem Öffnen eines Videos Interferenzen der Halbbilder fest. Glätten Sie die Bilder mit **Ebene: Videoebenen: Footage interpretieren** *und wählen Sie* DE-INTERLACE. *Legen Sie die Reihenfolge der Halbbilder, eventuelle Alphakanäle und die Framerate fest.*

Abbildung 23.63
Das Pixel-Seitenverhältnis eines Videos bestimmen Sie im gleichnamigen Auswahlfenster je nach Ausgabezweck individuell.

Probieren Sie eventuell Größe und Pixel-Seitenverhältnis an einem Ausgabegerät aus: Schließen Sie Videomonitor oder Videokamera mit Firewire am Rechner an: **Mit Datei: Exportieren: Videovorschau an Gerät senden** zeigt Photoshop die Videovorschau. Bestimmen Sie Ausgabeoptionen wie Seitenverhältnis, Ausgabemodus oder Framegröße. Alphakanäle werden in der Ansicht nicht unterstützt. Transparenzen erscheinen schwarz.

Malen Sie auf Frames in Videoebenen

Mit diversen Werkzeugen können Sie einzelne Videoframes bearbeiten, etwa mit Pinselwerkzeugen, Kopierstempel, Musterstempel, Wischfinger oder Reparaturpinsel. Selbst aus einem einzelnen Foto erzeugen Sie mit diesen Werkzeugen eine Videosequenz.

Wenn Sie das Bild öffnen und die Animationspalette per **Fenster: Animation** aufrufen, befindet sich kein Bild in der Zeitleiste. Benennen Sie mit Doppelklick auf HINTERGRUND-EBENE im Ebenenfenster Ihre Ebene um: Sie wird entsperrt und erscheint nun als Videobalken in der Zeitleiste. Als ersten Schritt geben Sie nun Länge und Framezahl Ihrer Animation vor: Im Menü der Zeitleiste oben rechts ▼≡ erscheint nach der Auswahl von DOKUMENTEIGENSCHAFTEN das Fenster, in dem Sie DAUER und FRAMERATE pro Sekunde festlegen.

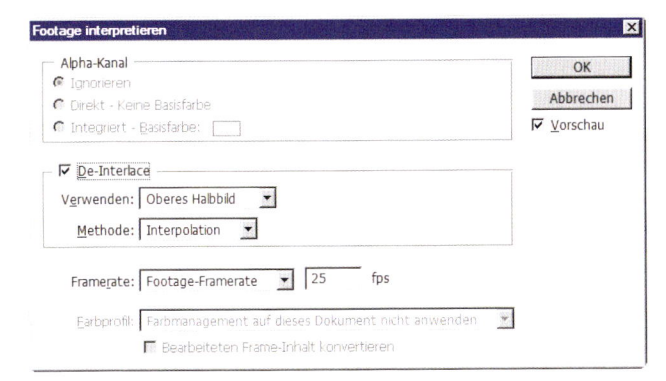

Abbildung 23.62 Oben: Das geöffnete Video zeigt ausgefranste Kanten. **Unten:** Die Methode »Footage interpretieren« glättete die gesamten Videoframes. Datei: TimesSquare_basic.mov

Pixel-Seitenverhältnis und Videogröße

Photoshop Extended öffnet ein Video immer in seiner ursprünglichen Größe. Je nach Präsentationszweck und Aus-

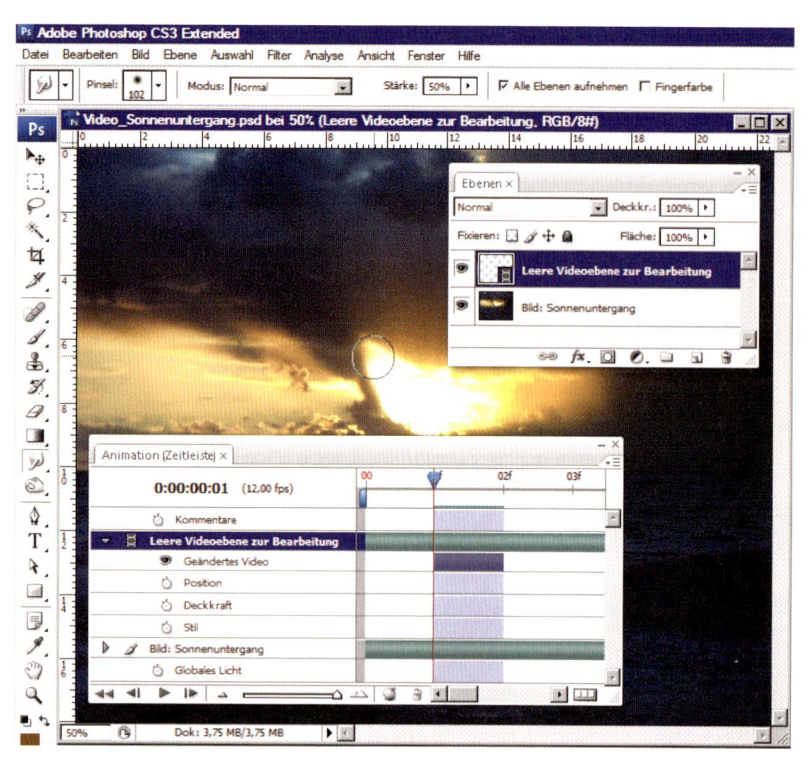

Abbildung 23.64
Das zweite Frame der Animation bearbeiteten wir mit dem Wischfingerwerkzeug auf der leeren Videoebene.
Datei: Video-Sonnenuntergang.psd

Um die Frames Ihrer künftigen Animation zu bearbeiten, ohne das Originalbild zu verändern, legen Sie nun mit **Ebene: Videoebenen: Neue leere Videoebene** eine zweite Videoebene an. Sie erscheint im Ebenenfenster oberhalb der Bildebene. Nun setzen Sie den Marker an das Einzelbild, wo Ihre Animation beginnen soll. Wählen Sie eines der verfügbaren Werkzeuge zur Bearbeitung dieses Frame. Bei Werkzeugen, die den Bildinhalt des Originals verändern, wie z.B. der Wischfinger, aktivieren Sie unbedingt das Kontrollkästchen Alle Ebenen aufnehmen in der oberen Werkzeugleiste von Photoshop CS3 Extended.

Kontrollieren Sie im Ebenenfenster, ob die leere Videoebene angewählt ist, und beginnen Sie Ihre Arbeit mit dem gewählten Werkzeug. Sobald Sie das Einzelbild bearbeiten, erscheinen in der Animationspalette die Ebeneneigenschaften als Geändertes Video. Ein blauer Balken in der Zeitleiste markiert jetzt nur dieses eine geänderte Frame.

Duplizieren Sie das bearbeitete Bild mit dem Befehl **Ebene: Videoebenen: Frame duplizieren**: Photoshop fügt das Duplikat direkt nach dem zuerst bearbeiteten Bild ein. Fahren Sie mit dieser Methode nun fort, jedes folgende Einzelbild weiterzubearbeiten.

Animation mit Kopierquellen

Per Kopierstempel und Reparaturpinsel retuschieren und animieren Sie mit der Kopierquellepalette. Sie können die Optionen für Deckkraft, Ineinanderkopieren, Skalieren und Frameversatz eingeben sowie die Überlagerung anzeigen.

Unter **Fenster: Arbeitsbereich: Video und Film** öffnet sich die Kopierquellenpalette auch in der Standardversion von Photoshop CS3. Während Sie dort jedoch bei jedem Einzelbild mit Ebenen und Ebenensichtbarkeiten jonglieren müssen, bietet die Zeitleiste der Extended-Ausgabe einen komfortablen Umgang mit Kopierquellen.

Bleiben Sie ruhig im **Standardarbeitsbereich** von Photoshop Extended und rufen Sie die Kopierquellepalette per **Fenster: Kopierquelle** auf. Öffnen Sie ein Bild oder Video und legen Sie, wie im vorherigen Abschnitt beschrieben, eine leere Videoebene in der Zeitleiste an. Bereiten Sie ein oder mehrere Bilder vor, die Sie als Kopierquelle nutzen wollen. Maximal fünf Kopierquellen stehen in der Palette zur Verfügung.

Klicken Sie in der Kopierquellenpalette auf das erste Icon für die Kopierquelle und dann mit dem Kopierstempel der Werkzeugleiste bei gedrückter Alt-Taste auf einen Be-

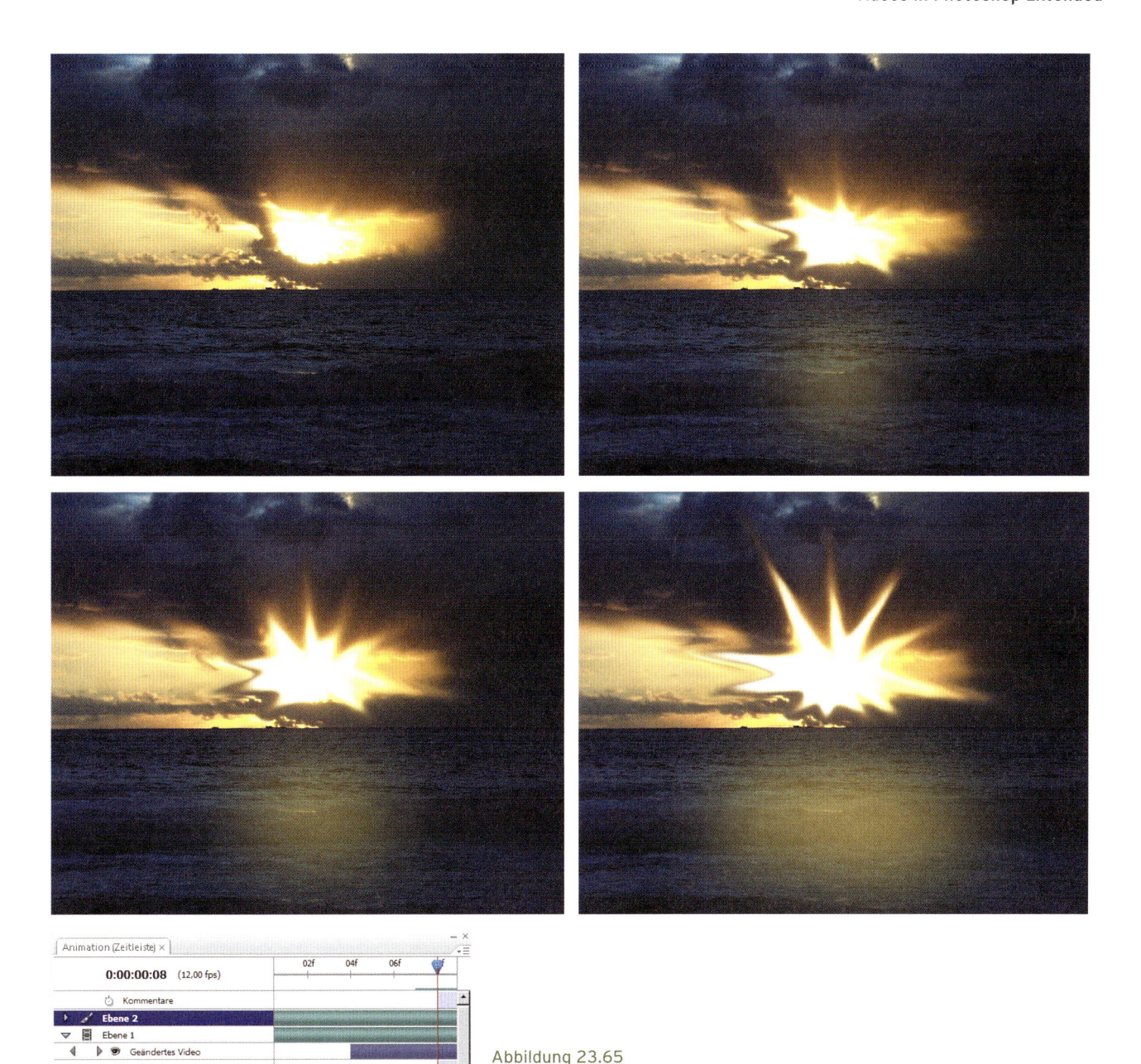

Videos in Photoshop Extended

Abbildung 23.65
Das erste Frame duplizierten wir und bearbeiteten es mit Wischfinger- und Pinselwerkzeug. Dann duplizierten wir den entstandenen zweiten Frame und veränderten ihn weiter – und so fort. Datei: Video-Sonnenuntergang2.psd

reich Ihres Kopierquellebilds. Der Name Ihrer Quelldatei erscheint unter dem aktiven Kopierquellesymbol. Setzen Sie den Marker auf den Zielframe in der Zeitleiste, mit dem Sie Ihre Animation beginnen wollen, und malen Sie mit gedrückter Maustaste auf der leeren Videoebene. Duplizieren Sie den Frame und fahren Sie nun Bild für Bild fort, weiterzumalen, bis sich Ihr Motiv immer mehr verdichtet. Haben Sie mehrere Kopierquellen in der Palette gespeichert, so genügt der Klick auf das jeweilige Kopierquelle-Icon, um mit dieser aktiven Quelle zu malen.

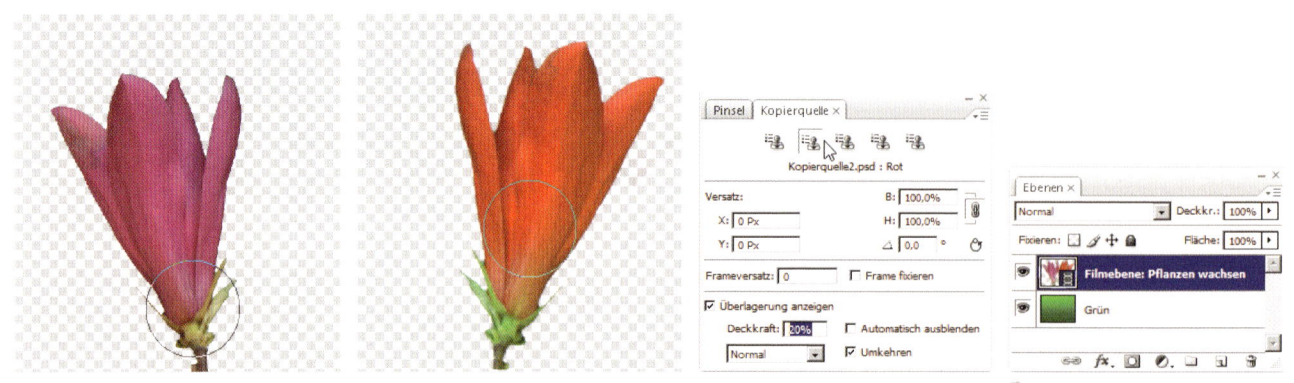

Abbildung 23.66 **Links:** Die beiden Bilder dienten in unserer Animation als Kopierquellen. **Mitte:** Kopierquellepalette und ihr Menü ≡ bieten diverse Voreinstellungen. **Rechts:** Alle Frames der Animation entstanden per Duplizieren und Weiterbearbeiten auf der leeren Videoebene. Dateien: Kopierquelle1.psd, Kopierquelle2.psd

Abbildung 23.67
Auf jedem Frame der Animation malten wir abwechselnd mit beiden Kopierquellen von unten nach oben. Datei: Video_Pflanzen.psd, Video_Pflanzen.mov

Gestalten Sie eine Diaschau

Sowohl in der Photoshop-Standardversion als auch in Photoshop Extended können Sie eine Diaschau als FRAME-ANIMATION gestalten. Ein Beispiel zur Vorgehensweise finden Sie auf Seite 692.

Gegenüber diesem Verfahren bietet die hier vorgestellte Diaschau als zeitleistenbasierte Animation in der Extended-Version im Wesentlichen Vorteile, wenn Sie:

1. alle Dateien eines Ordners als Ebenen importieren,
2. Musik unterlegen.

Sammeln Sie die Bilder für Ihre Diashow in einem Ordner und laden Sie alle Dateien auf einmal mit dem Befehl **Datei: Skripten: Dateien in Stapel laden**. Pro Bild legt Photoshop eine neue Ebenendatei an und baut die Bilder alphabetisch von oben nach unten auf; pro Einzelbild ist jeweils nur eine Ebene sichtbar. Halten Sie die Bildmaße ähnlich oder gleich groß, da alle Maße vom größten Bild bestimmt werden.

Damit Ihre Präsentation im geeigneten Rahmen stattfindet, legen Sie nun für Hintergrund und eventuellen Titel eine neue unterste Ebene im Ebenenfenster an. **Mit Bild: Arbeitsfläche** entsteht das Passepartout Ihrer Bilder.

Videos in Photoshop Extended

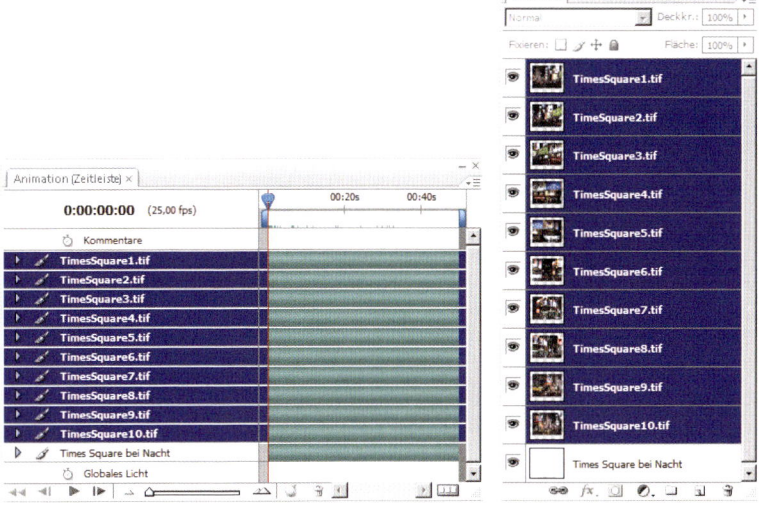

Abbildung 23.68 Wir haben alle Bilder der Diaschau mit dem Befehl »Dateien in Stapel laden« aus dem Ordner »10_Vorlagen« von der Buch-DVD geladen. Aus den exportierten Standbildern eines Videos erstellten wir die Diaschau mit Rahmen und durchgängigem Titel. Alle Bilder werden in der Zeitleistenpalette als eigene Videoebenen dargestellt. Wir wählten alle Bilder aus, die animiert werden sollten. Datei: TimesSquare_1.psd

Eine Titelebene verschmelzen Sie per Ebenenmenü-Befehl AUF EINE EBENE REDUZIEREN mit der neuen Hintergrundebene, wenn beide selektiert sind.

Öffnen Sie nun die Animationspalette mit **Fenster: Animation im Zeitleiste-Modus**, stellt das Programm alle Bilder als eigene Videoebenen dar. Wählen Sie mit gedrückter ⇧-Taste nun alle Videoebenen aus, die animiert werden sollen – nicht jedoch Ihre Hintergrundebene, denn diese soll konstant hinter allen Bildern stehen.

Im Menü der Animationspalette erstellen Sie nun FRAMES AUS EBENEN. Bewegen Sie den Marker in der Zeitleiste über die Bilder, so stellen Sie fest, dass jedes Einzelbild für die Länge eines Frame erscheint. Um nun jedem Einzelbild die richtige Anzeigedauer zuzuweisen, verwandeln Sie Ihre Zeitleistenanimation kurzfristig in eine Frame-Animation: Klicken Sie dazu auf das Symbol unten rechts in der Animationspalette. Selektieren Sie alle Bilder der Palette mit gedrückter ⇧-Taste und weisen Sie allen Bildern die gleiche Anzeigedauer zu. Klicken Sie dazu in einem Frame auf die Anzeige SEK. und geben Sie die gewünschte Zeit für alle Einzelbilder ein. Wechseln Sie mit dem Icon zurück zur Zeitleiste und spielen Sie die Animation ab: Jedes Bild bleibt für die eingegebene Dauer stehen.

Aus der Addition der Anzeigedauer für jeden Frame ergibt sich die Gesamtlänge der Animation. Nicht unwichtig, wenn Sie Musik in entsprechender Länge unterlegen wollen. Durchaus absurd ist allerdings die nötige Vorgehensweise beim Tonimport, denn Photoshop Extended akzeptiert nur Sounddateien im Videoformat MOV, AVI oder MPEG; gängige Audioformate wie WAV oder AIFF funktionieren nicht.

Öffnen Sie die abgespeicherte Tondatei ohne Bild mit **Datei: Öffnen** und ziehen Sie das leere Dateifenster auf Ihr aktuelles Diaschaufenster. Die Tonspur erscheint als eigene Ebene in Ebenen- und Animationspalette.

Abbildung 23.69 Die selektierten Videoebenen der Zeitleistenpalette konvertierten wir kurzfristig in eine Frame-Animation und wiesen den Einzelbildern dieselbe Anzeigedauer zu.

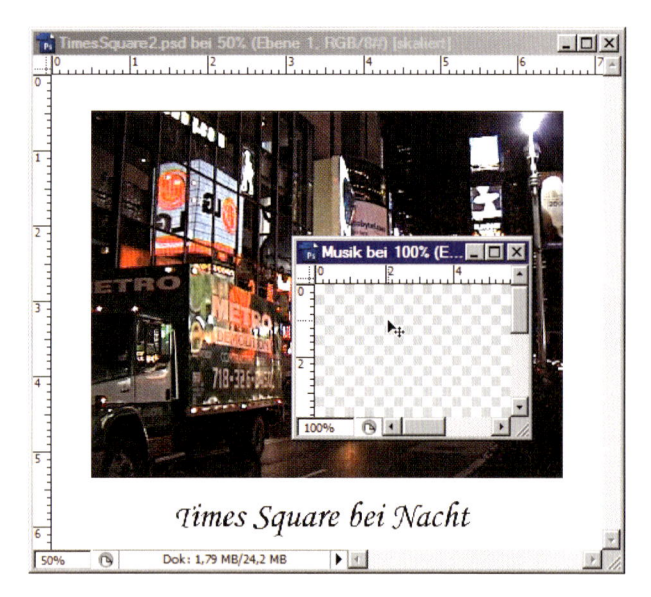

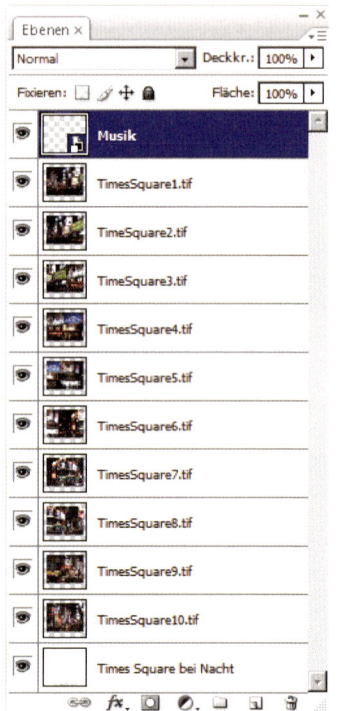

Abbildung 23.70
Mit dem Verschiebenwerkzeug ziehen Sie eine neue Tonspur in Ihre Diaschau. Sie erscheint als eigene Ebene in Ihrer Datei. Dateien: TimesSquare_2.psd, Musik.mov

Tipp

Photoshop Extended öffnet Ihr Video mit Sound, sofern eine Tonspur vorhanden ist. Hören können Sie den Ton, indem Sie zum Abspielen der Videovorschau beim Klick auf die Play-Taste in der Animationspalette zusätzlich die Alt *-Taste gedrückt halten. Die Tonspur ist nicht bearbeitbar, wird jedoch bei der Videoausgabe mit exportiert.*

Stabilisieren Sie verwackelte Bilder

Viele spontane, oft unwiederbringliche Szenen, werden mit der Videokamera von Hand – ohne Stativ – aufgenommen. Entsprechend verwackelt erscheint das Bild. Mit Photoshop Extended können Sie das Beste daraus machen. In wenigen Schritten und mit ein bisschen Geduld für die Rechenzeit kommen Sie zu erstaunlichen Ergebnissen.

Abbildung 23.71
Per Zwiebelschichten-Modus im Menü der Zeitleistenpalette werden zehn Bilder unseres Videos dargestellt. Die Aufnahme scheint fast unrettbar verwackelt. Datei: Eichhoernchen_1.psd

Arbeitsschritte im Einzelnen:

1. Öffnen Sie ein verwackeltes Video mit **Datei: Importieren: Videoframes in Ebenen**. Das Programm stellt alle Einzelbilder als einzelne Videoebenen in der Zeitleistenpalette dar. In Hinblick auf die spätere Rechenzeit reduzieren Sie eventuell die Bildgröße Ihres Videos per **Bild: Bildgröße**.

2. Beim Import erscheint eine Schaltfläche mit mehreren Optionen. Klicken Sie in Zu importierender Bereich auf Von Anfang bis Ende, wenn Ihr Video nicht allzu lang ist oder Sie das bestmögliche Bildergebnis erhalten wollen. Oder Sie begrenzen die Videokorrektur nur auf einen Teil des Films, indem Sie Nur ausgewählter Bereich anklicken. Begrenzen Sie lange Videosequenzen auf jeden xten Frame, damit später die Berechnung nicht zu lange dauert. Je höher die Zahl der begrenzten Frames ist, umso weniger überzeugend wird das Ergebnis sein. Achtung: Wählen Sie nicht Frame-Animation erstellen.

3. In der Zeitleistenpalette selektieren Sie nun alle betroffenen Videoebenen für die Korrektur der Verwacklung und wählen den Befehl **Bearbeiten: Ebenen automatisch ausrichten**. Im folgenden Fenster Projektion geben Sie Auto an. Je nach Rechnerkapazität und Videolänge kann das einige Zeit in Anspruch nehmen.

Videos in Photoshop Extended

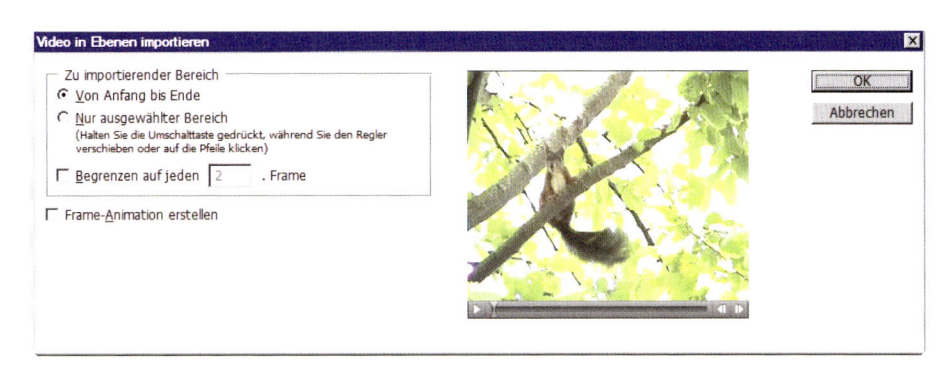

Abbildung 23.72
Für unsere Videokorrektur wählten wir im Fenster »Video in Ebenen importieren« die Option »Von Anfang bis Ende«, um das beste Ergebnis zu erhalten. Dann reduzierten wir die Bildgröße des ursprünglichen DV-Formats von 720x576 Pixel auf ein webgerechtes Maß von 400x320 Pixel. Dateien: Eichhoernchen_1.psd, Eichhoernchen.mov

Abbildung 23.73 Der Befehl »Ebenen automatisch ausrichten« mittelt jedes Einzelbild eines Videos und gleicht Verwacklungen aus. Datei: Eichhoernchen_2.psd

4. Wählen Sie den Befehl **Frames aus Ebenen erstellen** im Menü der Zeitleistenpalette und begutachten Sie das Resultat beim Abspielen des Videos.

5. Mit dem Freistellungswerkzeug aus der Werkzeugleiste beschneiden Sie nun das Video auf den idealen Bereich ohne transparenten Rand.

Abbildung 23.74
Die PSD-Datei wurde mit dem Freistellungswerkzeug beschnitten, um die transparenten Ränder zu entfernen. Datei: Eichhoernchen_3.psd, Datei: Eichhoernchen_3.mov

6. Nach Belieben können Sie ausgewählte Videoebenen noch in Smart Objekte konvertieren. Dies geschieht mit dem Befehl **Ebene: Smart Objekte: In Smart Objekte konvertieren**. Wenn Sie alle Ebenen ausgewählt haben, entsteht eine einzige Videoebene. Experimentieren Sie dann eventuell mit den vielfältigen Möglichkeiten der Videobearbeitung unter **Ebene: Smart Objekte: Stapelmodus**.

Speichern Sie das Video

Exportieren Sie Ihr Video als QUICK TIME MOVIE in verschiedenen Varianten wie MOV, AVI oder MPEG-4 mit dem Befehl **Datei: Exportieren: Video rendern**. Je nach Format stehen verschiedene EINSTELLUNGEN zur Verfügung (der kostenlose QuickTime-Player von Apple muss dazu installiert sein):

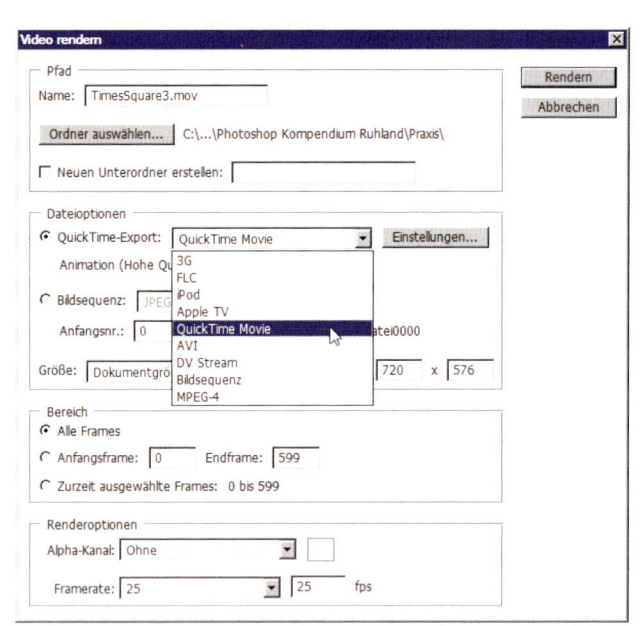

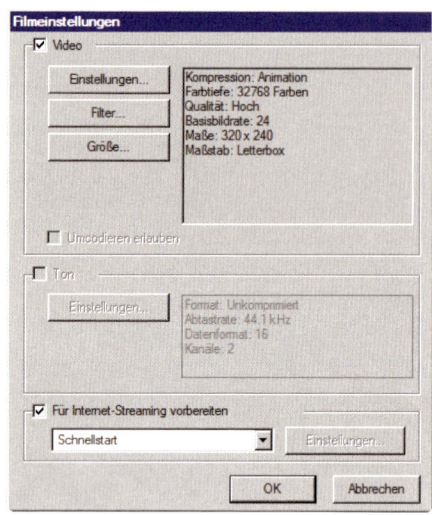

Abbildung 23.75 Mit den Befehlen »QuickTime-Export« und »Einstellungen« erscheinen die aktuellen Exportvorgaben Ihres Videos im Fenster »Filmeinstellungen«. Bestimmen Sie das ideale Ausgabeformat und die optimale Kompression – vom Webvideo bis hin zur unkomprimierten Vollbildpräsentation.

» Im Fenster FILMEINSTELLUNGEN legen Sie weitere EINSTELLUNGEN, FILTER und GRÖSSE des Videos fest. Gegebenfalls wählen Sie FÜR INTERNET-STREAMING VORBEREITEN.

» Mit Klick auf EINSTELLUNGEN öffnen Sie die STANDARDEINSTELLUNGEN FÜR VIDEO-KOMPRIMIERUNG. Unter KOMPRIMIERUNGSART finden Sie eine Anzahl unterschiedlicher Kompressoren, die jeweils eigene Optionen anbieten. Bedenken Sie bei der Wahl des Kompressors, wie bewegt oder wie statisch die Bilder Ihres Videos sind. Berücksichtigen Sie auch Ausgabezweck des Videos und Bildqualität. Legen Sie BILDRATE, KEYFRAMES und für die Präsentation im Web auch die DATENRATE fest. Unter KOMPRESSION regeln Sie die Qualität der Bilder. Manche Kompressoren erlauben auch die Wahl der FARBTIEFE.

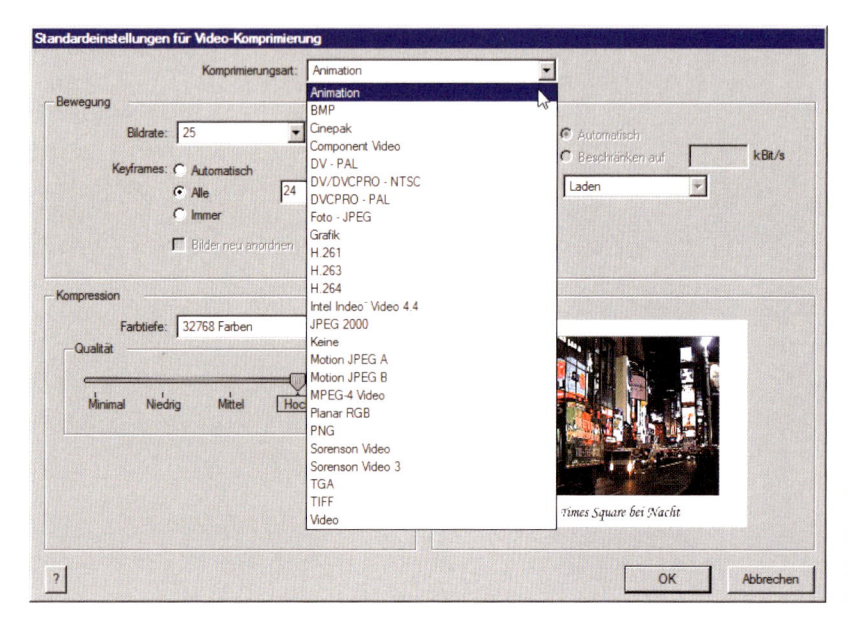

Abbildung 23.76
Im Fenster »Filmeinstellungen« klicken wir auf »Einstellungen«, um die Kompression festzulegen. Für unsere statische Diaschau wählten wir einen Kompressor, der auch die Farbtiefe reguliert.

Videos in Photoshop Extended

» Die Taste FILTER im Fenster FILMEINSTELLUNGEN bietet eine Auswahl von Filtern, die Sie Ihrem Video generell zuweisen können. Beispielsweise wählen Sie KANTENERKENNUNG, SCHARFZEICHNEN, WEICHZEICHNEN, SPEZIALEFFEKTE oder verschiedene KORREKTUREN.

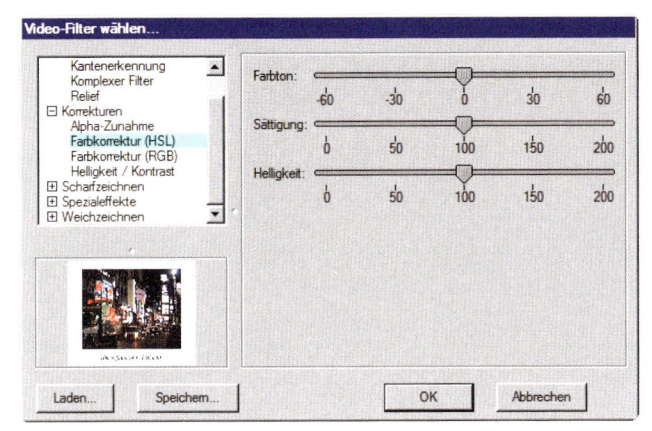

Abbildung 23.77 Die Taste »Filter« im Fenster »Filmeinstellungen« bietet diverse Filter, um Videos zu korrigieren oder mit Effekten zu versehen.

» Unabhängig von der Quellgröße Ihres Photoshop-Videos legen Sie im Fenster FILMEINSTELLUNGEN mit Klick auf die Taste GRÖSSE die Einstellungen für die Exportgröße des Videos fest. Unter MASSE finden Sie genormte Standardgrößen, können jedoch auch per ANPASSEN eigene Größenverhältnisse eingeben. LETTERBOX skaliert ein 16:9-Bild so, dass es auf einen 4:3-Monitor passt. Bedenken Sie das Verhältnis von Höhe und Breite Ihres Videos, wenn Sie fixe MASSE auswählen, um Verzerrungen der Proportionen zu vermeiden.

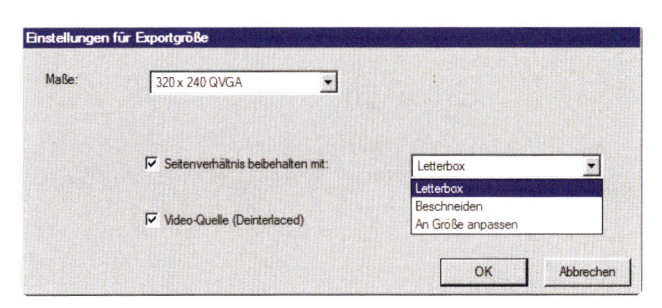

Abbildung 23.78 Mit »Größe« im Fenster »Filmeinstellungen« legen Sie die Exportgröße Ihres Videos fest. Wir setzten in Photoshop die Größe der weißen Arbeitsfläche auf 768x576 Pixel, um beim Export in der genormten kleineren Größe von 320x240 Pixel keine Bildverzerrungen zu erhalten. Dateien: TimeSquare_3.psd, Dateien: TimeSquare_3.mov

Kapitel 24
Speichern für Internetseiten und Mobilgeräte

Wenn Sie Bilder für WWW-Seiten oder mobile Endgeräte speichern, soll die Dateigröße klein bleiben, der Qualitätsverlust allerdings auch – täglich müssen Webdesigner und Kreativprofis den Spagat zwischen möglichst hoher Qualität einerseits und niedriger Dateigröße andererseits bewältigen. Aus diesem Grund beschäftigen wir uns auf den folgenden Seiten mit der Wahl des geeigneten Dateiformats sowie der richtigen Farbtabelle für GIF- und PNG-Bilder und wir diskutieren die Transparenzfrage.

24.1 Die Wahl des Dateiformats

Nur drei Bilddateiformate aus dem Spektrum von Photoshop spielen im Internet wirklich eine Rolle: GIF, JPEG und PNG. Das PNG-Format unterscheidet zwischen PNG-8 (8 Bit Farbtiefe, maximal 256 Farben) und PNG-24 (24 Bit Farbtiefe, 16,7 Millionen Farbtöne möglich). Außerdem finden Sie noch das weniger verbreitete WBMP.

Alle Formate sollen die Dateigröße stark verringern, um die Übertragungszeit zu verkürzen. Das Dateiformat JPEG 2000 kommt weiterhin nicht in die Gänge, Sie müssen es bei Photoshop CS3 erst von Hand nachrüsten (Seite 795).

Die verfügbaren Formate bieten sehr unterschiedliche Eigenschaften und Komprimierungstechniken. Man verwendet also je nach Bildtyp und Aufgabe bewusst ein bestimmtes Format.

Unterschiede im Überblick
So unterscheiden sich die fürs Internet wichtigen Formate GIF, JPG, PNG und JPEG:

» Für Verläufe, fein abgestufte Hintergrundmotive, Porträts und alle üblichen Halbtonfotos nimmt man JPEG (Seite 173).

» Motive, die frei ausgeschnitten vor dem Hintergrundmuster stehen sollen – darunter auch Schriftzüge –, speichert man trotz der Beschränkung auf lediglich 256 Farben bevorzugt als GIF (Seite 719)

» GIF ist auch die bessere Wahl für harte Grafiken und Schriften, die ohne Kantenglättung entstanden sind.

» Für Animationen (Trickfilme) wählen Sie ebenfalls GIF – als die von Photoshop gebotene Alternative zum Flash-Format.

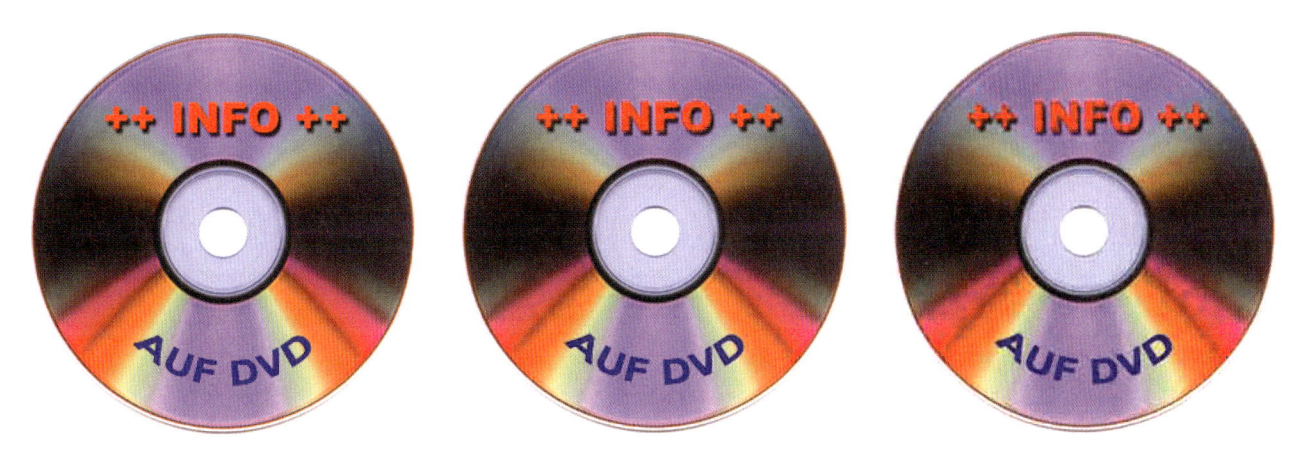

Abbildung 24.1 JPEG-Kompression im Vergleich: **Links:** Die Vorlage für diese Schaltfläche beansprucht im RGB-24-Bit-Farbmodus 528 Kbyte Arbeitsspeicher und bei verlustfreier TIFF-LZW-Komprimierung 151 Kbyte Festplatte. **Mitte:** Die TIFF-Vorlage wird im JPEG-Format auf 14 Kbyte komprimiert, leichte Kantenfehler sind zu sehen. **Rechts:** Bei Komprimierung bis auf 7 Kbyte treten die typischen JPEG-Fehler (Artefakte) massiv auf: Schleierbildung, künstliche Schatten und Farbblöcke. Im Beispiel gut zu erkennen: JPEG eignet sich eher für nuancierte Halbtonübergänge als für harte Konturen. Vorlage: JPEG_d.psd

» PNG verwendet man seltener, weil das Format nur von neueren Internetbrowsern unterstützt wird und weil die Dateigröße weder zu JPEG noch zu GIF eine attraktive Alternative bildet.

Die Tabelle nennt noch einmal die wichtigsten Unterschiede:

	GIF	JPEG	JPEG 2000	PNG-8	PNG-24
Weit verbreitet	✓	✓	✗	✗	✗
Gut für hart konturierte Grafik	✓	✗	✗	✓	✓
Gut für nuancierte Halbtöne	✗	✓	✓	✗	✓
Speichert Vektoren und Text als Vektor	✗	✗	✗	✗	✗
Animation	✓	✗	✗	✗	✗
Animation anhalten per Browser-Schaltfläche/ per Kontextmenü [3]	✓/✗	✗	✗	✗	✗
Bildgröße änderbar ohne spezielle Browser-Funktion	✗	✗	✗	✗	✗
Transparenz mit harten Kanten	✓	✗	✗	✓	✓
Transparenz mit weichen Kanten	✗	✗	✗	✗	✓[1]

	GIF	JPEG	JPEG 2000	PNG-8	PNG-24
Komprimierung ohne Verlust	✓	✗	✓	✓	✓
Komprimierung mit Verlust	✗[2]	✓	✓	✗	✗

[1] Internetbrowser benötigt Zusatz-Plug-In für sogenannte »Alpha-Transparenz« (wenig verbreitet).
[2] Bei Photoshop und einigen anderen Programmen kann man eine Komprimierung mit Verlust anwählen.
[3] Browser-abhängig

GIF-Dateiformat

Das GIF-Dateiformat (auch »CompuServe GIF«) wirkt mit seinen nur 256 Farbtönen (8-Bit-Farbtiefe) reichlich eingeschränkt. Doch für Trickfilme (Animationen), Freisteller sowie Bilder mit harten Kanten auf Internetseiten ist es weiterhin überaus beliebt. GIF wird auf Internetseiten häufig verwendet und kann von jedem grafikfähigen Browser angezeigt werden.

Die Optionen des Dialogfelds im Fenster **Für Web und Geräte speichern** für GIF und PNG-8 ähneln sich weitgehend. Die meisten Sonderfunktionen von GIF besprechen wir in separaten Hauptabschnitten – Näheres finden Sie also unter »Animation« (Seite 691), »Transparenz« (Seite 728) und »Farbtabelle und Farbwahl« (Seite 722). Das JPEG-Dateiformat hat ab Seite 173 seinen Auftritt.

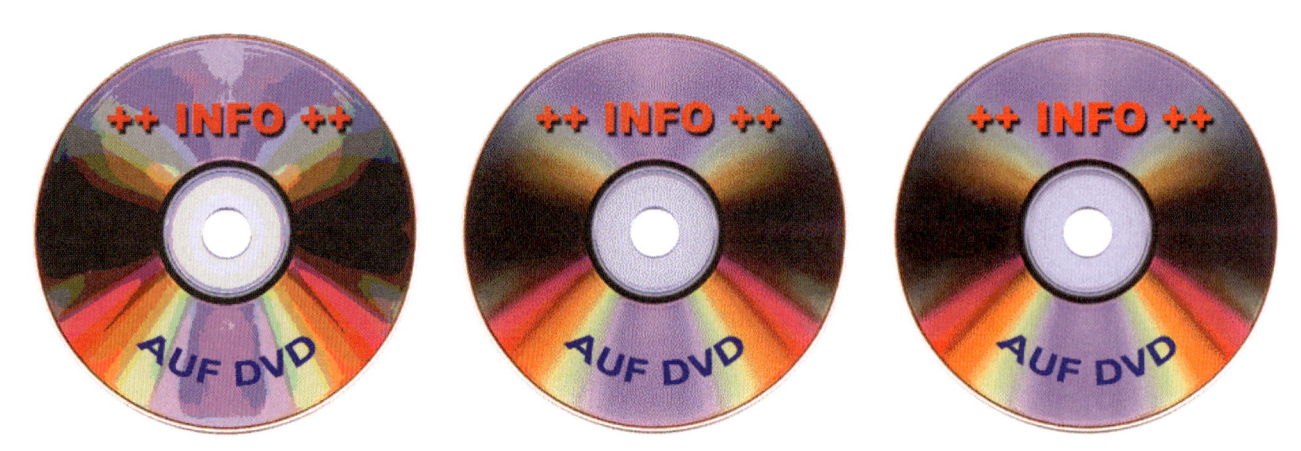

Abbildung 24.2 Im Vergleich zu JPEG erzeugt das GIF-Dateiformat aufgrund seiner Beschränkung auf maximal 256 Farben (8-Bit-Farbtiefe) ganz andere Ergebnisse. **Links:** Gibt man im Dialogfeld die »Web«-Farbpalette ohne das Dithering-Streuraster an, entstehen grobe Farbsprünge bei einer Dateigröße von nur 16 Kbyte; Konturen bleiben jedoch im Vergleich zum JPEG-Format sauber erhalten. **Mitte:** Hier wurde ebenfalls die »Web«-Palette verwendet, aber mit 100 Prozent Dithering (Farbstreuung); dieses Verfahren simuliert Halbtöne und erhöht die Dateigröße auf 30 Kbyte. **Rechts:** Ebenfalls rund 28 Kbyte beansprucht diese Variante: Die »Selektiv«-Farbpalette dieses Bilds enthält die 64 wichtigsten Tonwerte – ohne Rücksicht auf Webtauglichkeit. Das GIF-Format eignet sich allgemein eher für harte Konturen als für weiche Farbübergänge.
Vorlage: JPEG_d.psd

Zwei verschiedene Wege bieten sich an, um GIF-Dateien zu erzeugen:

» Sie speichern ein Bild auf die übliche Weise mit **Datei: Speichern unter** und stellen das FORMAT auf COMPUSERVE GIF. Per Klick auf SPEICHERN öffnet sich das Fenster mit den Einstellungsmöglichkeiten für INDIZIERTE FARBE. Sie können übrigens ein Bild mit den Optionen desselben Fensters auch bereits vor dem Speichern definieren, und zwar per **Bild: Modus: Indizierte Farbe**.

» Detaillierter und wesentlich anschaulicher bestimmen Sie die Speicheroptionen für ein GIF-Bild mit dem Befehl **Datei: Für Web und Geräte speichern**. In der Mehrfachvorschau testen Sie unterschiedliche Einstellungen der GIF-Vorwahl. Mögliche Ergebnisse sehen Sie in den bis zu drei OPTIMIERT-Vorschaufenstern.

Interlaced

Mit der Vorgabe INTERLACED (Zeilensprung) baut sich das Bild anders auf dem Monitor auf: Statt nach und nach, Zeile für Zeile auf die Bildfläche zu trudeln, erscheint sofort das komplette Rechteck (bzw. die freigestellte Form) – erst verschwommen, dann immer klarer.

Lossy

LOSSY bedeutet »mit (Qualitäts-)Verlust«. Dies ist ein spezielles Verfahren, mit dem GIF-Dateien durch Qualitätsverlust noch kleiner gestaucht werden. Andere Programme bieten das Verfahren nicht, können solche Dateien aber gleichwohl öffnen – sie sind voll kompatibel zum GIF-Standard. Sie sparen Speicherplatz von rund 5 bis 30 Prozent; allerdings verursachen schon niedrige Werte sichtbare Bildstörungen. Sie können LOSSY nicht in Verbindung mit INTERLACED oder mit den Dither-Verfahren MUSTER oder RAUSCHEN verwenden.

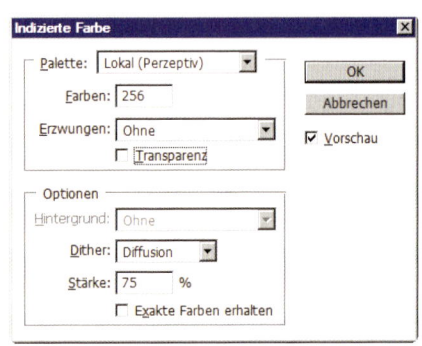

Abbildung 24.3 Links: Im Fenster »Indizierte Farbe« legen Sie die Konvertierungsoptionen für ein GIF-Bild mit maximal 256 Farben fest. **Rechts:** Mit der Wahl der »Palette« regeln Sie die Farbdarstellung. Per »Vorschau« sehen Sie die Änderungen Ihrer Einstellungen direkt im Bild.

PNG-Dateiformat

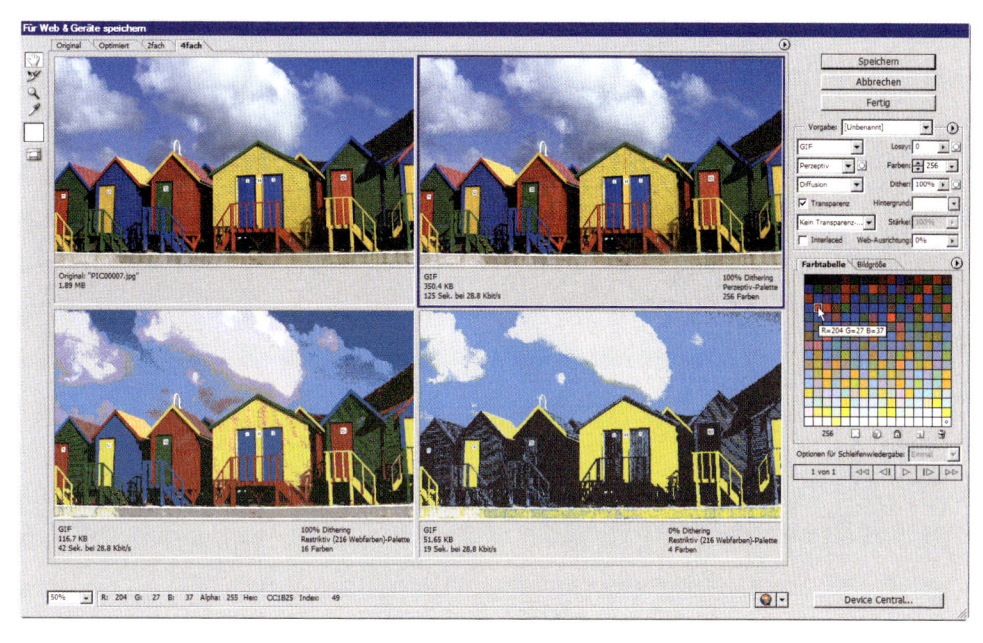

Abbildung 24.4
Den optimalen Kompromiss zwischen Dateigröße und Bildqualität testen Sie in der Mehrfachvorschau des Befehls »Für Web und Geräte speichern«. Jede Bildvariante lässt sich per Mausklick aktivieren und mit individuellen Einstellungen versehen. Wir wählten die Lösung »Perzeptiv« mit 256 Farben im Bild oben rechts.

PNG-Dateiformat

Kenner sagen »Ping« dazu: Das Format Portable Networks Graphics mit dem Kürzel PNG erscheint im Dialogfeld des Fensters **Für Web und Geräte speichern** als PNG-8 für 8-Bit-Grafiken (maximal 256 Farben) und als PNG-24 für Echtfarbdateien (24-Bit-Farbtiefe). Wenn Sie mit 8-Bit-Grafik arbeiten, zeigt die Farbtabelle (aufrufbar im **Fenster**-Menü) die verwendeten Farbtöne. Sehr alte Internetbrowser benötigen ein Plug-In, um überhaupt PNG-Bilder anzeigen zu können.

PNG bietet automatisch eine verlustfreie Komprimierung. Sie ist oft ein wenig, aber nicht wesentlich stärker als TIFF-LZW oder GIF. Die Bearbeitung der Farbtabelle für PNG-8 gleicht dem Umgang mit der Farbtabelle des GIF-Formats – wir besprechen sie deshalb separat ab Seite 722.

Detaillierte englische Informationen, Testbilder und zahllose Querverweise auch zu Plug-In-Anbietern gibt es unter www.libpng.org/pub/png und www.w3.org/pub/WWW/Graphics/PNG/Overview.html.

Abbildung 24.5
Unser Testbild wird mit rund 72 dpi gedruckt, also sehr grob, um die GIF-Unterschiede deutlich herauszustellen. Die RGB-Vorlage beansprucht 112 Kbyte Arbeitsspeicher bei einer Dateigröße von 129 Kbyte. **Links:** Die GIF-Version mit Webpalette bei 216 Farben und 100 Prozent Diffusion-Dithering benötigt 16 Kbyte Speicherplatz. **Mitte:** Um die Dateigröße um ein Kbyte zu senken, haben wir den »Lossy«-Regler für Datenreduktion mit Verlust auf 40 gestellt (3,9 Kbyte); dabei wirkt das Bild bereits sichtbar gestört. **Rechts:** Weitere 5 Kbyte lassen sich mit einem »Lossy«-Wert von 57 einsparen – auf Kosten einer überaus pixeligen Darstellung. Vorlage: Vorlage: RGB_a.psd

Abbildung 24.6 Wir vergleichen PNG- und GIF-Transparenz: Bei denselben Vorgaben »Selektiv« mit 256 Farben unterscheiden sich PNG-8 und GIF optisch nicht, dafür geringfügig in der Dateigröße. **Links:** PNG-8 benötigt 39 Kbyte Festplattenspeicher. **Mitte:** GIF bringt eine Dateigröße von 43 Kbyte. **Rechts:** PNG-24 brilliert mit stufenloser Transparenz und Echtfarben in der Darstellung, erfordert jedoch mit 167 Kbyte etwa den vierfachen Speicherplatz.

Transparenz

So geht das PNG-Format mit transparenten Bereichen um, in denen das Hintergrundmuster Ihrer Internetseite durchscheinen soll.

» In 8-Bit-Bildern (mit 256 Farben und Farbtabelle) legen Sie einen transparenten Bereich mit harter Kante fest: Erzeugen Sie Transparenz in Ihrer Datei und aktivieren Sie die TRANSPARENZ im Dialogfeld des Fensters **Für Web und Geräte speichern** (Seite 728).

» In Verbindung mit 24-Bit-PNGs können Sie auch »stufenlose« Übergänge nach Art eines Alphakanals oder einer Ebenenmaske speichern und damit Freisteller erzeugen, die vor unterschiedlichen Hintergrundbildern oder -mustern stehen. Dazu muss der Internetbrowser freilich mit dem Browser-Plug-In für Alpha-Transparenz bestückt sein.

24.2 Farbtabelle und Farbwahl

Das fürs Internet wichtige GIF-Dateiformat erlaubt statt der üblichen 24 Bit nur acht Bit Farbtiefe pro Bildpunkt – also maximal 256 unterschiedliche Farbtöne bzw. 255 bei angelegter Transparenz. Diese 256 Farbtöne erscheinen in einer Farbtabelle, die mit dem GIF-Bild gespeichert wird.

Jede beliebige Farbe der Farbtabelle können Sie austauschen. Auch das Dateiformat PNG mit acht Bit Gesamtfarbtiefe (PNG-8) erlaubt maximal 256 Einträge in der Farbtabelle.

Sie können ein Echtfarbbild (also mit 24 oder mehr Bit) öffnen und per **Datei: Für Web und Geräte speichern** bearbeiten. Prüfen Sie in der Mehrfachvorschau, wie es in verschiedenen 8-Bit-Varianten wirkt. Photoshops bisheriges Zusatzprogramm ImageReady zur Erstellung von Webbildern existiert in der Version CS3 nicht mehr.

Übersicht: Möglichkeiten mit der Farbtabelle

Die FARBTABELLE ist Teil des Dialogfelds im Fenster **Für Web und Geräte speichern** – und damit nicht zu verwechseln mit **Farbfeldern** und **Farbregler**. (Zwar können Sie die FARBTABELLE auch mit dem Befehl **Modus: Farbtabelle** aufrufen, doch die Möglichkeiten der Bearbeitung sind hier extrem beschränkt.)

Wahlweise verwenden Sie eine auf allen Rechnern unverfälscht darstellbare, gleichmäßige Farbtabelle, die aber die Farbschwerpunkte Ihres Bilds nicht berücksichtigt und deshalb die Bildwirkung eventuell verfremdet; oder Sie nehmen eine Farbtabelle, die genau die wichtigsten Farbtöne aus Ihrem Bild enthält, aber eventuell auf sehr alten Rechnern nicht unverfälscht erscheint.

Die Reduzierung der Farbtiefe von 24 auf 8 Bit spart zwar zwei Drittel Arbeitsspeicher. Doch auf der Festplatte – und damit auch in der Datenübertragung – sind 8-Bit-Bilder nicht unbedingt kleiner als 24-Bit-JPEG-Dateien. Darum:

» Die reduzierte Farbtiefe von GIFs sollte man vor allem für ohnehin eher grafische Motive verwenden, etwa Schriften, Schaltpläne, Organigramme, Skizzen und Farbflächen ohne Kantenglättung, und natürlich für Freisteller und Animationen.

Wahl der Farbtabelle

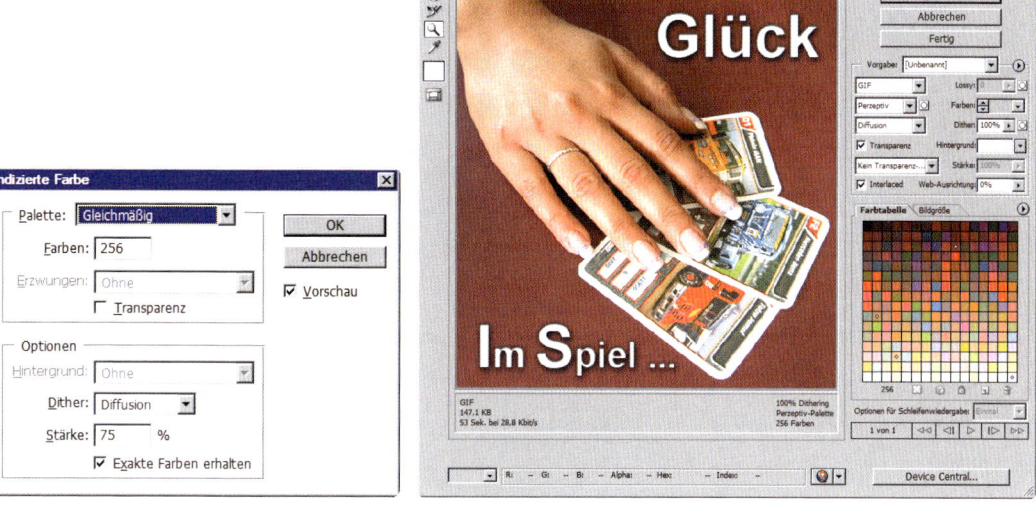

Abbildung 24.7 **Links:** Mit dem Befehl »Bild: Modus: Indizierte Farben« rufen Sie die Farbpalette auf. **Rechts:** Im Fenster »Für Web und Geräte speichern« erscheint die »Farbtabelle«, wenn GIF oder PNG-8 als Dateiformat gewählt ist. Jede der 256 Farben kann korrigiert werden.

» Fein nuancierte Vorlagen, etwa übliche Halbtonfotos, sind allemal im JPEG-Format besser aufgehoben.

» PNG verwendet man bei umfangreichen Transparenzinformationen (Alphakanal oder für jede Farbe der Farbpalette) und Metadaten.

Sie steuern die Zahl der Farben und simulieren nicht verfügbare Farben durch das regelbare DITHERING-Streuraster. Tauschen Sie einzelne Farben in der Tabelle gegen solche Farben aus, die garantiert unverfälscht in einem Internetbrowser erscheinen.

Achtung
Filter, einige Farbkorrekturen und die Ebenentechnik funktionieren nicht bei 8-Bit-Farbe. Soll ein 8-Bit-Farbbild dennoch umfangreich bearbeitet werden, wechseln Sie vorübergehend zurück zu RGB (Bild: Modus: RGB-Farbe).

Wechsel zu »Indizierten Farben«

Bevor Sie die Farbtabelle korrigieren, überführen Sie zunächst ein Echtfarbbild oder ein Graustufenbild in den 8-Bit-Farbmodus. Mögliche Wege:

» Mit dem Befehl **Datei: Für Web speichern** wählen Sie im Dialogfeld die Formate GIF oder PNG-8.

» Wählen Sie den Befehl **Bild: Modus: Indizierte Farben**. Noch bei geöffnetem Dialogfeld sehen Sie die geänderte Bildqualität. Das Dialogfeld INDIZIERTE FARBEN zeigt Photoshop auch, wenn Sie per **Speichern unter** eine Echtfarbdatei ins GIF-Format umwandeln.

Wahl der Farbtabelle

Mit unterschiedlichen Strategien reduzieren Sie die theoretisch Millionen unterschiedlichen Farbtöne einer Echtfarbdatei auf nur noch 256 Farben:

» Wählen Sie SYSTEM (MAC OS) oder SYSTEM (WINDOWS), werden Echtfarben mit den Werten aus der üblichen Farbpalette der Betriebssysteme ersetzt.

» Die Farbkollektion RESTRIKTIV (WEB) enthält jene 216 Standardfarben, die den 8-Bit-Paletten unter WINDOWS und MAC OS gemeinsam ist. Ein Bild mit 8-Bit-Farbtiefe wird damit auf verschiedenen Browsern ohne Dithering-Streuraster angezeigt; damit werden diese webtauglichen Farben nicht durch Rasterung simuliert und verfremdet.

» Verwenden Sie eine angepasste Palette wie ADAPTIV, PERZEPTIV oder SELEKTIV, um das Echtfarbbild möglichst sauber anzuzeigen. Ein Landschaftsbild bekommt dann zum Beispiel viele Blau- und Grüntöne, ein Porträt viele Rottöne.

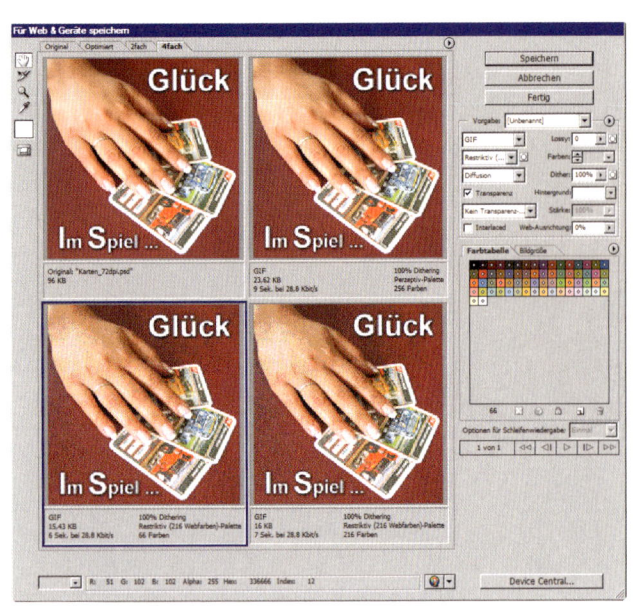

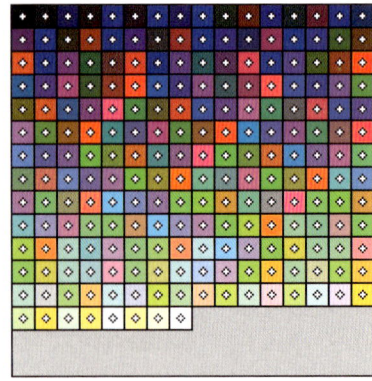

Abbildung 24.8 **Links:** Mit der Option »Restriktiv (Web)« vermeiden Sie durch websichere Farben ein sogenanntes Browser-Dithering d.h. eine eventuell verfälschte Farbsimulation des Bilds auf anderen Browsern. Dabei stellt Photoshop die Anzahl der Farben auf »Auto«; im aktiven Fenster unten links ergeben sich damit 66 Farben bei einer Dateigröße von knapp 15 Kbyte. **Rechts:** Wir erhöhen die »Auto«-Anzahl der 66 Farbtöne im Klappmenü »Farben« auf die standardgemäßen 216 Webfarben. Damit ändert sich die Bildwirkung nicht und die Dateigröße steigt minimal – auf 16 Kbyte. Vorlage: Vorlage: RGB_a.psd

Die Option ADAPTIV verwendet die häufigsten Farben des Bilds. PERZEPTIV orientiert sich eher an Farben, die vom menschlichen Auge besser wahrgenommen werden. SELEKTIV soll die Webfarben besser wahren. – Ein Nachteil bei den inzwischen kaum noch vorhandenen 8-Bit-Rechnern bestand darin, dass solche angepassten Paletten in der Farbdarstellung unzuverlässig waren.

» Die Vorgabe WBMP erzeugt eine reine Schwarzweißgrafik für Displays von Mobilgeräten. Sie kann per DITHER in Prozentstufen verfeinert werden.

Tipp
Mit der Funktion WEB-AUSRICHTUNG steuern Sie das Browser-Dithering bei Farbtabellen, die nicht der websicheren restriktiven Farbtabelle mit 216 Standardfarben entsprechen. Die Spanne für das Browser-Dithering reicht von 0 bis 100 Prozent: Je höher der Prozentwert, desto mehr websichere Farben erscheinen in der Farbtabelle, allerdings passen die Farben bei hoher »Webausrichtung« von vornherein nicht mehr so gut zum Motiv.

Die Zahl der Farben

Beschränken Sie die Zahl der Farben in der Farbtabelle auf einen notwendigen Wert, um die Dateigröße klein zu halten. Je weniger mögliche Farbtöne, desto gröber wirkt freilich Ihre Vorlage. Die Bildung von blockartigen Farbflächen lässt sich zwar effektiv mit »Diffusion Dithering« verhindern (siehe oben) – aber damit steigt wiederum die Dateigröße. Die Farbenzahl steuern Sie im Dialogfeld des Fensters **Für Web und Geräte speichern** mit dem Datenfeld FARBEN, sofern GIF oder PNG-8 als Dateiformat vorgewählt ist.

Bei der Webpalette, aber auch bei SCHWARZWEISS-, WINDOWS- und MAC OS-Palette verwendet das FARBEN-Klappmenü zunächst die Option AUTO. Damit legt die Farbtabelle nicht zwangsläufig sämtliche verfügbaren Tonwerte in der internen Tabelle an, also etwa 256 oder 216, sondern nur die tatsächlich verwendeten. Dies ändert die Bildqualität nicht, senkt jedoch die Dateigröße. So verwendet unser Beispielbild »Karten_72dpi« nur 66 Farbwerte aus der genormten Webpalette mit ihren 217 möglichen Farben, hingegen 78 Farben in der MAC OS- und 83 in der WINDOWS-Farbtabelle.

Dithering (Farbrasterung)

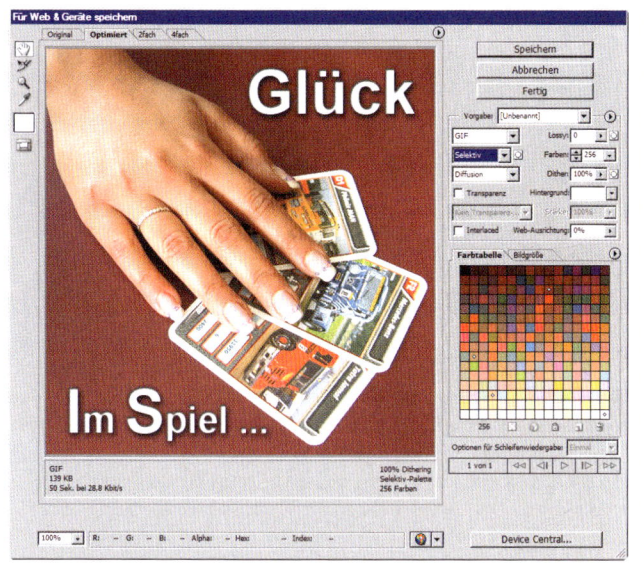

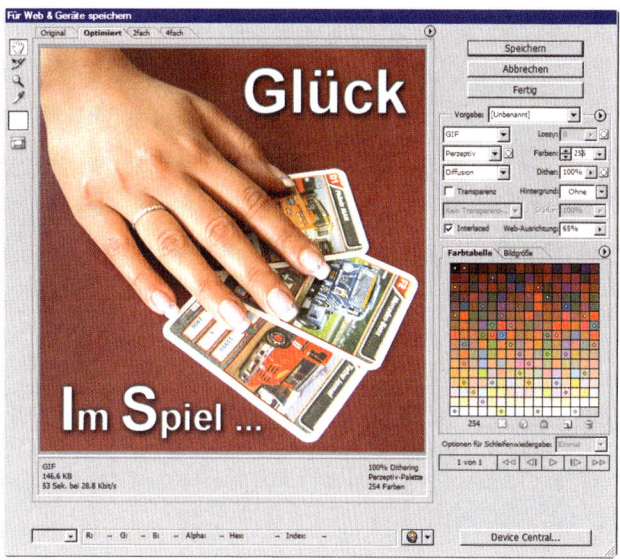

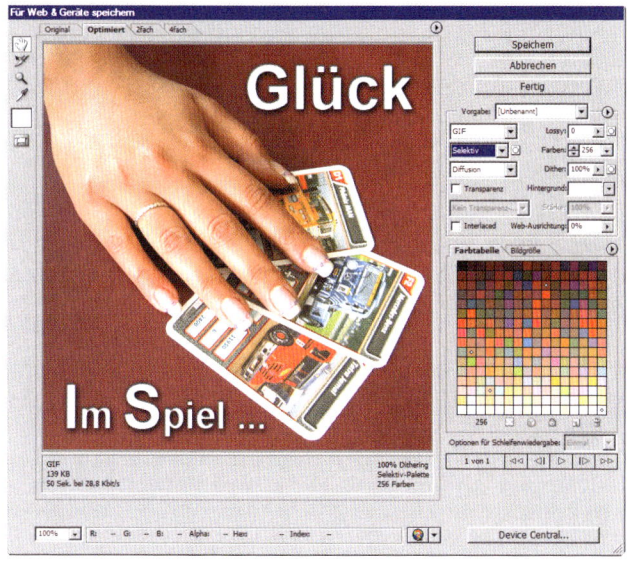

Abbildung 24.9
Mit den unterschiedlichen Farbtabellen holen Sie bei sensiblen Motiven das Beste aus Ihrem Bild. **Links oben:** »Adaptiv« legt den Schwerpunkt auf die häufigsten Tonwerte im Bild. Details wie hier der Schmuck auf den Nägeln erscheinen flau, dafür sind die Hell-Dunkel-Kontraste betont. **Rechts oben:** Die Farbtabelle unter »Selektiv« mildert die Kontraste in der Farbhelligkeit und lässt das Spektrum der helleren Farbtöne differenzierter wirken. »Selektiv« bewältigt den Spagat zwischen websicherer Darstellung und naturgetreuen Farben am besten. **Links unten:** »Perzeptiv« ähnelt dem Spektrum von »Selektiv«; in unserem Bildbeispiel ist die Farbpalette sogar identisch. Allerdings testeten wir hier die Wirkung von 65 Prozent »Web-Ausrichtung«. Vorlage: Vorlage: RGB_b.psd

Dithering (Farbrasterung)

Das »Dithering«-Streuraster bricht grobe Farbflächen in ein körniges, weniger blockartiges Muster auf. So wirken Halbtonbilder deutlich natürlicher, speziell bei Verwendung der nicht ans Bild angepassten »Web«- oder »System«-Palette. Allerdings:

» Die Dateigröße steigt gegenüber Bildern ohne Dithering, denn die einheitlichen Flächen werden in unterschiedlich gefärbte Bildpunkte aufgebrochen und das Ergebnis lässt sich schlechter komprimieren.

» An harten Kanten oder in homogenen Farbflächen entsteht ein auffälliger Streuseleffekt.

Die wichtigste Dithering-Methode ist die frei regelbare Diffusion; sie streut nach dem Zufallsprinzip Bildpunkte verfügbarer Farben eng nebeneinander und täuscht so pfiffig Farbnuancen vor, die in der Farbtabelle gar nicht erscheinen. Bei angepasster Palette und Diffusion-Dithering erkennt man oft weder am Schirm noch im Druck, dass bloß eine Acht-Bit-Datei vorlag.

Abbildung 24.10 Links: Unser Testbild erscheint hier mit »Web«-Palette, 66 »Auto«-Farben und 100 Prozent Diffusion-Dithering. Das Streuraster ist deutlich zu erkennen, dennoch wirkt das Bild besser als die »Web«-Variante ohne Dithering. Die Dateigröße beträgt 15,4 Kbyte gegenüber 9,8 Kbyte ohne Dithering. Auch die weiteren Beispiele wurden mit 66 Farben und »Web«-Palette errechnet. **Mitte:** »Muster«-Dithering, 15,8 Kbyte. **Rechts:** »Rauschen«-Dithering, 17,3 Kbyte. Abbildung hier mit groben 72 dpi. Vorlage: RGB_a.psd

Abbildung 24.11 Links: Ohne »Dither« wirken nuancierte Farbübergänge grob. Die GIF-Dateigröße ohne »Dither« beträgt bei der »Auto«-Anzahl von 66 Farben in unserem Beispiel 9,8 Kbyte. **Mitte:** Mit 50 Prozent »Dithering« verbessern sich die Farbverläufe, während Kanten unsauber werden. Die Dateigröße steigt geringfügig auf 10,7 Kbyte. **Rechts:** Kanten und Schriften lösen sich bei 100 Prozent »Dithering« auf, dafür verbessern sich weiche Übergänge enorm. Da bei 66 »Auto«-Farben die Dateigröße auf 15,4 Kbyte steigt, haben wir in dieser Variante die Zahl der Farben auf 32 reduziert, um die Dateigröße auf 11,6 Kbyte zu drücken. Vorlage: RGB_a.psd

Wenden Sie zwei unterschiedliche DITHER-Verfahren innerhalb eines Bilds an: Erhalten Sie beispielsweise die harten Kanten eines Motivs, indem Sie einen Alphakanal erstellen (Seite 457), der alle weniger wichtigen Bildteile rund um das Motiv erfasst. Speichern Sie Ihre Auswahl per **Auswahl: Auswahl speichern** und klicken Sie dann im Dialogfeld von **Für Web und Geräte speichern** auf das Symbol DITHER-EINSTELLUNG MIT HILFE EINES KANALS ÄNDERN ⬚ rechts neben DITHER.

Im Fenster DITHER-EINSTELLUNG VERÄNDERN wählen Sie unter KANAL den gespeicherten Kanal und regeln die Diffusionsstufe per DITHER vom MINIMUM bis hin zum MAXIMUM rund um das wichtige Motiv; es bleibt in seiner Schärfe erhalten. Sie können auch Textebenen und Vektorformebenen separat behandeln (sogenannte gewichtete Optimierung per Maske).

Tipp
Prüfen Sie Dateien mit DITHER-Raster in der Zoomstufe 100 Prozent – alle anderen Darstellungen verzerren die Abbildung stark (Strg + Alt + 0 , Seite 44).

Dithering (Farbrasterung)

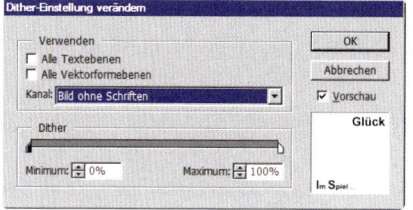

Abbildung 24.12 Die beiden Bildbeispiele entstanden mit 100 Prozent »Diffusion Dithering« und Webpalette mit 16 Farben. **Links:** Der »Dither« wurde auf der gesamten Bildfläche angewandt. **Rechts:** Per gespeichertem Alphakanal sparten wir die beiden Textzeilen vom »Dithering« aus; so wirken die Verläufe weich, doch die Schriften nicht ausgefranst. Die Dateigröße wuchs dabei geringfügig von 9,4 auf 9,9 Kbyte. Vorlage: RGB_c.psd

So nutzen Sie die Farbtabelle

Die Farbtabelle im Fenster FÜR WEB UND GERÄTE SPEICHERN bietet viele Möglichkeiten der individuellen Bearbeitung.

❶ Farbton webkompatibel

❷ Farbton fixiert

❸ Farbton bearbeitet, deshalb fixiert

❹ Farbton auf websicheren Wert verschoben, daher fixiert

❺ Gewählter Farbton

❻ Transparenzfarbe

❼ Zahl der verwendeten Farben

❽ Transparenz: Farbton Transparenz zuordnen

❾ Webkompatibel: Gewählten Farbton auf webkompatiblen Wert verschieben oder lösen

❿ Farbton fixieren

⓫ Neuen Farbton einfügen

⓬ Gewählten Farbton löschen

Grafik interaktiv auch im Web unter *www.mut.de/photoshop-kompendium*.

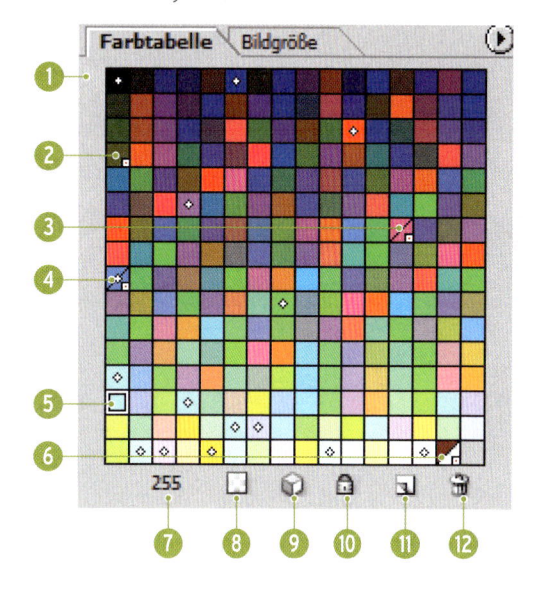

24.3 Transparenz

Übliche Bilddateien erscheinen stets rechteckig. Man kann aber auch Freiformausschnitte anlegen und die Datei so speichern, dass der Hintergrund der Internetseite durchscheint – entweder die Hintergrundfarbe oder das Hintergrundmuster. Sie stellen beispielsweise Schriftzüge, nichtrechteckige Schaltflächen oder beliebige, frei ausgeschnittene Objekte so auf die Seite, dass der Seitenhintergrund Ihr Hauptmotiv unmittelbar umfließt.

Transparenzmöglichkeit bieten die Formate GIF, PNG-8 und PNG-24. JPEG scheidet komplett aus. Meist wird GIF verwendet, auch wenn es in Verbindung mit Transparenz nur 255 unterschiedliche Farbtöne ermöglicht.

Transparenz mit harten Kanten

Wir behandeln zunächst Freisteller mit harten Kanten – also den typischen Fall. Dabei sind keinerlei weiche Übergänge möglich, nicht einmal das GLÄTTEN mit seinen halbtransparenten Randpixeln: Jeder Bildpunkt erscheint auf der Internetseite entweder voll deckend oder gar nicht. Zunächst benötigen Sie transparente Bereiche im Bild: Zonen mit kariertem Hintergrund.

Verwandeln Sie eine HINTERGRUND-Ebene per Alt-Doppelklick in der Palette in eine EBENE 0, dann können Sie Bildbereiche weglöschen, zum Beispiel per Auswahl mit dem ZAUBERSTAB-WERKZEUG (Kurztaste W) und Entf-Taste oder mit dem Radiergummi.

Die folgende Bildreihe zeigt einen typischen Ablauf:

Abbildung 24.14 **Links:** Wir haben die Hintergrundebene in eine Ebene 0 verwandelt und die Umgebung des Hauptmotivs mit dem Schnellauswahl-Werkzeug ausgewählt. Die Fließmarkierung umgibt den Bildbereich, der mit der Entf-Taste gelöscht werden soll. **Rechts:** Am Karomuster erkennen Sie, dass das Motiv jetzt tatsächlich über einem transparenten Hintergrund liegt. Vorlage: Freisteller_Pfad.psd

Abbildung 24.13 **Links:** Soll ein Motiv freigestellt über dem Hintergrund erscheinen, verwenden Sie GIF oder PNG und schalten Sie die »Transparenz« ein. **Rechts:** Ohne »Transparenz«-Vorgabe erscheint das freigestellte Motiv mit einer Rechteckumgebung, im JPEG-Format geht es nicht anders.

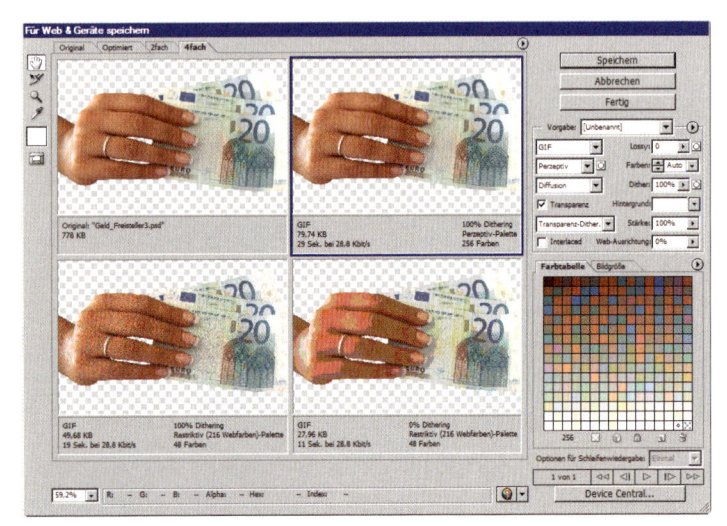

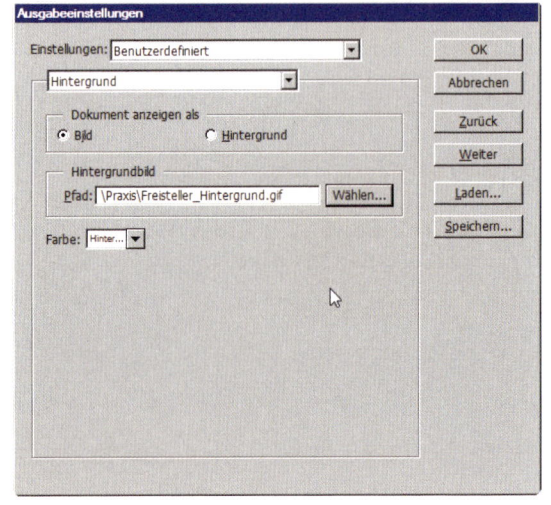

Abbildung 24.15 **Links:** Das freigestellte Motiv speicherten wir mit aktivierter Transparenz per Befehl »Für Web und Geräte speichern« im GIF-Format. **Rechts:** In der Speicheroption »Ausgabeeinstellungen« verknüpften wir den Freisteller mit einem Hintergrundbild und speicherten ihn dann als Dateityp »HTML und Bilder«.

Transparenz mit harten Kanten

Wesentlich umfangreicher sind die Einstellungsoptionen per **Datei: Für Web und Geräte speichern**. Wählen Sie in diesem Dialogfeld zuerst rechts oben GIF als Format vor.

Bei transparenten Motiven mit harten Kanten haben Sie grundsätzlich zwei Möglichkeiten:

» Aktivieren Sie im Dialogfeld die Option TRANSPARENZ und speichern Sie den Freisteller vor transparentem Hintergrund mit den gewünschten Vorgaben.

Das Motiv auf dem Karomuster kann dabei auch vor einem zuvor erstellten Hintergrundbild für den Browser gespeichert werden: Klicken Sie im Dialogfeld auf SPEICHERN, als DATEITYP verwenden Sie HTML UND BILDER (*HTML); unter EINSTELLUNGEN wählen Sie ANDERE und markieren im Eingabefeld statt HTML den HINTERGRUND. Photoshop präsentiert das Fenster AUSGABEEINSTELLUNGEN, wo Sie per Klick BILD aktivieren und im Feld PFAD das vorbereitete Hintergrundbild für den Browser laden.

» Sie schalten die TRANSPARENZ ab und suchen im Klappfenster HINTERGRUND die geeignete Hintergrundfarbe für Ihr Motiv, beispielsweise den Webfarbton des Hintergrunds Ihrer Website. Speichern Sie das GIF-Bild mit der Option DATEITYP: NUR BILDER.

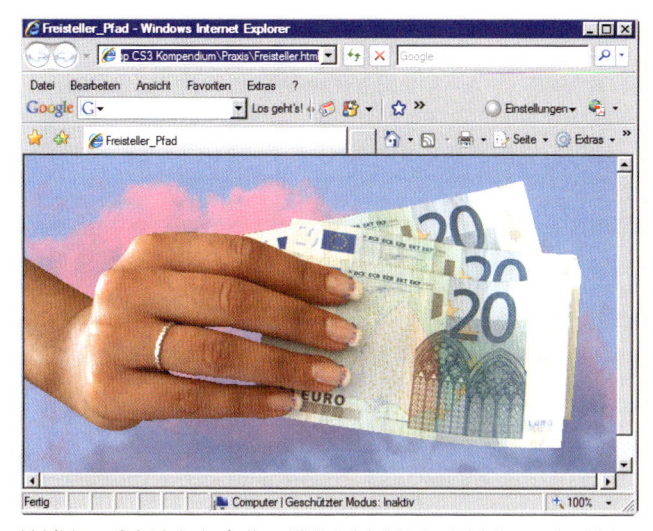

Abbildung 24.16 In der fertigen HTML-Datei steht der Freisteller vor dem Hintergrundbild im Browser. Vorlagen: Freisteller_Pfad.psd, Freisteller_Hintergrund.gif

Ein Bildmotiv mit transparentem Hintergrund können Sie ganz simpel mit dem üblichen Befehl **Datei: Speichern unter** im Format COMPUSERVE GIF speichern. Wenn Sie dabei im Fenster INDIZIERTE FARBEN die Transparenz aktivieren, erscheint das Bild auch mit Transparenz auf Webseiten.

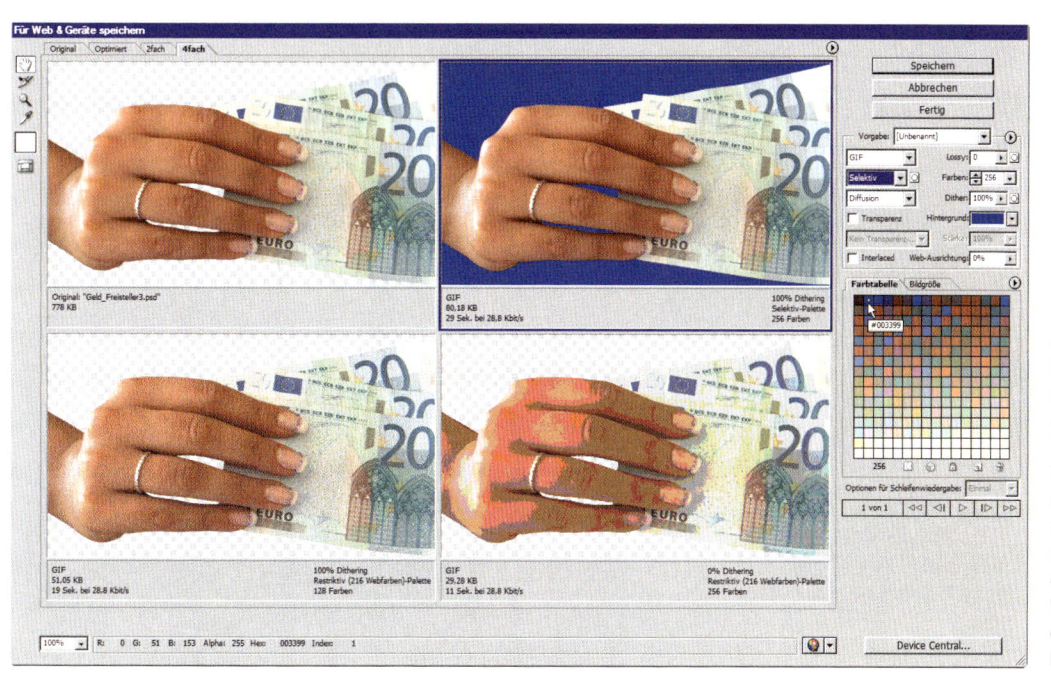

Abbildung 24.17
Im Dialogfeld des Fensters »Für Web und Geräte speichern« haben wir das GIF-Format eingerichtet und die Transparenz abgeschaltet, um unser Motiv auf farbigen »Hintergrund« zu stellen. Die gewählte Farbe entspricht der Hintergrundfarbe der Website, auf der das Motiv erscheinen soll. Vorlage: Freisteller_Pfad2.gif

Dithering für halbtransparente Bereiche

Photoshop bietet im Dialogfeld des Fensters **Für Web und Geräte speichern** ein Dithering-Streuraster an, mit dem sich halbdurchsichtige Bereiche – etwa Schatten – simulieren lassen. Allerdings gibt es letztlich auch hier die Zustände »voll deckend« und »gar nicht deckend« und keine Halbtransparenz; doch mit einer körnigen Struktur bemüht sich Photoshop, dem Betrachter weiche Übergänge vorzugaukeln.

Das Transparenz-Dither-Klappmenü steht für 8-Bit-Farbbilder im Format GIF oder PNG-8 zur Verfügung, sobald Sie die Transparenz angewählt haben. (Wohlgemerkt: Das unter dem TRANSPARENZ-Bereich liegende Dither-Menü ist gemeint [Kein Transparenz-...].) Es wirkt sich nur auf halbtransparente Bildteile aus, so auch auf die Effekte SCHLAGSCHATTEN oder SCHEIN NACH AUSSEN. Meist empfiehlt sich die Methode DIFFUSION. Am besten beurteilen Sie den Dither-Effekt in der Zoomstufe 100 Prozent ([Strg]+[Alt]+[0]), andere Abbildungsmaßstäbe verzerren das Ergebnis.

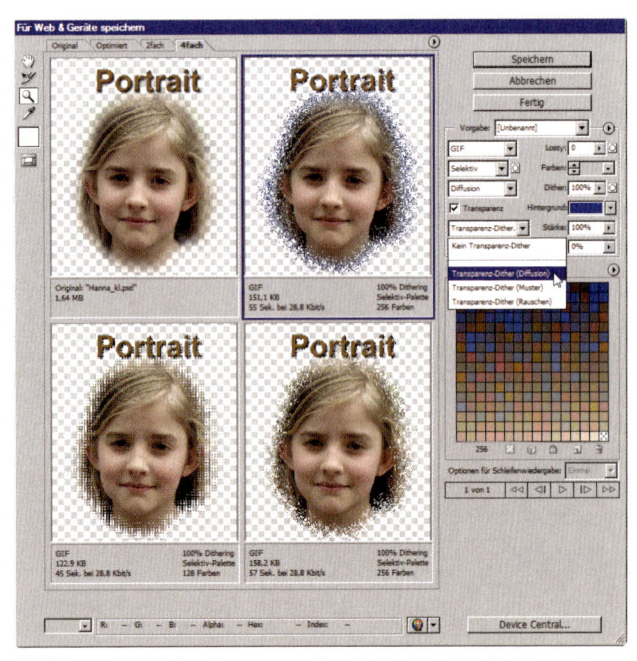

Abbildung 24.18 Der »Transparenz«-Bereich des Dialogfelds bietet verschiedene »Dither«-Verfahren« für halbtransparente Zonen in diesem Bild an. Rechts oben sehen Sie die Methode »Diffusion«, wobei wir die »Dither«-Farbe per »Hintergrund« bereits auf die Hintergrundfarbe der späteren Webseite einstellten. »Muster« zeigt die Darstellung links unten. »Rauschen« (rechts unten) ähnelt dem Effekt Diffusion. Vorlage: Dither_Portrait-psd

24.4 Speichern für Webseiten

Beim Speichern für das Internet konzentrieren Sie sich wiederum auf die Optionen, die der Befehl **Datei: Für Web und Geräte speichern** bietet. In Ergänzung der Bilddateien entsteht zusätzlich je nach Aufgabe auch ein HTML-Code.

Neben dem Dateiformat für den Internetauftritt, also meist GIF oder JPEG, speichert man das Ergebnis am besten parallel auch im Phtoshop-Dateiformat mit dem Standardbefehl **Datei: Speichern unter**; damit bleibt die volle Bildqualität erhalten und es werden alle Informationen über Slices, Animation, Hintergrundkachel oder Rollover-Effekte aufbewahrt.

Ablauf

So speichern Sie Webbilder mit dem Befehl **Für Web und Geräte speichern**:

1. Mit den Reitern oben im Bildfenster erzeugen Sie eine 2FACH- oder 4FACH-Darstellung. Sie sehen also nebeneinander das Original und fürs Internet heruntergerechnete Varianten. Der Reiter OPTIMIERT zeigt nur die aktive Vorschau für eine heruntergerechnete Version an.

2. Ein blauer Rahmen hebt die aktuelle Version im Mehrfachfenster hervor, sobald Sie diese per Mausklick anwählen. Passen Sie für eine Variante – aber nicht für das ORIGINAL – Dateiformat und alle Details an. Dabei achten Sie auf die Bildqualität und auf die Meldung zur Dateigröße. Die Einstellungen können Sie für jede Version individuell vornehmen.

3. Aktivieren Sie die Bildvariante, die Sie endgültig sichern möchten, und klicken Sie auf **Speichern**.

4. Im Dialogfeld geben Sie im Klappmenü DATEITYP an, ob Sie NUR BILDER oder auch den HTML-Code sichern möchten.

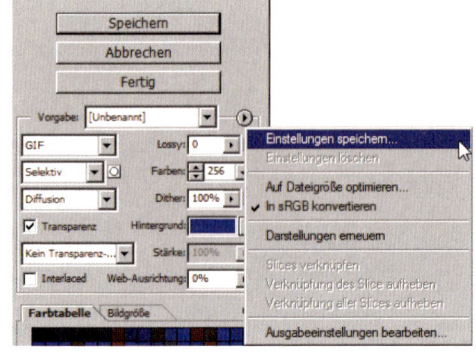

Abbildung 24.19 Im Dialogfeld des Fensters »Für Web und Geräte speichern« erreichen Sie per Dreieck-Schaltfläche weitere Optionen, um beispielsweise vorhandene Einstellungen zur Wiederverwendung zu speichern oder die Dateigröße zu optimieren.

Speichern für Webseiten

Die Vorgaben für einzelne Dateiformate haben wir bereits besprochen. Nachfolgend lernen Sie weitere Möglichkeiten des Dialogfelds kennen.

»Einstellungen« speichern

Beliebige Vorgaben speichern Sie zur Wiederverwendung per Befehl **Einstellungen speichern** im Klappmenü MENÜ OPTIMIEREN, das Sie mit der Dreieck-Schaltfläche erreichen. Die gespeicherte Version ist im Feld VORGABE jederzeit wieder abrufbar. Ein Beispiel: Sie speichern die komplette Information »GIF-Format mit der Palette SELEKTIV und DIFFUSIONDITHER bei 128 FARBEN« und wenden diese bei Bedarf auf weitere Bilder an.

Tipp
Haben Sie bei einer gespeicherten »Einstellung« einzelne Optionen verändert, erscheint im Menü EINSTELLUNGEN der Hinweis [UNBENANNT].

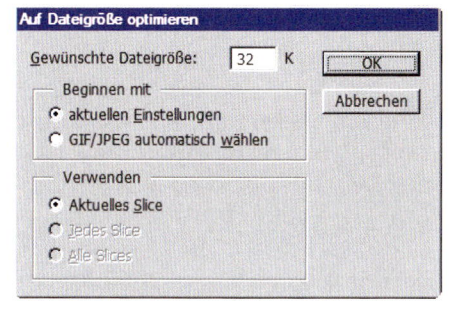

Abbildung 24.20 Der Befehl »Auf Dateigröße optimieren« aus dem Klappmenü »Menü optimiert« rechnet die aktivierte Bildversion in der Vorschau auf die von Ihnen gewünschte Dateigröße um.

Allmählicher Bildaufbau

Normalerweise müht sich das Bild bei langsamer Internetverbindung Zeile für Zeile auf die Seite, von oben nach unten. Die Alternative: Zeigen Sie sofort den kompletten Umriss – erst verschwommen, dann immer schärfer.

Dieser Bildaufbau in verschiedenen Phasen heißt beim JPEG-Format MEHRERE DURCHGÄNGE, bei GIF und PNG INTERLACED. Eine Vorschaufunktion für diesen allmählichen Bildaufbau gönnen die Photoshop-Programmierer ihren Kunden nicht. Der JPEG-Bildaufbau über MEHRERE DURCHGÄNGE hinweg lässt sich am eigenen Rechner gar nicht beobachten, sondern nur bei langsamer Datenübertragung per Modem.

Der GIF-Aufbau nach Interlaced-Schema lässt sich in Photoshop generell nicht verfolgen. Sie sehen den Aufbau einer GIF-Datei von der heimischen Festplatte aber eventuell in einem Internetbrowser – zumindest dann, wenn Sie eine sehr große Datei laden oder einen besonders langsamen Datenträger verwenden.

DVD
Im »Praxis«-Verzeichnis der DVD zu diesem Buch finden Sie die Datei »GIF-Interlaced.gif«. Sie ist mit 3000x4305 Pixel so groß, dass sich der allmähliche »Interlaced«-Bildaufbau eventuell auch beim Laden vom PC aus beobachten lässt. Ziehen Sie die Datei in einen Internetbrowser – in Photoshop sehen Sie den Effekt ohnehin nicht. Dasselbe Motiv liefern wir überdies als »JPEG_progressiv.jpg« mit. Der Bildaufbau nach dem Schema »mehrere Durchgänge« lässt sich jedoch meist nicht beobachten, wenn die Datei vom eigenen Rechner aufgerufen wird.

Abbildung 24.21 Zuwachs: Beim Bildaufbau eines GIF-Bilds mit der Einstellung »Interlaced« verdichtet sich das Motiv, indem allmählich skalierte Zeilengruppen hinzugefügt werden. Auch bei langsamer Internetverbindung wird sofort das volle Bildrechteck dargestellt.

24.5 Mobil mit der »Device Central«

Device Central ist nicht nur ein Browser für Profile von Mobilgeräten wie Handys etc., sondern verfügt über einen Emulator, mit dem Sie Photoshop-Dateien überprüfen und optimieren können.

Testen Sie beispielsweise Bildgröße, mögliche Reflexionen des Displays im Außenraum oder benötigten Speicherbedarf für diverse Gerätetypen. Wählen Sie zwischen unterschiedlichen Bildformaten wie GIF, JPEG, PNG oder WBMP, Videoformaten, Browser-Darstellungen oder Flash Lite-Versionen – je nach Einsatzzweck etwa als Hintergrundbild, Bildschirmschoner oder Anrufdisplay.

Vielfach bietet die Device Central auch die Verarbeitung im Flash-Format an; diese lässt sich allerdings nicht mit Photoshop bewerkstelligen, sondern nur mit anderen Programmen der Creative Suite, die ebenfalls mit der Device Cental kooperieren. Schade, dass die Simulation des Speicherbedarfs für mobile Geräte allein bei Flash-Dateien im Emulatorfenster verfügbar ist. Trotzdem sind die bildnerischen Gestaltungsmöglichkeiten noch vielfältig.

Simulieren Sie den perfekten Einsatz Ihrer Bilder für mobile Geräte in der **Device Central** mit folgenden Arbeitsschritten:

1. Wählen Sie in Photoshop den Befehl **Datei: Device Central**.

2. In der Rubrik VERFÜGBARE GERÄTE links werden die vorhandenen Mobilgeräte nach Kategorien angezeigt. Per Klick auf das Symbol GRUPPIEREN NACH ordnen Sie die Liste nach Netzbetreiber, Inhaltstyp, Display-Größe, Flash Lite-Version, Hersteller oder Region. Suchen Sie ein spezielles Gerät, geben Sie per Klick auf die Lupe GERÄTE DURCHSUCHEN Ihren Suchbegriff ein. Verfeinern Sie die Suchkriterien beliebig mit einem weiteren Klick auf das Pluszeichen.

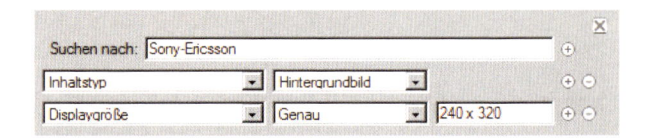

3. Sie können ganze Gruppen von Gerätetypen auswählen oder mit gedrückter ⇧-Taste in der Liste VERFÜGBARE GERÄTE mehrere Geräte selektieren, damit die Reihe der GERÄTEPROFILE mit Miniaturansichten zur Auswahl erscheint. Oder Sie lassen sich in der Rubrik VERFÜGBARE GERÄTE per Doppelklick auf einen einzigen Gerätetyp das Geräteprofil anzeigen. Das Symbol ✦ vor dem ausgesuchten Gerät zeigt die aktuelle Auswahl an.

Abbildung 24.22 Mit »Device Central« testen Sie Photoshop-Bilder, -Animationen und -Videos für den Einsatz in mobilen Geräten.

Mobil mit der »Device Central«

Abbildung 24.23 Unser gewählter Gerätetyp erlaubt in der Registerzunge »Geräteprofile: Bitmap« mehrere Bildformate. Für die angezeigte Display-Größe 240x320 erstellten wir in Photoshop eine neue Datei. Die Vorschau erfolgte über »Datei: Für Web und Geräte speichern«. Datei: Device_Lampe.png

4. In der Registerkarte GERÄTEPROFILE erhalten Sie oben in den Kategorien ALLGEMEIN, FLASH, BITMAP, VIDEO und WEB Informationen über unterstützte Formate. Verfügbare Unterkategorien wie etwa VOLLBILD, BILDSCHIRMSCHONER oder HINTERGRUNDBILD sind ebenfalls anwählbar. So prüfen Sie rasch, ob und wie Ihr jeweiliges Vorhaben realisierbar ist.

5. Klicken Sie nun auf die zweite Registerzunge NEUES DOKUMENT und bestimmen Sie den ANWENDUNGSTYP, beispielsweise HINTERGRUNDBILD. Legen Sie bei Bedarf auch eine BENUTZERDEFINIERTE GRÖSSE FÜR ALLE AUSGEWÄHLTEN GERÄTE fest. Mit Klick auf die Taste ERSTELLEN generiert Photoshop ein neues, leeres Dokument, das Ihren Größenvorgaben entspricht und über folgende Eigenschaften verfügt: FARBMODUS: RGB/8-BIT, AUFLÖSUNG: 72 PPI, FARBPROFIL: SRGB IEC61966-2.1.

6. Platzieren Sie nun den gewünschten Bildinhalt in dem leeren PSD-Dokument und wählen Sie den Befehl **Datei:**

Für Web und Geräte speichern. Geben Sie die optimalen Exporteinstellungen ein und klicken Sie dann rechts unten auf die Taste DEVICE CENTRAL. Prompt erscheint die Device Central mit der Registerzunge EMULATOR und zeigt Ihr Bild als temporäre Datei mit den zuvor getroffenen Exporteinstellungen an. Testen Sie die Darstellung jederzeit auch mit anderen Gerätetypen der Rubrik VERFÜGBARE GERÄTE. Wenn die Vorschau kein befriedigendes Ergebnis anzeigt, kehren Sie zu Photoshop zurück und ändern Bild- oder Exportoptionen. Die neue Vorschau erreichen Sie wiederum per **Datei: Für Web und Geräte speichern** mit der Taste DEVICE CENTRAL.

Tipp
*Haben Sie bereits eine Bilddatei mit den richtigen Maßgaben für einen mobilen Gerätetyp erstellt, wählen Sie in Photoshop **Datei: Device Central**, doppelklicken den gewünschten Gerätetyp und laden per **Datei: Öffnen** Ihre Datei zur Vorschau.*

Abbildung 24.24 Wir testeten unsere kleine GIF-Animation als Vollbild mit den Optionen zur Reflexion: »Ohne«, »Drinnen«, »Draußen« und »Sonnenlicht«.
Dateien: Device_Teddy.psd, Device_Teddy.gif

7. Optimieren Sie nun Ihr Bild mit den Einstellungen in der Registerkarte EMULATOR: Unter ANWENDUNGSTYP bestimmen Sie die Funktion Ihres Bilds, etwa als VOLLBILD, HINTERGRUNDBILD oder ANRUFDISPLAY. Die DATEIINFORMATIONEN zeigen die Parameter der aktuellen Vorschau an. Mit DISPLAY regeln Sie die Stärke für das HINTERGRUNDLICHT, gegebenenfalls mit der Option ZEITLIMIT zum Erlöschen. Testen Sie die Wirkung Ihres Bilds per REFLEXIONEN: OHNE, DRINNEN, DRAUSSEN oder SONNENLICHT – treten zu große Störungen im Bildmotiv auf, korrigieren Sie diese mit GAMMA UND KONTRAST. Passen Sie SKALIERUNG und AUSRICHTUNG an, wenn die Originalgröße des Bilds nicht mit den Display-Maßen des gewählten Gerätetyps übereinstimmt.

Neueste Geräteprofile integrieren Sie mit dem Befehl **Geräte: Geräteupdates suchen**. Bei Manuskriptabgabe im Frühsommer 2007 funktionierte dieser Link ins Internet allerdings erst nach einer Fehlermeldung und dann der Registrierung unter https://www.adobe.com/cfusion/entitlement/index.cfm?loc=de&e=devicecentral. Die erste Aktualisierung von Adobe umfasste zu diesem Zeitpunkt 46 Geräteprofile.

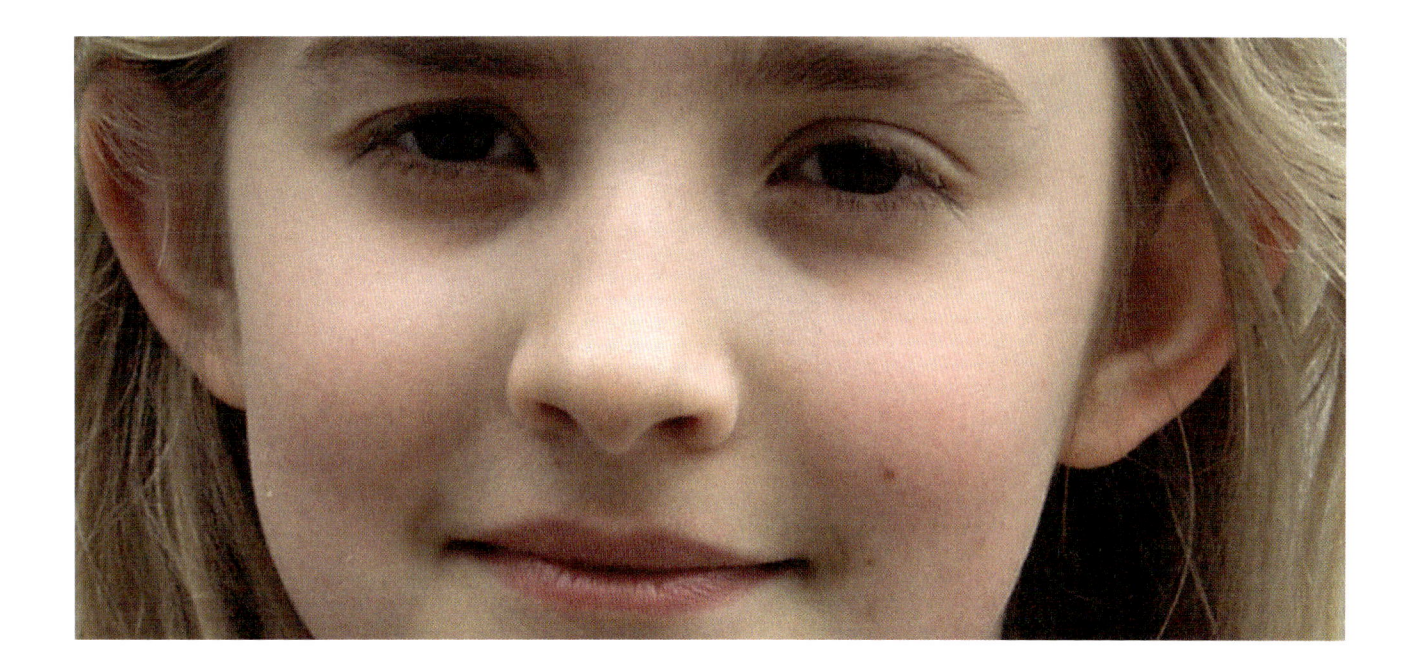

Kapitel 25
Elemente für Internetseiten

In diesem Kapitel gestalten Sie Elemente für Internetseiten – Seitenhintergründe, Rollover-Grafiken und Slices. Im gesamten Buch meint der Begriff »Internet« vereinfachend nur den World-Wide-Web-Bereich (WWW) des Internets, der aufwändige grafische Gestaltung erlaubt.

Legen Sie das gesamte Design Ihrer Website in Photoshop an, so haben Sie mit Ihrem Entwurf bereits die Basis zur weiteren Bearbeitung in einem Webeditor als Tabelle oder CSS (Cascading Stylesheets). Alternativ erstellen Sie einfach Ihre komplette Webseite inklusive Verlinkung in Photoshop.

Zahlreiche Internetaufgaben hat man früher mit Image-Ready gelöst, das bis zur Photoshop-Version CS2 zum Lieferumfang gehörte. Einige Webfunktionen wurden mit CS3 in die Anwendungen Dreamweaver und Fireworks ausgegliedert, so dass sich der Einsatz von Photoshop in diesem Bereich stärker auf die gestalterische Bearbeitung konzentriert.

25.1 Seitenhintergrund

Der Hintergrund einer Website beschränkt sich nicht auf reines Weiß. Stattdessen können Sie Ihre Website mit einer Hintergrundfarbe oder einem Hintergrundmuster verschönern. In diesem Abschnitt geht es darum,

» wie Sie Hintergrundmuster erzeugen,

» wie Sie Hintergrundfarben und Hintergrundmuster in HTML-Dokumente einbauen,

» wie Sie die Hintergrundmuster für beliebige andere Dateien mit in die Browser-Vorschau übernehmen.

Einführung: nahtlose Hintergrundkacheln

Als Hintergrund einer Internetseite sehen Sie mitunter eine Struktur – ein regelmäßiges Muster oder auch das wiederkehrende Logo des Anbieters. Dabei wird eine einzelne, kleine Bilddatei nur einmal übertragen und beliebig oft wiederholt. Man nennt dieses Hintergrundbild oft »Muster«, »Kachel« oder englisch »Tile«. Dabei kommt es auf die Kanten der Hintergrundkachel an: Die Ränder müssen an allen Seiten nahtlos aneinanderpassen – die Fugen sollen unauffällig bleiben. Leiten Sie entweder Hintergrundmotive aus vorhandenen Bildern ab oder kreieren Sie völlig neue Muster.

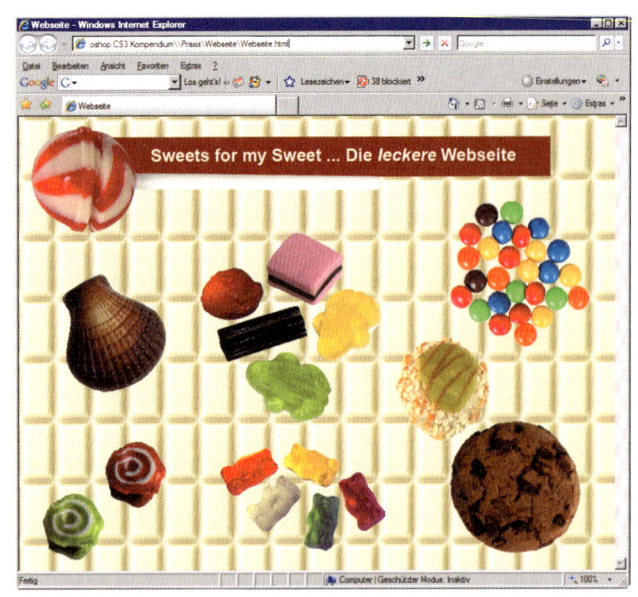

Abbildung 25.1 Eine nahtlos kombinierbare Hintergrund-»Kachel« füllt die gesamte Fläche des Browsers in beliebigen Dimensionen aus. Die freigestellten Bildmotive legten wir auf verschiedenen Ebenen an und aktivierten die »Transparenz« im Dialogfeld »Für Web und Geräte speichern«. Die Dateien befinden sich im Verzeichnis »Praxis«/»Web_Elemente« auf der Buch-DVD: Mustervorlagen: Webseite_a.psd, Kachel_a.jpg. Ergebnis: Webseite_a.html

Wenn Sie Hintergrundmuster verwenden, bedenken Sie die Wirkung: Starke Muster verdrängen die eigentlichen Inhalte Ihrer Webseite und wirken auf den Betrachter ähnlich erschlagend wie eine knallige Wandtapete aus den 70ern.

Tipp
Fertige, kostenlose Nahtlosmuster finden Sie unter www.3d-ressource.de oder unter www.3quarks.com/Backgrounds/index-de.html. Eigene Muster erstellen Sie beispielsweise online mit dem kostenlosen bgMaker unter http://die.netzspielwiese.de/blog/webdesign/2006-09/website-hintergrund-muster-mit-dem-bgmaker-einfach-selbst-gestalten.
Hier finden Sie auch eine Galerie und Links zu weiteren Webseiten mit den sogenannten »Wallpaper pattern«.

»Mustergenerator«

Der Photoshop-Befehl **Filter: Mustergenerator** leitet aus vorhandenen Bildern Musterkacheln ab, die man eventuell nahtlos aneinandersetzen kann. In jedem Fall müssen Sie etwas Zeit aufbringen, denn der Mustergenerator arbeitet recht willkürlich und befriedigende Ergebnisse sind oft nicht möglich. Verwenden Sie Vorlagen in den Farbmodi RGB, Graustufen, CMYK oder Lab.

Vorbereitungen

Laden Sie zunächst das Bild, aus dem Sie das Muster herleiten möchten. Sie können vorab eine beliebige Auswahl erstellen, der Schritt ist aber nicht zwingend erforderlich. Alternativ kopieren Sie einen markierten Bildbereich in die Zwischenablage.

Als Faustregel gilt: Je stärker die Hell-Dunkel- oder die Farbkontraste im gewählten Bildausschnitt sind, desto auffälliger wirkt in der Regel das Muster. Wählen Sie einen Bildbereich mit reduzierter Farbskala – etwa mit zarten Grauwerten, oder ein abstraktes Bildmotiv wie beispielsweise ein Stück blauen Himmel mit Wolken, wird auch das Muster feiner und homogener.

Verwenden Sie den Befehl **Filter: Mustergenerator** (Alt + ⇧ + Strg + X). Eine bereits vorhandene Auswahl setzt Photoshop im Dialogfeld auf jeden Fall in ein Rechteck um. Falls noch keine Auswahl existiert, ziehen Sie mit dem Rechteckwerkzeug einen Auswahlrahmen im Dialogfeld. Verschieben Sie die Markierungslinie in der Vorschau durch einfaches Ziehen. Wollen Sie den zuvor kopierten Bildbereich verwenden, klicken Sie auf Zwischenablage als Beispiel. Auf ein Smart Objekt kann dieser Filter allerdings nicht angewendet werden.

Tipp
Sie haben im Mustergenerator nicht die Möglichkeit, eine Auswahl mit speziellen Seitenverhältnissen oder Pixelmaßen anzulegen. Soll Ihre Auswahl jedoch solche Kriterien erfüllen, erzeugen Sie bereits vor dem **Mustergenerator***-Befehl eine Auswahl mit dem Rechteck und verwenden die Optionen* Festes Seitenverhältnis *oder* Feste Grösse*.*

Muster erzeugen und löschen

Das erste Muster erstellen Sie mit einem Klick auf die Schaltfläche Generieren. Weitere Varianten entstehen per Erneut generieren. Photoshop liefert immer andere Ergebnisse, selbst wenn Sie keinerlei Vorgaben ändern.

Unten rechts im Musterelementspeicher lassen Sie mit den Pfeil-Schaltflächen ▶ die verschiedenen Musterfassungen Revue passieren; alternativ tippen Sie direkt die gewünschte Nummer ein. Mehr als 20 Fassungen verkraftet Photoshop jedoch nicht – entsorgen Sie überflüssige Ergebnisse durch Klick auf den Mülleimer 🗑 oder ändern Sie eine der Einstellungen im Dialogfeld, um jeweils weitere 20 Muster zu testen.

»Mustergenerator«

So steuern Sie die Präzision:

» Sehen Sie deutliche Kanten im Innern der Kachel oder an den Rändern, steigern Sie die GLÄTTUNG. Damit verwischen Musterbereiche im Inneren sowie häufig auch an den Nahtstellen.

» Steigern Sie den Wert für DETAIL, wenn der Mustergenerator markante Details des Musters abschneidet. Dadurch wird letztlich ein kleinerer Teil des Bildinhalts vergrößert.

Hohe Werte für DETAIL und besonders für GLÄTTUNG führen zu längeren Rechenzeiten. Eine höhere Originaltreue erreichen Sie eventuell, wenn der ausgewählte Bildbereich in etwa dieselbe Größe und Proportion zeigt wie die geplante Musterkachel.

Tipp
Die Photoshop-CD mit den Extras enthält Bilddateien mit großflächigen Strukturen, die sich zur Erprobung des Mustergenerators eignen. Sie befinden sich im Verzeichnis »Zugaben/RGB-Strukturen mit hoher Auflösung«.

Bilddarstellung

Das Dialogfeld bietet Lupe und Verschiebehand zum Zoomen und Bewegen des Bilds innerhalb der Vorschau; Alt-Klick mit der Lupe verkleinert den Abbildungsmaßstab, ein Doppelklick auf die Lupen-Schaltfläche stellt die einzig verlässliche 100-Prozent-Zoomstufe her. Im Bereich VORSCHAU legen Sie fest, ob Photoshop in der großen Vorschau die errechnete Musterkachel vielfach wiederholt (GENERIERT) oder aber das ORIGINAL anzeigt.

Muster speichern

Sind Sie mit dem Muster zufrieden, nehmen Sie es in die aktuelle Musterbibliothek auf. Dies erledigt ein Klick auf die Schaltfläche SPEICHERT DAS VOREINGESTELLTE MUSTER. Sie greifen nun bei vielen Funktionen auf die neue Mustervorgabe zurück, etwa beim Befehl **Fläche füllen**, beim Effekt **Musterüberlagerung**, bei Musterstempel, Reparaturpinsel oder Füllebenen mit Muster.

Ist das Ergebnis in der Musterbibliothek verstaut, klicken Sie auf ABBRECHEN. Denn wenn Sie oben rechts im Mustergenerator auf OK klicken, füllt Photoshop das gesamte Ausgangsbild mit dem Muster, »Hintergrund«-Ebenen verwandeln sich in eine »Ebene 0«.

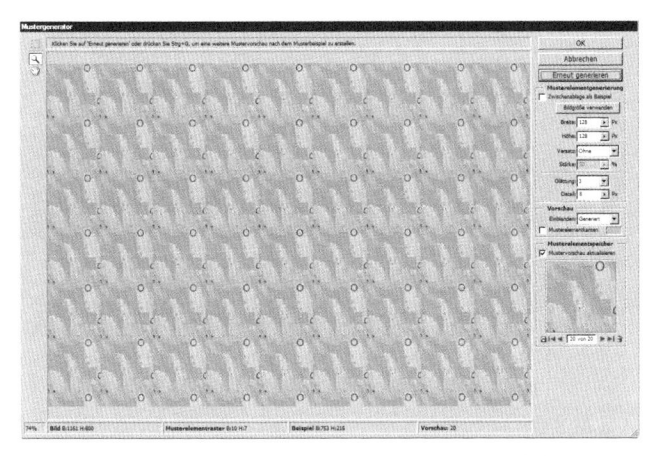

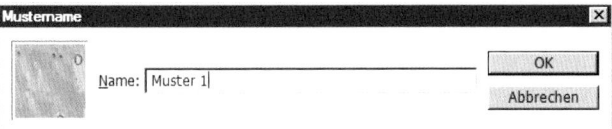

Abbildung 25.2 **Oben:** Der »Mustergenerator« rechnet Bildbereiche in nahtlos kombinierbare Musterkacheln um. Die Ergebnisse können Sie in der Musterbibliothek speichern. **Unten:** Unser Beispiel erstellten wir mit der Auswahl aus dem Tastaturfeld eines Notebooks. Um das Muster zu vereinheitlichen, wandten wir den »Mustergenerator« zweimal an. Datei: Muster_a.psd

Detailsteuerung

Legen Sie HÖHE und BREITE für die Musterkachel fest. Wenn Sie die BILDGRÖSSE VERWENDEN, wird die Musterkachel exakt so groß wie die Bilddatei selbst. Soll Photoshop die Kacheln in der Vorschau nicht exakt untereinander, sondern verschoben ausrichten, wählen Sie einen VERSATZ und legen Sie dafür einen prozentualen BETRAG fest.

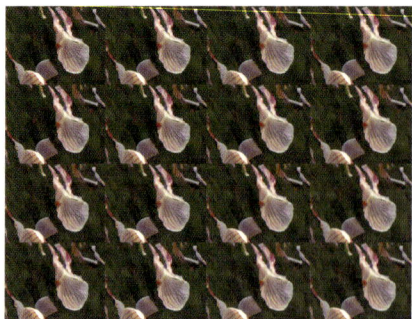

Abbildung 25.3 Links: Als Vorlage für das Muster wählten wir das gesamte Bild aus. Wir haben es in die Zwischenablage kopiert und ein neues leeres Fenster aufgerufen, um dort das Muster zu generieren. **Mitte:** Mit den Standardvorgaben erzeugten wir eine recht abstrakte Struktur im »Mustergenerator«. **Rechts:** Bei doppelter Musterelementgröße und einer hohen Vorgabe für »Detail« erreichten wir eine bessere Detailtreue. Für nahtlose Übergänge stellten wir die »Glättung« auf den höchsten Wert.
Vorlage: Muster_b.jpg

Das Muster als eigene Bilddatei

Für nahtlose Hintergrundkacheln auf Webseiten brauchen Sie das Muster als separate Bilddatei – diese erhalten Sie vom Mustergenerator zunächst nicht. Erstellen Sie also mit dem Befehl **Datei: Neu** eine neue, leere Datei, die exakt BREITE und HÖHE der zuvor produzierten Musterkachel verwendet. Setzen Sie das Muster mit dem Befehl **Bearbeiten: Fläche füllen** ein; bei WWW-Projekten speichert man das Ergebnis meist als JPEG-Datei.

Tipp
Legen Sie eine Füllebene mit dem Muster an (Seite 618), können Sie noch mit der Größe experimentieren und das Muster im Gesamtbild verschieben.

25.2 Endlose Kacheln erzeugen

Per Befehl **Datei: Für Web und Geräte speichern** erstellen Sie in kurzer Zeit aus einer winzigen Vorlage einen nahtlos gekachelten Hintergrund für Ihre Webseite.

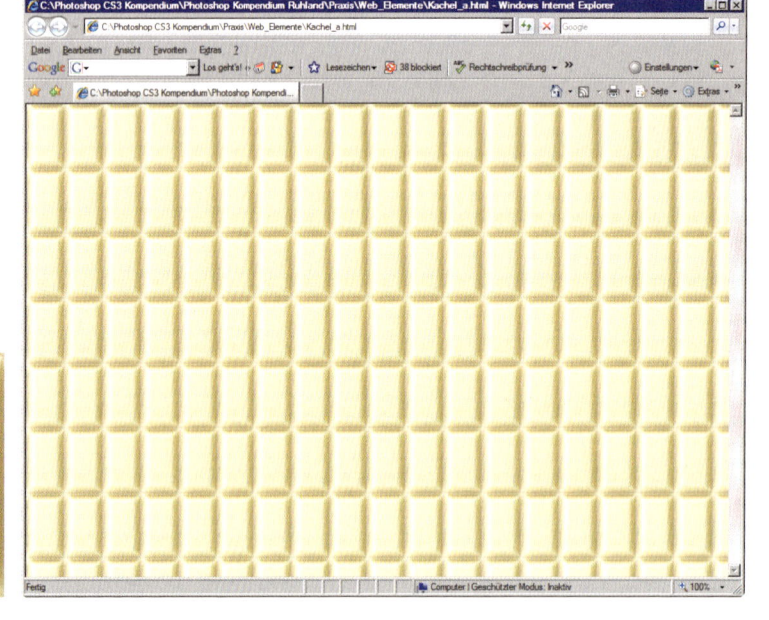

Abbildung 25.4
Links: Mit dem Freistellungswerkzeug schnitten wir einen Bildbereich zu und speicherten ihn als JPEG-Datei mit 50 x 82 Pixel bei einer Dateigröße von 15 Kbyte. So entstand die Vorlage für die Kacheln. **Rechts:** In den »Ausgabeeinstellungen« des Befehls »Für Web und Geräte speichern« definieren wir dieses Bild als Hintergrundbild. Die entstandene HTML-Datei zeigt ein nahtloses Muster im Browser. Dateien im Ordner »Praxis«/»Web_Elemente«: Mustervorlage: Kachel_a; Ergebnis: Kachel_a.html

Aktives Bild als Seitenhintergrund speichern und darstellen

Speichern Sie Ihre fertige Hintergrundkachel mit einem HTML-Code, der diese Datei als Hintergrund definiert. So geht's:

Wählen Sie ein Bild oder einen Bildbereich per Freistellungswerkzeug ⊡ als Vorlage für Ihre Kacheln. Bestimmen Sie Breite und Höhe mit **Bild: Bildgröße**. Bedenken Sie dabei die durchschnittliche Auflösung in einem Browser-Fenster: Geht man von einer Darstellung bei 1024 x 768 Pixel aus, so sollte die Vorlage für die Kachel nur einen Bruchteil dieser Größe ausmachen – je nachdem, wie groß bzw. wie oft das Motiv dargestellt werden soll. Üblicherweise bewegen sich Kachelgrößen zwischen 16 x 16 bis 128 x 128 Pixel.

Wollen Sie nur den Hintergrund ohne weitere Motive als HTML-Datei erhalten, speichern Sie das Bild mit dem Befehl **Datei: Für Web und Geräte speichern**.

1. Optimieren Sie im Dialogfeld die Vorgaben für das Hintergrundbild. Bevorzugt wird das JPEG-Format verwendet.
2. Sie können eine Farbfläche angeben, die während des Ladens des Hintergrundbilds erscheint oder durch transparente Bereiche des Hintergrundbilds sichtbar wird. Wählen Sie dazu im Feld HINTERGRUND einen Farbton.
3. Klicken Sie auf die Dreieck-Schaltfläche ▶ rechts oben im Dialogfeld und wählen Sie den Befehl AUSGABEEINSTELLUNGEN BEARBEITEN. Im Klappmenü EINSTELLUNGEN tragen Sie HINTERGRUNDBILD ein. Dann wählen Sie im Klappmenü darunter statt HTML den HINTERGRUND und aktivieren unter DOKUMENT ANZEIGEN ALS den HINTERGRUND.

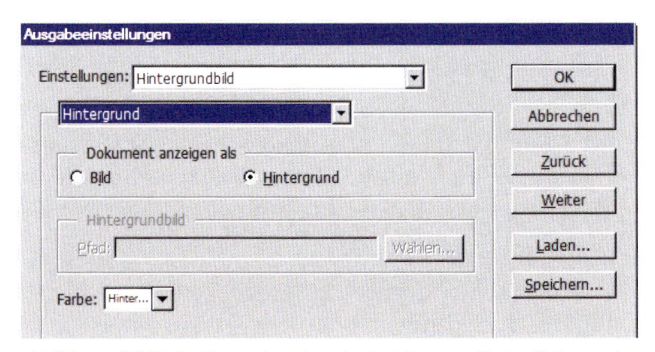

Abbildung 25.5 Der Weg zu den »Ausgabeeinstellungen« für das Hintergrundmuster ist umständlich. Dafür sehen Sie danach per Klick auf die Browser-Vorschau des Dialogfelds »Für Web und Geräte speichern« die nahtlosen Kacheln sofort. Ändern Sie bei Bedarf Optionen wie etwa »Transparenz« oder »Bildgröße«.

» Per Klick auf die VORSCHAU IM STANDARDBROWSER 🌐 unten im Dialogfeld **Für Web und Geräte speichern** sehen Sie nun das vielfach wiederkehrende Muster nebst HTML-Code im Browser-Fenster. Sie können den Code hier auch markieren und kopieren.

» Sobald Sie im Dialogfeld oben rechts auf SPEICHERN klicken, erscheint das Fenster **Optimierte Version speichern unter**. Als DATEITYP wählen Sie HTML UND BILDER (*.HTML); damit erhalten Sie einen HTML-Code, der Ihr Bild als Hintergrundkachel ausweist. Prüfen Sie, ob das Klappmenü EINSTELLUNGEN auf HINTERGRUNDBILD steht.

Die Hintergrundkachel lässt sich überdies mühelos von Hand in eine HTML-Seite eintragen, Sie müssen nicht erst Photoshop bemühen. Dabei verwenden Sie die Vorgabe »Background« im »Body«-Tag. Eine entsprechende Zeile, die in diesem Beispiel auch Hintergrundfarben, Textfarben und Farben für Hyperlinks ausweist, sieht so aus:

```
<BODY bgcolor="#FFFFFF"
background="IHREKACHELDATEI.JPEG" text="#000000"
link="#FF0000" vlink="#8C2430" alink="#D98DA1">
```

Beachten Sie die Groß-/Kleinschreibung.

Vielfachhintergrund direkt testen

Testen Sie die Wirkung der Hintergrundkacheln vor dem Speichern mit ein paar simplen Befehlen. So geht's:

» Markieren Sie den gewünschten Bildbereich, am besten mit einer Rechteckauswahl ohne weiche Kanten.

» Wählen Sie **Bearbeiten: Muster festlegen**. Photoshop nimmt das Muster hier auch als Vorgabe auf.

» Öffnen oder erstellen Sie eine Datei, die über deutlich mehr Höhe und Breite verfügt als Ihr Muster.

» Wählen Sie den Befehl **Bearbeiten: Fläche füllen** (⇧+⌫-Taste). Im Klappmenü VERWENDEN schalten Sie auf MUSTER und wählen das gewünschte Muster unter »Eigenes Muster«.

» Sobald Sie auf OK klicken, erscheint das Muster vielfach wiederholt in der Datei.

Sie können das Muster auch als Ebeneneffekt für eine vorhandene Ebene anwenden (Seite 602) oder als Musterfüllung in eine Füllebene einsetzen (Seite 618). In beiden Fällen haben Sie die Möglichkeit, mit Größe und Füllmethoden zu experimentieren.

Teil 7 • Online-Auftritt

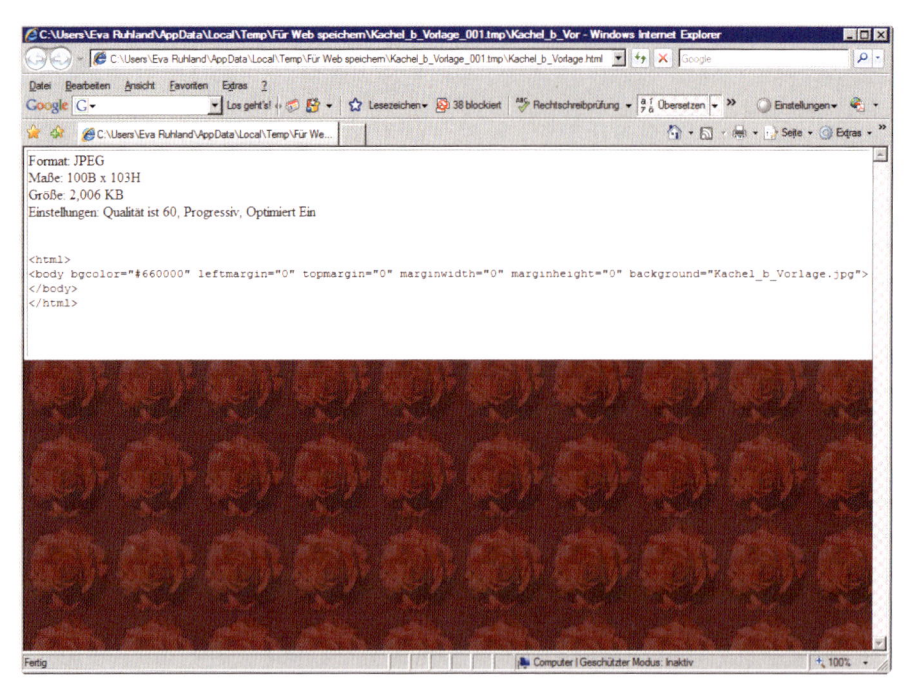

Abbildung 25.6
Betrachten Sie die Vorschau Ihres Hintergrundmusters im Standardbrowser. Per Klick auf das WWW-Symbol unten im Dialogfeld »Für Web und Geräte speichern« erscheinen HTML-Code sowie Kacheln zugleich. Voraussetzung: Die »Ausgabeeinstellungen« sind für das »Hintergrundbild« korrekt gesetzt. Dateien im Ordner »Praxis«/»Web_Elemente«: Mustervorlage: Kachel_b_Vorlage.psd. Ergebnis: Kachel_b.html

Tipp
Besonders bei fein strukturierten Mustern sollten Sie die Wirkung unbedingt in der Zoomstufe 100 Prozent prüfen. Alle verkleinernden Zoomstufen verzerren Ihr Bild deutlich (Seite 44). Die 100-Prozent-Ansicht aktivieren Sie mit einem Doppelklick auf die Lupe.

Nahtlose Hintergrundkacheln erzeugen

Diverse Werkzeuge und Filter in Photoshop eignen sich, um die Vorlage für ein Hintergrundmuster so geschickt anzulegen, dass sichtbare Sprünge und Nähte vermieden werden. Beachten Sie beim Anlegen der Kachel folgende Kriterien:

» Stellen Sie ein Bildmotiv, das sich stetig wiederholen soll, auf eine größere, umgebende Arbeitsfläche.

» Nutzen Sie symmetrische Bilder, deren Kanten auf gleicher Höhe enden, damit sich in der Reihung eine Endloskette ergibt.

» Wenden Sie gleichmäßige Strukturierungsfilter auf einer einheitlichen Farbfläche an.

» Verwischen Sie eventuell Ränder und Konturen mit Weichzeichnungsfiltern oder -werkzeugen.

Oder benutzen Sie bei Bedarf einen der folgenden Kniffe:

Motiv spiegeln

Regelmäßige, recht abstrakte Muster erzeugen Sie, indem Sie einen Bildausschnitt horizontal und vertikal spiegeln. Der Effekt wirkt wie bei einem Kaleidoskop:

1. Wählen Sie mit dem Auswahlrechteck-Werkzeug einen geeigneten Bildausschnitt aus und kopieren Sie ihn mit Strg+C.

2. Öffnen Sie mit Strg+N eine neue, leere Datei und fügen Sie das kopierte Motiv mit Strg+V ein. Es füllt den ganzen Bildbereich.

3. Mit dem Befehl **Bild: Arbeitsfläche** positionieren Sie das Bild links oben und verdoppeln die Pixelzahl von BREITE und HÖHE.

4. Das Bild liegt nun auf einer Ebene, die rechts und unten leer ist. Mit dem Befehl EBENE DUPLIZIEREN im Menü der Ebenenpalette erstellen Sie eine Kopie der Ebene.

5. Spiegeln Sie das Motiv nun per **Bearbeiten: Transformieren: Horizontal spiegeln** und positionieren Sie es rechts neben der Vorlage.

6. Verschmelzen Sie nun beide Ebenen mit dem Befehl AUF EINE EBENE REDUZIEREN im Menü der Ebenenpalette.

Nahtlose Hintergrundkacheln erzeugen

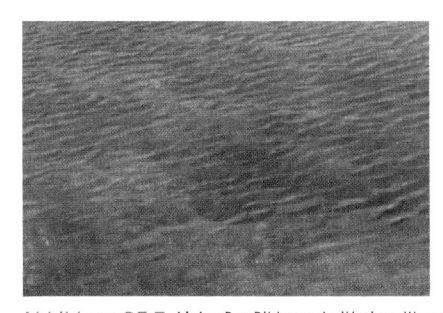

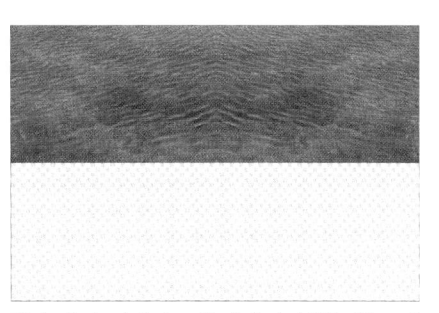

Abbildung 25.7 Links: Der Bildausschnitt einer Wasserfläche diente als Vorlage für die Kachel. **Mitte:** Wir verdoppelten die Bildgröße per »Arbeitsfläche« und positionierten das Motiv dabei links oben. Die duplizierte Ebene spiegelten wir mit dem Befehl »Horizontal spiegeln«. Nun muss der obere Bildbereich nur noch vertikal gespiegelt werden. **Rechts:** Aus einem gegenständlichen Fotoausschnitt entstand ein abstraktes Muster. Datei im Ordner »Praxis«/»Web_Elemente«: Kachel_d_Vorlage.psd

7. Duplizieren Sie die entstandene Ebene wiederum und spiegeln Sie diese per **Bearbeiten: Transformieren: Vertikal spiegeln**. Verschieben Sie die gespiegelte Ebene in die untere Bildhälfte und das Kaleidoskop ist fertig.

Tipp
Reduzieren Sie die Bildgröße erst nach der Bearbeitung auf ein webgerechtes Kachelformat von beispielsweise 80 Pixel Breite; damit vermeiden Sie halbtransparente Ränder auf den einzelnen Ebenen.

»Verschiebungseffekt« mit Kantenglättung von Hand

Eine weitere Möglichkeit bietet der Befehl **Filter: Sonstige Filter: Verschiebungseffekt** mit der Vorgabe Durch verschobenen Teil ersetzen. Im Endeffekt erhalten Sie dabei nahtlos kombinierbare Bildränder, allerdings – je nach Vorlage – Nähte im Innern der Kachel. Die Nähte im Innern müssen Sie jedoch noch irgendwie glätten oder retuschieren, zum Beispiel mit dem Kopierstempel (Seite 282) oder Wischfinger (Seite 277) bei weicher Pinselkante.

Sofern Sie die werkseitigen Vorgaben nicht ändern, tauscht das rechte untere Bildviertel den Platz mit dem Viertel von links oben; ebenso wechseln die Viertel von rechts oben und links unten ihre Position. Die Verschiebung müssen Sie in Pixelwerten angeben. Für eine mittige Verschiebung wählen Sie am besten horizontal und vertikal jeweils die halbe Anzahl der Pixelbreite und -höhe Ihres Bilds: Hat das Bild also beispielsweise die Maße 160 x 152, so wählen Sie Horizontal -80 und Vertikal +76 Pixel.

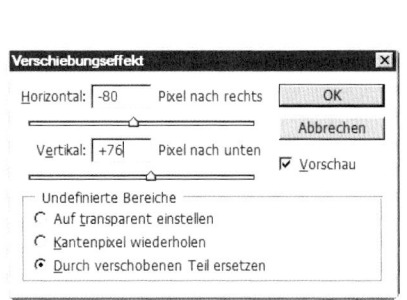

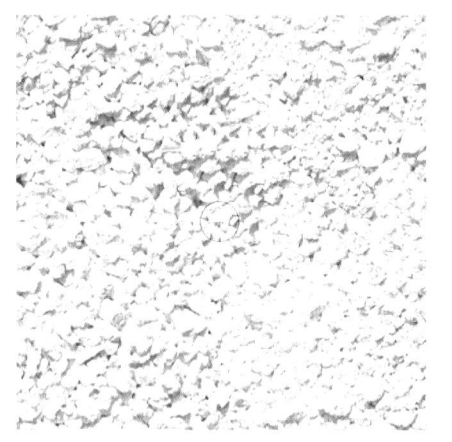

Abbildung 25.8 Links: Nach Anwendung des »Verschiebungseffekts« erhält man nahtlos kombinierbare Auswahlränder, aber Nahtstellen im Innern der Kachel. **Mitte:** Grad und Position der Verschiebung regeln Sie im Dialogfeld des Filters. **Rechts:** Die harten Kanten werden hier mit dem Stempel bei weicher Pinselkante retuschiert. Datei im Ordner »Praxis«/»Web_Elemente«: Kachel_e_Vorlage.psd

Nahtlose Kacheln mit dem Befehl »Wolken«

Der Befehl **Filter: Rendering-Filter: Wolken** errechnet ein luftiges Gewebe aus Hintergrund- und Vordergrundfarbe, das sich gut für Musterkacheln eignet. Verwendet man Bilddateien mit exakt 128x128 Pixel Größe oder einem Vielfachen davon, entstehen sofort nahtlose Kacheln.

Tipp
Sie können das Wolken-Ergebnis problemlos umfärben. Dazu verwenden Sie den FARBTON-Regler des Befehls Bild: Anpassungen: Farbton/Sättigung (Strg+U, Seite 336). Zeigt Ihr Wolkenmuster keine Farben, sondern nur Grautöne, klicken Sie in diesem Dialogfeld zusätzlich die Option FÄRBEN an (die Datei muss sich in einem Farbmodus befinden).

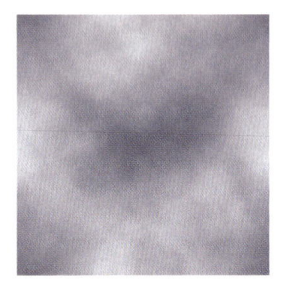

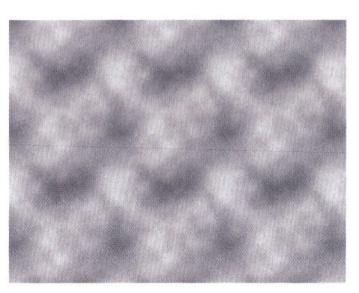

Abbildung 25.9 **Links:** Diese Datei misst 256x256 Bildpunkte; sie wurde mit dem »Wolken«-Filter gefüllt. **Rechts:** Das Ergebnis lässt sich vielfach nahtlos aneinandersetzen. Datei im Ordner »Praxis«/»Web_Elemente«: Kachel_f_Vorlage.psd

Abbildung 25.10 Hier wurde die Datei »Kachel_f_Vorlage.psd« noch mit dem Befehl »Filter: Strukturierungsfilter: Mit Struktur versehen« bearbeitet und per »Bild: Anpassungen: Farbton/Sättigung« verändert. Häufig lässt sich das Ergebnis sofort als nahtlose Hintergrundkachel weiterverwenden. Datei im Ordner »Praxis«/»Web_Elemente«: Kachel_g_Vorlage.psd

Hauptmotiv mit Hintergrundmuster kombinieren

Kombinieren Sie zwei Dateien als Vordergrundmotiv plus vielfach wiederholte Hintergrundkachel. Den erforderlichen HTML-Code erzeugen Sie in Photoshop. Die HTML-Datei erstellen Sie wie folgt:

1. Speichern Sie eine Datei als Kachel – bevorzugt im JPEG-Format.

2. Erstellen Sie das Vordergrunddesign Ihrer Website in Photoshop auf einer webgerechten Arbeitsfläche von beispielsweise 800 x 600 Pixel mit transparentem Hintergrund.

3. Per Befehl **Für Web und Geräte speichern** wählen Sie im Dialogfeld die Einstellungen zum Speichern des Vordergrundmotivs im GIF-Format bei aktivierter TRANSPARENZ.

4. Klicken Sie auf die Dreieck-Schaltfläche rechts oben im Dialogfeld und wählen Sie AUSGABEEINSTELLUNGEN BEARBEITEN. Im Klappmenü EINSTELLUNGEN tragen Sie HINTERGRUNDBILD ein. Dann wählen Sie im Klappmenü darunter statt HTML den HINTERGRUND und aktivieren unter DOKUMENT ANZEIGEN ALS das BILD. Um nun das Hintergrundbild einzubinden, geben Sie den PFAD der Kachel an.

5. Kontrollieren Sie nun per Klick auf die VORSCHAU IM STANDARDBROWSER unten im Dialogfeld **Für Web und Geräte speichern** die Kombination von Bildmotiv und Muster nebst HTML-Code im Browser-Fenster. Sie können den Code auch markieren und kopieren.

6. Beim Klick auf SPEICHERN erscheint wiederum das Fenster **Optimierte Version speichern unter**. Als DATEITYP wählen Sie HTML UND BILDER. Testen Sie, ob in den EINSTELLUNGEN nun die Vorgabe BENUTZERDEFINIERT steht. (Sollten Sie zuvor die AUSGABEEINSTELLUNGEN nicht bearbeitet haben, wählen Sie ANDERE und führen obige Vorgaben aus.)

Photoshop erzeugt beim Speichern eine HTML-Datei sowie den Ordner »images« mit Kopien von Bilddatei und Kachel.

25.3 Rollover-Schaltflächen anlegen

Rollover-Schaltflächen sind grafische Bedienelemente auf Webseiten, die ihr Aussehen bei Kontakt mit dem Mauspfeil und/oder beim Klicken verändern – also beispielsweise ein blauer Button, der heller dargestellt wird, wenn Sie den Mauspfeil darüber führen, und der bei einem Mausklick eingedrückt erscheint.

Rollover-Schaltflächen anlegen

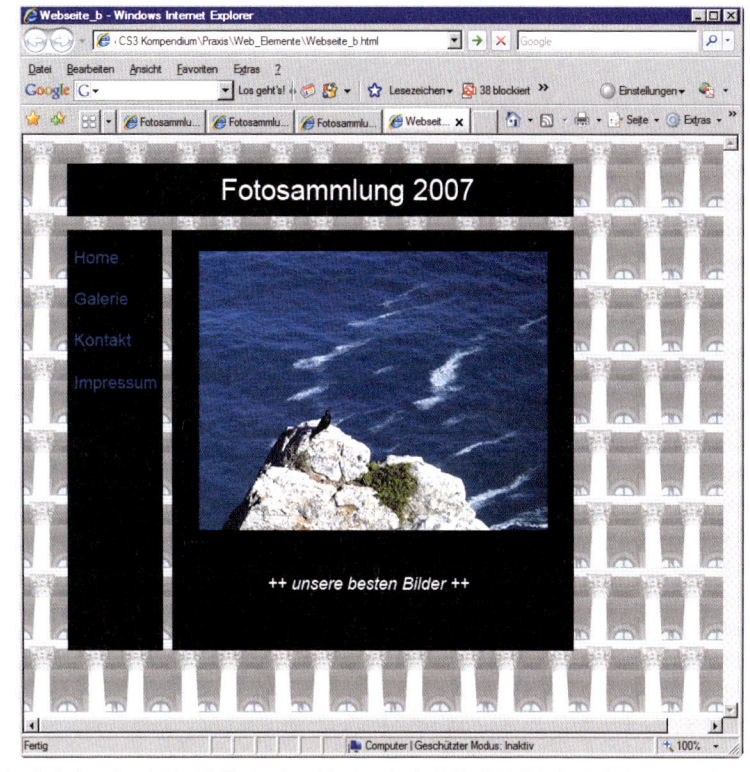

Abbildung 25.11 **Links:** Die Vorlage für den gekachelten Hintergrund reduzierten wir auf 100 x 75 Pixel und speicherten sie als JPEG mit 18,7 Kbyte. Nach der Umwandlung in »Graustufen« reduzierten wir den Kontrast und erhöhten die Helligkeit. **Rechts:** Das Vordergrundbild legten wir in Photoshop an und speicherten es unter »Für Web und Geräte speichern« als GIF-Bild zusammen mit der verknüpften Hintergrundkachel. Dateien im Ordner »Praxis«/»Web_Elemente«: Mustervorlagen: Webseite_c.psd, Kachel_c.jpg; Ergebnis: Webseite_c.html

Im Sprachgebrauch der Webdesigner werden die drei wesentlichen Zustände einer Rollover-Schaltfläche als »Normal« (kein Kontakt mit dem Mauspfeil), »Mouseover« (Mauspfeil über der Grafik) und »Mousedown« (Schaltfläche angeklickt) bezeichnet. Sie können auch noch weitere Zustände wie »Click« oder »Up« illustrieren.

Wählen Sie zwischen drei grundlegenden Verfahrensweisen zur Erstellung von Rollover-Schaltflächen:

1. Ebenen duplizieren: Sie erzeugen eine Schaltfläche, duplizieren die entstandene Ebene und nehmen Veränderungen an der neuen Ebene vor.

2. Fülloptionen: Sie arbeiten ebenfalls mit Ebenen, wenden aber unterschiedliche Fülloptionen an, um die gewünschten Unterschiede zu erzeugen.

3. Vordefinierte Stile: Sie versehen die Schaltflächen mit vordefinierten Stilen aus der Stilepalette.

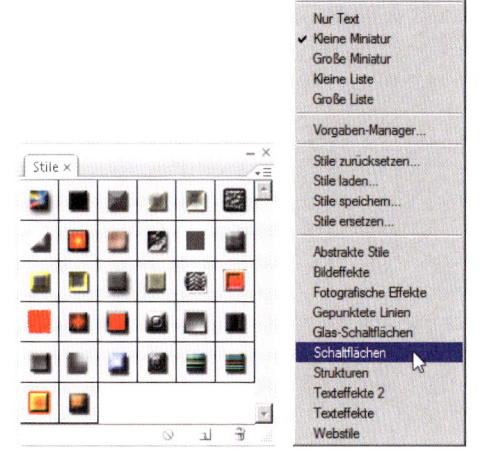

Abbildung 25.12 Mit dem Befehl »Fenster: Stile« rufen Sie die Stilepalette auf. Sie enthält Schaltflächen in verschiedenen Designs. Im Menü der Stilepalette speichern und laden Sie nach Bedarf auch eigene Stile.

Mit der Creative Suite 3 hat Adobe viele Webfunktionalitäten, die vormals im Photoshop-Zusatzprogramm Image Ready enthalten waren, in die Webdesign-Anwendungen Dreamweaver und Fireworks ausgelagert. Zwar können Sie Bilddateien im PSD-Format direkt in die Webanwendungen laden oder über die Zwischenablage einfügen, doch die Einbindung des einzelnen Status erfolgt im HTML-Editor. In Photoshop selbst belegen Sie eventuell nachher Slices schon mit URL-Verweis oder Text, der Schwerpunkt liegt hier jedoch auf den rein grafischen Gestaltungswerkzeugen.

Abbildung 25.13 Eine Schaltflächengruppe enthält ein Ausgangsbild sowie eine oder mehrere veränderte Varianten für die geplante HTML-Programmierung. **Links:** Unser Primärbild zeigt den Status »Normal« ohne Mauskontakt. **Mitte:** Befindet sich der Cursor im Bildbereich, leuchtet die Version »Mouseover« auf. **Rechts:** Mit Mausklick erscheint die gedrückte Taste für den Zustand »Mousedown«. Unser Beispiel legten wir mit dem Stil »Glasschaltflächen« aus der Palette »Stile« an. Datei: Rollover_a.psd

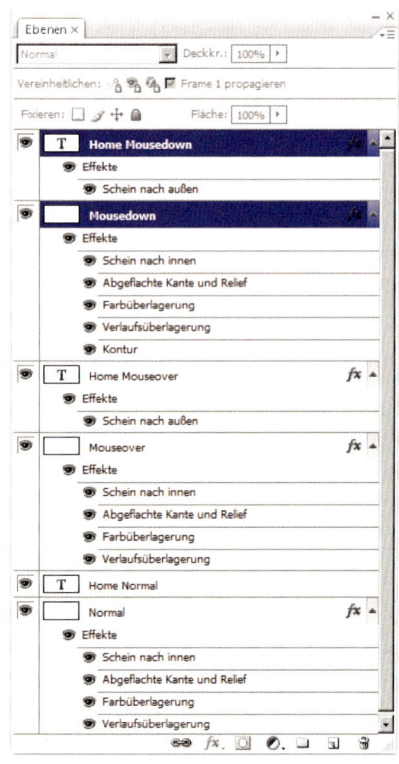

Abbildung 25.14 Jede Schaltfläche unseres Rollover-Beispiels besteht aus einer Bild- und einer Textebene. Für die drei Zustände »Normal«, »Mouseover« und »Mousedown« änderten wir jeweils die Ebeneneffekte.

Legen Sie für jeden Zustand der Rollover-Schaltfläche eine eigene Ebene an:

4. Öffnen Sie eine neue RGB-Datei in der Größe Ihrer späteren Schaltfläche – zum Beispiel mit 50 x 25 Pixel.

5. Wandeln Sie die HINTERGRUNDEBENE per [Alt]-Doppelklick in eine EBENE 0 um. Benutzen Sie bei Bedarf einen der vorgegebenen Stile aus der Stilepalette, die Sie per **Fenster: Stile** aufrufen. Im Menü der Palette wählen Sie etwa die SCHALTFLÄCHEN; dort gibt es auch fertige Vorlagen für den Status »Normal«, »Mouseover« und »Mousedown«. Natürlich können Sie auch andere Stile wie etwa FOTOGRAFISCHE EFFEKTE einsetzen.

6. Gestalten Sie am besten zuerst das Aussehen des Buttons im Status »Normal«. Er sollte nicht allzu hell sein, um in der Version »bei Mauskontakt« deutlich aufzuleuchten. Kombinieren Sie eventuell Bild- und Textebenen, die Sie nach Gusto per Befehl **Ebene: Ebenenstil: Fülloptionen** mit diversen Effekten versehen. – In den Stilen der Stilepalette sind **Fülloptionen** bereits integriert; verändern Sie diese nach Belieben.

7. Duplizieren Sie dann die Ebene mit der fertigen Schaltfläche mit dem Befehl EBENE DUPLIZIEREN im Menü der Ebenenpalette. Verändern Sie jetzt den Button für den Zustand »Mouseover«: Sobald der Cursor über die Fläche gleitet, soll die mögliche Interaktion angezeigt werden. Variieren Sie beispielsweise das Aussehen per **Bild: Anpassungen: Helligkeit/Kontrast** sowie **Farbton/Sättigung** oder ändern Sie die **Fülloptionen**. Sofern Sie mit einem Stil der Stilepalette arbeiten, können Sie allerdings nur die EFFEKTE ändern, am einfachsten per Doppelklick in der Ebenenpalette.

8. Auf der dritten Ebene soll nun der Button für den Status »Mousedown« angelegt werden. Duplizieren Sie dazu am besten die »Mouseover«-Ebene. Verändern Sie die Schaltfläche derart, dass sie beispielsweise wie eingedrückt erscheint und damit den aktiven Zustand signalisiert.

9. Speichern Sie die fertige Datei einmal im PSD-Format, damit Sie die Schaltflächen weiterhin bearbeiten oder im HTML-Editor anzeigen können. Speichern Sie darüber hinaus jede Ebene als Einzelbild im webkompatiblen GIF- oder JPEG-Format, um eine komplette Rollover-Schaltflächengruppe zu erhalten; dazu eignet sich der Befehl **Für Web und Geräte speichern** mit dem Dateityp NUR BILDER.

Tipp

Benennen Sie die einzelnen Rollover-Bilder einer Schaltflächengruppe gemäß ihren Funktionen, um die HTML-Einbindung zu erleichtern – beispielsweise mit »Normal_01« etc.

Abbildung 25.15 Mit Photoshop kann eine Rollover-Schaltfläche auch ganz unkonventionell gestaltet werden. **Links:** Der Button befindet sich im Zustand »Normal«. **Mitte:** Die Variante »Mouseover« leuchtet auf. **Rechts:** Der Status »Mousedown« ist aktiv. Datei: Rollover_b.psd

Tipp

Im Ordner Praxis/Web_Elemente/Rollover befindet sich ein Rollover-Beispiel mit HTML-Datei für das Bild »Rollover_b«. Sie können die HTML-Datei mit einem Texteditor aufrufen und den Code verwenden, um eigene Schaltflächen mit ihren jeweils ausgetauschten Dateinamen zu programmieren.

Für einen Rollover-Status können Sie übrigens auch eine GIF-Animationen anlegen und separat in der Schaltflächengruppe speichern. Wie man Animationen anlegt, erfahren Sie auf Seite 691.

Generell gilt für Rollover-Schaltflächen Ähnliches wie für die Animationen. Denn auch bei Trickfilmen können Sie ja unterschiedliche Einzelbilder (Frames) einer Sequenz aus verschiedenen Vorgaben für ein und dieselbe Montageebene errechnen. Wie Sie Schaltflächen mit Einblendmeldungen und Hyperlinks versehen, lesen Sie weiter unten im Abschnitt »Slices« (Seite 747).

25.4 Slices

Mit Slices kennzeichnen Sie Bilder oder Bildteile als aktive Zonen. Jede Zone kann individuelle Texte oder Hyperlinks, also Sprungmarken zu anderen Internetseiten aufweisen.

Slices in der Übersicht

Die Slice-Technik splittet ein größeres Bild in mehrere rechteckige Einzelbilder auf, sogenannte Slices (sprich »Slaißes«, ein abgeschnittenes Stück). Auf der Internetseite entsteht

Abbildung 25.16
Mit der Slice-Technik zerlegen Sie eine größere Bilddatei in mehrere Einzelbilder. Getrennt für jedes Segment (Slice) geben Sie einen Hyperlink und Einblendmeldungen vor. Für Ihre Eingaben öffnen Sie per Doppelklick mit dem »Slice-Auswahlwerkzeug« das Dialogfeld »Slice-Optionen«. Im Bild ist das Slice 23 rechts unten angewählt. Das Motiv darüber (Slice 17) erstellten wir als Benutzer-Slice mit minimierter Größe, damit sich die rechteckigen Segmente nicht überlappen und die Navigation stören. Alle anderen Slices sind ebenenbasiert. Die Slices-Einteilung speichern Sie innerhalb des Photoshop-Dateiformats. Datei im Ordner »Praxis«/»Web_Elemente«: Webseite_a.psd

dann, Slice für Slice, ein nahtloses Gesamtbild. Dahinter liegt eine HTML-Tabelle oder ein CSS. Jedes Rechteck innerhalb des Gesamtbilds füllt eine Zelle innerhalb der Tabelle.

Bei Slices teilen Sie Ihre Vorlage nicht nur in aktive Zonen auf, sondern auch in separate Bilddateien. Diese Stückelung bietet den großen Vorteil, einzelne Segmente im Dialogfeld **Für Web und Geräte speichern** unterschiedlich zu optimieren. Beispielsweise verwenden Sie GIF für grafische Partien und JPEG für Teile mit Halbtonabstufungen. Per Webeditor belegen Sie dann die gewünschten Elemente mit Rollover-Effekten oder Animationen, die Sie zuvor in Photoshop erstellen.

Slice-Typen neu anlegen

Es gibt verschiedene Möglichkeiten, neue Slices anzulegen und zu verwenden:

» **Ebenenbasiertes Slice:** Legen Sie das Slice in der Ebenenpalette an. Aktivieren Sie die gewünschte Ebene und wählen Sie **Ebene: Neues ebenenbasiertes Slice**. Photoshop erzeugt das Slice-Viereck in der Größe des Bildmotivs auf der Ebene. Verändern Sie die Proportion der Ebene, mutiert die Slice-Größe mit. Wählen Sie per rechtem Mausklick die Option **In Benutzer-Slice umwandeln**, können Sie den Slice-Rahmen unabhängig vom Ebeneninhalt verschieben oder skalieren. Die gleiche Funktion bietet die Taste UMWANDELN in der Optionsleiste.

» **Benutzer-Slice:** Ziehen Sie den Slice-Rahmen per Cursor mit dem Slice-Werkzeug auf. Die Größe des Slice-Rahmens bestimmen Sie selbst. Etwa bei sehr gleichmäßigen Grafiken wie Schaltleisten erstellen Sie das Slice entlang von Hilfslinien; es richtet sich automatisch aus. Ein erster Slice-Rahmen um das Gesamtbild entsteht übrigens bereits per Klick auf das Slice-Werkzeug oder auf die Taste K.

Sobald Sie Slices erzeugt haben, generiert Photoshop sogenannte »Auto-Slices«. Sie bestücken alle Bildteile mit Vierecken, die nicht mit Benutzer-Slices oder ebenenbasierten Slices gefüllt sind. Für alle »Auto-Slices« erfolgen die Dateivorgaben in der Optimierungspalette gemeinsam, hier gibt es keine individuelle Einstellmöglichkeit. Oder wählen Sie, wiederum per rechtem Mausklick, **In Benutzer-Slice umwandeln**. Jetzt können Sie individuelle Dateiformatvorgaben in der Optimierungspalette eingeben oder den Slice-Rahmen bewegen.

Eine Art »Auto-Slices« sind auch die tückischen »Unter-Slices«. Sie entstehen durch Überlappung von Slice-Grenzen. Achtung: Hier folgt die Navigation dem oberen Slice in der Rangfolge, so dass eine falsche Zuordnung entstehen kann. Ändern Sie die Rangfolge der Slices per Klick auf die Schaltflächen in der Optionsleiste, wandeln sich auch die »Unter-Slices«.

Abbildung 25.17 Slice-Typen unterscheiden sich in ihrem Erscheinungsbild: »Auto-Slices« erscheinen mit grauen Symbolen und gepunkteten blauen Linien. »Benutzer-Slices« und »ebenenbasierte Slices« zeigen durchgehend blaue Rahmen, tragen jedoch verschiedene Symbole: Die Schrift »Home« zeigt ein Benutzer-Slice, das Foto hingegen ein »ebenenbasiertes Slice«. Der Text »unsere besten Bilder« ist somit ebenfalls ein »Benutzer-Slice«, das aber mit dem Slice-Auswahlwerkzeug angewählt ist und gelb erscheint: Dort, wo es in das Foto ragt, entstand ein »Unter-Slice«. Tückisch: In diesem Bereich des Fotos würde die Navigation dem Textteil folgen, da das Slice in der Rangfolge oben liegt. Datei im Ordner »Praxis«/»Web_Elemente«: Webseite_d.psd

Tipp

Ebenenbasierte Slices empfehlen sich besonders, wenn Sie den Slice-Bereich noch verschieben, vergrößern oder verkleinern möchten. Praktisch sind ebenenbasierte Slices zudem, wenn Sie Rollover-Effekte anlegen: Nutzen Sie in bestimmten Rollover-Zuständen beispielsweise die Ebeneneffekte SCHLAGSCHATTEN, KONTUR oder SCHEIN NACH AUSSEN, so wird die Ebene meist breiter – und ein ebenenbasierter Slice wächst mit.

Slices auswählen und verwalten

Alle Slice-Typen können Sie mit dem Slice-Auswahlwerkzeug anwählen. Mit welchen Farben und Abblendungen die Slices dargestellt werden, regeln Sie mit dem Befehl **Bearbeiten: Voreinstellungen: Hilfslinien, Raster, Slices und Zählung**.

Der Befehl **Ansicht: Einblenden: Slices** verbirgt die Linien, ohne sie zu löschen; alternativ verstecken Sie die Linien mit dem Untermenü **Ansicht: Einblenden**.

Slices umformen

Bei »Benutzer-Slices« halten Sie das Slice-Auswahlwerkzeug über den Griffpunkt eines Slices-Rahmens. Dann erscheint das Werkzeug als Doppelpfeil ↔ und Sie können den Rahmen durch Ziehen verkleinern oder vergrößern. »Ebenenbasierte Slices« hingegen verändern Sie mit dem Befehl Strg+T; vom Skalieren bis hin zum Verkrümmen bieten sich dabei alle Möglichkeiten – allerdings bleibt das Slice immer in Viereckform vorhanden.

Slices organisieren

So verdoppeln, löschen und organisieren Sie Slices:

- Benötigen Sie die Konturen eines Slice für ein weiteres Slice? Dann ziehen Sie bei gedrückter Alt-Taste am Slice.
- Verschieben Sie »Benutzer«- oder »ebenenbasierte Slices« einfach mit dem Auswahlwerkzeug bei gedrückter Maustaste.
- Ein vorhandenes Benutzer-Slice splitten Sie per Rechtsklick mit dem Befehl **Slice unterteilen** in kleinere, gleichmäßig große Segmente auf.
- Wollen Sie zwei Benutzer- oder Auto-Slices zusammenfassen? Markieren Sie die Elemente bei gedrückter ⇧-Taste und wählen Sie per Rechtsklick **Slices kombinieren**. Die Segmente müssen dafür nicht nebeneinanderliegen.
- Wollen Sie einen benutzer- oder ebenenbasierten Slice entfernen, markieren Sie ihn mit dem Auswahlwerkzeug und machen Sie Gebrauch von der Entf- oder ←-Taste. Ganze Arbeit erledigt der Befehl **Ansicht: Slices löschen**. »Auto-Slices« hingegen können Sie nur verbergen, aber nicht löschen und zwar mit der Taste AUTO-SLICES AUSBLENDEN oben in der Optionsleiste.

- Slices schützen Sie vor unbeabsichtigten Bearbeitungsschritten wie etwa Verschieben per **Ansicht: Slices fixieren**.
- Mitunter überlappen sich Slices. Sie können das Slice-Arrangement automatisch neu anordnen. Verwenden Sie die Schaltflächen der Optionenleiste zum Slice-Auswahlwerkzeug.
- Ebenfalls in der Optionsleiste befinden sich die Schaltflächen, mit denen Sie die Rangordnung der Slices verändern können. Stellen Sie Slices in den Vorder- oder Hintergrund oder schrittweise vor bzw. zurück.

Slices verschieben

»Benutzer«- oder »ebenenbasierte Slices« lassen sich einfach mit dem Slice-Auswahlwerkzeug verschieben. Welche Bildelemente dabei »magnetisch« wirken – zum Beispiel Hilfslinien oder Bildränder – bestimmen Sie im Untermenü **Ansicht: Ausrichten an**.

Slice-Optionen und Navigation

Für jedes Slice auf Ihrer Website können Sie individuell Texte einblenden und Hyperlinks vergeben. Auch die Größe von Benutzer-Slices lässt sich verändern. Die Navigation bestimmen Sie bei angewähltem Slice-Werkzeug oder Auswahlwerkzeug mit Klick auf die rechte Maustaste per Befehl SLICE-OPTIONEN BEARBEITEN. Alternativ genügt der Klick auf die Schaltfläche OPTIONEN FÜR AKTUELLES SLICE EINSTELLEN in der Optionsleiste.

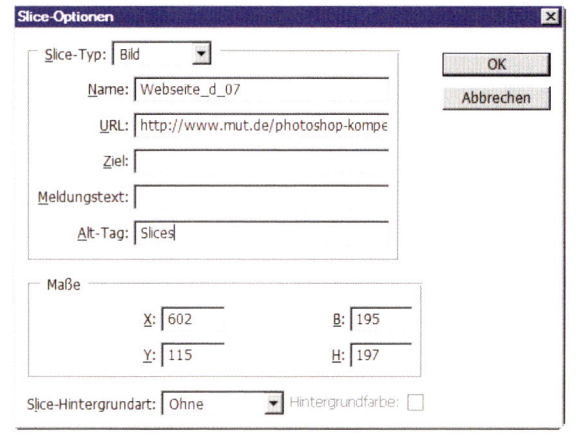

Abbildung 25.18 Versehen Sie Slices mit Textmeldungen und Hyperlinks, um eine interaktive Webseite zu gestalten.

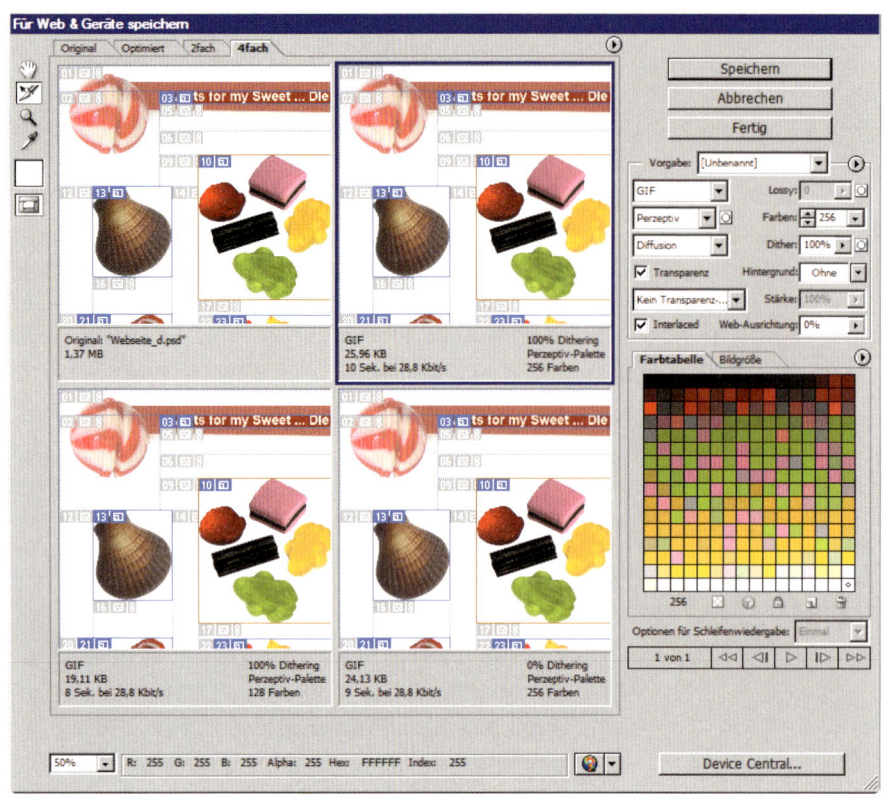

Abbildung 25.19
Mit dem Befehl »Datei: Für Web speichern« optimieren Sie jedes Slice individuell für Ihren Webauftritt. Legen Sie per »Ausgabeoptionen« fest, ob die Webseite als Tabelle oder CSS gespeichert werden soll und begutachten Sie das Ergebnis im Vorschaufenster Ihres Standardbrowsers. Dateien im Ordner »Praxis«/»Web_Elemente«: Mustervorlagen: Webseite_a.psd, Kachel_a.jpg. Ergebnis: Webseite_a.html.

Folgende Möglichkeiten stehen zur Verfügung:

» Unter SLICE-TYP wählen Sie in der Regel die Darstellung im Browser als BILD. KEIN BILD erlaubt es stattdessen, Texte ins Internet zu stellen; wählen Sie zwischen Klartext oder Text mit HTML-Standard-Tags. Allerdings zeigt nur ein Browser den eingegebenen Text an, nicht jedoch Photoshop. Vorsicht: Lange Texte können das Layout Ihrer Webseite stören.

» Im Feld NAME sehen Sie den Dateinamen sowie die aktuelle Slice-Zahl.

» Der Eintrag einer URL bewirkt einen Link vom gesamten Slice zur gewählten WWW-Adresse.

» Per ZIEL nennen Sie beispielsweise den Namen eines Zielframes oder tragen eine Option ein, wie die verknüpfte Datei erscheinen soll: _BLANK in einem neuen Fenster, _SELF im selben Frame wie das Original, _PARENT in einem übergeordneten Fenster, _TOP anstelle des Ausgangsframes (Details siehe Photoshop-Hilfe).

» Der MELDUNGSTEXT wird in der Statuszeile des Browsers angezeigt – hier steht, falls vorhanden, ansonsten die URL des Slice.

» Der Text neben ALT-TAG erscheint in nichtgrafischen Browsern anstelle des Bilds. Ansonsten wird er im Slice-Bereich zusätzlich eingeblendet.

» Die MASSE eines Benutzer-Slice werden bei Bedarf per Eingabe geändert.

» Als SLICE-HINTERGRUNDART stehen Hintergrund, Farben oder Transparenz zur Verfügung.

Slices »Für Web und Geräte speichern«

Die Slice-Aufteilung eines Webdesigns speichern Sie im Photoshop-Dateiformat. Mit dem Befehl **Datei: Für Web und Geräte speichern** erzeugen Sie eine komplette Webseite inklusive Slices und HTML-Code. Rufen Sie das fertige HTML-Dokument im Browser auf.

Slices »Für Web und Geräte speichern«

Tipp
Die Eingaben des Dialogfelds S<small>LICE</small>-O<small>PTIONEN</small> stehen mit dem Befehl **Für Web und Geräte speichern** *nicht zur Verfügung und sollten daher zuvor abgeschlossen sein.*

In diesem Abschnitt werden nur jene Funktionen des Dialogfelds **Für Web und Geräte speichern** beschrieben, die speziell für den Umgang mit Slices gedacht sind. Die grundlegenden Optionen des Dialogfelds werden im folgenden Kapitel »Speichern für Internetseiten und Mobilgeräte« ausführlich besprochen. Dort erfahren Sie auch, welches Dateiformat für ein Motiv am besten geeignet ist.

Im Umgang mit Slices bietet das Dialogfeld **Für Web und Geräte speichern** vielfältige Möglichkeiten:

» Mit dem Slice-Auswahlwerkzeug wählen Sie jedes Slice einzeln an und bestimmen die Einstellungen für die weboptimierte Ausgabe als GIF-, JPEG- oder auch PNG-Datei. Die Vierfachvorschau bietet – neben dem nicht bearbeitbaren Original – drei Varianten für die gleichzeitige Ansicht.

» Schalten Sie mit Klick auf die Slice-Ansicht nach Bedarf die Slices sichtbar oder unsichtbar. Sie werden dabei nicht gelöscht.

» Im Menü rechts oben im Dialogfeld erreichen Sie per Dreieck-Schalttaste den Befehl A<small>USGABEEINSTELLUN-</small><small>GEN BEARBEITEN</small>. Wählen Sie anstelle der Vorgabe HTML die Option S<small>LICES</small> an. In den A<small>USGABEEINSTELLUNGEN</small> legen Sie fest, wie Ihr HTML-Dokument exportiert werden soll: in Form der guten alten T<small>ABELLE</small> mit Zeilen und Spalten – oder als CSS (Cascading Stylesheets) mit der absoluten Position der Slices auf einzelnen Ebenen. Der Export als CSS empfiehlt sich, wenn die Webseite dynamische Elemente enthalten soll – also ein gemeinsames Layout für mehrere HTML-Seiten.

» Das Ergebnis der A<small>USGABEEINSTELLUNGEN</small> können Sie bereits vor dem S<small>PEICHERN</small> in der Browser-Vorschau betrachten und bei Bedarf nochmals korrigieren. Testen Sie auch Navigation und Interaktion.

» Nach dem Klick auf S<small>PEICHERN</small> wählen Sie als Dateityp HTML und Bilder (*.html). Photoshop erzeugt ein HTML-Dokument sowie einen Ordner mit den komprimierten, weboptimierten Slices.

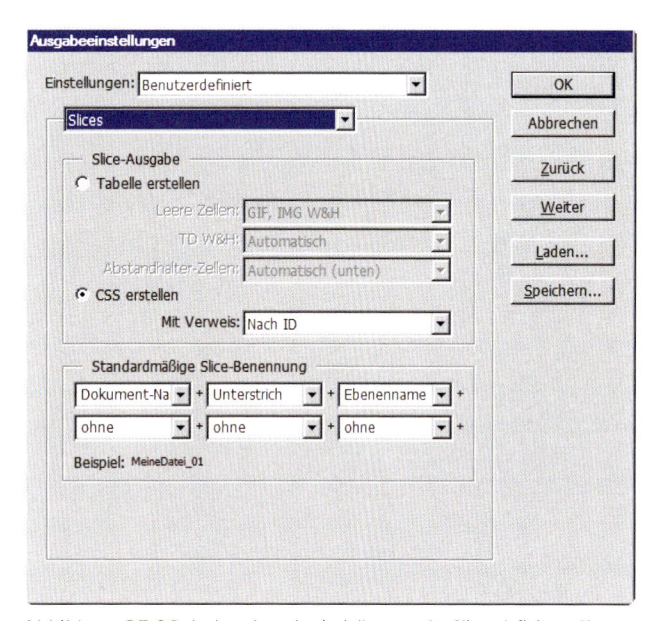

Abbildung 25.20 In den »Ausgabeeinstellungen« der Slices definieren Sie das Erscheinungsbild Ihrer Webseite. Wählen Sie zwischen der Anordnung als »Tabelle« oder »Css« – Cascading Stylesheets. Verwenden Sie eine standardmäßige »Slice-Benennung«, um die Ordnung im Homepage-Ordner zu wahren, sofern Sie weitere Seiten erstellen.

Service

Im »Service«-Teil finden Sie Kommentare zur neuesten Photoshop-Version, Informationen zur Bedienung und Programmeinrichtung, Werkzeuglisten und einen Abschnitt über Dateiformate. Ein umfangreiches Lexikon und ein sehr ausführliches Stichwortverzeichnis runden Ihr Photoshop-Kompendium ab.

Anhang A:
Photoshop CS3 – neu, geändert, kommentiert   752

Anhang B:
Photoshop auf Leistung trimmen   761

Anhang C:
Photoshop bedienen   765

Anhang D:
Informationen am Bildschirm   780

Anhang E:
Dateiformate   783

Anhang F:
Übersicht: Alle Werkzeuge   797

Anhang G:
Lexikon   808

Anhang A
Photoshop CS3 – neu, geändert, kommentiert

Im Folgenden besprechen wir kurz die Veränderungen, die Photoshop von Version 2.5 bis CS2 (9.0) durchgemacht hat, also bis zum unmittelbaren Vorgänger von Photoshop CS3 (10.0). Die Neuerungen und Änderungen bei Photoshop CS3 lernen Sie dann genauer kennen.

Die Erklärungen in diesem Abschnitt hier richten sich an Leser, die bereits Erfahrung mit früheren Photoshop-Versionen haben; im Inneren des Buchs behandeln wir dagegen alles sehr ausführlich und jederzeit nachvollziehbar – egal, ob neue oder altbekannte Verfahren.

Photoshop von Version 2.5 bis CS2 (9.0)

Mit Version 2.5 erscheint Photoshop 1994 erstmals nicht nur für den Mac, sondern auch für Windows. Version 3.0 führt Ebenen ein, die man unabhängig vom Hintergrund speichert. So geht es weiter:

» Verzerren per Zahleneingabe, **Verblassen**, Einstellungsebenen, ein drastisch verbessertes Verlaufswerkzeug, Aktionenpalette, Hilfslinien und Grundraster zählen zu den Errungenschaften von Photoshop 4.0. 43 Effekte der eingestellten Reihe Gallery Effects lassen das **Filter**-Menü bersten.

» Photoshop 5.0 bietet korrigierbare Textebenen, mehrstufiges Widerrufen und den Kanalmixer, außerdem Ebeneneffekte, Magnet-Lasso und Farbaufnahmewerkzeug.

» Photoshop 5.5 wartet mit dem separaten Programm ImageReady 2.0 für Internetgestalter auf. Photoshop hat den **Extrahieren**-Befehl, den Magischen Radiergummi, den Hintergrund-Radiergummi, die **Web-Fotogalerie** und das **Bildpaket** neu im Programm.

» Photoshop 6.0 produziert komplette Vektorformen und verwendet dazu die neuen Talente Füllebene und Vektormasken (damals »Ebenen-Beschneidungsmaske«). Hinzu kommen Absatztext und die VERKRÜMMEN-Funktion für biegsame Lettern. Pinsel, Verläufe oder Ebenenstile werden übersichtlich über »Vorgaben« und »Bibliotheken« verwaltet.

» Photoshop 7.0 präsentiert einen Datei-Browser. Reparaturpinsel und Ausbessernwerkzeug erleichtern Retuschejobs. Die Pinsel lassen sich vielseitig einstellen und mit Zufallsfaktoren variieren.

» Photoshop CS1 (nach alter Zählung Photoshop 8) gehört zu den lohnenderen Updates: verbesserter **Datei-Brow-**

ser, eingebaute Unterstützung für Rohdateien von Digitalkameras, stark erweiterte Unterstützung für 16 Bit Farbtiefe pro Grundfarbe inklusive Montagen und Einstellungsebenen, **Histogramm**-Palette, **Tiefen/Lichter** zur Korrektur starker Unter- oder Überbelichtungen, **PhotoMerge** für Panoramamontagen, die **PDF-Präsentation** als PDF-Diaschau. Erstmals muss die Windows-Version per Internet- oder Telefonkontakt mit dem Hersteller aktiviert werden.

» Photoshop CS2 sah zwei wichtige Premieren: Smart Objekte (Dateien in der Datei) und das separate Programm Bridge zur Bildverwaltung. Das Marketing pries noch Einsteigerfunktionen an wie Rote-Augen-Werkzeug und Bereichsreparaturpinsel, Verzerrung (**Objektivkorrektur, Fluchtpunkt, Verkrümmen**), subtile Verbesserung (**Selektiver Scharfzeichner, Rauschen reduzieren**) und verbesserte Bedienung (**Bildprozessor, Skriptereignis-Manager**).

Photoshop CS3 – was ist neu?

Im Folgenden nenne ich die interessantesten Neuerungen bei Photoshop CS3 Standard und Extended (Photoshop 10 nach alter Zählung) ohne Anspruch auf Vollständigkeit; alle Funktionen finden Sie ausführlich auch innen im Buch.

Kommentare und Vermisstmeldungen folgen anschließend. Altgediente Photoshopper müssen in der Version CS3 zudem ein paar liebgewonnene Gewohnheiten aufgeben – siehe unten.

»Standard« versus »Extended«

Alle für Bildbearbeiter und Fotografen wichtigen Neuerungen stecken schon in der Photoshop-Ausgabe, die schlicht »Photoshop CS3« oder manchmal auch »Photoshop CS3 Standard« heißt. Diese Änderungen besprechen wir ausführlich zuerst.

Im letzten Abschnitt geht es dann um die speziellen Erweiterungen von »Photoshop CS3 Extended«; diese Fassung enthält den kompletten »Standard«-Photoshop sowie Zugaben für Videobearbeiter, 3D-Konstrukteure und Wissenschaftler. Sie kostete bei Redaktionsschluss rund 500 Euro mehr als die Standardversion.

Wenn Sie mehrere CS3-Programme innerhalb einer »Creative Suite« gekauft haben: Alle »Creative Suites« der Reihe CS3 mit dem Zusatz »Premium« enthalten Photoshop CS3 Extended, so etwa CS3 Design Premium. Ein Photoshop CS3 in der Standardversion steckt im Paket CS3 Design Standard.

Bildverwaltung mit Bridge

Endlich, die Bilddatenbank Bridge läuft deutlich schneller als die Vorgängerin. Die Paletten kann man jetzt frei auf beide Ränder des Programmfensters verteilen.

Die neue Filterpalette sorgt dafür, dass zum Beispiel nur Bilder auf der Arbeitsfläche erscheinen, die mit mehr als vier Sternen bewertet wurden, ab 2007 entstanden und das Stichwort »Neapel« enthalten.

Im aufgewerteten Vorschaufenster kann man mehrere Fotos größer nebeneinander vergleichen und Details in 100-Prozent-Ansicht anzeigen. Fotoserien lassen sich zu Stapeln türmen, die nur noch die Fläche einer einzigen Miniatur belegen. Bei der Diaschau direkt aus Bridge heraus kann man zoomen und ein paar Überblendeffekte nutzen.

Die Metadatenpalette wartet mit hierarchisch gegliederten Stichwörtern auf. Sie können die Gliederung als Textdatei in einem Textprogramm tippen, laden und in Bridge neu als Textdatei speichern.

Zu Bridge CS3 gehört auch ein automatischer Foto-Downloader. Sobald eine Kamera oder Speicherkarte angeschlossen wird, springt das Dialogfeld an. Der Foto-Downloader sorgt wahlweise für Umbenennung und Unterordner, wendet Metadatensätze an und wandelt Raw-Dateien ins universelle DNG-Format um.

Der Camera-Raw-Dialog

Der Dialog für Raw-Dateien (ACR 4.1 bei Redaktionsschluss) wandelt sich immer weiter zum Programm im Programm. Er verarbeitet jetzt auch JPEG- und TIFF-Dateien, so dass verschiedene Dateitypen durch eine einheitliche Stapelverarbeitung laufen und mit überlagerten Korrekturinformationen gespeichert werden können.

Die Tonwertkorrektur wurde weit ausgebaut. So gibt es neue Regler zum Aufhellen starker Unterbelichtungen wie auch zum leichten Abdunkeln von Spitzlichtern. Interessant auch die subtil wirkenden Regler KLARHEIT und DYNAMIK, die im Vergleich zum Beispiel zum üblichen Regler SÄTTIGUNG Übertreibungen vermeiden.

Die Gradationskurve lässt sich jetzt auch über vier Schieberegler steuern. Eine Tonwerterweiterung samt Histogrammanzeige haben die Programmierer gleich mit eingebaut. Farbton, Sättigung und Helligkeit lassen sich für acht getrennte Farbbereiche steuern, dabei gibt es mit ROTTÖNEN, ORANGETÖNEN und GELBTÖNEN einen Schwerpunkt von Farben, die für Porträts entscheidend sind. Wahlweise gibt man hier auch gleich IN GRAUSTUFEN KONVERTIEREN an. Per TEILTONUNG werden helle und dunkle Bildpartien mit unterschiedlichen Vorgaben für Farbton und Sättigung eingefärbt, um Duotoneffekte zu erzielen. Die Scharfzeichnung lässt sich nun viel feiner steuern, zudem können Sie rotgeblitzte Augen und kleine Flecken retuschieren.

Wichtig bei so vielen Einstellmöglichkeiten: Im VORGABEN-Register speichert der Raw-Dialog eigene Voreinstellungen. Dabei werden nach Wunsch einzelne Reglerstellungen nicht mit erfasst.

Kontrast & Farbstimmung

Die **Gradationskurve** präsentiert erstmals ein Histogramm direkt im Dialogfeld an, dazu kommen die aus der **Tonwertkorrektur** bekannten Dreiecksregler zur Ausdehnung des Tonwertumfangs. Zudem zeigt das Diagramm die Graphen für Gesamtkanal und drei oder vier Grundfarben gleichzeitig an. Das Speichern von Voreinstellungen fällt bei **Gradationskurven** und ein paar weiteren Dialogen leichter als früher.

Der neue **Schwarzweiß**-Befehl unterstützt beim Abmischen starker Graustufenbilder, und das auch als verlustfrei abschaltbare Einstellungsebene. Dem meist zu aggressiven Befehl **Helligkeit/Kontrast** haben die Programmierer die Zähne gezogen. Die Funktion verändert jetzt nur noch die Mitteltöne, sorgt also nicht mehr so schnell für ausgefressene Lichter und abgesumpfte Schatten. Nur mit der Option FRÜHEREN WERT VERWENDEN wirkt **Helligkeit/Kontrast** so drastisch wie bisher.

Aufnahmefehler korrigieren

Erstmals erscheint beim Klonen eine blasse Vorschau noch vor der endgültigen Anwendung. Die neue Kopierquellenpalette merkt sich bis zu fünf Klonquellen, die man zudem vergrößern, verkleinern und drehen kann.

Außerdem berücksichtigt Photoshop Einstellungsebenen beim Klonen jetzt besser: Bisher hat das Klonergebnis immer die Pixel so gezeigt, wie sie samt Einwirkung einer Einstellungsebene ausgesehen haben. Damit dupliziert das Werkzeug jedoch nicht die Originaltonwerte – eine vorhandene Einstellungsebene zeigt folglich Original- und überdeckten Bereich unterschiedlich an. Um den Effekt zu vermeiden, musste man die Einstellungsebene vorübergehend abschalten.

Einstellungsebenen lassen sich nun beim Klonen wahlweise ignorieren. Dann übertragen Stempel und Co. tatsächlich die Originalpixel, wie sie ohne darüberliegende Einstellungsebene aussehen – die Einstellungsebene kann dabei aktiv bleiben. Und während Stempel und Co. schon immer entweder nur eine oder alle Ebenen berücksichtigen, bietet Photoshop jetzt auch exakt nur die aktuelle und die darunterliegende Ebene als Kopierursprung an.

Auswählen

Das neue Schnellauswahlwerkzeug schickt den Zauberstab aufs Altenteil: Man malt grob über die gewünschten Bildbereiche, Photoshop CS3 umgibt sie dann mit einer verblüffend präzisen Auswahllinie.

Willkommen ist auch das neue Dialogfeld **Kante verbessern**. Es steht mit beliebigen Auswahlwerkzeugen und mit Ebenenmasken zur Verfügung. Hier lassen sich Auswahlumrisse glätten, aufweichen, nachhärten, verkleinern und vergrößern. Die Sofortvorschau im Originalbild zeigt den ausgewählten Bildbereich dabei nach Wunsch vor schwarzem oder weißem Hintergrund.

Ebenen

Oft sollen Teile von zwei Ebenen wirklich exakt deckungsgleich erscheinen – zum Beispiel bei der Montage von Doppelbelichtungen oder für Gruppenfotos. Photoshop CS3 sorgt automatisch für diese Deckungsgleichheit und gleicht bei Bedarf sogar Kontrastunterschiede aus.

Diese Talente flossen auch in den umgekrempelten Panoramadialog ein. Photoshop CS3 biegt sich nun selbst Bilder zurecht, deren Konturen und Helligkeiten zunächst kaum harmonieren. Das Programm produziert anschließend eine Panoramamontage, bei der jedes Segment eine Ebenenmaske enthält – Fehler bei der Überblendung lassen sich also per Maskenretusche immer noch korrigieren.

Filter

Selektiver Scharfzeichner, Gaußscher Weichzeichner und die meisten anderen Filter sowie endlich auch **Tiefen/Lichter** lassen sich jetzt verlustfrei auf ein Bild anwenden, wenn man zuerst ein Smart Objekt anlegt. Der **Fluchtpunkt**-Filter blendet neue Oberflächen erstmals auf mehrere Flächen in einem Durchgang. Die verschiedenen Ebenen müssen dabei nicht in 90-Grad-Winkeln aneinanderstoßen: Auch die beliebig aufgeklappten Deckel einer DVD-Hülle überzieht der Fluchtpunktfilter mit neuen Pixeln.

Elektronisch präsentieren

Innerhalb von Photoshop CS3 Standard hat sich relativ wenig für Online-Designer getan. Der **Zoomify**-Befehl bereitet größere Fotodateien so auf, dass sie auf Internetseiten zunächst klein erscheinen – innerhalb eines feststehenden Fensters kann sich der Betrachter dann in Details hineinzoomen. Der Betrachter muss Flash zulassen, bekommt aber je nach Browser-Einstellung immer noch Sicherheitswarnungen.

Das separate Programm Device Central basiert auf Profilen von Handys und anderen Geräten. Hier lassen sich Hintergrundbilder, Flash-Dateien und Bildschirmschoner für Handys entwickeln und simulieren.

Photoshop CS3 bedienen

Die Funktionen der Werkzeugleiste belegen platzsparend nur noch eine Spalte, sie lassen sich jedoch wahlweise auch wieder auf zwei Spalten verteilen. Palettengruppen sammelt Photoshop in Bereichen, die automatisch am rechten oder linken Programmrand andocken. Praktisch: Wird eine Palette vergrößert, verkleinert sich automatisch die oben oder unten angrenzende Palette. Die Paletten lassen sich bis auf Icons zusammenklappen, die an die Werkzeugleiste erinnern. Verteilen Sie jedoch bei Bedarf auch weiterhin jede Palette einzeln über den Schirm.

Wie üblich verschwinden die Paletten per ⇥-Taste. Sobald man jedoch die Maus über den Rand des Programmfensters hält, tauchen die Paletten wieder auf – so lange, bis man wieder im Bild selbst arbeitet.

Der umgebaute Druckdialog zeigt mehr Optionen und verlangt so weniger Klicks als zuvor. Die Zahl der Kopien lässt sich steuern, außerdem meldet das Programm die Druckauflösung passend zur gewählten Druckgröße.

Photoshop CS3 Extended

Vor allem an Forscher, Architekten, Designer und Videobearbeiter richtet sich die erweiterte Ausgabe Photoshop CS3 Extended. Wenn Sie CS3 Standard besitzen, aber die Extended-Fassung testen wollen, dann prüfen Sie, ob es unter *www.adobe.de* eine aktuelle Probierpackung gibt.

Photoshohp CS3 »Extended« bietet den kompletten Lieferumfang von Photoshop CS3 Standard und setzt Spezialfunktionen obendrauf. Zu den wenigen Erweiterungen, die für Fotobearbeiter interessant sind, zählen Malen auf und Montieren von 32-Bit-HDR-Ebenen. Interessante Bildkombinationen erlaubt der **Stapelmodus**, teilweise kann man diese Ergebnisse auch mit Füllmethoden oder Ebenenmasken nachbauen, wenn auch mühsamer.

Andere Erweiterungen: Man kann das CAD-Dateiformat U3D, aber auch AVIs, MPEG-4- und Flash-Videos direkt öffnen, bearbeiten und speichern. 3D-Modelle wie 3DS, OBJ, Collada und KMZ lassen sich direkt innerhalb von Photoshop drehen und bearbeiten. Auch die Texturen auf diesen Modellen kann man mit allen Photoshop-Werkzeugen verändern.

Der Fluchtpunktfilter bietet gegenüber Photoshop CS3 Standard noch mehr Möglichkeiten: Man kann die Dimensionen der bearbeiteten Flächen ausmessen und als 3D-Modell in den Formaten 3DS oder DXF exportieren.

Völlig neue Möglichkeiten bietet Photoshop CS3 Extended auch für den Video-Workflow. Erstmals lassen sich Malwerkzeuge oder Ebenen über alle Frames einer Animation hinweg einsetzen. Die Animationspalette zeigt dazu auf Wunsch erstmals eine Zeitleiste nach Art von Premiere Pro oder After Effects. Das Ergebnis lässt sich verlustfrei im Photoshop-PSD-Format sichern.

Dazu kommen die neuen Messfunktionen von Photoshop CS3 Extended – auch erkennbar am komplett neuen **Analyse**-Hauptmenü. So misst das Programm Entfernungen und Flächen, eignet sich aber auch zum Auszählen von Objekten. Die Ergebnisse erscheinen in der neuen Messprotokollpalette. Unterstützt wird auch das DICOM-Format aus dem Medizinbereich, das auch mehrere Bilder gleichzeitig enthalten kann.

ImageReady ist weg

Komplett verschwunden ist das separate Programm ImageReady, das sich noch in Photoshop CS2 vor allem an Webdesigner richtete.

Zwar hat Photoshop nach und nach die meisten Funktionen von ImageReady übernommen, darunter Slices, Imagemaps, Rollover-Effekte, Animationen und gewichtete Optimierung. Dennoch verliert Photoshop mit dem Wegfall von ImageReady ein paar Talente dauerhaft.

So zeigte nur ImageReady eine Vierfachvorschau mit verschiedenen Bildqualitäten noch während der Bildbearbeitung. Nur ImageReady bot die bedingten Aktionen: Eine

Stapelverarbeitung wird nur ausgeführt, wenn das Bild bestimmte Kriterien erfüllt, zum Beispiel ein bestimmtes Datum oder Seitenverhältnis. Adieu heißt es auch für das Registerkarten-Rechteckwerkzeug.

Wer Photoshop CS2 besitzt, kann ImageReady natürlich weiter nutzen. Unter www.adobe.com/go/kb400899 fanden wir eine englische Gegenüberstellung, welche ImageReady-Funktion wo in Photoshop CS3 auftaucht.

Von Photoshop CS2 zu CS3 – was ist wichtig für Umsteiger?

Der Zauberstab ist weg und taucht auch mit dem vertrauten Griff zur Taste W nicht wieder auf? Die **Gradationskurve** hat keine Schaltfläche mehr zum Laden Ihrer Voreinstellungen? Ärgert Sie der neue Photoshop CS3 mit solchen Nickeligkeiten, dann lesen Sie weiter – wir sagen, welche bekannten Funktionen den Platz gewechselt haben.

Rücknahmestufen und Arbeitsspeicher

Nach jeder neuen Photoshop-Installation setzt man erst mal die Zahl der rücknehmbaren Arbeitsschritte hoch. Das Eingabefeld PROTOKOLLOBJEKTE findet sich jetzt im neuen Bereich LEISTUNG innerhalb der **Voreinstellungen**. Dort steuern Sie jetzt auch Arbeitsspeicherbelegung und Auslagerungslaufwerke. Diese Funktionen fanden Sie früher in den Bereichen ZUSATZMODULE UND VIRTUELLER SPEICHER sowie ARBEITSSPEICHER UND BILDCACHE – zwei Register, die wegfielen.

Zauberstab auf Tauchstation

Nach der Installation fehlt der wichtige Zauberstab in der Werkzeugleiste und lässt sich auch nicht mit dem vertrauten Griff zum W einschalten. Der beschert Ihnen das neue Schnellauswahlwerkzeug.

Und diese Schnellauswahl teilt sich jetzt ein Fach in der Werkzeugleiste mit dem Zauberstab. Klickt man in der Werkzeugleiste einen Moment länger auf das Feld für die Schnellauswahl, bietet Photoshop auch den Zauberstab an. Noch einfacher: Wechseln Sie mit ⇧+W-Taste hin und her.

Die Gradationskurve

Nach Wunsch des Anwenders liegen auf der **Gradationskurve** die dunklen Töne ganz links oder ganz rechts – ein Dreieckschalter unter dem Diagramm sorgte bis dato für den Wechsel. Dieser Schalter ist aber weg. Sie schalten jetzt die KURVEN-ANZEIGEOPTIONEN ein und nehmen dann entweder LICHT (Schwarz ist links) oder PIGMENT/DRUCKFARBE (Schwarz ist rechts).

Ebenfalls abgeschafft hat die **Gradationskurve** die Schaltflächen LADEN und SPEICHERN; damit konnten Sie eigene Voreinstellungen verwenden. Diese Funktionen gibt es jetzt bequemer per Klappmenü über dem Diagramm.

Der Raw-Dialog

Bäumchen-wechsel-dich heißt die Devise auch im Raw-Dialog: Die sogenannten WORKFLOW-OPTIONEN für Farbmodus und Farbraum finden Sie nicht mehr unten im verlängerten Dialogfeld. Stattdessen klicken Sie auf eine Zeile wie ADOBE RGB; 8 BIT... und ändern die Vorgaben in einem separaten Dialogfeld.

Sie wollen Alarmfarben für Unter- und Überbelichtung sehen? Das erledigten Sie bei Photoshop CS2 mit den Checkboxen für TIEFEN und LICHTER. Bei CS3 nehmen Sie zwei Dreieckschalter in den oberen Ecken des Histogramms. Der TIEFEN-Regler heißt jetzt SCHWARZ.

Arbeitsbereiche in Bridge

Unten rechts bot Bridge Schaltflächen für die sogenannten Arbeitsbereiche – darunter FILMSTREIFENANSICHT, MINIATURANSICHT und DETAILANSICHT. Die neu gestalteten Schaltflächen tragen jetzt schlichte Nummern. Klicken Sie länger auf eine dieser Schaltflächen, bietet Bridge sämtliche vorgefertigten und selbst gespeicherten Arbeitsbereiche an, so etwa LEUCHTTISCH oder VERTIKALER FILMSTREIFEN.

Umgebaute Stichwortsets

Weiter mit Bridge: Die Stichwortsets werden so nicht mehr angeboten. Stattdessen legen Sie beliebig hierarchisch verschachtelte Stichwortbäume an.

Klicken Sie zum Beispiel mit der rechten Maustaste in der Stichwörterpalette auf ein vorhandenes Stichwort und nehmen Sie **Neues untergeordnetes Stichwort**. Das zuerst angeklickte, jetzt übergeordnete Stichwort ist quasi der Titelgeber für ein Stichwortset.

Was Sie außerdem vermissen könnten

» Palettenbereich: Bisher haben Sie Paletten oben rechts in den Werkzeugeinstellungen geparkt. Ersatz bei CS3: Die neuen, vielseitigen Palettendocks rechts.

» Drucken mit Vorschau: Vermissen Sie diesen Befehl? Macht nichts, der normale **Drucken**-Befehl bietet jetzt

Von Photoshop CS2 zu CS3 – was ist wichtig für Umsteiger?

auch eine Vorschau, es gibt nur noch den Tastendruck Strg+P.

» **Helligkeit/Kontrast**: Der Befehl **Helligkeit/Kontrast** wirkt lange nicht mehr so stark wie früher. Erst mit der Option Früheren Wert verwenden findet der Dialog zu alter Kraft zurück. Gut zu wissen: Lädt man ältere Dateien, die Helligkeit/Kontrast als Korrekturebene verwenden, dann aktiviert Photoshop CS3 sofort die Option Früheren Wert verwenden. Die Montagen erscheinen also mit den erwarteten Kontrasten.

» **Auswahl verändern**: Dieser Befehl wanderte ins Untermenü **Auswahl, Auswahl verändern**. Viel nützlicher ist freilich das Vielzweck-Dialogfeld **Auswahl, Kante verbessern**.

» **Schnellmaskierung**: Für Schnellmaskierung und Standardmodus (also die übliche Fließauswahl) gab es bisher zwei Schaltflächen – jetzt ist es nur noch eine, die hin- und herwechselt und nach längerem Maustastendruck auch mehrere Optionen anbietet.

» **Photomerge**: Photoshop liefert sofort ein Ergebnis, der Dialog zum Feinarrangieren der Teilbilder bleibt aus. Sie brauchen ihn auch meist nicht mehr. Wollen Sie ihn dennoch sehen, klicken Sie im vorbereitenden **Photomerge**-Dialog auf Interaktives Layout.

Umbenennungen auf einen Blick

Wie immer haben die Übersetzer ein paar alte Befehle und Optionen umbenannt:

Photoshop CS2	Photoshop CS3
Störungsfilter: Störungen reduzieren	Rauschfilter: Rauschen reduzieren
Konturwerte finden	Konturen nachzeichnen
Kacheln	Kacheleffekt
Blendenkorrektur	Objektivkorrektur
Bildübersicht	Bildvorschau
Lab-Helligkeit	Helligkeit
Messwerkzeug	Linealwerkzeug
(in Bridge) Bearbeiten: Camera Raw-Einstellungen anwenden	Bearbeiten: Einstellungen entwickeln

Diese Funktionen haben ausgedient

Seit Jahr und Tag erfüllen bestimmte Photoshop-Befehle ihre Aufgaben – doch wer in Photoshop CS3 unverdrossen dieselbe Funktion anwählt, verpasst etwas: Ein paar Standardgerätschaften dürfen ruhen, denn CS3 bietet mittlerweile Besseres.

» **Schwarzweiß statt Kanalmixer**: Der **Kanalmixer** verwandelt seit eh und je Farbvorlagen in fein abgestimmte Graustufenbilder. Genug ist genug: Der neue **Schwarzweiß**-Befehl kann's besser und schneller.

» **Schwarzweiß statt Farbton/Sättigung**: Der Befehl **Farbton/Sättigung** bietet die Option Färben für einfarbig getonte Bilder oder Bildbereiche. Auch diesen Job übernimmt der neue **Schwarzweiß**-Befehl mit Bravour und viel mehr Feinsteuerung.

» **Gradationskurve statt Tonwertkorrektur**: Die **Gradationskurve** konnte schon immer das Gleiche wie die **Tonwertkorrektur** – doch nun präsentiert sie ihre Talente erstmals auch so gefällig, dass die **Tonwertkorrektur** in Frührente geht. Jetzt zeigt die **Gradationskurve** ein Histogramm sowie Regler zur Erweiterung des Tonwertumfangs.

» **Schnellauswahl statt Zauberstab**: Seit grauer Vorzeit ist der Zauberstab das Hauptauswahlwerkzeug für Fotomonteure. Passé: Das brandneue Schnellauswahlwerkzeug erledigt das Gleiche einfach schneller – und besser.

» **Kante verbessern**: Vergessen Sie Einzelbefehle wie **Auswahl: Auswahl verändern: Abrunden**. Verschiedene Auswahlkorrekturen samt bequemer Sofortvorschau finden Sie per **Auswahl: Kante verbessern**.

Von Photoshop CS1 zu CS3 – wichtig für Umsteiger

Sie haben von Photoshop CS1 zu CS3 gewechselt? Hier sind ein paar Umbauten, die schon Photoshop-CS2-Nutzer stutzen ließen.

Am wichtigsten: die Änderungen beim Verbinden und Auswählen von Ebenen. Das »Verbinden« von Ebenen ist ab CS2 seltener nötig, da man bequem mehrere Ebenen gemeinsam auswählen kann; bereits für mehrere ausgewählte, aber nicht verbundene Ebenen stehen die Funktionen zum gemeinschaftlichen **Transformieren**, **Verteilen**, **Ausrichten** und Verstauen in einer Gruppe (vormals Ebenenset) zur Verfügung.

Die Verbindenleiste links neben der Ebenenminiatur in der Palette verschwand, jetzt verbinden Sie so: Wählen Sie die Ebenen aus, dann ein Klick unten links auf das neue Symbol EBENEN VERBINDEN.

Wollen Sie den Umriss einer Ebene als Auswahl laden, klicken Sie bei gedrückter Strg-Taste gezielt auf die Miniatur der Ebene – aber nicht mehr auf den Namen daneben. Vorsicht: Ein unbedachter Hieb auf die Entf-Taste löscht die aktive Ebene – das passierte bisher nicht.

Gewöhnungsbedürftig bei Smart Objekten (außer der Bezeichnung): Ein Doppelklick auf die Miniatur eines Smart Objekts in der Ebenenpalette öffnet nicht die Ebenenstilpalette mit SCHLAGSCHATTEN und Co. – generell klickt man bei allen Ebenenarten besser doppelt rechts von der Miniatur, aber nicht genau auf den Ebennamen. Ebenenmasken und Vektormasken lassen sich mit Smart Objekten nicht verbinden, es gibt aber Abhilfen für dieses Problem.

Windows-Nutzer fanden eine Statusleiste am unteren Rand des Programmfensters. Diese Leiste erscheint jetzt am unteren Rand der Bildfenster (dort zeigte sie der Photoshop für den Mac schon immer).

Verschiedene PDF-Befehle sind weggefallen, zum Beispiel **Datei: Automatisieren: Mehrseitige PDF in PSD**; sämtliche Optionen zum Öffnen von PDFs erhalten Sie nun durch schlichtes **Öffnen** der PDF-Datei.

Das Untermenü **Bild: Modus** gibt zwei Befehle ab: **Profil zuweisen** und **In Profil konvertieren** finden Sie jetzt direkt im **Bearbeiten**-Menü.

Bridge CS3 übernimmt eventuell nicht die »Ränge« und »Markierungen« des bisherigen Dateibrowsers. Falls die Übernahme nicht klappt: Öffnen Sie in Photoshop CS1 den Datei-Browser und legen Sie statt der Ränge und Markierungen Stichwörter oder andere IPTC-Texte an; sie lassen sich leicht in Photoshop CS3 weiterverwenden. Der Tastenbefehl Strg+D hat im Datei-Browser die Auswahl aufgehoben, bei Bridge werden markierte Dateien dupliziert.

Photoshop CS3 – was ist gut, was fehlt?

In der Version CS3 Standard begeistert Photoshop mit vielen wichtigen Neuerungen. Am besten vielleicht: verlustfreie **Filter**-Befehle, aufgeräumte Oberfläche und die Schnellauswahl in Verbindung mit dem Dialog **Kante verbessern**.

Auch nicht zu verachten: hierarchische Stichwörter, mehr Tempo und die Filterpalette bei Bridge, **Gradationskurven** mit eingebautem Histogramm und ein ausgebauter Raw-Dialog, der TIFF sowie JPEG annimmt und diese Dateien im vielseitigen DNG-Format verewigt. **Schwarzweiß**-Befehl und die Befehle **Ebene automatisch ausrichten** sowie **Ebene automatisch füllen** erweitern den Funktionsumfang.

Die Neuerungen erleichtern die tägliche Arbeit deutlich. Befehle wie **Ebenen automatisch ausrichten**, **Ebenen automatisch füllen** und die neuen **Fluchtpunkt**-Talente bieten neue gestalterische Möglichkeiten.

Trends

Allerdings bleibt es bei dem Trend, dass die Programmierer Neues einfach außen drankleben. Neue Talente erscheinen als Programm im Programm – verpackt in monströse Dialogfelder, statt vollständig integriert zu werden. Das gilt etwa für **Extrahieren**, **Verflüssigen**, **Filtergalerie** oder **Objektivkorrektur**.

Einsteigerprogramme zeigen die gefälligere Alternative: Sie präsentieren die Vorschau direkt im Originalbild, sämtliche Spezialfunktionen erscheinen in einer Box oder Randleiste, zum Schluss klickt man auf ABBRECHEN oder FERTIG. Fertig. Noch besser macht es ein anderes Programm: Sämtliche wichtigen Dialogfelder sind dort dauerhaft offen, man muss nicht immer hin- und herspringen – ich meine Lightroom vom Photoshop-Hersteller Adobe.

Besonders breit daher kommt in CS3 wieder der Camera-Raw-Dialog. Der mausert sich mehr und mehr zum Programm im Programm – nicht zuletzt wohl, weil dieser Camera-Raw-Dialog in anderer Aufmachung die komplette Bildbearbeitung im separaten Programm Lightroom darstellt.

Der Raw-Dialog bietet zahlreiche hochwertige Funktionen, von denen man manchmal nicht genau weiß, ob sie den Pendants im Photoshop-Vollprogramm entsprechen oder besser sind – zum Beispiel bei der Kontrast- und Farbkorrektur. Zudem gibt es im Raw-Dialog einen Scharfzeichner mit vier Reglern, in Photoshop weitere Scharfzeichner mit drei Reglern und Zusatzoptionen; solche verwirrenden Angebote sollte man übersichtlicher organisieren.

Das fehlt immer noch

Mit CS3 macht Photoshop einen ordentlichen Schritt vorwärts, das Update lohnt sich für viele Anwender. Dennoch fehlen immer noch wichtige Features. Stichworte fürs Lastenheft »Photoshop CS4 Standard«:

» Weiterhin erlaubt Photoshop keine mehrseitigen PSD-Dateien. Nur das separat angebotene Programm Fireworks CS3 vom selben Hersteller übernimmt PSD-Dateien als Einzelseiten in einem Sammeldokument (auch das kleine Programm Photoline 32 kann es, mit einem Photoshop vergleichbaren Dateiformat, www.pl32.de).

» Die Protokollpalette sollte wahlweise Miniaturen der Bildzustände zeigen. Schnappschüsse sollten dauerhaft sichtbar bleiben und nicht gemeinsam mit den anderen Protokollobjekten wegtauchen.

» Das Protokoll der aktuellen Bearbeitung lässt sich nicht sofort als Aktion abspeichern und an weiteren Dateien abspielen. Schnappschüsse sollten in der Protokollpalette dauerhaft sichtbar bleiben und nicht mit den anderen, älteren Arbeitsschritten wegrollen.

» Schön wäre auch eine Vielfach-Effektvorschau: Ein Tableau, das die Auswirkung von einem Dutzend Filtern auf die aktuell geöffnete Datei zeigt. PhotoImpact oder Paint Shop Pro können das. Besonders verblüffend: Einige Filter wie **Versetzen**, **Farbraster** oder **Radialer Weichzeichner** bieten nicht mal ein kleines Vorschaufenster.

» Die Schnellauswahl sollte auch im Modus AUTOMATISCH VERBESSERN weniger weiche Kanten erzeugen und zwischenzeitlich ohne jegliche Automatik arbeiten – nur exakt da, wo ich male, wird ausgewählt oder aus der Auswahl entfernt, wie beim Pinsel in einer Maskenretusche. Wir brauchen das PINSEL-Klappmenü hier auch per Rechtsklick.

» Der Befehl **Kante verbessern** sollte mehrere Voreinstellungen zulassen, auf Schnellauswahlen und Alphakanäle wirken und die Option UMKEHREN anbieten. Behelfsweise brauchen wir **Dunkle Bereiche vergrößern** und **Helle Bereiche vergrößern** in einem einzigen Dialogfeld.

» Beim **Transformieren**, bitte, muss die Vorgabe SEITENVERHÄLTNIS ERHALTEN sofort eingeschaltet sein, außerdem braucht man in der Optionenleiste ein Klappmenü für die Interpolationsmethoden.

» Die Ebenenpalette sollte auf Wunsch so erscheinen, dass man wichtige Optionen aus dem Dialogfeld **Ebenenstil** direkt neben der Miniatur sieht – so die Regler für DIESE EBENE und DARUNTERLIEGENDE EBENE.

» CS3 bietet keinen Schatteneffekt mit perspektivischer Verzerrung, der tiefstehende Lichtquellen simuliert.

» Wir vermissen einen weichen Objektrand als abschaltbare Ebeneneigenschaft. Er hilft auch, wenn man einen zu harten oder unsauberen Ausschnitt erzeugt hat.

» Vielseitigen Katalogdruck – über den unzulänglichen **Kontaktbogen II** hinaus – erhält man nur, wenn auch das Programm InDesign installiert ist.

Weitere Vermisstmeldungen im Telegrammstil:

» Blitzschnelle Korrektur von schiefen Horizonten samt Randentfernung à la Camera-Raw-Dialog oder Lightroom

» Komplette Integration von Raw-Dialog und Hauptprogramm

» Gradationskurve durch Ziehen direkt im Bild ändern (wie bei Lightroom)

» Bessere Ergebnisse bei den HDR-Funktionen

» Natürlichere Ergebnisse mit **Tiefen/Lichter**

» Die **Objektivkorrektur** könnte, müsste sich die letzte Einstellung fürs RASTER merken

» Ein Sternchen im Titelbalken als Erinnerung, dass eine verborgene Auswahl im Bild ist

» Alphakanäle oben, nicht unten in der Kanälepalette

Ein paar Wünsche an die Bridge-Programmierer:

» Sortierung und Suche nach visueller Bildähnlichkeit, Gesichtserkennung

» Ein Zweiervergleich von Bildern, bei dem ein Foto stehenbleibt, das andere jedoch weitergeschaltet und bei Bedarf gelöscht wird (auch für Zweischirmsysteme); Photoshop Elements kann das.

» Die Befehle **Alle Exif-Daten entfernen** und **Alle IPTC-Daten entfernen**

» Eine Qualitätskontrolle in Bridge, bei der automatisch vier Hochkontraststellen eines Bilds in der 100-Prozent-Zoomstufe erscheinen, alternativ Augenpartien – zur schnellen Prüfung von Schärfe und Körnung

» Sämtliche Miniaturen wahlweise mit Mini-Histogramm und einer Balkengrafik, die Dateigröße und Pixelabmessungen grafisch signalisiert

» Der Foto-Downloader sollte die Bilder auch von der Speicherkarte löschen (Mensch, Adobe) und mehr freie ausfüllbare IPTC-Felder anbieten.

» Man möchte Ordner im Favoriten-Bereich nicht immer nur mit Ordnernamen anzeigen, sondern als Favorit frei benennen. Viele Ordner haben – wenn man sie ohne übergeordnete Verzeichnisse sieht, wie in der Favoritenliste – wenig aussagekräftige Namen oder existieren auf der Festplatte 150 Mal.

Feuilleton

Über das artenreiche Bestiarium von Wortungetümen wie »ebenenbasierte ImageMap-Bereiche«, »Bearbeitungsprotokolleinträge«, »Farbstörungsreduktionen« und das, Moment, Bereichsreparaturpinsel-Werkzeug hatte ich schon früher gelästert.

Wie immer werden auch in CS3 einige Photoshop-Funktionen sehr souverän sinngemäß ins Deutsche übertragen, ohne nach der 1:1-Übersetzung zu schielen. Andere deutsche Bezeichnungen offenbaren Ratlosigkeit: Das kuriose FÜLL-LICHT in Raw stammt wohl von Fill light, Englisch für Aufhellblitz, das Exif-Feld für »Hersteller« nennt Adobe ERSTELLEN.

Andere Beispiele: Was bedeutet SYMBOL FÜR GRAUSTUFEN IN DER SYMBOLLEISTE VERWENDEN? Bedeutet es, dass man das blaue Photoshop-Symbol in der Werkzeugleiste grau darstellen kann? Ja, offenbar. Bei den **Variationen** können Sie ABGESCHNITTENE BEREICHE ANZEIGEN. Schmerzhaft?

Lästig auch, dass man bei einem Hochpreisprodukt wie Photoshop CS3, das zudem in Deutsch viel mehr kostet als in Englisch, die Funktionen nicht durchgehend gleich benennt; so heißt der **Bildprozessor** in Bridge **Bildverarbeitung** (wie schon in CS2).

Auch die Hilfetexte verwenden wiederholt andere Ausdrücke als das Programm selbst. So spricht etwa der Hilfetext zu CS3 Extended vom Stapelmodus **Mittelwert**, im Programm heißt er **Arithmetisches Mittel**; wo der Hilfetext den Modus **Helligkeit interpolieren** empfiehlt, heißt es im Programm selbst **Median**.

Anhang B
Photoshop auf Leistung trimmen

Mit verschiedenen **Voreinstellungen** richten Sie Photoshop für optimale Leistung auf Ihrem Rechner ein. Eine Kurzfassung unserer Tipps, wie Sie Photoshop flotter machen, finden Sie ab Seite 27; beachten Sie auch unsere Tipps zum Arbeitsspeicher oben im »System«-Teil.

Wollen Sie Ihr Photoshopping mit Geld beschleunigen, investieren Sie in mehr Arbeitsspeicher und in ein Zwei- oder Vier-Monitor-System.

Arbeitsvolumes

Bildteile, die nicht mehr in die Arbeitsspeicher-Chips passen, bringt Photoshop vorübergehend in einem sogenannten virtuellen Speicher auf der Festplatte unter – unabhängig vom Betriebssystem. Dieser Bereich heißt Arbeitsvolume. Das klingt eigentlich praktisch, doch es verlängert die Rechenzeit erheblich.

Wählen Sie **Bearbeiten: Voreinstellungen: Leistung** und nennen Sie dem Programm bis zu vier Festplattenlaufwerke zum Auslagern. Das Startvolume ist das Laufwerk, auf dem das Betriebssystem läuft. Geben Sie schnelle, freie, lokale Laufwerke an – keine Laufwerke im Netz, keine Wechselspeicher. Vermeiden Sie Laufwerke, auf die auch das Betriebssystem auslagert. Das Arbeitsvolume sollte defragmentiert sein und mindestens 100 Mbyte Platz bieten. Mit den vertikalen Pfeilschaltflächen bugsieren Sie das am besten geeignete Auslagerungslaufwerk ganz nach oben.

Die Auslagerungsdateien spüren Sie unter Windows mit dem Explorer leicht in den Auslagerungslaufwerken auf; sie tragen Namen wie »Photoshop Temp76819«. Sie umfassen mehrere 100 Mbyte, mitunter auch mehrere Gbyte. Den gesamten Photoshop-Speicherbedarf nennt die Statusleiste unten im Bildrahmen, wenn Sie **Arbeitsdateigrößen** oder **Effizienz** anzeigen (Seite 762).

Achtung
Bei Programm- oder Systemabstürzen werden Temporärdateien eventuell nicht planmäßig gelöscht und verstopfen die Festplatte. Sie müssen von Hand entsorgt werden.

Arbeitsspeicher (physikalischer Speicher)

Mit dem Befehl **Bearbeiten: Voreinstellungen: Leistung** teilen Sie Photoshop auch mit, wie viel Prozent vom verfügbaren physikalischen Arbeitsspeicher (RAM) er für sich reservieren darf.

Gewähren Sie Photoshop mindestens 75 Prozent, das Programm begnügt sich nach der Installation mit allzu bescheidenen 55 Prozent. Vorsicht: Eine 100-Prozent-Speicherzuteilung für Photoshop kann anderen Programmen die Luft abschnüren.

Anhang B • Photoshop auf Leistung trimmen

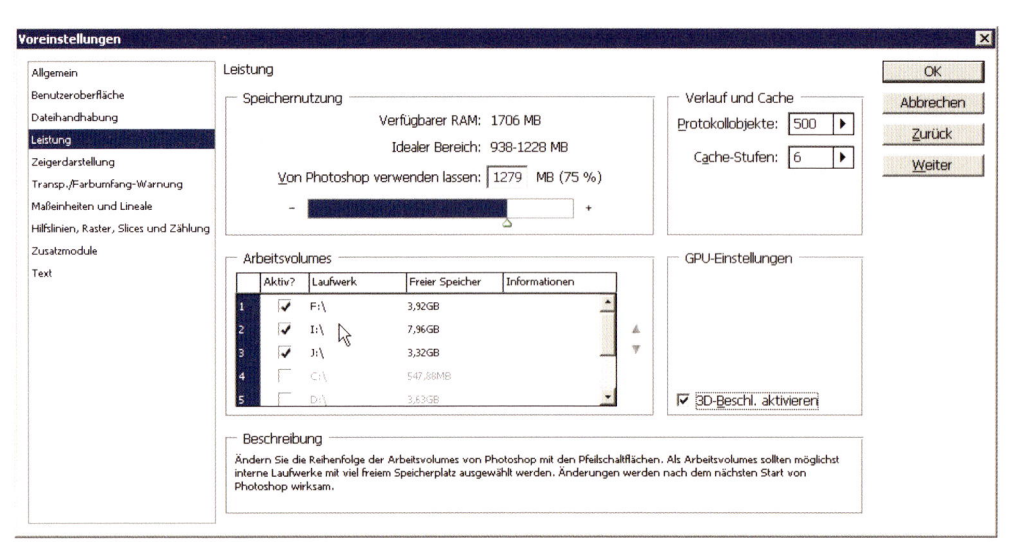

Abbildung B.1
Im Bereich »Leistung« teilen Sie Photoshop Arbeitsspeicher zu.

Speicherbedarf messen

Die Informationenpalette sowie die untere Leiste im Bilddateirahmen verraten, wie viel Speicher Photoshop braucht und hat.

Das kleine Dreieck ▶ in der Statusleiste öffnet ein Minimenü: Mit der Vorwahl **Effizienz** zeigt Photoshop an, wie viel Prozent seiner Operationen im schnellen Arbeitsspeicher ablaufen. Liegt der Wert unter 100 Prozent, erkennen Sie, dass Photoshop auf die langsame Festplatte, auf ein »Arbeitsvolume«, auslagern muss – sehr zu Lasten der Geschwindigkeit.

Abbildung B.2 Das Untermenü »Entleeren« schafft Platz im Arbeitsspeicher.

Besonders interessant sind die weiteren Informationen über den Speicherbedarf:

»Dateigrößen«

Entscheiden Sie sich in der Statusleiste oder in der Informationenpalette für **Dateigrößen**, beziehen sich die Angaben nur auf die eine, aktive Datei:

» Der linke Wert nennt die Größe der Datei im Arbeitsspeicher so, als ob es sich um ein Bild ohne separate Ebenen oder Alphakanäle handeln würde.

» Rechts neben dem Schrägstrich lesen Sie den tatsächlich verlangten Speicherplatz für dieses Bild; er ist größer als der linke Wert, wenn über dem Untergrund zusätzliche Objekte schweben, wenn Sie Auswahlkanäle einsetzen oder der tatsächliche Bildrand über den sichtbaren Bereich hinausgeht.

Ein Beispiel: Sie öffnen die Datei »Test.tif« aus dem »Praxis«-Verzeichnis von der Buch-DVD. Das Foto hat zahlreiche Montageebenen und ein Smart Objekt, das besonders viel Speicherplatz braucht.

Links vom Schrägstrich steht »6,00 MB«, rechts »21,9 MB«. Das bedeutet: Die Datei »Test.tif« beansprucht mit ihren diversen Ebenen 21,9 Mbyte Arbeitsspeicher. Verschmilzt man jedoch alle Ebenen zu einer einzigen flachen Hintergrund-Ebene, benötigt das Bild nur noch 6 Mbyte Arbeitsspeicher.

Etwa der gleiche Wert kommt zustande, wenn Sie das Bild unkomprimiert und ohne Ebenen oder Alphakanäle auf Festplatte speichern, zum Beispiel im Format TIFF unkomprimiert. Ganz oben im **Bildgröße**-Dialog lesen Sie außerdem Pixelmasse: 6,00 MB.

Wählen Sie nun **Ebene: Auf Hintergrundebene reduzieren**, lesen Sie in der **Dateigrößen**-Anzeige: »6,00 MB/6,00 MB«. Der linke Wert bleibt also gleich: Denn für die »flache« Version des Bilds, wenn alle Ebenen verschmolzen sind, braucht Photoshop ja stets denselben Arbeitsspeicher. Allein Pixelfläche und Farbmodus entscheiden hier – und daran haben Sie nichts geändert. Doch der Wert rechts vom Querstrich ist gesunken, denn Sie haben Ebenen zusammengeschmolzen.

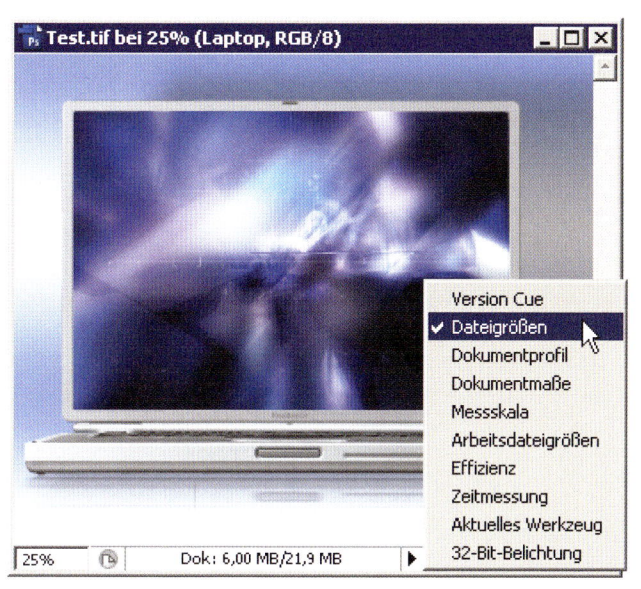

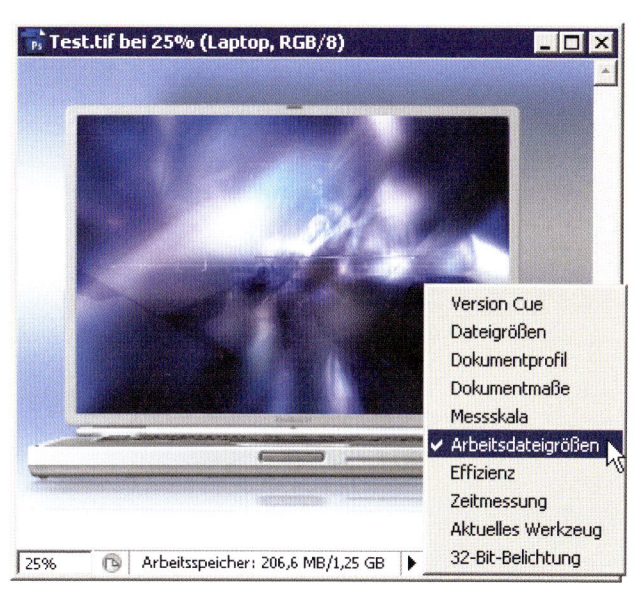

Abbildung 2.3 Links: Die Vorgabe »Dateigrößen« verrät, wie viel Arbeitsspeicher eine Version der Datei ohne separate Ebenen beansprucht und wie viel Speicher die Gesamtdatei mit Einzelebenen braucht. **Rechts:** Die Vorgabe »Arbeitsdateigrößen« nennt den Gesamtbedarf an Arbeitsspeicher für alle Bilder, rechts neben dem Schrägstrich erscheint der tatsächlich verfügbare Arbeitsspeicher. Datei: Test

»Arbeitsdateigrößen«

Klicken Sie in der Statusleiste oder Infopalette die **Arbeitsdateigrößen** an, dann entnehmen Sie

» der ersten Zahl, wie viel Speicherplatz Photoshop für alle geöffneten Bilder benötigt, und

» dem zweiten Wert, wie viel Arbeitsspeicher dem Programm zur Verfügung steht.

Ist die linke Zahl höher als die rechte, so heißt dies: Photoshop benötigt mehr Arbeitsspeicher, als ihm zur Verfügung steht. Dann muss das Programm Dateien auf die Festplatte, auf ein »Arbeitsvolume«, auslagern – und das kostet viel Zeit. Allerdings lagert Photoshop auch schon aus, wenn noch genug Arbeitsspeicher frei ist (Seite 761).

Zu unserer Abbildung: Photoshop zeigt links »206,6 MB« an; das Programm braucht also für sich und alle geöffneten Bilder 206,6 Mbyte Arbeitsspeicher. Rechts steht »1,25 GB«; Photoshop hat also insgesamt 1,25 Mbyte Arbeitsspeicher zur eigenen Verfügung – eine brauchbare Reserve.

Öffnen Sie weitere Bilder oder bearbeiten Sie Ihr Foto, vergrößert sich der linke Wert, also die Angabe für den tatsächlichen Arbeitsspeicherbedarf. Hier erkennen Sie auch, wie sich Photoshop nach der Ausführung von Befehlen oder nach dem **Kopieren** mehr Arbeitsspeicher genehmigt. Sie erleben mit, wie eine Bearbeitung des Gesamtbilds – etwa ein Scharfzeichnen ohne Auswahl – mehr Rückgängigspeicher schluckt als ein kleiner örtlicher Eingriff, etwa das Aufziehen einer kleinen Rechteckauswahl.

Tipps: Arbeitsspeicher freihalten

Halten Sie den Arbeitsspeicherbedarf Ihres Gesamtsystems so klein wie möglich, damit Photoshop schneller arbeitet und weniger Daten auf die Festplatte auslagert. Folgende Maßnahmen liegen nahe:

» Sie schließen oder löschen überflüssige Bilder und Programme.

» Sie löschen nutzlose Ebenen, Ebenenmasken und Alphakanäle oder verschmelzen Ebenen.

» Sie schneiden überschüssigen Rand weg.

» Sie deinstallieren überflüssige Schriftarten und Farbprofile.

» Sie begrenzen die Zahl der Rücknahmeschritte mit den Optionen zur Protokollpalette.

All das spart erheblich Arbeitsspeicher und beschleunigt Ihre Arbeit. Aber Sie können noch mehr tun.

Zwischenablage löschen oder vermeiden

Jedes Mal, wenn Sie durch **Kopieren** oder **Ausschneiden** einen größeren Bildteil in die Zwischenablage befördern, pflastern Sie damit Arbeitsspeicher zu. Um Platz zu schaffen, nutzen Sie das Untermenü **Bearbeiten: Entleeren.** Alternativ markieren Sie einen sehr kleinen Bildteil oder ein Stück Text und kopieren das in die Zwischenablage.

Wollen Sie einen Bildausschnitt nicht gerade mehrfach übertragen, verzichten Sie ganz auf die Zwischenablage – ziehen Sie den ausgewählten Bildbereich, eine Ebene oder auch eine ganze »Hintergrund«-Ebene einfach mit dem Verschiebenwerkzeug in eine andere Datei; dieser Transfer strapaziert Ihre Zwischenablage gar nicht. Auch die Miniaturen aus der Ebenenpalette oder Kanälepalette können Sie in das gewünschte Bild ziehen.

Tipp
*Wenn Sie mit Arbeitsspeicher haushalten müssen, sollten Sie auch Version Cue abschalten, das separate Programm zur Verwaltung von Bilddateien im Netzwerk (**Datei: Voreinstellungen: Dateihandhabung**).*

Anhang C
Photoshop bedienen

Drücken Sie einmal, zweimal, dreimal die Taste F (für Full screen), um in die empfehlenswerte, übersichtliche Vollschirmdarstellung zu wechseln. Alternativ klicken Sie das Vollschirmsymbol ▭ unten in der Werkzeugpalette an.

In der extremeren Variante mit schwarzem Programmhintergrund verschluckt Photoshop sogar die Menüleiste, Sie müssen das Programm also über Tastaturbefehle bedienen; Windows-Nutzer erhalten allerdings in diesem Modus alle Menüs auch über einen Knopf oben an der Werkzeugpalette.

Bilddatei-Titelleisten

Die Titelleisten der Dateifenster stopft Photoshop mit Informationen voll. Sie erkennen dort nicht nur Farbmodus, Farbtiefe und Abbildungsmaßstab; das Programm verrät auch, welche Ebene oder Ebenenmaske aktiv ist, präsentiert gegebenenfalls das Copyright-Zeichen aus den Metadaten oder vom Digimarc-Filter und nennt die aktuelle Ansicht, wenn Sie ein RGB-Bild als CMYK-**Farb-Proof** darstellen.

In kleinen Zoomstufen zeigt die Titelleiste eventuell nicht den ganzen Sermon. Halten Sie dann den Mauszeiger über die Titelleiste. Nun blendet Photoshop gelb unterlegt die vollständige Titelleisteninformation ein (sofern Sie in den **Voreinstellungen** nicht die Werkzeugtipps abgeschaltet haben).

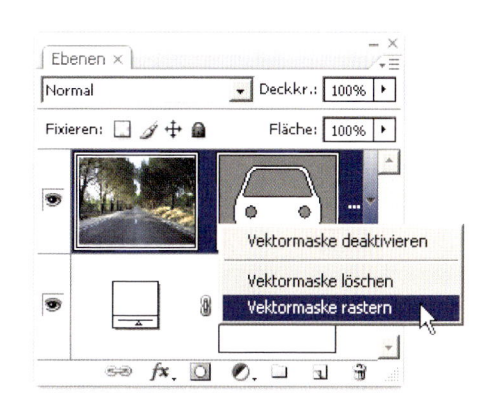

Abbildung C.1 Kontextmenüs finden Sie in vielen Paletten, oft unterschiedliche Kontextmenüs in eng nebeneinanderliegenden Bereichen.

Statusleiste

Im unteren Bildrahmen zeigt Photoshop die Statusleiste. Sie sehen hier unter anderem die aktuelle Zoomstufe und können neue Zoomstufen eintippen.

Anhang C • Photoshop bedienen

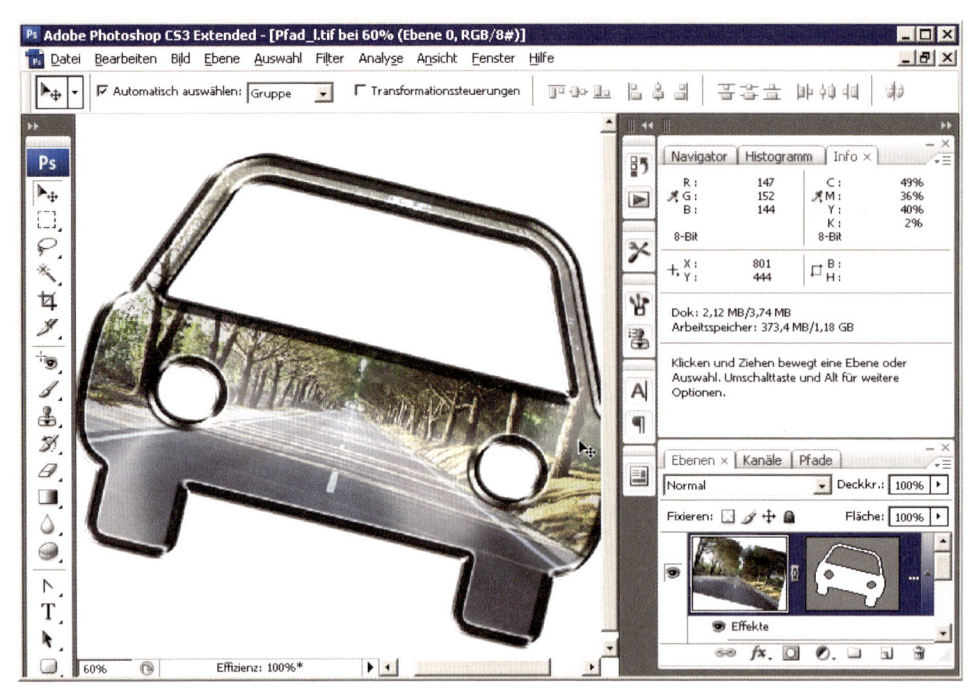

Abbildung C.2
Überall im Programm bietet Photoshop nützliche Informationen, sogar in der Titelleiste.

Klicken Sie auf das kleine Dreieck ▶; im Menü entscheiden Sie, welche Informationen Photoshop links nebenan ausgeben soll: Die Vorgabe **Dokumentprofil** verrät das aktuelle Farbprofil, **Dokumentmaße** nennt die Pixelmaße und **Zeitmessung** zeigt den Zeitbedarf für den letzten Befehl. Für 32-Bit-HDR-Bilder produziert die Vorgabe **32-Bit-Belichtung** einen Belichtungsregler (Seite 251). Weitere Vorgaben wie **Arbeitsdateigrößen** besprechen wir ab Seite 762. Exakt dieselben Informationen zeigt auch die Informationenpalette an.

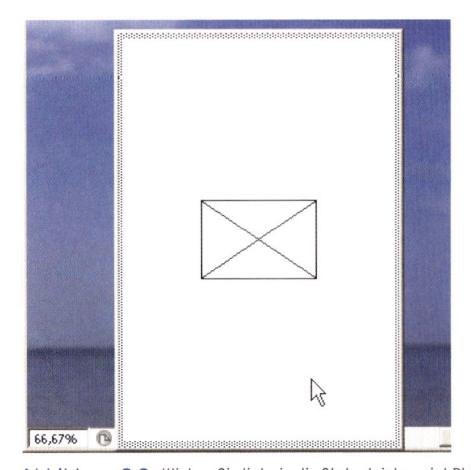

Tipp

Ziehen Sie Bildfenster und Paletten komplett aus der Photoshop-Arbeitsfläche heraus, zum Beispiel auf einen zweiten Monitor.

Druck- und Dateigröße anzeigen

Links unten in der Statusleiste sehen Sie zum Beispiel zwei Werte für Dateigrößen `Dok: 20,2M/36,8M`. Ein Mausklick auf dieses Feld blendet ein Schema mit der Seitengröße ein. Sie erkennen dort, wie viel Platz das Bild auf einer DIN-A4-Seite einnimmt (sofern Sie A4 eingerichtet haben); klicken Sie mit gedrückter [Alt]-Taste auf dieses Feld, sehen Sie technische Daten wie Breite, Höhe und Auflösung. Übersichtlicher wirkt jedoch der Befehl **Datei: Drucken mit Vorschau** (Seite 55). Ähnliche Informationen erhalten Sie auch mit dem Befehl **Bild: Bildgröße**; dort lassen sich auch Korrekturen eingeben oder nur erproben (Seite 184).

Abbildung C.3 Klicken Sie links in die Statusleiste, zeigt Photoshop schematisiert die aktuelle Druckgröße an.

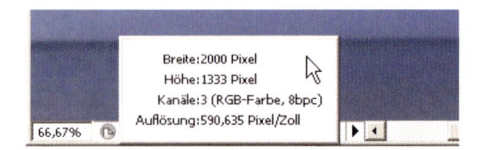

Abbildung C.4 Nach Alt-Klick in die Statusleiste meldet Photoshop die Bildmaße.

766

Lineale

Aufschluss nicht nur über die Pixelgröße, sondern auch über die Zentimetergröße im Druck oder über eine prozentuale Aufteilung geben die Lineale; sie lassen sich links und oben im Bilddateifenster einblenden; der Befehl heißt **Ansicht: Lineale** oder kurz ⌈Strg⌉+⌈R⌉ (für Rulers).

Welche Einheiten die Lineale anzeigen, regeln Sie mit dem Menübefehl **Bearbeiten: Voreinstellungen: Maßeinheiten & Lineale** (am Mac wie immer im Untermenü **Photoshop: Voreinstellungen**). Einfacher haben Sie es mit dem Kontextmenü über den Linealen oder in der Infopalette durch Anklicken des Symbols Cursor-Koordinaten.

Abbildung C.5 Zentimetergenau: Photoshop fasst die Bilddateien mit Linealen ein, die zum Beispiel in Pixel, Zentimeter oder Prozent unterteilt sind. Die Maßeinheit wählen Sie im Kontextmenü über dem Lineal, den Nullpunkt können Sie verschieben. Aus den Linealen ziehen Sie Hilfslinien heraus.

Nullpunkt

Den Nullpunkt der Lineale verändern Sie, indem Sie den Mauszeiger in die linke obere Ecke der Linealspalte setzen und an den gewünschten Punkt ziehen. Sie setzen den Nullpunkt wieder nach ganz links oben, indem Sie doppelt in die linke obere Ecke klicken, dorthin, wo die Lineale zusammenlaufen.

Der verschobene Nullpunkt hilft unter anderem, wenn Sie das Bild an einer bestimmten Stelle abschneiden und die Maße von dort aus messen und anzeigen wollen. Nützlich außerdem: Mit der Funktion **Bearbeiten: Frei Transformieren** (⌈Strg⌉+⌈T⌉) platzieren Sie ein Objekt (genauer: dessen Referenzpunkt) exakt am Nullpunkt von X- und Y-Achse – und zwar dort, wo Sie den Nullpunkt angelegt haben (Seite 529).

Raster, die Sie auf »Zentimeter«-Basis einrichten, wandern bei einer Verschiebung des Nullpunkts mit (Seite 526).

»Extras« anzeigen und aktivieren

Als »Extras« bezeichnet Photoshop Teile der Bilddarstellung, die nicht mitgedruckt werden, die Sie aber gleichwohl am Schirm sehen: die Auswahl-Fließmarkierung, Messpunkte des Farbaufnehmers, Magnetische Hilfslinien, Ebenenkanten, Textgrundlinien, der aktuelle Pfad (auch bei Vektormasken), Anmerkungen, Raster, Hilfslinien, Slices-Linien, bei Photoshop CS3 Extended auch die Nummern einer Zählung. Entscheiden Sie, welche dieser Bildzutaten Photoshop zeigen und verwenden soll.

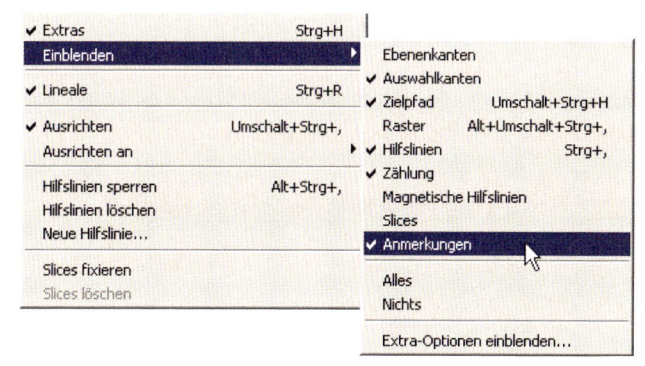

Abbildung C.6 Mit den Befehlen im Untermenü »Ansicht: Einblenden« legen Sie fest, welche »Extras« über der Bilddatei erscheinen.

Extras anzeigen

Im Untermenü **Ansicht: Einblenden** legen Sie die sichtbaren Bildmerkmale fest. Wählen Sie gleich die Vorgabe **Ansicht: Extras** komplett ab, wenn Sie gar keine Zutaten mehr im Bild sehen wollen; das Häkchen neben der Funktion darf nicht mehr zu sehen sein. ⌈Strg⌉+⌈H⌉, für Hide, schaltet hin und her.

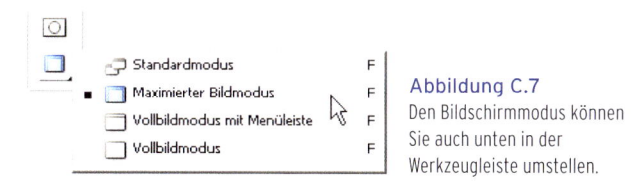

Abbildung C.7 Den Bildschirmmodus können Sie auch unten in der Werkzeugleiste umstellen.

Extras abschalten

Mit dem Befehl **Ansicht: Einblenden: Alles** machen Sie alle Extras aktiv und sichtbar. Zum Verbergen wählen Sie **Ansicht: Extras**; das Häkchen neben der Funktion darf nicht mehr zu sehen sein. Wohlgemerkt, damit verstecken Sie die Extras nur – sie werden nicht unwirksam oder gelöscht.

Im Untermenü **Ansicht: Einblenden** finden Sie auch den Befehl **Extra-Optionen einblenden**. Dort bestimmen Sie für mehrere Merkmale gleichzeitig, ob sie angezeigt oder verborgen werden sollen. Wählen Sie eine entsprechende Einzelfunktion mit dem Untermenü **Ansicht: Einblenden** ab, so entfernt Photoshop sie auch aus dem Dialogfeld EXTRA-OPTIONEN EINBLENDEN. Sobald Sie etwa eine neue Auswahl oder eine neue Hilfslinie erstellen, zeigt Photoshop automatisch alle Auswahlen bzw. Hilfslinien wieder an – auch wenn Sie dies zuvor abgewählt haben.

Tipp
Auch bei geöffnetem Dialogfeld stehen die Extras-Befehle bereit. Sie können also noch bei geöffneten Gradationskurven oder anderen Befehlen störende Hilfslinien oder Auswahlmarkierungen verbergen.

Abbildung C.8 Im Dialogfeld »Extra-Optionen einblenden« bestimmen Sie, welche Merkmale Photoshop generell zusätzlich zum Bildinhalt anzeigen soll.

Die Paletten

Die Photoshop-Paletten zeigen Näheres über Pfade, Kanäle oder Farbwerte. Sie werden im **Fenster**-Menü aufgerufen, schneller geht es über Tastenbefehle. Einige Paletten erreichen Sie auch über die PALETTEN-Schaltfläche in den Optionen zu einzelnen Werkzeugen.

Paletten öffnen per Kurztaste

Mit den eingebauten Kurztastenbefehlen fördern Sie schnell die wichtigsten Paletten zutage. Die folgende Tabelle zeigt eine Auswahl. Diese Befehle gelten so lange, wie Sie die Kurztasten nicht anderweitig vergeben:

F5	Pinselpalette ein-/ausblenden
F6	Farbepalette ein-/ausblenden
F7	Ebenenpalette ein-/ausblenden
F8	Infopalette ein-/ausblenden
F9	Aktionenpalette ein-/ausblenden (nur Windows)

Paletten gruppieren

Photoshop fasst mehrere Paletten wie Karteikarten zu einer Gruppe zusammen; über Reiter klickt man die gewünschte Palette nach vorn. Mehrere Palettengruppen belegen einen Andockbereich. Ziehen Sie einzelne Paletten zu Gruppen Ihrer Wahl zusammen. Ziehen Sie eine Palette aus ihrer Gruppe heraus und lassen Sie sie über der Arbeitsfläche los – diese Palette steht dann als Einzelgängerin da.

Sie können Palettengruppen zusammenfalten, den Andockbereich aber offen lassen. Oder Sie falten auch den Andockbereich zusammen, um Platz zu schaffen.

Paletten heißen teilweise auch »Bedienfelder«, Andockbereiche treffen Sie auch als »Verankerungsbereiche« wieder.

Andockbereiche öffnen

Die folgenden Beispiele gehen immer vom »Standard-Arbeitsbereich« wie in Abbildung C.9 aus. Experimentieren Sie mit der Oberfläche nach Belieben – der Befehl **Fenster: Arbeitsbereich: Standard-Arbeitsbereich** räumt ja alles wieder ordentlich auf. So arrangieren Sie die Paletten um:

» Wollen Sie den rechten Andockbereich schließen, klicken Sie auf ❶ ZU SYMBOLEN VERKLEINERN oder doppelt auf die schmale Leiste links von der Schaltfläche. Die geöffneten Palettengruppen schnurren zu einem schmalen Block zusammen. Alternative: Ein Doppelklick auf die senkrechte Grenze zwischen den beiden Andockbereichen.

» Sie möchten den linken Andockbereich aufklappen, also klicken Sie auf ❷ ANDOCKBEREICH ERWEITERN oder auf den dunklen Balken, der die Schaltfläche umgibt. Damit öffnen sich mehrere Palettengruppen, ganz oben links die Gruppe mit Protokoll- und Aktionenpalette.

» Der geöffnete Andockbereich macht sich zu breit? Halten Sie den Mauszeiger über die senkrechte linke Kante dieses Andockbereichs, so dass Sie einen Doppelpfeil ↔ sehen. Dann ziehen Sie nach rechts.

» Sie wollen nicht den gesamten linken Andockbereich entfalten, sondern von dort nur die Aktionenpalette. Klicken Sie einmal auf das ❸ Symbol für die Aktionenpalette .

Die Paletten

Abbildung C.9
So sieht der »Standardarbeitsbereich« aus. Der Andockbereich rechts ist geöffnet und enthält drei Palettengruppen. Die oberste Palettengruppe ist ihrerseits geöffnet, sie zeigt Navigator-, Histogramm- und Infopalette. Der Andockbereich links daneben ist geschlossen, zeigt aber die Symbole für alle Paletten. Wir haben auf das Symbol für die Aktionenpalette geklickt. Damit öffnet sich die komplette Palettengruppe aus Aktionen- und Protokollpalette.

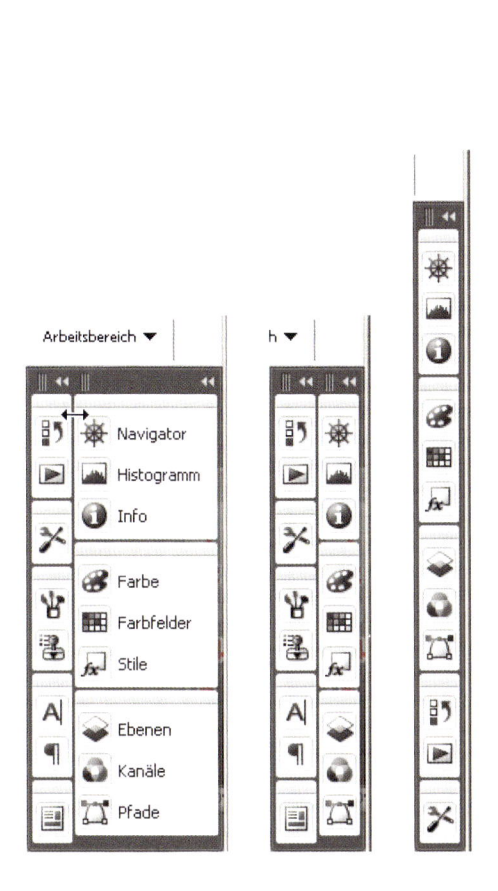

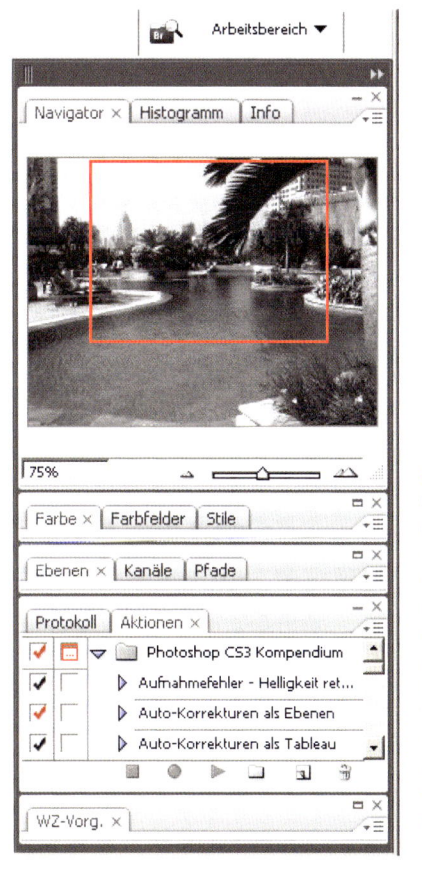

Abbildung C.10
Ganz links: Wir haben den rechten Andockbereich durch einen Klick auf »Zu Symbolen verkleinern« zusammengefaltet. Wir halten den Mauszeiger über die senkrechte Grenze zum linken Andockbereich, so dass er als Doppelpfeil erscheint. **2. Bild:** Wir haben nach rechts gezogen – beide Andockbereiche zeigen nur noch Palettensymbole. **3. Bild:** Wir haben einige Palettensymbole an den Titelleisten vom linken in den rechten Bereich gezogen, andere geöffnet und dann ganz geschlossen; so haben wir nur noch einen einzigen, übersichtlichen Andockbereich. **4. Bild:** Der verbleibende Andockbereich wurde durch einen Klick auf »Andockbereich erweitern« geöffnet.

769

Palettengruppen und Paletten umarrangieren

Schieben Sie Paletten und Palettengruppen zwischen den verschiedenen Andockbereichen hin und her und legen Sie bei Bedarf einen weiteren Andockbereich an (wenn Ihr Monitor größer die gesamte Bürowand einnimmt). Ein paar Beispiele:

» Die Palettengruppe mit Protokoll- und Aktionenpalette soll in den Andockbereich rechts wandern. Sie soll unterhalb der Gruppe NAVIGATOR-/HISTOGRAMM-/INFOPALETTE erscheinen. So geht's: Sie klicken auf die ❹ Titelleiste ▭ von PROTOKOLL/AKTIONEN und ziehen Sie unter NAVIGATOR/HISTOGRAMM/INFO – bis Sie eine blaue Querlinie sehen. Lassen Sie los – jetzt erscheinen PROTOKOLL/AKTIONEN geöffnet im rechten, geöffneten Andockbereich.

» Umgekehrt geht es genauso: Ziehen Sie die geöffnete Palettengruppe NAVIGATOR/HISTOGRAMM/INFO an der ❺ Titelleiste ▭ nach links, unter die geschlossene Palettengruppe PROTOKOLL/AKTIONEN, bis die blaue Querlinie erscheint. Damit ordnet sich die Palettengruppe hier an und zwar zunächst geschlossen, weil der ganze Andockbereich geschlossen ist.

» So wie mit Palettengruppen verfahren Sie auch mit Einzelpaletten – ziehen Sie an der Titelleiste ▭.

» Ziehen Sie eine Palettengruppe oder eine Einzelpalette an der Palettenleiste ▭ frei über den Bildschirm – sie bleibt dort liegen.

» Eine Palette oder Palettengruppe schließen und öffnen Sie durch Doppelklick auf die Titelleiste ▭.

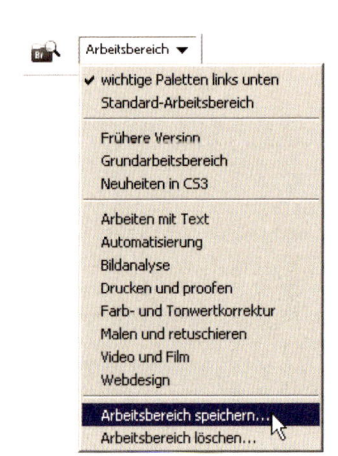

Abbildung C.11
Speichern Sie eigene »Arbeitsbereiche«, also Bildschirmaufteilungen. Photoshop liefert bereits Arbeitsbereiche wie »Farb- und Tonwertkorrektur« oder »Webdesign« mit.

Palettenposition als Arbeitsbereich speichern

Ordnen Sie alle Paletten so an, wie Sie es besonders praktisch finden – auch außerhalb des Photoshop-Fensters auf dem Zweitschirm. Stellen Sie auch die Größe der Miniaturen in den Paletten ein. Dann wählen Sie **Fenster: Arbeitsbereich: Arbeitsbereich speichern** oder klicken rechts oben in der Optionenleiste auf die Schaltfläche **Arbeitsbereich** und dann auf **Arbeitsbereich speichern**.

Dieses Palettenarrangement rufen Sie fortan unter dem gewählten Namen im Untermenü **Fenster: Arbeitsbereich** auf; so stellen Sie blitzschnell die alte Ordnung auf dem Schirm wieder her.

Der Befehl **Arbeitsbereich: Standardarbeitsbereich** stellt die Ordnung wieder her, mit der Photoshop unmittelbar nach der Installation erschien – und von der wir hier in unseren Beispielen ausgehen.

Tipp
Beim nächsten Start zeigt Photoshop alle Paletten dort, wo sie zuletzt lagen. Es sei denn, Sie wählen in den Voreinstellungen die Option Palettenpositionen speichern ab.

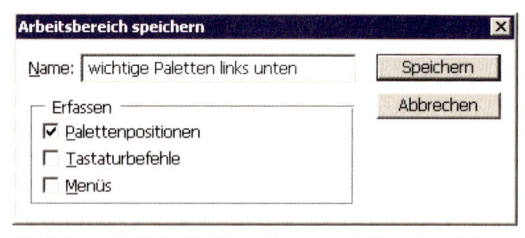

Abbildung C.12 Zusätzlich zur Zusammenstellung der Paletten können Sie auch die Position der Paletten, eigene Tastaturkürzel und Menüfarben mitspeichern.

Paletten schnell ausblenden

Die Tabulatortaste verbannt sämtliche Paletten samt Werkzeug und Optionen auf einen Schlag – plötzlich wirkt Photoshop ganz aufgeräumt. ⇧+⇥ lässt die Werkzeugpalette und die Optionsleiste oben. Ein zweites Drücken der ⇥-Taste fördert die Paletten wieder zutage.

Holen Sie danach nur einzelne Paletten mit dem entsprechenden **Fenster**-Befehl oder per Kurztaste wie F7 wieder an die Oberfläche. Drücken Sie die Eingabetaste, um besonders schnell die Werkzeugoptionen ein- oder auszublenden. Strg+⇥ bringt ein Bild nach dem anderen in den Vordergrund.

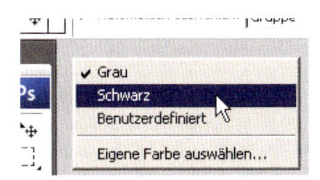

Abbildung C.13
Klicken Sie mit rechts über der grauen Programm- oder Bildfensterfläche, können Sie die Hintergrundfarbe umstellen.

Praktisch: Haben Sie die Paletten per ⇥-Taste versenkt, zeigt Photoshop am linken und rechten Fensterrand etwas dickere Leisten. Sie müssen die Maustaste nur über die Leisten halten, schon erscheinen die Paletten – vorübergehend. Arbeiten Sie in den eingeblendeten Paletten und sobald Sie sich wieder dem Bild selbst zuwenden, tauchen die Paletten wieder unter.

Tipp

Das Ausblenden der Paletten per ⇥-Griff funktioniert nicht, wenn Sie gerade etwas in Werkzeugoptionen oder Paletten tippen. Denn dort setzt Photoshop Ihren ⇥-Hieb als Sprung zum nächsten Eingabefeld um. Klicken Sie in die Programmfläche oder auf ein Bild, danach hilft die ⇥-Taste wieder beim Aufräumen.

Paletten gemeinsam bedienen

Die Paletten enthalten viele einheitliche Befehle und Schaltflächen. So regeln Sie die Größe der Miniaturen für Ebenen, Kanäle und Pfade mit den **Paletten-Optionen** im jeweiligen Palettenmenü. Die Besonderheiten besprechen wir in den Einzelkapiteln innen im Buch, hier sehen Sie die wichtigsten gemeinsamen Funktionen:

▫	Neues Objekt erstellen; Klicken mit Alt-Taste blendet Optionen ein (umgekehrt bei Aktionenpalette); vorhandenes Element auf Schaltfläche ziehen, um es zu duplizieren
▫	Neues Set erstellen (Aktionen, Ebenen)
🗑	Markiertes Element löschen; Klicken mit Alt-Taste blendet Optionen ein (umgekehrt bei Aktionenpalette); Alternative: Element auf Schaltfläche ziehen
👁	Objekt ein-/ausblenden; Alt-Klick: zugehöriges Objekt einblenden, alle anderen ausblenden bzw. alle Objekte wieder einblenden
▼≡	Palettenmenü öffnen
−	Palette verkleinern/vergrößern
▫	Palette verkleinern/vergrößern
✕	Palette schließen

»Vorgaben« und »Bibliotheken«

Die Kombination aller Einstellungen für ein Werkzeug speichert Photoshop als »Vorgabe«. Verschiedene Vorgaben für ein einzelnes Werkzeug fassen Sie in einer sogenannten »Bibliothek« zusammen. Ein Beispiel: Sie sammeln verschiedene Vorgaben für das Textwerkzeug T: einmal 12 Punkt Arial ohne Kantenglättung; als weitere Vorgabe 48 Punkt Futura Black mit Glättungsmethode Scharf; diese zwei »Vorgaben« sichern Sie in einer »Bibliothek«, sie lassen sich dort bequem wieder abrufen.

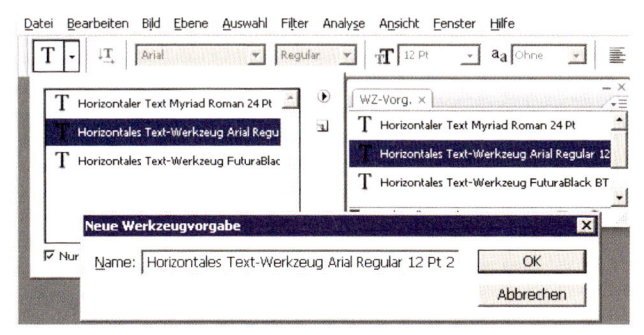

Abbildung C.14 Die Einstellung für das Textwerkzeug mit Schriftart Arial in 12 Punkt Größe wird als »Vorgabe« gespeichert. Die sogenannte Bibliothek mit den Vorgaben für das Textwerkzeug oder für alle Werkzeuge rufen Sie oben in den Werkzeugoptionen oder in der Palette »Werkzeugvorgaben« ab.

Es gibt auch Bibliotheken unabhängig von Werkzeugen: So brauchen Sie Farbverläufe nicht nur für das Verlaufswerkzeug, sondern auch für Füllebenen oder für den Ebenenstil Verlaufsfüllung; das heißt, wenn Sie das Verlaufswerkzeug benutzen, verwenden Sie gleich zwei Bibliotheken:

» Eine Bibliothek liefert die Vorgaben für das Werkzeug selbst, etwa Richtung, Füllmethode und Deckkraft.

» Eine weitere Bibliothek liefert die Farbverläufe mit zugeordneter Transparenz.

Abbildung C.15 Die Optionenleiste zum Verlaufswerkzeug bietet gleich zwei Bibliotheken an: **Links** wurde die Bibliothek mit den Werkzeugvorgaben geöffnet, **rechts** die Bibliothek für Verläufe.

Anhang C • Photoshop bedienen

Weitere Bibliotheken unabhängig von Einzelwerkzeugen: Muster, Pinselvorgaben, Kontur, Stile oder Vektorformen. Alle Bibliotheken werden auf gleiche Art angelegt, verwaltet und dargestellt. Der Befehl **Bearbeiten: Vorgaben-Manager** gibt Ihnen Zugriff auf alle Vorgaben unabhängig vom aktuellen Werkzeug, dort ziehen Sie die Vorgaben auch in die richtige Reihenfolge; oder wählen Sie **Fenster: Werkzeugvorgaben**.

Werkzeugeinstellungen als Vorgabe speichern

Sie müssen nicht jegliche Einstellung als Vorgabe speichern. Photoshop merkt sich ja ohnehin die zuletzt genutzten Werte. Nützlich wirken die Vorgaben jedoch bei Funktionen mit aufwändigen Einstellungen – etwa die komplette Schriftformatierung beim Textwerkzeug T oder Seitenverhältnisse, Pixel- und Zentimeterangaben beim Freistellwerkzeug.

Werte, die Sie hier öfter benötigen, sichern Sie als Vorgabe. So geht's:

1. Richten Sie die Werkzeugoptionen wie gewünscht ein.
2. Klicken Sie oben links in den Werkzeugoptionen auf das Dreieck ▽ neben dem Werkzeugsymbol.
3. Wenn sich der Vorgaben-Manager geöffnet hat, klicken Sie auf die Schaltfläche Neue Werkzeugvoreinstellung erstellen.
4. Tippen Sie einen Namen und klicken Sie auf OK.

Die Alternative zu diesem Weg: Sie richten das Werkzeug wie gewünscht ein, öffnen die Palette **Werkzeugvorgaben** mit dem **Fenster**-Menü, gehen per Schalter ▼≡ ins Palettenmenü und wählen **Neue Werkzeugvoreinstellung**.

Die komplette Vorgabenbibliothek lässt sich über das Palettenmenü als Datei speichern und wieder laden. So übertragen Sie die Vorgaben auf einen anderen Computer. Photoshop merkt sich die Bibliothek jedoch innerhalb der aktuellen Installation auch ohne ausdrückliches Speichern.

Vorgaben abrufen

Möchten Sie die gespeicherten Vorgaben wieder verwenden, schalten Sie das Werkzeug ein. Dann öffnen Sie entweder die Vorgabenauswahl oben links in der Optionenleiste oder Sie rufen die Palette Werkzeugvorgaben auf.

In beiden Fällen gibt es die Option Nur aktuelles Werkzeug. Damit zeigen Sie tatsächlich nur die Vorgaben für das aktuelle Werkzeug. Verzichten Sie auf die Option, sehen Sie sämtliche Vorgaben für sämtliche Werkzeuge; Sie wechseln dann per Klick nicht nur die Vorgabe, sondern auch das Werkzeug.

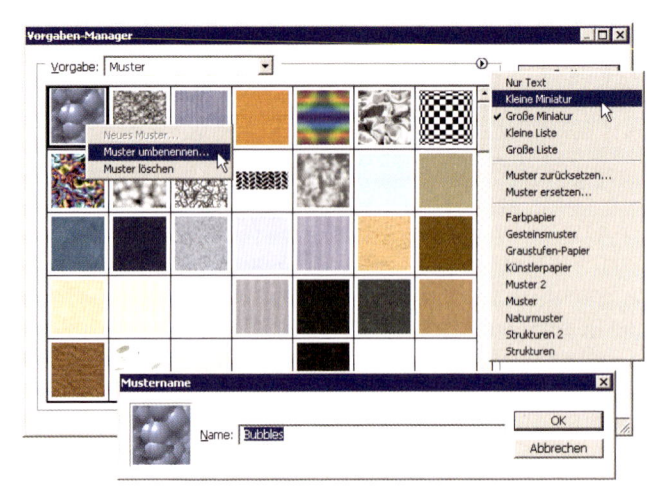

Abbildung C.16 Die »Muster«-Vorgaben in der aktuellen »Muster«-Bibliothek werden per Vorgaben-Manager bearbeitet. Sie können die Vorgaben in verschiedenen Größen darstellen – nicht nur im Vorgaben-Manager, sondern auch in den Bibliotheken der Werkzeuge, die Muster verwenden. Per Rechtsklickmenü werden einzelne Palettenobjekte umbenannt oder gelöscht. Auch der Doppelklick auf ein Objekt erlaubt die Umbenennung.

Vorgaben in der Bibliothek darstellen und ändern

Die gewünschte Darstellung in der Bibliothek legen Sie jeweils im Palettenmenü fest; öffnen Sie es per Schaltfläche ▼≡. Zeigen Sie nach Bedarf **Nur Text**, **Große Miniaturen** oder eine **Kleine Liste**. Objekte kann man nicht nur per Rechtsklick, sondern auch per Alt-Klick löschen, durch Ziehen ändern Sie die Reihenfolge.

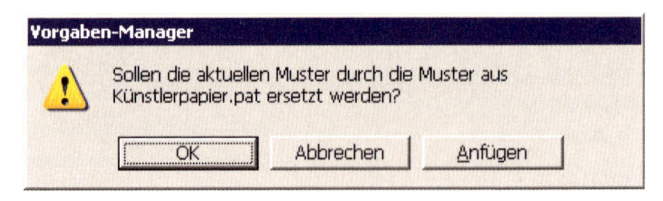

Abbildung C.17 Beim Laden einer neuen Bibliothek mit »Vorgaben« können Sie die zuvor vorhandene Sammlung ersatzlos entfernen oder um die neue Kollektion erweitern.

Vorgaben laden

Über die Palettenmenüs laden Sie andere Bibliotheken von Mustern, Pinselvorgaben oder Verläufen. Photoshop nennt direkt unten im Menü weitere Bibliotheken, die Sie im passenden »Vorgaben«-Verzeichnis deponiert haben. Pinselbibliotheken speichert Photoshop im Verzeichnis »Vorgaben/Pinsel«, die Musterbibliotheken im Verzeichnis »Vorgaben/Muster«. Alle Vorgabendateien aus dem »Vorgaben«-Verzeichnis ruft man bequem über das Palettenmenü auf. Wollen Sie »Vorgaben« aus anderen Verzeichnissen nutzen, so verwenden Sie die Schaltfläche LADEN oder einen Befehl wie **Pinsel ersetzen** aus dem Palettenmenü.

Öffnen Sie eine Bibliothek per Palettenmenü, entscheiden Sie im Dialogfeld zwischen zwei Möglichkeiten:

» Sie ersetzen die noch vorhandene Bibliothek, indem Sie auf OK klicken – damit entfernen Sie die ursprünglich vorhandenen Vorgaben.

» Sie können die neuen Vorgaben aber auch an die bereits vorhandenen ANFÜGEN – anschließend stehen beide Kollektionen in einer Bibliothek zur Verfügung.

Der **Zurücksetzen** aus dem Palettenmenü richtet wieder die Standardvorgabe des Herstellers ein und lädt die ursprünglich vorhandenen Vorgaben. Auch hier ersetzen oder ergänzen Sie die bestehenden Vorgaben.

Abbildung C.18 Wichtige Sache: Das blaue Photoshop-Symbol oben in der Werkzeugleiste können Sie auch grau anzeigen. Gehen Sie in den »Voreinstellungen« ([Strg]+[K]) in den Bereich »Benutzeroberfläche«.

Werkzeugpalette und Werkzeugoptionen

Die Werkzeuge schalten Sie durch einfaches Klicken oder per Tastatur ein. Ziehen Sie die Werkzeugleiste an der Titelleiste frei über die Arbeitsfläche.

Das Menü zu den Werkzeugoptionen erreichen Sie durch einen Rechtsklick auf das Werkzeugsymbol links in der Optionenleiste (am Mac [Ctrl]-Klick). Dieses Menü setzt die aktuellen oder sämtliche Werkzeugoptionen zurück auf die Vorgaben ab Werk.

Mehrfach belegte Schaltflächen

Manche Werkzeug-Schaltflächen sind mehrfach belegt. Eine solche Mehrfachbenennung erkennen Sie an dem kleinen Dreieck rechts unten in der Schaltfläche. Auf einem Schalter fasst Photoshop jeweils Werkzeuge zusammen, die ähnliche Aufgaben haben. So liegen etwa einige Auswahlwerkzeuge übereinander: Auswahlrechteck, Auswahlellipse, Spaltenauswahl und Zeilenauswahl teilen sich einen Platz auf der Werkzeugleiste, ebenso Weichzeichnerpinsel, Scharfzeichnerpinsel und der Wischfinger.

Um die Werkzeuge auf einer Schaltfläche zu erreichen, die aktuell nicht zu sehen sind, klicken Sie länger auf den Schalter; dann öffnet sich eine horizontale Werkzeugleiste, die weitere verwandte Werkzeuge anbietet. Alternative: Klicken Sie den Schalter mehrfach bei gedrückter [Alt]-Taste an – so lange, bis das gewünschte Werkzeug auftaucht.

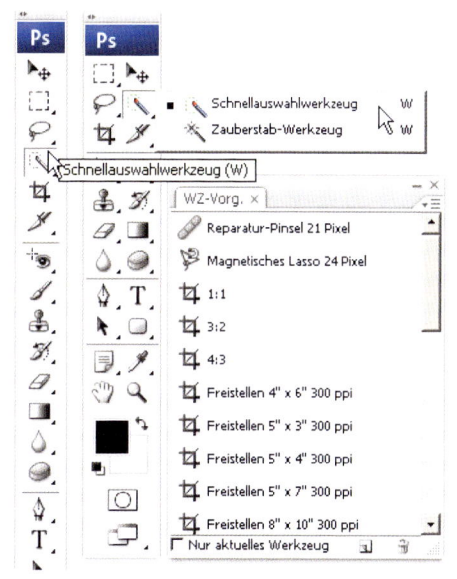

Abbildung C.19 Mit dem kleinen Schalter ganz oben stellen Sie die Werkzeugpalette wahlweise ein- oder zweispaltig dar. Sie können die Werkzeuge auch über die Tastatur einschalten; der entsprechende Buchstabe erscheint schon in der Einblenderklärung. **Rechts:** Schalten Sie die Werkzeuge auch in der Palette »Werkzeugvorgaben« ein; ohne die Einschränkung »Nur aktuelles Werkzeug« bietet diese Palette alle Werkzeuge an, für die Sie Vorgaben gespeichert haben.

Sind die Werkzeuge über eine gemeinsame Kurztaste erreichbar, verwenden Sie mehrfach den Buchstaben plus [⇧]-Taste, um zwischen diesen Geräten zu wechseln. Also drücken Sie zum Beispiel mehrfach [⇧]+[L], um vom Lasso zum Polygon-Lasso und weiter zum magnetischen Lasso zu wechseln. Alternative: Sie verzichten auf die [⇧]-Taste und schalten allein mit der Buchstabentaste um – dazu schalten Sie in den allgemeinen **Voreinstellungen** ([Strg]+[K], Bereich BENUTZEROBERFLÄCHE) die UMSCHALTTASTE FÜR ANDERES WERKZEUG ab.

Abbildung C.20 Häufig erreichen Sie mehrere Werkzeuge über ein gemeinsames Fach in der Werkzeugleiste. Diese Werkzeuge werden mit derselben Taste aufgerufen – Pipette, Farbaufnahmewerkzeug und Linealwerkzeug zum Beispiel mit dem [I]. Um zwischen diesen Werkzeugen zu wechseln, drücken Sie hier [⇧]+[I]. Wenn Sie die Option »Umschalttaste für anderes Werkzeug« in den »Voreinstellungen« abschalten, können Sie auf die [⇧]-Taste verzichten.

Bei geöffnetem Dialogfeld

Das ist ungewöhnlich: Selbst wenn ein Dialogfeld geöffnet ist, stehen noch nützliche Menübefehle und andere Funktionen bereit. Ein Beispiel: Sie haben eine Auswahl erzeugt und dann **Helligkeit/Kontrast** gewählt. Jetzt arbeiten Sie zwar im Dialogfeld. Sie steuern aber weiterhin die Bildanzeige mit vielen Menü- und Tastenbefehlen:

» So rufen Sie im **Fenster**-Menü diverse Paletten auf, zum Bleistift **Navigator**, **Informationen** oder **Ebenen**.

» Klicken Sie auf die Titelleisten von geöffneten, zusammengeklappten oder zum Symbol verkleinerten Werkzeugpaletten – sie lassen sich öffnen.

» Im **Ansicht**-Menü nutzen Sie bei geöffnetem Dialogfeld immer noch **Farb-Proof**, **Farbumfang-Warnung** oder **Einzoomen**, **Tatsächliche Pixel** und **Ausgabegröße**.

» Wichtig auch: Die Befehle **Ansicht: Extras** und das Untermenü **Ansicht: Einblenden** verstecken bei geöffnetem Dialog störende Auswahlmarkierungen oder Hilfslinien, ohne deren Wirkung aufzuheben (Seite 767), auch der entsprechende Tastengriff Strg+0 funktioniert noch.

» Die gedrückt gehaltene Leertaste verhilft zur Verschiebehand. Damit bewegen Sie Dateien in verkleinerten Bildfenstern. Alternative: die Rollbalken.

» Mit Strg+Leertaste erhalten Sie eine Vergrößerungslupe, um Bildteile noch heranzuzoomen. Per Alt+Leertaste produziert Photoshop die Verkleinerungslupe.

» Mit Strg+0 zeigen Sie das Werk arbeitsflächenfüllend, während Strg++ schrittweise vergrößert und Strg+- schrittweise zu einer kleineren Abbildung führt. Strg+Alt+0 richtet die 100-Prozent-Zoomstufe ein.

Bei einigen Tonwertbefehlen können Sie mit dem Mauszeiger ins Bild fahren, um dort mit der Pipette Tonwerte aufzunehmen, zu messen oder den Tonwert als HTML-Code zu kopieren; dabei ändert sich meist auch die Vordergrundfarbe.

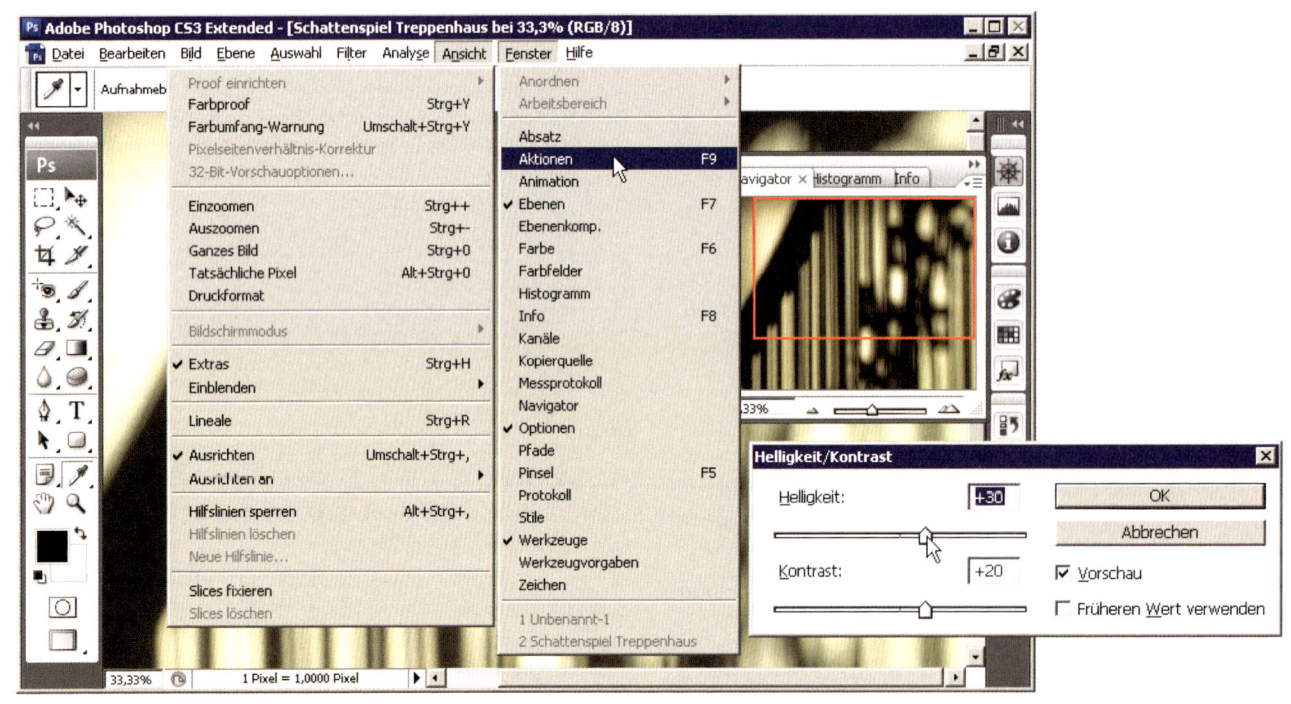

Abbildung C.21 Das Dialogfeld »Helligkeit/Kontrast« ist geöffnet. Gleichzeitig stehen immer noch viele Befehle aus den Menüs »Ansicht« und »Fenster« zur Verfügung: Sie können die Zoomstufe wechseln, die Auswahlmarkierung verbergen und die Histogramm- oder Informationenpalette aufrufen.

Befehle im Überblick: Photoshop-Oberfläche

Taste/Feld	Zusatztasten	Aktion	Ergebnis
Dok: 20,2M/36,8M		🖱	Darstellung Druckgröße auf Seite
Dok: 20,2M/36,8M	Alt	🖱	Anzeige Breite, Höhe, Kanäle, Auflösung
⇥			Alle Paletten ein-/ausblenden
⇥	⇧		Paletten außer Werkzeugpalette ein-/ausblenden
⇥	Strg		Ein Bild nach dem anderen aktivieren
F (für Full Screen)			Wechsel zwischen Fenster- und Vollschirmmodi
Strg + H (für Hide)			Entspricht **Ansicht: Extras** (Auswahlmarkierung, Hilfslinien etc. ein-/ausblenden)
▼≡		🖱	Palettenmenü einblenden

Mac- und Windows-Version im Vergleich

Die Mac- und Windows-Versionen von Photoshop unterscheiden sich nur in wenigen Details. Insbesondere gleichen sich alle Tastaturkombinationen. Alt-Taste und ⇧-Taste werden in beiden Betriebssystemen gleich genutzt. Einige Unterschiede:

» Wo Sie unter Windows die Strg-Taste drücken, ist am Mac die ⌘ fällig.

» Kontextmenüs und alles andere, was Sie unter Windows mit der rechten Maustaste erreichen, erledigen Sie am Mac durch einen Mausklick bei gedrückter ctrl-Taste. Mit einigen Mäusen, die nicht von Apple stammen, können Sie auch am Mac die rechte Maustaste nutzen.

» Was unter Windows auch mit der Entf-Taste verschwindet, wird am Mac nur mit der ←-Taste entsorgt.

» Am Mac gibt es einige Kontextmenüs weniger, zum Beispiel über der Titelleiste eines Bilds.

» Nur unter Windows gibt es den Befehl **Datei: Öffnen als**.

» Die Macintosh-Version hängt zwar ab Werk automatisch die dreistellige Dateiendung wie ».tif« an einen Dateinamen; sie kann allerdings per **Voreinstellungen** davon abgebracht werden, während die Dateiendung unter Windows zwingend dazugehört.

» Natürlich unterscheiden sich betriebssystemnahe Funktionen wie die **Öffnen**- und **Speichern**-Dialoge sowie die Speicherzuteilung.

» Eine Besonderheit von Photoshop unter Mac OS X ist das **Photoshop**-Menü, das Windows-Nutzer nicht vorfinden: Macianer rufen dort **Voreinstellungen** sowie die Befehle **Über Photoshop** und **Über Zusatzmodul** auf.

Tastenbefehle & Menüs

Routinierte Photoshopper bedienen ihr Programm besonders flott durch gezielte Tastendrucke, nicht per Mausrutsch. Weitere Tastenkürzel vergeben Sie selbst mit der Aktionenpalette oder den **Tastaturbefehlen**.

Schneller mit Tastenbefehlen

Vielen Befehlen und allen Werkzeugen haben die Programmierer bereits Tastenkürzel zugeteilt – für die Funktionen der Werkzeugleiste reicht grundsätzlich ein einzelner Buchstabe ohne jede weitere Strg-, Alt- oder ⇧-Taste. Mit einem C (für Crop Tool) rufen Sie zum Beispiel das Freistellwerkzeug auf. Wer die Maus mit Rechts verschiebt, erreicht Kurztasten für die linke Hand besonders schnell, so etwa das B für den Pinsel, E für Radiergummi oder W für den Zauberstab.

Anhang C • Photoshop bedienen

Die Tastaturkürzel in Photoshop sind mnemonisch; der Buchstabe soll also mit dem Werkzeug oder Befehl so verbunden sein, dass man sich die Zuordnung leicht merken kann. Die Programmierer legten die englischen Begriffe zugrunde: Das Radiergummi-[E] kürzt den »Eraser« ab, das Freistell-[C] stammt vom »Crop Tool«, das [B] für den Pinsel leitet sich vom »Brush« ab.

Manche Kürzel weichen auf den zweiten, dritten oder vierten Buchstaben des englischen Befehls aus, etwa bei [V] für Move Tool, also das Verschiebenwerkzeug. Andere Buchstaben verstehen sich lautmalerisch: Das [I] für die Pipette spricht sich auf Englisch [Ai] – wie »Eyedropper«, die englische Bezeichnung dieses Werkzeugs. Die Kurztaste [Strg]+[U] steht für englisch »Hue« (Farbton) und ruft den Dialog **Farbton/Sättigung** auf.

Verharren Sie mit dem Mauszeiger kurz über einem Werkzeug, blendet Photoshop den Werkzeugnamen samt Kurztaste ein. Die Statusleiste unten im Bildfenster nennt auf Wunsch das aktive Werkzeug.

Im »Service«-Teil finden Sie Übersichten zu allen Werkzeugfunktionen (Seite 797) und eine alphabetische Liste aller Werkzeugkürzel (Seite 778).

Vorübergehender Wechsel zu anderen Werkzeugen

Teilweise erlaubt Photoshop auch den vorübergehenden Wechsel zu anderen Werkzeugen. Drücken Sie beispielsweise bei der Arbeit mit dem Abwedler die [Alt]-Taste: Damit wechseln Sie so lange zum Nachbelichter, bis Sie die [Alt]-Taste wieder loslassen. Auch mit den Werkzeugen zum Weichzeichnen und Scharfzeichnen funktioniert dieses Hin und Her.

Mit einigen Zusatztasten schalten Sie vorübergehend zu ganz anderen nützlichen Werkzeugen um; nach dem Loslassen der Taste zeigt Photoshop wieder das ursprüngliche Gerät. So gilt unter anderem:

» Mit der Leertaste springen Sie schnell mal zur Verschiebehand. Nehmen Sie die [Strg]-Taste hinzu, um die Vergrößerungslupe zu erhalten, während die zusätzliche [Alt]-Taste die Verkleinerungslupe auf den Schirm bringt. Das funktioniert sogar oft bei geöffnetem Dialogfeld.

» Fast alle Werkzeuge wechseln beim Druck der [Strg]-Taste freiwillig zum Verschiebenwerkzeug.

» Von allen Malwerkzeugen aus, die auf die Vordergrundfarbe zugreifen, wechseln Sie per [Alt]-Taste zur Pipette, mit der Sie die Vordergrundfarbe aufgreifen. Dies gilt etwa für den Pinsel.

Tastaturbefehle für Menüfunktionen

Auch die werkseitigen Tastaturkürzel für Menübefehle leiten sich von den englischen Originalkommandos ab. So ruft [Strg]+[L] die TONWERTKORREKTUR auf – im Englischen »Levels«. [Strg]+[I] kehrt ein Bild ins Negativ um, »Invert« en Anglais. Nützlich machen sich die Tasten-Quickies auch, wenn Sie die Menüleiste und vielleicht auch die Werkzeugleiste ausblenden, zum Beispiel per Kurztaste [F]) für »Full Screen«.

Typische Tastaturkürzel

Kennen Sie die 50 wichtigsten Tastenkürzel, lässt sich Photoshop viel zügiger bedienen als durch Klicks in Menüs und Optionen. Die Tastenbefehle haben System und lassen sich deshalb relativ leicht merken und auf unterschiedliche Situationen übertragen. Sie werden in den einzelnen Kapiteln ausführlich besprochen, im Folgenden stelle ich einige Grundregeln vor.

Abziehen per Alt-Taste

Bei gedrückter [Alt]-Taste verkleinern Sie Auswahlen mit Auswahlwerkzeugen wie dem Lasso. Dies gilt – in Kombination mit der [Strg]-Taste – zum Beispiel auch für den Klick auf Miniaturen für Ebenen, Ebenenmasken oder Alphakanäle.

Zudem eignet sich die [Alt]-Taste zum Duplizieren – so etwa, wenn Sie mit dem Verschiebenwerkzeug und der [Alt]-Taste an einer Ebene zerren, um diese zu duplizieren, oder wenn Sie im Filter BELEUCHTUNGSEFFEKTE an einer Lichtquelle ziehen, um eine zweite Leuchte hervorzubringen.

Dialogfeld per Alt-Taste

Bei vielen Befehlen entscheiden Sie per [Alt]-Taste, ob Sie ein Dialogfeld einblenden wollen oder auf Rückfragen verzichten. Zwei Beispiele:

» Normale Anwahl des Kommandos **Bild: Bild duplizieren** produziert zunächst ein Dialogfeld mit der Frage, welchen Namen das duplizierte Bild erhalten soll. Derselbe Befehl produziert bei gedrückter [Alt]-Taste ein Duplikat sofort. Ebenso verschweigt die Aktionenpalette ausnahmsweise die Optionen, wenn Sie die Schaltfläche NEUE AKTION bei gedrückter [Alt]-Taste anklicken.

» Umgekehrt verhält es sich bei der Ebenenpalette und der Kanälepalette: Klicken Sie beispielsweise auf das Symbol NEUE EBENE ERSTELLEN, erzeugt Photoshop sofort ein neues Element. Nach Anklicken mit gedrückter [Alt]-Taste präsentiert das Programm zunächst die Optionen.

Verwendeten Wert wiederholen mit der Alt-Taste

Hier ein Beispiel: Sie rufen mit [Strg]+[L] (für »Levels«) die **Gradationskurven** auf und korrigieren die Kontraste. Danach wollen Sie die gleiche Korrektur auf andere Bilder anwenden.

Hier macht sich die [Alt]-Taste nützlich: Zusätzlich zum üblichen Befehl gedrückt, ruft sie das Dialogfeld gleich mit den zuletzt verwendeten Werten auf. So geht's:

» Drücken Sie also [Strg]+[Alt]+[L].

» Alternative: Sie halten die [Alt]-Taste gedrückt und wählen **Bild: Anpassungen: Gradationskurven**.

Weitere Optionen mit der Alt-Taste

Die [Alt]-Taste verwandelt die ABBRECHEN-Schaltflächen vieler Photoshop-Dialoge in ein ZURÜCK; sie ist in vielen Situationen gut für den Wechsel zwischen Vorder- und Hintergrundfarbe oder bei Malwerkzeugen für den Wechsel zur Pipette.

Mit der [Alt]-Taste können Sie in der Aktionen- und Ebenenpalette ein einzelnes Element anzeigen und alle anderen ausblenden; ein neuerlicher [Alt]-Klick macht alle Elemente zugänglich.

Hinzufügen und rechte Winkel mit der Umschalt-Taste

Diese Möglichkeiten bietet Ihnen die [⇧]-Taste:

» Sie erweitern vorhandene Auswahlen, wenn Sie zusätzlich zum Werkzeug die [⇧]-Taste drücken. Klicken Sie mit [Strg]- und [⇧]-Taste auf die Miniaturen für Ebenen, Ebenenmasken, Alphakanäle oder Pfade – eine vorhandene Auswahl wird dann um die Auswahlinformation aus diesen Elementen erweitert.

» Mithilfe der [⇧]-Taste entstehen gerade Linien oder 45-Grad-Winkel, zum Beispiel bei den Malwerkzeugen, dem Verlaufswerkzeug, dem Linealwerkzeug, beim Bewegen von Auswahlen oder Ebenen oder in einer Gradationskurve.

Verschieben mit den Pfeiltasten und der Umschalt-Taste

Die Pfeiltasten verschieben Ebenen, Auswahlmarkierungen und Pfade in 1-Pixel-Schritten, sofern das Verschiebenwerkzeug aktiviert ist. Außerdem ändern sie Werte in Eingabefeldern. Nehmen Sie die [⇧]-Taste hinzu, um die Intervalle zu erhöhen, meist um das Zehnfache.

Bewegen mit der Strg-Taste

Mit der [Strg]-Taste (am Mac ⌘) schalten Sie vorübergehend zum Verschiebenwerkzeug um (mit wenigen Ausnahmen bei Pfaden, Slices und Vektorformen). Über Paletten erschließt oft erst die [Strg]-Taste in Verbindung mit weiteren Tasten Zusatzfunktionen.

Bilddarstellung ändern mit der Leertaste

Mit der Leertaste und verschiedenen anderen Tasten wechseln Sie vorübergehend zu Hand, Vergrößerungslupe und Verkleinerungslupe. Auch bei der Kreis- und Rechteckauswahl übernimmt die Leertaste Aufgaben.

Eigene Tastaturbefehle und Menüs

Wie lästig: Immer wieder wählen Sie **Bild: Anpassungen: Tiefen/Lichter**. Statt sich durch Untermenüs zu hangeln, öffnen Sie den Befehl besser mit einem schnellen Tastendruck, zum Beispiel [F5]. So richten Sie Ihr eigenes Tastaturkürzel ein:

1. Sie wählen **Bearbeiten: Tastaturbefehle** oder den schönen Tastaturbefehl [Strg]+[Alt]+[⇧]+[K].

2. In der Liste öffnen Sie das Untermenü **Bild: Anpassungen: Tiefen/Lichter** und klicken einmal auf TIEFEN/LICHTER.

3. Sie wollen den Befehl mit der Taste [F5] aufrufen. Drücken Sie also [F5] (Sie könnten auch [Strg]+[Alt]+[⇧]+[J] nehmen).

4. Photoshop schreibt eine Warnung, dass mit diesem Tastendruck bereits die Pinselpalette aufgerufen wird. Aber die Pinselpalette ist nicht so wichtig.

5. Klicken Sie zweimal auf OK – und fertig.

Ab sofort liefert Photoshop den Dialog **Tiefen/Lichter** nach einem Hieb auf die Taste [F5].

Anhang C • Photoshop bedienen

Werkzeugtastenkürzel nach Alphabet

Folgend finden Sie eine Liste aller Werkzeuge, alphabetisch sortiert nach dem werkseitig eingestellten Tastaturkürzel.

	Abgeleitet von	Aktiviert	
A		Direktauswahl-Werkzeug, Pfadauswahl-Werkzeug	
B	Brush	Pinsel, Buntstift, Farbe-ersetzen-Werkzeug	
C	Crop Tool	Freistellwerkzeug	
D	Default Colors	Schwarz und Weiß als Vorder- und Hintergrundfarbe	
E	Eraser	Radiergummi, Magischer Radiergummi, Hintergrund-Radiergummi	
F	Full Screen Mode	Vollschirmmodus	
G	Gradient Tool	Verlaufswerkzeug, Füllwerkzeug	
H	Hand	Hand	
I	»Eye«dropper	Pipette, Farbaufnahmewerkzeug, Linealwerkzeug, in CS3 Extended auch Zählungswerkzeug	
J		Reparaturpinsel, Bereichsreparaturpinsel, Ausbessernwerkzeug, Rote-Augen-Werkzeug	
K		Slice-Werkzeug, Slice-Auswahl	
L	Lasso	Lasso, Polygon-Lasso, Magnetisches Lasso	
M	Marquee	Auswahlrechteck, Auswahlellipse	
N	Notes	Textanmerkungen, Tonanmerkungen	
O	Dodge Tool	Abwedler, Nachbelichter, Schwamm (zum Aufhellen, Abdunkeln, Ändern der Farbsättigung)	
P	Pen Tool	Zeichenstift, Freiform-Zeichenstift	
Q	Quickmask	Maskierungsmodus/Fließmarkierungsmodus	
R	Blur	Scharfzeichner/Weichzeichner/Wischfinger	
S	Stample	Kopierstempel/Musterstempel	
T	Text Tool	Textwerkzeuge	
U		Formwerkzeuge	
V	Move Tool	Verschiebenwerkzeug	
W	Magic Wand	Schnellauswahl	
		Zauberstab	
X	Exchange	Vorder- und Hintergrundfarbe vertauschen	
Y	history brush	Protokollpinsel	
Z	Zoom Tool	Lupe	

Tasten am Mac und unter Windows

» Wenn Sie unter Windows die `Strg`-Taste verwenden, ist am Mac die `⌘`-Taste gemeint, auch als Apfel-Taste bekannt.

» Den Rechtsklick der Windows-Version ersetzt am Mac den `ctrl`-Klick; damit gelangt man zum jeweiligen Kontextmenü. Mehr und mehr Mäuse erlauben auch am Mac den Rechtsklick à la Windows.

» Die im Buch häufig erwähnte `Alt`-Taste kennen viele Mac-Nutzer auch unter den Bezeichnungen `⌥`- oder Badewannen-Taste.

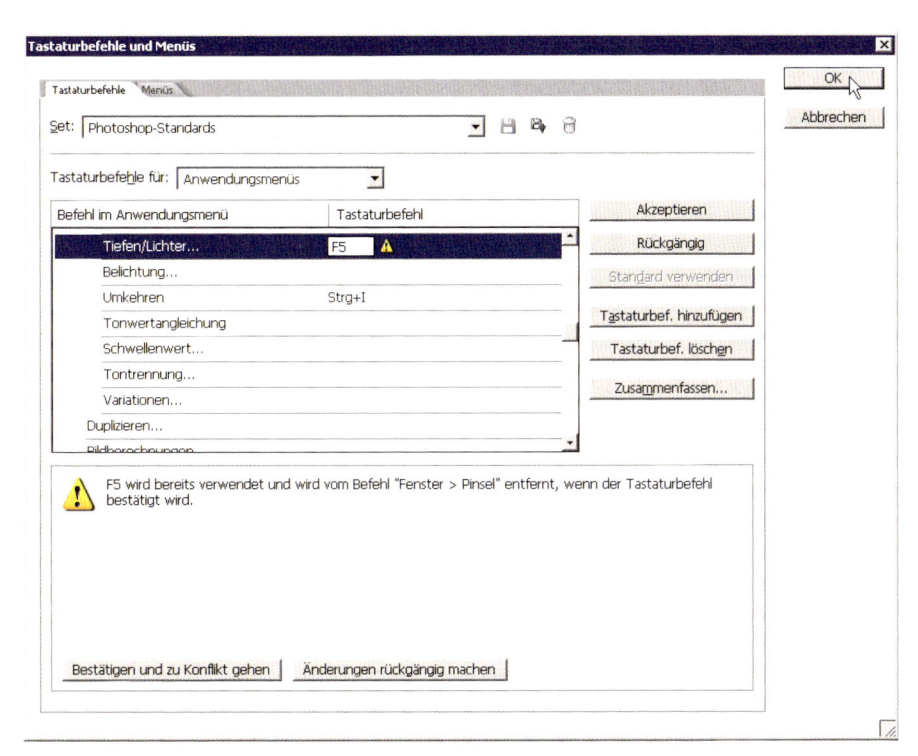

Abbildung C.22
Auf Kommando: Teilen Sie den Photoshop-Funktionen beliebige Tastaturkürzel zu.

Anhang D
Informationen am Bildschirm

Ich bringe hier ein paar Hinweise auf interessante Internetseiten. Wie immer gilt: Diese Seiten können kurzfristig verschwinden oder das Thema wechseln; bitte spüren Sie ihnen dann mit einem Suchdienst nach.

Webseiten für Photoshop-Affine

Ist Photoshop für Sie ein PC-Programm wie jedes andere – so wie Word, Firefox oder Ihre Adressdatenbank?

Viele Nutzer sehen in Photoshop wohl eher eine Traummaschine zur Verwirklichung kreativer Ideen: Mit atemberaubender Technik erlaubt das Adobe-Programm den spielerischen Umbau der Wirklichkeit.

Die Photoshop-Macher

Und wissen Sie was? Nicht nur viele Anwender sind süchtig nach Photoshop. Offenbar kommen auch die Photoshop-Macher nicht immer rechtzeitig zum Abendessen von ihrem Wunderprogramm los.

Lesen Sie die englischen Berichte der »Photoshop-Witwen« auf *www.photoshopnews.com*, Rubrik PSN EDITIORIALS/WINDOWS CLUB. Dort schildert Ruth Knoll sehr unterhaltsam in Wort und Bild den einsamen Forscherdrang ihres Mannes, Photoshop- und Camera-Raw-Pionier Thomas Knoll.

Möchten Sie jetzt die anderen Photoshop-Macher auch kennenlernen? Dann öffnen Sie auf derselben Webseite die Rubrik FEATURE STORIES/A VISIT TO ADOBE. Diese schöne Fotostrecke schildert einen Besuch bei den Photoshop-Entwicklern in San Jose, Kalifornien – ein reizvoller Blick hinter die Kulissen des Photoshop-Herstellers Adobe.

Vergangenheit

Denken Sie gern zurück an Photoshop 2.51, wecken alte Startbilder und nüchtern graustufige Werkzeugleisten nostalgische Gefühle? Einen illustrierten Rückblick auf die allerfrühesten Photoshop-Jahre bis Version 5.5. liefert auf Englisch die Adresse *www.designbyfire.com/pdfs/history_of_photoshop.pdf* – samt Bildschirm- und Porträtfotos.

Eine lange Reihe von Photoshop-Startbildern mit Erscheinungsdatum finden Sie unter *http://photoshopnews.com/feature-stories/photoshop-splash-screens*.

Gegenwart und Zukunft

Gelegentlich liefert das englische Internettagebuch des Photoshop-Produktmanagers John Nack interessante Ein- und Ausblicke unter *http://blogs.adobe.com/jnack*. Wer dem Photoshop verfallen ist, begrüßt sogar die neuen Alternativentwürfe zu den aktuellen Symbolen der CS3-Programme:

Erste Hilfe und weitere Informationen

www.koregraphik.com/downloads/adobe-cs3/ und *www.artofadambetts.com/weblog/?p=190*. Netto-Preisunterschiede zwischen Adobe-Programmen in Europa versus USA sowie der Unmut darüber werden, auf Englisch, hier dokumentiert: *www.amanwithapencil.com/adobe.html*.

Und was bringt die Zukunft? Vorserienversionen von neuen Adobe-Programmen und -Programmteilen gibt es manchmal unter *http://labs.adobe.com*.

Erste Hilfe und weitere Informationen

Deutsche Anwender mit technischen Fragen verwies Adobe bei Redaktionsschluss auf die niederländische Telefonnummer 0031 20 582 08-66; Österreicher sollten 0031 20 582 08-60 wählen, für Schweizer galt 0031 20 582 08-71. Möglicherweise werden nur registrierte Kunden beraten – das erledigen Sie online per **Hilfe: Registrierung**.

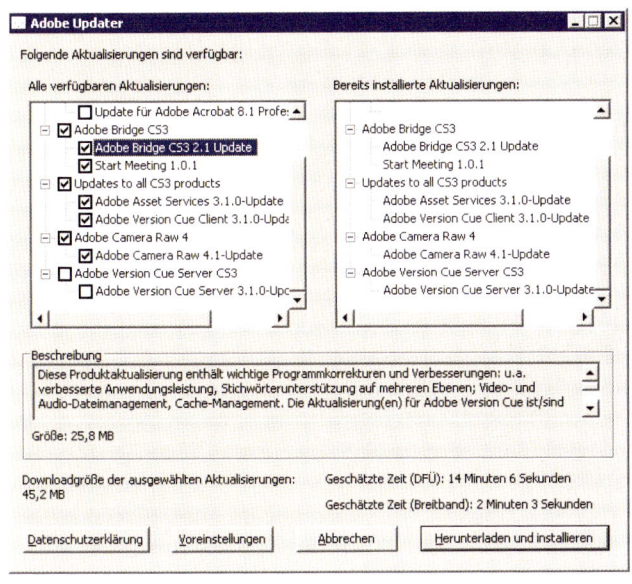

Abbildung D.1 Über den Befehl »Hilfe: Aktualisierungen« holen Sie sich wichtige Updates.

Der »Hilfe«-Befehl

Der Befehl **Hilfe: Photoshop Hilfe** (F1, am Mac die Hilfe-Taste) liefert nützliche Erklärungen zum Programm. Klicken Sie auf DIESE SEITE IM INTERNET, dann sehen Sie den Hilfetext als »Livedoc« auf einer Webseite – er könnte aktueller sein. Sie können auf der Internet-Hilfeseite teilweise Kommentare hinterlassen und eine Benachrichtigung für nachfolgende Kommentare bestellen.

Bei Manuskriptabgabe im Sommer 2007 war die englische Photoshop-Hilfeseite des Herstellers Adobe interessanter als die deutsche, denn auf den englischen Seiten gab es tatsächlich Antworten. Sie finden die englischen Hilfeseiten unter *http://livedocs.adobe.com/en_US/Photoshop/10.0*.

Prüfen Sie bei Problemen auch unsere Tipps für den reibungslosen Photoshop-Einstieg und die Troubleshooting-Listen ab Seite 27.

Videolehrgänge

Auf den Hilfeseiten können Sie auch Videolehrgänge öffnen, die aus dem Internet heruntergeladen werden. Die gleichen Videos gehören eventuell auch zu Ihrem CS3-Paket.

Eine Liste aller deutschsprachigen Adobe-Videos zu allen Programmen der CS3-Reihe finden Sie unter *www.adobe.com/de/designcenter/video_workshop*. Wählen Sie zuerst links oben das Programm aus, also zum Beispiel Photoshop, und eventuell rechts oben einen Themenbereich.

Die Videos sind eingängig, aber nicht gerade tiefschürfend. Das gilt auch für die englischsprachigen Videos unter *http://www.adobe.com/designcenter/video_workshop/*, wo zum guten Teil die gleichen Bilder und Aufgaben wie auf der deutschen Seite diskutiert werden.

Eine Liste unzähliger englischer Videos zu verschiedenen Photoshop-Versionen erschien bei Redaktionsschluss unter *http://wikivid.com/index.php/Photoshop*. Unterschiedlichstes, meist Englisches fördert auch eine PHOTOSHOP-Suche beim Videoportal *www.youtube.com* zutage.

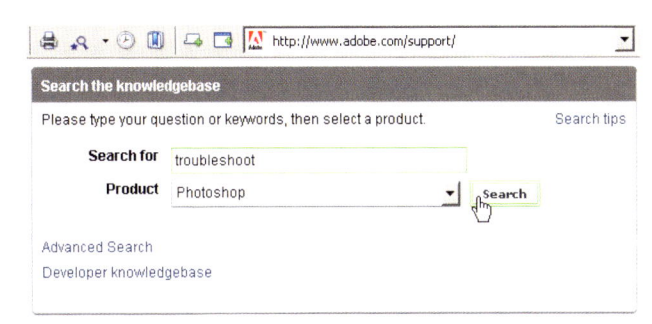

Abbildung D.2 Photoshop-Hersteller Adobe bietet meterlange englische Erklärungen, wie Sie zum Beispiel mögliche Konflikte zwischen Photoshop und dem Betriebssystem ausräumen. Sie wählen www.adobe.com/support mit dem Suchbegriff »troubleshoot« und dem Produkt »Photoshop«, dann klicken Sie auf »Search«.

Weitere Informationen im Internet

Für Photoshopper sind unter anderem die Internetadressen des Photoshop-Herstellers interessant; dort erhalten Sie

Anhang D • Informationen am Bildschirm

zum Beispiel kostenlose Programmergänzungen, Tipps und Hintergrundinformationen. Programmaktualisierungen spielen Sie via **Hilfe: Aktualisierungen** ein. Bei technischen Fragen: Die englische Seite unter *www.adobe.com* ist weitaus ergiebiger als das deutsche Pendant *www.adobe.de*. Die umfassende englischsprachige Seite mit Fragen und Antworten zu Photoshop erreichen Sie unter *www.adobe.com/support/products/photoshop.html*.

Austauschen können Sie sich in den Internetforen der Computer- und Fotozeitschriften und in den oft sehr ergiebigen, englischen Anwenderdiskussionen direkt bei Adobe unter *http://www.adobeforums.com*. Es gibt separate Bereiche für Photoshop und Bridge. Adobe verlangt dort eine Registrierung mit Namen und E-Mail-Adresse.

Intensiv bis banal diskutieren die Teilnehmer der verschiedenen Newsgroups. Wenn Sie einen normalen Internetbrowser verwenden, könnten Sie Ihre Suche wie folgt beginnen:

1. Wählen Sie *www.google.de*.
2. Tippen Sie einen Suchbegriff aus dem Photoshop-Bereich ein, zum Beispiel »Ebenenpalette« oder »Photoshop CS3«.
3. Klicken Sie über dem Eingabefeld auf GROUPS und im nächsten Bildschirm, wenn der Bereich GROUPS hervorgehoben ist, auf GROUPS-SUCHE.

In englischen Gruppen ist der Austausch umfangreicher und interessanter als in deutschsprachigen Foren.

Anhang E
Dateiformate

In diesem Abschnitt diskutieren wir kurz die meisten Dateiformate. Ausnahmen: Bilder und Informationen zu JPEG (nicht zu JPEG 2000) finden Sie ab Seite 173, Tipps zu GIF ab Seite 719, alles über Camera-Raw-Dateien ab Seite 143. Eine Gegenüberstellung verschiedener Dateiformate für Ebenenmontagen finden Sie samt Testergebnissen ab Seite 501.

Tabelle: Dateiformate

Für die Tabelle auf der folgenden Seite wird die Datei »Test.tif« aus unserem Ebenentest (auch auf Buch-DVD) in verschiedenen wichtigen Dateiformaten gespeichert. Die Vorlage besteht aus zahlreichen Ebenen und ist im Acht-Bit-RGB-Modus gespeichert. Sie hat 1772x1184 Pixel, also rund zwei Megapixel, und lässt sich damit bei 300 dpi 15x10 Zentimeter groß drucken.

Photoshop-Dateiformate (PSD, PSB)

Das Format Photoshop (PSD) lässt sich problemlos zwischen Photoshop auf Windows- und auf Mac-Rechnern austauschen. Mit dem weiter verbreiteten TIFF gelingt das oft auch. PSD-Dateien eignen sich bestens zur Weitergabe an andere Adobe-Programme wie GoLive oder InDesign, die zum Beispiel Ebenen, Transparenz oder Überblendmethoden übernehmen. Als fast einziger Dokumenttyp verkraftet das Photoshop-Format sämtliche Photoshop-Spezialitäten wie DUPLEX-, LAB- und Mehrkanalmodus, Pfade, mehrere Alphakanäle, Ebenentechnik samt Textebenen und Ebeneneffekten. Allerdings sind auch TIFF und PDF je nach Vorgabe sehr vielseitig. Zudem nimmt das Photoshop-Format Merkmale aus der WWW-Gestaltung auf, darunter Slices, ImageMaps, Rollover-Effekte, Hyperlinks und Animationen.

Neue Zusatzkanäle, Pfade und Ebenen speichert Photoshop ohne lästige Rückfrage mit und dabei wird verlustfrei komprimiert, allerdings nur schwach. Das Photoshop-Dateiformat lässt sich in Photoshop extrem schnell öffnen und speichern und eignet sich darum bestens zum Zwischensichern.

Tipp
*Benötigen Sie von einer Photoshop-Montage zwischendurch eine übliche TIFF- oder JPEG-Datei ohne separate Ebenen oder Alphakanäle? Dann nutzen Sie den Befehl **Datei: Speichern unter** (Strg+⇧+S), wählen EBENEN oder ALPHAKANÄLE ab und speichern zwangsweise ALS KOPIE. Im Programmfenster arbeiten Sie danach weiter an der vollständigen Montage unter ihrem ursprünglichen Namen.*

Anhang E • Dateiformate

Dateiformat	Erweiterung	Komprimierung	Ebenen	Gesamtgröße in Mbyte	Anmerkung	Zweck
Photoshop ohne »Kompatibilität« mit/ohne Ebenen	PSD	Immer, ohne Verlust	✔/✘	22,48/3,18	Identisch mit PDD-Format von Adobe PhotoDeluxe	Ausnutzen aller Funktionen, Austausch Photoshop Mac – Windows
TIFF ohne jede Komprimierung mit/ohne Ebenen (Ebenenk. ZIP)	TIF	✘	✔/✘	24,36/6,168		
TIFF mit LZW-Komprimierung mit/ohne Ebenen (Ebenenk. ZIP)	TIF	Verlustfrei	✔/✘	18,94/1,25	Unterstützt viele Farbmodi, Ebenen, Pfade, mehrere Alphakanäle in einer Datei	Kompatibilität mit anderen Programmen
JPEG, Qualität 10/7, Baseline Standard	JPG	Immer, mit Verlust	✘/✘	0,24/0,14	RGB, CMYK, Graustufen, keine Alphakanäle, 16-Bit-Farbtiefe möglich	Speicherplatz sparen, WWW-Design, Weitergabe
JPEG, Qualität 5/0, Baseline Standard	JPG	Immer, mit Verlust	✘/✘	0,10/0,06	s. o.	s. o.
DNG mit mittelgr. Vorschau ohne/mit Kompr.	DNG	Wahlweise, nur verlustfrei	✘/✘	6,32/1,83		Camera-Raw-Dateien archivieren, verlustfrei Änderungen speichern
Bitmap 24 Bit	BMP	Nicht bei 24 Bit, sonst nur verlustfrei	✘	6,14		Kompatibilität mit Windows-Programmen
Photoshop PDF, Zip-Komprimierung, mit/ohne Ebenen	PDF	Hier ohne Verlust, wahlweise mit Verlust	✔/✘	23,07/2,46		Zur Betrachtung mit Acrobat Reader, Druckvorstufe
Photoshop PDF, JPEG-Qual. »hoch«, mit/ohne Ebenen	PDF	Hier mit Verlust, wahlweise ohne Verlust	✔/✘	20,9/0,29		Zur Betrachtung mit Acrobat Reader, Druckvorstufe
Portable Networks Graphic, ohne/mit Interlacing	PNG	Immer, verlustfrei	✘/✘	1,25/1,51	Verschiedene Farbtiefen, Alphakanäle	WWW-Design
Targa, 24 Bit/Pixel ohne/mit RLE-Kompr.	TGA	✘/✔, verlustfrei	✘/✘	6,15/3,1		
PCX	PCX	Verlustfrei	✘	3,07		

Photoshop-Dateiformate (PSD, PSB)

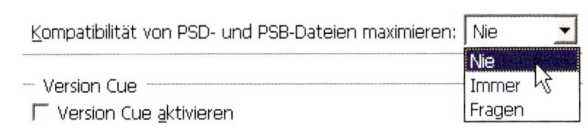

Abbildung E.1 In den »Voreinstellungen« entscheiden Sie, ob Sie die »Kompatibilität von PSD-Dateien... maximieren«.

Kompatibilität maximieren

Um Photoshop-Montagen in möglichst vielen, auch älteren Programmen zumindest anzeigen zu können, gehen Sie in den **Voreinstellungen** ([Strg]+[K]) im Bereich DATEIHANDHABUNG ins Klappmenü KOMPATIBILITÄT VON PSD- UND PSB-DTEIEN MAXIMIEREN und verwenden Sie IMMER. Nur mit dieser KOMPATIBILITÄT lässt sich die Datei auch in Lightroom 1.1 anzeigen – eine Bilddatenbank von Photoshop-Hersteller Adobe.

Damit schreibt Photoshop zusätzlich zu den Ebenen noch eine »flache« Gesamtansicht Ihrer Montage in die Datei, das sogenannte »Composite«. Das kostet Zeit und Speicherplatz: So steigt die Größe der »Praxis«-Datei »Test« von der Buch-DVD durch die »maximierte Kompatibilität« um gut zwei Megabyte. Der Zuwachs entspricht dem Speicherbedarf einer reinen HINTERGRUND-Ebene für diese Datei.

Bei unserer Photoshop-Version stand die Option direkt nach dem Installieren auf FRAGEN. Wählen Sie in den **Voreinstellungen** die Vorgabe FRAGEN, präsentiert Photoshop beim Speichern die PHOTOSHOP-FORMATOPTIONEN als eigenes Dialogfeld. Dort können Sie immer noch die KOMPATIBILITÄT MAXIMIEREN.

Tipp
Photoshop-Montagen erscheinen in einigen Bilddatenbanken nur korrekt, wenn Sie die KOMPATIBILITÄT... MAXIMIEREN. Für die Darstellung in wieder anderen Programmen ist dagegen das Mitspeichern einer »Miniatur« entscheidend (Seite 168).

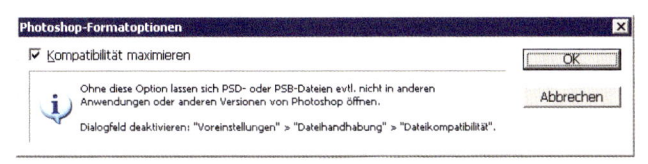

Abbildung E.2 Photoshop zeigt die Formatoptionen beim Speichern im PSD-Format, wenn Sie die Frage nach der Kompatibilität in den »Voreinstellungen« gewählt haben. Wenn Sie die »Kompatibilität maximieren«, steigt die Dateigröße.

Nur die »flache« Ansicht öffnen

Sie können eine Montagedatei so öffnen, dass Photoshop statt der Einzelebenen die »flache« Ansicht der Datei ohne Einzelebenen lädt – sofern Sie mit KOMPATIBILITÄT gespeichert haben. Anmerkungen bleiben lesbar.

Dazu drücken Sie beim Laden per **Öffnen** oder per **Letzte Dateien** zugleich [Alt]- und [⇧]-Taste; dieselben Tasten verwenden Sie, wenn Sie die Datei in Bridge doppelt anklicken oder über die Photoshop-Arbeitsfläche ziehen. Das ist auch nützlich, wenn der Rechner nicht genug Speicher hat, um eine komplexe Montage mit Einzelebenen zu öffnen.

Kompatibilität mit früheren Photoshop-Versionen

Öffnen Sie Dateien aus Photoshop CS3 mit älteren Photoshop-Versionen, dann fliegen einige Spezialitäten von Photoshop CS3 aus der Datei raus. In jeder Programmversion hat Photoshop dazugelernt: Einstellungsebenen, Ebeneneffekte, Ebenenorganisation, Textebenen, Formebenen, Smart Objekte, Smartfilter oder neue Füllmethoden. Sie können zwar meist im aktuellen Photoshop speichern und das Bild mit einer älteren Fassung auch öffnen – doch nicht unterstützte Merkmale werden nach einer Warnung ignoriert. Speichern Sie die Datei in einem älteren Photoshop, sind die Originalmerkmale weg. Beachten Sie unter anderem:

» Photoshop CS3 wartet erstmals mit Smartfiltern, der **Schwarzweiß**-Einstellungsebene und zwei neuen Füllmethoden auf: DUNKLERE FARBE und HELLERE FARBE. Sie sehen »smart gefilterte« Bilder zwar korrekt in älteren Photoshop-Versionen, haben aber keinen Zugriff auf Einstellungen.

» Photoshop CS2 führte die Smart Objekte ein. Die Originalinformationen der Smart Objekte stehen in älteren Programmfassungen nicht zur Verfügung – wir konnten im Test mit Photoshop CS1 jedoch die Ebenen in ihrer letzten Darstellungsweise öffnen.

» Erst seit Photoshop CS gibt es verschachtelte Gruppen (vormals Ebenensets), die Füllmethode HART MISCHEN, die Einstellungsebene FOTOFILTER, Text auf Pfaden und in Formen sowie 16-Bit-Ebenen. Diese Eigenschaften sind in Photoshop 7 oder noch älteren Ausgaben nicht zugänglich.

» Erst mit Photoshop 7.0 hielten die Füllmethoden STRAHLENDES LICHT, LINEARES LICHT, LICHTPUNKT und LINEAR ABWEDELN Einzug. Ebenfalls neu: Die Überblendoptionen EBENENMASKE BLENDET EFFEKTE AUS und VEKTORMASKE VERBIRGT EFFEKTE.

Anhang E • Dateiformate

» Absatztext, »Verkrümmter« Text und einige Optionen bei der Textformatierung sind neu in Photoshop 6.0. Textebenen ab Photoshop 6.0 lassen sich auf früheren Photoshop-Versionen nur in gerasterter Form öffnen, Sie haben also keinen Zugriff mehr auf die Texteigenschaften. Der Text lässt sich nur noch als übliches Pixelobjekt bearbeiten.

» Neu in Version 6.0 waren auch Gruppen (vormals »Ebenensets« und damals »Ebenensätze«, Farbkodierung für Ebenen, Vektormasken, Füllebenen und Ebenenstile. Die Ebeneneffekte wurden in Version 6.0 stark erweitert. Diese Merkmale treffen Sie in früheren Photoshop-Versionen nicht an.

Kompatibilität mit anderen Bildprogrammen

Einige andere Bildprogramme schreiben und öffnen Photoshop-Dateien mit Ebenen – und das in vielen Fällen auch korrekt – so etwa Corel PhotoPaint aus dem CorelDRAW-Paket, Paint Shop Pro und PhotoLine 32. Dazu kommt natürlich Photoshop Elements, die Einsteigerversion von Photoshop.

Dabei gilt: Kein anderes Programm unterstützt alle Photoshop-Spezialitäten, speziell Smart Objekte, Smartfilter und Schnittmaske. Einstellungsebene, Ebenenmaske und die wichtigsten Füllmethoden beherrschen sie schon eher.

Photoshop-Dateien, die ein Fremdprogramm überfordern, werden in der Regel gleichwohl geöffnet. Das Programm ignoriert einfach die Einstellungen und zeigt die Ebene mit der Füllmethode Normal und 100 Prozent Deckkraft, ohne Ebenenmaske oder Effekte.

PSB

PSB ist Photoshops Dateiformat, das ohne Einschränkungen für Dateigröße oder Pixelzahl auskommt: Es erlaubt 300000x300000 Pixel, sämtliche von Photoshop bekannten Spezialitäten und wird erst seit Photoshop CS1 unterstützt. Verwenden Sie Smart Objekte, speichert Photoshop die Originalzustände von Pixeldateien als PSB-Datei innerhalb einer PSD-, TIFF-, PSB- oder PDF-Datei.

Illustrator-Dateiformat und andere Vektorgrafikdateien

Vektorgrafikdateien mit den Endungen ».ai« oder ».eps« bestehen nicht aus Bildpunkten, sondern aus Kurven, Füllflächen und Text. Je nach Verfahren fügen Sie dieses Material als Pixelgrafik oder als Vektordatei (Smart Objekt) ein. Ihre Möglichkeiten:

» Vektorformen können Sie ohne Qualitätsverlust frei vergrößern und mit den Pfad- und Stiltechniken von Photoshop bearbeiten (als Smart Objekt auch in einem separaten Vektorgrafikprogramm). Damit sind Sie flexibler, denn Sie können die Formebene immer noch in Pixel verwandeln (**Ebene: Rastern: Ebene**).

» Pixelobjekte kann man nur beim ersten Einfügen nach Belieben vergrößern oder verkleinern, danach es geht es nur noch mit Verlust. Es stehen alle Photoshop-Techniken für Pixelbilder zur Verfügung, so etwa Pinselretusche, **Filter**-Befehle und Kontrastkorrekturen.

»Platzieren« oder neue Datei

So bringen Sie die Vektorgrafik nach Photoshop:

» Sie **öffnen** direkt eine Vektorgrafikdatei, zum Beispiel mit den Endungen ».ai«, ».pdf« oder ».eps«. Dabei entsteht in Photoshop eine in Pixel aufgerasterte Datei, die Sie später nicht mehr verlustfrei skalieren, drehen oder verzerren. Bestimmen Sie also die gewünschte Bildgröße schon vor Ausfüllen des Dialogfelds und gestalten Sie die Grafik bereits im Grafikprogramm so perfekt wie möglich.

» Sie **platzieren** die Grafik in einer bereits geöffneten Bilddatei. Dabei entsteht ein Smart Objekt (Seite 619); die Grafik lässt sich verlustfrei **transformieren** und jederzeit wieder in einem Vektorgrafikprogramm bearbeiten.

» Wenn Sie mit Illustrator arbeiten, kopieren Sie die Grafik in die Zwischenablage, um sie in Photoshop wieder einzufügen. Achten Sie dabei in Illustrator auf die Optionen PDF und AICB (Keine Transparenz-Unterstützung), die

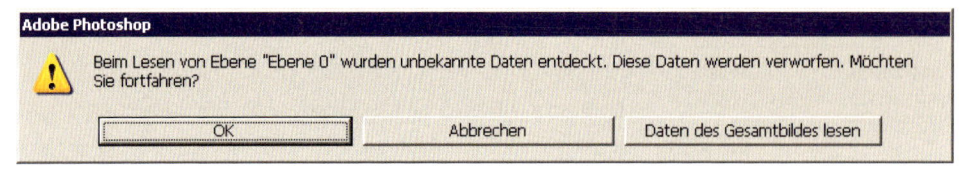

Abbildung E.3 Wir versuchen, eine Photoshop-CS3-Datei mit Smartfiltern in Photoshop CS2 zu öffnen. Die Ebenen bleiben einzeln zugänglich und werden mit Filtereffekt angezeigt, aber die Filtereinstellungen erreichen Sie nicht.

PDF-Dateiformat (Acrobat)

Sie per **Bearbeiten: Voreinstellungen: Dateien verarbeiten & Zwischenablage** einrichten.

AI-Dateien schreiben

Die Pfade einer Photoshop-Datei können Sie ins AI-Format übertragen. Verwenden Sie den Pfad zum Beispiel, um im Grafikprogramm Text oder Objekte daran auszurichten. Sofern bereits ein Pfad vorhanden ist, erwartet Sie dieses Prozedere:

1. Wählen Sie den Befehl **Datei: Exportieren: Pfade -> Illustrator**.
2. Im Dialogfeld PFADE EXPORTIEREN klicken Sie das Klappmenü PFADE an, um den Pfad Ihrer Wahl zu exportieren. Hier steht nur das AI-Format zur Verfügung. Achten Sie auf den richtigen Pfad im Klappmenü PFADE.

PDF-Dateiformat (Acrobat)

Photoshop schreibt und liest PDF-Dateien. Das Dateiformat »Photoshop PDF« bietet Ihnen vielfältige Möglichkeiten:

» PDF-Dateien eignen sich für RGB-Bildschirmpräsentationen, CMYK-Druckdokumente oder zur Langzeitarchivierung.

» Im PDF-Format speichern Sie zudem Ebenen, Text- und Vektordaten, sichtbare Anmerkungen, IPTC- und andere Metadaten wie auch die Informationen für die Druckvorstufe.

» Betrachter können Ihre Bilder im weit verbreiteten, kostenlosen Adobe Reader (vormals Acrobat Reader) ansehen, kopieren und drucken. Das Leseprogramm Adobe Reader läuft plattformübergreifend mit den unterschiedlichen Betriebssystemen.

» Passwörter schränken den Zugang zum Dokument ein.

» Innerhalb von Photoshop öffnen Sie PDFs seitenweise oder Sie ziehen nur die Fotos heraus.

Einschränkungen: Photoshops PDF-Dateien, die mit dem Befehl **Speichern unter** entstehen, zeigen nur eine Einzelseite, die allerdings separate Ebenen enthalten kann. Mehrere Seiten nur mit Fotos oder Diaschauen entstehen jedoch mit den Befehlen **Datei: Automatisieren: PDF-Präsentation** (Seite 683) und **Datei: Skripten: Ebenenkomp. in PDF** (Seite 519).

Tipp
Sie wollen mehrseitige PDF-Dateien mit einem Bildprogramm produzieren? Dann installieren Sie die kostenlose, oftmals kaum eingeschränkte Testversion des deutschsprachigen Bildprogramms PhotoLine 32 am Mac oder unter Windows (www.pl32.de).

PDF-Dateien schreiben

Verwenden Sie **Datei: Speichern unter** mit der Vorgabe PHOTOSHOP PDF. Aktivieren Sie die Option PHOTOSHOP-BEARBEITUNGSFUNKTIONEN ERHALTEN im Fenster ALLGEMEIN, wenn die PDF-Datei mit intakten nativen Photoshop-Daten geöffnet werden soll. In älteren Photoshop-Versionen kann diese Datei allerdings nur als generisches PDF und nicht als Photoshop-PDF geöffnet werden.

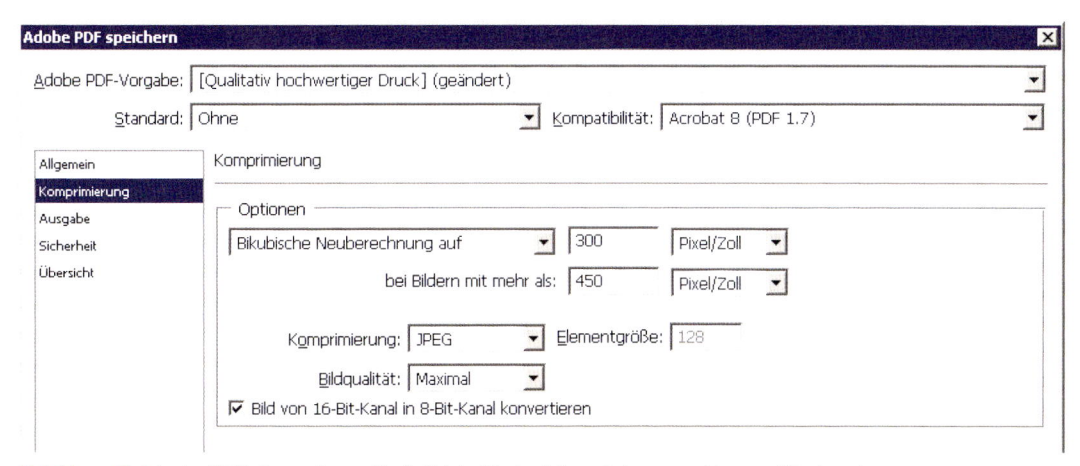

Abbildung E.4 In den PDF-Optionen steuern Sie die Dateigröße durch Komprimierungsverfahren und Neuberechnen.

Anhang E • Dateiformate

Sämtliche Eigenschaften bleiben erhalten: separate Montageebenen, Alphakanäle, Farbprofile, Anmerkungen, Metadaten, Vektorgrafik, Duplexbilder, Pfade, Schmuckfarben (Volltonfarben), Textebenen im Textmodus mit eingebetteter Schriftart (Font) oder als Vektorgrafik. Die Ebenen lassen sich zwar im Acrobat Reader nicht separat ansprechen, aber Text im Textmodus können Sie auch im Programm Acrobat Reader als Text markieren und kopieren, sofern Sie das nicht in den Sicherheitsoptionen ausschließen. Dazu kommen die Komprimierungsverfahren Zip (verlustfrei) oder JPEG (mit Verlust, Seite 173).

Sie können also auch komplexe Dokumente inklusive Text weitergeben, ohne dass diese auf einem anderen Rechner verfälscht erscheinen.

Dateigröße

Photoshop bietet komplexe Optionen für die entstehenden PDF-Dateien. Kombinationen dieser Vorgaben werden bereits als Einstellungen angeboten. Weitere, eigene Kombinationen speichern Sie mit der Schaltfläche VORGABE SPEICHERN. Wählen Sie unter STANDARD eines der PDF/X-Formate für Druckdateien zur Weiterverarbeitung in Druckereien oder PDF/A-Formate für die langfristige Archivierung eines Dokuments nach ISO-Norm.

Im Bereich KOMPRIMIERUNG verwenden Sie KEINE NEUBERECHNUNG; so erhalten Sie die Originalqualität der Datei, sie wird nicht neu gerechnet. Wählen Sie als KOMPATIBILITÄT die Vorgabe ACROBAT 6 (PDF 1.5) oder höher, können Sie ein BILD VON 16-BIT-KANAL IN 8-BIT-KANAL KONVERTIEREN; für die KOMPRIMIERUNG als ZIP steht nur der 8-BIT-Modus zur Verfügung.

»Sicherheit«

Im Bereich SICHERHEIT finden Sie Kennwörter zum Öffnen und zum Bearbeiten:

» KENNWORT ZUM ÖFFNEN DES DOKUMENTS: Dieses Kennwort fragt der Acrobat Reader, aber auch Photoshop beim Öffnen ab.

» BERECHTIGUNGEN: Vergeben Sie ein separates Berechtigungskennwort. Es schränkt Ausdrucken oder Kopieren ein. Weitere Optionen wie z.B. KOMMENTARE EINFÜGEN oder LÖSCHEN VON SEITEN, die unter ZULÄSSIGE ÄNDERUNGEN angeboten werden, können Sie mit den wenigen Werkzeugen des Reader 8 sowieso nicht bearbeiten; dazu bedarf es schon des Acrobat Standard oder Professional von Adobe. Dort wählen Sie **Datei: Eigenschaften** und schalten im Bereich SICHERHEIT den KENNWORTSCHUTZ ab; dabei will Acrobat eben dieses Kennwort von Ihnen wissen. In Photoshop hingegen können Sie das Dokument problemlos jederzeit weiterbearbeiten.

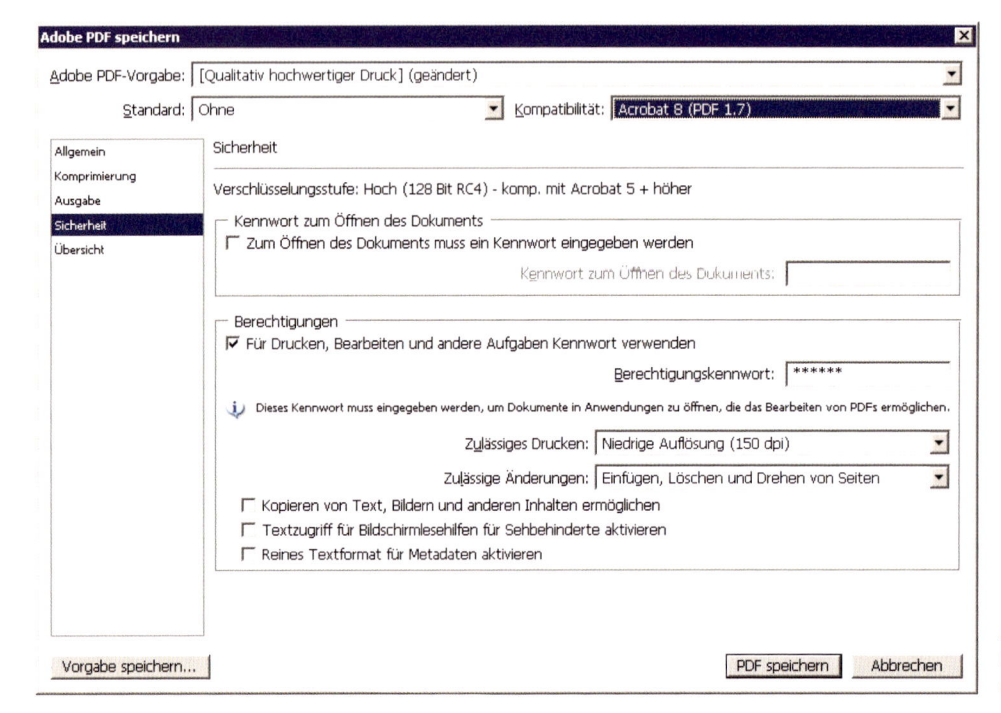

Abbildung E.5
Legen Sie fest, wer die PDF-Datei öffnen, drucken oder bearbeiten darf.

PDF-Dateiformat (Acrobat)

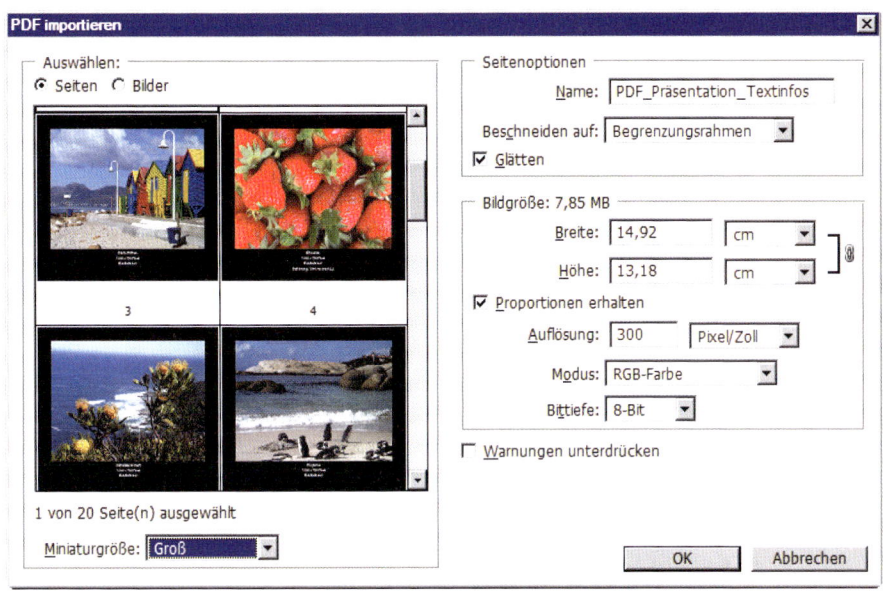

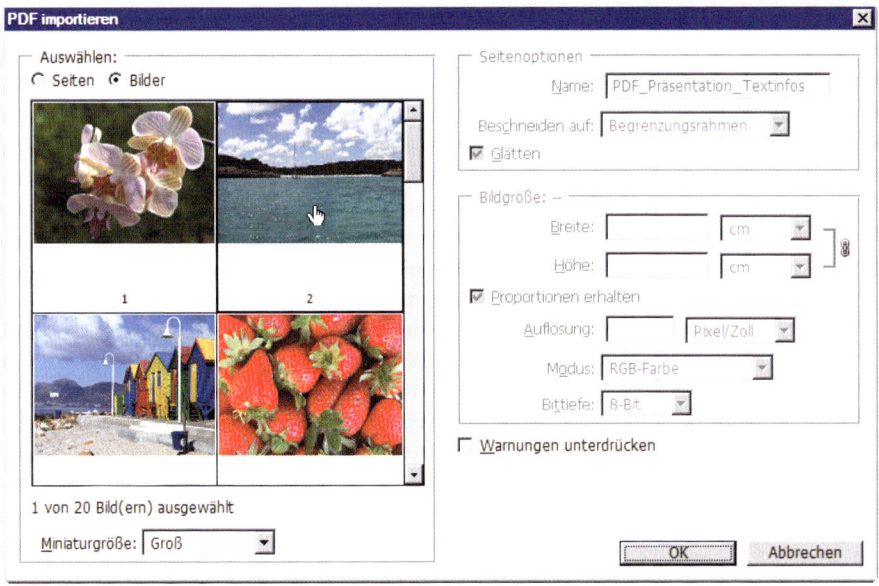

Abbildung E.6
Oben: Mit der Vorgabe »Seite« importiert Photoshop komplette PDF-Seiten, jede Seite landet in einer separaten PSD-Datei. **Unten:** Alternativ laden Sie einzelne Bilder aus PDF-Dateien.

Falls Sie nicht alle Optionen zur SICHERHEIT sehen, stellen Sie oben im Dialogfeld den STANDARD auf OHNE.

PDF-Dateien in Photoshop öffnen

Wählen Sie **Datei: Öffnen** und klicken Sie doppelt auf eine PDF-Datei.

Entscheiden Sie, ob Sie eine komplette SEITE samt Schrift laden wollen oder ob es nur ein einzelnes BILD sein soll. Um mehrere Seiten oder Bilder zu laden, markieren Sie diese wie üblich mit gedrückter ⇧- oder Strg-Taste. Photoshop öffnet jede Seite bzw. jedes Bild als eigene PSD-Datei. Sie können also komplette Prospekte oder Handbücher verarbeiten, auch Notizen bleiben erhalten. Wollen Sie nur die Text- oder Tonanmerkungen innerhalb eines PDF-Dokuments in ein bereits geöffnetes Bild laden, verwenden Sie **Datei: Importieren: Anmerkungen**.

DVD
Für Tests: Auf der Buch-DVD im »Praxis«-Verzeichnis und in den Unterverzeichnissen finden Sie mehrere PDF-Dateien.

789

TIFF-Dateiformat

Das Tagged Image File Format, kurz TIFF, entwickelte sich zu einem Standard der digitalen Bildverarbeitung mit vielen Varianten. Ein Standard-TIFF lässt sich an fast jeden Belichtungsdienst, jedes Programm und diverse Betriebssysteme weitergeben. Zusätzlich zu RGB oder Graustufen akzeptiert TIFF auch Bilder mit 16-Bit-Farbtiefe pro Grundfarbe, CMYK- oder Lab-Farbmodell. Alphakanäle – auch mehrere – werden ohne Rückfrage mitgespeichert. Sie sollten entfernt werden, wenn das Bild in ein Grafik- oder Layoutprogramm weiterwandert.

Diese Hauptzwecke hat der TIFF-Dateityp für Photoshopper:

» Problemlose Weitergabe von Bildern ohne Ebenen an verschiedenste Programme

» Platzsparendes Speichern von Bildern mit Ebenen als Alternative zum Photoshop-Dateityp

» Darstellen von Montagen mit Ebenen in Programmen, die keine Photoshop-PSD-Ebenenmontagen anzeigen

Standard-TIFF

TIFF ist neben PDF und JPEG das gebräuchlichste Format zum Austausch von Pixeldateien und fast immer eine sichere Wahl – sofern Sie reines Standard-TIFF speichern.

So unterscheiden sich die TIFF-Typen:

» Gängige Standard-TIFFs haben keine Ebenen und verwenden entweder keine Bildkomprimierung oder das verlustfreie LZW-Verfahren. Nur mit diesen Vorgaben lässt sich das Bild wirklich universell nutzen.

» Einige TIFF-Spezialitäten von Photoshop sind mit anderen Programmen nicht nutzbar: Ebenen samt Transparenz, Alphakanäle, Pfade, Komprimierung mit Zip- oder RLE-Methode, Bildpyramide. Teilweise lassen sich die Dateien in anderen Programmen noch öffnen, sie erscheinen aber entstellt.

» Wollen Sie auf Nummer Sicher bei der Weitergabe gehen, speichern Sie die Bilder mit Acht-Bit-Farbtiefe pro Grundfarbe und verwenden Sie die Farbmodi »RGB«, »Graustufen« oder eventuell »Indiziert«. Das erledigen Sie im Untermenü **Bild: Modus**.

Standard-TIFF sicher speichern

Es kann passieren, dass Sie zu einem reinen Hintergrundbild Ebenen hinzufügen und das Ergebnis aus Versehen als TIFF-Datei mit Ebenen speichern – ein Ablauf, den viele andere Bildprogramme nicht zulassen. Diese TIFF-Datei mit Ebenen lässt sich außerhalb von Photoshop schlecht verwenden. So gehen Sie sicher, dass eingefügte Ebenen bei Bedarf zu einer einzigen »Hintergrund«-Ebene verschmolzen werden:

» Wählen Sie **Bearbeiten: Voreinstellungen: Dateihandhabung**. Photoshop sollte Sie VOR DEM SPEICHERN VON TIFF-DATEIEN MIT EBENEN FRAGEN. (Bei unserer Version war diese Vorgabe direkt nach der Installation eingeschaltet.) Sofern Sie diese Option verwenden, blendet Photoshop beim **Speichern** einer TIFF-Datei die TIFF-Optionen ein. Dort klicken Sie auf EBENEN VERWERFEN UND EINE KOPIE SPEICHERN.

» Sichern Sie das Bild mit **Datei: Speichern unter** und schalten Sie die EBENEN ab.

» Verwenden Sie vor dem **Speichern** den Befehl **Ebene: Auf Hintergrundebene reduzieren**.

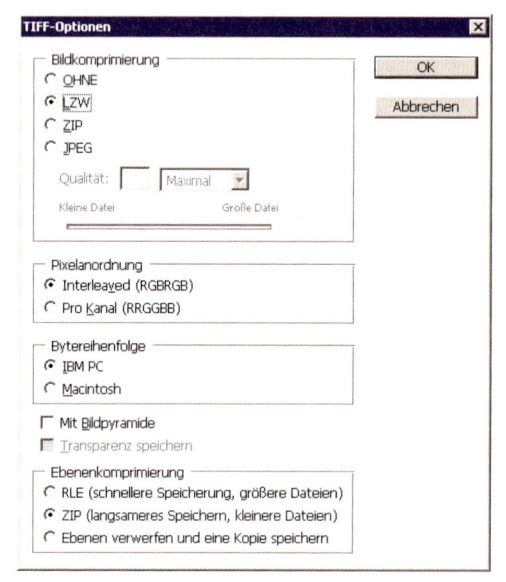

Abbildung E.7 Das TIFF-Format bietet mehrere Arten der Komprimierung an und speichert auch Alphakanäle. TIFF-Optionen wie »Zip«- oder »JPEG«-Komprimierung, »Bildpyramide« oder »Transparenz« können zu Problemen beim Austausch mit anderen Programmen führen.

Tipp

Wenn Sie eine Montage erst beim Speichern auf eine »Hintergrund«-Ebene reduzieren, zwingt Photoshop Sie zum Speichern ALS KOPIE. Das heißt, Sie speichern Datei A unter dem Namen B. Auf der Programmfläche arbeiten Sie aber weiter an Datei A mit allen Ebenen und nicht an dem neu gespeicherten Opus B.

Bildkomprimierung

Die Vorgaben im Bereich BILDKOMPRIMIERUNG beziehen sich nur auf die »Hintergrund«-Ebene einer TIFF-Datei.

» Die LZW-Komprimierung spart völlig ohne Qualitätsverlust 20 oder 30 Prozent Festplattenplatz gegenüber dem Arbeitsspeicherbedarf des Bilds und lässt sich mit den meisten, aber nicht mit allen Programmen öffnen.

» Die ZIP-Komprimierung spart etwas mehr Speicherplatz als LZW, ist aber kaum in anderen Programmen zu öffnen.

» Die JPEG-Komprimierung spart drastisch Speicherplatz mit Qualitätsverlust nach dem JPEG-Schema (Seite 173), ist aber kaum mit anderen Programmen zu öffnen.

Ebenenkomprimierung

Sofern Sie unabhängige Ebenen mitspeichern wollen, verwenden Sie die besonders platzsparende ZIP-Komprimierung. Die Datei benötigt meist weniger Festplattenplatz als eine Photoshop-Datei mit dem gleichen Inhalt (Seite 501).

Achten Sie auf die TIFF-Optionen: Reine HINTERGRUND-TIFFs mit BILDKOMPRIMIERUNG nach JPEG- oder ZIP-Vorgabe lassen sich in anderen Programmen oft nicht öffnen. LZW-TIFFs mit Ebenen werden meist, aber nicht immer geöffnet – allerdings als reine »Hintergrund«-Ebene ohne weitere Montageobjekte.

Weitere Optionen

Sie haben diese weiteren Möglichkeiten:

» Ob Sie IBM PC oder MACINTOSH vorwählen, spielt in der Praxis meist keine Rolle.

» Mit der Option BILDPYRAMIDE speichern Sie das TIFF-Bild in mehreren Auflösungen innerhalb einer einzigen Datei. Dies ist nützlich, um schnell eine verkleinerte Ansicht von sehr großen Dateien zu erhalten. Allerdings öffnet Photoshop selbst stets die höchstauflösende Version einer Bildpyramide, also das Original – innerhalb von Photoshop nützt Ihnen die BILDPYRAMIDE also nichts. Sinnvoll ist sie jedoch für einige Bild-Server oder Layoutprogramme wie InDesign. Die Dateigröße steigt erheblich.

» Verwenden Sie INTERLEAVED (RGBRGB) als PIXELANORDNUNG. Nur so wird das Bild in allen beliebigen Programmen gelesen.

DNG-Dateiformat (»Digital-Negativ«)

Das Dateiformat Digital-Negativ (DNG) soll einen einheitlichen Standard für Camera-Raw-Dateien bieten. Wer weiß schon, ob Bildprogramme die Raw-Dateien Ihrer Kamera in ein paar Jahren noch öffnen. Adobes frei zugängliches »Digital-Negativ«-Format nimmt Raw-Dateien aller Hersteller auf und ein paar Kameras schreiben direkt DNG-Dateien.

Seit Photoshop CS3 können Sie auch JPEG- und TIFF-Dateien in den Camera-Raw-Dialog laden (Seite 144) und dann als DNG speichern.

Vorteile

Im Vergleich zu üblichen Camera-Raw-Dateien hat DNG wichtige Vorteile:

» Kompatibilität für Raw-Dateien: Für DNG gibt es vermutlich länger Programme als für das Raw-Format Ihres speziellen Kameramodells. DNG-Dateien öffnen Sie auch mit älteren Camera-Raw-Versionen bis 2.3.

» Übersichtlichkeit: DNG speichert technische Daten der Kamera (Exif) wie auch Ihre IPTC-Texte direkt in der DNG-Bilddatei und nicht in separaten »Filialdokumenten« (XMP etc.).

» Speicherplatz: Eine DNG-Datei mit verlustfreier Komprimierung kostet eventuell weniger Speicherplatz als eine Camera-Raw-Datei und spart auf jeden Fall Platz gegenüber 16-Bit-TIFF.

» Verlustfreie Korrekturen: Speichern Sie Zuschnitte, Drehungen, Fleckenretusche und jegliche Kontraständerung verlustfrei innerhalb der DNG-Datei – und das auch für TIFF- und JPEG-Dateien (Seite 144). Sie können alles lesbar an Lightroom weitergeben.

Schreiben Sie DNGs, indem Sie Camera-Raw-, JPEG- oder TIFF-Dateien in den Camera-Raw-Dialog laden und dann auf BILD SPEICHERN klicken. Alternative: der kostenlose DNG-Converter von Adobe mit identischen Optionen. In beiden Fällen soll meist der volle Qualitätsumfang der Raw-Dateien erhalten bleiben.

Wie vollständig ist eine DNG-Datei?

Das DNG-Format übernimmt viele auch »unverständliche« Informationen von Kameras, zum Beispiel von Canons CR2-Dateien oder von Nikons NEF-Dateien – diese Dateien werden offenbar vollständig in DNG umgesetzt. Allerdings, einige Rohformate werden eventuell nicht komplett übernom-

Anhang E • Dateiformate

men. Sie erhalten auf jeden Fall die vollständigen Bildpunkte – aber eventuell nicht alle intern gesicherten Kameradaten. Die sind aber auch nicht immer wichtig. Wollen Sie alles garantiert vollständig beisammen haben, müssen Sie die KAMERADATEI EINBETTEN (unten).

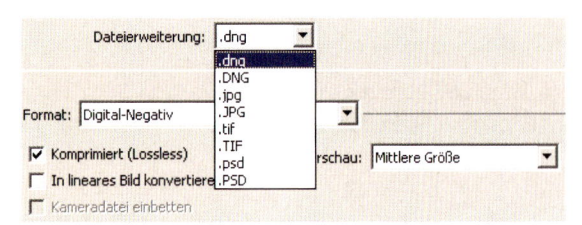

Abbildung E.8 In den »Speicheroptionen« des Camera-Raw-Dialogs stellen Sie die DNG-Datei ein.

Optionen

In den **Speicheroptionen** steuern Sie die Dateigröße der entstehenden DNG-Datei:

» JPEG-VORSCHAU: Bauen Sie eine Vorschau nach JPEG-Speicherverfahren ein; die Vorschau (nicht das eigentliche Bild) hat also leichte Qualitätsverluste, die man mit Blick auf den geringeren Speicherplatzbedarf gern akzeptiert. Die JPEG-Vorschau kann die Darstellung in anderen Programmen erleichtern. Selbst die Vorschau in voller Größe beansprucht kaum mehr als 1 Megabyte Speicherplatz.

» KAMERADATEI EINBETTEN: Sichern Sie die komplette Original-Rohdatei innerhalb der DNG-Datei – und zwar zusätzlich zur DNG-Datei. Die Dateigröße steigt etwa um den Speicherbedarf der Originaldatei – also massiv. Wenn Sie DNG nicht trauen, oder für juristische Zwecke, ist das eventuell wichtig. Entnehmen lassen sich die Originaldaten zum Beispiel mit dem DNG-Converter.

» KOMPRIMIERT (LOSSLESS): Komprimieren Sie die Bilddaten völlig verlustfrei (»lossless«). Öffnen und Schreiben dauern etwas länger, aber das Verfahren spart oft über 50 Prozent Speicherplatz.

» IN LINEARES BILD KONVERTIEREN: Diese Option vermeiden Sie, solange es im Zielprogramm keine Probleme gibt. Sie kostet mehr Speicherplatz und erzeugt ein Mittelding aus Roh- und normaler RGB-Datei, wahrt also nicht alle Originalinformationen.

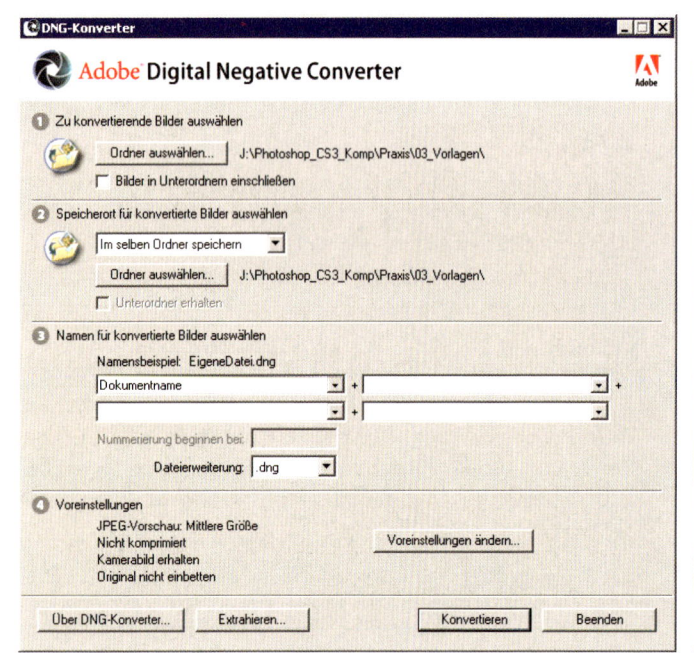

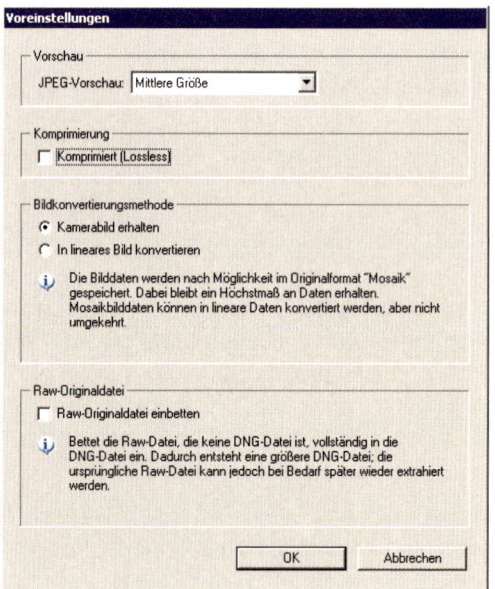

Abbildung E.9 Der kostenlose »Digital Negativ Converter« von Photoshop-Hersteller Adobe wandelt Raw-Dateien, aber keine TIFFs oder JPEGs, ins DNG-Format um. Das kleine Gratisprogramm startet viel schneller als Photoshop oder Bridge. Laden Sie Aufnahmen von der Speicherkarte, sollte der DNG-Converter »Bilder in Unterordnern einschließen« – die Dateien landen dann in einem einzigen Zielverzeichnis ohne die verschiedenen Unterordner Ihrer Speicherkarte, sofern Sie nicht die »Unterordner erhalten«.

Größenvergleich

Für die folgende Tabelle speichern wir die Raw-Datei »Raw-Test.dng« aus dem »Praxis«-Verzeichnis der Buch-DVD in verschiedenen Varianten. Die DNG-Ergebnisse enthalten jeweils eine »mittlere« JPEG-Vorschau.

Dateiformat	Komprimiert	Kameradatei einbetten	Dateigröße in MB
DNG	✔	✗	3,36
DNG	✔	✔	6,57
DNG	✗	✗	7,78
TIFF 16-Bit	ZIP	✗	16,4
TIFF 16-Bit	LZW	✗	24,6

EPS- und DCS-Dateiformat

In der Druckvorstufe zählte einst nur das EPS-Format (Encapsulated PostScript). Dieses Format samt seinen DCS-Varianten wird allerdings heute durch PDF verdrängt. Die EPS-Merkmale im Überblick:

» EPS-Dateien werden in der Regel nicht mehr bearbeitet, sondern allenfalls im Layoutprogramm vergrößert oder verkleinert.

» EPS-Dateien können zusätzlich zum Pixelbild auch Vektorgrafik oder Schriften enthalten, die sich unabhängig von der Bildauflösung in höchster Druckerauflösung ausgeben lassen.

» EPS speichert auch Rastereinstellungen, Druckkennlinien und Beschneidungspfade, mit denen Sie die Druckereinstellungen übergehen.

» EPS unterstützt praktisch alle Farbmodi sowie Beschneidungspfade. Ebenen und Alphakanäle werden jedoch nicht unterstützt.

» Sie verwenden die EPS-Varianten DCS 1 und DCS2, um bereits vorseparierte CMYK-Dateien zum Belichter zu schicken. Dabei können Sie pro Grundfarbe eine einzelne Datei erzeugen. DCS2 eignet sich auch für Schmuckfarben.

Folgende Optionen haben Sie mit dem EPS- und teilweise auch mit dem DCS-Format:

Kodierung

Stimmen Sie mit dem Belichtungsdienst ab, wie Sie Ihre EPS-Dateien kodieren sollten:

» Die für Windows übliche Kodierung mit ASCII oder ASCII85 kostet sehr viel Speicherplatz, bereitet aber im Zweifelsfall weniger Probleme.

» Die vor allem am Mac nutzbare BINÄR-Kodierung verbraucht weit weniger Platz und damit auch Belichterzeit als die ASCII-Version (vergleiche Dateigrößentabelle ab Seite 783).

» Mit der JPEG-Komprimierung sparen Sie erheblich Speicherplatz – etwas zu Lasten der Qualität. Sie benötigen ein PostScript-Level-2-Ausgabegerät. Details zum JPEG-Verfahren lesen Sie ab Seite 173.

Bildschirmdarstellung

Zusätzlich zu den Farbauszügen, ob in Einzeldateien oder nicht, können Sie eine Vorschau mit abspeichern. Damit sehen Sie im Layoutprogramm nicht nur eine leere Rechteckbox. Hier haben Sie die Wahl zwischen 1 Bit oder ansehnlicheren, wenn auch speicherintensiveren acht Bit pro Pixel. Photoshop legt diese Vorschau als TIFF an. Am Mac werden auch Pict- und bei installiertem QuickTime noch JPEG-Vorschauen geboten.

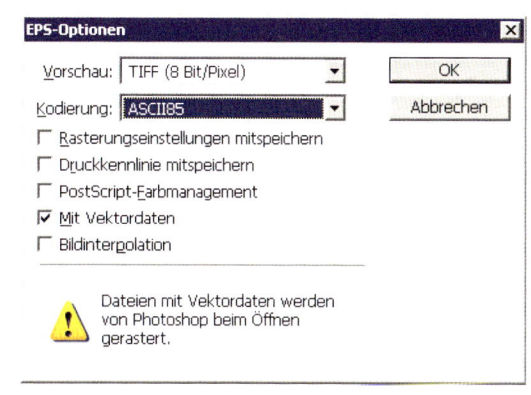

Abbildung E.10 Das EPS-Dateiformat nimmt auch Informationen zu Tonwertkorrektur und Rasterung aus der Druckereinrichtung auf.

Anhang E • Dateiformate

Haben Sie CMYK-Bilder als EPS mit Vorschau abgespeichert und für den Offsetdruck separiert, dann sieht die Vorschau am Schirm oder der Katalogausdruck möglicherweise schlecht aus. Für eine gelungene Präsentation müssen Sie nur die Vorschaudatei verändern, nicht die Originalseparationen: Wählen Sie im ÖFFNEN-Dialog die EPS TIFF DARSTELLUNG und korrigieren Sie diese für Ihre Präsentation – die hoch aufgelösten Feindaten bleiben unberührt.

»Rasterungseinstellungen mitspeichern«

Als einziges Dateiformat bietet EPS die Möglichkeit, dass Sie spezielle RASTERUNGSEINSTELLUNGEN MITSPEICHERN: Dann wird das Bild nicht nach den Vorgaben des Layoutprogramms gerastert; stattdessen geht es mit den Werten zum Belichter, die Sie im Photoshop-Druckerdialog einstellen (**Datei: Drucken** mit der Schaltfläche RASTERUNG, Seite 57). In der Regel verzichtet man freilich auf diese Option – man verlässt sich auf die Voreinstellungen des Raster Image Processor (RIP), der das Bild für die Ausgabe auf Druckfilm aufbereitet.

»Druckkennlinie mitspeichern«

Bei Bedarf geben Sie die Transferfunktionen mit. Das heißt, die in der Seiteneinrichtung vorgegebene Tonwertkorrektur an der reinen Druckdatei wird beim EPS-Speichern mitgesichert – sofern Sie die DRUCKKENNLINIE MITSPEICHERN. In der Seiteneinrichtung aktivieren Sie dann auch die Vorgabe STANDARDFUNKTIONEN DES DRUCKERS ÜBERSCHREIBEN.

»PostScript-Farbmanagement«

Die Option POSTSCRIPT-FARBMANAGEMENT in den EPS-Optionen wandelt bei PostScript-Druckern die Daten in den Farbraum des Ausgabegeräts um. Nur PostScript-Level-3-Geräte können allerdings mit CMYK umgehen. Auf Level 2 verwenden Sie stattdessen den Lab-Modus. Wenn Sie das Dokument bereits in den Farbraum des Druckers verwandelt haben oder die EPS-Datei in einem Layout platzieren, das ebenfalls mit Farbmanagement ausgegeben wird, verzichten Sie auf die Option.

Weitere EPS-Optionen

Diese zusätzlichen Möglichkeiten bietet das EPS-Dateiformat:

» Mit der Option MIT VEKTORDATEN geben Sie Vektorinformationen wie Formen oder Textebenen im Vektorformat weiter. Sie werden dann in der Höchstauflösung des PostScript-Druckers gedruckt, unabhängig von der sonstigen Bildauflösung. Beim erneuten Öffnen in Photoshop erhalten Sie diese Bildteile allerdings nur noch in gerasterter Pixelform.

» Nur bei Bildern im BITMAP-Modus (Seite 97) haben Sie überdies die Option WEISS IST TRANSPARENT. Sie lässt die weißen Bereiche durchsichtig erscheinen.

» Die Vorgabe BILDINTERPOLATION sorgt beim Ausdruck von niedrig aufgelösten Dateien für geglättete Kanten, kann jedoch auch unangenehm weichgespült wirken.

Beschneidungspfad

Der Beschneidungspfad ist eine EPS- und TIFF-Besonderheit. Er umgibt den Bildteil, den Sie zeigen wollen, in beliebigen Formen. Die Bildfläche außerhalb dieses Pfads wird im Layoutprogramm und im Ausdruck unterdrückt; freigestellte Motive sind nicht mehr von einer weißen Box umgeben, die benachbarten Objekte werden überdeckt (Details ab Seite 486).

Haben Sie einen Beschneidungspfad definiert, verwendet Photoshop ihn automatisch für die EPS-Ausgabe. Andere Pfade ignoriert das Programm. Ein Beschneidungspfad entsteht auf verschiedenen Wegen:

» Erzeugen Sie einen normalen Pfad und verwenden Sie im Menü der Pfadpalette den Befehl **Beschneidungspfad**.

» Halbautomatisch legen Sie einen Beschneidungspfad mit dem Befehl **Hilfe: Transparentes Bild exportieren** an. Dabei muss der gewünschte Freistellbereich entweder ausgewählt sein oder über transparentem Hintergrund liegen; geben Sie die DRUCKEN-, nicht die ONLINE-Verwendung vor. Alles Weitere erledigt Photoshop.

DCS

DCS (Desktop Color Separation) ist eine Sonderform des EPS-Formats. Sie wählen die DCS-Varianten als separate Dateitypen im Dialogfeld SPEICHERN UNTER an. Viele Optionen sind mit EPS (siehe oben) identisch.

Sie können DCS-Bilder in mehrere Dateien zerlegen, die jeweils einen Farbkanal wiedergeben (siehe auch unten). Dann sparen Sie erheblich Belichtzeit, da stets nur der passende Farbauszug zum Belichter wandert und nicht – für jeden Farbauszug neu – die ganze Datei. Die DCS-Teile müssen sich beim Belichten in einem einzigen Verzeichnis befinden.

Gingen jedoch die Verbindungen der DCS-Datei verloren, so dass man sie weder öffnen noch drucken kann, dann öffnen Sie die einzelnen Grundfarbendateien und setzen sie mit dem Befehl **Kanäle zusammenfügen** aus dem Menü der Kanälepalette zusammen. Diese CMYK-Datei sichern Sie erneut als DCS.

Zu den einzelnen DCS-Varianten:

» DCS 1.0 wird nur für CMYK-Dateien angeboten und verteilt das Bild auf vier oder fünf Dateien. Vier Dateien enthalten die Originalauszüge für die CMYK-Druckfarben – kenntlich an den Endungen .C, .M, .Y und .K; die fünfte »Master«-Datei (mit der Endung .eps) zeigt wahlweise niedrig aufgelöst eine Vorschau des kompletten Bilds.

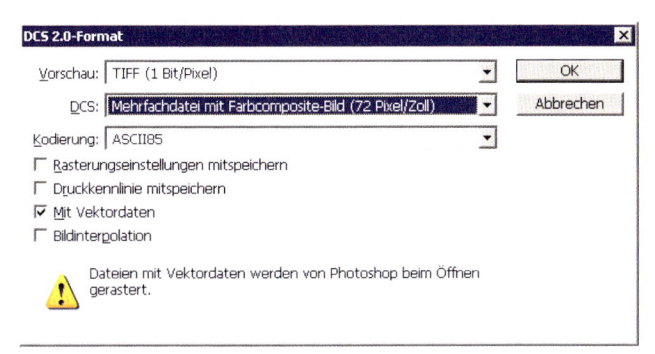

Abbildung E.11 Die EPS-Variante DCS2.0 verteilt die Grundfarbauszüge auf mehrere Dateien.

» DCS 2.0 verkraftet auch einen einzelnen Alphakanal und Spotfarbenkanäle (»Schmuckfarbenkanäle«). Zusätzliche Spotfarbenkanäle tragen Endungen wie .5 oder .6. Sie können die Farbauszüge wie bei Version 1.0 auf mehrere Dateien verteilen (MEHRFACH-DATEI). Alternativ – um Platz zu sparen – legen Sie eine EINZELDATEI an.

JPEG 2000

JPEG 2000 sollte mal das übliche JPEG ohne Jahreszahl ablösen: JPEG 2000 komprimiert auch mit Verlust, doch bei gleicher Dateigröße sehen die Fotos weniger entstellt aus. Bildvergleiche finden Sie im JPEG-Teil ab Seite 173. Kompatibel sind die beiden Formate nicht: Ein Programm, das normale JPEG-Bilder anzeigt – wie etwa alle Internetbrowser – verkraftet oftmals nicht die selteneren JPEG-2000-Dateien.

JPEG 2000, so reizvoll es ist, kommt nicht aus den Puschen und spielt derzeit keine große Rolle. Sie müssen das Plug-In zum Lesen und Schreiben sogar erst von Hand installieren:

Sie finden es auf der Photoshop-DVD im Verzeichnis »Adobe Photoshop CS3/Optionale Zusatzmodule/Dateiformat«. Ziehen Sie die Datei »JPEG2000.8BI« ins Photoshop-Verzeichnis »Plug-Ins/Adobe Photoshop Only/Dateiformat« und starten Sie Ihr Programm neu.

Die JPEG-2000-Mängel äußern sich eher durch diffuse Unschärfe als durch die Blockartefakte des klassischen JPEG-Dateiformats. Sie passen damit besser zu fotografischen Motiven. Hauchfeine Texturen etwa in Textilien oder Architektur sind allerdings beim klassischen JPEG besser aufgehoben. Die ebenfalls mögliche verlustfreie Komprimierung von JPEG 2000 schrumpft die Datei oft auf rund 50 Prozent des Arbeitsspeicherbedarfs, während TIFF-LZW nur 30 Prozent schafft.

Ausführliche englische Informationen zu JPEG 2000 fanden wir unter:

» *www.jpeg.org/JPEG2000.htm*,
» *www.jpeg2000info.com*
» *datacompression.info/JPEG2000.shtml*.

Weitere Dateiformate

Pict, BMP und PCX: Photoshop unterstützt viele weitere Dateiformate, die fast nur für den Austausch mit einzelnen Kunden, Dienstleistern oder Programmen von Bedeutung sind und keine wichtigen Merkmale bieten – meist sind RGB-Echtfarben erlaubt, ohne Ebenen oder weitere Spezialitäten. Oft gibt es eine verlustfreie Datenkomprimierung:

» Pict ist das alte Hausformat des Apple Macintosh und eignet sich vor allem zum Austausch von Bilddateien zwischen Mac-Programmen. Pict akzeptiert RGB-Farbtiefe plus einen Alphakanal, Farbprofile und komprimiert vor allem einheitliche Farbflächen verlustfrei.

» Das BMP-Format (Bitmap) ist nur bei den Betriebssystemen MS-DOS/Windows und OS/2 auf IBM-kompatiblen Computern gebräuchlich. Systembilder für Windows und manche Multimediaprogramme müssen eventuell als BMPs gesichert sein. Unter »Bitmap« versteht man auch eine Strichgrafik mit einem Bit Farbtiefe pro Pixel oder auch ein Pixelbild allgemein im Gegensatz zu Vektorgrafik oder Text.

» Das PCX-Format unterstützt das Übliche: 24-Bit-»Echtfarbe«, 8-Bit-Indizierte Farbe, Graustufen, 1-Bit-Strichgrafik (»Bitmap«).

Anhang E • Dateiformate

» Das RAW-Dateiformat ist nicht zu verwechseln mit den Camera-Raw-Dateien aus Digitalkameras (Seite 143). RAW ist ein flexibles Dateiformat für den Austausch von Dokumenten zwischen verschiedenen Betriebssystemen und eignet sich auch für die Übernahme von wissenschaftlichen Daten.

» Aus dem Hi-End-Bereich der professionellen Prepress-Anlagen kommen die Formate Scitex-CT (SCT) und Pixar (PXR). Auch Targa (TGA) stammt aus diesem Umfeld; dieses Format sichert einen einzelnen Alphakanal automatisch mit.

» Die Formate HDR (Radiance), Portable Float Map (PFM) und OpenEXR bietet Photoshop in Zusammenhang mit der 32-Bit-Farbtiefe für HDR-Bilder an, Sie können aber auch TIFF oder Photoshop-PSD verwenden. Das neue FJPEG wird noch nicht unterstützt.

» Das Dicom-Format steht nur in Photoshop CS3 Extended zur Verfügung: Es stammt aus der Medizin, kann ganze Bildreihen enthalten wie auch Patientendaten.

» HD Photo (früher Windows Media Photo) ist ein neues Dateiformat von Microsoft, das eine Alternative zu JPEG bieten soll – mit unterschiedlichen Komprimierungsverfahren, Farbtiefen und Transparenz. Englische Informationen und zumindest ein Plug-In für Photoshop unter Windows sollte es unter *microsoft.com* geben; tippen Sie HD PHOTO ins Suchfeld.

Anhang F
Übersicht: Alle Werkzeuge

Die folgende Übersicht zeigt alle Werkzeuge von Photoshop CS3 Standard mit allen Optionen und Tastenbefehlen. Die Möglichkeiten zum Wechsel des Werkzeugs per ⇧-Taste+ Werkzeug-Kurztaste gelten für den Fall, dass Sie in den **Voreinstellungen** (Strg+K, am Mac ⌘+K) diese Option verwenden: UMSCHALTTASTE FÜR ANDERES WERKZEUG (bei unserer Testversion war die Option eingeschaltet).

Für alle Werkzeuge gilt: Sofern Sie die Werkzeugoptionen oben unter der Menüleiste zum Beispiel mit der ⇄-Taste ausgeblendet haben, zeigen Sie die Einstellmöglichkeiten per Doppelklick auf das Werkzeugsymbol oder mit der ↵ wieder an.

Auswahlrechteck
Erstellt rechteckige Auswahlbereiche, bewegt vorhandene Auswahlränder

Tastenbefehl: M (für Marquee Tool)

⇧-M: Wechsel zwischen Auswahlellipse und Auswahlrechteck

Mit ⇧-Taste: erstellt Quadrat

Mit Alt-Taste: zieht Auswahl vom Mittelpunkt auf

Mit Alt-Taste bei vorhandener Auswahl: Auswahl verkleinern

Mit ⇧-Taste bei vorhandener Auswahl: Auswahl vergrößern

Mit Strg-Taste bei vorhandener Auswahl: Auswahlinhalt verschieben

Mit Strg- und Alt-Taste bei vorhandener Auswahl: Duplikat des Auswahlinhalts verschieben

Klick in oder neben Auswahl: hebt Auswahl auf

Bei aktiviertem Werkzeug: Auswahlkontur mit Pfeiltasten oder ⇧+Pfeiltasten verschiebbar

Spalten-Auswahl
Erstellt rechteckige Auswahlbereiche von einem Pixel Breite in voller Bildhöhe

Weitere Optionen siehe oben, »Auswahlrechteck«

Anhang F • Übersicht: Alle Werkzeuge

Zeilen-Auswahl
Erstellt rechteckige Auswahlbereiche von einem Pixel Höhe in voller Bildbreite
Weitere Optionen siehe oben, »Auswahlrechteck«

Auswahlellipse
Erstellt ovale Auswahlbereiche, bewegt vorhandene Auswahlränder
Tastenbefehl: [M] (für Marquee Tool)
[⇧]-[M]: Wechsel zwischen Auswahlellipse und Auswahlrechteck
Mit [⇧]-Taste: erstellt Kreis
Mit [Alt]-Taste: zieht Auswahl vom Mittelpunkt auf
Mit [Alt]-Taste bei vorhandener Auswahl: Auswahl verkleinern
Mit [⇧]-Taste bei vorhandener Auswahl: Auswahl vergrößern
Mit [Strg]-Taste bei vorhandener Auswahl: Auswahlinhalt verschieben
Mit [Strg]- und [Alt]-Taste bei vorhandener Auswahl: Duplikat des Auswahlinhalts verschieben
Bei aktiviertem Werkzeug: Auswahlkontur mit Pfeiltasten oder [⇧]+Pfeiltasten verschiebbar
Klick in oder neben Auswahl: hebt Auswahl auf

Verschiebenwerkzeug
Bewegt Ebenen und Auswahlinhalte
Tastenbefehl: [V] (für Move)
Klick mit rechter Maustaste ins Bild: Menü aller Ebenen unter dem Zeiger
Fast immer vorübergehend aktivierbar per [Strg]-Taste

Lasso
Erstellt frei geformte Auswahlbereiche per Mausbewegung
Tastenbefehl: [L] (für Lasso)
[⇧]+[L]: Wechsel zwischen Lasso, Polygon-Lasso und Magnet-Lasso
Mit [Alt]-Taste: Eckpunkte setzen (wie Polygonwerkzeug)
Mit [Alt]-Taste bei vorhandener Auswahl: Auswahl verkleinern
Mit [⇧]-Taste bei vorhandener Auswahl: Auswahl vergrößern
Mit [Strg]-Taste bei vorhandener Auswahl: Auswahlinhalt verschieben
Mit [Strg]- und [Alt]-Taste bei vorhandener Auswahl: Duplikat des Auswahlinhalts verschieben
Klick in oder neben Auswahl: hebt Auswahl auf
Bei aktiviertem Werkzeug: Auswahlkontur mit Pfeiltasten oder [⇧]+Pfeiltasten verschiebbar

Polygon-Lasso
Erstellt mehreckige Auswahlbereiche per Mausklicks
Tastenbefehl: [L] (für Lasso)
[⇧]+[L]: Wechsel zwischen Lasso, Polygon-Lasso und Magnet-Lasso
Mit [Alt]-Taste: vorübergehend üblicher Lasso-Modus
Weitere Optionen siehe oben, »Lasso«

Übersicht: Alle Werkzeuge

Magnetisches Lasso
Erstellt mehreckige Auswahlbereiche per Mausklick und orientiert an Motivkontrasten
Tastenbefehl: L (für Lasso)
⇧+L: Wechsel zwischen Lasso, Polygon-Lasso und Magnet-Lasso
Klick: Orientierungspunkte setzen
Doppelklick oder ↵: Auswahl schließen
Strg+Klick: Auswahl schließen
Mit Alt-Taste: Eckpunkte setzen oder freie Formen ziehen (wie Lasso bzw. Polygon-Lasso)
Weitere Optionen siehe oben, »Lasso«

Schnellauswahl-Werkzeug
Markiert farbähnliche Bildpunkte, glättet wahlweise Kanten
Tastenbefehl: W (für Magic Wand)
⇧+W: Wechsel zwischen Schnellauswahl-Werkzeug und Zauberstab
Mit Alt-Taste bei vorhandener Auswahl: Auswahl verkleinern
Mit ⇧-Taste bei vorhandener Auswahl: Auswahl vergrößern (standardmäßig schon eingeschaltet)
Mit Strg-Taste bei vorhandener Auswahl: Auswahlinhalt verschieben
Mit Strg- und Alt-Taste bei vorhandener Auswahl: Duplikat des Auswahlinhalts verschieben
Bei aktiviertem Werkzeug: Auswahlkontur mit Pfeiltasten oder ⇧+Pfeiltasten verschiebbar

Zauberstab
Markiert farbähnliche Bildpunkte, bewegt vorhandene Auswahlränder
Tastenbefehl: W (für Magic Wand)
⇧+W: Wechsel zwischen Schnellauswahl-Werkzeug und Zauberstab
Mit Alt-Taste bei vorhandener Auswahl: Auswahl verkleinern
Mit ⇧-Taste bei vorhandener Auswahl: Auswahl vergrößern
Mit Strg-Taste bei vorhandener Auswahl: Auswahlinhalt verschieben
Mit Strg- und Alt-Taste bei vorhandener Auswahl: Duplikat des Auswahlinhalts verschieben
Bei aktiviertem Werkzeug: Auswahlkontur mit Pfeiltasten oder ⇧+Pfeiltasten verschiebbar

Freistellwerkzeug
Entfernt Bildteile außerhalb der Markierung
Tastenbefehl: C (für Crop)
Mit ⇧-Taste: erstellt Quadrat
Mit Alt-Taste: verändert Auswahl symmetrisch
Esc-Taste: vorhandene Freistellauswahl aufheben
↵-Taste: Bild auf vorhandene Auswahl freistellen

Slice-Werkzeug
Ziehen, um Bild in Slices (Einzelsegmente) für Internetveröffentlichung zu zerlegen
Tastenbefehl: K
Mit ⇧-Taste: erstellt Quadrat
Mit Strg-Taste: vorübergehender Wechsel zu Slice-Auswahlwerkzeug
Mit Alt-Taste: verändert Auswahl symmetrisch
Rechtsklick im Bild: Kontextmenü mit Slice-Befehlen

Anhang F • Übersicht: Alle Werkzeuge

Slice-Auswahlwerkzeug
Slices (Bild-Einzelsegmente) aktivieren und bewegen

Tastenbefehl: `K`

Mit `⇧`-Taste: bewegt Slices auf Geraden

Mit `Strg`-Taste: vorübergehender Wechsel zu Slice-Werkzeug

Mit `Alt`-Taste und Ziehen: erzeugt gleich großen zweiten Slice

Rechtsklick im Bild: Kontextmenü mit Slice-Befehlen

Reparaturpinsel
Dupliziert Bildbereiche mit Helligkeitsausgleich, Orientierung an Pinselvorgaben

Tastenbefehl: `J`

`⇧`+`J`: Wechsel zwischen Reparaturpinsel, Ausbessernwerkzeug, Bereichsreparaturpinsel und Rote-Augen-Werkzeug

Mit `Alt`-Taste: Kopierursprung definieren

`⇧`-Klick: gerade Verbindung zum letzten bearbeiteten Punkt

Ausbessernwerkzeug
Wählt Bildbereiche, um sie mit Helligkeitsausgleich über Fehlerstellen einzusetzen

Tastenbefehl: `J`

`⇧`+`J`: Wechsel zwischen Reparaturpinsel, Ausbessernwerkzeug, Bereichsreparaturpinsel und Rote-Augen-Werkzeug

Mit `⇧`-Taste bei vorhandener Auswahl: Auswahl vergrößern

Mit `Strg`- und `Alt`-Taste bei vorhandener Auswahl: Duplikat des Auswahlinhalts verschieben

Bereichsreparaturpinsel
Beseitigt durch Ziehen kleinere Bildstörungen in homogenen Bereichen

Tastenbefehl: `J`

`⇧`+`J`: Wechsel zwischen Reparaturpinsel, Ausbessernwerkzeug, Bereichsreparaturpinsel und Rote-Augen-Werkzeug

Mit `Alt`-Taste: Kopierursprung definieren

`⇧`-Klick: gerade Verbindung zum letzten bearbeiteten Punkt

Rote-Augen-Werkzeug
Macht rotgeblitzte Pupillen schwarz, Bereich anklicken oder einrahmen

Tastenbefehl: `J`

`⇧`+`J`: Wechsel zwischen Reparaturpinsel, Ausbessernwerkzeug, Bereichsreparaturpinsel und Rote-Augen-Werkzeug

Ziehen mit `⇧`-Taste: quadratischer Rahmen

Mit `Strg`- und `Alt`-Taste bei vorhandener Auswahl: Duplikat des Auswahlinhalts verschieben

Pinsel
Trägt Vordergrundfarbe auf, Orientierung an Pinselvorgaben

Tastenbefehl: `B` (für Brush)

`⇧`+`B`: Wechsel zwischen Farbe-ersetzen-Werkzeug, Buntstift und Pinsel

Mit `Alt`-Taste: schaltet vorübergehend zur Pipette um

`⇧`-Klick: gerade Verbindung zum letzten bearbeiteten Punkt

Buntstift

Zeichnet freie Linien oder Geraden ohne Kantenglättung, Orientierung an Pinselvorgaben

Weitere Optionen siehe oben, »Pinsel«

Farbe-ersetzen-Werkzeug

Tauscht Farbe unter dem Mauszeiger gegen aktuelle Vordergrundfarbe aus, Orientierung an Pinselvorgaben

Tastenbefehl: B

Weitere Optionen siehe oben, »Pinsel«

Kopierstempel

Dupliziert Bildbereiche, Orientierung an Pinselvorgaben

Tastenbefehl: S (für Stamp)

⇧+S: Wechsel zwischen Kopierstempel und Musterstempel

Mit Alt-Taste: Kopierursprung definieren

⇧-Klick: gerade Verbindung zum letzten bearbeiteten Punkt

Musterstempel

Trägt definierte »Muster« auf, Orientierung an Pinselvorgaben

Tastenbefehl: S (für Stamp)

⇧+S: Wechsel zwischen Kopierstempel und Musterstempel

⇧-Klick: gerade Verbindung zum letzten bearbeiteten Punkt

Protokollpinsel

Trägt frühere Bildversionen auf, Orientierung an Pinselvorgaben und Protokollpalette

Tastenbefehl: Y (für History)

⇧+Y: Wechsel zwischen Protokollpinsel und Kunst-Protokollpinsel

⇧-Taste: in 45-Grad-Winkeln auftragen

⇧-Klick: gerade Verbindung zum letzten bearbeiteten Punkt

Kunst-Protokollpinsel

Trägt frühere Bildversionen verfremdet auf, Orientierung an Pinselvorgaben und Protokollpalette

Tastenbefehl: Y (für History)

Weitere Optionen siehe oben, »Protokollpinsel«

Radiergummi

Setzt Hintergrundfarbe ein oder löscht Ebene, Orientierung an Pinselvorgaben

Tastenbefehl: E (für Eraser)

Mit Alt-Taste: vorübergehend zurück zur letzten Version

⇧+E oder Alt-Klick auf Symbol: Wechsel zu Magischem Radiergummi und Hintergrund-Radiergummi

Klick und ⇧-Klick: Punkte durch Geraden verbinden

⇧+Ziehen: exakt horizontal oder vertikal arbeiten

Anhang F • Übersicht: Alle Werkzeuge

Hintergrund-Radiergummi
Ersetzt gewählten Farbbereich per Ziehen durch Transparenz, Hintergrundebenen werden in Ebenen verwandelt

Tastenbefehl: `E` (für Eraser)

Mit `Alt`-Taste: vorübergehend zurück zur Pipette

Klick und `⇧`-Klick: Punkte durch Geraden verbinden

`⇧`+Ziehen: exakt horizontal oder vertikal arbeiten

`⇧`-`E` oder `Alt`-Klick auf Symbol: Wechsel zu Magischem Radiergummi und Hintergrund-Radiergummi

Magischer Radiergummi
Ersetzt gewählten Farbbereich per Einzelklick durch Transparenz, Hintergrundebenen werden in Ebenen verwandelt

Tastenbefehl: `E` (für Eraser)

Mit `Alt`-Taste: vorübergehend zurück zur Pipette

`⇧`+`E` oder `Alt`-Klick auf Symbol: Wechsel zu Magischem Radiergummi und Hintergrund-Radiergummi

Verlaufswerkzeug
Erstellen fließende Tonwertübergänge zwischen mehreren Farben

Tastenbefehl: `G` (für Gradient Tool)

`⇧`+`G`: Wechsel zwischen Verlaufswerkzeug und Füllwerkzeug

Mit `Alt`-Taste: schaltet zu Pipette um

`⇧`-Taste: Verlaufspfade in 45-Grad-Winkeln ziehen

Füllwerkzeug
Füllt farbähnliche Bereiche mit Vordergrundfarbe

Tastenbefehl: `G`

`⇧`+`G`: Wechsel zwischen Verlaufswerkzeug und Füllwerkzeug

Mit `Alt`-Taste: schaltet zu Pipette um

Weichzeichner
Zeichnet kontrastreiche Bildteile weich, Orientierung an Pinselvorgaben

Tastenbefehl: `R`

`⇧`+`R`: Wechsel zwischen Weichzeichner, Scharfzeichner und Wischfinger

`Alt`-Klick: vorübergehender Wechsel zu Scharfzeichner

Scharfzeichner
Zeichnet kontrastreiche Bildteile scharf, Orientierung an Pinselvorgaben

Tastenbefehl: `R` (Wechselschalter zu Weichzeichner)

`⇧`+`R`: Wechsel zwischen Weichzeichner, Scharfzeichner und Wischfinger

`Alt`-Klick: vorübergehender Wechsel zu Weichzeichner

Wischfinger
Verwischt kontrastierende Bildbereiche oder malt im Fingerfarbenmodus

Tastenbefehl: `R`

`⇧`+`R`: Wechsel zwischen Weichzeichner, Scharfzeichner und Wischfinger

`Alt`-Klick: beginnt mit Vordergrundfarbe

Abwedler (Aufheller)
Hellt Bildbereiche auf, Orientierung an Pinselvorgaben

Tastenbefehl: [O] (für Dodge)

[⇧]+[O]: Wechsel zwischen Abwedler, Nachbelichter und Schwamm

[Alt]-Klick auf Werkzeugsymbol: Wechsel des Werkzeugs

Nachbelichter (Abdunkler)
Dunkelt Bildbereiche ab, Orientierung an Pinselvorgaben

Tastenbefehl: [O]

[⇧]+[O]: Wechsel zwischen Abwedler, Nachbelichter und Schwamm

[Alt]-Klick: Wechsel des Werkzeugs

Schwamm (Sättigungswerkzeug)
Sättigt oder entsättigt Bildbereiche, Orientierung an Pinselvorgaben

Tastenbefehl: [O]

[⇧]+[O]: Wechsel zwischen Abwedler, Nachbelichter und Schwamm

Doppelklick auf Schaltfläche: Optionen

Pfadauswahl-Werkzeug
Wählt komplette Pfadkomponenten aus

Tastenbefehl: [A]

[⇧]+[A]: Wechsel zwischen Direktauswahl-Werkzeug und Pfadauswahl-Werkzeug

[Alt]-Klick auf Werkzeugsymbol: Wechsel des Werkzeugs

Mit [Alt]-Taste: weitere Pfadkomponenten auswählen

[Alt]-Ziehen: Pfadkomponente duplizieren

Direktauswahl-Werkzeug
Markiert Ankerpunkte oder Pfade

Tastenbefehl: [A]

[⇧]+[A]: Wechsel zwischen Direktauswahl-Werkzeug und Pfadauswahl-Werkzeug

Doppelklick auf Schaltfläche: Optionen

[Alt]-Klick auf Werkzeugsymbol: Wechsel des Werkzeugs

Mit [Strg]-Taste: schaltet zum Werkzeug »Ankerpunkt hinzufügen«

Textwerkzeug T
Erzeugt korrigierbaren Text in Vordergrundfarbe auf neuer Textebene

Tastenbefehl: [T] (für Text)

[Alt]-Klick: Rahmen für Absatztext definieren

Textmaskierungswerkzeug
Erzeugt buchstabenförmige Auswahlbereiche

Tastenbefehl: [T] (für Text)

Anhang F • Übersicht: Alle Werkzeuge

Zeichenstift
Erzeugt Ankerpunkte für Pfad
Tastenbefehl: `P` (für Path Tool)
`⇧`+`P`: Wechsel zwischen Zeichenstiftwerkzeugen
Doppelklick auf Schaltfläche: Optionen
`Alt`-Klick auf Werkzeugsymbol: Wechsel des Werkzeugs
Mit `Strg`-Taste: schaltet um zur Pfadauswahl

Freiform-Zeichenstift
Erzeugt Pfade durch Maus-Ziehen (nicht Klicken)
Tastenbefehl: `P`
`⇧`+`P`: Wechsel zwischen Zeichenstiftwerkzeugen
Doppelklick auf Schaltfläche: Optionen
`Alt`-Klick: gerade Pfadabschnitte per Klick einsetzen
`Alt`-Klick auf Werkzeugsymbol: Wechsel des Werkzeugs
Mit `Strg`-Taste: schaltet um zur Pfadauswahl

Ankerpunkt hinzufügen
Fügt vorhandenem Pfad Ankerpunkt hinzu
Tastenbefehl: `P`
`⇧`+`P`: Wechsel zwischen Zeichenstiftwerkzeugen
Doppelklick auf Schaltfläche: Optionen
`Alt`-Klick auf Werkzeugsymbol: Wechsel des Werkzeugs
Mit `Strg`-Taste: schaltet um zur Pfadauswahl

Ankerpunkt löschen
Entfernt Ankerpunkt aus vorhandenem Pfad
Tastenbefehl: `P`
`⇧`+`P`: Wechsel zwischen Zeichenstiftwerkzeugen
Doppelklick auf Schaltfläche: Optionen
`Alt`-Klick auf Werkzeugsymbol: Wechsel des Werkzeugs
Mit `Strg`-Taste: schaltet um zur Pfadauswahl

Punkt umwandeln
Konvertiert zwischen Eckpunkten und Kurvenpunkten
Tastenbefehl: `P`
`⇧`+`P`: Wechsel zwischen Zeichenstiftwerkzeugen
Doppelklick auf Schaltfläche: Optionen
`Alt`-Klick auf Werkzeugsymbol: Wechsel des Werkzeugs
Mit `Strg`-Taste: schaltet um zur Pfadauswahl

Übersicht: Alle Werkzeuge

Rechteckwerkzeug, Werkzeug »Abgerundetes Rechteck«

Erstellt rechteckige Figur auf neuer Ebene, begrenzt durch Pfad

Tastenbefehl: [U]

[⇧]+[U]: Wechsel zwischen Rechteckwerkzeug, Werkzeug »Abgerundetes Rechteck«, Ellipsenwerkzeug, Polygonwerkzeug, Linienwerkzeug und Werkzeug »Eigene Form«

Mit [⇧]-Taste: erstellt Quadrat

Mit [Alt]-Taste: zieht Auswahl vom Mittelpunkt auf

Mit [Strg]-Taste: schaltet um zu Pfadauswahl-Werkzeug

Ellipsenwerkzeug

Erstellt elliptische oder kreisförmige Pfadfigur als Formebene oder Arbeitspfad

Tastenbefehl: [U]

[⇧]+[U]: Wechsel zwischen Rechteckwerkzeug, Werkzeug »Abgerundetes Rechteck«, Ellipsenwerkzeug, Polygonwerkzeug, Linienwerkzeug und Werkzeug »Eigene Form«

Mit [⇧]-Taste: erstellt Kreis

Weitere Optionen siehe oben, »Rechteckwerkzeug«

Polygonwerkzeug

Erstellt Figuren mit regelbarer Zahl der Ecken als Formebene oder Arbeitspfad

Tastenbefehl: [U]

[⇧]+[U]: Wechsel zwischen Rechteckwerkzeug, Werkzeug »Abgerundetes Rechteck«, Ellipsenwerkzeug, Polygonwerkzeug, Linienwerkzeug und Werkzeug »Eigene Form«

Weitere Optionen siehe oben, »Rechteckwerkzeug«

Linienzeichner

Zeichnet Linien und Pfeile als Formebene oder Arbeitspfad

Tastenbefehl: [U]

[⇧]+[U]: Wechsel zwischen Rechteckwerkzeug, Werkzeug »Abgerundetes Rechteck«, Ellipsen-Werkzeug, Polygon-Werkzeug, Linienwerkzeug und Werkzeug »Eigene Form«

Werkzeug »Eigene Form«

Erstellt Figuren nach Vorgabe in Formenbibliothek als Formebene oder Arbeitspfad

Tastenbefehl: [U]

[⇧]+[U]: Wechsel zwischen Rechteckwerkzeug, Werkzeug »Abgerundetes Rechteck«, Ellipsen-Werkzeug, Polygon-Werkzeug, Linienwerkzeug und Werkzeug »Eigene Form«

Mit [⇧]-Taste: wahrt gleichmäßiges Seitenverhältnis

Weitere Optionen siehe oben, »Rechteckwerkzeug«

Anmerkungenwerkzeug

Erzeugt nicht druckbare Textnotizen im Bild

Tastenbefehl: [N] (für Notes Tool)

Audio-Anmerkung-Werkzeug

Erzeugt Tonanmerkungen im Bild durch Mikrofonaufnahme

Tastenbefehl: [N] (für Notes Tool)

Anhang F • Übersicht: Alle Werkzeuge

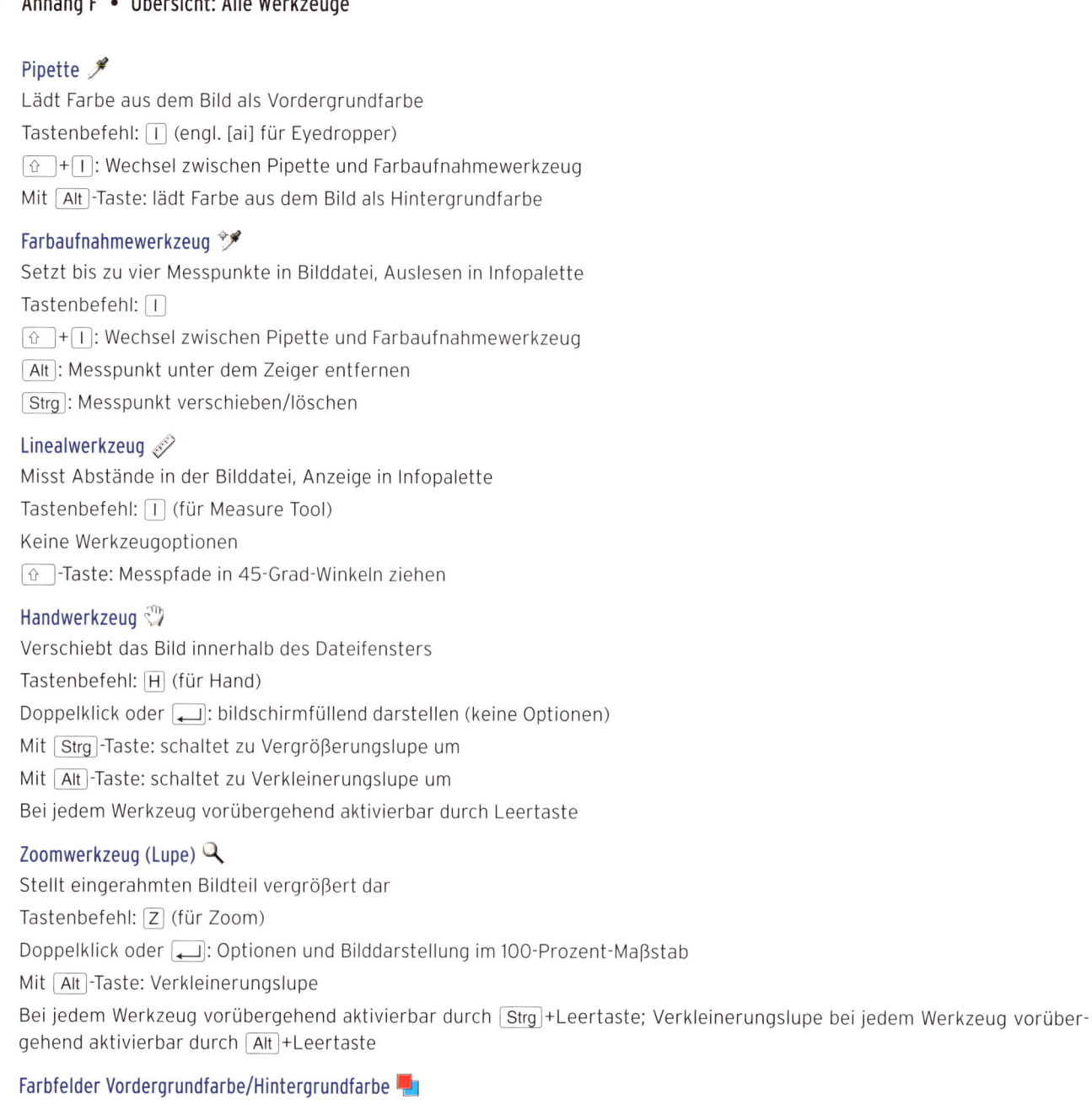

Pipette
Lädt Farbe aus dem Bild als Vordergrundfarbe

Tastenbefehl: `I` (engl. [ai] für Eyedropper)

`⇧`+`I`: Wechsel zwischen Pipette und Farbaufnahmewerkzeug

Mit `Alt`-Taste: lädt Farbe aus dem Bild als Hintergrundfarbe

Farbaufnahmewerkzeug
Setzt bis zu vier Messpunkte in Bilddatei, Auslesen in Infopalette

Tastenbefehl: `I`

`⇧`+`I`: Wechsel zwischen Pipette und Farbaufnahmewerkzeug

`Alt`: Messpunkt unter dem Zeiger entfernen

`Strg`: Messpunkt verschieben/löschen

Linealwerkzeug
Misst Abstände in der Bilddatei, Anzeige in Infopalette

Tastenbefehl: `I` (für Measure Tool)

Keine Werkzeugoptionen

`⇧`-Taste: Messpfade in 45-Grad-Winkeln ziehen

Handwerkzeug
Verschiebt das Bild innerhalb des Dateifensters

Tastenbefehl: `H` (für Hand)

Doppelklick oder `↵`: bildschirmfüllend darstellen (keine Optionen)

Mit `Strg`-Taste: schaltet zu Vergrößerungslupe um

Mit `Alt`-Taste: schaltet zu Verkleinerungslupe um

Bei jedem Werkzeug vorübergehend aktivierbar durch Leertaste

Zoomwerkzeug (Lupe)
Stellt eingerahmten Bildteil vergrößert dar

Tastenbefehl: `Z` (für Zoom)

Doppelklick oder `↵`: Optionen und Bilddarstellung im 100-Prozent-Maßstab

Mit `Alt`-Taste: Verkleinerungslupe

Bei jedem Werkzeug vorübergehend aktivierbar durch `Strg`+Leertaste; Verkleinerungslupe bei jedem Werkzeug vorübergehend aktivierbar durch `Alt`+Leertaste

Farbfelder Vordergrundfarbe/Hintergrundfarbe
Zeigen Vordergrundfarbe/Hintergrundfarbe

Klick: aktiviert Farbwähler für Vordergrundfarbe/Hintergrundfarbe

Standardfarben
Klick: Standardfarben Schwarz als Vorder-, Weiß als Hintergrundfarbe einrichten (umgekehrt bei Alphakanälen und Ebenenmasken)

Tastenbefehl: `D` (für Default Color)

Übersicht: Alle Werkzeuge

Farbtauscher
Tauscht Vorder- und Hintergrundfarbe aus

Tastenbefehl: [X] (für Exchange)

Standard-Auswahlmodus/Maskierungsmodus
Ausgewählte oder nicht ausgewählte Bildteile werden durch vorübergehenden Alphakanal abgedeckt.

Tastenbefehl: [Q] (für Quick Mask)

[Alt]-Klick auf Symbol: Wechsel zwischen Abdeckung ausgewählter oder nicht ausgewählter Bildteile oder Standardmodus mit Fließmarkierung

Doppelklick auf Symbol: Maskierungsmodus-Optionen

Standard-Fenstermodus
Darstellung mit Titelleiste und mehreren Bildern nebeneinander

Tastenbefehl: [F] (für Full Screen Mode, Wechselschalter zu anderen Darstellungsarten)

Maximierter Bildmodus mit Menüleiste
Tastenbefehl: [F] (für Full Screen Mode, Wechselschalter zu anderen Darstellungsarten)

Vollbildmodus mit Menüleiste
Tastenbefehl: [F] (für Full Screen Mode, Wechselschalter zu anderen Darstellungsarten)

Vollbildmodus ohne Menüleiste
Menübefehle über Werkzeugleiste erreichbar

Tastenbefehl: [F] (für Full Screen Mode, Wechselschalter zu anderen Darstellungsarten)

Anhang G
Lexikon

Additive Grundfarben Siehe RGB

Alphakanal Alphakanäle werden in Photoshop zusätzlich zu den Kanälen für die Grundfarben Schwarz, RGB oder CMYK eingerichtet, um beispielsweise eine Auswahl zu speichern. Weiße Flächen im Alphakanal repräsentieren zum Beispiel ausgewählte Bildbereiche, schwarze Flächen nicht ausgewählte. Die Informationstiefe je Bildpunkt beträgt acht Bit, so dass 256 unterschiedliche Auswahlintensitäten je Bildpunkt gespeichert werden können. Die Kanäle werden über die Kanälepalette kontrolliert; hier werden Kanäle unabhängig voneinander zur Ansicht und/oder zur Bearbeitung freigegeben. Ein Alphakanal erhöht die Dateigröße im Arbeitsspeicher um den Betrag einer Graustufenversion des Bilds.

Aktion Eine gespeicherte Abfolge mit verschiedenen Befehlen. Die Befehlsreihe kann auf einzelne Dateien oder ganze Dateisammlungen angewendet werden.

Animation Eine Folge von Bildern, die aneinandergereiht wie ein Film wirken, nennt man Animation.

Anti-Aliasing Siehe Glätten

Arbeitsspeicher Der Arbeitsspeicher enthält die Daten, die vom geöffneten Programm unmittelbar bearbeitet werden (weitere Bezeichnungen: Hauptspeicher oder RAM, für Random Access Memory). Die Daten im Arbeitsspeicher gehen beim Ausschalten des Computers verloren. Sie müssen also zum Beispiel auf der Festplatte gespeichert werden. Da der Zugriff auf einen Arbeitsspeicher auf Halbleiterbasis viel schneller ist als auf einen elektromagnetischen Speicher (also zum Beispiel eine Festplatte), wird heute mit Arbeitsspeicherchips auf Halbleiterbasis gearbeitet. Wenn Sie mehr Arbeitsspeicher installieren, können Sie größere Bilder bearbeiten oder Photoshop muss weniger auf die Festplatte auslagern – der Rechner wird entlastet.

Artefakte Abbildungsfehler in Bilddateien, zum Beispiel grobe Farbblöcke, die bei sehr hoher, nicht verlustfreier JPEG-Komprimierung entstehen.

Asset Englisch für »Vermögenswert«. Im Medienbereich zum Beispiel eine Bilddatei, die in einer Bilddatenbank verwaltet wird.

Aufhellblitz Einsatz des Blitzgeräts, wenn eigentlich das vorhandene Tageslicht ausreicht. Zum Beispiel wirkt die Landschaft im Hintergrund hell und gut durchgezeichnet, die abgeschattete Person im Vordergrund erscheint zu dunkel. Hier hilft ein Aufhellblitz, um die Darsteller kontrastreich und mit einer Helligkeit abzubilden, die nicht gegen die Umgebung abfällt.

Lexikon

Auflösung Die Zahl der Bildpunkte pro Längeneinheit bestimmt die Auflösung und damit die Detailgenauigkeit der Bildwiedergabe. Typische Flachbettscanner lösen 600 oder 1200 Pixel pro Zoll (dpi) auf, Computermonitore meist 72 bis 120 dpi. Bei Scannern wird meist eine physikalische Auflösung angegeben, die das Gerät tatsächlich aufgrund seiner Bestückung mit CCD-Elementen erreicht, sowie ein höherer Wert, der jedoch nur durch Hochrechnung (Interpolation) von Bildinhalt ohne Informationsgewinn zustande kommt. Bei Scannern oder Faxgeräten kann die Auflösung in vertikaler und horizontaler Richtung unterschiedlich groß sein. Teilweise, zum Beispiel bei Digitalkameras, meint »Auflösung« nicht die Zahl der Bildpunkte pro Zoll oder Zentimeter, sondern einen absoluten Wert wie 3072 x 2048 Bildpunkte.

Auswählen Beim »Auswählen« wird ein Pixelbereich festgelegt, der nach dem Auswahlvorgang unabhängig von der Umgebung bearbeitet, bewegt, kopiert oder montiert werden kann. Typische Auswahlwerkzeuge sind Lasso oder Zauberstab. Ausgewählte Bereiche werden in der Bildschirmdarstellung von einer Fließmarkierung eingefasst – eine gestrichelte, schillernde Linie. Sie kann verborgen werden, um den Übergang zwischen dem markierten, bearbeiteten und dem außerhalb liegenden Bildteil besser zu beurteilen. Auswahlen können als Alphakanal oder Pfad gespeichert werden. Siehe auch »Alphakanal«.

BMP Der BMP-Dateityp (Bitmap) ist nur bei den Betriebssystemen MS-DOS/Windows und OS/2 auf IBM-kompatiblen Computern gebräuchlich. Sonderformen des BMP-Formats sind RLE und DIB: RLE ist eine einfache Komprimierung mit Lauflängenkodierung (Run Length Encoding), die aber nur bis 8-Bit-Farbtiefe angeboten wird. DIB für Device Independent Bitmap, geräteunabhängiges Pixelbild, ist identisch aufgebaut wie BMP; Sie benötigen es zur Integration von Pixelbildern in Programmfenstern oder Multimedia-Anwendungen.

Beschneidung Im Photoshop-Sprachgebrauch meint »Beschneidung« eine Veränderung des Tonwertumfangs, bei der Differenzierung verloren geht, weil unterschiedliche vorhandene Tonwerte auf einen einzigen Tonwert gesetzt werden, zum Beispiel auf Schwarz oder Weiß. Beispielsweise heben Sie zur Kontraststeigerung alle Helligkeitswerte zwischen 220 und 255 auf 255, also reines Weiß an; die Unterschiede zwischen den vorhandenen Helligkeitswerten 220 bis 255 gehen also verloren – das ist Beschneidung. Zu Beschneidung kann es etwa bei den Photoshop-Befehlen »Variationen« oder »Tonwertkorrektur« kommen, aber auch bei der Farbseparation. Der Photoshop-Befehl **Variationen** und der Camera-Raw-Import zeigen Beschneidung wahlweise durch Alarmfarben an.

Betriebssystem Das Betriebssystem ist diejenige Software, die unmittelbar zwischen den Anwendungsprogrammen etwa zur Bildbearbeitung und den Rechnerchips vermittelt. Bekannte Betriebssysteme sind beispielsweise Windows oder MacOS (es gibt Diskussionen darum, was exakt als »Betriebssystem« bezeichnet werden darf). Das Betriebssystem erfordert bestimmte, kompatible Geräte.

Bildwiederholfrequenz Siehe Monitor

Bit Acht Bits bilden ein Byte, die kleinste adressierbare Speichereinheit. Je mehr Bit ein Pixel darstellen, umso mehr verschiedene Graustufen können abgebildet werden (Datentiefe). Wenn nur ein Bit – also »0« oder »1« – für ein Pixel steht, können nur zwei Tonwerte, nämlich Schwarz oder Weiß, gezeigt werden. Schon zwei Bit je Pixel ermöglichen 2^2 Tonwerte.

Bitmap Ein aus einzelnen Pixeln – und nicht aus Kurven, Objekten und Flächen – bestehendes Bild wird allgemein Bitmap genannt. Jedes einzelne Pixel drückt bestimmte Farb- oder Dichtewerte aus. Bildverarbeitungsprogramme arbeiten mit Bitmaps wie dem TIFF-Format. Im Apple-Bereich und im Programm Photoshop wird unter Bitmap auch eine Strichgrafik (Line-Art, 1-Bit-Grafik) verstanden, die nur aus schwarzen und weißen Bildpunkten besteht und keine Zwischentöne bietet. Zusätzlich meint »Bitmap« manchmal auch den BMP-Dateityp (siehe BMP).

Bokeh Ästhetisch reizvolle Unschärfe in Bereichen eines Fotos; der Begriff stammt aus dem Japanischen.

Byte Siehe Bit

Bézier-Kurve Eine durch Ankerpunkte kontrollierte Kurve in einem Pfad oder in einem VERKRÜMMEN-Gitternetz. Die Formen einer Bézier-Kurve werden verändert durch Verschieben von vier Kontrollpunkten, die sich jeweils an den Enden von zwei geraden, variabel langen Linien befinden; jede Linie geht von einem Ankerpunkt aus. Ein Verschieben dieser Linien drückt die Kurve in eine andere Richtung. Der Ingenieur Pierre Bézier entwickelte diese Art der Kurvenbeschreibung bei Renault, um die Rundungen an einem Autochassis korrekt zu beschreiben. Bézier-Kurven werden vor allem von objektorientierten Grafikprogrammen wie Adobe Illustrator oder CorelDRAW verwendet, aber auch Photoshops Pfadtechnik arbeitet mit Bézier-Kurven.

Browser In der Softwaretechnik allgemein ein Programm, mit dem verschiedene Medieninhalte durchstöbert werden, etwa Bildsammlungen oder Internetseiten. Manche Bilddatenbanken werden auch Datei-Browser genannt, Programme zur Darstellung von WWW-Seiten heißen oft Webbrowser oder Internetbrowser.

Cache Siehe Chromatische Aberration

Cache Im EDV-Bereich meint Cache allgemein einen Zwischenspeicher, der häufig benutzte Daten besonders schnell zugänglich macht. Internetbrowser legen Cache-Speicher auf der Festplatte an, Prozessoren haben Cache-Speicher. Photoshop verwendet einen »Bild-Cache«, der verkleinerte Versionen des Bilds parathält, um die Vorschau und das Errechnen der Histogramme zu beschleunigen. Bridge speichert die Vorschauminiaturen in einem Cache, so dass die Miniaturen nicht immer neu aufgebaut werden müssen.

Cascading Style Sheets Siehe CSS

Camera-Raw-Dateien JPEG- oder TIFF-Dateien aus der Digitalkamera sind bereits manipuliert: Die Kamera prägt das Bild per Weißabgleich (Korrektur der Farbstimmung), zudem ändert sie womöglich Pixelzahl, Farbtiefe, Schärfe, Sättigung und Kontrast. Die ursprünglich vom Kamerasensor aufgezeichneten Daten sehen ganz anders aus: Übliche 1-Chip-Kameras schreiben zunächst nur eine einzige Grundfarbe mit zum Beispiel zwölf Bit Farbtiefe. Rot-, grün- und blauempfindliche Sensorelemente sind nach dem Bayer-Muster wechselweise angeordnet. So entsteht erst einmal ein 12-Bit-Graustufenbild, das durch Rechenverfahren zu RGB mutiert und als JPEG- oder TIFF-Datei ankommt. Viele Kameras speichern ihre Dateien jedoch wahlweise auch »roh« – naturbelassen so, wie sie vom Chip kommen. Dieses Format heißt auch »Camera Raw«. Mit Photoshop und anderen Programmen lassen sich solche Dateien öffnen; dabei können Sie die 16-Bit-Farbtiefe verwenden und haben beim Korrigieren mehr Spielraum als mit normalen 8-Bit-RGB-Dateien. Nicht zu verwechseln mit dem Dateiformat »Photoshop Raw«.

Der Photoshop-Hersteller hat den frei zugänglichen DNG-Standard (Digital Negative) entwickelt. Damit lassen sich Camera-Raw-Bilder verschiedener Kameratypen samt aller Metadaten einheitlich speichern; man kann sie auch noch nach Jahren öffnen, wenn es vielleicht keine Programme mehr gibt, die Camera-Raw-Daten einer bestimmten Digitalkamera öffnen.

CCD Charge Coupled Device, ladungsgekoppelte Speicher. CCD-Elemente werden teilweise in Scannern oder Digitalkameras eingesetzt: Auf einer Zeile sitzen spezielle optoelektronische Sensoren, die auf die auftreffenden Helligkeiten mit unterschiedlichen Spannungszuständen reagieren; diese werden in ein digitales Format übersetzt.

Chrominanz Farbanteil des Videosignals, zum Beispiel bei dem Farbmodell Lab.

CGI Siehe Computer Generated Imagery

Chromatische Aberration Unerwünschte Farbsäume an kontrastreichen Linien im Bild, abhängig von der Qualität des Objektivs beim Fotografieren. Können mit Photoshop teilweise entfernt werden.

CIE-Lab Farbmodell mit Helligkeit (L für Luminanz) und zwei Farbkomponenten (a, b). Siehe Lab.

CMYK-Farbmodell CMYK ist das Farbmodell der Druckvorstufe. Offset-Druckmaschinen arbeiten mit den deckenden, subtraktiven Grundfarben, die übereinandergedruckt Schwarz ergeben. Dabei handelt es sich um die Farben Grünblau, Gelb und Purpur sowie Schwarz (Cyan, Yellow, Magenta, Black). Gelb, Grünblau und Magenta entstehen durch Mischung von jeweils zwei der additiven Primärfarben Rot, Grün und Blau zu gleichen Teilen. Grünblau, Gelb und Purpur übereinander ergeben theoretisch bereits Schwarz, aus drucktechnischen Gründen jedoch ein dunkles Grau oder Braun. Die eigene Druckfarbe Schwarz verstärkt deshalb den Tiefeneindruck; außerdem spart es Druckfarbe und macht den Druckprozess stabiler, wenn statt der drei Druckfarben Cyan, Yellow und Magenta übereinander lediglich ein gleichwertiger Schwarzanteil gedruckt wird.

Computer Generated Imagery (CGI) Am Computer erzeugte 3D-Modelle, die manchmal mit konventionellen Fotos kombiniert werden: zum Beispiel die CAD-Computerversion eines neuen Produkts mit einem natürlichen Hintergrund. Die Daten des Hintergrundbilds – am besten ein 360-Grad-Panorama – werden von einer Spezialsoftware analysiert, um realistische Spiegelungen und Schatten auf dem 3D-Modell zu erzeugen. In professionellen Produktionen wird das Hintergrundbild zum Beispiel mit einer Spezial-HDR-Kamera von Spheron aufgenommen.

CPU Zentraler Rechenprozessor, Central Processing Unit

CSS Cascading Style Sheets (CSS) sind eine Alternative zu HTML (siehe dort) bei der Gestaltung von Internetseiten. CSS legen Seitenformate fest, die über mehrere Seiten beibehalten werden, und sorgen für besonders präzise Formatierung und Bildplatzierung.

Dateityp Ein Bild kann in verschiedenen Datenstrukturen – Dateitypen oder Dateiformaten – abgespeichert werden, so etwa in TIFF, EPS oder JPEG. Ein Programm muss eine Importfunktion für das jeweilige Format besitzen, um es öffnen zu können.

Dateinamenserweiterung Die drei Buchstaben nach dem Punkt hinter einem Dateinamen bilden die Dateinamenserweiterung (auch Extension), die zugleich auf den Dateityp verweist. Zu den wichtigsten Erweiterungen für Bilddateien gehören .TIF und .BMP, Textdateien enden häufig auf .TXT oder .DOC, ausführbare Programmdateien auf .EXE.

DCS Eine in vier CMYK-Farbauszüge separierte Grafik im Dateiformat EPS.

Densitometer Gerät zum Messen des Schwärzungsgrads etwa auf Fotopapieren, Andrucken oder Monitoren; das Densitometer erfasst den Dichteumfang einer Vorlage und hilft bei Qualitätskontrolle und Belichterkalibrierung.

Dithering Kann eine bestimmte Farbe oder ein Tonwert nicht dargestellt werden, werden nebeneinanderliegenden Pixeln in einem Streumuster verfügbare andere Farben zugewiesen, um die fehlende Farbe zu simulieren. Unterstützt zum Beispiel ein Monitor nicht mehr als 256 Farben, simuliert er weitere Farben durch gestreutes Nebeneinanderstellen ähnlicher, verfügbarer Farbpunkte (Dithering, Streuraster). In Photoshop sind mehrere Arten von Streuraster etwa für die Monitordarstellung, aber auch beim Rastern der Bilddateien selbst wählbar. Im Gegensatz zum Rastern sind beim Dithern alle Punkte gleich groß, Tonwertunterschiede werden durch die Zahl der Druckpunkte pro Flächeneinheit, nicht durch die Größe der Druckpunkte simuliert.

DNG-Dateien Siehe Camera-Raw-Dateien

Dot Pitch Siehe Monitor

dpi Auflösungen werden meist mit dots per inch (dpi), Bildpunkten pro Inch, angegeben. Tageszeitungen drucken im Allgemeinen mit 32 Pixeln pro Inch, Hochglanzmagazine mit 200. Hochwertige Farbdrucker, die zum Beispiel auf Fotopapier belichten, drucken mit 300 oder 400 dpi. Eine Verdoppelung der Auflösung vervierfacht die Zahl der Bildpunkte.

DRI Technik zur Abbildung von Motiven mit sehr hohem Kontrastumfang (dynamic range increase). Dabei werden mehrere unterschiedlich belichtete Bilder kombiniert und so maskiert, dass von jeder Einzelaufnahme nur der optimal durchgezeichnete Teil im Gesamtbild sichtbar wird.

DSLR Digitale Spiegelreflexkamera, siehe Spiegelreflexkamera.

Ebenenmaske Verbirgt Teile einer eingefügten Montageebene, ohne sie dauerhaft zu löschen. Basiert auf Helligkeitswerten: Schwarz in der Ebenenmaske versteckt den zugeordneten Bildpunkt vollständig, Weiß macht ihn komplett sichtbar, graue Zwischentöne sorgen für halbtransparente Einblendung. Die Ebenenmaske kann abgeschaltet werden, so dass das Objekt wieder vollständig sichtbar wird; sie kann mit Pinsel, Füllfunktionen, Kontrastkorrekturen oder Filtern verändert werden. Alternativen: Vektormaske oder Schnittmaske.

EBV Elektronische Bildverarbeitung

Einstellungsebene Zeigt ein Bild mit geänderter Kontrast- oder Farbeinstellung, doch die Originalpixel bleiben noch erhalten. Die Einstellungsebene erscheint als eigenes Objekt in der Ebenenpalette; die Wirkung kann geändert, gedämpft oder abgeschaltet werden.

EPS Beim Sichern mit der Endung EPS für Encapsulated PostScript verwandeln Sie das Bild in eine Datei, die nur noch zum Einbau in Layoutprogramme oder zum Ausbelichten gedacht ist, aber nicht mehr zum Bearbeiten. Beim Speichern einer separierten EPS-Bilddatei kann man ein kleines TIFF-Bild mitsichern, damit das Werk im Layout nicht nur als leerer Rahmen angezeigt wird. Viele Bildprogramme können EPS zwar schreiben, aber sie öffnen den Dateityp höchstens, wenn sie es selbst erstellt haben. EPS-Dateien können zusätzlich zum Pixelbild auch Kurvengrafiken oder Schriften enthalten, die unabhängig von der Bildauflösung in höchster

Druckerauflösung ausgegeben werden. Zusätzlich nimmt EPS auch Freistellpfade auf – Auswahlkonturen um ein Motiv herum. Das EPS-Format ist vor allem in der professionellen Druckvorstufe wichtig, wird aber zunehmend von PDF abgelöst.

Exif-Daten   Nach dem Exif-Standard schreiben Digitalkameras bestimmte Informationen in Bilddateien – darunter Kameradaten wie Aufnahmezeitpunkt, Belichtungszeit, Blitzverwendung, Weißabgleich, Blende oder Kameramodell. Seit April 2002 wird Version 2.2 des Exchangeable Image File Format (Exif) verwendet.

EVF   Electronic Viewfinder, elektronischer Sucher in einigen Digitalkameras; sie bieten keinen optischen Sucher, sondern einen kleinen Monitor als Sucher.

Farbauszug   Ein Farbauszug enthält Informationen über eine Grundfarbe oder einen Farbkanal eines Farbbilds als Graustufendarstellung. Farbauszüge werden bei der Farbseparation erzeugt.

Farblängsfehler   Siehe Chromatische Aberration

Farbmodell   Farbspektren können in verschiedenen Farbmodellen abgebildet werden. Die gängigsten sind RGB und CMYK, dazu kommen HSV (auch HSL oder HSB), im professionellen Bereich Lab und YCC. Bilddateien und Monitore arbeiten mit RGB, aber viele EBV-Programme bieten auch die Farbmischung nach HSV und YMCK an. Drucker funktionieren meist nach dem CMYK-Schema.

Farbpalette   In der EBV ist die Farbpalette eine individuelle oder vorgefertigte Palette von Farben, die in eine Bilddatei übertragen werden können. Bei Bilddateien mit indizierten Farben werden aus einem Angebot von zum Beispiel 16,7 Millionen Farben 256 zu einer Palette zusammengestellt, mit der das Bild gezeigt werden kann.

Farbraum   Ein Spektrum von Farben, das von einem bestimmten Gerät dargestellt werden kann, zum Beispiel von einem Monitor oder Drucker. Verbreitete Farbräume sind etwa sRGB oder Adobe RGB.

Farbseparation   Für den Mehrfarben-Offset-Druck werden Farbbilder in (meist) vier Graustufenbilder für die Druckfarben Schwarz, Gelb, Magenta und Blaugrün (CMYK) separiert.

Farbtemperatur   Die Farbtemperatur gibt die farbliche Zusammensetzung des Lichts (also die allgemeine Farbstimmung) an und wird in der Maßeinheit Kelvin gemessen. Je niedriger der K-Wert, desto mehr tendiert das Licht gegen Rot. Höhere K-Werte machen das Licht blauer. Abendrot hat etwa 3000 Kelvin, das Normlicht der Druckindustrie mit 5500 Kelvin soll normales Mittagslicht simulieren, Tageslicht bei klar blauem Himmel hat über 10000 Kelvin. Die Angaben orientieren sich an der Farbe einer Flamme bei verschiedenen Temperaturen, gemessen in Kelvin – hohe Werte stehen für kälteres, bläulicheres Licht.

Farbtiefe   Die Farbtiefe bezeichnet die Anzahl von Bits, mit der die Farbinformationen eines einzelnen Bildpunkts kodiert werden. Je mehr Bits pro Bildpunkt, umso differenziertere Bildergebnisse sind möglich, umso mehr steigt aber auch der Speicherbedarf. Im Desktop-Bereich gilt 24 Bit als Standard (2^8 = 16,7 Mio. Farben, sogenanntes Truecolor). Doch Scanner und Digitalkameras bieten teilweise auch höhere Farbtiefen, zum Beispiel 3x16 gleich 48-Bit-RGB, um vor allem eine noch präzisere Schattendurchzeichnung zu erreichen.

Farbwert   Jeder Farbe ist ein numerischer Wert zugeordnet, der vom verwendeten Farbmodell abhängt. So hat Rot im RGB-Modell die Werte 100/0/0 Prozent, im CMYK-Schema wird es mit 0/100/100/0 Prozent angegeben.

Festplatte   Auf der elektromagnetisch speichernden Festplatte werden Daten abgelegt, die Sie nicht aktuell bearbeiten, sowie solche Daten, die nicht mehr in den Arbeitsspeicher passen. Neben der Speicherkapazität (zum Beispiel 4, 8 oder 16 Gbyte) sind Zugriffsgeschwindigkeit, Lautstärke und Anschlussart (zum Beispiel SCSI oder IDE) Kriterien bei der Kaufentscheidung. Weitere Bezeichnungen: Massenspeicher, Festspeicher oder HDD (Hard Disk Drive).

Filter   In der elektronischen Bildverarbeitung sind Filter Befehle, die jedes einzelne Pixel nach einem festgelegten Schema verändern. Zu den gebräuchlichsten Filtern gehören Scharf- und Weichzeichnerfilter, verbreitet sind aber auch Effektfilter wie »Relief«, »Mosaik«, »Wellen« oder »Wölben«.

Firewall   Software oder Hardware, die zum Beispiel unerwünschte Netzwerkverbindungen zwischen Ihrem Computer und unbekannten anderen Computern verhindert.

Firewire Von Apple entwickelter Standard zur Datenübertragung zum Beispiel zwischen Digitalkamera und Computer, auch IEEE 1394. Neu angeschlossene Geräte werden im laufenden Betrieb sofort erkannt.

Fixieren Die aktivierte Ebene einer Montage lässt sich gegen verschiedene Veränderungen schützen, bei Photoshop FIXIEREN genannt. Klicken Sie die gewünschten Merkmale oben in der Ebenenpalette an. Wahlweise schützen Sie nur den transparenten Bereich oder nur die Bildfüllung. Alternativ nageln Sie das Objekt an der aktuellen Position fest oder sperren es gegen jegliche Veränderung. Fixierte Ebenen zeigen ein Vorhängeschloss 🔒 neben der Miniatur.

Flachbettscanner Preisgünstiges Tischgerät zur Digitalisierung von Papierbildern und teilweise auch Dias. Siehe Scanner.

Flash Dateiformat mit der Endung ».swf«, das vor allem für Animationen auf Internetseiten genutzt wird. Speichert Text und Vektorobjekte und spart so Speicherplatz im Vergleich zur Speicherung von Pixelflächen. Lässt sich auf der Internetseite zoomen und anhalten. Auch für Webgalerien nutzbar.

Font Schriftart (wie etwa Times oder Helvetica), die in einem bestimmten digitalen Format wie Adobe Type 1, OpenType oder TrueType vorliegt.

Füllebene Die Füllebene belegt die komplette Ebene mit einer Einzelfarbe, mit einem Muster oder einem Verlauf. Die Eigenschaften der Füllung lassen sich jederzeit bearbeiten. Sie können hier zum Beispiel die Wirkung von Nahtlosmustern oder Verläufen testen. Füllebenen entstehen auch in Verbindung mit Formebenen (siehe dort).

Formebene Die Formebene kombiniert eine Füllebene (siehe dort) mit der Vektormaske. Das heißt, die Füllung der Ebene ist nur in dem Teilbereich sichtbar, den die Vektormaske freigibt. Formebenen entstehen automatisch, wenn Sie ein Formwerkzeug wie Linienzeichner, Abgerundetes Rechteck oder Eigene Form mit der Option NEUE FORMEBENE einsetzen. Umriss wie Füllung der Figur lassen sich jederzeit völlig verlustfrei ändern.

Gamma-Korrektur Siehe Gradationskurve

GCR Das »Grey Component Replacement« (GCR), wie es auch Photoshop anbietet, steht für das völlige oder teilweise Ersetzen der aus Cyan, Magenta und Gelb gebildeten Grautöne eines Bilds durch Schwarz. Gezielter GCR-Einsatz kann verhindern, dass dunkles Grau oder Schwarz, das nur durch CMY gebildet wird, im Druck braun oder sonst irgendwie farbstichig wirkt. Im Gegensatz zu UCR (Under Color Removal) wirkt GCR auf den ganzen Tonwertbereich eines Bilds und nicht nur auf die Schatten.

Glätten Die Photoshop-Option GLÄTTEN erstellt einen weicheren Übergang unmittelbar am Rand einer Auswahl. GLÄTTEN verhindert Treppeneffekte oder harte Kanten beim Einsetzen von Pixelbereichen in Montagen. Dabei werden zum Beispiel harte Übergänge zwischen einem montierten Bildteil und dem Hintergrund halbtransparent gefüllt; nur die äußersten Randpixel erhalten zu 50 Prozent den Wert der unmittelbar benachbarten nicht ausgewählten Bildpunkte. Das ist meist die ideale Einstellung, um Schnittkanten bei Montagen zu vermeiden.

Gradationskurve Die Gradationskurve zeigt das Verhältnis zwischen vorhandener Lichtmenge und durch Bearbeitung erzeugter Schwärzung. Eine Gerade in einem Winkel von 45° zeigt, dass Ein- und Ausgabewerte unverändert bleiben. Durch Manipulation der Kurve werden die Dichten des Bilds in erster Linie nicht erweitert, sondern umverteilt. Die Gradationskurve stellt über ihren Graphen dar, welche ursprünglichen Tonwerte (»Eingabe«) auf welche neuen Werte (»Ausgabewerte«) angehoben oder gesenkt werden. Ein spezieller Fall ist die Gamma-Kurve, die nur die mittleren Tonwerte anhebt oder senkt, ohne die wichtigen Lichter oder Schatten zu verschieben.

Grafikkarte Die Grafikkarte, die auf der Hauptplatine des PC eingesteckt wird, setzt die Computersignale in ein für den Monitor verständliches Datenformat um. Ein Arbeitsspeicher (RAM) auf der Grafikkarte speichert die Bildschirmsignale zwischen. Je größer dieser Videospeicher, umso höher oft die Zahl der darstellbaren Farben bei höchster Auflösung.

Grafiktablett Mit einem Grafiktablett (auch: Digitalisiertablett) kann wesentlich präziser gearbeitet werden als mit einer Maus. Beim Grafiktablett wird ein Stift über eine Fläche bewegt, um so zum Beispiel bestimmte Bildbereiche zu bemalen oder auszuwählen. Kriterien für Grafiktabletts sind Größe und Druckempfindlichkeit. Tabletts mit druckempfindlichen Stiften variieren je nach Vorgabe im Bildprogramm Breite, Transparenz oder Farbe eines Pinselstrichs – so ent-

Anhang G • Lexikon

stehen sehr lebendige Retuschen und die dauernde Änderung des aktuellen Tonwerts entfällt.

Graukeil Der Graukeil zeigt genormte Grauwerte in einem festgelegten, abgestuften Verhältnis. Er kann zur Überprüfung von Farb- und Kontrasttreue gescannt, auf dem Monitor abgebildet und gedruckt werden.

Graustufen GRAUSTUFEN ist in der digitalen Bildbearbeitung ein Farbmodus, in dem die Pixel eines Bilds zum Beispiel 256 Zwischentöne zwischen Schwarz und Weiß darstellen können. Davon zu unterscheiden sind beispielsweise der »Bitmap«-Modus, der nur zwei Tonwerte trennt, Schwarz und Weiß, und natürlich Farbmodi wie RGB-Farbe oder CMYK-Farbe.

Halbtonbild Bei einem Halbtonbild gehen die Dichtestufen kontinuierlich ineinander über. Da jedoch Laserdrucker oder Offset-Druckmaschinen nur Schwarz drucken können, müssen die Bilder erst gerastert werden; die Aufrasterung in unterschiedlich große schwarze Punkte – meist 20 bis 70 pro Zentimeter – täuscht Halbtöne vor. Diabelichter oder Fotopapierbelichter geben verschiedene Halbtöne direkt ohne Rastern in Halbtönen aus. Pro Schwarzweißbild oder pro Grundfarbe werden meist 256 Halbtöne unterschieden.

HDR In der Bildbearbeitung ein Standard für eine Farbtiefe von 32 Bit pro Grundfarbe, bei RGB-Bildern also 96 Bit pro Bildpunkt (high dynamic range). Ermöglicht höheren Tonwertumfang als übliche Dateien mit 16 oder 8 Bit pro Grundfarbe. Wegen des besonderen Speicherverfahrens steht eine unendliche Zahl von Tonwerten zur Verfügung. Entsteht oft durch Mischen mehrerer Belichtungen von ein und derselben Szene.

Helligkeit Komponente des HSB-Farbmodells, siehe dort

Hicolor Eine Farbtiefe von 16 Bit (64.000 Farben) wird Hicolor genannt. Vergleiche Truecolor.

Histogramm Das Histogramm stellt in einer Balkengrafik die Häufigkeit bestimmter Helligkeitswerte innerhalb eines Bilds dar. Jeder Balken steht für eine der meist 256 Dichtestufen eines Bilds; je höher der Balken, umso mehr Pixel dieser Dichte sind vorhanden. Das Histogramm gibt Aufschlüsse darüber, ob neue Schwarz- und Weißpunkte gesetzt werden sollten.

HSB-Farbmodell Das HSB-Farbmodell definiert Farben über die drei Eigenschaften Farbton (Hue), Sättigung (Saturation) und Helligkeit (Brightness). Der Farbton nennt die genaue Lage des Farbtons im Farbspektrum, gedacht als 360-Grad-Kreis: Rot liegt bei 0 Grad, Blau bei 120, Cyan bei 180, Grün bei 240. Die Sättigung wird auf einer Skala von Grau bis zur Reinfarbe gemessen. Ein auf null reduzierter Sättigungsgrad führt zu Grau; ein hoher Sättigungsgrad lässt Farben leuchtend wirken. Helligkeit gibt die sichtbare Helligkeit verglichen mit einer Grauskala an, anders ausgedrückt, den Anteil an Licht, den wir bei einer Farbe wahrnehmen. 100 Prozent steht für Weiß, 0 Prozent für Schwarz; der reine Farbton hat 50 Prozent. Das HSB-Modell gilt als eingängigste Farbbeschreibung.

HTML Hypertext Markup Language (HTML) ist die Seitenbeschreibungssprache für Angebote im World-Wide-Web-Bereich des Internets. Prinzipiell lässt sich HTML mit jedem Textprogramm schreiben, wenn man den Code beherrscht, einfacher machen es jedoch Programme für Internetgestaltung. Die HTML-Datei enthält den Text, die Textformatierung, Hyperlinks (siehe dort), JavaScript und Platzierungshinweise für die Bilder. Die Bilddateien selbst werden separat übertragen, oft im gängigen JPEG-Dateiformat.

Hyperlink Auf einer Internetseite ist ein Hyperlink (oft kurz Link genannt) eine Sprungmarke zu einer anderen Seite oder zu einer anderen Datei. Man klickt zum Beispiel eine Schaltfläche, ein Bild oder ein Wort an, das im zugehörigen (nicht sichtbaren) HTML-Code der Seite als Hyperlink definiert wurde. Damit wird die entsprechende Datei aufgerufen, zum Beispiel eine Internetseite, ein einzelnes Bild oder eine Datei zum Herunterladen. Wichtig ist die Unterscheidung zwischen »relativen« und »absoluten« Hyperlinks.

ICC-Geräteprofil Ein ICC-Profil beschreibt, wie ein bestimmtes Gerät – Monitor, Scanner, Drucker – Farben wiedergibt. Es gibt Profile für einen bestimmten Bautyp oder für ein spezielles Einzelgerät beim Anwender.

ImageMap Eine ImageMap (auch Clickable Map) ist ein Bild auf einer Seite im World Wide Web des Internets, bei dem verschiedene Bildteile per Hyperlink (siehe dort) zu unterschiedlichen anderen Dokumenten weiterleiten.

Inch Ein Inch (Zoll) = 2,54 Zentimeter

Indizierte Farben Bilder mit »indizierten Farben« sind ein Sonderfall in der Bildbearbeitung. Manche Programme oder Dateitypen (vor allem GIF) unterstützen keine 24-Bit-Vollfarbdateien. Sie akzeptieren zum Beispiel nur 8-Bit-Farbbilder, die für Rot-, Grün- und Blautonwerte je Pixel insgesamt nur acht Bit übrig haben; das ergibt total 256 verschiedene Farben. Beim Umrechnen einer Echtfarbendatei in eine 256-Farben-Datei, also in eine Indizierte-Farben-Datei, können die Systemfarben oder eine dem Bildinhalt möglichst angepasste Palette gewählt werden. Das Verfahren spart Speicherplatz, kostet aber Differenzierung und Bildqualität.

Interlaced Beschleunigte Darstellung eines Bilds durch Anzeigen von zum Beispiel nur jeder zweiten oder vierten Bildzeile; die fehlenden Bildzeilen werden eventuell durch Verdoppelung der gezeigten Zeilen ersetzt (Zeilensprung).

Interpolation Beim Neuberechnen der Größe gerasterter Bilder wird die Zahl der vorhandenen Pixel je nach Vergrößerungsfaktor umgerechnet zu einer kleineren oder größeren Anzahl. Dabei werden aus den Farbübergängen zwischen den ursprünglichen Bildpunkten geeignete Mittelwerte gebildet (interpoliert); Unschärfe kann die Folge sein.

IPTC-Information Standard zum Speichern von Textinformationen innerhalb einer Bilddatei. Es gibt unter anderem Felder für Copyright, Bildtitel, Stichwörter und Bildbeschreibung.

Invertieren Beim Invertieren werden alle Dichte- und Farbwerte eines Bilds ins Negativ umgekehrt.

Java Das US-Unternehmen Sun hat die Programmiersprache Java entwickelt (benannt nach der Kaffeebohne der gleichnamigen indonesischen Hauptinsel). Eine Besonderheit: Java-Programme lassen sich auf unterschiedlichsten Betriebssystemen einsetzen. Java ermöglicht auch die Verwendung sogenannter Java-Applets – Programme, die innerhalb eines Internet-Browsers ablaufen (sofern Java aktiviert ist) und über das Internet geladen werden.

JavaScript Die Scriptsprache JavaScript erinnert vom Namen her an Java, wurde jedoch unabhängig davon bei der Firma Netscape entwickelt. JavaScript lässt sich ohne Lizenzkosten verwenden und eignet sich allgemein, um Dynamik und Interaktion auf Internetseiten zu bringen – zum Beispiel bei Rollover-Effekten.

JPEG Das JPEG-Dateiformat (Joint Photographers Expert Group) spart drastisch Speicherplatz, indem es feine Farbinformationen entfernt und erst beim Öffnen des Bilds durch Mittelwertberechnung wieder erzeugt.

Kalibrieren Beim Kalibrieren wird gemessen, wie stark Scanner, Monitor und Drucker von den gewünschten Tonwerten abweichen. Anschließend werden die Komponenten korrigiert.

Komprimierung Durch Komprimieren können Bilddateien auf weniger Speicherplatz zusammengedrängt werden. Das LZW-Verfahren des TIFF-Dateityps komprimiert verlustfrei, während die hoch effektive JPEG-Komprimierung Information tilgt. Einfluss hat das nur auf den Speicherplatzbedarf auf der Festplatte, nicht im Arbeitsspeicher.

Kontextmenü An verschiedenen Stellen im Programmfenster, zum Beispiel über Paletten oder in Auswahlbereichen, kann man das Kontextmenü mit zur Arbeitssituation passenden Befehlen öffnen. Sie müssen also nicht unbedingt Hauptmenüs, Tastenkürzel oder Schaltflächen verwenden. Unter Windows erscheint das Kontextmenü mit einem Rechtsklick, am Mac per ctrl-Klick.

Konvergenz Im Videobereich meint Konvergenz das deckungsgleiche Aufeinandertreffen von Rot-, Grün- und Blausignal innerhalb einer Farbbildröhre. Fortschrittliche Farbmonitore haben einen Konvergenzregler. Bei fehlerhafter Konvergenz erscheinen weiße Linien und Flächen mit Farbsäumen.

Konvertieren Im PC-Bereich meint »Konvertieren« meist die Umwandlung eines Dateityps in einen anderen – zum Beispiel von TIFF nach JPEG – oder den Wechsel des Farbmodells für ein bestimmtes Bild, zum Beispiel von RGB nach CMYK.

Lab Das Farbmodell Lab wurde 1931 vom Centre Internationale d'Eclairage (CIE) entwickelt; es dient der geräteunabhängigen Farbbeschreibung und umfasst die Farbräume des RGB- und des CMYK-Modells. Lab-Bilder setzen sich zusammen aus der Helligkeit (L) und zwei Farbkomponenten, a von Grün bis Magenta, b von Blau bis Gelb. Photoshop arbeitet intern mit dem Lab-Modus, ebenso wie der Druckstandard PostScript ab Level II.

Laserdrucker Ein Laserdrucker schreibt die Pixeldaten durch punktförmige Entladung auf eine elektrostatisch aufgeladene Fotoleitertrommel. Dieses Bild wird mit Toner geschwärzt und auf das Papier übertragen. Die typische Auflösung von

300 oder 600 dpi eines SW-Laserdruckers aus dem Bürobereich reicht nicht für gute Halbtonwiedergabe, da erst Blöcke von 4x4 oder 8x8 Punkten einen einzigen Bildrasterpunkt bilden, so dass pro Inch nur 75 oder 37 Bildpunkte übrig bleiben.

lpi Die Rasterweite beim Druck wird oft in lines per inch (lpi), Linien pro Zoll, angegeben. Je größer die Rasterweite, desto kleiner die Punkte, desto höher Auflösung und Qualität.

Messwertspeicher Bei Kameras: Sie können den Lichtwert eines bestimmten Bildbereichs anmessen und speichern; dann ändern Sie den Bildausschnitt, ohne dass die Kamera neue Messwerte aufnimmt. Stattdessen belichten Sie das Foto mit den zuvor gemessenen und gespeicherten Werten für Zeit und Blende.

Metadaten In der Bildbearbeitung: Informationen innerhalb einer Bilddatei, die nicht zur eigentlichen Bilddarstellung erforderlich sind, die das vorhandene Bild aber näher beschreiben – also nicht die Pixel, aber zum Beispiel Dateiname, Änderungsdatum oder Dateigröße. Auch die Exif-Belichtungsdaten der Digitalkameras, die Textnotizen nach IPTC-Standard und die Korrektureinstellungen für Camera-Raw-Dateien gehören zu den Metadaten.

Moiré Durch die Überlagerung mehrerer Rastermuster entsteht ein schillernder, unerwünschter optischer Effekt. Moirés entstehen zum Beispiel beim Scannen von gedruckten, also bereits gerasterten Vorlagen oder bei der Verarbeitung von sehr fein strukturierten Motiven, beispielsweise Textiloberflächen.

Neutralgrau Ein Bildbereich ist neutralgrau, wenn er keinerlei (sichtbare) Farbanteile enthält. Farbverfälschungen von Filmen, Scannern oder Druckern können durch Reproduktion einer garantiert neutralgrauen Fläche kontrolliert werden. Im RGB-Modell stellt man Neutralgrau mit den Werten 128 für Rot, Grün und Blau her; im HSB-Modell kommt es auf den Wert 0 für Sättigung und auf den Wert 50 für die Helligkeit an, während der H-Wert für die Farbe beliebig sein kann.

On the fly Bearbeitungen, die erfolgen, noch während eine vorhergehende Bearbeitung läuft, finden »on the fly« statt – zum Beispiel das Umrechnen von RGB-Scanner-Daten in CMYK noch während des Scan-Vorgangs.

OS Siehe »Betriebssystem«

PICT Im PICT-Dateiformat werden Grafiken zwischen Programmen auf dem Apple-MacIntosh-Computer übertragen. PICT2 kann 8- oder 24-Bit-Bilder verarbeiten. Auf Windows-kompatiblen Computern ist PICT wenig gebräuchlich.

Passerkreuze Passerkreuze sind Fadenkreuzmarkierungen, die auf den Druckplatten für die einzelnen CMYK-Druckfarben jeweils an der gleichen Stelle angebracht werden. Beim Übereinanderlegen lässt sich feststellen, ob die einzelnen Farbplatten beim Drucken passgenau sitzen. Beim Drucken mit EBV-Programmen können Passerkreuze wahlweise mitgedruckt werden.

Pfad In Illustrationsprogrammen setzt sich die Linie eines Pfads nicht aus einzelnen Pixeln zusammen, sondern aus Ankerpunkten und den Kurvenzügen dazwischen. Diese Bézier-Kurven werden durch Geraden kontrolliert, die die Ankerpunkte wie Tangenten schneiden. Eine Bewegung dieser Geraden verändert die Kurvenform. Pfade in Photoshop können als Maske, Beschneidungspfad oder gemalte Linie genutzt werden.

Photo CD Auf der früher verbreiteten Photo CD Master werden digitalisierte Bilder gespeichert, zum Beispiel rund 100 Bilder jeweils als sogenanntes ImagePack in je fünf Auflösungen zwischen 128x192 und 2048x3072 Bildpunkten; die typische Photo CD speichert Scans von Kleinbilddias und -negativen. Das dazugehörige Dateiformat heißt ebenfalls Photo CD, die Dateiendung lautet PCD. Die seltenere Pro Photo CD Master nimmt wahlweise auch das Format 4000x6000 Pixel auf und akzeptiert Durchlichtvorlagen bis 10x13 Zentimeter.

PictBridge Ein Standard, um Bilder direkt von der Digitalkamera zum Drucker zu übertragen, ohne dass ein Computer benötigt wird.

PIM Die Print Image Matching Technik (PIM) arbeitet ähnlich wie Exif (siehe dort). Die Informationen über Helligkeit, Kontrast und anderes werden auch von PIM-tauglichen Druckern übernommen.

Pixel Ein Pixel (picture element, Bildpunkt) ist die kleinste Einheit in einem digitalisierten Foto. Durch stark vergrößerte Darstellung auf dem Monitor können die quadratischen Pixel einzeln beurteilt und korrigiert werden. Je höher die Auflösung eines Scanners, desto höher die Zahl der Pixel pro Inch (ppi) und desto detailreicher die Darstellung.

Polygon Das geschlossene Vieleck (Polygon) gehört zu den Grundfiguren der Computergrafik. Polygone können mit EBV-Programmen sehr einfach erzeugt werden.

PostScript Die von Adobe entwickelte Seitenbeschreibungssprache PostScript stellt Schriftzeichen und grafische Elemente so dar, dass sie größenunabhängig in der höchstmöglichen Auflösung des Druckers oder Belichters ausgegeben werden können. PostScript-Elemente können auch mit grundsätzlich größenabhängigen Pixelbildern kombiniert werden. Das PostScript-Dateiformat heißt EPS (Encapsulated PostScript). Zum EPS-Bild gehört teilweise noch ein niedrig aufgelöstes Vorschaubild für die Anzeige der Datei im Layoutprogramm. Bereits in vier Farbauszüge vorsepariert ist das EPS/DCS-Format, auch hier gehört ein Platzhalter-Pixelbild dazu.

Posterizing Siehe Tontrennung

ppi Die Maßeinheit ppi (pixel per inch) gibt an, wie viele Bildpunkte ein Scanner je Zoll des Originals erfasst.

Prescan Beim Prescan, dem Vorabscan, wird die gesamte zu scannende Vorlage mit niedriger Auflösung gescannt, um sie in ein Vorschaufenster zu laden. Danach wird der eigentlich benötigte Bildausschnitt gewählt.

Proof Bevor ein Bild in Massenauflage erscheint, soll ein Proof gedruckt werden – ein Einzeldruck, der verbindlichen Aufschluss über die zu erwartende Bildqualität gibt, am besten auf Auflagenpapier.

Prozessor Der Prozessor ist der zentrale Rechenchip eines Computers. Neben der Rechengeschwindigkeit (zum Beispiel 2 Gigahertz) zählen auch Datenbreite (beispielsweise 64 Bit), Fließkommaeinheit, Hitzeentwicklung und integrierter Zwischenspeicher (Cache) zu den Kriterien. Weitere Bezeichnung: CPU (Central Processing Unit).

Punkt Schriftgrößen werden in der Typografie in der Einheit »Punkt« gemessen. Der in Europa gebräuchliche Didotpunkt misst 0,375 mm, der Pica-Punkt 0,351 mm. Auch bei der Texteingabe in EBV-Programmen wie Photoshop kann die Schriftgröße in Punkt vorgegeben werden; die daraus entstehende Pixelfläche hängt von der vorgegebenen Druckauflösung der Datei ab.

Punktschluss Je größer ein einzelner Bildpunkt, desto eher stößt er an den Nachbarpunkt. Sobald dieser sogenannte Punktschluss eintritt, erhöht sich der Grauwert deutlich. Sichtbar wird das allerdings höchstens bei feinen Grauverläufen. Die Rasterform entscheidet, wie schnell ein Bild dunkel zuläuft. Bei einem quadratischen Punkt tritt der Punktschluss bei rund 40 Prozent Grauwert ein, bei einem runden Punkt erst bei 65 Prozent, bei elliptischen Punkten bei 50 und 75 Prozent. Gröbere Raster, etwa vom Laserdrucker, zeigen den Punktschluss weniger deutlich.

RAM Random Access Memory. Siehe Arbeitsspeicher.

Raster Viele Drucker (etwa Laserdrucker oder Filmbelichter für den Offset-Druck) können nur Schwarz drucken, keine Halbtöne. Deswegen muss das Bild gerastert werden: Hellere Bildwerte werden durch kleinere, größere Bildwerte durch größere Bildpunkte dargestellt, alle schwarz, dazwischen liegt jeweils weiße Fläche. Der Punktabstand bleibt dabei konstant. Der unterschiedliche Schwarzweißanteil auf jedem Quadratzentimeter simuliert Graustufen. Jeder Bildrasterpunkt setzt sich aus wesentlich kleineren, jeweils gleich großen Belichterpunkten zusammen.

Rastertiefe Die Zahl der verschiedenen Grauwerte in einem Bild hängt davon ab, wie viele Pixel einen Rasterpunkt im Druck bilden. Je mehr Pixel einen Rasterpunkt bilden, zum Beispiel 8x8, desto besser ist die Rastertiefe, also die Zahl der Halbtöne. Damit sinkt jedoch automatisch die Auflösung.

Rasterweite Die Zahl der Bildpunkte pro Zentimeter oder Inch (Zoll) beim Druck von Fotos. Unterschiedlich große Rasterpunkte je Flächeneinheit stellen helle oder dunkle Bildteile dar; die unterschiedlich großen Rasterpunkte werden aus vielen Druckerpunkten zusammengesetzt. Hochwertiger Druck verlangt 60 bis 80 Linien pro Zentimeter auf gestrichenem Papier. Tageszeitungen kommen mit 32 Linien aus.

Rasterwinkel Im Offset-Druck steigt der Schärfeeindruck, wenn die Rasterpunkte nicht in Zeilen nebeneinanderliegen, sondern schräg versetzt angeordnet sind. Im SW-Druck ist ein 45°-Rasterwinkel üblich; die vier Farbauszüge einer Vierfarbdatei werden zur Vermeidung von Moiré mit unterschiedlichen Rasterwinkeln gedruckt.

Raw-Dateien Siehe Camera-Raw-Dateien

RGB-Farbmodell Wenn die additiven Leuchtfarben Rot, Grün und Blau mit gleicher, voller Stärke übereinander projiziert werden, addieren sie sich zu Weiß. Nach diesem Prinzip arbeiten Farbmonitore. Eine Nulldichte von Rot, Grün und Blau führt zu Schwarz; jeder mittlere Gleichstand der drei Grundfarben zeigt einen reinen Grauwert dazwischen. Auch Farbdateien in PC-Bildverarbeitungsprogrammen sind oft nach dem RGB-Schema aufgebaut, in Photoshop sind aber auch CMYK oder LAB möglich. Dia- und Fotopapierbelichter arbeiten nach dem RGB-Schema, indem sie nacheinander den Diafilm mit den Grundfarben Rot, Grün und Blau bestrahlen.

Rollover-Effekt Ruht der Mauszeiger über einem definierten Bereich einer Internetseite, verändert sich dieser Bereich, eventuell erscheinen eine Einblendmeldung und ein Hinweis in der Statusleiste des Internetprogramms. Dieser Effekt, der mit der Programmiersprache JavaScript erzeugt wird, heißt Rollover-Effekt oder auch Mouseover-Effekt.

Scanner Scanner leuchten Vorlagen ab und setzen die gemessenen Helligkeitswerte in Bilddateien um. Dabei entsteht je nach Scannerauflösung eine bestimmte Zahl von Bildpunkten je Zoll der Vorlage. Verbreitet sind Flachbettscanner; sie arbeiten mit CCD-Elementen, deren innerer elektrischer Widerstand sich in Abhängigkeit vom einfallenden Licht verändert. Bei professionellen Trommelscannern wird die Vorlage auf eine rotierende Trommel gespannt, in Photo-Multiplier-Technik abgetastet und von einem Wandler direkt in CMYK umgerechnet.

Schmuckfarben Die Standarddruckfarben (Skalenfarben) entstehen aus der Mischung von Cyan, Yellow, Magenta und Black (CMYK, subtraktive Farbmischung). Schmuckfarben (auch Spotfarben oder Volltonfarben) können als weitere Druckfarben hinzukommen. Sie betonen einen Farbton, der durch die Mischung der üblichen CMYK-Farben nicht markant genug erscheint, zum Beispiel die Signalfarbe eines Herstellers. Schmuckfarben werden einzeln aus Tabellen von Anbietern wie Pantone oder HKS ausgewählt und meist zusätzlich zu den CMYK-Auszügen gedruckt.

Schnappschuss Der Schnappschuss ist eine Momentaufnahme des Zustands einer Datei während einer Bearbeitung. In Photoshop erstellt man einen Schnappschuss mit der Protokollpalette. Man kann später zu dem Bildzustand, wie er im Schnappschuss festgehalten ist, zurückkehren; dabei ändert man entweder das komplette Bild oder nur Teile.

Schnittmaske Technik, bei der Photoshop mehrere Montageobjekte nur innerhalb der Umrisse eines bestimmten Montageobjekts zeigt. Zum Beispiel sehen Sie mehrere Objekte nur innerhalb der Buchstaben eines Schriftzugs, sie reichen im sichtbaren Bild nicht darüber hinaus.

Seitenverhältnis Das Verhältnis zwischen der Länge einer horizontalen und einer vertikalen Kante eines Bilds. Das Seitenverhältnis ist zum Beispiel wichtig bei der Vorbereitung einer Datei für die Ausbelichtung auf Diamaterial oder Fotopapier.

Skalenfarben Siehe Schmuckfarben

Skalierung Veränderung der Außenmaße eines Bildinhalts oder Bildteils, also eine Vergrößerung oder Verkleinerung

Slice Man kann größere Bilder in mehrere kleine Bilder – Slices – zerlegen, um diese Elemente dann je nach Bildinhalt optimiert zu speichern, separat zu übertragen und erst auf der Internetseite beim Betrachter wieder mithilfe einer HTML-Tabelle zusammenzusetzen. Die Slices lassen sich überdies mit individuellen Hyperlinks oder Rollover-Effekten ausstatten (siehe Hyperlinks und Rollover-Effekte).

SLR Siehe Spiegelreflexkamera

Smart Objekt Eine spezielle Ebene in einer Photoshop-Montage. Die Montage zeigt und speichert Informationen, die Photoshop sonst in Ebenenmontagen gar nicht aufnimmt – zum Beispiel die Originalpixel auch nach dem Verkleinern, Camera-Raw-Originaldaten und komplexe Vektorgrafik. Die Originaldaten stehen jederzeit wieder zur Verfügung.

Spiegelreflexkamera Spiegelreflexkameras zeigen im Sucher annähernd das Bild, das auch auf den Film oder den Aufnahmechip gelangt: Das Objektiv leitet das Licht auf einen Spiegel vor der Aufnahmefläche, von dort wird das Bild in den Sucher gelenkt. Im Moment der eigentlichen Aufnahme klappt der Spiegel weg, Film oder Chip können belichtet werden. Kurzbezeichnung: SLR für Single Lens Reflex, DSLR meint digitale Spiegelreflexkameras. Gegenstück sind zum Beispiel Sucherkameras (Kompaktkameras), bei denen das Licht einmal durch das Objektiv auf den Film und separat durch eine Öffnung in den Sucher gelangt; die Abbildung im Sucher der Sucherkameras ist vor allem im Nahbereich ungenau. Typischerweise, aber nicht zwingend, ermöglichen Spiegelreflexkameras Wechselobjektive, während Sucher- oder Kompaktkameras meist keinen Objektivwechsel erlauben.

Spotfarben Siehe Schmuckfarben

Lexikon

Spotmessung Technik, bei der die Kamera nicht den durchschnittlichen Lichtwert im gesamten Sucherbild misst; stattdessen wird nur ein sehr kleiner Teil des Gesamtbilds angemessen. So kann gezielt ein repräsentativer Bildteil angemessen werden, Gegenlicht oder große Schattenzonen führen nicht zu unerwünschten Ergebnissen.

Statusleiste Erscheint unten in jedem Bildfenster. Enthält je nach Einstellung Angaben zum Speicherbedarf, zur Zoomstufe und zum aktuellen Werkzeug.

Strichzeichnung Eine Strichzeichnung (Line-Art) enthält nur die Tonwerte Schwarz und Weiß. Jeder Bildpunkt braucht damit nur ein Bit.

Subtraktive Grundfarben Siehe »CMYK«

Sättigung Farbintensität im Gegensatz zu Farbwert und Helligkeit. Genannt wird das Verhältnis zwischen reiner Farbe und gleich hellem Grau. Siehe »HSV«.

Thermosublimationsdrucker Der Farb-Thermosublimationsdrucker bringt Bildpunkte durch punktuelle Erhitzung eines wärmeempfindlichen Farbbands zu Papier. Als Farbträger dient eine mit den CMYK-Grundfarben beschichtete Polyesterfolie. Die Druckauflösung wird durch die Anzahl der Halbleiterelemente auf der Thermoschiene bestimmt, der Grad der Erhitzung legt den Halbton fest. Thermotransferdrucker arbeiten mit einer ähnlichen Technik, können aber keine Halbtöne unterscheiden; sie müssen rastern, was die Auflösung herabsetzt.

Thermotransferdrucker Siehe Thermosublimationsdrucker

Thumbnails (Miniaturen) Starke Verkleinerungen von Bildern, Ebenen oder Seitenlayouts zur Übersicht und Dateiauswahl zum Beispiel in Bilddatenbanken oder in Photoshops Paletten für Ebenen, Kanäle und Pfade.

TIFF Das Tagged Image File Format (TIFF) ist ein weit verbreitetes Dateiformat für Pixelbilder. TIFF nimmt auch Alphakanäle auf und verarbeitet zahlreiche Farbmodi. Die LZW-Komprimierung innerhalb des TIFF-Formats spart verlustfrei Festplattenplatz.

Tontrennung Die Tontrennung, auch »Posterizing« oder »Postereffekt« genannt, reduziert ein Bild auf wenige Graustufen oder Farbtöne und erzeugt so eine plakative Wirkung.

Tonwertzuwachs Der Tonwertzuwachs wird definiert als Helligkeitsunterschied zwischen der Filmvorlage und dem fertigen Druckergebnis. Durch das Saugverhalten des Papiers nimmt die Größe von Rasterpunkten im Ausdruck zu. Dieser Tonwertzuwachs (oder Punktüberhang oder Punktzuwachs) macht die Reproduktion vor allem in den mittleren Tönen dunkler als geplant. Der Tonwertzuwachs kann in den Photoshop-Grundeinstellungen für Druckfarben ausgeglichen werden.

Transformieren In Photoshop Änderung von Größe, Seitenverhältnis, Drehwinkel oder Verzerrungsgrad bei einer Montageebene, aber auch bei Auswahlumrissen oder Pfaden. Meist über den Befehl **Frei Transformieren** (Strg+T).

Trommelscanner Siehe Scanner

Truecolor Mit dem Begriff Truecolor beschreibt man die Fähigkeit einer Grafikkarte, Farben mit einer Datentiefe von 24 Bit darzustellen. Das ermöglicht pro RGB-Grundfarbe acht Bit bzw. 256 verschiedene Dichtestufen. So können 256x256x256 = 16,7 Millionen Farben angezeigt werden. 16-Bit-Karten zeigen rund 64.000 Farben; das ist die Kategorie Hicolor.

Twain Der Twain-Standard soll Scanner und Bildverarbeitungsprogramme (aber auch DTP-, Grafik- und Textsoftware) universell miteinander verbinden. Anbieter von EBV- oder sonstiger Grafiksoftware schreiben keine spezialisierten Treiber für jeden einzelnen Scanner. Sie bauen nur eine Twain-Schnittstelle ein, über die man eine Scan-Software lädt, die der Scanner-Hersteller mitliefert – universell passend für alle Twain-kompatiblen Programme. Über den Befehl »Anbinden« bzw. »Acquire« wird die Treibersoftware für den Scanner als eigenes Fenster im EBV-Programm aufgerufen. Gerüchteweise steht »Twain« für »Tool without an important name«. Doch die Twain-Erfinder von Aldus, Caere, Kodak, Logi und Hewlett-Packard wählten die Vokabel »Twain«, eine veraltete englische Form für »zwei«, nach einem Rudyard-Kipling-Zitat: »... and never shall the twain meet«. Mit Twain sollen Scanner und Software angeblich doch zusammenarbeiten.

UCA (Unterfarbenzugabe) Im Druck können dunkle Bereiche flach wirken, wenn die Schatten überwiegend mit der Druckfarbe Schwarz erzeugt werden. Hier verwendet man bei der Farbseparation von RGB- in CMYK-Daten die Unterfarbenzugabe (UCA), die in den Schatten auch Cyan-, Magenta- und

Gelbanteile hinzufügt und entsprechenden Schwarzanteil entfernt. Die Unterfarbenzugabe verhindert einen Tontrennungseffekt in detailreichen dunklen Bildteilen. Sie ist nur bei Farbseparation nach dem GCR-Schema (siehe dort) möglich.

UCR   Wenn bei der Farbseparation Cyan-, Yellow- und Magentawerte übereinanderliegen, um Schwarz oder Grau zu bilden, druckt man in dunklen Bildteilen nur zwei Farben und einen entsprechenden Schwarzanteil, um Druckfarbe zu sparen. Dafür wird die Unterfarbenkorrektur (UCR, Under Color Removal) eingesetzt, wie sie auch Photoshop anbietet. In den Teilfarbauszügen werden die Anteile von Cyan, Magenta und Gelb reduziert und durch Schwarz ersetzt. Während UCR nur auf die Schattenbereiche eines Bilds wirkt, bearbeitet das Gray Component Replacement, GCR, den gesamten Tonwertumfang.

Überfüllung   Beim Drucken entstehen unerwünschte weiße Blitzer zwischen Farbflächen, wenn das Papier sich beim Lauf durch die Druckmaschine verzieht. Darum werden mit einer Überfüllung die vorgegebenen Maße der jeweiligen Farbflächen um minimale Beträge, meist nicht mehr als 0,25 Millimeter, erhöht. Die Überlappungszonen werden vom Betrachter nicht wahrgenommen, gleichen aber den Papierverzug aus.

Unbuntaufbau   Gleiche Anteile der Druckfarben Cyan, Gelb und Magenta sollten theoretisch Grau ergeben, so dass bei jeweils 100 Prozent Farbdeckung Schwarz zustande kommt. Beim dreifarbigen Aufbau eines Bilds ergibt der Anteil, der in allen drei Farben vorkommt, Grau. Dazu kommt noch die Tatsache, dass sich in der Druckpraxis die drei Grundfarben durchaus nicht zu neutralem Grau mischen, sondern eher zu Braun oder Grün. Darum kann man die Farbe auch gleich durch zwei Buntauszüge und einen Grauwert darstellen, also als vierte Druckfarbe Schwarz verwenden. Dieser Unbuntanteil wird jedoch in der Praxis nicht vollständig durch Schwarz übernommen, weil dies zu Detailverlusten im Schattenbereich unbunter und stark gebrochener Farben führt. Wird der Unbuntaufbau auf die Tiefen eines Bilds beschränkt, redet man von Under Color Removal, UCR. Erstreckt sich der Ausgleich auf alle Dichtebereiche, nennt man das Verfahren Gray Component Replacement, GCR. Im Druckprozess reduziert der Unbuntaufbau die Farbmenge, wodurch sich der Druck beschleunigt.

URL   Der »Unique Resource Locator« (URL) ist die weltweit gültige, eindeutige Speicheradresse einer Datei, zum Beispiel einer Internetseite im HTML-Format. Jede Internetadresse wie »http://www.mut.de/index.htm« gilt als URL, es kann aber auch der Pfad einer Datei auf einer lokalen Festplatte sein.

USB   Standard zur Datenübertragung zum Beispiel zwischen Digitalkamera und Computer. Neu angeschlossene Geräte werden im laufenden Betrieb sofort erkannt. Die Variante »USB 2.0 Hi-Speed« überträgt weitaus schneller als »USB 1.1« oder »USB 2.0 Full Speed«.

Variablen   »Variablen« sind bei Photoshop Eigenschaften einer Montage, die sich durch eine automatisierte, datenbankgestützte Bearbeitung verändern lassen. So kann man einzelne Montageebenen verbergen oder ausschalten und den Wortlaut von Textebenen ändern.

Vektorgrafik   Bildelement, das sich nicht wie übliche digitalisierte Fotos aus einzelnen Bildpunkten, sondern aus Kurven und Füllflächen zusammensetzt – in Photoshop zum Beispiel Formebenen.

Vektorisieren   Die Umwandlung eines pixelorientierten Bilds (Bitmap) in eine Menge von Geraden mit definierten Anfangs- und Endpunkten (Vektoren) sowie Kurven und Flächen. In einem vektorisierten Bild werden Formen durch Setzen von Ankerpunkten verändert. Das Umwandeln von Bitmap zu Grafik (auch »Tracing« genannt) kann durch manuelles Nachzeichnen oder automatisch geschehen. Zum Vektorisieren dienen spezialisierte Programme. Vektorgrafiken benötigen meist weniger Speicherplatz als entsprechende pixelorientierte Bitmaps und können ohne Qualitätsverlust beliebig groß mit der Höchstauflösung des Druckers ausgegeben werden.

Vektormaske   Verbirgt Teile eines Montageobjekts, ohne sie dauerhaft zu löschen. Vektormasken werden mit Pfadtechnik geformt, eignen sich also besonders für homogene Umrisse und ermöglichen keine weichen Übergänge.

Vignettierung   Durch Objektivfehler erscheinen die Ränder eines Fotos dunkler als der mittlere Bereich. Kann in Photoshop teilweise ausgeglichen werden.

Virtueller Speicher   Der virtuelle Speicher (auch swap file, page file, Auslagerungsspeicher) simuliert einen größeren Arbeitsspeicher (RAM), als physikalisch tatsächlich vorhanden ist. Der physikalisch vorhandene Arbeitsspeicher wird dabei durch Teile zum Beispiel der Festplatte erweitert. Photoshop verwendet unabhängig vom Betriebssystem einen eigenen virtuellen Speicher (Arbeitsvolume), der in den Voreinstellungen festgelegt wird. Muss Photoshop den virtuellen Speicher verwenden, wird das Programm langsamer.

Volltonfarben   Siehe Schmuckfarben

Weiche Auswahlkante   In Photoshop lässt sich eine »weiche Kante« definieren; damit franst der Auswahlrand weich aus und geht bei einer Montage fließend in den neuen Hintergrund über. Auch wenn der Bildausschnitt gefiltert oder mit Farbe gefüllt wird, endet die Wirkung weich im Bereich der Auswahlgrenze. Fünf Pixel Radius bedeuten fünf Pixel weichen Rand auf jeder Seite der Auswahllinie. Siehe »Glätten« und »Auswählen«.

Weißabgleich   Je nach Farbtemperatur (siehe dort) korrigieren Digitalkameras das gespeicherte Bild so, dass Neutraltöne tatsächlich neutral erscheinen – zum Beispiel mit Vorgaben wie »Tageslicht« oder »Glühlampenlicht«. Beim Öffnen der Camera-Raw-Dateien von Digitalkameras bietet Photoshop diesen Weißabgleich an. Der Weißabgleich orientiert sich an der Farbtemperatur, die aus der spektralen Verteilung des Lichts bei der Aufnahme resultiert – also aus der Farbstimmung. Die Angaben orientieren sich an der Farbe einer Flamme bei verschiedenen Kelvin-Temperaturen. Niedrige Farbtemperaturen wie 3000 Kelvin wirken »warm« oder rötlich, Norm-Weiß hat 5500 Kelvin, hartes Mittagslicht mit 10000 Kelvin wirkt bläulich.

XML   Extensible Markup Language; Industriestandard zur Übergabe von Metadaten (siehe Metadaten). Photoshop-Hersteller Adobe entwickelte die XML-kompatible Variante XMP (Extensible Metadata Platform). Die Programme Photoshop und Bridge speichern viele Informationen innerhalb einer Bilddatei als XMP-Block oder in separaten XMP-Dateien.

XMP   Siehe XML

Zwischenablage   Über die Zwischenablage des Betriebssystems werden ausgewählte Dateiausschnitte von einem Programm ins andere oder von einer Datei in die andere übertragen. Der Befehl »Kopieren« überträgt den markierten Bereich, ohne dass die Datei im aktiven Fenster verändert wird. Der Befehl »Ausschneiden« entfernt dagegen den markierten Teil aus der Ursprungsdatei. Mit dem Befehl »Einfügen« wird der Inhalt der Zwischenablage in eine neue Datei eingesetzt. Photoshop verwendet eine programmeigene Zwischenablage unabhängig vom Betriebssystem. Beim Wechsel zu einem anderen Programm kann Photoshop die Daten aus der Photoshop-Zwischenablage an die Zwischenablage des Betriebssystems übergeben.

Stichwortverzeichnis

1-2-3 Process (Dr. Brown's Services) 85
16-Bit-Kanal (Bild-Befehl) 91
32-Bit-Kanal (Bild-Befehl) 251
8-Bit-Kanal (Bild-Befehl) 91

A

Abbildungsmaßstab (Zoomstufe) 44
Abdunkeln (Füllmethode) 578
    bei Alphakanälen 458
Abgeflachte Kante und Relief (Ebeneneffekt) 597
    Beispiele 60, 400, 591, 609, 656, 657
    Relief an allen Kanten (Option) 598
Abgerundetes Rechteck (Formwerkzeug) 480
Abrunden (Auswahl-Befehl) 441
Absatz zurücksetzen (Befehl Absatzpalette) 649
Absatzformatierung (Textfunktion) 647
Absatztext
    Absatzformatierung 647
    Blocksatz 648
    innerhalb einer Form 640
    Kurzerklärung 637
    mit Rechteckrahmen 639
    Silbentrennung 648
    Zeilenumbruch verhindern 649
Abstand (Pinselvorgaben) 329
Abwedler (Aufhellwerkzeug) 278
Acrobat-Dateiformat (PDF) 787
Adaptiv (Option Farbtabellenwahl) 723
Additive Farbmischung 92
Adobe Einzeilen-Setzer (Textfunktion) 648
Adobe Reader (mit PDF-Präsentation) 690
Ähnliche Ebenen (Auswahl-Befehl) 517
Ähnliches auswählen (Auswahl-Befehl) 435
AI-Dateiformat 786
Aktionenpalette
    Aktion als Photoshop-Droplet speichern 83
    Aktion ausführen 80
    Aktion duplizieren 79
    Aktion erneut aufzeichnen 79
    Aktion erstellen 75
    Aktion speichern 79
    Aktionen laden und ersetzen 80
    Aktions-Optionen 79
    Bedingte Modusänderung 76
    Befehl erneut aufzeichnen 79
    Befehle aufzeichnen 75
    Befehle ausschalten 80
    Befehle im Überblick (Tabelle) 74
    Befehle nachträglich einfügen 78

    Befehle verschieben 79
    Dialogfeld anzeigen 80
    Einstieg 72
    Fortfahren zulassen 79
    Freistellwerkzeug aufzeichnen 76
    Infografik 73
    Listenmodus 72
    Löschen eines Objekts widerrufen 79
    Maßeinheiten 76
    mehrere Objekte markieren 79
    Menübefehl einfügen (Befehl) 78
    Orientierung am Lineal 76
    Pfad einfügen 77
    Schaltflächenmodus 72
    Set erstellen 75
    Stapelverarbeitung (mehrerer Dateien) 81
    Transformieren-Befehle aufzeichnen 76
    Unterbrechung einfügen 78
    Verläufe aufzeichnen 76
Aktualisieren des Bildzustands (Voreinstellungen) 111
Aktualisierungen (Hilfe-Befehl) 27
Alle Ebenen (Auswahl-Befehl) 517
Alle Ebenen in Gruppe fixieren (Ebene-Befehl) 518
Alles auswählen (Auswahl-Befehl) 435
Alles einblenden (Bild-Befehl) 207
Alphakanäle
    Alternativen 456
    Arbeitsspeicherbedarf 455
    duplizieren 460
    Eigenschaften im Einzelnen 455
    Einstieg 454
    geglättete Kanten retuschieren 465
    Kanälepalette 459
    Kanaloptionen 460
    kompatible Dateiformate 457
    Pinselretusche und Füllen 465
An Auswahl ausrichten (Ebene-Untermenü) 531
Animation
    aktueller Frame 703
    Alle Frames auswählen (Palettenbefehl) 703
    Alle Frames löschen (Palettenbefehl) 704
    Animation optimieren (Palettenbefehl) 706
    Anzahl der Durchläufe festlegen 692
    aus einer einzigen Ebene ableiten 696
    Bildübergänge mit Dazwischen einfügen (Palettenbefehl) 697
    Ebene in allen Frames anpassen (Palettenbefehl) 694

    Ebenenbearbeitung und Einzelbilder 694
    Ebenenmasken 695
    Ebenenpalette Photoshop 702
    Einführung 691
    Einzelbilder auswählen 702
    Einzelbilder löschen 704
    Frames auf Ebene reduzieren (Palettenbefehl) 695
    Frames einfügen (Palettenbefehl) 703
    Frames kopieren (Palettenbefehl) 703
    Frames umkehren (Palettenbefehl) 704
    Frames verschieben 704
    frame-spezifische Änderungen 696
    Informationen im Internet 706
    Miniaturengröße in Palette ändern 702
    Speichern als GIF-Datei 706
    Speichern als Photoshop-Datei 706
    Speichern als Videodatei 706
    Standzeit des Einzelbilds 692
    Videoexport 691
    Vorschau im Web-Browser 705
    Vorschau in ImR o. PhS 704
    Weitere Einzelbilder hinzufügen 695
Animation optimieren (Palettenbefehl) 706
Ankerpunkt-hinzufügen-Werkzeug
    bei Pfaden 475
Ankerpunkt-löschen-Werkzeug 475
Ankerpunkt-umwandeln-Werkzeug 476
Anordnen (Ebene-Untermenü) 513
Ansicht-Befehl
    Ausrichten an (Untermenü) 527
    Auswahlkanten 435
    Bildschirmmodus (Untermenü) 765
    Druckformat 183
    Ebenenkanten 515
    Einblenden (Untermenü) 767
    Extras 767
    Farb-Proof 95
    Farbumfang-Warnung 95
    Ganzes Bild 46
    Hilfslinien einblenden 526
    Hilfslinien fixieren 526
    Lineale einblenden 767
    Magnetische Hilfslinien 527
    Neue Hilfslinie 526, 527
    Neues Fenster 48
    Papierweiß simulieren 95
    Proof einrichten (Untermenü) 95
    Schwarze Druckfarbe simulieren 95

Stichwortverzeichnis

Slices löschen 747
Standardmodus 765
Tatsächliche Pixel 46
Vollbildmodus 765
Vollbildmodus mit Menüleiste 765
Anti-Aliasing (Kantenglättung)
  bei Auswahlfunktionen 421
  bei Text 651
Aquarell (Filter-Befehl) 396
Arbeitsbereich speichern (Bridge) 107
Arbeitsbereich speichern (Fenster-Befehl Photoshop) 770
Arbeitsdateigrößen (Systembeanspruchungsmenü) 763
Arbeitsfarbraum (Farbeinstellungen) 53
Arbeitsfläche (Bild-Befehl) 205
Arbeitsfläche drehen (Bild-Befehl) 271
Arbeitspfad versus Pfad 485
Arbeitsspeicher
  freihalten 763
  Photoshop zuteilen 761
  verfügbaren A. messen 763
Arbeitsvolumes (Voreinstellungen) 761
Arithmetisches Mittel (Ebene-Befehl, nur CS3 Extended) 296
Auf Dateigröße optimieren (Befehl Für Web und Geräte speichern) 731
Auf eine Ebene reduzieren (Ebene-Befehl) 525
Auf eine Ebene reduziert kopieren (Bearbeiten-Befehl)
  bei deckungsgleichen Ebenen 571
  bei Effektebenen 503
  Einstieg 505
Auf Hintergrundebene reduzieren (Ebene-Befehl) 525
Aufhellblitz 808
Aufhellen (Füllmethode) 578
  bei Alphakanälen 458
Aufhellwerkzeug (Abwedler) 278
Auflösung
  Abwägung 181
  ändern mit Pixelneuberechnung 184
  anzeigen 182
  Beispiel 10-Megapixel-Datei 187
  berechnen 180
  Megapixelklassen 154
  Qualitätsreserve 182
Aufnahmebereich verwenden (Pinselvorgaben) 328
Ausbessernwerkzeug 288
Ausblenden (Option Freistellwerkzeug)
  Beispiel 202, 203
  Besprechung 192
Ausgerichtet
  Option Kopierstempel, Reparaturpinsel 284, 286
  Option Musterstempel 334
Ausrichten an (Ansicht-Untermenü) 527

Ausschluss (Füllmethode) 581
Ausschneiden (Bearbeiten-Befehl) 764
Außerhalb der Auswahl einfügen (Variante von In die Auswahl einfügen, Bearbeiten-Befehl) 510
Auswahl aufheben (Auswahl-Befehl) 435
Auswahl erstellen (Pfadpalette) 490
Auswahl laden (Auswahl-Befehl) 458
Auswahl speichern (Auswahl-Befehl) 457
Auswahl transformieren (Auswahl-Befehl) 438
Auswahl umkehren (Auswahl-Befehl) 435
Auswahl vergrößern (Auswahl-Befehl) 435
Auswahl-Befehl
  Abrunden 441
  Ähnliche Ebenen 517
  Ähnliches auswählen 435
  Alle Ebenen 517
  Alle Slices (nur ImR bei aktuellem Slice-Werkzeug) 747
  Alles auswählen 435
  Auswahl aufheben 435
  Auswahl laden 458
  Auswahl speichern 457
  Auswahl Transformieren 438
  Auswahl umkehren 435
  Auswahl vergrößern 435
  Erneut auswählen 435
  Erweitern 438
  Farbbereich 443
  Kante verbessern (Besprechung) 437
  Kante verbessern (Kritik) 759
  Rand 441
  Transformieren-Untermenü 438
  Verkleinern 438
  Weiche Auswahlkante 422
Auswahlfunktionen
  Alles auswählen 435
  Außerhalb der Auswahl einfügen (Bearbeiten-Befehl) 510
  Auswahl aus Ebenen und Ebenenmasken ableiten 436
  Auswahl außerhalb des Bilds 420
  Auswahl gleichmäßig verkleinern, erweitern 438
  Auswahl in Pfad umwandeln 488
  Auswahl laden per Kanälepalette 458
  Auswahl örtlich verkleinern, erweitern 439
  Auswahl speichern 457
  Auswahl umkehren 435
  Auswahlen erkennen 434
  Auswahlen vergrößern, verkleinern 419
  Auswahlmarkierung bewegen 419
  Auswahlmarkierung verbergen 435
  Auswahlsprünge glätten 440
  Auswahlwerkzeuge (Übersicht) 418
  Befehle im Überblick (Tabelle) 442
  Einstieg 418

Extrahieren (Filter-Befehl) 447
Freistellen-Befehl 198
In die Auswahl einfügen (Bearbeiten-Befehl) 509
Kontur füllen 317
Korrektur per Pfad 489
Pfad in Auswahl umwandeln 490
Transformieren 438
Auswahlkanten (Ansicht-Befehl) 435
Auswahlrechteck 434
Auswahlwerkzeuge
  Auswahlrechteck, Auswahloval 433
  Einzelne Spalte 434
  Einzelne Zeile 434
  Glätten-Option 421
  Hintergrund-Radiergummi 429
  Kontextmenü 419
  Lasso 431
  Magischer Radiergummi 428
  Polygon-Lasso 432
  Schnellauswahlwerkzeug (Besprechung) 423
  Schnellauswahlwerkzeug (Kritik) 759
  Tastaturkombinationen 420
  Übersicht 418
  Weiche Kante 422
  Zauberstab 425
Auto-Auflösung (Bildgröße-Option) 188
Auto-Farbe (Bild-Befehl) 231
Auto-Kontrast (Bild-Befehl) 231
Autokorrektur-Optionen 234
Automatisch löschen (Buntstift-Option) 333
Automatisch wählen (Option Verschiebenwerkzeug) 515
Auto-Schaltfläche bei Gradationskurven und Tonwertkorrektur 228
Auto-Tonwertkorrektur (Bild-Befehl) 230

B

Banknoten in Bilddateien 54
Basis (Für Web und Geräte speichern) 729
Basrelief (Filter-Befehl) 397
Bearbeiten-Befehl
  Auf eine Ebene reduziert kopieren 505
  Ausschneiden 764
  Ebenen automatisch 557
  Ebenen automatisch ausrichten 555
  Ebenen automatisch ausrichten bei Panoramen 565
  Ebenen automatisch bei Panoramen 565
  Eigene Form festlegen 483
  Einfügen 503
  Farbeinstellungen 51
  Fläche füllen 317
  Frei transformieren 529, 538
  Frei transformieren Pfad 476
  Füllen (Protokolloption) 70

824

Stichwortverzeichnis

In die Auswahl fügen 509
In Profil konvertieren 53, 758
Kontur füllen 317
Kopieren 503, 764
Löschen 435
Muster festlegen 312
Pfad transformieren 476
Pinselvorgabe festlegen 324
Profil zuweisen 53, 758
Protokolle (Entleeren-Untermenü) 68
Punkte frei transformieren 476
Punkte transformieren 476
Rechtschreibung prüfen 649
Rückgängig 64
Schritt vorwärts 65
Schritt zurück 64
Tastaturbefehle 777
Text suchen und ersetzen 650
Verblassen 65
Vorgabe-Manager 771
Wiederherstellen 65
Bedienung
    bei geöffnetem Dialogfeld 774
    Dialogfelder 32
    die zehn wichtigsten Tastaturbefehle 31
    Paletten allgemein 768
    Tastaturkürzel allgemein 776
    typische Probleme 28
    Win- vs. Mac-Version 775
Bedingte Modusänderung (Datei-Befehl) 76
Beleuchtungseffekte (Filter-Befehl) 386
    Beispiel 370
Belichtung (Bild-Befehl) 252
    Gammaregler 239
Benutzer-Slice (siehe Slices) 746
Bereichsreparaturpinsel 285
Beschneiden (Option bei Auto-Kontrast-korrektur) 234
Beschneidung (bei Tonwertkorrektur, Gradationskurven) 235
Beschneidungspfad 486
    bei Office-Programmen 487
    Kurvennäherung 487
    mit EPS-Dateiformat 794
    Probleme 487
Beschnittgruppe (siehe Schnittmaske) 612
Beschriftung (Bridge)
    anlegen (Farbbalken) 110
    bei schreibgeschützten Dateien 111
    Bezeichnung ändern 111
    Speicherverfahren 111
Bewegungsunschärfe (Filter-Befehl) 382
    Beispiel 644
Bibliotheken 771
Bikubisch (Interpolationsmethode) 185
Bild duplizieren (Bild-Befehl) 525

Bild neu berechnen mit (Bildgröße-Option) 184
Bild-Befehl
    16-Bit-Farbtiefe 91
    32-Bit-Kanal 251
    8-Bit-Kanal 91
    Alles einblenden 207
    Arbeitsfläche 205
    Arbeitsfläche drehen (per Eingabe) 271
    Auto-Kontrast 231
    Auto-Tonwertkorrektur 230
    Belichtung 252
    Bild duplizieren 164, 525
    Bildberechnungen 583
    Bildgröße 184
    Bildgröße (bei Ebeneneffekten) 595
    Farbbalance 257
    Farbe ersetzen 446
    Farbton/Sättigung (Sättigung ändern) 255
    Farbton/Sättigung (Umfärben) 336
    Fotofilter 259
    Freistellen 198
    Gleiche Farbe 264
    Gradationskurven 218
    Helligkeit/Kontrast 226
    Histogramm (nur Photoshop 7, siehe Histogramm-Palette) 212
    Kanalberechnungen 346
    Kanalmixer 261
    Modus (Untermenü) 88
    Schwarzweiß (Graustufenumsetzung) 347
    Schwarzweiß (hier farbig tonen) 340
    Schwellenwert 355, 360
    Selektive Farbkorrektur 263
    Tiefen/Lichter 243
    Tontrennung 362
    Tonwertangleichung 236
    Tonwertkorrektur 238
    Übersicht Anpassungen-Untermenü 208
    Variablen (Untermenü) 87
    Variationen 260
    Verlaufsumsetzung 353
    Zuschneiden 198
Bildberechnungen (Bild-Befehl) 583
Bilder von Kamera abrufen (Datei-Befehl Bridge) 164
Bildgröße (Bild-Befehl)
    Abwägung der Methoden 190
    Alternativen 184
    ändern ohne Neuberechnung 187
    Auto-Rasterung 188
    bei Ebeneneffekten 595
    Bild neu berechnen 184
    Einstieg 184
    Interpolationsmethoden 184
    nur Druckmaß ändern 187
    Proportionen erhalten 185

    Stile skalieren (Option) 186, 595
Bildpaket (Datei-Befehl) 61
Bildprozessor (Datei-Befehl) 84
Bildpyramide (Option TIFF-Dateiformat) 791
Bildrauschen
    bei Aufnahme verhindern 41
    Einstieg 291
    mit Ebenentechnik korrigieren 295
    Rauschen reduzieren (Filter-Befehl) 292
    Sensorgröße 41
Bildschirmdarstellung (Befehle im Überblick, Tabelle) 775
Bildschirmmodus (Ansicht-Untermenü) 765
Bildübersichten speichern (Voreinstellungen, jetzt Bildvorschauen) 168
Bildunterschrift (Drucken-Befehl) 57
Bildverarbeitung (Bridge-Befehl für Bildprozessor) 84
Bildvorschauen speichern (Voreinstellungen) 168
Bitmap-Dateiformat 795
Bitmap-Modus 97
Black-n-White (Dr. Brown's Services) 348
Bleistift-Werkzeug (Gradationskurven) 351
Blendenflecke (Filter-Befehl)
    Beispiel 332, 587
    Besprechung 412
Blocksatz (Textoption) 648
BMP-Dateiformat 795
Bridge 125
    .BridgeSort-Datei 105
    Arbeitsbereich speichern 107
    Befehle zum Auswählen und Markieren im Überblick 125
    Befehle zur Oberfläche im Überblick 103
    Beschriftung ändern (Farbbalken) 111
    Beschriftung anlegen (Farbbalken) 110
    Beschriftung bei schreibgeschützten Dateien 111
    Beschriftung speichern 111
    Cache exportieren 129
    Cache für Unterordner anlegen 129
    Cache, Speicherorte 128
    Cache, Übersicht 128
    Camera-Raw-Dateien verwalten 152
    Camera-Raw-Einstellungen anwenden (Bearbeiten-Untermenü) 151
    Camera-Raw-Einstellungen einfügen (Bearbeiten-Befehl) 151
    Camera-Raw-Standards zurücksetzen (Bearbeiten-Befehl) 151
    Camera-Raw-Voreinstellungen (Bearbeiten-Befehl) 152
    Datei in anderen Programmen öffnen 168
    Dateitypen zur Anzeige auswählen 104
    Dateitypzuordnung für Doppelklicks 168
    Drehen 117
    Duplizieren 117

Stichwortverzeichnis

Einfügen 116
Favoriten aufrufen 113
Favoriten einrichten 113
Favoritenliste bereinigen 113
Filterpalette 107
Fotoversand (Werkzeuge-Befehl) 665
Hintergrundfarbe 102
InDesign-Kontaktabzug erstellen (Werkzeuge-Befehl) 58
Infografik zu IPTC-Daten 136
Infografik zu Miniaturen 106
Kollektion neu anlegen 124
Kollektionen speichern Suchergebnisse 124
Kompaktmodus 102
Kopieren von Dateien durch Ziehen 116
Kritik 759
Löschen von Dateien 112
Lupe 105
Markieren (Auswählen) von Dateien 110
Metadatenpalette 141
Miniaturendarstellung 104
Neues Fenster 103
Neues synchronisiertes Fenster 103
Oberfläche verändern 102
oder Photoshop mit Camera-Raw-Dialog 146
Ordnerverwaltung 117
Platzieren (Datei-Untermenü) 624
Platzieren-Befehl 786
Präsentation, Bearbeitungsmöglichkeiten 127
Präsentation, Bildweiterschaltung 127
Präsentation, Darstellungsgrößen 126
Präsentation, Einstieg 125
Sortieren, .BridgeSort-Datei 105
Sortieren, automatisch 105
Sortieren, manuell 105
Stapel als Animation laufen lassen 115
Stapel anlegen 114
Stapelinhalt ändern 114
Stapelinhalt auswählen 115
Stapel-Titelbild ändern 115
Stapel-Umbenennung 118
Stichwörterpalette 137
Suchen, Einstieg 121
Suchen, Kriterien festlegen 122
Suchergebnisse anzeigen 123
Symbole unter Miniaturen 104
Übersicht 100
Umbenennen einer Einzeldatei 118
Verborgene Dateien anzeigen (Ansicht-Befehl) 105, 129, 152
Verschieben von Dateien 116
Voreinstellungen 128, 146
Vorherige Konvertierung (Bearbeiten-Befehl) 151
Vorschaupalette 105
Wertung anlegen (Sterne) 110
Wertung bei schreibgeschützten Dateien 111
Wertung speichern 111
Zuletzt verwendete Objekte 114
Zurückweisen 112
Buntglas-Mosaik (Filter-Befehl) 397
Buntstift (Malwerkzeug) 333
Buntstiftschraffur (Filter-Befehl) 396

C

Cache (Bridge)
    exportieren 129
    für Unterordner anlegen 129
    Größe steuern, löschen 129
    Speicherorte 128
    Übersicht 128
Cache (Voreinstellungen) 215
Cache-Stufe (für Histogramme, Voreinstellungen) 215
Camera Raw
    Abgleich-Regler 342
    Arbeitsablauf allgemein 145
    Arbeitsablauf Einzelbild 145
    Arbeitsablauf Stapelverarbeitung 146
    Auflösung 153
    Automatische Korrektur 157
    Belichtung-Regler 157
    Beschneidung anzeigen 159
    Bildeinstellungen 151
    Bildprozessor nutzen 147
    Camera-Raw-Dateien archivieren 152
    Camera-Raw-Datenbank 152
    Camera-Raw-Standards speichern 151
    Chromatische Aberration 275
    Digital-Negativ-Dateityp (DNG) 791
    Dynamik-Regler 158
    Einstellungen a.a. Dateien übertragen 150
    Einstellungen aktualisieren 145
    Einstellungen speichern 152
    Einstieg 143
    Einzelbild neu Speichern 149
    Exporteinstellungen (ACR-Befehl) 152
    Farblängsfehler 275
    Farbraum 155
    Farbstörungsreduktion 160
    Farbtemperatur 157
    Farbtiefe 155
    Farbtiefe steuern 153
    Fertig (Schaltfläche) 145
    Filialdokumente 152
    Freistellen 155
    Fülllicht-Regler 158
    Gradationskurve 159
    Graustufenumsetzung 160
    Größe (Pixelzahl) 153
    Helligkeit-Regler 158
    JPEG und TIFF i Raw-Dialog laden 144
    Klarheit-Regler 158
    Kontrast-Regler 158
    mehrere Bilder im Dialogfeld 146
    Photoshop oder Bridge auslasten 146
    Pixelzahl steuern 153
    Rauschreduzierung 160
    Reparatur-Regler 158
    Retuschierwerkzeug 161
    Rotgeblitzte Augen retuschieren 162
    Sättigung-Regler 158
    Scharfzeichnung, Ergebnis steuern 303
    Scharfzeichnung, Vorschau steuern 160
    Schwarz-Regler 158
    Speicheroptionen bei Stapelverarbeitung 149
    Stapelverarbeitung 146
    Teiltonung 342
    Temperatur 157
    Unterschied zu JPEG 143
    unterstützte Kameras 144
    verwalten in Bridge 152
    Vignettierung (Randabschattung) 160
    Weißabgleich 156
    Weißabgleich-Werkzeug 157
    Workflow-Optionen 153
Caption Maker (Dr. Brown's Services) 642
CGI (Computer Generated Imagery) 810
Chrom (Filter-Befehl) 397
Chromatische Aberration korrigieren
    mit Camera-Raw-Dialog 275
    mit Objektivkorrektur (Filter-Befehl) 275
Clipping-Pfad 486
CMYK-Modus 93
    Einstieg 93
    Farbseparation 94
    Subtraktive Farbmischung 94
    Verwendung 93
Composite (Option Photoshop-PSD-Dateiformat) 785
Computer Generated Imagery (CGI) 810
Conté-Stifte (Filter-Befehl) 397
Creative Suite 752

D

Dahinter auftragen (Füllmethode) 536
Datei-Befehl
    Bedingte Modusänderung 76
    Bildpaket 61
    Bildprozessor 84
    Dateien in Stapel laden 555
    Dateiinformationen 132
    Device Central 732
    Diaschau 700
    Droplet erstellen (Photoshop) 83
    Drucken 55
    Durchsuchen (nur PS 7, entfällt) 100

Stichwortverzeichnis

Ebenen in Dateien exportieren 197, 506
Ebenenkomp. in Dateien 522
Ebenenkomp. in PDF 523
Ebenenkomp. in WPG 523
Fotos freistellen und gerade ausrichten 166
Für Web und Geräte speichern 177
Kontaktabzug II 57
Letzte Dateien öffnen 167
Mehrseitige PDF in PSD (entfällt) 758
Neu 163
Öffnen 167
Öffnen als (nur Windows) 168
PDF-Präsentation 683
Pfade -> Illustrator 787
Photomerge 563
Platzieren (Photoshop, Bridge) 360, 624, 786
Schließen und zu Bridge gehen 100
Skriptereignis-Manager 86
Speichern unter 169
Stapelverarbeitung 81
Web-Fotogalerie 664
Zoomify 682
Zu HDR zusammenfügen (Datei-Befehl) 252
Zurück zur letzten Version 65
Dateien in Stapel laden (Datei-Befehl) 555
Dateiformate
AI 786
BMP-, RLE- und DIB-Dateien 795
Camera Raw-Dialog 143
Dateigrößen 171
DCS (EPS-Variante) 794
Dicom 796
DNG (Digital-Negativ) 791
Einstieg 170
EPS 793
FJPEG 796
für 32-Bit-HDR 92
Gif-Dateien 719
HDR (Radiance) 796
Illustrator 786
JPEG 173
JPEG 2000 795
Kompatibilität 171
OpenEXR 796
PCX-Dateien 795
PDF (Acrobat) 499, 787
PFM 796
Photoshop (PSD) 499, 783
Photoshop EPS 793
Photoshop RAW 796
Pict-Dateien 795
Pixar 796
PNG-Dateien 721
Portable Float Map 796
Probleme beim Austausch 171
PSB 786

Raw-Dateien von Digitalkameras 143
Scitex-CT 796
Tabelle Größenvergleich 783
Targa-Dateiformat 796
TIFF 499, 790
TIFF-LogLuv 92
WBMP-Dateien 724
wichtigste 172
Dateigrößen (Systembeanspruchungsmenü) 762
Dateiinformationen (Datei-Befehl)
Anwendung 134
Eingaben widerrufen 134
Einstieg 132
Metadatenvorlage auf andere Bilder übertragen 135
Metadatenvorlagen speichern 134
Möglichkeiten 133
Datei-Menü
Statistik (nur Photoshop CS3 Extended) 560
Dateitypen (siehe Dateiformate) 783
Dateitypzuordnung (in Bridge, für Doppelklicks 168
DCS-Dateiformat (EPS-Variante) 794
Deckkraft (Ebenentechnik)
für Gesamtebene, allgemeine Füllmethode 573
nur Ebenenfüllung, Erw. Füllmethode 574
Deckkraft (Pinsel) 328
Device Central 732
Device Central (Datei-Befehl)
Bilder für mobile Endgeräte 732
Diagonal verwischen (Filter-Befehl) 396
Dicom-Dateiformat 796
Differenz (Füllmethode)
Beispiel 557, 569
Besprechung 581
Differenz-Wolken (Filter-Befehl) 413
Diffusion Dithering (Indizierte Farben) 725
Digital-Negativ (Dateiformat) 791
Direktauswahl-Werkzeug (Pfade) 478
Distorsion (Filter-Befehl) 406
Dither (Option Verlauffunktion) 319
Dithering
bei Acht-Bit-Farbbildern 730
Dithering (8-Bit-Farbbilder) 725
DNG-Dateiformat 791
Dokumentprofil (Systembeanspruchungsmenü) 762, 765
Dr. Brown's Services
1-2-3 Process 85
Black-n-White 348
Caption Maker 642
Einstieg 558
Installation 559
Place-A-Matic 149, 555, 620
Stack-A-Matic 132, 561

Drehen (allgemein)
Arbeitsfläche per Freistellwerkzeug 271
Einzelebene per Transformieren 538
Gesamtbild per Transformieren 272
per Befehl Arbeitsfläche drehen 271
Übersicht 270
Drehen (Bearbeiten-Befehl) 542
Drehen (Bridge) 117
Drittelregel 201
Droplet
auf unterschiedlichen Betriebssystemen anwenden 83
Photoshop-Aktion als Droplet 83
Droplet erstellen (Datei-Befehl, Photoshop) 83
Druckbildvorschau 55
Druckdienste im Internet 54
Druckempfindlichkeit (Malwerkzeuge) 327
Drucken (Datei-Befehl)
Ablauf mit Farbtintenstrahler 56
Druckauflösung 55
Druckkennlinie 57
Einstieg 55
Encoding 57
Farbmanagement-Optionen 56
Mit Vektordaten 57
Raster 57
Drucken aus Internetbrowser heraus 189
Druckformat (Ansicht-Befehl) 183
Druckkennlinie (Option Drucken) 57
Druckkennlinie mitspeichern (EPS-Option) 794
Dualer Pinsel 330
Dunkle Bereiche vergrößern (Filter-Befehl)
als Effekt 493
in Masken 439
Dunkle Malstriche (Filter-Befehl) 396
Dunklere Farbe (Füllmethode)
Beispiel 405
Besprechung 579
Duotone (Duplex) 343
Duplexmodus 343
Duplizieren (Bild-Befehl Photoshop) 164
Duplizieren (Bridge) 117
Durch verschobenen Teil ersetzen (Verzerrungsfilter-Option) 402
Durchmesser (Pinselvorgaben) 328
Durchschnitt (Filter-Befehl) 377
Durchsuchen (Datei-Befehl PS7, entfällt) 100
Dynamik-Regler (Camera Raw-Dialog) 158
Dynamische Datensätze (Variablen) 87

E
Ebene durch Kopie (Ebene-Befehl) 506
Ebene erstellen (Ebeneneffekte, Ebenen-Menü)
Beispiel 321
Besprechung 591

Stichwortverzeichnis

Ebene löschen (Ebene-Befehl) 526
Ebene-Befehl
    Alle Ebenen in Gruppe fixieren 518
    Anordnen (Untermenü) 513
    Auf eine Ebene reduzieren 525
    Auf Hintergrundebene reduzieren 525
    Basis-Untermenü 438
    Ebene durch Kopie 506
    Form (Rastern-Untermenü) 472
    Füllfläche (Rastern-Untermenü) 472
    Hintergrund aus Ebene 524
    Horizontale Mitte (Untermenü Verbundene verteilen) 533
    Horizontale Mitte (Untermenü Verknüpfte ausrichten) 532
    In Ebene konvertieren 630
    In Smart Objekt konvertieren 620
    Inhalt der Ebene ändern 617
    Inhalt ersetzen (Smart Objekte) 628
    Inhalt exportieren (Smart Objekte) 628
    Mit darunterliegender auf eine Ebene reduzieren 525
    Nach vorne bringen 513
    Neues Smart Objekt durch Kopie 629
    Rand entfernen 439
    Rastern (Untermenü) 472
    Schnittmaske aus verbundenen erstellen 614
    Schnittmaske erstellen 359, 614
    Schrittweise vorwärts 513
    Schwarz entfernen 439
    Sichtbare auf eine Ebene reduzieren 525
    Umkehren 513
    Vektormaske (Rastern-Untermenü) 472
    Vertikale Mitte (Untermenü Verbundene verteilen) 533
    Vertikale Mitte (Untermenü Verknüpfte ausrichten) 532
    Weiß entfernen 439
Ebene-Menü
    Stapelmodus (nur Photoshop CS3 Extended) 296, 559
Ebenen automatisch ausrichten (Bearbeiten-Befehl)
    Alternativen 555
    bei Panoramen 565
    Einstieg 555
    Perspektive 564
Ebenen automatisch füllen (Bearbeiten-Befehl)
    bei Panoramen 565
    Darstellungsproblem 569
    Einstieg 557
Ebenen in Dateien exportieren (Datei-Befehl) 197, 506
Ebenenbasiertes Slice (Ebene-Befehl) 746
Ebenenbegrenzung (Option Ebenenpalette)
    Besprechung 513

Ebenen-Beschneidungsmaske (jetzt Vektormaske) 609
Ebeneneffekte
    Abgeflachte Kante und Relief 597
    Arbeitsgeschwindigkeit 595
    auf andere Ebenen übertragen 590
    bei Größenveränderungen 595
    Ebene erstellen (Beispiel) 321
    Ebene erstellen (Besprechung) 591
    Effekte einfügen 590
    Effekte kopieren 590
    Effekte skalieren 595
    Einstieg 587
    Farbüberlagerung 601
    gemeinsame Optionen 595
    Glanz 601
    Globaler Lichteinfall 595
    Kontur (Effekt) 599
    Kontur (Option) 594
    löschen 590
    Musteroptionen 594
    Musterüberlagerung 602
    neu anlegen 588
    Schatten nach innen (Beispiel) 510
    Schatten nach innen (Besprechung) 601
    Schein nach außen 597
    Schein nach innen 597
    Schlagschatten 596
    Störung (Option) 596
    Überfüllen-Option 596
    verbergen 590
    Verlaufsüberlagerung 602
Ebenenkanten (Ansicht-Befehl) 515
Ebenenkomp. in Dateien (Datei-Befehl) 522
Ebenenkomp. in PDF (Datei-Befehl) 523
Ebenenkomp. in WPG (Datei-Befehl) 523
Ebenenkompositionen (Ebenentechnik) 519
Ebenenmaske
    aktivieren 606
    als Auswahl laden 609
    anwenden 608
    bei Animation 695
    bei Einstellungsebenen 617
    blendet Effekte aus 605
    darstellen 606
    duplizieren 607
    Einstieg 604
    erstellen 604
    löschen 608
    verbinden mit Ebene 605
    verbinden mit Smart Objekt 630
    vor Umwandl. in Smart Objekt 621
Ebenenmaske (Ebene-Befehl) 604
Ebenenpalette
    Animationsoptionen 702
    Ebenenbegrenzung (Option; hier Erklärung) 513

    Einstieg 512
    Ganzes Dokument (Option; hier Besprechung) 513
    Infografik 514
    Miniaturendarstellung 513
Ebenensatz (alte Bezeichnung) 518
Ebenenset (alte Bezeichnung) 518
Ebenenstil (als Begriff) 587
Ebenenstil (Dialogfeld)
    anwenden 588
    Deckkraft der Ebenenfüllung 574
    Helligkeitsbereiche ausblenden 251, 584
    speichern 588
Ebenentechnik
    Auswahlbereich in Ebene verwandeln 506
    Auswahlbereiche und Ebenen in ein anderes Bild einsetzen 503
    Automatisch wählen (Option Verschiebenwerkzeug) 515
    Befehle im Überblick (Tabelle) 524
    Bewegen per Frei transformieren (Bearbeiten-Befehl) 529
    Bewegen per Verschiebenwerkzeug 526
    Bewegen von Bildteilen 506
    Bewegung mit (Pfeiltaste) 528
    Bild mit Ebenen sichern 499
    Dateiformate für Ebenenbilder 499
    Deckkraft (allgemeine Füllmethode) 573
    Deckkraft (nur Ebenenfüllung, Erw. Füllmethode) 574
    deckungsgleich per Transformieren 555
    Drehen 542
    drucken 516
    Ebene aktivieren 515
    Ebene löschen 526
    Ebenen anzeigen/ausblenden 516
    Ebenen duplizieren 503
    Ebenen verlagern 513
    Ebenenbereiche außerhalb des Bildrands 508
    Ebenen-Beschneidungsmaske (jetzt Vektormaske) 609
    Ebenenkompositionen 519
    Ebenenmaske 604
    Ebenenmaske anwenden 608
    Ebenenmaske bei Animation 695
    Ebenenmaske hinzufügen 604
    Ebenenpalette 512
    Ebenenretusche 536
    Ebenenset (alte Bezeichnung) 518
    Einstellungsebene 615
    Einstellungsebene dauerhaft anwenden 618
    Einstellungsebene gruppieren 618
    Einzelebene als neue Datei 506
    Farbkodierung 516
    Fixieren allgemein 535
    Füllebenen 618

828

Stichwortverzeichnis

Füllmethoden 575
Grundebene einer Schnittmaske 613
Gruppe 518
Helligkeitsbereiche ausblenden 251, 584
Hintergrundebene allgemein 523
Maske der Einstellungsebene bearbeiten 617
mehrere Ebenen auswählen 517
Miniaturendarstellung 512
Neigen 542
neue Ebene erstellen 525
Neutrale Farbe 587
OOB (out of boundary; Gestaltung) 611
Panoramen (Photomerge) 563
Randfehler korrigieren 438
Schnittmaske 612
Schnittmaske (mit Einstellungsebene) 618
Schwebende Auswahl 507
Skalieren 542
Smart Objekte 619
Transparente Pixel fixieren 536
Transparenz darstellen 516
Überlappungskanten automatisch überblenden 557
Vektormaske 609
Verbinden 516
Verflüssigen (Filter-Befehl), Besprechung 407
Verkrümmen 543
Verzerren 542
vorhandene Ebene als Hintergrundebene 524
Ziehen und Ablegen 505

Ebene-Untermenüs
An Auswahl ausrichten 531
Verbundene ausrichten 531
Verbundene verteilen 533

Effekte (siehe Ebeneneffekte) 588
Effekte einfügen (Ebene-Befehl) 590
Effekte kopieren (Ebene-Befehl) 590
Effizienz (Statusleiste) 762
Eigene Form (Pfadfunktion) 482
Eigene Form festlegen (Bearbeiten-Befehl) 483
Einblenden (Ansicht-Untermenü) 767
Einfügen (Bearbeiten-Befehl Photoshop) 503
Einfügen (Bridge) 116
Einstellungen (bei Mal- und Retuschewerkzeugen, siehe Pinselpalette) 325
Einstellungen speichern (Befehl Für Web und Geräte speichern) 731

Einstellungsebene
dauerhaft anwenden 618
einrichten 617
Einstieg 615
Funktion ändern 617
Gruppieren 618
Maske bearbeiten 617
mit Kopierstempel, Reparaturpinsel 283

Einzelne Spalte (Auswahlwerkzeug) 434

Einzelne Zeile (Auswahlwerkzeug) 434
Ellipse (Formwerkzeug) 480
Encoding (Option Drucken-Befehl) 57
EPS-Dateiformat 793
Erneut (Bearbeiten-Befehl beim Transformieren) 539
Erneut auswählen (Auswahl-Befehl) 435
Erstellt ein neues Dokument (Protokoll-Funktion) 35, 68
Erweitern (Auswahl-Befehl) 438
Exif-Daten
als Bildunterschrift mit Dr. Brown's Services 642
andere nützliche Programme 132
anzeigen 142
Besprechung 142
entfernen aus Datei 131
in Dateiname einsetzen 120

Extended-Version von Photoshop CS3
32-Bit-Funktionen 92
Ebenentechnik bei 32 Bit Farbtiefe 507
Fluchtpunktfilter, Bemaßung und Export 552
Neuheiten gegenüber CS2 755
Stapelmodus (Ebene-Untermenü) 296, 559
Videobearbeitung 707, 709, 710, 712, 714, 715

Extrahieren (Filter-Befehl)
Ablauf 447
Alphakanaltechnik 448
Einstieg 447
Kantenmarker 448
Kantenverfeinerer 451
Korrekturen am Bildergebnis 451
Radiergummi 451
Vordergrund erzwingen 451

Extras (Ansicht-Befehl) 767
Extrudieren (Filter-Befehl) 395

F

Facetteneffekt (Filter-Befehl) 398
Falzmarken (Drucken mit Vorschau) 57
Farbaufnahmewerkzeug
bei geöffnetem Dialogfeld 211
Einstieg 50
Farbbalance (Bild-Befehl) 257
Farbbereich (Auswahl-Befehl) 443
Farbe (Füllmethode) 583
Farbe ersetzen (Bild-Befehl) 446
Farbe kennzeichnet (Kanaloption) 461
Farbe-ersetzen-Werkzeug
bei rotgeblitzten Augen 297
Besprechung 334
Farbeimer 315
Farbeinstellungen
Geräteprofile hinzufügen 54
In Profil konvertieren (Bearbeiten-Befehl) 758
In Profil konvertieren (Bild-Befehl) 53
Profil zuweisen (Bearbeiten-Befehl) 53, 758

Farbeinstellungen (Bearbeiten-Befehl) 51
Farbeinstellungen (Pinsel-Palette) 330
Färben (Option Farbton/Sättigung)
Besprechung 339
Farbfelderpalette 311
Farbig abwedeln (Füllmethode) 582
Bei Effekt Schein nach innen 597
Farbig nachbelichten (Füllmethode) 582
Farbkodierung (Ebenenpalette) 516
Farblängsfehler korrigieren
mit Camera-Raw-Dialog 275
mit Objektivkorrektur (Filter-Befehl) 275
Farbmanagement 51
Farbmodus 88
Bitmap 97
CMYK 93
Duplex 343
Einstieg 88
Graustufen 349
HSB 336
Indizierte Farben (Kurzfassung) 97
Lab 96, 347
Modus-Wahl 88
RGB 92
Farbpapier-Collage (Filter-Befehl) 367, 396
Farb-Proof (Ansicht-Befehl) 95
Farbraster (Filter-Befehl) 399
Farbregler
Farbumfang-Warnung 311
Web-Warnung 311
Farbreglerpalette 311
Farbseparation 94
Farbtabelle
Adaptiv 723
Auto-Option 724
Dither 725
Einführung 722
Farbzahl herabsetzen 724
Infografik 727
Restriktiv (Web) 723
Selektiv 723
Systempalette 723
WBMP 724
Farbtiefe
8 oder 16 Bit pro Kanal 91
bei Bilddateien 90
Farbton (Füllmethode) 583
Beispiel 321
Farbton (Option Schwarzweiß-Befehl) 340
Farbton/Sättigung (Bild-Befehl)
Farbbereiche per Pipette auswählen 255
Farbbereiche per Pipetten ausdehnen/verkleinern 257
Farbbereiche per Schieberegler definieren 255
Färben 339
Farbtonregler 337

Stichwortverzeichnis

Infografik 256
Pipette und Farbaufnehmer 211
Sättigung ändern 255
Umfärben 336
Farbton-Jitter (Pinsel-Palette) 330
Farbüberlagerung (Ebeneneffekt) 601
Farbumfang-Warnung (Ansicht-Befehl) 95
Farbwähler
Einstieg 310
Farbbibliotheken 311
Farbumfang-Warnung 311
Infografik Farbwahlbereich 309
Sonderfarben 311
Web-Warnung 311
Fasern (Filter-Befehl) 414
Faux-Optionen bei Textfunktion 645
Favoriten (Bridge)
Favoriten aufrufen 113
Favoritenliste bereinigen 113
Objekte als Favoriten kennzeichnen 113
Favoriten (Speichern- und Öffnen-Dialoge) 167
Feld weichzeichnen (Filter-Befehl) 378
Fenster-Befehl
Arbeitsbereich speichern 770
Gleiche Zoomstufe 45, 46, 128
Histogramm 212
Nebeneinander 48
Optionen 773
Paletten allgemein 768
Palettenpositionen zurücksetzen 770
Tastaturbefehle und Menüs 777
Feuchtes Papier (Filter-Befehl) 397
Filialdokumente (Camera Raw) 152
Filter-Befehl
Aquarell 396
Basrelief 397
Befehle im Überblick (Tabelle) 373
Beleuchtungseffekte 386
Beurteilung des Effekts 367
Bewegungsunschärfe 382
Blendenflecke 412
Buntglas-Mosaik 397
Buntstiftschraffur 396
Chrom 397
Conté-Stifte 397
Diagonal verwischen 396
Differenz-Wolken 413
Distorsion 406
Dunkle Bereiche vergrößern (als Effekt) 493
Dunkle Bereiche vergrößern (in Masken) 439
Dunkle Malstriche 396
Durchschnitt 377
Einstieg 365
Extrahieren 447
Extrudieren 395
Facetteneffekt 398

Farbpapier-Collage 367, 396
Farbraster 399
Fasern 414
Feld weichzeichnen 378
Feuchtes Papier 397
Filtergalerie 392
Fluchtpunkt 545
Form weichzeichnen 378
Fotokopie 397
Fresko 396
Für Smart Filter konvertieren 620
Gaußscher Weichzeichner 378
Gekreuzte Malstriche 396
Gerissene Kanten 397
Glas 405
Grobe Malerei 396
Grobes Pastell 396
Helle Bereiche vergrößern 382
Helle Bereiche vergrößern (in Masken) 439
Helligkeit interpolieren 295
Hochpass 305, 355
Kacheleffekt 395
Kacheln 397
Kanten betonen 396
Kohleumsetzung 370, 397
Konturen finden 395
Konturen nachzeichnen 396
Konturen scharfzeichnen 304
Konturwerte finden 395
Körnung 367, 397
Körnung & Aufhellung 396
Kräuseln 405
Kreide & Kohle 397
Kreuzschraffur 396
Kristallisieren 398
Kunstfilter (Untermenü) 396
Kunststofffolie 396
Leuchtende Konturen 367, 395
Malfilter (Untermenü) 396
Malgrund 396
Malmesser 396
Matter machen 295, 364, 382
Mezzotint 399
Mit Struktur versehen 373
Mosaikeffekt 398
Mustergenerator 736
Neonschein 396
Objektivkorrektur 267
Ölfarbe getupft 367, 396
Ozeanwellen (Beispiel) 371
Ozeanwellen (Besprechung) 405
Patchwork 398
Plug-Ins 371
Polarkoordinaten 403
Prägepapier 397
Probleme 370

Punktieren 398
Punktierstich 397
Radialer Weichzeichner (Beispiel) 366
Radialer Weichzeichner (Erklärung) 385
Rauschen entfernen 295
Rauschen hinzufügen 415
Rauschen reduzieren 292
Relief 395
Risse 397
Rücknahme von Filtern 368
Scharfzeichnen 304
Scharfzeichnungsfilter (Untermenü) 299
Schnelle Tests 366
Schwamm 396
Schwingungen 405
Selektiver Scharfzeichner 302
Selektiver Weichzeichner 355, 361, 364
Solarisation 395
Spritzer 396
Stärker scharfzeichnen 304
Stärker weichzeichnen 377
Staub und Kratzer 290
Stempel 397
Stilisierungsfilter (Untermenü) 395
Strichumsetzung 397
Strudel 406
Strukturierungsfilter (Untermenü) 397
Strukturoption 373
Stuck 397
Sumi-e 396
Tiefenschärfe abmildern 379
Tontrennung & Kantenbetonung 357, 396
Unscharf maskieren 301
Verbiegen 407
Verflüssigen 407
Vergleichbare Befehle 394
Vergrößerungsfilter (Untermenü) 398
Verschiebungseffekt 531
Verschiebungseffekt (für WWW-Hintergrundkachel) 741
Versetzen 404
Verwackeln (alte Bezeichnung) 379
Verwackelte Striche 396
Verwackelungseffekt 398
Verzerrungsfilter (Untermenü) 401
Weiches Licht 382
Weichzeichnen 377
Weichzeichnungsfilter (Untermenü) 377
Wellen 406
Windeffekt 395
Wölben 406
Wolken 413
Zeichenfilter (Untermenü) 396
Zusatzmodule 371
Filtergalerie (Filter-Befehl) 392
Bedienung 33

Stichwortverzeichnis

Filterpalette (Bridge) 107
Firewall (Erklärung) 812
Firewire (Erklärung) 813
Fixieren von Ebeneneigenschaften 535
FJPEG-Dateiformat 796
Fläche füllen (Bearbeiten-Befehl)
    Allgemein 317
    mit Protokoll 70
Fluchtpunkt (Filter-Befehl)
    Bedienung 33
    Bemaßung (nur CS3 Extended) 552
    Datenexport (nur CS3 Extended) 553
    Einstieg 545
    Objekte einfügen 548
    Pinsel 552
    Raster 546
    Reparieren-Klappmenü 551
    schwebende Auswahl 549
    Stempelwerkzeug 551
    Text einfügen 549
    Transformierenwerkzeug 549
    Vorbereitungen 545
Form (Ebene-Befehl, Untermenü Rastern) 472
Form weichzeichnen (Filter-Befehl) 378
Formebenen 470
Formfunktionen
    Abgerundetes Rechteck 480
    Eigene Form 482
    Einstieg 479
    Ellipse 480
    Linienzeichner 482
    Polygonwerkzeug 481
    Rechteck 480
Fortfahren zulassen (Aktionenpalette) 79
Foto-Downloader 164
Fotofilter (Bild-Befehl) 259
Fotokopie (Filter-Befehl) 397
Fotos freistellen und gerade ausrichten (Datei-Befehl)
    Einstieg 166
    richtig scannen 166
Fotoversand (Bridge-Befehl) 665
Frames (Einzelbilder, s. Animation) 691
Frame-spezifische Änderungen (Animation) 696
Frei transformieren (Bearbeiten-Befehl) 538
Frei transformieren Pfad (Bearbeiten-Befehl) 476
Freiform-Zeichenstift
    Einstieg 474
    Kurvenanpassung (Option) 474
    Magnetisch (Option) 474
Freistellen (allgemein)
    Abwägung der Methoden 201
    Alles einblenden (Bild-Befehl) 207
    Außenbereich hinter Bildgrenze erhalten 192
    Goldener Schnitt 201
    Maße eines Bilds übernehmen 197

Maßstabsgerecht formatieren 203
mit Auswahlwerkzeugen 198
mit dem Freistellwerkzeug 193
pixelgenau per Auswahltechnik 201
pixelgenau per Freistellwerkzeug 200
Zuschneiden (Bild-Befehl) 198
Freistellen (Bild-Befehl) 198
Freisteller mit Word und PowerPoint 487
Freistellpfad (siehe Beschneidungspfad) 486
Freistellwerkzeug
    Arbeitsfläche erweitern 206
    Befehle im Überblick (Tabelle) 200
    Berechnungsmöglichkeiten 195
    Freistellrahmen drehen (Horizontkorrektur) 271
    Freistellrahmen formen, verändern 194
    Freistellrahmen skalieren 194
    Freistellrahmen verschieben 194
    Löschen versus Ausblenden 192
    mit Aktionenpalette aufzeichnen 76
    Perspektive bearbeiten (Option gegen stürzende Linien) 274
    Tastenkombinationen 194
    und Ausrichten an 194
    und Lupe 200
    Vorderes Bild (Option) 197
Frequenz (Option Magnetisches Lasso) 433
Fresko (Filter-Befehl) 396
Füllebenen 618
    mit Struktureffekt 376
Füllfläche (Ebene-Befehl, Untermenü Rastern) 472
Fülllicht-Regler (Camera Raw-Dialog) 158
Füllmethode
    Abdunkeln 578
    Aufhellen 578
    Ausschluss 581
    Bildergebnisse im Vergleich 576
    Dahinter auftragen 536
    Detailerklärungen 575
    Differenz 581
    Dunklere Farbe (Beispiel) 405
    Dunklere Farbe (Besprechung) 579
    Einstieg 575
    Farbe 583
    Farbig abwedeln 582
    Farbig nachbelichten 582
    Farbton 583
    Hart mischen 581
    Hartes Licht (Beispiel) 587
    Hartes Licht (Besprechung) 580
    Hellere Farbe 579
    Hindurchwirken (bei Gruppe) 519
    Ineinanderkopieren (Beispiel) 279, 405
    Ineinanderkopieren (Besprechung) 580
    Lichtpunkt 580
    Linear Abwedeln (Erklärung) 493, 582
    Linear nachbelichten 582

Lineares Licht 580
Löschen 536
Luminanz 583
Multiplizieren 579
Multiplizieren (Beispiel) 248
Negativ multiplizieren 580
Negativ multiplizieren (Beispiel) 70, 246, 519
Neutrale Farbe 587
Normal 578
Sättigung 583
Sprenkeln 578
Strahlendes Licht 580
Überlagern (alte Bezeichnung) 580
Umgekehrt multiplizieren (alte Bezeichnung, s. Negativ multiplizieren) 580
Verwendung beim Malen 333
Weiches Licht (Beispiel) 279
Weiches Licht (Erklärung) 580
Füllwerkzeug 315
Für Smart Filter konvertieren (Filter-Befehl) 620
Für Web und Geräte
    Einstellungen speichern 731
Für Web und Geräte speichern
    Auf Dateigröße optimieren (Menübefehl) 731
    Auto-Option 724
    Hintergrundbild (Kacheln erstellen) 738
    Wahl der Farbtabelle 723
Für Web und Geräte speichern (Datei-Befehl) 177

G

Gammakorrektur 239
Gamut-Warnung 95
Ganzes Bild (Ansicht-Befehl, Lupe-Option) 46
Ganzes Dokument (Option Ebenenpalette)
    Beispiel 513
    Besprechung 513
Gaußscher Weichzeichner (Option Selektiver Scharfzeichner) 302
Gaußscher Weichzeichner (Weichzeichnungsfilter) 378
Gebrochene Breite (Textfunktion) 647
Gekreuzte Malstriche (Filter-Befehl) 396
Geldscheine in Bilddateien 54
Geöffnete Dateien automatisch aktualisieren (Voreinstellungen) 111
Gerissene Kanten (Filter-Befehl) 397
GIF-Dateiformat
    Interlaced 720, 731
    Lossy 720
    Speichern einer GIF-Animation 706
    Vergleich mit JPEG, PNG, WBMP 718
Glanz (Ebeneneffekt) 601
Glas (Filter-Befehl) 405
Glätten (Option Auswahlwerkzeuge) 421
Glättung (Pinselvorgabenpalette) 329
Glättungsmethode bei Text 651

Stichwortverzeichnis

Gleiche Farbe (Bild-Befehl) 264
Gleiche Zoomstufe (Fenster-Befehl) 45, 46, 128
Globaler Lichteinfall (Ebeneneffekte) 595
Goldener Schnitt 201
Gradationskurven (Bild-Befehl)
    3D-Effekt 352
    Ankerpunkte löschen 222
    Ankerpunkte setzen 222
    Ankerpunkte verschieben 223
    Anwendungsbeispiele 220
    Auto-Schaltfläche 228
    Befehle im Überblick (Tabelle) 242
    Beschneiden (Option für Automatik-Korrektur) 234
    Beschneidung anzeigen 235
    Bleistiftmodus 351
    Einstieg 218
    Einzelkanäle bearbeiten 225
    Grundlinie 219
    Histogramm (Option) 219
    Infografik 224
    Kanalüberlagerungen (Option) 219
    Kurven-Anzeigeoptionen 219
    Licht (0-255) (Option) 219
    Mitteltöne definieren 232
    Optionen 228
    Pigment/Druckfarbe (Option) 219
    Pipette und Farbaufnehmer 211
    Pipetten 229
    Schnittlinie 219
    Schwarzpunkt definieren 229
    Schwellenwert-Modus 235
    Spezialeffekte (Erklärung) 351
    Vorgaben speichern 218
    Weißpunkt definieren 229
    Zahleneingabe 223
    Zielfarben (Option für Automatik-Korrektur) 233
Grafiktablett und Maleigenschaften 327
Graustufen
    von Farbe zu Graustufen allgemein 345
Graustufenmodus 349
Graustufentreppe 363
Grobe Malerei (Filter-Befehl) 396
Grobes Pastell (Filter-Befehl) 396
Grundebene einer Schnittmaske (Ebenentechnik) 613
Grundlinie (Text-Option) 646
Gruppe (Ebenentechnik) 518
Gruppieren (siehe Schnittmaske) 612
Gummiband (Zeichenstift-Option) 474

H

Handwerkzeug 47
Hart mischen (Füllmethode) 581
Härte (Pinselvorgaben) 328

Hartes Licht (Füllmethode, Beispiel) 587
Hartes Licht (Füllmethode, Besprechung) 580
HDR-Funktionen (32 Bit)
    Belichtung (Bild-Befehl) 252
    Darstellung am Monitor 253
    Dateiformate 92
    Einstieg 251
    mögliche Korrekturen 92
    Montagen mit Photoshop CS3 Extended 92
    Zu HDR zusammenfügen (Datei-Befehl) 252
Helle Bereiche vergrößern (Filter-Befehl) 382
Helle Bereiche vergrößern (Filter-Befehl, in Masken) 439
Hellere Farbe (Füllmethode) 579
Helligkeit interpolieren (Filter-Befehl) 295
Helligkeit interpolieren (Stapelmodus-Funktion, nur CS3 Extended-Hilfetext) 760
Helligkeit/Kontrast (Bild-Befehl) 226
    als Ersatz zum Schwellenwert-Befehl 360
Hierarchische Stichwörter (Bridge) 138
Hilfe-Befehl
    Aktualisierungen 27
    Transparentes Bild exportieren 487
Hilfefunktion 781
Hilfslinien 526
    mit Slices 747
Hindurchwirken (Füllmethode bei Gruppe) 519
Hintergrund (Drucken-Befehl) 57
Hintergrund aus Ebene (Ebene-Befehl) 524
Hintergrundbild (Kacheln erstellen) 738
Hintergrundebene 523
Hintergrundfarbe (Retusche-Funktion) 309
Hintergrundflächen auflockern 314
Hintergrundkachel (für WWW-Seiten)
    Einführung 735
    Hintergrundbild (Für Web und Geräte speichern) 738
    mit Hauptmotiv kombinieren 742
    mit Verschiebungseffekt (Filter-Befehl) 741
    Mustergenerator (Filter-Befehl) 736
Hintergrund-Radiergummi 429
Histogramm
    bei Gradationskurven 219
Histogramm-Palette
    Cache-Stufe 215
    Darstellungsmöglichkeiten 214
    Einstieg 212
    Infografik 213
    Mittelwert 216, 226
    Quelle auswählen 215
    Statistik 216
Hochgestellt (Textoption) 647
Hochpass (Filter-Befehl) 305, 355
Horizont korrigieren
    allgemein 270
    Drehen-Befehl 271

    Freistellwerkzeug 271
    Transformieren 272, 274
Horizontal skalieren (Textfunktion) 644
Horizontale Mitte (Ebene-Befehl) 532, 533
HSB-Farbmodell 336
HTML-Galerie (siehe Web-Fotogalerie) 664

I

Illustrator-Dateien
    erzeugen 787
    öffnen 786
    platzieren 786
ImageReady (Photoshop CS2) 755
In Benutzer-Slice umwandeln (Slice-Befehl, nur ImR) 746
In die Auswahl einfügen (Bearbeiten-Befehl)
    Außerhalb einsetzen (Variante) 510
    Einstieg 509
In Ebene gruppieren (Ebene-Befehl) 630
In Profil konvertieren (Bearbeiten-Befehl) 758
In Profil konvertieren (Bild-Befehl) 53
In Smart Objekt konvertieren (Ebene-Befehl) 620
Indizierte Farben
    Adaptiv 723
    Diffusion Dithering 725
    Farbtabelle bearbeiten 727
    Perzeptiv 723
    Schwarzweiß 724
    Selektiv 723
    Systempalette 723
    Wahl der Farbpalette 723
    Web 723
Ineinanderkopieren (Füllmethode)
    Beispiel 279, 405
    Besprechung 580
Infografiken
    Aktionenpalette 73
    Bridge (Miniaturen) 106
    Ebenenpalette 514
    Farbtabelle 727
    Farbton/Sättigung 256
    Farbwahlbereich Werkzeugpalette 309
    Gradationskurven 224
    Histogramm-Palette 213
    IPTC-Daten in Bridge 136
    Kanalmixer 263
    Tonwertkorrektur 240
Info-Leiste (Statusleiste) 765
Infopalette 49
Inhalt der Ebene ändern (Ebene-Befehl) 617
Inhalt ersetzen (Ebene-Befehl) 628
Inhalt exportieren (Ebene-Befehl) 628
Interlaced (GIF-Option) 720
Internetdesign allgemein 735
Internetgalerie (siehe Web-Fotogalerie) 664

Stichwortverzeichnis

Interpolation (Drucken-Befehl) 57
Interpolationsmethode
    Bikubisch 185
    Bikubisch schärfer 185
    Bilinear 185
    Einstieg 184
    Pixelwiederholung 185
IPTC-Daten
    andere nützliche Programme 132
    Anwendungsbeispiele 133
    aus Datei entfernen 131, 135
    Besprechung 132
    IIM versus IPTC-Kern 142
    in Metadatenpalette 141
    ins Bild einsetzen 132
    Metadatenpalette (Bridge) 141
    Metadatenvorlage anhängen 135
    Metadatenvorlage auf andere Bilder übertragen 135
    Metadatenvorlage ersetzen 135
    Metadatenvorlage speichern 134
    Stichwörterpalette (Bridge) 137

J

JPEG 2000 (Dateiformat) 795
JPEG-Dateiformat
    bei 8-Bit-Grafiken 175
    Einstieg 173
    ICC-Profil 176
    JPEG 2000 795
    JPEG-Artefakt entfernen 294
    Mehrere Durchgänge (Option) 176
    mit Digitalkamera wiedergeben 177
    Progressive JPEG 176
    Qualität 174
    Vergleich mit GIF, PNG, WBMP 718
    Weichzeichnen 176
    Wiederholt speichern 175

K

Kacheleffekt (Filter-Befehl) 395
Kacheln (Filter-Befehl) 397
Kalibrierung (Farbeinstellungen) 51
Kanalberechnungen (Bild-Befehl) 346
Kanäle teilen (Kanälepalette) 345
Kanälepalette 459
Kanalmixer (Bild-Befehl)
    Einstieg 261
    Infografik 263
    Monochrom (Option) 263, 345
    negative Werte 262
Kanaloptionen 460
Kanalüberlagerungen (Option Gradationskurven) 219
Kante verbessern (Auswahl-Befehl)
    Abrunden (Regler) 440
    Darstellung der Auswahl 437
    Einstieg 437
    Kontrast (Regler) 422, 441
    Kritik 759
    Radius (Regler) 422, 441
    Tastaturbefehle 438
    Verkleinern/Erweitern (Regler) 438
    Weiche Kante (Regler) 422
Kanten betonen (Filter-Befehl) 396
Kantenpixel wiederholen (Verzerrungsfilter-Option) 402
Kein Umbruch (Befehl Zeichenpalette) 649
Kerning (Textoption) 646
Kissen-/tonnenförmige Verzeichnung 268
Klarheit-Regler (Camera Raw-Dialog) 158
Kohleumsetzung (Filter-Befehl) 370, 397
Kollektion (gespeichertes Suchergebnis in Bridge)
    Einschränkungen 124
    erstellen 124
    neu anlegen 124
    Speicherverfahren 124
Kompaktmodus (Bridge) 102
Kontaktabzug II (Datei-Befehl)
    Alle Ebenen reduzieren 59
    Einstieg 57
Kontextmenüs 765
Kontrastkorrekturen 208
    Anpassungen-Untermenü Übersicht 208
    Arbeitsfolge Übersicht 211
    Auto-Korrekturen 228
    Beschneidung 234
    Camera-Raw-Dialog 156
    Einstieg 208
    Farbaufnehmer 211
    Gradationskurven (Bild-Befehl) 218
    Helligkeit/Kontrast (Bild-Befehl) 226
    Histogramm-Palette 212
    mit Füllmethoden 246
    Möglichkeiten bei geöffnetem Dialogfeld 211
    Neutralpunkt setzen 232
    schnell wiederholen 210
    Schwarz- und Weißpunkt setzen 229
    Tiefen/Lichter (Bild-Befehl) 243
    Tonwertkorrektur (Bild-Befehl) 238
    Zielfarben 233
Kontur (Ebeneneffekt) 599
Kontur füllen (Bearbeiten-Befehl) 317
    Alternative mit Pfadwerkzeug 600
Konturen finden (Filter-Befehl) 395
Konturen nachzeichnen (Filter-Befehl) 396
Konturen scharfzeichnen (Filter-Befehl) 304
Konturwerte finden (Filter-Befehl) 395
Kopieren (Bearbeiten-Befehl) 764
    bei Effektebenen 503
    bei Textebenen 505
    Einstieg 503
    mehrere Ebenen 505
Kopieren (Bridge) 116
Kopierquellenpalette
    Einstieg 286
    Kopierquellen definieren 286
    Quellbereich transformieren 287
    Überlagerung anzeigen 287
    Versatz 288
Kopierstempel
    Anwendung 282
    Ausgerichtet (Option) 284
    Ebenentechnik 283
    Einstellungsebenen ignorieren 283
    Einstieg 282
    mit Kopierquellenpalette 286
Kopierstempel (bei Fluchtpunkt) 551
Körnung & Aufhellung (Filter-Befehl) 396
Körnung (Filter-Befehl) 367
    Besprechung 397
Kräuseln (Filter-Befehl) 405
Kreide & Kohle (Filter-Befehl) 397
Kreisauswahl 433
Kreuzschraffur (Filter-Befehl) 396
Kristallisieren (Filter-Befehl) 398
Kriterien (Bridge)
    festlegen 122
    mehrere kombinieren 121
Kunstfilter (Untermenü) 396
Kunst-Protokollpinsel 391
Kunststofffolie (Filter-Befehl) 396
Kurvennäherung (EPS-Dateiformat) 487

L

Lab-Modus 96, 347
Lasso 431
Laufweite (Textoption) 646
Legen 346
Letzte Dateien öffnen (Datei-Befehl) 167
Leuchtende Konturen (Filter-Befehl) 367, 395
Lichtpunkt (Füllmethode) 580
Lineale 767
Linealwerkzeug 51
Linear Abwedeln (Füllmethode)
    Beispiel 493, 582
Linear nachbelichten (Füllmethode) 582
Lineares Licht (Füllmethode) 580
Linienzeichner (Formwerkzeug) 482
Löschen (Bearbeiten-Befehl) 435
Löschen (Füllmethode) 536
Löschen (Option Freistellwerkzeug) 192
Lossy (GIF-Option) 720
Luminanz (Füllmethode) 583
    Beispiel 333
Lupe (Bridge) 105
Lupe (Zoomwerkzeug) 46

Stichwortverzeichnis

M

Macintosh
  Vergleich Photoshop Mac/Win 775
Magischer Radiergummi (Werkzeug) 428
Magnetische Hilfslinien (Ansicht-Befehl) 527
Magnetischer Freiform-Zeichenstift (Pfadfunktion) 474
Magnet-Lasso 432
Malfilter (Untermenü) 396
Malgrund (Filter-Befehl) 396
Malmesser (Filter-Befehl) 396
Malwerkzeuge allgemein
  allgemeine Tipps 331
  Buntstift 333
  Einstellungen 325
  Füllmethoden (Details) 575
  Füllmethoden im Überblick 575
  Optionen 331
  Pinsel 332
  Pinselpalette verwenden 325
  Tastaturbefehle 331
Maskierungsgruppe (siehe Schnittmaske) 612
Maßstabsgerecht formatieren 203
Matter machen (Filter-Befehl) 295, 364, 382
Median (Ebene-Befehl, nur CS3 Extended) 296, 561
Mehrere Durchgänge (JPEG-Option) 176
Mehrseitige PDF in PSD (Datei-Befehl, entfällt) 758
Menübefehl einfügen (Befehl Aktionenpalette) 78
Messpunkte (Farbaufnahmewerkzeug) 50
Metadaten
  andere nützliche Programme 132
  Anwendungsbeispiele 130
  bei Web-Fotogalerie 673
  Dateiinformationen (Datei-Befehl) 132, 134
  Einstieg 130
  Exif und IPTC aus Datei entfernen 131
  Exif-Daten anzeigen 142
  Exif-Daten, Einstieg 142
  IIM versus IPTC-Kern 142
  IPTC, Anwendungsbeispiele 133
  IPTC, Erklärung 132
  IPTC-Daten aus Datei entfernen 135
  Metadatenpalette (Bridge) 141
  Metadatenvorlage anhängen 135
  Metadatenvorlage auf andere Bilder übertragen 135
  Metadatenvorlage ersetzen 135
  Metadatenvorlage speichern 134
  Stichwörterpalette (Bridge) 137
Metadatenpalette (Bridge) 141
Mezzotint (Filter-Befehl) 399
Mit darunterliegender auf eine Ebene reduzieren (Ebene-Befehl) 525
Mit Struktur versehen (Filter-Befehl) 373
Mit Vektordaten (Option Drucken-Befehl) 57

Mitteltöne definieren (Pipette Gradationskurven, Tonwertkorrektur) 232
Mitteltonkorrektur 239
Mittelwert (Histogramm-Palette) 216, 226
Mittelwert (Stapelmodus-Funktion, nur CS3 Extended-Hilfetext) 760
Modus (Bild-Untermenü) 88
Modus (Farbauftrag, Ebenentechnik, siehe Füllmethode) 575
Moiré 296
Mosaikeffekt (Filter-Befehl) 398
MOV-Dateiformat
  Speichern einer Animation als Video 706
Multiplizieren (Füllmethode)
  Beispiele 94, 248
  Besprechung 579
Muster
  mit dem Musterstempel 333
  PostScript-Muster 313
Muster festlegen (Bearbeiten-Befehl) 312
Mustergenerator (Filter-Befehl) 736
Musterstempel (Werkzeug) 333
Musterüberlagerung (Ebeneneffekt) 602

N

Nach vorne bringen (Ebene-Befehl) 513
Nachbelichter (Abdunklerwerkzeug) 278
Navigatorpalette 47
Negativ multiplizieren (Füllmethode) 580
  Beispiele 70, 93, 246, 519
Neigen (Bearbeiten-Befehl) 542
Neonschein (Filter-Befehl) 396
Neu (Datei-Befehl) 163
Neu (Ebene-Untermenü) 525
Neue Hilfslinie (Ansicht-Befehl) 526
Neues Fenster (Ansicht-Befehl) 48
Neues Fenster (Bridge) 103
Neues Smart Objekt durch Kopie (Ebene-Befehl) 629
Neues synchronisiertes Fenster (Bridge) 103
Neutrale Farbe (Ebenentechnik) 587
Nichtlineare Protokolle sind zulässig (Protokoll-Option) 69
Normal (Füllmethode) 578

O

Oberfläche 765
Objektivkorrektur (Filter-Befehl)
  Bedienung 33, 268
  Bildränder anpassen 270
  Blendenstandard einstellen 269
  Chromatische Aberration 275
  Einstellungen speichern 268
  Einstieg 267
  Farblängsfehler 275
  kissen-/tonnenförmige Verzeichnung 268

  Stürzende Linien korrigieren 274
  Übersicht 268
  Verzerrungen beim Fotografieren vermeiden 40
  Verzerrungen korrigieren 274
  Vignettierung (Randabschattung) 275
Öffnen
  Datei-Befehl 167
  Favoriten 167
  Illustrator-Dateien 786
  per Explorer/Datei-Manager 168
  Vektorgrafikdateien 786
Öffnen als (Datei-Befehl Windows) 168
Ölfarbe getupft (Filter-Befehl) 367, 396
Online-Alben (Alternative zu Web-Fotogalerie-Befehl) 665
OOB-Fotomontagen 611
OpenEXR-Dateiformat 796
Optionen (Fenster-Befehl) 773
Ozeanwellen (Filter-Befehl)
  Beispiel 371
  Besprechung 405

P

Paletten (Benutzeroberfläche) allgemein 768
Palettenpositionen speichern (Voreinstellungen) 770
Palettenpositionen zurücksetzen (Fenster-Befehl) 770
Papierweiß simulieren (Ansicht-Befehl) 95
Passermarken (Drucken-Befehl) 57
Patchwork (Filter-Befehl) 398
PCX-Dateiformat 795
PDF-Dateiformat
  Dateigröße steuern 788
  für Ebenenbilder 499
  PDF in Photoshop öffnen 789
  PDF-Dateien schreiben 787
  Sicherheit 788
  Übersicht 787
PDF-Präsentation (Datei-Befehl)
  Animation 700
  Betrachten und verarbeiten mit Adobe Reader 690
  Bildunterschriften mit Dr. Brown's Services 642
  Einführung 683
  Optionen 688
  Vorbereitung 685
  Zusammenstellung, Reihenfolge 688
Perspektive bearbeiten
  allgemein (Filter-Befehl) 274
  mit Freistellwerkzeug 274
  mit Objektivkorrektur (Filter-Befehl) 274
Perspektivisch verzerren (Bearbeiten-Befehl) 542
Perzeptiv (Option Farbtabellenwahl) 723
Pfad transformieren (Bearbeiten-Befehl) 476

834

Stichwortverzeichnis

Pfadauswahl-Werkzeug 478
Pfade
  als Illustrator-Dateien (AI) speichern 787
  Ankerpunkte löschen 474
  Ankerpunkt-hinzufügen-Werkzeug 475
  Ankerpunkt-löschen-Werkzeug 475
  Ankerpunkt-umwandeln-Werkzeug 476
  anzeigen 484
  Arbeitspfad versus Pfad 485
  ausschalten 484
  Auswahl erweitern 478
  Auswahlkorrektur per Pfad 489
  Automatisch hinzufügen/löschen (Option) 473
  beginnen 472
  Beschneidungspfad 486
  Darstellung der Ankerpunkte 478
  Direktauswahl-Werkzeug 478
  Drehen (Bearbeiten-Befehl) 476
  Duplizieren 484
  Duplizieren von Pfadbereichen 478
  Eigene Form 482
  Einstieg 469
  Formebenen rastern 472
  Formfunktionen 479
  Freiform-Zeichenstift (Einstieg) 474
  Freiform-Zeichenstift, Magnetisch (Option) 474
  Gummibandmodus 474
  in Aktion einfügen 77
  in andere Dateien übertragen 484
  Kombinieren (Option) 479
  kopieren und einfügen 484
  Löschen 484
  Neigen (Bearbeiten-Befehl) 476
  Neuer Pfad 485
  Paletten-Optionen 484
  Pfad aus Auswahl erstellen 488
  Pfad in Auswahl umwandeln 490
  Pfadauswahl erweitern 478
  Pfadauswahl-Werkzeug 478
  Pfade oder Pfadbereiche auswählen 478
  Pfadfläche füllen 495
  Pfadkomponenten verschmelzen 479
  Pfadkontur füllen 492
  Pfadpalette 484
  Pfadsegmente 485
  Skalieren (Bearbeiten-Befehl) 476
  speichern 485
  Transformieren (drehen, verzerren) 476
  Umbenennen 484
  Verzerren (Bearbeiten-Befehl) 476
  Zeichenstift 473
Pfade -> Illustrator (Datei-Befehl) 787
Pfadfläche füllen (Pfade-Befehl) 495
Pfadkontur füllen (Pfade-Befehl)
  Druck simulieren 494
  Einstieg 492

Pfadpalette 484
Pfadsegmente 485
Pfeilspitzen (mit Linienzeichner) 482
Pfeiltaste (bei Ebenentechnik) 528
PFM-Dateiformat 796
Photomerge (Datei-Befehl)
  Bedienung 33
  Bilder auswählen 564
  Darstellungsproblem 569
  Einstieg 563
  Füllbilder ergänzen (Überblendung per Ebenenmaske) 564
  Komposition speichern 568
  Korrekturen am Ergebnis 568
  Perspektive-Optionen 564
  Richtig fotografieren 41
  Stapelmodus vorbereiten (nur CS3 Extended) 561
Photoshop 499
Photoshop CS3
  Videobearbeitung 707, 709, 710, 712, 714, 715
Photoshop CS3 Extended
  32-Bit-Funktionen 92
  Ebenentechnik bei 32 Bit Farbtiefe 507
  Fluchtpunktfilter, Bemaßung und Export 552
  Neuheiten gegenüber CS2 755
  Stapelmodus (Ebene-Untermenü) 296, 559
  Videobearbeitung 707
Photoshop-EPS-Dateiformat 793
Photoshop-PSD-Dateiformat
  allgemein 783
  Composite 785
  für Ebenenbilder 499
  Kompatibilität maximieren 785
  nur flache Ansicht öffnen 785
Photoshop-RAW-Dateiformat 796
Photoshop-Versionen
  alte Startbilder 780
  Änderungen von 2.5 bis CS2 (9.0) 752
  Creative Suite 752
  CS3 Extended, Neuheiten 755
  Entwicklungsgeschichte 780
  ImageReady 755
  Photoshop CS3 kommentiert 758
  Photoshop CS3, Änderungen gegenüber CS2 und CS1 756
  Photoshop CS3, Neuheiten 753
  Preisgestaltung 780
  Updates 27
  Win- vs. Mac-Version 775
PictBridge 816
Pict-Dateiformat 795
Pigment/Druckfarbe (Option Gradationskurven) 219
PIM (Print Image Matching) 816

Pinsel 332
  bei Alphakanälen 465
Pinselpalette 325
Pinselvorgabe festlegen (Bearbeiten-Befehl) 324
Pinselvorgaben
  Abstand 329
  Aufnahmebereich verwenden 328
  Deckkraft 328
  Dualer Pinsel 330
  Durchmesser 328
  eigene gestalten 324
  Einstieg 323
  Farbeinstellungen 330
  Farbton-Jitter 330
  Glättung 329
  Härte 328
  Rundheit 329
  Struktur 330
  Winkel 329
Pinselwerkzeug (Pinsel) 332
Pipette (Werkzeugleiste) 310
Pipetten
  in Dialogfeld Farbton/Sättigung 257
  in Gradationskurve und Tonwertkorrektur 229
Pixar-Dateiformat 796
Pixelwiederholung (Interpolationsmethode) 185
Place-A-Matic (Dr. Brown's Services) 149, 555, 620
Platzieren (Datei-Befehl Photoshop, Bridge) 360, 624, 786
Plug-Ins (Zusatzmodule) 371
PNG-Dateiformat 721
  Interlaced 731
  Online-Adressen 721
  Vergleich mit JPEG, GIF, WBMP 718
Polarkoordinaten (Filter-Befehl) 401, 403
Polygon-Lasso 432
Polygonwerkzeug (Formwerkzeug) 481
Posterisierung (Tontrennung-Befehl) 362
PostScript-Muster 313
Prägepapier (Filter-Befehl) 397
Präsentation allgemein
  Animation mit Photoshop 691
  Diaschau mit Photoshop 700
  direkt aus Photoshop heraus 128
  mit Bridge 125
  PDF-Präsentation mit Photoshop 683
  Web-Fotogalerie mit Photoshop 664
Probleme
  bei Photoshop-Bedienung 28
  System 30
Profil zuweisen (Bearbeiten-Befehl) 53, 758
Profilfehler (Farbeinstellungen) 53
Programmfenster
  Arbeitsfläche färben 128, 771
  Datei-Titelleisten 765
  Paletten ausblenden 770

Stichwortverzeichnis

Statusleiste 765
Vollschirmmodus 765
Progressive JPEG 176
Proof
Besprechung 817
Option Drucken 56
Proof einrichten (Ansicht-Untermenü) 95
Protokoll löschen (Befehl Protokollpalette) 68
Protokollfunktionen
Einschränkungen 70
Einstieg 65
Einzelschritte 65
Erstellt ein neues Dokument 35, 68
Möglichkeiten 66
Nichtlineare Protokolle sind zulässig (Option) 69
Protokoll löschen (Palettenbefehl) 68
Protokolle entleeren (Bearbeiten-Befehl) 68
Protokollpalette 65
Schnappschuss 68
Protokollpalette 65
Protokollpinsel 69
PSB-Dateiformat 783, 786
PSD-Dateiformat 783
Punkte frei transformieren (Bearbeiten-Befehl) 476
Punkte transformieren (Bearbeiten-Befehl) 476
Punktieren (Filter-Befehl) 398
Punktierstich (Filter-Befehl) 397
Punkttext 638

Q
Qualitätsreserve
(Druckauflösung) 182
Quickinfos
Bridge 130
Infopalette Photoshop 49

R
Radialer Weichzeichner (Filter-Befehl)
Beispiele 366
Besprechung 385
Radiergummi
bei Ebenen 537
Hintergrund-Radiergummi 429
Magischer Radiergummi 428
Rand (Auswahl-Befehl) 441
Rand (Drucken-Befehl) 57
Rand entfernen (Ebene-Befehl) 439
Raster (Gitternetz)
Beispiel Goldener Schnitt 202
Beispiel Maßstabsgerecht formatieren 204
Besprechung 528
Raster (Option Drucken) 57
Rastern (bei Text) 637

Rastern (Ebene-Untermenü) 472
Rasterungseinstellungen mitspeichern (EPS-Option) 794
Rauschen entfernen (Filter-Befehl) 295
Rauschen hinzufügen (Filter-Befehl)
Beispiel 644
Besprechung 415
Rauschen reduzieren (Datei-Befehl)
Bedienung 33
Rauschen reduzieren (Filter-Befehl)
Besprechung 292
Raw-Dateien von Digitalkameras (siehe Camera Raw) 143
RAW-Dateiformat 796
Rechteck (Formwerkzeug) 480
Rechtschreibung prüfen (Bearbeiten-Befehl) 649
Referenzpunkt (bei Frei transformieren, Bearbeiten-Befehl)
Beispiel Goldener Schnitt 203
Besprechung 529
Registerkartenrechteck (Formwerkzeug, Photoshop CS2) 480, 483
Relief (Filter-Befehl) 395
Relief an allen Kanten (Option Abgeflachte Kante und Relief) 598
Relief-Kanal (bei Beleuchtungseffekte-Filter) 389
Reparaturpinsel
Ebenentechnik 283
Einstellungsebenen ignorieren 283
Einstieg 282
mit Kopierquellenpalette 286
Reparatur-Regler (Camera Raw-Dialog) 158
Restriktiv (Web) (Option Farbtabellenwahl) 723
Retuschewerkzeuge
Alle Ebenen (Option) 277
Füllmethoden (Details) 575
Füllmethoden im Überblick 575
Optionen 331
Pinselpalette verwenden 325
Tastaturbefehle 331
Übersicht 276
RGB-Modus 92
Risse (Filter-Befehl) 397
Rohdateien von Digitalkameras (siehe Camera Raw) 143
Rollover-Effekte
Einführung 742
Rote Augen allgemein 296
Rote-Augen-Werkzeug 296
Rückgängig (Bearbeiten-Befehl) 64

S
Sättigung (Füllmethode) 583
Sättigungswerkzeug (Schwamm) 279
Scharfzeichnen (Filter-Befehl) 304
Scharfzeichner (Werkzeug) 277

Scharfzeichnungsfilter (Untermenü) 299
Schatten nach innen (Ebeneneffekt)
Beispiel 29, 510
Besprechung 601
Schein nach außen (Ebeneneffekt) 597
Schein nach innen (Ebeneneffekt) 597
Schlagschatten (Ebeneneffekt) 596
Beispiele 592, 596
Schließen und zu Bridge gehen (Datei-Befehl) 100
Schnappschuss (Protokollfunktion) 68
Schnellauswahlwerkzeug
Besprechung 423
Kritik 759
Schnittmarken (Drucken-Befehl) 57
Schnittmaske
Beschnittene Ebenen als Gruppe füllen (Option) 614
Einstieg 612
mit Einstellungsebene 618
Tipps 615
Schnittmaske aus verbundenen erstellen (Ebene-Befehl) 614
Schnittmaske erstellen (Ebene-Befehl) 359, 614
Schriftgrad (Textfunktion) 643
Schritt vorwärts (Bearbeiten-Befehl) 65
Schritt zurück (Bearbeiten-Befehl) 64
Schrittweise vorwärts (Ebene-Befehl) 513
Schwamm (Filter-Befehl) 396
Schwamm (Werkzeug) 276, 278
Schwarz entfernen (Ebene-Befehl) 439
Schwarz- und Weißpunkt definieren 229
Schwarze Druckfarbe simulieren (Ansicht-Befehl) 95
Schwarzpunkt definieren (Pipette Gradationskurven, Tonwertkorrektur) 229
Schwarzweiß (Bild-Befehl)
farbig tonen 340
Farbton-Regler 340
Graustufenumsetzung 347
Schwebende Auswahl 507
Schwellenwert (Bild-Befehl) 355, 360
Schwellenwert-Modus (bei Gradationskurven, Tonwertkorrektur) 235
Schwingungen (Filter-Befehl) 405
Scitex-CT-Dateiformat 796
Seitenhintergrund für WWW-Seiten (siehe Hintergrundkachel) 735
Selektiv (Option Farbtabellenwahl) 723
Selektive Farbkorrektur (Bild-Befehl) 263
Selektiver Scharfzeichner (Filter-Befehl) 302
Selektiver Weichzeichner (Filter-Befehl) 355, 361, 364
Bedienung 33
Senken 347
Sichtbare auf eine Ebene reduzieren (Ebene-Befehl) 525

Stichwortverzeichnis

Silbentrennung 648
Skalieren (Bearbeiten-Befehl) 542
Skripten (Datei-Untermenü) 522
Skriptereignis-Manager (Datei-Befehl) 86
Slices
    alle Slices auswählen 747
    An Slices ausrichten (Menübefehl) 747
    Anordnen 747
    Ausblenden (Slice-Befehl) 747
    Auswahl komplett aufheben 747
    Auto Slice 746
    Benutzer-Slice 746
    Duplizieren 747
    Ebenenbasierte Slices 746
    Einführung 745
    entlang der Hilfslinien erstellen 746
    In Benutzer-Slice umwandeln (Menübefehl, nur ImR) 746
    Kombinieren (Menübefehl) 747
    löschen 747
    löschen (Ansicht-Befehl) 747
    Neues ebenenbasiertes Slice 746
    Slice-Auswahlwerkzeug 747
    umformen 747
    Unter-Slice 746
    verschieben 747
    Voreinstellungen (zur Darstellung der Slices) 747
Smart Objekte
    Camera-Raw-Dateien platzieren 626
    Duplizieren als nichtverbundene Ebenen 629
    Duplizieren als verbundene Ebenen 629
    Einstieg 619
    freistellen 192
    Illustrator-Voreinstellungen 627
    In Ebene konvertieren (Ebene-Befehl) 630
    Inhalt ersetzen (Ebene-Befehl) 628
    Inhalt exportieren (Ebene-Befehl) 628
    mit Ebenenmaske o. Vektormaske 630
    neu anlegen 153, 620
    neu anlegen mit vorh. Ebenen-/Vektormaske 621
    Originalpixel bearbeiten 623
    Originalpixelmaß oder -seitenverhältnis wiederherstellen 621
    Photoshop-Montagen platzieren 624
    Platzieren (Datei-Befehl) 360, 624
    Rastern 630
    Retuschen, Filter- und Korrekturbefehle (mit Originalpixeln) 623
    Retuschen, Filter- und Korrekturbefehle (verlustfrei) 623
    Speicherplatzbedarf 625
    Transformieren 622

    Umwandl. in S.O. bei Ebenenmaske o. Vektormaske 621
    Vektorgrafikdatei platzieren 626
    Verbinden 629
Smartfilter
    Beispiel 356, 357, 359, 384
    Einstieg 631
    Filtermaske 634
    mit Verzerrungsfiltern 403
Solarisation (Filter-Befehl) 395
Sortieren (Bridge)
    .BridgeSort-Datei 105
    automatisch 105
    manuell 105
Speichern (Datei-Befehl) 169
Speichern unter (Datei-Befehl)
    Als Kopie (Option) 170
    Dateieigenschaften ausschließen 170
    Einstieg 169
    Favoriten 167
Speichernutzung (Voreinstellungen) 761
Sprenkeln (Füllmethode) 578
Spritzer (Filter-Befehl) 396
Stack-A-Matic (Dr. Brown's Services) 132, 561
Standardfarben 309
Standardmodus (Ansicht-Befehl) 765
Stapel (Bridge)
    als Animation 115
    anlegen 114
    Auswählen 115
    Inhalt ändern 114
    Titelbild ändern 115
Stapelmodus (CS3 Extended)
    Beispiel 38, 500
    Bewegliches entfernen 561
    Bildrauschen glätten 296
    Einstieg 559
    per Dr. Brown's Services 132, 561
    per Photomerge-Befehl 561
    per Statistik-Befehl 560
Stapel-Umbenennung (Bridge)
    Elemente für Dateinamen 119
    Exif-Daten einsetzen 120
    Speichern 119
    Vorbereitung 118
Stapelverarbeitung (Datei-Befehl)
    Dateibenennung 82
    Einstieg 81
    Fehlermeldungen 82
    Quelle festlegen 81
    Ziel festlegen 82
Stärker scharfzeichnen (Filter-Befehl) 304
Stärker weichzeichnen (Filter-Befehl) 377
Statistik (Datei-Befehl Photoshop CS3 Extended) 560

Statusleiste
    Arbeitsdateigrößen 763
    Dateigröße 762
    Dokumentmaße 180
    Druckmaß anzeigen 766
    Effizienz 762
    Einstieg 765
Staub und Kratzer (Filter-Befehl) 290
Stempel (Filter-Befehl) 397
Stempel (Werkzeug)
    Kopierstempel 282
    Musterstempel 333
Stempelwerkzeug (bei Fluchtpunkt) 551
Stichwörterpalette (Bridge)
    Einstieg 137
    hierarchische Stichwörter 138
    Stichwörter anlegen 137
    Stichwortsets à la CS2 756
Stilepalette 588
Stilisierungsfilter (Untermenü) 395
Stitching (Panoramen, siehe Photomerge) 563
Störungen reduzieren (alte Bezeichnung, siehe Rauschen reduzieren) 292
Strahlendes Licht (Füllmethode) 580
Strichgrafik
    mit Hochpass u. Schwellenwert 355
    mit Selektivem Weichzeichner 355
Strichumsetzung (Filter-Befehl) 397
Strudel (Filter-Befehl) 406
Struktur (Pinsel-Palette)
    Option 330
    Struktur in andere Werkzeuge kopieren 330
    Struktur schützen 330
Struktur schützen (Option Pinsel-Palette) 330
Strukturfunktionen
    Filter-Befehle mit Strukturoption 373
    mitgelieferte Strukturvorlagen 374
    Struktur von Hand erzeugen 374
Strukturierungsfilter (Filter-Untermenü) 397
Stuck (Filter-Befehl) 397
Stürzende Linien korrigieren
    allgemein 274
    mit Freistellwerkzeug 274
    mit Objektivkorrektur-Befehl 274
Subtraktive Farbmischung 94
Suchen (Bridge)
    Einstieg 121
    Kollektionen speichern 124
    Kriterien festlegen 122
    Kriterien kombinieren 121
    Suchergebnisse anzeigen 123
Sumi-e (Filter-Befehl) 396
System (Option Farbtabellenwahl) 723
Systembeanspruchungsmenü 762
Systemlayout (Textfunktion) 647

837

Stichwortverzeichnis

T

Targa-Dateiformat 796
Tastaturbedienung
    die zehn wichtigsten Tastaturbefehle 31
    Einstieg 775
    für Menübefehle 776
    für Werkzeuge 773
    Tastaturbefehle (Bearbeiten-Befehl) 777
    typische Tastenkürzel 776
Tastaturbefehle (Bearbeiten-Befehl) 777
Tastaturbefehle und Menüs (Fenster-Befehl) 777
Tatsächliche Pixel (Ansicht-Befehl) 46
Text suchen und ersetzen (Bearbeiten-Befehl) 650
Textfunktion
    Absatz zurücksetzen (Menübefehl Absatz-palette) 649
    Absatzformatierung 647
    Absatztext (Kurzerklärung) 637
    Absatztext innerhalb einer Form 640
    Absatztext mit Rechteckrahmen 639
    Abstand zwischen zwei Zeichen 646
    Adobe Einzeilen-Setzer 648
    Anti-Aliasing 651
    Ausrichtung Blocksatz 648
    automatisierte Bildunterschriften (Caption Maker) 642
    Buchstabengröße festlegen 643
    Durchgestrichen 647
    Ebene rastern 637
    Einstieg 635
    Faux-Optionen 645
    fett und kursiv 645
    Gebrochene Breite 647
    Geschütztes Leerzeichen 649
    Glätten 651
    Großbuchstaben 645
    Grundlinie 646
    harter Trennstrich 648
    Hochgestellt 647
    Horizontal skalieren 644
    horizontal und vertikal 644
    Kapitälchen 645
    Kein Umbruch (Befehl Zeichenpalette) 649
    Kerning 646
    Korrektur der Textumrisse 659
    Korrektur des Buchstabenabstands 659
    Laufweite 646
    links oder rechts ausrichten 647
    Maske oder Auswahl erstellen (Option) 641
    Maßeinheiten für Text 643
    Möglichkeiten im Textmodus 636
    Orientierung an Druckauflösung 644
    Pixel- vs. Vektortext 636
    Punkttext (Kurzerklärung) 637
    Punkttext anlegen 638
    Rechtschreibung prüfen (Bearbeiten-Befehl) 649
    Schriftart 645
    Schriftart nicht vorhanden 642
    Silbentrennung 648
    Suchen/Ersetzen 650
    Systemlayout 647
    Text anlegen 637
    Text auf Pfad 651
    Text markieren 642
    Text neu formatieren 643
    Textfarbe ändern 650
    Textmaskierungswerkzeug 641
    Textmodus pro/kontra 636
    Tiefgestellt 647
    Trennung von Silben 648
    Unterstrichen 647
    Verkrümmen 654
    Vertikal skalieren 644
    Zeichen zurücksetzen (Menübefehl Zeichen-palette) 647
    Zeilenabstand 646
    Zeileneinzug 649
    Zeilenumbruch verhindern 649
Textmaskierungswerkzeug
    Alternative 641
    Einstieg 641
Tiefen/Lichter (Bild-Befehl) 243
Tiefenschärfe abmildern (Filter-Befehl)
    Bedienung 33
    Besprechung 379
Tiefgestellt (Textoption) 647
TIFF-Dateiformat
    Bildkomprimierung 791
    Bildpyramide (Option) 791
    Einstieg 790
    für Ebenenbilder 499
    IBM PC vs. Macintosh (Optionen) 791
    Interleaved (Option) 791
    JPEG-Komprimierung 791
    Kompatibilität 790
    LZW-Komprimierung 791
    ZIP-Komprimierung 791
Titelleisten 765
Token (Web-Fotogalerie) 676
Toleranz (beim Zauberstab, Werkzeugoption) 425
Tontrennung & Kantenbetonung (Filter-Befehl) 357, 396
Tontrennung (Bild-Befehl)
    Besprechung 362
    Graustufentreppe erzeugen 363
    Variationen 362
Tonwertangleichung (Bild-Befehl) 236
Tonwertkorrektur (Bild-Befehl)
    Auto-Schaltfläche 228
    Befehle im Überblick (Tabelle) 242
    bei Alphakanälen 468
    Beschneidung anzeigen 235
    Gammaregler 239
    Infografik 240
    Mitteltöne definieren 232
    Optionen 228
    Pipetten 229
    Schwarzpunkt definieren 229
    Schwellenwert-Modus 235
    Tonwertspreizung 238
    Tonwertumfangregler 240
    Weißpunkt definieren 229
Tonwertumfang (Tonwertkorrektur) 240
Transformieren (Bearbeiten-Befehl)
    Bewegen 529
    Erneut 539
    Frei transformieren 538
    mit Aktionenpalette aufzeichnen 76
Transparente Pixel fixieren (Ebenen-Option) 536
Transparentes Bild exportieren (Hilfe-Befehl) 487
Transparenz (bei Webbildern)
    Einführung 728
Transparenz (bei WWW-Bildern)
    Hintergrund-Option 729
    mögliche Dateiformate 728
Transparenz (Voreinstellungen) 516
Transparenz-Dither 730
Trennung von Silben bei Text 648
Troubleshooting
    Filter 370
    Photoshop-Bedienungsprobleme 28
    System 30

U

Überblendmodus (siehe Füllmethode) 575
Überlagern (Füllmethode, alte Bezeichnung, siehe Ineinanderkopieren) 580
Umbenennen (Bridge) 118
Umfärben eines Bilddetails
    mit einer Einzelfarbe 338
    per Farbton/Sättigung 336
Umgekehrt multiplizieren (Füllmethode, alte Bezeichnung, siehe Negativ multiplizieren) 580
Umkehren (Ebene-Befehl) 513
Undefinierte Bereiche (Verzerrungsfilter-Option) 402
Unscharf maskieren (Filter-Befehl) 301
Unterbrechung einfügen (Aktionenpalette) 78
Unter-Slice (siehe Slices) 746
Updates 27
USB (Erklärung) 820

V

Variablen (Bild-Untermenü) 87
Variationen (Bild-Befehl) 260

Stichwortverzeichnis

Vektorgrafik
  Dateien öffnen 786
  Dateien platzieren 786
  mit Photoshop als Illustrator-Datei speichern 787
  per Illustrator CS 786
Vektormaske
  Einstieg 609
  neu anlegen 610
  rastern 610
  Vektormaske verbirgt Effekte 605
  verbinden mit Ebene 605
  verbinden mit Smart Objekt 630
  vor Umwandl. in Smart Objekt 621
Vektormaske (Ebene-Befehl, Untermenü Rastern) 472
Verbiegen (Filter-Befehl) 407
Verbinden von Ebenen 516
Verblassen (Bearbeiten-Befehl) 65
Verblassen (Option Pinsel-Palette) 326
Verborgene Dateien anzeigen (Bridge) 105, 129, 152
Verbundene ausrichten (Ebene-Untermenü) 531
Verbundene verteilen (Ebene-Untermenü) 533
Verflüssigen (Filter-Befehl) 407
  Bedienung 33
Vergrößerungsfilter (Filter-Untermenü) 398
Verkleinern (Auswahl-Befehl) 438
Verkrümmen (Bearbeiten-Befehl) 543
Verkrümmten Text erstellen 654
Verlaufsfunktionen
  Dither (Option) 319
  Farben festlegen 320
  Farben hinzufügen und entfernen 321
  Farbposition festlegen 321
  Füllebenen mit Verlauf 618
  im Alphakanal 468
  Mittelpunkt festlegen 321
  Optionen 319
  Skalierung (Option Effekt Verlaufsüberlagerung) 320
  Transparenz (Option) 320
  Transparenz bearbeiten 322
  Verläufe bearbeiten 320
  Verlaufsumsetzung (Bild-Befehl) 353
  Verlaufswerkzeug 318
Verlaufsmasken 468
Verlaufsprotokoll 71
Verlaufsüberlagerung (Ebeneneffekt) 320, 602
Verlaufsumsetzung (Bild-Befehl) 353
Verlaufswerkzeug
  als Aktion aufzeichnen 76
  Einstieg 318
Verschieben (Bridge) 116
Verschiebungseffekt (Filter-Befehl) 531
  für WWW-Hintergrundkachel 741
Verschmelzen 346

Versetzen (Filter-Befehl) 404
Version Cue
  geänderte Öffnen/Speichern-Dialoge 167
  Speicherbelastung 764
Vertikal skalieren (Textfunktion) 644
Vertikale Mitte (Ebene-Befehl) 532, 533
Verwackeln (Filter-Befehl, alte Bezeichnung für Tiefenschärfe abmildern) 379
Verwackelte Striche (Filter-Befehl) 396
Verwackelungseffekt (Filter-Befehl) 398
Verwenden 345, 723
Verzerren (Bearbeiten-Befehl) 542
Verzerrungsfilter (Filter-Untermenü)
  Einstieg 401
  mit Smartfiltern 403
Videobearbeitung
  Animation mit Kopierquellen 710
  Diaschau als Video 712
  Ebenentechnik bei 32 Bit Farbtiefe 707
  Malen auf Frames in Videoebenen 709
  Photoshop CS3 Extended 707, 709, 710, 712, 714, 715
  Speichern 715
  Videobilder stabilisieren 714
  Zeitleistenbasierte Animation 707
Vignettierung (Randabschattung)
  beim Fotografieren verhindern 41
  im Camera-Raw-Dialog 160
  Objektivkorrektur-Funktion 275
Virtueller Speicher für Photoshop 761
Vollbildmodus (Ansicht-Befehl) 765
Vollbildmodus mit Menüleiste (Ansicht-Befehl) 765
Vollschirmmodus 765
Vordergrund- und Hintergrundfarbe 309
Voreinstellungen
  Arbeitsvolumes 761
  auf Standardvorgabe zurücksetzen 30
  Bild beim Einfügen/Platzieren skalieren 624
  Bildvorschauen speichern 168
  Bridge automatisch starten 100
  Cache 215
  Cache-Stufen (für Histogramme) 215
  Dateien speichern 168
  Farbumfang-Warnung 95
  Geöffnete Dateien automatisch aktualisieren 111
  Hilfslinien, Raster und Slices 526, 528
  Interpolationsmethode 184
  Leistung 761
  Maßeinheiten & Lineale 767
  Mit Bildlaufrad zoomen 46
  Palettenpositionen speichern 770
  Photoshop-PSD-Dateien 785
  Photoshop-Symbol in Werkzeugleiste in Grau 773
  Slices 747
  Slices (nur ImR) 747

Speichernutzung 761
Symbol für Graustufen... 760
TIFF-Dateien speichern 790
Transparenz 516
Umschalt-Taste für anderes Werkzeug 773
Verlaufsprotokoll 71
Werkzeugtipps anzeigen 776
Wiederholen-Taste 64
Zoom ändert Fenstergröße 46
Zusatzmodule (Plug-Ins) 372
Vorgaben-Manager (Bearbeiten-Befehl) 771
Vorschaupalette (Bridge) 105

W
Wählen 347
WBMP-Dateiformat
  Farbtabellenwahl 724
  Vergleich mit JPEG, GIF, PNG 718
Web (Option Farbtabellenwahl) 723
Web-Fotogalerie (Datei-Befehl)
  Alle Metadaten beibehalten (Option) 668
  Änderungsmöglichkeiten 680
  Banner (Option) 669
  Bildunterschrift 673
  eigene Stile definieren 676
  Einführung 664
  Einzelbild-Dateigröße 672
  Einzelbilder einrichten 671
  Farben 674
  Flash-Galerien 678
  Große Bilder skalieren 671
  Größe der Miniaturen 672
  Hintergrundmuster und Hintergrundfarbe 681
  Kodierung 668
  Miniaturen (Option) 672
  neu entstehende Verzeichnisse 675
  Online-Alben als Alternative 665
  Randgröße 674
  Schriftformatierung 674
  Schutz 674
  Spalten und Reihen 673
  Stile (Layouts für Katalogseiten) 667
  Tabelle formatieren 681
  Token 676
  Überschriften festlegen 669
  UserSelections.txt 675
Weiche Auswahlkante (Auswahl-Befehl) 422
Weiche Kante (Auswahlwerkzeuge) 422
Weiches Licht (Filter-Befehl) 382
Weiches Licht (Füllmethode)
  Beispiel 279
  Besprechung 580
Weichzeichnen (Filter-Befehl) 377
Weichzeichner (Werkzeug) 277
Weichzeichnungsfilter (Filter-Untermenü) 377

Stichwortverzeichnis

Weiß entfernen (Ebene-Befehl) 439
Weißabgleich
    Besprechung 821
    Camera-Raw-Dialog 156
Weißpunkt definieren (Pipette Gradationskurven, Tonwertkorrektur) 229
Wellen (Filter-Befehl) 406
Wenden 347
Werkzeugpalette
    alle Werkzeugfunktionen in der Übersicht 797
    Einstieg 773
    Infografik Farbwahlbereich 309
    mehrfach belegte Schalter 773
    Umschalten bei Mehrfachbelegung 773
Werkzeugspitzen (alte Bezeichnung, siehe Pinselvorgaben) 323
Wertung (Bridge)
    anlegen (Sterne) 110
    bei schreibgeschützten Dateien 111
    Speicherverfahren 111
Widerrufen (rückgängig machen) 64
Wiederherstellen (Bearbeiten-Befehl) 65
Wiederholen-Taste (Option Voreinstellungen) 64
Windeffekt (Filter-Befehl) 395
Windows
    Dateien per Datei-Explorer öffnen 168
    System, Systemprobleme 30
Wischfinger (Werkzeug) 277
Wölben (Filter-Befehl) 406
Wolken (Filter-Befehl) 413

X

XML (Glossar) 821
XMP (Glossar) 821

Z

Zauberstab (Werkzeug) 425
Zeichen zurücksetzen (Befehl Zeichenpalette) 647
Zeichenfilter (Untermenü) 396
Zeichenstift (Pfade) 473
    Gummiband 474
Zeilenabstand (Textoption) 646
Zeileneinzug (Textoption) 649
Zeilenumbruch bei Absatztext verhindern 649
Zeitleiste (Animationspalette) **692**
Zeitmessung (Statusleiste) 762, 765
Zielfarben (Kontrastkorrektur) 233
Zoomeffekt (Filter-Befehl Radialer Weichzeichner) 385
Zoomify 682
Zoomify (Datei-Befehl)
    hochauflösende Bilder für Web speichern 682
Zoomwerkzeug (Lupe) 46
Zu HDR zusammenfügen (Datei-Befehl) 252
Zurück zur letzten Version (Datei-Befehl) 65
Zurückweisen (Bridge) 112
Zusatzmodule (Plug-Ins) 371
Zuschneiden (Bild-Befehl)
    Einstieg 198
Zwischenablage
    freihalten 764
    Pixeldateien übertragen 164